Handbuch des Staatsrechts
der Bundesrepublik Deutschland

Handbuch des Staatsrechts

der Bundesrepublik Deutschland

Herausgegeben von

Josef Isensee und Paul Kirchhof

Band I
Historische Grundlagen

Band II
Verfassungsstaat

Band III
Demokratie – Bundesorgane

Band IV
Aufgaben des Staates

Band V
Rechtsquellen, Organisation, Finanzen

Band VI
Bundesstaat

Band VII
Freiheitsrechte

Band VIII
Grundrechte: Wirtschaft, Verfahren, Gleichheit

Band IX
Allgemeine Grundrechtslehren

Band X
Deutschland in der Staatengemeinschaft

Band XI
Internationale Bezüge

Handbuch des Staatsrechts

der Bundesrepublik Deutschland

Herausgegeben von

Josef Isensee und Paul Kirchhof

Band XI

Internationale Bezüge

Dritte, völlig neubearbeitete und erweiterte Auflage

Mit Beiträgen von
Florian Becker · Armin von Bogdandy · Christian von Coelln
Hans-Joachim Cremer · Philipp Dann · Hans-Georg Dederer
Bardo Fassbender · Klaus Ferdinand Gärditz · Stephan Hobe
Wolfgang Kahl · Jens Kersten · Moris Lehner · Karl Matthias Meessen
Martin Nettesheim · Stefan Oeter · Christoph Ohler · Andreas Paulus
Alexander Proelß · Adelheid Puttler · Helmut Quaritsch
Ekkehart Reimer · Reiner Schmidt · Christian Tomuschat
Silja Vöneky · Ulrich Vosgerau · Christian Walter · Rüdiger Wolfrum

C. F. Müller
Heidelberg 2013

Redaktion und Lektorat
Dr. phil. Anja Haferkamp, Bonn
Ref. iur. Daniel Lampart, Heidelberg
Dr. iur. Simone Wedler, Heidelberg

Mitarbeiter der Redaktion
Dipl. iur. Harald Erkens, Bonn
Rechtsanwalt Stephan Mager, Bonn
Ass. iur. Rita Wagener, Speyer

Zitiervorschlag:
z. B. *Hans-Joachim Cremer*, Allgemeine Regeln des Völkerrechts,
in: HStR XI, ^{3}2013, § 235 Rn. 1 ff.

Die Hengstberger-Stiftung und
die Alfried Krupp von Bohlen und Halbach-Stiftung
haben die wissenschaftliche Vorbereitung dieses Bandes
großzügig gefördert.

Bibliographische Information der Deutschen Nationalbibliothek

Die Deutsche Nationalbibliothek verzeichnet diese Publikation in der
Deutschen Nationalbibliographie; detaillierte bibliographische Daten sind
im Internet unter http://dnb.d-nb.de abrufbar.

www.cfmueller-verlag.de

© 2013 C. F. Müller, Verlagsgruppe Hüthig Jehle Rehm GmbH
Heidelberg, München, Landsberg, Frechen, Hamburg
Satz: inmedialo Digital- und Printmedien UG, Plankstadt
Druck und Bindung: Westermann Druck, Zwickau
ISBN 978-3-8114-4511-6

Vorwort

„So wenig der Einzelne eine wirkliche Person ist ohne Relation zu anderen Personen ..., so wenig ist der Staat ein wirkliches Individuum ohne Verhältnis zu anderen Staaten", so die Prämisse des „äußeren Staatsrechts" nach Hegel. Die Legitimität eines Staates sei einerseits ein Verhältnis, das sich ganz nach innen beziehe, andererseits müsse sie ebenso wesentlich durch die Anerkennung der anderen Staaten vervollständigt werden. „Aber diese Anerkennung fordert eine Garantie, daß er die anderen, die ihn anerkennen sollen, gleichfalls anerkenne, d.i. sie in ihrer Selbständigkeit respektieren werde, und somit kann es ihnen nicht gleichgültig sein, was in seinem Innern vorgeht". So steht neben dem „inneren Staatsrecht" das „äußere Staatsrecht", beide untrennbar verbunden.

Das Recht eines Staates auf Selbstbestimmung gründet auf dem Willen einer Gemeinschaft zur staatlichen Einheit, und deren Wille geht letztlich aus der Selbstbestimmung eines jeden ihrer Zugehörigen hervor. Doch die Verwirklichung dieses Rechts bedarf der Anerkennung durch die anderen Staaten und kann nur in ihrer Gemeinschaft ausgeübt werden. Kein Staat ist autark und fähig, sich allen anderen gegenüber zu verschließen. Mehr denn je sind die Staaten heute darauf angewiesen, sich einander zu öffnen, wenn sie ihre Selbständigkeit sichern und ihren Gemeinwohlauftrag erfüllen wollen.

Das Gründungskonzept des Grundgesetzes fordert die weltoffene, völkerrechtlich eingebundene Staatlichkeit. Kraft ihrer Verfassung ist die Bundesrepublik Deutschland von vornherein darauf angelegt, sich in die Gemeinschaft der Völker einzugliedern. Sie bekennt sich zu der Idee überpositiver Menschenrechte, die, dem geistigen Boden Europas entsprossen, in der Allgemeinen Erklärung der Menschenrechte von 1948 als Grundlage der Freiheit, der Gerechtigkeit und des Friedens in der Welt proklamiert werden. Im Grundgesetz öffnet sich die nationale Rechtsordnung dem Völkerrecht, macht sich dessen allgemeine Regeln zu eigen und ächtet den Angriffskrieg wie alles, was das friedliche Zusammenleben der Völker stören könnte. Geleitet vom Willen zur internationalen Zusammenarbeit, stellt der Verfassunggeber dem neu zu konstituierenden Staat die rechtlichen Grundlagen bereit, am völkerrechtlichen Verkehr teilzunehmen wie auch Hoheitsrechte auf zwischenstaatliche Einrichtungen zu übertragen. Hier legt er den nationalen Grundstein für ein vereintes Europa, an dessen Aufbau mitzuwirken die Bundesrepublik Deutschland von Anfang an bestrebt ist.

Offenheit bedeutet nicht Auflösung der Staatlichkeit. Der Verfassunggeber beharrt – der Realität deutscher Teilung zum Trotz – darauf, „die nationale und staatliche Einheit zu wahren". Er beruft sich auf das Selbstbestimmungsrecht des deutschen Volkes, ungeachtet der Vorbehalte der Besatzungsmächte, unter denen das Grundgesetz zustande kommt.

Vorwort

Leitbild ist ein erneuerter, geläuterter, friedlicher Nationalstaat, der, eingebunden in die internationale Ordnung, als souveränes Völkerrechtssubjekt und als gleichberechtigtes Glied eines vereinten Europa dem Frieden der Welt dient. Der Welt- und Europaoffenheit entspricht der Wille zur Eigenständigkeit als demokratischer Rechtsstaat und zur Selbstbehauptung seiner Verfassung. Das Grundgesetz bietet dem Völkerrecht Zugang zum innerstaatlichen Recht, nimmt darum aber nicht seinen Vorrang vor den innerstaatlichen Wirkungen des Völkerrechts zurück. Wenn die allgemeinen Regeln des Völkerrechts als Bestandteil des deutschen Rechts den Gesetzen vorgehen, so unterliegen sie als Bestandteil des deutschen Rechts doch der Verfassung. Diese übt Einlaßkontrolle, wenn völkerrechtliche Verträge in die nationale Rechtsordnung aufgenommen werden sollen. Das Zustimmungsgesetz des deutschen Parlaments gibt den Verträgen die innerstaatliche Verbindlichkeit des einfachen (Bundes-)Gesetzes nach Maßgabe des Grundgesetzes. Auch der Europäischen Menschenrechtskonvention kommt innerstaatlich kein höherer Rang zu, so daß sie insoweit mit den Grundrechten des Grundgesetzes nicht konkurriert und nicht kollidiert. Wie alles Recht überwindet das Verfassungsrecht Grenzen, zieht Grenzen, respektiert Grenzen.

So klar sich die staatsrechtliche Lage des Anfangs darstellt, so unübersichtlich, ungesichert und schwierig zeigt sie sich heute. Zunächst war die Stellung Deutschlands in der Völkergemeinschaft nur ein marginales Thema der Staatsrechtslehre. Heute rückt die politische, wirtschaftliche und soziale Entwicklung den völker- und europarechtlichen Status Deutschlands in das Zentrum verfassungsrechtlicher Aufmerksamkeit. Das Grundgesetz kann sich nicht damit begnügen, Staatsorganisation und Bürgerfreiheit in der Begrenztheit des Staatsgebietes zu betrachten. Denn der Aktionsradius des Staates wie das Bedürfnis der Bürger nach grundrechtlichem Schutz reichen über die Grenzen des Staatsgebietes hinaus. Damit erheben sich Fragen, ob und wieweit die Verfassung die Staatsgewalt in ihrem auswärtigen Wirken binden und steuern kann, ob und wie sie die Grundrechte gegenüber auswärtigen Akteuren, staatlichen wie nichtstaatlichen, zu schützen vermag. Die Fragen beziehen sich nicht nur auf genuin auslandsbezogene Agenden wie Außenpolitik und Entwicklungshilfe oder auf auslandsbezogene Grundrechte wie Auslieferungsverbot und Asylrecht, sondern auch auf die grenzüberschreitende Sorge für Umwelt und Volksgesundheit. Klassische Staatsaufgaben können heute nur zusammen mit anderen Staaten bewältigt werden, so die Wahrung der äußeren und der inneren Sicherheit. In der zwischen- und überstaatlichen Kooperation kann die deutsche Mitwirkung kaum noch rechtlich isoliert, ein deutsches Organ kaum noch als Adressat einer nationalen Grundrechtsverpflichtung abgesondert werden, ohne das transnationale Projekt in Frage zu stellen. Die Grenzen einer separaten Grundrechtsbindung sind erreicht, wenn die Bundeswehr aufgrund eines UN-Mandats an einem internationalen militärischen Einsatz teilnimmt.

Vorwort

Das immer komplexere „Verhältnis zu anderen Staaten" führt zur Anwendung deutschen Rechts im Ausland und fremden Rechts im Inland sowie zur Mitwirkung Deutschlands an Rechtsakten anderer Staaten. Die Besteuerung deutscher Einkünfte im Ausland (Welteinkommensprinzip) und die ausländischer Einkünfte im Inland liefern Beispiele. Die Begegnung der Rechtsordnungen zeitigt kollisionsrechtliche Fragen, mit ihnen auch Fragen nach der Reichweite deutscher Verfassungsverantwortung und nach der Bestimmung des deutschen ordre public unter den Bedingungen europa- und weltweiter Offenheit. Die Öffnung stößt auf verfassungsrechtlichen Widerstand in der grundrechtlichen Schutzpflicht Deutschlands für seine Bürger gegenüber der ausländischen wie der überstaatlichen Strafjustiz. Der verfassungsrechtliche Diskurs osziliert zwischen Kleinmut und Übermut, zwischen Abdankung der nationalen Verfassung vor dem internationalen Recht und dem Streben, alle Welt an deutschen Grundrechtsmaßstäben zu messen.

Die Landkarte der Verfassungsdogmatik weist noch manche weiße Flächen auf, die der Erforschung harren. Sie können Geltungschancen, Herausforderungen und Gefahrenherde für das Staatsrecht bergen: hic sunt leones. So entziehen sich die multinationalen und globalen Unternehmen in ihrer Macht und Mobilität den hergebrachten Kriterien der staatlichen Personal- und Gebietshoheit. Sie operieren nach privatautonomen Gesetzen, gehen in dieser oder jener staatlichen Rechtsordnung vor Anker, wie es ihnen – nicht zuletzt in steuerlicher Hinsicht – geschäftsdienlich erscheint. Regierungen mögen, miteinander konkurrierend, um die Gunst der privatwirtschaftlichen Potenzen werben. Doch dieses Werben mit privilegierendem Recht rechtfertigt sich nicht aus der Idee des Wettbewerbs, wonach der in einem fairen Verfahren ermittelte Beste die anderen Bewerber hinter sich läßt und deshalb den Auftrag, die Sportmedaille, das politische Mandat rechtens erhält. Staatsrechtlich ambivalent sind im Licht der Grundrechte Bestrebungen zur Bildung einer transnationalen Zivilgesellschaft über spontane, kontingente Vernetzungen der Individuen. Aus individueller Grundrechtsaktivität kann sich ein Beziehungsgeflecht ergeben, das stärker als völkerrechtliche Verträge binden und strukturieren, aber auch ausgrenzen und gefährden kann.

Die staats- und völkerrechtlichen Lehren über Territorialität, Meeres- und Luftraum verstummen angesichts des imaginären Raums, der sich im Cyberspace auftut. Dieser Raum scheint sich dem Zugriff des Rechts überhaupt zu entziehen und darf doch nicht anarchisch bleiben, wenn Grundrechte wie persönliche Ehre, Privatheit, geistiges Eigentum nicht schutzlos dem willkürlichen Zugriff von jedermann anheimfallen sollen.

Das Staatsrecht der Integrationsoffenheit erreicht seine größte Dichte in den Bestimmungen über die Europäische Union. Gerade hier stößt die Verfassung aber auf die gegenständlichen Grenzen ihrer Regelungsmacht und an die Grenzen ihrer normativen Steuerungsfähigkeit. Das Grundgesetz hat seine demokratischen, gewaltenteiligen und föderalen Strukturen den Gegebenheiten der Integration in einem besonderen Organisationsstatut angepaßt, welches das Ziel der Integration, die Bedingungen seiner Verwirklichung sowie die nationalen Kompetenzen und Verfahren der Mitwirkung an der supranationalen Willensbildung formuliert. Die Mitgliedschaft in der Europäischen Union bringt Kompetenzverlust und Kompetenzgewinn. Wenn das Grundgesetz die Strukturen eines vereinten Europa ähnlich den eigenen Strukturen als Bedingung der deutschen Mitgliedschaft vorzeichnet, so entfaltet sich die Integration im Geltungsbereich der Staatsverfassungen von 28 Mitgliedstaaten. Hier beharrt das Grundgesetz darauf, daß sich der Anwendungsvorrang der Unionsverfassung auf den Anwendungsbefehl des mitgliedstaatlichen Gesetzes zurückführen läßt, daß jeder Integrationsschritt, der an die Substanz der Verfassung rührt, der verfassungsändernden Mehrheit bedarf und nicht die Verfassungsidentität antastet, damit das Grundgesetz in seinen Kernelementen unberührt bleibt.

Dennoch ist nunmehr Unklarheit in das Verfassungsrecht eingezogen, weil das verfassungsändernde Integrationsgesetz vom Erfordernis der ausdrücklichen Änderung oder Ergänzung des Wortlauts freigestellt wird und so der Text des Grundgesetzes nicht mehr zu erkennen gibt, ob seine Normen noch gelten und, wenn ja, mit oder ohne externe Modifikation, vollends, ob diese noch praktische Wirksamkeit erreichen oder infolge kompetenzieller Auszehrung ins Leere greifen. Der Verlust an Urkundlichkeit fördert den stillschweigenden Verfassungswandel. Ausdrückliche, förmliche Anpassungen des Verfassungstextes an supranationale Vorgaben lassen keine durchgehende Regel erkennen. Die „europarechtskonforme" Auslegung des einen oder anderen Verfassungsartikels führt zu fließenden Übergängen ohne verläßlichen Haltepunkt. Das Verfassungsrecht leidet unter dem verschiedenartigen Normcharakter des supranationalen Rechts: hier die auf Dauer angelegten Strukturen der staatlichen Ordnung, dort der zum Zweck der Integration dynamisch konzipierte Unionsvertrag; hier Rechtsgesetz, dort Maßnahme; hier normative Stringenz, dort effet utile.

Im Namen eines aus geschriebenen Verfassungsnormen abgeleiteten, aber ungeschriebenen Grundsatzes der Europarechtsfreundlichkeit will eine Verfassungsinterpretation das Grundgesetz nur nach Maßgabe des Europarechts gelten lassen, so daß sich die rechtliche Grundordnung des Staates tendenziell in eine gliedstaatliche Verfassung und der supranationale Vertrag in die Verfassung eines europäischen Bundesstaates verwandelt. Doch die Mitgliedstaaten sind auch heute die Herren der Verträge. Obwohl sie wichtige Hoheitsbefugnisse auf den europäischen Staatenverbund übertragen haben, sind sie weiterhin souverän. Das zeigt sich deutlich in der Krise, in der das supranationale Währungssystem zu versagen droht und einem präterlegalen staats- und völkerrechtlichen Notregime Platz macht, so daß das Gesetz des Handelns den Staaten zufällt, die sich arrangieren müssen und doch, stärker denn je, mit Blick auf die eigenen staatlichen Belange mit Wirkung für andere

Vorwort

Staaten entscheiden, so daß eine Wahl in Griechenland, eine Regierungsbildung in Italien, ein Urteil des Bundesverfassungsgerichts in Deutschland das supranationale Gefüge ins Wanken bringen oder stabilisieren können.

Im Rang der Rechtsordnungen hat sich das supranationale Recht als ein Zwischengeschoß zwischen das nationale und das internationale Recht geschoben. Das Erdgeschoß, auf dem die oberen Geschosse ruhen, ist das nationale Recht. Die Geschosse sind durch Treppen verbunden, verfügen aber über je eigene Zugänge, die eine relative Eigenständigkeit unter gemeinsamem Dach ermöglichen. Der Rechtsanwender hat die drei Ebenen zu unterscheiden: er darf sie nicht aufbrechen und nicht zusammenführen. Das deutsche Recht bietet dem internationalen wie dem nationalen Recht nach Maßgaben der Verfassung Einlaß in das einfache Recht. Auf dessen Niveau werden etwaige Kollisionen unter der Kontrolle der Verfassung ausgetragen und beigelegt. Die Verfassung liefert den Maßstab des Ausgleichs, aber sie bildet nicht dessen Gegenstand. Eine Harmonisierung des staatlichen und des überstaatlichen Rechts ruht auf und in der Verfassung.

Das Postulat der Völker- und der Europarechtsfreundlichkeit rechtfertigt keine unbegrenzte Auslegung des Grundgesetzes. Sein strenger Geltungsanspruch bietet einer interpretatorischen Anpassung nur begrenzten Raum. Wenn die Politik darüber hinaus auf Annäherung drängt, so ist sie auf die förmliche Verfassungsrevision verwiesen, deren formelle und materielle Bedingungen das Grundgesetz vorgibt. Die Verfassung eines offenen Staates opfert nicht ihre Normativität.

Staatliches Recht, Europa- und Völkerrecht können einander nicht ablösen und nicht ersetzen. Aufeinander angewiesen, stehen sie in einem Prozeß wechselseitigen Gebens und Nehmens. Dem Staatsrecht kommt kraft seines unmittelbaren Bürgerbezugs und seiner Bodenhaftung die primäre Aufgabe zu, die Freiheit des Individuums, menschenwürdige Lebensbedingungen für alle und die Herrschaft des Rechts zu gewährleisten. Der Verfassungsstaat vermittelt unmittelbare demokratische Legitimation. Er erinnert kraft der Prinzipien des Amtes und der Gewaltenteilung stets daran, daß die Rechtsetzung und der Rechtsvollzug der Idee des Rechts und nicht den Bedürfnissen der politisch Mächtigen folgen. Damit bildet das Staatsrecht die Grundlage, auf der das zwischen- und überstaatliche Recht aufbaut.

Das Handbuch des Staatsrechts wahrt seine Kontinuität auch in der weithin neuartigen, unkonventionellen Thematik. Das Staatsrecht organisiert und bindet den Verfassungsstaat im Innern und regelt seine Rechtsbeziehungen zu anderen Staaten und Organisationen. In dieser Doppelfunktion bildet es eine Einheit. Die verfassungsrechtlich geregelten Außenbeziehungen des Staates sind nicht allein Gegenstand der beiden Bände des Handbuchs, die sich „Deutschland in der Staatengemeinschaft" und den „Internationalen Bezü-

Vorwort

gen" widmen. Vielmehr rühren auch die anderen Bände notwendig an das „Verhältnis zu anderen Staaten", über das der Verfassungsstaat erst zum Staat wird. Auf der anderen Seite behandeln die beiden Bände ihrerseits die großen Themen des Staatsrechts jeweils in ihrer Außensicht: Staats- und Verfassungsstrukturen, Grundrechte und Staatsaufgaben, Kompetenzen und Verfahren. Gerade die Grundrechtsdogmatik stellt sich ungewohnten Bewährungsproben, wenn sie den Geltungsanspruch der Grundrechte nach Reichweite und normativer Qualität im Außenbereich des Staates zu vermessen sucht. Wieder steht die Staatsrechtslehre vor neuen Anfragen an das Recht und bewegt sich zunächst auf ungesichertem Terrain. Eben deshalb darf sie hoffen, zu neuen Erkenntnissen vorzudringen.

Bonn und Heidelberg, im Juli 2013

Josef Isensee   Paul Kirchhof

Inhalt Band XI

Vorwort V
Inhalt aller bislang erschienenen Bände XV
Verfasser XXV
Synopse (Bände) XXIX
Synopse (Beiträge) XXX
Abkürzungsverzeichnis XXXV
Hinweise für den Leser LX

Zwanzigster Teil
Leitprinzipien

§ 226 Staatsrechtliche Entscheidung für die internationale Offenheit
Christian Tomuschat 3

§ 227 Das Friedensgebot des Grundgesetzes
Alexander Proelß 63

§ 228 Das Selbstbestimmungsrecht des Volkes in der Weltgemeinschaft
Ulrich Vosgerau 91

§ 229 Das Selbstbestimmungsrecht des Volkes als Grundlage der deutschen Einheit
Helmut Quaritsch 111

§ 230 Gebiets- und Personalhoheit des Staates
Florian Becker 193

§ 231 Cyberspace – der virtuelle Raum
Stephan Hobe 249

§ 232 Prinzipien von Staat, supranationalen und internationalen Organisationen
Armin von Bogdandy 275

§ 233 Wettbewerb der Rechtsordnungen?
Jens Kersten 305

§ 234 Globalisierung als Topos
Adelheid Puttler 333

Inhalt Band XI

Einundzwanzigster Teil
Deutsches, ausländisches, internationales Recht

§ 235 Allgemeine Regeln des Völkerrechts
Hans-Joachim Cremer 369

§ 236 Verfassungsrecht und völkerrechtliche Verträge
Silja Vöneky 413

§ 237 Anwendung deutschen Rechts im Ausland und fremden Rechts in Deutschland
Christian Walter 429

§ 238 Ordre public
Christoph Ohler 453

§ 239 Mitwirkung des Verfassungsstaates an Rechtsakten anderer Staaten
Christian von Coelln 475

Zweiundzwanzigster Teil
Grenzüberschreitendes Handeln und rechtliche Verantwortung

§ 240 Grenzüberschreitende Reichweite deutscher Grundrechte
Florian Becker 515

§ 241 Verfassungsbindung der auswärtigen Gewalt
Martin Nettesheim 559

§ 242 Das Grundgesetz und die internationale Streitschlichtung
Rüdiger Wolfrum 593

§ 243 Systeme kollektiver Sicherheit
Stefan Oeter 619

§ 244 Militärische Einsätze der Bundeswehr
Bardo Fassbender 643

§ 245 Überstaatliche Strafgewalt – Weltstrafrecht
Klaus Ferdinand Gärditz 727

§ 246 Mulitnationale und globale Unternehmen im Wettbewerb der Systeme
Karl Matthias Meessen 777

§ 247 Schutz des geistigen Eigentums
Andreas Paulus 825

§ 248 Grenzübergreifender Umweltschutz
Hans-Georg Dederer 857

Inhalt Band XI

§ 249 Entwicklungszusammenarbeit
Philipp Dann 913

§ 250 Internationales Finanzrecht
Ekkehart Reimer 959

§ 251 Internationale Reichweite staatlicher Besteuerungshoheit
Moris Lehner 1001

§ 252 Geldwirtschaft im Weltfinanzsystem
Reiner Schmidt 1053

§ 253 Rechts- und Sachkontrolle in grenzüberschreitenden Sachverhalten
Wolfgang Kahl 1091

Personenregister 1145
Gesetzesregister 1147
Entscheidungsregister 1197
Sachregister 1217

Inhalt aller bislang erschienenen Bände

Band I
Historische Grundlagen

Erster Teil
Geschichtliche Vorgaben

- § 1 Ursprung und Wandel der Verfassung *(Dieter Grimm)*
- § 2 Die Entwicklung des deutschen Verfassungsstaates bis 1866 *(Rainer Wahl)*
- § 3 Die Verfassung der Paulskirche und ihre Folgewirkungen *(Walter Pauly)*
- § 4 Das Kaiserreich als Epoche verfassungsstaatlicher Entwicklung *(Ernst Rudolf Huber)*
- § 5 Die Reichsverfassung vom 11. August 1919 *(Hans Schneider)*
- § 6 Die nationalsozialistische Herrschaft *(Rolf Grawert)*

Zweiter Teil
Wiederaufbau – Teilung und Einung

- § 7 Besatzungsherrschaft und Wiederaufbau deutscher Staatlichkeit 1945–1949 *(Michael Stolleis)*
- § 8 Zustandekommen des Grundgesetzes und Entstehen der Bundesrepublik Deutschland *(Reinhard Mußgnug)*
- § 9 Die Entwicklung des Grundgesetzes von 1949 bis 1990 *(Hasso Hofmann)*
- § 10 Die staatliche Teilung Deutschlands *(Otto Luchterhandt)*
- § 11 Das Staatsrecht der Deutschen Demokratischen Republik *(Georg Brunner)*
- § 12 Der Vorgang der deutschen Wiedervereinigung *(Michael Kilian)*
- § 13 Die Identität Deutschlands vor und nach der Wiedervereinigung *(Rudolf Dolzer)*
- § 14 Die Verfassungsentwicklung des wiedervereinten Deutschland *(Hartmut Bauer)*

Band II
Verfassungsstaat

Dritter Teil
Staatlichkeit

- § 15 Staat und Verfassung *(Josef Isensee)*
- § 16 Staatsvolk und Staatsangehörigkeit *(Rolf Grawert)*
- § 17 Staatsgewalt und Souveränität *(Albrecht Randelzhofer)*
- § 18 Staatsgebiet *(Wolfgang Graf Vitzthum)*
- § 19 Staatssymbole *(Eckart Klein)*
- § 20 Deutsche Sprache *(Paul Kirchhof)*

Vierter Teil
Verfassungsordnung

- § 21 Die Identität der Verfassung *(Paul Kirchhof)*
- § 22 Die Menschenwürde als Grundlage der staatlichen Gemeinschaft *(Peter Häberle)*

Inhalt aller bislang erschienenen Bände

§ 23 Die Republik *(Rolf Gröschner)*
§ 24 Demokratie als Verfassungsprinzip *(Ernst-Wolfgang Böckenförde)*
§ 25 Die parlamentarische Demokratie *(Peter Badura)*
§ 26 Der Rechtsstaat *(Eberhard Schmidt-Aßmann)*
§ 27 Gewaltenteilung *(Udo Di Fabio)*
§ 28 Das soziale Staatsziel *(Hans F. Zacher)*
§ 29 Bundesstaat als Verfassungsprinzip *(Matthias Jestaedt)*
§ 30 Der Finanz- und Steuerstaat *(Klaus Vogel)*
§ 31 Die Unterscheidung von Staat und Gesellschaft *(Hans Heinrich Rupp)*
§ 32 Der Nationalstaat in übernationaler Verflechtung *(Christian Hillgruber)*

Band III
Demokratie – Bundesorgane

Fünfter Teil
Die Willensbildung des Volkes

I. Legitimation, Amt, Form

§ 33 Grundrechtliche und demokratische Freiheitsidee *(Christian Starck)*
§ 34 Demokratische Willensbildung und Repräsentation *(Ernst-Wolfgang Böckenförde)*
§ 35 Verfassungsrechtliche Möglichkeiten unmittelbarer Demokratie
(Peter Krause)
§ 36 Das öffentliche Amt *(Otto Depenheuer)*
§ 37 Entformalisierung staatlichen Handelns *(Friedrich Schoch)*

II. Politische Willensbildung in der Gesellschaft

§ 38 Die grundrechtliche Freiheit des Bürgers zur Mitwirkung an der Willensbildung
(Walter Schmitt Glaeser)
§ 39 Das Petitionsrecht *(Christine Langenfeld)*
§ 40 Parteien *(Philip Kunig)*
§ 41 Verbände *(Hans-Detlef Horn)*
§ 42 Öffentliche Meinung, Massenmedien *(Michael Kloepfer)*
§ 43 Sachverständige Beratung des Staates *(Andreas Voßkuhle)*

III. Parlamentarismus

§ 44 Das Prinzip Parlamentarismus *(Michael Brenner)*
§ 45 Demokratische Wahl und Wahlsystem *(Hans Meyer)*
§ 46 Wahlgrundsätze, Wahlverfahren, Wahlprüfung *(Hans Meyer)*
§ 47 Regierung und Opposition *(Peter M. Huber)*
§ 48 Entparlamentarisierung und Auslagerung staatlicher Entscheidungsverantwortung
(Thomas Puhl)
§ 49 Koalitionsvereinbarungen und Koalitionsgremien
(Katharina Gräfin von Schlieffen)

Sechster Teil
Die Staatsorgane des Bundes

I. Der Bundestag

§ 50 Stellung und Aufgaben des Bundestages *(Hans Hugo Klein)*
§ 51 Status des Abgeordneten *(Hans Hugo Klein)*
§ 52 Gliederung und Organe des Bundestages *(Wolfgang Zeh)*

Inhalt aller bislang erschienenen Bände

§ 53 Parlamentarisches Verfahren *(Wolfgang Zeh)*
§ 54 Parlamentsausschüsse *(Max-Emanuel Geis)*
§ 55 Untersuchungsausschuß *(Max-Emanuel Geis)*
§ 56 Der Bundesrechnungshof und andere Hilfsorgane des Bundestages
(Ulrich Hufeld)

II. Der Bundesrat

§ 57 Stellung des Bundesrates im demokratischen Bundesstaat *(Roman Herzog)*
§ 58 Aufgaben des Bundesrates *(Roman Herzog)*
§ 59 Zusammensetzung und Verfahren des Bundesrates *(Roman Herzog)*
§ 60 Der Vermittlungsausschuß *(Winfried Kluth)*

III. Der Bundespräsident

§ 61 Amt und Stellung des Bundespräsidenten in der grundgesetzlichen Demokratie
(Martin Nettesheim)
§ 62 Die Aufgaben des Bundespräsidenten *(Martin Nettesheim)*
§ 63 Die Bundesversammlung und die Wahl des Bundespräsidenten
(Martin Nettesheim)

IV. Die Bundesregierung

§ 64 Aufgaben der Bundesregierung *(Meinhard Schröder)*
§ 65 Bildung, Bestand und parlamentarische Verantwortung der Bundesregierung
(Meinhard Schröder)
§ 66 Innere Ordnung der Bundesregierung *(Steffen Detterbeck)*

V. Das Bundesverfassungsgericht

§ 67 Aufgaben und Stellung des Bundesverfassungsgerichts im Verfassungsgefüge
(Gerd Roellecke)
§ 68 Aufgabe und Stellung des Bundesverfassungsgerichts in der Gerichtsbarkeit
(Gerd Roellecke)
§ 69 Amt, Unbefangenheit und Wahl der Bundesverfassungsrichter
(Uwe Kischel)
§ 70 Zuständigkeiten und Verfahren des Bundesverfassungsgerichts
(Wolfgang Löwer)

Band IV
Aufgaben des Staates

Siebenter Teil
Ziele, Aufgaben und Grenzen des Staates

I. Ziele und Grenzen staatlichen Handelns

§ 71 Gemeinwohl im Verfassungsstaat *(Josef Isensee)*
§ 72 Ziele, Vorbehalte und Grenzen der Staatstätigkeit *(Roman Herzog)*
§ 73 Staatsaufgaben *(Josef Isensee)*
§ 74 Sicherstellungsauftrag *(Hermann Butzer)*
§ 75 Privatisierung *(Martin Burgi)*
§ 76 Wissen als Grundlage staatlichen Handelns *(Bardo Fassbender)*
§ 77 Planung *(Werner Hoppe)*
§ 78 Hoheitskonzept – Wettbewerbskonzept *(Bernd Grzeszick)*
§ 79 Kontinuitätsgewähr und Vertrauensschutz *(Hartmut Maurer)*
§ 80 Öffentlichkeitsarbeit *(Christoph Engel)*

Inhalt aller bislang erschienenen Bände

II. Bereiche staatlichen Handelns

§ 81 Entwicklung der Bevölkerung und Familienpolitik *(Christian Seiler)*
§ 82 Innere Integration *(Arnd Uhle)*
§ 83 Auswärtige Gewalt *(Christian Calliess)*
§ 84 Verteidigung und Bundeswehr *(Ferdinand Kirchhof)*
§ 85 Innere Sicherheit *(Volkmar Götz)*
§ 86 Kultur *(Udo Steiner)*
§ 87 Sport und Freizeit *(Udo Steiner)*
§ 88 Wissenschaft und Technik *(Hans-Heinrich Trute)*
§ 89 Verkehr *(Robert Uerpmann-Wittzack)*
§ 90 Post und Telekommunikation *(Johannes Masing)*
§ 91 Neue Medien – Internet *(Hanno Kube)*
§ 92 Staatliche Verantwortung für die Wirtschaft *(Reiner Schmidt)*
§ 93 Energieversorgung *(Matthias Schmidt-Preuß)*
§ 94 Arbeitsmarkt *(Maximilian Wallerath)*
§ 95 Gesundheitswesen *(Peter Axer)*
§ 96 Daseinsvorsorge und soziale Sicherheit *(Wolfgang Rüfner)*
§ 97 Schutz natürlicher Lebensgrundlagen *(Jürgen Salzwedel)*
§ 98 Wirtschaftliche Betätigung des Staates *(Michael Ronellenfitsch)*

Band V
Rechtsquellen, Organisation, Finanzen

Achter Teil
Mittel staatlichen Handelns

I. Grundlagen

§ 99 Mittel staatlichen Handelns *(Paul Kirchhof)*

II. Staatsfunktionen

1. Rechtsetzen

§ 100 Gesetz und Recht – Die Rechtsquellen im demokratischen Rechtsstaat *(Fritz Ossenbühl)*
§ 101 Vorrang und Vorbehalt des Gesetzes *(Fritz Ossenbühl)*
§ 102 Verfahren der Gesetzgebung *(Fritz Ossenbühl)*
§ 103 Rechtsverordnung *(Fritz Ossenbühl)*
§ 104 Autonome Rechtsetzung der Verwaltung *(Fritz Ossenbühl)*
§ 105 Satzung *(Fritz Ossenbühl)*

2. Regieren und Verwalten

§ 106 Die Bereiche der Regierung und der Verwaltung *(Meinhard Schröder)*
§ 107 Weisungshierarchie und persönliche Verantwortung in der Exekutive *(Wolfgang Loschelder)*
§ 108 Verwaltungsorganisation *(Walter Krebs)*
§ 109 Verwaltungsverfahren *(Eberhard Schmidt-Aßmann)*
§ 110 Der öffentliche Dienst *(Helmut Lecheler)*
§ 111 Die Beauftragten *(Peter J. Tettinger)*

Inhalt aller bislang erschienenen Bände

3. Rechtsprechen

§ 112 Die rechtsprechende Gewalt *(Dieter Wilke)*
§ 113 Der Status des Richters *(Helge Sodan)*
§ 114 Gerichtsorganisation *(Christoph Degenhart)*
§ 115 Gerichtsverfahren *(Christoph Degenhart)*

III. Finanzwesen

§ 116 Grundzüge des Finanzrechts des Grundgesetzes *(Christian Waldhoff)*
§ 117 Geld und Währung *(Reiner Schmidt)*
§ 118 Die Steuern *(Paul Kirchhof)*
§ 119 Nichtsteuerliche Abgaben *(Paul Kirchhof)*
§ 120 Staatshaushalt *(Markus Heintzen)*
§ 121 Wirtschaftlichkeit und Sparsamkeit staatlichen Handelns *(Christoph Gröpl)*
§ 122 Staatsvermögen *(Josef Isensee)*
§ 123 Staatsverschuldung *(Hermann Pünder)*
§ 124 Subventionen *(Jörn Axel Kämmerer)*
§ 125 Finanzierung und Staatsversicherung *(Ferdinand Kirchhof)*

Band VI
Bundesstaat

Neunter Teil
Bundesstaat

I. Grundstruktur des Bundesstaates

§ 126 Idee und Gestalt des Föderalismus im Grundgesetz *(Josef Isensee)*
§ 127 Verfassungshoheit der Länder und bundesstaatliche Verfassungshomogenität *(Armin Dittmann)*
§ 128 Das Verfassungsrecht der Länder in der gesamtstaatlichen Verfassungsordnung *(Richard Bartlsperger)*
§ 129 Strukturen und Institute des Verfassungsrechts der Länder *(Matthias Herdegen)*
§ 130 Verfassungsgerichtsbarkeit der Länder *(Christian Starck)*
§ 131 Bundeshauptstadt *(Eckart Klein)*
§ 132 Neugliederung *(Thomas Würtenberger)*

II. Teilung der Staatsgewalt zwischen Bund und Ländern

§ 133 Die bundesstaatliche Kompetenz *(Josef Isensee)*
§ 134 Zuständigkeitsordnung und Kollisionsrecht im Bundesstaat *(Jost Pietzcker)*
§ 135 Gesetzgebungszuständigkeit *(Hans-Werner Rengeling)*
§ 136 Verwaltungszuständigkeit *(Janbernd Oebbecke)*
§ 137 Rechtsprechungszuständigkeit *(Ansgar Hense)*
§ 138 Finanzzuständigkeit *(Hans Herbert von Arnim)*
§ 139 Finanzhoheit und Finanzausgleich *(Rudolf Wendt)*
§ 140 Mitwirkung der Länder bei der Gesetzgebung *(Michael Anderheiden)*
§ 141 Kooperation im Bundesstaat *(Walter Rudolf)*
§ 142 Die deutschen Länder in der Europäischen Union *(Adelheid Puttler)*

Inhalt aller bislang erschienenen Bände

III. Selbstverwaltung

§ 143 Das Prinzip Selbstverwaltung *(Reinhard Hendler)*
§ 144 Kommunale Selbstverwaltung *(Günter Püttner)*
§ 145 Soziale Selbstverwaltung *(Friedhelm Hase)*
§ 146 Berufliche Selbstverwaltung *(Thomas Mann)*

Band VII
Freiheitsrechte

Zehnter Teil
Freiheitsrechte

I. Physis, Privatheit, Privatautonomie

§ 147 Recht auf Leben und körperliche Unversehrtheit *(Ralf Müller-Terpitz)*
§ 148 Persönlichkeitsrecht *(Hanno Kube)*
§ 149 Schutz der Privatsphäre *(Hans-Detlef Horn)*
§ 150 Privatautonomie *(Josef Isensee)*

II. Räumliche Bewegungsfreiheit

§ 151 Freiheit der Person *(Fabian Wittreck)*
§ 152 Freizügigkeit *(Kay Hailbronner)*
§ 153 Asylrecht *(Albrecht Randelzhofer)*

III. Ehe, Familie, Schule

§ 154 Ehe und Familie *(Jörn Ipsen)*
§ 155 Elternrecht *(Wolfram Höfling)*
§ 156 Schule und außerschulische Erziehung *(Matthias Jestaedt)*

IV. Religion, Kirche, Gewissen

§ 157 Religionsfreiheit *(Axel Freiherr von Campenhausen)*
§ 158 Gewissensfreiheit *(Herbert Bethge)*
§ 159 Grundlagen des Staatskirchenrechts *(Stefan Mückl)*
§ 160 Kirchliche Organisation *(Stefan Mückl)*
§ 161 Freiheit kirchlichen Wirkens *(Stefan Mückl)*

V. Kommunikation

§ 162 Meinungs- und Informationsfreiheit *(Edzard Schmidt-Jortzig)*
§ 163 Freiheit von Presse, Rundfunk, Film *(Martin Bullinger)*
§ 164 Versammlungsfreiheit *(Michael Kloepfer)*
§ 165 Vereinsfreiheit *(Detlef Merten)*

VI. Wissenschaft und Kunst

§ 166 Freiheit von Forschung und Lehre *(Ute Mager)*
§ 167 Freiheit der Kunst *(Andreas von Arnauld)*

VII. Auffangtatbestand

§ 168 Allgemeine Handlungsfreiheit *(Matthias Cornils)*

Inhalt aller bislang erschienenen Bände

Band VIII
Grundrechte: Wirtschaft, Verfahren, Gleichheit

Elfter Teil
Wirtschaft

§ 169 Erwerbsstreben und Maß des Rechts *(Paul Kirchhof)*
§ 170 Freiheit des Berufs *(Rüdiger Breuer)*
§ 171 Staatliche Berufsregelung und Wirtschaftslenkung *(Rüdiger Breuer)*
§ 172 Berufliche Ausbildung *(Sebastian Müller-Franken)*
§ 173 Eigentum *(Walter Leisner)*
§ 174 Erbrecht *(Walter Leisner)*
§ 175 Koalitionsfreiheit *(Rupert Scholz)*

Zwölfter Teil
Rechtsschutz und Staatshaftung

§ 176 Justizgewähranspruch *(Hans-Jürgen Papier)*
§ 177 Rechtsschutzgarantie gegen die öffentliche Gewalt *(Hans-Jürgen Papier)*
§ 178 Rechtliches Gehör im Gerichtsverfahren *(Franz-Ludwig Knemeyer)*
§ 179 Grundrechtliche Garantien im Strafverfahren *(Markus Möstl)*
§ 180 Staatshaftung *(Hans-Jürgen Papier)*

Dreizehnter Teil
Grundrechtliche Gleichheit

§ 181 Allgemeiner Gleichheitssatz *(Paul Kirchhof)*
§ 182 Besondere Gleichheitsgarantien *(Michael Sachs)*
§ 183 Auswirkungen des allgemeinen Gleichheitssatzes auf die Teilrechtsordnungen *(Michael Sachs)*

Band IX
Allgemeine Grundrechtslehren

Vierzehnter Teil
Allgemeine Grundrechtslehren

I. Sinn und Form der Grundrechte

§ 184 Idee der Menschenrechte und Positivität der Grundrechte *(Klaus Stern)*
§ 185 Idee und Elemente eines Systems der Grundrechte *(Klaus Stern)*
§ 186 Angloamerikanischer Einfluß auf die Grundrechtsentwicklung in Deutschland *(Winfried Brugger)*
§ 187 Französischer Einfluß auf die Grundrechtsentwicklung in Deutschland *(Claus Dieter Classen)*
§ 188 Grundrechte und demokratischer Gestaltungsraum *(Martin Kriele)*
§ 189 Grundrechte im Rahmen der Kompetenzordnung *(Klaus F. Gärditz)*
§ 190 Grundrechtsvoraussetzungen und Verfassungserwartungen an die Grundrechtsausübung *(Josef Isensee)*

Inhalt aller bislang erschienenen Bände

II. Rechtswirkungen der Grundrechte

§ 191 Das Grundrecht als Abwehrrecht und als staatliche Schutzpflicht *(Josef Isensee)*
§ 192 Grundrechte als Teilhaberechte, soziale Grundrechte *(Dietrich Murswiek)*
§ 193 Staatliche Hilfe zur Grundrechtsausübung durch Verfahren, Organisation und Finanzierung *(Erhard Denninger)*
§ 194 Solidarität und Freiheit *(Otto Depenheuer)*
§ 195 Grundpflichten und Grundrechte *(Hasso Hofmann)*

III. Die Subjekte der Grundrechte

§ 196 Grundrechtsträger *(Wolfgang Rüfner)*
§ 197 Grundrechtsadressaten *(Wolfgang Rüfner)*
§ 198 Der grundrechtliche Status der Ausländer *(Jörg Gundel)*
§ 199 Anwendung der Grundrechte auf juristische Personen *(Josef Isensee)*

IV. Inhalt und Schranken der Grundrechte

§ 200 Grundrechtlicher Schutzbereich, Grundrechtsausgestaltung und Grundrechtseingriff *(Christian Hillgruber)*
§ 201 Grundrechtsschranken *(Christian Hillgruber)*
§ 202 Grundrechte im Sonderstatus *(Wolfgang Loschelder)*
§ 203 Grundrechtswahrnehmung, Grundrechtsverzicht, Grundrechtsverwirkung *(Herbert Bethge)*

Band X
Deutschland in der Staatengemeinschaft

Fünfzehnter Teil
Menschenrechte in übernationalen Ordnungen

I. Der Mensch in der Staatenwelt

§ 204 Die naturrechtliche Idee überstaatlicher Menschenrechte *(Stephan Kirste)*
§ 205 Staatsangehörigkeit – Unionsbürgerschaft – Völkerrechtssubjektivität *(Stefan Haack)*
§ 206 Diplomatischer und konsularischer Schutz *(Matthias Ruffert)*
§ 207 Schutz vor Auslieferung *(Norman Weiß)*

II. Überstaatliche Garantien der Menschenrechte

§ 208 Gewährleistung der Menschenrechte durch die Vereinten Nationen *(Christian Tomuschat)*
§ 209 Europäische Menschenrechtskonvention *(Angelika Nußberger)*
§ 210 Grundfreiheiten des europäischen Marktes *(Andreas Haratsch)*
§ 211 Grundrechte der Europäischen Union *(Matthias Herdegen)*

III. Minderheitenschutz

§ 212 Status des deutschen Volkszugehörigen und Minderheiten im Ausland *(Eckart Klein)*
§ 213 Schutz der Minderheiten in Deutschland *(Dietrich Murswiek)*

Inhalt aller bislang erschienenen Bände

Sechzehnter Teil
Deutschland in der Europäischen Union
§ 214 Der deutsche Staat im Prozeß der europäischen Integration *(Paul Kirchhof)*
§ 215 Anwendung des europäischen Rechts in Grenzen des Verfassungsrechts *(Ulrich Hufeld)*
§ 216 Verfassungsbindung deutscher Europapolitik *(Wolfgang Durner)*
§ 217 Nationale und internationale Staatsverschuldung *(Kai von Lewinski)*
§ 218 Vollzug des europäischen Rechts durch deutsche Staatsorgane *(Rudolf Streinz)*

Siebzehnter Teil
Der Verfassungsstaat in internationalen Organisationen
§ 219 Deutschland in den Vereinten Nationen *(Rüdiger Wolfrum)*
§ 220 Deutschland in internationalen Fachorganisationen *(Knut Ipsen)*
§ 221 Deutschland in Verteidigungsbündnissen *(Rüdiger Wolfrum)*

Achtzehnter Teil
Nichtstaatliche Organisationen
§ 222 Nationale Organisationen im Ausland *(Claus Dieter Classen)*
§ 223 Nichtregierungsorganisationen *(Klaus W. Grewlich)*

Neunzehnter Teil
Deutschlandrechtliche Verträge
§ 224 Verträge Deutschlands mit den Siegermächten *(Michael Schweitzer)*
§ 225 Innerdeutsche Verträge, insbesondere der Einigungsvertrag *(Peter Badura)*

Verfasser

Professor Dr. *Michael Anderheiden*, Universität Heidelberg
Professor Dr. *Andreas von Arnauld*, Universität Münster
Professor Dr. *Hans Herbert von Arnim*, Deutsche Universität Speyer
Professor Dr. *Peter Axer*, Universität Heidelberg
Professor Dr. *Peter Badura*, Universität München
Professor Dr. *Richard Bartlsperger*, Universität Erlangen
Professor Dr. *Hartmut Bauer*, Universität Potsdam
Professor Dr. *Florian Becker*, Universität zu Kiel
Professor Dr. *Herbert Bethge*, Universität Passau
Professor Dr. Dr. h.c. mult. *Ernst-Wolfgang Böckenförde*, Universität Freiburg
Professor Dr. *Armin von Bogdandy*, Universität Frankfurt am Main
Professor Dr. *Michael Brenner*, Universität Jena
Professor Dr. *Rüdiger Breuer*, Universität Bonn
Professor Dr. *Winfried Brugger* †, Universität Heidelberg
Professor Dr. Dr. h.c. *Georg Brunner* †, Universität zu Köln
Professor Dr. Dr. h.c. *Martin Bullinger*, Universität Freiburg
Professor Dr. *Martin Burgi*, Ruhr-Universität Bochum
Professor Dr. *Hermann Butzer*, Universität Hannover
Professor Dr. *Christian Calliess*, Freie Universität Berlin
Professor Dr. Dr. h.c. *Axel Freiherr von Campenhausen*, Universität Göttingen
Professor Dr. *Claus Dieter Classen*, Universität Greifswald
Professor Dr. *Christian von Coelln*, Universität zu Köln
Professor Dr. *Matthias Cornils*, Universität Mainz
Professor Dr. *Hans-Joachim Cremer*, Universität Mannheim
Professor Dr. *Philipp Dann*, Universität Gießen
Professor Dr. *Hans-Georg Dederer*, Universität Passau
Professor Dr. *Christoph Degenhart*, Universität Leipzig
Professor Dr. Dr. h.c. *Erhard Denninger*, Universität Frankfurt am Main
Professor Dr. *Otto Depenheuer*, Universität zu Köln
Professor Dr. *Steffen Detterbeck*, Universität Marburg
Professor Dr. *Armin Dittmann*, Universität Hohenheim
Professor Dr. Dr. *Rudolf Dolzer*, Universität Bonn
Professor Dr. Dr. *Wolfgang Durner*, Universität Bonn
Professor Dr. *Christoph Engel*, Universität Bonn
Professor Dr. Dr. *Udo Di Fabio*, Universität Bonn
Professor Dr. *Bardo Fassbender*, Universität St. Gallen
Professor Dr. *Klaus Ferdinand Gärditz*, Universität Bonn
Professor Dr. *Max-Emanuel Geis*, Universität Erlangen
Professor Dr. *Volkmar Götz*, Universität Göttingen
Professor Dr. Dr. h.c. *Rolf Grawert*, Ruhr-Universität Bochum
Professor Dr. Dr. *Klaus W. Grewlich* †, Universität Bonn
Professor Dr. Dr. h.c. *Dieter Grimm*, Humboldt-Universität zu Berlin
Professor Dr. *Christoph Gröpl*, Universität des Saarlandes

Verfasser

Professor Dr. *Rolf Gröschner*, Universität Jena
Professor Dr. *Bernd Grzeszick*, Universität Heidelberg
Professor Dr. *Jörg Gundel*, Universität Bayreuth
Professor Dr. *Stefan Haack*, Universität Bonn
Professor Dr. Dr. h.c. mult. *Peter Häberle*, Universität Bayreuth
Professor Dr. *Kay Hailbronner*, Universität Konstanz
Professor Dr. *Andreas Haratsch*, FernUniversität Hagen
Professor Dr. *Friedhelm Hase*, Universität Bremen
Professor Dr. *Markus Heintzen*, Freie Universität Berlin
Professor Dr. *Reinhard Hendler*, Universität Trier
Professor Dr. *Ansgar Hense*, Universität Bonn
Professor Dr. *Matthias Herdegen*, Universität Bonn
Professor Dr. *Roman Herzog*, Deutsche Universität Speyer
Professor Dr. *Christian Hillgruber*, Universität Bonn
Professor Dr. *Stephan Hobe*, Universität zu Köln
Professor Dr. *Wolfram Höfling*, Universität zu Köln
Professor Dr. Dr. h.c. *Hasso Hofmann*, Humboldt-Universität zu Berlin
Professor Dr. *Werner Hoppe* †, Universität Münster
Professor Dr. *Hans-Detlef Horn*, Universität Marburg
Professor Dr. *Ernst Rudolf Huber* †, Universität Göttingen
Professor Dr. *Peter Michael Huber*, Universität München
Professor Dr. *Ulrich Hufeld*, Helmut-Schmidt-Universität Hamburg
Professor Dr. *Jörn Ipsen*, Universität Osnabrück
Professor Dr. Dr. h.c. mult. *Knut Ipsen*, Universität Bochum
Professor Dr. Dres. h.c. *Josef Isensee*, Universität Bonn
Professor Dr. *Matthias Jestaedt*, Universität Freiburg
Professor Dr. *Wolfgang Kahl*, Universität Heidelberg
Professor Dr. *Jörn Axel Kämmerer*, Bucerius Law School Hamburg
Professor Dr. *Jens Kersten*, Universität München
Professor Dr. *Michael Kilian*, Universität Halle-Wittenberg
Professor Dr. *Ferdinand Kirchhof*, Universität Tübingen
Professor Dr. Dres. h.c. *Paul Kirchhof*, Universität Heidelberg
Professor Dr. *Stephan Kirste*, Universität Salzburg
Professor Dr. *Uwe Kischel*, Universität Greifswald
Professor Dr. *Eckart Klein*, Universität Potsdam
Professor Dr. *Hans Hugo Klein*, Universität Göttingen
Professor Dr. *Michael Kloepfer*, Humboldt-Universität zu Berlin
Professor Dr. *Winfried Kluth*, Universität Halle-Wittenberg
Professor Dr. *Franz-Ludwig Knemeyer*, Universität Würzburg
Professor Dr. *Peter Krause*, Universität Trier
Professor Dr. *Walter Krebs*, Freie Universität Berlin
Professor Dr. *Martin Kriele*, Universität zu Köln
Professor Dr. *Hanno Kube*, Universität Mainz
Professor Dr. Dr. h.c. *Philip Kunig*, Freie Universität Berlin
Professor Dr. *Christine Langenfeld*, Universität Göttingen
Professor Dr. *Helmut Lecheler*, Freie Universität Berlin

Verfasser

Professor Dr. *Moris Lehner*, Universität München
Professor Dr. Dr. h.c. mult. *Walter Leisner*, Universität Erlangen
Privatdozent Dr. *Kai von Lewinski*, Humboldt-Universität zu Berlin
Professor Dr. *Wolfgang Loschelder* †, Universität Potsdam
Professor Dr. *Wolfgang Löwer*, Universität Bonn
Professor Dr. *Otto Luchterhandt*, Universität Hamburg
Professor Dr. *Ute Mager*, Universität Heidelberg
Professor Dr. *Thomas Mann*, Universität Göttingen
Professor Dr. *Johannes Masing*, Universität Freiburg
Professor Dr. *Hartmut Maurer*, Universität Konstanz
Professor Dr. *Karl Matthias Meessen*, Universität Jena
Professor Dr. Dr. *Detlef Merten*, Deutsche Universität Speyer
Professor Dr. Dr. h.c. *Hans Meyer*, Humboldt-Universität zu Berlin
Professor Dr. *Markus Möstl*, Universität Bayreuth
Professor Dr. *Stefan Mückl*, Universität Freiburg
Professor Dr. *Sebastian Müller-Franken*, Universität Marburg
Professor Dr. *Ralf Müller-Terpitz*, Universität Passau
Professor Dr. *Dietrich Murswiek*, Universität Freiburg
Professor Dr. *Reinhard Mußgnug*, Universität Heidelberg
Professor Dr. *Martin Nettesheim*, Universität Tübingen
Professor Dr. *Angelika Nußberger*, Universität zu Köln
Professor Dr. *Janbernd Oebbecke*, Universität Münster
Professor Dr. *Stefan Oeter*, Universität Hamburg
Professor Dr. *Christoph Ohler*, Universität Jena
Professor Dr. *Fritz Ossenbühl*, Universität Bonn
Professor Dr. Dres. h.c. *Hans-Jürgen Papier*, Universität München
Professor Dr. *Andreas Paulus*, Universität Göttingen
Professor Dr. *Walter Pauly*, Universität Jena
Professor Dr. *Jost Pietzcker*, Universität Bonn
Professor Dr. *Alexander Proelß*, Universität zu Kiel
Professor Dr. *Thomas Puhl*, Universität Mannheim
Professor Dr. *Hermann Pünder*, Bucerius Law School Hamburg
Professor Dr. *Adelheid Puttler*, Universität Bochum
Professor Dr. Dr. h.c. *Günter Püttner*, Universität Tübingen
Professor Dr. *Helmut Quaritsch* †, Deutsche Universität Speyer
Professor Dr. *Albrecht Randelzhofer*, Freie Universität Berlin
Professor Dr. *Ekkehart Reimer*, Universität Heidelberg
Professor Dr. *Hans-Werner Rengeling*, Universität Osnabrück
Professor Dr. *Gerd Roellecke* †, Universität Mannheim
Professor Dr. *Michael Ronellenfitsch*, Universität Tübingen
Professor Dr. *Walter Rudolf*, Universität Mainz
Professor Dr. *Matthias Ruffert*, Universität Jena
Professor Dr. *Wolfgang Rüfner*, Universität zu Köln
Professor Dr. *Hans Heinrich Rupp*, Universität Mainz
Professor Dr. *Michael Sachs*, Universität zu Köln
Professor Dr. *Jürgen Salzwedel*, Universität Bonn

Verfasser

Professor Dr. *Katharina Gräfin von Schlieffen*, FernUniversität Hagen
Professor Dr. *Reiner Schmidt*, Universität Augsburg
Professor Dr. Dres. h.c. *Eberhard Schmidt-Aßmann*, Universität Heidelberg
Professor Dr. *Edzard Schmidt-Jortzig*, Universität zu Kiel
Professor Dr. *Matthias Schmidt-Preuß*, Universität Bonn
Professor Dr. Dr. h.c. *Walter Schmitt Glaeser*, Universität Bayreuth
Professor Dr. *Hans Schneider* †, Universität Heidelberg
Professor Dr. *Friedrich Schoch*, Universität Freiburg
Professor Dr. *Rupert Scholz*, Universität München
Professor Dr. *Meinhard Schröder*, Universität Trier
Professor Dr. *Michael Schweitzer*, Universität Passau
Professor Dr. *Christian Seiler*, Universität Tübingen
Professor Dr. *Helge Sodan*, Freie Universität Berlin
Professor Dr. *Christian Starck*, Universität Göttingen
Professor Dr. *Udo Steiner*, Universität Regensburg
Professor Dr. Dr. h.c. mult. *Klaus Stern*, Universität zu Köln
Professor Dr. Dr. h.c. mult. *Michael Stolleis*, Universität Frankfurt am Main
Professor Dr. *Rudolf Streinz*, Universität München
Professor Dr. *Peter J. Tettinger* †, Universität zu Köln
Professor Dr. Dr. h.c. *Christian Tomuschat*, Humboldt-Universität zu Berlin
Professor Dr. *Hans-Heinrich Trute*, Universität Hamburg
Professor Dr. *Robert Uerpmann-Wittzack*, Universität Regensburg
Professor Dr. *Arnd Uhle*, Technische Universität Dresden
Professor Dr. Dr. h.c. *Wolfgang Graf Vitzthum*, Universität Tübingen
Professor Dr. Dr. h.c. *Klaus Vogel* †, Universität München
Professor Dr. *Silja Vöneky*, Universität Freiburg
Privatdozent Dr. *Ulrich Vosgerau*, Universität zu Köln
Professor Dr. *Andreas Voßkuhle*, Universität Freiburg
Professor Dr. *Rainer Wahl*, Universität Freiburg
Professor Dr. *Christian Waldhoff*, Humboldt-Universität zu Berlin
Professor Dr. *Christian Walter*, Universität München
Professor Dr. *Maximilian Wallerath*, Universität Greifswald
Privatdozent Dr. *Norman Weiß*, Universität Potsdam
Professor Dr. *Rudolf Wendt*, Universität des Saarlandes
Professor Dr. *Dieter Wilke*, Freie Universität Berlin
Professor Dr. *Fabian Wittreck*, Universität Münster
Professor Dr. Dr. h.c. *Rüdiger Wolfrum*, Universität Heidelberg
Professor Dr. *Thomas Würtenberger*, Universität Freiburg
Professor Dr. Dr. h.c. mult. *Hans F. Zacher*, Universität München
Professor Dr. *Wolfgang Zeh*, Deutsche Universität Speyer

Synopse (Bände)

Die dritte Auflage umfaßt völlig neubearbeitete und erweiterte Bände. Bei der zweiten Auflage handelt es sich um lediglich redaktionell durchgesehene Bände, die keine inhaltliche Änderung gegenüber der ersten Auflage erfahren haben.

Erste u. zweite Auflage	Dritte Auflage
Band I (^{1}1987; ^{2}1995) *Grundlagen von Staat und Verfassung* §§ 1–28	Band I (^{3}2003) *Historische Grundlagen* §§ 1–14
Band II (^{1}1987; ^{2}1998) *Demokratische Willensbildung* *– Staatsorgane des Bundes* §§ 29–56	Band II (^{3}2004) *Verfassungsstaat* §§ 15–32
Band III (^{1}1988; ^{2}1996) *Das Handeln des Staates* §§ 57–86	Band III (^{3}2005) *Demokratie – Bundesorgane* §§ 33–70
Band IV (^{1}1990; ^{2}1999) *Finanzverfassung* *– Bundesstaatliche Ordnung* §§ 87–107	Band IV (^{3}2006) *Aufgaben des Staates* §§ 71–98
Band V (^{1}1992; ^{2}2000) *Allgemeine Grundrechtslehren* §§ 108–127	Band V (^{3}2007) *Rechtsquellen, Organisation, Finanzen* §§ 99–125
Band VI (^{1}1989; ^{2}2001) *Freiheitsrechte* §§ 128–157	Band VI (^{3}2008) *Bundesstaat* §§ 126–146
Band VII (^{1}1992) *Normativität und Schutz der Verfassung* *– Internationale Beziehungen* §§ 158–183	Band VII (^{3}2009) *Freiheitsrechte* §§ 147–168
Band VIII (^{1}1995) *Die Einheit Deutschlands* *– Entwicklung und Grundlagen –* §§ 184–201	Band VIII (^{3}2010) *Grundrechte: Wirtschaft, Verfahren, Gleichheit* §§ 169–183
Band IX (^{1}1997) *Die Einheit Deutschlands* *– Festigung und Übergang –* §§ 202–221	Band IX (^{3}2011) *Allgemeine Grundrechtslehren* §§ 184–203
Band X (^{1}2000) *Gesamtregister*	Band X (^{3}2012) *Deutschland in der Staatengemeinschaft* §§ 204–225
	Band XI (^{3}2013) *Internationale Bezüge* §§ 226–253

Synopse (Beiträge)

Um systematische Veränderungen zwischen den ersten beiden Auflagen einerseits und der vorliegenden Auflage andererseits leichter nachvollziehen zu können, findet der Leser hier zwei Übersichten, die Unterschiede bei Positionen, Autoren oder auch Beitragstiteln anzeigen. Dabei weist die erste Liste von der vorliegenden dritten zur ersten/ zweiten Auflage, die zweite Zusammenstellung deutet in die umgekehrte Richtung. Ablesbar sind jeweils die Bezeichnungen für den Band (römische Ziffer), die Beitragsnummer (§) und der Name des Autors. *Kursivdruck* kennzeichnet einen veränderten Titel des Beitrags bei gleichzeitiger thematischer Entsprechung, ein Fehlzeichen (Ø) wiederum zeigt neue oder weggefallene Artikel an.

3. Auflage			1./2. Auflage			3. Auflage			1./2. Auflage		
I	§ 1	Grimm	Ø			III	§ 43	Voßkuhle	II	§ 36	Brohm
I	§ 2	Wahl	I	§ 1	Wahl	III	§ 44	Brenner	Ø		
I	§ 3	Pauly	Ø			III	§ 45	Meyer	II	§ 37	Meyer
I	§ 4	E. R. Huber	I	§ 2	E. R. Huber	III	§ 46	Meyer	II	§ 38	*Meyer*
I	§ 5	H. Schneider	I	§ 3	H. Schneider	III	§ 47	P. M. Huber	Ø		
I	§ 6	Grawert	I	§ 4	Grawert	III	§ 48	Puhl	Ø		
I	§ 7	Stolleis	I	§ 5	Stolleis	III	§ 49	v. Schlieffen	Ø		
I	§ 8	Mußgnug	I	§ 6	Mußgnug	III	§ 50	H. H. Klein	II	§ 40	H. H. Klein
I	§ 9	Hofmann	I	§ 7	*Hofmann*	III	§ 51	H. H. Klein	II	§ 41	H. H. Klein
I	§ 10	Luchterhandt	Ø			III	§ 52	Zeh	II	§ 42	Zeh
I	§ 11	Brunner	I	§ 10	Brunner	III	§ 53	Zeh	II	§ 43	Zeh
I	§ 12	Kilian	Ø			III	§ 54	Geis	Ø		
I	§ 13	Dolzer	Ø			III	§ 55	Geis	Ø		
I	§ 14	Bauer	Ø			III	§ 56	Hufeld	Ø		
II	§ 15	Isensee	I	§ 13	Isensee	III	§ 57	Herzog	II	§ 44	Herzog
II	§ 16	Grawert	I	§ 14	Grawert	III	§ 58	Herzog	II	§ 45	Herzog
II	§ 17	Randelzhofer	I	§ 15	Randelzhofer	III	§ 59	Herzog	II	§ 46	Herzog
II	§ 18	Vitzthum	I	§ 16	Vitzthum	III	§ 60	Kluth	Ø		
II	§ 19	E. Klein	I	§ 17	E. Klein	III	§ 61	Nettesheim	II	§ 48	*Schlaich*
II	§ 20	P. Kirchhof	I	§ 18	P. Kirchhof	III	§ 62	Nettesheim	II	§ 49	*Schlaich*
II	§ 21	P. Kirchhof	I	§ 19	*P. Kirchhof*	III	§ 63	Nettesheim	II	§ 47	Schlaich
II	§ 22	Häberle	I	§ 20	Häberle	III	§ 64	Schröder	II	§ 50	Schröder
II	§ 23	Gröschner	I	§ 21	Henke	III	§ 65	Schröder	II	§ 51	Schröder
II	§ 24	Böckenförde	I	§ 22	Böckenförde	III	§ 66	Detterbeck	II	§ 52	Achterberg
II	§ 25	Badura	I	§ 23	Badura	III	§ 67	Roellecke	II	§ 53	Roellecke
II	§ 26	Schmidt-Aßmann	I	§ 24	Schmidt-Aßmann	III	§ 68	Roellecke	II	§ 54	Roellecke
II	§ 27	Di Fabio	Ø			III	§ 69	Kischel	II	§ 55	*Geck*
II	§ 28	Zacher	I	§ 25	Zacher	III	§ 70	Löwer	II	§ 56	Löwer
II	§ 29	Jestaedt	I	§ 26	*Kimminich*	IV	§ 71	Isensee	III	§ 57	Isensee
II	§ 30	Vogel	I	§ 27	Vogel	IV	§ 72	Herzog	III	§ 58	Herzog
II	§ 31	Rupp	I	§ 28	Rupp	IV	§ 73	Isensee	III	§ 57	Isensee
II	§ 32	Hillgruber	Ø			IV	§ 74	Butzer	Ø		
III	§ 33	Starck	II	§ 29	Starck	IV	§ 75	Burgi	Ø		
III	§ 34	Böckenförde	II	§ 30	Böckenförde	IV	§ 76	Fassbender	Ø		
III	§ 35	Krause	II	§ 39	Krause	IV	§ 77	Hoppe	III	§ 71	Hoppe
III	§ 36	Depenheuer	Ø			IV	§ 78	Grzeszick	Ø		
III	§ 37	Schoch	Ø			IV	§ 79	Maurer	III	§ 60	Maurer
III	§ 38	Schmitt Glaeser	II	§ 31	Schmitt Glaeser	IV	§ 80	Engel	Ø		
III	§ 39	Langenfeld	II	§ 32	Burmeister	IV	§ 81	Seiler	Ø		
III	§ 40	Kunig	II	§ 33	Kunig	IV	§ 82	Uhle	Ø		
III	§ 41	Horn	II	§ 34	Kaiser	IV	§ 83	Calliess	III	§ 77	Grewe
III	§ 42	Kloepfer	II	§ 35	Kloepfer	IV	§ 84	F. Kirchhof	III	§ 78	F. Kirchhof

Synopse (Beiträge)

3. Auflage	1./2. Auflage	3. Auflage	1./2. Auflage
IV § 85 Götz	III § 79 Götz	VI § 139 Wendt	IV § 104 Wendt
IV § 86 Steiner	III § 86 *Steiner*	VI § 140 Anderheiden	Ø
IV § 87 Steiner	Ø	VI § 141 Rudolf	IV § 105 Rudolf
IV § 88 Trute	Ø	VI § 142 Puttler	Ø
IV § 89 Uerpmann-Wittzack	III § 81 *Steiner*	VI § 143 Hendler	IV § 106 Hendler
		VI § 144 Püttner	IV § 107 Püttner
IV § 90 Masing	III § 81 *Steiner*	VI § 145 Hase	Ø
IV § 91 Kube	Ø	VI § 146 Mann	Ø
IV § 92 Schmidt	III § 83 Schmidt	VII § 147 Müller-Terpitz	VI § 128 Lorenz
IV § 93 Schmidt-Preuß	Ø	VII § 148 Kube	Ø
IV § 94 Wallerath	Ø	VII § 149 Horn	VI § 129 Schmitt Glaeser
IV § 95 Axer	Ø	VII § 150 Isensee	Ø
IV § 96 Rüfner	III § 80 Rüfner	VII § 151 Wittreck	VI § 130 Grabitz
IV § 97 Salzwedel	III § 85 *Salzwedel*	VII § 152 Hailbronner	VI § 131 Hailbronner
IV § 98 Ronellenfitsch	III § 84 Ronellenfitsch	VII § 153 Randelzhofer	VI § 132 Randelzhofer
		VII § 154 P. Ipsen	VI § 133 Lecheler
V § 99 P. Kirchhof	III § 59 P. Kirchhof	VII § 155 Höfling	VI § 134 Zacher
V § 100 Ossenbühl	III § 61 Ossenbühl	VII § 156 Jestaedt	VI § 135 Oppermann
V § 101 Ossenbühl	III § 62 Ossenbühl	VII § 157 v. Campenhausen	VI § 136 v. Campenhausen
V § 102 Ossenbühl	III § 63 Ossenbühl		
V § 103 Ossenbühl	III § 64 Ossenbühl	VII § 158 Bethge	VI § 137 Bethge
V § 104 Ossenbühl	III § 65 Ossenbühl	VII § 159 Mückl	VI § 138 Hollerbach
V § 105 Ossenbühl	III § 66 Ossenbühl	VII § 160 Mückl	VI § 139 Hollerbach
V § 106 Schröder	III § 67 Schröder	VII § 161 Mückl	VI § 140 Hollerbach
V § 107 Loschelder	III § 68 Loschelder	VII § 162 Schmidt-Jortzig	VI § 141 Schmidt-Jortzig
V § 108 Krebs	III § 69 Krebs		
V § 109 Schmidt-Aßmann	III § 70 Schmidt-Aßmann	VII § 163 Bullinger	VI § 142 Bullinger
		VII § 164 Kloepfer	VI § 143 Kloepfer
V § 110 Lecheler	III § 72 Lecheler	VII § 165 Merten	VI § 144 Merten
V § 111 Tettinger	Ø	VII § 166 Mager	VI § 145 Oppermann
V § 112 Wilke	III § 73 Bettermann	VII § 167 v. Arnauld	VI § 146 Denninger
V § 113 Sodan	III § 74 Barbey	VII § 168 Cornils	VI § 152 Erichsen
V § 114 Degenhart	III § 75 Degenhart	VIII § 169 P. Kirchhof	Ø
V § 115 Degenhart	III § 76 Degenhart	VIII § 170 Breuer	VI § 147 Breuer
V § 116 Waldhoff	IV § 87 Vogel	VIII § 171 Breuer	VI § 148 Breuer
V § 117 Schmidt	III § 82 Schmidt	VIII § 172 Müller-Franken	Ø
V § 118 P. Kirchhof	IV § 88 *P. Kirchhof*		
V § 119 P. Kirchhof	IV § 88 *P. Kirchhof*	VIII § 173 Leisner	VI § 149 Leisner
V § 120 Heintzen	IV § 89 Kisker	VIII § 174 Leisner	VI § 150 Leisner
V § 121 Gröpl	Ø	VIII § 175 Scholz	VI § 151 Scholz
V § 122 Isensee	IV § 90 Friauf	VIII § 176 Papier	VI § 153 Papier
V § 123 Pünder	IV § 91 *Friauf*	VIII § 177 Papier	VI § 154 Papier
V § 124 Kämmerer	IV § 92 H. P. Ipsen	VIII § 178 Knemeyer	VI § 155 Knemeyer
V § 125 F. Kirchhof	IV § 93 F. Kirchhof	VIII § 179 Möstl	VI § 156 Hill
VI § 126 Isensee	IV § 98 Isensee	VIII § 180 Papier	VI § 157 Papier
VI § 127 Dittmann	IV § 95 *Maunz*	VIII § 181 P. Kirchhof	V § 124 P. Kirchhof
VI § 128 Bartlsperger	IV § 96 Bartlsperger		V § 125 P. Kirchhof
VI § 129 Herdegen	IV § 97 Herdegen	VIII § 182 Sachs	V § 126 Sachs
VI § 130 Starck	Ø	VIII § 183 Sachs	V § 127 Sachs
VI § 131 E. Klein	Ø	IX § 184 Stern	V § 108 Stern
VI § 132 Würtenberger	Ø	IX § 185 Stern	V § 109 Stern
VI § 133 Isensee	Ø	IX § 186 Brugger	Ø
VI § 134 Pietzcker	IV § 99 Pietzcker	IX § 187 Classen	Ø
VI § 135 Rengeling	IV § 100 Rengeling	IX § 188 Kriele	V § 110 Kriele
VI § 136 Oebbecke	IV § 101 Blümel	IX § 189 Gärditz	Ø
VI § 137 Hense	IV § 102 Blümel	IX § 190 Isensee	V § 115 Isensee
VI § 138 v. Arnim	IV § 103 v. Arnim	IX § 191 Isensee	V § 111 Isensee

XXXI

Synopse (Beiträge)

3. Auflage		1./2. Auflage		3. Auflage		1./2. Auflage	
IX	§ 192 Murswiek	V	§ 112 Murswiek	X	§ 223 Grewlich	Ø	
IX	§ 193 Denninger	V	§ 113 Denninger	X	§ 224 Schweitzer	VIII	§ 190 Schweitzer
IX	§ 194 Depenheuer	Ø		X	§ 225 Badura	VIII	§ 189 Badura
IX	§ 195 Hofmann	V	§ 114 Hofmann	XI	§ 226 Tomuschat	VII	§ 172 Tomuschat
IX	§ 196 Rüfner	V	§ 116 Rüfner	XI	§ 227 Proelß	VII	§ 178 Doehring
IX	§ 197 Rüfner	V	§ 117 Rüfner	XI	§ 228 Vosgerau	Ø	
		V	§ 119 v. Mangoldt	XI	§ 229 Quaritsch	VIII	§ 193 Quaritsch
IX	§ 198 Gundel	V	§ 120 Quaritsch	XI	§ 230 Becker	Ø	
IX	§ 199 Isensee	V	§ 118 Isensee	XI	§ 231 Hobe	Ø	
IX	§ 200 Hillgruber	V	§ 121 Lerche	XI	§ 232 v. Bogdandy	Ø	
IX	§ 201 Hillgruber	V	§ 122 Lerche	XI	§ 233 Kersten	Ø	
IX	§ 202 Loschelder	V	§ 123 Loschelder	XI	§ 234 Puttler	Ø	
IX	§ 203 Bethge	Ø		XI	§ 235 Cremer	VII	§ 173 Steinberger
X	§ 204 Kirste	Ø		XI	§ 236 Vöneky	VII	§ 174 Bernhardt
X	§ 205 Haack	V	§ 119 v. Mangoldt	XI	§ 237 Walter	Ø	
X	§ 206 Ruffert	Ø		XI	§ 238 Ohler	Ø	
X	§ 207 Weiß	Ø		XI	§ 239 v. Coelln	Ø	
X	§ 208 Tomuschat	Ø		XI	§ 240 Becker	Ø	
X	§ 209 Nußberger	Ø		XI	§ 241 Nettesheim	Ø	
X	§ 210 Haratsch	Ø		XI	§ 242 Wolfrum	VII	§ 179 Mosler
X	§ 211 Herdegen	Ø		XI	§ 243 Oeter	VII	§ 177 Doehring
X	§ 212 E. Klein	VIII	§ 200 E. Klein	XI	§ 244 Fassbender	Ø	
X	§ 213 Murswiek	VIII	§ 201 Murswiek	XI	§ 245 Gärditz	Ø	
X	§ 214 P. Kirchhof	VII	§ 183 P. Kirchhof	XI	§ 246 Meessen	Ø	
X	§ 215 Hufeld	Ø		XI	§ 247 Paulus	Ø	
X	§ 216 Durner	Ø		XI	§ 248 Dederer	Ø	
X	§ 217 v. Lewinski	Ø		XI	§ 249 Dann	Ø	
X	§ 218 Streinz	VII	§ 182 Streinz	XI	§ 250 Reimer	Ø	
X	§ 219 Wolfrum	VIII	§ 192 *Wolfrum*	XI	§ 251 Lehner	Ø	
X	§ 220 K. Ipsen	Ø		XI	§ 252 Schmidt	Ø	
X	§ 221 Wolfrum	VII	§ 176 Wolfrum	XI	§ 253 Kahl	Ø	
X	§ 222 Classen	Ø					

1./2. Auflage		3. Auflage		1./2. Auflage		3. Auflage	
I	§ 1 Wahl	I	§ 2 Wahl	I	§ 22 Böckenförde	II	§ 24 Böckenförde
I	§ 2 E. R. Huber	I	§ 4 E. R. Huber	I	§ 23 Badura	II	§ 25 Badura
I	§ 3 H. Schneider	I	§ 5 H. Schneider	I	§ 24 Schmidt-Aßmann	II	§ 26 Schmidt-Aßmann
I	§ 4 Grawert	I	§ 6 Grawert				
I	§ 5 Stolleis	I	§ 7 Stolleis	I	§ 25 Zacher	II	§ 28 Zacher
I	§ 6 Mußgnug	I	§ 8 Mußgnug	I	§ 26 Kimminich	II	§ 29 *Jestaedt*
I	§ 7 Hofmann	I	§ 9 *Hofmann*	I	§ 27 Vogel	II	§ 30 Vogel
I	§ 8 Bernhardt	Ø		I	§ 28 Rupp	II	§ 31 Rupp
I	§ 9 Scholz	Ø		II	§ 29 Starck	III	§ 33 Starck
I	§ 10 Brunner	I	§ 11 Brunner	II	§ 30 Böckenförde	III	§ 34 Böckenförde
I	§ 11 Ress	Ø		II	§ 31 Schmitt Glaeser	III	§ 38 Schmitt Glaeser
I	§ 12 Dolzer	Ø					
I	§ 13 Isensee	II	§ 15 Isensee	II	§ 32 Burmeister	III	§ 39 Langenfeld
I	§ 14 Grawert	II	§ 16 Grawert	II	§ 33 Kunig	III	§ 40 Kunig
I	§ 15 Randelzhofer	II	§ 17 Randelzhofer	II	§ 34 Kaiser	III	§ 41 Horn
I	§ 16 Vitzthum	II	§ 18 Vitzthum	II	§ 35 Kloepfer	III	§ 42 Kloepfer
I	§ 17 E. Klein	II	§ 19 E. Klein	II	§ 36 Brohm	III	§ 43 Voßkuhle
I	§ 18 P. Kirchhof	II	§ 20 P. Kirchhof	II	§ 37 Meyer	III	§ 45 Meyer
I	§ 19 P. Kirchhof	II	§ 21 *P. Kirchhof*	II	§ 38 Meyer	III	§ 46 *Meyer*
I	§ 20 Häberle	II	§ 22 Häberle	II	§ 39 Krause	III	§ 35 Krause
I	§ 21 Henke	II	§ 23 Gröschner	II	§ 40 H. H. Klein	III	§ 50 H. H. Klein

Synopse (Beiträge)

1./2. Auflage		3. Auflage		1./2. Auflage		3. Auflage	
II § 41	H. H. Klein	III § 51	H. H. Klein	IV § 92	H. P. Ipsen	V § 124	Kämmerer
II § 42	Zeh	III § 52	Zeh	IV § 93	F. Kirchhof	V § 125	F. Kirchhof
II § 43	Zeh	III § 53	Zeh	IV § 94	Maunz	VI § 127	*Dittmann*
II § 44	Herzog	III § 57	Herzog	IV § 95	Maunz	VI § 127	*Dittmann*
II § 45	Herzog	III § 58	Herzog	IV § 96	Bartlsperger	VI § 128	Bartlsperger
II § 46	Herzog	III § 59	Herzog	IV § 97	Herdegen	VI § 129	Herdegen
II § 47	Schlaich	III § 63	Nettesheim	IV § 98	Isensee	VI § 126	Isensee
II § 48	Schlaich	III § 61	*Nettesheim*	IV § 99	Pietzcker	VI § 134	Pietzcker
II § 49	Schlaich	III § 62	*Nettesheim*	IV § 100	Rengeling	VI § 135	Rengeling
II § 50	Schröder	III § 64	Schröder	IV § 101	Blümel	VI § 136	Oebbecke
II § 51	Schröder	III § 65	Schröder	IV § 102	Blümel	VI § 137	Hense
II § 52	Achterberg	III § 66	Detterbeck	IV § 103	v. Arnim	VI § 138	v. Arnim
II § 53	Roellecke	III § 67	Roellecke	IV § 104	Wendt	VI § 139	Wendt
II § 54	Roellecke	III § 68	Roellecke	IV § 105	Rudolf	VI § 141	Rudolf
II § 55	Geck	III § 69	*Kischel*	IV § 106	Hendler	VI § 143	Hendler
II § 56	Löwer	III § 70	Löwer	IV § 107	Püttner	VI § 144	Püttner
III § 57	Isensee	IV § 71	Isensee	V § 108	Stern	IX § 184	Stern
		IV § 73	Isensee	V § 109	Stern	IX § 185	Stern
III § 58	Herzog	IV § 72	Herzog			IX § 186	Brugger
III § 59	P. Kirchhof	V § 99	P. Kirchhof			IX § 187	Classen
III § 60	Maurer	IV § 79	Maurer	V § 110	Kriele	IX § 188	Kriele
III § 61	Ossenbühl	V § 100	Ossenbühl			IX § 189	Gärditz
III § 62	Ossenbühl	V § 101	Ossenbühl	V § 111	Isensee	IX § 191	Isensee
III § 63	Ossenbühl	V § 102	Ossenbühl	V § 112	Murswiek	IX § 192	Murswiek
III § 64	Ossenbühl	V § 103	Ossenbühl	V § 113	Denninger	IX § 193	Denninger
III § 65	Ossenbühl	V § 104	Ossenbühl			IX § 194	Depenheuer
III § 66	Ossenbühl	V § 105	Ossenbühl	V § 114	Hofmann	IX § 195	Hofmann
III § 67	Schröder	V § 106	Schröder	V § 115	Isensee	IX § 190	Isensee
III § 68	Loschelder	V § 107	Loschelder	V § 116	Rüfner	IX § 196	Rüfner
III § 69	Krebs	V § 108	Krebs	V § 117	Rüfner	IX § 197	Rüfner
III § 70	Schmidt-Aßmann	V § 109	Schmidt-Aßmann	V § 118	Isensee	IX § 199	Isensee
				V § 119	v. Mangoldt	X § 205	Haack
III § 71	Hoppe	IV § 77	Hoppe	V § 120	Quaritsch	IX § 198	Gundel
III § 72	Lecheler	V § 110	Lecheler	V § 121	Lerche	IX § 200	Hillgruber
III § 73	Bettermann	V § 112	Wilke	V § 122	Lerche	IX § 201	Hillgruber
III § 74	Barbey	V § 113	Sodan	V § 123	Loschelder	IX § 202	Loschelder
III § 75	Degenhart	V § 114	Degenhart			IX § 203	Bethge
III § 76	Degenhart	V § 115	Degenhart	V § 124	P. Kirchhof	VIII § 181	P. Kirchhof
III § 77	Grewe	IV § 83	Calliess	V § 125	P. Kirchhof	VIII § 181	P. Kirchhof
III § 78	F. Kirchhof	IV § 84	F. Kirchhof	V § 126	Sachs	VIII § 182	Sachs
III § 79	Götz	IV § 85	Götz	V § 127	Sachs	VIII § 183	Sachs
III § 80	Rüfner	IV § 96	Rüfner	VI § 128	Lorenz	VII § 147	Müller-Terpitz
III § 81	Steiner	IV § 89	*Uerpmann-Wittzack*	VI § 129	Schmitt Glaeser	VII § 149	Horn
				VI § 130	Grabitz	VII § 151	Wittreck
		IV § 90	*Masing*	VI § 131	Hailbronner	VII § 152	Hailbronner
III § 82	Schmidt	IV § 117	Schmidt	VI § 132	Randelzhofer	VII § 153	Randelzhofer
III § 83	Schmidt	IV § 92	Schmidt	VI § 133	Lecheler	VII § 154	J. Ipsen
III § 84	Ronellenfitsch	IV § 98	Ronellenfitsch	VI § 134	Zacher	VII § 155	Höfling
				VI § 135	Oppermann	VII § 156	*Jestaedt*
III § 85	Salzwedel	IV § 97	*Salzwedel*	VI § 136	v. Campenhausen	VII § 157	v. Campenhausen
III § 86	Steiner	IV § 86	*Steiner*	VI § 137	Bethge	VII § 158	Bethge
IV § 87	Vogel	V § 116	Waldhoff	VI § 138	Hollerbach	VII § 159	Mückl
IV § 88	P. Kirchhof	V § 118	*P. Kirchhof*	VI § 139	Hollerbach	VII § 160	*Mückl*
		V § 119	*P. Kirchhof*	VI § 140	Hollerbach	VII § 161	Mückl
IV § 89	Kisker	V § 120	Heintzen	VI § 141	Schmidt-Jortzig	VII § 162	Schmidt-Jortzig
IV § 90	Friauf	V § 122	Isensee				
IV § 91	Friauf	V § 123	Pünder				

XXXIII

Synopse (Beiträge)

1./2. Auflage	3. Auflage	1./2. Auflage	3. Auflage
VI § 142 Bullinger	VII § 163 Bullinger	VI § 156 Hill	VIII § 179 Möstl
VI § 143 Kloepfer	VII § 164 Kloepfer	VI § 157 Papier	VIII § 180 Papier
VI § 144 Merten	VII § 165 Merten	VII § 172 Tomuschat	XI § 226 Tomuschat
VI § 145 Oppermann	VII § 166 Mager	VII § 173 Steinberger	XI § 235 Cremer
VI § 146 Denninger	VII § 167 v. Arnauld	VII § 174 Bernhardt	XI § 236 Vöneky
	VIII § 169 P. Kirchhof	VII § 176 Wolfrum	X § 221 Wolfrum
VI § 147 Breuer	VIII § 170 Breuer	VII § 177 Doehring	XI § 243 Oeter
VI § 148 Breuer	VIII § 171 Breuer	VII § 178 Doehring	XI § 227 Proelß
	VIII § 172 Müller-Franken	VII § 179 Mosler	XI § 242 Wolfrum
		VII § 182 Streinz	X § 218 Streinz
VI § 149 Leisner	VIII § 173 Leisner	VII § 183 P. Kirchhof	X § 214 P. Kirchhof
VI § 150 Leisner	VIII § 174 Leisner	VII § 189 Badura	X § 225 Badura
VI § 151 Scholz	VIII § 175 Scholz	VII § 190 Schweitzer	X § 224 Schweitzer
VI § 152 Erichsen	VII § 168 Cornils	VII § 192 Wolfrum	X § 219 *Wolfrum*
VI § 153 Papier	VIII § 176 Papier	VIII § 193 Quaritsch	XI § 229 Quaritsch
VI § 154 Papier	VIII § 177 Papier	VII § 200 E. Klein	X § 212 E. Klein
VI § 155 Knemeyer	VIII § 178 Knemeyer	VII § 201 Murswiek	X § 213 Murswiek

Abkürzungsverzeichnis

a. A.	anderer Ansicht
a. a. O.	am angegebenen Ort
Abg.	Abgeordnete(r)
ABGB	Allgemeines Bürgerliches Gesetzbuch für Österreich
ABl	Amtsblatt
ABlEG	Amtsblatt der Europäischen Gemeinschaften 1) mit Kürzel C: Mitteilungen und Bekanntmachungen (ab 2003 C 25: Amtsblatt der Europäischen Union – ABlEU) 2) mit Kürzel L: Rechtsvorschriften (ab 2003 L 27: Amtsblatt der Europäischen Union – ABlEU)
ABlEU	mit Kürzel L: Rechtsvorschriften (bis 2003 L 26: Amtsblatt der Europäischen Gemeinschaften – ABlEG)
Abs.	Absatz
Abschn.	Abschnitt
abw. M.	abweichende Meinung
ACP-EU Partnership Agreement	Partnership Agreement between the States of the African, Caribbean and Pacific Group of States and the European Union
ACTA	Anti-Counterfeiting Trade Agreement (Anti-Produktpiraterie-Handelsabkommen)
Add.	1) Addendum, Addenda 2) Addition
AdG	Archiv der Gegenwart
A-Drs.	Ausschuß-Drucksachen
a. E.	am Ende
AEMR	Allgemeine Erklärung der Menschenrechte
AETR	Accord européen relatif au travail des equipages des véhicules effectuant des transports internationaux par route (Europäisches Übereinkommen über die Arbeit der im internationalen Straßenverkehr beschäftigten Fahrzeugbesatzungen)
AEUV	Vertrag über die Arbeitsweise der Europäischen Union
a. F.	alte Fassung
AG	1) Amtsgericht 2) Aktiengesellschaft 3) Die Aktiengesellschaft (Zeitschrift für das gesamte Aktienwesen, für deutsches, europäisches und internationales Unternehmens- und Kapitalmarktrecht)
AJIL	American Journal of International Law

Abkürzungsverzeichnis

AK-GG	Kommentar zum Grundgesetz für die Bundesrepublik Deutschland, 1. und 2. Auflage hg. v. Rudolf Wassermann, 2 Bde., ²1989 (¹1984); 3. Auflage hg. v. Erhard Denninger/Wolfgang Hoffmann-Riem/Hans-Peter Schneider/Ekkehard Stein, ³2001, Loseblatt
AKP-Länder	Staaten in Afrika, der Karibik und der Pazifikregion, die mit der Europäischen Union ein Abkommen über Entwicklungszusammenarbeit abgeschlossen haben
AKP-Staaten	Staaten in Afrika, der Karibik und der Pazifikregion, die mit der Europäischen Union ein Abkommen über Entwicklungszusammenarbeit abgeschlossen haben
allg.	allgemein
Alt.	Alternative
a. M.	1) anderer Meinung 2) am Main
Am. Econ. Ass.	American Economic Association
ÄndRL	Änderungsrichtlinie
ÄndV	Änderungsverordnung
Anh.	Anhang
Anm.	Anmerkung(en)
AnwBl	Anwaltsblatt
AO	Abgabenordnung
AöR	Archiv des öffentlichen Rechts
app.	Application
ARPANET	Advanced Research Projects Agency Network
APuZ	Aus Politik und Zeitgeschichte
ArchVR	Archiv des Völkerrechts
Art.	Artikel
ASA	Archiv für Schweizerisches Abgabenrecht
AStG	Außensteuergesetz
ATDG	Gesetz zur Errichtung einer standardisierten zentralen Antiterrordatei von Polizeibehörden und Nachrichtendiensten von Bund und Ländern
AtG	Atomgesetz (Gesetz über die friedliche Verwendung der Kernenergie und den Schutz gegen ihre Gefahren)
ATRIP	Advancement of Teaching and Research in Intellectual Property
ATS	Alien Tort Statute
AU	Afrikanische Union
AufenthG	Aufenthaltsgesetz (Gesetz über den Aufenthalt, die Erwerbstätigkeit und die Integration von Ausländern im Bundesgebiet)
ausf.	ausführlich
AuslR	Ausländerrecht

Abkürzungsverzeichnis

AVAG	Anerkennungs und Vollstreckungsausführungsgesetz (Gesetz zur Ausführung zwischenstaatlicher Verträge und zur Durchführung von Verordnungen und Abkommen der Euopäischen Gemeinschaft auf dem Gebiet der Anerkennung und Vollstreckung in Zivil- und Handelssachen)
AVG	Angestelltenversicherungsgesetz
AVR	Archiv des Völkerrechts
AWACS	Airborne early Warning and Control System (Frühwarnsystem der NATO)
AWD	Außenwirtschaftsdienst des Betriebs-Beraters
AWG	Außenwirtschaftsgesetz
AWZ	ausschließliche Wirtschaftszone
Az.	Aktenzeichen
Bad.-Württ.	Baden-Württemberg
Bad.-Württ.GVBl	Gesetzes- und Verordnungsblatt von Baden-Württemberg
BaFin	Bundesanstalt für Finanzdienstleistungsaufsicht
BayDSG	Bayerisches Datenschutzgesetz
BayGVBl	Bayerisches Gesetzes- und Verordnungsblatt
BayKommZG	Bayerisches Gesetz über die kommunale Zusammenarbeit
BayVBl	Bayerische Verwaltungsblätter
BayVGH	Bayerischer Verwaltungsgerichtshof
BB	Der Betriebs-Berater
BBankG	Gesetz über die Deutsche Bundesbank
BDGVR	Berichte der Deutschen Gesellschaft für Völkerrecht
BDSG	Bundesdatenschutzgesetz (Gesetz zum Schutz vor Mißbrauch personenbezogener Daten bei der Datenverarbeitung)
Begr.	1) Begründung 2) Begründer
BEPS	Base Erosion and Profit Shifting
ber.	berichtigt
bes.	besonders
Beschl.	Beschluß
betr.	betreffend
BFH	Bundesfinanzhof
BFHE	Sammlung der Entscheidungen des Bundesfinanzhofs
BFH/NV	Sammlung amtlich nicht veröffentlicher Entscheidungen des Bundesfinanzhofs
BGB	Bürgerliches Gesetzbuch
BGBl	Bundesgesetzblatt
BGH	Bundesgerichtshof
BGHSt	Entscheidungen des Bundesgerichtshofs in Strafsachen

BGHZ	Entscheidungen des Bundesgerichtshofs in Zivilsachen
BHO	Bundeshaushaltsordnung
BIFD	Bulletin for International Fiscal Documentation
BImSchG	Bundes-Immissionsschutzgesetz (Gesetz zum Schutz vor schädlichen Umwelteinwirkungen durch Luftverunreinigungen, Geräusche, Erschütterungen und ähnliche Vorgänge)
BIP	Bruttoinlandsprodukt
BIS	Bank for International Settlements
BIT	Bilateral Investment Treaties
BIZ	Bank für Internationalen Zahlungsausgleich
BK	Kommentar zum Bonner Grundgesetz (Bonner Kommentar), Loseblatt
BKR	Zeitschrift für Bank- und Kapitalmarkt
Bl.	Blatt
BMF	Bundesminister der Finanzen
BMJ	Bundesminister der Justiz
BMZ	Bundesministerium für wirtschaftliche Zusammenarbeit und Entwicklung
BP	Bank Procedure
BRD	Bundesrepublik Deutschland
BR-Drs	Drucksachen des Bundesrates
BReg	Bundesregierung
BRICS-Staaten	Vereinigung von Staaten bestehend aus Brasilien, Rußland, Indien, China und Südafrika
Brit. Yb. Int. Law	British Yearbook of International Law
BSGE	Entscheidungen des Bundessozialgerichts
BStBl	Bundessteuerblatt
BT	1) Deutscher Bundestag 2) Besonderer Teil
BT-Drs	Drucksachen des Deutschen Bundestages
Buchst.	Buchstabe
BullBReg	Bulletin des Presse- und Informationsamtes der Bundesregierung (bis 1990)
BullEG	Bulletin der Europäischen Gemeinschaften
B.V.	Besloten Vennootschap (niederländische Unternehmensform)
BvE	Aktenzeichen des BVerfG: Organstreitverfahren (gemäß Art. 93 Abs. 1 Nr. 1 GG)
BVerfG	Bundesverfassungsgericht
BVerfGE	Entscheidungen des Bundesverfassungsgerichts, amtliche Sammlung
BVerfGG	Bundesverfassungsgerichtsgesetz (Gesetz über das Bundesverfassungsgericht)
BVerfG (K)	Kammerentscheidung des Bundesverfassungsgerichts

Abkürzungsverzeichnis

BVerfGK	Kammerentscheidungen des Bundesverfassungsgerichts. Eine Auswahl (hg. vom Verein der Richter des Bundesverfassungsgerichts)
BVerwG	Bundesverwaltungsgericht
BVerwGE	Entscheidungen des Bundesverwaltungsgerichts (amtliche Sammlung)
BvR	Aktenzeichen des BVerfG: Verfassungsbeschwerden (gemäß Art. 93 Abs. 1 Nr. 4a, 4b GG)
CCPR	International Covenant on Civil and Political Rights (Internationaler Pakt über bürgerliche und politische Rechte), IPbürgR
CCPR-Kommentar	Manfred Nowak (Hg.), UNO-Pakt über bürgerliche und politische Rechte und Fakultativprotokoll, CCPR-Kommentar, Kehl/Straßburg/Arlington, 1989
CD	Council of Europe – Conseil de l'Europe: Collection of Decision of the European Commission of Human Right – Recueil des Décisions de la Commission Européenne des Droits de l'Homme, amtliche Sammlung der Europäischen Menschenrechtskommission
CDE	Cahiers de Droit Européen
CDFI	Community Development Financial Institutions
CDU	Christlich Demokratische Union
CEBS	Committee of European Banking Supervisors
CEIOPS	Committee of European Insurance and Occupational Pensions Supervisors
CESCR	Committee on Economic, Social and Cultural Rights (UN-Ausschuß für wirtschaftliche, soziale und kulturelle Rechte)
CESL	Common European Sales Law
CESR	Committee of European Securities Regulators (Ausschuß der europäischen Wertpapierregulierungsbehörden)
chap.	chapter; chapitre (Abschnitt, Kapitel)
Cir.	Circuit
CJIL	Connecticut Journal of International Law
CMLRev	Common Market Law Review
CNS	Konsultationsverfahren
Co.	1) Companion 2) Compagnie
Colum. J. World Bus.	Columbia Journal of World Business
COM	Report from the Commission to the European Parliament and the Council
CONF.	Conference
CONV	Konventsdokument

Abkürzungsverzeichnis

Corp.	Corporation
Corr.	1) Correction 2) corrected
CPJI	Cour permanente de Justice internationale (Ständiger Internationaler Gerichtshof)
CR	Computer und Recht
CRD	Capital Requirements Directive
CSDP	Gemeinsame Sicherheits- und Verteidigungspolitik (Common Security and Defence Policy)
CSS	Centre for Security Studies
CSSR	Ceskoslovenská Socialistická Republika (Tschechoslowakische Sozialistische Republik, Tschechoslowakei)
CSU	Christlich Soziale Union
DB	Der Betrieb
DBA	Doppelbesteuerungsabkommen (Abkommen zur Vermeidung der Doppelbesteuerung)
d. Bek.	der Bekanntmachung
D.C.	District of Columbia
DCI	Development Cooperation Instrument
DCI-Verordnung	Verordnung des Europäischen Parlaments und des Rates zur Schaffung eines Finanzierungsinstruments für die Entwicklungszusammenarbeit
DDR	Deutsche Demokratische Republik
DED	Deutscher Entwicklungsdienst
ders.	derselbe
DFGT	Deutscher Finanzgerichtstag
DGVR	Deutsche Gesellschaft für Völkerrecht
d.h.	das heißt
dies.	dieselbe, dieselben
diff.	differenzierend
DISCs	Domestic International Sales Corporations
Diss.	Dissertation
DJT	Deutscher Juristentag
DJZ	Deutsche Juristenzeitung
DM	Deutsche Mark
doc.	document (Dokument)
DÖV	Die Öffentliche Verwaltung
DP	Deutsche Partei
Dreier	Horst Dreier (Hg.), Grundgesetz Kommentar, Bd. I, 1996, ^{2}2004; Bd. II, 1998, ^{2}2006; Bd. III, 2000, ^{2}2008
Drucks.	Drucksache
DStR	Deutsches Steuerrecht
DStRE	Deutsches Steuerrecht Entscheidungsdienst

Abkürzungsverzeichnis

DSU	1) Deutsche Soziale Union
	2) Dispute Settlement Understanding (Streitschlichtungsabkommen)
DV	Deutsche Verwaltung
DVBl	Deutsches Verwaltungsblatt
DVP	Deutsche Verwaltungspraxis
EA	Europa-Archiv
EAD	Europäischer Auswärtiger Dienst
EAEG	Einlagesicherungs- und Anlegerentschädigungsgesetz
EAG	Europäische Atom-Gemeinschaft
EAGV	Vertrag über die Gründung der Europäischen Atom-Gemeinschaft (EAG)
EBA	1) Europäische Behörde für Bankenaufsicht
	2) Euro Banking Association
ebd.	ebenda
EBRD	European Bank for Reconstruction and Development
ECCC	Extraordinary Chambers in the Courts of Cambodia
ECJ	European Court of Justice
ECOFIN-Rat	Rat der Wirtschafts- und Finanzminister
E-Commerce	Electronic Commerce
ECOSOC	Economic and Social Council of the United Nations (Wirtschafts- und Sozialrat der Vereinten Nationen)
Ed.; ed.	Edition; edition (Auflage); edited (herausgegeben); editor (Herausgeber)
EEA	Einheitliche Europäische Akte
EEF	Europäischer Entwicklungsfonds
EFSF	Europäische Finanzstabilisierungsfazilität
EFSM	Europäischer Finanzstabilisierungsmechanismus
EFWZ	Europäische Fonds für währungspolitische Zusammenarbeit
EG	1) Europäische Gemeinschaft(en)
	2) Einführungsgesetz
EGAHiG	Gesetz zur Durchführung der EG-Richtlinie über die gegenseitige Amtshilfe im Bereich der direkten Steuern, bestimmter Verbrauchssteuern und der Steuern auf Versicherungsprämien
EG-AmtshG	EG-Amtshilfegesetz
EGBGB	Einführungsgesetz zum Bürgerlichen Gesetzbuch
EGKS	Europäische Gemeinschaft für Kohle und Stahl
EGMR	Europäischer Gerichtshof für Menschenrechte
EGV	Vertrag zur Gründung der Europäischen Gemeinschaft vom 25. März 1957 (i.d.F. des Vertrages über die Europäische Union vom 7. Februar 1992)
EGWbR	Europäisches Wettbewerbsrecht

Abkürzungsverzeichnis

EIOPA	Europäische Aufsichtsbehörde für das Versicherungswesen und die betriebliche Altersvorsorge
Einl.	Einleitung
EITI	Extractive Industries Transparency Initiative
EJIL	European Journal of International Law
EJJ	Extended Jurisdiction Juvenile
EL	Ergänzungslieferung
ELJ	1) European Law Journal
	2) Electronic Law Journal
ELRev.	European Law Review
EMAS	Eco-Managment and Audit Scheme (dt. Umwelt-Audit)
EMRK	Europäische Menschenrechtskonvention (Europäische Konvention zum Schutz der Menschenrechte und Grundfreiheiten)
endg.	endgültig
Entsch.	Entscheidung
EntwVerwR	Entwicklungsverwaltungsrecht
EPIL	Encyclopedia of Public International Law. Published under the auspices of the Max Planck Institute for Comparative Public Law and International Law, Neuausgabe, Amsterdam/New York/Oxford
EPL	European Public Law
EPZ	Europäische Politische Zusammenarbeit
ErbStG	Erbschaftsteuer- und Schenkungsteuergesetz
Erl.	Erläuterung
ERP	European Recovery Program (Marshall Plan)
Erstb.	Erstbearbeitung
ESDP	European Security and Defence Policy (Europäische Sicherheits- und Verteidigungspolitik)
ESFS	Europäisches Finanzaufsichtssystem
ESM	Europäischer Stabilitätsmechanismus
ESMA	European Securities and Markets Authority (Europäische Wertpapier- und Marktaufsichtsbehörde)
ESMV	Vertrag über die Einrichtung eines Europäischen Stabilitätsmechanismus
ESRB	European Systemic Risk Board (Europäischer Ausschuß für Systemrisiken)
EStAL	European State Aid Law Quarterly
EStG	Einkommensteuergesetz
ESVP	Europäische Sicherheits- und Verteidigungspolitik
ESZB	Europäisches System der Zentralbanken
ETI	Extraterritorial Income Exclusion Act
ETS	European Treaty Series (Veröffentlichungsreihe für Konventionen des Europarates)

Abkürzungsverzeichnis

EU	Europäische Union
EUBstG	EU-Bestechungsgesetz
EUBeitrG	Gesetz über die Durchführung der Amtshilfe bei der Beitreibung von Forderungen in bezug auf bestimmte Steuern, Abgaben und sonstige Maßnahmen zwischen den Mitgliedstaaten der Europäischen Union
EuG	Europäisches Gericht erster Instanz
EuGFVO	Verordnung zur Einführung eines europäischen Verfahrens für geringfügige Forderungen
EuGH	Gerichtshof der Europäischen Gemeinschaften
EuGRZ	Europäische Grundrechte-Zeitschrift
EuGVVO	Verordnung über die gerichtliche Zuständigkeit und die Anerkennung und Vollstreckung von Entscheidungen in Zivil- und Handelssachen
EuHbG	Europäisches Haftbefehlsgesetz
EuMahnVO	Europäische Mahnverfahrensordnung
EuR	1) Europarecht 2) Europarecht (Zeitschrift)
Eur. J. Pol. Economy	European Journal of Political Economy
EURO 1	Zahlungssystem der EBA für Großgeldbeträge
EUROPOL	Europäisches Polizeiamt
EUROSAI	European Organization of Supreme Audit Authorities
euroSIC	Euro Swiss Interbank Clearing (Schweizer Zahlungssystem für die Abwicklung von Zahlungen in EURO)
EurUP	Zeitschrift für Europäisches Umwelt- und Planungsrecht
EUV	Vertrag über die Europäische Union
EuVTVO	Verordnung (EG) Nr. 805/2004 zur Einführung eines euopäischen Vollstreckungstitels für unbestrittene Forderungen
EUZBBG	Gesetz über die Zusammenarbeit von Bundesregierung und Deutschem Bundestag in Angelegenheiten der Europäischen Union
EUZBLG	Gesetz über die Zusammenarbeit von Bund und Ländern in Angelegenheiten der Europäischen Union
EuZVO	Verordnung (EG) über die Zustellung gerichtlicher und außergerichtlicher Schriftstücke in Zivil- oder Handelssachen in den Mitgliedstaaten
EuZW	Europäische Zeitschrift für Wirtschaftsrecht
e.V.	eingetragener Verein
EVG	Europäische Verteidigungsgemeinschaft
EvStL	Evangelisches Staatslexikon, hg. v. Werner Heun/Martin Honecker/Martin Morlok/Joachim Wieland, 2006
EWG	Europäische Wirtschaftsgemeinschaft
EWGV	Vertrag zur Gründung der Europäischen Wirtschaftsgemeinschaft

Abkürzungsverzeichnis

EWR	Europäischer Wirtschaftsraum
EWS	1) Europäisches Wirtschafts- und Steuerrecht
	2) Europäisches Währungssystem
EWU	Europäische Währungsunion
EZ	Entwicklungszusammenarbeit
EZB	Europäische Zentralbank
FamFG	Gesetz über das Verfahren in Familiensachen und in den Angelegenheiten der freiwilligen Gerichtsbarkeit
FamRZ	Zeitschrift für das gesamte Familienrecht
FAO	Food and Agriculture Organization of the United Nations (Ernährungs- und Landwirtschaftsorganisation der Vereinten Nationen)
FAZ	Frankfurter Allgemeine Zeitung
FDP	Freie Demokratische Partei
FeV	Fahrerlaubnisverordnung
FFH	Flora-Fauna-Habitat
FG	1) Finanzgericht
	2) Festgabe
FG-BVerfG	Bundesverfassungsgericht und Grundgesetz. Festgabe aus Anlaß des 25-jährigen Bestehens des Bundesverfassungsgerichts, hg. v. Christian Starck, 2 Bde., 1976
FGO	Finanzgerichtsordnung
FinArch	Finanzarchiv
FIFA	Fédération Internationale de Football Association (Internationale Föderation des Verbandsfußballs)
FII	Franked Investment Income
FinDAG	Gesetz über die Bundesanstalt für Finanzdienstleistungsaufsicht
Fn.	Fußnote (Fußnote aus anderen Texten als dem HStR; ↔ N)
FR	Finanzrundschau
FRONTEX	Europäische Agentur für die operative Zusammenarbeit an den Außengrenzen (frontières extérieures)
FRV	Verfassung des Deutschen Reichs vom 28. März 1849 (Frankfurter Reichsverfassung, Paulskirchenverfassung)
FS	Festschrift
FSCs	Foreign Sales Corporations
FSF	Financial Stability Forum
FTAIA	Foreign Trade Antitrust Improvements Act
FZ	Finanzielle Zusammenarbeit
G	Gesetz
G8	Gruppe der Acht (Supranationale Vereinigung der sieben führenden Industrienationen und Rußlands)

Abkürzungsverzeichnis

G 10	Gesetz zu Art. 10 Grundgesetz (Gesetz zur Beschränkung des Brief-, Post- und Fernmeldegeheimnisses)
GA	Archiv für Strafrecht und Strafprozeß, begründet von Goltdammer
GA Res.	Resolution of the United Nations General Assembly (Resolution der Generalversammlung der Vereinten Nationen)
GASP	Gemeinsame Außen- und Sicherheitspolitik
GATS	General Agreement on Trade in Services (Allgemeines Dienstleistungsabkommen)
GATT	General Agreement on Tariffs and Trade (Allgemeines Zoll- und Handelsabkommen)
GBl	Gesetzblatt
GBl-DDR	Gesetzblatt (DDR)
GD	Generaldirektion
GEMA	Gesellschaft für musikalische Aufführungs- und mechanische Vervielfältigungsrechte
GewArch	Gewerbearchiv
GewStG	Gewerbesteuergesetz
GG	Grundgesetz für die Bundesrepublik Deutschland vom 23. Mai 1949
ggf.	gegebenenfalls
gGmbH	Gemeinnützige Gesellschaft mit beschränkter Haftung
GIZ	Deutsche Gesellschaft für internationale Zusammenarbeit
GK	Große Kammer
GKI	Gemeinsame Kontrollinstanz
GKKB	Gemeinsame konsolidierte Körperschaftsteuer-Bemessungsgrundlage
GLJ	German Law Journal
GmbH	Gesellschaft mit beschränkter Haftung
GmbH & Co. KG	Gesellschaft mit beschränkter Haftung & Compagnie Kommanditgesellschaft
GmbHG	Gesetz betreffend die Gesellschaften mit beschränkter Haftung
GMBl	Gemeinsames Ministerialblatt
GPR	Zeitschrift für Gemeinschaftsprivatrecht
GOBReg	Geschäftsordnung der Bundesregierung
GR	Die Grundrechte. Handbuch der Theorie und Praxis der Grundrechte. Bd. I, Halbbd. I, hg. v. Karl August Bettermann/Franz L. Neumann/Hans Carl Nipperdey, 1966; Halbbd. II, hg. v. Karl August Bettermann/Franz L. Neumann/Hans Carl Nipperdey, 1967. Bd. II, hg. v. Franz L. Neumann/Hans Carl Nipperdey/Ulrich Scheuner, 1954, ²1968. Bd. III, Halbbd. I, hg. v. Karl August Bettermann/Hans Carl Nipperdey/Ulrich

Abkürzungsverzeichnis

	Scheuner, 1958, ²1972; Halbbd. II, hg. v. Karl August Bettermann/Hans Carl Nipperdey/Ulrich Scheuner, 1959, ²1972. Bd. IV, Halbbd. I, hg. v. Karl August Bettermann/Hans Carl Nipperdey/Ulrich Scheuner, 1960, ²1972; Halbband II, hg. v. Karl August Bettermann/Hans Carl Nipperdey, 1962, ²1972
GRCH	Charta der Grundrechte der Europäischen Union
GRUR	Gewerblicher Rechtsschutz und Urheberrecht
GRUR Int	Gewerblicher Rechtsschutz und Urheberrecht Internationaler Teil
GS	Gedächtnisschrift
GTZ	Deutsche Gesellschaft für Technische Zusammenarbeit
GV	Generalversammlung
GVBl	Gesetz- und Verordnungsblatt
GVG	Gerichtsverfassungsgesetz
GVwR	Grundlagen des Verwaltungsrechts, hg. v. Wolfgang Hoffmann-Riem/Eberhard Schmidt-Aßmann/Andreas Voßkuhle, 3 Bde.
GWB	Gesetz gegen Wettbewerbsbeschränkungen (Kartellgesetz)
GYIL	German Yearbook of International Law
Halbbd.	Halbband
Harv. Int'l L.J.	Harvard Journal of International Law
HdbVerfR	Handbuch des Verfassungsrechts, hg. v. Ernst Benda/Werner Maihofer/Hans-Jochen Vogel, ²1994 (¹1983)
HdWW	Handwörterbuch der Wirtschaftswissenschaft, hg. v. Willi Albers/Karl Erich Born u.a., Bd. I, 1977; Bd. II, 1980; Bd. III, 1981; Bd. IV, 1978; Bd. V, 1980; Bd. VI, 1981; Bd. VII, 1977; Bd. VIII, 1980; Bd. IX, 1982; Ergänzungsband 1983
HFR	Höchstrichterliche Finanzrechtsprechung
Hg.	Herausgeber
HGB	Handelsgesetzbuch
HGR	Handbuch der Grundrechte in Deutschland und Europa, hg. v. Detlef Merten/Hans-Jürgen Papier, Bd. I, 2004; Bd. II, 2006; Bd. III, 2009; Bd. IV, 2011; Bd. V, 2013; Bd. VI/1, 2010; Bd. VI/2, 2009; Bd. VII/1, 2009; Bd. VII/2, 2007
HGrG	Haushaltsgrundsätzegesetz (Gesetz über die Grundsätze des Haushaltsrechts des Bundes und der Länder)
h.L.	herrschende Lehre
h.M.	herrschende Meinung
HRRS	Zeitschrift für Höchstrichterliche Rechtsprechung im Strafrecht
Hs.	Halbsatz

Abkürzungsverzeichnis

HStR	Handbuch des Staatsrechts der Bundesrepublik Deutschland, hg. v. Josef Isensee/Paul Kirchhof, Bd. I, ^{2}1995 (^{1}1987); Bd. II, ^{2}1998 (^{1}1987); Bd. III, ^{2}1996 (^{1}1988); Bd. IV, ^{2}1999 (^{1}1990); Bd. V, ^{2}2000 (^{1}1992); Bd. VI, ^{2}2001 (^{1}1989); Bd. VII, ^{1}1992; Bd. VIII, ^{1}1995; Bd. IX, ^{1}1997; Bd. X, ^{1}2000
HVPI	Harmonisierter Verbraucherpreisindex
HWO	Handwörterbuch der Organisation
HZÜ	Haager Übereinkommen über die Zustellung gerichtlicher und außergerichtlicher Schriftstücke im Ausland in Zivil- oder Handelssachen
IAEA	International Atomic Energy Agency
IAIS	International Association of Insurance Supervisors (Internationale Vereinigung der Versicherungsaufsichtsbehörden)
IBRD	International Bank for Reconstruction and Development (Internationale Bank für Wiederaufbau und Entwicklung/Weltbank)
ICANN	Internet Corporation for Assigned Names and Numbers
ICC	1) International Criminal Court (Internationaler Strafgerichtshof) 2) International Chamber of Commerce
ICJ	International Court of Justice (Internationaler Gerichtshof)
ICJRep	Reports of the International Court of Justice
ICLQ	International & Comparative Law Quarterly
ICN	International Competition Network
ICSID	International Centre for Settlement of Investment Disputes (Internationales Zentrum zur Beilegung von Investitionsstreitigkeiten)
ICTR	Internationaler Strafgerichtshof für Ruanda
ICTY	Internationaler Gerichtshof für das ehemalige Jugoslawien
IDA	International Development Association (Internationale Entwicklungsorganisation)
i.d.F.	in der Fassung
i.e.S.	im engeren Sinne
IEO	Independent Evaluation Office
IFA	Independent Financial Adviser
IFAD	International Fund for Agricultural Development (Internationaler Fonds für landwirtschaftliche Entwicklung)
IFC	International Finance Corporation (Internationale Finanzkorporation)

IFG	Informationsfreiheitsgesetz
IFRS	International Financial Reporting Standards
IFSt	Institut Finanzen und Steuern
IGH	Internationaler Gerichtshof
IGH-Statut	Statut des Internationalen Gerichtshofes
ILA	International Law Association
ILM	International Legal Materials
ILC	International Law Commission
ILO	International Labour Organization (Internationale Arbeitsorganisation)
IMF	International Monetary Fund (Internationaler Währungsfonds)
IMO	International Maritime Organization (Internationale Seeschiffahrts-Organisation)
Inc.	Incorporated
INCOTERMS	International Commercial Terms
InfAuslR	Informationsbrief Ausländerrecht
InfoSoc-RL	Richtlinie zur Harmonisierung bestimmter Aspekte des Urheberrechts und der verwandten Schutzrechte in der Informationsgesellschaft
INGO	International Non-Governmental Organization (International agierende Nichtregierungsorganisation)
IntBestG	Gesetz über die Bekämpfung der Bestechung ausländischer Amtsträger im internationalen Geschäftsverkehr
IntKfzVO	Verordnung über internationalen Kraftfahrzeugverkehr
Int. Law Reports	International Law Reports
INTOSAI	International Organization of Supreme Audit Authorities
IntVG	Integrationsverantwortungsgesetz (Gesetz über die Wahrnehmung der Integrationsverantwortung des Bundestages und des Bundesrates in Angelegenheiten der Europäischen Union)
IntWEnt	Internationale Weiterbildung und Entwicklung
IOC	International Olympic Committee
IOPS	Internationale Vereinigung der Pensionsfondsaufseher
IOSCO	International Organisation of Securities Commissions (Internationale Vereinigung der Wertpapieraufsichtsbehörden)
IP	Internetprotokoll
IPbürgR	Internationaler Pakt über bürgerliche und politische Rechte
IPCC	Intergovernmental Penal on Climate Change
IPE	Handbuch Ius Publicum Europaeum, hg. v. Armin von Bogdandy/Peter Michael Huber, Bd. I, 2007; Bd. II, 2008; Bd. III, 2010; Bd. IV, 2011
IPR	Internationales Privatrecht

Abkürzungsverzeichnis

IPRax	Praxis des internationalen Privat- und Verfahrensrechts
IPwirtR	Internationaler Pakt über wirtschaftliche, soziale und kulturelle Rechte
IRG	Gesetz über internationale Rechtshilfe in Strafsachen
IRPA	Istituto di Ricerche sulla Pubblica Amministrazione
ISAF	International Security Assistance Force (Internationale Sicherheitsunterstützungstruppe)
ISO	International Organisation for Standardization
ISR	Internationales Steuerrecht
IStGH	Internationaler Strafgerichtshof
IStGHG	Gesetz über die Zusammenarbeit mit dem Internationalen Strafgerichtshof
IStGHGleichstG	Gesetz über das Ruhen der Verfolgungsverjährung und die Gleichstellung der Richter und Bediensteten des Internationalen Strafgerichtshofes
IStR	Internationales Steuerrecht
IStR-LB	Internationales Steuerrecht – Länderbericht
i. S. v.	im Sinne von
IT	Informationstechnik
ITLOS	International Tribunal for the Law of the Sea
ITU	International Telecommunication Union (Internationale Fernmeldeunion)
i. ü.	im übrigen
IUCN	International Union for Conservation of Nature
i. V. m.	in Verbindung mit
IWB	Internationale Wirtschaftsbriefe
IWF	Internationaler Währungsfonds
JA	Juristische Arbeitsblätter
JBl	Juristische Blätter
JbUTR	Jahrbuch des Umwelt- und Technikrechts
JEL	Journal of Economic Literature
JEPP	Journal of European Public Policy
jew.	jeweils
Jg.	Jahrgang
JöR N. F.	Jahrbuch des öffentlichen Rechts, Neue Folge (1.1951 ff.)
J. Pol. ECON	Journal of Political Economy
JRC	Joint Research Centre (Gemeinsame Forschungsstelle der Europäischen Kommission)
JRP	Journal für Rechtspolitik
jun.	junior
JURA	Juristische Ausbildung
jurisPR-ITR	Juris PraxisReport IT-Recht
JuS	Juristische Schulung
JZ	Juristenzeitung

Abkürzungsverzeichnis

KfW	Kreditanstalt für Wiederaufbau
KG	1) Kammergericht
	2) Kommanditgesellschaft
KJ	Kritische Justiz
KOM	Kommission der Europäischen Gemeinschaften: Eingegangene Dokumente und Veröffentlichungen
Komm.	1) Kommentar
	2) Kommission
KonsularG	Gesetz über die Konsularbeamten, ihre Aufgaben und Befugnisse (Konsulargesetz)
KPD	Kommunistische Partei Deutschlands
KPdSU	Kommunistische Partei der Sowjetunion
KritVj	Kritische Vierteljahresschrift für Gesetzgebung und Rechtswissenschaft
KSE-Vertrag	Vertrag über konventionelle Streitkräfte in Europa
KStG	Körperschaftsteuergesetz
KSZE	Konferenz über Sicherheit und Zusammenarbeit in Europa
KuR	Kirche und Recht
KWG	Gesetz über das Kreditwesen
KWKG	1) Kraft-Wärme-Kopplungsgesetz (Gesetz für die Erhaltung, die Modernisierung und den Ausbau der Kraft-Wärme-Kopplung)
	2) Kriegswaffenkontrollgesetz
LDPD	Liberal-Demokratische Partei Deutschlands (DDR)
Lfg.	Lieferung
LfSt	Landesamt für Steuern
LG	Landgericht
lib.	liber (Buch)
LIEI	Legal Issues of Economic Integration
LNTS	League of Nations Treaty Series
LRTAP-Übereinkommen	Übereinkommen über weiträumige grenzüberschreitende Luftverunreinigungen
LS	Leitsatz
Ltd.	Limited
MA	Musterabkommen
Maunz/Schmidt-Bleibtreu	Bundesverfassungsgerichtsgesetz, Kommentar, begründet von Theodor Maunz, fortgeführt von Bruno Schmidt-Bleibtreu, Franz Klein, Gerhard Ulsamer, Herbert Bethge, Klaus Winter, Loseblatt, ^{3}1992 ff.
mbH	mit beschränkter Haftung
m.E.	meines Erachtens
MfS	Ministerium für Staatssicherheit
MIGA	Multilaterale Investitionsgarantie-Agentur

Abkürzungsverzeichnis

MIT	Massachusetts Institute of Technology
MMR	Multimedia und Recht
m. Nachw.	mit Nachweis(en)
MNE	Multinational Enterprises
MPEPIL	Max Planck Encyclopedia of Public International Law
MPI	Max-Planck-Institut
MRM	Menschenrechtsmagazin
MüKo-BGB	Münchener Kommentar zum Bürgerlichen Gesetzbuch, hg. v. Kurt Rebmann/Franz Jürgen Säcker/Roland Rixecker
MüKo-ZPO	Münchener Kommentar zur Zivilprozeßordnung
v. Münch/Kunig	Ingo v. Münch (Begr.)/Philip Kunig (Hg.), Grundgesetz-Kommentar, Bd. I, ^{5}2000; Bd. II, $^{4/5}$2001; Bd. III, $^{4/5}$2003
m. weit. Nachw.	mit weiteren Nachweisen
NAFTA	North American Free Trade Agreement (Nordamerikanisches Freihandelsabkommen)
NATO	North Atlantic Treaty Organization (Nordatlantische Allianz)
NATO-Truppenstatut	Abkommen zwischen den Parteien des Nordatlantikvertrages über die Rechtsstellung ihrer Truppen
NDPD	Nationaldemokratische Partei Deutschlands (DDR)
N.F.	neue Folge
NGO	Non-Governmental Organization (Nichtregierungsorganisation)
NJ	Neue Justiz. Zeitschrift für Rechtsprechung und Rechtsentwicklung in den Neuen Ländern
NJW	Neue Juristische Wochenschrift
NJW-RR	Neue Juristische Wochenschrift – Rechtsprechungsreport
NRW	Nordrhein-Westfalen
NS	Nationalsozialismus
NStZ	Neue Zeitschrift für Strafrecht
NStZ-RR	Neue Zeitschrift für Strafrecht – Rechtsprechungsreport
NuR	Natur und Recht
NVwZ	Neue Zeitschrift für Verwaltungsrecht
NVwZ-RR	Neue Zeitschrift für Verwaltungsrecht – Rechtsprechungsreport
Nw. J. Int'l Human Rights	Northwestern University Journal of International Human Rights
NWVBl	Nordrhein-Westfälische Verwaltungsblätter
NYU	New York University
NZA	Neue Zeitschrift für Arbeits- und Sozialrecht
NZG	Neue Zeitschrift für Gesellschaftsrecht

Abkürzungsverzeichnis

NZV	Neue Zeitschrift für Verkehrsrecht
NZWehrR	Neue Zeitschrift für Wehrrecht
NZWiSt	Neue Zeitschrift für Wirtschafts-, Steuer- und Unternehmensstrafrecht
o. a.	oben angegeben; oben angeführt
OAS	Organization of American States (Organisation Amerikanischer Staaten)
OAU	Organization of African Unity (Organisation der Afrikanischen Einheit)
ODA	Official Development Assistance
OECD	Organization for Economic Cooperation and Development (Organisation für wirtschaftliche Zusammenarbeit und Entwicklung)
OECD-DAC	OECD Development Assistance Committee
OECD-MA	OECD-Musterabkommen
OEEC	Organization for European Economic Cooperation (Organisation für wirtschaftliche Zusammenarbeit in Europa)
OFD	Oberfinanzdirektion
o. J.	ohne Jahresangabe
OLAF	Europäisches Amt für Betrugsbekämpfung
OLG	Oberlandesgericht
OP	Operational Policy
ORDO	Jahrbuch für die Ordnung von Wirtschaft und Gesellschaft
OSZE	Organisation für Sicherheit und Zusammenarbeit in Europa
OVG	Oberverwaltungsgericht
OVGE	Entscheidungen der Oberverwaltungsgerichte für das Land Nordrhein-Westfalen in Münster sowie für die Länder Niedersachsen und Schleswig-Holstein in Lüneburg
OWiG	Gesetz über Ordnungswidrigkeiten
par.	paragraph
PatG	Patentgesetz
PB	Politbüro
PC	Personal Computer
PCA	Permanent Court of Arbitration
PCIJ	Permanent Court of International Justice (Ständiger Internationaler Gerichtshof)
PDS	Partei des Demokratischen Sozialismus
PGF	Konzept zur Budgetfinanzierung im Rahmen der Programmorientierten Gemeinschaftsfinanzierung
PISA	Programme for International Student Assessment

Abkürzungsverzeichnis

PJZS	Polizeiliche und justitielle Zusammenarbeit in Strafsachen
PSK	Politisches und Sicherheitspolitisches Komitee
PVÜ	Pariser Verbandsübereinkunft zum Schutz des gewerblichen Eigentums
RabelsZ	Rabels Zeitschrift für ausländisches und internationales Privatrecht
RaBIT	Rapid Border Intervention Teams
RaE	Recht auf Entwicklung
RbGeld	Rahmenbeschluß des Rates über die Anwendung des Grundsatzes der gegenseitigen Anerkennung von Geldstrafen und Geldbußen
RBÜ	Revidierte Berner Übereinkunft zum Schutz von Werken der Literatur und Kunst
RdC	Recueil des Cours
RdW	Das Recht der Wirtschaft
REAL	Review of European Administrative Law
Res.	Resolution
Rev.	Review
RFH	Reichsfinanzhof
RFHE	Sammlung der Entscheidungen und Gutachten des Reichsfinanzhofs
RGBl	Reichsgesetzblatt
RGDIP	Revue Générale de Droit International Public
RGSt	Entscheidungen des Reichsgerichts in Strafsachen
RGW	Rat für gegenseitige Wirtschaftshilfe
RGZ	Entscheidungen des Reichsgerichts in Zivilsachen
Rheinl.-Pfalz	Rheinland-Pfalz
RIAA	Reports of International Arbitral Awards
RIVASt	Richtlinien für den Verkehr mit dem Ausland in strafrechtlichen Angelegenheiten
RIW	Recht der internationalen Wirtschaft
RL	Richtlinie
Rn.	Randnummer(n)
ROW	Recht in Ost und West
Rs.	Rechtssache
Rspr.	Rechtsprechung
RStBl	Reichssteuerblatt
RStGH	Reichsstaatsgerichtshof
RTDE	Revue Trimestrielle de Droit Européen
RTDP	Rivista Trimestrale di Diritto Pubblico
RuP	Recht und Politik
RV	Verfassung des Deutschen Reiches vom 16. April 1871 (Bismarcksche Reichsverfassung)

Abkürzungsverzeichnis

RW	Rechtswissenschaft – Zeitschrift für rechtswissenschaftliche Forschung
S.	Seite(n); Satz
s.	siehe
S. A.	Société Anonyme
SABAM	Belgische Vereinigung von Autoren, Komponisten und Verlegern
SBZ	Sowjetische Besatzungszone
scil.	scilicet (lat.); nämlich, so viel wie
S. Ct.	Supreme Court reporter
SDP	Sozialistische Deutsche Partei
SDÜ	Schengener Durchführungsübereinkommen
SE	Societas Europaea
Sect.	Section
SED	Sozialistische Einheitspartei Deutschlands
sen.	senior
Sept.	September
ser.	series
SGB X	Sozialgesetzbuch, Verwaltungsverfahren
SIPE	Societas Iuris Publici Europaei
SKWPG	Gesetz zur Umsetzung des Spar-, Konsolidierungs- und Wachstumsprogramms
Slg.	Sammlung
SMP	Securities Market Program
SO	Sonderorganisationen
SOE	State-Owned Enterprises
sog.	sogenannte, -r, -s
Sp.	Spalte
S. p. A.	Società per Azioni (Aktiengesellschaft)
SPD	Sozialdemokratische Partei Deutschlands
SRÜ	Seerechtsübereinkommen der Vereinten Nationen vom 10. Dezember 1958
SSM	Single Supervisory Mechanism (Gemeinschaftlicher Europäischer Bankenaufsichtsmechanismus)
SSR	Sozialistische Sowjetrepublik
StAG	1) Staatsangehörigkeitsgesetz 2) Staatsanwaltschaftsgesetz (Gesetz über die Staatsanwaltschaft; DDR)
Stat.	Statute(s)
StBp	Die steuerliche Betriebsprüfung
std. Rspr.	ständige Rechtsprechung
stellv.	stellvertretend
StenBer	Stenographischer Bericht
Sten-Prot	Stenographisches Protokoll
StEntlG	Steuerentlastungsgesetz

Abkürzungsverzeichnis

STEP 1	System der EBA für Kleinbetragstransaktionen in Euro
STEP 2	System der EBA zur Verarbeitung von Massenzahlungen in Euro
Stern/Becker	Die Grundrechte des Grundgesetzes mit ihren europäischen Bezügen, hg. v. Klaus Stern/Florian Becker, 2010
StGB	Strafgesetzbuch
StIGH	Ständiger Internationaler Gerichtshof
StL^7	Staatslexikon, Bd. I, ^{7}1985; Bd. II, ^{7}1986; Bd. III, ^{7}1987; Bd. IV, ^{7}1988; Bd. V, ^{7}1989; Bd. VI, ^{7}1992; Bd. VII, ^{7}1993
StPO	Strafprozeßordnung
str.	streitig
StuW	Steuer und Wirtschaft
StV	Strafverteidiger
StVG	Straßenverkehrsgesetz
suppl.	supplement (Ergänzungsband)
SVN	Satzung der Vereinten Nationen (UN-Charta)
Swed. J. Econ.	Swedish Journal of Economics
SWF	Sovereign Wealth Funds
SZIER	Schweizerische Zeitschrift für internationales und europäisches Recht
TIEAs	Tax Information Exchange Agreements
TKG	Telekommunikationsgesetz
TMG	Telemediengesetz
TNC	Transnational Corporations
TRIPs	Trade-Related Aspects of Intellectual Property Rights (Übereinkommen über handelsbezogene Aspekte der Rechte des geistigen Eigentums)
TZ	Technische Zusammenarbeit
Tz.	Textziffer
U. Penn. L. Rev.	University of Pennsylvania Law Review
UAbs.	Unterabsatz
UdSSR	Union der Sozialistischen Sowjetrepubliken
UEMOA	Union Economique et Monétaire Ouest Africaine (Westafrikanische Wirtschafts- und Währungsunion)
UFITA	Archiv für Urheber-, Film-, Funk- und Theaterrecht
UHaftEntschG	Gesetz betreffend die Entschädigung für unschuldig erlittene Untersuchungshaft
UIG	Umweltinformationsgesetz
UK	United Kingdom (Vereinigtes Königreich)

Abkürzungsverzeichnis

UN	United Nations (Vereinte Nationen)
UNCDF	United Nations Capital Development Fund
UN-Charta	Charta der Vereinten Nationen
UNCITRAL	United Nations Commission on International Trade Law (Kommission der Vereinten Nationen zum internationalen Handelsrecht)
UNCTAD	United Nations Conference on the Trade and Development (Konferenz der Vereinten Nationen für Handel und Entwicklung)
UNCTC	United Nations Comission on Transnational Corporations
UNDG	United Nations Development Group
UNDP	United Nations Development Programme
UNEP	United Nations Environment Programme
UNESCO	United Nations Educational, Scientific and Cultural Organization (Organisation der Vereinten Nationen für Erziehung, Wissenschaft, Kultur)
UNGA	United Nations General Assembly (Generalversammlung der Vereinten Nationen)
UNHCR	Stellungnahmen des Hochkommissars für Flüchtlinge der Vereinten Nationen
UNICEF	United Nations Children's Fund
UNIDO	United Nations Industrial Development Organization (Organisation der Vereinten Nationen für industrielle Entwicklung)
UNIFEM	Entwicklungsfonds der Vereinten Nationen für Frauen
UN-MA	UN-Musterabkommen
UNOImmÜbk	Übereinkommen über die Vorrechte und Immunität der Vereinten Nationen
UNO	United Nations Organization
UNTS	United Nations Treaty Series
UNYB	United Nations Yearbook
UPDF	Uganda Peoples' Defence Forces
UPR	1) Umwelt- und Planungsrecht 2) Universal periodic review (Allgemeine regelmäßige Überprüfung)
UPU	Universal Postal Union (Weltpostverein)
UrhG	Urheberrechtsgesetz (Gesetz über Urheberrecht und verwandte Schutzrechte)
UrhWG	Urheberrechtswahrnehmungsgesetz
Urt.	Urteil
US	United States
U.S.	1) United States 2) United States Reports
USA	United States of America
U.S.C.	United State Code

Abkürzungsverzeichnis

USchadG	Gesetz über die Vermeidung und Sanierung von Umweltschäden
US-MA	US-Musterabkommen
UStG	Umsatzsteuergesetz
UTR	Umwelt- und Technikrecht
u. v. a.	und viele andere
UVP	Umweltverträglichkeitsprüfung
UVPG	Umweltverträglichkeitsprüfungsgesetz (Bundesgesetz über die Prüfung der Umweltverträglichkeit)
UVP-RL	Richtlinie über die Umweltverträglichkeitsprüfung
UWG	Gesetz gegen den unlauteren Wettbewerb
UzwGBw	Gesetz über die Anwendung unmittelbaren Zwangs und die Ausübung besonderer Befugnisse durch Soldaten der Bundeswehr und verbündeter Streitkräfte sowie zivile Wachpersonen
v.	vom; von; vor
VAG	Versicherungsaufsichtsgesetz
VDStjG	Veröffentlichungen der Deutschen Steuerjuristischen Gesellschaft
verb.	verbundene
Verf.	1) Verfassung 2) Verfasser
VerfGH	Verfassungsgerichtshof
Verw	Die Verwaltung
VerwArch	Verwaltungsarchiv
VG	Verwaltungsgericht
VGH	Verwaltungsgerichtshof
vgl.	vergleiche
VirginiaJIntL	Virginia Journal of International Law
VIZ	Zeitschrift für Vermögens- und Investitionsrecht
VJSchrStFR	Vierteljahresschriften im Steuer- und Finanzrecht
VN	Vereinte Nationen
VO	Verordnung
vol.	volume
Vorbem.	Vorbemerkung
Vorlagebeschl.	Vorlagebeschluß
VRÜ	Verfassung und Recht in Übersee
vs.	versus
VSKS	Vertrag über Stabilität, Koordinierung und Steuerung in der Wirtschafts- und Währungsunion
VStG	Vermögensteuergesetz
VStGB	Völkerstrafgesetzbuch
VuR	Verbraucher und Recht
VVDStRL	Veröffentlichungen der Vereinigung der Deutschen Staatsrechtslehrer

Abkürzungsverzeichnis

VwGO	Verwaltungsgerichtsordnung
VwVfG	Verwaltungsverfahrensgesetz
VwZG	Verwaltungszustellungsgesetz
WährG	Währungsgesetz (Erstes Gesetz zur Neuordnung des Geldwesens)
WCIT	World Conference on International Telecommunications
WCT	WIPO-Urheberrechtsvertrag
WEU	Western European Union (Westeuropäische Union)
WHO	World Health Organization (Weltgesundheitsorganisation)
WiGBl	Gesetzblatt der Verwaltung des Vereinigten Wirtschaftsgebietes
WIPO	World Intellectual Property Organization (Weltorganisation für geistiges Eigentum)
wistra	Zeitschrift für Wirtschafts- und Steuerstrafrecht
WLAN	Wireless Local Area Network
WM	Wertpapier-Mitteilungen
WMO	World Meteorology Organization (Weltorganisation für Meteorologie)
WP	Wahlperiode
WPflG	Wehrpflichtgesetz
WPPT	WIPO-Vertrag über Darbietungen und Tonträger
WRV	Verfassung des Deutschen Reichs vom 11. August 1919 (Weimarer Reichsverfassung)
WSK-Pakt	Internationaler Pakt über wirtschaftliche, soziale und kulturelle Rechte
WSK-Rechte Ausschuss	UNO-Ausschuß für wirtschaftliche, soziale und kulturelle Rechte
WStG	Wehrstrafgesetz
WTO	World Trade Organization (Welthandelsorganisation)
WÜD	Wiener Übereinkommen über diplomatische Beziehungen
WÜK	Wiener Übereinkommen über konsularische Beziehungen
WuW	Wirtschaft und Wettbewerb
WVK	Wiener Vertragskonvention (Wiener Übereinkommen über das Recht der Verträge)
WVR	Wörterbuch des Völkerrechts
WWU	Wirtschafts- und Währungsunion
Yb.	Yearbook
Z	Zeile
zahlr.	zahlreich, -er, -e

Abkürzungsverzeichnis

ZA-NTS	Zusatzabkommen zu dem Abkommen zwischen den Parteien des Nordatlantikvertrages über die Rechtsstellung ihrer Truppen hinsichtlich der in der Bundesrepublik stationierten ausländischen Truppen
ZaöRV	Zeitschrift für ausländisches öffentliches Recht und Völkerrecht
ZEuS	Zeitschrift für Europarechtliche Studien
ZfP	Zeitschrift für Politik
ZfRsoz	Zeitschrift für Rechtssoziologie
ZfVP	Zeitschrift für vergleichende Politikwissenschaft
ZG	1) Zeitschrift für Gesetzgebung 2) Zollgesetz
ZGE	Zeitschrift für Geistiges Eigentum
ZGR	Zeitschrift für Unternehmens- und Gesellschaftsrecht
ZHR	Zeitschrift für das gesamte Handelsrecht und Wirtschaftsrecht
Ziff.	Ziffer
ZIP	Zeitschrift für Wirtschaftsrecht und Insolvenzpraxis
ZIS	Zeitschrift für Internationale Strafrechtsdogmatik
zit.	zitiert
ZollVG	Zollverwaltungsgesetz
ZÖR	Zeitschrift für öffentliches Recht
ZParl	Zeitschrift für Parlamentsfragen
ZPol	Zeitschrift für Politikwissenschaft
ZPO	Zivilprozeßordnung
ZRHO	Rechtshilfeordnung für Zivilsachen
ZRP	Zeitschrift für Rechtspolitik
ZS	Zivilsenat
ZSE	Zeitschrift für Staats- und Europawissenschaften
ZStW	Zeitschrift für die gesamte Strafrechtswissenschaft
z.T.	zum Teil
ZUM	Zeitschrift für Urheber- und Medienrecht, Film und Recht
ZUM-RD	Rechtsprechungsdienst Zeitschrift für Urheber- und Medienrecht
ZUR	Zeitschrift für Umweltrecht
ZVglRWiss	Zeitschrift für Vergleichende Rechtswissenschaft

Hinweise für den Leser

1. Gängige Gemeinschaftswerke, Handbücher und Kommentare des Staatsrechts werden in einer Kurzfassung zitiert, die im Abkürzungsverzeichnis (S. XXXV) nachgewiesen ist.
2. Die Herausgeber tragen die Verantwortung für die Marginalien am Rand der Beiträge. Dasselbe gilt für die Binnenverweisungen innerhalb des Handbuchs in allen seinen Auflagen. Die Verweisungen innerhalb der Bände dieser, der dritten Auflage werden durch Pfeil (→) markiert. Sie machen auf thematische Zusammenhänge, auf ergänzende oder unterschiedliche Sichtweisen aufmerksam.
3. Jeder Band des Handbuchs hat ein eigenes Abkürzungsverzeichnis, Gesetzesregister, Sachregister und Personenregister. Nach Abschluß der dritten Auflage des Gesamtwerkes wird ein Gesamtregister als eigener Band erscheinen.
4. Das Gesetzesregister unterscheidet innerhalb eines Gesetzes nur nach der jeweiligen Fassung der Bekanntmachung. Darüber hinaus werden für das Grundgesetz (GG), den Vertrag über die Arbeitsweise der Europäischen Union (AEUV) und den Vertrag über die Europäische Union (EUV) auch die einzelnen Änderungsgesetze ausgewiesen.

Zwanzigster Teil
Leitprinzipien

§ 226
Staatsrechtliche Entscheidung für die internationale Offenheit

Christian Tomuschat

Übersicht

	Rn.		Rn.
A. Allgemeine Bedeutung	1–12	C. Beteiligung der Bundesrepublik Deutschland an der internationalen Zusammenarbeit	46–81
I. Einbettung in die internationale Gemeinschaft	3–8		
II. Abgrenzungen	9–12	I. Handlungs- und Organisationsformen	47–66
B. Bindung der Bundesrepublik Deutschland an das Völkerrecht	13–45	II. Inhaltliche Maßstäbe der internationalen Zusammenarbeit	67–81
I. Allgemeine Regeln des Völkerrechts	13–24		
II. Völkerrechtliches Gewalt- und Kriegsverbot	25	D. Innerstaatliche Ausprägungen der Offenheit	82–86
III. Völkerrechtliche Verträge	26–35	E. Identitätsbestimmung durch völkerrechtliche Bindungen	87–90
IV. Völkerrechtsfreundliche Interpretation des deutschen Rechts	36–45	F. Bibliographie	

A. Allgemeine Bedeutung

1
Begriff der internationalen Offenheit

Von „internationaler Offenheit" ist im Grundgesetz an keiner Stelle ausdrücklich die Rede. Auch das Bundesverfassungsgericht hat, soweit ersichtlich, den Begriff in seiner Rechtsprechung noch niemals gebraucht. Die Wortprägung hat sich aber auf Grund der im Jahre 1964 von Klaus Vogel veröffentlichten Schrift „Die Verfassungsentscheidung des Grundgesetzes für eine internationale Zusammenarbeit"[1] weithin durchgesetzt[2]. Vogel wollte mit seinem dort gemachten terminologischen Vorschlag den Gegensatz der Verfassungsordnung des Grundgesetzes zum souveränen Staatswesen klassischer Prägung, das in Fichtes geschlossenem Handelsstaat[3] eine idealtypische Schilderung erfahren hat, anschaulich machen. Demgemäß handelt es sich bei dem Attribut der Offenheit eher um eine rechtssoziologische Charakterisierung, die als Gesamtnenner für eine Vielzahl von einzelnen Regeln und Prinzipien steht. Um die genaue rechtliche Bedeutung der internationalen Offenheit klarzulegen, bedarf es mithin in erster Linie einer Darstellung dieses meist im Wortlaut des Grundgesetzes angelegten Befundes. Auf einer zweiten Stufe erhebt sich dann aber regelmäßig die Frage, ob die Einzelregelung im Wege der Generalisierung zu umfassenderen Rechtssätzen fortgebildet werden kann.

Deskription oder Präskription?

2
Offenheit in Staatlichkeit

Rechtslogische Prämisse der Redeweise von der offenen Staatlichkeit ist die Existenz der Bundesrepublik Deutschland als eines souveränen Staatswesens. Damit soll in diesem Beitrag nicht gesagt sein, daß die Staatseigenschaft durch Art. 20 Abs. 1 und 79 Abs. 3 GG von Verfassungs wegen festgeschrieben wäre, wie dies in der Lehre im Einklang mit dem Bundesverfassungsgericht[4] überwiegend behauptet wird[5]. Grundlage des Staatswesens sind in der Tat die in Art. 79 Abs. 3 GG umschriebenen Strukturmerkmale. Es sprechen freilich keine durchschlagenden Argumente gegen die Annahme, daß diese Strukturmerkmale, wie insbesondere die Menschenwürde und das Demokratieprinzip,

---

1 *Klaus Vogel*, Die Verfassungsentscheidung des Grundgesetzes für eine internationale Zusammenarbeit, 1964, S. 42.
2 Vgl. etwa *Thomas Giegerich*, Wettbewerb von Rechtsordnungen, in: VVDStRL 69 (2010), S. 57 (91); *Stefan Hobe*, Der offene Verfassungsstaat zwischen Souveränität und Interdependenz, 1998; *Peter M. Huber*, Offene Staatlichkeit: Vergleich, in: Armin von Bogdandy/Pedro Cruz Villalón/Peter M. Huber (Hg.), Handbuch Ius Publicum Europaeum, Bd. II, 2008, S. 403 ff.; *Juliane Kokott*, Die Staatsrechtslehre und die Veränderung ihres Gegenstandes: Konsequenzen von Europäisierung und Internationalisierung, in: VVDStRL 63 (2004), S. 7 (27); *Hermann Mosler*, Die Übertragung von Hoheitsrechten, in: HStR VII, [1]1992, § 175 Rn. 8 ff.; *Ondolf Rojahn*, in: v. Münch/Kunig, Bd. II, [5]2001, Art. 24 Rn. 1; *Karl-Peter Sommermann*, Offene Staatlichkeit, in: v. Bogdandy/Cruz Villalón u. a., a. a. O., 2008, S. 3 ff.; *Rainer Wahl*, Verfassungsstaat, Europäisierung, Internationalisierung, 2003, S. 7, 19.
3 *Johann Gottlieb Fichte*, Der geschlossene Handelsstaat, 1800.
4 BVerfGE 89, 155 (182 ff.); 123, 267 (347).
5 *Udo Di Fabio*, Der neue Art. 23 des Grundgesetzes, in: Der Staat 32 (1993), S. 191 (200, 214); *Horst Dreier*, in: Dreier, Bd. II, [2]2006, Art. 79 Abs. 3 Rn. 55 ff.; *Dietrich Murswiek*, Art. 38 GG als Grundlage eines Rechts auf Achtung des unabänderlichen Verfassungskerns, in: JZ 2010, S. 702 (705); → Bd. II, *Isensee*, § 15 Rn. 198; *P. Kirchhof*, § 21 Rn. 72 ff., 84; *Hillgruber*, § 32 Rn. 15, 41, 108; a. A. insbesondere *Meinhard Hilf*, Europäische Union: Gefahr oder Chance für den Föderalismus in Deutschland, Österreich und der Schweiz?, in: VVDStRL 53 (1994), S. 7 (23); *Christoph Möllers*, Staat als Argument, [2]2010, S. 376 ff.

nicht auch in einem supranationalen Gebilde grenzüberschreitender Integration gewahrt werden könnten, wie dies ja in der Präambel des Grundgesetzes wie auch in Art. 23 Abs. 1 GG als Zielvorstellung zum Ausdruck kommt. Soweit aber die offene Staatlichkeit reicht, wird die heikle Grenzzone hin zu einem europäischen Bundesstaat noch gar nicht betreten. Alle nachstehend genannten verfassungsrechtlichen Regeln sind als vom Verfassunggeber gestattete Modifizierungen des klassischen Bildes vom souveränen Staat zu verstehen.

Diesseits eines europäischen Bundesstaates

I. Einbettung in die internationale Gemeinschaft

Der offene Staat versteht sich als Glied innerhalb der Völkergemeinschaft und akzeptiert daher auch in rechtlicher Hinsicht die tatsächlichen Konsequenzen der internationalen Interdependenz, in die heute selbst die Supermächte auf Grund vielfältiger Sachzwänge verflochten sind. Vor allem in der Präambel sowie in den Art. 24–26 GG, seit 1992 ergänzt durch die Europaklausel des Art. 23 Abs. 1 GG, tritt die klarsichtige Einschätzung des historischen Verfassunggebers aus dem Jahre 1949 hervor, daß die Bundesrepublik Deutschland ihre Existenz nicht in selbstherrlicher Isolierung, sondern nur in einem kooperativen Verbund mit den Völkern Europas und der Welt führen kann. Ganz offensichtlich ist es insbesondere die Übersteigerung des staatlichen Machtpotentials während der Gewaltherrschaft des Dritten Reiches, welche die Hinwendung des Grundgesetzes zur Internationalität sowohl als Handlungsform wie auch als Kontrollmechanismus bewirkt hat. Die Verfassungsberatungen im Herrenchiemseer Konvent und im Parlamentarischen Rat standen nachhaltig unter dem Eindruck all jener unsäglichen Verbrechen, die während der zwölf Jahre von 1933 bis 1945 im deutschen Namen begangen worden waren. Durch eine Hinwendung zu internationalen Ordnungsstrukturen hofften die Verfassungsschöpfer, einer Wiederkehr ähnlicher Fehlentwicklungen wirksam einen rechtlichen Riegel vorschieben zu können. Verstärkt haben sich im übrigen seit dem Jahre 1949 noch weiter die Sachzwänge, die eine internationale Zusammenarbeit in vielen Lebensbereichen (vor allem Wirtschaft, Umweltschutz, Verkehr) und damit eine Abkehr vom Gedanken nationalstaatlicher Selbstherrlichkeit geradezu erzwingen[6]. Jede Verfassung muß sich mit den Realitäten des Lebens in einer komplexen Umwelt auseinandersetzen, die heute durch starke transnationale Verflechtungen im Zuge der sich fortschreitend intensivierenden Globalisierung gekennzeichnet ist. Es wäre geradezu lebensbedrohend, wenn das Grundgesetz als das Normprogramm für das deutsche Volk diese situativen Gegebenheiten ignorieren und

*3
Völkergemeinschaft und Interdependenz*

Notwendigkeit internationaler Zusammenarbeit

---

[6] Vgl. etwa *Rudolf Geiger*, Grundgesetz und Völkerrecht mit Europarecht, ⁵2010, S. 1; *Jürgen Habermas*, Die postnationale Konstellation. Politische Essays, 1998, S. 101 f.; *Rudolf Streinz*, Sinn und Zweck des Nationalstaates in der Zeit der Europäisierung und der Globalisierung, in: FS für Georg Ress, 2005, S. 1277 (1278 f.); *Christian Tomuschat*, Möglichkeiten und Grenzen der Globalisierung, in: Jürgen Schwarze (Hg.), Globalisierung und Entstaatlichung des Rechts, Bd. I, 2008, S. 21 (23 ff.); *Wolfgang Graf Vitzthum*, Der Staat der Staatengemeinschaft, 2006, S. 12 ff.

damit den Tageszufälligkeiten bloßer gouvernementaler Entscheidungen überantworten wollte. Auf der anderen Seite bedeutet dies auch, daß Deutschland stärker als jemals zuvor in den Gang der Weltgeschichte eingebunden ist und daß seine Handlungsmöglichkeiten zunehmend durch Entwicklungen außerhalb seiner Grenzen bestimmt und eingeschränkt werden.

4 Drei Grundgedanken	Im wesentlichen sind es drei Grundgedanken, die sich zum weiteren Konzept der Offenheit zusammenfügen. Die Bundesrepublik Deutschland bejaht das Völkerrecht als Maßstab der Gerechtigkeit und des angemessenen Interessenausgleichs in den internationalen Beziehungen. Deshalb unterwirft sie sich auch von Verfassungs wegen den allgemeinen Regeln des Völkerrechts, denen sie im internen Rechtsraum eine unmittelbar Wirksamkeit zuerkennt (Art. 25 GG)[7]. Damit kann schon in einem frühen Stadium etwaigen völkerrechtswidrigen Bestrebungen entgegengetreten werden. Besondere Erwähnung und verfassungsrechtliche Illegalisierung erfährt zusätzlich der ursprünglich im Briand-Kellogg-Pakt von 1928[8], heute in der allgemeinen Gestalt des zwischenstaatlichen Gewaltverbots (Art. 2 Nr. 4 UN-Charta) geächtete Angriffskrieg (Art. 26 GG)[9]. Mit diesen beiden Grundsatznormen ist das Verfassungsrecht der Bundesrepublik aufs engste in die Friedensordnung der Völkergemeinschaft eingebunden. Die Bundesrepublik erleichtert im übrigen die innerstaatliche Durchführung der von ihr abgeschlossenen völkerrechtlichen Verträge[10].
5 Internationale Zusammenarbeit	Das Grundgesetz beläßt es nicht bei einer bloß rezeptiven Hinnahme des geltenden Völkerrechts, sondern fordert die verantwortlichen Staatsorgane zur aktiven Mitwirkung bei der Bewältigung der internationalen Probleme auf. Bereits in der Präambel manifestiert sich der Wille, „als gleichberechtigtes Glied in einem vereinten Europa dem Frieden der Welt zu dienen"[11]. In ein operatives Gebot zur Einigung im Kreis der europäischen Staaten ist diese Finalität im Zuge der Umsetzung des Vertrages von Maastricht durch Art. 23 Abs. 1 GG überführt worden[12]. Einen weiteren prägnanten Niederschlag findet die Bereitschaft zur internationalen Kooperation in Art. 24 GG, der in den Absätzen 1 und 2 im vorhinein in Souveränitätseinschränkungen einwilligt, in Absatz 3 darüber hinaus sogar die Verpflichtung statuiert, einem System der internationalen Streiterledigung beizutreten[13].
6 Abkehr vom genossenschaftlichen Prinzip der Staatlichkeit	Schließlich lassen sich im Verfassungswerk des Grundgesetzes Strukturelemente entdecken, die von der Konzeption des Staatswesens als eines fest gefügten genossenschaftlichen Verbandes der Staatsbürger deutlich abrücken. Leitgedanken sind hierbei menschliche Würde, die dem Deutschen wie dem Ausländer in gleicher Weise zugesprochen wird (Art. 1 Abs. 1 GG), und Soli-

---

7 *Helmut Steinberger*, Allgemeine Regeln des Völkerrechts, in: HStR, VII, ¹1992, § 173 Rn. 7 ff.; → Unten *Cremer*, § 235.
8 RGBl 1929 II, S. 97.
9 *Karl Doehring*, Das Friedensgebot des Grundgesetzes, in: HStR, VII, ¹1992, § 178 Rn. 30 ff.
10 S. u. Rn. 13 ff.
11 An diesen Worten hat der Einigungsvertrag vom 31. 8. 1990 nichts geändert.
12 38. Gesetz zur Änderung des Grundgesetzes vom 21. 12. 1992, in: BGBl I, S. 2086.
13 S. u. Rn. 46 ff.

darität, die durch die Gewährung von Asyl ihre helfende Hand zugunsten des politisch Verfolgten ausstreckt (Art. 16a Abs. 1 GG). Kennzeichen der Offenheit des Staatswesens sind ferner die grundrechtlich verbürgten Freiheiten der Bürger, die auch nach außen hin in der grenzüberschreitenden Dimension gegenüber der deutschen Staatsgewalt wirken, so daß der Pluralismus der gesellschaftlichen Kräfte keine bloße innerstaatliche Erscheinung bleibt[14].

Die einstweilen nur angedeutete Öffnung für äußere Einflüsse hat derart tiefgreifende Auswirkungen, daß das Grundgesetz selbst teilweise aus seiner Rolle als der identitätsbestimmenden Entscheidung für die Ordnung von Staat und Gesellschaft gedrängt wird. Durch die zugelassene internationale Verflechtung werden Rechtsdaten gesetzt, die ihrer materiellen Tragweite nach häufig hinter den Optionen des Verfassunggebers kaum zurückstehen[15].

7
Identitätsfeststellung durch Internationalisierung

Schon der vorstehende skizzenhafte Versuch einer Aufschlüsselung des Begriffs der internationalen Offenheit zeigt, daß dieser normativ-direktive und lediglich beschreibende Elemente miteinander verbindet. Deswegen kann Offenheit als solche kein Verfassungsziel sein. Überdies läßt sich die Grenze zwischen dem verfassungsrechtlichen Grundsatz und einem bloßen politischen Postulat gelegentlich nur unter Schwierigkeiten bestimmen. Besonders nahe liegt die Gefahr der Grenzüberschreitung hin zum Bereich des politisch Wünschbaren bei der Formulierung der internationalen Offenheit als eines allgemeinen Prinzips für sämtliche Fallkonstellationen eines Konflikts zwischen einer Haltung nationaler Abgeschiedenheit und einer solchen weltoffener, internationalistischer Zuversicht. Gerade auf dem heiklen Gebiet der auswärtigen Beziehungen darf aber die juristische Konstruktion sich nicht anmaßen, die politische Entscheidung von dem ihr gebührenden Platz zu stoßen. Auch der Verfassungsstaat, der sich zur „rule of law" bekennt, muß auf dem Gebiet der auswärtigen Politik ein gewisses Maß an Flexibilität bewahren, um die unaufhörliche Auseinandersetzung mit wechselnden historischen Lagen bestehen zu können. So bedürfen historische Leitbilder, die sich zu verfassungsrechtlichen Begriffen verdichtet haben, einer ständigen Überprüfung im Hinblick auf ihre Angemessenheit für die Bewältigung aktueller Herausforderungen.

8
Offenheit als Rechtsprinzip

Außenpolitische Flexibilität des Verfassungsstaates

II. Abgrenzungen

Ein der Offenheit sehr nahe stehender Begriff ist die Völkerrechtsfreundlichkeit des Grundgesetzes, die das Bundesverfassungsgericht aus einer Zusammenschau der für die auswärtigen Beziehungen der Bundesrepublik maßgebenden Bestimmungen des Grundgesetzes (Präambel, Art. 23–26) abgeleitet

9
Offenheit und Völkerrechtsfreundlichkeit

---
14 S. u. Rn. 82 ff.
15 S. u. Rn. 87 ff.

hat[16]. Gelegentlich werden die beiden Begriffe „Offenheit" und „Völkerrechtsfreundlichkeit" als gleichbedeutend betrachtet[17]. Es empfiehlt sich jedoch, beides auseinanderzuhalten. Von Völkerrechtsfreundlichkeit sollte nur im Sinne einer Leitmaxime gesprochen werden, die darauf abzielt, im innerstaatlichen Rechtsraum die Befolgung völkerrechtlicher Gebote zu fördern und zu erleichtern. Selbst das Bundesverfassungsgericht hat indes die Argumentationsfigur der Völkerrechtsfreundlichkeit im Hinblick auf Situationen gebraucht, in denen es um eine Abwägung zwischen den rechtlichen Anforderungen des Grundgesetzes an das Handeln der staatlichen Organe und der allgemeinen Erwünschtheit internationaler Zusammenarbeit ging. So wurde vor vielen Jahrzehnten im Beschluß vom 30. Juni 1964 zur Frage, ob angesichts des Art. 102 GG eine Auslieferung trotz drohender Todesstrafe zulässig sei, ausgeführt, eine Verweigerung „stünde nicht in Einklang mit der völkerrechtsfreundlichen Grundhaltung des Grundgesetzes, die vor allem Achtung vor fremden Rechtsordnungen und Rechtsanschauungen fordert"[18]. Dieser Satz der Erwägungsgründe geht über die Respektierung und Achtung des geltenden völkerrechtlichen Normenbestandes weit hinaus und führt in den Bereich der bloßen „comitas gentium" hinein, also der Courtoisie, die sich noch nicht zu rechtlichen Regeln verfestigt hat. Da aber der Begriff der Völkerrechtsfreundlichkeit seinem Wortsinn nach in unmißverständlicher Weise auf das positive Völkerrecht abstellt, sollte er auch ausschließlich mit diesem Bedeutungsgehalt verwendet werden[19]. In der Rechtsprechung des Bundesverfassungsgerichts wird heute durchweg diese engere Deutung zugrunde gelegt[20]. Im Hinblick auf den europäischen Integrationsprozeß hat das Gericht das rechtliche Arsenal ferner durch den Begriff der Europafreundlichkeit erweitert[21].

10 Mit Völkerrechtsfreundlichkeit hat es hingegen nichts zu tun, wenn die Rechtslage nach deutschem Recht im Sinne einer vom Völkerrecht eröffneten Handlungsfreiheit gedeutet wird[22]. Denn für die völkerrechtliche Betrachtung ist es gleichgültig, in welcher Weise die Staaten von ihrer souveränen Entscheidungsmacht Gebrauch machen. Das Völkerrecht verlangt lediglich die Respektierung seiner Gebote, enthält sich aber jeder Stellungnahme zu der Frage, ob die Möglichkeiten völkerrechtsgemäßen Handelns auch tatsächlich ausgeschöpft werden sollen.

---

16 BVerfGE 31, 58 (75 f.); 111, 307 (317); 112, 1 (26); 123, 267 (344); Urteil vom 4. 5. 2011, in: EuGRZ 2011, S. 297 (309 Rn. 89); vgl. auch *Peter Badura*, Staatsrecht, ⁴2010, S. 449; *Albert Bleckmann*, Die Völkerrechtsfreundlichkeit der deutschen Rechtsordnung, in: DÖV 1979, S. 309 ff.; *ders.*, Der Grundsatz der Völkerrechtsfreundlichkeit der deutschen Rechtsordnung, in: DÖV 1996, S. 137 ff.; *Rojahn* (N 2), Art. 24 Rn. 2; *Klaus Stern*, Das Staatsrecht der Bundesrepublik Deutschland, Bd. I, ²1984, S. 475 f.
17 *Bleckmann* (N 16), DÖV 1979, S. 317; *Peter Schneider*, Das Grundgesetz als Verfassung des Völkerfriedens, in: Recht und Politik 1985, S. 138 (141).
18 BVerfGE 18, 112 (121); in ähnlichem Sinne BVerfGE 31, 58 (75 f.). → Bd. X, *Weiß*, § 207 Rn. 21 ff.
19 Wie hier *Philip Kunig*, Deutsches Verwaltungshandeln und Empfehlungen internationaler Organisationen, in: FS für Karl Doehring, 1989, S. 529 (536).
20 Vgl. die in N 16 angegebenen neueren Entscheidungen.
21 BVerfGE 123, 267 (347); 126, 286 (303). → Bd. II, *Hillgruber*, § 32 Rn. 75 ff. → Unten *v. Coelln*, § 239 Rn. 40.
22 Mißverständlich insoweit BVerfGE 81, 208 (224).

Das Wort von der „Offenheit der Verfassung" ist das Ergebnis einer akademischen Kategorienbildung und gehört nicht dem positiven Verfassungsrecht selbst an. Die Diagnose, wie sie vor allem von Konrad Hesse gestellt worden ist[23], trifft freilich zu. Das Grundgesetz hat nicht die Absicht, durch seine Normierungen Staat und Gesellschaft mit einem perfekten Netz von Ordnungsvorschriften zu überziehen. Um der Politik, das heißt dem Willen demokratisch bestimmter Mehrheiten, Raum zu geben und um das Verfassungswerk auch für die Zukunft lebensfähig zu erhalten, ist bewußt darauf verzichtet worden, materielle Festlegungen im Hinblick auf alle denkbaren Interessenkonflikte zu treffen. Nur der feste Verfassungskern des Art. 79 Abs. 3 GG ist unantastbar. Abstand genommen hat der Verfassunggeber vor allem von dem ehrgeizigen Versuch, auch die Mechanismen der gesellschaftlichen Ordnung in ihrer Gesamtheit zu fixieren. Daneben gibt es keine normativ verfestigten „Verfassungsvoraussetzungen"; diese sind dem Bereich der staatssoziologischen Erkenntnisse zuzuordnen[24]. Bedeutet somit Offenheit der Verfassung die Anerkennung der einfachen Wahrheit, daß die jeweils „richtige" Lösung nur in Auseinandersetzung mit der konkreten historischen Lage gefunden werden kann, so bedeutet andererseits „internationale Offenheit" Verzicht auf eine Ausschließlichkeit der souveränen staatlichen Rechtsmacht zugunsten der Eingliederung in den Ordnungsrahmen der internationalen Gemeinschaft.

11
Offenheit der Verfassung

Internationale Offenheit

Die Wendung von der „offenen deutschen Frage" wurde über Jahrzehnte hinweg als Kürzel für das Urteil gebraucht, daß die mit dem Zusammenbruch des Deutschen Reiches im Jahre 1945 entstandenen staats- und völkerrechtlichen Probleme noch nicht definitiv bereinigt seien[25]. Offenheit stand hier für Ungelöstheit. Zu Recht wurde geltend gemacht, daß eine endgültige Regelung erst dann erreicht sei, wenn das deutsche Volk in freier Selbstbestimmung über sein staatliches Schicksal entschieden habe und damit einhergehend die alliierten Besatzungsrechte beseitigt worden seien. Mit der Vereinigung der beiden Teile Deutschlands am 3. Oktober 1990 wurde dieser Normalzustand erreicht. Das deutsche Volk konnte als gleichberechtigter Partner in die internationale Völkergemeinschaft zurückkehren. Daß die deutsche Frage ihre definitive Antwort erfahren hat, kommt mit besonderer Klarheit in dem Titel des maßgebenden internationalen Vertragswerks, des Vertrages über die abschließende Regelung in bezug auf Deutschland vom 12. September 1990[26], zum Ausdruck.

12
Offenheit der deutschen Frage

Definitive Antwort

---

23 *Konrad Hesse*, Grundzüge des Verfassungsrechts der Bundesrepublik Deutschland, [20]1995, S. 11 ff. Rn. 19 ff.; vgl. auch *Christoph Gusy*, Die Offenheit des Grundgesetzes, in: JöR N.F. 33 (1984), S. 105 ff.; *Hermann Heller*, Staatslehre, [2]1960, S. 250, 259 ff.; *Kokott* (N 2), S. 24 ff. → Bd. IV, *Isensee*, § 71 Rn. 9.
24 So auch ursprünglich *Herbert Krüger*, Verfassungsvoraussetzungen und Verfassungserwartungen, in: FS für Ulrich Scheuner, 1973, S. 285 ff.; → Bd. IV, *Isensee*, § 71 Rn. 125 ff.
25 Vgl. etwa *Jochen Abr. Frowein*, Die Rechtslage Deutschlands und der Rechtsstatus Berlins, in: HdbVerfR, S. 29 (44).
26 BGBl 1990 II, S. 1318. → Bd. X, *Schweitzer*, § 224 Rn. 23 ff.

B. Bindung der Bundesrepublik Deutschland an das Völkerrecht

I. Allgemeine Regeln des Völkerrechts

13
Art. 25 GG
Offene Verweisungsnorm

Mit seinem Art. 25 dokumentiert das Grundgesetz am deutlichsten die intendierte internationale Offenheit der deutschen Verfassungsordnung. Die Vorschrift stellt sich als eine offene Verweisungsnorm dar, auf Grund deren die allgemeinen Regeln des Völkerrechts in ihrem jeweiligen Bestand – neben den im Jahre 1949 vorhandenen also auch die seitdem entstandenen und künftig noch entstehenden – in die Rechtsordnung der Bundesrepublik rezipiert werden. Unbesehen übernimmt das Grundgesetz damit Normen, die in einem fremden Kontext entstanden sind, ohne daß die nationalen Gesetzgebungskörperschaften auf ihren Inhalt einen kontrollierenden Einfluß ausüben könnten. Im Schrifttum ist daher von einem Akt der Unterwerfung unter die Völkerrechtsordnung gesprochen worden[27]; besser sollte man die Verknüpfung Einordnung in das Völkerrechtssystem nennen, zumal ja dieses der Bundesrepublik nicht als ein völlig fremder Normenbestand gegenübertritt, sondern von ihr mitgestaltet wird[28]. Völlig verzichtet hat die Bundesrepublik freilich nicht darauf, sich in extremis möglicherweise auch einmal gegen völkerrechtliche Regeln zu stellen. Einerseits ist Art. 25 GG Teil der Verfassung, woraus folgt, daß die Vorrangregel nicht für die Vorschriften des Grundgesetzes selbst gilt[29]. Andererseits wäre es auch möglich, Art. 25 GG im Wege einer Verfassungsänderung zu beseitigen. Seine Substanz wird durch Art. 79 Abs. 3 GG nicht geschützt. Politisch ist es freilich kaum denkbar, daß es zu einer solchen Verfassungsänderung kommen könnte.

Einordnung in das völkerrechtliche System

Vorrang der Verfassung

14
Art. 38 Abs. 1 IGH-Statut

Allgemeine Regeln des Völkerrechts werden im Wortlaut von Art. 38 Abs. 1 des Statuts des Internationalen Gerichtshofs, der heute noch im wesentlichen als maßgebend anerkannten Definition der völkerrechtlichen Rechtsquellen, nicht erwähnt. Dort wird unterschieden zwischen Verträgen (Buchst. a), Gewohnheitsrecht (Buchst. b) und allgemeinen Rechtsgrundsätzen (Buchst. c). Bei den Beratungen im Parlamentarischen Rat unterließ man es, sich an dieser herkömmlichen und scharf konturierten Begrifflichkeit zu orientieren. So führte etwa der Abgeordnete Carlo Schmid aus, „diese Regeln seien Nutzanwendungen der allgemeinen Rechtsvorstellungen, die mehr oder weniger in allen zivilisierten Staaten bestehen: ein stillschweigendes Übereinkommen der Menschen unseres abendländischen Rechtskreises, unterhalb eines bestimmten rechtlichen Zivilisationsstandes nicht leben zu wollen"[30]. Dieser Beschreibung zufolge

---

27 *Karl Doehring*, Die allgemeinen Regeln des völkerrechtlichen Fremdenrechts und das deutsche Verfassungsrecht, 1963, S. 4; vgl. auch *Wilhelm Karl Geck*, Das Bundesverfassungsgericht und die allgemeinen Regeln des Völkerrechts, in: FG-BVerfG II, S. 125 (141). → Unten *Becker*, § 230 Rn. 83; *Cremer*, § 235 Rn. 1 ff.; *v. Coelln*, § 239 Rn. 38 ff.
28 Vgl. *Christian Tomuschat*, in: BK, Art. 25 Rn. 6.
29 BVerfGE 37, 271 (279); 111, 307 (318); 112, 1 (25); *Tomuschat* (N 28), Art. 25 Rn. 85.
30 JöR N.F. 1 (1949), S. 232.

würden die allgemeinen Regeln in einer moralischen Sphäre wurzeln, so daß sie eher technische Rechtssätze nicht mit einschließen würden. Nach anfänglichen Kontroversen im Schrifttum kann aber heute auf Grund der Rechtsprechung des Bundesverfassungsgerichts als geklärt gelten, daß die Formel insbesondere auf das völkerrechtliche Gewohnheitsrecht abzielt[31]. Hierbei wird kein Unterschied gemacht zwischen Regelungen, wie sie vor allem im Recht der diplomatischen und konsularischen Beziehungen sowie im Recht der Staatenimmunität auftreten[32], deren Entstehungsprozeß entscheidend durch Zufälligkeiten der historischen Entwicklung geprägt ist, und Geboten oder Verboten, die man im Einklang mit den zitierten Ausführungen von Carlo Schmid unmittelbar aus den Prinzipien von Gerechtigkeit und Frieden ableiten könnte, wie sie sich vor allem in den Normen des völkerrechtlichen ius cogens, darunter eines großen Teils der Regeln des humanitären Kriegsrechts, widerspiegeln[33]. Mit dem Wortlaut des Art. 25 GG ließe sich auch eine solche inhaltlich-qualitative Differenzierung schwerlich in Einklang bringen[34]. Trotzdem entbehren die Vorstellungen des Verfassunggebers nicht jeder Bedeutung. Grundsätzlich spiegelt das völkerrechtliche Gewohnheitsrecht, dessen konstitutive Elemente eine gleichförmige Übung mitsamt einer diese stützenden Rechtsüberzeugung sind, einen internationalen, in der täglichen Praxis erprobten und konsolidierten Konsens über die gerechte Lösung zwischenstaatlicher Konflikte wider. Es ist dieses dem Gewohnheitsrecht inhärente Merkmal ausgewogener Berücksichtigung der jeweils betroffenen Belange, das die verfassungspolitische Rechtfertigung dafür bietet, die allgemeinen Regeln dem einfachen deutschen Gesetzesrecht überzuordnen[35].

Völkerrechtliches Gewohnheitsrecht

Streitig geblieben ist bis heute, ob Art. 25 GG lediglich universell geltendes Gewohnheitsrecht oder auch regionales Gewohnheitsrecht erfaßt. Die Rechtsprechung des Bundesverfassungsgerichts ist in dieser Hinsicht nicht einheitlich; manche Judikate sprechen schlicht von universell geltendem Völkergewohnheitsrecht[36], während andere vorsichtiger formulieren, es handele sich „vorwiegend" um auf universeller Ebene geltendes Recht[37]. Im Schrifttum sind die Meinungen geteilt[38]. Bei den Beratungen im Parlamentarischen Rat war mehrfach davon die Rede, daß die betreffenden Regeln von der „Allge-

15
Regionales Völkergewohnheitsrecht

Anerkennung der Regeln

---

31 BVerfGE 15, 25 (33f.); 16, 27 (33); 23, 288 (317); 31, 145 (177); 66, 39 (64f.); 94, 315 (328); 95, 96 (129); 96, 68 (96); 109, 13 (27); 118, 124 (134).
32 Vgl. namentlich BVerfGE 16, 27 (33ff.); 46, 342 (364ff.); 96, 68 (79ff.).
33 Vgl. BVerfGE 77, 170 (232f.); 112, 1 (24ff.).
34 Befürwortet wurde eine solche restriktive Deutung von *Michael Silagi*, Die allgemeinen Regeln des Völkerrechts als Bezugsgegenstand in Art. 25 GG und Art. 26 EMRK, in: EuGRZ 1980, S. 632 (645ff.).
35 So auch *Frank Schorkopf*, Grundgesetz und Überstaatlichkeit, 2007, S. 81.
36 BVerfGE 96, 68 (86); 117, 141 (149); 118, 124 (134).
37 BVerfGE 15, 25 (33); 23, 288 (317); 95, 96 (129); 109, 13 (27): „in erster Linie".
38 Für Gleichbehandlung: *Albert Bleckmann*, Grundgesetz und Völkerrecht, 1975, S. 291; *ders.*, Verfassungsrang der Europäischen Menschenrechtskonvention?, in: EuGRZ 1994, S. 149 (153); anders aber *ders.* (N 16), DÖV 1996, S. 137; *Christian Koenig*, in: v. Mangoldt/Klein/Starck, Bd. II, [6]2010, Art. 25 Rn. 7, 28; *Ingolf Pernice*, in: Dreier, Bd. II, [2]2006, Art. 25 Rn. 21; *Michael Schweitzer*, Staatsrecht III, [10]2010, Rn. 481; *Steinberger* (N 7), § 173 Rn. 28, 29; *Rudolf Streinz*, in: Sachs, [5]2008, Art. 25 Rn. 26; *Tomuschat* (N 28), Art. 25 Rn. 19; dagegen: *Matthias Herdegen*, in: Maunz/Dürig, Art. 25 Rn. 32; *Philip Kunig*, in: Wolfgang Graf Vitzthum (Hg.), Völkerrecht, [5]2010, S. 73 (130 Rn. 140).

meinheit der Völkergemeinschaft" anerkannt sein müßten. Freilich zielte man mit dieser Formulierung nicht auf die hier zur Debatte stehende Alternative ab, sondern erörterte die Frage, ob eine Regel, um Bestandteil des Bundesrechts werden zu können, auch von der Bundesrepublik anerkannt sein müsse. Während der Weimarer Zeit hatte aufgrund des Wortlauts des Art. 4 WRV, der die „allgemein anerkannten" Regeln des Völkerrechts in das Reichsrecht integrierte, die Überzeugung vorgeherrscht, daß die Anerkennung auch von seiten des Reiches eine unabdingbare Voraussetzung für die Öffnung der staatlichen Rechtsordnung sei[39]. Es läßt sich also nicht überzeugend begründen, daß die Entstehungsgeschichte den Ausschluß des regionalen Gewohnheitsrechts nahelege. Unter teleologischen Aspekten ist einerseits zu bedenken, daß dem regionalen Gewohnheitsrecht eine tendenziell steigende Bedeutung zukommt. Westeuropa, teilweise unter Einschluß der USA und Kanadas, entwickelt sich zunehmend zu einer in den verfassungsstrukturellen Grundentscheidungen weitgehend homogenen Gemeinschaft, in der vor allem die menschenrechtlichen Standards auf einer höheren Ebene liegen als dies weltweit der Fall ist. Auch das regionale Gewohnheitsrecht beruht wie das universell geltende auf einem eine weitere Staatengemeinschaft umspannenden Wertkonsens, der nicht lediglich Ausdruck realpolitischer Machtverhältnisse ist. Ins Gewicht fällt ferner die Zielsetzung des Art. 25 GG. Die Vorschrift soll ein Auseinanderklaffen von völkerrechtlicher und innerstaatlicher Rechtslage verhindern. Sie bildet das Werkzeug, mit dessen Hilfe den Geboten des Völkerrechts in gleitender Anpassung jeweils sofort, das heißt, ohne daß es des Erlasses gesetzgeberischer Akte bedürfte, Rechnung getragen werden kann. Aus dieser funktionellen Sicht heraus gibt es keinen Grund, dem regionalen Gewohnheitsrecht weniger Achtung zu zollen als dem weltweit geltenden. Gerade wenn man Art. 25 GG als Ausdruck der Völkerrechtsfreundlichkeit des Grundgesetzes interpretiert, müssen beide Spielarten des Gewohnheitsrechts gleich behandelt werden.

16

Bilaterales Völkergewohnheitsrecht

Nicht einzubeziehen in Art. 25 GG sind Formen des bilateralen Gewohnheitsrechts. Insgesamt ist diese Rechtsfigur in ihrer dogmatischen Struktur verschwommen. Fest steht aber, daß es sich nicht um Regeln handelt, die von einer Gemeinschaft von Staaten als verbindlich anerkannt wären. Wie aus der Grundsatzentscheidung des Internationalen Gerichtshofs[40] hervorgeht, werden als bilaterales Gewohnheitsrecht im wesentlichen etablierte Praktiken betrachtet, die nach der Einschätzung der Beteiligten rechtens geübt werden. Demnach handelt sich hier um vertragsähnliche Rechtsverhältnisse, denen wegen des Fehlens dritter Parteien niemals jene gesteigerte Garantie inhaltlicher Richtigkeit zukommen kann, wie sie dem „multilateralen" Gewohnheitsrecht eignet. Auch fehlt es damit an dem vom Wortlaut des Art. 25 GG vorausgesetzten Kriterium der „Allgemeinheit"[41].

---

39 Vgl. insbesondere *Gerhard Anschütz*, Die Verfassung des Deutschen Reichs vom 11. August 1914, [14]1933, S. 64f.
40 Urteil vom 12.4.1960, Right of Passage over Indian Territory, in: ICJRep 1960, S. 6 (39).
41 *Bleckmann* (N 38), Grundgesetz und Völkerrecht, S. 291, und *Schweitzer* (N 38), wollen auch das bilaterale Gewohnheitsrecht einbeziehen.

Auch die allgemeinen Rechtsgrundsätze, die nach Art. 38 Abs. 1 Buchst. c) des IGH-Statuts als Rechtsquelle im Völkerrecht anerkannt sind[42], werden von Art. 25 GG erfaßt[43]. Große praktische Bedeutung hat dies nicht, weil in der Regel die Bundesrepublik der solche Grundsätze tragenden Mehrheit der Staaten der internationalen Staatengemeinschaft angehört. Der Übergesetzesrang würde sich erst bemerkbar machen, wenn das deutsche Staatswesen aus dem internationalen Wertekonsens ausscheren und sich wieder auf einen in die Selbstisolierung führenden Weg begeben würde.

17
Allgemeine Rechtsgrundsätze

Mit der Bestimmung, daß die allgemeinen Regeln des Völkerrechts Bestandteil des Bundesrechts sind, verbindet Art. 25 S. 2 GG die weitere Qualifizierung, daß sie den Gesetzen vorgehen. Ein Überverfassungsrang ist damit nicht gemeint, und auch Verfassungsrang wird den allgemeinen Regeln nicht beigelegt[44]. Eine ursprünglich recht weit verbreitete Gegenmeinung im Schrifttum hat sich nicht durchsetzen können[45]. Es besteht auch kein Bedürfnis, die allgemeinen Regeln auf eine solch überragende Höhe zu heben. Rechtspolitisch wichtig ist, daß die Sperre des Art. 25 GG von einfachen Gesetzen nicht überwunden werden kann. Die Höherrangigkeit der allgemeinen Regeln darf freilich kein Hindernis bilden, einem internationalen Kodifikationsvorhaben zuzustimmen, das dann als maßstabsetzend anzusehen ist, wie dies etwa auf dem Gebiet des Diplomaten- und des Konsularrechts geschehen ist. Gewohnheitsrechtsregeln sind ihrer Natur gemäß stets mit einer gewissen Unschärfe versehen. Ein puristischer Rigorismus würde hier der Völkerrechtsfreundlichkeit des Grundgesetzes zuwiderlaufen[46]. Es wäre geradezu absurd, wenn sich die Bundesrepublik aus verfassungsrechtlichen Gründen gehindert sähe, an der Modernisierung des Völkerrechts durch Kodifizierung teilzunehmen. Der völkerrechtliche Grundsatz, daß dispositivem Gewohnheitsrecht durch Verträge derogiert werden kann, muß auch innerstaatlich beachtet werden.

18
Rang

Grundsätzlich schaffen allgemeine Regeln im Sinne des Art. 25 GG auf der völkerrechtlichen Ebene Rechte und Pflichten nur zwischen Staaten als den geborenen Völkerrechtssubjekten. Durch die Eingliederung in die deutsche Rechtsordnung verändert sich zwangsläufig die Normstruktur. Die völkerrechtlichen Sätze sind als Bestandteile des objektiv geltenden Bundesrechts anzuwenden. Keine Schwierigkeiten bereitet es, aus hinreichend präzisierten Pflichten, die das allgemeine Völkerrecht den Staaten auferlegt, subjektive Rechte der einzelnen abzuleiten[47]. Dies gilt insbesondere für die Pflichten des

19
Geltungsmodalitäten

Subjektive Rechte der einzelnen

---

42 Zur Identität der allgemeinen Rechtsgrundsätze vgl. *Tomuschat* (N 28), Art. 25 Rn. 31 ff.
43 BVerfGE 15, 25 (35); 16, 27 (33); 23, 288 (317); 94, 315 (328); 95, 96 (129); 96, 68 (86); 109, 13 (27); 117, 141 (149); 118, 124 (134).
44 BVerfGE 37, 271 (279); 111, 307 (318); 112, 1 (24 f.); dafür aber in rechtspolitischer Perspektive *Bleckmann* (N 16), DÖV 1996, S. 141.
45 Nachweise bei *Tomuschat* (N 28), Art. 25 Rn. 86.
46 Dazu auch *Martin Nettesheim*, in: Maunz/Dürig, Art. 59 Rn. 110.
47 Wegweisend insoweit das Urteil des EuGH vom 5. 2. 1963 in der Sache Van Gend & Loos, Rs. 26/62, Slg. 1963, S. 3 (25); zu dieser Parallele auch *Tomuschat* (N 28), Art. 25 Rn. 97. → Bd. X, *Haack*, § 205 Rn. 42 ff.

allgemeinen Fremdenrechts, die auch den Vermögensschutz umfassen[48]. Andererseits können völkerrechtliche Wiedergutmachungspflichten nicht ohne weiteres in individualrechtliche Ansprüche umschlagen. Nicht recht verständlich ist es, weshalb das Bundesverfassungsgericht manche der aus diesen Prämissen zu ziehenden Folgerungen nur mit einer deutlich betonten Zurückhaltung akzeptiert[49]. Im Lichte der hier vertretenen Deutung erscheint jedenfalls hinsichtlich der Innehabung von Rechten der zweite Teil des Satzes 2 („und erzeugen Rechte und Pflichten unmittelbar für die Bewohner des Bundesgebietes"), den Karl Doehring als Anordnung eines Adressatenwechsels gedeutet hat, als überflüssig[50]. Eine konstitutive Bedeutung kann der genannte Satzteil allerdings entfalten, wenn in Rede steht, ob Staatspflichten im Sinne des Völkerrechts in Individualpflichten im Sinne des innerstaatlichen Rechts umgewandelt werden[51]. Hier ist zwischen zwei Normgruppen zu unterscheiden. In die erste Gruppe fallen diejenigen Regeln des Völkerrechts, deren Erstreckung auf Einzelpersonen durchaus in die Zielrichtung der betreffenden Regel fällt[52]. Beispiele bieten etwa die Achtung fremder Währungshoheit[53], die man ohne weiteres auch von einem privaten Unternehmen verlangen kann, das gewohnheitsrechtlich geltende Folterverbot sowie sämtliche Normen, deren Verletzung eine Strafbarkeit nach Völkerrecht begründen würde[54]. Fraglich bleibt hier nur, ob das rechtsstaatliche Prinzip des Gesetzesvorbehalts es zuläßt, Handlungen auf Grund der teilweise sehr allgemein gefaßten völkerrechtlichen Prinzipien für verboten zu erklären, ohne daß die

Strafbarkeit nach Völkerrecht?

---

48 Vgl. *Christian Tomuschat*, Der fremdenrechtliche Mindeststandard im Völkerrecht, in: HGR, Bd. VI/2, 2009, § 178 Rn. 42 ff.

49 BVerfGE 63, 343 (373 f.). Unter keinen Umständen kann die Auffassung des BVerfG gebilligt werden, eine unter Verletzung fremder Gebietshoheit völkerrechtswidrig entführte Person könne sich auf diesen Regelverstoß nicht berufen, sondern müsse ihre Aburteilung im inländischen Strafverfahren hinnehmen: BVerfG, Kammerbeschluß vom 17.7.1985, in: NJW 1986, S. 1427; Kammerbeschluß vom 3.6.1986, in: NJW 1986, S. 3021. Zu Recht kritisch *Frederick Alexander Mann*, Zum Strafverfahren gegen einen völkerrechtswidrig Entführten, in: ZaöRV 47 (1987), S. 469 (477); zustimmend hingegen *Matthias Herdegen*, Die völkerrechtswidrige Entführung eines Beschuldigten als Strafverfolgungshindernis, in: EuGRZ 1986, S. 1 ff. Mißverständnisse zur Funktion des Art. 25 GG bei *Theodor Vogler*, Strafprozessuale Wirkungen völkerrechtswidriger Entführungen von Straftätern aus dem Ausland, in: FS für Dietrich Oehler, 1985, S. 379 (386). Wie das BVerfG auch der US Supreme Court im Urteil US v. Humberto Alvarez-Machaín vom 15.6.1992, 504 U.S. 665; dazu kritisch *Betsy Baker/Volker Röben*, To Abduct or to Extradite? Does a Treaty Beg the Question?, in: ZaöRV 53 (1993), S. 657 ff. Nach der Rechtsprechung der europäischen Menschenrechtsschutzorgane verletzt hingegen eine unter Bruch der territorialen Souveränität eines fremden Staates vorgenommene Entführung auch die individuellen Rechte des Entführungsopfers, s. EGMR, Stocké gegen Deutschland, Stellungnahme der Kommission, EGMR, Series A, Nr. 199, S. 24 § 167; EGMR, Öcalan gegen Türkei, Beschwerde Nr. 46221/99, Urteil vom 12.5.2005, §§ 83 ff. – Anders zu beurteilen ist die Frage, ob der Einsatz eines Lockspitzels eine allgemeine Regel des Völkerrechts verletzt und daher eine rechtmäßige Durchführung eines Strafverfahrens hindert, vgl. BVerfG, Kammerbeschluß vom 19.10.1994, in: NJW 1995, S. 651; 5.11.2003, www.bundesverfassungsgericht.de/cgi-bin/link.pl?entscheidungen.

50 *Doehring* (N 27), S. 152 ff.

51 Übersehen in BVerfGE 15, 25 (33) sowie bei *Geiger* (N 6), S. 150; mißverständlich auch BVerfGE 27, 253 (274) und 41, 126 (160), wo ein Adressatenwechsel verneint wird.

52 Vgl. dazu *Doehring* (N 27), S. 144 f., 158 ff.

53 Vgl. *Frederick Alexander Mann*, The Legal Aspect of Money, ⁵1992, S. 14.

54 Vgl. den von der Völkerrechtskommission der Vereinten Nationen (ILC) im Jahre 1996 angenommenen Code of Crimes against the Peace and Security of Mankind, in: Yearbook of the International Law Commission, Volume II, Part Two, S. 17, sowie das Römische Statut des Internationalen Strafgerichtshofs vom 17.7.1998, in: BGBl 2000 II, S. 1394.

Anforderungen an das Individualverhalten zuvor durch einen staatlichen Normativakt präzisiert worden wären. Auf jeden Fall würde es dem in Art. 103 Abs. 2 GG niedergelegten Grundsatz „nullum crimen, nulla poena sine lege" widersprechen, wegen einer Zuwiderhandlung gegen eine allgemeine Regel des Völkerrechts eine Strafe zu verhängen[55]. Im Kreise verfassungsrechtlicher und strafrechtlicher Experten ist man sich der Notwendigkeit des Erlasses nationaler Strafvorschriften als Grundlage für eine Bestrafung des Täters völkerrechtswidriger Handlungen durchweg bewußt[56]. Aus diesem Grund hat man in der Bundesrepublik das Völkerstrafgesetzbuch erlassen[57]. Auch in völkerrechtlichen Verträgen selbst kommt dieses rechtsstaatliche Erfordernis zum Ausdruck[58]. Die zweite Gruppe umfaßt alle diejenigen Regeln, die ausschließlich auf den Staat als Organisation der öffentlichen Gewalt bezogen sind. Hier würde durch eine innerstaatliche Geltungserstreckung ratione personae dem völkerrechtlichen Normzweck geradezu zuwidergehandelt. Als Beispiel lassen sich etwa die (sehr unklaren) Regeln über die völkerrechtliche Intervention anführen. Soweit eine Intervention mit nicht gewaltsamen Mitteln, vor allem durch kritische Meinungsäußerungen, überhaupt denkbar ist[59], wendet sich die Verbotsregel allein an die Organe des Staates. Individuen hingegen sollen nach völkerrechtlicher Auffassung Meinungsfreiheit genießen (Art. 19 des Internationalen Paktes über bürgerliche und politische Rechte, nachfolgend: IPbürgR), die selbstverständlich auch das Recht umschließt, die Politik und die Praktiken fremder Staaten einer kritischen Würdigung zu unterziehen.

<small>Völkerstrafgesetzbuch</small>

Stimmen im Schrifttum haben die Ansicht geäußert, Art. 25 GG habe in der Rechtswirklichkeit nur eine geringe Bedeutung entfaltet[60]. Diese Einschätzung erweist sich bei näherer Betrachtung als recht vordergründig, und man darf sie vor allem als zeitgebunden betrachten. Weil die Bundesrepublik sich auch in ihrer politischen Praxis als ein Staatswesen begreift, das in die Völkergemeinschaft eingebunden ist und deren Ordnung akzeptiert, ist es bisher zu

20
<small>Praktische Bedeutung</small>

---

55 Der Internationale Militärgerichtshof in Nürnberg judizierte unmittelbar auf Grund der von ihm angenommenen Grundsätze des Völkerstrafrechts. Um auch noch nachträglich die Legitimität dieses Vorgehens abzusichern, wurde später in Art. 7 Abs. 2 EMRK und in Art. 15 Abs. 2 IPbürgR der Nullum-crimen-Grundsatz durch die Präzisierung eingeschränkt, daß eine strafgerichtliche Verfolgung auch dann zulässig sei, wenn die Tat „im Zeitpunkt ihrer Begehung nach den von der Völkergemeinschaft anerkannten allgemeinen Rechtsgrundsätzen strafbar war" (dazu jetzt *Thomas Kleinlein*, Der EGMR und das Völkerstrafrecht im Rahmen von Art. 7 EMRK, in: EuGRZ 2010, S. 544 ff.). Zu Art. 7 Abs. 2 EMRK hatte die Bundesrepublik ursprünglich einen Vorbehalt eingelegt: BGBl 1954 II, S. 14. Bewußt sind aber die in die Zuständigkeit des Internationalen Strafgerichtshofs fallenden Taten im Römischen Statut (N 54) durch Vertragsrecht definiert worden; → unten *Gärditz*, § 245 Rn. 8.
56 Vgl. etwa *Herdegen* (N 38), Art. 25 Rn. 48; *Steinberger* (N 7), § 173 Rn. 68; *Streinz* (N 38), Art. 25 Rn. 46, 47; *Tomuschat* (N 28), Art. 25 Rn. 103.
57 Vom 26. 6. 2002, in: BGBl I, S. 2254.
58 Vgl. etwa Art. 20 IPbürgR sowie Art. 4 des Internationalen Übereinkommens zur Beseitigung jeder Form von Rassendiskriminierung vom 21. 12. 1965, in: BGBl 1969 II, S. 962.
59 Behauptet etwa in der kontroversen Resolution 36/103 der UN-Generalversammlung vom 9. 12. 1981; dagegen die Resolution des Institut de droit international vom 13. 9. 1989, The protection of human rights and the principle of non-intervention in internal affairs of States, in: Annuaire de l'IDI, Vol. 63, Teil II, S. 339.
60 *Geck* (N 27), S. 132; *Walter Rudolf*, Völkerrecht und deutsches Recht, 1967, S. 260; *Silagi* (N 34), S. 635 („Bedeutung des Art. 25 GG ... weitgehend im Deklamatorischen").

keinen ernsthaften Konflikten gekommen⁶¹. Noch niemals mußte etwa die Frage aufgeworfen werden, ob ein staatliches Gesetz mit einer allgemeinen Regel im Widerspruch steht. Prinzipiell bedeutet es hingegen ein sehr weitgehendes Souveränitätsopfer, keinerlei Maßnahmen gesetzlicher oder administrativer Art zuzulassen, die einem völkerrechtlichen Gewohnheitsrechtssatz widersprechen. Rechtswidrig wäre es etwa in der Bundesrepublik, eine Rebellenorganisation, die den gewaltsamen Sturz der legalen Regierung eines fremden Landes betreibt, zu unterstützen⁶². Ein Verhalten, wie es von den Supermächten bei der Durchsetzung von Machtinteressen gelegentlich verfolgt wird⁶³, würde daher in der Bundesrepublik an unübersteigbaren rechtlichen Klippen scheitern.

21
Fälle der Praxis

Freilich hat es in den vergangenen Jahren eine Reihe von Fallkonstellationen gegeben, wo deutsches außenpolitisches Handeln an den Maßstäben des Art. 25 GG hätte gemessen werden können. Bei der Beteiligung der Bundeswehr an den Militäroperationen gegen Jugoslawien stellte sich im Jahre 1999 die Frage, ob es sich um einen nach Völkerrecht verbotenen und nach der Bestimmung des Art. 26 GG strafbaren Angriffskrieg handele oder ob jedenfalls zur Abwendung von Völkermord nach den klassischen Grundsätzen der humanitären Intervention militärische Mittel auch ohne Zustimmung des

Jugoslawien 1999

Sicherheitsrats eingesetzt werden dürften⁶⁴. Zu einem gerichtlichen Verfahren zur eigentlichen Sachfrage kam es vor deutschen Gerichten insoweit aber nicht⁶⁵. Die ordentlichen Gerichte waren lediglich mit Schadensersatzklagen befaßt, in deren Mittelpunkt die Frage stand, ob bei bestimmten Luftangriffen die Regeln über die Kriegsführung (ius in bello) eingehalten worden seien und ob sich gegebenenfalls aus einer Verletzung dieser Regeln ein individueller Schadensersatzanspruch ergebe⁶⁶. Die Invasion Iraks durch US-amerikanische und britische Truppenverbände im März 2003 führte zu Strafanzeigen gegen Mitglieder der Bundesregierung, weil die Bundesregierung auch für diesen Zweck die Mitwirkung deutscher Soldaten bei Einsätzen von AWACS-Aufklärungsflügen gestattete. Die Bundesanwaltschaft mußte erhebliche Mühe aufwenden, um die Nichteinleitung eines Ermittlungsverfahrens zu be-

Irak 2003

---

61 Aus den ersten fünf Jahrzehnten der Bundesrepublik verdienen Hervorhebung vor allem die vom BVerfG im Vorprüfungsausschuß abgetanen Entführungsfälle (vgl. N 49).
62 Die Hilfeleistung für die libyschen Rebellen im Jahre 2011 ist anders zu beurteilen, weil der UN-Sicherheitsrat der Ghaddafi-Regierung durch die Überweisung der Lage in Libyen an den Internationalen Strafgerichtshof kraft der Resolution 1970 vom 26.2.2011 die völkerrechtliche Legitimität entzogen hatte.
63 Vgl. das Urteil des Internationalen Gerichtshofs vom 27.6.1986 im Streit zwischen Nicaragua und den USA, in: ICJRep 1986, S. 14.
64 So hielt *Bruno Simma*, NATO, the UN and the Use of Force: Legal Aspects, in: EJIL 10 (1999), S. 1 (12, 22), die militärische Intervention in Jugoslawien für völkerrechtswidrig, obwohl er andererseits äußerte, „only a thin red line separates NATO's action on Kosovo from international legality".
65 Ein Antrag im Organstreitverfahren wurde vom BVerfG als unzulässig verworfen, vgl. BVerfGE 100, 266.
66 Abgelehnt vom LG Bonn, Urteil vom 10.12.2003, in: JZ 2004, S. 572, mit Anm. von Oliver Dörr, sowie vom Bundesgerichtshof, Urteil vom 2.11.2006, in: JZ 2007, S. 532 = BGHZ 169, 348, mit Kommentierung durch *Stefan Baufeld*, Die schadensersatzrechtliche Stellung ziviler Opfer von militärischen Operationen, in: JZ 2007, S. 502 ff.

gründen⁶⁷. Richtig ist, daß die Beihilfe zu einem völkerrechtlichen Verbrechen bisher keine klaren Konturen gewonnen hat. In einem verwegenen Urteil stellte später das Bundesverwaltungsgericht fest, daß die Weigerung eines Offiziers der Bundeswehr, im Zusammenhang mit dem Irak-Krieg seine Dienstpflichten wahrzunehmen, keinerlei Disziplinarmaßnahmen nach sich ziehen dürfe, da erhebliche Gründe für die Annahme sprächen („gravierende rechtliche Bedenken"), daß der Krieg in der Tat gegen das allgemeine Gewaltverbot des Völkerrechts verstoße⁶⁸. Hätte sich die Bundesrepublik unmittelbar an dem Angriff auf den Irak beteiligt, hätte ein Verstoß gegen das Aggressionsverbot – und damit gegen Art. 25 GG – nicht geleugnet werden können. Ähnliche Fragen stellten sich im Zusammenhang mit der Militäroperation gegen Libyen im Frühjahr 2011. Zwar lag eine Autorisierung durch den Sicherheitsrat vor (Resolution 1973, 17. März 2011). Aber jede Überschreitung der Tragweite jener Resolution führt in der Bundesrepublik unweigerlich in den Anwendungsbereich der Verbotsnormen der Art. 25 und 26 GG⁶⁹.

Libyen 2011

Ursprünglich war man bei den Beratungen des Parlamentarischen Rates davon ausgegangen, daß die von Art. 25 GG umfaßte Normgruppe nur wenige Bestandteile umfassen könne. Da aber nach der Rechtsprechung des Bundesverfassungsgerichts jeder Gewohnheitsrechtssatz ohne Rücksicht auf seine inhaltliche Wertigkeit gemeint sein soll, kann es nicht nur zu sachlichen Abgrenzungsproblemen bei sich überschneidenden Normbereichen, sondern auch zu Konflikten zwischen Regeln unterschiedlicher hierarchischer Stufung kommen, die vorab auf der Ebene des Völkerrechts gelöst werden müssen. Als Beispiel sei lediglich die Kontroverse über die Frage genannt, ob der klassische Grundsatz der Immunität der Staaten vor den Gerichten anderer Länder in bezug auf Hoheitsakte auch bei schweren Menschenrechtsverletzungen gelten kann⁷⁰. Diese Frage stand in einem von Deutschland gegen Italien angestrengten Verfahren vor dem Internationalen Gerichtshof zur Debatte⁷¹.

22
Konflikte zwischen allgemeinen Regeln des Völkerrechts

Staatsimmunität

Als Ausdruck der Völkerrechtsfreundlichkeit des Grundgesetzes kann es gewertet werden, daß nach der Rechtsprechung des Bundesverfassungsgerichts die Verfassungsbeschwerde zur Verfügung steht, wenn der den Grundrechtsträger beeinträchtigende Rechtsakt auf eine Rechtsnorm gestützt war, die wegen Verstoßes gegen eine Regel des allgemeinen Völkerrechts ungültig ist⁷². In der Tat verletzt ein solcher Akt jedenfalls die allgemeine Handlungs-

23
Verfassungsbeschwerde zur Durchsetzung

---

67 Entscheidung vom 21.3.2003, in: JZ 2003, S. 908.
68 Urteil vom 21.6.2005, in: EuGRZ 2005, S. 636 (664, 669).
69 Vgl. *Christian Tomuschat*, Foreign Policy Issues before Domestic Courts. The Rule of Law under Challenge, in: August Reinisch/Ursula Kriebaum (Hg.), The Law of International Relations. Liber Amicorum Hanspeter Neuhold, Utrecht 2007, S. 415 (431 ff.).
70 Dazu mit weiteren Nachweisen etwa *Matthias Hartwig*, Völkerrechtliche Praxis der Bundesrepublik Deutschland im Jahr 2003, in: ZaöRV 65 (2005), S. 741 (751 ff.).
71 Offizieller Titel der Rechtssache: Jurisdictional Immunities of the State, IGH, Urteil vom 3.2.2012 (www.icj-cij.org/docket/files/143/16883.pdf).
72 BVerfGE 23, 288 (300); 31, 145 (177); 46, 342 (363); 66, 39 (64); 96, 68 (96); 112, 1 (21 f.); ebenso die Pakelli-Entscheidung, 11.10.1985, in: EuGRZ 1985, S. 654; dazu auch *Rainer Hofmann*, Zur Bedeutung von Art. 25 GG für die Praxis deutscher Behörden und Gerichte, in: FS für Wolfgang Zeidler, Bd. II, 1987, S. 1885 f.

freiheit des Art. 2 Abs. 1 GG. Die Verfassungsbeschwerde dient insoweit der Durchsetzung des Völkerrechts.

24
Vertrauenswürdigkeit des Völkerrechts

Angesichts dieser Rechtslage wird durchaus zu Recht darüber nachgedacht, ob das Völkerrecht tatsächlich jenes Vertrauen verdient, welches ihm der historische Verfassunggeber des Jahres 1949 entgegengebracht hat. Warnend haben insbesondere Wilhelm Karl Geck[73] und Klaus Stern[74] ihre Stimme erhoben und auf gewisse politische Fehlentwicklungen im Rahmen der Vereinten Nationen hingewiesen. Richtig ist, daß ein allein von einer Staatenmehrheit – etwa in Form einer Resolution der Generalversammlung der Vereinten Nationen – erzeugtes Völkerrecht nicht jene Gewähr für inhaltliche Richtigkeit bieten würde, wie man sie bisher mit dem Begriff des Gewohnheitsrechts verbunden hat. Nach wie vor gilt aber, daß der Generalversammlung der Vereinten Nationen nicht die Befugnisse eines Weltgesetzgebers zustehen. Universelles Gewohnheitsrecht kann jedenfalls gegen den Widerstand einer ganzen Staatengruppe nicht entstehen. Die „Geschäftsgrundlage" des Art. 25 GG würde aber in der Tat entfallen, falls den vielfach unternommenen Bestrebungen, an der Rechtsquellenlehre politische Veränderungen vorzunehmen und die koordinationsrechtliche Struktur des gegenwärtigen Völkerrechts unter Abkehr vom Souveränitätsprinzip durch die Einführung eines Mehrheitsentscheides in eine hierarchische Gliederung zu überführen, Erfolg beschieden wäre[75]. Festzuhalten ist demgemäß auch im Sinne des Verfassungsrechts an einer klaren Scheidung zwischen Recht und außerrechtlichen Aussagen. Das „soft law"[76] gehört generell nicht zu den Quellen des positiven Völkerrechts.

UN-Generalversammlung kein Weltgesetzgeber

Kein Mehrheitsentscheid

„Soft law"

II. Völkerrechtliches Gewalt- und Kriegsverbot

25
Friedensgebot des Art. 26 GG

Als eine unmittelbare Umsetzung des völkerrechtlichen Gewalt- und Kriegsverbots erscheint der Art. 26 GG[77], der allerdings die Verteidigungslinie weit nach vorne verlegt bis in einen Bereich hinein, wo die völkerrechtlichen Normbefehle noch nicht greifen würden. Vorbeugend sollen bereits Reaktionsmaßnahmen ergriffen werden können, wenn Kräfte innerhalb der Bundesrepublik auf eine Störung des Völkerfriedens hinarbeiten[78]. Zur Abwehr derartiger Bestrebungen ist der Straftatbestand des § 80a StGB geschaffen worden. Selbstverständlich richtet sich aber das Friedensgebot des Art. 26 GG auch an den Staat selbst. Seine Verletzung könnte daher in der Stunde der

---

73 *Geck* (N 27), S. 128 f.
74 *Stern* (N 16), S. 476.
75 Dazu auch *Bleckmann* (N 16), DÖV 1996, S. 138, 141: Abweichung von den allgemeinen Regeln in existentiellen Notlagen; *Streinz* (N 38), Art. 25 Rn. 25.
76 Dazu etwa *Wolff Heintschel von Heinegg*, Die weiteren Quellen des Völkerrechts, in: Knut Ipsen, Völkerrecht, ⁵2004, S. 251 Rn. 20 ff.; *Theodor Schweisfurth*, Völkerrecht, 2006, S. 92 ff. Rn. 164 ff.; *Wolfgang Graf Vitzthum*, Völkerrecht, ⁵2010, S. 29 Rn. 68.
77 *Doehring* (N 9), § 178 Rn. 30 ff.; → Unten *Proelß*, § 227 Rn. 24 f.
78 Vgl. auch *Schneider* (N 17), S. 140 f.

Not, wenn jede andere Abhilfe versagt, mit den Mitteln des Widerstandsrechts (Art. 20 Abs. 4 GG) bekämpft werden[79]. Die Bereitstellung und Lagerung von Waffen, deren Einsatz das Völkerrecht nicht untersagt, läßt sich als solche in keinem Fall als Verletzung des Art. 26 GG qualifizieren[80]. Auf einer Überprüfungskonferenz zum Römischen Statut des Internationalen Strafgerichtshofs wurde im Juni 2010 eine Definition des Verbrechens der Aggression angenommen (neuer Art. 8bis)[81], der ein gewisses Maß an Rechtsklarheit schafft, zunächst aber erst von den Vertragsparteien des Statuts im üblichen Wege der Ratifikation angenommen werden muß.

Widerstandsrecht

III. Völkerrechtliche Verträge

Die völkerrechtsfreundliche Grundhaltung der deutschen Verfassungsordnung zeigt sich auch an den für die Erfüllung völkerrechtlicher Verträge vorgeschriebenen Modalitäten. Nach einem traditionellen Satz des Völkerrechts ist es mangels spezifischer Vereinbarungen jeweils der innerstaatlichen Rechtsordnung überlassen, die Art und Weise der Durchführung vertraglicher Verpflichtungen nach eigenem Ermessen zu bestimmen[82]. Dieses Ermessen wird nur durch die selbstverständliche Regel begrenzt, daß die geschuldete Leistung durch die Wahl der Implementierungsform nicht beeinträchtigt werden darf. Zwei grundlegend unterschiedliche Modelle haben sich herausgebildet. Großbritannien gliedert einen völkerrechtlichen Vertrag grundsätzlich nicht in seine innerstaatliche Rechtsordnung ein, sondern beläßt ihn auf der völkerrechtlichen Ebene und setzt zur Vollziehung des Vertragsinhalts eigene Rechtssätze nationalen Ursprungs in Kraft; lediglich zur Durchführung des Rechts der Europäischen Gemeinschaft/Union sowie der Europäischen Menschenrechtskonvention wurden spezielle Parlamentsgesetze erlassen[83], welche diesen beiden Rechtsmassen die unmittelbare Anwendbarkeit im innerstaatlichen Rechtsraum sichern. Bis vor wenigen Jahren war die strikte Trennung von außen und innen auch das Modell, an dem sich die skandinavischen Staaten[84] (mit Ausnahme Finnlands)[85] sowie zur Zeit der sozialistischen

26
Innerstaatliche Durchführung

Großbritannien

---

79 *Rudolf Dolzer*, Der Widerstandsfall, in: HStR VII, ^{1}1992, § 171 Rn. 22 ff.
80 So zutreffend BVerfGE 77, 170 (233).
81 www.icc-cpi.int/iccdocs/asp–docs/ASP9/OR/RC-11-Annexes-ENG.pdf.
82 *Georg Dahm/Jost Delbrück/Rüdiger Wolfrum*, Völkerrecht, Bd. I/1, ^{2}1989, S. 101; *Karl Doehring*, Völkerrecht, ^{2}2004, S. 306 Rn. 705; *Schweitzer* (N 38), S. 166 Rn. 418; *Alfred Verdross/Bruno Simma*, Universelles Völkerrecht, ^{3}1984, S. 540; so auch BVerfGE 111, 307 (316); Urteil vom 4. 5. 2011, in: EuGRZ 2011, S. 297 (308 Rn. 87).
83 European Communities Act 1972 (c. 68); Human Rights Act 1998 (c. 42), www.legislation.gov.uk/ukpga/1998/42/contents.
84 Norwegen integrierte die Menschenrechtsschutzverträge, an denen es beteiligt ist, im Jahre 1999 in die innerstaatliche Rechtsordnung: The Human Rights Act (Act of 21 May 1999 No. 30), vgl. Bericht für den UN-Menschenrechtsrat im Rahmen von Universal Periodic Review, UN-Dok. A/HRC/WG.6/6/NOR/1, 14. 9. 2009, Nr. 15. Schweden hat hingegen nur die EMRK in sein nationales Recht inkorporiert, s. den Bericht für den UN-Menschenrechtsrat im Rahmen von Universal Periodic Review, UN-Dok. A/HRC/WG.6/8/SWE/1, 22. 2. 2010, Nr. 14.
85 S. den finnischen Bericht für den UN-Menschenrechtsrat im Rahmen von Universal Periodic Review, UN-Dok. A/HRC/WG.6/1/FIN/1, 18. 3. 2008, Nr. 5.

Staatsdoktrin die Staaten Mittel- und Osteuropas (mit Ausnahme Ungarns)[86] ausrichteten. In den kontinentaleuropäischen Staaten des Westens ist es hingegen üblich, völkerrechtliche Verträge als solche in die innerstaatliche Rechtsordnung zu übernehmen. Zu dieser letzteren Gruppe gehört auch die Bundesrepublik, soweit es sich um Verträge hochpolitischen Charakters oder solche handelt, die zu ihrer Vollziehung des Erlasses gesetzlicher Akte bedürfen (Art. 59 Abs. 2 GG). Durch das vorgeschriebene Zustimmungsgesetz erhält die völkerrechtliche Abmachung die Kraft innerstaatlich anwendbaren Rechts, und zwar auf der Rangstufe dieses Aktes als einfaches Gesetzesrecht. Versuche im Schrifttum, diese schlichte Gleichung zu durchbrechen und völkerrechtlichen Verträgen ähnlich den allgemeinen Regeln des Völkerrechts einen Übergesetzesrang zuzusprechen[87], haben sich nicht durchgesetzt. Auch für die Europäische Menschenrechtskonvention gilt nichts anderes; auch sie steht auf der Stufe des einfachen Gesetzes, erfährt aber indirekt eine Rangerhöhung, weil nach der Rechtsprechung des Bundesverfassungsgerichts die Grundrechte des Grundgesetzes im Einklang mit der Europäischen Menschenrechtskonvention auszulegen sind[88].

27 Die rechtsdogmatische Deutung der Übernahme völkerrechtlicher Verträge in den innerstaatlichen Rechtsraum ist im einzelnen umstritten. Sowohl die klassische Transformationslehre[89] wie auch die neuere Vollzugslehre, die in ihrer Ausformulierung durch Hermann Mosler[90] und Karl Josef Partsch[91] den klarsten dogmatischen Lösungsweg bietet[92], stimmen aber heute in den praktischen Ergebnissen weitgehend überein[93]. Insofern bietet der Grundsatz der Völkerrechtsfreundlichkeit keine durchschlagenden Argumente für eine Entscheidung zugunsten einer der beiden Theorien. In der Rechtsprechung wird der Streit deswegen auch mit einer gewissen distanzierten Leichtigkeit behandelt[94]. Die verwandten Formulierungen deuten bald auf die eine, bald auf die andere Konstruktion hin[95] oder verbinden beide Theorien jedenfalls sprachlich zu einer Einheit[96].

---

86 Vgl. den ungarischen Zusatzbericht für den UN-Menschenrechtsausschuß, 28. 5. 1979, in: Yearbook of the Human Rights Committee 1979–1980, Bd. II, S. 443 (446 Nr. VII).
87 *Albert Bleckmann*, Verfassungsrang der Europäischen Menschenrechtskonvention?, in: EuGRZ 1994, S. 149 ff.
88 Vgl. BVerfGE 74, 358 (370); 82, 106 (120); 111, 307 (315 ff.); Urteil vom 4. 5. 2011, in: EuGRZ 2011, S. 297 (308).
89 *Heinrich Triepel*, Völkerrecht und Landesrecht, 1899, S. 118 f.
90 *Hermann Mosler*, Das Völkerrecht in der Praxis der deutschen Gerichte, 1957, S. 13 ff.
91 *Karl Josef Partsch*, Die Anwendung des Völkerrechts im innerstaatlichen Recht. Überprüfung der Transformationslehre, in: BDGVR 6 (1964), S. 19 ff., 86 ff., 142 ff.
92 Vgl. *Geiger* (N 6), S. 156; *Volker Röben*, Außenverfassungsrecht, 2007, S. 67.
93 *Gerhard Boehmer*, Der völkerrechtliche Vertrag im deutschen Recht, 1965, S. 106 ff.; *Schweitzer* (N 38), S. 171 Rn. 435; → unten *Vöneky*, § 236 Rn. 9 ff.
94 Überblick über die Rechtsprechung der höchsten deutschen Gerichte bei *Schweitzer* (N 38), S. 177 f.
95 Ursprünglich verwendete das BVerfG den Begriff der Transformation: BVerfGE 1, 396 (411); 6, 309 (363).
96 So heißt es in BVerfGE 111, 307 (316 f.) zur Funktion des Zustimmungsgesetzes nach Art. 59 Abs. 2 GG, daß es den völkerrechtlichen Vertrag „in das deutsche Recht transformiert und einen entsprechenden Rechtsanwendungsbefehl erteilt".

Man wird grundsätzlich die kontinentaleuropäische Lösung als die völkerrechtsfreundlichere ansehen dürfen. Indem ein Vertrag in die nationale Rechtsordnung eingegliedert wird, entzieht er sich der alleinigen Herrschaft der beteiligten Regierungen. Jedermann kann sich auf seine Regeln berufen, und Gerichte wie Verwaltungsbehörden sind gehalten, seine Vorschriften zu beachten. Damit ist der Prozeß der Vertragsdurchsetzung „demokratisiert" und gleichzeitig effektiviert. Wegen der unbestreitbaren Vorzüge dieser Methode hat etwa der Gerichtshof der Europäischen Gemeinschaften in der bekannten Entscheidung Van Gend & Loos aus dem Jahr 1963[97] dahin Stellung bezogen, daß auch aus an Staaten gerichteten Verboten, soweit sie ihrem Inhalt nach hinreichend deutlich seien, Rechte erwüchsen, auf die sich die einzelnen berufen könnten. Im Hinblick auf die internationalen Abkommen zum Schutz der Menschenrechte hat sich eine gleichartige Stärkung der Durchsetzungsmodalitäten für alle Vertragsparteien nicht erreichen lassen. In mehreren Urteilen hat der Europäische Gerichtshof für Menschenrechte festgestellt, daß die Europäische Menschenrechtskonvention eine bestimmte Art und Weise der Vertragsdurchsetzung nicht vorschreibe, gleichzeitig aber bemerkt, daß die Beachtung des Vertragswerkes besonders gut in jenen Staaten gesichert sei, wo die Konvention in das innerstaatliche Rechts inkorporiert worden ist[98].

28
Effektive und „demokratisierte" Vertragsdurchsetzung

Europäische Menschenrechtskonvention

Es fragt sich, ob für die Bundesrepublik ein verfassungsrechtliches Gebot anzunehmen ist, sich dieser speziellen Methode der Vertragsdurchführung, wie sie faktisch durchweg geübt wird, zu bedienen. In Art. 1 Abs. 2 des Zustimmungsgesetzes zu dem vor wenigen Jahren von der Bundesrepublik ratifizierten EG-Übereinkommen über das auf vertragliche Schuldverhältnisse anzuwendende Recht (vom 19. Juni 1980)[99] wird den Bestimmungen dieses Übereinkommens die innerstaatliche Anwendbarkeit abgesprochen. Die Vertragsartikel sind – mit leichten Modifizierungen – in die Neufassung des Einführungsgesetzes zum Bürgerlichen Gesetzbuch aufgenommen worden[100]. Auch das Übereinkommen der Vereinten Nationen über die Rechte des Kindes[101] sollte nach der Anlage zur Denkschrift „ausschließlich Staatenverpflichtungen" begründen, „die die Bundesrepublik Deutschland nach näherer Bestimmung ihres mit dem Übereinkommen übereinstimmenden innerstaatlichen Rechts erfüllt"[102]. Eine ähnliche Erklärung wurde zum Übereinkommen

29
Gebot der innerstaatlichen Inkraftsetzung von Verträgen?

Übereinkommen über die Rechte des Kindes

---

97 S.o. N 47.
98 Swedish Engine Drivers' Case, 6. 2. 1975, Ser. A: Judgments and Decisions, Vol. 20, S. 18, § 50; Ireland vs. United Kingdom, 18. 1. 1978, Ser. A, Vol. 25, S. 91, § 239; Sunday Times vs. United Kingdom (No. 2), 26. 11. 1991, Ser. A, Vol. 217, S. 32, § 61; vgl. auch BVerfGE 111, 307 (316).
99 Vom 25. 7. 1986, in: BGBl II, S. 809.
100 Gesetz zur Neuregelung des Internationalen Privatrechts vom 25. 7. 1986, in: BGBl I, S. 1142.
101 Angenommen durch Resolution 44/25 der UN-Generalversammlung vom 20. 11. 1989, deutscher Text: BGBl 1992 II, S. 122.
102 Text dieser Erklärung in ihrer Endfassung: BGBl 1992 II, S. 990. Zum Scheitern der mit ihrer Einlegung verfolgten Absicht vgl. *Christian Tomuschat*, Verwirrung über die Kinderrechte-Konvention der Vereinten Nationen. Zur innerstaatlichen Geltungskraft völkerrechtlicher Verträge, in: FS für Hans F. Zacher, 1998, S. 1143 ff. Durch Notifikation vom 1. 11. 2010 an den UN-Generalsekretär zog die Bundesrepublik die Erklärung zurück, vgl. http://treaties.un.org/pages/ViewDetails.aspx?src=TREATY&mtdsg_no=IV-11&chapter=4&lang=en.

Übereinkommen gegen Folter

gegen Folter und andere grausame, unmenschliche oder erniedrigende Behandlung oder Strafe[103] abgegeben[104]. Eine Verletzung des Grundsatzes der Völkerrechtsfreundlichkeit wäre in der Tat zu bejahen[105] im Hinblick auf Fallsituationen, wo – wie Jochen Abr. Frowein es formuliert hat – die nationale Umformung der Vertragssubstanz „geradezu in den Völkerrechtsverstoß hineinführen muß"[106]. Eine generelle Aussage läßt sich indes nicht treffen[107]. Völkerrechtliche Verträge werden von den Gerichten nicht selten schlicht übersehen. Wenn andererseits der Richter einen Vertrag heranzieht, so bereitet es ihm häufig erhebliche Schwierigkeiten, der Systematik dieses für ihn in der Regel fremden Rechtsinstruments gerecht zu werden. Deshalb kann es gerade bei Abkommen, die lediglich Detailpunkte regeln, der effektivere Weg der Vertragsdurchführung sein, wenn etwa notwendige Anpassungen durch ein Änderungsgesetz in die einschlägigen nationalen Gesetzgebungsakte eingebracht werden, so wie das vielfach zur Vollziehung von EU-Richtlinien zu geschehen hat (vgl. etwa §§ 3 Abs. 5a, 20 Abs. 1a BImSchG[108]).

30 Auslegung nach völkerrechtlichen Regeln

Auf völkerrechtliche Verträge, die in der Bundesrepublik durch ein Zustimmungsgesetz nach Art. 59 Abs. 2 GG die Kraft innerstaatlichen Rechts erlangt haben, sind die vom Völkerrecht anerkannten allgemeinen Auslegungsregeln anzuwenden, wie sie heute in dem Wiener Vertragsrechtsübereinkommen[109] kodifiziert worden sind[110]. Zur Auslegung rechnet im Einklang mit Art. 31 der Wiener Vertragsrechtskonvention[111] auch die Fortentwicklung und Konkretisierung von offen formulierten Bestimmungen eines Vertragswerkes durch Praxis. Im Regelfall bedarf es dazu keines neuen Zustimmungsgesetzes[112], was

---

103 Vom 10.12.1984, in: BGBl 1990 II, S. 247.
104 Vgl. http://treaties.un.org/pages/ViewDetails.aspx?src=TREATY&mtdsg-no=IV-9&chapter=4&lang=en. Dieser Vorbehalt hat jede Bedeutung verloren, seitdem die Bundesrepublik das Fakultativprotokoll zu dem Anti-Folterübereinkommen vom 18.12.2002 über die Individualbeschwerde ratifiziert hat (4.12.2008), in: BGBl 2008 II, S. 854.
105 Erwogen von *Christian Kohler*, Kein Weg zur Rechtsvereinheitlichung, in: EuR 1984, S. 155 (165 f.).
106 *Jochen Abr. Frowein*, Diskussionsbeitrag zum Thema „Multilaterale Staatsverträge erga omnes und deren Inkorporation in nationale IPR-Kodifikationen – Vor- und Nachteile einer solchen Rezeption", in: BDGVR 27 (1986), S. 172 (174).
107 Vgl. im übrigen die Referate von *Franz Matscher*, *Kurt Siehr* und *Jost Delbrück* in: BDGVR 27 (1986), S. 11 ff., 45 ff., 157 ff.
108 Gesetz zum Schutz vor schädlichen Umwelteinwirkungen durch Luftverunreinigungen, Geräusche, Erschütterungen und ähnliche Vorgänge (Bundes-Immissionsschutzgesetz), i.d.F. der Bekanntmachung vom 26.9.2002, in: BGBl I, S. 3830.
109 BGBl 1985 II, S. 927.
110 BVerfGE 40, 141 (167); im Beschluß vom 14.10.2004, BVerfGE 111, 307 (317) wird relativ unbestimmt von „methodisch vertretbarer Auslegung" gesprochen. Vgl. ferner *Bleckmann* (N 16), DÖV 1979, S. 312; *Meinhard Hilf*, Die Auslegung mehrsprachiger Verträge, 1973, S. 124 ff., 144 ff.; *Georg Ress*, Wechselwirkungen zwischen Völkerrecht und Verfassung bei der Auslegung völkerrechtlicher Verträge, in: BDGVR 23 (1982), S. 7 (38 f.). Bewußte Abwendung von diesen Regeln im Grundlagen-Vertrags-Urteil, BVerfGE 36, 1 (35).
111 Vom 23.5.1969, in: BGBl 1985 II, S. 927.
112 BVerfGE 104, 151 (206); 118, 244 (259). Kritisch zu der Entscheidung über die neue NATO-Strategie *Martin Baumbach*, Vertragswandel und demokratische Legitimation, 2008, S. insbes. S. 177 ff.; *Heiko Sauer*, Die NATO und das Verfassungsrecht: neues Konzept – alte Fragen, in: ZaöRV 62 (2002), S. 316 ff.

aber jeweils im Einzelfall unterschiedlich beurteilt werden kann[113]. Darüber hinaus erhebt sich die Frage, ob die deutschen Behörden und Gerichte ohne weiteres einer durch die zuständige internationale Instanz vorgenommenen Interpretation zu folgen haben[114]. Das Bundesverfassungsgericht hat aus dem Grundsatz der Völkerrechtsfreundlichkeit abgeleitet, daß die Urteile des Internationalen Gerichtshofs für die Bundesrepublik generell eine „normative Leitfunktion" besitzen, auch soweit die Bundesrepublik an dem jeweiligen Streitfall nicht beteiligt war[115]. Diese Aussagen sind auf sämtliche internationale Gerichtshöfe zu erstrecken, an denen Deutschland beteiligt ist. Das Bundesverfassungsgericht hat ausdrücklich festgestellt, es gebe eine „verfassungsunmittelbare Pflicht der deutschen Gerichte, einschlägige Judikate der für Deutschland zuständigen internationalen Gerichte zur Kenntnis zu nehmen und sich mit ihnen auseinanderzusetzen"[116].

„Normative Leitfunktion" der Urteile des IGH

Für Vorabentscheidungen durch den Gerichtshof der Europäischen Union nach Art. 267 AEUV ergibt sich eine Bindungswirkung für das Ausgangsverfahren implizit aus dem Sinn der Vertragsvorschrift. Wenn ferner in einem Vertragsverletzungsverfahren nach Art. 258, 260 AEUV festgestellt worden ist, daß bestimmte Rechtsvorschriften der Bundesrepublik gegen Gemeinschaftsrecht verstoßen, ist die Bundesrepublik gehalten, sogleich ihr Recht der damit autoritativ geklärten Rechtslage anzupassen. Im übrigen wird man allen Entscheidungen des Gerichtshofs der Europäischen Union, gleichgültig in welchem Verfahren sie ergangen sind, im Einklang mit der gemeinsamen kontinentaleuropäischen Rechtstradition den Wert des Präjudizes, aber auch wiederum nicht mehr, zubilligen müssen. Es hieße den Grundsatz der Völkerrechtsfreundlichkeit überstrapazieren, wollte man den Gerichtshof hinsichtlich der Bindungswirkung seiner Entscheidungen über die obersten Bundesgerichte stellen. Blinder Gehorsam ist nicht verlangt. Es steht den Behörden und Gerichten der Bundesrepublik frei, die Richtigkeit eines Urteils mit Sachargumenten zu bestreiten[117]. Die Gerichte dürfen allerdings nicht selbständig

31
Gerichtshof der Europäischen Union

Erneute Befassung bei abweichender Auffassung

---

113 So waren im Fall BVerfGE 90, 286 vier Senatsmitglieder der Auffassung, daß Art. 59 Abs. 2 GG nur förmliche Verträge im Auge habe (S. 359 ff.), während die anderen vier Mitglieder auch eine unförmliche Erweiterung des Anwendungsbereichs des NATO-Vertrages dem Zustimmungserfordernis unterwerfen wollten (S. 372 ff.); dazu kritisch *Eckart Klein*, Bemerkungen zur Rechtsprechung des Bundesverfassungsgerichts zum Auslandseinsatz deutscher Streitkräfte, in: FS für Michael Bothe, 2008, S. 157 ff.
114 Dazu eingehend *Bleckmann* (N 16), DÖV 1996, S. 142.
115 Kammerbeschluß vom 19. 9. 2006, in: EuGRZ 2006, S. 684 (691); dazu *Mehrdad Payandeh*, Die verfassungsrechtliche Stärkung der internationalen Gerichtsbarkeit, in: AVR 45 (2007), S. 244 ff.
116 Kammerbeschluß (N 115), S. 690. In diesem Sinne hat der Bundesgerichtshof der Entscheidung des EGMR zur Unzulässigkeit der nachträglichen Sicherungsverwahrung, Urteil vom 17. 12. 2009 auf die Beschwerde 19359/04, M. gegen Bundesrepublik Deutschland, in: EuGRZ 2010, S. 25, den Vorzug vor der früheren, eine Widersprüchlichkeit verneinenden Entscheidung des Bundesverfassungsgerichts, BVerfGE 109, 133, gegeben: BGH, 12. 5. 2010, in: EuGRZ 2010, S. 359 (361).
117 Zur früheren Praxis der Bundesrepublik vgl. *Dieter H. Scheuing*, Rechtsprobleme bei der Durchsetzung des Gemeinschaftsrechts in der Bundesrepublik Deutschland, in: EuR 1985, S. 229 (243 ff.). Mehrfach ist die Bundesrepublik auch wegen Nichtbefolgung eines Urteils durch die Kommission gem. 228 Abs. 2 EGV (heute: Art. 260 Abs. 2 AEUV) verklagt worden, vgl. *Carmen Thiele*, Sanktionen gegen EG-Mitgliedstaaten zur Durchsetzung von Europäischem Gemeinschaftsrecht, in: EuR 2008, S. 320 (322).

§ 226　　　　　　　Zwanzigster Teil: Leitprinzipien

von Auslegungsergebnissen des Gerichtshofs der Europäischen Union abweichen (Art. 267 Abs. 3 AEUV), sondern müssen ihn unter Darlegung ihrer abweichenden Rechtsauffassung erneut befassen[118].

32
Europäischer Menschenrechtsgerichtshof

Auslegungshilfe

Bindungswirkung

Nachträgliche Sicherungsverwahrung

Was den Europäischen Menschenrechtsgerichtshof angeht, so fehlt es an einem Vorabentscheidungsverfahren. Ebenso wenig läßt sich die Vereinbarkeit des deutschen Rechts mit der Europäischen Menschenrechtskonvention in einem abstrakten Verfahren der Normenkontrolle klären. Vor den Europäischen Menschenrechtsgerichtshof gelangen vielmehr über den Weg des Art. 34 EMRK immer nur Einzelfälle. Das Bundesverfassungsgericht hat aber ausdrücklich klargestellt, daß für die innerstaatliche Anwendung der Europäischen Menschenrechtskonvention, auch ihre Funktion als Hilfe bei der Auslegung der Grundrechte und der rechtsstaatlichen Grundsätze des Grundgesetzes, nicht allein der Konventionstext maßgebend ist, sondern auch die Rechtsprechung des Europäischen Gerichtshofes für Menschenrechte[119]. Unbestreitbar ist im übrigen trotz der mißverständlichen Ausführungen des Bundesverfassungsgerichts im sogenannten Görgülü-Fall[120] die Bindungswirkung eines Urteils des Europäischen Menschenrechtsgerichtshofs für den entschiedenen Einzelfall. Wenn dabei die Feststellung, daß die Bundesrepublik einen Verstoß begangen hat, auf der Einschätzung einer deutschen Rechtsvorschrift als konventionswidrig beruht, so gebietet es im Regelfall der Grundsatz der Völkerrechtsfreundlichkeit, die Rechtslage sogleich entsprechend zu bereinigen. Was die von den Straßburger Richtern als konventionswidrig erkannte nachträgliche Sicherungsverwahrung angeht[121], so hat das Bundesverfassungsgericht die Verpflichtung zur Herstellung eines vertragsgemäßen Zustandes jetzt explizit anerkannt[122]. Weniger einfach läßt sich eine Korrektur herbeiführen, wenn die Straßburger Mißbilligung sich gegen eine bestimmte Praxis der Rechtsprechung der deutschen Gerichte wendet. Den gesetzgebenden Körperschaften ist es bisher nicht gelungen, ein Gesetz zu verabschieden, mit dem nach den von Straßburg erteilten Weisungen[123] ein Rechtsmittel gegen übermäßige Verfahrensdauer hätte eingeführt werden sollen[124]. Ist ein Urteil innerhalb des Europäischen Menschenrechtsgerichtshofs selbst umstritten und liegt noch keine gefestigte Rechtsprechung vor, so muß

---

118 BVerfGE 126, 286 (316 f.).
119 BVerfGE 111, 307 (317); Urteil vom 4.5.2011, in: EuGRZ 2011, S. 297 (309 Rn. 88). → Bd. X, *Nußberger*, § 209 Rn. 49 ff.
120 BVerfGE 111, 307 (331 f.): Ein Urteilsspruch des EGMR binde nur die Bundesrepublik Deutschland, nicht aber die deutschen Gerichte. Zur Kritik s. *Christian Tomuschat*, The Effects of the Judgments of the European Court of Human Rights According to the German Constitutional Court, in: German Law Journal 11 (2010), S. 513 ff. Die Vorzüge der Entscheidung streicht hingegen heraus *Heiko Sauer*, Die neue Schlagkraft der gemeineuropäischen Grundrechtsjudikatur – Zur Bindung deutscher Gerichte an die Entscheidungen des Europäischen Gerichtshofs für Menschenrechte, in: ZaöRV 65 (2005), S. 35 (54 ff.).
121 M. vs. Deutschland, Beschwerde Nr. 19359/04, Urteil vom 17.12.2009; Haidn vs. Deutschland, Beschwerde Nr. 6587/04, Urteil vom 13.1.2011.
122 Urteil vom 4.5.2011, in: EuGRZ 2011, S. 297.
123 Sürmeli vs. Deutschland, Beschwerde Nr. 75529/01, Urteil vom 8.6.2006; Rumpf vs. Deutschland, Beschwerde Nr. 46344/06, Urteil vom 2.9.2010.
124 Vgl. den Gesetzentwurf der Bundesregierung für ein Gesetz über den Rechtsschutz bei überlangen Gerichtsverfahren und strafrechtlichen Ermittlungsverfahren (BT-Drs 17/3802 vom 17.11.2010).

es der Bundesrepublik gestattet sein, zunächst abzuwarten, um ihre Einwände in einem zu erwartenden späteren Verfahren mit der gleichen rechtlichen Problematik (nochmals) vorzutragen[125].

Kann sich eine internationale Auslegungsinstanz, wie etwa der Ausschuß für Menschenrechte nach dem Internationalen Pakt über bürgerliche und politische Rechte, lediglich in Form von nicht bindenden Stellungnahmen zu dem in seiner Zuständigkeit liegenden Vertragswerk äußern, so ergibt sich auch aus dem Grundsatz der Völkerrechtsfreundlichkeit nicht, daß solche Äußerungen innerstaatlich als rechtlich verbindlich behandelt werden müßten. Freilich darf die Bundesrepublik sie nicht von vornherein als unbeachtlich abtun, sondern muß sie bei ihren Entscheidungen bona fide berücksichtigen, so wie dies allgemeinen völkerrechtlichen Anschauungen entspricht[126].

33 Ausschuß für Menschenrechte

Aus dem Grundsatz der Völkerrechtsfreundlichkeit folgt, daß die Bundesrepublik in ihrem Rechtssystem die zur Erfüllung der eingegangenen völkerrechtlichen Verpflichtungen notwendigen Instrumentarien vorsehen muß. Dies hat nichts mit der Rangstellung des völkerrechtlichen Vertragsrechts in der deutschen Rechtsordnung zu tun. Im Regelfall genügt die durch das Zustimmungsgesetz angeordnete Anwendbarkeit als Teilbestandteil des deutschen Rechts. Immer reicht diese einfache Automatik indes nicht aus. So verlangt die Charta der Vereinten Nationen (Art. 43) von den Mitgliedstaaten, daß sie Beschlüsse des Sicherheitsrats zur Bekämpfung eines Aggressors unterstützen. Es widersprach dem Prinzip der Völkerrechtsfreundlichkeit, diese Eventualität überhaupt nicht in Erwägung zu ziehen und angebliche verfassungsrechtliche Hindernisse fortbestehen zu lassen, ohne Abhilfemaßnahmen zur Anpassung des Rechtszustandes an das völkerrechtlich Gebotene auch nur in Betracht zu nehmen[127]. Auch aus der Anwendung der Europäischen Menschenrechtskonvention können Konflikte entstehen, die nach einer Bereinigung verlangen. Durch ein Urteil des Europäischen Menschenrechtsgerichtshofs kann geklärt werden, daß eine nationale Gerichtsentscheidung auf einer Konventionsverletzung beruht. Erst nach vielen Jahren hat die deutsche Gesetzgebung für solche Verfahren einen besonderen Wiederaufnahmegrund eingeführt, der es gestattet, die festgestellte Unvereinbarkeit der gerügten deutschen Entscheidung mit den Verpflichtungen aus der Konvention zu bereinigen[128]. Bei Verwaltungsverfahren wird auf die

34 Verfahrensrechtliche Gewährleistung völkerrechtlicher Verpflichtungen

Besonderer Wiederaufnahmegrund

---

125 Vgl. *Rudolf Bernhardt*, Einwirkungen der Entscheidungen internationaler Menschenrechtsinstitutionen auf das nationale Recht, in: FS für Karl Doehring, 1989, S. 23 (28 f.).
126 Vgl. dazu das Sondervotum von Sir Hersch Lauterpacht zum Rechtsgutachten des IGH im Fall „South-West Africa – Voting Procedure" vom 7. 6. 1955, in: ICJRep 1955, S. 90 (119).
127 Durch das Urteil BVerfGE 90, 286 vom 12. 7. 1994 wurde nach vielen Jahrzehnten geklärt, daß Art. 24 Abs. 2 GG eine verfassungsrechtliche Grundlage für den Einsatz von deutschen Streitkräften in einem System der kollektiven Sicherheit bildet; Bestätigung in der Folgezeit durch BVerfGE 104, 151 (194 f.); 108, 34 (42 f.). Zur näheren Konkretisierung erging schließlich das Gesetz über die parlamentarische Beteiligung bei der Entscheidung über den Einsatz bewaffneter Streitkräfte im Ausland (Parlamentsbeteiligungsgesetz) vom 18. 3. 2005, in: BGBl I, S. 775; dazu *Markus Rau*, Auslandseinsatz der Bundeswehr: Was bringt das Parlamentsbeteiligungsgesetz?, in: AVR 44 (2006), S. 93 ff.
128 StPO: § 359 Nr. 6, eingefügt durch Gesetz vom 9. 7. 1998, in: BGBl I, S. 1802; in: ZPO: § 580 Nr. 8, eingefügt durch Gesetz vom 22. 12. 2006, in: BGBl I, S. 3416.

allgemeinen Grundsätze über die Rücknahme von Verwaltungsakten zurückgegriffen[129].

35 Die Frage stellt sich schließlich, ob aus dem Prinzip der Völkerrechtsfreundlichkeit die Folgerung abgeleitet werden kann, daß den Bestimmungen völkerrechtlicher Verträge grundsätzlich die unmittelbare Anwendbarkeit zugesprochen werden sollte. Einer lange vertretenen These zufolge sollten durch das Zustimmungsgesetz nur solche Bestimmungen in die innerstaatliche deutsche Rechtsordnung übernommen werden[130]. Diese Auffassung wird heute generell als sachlich unrichtig verworfen. Jeder Vertrag stellt mit allen seinen Vorschriften eine Einheit dar; zur Auslegung müssen alle seine Vorschriften herangezogen werden[131]. Aber es bleibt in jedem Fall die sachlogische Frage, ob sich eine bestimmte Norm zur unmittelbaren Anwendung gegenüber dem einzelnen eignet. Nicht jede normative Festlegung ist so scharf konturiert, daß aus ihr individuelle Rechtsansprüche oder Pflichten abgeleitet werden könnten[132]; in diesem Zusammenhang wird als Kurzformel häufig der Begriff „self-executing" verwendet[133]. Unmittelbare Anwendbarkeit genießen fast durchgängig die Bestimmungen der Europäischen Menschenrechtskonvention sowie des Internationalen Paktes über bürgerliche und politische Rechte[134]. Ein Gleiches gilt etwa für die Benachrichtigungspflicht bei der Festnahme von ausländischen Staatsangehörigen nach Art. 36 Abs. 1 Buchst. b) nach dem Übereinkommen über konsularische Beziehungen[135], wo das Bundesverfassungsgericht der Rechtsprechung des Internationalen Gerichtshofs in den Fällen LaGrand[136] und Avena[137] gefolgt ist[138]. Andererseits enthält vor allem der Internationale Pakt über wirtschaftliche, soziale und kulturelle Rechte[139] zahlreiche Bestimmungen, die sich erst nach näherer Konkretisierung oder Ausgestaltung für den unmittelbaren Vollzug eignen[140]. Ähnlich zu beurteilen sind wohl viele der Rechte, die ihre Anerkennung in der Charta der Grundrechte

Unmittelbare Anwendbarkeit von Vertragsbestimmungen

„Self-executing"

---

129 Vgl. das Urteil des VGH Mannheim vom 28.6.2007, wiedergegeben bei *Matthias Hartwig*, Völkerrechtliche Praxis der Bundesrepublik Deutschland im Jahre 2007, in: ZaöRV 70 (2010), S. 181 (193).
130 Grundlegend *Heinrich Triepel*, Völkerrecht und Landesrecht, 1899, S. 226 ff., mit anderem Ansatz ebenfalls *Gustav Adolf Walz*, Völkerrecht und staatliches Recht, 1933, S. 274 f. Dieser älteren Auffassung folgen noch BVerfGE 29, 348 (360); *Boehmer* (N 93), S. 76 ff.; *Theodor Maunz*, in: ders./Dürig, Art. 59 Rn. 24; *Rudolf* (N 60), S. 173 ff.; *Schweitzer* (N 38), S. 174 Rn. 440; unentschieden *Nettesheim* (N 46), Art. 59 Rn. 179.
131 Zutreffend *Bleckmann* (N 38), Verfassungsrang der EMRK, S. 280; *Streinz* (N 38), Art. 59 Rn. 66 ff.
132 Dazu etwa *Schweitzer* (N 38), S. 172 ff. Rn. 436 ff.
133 Vgl. auch *Doehring* (N 82), S. 306 f. Rn. 706 f.
134 → Bd. X, *Tomuschat*, § 208 Rn. 11.
135 Vom 24.4.1963, in: BGBl 1969 II, S. 1586.
136 Lagrand (Germany vs. United States of America), in: ICJRep 2001, S. 466 (494).
137 Avena and Other Mexican Nationals (Mexico vs. United States of America), in: ICJRep 2004, S. 12 (39).
138 Kammerbeschluß vom 19.9.2006, in: EuGRZ 2006, S. 684 (690).
139 Vom 19.12.1966, in: BGBl 1973 II, S. 1570.
140 Vgl. das Urteil des VGH Baden-Württemberg vom 17.12.1991, nachgewiesen bei *Andreas Zimmermann*, Deutsche Rechtsprechung in völkerrechtlichen Fragen 1991, in: ZaöRV 53 (1993), S. 360 (366); ebenso die Rechtsprechung zur Europäischen Sozialcharta vom 18.10.1961, in: BGBl 1964 II, S. 1261: Urteil des Bundesverwaltungsgerichts vom 18.12.1992, in: DVBl 1993, S. 787 (788).

der Europäischen Union¹⁴¹ gefunden haben¹⁴². Hier wird dem Europäischen Gerichtshof die Aufgabe zufallen, sich verbindlich über deren Rechtsqualität zu äußern. Eine einfache Formel wie „in dubio pro applicatione directa" eignet sich für die insoweit notwendigen Unterscheidungen nicht. Freilich sollte es nur auf die rechtstechnische Vollzugsfähigkeit oder auf die ausdrücklich getroffenen Vereinbarungen der Vertragsparteien ankommen, nicht hingegen auf den formalen Aspekt, ob im Vertragstext auch der einzelne als Berechtigter genannt wird¹⁴³. Rechtsnormen des objektiven Rechts verlangen nach Beachtung, und soweit sich aus der Nichtrespektierung individuelle Beeinträchtigungen ergeben, muß dem Beschwerten nach den allgemeinen Regeln des deutschen Rechts ein Rechtsmittel zur Verfügung stehen.

Aufgabe des EuGH

IV. Völkerrechtsfreundliche Interpretation des deutschen Rechts

Mit der Suche nach einem allgemeinen Gebot der völkerrechtsfreundlichen Auslegung des deutschen Rechts wird – abgesehen von den Fällen, wo der Vorrang einer allgemeinen Regel des Völkerrechts nach einer Anpassung der Norminhalte des einfachen Gesetzesrechts verlangt – ein Schritt hinaus über den im Text des Grundgesetzes angelegten Befund getan. Eine systematische Gesamtschau der dargestellten Bestimmungen des Grundgesetzes läßt aber einen solchen Schritt als zwingend erscheinen¹⁴⁴. In Gestalt des Art. 25 GG ist die Grundsatzentscheidung für die Harmonie zwischen Völkerrecht und staatlichem Recht gefallen. Auch in den Art. 23, 24 und 26 GG hat der Verfassunggeber die Einordnung der Bundesrepublik in das Gefüge der internationalen Normen und Institutionen bejaht. So läßt sich der weitergehende Schluß ziehen, daß auch das originär innerstaatliche Recht nicht seine Eigenständigkeit gegenüber dem Völkerrecht allein aus dem formalen Grund behaupten soll, daß es seine Entstehung einem souveränen Akt des deutschen Gesetzgebers verdankt. Bei der völkerrechtsfreundlichen Auslegung geht es im übrigen nicht um eine Brechung oder Umbiegung des gesetzgeberischen Willens, vielmehr soll – ähnlich wie bei der verfassungskonformen Auslegung – bei einem Spielraum möglicher Deutungen einer Rechtsregel diejenige bevorzugt werden, die gleichzeitig den Anforderungen des Völkerrechts gerecht wird.

36

Allgemeines Gebot völkerrechtsfreundlicher Auslegung

---

141 Bestandteil des Vertrages von Lissabon (BGBl 2008 II, S. 1166).
142 Vgl. insbesondere die im Titel IV: „Solidarität" statuierten Rechte (Art. 27 ff.). Der EuGH hat etwa in der Rechtssache Ruiz Zambrano, C-34/09, Urteil vom 8. 3. 2011, u. a. aus Art. 34 der Charta ein Aufenthaltsrecht für ausländische Staatsangehörige abgeleitet. → Bd. X, *Herdegen*, § 211 Rn. 4 ff., 25 ff.
143 Zu kritisieren ist daher das Urteil BVerwGE 86, 99 (119) vom 1. 2. 1989 zum Übereinkommen Nr. 111 der Internationalen Arbeitsorganisation vom 25. 6. 1958 über die Diskriminierung in Beschäftigung und Beruf, in: BGBl 1961 II, S. 97.
144 BVerfGE 58, 1 (34); 59, 63 (89); 64, 1 (20); 74, 358 (370); 83, 119 (128); 111, 307 (317); 120, 180 (200 f.); Urteil vom 4. 5. 2011, in: EuGRZ 2011, S. 297 (308 ff. Rn. 86 ff.); BVerwGE 110, 203 (210 f.); vgl. aus dem Schrifttum etwa *Bleckmann* (N 16), DÖV 1979, S. 312 ff.; *Rudolf Bernhardt*, Bundesverfassungsgericht und völkerrechtliche Verträge, in: FG-BVerfG II, S. 154 (160); *Stern* (N 16), S. 496. Zurückhaltung mahnt an *Kay Hailbronner*, Kontrolle der auswärtigen Gewalt, in: VVDStRL 56 (1997), S. 7 (18).

37
Auslegung des Verfassungsrechts

Der Grundsatz der völkerrechtsfreundlichen Auslegung gilt auch für die Ebene des Verfassungsrechts. Allerdings ist hier zwischen den allgemeinen Regeln des Völkerrechts und dem völkerrechtlichen Vertragsrecht zu unterscheiden. Während die allgemeinen Regeln das unabhängig vom Willen eines einzelnen Staates vorhandene Koordinatensystem des Ausgleichs zwischen einer Vielzahl souveräner staatlicher Organisationseinheiten bilden, erwachsen völkervertragliche Bindungen aus einem Akt der freiwilligen Selbstverpflichtung. Es ist selbstverständlich, daß die Verfassung für solches Handeln der mit der Führung der Außenpolitik betrauten Organe die Einhaltung sowohl ihrer Kompetenzvorschriften als auch der von ihr aufgestellten materiellen Schranken vorschreibt. Verträge bleiben somit grundsätzlich Objekt der verfassungsrechtlichen Überprüfung und prägen nicht ihrerseits den Verfassungsinhalt[145]. Allerdings vermag in Ausnahmefällen jedenfalls ein multilateraler Vertrag einen derart festen internationalen Wertkonsens widerzuspiegeln, daß er zu einem Orientierungspunkt für die Auslegung des Grundgesetzes wird. Dies gilt namentlich für die Europäische Menschenrechtskonvention, wie das Bundesverfassungsgericht zuerst im Hinblick auf die in der Bundesrepublik lediglich aus dem Rechtsstaatsprinzip abzuleitende Unschuldsvermutung festgestellt[146] und damit eine Rechtsprechung begründet hat, deren Sinnhaftigkeit sich nachfolgend in einer ganzen Reihe weiterer Entscheidungen bewährt hat[147]. Verständlicherweise soll insoweit lediglich die Einschränkung gelten, daß der Grundrechtsschutz nach dem Grundgesetz nicht eingeschränkt werden darf und daß der Bedeutungsgehalt auf diese Weise nicht in einer mit dem Wortsinn unvereinbaren Weise umgedeutet werden darf[148].

EMRK als Orientierungspunkt

38
Produkt der Staatengemeinschaft

Die allgemeinen Regeln des Völkerrechts bieten hingegen als Produkt einer gemeinsamen Anstrengung der Staatengemeinschaft strukturell eine verläßliche Gewähr für inhaltliche Richtigkeit und Ausgewogenheit. Sie als Auslegungshilfe zu berücksichtigen, erscheint gerade deswegen gerechtfertigt, weil kein Staat, auch nicht die Bundesrepublik Deutschland, allein für sich ihre Gestalt bestimmen kann. Es läge zwar durchaus in der Macht des Verfassunggebers, sich kraft seiner souveränen Entscheidungsmacht zumindest mit innerstaatlicher Wirkung über die allgemeinen Regeln hinwegzusetzen. Ein solcher Wille hat sich jedoch bisher niemals manifestiert. Für irgendwelches Mißtrauen den allgemeinen Regeln gegenüber hat die Praxis bis zum heutigen Tage keinerlei Anlaß gegeben. Nachfolgend seien lediglich einige Beispielsfälle angeführt, in denen die Interpretation des Verfassungsrechts sich an den Vorgaben des Völkerrechts ausgerichtet hat.

39
Teso-Urteil des BVerfG

Zur strikten Beachtung des Völkerrechts gemäß den Erfordernissen des Art. 25 GG hat sich das Bundesverfassungsgericht sogar in Grundfragen des staatlichen Schicksals Deutschlands bekannt. So wurde etwa im Teso-Urteil

---
145 *Rudolf Bernhardt*, Verfassungsrecht und völkerrechtliche Verträge, in: HStR VII, ¹1992, § 174 Rn. 28 f.
146 BVerfGE 74, 358 (370).
147 BVerfGE 83, 119 (128); 111, 307 (317); Urteil vom 4. 5. 2011, in: EuGRZ 2011, S. 297 (308).
148 So jetzt mit detaillierter Begründung das Urteil vom 4. 5. 2011, in: EuGRZ 2011, S. 297 (310 Rn. 93).

vom 21. Oktober 1987[149] besonderer Wert darauf gelegt, daß die Inanspruchnahme der Bürger der damaligen DDR als deutsche Staatsangehörige im Sinne des Grundgesetzes lediglich eine latente Rechts- und Pflichtenstellung begründe, die sich im Einklang mit dem Völkerrecht erst dann aktualisiere, wenn Angehörige dieses Personenkreises „in den Hoheitsbereich der Bundesrepublik Deutschland gelangen und die Aktualisierung hinnehmen oder begehren"[150]. Unterstrichen wurde ferner, daß sich, wieder in Einklang mit allgemeinen völkerrechtlichen Regeln, „die gebietsbezogene Hoheitsgewalt der Bundesrepublik Deutschland auf den räumlichen Anwendungsbereich des Grundgesetzes beschränkt"[151].

Obwohl Art. 24 Abs. 2 GG, ein originärer Bestandteil des Verfassungstextes seit dem Jahre 1949, der Bundesrepublik die verfassungsrechtliche Ermächtigung erteilt hatte, sich zur Wahrung des Friedens einem System gegenseitiger kollektiver Sicherheit einzuordnen, wurde doch teilweise – und insbesondere von seiten der Bundesregierung – lange Zeit die These verfochten, daß es ohne eine Verfassungsergänzung nicht zulässig sei, den Vereinten Nationen Truppenverbände für die Zweck der Friedenssicherung („Blauhelme") zur Verfügung zu stellen[152]. Erst in seinem Urteil vom 12. Juli 1994[153] ist das Bundesverfassungsgericht dieser These entgegengetreten und hat festgestellt, daß Art. 24 Abs. 2 GG nicht nur den Beitritt zu einem System gegenseitiger kollektiver Sicherheit autorisiere, sondern auch die Grundlage für die Übernahme der mit der Zugehörigkeit zu einem solchen System typischerweise verbundenen Aufgaben bilde und damit auch für eine Verwendung der Bundeswehr zu Einsätzen, die im Rahmen und nach den Regeln dieses Systems stattfinden[154].

40
Deutscher Beitrag zu UN-Friedenstruppen

Ausländische Beobachter haben aus Art. 115 a Abs. 1 GG, wonach der Verteidigungsfall auch schon bei einem unmittelbar drohenden Angriff auf die Bundesrepublik festgestellt werden kann, die Schlußfolgerung gezogen, daß das Grundgesetz entgegen der Regel des Art. 51 UN-Charta die präventive Selbstverteidigung gestatten wolle[155]. Diese Deutung der verfassungsrechtlichen Rechtslage geht in die Irre. Die Vorschrift des Art. 115 a Abs. 1 GG besagt lediglich, daß im Fall eines drohenden Angriffs auf der innerstaatlichen Ebene bereits bestimmte organisatorische Vorbereitungsmaßnahmen ergrif-

41
Präventive Selbstverteidigung?

---
149 BVerfGE 77, 137; dazu *Wilfried Fiedler*, Die staats- und völkerrechtliche Stellung der Bundesrepublik Deutschland, in: JZ 1988, S. 132 ff.; *Christian Tomuschat*, Staatsvolk ohne Staat?, in: FS für Karl Doehring, 1989, S. 985 ff.
150 BVerfGE 77, 137 (153).
151 BVerfGE 77, 137 (155).
152 Staatsminister *Hildegard Hamm-Brücher*, BT-Drs 8/2115 vom 11. 10. 1978, Ziff. 10, S. 6; Bundeskanzler *Helmut Kohl*, Deutscher Bundestag, Sten. Ber., 13. 3. 1991, S. 774; Bundesaußenminister *Hans-Dietrich Genscher*, ebd., S. 795 f.; Bundesverteidigungsminister *Gerhard Stoltenberg*, 17. 6. 1991, Bulletin des Presse- und Informationsamtes der Bundesregierung 1991, S. 566.
153 BVerfGE 90, 286 (383); vgl. auch BVerfGE 104, 151 (208); 121, 135 (154).
154 Das Bundesverfassungsgericht ist damit der in der Vorauflage vertretenen Auffassung gefolgt: *Christian Tomuschat*, Die staatsrechtliche Entscheidung für die internationale Offenheit, in: HStR VII, ¹1992, § 172 Rn. 30.
155 *Antonio Cassese*, Modern Constitutions and International Law, in: Recueil des cours de l'Académie de droit international 192 (1985–III), S. 331 (427).

fen werden dürfen. Im deutschen Schrifttum herrscht Einigkeit darüber, daß der Bundeswehr eine präventive Selbstverteidigung in Abweichung von Art. 51 UN-Charta nicht zugestanden ist[156]. Art. 87a Abs. 2 GG, wo der Einsatzzweck der Streitkräfte auf die Verteidigung eingegrenzt wird, verweist auf die einschlägigen völkerrechtlichen Maßstabsnormen.

42
Beiderseitige Zustimmung der Streitparteien

Fraglich erscheint allerdings, ob der Grundsatz der Völkerrechtsfreundlichkeit den Versuch zu rechtfertigen vermag, mit seiner Hilfe eine der ihn fundierenden Vorschriften des Grundgesetzes zu korrigieren, um sie damit praktikabler, ja eigentlich erst lebensfähig zu machen. Nach Art. 24 Abs. 3 GG wird der Bund bestimmten Vereinbarungen über eine internationale Schiedsgerichtsbarkeit beitreten[157]. Durch die kumulierende Aneinanderreihung von vorausgesetzten Qualifikationsmerkmalen solcher Vereinbarungen wird dieses Verfassungsgebot aber gleichzeitig fast völlig sinnentleert. Während der Beratungen im Parlamentarischen Rat wurde das Attribut „allgemein" als „jedem gegenüber", das heißt alle Staaten einbeziehend, erläutert; das Wort „umfassend" wurde verstanden als „alle Sachgebiete" einschließend[158]; „obligatorisch" schließlich bedeutet nach dem völkerrechtlichen Sprachgebrauch, daß jeder Streitbeteiligte einseitig ein Verfahren in Gang bringen kann. Instanzen mit einer derart tief in die souveränen Rechte der Staaten eingreifenden Gerichtsbarkeit gibt es aber in der Gegenwart noch nicht. Auf den Internationalen Gerichtshof trifft bis heute keines der vorgeschriebenen Qualifikationsmerkmale zu: Nach wie vor beruht die internationale Gerichtsbarkeit wesentlich auf dem Gedanken der beiderseitigen Zustimmung der Streitparteien. Trotzdem will insbesondere Dieter Blumenwitz eine verfassungsgerichtliche Verpflichtung zur Abgabe einer Unterwerfungserklärung[159] unter die Gerichtsbarkeit des Internationalen Gerichtshofs annehmen, weil in Kenntnis der Mangelhaftigkeit des internationalen Rechtsschutzsystems ein besonderer Beitrag der Bundesrepublik zur friedlichen Streiterledigung habe geleistet werden sollen[160]. Die Möglichkeiten einer im Lichte der Völkerrechtsfreundlichkeit korrigierenden Interpretation scheinen damit überdehnt zu sein[161]. Ohne eine verfassungsrechtliche Verpflichtung erfüllen zu wollen, hat die Bundesrepublik sich im Jahre 2008 aber aus freien Stücken entschlos-

Unterwerfung unter die Gerichtsbarkeit des IGH

---

156 Vgl. *Rainer Grote*, in: v. Mangoldt/Klein/Starck, Bd. III, ⁶2010, Art. 115a Rn. 19; *Roman Herzog*, in: Maunz/Dürig, Art. 115a Rn. 95f.; *Ludger-Anselm Versteyl*, in: v. Münch/Kunig, Bd. III, ⁵2003, Art. 115a Rn. 15.
157 *Hermann Mosler*, Das Grundgesetz und die internationale Streitschlichtung, in: HStR VII, ¹1992, § 179 Rn. 29ff.
158 JöR N.F. 1 (1949), S. 224.
159 *Mosler* (N 157), § 179 Rn. 30, 32ff.
160 *Dieter Blumenwitz*, Die mögliche Gestaltung der Beziehung der Bundesrepublik Deutschland zum Internationalen Gerichtshof, in: GYIL 21 (1978), S. 207 (229); so auch *Bleckmann* (N 16), DÖV 1996, S. 137ff.; *Claus Dieter Classen*, in: v. Mangoldt/Klein/Starck, Bd. II, ⁶2010, Art. 24 Rn. 100.
161 Vgl. etwa *Albrecht Randelzhofer*, in: Maunz/Dürig, Art. 24 Abs. 3 Rn. 18; *Rojahn* (N 2), Art. 24 Rn. 99; *Streinz* (N 38), Art. 24 Rn. 87; *Christian Tomuschat*, in: BK (Zweitb.), Art. 24 Rn. 204; vgl. auch *Hermann Mosler*, „Eine allgemeine, umfassende, obligatorische, internationale Schiedsgerichtsbarkeit": Das Programm des Grundgesetzes und die internationale Realität, in: FS für Karl Doehring, 1989, S. 607 (609ff., 623f.); *ders.* (N 157), § 179 Rn. 34ff.: Art. 24 Abs. 3 als verfassungspolitisches Programm ohne strikte Verbindlichkeit.

sen, gemäß Art. 36 Abs. 2 des Statuts des Internationalen Gerichtshofs dessen Zuständigkeit generell anzunehmen[162].

Hingewiesen sei schließlich noch auf die vom Bundesverfassungsgericht im Konkordats-Urteil getroffene Feststellung, daß auch über den Grundsatz der Völkerrechtsfreundlichkeit eine Bindung des Gesetzgebers an völkerrechtliche Verpflichtungen nicht konstruiert werden könne. Ebensowenig hat das Bundesverfassungsgericht aus dem Grundsatz der Völkerrechtsfreundlichkeit eine Pflicht der Länder dem Bund gegenüber hergeleitet, das frühere Reichskonkordat einzuhalten[163]. So hat die Rechtsfigur der Völkerrechtsfreundlichkeit in dem ersten Urteil, in dem sie überhaupt erscheint, lediglich den Funktionswert eines obiter dictum, dem kein Einfluß auf die Beurteilung der verfassungsrechtlichen Lage zugestanden wird.

43
Bindung an Konkordate

Personen, die ihre politische Überzeugung mit Hilfe terroristischer Methoden durchzusetzen versuchen, steht das Asylrecht des Art. 16 a Abs. 1 GG nicht zu. Eine solche Art des politischen Kampfes wird von der Bundesrepublik in Übereinstimmung mit der von ihr mitgetragenen Völkerrechtsordnung grundsätzlich mißbilligt[164]. Weniger weitreichende Probleme wirft die völkerrechtsfreundliche Interpretation des einfachen Gesetzesrechts Wegen des Vorrangs, den die allgemeinen Regeln des Völkerrechts im Sinne des Art. 25 GG genießen, können abweichende Rechtsbefehle des nationalen Rechts ihnen gegenüber keinen Bestand haben. Mit einer völkerrechtsfreundlichen Interpretation wird der Konflikt eliminiert und eine Harmonisierung zwischen Völkerrecht und staatlichem Recht erreicht, die der Bundesrepublik eine mögliche völkerrechtliche Haftung erspart[165]. Handelt es sich um die Konkurrenz zwischen einem völkerrechtlichen Vertrag und einem Bundesgesetz, so gilt zugunsten von Verträgen, zu denen ein Zustimmungsgesetz ergangen ist, der Grundsatz der lex posterior. Ist das dem Vertragsinhalt widerstreitende Bundesgesetz hingegen der spätere Gesetzgebungsakt, so würde es sich – wiederum nach dem Prinzip der lex posterior – ihm gegenüber eigentlich durchsetzen können. Aus der allgemeinen Praxis sind allerdings kaum Fälle bekannt, in denen tatsächlich ein Gericht angenommen hätte, daß ein späteres Gesetz die Regelung eines früheren Vertrages verdrängt habe[166]; im Steuer-

44
Asylrecht

Auslegung des einfachen Gesetzesrechts

Lex posterior-Grundsatz

---

162 Erklärung vom 30.4.2008, in: BT-Drs 16/9218; dazu *Christophe Eick*, Die Anerkennung der obligatorischen Gerichtsbarkeit des Internationalen Gerichtshofs durch Deutschland, in: ZaöRV 68 (2008), S. 763 ff.; *Christian J. Tams*, Unterwerfung mit Einschränkungen, in: Vereinte Nationen 56 (2008), S. 153.
163 BVerfGE 6, 309 (362 ff.).
164 BVerfGE 81, 142 (152); BVerwGE 109, 12 (16); 136, 89 (96). Diese Rechtsprechung steht völlig im Einklang mit Art. 1 F. der Genfer Flüchtlingskonvention vom 28.7.1951 (BGBl 1953 II, S. 560). → Bd. VII, *Randelzhofer*, § 153 Rn. 16 ff.
165 Mehrfach hat das BVerfG in seiner Rechtsprechung betont, daß eine völkerrechtsfreundliche Interpretation auch dazu diene, der Bundesrepublik eine völkerrechtliche Haftung zu ersparen, vgl. BVerfGE 58, 1 (34); 59, 63 (89); 74, 358 (370); 83, 119 (128); 111, 307 (317); Urteil vom 4.5.2011, in: EuGRZ 2011, 297 (309 Rn. 91).
166 Vgl. aber OLG Hamm, Beschluß vom 16.9.1978 – 1Ws 26/78 –, zitiert nach *Theo Vogler*, Das Recht auf unentgeltliche Beiziehung eines Dolmetschers, in: EuGRZ 1979, S. 640 (642), sowie den Beschluß des LG Heilbronn vom 2.3.1988, in: EuGRZ 1991, S. 185 (186) zum selben Thema. Siehe auch *Bernhardt* (N 145), § 174 Rn. 29.

§ 226 Zwanzigster Teil: Leitprinzipien

Völkerrechts-konforme Interpretation

recht hingegen ist die Erscheinung keine Seltenheit[167]. Generell wird angesichts solcher Konfliktlagen versucht, die nationalen Gesetzesvorschriften einengend völkerrechtskonform zu interpretieren. Dies kann insbesondere in der Weise geschehen, daß der Vertrag als eine nicht berührte lex specialis angesehen wird[168]. Vielfach trifft der Gesetzgeber ausdrücklich dahingehende Anordnungen („Unberührtheitsklauseln")[169]. Klaus Vogel hat wegen der von ihm im Steuerrecht festgestellten Vertragsbruchgewohnheiten die Forderung erhoben, im Einklang mit dem Prinzip der Völkerrechtsfreundlichkeit der deutschen Rechtsordnung völkerrechtlichen Verträgen generell auch gegenüber abweichenden späteren Gesetzen den Vorrang einzuräumen[170].

„Unberührtheitsklauseln"

45

Extraterritoriale Schutzwirkungen des Umweltrechts

Ebenfalls unter dem Stichwort der Völkerrechtsfreundlichkeit wird teilweise die Debatte über die Frage geführt, ob den Schutzwirkungen deutscher Gesetze eine extraterritoriale Dimension beizumessen ist. In Frage steht hier insbesondere, ob ausländische Grenznachbarn einer nach allgemeinem Immissionsschutzrecht oder nach Atomrecht genehmigungsbedürftigen Anlage unter Berufung auf die Grundrechte des Grundgesetzes oder die nachbarschützenden Vorschriften jener Gesetze selbst eine Klagebefugnis im Sinne des § 42 Abs. 2 VwGO in Anspruch nehmen können. In seinem Urteil vom 17. Dezember 1986 zum Kernkraftwerk Emsland[171] bejaht das Bundesverwaltungsgericht ein solches Klagerecht unter Berufung auf die Notwendigkeit einer völkerrechtsfreundlichen Auslegung des Atomgesetzes[172]. Man wird annehmen können, daß die Gleichbehandlung europäischer Grenznachbarn heute jedenfalls auf das Nichtdiskriminierungsgebot des Art. 18 AEUV zurückgeführt werden kann. Bisher freilich gibt es sonst weder allgemeine Regeln des Völkerrechts noch spezifische Verträge, kraft deren die Bundesrepublik gehalten wäre, den im Ausland ansässigen Betroffenen den Klageweg zu eröffnen[173]. Allerdings

Klagebefugnis von Gebietsfremden

---

167 Vgl. *Klaus Vogel*, Abkommensbindung und Mißbrauchsabwehr, in: FS für Ernst Höhn, 1995, S. 461 (474 ff.), vgl. etwa BFH, Urteil vom 13. 7. 1994, BFHE 175, 351 = RIW 1995, S. 88.
168 Vgl. etwa die Nachweise bei *Christian Tomuschat*, Deutsche Rechtsprechung in völkerrechtlichen Fragen 1958–1965, in: ZaöRV 28 (1968), S. 48 (74 ff.).
169 Vgl. etwa § 2 Abs. 1 der Abgabenordnung: „Verträge mit anderen Staaten im Sinne des Artikels 59 Abs. 2 Satz 1 des Grundgesetzes über die Besteuerung gehen, soweit sie unmittelbar anwendbares innerstaatliches Recht geworden sind, den Steuergesetzen vor."
170 *Klaus Vogel*, Keine Bindung an völkervertragswidrige Gesetze im offenen Verfassungsstaat. Europäisches Gemeinrecht in der Entwicklung, in: FS für Peter Häberle, 2004, S. 481 (497 ff.); so auch *Florian Becker*, Völkerrechtliche Verträge und parlamentarische Gesetzgebungskompetenz, in: NVwZ 2005, S. 289 (291).
171 BVerwGE 75, 285; ähnlich BVerwGE 132, 123, Urteil vom 16. 10. 2008 zum Verkehrsflughafen Niederrhein westlich der Gemeinde Weeze und der Stadt Kevelaer nahe der Grenze zum Königreich der Niederlande.
172 Vgl. dazu namentlich *Ulrich Beyerlin*, Urteilsanmerkung, in: EuGRZ 1987, S. 119 ff.; *Willi Blümel*, Gesetzliche Regelung der Einwendungs- und Klagebefugnis ausländischer Grenznachbarn?, in: FS für Karl Doehring, 1989, S. 89 ff.; *Dietrich Murswiek*, Urteilsanmerkung, in: JuS 1987, S. 997 f.; *Dietrich Rauschning*, Klagebefugnis von Auslandsbewohnern gegen eine inländische Atomanlagengenehmigung, in: ArchVR 25 (1987), S. 312 ff.; *Rudolf Steinberg*, Das Nachbarrecht der öffentlichen Anlagen, 1988, S. 340 ff.
173 Vgl. *Ulrich Beyerlin*, Umweltvölkerrecht, 2000, S. 58 Rn. 123; hingewiesen sei aber auf die OECD-Empfehlung vom 11. 5. 1976, in: ILM 1976, S. 1219, sowie auf Art. 32 der Convention on the Law of Non-navigational Uses of International Watercourses. Adopted by the General Assembly of the United Nations on 21 May 1997, in: ILM 36 (1997), S. 700 (noch nicht in Kraft).

obliegt es den Staaten auf Grund allgemeinen Völkerrechts, aufeinander Rücksicht zu nehmen. Demzufolge haben sie die Verpflichtung, sich bei der Errichtung gefährlicher Anlagen im Wege der Konsultation mit den Nachbarstaaten derart abzustimmen, daß durch Vorsorgemaßnahmen das Risiko eines konkreten Schadenseintritts so weitgehend wie möglich gemindert wird. Eine solche Abstimmung kann aber in den vielfältigsten Verfahren erfolgen. Der traditionelle Weg von Kontakten auf Regierungsebene ist vielleicht sogar besser als das lediglich zu einer Ex-post-Kontrolle führende verwaltungsgerichtliche Streitverfahren geeignet, die deutschen Behörden zu einer angemessenen Berücksichtigung der Schutzbelange der ausländischen Grenznachbarn zu veranlassen. Das Bundesverwaltungsgericht hat freilich unter Berufung auf den Grundsatz der völkerrechtsfreundlichen Auslegung dem Betreiber des Flugplatzes Zürich die Befugnis zuerkannt, eine für den südbadischen Luftraum erlassene Regelung für den Anflug auf den Flughafen Zürich verwaltungsgerichtlich nachprüfen zu lassen[174]. Im übrigen kann allerdings die Frage, wie weit die Schutzwirkungen der deutschen Grundrechte über die Grenzen der Bundesrepublik hinausreichen, wenn an Inländer ergangene Verwaltungsentscheidungen deutscher Behörden im Ausland lediglich gewisse Reflexwirkungen äußern, nicht generell in einem internationalistischen Sinn beantwortet werden. Was den Geltungsbereich des einfachen Gesetzesrechts angeht, so ist dieser durch Auslegung zu ermitteln. Hierbei bietet allerdings der subjektive Wille des Gesetzgebers selten eine konkret nutzbare Erkenntnisquelle. Unter den bei einer objektiven Würdigung in Betracht kommenden Gesichtspunkten ragt auf der einen Seite der generelle Wille des Grundgesetzes zur internationalen Zusammenarbeit heraus, während auf der Gegenseite vor allem Gegenseitigkeitsüberlegungen in Anschlag zu bringen sind. Die internationale Offenheit des Grundgesetzes läßt sich nicht derart verabsolutieren, daß dahinter alle auf der spezifischen Teleologie eines Gesetzes beruhenden Erwägungen zurücktreten müßten.

BVerwG: Flugplatz Zürich

C. Beteiligung der Bundesrepublik Deutschland an der internationalen Zusammenarbeit

Die zweite Hauptkomponente der staatsrechtlichen Entscheidung für die internationale Offenheit bildet das Bekenntnis des Grundgesetzes zur internationalen Zusammenarbeit. Der thesenhaften Proklamation in der Präambel folgt vor allem in Art. 23 GG die Grundsatzaussage, daß die Bundesrepublik Deutschland „zur Verwirklichung eines vereinten Europas ... bei der Entwicklung der Europäischen Union mit[wirkt]". Bis zur Einfügung dieser Leitbestimmung hatte die europäische Integration ihre rechtliche Grundlage in der dem ersten Anschein nach unscheinbaren Bestimmung des Art. 24 Abs. 1

46
Internationale Zusammenarbeit als Verfassungsziel

---

174 BVerwGE 123, 322 (326), Urteil vom 4.5.2005; zu den Hintergründen vgl. *Graf Vitzthum* (N 6), S. 23 ff.

Art. 23, 24 GG

GG. Insgesamt enthält Art. 24 GG genauere Bestimmungen für die konkrete Umsetzung des in der Präambel angekündigten Programms in außenpolitische Handlungen, heute beschränkt auf die internationalen Beziehungen außerhalb des Raums der europäischen Integration. Zu Recht wird daher aus den Art. 23 und Art. 24 GG ein Verfassungsziel der internationalen Kooperation abgelesen, dessen Bindungsintensität allerdings deutlich abgestuft ist. Die stärkste Bindungskraft kommt – neben Art. 23 Abs. 1 GG – dem Abs. 3 zu („wird der Bund ..."), und auch Abs. 2 stellt ein Leitbild mit materiellem Zielgehalt auf, während Abs. 1 eher ein Instrument zur Erreichung weiterer Finalitäten denn ein aus sich selbst heraus legitimiertes Ziel darstellt. Art. 24 Abs. 1 a GG schließlich, in das Grundgesetz eingefügt im Jahre 1992 ebenso wie der neue Art. 23 GG, erteilt eine Ermächtigung, die sich allein aus Erwägungen technischer Zweckmäßigkeit legitimiert.

I. Handlungs- und Organisationsformen

47
Traditionelle Handlungsformen

In erster Linie stellt das Grundgesetz den für die Führung der auswärtigen Politik verantwortlichen Organen zwecksentsprechende Handlungsermächtigungen zur Verfügung. Seit dem Beginn des 19. Jahrhunderts ist es für jede geschriebene Verfassung in Deutschland eine Selbstverständlichkeit, Regeln für den Verkehr des Staates mit anderen Ländern vorzusehen. Auch für das Grundgesetz gehören die hergebrachten Formen der zwischenstaatlichen Beziehungen – wie etwa der Austausch von Botschaftern (Art. 59 Abs. 1 GG) oder der Abschluß von Verträgen (Art. 59 Abs. 2 GG) – zu dem Instrumentarium, dessen Notwendigkeit und Zulässigkeit eher vorausgesetzt als eigens anerkannt wird. Die gesamte Palette der nach Völkerrecht bekannten „klassischen" Handlungsformen steht auch den Organen der Bundesrepublik zu Gebote. Mit dem Ziel, den Bedürfnissen des internationalen Rechtsverkehrs gerecht zu werden, hat das Bundesverfassungsgericht für Zustimmungsgesetze nach Art. 59 Abs. 2 S. 1 GG verneint, daß das gebilligte Vertragswerk die gleiche Regeldichte aufweisen müsse, wie sie sonst nach dem Grundsatz vom Vorbehalt des Gesetzes verlangt wird[175].

48
Beitritt zu Internationalen Organisationen

Nicht speziell erwähnt im Text des Grundgesetzes ist der Beitritt zu Internationalen Organisationen traditionellen Zuschnitts. Da aber das Grundgesetz mit Art. 23 den Aufbau einer Europäischen Union verlangt und mit Art. 24 Abs. 1 den Beitritt zu sonstigen zwischenstaatlichen Einrichtungen gestattet, denen nach ihrem Gründungsstatut Hoheitsrechte zu übertragen sind, muß auch das Minus der Mitgliedschaft in einer Internationalen Organisation ohne solche Befugnisse zulässig sein. Im Regelfall bedarf es insoweit eines Zustimmungsgesetzes nach Art. 59 Abs. 2 GG. Insbesondere die Mitgliedschaft in den Sonderorganisationen der Vereinten Nationen berührt „die politischen

---

[175] BVerfGE 77, 170 (231); 89, 155 (187). Die Frage stellt sich allerdings, ob dieser Satz auch gelten kann, wenn fremden Streitkräften die unmittelbare Ausübung von Hoheitsgewalt auf deutschem Staatsgebiet gestattet wird.

Beziehungen des Bundes", da die Sprecher der Bundesregierung sich in den zuständigen Beschlußgremien unvermeidlich über ein breites Spektrum weltpolitischer Probleme unter Einschluß – im unjuristischen Sinne – innerer Angelegenheiten einzelner Mitgliedstaaten äußern müssen. Tatsächlich ist indes der Beitritt zu einigen der Sonderorganisationen allein auf Grund einer Entscheidung der Bundesregierung erfolgt[176]. Die rein exekutivische Beschlußfassung ist auch insofern problematisch, als die Mitgliedschaft automatisch Beitragsverpflichtungen auslöst, für die jeweils im Bundeshaushalt Vorsorge getroffen werden muß[177]. Es ist sicher richtig, daß nicht jede finanzielle völkerrechtliche Verpflichtung allein wegen der parlamentarischen Budgetkompetenz automatisch eine Zustimmungspflichtigkeit nach Art. 59 Abs. 2 GG auslöst[178]. Aber sobald es zu erheblichen, sogar regelmäßigen Belastungen des Haushalts pro futuro kommt, muß eine gesetzliche Regelung ergehen[179]. Gerade in der Euro-Krise hat sich gezeigt, in welch hohem Maße die Staatsfinanzen durch Gewährleistungen für andere EU-Mitgliedstaaten belastet werden können[180].

Mitgliedschaft in UN-Sonderorganisationen

Erfordernis parlamentarischer Zustimmung

In einem Akt von beispielhafter Weitsicht hatte das Grundgesetz ferner von Beginn an die Übertragung von Hoheitsrechten[181] auf „zwischenstaatliche Einrichtungen" gestattet (Art. 24 Abs. 1), die im Regelfall Internationale Organisationen mit Völkerrechtssubjektivität sein werden, im Einzelfall jedoch auch Vertragsorgane ohne eigene Rechtspersönlichkeit sein können. Es ist vor allem diese Entäußerung von souveräner Hoheitsgewalt zum Zweck gemeinsamen Handelns bei der Lösung grenzüberschreitender Probleme, welche zu Recht der Lehre von der Entscheidung für die internationale Offenheit und für die internationale Zusammenarbeit als Ansatzpunkt gedient hat. Schon im Jahre 1948/49 konnte allerdings der Verfassunggeber auf richtungsweisende Vorbilder zurückgreifen. Die Präambel der Verfassung der IV. Französischen Republik (1946) hatte die Bereitschaft Frankreichs zum Ausdruck gebracht, im Interesse der Friedenssicherung, also auch zu militärischen Zwecken, bestimmten Souveränitätsbeschränkungen zuzustimmen: „Sous réserve de réciprocité, la France consent aux limitations de souveraineté nécessaires à l'organisation et à la défense de la paix". Weiter ging

49
Übertragung von Hoheitsrechten

---

176 Es handelt sich um folgende UN-Sonderorganisationen: Internationale Arbeitsorganisation (ILO); Ernährungs- und Landwirtschaftsorganisation (FAO); Organisation für Erziehung, Wissenschaft und Kultur (UNESCO); Weltgesundheitsorganisation (WHO); Weltorganisation für Meteorologie (WMO); Internationale Seeschiffahrts-Organisation (IMO); Internationaler Fonds für landwirtschaftliche Entwicklung (IFAD); Organisation der Vereinten Nationen für industrielle Entwicklung (UNIDO).
177 Eine nachträgliche Heilung der Mitgliedschaft in den genannten UN-Sonderorganisationen erscheint daher wünschenswert.
178 *Bleckmann* (N 38), Verfassungsrang der EMRK, S. 224; *Georg Reichel*, Die auswärtige Gewalt nach dem Grundgesetz für die Bundesrepublik Deutschland vom 23. 5. 1949, 1967, S. 117.
179 *Bernhardt* (N 145), § 174 Rn. 15; *Ulrich Fastenrath*, Kompetenzverteilung im Bereich der auswärtigen Gewalt, 1986, S. 224 ff.; *ders./Thomas Groh*, in: Karl Heinrich Friauf/Wolfram Höfling, GG, Art. 59 Rn. 62; *Bernhard Kempen*, in: v. Mangoldt/Klein/Starck, Bd. II, ⁶2010, Art. 59 Rn. 72; *Nettesheim* (N 46), Art. 59 Rn. 108; *Pernice* (N 38), Art. 59 Rn. 36.
180 Einer der Hauptvorwürfe der Beschwerdeführer in dem Verfahren vor dem BVerfG (mündliche Verhandlung am 5. 7. 2011) lautet, daß die parlamentarische Haushaltskompetenz ausgehöhlt werde.
181 *Mosler* (N 2), § 175 Rn. 41 ff., 45 ff.

Art. 11 der italienischen Verfassung vom 22. Dezember 1947/1. Januar 1948, der allgemein von Souveränitätsbeschränkungen zur Gewährleistung von Frieden und Gerechtigkeit im Rahmen Internationaler Organisationen spricht. Ganz offensichtlich dachte man bei den Beratungen im Parlamentarischen Rat ferner an die Internationale Ruhrbehörde[182], eine Institution des Besatzungsrechts, und sah in einer Europäisierung dieser Kontrolleinrichtung die Möglichkeit, von der einseitigen Diskriminierung Deutschlands loszukommen[183]. Die tatsächliche Entwicklung ist bekanntlich über die Vorstellungen des historischen Verfassunggebers weit hinausgeschritten. Weltweit bildet heute die Europäische Union, für die im Jahre 1992 eigens eine besondere Verfassungsgrundlage geschaffen wurde (Art. 23 GG), das Paradigma einer supranationalen Organisation.

50 Der Begriff der Übertragung von Hoheitsrechten ist, wie heute allgemein anerkannt wird, mißverständlich. Es handelt sich um einen zweiaktigen Vorgang[184]. Zunächst muß auf der internationalen Ebene auf Grund völkerrechtlichen Vertrages, also im Zusammenwirken aller beteiligten Staaten, ein Hoheitsträger geschaffen werden. Das Zustimmungsgesetz zu dem Vertrag öffnet gleichzeitig den Emanationen dieser Hoheitsgewalt den innerstaatlichen Herrschaftsbereich der Bundesrepublik[185]. Somit können derartige supranationale Rechtsetzungsakte, Verwaltungsentscheidungen und Gerichtsbeschlüsse im Wege des „Durchgriffs" unmittelbar die Rechtsstellung des deutschen Staatsangehörigen gestalten. Der „Souveränitätspanzer" (Albert Bleckmann) des Nationalstaates ist aufgebrochen. Für die Sicherung der Funktionsfähigkeit einer zwischenstaatlichen Einrichtung wie der Europäischen Union hat es sich überdies als unabdingbar erwiesen, nicht nur den Sekundärakten des Unionsrechts die unmittelbare Geltung innerhalb der Bundesrepublik zu verschaffen, sondern dem Unionsrecht insgesamt im Konfliktsfall gegenüber dem staatlichen Recht den Vorrang einzuräumen[186]. Die dahingehende Rechtsprechung hat sich im Laufe der Jahre durchgesetzt und hat im Rahmen des Lissabon-Vertrages[187] sogar einen Niederschlag in einer der beigefügten Erklärungen gefunden[188]. In einer der jüngsten Entscheidungen des Bundesverfassungsgerichts zur europäischen Kompetenzordnung heißt es, „das Recht der Europäischen Union kann sich nur wirksam entfalten, wenn es entgegenstehendes mitgliedstaatliches Recht verdrängt"[189].

51 Diese Relativierung von Staatlichkeit durch die Öffnung hin zu einer supranationalen Hoheitsgewalt ist wie die internationale Offenheit insgesamt rechtspolitisch außerordentlich ambivalent. Für den einzelnen stellt die staatliche

---

182 Dazu *Georg Dahm*, Völkerrecht, Bd. II, 1961, S. 652.
183 Vgl. die Äußerung des Abgeordneten *Carlo Schmid*, in: JöR N.F. 1 (1949), S. 224.
184 *Mosler* (N 2), § 175 Rn. 41 ff., 45 ff.
185 BVerfGE 37, 271 (280); 58, 1 (28); 59, 63 (90); 73, 339 (374); *Pernice* (N 38), Art. 24 Rn. 20; *Rojahn* (N 2), Art. 24 Rn. 25; *Streinz* (N 38), Art. 24 Rn. 18; *Tomuschat* (N 161), Art. 24 Rn. 15 ff.
186 Grundsatzurteil Costa/ENEL vom 15. 7. 1964, Sammlung der Rechtsprechung des Gerichtshofes 1964, S. 1253 (1269 f.); seitdem std. Rspr.
187 Vom 13. 12. 2007, in: BGBl 2008 II, S. 1039.
188 Erklärung Nr. 17 zum Vorrang, in: BGBl 2008 II, S. 1154.
189 BVerfGE 126, 286 (301).

Souveränität als Ausdruck der demokratischen Selbstregierung durch das Volk eine wichtige Schutzgarantie dar. Sämtliche Entscheidungen der deutschen Staatsgewalt vermag er als stimmberechtigter Aktivbürger mitzugestalten und mitzukontrollieren[190]. Auf der anderen Seite kann es sich gerade für das Individuum höchst nachteilig auswirken, wenn die heimische Rechtsordnung sich unter Berufung auf die Ausschließlichkeit der innerstaatlichen Hoheitsgewalt den rechtlichen Verpflichtungen entzieht, die sich aus einer von ihr grundsätzlich gutgeheißenen internationalen Zusammenarbeit ergeben. Speziell auch die Vorrangregel vereinigt in sich Momente, die zum Vorteil wie zum Nachteil des Bürgers ausschlagen können. Einerseits wird der Schutzmantel des nationalen Rechts beiseite geschoben, andererseits wird innerhalb der Europäischen Union die Rechtsgleichheit gewährleistet.

52 *Rechtsprechung des BVerfG*

Zum Prüfstein für die Hinnehmbarkeit der supranationalen Hoheitsgewalt wurde es daher, ob es gelingen konnte, sie so zu zähmen, daß der Bürger einen wenn nicht identischen, so doch der deutschen Verfassungsordnung gleichwertigen rechtstaatlichen und grundrechtlichen Schutz genießt. Da die Öffnung hin zu einem Modell gemeinsamer Bewältigung grenzübergreifender Aufgaben keine individualrechtlichen Einbußen nach sich ziehen soll, würde sonst keine andere Lösung bleiben, als die nach Art. 23 oder Art. 24 Abs. 1 GG konstituierte Hoheitsgewalt an die entsprechenden Verbürgungen aus dem Grundgesetz zu binden. Die Rechtsprechung des Bundesverfassungsgerichts in dieser Frage hat sich nicht kontinuierlich entwickelt. Ursprünglich war die Autonomie der Europäischen Gemeinschaftsgewalt grundsätzlich akzeptiert worden; insbesondere hatte das Gericht Verfassungsbeschwerden gegen Gemeinschaftsverordnungen für unzulässig erklärt, weil sie nicht im Sinne des Art. 93 Abs. 1 Nr. 4 a GG gegen Akte der deutschen öffentlichen Gewalt gerichtet seien[191]. Im „Solange I"-Beschluß vom 29. Mai 1974 stellte das Bundesverfassungsgericht hingegen fest, daß die Kontrolle von Sekundärakten des Gemeinschaftsrechts nach Art. 100 Abs. 1 GG statthaft sei, solange nicht die Gemeinschaftsrechtsordnung „einen von einem Parlament beschlossenen und in Geltung stehenden formulierten Katalog von Grundrechten enthält, der dem Grundrechtskatalog des Grundgesetzes adäquat ist"[192]. Diese übersteigerten Anforderungen an die Art und Weise der angeblich auf Grund des Art. 24 Abs. 1 GG gebotenen Grundrechtssicherung stießen im Schrifttum unter anderem deswegen auf fast einhellige Ablehnung, weil das Gericht die Bereitschaft des Grundgesetzes zur internationalen Kooperation außer acht gelassen hatte. Eine Internationale Organisation, in der eine Vielzahl von Staaten gleichberechtigt zusammenwirkt, kann auch in ihren rechtstaatlichen Strukturen nur als ein Gemeinschaftswerk begriffen werden, in das die Rechtskulturen aller beteiligten Staaten eingehen. Effektiver Grundrechts-

Solange I-Beschluß

Kritik des Schrifttums

---

190 Diese Einschätzung bildet den Grundtenor der Entscheidung des BVerfG zum Lissabon-Vertrag (BVerfGE 123, 267).
191 BVerfGE 22, 293 (295 ff.) mit abweichendem Votum der Richter Hans Georg Rupp, Martin Hirsch und Walter Rudi Wand, S. 291 ff.
192 BVerfGE 37, 271 (285).

schutz ist aber, wie namentlich das Beispiel Großbritanniens zeigt, keineswegs von der Geltung eines förmlichen Katalogs abhängig. Überdies hätte der geforderte Parlamentsbeschluß die supranationale Hoheitsgewalt in die Nähe einer Staatlichkeit gerückt, die von Art. 24 Abs. 1 GG gerade nicht zugelassen wurde und auch von der neuen Bestimmung des Art. 23 Abs. 1 GG nicht angestrebt wird.

53
Solange II-Beschluß

Nachdem diese Entscheidung trotz ihrer Kritikwürdigkeit erhebliche Anstrengungen zur Verbesserung des Grundrechtsschutzniveaus in den Europäischen Gemeinschaften ausgelöst hatte[193], erkannte das Bundesverfassungsgericht in seinem „Solange II"-Beschluß vom 22. Oktober 1986[194] an, daß die Gemeinschaftsrechtsordnung den zu stellenden Anforderungen gegenwärtig in vollem Umfang genügt. Verlangt wurde, daß gegenüber der Gemeinschaftsgewalt ein wirksamer Grundrechtsschutz gewährleistet wird, der dem vom Grundgesetz als unabdingbar gebotenen Schutz im wesentlichen gleich zu achten ist. Solange dieses Schutzniveau generell erhalten sei, werde das Gericht seine Kontrolle über das Sekundärrecht der Gemeinschaften am Maßstab der Grundrechte des Grundgesetzes nicht mehr ausüben[195].

54
Vertragsänderungen und neue Impulse der Rechtsprechung

Schrittweise kam es in den nachfolgenden Jahren zu weiteren konzeptionellen Änderungen dieses Ansatzes, sowohl durch Vertragsänderungen wie auch durch neue Impulse in der Rechtsprechung. Durchweg trafen dabei eine eher souveränitätsbetonte nationalstaatliche Sicht und eine eher auf internationale Kooperation gestimmte Sicht aufeinander.

55
Vertrag von Maastricht

Im Vertrag von Maastricht wurden erstmals Verfassungsprinzipien der Europäischen Union festgelegt mit der Maßgabe, daß die Union „auf den Grundsätzen der Freiheit, der Demokratie, der Achtung der Menschenrechte und Grundfreiheiten sowie der Rechtsstaatlichkeit" beruht; gleichzeitig wurde statuiert, daß die Union die Grundsätze achtet, wie sie in der Europäischen Menschenrechtskonvention gewährleistet sind „und wie sie sich aus den gemeinsamen Verfassungsüberlieferungen der Mitgliedstaaten als allgemeine Grundsätze des Gemeinschaftsrechts ergeben" (Art. F). Damit war den strukturellen Vorgaben aus dem neuen Art. 23 Abs. 1 GG Genüge getan. Das Bundesverfassungsgericht erkannte in seinem Urteil über die Verfassungsmäßigkeit des Vertrages[196] an, daß damit ein ausreichender Grundrechtsschutz gewährleistet sei, betonte aber, daß seine Letztverantwortlichkeit für den Grundrechtsschutz in Deutschland nach wie vor fortbestehe. Gleichzeitig hob es hervor, daß es weiterhin eine Wächterrolle gegenüber der Europäischen Gemeinschaft/Union im Sinne einer Aufsicht über eine generelle Gewährleistung der unab-

Maastricht-Urteil des BVerfG

---

193 Insbesondere: Gemeinsame Grundrechtserklärung des Europäischen Parlaments, des Rates und der Kommission vom 5. 4. 1977, ABlEG Nr. C 103/1 vom 27. 4. 1977; Erklärung zur Demokratie des Europäischen Rates vom 7./8. 4. 1978, BullEG Nr. 3-1978, S. 5; Beginn einer Rechtsprechung des EuGH, der zufolge die Grundrechte als gemeinsame Verfassungstraditionen auch Bestandteil der Gemeinschaftsrechtsordnung sind.
194 BVerfGE 73, 339.
195 BVerfGE 73, 339 (340 LS 2).
196 BVerfGE 89, 155.

dingbaren Grundrechtsstandards wahrnehmen werde[197]. Überdies könne ein „ausbrechender Rechtsakt", der den Rahmen der übertragenen Hoheitsrechte verlasse, in Deutschland keine Bindungswirkung entfalten[198]. Im Jahre 2000 scheiterte eine Vorlage im Wege der konkreten Normenkontrolle nach Art. 100 Abs. 1 GG, die eine Verletzung des Art. 14 GG durch eine Bananenmarktordnung der Europäischen Gemeinschaft glaubte feststellen zu können, weil es dem vorlegenden Gericht nicht gelungen war, darzutun, daß in der Gemeinschaft ein „genereller" Verlust an Grundrechtssubstanz eingetreten sei[199].

Sein Hauptaugenmerk richtete das Bundesverfassungsgericht im Maastricht-Urteil auf das demokratische Element im europäischen Einigungsprozeß. Es unterstrich, daß auch die Gemeinschaftsgewalt demokratischer Legitimation bedürfe, und sah die Quelle dieser Legitimation hauptsächlich in der Rückkopplung an die nationalen Parlamente; gleichzeitig erkannte es aber auch an, daß „ergänzend" eine Legitimation durch das Europäische Parlament hinzutrete[200]. Damit war – mit einer gewissen Zögerlichkeit – der Weg zu einer Zweigleisigkeit vorgezeichnet, die dann vom Vertrag von Lissabon fortgeführt wurde. Dort werden einerseits die Befugnisse des Europäischen Parlaments durch die Einführung der Mitentscheidung als Regelform der Rechtsetzung gestärkt (Art. 289 AEUV), und andererseits wird die permanente Verantwortung der nationalen Parlamente für den Fortschritt des Integrationsprozesses ausdrücklich betont (Art. 12 EUV). In seinem Urteil zum Vertrag von Lissabon[201] hat das Bundesverfassungsgericht insofern übereinstimmend eine Integrationsverantwortung der parlamentarischen Körperschaften auch aus dem Grundgesetz abgeleitet[202], es hält aber andererseits die Legitimation durch das Europäische Parlament nach einem Idealmaßstab demokratischer Egalität für unzureichend, weil die kleineren Mitgliedsländer dort über eine prozentual sehr viel stärkere Repräsentation verfügten als die großen Mitgliedsländer wie Deutschland und Frankreich; nur weil die Europäische Union unterhalb der Schwelle der Staatlichkeit verbleibe, könne man den diagnostizierten Mangel hinnehmen[203]. Übersehen ist hierbei, daß bei einem föderalen Gebilde eine stärkere Vertretung der bevölkerungsschwächeren Staaten auch in einem parlamentarischen Gremium durch das konkurrierende Prinzip der Staatengleichheit gerechtfertigt ist. Andernfalls würden Länder wie Luxemburg und Malta völlig aus dem Europäischen Parlament verdrängt, was gewiß nicht der Finalität des Grundgesetzes entspricht.

56
Demokratisches Element im europäischen Einigungsprozeß

Vertrag von Lissabon

Lissabon-Urteil des BVerfG

Gleichheit der Unionsbürger – Gleichheit der Mitgliedstaaten

---

197 BVerfGE 89, 155 (174f.); 102, 147 (164).
198 BVerfGE 89, 155 (188).
199 BVerfGE 102, 147 (164). Bestätigung der im Solange-II-Beschluß aufgestellten Grundsätze auch in BVerfGE 118, 79 (95) speziell im Hinblick auf EG/EU-Richtlinien. Im Fall der umstrittenen Vorratsdatenspeicherung war nach Auffassung des BVerfG die zugrundeliegende EG-Richtlinie nicht entscheidungserheblich, BVerfGE 125, 260 (308).
200 BVerfGE 89, 155 (184f.).
201 BVerfGE 123, 267.
202 BVerfGE 123, 267 (356); insoweit ausdrückliche Zustimmung durch *Dieter Grimm*, Das Grundgesetz als Riegel vor einer Verstaatlichung der Europäischen Union, in: Der Staat 48 (2009), S. 475 (486); *Matthias Ruffert*, An den Grenzen des Integrationsverfassungsrechts, in: DVBl 2009, S. 1197 (1200).
203 BVerfGE 123, 267 (366ff., 370ff.).

57
Kontrolle des Sekundärrechts der EU

Ultra vires-Kontrolle

Mangold-Urteil des BVerfG

Das Urteil des Bundesverfassungsgerichts zum Vertrag von Lissabon ist durch eine deutliche Zwiespältigkeit gekennzeichnet. Einerseits wird die Offenheit der deutschen Verfassungsordnung unterstrichen, andererseits aber wird das Gericht nicht müde zu betonen, daß letzten Endes immer die Souveränität des Nationalstaates den Ausschlag geben müsse[204]. Demzufolge wird die nach wie vor beibehaltene Kontrollfunktion auch gegenüber dem Sekundärrecht der Union betont. Das Gericht erklärt sich bereit, nachzuprüfen – und nimmt insoweit sogar eine ausschließliche Zuständigkeit an –, ob der zu gewährleistende Grundrechtsstandard gewahrt ist[205], ob die Union sich an die Schranken ihrer Zuständigkeit gehalten hat[206] und ob schließlich durch einen Rechtsakt der Union eine Verletzung der Identität der Verfassungsordnung Deutschlands stattgefunden hat[207]. Dieser letztere Kontrollansatz erscheint zwar an sich zutreffend, gleitet aber fast in die Irrealität ab, wenn man sich vergegenwärtigt, daß sich die Union in Art. 2 EUV auf dieselben Werte beruft, die auch den Kern der Verfassungsstaatlichkeit der Bundesrepublik ausmachen. Ein erster Versuch, nach den Maßstäben des Lissabon-Urteils eine Entscheidung des Luxemburger Unionsrichters zu Fall zu bringen, scheiterte mit dem Urteil vom 6. Juli 2010[208] zum umstrittenen Problem der Altersdiskriminierung, weil dort als Voraussetzung für eine Ultra vires-Kontrolle bestimmt wurde, daß ein Kompetenzverstoß ausreichend qualifiziert sein müsse, was voraussetze, daß „das kompetenzwidrige Handeln der Unionsgewalt offensichtlich ist und der angegriffene Akt im Kompetenzgefüge zu einer strukturell bedeutsamen Verschiebung zulasten der Mitgliedstaaten führt"[209].

58
Mitgliedstaaten als Herren der Verträge

Klargestellt hat das Bundesverfassungsgericht allerdings, daß eine zwischenstaatliche Einrichtung, der Hoheitsrechte übertragen worden sind, sich nicht von ihren verfassungsrechtlichen Grundlagen ablöst. Für die Bundesrepublik bleibt nach wie vor Art. 23 GG (bis 1993: Art. 24 Abs. 1 GG) die maßgebliche Ermächtigungsnorm, die es gestattet, eine unmittelbare Einwirkung der Gemeinschaftsgewalt in den deutschen Hoheitsraum zuzulassen. Eine Autonomie der Europäischen Gemeinschaft als selbständiger Hoheitsträger wird nicht anerkannt. Die Europäische Union bleibt ein „Staatenverbund", in dem die Mitgliedstaaten die Herren der Verträge bleiben. Deutlichstes Anzeichen für diese Konstellation ist das Austrittsrecht, das mit dem Vertrag von Lissabon eine förmliche Anerkennung gefunden hat (Art. 50 EUV). Die Erhaltung der Staatlichkeit, welche das Gericht als Rechtsbefehl in Art. 79 Abs. 3 GG verankert sieht, setzt logisch konsequent voraus, daß nur klar abgemessene Hoheitsrechte übertragen werden dürfen (Prinzip der limitierten Einzelkom-

---

204 BVerfGE 123, 267 (400): „Das Grundgesetz ... verzichtet ... nicht auf die in dem letzten Wort der deutschen Verfassung liegende Souveränität als Recht eines Volkes, über die grundlegenden Fragen der eigenen Identität konstitutiv zu entscheiden." So ähnlich zuvor schon BVerfGE 111, 307 (319).
205 BVerfGE 123, 267 (334f.).
206 BVerfGE 123, 267 (353f.).
207 BVerfGE 123, 267 (353f.).
208 BVerfGE 126, 286.
209 BVerfGE 126, 286, Leitsatz 1 a). Zu dem Urteil *Thomas Giegerich*, The Federal Constitutional Court's Non-Sustainable Role as Europe's Ultimate Arbiter, in: GYIL 53 (2010), S. 866 (869ff.).

petenz), auf keinen Fall eine Kompetenz-Kompetenz[210], und daß bestimmte Kernfelder staatlicher Tätigkeit in nationaler Zuständigkeit verbleiben müssen[211]. Dem Lissabon-Urteil läßt sich entnehmen, daß das Bundesverfassungsgericht diese äußerste Grenze bereits als erreicht ansieht. In spekulativer Vorschau auf künftige Entwicklungen wird ausgeführt, daß jedenfalls weitere substantielle Schritte, mit denen dann die Zone der Bundesstaatlichkeit erreicht würde, nach einer Entscheidung der verfassunggebenden Gewalt verlangen würden[212]. Damit wird einem rechtsstaatlich geordneten Verfahren eine Absage erteilt[213]. Vom ursprünglichen Sinnverständnis des Art. 79 Abs. 3 GG her müssen gegen den großzügigen Umgang des Gerichts mit diesen Grenzbegriffen gravierende Einwendungen erhoben werden. Art. 79 Abs. 3 GG soll gegen einen „Rückfall in Despotie und Menschenverachtung" schützen[214]. Die meisten der im Lissabon-Urteil unter diesem Stichwort behandelten Fragen indes gehören dem Bereich bloßer Opportunitätserwägungen an. Insbesondere die Sitzverteilung im Europäischen Parlament konnte nur durch diplomatische Verhandlungen gelöst werden, die gewiß unter dem Gebot der Fairneß und des gerechten Interessenausgleichs standen, aber niemals den Wesenskern demokratischer Prinzipien berühren.

Keine Kompetenz-Kompetenz

Art. 79 Abs. 3 GG als Integrationssperre

Insgesamt darf man angesichts der arbeitsteiligen Funktionentrennung zwischen der Bundesrepublik und der Europäischen Union im Einklang mit dem von Ingolf Pernice gemachten terminologischen Vorschlag von einem Verfassungsverbund sprechen[215]. Verfassungen in einem rechtsstaatlichen demokratischen System regeln den Alltag der Bürger, den Ausnahmezustand dagegen, der etwa zu einem Austritt aus der Europäischen Union führen könnte, allenfalls als Fernperspektive. Für den Alltag aber gilt, daß mittlerweile eine geordnete Kooperation stattfindet, in deren Rahmen die Unionsbehörden

59
Europäischer Verfassungsverbund

---

210 BVerfGE 123, 267 (349 ff., 381 f.).
211 BVerfGE 123 (347, 358 ff.). Zu Recht ist im kommentierenden Schrifttum die Auswahl dieser Felder als eher willkürlich oder unsystematisch gerügt worden, vgl. insbesondere *Erhard Denninger*, Identität versus Integration?, in: JZ 2010, S. 969 (972 f.); *Jo Eric Khushal*, Identity Trumps Integration. The Lisbon Treaty in the German Federal Constitutional Court, in: Der Staat 48 (2009), S. 517 (522 f.); *Christoph Ohler*, Herrschaft, Legitimation und Recht in der Europäischen Union, in: AöR 135 (2010), S. 153 (175); *Ruffert* (N 202), S. 203 f.; *Erich Röper*, Der Souveränitäts- und Volksbegriff des Bundesverfassungsgerichts, in: DÖV 2010, S. 285 (287); *Christoph Schönberger*, Die Europäische Union zwischen „Demokratiedefizit" und Bundesstaatsverbot, in: Der Staat 48 (2009), S. 535 (554).
212 BVerfGE 123, 267 (332).
213 Vgl. *Christian Tomuschat*, Lisbon – Terminal of the European Integration Process?, in: ZaöRV (2010), S. 251 (278 f.).
214 *Gertrude Lübbe-Wolff*, Europäisches und nationales Verfassungsrecht, in: VVDStRL 60 (2001), S. 242 (260); auch *Matthias Jestaedt*, Warum in die Ferne schweifen, wenn der Maßstab liegt so nah?, in: Der Staat 48 (2009), S. 497 (507), bemerkt zu Recht, daß Art. 79 Abs. 3 GG sich gegen Diktatoren richtet und nicht gegen Europa.
215 *Ingolf Pernice*, Europäisches und nationales Verfassungsrecht, in: VVDStRL 60 (2001), S. 148 (164); ebenso *Hilf* (N 5), S. 8: „integrierte Staatlichkeit"; *Peter M. Huber*, Europäisches und nationales Verfassungsrecht, in: VVDStRL 60 (2001), S. 194 (228): „europäischer Verfassungsverbund"; *Kokott* (N 2), S. 17; *Schorkopf* (N 35), S. 248; *Christian Tietje*, Autonomie und Bindung der Rechtsetzung in gestuften Rechtsordnungen, in: VVDStRL 66 (2007), S. 45 (50); kritisch dazu etwa *Dieter Grimm*, Die Zukunft des Staatsrechts, in: FS 200 Jahre Juristische Fakultät der Humboldt-Universität zu Berlin, 2010, S. 1283 (1294); *Martin Nettesheim*, Europäischer Verfassungsverbund?, in: FS für Josef Isensee, 2007, S. 733 ff.

bestimmte ausschließlich ihnen zugewiesene Aufgaben wahrnehmen, ganz ungeachtet der Tatsache, daß ihre Zuständigkeiten derivativer Art sind und bis in absehbare Zukunft auch in diesem Aggregatszustand verbleiben werden[216]. Es ist eine überholte These, daß die Bezeichnung „Verfassung" allein einem Staatswesen vorbehalten bleiben müsse[217]. Nach dem üblichen Sprachgebrauch regelt eine Verfassung in erster Linie die Zuständigkeiten für die Ausübung öffentlicher Macht in einem Gemeinwesen. Dieses Merkmal ist auch bei der Gesamtheit der Regeln über die Wahrnehmung der Unionsgewalt erfüllt. Die Verfassungen der Mitgliedstaaten und die europäischen Integrationsverträge bilden in ihrer Gesamtheit ein sich im Alltag bewährendes legitimes Herrschaftssystem.

60
System kollektiver Sicherheit

Die weitreichende verfassungspolitische Bedeutung der vom Verfassunggeber ferner ausdrücklich zugelassenen Eingliederung in ein System gegenseitiger kollektiver Sicherheit (Art. 24 Abs. 2 GG) liegt auf der Hand. Für die äußere Sicherheit zu sorgen, gehört herkömmlich zu den primären Aufgaben der Staatsgewalt[218]. Gerade Deutschland besitzt aber andererseits auch eine reiche Tradition der kollektiven Organisation der Verteidigung. Sowohl im alten Deutschen Reich wie auch im Deutschen Bund war es eine der Hauptobliegenheiten der Zentralgewalt, die Sicherheit des Reichs- bzw. Bundesgebiets nach außen sicherzustellen. Ein Staat, der auf die Eigenständigkeit der nationalen Verteidigung verzichtet, stärkt auf der einen Seite seine militärische Kraft, liefert sich damit aber auch auf Gedeih und Verderb seinen Partnern aus. Ohne ein gehöriges Maß an Vertrauen in die Funktionsfähigkeit eines auf internationaler Solidarität beruhenden Verteidigungssystems ist eine solche Entscheidung nicht vorstellbar. Freilich wäre es verfehlt zu übersehen, daß im Jahre 1949 unter der damaligen Besatzungsherrschaft gar keine Möglichkeit bestanden hätte, eine national-autonome Wehrverfassung vorzusehen.

Vertrauen in die Funktionsfähigkeit des Verteidigungsbündnisses

61
NATO

Grundgedanke der kollektiven Sicherheit es, daß die staatlichen Mitglieder sich nicht nur zum Schutz gegen einen von außen kommenden Angreifer zusammenschließen, sondern sich gleichzeitig auch gegenseitige Unterstützung gegen die mögliche Aggression aus den eigenen Reihen zusagen. Das System der kollektiven Sicherheit steht damit im Gegensatz zu den Militärallianzen, wie sie etwa vor dem Ersten Weltkrieg bestanden hatten. Die NATO als Verteidigungsbündnis der westlichen Staaten darf indes keineswegs als Neuauflage einer jener Allianzen gewertet werden, die lediglich lose Verbindungen zwischen den beteiligten Staaten schufen. Vor allem durch die de facto erfolgte Integration der Stäbe besitzt die NATO auch jene binnenstrukturelle Wirkung, die zu Recht als das Spezifikum der kollektiven Sicherheit hervorhoben wird. Jeder Versuch, im Alleingang eine militaristische Politik nationaler Ziele zu betreiben, müßte an der durch die Verflechtung innerhalb des Bündnisses geschaffenen Transparenz scheitern. Andererseits vermag die

---

216 Vgl. *Huber* (N 215), S. 194, 240.
217 → Bd. II, *Isensee*, § 15 Rn. 3, 16; *P. Kirchhof*, § 21 Rn. 53; *Hillgruber*, § 32 Rn. 109 ff. → Bd. X, *P. Kirchhof*, § 214 Rn. 128 ff.
218 → Bd. III, *Herzog*, § 58 Rn. 90; → Bd. IV, *Götz*, § 85 Rn. 18.

Bundesrepublik durch ihre Mitsprache in den NATO-Gremien ihre Friedenspolitik geltend zu machen und damit insbesondere auf den größten Bündnispartner, die USA, mäßigend einzuwirken. Das Bündnis enthält also Elemente der Mäßigung und Rationalisierung der Entscheidungsprozesse, die einen wirksamen Schutz vor einer Wiederholung einer Sarajewo-ähnlichen Kausalkette bieten, und fügt sich somit im Gegensatz zu manchen vordergründigen Stimmen im Schrifttum voll in das Konzept der Friedenspolitik des Grundgesetzes im Sinne des Art. 24 Abs. 2 GG ein[219]. Eine weitere Schranke gegen irgendwelche mißbräuchlichen Militärabenteuer ist vom Bundesverfassungsgericht mit der Maßgabe errichtet worden, daß jeder Auslandseinsatz parlamentarischer Zustimmung bedarf[220]. Nach der schlagwortartigen Terminologie des Gerichts ist die Bundeswehr ein „Parlamentsheer"[221]. Der vom Bundesverfassungsgericht befürworteten Einstufung der NATO als einer supranationalen Einrichtung im Sinne des Art. 24 Abs. 1 GG ist indes nicht zu folgen[222]. Das Gericht sah sich dieser Einschätzung genötigt, weil es der Auffassung war, daß ansonsten die westliche Verteidigung im Ernstfall nicht sichergestellt sein würde.

Friedensbündnis

Keine supranationale Einrichtung

Spätestens durch den Vertrag von Lissabon ist die Europäische Union als System kollektiver Sicherheit konstituiert worden. Gewisse Wendungen im Lissabon-Urteil deuten darauf hin, daß nach Auffassung des Bundesverfassungsgerichts dieser Schritt noch nicht vollzogen worden ist[223]. Verkannt wurde bei dieser Feststellung, daß alle Tatbestandsmerkmale eines solchen Systems bereits im Vertrag über die Europäische Union in der Maastrichter Fassung erfüllt waren (Art. 17)[224]. Mit der Operation „Atalanta" war im Zeitpunkt des Ergehens des Urteils vom 30. Juni 2009 die gemeinsame Sicherheitspolitik bereits ins Werk gesetzt worden. Anliegen des Bundesverfassungsgerichts war es offenbar, den Parlamentsvorbehalt für Bundeswehreinsätze im Ausland[225] nicht durch Supranationalisierung untergehen zu lassen. Aber im Bereich der Gemeinsamen Außen- und Sicherheitspolitik ist es auch durch den Vertrag von Lissabon nicht zu einer „Vergemeinschaftung" gekommen. Alle Entscheidungen im Rahmen dieses Vertrages müssen einstimmig getroffen werden. Der parlamentarische Zustimmungsvorbehalt ist also durch den Vertrag von Lissabon zu keinem Zeitpunkt in Gefahr geraten[226]. Umstritten bleibt, ob neben der Verteidigung der Bundesrepublik Auslandseinsätze

62

EU als System kollektiver Sicherheit

Operation „Atalanta"

---

219 BVerfGE 90, 286 (351); 104, 151 (194); 118, 244 (258).
220 BVerfGE 90, 286 (381 ff.). Verfahrensrechtliche Einzelheiten sind im Gesetz über die parlamentarische Beteiligung bei der Entscheidung über den Einsatz bewaffneter Streitkräfte im Ausland (Parlamentsbeteiligungsgesetz) vom 18. 3. 2005, in: BGBl I, S. 775, geregelt.
221 BVerfGE 90, 286 (382).
222 BVerfGE 68, 1 (93); 77, 170 (232); ablehnend insoweit auch *Classen* (N 160), Art. 24 Rn. 64; *Pernice* (N 38), Art. 24 Rn. 27; *Randelzhofer* (N 161), Art. 24 Rn. 187; *Rojahn* (N 2), Art. 24 Rn. 44; *Schweitzer* (N 38), S. 105 Rn. 282.
223 BVerfGE 123, 267 (361, 425).
224 Vgl. etwa *Röben* (N 92), S. 250.
225 BVerfGE 90, 286 (383).
226 Dazu auch *Christof Gramm*, Die Stärkung des Parlaments in der Wehrverfassung, in: DVBl 2009, S. 1476 (1478 ff.); *Klein* (N 113); *Dieter Wiefelspütz*, Das Lissabon-Urteil des Bundesverfassungsgerichts und das Wehrverfassungsrecht, in: DÖV 2010, S. 73 (75 f.).

der Bundeswehr ausschließlich im Rahmen eines Systems der kollektiven Sicherheit nach Art. 24 Abs. 2 GG zulässig sind oder ob auch weitere vom Völkerrecht anerkannte Gründe für die Rechtfertigung militärischer Gewalt eine verfassungsrechtliche Legitimation zu liefern vermögen[227]. Allenfalls in engen Grenzen (etwa: Rettung eigener Staatsangehöriger vor terroristischer Bedrohung aus dem Ausland) ist ein solches extensives Verständnis vorstellbar[228].

63
Beitritt zum System der internationalen Streitbeilegung

Das weitestreichende Gebot zur internationalen Zusammenarbeit, die in Art. 24 Abs. 3 GG ausgesprochene Verpflichtung, sich der internationalen „Schiedsgerichtsbarkeit" – gemeint sind auch Institutionen der internationalen Gerichtsbarkeit – anzuschließen, hat sich bisher auf Weltebene nicht verwirklichen lassen, weil die Staatenwelt sich nicht über den Gerichtsweg als das geeignetste Mittel der internationalen Streiterledigung einig ist. So wird namentlich in der sogenannten Manila-Deklaration der Generalversammlung der Vereinten Nationen vom 15. November 1982[229] dem Internationalen Gerichtshof nur ein bescheidener Platz zugebilligt. Nachdem das Mißtrauen gegen die Urteilssprüche internationaler Gerichte nach dem Zweiten Weltkrieg ursprünglich nur die kommunistischen Staaten beherrscht hatte, distanzierten sich in der Folgezeit auch mehr und mehr Länder der Dritten Welt vom Modell der richterlichen Entscheidung. Inzwischen hat das Mißtrauen auch die westlichen Staaten erfaßt, von denen vor wenigen Jahren insbesondere Frankreich (1974) und die USA (1985) ihre Unterwerfungserklärungen zurückgezogen haben. Für Jahrzehnte dürften damit die Chancen einer umfassenden Gerichtsbarkeit auf Weltebene zunichte gemacht sein. Allerdings hat die Bundesrepublik sich im Jahre 2008 entschlossen, eine Unterwerfungserklärung im Sinne des Art. 36 Abs. 2 des Statuts des Internationalen Gerichtshofs abzugeben[230]. Sinn und Zweck dieser Maßnahme war es weniger, Deutschland stärker als zuvor mit der Szenerie der internationalen Rechtsstreitigkeiten zu verknüpfen, als ein Signal für legitimes Vertrauen in den Internationalen Gerichtshof abzugeben. Es besteht kein überzeugender Grund für die Annahme, daß die Bundesrepublik aus dem Grundsatz der Völkerrechtsfreundlichkeit gehalten sein könnte, die von ihr bei dieser Gelegenheit aus wohl erwogenen Gründen eingelegten modifizierenden Vorbehalte[231] in einem konkreten Streitverfahren nicht geltend zu machen[232].

Internationaler Gerichtshof

Signal des Vertrauens

64
Europäische Gerichtshöfe

Die regionale Streiterledigung wird von Art. 24 Abs. 3 GG dem Wortlaut nach nicht erfaßt. Dem Sinn und Zweck des Art. 24 Abs. 3 GG entspricht es dennoch, die Vorschrift für anwendbar zu halten, wenn regionale Abmachungen

---

227 Dazu *Klaus Kreß*, Die Rettungsoperation der Bundeswehr in Albanien am 14. 3. 1997 aus völker- und verfassungsrechtlicher Sicht, in: ZaöRV 57 (1997), S. 329 ff.
228 Für strikte Begrenzung auf den Rahmen des Art. 24 Abs. 2 GG BVerfGE 123, 267 (360); a. A. *Wiefelspütz* (N 226), S. 77.
229 Resolution 37/10. *Mosler* (N 157), § 179 Rn. 39, 42.
230 S. o. Rn. 42.
231 Insbesondere sind aus der Zuständigkeit des Internationalen Gerichtshofs rechtliche Auseinandersetzungen über militärische Einsätze ausgenommen worden.
232 So aber *Bleckmann* (N 16), DÖV 1996, S. 144.

ein System der obligatorischen Streiterledigung vorsehen. Im Rahmen der Europäischen Union ist die obligatorische Zuständigkeit des Gerichtshofs so ausgedehnt, daß hier von einer „umfassenden" Gerichtsbarkeit gesprochen werden kann. Die Heranziehung des Art. 24 Abs. 3 GG brauchte hier aber gar nicht erwogen zu werden, weil die Bundesrepublik bei allen drei Gemeinschaften zu den Gründungsmitgliedern gehörte. Je mehr sich andererseits der Europäische Menschenrechtsgerichtshof zu einem europäischen Verfassungsgericht entwickelt, um so stärker drängt sich die Frage auf, ob seine Gerichtsbarkeit nicht auch als „umfassend" zu qualifizieren ist. Seit der Vertragsreform durch das 11. Zusatzprotokoll von 1994[233] hat sich die Frage erledigt, weil seitdem neben der Staatenbeschwerde auch die Individualbeschwerde für jede Vertragspartei obligatorisch ist.

Europäischer Menschenrechtsgerichtshof

Auf dem Gebiet der internationalen Strafrechtspflege hat die Bundesrepublik ihre Bereitschaft zur internationalen Kooperation durch die Neufassung des Art. 16 Abs. 2 GG bekundet. Nach dem neu angefügten Satz 2 kann ein Deutscher auch an einen anderen Mitgliedstaat der Europäischen Union oder an einen internationalen Gerichtshof ausgeliefert werden. Die Ratifikation des Römischen Statuts des Internationalen Strafgerichtshofs[234] ist durch die Verabschiedung des Völkerstrafgesetzbuchs[235] ergänzt worden, welches nach dem Weltrechtsprinzip die Zuständigkeit der Bundesrepublik für diejenigen Verbrechen vorsieht, die heute als internationale Verbrechen anerkannt sind (§§ 1, 6–8). Ob diese Zuständigkeitsbestimmung mit den allgemeinen Regeln des Völkerrechts im Einklang steht, sofern keine echte Anknüpfung mit Deutschland vorliegt, ist allerdings zweifelhaft[236]. Durch die flexiblen Vorschriften der Strafprozeßordnung über die Anklageerhebung in solchen Fällen (§ 153c und 153f) kann allerdings allen sich im Einzelfall ergebenden Bedenken Rechnung getragen werden[237].

65
Internationale Strafgerichtsbarkeit

Nach wie vor gilt andererseits auf dem Gebiet des Amtshaftungsrechts, daß die Vorschriften der § 839 BGB in Verbindung mit Art. 34 GG nicht für deliktische Handlungen gelten, die sich im Zusammenhang mit einem Kriegsgeschehen ereignet haben[238]. Ein weiteres Hindernis bildete in der Vergangenheit das Erfordernis der Verbürgung der Gegenseitigkeit[239]. In der Tat sind nach einer ständigen Praxis Kriegsschäden jeweils durch besondere gesetzliche Regelungen bereinigt worden. In der jüngeren Vergangenheit hat der Bundesgerichtshof Zweifel daran geäußert, ob im Zeichen des Grundgesetzes mit seiner Leitbestimmung des Art. 1, daß die Würde des Menschen unverletzlich sei, an dieser restriktiven Deutung festzuhalten sei[240]. Tatsächlich

66
Haftung für Kriegsschäden

---

233 Vom 11.5.1994, in: BGBl 1995 II, S. 579, in Kraft seit dem 1.11.1998.
234 Vom 17.6.1998, in: BGBl 2000 II, S. 1394.
235 Vom 26.6.2002, in: BGBl I, S. 2254; → Unten *Gärditz*, § 245 Rn. 11.
236 Dazu BGH, Urteil vom 30.4.1999, BGHSt 45, 64 (66).
237 Richtig gesehen in der Kammerentscheidung des BVerfG vom 1.3.2011, in: EuGRZ 2011, S. 186.
238 BGHZ 155, 279 (293f.).
239 Dazu BVerfG, Kammerbeschluß vom 15.2.2006, in: EuGRZ 2006, S. 105 (106); allgemein zur Zulässigkeit der Voraussetzung der Gegenseitigkeit vgl. BVerfGE 81, 208 (224).
240 BGH, Urteil vom 2.11.2006, in: JZ 2007, S. 532 (535) = BGHZ 169, 348 (358).

§ 226   *Zwanzigster Teil: Leitprinzipien*

Weltrechtsprinzip

weisen aber Kriegsschäden besondere Eigenheiten auf. Insbesondere werden in der Regel zu ihrem Ausgleich besondere zwischenstaatliche Abmachungen abgeschlossen, die meist Pauschalvergütungen vorsehen[241]. Dadurch werden nationalstaatliche Ausgleichsansprüche nicht verdrängt, denn das Völkerrecht stellt es jedem Staat frei, ein zusätzliches weiteres Schadensersatzregime zu schaffen[242]. Aber beide Ebenen der Entschädigungsleistung können nicht unkoordiniert nebeneinander stehen. Ein zusätzliches Schadensersatzregime des einzelnen Staates muß die besonderen Strukturen des völkerrechtlichen Wiedergutmachungsrechts berücksichtigen[243].

II. Inhaltliche Maßstäbe der internationalen Zusammenarbeit

67
Friedensgebot

Als primäres Ziel deutscher Außenpolitik schreibt das Grundgesetz die Friedenswahrung vor. An vier Stellen werden die verantwortlichen Staatsorgane auf den Frieden verpflichtet. In der Präambel tut das deutsche Volk seinen Willen kund, „dem Frieden der Welt zu dienen". Folgerichtig wird sodann in Art. 1 Abs. 2 GG ein Bekenntnis zu den Menschenrechten „als Grundlage jeder menschlichen Gemeinschaft, des Friedens und der Gerechtigkeit in der Welt" abgelegt. Die in Art. 24 Abs. 2 GG gestattete Einordnung in ein System kollektiver Sicherheit ist nur „zur Wahrung des Friedens" zulässig und soll eine „friedliche und dauerhafte Ordnung in Europa und zwischen den Völkern der Welt „herbeiführen und sichern". Art. 26 GG statuiert ein Verbot von Kriegsvorbereitungen und trifft einschränkende Regelungen über Kriegswaffen. Schließlich erklärt Art. 9 GG Vereinigungen, die sich gegen den Gedanken der Völkerverständigung wenden, für verboten. Es gibt wohl kaum ein anderes Verfassungsziel, das derart häufig und nachhaltig im Text des Grundgesetzes erwähnt würde[244].

68
Negativer Friedensbegriff

Aus den Vorarbeiten zum Grundgesetz geht hervor, daß der historische Verfassunggeber Frieden als „Abwesenheit von Krieg" im moderneren Sinne des Fehlens gewaltsamer Auseinandersetzungen zwischen Staaten verstanden hat. Eine vor allem in der Politikwissenschaft hervorgetretene Auffassung[245] charakterisiert diesen Friedensbegriff als lediglich „negativ" und stellt ihm einen „positiven" Friedensbegriff gegenüber[246], der gleichsam beliebig mit Gemeinwohlvorstellungen aufgefüllt wird (materielle Existenzsicherung, Menschenrechte, Demokratie usw.)[247]. Es wäre verfehlt, durch eine derartige Auswei-

---

241 Dazu eingehend BVerfGE 94, 315 ff.
242 BVerfGE 94, 315 (330); Kammerbeschluß vom 28. 6. 2004, in: EuGRZ 2004, S. 439 (441).
243 Dies wird völlig verkannt von *Andreas Fischer-Lescano*, Subjektivierung völkerrechtlicher Sekundärregeln, in: AVR 45 (2007), S. 299 ff.
244 → Unten *Proelß*, § 227 Rn. 1 ff.
245 Erwähnt sei insbesondere *Johann Galtung*; Gewalt, Frieden und Friedensforschung, in: Dieter Senghaas (Hg.), Kritische Friedensforschung, 1971, S. 55 (86 ff.).
246 In diesem Sinne will insbesondere *Götz Frank*, in: AK-GG, Bd. I, ²1989, Art. 26 Rn. 9 ff., den Art. 26 GG verstehen; ihm folgend jetzt auch *Udo Fink*, in: v. Mangoldt/Klein/Starck, Bd. II, ⁶2010, Art. 26 Rn. 10 ff.; expansiv auch *Bleckmann* (N 38), Verfassungsrang der EMRK, S. 233 ff., 235; dagegen *Doehring* (N 9), § 178 Rn. 4 ff.
247 In diesem Sinne *Bleckmann* (N 16), DÖV 1996, S. 144.

tung des Friedensbegriffs die klaren verfassungsrechtlichen Aussagen aufzuweichen[248]. Das Friedensgebot gilt kategorisch und nicht nur relativ wie etwa ein Gebot, zur Sicherung der Wohlfahrt der Menschen in anderen Ländern Solidarität zu üben. Wie in allen außenpolitischen Handlungsbereichen, so genießt freilich auch hier die Regierung ein weites Ermessen bei der Beurteilung, welche Mittel zur Friedenssicherung dienlich sind[249]. Unter gewissen historischen Bedingungen können pazifistische Modelle einer drastischen Abrüstung diese Eignung besitzen; unter Bedingungen der internationalen Machtkonfrontation kann es hingegen notwendig sein, nach der klassischen Devise zu handeln: „Si vis pacem, para bellum". Das Bundesverfassungsgericht hat insoweit festgestellt, daß die Aufstellung von als Atomwaffenträger dienenden Raketen zu Verteidigungszwecken auf dem Boden der Bundesrepublik weder völkerrechtliche Verbote noch das Friedensgebot des Grundgesetzes verletzt[250]. Auch verteidigungspolitische Kontroversen technischer Art lassen sich sinnvoll auf der prinzipiellen Ebene nicht diskutieren[251], es sei denn, es könnte der Nachweis erbracht werden, daß der Wille zur Verteidigung nur vorgeschützt ist und daß sich dahinter in Wahrheit eine Aggressionsabsicht verbirgt.

Entscheidung des BVerfG zum Nachrüsten

Grundsätzlich besteht für die Organe der deutschen Staatsgewalt eine Bindung an die Grundrechte (Art. 1 Abs. 3 GG) ohne Rücksicht auf die Art oder den Ort ihres Handelns[252]. Ferner gehören Demokratie, Rechtsstaat und Sozialstaat zu dem durch Art. 79 Abs. 3 GG geschützten Verfassungskern, dessen Wahrung und Förderung allen staatlichen Instanzen in Permanenz aufgetragen ist . Wenn eine Tätigkeit indes in eine internationale Dimension hineinragt, ist die Geltung dieser üblichen Maßstäbe keine Selbstverständlichkeit mehr. Nur innerhalb seines eigenen Staatsgebiets verfügt ein Staat uneingeschränkt über die zur Grundrechtssicherung erforderlichen Machtmittel. Jede Tätigkeit nach außen hin oder sogar auf fremdem Staatsgebiet unterliegt zahlreichen völkerrechtlichen Bindungen und tatsächlichen Behinderungen. Dieser Kontext verlangt unumstößlich nach Berücksichtigung[253]. Seitdem das Bundesverfassungsgericht vor allem die Zulässigkeit von Einsätzen der Bun-

69
Grundrechte

Staatsstrukturbestimmungen

---

248 Gegen eine solche Ausweitung auch *Herdegen* (N 38), Art. 26 Rn. 13; *Karl-Andreas Hernekamp*, in: v. Münch/Kunig, Bd. II, ⁵2001, Art. 26 Rn. 5; *Pernice* (N 38), Art. 26 Rn. 14; *Streinz* (N 38), Art. 26 Rn. 10.
249 Irrtümlich wird im Schrifttum vielfach der angestrebte Zielzustand des „negativen" Friedens mit der Ausstellung eines Freibriefs für rein passives Verhalten gleichgesetzt. Ganz offensichtlich verlangt aber Frieden als Verfassungsziel ein hohes Maß an „Friedensfürsorge".
250 BVerfGE 66, 39 (64 f.).
251 So aber *Wolfgang Däubler*, Stationierung und Grundgesetz, 1982, S. 153 ff.
252 BVerfGE 57, 9 (23); zu differenzieren ist diese Aussage im Hinblick auf staatliche Fürsorgepflichten, vgl. BVerfGE 6, 290 (295); 76, 1 (46 f.); 100, 313 (362). Aus dem Schrifttum vgl. etwa *Dirk Lorenz*, Der territoriale Anwendungsbereich der Grund- und Menschenrechte, 2005; *Herbert Kronke*, Die Wirkungskraft der Grundrechte bei Fällen mit Auslandsbezug, in: BDGVR 38 (1998), S. 33 ff.; *Rainer Hofmann*, Grundrechte und grenzüberschreitende Sachverhalte, 1994; *Röben* (N 92), S. 385 ff.; *Meinhard Schröder*, Zur Wirkkraft der Grundrechte bei Sachverhalten mit grenzüberschreitenden Elementen, in: FS für Hans-Jürgen Schlochauer, 1981, S. 137 ff.; *Christian Starck*, in: v. Mangoldt/Klein/ders., Bd. I, ⁶2010, Art. 1 Rn. 212.
253 Vgl. dazu BVerfGE 92, 26 (41 f.); 100, 313 (362 f.); *Georg Nolte*, Das Verfassungsrecht vor den Herausforderungen der Globalisierung, in: VVDStRL 67 (2008), S. 129 (143 ff.); *Ralf Poscher*, Das Verfassungsrecht vor den Herausforderungen der Globalisierung, ebd., S. 157 (191 f.).

deswehr im Ausland geklärt hat, ist damit die Frage nach der Geltung der Grundrechte „ratione territorii" in eine Komplexität hineingewachsen, die sie in den ersten vier Jahrzehnten seit dem Inkrafttreten des Grundgesetzes niemals besessen hatte.

70
Keine Rechtfertigung für Grundrechtsreduktion

Bei der internationalen Zusammenarbeit kann sich vor allem ein Beharren auf uneingeschränkter Durchsetzung der deutschen Grundrechte als Hindernis erweisen. In der Europäischen Union würden Einbußen an Grundrechtssubstanz – ein eher theoretisches und in der praktischen Rechtswirklichkeit bisher kaum nachweisbar aufgetretenes Problem – bis zur Grenze des Art. 79 Abs. 3 GG ihre verfassungsrechtliche Rechtfertigung in Art. 23 GG finden. Im übrigen aber kann die Bereitschaft zur internationalen Zusammenarbeit grundsätzlich keine Handhabe bieten, das Niveau des Grundrechtsschutzes gegenüber dem Normalmaß abzusenken. Eine Grundrechtsreduktion findet nicht statt. Durch verfassungsänderndes Gesetz ist allerdings zur Förderung der internationalen Kooperation das frühere strikte Auslieferungsverbot des Art. 16 Abs. 2 GG beseitigt worden[254]. Der Vertrag von Lissabon andererseits hat Verpflichtungen zur Anerkennung von Urteilen anderer Mitgliedstaaten der Europäischen Union eingeführt (Art. 81, 82 AEUV), die vor allem auf strafrechtlichem Gebiet noch der praktischen Bewährung im Rechtsalltag harren. Vorausgesetzt wird bei diesem Regime der gegenseitigen Anerkennung eine einwandfrei funktionierende Rechtsstaatlichkeit, in der sich erste Risse gezeigt haben, als durch Gerichtsbeschluß die Ausweisung von Asylsuchenden aus Drittländern nach Griechenland, ein an sich sicheres Asylland, gestoppt werden mußte[255].

Internationale Rechtshilfe

Selbst innerhalb der Bundesrepublik kann der einzelne aber, vermittelt durch das Handeln deutscher Staatsorgane, ausnahmsweise auslandsrechtlichen Einflüssen unterliegen, die geeignet sind, zu einer Beeinträchtigung von Grundrechtspositionen zu führen.

71
Anerkennung ausländischen Rechts

Bei Deutschen erwachsen solche Einflüsse vor allem aus Auslandskontakten, die der betreffende selbst angeknüpft und unterhalten hat. Es entspricht der Bereitschaft zur internationalen Kooperation, wenn die Bundesrepublik darin einwilligt, auf solche auslandsbezogenen Sachverhalte in jeweils angemessener Anknüpfung an die spezifische Fallage fremdes Recht zur Anwendung zu bringen. Auf dem Gebiet des Internationalen Privat- und Prozeßrechts bedeutet dies, daß deutsche Gerichte in entsprechenden Situationen kraft Verweisung durch autonomes deutsches Recht oder völkerrechtlichen Vertrag die Regeln der jeweils sachnäheren ausländischen Rechtsordnung zugrunde legen oder daß ausländische Urteile anerkannt werden. Prinzipiell geht das Internationale Privatrecht hierbei von der Idealvorstellung aus, daß sämtliche Rechtsordnungen gleichwertig sind. Als Ausnahmefall betrachtete Unzuträglichkeiten einer ausländischen Bestimmung werden durch die

Internationales Privat- und Prozeßrecht

---

254 Gesetz vom 29.11.2000, in: BGBl 2000 I, S. 1633. → Bd. X, *Weiß*, § 207 Rn. 18 ff.
255 Europäischer Gerichtshof für Menschenrechte, Fall M.S.S. gegen Belgien und Griechenland, Beschwerde Nr. 30696/06, Urteil vom 21.1.2011, in: EuGRZ 2011, S. 243.

Ordre public-Klausel des Art. 6 EGBGB oder durch die entsprechende Klausel des § 328 Abs. 1 Nr. 4 ZPO abgewehrt. Zur Auffüllung der in diesen Vorschriften verwandten Blankettformeln hat der Richter in erster Linie auf die Grundrechte zurückzugreifen, soweit sie Wertungen enthalten, die maßstabsetzende Kraft für die gesamte Rechtsordnung beanspruchen[256]. Seit dem Änderungsgesetz vom 25. Juli 1986 ist diese Weisung ausdrücklich auch in Art. 6 S. 2 EGBGB verankert. Eine generelle Aussage für das Ausmaß der dem Staat obliegenden Grundrechtsfürsorge läßt sich indes schwer treffen[257].

Ordre public-Klausel

Aus dem Grundsatz der internationalen Zusammenarbeit folgt auch die Zulässigkeit des Abschlusses von Vereinbarungen über eine zwischenstaatliche Rechts- und Amtshilfe auf den Gebieten des öffentlichen Rechts, obwohl sich dort sehr viel stärker die nationalen Eigenheiten einer Rechtskultur äußern. Mehr als ein Urteil über das grundsätzliche Ob läßt sich freilich dem Grundsatz der internationalen Zusammenarbeit nicht abgewinnen. Da in diesen Bereichen Vollstreckungshilfe zugunsten ausländischer Staaten durchweg Eingriffscharakter besitzt, ist es gerechtfertigt, sowohl die jeweiligen materiellen Regeln der ausländischen Rechtsordnung wie auch das Verfahren, das zur Feststellung des geltend gemachten Anspruchs geführt hat, einer sorgfältigen Prüfung darauf zu unterziehen, ob der wesentlich durch den Kerngehalt der Grundrechte bestimmte ordre public der Bundesrepublik und ein rechtsstaatlicher Mindeststandard an Verfahrensgerechtigkeit gewahrt sind[258].

72
Vereinbarungen über Rechts- und Amtshilfe

Für alle Fälle der Anwendung ausländischen Rechts oder der Anerkennung und Vollstreckung ausländischer Entscheidungen gilt, daß die Bundesrepublik auf einer absoluten und vorbehaltlosen Einhaltung ihrer eigenen Rechtsmaßstäbe nicht bestehen kann. Den rechtlichen Konsequenzen der Eigenart des grenzüberschreitenden Sachverhalts ist nicht zu entrinnen. Wegen des vitalen Interesses eines jeden Landes an der Bewältigung dieser immer häufiger werdenden Erscheinungen kann auch die Bundesrepublik einer an der völkerrechtlichen Kompetenzordnung, vor allem dem Territorialprinzip, orientierten internationalen Arbeitteilung keine Absage erteilen. Ein Mindeststandard, der nur im Einzelfall bestimmt werden kann, darf aber niemals unterschritten werden. Zu Auseinandersetzungen hat in der jüngeren Vergangenheit insbesondere die Frage geführt, inwieweit deutsche Behörden und Gerichte Rechts- und Amtshilfe in Verfahren leisten dürfen, in denen einem deutschen Beklagten die Verurteilung zu möglicherweise willkürlich festgesetzten Zahlungen von Strafschadensersatz („punitive damages") droht. Eine Schutzpflicht des deutschen Staates gegen solche mißbräuchlichen Verfahrensstrategien muß angenommen werden, soll aber nach Auffassung des

73
Anerkennung und Vollstreckung ausländischer Entscheidungen

Mindeststandard

„Punitive damages"

---

256 Maßstabsetzend hat hier der sog. Spanier-Beschluß des BVerfG: BVerfGE 31, 58 gewirkt; s. u Rn. 74.
257 Vgl. etwa *Christian von Bar*, Internationales Privatrecht, Bd. I, ²2003, S. 715 ff.; *Gerhard Kegel/Klaus Schurig*, Internationales Privatrecht, ⁹2004, S. 530 ff.; *Jan Kropholler*, Internationales Privatrecht, ⁶2006, S. 251 ff.
258 BVerfGE 63, 343 (366, 377 f.).

Bundesverfassungsgerichts im allgemeinen noch nicht im Zeitpunkt der Klagezustellung eingreifen[259].

74
Rechtsstatus von Ausländern im Inland
Internationales Privatrecht
Eheschließungsfreiheit

Für Ausländer ergibt sich insofern von vornherein eine andere Ausgangssituation, als sie nach wie vor in den Personalverband ihres Heimatstaates eingegliedert sind. Es ist legitim, wenn die Bundesrepublik diese fortbestehende Bindung berücksichtigt und namentlich im Internationalen Privatrecht das Personalstatut nach dem Heimatrecht des Ausländers bestimmt. Aber die Respektierung der fremden Rechtsordnung ist nicht absolut und darf wiederum bestimmte Grenzen nicht überschreiten, bei denen die Grundrechte wichtige Abwägungskriterien liefern. So darf insbesondere die Eheschließungsfreiheit durch die im Wege der Verweisung für maßgeblich erklärte ausländische Rechtsordnung nicht in einer Weise eingeschränkt werden, die diametral den deutschen Wertvorstellungen entgegengesetzt ist. In seinem Spanier-Beschluß vom 4. Mai 1971[260] beanstandete das Bundesverfassungsgericht insoweit, daß das von den deutschen Gerichten angewandte spanische Recht eine Eheschließung allein deswegen scheitern lassen wollte, weil die deutsche Verlobte des unverheirateten spanischen Mannes nach deutschem Recht rechtskräftig geschieden war. Wo hier im einzelnen die Grenzlinien zu ziehen sind, kann nur fallweise entschieden werden. Problematisch war vom Inkrafttreten des Grundgesetzes an wegen Art. 3 Abs. 2 GG insbesondere, ob das deutsche Recht die vom Heimatrecht der Ehegatten angeordnete Ungleichheit der Rechtsstellung von Mann und Frau akzeptieren soll. Gerade in diesen Fällen erhielt die Debatte durch die Verwendung der Vokabel von der Völkerrechtsfreundlichkeit einen falschen Akzent, weil es eine umfassende Verpflichtung zur Respektierung des Heimatrechts nicht gibt. Im Gegenteil besteht heute angesichts der in Art. 23 Abs. 3 IPbürgR zum Ausdruck kommenden Entscheidung der internationalen Gemeinschaft die völkerrechtsfreundliche Lösung darin, auf völliger Gleichheit der Ehegatten zu beharren. Nach der Neuregelung des Internationalen Privatrechts durch das Gesetz vom 25. Juli 1986[261] war auch für die Bundesrepublik klargestellt, daß beide Ehegatten kollisionsrechtlich gleichberechtigt sind (Art. 14 EGBGB). Soweit das anwendbare ausländische Recht Diskriminierungen vorsieht, greift Art. 6 EGBGB ein[262].

Gleichheit der Ehegatten

75
Rechtshilfe für ausländische Staaten

Ihr Spiegelbild haben bei der internationalen Zusammenarbeit die Fälle des Rechtsvollzugs durch deutsche Behörden in Akten der Rechtshilfe für ausländische Staaten. Ähnlich zu beurteilen sind einseitige Handlungen, die für Grundrechtseingriffe durch fremde Behörden kausal werden können. Soll

---

259 BVerfGE 91, 335 (339ff.); Kammerbeschluß vom 24. 1. 2007, in: EuGRZ 2007, S. 234. Zweimal ist aber zur vorläufigen Regelung eine einstweilige Anordnung erlassen worden: BVerfGE 91, 140 und BVerfGE 108, 238 (249). Betonung der Schutzwürdigkeit des Beklagten durch *Christian Malzahn*, Rechtshilfe und Rechtsstaat, in: GS für Dieter Blumenwitz, 2008, S. 241 (260ff.); *Schorkopf* (N 35), S. 283f.; vgl. auch *Klaus Hopt/Rainer Kulms/Jan von Hein*, Rechtshilfe und Rechtsstaat: Die Zustellung einer US-amerikanischen Class Action in Deutschland, 2006.
260 S. o. N 256.
261 BGBl 1986 I, S. 1142.
262 Vgl. *Kegel/Schurig* (N 257), S. 792f.

etwa ein Ausländer aus dem Gebiet der Bundesrepublik entfernt werden, so erhebt sich im Hinblick auf viele Länder die Frage, ob die Bundesrepublik die Aussicht einer den Schutzstandards des Grundgesetzes widersprechenden Behandlung des Betroffenen zu berücksichtigen hat. Durch die Asylgarantie ist sichergestellt, daß politisch Verfolgte nicht in den Verfolgerstaat überstellt werden. Aber eine generell anzunehmende Mißachtung rechtsstaatlicher Gewährleistungen, ein allgemeiner Zusammenbruch von Recht und Ordnung oder eine Existenz an der Grenze des Hungertodes lösen den Schutz der Asylverheißung nicht aus[263]. Zeichnen sich in dem Herkunftsland des Fremden derartige Notlagen ab, so gewährt die Rechtsordnung der Bundesrepublik immerhin eine Duldung – die allerdings nur einen eingeschränkten Rechtsstatus verleiht[264]. Übersehen wird nicht nur in der öffentlichen Debatte, sondern auch von den verantwortlichen Regierungsstellen, daß es der Bundesrepublik kraft ihrer souveränen Staatlichkeit jederzeit freisteht, einem Asylsuchenden nach den allgemeinen Vorschriften über den Aufenthalt von Ausländern eine Aufenthaltserlaubnis außerhalb des Rahmens des Asylrechts zu erteilen.

Asylrecht

76

In seinem erwähnten Beschluß zur Auslieferung bei drohender Todesstrafe hatte das Bundesverfassungsgericht vor vielen Jahren dem Verbot des Art. 102 GG eine über die Grenzen der Bundesrepublik hinausreichende und die zuständigen Organe damit auch bei der Bewilligung einer Auslieferung bindende Wirkung abgesprochen und sich zur Begründung dieser Interpretation speziell auf den Grundsatz der Völkerrechtsfreundlichkeit berufen[265]. Fast zwei Jahrzehnte später deutete das Bundesverfassungsgericht im Einklang mit den zahlreichen kritischen Stimmen im Schrifttum an, daß wohl an jenem Erkenntnis – das nunmehr fast ein halbes Jahrhundert zurückliegt – nicht mehr festzuhalten sei[266]. Kurzzeitig danach wurde ohnehin die Kontroverse durch § 8 des Gesetzes über die internationale Rechtshilfe in Strafsachen[267] gegenstandslos gemacht. Leider stellt sich heute in manchen Fällen die Frage, ob in die Zusicherung einer Regierung, die Todesstrafe weder zu verhängen noch zu vollstrecken, uneingeschränktes Vertrauen gesetzt werden kann[268]. Die Bereitschaft des Grundgesetzes zur internationalen Zusammenarbeit dürfte jedenfalls heute in solchen Fällen nicht mehr bemüht werden, da

Auslieferung und Todesstrafe

Wandel bei den Wertvorstellungen

---

263 BVerfGE 80, 315 (333 f., 336); Kammerbeschluß vom 10. 8. 2000, in: DVBl 2000, S. 1518; BVerwGE 72, 269 (274 f.); 105, 306 (310); 114, 16 (20).
264 § 60 a AufenthG vom 30. 7. 2004, i. d. F. der Bekanntmachung vom 25. 2. 2008, in: BGBl I, S. 162.
265 BVerfGE 18, 112 (121); dazu seinerzeit zustimmend *Wilhelm Karl Geck*, Art. 102 GG und der Rechtshilfeverkehr zwischen der Bundesrepublik und Ländern mit der Todesstrafe – BVerfGE 18, 112, in: JuS 1965, S. 221 (227 f.); *Theodor Vogler*, Auslieferungsrecht und Grundgesetz, 1970, S. 195 ff.; ablehnend *Hans Schüssler*, Todesstrafe und Grundgesetz im Auslieferungsverfahren, in: NJW 1985, S. 1896 (1897).
266 BVerfGE 60, 348 (354).
267 Vom 23. 12. 1982, in: BGBl 1982 I, S. 2071: „Ist die Tat nach dem Recht des ersuchenden Staates mit der Todesstrafe bedroht, so ist die Auslieferung nur zulässig, wenn der ersuchende Staat zusichert, daß die Todesstrafe nicht verhängt oder nicht vollstreckt werden wird". → Bd. X, *Weiß*, § 207 Rn. 22.
268 Vgl. dazu BVerfG, 2 BvR 898/99 vom 27. 7. 1999, www.bverfg.de/entscheidungen/rk19990727-2bvr089899.html, sowie das Urteil des EGMR in Chahal vs. United Kingdom vom 15. 11. 1996, Beschwerde Nr. 22414/93, §§ 104 ff. Zu Zusicherungen betreffend die rechtsstaatskonforme Behandlung eines Ausgelieferten vgl. den 5. Bericht der Bundesrepublik an den Anti-Folterausschuß der Vereinten Nationen, UN-Dok. CAT/C/DEU/5 vom 15. 2. 2011, §§ 72 ff.

sich die Wertvorstellungen der internationalen Gemeinschaft entscheidend gewandelt haben. Zwar verbietet der Internationale Pakt über bürgerliche und politische Rechte in seinem Art. 6 die Todesstrafe nicht, er läßt aber dort in Abs. 6 deutlich eine abolitionistische Tendenz erkennen. Im Jahre 1989 kam – insbesondere auf Drängen der Bundesrepublik – das Zweite Fakultativprotokoll zum Pakt[269] zustande, das ein generelles Verbot der Todesstrafe vorsieht. Immerhin ist dieses Protokoll bisher (März 2013) schon von 75 Staaten ratifiziert worden[270]. Im Rahmen des Europarats wurde im Jahre 1983 ein 6. Zusatzprotokoll zur Europäischen Menschenrechtskonvention über die Abschaffung der Todesstrafe[271] verabschiedet, das schon am 1. März 1985 in Kraft trat (lediglich die Ratifikation durch Rußland steht noch aus). Während dieses Vertragsinstrument die Verhängung der Todesstrafe noch im Kriegsfall zuließ, einigte man sich durch das 13. Zusatzprotokoll vom 3. Mai 2002[272] auf ein vollständiges Verbot der Todesstrafe, das von 43 der 47 Mitglieder des Europarats ratifiziert worden ist[273]. Wenn also die Bundesrepublik eine beantragte Auslieferung verweigert, weil dem Betroffenen in dem ersuchenden Land die Todesstrafe drohen könnte, handelt sie in völliger Übereinstimmung mit den herrschenden Rechtsvorstellungen, die auch in der bewußten Auslassung der Todesstrafe in dem Strafenkatalog der internationalen Strafgerichtshöfe ihren Niederschlag gefunden haben. Diese Kautelen haben seit der Änderung des Art. 16 Abs. 2 GG durch das 47. Änderungsgesetz vom 29. November 2000[274], wonach nunmehr die Auslieferung deutscher Staatsangehöriger an einen anderen Mitgliedstaat der Europäischen Union oder an einen internationalen Gerichtshof zulässig ist (neuer Satz 2), ein weiteres Anwendungsfeld ratione personae erhalten[275]. Bei einer Ausweisung, einem einseitigen nationalen Hoheitsakt, scheidet der Gesichtspunkt, daß die internationale Zusammenarbeit keinen Schaden nehmen dürfe, ohnehin aus.

Ausweisung

77

Rechtsstaatlicher Mindeststandard der fremden Rechtsordnung

Verbot der Folter

Ähnlich umgekehrt hat sich bis zur Gegenwart das Bild auch sonst. Da das Völkerrecht sowohl in Art. 3 EMRK, in Art. 7 IPbürgR und in dem UN-Übereinkommen gegen Folter[276] wie auch schließlich im Gewohnheitsrecht, das über Art. 25 GG Geltung beansprucht, ein Verbot der Folter sowie aller Art von grausamer, unmenschlicher oder erniedrigender Behandlung enthält, kann es nicht mit der Notwendigkeit der internationalen Zusammenarbeit gerechtfertigt werden, wenn ein Auslieferungsverkehr aufrechterhalten wird, obwohl dem Auszuliefernden in dem ersuchenden Land mit hoher Gewißheit

---

269 Vom 15. 12. 1989, in: BGBl 1992 II, S. 391. → Bd. X, *Tomuschat*, § 208 Rn. 12, 28.
270 Der Pakt selbst hatte zum selben Zeitpunkt 167 Vertragsparteien.
271 CETS Nr. 114; BGBl 2002 II, S. 1077.
272 CETS Nr. 187; BGBl 2004 II, S. 983.
273 Fern geblieben sind dem 13. Zusatzprotokoll bisher Armenien, Aserbaidschan, Polen und Rußland.
274 BGBl I, S. 1633.
275 Vgl. insoweit die Entscheidung zum Europäischen Haftbefehl, BVerfGE 113, 273 (299); vgl. auch die beiden Kammerbeschlüsse vom 3. 9. 2009, in: EuGRZ 2009, S. 686, und 9. 10. 2009, ebd., S. 691.
276 Übereinkommen gegen Folter und andere grausame, unmenschliche oder erniedrigende Behandlung oder Strafe, vom 10. 12. 1984, in: BGBl 1990 II, S. 247. → Bd. VII, *Wittreck*, § 151 Rn. 32; *Randelzhofer*, § 153 Rn. 27. → Bd. X, *Weiß*, § 207 Rn. 21 ff.

eine derart geächtete Verletzung seiner physischen und psychischen Integrität droht[277]. Nach der Rechtsprechung des Europäischen Menschenrechtsgerichtshofs kann sich vielmehr ein Staat unter solchen Umständen selbst der Verletzung des Art. 3 EMRK schuldig machen[278]. Die gleichen Erwägungen müssen auch für die übrigen Gewährleistungen eines rechtsstaatlichen Verfahrens gelten, wie sie heute in Art. 6 EMRK und 14 IPbürgR niedergelegt sind, sofern schwere und strukturelle Mängel in der Gerichtsverfassung und dem Verfahrensrecht des ersuchenden Landes offensichtlich sind. Schließlich dürfen auch die von dem Betroffenen zu erwartenden Strafen nicht grausam, unmenschlich oder erniedrigend sein[279]. Zu Recht hat das Bundesverfassungsgericht im Hinblick auf die Auswirkungen des Art. 25 GG auf den Auslieferungsverkehr zusammenfassend festgestellt: „Sie (scil. die deutschen Behörden und Gerichte) sind ... verpflichtet, alles zu unterlassen, was einer unter Verstoß gegen allgemeine Regeln des Völkerrechts vorgenommenen Handlung nichtdeutscher Hoheitsträger im Geltungsbereich des Grundgesetzes Wirksamkeit verschafft, und gehindert, an einer gegen die allgemeinen Regeln des Völkerrechts verstoßenden Handlung nichtdeutscher Hoheitsträger bestimmend mitzuwirken."[280] Diese Grundsätze haben in den §§ 49 Abs. 1 Nr. und 73 IRG einen klaren Niederschlag gefunden.

Entscheidung des BVerfG

Der besondere Rechtfertigungsgrund der internationalen Zusammenarbeit scheidet ebenfalls im Hinblick auf einen internationalen Informationsaustausch aus, soweit Personaldaten betroffen sind. Denn auch der Datenschutz ist heute zu einem international anerkannten Anliegen geworden. Zwar wird im Ausland wohl kaum die Perfektion eines „Rechts auf informationelle Selbstbestimmung"[281] anzutreffen sein. Die Behörden der Bundesrepublik dürfen aber Personaldaten nicht durch die Übermittlung an andere Staaten oder Internationale Organisationen jeden angemessenen Schutzes berauben. Weithin sind insoweit die Zuständigkeiten auf die Europäische Union überge-

78
Datenschutz

---

277 *Jochen Abr. Frowein/Rolf Kühner*, Drohende Folterung als Asylgrund und Grenze für Auslieferung und Ausweisung, in: ZaöRV 43 (1983), S. 537 (556 f.); *Jochen Abr. Frowein*, in: ders./Wolfgang Peukert, EMRK-Kommentar, ³2009, Art. 3 Rn. 20, 21. Zu Recht fordert das BVerfG die Einhaltung des verbindlichen menschenrechtlichen Mindeststandards durch den fremden Staat: BVerfGE 57, 9 (25); 59, 280 (286 f.); 63, 332 (337 f.); 75, 1 (18 ff.); 108, 129 (136) mit abweichender Meinung Bertold Sommer und Gertrude Lübbe-Wolff, S. 145; Beschluß vom 3.4.1992, in: InfAuslR 1993, S. 176.
278 Dazu die Urteile des EGMR in der Sache Soering vom 7.7.1989, Ser. A/161, S. 32 ff., vom 20.3.1991 in der Sache Cruz Varas und andere gegen Schweden, Ser. A/201, S. 28, vom 30.10.1991 in der Sache Vilvarajah und andere gegen Vereinigtes Königreich, Ser. A/215, S. 34, in der Sache Saadi gegen Italien vom 28.2.2008, Beschwerde Nr. 37201/06, § 125, sowie in der Sache M.S.S. gegen Belgien und Griechenland, vom 21.1.2011, Beschwerde Nr. 30696/06, in: EuGRZ 2011, S. 243 (249 ff., §§ 323 ff.). → Bd. X, *Weiß*, § 207 Rn. 29 ff.; *Tomuschat*, § 208 Rn. 35.
279 BVerfGE 75, 1 (17).
280 BVerfGE 75, 1 (19); 108, 129 (136); 113, 154 (162); Kammerbeschluß vom 16.1.2010, in: EuGRZ 2010, S. 256; vgl. zuvor auch schon BVerfGE 63, 332 (337).
281 BVerfGE 65, 1 (43); 103, 21 (32); 115, 166 (187); 120, 274 (302). → Bd. VII, *Kube*, § 148 Rn. 65 ff.

§ 226   *Zwanzigster Teil: Leitprinzipien*

Richtlinie über die Vorratsdatenspeicherung

gangen, etwa im Hinblick auf den internationalen Flugverkehr[282]; die Europäische Union hat auf diesem Gebiet selbst eine Richtlinie erlassen, welche die obligatorische Speicherung von Telekommunikationsverkehrsdaten durch private Dienstanbieter zum Zweck strafrechtlicher Ermittlungsverfahren vorsieht[283] und ist damit selbst zum Gegenstand von Vorwürfen wegen rechtswidriger Verletzung individueller Persönlichkeitsrechte geworden[284]. Maßgebend sind insoweit in erster Linie die Schutzregeln der Europäischen Union, wo in der Charta der Grundrechte jetzt ausdrücklich ein Recht auf Schutz personenbezogener Daten vorgesehen ist (Art. 8)[285].

79

Leitziele der Außenpolitik

Im Hinblick auf die allgemeine Außenpolitik, die keine konkrete Einzelperson als Zieladressaten hat, muß man sich ohnehin von dem verengten Bild einer angeblichen Völkerrechtsfreundlichkeit lösen, die lediglich zu Abstrichen bei der Grundrechtsgeltung führt. Offenheit der Verfassungsordnung darf nicht nur rezeptiv und passiv verstanden werden. Durch die verstärkte internationale Zusammenarbeit kommt heute jeder Staat, insbesondere aber ein Land, das wie die Bundesrepublik umfangreichen internationalen Wirtschaftsverkehr unterhält und bei der Entwicklungshilfe in der Liste der Geberländer ganz oben steht, in die Lage, unmittelbar durch Projektvorhaben auf die inneren Verhältnisse in fremden Ländern einzuwirken. Die dabei einzuschlagende Politik kann nicht in bloßer unterwürfiger Respektierung der fremden Ordnungen – auf politischem, wirtschaftlichem, sozialem und kulturellem Gebiet – bestehen, sondern verlangt, soweit die rein ökonomische Dimension verlassen wird, nach inhaltsbestimmenden Leitzielen[286].

Verfassungsrechtliche Vorgaben

80

Grundrechte, Demokratie, Sozialstaat

Derartige Leitziele werden für die Bundesrepublik insbesondere durch die Grundrechte gebildet[287]. Exemplarische Bedeutung kommt dabei dem Satz

---

282 Überschreitung der entsprechenden Befugnisse beim Abschluß eines Abkommens mit den USA über die Übermittlung von Fluggastdaten, vgl. das Urteil des EuGH in den Rechtssachen C-317/04 und C-318/04 vom 30. 5. 2006, Europäisches Parlament gegen Rat. Ein Vorschlag der Kommission KOM (2011) 32 vom 2. 2. 2011 für eine Richtlinie des Europäischen Parlaments und des Rates über die Verwendung von Fluggastdatensätzen zu Zwecken der Verhütung, Aufdeckung, Aufklärung und strafrechtlichen Verfolgung von terroristischen Straftaten und schwerer Kriminalität hat noch nicht die Billigung des Europäischen Parlaments erhalten.
283 Richtlinie 2006/24/EG des Europäischen Parlaments und des Rates vom 15. 3. 2006 über die Vorratsspeicherung von Daten, die bei der Bereitstellung öffentlich zugänglicher elektronischer Kommunikationsdienste oder öffentlicher Kommunikationsnetze erzeugt und verarbeitet werden, und zur Änderung der Richtlinie 2002/58/EG, ABl L 105 vom 13. 4. 2006. → Bd. VII, *Kube*, § 148 Rn. 69 ff.
284 Vgl. insoweit das Urteil des EuGH in der Rechtssache C-301/06 vom 20. 2. 2009, Irland gegen Europäisches Parlament und Rat; BVerfGE 125, 260.
285 Dazu jetzt das Urteil des EuGH in den Rechtssachen C-92/09 und C-93/09 vom 9. 11. 2010, Schecke und Eifert gegen Land Hessen.
286 Vgl. etwa die Erörterung im 13. Bericht zur Entwicklungspolitik der Bundesregierung, Drucksache 16/10038, 17. 7. 2008, S. 40 ff., die am 19. 3. 1986 von der Bundesregierung beschlossenen „Grundlinien der Entwicklungspolitik der Bundesregierung, insbes. S. 22 Nr. 36, sowie die neuere Zielfestlegung in der Broschüre „Deutsche Entwicklungspolitik auf einen Blick", März 2011.
287 *Christian Tomuschat*, Der Verfassungsstaat im Geflecht der internationalen Beziehungen, in: VVDStRL 36 (1978), S. 7 (44 ff.); kritikwürdig war die frühere, allzu pauschale Äußerung von Starck, „eine Ausstrahlung der Grundrechte auf Nachbarn hinter der Grenze der Bundesrepublik findet nicht statt", die jetzt abgemildert worden ist: „Eine unmittelbare Ausstrahlung der Grundrechte auf Ausländer, die sich außerhalb Deutschlands aufhalten, ebenso auf Nachbarn jenseits der Grenze der Bundesrepublik findet nicht statt". Vgl. *Starck* (N 252).

von der Menschenwürde zu. Wenn jedem menschlichen Wesen von Verfassungs wegen eine Würde zugesprochen wird, so kann diese Aussage nicht an den Grenzen der Bundesrepublik haltmachen. Auch Rechtsstaat, Demokratie und Sozialstaat verkörpern unerläßliche Vorkehrungen zur Sicherung einer menschenwürdigen Existenz. Abgestützt werden die Wertentscheidungen des Grundgesetzes heute vor allem durch die Standards, die in den beiden Internationalen Pakten von 1966 über bürgerliche und politische Rechte einerseits, über wirtschaftliche, soziale und kulturelle Rechte andererseits niedergelegt sind. Angesichts dieses im Völkerrecht förmlich fixierten Konsenses kann eine menschenrechtlich und rechtsstaatlich orientierte Außenpolitik nicht mehr als Versuch der unzulässigen Intervention in die inneren Angelegenheiten der Zieladressaten betrachtet werden, soweit die grundrechtlichen Wertvorstellungen sich durch Evidenz und Allgemeingültigkeit für menschliche Existenz schlechthin auszeichnen. Eine durchaus kritische Sicht der Ausgestaltung des Staat-Bürger-Verhältnisses sollte sich hierbei mit hohem Respekt vor der auf den gelebten und bejahten Traditionen des fremden Volkes beruhenden gesellschaftlichen Ordnung verbinden.

Menschenwürde

Internationale Pakte

Zulässige Interventionen

Da Außenpolitik immer auf Realien stößt, die sich allein durch einen aufrichtigen Gerechtigkeitswillen nicht umgestalten lassen, können die genannten Leitziele keine Ausschließlichkeit beanspruchen. Im übrigen muß die Regierung in erster Linie auf das Wohl und Wehe des deutschen Volkes Rücksicht nehmen. Unter diesen Umständen schleicht sich zwangsläufig die Gefahr der Inkonsequenz ein[288]. Um nicht die Glaubwürdigkeit zu verlieren, muß die Regierung daher vor allem bei der Auswahl der Handlungsmittel ein klares Profil zeigen. Es läßt sich aber nicht leugnen, daß das Verfassungsrecht in komplexen Abwägungsprozessen recht weitgehend seine operationelle Steuerungsfähigkeit verliert. So erfahren die außenpolitischen Entscheidungen letzten Endes ihre Prägung aus dem Geist des Grundgesetzes weniger durch bewußte Anlehnung an die materiellen Wertentscheidungen der Verfassung als vielmehr auf Grund ihrer Festlegung durch eine Regierung, die ihrerseits auf die Verfassungswerte verpflichtet ist.

81
Leitziele und Realität

D. Innerstaatliche Ausprägungen der Offenheit

Eine Beschreibung innerstaatlicher Elemente der Offenheit der deutschen Verfassungsordnung muß an erster Stelle die weitgehende Gleichstellung des zum Aufenthalt in der Bundesrepublik zugelassenen Ausländers mit dem

82
Gleichstellung des Ausländers

---

[288] Skeptisch daher *Christoph Müller*, Die Menschenrechte als außenpolitisches Ziel, 1986, S. 148 ff.; *Meinhard Schröder*, Nationale Souveränität und internationale Politikverflechtung, in: Peter Haungs (Hg), Verfassung und politisches System, 1984, S. 67 (72). Vgl. auch *Josef Hofstetter*, Die Bedeutung rechtlicher Normen in der Außenpolitik, 1990.

Deutschen im Sinne des Grundgesetzes werten[289]. Die Bundesrepublik folgt bei dieser Gleichstellung deutlich den menschenrechtlichen Tendenzen im modernen Völkerrecht. Eine Zurücksetzung erfährt der Ausländer im wesentlichen nur bei den politischen Rechten. Eine privilegierte Rechtsstellung genießen aber die Unionsbürger, da sie in die politische Gemeinschaft der Europäischen Union eingegliedert sind: Ihnen steht das aktive und passive Wahlrecht bei Kommunalwahlen jeweils an ihrem Wohnsitz zu; überdies können sie im Land des Aufenthalts an den Wahlen zum Europäischen Parlament mitwirken, sowohl aktiv als Stimmbürger wie auch passiv als Wahlkandidaten (Art. 22 AEUV). Auch sonst genießen sie auf Grund des Art. 18 AEUV eine Gleichbehandlung, die weit über den Sachbereich der Wirtschaft hinausreicht und durch die Rechtsprechung des Europäischen Gerichtshofes zu immer neuen Vorstößen in ursprünglich rein nationale Kompetenzräume gebracht wird. Nach Auffassung des Bundesverfassungsgerichts ist im übrigen der einfache Gesetzgeber von Verfassungs wegen gehindert, hinsichtlich spezifisch politischer Rechte eine Gleichstellung vorzunehmen[290]. Freilich kann der Mangel eines fest verbürgten Aufenthaltsrechts auch auf andere Rechtspositionen ausstrahlen. Auch dieses Manko ist bei den Angehörigen der Europäischen Union weitgehend behoben, deren Aufenthaltsrecht materiell durch unionsrechtliche Regeln konsolidiert ist und prozessual vor allem über das Vorabentscheidungsverfahren des Art. 267 AEUV Schutz durch den Europäischen Gerichtshof genießt. Der bisher bestehende weitere Trennstrich, daß allein deutsche Staatsangehörige zum Wehrdienst herangezogen werden dürfen, ist mit Wirkung zum 1. Juli 2011 entfallen.

83
Asylrecht

Als Kennzeichen der internationalen Offenheit erscheint auch das Asylrecht des Art. 16a GG. Offenheit ist hierbei in einem wörtlichen Sinne als Offenheit der Grenze zu nehmen, deren Sperrcharakter zugunsten des politisch Verfolgten aufgehoben wird. In der Gegenwart ist freilich zunehmend fraglich geworden, ob die Bundesrepublik an der uneingeschränkten Asylverheißung zugunsten von jedermann auf der ganzen Welt festhalten kann. Durch europäische Rechtsakte ist im übrigen der Zugang zum Aufenthalt in der Bundesrepublik kraft Asylrechts weitgehend eingeschränkt worden, da nach diesen Regelungen für die Behandlung von Asylanträgen primär derjenige Staat zuständig ist, in denen der Asylsuchende erstmals den Boden der Europäischen Union betreten hat[291].

---

[289] *Hobe* (N 2), S. 410; *Josef Isensee*, Die staatsrechtliche Stellung der Ausländer in der Bundesrepublik Deutschland, in: VVDStRL 32 (1974), S. 49 (74); mit besonderer Ausrichtung auf die Europäische Union vgl. *Peter M. Huber*, Die gleiche Freiheit der Unionsbürger – zu den unterschiedlichen Perspektiven von unionalem und nationalem Recht, in: ZaöRV 68 (2008), S. 307 ff.; *Christian Tomuschat*, Gleichheit in der Europäischen Union, ebd., S. 327 ff. → Bd. IX, *Gundel*, § 198 Rn. 1 ff., 11 ff.
[290] BVerfGE 83, 37 (50 ff.). → Bd. X, *Haack*, § 205 Rn. 24 ff.
[291] Vgl. die Verordnung (EG) Nr. 343/2003 des Rates vom 18. 2. 2003 („Dublin-II-Verordnung") zur Festlegung der Kriterien und Verfahren zur Bestimmung des Mitgliedstaates, der für die Prüfung eines von einem Drittstaatsangehörigen in einem Mitgliedstaat gestellten Asylantrags zuständig ist, ABl L 50 vom 25. 2. 2003, S. 1. → Bd. VII, *Hailbronner*, § 152 Rn. 109 ff.; *Randelzhofer*, § 153 Rn. 135 ff.

Offenheit nach außen zeigt die Bundesrepublik schließlich in Gestalt der grundrechtlichen Freiheiten, die es den Deutschen gestatten, durch Reisen (Ausreisefreiheit, Art. 2 Abs. 1 GG), in Wort und Schrift (Art. 5 GG) sowie durch eine berufliche Tätigkeit (Art. 12 GG) grenzüberschreitende Kontakte aufzunehmen und zu pflegen[292]. Die damit gewährleistete individualrechtliche Autonomie schützt den Deutschen davor, von der Staatsorganisation derart in Anspruch genommen zu werden, daß auch er im Ausland nur als quasi-amtlicher Repräsentant seines Heimatlandes auftreten kann. Kein stärkerer Gegensatz ist denkbar zu dem Realbild des totalitären Staates, der jeden Bürger als Gemeinwohldiener betrachtet und der sich schließlich gedrängt sieht, durch die physische Abschrankung der Grenzen seine umfassende Verfügungsmacht unübersehbar zu demonstrieren. Durch die Rechtsordnung der Europäischen Union hat diese Außendimension grundrechtlicher Freiheit eine zusätzliche Fundierung erhalten, deren Bindungsintensität weit über diejenige eines einfachen völkerrechtlichen Vertrages hinausreicht.

Grundrechtliche Freiheiten des Außenverkehrs

84

Die Offenheit der Verfassungsstruktur zieht sich bis in die Staatsorganisation hinein. Zwar liegt die Pflege der internationalen Beziehungen beim Bund (Art. 32 Abs. 1 GG), und nach traditioneller Auffassung fallen die außenpolitischen Zuständigkeiten überwiegend in die Kompetenz der Bundesregierung, modifiziert durch die Mitsprachebefugnis, welche die gesetzgebenden Körperschaften beim Abschluß der wichtigsten völkerrechtlichen Verträge besitzen (Art. 59 Abs. 2 GG). Zunehmend aber verliert die Bundesregierung ihre überragende Stellung in der Außenpolitik durch das Anwachsen der Mitwirkungsbefugnisse des Bundestages[293]. Eingeläutet wurde dieser Kurswechsel durch die vom Bundesverfassungsgericht geforderte Zustimmung des Bundestages zu Auslandseinsätzen der Bundeswehr[294], und ein weiterer Schritt wurde getan mit der Betonung der Integrationsverantwortung des Bundestages im Prozeß der europäischen Einigung[295]. Insoweit handelt es sich allerdings noch um Vorgänge, in denen die Bundesrepublik im Ergebnis nach außen mit einer Stimme spricht. Aber auch darüber hinausgehend werden bestimmte Auffächerungen des Außenprofils für zulässig gehalten. Die genannten Kompetenzbestimmungen verbieten es anderen Staatsorganen nicht, ebenfalls aus eigener Initiative internationale Beziehungen anzuknüpfen. So haben sich etwa die Parlamente mit der Interparlamentarischen Union ein Gesprächsforum geschaffen, das keinem Regierungseinfluß unterliegt. Treffen der europäischen Verfassungsgerichte vereinen die Mitglieder dieser Instanzen zum wissenschaftlichen Austausch. Der Charakter dieser Begegnungen spiegelt freilich exakt die auch verfassungsrechtliche Schranke solcher Außenkontakte wider, die auf Kontaktpflege und Meinungsaustausch begrenzt bleiben müssen[296], während die Regierungsprärogative sich durchsetzt, wenn es um die Übernahme völkerrechtlicher Verpflichtungen durch die Bundesrepublik geht.

85

Staatsorganisatorische Auffächerung des Außenprofils

Wachsende Mitwirkungsbefugnisse des Bundestages

Kooperation BVerfG – EuGH

---

292 Vgl. dazu etwa *Markus Heintzen*, Auswärtige Beziehungen privater Verbände, 1988.
293 Dazu *Röben* (N 92), S. 80 ff.
294 BVerfGE 90, 286 (383); → unten *Fassbender*, § 244 Rn. 6. → Bd. X, *Hufeld*, § 215 Rn. 29 ff.
295 BVerfGE 123, 267 (356, 364).
296 → Bd. X, *P. Kirchhof*, § 214 Rn. 182 ff.

86
Kommunale
Außenpolitik

Noch stärkere Liberalität legt die Verfassungsordnung gegenüber Außenkontakten der dem Staat eingegliederten Verwaltungsträger (etwa Gemeinden, Universitäten) an den Tag. Die Beziehungen, die sie zu anderen Verwaltungsträgern der gleichen Stufe in anderen Ländern herstellen, gelten nach der Rechtsprechung des Bundesverfassungsgerichts nicht als Pflege der auswärtigen Beziehungen im Sinne des Art. 32 Abs. 1 GG[297]. Auf dieser Grundlage haben insbesondere die Gemeinden eine vielfältige internationale Tätigkeit entfaltet[298]. Abmachungen über gemeinsame Anlagen der Daseinvorsorge mit ausländischen Nachbargemeinden bleiben noch im ureigensten Sinne der kommunalen Sphäre verhaftet[299], während die von der Bundesregierung ermutigten Städtepartnerschaften, von manchen Beobachtern als „kommunale Außenpolitik" bezeichnet, geeignet sind, Konflikte mit der regierungsamtlichen Außenpolitik herbeizuführen[300]. Hier muß die Bundesregierung, welche die Hauptverantwortung für die Außenpolitik trägt, über geeignete Handlungsmittel verfügen, um über eine Rechtskontrolle im engeren Sinne hinaus auch ein gesamtstaatliches Interesse als Rechtsschranke zur Geltung

Bundestreue

zu bringen. Über die Rechtsfigur der Bundestreue verdichten sich solche Interessen zu einem rechtsnormativen Maßstab[301]. Das Bundesverwaltungsgericht hat mit dem friedenspolitischen Anliegen des Grundgesetzes sogar einen Stadtratsbeschluß über den Beitritt zu einem von den Städten Hiroshima und Nagasaki initiierten „Programm zur Förderung der Solidarität der Städte" gutgeheißen, das auf weltweite Kernwaffenabrüstung abzielt[302]. Ein Eingriff in die Befugnis des Bundes zur Pflege der auswärtigen Beziehungen (Art. 32 Abs. 1 GG) wurde verneint.

E. Identitätsbestimmung durch völkerrechtliche Bindungen

87
Identitätsbestimmende Merkmale

Die traditionelle Vorstellung der nationalstaatlichen Verfassungsordnung geht dahin, daß die strukturellen Grundentscheidungen durch einen Akt der verfassunggebenden Gewalt getroffen werden, während die völkerrechtlichen Bindungen nicht die Qualität der identitätsbestimmenden Merkmale erreichen. Im Fall der Bundesrepublik trifft dieses an den Kategorien einer allgemeinen Staatslehre ausgerichtete Modellbild, welches insbesondere das Lissa-

---

297 BVerfGE 2, 347 (374). → Bd. IV, *Calliess*, § 83 Rn. 59 ff.
298 Dazu *Ulrich Beyerlin*, Rechtsproblem der lokalen grenzüberschreitenden Zusammenarbeit, 1988, insbesondere S. 174 ff.; *Fastenrath* (N 179), S. 188 ff.; *Hans-Joachim Konrad*, Verfassungsrechtliche Probleme von Städtepartnerschaften, in: Armin Dittmann/Michael Kilian (Hg.), Kompetenzprobleme der Auswärtigen Gewalt, 1982, S. 138 ff.
299 Für sie ist jetzt mit Art. 24 Abs. 1 a GG eine eigene Integrationskompetenz geschaffen worden.
300 *Dieter Blumenwitz*, Zur Rechtsproblematik von Städtepartnerschaftsabkommen, in: BayVBl 1980, S. 193 ff., 230 ff.; *Wilfried Berg*, Grundfragen kommunaler Kompetenzen, in: BayVBl 1990, S. 33 (38 f.).
301 Vgl. *Wilhelm G. Grewe*, Auswärtige Gewalt, in: HStR III, ²1996 (¹1988), § 77 Rn. 82 f.; → Bd. IV, *Calliess*, § 83 Rn. 59 ff.; → Bd. VI, *Isensee*, § 133 Rn. 110; *Püttner*, § 144 Rn. 76.
302 BVerwGE 87, 237 (238 ff.).

bon-Urteil des Bundesverfassungsgerichts geprägt hat[303], in wesentlichen Punkten nicht mehr zu. Die Einbettung in die Europäische Union ist zum Normalzustand des Staatswesens Bundesrepublik Deutschland geworden, und souveräne Einzelstaatlichkeit sieht sich in den Rang einer bloßen Idealvorstellung verdrängt, die allenfalls im Ausnahmezustand Wirklichkeit gewinnen könnte.

88 Besatzungsrecht

Überwunden sind seit langem die besatzungsrechtlichen Hindernisse, die im Jahre 1949 einem Akt der freien Selbstbestimmung entgegenstanden. Ursprünglich mußte das Grundgesetz wegen der historischen Lage zur Zeit seiner Geburt von vornherein im Zusammenhang mit der internationalen Macht- und Rechtslage gelesen werden, die seinerzeit in dem Genehmigungsschreiben der drei westlichen Militärgouverneure vom 12. Mai 1949 ihren Niederschlag gefunden hatte.

89 Mutation der Staatsverfassung durch Integration

Durch die Ausübung der von Art. 23 sowie 24 Abs. 1 und 2 GG eröffneten Optionen für die internationale Integration sind Verschiebungen in der Kompetenzordnung mit einer Dualität der Ebenen des materiellen Rechts eingetreten, die im Schrifttum zu Recht als Verfassungsänderungen materieller Art qualifiziert werden. Auf Grund der Zugehörigkeit zur Europäischen Union wird heute die Marktverfassung der Bundesrepublik ebenso nachhaltig bestimmt wie durch die grundrechtlichen Garantien einer freien wirtschaftlichen Betätigung. Die weitreichenden Auswirkungen der Verflechtung in das NATO-Bündnis sind vor wenigen Jahren vor allem in der politischen und rechtlichen Auseinandersetzung über die Aufstellung von Pershing-Raketen und Marschflugkörpern in der Bundesrepublik sichtbar geworden. Obwohl derartige Verteidigungsmaßnahmen über Leben und Tod des deutschen Volkes entscheiden können, war nach der vom Bundesverfassungsgericht vertretenen Auffassung, die wohl heute angesichts des verstärkten parlamentarischen Gewichts in den auswärtigen Angelegenheiten nicht mehr auf Zustimmung rechnen könnte, eine einfache, nicht formgebundene Zustimmungserklärung der Bundesregierung ausreichend, um den USA die notwendige Zustimmung der Bundesrepublik zu erteilen[304]. Durch die unionseuropäische (Art. 23 Abs. 1 GG) wie durch die verteidigungspolitische (Art. 24 Abs. 2 GG) Integration ist damit qualitativ eine „Mutation" (Hans Peter Ipsen) der Verfassungsordnung des Grundgesetzes eingetreten.

90 Völkerrechtliche Nebenverfassung

Durch den Anschluß an die großen menschenrechtlichen Kodifikationen – die Europäische Menschenrechtskonvention sowie auf weltweiter Ebene die Internationalen Pakte über bürgerliche und politische Rechte einerseits und über wirtschaftliche, soziale und kulturelle Rechte andererseits –, ist für die Bundesrepublik eine – im Fall der Weltpakte auch unkündbare[305] – völker-

---

303 BVerfGE 123, 267 (400).
304 BVerfGE 68, 1 (83 ff.).
305 So der Menschenrechtsausschuß nach dem Internationalen Pakt über bürgerliche und politische Rechte, General Comment Nr. 26, 1997: Continuity of Obligations, UN-Dok. CCPR/C/21/Rev.1/Add.8/Rev.1 vom 8.12.1997; zweifelnd insoweit *Christian Tomuschat*, Pacta sunt servanda, in: FS für Michael Bothe, 2008, S. 1047 ff. → Bd. X, *Kirste*, § 204 Rn. 20 ff., 46 ff.; *Tomuschat*, § 208 Rn. 4 ff.

rechtliche Nebenverfassung entstanden. Menschenrechte und Grundfreiheiten genießen heute nicht nur den Schutz des Grundgesetzes, der durch eine Verfassungsänderung bis zur Grenze des Art. 79 Abs. 3 GG zurückgedrängt werden könnte, sondern speisen sich zusätzlich aus einer international-rechtlichen Quelle. In der Normallage des Staates tritt diese zweite Stütze des subjektiven Rechtsstatus des Individuums kaum in Erscheinung, da nationale und internationale Rechtsverbürgungen fast völlig parallel laufen. Verfassungs- und Völkerrecht haben sich zu einem finalen Aktionsverbund zusammengeschlossen; immer wieder auftretende Divergenzen in Detailpunkten besitzen nicht den Charakter eines fundamentalen Widerspruchs[306]. Aber die internationale Gewährleistung der Grundrechte gewinnt jeweils an Bedeutung in der Krisensituation der Staaten, wenn von deutschen Entscheidungsgremien Problemlösungen erwogen werden, die sich aus einer distanzierten Sicht heraus als vorschnell und unbedacht erweisen können. Die internationale Menschenrechtsverfassung, die ja überhaupt ihre Entstehung einer Reaktion auf die verbrecherische Politik des Dritten Reiches verdankt, übernimmt somit die Funktion eines Notankers der innerstaatlichen Menschenrechtsverfassung.

Notanker der innerstaatlichen Menschenrechtsverletzung

---

[306] Dazu das Sonderheft 8-9/2011 der EuGRZ, insbes. *Heiko Sauer*, Bausteine eines Grundrechtskollisionsrechts für das europäische Mehrebenensystem, S. 195 ff.

F. Bibliographie

Rudolf Bernhardt, Bundesverfassungsgericht und völkerrechtliche Verträge, in: FG-BVerfG II, S. 154 ff.
Albert Bleckmann, Grundgesetz und Völkerrecht, 1975.
ders., Der Grundsatz der Völkerrechtsfreundlichkeit der deutschen Rechtsordnung, in: DÖV 1996, S. 137 ff.
Antonio Cassese, Modern Constitutions and International Law, in: Recueil des cours de l'Académie de droit international 192 (1985-III), S. 331 ff.
Udo Di Fabio, Das Recht offener Staaten, 1998.
Wilfried Fiedler, Auswärtige Gewalt und Verfassungsgewichtung, in: FS für Hans-Jürgen Schlochauer, 1981, S. 57 ff.
Wilhelm Karl Geck, Das Bundesverfassungsgericht und die allgemeinen Regeln des Völkerrechts, in: FG-BVerfG II, S. 125 ff.
Rudolf Geiger, Grundgesetz und Völkerrecht mit Europarecht, ^{5}2010.
Thomas Giegerich, Der offene Verfassungsstaat des Grundgesetzes nach 60 Jahren. Anspruch und Wirklichkeit einer großen Errungenschaft, 2010.
Stefan Hobe, Der offene Verfassungsstaat zwischen Souveränität und Interdependenz, 1998.
Peter M. Huber, Offene Staatlichkeit: Vergleich, in: Armin von Bogdandy/Pedro Cruz Villalón/Peter M. Huber (Hg.), Handbuch Jus Publicum Europaeum, Bd. II, S. 403 ff.
Eckart Klein, Der Verfassungsstaat als Glied einer europäischen Gemeinschaft, in: VVDStRL 50 (1991), S. 56 ff.
Dirk Lorenz, Der territoriale Anwendungsbereich der Grund- und Menschenrechte, 2005.
Christoph Müller, Die Menschenrechte als außenpolitisches Ziel, 1986.
Georg Ress, Wechselwirkungen zwischen Völkerrecht und Verfassung bei der Auslegung völkerrechtlicher Verträge, in: BDGVR 23 (1982), S. 7 ff.
Volker Röben, Außenverfassungsrecht. Eine Untersuchung zur auswärtigen Gewalt des offenen Staates, 2007.
Reiner Schmidt, Der Verfassungsstaat im Geflecht der internationalen Beziehungen, in: VVDStRL 36, 36 (1978), S. 65 ff.
Frank Schorkopf, Grundgesetz und Überstaatlichkeit, 2007.
Meinhard Schröder, Zur Wirkkraft der Grundrechte bei Sachverhalten mit grenzüberschreitenden Elementen, in: FS für Hans-Jürgen Schlochauer, 1981, S. 137 ff.
Karl-Peter Sommermann, Offene Staatlichkeit, in: Armin von Bogdandy/Pedro Cruz Villalón/Peter M. Huber (Hg.), Handbuch Ius Publicum Europaeum, Bd. II, 2008, S. 3.
Helmut Steinberger, Der Verfassungsstaat als Glied einer europäischen Gemeinschaft, in: VVDStRL 50 (1991), S. 9 ff.
Rudolf Streinz, Sinn und Zweck des Nationalstaates in der Zeit der Europäisierung und Globalisierung, in: FS für Georg Ress, 2005, S. 1277 ff.
Christian Tomuschat, Der Verfassungsstaat im Geflecht der internationalen Beziehungen, in: VVDStRL 36 (1978), S. 7 ff.
Wolfgang Graf Vitzthum, Der Staat der Staatengemeinschaft: zur internationalen Verflechtung als Wirkungsbedingung moderner Staatlichkeit, 2006.
Rainer Wahl, Verfassungsstaat, Europäisierung, Internationalisierung, 2003.

§ 227
Das Friedensgebot des Grundgesetzes

Alexander Proelß

Übersicht

	Rn.		Rn.
A. Verortung und Rechtsnatur	1–4	III. Einordnung in ein System gegenseitiger kollektiver Sicherheit zur Friedenswahrung (Art. 24 Abs. 2 GG)	17–20
B. Friedensbegriff des Völkerrechts	5–10		
C. Friedensgebot des Grundgesetzes	11–32		
I. Friedensbezug der Präambel	11–14	IV. Gewaltverbot als allgemeiner Grundsatz des Völkerrechts (Art. 25 GG)	21–23
II. Bekenntnis zu den unverletzlichen und unveräußerlichen Menschenrechten als Grundlage des Friedens in der Welt (Art. 1 Abs. 2 GG)	15–16	V. Störungsverbot und Kriegswaffenkontrolle (Art. 26 GG)	24–32
		D. Schlußbemerkung	33
		E. Bibliographie	

A. Verortung und Rechtsnatur

1
Frieden als Motiv und Ziel

Frieden ist Motiv und Ziel einer jeden Rechtsordnung[1]. Wird vom sogenannten Friedensgebot des Grundgesetzes gesprochen, ist freilich, bezogen auf die Bundesrepublik Deutschland, nicht diese allgemeine Zweckbestimmung gemeint. In Bezug genommen sind vielmehr die Aussagen der Verfassung, welche die Wahrung des Friedens in den internationalen Beziehungen von innen nach außen[2] in den Blick nehmen. Eine Durchmusterung des Grundgesetzes offenbart dabei, daß sich das Friedensgebot nicht exklusiv in einer einzigen Vorschrift des Grundgesetzes verorten läßt; es ergibt sich, strukturell vergleichbar mit dem Konzept der offenen Staatlichkeit der Bundesrepublik Deutschland[3], aus einer Zusammenschau mehrerer Verfassungsnormen. Ausdrücklich erwähnt wird der Frieden in der Präambel („dem Frieden der Welt zu dienen"), in Art. 1 Abs. 2 GG (unverletzliche und unveräußerliche Menschenrechte als „Grundlage ... des Friedens"), in Art. 24 Abs. 2 GG (Einordnung in ein System gegenseitiger kollektiver Sicherheit „zur Wahrung des Friedens"), in Art. 79 Abs. 1 S. 2 GG (völkerrechtliche Verträge, „die eine Friedensregelung, die Vorbereitung einer Friedensregelung oder den Abbau einer besatzungsrechtlichen Ordnung zum Gegenstand haben oder der Verteidigung der Bundesrepublik zu dienen bestimmt sind")[4] sowie in Art. 115 l Abs. 3 GG (Entscheidung über Friedensschluß durch Bundesgesetz). Relevant sind daneben Art. 9 Abs. 2 GG (Vereinigungen, die sich „gegen den Gedanken der Völkerverständigung richten"), Art. 25 GG (Gewaltverbot als „allgemeiner Grundsatz des Völkerrechts") und – vor allem – Art. 26 Abs. 1 GG mit der Anordnung der Verfassungswidrigkeit sämtlicher Handlungen, „die geeignet sind und in der Absicht vorgenommen werden, das friedliche Zusammenleben der Völker zu stören, insbesondere die Führung eines Angriffskrieges vorzubereiten". Vor allem letztere Norm verknüpft das Verfassungsrecht mit der primären Funktion des modernen Völkerrechts – der kooperativen Friedenserhaltung – und beschränkt damit „eines der – entstehungsgeschichtlich gesehen – ursprünglichsten Merkmale des modernen Staates, sein völkerrechtliches ius belli, entscheidend ..."[5].

Zusammenschau mehrerer Verfassungsnormen

Einzelverbürgungen

Art. 26 GG als Beschränkung des ius belli

2
Charakterisierung

Bei dem mittels der vorbezeichneten Verfassungsnormen konkretisierten Friedensgebot des Grundgesetzes handelt es sich nicht um ein übergreifendes

---

1 *Michael Bothe*, Friedensbegriff im Verfassungs- und Völkerrecht, in: Matthias Lutz-Bachmann/James Bohman (Hg.), Frieden und Recht, 1996, S. 187.
2 Der „staatsinterne" Zustand des Bürgerkrieges ist damit nicht vom Friedensgebot erfaßt; vgl. *Karl Doehring*, Das Friedensgebot des Grundgesetzes, in: HStR VII, ¹1992, § 178 Rn. 3. → Bd. II, *Isensee*, § 15 Rn. 83 ff.
3 → Oben *Tomuschat*, § 226.
4 Das in Art. 79 Abs. 1 S. 2 GG normierte und praktisch bislang mit einer – zwischenzeitlich wieder aufgehobenen – Ausnahme (Art. 142 a GG) ohne Bedeutung gebliebene Sonderregime ermöglicht es, den benannten völkerrechtlichen Verträgen im Verfassungstext Anwendungsvorrang vor möglicherweise widersprechenden Vorschriften des Grundgesetzes zuzuweisen.
5 *Klaus Vogel*, Die Verfassungsentscheidung des Grundgesetzes für eine internationale Zusammenarbeit, 1964, S. 41.

und subsumtionsfähiges Verfassungsprinzip. Prinzipien sind verbindliche Rechtsnormen, die gebieten, daß etwas in einem relativ auf die rechtlichen und tatsächlichen Möglichkeiten möglichst hohen Maße realisiert wird (Prinzipien als Optimierungsgebote)[6]. Ein Beispiel für ein solchermaßen definiertes Prinzip ist eine Staatszielbestimmung. Unabhängig von den Anordnungen der jeweils einschlägigen Verfassungsgrundlage verfügt das allgemeine Friedensgebot indes nicht über eine wie auch immer geartete normative Wirkung. Auch ergeben sich aus ihm noch keine rechtlichen Folgen, sieht man von der Aussage ab, daß der Friede zu den vom Grundgesetz geschützten Rechtsgütern zählt[7]. Dies resultiert auch aus dem Umstand, daß die Art. 25 und Art. 26 GG unmittelbar auf das Völkerrecht Bezug nehmen, dessen Anordnungen freilich wiederum separat festgestellt werden müssen und Veränderungen unterworfen sind. Deshalb sollte auf allgemeiner Ebene nur von einer verfassungsrechtlichen Grundentscheidung für den Frieden, nicht aber von einem entsprechenden Verfassungsprinzip gesprochen werden. Im Hinblick auf Gehalt und Rechtsfolgen des Friedensgebots ist seine konkrete Ausprägung in der jeweils einschlägigen Verfassungsnorm, gegebenenfalls in Verbindung mit den zu berücksichtigenden Anforderungen des Völkerrechts, entscheidend[8].

Der enge Zusammenhang des Friedensgebots des Grundgesetzes mit dem Völkerrecht, dem mit Art. 26 Abs. 1 S. 1 GG die Kontur eines prinzipiellen Gleichlaufs von Verfassungs- und Völkerrecht[9] bzw. einer „normativen Symmetrie zwischen verfassungsrechtlicher und völkerrechtlicher Friedensbindung"[10] verliehen werden sollte, findet seine strukturelle Entsprechung in der verfassungsunmittelbaren Pflicht der deutschen Staatsorgane, das Völkerrecht zu respektieren. So stellte das Bundesverfassungsgericht in seiner Entscheidung zu den Enteignungen in der sowjetischen Besatzungszone fest, daß diese Pflicht nach deutschem Verfassungsrecht nicht unbesehen für jede beliebige Bestimmung des Völkerrechts anzunehmen sei, „sondern nur, soweit es dem in den Art. 23 bis 26 GG sowie in den Art. 1 Abs. 2, Art. 16 Abs. 2 S. 2 GG niedergelegten Konzept des Grundgesetzes entspricht."[11] Die Teilidentität der relevanten Verfassungsnormen verdeutlicht, daß die vom Bundesverfassungsgericht anerkannte Pflicht zur Befolgung und Durchsetzung internationalen Rechts demselben Zweck dienen soll wie die Vereinten Nationen, namentlich „den Weltfrieden und die internationale Sicherheit zu wahren und zu diesem Zweck wirksame Kollektivmaßnahmen zu treffen, um Bedrohungen des Friedens zu verhüten und zu beseitigen, Angriffshandlungen und andere Friedensbrüche zu unterdrücken und internationale Streitigkeiten

---

6 *Robert Alexy*, Theorie der Grundrechte, ⁵2006, S. 75 f.
7 *Doehring* (N 2), § 178 Rn. 1.
8 Zu allgemein daher OVG Münster, in: NJW 2001, S. 2111, wo das Friedensgebot des Grundgesetzes als solches zum nach Art. 79 Abs. 3 GG unabänderlichen Kernbestand der freiheitlich demokratischen Grundordnung gerechnet wird.
9 *Matthias Herdegen*, in: Maunz/Dürig, Stand: 63. Ergänzungslieferung 2011, Bd. IV, Art. 26 Rn. 4.
10 *Karl-Andreas Hernekamp*, in: v. Münch/Kunig, Bd. I, 2012, Art. 26 Rn. 8.
11 BVerfGE 112, 1 (25); vgl. auch BVerfGE 3, 58 (75 f.); 63, 343 (370); BVerfG, in: VIZ 2001, S. 114 (115).

oder Situationen, die zu einem Friedensbruch führen könnten, durch friedliche Mittel nach den Grundsätzen der Gerechtigkeit und des Völkerrechts zu bereinigen oder beizulegen"[12].

4
Relevanz des völkerrechtlichen Friedensbegriffs

Deshalb kommt dem völkerrechtlichen Friedensbegriff bei der Interpretation der das Friedensgebot des Grundgesetzes konstituierenden Normen vorrangige Bedeutung zu. Ob das Grundgesetz insoweit über die Anforderungen des Völkerrechts hinausgeht, ist dann wiederum eine Frage, die nicht allgemein, sondern erst im spezifischen Kontext der jeweils relevanten Verfassungsnorm zu beantworten ist.

B. Friedensbegriff des Völkerrechts

5
Keine völkerrechtliche Definition

Die sich um den Friedensbegriff und seine Reichweite seit jeher rankenden völkerrechtlichen Kontroversen lassen sich auf den Umstand zurückführen, daß es bis heute an einer völkerrechtlich verbindlichen Definition mangelt. Eine erste Zäsur bedeutete, nachdem die Satzung des Völkerbunds[13] als Bestandteil der fünf Pariser Vorortverträge noch kein explizites Kriegsverbot bzw. Friedensgebot statuiert hatte[14], die Ächtung des Krieges als Mittel in den internationalen Beziehungen mit dem Briand-Kellogg-Pakt vom 27. August 1928[15]. Freilich enthielt der Pakt keine Definition des Kriegsbegriffs; in der Folge insbesondere von sowjetischer Seite unternommene Versuche, diesen durch eine enumerative Aufzählung verbotener Gewaltmaßnahmen zu konkretisieren, blieben erfolglos[16]. Die tradierte Vorstellung, daß von einem Krieg nur dann ausgegangen werden könne, wenn dieser zuvor erklärt worden sei, die seinerzeit mehrheitlich befürwortete Abhängigkeit des Kriegszustands also von einem Kriegsführungswillen[17], hemmte die normative Wirk-

Briand-Kellogg-Pakt

---

12 Art. 1 Nr. 1 der Charta der Vereinten Nationen v. 26.6.1945 (UN-Charta – BGBl 1973 II, S. 431).
13 RGBl 1919, S. 689.
14 Die Parteien ließen sich gemäß Präambel der Völkerbundsatzung jedoch von der Erwägung leiten, „dass es zur Förderung der Zusammenarbeit unter den Nationen und zur Gewährleistung des internationalen Friedens und der internationalen Sicherheit wesentlich ist, bestimmte Verpflichtungen zu übernehmen, nicht zum Kriege zu schreiten". Nach Art. 8 Abs. 1 der Völkerbundsatzung bekannten sich die Mitglieder darüber hinaus zu dem Grundsatz, „daß die Aufrechterhaltung des Friedens eine Herabsetzung der nationalen Rüstungen auf das Mindestmaß erfordert, das mit der nationalen Sicherheit und mit der Erzwingung internationaler Verpflichtungen durch gemeinschaftliches Vorgehen vereinbar ist." Art. 11 Abs. 1 der Völkerbundsatzung stellte schließlich ausdrücklich fest, „daß jeder Krieg oder jede Bedrohung mit Krieg, mag davon unmittelbar ein Bundesmitglied betroffen werden oder nicht, eine Angelegenheit des ganzen Bundes ist, und daß dieser die zum wirksamen Schutz des Völkerfriedens geeigneten Maßnahmen zu ergreifen hat."
15 RGBl 1929 II, S. 97. Vgl. Art. I: „Die Hohen vertragschließenden Parteien erklären feierlich im Namen ihrer Völker, daß sie den Krieg als Mittel für die Lösung internationaler Streitfälle verurteilen und auf ihn als Werkzeug nationaler Politik in ihren gegenseitigen Beziehungen verzichten."
16 Zur sog. analytischen Methode *Friedhelm Müller*, Die Pönalisierung des Angriffskrieges im Grundgesetz und Strafgesetzbuch der Bundesrepublik Deutschland, Diss. Heidelberg 1970, S. 7 ff. m. weit. Nachw.
17 Vgl. *Michael Bothe*, Friedenssicherung und Kriegsrecht, in: Wolfgang Graf Vitzthum/Alexander Proeß (Hg.), Völkerrecht, ⁶2013, 8. Abschnitt Rn. 6, 9.

mächtigkeit des Briand-Kellogg-Pakts nachhaltig. Der entscheidende Durchbruch konnte erst nach dem Zweiten Weltkrieg mit der Anerkennung und Kodifizierung des von subjektiven Elementen und vom Kriegsbegriff im engeren Sinne befreiten Gewaltverbots in Art. 2 Nr. 4 der UN-Charta erzielt werden. Nach dieser Norm, deren parallele gewohnheitsrechtliche Geltung ungeachtet aller bis heute bestehenden Unsicherheiten hinsichtlich ihrer Tragweite und möglichen Ausnahmen allgemein anerkannt ist[18], unterlassen alle Mitglieder der Vereinten Nationen „in ihren internationalen Beziehungen jede gegen die territoriale Unversehrtheit oder die politische Unabhängigkeit eines Staates gerichtete oder sonst mit den Zielen der Vereinten Nationen unvereinbare Androhung oder Anwendung von Gewalt."[19] Zugleich stellt die UN-Charta in Art. 51 klar, daß jenes Verbot nichts am Bestand des „naturgegebenen Rechts zur individuellen oder kollektiven Selbstverteidigung" ändert.

<small>Gewaltverbot des Art. 2 Nr. 4 UN-Charta</small>

<small>Naturgegebenes Recht zur Selbstverteidigung</small>

Die Anerkennung des Gewaltverbots durch die Staatengemeinschaft darf nicht darüber hinwegtäuschen, daß die Bestimmung seines genauen Inhalts erhebliche Schwierigkeiten bereitet. Klarheit herrscht immerhin darüber, daß Art. 2 Nr. 4 der UN-Charta nur militärische Gewalt einer gewissen Intensität erfaßt, die freilich nicht die Schwelle eines bewaffneten Angriffs erreichen muß, mit der die Möglichkeit der Berufung auf das Selbstverteidigungsrecht einsetzt (vgl. Art. 51 UN-Charta)[20]. Umstritten ist demgegenüber, ob auch private, das heißt einem Staat völkerrechtlich nicht zurechenbare Gewalt von Art. 2 Nr. 4 UN-Charta erfaßt wird, und ob diese den Rückgriff auf das Recht der Selbstverteidigung auslösen kann. Ein denkbarer Ansatz zur Bejahung dieser Frage, die hier nicht abschließend beantwortet werden kann[21], ist das Abstellen auf das Element der „sonst mit den Zielen der Vereinten Nationen unvereinbaren Androhung oder Anwendung von Gewalt" in Art. 2 Nr. 4 UN-Charta. Der Internationale Gerichtshof geht in ständiger Rechtsprechung davon aus, daß eine Berufung auf das Recht der Selbstverteidigung nur unter der Voraussetzung eines bewaffneten Angriffs eines anderen Staates bzw. eines einem anderen Staat zurechenbaren bewaffneten Angriffs möglich ist[22].

<small>**6**
Schwierigkeiten bei der Inhaltsbestimmung</small>

<small>Einbeziehung privater Gewalt?</small>

<small>Lösungsansatz in der Rechtsprechung des IGH</small>

---

18 Siehe nur *IGH*, Military and Paramilitary Activities in and against Nicaragua (Merits) (Nicaragua vs. USA), in: ICJRep. 1986, S. 14, 98 ff.; Armed Activities on the Territory of Congo (Congo vs. Uganda), in: ICJRep. 2005, S. 168, 226 f. Vgl. auch UN Doc. A/RES/25/2625 v. 24. 10. 1970, Declaration of Principles of International Law concerning Friendly Relations and Co-operation amongst States in accordance with the Charter of the United Nations, Annex. Aus der Literatur etwa *Stefan Kadelbach*, Zwingendes Völkerrecht, 1992, S. 228 f.; *Bothe* (N 17), Rn. 8. → Oben *Tomuschat*, § 226 Rn. 4; → unten *Fassbender*, § 244 Rn. 35 ff.
19 Zur durchaus komplexen und auch auf der Grundlage der Rechtsprechung des IGH nicht allgemein klärbaren Frage, wann von einer unzulässigen Androhung von Gewalt ausgegangen werden kann, vgl. *Nikolas Stürchler*, The Threat of Force in International Law, Cambridge University Press 2007.
20 Vgl. im einzelnen *Bothe* (N 17), Rn. 9 ff. m. weit. Nachw.
21 Vgl. einerseits *Bothe* (N 17), Rn. 11, andererseits *Stefan Talmon*, Grenzen der „grenzenlosen Gerechtigkeit", in: Wolfgang März (Hg.), An den Grenzen des Rechts, 2003, S. 101 (158 ff.), jeweils m. weit. Nachw.
22 Vgl. *IGH*, Legal Consequences of the Construction of a Wall in the Occupied Palestinian Territory, Advisory Opinion, in: ICJRep. 2004, S. 136, 194; Armed Activities on the Territory of Congo (N 18), S. 222 f.

Damit ist indes nicht automatisch gesagt, daß gleiches auch für den Anwendungsbereich des Gewaltverbots zu gelten hat[23].

7
Konkretisierung durch Aggressionsdefinition

Mit der Aggressionsdefinition unternahm die UN-Generalversammlung im Jahr 1974 den Versuch, die Tragweite des Gewaltverbots zu konkretisieren[24]. Die in dieser (selbst nicht rechtsverbindlichen) Erklärung enthaltene Definition des Aggressionsbegriffs ist in der Staatenpraxis jedoch nicht in einer Weise aufgenommen worden, daß von seiner vollständigen Deckungsgleichheit mit dem Begriff der verbotenen Gewalt ausgegangen werden könnte, auch wenn Art. 1 der Resolution dies zunächst nahezulegen scheint[25]. So ist

Keine Deckung der Begrifflichkeiten

im fünften Erwägungsgrund denn auch die Rede davon, daß die Aggression lediglich „the most serious and dangerous form of the illegal use of force" sei. Soweit man dieser Aussage folgt, begegnet es keinen allgemeinen methodischen Bedenken, daß der Internationale Gerichtshof bei der Prüfung von Verstößen gegen das Gewaltverbot wiederholt auf die Aggressionsdefinition verwiesen hat, wenn auch überraschenderweise im spezifischen Kontext der Zurechnung der Verstöße[26].

8
Verletzung von Menschenrechten

Die Staatenpraxis liefert keine hinreichenden Anhaltspunkte dafür, daß schwere Verletzungen von Menschenrechten innerhalb eines Staates einer Verletzung des Gewaltverbots gleichzustellen sind[27]. Zwar ist spätestens seit Mitte der 1990er Jahre eine Tendenz des UN-Sicherheitsrats dahingehend zu erkennen, auch innerstaatliche Sachverhalte wie gravierende und anhaltende Verstöße gegen die Menschenrechte als Bedrohung des Friedens im Sinne von

Bedrohung des Friedens

Art. 39 UN-Charta zu qualifizieren[28]. Dabei ist nicht immer eindeutig feststellbar, ob sich das friedensbedrohende Potential der innerstaatlichen Situation nach Ansicht des UN-Sicherheitsrats aus der Gefahr eines Übergreifens des Bürgerkrieges auf Nachbarstaaten oder andere *grenzüberschreitende* Phänomene wie Flüchtlingsströme etc. ergibt, oder ob es seine Grundlage tatsächlich in Menschenrechtsverletzungen auf dem Territorium eines bestimmten Staates bzw. dem erga omnes-Charakter der grundlegenden Menschen-

Wandel des Friedensbegriffs

rechte[29] findet. Nur in letzterem Fall könnte davon ausgegangen werden, daß sich im Kontext des globalen Systems kollektiver Sicherheit, welches die Vereinten Nationen konstituieren, ein Wandel vom negativen, ausschließlich

---

23 Womöglich nicht ohne Belang ist, daß der Gerichtshof in seiner Entscheidung zu Armed Activities on the Territory of Congo (N 18) zahlreiche Aktionen der Uganda Peoples' Defence Forces (UPDF) als „grave violations of Article 2, paragraph 4, of the Charter" qualifiziert (a.a.O., S. 224), ohne im konkreten Zusammenhang die Frage der Zurechnung dieser Aktionen an Uganda zu beantworten.
24 UN Doc. A/RES/29/3314 v. 14.12.1974, Definition of Aggression, Annex. Zuvor bereits UN Doc. A/RES/25/2625 v. 24.10.1970 (N 18).
25 Art. 1 der Resolution lautet: „Aggression is the use of armed force by a State against the sovereignty, territorial integrity or political independence of another State, or in any other manner inconsistent with the Charter of the United Nations, as set out in this Definition."
26 Vgl. Military and Paramilitary Activities in and against Nicaragua (N 18), S. 103; Armed Activities on the Territory of Congo (N 18), S. 223.
27 So zutreffend *Bothe* (N 17), Rn. 15.
28 Vgl. etwa UN Doc. S/RES/940 v. 31.7.1994 (bzgl. Haiti); S/RES/1264 v. 15.9.1999 (Ost-Timor); S/RES/1556 v. 30.7.2004 (Darfur).
29 Vgl. *IGH*, Barcelona Traction, Light and Power Company, Limited (Belgium vs. Spain) (Second Phase), in: ICJRep. 1970, S. 3, 32.

durch die Abwesenheit militärischer Gewaltausübung gekennzeichneten Friedensbegriff zu einem positiven, auch die Verletzung fundamentaler Werte der internationalen Gemeinschaft erfassenden Friedensbegriff vollzogen hätte[30]. Indes unterscheidet sich der Anwendungsbereich des Art. 2 Nr. 4 UN-Charta von dem des die Kompetenzen des Sicherheitsrats im Hinblick auf sogenannte Kapitel VII-Maßnahmen umschreibenden Art. 39 UN-Charta. Deshalb ist die Praxis des UN-Sicherheitsrats im Rahmen von Art. 39 UN-Charta nicht unmittelbar für die Tragweite des Gewaltverbots relevant. Mit Blick auf die deutsche Verfassungslage ist daher jeweils entscheidend, *welche* Völkerrechtsnormen für das Verständnis der das Friedensgebot zum Ausdruck bringenden Verfassungsnormen maßgeblich sind. Darauf ist im Rahmen der Darstellung der betreffenden Vorschriften zurückzukommen.

<small>Unterschiedlicher Anwendungsbereich der Normen</small>

Die erwähnte Aggressionsdefinition der UN-Generalversammlung betraf im wesentlichen den „Makrobereich", das heißt die Beteiligung von Staaten an einem Angriffskrieg und die Verantwortlichkeit von Staaten für Angriffshandlungen, welche die völkerrechtliche Verantwortlichkeit des betreffenden Staates auslösen[31]. Nur am Rand erfaßt wurde demgegenüber, aufbauend auf Art. 6 lit. a des Statuts des Internationalen Militärgerichtshofs vom 8. August 1945 (individuelle Verantwortlichkeit für Verbrechen gegen den Frieden)[32], das zwischenzeitlich auch gewohnheitsrechtlich strafbewehrte (Führungs-) Verbrechen des Angriffskriegs[33]. 1998 wurde das Verbrechen der Aggression in das Römische Statut des Internationalen Strafgerichtshofs[34] aufgenommen, dem auch die Bundesrepublik Deutschland beigetreten ist und das mit dem Völkerstrafgesetzbuch in nationales Recht umgesetzt wurde[35] (vgl. Art. 5 Abs. 1 lit. d). Erhebliche Kontroversen über den Bedeutungsgehalt dieses Verbrechens sowie über das Verhältnis zwischen dem Gerichtshof und dem UN-Sicherheitsrat, der gemäß Art. 39 UN-Charta unter anderem für die Feststellung einer Angriffshandlung („act of aggression") zuständig ist, führten jedoch dazu, daß der Internationale Strafgerichtshof seine Gerichtsbarkeit insoweit erst ab dem Zeitpunkt ausüben können sollte, ab dem „eine Bestimmung angenommen ist, die das Verbrechen definiert und die Bedingungen für die Ausübung der Gerichtsbarkeit im Hinblick auf dieses Verbrechen festlegt" (Art. 5 Abs. 2)[36]. Erst am 11. Juni 2010 gelang es den Vertragsparteien des Römischen Statuts, sich im Rahmen einer Überprüfungskonferenz im ugandischen Kampala auf eine Definition des Straftatbestands der Aggres-

<small>**9**
Beteiligung an einem Angriffskrieg

Verbrechen der Aggression

Probleme bei der Definition</small>

---

30 Vorsichtig bejahend etwa *Bothe* (N 1), S. 198.
31 Siehe Art. 5 Abs. 2 der Aggressionsdefinition.
32 Das Statut des Gerichtshofs bildete den Anhang des Londoner Abkommens (Agreement for the Prosecution and Punishment of the Major War Criminals of the European Axis v. 8. 8. 1945, abgedruckt in: AJIL 39 [1945], Supplement, S. 257 ff.).
33 Vgl. Art. 5 Abs. 2 der Aggressionsdefinition.
34 Römisches Statut des Internationalen Strafgerichtshofs v. 17. 7. 1998 (BGBl 2000 II, S. 1394). Das Statut trat am 1. 7. 2002 in Kraft.
35 Völkerstrafgesetzbuch v. 26. 6. 2002 (BGBl 2002 I, S. 2254). → Unten *Gärditz*, § 245 Rn. 11.
36 Zu den Hintergründen *Gerhard Werle*, Völkerstrafrecht,³ 2012, S. 631 ff.

Höhere Anforderungen als im Gewaltverbot

sion zu einigen[37]. Hiernach ist nicht jede Angriffshandlung völkerstrafrechtlich relevant, sondern nur eine solche, die „by its character, gravity and scale, constitutes a manifest violation of the Charter of the United Nations". Diese Formulierung spricht dafür, daß an das Verbrechen der Aggression höhere Anforderungen zu stellen sind als an eine Verletzung des Gewaltverbots im Sinne der UN-Charta.

10
Völkerrechtliche Unsicherheiten

Insgesamt bestehen mit Blick auf das Konzept des Friedens auf völkerrechtlicher Ebene nach wie vor erhebliche Unsicherheiten. Diese resultieren zum einen aus den fortbestehenden Kontroversen über Tragweite des und mögliche Ausnahmen zum Gewaltverbot der UN-Charta, zum anderen aus den unterschiedlichen Anforderungen, die an den Friedensbegriff im Rahmen des Gewaltverbots, des Systems kollektiver Sicherheit sowie der individuellen Verantwortlichkeit für die Aggression gestellt werden. Vor diesem Hintergrund liegt es nahe, im Rahmen der Verfassungsinterpretation keine zu hohen Erwartungen an eine völkerrechtsfreundliche bzw. -konforme Auslegung des Friedensgebots des Grundgesetzes zu stellen.

C. Friedensgebot des Grundgesetzes

I. Friedensbezug der Präambel

11
Wille zum Weltfrieden

Entstehungsgeschichte

Die erste konkrete Ausprägung des Friedensgebots des Grundgesetzes findet sich in der Präambel, die den Willen des Deutschen Volkes zum Ausdruck bringt, „dem Frieden in der Welt zu dienen". Anders als im Kontext der anderen einschlägigen Normen des Grundgesetzes wurde die Bezugnahme auf den Weltfrieden in der Präambel, die die von innen nach außen gerichtete Perspektive des Bekenntnisses verdeutlicht, erst spät, wenn auch in Anknüpfung an die Präambel der Weimarer Reichsverfassung („dem inneren und dem äußeren Frieden zu dienen"), in die Beratungen des Parlamentarischen Rats eingeführt. In den ursprünglichen Vorschlägen war der Friedensbezug nicht enthalten. Er tauchte erstmals und bereits in seiner heutigen Fassung in einem Vorschlag des Allgemeinen Redaktionsausschusses vom 13. Dezember 1948 auf[38]. Der Grundsatzausschuß übernahm diesen Vorschlag nicht; in seinem alternativen Vorschlag fand der Weltfrieden wiederum keine Erwähnung[39]. Der Allgemeine Redaktionsausschuß bestand in der Folge indes auf seinem ersten Entwurf[40]. Diesen nahm der Hauptausschuß in vierter Lesung in der

---

[37] Die entsprechenden Änderungen des Römischen Statuts (Art. 8 bis, Art. 15 bis und Art. 15 ter) werden frühestens am 2.1.2017 in Kraft treten.
[38] Drucks. 370, abgedruckt in: Der Parlamentarische Rat 1948 – 1949, Bd. 7, 1995, S. 133 ff. Zu den Hintergründen *Ingo v. Münch*, Äußerer und innerer Friede im Grundgesetz, in: FS für Wolf Graf von Baudissin, 1985, S. 39 (43 f.).
[39] Kurzprotokoll Drucks. 580, abgedruckt in: Der Parlamentarische Rat 1948 – 1949, Bd. 5/II, 1993, S. 979 ff.
[40] Vgl. Drucks. 543, abgedruckt in: Der Parlamentarische Rat 1948 – 1949, Bd. 7, 1995, S. 202 ff.; vgl. auch Der Parlamentarische Rat 1948 – 1949, Bd. 14/II, 2009, S. 1782.

57. Sitzung vom 5. Mai 1949, nachdem der Redaktionsausschuß kleinere und in vorliegendem Zusammenhang nicht relevante Änderungen vorgenommen hatte, ohne Erörterung an[41].

Die entstehungsgeschichtliche Randstellung des Friedensbezugs in der Präambel führt nicht dazu, daß der Weltfrieden für weniger gewichtig als die anderen Zielbestimmungen erachtet werden könnte. Im Gegenteil betonten mehrere Abgeordnete des Parlamentarischen Rats, daß die Präambel den Charakter des neuen Verfassungswerks und die Gründe für die exzeptionelle Ausgestaltung zahlreicher Verfassungsnormen besonders stark hervorheben sollte[42], ohne insoweit zwischen den in der Präambel genannten Zielen zu differenzieren. Richtigerweise ist der Friedensbezug der Präambel deshalb als Staatszielbestimmung zu qualifizieren, deren konkrete Richtung durch systematische Auslegung und unter Berücksichtigung der Entwicklungen auf völkerrechtlicher Ebene offenzulegen ist. Während diesbezüglich der Zusammenhang mit Art. 26 Abs. 1 GG und seinem „Leitbegriff"[43] des Angriffskrieges für eine restriktive Interpretation im Sinne des negativen Friedensbegriffs streitet, legt die in Art. 1 Abs. 2 GG vorgenommene Verknüpfung von Frieden und Menschenrechten ebenso wie der Wortlaut der Präambel („dienen") ein Verständnis nahe, das über die bloße Abwesenheit militärischer Gewalt hinausgeht[44]. Bei allen Unsicherheiten spricht auch die völkerrechtliche Entwicklung im Kontext der Bedeutung der Vereinten Nationen als System kollektiver Sicherheit (vgl. Art. 39 ff. UN-Charta) für ein eher umfassenderes Verständnis des Friedensbezugs, zumal die Präambel, anders als Art. 26 Abs. 1 GG, gerade nicht auf den Kriegsbegriff abstellt. Es liegt in der Konsequenz dieses Verständnisses, die Bundesrepublik Deutschland für verpflichtet zu erachten, eine aktive Friedenspolitik zu betreiben[45]. Da auf der Ebene des Völkerrechts kein entsprechendes Gebot existiert[46], geht das Verfassungsrecht im Kontext des Friedensbezugs der Präambel somit über das Völkerrecht hinaus. Insofern zeigt sich, daß die Schöpfer des Grundgesetzes bei allem Bestehen auf einer völkerrechtsfreundlichen Grundhaltung nicht den Weg einer undifferenzierten Übernahme des Völkerrechts in die deutsche Verfassungsordnung gegangen sind. Auch wenn dies heutzutage vielfach als unerwünscht empfunden wird[47], so mag in anderen Zusammenhängen die

12
Gleichwertigkeit der Zielbestimmungen

Staatszielbestimmung

Aktive Friedenspolitik

Keine undifferenzierte Übernahme des Völkerrechts

---

41 Vgl. Drucks. 850, abgedruckt in: Der Parlamentarische Rat 1948-1949, Bd. 7, 1995, S. 532 ff.
42 *Dieter S. Lutz*, Krieg und Frieden als Rechtsfrage im Parlamentarischen Rat 1948/49, 1982, S. 12 m. weit. Nachw.
43 *Philip Kunig*, Völkerrecht und staatliches Recht, in: Graf Vitzthum/Proelß (N 17), 2. Abschnitt, Rn. 12; *v. Münch* (N 38), S. 44.
44 *Kunig* (N 43), Rn. 15; *Matthias Herdegen*, in: Maunz/Dürig, Bd. I, Art. 1 Abs. 2 Rn. 4.
45 *Christian Starck*, in: v. Mangoldt/Klein/Starck, Bd. I, 6.2010, Präambel Rn. 44; *Bothe* (N 1), S. 190; *v. Münch* (N 38), S. 44; *Kunig* (N 43), Rn. 14; vgl. auch *Theodor Maunz*, in: Maunz/Dürig (N 9), Bd. I, Präambel, Rn. 37; zurückhaltender *Doehring* (N 2), § 178 Rn. 18.
46 So zutreffend *Doehring* (N 2), § 178 Rn. 17. Ungeachtet der zunehmend großzügigeren Handhabung der Befugnisnorm des Art. 39 UN-Charta durch den UN-Sicherheitsrat gilt dies auch heute noch.
47 Stellvertretend etwa *Markus Kotzur*, Kooperativer Grundrechtsschutz – eine Verfassungsperspektive für Europa, in: JöR N.F. 55 (2007), S. 337 (354); *Manfred Zuleeg*, Menschenrechte, Grundrechte und Menschenwürde im deutschen Hoheitsbereich, in: EuGRZ 2005, S. 681 (682).

13

Begrenzte Steuerungsfähigkeit und Justiziabilität

Nachrüstung

Gestaltungsspielraum von Exekutive und Legislative

Evidenter Völkerrechtsverstoß

Verfassungsinterpretation durchaus dazu führen, daß der völkerrechtsfreundlichen Auslegung (auch) des Grundgesetzes Grenzen gesetzt sind[48].

Die Annahme einer Rechtspflicht zur Friedensförderung ändert bei alledem nichts an der begrenzten Steuerungsfähigkeit[49] sowie an der ebenfalls begrenzten Justiziabilität der in der Präambel kodifizierten Staatszielbestimmung. So kann keineswegs davon ausgegangen werden, daß Nachrüstungsaktivitäten per se gegen das Staatsziel der Förderung des Weltfriedens verstoßen[50]. Entsprechend der bundesverfassungsgerichtlichen Judikatur zum seinerzeitigen Wiedervereinigungsgebot ist es den Verfassungsorganen der Bundesrepublik Deutschland zwar untersagt, die Förderung des Weltfriedens als politisches Ziel aufzugeben; sie müssen in ihrer Politik vielmehr beharrlich auf die Erreichung des Weltfriedens hinwirken[51]. Auch wenn der Friedensbegriff der Präambel dabei über die bloße Abwesenheit militärischer Gewalt in den internationalen Beziehungen hinausgeht, ist das in ihm verkörperte Staatsziel indes wiederum im Zusammenhang mit dem „naturgegebenen Recht" (Art. 51 UN-Charta) der individuellen und kollektiven Selbstverteidigung zu lesen. Schon von daher kann nicht abstrakt bestimmt werden, auf welche Weise die Verpflichtung auf die Förderung des Friedens umzusetzen ist[52]. Mit Blick auf die Justiziabilität der Präambel ist darüber hinaus daran zu erinnern, daß Exekutive und Legislative über einen politischen Gestaltungsspielraum verfügen, mit welchen politischen Mitteln und auf welchen politischen Wegen sie die Staatsziele der Präambel fördern[53]. Dieser Spielraum ist von Verfassung wegen dahingehend begrenzt – und nur insoweit unterliegt der Gestaltungsspielraum der Bundesorgane dann auch der Überprüfung durch das Bundesverfassungsgericht –, daß die Bundesrepublik Deutschland rechtliche Maßnahmen trifft[54], die jenseits des – freilich umstrittenen[55] – Anwendungsbereichs des Selbstverteidigungsrechts der Friedensförderpflicht widersprechen[56]. Angesichts der nach außen gerichteten Perspektive des Frie-

---

48 Dazu *Alexander Proelß*, Bundesverfassungsgericht und überstaatliche Gerichtsbarkeit, 2013, S. 49 ff.
49 Siehe *Bothe* (N 1), S. 189.
50 Zweifelnd *Bothe* (N 1), S. 191; mit Blick auf die Stationierung von Pershing II-Raketen und Cruise Missiles auf dem Territorium der Bundesrepublik Deutschland Mitte der 1980er Jahre dezidiert a. A. *Wolfgang Däubler*, Stationierung und Grundgesetz, ²1983, S. 153 ff.
51 Vgl. BVerfGE 36, 1 (17 f.).
52 Vgl. auch *Albrecht Weber*, Nachrüstung und Grundgesetz, in: JZ 1984, S. 589; *v. Münch* (N 38), S. 44 f.
53 So BVerfGE 36, 1 (18) im Hinblick auf das früher in der Präambel verankerte Wiedervereinigungsgebot.
54 Etwa durch Beteiligung an einem völkerrechtlichen Vertrag. Im Fall der Verletzung des Gewaltverbots der UN-Charta wäre ein solcher Vertrag vor dem Hintergrund von Art. 53 des Wiener Übereinkommens über das Recht der Verträge v. 23. 5. 1969 (BGBl 1985 II, S. 927) ohnehin nichtig, da das Gewaltverbot nach herrschender Meinung zum ius cogens zählt; vgl. *IGH*, Military and Paramilitary Activities in and against Nicaragua (N 18), S. 100 f.; aus der Literatur etwa *Juliane Kokott*, Mißbrauch und Verwirkung von Souveränitätsrechten bei gravierenden Völkerrechtsverstößen, in: FS für Rudolf Bernhardt, 1995, S. 135 (149); *Kadelbach* (N 18), S. 226 ff.; *Talmon* (N 21), S. 126.
55 S. o. Rn. 6.
56 In seiner Entscheidung zum Grundlagenvertrag stellte das Bundesverfassungsgericht fest, die Verfassung verbiete es, „dass die Bundesrepublik auf einen *Rechtstitel* (eine Rechtsposition) aus dem Grundgesetz verzichtet, mittels dessen sie in Richtung auf Verwirklichung der Wiedervereinigung und der Selbstbestimmung wirken kann, oder einen mit dem Grundgesetz unvereinbaren Rechtstitel schafft oder sich an der Begründung eines solchen Rechtstitels beteiligt, der ihr bei ihrem Streben nach diesem

densbezugs der Präambel sowie eingedenk der Völkerrechtsfreundlichkeit des Grundgesetzes wird hiervon nur ausgegangen werden können, wenn das Handeln der Bundesrepublik im konkreten Fall als evidenter Völkerrechtsverstoß zu qualifizieren ist. Im Hinblick auf die Kontrolle der Rechtspflicht zur Friedensförderung steht das Bundesverfassungsgericht damit dann doch mittelbar im Dienste des Völkerrechts[57].

Gegen die Anerkennung eines nur beschränkt gerichtlich überprüfbaren Gestaltungsspielraums vor allem der Exekutive sind immer wieder, gerade auch im Kontext des Friedensgebots[58], Bedenken angemeldet worden. Diese Bedenken vermögen letztlich nicht zu überzeugen. Das Bundesverfassungsgericht muß den der Bundesregierung vom Grundgesetz garantierten Raum freier politischer Gestaltung und Verantwortung respektieren. Dieser sich aus dem Prinzip der Gewaltenteilung ergebende Grundsatz, der auch im Zusammenhang mit der Frage der Verfassungsmäßigkeit der Bundestagsauflösung herangezogen wurde[59], gelangt angesichts des (außen- und sicherheits-)politischen Charakters der von der Bundesregierung zu treffenden Entscheidungen gerade auch im Bereich der Friedensförderung zur Anwendung. Es ist nicht Aufgabe des Bundesverfassungsgerichts, jenseits verfassungsrechtlich normierter Vorgaben seine Einschätzungen etwa im Hinblick auf die außenpolitische Zweckmäßigkeit der Entsendung deutscher Soldaten in das Ausland bzw. deren Charakter als Maßnahme aktiver Friedenspolitik an die Stelle der Einschätzungen und Erwägungen der Bundesregierung zu stellen[60]. Die Zuständigkeit des Gerichts beschränkt sich auch auf diesem Gebiet darauf, die Bindung aller staatlichen Organe an das Grundgesetz – und indirekt damit die Vermeidung evidenter Völkerrechtsverstöße – sicherzustellen[61].

II. Bekenntnis zu den unverletzlichen und unveräußerlichen Menschenrechten als Grundlage des Friedens in der Welt (Art. 1 Abs. 2 GG)

Art. 1 Abs. 2 GG steht in einem engen systematischen Zusammenhang mit der Präambel, verdeutlicht doch vor allem diese Norm, daß der Friedensbegriff des Grundgesetzes sich nicht auf die Abwesenheit militärischer Gewalt in den internationalen Beziehungen beschränkt. Damit trägt sie dem Umstand Rechnung, daß gravierende Menschenrechtsverletzungen im Staatsinneren oftmals die Vorstufe zu bewaffneten Auseinandersetzungen, das heißt zu einer Kon-

---

Ziel entgegengehalten werden kann" (BVerfGE 36, 1 [18]). Weitergehend *Maunz* (N 45), Rn. 39: Durch Aufnahme eines Staatsziels in das Grundgesetz könne seine rechtliche Durchsetzbarkeit nicht gewährleistet werden.
57 Vgl. BVerfGE 111, 307 (328): „Das Bundesverfassungsgericht steht damit mittelbar im Dienst der Durchsetzung des Völkerrechts und vermindert dadurch das Risiko der Nichtbefolgung internationalen Rechts."
58 Etwa von *Bothe* (N 1), S. 192 f.
59 Vgl. BVerfGE 114, 121 (159 f.).
60 Vgl. BVerfGE 36, 1 (14 f., 18 ff.); 66, 39 (61); 68, 1 (97). Rn. 119 ff. → Unten *Fassbender*, § 244 Rn. 119 ff.
61 Siehe BVerfGE 114, 121 (160). Vgl. auch *Juliane Kokott*, Kontrolle der auswärtigen Gewalt, in: DVBl 1996, S. 937 (947). → Unten *Nettesheim*, § 241 Rn. 24.

Art. 1 Abs. 2 GG als Rechtsprinzip

fliktverlagerung nach außen, verkörpern[62]. Art. 1 Abs. 2 GG ist als Rechtsprinzip zu qualifizieren und hat am Staatszielcharakter des Friedensbezugs der Präambel teil[63]. Der Prinzipiencharakter der Norm äußert sich sowohl in ihrer Bedeutung als normative Ausprägung der Völkerrechtsfreundlichkeit des Grundgesetzes als auch in der Etablierung der Pflicht der staatlichen Organe zur streitgegenstandsunabhängigen Berücksichtigung der Entscheidungen internationaler Gerichte auf dem Gebiet des Menschenrechtsschutzes[64].

16
Entsprechende Rechtsfolgen

Im Hinblick auf die sich aus Art. 1 Abs. 2 GG ergebenden Rechtsfolgen gelten die Ausführungen zum Friedensbezug der Präambel entsprechend. So führt seine Rechtsnatur als Staatszielbestimmung nicht dazu, daß von einem „absoluten Friedensgebot"[65] bzw. einer „Menschenrechtsmission deutscher Staatsgewalt"[66] ausgegangen werden könnte. Ergänzend sei darauf hingewiesen, daß mit Art. 1 Abs. 2 GG auch keine Rangerhöhung der internationalen Menschenrechte einhergeht[67]. Zwar belegen die Diskussionen im Parlamentarischen Rat, daß die Norm den Bezug zu den internationalen Menschenrechten, insbesondere den in der Allgemeinen Erklärung der Menschenrechte enthaltenen Positionen, herstellen soll[68]. Für eine Aufnahme der Menschenrechte in die innerstaatliche Rechtsordnung im Sinne eines Menschenrechtsautomatismus bietet die Entstehungsgeschichte indes keine Anhaltspunkte. Auch in grammatischer Hinsicht bleibt die verpflichtende Kraft des Bekenntnisses in Art. 1 Abs. 2 GG hinter der Geltungsanordnung etwa des Art. 1 Abs. 3 GG zurück[69]. Systematisch würde eine automatische Inkorporation des völkerrechtlichen Menschenrechtsschutzes diesen Bereich bezüglich seiner innerstaatlichen Geltung entgegen Art. 59 Abs. 2 GG der Disposition von Gesetzgeber und Bundesregierung entziehen[70]. Daß Art. 1 Abs. 2 GG eine Art. 59 Abs. 2 GG modifizierende Regelung darstellt, läßt sich indes weder der Entstehungsgeschichte noch dem rechtsverbindlichen Charakter der Norm ent-

Keine Rangerhöhung der internationalen Menschenrechte

Art. 59 Abs. 2 S. 1 Schranke des Art. 1 Abs. 2 GG

---

[62] *v. Münch* (N 38), S. 45.
[63] *Philip Kunig*, in: v. Münch/Kunig, Bd. I, 2012, Art. 1 Rn. 46; *ders.* (N 43), Rn. 14; *Herdegen* (N 44), Art. 1 Abs. 2 Rn. 52; *Christian Starck*, in: v. Mangoldt/Klein/Starck, Bd. I, ⁶2010, Art. 1 Abs. 2 Rn. 121; *Frank Hoffmeister*, Die Europäische Menschenrechtskonvention als Grundrechtsverfassung und ihre Bedeutung in Deutschland, in: Der Staat 40 (2001), S. 349 (368f.); a.A. *Nils Sternberg*, Der Rang von Menschenrechtsverträgen im deutschen Recht unter besonderer Berücksichtigung von Art. 1 Abs. 2 GG, 1999, S. 210ff. → Bd. X, *Kirste*, § 204 Rn. 33ff.; *Tomuschat*, § 208 Rn. 4ff.
[64] Vgl. BVerfGE 111, 307 (329); 128, 326 (369). Aus der Literatur *Alexander Proelß*, Der Grundsatz der völkerrechtsfreundlichen Auslegung im Lichte der Rechtsprechung des BVerfG, in: Hartmut Rensen/Stefan Brink (Hg.), Linien der Rechtsprechung des Bundesverfassungsgerichts, 2009, S. 553 (567f.); *Udo Di Fabio*, Das Bundesverfassungsgericht und die internationale Gerichtsbarkeit, in: Andreas Zimmermann/Ursula E. Heinz (Hg.), Deutschland und die internationale Gerichtsbarkeit, 2004, S. 107 (110f.); *Klaus-Peter Sommermann*, Offene Staatlichkeit: Deutschland, in: Armin von Bogdandy/Peter Michael Huber (Hg.), Handbuch Ius Publicum Europaeum, Bd. II, 2008, § 14 Rn. 58.
[65] *Jürgen Valentin*, Grundlagen und Prinzipien des Art. 1 Abs. 2 des Grundgesetzes, 1991, S. 134, 139.
[66] *Herdegen* (N 44), Art. 1 Abs. 2 Rn. 52. → Bd. IX, *Isensee*, § 190 Rn. 1ff.; → Bd. X, *Kirste*, § 204 Rn. 46ff.
[67] So aber etwa *Robert Echterhölter*, Die Europäische Menschenrechtskonvention im Rahmen der verfassungsmäßigen Ordnung, in: JZ 1955, S. 687 (691). → Bd. X, *Kirste*, § 204 Rn. 35ff.
[68] Nachweise zur Entstehungsgeschichte bei *Sternberg* (N 63), S. 197ff.
[69] *Matthias Ruffert*, Die Europäische Menschenrechtskonvention und innerstaatliches Recht, in: EuGRZ 2007, S. 245 (247).
[70] So zutreffend *Herdegen* (N 44), Art. 1 Abs. 2 Rn. 40.

nehmen. Im Gegenteil ist aus ihrer Natur als Rechtsprinzip abzuleiten, daß die rechtlichen Wirkungen der Norm nur soweit reichen, wie die Regeln des Grundgesetzes über den Rang und die innerstaatliche Wirkung völkerrechtlicher Verträge dies zulassen. Art. 59 Abs. 2 S. 1 GG wirkt demnach als Schranke des Art. 1 Abs. 2 GG und nicht andersherum diese Norm als Schranke jener. Zu Recht hat das Bundesverfassungsgericht in seiner jüngsten Entscheidung zur Sicherungsverwahrung daher betont, Art. 1 Abs. 2 GG sei einerseits „mehr als ein unverbindlicher Programmsatz", andererseits aber gerade „kein Einfallstor für einen unmittelbaren Verfassungsrang der Europäischen Menschenrechtskonvention"[71].

III. Einordnung in ein System gegenseitiger kollektiver Sicherheit zur Friedenswahrung (Art. 24 Abs. 2 GG)

Eine praktisch wichtige Konkretisierung des Friedensgebots ist die von Art. 24 Abs. 2 GG vorgesehene Möglichkeit, daß sich der Bund „zur Wahrung des Friedens einem System gegenseitiger kollektiver Sicherheit" einordnet. Da diese Verfassungsnorm dem Bund ein Ermessen zuspricht, kann sie, anders als der Friedensbezug der Präambel und Art. 1 Abs. 2 GG, nicht als Staatszielbestimmung verstanden werden. Die Wendung „zur Wahrung des Friedens" ändert selbstverständlich auch nichts am fortbestehenden Recht der Bundesrepublik Deutschland auf Selbstverteidigung; die Möglichkeit, sich einem System gegenseitiger kollektiver Sicherheit anzuschließen und hierzu in Beschränkungen seiner Hoheitsrechte einzuwilligen, verkörpert kein exklusives Motiv der Friedenswahrung[72].

17
Keine Staatszielbestimmung

Als um so zentraler für das Verständnis von Frieden im Sinne der deutschen Verfassungsordnung erweist sich damit die Auslegung des Begriffs „System gegenseitiger kollektiver Sicherheit". Das Bundesverfassungsgericht hat sich in seinem „Out of Area"-Urteil vom 12. Juli 1994 eingehend mit den Voraussetzungen befaßt, die an ein solches System zu stellen sind. Im Hinblick auf die Frage, ob darunter nur Bündnisse zur Friedenswahrung unter den Mitgliedern wie die Vereinten Nationen oder auch Sicherheits- bzw. Verteidigungsbündnisse wie die NATO zu fassen seien, wies es zunächst darauf hin, daß der Tatbestand des Systems gegenseitiger kollektiver Sicherheit völkerrechtlich zur Zeit der Entstehung des Grundgesetzes ebenso wie in der Gegenwart unterschiedliche Deutungen erfahren habe[73]. Dabei führte es auch Äußerungen von Abgeordneten des Parlamentarischen Rates an, die noch heute für ein restriktives Verständnis im Sinne einer strikten Gegenläufigkeit von kollektiver Sicherheit und kollektiver Selbstverteidigung in Ansatz gebracht werden[74]. Neben der fehlenden Eindeutigkeit dieser Stimmen maß es der

18
System gegenseitiger kollektiver Sicherheit

Sicherheits- und Verteidigungsbündnisse

---
71 BVerfGE 128, 326 (369).
72 *Doehring* (N 2), § 178 Rn. 27. → Unten *Oeter*, § 243 Rn. 27.
73 BVerfGE 90, 286 (347). → Unten *Oeter*, § 243 Rn. 5 ff.
74 BVerfGE 90, 286 (347 f.).

§ 227　　Zwanzigster Teil: Leitprinzipien

Zielrichtung des Art. 24 Abs. 2 GG, ein staatenübergreifendes System der Friedenssicherung zu schaffen, in dessen Rahmen Deutschland nicht nur Pflichten übernehme, sondern auch das Recht auf Beistand durch die anderen Partner erwerbe, maßgebliches Gewicht bei. Auch vor dem Hintergrund des in der UN-Charta anerkannten Rechts der kollektiven Selbstverteidigung entschied es daher, daß auch Bündnisse kollektiver Selbstverteidigung Systeme im Sinne von Art. 24 Abs. 2 GG seien, „wenn und soweit sie strikt auf die Friedenswahrung verpflichtet sind."[75] Auf dieser Grundlage qualifizierte es schließlich die NATO, deren Gründungsvertrag „in Übereinstimmung mit den Zielen der Vereinten Nationen von seinem Gesamtkonzept her ersichtlich auf umfassende regionale Friedenssicherung im europäischen und nordamerikanischen Raum gerichtet"[76] sei, als System gegenseitiger kollektiver Sicherheit[77]. Später stellte es klar, daß die – vertragliche oder nicht vertragliche – Überschreitung der in Art. 24 Abs. 2 GG angelegten Zweckbindung auf die Friedenswahrung einen im Wege des Organstreitverfahrens rügefähigen Verfassungsverstoß verkörpere[78]; denn die „friedenswahrende Zwecksetzung ist nicht nur einmalige Voraussetzung des Beitritts, sondern fortdauernde Voraussetzung des Verbleibs Deutschlands in dem System gegenseitiger kollektiver Sicherheit."[79]

19
Kritik

Die Einbeziehung kollektiver Verteidigungsbündnisse in den Anwendungsbereich des Art. 24 Abs. 2 GG ist zum Teil auf harsche Kritik gestoßen. Diese gründet auf der These, daß kollektive Sicherheit und Bündnisse nicht nur zwei entgegengesetzte Konzeptionen von Sicherheitspolitik reflektierten, sondern sich von Völkerrechts wegen fundamental widersprächen[80]. Art. 24 Abs. 2 knüpfe an diese grundlegende Unterscheidung an und inkorporiere sie in das Verfassungsrecht; Aspekte der Verteidigung würden demgegenüber allein von Art. 87a GG erfaßt. In jedem Fall könnten militärische Einsätze außerhalb der Vereinten Nationen oder gar unter Bruch der UN-Charta nicht auf Art. 24 Abs. 2 GG gestützt werden[81]. Bei näherer Betrachtung vermag diese Kritik jedoch nicht zu überzeugen. Es ist verschiedentlich aufgezeigt worden, daß es auf völkerrechtlicher Ebene keine einheitliche, allgemein anerkannte Definition des Konzepts des Systems gegenseitiger kollektiver Sicherheit gab und gibt[82]. Zu Recht hat das Bundesverfassungsgericht darauf hingewiesen, daß die Entstehungsgeschichte der Norm keine eindeutigen Rückschlüsse

---

75 BVerfGE 90, 286 (349). → Unten *Oeter*, § 243 Rn. 27.
76 BVerfGE 104, 151 (210).
77 Grundlegend BVerfGE 90, 286 (350f.); vgl. auch 104, 151 (209); 118, 244 (263ff.).
78 Vgl. BVerfGE 104, 151 (213). In BVerfGE 118, 244 lehnte es das Bundesverfassungsgericht ab, in der Beteiligung deutscher Streitkräfte am ISAF-Mandat in Afghanistan einen Verstoß gegen den in Art. 24 Abs. 2 GG vorgegebenen Zweck der Friedenswahrung zu erblicken (vgl. a.a.O., S. 270ff.).
79 BVerfGE 118, 244 (262).
80 Zuletzt vor allem *Dieter Deiseroth*, in: Umbach/Clemens, Bd. I, Art. 24 Abs. 2 Rn. 194ff.; vgl. auch *Däubler* (N 50), S. 114.
81 Vgl. *Dieter Deiseroth*, Das Friedensgebot des Grundgesetzes, in: Vorgänge 1 (2010), S. 103 (111ff.).
82 Siehe vor allem *Albrecht Randelzhofer*, in: Maunz/Dürig (N 9), Art. 24 Abs. 2 Rn. 10ff. m. weit. Nachw.

zuläßt[83]. Vor allem aber belegt Kapitel VII der UN-Charta, daß jener vermeintlich diametrale Gegensatz zwischen kollektiver Sicherheit und kollektiver Selbstverteidigung letztlich nicht besteht. So wurde Art. 51 UN-Charta mit dem Verweis auf das „naturgegebene" Recht auf Selbstverteidigung in den Kontext der von Kapitel VII UN-Charta erfaßten Maßnahmen der Wahrung und Wiederherstellung des Friedens eingeordnet. Maßnahmen der kollektiven Sicherheit im engeren Sinne einerseits und solche der individuellen und kollektiven Selbstverteidigung andererseits verfügen damit durchaus über dieselbe, in der Abschreckung von Aggressoren kulminierende Zielrichtung[84]. Deshalb ist dem Bundesverfassungsgericht auch darin zu folgen, daß Art. 87a GG der Anwendung von Art. 24 Abs. 2 GG als verfassungsrechtliche Grundlage für den Einsatz bewaffneter Streitkräfte im Rahmen eines Systems gegenseitiger kollektiver Sicherheit nicht entgegensteht[85]. Daß bei alledem militärische Einsätze unter Verletzung der UN-Charta nicht von der Verfassung gedeckt sind, folgt nicht aus dem Begriff des Systems gegenseitiger kollektiver Sicherheit, sondern aus dem gemäß Art. 25 GG unmittelbar in der deutschen Rechtsordnung geltenden Gewaltverbot.

<small>Kein Entgegenstehen des Art. 87a GG</small>

Entscheidend ist somit allein, daß das betreffende System der Wahrung des Friedens verpflichtet ist, woran im Fall der NATO kein grundsätzlicher Zweifel besteht[86]. Die Bindung an den Zweck der Friedenswahrung wird normativ nochmals dadurch verdichtet, daß Art. 24 Abs. 2 GG die im Fall der Einordnung Deutschlands in ein System gegenseitiger kollektiver Sicherheit prinzipiell bestehende Pflicht[87] zur Einwilligung in Beschränkungen (nicht: Übertragungen) von Hoheitsrechten davon abhängig macht, daß die Beschränkungen „eine friedliche und dauerhafte Ordnung in Europa und zwischen den Völkern der Welt herbeiführen und sichern". Der insoweit bestehende breite Prognosespielraum der staatlichen Organe ist gerichtlicher Kontrolle zwar nicht vollständig entzogen; es erscheint allerdings kaum vorstellbar, daß das Bundesverfassungsgericht die in der Regel im Zustimmungsgesetz zum Gründungsstatut des (ja der Wahrung des Friedens dienenden) Systems gegenseitiger kollektiver Sicherheit verkörperte Einwilligung in eine Beschränkung von Hoheitsrechten mit dem Argument hinterfragt, dieselbe sei nicht auf die Sicherung des Friedens gerichtet[88].

20
<small>Friedensverpflichtung entscheidend</small>

---

[83] So auch die Einschätzung von *Christian Tomuschat*, in: Rudolf Dolzer/Klaus Vogel/Karin Graßhof (Hg.), Kommentar zum Bonner Grundgesetz, Bd. VI, Stand: August 2009, Art. 24 Rn. 133.
[84] Eingehend *Randelzhofer* (N 82), Art. 24 Abs. 2 Rn. 15 f.; so nunmehr auch *Ondolf Rojahn*, in: v. Münch/Kunig, Bd. I, 2012, Art. 24 Rn. 97.
[85] BVerfGE 90, 286 (355 ff.).
[86] Dies ändert nichts daran, daß die fortbestehende Wahrung der verfassungsrechtlichen Zweckbindung der Kontrolle durch das Bundesverfassungsgericht unterliegt. Die Umwandlung eines ursprünglich der Friedenswahrung verpflichteten Systems in eines, das nicht mehr der Friedenswahrung dient, weil seine Ausrichtung dem völkerrechtlichen Gewaltverbot widerspricht, ist verfassungsrechtlich untersagt und kann schon deshalb vom ursprünglichen Vertragsgesetz nicht gedeckt sein. S. o. Rn. 18. Siehe auch *Rojahn* (N 84), Art. 24 Rn. 109.
[87] Dazu *Randelzhofer* (N 82), Art. 24 Abs. 2 Rn. 39.
[88] Siehe auch *Doehring* (N 2), § 178 Rn. 28.

IV. Gewaltverbot als allgemeiner Grundsatz des Völkerrechts (Art. 25 GG)

21
Völkergewohnheitsrecht und allgemeine Rechtsgrundsätze

Es ist zwischenzeitlich allgemein anerkannt, daß der Begriff der allgemeinen Regeln des Völkerrechts im Sinne von Art. 25 GG sowohl das Völkergewohnheitsrecht (vgl. Art. 38 Abs. 1 lit. b IGH-Statut) als auch die allgemeinen Rechtsgrundsätze (vgl. Art. 38 Abs. 1 lit. c IGH-Statut) erfaßt[89]. Nach wie vor umstritten ist hingegen, unter welchen Bedingungen eine solchermaßen konkretisierte Regel des Völkerrechts als „allgemein" qualifiziert werden kann. Problematisch ist dies insbesondere bezüglich der innerstaatlichen Geltung von regionalem Völkergewohnheitsrecht. Im vorliegenden Zusammenhang spielt dies freilich keine Rolle; denn das völkerrechtliche Gewaltverbot, das in seiner gewohnheitsrechtlichen Ausprägung als allgemeine Regel im Sinne von Art. 25 GG zu qualifizieren ist[90], ist unstreitig universeller Natur[91]. Da dem Völkergewohnheitsrecht ein über die Unterlassung militärischer Gewalt hinausgehendes allgemeines Friedensgebot, sieht man von der Pflicht zur friedlichen Streitbeilegung ab, unbekannt ist, erschöpft sich die Bedeutung des Art. 25 GG im vorliegenden Kontext in seiner Relevanz bezüglich des Gewaltverbots.

Völkerrechtliches Gewaltverbot

22
Rangverhältnis als Problem

Art. 25 GG stellt klar, daß die allgemeinen Regeln des Völkerrechts „den Gesetzen" vorgehen. Unstreitig genießt das Völkergewohnheitsrecht in der innerstaatlichen Rechtsordnung damit Vorrang vor dem einfachen Bundesrecht; letzteres ist in Konformität zu den allgemeinen Regeln des Völkerrechts auszulegen[92]. Bis heute nicht abschließend geklärt ist demgegenüber, ob die von Art. 25 GG erfaßten Rechtssätze des Völkerrechts in der Normenhierarchie zwischen der Verfassung und dem einfachen Bundesrecht stehen oder ob sie selbst über Verfassungs- bzw. gar Überverfassungsrang verfügen[93]. Dieser Streit kann hier nicht in seinen Einzelheiten nachgezeichnet werden. Insgesamt spricht vor allem die Entstehungsgeschichte des Art. 25 GG dafür, den allgemeinen Regeln Verfassungsrang zuzusprechen[94]. So wurde die Möglichkeit der Verortung der allgemeinen Regeln des Völkerrechts zwischen Verfassung und Bundesgesetzen – anders als die Annahme eines Verfassungs-

Entstehungsgeschichte für Verfassungsrang

---

[89] Vgl. nur BVerfGE 15, 25 (34f.); 16, 27 (33); 23, 288 (317); 96, 68 (86); 118, 124 (134). Zur früher vertretenen Gegenauffassung, wonach Art. 25 GG nur das Völkergewohnheitsrecht erfasse, vgl. *Helmut Steinberger*, Allgemeine Regeln des Völkerrechts, in: HStR VII, ¹1992, § 173 Rn. 18. Erst recht rezipiert das Grundgesetz über Art. 25 GG die Normen des zwingenden Völkerrechts; vgl. BVerfGE 112, 1 (27f.). → Oben *Tomuschat*, § 226 Rn. 78; → unten *Cremer*, § 235 Rn. 10ff.

[90] Zur gewohnheitsrechtlichen Geltung des Gewaltverbots siehe die Nachweise in N 18.

[91] Das Bundesverfassungsgericht hat sich – freilich ohne Begründung – dafür ausgesprochen, daß nur solche Normen als allgemeine Regel des Völkerrechts in Betracht kämen, die über die „erforderliche weltweite Breite" verfügten; vgl. BVerfGE 75, 1 (26); 94, 315 (328); 118, 124 (134). → Unten *Cremer*, § 235 Rn. 16f.

[92] BVerfGE 75, 1 (18); vgl. auch *Steinberger* (N 89), § 173 Rn. 50.

[93] Für einen „Zwischenrang" etwa *Rudolf Geiger*, Grundgesetz und Völkerrecht, ⁵2010, S. 152; *Georgios Papadimitriu*, Die Stellung der allgemeinen Regeln des Völkerrechts im innerstaatlichen Recht, 1972, S. 90f.; *Herdegen* (N 9), Art. 25 Rn. 42; *Kunig* (N 43), Rn. 152.

[94] Für das Gewaltverbot auch *Doehring* (N 2), § 178 Rn. 23.

rangs[95] – nicht ausdrücklich erwogen. Die Bezugnahme auf Art. 79 Abs. 1 S. 1 GG als Argument gegen die Annahme eines Verfassungsrangs der allgemeinen Regeln des Völkerrechts[96] überzeugt nicht, weil das Grundgesetz selbst mit Art. 25 GG den normativen Ausgangspunkt für eine solche Verfassungsänderung bildet[97]. Auch steht vor dem Hintergrund von Art. 79 Abs. 3 GG eine Veränderung der Kernelemente der rechtsstaatlich-demokratischen Strukturen des Grundgesetzes durch Annahme eines Verfassungsrangs letztlich nicht zu befürchten[98].

Bedenken dahingehend, daß das völkerrechtliche Gewaltverbot als allgemeine Regel des Völkerrechts mit Verfassungsrang in der deutschen Rechtsordnung gilt, könnten sich aus seinem – jedenfalls nach herrschender Meinung bestehenden[99] – Charakter als Norm des Zwischenstaatenrechts, das heißt aus dem Fehlen eines Individualbezugs, ergeben. Art. 25 GG liegt indes ersichtlich die Annahme zugrunde, daß alle allgemeinen Regeln des Völkerrechts den Gesetzen vorgehen und Rechte und Pflichten unmittelbar für die Bewohner erzeugen. Für die Frage der Inkorporation in die deutsche Rechtsordnung kommt es daher nicht darauf an, ob die jeweilige Norm des Gewohnheitsrechts individuelle Rechte und Pflichten begründet bzw. unmittelbar anwendbar (self-executing)[100] ist oder nicht[101]. Dieses Ergebnis, für das sich erneut die Entstehungsgeschichte der Norm anführen läßt[102], findet seine Bestätigung in der Rechtsprechung des Bundesverfassungsgerichts, wonach der Umstand, daß eine Regel des Völkergewohnheitsrechts keine subjektiven Rechte und Pflichten begründe, nichts daran ändere, daß „die festgestellte allgemeine Regel des Völkerrechts kraft Art. 25 S. 1 GG als solche mit ihrer jeweiligen völkerrechtlichen Tragweite Bestandteil des objektiven, im Hoheitsbereich der Bundesrepublik Deutschland geltenden Rechts ist und je nach der Sachlage Rechtswirkungen für oder gegen private Einzelne haben kann ..."[103]. Der Sinn und Zweck von Art. 25 S. 2 Hs. 2 GG ist deshalb entweder in einer Verstärkung der innerstaatlichen Wirkung derjenigen allgemeinen Normen des Völkerrechts, die auf internationaler Ebene lediglich über individualbezogene Reflexwirkung verfügen und sich somit unmittelbar nur an die Staaten richten, zu einklagbaren subjektiven Rechten und Pflichten (in diesem Fall ginge das Verfassungsrecht über das völkerrechtlich Gebotene

---

95 Für Verfassungsrang etwa die Stellungnahme des Allgemeinen Redaktionsausschusses v. 13. 12. 1948 (Drucks.-Nr. 370), abgedruckt in: Der Parlamentarische Rat 1948 – 1949, Akten und Protokolle, Bd. 7, 1995, S. 133 (147f.), sowie die im Rahmen der 27. Sitzung des Hauptausschusses v. 15. 12. 1948 getätigten Äußerungen der Abgeordneten v. Mangoldt und Zinn, zitiert nach: Deutscher Bundestag, Materialien zum Grundgesetz, Bd. 25, S. 101, 103.
96 *Walter Rudolf*, Völkerrecht und deutsches Recht, 1967, S. 267
97 *Steinberger* (N 89), § 173 Rn. 61.
98 Siehe *Christian Koenig*, in: v. Mangoldt/Klein/Starck, Bd. II, ⁶2010, Art. 25 Rn. 55.
99 S. o. Rn. 6.
100 Die unmittelbare Anwendbarkeit betrifft die Frage, ob sich aus einer völkerrechtlichen Norm bereits infolge ihrer innerstaatlichen Geltung ohne weiteres Rechtsfolgen ergeben oder ob insoweit ein zusätzlicher innerstaatlicher Normsetzungsakt erforderlich ist.
101 A. A. etwa *Rudolf* (N 96), S. 257.
102 Der Parlamentarische Rat 1948 – 1949, Akten und Protokolle, Bd. 5/I, 1993, S. 313 (317f.).
103 BVerfGE 46, 342 (403f.).

hinaus)¹⁰⁴ oder aber in einer Klarstellung dahingehend zu erblicken, daß die allgemeinen Regeln des Völkerrechts die gleichen Rechtswirkungen für und wider den einzelnen haben wie das sonstige innerstaatliche Recht¹⁰⁵. Für letztere Auffassung spricht, daß das Gewaltverbot von seiner internationalen Zielrichtung her schwerlich geeignet erscheint, als Grundlage einklagbarer subjektiver Rechte und Pflichten zu fungieren.

V. Störungsverbot und Kriegswaffenkontrolle (Art. 26 GG)

24
Störungsabwehr zur Friedenserhaltung

Bei dem in Art. 26 Abs. 1 GG kodifizierten Postulat von der Verfassungswidrigkeit aller Handlungen, „die geeignet sind und in der Absicht vorgenommen werden, das friedliche Zusammenleben der Völker zu stören, insbesondere die Führung eines Angriffskrieges vorzubereiten", handelt es sich angesichts des Verbotscharakters der Norm, der ihrer Einordnung als Staatszielbestimmung entgegensteht¹⁰⁶, um den wohl augenfälligsten Ausdruck des Friedensgebots des Grundgesetzes. Der Zweck der Norm liegt in der „Störungsabwehr zur Friedenserhaltung"¹⁰⁷: So sind bereits nach ihrem Wortlaut in einem präventiven Sinne alle Handlungen von dem Verbot erfaßt, die über eine friedensstörende Eignung verfügen. Dabei ist umstritten, ob Art. 26 Abs. 1 S. 1 GG eine konkrete Gefährdung verlangt¹⁰⁸ oder ob eine abstrakte Gefährdung ausreicht¹⁰⁹. Der Wortlaut der Norm stellt auf eine *Störungs*eignung (nicht: Gefährdungseignung) ab, was für das Erfordernis eines konkreten Gefahrentatbestands streitet; andererseits könnten ihr Sinn und Zweck eine abstrakte Betrachtungsweise nahelegen. Entscheidend dürfte sein, daß die Justiziabilität des Störungsverbots gefährdet würde, wenn der Gefahrentatbestand auf der Grundlage typisierter Sachverhalte beurteilt würde¹¹⁰. So bestünde gerade im Kontext der prinzipiell durch eine Vielzahl unterschiedlicher Faktoren geprägten internationalen Beziehungen schnell die Gefahr, daß ein abstraktes Verständnis alsbald die Grenze zum Bereich der Spekulation überschritte. Nicht maßgeblich ist jedenfalls die – Veränderungen unterworfene – Praxis des UN-Sicherheitsrats im Rahmen von Kapitel VII UN-Charta¹¹¹; denn wie noch zu zeigen ist, schlägt das Völkerrecht nicht undifferenziert auf die Verfassungslage durch.

Konkrete oder abstrakte Gefährdung

Komplexität der internationalen Beziehungen

---

104 Sog. Theorie vom Adressatenwechsel; vgl. insbesondere *Karl Doehring*, Die allgemeinen Regeln des völkerrechtlichen Fremdenrechts und das deutsche Verfassungsrecht, 1963, S. 156 f.
105 So BVerfGE 15, 25 (33 f.); 18, 441 (448); 27, 253 (274); 41, 126 (160).
106 *Herdegen* (N 9), Art. 26 Rn. 5; *Hernekamp* (N 10), Art. 26 Rn. 1.
107 *Hernekamp* (N 10), Art. 26 Rn. 7.
108 *Udo Fink*, in: v. Mangoldt/Klein/Starck, Bd. II, ⁶2010, Art. 26 Rn. 27; *Herdegen* (N 9), Art. 26 Rn. 30; vgl. auch BVerwG, in: NJW 2006, S. 77 (107).
109 So *Michael Bothe*, in: Dolzer/Vogel/Graßhof (N 83), Art. 26 Rn. 28; *Hernekamp* (N 10), Art. 26 Rn. 7.
110 Überzeugend *Herdegen* (N 9), Art. 26 Rn. 30.
111 Vgl. aber *Fink* (N 108), Art. 26 Rn. 27. In der jüngeren Vergangenheit ist der UN-Sicherheitsrat zunehmend dazu übergegangen, abstrakte Gefahrenlagen wie die Verbreitung von Massenvernichtungswaffen als Bedrohungen des Friedens im Sinne von Art. 39 UN-Charta zu qualifizieren; vgl. UN Doc. S/RES/1540 v. 28. 4. 2004; S/RES/1673 v. 27. 4. 2006.

Die ausdrückliche Bezugnahme auf die Führung eines Angriffskrieg wirft die Frage auf, ob es sich dabei um den Vergleichsmaßstab handelt, an welchem sich die übrigen von Art. 26 Abs. 1 GG erfaßten Handlungen zu orientierten haben[112]. Bejahte man diese Frage, sprächen angesichts der primär völkerstrafrechtlichen Relevanz des Begriffs des Angriffskriegs[113] und der zwischenzeitlich erfolgten Verständigung auf den Tatbestand des Verbrechens der Aggression, an das höhere Anforderungen als an eine Verletzung des Gewaltverbots zu stellen sind[114], gute Gründe für ein restriktives Verständnis der Reichweite des verfassungsunmittelbaren Verbots. So könnten nicht nur die Entwicklungen in der jüngeren Praxis des UN-Sicherheitsrats, wie sie sich im Rahmen von Art. 39 UN-Charta vollzogen haben, nicht in Art. 26 Abs. 1 GG hineingelesen werden. Vielmehr würde keineswegs jede Verletzung des völkerrechtlichen Gewaltverbots den Tatbestand des Art. 26 Abs. 1 S. 1 GG tangieren. Ein solchermaßen restriktives Verständnis erscheint letztlich jedoch nicht haltbar. Weder entstehungsgeschichtlich noch teleologisch ist ein Grund dafür erkennbar, die Ausprägung des Friedensgebots in Art. 26 Abs. 1 GG im Vergleich mit den anderen einschlägigen Verfassungsnormen über Gebühr einzuschränken. Dies ergibt sich zwar noch nicht aus dem Art. 26 Abs. 1 S. 1 GG vielfach zugrunde gelegten grundsätzlichen Gleichlauf von Verfassungs- und Völkerrecht[115]. Denn ungeachtet des Umstands, daß Art. 2 S. 2 des Vertrags über die abschließende Regelung in bezug auf Deutschland vom 12. September 1990 (Zwei plus Vier-Vertrag)[116] durch ausdrückliche Wiederholung seines Wortlauts auf Art. 26 Abs. 1 S. 1 GG verweist und insofern eine „völkerrechtliche Stabilisierung"[117] der Verfassungsnorm herbeiführt, fehlt es bis heute an einem einheitlichen Friedensbegriff im Völkerrecht[118], dem eindeutige Anhaltspunkte für die Auslegung des Art. 26 GG entnommen werden könnten. Die Entstehungsgeschichte der Norm offenbart indes, daß es den Mitgliedern des Parlamentarischen Rats um die Abgrenzung unzulässiger militärischer Gewaltausübung von völkerrechtlich zulässigen Verteidigungshandlungen ging[119]. Allein vor diesem Hintergrund ersetzte der Hauptausschuß in der Formulierung „insbesondere die Führung eines Krieges vorzube-

25
Angriffskrieg

Restriktives Verständnis des Art. 26 Abs. 1 GG

Teleologische und entstehungsgeschichtliche Gründe

---

112 *Herdegen* (N 9), Art. 26 Rn. 13, spricht vom „Referenzfall der Vorbereitung des Angriffskrieges als normprägender Leittypus der Friedensstörung".
113 Dieser Aspekt und die in ihm zum Ausdruck kommende Weitsichtigkeit der Mitglieder des Parlamentarischen Rats findet seine Parallele darin, daß Art. 26 Abs. 1 GG Handlungen Privater mit einbezieht, die außerhalb der Verantwortlichkeit des Staates liegen. Dies zeigt sich vor allem am Gesetzgebungsauftrag zur Strafbarkeit.
114 S. o. Rn. 9.
115 *Herdegen* (N 9), Art. 26 Rn. 4; vgl. auch *Hernekamp* (N 10), Art. 26 Rn. 8.
116 BGBl 1990 II, S. 1318. → Bd. X, *Schweitzer*, § 224 Rn. 24 ff., 45 ff.
117 *Herdegen* (N 9), Art. 26 Rn. 8.
118 S. o. Rn. 5.
119 Siehe vor allem die Ausführungen des Abgeordneten von Brentano, abgedruckt in: Parlamentarischer Rat, Hauptausschuß, 6. Sitzung v. 19. 11. 1948, Sten-Prot, S. 69 (72). – Schon von daher steht fest, daß Art. 26 Abs. 1 S. 1 GG den innerstaatlichen Frieden nicht schützt; vgl. BVerwG, in: NJW 1982, S. 194 (195); vgl. aber BVerfG, in: NJW 2004, S. 2814 (2816): Art. 26 Abs. 1 GG sei Ausdruck besonderer Schutzvorkehrungen, die zeigten, „dass der Verfassungsstaat des Grundgesetzes sich gegen Gefährdungen seiner Grundordnung – auch soweit sie auf der Verbreitung nationalsozialistischen Gedankenguts beruhen – im Rahmen rechtsstaatlich geregelter Verfahren wehrt."

Völkerrechts-freundliche Auslegung

reiten" das Wort „Krieg" durch „Angriffskrieg"[120]. Der letztlich angenommene Wortlaut der Norm („insbesondere") zeigt darüber hinaus, daß die Vorbereitung eines Angriffskrieges nur ein Beispielsfall für die durch Art. 26 Abs. 1 S. 1 GG verbotenen Handlungen ist. Auch im Lichte der zentralen Bedeutung von Art. 26 Abs. 1 GG für das Friedensgebot des Grundgesetzes ist daher davon auszugehen, daß der Anwendungsbereich des verfassungsrechtlichen Verbots friedensstörender Handlungen sich auf *jede* Verletzung des völkerrechtlichen Gewaltverbots erstreckt.

26
Kein Entwicklungs-gleichlauf

Bestimmtheits- und Legitimations-probleme

Andererseits sprechen die bis heute bestehenden Unsicherheiten über den positiven Friedensbegriff im Völkerrecht, das Fehlen jedweder relevanter Anhaltspunkte in der Entstehungsgeschichte der Norm sowie der normstrukturelle Unterschied der Verbotsnorm des Art. 26 Abs. 1 S. 1 GG im Vergleich mit den in die Zukunft gerichteten Staatszielbestimmungen der Präambel und des Art. 1 Abs. 2 GG dafür, Art. 26 Abs. 1 S. 1 GG wertmäßig nicht zu überfrachten[121]. Für einen „Entwicklungsgleichlauf" mit dem Völkerrecht bietet die Norm keine Grundlage. Schon unter dem Gesichtspunkt des Bestimmtheitsgrundsatzes ist die Annahme einer normativen Aufladung des Art. 26 Abs. 1 S. 1 GG infolge neuerer Entwicklungen bei der Handhabung von Art. 39 UN-Charta durch den UN-Sicherheitsrat problematisch[122]. Hinzu tritt, daß andernfalls die sich im Kontext der Befugnisse des UN-Sicherheitsrats unter Berücksichtigung der hochpolitischen Natur seiner Entscheidungen vor allem auf dem Gebiet der abstrakten Gefahrenabwehr (Verbreitung von Massenvernichtungswaffen, Bekämpfung des internationalen Terrorismus) stellenden Legitimationsprobleme[123] in einer mit dem demokratischen Prinzip des Grundgesetzes nicht ohne weiteres zu vereinbarenden Weise auf die Ebene des Verfassungsrechts durchschlügen. Nichts anderes kann dem Grundsatz der völkerrechtsfreundlichen Auslegung entnommen werden, bei dem es sich nicht um eine klassisch-hermeneutische Auslegungsregel handelt,

Völkerrechts-freundliche Auslegung

sondern, bezogen auf das Verhältnis Völkerrecht/nationales Recht, um eine Konfliktvermeidungsregel[124], die vorliegend mangels Normkollision nicht greift. Art. 26 Abs. 1 GG wird infolge eines eher restriktiven Verständnisses schließlich auch nicht dadurch überflüssig, daß das völkerrechtliche Gewaltverbot bereits gemäß Art. 25 GG in der deutschen Rechtsordnung, zumal jedenfalls mit Übergesetzesrang[125], gilt[126]. Denn Art. 26 Abs. 1 S. 1 GG erfaßt, anders als Art. 25 GG, der Bundesrepublik Deutschland auch nicht zurechen-

---

120 Vgl. Parlamentarischer Rat, Hauptausschuß, 48. Sitzung v. 9. 2. 1949, Sten-Prot, S. 625 (626 f.).
121 Anders *Andreas Kunze*, Der Stellenwert des Art. 26 I GG innerhalb des grundgesetzlichen Friedensgebotes, 2004, S. 30 ff.: Es sei davon auszugehen, daß der Verfassunggeber mit Art. 26 Abs. 1 GG über den völkerrechtlichen Mindeststandard hinausgehen wollte.
122 A. A. *Bothe* (N 109), Art. 26 Rn. 26; *ders.* (N 1), S. 190 f.; *Fink* (N 108), Art. 26 Rn. 14 ff.; für eine Erstreckung des Anwendungsbereichs auf sämtliche Normen des völkerrechtlichen ius cogens *Geiger* (N 93), S. 307 f.; wie hier *Doehring* (N 2), § 178 Rn. 33; vermittelnd *Hernekamp* (N 10), Art. 26 Rn. 6 ff.; *Herdegen* (N 9), Art. 26 Rn. 14.
123 Vgl. *Matthias Ruffert/Christian Walter*, Institutionalisiertes Völkerrecht, 2009, S. 145.
124 Deutlich BVerfGE 128, 326 (368 f.). Eingehend *Proelß* (N 48), S. 44 ff. m. weit. Nachw.
125 S. o. Rn. 22.
126 *Doehring* (N 2), § 178 Rn. 31.

bare Vorbereitungshandlungen Privater wie die Aufstachelung zu völkerrechtswidrigen Gewaltakten oder die Unterstützung von Akten des internationalen Terrorismus, soweit diese hinsichtlich ihrer potentiellen Folgen die Schwelle des Gewaltverbots des Art. 2 Nr. 4 UN-Charta überschreiten[127].

Art. 26 Abs. 1 S. 1 GG setzt Störungseignung und Störungsabsicht voraus. Das objektive Element der Eignung ist auf der Grundlage des soeben ausgebreiteten Verständnisses des in der Norm zum Ausdruck kommenden Friedensgebots dann gegeben, wenn eine prognostische Einschätzung den Schluß zuläßt, daß die betreffende Handlung mit hinreichender Wahrscheinlichkeit konkrete gewaltsame zwischenstaatliche Auseinandersetzungen fördern oder in eine (wiederum: konkrete) Androhung von Gewalt im Sinne von Art. 2 Nr. 4 UN-Charta münden wird. Dies setzt zumindest voraus, daß die betreffenden Handlungen schwerwiegende Beeinträchtigungen des internationalen Verkehrs erwarten lassen[128]. Ob dies der Fall ist oder nicht, ist bei privaten Handlungen vom zuständigen Richter nach den Erfahrungen der internationalen Praxis zu prüfen[129]. Bezüglich von Maßnahmen auf staatlicher Ebene ist zu berücksichtigen, daß Art. 26 Abs. 1 S. 1 GG nicht dem Schutz der Rechte von Staatsorganen zu dienen bestimmt ist. Deshalb vermag die Norm keine Antragsbefugnis im Rahmen eines Organstreitverfahrens zu begründen[130]. Zu den störungsgeeigneten Handlungen sind hiernach unter anderem ständiges Propagieren der Beseitigung anerkannter Staatsgrenzen, Kriegsverherrlichung und planmäßiges Schüren von Konflikten durch Kriegswaffenexporte zu zählen[131]. Das subjektive Element der Störungsabsicht gebietet es dabei nicht, daß die Friedensstörung als Endzweck qualifiziert werden muß[132]. Vielmehr ist von Absicht im Sinne von Art. 26 Abs. 1 S. 1 GG bereits dann auszugehen, wenn der Handelnde die Störungswirkung wissentlich und willentlich zwecks Gefährdung des friedlichen Zusammenlebens der Völker in Kauf nimmt. Von einer solchen Intention konnte etwa im Fall der deutschen Beteiligung an dem NATO-Einsatz im Kosovo-Konflikt nicht ernstlich die Rede sein. Sind demgegenüber die Voraussetzungen des Art. 26 Abs. 1 S. 1 GG gegeben, hat dies die Verfassungswidrigkeit der betreffenden Handlung im Sinne eines unmittelbar geltenden Verbots zur Folge[133], dies unabhängig

27
Störungseignung

Beeinträchtigung des internationalen Verkehrs

Störungsabsicht

Verfassungswidrigkeit als Folge

---

127 *Herdegen* (N 9), Art. 26 Rn. 38; *Bothe* (N 109), Art. 26 Rn. 22. – Freilich darf ein Angriffskrieg, wenn er von Verfassungs wegen bereits nicht vorbereitet werden darf, erst recht nicht geführt oder unterstützt werden; vgl. BVerwG, in: NJW 2006, S. 77 (81).
128 BVerwG, in: NJW 1982, S. 194 (195).
129 BVerwG, in: NJW 1982, S. 194 (195); NJW 2006, S. 77 (81); vgl. auch *Bothe* (N 109), Art. 26 Rn. 30. Im Ergebnis zu weit gehend OVG Münster, in: NJW 2001, S. 2111 (2112).
130 Vgl. BVerfGE 100, 266 (269 f.). – Art. 26 GG begründet auch keine subjektiven Rechte einzelner; vgl. VG Köln, Urteil v. 14. 7. 2011 – 26 K 3869/10, BeckRS 2011, 53246.
131 Vgl. die – nach hiesiger Auffassung z. T. zu weit ausgreifende, weil nicht auf die Ausübung zwischenstaatlicher Gewalt beschränkte – Übersicht bei *Hernekamp* (N 10), Art. 26 Rn. 17.
132 *Hernekamp* (N 10), Art. 26 Rn. 19; *Herdegen* (N 9), Art. 26 Rn. 31.
133 I. d. S. sind etwa Weisungen und Befehle, die ein unmittelbar vom Störungsverbot erfaßtes Verhalten abzielen, rechtlich unverbindlich; vgl. BVerwG, in: NJW 2006, S. 77 (81 f.). Zu weiteren Rechtsfolgen *Herdegen* (N 9), Art. 26 Rn. 40 f.

davon, „ob sie der nationale Gesetzgeber auf der Grundlage von Art. 26 Abs. 1 S. 2 GG unter Strafe gestellt hat oder nicht."[134]

28
Unvollständige strafrechtliche Umsetzung

Art. 26 Abs. 1 S. 2 GG verkörpert den Verfassungsauftrag, das Störungsverbot des Abs. 1 strafrechtlich zu bewehren. Diesem Auftrag ist der Gesetzgeber mit §§ 80 und 80a StGB nur unvollständig nachgekommen[135]. Zum einen erfassen diese Straftatbestände nur die Vorbereitung eines Angriffskrieges bzw. das Aufstacheln zum Angriffskrieg. Die Beteiligung am Angriffskrieg, die von Art. 26 Abs. 1 S. 1 GG mitumfaßt wird, ist hingegen ebensowenig strafrechtlich sanktioniert wie dies Verstöße gegen das völkerrechtliche Gewaltverbot sind, welche die Schwelle des Verbrechens der Aggression bzw. des Angriffskrieges nicht überschreiten.

Bestimmtheitsgrundsatz der §§ 80, 80a StGB

Die vom Gesetzgeber zugunsten der Tatbestandsbeschränkung in Ansatz gebrachten Bestimmtheitserwägungen[136] vermochten schon seinerzeit mangels Existenz einer anerkannten Definition des Angriffskrieges bzw. des Aggressionsverbrechens nicht zu überzeugen[137]. Da bezüglich des Gewaltverbots seit geraumer Zeit Klarheit dahingehend besteht, daß dieses jedenfalls die Anwendung militärischer Gewalt in den zwischenstaatlichen Beziehungen erfaßt, würde eine Ausweitung des objektiven Tatbestands der §§ 80, 80a StGB eher für ein höheres Maß an Bestimmtheit sorgen[138]. Zum anderen macht sich gemäß § 80 StGB nur strafbar, wer einen Angriffskrieg, „an dem die Bundesrepublik Deutschland beteiligt sein soll, vorbereitet und dadurch die Gefahr eines Krieges für die Bundesrepublik Deutschland herbeiführt".

Beteiligung Deutschlands

Demgegenüber setzt das Störungsverbot des Art. 26 Abs. 1 S. 1 GG eine entsprechende Zielrichtung hinsichtlich einer Kriegsbeteiligung Deutschlands gerade nicht voraus[139]. Es ist deshalb vorgeschlagen worden, § 80 StGB dahingehend auszulegen, daß jede Form der Unterstützung eines fremden Angriffskrieges als „Beteiligung" im Sinne der Norm zu qualifizieren ist[140]. Weitere Straftatbestände, die im Kriegswaffenkontrollgesetz[141] sowie im Außenwirtschaftsgesetz[142] enthalten sind, wurden wiederholt verschärft und damit partiell an das Störungsverbot des Art. 26 Abs. 1 S. 1 GG angepaßt[143]. Relevant sind schließlich die Tatbestände des Völ-

Völkerstrafgesetzbuch

kerstrafgesetzbuches, soweit der in ihrem Rahmen generell erforderliche Gesamttatzusammenhang grenzüberschreitender Natur ist. Hiervon ist jedenfalls im Fall der Kriegsverbrechen gemäß §§ 8 ff. VStGB, soweit im Rah-

---

134 BVerwG, in: NJW 2006, S. 77 (81).
135 Einhellige Ansicht, vgl. nur *Herdegen* (N 9), Art. 26 Rn. 42; *Kunze* (N 121), S. 76 ff., jeweils m. weit. Nachw.
136 Vgl. BT-Drs V/2860 v. 9.5.1968, S. 2.
137 Siehe die Kritik bei *Bothe* (N 109), Art. 26 Rn. 33.
138 Vgl. auch *Bothe* (N 109), Art. 26 Rn. 33.
139 So bereits *Doehring* (N 2), § 178 Rn. 36.
140 Siehe *Claus Kreß*, Anmerkung zur Entschließung des Generalbundesanwaltes beim BGH vom 21.3.2003, in: JZ 2003, S. 911 (913 f.); vgl. aber *Herdegen* (N 9), Art. 26 Rn. 42, der auf die dann entstehende Schieflage zur drastischen Strafdrohung des § 80 StGB verweist.
141 KWKG: Gesetz über die Kontrolle von Kriegswaffen i.d.F. der Neubekanntmachung v. 22.11.1990 (BGBl 1990 I, S. 2506).
142 AWG: Außenwirtschaftsgesetz i.d.F. der Bekanntmachung v. 27.5.2009 (BGBl 1990 I, S. 1150). Das AWG bildet die rechtliche Grundlage für die Umsetzung von Wirtschaftssanktionen der UN.
143 Vgl. *Hernekamp* (N 10), Art. 26 Rn. 26 m. weit. Nachw.

men eines internationalen bewaffneten Konflikts begangen, regelmäßig auszugehen.

Als spezielle Ausgestaltung des Störungsverbots des Absatz 1 statuiert Art. 26 Abs. 2 S. 1 GG einen nach richtiger Ansicht als repressives Verbot mit Befreiungsvorbehalt[144] zu qualifizierenden Genehmigungsvorbehalt für die Herstellung, Beförderung und das Inverkehrbringen von zur Kriegsführung bestimmten Waffen. Die Ein- und Ausfuhr von Kriegswaffen wird zwar nicht ausdrücklich geregelt, ist aber schon mit Blick auf die Intention des Art. 26 Abs. 2 S. 1 GG in ihrer Gesamtheit als von den übrigen Verbringungshandlungen mit umfaßt anzusehen[145]. Der in S. 2 normierte Gesetzesvorbehalt wurde mit dem Beschluß des Kriegswaffenkontrollgesetzes (KWKG) aktiviert. Gemeinsam verdeutlichen die beiden Sätze der Norm, daß das Grundgesetz kein allgemeines Verbot des Kriegswaffenexports anordnet; sie tragen damit dem Umstand Rechnung, daß in der Hilfe zur Selbstverteidigung regelmäßig eine Form der kollektiven Selbstverteidigung zu sehen ist, die nicht gegen das völkerrechtliche Gewaltverbot und damit auch nicht gegen das Störungsverbot des Art. 26 Abs. 1 S. 1 GG verstößt[146].

29

Kriegswaffenexport

Die von der Bundesregierung als Kollegium[147] nach sachgemäßem Ermessen zu treffende Entscheidung, im Einzelfall Kriegswaffenexporte zu genehmigen oder zu versagen, wird normativ determiniert von völkerrechtlichen Waffenverboten[148], denen sich die Bundesrepublik Deutschland durch den Beitritt zu den einschlägigen Verträgen (etwa hinsichtlich des Einsatzes von Antipersonenminen, Streumunition, biologischen und chemischen Waffen) unterworfen hat, und welche sie anschließend mit Änderungen des Kriegswaffenkontrollgesetzes in innerstaatliches Recht umgesetzt hat. Die Frage, ob Art. 26 Abs. 2 S. 1 GG dem Antragsteller ein subjektiv-öffentliches Recht auf ermessensfehlerfreie Entscheidung zuspricht, ist unter Berücksichtigung des erheblichen Spielraums, über den die Bundesregierung bezüglich der Störungseignung des Kriegswaffenhandels gemäß Abs. 1 S. 1 der Norm verfügt, zu bejahen. Das Kriegswaffenkontrollgesetz trägt dem durch Etablierung differenzierter Ermessensleitlinien Rechnung und stellt zugleich klar, daß ein Anspruch auf Genehmigungserteilung nicht besteht (vgl. § 6 Abs. 1). In der Praxis orientiert sich die Bundesregierung maßgeblich an den „Politischen Grundsätzen der Bundesregierung für den Export von Kriegswaffen und sonstigen Rüstungsgütern" vom 19. Januar 2000[149] sowie den Leitlinien eines im Rahmen der

30

Determination durch völkerrechtliche Waffenverbote

Subjektiv-öffentliches Recht aus Art. 26 GG

Kein Anspruch auf Genehmigung

---

144 So zutreffend *Herdegen* (N 9), Art. 26 Rn. 55; *Bothe* (N 109), Art. 26 Rn. 32; *Hernekamp* (N 10), Art. 26 Rn. 29.
145 Anders *Volker Epping*, Grundgesetz und Kriegswaffenkontrolle, 1993, S. 174 ff.; dagegen mit überzeugenden Gründen *Dieter Holthausen*, Der Verfassungsauftrag des Art. 26 II GG und die Ausfuhr von Kriegswaffen, in: JZ 1995, S. 284 ff.
146 Zu weit gehend daher *Bothe* (N 1), S. 192.
147 Stellvertretend für die herrschende Meinung *Herdegen* (N 9), Art. 26 Rn. 56, mit überzeugendem Hinweis auf die Verfassungswidrigkeit von § 11 Abs. 2 KWKG.
148 Dazu *Bothe* (N 17), Rn. 72 ff.
149 Abrufbar unter www.bmwi.de/BMWi/Redaktion/PDF/A/aussenwirtschaftsrecht-grundsaetze, property=pdf,bereich=bmwi,sprache=de,rwb=true.pdf. Es handelt sich bei den Grundsätzen um eine Verwaltungsvorschrift der Bundesregierung. Die Neufassung v. 2000 berücksichtigt die Vorgaben des Verhaltenskodex der Europäischen Union für Waffenausfuhren v. 8. 6. 1998 (ABlEU 2009, Nr. C 315/1).

§ 227 *Zwanzigster Teil: Leitprinzipien*

Gemeinsamen Außen- und Sicherheitspolitik angenommenen Gemeinsamen Standpunkts des Rates[150]. Hiernach wird der Export von Kriegswaffen grundsätzlich „nicht genehmigt, es sei denn, daß im Einzelfall besondere außen- oder sicherheitspolitische Interessen der Bundesrepublik Deutschland unter Berücksichtigung der Bündnisinteressen für eine ausnahmsweise zu erteilende Genehmigung sprechen" (Ziff. III. 2. der Grundsätze). Abweichendes gilt allein im Hinblick auf den Export entsprechender Güter an Mitgliedstaaten der Europäischen Union und der NATO sowie NATO-gleichgestellte Länder (Australien, Japan, Neuseeland, Schweiz), der grundsätzlich nicht beschränkt werden soll (vgl. Ziff. II.1. der Grundsätze). Letzteres ist vor dem Hintergrund des defensiven Charakters von NATO und Gemeinsamer Außen- und Sicherheitspolitik (GASP) mit Art. 26 Abs. 1 GG vereinbar[151].

Grundsatz der Verweigerung

31
Eignung zur Kriegsführung

Im Hinblick auf die vom verfassungsrechtlichen Genehmigungsvorbehalt erfaßten Güter stellt der Wortlaut des Art. 26 Abs. 2 S. 1 GG klar, daß die objektive Bestimmung „zur Kriegführung", das heißt zu militärischen Zwecken, das entscheidende Kriterium bildet[152]. Auf eine Verwendungsabsicht bzw. einen Einsatzwillen kommt es demgegenüber nicht an, weshalb sogenannte Dual use-Güter, die sowohl zivil als auch militärisch genutzt werden können, deren militärische Zweckrichtung sich also erst aus einem subjektiven Element ergibt, nicht von Art. 26 Abs. 2 S. 1 GG erfaßt werden[153]. Mit der militärischen Zweckrichtung nimmt die verfassungsrechtliche Kriegswaffenkontrolle die Verwendung zu Verteidigungszwecken in den Blick. Würde die Bundesregierung in anderen Fällen eine Genehmigung für die Ausfuhr der betreffenden Güter erteilen, stellte sich diese Entscheidung bei Vorliegen einer Störungsabsicht wegen Art. 26 Abs. 1 S. 1 GG als verfassungswidrig dar[154]. Der Gesetzgeber hat mit § 1 KWKG eine Konkretisierung des Kriegswaffenbegriffs dahingehend getroffen, daß alle in der Anlage zum Gesetz (sogenannte Kriegswaffenliste) aufgeführten Gegenstände, Stoffe und Organismen als Kriegswaffen betrachtet werden. § 1 Abs. 2 KWKG ermächtigt die Bundesregierung, durch Rechtsverordnung mit Zustimmung des Bundesrates die Kriegswaffenliste entsprechend dem Stand der wissenschaftlichen, technischen und militärischen Erkenntnisse zu ändern und zu ergänzen. Freilich verfügt der einfache Gesetz- bzw. Verordnungsgeber nicht über die Befugnis zur authentischen Verfassungsinterpretation, weshalb die Kriegswaffenliste gerichtlicher Überprüfung unterworfen bleibt. Im Hinblick auf die Auslegung des Art. 26 Abs. 2 S. 1 GG kommt ihr lediglich indizielle Bedeutung zu. Steht die Ausfuhr eines nicht in die Kriegswaffenliste aufgenommenen Gegenstands zur Diskussion, dessen objektive Eignung zur Schädigung des Gegners im Rahmen bewaffneter Auseinandersetzungen nicht bestritten werden kann,

Kriegswaffenbegriff

Kriegswaffenliste

---
150 Gemeinsamer Standpunkt 2008/944/GASP des Rates v. 8. 12. 2008 betreffend gemeinsame Regeln für die Kontrolle der Ausfuhr von Militärtechnologie und Militärgütern (ABlEU 2008, Nr. L 335/99).
151 Siehe auch *Bothe* (N 109), Art. 26 Rn. 40.
152 Anders offenbar *Hernekamp* (N 10), Art. 26 Rn. 27.
153 *Herdegen* (N 9), Art. 26 Rn. 49.
154 Klar erkennbare Verstöße gegen das Störungsverbot durch die Ausfuhr von Kriegswaffen führen zur Nichtigkeit der Genehmigung der Bundesregierung; vgl. § 44 Abs. 2 Nr. 5 VwVfG.

sind die Genehmigungstatbestände des Kriegswaffenkontrollgesetzes von Verfassung wegen analog anzuwenden[155].

Mit Blick auf Dual use-Güter oder grenzüberschreitende Rüstungsdienstleistungen deutscher Staatsangehöriger verbleibende Lücken werden auf einfachgesetzlicher Ebene durch die Vorgaben des Außenwirtschaftsgesetzes und konkretisierendes Verordnungsrecht[156] geschlossen. Die Beschränkungen des Handels mit Kriegswaffen und ähnlichen Gegenständen sind bei alledem mit den Vorgaben des Unionsrechts vereinbar. Gemäß Art. 36 des Vertrags über die Arbeitsweise der Europäischen Union[157] stehen das Verbot mengenmäßiger Ein- und Ausfuhrbeschränkungen sowie Maßnahmen gleicher Wirkung Beschränkungen nicht entgegen, die aus Gründen der öffentlichen Sicherheit gerechtfertigt sind. Diesbezüglich hat der Europäische Gerichtshof in der Rechtssache Richardt klargestellt, daß dieser Vorbehalt „sowohl die innere Sicherheit eines Mitgliedstaats als auch seine äußere Sicherheit umfaßt", und daß „die Einfuhr, die Ausfuhr und die Durchfuhr von Waren, die zu strategischen Zwecken verwendet werden können, die öffentliche Sicherheit eines Mitgliedstaats beeinträchtigen können"[158]. Hinzu tritt, daß nach Art. 346 Abs. 1 lit. b AEUV „jeder Mitgliedstaat ... die Maßnahmen ergreifen [kann], die seines Erachtens für die Wahrung seiner wesentlichen Sicherheitsinteressen erforderlich sind, soweit sie die Erzeugung von Waffen, Munition und Kriegsmaterial oder den Handel damit betreffen".

32
Außenwirtschaftsgesetz

EU-Recht

Öffentliche Sicherheit

D. Schlußbemerkung

Die nähere Analyse der zentralen verfassungsunmittelbaren Verankerungen des Friedensgebots bestätigt den einleitend aufgestellten Befund, daß dem Friedensgebot des Grundgesetzes angesichts der unterschiedlichen Normstruktur und Zielrichtung der einschlägigen Vorschriften nicht der Charakter eines Rechtsprinzips zugesprochen werden kann. Konkrete Rechtsfolgen ergeben sich erst aus den einzelnen Verfassungsnormen mit Friedensbezug. Dies ändert nichts an dem Umstand, daß die zuständigen Staatsorgane sowohl bei der Umsetzung der relevanten Staatszielbestimmungen als auch bei der Einschätzung der Störungseignung der von Art. 26 Abs. 1 S. 1 GG erfaßten Handlungen generell über einen weiten, gerichtlich nur eingeschränkt kontrollierbaren Entscheidungsspielraum verfügen. Bei alledem steht das Verfassungsrecht im engen Zusammenhang mit den Vorgaben des Friedensvölkerrechts. Dies darf indes nicht im Sinne eines automatischen, auch zukünftige

33
Friedensgebot kein Rechtsprinzip

Verknüpfung von Verfassungs- und Friedensvölkerrecht

---

155 *Bothe* (N 109), Art. 26 Rn. 39.
156 Verordnung zur Durchführung des Außenwirtschaftsgesetzes i.d.F. der Bekanntmachung v. 22.11.1993 (BGBl 1993 I, S. 2493); Verordnung über Meldepflichten für bestimmte Kriegswaffen v. 24.1.1995 (BGBl 1995 I, S. 92).
157 Konsolidierte Fassung: ABlEU 2010, Nr. C 83/47.
158 EuGH, Rs. C-367/89, Richardt, Slg. 1991, I-4621 Rn. 22.

Entwicklungen erfassenden Gleichlaufs der beiden Rechtsordnungen mißverstanden werden. Zum einen ist der Verfassunggeber zum Teil über die einschlägigen Anforderungen des Völkerrechts noch hinausgegangen; zum anderen ist stets zu ermitteln, an welcher völkerrechtlichen Friedenskonzeption sich die jeweils einschlägige Verfassungsnorm orientiert. So ist etwa mit der Bezugnahme auf den Weltfrieden in Art. 1 Abs. 2 GG etwas anderes gemeint als mit der Friedensstörung in Art. 26 Abs. 1 S. 1 GG. Weder das Völkerrecht noch das Verfassungsrecht lassen somit undifferenzierte Aussagen über die Tragweite des Friedensbegriffs zu. Dies verringert die Relevanz der das Friedensgebot des Grundgesetzes konstituierenden Verfassungsnormen nicht. Sie verkörpern nicht nur die normative Reaktion auf die in extremem Maße rechtsstaats- und völkerrechtswidrige Politik des Dritten Reiches, sondern übertragen die aus der Vergangenheit gezogenen Lehren in die Gegenwart und Zukunft, indem sie das nach außen gerichtete Verhalten der Bundesrepublik Deutschland dauerhaft auf die Wahrung und Erhaltung des wesentlichen Grundwertes der internationalen Beziehungen, den Frieden, festlegen.

Marginalie: Selbstverpflichtung Deutschlands auf Dauer

E. Bibliographie

Michael Bothe, Friedensbegriff im Verfassungs- und Völkerrecht, in: Matthias Lutz-Bachmann/James Bohman (Hg.), Frieden und Recht, 1996, S. 187 ff.
Dieter Deiseroth, Das Friedensgebot des Grundgesetzes, in: Vorgänge 1 (2010), S. 103 ff.
Volker Epping, Grundgesetz und Kriegswaffenkontrolle, 1993.
Andreas Kunze, Der Stellenwert des Art. 26 I GG innerhalb des grundgesetzlichen Friedensgebotes, 2004.
Dieter S. Lutz, Krieg und Frieden als Rechtsfrage im Parlamentarischen Rat 1948/49, 1982.
Friedhelm Müller, Die Pönalisierung des Angriffskrieges im Grundgesetz und Strafgesetzbuch der Bundesrepublik Deutschland, Diss. Heidelberg 1970.
Ingo v. Münch, Äußerer und innerer Friede im Grundgesetz, in: FS für Wolf Graf von Baudissin, 1985, S. 39 ff.

§ 228
Das Selbstbestimmungsrecht des Volkes in der Weltgemeinschaft

Ulrich Vosgerau

Übersicht

	Rn.
A. Selbstbestimmungsrecht und Verfassung	1–21
I. Völkerrecht und Verfassungsrecht	1– 3
II. Selbstbestimmungsrecht als „idée directrice" des heutigen Völkerrechts	4– 7
III. Offensives und defensives Selbstbestimmungsrecht	8–21
1. Grundproblem: Begriff des Volkes	9–11
2. Ethnos und demos	12–16
3. Staatsvolk und Staat im Völkerrecht	17–21
B. Selbstbestimmungsrecht im Grundgesetz	22–31
I. Verfassungstranszendente Vorschriften des Grundgesetzes	22–29
1. Art. 79 Abs. 3 GG als formelle Selbstbestimmungsgarantie	25–26
2. Präambel und Art. 146 GG als materielle Selbstbestimmungsgarantie	27–29
II. Grundgesetzliche Garantie der Eigenstaatlichkeit	30–31
C. Das deutsche Volk als Legitimationsbasis	32–40
I. Selbstbestimmungsrecht der Völker als Grund und Grenze des Europarechts	32–33
II. Staatsvolk und Staatsbürgerschaft	34–37
III. Verantwortung des Staates für Risiken der Zuwanderung	38–40
D. Bibliographie	

A. Selbstbestimmungsrecht und Verfassung

I. Völkerrecht und Verfassungsrecht

1
Verfassunggebung ist Selbstbestimmung

Verfassunggebung ist nicht nur ein politischer, dem Recht oder der Rechtsordnung vorgelagerter Vorgang. Verfassunggebung ist, rechtlich gesehen, die Ausübung des (inneren[1]) Selbstbestimmungsrechts der Völker[2]. Daher bildet die Verfassung als normhierarchisch höchste rechtliche Äußerung eines Staates[3] von Rechts wegen das Bindeglied zwischen dem staatlichen und dem internationalen Recht, und deswegen kommt allein das Volk als verfassunggebende Gewalt in Betracht.

2
Selbstbestimmungsrecht und Volkssouveränität

Verfassunggebung ist im Recht der Völker- und Staatengemeinschaft der Gegenwart nicht der politische Urknall der Rechtsordnung, sondern die Begründung einer neuen Teilrechtsordnung innerhalb der Völkergemeinschaft. Infolge der Anerkennung des Selbstbestimmungsrechts der Völker als zwingendes Völkerrecht (ius cogens), das neben der souveränen Gleichheit der Staaten, den unveräußerlichen Menschenrechten – jedenfalls im Sinne eines kulturübergreifenden Wesenskerns –, dem Aggressionsverbot und dem Verbot des Völkermordes zu den wesentlichen rechtlichen und nicht nur politischen oder moralischen Grundprinzipien des geltenden Völkerrechts gehört,

Volkssouveränität als Selbstbestimmungsrecht

ist der Begriff der Volkssouveränität ebenfalls nicht mehr nur ein politisches oder staatsphilosophisches Postulat, sondern die verfassungsrechtliche, das heißt auf einen konkreten Staat bezogene Übersetzung des völkerrechtlichen Begriffes „Selbstbestimmungsrecht".

3
Staat als Voraussetzung des Völkerrechts

Verfassunggebung konstituiert einen konkreten Staat[4]. Staaten sind jedoch im heutigen Völkerrecht kein abstrakter Selbstzweck, sondern sie sind Gefäß und Instrument des Selbstbestimmungsrechts der Völker und überdies Träger der völkerrechtlichen Schutzverantwortung für die grundlegenden Menschenrechte. Nur in diesem Rahmen ermächtigt das Völkergemeinschaftsrecht das Volk als verfassunggebende Gewalt zur freien Entscheidung über den eigenen politischen Status[5]. Das Völkerrecht setzt dabei die Existenz von Völkern wie von Staaten als gegebene soziale Grundtatsache voraus, ähnlich wie das öffentliche Recht die Existenz von Staat und Gemeinwohl oder aber die Grundrechtslehre wie auch das Bürgerliche Recht und das Strafrecht die Exi-

---

1 Näher → unten *Quaritsch*, § 229 Rn. 4 ff. m. weit. Nachw.
2 → Unten *Quaritsch*, § 229 Rn. 2 m. weit. Nachw.; ferner *Dieter Blumenwitz*, Braucht Deutschland ein neues Grundgesetz?, in: ZfP 39 (1992), S. 6; *Karl Doehring*, in: Bruno Simma, Charta der Vereinten Nationen, 1991, nach Art. 1 Rn. 32 f.; *Bernhard Kempen*, Grundgesetz oder neue deutsche Verfassung?, in: NJW 1991, S. 964 (965); *Christoph Gusy*, Selbstbestimmung im Wandel, in: AVR 30 (1992), S. 385 (405, 407 f.); *Jost Delbrück*, in: ders./Rüdiger Wolfrum, Völkerrecht, Bd. I/2, ²2002, S. 14, *Christoph Möllers*, Gewaltengliederung, 2005, S. 28 ff., jew. m. weit. Nachw.
3 Vgl. bereits *Walter Jellinek*, Grenzen der Verfassungsgesetzgebung, 1931, S. 6.
4 *Josef Isensee*, Die Staatlichkeit der Verfassung, in: Depenheuer/Grabenwarter, § 6 Rn. 75 ff.; → Bd. II, ders., § 15 Rn. 1 ff., 46 ff.
5 Vgl. *Dietrich Murswiek*, in: Rudolf Dolzer/Wolfgang Kahl u. a. (Hg.), BK, Bd. I, Präambel Rn. 106 (Stand: 9/2005).

stenz von Personen. Wie das Öffentliche Recht zwar als Sonderrecht des Staates definiert wird, in der Sache jedoch gerade im Wesentlichen um des effektiven Schutzes individueller Rechte gegen das Gemeinwesen willen besteht, so besteht der Staat aus Sicht des Völkerrechts – sei er auch Hauptsubjekt dieses Völkerrechts[6] – gerade um des Selbstbestimmungsrechts willen[7], und zwar entweder als unmittelbarer Ausdruck des Selbstbestimmungsrechts des Staatsvolkes oder aber als völkerrechtlicher Gewährleistungsträger des Minderheitenschutzes[8].

Staat als Ausdruck des Selbstbestimmungsrechts

II. Selbstbestimmungsrecht als „idée directrice" des heutigen Völkerrechts

Während das Selbstbestimmungsrecht ursprünglich[9] nur als Ziel bzw. nach dem Wortlaut von Art. 1 Nr. 2, 55 UN-Charta als Grundsatz der Vereinten Nationen gegolten hatte[10], ist es heute als zwingendes Völkergewohnheitsrecht das tragende Legitimationsprinzip der völkerrechtlichen Gesamtordnung geworden, das das Verhältnis von Staaten und Völkern neu definiert hat[11]. Die bis in die 1970er Jahre hinein in der Lehrbuchliteratur teils noch vertretene Auffassung[12], es handele sich beim Selbstbestimmungsrecht eher um ein moralisch-politisches Prinzip ohne unmittelbare Rechtswirkung, ist heute überwunden[13].

4
Entwicklung des Selbstbestimmungsrechts

Manche Autoren versuchen indessen, bei grundsätzlicher Anerkennung des Selbstbestimmungsrechts als kollektives Menschenrecht dieses doch „bloß als Teilelement einer [völkerrechtlichen] Gesamtordnung"[14] zu qualifizieren, was

5
Teilelement einer Gesamtordnung?

---

6 *Volker Epping*, Völkerrechtssubjekte, in: Knut Ipsen (Hg.), Völkerrecht, [5]2004, § 5 Rn. 1; *Stephan Hobe*, Einführung in das Völkerrecht, [9]2008, S. 66; *Kay Hailbronner/Marcel Kau*, Der Staat und der Einzelne als Völkerrechtssubjekte, in: Wolfgang Graf Vitzthum (Hg.), Völkerrecht, [5]2010, III/Rn. 76.
7 Vgl. BVerfGE 123, 267 (346): „Souveräne Staatlichkeit steht danach für einen befriedeten Raum und die darin gewährleistete Ordnung auf der Grundlage individueller Freiheit und kollektiver Selbstbestimmung. Der Staat ist weder Mythos noch Selbstzweck, sondern die historisch gewachsene, global anerkannte Organisationsform einer handlungsfähigen politischen Gemeinschaft."
8 Vgl. statt vieler *Dieter Kugelmann*, Minderheitenschutz als Menschenrechtsschutz, in: AVR 39 (2001), S. 233 (255 m. weit. Nachw.): „Als Träger des Selbstbestimmungsrechts kommen nach zutreffendem Verständnis auch Minderheiten in Betracht."
9 Vgl. zur neueren Geschichte des Selbstbestimmungsrechts etwa *Reinhard Müller*, Der „2+4"-Vertrag und das Selbstbestimmungsrecht der Völker, 1997, S. 93 ff.
10 *Wolfgang Graf Vitzthum*, Begriff, Geschichte und Rechtsquellen des Völkerrechts, in: ders., Völkerrecht, [4]2007, I/Rn. 78.
11 Vgl. *Hans-Joachim Heintze*, in: Knut Ipsen, Völkerrecht, [5]2004, § 27 Rn. 5, 6 m. weit. Nachw. → Unten *Quaritsch*, § 229 Rn. 25 ff.
12 Vgl. *Daniel Thürer*, Das Selbstbestimmungsrecht der Völker, 1976, S. 191 ff.; *Jörg Manfred Mössner*, Einführung in das Völkerrecht, 1977, S. 37; hierzu bereits *Otto Kimminich*, Rechtscharakter und Inhalt des Selbstbestimmungsrechts, in: Dieter Blumenwitz/Boris Meisner (Hg.), Das Selbstbestimmungsrecht der Völker und die deutsche Frage, 1984, S. 37 (39): Mössner leugne als einziger im neueren Schrifttum die Rechtsqualität des Selbstbestimmungsrechts; vgl. zum Ganzen auch *Wolfgang Nowak*, U.N. Convenant on Civil and Political Rights – CCPR Commentary, Kehl/Straßburg/Arlington [2]2005, Art. 1 Rn. 14 m. weit. Nachw.
13 Vgl. *Christian Hillgruber/Bernhard Kempen*, Das Selbstbestimmungsrecht des deutschen Volkes und der Teso-Beschluß des Bundesverfassungsgerichts, in: ROW 33 (1989), S. 323; *Müller* (N 9), S. 109; *Heintze* (N 11), § 27 Rn. 7 f., jew. m. weit. Nachw.
14 *Daniel Thürer*, Das Selbstbestimmungsrecht der Völker und die Anerkennung neuer Staaten, in: Hanspeter Neuhold/Bruno Simma (Hg.), Neues europäisches Völkerrecht nach dem Ende des Ost-West-Konflikts?, 1996, S. 43 (46).

vom theoretischen Ansatz her richtig ist, gleichzeitig jedoch Gefahr läuft, das Selbstbestimmungsrecht in der Sache normhierarchisch unterhalb von Staatensouveränität und Gewaltverbot zu verorten und mithin im Ergebnis dann doch wieder in die Nähe einer bloß moralischen oder politischen Maxime zu rücken[15]. Freilich ist das Selbstbestimmungsrecht der Völker ein Teilelement innerhalb einer rechtlichen Gesamtordnung der heutigen Staaten- und Völkergemeinschaft; es ist allerdings dasjenige Teilelement, von dem das rechtliche Gesamtsystem in erster Linie Sinn und Richtung erfährt[16].

6
Friendly Relations Declaration

In diesem Sinne verpflichtet die Friendly Relations Declaration der UN-Vollversammlung vom 24. Oktober 1970 nicht nur alle Staaten zur Verwirklichung des Selbstbestimmungsrechts und verbietet jegliche Gewaltmaßnahme gegen seine Ausübung, sondern sie räumt überhaupt nur solchen Staaten das Recht auf Berufung auf ihre territoriale Unversehrtheit, politische Einheit und Souveränität ein, die sich dem Selbstbestimmungsrecht gemäß verhalten[17]. Darüber hinaus stellt die „Definition of Aggression" der UN-Vollversammlung vom 14. Dezember 1974 in Art. 7 klar, das völkerrechtliche Aggressionsverbot könne in keiner Weise das Selbstbestimmungsrecht beeinträchtigen.

„Definition of Aggression"

7
Selbstbestimmungsrecht als Grundnorm

Dies läßt sich eigentlich nur dahingehend verstehen, daß das Selbstbestimmungsrecht im Konfliktfall der Staatensouveränität wie dem Aggressionsverbot vorgeht und als völkerrechtliches Höchstprinzip eine Art Grundnorm des Völkerrechts bildet. Denn obwohl Resolutionen der UN-Vollversammlungen (anders als solche des Sicherheitsrates) völkerrechtlich nicht unmittelbar bindend sind, tragen sie (wie die Allgemeine Erklärung der Menschenrechte) jedenfalls entscheidend zur Ausbildung des Völkergewohnheitsrechts bei. Insofern gilt heute im Hinblick auf das Verhältnis von Selbstbestimmungsrecht, Staatensouveränität und Aggressionsverbot, daß ein Friede, der auf (gewaltsamer) Verweigerung des Selbstbestimmungsrechts beruht, kein Friede im völkerrechtlichen Sinne ist[18].

Friede im völkerrechtlichen Sinn

III. Offensives und defensives Selbstbestimmungsrecht

8
Begriff „Volk"

Nach alledem bildet das Selbstbestimmungsrecht der Völker ein sinnstiftendes und wesentliches Hauptprinzip des heutigen Völkerrechts, ähnlich wie der selbstzweckhaft gedachte souveräne Staat des klassischen Völkerrechts (ius publicum Europaeum)[19] dessen begriffliche Sinnmitte gebildet hatte. Entsprechend kann auch der Begriff des Staates als hauptsächliches Rechtssubjekt des Völkerrechts heute nur vom Begriff des Volkes her gedacht werden: „Der

---

15 Kritisch gegen das Selbstbestimmungsrecht sogar als politisches Prinzip *Jörg Fisch*, Das Selbstbestimmungsrecht der Völker, 2010, der jedoch nicht völkerrechtlich, sondern historisch und allgemeinpolitisch argumentiert.
16 → Unten *Quaritsch*, § 229 Rn. 7 ff., 12 ff., 25 ff., 27, 29 und passim, jew. m. weit. Nachw.
17 → Unten *Quaritsch*, § 229 Rn. 12 ff.
18 *Graf Vitzthum* (N 10), Rn. 78 Fn. 180; ähnlich bereits die „Peace-without-victory"-Botschaft des US-Präsidenten Woodrow Wilson vom 22.1.1917; vgl. zum Ganzen *Thürer* (N 14), S. 27.
19 Vgl. *Wilhelm Grewe*, Epochen der Völkerrechtsgeschichte, 1984.

Staat ist die mit ursprünglicher Herrschermacht ausgerüstete Verbandseinheit seßhafter Menschen."[20] Entsprechend kommt es für die Frage nach der Staatskontinuität nicht auf das Fortbestehen eines effektiven Staatsapparats[21], sondern auf den Fortbestand des Staatsvolkes[22] als eigentlichem Träger der Staatsgewalt[23] an, woraus weiterhin im Umkehrschluß folgt, daß der Untergang bzw. das Verschwinden des Staatsvolkes zum Untergang eines Staates führt[24]. Die zentrale legitimationstheoretische Stellung des Volkes rückt die Frage in den Mittelpunkt, was das „Volk" im Sinne des internationalen Rechts ist.

Staatskontinuität im Volk

1. Grundproblem: Begriff des Volkes

Der Staat kann mit dem Volk nicht einfach gleichgesetzt werden[25], schon weil ein Volk als solches weder innenpolitisch noch völkerrechtlich handlungsfähig wäre. Daher sind Völker und Nationen keine Völkerrechtssubjekte, vielmehr werden sie grundsätzlich durch ihren Staat mediatisiert. Dies würde auf den ersten Blick dafür sprechen, unter „Volk" im völkerrechtlichen Sinne einfach das Staatsvolk, das heißt den Inbegriff aller Staatsbürger zu verstehen; diese Sichtweise dürfte der heute deutlich herrschenden Meinung entsprechen, ist jedoch aus einer Reihe von Gründen etwas unterkomplex und in dieser Allgemeinheit nicht zutreffend.

9
Keine Gleichsetzung von Volk und Staat

Schon in praktischer Hinsicht kommt eine allgemeine Gleichsetzung von „Volk" und „Staatsvolk" nicht in Betracht, da diese dem völkerrechtlichen Gebot des Schutzes nationaler Minderheiten[26] nicht gerecht würde. So sind die in Deutschland lebenden Dänen, Friesen und Sorben einerseits Angehörige des deutschen Staatsvolkes, zugleich aber auch einer nationalen Minderheit. Weiterhin gilt in legitimationstheoretischer Hinsicht, daß das Völkerrecht die Existenz von Völkern – auch ohne einen eigenen Staat – als prinzipiell vorrechtlich gegebene Tatsache voraussetzt und voraussetzen muß (wie das einfache Recht die Existenz von Personen), wohingegen die Regelung des Staatsbürgerschaftsrechts in der Regel dem einfachen, nationalen Gesetzgeber bzw. dessen praktische Anwendung den Behörden obliegt.

10
Minderheitenschutz

Wenn also selbst das Völkerrecht an den Begriff des Volkes anknüpfen muß, ohne dessen soziales Substrat als solches rechtlich erzeugen zu können, so kann es angesichts der letztlich instrumentellen Funktion der staatlichen Ordnung im Völkerrecht als funktionaler Modus kollektiver Selbstbestimmung

11
„Peoples" und „nations"

---

20 Grundlegend bereits *Georg Jellinek*, Allgemeine Staatslehre, ³1914, S. 180 f.; → Bd. II, *Isensee*, § 15 Rn. 119 ff.; *Grawert*, § 16 Rn. 1 ff., 27 ff.
21 So aber noch *Hans Kelsen*, The Legal Status of Germany according to the Declaration of Berlin, in: AJIL 39 (1945), 518 ff.
22 BVerfGE 36, 1 (15 f.); vgl. bereits BVerfGE 2, 266 (277); 3, 288 (319 f.); 5, 85 (126); 6, 309 (336, 363) sowie 44, 125 (142 f.); 77, 137 (150).
23 *Albert Bleckmann*, Grundgesetz und Völkerrecht, 1975, S. 75.
24 Vgl. bereits *Rolf Stödter*, Deutschlands Rechtslage, 1948, S. 51; *Alfred Verdross/Bruno Simma*, Universelles Völkerrecht, ³1984, § 969 („Aussterben der Bevölkerung").
25 So bereits *Jellinek* (N 20), S. 146 f.
26 → Bd. X, *Murswiek*, § 213 Rn. 1 ff., 7 ff., 40 ff.

nicht der staatlichen Rechts- und Verfassungsordnung allein überlassen bleiben, sich ihr Legitimationssubjekt selber zu definieren[27] und zu schaffen[28]. Gerade um klarzustellen, daß das „Volk" im Sinne des Völkerrechts nicht notwendig mit dem „Staatsvolk" identisch sein muß, ist in den Internationalen Pakten über bürgerliche und politische Rechte (vom 19. Dezember 1966) wie über wirtschaftliche, soziale und kulturelle Rechte (vom 9. Dezember 1966) von „peoples" die Rede; der im Entwurf der Menschenrechtskommission von 1952 ursprüngliche enthaltene Begriff „nations", der im Englischen mehrdeutig[29] ist, wurde gerade fallengelassen[30].

2. Ethnos und demos

12

Im Ergebnis gibt es im Völkerrecht keinen einheitlichen Volksbegriff und keine einheitliche Rechtsfolge des Selbstbestimmungsrechts; sondern dieses Selbstbestimmungsrecht erweist sich als Rechtsprinzip, das heißt ein Rechtssatz, der nicht nur einen Tatbestand und eine Rechtsfolge kennt, sondern aus dem unterschiedliche Rechtssubjekte situativ verschiedene Rechtsfolgen für sich ableiten können. Solange die Staatensouveränität als völkerrechtlicher Selbstzweck galt, konnte das Selbstbestimmungsrecht nicht ebenfalls ein Rechtssatz sein[31]. Erst die Ersetzung der selbstzweckhaften Staatensouveränität durch die Volkssouveränität gestattet die Erkenntnis, daß zwischen Souveränität und Selbstbestimmung kein fundamentaler Gegensatz besteht, son-

Einheit von Selbstbestimmung und Volkssouveränität

---

27 Vgl. zum Ganzen *Christian Hillgruber*, Wer ist Träger des Selbstbestimmungsrechts und wie kann man es durchsetzen?, in: Gilbert H. Gornig/Hans-Detlef Horn/Dietrich Murswiek (Hg.), Das Selbstbestimmungsrecht der Völker – eine Problemschau, 2013, S. 75 (76 ff.).

28 Dies würde an die feudalistische Praxis erinnern, in der der Fürst als souverän gedacht wird und weiter das Recht hat, seine Länder zu „peuplieren" (so noch eindeutig *Carl Ludwig von Haller*, Restauration der Staatswissenschaften, Bd. I, ²1820, S. 511: das Volk sei eine Schöpfung des Fürsten, denn er habe es „nach und nach um sich her versammelt"). Das moderne Völkerrecht kennt jedoch nur das Selbstbestimmungsrecht der Völker, nicht aber ein Selbstbestimmungsrecht der Rechtsordnungen oder gar ein Völkerkreationsrecht von Regierungen oder auch Parlamentsmehrheiten.

29 Vgl. zum Ganzen einerseits *Hu Chou-Young*, Das Selbstbestimmungsrecht als eine Vorbedingung des völligen Genusses aller Menschenrechte, 1972, S. 243 ff., und andererseits *Karl Doehring*, Das Selbstbestimmungsrecht der Völker als Grundsatz des Völkerrechts, 1974, S. 21 („nation" und „people" sei synonym). – Im Englischen bedeutet „nation" in der Tat entweder das Volk oder die Nation (wobei kaum der im Deutschen wie im Französischen spürbare Unterschied im Sinne eines politischen und voluntaristischen Elements existiert zwischen dem einfach nur daseienden Volk und der politisch auch da sein wollenden Nation) oder aber Nationalstaat oder aber einfach Staat, auch wenn es eigentlich kein Nationalstaat ist; so verstehen sich auch die USA sehr wohl als „nation", wenn man auch, zumal mit innenpolitischem Bezug, vielfach von der „Union" spricht. „Peoples" bedeutet „die Völker", und zwar durchaus eher im naturalistischen als im staatspolitischen Sinne; „people" ist insofern zwar der Singular zu „peoples", hat aber, weil das Wort eben zugleich „die Leute" bezeichnet und jedenfalls in dieser viel häufigeren Bedeutung keinen Plural bildet, im angelsächsischen Ohr einen gewissermaßen pluralistischeren Klang als „das Volk" im Deutschen; man denkt nämlich dabei eben an „die Leute", wie in „die Leute von Seldwyla".

30 Vgl. *Dietrich Murswiek*, Offensives und defensives Selbstbestimmungsrecht, in: Der Staat 23 (1984), S. 523 (528 m. weit. Nachw.).

31 Vgl. noch *Hubert Armbruster*, Selbstbestimmungsrecht, in: Karl Strupp/Hans-Jürgen Schlochauer (Hg.), Wörterbuch des Völkerrechts, Bd. III, 1962, S. 250 (253): „Das Souveränitätsprinzip schließt das Selbstbestimmungsrecht logisch aus. Wenn das Völkerrecht die Souveränität der bestehenden Staaten garantiert, kann es nicht gleichzeitig erlauben, daß diese Souveränität unter dem Titel Selbstbestimmungsrecht beeinträchtigt wird ... Da das Souveränitätsprinzip das ältere und verfestigtere Prinzip ist, geht es dem Selbstbestimmungsrecht vor."

dern beide jeweils Ausdruck eines einheitlichen völkerrechtlichen Prinzips sind[32].

Es ist jedoch zwischen dem offensiven („kritischen") und dem defensiven Selbstbestimmungsrecht zu unterscheiden[33]. Das offensive Selbstbestimmungsrecht steht Völkern und ethnischen Minderheiten ohne eigenen Staat zu, es ist – jedenfalls in letzter Konsequenz – auf die Errichtung eines neuen Staates, das heißt auf die Sezession gerichtet, wird aber normalerweise bereits auf niedrigerer Schwelle, das heißt durch die Einräumung von Minderheitenschutz in einem bestehenden Staat, kulturelle Rechte, eigene Schulen, freie Religionsausübung und Selbstverwaltung befriedigt. Das defensive Selbstbestimmungsrecht hingegen steht Staatsvölkern zu und richtet sich auf die Erhaltung ihrer Staaten gerade als Ausdruck ihres verwirklichten Selbstbestimmungsrechts. In einem bestehenden Staat kann der demos, das Staatsvolk, in der Tat nur positiv-rechtlich durch die Staatsangehörigkeit definiert werden, weitere tatsächliche Umstände wie Herkunft, Sprache und Kultur sind insofern vollkommen irrelevant.

13
Offensives Selbstbestimmungsrecht

Defensives Selbstbestimmungsrecht

Positiv-rechtliche Bestimmung des demos

Umgekehrt kann jedoch der ethnos, das heißt das natürliche Volk, die nun einmal daseiende nationale Minderheit, gerade nicht einfach unter Rückgriff auf rechtliche Setzungen eines Staates, den es nicht als den seinen erlebt, definiert oder auch hinwegdefiniert werden, weil so der Minderheitenschutz bzw. das Selbstbestimmungsrecht gerade leerlaufen würden[34]. Der ethnos muß jeglicher nationalen Rechtsordnung vorgelagert gedacht werden.

14
Ethnos der Rechtsordnung vorgelagert

Dabei bleibt es richtig, daß eine wirklich allgemeingültige, universalisierbare Definition der Begriffe „Volk" und „Nation", soweit erkennbar, nicht existiert[35]. Nichts anderes gilt jedoch auch von anderen Rechtsbegriffen wie etwa „Menschenwürde" oder „Gleichberechtigung", ohne daß deren Rechtscharakter deswegen durchgreifend in Abrede gestellt würde; die praktische rechtliche Handhabbarkeit auch des ethnos-Begriffes wird insofern plastisch durch die Äußerung des UN-Spezialberichterstatters des zweiten Berichts über das Selbstbestimmungsrecht (1981) Cristescu zusammengefaßt: „The fact is that, whenever in the course of history a people has become aware of being a people, all definitions have proved superfluous."[36] Dies liegt schon daran, daß man einer Gruppe ihr Selbstbestimmungsrecht gerechterweise nicht wird versagen können, die sich durch eine jahrhundertelange Geschichte selbst als Volk verstanden hat und auch von anderen als Volk angesehen worden ist[37].

15
Keine allgemeingültige Definition des ethnos

---

32 → Bd. II, *Grawert*, § 16 Rn. 6.
33 Grundlegend *Murswiek* (N 30), S. 523 ff.; *ders.*, Die Problematik eines Rechts auf Sezession – neu betrachtet, in: AVR 31 (1993), S. 307 ff.; → Unten *Quaritsch*, § 229 Rn. 29 ff.
34 → Bd. X, *Murswiek*, § 213 Rn. 44 ff.
35 Vgl. bereits *Theodor Veiter*, Deutschland, deutsche Nation und deutsches Volk, in: APuZ 23 (1973), Bd. 11, S. 4, 12 ff.; → Bd. II, *Isensee*, § 15 Rn. 52, 119 ff.; *Grawert*, § 16 Rn. 5 ff.; → unten *Quaritsch*, § 229 Rn. 31.
36 *Aureliu Cristescu*, UN doc. E/CN.4/ Sub. 2/404/Rev. 1 (17); zum Ganzen jetzt *Hillgruber* (N 27), S. 82 ff.
37 *Dedo von Schenck*, in: Karl Doehring, Das Selbstbestimmungsrecht der Völker als Grundsatz des Völkerrechts, 1974, S. 66 ff. (96) (Diskussionsbeitrag).

16
Sezession

Nach Maßgabe des Satzes, daß die Sezession nur das äußerste und letzte Mittel gegen eine hartnäckige Versagung des Minderheitenschutzes sein kann[38], liefert die Unterscheidung zwischen offensivem und defensivem Selbstbestimmungsrecht den Schlüssel für das Verhältnis von Staatensouveränität und Selbstbestimmungsrecht als Rechtsprinzip.

3. Staatsvolk und Staat im Völkerrecht

17
Legitimation des Staates

Die Gegenüberstellung von offensivem und defensivem Selbstbestimmungsrecht läßt bereits deutlich werden, daß das Selbstbestimmungsrecht eines Volkes durch die Gründung eines eigenen Staates nicht etwa „qua Erfüllung" erlischt[39], sondern nur seine Form vom offensiven oder kritischen in das defensive Selbstbestimmungsrecht verändert. Das Selbstbestimmungsrecht besteht aber jedenfalls als solches fort und bildet den eigentlichen Legitimationsgrund des Staates.

18
Staatsvolk

Die entscheidende Bedeutung jedenfalls für die Kontinuität eines Staates kommt daher stets dem Staatsvolk als politischer und rechtlicher Schicksalsgemeinschaft mit dem Willen zur staatlichen Einheit zu[40]. Die Staatskontinuität ist demnach zu bejahen, wenn der eigentliche Träger der Staatsgewalt, das Volk, erhalten geblieben ist und die Eigenstaatlichkeit will[41]. Dabei ist unter dem Volk insofern nicht nur[42] die Summe der gegenwärtig lebenden Individuen zu verstehen, als daß der Begriff „Volk" als Rechtsbegriff auch eine gedachte und zu denkende Einheit meint, die die früheren, heutigen und kommenden Generationen verbindet[43]. Das Volk im Sinne des Völkerrechts ist ein persistierender Personenverband, der sich nicht aus einem bestimmten und begrenzbaren Zweck, sondern dauerhaft im Sinne von in seiner Geschlechterfolge fortlebend zusammengefunden hat[44] und in dieser wesentlich ständigen Form des Zusammenlebens eine Schicksalsgemeinschaft bil-

Staatskontinuität

det[45]. Gerade und nur wegen der Kontinuität dieses Souveräns besteht eine ununterbrochene Kontinuität des Staates von seinen Anfängen bis in die Gegenwart und in die Zukunft[46].

---

38 → Unten *Quaritsch*, § 229 Rn. 16, 23, 30, 31.
39 → Unten *Quaritsch*, § 229 Rn. 16.
40 BVerfGE 36, 1 (15 f.); grundlegend bereits *Georg Jellinek*, Allgemeine Staatslehre, ³1914 (Nachruck 1921), S. 161 f., 179, 407.
41 Vgl. *Bleckmann* (N 23), S. 75.
42 In diese Richtung wohl tendenziell *Antonio Cassese*, International Law, Oxford ²2005, S. 3: „We take the view that all legal systems should address themselves to individuals or groups of individuals".
43 *Albert Bleckmann*, Allgemeine Staats- und Völkerrechtslehre, 1995, S. 145; vgl. auch schon *Josef Isensee*, Abschied der Demokratie vom Demos, in: FS für Paul Mikat, 1989, S. 705 (710).
44 Vgl. *Verdross/Simma* (N 24), § 380 („civitas perfecta").
45 Vgl. VG Köln, in: DVBl 1978, S. 510 (511).
46 *Bleckmann* (N 43), S. 145, 147: „Der Staat bleibt folglich so lange mit sich selbst identisch, solange das Volk einheitlich ist und sich selbst gleich bleibt ... Das souveräne Volk aber bleibt ... im Wechsel der Generationen mit sich selbst identisch, weil es auch in der Folge der Generationen eine Einheit darstellt."

Schon aus dieser einfachen Erwägung ergibt sich aber auch die völkerrechtliche Richtigkeit des obiter dictums des Bundesverfassungsgerichts aus der Lissabon-Entscheidung, nach dem die Aufgabe des Selbstbestimmungsrechts des deutschen Volkes in Gestalt der völkerrechtlichen Souveränität der Bundesrepublik Deutschland durch Beitritt zu einem Bundesstaat „allein dem unmittelbar erklärten Willen des Deutschen Volkes vorbehalten" bleiben muß[47]. Der Staat im Sinne des Völkerrechts ist primär in der Existenz eines Personenverbandes[48] verwurzelt, dessen politische Einheit er repräsentiert[49]. Da das Völkerrecht jedenfalls seit der zweiten Hälfte des 20. Jahrhunderts „die Verlängerung des Legitimations- und Delegationskontextes über die souveränen Staaten hinaus bzw. durch diese hindurch auf die souveränen Staatsvölker in Gestalt des inneren Selbstbestimmungsrechts" als verbindlich anerkennt[50], steht hinter dem Prinzip des Schutzes staatlicher Souveränität als völkerrechtliche Letztbegründung allein das Selbstbestimmungsrecht der Völker und damit – verfassungstheoretisch gewendet – das Prinzip der Volkssouveränität.

19
Aufgabe der Souveränität

Dieses hat im Selbstbestimmungsrecht der Völker eine von sich wandelnden jeweiligen verfassungsrechtlichen Gegebenheiten in irgendeinem Staat unabhängige rechtliche Anerkennung gefunden[51]. Da die souveräne Gleichheit der Staaten (Art. 2 Nr. 1 UN-Charta) und das Selbstbestimmungsrecht der Völker (Art. 1 Nr. 2 UN-Charta) daher in materieller Hinsicht Ausprägungen eines einzigen und einheitlichen völkerrechtlichen Rechtsprinzips sind, kann die Abschaffung bzw. Preisgabe eines selbständigen Staates nur als unmittelbarer Ausdruck des Selbstbestimmungsrechts völkerrechtlich gerechtfertigt sein.

20
Prinzip der Volkssouveränität

Entscheidend ist daher aus völkerrechtlicher Sicht vor allem, daß das Volk von Verfassungs wegen als eigentlicher Inhaber der Staatsgewalt[52] und mithin als pouvoir constituant[53] angesehen wird. Nur das Volk kann – in welchem Verfahren auch immer – dem Staat eine neue Verfassung geben.

21
Volk als pouvoir constituant

---

47 BVerfGE 123, 267 (347f., 364).
48 Vgl. *Rolf Stödter*, Deutschlands Rechtslage, 1948, S. 49; *Hartmut Maurer*, Staatsrecht I, [6]2010, § 1 Rn. 11.; *Verdross/Simma* (N 24), § 390: „Darüber lehren schon unsere Klassiker, daß die auf einem bestimmten Gebiete seßhafte, in der Geschlechterfolge fortlebende Bevölkerung das materielle Element bildet, das die [völkerrechtliche] Kontinuität der Staaten begründet. So bekämpft Grotius die Lehre des Aristoteles, daß eine Änderung der Verfassung des Staates einen neuen Staat begründe, da die Form der Verfassung für den Bestand des Staates ohne Bedeutung sei. In meisterhafter Klarheit kleidet Bynkershoek diesen Gedanken in folgende Worte: ‚Forma autem Regiminis mutata non mutatur ipse Populus. Eadem utique Respublica est, quamvis nunc hoc, nunc alio modo regatur.'"
49 Vgl. bereits *Georg Jellinek*, Allgemeine Staatslehre, [3]1914 (Nachruck 1929), S. 154.
50 *Christian Hillgruber*, Braucht das Völkerrecht eine Völkerrechtswissenschaftstheorie?, in: Matthias Jestaedt/Oliver Lepsius (Hg.), Rechtswissenschaftstheorie, 2008, S. 113 (130).
51 Vgl. *Hillgruber* (N 50), S. 130.
52 → Bd. II, *Böckenförde*, § 24 Rn. 10.
53 Vgl. zum Ganzen bereits *Murswiek* (N 30), S. 534 mit Fn. 35 a. E. Vgl. auch *Hans-Peter Schneider*, Die verfassunggebende Gewalt, in: HStR VII, [1]1992, § 158 Rn. 19ff.; *Martin Heckel*, Die Legitimation des Grundgesetzes durch das deutsche Volk, in: HStR VIII, [1]1995, § 197 Rn. 72ff.

B. Selbstbestimmungsrecht im Grundgesetz

I. Verfassungstranszendente Vorschriften des Grundgesetzes

22
Ewigkeitsgarantie als Selbstbestimmungsgarantie

Als „verfassungstranszendent" werden hier diejenigen grundgesetzlichen Vorschriften bezeichnet, die auf das überverfassungsrechtliche Recht, nämlich das zwingende Völkerrecht, verweisen und mithin letztlich deklaratorischen Charakter haben. Unmittelbar auf das Selbstbestimmungsrecht verweisen die Präambel wie Art. 146 GG, aber auch die sogenannte Ewigkeitsgarantie des Art. 79 Abs. 3 GG, bei der es sich in Wahrheit um eine Selbstbestimmungsgarantie handelt (das heißt: sie kann zwar geändert werden, jedoch nur durch das Volk als verfassunggebende Gewalt selbst und nicht durch den verfassungsändernden Gesetzgeber[54]). Weiter wären in diesem Zusammenhang die Vorschriften aus Art. 1 Abs. 2 und Art. 20 Abs. 4 GG[55] zu nennen.

23
Funktionales Naturrecht der Gegenwart

Zwingendes Völkerrecht

Für Art. 1 Abs. 2 GG ist es strittig geblieben, ob diese Vorschrift auf die völkerrechtlichen Menschenrechte der Allgemeinen Erklärung der Menschenrechte (AEMR) verweist[56] oder aber auf das Naturrecht[57]. In praktischer Hinsicht bleibt dieser Streit fruchtlos, da das zwingende Völkerrecht – das heißt Selbstbestimmungsrecht, Menschenrechte, Aggressionsverbot, Selbstverteidigung – in funktionaler Hinsicht ohnehin das Naturrecht der Gegenwart bildet, so daß die klare Zuordnung eines Rechtssatzes zur einen oder aber zur anderen Rechtsmasse gar nicht gelingen könnte. Damit ist nicht gemeint, das Völkerrecht habe das Naturrecht heute ersetzt bzw. überflüssig gemacht[58]. Dies zeigt schon der vergleichende Blick auf das „staatliche Naturrecht" der Grundrechtskataloge.

24
Naturrecht im staatlichen Rechtssystem

Das alte Problem, daß der einzelne zwar staatliche Gesetze und Entscheidungen als ungerecht empfinden, aber ein entgegenstehendes Naturrecht nicht aufweisen konnte, hat der moderne Grundrechtsstaat dadurch gelöst (bzw. gangbar gemacht), daß heute jeglicher Naturrechts- oder Gerechtigkeitstopos in grundrechtsdogmatischer Einkleidung formuliert werden kann; daher dienen die Grundrechte mit ihren weiten und offenen Schutzbereichen funktionell der Einführung von Naturrechtsideen und Gerechtigkeitsdiskursen in das staatliche Rechtssystem, wodurch einzelfallbezogen die Legitimität staatlicher Rechtsanwendung begründet und gesichert wird. Ähnlich tritt man politi-

---

54 *Karl-Eberhardt Hain*, in: v. Mangold/Klein/Starck, [6]2010, Art. 79 Rn. 33 f.
55 Die rechtliche Bedeutung des Widerstandsrechts (kritisch *Josef Isensee*, Das legalisierte Widerstandsrecht, 1969) besteht in seiner Vorfeldwirkung; es gewährleistet dem einzelnen einen verfassungsbeschwerdefähigen (Art. 93 Abs. 1 Nr. 4 a GG) Anspruch gegen alle Staatsorgane auf Unterlassung aller Maßnahmen, die bei ihrer Aufrechterhaltung und Fortschreibung früher oder später in den Widerstandsfall führen würden. Zutreffend *Dietrich Murswiek*, Das Grundrecht auf Achtung des unabänderlichen Verfassungskerns, in: FS für Wilfried Fiedler, 2011, S. 251 (254 ff.); a. A. ohne jede nähere Begründung BVerfGE 123, 267 (333). Vgl. auch *Rudolf Dolzer*, Der Widerstandsfall, in: HStR VII, [1]1992, § 171 Rn. 13 ff., 19.
56 So etwa *Matthias Herdegen*, in: Maunz/Dürig, Art. 1 Rn. 3, 19.
57 So *Josef Isensee*, Würde des Menschen, in: HGR, Bd. IV, 2011, § 87 Rn. 27 f.
58 In diese Richtung eindeutig *Matthias Herdegen*, Das Überpositive im positiven Recht, in: FS für Josef Isensee, 2007, S. 135 (142 ff.).

schen Entscheidungen auf der internationalen Ebene heute nicht mehr zum Beispiel unter Berufung auf den Willen Gottes entgegen („deus lo vult"), sondern im Wege der Auslegung offener völkerrechtlicher Begriffe (wie „Selbstbestimmung", „Menschenrechte" oder „Aggressionsverbot"). Nichts anderes bedeutet „funktionelles Naturrecht", da kein Staat im Prinzip leugnet, durch das Völkerrecht gebunden zu sein.

Völkerrecht statt Theologie

1. Art. 79 Abs. 3 GG als formelle Selbstbestimmungsgarantie

Art. 79 Abs. 3 GG verfolgt nicht den Zweck, bestimmte Verfassungsentscheidungen zu verewigen. Vielmehr stellt die Norm den Unterschied zwischen Verfassunggeber und verfassungsänderndem Gesetzgeber klar und weist das Recht zur Verfassungsneuschaffung allein dem Volk als Träger des Selbstbestimmungsrechts zu. Der Umstand, daß Art. 79 Abs. 3 GG selbst nicht abänderbar ist, folgt dabei nicht aus der Teleologie dieser Vorschrift selber – denn eine Rechtsvorschrift könnte kaum Aussagen über ihre eigene Änderbarkeit treffen[59] –, sondern aus dem sich aus der Präambel, aus Art. 146 und aus Art. 79 Abs. 3 selbst folgendem Umstand, daß das Grundgesetz systematisch zwischen verfassunggebender Gewalt und verfaßten Gewalten unterscheidet.

25
Unabänderlichkeit des Art. 79 Abs. 3 GG

Aus völkerrechtlicher Sicht ist diese Unterscheidung kein kontingenter Umstand des gegenwärtigen deutschen Verfassungsrechts. Das Selbstbestimmungsrecht der Völker selber – das insofern auch dem Verfassunggeber als eine heteronome, das heißt einem höheren völkerrechtlichen Rechtskreis entstammende Schranke entgegentritt[60] – gebietet es, das Staatsvolk von Verfassungs wegen als pouvoir constituant anzusehen[61]. In diesem Sinne ist die Selbstbestimmungsgarantie des Art. 79 Abs. 3 GG materiellrechtlich rein deklaratorisch bzw. hat allein klarstellende Funktion. Dies bedeutet indessen nicht, daß sie „überflüssig" wäre. Denn in prozessualer Hinsicht erweist sich die Vorschrift (im Verbund mit Art. 38, 146 und – richtigerweise – auch 20 Abs. 4 GG) als konstitutiv, da sie es erst den Angehörigen des deutschen Staatsvolkes erlaubt, Verletzungen ihres Selbstbestimmungsrechts bzw. ihres Mitwirkungsrechts an einer Verfassungsneuschaffung vor dem Bundesverfas-

26

Staatsvolk als pouvoir constituant

---

59 *Hain* (N 54), Art. 79 Rn. 41.
60 Vgl. bereits BVerfGE 2, 1 (12): die freiheitlich-demokratische Grundordnung als Ordnung „auf der Grundlage der Selbstbestimmung des Volkes".
61 Durch die Verfassunggebung erlischt denn auch nicht das Selbstbestimmungsrecht des Volkes bzw. wächst den verfaßten Gewalten an (anders wohl noch *Hans Haug*, Die Schranken der Verfassungsrevision, 1947, S. 156 f.; *Martin Kriele*, Das demokratische Prinzip des Grundgesetzes, in: VVDStRL 29 [1971], 46 [58 f.]); für das GG wird dies durch Art. 146 klargestellt. Insbesondere läßt sich die Lehre vom Erlöschen des Selbstbestimmungsrechts durch Verfassunggebung nicht mit dem Gedanken begründen, auch die verfassunggebende Gewalt müsse als rechtlich gebunden gedacht werden (*Udo Steiner*, Verfassunggebung und verfassunggebende Gewalt des Volkes, 1966, S. 203 ff.). Da die verfassunggebende Gewalt des Volkes immer nur eine neue Teilrechtsordnung innerhalb der Völker- und Staatengemeinschaft begründet, ist sie an das zwingende Völkergewohnheitsrecht (z. B. Aggressionsverbot, Fremdenrecht, Minderheitenschutz usw.) gebunden. Mit einem Übergang des Selbstbestimmungsrechts auf Politik und Obrigkeit hat dies indessen nichts zu tun.

sungsgericht zu rügen. Art. 79 Abs. 3 GG verhindert als negative Kompetenznorm – und insofern auch strukturell grundrechtsähnlich – den Versuch der Verfassungsneuschaffung durch verfaßte Gewalten und sichert insofern das Selbstbestimmungsrecht des Volkes in formeller Hinsicht.

Keine Verfassunggebung durch verfaßte Gewalten

2. Präambel und Art. 146 GG als materielle Selbstbestimmungsgarantie

27

Verfassung im materiellen Sinn

Im materiellen Sinne ist „Verfassung" nur dasjenige Gesetz, das einen konkreten Staat als Völkerrechtssubjekt im Sinne einer rechtlichen Grundnorm dergestalt verfaßt, daß darin das Selbstbestimmungsrecht gerade des Staatsvolkes zum Ausdruck kommt, dieses also zum pouvoir constituant wird. Dies wirft die Frage auf, ob das Grundgesetz selber als Ausdruck des Selbstbestimmungsrechts materiell legitimiert und mithin überhaupt schützenswert ist. Denn historisch-faktisch ging weder die Entstehung des Grundgesetzes unmittelbar auf den Willen des deutschen Volkes zurück noch geschah seine Formulierung in äußerer politischer Freiheit, sondern unterlag ursprünglich inhaltlichen Vorgaben der Westmächte, von denen auch der Impuls zu seiner Schaffung ausging, die teils in laufende Beratungen intervenierten und die sich seine Genehmigung vorbehielten[62]. Auch fand zu keinem späteren Zeitpunkt – also weder 1949 ff. noch 1990 ff. – eine Volksabstimmung über das Grundgesetz statt.

Legitimität des Grundgesetzes?

28

Präambel als normatives Gebot

Zweifel an der Legitimität des Grundgesetzes sind jedoch deswegen derzeit rechtlich nicht durchgreifend, weil sie auf einer Verwechselung historischer Tatsachen mit rechtlichen Geltungsansprüchen beruhen. Wenn die Präambel die verfassunggebende Gewalt dem deutschen Volk zuschreibt, so handelt es sich nicht um eine vielleicht unzutreffende historische Tatsachenfeststellung[63], sondern um ein normatives Gebot, das deutsche Volk von Verfassungs wegen als pouvoir constituant zu behandeln[64]. In praktischer Hinsicht wird die Legitimität des Grundgesetzes durch das Fehlen einer Volksabstimmung deswegen nicht berührt, weil eine solche, hätte sie im Jahr 1949 stattgefunden, über die gegenwärtige Legitimität des Grundgesetzes wenig auszusagen vermöchte[65]. Denn es käme auf die „Akzeptanz der später Geborenen"[66]

---

[62] Zum Ganzen → Bd. I, *Mußgnug*, § 8 Rn. 76 ff.; → Bd. II, *Isensee*, § 15 Rn. 31; → unten *Quaritsch*, § 229 Rn. 34 ff. Vgl. auch *Josef Isensee*, Selbstbestimmung des Grundgesetzes: Artikel 146, in: HStR VII, ¹1992, § 166 Rn. 32 ff.; *Heckel* (N 53), § 197 Rn. 42 ff.

[63] In diese Richtung aber *Gerd Roellecke*, Verfassunggebende Gewalt als Ideologie, in: JZ 1992, S. 929 (930); ähnlich *Josef Isensee*, Das Volk als Grund der Verfassung, 1995, S. 73 („Klapperstorchmärchen für Volljuristen").

[64] Vgl. bereits *Dietrich Murswiek*, Die verfassunggebende Gewalt nach dem Grundgesetz, 1978, S. 95 („eine dem Volk unveräußerlich zustehende Rechtsposition").

[65] Die Auffassung, eine Verfassung bedürfe einer Volksabstimmung, gelte dann aber unbefristet, erweist sich rechtstheoretisch als eine Spielart der hier abgelehnten Lehre (s. o. N 61), die das Selbstbestimmungsrecht nur als theoretische und hypothetische Anfangsgröße anerkennen will, es aber, sobald der Staat gegründet ist und eine Verfassung gilt, offenbar irrevozierbar und vollumfänglich den Staatsorganen anwachsen sieht.

[66] *Reinhold Zippelius*, Deutsche Einheit und Grundgesetz, in: BayVBl 1992, S. 289 (291).

an⁶⁷. Da die Verfassung auf die Zustimmung des Staatsvolkes angewiesen ist, muß diese Zustimmung faktisch, gegenwärtig und informell sein, also ein „plébiscite de tous les jours"⁶⁸.

Plébiscite de tous les jours

Das Grundgesetz ist auch über die Wiedervereinigung hinaus eine vorläufige Verfassung⁶⁹, weil es vor dem Hintergrund des Selbstbestimmungsrechts keine endgültigen Verfassungen gibt⁷⁰. Die einzige Legitimitätsreserve des Grundgesetzes liegt in dem Umstand, daß das deutsche Volk die Verfassung legitimerweise jederzeit umstürzen könnte – wie dies im Herbst 1989 in der DDR geschehen ist. Der Sinn des Art. 146 GG liegt darin, das Grundgesetz durch Anerkennung des stets persistierenden Selbstbestimmungsrechts und als dessen gegenwärtigen Ausdruck zu legitimieren. Freilich kann sich auch das Grundgesetz nicht durch eine seiner Normen einfach selbst Legitimität zusprechen. Aber dies geschieht auch nicht, weil Art. 146 GG als verfassungstranszendente Verfassungsnorm materiellrechtlich deklaratorisch zu verstehen ist und nichts besagt, was nicht ohnehin aus dem überkonstitutionellen Selbstbestimmungsrecht folgen würde.

29
Grundgesetz bleibt vorläufige Verfassung

Art. 146 GG

II. Grundgesetzliche Garantie der Eigenstaatlichkeit

In seiner Lissabon-Entscheidung hat das Bundesverfassungsgericht das in der Maastricht-Entscheidung postulierte grundrechtsgleiche Recht auf demokratische Legitimation hoheitlichen Handelns⁷¹ – das im staatengemeinschaftlichen Verbund der Europäischen Union indessen nicht einlösbar sein dürfte⁷² – unter anderem mit Berufung auf das völkerrechtliche Selbstbestim-

30
Lissabon-Entscheidung

---

67 → Bd. II, *P. Kirchhof*, § 21 Rn. 17 ff.; vgl. *Hauke Möller*, Die verfassungsgebende Gewalt des Volkes und die Schranken der Verfassungsrevision, 2004, S. 102; *Isensee* (N 62), § 166 Rn. 36 ff.; *Heckel* (N 53), § 197 Rn. 42 ff.
68 *Ernest Renan*, Qu'est-ce qu'une nation?, Paris 1882; ähnlich *Hermann Heller*, Die Souveränität, 1927, S. 82; *Rudolf Smend*, Verfassung und Verfassungsrecht, 1928, in: ders., Staatsrechtliche Abhandlungen, ²1968, S. 119 (136).
69 A.A. die h.M. im Anschluß an *Josef Isensee*, Staatseinheit und Verfassungskontinuität, in: VVDStRL 49 (1990), S. 39 (53 ff.), nach der Art. 146 GG heute „obsolet" sei (vgl. *ders.* [N 62], § 166 Rn. 53 ff.); *Rupert Scholz*, in: Maunz/Dürig, Bd. VII, Art. 146 Rn. 1, 5 [Stand: 9/199]; *Paul Kirchhof*, Brauchen wir ein erneuertes Grundgesetz?, 1992, S. 14 ff.; *Fritz Ossenbühl*, Probleme der Verfassungsreform in der Bundesrepublik Deutschland, in: DVBl 1992, S. 468 (469 ff.); *Peter Lerche*, Der Beitritt der DDR – Voraussetzungen, Realisierung, Wirkungen, in: HStR VIII, ¹1995, § 194 Rn. 60; ähnlich auch *Murswiek* (N 5), Präambel Rn. 171 [Stand: 9/2005]: „im Laufe der Zeit durch Nichtanwendung obsolet geworden"; *Axel Freiherr von Campenhausen*, in: v. Mangoldt/Klein/Starck, Bd. III, ⁵2005, Art. 146 Rn. 2, 9 f.; anders aber nun *ders./Peter Unruh*, ebd., ⁶2010, Art. 146 Rn. 10 ff.).
70 Die Frage nach dem endgültigem Charakter des Grundgesetzes vor dem Hintergrund des internationalen Selbstbestimmungsrechts ist freilich zu unterscheiden von der weiteren Frage, ob deutsche Staatsorgane de constitutione lata aktiv für eine mögliche Verfassungsneuschaffung eintreten und werben dürften.
71 Vgl. BVerfGE 89, 155 (171 f., 182).
72 Wie wenig die unionale Rechtssetzung mit verfassungsrechtlich geprägten, auf gleicher Repräsentation und ununterbrochene Legitimationsketten beruhenden Vorstellungen demokratischer Legitimation zu tun haben oder haben kann, zeigt schon die eigentümliche bundesverfassungsgerichtliche Begriffsschöpfung des „Legitimationsniveaus" (BVerfGE 89, 155 [182]; vgl. bereits BVerfGE 83, 60 [72]; skeptisch zum entparlamentarisierenden Verständnis dieses Begriffes durch Teile des Schrifttums schon *Oliver Lepsius*, Steuerungsdiskussion, Systemtheorie und Parlamentarismuskritik, 1999, S. 24 f.

mungsrecht in ein grundrechtsgleiches Recht aller Deutschen auf eigene Staatlichkeit umgedeutet[73], das als Teilhabeanspruch an der Verfassungsneuschaffung mit der Verfassungsbeschwerde verfolgt werden kann und technisch in Gestalt der Verfassungsidentitäts-, Subsidiaritäts- und Ultra vires-Kontrolle bei der Übertragung von Hoheitsrechten an die Europäische Union bzw. der Kontrolle von EU-Hoheitsakten abgearbeitet wird[74]. Dies zeigt in rechtstheoretischer Hinsicht, daß eine völkerrechtliche Lesart des Verfassungsrechts gerade nicht zu einer sukzessiven Auflösung der Eigenstaatlichkeit der Bundesrepublik Deutschland führen muß (wie es sich ein früheres Verständnis des Begriffs „offene Staatlichkeit" einmal vorgestellt haben mag), sondern umgekehrt eine Stärkung und Absicherung nationaler Regelungskompetenzen gerade nicht im Zeichen des klassischen Souveränitätsbegriffes, sondern vielmehr der völkerrechtlichen Selbstbestimmungsidee erzwingt[75].

31 Die Pointe der Lissabon-Entscheidung besteht darin, daß das kollektive Selbstbestimmungsrecht zugunsten des demos durch Vertreter des Staatsvolkes gerichtlich geltend gemacht werden kann. Insofern erweisen sich die verfassungstranszendenten, materiell deklaratorischen Vorschriften des Grundgesetzes im Verein mit Art. 38 GG als prozessual konstitutiv. Denn unmittelbar aus dem Völkerrecht erhält der einzelne keine Rechtsschutzmöglichkeit gegen die Verletzung des Selbstbestimmungsrechts durch Staatsorgane. Die Geltendmachung von Minderheitenrechten als Ausdruck des offensiven kollektiven Selbstbestimmungsrechtes durch Minderheiten im Gewand des Grundrechtsschutzes ist hingegen von jeher anerkannt. Mit der Ausweitung der verfassungsgerichtlichen Kontrolle auch auf das Selbstbestimmungsrecht des Staatsvolkes leistet das Bundesverfassungsgericht daher einen zentral wichtigen Beitrag zur Konstitutionalisierung des Völkerrechts, die de lege lata nicht als internationale oder auch nur unionale Individualisierung unter Ausschaltung des Selbstbestimmungsrechts der Völker verstanden werden kann.

C. Das deutsche Volk als Legitimationsbasis

I. Selbstbestimmungsrecht der Völker als Grund und Grenze des Europarechts

32 Die Europäische Union, die sich gemäß Art. 1 Abs. 2 EUV als eine Union „der Völker Europas" versteht, muß daher als rechtlicher Mechanismus gerade der Stärkung und Effektuierung des Selbstbestimmungsrechts der europäischen Völker gedeutet werden, nicht aber als rechtliches Programm zur Überwindung dieser Völker selbst oder ihres Selbstbestimmungsrechts.

---

73 BVerfGE 123, 267 (344, 347).
74 Vgl. BVerfGE 123, 267 (353 f.); zum Ganzen *Rupert Scholz*, in: Maunz/Dürig, Bd. IV, Art. 23 Rn. 40 (Stand: 10/2009)
75 → Bd. II, *Hillgruber*, § 32 Rn. 126 ff.

Eine Verfassung bildet das Unionsrecht daher allenfalls in einem rein formellen bzw. positivistischen Sinne – nämlich als eine Norm über die Normerzeugung – nicht jedoch im materiellen Sinne als Ausdruck des Selbstbestimmungsrechts[76].

Verfassung nur im formellen Sinn

Daher gelten[77] auch die unionalen Normen – hauptsächlich Richtlinien, Verordnungen und Beschlüsse (Art. 288 Abs. 1 AEUV) – nicht kraft einer europäischen und quasi-bundesstaatlichen Oberverfassung unmittelbar[78], sondern nur kraft des nationalen Zustimmungsgesetzes und im Sinne der Brückentheorie[79] des Bundesverfassungsgerichts. Das Völkerrecht fördert und befürwortet die Staatenkooperation im allgemeinen und die internationale Rechtsetzung im besonderen schon aus Gründen der Vermeidung bzw. sachgerechten und friedlichen Abarbeitung von Konflikten. Ihre Grenze findet die völkerrechtliche Kooperations- und insbesondere internationale Normsetzungsfreundlichkeit jedoch dort, wo die Fülle und Allgemeinheit der international erzeugten Normen mit dem Selbstbestimmungsrecht zu kollidieren beginnt. Die Letztentscheidung hierüber muß bei den nach nationalem Verfassungsrecht zuständigen Organen – in Deutschland also letztlich dem Bundesverfassungsgericht – verbleiben.

33

Brückentheorie

II. Staatsvolk und Staatsbürgerschaft

Die Berufung auf das Selbstbestimmungsrecht gegen formell verfassungsmäßige Entscheidungen der zuständigen Staatsorgane bleibt freilich verfassungsrechtliche ultima ratio; ist nämlich eine Verfassung im materiellen Sinne[80] – wie das Grundgesetz – in Kraft, so wird die gesetzgeberische Tätigkeit der verfassungsmäßigen Gesetzgebungsorgane ihrerseits rechtlich als Ausdruck des Selbstbestimmungsrechts des Volkes begriffen werden können, und zwar als dessen normale, reguläre und herkömmliche Erscheinungsform. Dies gilt auch dann, wenn die Tätigkeit des Gesetzgebers und gerade des verfassungsändernden Gesetzgebers mit ganz erheblichen Wandlungen der bisherigen staatlichen Ordnung einhergeht (wie sie etwa im Zuge der europäischen Integration erfolgt sind).

34

Verfassung Ausdruck der Selbstbestimmung

---

76 → Bd. II, *Isensee*, § 15 Rn. 3 ff., 166 ff.; *P. Kirchhof*, § 21 Rn. 53 ff.; *Hillgruber*, § 32 Rn. 109 ff.; → Bd. X, *P. Kirchhof*, § 214 Rn. 128 ff.
77 Die Frage nach dem Ob und Wie der Geltung des Unionsrechts ist freilich zu unterscheiden von der praktischen Frage nach der unmittelbaren Anwendbarkeit einer Norm des Unionsrechts; vgl. nur *Werner Schroeder*, Grundkurs Europarecht, ²2011, § 5 Rn. 10, 25.
78 Vgl. EuGH, Rs. 6/64, Slg. 1964, 1251 (1269 f.) – Costa/ENEL; zum Ganzen auch *Waldemar Hummer/Christoph Vedder*, Europarecht in Fällen, ⁴2005, S. 33 f.; vgl. auch EuGH, Rs. 11/70, Slg. 1970, 1125 (1135 Rn. 3) – Internationale Handelsgesellschaft; EuGH, Rs. 106/77, Slg. 1978, 629 (643 f.) – Simmenthal; EuGH, Rs. C-213/89, Slg. 1990, I-2433 (2473 f.) – Factortame; vgl. auch *Fernand Schockweiler*, Zur Kontrolle der Zuständigkeitsgrenze der Gemeinschaft, in: EuR 1996, S. 123 (129 f.); zum Ganzen auch *Marcel Kaufmann*, Europäische Integration und Demokratieprinzip, 1997, S. 140 f.
79 Vgl. *Paul Kirchhof*, Der deutsche Staat im Prozeß der Europäischen Integration, in: HStR VII, ¹1992, § 183 Rn. 65; → Bd. X, *ders.*, § 214 Rn. 158 ff.; *Hufeld*, § 215 Rn. 4 ff.
80 S. o. Rn. 27.

§ 228 *Zwanzigster Teil: Leitprinzipien*

35
Übergriffe des Gesetzgebers

Es sind jedoch auch außerhalb des Katalogs der in Art. 79 Abs. 3 GG genannten Grundsätze des Grundgesetzes[81] gesetzgeberische Aktivitäten denkbar, die als gesetzgeberische Ultra vires-Akte einen Übergriff in das Selbstbestimmungsrecht bilden[82]. So ist es dem Gesetzgeber wie dem verfassungsändernden Gesetzgeber untersagt, das demokratische Legitimationssubjekt bzw. den Inhaber der verfassunggebenden Gewalt auszutauschen oder in quantitativ durchgreifender Weise zu ergänzen und mithin teilweise zu ersetzen[83].

36
Verfassungsgarantie der deutschen Staatsangehörigkeit

Da die verfassunggebende Gewalt zum Zeitpunkt des Inkrafttretens des Grundgesetzes bereits in Gestalt des jedenfalls seit der Reichsgründung schon bestehenden deutschen Staatsvolkes bestand[84] und zu diesem Zeitpunkt das Abstammungsprinzip[85] als die herkömmliche, das heißt außer in Ausnahmefällen wie der Naturalisation einschlägige Art des Erwerbs der Staatsangehörigkeit feststand, würde zum Beispiel eine grundsätzliche Umstellung des deutschen Staatsbürgerschaftsrechts auf das ius soli mit der daraus folgenden raschen und grundlegenden Veränderung der Zusammensetzung des Legitimationssubjekts auf einen Austausch des Staatsvolkes hinauslaufen[86] und mithin einen gesetzgeberischen Ultra vires-Akt bilden.

37
Abstammungsprinzip als regelhaftes Leitmerkmal

Daher verlangt das Grundgesetz – das in Art. 73 Nr. 2, 116 Abs. 1 Hs. 1 eine Ausgestaltungsbefugnis des Bundesgesetzgebers im Hinblick auf das Staatsangehörigkeitsrecht ausdrücklich vorsieht[87] – vom Gesetzgeber gleichwohl anlaßbezogen allenfalls eine sehr behutsame Fortentwicklung des Staatsbürgerschaftsrechts, die das Abstammungsprinzip als sein regelhaftes Leitmerk-

---

81 *Karl-Eberhardt Hain*, Die Grundsätze des Grundgesetzes, 1999.
82 Die ganz überwiegende Literaturansicht hält hingegen den Katalog aus Art. 79 Abs. 3 GG für abschließend, konzediert jedoch zugleich einhellig, daß die Selbstbestimmungsgarantie ihrerseits stillschweigend von der Selbstbestimmungsgarantie erfaßt sei. Es scheint also ungeschriebene „Ewigkeitsgarantien" zu geben. Wegen seines verfassungstranszendenten Charakters konstituiert Art. 79 Abs. 3 GG nicht die Grenzen der Verfassungsänderung, sondern diese folgen aus der durch das Selbstbestimmungsrecht der Völker als Legitimationsgrundlage der Verfassung erforderten Unterscheidung zwischen der verfassunggebenden Gewalt (allein das Volk!) und den verfaßten Gewalten. Daher ist Art. 79 Abs. 3 GG auch nicht „abschließend". Zu dem hier nicht zu behandelnden Problem der Abänderung der Präambel des GG durch Art. 4 Nr. 1 des Einigungsvertrages vom 31. 8. 1990 – die als partielle Verfassungsneuschaffung dem Volk vorbehalten gewesen wäre – vgl. *Dietrich Murswiek*, Das Wiedervereinigungsgebot des Grundgesetzes und die Grenzen der Verfassungsänderung, 1999.
83 Vgl. bereits *Rupert Scholz/Arnd Uhle*, Staatsangehörigkeit und Grundgesetz, in: NJW 1999, S. 1510 (1516). → Bd. II, *Isensee*, § 15 Rn. 119 ff.; *Grawert*, § 16 Rn. 27 ff., 65 ff.; *P. Kirchhof*, § 21 Rn. 73; *Hillgruber*, § 32 Rn. 17 ff., 19.
84 Vgl. *Ingo v. Münch*, Die deutsche Staatsangehörigkeit, 2007, S. 21; → Bd. II, *Grawert*, § 16 Rn. 42 ff.; *Hillgruber*, § 32 Rn. 17 ff.
85 Vgl. gegen die ungerechtfertigte Kritik am Prinzips des Erwerbs der Staatsangehörigkeit kraft Abstammung von den Eltern, das weder ein „deutscher Sonderweg" ist noch eigentlich etwas mit „Blutrecht" zu tun hat, etwa *Ingo von Münch*, Die deutsche Staatsangehörigkeit, 2007, S. X Nr. 8, S. 146 ff.; vgl. zum Abstammungsprinzip als historischer Normalfall *Burkhardt Ziemske*, Die deutsche Staatsangehörigkeit nach dem Grundgesetz, 1995, S. 239 ff.; jew. m. weit. Nachw. → Bd. II, *Grawert*, § 16 Rn. 52 ff.; *Hillgruber*, § 32 Rn. 22.
86 Vgl. BVerfGE 37, 217 (248 f.).
87 Vgl. *Udo Di Fabio*, Das Recht offener Staaten, 1998, S. 134: „Damit erlangt die rechtsetzende Politik das Mandat, ihr Bezugs- und Legitimationssubjekt im Staat selbst zu gestalten, es zum Objekt zu machen"; → Bd. II, *Grawert*, § 16 Rn. 50 f.

mal aufrechterhält[88] und dadurch die dynamische Identität des deutschen Staatsvolkes im natürlichen Wechsel der Generationen bewahrt. Eine allgemeine Umstellung auf das ius soli, wie es etwa in klassischen Einwanderungsländern wie den USA besteht, würde die durch das Abstammungsprinzip gewährleistete dynamische Identität des Staatsvolkes ersetzen und führte zum kontinuierlichen Austausch bzw. zur permanenten Neuschaffung des „Staatsvolkes" mit den Mitteln des positiven Gesetzesrechts. Das wäre nur im Wege der Verfassungsneuschaffung möglich. Insofern besteht eine selbstbestimmungsbezogene Garantie des Staatsbürgerschaftsrechts, die nicht mit der aus dem Grundrecht aus Art. 16 GG abgeleiteten institutionellen Garantie[89] zu verwechseln ist und anders als diese auch nicht zur Disposition des verfassungsändernden Gesetzgebers steht.

III. Verantwortung des Staates für Risiken der Zuwanderung

Staatliche Zuwanderungspolitik kann allerdings auch mit dem Selbstbestimmungsrecht kollidieren, ohne unmittelbar durch die Einbürgerungspolitik das Legitimationssubjekt der politischen Herrschaft umzuschaffen. Wer Aufenthalt nehmen darf, dem stehen auch die Grundrechte zu Gebote, die aufgrund neuer und spezifisch einwanderungsbezogener Fallkonstellationen (wie Kopftuchproblematik[90], Schächten[91]) von den Gerichten weiterentwickelt werden und werden müssen. Zugleich muß jedoch die *gesamte* Rechts- und Verfassungsordnung eines Staates Ausdruck des Selbstbestimmungsrechts gerade des Staatsvolkes sein, wobei dem Grundrechtskatalog, insbesondere auch dessen objektiv-rechtlichen Gehalten und Reflexen, eine besonders hervorgehobene Bedeutung zukommt[92]. Dem korrespondiert die bereits überverfassungsrechtliche Pflicht jeglicher Staatsgewalt, Einwanderungs- und Aufenthaltspolitik sowie die einfach-gesetzliche Ausgestaltung grundrechtlicher Gewährleistungen so zu gestalten, daß deren zu erwartende Wahrnehmung durch heutige und künftige Angehörige der staatlichen Gemeinschaft nicht auf eine Erosion der Selbstbestimmungsordnung hinausläuft und schrittweise eine neue staatliche und rechtliche Ordnung entsteht, die das Staatsvolk nicht mehr als Ergebnis seines Selbstbestimmungsrechts wahrnimmt[93].

---

88 → Bd. II, *Hillgruber*, § 32 Rn. 20, 22.
89 → Bd. II, *Hillgruber*, § 32 Rn. 19, 22, 27; *Ziemske* (N 85), S. 239 ff.; *Karsten Mertens*, Das neue deutsche Staatsangehörigkeitsrecht, 2004, S. 188.
90 BVerfGE 108, 282 ff.; → Bd. VII, *v. Campenhausen*, § 157 Rn. 116.
91 BVerfGE 104, 337 ff.; → Bd. VII, *v. Campenhausen*, § 157 Rn. 95.
92 Vgl. zum Ganzen auch *Stefan Korioth*, Europäische und nationale Identität: Integration durch Verfassungsrecht?, in: VVDStRL 62 (2003), S. 117 (129 f., 140 ff.).
93 Vgl. *Ernst-Wolfgang Böckenförde*, Der säkularisierte Staat, 2007, S. 39: „Wäre davon auszugehen, daß eine Religion, aktuell der Islam, sich gegenüber der Religionsfreiheit auf Dauer aktiv resistent verhält, sie also abzubauen suchte, sofern sich politische Möglichkeiten, etwa über die Mehrheitsbildung, dazu bieten, so hätte der Staat dafür Sorge zu tragen, daß diese Religion beziehungsweise ihre Anhänger in einer Minderheitenposition verbleiben … Das würde gegebenenfalls entsprechende politische Gestaltungen im Bereich von Freizügigkeit, Migration und Einbürgerung notwendig machen."

39
Minderheitenschutz und neue Minderheiten

Erheblich verschärft wird diese Problematik durch die sich abzeichnende Möglichkeit einer Ausweitung des völkerrechtlichen Minderheitenschutzes auch auf die neuen faktischen (bislang nicht rechtlichen) ethnischen Minderheiten in Deutschland, das heißt die Immigranten und ihre Nachkommen[94]. Diese können bislang nicht als Minderheiten auch im völkerrechtlichen Sinne (mit entsprechenden rechtlichen Ansprüchen auf Minderheitenschutz, Kulturpflege und Selbstverwaltung bei gleichzeitiger Aufgabe bislang noch bestehender staatlicher Assimilationserwartungen) gelten, da der völkerrechtliche Minderheitenschutz nach allgemeiner Ansicht eben nur autochthonen Minderheiten zusteht und nicht freiwilligen Einwanderern[95]. Wenn aber Einwanderer (wie in Deutschland vor allem Türken und Kurden) bereits seit mehreren Generationen in Deutschland ansässig sind, ohne daß es hierüber jemals zu einer echten Assimilation käme[96], welche die Einwanderer früher oder später im Staatsvolk aufgehen ließe, so stellt sich freilich die – bislang völlig ungeklärte – Frage, ab der wievielten Generation diese neuen Volksgruppen (völlig unabhängig davon, ob ihre Vertreter mittlerweile die deutsche Staatsbürgerschaft angenommen haben oder nicht) eben auch als autochthone ethnische Minderheiten gelten müssen mit allen rechtlichen Konsequenzen, die bis hin zur faktischen Abtretung hauptsächlicher Siedlungsgebiete zur Selbstverwaltung reichen mögen.

40
Ethnische Deutsche als Minderheit?

Durch den demographischen Wandel zeichnet sich zudem ab, daß die ethnokulturellen Deutschen in Deutschland bereits in wenigen Jahrzehnten ihrerseits zu einer ethnischen Minderheit in Deutschland werden könnten. Am Selbstbestimmungsrecht des deutschen Volkes würde dies im Prinzip nichts ändern; nur müßten sich die Deutschen dann eben auf das offensive (kritische) Selbstbestimmungsrecht berufen, um zum Beispiel eigene Schulen einzufordern. Die rechtliche Durchdringung, Stärkung und Effektuierung des Selbstbestimmungsrechts der Völker – in seinem defensiven wie dem offensiven Aspekt – ist und bleibt daher zentrale Kernaufgabe der deutschen und europäischen Rechtswissenschaft, allein schon im Interesse unserer Kinder und Enkel.

---

94 → Bd. X, *Murswiek*, § 213 Rn. 37 ff.
95 → Bd. X, *Murswiek*, § 213 Rn. 40 ff., 51 ff. m. weit. Nachw.
96 Zum Ganzen *Josef Isensee*, Integration mit Migrationshintergrund, in: JZ 2010, S. 317 ff.

D. Bibliographie

Ernst-Wolfgang Böckenförde, Der säkularisierte Staat, 2007.
Karl Doehring, Das Selbstbestimmungsrecht der Völker als Grundsatz des Völkerrechts, 1974.
Jörg Fisch, Das Selbstbestimmungsrecht der Völker, 2010.
Christian Hillgruber, Wer ist Träger des Selbstbestimmungsrechts und wie kann man es durchsetzen? – Rechtsinhaberschaft und Rechtsdurchsetzungsmacht, in: Gilbert H. Gornig/Hans-Detlef Horn/Dietrich Murswiek (Hg.), Das Selbstbestimmungsrecht der Völker – eine Problemschau, 2013, S. 75 ff.
Ingo von Münch, Die deutsche Staatsangehörigkeit, 2007.
Reinhard Müller, Der „2+4"-Vertrag und das Selbstbestimmungsrecht der Völker, 1997.
Dietrich Murswiek, Die verfassunggebende Gewalt nach dem Grundgesetz, 1978.
ders., Offensives und defensives Selbstbestimmungsrecht, in: Der Staat 23 (1984), S. 523 ff.
Daniel Thürer, Das Selbstbestimmungsrecht der Völker, 1976.
Ulrich Vosgerau, Staatliche Gemeinschaft und Staatengemeinschaft, 2013.

§ 229
Das Selbstbestimmungsrecht des Volkes als Grundlage der deutschen Einheit

Helmut Quaritsch

Übersicht

	Rn.
A. Prinzipien und Rechtsgrundlagen der Selbstbestimmung	1–33
I. Sachverhalt und Rechtsgründe	1– 4
II. Staatsinterne Selbstbestimmung	5– 6
III. Erste Verwirklichungen äußerer Selbstbestimmung	7–11
IV. Entwicklung der Selbstbestimmung in den Vereinten Nationen	12–18
V. Individualfreiheit und Selbstbestimmung als Preis für „Entspannung"	19–24
VI. Rechtscharakter und Bedingungen der Selbstbestimmung	25–33
B. Das Selbstbestimmungsrecht vor der Wiedervereinigung	34– 74
I. Normative Vorkehrungen	34– 40
II. Authentische Interpretationen	41– 45
III. Sicherung des Selbstbestimmungsanspruchs	46– 66
IV. Unitarismus und Separatismus in der DDR	67– 74
C. Selbstbestimmungsrecht im Vollzug der Wiedervereinigung	75–109
I. Ausübung des Selbstbestimmungsrechts	75– 84
II. Träger des Selbstbestimmungsrechts	85– 89
III. Das Selbstbestimmungsrecht unter dem Vorbehalt der „vier Mächte"	90–109
D. Bibliographie	

A. Prinzipien und Rechtsgrundlagen der Selbstbestimmung

I. Sachverhalt und Rechtsgründe

1
Neuverfassung und Auflösung

In jenem „deutschen Herbst" des Jahres 1989 beanspruchten die Deutschen in der DDR Selbstbestimmung; ein Jahr später, am 3. Oktober 1990, war dieser Anspruch mit dem Untergang der DDR und der staatlichen Wiedervereinigung mit der Bundesrepublik Deutschland erfüllt. Mit diesen Vorgängen verwirklichten die Deutschen in der DDR das „Selbstbestimmungsrecht des Volkes" in seinen wichtigsten Möglichkeiten, nämlich zweifach: durch Neuverfassung der DDR, verfassungsgesetzlich vollzogen seit dem 1. Dezember 1989, sodann durch Verbindung mit dem anderen Teil des deutschen Staatsvolks, vollzogen durch Auflösung des eigenen Staates, ein Prozeß, der mit den Wahlen am 18. März 1990 begann, zum Einigungsvertrag vom 31. August 1990 führte und mit dem Untergang der DDR durch „Beitritt" am 3. Oktober 1990 beendet wurde, außenpolitisch und völkerrechtlich flankiert durch den Zwei-plus-Vier-Vertrag vom 12. September 1990[1].

2
Staatsinterne Selbstbestimmung

Verfassunggebende Gewalt des Volkes

Die rechtliche Einordnung dieser Ereignisse hat von dem doppelten Inhalt und dem juristisch zweifachen Charakter des Selbstbestimmungsrechts auszugehen. Das „innere" Recht auf Selbstbestimmung enthält das Recht des Volkes auf freie Entscheidung über den eigenen „politischen Status", über Art und Form der politischen Einheit und ist insoweit identisch mit der verfassunggebenden Gewalt des Volkes[2]. Ist die verfassunggebende Gewalt allein auf Neuverfassung des bestehenden Staates gerichtet, so bleibt der Staat als Rechtssubjekt des Staats- und des Völkerrechts mit unveränderten Grenzen und identischer Bevölkerung erhalten, auch wenn die Neuverfassung mit einer Umwertung aller Verfassungswerte verbunden sein sollte[3].

3
Äußere Selbstbestimmung

Sezession, Beitritt, Zusammenschluß

Die nur staatsrechtliche Sphäre verläßt das Selbstbestimmungsrecht, werden mit seiner Ausübung Staatsgrenzen verändert, richtet sich also Selbstbestimmung auf „Sezession", „Beitritt" oder „Zusammenschluß": Ein Teil des Staatsvolks separiert und konstituiert sich als neues Volk, um einen eigenen Staat zu bilden, es schließt sich einem bereits bestehenden anderen Staat und Staatsvolk an oder verbindet sich mit anderen Völkern zu einem neuen Staat. Sezession, Beitritt und Zusammenschluß lassen regelmäßig die Frage entstehen, wie sich ein fortexistierender Reststaat, aber auch die Nachbarstaaten und die internationalen Organisationen zu dieser staatlichen Neu- und Umbildung verhalten sollen, vor allem, ob und wann sie zur förmlichen „Anerkennung" dieser Vorgänge berechtigt oder verpflichtet sind. Es kann das so ausgeübte Selbstbestimmungsrecht auch mit völkerrechtlichen Verträgen und

---
1 → Bd. I, *Kilian*, § 12. → Bd. X, *Schweitzer*, § 224.
2 *Hans-Peter Schneider*, Die verfassunggebende Gewalt, in: HStR VII, ¹1992, § 158 Rn. 1 ff.; *Martin Heckel*, Die Legitimation des Grundgesetzes durch das deutsche Volk, in: HStR VIII, ¹1995, § 197 Rn. 33 ff., 45 ff.
3 → Bd. II, *Isensee*, § 15 Rn. 5, 8, 36 ff; *P. Kirchhof*, § 21 Rn. 25 ff.

anderen Regeln des internationalen Rechts kollidieren, die den Status quo der bestehenden Grenzen garantieren sollen.

Das „innere" und auf staatsinterne Wirkung beschränkte Selbstbestimmungsrecht wurde seit seinen ersten Anerkennungen im 18. Jahrhundert als nationale Angelegenheit betrachtet, es blieb von den Erörterungen des Selbstbestimmungsrechts im Völkerrecht getrennt und wurde dem Staatsrecht, bestenfalls der allgemeinen Verfassungslehre zugewiesen. Erst in neuerer Zeit, besonders seit der Verabschiedung der Menschenrechtspakte der Vereinten Nationen im Jahr 1966, ist das allein nach innen wirkende mit dem „äußeren" Selbstbestimmungsrecht des Volkes zusammengeführt worden[4]. Die für die deutsche Staatlichkeit und Verfassung konstitutiven Vorgänge von der Kapitulation der Wehrmacht 1945 bis zur Wiedervereinigung am 3. Oktober 1990 gehören zum inneren wie äußeren Selbstbestimmungsrecht, weshalb hier die Rechtsgrundlagen beider Seiten des Selbstbestimmungsrechts zu erörtern sind.

II. Staatsinterne Selbstbestimmung

Das innere Selbstbestimmungsrecht wurde zuerst formuliert und normativiert in den nordamerikanischen Verfassungen seit 1776: „... the people alone have an incontestable, unalienable, and indefeasible right to institute government; and to reform, alter or totally change the same, when their protection, safety, prosperity and happiness require it"[5]. Die französische Erklärung der Menschen- und Bürgerrechte von 1789 komprimiert die demokratische Selbstbestimmung mit Hilfe des Souveränitätsbegriffs („souveraineté interieure") in einem Satz: „Le principe de toute souveraineté réside essentiellement dans la nation." Zwar mußten demokratische Selbstbestimmung und Volkssouveränität nach außen, das heißt gegen fremde Staatsgewalt durchgesetzt werden, im amerikanischen Unabhängigkeitskrieg gegen die Kolonialregierung in London, im Krieg der Republik gegen die monarchische Koalitionsarmee. Sezession, Dekolonisierung und kriegerische Behauptung des demokratischen Selbstbestimmungsrechts blieben aber in ihrer Wirkung zunächst auf das interne nationale Staatsrecht beschränkt. Den Fundamentalsatz der demokratischen Doktrin realisierte in Deutschland erstmals die Reichsverfassung von 1919. Ihre Präambel verlautete: „Das Deutsche Volk, einig in seinen Stämmen

---

4 Das war besonders das Verdienst von *Antonio Cassese*, The Self-Determination of Peoples, in: Louis Henkin (Hg.), The International Bill of Rights, New York 1981, S. 92 (96 ff.). Im bisherigen Schrifttum zum Selbstbestimmungsrecht wurde die „interne" Selbstbestimmung oft mit dem Recht von Volksgruppen auf Autonomie gleichgesetzt, vgl. z.B. *Theodor Veiler*, Die Entwicklung des Selbstbestimmungsrechts, in: Blumenwitz/Meissner (N 4), S. 9 ff. m. weit. Nachw.

5 Art. VII Constitution of Massachusetts (1779/80); vgl. auch die einschlägige Feststellung der Unabhängigkeitserklärung von 1776: „... that whenever any form of government becomes destructive of these ends [life, liberty and the pursuit of happiness] it is the right of the people to alter or to abolish it, and to institute a new government ...". In den anderen einzelstaatlichen Verfassungen finden sich kürzere, aber immer noch deutliche Bezüge auf diesen Grundgedanken. Texte bei Bernard Schwarz, The Bill of Rights: A Documentary History, Bd. I, New York 1971, S. 231 ff., 251 ff.

und von dem Willen beseelt, sein Reich in Freiheit und Gerechtigkeit zu erneuern und zu festigen ..., hat sich diese Verfassung gegeben." Die Eigenart revolutionärer Verfassunggebung vermochte der staatsrechtliche Positivismus der Weimarer Republik rechtlich nicht einzufangen; die Frage der Legitimität wurde als ebenso unerheblich angesehen wie der Verstoß gegen die alte Legalität[6]. Man behalf sich mit der von Georg Jellinek so genannten normativen Kraft des Faktischen[7], bevor die Lehre von der verfassunggebenden Gewalt des Volkes den revolutionären Wechsel mit rechtlichen Kategorien erfaßte[8]. Das „innere" Selbstbestimmungsrecht, wie es der Internationale Pakt über bürgerliche und politische Rechte gewährleistet (Art. 1), vermittelt nunmehr den Rechtsgrund durch einen fast universal geltenden Menschenrechtspakt[9].

6
Präambel des Grundgesetzes

Die Präambel des westdeutschen Grundgesetzes von 1949 beschrieb den Vollzug des Selbstbestimmungsrechts durch Neuverfassung juristisch präziser: „... hat das Deutsche Volk ... kraft seiner verfassunggebenden Gewalt dieses Grundgesetz der Bundesrepublik Deutschland beschlossen"[10]. Die 1990 neugefaßte Präambel wiederholt diese Beschreibung: „... hat sich das Deutsche Volk kraft seiner verfassunggebenden Gewalt dieses Grundgesetz gegeben". Was die Präambel 1949 in ihrem letzten Satz als zukünftige Aufgabe nannte („Das gesamte Deutsche Volk bleibt aufgefordert, in freier Selbstbestimmung die Einheit und Freiheit Deutschlands zu vollenden"), beschreibt die Präambel 1990 als erfüllt: „Die Deutschen in den Ländern Baden-Württemberg ... haben in freier Selbstbestimmung die Einheit und Freiheit Deutschlands vollendet"[11].

---

6 „Der durch die Umwälzung geschaffenen neuen Staatsgewalt kann die staatsrechtliche Anerkennung nicht versagt werden. Die Rechtswidrigkeit ihrer Begründung steht dem nicht entgegen, weil die Rechtmäßigkeit der Begründung kein wesentliches Merkmal der Staatsgewalt ist", Urteil des Reichsgerichts vom 8. 7. 1920, RGZ 100, 25, 27.

7 Diese damals ganz herrschende Ansicht faßte bündig zusammen *Gerhard Anschütz*, Die Verfassung des Deutschen Reichs vom 11. August 1919, 1933, S. 3 ff. (Einleitung).

8 *Carl Schmitt*, Verfassungslehre, 1928 ([8]1993), S. 20 ff., 75 ff., im Gegensatz zur damals herrschenden, von *Anschütz* (N 7), Art. 76 Erl. 1, S. 401, repräsentierten Ansicht: „Der Gedanke einer besonderen, von der gesetzgebenden Gewalt verschiedenen und ihr übergeordneten verfassunggebenden Gewalt ist, im Gegensatz zu Nordamerika, dem deutschen Staatsrecht nach wie vor fremd".

9 Solange das Selbstbestimmungsrecht allein im völkerrechtlichen Gewohnheitsrecht angesiedelt war, konnte die Völkerrechtslehre dem „internen" Selbstbestimmungsrecht nichts abgewinnen, weil es zu den inneren Angelegenheiten des Staates gehöre, die das Interventionsverbot ohnehin schütze, vgl. etwa *Wilhelm Wengler*, Völkerrecht, Bd. II, 1964, S. 1033; *Karl Doehring*, Das Selbstbestimmungsrecht der Völker als Grundsatz des Völkerrechts, in: BDGVR 14 (1974), S. 1 (28). Die Rechte des IPbürgR sind nach der Pakt-Ratifizierung zugleich Staatsrecht geworden, Art. 1 eingeschlossen. Das Selbstbestimmungsrecht kann und darf daher nicht mehr ausschließlich aus der Sicht des Völkerrechts interpretiert werden.

10 Daß die Präambel in der Nachfolge Schmitts steht, nicht Anschütz folgt, ist ganz herrschende Auffassung, vgl. *Wilhelm Henke*, Die verfassunggebende Gewalt des deutschen Volkes, 1957, S. 24 ff.; *ders.*, Staatsrecht, Politik und verfassunggebende Gewalt, in: Der Staat 19 (1980), S. 181 ff.; *Udo Steiner*, Verfassunggebung und verfassunggebende Gewalt des Volkes, 1966, S. 173 ff.; *Christian Starck*, in: v. Mangoldt/Klein/Starck, Bd. I, Präambel Rn. 8 m. weit. Nachw. Die Mitglieder des Parlamentarischen Rates rückten von der Ansicht Anschütz' konsequent erst zu einem Zeitpunkt ab, als das „Grundgesetz" immer mehr den Charakter einer ... Vollverfassung" annahm, nämlich am 13. 12. 1948, ohne diesen Wechsel freilich zu begründen (JöR N. F. 1 [1951] S. 38); dazu auch *Dietrich Murswiek*, Die verfassunggebende Gewalt nach dem Grundgesetz für die Bundesrepublik Deutschland, 1978, S. 27 ff.

11 *Hans Hugo Klein*, Kontinuität des Grundgesetzes und seine Änderung im Zuge der Wiedervereinigung, in: HStR VIII, [1]1995, § 198 Rn. 28 f.

III. Erste Verwirklichungen äußerer Selbstbestimmung

Vorläufer des nach „außen" gerichteten und wirkenden Selbstbestimmungsrechts waren im 19. Jahrhundert die von Griechen, Polen, Iren und Italienern erhobenen Forderungen nach nationaler Freiheit und staatlicher Selbstbestimmung[12]. Als allgemeines, für alle Völker geltendes Recht behauptete es das Programm der Ersten sozialistischen Internationalen vom 27. September 1865, und zwar in Reaktion auf den gescheiterten Aufstand der Polen 1863 gegen Rußland: „Es ist dringend erforderlich, den wachsenden Einfluß Rußlands in Europa zu vernichten, indem für Polen das Selbstbestimmungsrecht gesichert wird, das jeder Nation gehört, und dadurch, daß diesem Land wieder eine soziale und demokratische Grundlage gegeben wird"[13]. Auf der Ebene der Regierungen erschien dieses Selbstbestimmungsrecht jedoch erst während und infolge des Weltkrieges, als nach dem Zusammenbruch Rußlands 1917/18 und mit dem Frieden von Brest-Litowsk Finnland, Polen und die drei baltischen Staaten entstanden[14] und im Gegenzug US-Präsident Wilson in seinen Grundsatzreden von 1918 den Völkern Österreich-Ungarns und den Nationalitäten des osmanischen Reiches „die uneingeschränkte Möglichkeit zu unbehindert autonomer Entwicklung zu verbürgen" versprach[15]. Jede Entscheidung über Staatsgrenzen und Staatshoheit solle nur „auf der Grundlage freier Annahme dieser Regelung durch das unmittelbar davon betroffene interessierte Volk" zulässig sein[16]. Die als Ergebnis der Pariser Vorortverträge von 1919 und 1920 entstehenden neuen Staaten und Grenzen blieben hinter den geweckten Erwartungen zurück, weil die neuen Staaten die Selbstbestimmung starker, vor allem deutscher und ungarischer Minderheiten in geschlossenen Siedlungsgebieten Polens, der Tschechoslowakei und Rumäniens negierten und der innerstaatliche Minderheitenschutz als Surrogat versagte.

Die Annexion Südtirols durch Italien, die Schaffung des „Freistaats Danzig" und die Verweigerung des Selbstbestimmungsrechts für Deutschösterreich, das sich in seinem ersten Verfassungsgesetz als „Teil der deutschen Republik" proklamiert hatte, dem aber der „Anschluß" an das Deutsche Reich verboten wurde[17], mußten gleichfalls den Eindruck vermitteln, das Selbstbestimmungs-

---

12 Kurt Rabl, Das Selbstbestimmungsrecht der Völker, ²1973, S. 9ff.
13 Zit. nach Günter Decker, Das Selbstbestimmungsrecht der Nationen, 1955, S. 153.
14 Die einschlägigen Erklärungen im Dokumentenanhang von Rabl (N 12), S. 518ff.
15 Punkte 10 und 12 der 14 Punkte vom 9.1.1918, Text in: Ernst Rudolf Huber, Dokumente zur deutschen Verfassungsgeschichte, Bd. III, ³1990, S. 222f.
16 Punkt 2 der Vier-Punkte-Erklärung vom 4.7.1918, in: Huber (N 15), S. 224.
17 Art. 2 des Gesetzes über die Staats- und Regierungsform vom 12.11.1918, s. Felix Ermacora (Hg.), Die Entstehung der Bundesverfassung 1920, Bd. I, 1989, S. 17. Art. 61 Abs. 2 WRV 1919 sah vor: „Deutschösterreich erhält nach seinem Anschluß an das Deutsche Reich das Recht der Teilnahme am Reichsrat mit der seiner Bevölkerung entsprechenden Stimmenzahl. Bis dahin haben die Vertreter Deutschösterreichs beratende Stimme." Art. 2 beschrieb das Reichsgebiet mit den „Gebieten der deutschen Länder. Andere Gebiete können durch Reichsgesetz in das Reich aufgenommen werden, wenn es ihre Bevölkerung kraft des Selbstbestimmungsrechts begehrt." Art. 80 des Friedensvertrages von Versailles mit dem Deutschen Reich und Art. 88 des Friedensvertrages von St. Germain mit Österreich garantierten die Aufhebung der „Unabhängigkeit" nur mit Zustimmung des Völkerbundrates. Das juristische Programm für die „nationale Tat", wie es nannte, schrieb 1926 Hans Kelsen, Die staatsrechtliche Durchführung des Anschlusses Österreichs an das Deutsche Reich, in: Zeitschrift für Öffentliches Recht VI, 1927, S. 329ff.

recht sei nur eine politische Propagandaformel, die von Siegermächten zur Legitimierung ihrer Interessen eingesetzt werde, nicht aber ein allgemeiner, auf gleichmäßige Anwendung für und gegen jeden Staat gerichteter Grundsatz des Völkerrechts. Bestätigt wurde dieser Eindruck 20 Jahre später durch die Art der deutschen Inanspruchnahme des Selbstbestimmungsrechts für den Anschluß Österreichs und der sudetendeutschen Gebiete 1938 und die Mißachtung der Selbstbestimmung der Tschechen und Polen durch die Einrichtung des „Protektorats Böhmen und Mähren" wie des „Generalgouvernements" 1939 und 1940. Die Sowjetunion zog nach, indem sie Ostpolen 1939 annektierte und 1940 die baltischen Staaten sowie Teile Rumäniens (Bessarabien, Nordbukowina) dem eigenen Staat einverleibte.

9
Atlantik-Charta von 1941

Wiederbelebt wurde die Forderung nach Selbstbestimmung durch die „Atlantik-Charta" vom 12. August 1941, in der US-Präsident Roosevelt und der britische Premier Churchill erklärten, sie wünschten „keine Gebietsveränderungen, die nicht mit den frei zum Ausdruck gebrachten Wünschen der betroffenen Völker übereinstimmen" (Punkt 2); sie „anerkannten „das Recht aller Völker, die Regierungsform zu wählen, unter der sie leben wollen"; und sie wünschten, „daß denjenigen souveräne Rechte und Selbstregierung zurückgegeben werden, die ihrer gewaltsam beraubt worden sind" (Punkt 3). Diese Forderungen erwiesen sich als zukunftsträchtig, weil der Interalliierte Rat der gegen die Achsenmächte kriegführenden Länder, also auch die Sowjetunion, der Atlantik-Charta am 24. September 1941 zustimmte und deren Inhalt am 1. Januar 1942 26 Staaten, darunter die USA, Großbritannien, die Sowjetunion und China, als eigene Prinzipien anerkannten[18]. Als einen Vertrag wollte Premier Churchill die Charta allerdings nicht verstanden wissen, besonders nicht zu Lasten des britischen Empire, auch sollten sich die Kriegsgegner, Deutschland, Italien und Japan, nicht auf die Atlantik-Charta berufen dürfen – das war communis opinio der Beteiligten[19].

10
Annexionen nach dem Zweiten Weltkrieg

Satelliten-Regierungen

Nach dem Ende des Krieges behandelten die östlichen Unterzeichnerstaaten die Atlantik-Charta als unverbindliche Kriegspropaganda: Die Sowjetunion behielt die 1939 und 1940 annektierten Gebiete Osteuropas und übernahm zusätzlich einen Teil Ostpreußens, Polen annektierte Schlesien, Pommern, Danzig und das westliche Ostpreußen. In Ost- und Südosteuropa folgte den Gebietsveränderungen die „ethnische Säuberung" durch Vertreibung und Tötung der Minderheiten. Die Sowjetunion beseitigte zwischen 1945 und 1948 in den Ländern Osteuropas die innere Selbstbestimmung durch Einsetzung von Satelliten-Regierungen, Ausschaltung und Ausrottung potentieller Systemfeinde, besonders in den bürgerlichen Schichten, und Unterdrückung freier politischer Meinungsäußerung bei Wahrung des Scheins von Mehr-

---

18 UNYB 1946/47, S. 2; dt. in Hermann von Mangoldt, Kriegsdokumente über Bündnisgrundlagen, Kriegsziele und Friedenspolitik der Vereinten Nationen, 1946, S. 8 ff., sowie in: Dietrich Rauschning (Hg.), Rechtsstellung Deutschlands – Völkerrechtliche Verträge und andere rechtsgestaltende Akte, ²1989, S. 1 ff.
19 Churchill am 15. 7. 1943 im Unterhaus, ebenso seine und des britischen Außenministers Eden Erklärungen am 12. und 23. 2. 1944 sowie am 24. 5. 1944, in: Europa-Archiv 1946, S. 18.

parteiensystem und staatlicher Selbständigkeit. Die gleichartigen Regierungssysteme Jugoslawiens und Albaniens unterschieden sich seit 1948 von denen der Ostblockstaaten nur durch ihre Unabhängigkeit von der Moskauer Zentrale.

An diese erneuten Widersprüche zwischen feierlichem Versprechen während des Krieges und den politischen Realitäten nach dem Krieg ist zu erinnern, weil kein anderer Grundsatz verbal so allgemein anerkannt war, aber zugleich so lange und so schwerwiegend mißachtet wurde wie die „Selbstbestimmung des Volkes", nicht nur zu Lasten der besiegten Deutschen, sondern genauso lange zu Lasten der osteuropäischen Völker, die sich auf der Seite der Sieger gewähnt hatten. Die Kluft zwischen Anspruch und Realität veranlaßte manche Vertreter der Völkerrechtswissenschaft im Westen bis in die jüngste Zeit, der Selbstbestimmung nur den Charakter eines politischen „Programmsatzes", einer Forderung politischer Ethik zuzumessen, statt ihr auch den Rang eines zwingenden Rechtssatzes und subjektiven Rechts der Völker zuzuerkennen[20].

11

Nur politische Ethik?

Programmsatz

IV. Entwicklung der Selbstbestimmung in den Vereinten Nationen

Die Charta der Vereinten Nationen vom 26. Juni 1945 setzte der Weltorganisation das Ziel, „freundschaftliche, auf der Achtung vor dem Grundsatz der Gleichberechtigung und Selbstbestimmung der Völker beruhende Beziehungen zwischen den Nationen zu entwickeln" (Art. 1 Nr. 2). Auch wirtschaftliche „Stabilität und Wohlfahrt" betrachtete die Charta als Bedingungen von „friedlichen, freundlichen, auf Gleichberechtigung und Selbstbestimmung der Völker" beruhenden Beziehungen, weshalb der Lebensstandard zu verbessern und für Vollbeschäftigung zu sorgen sei (Art. 55 lit. a).

12

UN-Charta

Man kann es historischer Dialektik zurechnen, der List der Vernunft oder dem bekannt schwarzen Humor der Klio: Die Formel „based on respect for the principle of equal rights and self-determination of peoples" wurde auf Betreiben der Sowjetunion und gegen anfänglichen Widerstand der Westmächte zum „Ziel" der Vereinten Nationen erhoben und in ihre Charta aufgenommen[21]. Gefangen in ihrem Glauben an die von Marx benannten Gesetze der Geschichte, hatten Lenin und Stalin vom Selbstbestimmungsrecht die Befreiung der Völker von kapitalistischer Staatsherrschaft und den Übergang

13

Lenin, Stalin

---

20 *Michla Pomerance*, Self-Determination in Law and Practice, Den Haag 1982, S. 63 ff.; *Helmut Rumpf*, Das Subjekt des Selbstbestimmungsrechts, in: Blumenwitz/Meissner (N 4), S. 47 (53 f.); *Ignaz Seidl-Hohenveldern*, Völkerrecht, 1987, Rn. 1557; anders *ders.* in der Ausgabe von ⁷1992, Rn. 1555, unter Hinweis auf die Wirksamkeit des Selbstbestimmungsrechts in den Ereignissen des Jahre 1989–1992.
21 Darüber waren und sind sich sowjetische und westliche Wissenschaftler einig, vgl. *Wilfried Koschorreck*, Die Aufnahme des „Grundsatzes der Selbstbestimmung der Völker" in die Satzung der Vereinten Nationen, in: FS für Boris Meissner, 1965, S. 113 ff. (ausführlich); *Rudolf Arzinger*, Das Selbstbestimmungsrecht im allgemeinen Völkerrecht der Gegenwart, Berlin Ost 1966, S. 84 ff. m. Nachw. des sowjetischen Schrifttums; *Antonio Cassese*, Art. 51, in: Jean-Pierre Cot/Alain Pellet (Hg.), La Charte des Nations Unies, Paris ²1991, S. 41 ff.

zum Sozialismus erwartet[22]. 45 Jahre später kehrte sich die Formel gegen ihre Protagonisten. Zwischen 1988 und 1992 beendeten die osteuropäischen Staatsvölker die Moskauer Vormundschaft und das ihnen aufgezwungene sozialistische System. Die Sowjetunion, Jugoslawien und die Tschechoslowakei zerfielen in ihre nationalen Partikel, die kommunistischen Staatsparteien verschwanden: Elementare Prozesse von weltgeschichtlichem Rang, rechtlich vollzogen in Wahrnehmung des inneren wie des äußeren Selbstbestimmungsrechts der Völker.

14

Dekolonisierung

Keine staatsunfähigen Völker

Selbstbestimmung als Menschenrecht

Zunächst freilich wirkte die Formel von der „Gleichberechtigung und Selbstbestimmung der Völker" allein in dem intendierten antikolonialistischen Sinn. Bedingt durch den Zweiten Weltkrieg verloren die europäischen Kolonialmächte ihre asiatischen und afrikanischen Herrschaftsgebiete; gegen den während des Krieges erstarkten Unabhängigkeitswillen der Völker und unter dem Druck der Sowjetunion und der Vereinigten Staaten war der koloniale Status quo ante nicht zu halten. Zwischen 1946 und 1960 wurden 34 Staaten mit 775 Mio. Einwohnern selbständig[23]. Das Ende der Kolonialherrschaft wurde rechtlich unmittelbar mit dem Selbstbestimmungsrecht der Völker verknüpft und aus der „Gleichberechtigung" abgeleitet: Es gibt keine staatsunfähigen, unter Vormundschaft zu stellende Völker[24]. Die Beschlußpraxis der Vereinten Nationen begleitete die Dekolonisierung durch eine interpretative Veränderung des rechtlichen Rahmens, nämlich durch die Umwandlung des „Grundsatzes" („principle") in ein „Recht" („right") auf Selbstbestimmung. Zwar wurde zunächst der Versuch der Sowjetunion abgewehrt, die Selbstbestimmung der Völker als subjektives Recht in der „Allgemeinen Erklärung der Menschenrechte" von 1948 zu verankern[25]. Aber bereits am 5. Februar 1952 forderte die Generalversammlung der Vereinten Nationen, in die geplante Konvention über die Menschenrechte das Recht der Völker auf Selbstbestimmung aufzunehmen: „All peoples shall have the right of self-determination ... all states should promote the realization of that right". Zugleich wurde dieses Recht als grundlegendes „Menschenrecht" bezeichnet:

---

22 Ausführlich *Boris Meissner*, Sowjetunion und Selbstbestimmungsrecht, 1956; *ders.*, Der Nationsbegriff und das Selbstbestimmungsrecht der Völker, in: ROW 28 (1984), S. 1 ff.; *ders.*, Die marxistisch-leninistische Auffassung vom Selbstbestimmungsrecht, in: Blumenwitz/Meissner (N 4), S. 89 ff.; *Arzinger* (N 21), S. 27 ff., ebenfalls unter Auswertung des sowjetischen Schrifttums. Die Völkerrechtslehrer des Ostblocks versuchten, diesen Sinn durch Interpretationen mit dem Ergebnis abzusichern: Das Selbstbestimmungsrecht der Völker ist immer rechtmäßig ausgeübt, wenn es den Marxismus fördert, es ist immer illegal, wenn es ihn hemmt (*Karl Doehring*, Das Selbstbestimmungsrecht der Völker aus der Sicht der DDR, in: Der Staat 6 [1967], S. 355 [365]). Den Vorrang der „Interessen des Sozialismus" gegenüber dem Selbstbestimmungsrecht hatte Lenin bereits 1917/1918 betont (bei *Meissner*, Sowjetunion und Selbstbestimmungsrecht, a. a. O., S. 25); ihm folgte Stalin mit dem klaren Bekenntnis: „Das Prinzip der Selbstbestimmung muß ein Mittel im Kampf für den Sozialismus sein und den Prinzipien des Sozialismus untergeordnet sein" (*Josef W. Stalin*, Werke, Bd. IV, Berlin Ost 1951, S. 27).
23 Festgestellt während der Debatte über die „Declaration on Granting Independence to Colonial Countries and Peoples", beschlossen von der Generalversammlung am 14.12.1960, vgl. UNYB 1960, S. 47.
24 Vgl. die in N 23 zitierte Deklaration 1514 (XV) vom 14.12.1960 unter Nr. 2. Die Deklaration ist viersprachig abgedruckt in der nützlichen Sammlung von Joachim Schulz/Klaus Mann, Resolutionen zum Selbstbestimmungsrecht der Völker, Berlin Ost 1990, S. 44 ff.
25 *Koschorreck* (N 21), S. 124 ff.

"... recognized the right of peoples and nations to selfdetermination as a fundamental human right"[26].

Dieses Verständnis setzte sich bei den Beratungen der Vereinten Nationen seit 1952 endgültig durch, übrigens erneut gegen den Widerspruch der westlichen Staaten[27]. Der hohe Rang, den die Vereinten Nationen dem Selbstbestimmungsrecht zumessen, wird deutlich durch das ungewöhnliche Faktum, daß seine Garantie als kollektives Freiheitsrecht an die Spitze sowohl des Paktes über bürgerliche und politische Rechte (IPbürgR) wie des Paktes über wirtschaftliche, soziale und kulturelle Rechte (IPwirtR) mit identischem Wortlaut gestellt wurde: „Alle Völker haben das Recht auf Selbstbestimmung. Kraft dieses Rechts entscheiden sie frei über ihren politischen Status und gestalten in Freiheit ihre wirtschaftliche, soziale und kulturelle Entwicklung"[28]. Die Vertragswerke traten 1976 in Kraft, nachdem 35 Staaten, unter ihnen die Sowjetunion und ihre osteuropäischen Satelliten, beigetreten waren, für die Bundesrepublik wie für die DDR wurden sie verbindlich am 23. März 1976[29]. Als seit 1988 die Völker Ost- und Südosteuropas, danach auch die Völker der Sowjetunion das Recht auf Selbstbestimmung einforderten, waren die Pakte weltweit anerkannt[30].

15 Menschenrechtspakte

1970 suchte die Generalversammlung der Vereinten Nationen das Recht auf Selbstbestimmung und sein Verhältnis zu anderen „Hauptgrundsätzen" des Völkerrechts authentisch zu interpretieren. In der „Erklärung über völkerrechtliche Grundsätze für freundschaftliche Beziehungen und Zusammenarbeit zwischen den Staaten im Sinne der Charta der Vereinten Nationen"[31] gehört der „Grundsatz der Gleichberechtigung und Selbstbestimmung der Völker" – neben dem Verzicht auf Gewalt, friedlicher Streitbeilegung, Einmischungsverbot und dem Gebot, die Charta der Vereinten Nationen zu befolgen – zu den fünf „Hauptgrundsätzen des Völkerrechts", den „basic principles

16 Friendly Relations Declaration von 1970

---

26 Präambel und Nr. 1 der Entschließung Nr. 545-VI zur Aufnahme eines Artikels zum Selbstbestimmungsrecht der Völker in die Internationale Konvention über die Menschenrechte, Text bei Schulz/Mann (N 24), S. 32 f. Die Entstehungsgeschichte des IPbürgR wird ausführlich geschildert von *Vratislav Pechoia*, The Development of the Covenant on Civil and Political Rights, in: Louis Henkin (Hg.), The International Bill of Rights, New York 1981, S. 32 ff. → Bd. X, *E. Klein*, § 212 Rn. 40, 63.
27 Die Entstehungsgeschichte des Art. 1 der Menschenrechtspakte dokumentiert *Marc J. Bossuyt*, Guide to the „Trauvaux-Préparatoires" of the International Covenant on Civil and Political Rights, Dordrecht 1987, S. 32 ff. Überblick bei *Cassese* (N 4), S. 92 ff.; *Manfred Nowak*, UNO-Pakt über bürgerliche und politische Rechte und Fakultativprotokoll, CCPR-Kommentar 1989, Art. 1 Rn. 8 ff. – Die Selbstbestimmung mit Sezessionsrecht wurde wegen ihrer „Sprengkraft" abgelehnt; einige meinungsführende Länder und ihre Juristen sahen Probleme im eigenen Haus: Belgien (Flamen, Wallonen), Britannien (Nordirland, Schottland), Frankreich (Korsika), Italien (Südtirol), Spanien (Basken).
28 Art. 1 Nr. 1 des IPbürgR und IPwirtR, beide beschlossen von der Generalversammlung der Vereinten Nationen am 19.12.1966. Der Wortlaut der amtlichen Vertragstexte: „All peoples have the right to self-determination. By virtue of that right they freely determine their political status and freely pursue their economic, social and cultural development". „Tous les peuples ont le droit de disposer d'eux-mêmes. En vertu de ce droit, ils déterminent librement leur Statut politique et assurent librement leur développement économique, social et culturel." → Bd. X, *Tomuschat*, § 208 Rn. 10 ff.
29 Art. 49 IPbürgR, Art. 27 IPwirtR (BGBl 1976 II, S. 1068).
30 Am 31.12.1987 waren 84 Staaten dem IPbürgR und 89 Staaten dem IPwirtR beigetreten (vgl. BGBl 1987, Fundstellennachweis B, S. 359 ff.). Bis zum 31.12.1993 war die Zahl der Vertragsparteien auf 114 bzw. auf 120 Staaten gestiegen (vgl. BGBl 1993, Fundstellennachweis B, S. 415 ff.).
31 Friendly Relations Declaration vom 24.10.1970, Res. Nr. 2625 (XXV); → Oben *Vosgerau*, § 228 Rn. 6 f.

of international law". Die Erklärung beschreibt das Selbstbestimmungsrecht inhaltlich durch Wiederholung des Art. 1 IPbürgR, ergänzt durch eine lehrbuchartige Definition: „Die Gründung eines souveränen und unabhängigen Staates, die freie Vereinigung mit einem unabhängigen Staat oder die freie Eingliederung in einen solchen Staat oder das Entstehen eines anderen, durch ein Volk frei bestimmten politischen Status stellen Möglichkeiten der Verwirklichung des Selbstbestimmungsrechts durch das Volk dar." Mit diesen Wendungen war die verbreitete Ablehnung des Rechts auf Sezession in Ausübung des Selbstbestimmungsrechts eigentlich erledigt[32]. Das (äußere) Selbstbestimmungsrecht darf jedoch nicht ausgeübt werden gegen Staaten, „die sich in ihrem Verhalten von dem obenerwähnten Grundsatz der Gleichberechtigung und Selbstbestimmung der Völker leiten lassen und daher eine Regierung besitzen, welche die gesamte Bevölkerung des Gebiets, ohne Unterschied der Rasse, des Glaubens oder der Hautfarbe, vertritt". Auch andere Staaten haben jede Handlung zu unterlassen, „die auf die teilweise oder vollständige Zerstörung der nationalen Einheit und der territorialen Unversehrtheit eines anderen Staates oder Landes gerichtet ist". Die Deklaration scheint mit der einen Hand zu nehmen, was sie mit der anderen gewährt. In diesem Widerspruch, ein typischer Formelkompromiß, sollten die widerstreitenden Interessen der drei Staatengruppen aufgehoben werden[33]. Die afro-asiatischen Staaten bestanden auf dem Selbstbestimmungsrecht als „basic principle", wollten es jedoch ausschließlich gegen die europäischen Kolonialmächte gerichtet sehen[34]. Es sollte auch in den neuen, durch Dekolonisation entstandenen Staaten mit dem Staatwerden „verbraucht" sein. Diese Historisierung des Selbstbestimmungsrechts in eigener Sache war verständlich: Die ethnisch oft heterogenen, dazu überwiegend undemokratisch, nämlich durch Diktatur und Einparteiensysteme regierten afro-asiatischen Staaten mußten „innere" Selbstbestimmung genauso fürchten wie die Sezession. Die „westliche" Staatengruppe, das heißt die nicht sozialistischen europäischen sowie die nord- und südamerikanischen Staaten widersprachen der Beschränkung der Selbstbestimmung auf Dekolonisierung wie dem „Verbrauch" des Selbstbestimmungsrechts und betonten zugleich die „innere" Selbstbestimmung[35]. Die Ostblockstaaten akzentuierten die „freie Wahl des politischen, wirtschaftlichen und gesellschaftlichen Systems"; das sollte die bereits getroffene Ent-

---

32 Im völkerrechtswissenschaftlichen Schrifttum ließen sich einige Autoren durch die UN-Definition nicht beirren und blieben bei der Ablehnung des ius secedendi, z.B. *Rupert Emerson*, Self-Determination, in: AJIL 65 (1971), S. 459 (464 f.); *Héctor Gros Espiell*, The Right to Self-Determination. Implementation of United Nations Resolutions, New York 1980, E/CN.4/Sub. 2/405/Rev. I, S. 9; *Pomerance* (N 20), S. 15; *Christoph Gusy*, Selbstbestimmung im Wandel, in: ArchVR 30 (1992), S. 385 (394, 400); → Oben *Vosgerau*, § 228 Rn. 16.
33 Die Entstehungsgeschichte schildert ausführlich *Bernd Graf zu Dohna*, Die Grundprinzipien des Völkerrechts über die freundschaftlichen Beziehungen und die Zusammenarbeit zwischen den Staaten, 1973, S. 202 ff.
34 Diese Eingrenzung bezeichnete *Seidl-Hohenveldern* (N 20), Rn. 1555, als „heuchlerisch und rassistisch".
35 Das Selbstbestimmungsrecht des Art. 1 IPbürgR ist ausdrücklich als ein dauerndes Recht konzipiert worden. Um diesen Charakter zu betonen und zu sichern, ist der ursprüngliche Text „all peoples shall have the right to self-determination" geändert worden in „all peoples have the right to self-determination"; vgl. *Cassese* (N 4), S. 98; *Nowak* (N 27), Art. 1 Rn. 18 m. weit. Nachw.

scheidung für das sozialistische System als Ausübung des Selbstbestimmungsrechts sanktionieren und systemkritische „Einmischungen" von außen abwehren.

Im Ergebnis setzte sich keine Gruppe voll durch. Der Schutz der „nationalen Einheit und der territorialen Unversehrtheit" ist allerdings als Garantie des Status quo und Negation der äußeren Selbstbestimmung interpretiert worden[36]. Dieses Resultat beruhte auf dem seltsamen Schluß, eine Regierung, die (wie in der Sowjetunion) auf Wahlen der gesamten Bevölkerung beruhe („ohne Unterschied der Rasse, des Glaubens oder der Hautfarbe"), sei ein auf Gleichberechtigung und Selbstbestimmung gegründeter Staat. Es wurde also von zwei Voraussetzungen einer Rechtsfolge eine Bedingung isoliert und von ihr auf die Existenz der zweiten geschlossen. Nach dem ganz eindeutigen Text und dem damals bekannten Sinnzusammenhang bezog sich nur „Gleichberechtigung" auf die „Unterschiede der Rasse, des Glaubens oder der Hautfarbe"; das Element der Selbstbestimmung muß ebenfalls erfüllt sein. Selbstbestimmung aber war seit 1966, dem Jahr der Verabschiedung des Internationalen Paktes über bürgerliche und politische Rechte und des Internationalen Paktes über wirtschaftliche, soziale und kulturelle Rechte auch „innere" Selbstbestimmung. Die sezessionsfeindliche Ansicht der Völkerrechtslehre muß an dieser Stelle und jetzt nicht mehr abstrakt erörtert werden. Der Ausschluß der „äußeren" Selbstbestimmung soll nämlich allein solche Staaten gegen Revolte und Sezession schützen, „die sich in ihrem Verhalten von dem Grundsatz der Gleichberechtigung und Selbstbestimmung leiten lassen ...". Kein Volk des Ostblocks – auch nicht das russische – konnte unter dem realsozialistischen Herrschaftssystem „seinen politischen Status frei bestimmen". Diese Freiheit hatten ihnen die „Partei der Arbeiterklasse" und deren Repressionsorgane genommen, und zwar seit der Gründung der Sowjetunion (1917–1921) und der Unterwerfung und Gleichschaltung der Staaten Osteuropas nach dem Zweiten Weltkrieg. Der Verlust der Selbstbestimmung durch das Machtmonopol der kommunistischen Parteien[37] ist kein wohlfeiles Argument post festum. Den Sachverhalt beschrieben die Vertreter der deutschen Ostrechtswissenschaft oft genug[38]. Viele Vertreter der Völkerrechtswissenschaft in den freien Ländern ignorierten allerdings die realen Verhältnisse,

---

36 Vgl. *Graf zu Dohna* (N 33), S. 208.
37 → Bd. I, *Brunner*, § 11 Rn. 17 ff.
38 Z. B. *Boris Meissner*, Das Ostpaktsystem, 1955; *ders.*, Die sowjetische Konzeption des „proletarisch-sozialistischen Internationalismus" und das „sozialistische Völkerrecht", in: ROW 19 (1975), S. 1 ff.; *ders.*, Spezifische Wandlungen im Ostpaktsystem, in: Außenpolitik 1979, S. 279 ff. (Vasallität); *Jens Hakker*, Der neue Bündnisvertrag mit der Sowjetunion und der DDR, in: Königsteiner Kreis, Jg. 1975, Nr. 1 – 12, S. 7 ff. (Protektorat); weitere Nachweise bei *Dietrich Frenzke*, Die Rechtsnatur des Sowjetblocks, 1981, der seinerseits mit guten Gründen das Verhältnis der Sowjetunion zu den anderen Blockstaaten als völkerrechtlich wie staatsrechtlich konstruiert sah (S. 207 ff.). Umfassend erörterte *Jens Hakker* das Thema: Der Ostblock. Entstehung, Entwicklung und Struktur 1939 – 1980, 1983, u. a. mit dem Nachweis, daß die Stellung der Sowjetunion über die einer Hegemonialmacht (*Triepel* [N 57]) ebenso hinausging wie über diejenige des „Reichs" in der „Völkerrechtlichen Großraumordnung mit Interventionsverbot für raumfremde Mächte" (*Carl Schmitt*, Völkerrechtliche Großraumordnung mit Interventionsverbot für raumfremde Mächte: Ein Beitrag zum Reichsbegriff für Völkerrecht, 1939, S. 910 ff.).

wohl im Interesse des friedlichen Umgangs mit den Kollegen der anderen Seite. Diplomaten großer Staaten mit freiheitlichen Traditionen aber scheuen sich nicht, in der Generalversammlung der Vereinten Nationen Verknechtung durch Kolonialismus und kommunistische Herrschaft gleichzusetzen und die Sowjetunion den „arch-practitioner" dieses „new and lethal colonialism" zu nennen: „The entire system is disguised by censorship, by ruthless thought control, and by an elaborate misuse of words like ‚democratic' and ‚autonomous'. Its tragic reality had been attested to by the millions who had escaped it and by the tens of thousands who had died trying to shake it off"[39]. Zwei Jahre vor der einstimmigen Verabschiedung der „Friendly Relations Declaration" mußten die Welt und die Tschechoslowakei erfahren, daß die Garantie der „freien Wahl des politischen, wirtschaftlichen und gesellschaftlichen Systems" nur auf dem Papier besteht und auch nicht vor bewaffneter Intervention schützt, soll das sozialistische System ohne Zustimmung des Moskauer Hegemons um einige Farbtöne verändert werden.

18
Resolution „Defining Aggression" von 1974

Kampf gegen koloniale und rassistische Herrschaft

Rechtfertigung gewaltsamer Durchsetzung

Der hohe Rang des Selbstbestimmungsrechts schlug sich schließlich ebenfalls nieder in der einstimmig beschlossenen Resolution der Generalversammlung der Vereinten Nationen „Defining Aggression" vom 14. Dezember 1974[40]. Das allgemeine Verbot der Aggression und des Angriffskrieges darf dem Recht auf Selbstbestimmung, Freiheit und Unabhängigkeit der Völker ebensowenig entgegenstehen wie dem Kampf der Völker „under colonial and racist regimes or other forms of alien domination" (Art. 7). Die rechtstechnische Besonderung des „Kampfes gegen koloniale und rassistische Herrschaft" bestätigt erneut, daß die Anerkennung des Selbstbestimmungsrechts über die Frontstellung gegen Kolonialherrschaften hinausgeht, diese nur ein per se gegebenes Beispiel darstellen[41]. Sonst unzulässige aggressive Handlungen sind legitimiert, und das Recht auf Selbstbestimmung darf mit einem speziellen ius ad bellum durchgesetzt werden[42]. Folgerichtig enthalten die völkerstrafrechtlichen Entwürfe der Vereinten Nationen des „Code of Crimes

---

39 So der Delegierte der Vereinigten Staaten in der Aussprache über die „Declaration on Granting Independence to Colonial Countries and Peoples" am 14. 12. 1960, in: UNYB 1960, S. 48. Es war dies keine Propaganda im Kalten Krieg. In dem Rehabilitierungsbeschluß des Kongresses der Volksdeputierten der Russischen Sozialistischen Föderativen Sowjetrepublik vom 11. 12. 1990 heißt es: „Im Laufe der Jahrzehnte wurden viele Bürger der Russischen Föderation und ganze Völker aus ideologischen und politischen Motiven und nach nationalen Merkmalen willkürlich und gesetzwidrig Repressionen unterzogen. Die Repressionen haben das Schicksal vieler Millionen Bürger gezeichnet, eine Reihe von Völkern wurde ihrer Staatlichkeit beraubt und deportiert. Der Kongreß der Volksdeputierten verurteilt den langjährigen Terror und die Massenverfolgung des eigenen Volkes ... und äußert seine feste Überzeugung, daß sich eine ähnliche Tragödie der Völker und Bürger Rußlands niemals wiederholen wird ..."; der Beschluß ist vollständig abgedruckt in: ROW 36 (1992), S. 380.
40 A/Res/3314 (XXIX), Annex. Der Beschluß geht zurück auf den ebenfalls einstimmig verabschiedeten Entwurf des Special Committee on the Question of Defining Aggression. Die Arbeit des 1952 eingesetzten Sonderausschusses ist vollständig dokumentiert von *Benjamin Ferencz*, Defining International Aggression, Bd. II, New York 1975, S. 79 ff.
41 Das betonte bereits *Karl Doehring*, Das Selbstbestimmungsrecht der deutschen Nation, in: FS für Hans Ulrich Scupin, 1983, S. 555 (558).
42 Es geht m. E. nicht an, den „Befreiungskrieg" zur Durchsetzung des Selbstbestimmungsrechts mit *Doehring* (N 9), S. 34 f., der „kommunistischen Auffassung" allein zuzuschreiben.

against the Peace and Security of Mankind" einen entsprechenden Rechtfertigungsgrund⁴³.

V. Individualfreiheit und Selbstbestimmung als Preis für „Entspannung"

Ungeachtet der groben Mißachtung der Prinzipien der Deklaration von 1970 noch während ihrer Entstehung, ging das Selbstbestimmungsrecht fünf Jahre später in eine regionale Deklaration ein, nämlich in die KSZE-Schlußakte, die am 1. August 1975 in Helsinki von west- und osteuropäischen Staaten sowie den Vereinigten Staaten, Kanada und der Sowjetunion unterzeichnet wurde⁴⁴. Den vitalen Interessen des Ostblocks entsprachen die Prinzipien der Unverletzlichkeit der Grenzen (III), der territorialen Integrität der Staaten (IV) und der Nichteinmischung (VI). Die westeuropäischen Staaten schienen mit dem Verzicht auf Androhung oder Anwendung von Gewalt (II), der Achtung der Menschenrechte und Grundfreiheiten (VII) und der Gleichberechtigung und Selbstbestimmung der Völker (VIII) nicht viel erreicht zu haben; sie waren oft genug von der Sowjetunion und ihren Satelliten anerkannt, aber noch öfter von ihnen mißachtet worden. Gleichwohl wurden gerade diese Garantien innerhalb der nächsten 15 Jahre die juristischen Hebel der politischen Veränderung. Individuelle Freiheit und Selbstbestimmung entwickelten sich zu dynamischen Elementen des politischen Lebens, den statischen der Schlußakte überlegen. Die Achtung vor den Menschenrechten und Grundfreiheiten forderten die osteuropäischen Bürgerrechtsgruppen in den nächsten Jahren immer wieder von den realsozialistischen Staatsorganen ein, bis schließlich die Forderung individueller Freiheit kulminierte in der Forderung nach Freiheit für alle, für das ganze Volk, nämlich nach innerer und äußerer Selbstbestimmung. Diese Selbstbestimmung sollten die Staaten nach VIII Nr. 1 der Schlußakte achten, „indem sie jederzeit in Übereinstimmung mit den Zielen und Grundsätzen der Charta der Vereinten Nationen und den einschlägigen Normen des Völkerrechts handeln, einschließlich jener, die sich auf die territoriale Integrität der Staaten beziehen". Aber auf diese erneute Versiegelung der Grenzen und Vorsorge gegen den Verlust der Landbeute des Zweiten Weltkrieges folgte erfrischend klar formuliert das Selbstbestimmungsrecht: „Kraft des Prinzips der Gleichberechtigung und des Selbstbestimmungsrechts der Völker haben alle Völker jederzeit das Recht, in voller Freiheit, wann und wie sie es wünschen, ihren inneren und äußeren politischen Status ohne

19
KSZE-Schlußakte

Menschenrechte

Territoriale Integrität

Innerer und äußerer politischer Status

---

43 Der letzte Entwurf der International Law Commission beschreibt in Art. 15 Abs. 4 acht Tatbestände verbotener und strafbarer Aggression, setzt aber in Art. 15 Abs. 7 hinzu: „Nothing in this article could in any way prejudice the right to self-determination, freedom and independence, as derived from the Charter, of peoples forcibly deprived of that right and referred to in the Declaration on Principles of International Law concerning Friendly Relations and Cooperation among States in accordance with the Charter of the United Nations, particularly peoples under colonial and racist regimes or other forms of alien domination: nor the right of these peoples to struggle to that end and to seek and receive support, in accordance with the principles of the Charter and in conformity with the above-mentioned Declaration", s. UNGA Official Records: 46th Session, suppl. No. 10 (A/46/10), S. 198ff., 244.
44 Deutscher Text in: Bulletin BReg 1975, S. 967ff.

äußere Einmischung zu bestimmen und ihre politische, wirtschaftliche, soziale und kulturelle Entwicklung nach eigenen Wünschen zu verfolgen."

20
Rechtliche Eigenart der Schlußakte

Die KSZE-Schlußakte wurde nicht als völkerrechtlicher Vertrag abgeschlossen, sie war ein „moral commitment", ein politisch-moralischer Appell, das heißt eine außerrechtliche zwischenstaatliche Abmachung[45]. Mit ihren Prinzipien wurden Regeln der Charta der Vereinten Nationen und allgemeine Regeln des Völkerrechts wiederholt; das Bekenntnis zu den Menschenrechten und zum Selbstbestimmungsrecht nahm inhaltlich Bezug auf den Internationalen Pakt über bürgerliche und politische Rechte, der acht Monate später in Kraft trat. Der Ostblock hatte die KSZE-Akte initiiert: Das „agreement"

„*Entspannung*"

sollte der „Entspannung" dienen, das heißt den Status quo erhalten und gestatten, die drückenden Militärausgaben zu senken. Der Preis, den der Ostblock nach langem Sträuben zu entrichten hatte – Verzicht auf Gewaltandrohung und Gewaltanwendung, Anerkennung der Menschenrechte und des Selbstbestimmungsrechts –, erschien den Politbüros Anfang der 70er Jahre erschwinglich[46]. Der Gewaltverzicht galt nach sowjetischem Verständnis nur im Verhältnis zu den kapitalistischen Staaten und sollte das ideologische Konzept der friedlichen Koexistenz antagonistischer Gesellschaftssysteme

Sowjetischer Großraum

realisieren. Die Apparaturen der inneren Repression funktionierten. Die militärische Intervention in Prag 1968 hatte erneut gezeigt, daß die nicht sozialistischen Staaten die moralische Empörung ihren Medien überließen, im übrigen Probleme des sowjetischen Großraums und ihre Lösungen als seine internen Angelegenheiten respektierten. Den großen Krieg zu vermeiden war wichtiger, als Reformkommunisten zu helfen.

21
Militärische Intervention in Prag 1968

Aber dieser Interventionsverzicht war nur die Reaktion auf der staatlichen Ebene. Die Unterdrückung des unter Dubceks Führung von der Kommunistischen Partei der CSSR initiierten „Prager Frühlings" durch die kombinierte Militäraktion von fünf sozialistischen „Bruderstaaten" erregte nicht nur die öffentliche Meinung; sie zersetzte die kommunistischen Parteien im nicht sowjetischen Europa mit der Folge des abdriftenden „Eurokommunismus" und trieb prominente Sympathisanten wie Jean-Paul Sartre, Heinrich Böll und Arthur Miller zur offenen Unterstützung des Widerstandes von Havel, Kohout, Pachman und anderer. Die Militärintervention 1968 war deshalb die letzte, die der Kreml zur Erhaltung seiner Herrschaft in Osteuropa riskierte. Als von 1976 bis 1981 in Polen die Gewerkschaft „Solidarität" die Machtfrage stellte, begnügte sich Moskau mit der einheimischen Militärdiktatur Jaru-

---

[45] Zu dieser Rechtsnatur *Otto Kimminich*, Konferenz über Sicherheit und Zusammenarbeit in Europa und Menschenrechte, in: ArchVR 17 (1976/77), S. 274 ff.; *Theodor Schweisfurth*, Zur Frage der Rechtsnatur, Verbindlichkeit und völkerrechtlichen Relevanz der KSZE-Schlußakte, in: ZaöRV 36 (1976), S. 681 (684 ff.).

[46] Die Sowjetunion erklärte sich erst nach längerem Widerstand bereit, das Selbstbestimmungsrecht unter seiner traditionellen Bezeichnung unter die zehn Prinzipien der Schlußakte der KSZE von 1975 aufzunehmen, vgl. *Meissner*, Die marxistisch-leninistische Auffassung (N 22), S. 106, unter Hinweis auf den abweichenden Deklarationsentwurf der Sowjetunion vom 4.7.1973 (Internationales Recht und Diplomatie, 1975/76, S. 218 ff.).

zelskis⁴⁷. Im Rückblick wird man daher den Einmarsch in die CSSR und die Folgen als erzwungene Wende der sowjetischen Europapolitik ansehen müssen, gekennzeichnet durch den Übergang von der aggressiven zur defensiven Strategie. Am Ende stand 1989/90 die Ablösung der kommunistischen Herrschaft in Osteuropa und damit auch der Untergang der DDR. Aus diesem osteuropäischen Zusammenhang kann die Wiedervereinigung der Deutschen nicht gelöst werden.

Wende der sowjetischen Europapolitik

Der sowjetische Versuch, mit der KSZE-Schlußakte den Status quo und die „historischen Ergebnisse des Zweiten Weltkrieges" zu zementieren, scheiterte, weil die Politbüros die revolutionäre Kraft verbriefter Freiheitsrechte unterschätzten. Als alle osteuropäischen Teilnehmerstaaten 1975 die KSZE-Schlußakte in vollem Wortlaut in ihren Parteizeitungen veröffentlichten, entwickelte sich der Text rasch zu einem wahren „Bestseller"; die Schlußakte wurde das bekannteste internationale Dokument in Osteuropa. Mit ihr gewann die Opposition eine systemimmanente Legitimation: Der Generalsekretär der Partei hatte in seiner Funktion als Staatspräsident eben diese Schlußakte unterschrieben und damit als Position der Partei anerkannt. In der Tschechoslowakei fehlte daher seit der Veröffentlichung der Schlußakte in keiner kritischen Stellungnahme zur Repressionspolitik von Regierung und Partei der Hinweis auf „Helsinki". Das Regime mußte sich an dem messen lassen, was es selbst auf internationaler Ebene vereinbart hatte⁴⁸. Der erste Höhepunkt der Auseinandersetzung der Opposition mit der sowjethörigen Kommunistischen Partei der Tschechoslowakei – sie begann bereits 1969⁴⁹ – war die von 617 Systemkritikern unterzeichnete und von Jan Patočka, Václav Havel und Jiří Hájek präsentierte „Charta 77"⁵⁰. Dieser berühmte Text nimmt zwar noch Bezug auf die Schlußakte von Helsinki, beginnt aber mit der Berufung auf das Inkrafttreten des Internationalen Pakts über bürgerliche und politische Rechte am 23. März 1976 und die Veröffentlichung in der offiziellen Gesetzessammlung und vergleicht die einzelnen Rechte des Bürgerrechtspakts und des Internationalen Pakts über wirtschaftliche, soziale und kulturelle Rechte mit den politischen und sozialen Realitäten der CSSR⁵¹. Die entlarvende Gegenüberstellung von Recht und Realität hatte hier und fortan den unschätzbaren Vorzug, innerhalb der „sozialistischen Gesetzlichkeit" zu bleiben. Glaubhaft konnten die Kritiker weder als Hoch- und Landesverräter noch als bourgeoise Klassenfeinde denunziert werden. Die Legalität wurde

22
Legitimation der Opposition durch die KSZE-Schlußakte

„Helsinki": Maßstab der Kritik

„Charta 77"

---

47 Über den am 13.12.1981 erklärten Ausnahmezustand und das Verbot der Gewerkschaft Solidarität s. *Lothar Schulz*, Die Krise in der Volksrepublik Polen und ihr Einfluß auf die sozialistischen Staaten, in: ROW 26 (1982), S. 247ff.; ausführlich *Jürgen Becker*, Die Rechtsgrundlagen der Zulassung des Verbots der Gewerkschaft ‚Solidarität' im polnischen Verfassungs- und Verwaltungsrecht, in: Der Staat 26 (1987), S. 57ff.
48 *Hans-Peter Riese*, Bürgerinitiative für die Menschenrechte, 1977, S. 29f.
49 Die wichtigsten Stellungnahmen zwischen 1969 und 1976 – in der Regel „offene Briefe" an die Parteiführung – dokumentiert *Riese* (N 48), S. 36ff., 54ff., 203ff.
50 Namen und Berufe aller Unterzeichner bei *Riese* (N 48), S. 286ff.
51 Dt. Text in: Osteuropa-Archiv 1977, A 384ff.; auch bei *Riese* (N 48), S. 45ff.

Menschenrechtliche Legalität als Waffe gegen den sozialistischen Staat

zur revolutionären Waffe – Lenin hatte diese Technik empfohlen[52] –, weil alle individuellen und kollektiven Paktrechte Fremdkörper im sozialistischen Rechtssystem bildeten. Nach dem marxistischen Verständnis vom Recht als (Unterdrückungs-)Instrument der herrschenden Klasse war nunmehr auch das sozialistische Recht Instrument der Arbeiterklasse und ihrer Partei; es diente allein als „Mittel zur Ausübung der sozialistischen Staatsmacht", nicht dem Schutz des Bürgers und des Rechts[53]. Die sogenannten Bürgerrechte der sozialistischen Verfassungen standen ausnahmslos unter dem Herrschaftsvorbehalt der „Partei der Arbeiterklasse". Die Paktrechte aber waren per se als Freiheitsrechte gegen den Staat konzipiert. Die legale Inanspruchnahme der Paktrechte enthüllte nicht nur die Scheinwelt der Propaganda und die falsche Münze des Bekenntnisses zu den Menschenrechten. Jede Berufung auf ein Menschenrecht zog die Staatsorgane auf ein fremdes Terrain und zwang sie zum permanenten Selbstwiderspruch[54]. „Gesetzlichkeit" war zwar eine „Methode in der Führung des Klassenkampfes"[55], aber eben zweischneidig; sie konnte auch gegen die herrschende Klasse der Parteifunktionäre geführt werden.

23
Von der individuellen zur kollektiven Selbstbestimmung

Die Vorgänge in der CSSR und anderen osteuropäischen Staaten, schließlich auch in der DDR, erhellen die enge Verbindung des Selbstbestimmungsrechts mit den Freiheitsrechten. In Osteuropa und Ostdeutschland wurde zunächst die Gewährung individueller und kollektiver Freiheitsrechte gefordert, ohne das sozialistische System selbst in Frage zu stellen: Meinungs- und Informationsfreiheit, Freizügigkeit, dann auch Versammlungs-, Demonstrations- und Vereinigungsfreiheit. Aus der kollektiven Wahrnehmung der Freiheitsrechte folgte auf einer zweiten Stufe die Forderung nach „innerer" Selbstbestimmung. Das beanspruchte Recht auf freie Gründung auch nicht sozialistischer Gruppen und Parteien stellte das Herrschaftsmonopol der „Partei der Arbeiterklasse" zur Debatte, um es schließlich zu brechen. Auf der dritten Stufe folgte in jedem Fall die Ausübung des „äußeren" Selbstbestimmungsrechts[56].

---

52 *Wladimir I. Lenin*, Der „linke Radikalismus", die Kinderkrankheit im Kommunismus, in: ders., Ausgewählte Werke, Berlin Ost, ³1970, Bd. III, S. 465.

53 *Andrej J. Wyschinski*, Fragen des Rechts und des Staates bei Marx, in: Sowjetische Beiträge zur Staats- und Rechtstheorie (36. Beiheft zur „Sowjetwissenschaft"), Berlin Ost 1953, S. 38; *Walter Ulbricht*, in: Staats- und rechtswissenschaftliche Konferenz in Babelsberg am 2. und 3.4.1958, Protokoll, Berlin Ost 1958, S. 39 und durchgehend. Zur kommunistischen Rechtsauffassung allgemein vgl. z.B. *Ernst-Wolfgang Böckenförde*, Die Rechtsauffassung im kommunistischen Staat, 1967.

54 Über die Versuche, die Menschenrechtspakte in das sozialistische Rechtssystem zu inkorporieren, vgl. *Hans von Mangoldt*, Die Menschenrechtskonzeption der Staaten des Warschauer Paktes im Lichte ihrer völkerrechtlichen Verpflichtungen, in: ROW 33 (1989), S. 83 ff.

55 *Hermann Kienner*, Formen und Bedeutung der Gesetzlichkeit als einer Methode in der Führung des Klassenkampfes, Diss., Große Schriftenreihe des dt. Instituts für Rechtswissenschaften III, Berlin Ost 1953.

56 In den baltischen Staaten wurde dieses Schema durchbrochen. Dort wurden bereits auf der zweiten Stufe unter ausdrücklicher Inanspruchnahme des Selbstbestimmungsrechts eine staatenbündische Autonomie, dann der Austritt aus der Sowjetunion gefordert, übrigens auch von der Mehrheit der KPdSU-Mitglieder, weshalb die ersten Unabhängigkeitserklärungen (1988, 1989) von den „Obersten Sowjets" der baltischen SSR verabschiedet wurden, s. die Beiträge von *Henn-Jüri Uibopuu* (Estland), *Egil Levits* (Lettland) und *Stanley Vardys* (Litauen), in: Boris Meissner (Hg.), Die baltischen Nationen, ²1991, S. 110 ff., 139 ff., 223 ff.

Die osteuropäischen Staaten beendeten die Hegemonie Moskaus, förmlich beurkundet durch die Auflösung des Warschauer Pakts und des Rates für gegenseitige Wirtschaftshilfe, das Baltikum durch Wiederherstellung der unabhängigen Staatlichkeit, Ostdeutschland durch die Entscheidung für die Wiedervereinigung in der Volkskammerwahl am 18. März 1990. In den Randstaaten der Sowjetunion stand am Ende dieses Entwicklungsprozesses von der individuellen zur kollektiven Freiheit die Sezession: Ukraine, Weißrußland, Moldawien, Georgien, Armenien und Aserbaidschan, fernerhin Kirgisistan, Tadschikistan, Turkmenistan und Usbekistan.

Ende der Hegemonie Moskaus

Sezession

In keinem Fall begnügten sich die Völker mit der Realisierung einer liberaldemokratischen Verfassung. Die osteuropäischen Staaten (vor allem die Tschechoslowakei, Polen und Ungarn) verzichteten auf den „Schutz" der Sowjetunion und wollten nicht mehr Garnison-Staaten der Roten Armee bleiben. Im Ostblock stand die Ausübung der inneren Freiheiten unter der Aufsicht und dem Korrekturvorbehalt durch die Moskauer Direktion; allenfalls der politisch ungefährliche Freiheitsgebrauch im privaten Raum blieb unbehelligt. Schon der Rheinbund aber hatte die Erfahrung vermittelt, daß Freiheit im Inneren äußere Freiheit voraussetzt[57]. – Die baltischen Staaten und die Randstaaten der Sowjetunion mußten durch Sezession die Grundbedingungen, unter denen die genannten osteuropäischen Staaten bereits lebten, erst einmal wiederherstellen oder herstellen. Dahinter steht eine evidente Wahrheit: Individuelle, besonders kollektive Freiheitsrechte können nur in einem eigenen Staat optimal wahrgenommen werden; „Autonomie" verschafft nur (aber immerhin) einen Annäherungswert. Die gemeinsame Sprache ist zugleich die allgemeine und die Staatssprache, die Amtsträger sind auf allen Stufen Landsleute, engere Heimat und größere Staatseinheit sind in Geschichte und Kultur synchronisiert. In diesem Rahmen aber werden die Freiheitsrechte und die politischen Bürgerrechte ausgeübt. Alle diese realen („nationalen") Übereinstimmungen stiften Identität von Bürger und Staat, sie verstärken die politische Kohäsion der Bürger, ungeachtet ihrer sonstigen Differenzen, und erleichtern die Selbstbehauptung des Staates als Wirkungs- und Entscheidungseinheit nach innen und außen. Diesen realen und schlechterdings existentiellen Zusammenhang von Freiheits- und Bürgerrechten mit dem Selbstbestimmungsrecht des Volkes erkannt und durch Kodifikation sichtbar gemacht zu haben, das ist das bleibende Verdienst der Menschenrechtskonvention[58].

24

Optimale Individualfreiheit nur durch den eigenen Staat

---

57 *Heinrich Triepel*, Die Hegemonie, 1938, S. 537 ff.; *Ernst Rudolf Huber*, Deutsche Verfassungsgeschichte seit 1789, Bd. I, ²1967, S. 83.
58 Zur Feststellung dieses Zusammenhanges bei den Beratungen der Vereinten Nationen seit 1950 vgl. *Rabl* (N 12), S. 204 f.; auch *Dietrich Murswiek*, Offensives und defensives Selbstbestimmungsrecht, in: Der Staat 23 (1984), S. 523 (533 f.), hat auf die realen Bedingungen menschlicher Selbstverwirklichung verwiesen.

VI. Rechtscharakter und Bedingungen der Selbstbestimmung

25
Rechtsnatur der Selbstbestimmung

Während die Vereinten Nationen seit 1952 von einem Recht der Völker auf Selbstbestimmung ausgingen, zögerte die Völkerrechtswissenschaft, den Schritt vom politischen Programmsatz zum normativen Rechtsanspruch mit zu vollziehen[59]. Formell ist die lange und oft erörterte Frage nach der Rechtsnatur der Selbstbestimmung seit dem Inkrafttreten des § 1 IPbürgR und des § 1 IPwirtR entschieden: Selbstbestimmung ist ein subjektives Menschenrecht, das dem einzelnen als Angehörigem seines Volkes zusteht und kollektiv dem Volk selbst[60]. Die völkervertragsrechtliche Normativierung als subjektives Recht bewog inzwischen die Mehrheit in der Völkerrechtswissenschaft, die Selbstbestimmung als Recht und Anspruch zu verstehen[61]. Die schriftliche Fixierung des Selbstbestimmungsrechts erübrigt auch die Erörterung, ob das Selbstbestimmungsrecht im Völkerrecht auch gewohnheitsrechtlich galt und fortgilt; diese Frage wäre nur für Gruppen relevant, die in paktfreien Staaten leben, zum Beispiel in den Vereinigten Staaten. Die Wiedervereinigung wie auch die Verselbständigung und Sezession der osteuropäischen Staaten wurden in Paktstaaten vollzogen.

26
Vorbehalte nachrangig

Die Vorbehalte gegenüber dem äußeren Selbstbestimmungsrecht in der „Friendly Relations Declaration" von 1970 und der KSZE-Schlußakte von 1975 waren als solche keine Schranken zwingenden Rechts. Die UN-Deklaration war kein „Gesetz", denn die Generalversammlung ist kein Weltparlament; sie war kein Vertrag, denn sie wurde nicht wie die Menschenrechtspakte zum Beitritt aufgelegt und nicht von den einzelnen Staaten ratifiziert. Wie die UN-Menschenrechtserklärung von 1948 oder andere wichtige Erklärungen können solche gemeinsamen Willensbekundungen die Rechtsüberzeugungen der Staatengesellschaft widerspiegeln und bei entsprechender Praxis für die Entstehung und Feststellung von völkerrechtlichem Gewohnheitsrecht wichtig werden[62]. Die weitergehenden inhaltlichen Vorstellungen, geäußert von den Vertretern der Entwicklungsländer und des Sowjetblocks

---

[59] Die Lehrmeinungen und ihre Gründe sind mehrfach nachgezeichnet worden, z.B. von *Daniel Thürer*, Das Selbstbestimmungsrecht der Völker, in: ArchVR 22 (1984), S. 113 (125 ff.); *Stefan Oeter*, Selbstbestimmungsrecht im Wandel, in: ZaöRV 52 (1992), S. 741 ff., jeweils m. weit. Nachw.

[60] Über das Selbstbestimmungsrecht als Individualrecht und als Gruppenrecht s. bereits *Wengler* (N 9), S. 983; *ders.*, Das Selbstbestimmungsrecht der Völker als Menschenrecht, 1986, S. 6 f.; *Doehring* (N 9), S. 25.

[61] *Cassese* (N 4), S. 96 ff.; *Murswiek* (N 58), S. 523 ff.; *Otto Kimminich*, Rechtscharakter und Inhalt des Selbstbestimmungsrechts, in: Blumenwitz/Meissner (N 4), S. 37 ff., sowie *Eckart Klein*, Vereinte Nationen und Selbstbestimmungsrecht, ebd., S. 107 ff., beide in Auseinandersetzung mit der abweichenden älteren Lehre; *Karl Doehring*, in: Bruno Simma u. a. (Hg.), Charta der Vereinten Nationen, Kommentar, 1991, Anhang zu Art. 1 Rn. 19; *Nowak* (N 27), Art. 1 Rn. 14.

[62] *Rudolf Bernhardt*, Ungeschriebenes Völkerrecht, in: ZaöRV 36 (1976), S. 50 (66); *Jochen Abr. Frowein*, Der Beitrag der internationalen Organisationen zur Entwicklung des Völkerrechts, ebd., S. 152; *Michael Akehurst*, Custom as a Source of International Law, in: Brit. Yb. Int. Law 47 (1974/75), S. 51 f., m. weit. Nachw. Auch der IGH betonte in seinem Nicaragua-Urteil vom 27.6.1986, die Zustimmung eines Staates zu einer Resolution der Generalversammlung könne als Annahme der Gültigkeit der in der Resolution niedergelegten Regel interpretiert werden, vgl. ICJRep 1986, S. 13 (100), betr. „Friendly Relations"-Resolution. Über die unterschiedlichen Ansichten der sowjetischen Völkerrechtslehre unterrichtet *Henn-Jüri Uibopuu*, Die sowjetische Doktrin der friedlichen Koexistenz als Völkerrechtsproblem, 1971, S. 122 ff.; → Oben *Vosgerau*, § 228 Rn. 6 ff.

vor der Verabschiedung⁶³, entsprachen ihren erwähnten politischen Interessen, die sich im Text aber nicht niedergeschlagen haben. Die Vertreter der westlichen Staaten widersprachen diesen Motiven und Intentionen ausdrücklich. Dem Inhalt der einstimmigen Resolution dürfen sie nicht zugerechnet werden⁶⁴.

Die „Friendly Relations Declaration" ist zur Auslegung der UN-Charta, in Zweifelsfällen auch zur Interpretation des Bürgerrechtspakts heranzuziehen⁶⁵. Sie kann jedoch schon aufgrund ihres unsicheren, jedenfalls nicht eindeutig bestimmbaren Standorts im System der Quellen des Völkerrechts nicht das vertraglich vereinbarte Pakt-Recht für weite Bereiche suspendieren. Das aber wäre der Fall, würde Art. 1 IPbürgR nur auf „Völker unter Fremdherrschaft, kolonialer Unterdrückung und Ausbeutung", nämlich auf Südafrika und Namibia, der 70er und 80er Jahre angewendet werden⁶⁶. Abgesehen von dem erläuterten Inhalt der „Friendly Relations Declaration", der für eine solche Annahme überhaupt nichts hergibt: Als der Vielvölkerstaat Indien anläßlich der Unterzeichnung der Bürgerrechtspakte einen Interpretationsvorbehalt anbrachte, das Selbstbestimmungsrecht beziehe sich nur auf die Dekolonisierung, haben Frankreich, die Niederlande und die Bundesrepublik ausdrücklich diesen Vorbehalt abgelehnt⁶⁷.

27 Friendly Relations Declaration

Keine Beschränkung auf Dekolonisierung

In der Schlußakte von Helsinki stehen sich die Prinzipien III (Unverletzlichkeit der Grenzen) und IV (Territoriale Integrität der Staaten) und das Prinzip VIII (Selbstbestimmungsrecht der Völker) unversöhnt gegenüber, jedenfalls soweit das äußere Selbstbestimmungsrecht in Frage steht. Dieser Gegensatz läßt sich – anders als in der „Friendly Relations Declaration" – nicht durch Interpretation und Subsumtion des konkreten Einzelfalls auflösen. Insofern ist das stärkere Recht der Pakte, nämlich das Vertragsrecht, gegenüber der schwächeren, nur politisch-moralischen Verbindlichkeit der Schlußakte relevant. Die garantierte „Unverletzlichkeit der Grenzen" und die „territoriale Integrität der Staaten" konnten das Selbstbestimmungsrecht nur auf der Ebene der Schlußakte selbst blockieren; das Recht der Pakte blieb von der gouvernementalen Vereinbarung unberührt und unbeschränkt.

28 Schranken der KSZE-Schlußakte

Die „Unverletzlichkeit der Grenzen" und die „territoriale Integrität der Staaten" werden allerdings dem Begriff der Souveränität zugerechnet. Weil das Völkerrecht wie auch die UN-Satzung (Art. 2 Nr. I) von der Souveränität der Staaten ausgehen, begrenze die Souveränität das Selbstbestimmungsrecht und lasse die Sezession (ohne oder mit nachfolgendem „Anschluß") nur in extre-

29 Souveränität keine Rechtsschranke

---

63 Vgl. *Graf zu Dohna* (N 33), S. 241 ff., über die letzte Sitzung des Sonderausschusses am 1.5.1970.
64 Vgl. *Graf zu Dohna* (N 33), S. 254 f.; anders *Gusy* (N 32), S. 394, der vom Text ungedeckte Äußerungen von Ausschußmitgliedern – kein Recht auf Sezession – für den Inhalt der Erklärung selbst nimmt.
65 *Cassese* (N 4), S. 110 ff., mit der mehrfachen und durchaus zutreffenden Warnung, die Deklaration habe das Selbstbestimmungsrecht enger gefaßt als Art. 1 IPbürgR.
66 In diesem Sinne, aber ohne nähere Begründung, *Nowak* (N 27), Art. 1 Rn. 3, unter nicht gerechtfertigter Berufung auf *Cassese* (N 4), S. 111.
67 BGBl 1980 II, S. 1483.

men Ausnahmelagen zu[68]. Diese Auffassung reflektierte die grundsätzlich am Staat als wichtigstem, wenn nicht alleinigem Subjekt des Völkerrechts orientierte Rechtslage; Menschen und Völker waren Fremdkörper im zwischenstaatlichen Recht. Seitdem Gleichberechtigung und Selbstbestimmung der Völker in der UN-Satzung zu den konstitutiven Prinzipien der internationalen Beziehungen gehören (Art. 1 Nr. 2) und die „Friendly Relations Declaration" Selbstbestimmung als eines der fünf „basic principles" des Völkerrechts ansieht, stehen staatliche Souveränität und Selbstbestimmung auf gleicher Ebene; sie können nur noch tatsächlich, nicht aber rechtlich in das Verhältnis von Regel und Ausnahme gesetzt werden. Denn eine rechtliche Ausnahme setzt notwendig Bedingungen ihrer Anerkennung voraus. Solche sind in der Tat benannt worden: Unterdrückung in Verletzung internationalen Rechts, unzumutbare Gruppendiskriminierung[69]. Seit dem Inkrafttreten der Menschenrechtspakte kann das Selbstbestimmungsrecht so nicht mehr eingegrenzt werden. Die Menschen- und Gruppenrechte des Bürgerrechtspakts sind Grundrechte[70]. Einschränkungen von Grundrechten müssen in den Rechte-Formulierungen selbst vorgesehen sein. Schrankenziehungen und Eingriffsermächtigungen sind den Paktrechten durchaus geläufig, sogar die partielle Suspendierung im Fall des Notstandes (Art. 4). Das Selbstbestimmungsrecht in Art. 1 IPbürgR enthält solche Vorbehalte nicht. Daher ist es unmöglich, dem Selbstbestimmungsrecht der Menschenrechtspakte mit der staatlichen Gebietshoheit eine ungeschriebene Schranke zu errichten und eine wichtige Variante seiner Ausübung, die Sezession, nur in einem krassen Ausnahmefall zu erlauben. Es ist rechtlich auch kaum einleuchtend zu begründen, weshalb die Ausübung des Selbstbestimmungsrechts, also eines kollektiven Menschenrechts, von unerträglichen Daseinsbedingungen als Gruppe abhängen soll. Für jedes Menschen- und Freiheitsrecht gilt, daß sein Inhaber frei entscheidet, ob und wann er dieses Recht ausüben will. Das gilt auch für die Selbstbestimmung, sonst wäre das Recht nichts wert. Der ungeschriebene Souveränitätsvorbehalt entspricht einem längst überholten Rechtsverständnis: Grundrechte nur im Rahmen der Gesetze. Die Paktrechte aber verkörpern nach ihrer ganzen Anlage und Intention den Grundsatz: staatliches Handeln nur im Rahmen der Menschenrechte[71].

30 Die Praxis des Selbstbestimmungsrechts hat auch gezeigt: Die internationale Staatenwelt des ausgehenden 20. Jahrhunderts bildet keine „Heilige Allianz", sie ist – soweit dazu fähig – Hüter des Friedens, aber nicht des Status quo der Staatsgrenzen; damit würde sie sich auch eine unlösbare Aufgabe stellen. Das

---

68 *Doehring* (N 9), S. 30 ff.; mit vielen Nachweisen zu dieser lange h. M. *Carlos E. Mack*, Der völkerrechtliche Konflikt zwischen dem Prinzip der freien Selbstbestimmung der Völker und dem Prinzip der territorialen Integrität (Souveränität) der Staaten im Rahmen des Entkolonialisierungsprozesses, 1993, S. 118 ff.
69 *Doehring* (N 9), S. 31 ff.; *Espiell* (N 32), S. 38 f.; *Aureliu Cristescu*, The Right to Self-Determination, the Historical and Current Development on the Basis of United Nations Instruments, UN Doc. E/CN. 4/Sub. 2/404/Rev. 1 (1981), S. 88; *Eckart Klein*, Das Selbstbestimmungsrecht der Völker und die deutsche Frage, 1990, S. 48 ff.; zahlr. weit. Nachw. bei *Oeter* (N 59), S. 759 Fn. 84.
70 → Bd. X, *Haack*, § 205 Rn. 37 ff.
71 → Bd. X, *Kirste*, § 204 Rn. 46 ff.

Rechtsgebot, die „territoriale Integrität der Staaten" zu respektieren, kann sich logischerweise nur gegen andere Staaten richten, nicht gegen die eigene Bevölkerung. Konstituiert sich ein Teil der Bevölkerung als „Volk", entscheidet es sich für die Sezession, und vermag es diese Entscheidung gegenüber dem bisherigen Gesamtstaat durchzusetzen, so haben die anderen Staaten nur zwei Pflichten: nicht gegen den sezedierenden Teil militärisch oder sonst unerlaubterweise vorzugehen – diese Intervention stände ihnen wegen der besonderen Voraussetzungen des Art. 7 der Resolution „Defining Aggression" nicht zu – und nach erfolgreichem Abschluß des Sezessionsvorganges die neue effektive Staatenordnung anzuerkennen und damit auch das Selbstbestimmungsrecht zu respektieren[72]. Über die Rechtmäßigkeit der Inanspruchnahme des Selbstbestimmungsrechts entscheidet in der Staatenpraxis die faktische Realisierung durch das Rechtssubjekt selbst. So verlief bereits 1971 die Sezession von Bangladesch[73]. Auch in der großen Sezessionswelle von 1988 bis 1993 hat kein UN-Organ und kein Drittstaat ernstlich eine Kompetenz beansprucht, nachzuprüfen, ob denn Georgier und Ukrainer, Weißrussen und Moldawier, Kroaten und Slowenen als Gruppe so schwerwiegend unterdrückt würden, daß die Sezession der einzige Ausweg und daher gerechtfertigt sei. Diese Völker lösten sich aus dem größeren Staatsverband nicht im Augenblick ihrer härtesten Unterdrückung – diese Zeiten lagen lange zurück, und damals hatte die Welt geschwiegen –, sie nutzten vielmehr den Zeitpunkt politischer Konfusion und Schwäche der Zentralgewalt zur Wiederherstellung oder Begründung ihrer Unabhängigkeit. Alle Bedingungen der sezessionsfeindlichen Praxis der Vereinten Nationen und der ihr folgenden Stellungnahmen der Völkerrechtswissenschaft blieben unbeachtet; sie erfuhren das Schicksal, das in Variation der Erkenntnis Julius v. Kirchmanns so beschrieben werden kann: Drei Jahre „Weltgeschichte" – und Resolutionen wie ihre gelehrten Kommentare werden Makulatur.

Kein Schutz der territorialen Integrität gegen die eigene Bevölkerung

Rechtmäßigkeit von Sezessionen

Sezession in Phasen schwacher Zentralgewalt

Die Praxis der letzten Jahre beantwortete unmißverständlich auch die vielerörterte Frage, wer denn als „Volk" Träger des Selbstbestimmungsrechts sei[74]. Geht es allein um die „innere Selbstbestimmung", entscheidet die Bevölkerung also über ihren „politischen Status" innerhalb ihrer Staatsgrenzen, so ist Subjekt des Selbstbestimmungsrechts die Gesamtheit der Staatsangehörigen, das „Staatsvolk". Dasselbe gilt, wehrt sich das Volk eines bestehenden Staates gegen die Eingliederung in einen anderen Staat[75]. Will ein Teil des Staatsvolks sezedieren, so ist nur diese Gruppe der Bevölkerung potentiell Träger des

31
Wer ist „Volk"?

Sezedierende Gruppe der Bevölkerung

---

72 Das in der Praxis schwierige Problem des richtigen Zeitpunkts der Anerkennung erörtert überzeugend *Oeter* (N 59), S. 766 ff.
73 Über „extreme Unterdrückung" haben sich nicht einmal die politischen Vertreter der bengalischen Provinz Pakistans beschwert, als sie die Selbständigkeit vorbereiteten; ihnen genügte „Vernachlässigung" durch Westpakistan. Tatsächlich konnte die Sezession nur mit militärischer Hilfe Indiens gesichert werden, diese aber reichte schon aus; die Anerkennung Bangladeschs mit dem harten Vorgehen der pakistanischen Armee gegen die Sezession zu begründen, war ein Vorwand, um die Theorie des grundsätzlichen Sezessionsverbots aufrechtzuerhalten. Mit dieser Begründung hätte die Sezession von Biafra auch anerkannt werden müssen. Vgl. die Schilderung der Vorgänge durch *Rabl* (N 12), S. 450 ff.
74 → Bd. II, *Isensee*, § 15 Rn. 119 ff.; *Grawert*, § 16 Rn. 1 ff., 12 ff., 20.
75 Diesen Fall hat *Murswiek* (N 58), S. 532, plastisch das „defensive" Selbstbestimmungsrecht genannt; → oben *Vosgerau*, § 228 Rn. 9 ff.

Selbstbestimmungsrechts. Diese Eingrenzung folgt aus der Eigenart des Selbstbestimmungsrechts. Die Forderung nach äußerer Selbstbestimmung richtet sich stets gegen den Status quo. Die zugleich menschenrechtliche und individualrechtliche Qualität des Selbstbestimmungsrechts verknüpft das Kollektivrecht mit den Bürgern, die diesen Status quo beendigen und für sich durch einen neuen „politischen Status", nämlich mit einem eigenen Staat verändern wollen. Mit diesem Veränderungswillen – geäußert durch Abstimmung, Akklamation oder sonst bekundete Zustimmung zu den Erklärungen der Unabhängigkeit der führenden politischen Repräsentanten – wird das Recht aus Art. 1 IPbürgR individuell beansprucht und durch die Übereinstimmung mit gleichgerichteten Willensäußerungen zum Kollektivrecht der politischen Gruppe verschmolzen. Kommt auf diese Weise eine politisch handlungsfähige Einheit mit dem Willen zur staatlichen Eigenexistenz zustande, steht allein dieser Gruppe als Volk im Sinne des Art. 1 IPbürgR das Recht auf den selbstbestimmten politischen Status zu. Müßte auch in diesem Fall das gesamte Staatsvolk als Subjekt des Selbstbestimmungsrechts angesehen werden, könnte ein sezessionsunwilliger größerer Bevölkerungsteil für den Fortbestand des ungeschmälerten Staatsvolks votieren und durch demokratische Mehrheitsentscheidung der sezessionswilligen Minderheit das Recht auf Selbstbestimmung von vornherein und dauernd verwehren[76]. Wäre es 1990 auf den alleinigen Willen des „Sowjetvolks" und seiner Moskauer Repräsentanten angekommen, bestände die Sowjetunion noch heute in ihren alten Grenzen. 1991 hätten in Jugoslawien 1,9 Mio. Slowenen und 4,7 Mio. Kroaten gegenüber 9,8 Mio. Serben keine Chance auf Selbstbestimmung gehabt. Die Sezession der fünf Mio. Slowaken hätte 1992 mühelos durch das Votum der 9,8 Mio. Tschechen verhindert werden können.

Vom Individualrecht zum Gruppenrecht

32

Die Beispiele lassen eine wichtige Differenz zu anderen Menschenrechten und Rechtsverbürgungen erkennen. Das Selbstbestimmungsrecht läßt sich im Rechtsmittelverfahren nicht realisieren, sondern bloß anerkennen und bestätigen[77]. Nur unter besonderen Bedingungen, wie sie etwa nach dem Ersten Weltkrieg herrschten, sind der betreffende Staat selbst, eine Staatengruppe oder die internationale Staatengemeinschaft bereit, das Verlangen nach Selbstbestimmung durch Plebiszitchancen zu erfüllen. Aber auch in diesen Fällen muß der Wille zu politischer Selbständigkeit nachdrücklich geltend gemacht worden sein. Sonst muß das Selbstbestimmungsrecht politisch und aus eigener Kraft durchgesetzt, notfalls auch gegen die Bundesexekution oder allgemeine Anwendung militärischer Gewalt behauptet werden[78]. Bloß irredentistische Unruhen begründen noch nicht den Tatbestand der Selbstbestimmung. In jedem Fall setzt die Anerkennung durch die internationale Staatengemeinschaft die Selbstbehauptung des Volkes durch Begründung einer

Selbstbestimmung nicht einklagbar

Durchsetzung aus eigener Kraft

---

76 Dagegen *Murswiek* (N 58), S. 530 f.; anders immer noch *Gusy* (N 32), S. 390 ff.
77 Vgl. die Gutachten des IGH über Namibia (ICJRep 1971, S. 16) und über die Westsahara (ICJRep 1975, S. 12).
78 In der Sache ähnlich *Helmut Rumpf*, Das Subjekt des Selbstbestimmungsrechts, in: Blumenwitz/Meissner (N 4), S. 47 (52).

eigenen staatlichen Ordnung voraus. Regelmäßig ist das sezedierende „Volk" eine ethnisch homogene Gruppe auf ethnisch abgrenzbarem Territorium. Angesichts der gar nicht so seltenen ethnischen Verwerfungen muß aber auch ethnisch heterogenen Gruppen das Selbstbestimmungsrecht zugestanden werden. So sehr ethnische Homogenität die Staatwerdung erleichtert: Maßgebend ist stets der gemeinsame Wille zur politischen Selbständigkeit und staatlichen Unabhängigkeit[79].

Gemeinsamer Wille zu staatlicher Unabhängigkeit

Diese Erwägungen gelten gleichermaßen für die Sezession mit nachfolgendem „Beitritt" oder – wofür der Fall der deutschen Wiedervereinigung in Betracht zu ziehen ist – wenn ein Staatsvolk den Untergang des eigenen Staates und den Beitritt zum Staatsvolk eines anderen Staates beschließt[80]. Diese Ausübung des Selbstbestimmungsrechts beunruhigt die Drittstaaten regelmäßig mehr noch als Sezession und Verselbständigung. Denn der „Beitritt" vergrößert einen Staat zu Lasten eines anderen Staates oder verschiebt die Machtgewichte, weil ein Nachbarstaat von der Landkarte verschwindet. Gegenüber dem allseits bekannten Beitrittswillen Deutschösterreichs nach dem Ersten Weltkrieg „garantierten" deshalb Art. 80 des Versailler Vertrages und Art. 88 des Vertrages von St. Germain die „Unabhängigkeit" Österreichs, die aufzugeben nur mit Zustimmung des Völkerbundrates möglich sein sollte. Diese Regelung läßt sich nicht generalisieren, etwa zugunsten des UN-Sicherheitsrats oder regionaler internationaler Organisationen: Sie war in Friedensverträgen den Besiegten „diktiert" worden, der Völkerbundrat wurde dominiert von den Siegermächten des Ersten Weltkrieges, denen zur Ignorierung des Selbstbestimmungsrechts und zur Rechtfertigung des Beitrittsverbots das machtpolitische Kalkül genügte, Deutschland würde durch den Beitritt Österreichs zu groß und allein durch seine Größe von den Nachbarn als Bedrohung empfunden werden[81]. Politische Überlegungen dieser Art dürfen nicht zu Rechtsschranken der Selbstbestimmung aufgebaut werden, eher ist zu fragen, ob auferlegte „Anschlußverbote" wegen Widerspruchs zu Art. 1 IPbürgR nichtig sind[82]. Die Völker dieser Welt stehen gegenüber keiner internationalen Organisation in einem tatsächlichen Unterwerfungsverhältnis wie Österreich und Deutschland 1919 in St. Germain und Versailles gegenüber den

33
Beitritt

Anschlußverbot für Österreich

---

79 Ich folge dem voluntaristischen (subjektiven, formalen) Begriff des Volkes. Ein solcher gemeinsamer Wille kann aus ethnischen Minoritäten nicht entstehen, die nicht in einem geschlossenen Gebiet leben, sondern verstreut in einem von der Mehrheitsbevölkerung beherrschten Staatsgebiet, oder die nicht innerhalb des Staatsgebiets im ganzen, sondern nur innerhalb des von ihnen besiedelten Teilgebiets in der Minderheit sind: Insofern gibt es objektive Voraussetzungen einer selbständigen Staatsbildung, vgl. *Murswiek* (N 58), S. 529.
80 Das Wort „Anschluß" für den „Beitritt" gemäß Art. 23 GG zu verwenden, rügt *Christian Tomuschat*, Wege zur deutschen Einheit: VVDStRL 49 (1990), S. 39 (79). In der Rechtsliteratur war „Anschluß" deshalb als Begriff eingeführt, weil Art. 61 Abs. 2 WRV nur den Beitritt von Deutschösterreich als „Anschluß an das Deutsche Reich" bezeichnet hatte (s. o. N 17). Durch den „Anschluß" im Jahr 1938 hat der Begriff allerdings einen so negativen Akzent erhalten, daß eine korrekte Verwendung ausgeschlossen erscheint.
81 So ausdrücklich der französische Delegierte in Versailles und später (1929–1932) mehrfache Ministerpräsident *André Tardieu* (1876–1945), The Case for France, in: Ivo Lederer (Hg.), The Versailles Settlement – Was it foredoomed to Failure?, Boston 1960, S. 30 ff.
82 In diesem Sinne andeutend bereits *Doehring* (N 9), S. 36 f.

B. Das Selbstbestimmungsrecht vor der Wiedervereinigung

I. Normative Vorkehrungen

34

Präambel des Grundgesetzes

„Geschäftsführung ohne Auftrag"

Die Wiedervereinigung wurde verfassungsrechtlich eingeleitet mit dem Inkrafttreten des Grundgesetzes im Jahr 1949. Nach der Präambel hat das deutsche Volk in den westdeutschen Ländern „auch für jene Deutschen gehandelt, denen mitzuwirken versagt war". An dieser Mitwirkung verhindert waren damals die Berliner und die Saarländer, die Kriegsgefangenen vornehmlich in Jugoslawien und in der Sowjetunion, die Deutschen in den von Polen und der Sowjetunion annektierten deutschen Ostgebieten[84], vor allem aber die Deutschen in der Sowjetischen Besatzungszone, seit dem 7. Oktober 1949 in der von der Sowjetunion mit Hilfe der SED-Funktionäre gegründeten Deutschen Demokratischen Republik. Rechtlich war die Behauptung des Parlamentarischen Rats, er habe als Repräsentant des Volkes in den westlichen Besatzungszonen für alle Deutschen gehandelt, äußerst fragwürdig, zumal schon der Auftrag der Westdeutschen problematisch genug war[85]. Insofern war die Verfassungsgesetzgebung des Parlamentarischen Rates, wenn dieses profanjuristische Argument einer feierlichen Präambel gegenüber eingewendet werden darf, ein Handeln ohne ausdrückliche Vertretungsmacht, eine Art von Geschäftsführung ohne Auftrag[86]. Die mittelbare Bejahung des Verfassungswerks durch die westdeutsche Bevölkerung in den ersten Bundestags-

---

83 Mißverständlich *Jochen Abr. Frowein*, Die Verfassungslage Deutschlands im Rahmen des Völkerrechts, in: VVDStRL 49 (1990), S. 7 (12): „Nur dann, wenn alle betroffenen Staaten einig sind, daß sie einem Volk, das bisher nicht in einem Staat verfaßt ist, das Recht auf Selbstbestimmung mit der Folge der Vereinigung mit einem anderen Staat oder Sezession gewähren, ist das Selbstbestimmungsrecht ohne weiteres ausübar." Soweit die tatsächliche Durchsetzung in Frage steht, ist der Satz natürlich richtig, aber unbestritten. Frowein stützt sich anscheinend auf die sezessionsfeindliche ältere Lehre zum Selbstbestimmungsrecht, die aber durch die Vorgänge zwischen 1988 und 1992 in Osteuropa und in der Sowjetunion überholt ist. Auch ist schwerlich vorstellbar, daß zum künftigen „Anschluß" der Ukraine oder Weißrußlands an Rußland die Zustimmung von Drittstaaten konstitutives Element der Gültigkeit dieses Vorgangs wäre.
84 Aufzählung bei *H. P. Ipsen*, Über das Grundgesetz (1950), in: ders., Über das Grundgesetz seit 1949, 1988, S. 1 (33). Die Mitglieder des Parlamentarischen Rats gingen bei ihren Beratungen von der Zugehörigkeit der deutschen Ostgebiete zum deutschen Staatsgebiet aus, das in eine künftige Wiedervereinigung eingeschlossen sein sollte, vgl. *Otto Kimminich*, Deutsche Verfassungsgeschichte, ²1987, S. 640 ff.; auch das Bundesverfassungsgericht verstand das deutsche Volk im Sinne der Präambel als die Deutschen in den Grenzen des Reiches vom 31. Dezember 1937 (BVerfGE 40, 141 [163]).
85 Der staatsrechtliche Meinungsstand bei *Murswiek* (N 10), S. 60 ff.
86 So bereits *Hans Nawiasky*, Die Grundgedanken des Grundgesetzes für die Bundesrepublik Deutschland, 1950, S. 12; ebenso *Wolfgang Abendroth*, Zwiespältiges Verfassungsrecht in Deutschland, in: AöR 76 (1959), S. 1 (20).

wahlen am 14. August 1949[87] durch die Saarländer in der Abstimmung am 23. Oktober 1955[88], durch die drei Mio. Deutschen, die aus der DDR in die Bundesrepublik flohen[89], schließlich durch den Beitritt der fünf neuen Bundesländer im Jahr 1990 im Verfahren nach Art. 23 GG zur Bundesrepublik haben die Wahrheit der Aussage der Präambel nachträglich und nachdrücklich bestätigt, und sei es im Wege sukzessiver Genehmigungsakte und Legitimationsentscheidungen[90].

Nachträgliche Zustimmung

Indem die Präambel „das gesamte Deutsche Volk" aufforderte, „in freier Selbstbestimmung die Einheit und Freiheit Deutschlands zu vollenden", fixierte sie einmal das Verfahren der künftigen Wiedervereinigung: Die Wiederherstellung des deutschen Nationalstaats – um nichts anderes geht es bei der staatlichen Einheit des „gesamten Deutschen Volkes" – muß auf der „freien" Entscheidung der Deutschen beruhen. Das richtete sich gegen alle vorstellbaren Versuche einer Zwangsvereinigung, sei es durch die Parteikader der SED zu einem sozialistischen Gesamtdeutschland, sei es durch die Organe der Bundesrepublik unter Mißachtung des tatsächlichen Willens der Bevölkerung der DDR. Die „freie Selbstbestimmung" richtete sich aber auch gegen die Besatzungsmächte, deren Ingerenzen seit 1945 evident und gerade den Mitgliedern des Parlamentarischen Rates bei der Ausarbeitung des Grundgesetzes noch einmal deutlich bewußt gemacht wurden.

35

Absage an Zwangsvereinigung

Gegen die Besatzungsmacht

Zugleich wurde mit der „freien Selbstbestimmung" auf das völkerrechtliche „Selbstbestimmungsrecht des Volkes" Bezug genommen. Das ergibt die Entstehungsgeschichte der Präambel. Wie der Entwurf des „Verfassungskonvents" von Herrenchiemsee – eine Sachverständigenkonferenz – haben alle weiteren Entwürfe der Präambel im Parlamentarischen Rat die Wiedervereinigung stets als künftiges Verfassungsziel angesprochen[91]. Das Selbstbestimmungsrecht tauchte erstmals in dem Entwurf des Vorsitzenden des Grundsatzausschusses, Hermann von Mangoldt, auf: „... zugleich aber in dem Bewußtsein, daß die Besetzung Deutschlands durch fremde Mächte die Ausübung eines freien nationalen Selbstbestimmungsrechts schweren Einschränkungen unterworfen hat und daß auch die Verwirklichung des in diesem Grundgesetz enthaltenen deutschen Willens von der Haltung der Besatzungsmächte abhängt ..."[92]. Im Hauptausschuß erhielt der Entwurf der Präambel

36

Parlamentarischer Rat

---

87 Zuerst hat wohl *H. P. Ipsen* (N 84), S. 21, in der zitierten Rektoratsrede von 1950 die Bundestagswahl einen „Urentscheid" genannt, der das Grundgesetz nachträglich demokratisch legitimiert habe.
88 Zu Vorgeschichte und Einzelheiten vgl. *Werner Thieme*, Die Entwicklung des Verfassungsrechts im Saarland von 1945–1958, in: JöR N. F. 9 (1960), S. 423 (448 ff.).
89 Auf der 1. Demographischen Konferenz der DDR in Ost-Berlin am 28.11.1989 wurde mitgeteilt, seit 1950 hätten 3,4 Mio. Menschen die DDR verlassen (DDR-Almanach '90, 1990, S. 294).
90 Zur „nachträglichen Legitimation des Grundgesetzes" → Bd. I, *Mußgnug*, § 8 Rn. 100 ff.; *Peter Lerche*, Der Beitritt der DDR, in: HStR VIII, ¹1995, § 194 Rn. 55 ff.
91 Vgl. JöR N. F. 1 (1951), S. 20 ff.
92 JöR N. F. 1 (1951), S. 32. Als Staats- und Völkerrechtslehrer kannte *v. Mangoldt* (N 17) Begriff und Entwicklung des Selbstbestimmungsrechts genau, auch die Verwendung in der Weimarer Reichsverfassung; er kannte sicher auch die h. M. zu Art. 21 WRV, wonach das Selbstbestimmungsrecht „kein positiver Rechtssatz (möglicherweise einer, der im Werden begriffen ist), insbesondere keine allgemein anerkannte Regel des Völkerrechts im Sinne des Art. 4, sondern eine Forderung politischer Gerechtigkeit" war (*Anschütz* [N 7], S. 46 m. weit. Nachw.).

noch die Fassung: „... zugleich in der Erkenntnis, daß die Besetzung Deutschlands durch fremde Mächte die Ausübung eines freien nationalen Selbstbestimmungsrechts schweren Einschränkungen unterworfen hat ..."[93]. Der Allgemeine Redaktionsausschuß verkürzte die Präambel am 13. Dezember 1948 auf eine der endgültigen Fassung angenäherte Form; in diesem Text wurde die Selbstbestimmung aus dem Bezug auf die Besatzungsmächte gelöst und auf die künftige Wiedervereinigung ausgerichtet: „Das gesamte Deutsche Volk bleibt aufgefordert, in freier Selbstbestimmung die Einheit und Freiheit Deutschlands zu vollenden"[94]. Bei dieser Fassung ist es dann geblieben.

37
Präambel

Die Präambel behauptete inzident ein Recht der Deutschen auf Selbstbestimmung. Zur Zeit der Formulierung der Präambel war „die Selbstbestimmung des Volkes" zwar in der Satzung der Vereinten Nationen als „Prinzip" anerkannt, aber Deutschland war nicht nur nicht Mitglied, sondern stand darüber hinaus als „Feindstaat" außerhalb des Rechts dieser Organisation (Art. 53, 107 UN-Charta). Vierfach militärisch besetzt waren alle Deutschen faktisch unter souveräner Besatzungshoheit der sogenannten Vier Mächte. Das Selbstbestimmungsrecht – wäre es damals auch nur ein juristischer Programmsatz gewesen – war ihnen durch die Berliner Erklärung vom 5. Juni 1945 ausdrücklich genommen[95].

„Feindstaat"

Kein Selbstbestimmungsrecht der Deutschen

38
Selbstbestimmungsrecht im Verfahren

Auch in den vom Grundgesetz ins Auge gefaßten Verfahren der Wiedervereinigung wurde das Selbstbestimmungsrecht verankert. Das Grundgesetz hielt der Wiedervereinigung bekanntlich zwei Verfahren vor: den „Beitritt" (Art. 23 GG) und die Fusion, verbunden mit der Schöpfung eines neuen Verfassungsgesetzes (Art. 146 GG)[96]. In diesem Zusammenhang ist allein des Selbstbestimmungsrechts zu gedenken. Für den zweiten Weg der Wiedervereinigung, die Fusion, hatte der „Verfassungskonvent" in Herrenchiemsee vorgesehen: „Dieses Grundgesetz verliert seine Geltung an dem Tage, an dem eine von dem deutschen Volke in freier Selbstbestimmung beschlossene Verfassung in Kraft tritt"[97]. Die Fassung des Parlamentarischen Rats – „in freier Entscheidung" – geht auf den Entwurf des Allgemeinen Redaktionsausschusses vom 16. Dezember 1948 zurück. Der juristisch präzisere, weil auf den eingeführten Begriff „Selbstbestimmung" rekurrierende Entwurf von Herren-

Verfassungskonvent von Herrenchiemsee

---

[93] JöR N. F. 1 (1951), S. 37.
[94] JöR N. F. 1 (1951), S. 38.
[95] Die Problematik der beanspruchten „souveränen" Besatzungsgewalt ist häufig erörtert worden, vgl. z.B. *Rolf Stödter*, Deutschlands Rechtslage, 1948, bes. S. 228 ff.; *Wilhelm Grewe*, Ein Besatzungsstatut für Deutschland, 1948, S. 106 ff, dort auch der Nachweis des angloamerikanischen Schrifttums. Rückblickend → Bd. I, *Stolleis*, § 7 Rn. 21 ff.
[96] Statt vieler die Referate von *Josef Isensee*, Staatseinheit und Verfassungskontinuität, und *Tomuschat* (N 80), S. 39 ff., 70 ff., auf der Berliner Staatsrechtslehrertagung am 27. 4. 1990, dazu die mannigfachen Stellungnahmen in der Diskussion. Schon früh wurde darauf hingewiesen, daß Art. 23 und Art. 146 GG alternative Wege zur Wiedervereinigung boten, so *H. P. Ipsen* (N 84), S. 35; *Werner Weber*, Die Frage der gesamtdeutschen Verfassung, 1950, S. 5; *Ulrich Scheuner*, Art. 146 GG und das Problem der verfassunggebenden Gewalt, in: DÖV 1953, S. 581 f.; wohl auch *Hermann von Mangoldt*, Das Bonner Grundgesetz, ¹1953, Art. 23, S. 160: „Der Begriff ‚andere Teile Deutschlands' ist dabei im weitestmöglichen Sinne zu verstehen"; weit. Nachw. bei *Tomuschat*, a. a. O., S. 74 f.; *Josef Isensee*, Die Schlußbestimmung des Grundgesetzes: Artikel 146, in: HStR VII, ¹1992, § 166 Rn. 5 ff.; *Lerche* (N 90), § 194 Rn. 1 ff.
[97] Art. 149, JöR N. F. 1 (1951), S. 924.

chiemsee sollte aber ersichtlich nicht verändert werden[98]. Sachlich unterscheiden sich „Selbstbestimmung" und „freie Entscheidung" nicht: Beschließt ein Volk „in freier Entscheidung" über seine Verfassung, dann entscheidet es „frei über seinen politischen Status", wie Art. 1 IPbürgR das Selbstbestimmungsrecht definiert. Vermutlich wurde der etwas umständliche, verdoppelnde Wortlaut des Art. 146 GG („beschließen" und „entscheiden" beziehen sich auf dasselbe Objekt) gewählt, um die Freiheit der Entscheidung zu betonen und damit den Unterschied hervorzuheben zur Entstehung des Grundgesetzes „unter Besatzungshoheit" und der Geltung des Grundsatzes: cuius occupatio eius constitutio[99]. Verfassunggebung unter Besatzungshoheit

39
Beitritts-Lösung

Der „Beitritt" hingegen sollte nicht von einem vorgängigen Entscheid des beitretenden Volksteils abhängig sein. Das hatte seine Gründe. Die Weimarer Reichsverfassung hatte in der entsprechenden Vorschrift die „Aufnahme" anderer Gebiete vorgesehen, „wenn es ihre Bevölkerung kraft des Selbstbestimmungsrechts begehrt"[100]. Der Entwurf von Herrenchiemsee formulierte die Bedingung im Stile eines Reiseprospekts: „Jeder andere Teil Deutschlands kann auf seinen Wunsch durch Bundesgesetz in den Bund aufgenommen werden."[101] Der Vorsitzende des Grundsatzausschusses, Hermann von Mangoldt, brachte die korrekte Fassung ein: „... jedes andere Gebiet kann in den Bund aufgenommen werden, wenn die Bevölkerung dies kraft ihres Selbstbestimmungsrechts verlangt"[102]. In den weiteren Beratungen des Grundsatzausschusses setzte sich die auf Verknappung des Ausdrucks und Deregulierung zielende Auffassung des Abgeordneten Carlo Schmid (SPD) durch; auch die ausdrückliche Bezugnahme auf den Willen der Bevölkerung entfiel: „Wir wollen nicht näher bestimmen, welche Voraussetzungen für die Erklärung des Beitritts erfüllt werden müssen. Wie wollen den Beitritt so wenig wie möglich erschweren und so offen wie möglich gestalten"[103]. Im Hauptausschuß wurde am 7. Dezember 1948 ein Antrag des DP-Abgeordneten Hans-Christoph Seebohm erörtert und abgewiesen, der wieder auf den „Willen der Bevölkerung" abstellen wollte. Die Vertreter der FDP (Thomas Dehler), der CDU (Robert Lehr) und der SPD (Adolph Schönfelder) verteidigten die bisherige Fassung; der Ausschuß habe aus „schwerwiegenden politischen Gründen nicht auf die Zustimmung der Bevölkerung eines anderen Gebietes abgestellt, da es vorstellbar sei, daß dort eine Gruppe herrsche, die diesen Anschlußwillen nicht habe, und daß der Wille des Volkes gar nicht festgestellt werden könne"[104]. Diese und die Äußerungen des Abgeordneten Carlo Schmid lassen die Ungewißheit über das deutsche Staatsschicksal im Jahr 1948 erkennen. Die Bezugnahme auf „herrschende Gruppen ohne Anschlußwillen" zielte auf Ost-Ber-

Beitritt so offen wie möglich

---

98 Vgl. JöR N. F. 1 (1951), S. 924f.
99 Diese Entstehungsbedingungen des Grundgesetzes hat früh und nachdrücklich H. P. Ipsen (N 84), S. 19ff., herausgearbeitet.
100 Art. 2 S. 2; zu Art. 61 WRV (Anschluß Deutschösterreichs) s. o. N 17.
101 Art. 27, s. JöR N. F. 1 (1951), S. 217.
102 JöR N. F. 1 (1951), S. 218.
103 JöR N. F. 1 (1951), S. 219.
104 JöR N. F. 1 (1951), S. 221.

lin, die Sowjetische Besatzungszone (SBZ) und die Ostgebiete, aber auch auf das Saarland. Im Parlamentarischen Rat wurde offenbar die Möglichkeit eines diktierten Friedensvertrages nicht ausgeschlossen, der die genannten Gebiete ganz oder teilweise kurzerhand der Bundesrepublik zuschlagen würde[105]. Diese Vorstellung mochte allzu optimistisch gewesen sein. Politisch richtig aber war es zweifelsfrei, das Verfahren des Beitritts „so offen wie möglich zu gestalten", um den Beteiligten vermeidbare normative Hürden zu ersparen. Ein vorangehendes Beitrittsplebiszit schloß die Vorschrift des Art. 23 GG nicht aus, verfügte es aber nicht selbst. Unrichtig war jedenfalls die später verbreitete Meinung, die Achtung der Selbstbestimmung der Bevölkerung des beitretenden Teils sei so selbstverständlich gewesen, daß auf eine ausdrückliche Erwähnung verzichtet werden konnte[106].

40

Beitritt nur aufgrund freier Entscheidung?

Eine andere Frage war es, ob ein Beitritt gemäß Art. 23 GG, der zugleich den Tatbestand der Wiedervereinigung erfüllte, auch die von der Präambel gebotene Voraussetzung der „freien Selbstbestimmung" bzw. der „freien Entscheidung" (Art. 146) respektieren mußte. Ebenso konnte sich diese Notwendigkeit ergeben, seitdem die Selbstbestimmung des Volkes über die Erkenntnisprozesse in den Vereinten Nationen zur allgemeinen gewohnheitsrechtlichen Regel des Völkerrechts erstarkte und deshalb gemäß Art. 25 GG für jeden „Beitritt" zu beachten war. Fernerhin wäre seit dem Eintritt der Wirksamkeit des Internationalen Paktes über bürgerliche und politische Rechte (1976) dessen Art. 1 für Beitrittsakte relevant gewesen. Doch das waren damals theoretische und sind heute müßige Fragen: Das Saarland trat 1955 nach einer Volksabstimmung der Bundesrepublik bei[107], die Bevölkerung der DDR nach dem mittelbaren Plebiszit des 18. März 1990 aufgrund des „Vereinigungsvertrages".

II. Authentische Interpretationen

41

Rechtliche Erheblichkeit der Präambel

In der Weimarer Republik wurde gelehrt, Vorsprüche zu Gesetzen – die Verfassung war ein „Gesetz"[108] –, also auch sogenannte Präambeln, enthielten „nur Aussagen, keine rechtsverbindlichen Vorschriften"[109]. Offenbar erfüllt von der Bedeutung „verfassunggebender Gewalt" und der Sache selbst führte der Generalberichterstatter Carlo Schmid im Plenum des Parlamentarischen

---

[105] Der Hauptausschuß strich die zunächst vorgesehene Norm, wonach Abtretung und Austausch von Teilen des deutschen Staatsgebiets nur wirksam sein sollten, „wenn das beteiligte Land und die beteiligte Bevölkerung zustimmen". *V. Mangoldt* (N 96), vor Art. 20, S. 130, vermutete, auf die schriftliche Festlegung des Selbstbestimmungsrechts sei allein deshalb verzichtet worden, „weil unter den gegebenen Umständen mit einer Durchsetzung dieses Rechtsgedankens bei den Friedensverhandlungen mit Deutschland zum Abschluß des Zweiten Weltkriegs doch nicht zu rechnen war".

[106] So zuerst *v. Mangoldt* (N 96), Art. 23, S. 160; ihm folgend *Theodor Maunz*, in: ders./Dürig, Art. 23 Erl. 41 (1962); Tomuschat (N 80), S. 79.

[107] Vgl. *Thieme* (N 88), S. 448 ff.

[108] Zu dieser die verfassunggebende Gewalt negierenden Ansicht s. o. N 8.

[109] *Anschütz* (N 7), S. 31; weit. Nachw. *Peter Häberle*, Vergleichendes Verfassungsrecht und überstaatliches Recht – Präambeln in Text und Kontext von Verfassungen, in: FS für Johannes Broermann, 1982, S. 211 (225 m. Fn. 37 ff.).

Rates am 6. Mai 1949 aus: „Diese Präambel ist mehr als nur ein pathetischer Vorspruch. Sie ... enthält also auch rechtlich erhebliche Feststellungen, Bewertungen, Rechtsverwahrungen und Ansprüche zugleich"[110].

Das Bundesverfassungsgericht interpretierte die Präambel in einer Weise, die weithin als authentisch verstanden wurde. Zuerst im Urteil vom 17. August 1956 (KPD-Verbot) erkannte das Gericht, der Vorspruch habe „auch rechtlichen Gehalt", formuliere nämlich die Rechtspflicht, „die Einheit Deutschlands mit allen Kräften anzustreben, ihre Maßnahmen auf dieses Ziel auszurichten und die Tauglichkeit für dieses Ziel jeweils als einen Maßstab ihrer politischen Handlungen gelten zu lassen"[111]. Das Wiedervereinigungsgebot wirkte vorab als eine dauernde politische Verwahrung und rechtliche Sperre gegenüber allen politischen Absichten und rechtlichen Argumentationen, die staatliche Organisation der Deutschen in Westdeutschland als abgeschlossen und endgültig zu betrachten[112]. Positiv bedeutete diese Sperre eine Rechtspflicht aller Verfassungsorgane, ihr Handeln an der Wiedervereinigung zu orientieren und alles zu unterlassen, was die Wiedervereinigung rechtlich oder faktisch hätte unmöglich machen können[113]. Durch die Rechtsprechung des Bundesverfassungsgerichts erwies sich die Präambel über 40 Jahre als verfassungsrechtlicher „rocher de bronze" des politischen Anspruchs auf die staatliche Einheit der Deutschen. Aus der Wiedervereinigungsskepsis, die seit der 1956 vollzogenen Eingliederung der West- und Ostdeutschen in die antagonistischen Militärbündnisse um sich griff, und aus der seit dem Grundlagenvertrag von 1972 verbreiteten Wiedervereinigungs-Resignation durften rechtliche und politische Konsequenzen nicht gezogen werden.

42

Rechtliches Wiedervereinigungsgebot

Rechtsprechung des BVerfG

Das Selbstbestimmungsrecht führte das Bundesverfassungsgericht erst 1973 und eher beiläufig ein, weil es ihm als Anspruch des Grundgesetzes offenbar evident erschien: „Zum Wiedervereinigungsgebot und Selbstbestimmungsrecht, das im Grundgesetz enthalten ist, hat das Bundesverfassungsgericht bisher erkannt und daran hält der Senat fest ..."[114]. Das „Wahrungsgebot" erklärte das Gericht als Verbot, „auf einen *Rechtstitel* (eine Rechtsposition) aus dem Grundgesetz zu verzichten, mittels dessen sie [die Bundesrepublik] in

43

---

110 JöR N. F. 1 (1951), S. 41; zustimmend *v. Mangoldt* (N 96), S. 30; das entsprach der Verfassungslehre *C. Schmitts* (N 8), S. 24 f. Die zunächst abweichenden Ansichten im Schrifttum weist *Häberle* (N 109), S. 224, nach.
111 BVerfGE 5, 85 LS 1 (127); ebenso das Urteil zum Grundlagenvertrag vom 31. 7. 1973, BVerfGE 36, 1 (17), sowie im Teso-Beschluß vom 21. 10. 1987, BVerfGE 77, 137 (149 ff.). Das Wiedervereinigungsgebot als rechtlich verbindlich zu betrachten, war eine Forderung, die der bekannte SED-Jurist Herbert Kröger 1954 in den KPD-Verbotsprozeß einführte. Er berief sich auch auf das völkerrechtliche Selbstbestimmungsrecht der Deutschen. An dieses erstaunliche Paradoxon der neueren deutschen Verfassungsgeschichte erinnert zu Recht *Dietrich Rauschning*, Wiedervereinigungsgebot – Willensbildungsfunktion und Kontrollfunktion, in: FS für Karl Doehring, 1989, S. 779 (780 ff.); *Rupert Scholz*, Der Status Berlins, in: HStR I, ²1995 (¹1987), § 9 Rn. 1 ff.; *Georg Ress*, Grundlagen und Entwicklung der innerdeutschen Beziehungen, ebd., § 11 Rn. 55 ff.; *Rudolf Dolzer*, Die rechtliche Ordnung des Verhältnisses der Bundesrepublik Deutschland zur Deutschen Demokratischen Republik, ebd., § 12 Rn. 7 ff.
112 „Wahrungsgebot", BVerfGE 36, 1 (18).
113 BVerfGE 5, 85 (128). Zum Inhalt des Wiedervereinigungsgebots zusammenfassend *Ress* (N 111), § 11 Rn. 55 ff.
114 BVerfGE 36, 1 (17).

Richtung auf Verwirklichung der Wiedervereinigung und der Selbstbestimmung wirken kann"[115]. Erschien 1973 das Selbstbestimmungsrecht allein in der Präambel verankert, seine Existenz nur durch die grundgesetzliche Inanspruchnahme gesichert, so erläuterte das Gericht 14 Jahre später die Rechtslage korrekterweise so: „Die im Wiedervereinigungsgebot des Grundgesetzes enthaltene Wahrungspflicht gebietet es auch, die Einheit des deutschen Volkes als des Trägers des völkerrechtlichen Selbstbestimmungsrechts nach Möglichkeit zukunftsgerichtet auf Dauer zu bewahren ..."[116]. Das Selbstbestimmungsrecht wird nunmehr als ein nach dem Zweiten Weltkrieg anerkannter „Grundsatz des universalen Völkerrechts" beschrieben, dessen Geltungsgrundlage in der Satzung der Vereinten Nationen, im Bürgerrechtspakt wie in der Deklaration der UN-Generalversammlung vom 24. Oktober 1970 zu finden ist[117]. Für die Staatsangehörigkeitsfragen des Teso-Beschlusses war das Selbstbestimmungsrecht entscheidungserheblich, weil das Gericht vom Träger des grundgesetzlichen Selbstbestimmungsrechts – „das deutsche Volk" – auf notwendige Regeln des Staatsangehörigkeitsrechts zurückschloß: „Es stellt keine nach Maßgabe des Völkerrechts sachwidrige Anknüpfung dar, wenn durch staatsangehörigkeitsrechtliche Regelungen der Bundesrepublik Deutschland die rechtliche Form und Gestalt dieses Volkes als Träger des Selbstbestimmungsrechts bis zu dem Zeitpunkt gewahrt bleiben soll, in dem ihm die freie Ausübung dieses Rechts ermöglicht wird"[118]. Das Recht, die Bewohner der DDR, auch die von DDR-Organen eingebürgerten Personen wie deutsche Staatsangehörige zu behandeln, sie also dem deutschen Volk zuzurechnen, leitete das Gericht aus dem Widerspruch zwischen Selbstbestimmung und Teilung ab: „... der Umstand, daß die Spaltung Deutschlands nicht vom Selbstbestimmungsrecht des deutschen Volkes gedeckt ist"[119].

44 Der Teso-Beschluß erregte die juristischen Gemüter wohl vornehmlich deshalb, weil er ganz unzeitgemäß erschien: Sechs Wochen zuvor war erstmals der Staatschef der DDR, Erich Honecker, in Bonn mit allen Ehren des völkerrechtlichen Protokolls empfangen worden. Am 27. August 1987 hatten die „Grundwerte-Kommission" der SPD und die „Akademie für Gesellschaftswissenschaften" beim Zentralkomitee der SED nach dreijährigen Beratungen ein gemeinsames Grundsatzpapier verabschiedet, das Bundesrepublik und DDR auf eine Ebene stellte, das Selbstbestimmungsrecht verschwieg und auch den „nationalen Vorbehalt" fallen ließ: „Keine Seite darf der anderen die Existenzberechtigung absprechen"[120]. In der westdeutschen öffentlichen Meinung der 80er Jahre war die Wiedervereinigung immer häufiger als unrealistisch bezeichnet und die Akzeptanz dauernder Zweistaatlichkeit gefordert

---

115 BVerfGE 36, 1 (18).
116 BVerfGE 77, 137 (151); siehe *Ress* (N 111), § 11 Rn. 52 ff.; *Dolzer* (N 111), § 12 Rn. 9 ff.
117 BVerfGE 77, 137 (161).
118 BVerfGE 77, 137 (162 f.); siehe *Ress* (N 111), § 11 Rn. 72 ff.; → Bd. II, *Grawert*, § 16 Rn. 43 ff.
119 BVerfGE 77, 137 (161). → Bd. II, *Grawert*, § 16 Rn. 46.
120 AdG 1987, S. 31376.

worden[121]. Andererseits gab es Stimmen, die aus besonderer Vertrautheit mit den desolaten inneren Zuständen der Ostblockstaaten die kommenden Dinge witterten[122]. Das Staats- und völkerrechtliche Kolleg, mit dem der Zweite Senat den Oberstadtdirektor von Köln und den Ersten Senat des Bundesverwaltungsgerichts über Deutschlands Rechtslage und die Folgen für das Staatsangehörigkeitsrecht belehrte, bestätigte das Urteil zum Grundlagenvertrag, veränderte nur die Begründung. War die Entscheidung von 1973 schon kritisiert worden, weil sie von „überholten" Positionen und Konstruktionen ausgegangen sei[123], so wirkte 14 Jahre später das Festhalten an der These vom rechtlichen Fortbestand des deutschen Volkes als deutschlandpolitische Provokation. Diese Bekräftigung des Urteils von 1973 geisterte nicht durch einen politisch und rechtlich leeren Raum. Seit 1949 hatte die Bundesregierung gegen die politische Führung der DDR den Vorwurf der „Spaltung" erhoben. Dieser Sachverhalt mochte durch die Mauer in Berlin und die festungsgleiche Grenze in Deutschland anschaulich genug sein. Rechtlich setzte „Spaltung" Einheit voraus, nämlich Einheit des Staatsvolks. Im Gegensatz zum Urteil über den Grundlagenvertrag ging der Teso-Beschluß nicht mehr von der Annahme aus, Bundesrepublik und DDR seien Teilorganisationen auf dem Gebiet und unter dem „Dach" des fortexistierenden Gesamtstaates[124]. 1987 vermied das Gericht den Begriff „Gesamtstaat" ebenso wie den des „Deutschen Reiches". Festgehalten wurde an der Identität der Bundesrepublik mit dem 1871 gegründeten deutschen Staat[125]. Da dieser Staat nach Organisation und Gebietsherrschaft auf die Bundesrepublik und ihr Gebiet reduziert war, konnte insofern nicht mehr von „Spaltung" gesprochen werden. Objekt der Spaltung war allein noch das deutsche Volk, „gespalten" durch die zwei deutschen Staaten. Da das Gericht zugleich alle Bewohner von Bundesrepublik und DDR als deutsche Staatsangehörige im Rechtssinne verstand, bildeten sie ein „Staatsvolk", dem die Staatsorganisation fehlte. Die Bevölkerung von Bundesrepublik und DDR gleichwohl als „Staatsvolk" mit gemeinsamer Staatsangehörigkeit zu verstehen, war rechtlich möglich, weil dieses Staatsvolk gegen seinen Willen die einheitliche Staatsorganisation verlor und es unter Verletzung des Selbstbestimmungsrechts an seiner Wiederherstellung gehindert wurde und wird. Denn: „Vielmehr hält das deutsche Volk in seiner

Identität des deutschen Staates seit 1871

Staatsvolk ohne Staatsorganisation

---

121 Nachweise bei *Dietrich Murswiek*, Das Staatsziel der Einheit Deutschlands nach 40 Jahren Grundgesetz. Vortrag am 31.5.1989, Friedrich-von-Siemens-Stiftung, S. 9 ff.; *Jens Hacker*, Deutsche Irrtümer. Schönfärber und Helfershelfer der SED-Diktatur im Westen, 1992, S. 179 ff.

122 Zu nennen ist hier vor allem *Wolfgang Seiffert*, Das ganze Deutschland. Perspektiven der Wiedervereinigung, 1986, ein Werk von 683 Druckseiten. Fernerhin *Bernhard Friedmann*, Einheit statt Raketen. Thesen zur Wiedervereinigung als Sicherheitskonzept, 1987; *Wolfgang Schuller*, Wieder Wiedervereinigung?, in: Der Staat 26 (1987), S. 421 ff.; über die Lagebeurteilungen der führenden deutschen Politiker berichtet der Bonner US-Botschafter *Vernon A. Walters*, Die Vereinigung war voraussehbar, 1994, S. 22 ff.

123 Nachweis der wichtigsten Stellungnahmen bei *Rudolf Bernhardt*, Deutschland nach 30 Jahren Grundgesetz, in: VVDStRL 38 (1980), S. 12 Fn. 13; *ders.*, Die Rechtslage Deutschlands, in: HStR I, ²1995 (¹1987), § 8 Rn. 27 ff., 34 ff.

124 BVerfGE 36, 1, (16, 19, 29 ff.).

125 BVerfGE 77, 137 (160 „Subjektidentität"). *Rudolf Dolzer*, Verantwortlichkeit für die Hinterlassenschaft der DDR, in: HStR VIII, ¹1995, § 195.

überwältigenden Mehrheit sowohl in der Bundesrepublik Deutschland als auch in der Deutschen Demokratischen Republik an dem Willen fest, die Spaltung Deutschlands auf friedliche Weise zu überwinden und die volle staatliche Einheit wiederherzustellen"[126] – eine Feststellung, die einmal mehr die Prognose-Kompetenz des Gerichts bewies. Der Verzicht auf die Konstruktion des fortbestehenden „Gesamtstaates" machte das Selbstbestimmungsrecht zur zentralen Argumentationsfigur und zur tragenden Grundlage des Wiedervereinigungsgebots[127].

Paradigmenwechsel: vom Gesamtstaat zum Selbstbestimmungsrecht

45
Anomalie der deutschen Rechtslage

Die Meinung, das Bundesverfassungsgericht habe 1973 den „völkerrechtlichen Befund negiert"[128], ignorierte die Abnormität von „Deutschlands Rechtslage"[129]. Die Anwendung der alten Regeln des zwischenstaatlichen Völkerrechts auf die DDR-Realitäten mißachtete vor allem den Aufstieg des Anspruchs auf Selbstbestimmung in das positive Völkerrecht. Die Teso-Entscheidung zentrierte „Deutschlands Rechtslage" auf diesen Rechtsgrund; die Annahme der Fortexistenz des Gesamtstaates unter Einschluß von Bevölkerung und Gebiet der DDR war nicht mehr die unaufgebbare logische Prämisse.

Der staatsrechtliche Anspruch der Präambel stand neben dem völkerrechtlichen Anspruch, suchte aber zugleich den Träger dieses Anspruchs zu bestimmen, nämlich „das gesamte deutsche Volk".

III. Sicherung des Selbstbestimmungsanspruchs

46
Subjekt deutscher Selbstbestimmung: das deutsche Volk

Das äußere Selbstbestimmungsrecht geht von einem variablen Begriff des Volkes aus. Das Volk, das über sich und seine Grenzen bestimmt, kann Staatsvolk sein oder eine ethnisch definierbare Gruppe oder eine Gruppe, die allein durch ihren Willen zur politischen Einheit definiert wird[130]. Die Präambel des Grundgesetzes und die Rechtsprechung des Bundesverfassungsgerichts zwischen 1956 und 1987 fixierten aber den Träger des Selbstbestimmungsrechts: alle Deutschen in der Bundesrepublik und in der DDR als Staatsangehörige des fortexistierenden Gesamtstaates[131] sowie Flüchtlinge oder Vertriebene deutscher Volkszugehörigkeit (Art. 116 Abs. 1 GG)[132].

---

126 BVerfGE 77, 137 (161).
127 Im Ergebnis ebenso *Wilfried Fiedler*, Die Staats- und völkerrechtliche Stellung der Bundesrepublik Deutschland nach dem Teso-Beschluß des Bundesverfassungsgerichts, in: JZ 1988, S. 132 (136); *Christian Tomuschat*, Staatsvolk ohne Staat?, in: FS für Karl Doehring, 1989, S. 985 (996, 1000).
128 *Bernhardt*, Deutschland nach 30 Jahren Grundgesetz (N 123), S. 26; grundsätzlich zustimmend *Hermann Mosler*, Diskussionsbeitrag, in: VVDStRL 38 (1980), S. 113 f.; *Wilhelm Karl Geck*, ebd., S. 117 f.; *Karl Meessen*, ebd., S. 120 f.; *Helmut Rumpf*, ebd., S. 131 f.; *Jochen Abr. Frowein*, ebd., S. 132 ff.; *Erich Küchenhoff*, ebd., S. 139; *Christian Tomuschat*, ebd., S. 142; *Wilhelm Kewenig*, ebd., S. 144.
129 *Ernst-Wolfgang Böckenförde*, in: VVDStRL 38 (1980), S. 118 ff.; *Hartmut Schiedermair*, ebd., S. 124 ff.; *Helmut Quaritsch*, ebd., S. 130; *Gottfried Zieger*, ebd., S. 134 ff.; *Dietrich Rauschning*, ebd., S. 137 ff.; *Kay Hailbronner*, ebd., S. 149 f.
130 Mit den angeblichen Schwierigkeiten oder gar der Unmöglichkeit, den Begriff des Volkes zu bestimmen, setzen sich *Murswiek* (N 58), S. 526 f., und *Rauschning* (N 111), S. 790, überzeugend auseinander.
131 Zur Vermeidung umständlicher Aufzählungen werden die Bewohner von West- und Ost-Berlin trotz des Berliner Sonderstatus stets mitgedacht, wenn von den Deutschen der Bundesrepublik und der DDR die Rede ist; *Scholz* (N 111), § 9 Rn. 9.
132 → Bd. II, *Grawert*, § 16 Rn. 38 f.; → Bd. X, *E. Klein*, § 212 Rn. 12 ff.

47 Diese normativen Vorkehrungen allein hätten aber den gesamtdeutschen Anspruch auf Selbstbestimmung nicht erhalten können. Die Definition des Subjekts des Selbstbestimmungsrechts ist auf formale Festlegungen und Verfahren nicht angewiesen. Eine Volksabstimmung etwa setzt durch die Fragestellung und die Grenzen des Abstimmungsgebiets die Erkenntnis des Trägers des Selbstbestimmungsrechts voraus. Ethnische Zusammengehörigkeit und gemeinsame staatliche Vergangenheit lassen Vermutungen zu, ersetzen jedoch nicht das politische Bekenntnis zur staatlichen Einheit. Dieses Bekenntnis aber konstituiert den Träger des Selbstbestimmungsrechts. Es hat deshalb seinen guten, mit dem Selbstbestimmungsrecht unmittelbar zusammenhängenden Sinn, wenn das Bundesverfassungsgericht aus dem Wiedervereinigungsgebot die Forderung ableitete, „den Wiedervereinigungsanspruch im Innern wachzuhalten und nach außen beharrlich zu vertreten"[133]. Kann sich der Wille zur Selbstbestimmung frei äußern, ist vor allem auf die Handlungen und Erklärungen der politischen Repräsentanten abzustellen, soweit sie erkennbar die Mehrheit vertreten. Wird hingegen die Willensbildung so gesteuert und werden alle unerwünschten Äußerungen so massiv unterdrückt wie in den kommunistischen Staaten, können aus der Nichtexistenz öffentlicher Bekenntnisse keine Folgerungen für das Selbstbestimmungsrecht gezogen werden[134], das hieße, das unfreiheitliche System prämieren und das Prinzip „Selbstbestimmung" in sein Gegenteil verkehren. In einem solchen Fall sind die mittelbaren und konkludenten, auch nachfolgenden Erklärungen der Bevölkerung zu berücksichtigen.

Politisches Bekenntnis zur staatlichen Einheit

Staatliche Repräsentation der Selbstbestimmung

48 Nichts war den ersten Bundesregierungen so deutlich und so selbstverständlich: Deutschland ist geteilt und die staatliche Einheit muß wiederhergestellt werden[135]. Dieses „oberste Ziel" deutscher Politik[136] wurde zwar stets mit der Forderung „freier Wahlen" in allen Teilen Deutschlands verknüpft[137], wofür sich dann die Formel von der „Wiedervereinigung Deutschlands in Frieden und Freiheit" einbürgerte[138]. Im übrigen behandelte der erste Bundeskanzler die Wiedervereinigung eher gouvernemental, vor allem unter Hinweis auf den Deutschland-Vertrag mit den westlichen Alliierten[139]. Die Notwendigkeit, den Anspruch auf Selbstbestimmung und nationale Einheit öffentlich immer wieder zu vertreten und dadurch wachzuhalten, sah die Bundesregierung schon bald: „Die Bundesregierung muß durch Worte und Taten klarmachen, daß die Deutschen sich niemals mit der Spaltung Deutschlands abfinden und niemals die Existenz zweier deutscher Staaten hinnehmen

„Freie Wahlen"

Bundeskanzler Adenauer

---

133 BVerfGE 36, 1 (18).
134 *Tomuschat* (N 127), S. 998; *Ress* (N 111), § 11 Rn. 53.
135 Regierungserklärung des Bundeskanzlers Adenauer am 20. 9. 1949, StenBer BT, 1. WP, S. 30 B.
136 Regierungserklärung des Bundeskanzlers Adenauer am 10. 6. 1953, StenBer BT, 1. WP, S. 13249 A/B; wiederholt am 17. 6. 1953, StenBer BT, 1. WP, S. 13449 C.
137 Regierungserklärung des Bundeskanzlers Adenauer vom 10. 6. 1953, StenBer BT, 1. WP, S. 13249, 13250 C; Regierungserklärung vom 1. 7. 1953, StenBer BT, 1. WP, S. 13870 ff.
138 Regierungserklärung des Bundeskanzlers Adenauer am 20. 10. 1953, StenBer BT, 2. WP, S. 20 D.
139 Regierungserklärung des Bundeskanzlers Adenauer am 1. 12. 1955, StenBer BT, 2. WP, S. 6101, und am 28. 6. 1956, StenBer BT, 2. WP, S. 8412.

werden"[140]. Das Recht der Deutschen auf Selbstbestimmung zitierte Adenauer erst in Reaktion auf die Absicht der Sowjetunion, die DDR wie einen selbständigen souveränen Staat zu behandeln. Adenauer formulierte die Ansprüche auf Fortbestand, Identität und Alleinvertretung: „Die sowjetische Erklärung vermag jedoch nichts gegen die Tatsache, daß es nur einen deutschen Staat gibt, gegeben hat und geben wird, und daß es einzig und allein die Organe der Bundesrepublik Deutschland sind, die heute diesen niemals untergegangenen deutschen Staat vertreten. Daran ändert auch die schmerzliche Wirklichkeit nichts, daß die deutsche Staatsgewalt heute nicht einheitlich in allen Teilen Deutschlands ausgeübt werden kann"[141]. Die Nichtanerkennung begründete Adenauer mit der Verletzung des Rechts auf Selbstbestimmung: „Keine Nation, die die freie politische Selbstbestimmung jedes Volkes über seine Regierungsform achtet und die gewaltsame Gleichschaltung, Unterwerfung und Beherrschung politisch mündiger Völker und Volksteile ablehnt, wird dieses kommunistische Regime der deutschen Sowjetzone als Regierung eines souveränen Staates anerkennen können. Die sogenannte Souveränität des Sowjetzonenregimes wird – dessen sind wir gewiß – ebenso vergehen wie die sowjetische Fremdherrschaft und der kommunistische Terror. Bestehen bleiben wird die unzerstörbare Souveränität des freien deutschen Volkes"[142]. Besonders deutlich wurde Adenauer am 8. November 1956 in Reaktion auf die Unruhen in Polen und die Niederschlagung des Aufstandes in Ungarn. Er berief sich demgegenüber auf die Charta der Vereinten Nationen, aber auch auf die „mit den ungeschriebenen völkerrechtlichen Grundsätzen unvereinbare Einmischung in das Selbstbestimmungsrecht und in die Entscheidungsfreiheit eines Volkes"[143].

49

Nicht das Bundesverfassungsgericht, sondern zuerst die Bundesregierung gründete 1956 den Anspruch auf Wiedervereinigung ausdrücklich auf das völkerrechtliche Selbstbestimmungsrecht. Dieses Rechtsverständnis machten sich alle im Bundestag vertretenen Parteien zu eigen. Als Stellungnahme zur Genfer Außenministerkonferenz im Mai 1959 verabschiedete der Bundestag am 1. Oktober 1958 einstimmig diese Entschließung: „Der Bundestag wiederholt feierlich den im Grundgesetz enthaltenen Appell, daß das ganze deutsche Volk aufgefordert bleibt, die Einheit und Freiheit Deutschlands in freier Selbstbestimmung zu vollenden. Die Verpflichtung der vier Mächte zur Wiederherstellung der deutschen Einheit wird hierdurch nicht berührt. Bis zu diesem Tage, an dem sich das deutsche Volk in freier Entscheidung eine Verfassung gibt, besteht in Deutschland keine endgültige und bleibende Staatsordnung. Die Bundesrepublik ist sich bewußt, daß sie als Ordnung des staatlichen Lebens für eine Übergangszeit geschaffen wurde. Der Deutsche Bundestag erwartet daher die Wiederherstellung der staatlichen Einheit

---

140 Regierungserklärung des Bundeskanzlers Adenauer am 25.10.1954 zum Eden-Plan, StenBer BT, 2. WP. S. 520 B („langanhaltender Beifall im ganzen Hause").
141 Regierungserklärung des Bundeskanzlers Adenauer am 7.4.1954, StenBer BT, 2. WP, S. 794 f.
142 StenBer BT, 2. WP, S. 795 C/D.
143 StenBer BT, 2. WP, S. 9260/9261 A.

Deutschlands nicht von einem zwischen zwei deutschen Teilstaaten ausgehandelten Staatsvertrag, sondern unmittelbar von einem freien Willensentschluß des gesamten deutschen Volkes in seinen heute noch getrennten Teilen, der nach der Beseitigung der nicht in deutscher Zuständigkeit liegenden Hindernisse herbeizuführen ist. Der Bundestag erklärt seine Bereitschaft, jede Verhandlung zu unterstützen, die die Wege zu einem solchen Willensentscheid des deutschen Volkes ebnet, sobald eine Vereinbarung der vier Mächte diese Möglichkeit erschlossen hat"[144].

Die Stagnation in der Deutschland-Politik während der ersten Hälfte der 60er Jahre und die daraus resultierenden Änderungen müssen hier nicht erneut dargestellt werden[145]. Erinnerungswürdig bleibt die Übernahme der deutschen Grundposition durch die Vereinigten Staaten, Großbritannien und Frankreich in ihrer vorerst letzten gemeinsamen Deutschland-Erklärung am 12. Mai 1965. Dem Abschlußkommuniqué der Londoner NATO-Ministerratssitzung am 12. Mai 1965 fügten sie eine Anlage bei, in der sie den Deutschen versicherten, man werde die Möglichkeiten, in der Frage der deutschen Einheit an die sowjetische Regierung heranzutreten, weiterhin prüfen; sie vertraten die Auffassung, „daß ohne eine wirkliche Lösung des deutschen Problems, die auf der Ausübung des Selbstbestimmungsrechts in den beiden Teilen Deutschlands beruht, die Lage in Europa als Ganzem ungewiß bleiben und infolgedessen der Friede auf diesem Kontinent nicht in vollem Maße gesichert sein wird. Diese Lösung ist nicht nur im Interesse des deutschen Volkes erforderlich, das eine Wiedervereinigung verlangt, sondern auch im Interesse aller europäischen und anderer beteiligter Völker"[146]. Die Feststellung, das „deutsche Problem" sei nur durch Ausübung des Selbstbestimmungsrechts „in beiden Teilen Deutschlands" wirklich zu lösen, ergänzte Art. 7 Abs. 2 des Deutschlandvertrages von 1952, in dem sich die Unterzeichnerstaaten zum gemeinsamen Ziel des wiedervereinigten Deutschlands bekannt hatten[147]. Die Regierungen des Nordatlantikpakts übernahmen diese Rechtsansicht. Noch am 30. Mai 1989 verkündeten sie dieses Politikziel: „Die Mauer, die die Stadt [Berlin] trennt, ist ein unannehmbares Symbol der Trennung Europas. Wir streben nach einem Zustand des Friedens in Europa, in dem das deutsche Volk in freier Selbstbestimmung seine Einheit wiedererlangt"[148].

---

144 StenBer BT, 3. WP, S. 2427 D, 2428 A (Umdruck 160). Für alle Fraktionen hatte der Abg. Kurt Georg Kiesinger den Antrag begründet (S. 2224 f.).
145 S. z.B. *Hacker* (N 121), S. 122 ff.; viel Material auch bei *Hans Edgar Jahn*, Die deutsche Frage von 1945 bis heute. Der Weg der Parteien und Regierungen, 1985, S. 222 ff.
146 Europa-Archiv 20 (1965), S. D 285.
147 Zu dem 1955 in Kraft getretenen Vertrag, mit dem die Vereinigten Staaten, Großbritannien und Frankreich das allgemeine Besatzungsregime über Westdeutschland ablösten (BGBl 1955 II, S. 305, 628), im einzelnen *Bernhardt*, Die Rechtslage Deutschlands (N 123), § 8 Rn. 10 f.; *Ress* (N 111), § 11 Rn. 7 f.; zusammenfassend und rückblickend *Wilhelm G. Grewe*, Deutschlandvertrag, in: Werner Weidenfeld/Karl-Rudolf Korte (Hg.), Handbuch zur deutschen Einheit, 1993, S. 234 ff.
148 NATO-Kommuniqué anläßlich der Tagung des Nordatlantikrats unter Teilnahme der Staats- und Regierungschefs am 29. und 30. 5. 1989 (40 Jahre NATO) in Brüssel, in: Europa-Archiv 44 (1989), S. D 337 ff., 342 sub 26. Auf diese Erklärung bezog sich Bundeskanzler Kohl bei der Verkündung seines Zehn-Punkte-Plans am 28. 11. 1989 (StenBer BT, 11. WP, S. 13513 D).

§ 229 Zwanzigster Teil: Leitprinzipien

51
Neue Ostpolitik

Das Selbstbestimmungsrecht und die Bestimmung seines Trägers erwiesen sich nach dem „Machtwechsel" 1969 in Bonn als ein neuralgischer Punkt der neuen Ostpolitik, zugleich als Konstante und das wichtigste rechtliche und politische Mittel, die „deutsche Frage offenzuhalten". Die Regierungserklärung des Bundeskanzlers Brandt vom 28. Oktober 1969 blieb noch in der bisherigen Spur der Deutschlandpolitik. Seine emotionslose Wendung von den

Bundeskanzler Brandt

„zwei Staaten in Deutschland" war zwar weit entfernt von den kompromißlosen Unterscheidungen und Abgrenzungen Adenauers, aber Willy Brandt ließ dann doch keinen Zweifel, daß er die Deutschen als Angehörige eines Volkes betrachtete: „Niemand kann uns jedoch ausreden, daß die Deutschen ein Recht auf Selbstbestimmung haben, wie alle anderen Völker auch. Eine völkerrechtliche Anerkennung der DDR durch die Bundesregierung kann für uns nicht in Betracht kommen. Auch wenn zwei Staaten in Deutschland existieren, sind sie doch füreinander nicht Ausland; ihre Beziehungen können nur von besonderer Art sein"[149]. Die weitere „Normalisierung" der Beziehun-

Grundlagenvertrag

gen zwischen Bundesrepublik und DDR durch den Grundlagenvertrag[150] wurde in zwei Punkten zu Lasten der nach Verstetigung der Zweistaatlichkeit strebenden DDR auf Dauer gebremst. In der Präambel des Vertrages erklärten die Vertragsparteien ihren offenen Dissens über die Wiedervereinigung: „… unbeschadet der unterschiedlichen Auffassungen der Bundesrepublik Deutschland und der Deutschen Demokratischen Republik zu grundsätzli-

Dissens in der nationalen Frage

chen Fragen, darunter zur nationalen Frage". Die nationale Frage aber war das Wiedervereinigungsgebot des Grundgesetzes, das auf die „Wahrung der staatlichen Einheit des deutschen Volkes" zielte[151]. Unmittelbar vor Unterzeichnung des Vertrags war zudem der DDR-Regierung ein (vorher angekündigter) „Brief zur deutschen Einheit" zugestellt worden, mit dem die Bundesregierung festhalten wollte, daß der Vertrag nicht im Widerspruch stehe „zu dem politischen Ziel der Bundesrepublik Deutschland, auf einen Zustand des Friedens in Europa hinzuwirken, in dem das deutsche Volk in freier Selbstbestimmung seine Einheit wiedererlangt"[152]. Es kommt hier auf die juristische, näherhin völkervertragsrechtliche Bewertung des Dissenses in der „nationalen Frage" und der Bedeutung des „Briefes" für Inhalt und Geltung des Grundlagenvertrages nicht an. Die damit aufgeworfenen Probleme sind oft und gründlich erörtert worden[153]. Wichtig ist das Festhalten des Anspruchs auf Selbstbestimmung in offizieller Form gerade im Zusammenhang mit dem Grundlagenvertrag durch die berufenen Repräsentanten des in politischer Freiheit lebenden Teils der Bevölkerung. Auch am deutschen Volk als Träger des Selbstbestimmungsrechts wurde festgehalten. Die Bundesregierung er-

---

149 Regierungserklärung am 28.10.1969, StenBer BT, 6. WP, S. 21 B, 21 C.
150 BGBl 1973 II, S. 423.
151 BVerfGE 36, 1 (25).
152 BGBl 1973 II, S. 425.
153 *Otto Kimminich*, in: BK, Bearbeitungsstand 1974, Anhang, Rn. 35 ff.; *Georg Ress*, Die Rechtslage Deutschlands nach dem Grundlagenvertrag vom 21. Dezember 1972, 1978, S. 120 ff.; *ders.* (N 111), § 11 Rn. 40 ff.; *Bernhardt*, Die Rechtslage Deutschlands (N 123), § 8 Rn. 34 ff.; *Dolzer* (N 111), § 12 Rn. 26 ff.; alle m. weit. Nachw.

klärte zu Protokoll: „Staatsangehörigkeitsfragen sind durch den Vertrag nicht geregelt worden" – ein Standpunkt, den die DDR ihrerseits durch eine Erklärung zu Protokoll grundsätzlich akzeptierte: „Die Deutsche Demokratische Republik geht davon aus, daß der Vertrag eine Regelung der Staatsangehörigkeitsfragen erleichtern wird." Vielfach wurde behauptet, der Protokollvermerk habe lediglich an der gemeinsamen deutschen Staatsangehörigkeit festgehalten und die 1967 in der DDR eingeführte „Staatsbürgerschaft" mittelbar anerkannt[154]. Der Wortlaut legt nahe, daß die DDR-Staatsbürgerschaft ignoriert wurde[155]. Unter dem Gesichtspunkt des Selbstbestimmungsrechts war nur die gemeinsame deutsche Staatsangehörigkeit von Bedeutung, denn die Bundesrepublik betrachtete als Träger des Selbstbestimmungsrechts alle deutschen Staatsangehörigen.

Deutsche Staatsangehörigkeit

Substantiell betroffen wurde der Träger des Selbstbestimmungsrechts allerdings durch die Resolution des Bundestages – gemeinsame Entschließung aller Fraktionen – vom 17. Mai 1972 zu den Verträgen mit Moskau und Warschau[156]. Auf der einen Seite wurden diese als „wichtige Elemente des modus vivendi" mit den östlichen Nachbarn der Bundesrepublik erklärt, die eine friedensvertragliche Regelung für Deutschland nicht vorwegnehmen und keine Rechtsgrundlage für die heute bestehenden Grenzen schaffen. „Das unveräußerliche Recht auf Selbstbestimmung wird durch die Verträge nicht berührt. Die Politik der Bundesrepublik Deutschland, die eine friedliche Wiederherstellung der nationalen Einheit im europäischen Rahmen anstrebt, steht nicht im Widerspruch zu den Verträgen, die die Lösung der deutschen Frage nicht präjudizieren." Andererseits: „Mit der Forderung auf Verwirklichung des Selbstbestimmungsrechts erhebt die Bundesrepublik Deutschland keinen Gebiets- oder Grenzänderungsanspruch"[157]. 1949 und danach waren zum Träger des Anspruchs auf Selbstbestimmung im Sinne der Präambel des Grundgesetzes auch die Deutschen in den von der Sowjetunion und Polen „verwalteten" Gebieten Ostpreußens, Pommerns und Schlesiens gerechnet worden"[158]. Selbstbestimmungsentscheidungen können (als interne Selbstbestimmung) gewiß auch auf Autonomie einer nationalen oder ethnischen Minderheit in einem Staat gerichtet sein (oder darauf begrenzt bleiben), wie das

52
Resolution des Bundestages von 1972 zu den Ostverträgen

---

154 *Bernhardt*, Die Rechtslage Deutschlands (N 123), § 8 Rn. 45: weil die Nichtanerkennung „kaum mit der verbindlichen Übereinkunft im Grundlagenvertrag zu vereinen ist, nach der jeder der beiden deutschen Staaten den andern zu respektieren gedenkt. Ein Staat ohne Staatsangehörige ist nicht denkbar. Im Grunde kann es nur darum gehen, ob die Staatsbürger der DDR auch die Staatsangehörigkeit des deutschen Gesamtstaates haben"; ebenso *Ress* (N 111), § 11 Rn. 72 ff.
155 Bundeskanzler Kohl hatte 1983 in seiner Regierungserklärung festgestellt: „Für uns gibt es nur eine deutsche Staatsangehörigkeit" (StenBer BT, 10. WP, S. 73 A/B); ebenso bewußt die „Staatsbürgerschaft der DDR aussparend, Bundesaußenminister Hans-Dietrich Genscher am 28.11.1989 im Bundestag (StenBer BT, 11. WP, S. 13571 D).
156 StenBer BT, 6. WP, S. 10960 B ff., Umdruck 287; der Moskauer Vertrag: BGBl 1972 II, S. 650; der Warschauer Vertrag: BGBl 1972 II, S. 651.
157 Bulletin vom 19.5.1972, S. 1047 f. Zur Vorgeschichte und Deutung ausführlich *Ress* (N 153), S. 145 ff.
158 S. o. Rn. 34; → Bd. X, *E. Klein*, § 212 Rn. 46.

Beispiel Südtirol in Italien zeigt[159]. Die Selbstbestimmung der Präambel des Grundgesetzes zielte aber auf „volle Selbstbestimmung", nämlich auf den eigenen Staat. Die Selbstbestimmung des Grundgesetzes und (regelmäßig) des Völkerrechts bedeutet zugleich eine Entscheidung über die Gebietszugehörigkeit. Indem 1972 der Bundestag der Sowjetunion und Polen versicherte, mit der künftigen Verwirklichung des Selbstbestimmungsrechts keinen Anspruch auf Gebiets- oder Grenzänderung erheben zu wollen, wurden Selbstbestimmungsentscheidungen der dort noch als ethnische Minderheit lebenden Deutschen im voraus für folgenlos erklärt. Damit verzichtete das Parlament inzident auf die Einbeziehung der in Ostpreußen, Pommern und Schlesien lebenden 1,2 Mio. Status-Deutschen im Sinne des Art. 116 GG[160]. Der Träger des Selbstbestimmungsrechts wurde auf die Deutschen in der Bundesrepublik und in der DDR reduziert[161].

Status-Deutsche jenseits von Oder und Neiße

53 In der zweiten Regierungserklärung am 18. Januar 1973 wiederholte Bundeskanzler Brandt seine 1969 getroffene Feststellung zum Selbstbestimmungsrecht und betonte „die Zusammengehörigkeit der Deutschen, die auch unter den Existenzbedingungen zweier entgegengesetzter Gesellschaftssysteme ein Volk bleiben wollen"[162]. Ein offener Dissens zwischen Regierung und Opposition ergab sich daher erst seit dem Rücktritt Brandts und der Übernahme des Kanzleramts durch Helmut Schmidt.

Regierungserklärung von Brandt von 1973

54 In der Regierungserklärung des Bundeskanzlers Schmidt am 17. Mai 1974 fehlte zum ersten Mal die Forderung des Selbstbestimmungsrechts und das Bekenntnis zu einem deutschen Staatsvolk. Schmidt bezog sich auf die Regierungserklärung seines zurückgetretenen Vorgängers Brandt, „die für die ganze Legislaturperiode" gelte[163]. Diese formale Bezugnahme reichte dem Führer der Opposition, Karl Carstens, nicht aus. In seiner scharfen Kritik warf er dem Bundeskanzler vor, das „Ziel der Einheit der deutschen Nation unter Ausübung ihres Selbstbestimmungsrechts" preiszugeben[164]. Der Staatsrechtslehrer Karl Carstens hatte offensichtlich einen Punkt freigelegt, der den Wechsel der Politik mit dem Wechsel der Kanzler derselben Partei verdeutlichte. Denn für die Regierungspartei replizierte der Abgeordnete Herbert Wehner ausführlich, verlor aber kein Wort zum Selbstbestimmungsrecht, bezog sich statt dessen auf eine Erklärung des „Kuratoriums Unteilbares

Bundeskanzler Schmidt

---

159 *Felix Ermacora*, Die Selbstbestimmungsidee. Entwicklung von 1918–1974, Eckart-Schriften, H. 50, 1974, S. 35 ff.; *Hurst Hannum*, Autonomy, Sovereignty, and Self-Determination, Philadelphia 1990, S. 50 ff., 333 ff.; *Nowak* (N 27), Rn. 34 m. weit. Nachw.
160 Anderer Auffassung *Otto Kimminich*: „Sollte sich aus einer solchen freien Willensbetätigung die Forderung nach Grenzveränderungen ergeben, so dürfen diese niemals durch einseitigen Akt, sondern nur durch Verträge mit den betreffenden Staaten vereinbart werden" (Rechtliche Bedeutung der gemeinsamen Entschließung vom 17. 5. 1972 für die Ostverträge, 1973, S. 15).
161 Die Westalliierten waren bereits bei Abschluß des Deutschland-Vertrages, also 1952, von diesem Sachverhalt ausgegangen, vgl. *Wilhelm G. Grewe*, Die Vereinigten Staaten und die Einheit Deutschlands, 1983, in: Die Deutsche Frage in der Ost-West-Spannung. Zeitgeschichtliche Kontroversen der 80er Jahre, 1986, S. 70 ff.
162 StenBer BT, 7. WP, S. 122 B, 124 A.
163 StenBer BT, 7. WP, S. 6593 C.
164 StenBer BT, 7. WP, S. 6633 C (20. 5. 1974).

Deutschland" vom 17. Juni 1973, die aber einen anderen Begriff der Nation verwendete: „... das Bewußtsein der Einheit der Nation zu erhalten. Gemeinsame Geschichte, Sprache und Kultur sind unauslöschliche Bestandteile dieser Einheit der Nation"[165].

Die Bundesregierung schien nunmehr vom „Staatsvolk" auf die nicht durch Staatsangehörige gebildete „Nation" übergegangen zu sein. Das Bundesverfassungsgericht hatte eigentlich die Möglichkeit versperrt, aus diesem Begriffswechsel politische und rechtliche Konsequenzen zu ziehen: „Wenn heute von der ‚deutschen Nation' gesprochen wird, die eine Klammer für Gesamtdeutschland sei, so ist dagegen nichts einzuwenden, wenn darunter auch ein Synonym für das ‚deutsche Staatsvolk' verstanden wird, an jener Rechtsposition also festgehalten und nur aus politischen Rücksichten eine andere Formel verwandt wird. Versteckte sich dagegen hinter dieser neuen Formel ‚deutsche Nation' nur noch der Begriff einer im Bewußtsein der Bevölkerung vorhandenen Sprach- und Kultureinheit, dann wäre das rechtlich die Aufgabe einer unverzichtbaren Rechtsposition. Letzteres stünde in Widerspruch zum Gebot der Wiedervereinigung als Ziel, das von der Bundesregierung mit allen erlaubten Mitteln anzustreben ist"[166].

55
Vom Staatsvolk zur Kulturnation?

Ob die Regierung Schmidt tatsächlich den Anspruch auf Selbstbestimmung des einen deutschen Volkes aufgeben wollte, mußte aus zwei Gründen nicht geklärt werden: In der Regierungserklärung am 16. Dezember 1976 sprach Bundeskanzler Schmidt von dem „Verhältnis zwischen den beiden deutschen Staaten und zur Lage der Nation". Was darunter zu verstehen sei, interpretierte er unüberhörbar und unzweideutig so: „Jeder weiß, daß es das Ziel unserer Politik ist, auf einen Zustand des Friedens in Europa hinzuwirken, in dem das deutsche Volk in freier Selbstbestimmung seine Einheit wiedererlangt"[167]. Auch vier Jahre später, in der Regierungserklärung am 24. November 1980, ließ Bundeskanzler Schmidt keinen Zweifel an der Grundposition seiner Regierung: „Wir kennen die Unterschiede in den politischen Zielsetzungen der beiden Staaten. Wir wollen auf einen Frieden in Europa hinarbeiten, in dem das deutsche Volk frei über sich selbst bestimmen kann. Die DDR-Führung setzt ein anderes Ziel. Wir wollen das Bewußtsein von der Einheit der deutschen Nation wachhalten. Die DDR-Führung will das nicht"[168].

56

West-Ost-Dissens in der nationalen Frage

---

165 StenBer BT, 7. WP, S. 6637 ff., 6645 (20. 5. 1974). Zu diesem Begriffswechsel, der sich bereits seit 1968 angekündigt hatte, äußerst kritisch *Wilhelm Wengler*, Positionen und Begriffe: Neue Folge, in: Blätter für deutsche und internationale Politik 16 (1971), S. 344 ff. = *ders.*, Schriften zur deutschen Frage 1948 – 1986, hg. v. Gottfried Zieger, 1987, S. 346 (357 ff.).
166 BVerfGE 36, 1 (19) mit dem weiteren Hinweis: „Ebenso verhielte es sich, wenn die Verweisung auf die Viermächteverantwortung für Gesamtdeutschland bedeuten würde, künftig sei sie allein noch eine (letzte) rechtliche Klammer für die Fortexistenz Gesamtdeutschlands; verfassungsmäßig ist nur – wie es auch die Bundesregierung selbst versteht –, daß sie eine weitere Rechtsgrundlage für das Bemühen der Bundesregierung um Wiedervereinigung bildet, nämlich eine ‚völkerrechtliche' neben der staatsrechtlichen".
167 StenBer BT, 8. WP, S. 51 C.
168 StenBer BT, 9. WP, S. 28 C.

57

Verbale Gegenleistung für menschliche Erleichterungen

Die Rede von den „zwei Staaten" und der „Nation" konnte außerhalb der Reichweite der authentischen Interpretation des Bundesverfassungsgerichts als Anerkennung der Zweistaatlichkeit einer nur noch als „Sprach-, Geschichts- und Kulturgemeinschaft" gedachten Nation verstanden werden. Verwendet durch die politischen Vertreter der Bundesrepublik, sollte dieser Abschied vom deutschen Staatsvolk wohl die Prestigebedürfnisse der SED und der DDR befriedigen, eine verbale Gegenleistung für „menschliche Erleichterungen", die in den 70er und 80er Jahren angestrebt und zumindest teilweise erreicht wurden[169]. Gelegentlich wurden die Rollen geteilt, zum Beispiel auf dem SPD-Parteitag vom 19. bis 23. April 1982. Helmut Schmidt erörterte als Bundeskanzler den „vernünftigen Umgang zwischen den beiden deutschen Staaten" gouvernemental, Willy Brandt als Parteivorsitzender berief sich auf seine und der Sozialdemokraten „Verpflichtung vor dem gesamten deutschen Volk"[170].

58

Keine praktischen Folgen für Deutsche aus der DDR

Fernerhin: Aus dem Bekenntnis zu den „zwei Staaten" zog die westdeutsche Staatspraxis keine Konsequenzen für Staatsvolk und Staatsangehörigkeit. Deutsche aus der DDR wurden grundsätzlich wie bisher (und dann bis zur Wiedervereinigung 1990) als deutsche Staatsangehörige behandelt: Flüchtlinge genossen das Deutschen grundrechtlich gesicherte und vorbehaltene Freizügigkeitsrecht bei der Einreise (Art. 11 GG), sie waren keine Asylbewerber (Art. 16 Abs. 2 S. 2 GG), die Auslandsvertretungen gewährten ihnen, sofern sie es wünschten, diplomatischen Schutz, sie wurden nicht ausgeliefert (Art. 16 Abs. 2 S. 1 GG), Straftäter wurden den DDR-Organen im Rahmen des innerdeutschen Rechtshilfeabkommens zur Strafverfolgung überstellt[171]. Die Mehrheit der Strafrechtsautoren entwickelte zwar einen eigenen, sogenannten funktionellen Inlandsbegriff für das Gebiet der Bundesrepublik und wollte die DDR „als Ausland" und die dort lebenden Deutschen „als Ausländer" behandeln; durch ihre Abhandlungen geisterte die Figur des „Bundesbürgers", die es nach Staatsrecht und Staatsangehörigkeitsrecht überhaupt nicht gab[172]. Der Bundesgerichtshof verstand sich jedoch nur darauf, die DDR „wie Ausland" und die dort lebenden Deutschen „wie Ausländer" zu behandeln –, das war keine Wortklauberei, sondern der entscheidende Unterschied[173].

59

Bundeskanzler Kohl 1982

Bundeskanzler Kohl akzentuierte in seiner ersten Regierungserklärung am 13. Oktober 1982 die rechtlichen Elemente stärker, indem er die Präambel des Grundgesetzes und den Brief zur deutschen Einheit vom 12. August 1970 mit ihren Forderungen nach freier Selbstbestimmung durch das ganze deutsche Volk wiederholte sowie die „Verantwortlichkeit der vier Mächte in bezug

---

169 *Ress* (N 111), § 11 Rn. 89 ff.; *Dolzer* (N 111), § 12 Rn. 45 ff.
170 Texte bei *Jahn* (N 145), S. 669 f.
171 BVerfGE 11, 150 (158 ff.); 77, 137 (152); *Ress* (N 111), § 11 Rn. 89 ff.; *Dolzer* (N 111), § 12 Rn. 45 ff.
172 Im einzelnen *Helmut Quaritsch*, Strafrechtliche und berufsrechtliche Aufarbeitung der DDR-Vergangenheit, in: FS für Werner Thieme, 1993, S. 329 (331).
173 BGH vom 7.3.1984, BGHSt 32, 293 ff.; *Bernhardt*, Deutschland nach 30 Jahren Grundgesetz (N 123), S. 42 f., der sich 1979 mit dieser Frage befaßte, übersah die staatsrechtliche Differenz zwischen unmittelbarer und entsprechender Anwendung der §§ 3 ff. StGB.

auf Deutschland als Ganzes und Berlin" beschwor[174]. Kohl knüpfte an die Form der Regierungserklärungen aus der Zeit vor Schmidt an. In der Sache aber hatte keine deutsche Regierung den Anspruch auf Selbstbestimmung und den Träger dieses Rechts aufgegeben, nämlich das deutsche Volk als Summe der deutschen Staatsangehörigen in der Bundesrepublik, der DDR und Berlin. Es mochte übertrieben klingen, wenn auf die Regierungserklärung Kohls der Sprecher der Opposition, Horst Ehmke, antwortete: „Die neue Koalition erklärt, die Sicherheits- und Außenpolitik, die Deutschland- und Berlin-Politik der sozialliberalen Koalition fortsetzen zu wollen"[175]. Als Staatsrechtslehrer kannte Ehmke die Bedeutung, die das Bundesverfassungsgericht der Präambel und dem Brief zur deutschen Einheit zugemessen hatte. Würde die sozialliberale Koalition den Anspruch auf Selbstbestimmung durch das deutsche Staatsvolk wirklich fallengelassen haben, hätte er eine Bemerkung über die „in gestrigen Formeln erstarrte Politik" gewiß nicht unterdrückt[176].

In seiner Regierungserklärung am 4. Mai 1983, mit der Bundeskanzler Kohl die zehnte Wahlperiode des Bundestages einleitete, kam er mehrfach auf die deutsche Nation, die deutsche Einheit und das Selbstbestimmungsrecht zu sprechen. In seinen zunächst vorgetragenen Leitsätzen betonte er: „Die deutsche Nation besteht fort. Wir sind für das Selbstbestimmungsrecht aller Völker und für das Ende der Teilung Europas. Wir werden alles tun, um in Frieden und Freiheit die Deutsche Einheit zu erstreben und zu vollenden"[177]. Die „Grenze ... quer durch Deutschland ... trennt die Deutschen ... Vernunft und Menschlichkeit können sich nicht damit abfinden, daß an dieser Linie das Selbstbestimmungsrecht aufhören soll. Die geschichtliche Erfahrung zeigt: Der gegenwärtige Zustand ist nicht unabänderlich. Realpolitik: ja, Resignation: nein! Es sind jetzt 30 Jahre, seitdem der Volksaufstand des 17. Juni 1953 im sowjetischen Machtbereich aller Welt den Freiheitswillen der Deutschen demonstrierte. Mauer, Stacheldraht, Schießbefehl und Schikanen sind auch heute noch ein Anschlag auf die Menschlichkeit. Wo sie existieren, gibt es keine Normalität ... Die Deutschlandpolitik der Bundesregierung bleibt bestimmt durch das Grundgesetz der Bundesrepublik Deutschland, den Deutschlandvertrag, die Ostverträge, die Briefe zur ‚Deutschen Einheit' sowie die Entschließung des Deutschen Bundestages vom 17. Mai 1972, der alle Fraktionen – CDU/CSU, SPD und FDP – zugestimmt haben, den Grundlagenvertrag und die Entscheidungen des Bundesverfassungsgerichts vom Juli 1973 und vom Juli 1975 ... Die Menschen in den beiden Staaten in Deutschland halten an der Zugehörigkeit zu Deutschland und an ihrem Selbstverständnis als Deutsche fest. Für uns gibt es nur eine deutsche Staatsangehörigkeit. Wir bürgern niemanden aus"[178]. Auf diese doch sehr ausführlichen

60
Bundeskanzler Kohl 1983

---

174 StenBer BT, 9. WP, S. 7227 C.
175 StenBer BT, 9. WP, S. 7241 C.
176 So der an die CDU/CSU-Opposition gerichtete Vorwurf des SPD-Programms vom 9./10.6.1980 für die Bundestagswahlen 1980, vgl. *Jahn* (N 145), S. 635 f.
177 StenBer BT, 10. WP, S. 57 A.
178 StenBer BT, 10. WP, S. 72 C/D, S. 73 A/B.

Oppositionsführer Vogel

politischen Beschwörungen und formellen Verwahrungen reagierte der Oppositionsführer Hans-Jochen Vogel ungewöhnlich knapp und nur in bezug auf Berlin: „Wer mit uns glaubt, daß die Nation als Geschichts-, Sprach-, Kultur- und Gefühlsgemeinschaft auch für uns Deutsche ein identitäts- und einheitsstiftender Faktor ist, auf den wir auf Dauer nicht ungestraft verzichten können, der sollte Berlin als Chance und nicht als eine Last begreifen"[179].

61
Kanzlerbesuch in Moskau 1983

Das öffentliche Festhalten an dem Anspruch aller Deutschen auf Selbstbestimmung und der mit ihm verbundene Protest gegen den Status quo der Teilung waren keine Beschwichtigungsrhetorik für den Hausgebrauch. Bei seinem ersten Kanzlerbesuch in Moskau erklärte Kohl in seiner Tischrede am 4. Juli 1983 dem Präsidium und der Regierung der UdSSR seine Vorstellungen von „realistischer Politik ..., geprägt vom Geist guter Nachbarschaft ... Sie versucht, den vereinbarten modus vivendi konstruktiv zu nutzen und auszufüllen. Wir gehen davon aus, daß eine solche Politik langfristig auch zur Lösung der ungeklärten Probleme beitragen wird, die ganz Deutschland betreffen. Wir halten am Selbstbestimmungsrecht unseres Volkes und an der Einheit unserer Nation fest. Wir resignieren nicht. Uns ist durch unsere Verfassung aufgetragen, ‚auf einen Zustand des Friedens in Europa hinzuwirken, in dem das deutsche Volk in freier Selbstbestimmung seine Einheit vollendet'. Wir denken in historischen Dimensionen. Wir wissen, daß diese Aufgabe nur im Rahmen einer europäischen Friedensordnung zu verwirklichen ist. Wir wollen zu ihr beitragen"[180].

Europäische Friedensordnung

Bei der anschließenden Pressekonferenz erklärte Kohl vor mehreren hundert Journalisten, ein „wichtiger Punkt" bei seinen Unterredungen mit dem Staats- und Parteichef Jurij Andropow sei sein Bekenntnis zur deutschen Einheit gewesen. Er habe Andropow direkt gefragt: „Was würden Sie als sowjetischer und russischer Patriot sagen, wenn Moskau und die Sowjetunion in der Mitte geteilt wären?" Kohl war der erste deutsche Regierungschef, der in Moskau so ausführlich intern und öffentlich die Wiedervereinigungspolitik formulierte; die sowjetischen Journalisten reagierten teils verblüfft, teils schockiert[181].

62
Bundeskanzler Kohl 1987

In seiner Regierungserklärung vom 18. März 1987 näherte sich Kohl den Formeln seines Amtsvorgängers Helmut Schmidt an, setzte aber doch eigene Akzente: „Deutschlandpolitik heißt für uns außerdem, Menschen zueinander bringen, weil sie zusammengehören. Deshalb müssen wir das Bewußtsein für die Einheit unserer deutschen Nation stets wachhalten. Dazu gehört die Treue zu Berlin. Unser Standort ist und bleibt die freie Welt; denn die Freiheit ist der Kern der deutschen Frage"[182].

63

Der Bundeskanzler hielt daran fest: „Auch vier Jahrzehnte nach dem Ende des Zweiten Weltkrieges ist die deutsche Frage rechtlich, politisch und geschichtlich offen ... Unser Ziel bleibt: Freiheit und Einheit für alle Deut-

---

179 StenBer BT, 10. WP, S. 86 D.
180 Bulletin 1983, S. 706 f.
181 FAZ Nr. 154 vom 7.7.1983, S. 1 f.
182 StenBer BT, 11. WP, S. 52 B.

schen"[183]. Die rechtlichen Konturen der Deutschlandpolitik lieferte für die CSU-Fraktion Finanzminister Waigel nach: „Unsere Deutschlandpolitik wird auch in Zukunft auf festen Prinzipien stehen, wie sie in der Präambel des Grundgesetzes, im Deutschlandvertrag, im Brief zur deutschen Einheit, in der gemeinsamen Entschließung des Deutschen Bundestages sowie im Urteil des Bundesverfassungsgerichtes zum Grundlagenvertrag enthalten sind. Das Festhalten an Rechtsprinzipien ist wichtig, muß aber im Interesse der Menschen in Ost und West durch pragmatische Beziehungen mit Leben erfüllt werden ... Das Offenhalten der deutschen Frage, der Wille zur Wiedervereinigung ist für uns nicht nur ein Auftrag des Grundgesetzes, sondern ein Auftrag unserer gemeinsamen Geschichte. Auch die Hinweise auf die jahrhundertelange staatsrechtliche Zersplitterung Deutschlands und auf die Sonderlage Deutschlands im Herzen Europas sind kein Argument gegen das Recht des deutschen Volkes auf Selbstbestimmung und damit auf Einheit"[184]. Vermutlich werden die Zuhörer der Plenardebatte mehr auf die Freundlichkeiten geachtet haben, die der Führer der Opposition, Hans-Jochen Vogel, der DDR spendete, von der er glaubte, daß „nicht alles in der DDR schlechter, manches nur anders, manches auch besser als bei uns ist ... Um einen weiteren Fortschritt zu erreichen, müssen wir aber auch auf die Wünsche der DDR eingehen", und er nannte die Erfassungsstelle Salzgitter und die Festlegung der Elbegrenze[185]. Vogel berief sich aber auf die „nationale Gemeinschaft, die uns in beiden deutschen Staaten unverändert verbindet und die zu pflegen und zu bewahren uns die Präambel des Grundgesetzes aufgibt, eine Position, die niemand von uns in Frage stellt"[186]. Der Jurist Vogel wußte, wie die Präambel (in der Auslegung durch das Bundesverfassungsgericht) die „nationale Gemeinschaft" interpretierte.

64

Der Staatsbesuch Honeckers vom 7. bis 11. September 1987, von dem schon im Zusammenhang mit dem Teso-Beschluß des Bundesverfassungsgerichts die Rede war, hätte eine Wende in den Beziehungen zwischen der Bundesrepublik und der DDR einleiten können. Daß dieser Besuch für Deutschlands Rechtslage folgenlos blieb, dafür sorgte allerdings nicht nur das Bundesverfassungsgericht, sondern der Bundeskanzler selbst. In seiner Rede beim Staatsbankett erklärte Helmut Kohl seinem Ost-Berliner Staatsgast: „An den unterschiedlichen Auffassungen der beiden Staaten zu grundsätzlichen Fragen, darunter zur nationalen Frage, kann und wird dieser Besuch nichts ändern. Die Präambel unseres Grundgesetzes steht nicht zur Disposition, weil sie unserer Überzeugung entspricht. Sie will das vereinte Europa, und sie fordert das gesamte deutsche Volk auf, in freier Selbstbestimmung die Einheit und Freiheit Deutschlands zu vollenden. Das ist unser Ziel. Wir stehen zu diesem Verfassungsauftrag, und wir haben keinen Zweifel, daß dies dem Wunsch

---

183 StenBer BT, 11. WP, S. 65 C, 66 A.
184 StenBer BT, 11. WP, S. 95 B, 95 C (18.3.1987).
185 StenBer BT, 11. WP, S. 83 D. Er empfahl auch, der Regierende Bürgermeister von Berlin (West) möge die Einladung zum „Staatsakt der DDR" aus Anlaß des 750jährigen Stadtjubiläums „unverzüglich in aller Form annehmen" (StenBer BT, 11. WP, S. 84 B).
186 StenBer BT, 11. WP, S. 84 A.

und Willen, ja der Sehnsucht der Menschen in Deutschland entspricht"[187]. Mit der Aufforderung, „in freier Selbstbestimmung die Einheit und Freiheit Deutschlands zu vollenden", stellte der Kanzler die DDR-Existenz unter den Vorbehalt der Selbstbestimmung. Honecker antwortete mit einer Banalität, „daß nämlich die Beziehungen zwischen der Deutschen Demokratischen Republik und der Bundesrepublik Deutschland ... von den Realitäten dieser Welt gekennzeichnet" seien, und er bezeugte fast hellseherische Fähigkeiten, als er hinzusetzte: „... sie bedeuten, daß Sozialismus und Kapitalismus sich ebensowenig vereinigen lassen wie Feuer und Wasser"[188]. Drei Jahre später waren die Feuer des Sozialismus in der DDR und in Osteuropa gelöscht.

65
Öffnung der Mauer 1989

Wenige Stunden vor der Öffnung der Mauer in Berlin, am 8. November 1989, eröffnete der Bundeskanzler seine Erklärung zum „Bericht zur Lage der Nation im geteilten Deutschland" mit dem Satz: „Freie Selbstbestimmung für alle Deutschen, das war, ist und bleibt das Herzstück unserer Deutschlandpolitik"[189]. Für den Sprecher der Opposition, Hans-Jochen Vogel, stand das Thema „Wiedervereinigung" nicht auf der Tagesordnung, er berief sich aber doch auf das Selbstbestimmungsrecht, „die zentrale Antwort auf die deutsche Frage"[190].

66
Zehn Punkte Kohls von 1989

Kontinuität aller Bundesregierungen in der deutschlandrechtlichen Position

Dissens einzelner Politiker

Als Bundeskanzler Kohl am 28. November 1989 den Zehn-Punkte-Plan verkündete und damit den gouvernementalen Prozeß der Wiedervereinigung einleitete, nannte der zehnte Punkt die „Wiedervereinigung, das heißt die Wiedergewinnung der staatlichen Einheit Deutschlands", erlangt durch „das deutsche Volk in freier Selbstbestimmung"[191]. Alle Regierungen der Bundesrepublik hatten den Anspruch auf Selbstbestimmung erhoben und waren dabei zugleich vom deutschen Staatsvolk als Träger dieses Rechts ausgegangen, spätestens seit 1972 beschränkt auf die deutschen Staatsangehörigen der Bundesrepublik und der DDR. Sicherlich gab es bekannte Politiker und politische Staatssekretäre, die es für ein Zeichen weltläufigen Realitätssinnes hielten, sich von diesen Rechtsbehauptungen und Zielformulierungen zu distanzieren. Solche Äußerungen fielen indes nicht in parlamentarischer Öffentlichkeit, sondern vorzugsweise in Interviews gegenüber ausländischen Medienvertretern[192]. Für die Politikformulierung sind in der parlamentarischen Demokratie Regierung und Parlament zuständig. Erklärungen von nationaler Wichtigkeit und internationaler Bedeutung, die vorher in den spezifischen Formen von Regierung und Parlament abgegeben worden waren,

---

187 Bulletin Nr. 83 vom 10.9.1987, S.705f.
188 Bulletin Nr. 83 vom 10.9.1987, S.707.
189 StenBer. BT, 11. WP, S. 13010 B; ausführlich zum Selbstbestimmungsrecht der Vorsitzende der CDU-Fraktion *Alfred Dregger*, StenBer BT, 11. WP, S. 13028 ff., bereits unter Hinweis auf Art. 23 GG.
190 StenBer BT, 11. WP, S. 13022, 13023 A/B.
191 StenBer BT, 11. WP, S. 13510 D ff., 13512 D, 13513 D.
192 Dazu kritisch *Jahn* (N 145), S.637ff. (Wehner, Bahr, Brandt, Franke, Gaus); *Dieter Blumenwitz*, Deutschlandfrage und Selbstbestimmungsrecht, in: ders./Meissner (N 4), S.139 (144ff.); *Murswiek* (N 121), S.9ff.; *Hacker* (N 121), S.236ff. – Die westdeutsche Bevölkerung hielt mit großer Mehrheit am Ziel der Wiedervereinigung fest, s. die Aufarbeitung der demoskopischen Umfragen durch *Gerhard Herdegen/Martin Schultz*, Einstellungen zur deutschen Einheit, in: Werner Weidenfeld/Karl Rudolf Korte (Hg.), Handbuch zur deutschen Einheit, 1993, S.252ff.

können nicht durch individuelle und informelle Meinungskundgaben in Pressegesprächen widerrufen werden. Auch müssen die offiziellen Erklärungen der Regierung und des Parlaments urbi et orbi zum Nennwert genommen werden dürfen. Anderenfalls verlören die demokratischen Führungsinstitutionen jeglichen Kredit. Das gilt gleichermaßen für die Abschlußkommuniqués internationaler Gremien und Konferenzen. Ob neben den amtlichen Politikzielen offen oder geheim andere oder gar entgegengesetzte Ziele verfolgt werden, mag Journalisten und Diplomaten interessieren und eines Tages von Historikern geprüft werden[193]. Für die Wahrung des Rechts auf Selbstbestimmung sind die Repräsentanten in Ausübung ihrer staatlichen Funktion zuständig – aber auch nur sie. Wo die freie Meinungsäußerung unterdrückt wird, können Schriftsteller oder Wissenschaftler die Repräsentation übernehmen, weil sie infolge ihrer internationalen Reputation jedenfalls im spättotalitären Regime nicht sogleich liquidiert werden können, wie Solschenizyn und Sacharow in der Sowjetunion, Havel und Hájek in der Tschechoslowakei. In einem freiheitlichen Gemeinwesen, in dem sich Parteien bilden können und in der Öffentlichkeit wie im Parlament wirken dürfen, die sich offen und sanktionslos gegen „oberste Ziele" der Regierungs- und Volksparteien wenden dürfen, wie zum Beispiel in Deutschland die „Grünen" gegen die Wiedervereinigung[194], darf auf solche Ersatzrepräsentanten aus dem kulturellen und wissenschaftlichen Leben nicht zurückgegriffen werden. Es würde die Einbeziehung einzelner Personen aufgrund literarischer oder wissenschaftlicher Verdienste in den politischen Prozeß und die Mitgewichtung ihrer unmittelbaren oder mittelbaren politischen Stellungnahmen eine Privilegierung bedeuten, die demokratisches Stimmgewicht und das Prinzip geordneter Repräsentation gleichermaßen verletzte[195].

Amtliche und private Stellungnahmen

Keine Ersatzrepräsentation durch Private

IV. Unitarismus und Separatismus in der DDR

Die DDR-Verfassung von 1949 erklärte die DDR als mit dem fortbestehenden Gesamtstaat identisch („Deutschland ist eine unteilbare Republik"), die Republik sollte alle Angelegenheiten entscheiden, „die für den Bestand und die Entwicklung des deutschen Volkes in seiner Gesamtheit wesentlich sind". Außerdem gab es nur eine deutsche Staatsangehörigkeit (Art. 1)[196]. Ob die SED tatsächlich glaubte, eine Verfassung für ganz Deutschland geschaffen zu haben, oder ob diese Bekenntnisse nur propagandistische Konzessionen an

67
DDR-Verfassung von 1949

---

193 Vgl. dazu etwa die Beobachtungen und Bemerkungen von *Grewe* (N 161), S. 74 ff.
194 Vgl. z.B. die Abg. Antje Vollmer am 8.11.1989, StenBer BT, 11. WP, S. 13031 („Wiedervereinigung historisch überholter denn je"); die Abg. Jutta Oesterle-Schwerin am 28.11.1989: „Deshalb und gerade auch jetzt möchte ich für eine Politik der Zweistaatlichkeit und für die Anerkennung der DDR werben, ohne Wenn und Aber. Solidarität heißt: Hände weg von der DDR!" (StenBer BT, 11. WP, S. 13495 B). Bei dieser Einstellung blieben die „Grünen" bis zu ihrem demonstrativen Auszug aus dem Plenarsaal des Bundestages, als am Ende der Debatte über die zweite und dritte Lesung des Vereinigungsvertrages die Nationalhymne gesungen wurde, vgl. StenBer BT, 11. WP, S. 17801 ff., S. 17931 ff.
195 Dies zu *Peter Häberle*, Diskussionsbeitrag, in: VVDStRL 38 (1980), S. 115; vielleicht habe ich seinen Diskussionsbeitrag aber auch mißverstanden.
196 → Bd. I, *Luchterhandt*, § 10 Rn. 65 ff.

das nationalstaatliche Bewußtsein waren – „Deutschland ist ein Staat, dessen Bevölkerung ein hochentwickeltes Nationalbewußtsein besitzt"[197] –, das alles kann dahinstehen, weil die Behauptung des gesamtdeutschen Anspruchs und der Identität seit 1951 abgelöst wurde durch die These, das Deutsche Reich sei 1945 untergegangen. Zunächst aber hielt Ulbricht am Ziel der deutschen Staatseinheit öffentlich fest und die Rechtslehre an nur staatsrechtlichen Beziehungen zwischen den beiden Staaten in Deutschland[198]. Die Deutschen wurden noch als „Nation" gedacht, das Selbstbestimmungsrecht stehe aber „zwei deutschen Völkerrechtssubjekten zu", wie Anfang 1966 verkündet wurde[199]. Folgerichtig wurde der gemeinsamen deutschen Staatsangehörigkeit mit dem eigenen Staatsbürgerschaftsgesetz von 1967[200] endgültig abgesagt. Die Präambel der neuen DDR-Verfassung von 1968 begann zwar noch mit der „Verantwortung, der ganzen deutschen Nation den Weg in eine Zukunft des Friedens und des Sozialismus zu weisen", redete aber schon vom „Volk der Deutschen Demokratischen Republik". Weil Bundeskanzler Willy Brandt den Begriff der Nation mit den „besonderen Beziehungen zwischen den beiden Staaten in Deutschland" verknüpft hatte, reagierte Ulbricht am 19. Januar 1970, es sei dies eine „unrealistische Behauptung, um der Herstellung normaler gleichberechtigter völkerrechtlicher Beziehungen mit der DDR aus dem Wege zu gehen ... Die Deutsche Demokratische Republik ist ein sozialistischer deutscher Nationalstaat, die westdeutsche Bundesrepublik ist ein kapitalistischer NATO-Staat"[201]. Den Schlußpunkt dieser Entwicklung setzte Albert Norden am 3. Juli 1972: „Es gibt nicht zwei Staaten einer Nation, sondern zwei Nationen in Staaten verschiedener Gesellschaftsordnung"[202]. Die Neufassung der DDR-Verfassung am 7. Oktober 1974 strich die letzten verbalen Gemeinsamkeiten, nur das Adjektiv „deutsch" ließ sich nicht eliminieren. Erich Honecker hatte bereits am 6. Januar 1972 das nationale Band zwischen den Deutschen zerschneiden wollen: „Unsere Republik und die BRD verhalten sich zueinander wie jeder von ihnen zu einem anderen Drittstaat. Die BRD ist somit Ausland und noch mehr: sie ist imperialistisches Ausland"[203]. Die Konsequenzen für das Selbstbestimmungsrecht glaubte DDR-Außenminister Oskar Fischer am 25. September 1974 vor der Generalversammlung der Vereinten Nationen so ziehen zu können: „Was die nationale Frage auf deut-

---

197 Walter Ulbricht auf dem 3. Parteitag der SED in Berlin im Juli 1950, s. *Jens Hacker*, Der Rechtsstatus Deutschlands aus der Sicht der DDR, 1974, S. 108 mit Anm. 12.
198 Ausführlich *Hacker* (N 197), S. 105 ff., 116 ff.
199 So Gerhard Kegel, Mitarbeiter des Zentralkomitees der SED, bei der konstituierenden Sitzung des „Staatssekretariats für gesamtdeutsche Fragen", vgl. *Hacker* (N 197), S. 311; ebenso in seiner 1966 veröffentlichten Habilitationsschrift *Arzinger* (N 21), S. 390 ff., unter Hinweis auf sowjetische Autoren, die bereits 1962 „die These von der Existenz verschiedener Subjekte des Selbstbestimmungsrechts in Deutschland entwickelten" (S. 392 mit Fn. 159). Über Arzingers Buch berichtete kritisch und ausführlich *Doehring* (N 22), S. 355 ff.
200 GVBl DDR I, S. 3 (20.2.1967); → Bd. I, Luchterhandt, § 10 Rn. 69.
201 Deutschland-Archiv 3 (1970), S. 182; zitiert auch bei *Hacker* (N 197), S. 313 f.
202 Deutschland-Archiv 5 (1972), S. 1223. Ausführlich dann *Hermann Axen* in seinem Referat am 7.6.1973: „Der VIII. Parteitag der SED über die Entwicklung der sozialistischen Nation in der DDR", in: Deutschland-Archiv 7 (1974), S. 192 ff.
203 Bei einer Truppenbesichtigung auf Rügen, vgl. *Ilse Spittmann*, Honecker und die deutsche Frage, in: Deutschland-Archiv 5 (1972), S. 1, 2; → Bd. I, Luchterhandt, § 10 Rn. 71.

schem Boden betrifft, so hat hierüber die Geschichte längst entschieden. Das Volk der Deutschen Demokratischen Republik hat in freier Ausübung seines Selbstbestimmungsrechts ein für allemal die sozialistische Gesellschaftsordnung gewählt. Heute existieren auf deutschem Boden ein sozialistischer Staat, die Deutsche Demokratische Republik, in dem sich die sozialistische Nation entwickelt, und die kapitalistische Bundesrepublik Deutschland, in der die kapitalistische Nation besteht"[204].

<small>Sozialistische und kapitalistische Nation</small>

Diese Wendungen beschreiben das rechtliche Selbstverständnis der DDR-Führung (seit Mitte der 60er Jahre) in äußerster Verdichtung[205]. Die Behauptung, das Volk habe „ein für allemal" die sozialistische Gesellschaftsordnung gewählt, mochte den angeblichen, von Karl Marx entdeckten Gesetzen der Geschichte entsprechen. Mit der Selbstbestimmung als Rechtssatz des Völkerrechts wie als Menschenrecht des Art. 1 IPbürgR war eine solche Konsumtion unvereinbar: Über seinen politischen Status kann das Volk stets neu entscheiden[206]. Fischer führte die Existenz der „sozialistischen Gesellschaftsordnung" auf die „freie Ausübung des Selbstbestimmungsrechts durch das Volk der DDR" zurück. Dem Übergang zur sozialistischen Gesellschaftsordnung soll zugleich die staatliche Verselbständigung des Volkes der DDR gefolgt sein. Politische Führung und Rechtswissenschaft der DDR aber waren 1949 und danach von einer Fortexistenz des Gesamtstaates und einer Voll- oder Teilidentität der DDR ausgegangen. Die nachfolgende Verselbständigung der DDR kann dann nur als Sezession begriffen werden, einhergehend mit der Aufrichtung der sozialistischen Gesellschaftsordnung. Die Verbindung von Wahl der „sozialistischen Gesellschaftsordnung" und staatlicher Eigenständigkeit, das Gegensatzpaar „sozialistischer Staat und sozialistische Nation" versus „kapitalistischer Staat und kapitalistische Nation" entsprachen dem materialen Staatsverständnis der Vertreter des Marxismus/Leninismus und lassen sich in den angeführten, aber auch vielen weiteren Selbstzeugnissen nachweisen[207]. Für eine rechtmäßige Sezession müssen weder materielle Bedingungen, zum Beispiel die Unterdrückung durch den Staat der Majorität, gegeben sein noch gar die Zustimmung dritter Staaten[208]. Jedoch muß der Inhaber des Selbstbestimmungsrechts über seinen politischen Status „frei" entscheiden („All peoples ... freely determine their political Status"). Freiheit der Entscheidung bedeutet auch im Selbstbestimmungsrecht: dem Inhaber des Menschenrechts auf Selbstbestimmung muß eine legale Alternative offenstehen. Bei der Entscheidung über Gebietszugehörigkeiten wird diese legale Alternative regelmäßig in einer Volksabstimmung angeboten; aus der jüngeren deutschen Geschichte wäre die Abstimmung über das Saarstatut

<small>**68**
Wahl der sozialistischen Ordnung „ein für allemal"</small>

<small>Sezession der DDR</small>

<small>204 Deutschland-Archiv 8 (1975), S. 599. Sein westdeutscher Kollege Hans-Dietrich Genscher hielt dem entgegen: „Wir können die Teilung nicht als das letzte Wort der Geschichte über die deutsche Nation akzeptieren." Er forderte infolgedessen für die Deutschen „freie Selbstbestimmung"; das „letzte Wort" werde „vom deutschen Volk selbst gesprochen". (Vgl. a. a. O.).
205 Die Entwicklung belegt *Hacker* (N 197), S. 307 ff.
206 *Cassese* (N 4), S. 98; *Nowak* (N 27), Art. 1 Rn. 18 m. weit. Nachw.
207 *Arzinger* (N 21), S. 161 ff.
208 S. o. Rn. 29 f.</small>

§ 229   *Zwanzigster Teil: Leitprinzipien*

im Jahr 1955 zu nennen[209]. Die „Freiheit" der Entscheidung muß gleichermaßen für die Ausübung des internen Selbstbestimmungsrechts gelten[210]. Die Bestimmung des eigenen politischen Status, getroffen von individuellen Inhabern eines Menschenrechts, ist dann nicht „Selbst"-Bestimmung, wenn sie fremdbestimmt ist. Fremdbestimmung ist dann anzunehmen, wenn nur eine Möglichkeit, nur eine Staats- und Gesellschaftsordnung ohne legale Alternative offeriert wird. Für die Bevölkerung von Sowjetzone und DDR gab es eine solche Alternative nie. Seit der Ankunft der „Gruppe Ulbricht" am 2. Mai 1945 in Berlin[211] bis zum Rücktritt von Egon Krenz am 3. Dezember 1989 lautete die politische Formel der Herrschaft zwischen Elbe und Oder: Eroberung und Aufrechterhaltung der absoluten Macht in Staat und Gesellschaft durch die Kader von KPD und SED, im Auftrag und unter dem dauernden Schutz der sowjetischen Besatzungsmacht[212]. Deutsche Kommunisten und sowjetische Besatzungsmacht beseitigten das „kapitalistische" System in der Landwirtschaft („Bodenreform") und in der Industrie durch die Konfiskation des privaten Unternehmereigentums unter dem Vorwand von Entnazifizierung und „Enteignung" der Kriegsverbrecher[213]. Der „sozialistische Staat" entstand nicht aus einer freien, von der Bevölkerung selbst getroffenen Wahl, es war ein „Okkupationssozialismus" (Karl Wilhelm Fricke), ein von der Besatzungsmacht oktroyiertes und bis 1989 aufrechterhaltenes totalitäres System. Die SED war Instrument und Träger der Kollaboration mit der Sowjetunion, die mindestens faktisch Besatzungsmacht geblieben war – auch in ihrem eigenen Selbstverständnis[214].

---

209 Vgl. *Thieme* (N 88), S. 448 ff.
210 Ob die Folge dieser Entscheidung eine unfreiheitliche Staats- und Gesellschaftsordnung sein darf, wie es die DDR zweifelsfrei gewesen ist, darf man bezweifeln, weil andere Rechte des IPbürgR auf ein freiheitlich demokratisches System gerichtet sind; vgl. *Cassese* (N 4), S. 97 f.; *Nowak* (N 27), Art. 1 Rn. 34 m. weit. Nachw. in Fn. 96. Die Frage darf hier getrost offengelassen werden.
211 *Wolfgang Leonhard*, Die Revolution entläßt ihre Kinder, 1955, S. 334 ff.; zusammenfassend *Hermann Weber*, Die DDR 1945 – 1986, 1988, S. 3 ff.
212 Das Zusammenspiel von Parteikadern und Besatzungsmacht zeigte sich z.B. schon bei dem Vorgehen gegen widerspenstige Sozialdemokraten, aber auch bei der Ausschaltung der „bürgerlichen" Alternativen, die zur Aufrechterhaltung des demokratischen Scheins zwischen 1945 und 1949 noch selbständig agieren konnten; vgl. die eindrucksvollen Schilderungen von *Aloys Schaefer*, Lebensbericht. Landrat im Eichsfeld, Zeuge der Besatzungszeit, 1993, und *Manfred Overesch*, Machtergreifung von links. Thüringen 1945/46, 1993, S. 105 ff. Die Kollaboration ist noch nicht voll ausgeleuchtet, vermutlich auch deshalb, weil sie selbstverständlich war und unter den Genossen der Brudervölker des „sozialistischen Lagers" nicht als anstößig galt.
213 *Joachim von Kruse*, Weißbuch über die Demokratische Bodenreform in der Sowjetischen Besatzungszone Deutschlands, Dokumente und Berichte, 1988. Zur „Industriereform" durch die Befehle Nr. 124 und 126 der sowjetischen Militäradministration *Weber* (N 211), S. 11 f.
214 Nach dem sehr formal argumentierenden Urteil des Bundessozialgerichts vom 6. 11. 1985 waren die sowjetischen Truppen in der DDR 1965 nicht mehr Besatzungsmacht (BSGE 59, 94 [95 ff.]). Das aber war nicht einmal positivrechtlich richtig, vgl. *Theodor Schweisfurth*, Deutschland – noch immer ein besetztes Land, in: FS Für Ignaz Seidl-Hohenveldern, 1988, S. 537 ff. – Als Erich Honecker am 28. 7. 1970 zu Leonid Breschnew fuhr, um seine Sorgen wegen des alt und eigenwillig gewordenen Walter Ulbricht vorzutragen, beruhigte der Moskauer Generalsekretär den Nachfolger: „Auf irgendwelche Schritte von Walter, die die Einheit des PB, die Einheit der SED betreffen, werden wir von uns aus entsprechend reagieren ... Ich sage Dir ganz offen, es wird ihm auch nicht möglich sein, an uns vorbeizuregieren, unüberlegte Schritte gegen sie und andere Genossen des PB zu unternehmen. Wir haben doch Truppen bei ihnen. Erich, ich sage Dir offen, vergesse [sic!] das nie: Die DDR kann ohne uns, ohne die UdSSR, ihre Macht und Stärke nicht existieren. Ohne uns gibt es keine DDR"; Protokoll der

Fremdbestimmte Identität der DDR

„Okkupationssozialismus"

Als die DDR-Führung 1966 die Zwei-Staaten-These zu vertreten begann, mutierte die SED offen zu einer fremdgesteuerten Separatistenpartei; sie scheute sich nicht, offen und offiziell der Sowjetunion gegenüber auf die angebliche Souveränität des Staates zu verzichten und die DDR der sowjetischen societas leonina „für immer und unwiderruflich" zu unterwerfen[215]. Eine Staatspartei, die dazu ihre Kollaboration mit einer fremden Großmacht verfassungsgesetzlich festschreibt, kann sich zur Selbstbestimmung nicht verbindlich erklären.

69
SED fremdgesteuerte Separatistenpartei

Die Bevölkerung der DDR hat die Entscheidung für den sozialistischen Staat und für die Sezession niemals nachträglich so legitimiert wie etwa die Westdeutschen die Errichtung der Bundesrepublik durch die westlichen Besatzungsmächte, den Parlamentarischen Rat und die Landesparlamente in den Bundestagswahlen seit 1949[216]. Dem westdeutschen Wähler stand als legale Status-Alternative die Wahl der Kandidaten der KPD (bis 1956) und seit 1968 der DKP frei. Eine solche radikale Alternative besaßen die Wähler in der DDR zu keiner Zeit, nicht einmal bei den Wahlen zur Verfassungsversammlung des „3. Deutschen Volkskongresses" am 15./16. Mai 1949[217]. Die Wähler waren auf die Kandidaten der Blockparteien in der Einheitsliste angewiesen, die sich allenfalls in Petitessen von der SED unterschieden, den „Führungsanspruch der Partei der Arbeiterklasse" nicht in Frage stellen konnten oder wollten[218], wenn nicht ihre Spitzenfunktionäre ohnehin in Wahrheit Agenten der SED waren, wie der Vorsitzende der National-Demokratischen Partei und DDR-Außenminister ab 1953, Lothar Bolz[219]. Deshalb können die Ergebnisse der Volkskammerwahlen nicht als „freie Entscheidung für den sozialistischen Staat" und für die Sezession gewertet werden. Auf die Wahlfälschungen durch Korrekturen der Stimmabgaben zugunsten der SED kommt es insofern überhaupt nicht an.

70
Keine politische Alternative

Einheitsliste

Unterredung zwischen L. I. Breschnew und Erich Honecker am 28.7.1970 – protokolliert wurde nur, was Breschnew erklärte –, abgedruckt im Dokumenten-Anhang von *Peter Przybylski*, Tatort Politbüro – Die Akte Honecker, 1991, S. 280ff., der zit. Text S. 281.

215 „Die Deutsche Demokratische Republik ist für immer und unwiderruflich mit der Union der sozialistischen Sowjetrepubliken verbündet. Das enge und brüderliche Bündnis mit ihr garantiert dem Volk der Deutschen Demokratischen Republik das weitere Voranschreiten auf dem Wege des Sozialismus und des Friedens. Die Deutsche Demokratische Republik ist untrennbarer Bestandteil der sozialistischen Staatengemeinschaft. Sie trägt getreu den Prinzipien des sozialistischen Internationalismus zu ihrer Stärkung bei, pflegt und entwickelt die Freundschaft, die allseitige Zusammenarbeit und den gegenseitigen Beistand mit allen Staaten der sozialistischen Gemeinschaft" (Art. 6 Abs. 2 DDR-Verf. von 1974). Mit Recht nannte *Gottfried Zieger* diesen Artikel eine im deutschen Verfassungsleben einmalige capitis deminutio maxima (Die Verfassungsänderung in der DDR vom 7.10.1974, in: NJW 1975, S. 143 [148]). Diese Abhängigkeit der SED von der Sowjetunion und der KPdSU bildete von Anfang an die Geschäftsgrundlage der Beziehungen zwischen der DDR und der Sowjetunion, vgl. *Leonhard* (N 211), S. 492, 532f.
216 S. o. Rn. 34.
217 *Hacker* (N 197), S. 221ff. m. weit. Nachw.
218 *Peter Joachim Läpp*, Die „befreundeten Parteien" der SED. DDR-Blockparteien heute, 1988.
219 *Wolfgang Leonhard*, DDR-Politiker aus der Nähe (1959/60), in: ders., Das kurze Leben der DDR, 1990, S. 100ff. Die sowjetische Militärverwaltung selbst gründete die NDPD zur Indienstnahme ehemaliger „geläuterter" Nationalsozialisten, vgl. *ders*. (N 211), S. 484f.

71

Massenflucht aus der DDR

Einzäunung der Bevölkerung

Es kann die Form der sozialistischen Demokratie ohne Alternative auch nicht mit einem konkludenten allgemeinen Alternativen-Verzicht auf die kapitalistische Staatsordnung zurückgeführt werden, wie die SED-Juristen argumentierten[220]. Es genügt, an einige, mittlerweile banale Fakten zu erinnern: Der Volksaufstand am 17. Juni 1953 hätte ohne das Eingreifen sowjetischer Panzer schon damals das SED-Regime beendet[221]. Bis zum Tag des Mauerbaus am 13. August 1961 flohen 2,75 Mio. Deutsche aus der DDR in die Bundesrepublik[222]. Nach dem Mauerbau verlor die DDR noch einmal 800000 Menschen[223] – die „Abstimmung mit den Füßen". Die Verwerfung der DDR seit 1961 durch die große Mehrheit der Bevölkerung, und zwar als politisches System wie als ein auf Dauer angelegter souveräner Staat, ergab sich mittelbar schon durch die nach Art und Umfang einzigartige Größe des Repressionsapparats[224]; die „Staatssicherheit war der größte Arbeitgeber der DDR"[225]. Wer darüber hinaus sein „Staatsvolk" einzäunen und einmauern muß, wer es bewachen läßt von Hunden und Grenzjägern mit Schnellfeuergewehren, wie in Deutschland geschehen zwischen 1961 und 1989, kann sich ernstlich nicht auf „freie Selbstbestimmung" seiner Bevölkerung berufen. Letzte Zweifel beseitigten 1989 die Flucht von 200.000 Bewohnern der DDR über die osteuropäischen Staaten in die Bundesrepublik bis Ende Oktober sowie die Massendemonstrationen gegen die SED im Herbst desselben Jahres.

72

Freie Wahlen von 1990

SED/PDS als legale Alternative zu den demokratischen Parteien

Die permanente Fremdbestimmung der Bevölkerung der DDR bestätigten die Wähler in den ersten freien Volkskammer-Wahlen der DDR am 18. März 1990: 75 Prozent stimmten für die Parteien, die sich für die baldige Verwirklichung der staatlichen Einheit durch Wiedervereinigung erklärt hatten. Diese Entscheidung war „frei", denn die SED/PDS repräsentierte die Alternative für die vorläufige Fortsetzung der DDR als selbständiger und sozialistischer Staat in einem deutsch-deutschen Staatenbund; sie erhielt immerhin 16,4 % der Stimmen. Die Entscheidung für das „schnellstmögliche" Verschwinden der DDR als Staat war indes unmißverständlich. Die Wahlbeteiligung war mit über 93 % der Stimmberechtigten für eine freie Wahl überdurchschnittlich hoch; die Bürgerrechtler, die seit 1988 das SED-Regime in Frage gestellt

---

220 Staatsrecht der DDR. Lehrbuch eines Autorenkollektivs, ²1984, S. 33 ff., 215 ff.
221 *Ilse Spittmann/Karl Wilhelm Fricke* (Hg.), 17. Juni 1953. Arbeiteraufstand in der DDR, 1982.
222 Ausführlich und sorgfältig belegt jetzt von *Helge Heidemeyer*, Flucht und Zuwanderung aus der SBZ/DDR 1945/49–1961, 1994.
223 Bekanntgegeben am 28.11.1989 auf der viertägigen 1. Demographischen Konferenz der DDR in Ost-Berlin, vgl. DDR-Almanach '90 (N 89), S. 294.
224 *Karl Wilhelm Fricke*, Selbstbehauptung und Widerstand in der Sowjetischen Besatzungszone Deutschlands, 1964; *ders.*, Politik und Justiz in der DDR. Zur Geschichte der politischen Verfolgung 1945–1968. Bericht und Dokumentation, 1979, ²1990; *ders.*, Die DDR-Staatssicherheit: Entwicklung, Strukturen, Aktionsfelder, 1982, ³1989; *ders.*, MfS intern. Macht, Strukturen, Auflösung der DDR-Staatssicherheit. Analyse und Dokumentation, 1991, sowie die weitere, ständig anschwellende Literatur, die *Wolfgang Schuller*, Wiedervereinigung, in: Der Staat 33 (1994), S. 259 ff., bespricht. Die Techniken, mit denen die politischen Strafkammern und Strafsenate der DDR-Gerichte die Bevölkerung terrorisierten, schilderte umfassend *ders.*, Geschichte und Struktur des politischen Strafrechts der DDR bis 1968, 1980.
225 *Anne Worst*, Das Ende eines Geheimdienstes. Oder: Wie lebendig ist die Stasi?, 1991, S. 18.

hatten und im „Bündnis 90" für die (vorläufige) Fortexistenz einer freiheitlich organisierten DDR eingetreten waren, wurden trotz ihres hohen moralischen Ansehens mit 2,9 % der Stimmen zur Randgruppe deklassiert[226]. Sie waren als Wortführer nur Katalysatoren eines revolutionären Prozesses gewesen, der nicht nach ihren Vorstellungen ablief, sondern der Logik der deutschen Situation folgte: Die deutsche Zweistaatlichkeit war ein Resultat fortdauernder Fremdbestimmung; sie mußte sofort verschwinden, sobald die Deutschen die deutschen Angelegenheiten selbst regeln konnten[227].

Die innere Geschichte der DDR ist rechtlich in zweifacher Weise von Belang: Beruhte die Verselbständigung der DDR nicht auf Selbstbestimmungsentscheidungen der Bevölkerung, dann konnte auch von Rechts wegen nicht von einer im Gang befindlichen oder vollendeten „Sezession" gesprochen werden[228]. Die Entwicklung des Selbstbestimmungsrechts vom Ende des Ersten Weltkriegs bis zum Inkrafttreten des Internationalen Paktes über bürgerliche und politische Rechte 1976 verdichtete die politische Botschaft Wilsons zu einem zwingenden Satz des Völkerrechts: Sezessionen nur mit Zustimmung der Bevölkerung des neuen Staates, also nur aufgrund freier Mehrheitsentscheidung. Dieser Rechtssatz aber lag 1987 der Wendung des Bundesverfassungsgerichts zugrunde, die Spaltung Deutschlands „sei nicht vom Selbstbestimmungsrecht gedeckt", weshalb weiterhin von einem einzigen Staatsvolk in der Bundesrepublik und der DDR auszugehen sei[229]. Gewiß hatten im Grundlagenvertrag von 1972 Regierung und Parlament der Bundesrepublik die DDR als „Staat" anerkannt, und die Vereinten Nationen nahmen die DDR als Mitglied auf[230]. Die DDR wie einen Staat zu behandeln, mochte wegen der sowjetischen Weltmacht geraten und für die deutsch-deutschen Beziehungen praktisch und vorteilhaft sein. Es war aber ein Fehlschluß – begründet in der alten etatistischen, von Erwägungen der Legitimität freigehaltenen Völkerrechtswissenschaft –, wegen der Anerkennung als Staat müsse die DDR auch im Verhältnis zur Bundesrepublik und „Deutschland"

73

Abgebrochene Sezession

---

226 AdG 1990, S. 34334 ff.; DDR-Almanach '90 (N 89), S. 393 ff. Die Wahlergebnisse analysierte *Wolfgang G. Gibowski*, Demokratischer (Neu-)Beginn in der DDR. Dokumentation und Analyse der Wahl vom 18. März 1990, in: ZParl 21 (1990), S. 5 ff.
227 *Helmut Quaritsch*, Diskussionsbeitrag, in: VVDStRL 38 (1980), S. 130 (mit verändertem Tempus).
228 Das wurde in der Debatte auf der Berliner Staatsrechtslehrertagung 1979 übersehen; die tonangebenden Vertreter der Völkerrechtswissenschaft präsentierten (übereinstimmend mit der international h. M.) ein Völkerrecht ohne Selbstbestimmungsrecht (s. o. N 128). Erst auf der Berliner Staatsrechtslehrertagung am 27. 4. 1990 wurde das Selbstbestimmungsrecht häufiger berücksichtigt in den Diskussionsbeiträgen von *Helmut Quaritsch*, in: VVDStRL 49 (1990), S. 130; *Karl Doehring*, ebd., S. 131; *Hartmut Schiedermair*, ebd., S. 139 f.; *Christian Tomuschat*, ebd., S. 147; *Albrecht Weber*, ebd., S. 174; *Heinhard Steiger*, ebd., S. 179; *Joseph H. Kaiser*, ebd., S. 180.
229 BVerfGE 77, 137 (161); s. o. Rn. 43. Auf den völkerrechtlichen Zusammenhang dieser Sentenz und ihre Rechtsfolge verweisen besonders *Tomuschat* (N 127), S. 985, 996 ff.; *Fiedler* (N 127), S. 132, 137.
230 „Die Deutsche Demokratische Republik ist im Sinne des Völkerrechts ein Staat und als solcher ein Völkerrechtssubjekt. Diese Feststellung ist unabhängig von einer völkerrechtlichen Anerkennung der Deutschen Demokratischen Republik durch die Bundesrepublik Deutschland. Eine solche Anerkennung hat die Bundesrepublik Deutschland nicht nur nie förmlich ausgesprochen, sondern im Gegenteil wiederholt ausdrücklich abgelehnt" (BVerfGE 36, 1 [22]). Bereits 1965 begründete eindringlich und überzeugend, weshalb die DDR völkerrechtlich als Staat anzusehen und zu behandeln sei, *Wilhelm Wengler*, Positionen und Begriffe?, in: Blätter für deutsche und internationale Politik 10 (1965), S. 336 ff., 426 ff. (= ders., Schriften zur deutschen Frage [N 165], S. 244, 249 ff.).

§ 229   *Zwanzigster Teil: Leitprinzipien*

Relevanz
völkerrechtlicher
Anerkennung

ein „Staatsvolk" haben, weil es Staaten ohne Staatsangehörige nicht gebe[231]. Materiell-rechtlich war es nicht geboten, über die Anerkennung formaler völkerrechtlicher Handlungsfähigkeiten hinaus (und mehr als die Bundesregierungen zu konzedieren bereit waren), aus angeblich objektiven Prämissen des Völkerrechts auf eine politisch beklagenswerte, aber rechtlich hinzunehmende Ablösung von Staat und Volk der DDR aus dem (wie auch immer definierten) gesamtdeutschen Rechtsstatus zu schließen[232]. Spätestens seit dem Inkrafttreten des Art. 1 IPbürgR, also seit 1976, vermochten die äußeren Insignien der Staatlichkeit allein eine Sezession nicht mehr zu begründen. Alle „Anerkennungen" konnten die freie Selbstbestimmungsentscheidung der DDR-Bevölkerung nicht ersetzen[233]. Weil und solange der größere und in politischer Freiheit lebende Teil der Deutschen am gemeinsamen Staatsvolk festhielt und mit diesem Anspruch über sich (und treuhänderisch für die unfreien Deutschen in der DDR) im Sinne des Art. 1 IPbürgR entschied, blieben für die Bevölkerung der DDR das gemeinsame Staatsvolk und die eine Staatsangehörigkeit erhalten.

74

Staatsvolk der DDR
gegenüber
Drittstaaten

Staat unter
Vorbehalt
rebus sic stantibus

Mit dieser Feststellung ist die Annahme vereinbar, die Bevölkerung der DDR habe im Verhältnis zu Drittstaaten und zu internationalen Organisationen ein „Staatsvolk" gebildet und seine Mitglieder hätten als „Staatsangehörige" der DDR gegolten[234]. Diese Deduktionen wurzelten in dem auf sofortige Effektivität angelegten Völkerrecht, das sich mit dem Vorhandensein von „a permanent population, a defined territory, a government, and capacity to enter into relations with the other states" begnügt[235]. Aus der „völkerrechtlichen Vogelschau" mögen die singulären Eigenschaften der Staaten, ihre geopolitischen, ethnischen, kulturellen und rechtlichen Besonderheiten verschwinden[236]. Die „Besonderheit" der DDR aber konnte auch aus der Vogelschau bemerkt werden. Sowohl der Staat selbst, sein Staatsvolk wie seine Staatsangehörigkeit standen individuell wie allgemein unter dem Vorbehalt rebus sic stantibus.

---

231 *Bernhardt*, Deutschland nach 30 Jahren Grundgesetz (N 123), S. 30 ff.; *ders.*, Die Rechtslage Deutschlands (N 123), § 8 Rn. 45.
232 *Bernhardt*, Deutschland nach 30 Jahren Grundgesetz (N 123), S. 48 mit LS 7: „Die Annahme eines Völkerrechtssubjekts Gesamtdeutschlands neben oder über den real existierenden beiden deutschen Staaten ist völkerrechtlich kaum noch begründbar, da es seit Jahrzehnten an einer staatlichen Ordnung fehlt und keine Anhaltspunkte für eine Wiederherstellung in absehbarer Zeit vorliegen." Über Zustimmung und Ablehnung dieser These in der Diskussion s. o. N 128 f.
233 Das war auch die Auffassung der DDR selbst, wie die Erklärung Fischers vor der Generalversammlung der Vereinten Nationen belegt. An diesem Selbstverständnis mußte sich die DDR messen lassen.
234 Ausführlich *Ernst-Wolfgang Böckenförde*, Die Teilung Deutschlands und die deutsche Staatsangehörigkeit, in: FG für Carl Schmitt, 1968, S. 423 ff.; *Ress* (N 111), § 11 Rn. 72 ff., mit der weitergehenden Folgerung, die Bevölkerung der DDR habe eine doppelte Staatsangehörigkeit besessen.
235 Art. 1 der Montevideo-Konvention vom 26. 12. 1933 über die Rechte und Pflichten der Staaten (AJIL 28 [1934], Suppl. S. 75). Die Fähigkeit, zu anderen Staaten Beziehungen aufzunehmen, gilt im südamerikanischen Bereich, wird in Europa jedoch nicht notwendig vorausgesetzt; s. *Knut Ipsen*, Völkerrecht, ³1990, § 5 Rn. 3; im einzelnen *James Crawford*, The Creation of States in International Law, Oxford 1979. – Auf die Orientierung an der Effektivität des Völkerrechts als Vernunftprinzip des zwischenstaatlichen Lebens berief sich Böckenförde (N 234), S. 448 ff. *Dietrich Rauschning*, Diskussionsbeitrag, in: VVDStRL 38 (1980), S. 138, hat jedoch 1979 zu Recht darauf verwiesen, daß die These von der „notwendigen und sehr eiligen Effektivität des Völkerrechts" aus älterer Zeit stammt und durch neuere Entwicklungen in Frage gestellt sei; → Bd. II, *Isensee*, § 15 Rn. 49 ff.
236 → Bd. II, *Isensee*, § 15 Rn. 47 f.

Für jeden Bewohner reichte die Meldung bei einer westdeutschen diplomatischen Vertretung oder die Einreise in die Bundesrepublik aus, um die „Staatsbürgerschaft der DDR" abzuschütteln, als wäre sie nie vorhanden gewesen; das sehr formelle, international übliche Entlassungs- und Aufnahmeverfahren beim Wechsel der Staatsangehörigkeit entfiel[237]. Fernerhin: Das Ende der Aufstände 1953 in der DDR, 1956 in Ungarn und 1968 in der CSSR zeigt, daß sich die kommunistischen Partei-Souveräne nur mit der bewaffneten Hilfe der Sowjetunion an der Macht halten konnten. In Polen, in der CSSR, in Ungarn und anderen osteuropäischen Ländern hing nur das kommunistische Regime von der Interventionsbereitschaft der Moskauer Direktion zur Wahrung der System-Homogenität ab, in Ostdeutschland darüber hinaus die Existenz des Staates DDR selbst. Das wußte jeder Zeitgenosse – oder mußte es wissen. Staat, Staatsvolk und Staatsangehörigkeit der DDR waren im Verhältnis zur Bundesrepublik „Als ob"-Größen. Zur Vermeidung friedenstörender Streitigkeiten mochten Politiker und Diplomaten diesen Sachverhalt ignorieren[238]. Die Völkerrechtswissenschaft aber war nicht gezwungen, aus solchen Simulationstechniken auf Grundtatbestände des Völkerrechts zu schließen, die schon nach seinen klassischen Regeln aus eigenem Sein existieren müssen, nicht durch Willen und Waffen einer fremden Großmacht.

DDR „Als ob"-Staat

C. Selbstbestimmungsrecht im Vollzug der Wiedervereinigung

I. Ausübung des Selbstbestimmungsrechts

Die Wiedervereinigung wurde förmlich vollzogen durch den Beitritt der DDR aufgrund des von den Regierungen der beiden Staaten ausgehandelten und von den Parlamenten beschlossenen Einigungsvertrages vom 31. August 1990[239], flankiert durch den Zwei-plus-Vier-Vertrag vom 12. September 1990[240]. Die Frage, ob und wie „freie Selbstbestimmung" vor, neben oder in diesen Akten wirksam wurde, setzt die Bestimmung des Zeitpunktes wie des Trägers von Selbstbestimmung voraus. Beide Dokumente sind sich der Antwort ganz sicher. Die Präambel des Zwei-plus-Vier-Vertrages begründet unter anderem das Übereinkommen „in Würdigung dessen, daß das deutsche Volk

75

Zwei-plus-Vier-Vertrag

---

237 *Böckenförde* (N 234), S. 460, erklärte diese Eigenart mit der fortbestehenden deutschen Staatsangehörigkeit. – Dieses westdeutsche Verfahren war nicht ohne Vorgang, vgl. *Anton Georg Maurer*, Die staatsangehörigkeitsrechtlichen Beziehungen geteilter Staaten, dargestellt am Beispiel von Irland, Nordirland und Großbritannien, 1988 – eine Schrift, die in erhellender Weise ein Thema erörtert, das auf der Berliner Staatsrechtslehrertagung 1979 eine Rolle spielte (VVDStRL 38 [1980], S. 130 ff.).
238 Noch im Vertrag über die Schaffung einer Währungs-, Wirtschafts- und Sozialunion vom 18.5.1990 bezeichneten sich die Beteiligten als die „Hohen vertragschließenden Seiten" (BGBl II, S. 537); die Präambel des Einigungsvertrages vom 31. August beginnt schlichter: „Die Bundesrepublik Deutschland und die Deutsche Demokratische Republik ..." (BGBl II, S. 889).
239 BGBl II, S. 889.
240 BGBl II, S. 1318.

in freier Ausübung des Selbstbestimmungsrechts seinen Willen bekundet hat, die staatliche Einheit Deutschlands herzustellen, um als gleichberechtigtes und souveränes Glied in einem vereinten Europa dem Frieden der Welt zu dienen". Die in Art. 4 Nr. 1 des Einigungsvertrages vereinbarte neue Fassung der Präambel des Grundgesetzes erklärt ebenfalls, „die Deutschen" in den elf alten und fünf neuen Bundesländern hätten „in freier Selbstbestimmung die Einheit und Freiheit Deutschlands vollendet". Die Verträge verlegten also den Zeitpunkt der Entscheidung für die staatliche Einheit in die Vergangenheit. Entschieden hätten „die Deutschen", also alle Deutschen, nicht allein die „Bürgerinnen und Bürger der DDR", wie im Spätherbst 1989 – peinlich und penetrant – die Rede war bei westdeutschen Politikern, die von der Fortdauer der Zweistaatlichkeit Deutschlands ausgingen. Präambeln aber neigen zu Übertreibungen, zur volkspädagogischen Schönfärberei; auch mit der historischen Wahrheit der Präambel des Grundgesetzes von 1949 war es wenig gut bestellt[241].

76 Die Wiedervereinigung exemplifizierte das Selbstbestimmungsrecht in mehreren, sich überdeckenden Varianten. Sieht man allein auf das deutsche „Staatsvolk" und den 1871 gegründeten deutschen Staat im strengen Sinne staatsrechtlicher Deduktion, in der Spur der authentischen Interpretation durch das Bundesverfassungsgericht und der neuen Präambel des Grundgesetzes, so lassen sich die Vorgänge bis zum 3. Oktober 1990 der „inneren" Selbstbestimmung zuordnen: Die Geltung der Staats- und Rechtsordnung des deutschen Staates wurde ausgedehnt bis zur Oder, erstreckte sich nunmehr auf alle Deutschen. Nicht zu übersehen sind indes jene für die Ausübung von Selbstbestimmung typischen Akte in der DDR im Herbst 1989, die auf einen selbständigen Träger von Selbstbestimmung in der DDR deuten: Auf den nach DDR-Regeln illegalen Massenkundgebungen im Oktober und im November 1989 sagte die Parole „Wir sind das Volk" dem bis dahin tatsächlichen Inhaber der politischen Macht den revolutionären Kampf an und entzog ihm öffentlich die demokratische Legitimation, die er bis dahin stets für sich beansprucht hatte[242]. Die SED kapitulierte formell, als am 1. Dezember 1989 die Volkskammer mit verfassungsändernder Zweidrittelmehrheit den Führungsanspruch „der Arbeiterklasse und ihrer marxistisch-leninistischen Partei" (Art. 1 Abs. 1 S. 2) aus der Verfassung strich[243]. Das Instrument ihres Herrschafts- und Politikmonopols verlor die SED, als am 4. Dezember 1989 die CDU und die Liberal-Demokratische Partei Deutschlands (LDPD) aus der „Nationalen Front" austraten. Die formellen Änderungen der DDR-Ver-

---

241 Vgl. *Murswiek* (N 10), S. 90 ff.; → Bd. II, *Isensee*, § 15 Rn. 30 ff.
242 Die tatsächlichen Einzelheiten sind oft dargestellt worden, vgl. etwa *Eckhard Jesse*, Der innenpolitische Weg zur deutschen Einheit, in: ders./Armin Mitter (Hg.), Die Gestaltung der deutschen Einheit, 1992, S. 111 (120 ff.); *Stefan Wolle*, Der Weg in den Zusammenbruch: Die DDR vom Januar bis zum Oktober 1989, ebd., S. 73 ff.; monographisch aus der Sicht deutscher Betroffenheit und Befindlichkeit *Elizabeth Pond*, Beyond the Wall. Germany's Road to Unification, New York 1993. – Zur juristischen Deutung der einzelnen Schritte *Helmut Quaritsch*, Eigenarten und Rechtsfragen der DDR-Revolution, in: VerwArch 83 (1992), S. 314 ff.
243 GBl-DDR I, S. 265.

fassung und die faktische Beendigung der SED-Suprematie könnten diesen Schluß zulassen: Die Bewohner der DDR konstituierten sich 1989/90 zum ersten Mal frei als Inhaber des Selbstbestimmungsrechts und bestimmten sich selbst als Staatsvolk der DDR. Nach der Rechtsprechung des Bundesverfassungsgerichts zum fortbestehenden deutschen Staatsvolk hätte durch die freie Konstitution als Volk die Sezession der Bevölkerung der DDR stattgefunden. Der inneren Neuverfassung des Staates wäre dann nach dem 18. März 1990 die Entscheidung über den Untergang des eigenen Staates durch Beitritt zur Bundesrepublik nachgefolgt, das „äußere" Selbstbestimmungsrecht also zum zweiten Mal ausgeübt worden, nunmehr zum Widerruf der Sezession. Bei der Annahme der Existenz eines DDR-Staatsvolks spätestens seit dem Grundlagenvertrag[244] hätte man es nur mit der inneren Neuverfassung des Staates und dem äußeren Selbstbestimmungsrecht in Form des Widerrufs der SED-Sezession zu tun.

<small>Konstitution der DDR-Bewohner zum Volk</small>

<small>Widerruf der Sezession</small>

77

Mit solchen Subsumtionen würde aber ein einheitlicher historischer Vorgang von weniger als einem Jahr in mehrere Rechtsakte der Selbstbestimmung zerlegt, die sich in der politischen Realität so nicht eindeutig zuordnen und trennen lassen. Die „innere" Selbstbestimmung der politischen Verfassung, begonnen und bestätigt mit der Entfernung des Führungsanspruchs der Staatspartei aus der Verfassung am 1. Dezember 1989, wurde formell und materiell am 20. und 21. Februar 1990 fortgeführt, nämlich mit den Gesetzen über die Auflösung der „Nationalen Front", dem neuen Wahlgesetz und dem neuen Parteiengesetz[245]. Bereits im Dezember 1989 wurde das Thema „Wiedervereinigung" auch im „Neuen Forum" diskutiert und positiv beantwortet[246]. Die sozialdemokratische Partei (SDP) war in ihrem Aufruf zur Bildung einer Initiativgruppe am 24. Juli 1989, ebenso im vorläufigen Statut der SDP vom 14. Oktober 1989 noch von einer „Anerkennung der Zweistaatlichkeit Deutschlands als Folge der schuldhaften Vergangenheit" ausgegangen[247]. Aber bereits am 14. Januar 1990 wählten die Sozialdemokraten in der DDR ihren alten Namen und verabschiedeten eine deutschlandpolitische Erklärung, die mit dem Satz begann: „Wir Sozialdemokraten bekennen uns zur Einheit der deutschen Nation. Ziel unserer Politik ist ein geeintes Deutschland"[248]. Seitdem am 8. Januar 1990 auf der ersten Leipziger Montagsdemonstration des neuen Jahres Transparente mit der Aufschrift „Deutschland einig Vaterland" auftauchten, wurde überall in der DDR die Parole „Wir sind das

<small>Innere Selbstbestimmung</small>

---

244 *Doehring* (N 9), S. 42; *Bernhardt*, Deutschland nach 30 Jahren Grundgesetz (N 123), S. 14, 31; *Jochen Abr. Frowein*, Die Rechtslage Deutschlands und der Status Berlins, in: HdbVerfR, S. 29 (49 ff.); ders. (N 83), S. 7, 13.
245 GBl-DDR I 1990, S. 39 f., 59 und 68 ff.
246 Vgl. die detaillierte Darstellung der Entwicklung in Rostock durch *Lothar Probst*, Ostdeutsche Bürgerbewegungen und Perspektiven der Demokratie, 1993, S. 113 ff.
247 Texte bei Gerhard Rein (Hg.), Die Opposition in der DDR – Entwürfe für einen anderen Sozialismus, 1989, S. 84, 87, 93. *Ibrahim Böhme*, ebd., S. 103, äußerte sich Ende Oktober 1989 entsprechend: „Die strikte Anerkennung von Zweistaatlichkeit entspricht nicht nur meinen oder unseren Wunschvorstellungen, sondern liegt auch tatsächlich im Interesse einer weiteren Entwicklung des völkerrechtlichen und staatsrechtlichen Umgangs miteinander in Mitteleuropa.
248 DDR-Almanach '90 (N 89), S. 329.

§ 229 *Zwanzigster Teil: Leitprinzipien*

Volk" ersetzt durch „Wir sind ein Volk"[249]. Als das SED-Regime endgültig und sichtbar endete – symbolisiert durch die Demonstranten, die am 15. Januar 1990 kampflos das Ministerium für Staatssicherheit in der Normannenstraße besetzten[250] –, orientierten sich die revolutionären Energien neu, sie zielten von nun an auch auf „äußere" Selbstbestimmung. Zeitlich markierten den Wendepunkt die Demonstrationen, die am 22. Januar 1990 in Dresden, Chemnitz (Karl-Marx-Stadt), Magdeburg, Halle, Schwerin, Suhl, Potsdam, Cottbus und Leipzig mit über 200.000 Teilnehmern stattfanden und in deren Mittelpunkt die Forderungen standen: „Nieder mit der SED" und „Deutschland einig Vaterland"[251]. Auch der SED-Ministerpräsident Hans Modrow, gewohnt, Ratschlägen des Kreml zu folgen, erklärte plötzlich nach seinem Treffen mit Michail Gorbatschow am 30. Januar 1990 in Moskau: „Ich gehe davon aus, daß es in der Tat jetzt notwendig sein wird, sich der Frage für ein einiges deutsches Vaterland, oder welche Begriffe dafür auch immer in jüngster Zeit geprägt wurden, mit Entschiedenheit zuzuwenden"[252].

Äußere Selbstbestimmung

78

Auf seiner Pressekonferenz in Berlin am 1. Februar 1990 bekannte er sich sogar zu „freier Selbstbestimmung der Deutschen in beiden Staaten", er wollte sie aber einzäunen: Die künftige Wirtschafts-, Währungs- und Verkehrsunion in der „Konföderation von DDR und BRD mit gemeinsamen Organen und Institutionen" sollte gebunden bleiben an die „strikte Erfüllung früher abgeschlossener Verträge zwischen der DDR und der BRD, die unter anderem vorsehen, sich gegenseitig nicht in die inneren Angelegenheiten einzumischen"[253]. Dieser naive Versuch, die DDR an den wirtschaftlichen Tropf der Bundesrepublik zu hängen, aber ihre alten Strukturen prinzipiell zu erhalten, ist nur erinnerungswürdig, weil der Modrow-Plan zeigt, wie weit und wie unumkehrbar zu diesem Zeitpunkt der Prozeß der Wiedervereinigung durch Selbstbestimmung vorangekommen war.

Modrows Konföderationplan

79

Diese Wende in der Wende bestätigten die Volkskammerwahlen am 18. März 1990, als die Parteien der Wiedervereinigung einen so überzeugenden Wahlerfolg erreichten. Die Vorgänge der inneren Neuverfassung und der „äußeren" Neuorientierung der DDR-Bevölkerung überlappten sich also zeitlich und ebenso in der Willensbildung.

Wende in der Wende

80

Einzelne Aktionen und Stellungnahmen isoliert zu werten, würde die Eigenart revolutionärer Vorgänge wie des Rechts auf Selbstbestimmung verfehlen. Der Rechtssatz der Selbstbestimmung kann nicht ohne Rücksicht auf die Rechtsfolgen der Selbstbestimmung angewendet werden, zugleich sind die einzelnen Vorgänge zu berücksichtigen, die zur Selbstbestimmung führen. Das Selbstbestimmungsrecht sucht elementare, oft revolutionäre Vorgänge

Kein Fahrplan der Revolution

---

249 Nach Mitteilung von Bundesministerin Dorothee Wilms am 28.11.1989 war die zweite Losung bereits zu dieser Zeit zu sehen, vgl. StenBer. BT, 11. WP., S. 13545 f.; ebenso *Sibylle Wirsing*, „Deutschland einig Vaterland", in: FAZ vom 29.11.1989, S. 3.
250 Ausführlich *Uwe Thaysen*, Der Runde Tisch. Oder: Wo blieb das Volk?, 1990, S. 49 ff.
251 DDR-Almanach '90 (N 89), S. 337.
252 DDR-Almanach '90 (N 89), S. 344.
253 AdG 1990, S. 34223.

des politischen Lebens der Völker einzufangen. Revolutionen kennen keinen Fahrplan, kein Drehbuch und keine Partitur – eben dadurch unterscheiden sie sich vom erfolgreichen Putsch, den südamerikanische Obristen und Generäle mit einem Programm und einem neuen Verfassungstext in der Kartentasche durchführen. Revolutionen enden regelmäßig mit Ergebnissen, die von den Revolutionären, die als erste gegen die alte Ordnung aufstanden, nicht gewollt oder wenigstens nicht ins Auge gefaßt waren. In diesem Punkt gleichen sich die Revolutionen in England 1640, in Nordamerika 1776, in Frankreich 1789 und in Rußland 1917[254]. Der Rechtssatz der Selbstbestimmung ist aber auf sichere Resultate angewiesen. Die „äußere" Selbstbestimmung ändert Grenzen und Staatsangehörigkeiten, läßt Mitgliedschaften in Organisationen erlöschen (DDR) oder begründet sie neu (Kroatien, Slowenien, Georgien usw.). Nachbarstaaten wie die internationale Staatengemeinschaft überhaupt sind deshalb auf klare Verhältnisse angewiesen; das muß nicht näher ausgeführt werden. Solche Klarheit läßt sich erst gewinnen, wenn die revolutionären Ereignisse zu definitiven Ergebnissen geführt haben. Auch die nur „innere" Selbstbestimmung kann erst dann als solche erkannt und anerkannt werden, wenn die tatsächlichen und rechtlichen Ereignisse zu einem neuen politischen Status geführt haben. Das setzt aber die Etablierung und Stabilisierung der neuen politischen Ordnung voraus, mindestens jene tatsächliche Durchsetzung der neuen politischen Gewalt, wie sie die Rechtsprechung der Zivil- und Strafsenate des Reichsgerichts zur November-Revolution von 1918 als notwendig erachtete[255].

81
Bürgerrechtler der ersten Stunde

Ein in sich konsistentes Bild von der politischen Zukunft des Landes besaßen die im Spätsommer und Herbst 1989 sich formierenden Oppositionsgruppen nicht[256]. Das konnte nach der 40jährigen Einspurigkeit politischen Denkens wohl auch nicht erwartet werden. Die Gruppen waren sich nur einig in dem Willen, das Herrschaftsmonopol der SED zu brechen; die Herrschaft selbst zu übernehmen, stand nicht in ihrer Absicht. Einig war man sich allerdings auch in der Ablehnung des „kapitalistischen Systems" und der Forderung, den Sozialismus zu reformieren oder doch den wahren Sozialismus einzuführen. Inwieweit diese Stellungnahmen taktisch bedingt waren, weil der Sozialismus die irdische Staatsreligion der DDR bildete und infolgedessen seine Verwerfung als eine Art Satanismus die härtesten Reaktionen der Staatspartei hätte herausfordern müssen, ist nicht sicher; prominente Bürgerrechtler der ersten

---

254 *Creme Brinton*, The Anatomy of Revolution, New York 1956 (dt.: Die Revolution und ihre Gesetze, 1959).
255 Vgl. RGZ 100, S. 27; *Anschütz* (N 7), S. 3ff. m. weit. Nachw.; zu dieser Frage s. o. Rn. 5. → Bd. I, *E. R. Huber*, § 4 Rn. 6; *Schneider*, § 5 Rn. 1.
256 Gründungsaufrufe, Grundsatzerklärungen der einzelnen Gruppen („Neues Forum", „Demokratischer Aufbruch", „Bürgerbewegung ‚Demokratie jetzt'", „Böhlener Plattform") und einzelne Erklärungen ihrer prominenten Vertreter sind gesammelt von *Rein* (N 247); *Hubertus Knabe* (Hg.), Aufbruch in eine andere DDR – Reformer und Opposition zur Zukunft ihres Landes, 1990; *Helmut Müller-Enbergs*, Was will die Bürgerbewegung?, 1992. Fernerhin die „Chronik" im DDR-Almanach '90 (N 89), S. 173ff., in der praktisch für jeden Tag die Ereignisse festgehalten worden sind.

§ 229   *Zwanzigster Teil: Leitprinzipien*

Stunde haben ihre Auffassung auch später nicht geändert[257]. Forderungen nach individuellen Freiheiten, besonders nach Reisefreiheit und dem Recht auf Kriegsdienstverweigerung, nach Vereins-, Versammlungs- und Pressefreiheit, wurden begleitet von pazifistischen und ökologischen Aussagen, eng verwandt mit dem Schwärmertum westdeutscher Randgruppen. Die Bürgerrechtsgruppen gingen zugleich von der vollzogenen Teilung und Zweistaatlichkeit Deutschlands aus. Das wurde besonders deutlich, als auch in der DDR ein „Runder Tisch" eingerichtet wurde. Für den gewaltlosen Übergang war der „Runde Tisch" eine wichtige Institution; er fing die revolutionären Energien auf und leitete sie ab in Debatten und Beschlüsse. Am „Runden Tisch" hielten sich Vertreter der „Nationalen Front" und der Bürgerrechtsgruppen die Waage, nämlich zunächst 15:15, dann 19:19. Das erleichterte der SED-Regierung Modrow, der Volkskammer und der SED/PDS die Akzeptanz der dort gefaßten Resolutionen und vermittelte andererseits den Demonstranten die Gewißheit, nicht umsonst auf die winterlich kalten Straßen zu gehen. Nach seiner personellen Zusammensetzung zielten die Vorstellungen des „Runden Tisches" auf Erhalt der sogenannten sozialistischen Errungenschaften, auf Basisdemokratie und DDR-Selbständigkeit. Bereits in seiner ersten Sitzung am 7. Dezember 1989 wurde eine Arbeitsgruppe mit der Ausarbeitung einer neuen Verfassung beauftragt[258]. Die an den Grundvorstellungen der Teilnehmer des „Runden Tisches" orientierten Entwürfe für die künftige DDR-Verfassung hätten als Ausübung des inneren Selbstbestimmungsrechts angesehen werden können, wären sie nicht schon während der Entstehung und erst recht bei Fertigstellung am 3. April 1990 Makulatur gewesen. Die Vertreter des „Runden Tisches", der „Nationalen Front" wie der Bürgerrechtsgruppen verloren im Januar 1990 ihre Basis, sie repräsentierten nur noch Minderheiten[259]. Nach der Öffnung der Grenzen hatten in dreieinhalb Tagen 4,3 Mio. Deutsche aus der DDR die Bundesrepublik besucht, bis Ende November waren zwei Drittel der gesamten DDR-Bevölkerung „drüben" gewesen[260]. Sie waren nicht als Angehörige eines anderen Staatsvolks empfangen worden, sondern als Landsleute. Die Erkenntnis nationaler Zusammengehörigkeit empfanden vor allem die Deutschen aus der DDR als elementares Erlebnis. Das Feindbild des kapitalistischen und kriegslüsternen Unterdrückerstaates „BRD" hatte in der 40jährigen SED-Propaganda Abgrenzung und Selbständigkeit der friedliebenden und fortschritt-

---

257 Über die Gründe s. *Probst* (N 246), S. 71 ff.; weniger mitfühlend *Pond* (N 242), S. 134; „.... they still held to their socialist faith, and their ideals still reflected Russian communist rhetoric more than West European social democratic precepts ... they argued that flawed practice did not invalidate worthy goals. Salvation lay in finding a third way, like Dubcek's aborted socialism with a human face from the Prague Spring of 1968, a way that would exhibit more compassion than either heartless capitalism or the heartless SED".
258 *Thaysen* (N 250), S. 143 ff.
259 *Josef Isensee*, Diskussionsbeitrag, in: VVDStRL 49 (1990), S. 191: „Repräsentation bestimmter, kleiner politischer Zirkel".
260 Nach Mitteilung des DDR-Innenministeriums waren zwischen dem 9. und dem 12. 11. 1989, 13.00 Uhr, 4.298.375 Visa für Privatreisen in die Bundesrepublik Deutschland und nach Berlin (West) bzw. andere Staaten erteilt worden; gleichzeitig wurden in diesem Zeitraum 10.144 Visa zur „ständigen Ausreise" erteilt (DDR-Almanach '90 [N 89], S. 283 f.).

Marginalia: „Runder Tisch"; Verfassungsentwurf der Bürgerrechtler; Allgemeiner Kontakt zum Westen

lichen DDR gerechtfertigt. Die Erfahrung der bundesrepublikanischen Realität löste solche Vorstellungen, wo sie Glauben gefunden hatten, in nichts auf.

Die Frage, zu welchem Zeitpunkt die Deutschen über sich selbst so bestimmten, wie Art. 1 IPbürgR es voraussetzt, nämlich eindeutig und auf Dauer, wäre mit dem Hinweis auf den 3. Oktober 1990 am einfachsten zu beantworten. An diesem Tag des „Beitritts" wurde indes nur eine Entscheidung vollzogen, die inhaltlich vorher getroffen war. Auch der Einigungsvertrag vom 31. August 1990 bestimmte nur normativ den Tag des Beitritts und regelte die Modalitäten und die Folgen des Beitritts. Die Grundentscheidung lag bereits dem Staatsvertrag zur Währungs-, Wirtschafts- und Sozialunion vom 18. Mai 1990 voraus, der sich nach seiner Präambel als „erster bedeutsamer Schritt in Richtung auf die Herstellung der staatlichen Einheit nach Art. 23 des Grundgesetzes" verstand[261]. Dem hier als sicher und als bevorstehend gekennzeichneten „Beitritt" aber mußte eine entsprechende Selbstbestimmungsentscheidung vorangegangen sein, jedenfalls nach Art. 1 IPbürgR[262]. Für die Wiedervereinigung entschieden in der DDR die Wähler in den Volkskammerwahlen am 18. März 1990[263]. Die erfolgreichen Parteien hatten entweder den „Beitritt" selbst gefordert, den Weg offengelassen oder das Instrument des Art. 146 GG bevorzugt, sich aber stets für die „rasche" oder „schnellstmögliche" Realisierung der staatlichen Einheit eingesetzt. Die Wähler dieser Parteien – insgesamt 75 Prozent[264] – stimmten zugleich über den Untergang der DDR und die Wiederherstellung der deutschen Staatseinheit ab. Die Volkskammerwahl war formell zwar kein Plebiszit über die Wiedervereinigung. Aber dieses Thema hatte erkennbar im Mittelpunkt des Wahlkampfes gestanden. Die Stimmabgabe bei dieser Wahl kann daher als freie Selbstbestimmungsentscheidung im Sinne des Art. 1 IPbürgR und der Präambel des Grundgesetzes angesehen werden; Form und Resultat waren gleichermaßen sicher.

Gemeinsam war den erfolgreichen politischen Parteien auch das Bekenntnis „zur freiheitlichen, demokratischen, föderativen, rechtsstaatlichen und sozialen Grundordnung" und deren Konsequenzen, wie in Art. 2 des Vertrages über die Schaffung einer Währungs-, Wirtschafts- und Sozialunion formuliert. Wer die Parteien der deutschen Einheit wählte, entschied sich daher auch für den so in Grundzügen beschriebenen politischen Status, bestimmte also in verifizierbarer, nachvollziehbarer Weise den „inneren" politischen Status im Sinne des Art. 1 IPbürgR oder, im Sinne der verfassunggebenden Gewalt der Präambel des Grundgesetzes und in der Sache gleich, über „Art und Form der

---

261 → Bd. X, *Badura*, § 225 Rn. 1 ff., 23 ff.
262 S. o. Rn. 39 f.
263 Im Ergebnis ebenso *Thomas Oppermann*, Diskussionsbeitrag, in: VVDStRL 49 (1990), S. 126 (127); *Helmut Quaritsch*, ebd., S. 128 ff.; *Peter Badura*, ebd., S. 150; *Walter Rudolf*, ebd., S. 166; *Jochen Abr. Frowein*, The Reunification of Germany, in: AJIL 86 (1992), S. 152 (153: „... a genuine expression of the right to self-determination"). → Bd. I, *Kilian*, § 12 Rn. 51 f.
264 Allianz für Deutschland: 47,79 % (CDU 40,59 %, DSU 6,27 %, Demokratischer Aufbruch 0,93 %); SPD: 21,76 %; Liberales Bündnis, Freie Demokraten: 5,28 %.

politischen Existenz des deutschen Volkes"²⁶⁵. Die Wahl zur Volkskammer am 18. März 1990 entschied nach alledem über den „äußeren" wie über den „inneren" politischen Status der DDR-Bevölkerung. Diese Entscheidung legitimierte die nachfolgenden Verträge mit der Bundesrepublik, aber auch die Gesetze der Volkskammer, besonders die „Verfassungsgrundsätze", mit denen am 17. Juni 1990 die DDR als „freiheitlicher, demokratischer, föderativer, sozialer und ökologischer Rechtsstaat" konstituiert und das Privateigentum, die wirtschaftliche Handlungsfreiheit, die Koalitionsfreiheit, die Unabhängigkeit der Rechtsprechung und der Schutz von Arbeit und Umwelt garantiert wurden²⁶⁶. Alle diese Gesetze und Verfassungsgesetze waren inhaltlich determiniert durch die Entscheidung der Wählermehrheit am 18. März 1990. Den Repräsentanten blieb die normative Ausformung und detaillierte Ausführung überlassen bis hin zur Antwort auf die Frage, ob der „Beitritt" gemäß Art. 23 GG oder die Einberufung einer verfassunggebenden Versammlung der vom Wähler gewünschte „schnellstmögliche Weg" zur staatlichen Einheit war.

84 Wirksam wurde die „innere" Selbstbestimmung mit der Bekanntgabe des Wahlergebnisses am 18. März 1990. Von nun an waren Regierungsbildung und Gesetzgebung inhaltlich an die Selbstbestimmungsentscheidung gebunden. Zwar wurde die Entscheidung über die äußere Selbstbestimmung für die Adressaten gleichzeitig verbindlich, wirksam aber wurde sie erst mit dem Vollzug. Nachbarstaaten und internationale Organisationen müssen wissen, wie lange zum Beispiel die diplomatischen Repräsentanten für den zum Untergang verurteilten Staat handeln dürfen oder wie lange diese selbst den besonderen Schutz des Völkerrechts genießen; auch die Mitgliedschaften in internationalen Organisationen hängen von unzweideutigen Daten ab. Dieses unzweideutige Datum war der 3. Oktober 1990.

II. Träger des Selbstbestimmungsrechts

85 Bei der Volkskammerwahl am 18. März 1990 nahmen 11.604.418 der insgesamt 12.426.443 Wahlberechtigten mit 11.541.155 gültig abgegebenen Stimmen teil²⁶⁷. Der variable Begriff des Volkes im Sinne des Selbstbestimmungsrechts des Art. 1 IPbürgR wurde oben bereits erörtert²⁶⁸. Ob nun von einem tatsächlichen oder nur einem „Als-ob"-Staatsvolk ausgegangen wird: jedenfalls trafen am 18. März nur die Deutschen in der DDR eine Selbstbestimmungsentscheidung, nicht aber die Deutschen in den elf alten Bundesländern. Nach der im Einigungsvertrag neu formulierten Präambel des Grundgesetzes haben aber auch sie „in freier Selbstbestimmung die Einheit und Freiheit

---

265 So beschrieb *Peter Badura*, Diskussionsbeitrag, in: VVDStRL 49 (1990), S. 150, auf die bekannte Wendung Carl Schmitts über den Inhalt der Verfassungsentscheidung anspielend die politische Entscheidung der Wahlen zur Volkskammer.
266 GBl-DDR I, S. 299.
267 DDR-Almanach '90 (N 89), S. 393.
268 S. o. Rn. 32.

Deutschlands vollendet". Die Westdeutschen wirkten jedoch nicht erstmals an der Selbstbestimmung aller Deutschen mit, als ihre Repräsentanten in Bundesregierung und Parlament den Vertrag zur Währungs-, Wirtschafts- und Sozialunion vom 18. Mai 1990 schlössen, dann den Einigungsvertrag vom 31. August 1990. Beide Verträge setzen auch für die Westdeutschen eine auf Wiedervereinigung gerichtete Entscheidung im Sinne des Art. 1 IPbürgR voraus.

Die westdeutsche Selbstbestimmung war seit 1949 normativiert in der Präambel des Grundgesetzes und in Art. 146 GG. Der 40 Jahre von allen Bundesregierungen aufrechterhaltene, immer wieder urbi et orbi zu Gehör gebrachte Anspruch auf Wiedervereinigung durch Selbstbestimmung bewahrte die genannten Normen vor dem Schicksal, als „toter Buchstabe" obsolet zu werden. Verweigerte Selbstbestimmung muß immer wieder neu eingefordert werden, sonst wird sie überwachsen von der normativen Kraft des Faktischen und gerät in die Archäologie der Völkerrechtsgeschichte. Das „Bekenntnis zur Wiedervereinigung" mochte den Deutschen und der Welt im Laufe von 40 Jahren formelhaft und abgegriffen erscheinen. Rechtsverwahrungen wie der Anspruch auf Selbstbestimmung aber sind kein Gegenstand feuilletonistischer Stilübungen, sondern notwendig angewiesen auf feste Formeln. Jede Bundesregierung und jede Bundestagsmehrheit bestätigte so die Selbstbestimmungsentscheidung des Grundgesetzes, wiederholte und aktualisierte damit für die Bevölkerung der westdeutschen Bundesländer das Bekenntnis zur Staatseinheit zuletzt am 8. November und am 28. November 1989 bei Verkündung des Zehn-Punkte-Plans[269]. In einem funktionierenden demokratisch-freiheitlichen System können über Selbstbestimmung auch Repräsentanten entscheiden, jedenfalls dann, wenn der Gegenstand der Entscheidung über einen langen Zeitraum regelmäßig im Parlament vorgetragen, von den großen Volksparteien prinzipiell bejaht und von ihren Regierungen ständig erneuert worden ist. Ein zusätzliches Plebiszit oder eine westdeutsche Neuwahl vor Aufnahme der Beitrittsverhandlungen war unter diesen Umständen überflüssig[270]. Das bedeutet: Als die Deutschen in der DDR ihr Selbstbestimmungsrecht am 18. März 1990 wahrnahmen, hatten die Westdeutschen ihr Selbstbestimmungsrecht bereits im Sinne der Wiedervereinigung ausgeübt.

Geht man (mit dem Bundesverfassungsgericht) von einem deutschen Staatsvolk aus, gebildet aus den deutschen Staatsangehörigen, die im Gebiet der Bundesrepublik und der DDR lebten, so bildete dieses Staatsvolk den einen Träger des Selbstbestimmungsrechts, der in verschiedenen Stimmkörpern und Stimmbezirken über die Wiedervereinigung entschied. Dasselbe Resultat ergäbe sich bei der Annahme, nicht Staatsvölker, sondern Nationen seien Träger des Selbstbestimmungsrechts. Denn im deutschen Fall bildeten die Bewohner von Bundesrepublik und DDR 1990 die deutsche Nation. Die Eigenart des richtig verstandenen Selbstbestimmungsrechts ließ das früher für

---

269 S. o. Rn. 64.
270 A. A. *Heinhard Steiger*, Diskussionsbeitrag, in: VVDStRL 49 (1990), S. 179.

Keine Majorisierung durch den Westen wichtig gehaltene Problem der Majorisierung nicht entstehen[271]. Die Westdeutschen konnten die Deutschen in der DDR nicht überstimmen („bevormunden"), weil die Ostdeutschen auf jeden Fall mitstimmen mußten und ihre Entscheidung zu respektieren war. Das ergab sich nicht allein aus dem selbständigen Abstimmungsgebiet DDR. Hätten sich die Deutschen östlich der Elbe in einem gemeinsamen Wahlvorgang für die staatliche Selbständigkeit entschieden, dann würde diese neue Entscheidung die Bevölkerung im Sinne des Selbstbestimmungsrechts als Staatsvolk konstituiert, in unserem Fall erstmals die Sezession bewirkt haben. Die DDR hätte ein „richtiges" Staatsvolk erhalten und ihre Staatsorganisation wäre zu einem vollgültigen Staat erstarkt. Das deutsche Staatsvolk wäre auf das Staatsvolk der Bundesrepublik geschrumpft und das Thema „Deutschland als Ganzes" hätte sich in ein Problem der vier Mächte allein verwandelt.

88

Zwei oder drei Träger der Selbstbestimmung

Bildete hingegen die Bevölkerung der DDR (auch im Verhältnis zu den Westdeutschen) ein Staatsvolk, wie einige Völkerrechtslehrer annahmen[272], dann hing die Bestimmung des Trägers des Selbstbestimmungsrechts von dem Verhältnis zum Staatsvolk der Bundesrepublik und zum etwa noch vorhandenen gesamtdeutschen Staatsvolk ab. Sah man die Sezession als abgeschlossen an, gab es zwei Träger von Selbstbestimmung, nämlich die Staatsvölker von Bundesrepublik und DDR. Die Wähler des 18. März hätten dann das westdeutsche Beitrittsangebot angenommen und auf Staat, Staatsvolk und Staatsangehörigkeit verzichtet. Sind Staatsvölker stets Träger eines Selbstbestimmungsrechts, die Deutschen in der Bundesrepublik und in der DDR aber noch durch staatsrechtliche Beziehungen, etwa durch eine zusätzliche gemeinsame Staatsangehörigkeit, verbunden oder bildeten sie durch politisch-ethnische Beziehungen eine Nation, der ebenfalls und neben den Staatsvölkern ein Selbstbestimmungsrecht zusteht, so konnten drei Träger deutschen Selbstbestimmungsrechts angenommen werden[273]. Über das Verhältnis dieser drei Subjekte zueinander und die Frage des Vorrangs sind subtile Erwägungen angestellt worden[274]. Das Problem blieb theoretisch, denn die Praxis ging einfacher vor: Weil sich die Westdeutschen seit 1949 für die Wiedervereinigung entschieden hatten und bei ihrer Entscheidung geblieben waren, kam es nur noch auf die Deutschen in der DDR an. Mit der Wahl am 18. März 1990 und den mit ihr verbundenen Selbstbestimmungsentscheidungen zogen die Ostdeutschen nach, und zwar als besonderer Stimmkörper des deutschen Staatsvolks[275].

---

271 S. o. Rn. 31.
272 *Frowein* (N 263), S. 154 Fn. 10, leitete diese Folgerung ab aus der Aufnahme der DDR in die Vereinten Nationen.
273 *Doehring* (N 41), S. 555, 562 f.; a. A. *Blumenwitz* (N 192), S. 148: nur das gesamte deutsche Volk, weil das Selbstbestimmungsrecht in den Menschenrechten wurzelt und nach seiner Herkunft nicht verwandt sei mit dem Staat und seinen Funktionen. Dagegen wiederum E. *Klein* (N 69), S. 76 f. m. weit. Nachw.
274 Vgl. E. *Klein* (N 69), S. 75 ff.; *Christian Hillgruber/Bernhard Kempen*, Das Selbstbestimmungsrecht des deutschen Volkes und der Teso-Beschluß des Bundesverfassungsgerichts, in: ROW 33 (1989), S. 323 (331).
275 So nach dem Teso-Beschluß des Bundesverfassungsgerichts von 1987, BVerfGE 77, 137 (160); wer hingegen an der Fortexistenz des Gesamtstaates im Sinne des Urteils zum Grundlagenvertrag von 1973 festhält (BVerfGE 36, 1 [16, 19, 29 ff.]), kann hinzufügen: in einem besonderen Stimmbezirk des Gesamtstaates.

Die Präambeln des Zwei-plus-Vier-Vertrages und des Einigungsvertrages, von denen diese Erwägungen ausgegangen waren, sagten also die Wahrheit, wenn sie sich auf die Ausübung des Selbstbestimmungsrechts durch „das deutsche Volk" und „die Deutschen" in den elf alten und den fünf neuen Bundesländern beriefen. Diese Aussagen müssen jene kritisieren, die ein Staatsvolk der DDR wählen sahen. Wäre es so gewesen, hätte dieses Staatsvolk jedenfalls den Untergang des eigenen Staates beschlossen und die nachfolgenden Verträge zum Vollzug dieser Entscheidung eher noch eindrucksvoller legitimiert. Ob Teilvolk oder Staatsvolk: Für Art. 1 IPbürgR sind allein wichtig Sicherheit, Eindeutigkeit und Stabilität der Entscheidungen. Daran aber konnte im Frühjahr 1990 kein Zweifel sein.

89
Teilvolk oder Staatsvolk der DDR?

Praktische Eindeutigkeit der Entscheidung

III. Das Selbstbestimmungsrecht unter dem Vorbehalt der „vier Mächte"

Die Regierungen der Bundesrepublik und der DDR schlossen am 12. September 1990 mit den „vier Mächten" jenen „Vertrag über die abschließende Regelung in bezug auf Deutschland" – Zwei-plus-Vier-Vertrag[276] –, der unter anderem die Grenzen des wiedervereinigten Deutschlands bestimmt: „Seine Außengrenzen werden die Grenzen der Bundesrepublik Deutschland und der Deutschen Demokratischen Republik sein und werden am Tag des Inkrafttretens dieses Vertrages endgültig sein" (Art. 1 Abs. 1 S. 1). Die Ausübung des den Deutschen zustehenden Rechts auf Selbstbestimmung hatte danach nur die Voraussetzung geschaffen, in einem Vertrag mit den vier Hauptsiegermächten des Zweiten Weltkrieges das Staatsgebiet des durch Selbstbestimmung reorganisierten Staates festzulegen. Vertragliche Grenzziehungen sind nach Volksabstimmungen über die Staatszugehörigkeit die Regel, aber nur unter den unmittelbar von Verbleib und Wechsel des Gebiets betroffenen Staaten. Die Vereinigten Staaten, Großbritannien und Frankreich waren von den genannten Grenzziehungen nicht betroffen, nur die Sowjetunion war wegen der Annexion des nördlichen Ostpreußens beteiligt. Die Präambel des Zwei-plus-Vier-Vertrages beschreibt den Grund für die Zuständigkeit der vier Mächte, die deutschen Grenzen mit den zwei deutschen Staaten vertraglich zu ziehen, in dieser Weise: „... unter Berücksichtigung der Rechte und Verantwortlichkeiten der vier Mächte in bezug auf Berlin und Deutschland als Ganzes und der entsprechenden Vereinbarungen und Beschlüsse der vier Mächte aus der Kriegs- und Nachkriegszeit ...".

90
Festlegung der deutschen Grenzen

Die genannten Rechte und Verantwortlichkeiten der vier Mächte sind nach Entstehung und Fortführung über 45 Jahre häufig untersucht worden[277]. Es genügt, an die Texte zu erinnern, die sowohl die drei westlichen Siegermächte wie die Sowjetunion in Verträgen verankerten, die formell das bis dahin bestehende alte Besatzungsregime ablösen sollten. Nach dem Deutschland-

91
Verantwortlichkeit der vier Mächte

---
276 BGBl II, S. 1318.
277 *Ress* (N 111), § 11 Rn. 5 ff.; → Bd. X, *Schweitzer*, § 224 Rn. 27 ff.

vertrag mit der Bundesrepublik[278] behielten die „Drei Mächte die bisher von ihnen ausgeübten oder innegehabten Rechte und Verantwortlichkeiten in bezug auf Berlin und Deutschland als Ganzes einschließlich der Wiedervereinigung Deutschlands und einer friedensvertraglichen Regelung" (Art. 2 Abs. 1). Auch waren sich die Unterzeichnerstaaten „darüber einig, daß die endgültige Festlegung der Grenzen Deutschlands bis zu dieser Regelung [friedensvertragliche Regelung für ganz Deutschland] aufgeschoben werden muß" (Art. 7 Abs. 1 S. 2). Die Sowjetunion hatte vor dem „Vertrag über die Beziehungen der Deutschen Demokratischen Republik und der Union der sozialistischen Sowjetrepubliken" vom 20. September 1955 – das Gegenstück zum Deutschlandvertrag – bereits am 20. März 1954 eine „Souveränitätserklärung" vereinbart, nach der die Sowjetunion mit der DDR die gleichen Beziehungen aufnehmen wird „wie mit anderen souveränen Staaten" (Nr. 1)[279]. Der entscheidende Punkt wurde so formuliert: „Die UdSSR behält in der Deutschen Demokratischen Republik die Funktionen, die mit der Gewährleistung der Sicherheit im Zusammenhang stehen und sich aus den Verpflichtungen ergeben, die der UdSSR aus den Viermächteabkommen erwachsen" (Nr. 2).

Viermächteabkommen — Zu den „Viermächteabkommen" gehörte grundlegend die sogenannte Berliner Erklärung vom 5. Juni 1945, mit der die vier Hauptsiegermächte „die oberste Regierungsgewalt in Deutschland" (Präambel) übernahmen, kraft deren sie „diejenigen Maßnahmen treffen, die sie zum künftigen Frieden und zur künftigen Sicherheit für erforderlich halten, darunter auch die vollständige Abrüstung und Entmilitarisierung Deutschlands" (Art. 13 a)[280]. Diese Erklärung vollzog wiederum das „Abkommen über Kontrolleinrichtungen in Deutschland" vom 14. November 1944, das in Art. 1 die Übernahme der „Obersten Gewalt in Deutschland" durch die Oberbefehlshaber der Streitkräfte der vier Hauptsiegermächte vorgesehen hatte[281]. Dies also waren die „Vereinbarungen und Beschlüsse der vier Mächte aus der Kriegs- und Nachkriegszeit ... in bezug auf Berlin und Deutschland als Ganzes", auf die sich 1990 die Präambel des Zwei-plus-Vier-Vertrages berief. Die in der Berliner Erklärung wurzelnden „Vorbehalte der vier Mächte" waren Grundlage für das Viermächteabkommen über Berlin[282]. Die vier Mächte gaben diese Vorbehalte auch anläßlich der Aufnahme von Bundesrepublik und DDR in die Vereinten Nationen dem Sicherheitsrat bekannt: „... und stellen in diesem Zusammenhang fest, daß die Mitgliedschaft [der zwei deutschen Staaten] die Rechte und Verantwortlichkeiten der vier Mächte und die bestehenden diesbezüglichen vierseitigen Regelungen, Beschlüsse und Praktiken in keiner

---

278 Vom 26. 5. 1952, in Kraft getreten am 5. 5. 1955 (BGBl II, S. 215 [628]); abgedruckt bei Rauschning (N 18), S. 45 ff.
279 Abgedruckt bei Rauschning (N 18), S. 247 f.
280 Amtsblatt des Kontrollrats in Deutschland, Ergänzungsblatt Nr. 1, S. 7; abgedruckt bei Rauschning (N 18), S. 15 ff.; → Bd. I, *Stolleis*, § 7 Rn. 25 ff.
281 In Kraft getreten am 6. 2. 1945; vorangegangen war das Protokoll über die Besatzungszonen in Deutschland und die Verwaltung von Groß-Berlin vom 12. 9. 1944, dem Frankreich allerdings erst 1945 beitrat, vgl. die Texte bei Rauschning (N 18), S. 6 ff., 11 ff.
282 Vom 3. 9. 1971, in Kraft seit dem 3. 6. 1972: „Handelnd auf der Grundlage ihrer Viermächterechte und -Verantwortlichkeiten ..."; Text Bulletin BReg. 1971, Nr. 127, S. 1360 ff.; abgedruckt bei Rauschning (N 18), S. 83 f.

Weise berührt"[283]. Der Grundvertrag zwischen der Bundesrepublik und der DDR respektierte die Alliierten-Vorbehalte so: „Die Bundesrepublik Deutschland und die Deutsche Demokratische Republik stimmen darin überein, daß durch diesen Vertrag die ... sie betreffenden zweiseitigen und mehrseitigen internationalen Verträge und Vereinbarungen nicht berührt werden" (Art. 9). Zu Art. 9 des Vertrages versicherte die Bundesrepublik den drei Westmächten, die DDR der Sowjetunion, „daß die Rechte und Verantwortlichkeiten der vier Mächte und die entsprechenden diesbezüglichen vierseitigen Vereinbarungen, Beschlüsse und Praktiken durch diesen Vertrag nicht berührt werden können"[284]. *Grundvertrag*

Inhaltlich umfaßten die „Rechte und Verantwortlichkeiten der vier Mächte" diese Komplexe: **92**
1. die Stationierung ihrer Streitkräfte „in Deutschland"[285]; *Stationierung der Streitkräfte*
2. den besonderen besatzungsrechtlichen Status von Groß-Berlin und die besatzungsrechtlichen Kompetenzen der jeweiligen Stadtkommandanten[286]; *Berlin*
3. die fortbestehenden Viermächteeinrichtungen, nämlich Luftkorridore von und nach Berlin, die Berliner Luftsicherheitszentrale und die sowjetischen Militärmissionen in Baden-Baden, Frankfurt/Main und Bünde/Westfalen („Verbindungsmissionen") sowie der drei Westmächte in Potsdam; bis zum Tod von Rudolf Hess 1987 auch das Gefängnis Spandau; *Luftkorridore*
4. Status und Gebiet „Deutschlands", das heißt des Gegners im Zweiten Weltkrieg. *Status und Gebiet Deutschlands*

Dazu gehörten der Friedensvertrag, Grenzziehungen, alle auf Wiederherstellung der Staatseinheit gerichteten Maßnahmen, seine „Einbindung" und Beteiligung an internationalen und supranationalen Organisationen, die Frage einer Neutralisierung Deutschlands und die militärische Struktur einschließlich Bündniszugehörigkeit[287]. Über die rechtliche Bewertung dieser Deutschland-Vorbehalte war man sich nicht einig[288]. Überwiegend wurden sie als Restbestände, aber deshalb nicht weniger wichtige und wirksame Vorbehalte des Besatzungsrechts qualifiziert[289]. Der zu 4. beschriebene Komplex

---

283 Bulletin BReg. 1972, Nr. 127, S. 1884; abgedruckt bei Rauschning (N 18), S. 35.
284 Diese Briefe vom 21. 12. 1972 sind abgedruckt bei Rauschning (N 18), S. 171; dazu *Ress* (N 153), S. 372 ff.
285 Art. 4 Abs. 2 S. 1 i. V. m. Art. 2 des Deutschlandvertrages; Art. 2 Abs. 2 und Art. 9 des Freundschafts- und Beistandspaktes zwischen der Sowjetunion und der Deutschen Demokratischen Republik vom 12. 6. 1964, in Kraft seit dem 26. 9. 1964 (GBl-DDR 1964 I, S. 132 ff.; abgedruckt bei Rauschning [N 18], S. 252). Aus den verschiedenen Zwecken der Stationierung wurde ein doppeltes Aufenthaltsrecht abgeleitet: „Sie ist vertraglich, soweit sie der gemeinsamen Verteidigung gegen die Sowjetunion dient, sie ist besatzungsrechtlich, soweit sie eine Regelung des gesamtdeutschen Problems im Einvernehmen mit der Sowjetunion stützen soll" (*Helmut Rumpf*, Land ohne Souveränität, ²1973, S. 23).
286 *Scholz* (N 111), § 9 Rn. 10 f., 36 ff.
287 Umfassend erörtert von *Friedrich Frhr. Waitz von Eschen*, Die völkerrechtliche Kompetenz der Vier Mächte zur Gestaltung der Rechtslage Deutschlands nach dem Abschluß der Ostvertragspolitik, 1988, S. 110 ff., 249 ff.
288 Vgl. bereits *Ress* (N 153), S. 26 ff. m. zahlr. Nachw.; *ders.* (N 111), § 11 Rn. 5 ff.
289 *Ress* (N 153), S. 2 ff.; *Kay Hailbronner*, Völker- und europarechtliche Fragen der deutschen Wiedervereinigung, in: JZ 1990, S. 449 f.; ausführlich *Schweisfurth* (N 214), S. 537 ff.; *Dieter Schröder*, Die Reste des Besatzungsrechts in der Bundesrepublik Deutschland, in: ROW 33 (1989), S. 73 ff.

konnte aber nicht aus den Befugnissen einer militärischen Besetzung abgeleitet werden; diese Kompetenzen beruhten vielmehr auf der völkerrechtlich singulären Figur der Supreme Authority, mit Hilfe deren die vier Mächte die vollständige Verfügungsbefugnis in Deutschland und über Deutschland übernommen hatten. Sie ist daher zu Recht als „Siegermachtposition" bezeichnet worden[290]. Jedenfalls fehlte in allen vier Bereichen der Bundesrepublik wie der DDR rechtlich die eigene Handlungskompetenz. Daß dieser Zustand über die ersten Nachkriegsjahre hinaus dauerte –und dann noch 40 Jahre –, kennzeichnete die Abnormität der deutschen Rechtslage. Überlange Besatzungszeiten sind auch sonst im 20. Jahrhundert anzutreffen, zum Beispiel die israelische Besetzung angrenzender Territorien seit dem Sechstagekrieg 1967, die US-Besetzung von Okinawa bis 1972, die Besetzung von Nordzypern durch türkische Streitkräfte seit 1974 und die zehnjährige Besetzung Kambodschas durch Vietnam[291]. In keinem Fall aber besetzten die Sieger über 45 Jahre die Hauptstadt des besiegten Feindstaates; das allein rechtfertigte es, die deutsche Situation als völkerrechtlich abnorm, das heißt aus allen herkömmlichen Kategorien herausfallend zu bezeichnen. Russen und Preußen, Engländer und Spanier haben nach Waterloo eben nicht Paris von 1815 bis 1860 besetzt und Frankreich (auf der Linie Cherbourg-Besancon) in zwei politisch und gesellschaftlich antagonistische Staaten geteilt.

93 Die Vorbehalte wirkten sich politisch wie rechtlich jedoch auch zugunsten der Deutschen aus: Sie verhinderten die Okkupation Berlins durch die Sowjetunion und die SED, vor allem hielten sie den Begriff „Deutschland als Ganzes" am Leben und damit die „deutsche Frage" offen. Diese Schutz- und Klammerfunktion der Viermächtevorbehalte ist zu Recht immer wieder betont worden[292]; sogar die Sezession der DDR sollte an den Vorbehalten gescheitert sein[293].

94 Konnte danach die Forderung des Selbstbestimmungsrechts für alle Deutschen an den von den vier Mächten geprägten und aufrechterhaltenen Begriff „Deutschland als Ganzes" anknüpfen und sich eben darauf berufen, so bleibt zu fragen, wieso umgekehrt die vier Mächte ihre Kompetenzen so lange behalten konnten, wie also diese Vorbehalte mit dem Selbstbestimmungsrecht

---

290 *Dietrich Rauschning*, Sinn und Tragweite der Vier-Mächte-Rechte nach 30 Jahren, in: Herbert Krüger-Symposion, 1977, S. 77 ff.; *ders.*, Beendigung der Nachkriegszeit mit dem Vertrag über die abschließende Regelung in bezug auf Deutschland, in: DVBl 1990, S. 1275 (1283).
291 Die Fälle bei *Adam Roberts*, Prolonged Military Occupation: The Israeli-Occupied Territories since 1967, in: AJIL 84 (1990), S. 44 ff.
292 BVerfGE 36, 1 (16); 77, 137 (167); *Wilhelm Wengler*, Das Offenhalten der deutschen Frage, in: Fünf Jahre Grundvertragsurteil des Bundesverfassungsgerichts, 1979, S. 323 ff. = ders. (N 165), S. 514, 516 ff.; *Ress* (N 153), S. 223 ff.; *ders.* (N 111), § 11 Rn. 10 ff.; *Rauschning*, Sinn und Tragweite der Vier-Mächte-Rechte (N 290), S. 84 f.; *Wilfried Fiedler*, Viermächte-Verantwortung ohne Friedensvertrag? Zur rechtlichen Funktion eines Friedensvertrages mit Deutschland, in: NJW 1985, S. 1049 (1051 ff.); *Waitz von Eschen* (N 287), S. 189 ff. mit vielen Nachw.
293 *Frowein* (N 244), S. 48; anders *ders.* (N 83), S. 32: verhindert durch „bestimmte staatsrechtliche Restbestände".

vereinbar waren[294]. Zur Beantwortung dieser Frage sind drei Zeitphasen zu unterscheiden. Es ist der primäre Zweck der militärischen Besetzung, den Kriegsgegner zum Friedensschluß nach den Bedingungen der Okkupationsmacht zu zwingen. Solange die militärische Besetzung währt, ist das Selbstbestimmungsrecht de facto zurückgedrängt. Diese Verdrängung kann aber die Zweckerreichung nicht überdauern. Sobald die Kriegsziele erreicht sind, hat auch die occupatio pacifica, die Besetzung nach dem Ende der Feindseligkeiten, zu enden. Anderenfalls könnte das völkerrechtliche Annexionsverbot umgangen werden. Der Zweck der Besetzung war im deutschen Fall Anfang der 50er Jahre offensichtlich auch nach Ansicht der Siegermächte erreicht: Die im Potsdamer Protokoll vom 2. August 1945 noch einmal bündig zusammengefaßten Kriegsziele[295] waren sowohl in West- wie in Ostdeutschland realisiert, zwar in sehr unterschiedlicher Weise, aber auf jeden Fall in der subjektiven Sicht der drei Mächte im Westen wie der Sowjetunion im Osten. Die beiderseitigen Verträge über die Aufhebung des Besatzungsregimes zwischen 1952 und 1955[296] signalisieren diesen Zeitpunkt auch förmlich. Die Fortdauer der Viermächtevorbehalte kollidierte aber zunächst deshalb nicht mit dem Selbstbestimmungsrecht, weil die beiden deutschen Staaten erst 1972 den Vereinten Nationen beitraten, sie sich erst jetzt auf das Selbstbestimmungsrecht als Mitglieds- und Organisationsrecht der Vereinten Nationen berufen konnten. Diese Organisation hatte aber die Erklärung der vier Mächte über ihre Vorbehalte betreffend Deutschland widerspruchslos hingenommen – was bei der Zusammensetzung des Sicherheitsrates und der Bedeutung der vier Mächte innerhalb der Vereinten Nationen kaum überraschen durfte. Auch erinnerte die Satzung selbst durch ihre Feindstaatenklauseln (Art. 53, 107) an die deutsche Sonderstellung[297]. Unabhängig von der Satzung der Vereinten Nationen konnte aber das Selbstbestimmungsrecht als gewohnheitsrechtlicher allgemeiner Grundsatz des Völkerrechts, dazu als zwingendes und mit subjektiven Rechten für die beteiligten Menschen und Völker ausgerüstetes Recht nicht vor dem Inkrafttreten des Internationalen Paktes über bürgerliche und politische Rechte 1976 angenommen werden[298]. Die Vorbehalte kollidierten daher erst mit dem Selbstbestimmungsrecht, als Art. 1 IPbürgR eine sichere Rechtsgrundlage bot.

Der objektive Kollisionsfall läßt sich ohne seine Entstehungsgründe und das Verhalten des Trägers des Selbstbestimmungsrechts nicht angemessen beurteilen. Die Deutschen, die sich in der Bundesrepublik offen zur Ausübung des

Zurückdrängung der Selbstbestimmung durch Okkupation

Erreichung der Kriegsziele

Beitritt zu den UN

95

---

294 Die Kollision der Viermächtevorbehalte mit dem Selbstbestimmungsrecht wurde in den letzten Jahren häufiger angenommen, allerdings regelmäßig ohne nähere Untersuchungen: *Wolfgang Seiffert*, Die Deutschen und Gorbatschow, 1989, S. 107 f.; *ders.*, Selbstbestimmungsrecht und deutsche Vereinigung, 1992, S. 110; *Clemens von Goetze*, Die Rechte der Alliierten auf Mitwirkung bei der deutschen Einigung, in: NJW 1990, S. 2161 (2163).
295 „Mitteilung über die Drei-Mächte-Konferenz von Berlin", Amtsblatt des Kontrollrats in Deutschland, Ergänzungsblatt Nr. 1, S. 13 ff.; abgedruckt bei Rauschning (N 18), S. 21 ff.
296 S. o. Rn. 91.
297 *Georg Ress*, Erl. zu Art. 53, 107, in: Bruno Simma u. a. (Hg.), Charta der Vereinten Nationen, 1991, S. 676 ff., 1099 ff. mit zahlr. Nachw.
298 S. o. Rn. 150.

Einverständnis der Westdeutschen mit dem Viermächtevorbehalt

Selbstbestimmungsrechts durch Wiedervereinigung bekennen durften, waren mit dem Fortbestand der Viermächtevorbehalte einverstanden, weil und solange diese Vorbehalte den Status quo der Teilung dauernd in Frage stellten. Im Deutschlandvertrag hatten sich die drei Westmächte verpflichtet, mit der Bundesrepublik das „gemeinsame Ziel zu verwirklichen: ein wiedervereinigtes Deutschland, das eine freiheitlich-demokratische Verfassung, ähnlich wie die Bundesrepublik, besitzt und das in die Europäische Gemeinschaft integriert ist" (Art. 7 Abs. 2). Dieses Ziel wurde nicht erreicht, weil sich die Sowjetunion sperrte; sie hätte ihren Herrschaftsbereich von der Elbe auf die Oder zurücknehmen müssen. Umgekehrt weigerten sich die Westmächte und die Bundesrepublik, den sowjetischen Plänen für ein wiedervereinigtes Deutschland zuzustimmen, die zumindest darauf hinausliefen, den sowjetischen Einflußbereich zu erweitern und das SED-Regime zu verstetigen[299].

Politische und militärische Patt-Lage

Die „Spaltung" Deutschlands war das Resultat der politischen und militärischen Patt-Situation der europäischen Flügelmächte, ihre Folge die Fortdauer der Viermächtekompetenzen. Die evidenten machtpolitischen Interessen erklären zwar die Perpetuierung der Besatzungs- und Siegermachtpositionen, gewährten aber keinen Rechtfertigungsgrund für die Verweigerung der Selbstbestimmung. Es wäre aber verfehlt, die vier Mächte als für die Völkerrechtsverletzung „Verantwortlichen" und Gesamtschuldner des deutschen Anspruchs auf Selbstbestimmungsrecht anzusehen. Zunächst ist daran zu erinnern und festzuhalten, wer denn die Voraussetzungen für eine Selbstbestimmungsentscheidung behinderte, nämlich die Zulassung der Fragestellung und der freien Entscheidung der Bevölkerung. Die drei Westmächte hatten sich in Art. 7 Abs. 2 des Deutschlandvertrages deutlich erklärt, sie hatten seit 1965 die „wirkliche Lösung des deutschen Problems" in der Selbstbestimmung in beiden Teilen Deutschlands und in der Wiedervereinigung gesehen und diese Auffassung noch am 30. Mai 1989 durch die Regierungen des Nordatlantikpakts als Politikziel verkünden lassen[300]. Die politische Ernsthaftigkeit dieser Erklärungen mochte man im nachhinein bezweifeln. Berühmt wurden die weder von politischem Weitblick noch von Vertrautheit mit Art. 1 IPbürgR zeugenden Reaktionen der britischen Premierministerin Thatcher am 28. November 1989 und des französischen Ministerpräsidenten Mitterrand am 10. Dezember 1989 auf den Zehn-Punkte-Plan des Bundeskanzlers: Die deutsche Wiedervereinigung stehe „nicht auf der Tagesordnung"[301]. Auch andere europäische Spitzenpolitiker verhehlten nicht ihr Unbehagen gegen-

Art. 7 Abs. 2 Deutschlandvertrag

Widerstand Englands und Frankreichs gegen die deutsche Einheit

---

299 Die Wiedervereinigungspläne seit 1946 sind übersichtlich dargestellt von *Dieter Blumenwitz*, Die Überwindung der deutschen Teilung und die Vier Mächte, 1990, S. 30 ff.

300 EA 20 (1965), S. D 285; EA 44 (1989), S. D 342.

301 AdG 1989, S. 33999; FAZ Nr. 288 vom 12. 12. 1989; Einzelheiten bei *Horst Teltschik*, 329 Tage. Innenansichten der Einigung, 1991, S. 96 ff., 115 ff.; *Richard Kissler/Frank Elbe*, Ein Runder Tisch mit scharfen Ecken. Der diplomatische Weg zur deutschen Einheit, 1993, S. 60 ff., 63 ff. Die Erinnerungen von Horst Teltschik und Frank Elbe reflektieren jeweils die Sicht des Bundeskanzleramtes und des Auswärtigen Amtes mit beachtlichen Animositäten und Widersprüchen. Daß die deutsche Wiedervereinigung nur eines von mehreren wichtigen Problemen der Weltpolitik 1989/90 bildete, vermittelt das aus amerikanischer Sicht geschriebene Werk von *Michael R. Beschloss/Strobe Talbott*, At the Highest Levels: The Inside Story of the End of the Cold War, New York 1993, dt.: Auf höchster Ebene: Das Ende des Kalten Krieges und die Geheimdiplomatie der Supermächte 1989–1991, 1993.

über der sich abzeichnenden Veränderung des Status quo in Mitteleuropa[302]. Worauf es ihnen zunächst ankam, wurde deutlich im Abschlußkommuniqué der zweitägigen Herbsttagung der Außenminister der NATO in Brüssel am 15. Dezember 1989: „Wir streben die Festigung des Zustandes des Friedens in Europa an, in dem das deutsche Volk in freier Selbstbestimmung seine Einheit wiedererlangt. Dieser Prozeß muß sich auf friedliche und demokratische Weise, unter Wahrung der einschlägigen Abkommen und Verträge sowie sämtlicher in der Schlußakte von Helsinki niedergelegten Prinzipien im Kontext des Dialogs und der West-Ost-Zusammenarbeit vollziehen. Er muß auch in die Perspektive der europäischen Integration eingebettet sein"[303]. In der Schlußakte von Helsinki standen Selbstbestimmung, Unverletzlichkeit der Grenzen und „Integrität der Staaten" unversöhnt gegenüber. Die „Wahrung der einschlägigen Abkommen und Verträge" konnte auch den Grundlagenvertrag von 1972 mit der gegenseitigen Anerkennung von Bundesrepublik und DDR einschließen. Offenbar wollten alle NATO-Staaten mitreden und auch den Osten mitreden lassen. Es ist aber eine Sache, daß Drittstaaten versuchen, durch Verzögerungstaktiken und Einsprüche ihre eigenen Interessen in den politischen Prozeß der Selbstbestimmung einzubringen und durch Mitsprache zu sichern; und eine andere Sache ist es, daß über Jahrzehnte jeder Versuch, die Selbstbestimmung auf die politische Tagesordnung zu setzen, abgeblockt wird mit der Behauptung, die Selbstbestimmungsfrage existiere nicht. So aber war die Sowjetunion verfahren, nachdem ihre Deutschlandpläne gescheitert waren. Sie hatte die deutsche Zweistaatlichkeit als „historisches Ergebnis des Zweiten Weltkrieges" bezeichnet. Wer die Selbstbestimmungsfrage aufwerfe und die Wiedervereinigung ins Auge fasse, verstoße gegen die Grundsätze der Schlußakte von Helsinki[304]. Bis in den Januar 1990 hinein hielt die Sowjetunion an der Existenz der „souveränen DDR" fest; erst anläßlich des Besuches von Bundeskanzler Kohl in Moskau vom 10. bis 12. Februar 1990 und auf der Ottawa-Konferenz am 13. Februar 1990 wurde die Wiedervereinigung außenpolitisch zugestanden. Präsident Bush und Außenminister Baker hatten Anfang Februar 1990 Gorbatschow die „Unvermeidlichkeit" der Wiedervereinigung dargetan, Kohl suchte am 10. Februar 1990 Gorbatschow zu der Einsicht zu bewegen, daß es das alleinige Recht des deutschen Volkes sei, darüber zu entscheiden, ob es in einem ungeteilten gemeinsamen Staat leben wolle[305].

---

302 Die außenpolitischen Vorgänge im Winter 1989/90 zeichnet detailliert und übersichtlich nach *Christoph-Matthias Brand*, Souveränität für Deutschland. Grundlagen, Entstehungsgeschichte und Bedeutung des Zwei-plus-Vier-Vertrages vom 12. September 1990, 1993, S. 154 ff.
303 EA 1990, S. D 150, D 152 (sub 9).
304 So noch am 28.11.1989 die Antwort des sowjetischen Außenministeriums auf den Zehn-Punkte-Plan, vgl. AdG 1989, S. 33999 f.; ähnlich ablehnend die polnische Regierung, ebd. 1989, S. 34000.
305 Ausführlich *Beschloss/Talbott* (N 301), S. 243 ff.; → Bd. I, *Kilian*, § 12 Rn. 53 ff. Das Zögern Gorbatschows ist vermutlich auf die Widerstände in Politbüro und Zentralkomitee zurückzuführen; sie gestatteten ihm auch, den Preis für die sowjetische Zustimmung hochzutreiben. Die „Unvermeidlichkeit" der Wiedervereinigung war ihm vermutlich seit Januar klar, sonst wäre SED-Ministerpräsident Modrow am 31. Januar gewiß mit einer anderen als der „Einig Vaterland"-Botschaft aus Moskau zurückgekehrt (s. o. Rn. 77).

96

Vor- und Nachteile für Drittstaaten

Es mochte die Erfüllung des Anspruchs auf Selbstbestimmung den Westmächten leichter gefallen sein, weil sie sicher sein konnten, daß sich die Deutschen für das Modell des Art. 7 Abs. 2 des Deutschlandvertrages entscheiden würden, nicht für Verbleib bzw. Eintritt in den Warschauer Pakt. Vor- und Nachteile für Drittstaaten sind für die Durchsetzung des Anspruchs auf Selbstbestimmung von eminenter politischer Bedeutung. Staaten folgen ihren Interessen, das ist ihr Lebensgesetz. Der Rechtsanspruch auf Selbstbestimmung kann aber nicht schon in seiner Geltung davon abhängen, ob das Resultat seiner Ausübung den Machtinteressen eines anderen Staates nützt oder schadet. Deshalb widersprach nicht die Viermächteverantwortung als solche dem deutschen Selbstbestimmungsrecht, sondern allein die Weigerung der Sowjetunion, es anzuerkennen und dadurch die Viermächteverantwortung zu beenden. Solange sie sich weigerte, lag die Fortsetzung der Viermächteverantwortung im deutschen Interesse; sie verhinderte die von der Sowjetunion angestrebte Endgültigkeit der Zweistaatlichkeit und erleichterte die Bewahrung innerdeutscher („staatsrechtlicher") Beziehungen. Auch nachdem die

Sowjetunion

Sowjetunion der Wiedervereinigung anläßlich der deutsch-sowjetischen Konferenz vom 10. bis 12. Februar 1990 in Moskau grundsätzlich zugestimmt hatte, wollte das sowjetische Außenministerium den Beitritt der DDR gemäß Art. 23 GG vereiteln: „Fragen, die für ganz Europa ... Bedeutung haben, können nicht aufgrund der Verfassung oder anderer innenpolitischer Akte der BRD gelöst werden, können nicht allein das Werk der Deutschen sein. Man darf nicht vergessen, daß die Sowjetunion, Frankreich, Großbritannien und die USA laut Potsdamer Abkommen ihre Rechte und Verantwortung für Deutschland als Ganzes und dafür, daß von deutschem Boden nie mehr eine Gefahr für den Frieden ausgeht, nach wie vor bewahren"[306]. Das war vielleicht eine Verhandlungsposition, um den Preis für die schließlich doch erteilte Zustimmung möglichst hochzuschrauben. Auf jeden Fall behauptete

Viermächte-verantwortung zur Selbstbestimmung

die Sowjetunion den Vorrang der Viermächteverantwortung gegenüber dem Selbstbestimmungsrecht. Ähnlich argumentierte zunächst ein anderer Inha-

Thatcher

ber von Viermächteverantwortung, die britische Premierministerin Thatcher, am 25. Februar 1990: Es sei für die britische Regierung nicht annehmbar, wenn sich alle anderen Staaten den von Ost- und Westdeutschen gesetzten Fakten anzupassen hätten. Die NATO und die vier Siegermächte des Zweiten Weltkrieges dürften nicht ignoriert werden[307]. Diese negative Stellungnahme zum Selbstbestimmungsrecht mochten mehrere Quellen speisen: die Ablehnung des Prinzips in den westeuropäischen Staaten wegen hauseigener Irredenta-Probleme bei den Verhandlungen über die Menschenrechtspakte in den 50er Jahren[308]; das traditionelle Unbehagen gegenüber diplomatisch ungesteuerten Bewegungen und unkontrollierbaren Ereignissen, die das eingeübte gemeineuropäische Spiel mit den Machtgewichten stören; nicht zuletzt

---

306 EA 1990, S. D 492 f.
307 AdG 1990, S. 34267 f. (Interview mit der „Sunday Times").
308 S. o. N 27.

das Mißtrauen gegenüber dem Phänomen „Deutschland" überhaupt[309]. Selbstbestimmung ist allgemein wie besonders im deutschen Fall ein Anspruch, der gegen allfällige Widerstände politisch durchgesetzt werden muß, auch wenn der Träger von der Evidenz seines Rechts überzeugt ist. Durchgesetzt wurde die Selbstbestimmung von den ökonomischen und demographischen Fakten, die sich seit der Öffnung der innerdeutschen Grenze am 9. November 1989 ergaben, durch die Anstrengungen der Politiker und Diplomaten auf der internationalen Ebene wie schließlich durch die Wähler in der DDR am 18. März 1990. Die Wahlentscheidung überzeugte sogar die britische Premierministerin, die nunmehr meinte, es läge „jetzt am Volk von Ost-Deutschland, durch seine gewählten Vertreter zu entscheiden, wann es die Einigung verwirklichen will"[310].

Die Viermächtevorbehalte behielten bis zu ihrer Ablösung ihr ambivalentes Verhältnis zum Selbstbestimmungsrecht. Unter Hinweis auf die ausschließliche Kompetenz der vier Mächte konnte die westdeutsche Diplomatie die unmittelbare Beteiligung anderer Staaten an der vertraglichen „abschließenden Regelung in bezug auf Deutschland" verhindern[311]. Die Beteiligung der europäischen Nachbarn, aller 35 KSZE-Staaten oder gar der 65 Kriegsgegner des Zweiten Weltkrieges hätte nicht nur das Verfahren unzuträglich verlängert; weitere Beteiligte hätten ihre Zustimmung vermutlich gern an die Erfüllung alter oder neuer Reparationsforderungen geknüpft[312]. Nur der Ausschluß Polens von den abschließenden Verhandlungen mußte durch einen besonderen Ersatz-Friedensvertrag honoriert werden, der den Wunsch Polens nach einer Anerkennung seiner Westgrenze, das heißt der Annexion von 1945 durch einen ausdrücklichen Gebietsverzicht auch ihm gegenüber erfüllte[313].

97
Keine Beteiligung weiterer Staaten

Polen

Westgrenze Polens

---

309 Die Wiedervereinigung 1989/90 offenbarte bei fast allen europäischen Nachbarn gegenüber den Deutschen überwiegend Angst und Abneigung, interessanterweise stets am stärksten oder überhaupt nur ausgeprägt bei den Vertretern der politischen Klasse, den Intellektuellen und den Massenmedien, also bei den politisch maßgeblichen Größen. Repräsentativ sind die im Herbst 1993 erschienenen Memoiren der freimütigen Premierministerin *Margaret Thatcher*, Downing Street No. 10. Die Erinnerungen, 1993, S. 1094 ff. Siehe fernerhin die vorzugsweise von einheimischen Autoren vorgelegten Berichte, Untersuchungen und Stellungnahmen in dem wichtigen Sammelband von Günther Trautmann (Hg.), Die häßlichen Deutschen? Deutschland im Spiegel der westlichen und östlichen Nachbarn, 1991.

310 AdG 1990, S. 34341 (18. 3. 1990).

311 „Zwei westliche Außenminister verlangten unter Berufung auf die Formulierung ‚einschließlich der Sicherheit der Nachbarstaaten' in höchst ungehaltener Form die Teilnahme an den Verhandlungen über die deutsche Einheit. Genscher hatte große Mühe, verständlich zu machen, daß der Kreis der Teilnehmer – neben den beiden betroffenen deutschen Staaten – auf diejenigen beschränkt bleiben müsse, die aus der Kriegs- und Nachkriegszeit noch immer Rechten und Verantwortlichkeiten in bezug auf Deutschland als Ganzes hätten" (*Frank Elbe*, Die Lösung der äußeren Aspekte der deutschen Vereinigung: Der Zwei-Plus-Vier-Prozeß, 1993, S. 16 f.). Es handelte sich um die Außenminister Italiens und der Niederlande, aber auch die meisten anderen NATO-Partner fühlten sich von den Ereignissen „überrollt", vgl. *Kissler/Elbe* (N 301), S. 103 ff.

312 Im Zusammenhang mit der Entschließung des Bundestages vom 8. 3. 1990 betreffend die deutsch-polnische Grenze erinnerte das Parlament an den Verzicht Polens auf Reparationen gegenüber Deutschland am 23. 8. 1953, vgl. BT-Drs 11/Nr. 6579 und StenBer BT, 11. WP, S. 15429 A; *Rauschning*, Beendigung der Nachkriegszeit (N 290), S. 1280 ff.

313 Vertrag vom 14. 11. 1990 und Nachbarschaftsvertrag vom 17. 11. 1991 (BGBl II, S. 1314, 1328); dazu *Dieter Blumenwitz*, Der Vertrag vom 12. 9. 1990 über die abschließende Regelung in bezug auf Deutschland, in: NJW 1990, S. 3041 (3043 ff.); *Herbert Bethge*, Das Staatsgebiet des wiedervereinigten Deutschland, in: HStR VIII, ¹1995, § 199 Rn. 9 ff.; → Bd. I, *Kilian*, § 12 Rn. 62; → Bd. X, *Schweitzer*, § 224 Rn. 10 33 f.

Diente bislang auch der noch fehlende Friedensvertrag als Grund für das Offenhalten der deutschen Frage[314], so hatte dieses Argument seine Schuldigkeit getan, als die deutsche Frage durch Wiedervereinigung beantwortet wurde.

98

Boden-
konfiskationen
1945–1949

Eine prekäre Nutzung der Viermächteposition der Sowjetunion gelang dem SED-Ministerpräsidenten Modrow, als er am 2. März 1990 Gorbatschow aufforderte, die UdSSR möge „mit ihren Rechten als Siegermacht des Zweiten Weltkrieges in bezug auf ein späteres Gesamtdeutschland sowie unter Nutzung ihres bedeutenden internationalen Einflusses für die Sicherung der Eigentumsverhältnisse in der Deutschen Demokratischen Republik" eintreten[315]. Die Moskauer Antwort vom 16. April 1990 führte zu der bekannten Hinnahme der sowjetisch-kommunistischen Bodenkonfiskationen zwischen 1945 und 1949[316].

99

Keine Viermächte-
konferenz über
Deutschland

Als Anerkennung des Selbstbestimmungsrechts ist es zu werten, daß es keine „Viermächtekonferenz über Deutschland" gab, also ohne deutsche Beteiligung, wie es sich die Sowjetunion, intern auch Großbritannien zunächst vorgestellt hatten[317]; dem konnte Bundeskanzler Kohl am 11. Januar 1990 unter Hinweis auf das Selbstbestimmungsrecht der Deutschen erfolgreich widersprechen[318]. Auch wurde die definitive Deutschlandregelung als „Zwei-plus-Vier-Vertrag" abgeschlossen, nicht als Vier-plus-Zwei-Vertrag, wie die 45 Jahre dominierende Viermächteverantwortung und die internationale Präponderanz dieser vier Mächte im übrigen hätten erwarten lassen[319].

100

Zwei-plus-Vier-
Vertrag als
Friedensvertrag

Wäre es im Zwei-plus-Vier-Vertrag allein um die Anerkennung und Realisierung der deutschen Selbstbestimmung gegangen, so hätte sich der Vertrag mit dem Text des Art. 7 begnügen können, in dessen Absatz 1 die vier Mächte erklären, sie beendeten „hiermit ihre Rechte und Verantwortlichkeiten in bezug auf Berlin und Deutschland als Ganzes. Als Ergebnis werden die entsprechenden, damit zusammenhängenden vierseitigen Vereinbarungen, Beschlüsse und Praktiken beendet und alle entsprechenden Einrichtungen der vier Mächte aufgelöst." Die Präambel räumt auch ein, daß „mit der Vereinigung Deutschlands als einem demokratischen und friedlichen Staat die Rechte und Verantwortlichkeiten der Vier Mächte in bezug auf Berlin und

---

314 *Fiedler* (N 292), S. 1052 f. m. weit. Nachw.
315 *Ingo von Münch*, Dokumente der Wiedervereinigung Deutschlands, 1991, S. 112 f.
316 Vgl. BVerfGE 84, 90 ff. (Urteil vom 23. 4. 1991); über Durchführung und Hintergründe sowie die Bewertung des sowjetischen Vorbehalts s. *Gernot Biehler*, Die Bodenkonfiskationen in der Sowjetischen Besatzungszone Deutschlands 1945 nach Wiederherstellung der gesamtdeutschen Rechtsordnung 1990, 1993; *Fritz Ossenbühl*, Eigentumsfragen, in: HStR IX, ¹1997, § 212 Rn. 36 ff.
317 Eingeleitet durch ein Treffen der Botschafter der vier Mächte am 11. 12. 1989 im Gebäude des Alliierten Kontrollrats; gegen dieses erste Treffen nach 18 Jahren protestierte intern Außenminister Genscher mit Erfolg, vgl. Kissler/Elbe (N 301), S. 73 ff.
318 *Teltschik* (N 301), S. 105.
319 Außenminister Genscher hatte mit dem US-Außenminister Baker auf der Ottawa-Konferenz am 13. 2. 1990 die Zwei-plus-Vier-Reihenfolge durchsetzen können mit der Begründung, sie verdeutliche Deutschlands Gleichberechtigung, s. *Pond* (N 242), S. 178; Kissler/Elbe (N 301), S. 86 ff.; fernerhin *Gilbert Gornig*, Die vertragliche Regelung der mit der deutschen Vereinigung verbundenen auswärtigen Probleme, in: Außenpolitik 1991, S. 3 (6).

Deutschland als Ganzes ihre Bedeutung verlieren". Der Satz zuvor aber stellt die Kausalitäten klar[320]: Die Viermächtekompetenzen „verlieren ihre Bedeutung", weil der Vertrag die „abschließende Regelung" enthält („in Anerkennung dessen, daß dadurch ... die Rechte ... ihre Bedeutung verlieren"). Die abschließende Regelung bildeten die Festlegung der Außengrenzen (Art. 1), die Bewaffnung und Stärke der Streitkräfte (Art. 3), die Truppenstationierung in der DDR (Art. 5) und die sogenannte Bündnisfreiheit (Art. 6). Insofern war der Zwei-plus-Vier-Vertrag ein Friedensvertrag[321], auch wenn die offene Kennzeichnung vermieden wurde, um die Reduzierung der Vertragspartner auf die vier Mächte zu rechtfertigen. Völkerrechtliche Bindungen setzen die vertragliche Einwilligung des Verpflichteten voraus. Die „Supreme Authority" der vier Mächte konnte zwar die völkerrechtswidrige Annexion Ostpreußens, Pommerns und Schlesiens faktisch durchsetzen und 45 Jahre aufrechterhalten; für die rechtliche Anerkennung des Landverlustes und der neuen Grenzen mußte die vertragliche Anerkennung des „vereinigten Deutschlands" als Titel hinzutreten. Die vorangegangenen Verträge und Erklärungen der DDR seit 1950 und der Bundesrepublik seit 1972 reichten dazu nicht aus[322]. Dasselbe galt für die weiteren Pflichten und Duldungen, die der Vertrag vorsah; sie hätten sonst zur Disposition des vereinten Deutschlands gestanden, dem Art. 7 Abs. 2 des Vertrages „volle Souveränität über seine inneren und äußeren Angelegenheiten" zuerkannte.

Zustimmung der Deutschen zum Landverlust

Einigungsvertrag und Zwei-plus-Vier-Vertrag waren formell getrennt, hingen inhaltlich aber zusammen. Das war der Sinn der geläufigen Wendung von den „äußeren Aspekten der deutschen Einheit", den die parallel geführten Verhandlungen immer wieder verdeutlichten[323]. Die deutsche Zustimmung zu den „Regelungen" des Zwei-plus-Vier-Vertrages war Voraussetzung für die Aufhebung der Viermächtekompetenzen. Eben dies besagte die amtliche Begründung der Bundesregierung zum Zwei-plus-Vier-Vertrag: „Die äußeren und inneren Aspekte der Herstellung der deutschen Einheit sind untrennbar miteinander verbunden"[324]. In der Grenzfrage waren sich die vier Mächte und alle Welt einig, in der Bündnisfrage mußte die Sowjetunion nachgeben. Von den drei Westmächten hatten die Vereinigten Staaten zwar als erste die Wiedervereinigung gutgeheißen, nachdem auch sie der Zehn-Punkte-Plan vom 28. November 1989 überrascht hatte[325]. Sie hatten aber seit Anfang Dezember

101
Funktion von Einigungsvertrag und Zwei-plus-Vier-Vertrag

---

320 Das übersieht *Frowein* (N 263), S. 161, der allein den Bedeutungsverlust der Viermächteverantwortung durch die Wiedervereinigung hervorhebt; der Satz beginnt eben mit der Bezugnahme auf die Regelungen des Vertrages: „Recognizing that thereby and with the Reunification ... lose their Function". Im Ergebnis ist seiner Folgerung indes zuzustimmen. S. u. Rn. 107.
321 Ebenso *Rauschning* (N 312), S. 398; *Hailbronner* (N 289), S. 449, 452. → Bd. X, *Schweitzer*, § 224 Rn. 29 ff.
322 *Hailbronner* (N 289), S. 452; *Rauschning* (N 312), S. 1281 f.; *Wilfried Fiedler*, Die Wiedererlangung der Souveränität Deutschlands und die Einigung Europas, in: JZ 1991, S. 685 (689); differenzierend *Frowein* (N 263), S. 155 ff.
323 *Fiedler* (N 322), S. 688.
324 BT-Drs 11/8024, S. 18. Auf diese Erklärung verwies auch *Rauschning*, Beendigung der Nachkriegszeit (N 290), S. 1281.
325 Einzelheiten und Gründe bei *Pond* (N 242), S. 161 ff.

§ 229　　　*Zwanzigster Teil: Leitprinzipien*

NATO-Zugehörigkeit Deutschlands

öffentlich und intern die NATO-Zugehörigkeit des wiedervereinigten Deutschlands zur conditio sine qua non ihrer Zustimmung gemacht[326]. Vermutlich wären auch ohne Zwei-plus-Vier-Vertrag West- und Ostdeutschland administrativ vereinigt worden; nur eine übergreifende und gemeinsame Staatsorganisation konnte die mit der Grenzöffnung entstandenen ökonomischen und demographischen Probleme bewältigen. Dann aber hätten die Viermächtekompetenzen fortbestanden, und wegen der Einbindung der Bundesrepublik in der NATO und der Europäischen Gemeinschaft wie der DDR im Warschauer Pakt und im „Rat für Gegenseitige Wirtschaftshilfe" (RGW) wäre die Wiedervereinigung beim Vertrag über die Währungs-, Wirtschafts- und Sozialunion erst einmal stehengeblieben – die Auflösung der Ostpakte und das Ende der Sowjetunion im Sommer und Herbst 1991 waren 1989/90 nicht sicher vorauszusehen[327].

102

Vorgaben für die Verfassung im Zwei-plus-Vier-Vertrag

War die deutsche Einwilligung in die Regelungen des Zwei-plus-Vier-Vertrages Bedingung für die Aufhebung der Viermächtekompetenzen, so wirkte sich dieser Zusammenhang auch auf die Ausübung des Selbstbestimmungsrechts aus: Das gewollte Resultat, die Wiedervereinigung in einem Staat, machten die vier Mächte von den deutschen Versprechen im Zwei-plus-Vier-Vertrag abhängig[328]. Sogar den Text des Grundgesetzes selbst determinierte Art. 1 Abs. 4 des Vertrages unter Nennung der Artikel: „... werden sicherstellen, daß die Verfassung des vereinten Deutschlands keinerlei Bestimmungen enthalten wird, die mit diesen Prinzipien unvereinbar sind (Außengrenzen, Verzicht auf gegenwärtige und zukünftige Gebietsansprüche). Dies gilt dementsprechend für die Bestimmungen, die in der Präambel und in den Artikeln 23 Abs. 2 und 146 des Grundgesetzes für die Bundesrepublik Deutschland niedergelegt sind"[329]. Von solchen Determinationen und Voraussetzungen weiß Art. 1 IPbürgR nichts. Das Selbstbestimmungsrecht ist allein ausgerichtet auf den Willen und die Entscheidung des Volkes. Vorab und vorsorglich sei vorangeschickt: Bei der Erörterung dieser Frage ist der Grad der Lästigkeit und Schwere der Bedingungen oder ihr Nutzen ohne Belang[330]. Wichtig ist allein

---

326 *Elbe* (N 311), S. 8; über die Gründe wiederum *Pond* (N 242), S. 173 ff.
327 Der RGW wurde am 27.6., der Warschauer Pakt am 1.7.1991 formell aufgelöst. Die Randstaaten verließen die Sowjetunion, nachdem am 29.8.1991, also nach dem mißlungenen Putsch, die KPdSU verboten worden war. Die UdSSR wurde formell durch Beschluß des Obersten Sowjets am 26.12.1991 aufgelöst.
328 *Rauschning*, Beendigung der Nachkriegszeit (N 290), S. 1281, stellte kommentarlos fest, das in Art. 1 Abs. 1 der UN-Menschenrechtspakte als Rechtssatz niedergelegte Selbstbestimmungsrecht der Völker sei „von der Erfüllung außenpolitischer Forderungen abhängig gemacht" worden.
329 Mit Recht hat *Fiedler* (N 322), S. 689, dargetan, solche Bestimmungen ließen die Frage nach dem Ausmaß der freien Selbstbestimmung aufkommen, die in der Präambel des Vertrages vorausgesetzt wurde: Insofern wäre ein Verzicht auf die Nennung einzelner Bestimmungen des Grundgesetzes dem Gedanken des Selbstbestimmungsrechts der Völker angemessener gewesen.
330 In der Sondersitzung des Bundesrates am 8.10.1990 erklärte Außenminister Genscher: „Nichts ist uns aufgezwungen, und nichts ist uns abgerungen" (Bulletin 1990, S. 1265); auch zit. von *Fiedler* (N 322), S. 689 Fn. 54. Genschers zeitweiliger DDR-Amtskollege Meckel wird das anders gesehen haben, er hatte auf der Zwei-plus-Vier-Außenministerkonferenz in Paris am 17.7.1990 einen Verzicht auf Kernwaffenstationierung für ganz Deutschland gefordert und eine Präsenz von NATO-Truppen auf dem Gebiet der DDR nach Abzug der sowjetischen Soldaten abgelehnt (AdG 1990, S. 34719). *Elbe* (N 311), S. 26 f., macht für diese Vorschläge die westdeutschen Berater Meckels verantwortlich.

das Junktim. Zu diesen Bedingungen gehörten bekanntlich nicht nur die Regelungen des Zwei-plus-Vier-Vertrages selbst, sondern – für die Sowjetunion – die Irreversibilität der sogenannten Bodenreform von 1945 bis 1949 in der Sowjetischen Besatzungszone und der Ausschluß der Restitution, mit weiteren Versprechen zugesichert im „Gemeinsamen Brief" vom 14. September 1990[331]. Eine genauere, hier nicht anzustellende Untersuchung der Erwartungen und Vorstellungen der Beteiligten könnte weitere Bedingungen zutage fördern, die zur „Geschäftsgrundlage" des Zwei-plus-Vier-Vertrages gehörten und damit auch die Wiedervereinigung konditionierten: die europäische Integration zum Beispiel, in die bereits der Deutschlandvertrag das „wiedervereinigte Deutschland" eingebunden sah (Art. 7 Abs. 2), eine Konstruktion, die dem integrierten Staat schließlich nicht nur politische Nestwärme und einen erweiterten Markt für Im- und Export vermitteln soll[332].

„Geschäftsgrundlage" des Zwei-plus-Vier-Vertrags

Europäische Integration

Der Kostenbeitrag zum Abzug der sowjetischen Truppen[333] und die weitere Stationierung von Truppen der drei Westmächte sowie Belgiens, Kanadas und der Niederlande und deren Finanzierung durch die Bundesrepublik dürften ebenfalls zur Geschäftsgrundlage des Zwei-plus-Vier-Vertrages gehören[334]. Auch die Folgeverträge wurden der Bundesrepublik nicht unterschriftsreif vorgelegt, sie wurden nicht „diktiert", sondern ausgehandelt, aber die Sache selbst und als solche war für die deutsche Seite kein Gegenstand von Annahme oder Ablehnung.

103

Truppenstationierung

---

331 Bulletin 1990, S. 1156. Zum Restitutionsausschluß als Bedingung der Wiedervereinigung ausdrücklich BVerfGE 84, 90 (127f.); hierzu *Biehler* (N 316), S. 108ff., 116ff. m. weit. Nachw.

332 Ein so kluger Mann wie der tschechoslowakische Außenminister Jiří Dienstbier brachte diesen Aspekt der Integration beim Treffen der Außenminister des Warschauer Pakts am 17.3.1990 auf den Punkt: „Je mehr ein Staat integriert ist, desto besser kann er kontrolliert werden." Mit diesem Argument wurde die Neutralität Deutschlands verworfen und die Zustimmung der Ostblockstaaten zur Einbeziehung ganz Deutschlands in die NATO vorbereitet (AdG 1990, S. 34332).

333 Am 27.8.1990 erinnerte Schewardnadse den deutschen Außenminister „außerdem daran, daß Gorbatschow in Archiz den Abzug der Truppen an den Umfang der materiellen und finanziellen Unterstützung der deutschen Seite gekoppelt habe. Die deutschen Vorschläge dazu seien jedoch noch völlig unzureichend. Wenn keine Lösungen gefunden werden könnten, müßten die Termine für den Truppenabzug geändert werden" (*Teltschik* [N 301], S. 352). – Das Abkommen zwischen der Regierung der Bundesrepublik Deutschland und der Regierung der Union der Sozialistischen Sowjetrepubliken „über einige überleitende Maßnahmen" vom 9.10.1990 (BGBl II, S. 1654) bestimmt für die Kosten der Stationierung bis August 1994 einen DM-Überleitungsfond von 3 Mrd. DM, einen weiteren zinslosen Kredit in Höhe von ebenfalls 3 Mrd. DM, dazu Transportkosten in Höhe von 1 Mrd. DM und 7,8 Mrd. DM für ein Wohnungsbauprogramm in der Sowjetunion zugunsten der Roten Armee sowie 200 Mio. DM für Maßnahmen der „Umschulung".

334 Notenwechsel vom 25.5.1990 (BGBl II, S. 1251); im einzelnen *Torsten Stein*, External Security and Military Aspects of German Unification, in: ZaöRV 51 (1991), S. 451 (463ff.); *Christian Raup*, Die in der Bundesrepublik Deutschland stationierten verbündeten Streitkräfte, in: NZWehrR 34 (1992), S. 16ff. Der französische Ministerpräsident Mitterrand hatte in seinem Pariser Gespräch mit Bundeskanzler Kohl am 14.2.1990 seine nunmehr positive Bewertung der Wiedervereinigung mit der Erwartung verknüpft, daß auch nach dem Abzug der sowjetischen Truppen „eine gewisse Anzahl westlicher Truppen im Interesse der Sicherheit aller in Deutschland verbleiben sollte" (*Teltschik* [N 301], S. 150); über das amerikanische Interesse, durch Truppen vor Ort „ein wachsames Auge auf die Deutschen" richten zu können, *Beschloss/Talbott* (N 301), S. 250. – Die fortbestehenden Rechte der drei Mächte hätten nach *Fiedler* (N 322), S. 690, in Art. 7 im Zusammenhang mit der Souveränitäts-Erklärung berücksichtigt werden müssen. Vermutlich sollte eine offen deklarierte Ausnahme zugunsten der Westmächte der Sowjetunion nicht zugemutet werden.

104

Keine völkerrechtlich unzulässige Konditionierung

Gleichwohl wird eine völkerrechtlich unzulässige Konditionierung des Selbstbestimmungsrechts nicht anzunehmen sein[335]. Die Verbindung war nämlich auch vom Träger des Selbstbestimmungsrechts gewollt. Aus der Sicht der vier Mächte war der Abschluß des Zwei-plus-Vier-Vertrages notwendig, weil nach dem Ende der Feindseligkeiten und den Notwendigkeiten des allgemeinen Besatzungsregimes Fragen offengeblieben waren, die in einem Friedensvertrag zu regeln sind. Der Verzicht auf die Viermächtekompetenzen war die Gegenleistung für die gewünschten deutschen Zugeständnisse im Zwei-plus-Vier-Vertrag. Gegen diesen Konnex war und ist nichts einzuwenden. Eine

Herkömmlicher Friedensvertrag

militärische Besetzung als Druckmittel einzusetzen, um den unterlegenen Kriegsgegner zu vertraglich vereinbarten Landabtretungen, Bündnisverpflichtungen und Geldzahlungen zu zwingen, gehört zum herkömmlichen Instrumentarium von Friedensverhandlungen; dergleichen läßt seit Jahrhunderten Gültigkeit und Verpflichtungskraft völkerrechtlicher Verträge unberührt[336]. Einen solchen herkömmlichen Friedensvertrag, der die Viermächtekompetenzen ohne Verbindung mit dem Selbstbestimmungsrecht beendete, hätten die Deutschen von der Sowjetunion seit 1972 sicher haben können. Der Vertrag würde dann allerdings auch die Zweistaatlichkeit garantiert haben, die Teilung hätte erstmals auf den in völkerrechtlich gültiger Form geäußerten Willen der Deutschen zurückgeführt werden können.

105

Konnex der äußeren und der inneren Einheit

Wie sehr den Deutschen daran gelegen war und gelegen sein mußte, Wiedervereinigung und Beendigung der Viermächtekompetenzen zu verbinden, wurde bei dem Vorschlag der Sowjetunion auf der Außenminister-Konferenz am 5. Mai 1990 deutlich, die deutsche Einheit nach Anerkennung der Grenzen und Beschränkung der Streitkräfte zuzulassen, die Viermächtekompetenzen insgesamt aber noch „mehrere Jahre" fortzusetzen. Besonders die Präsenz der alliierten Truppen könnte den Prozeß der Einigung „stabilisieren und ruhige Rahmenbedingungen dafür schaffen"[337]. Schewardnadse wollte also wenig geben, aber alles haben und behalten, was er bereits besaß – die Viermächtekompetenzen. Selbst wenn die sowjetische Zustimmung zur Wiedervereinigung nicht an Grenzanerkennung und Streitkräftebeschränkung geknüpft worden wäre: Selbstbestimmung geht im Fall der Teilung eines Volkes nicht nur auf Herstellung einer gemeinsamen Staatsorganisation. Die Ausübung des Selbstbestimmungsrechts soll das Volk in die Reihe der Mitgliedstaaten der Vereinten Nationen führen, die „auf dem Grundsatz der souveränen Gleichheit aller ihrer Mitglieder beruht" (Art. 2 Abs. 1 UN-Charta). Ein vereinigtes Deutschland „unter Viermächteverantwortung" mit einer Hauptstadt unter Besatzungsrecht hätte einen solchen Anspruch nicht erfüllen können. Dem Vorschlag, die „inneren und äußeren Aspekte" der deut-

---

[335] Im Ergebnis ebenso *Georg Ress*, Selbstbestimmungsrecht, in: Werner Weidenfeld/Karl-Rudolf Korte (Hg.), Handbuch zur deutschen Einheit, 1993, S. 566 (568).

[336] Das hat bereits 1576 *Jean Bodin*, Les Six Livres de la République, Paris ⁶1583, Bd. V, S. 802 ff., 803, geklärt: Die Rechtsregeln, die für Verträge von Privatleuten gelten, können auf Verträge der Fürsten, besonders ihre Friedensverträge, nicht angewendet werden – welcher Friedensvertrag werde denn von dem Besiegten freiwillig geschlossen?

[337] AdG 1990, S. 34487 f.

schen Einheit zu „entkoppeln", widersprachen daher die Außenminister der Westmächte und Bundeskanzler Kohl entschieden und mit Erfolg[338].

106

Leistungen und Gegenleistungen im Zwei-plus-Vier-Vertrag abschließend zu regeln, lag im deutschen Interesse, auch die Koppelung mit der Wiedervereinigung. Nach Öffnung der Grenze entwickelte der Prozeß der Wiedervereinigung eine starke Eigenbewegung und eine unwiderstehliche Schubkraft; den auf die Wiedervereinigung drängenden Kräften konnten sich weder die vier Mächte noch die deutschen Regierungen entziehen[339]. Einzufangen waren diese elementaren Vorgänge nur mit der Staatseinheit. Ein vereinigtes Deutschland, das vertraglich die Wünsche erfüllte und die Interessen respektierte, die von den vier Mächten für sich und andere europäische Staaten eingebracht wurden, konnte legitimerweise nicht mehr unter der Vormundschaft der vier Mächte bleiben – jedenfalls nicht 45 Jahre nach der militärischen Kapitulation. Die Zusagen der beiden deutschen Regierungen, vor allem in den Grenzfragen, setzten die vier Mächte, besonders die Sowjetunion unter Zugzwang. Angesichts der neuen „Realitäten" in Deutschland hätte sie ein Beharren auf den „historischen Realitäten nach dem Zweiten Weltkrieg" der Weltöffentlichkeit nicht mehr glaubhaft vermitteln können; von ihnen standen nur noch Ruinen.

Eigenbewegung der Wiedervereinigung

Vier Mächte unter Zugzwang

107

Schließlich ist zu berücksichtigen: Die deutsche Selbstbestimmung wuchs als Recht in eine vorgegebene Lage hinein. Die „Supreme Authority" der vier Siegermächte war die Hypothek, die von vornherein, seit der Kapitulation 1945, auf Land und Leuten in Mitteleuropa lastete[340]. Auch Individualgrundrechte müssen sich bei ihrer Ausübung mit dem sozialen Umfeld auseinandersetzen und die eigenen Möglichkeiten und Fähigkeiten in Rechnung stellen. Das Selbstbestimmungsrecht ist überdies ein Recht aus eigener politischer Entscheidung; es muß stets gegen politische Entscheidungen und Rechte anderer Mächte und Staaten durchgesetzt werden. Geschenkt wird es nie, nur die Kosten variieren. Im deutschen Fall stand seit den 50er Jahren der Wille der Sowjetunion entgegen, die sich mit der DDR einen Satelliten erhalten wollte und für die hochgerüsteten 400.000 Mann der „Gruppe der sowjetischen Truppen in Deutschland" ein Operationsfeld, von dem aus zugleich die osteuropäischen Staaten in Schach gehalten werden konnten. Nach den innenpolitischen Trendwenden in Polen, Ungarn und der Tschechoslowakei verlor das mitteleuropäische Glacis der Sowjetmacht das sichere Hinterland, war die DDR zur Insel im Meer von Reformismus und Revolutionen geworden. Die Verweigerung politischer und militärischer Hilfe für die Honecker-Regierung kappte das Seil, das 40 Jahre die SED-Herrschaft vor dem Absturz gesichert hatte. Unter dem Druck der Demonstrationen zerbrach das System und fiel sein innerdeutscher „Schutzwall". Aber noch existierte die Sowjet-

Wandel des osteuropäischen Umfeldes der DDR

---

338 AdG 1990, S. 34487; EA 1990, S. D 495f.; FAZ vom 9.5.1990.
339 Ebenso *Fiedler* (N 322), S. 688.
340 *Ress* (N 335), S. 568, spricht in diesem Zusammenhang vom „Zwang" der Lage, die für eine Völkerrechtsetzung stets typisch sei; frei sei die Selbstbestimmung 1990 gewesen, weil sie „Einsicht in die innere Notwendigkeit des Verzichts auf bis dahin fortbestehende Rechtspositionen" bedeutet habe.

§ 229   Zwanzigster Teil: Leitprinzipien

union, die angesichts der Ereignisse im Baltikum, in Osteuropa und Ostdeutschland Mühe genug hatte, Gesicht und Status einer Weltmacht äußerlich zu wahren. Mit der Aufgabe der DDR verlor die Sowjetunion nicht nur einen Bundesgenossen, vor allem mußte die Rote Armee ein Gebiet räumen, in dem sie sich eingerichtet hatte wie die Legionen hinter dem Limes. Für das imperiale Denken in Moskau war das eine Niederlage, schmerzlicher als der Rückzug aus Afghanistan[341]. Die Westmächte und die Bundesregierung waren daher ständig bestrebt, Gorbatschow nicht als „geschwächten Präsidenten" erscheinen zu lassen[342]. Der Inhalt des Zwei-plus-Vier-Vertrages mußte auf diese Situation Bedacht nehmen. Die Berücksichtigung der schwierigen Position Gorbatschows in Moskau verschaffte ihm und dem Außenminister Schewardnadse eine Stellung, die es ihnen erlaubte, über die deutsche Wiedervereinigung und das Ende der Viermächteverantwortung so zu verhandeln, als gäbe es ein Selbstbestimmungsrecht der Deutschen nicht. Der Demonstration der „Stärke" der Sowjetunion dienten die Eingriffe in die „innere" Selbstbestimmung, die Art. 1 Abs. 4 des Vertrages durch die Vorgabe der Änderungen der Art. 23 und 146 GG vornahm, die Deklarationen des Art. 2 des Vertrages („daß von deutschem Boden nur Frieden ausgehen wird"), die Verzögerung und Erstreckung des Truppenabzuges auf vier Jahre, aber auch und vor allem die offene Verknüpfung von Wiedervereinigung und Zwei-plus-Vier-Vertrag: Die Deutschen hatten nach vierzigjähriger Teilung für die Rückgewinnung der deutschen Staatseinheit den Preis zu entrichten, den die Sieger des Zweiten Weltkrieges festsetzten. Das Selbstbestimmungsrecht ist eben kein Mittel, den Folgen einer militärischen Niederlage zu entgehen.

Sowjetische Demonstration der Stärke

108
Interim Wiedervereinigung – Inkrafttreten des Vertrages

Die besondere Figur der „Supreme Authority" demonstrierte also bis zuletzt ihre eigentümliche Überlegenheit gegenüber den allgemeinen Regeln des Völkerrechts. Die vier Mächte erwiesen allerdings dem Selbstbestimmungsrecht ein Zugeständnis von Gewicht: Der Zwei-plus-Vier-Vertrag sollte für die sechs Beteiligten am Tag der Hinterlegung der letzten Ratifikations- oder Annahmeurkunde in Kraft treten (Art. 9). Der Ratifikationsprozeß endete, und der Vertrag trat in Kraft am 15. März 1991, als die Sowjetunion – nach nicht öffentlicher Verhandlung und Zustimmung im Obersten Sowjet am 4. März – als letzte Vertragspartei die Ratifikationsurkunde hinterlegte[343]. Bis zu diesem Tag hätte die Viermächteverantwortung für Deutschland als Ganzes die Wiedervereinigung überdauert. Um dieses Resultat zu vermeiden, ließen die Außenminister der vier Mächte der Unterzeichnung des Vertrages am

---

341 Wie es in den Köpfen der Generalität aussah und aussieht, belegt die öffentliche Kritik des russischen Verteidigungsministers Pawel Gratschow am 3.9.1994 an den „politischen" Entscheidungen Gorbatschows: Die vereinbarte Frist von vier Jahren sei ein Fehler gewesen, man hätte den Truppen 15 Jahre Zeit zum Abzug geben sollen (Die Welt vom 4.9.1994, S. 4).
342 S. *Beschloss/Talbott* (N 301), S. 233 ff.; *Teltschik* (N 301), S. 238 und durchgehend. Die sowjetische Generalität war im übrigen geschockt durch die Verhandlungen über die weitgehende Abrüstung durch den (am 19.11.1990 geschlossenen) KSE-Vertrag und das Fallenlassen des langjährigen Bundesgenossen Saddam Hussein seit dessen Besetzung von Kuwait am 2.8.1990, s. *Beschloss/Talbott*, a.a.O., S. 285 ff., 323 ff., 380 ff., 448 ff., 476 ff.
343 BGBl II, S. 587.

12. September 1990 in Moskau am 1. Oktober 1990 in New York für ihre
Regierungen die Erklärung folgen, „daß die Wirksamkeit ihrer Rechte und
Verantwortlichkeiten in bezug auf Berlin und Deutschland als Ganzes mit
Wirkung vom Zeitpunkt der Vereinigung Deutschlands bis zum Inkrafttreten
des Vertrags über die abschließende Regelung in bezug auf Deutschland ausgesetzt wird. Als Ergebnis werden die Wirksamkeit der entsprechenden,
damit zusammenhängenden vierseitigen Vereinbarungen, Beschlüsse und
Praktiken und die Tätigkeit aller entsprechenden Einrichtungen der vier
Mächte ab dem Zeitpunkt der Vereinigung Deutschlands ebenfalls ausgesetzt"[344]. Die Suspendierung aller Viermächtekompetenzen entsprach dem
Bedingungszusammenhang von Wiedervereinigung und Rückgewinn der
deutschen Souveränität durch Selbstbestimmung. Gleichzeitig wurde aber
auch deutlich, wie eng Teilung und Viermächtekompetenzen zusammenhin-
gen. Das Ende der Zweistaatlichkeit am 3. Oktober 1990 entzog den Viermächtekompetenzen das politische Existenzrecht.

Suspension der Alliierten Rechte im Interim

Dieser Bedingungszusammenhang hätte sich bewähren müssen, wäre zum
Beispiel die Ratifikation des Zwei-plus-Vier-Vertrages in Moskau gescheitert.
Der Aussetzungsbeschluß war für den Fall der Nichtratifikation weder ausdrücklich noch konkludent auflösend bedingt worden; er hätte also förmlich
wieder aufgehoben werden müssen, wozu die notwendige Übereinstimmung
aller vier Mächte aber wohl kaum zu erreichen gewesen wäre. Die Wiederherstellung des Status quo ante wäre vor allem auf die Verbindung der Suspendierung der Viermächtekompetenzen mit dem Datum des 3. Oktober 1990
gestoßen. Zwar hatte die Präambel des Vertrages die Inhalte der vertraglichen Regelungen mit der Wiedervereinigung zu einem Grund für den Bedeutungsverlust der Viermächtekompetenzen kombiniert[345]. Die Erklärung der
vier Mächte am 1. Oktober 1990 aber hatte diese Verbindung aufgelöst und
die Wiedervereinigung zu einem selbständigen Grund für die Nichtausübung
der Viermächtekompetenzen erklärt. Auch können so extraordinäre Kompetenzen wie diejenigen der vier Mächte, nachdem sie viele Monate faktisch
nicht mehr galten, nicht von selbst wieder aufleben. Die „Rechte und Verantwortlichkeiten der vier Mächte in bezug auf Deutschland als Ganzes" wurzelten in der „Supreme Authority", vereinbart und übernommen in Potsdam am
2. August 1945 durch die „Großen Drei"[346]. Das Potsdamer Abkommen
konnte als Vertrag zu Lasten eines Dritten Deutschland und die Deutschen zu
keinem Zeitpunkt völkerrechtlich verpflichten[347]. „Supreme Authority" und
die aus ihr abgeleiteten Viermächteverantwortlichkeiten waren für sie stets
die faktische Macht einer militärischen Besetzung gewesen, die sie infolge
ihrer Überlegenheit nur hingenommen, aber nicht vertraglich anerkannt hatten. Die Aussetzung beendete tatsächlich die Viermächteverantwortung, die

109

Supreme Authority als faktische Macht der Sieger

---

344 BGBl II, S. 1331.
345 S. o. Rn. 100.
346 Über die Stellung Frankreichs s. *Jochen Abr. Frowein*, Potsdam Agreements on Germany (1945), in: EPIL 4 (1982), S. 141 (143).
347 Statt vieler: *Frowein* (N 346), S. 145; → Bd. I, *Stolleis*, § 7 Rn. 28 ff.

gegenüber den Deutschen nur als tatsächliche Macht existiert hatte – so nützlich sie als Anknüpfungspunkt deutscher Argumentationen auch gewesen sein mochte. Zur „Supreme Authority" gehört eine dauernde Ausübung, denn nur in der Dauer kann sie sich als tatsächliche Überlegenheit realisieren. Die Suspension hat daher die Viermächteverantwortung nicht nur unterbrochen, sondern beendet. Die Wiederkehr der Viermächtezuständigkeiten durch einfache Erklärung oder gemeinsamen Beschluß hätte der Bundesrepublik gegenüber deshalb nicht ausgereicht. Die vier Mächte hätten die Bundesrepublik auch faktisch wieder in den Zustand des militärisch Besiegten versetzen müssen. Die Viermächteverantwortung war als Siegermachtposition eben nicht nur Gegenstand von Willenserklärungen und Beschlüssen, das Berliner Kontrollratsgebäude keine Residenz, in der man sich wie in einem Hotel beim Auszug Zimmer für die Rückkehr reservieren kann. Die Aussetzungs-Erklärung befreite das Selbstbestimmungsrecht von der Hypothek der „Supreme Authority" und teilte zugleich der deutschen Souveränität (Art. 7) jene Handlungsbereiche zur eigenen Entscheidung zu, die bis zum 3. Oktober 1990 den vier Mächten vorbehalten waren. „Supreme Authority", Selbstbestimmungsrecht und Souveränität sind Begriffe für Phänomene, deren tatsächliche Seite nicht allein den Schlüssen juristischer Logik unterliegt. Nachdem über die Brücke des Selbstbestimmungsrechts der Weg zur Souveränität gegangen war, hätte nur ein Gewaltakt den Status quo ante wieder herstellen können.

D. Bibliographie

Dieter Blumenwitz/Boris Meissner (Hg.), Das Selbstbestimmungsrecht der Völker und die deutsche Frage, 1984.
Antonio Cassese, The Self-Determination of Peoples, in: Louis Henkin (Hg.), The International Bill of Rights, New York 1981, S. 92 ff.
Karl Doehring, Das Selbstbestimmungsrecht der Völker als Grundsatz des Völkerrechts, in: BDGVR 14 (1974), S. 1 ff.
ders., Self-Determination, in: Bruno Simma et alii (Hg.), The Charter of the United Nations, Bd. I, ²2002, S. 47 ff.
Bernd Roland Elsner, Die Bedeutung des Volkes im Völkerrecht, 2000.
Felix Ermacora, Autonomie als innere Selbstbestimmung, in: AVR 38 (2000), S. 285 ff.
Udo Fink, Legalität und Legitimität von Staatsgewalt im Lichte neuerer Entwicklungen im Völkerrecht, in: JZ 1998, S. 330 ff.
Jörg Fisch, Das Selbstbestimmungsrecht der Völker, 2010.
Gilbert H. Gornig/Hans-Detlef Horn/Dietrich Murswiek (Hg.), Das Selbstbestimmungsrecht der Völker – eine Problemschau, 2013.
Hans-Joachim Heintze (Hg.), Selbstbestimmungsrecht der Völker – Herausforderung der Staatenwelt, 1997.
Peter Hilpold (Hg.), Das Selbstbestimmungsrecht der Völker: vom umstrittenen Prinzip zum vieldeutigen Recht?, 2009.
Eckart Klein, Das Selbstbestimmungsrecht der Völker und die deutsche Frage, 1990 (Lit).
Reinhard Müller, Der „2+4"-Vertrag und das Selbstbestimmungsrecht der Völker, 1997.
Dietrich Murswiek, Offensives und defensives Selbstbestimmungsrecht, in: Der Staat 23 (1984), S. 523 ff.
ders., Die Problematik eines Rechts auf Sezession – neu betrachtet, in: AVR 31 (1993), S. 307 ff.
Stefan Oeter, Selbstbestimmungsrecht im Wandel, in: ZaöRV 52 (1992), S. 741 ff.
Kurt Rabl, Das Selbstbestimmungsrecht der Völker, ²1973 (Lit.).
Joachim Schulz/Klaus Mann, Resolutionen zum Selbstbestimmungsrecht der Völker, 1990.
Wolfgang Seiffert, Selbstbestimmungsrecht und deutsche Vereinigung, 1992 (Lit.).
Daniel Thürer, Das Selbstbestimmungsrecht der Völker, in: AVR 22 (1984), S. 113 ff.
Christian Tomuschat (Hg.), Modern law of self-determination, Dordrecht 1993.
Sebastian Weber, Das Sezessionsrecht der Kosovo-Albaner und seine Durchsetzbarkeit, in: AVR 43 (2005), S. 494 ff.
Wilhelm Wengler, Das Selbstbestimmungsrecht der Völker als Menschenrecht, 1986.

§ 230
Gebiets- und Personalhoheit des Staates

Florian Becker

Übersicht

	Rn.		Rn.
A. Einleitung	1–12	a) Geltung fremden Rechts im Bundesgebiet	43–46
I. Staat, Staatsgebiet und Staatsvolk in Völkerrecht, Staatsrecht und Staatslehre	1–4	b) Anwendung und Durchsetzung fremden Rechts im Bundesgebiet durch fremde Staatsgewalt	47–48
II. Wandlung des Staates in der Allgemeinen Staatslehre von der Personal- zur Gebietskörperschaft	5–6	c) Gebietshoheit und Öffnung gegenüber fremder Hoheitsgewalt	49–69
III. Gemengelagen staatlicher Zuständigkeiten	7–8	4. Integration und Gebietshoheit	70–74
IV. Anwendungs- und Geltungsbereich von staatlichen Regelungen	9–12	5. Ausübung von deutscher Staatsgewalt gegenüber Ausländern	75–82
B. Gebietshoheit als Grund und Grenze der Staatsgewalt	13–82	a) Gebietshoheit als Grund	75–79
I. Einleitung	13–15	b) Grenze der Ausübung deutscher Staatsgewalt auf deutschem Staatsgebiet	80–82
II. Gebietshoheit im Völkerrecht	16–25	C. Personalhoheit als Grund und Grenze der Staatsgewalt	83–103
1. Gebietshoheit und territoriale Souveränität	16–17	I. Einleitung	83–86
2. Gebietshoheit und Zuständigkeit des Staates	18–22	II. Grundlagen der Personalhoheit	87–95
3. Vermutung für die staatliche Zuständigkeit	23–25	1. Staatsangehörigkeit	87–94
III. Gebietshoheit im Staatsrecht	26–82	2. Weitere Anknüpfungspunkte für die Personalhoheit	95
1. Bezug der Staatsgewalt zum Staatsgebiet im Grundgesetz	28–30	III. Personalhoheit als Anknüpfungspunkt staatlicher Regelungsgewalt	96–101
2. Ausübung deutscher Staatsgewalt außerhalb des Staatsgebiets	31–39	IV. Unionsbürgerschaft und Personalhoheit der Europäischen Union	102–103
a) Ausgreifen der Staatsgewalt über das Staatsgebiet	32	D. Lösung von Regelungskonflikten	104–107
b) Ausübung deutscher Staatsgewalt in überstaatlichen Organisationen	33–35	E. Ausübung von Staatsgewalt ohne Anknüpfung an Gebiets- oder Personalhoheit	108–110
c) Einfluß der räumlichen und personellen Reichweite der Verfassung auf die Gesetzgebung	36–39	F. Auflösungserscheinungen von Personal- und Gebietshoheit?	111–119
3. Fremde Hoheitsgewalt auf deutschem Staatsgebiet	40–69	G. Bibliographie	

§ 230   *Zwanzigster Teil: Leitprinzipien*

A. Einleitung

I. Staat, Staatsgebiet und Staatsvolk in Völkerrecht, Staatsrecht und Staatslehre

1
Drei-Elemente-Lehre

Das Bundesverfassungsgericht bezeichnet den Staat als „die historisch gewachsene, global anerkannte Organisationsform einer handlungsfähigen politischen Gemeinschaft"[1]. Mit dieser Aussage erhebt das Gericht selbstverständlich auch für das Grundgesetz den Anspruch, einen solchen Staat geschaffen zu haben. Die Verfassung konstituiert ein Gemeinwesen, in dem jene drei Staatselemente (Staatsgebiet, Staatsvolk und Staatsherrschaft) zusammenfinden, die in der Allgemeinen Staats-[2] und der Völkerrechtslehre[3] als Baustein der Staatlichkeit entwickelt wurden[4]. Jeder Verband, der die drei genannten Elemente in sich vereint, ist aus völkerrechtlicher Sicht ebenso wie in den Kategorien der Allgemeinen Staatslehre ein Staat[5].

2
Drei Elemente in Staatslehre und Völkerrecht

Die Allgemeine Staatslehre greift auf das Zusammenwirken der drei Elemente zurück, um den modernen Staat zum Zweck der Systembildung unabhängig von einer konkreten Verfassungsordnung als solchen charakterisieren und von anderen noch existierenden oder schon untergegangenen Herrschaftsverbänden abgrenzen zu können. Zentrales Anliegen des Völkerrechts, das trotz aller Ansätze zu seiner Konstitutionalisierung[6] immer noch in erster Linie als internationale Koordinationsordnung wirkt[7], ist die wechselseitige Abgrenzung der verschiedenen staatlichen Herrschaftsbereiche. Aber nur dem als Staat anerkannten Verband kommen die im Völkerrecht begründeten Rechte und Pflichten im Verkehr mit anderen Staaten und gegenüber der Staatengemeinschaft zu[8].

---

1 BVerfGE 123, 267 (346).
2 *Georg Jellinek*, Allgemeine Staatslehre, ³1914, S. 394 ff.; *Karl Doehring*, Allgemeine Staatslehre, ³2004, S. 16 ff.; *Reinhold Zippelius*, Allgemeine Staatslehre, ¹⁶2010, S. 45 ff., 63 ff., 73 ff.; teilweise anders insoweit allerdings *Herbert Krüger*, Allgemeine Staatslehre, ²1966, S. 145 f.; *Rudolf Smend*, Verfassung und Verfassungsrecht, in: Staatsrechtliche Abhandlungen und andere Aufsätze, ³1994, S. 11 (168 ff.). Zum Staatsgebiet aus der Perspektive der Verfassungslehre *Peter Häberle*, Das Staatsgebiet als Problem der Verfassungslehre, in: FS für Gerard Batliner, 1993, S. 397 ff.
3 *Georg Dahm/Jost Delbrück/Rüdiger Wolfrum*, Völkerrecht, Bd. I/1, ²1988, S. 127 ff.; *Volker Epping*, in: Knut Ipsen (Hg.), Völkerrecht, ⁵2004, S. 59 ff.; *Kay Hailbronner/Marcel Kau*, Der Staat und der Einzelne als Völkerrechtssubjekte, in: Wolfgang Graf Vitzthum (Hg.), Völkerrecht, ⁵2010, S. 176 ff.; *Matthias Herdegen*, Völkerrecht, ¹¹2012, S. 73 ff.; *Jörn Ipsen*, Staatsrecht I, ²⁴2012, S. 2 ff.; *Hartmut Maurer*, Staatsrecht I, ⁶2010, S. 1 ff.
4 → Bd. II, *Isensee*, § 15 Rn. 24.
5 *Doehring* (N 2), S. 19, der von einer „völligen" Deckungsgleichheit der beiden Definitionen ausgeht, die verfassungsrechtliche Definition des Staates aber von der jeweiligen konkreten Verfassung abhängig macht (S. 18 f.).
6 *Bardo Fassbender*, Grund und Grenzen der konstitutionellen Idee im Völkerrecht, in: FS für Josef Isensee, 2007, S. 73; *Andreas L. Paulus*, Die internationale Gemeinschaft im Völkerrecht, 2001, S. 285 ff.
7 *Herdegen* (N 3), S. 1 ff.
8 *Dahm/Delbrück/Wolfrum* (N 3), S. 92 ff., 196 ff., 317; *Colin Warbrick*, States and Recognition in International Law, in: Malcolm Evans (Hg.), International Law, Oxford ²2006, S. 217 (242 f.).

Demgegenüber werden aus der Binnensicht der vielfältigen nationalen Verfassungsordnungen völlig unterschiedliche Anforderungen und Erwartungen an die organisierte Staatlichkeit gestellt. Das Staatsrecht muß auf der Grundlage der konkreten Verfassungsordnung und zunächst auch unabhängig von völkerrechtlichen Vorgaben die Frage nach der räumlichen und personellen Reichweite der durch die Verfassung konstituierten Staatsgewalt beantworten. Seinen Regeln ist zu entnehmen, welchen Wirkungsraum die verfaßte Staatsgewalt für sich in Anspruch nimmt und ob die Verfassung weitere Gewalten über oder neben ihr zuläßt oder nicht.

3
Unabhängigkeit
des Staatsrechts

Trotz der voneinander zu differenzierenden Interessen der Disziplinen stehen ihre Erkenntnisse nicht unverbunden nebeneinander[9]. Der Bezug der Staatsgewalt auf ein Staatsgebiet hat von der Allgemeinen Staatslehre ausgehend Bedeutung für Völker- und Staatsrecht entfaltet. Die durch das Völkerrecht als staatskonstituierend geforderte effektive Staatsgewalt[10] spiegelt die durch ihre Einseitigkeit und Einzigkeit geprägte Charakterisierung der Staatsgewalt in der Allgemeinen Staatslehre wider[11]. Sobald sich eine effektive Ausübung von Staatsgewalt nachweisen läßt, entsteht vorbehaltlich der Anerkennung durch die internationale Gemeinschaft[12] ein in seiner Integrität durch das Völkerrecht geschützter Staat[13]. Damit wird die Existenz innerer Souveränität eines Verbandes zur Voraussetzung des völkerrechtlichen Schutzes seiner äußeren Souveränität gegen unzulässige Einmischung in die inneren Angelegenheiten dieses Gemeinwesens[14]. Daß der innere und der äußere Aspekt der Souveränität indes nicht allein in diesem Sinne als Voraussetzung und Rechtsfolge eng miteinander verbunden sind, wird auch daran deutlich, daß nur der nach innen souveräne Staat in der Lage ist, im völkerrechtlichen Verkehr mit anderen Staaten als Entscheidungs-, Handlungs- und Wirkungseinheit aufzutreten[15].

4
Zusammenhang
der Disziplinen

Innere und äußere
Souveränität

II. Wandlung des Staates in der Allgemeinen Staatslehre von der Personal- zur Gebietskörperschaft

Die sowohl für das Völkerrecht wie auch für die Allgemeine Staatslehre staatskonstituierende Beziehung der effektiven, einseitigen und einzigen Herrschaftsausübung zu einem abgegrenzten Territorium gilt als differentia

5
Gebietsbezogenheit
des modernen
Staates

---

9 Zu der Bedeutung des Staatsverständnisses von Georg Jellinek für die deutsche Staatsrechtslehre siehe etwa *Stephan Hobe*, Der offene Verfassungsstaat zwischen Souveränität und Interdependenz, 1998, S. 120 ff.; *Jens Kersten*, Georg Jellinek und die Klassische Staatslehre, 2000, S. 303 ff. und passim.
10 *Dahm/Delbrück/Wolfrum* (N 3), S. 129 ff.; *Epping* (N 3), S. 63 ff.; *Herdegen* (N 3), S. 74 f.
11 Maßgeblich *Krüger* (N 2), S. 847 ff., 879 ff.
12 Zur Problematik der Anerkennung eines neu entstandenen Staates *Ian Brownlie*, Principles of Public International Law, Oxford ⁷2008, S. 85 ff.; *Dahm/Delbrück/Wolfrum* (N 3), S. 186 ff.; *Warbrick* (N 8), S. 240 ff.
13 → Bd. II, *Isensee*, § 15 Rn. 53, 56.
14 *Alfred Verdross/Bruno Simma*, Universelles Völkerrecht, ³1984, §§ 454 ff.; *Epping* (N 3), S. 370.→ Bd. II, *Isensee*, § 15 Rn. 82 ff.
15 *Helmut Quaritsch*, Bodins Souveränität und das Völkerrecht, in: AVR 17 (1977/8), S. 257 (270 ff.); → Bd. II, *Randelzhofer*, § 17 Rn. 24.

specifica des modernen Staates im Vergleich zu anderen Herrschaftsstrukturen[16], die in ihrer heutigen Form erstmals von dem niederländischen Gelehrten Ulrikus Huber in seiner Schrift „De iure civitatis" im Jahre 1684 entwikkelt worden war[17] und insbesondere im angelsächsischen Rechtsraum bis heute gehalten wurde[18]. Weder das antike noch das mittelalterliche Gemeinwesen kannten ein Staatsgebiet als exklusiven Bezugspunkt der Herrschaft; als „Land, auf welchem der staatliche Verband sich erhebt"[19]. Vielmehr beherrschten die seinerzeitigen Verbände zentrale und strategisch bedeutsame Punkte, ohne sich überschneidungsfrei und paßgenau von benachbarten Gemeinwesen abgrenzen zu können oder zu wollen. Herrschaft vermittelte sich durch personale Über- und Unterordnungsverhältnisse[20].

Personalbezogenheit in Antike und Mittelalter

6 Der moderne Staat hingegen ist nicht mehr Personal-, sondern Gebietskörperschaft[21], da sein gegenüber anderen Staaten abgegrenztes Gebiet den originären Wirkungsraum und den primären Anknüpfungspunkt seiner Staatsgewalt bildet – unabhängig von der personalen, vor allem durch die Staatsangehörigkeit vermittelten Zugehörigkeit der Regelungsadressaten zu dem staatlichen Verband. Nachdem sich zunächst im kanonischen Recht eine territoriale Begrenzung von partikulären Kirchengesetzen für den jeweiligen Amtssprengel der betreffenden Gewalt verwirklicht hatte[22], setzten gegen Ende des zwölften Jahrhunderts Versuche zu einer Etablierung primär territorial radizierter und begrenzter Herrschaftsmacht sowie eines damit einhergehenden wechselseitigen gebietsbezogenen Ausschließlichkeitsanspruchs staatlicher Herrschaft ein. Das Territorium wandelt sich von dem bloßen Schauplatz hoheitlicher Herrschaft zu einem konstitutiven Element der Staatlichkeit[23]. Es wurde zu dem Raum, auf dem die Staatsgewalt ihre spezifische Tätigkeit entfaltet[24].

Ausschließlichkeit staatlicher Gebietsherrschaft

---

16 Vgl. neben den in N 2 und N 3 genannten Nachweisen noch etwa *Peter Badura*, Territorialprinzip und Grundrechtsschutz, in: FS für Walter Leisner, 1990, S. 403 (403); *Klaus Vogel*, Der räumliche Anwendungsbereich der Verwaltungsrechtsnorm, 1965, S. 13 ff.; → Bd. II, *Isensee*, § 15 Rn. 51, 65 und öfter; *Graf Vitzthum*, § 18 Rn. 1 ff. Überblick über die historische Entwicklung bei *Utz Schliesky*, Souveränität und Legitimität von Herrschaftsgewalt, 2004, S. 10 ff.; *Christian Seiler*, Der souveräne Verfassungsstaat zwischen demokratischer Rückbindung und überstaatlicher Einbindung, 2005, S. 15 ff.
17 Hierzu ausf. *Vogel* (N 16), S. 28 ff.
18 *Joseph Story*, Commentaries on the conflict of laws, foreign and domestic, in regard to contracts, rights, and remedies, and especially in regard to marriages, divorces, wills, successions, and judgments, London ^{6}1865, § 18.
19 *Jellinek* (N 2), S. 394; differenzierend im Hinblick auf den kolportierten Zeitpunkt der tatsächlichen Durchsetzung der exklusiven Herrschaftsgewalt *Christoph Möllers*, Staat als Argument, 2000, S. 220 ff.
20 *Vogel* (N 16), S. 43 f.
21 *Martin Kriele*, Einführung in die Staatslehre, ^{6}2003, S. 68.
22 *Vogel* (N 16), S. 49 m. weit. Nachw. in Fn. 40 und S. 45 m. weit. Nachw.
23 *Jost Delbrück*, Das Staatsbild im Zeitalter wirtschaftsrechtlicher Globalisierung, 2002, Arbeitspapiere aus dem Institut für Wirtschaftsrecht, Heft 3, S. 16.
24 *Jellinek* (N 2), S. 394.

III. Gemengelagen staatlicher Zuständigkeiten

Nahezu jeder Bereich der Erdoberfläche[25] gehört zu dem Gebiet eines Staates, der in Bezug auf dieses Territorium gegenüber anderen Staaten eine Gebietshoheit in der einen oder anderen Weise für sich in Anspruch nimmt. Mit deren Realisierung kommen heute indes nicht mehr allein die Bewohner dieses Gebiets in Berührung. Waren die technischen, sozialen und wirtschaftlichen Bedingungen, unter denen Staatsgewalt in der Geburtsstunde des modernen Staates ausgeübt wurde, noch einigermaßen überschaubar, so hat sich dies durch die weltweit dichte wirtschaftliche und soziale Verflechtung der Staaten und ihrer Bürger entscheidend geändert. Dieser Befund wird als „Globalisierung" beschrieben[26]. Für die meisten Einwohner der Industriestaaten ist die Überquerung von Grenzen, der Aufenthalt in fremden Ländern oder gar eine dauerhafte Ansiedlung dort inzwischen eine Selbstverständlichkeit. In noch größerem Maße gilt dies für Unternehmen.

7
Parallele Gebietshoheiten

Einfluß der Globalisierung

Die Präsenz einer Person auf dem staatlichen Territorium ist zwar der zentrale Anknüpfungspunkt für Tatbestand und Rechtsfolge einer staatlichen Regelung. Daneben nehmen die Staaten aber auch immer noch eine Regelungshoheit über die ihrem Staatsvolk angehörenden Personen unabhängig von deren jeweiligem Aufenthaltsort in Anspruch. Natürliche und juristische Personen, deren Handlungs- und Wirkungskreis über das Territorium ihres eigenen Staates hinausgreift, sehen sich somit nicht nur dessen Personalhoheit ausgesetzt, sondern fallen vielmehr auch unter die Gebietshoheit ihres Zielstaates. Angesichts der Vielzahl von Staaten und der über das jeweilige Staatsgebiet hinausreichenden Mobilität ihrer Staatsangehörigen führt allein schon das Nebeneinander von Gebiets- und Personalhoheit zu Situationen, in denen sich das Individuum parallelen oder gar konfligierenden Regelungen ausgesetzt sieht[27].

8
Konfliktlagen

IV. Anwendungs- und Geltungsbereich von staatlichen Regelungen

Typischerweise knüpft eine staatliche Regelung an die Verwirklichung eines Sachverhalts bestimmte Rechtsfolgen. Die aus dieser Verknüpfung resultierende Verhaltensvorgabe gilt indessen nicht immer, überall und für jede

9
Anknüpfung von Rechtsnormen

---

25 Besondere Regeln gelten z.B. für die Hohe See. Art. 86f. des Seerechtsübereinkommens der Vereinten Nationen von 1982 (*Dahm/Delbrück/Wolfrum* [N 3], S. 339ff.; *Alexander Proelß*, Raum und Umwelt im Völkerrecht, in: Wolfgang Graf Vitzthum, Völkerrecht, ⁵2010, S. 435ff.) sowie für die Antarktis, deren territorialer Status nur vorläufig geklärt ist (*Dahm/Delbrück/Wolfrum* [N 3], S. 477ff.; *Proelß*, a.a.O., S. 447ff.); weitere Besonderheiten sind etwa im Hinblick auf den Tiefseeboden (*Dahm/Delbrück/Wolfrum*, a.a.O., S. 404ff.) und den Festlandssockel (*Dahm/Delbrück/Wolfrum* [N 3], S. 500ff.) zu beachten.
26 *Jost Delbrück*, Globalization of Law, Politics and Markets, in: Indiana Journal Global Legal Studies 1 (1993–1994), S. 9 (10ff.); *Klaus Dicke*, Völkerrecht und Internationales Privatrecht in einem sich globalisierenden internationalen System, in: DGVR 39 (2000), S. 13ff.; *Ulla Hingst*, Auswirkungen der Globalisierung auf das Recht der völkerrechtlichen Verträge, 2001, S. 19ff.; → Unten Puttler, § 234 Rn. 1.
27 Zu dem Spannungsverhältnis zwischen staatlichem, auf Souveränität gegründetem Regelungsanspruch einerseits und tatsächlichen wie rechtlichen Restriktionen in den internationalen Beziehungen des Staates bereits *Georg Erler*, Staatssouveränität und internationale Wirtschaftsverflechtung, in: BDGVR 1 (1957), S. 29ff.

Person, sondern die Regelung beschränkt ihren Anspruch, Rechtsfolgen zu setzen auf diejenigen Sachverhalte, die in einem bestimmten Gebiet (im In- oder im Ausland) stattfinden und dabei von bestimmten Personen (Staatsbürgern oder Ausländern) verwirklicht werden. Die Regelung selbst umgrenzt sowohl ihren räumlichen und personellen Anknüpfungsbereich durch die Belegenheit der in Bezug genommenen Tatbestände als auch ihren Rechtsfolgenbereich, also den räumlichen Bereich, in dem die angeordneten Rechtsfolgen eintreten sollen[28]. Tatbestand wie Rechtsfolgen einer Regelung beziehen sich somit auf einen räumlichen und zeitlichen Geltungsbereich und auf die Rechtsverhältnisse der von ihr erfaßten Personen.

10
Geltung von Regelungen
Territorialitätsprinzip
Extraterritoriale Regelungen

Für die auf diese Weise erfaßten Sachverhalte und Personen „gilt" die Regelung[29]. Ihr Geltungsbereich wird entweder ausdrücklich angeordnet oder er ist in der Regelung nur implizit enthalten und muß durch Auslegung ermittelt werden[30]. Die Geltung kann sich im Sinne eines („transitiven"[31]) Territorialitätsprinzips[32] auf das Territorium des regelnden Staates beschränken. Dann bezieht sich die Regelung nur auf Sachverhalte, die auf dem Territorium verwirklicht werden, sowie auf Personen, die sich auf dem Territorium aufhalten, und sie setzt Rechtsfolgen auch nur mit Wirkung für dieses Territorium. Allerdings gibt es durchaus auch Regelungen, die für sich in Anspruch nehmen, Rechtsfolgen für solche Sachverhalte zu setzen, die im Ausland geschehen

---

28 Vgl. *Werner Meng*, Extraterritoriale Jurisdiktion im öffentlichen Wirtschaftsrecht, 1994, S. 10 ff.
29 Die Begriffe werden je nach Autor indes unterschiedlich verwendet. Nach *Meng* (N 28), S. 11, gilt die Regelung nur dort, wo sie auch tatsächlich durchgesetzt werden kann, also typischerweise nur auf dem Gebiet des regelnden Staates. Im Anschluß an *Ernst Zitelmann*, Internationales Privatrecht, 1897, Bd. I, S. 121, setzt er den Geltungsbereich der Norm mit dem Herrschaftsgebiet des Staates gleich. Die für diese Terminologie in Anspruch genommenen Normen des Verfassungsrechts (u.a. Art. 1 Abs. 3 GG) sind kein überzeugendes Argument, da sowohl nach weit verbreiteter Auffassung gerade die Grundrechte die deutsche Staatsgewalt auch im Ausland zumindest teilweise binden (→ unten *Becker*, § 240 Rn. 1 ff.) als auch Art. 23 GG a. F. einer Ausstrahlungswirkung von Regelungen des Grundgesetzes zumindest auch das Gebiet der DDR nicht entgegenstand. Einer anderen Begrifflichkeit bedient sich daher auch etwa *Walter Rudolf*, Territoriale Grenzen der staatlichen Rechtsetzung, in: BDGVR 11 (1973), S. 7 (9 f.), der im Anschluß an *Vogel* (N 16), S. 14 f., zwischen dem „transitiven" und dem „intransitiven" Territorialitätsprinzip differenziert und dabei zu einer Unterscheidung zwischen sachverhaltsbezogenem territorialem Geltungsbereich einer inländischen Norm und dem räumlichen Anwendungsbereich durch staatliche Instanzen gelangt, die auseinanderfallen können. Der „Anwendungsbereich" der Regelung entspricht dann dem Bereich, in dem die Regelung auch tatsächlich durchgesetzt werden kann. Nach Walter Rudolf soll es für die Geltung gerade nicht auf die Durchsetzbarkeit ankommen, die außerhalb des Staatsgebiets eben regelmäßig nicht möglich ist. Die Terminologie des einfachen Gesetzgebers orientiert sich eher an diesem Wortsinn. Der räumliche „Geltungsanspruch" des Ordnungswidrigkeitenrechts ist grundsätzlich territorial ausgerichtet (vgl. § 3 OWiG). Da aber die Anwendung bzw. Durchsetzung des Rechts durch deutsche Behörden und Gerichte ohnehin streng territorial ausgerichtet sein muß, kann mit § 3 OWiG nicht eine Geltung etwa im Sinne von Meng gemeint sein; vgl. auch § 7 StGB, der eine „Geltung" des StGB für bestimmte Auslandstaten anordnet, obwohl auch hier eine Durchsetzung der Normen im Ausland nur in ganz besonderen Ausnahmefällen in Frage kommen kann. Allein auf die „Wirkung" eines Hoheitsakts innerhalb oder außerhalb des Territoriums stellt hingegen *Hans-Jürgen Schlochauer*, Die extraterritoriale Wirkung von Hoheitsakten, 1962, S. 10 f., ab; vgl. auch *Stefan Kadelbach*, Allgemeines Verwaltungsrecht unter europäischem Einfluß, 1999, S. 19 f.; *Christoph Ohler*, Die Kollisionsordnung des Allgemeinen Verwaltungsrechts, 2005, S. 139 ff.; *Karl Theodor Rauser*, Die Übertragung von Hoheitsrechten auf ausländische Staaten, 1991, S. 142 f.
30 Vgl. § 5 OWiG, der auf den Inlandsbegriff des § 3 StGB Bezug nimmt (*Joachim Bohnert*, Komm. zum OWiG, ³2010, § 5 Rn. 2).
31 *Vogel* (N 16), S. 14 f.
32 *Rudolf* (N 29), S. 9.

sind, oder die Rechtsverhältnisse solcher Personen zu regeln, die sich im Ausland aufhalten. Solche Regelungen sind extraterritorialer Natur[33]. Ist einer Regelung ihr räumlicher Geltungsbereich nicht ausdrücklich zu entnehmen, so besteht weder eine Vermutung für die territoriale Beschränkung ihrer Anknüpfung noch für eine unbegrenzte Anwendung[34]. *Keine Vermutung*

11 *Durchsetzbarkeit von Regelungen*
Unabhängig von dem extraterritorialen tatbestandlichen Anknüpfungspunkt einer Regelung ist die Frage zu beantworten, ob sie auch notfalls gegenüber ihrem Adressaten mit staatlicher Zwangsgewalt durchgesetzt werden kann[35]. Regelmäßig sind nur die Gerichte und Behörden, die in dem Territorium des regelnden Staates angesiedelt sind und von seiner Hoheitsgewalt abgeleitete Befugnisse ausüben, verpflichtet, die Regelung anzuwenden und durchzusetzen. Ihnen gegenüber entfaltet sie einen verpflichtenden, handlungsleitenden Effekt[36] („intransitives" Territorialitätsprinzip[37]). Die Behörden eines anderes Staates (etwa des Aufenthaltsstaates) sind hingegen ohne völkervertragliche oder sonstige Grundlage nicht verpflichtet, ausländischen Normen oder anderen Verhaltensbefehlen durch deren Anwendung zur Durchsetzung zu verhelfen. Auch wenn eine Regelung aus der Sicht der Rechtsordnung, der sie entstammt, einen extraterritorialen Geltungsanspruch hat, schuldet ihr weder ein ausländisches Gericht noch eine ausländische Behörde außerhalb des Staatsgebiets des Urhebers der Regelung Gehorsam[38].

12 *Keine Durchsetzung ohne Anerkennung*
Zwar beeinträchtigt der Umstand mangelnder Durchsetzbarkeit nicht die Geltung der Norm, aber der sich der außerhalb des Territoriums des normsetzenden Staates aufhaltende Regelungsadressat kann es sich unter diesen Bedingungen leisten, die Anordnung zu ignorieren – selbst wenn diese für ihn gilt, weil das staatliche Gesetz zu Recht den Anspruch erheben darf, extraterritoriale Rechtsfolgen für ihn zu setzen[39]. Soll die Regelung daher die Rechtsverhältnisse der außerhalb des Territoriums befindlichen Person nicht nur in rechtlicher Hinsicht, sondern tatsächlich spürbar ändern, schon bevor diese in das Territorium des regelnden Staates übertritt (wo dann die Geltung tatsächlich durch Anwendung durchgesetzt werden kann), bedarf es der Anerkennung des Hoheitsaktes durch den Aufenthaltsstaat[40]. Zu einer solchen Anerkennung ist der Staat indes ohne einen entsprechenden völkerrechtlichen Vertrag grundsätzlich nicht verpflichtet[41]. Ein Staat kann darüber hinaus auch

Keine Verpflichtung zur Anerkennung

---

33 *Schlochauer* (N 29), S. 10.
34 *Rudolf* (N 29), S. 15; *Stefan Talmon*, Die Geltung deutscher Rechtsvorschriften bei Auslandseinsätzen der Bundeswehr mit Zustimmung des Aufenthaltsstaates, in: NZWehrR 1997, S. 221 (226); *Vogel* (N 16), S. 148 f.
35 *Verdross/Simma* (N 14), § 1019 ff.
36 *Vogel* (N 16), S. 14.
37 *Vogel* (N 16), S. 14 f., 66 f.
38 *Ohler* (N 29), S. 44, 139 f.; → Unten *v. Coelln*, § 239 Rn. 1 ff.
39 Zu der von einer solchen Regelung aber dennoch ausgehenden „Persuasionswirkung" *Meng* (N 28), S. 82 ff.
40 *Meng* (N 28), S. 90 ff.; *Schlochauer* (N 29), S. 40; → Unten *von Coelln*, § 239 Rn. 4 ff.
41 BVerfGE 63, 343 (361); vgl. *Wilhelm Karl Geck*, in: Karl Strupp/Hans-Jürgen Schlochauer, Wörterbuch des Völkerrechts, Bd. I, ²1960, S. 55 (56); *Gerhard Kegel/Ignaz Seidl-Hohenveldern*, Zum Territorialitätsprinzip im internationalen öffentlichen Recht, in: FS für Murad Ferid, 1978, S. 233 (244).

die Regelungen eines anderen Staates im Wege des Anwendungsbefehls durch eine staatliche Kollisionsnorm[42] für anwendbar erklären[43].

B. Gebietshoheit als Grund und Grenze der Staatsgewalt

I. Einleitung

13
Gebietshoheit

Der Begriff der Gebietshoheit greift die dem modernen Staat eigene Verbindung von Staatsgewalt und Staatsgebiet auf. Aufgrund dieser Verbindung darf der staatliche Gesetzgeber alle Rechtsverhältnisse gestalten, die dem Staatsgebiet räumlich zuzuordnen sind. In den hier bedeutsamen drei Disziplinen des Völker- und Staatsrechts sowie der Allgemeinen Staatslehre beschreibt der Begriff der Gebietshoheit damit die Berechtigung eines Staates, auf seinem Territorium einseitig hoheitliche Herrschaft ausüben zu können[44].

14
Zweifacher Effekt

Die Gebietshoheit weist einen positiven und einen negativen Aspekt auf. Auf der einen Seite ermöglicht sie, daß sich die Staatsgewalt und insbesondere die staatliche Rechtsordnung in dem Staatsgebiet entfalten. Auf der anderen Seite schließt sie eine Ausübung hoheitlicher Gewalt durch fremde Staaten oder internationale Organisationen auf dem Gebiet des Staates prinzipiell aus.

15
Gebietsherrschaft

Die Gebietshoheit ist von der Gebietsherrschaft zu differenzieren, die die Verfügungsbefugnis über ein Staatsgebiet[45] bezeichnet. Das Verständnis der Gebietsherrschaft und damit des juristischen Verhältnisses zwischen dem Staat und seinem Staatsgebiet ist umstritten[46]. Für die Frage nach der räumlichen und personellen Reichweite der Staatsgewalt ist es aber nicht weiter von Bedeutung, ob und wie der Staat über sein Territorium verfügen kann.

II. Gebietshoheit im Völkerrecht

1. Gebietshoheit und territoriale Souveränität

16
Territoriale Souveränität

Die territoriale Souveränität der Staaten beinhaltet als ihr wichtigstes Element die Ausübung der Gebietshoheit. Diese dient der wechselseitigen räumlichen Abgrenzung staatlicher Regelungskompetenzen. Die in der Gebiets-

---

42 Überblick *Gerhard Kegel/Klaus Schurig*, Internationales Privatrecht, ⁹2004, S. 301 ff.
43 *Meng* (N 28), S. 35.
44 *Hailbronner/Kau* (N 3); *Schlochauer* (N 29), S. 624 ff.; *Burkhard Schöbener*, Allgemeine Staatslehre, 2009, § 3 Rn. 37; → Bd. II, *Graf Vitzthum*, § 18 Rn. 4.
45 → Bd. II, *Graf Vitzthum*, § 18 Rn. 4.
46 *Doehring* (N 2), S. 32; *Carl Victor Fricker*, Gebiet und Gebietshoheit, 1901, S. 100 ff.; *Carl Friedrich von Gerber*, Grundzüge des Staatsrechts, ³1880, S. 65 ff.; *Friedrich Giese*, Gebiet und Gebietshoheit, in: Anschütz/Thoma, Bd. I, 1930, S. 225 ff.; *Hans Kelsen*, Allgemeine Staatslehre, 1925, S. 138.; *Erik Suy*, La souveraineté et la compétence territoriale, in: FS für Alfred Verdross, 1971, S. 493 (493 f.).; *Ernst Radnitzky*, Die rechtliche Natur des Staatsgebiets, in: AöR 20 (1906), S. 313 (339 f.); *ders.*, Zur Lehre von der Gebietshoheit und der Extraterritorialität, in: AöR 28 (1912), S. 454; → Bd. II, *Graf Vitzthum*, § 18 Rn. 4.

hoheit angelegte Begrenzung staatlicher Zuständigkeiten ist Konsequenz der im Völkerrecht vorausgesetzten Gleichheit und Souveränität der Staaten[47], die nach wie vor gleichermaßen die zentralen Prinzipien des Völkerrechts sind (Art. 2 Abs. 1 Nr. 1 UN-Charta)[48]. Die völkerrechtliche Bedeutung von territorialer Souveränität und Gebietshoheit hat Max Huber als Schiedsrichter im Fall Island of Las Palmas formuliert[49]. Staatliche Souveränität beruht auf staatlicher Unabhängigkeit und diese führt zu dem Recht, in einem abgegrenzten Teil der Erdoberfläche staatliche Funktionen unter Ausschluß anderer Staaten auszuführen. Diese exklusive Zuständigkeit war zumindest im Jahre 1928 nicht nur Resultat der Entwicklung der Staatenwelt und des Völkerrechts in den vorausgegangenen Jahrhunderten, sondern auch der Ausgangs- sowie Dreh- und Angelpunkt nahezu aller völkerrechtlichen Fragen. Im Jahre 1948 betonte der Internationale Gerichtshof, daß der wechselseitige Respekt der Staaten für die territoriale Souveränität anderer Staaten, deren Element die Gebietshoheit ist, eine existentielle Grundlage der internationalen Beziehungen darstellt[50]. Darüber kann auch heute noch nicht hinweggehen, wer Sinn und Existenz staatlicher Souveränität unter dem Eindruck von regionaler Integration, internationaler Kooperation sowie dem schillernden Phänomen der Globalisierung in Frage stellt[51].

Souveräne Gleichheit der Staaten

Grundlage der internationalen Beziehung

Neben der in der Gebietshoheit zum Ausdruck kommenden raumbezogenen Regelungszuständigkeit eines Staates wohnt der territorialen Souveränität dessen Fähigkeit inne, über sein Staatsgebiet entweder ganz zu verfügen oder aber einzelne Elemente der Gebietshoheit in Form von Handlungsbefugnissen an andere Staaten abzutreten. Obschon territoriale Souveränität und Gebietshoheit über einen bestimmten Raum im Regelfall in der Hand eines Völkerrechtssubjekts vereint sind, können beide daher auch auseinandertreten, wenn der Inhaber der territorialen Souveränität etwa im Wege eines Vertrags die Ausübung der Gebietshoheit über sein Territorium ganz oder teilweise an einen anderen Staat überträgt, ohne dabei die territoriale Souveränität über den betreffenden Bereich insgesamt aufzugeben[52]. Der aufgebende Staat kann dann zwar nach wie vor über das Staatsgebiet verfügen, darf es aber nicht mehr hoheitlich beherrschen[53]. Territoriale

17
Abtretung von Hoheitsrechten

Trennung von territorialer Souveränität und Gebietshoheit

---

47 *Ernst Hirsch Ballin*, Beyond the Limits of the Territoriality Principle, in: Erik Denters/Nico Schrijver (Hg.), Reflections on International Law from the Low Countries, 1998, S. 278 ff. (280); *Bernard H. Oxman*, Jurisdiction of States, in: Rüdiger Wolfrum (Hg.), Max Planck Encyklopedia of Public International Law, Rn. 1; → Bd. II, *Randelzhofer*, § 17 Rn. 26 ff.
48 *Verdross/Simma* (N 14), §§ 454 ff.; *Juliane Kokott*, Die Souveräne Gleichheit und Demokratie im Völkerrecht, in: ZaöRV 2004, S. 517 (520).
49 Island of Palmas (Miangas) Case, Netherlands vs. United States, Permanent Court of Arbitration (1928), 2 UN Int. Law Reports Arbitral Awards, 829 (838).
50 IGH, Corfu Channel, Judgment, ICJRep. 1949, S. 4 (35).
51 Vgl. *Christian Tietje*, Die Staatsrechtslehre und die Veränderung ihres Gegenstandes, in: DVBl 2003, S. 1081 ff.; für die innere Souveränität *Udo Di Fabio*, Das Recht offener Staaten, 1998, S. 123; s. a. die Nachweise bei → Bd. II, *Randelzhofer*, § 17 Rn. 5 f.; *Christian Hillgruber*, Souveränität – Verteidigung eines Rechtsbegriffs, in: JZ 2002, S. 1072 (1076), tritt hingegen für die nach wie vor bestehende Bedeutung der (äußeren) Souveränität als Rechtsbegriff ein.
52 Hierzu *Eckart Klein*, Statusverträge im Völkerrecht, 1980, S. 85 ff.; vgl. auch *Dahm/Delbrück/Wolfrum* (N 3), S. 318.
53 *Meng* (N 28), S. 47.

2. Gebietshoheit und Zuständigkeit des Staates

18
Jurisdiktion

Regelungs- und Durchsetzungskompetenz

Das fundamentale Konzept für die Abgrenzung staatlicher Regelungs- und Durchsetzungsbefugnisse gegenüber anderen Staaten ist das der staatlichen Zuständigkeit („jurisdiction")[55], die den Staaten aus völkerrechtlicher Sicht erlaubt, bestimmte Sachverhalte durch die Anordnung von Rechtsfolgen zu regeln („jurisdiction to prescribe" oder „prescriptive jurisdiction") und diese Rechtsfolgen gegebenenfalls auch durchzusetzen („jurisdiction to enforce" oder „enforcement jurisdiction")[56]. Im Hinblick auf einen territorialen Bezug der Regelung oder ihrer Durchsetzung ist im deutschen Schrifttum auch von materieller bzw. formeller Territorialität die Rede[57]. Beide Zuständigkeiten fallen regelmäßig nur auf dem Staatsgebiet des regelnden Staates zusammen, denn auch wenn staatliche Regelungen einen Anspruch auf extraterritoriale Wirkung erheben, ist doch deren tatsächliche Durchsetzung auf fremdem Gebiet nur in ganz seltenen Ausnahmefällen möglich[58].

19
Gestaltung innerstaatlicher Rechtsverhältnisse

Bindung durch staatliche Verfassung

Das Völkerrecht überläßt den Staaten auf der Grundlage der inneren Souveränität und der damit verbundenen Gebietshoheit nach wie vor in weiten Bereichen die Ausgestaltung innerstaatlicher Rechtsverhältnisse[59]. In Ansätzen sind insoweit völkerrechtliche Vorgaben erkennbar, die insbesondere Fragen des Menschenrechtsschutzes[60] und das Recht auf eine durch Wahl legitimierte Herrschaftsstruktur[61] beziehen. Soweit sich zwingende völkerrechtliche Regeln aber noch nicht durchgesetzt haben oder nicht vertraglich vereinbart wurden, wirkt die Gebietshoheit gleichsam als Schutz gegen externe Vorgaben für die Ausgestaltung der inneren Angelegenheiten eines Staates. Die hierdurch eingeräumte Freiheit wird durch das staatliche Verfassungsrecht insbesondere in modernen westlichen Demokratien nicht umfänglich in Anspruch genommen, da diese sich gegenüber ihren Bürgern durch Rechtsstaatlichkeit und Grundrechte weitergehend binden[62].

---

54 Hierzu und zum Folgenden *Dahm/Delbrück/Wolfrum* (N 3), S. 318; *Verdross/Simma* (N 14), § 1039; s. a. *Badura* (N 16), S. 403.
55 *Brownlie* (N 12), S. 105 f.; *Klaus Ferdinand Gärditz*, Einführung in die Jurisdiktion im Völkerrecht, in: Jörg Menzel/Tobis Pierlings/Jeannine Hoffmann (Hg.), Völkerrechtsprechung, 2005, S. 285 ff.; *Vaughan Lowe/Christopher Staker*, Jurisdiction, in: Malcom D. Evans (Hg.), International Law, Oxford ³2010, S. 313; Zu der Verwendung dieses Begriffs und zu seinem Verhältnis zu den entsprechend engeren deutschen Begrifflichkeiten *Meng* (N 28), S. 1 ff.; zu dem Verhältnis von Jurisdiktion und Souveränität im Völkerrecht vgl. *Frederick Alexander Mann*, The Doctrine of Jurisdiction in International Law, in: RdC 111 (1964), S. 9 (15 f.).
56 Z.B. in § 1 ZPO, §§ 23 ff. GVG, §§ 1, 13 a, 20 StPO, § 83 VwGO; zu dieser Differenzierung *Lowe/Staker* (N 55), S. 318, 335; *Mann* (N 55), S. 13 ff.
57 *Vogel* (N 16), S. 107 f.
58 BVerfGE 63, 343 (273); *Dahm/Delbrück/Wolfrum* (N 3), S. 326; *Lowe* (N 55), S. 335 ff.; *Meng* (N 28), S. 116 ff.; *Mann* (N 55), S. 127.
59 *Herdegen* (N 3), S. 179 ff.
60 *Ipsen* (N 3), S. 814; *Herdegen* (N 3), S. 42 f.
61 *Thomas M. Franck*, The Emerging Right to Democratic Governance, in: American Journal of International Law 86 (1992), S. 46.
62 *Ohler* (N 29), S. 42.

Obwohl die Gebietshoheit einer Staatsgewalt die Möglichkeit eröffnet, die Rechtsverhältnisse zu regeln, die auf ihrem Gebiet angesiedelt sind, ist es aber mißverständlich, die Gebietshoheit als einen umfassenden völkerrechtlich sanktionierten Ausschließlichkeitsanspruch zu bezeichnen. Trotz der staatlichen Gebietshoheit bleibt fremdstaatlicher Gesetzgebung mit legitimem, etwa auf der Personalhoheit beruhendem extraterritorialem Geltungsanspruch eine Einwirkung möglich. Die Gebietshoheit kann damit unter keinen Umständen die bloße Geltung fremden Rechts für diejenigen Personen auf deutschem Staatsgebiet ausschließen, die der Personalhoheit dritter Staaten unterliegen. Doch wegen des Verbots, solche Regelungen auch tatsächlich auf dem fremden Territorium im Sinne der „jurisdiction to enforce" anzuwenden und durchzusetzen, wirkt die Gebietshoheit in solchen Fällen lediglich faktisch exklusiv.

20
Kein Ausschließlichkeitsanspruch durch Gebietshoheit

Fremdstaatliche Personalhoheit

Faktische Exklusivität

Keine Schwierigkeiten bereiten das Verständnis der Gebietshoheit und ihres Verhältnisses zu der Gebietshoheit anderer Staaten dort, wo eine Handlung ebenso wie der aus dieser Handlung resultierende tatsächliche Handlungserfolg auf dem Staatsgebiet des regelnden Staates eintritt. Aber auch wenn Handlungs- und Erfolgsort auseinandertreten, ist eine Anknüpfung an beide Umstände möglich, so daß eine subjektive, das heißt auf den Handlungsort bezogene Zuständigkeit aus der Gebietshoheit ebenso beansprucht werden kann wie eine objektive, das heißt auf den Erfolgsort bezogene[63].

21
Handlungs- und Erfolgsort

Insbesondere im Bereich des Wirtschaftsrechts nehmen staatliche Gesetzgeber heute vielfach auch auf einen bloß virtuellen Erfolg Bezug. Hier genügt es, daß eine außerhalb des Territoriums des regelnden Staates vorgenommene Handlung zu wirtschaftlichen Auswirkungen auf dem Gebiet des regelnden Staates führt („effects doctrin", Auswirkungsprinzip). Diese Ausdehnung des Verständnisses von der Gebietshoheit hat sich zunächst in der US-amerikanischen Rechtsprechung entwickelt[64], nachdem auch hier noch zu Beginn des letzten Jahrhunderts von einem strengen Verständnis des Territorialitätsprinzips ausgegangen wurde[65]. Das US-amerikanische Wettbewerbsrecht erfaßt mithin auch Wettbewerbsbeschränkungen durch Unternehmen, die außerhalb des US-amerikanischen Staatsgebiets ansässig und geschäftlich tätig sind, wenn aus deren Handlungen unmittelbare, substantielle und vorhersehbare Folgen für den amerikanischen Markt resultieren[66]. Europäische Kommission[67] und Rechtsprechung[68] haben sich dem mit Blick auf die Geltung europäischen Wettbewerbsrechts angeschlossen.

22
Auswirkungsprinzip

Wettbewerbsbeschränkungen

---

63 *Lowe/Staker* (N 55), S. 321 f.
64 US Supreme Court v. 26.4.1909, American Banana Co. vs. United Fruit Co. 213 U.S. 347.
65 Circuit Court of Appeals v. 12.3.1945, United States vs. Aluminum Company of America, 148 F.2 d 416.
66 *Jürgen Basedow*, Weltkartellrecht, 1998, S. 22; *Theo Bodewig*, USA – Ausweitung extraterritorialer Anwendung amerikanischen Kartellrechts, in: GRUR Int. 1992, S. 480; *Ernst-Joachim Mestmäcker/ Heike Schweitzer*, Europäisches Wettbewerbsrecht, ²2004, § 6 EGWbR Rn. 13 ff.; *Ansgar Ohly*, in: Henning Piper/ders./Olaf Sosnitza, UWG Komm., ⁵2010, Kap. B, Rn. 23.
67 Vgl. Entscheidung der Kommission 85/202/EG v. 19.12.1984 (Az. IV/29.725 – Zellstoff), ABlEG 85/1 v. 26.3.1985, Rn. 79.
68 EuG, Urt. v. 25.3.1999, Rs. T-102/96, Slg. 1999, II-753 Rn. 78 ff. – Gencor Ltd.

3. Vermutung für die staatliche Zuständigkeit

23
Begründung oder Begrenzung

Es ist eine der zentralen Fragen des Völkerrechts, ob das Völkerrecht die Regelungszuständigkeiten seiner Subjekte begründet oder aber voraussetzt und lediglich begrenzt[69]. Im ersten Fall müßte ein Staat, der durch seine Rechtsordnung auf einen bestimmten Sachverhalt zugreift, nachweisen, daß ihm dieser Zugriff durch das Völkerrecht erlaubt ist. Folgt man der zweiten Alternative, bestünde eine Vermutung für die Zuständigkeit des Staates, die allein durch den Nachweis einer entsprechenden völkerrechtlichen Zuständigkeitsbeschränkung zu entkräften wäre.

24
„Lotus"-Entscheidung

Während die erstgenannte Position seit der „Lotus"-Entscheidung des Ständigen Internationalen Gerichtshofs aus dem Jahre 1927[70] als gesicherter, wenn auch nie ganz unumstrittener Stand der Völkerrechtswissenschaft galt, hat spätestens die „Advisory Opinion on the Legality of the use of nuclear weapons" des Internationalen Gerichtshofs zu einem Umdenken geführt[71].

25
Gleichberechtigung als Voraussetzung

Entscheidend ist, daß staatliche Souveränität und Unabhängigkeit als Grundlage der in der „Lotus"-Entscheidung enthaltenen Aussage völkerrechtlich nur unter gleichberechtigten Staaten gedacht werden können[72]. Durch jede extraterritoriale Anknüpfung einer Rechtsnorm wird die Gebietshoheit eines anderen Staates berührt, der damit seinerseits einen Regelungsanspruch für den fraglichen Sachverhalt geltend machen kann. In der Staatenpraxis macht in Fällen extraterritorialen Ausgreifens einer staatlichen Rechtsordnung der ausgreifende Staat geltend, daß und warum er berechtigt ist, ausländische Sachverhalte zu regeln[73]. Ausgehend von dem positiven Aspekt der Gebietshoheit, aufgrund dessen jedem Staat ohne weiteres zugestanden ist, für alle auf seinem Territorium anfallenden Sachverhalte eine Rechtsfolge zu setzen und durchzusetzen, bedarf eine extraterritoriale Regelung stets der sinnvollen Anknüpfung[74]. Das Völkerrecht weist der staatlichen Inanspruchnahme von Regelungs- und Durchsetzungsbefugnissen lediglich dann und insoweit Grenzen zu, als andere Völkerrechtssubjekte durch eine extensive Inanspruchnahme in ihren berechtigten Interessen verletzt werden.

III. Gebietshoheit im Staatsrecht

26

Die staatliche Zuständigkeit, auch extraterritoriale Regelungen zu treffen, wird nicht durch das Völkerrecht begründet, sondern wird von diesem ledig-

---

69 *Dahm/Delbrück/Wolfrum* (N 3), S. 319 f.; *Epping* (N 3), S. 63 Rn. 10.
70 StIGH, Lotus, PCIJ. Series A, no. 10.
71 IGH, Legality of the Threat or Use of Nuclear Weapons, Advisory Opinion, ICJRep. 1996, S. 226. Die Mehrheit der Richter konnte nicht feststellen, daß Völkergewohnheits- oder Völkervertragsrecht den Einsatz von oder die Drohung mit Nuklearwaffen umfassend und unter allen Umständen verbieten. Doch zu der hieraus nach „Lotus" eigentlich zwingend folgenden Konsequenz, daß damit der entsprechende Einsatz legal sein kann, konnten sich die Richter ebenfalls nicht durchringen.
72 *Lowe/Staker* (N 55), S. 320.
73 *Dahm/Delbrück/Wolfrum* (N 3), S. 320 f.
74 *Lowe/Staker* (N 55), S. 318 f.; *Oxman* (N 47), Rn. 12; *Rudolf* (N 29), S. 22 ff.

lich anerkannt⁷⁵. Somit konstituiert das Grundgesetz die territorialen und personalen Anknüpfungspunkte für seine Regelungen selbständig, vermag dies aber lediglich im Rahmen der völkerrechtlich gesetzten Grenzen, wenn der Anspruch des Grundgesetzes, eine völkerrechtsfreundliche Verfassung zu sein⁷⁶, tatsächlich eingelöst werden soll.

Staatliche Zuständigkeit für extraterritoriale Regelungen

Im Völkerrecht ist die den geschilderten immanenten Beschränkungen unterliegende Gebietshoheit der Staaten eine grundlegende Annahme und auch Gegenstand entsprechender Abwehrrechte des Staates. Auch für die Allgemeine Staatslehre ist die Gebietshoheit prägendes Definitionselement des modernen Staates. Hingegen tut sich die Staatsrechtslehre in der Bundesrepublik Deutschland mit dem Nachweis einer verfassungsrechtlich beanspruchten Gebietshoheit insbesondere im Hinblick auf den negativen, ausländische Gewalten von der Ausübung hoheitlicher Gewalt grundsätzlich fernhaltenden Aspekt schwer. Ein jedenfalls nach dem Verständnis des Völkerrechts und der Allgemeinen Staatslehre der Gebietshoheit innewohnender begrenzter Ausschließlichkeitsanspruch für die staatliche Hoheitsgewalt wird nach verbreiteter Ansicht etwa Art. 3 des Österreichischen Bundes-Verfassungsgesetzes entnommen⁷⁷. Das Grundgesetz enthielt und enthält weder hinsichtlich des positiven noch hinsichtlich des negativen Aspekts der Gebietshoheit eine ausdrückliche und allgemeingültige Aussage über den räumlichen Anwendungs-, Geltungs- oder Wirkungsbereich der von ihm konstituierten Staatsgewalt. Allerdings lassen sich doch beide Aspekte aus einer Gesamtschau einzelner Vorschriften der Verfassung nachweisen.

27

Gebietshoheit nach Grundgesetz

1. Bezug der Staatsgewalt zum Staatsgebiet im Grundgesetz

Die ursprüngliche Fassung des Grundgesetzes benannte in ihrer Präambel sowie in Art. 23 S. 1 GG a. F. ausdrücklich die „alten" Bundesländer als den räumlichen Geltungsbereich der vorläufigen Verfassung. Es handelte sich um eine Beschreibung des vorläufigen Bundesgebiets⁷⁸. Die Formulierungen sollten deutlich machen, daß die Bundesrepublik Deutschland zwar eine Verantwortung für das ganze Deutschland wahrnimmt, daß sich ihre Staatsgewalt aber in dieser Hinsicht tatsächlich und staatsrechtlich auf das Gebiet der alten Bundesrepublik Deutschland beschränkte⁷⁹.

28

Art. 23 S. 1 GG a. F.

Art. 23 S. 1 GG a. F. und die ursprüngliche Präambel wurden anläßlich der deutschen Wiedervereinigung durch das Einigungsvertragsgesetz⁸⁰ aufgeho-

29

---

75 *Volker Epping/Christian Gloria*, in: Knut Ipsen (Hg.), Völkerrecht, ⁵2004, § 23 Rn. 87; *Joseph H. Kaiser*, Internationale und nationale Zuständigkeit im Völkerrecht der Gegenwart, in: BDGVR 7 (1967), 1 (12); *Ohler* (N 29), S. 173; *Rudolf* (N 29), S. 17.
76 S. u. Rn. 30, 62 f.
77 Hierzu *Rauser* (N 29), S. 57 ff.
78 *Talmon* (N 34), S. 227; *Vogel* (N 16), S. 147. → Bd. II, *Isensee*, § 15 Rn. 24, 26.
79 BVerfGE 36, 1 (16); 84, 90 (122).
80 Gesetz zu dem Vertrag v. 31.8.1990 zwischen der Bundesrepublik Deutschland und der Deutschen Demokratischen Republik über die Herstellung der Einheit Deutschlands – Einigungsvertragsgesetz –, in: BGBl 1990 II, S. 885; → Bd. X, *Badura*, § 225 Rn. 13 ff., 28 ff.

ben bzw. ihr Inhalt wurde in modifizierter Form an anderer Stelle in die Verfassung eingefügt. Nach der Wiedervereinigung übernahm die neu gestaltete Präambel die Funktion des Art. 23 GG a. F. Sie stellt durch Bezugnahme auf die Gesamtheit der alten und deutschen Bundesländer fest, daß das Grundgesetz nunmehr für das gesamte deutsche Volk gilt. Auch diese Aussage nimmt keine Stellung zu der Zulässigkeit einer über das Staatsgebiet der Bundesrepublik Deutschland hinausgehenden räumlichen Ausdehnung staatlicher Gestaltungsbefugnisse. Vielmehr bringt die Präambel den Abschluß des deutschen Vereinigungsprozesses und damit die Absage an weitere territoriale Ansprüche vor dem Hintergrund der Aussöhnung Deutschlands mit den ehemaligen Kriegsgegnern zum Ausdruck[81]. Den genannten Regelungen kann damals wie heute nur entnommen werden, daß eine Staatsgewalt für das Bundesgebiet und für die Deutschen konstituiert wird. Der Kontext der Regelungen sowie der Umgang mit ihnen nach Vollendung der Wiedervereinigung machen deutlich, daß hier keine über die spezifischen Probleme des geteilten Deutschlands hinausgehende Antwort auf die Frage nach räumlicher Reichweite oder Begrenzung deutscher Staatsgewalt gegeben werden sollte[82]. In ihnen kommt weder der Anspruch auf ausschließliche Herrschaftsausübung auf diesem Gebiet zum Ausdruck, der im Jahre 1949 ohnehin völlig illusorisch gewesen wäre[83]; noch ist dem Verfassungstext an diesen Stellen eine strenge Begrenzung der deutschen Staatsgewalt auf das Staatsgebiet der Bundesrepublik Deutschland zu entnehmen.

30 Daß die durch das Grundgesetz konstituierte Staatsgewalt einen Gestaltungsanspruch hat, der sich in erster Linie, aber nicht zwingend ausschließlich, auf das Bundesgebiet bezieht, ist eine Selbstverständlichkeit, die sich anhand einer ganzen Reihe weiterer Vorschriften belegen läßt. So wird zwar allen Deutschen Freizügigkeit im Bundesgebiet gewährt (Art. 11 Abs. 1 GG), aber eine in räumlicher Hinsicht weitergehende Gewährung wäre nicht nur völkerrechtlich unmöglich, sondern auch gegenüber dritten Staaten nicht durchzusetzen. Nach Art. 72 Abs. 2 GG kann sich der Bund die Herstellung gleichwertiger Lebensverhältnisse im Bundesgebiet zum Anliegen machen; ähnliche Ziele werden mit den Finanzhilfen nach Art. 104 b Abs. 1 Nr. 2 GG und der Verteilungsregelung des Art. 106 Abs. 3 S. 4 Nr. 2 GG verfolgt. Die Feststellung des Verteidigungsfalls ist möglich, wenn das Bundesgebiet angegriffen wird (Art. 115 a Abs. 1 S. 1 GG). Mittelbar bezieht sich auch die ausschließliche Gesetzgebungskompetenz des Bundes über die Einheit des Zoll- und Handelsgebietes (Art. 73 Abs. 1 Nr. 5 GG) auf die Realisierung der staatlichen Gebietshoheit in einem positiven Sinne. Diesen Vorschriften liegt allesamt die Selbstverständlichkeit zugrunde, daß das Territorium der Bundesrepublik Deutschland der primäre Bezugspunkt, die Regelung der dortigen Rechtsverhältnisse die vornehmste Aufgabe der deutschen Staatsgewalt ist. In diesem

---

81 *Christian Hillgruber*, in: Volker Epping/ders., BeckOK GG, Ed. 10, Präambel, Rn. 18ff.; *Theodor Maunz*, in: ders./Dürig, Präambel, Rn. 35f. → Bd. X, *Badura*, § 225 Rn. 32.
82 *Dahm/Delbrück/Wolfrum* (N 3), S. 328; *Rudolf* (N 29), S. 12f.; *Vogel* (N 16), S. 146.
83 Zur Souveränität Deutschlands nach dem Krieg → Bd. I, *Stolleis*, § 7 Rn. 34ff.

Sinne beansprucht das Grundgesetz eine positive Gebietshoheit. Aussagen, die sich darüber hinaus für oder gegen die Zulässigkeit eines Ausgreifens deutscher oder eines Eindringens fremder Hoheitsgewalt aus dem bzw. in das deutsche Staatsgebiet fruchtbar machen lassen, finden sich hier nicht.

2. Ausübung deutscher Staatsgewalt außerhalb des Staatsgebiets

Das Grundgesetz hat die Staatsgewalt der Bundesrepublik Deutschland auch nicht dergestalt konstituiert, daß sie in ihrer Geltung und Wirkung auf das Territorium der Bundesrepublik Deutschland beschränkt ist. Daß eine solche strenge Begrenzung verfassungsrechtlicher Gebietshoheit nicht denkbar sein kann[84], liegt schon angesichts der verfassungsrechtlichen Offenheit für die internationale Zusammenarbeit[85] nahe, die bei einem entsprechenden Verbot zum Ausgreifen über das eigene Territorium schon im Ansatz nicht zu realisieren wäre.

31
Keine strenge Territorialität

a) Ausgreifen der Staatsgewalt über das Staatsgebiet

Dementsprechend enthält das Grundgesetz eindeutige Hinweise dahingehend, daß die Ausübung deutscher Staatsgewalt nicht im Sinne eines strengen Territorialitätsprinzips auf das Gebiet der Bundesrepublik Deutschland begrenzt ist. Insbesondere ermächtigen Art. 32 und 59 GG die Staatsgewalt der Bundesrepublik Deutschland zum Ausgreifen über das eigene Staatsgebiet. Die Pflege auswärtiger Beziehungen erfordert ebenso wie der Abschluß völkerrechtlicher Verträge ein Tätigwerden in überstaatlichen Wirkungs- und Regelungszusammenhängen und damit ein tatsächliches oder auch nur virtuelles Verlassen des staatlichen Hoheitsgebiets. Diese Erkenntnis setzt sich in korrespondierenden Gesetzgebungskompetenzen fort, aus denen ebenfalls die notwendig außengerichtete Einbindung der Bundesrepublik Deutschland in internationale Funktionszusammenhänge deutlich wird und die die Grundlage für die Ausstattung der staatlichen Organe mit den entsprechenden gesetzlichen Ermächtigungen darstellt, durch die der Verfassunggeber Sachverhalte mit Auslandsbezug einer Regelung des deutschen Gesetzgebers zugänglich macht[86].

32
Überstaatliche Wirkungs- und Regelungszusammenhänge

b) Ausübung deutscher Staatsgewalt in überstaatlichen Organisationen

Ein besonderer Fall der extraterritorialen (oder genauer: nichtterritorialen) Ausübung staatlicher Hoheitsgewalt liegt vor bei der Mitwirkung deutscher Amts- und Organwalter in den Institutionen überstaatlicher Organisationen.

33
Deutsche Staatsgewalt in EU-Organen

---

84 Anders aber noch das Verständnis der staatlichen Gebietshoheit in ihren konzeptionellen Anfängen, vgl. *Christian Wolff*, Jus gentium methodo scientifica per tractatum, 1749, §§ 293 ff.; ähnlich noch im Hinblick auf die Lotus-Entscheidung (s. o. N 70), auch *Viktor Bruns*, Das Völkerrecht als Rechtsordnung, in: ZaöRV 1929, S. 1 (51 ff.).
85 Hierzu BVerfGE 111, 307 (317 ff.); *Matthias Herdegen*, in: Maunz/Dürig, Art. 25 GG, Rn. 6. → Oben *Tomuschat*, § 226 Rn. 46 ff.; → unten *v. Coelln*, § 239 Rn. 39.
86 *Rudolf* (N 29), S. 13. Vgl. Art. 73 Abs. 1 Nr. 1, 5 und 10 GG; Art. 74 Abs. 1 Nr. 17, 21 GG; → Bd. IV, *Calliess*, § 83 Rn. 3 ff., 52 ff.

Daß eine solche Mitwirkung möglich sein muß, liegt vor dem Hintergrund von Art. 23 und 24 GG auf der Hand. Die Übertragung von Hoheitsrechten auf internationale oder supranationale Organisationen korrespondiert der Berechtigung, an den Entscheidungen dieser Organisationen mitzuwirken[87]. Die Integration staatlicher Hoheitsgewalt in die Ausübung von übertragenen Hoheitsrechten durch die Union und andere überstaatliche Organisationen stellt die Kompensation für den in der Übertragung von Hoheitsrechten liegenden Verlust an staatlichen Kompetenzen dar[88]. Die deutschen Vertreter in den Organen der Europäischen Union tragen durch die Ausübung deutscher Staatsgewalt zur Ausübung überstaatlicher Staatsgewalt bei. Sie sind dabei nicht nur Organwalter der Institution, sondern sie sind der deutschen Staatsgewalt zuzurechnen. Sie üben deutsche Staatsgewalt aus[89]. Das bedeutet, daß sie zwar zusammen als Organwalter in ihren Entscheidungen supranationale Hoheitsgewalt verwirklichen, aber jeder Vertreter für sich nationale Staatsgewalt ausübt.

34
EU-Gewalt durch deutsche Organwalter

Keine deutsche Staatsgewalt üben hingegen die deutschen Mitglieder der Kommission[90] sowie die deutschen Kommissionsbeamten, die deutschen Abgeordneten des Europäischen Parlaments[91], die deutschen Richter (und Generalanwälte) der Europäischen Gerichte[92], die Mitglieder des Rechnungshofs[93] und auch nicht andere europäische Amtsträger – etwa der hohe Vertreter für Außen- und Sicherheitspolitik[94] – aus[95]. Diese Personen werden zu europäischen Organ- und Amtswaltern der Union und üben auf die Union übertragene Hoheitsrechte als deren Kompetenzen aus[96].

---

87 BVerfGE 97, 350 (376); *Horst Dreier*, in: Dreier, Bd. I, ²2004, Art. 1 Rn. 18; *Albrecht Randelzhofer*, in: Maunz/Dürig, Art. 24 Abs. 1 Rn. 162 ff.; *Ondolf Rojahn*, in: v. Münch/Kunig, Bd. I, Art. 23 Rn. 54; a. A.: *Markus Heintzen*, Zur Frage der Grundrechtsbindung der deutschen Mitglieder des EG-Ministerrates, in: Der Staat 31 (1992), S. 367 ff.

88 BVerfGE 97, 350 (376); *Dreier* (N 87), Art. 1 Rn. 18; *Matthias Herdegen*, Europäisches Gemeinschaftsrecht und die Bindung deutscher Verfassungsorgane an das Grundgesetz, in: EuGRZ 1989, S. 309 (313 f.); *Thomas Mehler*, Die Grundrechtsbindung der deutschen Staatsgewalt bei der EG-Rechtsetzung, 1999, S. 47 ff.; *Randelzhofer* (N 87), Art. 24 Abs. 1 Rn. 162 ff.; *Rojahn* (N 87), Art. 23 Rn. 54; a. A. *Heintzen* (N 87), S. 367 ff.

89 *Matthias Cornils*, in: AöR 129 (2004), S. 336 (341 ff.); *Peter M. Huber*, Recht der europäischen Integration, 1996, § 13 Rn. 44; *Christian Remmert*, in: Maunz/Dürig, Art. 19 Abs. 2 (2011) Rn. 34; *Christian Starck*, in: v. Mangoldt/Klein/Starck, Bd. I, Art. 1 Abs. 3 Rn. 234; a. A. *Heintzen* (N 87), S. 368 ff., wonach das Abstimmungsverhalten des deutschen Vertreters nur ein Teilakt eines gemeinschaftsrechtlichen Aktes darstelle, der nicht an Grundrechte gebunden sei. Die Abstimmung sei ein Gesamtakt, aus dem nicht einzelne Anteile herauszutrennen seien. → Bd. IX, *Rüfner*, § 197 Rn. 56 f.; → Bd. X, *Durner*, § 216 Rn. 34 ff.

90 Art. 17 EUV, Art. 244 AEUV; vgl. auch *Horst Dreier*, in: Dreier, Bd. II Art. 20 Rn. 33; *Matthias Ruffert*, in: Calliess/ders., EUV/AEUV, ⁴2011, Art. 17 EUV Rn. 52 ff.

91 Vgl. Art. 14 EUV, Art. 223 AEUV; auch *Matthias Herdegen*, Europarecht, ¹⁴2012, S. 131.

92 Vgl. Art. 19 EUV, Art. 254 AEUV; *Bernhard W. Wegener*, in: Calliess/Ruffert (N 90), Art. 254 AEUV Rn. 4.

93 Vgl. Art. 285 f. AEUV; *Christian Waldhoff*, in: Calliess/Ruffert (N 90), Art. 286 AEUV Rn. 8.

94 Vgl. Art. 18 EUV; *Hans-Joachim Cremer*, in: Calliess/Ruffert, Komm. zum AEUV/EUV, Art. 18 EUV Rn. 5.

95 *Claus Dieter Classen*, in: v. Mangoldt/Klein/Starck, Bd. II, Art. 23 Rn. 8; *Rudolf Streinz*, in: Sachs, ⁶2011, Art. 23 Rn. 17 (vgl. Art. 213 Abs. 2, 223 Abs. 1, 190 Abs. 1 EGV).

96 Sowohl der Rechnungshof als auch der hohe Vertreter für Außen- und Sicherheitspolitik haben keine Berechtigung zur Ausübung von hoheitlicher Gewalt: *Cremer* (N 94), Art. 18 EUV Rn. 2, 10 ff.; *Waldhoff* (N 93), Art. 287 AEUV Rn. 7.

Sofern sich die Bundesrepublik Deutschland auf der Grundlage von Art. 24 GG an einer internationalen oder supranationalen Organisation beteiligen darf, wird die Mitgliedschaft und eine Einräumung von Mitwirkungsrechten zwar nicht vom Wortlaut des Art. 24 Abs. 1 GG vorausgesetzt; beides ist bei einer überstaatlichen Organisation aber zwingend[97]. Auch hier üben die jeweiligen Vertreter in den Entscheidungsgremien der internationalen Organisation deutsche Staatsgewalt aus[98]. Zuständiges Organ für die Mitwirkung ist die Bundesregierung, die Vertreter in die Organisation entsendet[99]. In diesem Sinne nimmt die Bundesregierung an der koordinierten Willensbildung etwa im Sicherheitsrat der Vereinten Nationen oder in den Entscheidungsgremien der NATO teil und trifft dort Entscheidungen, die die Bundesrepublik Deutschland binden[100].

35
Mitgliedschaftsrechte in internationalen Organisationen

c) Einfluß der räumlichen und personellen Reichweite der Verfassung auf die Gesetzgebung

Die Verfassung kann für die von ihr konstituierte Staatsgewalt einen anderen räumlichen und personalen Geltungsanspruch erheben als das einfache Recht[101]. So ist es denkbar, daß die Wirkung verfassungsrechtlicher Verbürgungen streng territorial begrenzt wird, während eine extraterritoriale Geltung der durch die Verfassung ermöglichten und geregelten Gesetzgebung durchaus zulässig bleiben soll. Allerdings geht das Verfassungsrecht auch insoweit dem einfachen Recht voraus. Wenn sich eine territoriale (Selbst-)Beschränkung der Staatsgewalt insgesamt bereits auf der Ebene der Verfassung nicht nachweisen läßt, so ist eine solche Beschränkung auch auf einfachgesetzlicher Ebene nicht anzunehmen. Nur bei einer verfassungsrechtlichen Beschränkung hätte auch der einfache Gesetzgeber von vornherein nicht die Möglichkeit, Regeln mit einem extraterritorialen Geltungsbereich zu erlassen[102]. Da das Grundgesetz aber nicht von einer streng territorialen Begrenzung der deutschen Staatsgewalt ausgeht, hindert es den einfachen Gesetzgeber auch nicht prinzipiell, eine Norm mit extraterritorialem Geltungsanspruch zu erlassen. Im einfachen Gesetzesrecht finden sich viele Vorschriften, deren Anwendungsbereich über das Bundesgebiet hinaus erstreckt wird[103]. Umgekehrt kann der Gesetzgeber aber auch die räumliche Anwendung von Nor-

36
Unterschiedlicher Geltungsanspruch

Vorrang des Verfassungsrechts

---

97 *Randelzhofer* (N 87), Art. 24 Abs. 1 Rn. 49; ebenso *Rojahn* (N 87), Art. 24 Rn. 8; *Christian Tomuschat*, in: BK, Art. 24 Rn. 100 ff.
98 *Classen* (N 95), Art. 24 Rn. 21; *Remmert* (N 89), Art. 19 Abs. 2 (2011) Rn. 32 f. Strittig ist die Frage, ob der Vertreter im jeweiligen Organ den zwischenstaatlichen Hoheitsakten zustimmen muß: BVerfGE 89, 155 (184); 92, 203 (237).
99 Auch dies folgt aus der Zuständigkeit des Bundes zur Ausübung der auswärtigen Gewalt; siehe auch *Christian Tomuschat* (N 97), Art. 24 Rn. 14 m. weit. Nachw.; *Ingolf Pernice*, in: Dreier (N 90), Art. 24 Rn. 17.
100 BVerfGE 121, 135 (157 ff.).
101 → Bd. II, *Graf Vitzthum*, § 18 Rn. 13.
102 Mißverständlich insoweit allerdings *Rudolf* (N 29), S. 12, der davon auszugehen scheint, daß auch bei einer Beschränkung des Geltungsbereichs des Grundgesetzes eine expansive Gesetzgebung möglich sein muß.
103 Vgl. nur §§ 4 ff. StGB, § 130 Abs. 2 GWB.

men auf das Staatsgebiet begrenzen[104] oder gar nur abgegrenzte Bereiche des Staatsgebiets erfassen[105].

37 Auslegung einfachen Rechts
In den meisten Fällen fehlt indes eine ausdrückliche Angabe über den räumlichen Geltungsanspruch einer Norm. Der deutschen Rechtsordnung ist aber eine statistische Wahrscheinlichkeit immanent, daß innerstaatliche Normen grundsätzlich in ihrer Geltung auf den innerstaatlichen Bereich begrenzt sind, ohne daß dies zu einer entsprechenden Auslegungsregel führt[106]. Eine Regelung ohne explizite Beschreibung ihres Geltungsbereichs beansprucht nicht in jedem Fall nur innerstaatliche Geltung. Ebensowenig gilt eine innerstaatliche Norm grenzenlos, wenn die Geltungsbeschreibung fehlt[107].

38 Beachtung des Völkerrechts

Völkerrechtsfreundliche Interpretation
Aus dem Fehlen einer expliziten räumlichen Geltungsregelung kann nicht geschlossen werden, daß der Gesetzgeber die Entscheidung über die Reichweite der räumlichen (oder auch personellen) Geltung der Norm dem Rechtsanwender überläßt. Das Völkerrecht enthält die Regelung, daß ein Ausgreifen der Staatsgewalt über das Staatsgebiet hinaus durch extraterritoriale Regelungen ohne sinnvollen Anknüpfungspunkt als Verletzung fremder Gebietshoheit untersagt. Einfaches Recht ist grundsätzlich nicht zuletzt aufgrund von Art. 25 S. 1 GG[108] völkerrechtsfreundlich auszulegen[109]. Es ist daher bei der Gesetzesanwendung zu unterstellen, daß die Regelungen des Völkerrechts über den maximalen räumlichen Geltungsbereich des nationalen Rechts dem einfachen staatlichen Recht zugrunde liegen. Das Gebot der völkerrechtsfreundlichen Gesetzesinterpretation begründet mithin die Vermutung gegen eine völkerrechtswidrige Ausdehnung des personellen oder sachlichen Anwendungsbereichs eines Gesetzes.

39 Kollision mit Völkerrecht
Daß staatliches Recht dem Völkerrecht entgegensteht, ist nur dort anzunehmen, wo dies explizit zum Ausdruck gebracht wird[110]. Hilft das Gebot völkerrechtsfreundlicher Gesetzesauslegung nicht weiter, weil Gesetzeswortlaut und Wille des Gesetzgebers eindeutig eine völkerrechtswidrige Ausdehnung des Geltungsbereichs eines deutschen Gesetzes anstreben, kommt Art. 25 S. 1 GG zur Geltung, daß die allgemeinen Regeln des Völkerrechts zwar nicht über der Verfassung stehen, wohl aber den einfachen Gesetzgeber binden[111]. In diesem Sinne gehört der Kernbestand der Regeln über die Jurisdiktion zu den allgemeinen Regeln des Völkerrechts. Ein einfaches Gesetz, daß ohne „sinn-

---

104 Vgl. z. B. § 5 OWiG.
105 Der klassische Fall hierfür ist die Errichtung von Zollfreigebieten; Art. 155 EU-Zollkodex i. V. m. § 20 ZollVG; s. a. Verordnung (EG) Nr. 450/2008 des Europäischen Parlaments und des Rates v. 23. 4. 2008 zur Festlegung des Zollkodex der Gemeinschaft (Modernisierter Zollkodex), Amtsblatt L 145, S. 1.
106 *Vogel* (N 16), S. 148 f., 354 ff.
107 *Rudolf* (N 29), S. 14.
108 *Herdegen* (N 85), Art. 25 Rn. 6.
109 BVerfGE 111, 307 (318 ff.); vgl. *Alexander Proelß*, Der Grundsatz der völkerrechtsfreundlichen Auslegung im Lichte der Rechtsprechung des BVerfG, in: Hartmut Rensen/Stefan Brink (Hg.), Linien der Rechtsprechung des Bundesverfassungsgerichts, 2009, S. 553 ff.
110 *Ohler* (N 29), S. 267 ff.
111 *Rainer Hofmann*, in: Umbach/Clemens, Bd. I, 2002, Art. 25 Rn. 23, *Herdegen* (N 85), Art. 25 Rn. 42; *Rojahn* (N 87), Art. 25 Rn. 37. → Unten *Cremer*, § 235 Rn. 27.

volle Anknüpfung" oder einen anerkannten Grund für universale Jurisdiktion einen extraterritorialen Sachverhalt regelt, verstößt daher gegen Art. 25 S. 1 GG[112]. Da Art. 25 S. 1 GG eine bloße Kollisionsregel begründet, ist entgegenstehendes innerstaatliches Recht im Konfliktfall nicht nichtig; vielmehr tritt es in der Anwendung lediglich zurück[113]. Die völkerrechtliche Vorgabe, nach der hoheitliches Handeln der Behörden des einen Staates im Hoheitsbereich des anderen Staates im Sinne der „jurisdiction to enforce" ohne Zustimmung des letzteren grundsätzlich völkerrechtswidrig ist[114], ist nach Art. 25 S. 1 GG auch auf die ausgreifende Staatsgewalt der Bundesrepublik Deutschland zu übertragen.

Vorrang der allgemeinen Regeln des Völkerrechts

3. Fremde Hoheitsgewalt auf deutschem Staatsgebiet

Das Grundgesetz enthält keine Vorschrift, die das Eindringen auswärtiger Hoheitsgewalt ausdrücklich abwehrt. Dennoch besteht in der Staatsrechtslehre weitgehende Übereinstimmung, daß die Staatsgewalt der Bundesrepublik Deutschland zumindest auf dem Territorium der Bundesrepublik Deutschland eine aus der Gebietshoheit fließende Ausschließlichkeit beansprucht[115]. Auch das Bundesverfassungsgericht erkennt vor dem Hintergrund von Art. 79 Abs. 3 GG „die souveräne Staatlichkeit Deutschlands" gleichermaßen als Verfassungsvoraussetzung wie als Schutzobjekt des Grundgesetzes an[116]. Dementsprechend hatte das Gericht schon in früheren Entscheidungen einen Ausschließlichkeitsanspruch der deutschen Staatsgewalt im Geltungsbereich des Grundgesetzes konstatiert, seine entsprechenden Aussagen aber stets in den Zusammenhang mit einer partiellen Rücknahme dieses

40

„Eindringen" fremder Hoheitsgewalt

Relativierung des Ausschließlichkeitsanspruchs

---

112 Zu der Charakterisierung der Gebietshoheit im positiven wie im negativen Sinne als eine Regel i.S.v. Art. 25 S. 1 GG: *Manfred Zuleeg*, in: AK-GG, ³2001, Art. 24 Abs. 3/Art. 25 Rn. 35f.
113 BVerfGE 36, 342 (365); *Herdegen* (N 85), Art. 25 Rn. 43; *Streinz* (N 95), Art. 25 Rn. 93; *Zuleeg* (N 112), Art. 24 Abs. 3/Art. 25 Rn. 24 ff.
114 So BVerfGE 63, 343 (357) unter Hinweis auf *Rudolf* (N 29), S. 7 ff.; Denkschrift der Bundesregierung zu dem Europäischen Übereinkommen v. 24. 11. 1977 über die Zustellung von Schriftstücken in Verwaltungssachen im Ausland und zu dem Europäischen Übereinkommen v. 15. 3. 1978 über die Erlangung von Auskünften und Beweisen in Verwaltungssachen im Ausland, BR-Drs 59/80, S. 32f.; RFHE 17, 159; BFH, in: BStBl III 1959, S. 181.
115 *Peter Badura*, Bewahrung und Veränderung demokratischer und rechtsstaatlicher Verfassungsstruktur in den internationalen Gemeinschaften, in: VVDStRL 23 (1966), S. 34, 64f., 100; *Ernst Forsthoff*, in: Der Kampf um den Wehrbeitrag, Bd. II, 2. Halbbd., 1953, S. 330; *Hans Peter Ipsen*, Europäisches Gemeinschaftsrecht, 1984, S. 56, 63; *Klein* (N 52), S. 37f.; *Rudolf Streinz*, Bundesverfassungsgerichtlicher Grundrechtsschutz und Europäisches Gemeinschaftsrecht, 1989, S. 253; *Theodor Maunz*, in: ders./ Dürig (Erstb.), Art. 24 GG, Rn. 5; *Rudolf Geiger*, Grundgesetz und Völkerrecht, S. 203 f.; *Ondolf Rojahn*, in: v. Münch/Kunig, Bd. I, ⁵2000, Art. 24 Rn. 17; *Tomuschat* (N 97), Art. 24, Rn. 34; s.a. BVerfGE 37, 271 (280); 58, 1 (28); 59, 63 (90); 68, 1 (98); 73, 339 (373); zuletzt BVerfGE 123, 267 (343, 347); ablehnend: *Manfred Baldus*, Übertragung von Hoheitsrechten auf ausländische Staaten im Bereich der Sicherheitsverwaltung, in: Verw 32 (1999), S. 481 (489f.); *Klaus Stern*, Das Staatsrecht der Bundesrepublik Deutschland, Bd. I, ²1984, S. 519, 533; *Klaus Vogel*, Die Verfassungsentscheidung des Grundgesetzes für eine Internationale Zusammenarbeit, 1964, S. 6f.; offenlassend: *Randelzhofer* (N 87), Art. 24 Abs. 1 Rn. 10.
116 BVerfGE 123, 267 (343, 347); → Bd. II, *Hillgruber*, § 32 Rn. 36ff.

§ 230　　　*Zwanzigster Teil: Leitprinzipien*

Souveränität im Licht des Völkerrechts

Anspruchs gestellt[117]. Und so macht das Gericht in der gleichen Entscheidung, die auf die Bedeutung der souveränen Staatlichkeit hinweist, auch die Relativität des Anspruchs auf ihre Erhaltung und damit auch des aus ihr folgenden Ausschließlichkeitsanspruchs der deutschen Staatsgewalt im Staatsgebiet deutlich. Die Präambel des Grundgesetzes verdeutlicht insoweit eine Abkehr „von einer selbstgenügsamen und selbstherrlichen Vorstellung souveräner Staatlichkeit" und „kehrt zu einer Sicht auf die Einzelstaatsgewalt zurück, die Souveränität als „völkerrechtlich geordnete und gebundene Freiheit" auffaßt. Es bricht mit allen Formen des politischen Machiavellismus und einer rigiden Souveränitätsvorstellung". Dies gilt auch für das staatsrechtliche Verständnis der aus der territorialen Souveränität fließenden Gebietshoheit.

41
Facetten des Ausschließlichkeitsanspruchs

Die Diskussion um einen möglichen Ausschließlichkeitsanspruch weist drei Aspekte auf. Erstens geht es um die Geltung fremden Rechts auf dem Gebiet der Bundesrepublik Deutschland etwa für Personen, die der Personalhoheit dritter Staaten unterliegen, oder aber auch für deutsche Staatsbürger, deren Rechtsverhältnisse ein dritter Staat etwa unter dem Gesichtspunkt des Auswirkungsprinzips zu regeln beansprucht (ohne daß diese Regelungen aber in Deutschland ohne deutsche Anerkennung oder Hilfe angewendet oder durchgesetzt werden können). Daneben stellt sich zweitens die Frage nach einem Verbot für fremde Staaten (und überstaatliche Organisationen), ihre Regelungen auf dem Staatsgebiet der Bundesrepublik Deutschland im Sinne einer „jurisdiction to enforce" anzuwenden und durchzusetzen. Drittens ist die staatsrechtliche Bedeutung der Gebietshoheit dahingehend zu betrachten, ob und in welchem Maße allein die deutsche Staatsgewalt darüber bestimmen kann, welcher Regelung in einem konkreten, auf deutschem Staatsgebiet angesiedelten Fall Letztverbindlichkeit zukommt; mithin, ob höherrangiges fremdes Recht der Anwendung deutschen Rechts auf deutschem Staatsgebiet entgegenstehen kann.

42
Argumentationsmuster

Die in der verfassungsrechtlichen Diskussion vorgetragenen Begründungen einer exklusiven staatlichen Gebietshoheit der Bundesrepublik Deutschland in dem vorgenannten Sinne entstammen den dargelegten Denkmustern des Völkerrechts und der Allgemeinen Staatslehre. Diese arbeiten mit außerhalb der geschriebenen Verfassung liegenden Kategorien, wenn sie etwa die Gebietshoheit als nicht der besonderen Erwähnung bedürfende Selbstverständlichkeit und als ungeschriebenes, aber verfassungskräftig verbürgtes Axiom[118] ansehen oder in die Verfassung ein ungeschriebenes Souveränitätsprinzip[119] hineininterpretiert wird. Dem entspricht auch der Hinweis auf

---

117 BVerfGE 37, 271 (280); 58, 1 (28); 59, 63 (90); 68, 1 (98); 73, 339 (373); ohne Erwähnung bleibt dieses Verhältnis zwischen dem Ausschließlichkeitsanspruch und dessen Aufgabe indes in anderen Entscheidungen: vgl. z.B. BVerfGE 63, 343 (367ff.); → Bd. II, *Randelzhofer*, § 17 Rn. 33ff.; → Bd. X, *P. Kirchhof*, § 214 Rn. 105ff.
118 *Tomuschat* (N 97), Art. 24 GG, Rn. 34.
119 *Albert Bleckmann*, Grundgesetz und Völkerrecht, 1975, S. 228; *Rojahn* (N 87), Art. 24 Rn. 16; vgl. auch BVerwGE 54, 291 (299): „Souveränitätsverzicht".

a) Geltung fremden Rechts im Bundesgebiet

Von der Ausübung von fremden Hoheitsbefugnissen auf deutschem Staatsgebiet und der Setzung von Normen, die gegenüber deutschem Recht höherrangig und von deutschen Behörden anzuwenden sind, ist die bloße Geltung fremden Rechts ebendort zu unterscheiden, wenn dieses von einem fremden Staat aufgrund dessen eigener, nicht übertragener Regelungsbefugnis erlassen wurde. Daß aus völkerrechtlicher Sicht nichts dagegen einzuwenden ist, daß fremde Gesetzgeber mit extraterritorial geltenden Regelungen in das Staatsgebiet der Bundesrepublik Deutschland „eindringen", wurde bereits dargelegt.

43 Fremde extraterritoriale Regelungen

In dem gleichen Maß, in dem deutsches Recht auf der Grundlage des Auswirkungsprinzips oder der Personalhoheit Geltung für im Ausland belegene Rechtsverhältnisse beansprucht, beanspruchen dies auch fremde Rechtsordnungen[121]. Entsprechend existieren in zahlreichen ausländischen Regelungen des Steuerrechts[122], des Immaterialgüterrechts[123] und insbesondere des Wettbewerbsrechts[124] Vorschriften, die den Geltungsbereich ihrer Normen auf der Grundlage des Auswirkungsprinzips bestimmen und damit beanspruchen, auch Rechtsverhältnisse zu regeln, die aufgrund der Gebietshoheit der Bundesrepublik Deutschland ebenso durch den deutschen Gesetzgeber geregelt werden könnten.

44 Ausländische Rechtsordnungen

Besonders intensiven Gebrauch von der Festschreibung extraterritorialer Wirkungen ihrer Gesetze machen die USA im Zuge ihres weiten Verständnisses der „effects doctrine" im Wirtschaftsrecht[125]. So untersagte der US-Gesetzgeber durch den Helms-Burton-Act[126] und den D'Amato-Kennedy Act[127] flächendeckend den Handel mit Unternehmen auf Kuba, in Libyen und im Iran[128]. Von diesen Verboten war weltweit jedermann und jedes Unternehmen unabhängig von seiner Nationalität bzw. seinem Sitz und Aufenthaltsort betroffen[129].

45 USA

---

120 *Badura* (N 115), S. 34, 64 f., 100.
121 S. o. Rn. 10.
122 Vgl. *Jens Peter Meincke*, Komm. zum ErbStG, ¹⁶2012, § 2 Rn. 18.
123 *Karl-Heinz Fezer*, Markenrecht, ⁴2009, Kap. H Rn. 22.
124 *Basedow* (N 66), S. 19 ff.; *ders.*, Entwicklungslinien des internationalen Kartellrechts, Ausbau und Differenzierung des Auswirkungsprinzips, in: NJW 1989, S. 627 (630 f.); *Klaus Hopt*, in: Adolf Baumbach/ders. (Hg.), Komm. zum HGB, ³⁵2012, vor § 1 Rn. 79.
125 *Mestmäcker/Schweitzer* (N 66), § 6 EGWbR Rn. 29; *Christoph Vedder/Stefan Lorenzmeier*, in: Eberhard Grabitz/Meinhard Hilf, Das Recht der Europäischen Union, Art. 133 EGV Rn. 247.
126 Cuban Liberty and Democratic Solidary Act v. 12. 3. 1996, Public Law 104–114, 110 Stat. 785.
127 Iran and Lybia Sanctions Act v. 5. 8. 1996, Public Law 104–172, 100 Stat. 1541.
128 *Werner Meng*, Extraterritoriale Jurisdiktion in der US-amerikanischen Sanktionsgesetzgebung, in: EuZW 1997, S. 423.
129 *Jacques Bourgeois*, in: Hans v. der Groeben/Jürgen Schwarze, Komm. zum EUV/EGV, ⁶2003, Art. 133 EGV Rn. 146; *Vedder/Lorenzmeier* (N 125), Art. 133 EGV Rn. 247.

46
Blocking Statute der EU

Als Reaktion auf den Helms-Burton-Act hat die Europäische Gemeinschaft ein Abwehrgesetz („Blocking Statute"[130]) erlassen[131]. Dies kann als Versuch aufgefaßt werden, bereits die Geltung (und nicht erst die Anwendung) fremden Rechts im Bereich der Gebietshoheit der Mitgliedstaaten zu relativieren. Solche Abwehrgesetze stellen zunächst deklaratorisch fest, daß bestimmte Entscheidungen auswärtiger Gerichte oder Behörden nicht anerkannt werden und im eigenen Gebiet nicht vollstreckbar sind[132]. Des weiteren wird den eigenen Staatsbürgern untersagt, an der extraterritorialen Anwendung des fremden Rechts mitzuwirken, indem sie etwa Beweiserhebungen und Ermittlungsverfahren dulden oder gar anstoßen[133]. „Blocking Statutes" sind der deutschen Rechtsordnung zwar fremd[134], die entsprechenden Rechtsakte auf europäischer Ebene dienen jedoch auch dazu, die Einwirkung fremden Rechts auf das deutsche Staatsgebiet zu verhindern. Solche Gesetze sind dann ihrerseits legitimer Ausfluß staatlicher Gebietshoheit, die auf die überstaatliche Ebene delegiert wurde. Sie beeinträchtigen nicht die extraterritoriale Geltung der ausländischen Norm, sondern suchen nur deren Anwendung und Durchsetzung zu erschweren oder gar unmöglich zu machen.

b) Anwendung und Durchsetzung fremden Rechts im Bundesgebiet durch fremde Staatsgewalt

47
Zustimmungserfordernis

Maßnahmen zur Durchsetzung extraterritorial geltender, fremder Regelungen durch fremde Staatsgewalt auf dem Gebiet der Bundesrepublik Deutschland bedürfen bereits aus völkerrechtlicher Sicht deren Zustimmung[135] und dem Grundgesetz ist kein Hinweis zu entnehmen, daß die Bundesrepublik Deutschland auf diesen Status freiwillig verzichtet. Daher wirken sich die extraterritorialen Regelungen fremder Gesetzgeber nicht tatsächlich auf ihre Adressaten aus, soweit diese sich nicht von dem deutschen Staatsgebiet entfernen. Die dann einzig verbleibende Möglichkeit des Zugriffs bei einem Auslandsaufenthalt berührt wiederum nicht die deutsche Gebietshoheit. Eine Zustimmung der Bundesrepublik Deutschland zur Ausübung einer fremden „jurisdiction to enforce" kann allerdings auch konkludent erfolgen, so daß über die vorkonstitutionell üblichen Akte[136] hinaus auch eine bloße Duldung als Zustimmung gilt[137].

---

130 VO (EG) Nr. 2271/96 des Rates v. 22.11.1996 zum Schutz vor den Auswirkungen der extraterritorialen Anwendung von einem Drittland erlassener Rechtsakte sowie von darauf beruhenden oder sich daraus ergebenden Maßnahmen, ABl 1996, L 309/1.
131 *Bourgeois* (N 129), Art. 133 EGV Rn. 146; *Jürgen Huber*, The Helms-Burton Blocking Statue of the European Union, in: Fordham International Law Journal 1996/1997, S. 699; *Karl Kreuzer/Rolf Wagner*, in: Manfred A. Dauses (Hg.), EU-Wirtschaftsrecht, 27. EL 2010 Rn. 518.
132 *Vedder/Lorenzmeier* (N 125), Art. 133 EGV Rn. 248.
133 *Thomas Kuhmann*, Das Ermittlungsverfahren im internationalen Kartellrecht der USA, 1988, S. 431 ff.; *Mestmäcker/Schweitzer* (N 66), § 6 EGWbR Rn. 29.
134 Vgl. *Jürgen Basedow*, Entwicklungslinien des internationalen Kartellrechts, Ausbau und Differenzierung des Auswirkungsprinzips, in: NJW 1989, S. 627 (631); *Mestmäcker/Schweitzer* (N 66), § 6 EGWbR Rn. 30.
135 *Dahm/Delbrück/Wolfrum* (N 3), S. 326; *Hailbronner/Kau* (N 3), S. 206.
136 *Baldus* (N 115), S. 504; *Christof Gramm*, Verfassungsrechtliche Grenzen der Zusammenarbeit mit auswärtigen Staaten, in: DVBl 1999, S. 1237 (1238).
137 *Gramm* (N 136), S. 1240f.

Versagt die Bundesrepublik Deutschland fremden Staaten die unmittelbare Anwendung hoheitlicher Gewalt auf dem deutschen Staatsgebiet, so ist sie berechtigt, Abwehrmaßnahmen zu ergreifen. Der äußerste Fall einer solchen ausländischen Einwirkung ist der Angriffskrieg. Erfolgt ein staatlich gelenkter Angriff mit Waffengewalt „von außen"[138], also aus Gebieten heraus, die außerhalb der Staatsgrenzen der Bundesrepublik liegen[139], so löst dies den Verteidigungsfall nach Art. 115 a GG aus.

48
Abwehr fremder Hoheitsgewalt

c) Gebietshoheit und Öffnung gegenüber fremder Hoheitsgewalt

Die Anwendung fremden Rechts in dem Bereich der deutschen Gebietshoheit und dessen Durchsetzung durch fremde Hoheitsgewalt ist ohne die Zustimmung der Bundesrepublik Deutschland nicht möglich. Im Hinblick auf die staatsrechtliche Bedeutung der Gebietshoheit ist aber des weiteren von Belang, ob und in welchem Maße allein die deutsche Staatsgewalt darüber bestimmen kann, welcher Regelung in einem konkreten, auf deutschem Staatsgebiet angesiedelten Fall Letztverbindlichkeit zukommt; mithin ob und unter welchen Bedingungen höherrangiges fremdes Recht der Anwendung deutschen Rechts auf deutschem Staatsgebiet entgegenstehen kann und ob sich hieraus eine Aussage über die Inanspruchnahme einer Gebietshoheit im negativen Sinne treffen läßt. Hierbei ist zwischen der Ausübung von Hoheitsgewalt durch überstaatliche Organisationen aufgrund vertikaler Öffnung zum einen und durch dritte Staaten aufgrund horizontaler Öffnung zum andern zu differenzieren.

49
Öffnung durch Übertragung von Befugnissen

Vertikale und horizontale Öffnung

aa) Vertikale Öffnung durch Übertragung von Hoheitsbefugnissen

Eine erste Andeutung verfassungsrechtlicher Inanspruchnahme von Gebietshoheit bei deren gleichzeitiger Relativierung enthält Art. 25 GG. Die in dieser Vorschrift angeordnete Öffnung des deutschen Rechtsraums für zentrale Regeln der Völkerrechtsordnung[140] ermöglicht das unmittelbare Entstehen subjektiver Rechte und Pflichten „für die Bewohner des Bundesgebietes". In der Vorschrift liegt zum einen ein partieller Verzicht der Verfassung auf die exklusive Gestaltung der Rechtsverhältnisse derjenigen Personen, die sich auf dem Territorium der Bundesrepublik Deutschland aufhalten[141]. Zum andern werden aber nicht nur die Verbandsmitglieder, das heißt also die deutschen Staatsangehörigen, sondern alle „Bewohner des Bundesgebietes" von

50
Öffnung gegenüber Völkerrecht

---

138 *Gerhard Robbers*, in: Sachs, ⁶2011, Art. 115 a GG Rn. 4; *Ludger-Anselm Versteyl*, in: v. Münch/Kunig, Art. 115 a, Bd. II, 2012, Rn. 12.
139 *Roman Herzog*, in: Maunz/Dürig, Art. 115 a Rn. 21.
140 Charakterisierung von *Herdegen* (N 85), Art. 25 Rn. 1.
141 Aus der Formulierung von Art. 25 GG geht nicht klar hervor, ob die jeweiligen Regeln als völkerrechtliche Fremdkörper in das Bundesrecht übernommen werden (so BVerfGE 6, 309 [363]; 23, 288 [315 f.]; 46, 342 [403 f.]; vgl. *Herdegen* [N 85], Art. 25 Rn. 36; *Karl Josef Partsch*, Die Anwendung des Völkerrechts im innerstaatlichen Recht, in: BDGVR 6 [1964], S. 21 f.; *Helmut Steinberger*, Allgemeine Regeln des Völkerrechts, in: HStR VII, ¹1992, § 173 Rn. 42. → Oben *Tomuschat*, § 226 Rn. 13) oder ob sie in nationales Recht transformiert werden (so *Wilhelm Karl Geck*, Das Bundesverfassungsgericht und die allgemeinen Regeln des Völkerrechts, in: FG BVerfGG II, S. 125 [132 f.]); *Walter Rudolf*, Völkerrecht und deutsches Recht, 1967, S. 257 ff.).

der Regelungswirkung der völkerrechtlichen Normen erfaßt (Art. 25 S. 2, 2. Hs. GG).

51
Ausdehnung auf Personalhoheit

Zwar scheint der Wortlaut der Vorschrift auf eine Beschränkung dieser Wirkung für die auf dem Staatsgebiet der Bundesrepublik Deutschland sich befindlichen (natürlichen und juristischen) Personen zu enthalten. Allerdings ist die Wirkung auf alle Personen auszudehnen, die der Regelungsgewalt der Bundesrepublik Deutschland unterworfen sind[142]. Diese Regelungsgewalt kann auch auf einer in Anspruch realisierten Personalhoheit begründet sein, so daß die allgemeinen Regeln des Völkerrechts als Element der deutschen Rechtsordnung durchaus auch extraterritoriale Wirkung entfalten können, wenn sie gegenüber sich im Ausland befindlichen Deutschen zur Geltung gebracht werden.

52
Keine Bindung der Verfassung

So bedeutend die Vorschrift für die völkerrechtsfreundliche Prägung des Grundgesetzes ist, erlaubt sie aber dennoch nur eine begrenzte Aussage über den räumlichen und personellen Anwendungsbereich der durch die Verfassung konstituierten Staatsgewalt. Nach einhelliger Ansicht sind die rezipierten Vorschriften in der Normenhierarchie zwar über dem Parlamentsgesetz, aber unterhalb der Verfassung angesiedelt[143]. Das Grundgesetz beschränkt damit durch Art. 25 GG nicht die Gestaltungsmöglichkeiten der konstituierten Staatsgewalt, sondern vielmehr im allgemeinen die des einfachen Gesetzgebers.

53
Integration und Kooperation

Aufgrund der zunehmenden Verflechtung internationaler Handlungszusammenhänge und der Entterritorialisierung einer Vielzahl von Problemen kann die Bundesrepublik Deutschland durch internationale Kooperation den entsprechenden Herausforderungen effektiver begegnen als wenn sie für sich handelt[144]. Vor diesem Hintergrund enthält das Grundgesetz in Art. 23 und 24 GG Vorschriften, die eine vertikale Öffnung gegenüber fremder Hoheitsgewalt, das heißt eine Übertragung von Hoheitsrechten auf inter- bzw. supranationale Organisationen erlauben[145]. Die genannten Normen werden durch speziellere Regelungen ergänzt, die die Übertragung von Hoheitsrechten an einzelne Organe supranationaler Einrichtungen zum Gegenstand haben (vgl. Art. 88 S. 2 GG)[146]. Die Integrationsermächtigungen greifen den Auftrag der Präambel an die deutsche Staatsgewalt auf, dafür Sorge zu tragen, daß das deutsche Volk „als gleichberechtigtes Glied in einem vereinten Europa dem Frieden der Welt" dient[147]. Obwohl eine Übertragung von Hoheitsrechten auf

---

142 *Herdegen* (N 85), Art. 25 Rn. 47; *Steinberger* (N 141), § 173 Rn. 65 ff.
143 *Geiger* (N 115), 1994, S. 168 f.; *Herdegen* (N 85), Art. 25 Rn. 42; *Tomuschat* (N 141), § 172 Rn. 15.
144 *Hobe* (N 9), S. 402 ff.; *Juliane Kokott/Thomas Vesting*, VVDStRL 63, S. 7 ff., 40 ff.; *Christian Walter*, Die Folgen der Globalisierung für die europäische Verfassungsdiskussion, in: DVBl 2000, S. 1 ff.; *Pernice* (N 99), Art. 24 Rn. 15.
145 *Hans-Joachim Cremer*, Der grenzüberschreitende Einsatz von Polizeibeamten nach dem deutsch-schweizerischen Polizeivertrag, in: ZaöRV 60 (2000), S. 103 ff.; *Jan Hecker*, Grundgesetz und horizontale Öffnungen des Staates, in: AöR 127 (2002), S. 291 (292 f.); *Matthias Niedobitek*, Das Recht der grenzüberschreitenden Verträge, 2001, S. 419 ff.; → Oben *Tomuschat*, § 226 Rn. 49.
146 *Baldus* (N 115), S. 484.
147 *Streinz* (N 95), Art. 24 Rn. 6.

zwischenstaatliche Einrichtungen in – eng begrenzten Sachbereichen – bereits aus dem 19. Jahrhundert bekannt war[148], ist Art. 24 Abs. 1 GG in der deutschen Verfassungsgeschichte ohne Vorbild[149].

Soweit die Bundesrepublik Deutschland hoheitliche Kompetenzen auf überstaatliche Organisationen überträgt, erhält sie dafür im Gegenzug das Recht, in dieser Organisation mitzuwirken. Der Umfang dieses Rechts kann sich an dem strengen, auf der Gleichheit der Staaten basierenden Prinzip des Stimmengleichgewichts orientieren[150]. In anderen internationalen Organisationen, insbesondere soweit diese die internationale Finanzordnung gestalten, sind Stimmgewichte nach der tatsächlichen Beteiligung[151], dem politischen Gewicht[152] oder der Zahl der Einwohner[153] verteilt.

54
Mitwirkungsrecht als Kompensation

Art. 24 GG ist als Staatszielbestimmung zugunsten internationaler Kooperation und Integration zu charakterisieren[154], deren konkrete Verwirklichung durch eine Beteiligung im Einzelfall aber im politischen Ermessen des Bundes steht[155]. Zwischenstaatliche Organisationen im Sinne des Art. 24 Abs. 1 GG können nur Organisationen sein, die durch völkerrechtlichen Vertrag geschaffen werden[156]. Es muß sich also um eine internationale Organisation handeln[157]. Hierzu gehören (ursprünglich) die Europäische Gemeinschaft[158], die Westeuropäische Union[159], die Eurocontrol[160], die Moselkommission[161], die Zentralkommission für Rheinschiffahrt[162], die Europäische Kernenergie-Agentur[163], das Europäische Patentamt[164], die internationale Meeresboden-

55
Destinatäre

Internationale Organisationen

---

148 *Classen* (N 95), Art. 24 Abs. 1 Rn. 1 m. weit. Nachw. in Fn. 1.; auf die enge gegenständliche Beschränkung dieser Beispiele weist *Hermann Mosler*, Die Übertragung von Hoheitsgewalt, in: HStR VII, ¹1992, § 175 Rn. 13 hin.
149 *Stern* (N 115), S. 517; zu den Kooperationsvorschriften anderer europäischer Staaten vgl. *Hobe* (N 9), S. 164 ff.
150 Vgl. Art. 18 Abs. 1 UN-Charta für die Beschlüsse der Generalversammlung; *Epping* (N 3), S. 457 Rn. 28.
151 Vgl. Art. XII Sect. 5 der Articles of Agreement des IWF; Art. 5 Sect. 3 der Articles of Agreement der Weltbank; Art. 10 des Protokolls Nr. 4 zur Satzung von EZB und ESZB.
152 Vgl. Art. 27 Abs. 3 UN-Charta.
153 So in Art. 14 Abs. 2 EUV für das Europäische Parlament.
154 Bejahend BVerfGE 58, 1 (41); *Geiger* (N 115), S. 161; *Ipsen* (N 115), S. 52; *Rojahn* (N 87), Art. 24 Rn. 3 f.; *Andreas Ruppert*, Die Integrationsgewalt, 1969, S. 238 ff., 242; *Ulrich Scheuner*, Staatszielbestimmungen, in: FS für Ernst Forsthoff, 1972, S. 325 (325, 328 und 337); *Stern* (N 115), S. 519 f.; *Streinz* (N 95), Art. 24 Rn. 6; *Tomuschat* (N 97), Art. 24 Rn. 5; § 17 I; *Hans-D. Jarass*, in: ders./Pieroth, ¹²2012, Art. 24 Rn. 1; *Vogel* (N 115), S. 42, 43; a. A.: *Classen* (N 95), Art. 23 Rn. 7. → Bd. X, Streinz, § 218 Rn. 44; *K. Ipsen*, § 220 Rn. 67 ff.
155 *Classen* (N 95), Art. 24 Rn. 1; a. A.: BVerfGE 111, 307 (318); *Randelzhofer* (N 87), Art. 24 Abs. 1 Rn. 17 ff. m. weit. Nachw.
156 BVerfGE 2, 347 (377).
157 *Pernice* (N 99), Art. 24 Rn. 24; *Randelzhofer* (N 87), Art. 24 Abs. 1 Rn. 44; *Rojahn* (N 87), Art. 24 Rn. 15; *Streinz* (N 95), Art. 24 Rn. 19.
158 BVerfGE 22, 293 (296).
159 BVerfGE 90, 286 (353); *Classen* (N 95), Art. 24 Rn. 64; *Dieter Deiseroth*, in: Umbach/Clemens (N 111), Art. 24 Rn. 120 f.
160 Vor der Renationalisierung BVerfGE 58, 1 (31).
161 Vertrag über die Schiffbarmachung der Mosel v. 27. 10. 1956 (BGBl II, S. 1838).
162 Vgl. *Tomuschat* (N 97), Art. 24 Rn. 108 f.
163 *Randelzhofer* (N 87), Art. 24 Abs. 1 Rn. 183.
164 *Randelzhofer* (N 87), Art. 24 Abs. 1 Rn. 188 ff.

behörde¹⁶⁵, der Internationale Seegerichtshof¹⁶⁶ und der Schengen Exekutivausschuß¹⁶⁷. Umstritten ist die Einordnung der NATO als supranationale Organisation, da ihr eigentlich keine hoheitlichen Befugnisse zustehen¹⁶⁸; sie wird ebenso als Institution im Sinne von Art. 24 Abs. 2 GG verstanden wie die UNO¹⁶⁹.

56
Verfügung über Gebietshoheit

Die Vorschriften ermächtigen zu einer Verfügung über die staatliche Gebietshoheit zugunsten der genannten Organisationen. Dies kann zum einen nach Art. 24 Abs. 1 GG dadurch geschehen, daß der Bund „durch Gesetz Hoheitsrechte auf zwischenstaatliche Einrichtungen" überträgt. Zugunsten eines Systems gegenseitiger kollektiver Sicherheit „wird" er unter bestimmten Bedingungen in „Beschränkungen seiner Hoheitsrechte einwilligen" (Abs. 2, 2. Hs. GG). Während die Übertragung von Hoheitsrechten im Sinne von Art. 24 Abs. 1 GG zu einer Übernahme dieser Rechte durch einen überstaatlichen Destinatär führt, kommt es bei einer Beschränkung (im Sinne von Art. 24 Abs. 2, 2. Hs. GG) nur zu einer Rücknahme der Hoheitsgewalt ohne gleichzeitigen Zuwachs auf der Empfängerseite¹⁷⁰. Die beiden Vorschriften stehen damit nicht in einem alternativen Verhältnis, sondern ergänzen einander¹⁷¹.

57
Unmittelbare Ausübung fremder Hoheitsgewalt

Entwicklung des Eingriffsrechts

Durchbrechung der Ausschließlichkeit

Indem beide Vorschriften den Grund für die Übertragung von hoheitlichen Kompetenzen auf überstaatliche, internationale Organisationen¹⁷² legen, legitimieren sie zugleich deren unvermittelte Ausübung von Hoheitsrechten auf dem Staatsgebiet der Bundesrepublik Deutschland. Art. 24 Abs. 1 GG erlaubt damit der Bundesrepublik Deutschland die Teilnahme an überstaatlichen Integrationsvorgängen, die hinsichtlich ihrer Intensität über die Mitgliedschaft in einer gewöhnlichen internationalen Organisation hinausgehen. Die bis zur Mitte des vorigen Jahrhunderts bekannten internationalen Organisationen kamen lediglich mit den Staaten als ihren Mitgliedern in Berührung und konnten dabei aufgrund von deren „Souveränitätspanzer"¹⁷³ die Rechtsverhältnisse der Staatsbürger nicht unmittelbar verändern. Demgegenüber durchbricht die internationale Organisation im Sinne von Art. 24 Abs. 1 GG diese Ausschließlichkeit, indem sie auf dem Gebiet der Bundesrepublik Deutschland Hoheitsakte mit (oder auch ohne¹⁷⁴) Durchgriffswirkung gegen-

---

165 *Tomuschat* (N 97), Art. 24 Rn. 117 f.
166 *Tomuschat* (N 97), Art. 24 Rn. 117 f.
167 *Randelzhofer* (N 87), Art. 24 Abs. 1 Rn. 192 f.; *Streinz* (N 95), Art. 24 Rn. 33.
168 Bejahend BVerfGE 68, 1 (93 ff.); auch *Deiseroth* (N 159), Art. 24 Rn. 128 f.; a. A.: *Classen* (N 95), Art. 24 Rn. 64; *Jarras* (N 154), Art. 24 Rn. 6; *Pernice* (N 99), Art. 24 Rn. 27; *Randelzhofer* (N 87), Art. 24 Abs. 1 Rn. 187; *Rojahn* (N 87), Art. 24 Rn. 44; *Streinz* (N 95), Art. 24 Rn. 34 ff.
169 Für die UNO BVerfGE 90, 286 (346 f.); auch *Deiseroth* (N 159), Art. 24 Rn. 205; zu beiden *Rojahn* (N 87), Art. 24 Rn. 44; *Pernice* (N 99), Art. 24 Rn. 27.
170 *Hillgruber* (N 81), Art. 24 Rn. 37.
171 *Randelzhofer* (N 87), Art. 24 Abs. 2 Rn. 1 ff.; *Hillgruber* (N 81), Art. 24 Rn. 21, unter Hinweis auf die Anwendung von Art. 24 Abs. 1 GG auf die NATO durch BVerfGE 63, 1 (92); vgl. auch BVerfGE 90, 286 (350).
172 Beispiele bei *Claus Dieter Classen*, in: v. Mangoldt/Klein/Starck, Bd. II, ⁶2010, Art. 24 Abs. 1 Rn. 59 ff.; *Randelzhofer* (N 87), Art. 24 Abs. 1 Rn. 173 ff.
173 *Albert Bleckmann*, Zur Funktion des Art. 24 Abs. 1 Grundgesetz, in: ZaöRV 35 (1975), S. 79 (82).
174 BVerfGE 68, 1 (91 ff.).

über dem Staatsbürger setzen kann[175]. Die Besonderheit der in Art. 24 GG geschaffenen und inzwischen in Art. 23 Abs. 1 GG im Hinblick auf die Europäische Union präzisierten Ermächtigung liegt darin, daß sich die Bundesrepublik Deutschland auf ihrer Grundlage an einer internationalen Organisation beteiligen darf, deren Hoheitsgewalt unmittelbar bindende Rechtswirkung für die Staatsangehörigen im Territorium des Staats entfalten kann, ohne daß hierfür eine Umsetzung oder andersartige Beteiligung des Staates etwa im Sinne eines Rechtsanwendungsbefehls erforderlich ist[176].

Gegenstand der Übertragung nach Art. 24 Abs. 1 GG sowie der Beschränkung nach Abs. 2 ist nicht etwa die Hoheitsgewalt als solche, sondern es sind lediglich einzelne, hinreichend bestimmbare[177] Hoheitsrechte[178]. So fordert das Bundesverfassungsgericht auch noch im Hinblick auf die inzwischen durch Art. 23 GG geregelte Teilnahme der Bundesrepublik Deutschland an der europäischen Integration, daß das Integrationsprogramm der Europäischen Union hinreichend bestimmt sein muß[179]. Die Übertragung der gesamten Staatsgewalt auf eine internationale Organisation mit Kompetenz-Kompetenz, die an die Stelle eines dann nicht mehr völkerrechtsunmittelbaren Staates tritt[180] und damit eine Aufgabe der staatlichen Souveränität im völkerrechtlichen Sinne ist, ist von Art. 24 Abs. 1 GG nicht gedeckt[181]. Die territoriale Souveränität verbleibt bei dem übertragenden Staat, die aus ihr fließenden Befugnisse können aber nur noch im Rahmen der und durch die geschaffene Einrichtung ausgeübt werden, so daß die entsprechende Hoheitsgewalt nicht mehr staatlicher, sondern überstaatlicher Natur ist[182].

58
Nur einzelne Hoheitsrechte

Keine Übertragung gesamter Staatsgewalt

Auch den Ländern wird die Möglichkeit zu einer über das Territorium der Bundesrepublik Deutschland hinausgreifenden Zusammenarbeit mit Völkerrechtssubjekten eingeräumt, da diese im Rahmen ihrer Zuständigkeiten und Befugnisse „mit Zustimmung der Bundesregierung Hoheitsrechte auf grenznachbarschaftliche Einrichtungen übertragen" können (Art. 24 Abs. 1 a GG).

59
Übertragung durch Länder

Art. 23 GG in seiner aktuellen Fassung wurde im Jahre 1992 anläßlich des Vertrags von Maastricht[183] in das Grundgesetz aufgenommen und ist dabei mit großer Symbolkraft an die Stelle des ehemaligen Art. 23 GG a. F. getreten. Bis

60
Übertragung auf die EU

---

175 *Bleckmann* (N 173), S. 81.
176 *Stern* (N 115), S. 518.
177 BVerfGE 68, 1 (98); 89, 155 (183 f.); *Karl Doehring*, Die Wiedervereinigung Deutschlands und die Europäische Integration als Inhalte der Präambel des Grundgesetzes, in: DVBl 1979, S. 633 (638); *Rojahn* (N 87), Art. 24 Rn. 31; *Randelzhofer* (N 87), Art. 24 Abs. 1 Rn. 55; *Tomuschat* (N 97), Art. 24 Rn. 17.
178 *Wolff Heintschel von Heinegg*, in: Volker Epping/Christian Hillgruber (Hg.), BeckOK GG, Art. 24 GG Rn. 19 ff.; *Mosler* (N 148), § 175 Rn. 28; *Randelzhofer* (N 87), Art. 24 Abs. 1 Rn. 36; *Streinz* (N 95), Art. 24 Rn. 27 ff.; *Werner Thieme*, Das Grundgesetz und die öffentliche Gewalt internationaler Staatengemeinschaften, in: VVDStRL 18 (1960), S. 50 (57); *Tomuschat* (N 97), Art. 24 Rn. 20.
179 BVerfGE 123, 267 (350).
180 BVerfGE 58, 1 (37); 89, 155 (187 f., 192, 199); 104, 151 (210); 123, 267 (348); *Mosler* (N 148), § 175 Rn. 32.
181 Zu den weiteren Grenzen der Übertragung, die sich aus der Verfassung ergeben, vgl. *Mosler* (N 148), § 175 Rn. 63 ff.
182 *Classen* (N 95), Art. 24 Abs. 1 Rn. 49.
183 BGBl 1992 II, S. 1253.

§ 230   *Zwanzigster Teil: Leitprinzipien*

zur Einführung des „Europaartikels" hatte Art. 24 Abs. 1 GG die verfassungsrechtliche Ermächtigung für die Integration Deutschlands in die Europäische Gemeinschaft und spätere Europäische Union enthalten[184]. Art. 23 Abs. 1 S. 1 GG berechtigt die Bundesrepublik zur Mitwirkung an der Europäischen Union und verpflichtet sie zugleich in Form einer Staatszielbestimmung[185]. Zur Verwirklichung des Staatsziels ist insbesondere die Bundesregierung als Inhaberin der auswärtigen Gewalt berufen[186]. Sie vertritt die Bundesrepublik[187]. Insoweit ist Art. 23 GG eine Konkretisierung von Art. 32 GG[188].

61
Strukturvorgaben

Mit der Einführung von Art. 23 GG, der ebenfalls ausdrücklich zur Übertragung von Hoheitsrechten im Rahmen der Mitwirkung bei der Entwicklung der europäischen Integration ermächtigt (Art. 23 Abs. 1 S. 2 GG), hat das Grundgesetz die Vorgaben des Bundesverfassungsgerichts[189] insbesondere zu den Grenzen der Integration und zu den Anforderungen, die an das Integrationsziel zu stellen sind, aufgenommen. Des weiteren erforderte die besondere Integrationsdynamik und -intensität, die die verfassungsrechtlichen Strukturen unter vielen Gesichtspunkten in fundamentaler Weise herausforderte, einen besonderen, über Art. 24 GG hinausgehenden Integrationshebel für die weitere Teilnahme an der Entwicklung der Europäischen Union[190]. Im Hinblick auf die europäische Integration ist Art. 23 GG lex specialis gegenüber Art. 24 Abs. 1 GG und Art. 32 GG[191].

62
Beanspruchung von Gebietshoheit

Inhalt und Struktur von Art. 23 und 24 GG machen deutlich, daß das Grundgesetz, indem es der Bundesrepublik Deutschland die Möglichkeit an die Hand gibt, Hoheitsrechte zu übertragen oder aber in ihre Beschränkung einzuwilligen, zugleich im Umkehrschluß eine Gebietshoheit über das Staatsgebiet im negativen Sinne beansprucht[192]. Sinn und Aufgabe der Integrationsermächtigungen wären unverständlich, wenn nicht zunächst von einem verfassungsrechtlichen Ausschließlichkeitsanspruch der deutschen Rechtsordnung auszugehen wäre[193]. Ansonsten wäre der Gesetzgeber frei, fremde Hoheitsausübungen zuzulassen oder nicht. Eine besondere verfassungsrechtliche Übertragungsermächtigung wäre nicht erforderlich.

63
Relativierung der Gebietshoheit

Versteht man die Integrationsermächtigungen im Zusammenwirken mit der Präambel und weiteren Vorschriften des Grundgesetzes als Ausdruck einer

---

184 *v. Heinegg* (N 178), Art. 23 GG Rn. 1; *Streinz* (N 95), Art. 23 GG Rn. 3.
185 BT-Drs 12/3338, S. 6, wo das Ziel als „Staatsauftrag" oder „Politikauftrag" bezeichnet wurde; 12/6000, S. 20; BVerfGE 111, 307 (319); *Markus Heintzen*, Die „Herrschaft" über die europäischen Gemeinschaftsverträge – Bundesverfassungsgericht und Europäischer Gerichtshof auf Konfliktkurs?, in: AöR 119 (1994), S. 564, 573; *Pernice* (N 99), Art. 23 Rn. 18; ob darüber hinaus auch ein Verfassungsauftrag normiert ist, ist str., vgl. BVerfGE 123, 267 (346), a. A. *Ruppert Scholz*, in: Maunz/Dürig (N 81), Art. 23 (2011) Rn. 50; *Rojahn* (N 87), Art. 23 Rn. 3.
186 BVerfGE 68, 1 (82 ff.); 104, 151 (210); *Classen* (N 95), Art. 32 Rn. 1 ff.;
187 BVerfGE 92, 203 (230 f.).
188 *Rojahn* (N 87), Art. 23 Rn. 55.
189 BVerfGE 73, 339 ff.; 89, 155 ff.; 123, 267 ff.
190 *Randelzhofer* (N 87), Art. 24 Abs. 1 Rn. 200; *Streinz* (N 95), Art. 23 GG Rn. 2 ff.
191 *v. Heinegg* (N 178), Art. 23 GG Rn. 2; *Streinz* (N 95), Art. 23 GG Rn. 9.
192 Bei dieser Aussage ist die oben (s. o. Rn. 32 f.) dargelegte Begrenzung dessen zu beachten, was die Gebietshoheit im negativen Sinne abzuwehren beanspruchen kann.
193 *Randelzhofer* (N 87), Art. 24 Abs. 1 Rn. 9.

„Verfassungsentscheidung des Grundgesetzes für eine internationale Zusammenarbeit"[194] und offene Staatlichkeit[195], so kann es sich bei einer aus der Verfassung abzuleitenden Gebietshoheit im abwehrenden Sinn ohnehin nur um einen der Beschränkung und Relativierung zugänglichen Grundsatz handeln. Wenn aber die Verfassung gerade in Abkehr von den bislang bekannten Formen internationaler Zusammenarbeit zu einer Übertragung von Hoheitsbefugnissen ermächtigt, die auf dem Gebiet der Bundesrepublik Deutschland durch staatsfremde Autoritäten unter unmittelbarem Durchgriff auf deutsche Staatsbürger ausgeübt werden kann, dann ist hieraus doch zumindest zu entnehmen, daß der Verfassunggeber eine solche Ermächtigung für erforderlich und geboten gehalten hat. Sie wäre nicht erforderlich, wenn das Grundgesetz nicht im Einklang mit dem aktuellen Stand des Völkerrechts und den Diskussionen der Allgemeinen Staatslehre von einem solchen negativen Aspekt der Gebietshoheit ausgegangen wäre.

Erforderlichkeit der Ermächtigung

bb) Horizontale Öffnung durch Übertragung von Hoheitsbefugnissen

Von der vertikalen Öffnung des Staates und der damit einhergehenden Rücknahme des staatlichen Ausschließlichkeitsanspruchs gegenüber überstaatlichen Organisationen ist die horizontale Öffnung des Staates zu differenzieren. Hierbei handelt es sich um die Übertragung von Hoheitsrechten an andere Staaten zur Entfaltung in dem Bereich der deutschen Gebietshoheit. Sie findet im Grundgesetz keine Erwähnung[196]. Der Umstand, daß es eine Rücknahme des gebietshoheitlichen Ausschließlichkeitsanspruchs zugunsten fremder Hoheitshandlungen allein im Rahmen von Art. 23 und 24[197] regelt, impliziert die grundsätzliche Unzulässigkeit einer Übertragung von Hoheitsrechten an andere Staaten[198]. Der Verfassunggeber, dem Kooperationsverhältnisse mit anderen Staaten nicht unbekannt waren, hat die Öffnung der nationalen Staatlichkeit nur in den supranationalen Raum hinein gestattet[199]. Diese Sperrwirkung wird dadurch unterstrichen, daß der Verfassunggeber durch das Einfügen von Abs. 1 a im Jahre 1992 eine grenzüberschreitende Verwaltungskooperation der Länder ausdrücklich gestattet hat, während er angesichts und trotz der schon seinerzeit weitaus herrschenden Ablehnung der horizontalen Öffnung des Bundes insoweit weiterhin schweigt.

64

Sperrwirkung für horizontale Übertragung

Art. 24 Abs. 1 a GG

---

194 So der Titel der Schrift von *Klaus Vogel* aus dem Jahr 1964; vgl. v. a. S. 42 ff.; s. a. *v. Heinegg* (N 178, Art. 24 GG; *Streinz* (N 95), Art. 24 Rn. 6. → Oben *Tomuschat*, § 226 Rn. 1 ff.; zu der normativen Charakterisierung als Staatsziel etwa BVerfGE 111, 307 (318).
195 BVerfGE 63, 343 (370); 111, 307 (317 f.); 123, 267 (344 ff.); *Di Fabio* (N 51); *Hobe* (N 9); *Jarass* (N 154), Art. 24 Rn. 1.
196 BVerfGE 68, 1 (91); s. a. *Mosler* (N 148), § 175 Rn. 39; *Tomuschat* (N 97), Art. 24 Rn. 44.
197 *Baldus* (N 115), S. 500; *Gramm* (N 136), S. 1237 f.; *Mosler* (N 148), § 175 Rn. 39; *Tomuschat* (N 97), Art. 24 Rn. 44.
198 *Baldus* (N 115), S. 481; *ders.*, Transnationales Polizeirecht, 2001, S. 256 ff.; *Gramm* (N 136), S. 1237 ff.; *Ohler* (N 29), S. 143 f.; *Bodo Pieroth*, in: ders./Jarass, Art. 24 Rn. 5; *Randelzhofer* (N 87), Art. 24 Abs. 1 Rn. 52 f.; *Rojahn* (N 87), Art. 24 Rn. 17 f.; *Streinz* (N 95), Art. 24 Rn. 20; a. A. aber: *Classen* (N 95), Art. 24 Abs. 1 Rn. 66; *Rainer Hofmann*, Grundrechte und grenzüberschreitende Sachverhalte, 1994, S. 98 ff.; *Rauser* (N 29), S. 246 ff., 315 ff.; *Eberhard Schmidt-Aßmann*, Verwaltungslegitimation als Rechtsbegriff, in: AöR 116 (1991), 329 (340 f.).
199 *Gramm* (N 136), S. 1238.

65 Keine Vergleichbarkeit der Übertragungsvorgänge	Der Annahme einer Sperrwirkung von Art. 23 und 24 GG im Hinblick auf Öffnungen steht auch nicht der Umstand entgegen, daß diese Vorschriften den umfassenden und dauerhaften Entzug deutscher Hoheitsgewalt regeln, während Kooperationsverhältnisse mit einzelnen Staaten, die auf einer gesamtharmonisierenden Wandlung von Kompetenzen basieren, keine vergleichbare Fragestellung aufwerfen[200]. Auch vertragliche Bindungen zwischen einzelnen Staaten können dauerhafter und umfassender Natur sein. Und während Integration der Staatsgewalt und die damit einhergehende partielle
Keine Kontrolle der Vertragspflichten	Rücknahme der Gebietshoheit zugunsten überstaatlicher Organisationen mit kompensierenden Beteiligungsrechten einhergeht[201], ist die Kontrolle der Einhaltung von Vertragspflichten im bilateralen Verhältnis eingeschränkt. Zwischenstaatliche Einrichtungen sind keine gänzlich staatsfremden Institutionen, sondern werden auch durch die Bundesrepublik Deutschland getragen, geführt und kontrolliert. Demgegenüber kann die Bundesrepublik Deutschland auf die inhaltliche Gestaltung des fremden Rechts anderer Staaten keinerlei Einfluß nehmen; vielmehr gibt sie sich und ihre Regelungsadressaten völlig in die Hand des anderen Staates. Eine Partizipation am dortigen Gesetzgebungsprozeß ist nicht möglich[202]. Dieser qualitative Unterschied macht es verständlich, daß das Grundgesetz die Übertragung von Hoheitsrechten auf internationale und supranationale Organisationen ermöglicht, während es einer horizontalen Übertragung skeptisch gegenübersteht.
66 Vorkonstitutionelle Übertragungen Militärmanöver	Somit kann die Bundesrepublik Deutschland nicht auf der Grundlage völkerrechtlicher Verträge (Art. 59 Abs. 2 GG) eine „horizontale" Öffnung gegenüber fremder staatlicher Hoheitsgewalt vornehmen und anderen Staaten die Befugnis zu hoheitlichem Tätigwerden auf deutschem Territorium einräumen[203]. Eine andere verfassungsrechtliche Beurteilung erfahren hingegen solche horizontalen Öffnungen, die dem Verfassunggeber bereits aus vorkonstitutioneller Zeit bekannt waren[204]. Hierzu zählen sowohl gemeinsame Militärmanöver mit ausländischen Truppen auf dem Territorium der Bundesrepublik Deutschland als auch die Grenzüberwachung durch Nachbarstaaten jenseits der Grenze auf dem Territorium der Bundesrepublik[205]. Soweit für diese Handlungen eine Gestattung durch die Bundesrepublik vorliegt, ist ihre Zulässigkeit durch ungeschriebene Ausnahmetatbestände vom Verbot der Hoheitsrechtsübertragung begründet, die zum einen keinen nachhaltigen Verlust von Hoheitsrechten umfassen, zum andern bereits vor Erlaß des Grundgesetzes bekannt waren[206]. Hierzu dürften auch im Zuge transnationaler Katastrophenhilfe an ausländische Behörden übertragene Befugnisse zählen[207].

---

200 *Hecker* (N 145), S. 291 (292); *Rauser* (N 29), S. 246 ff.
201 *Tomuschat* (N 97), Art. 24 Rn. 44.
202 *Ohler* (N 29), S. 144.
203 *Hecker* (N 145), S. 292.
204 *Baldus* (N 115), S. 504; *Gramm* (N 136), S. 1238.
205 *Rauser* (N 29), S. 151 ff.
206 *Gramm* (N 136), S. 1238.
207 Z.B. Art. 7 des deutsch-dänischen Vertrags über die gegenseitige Hilfeleistung bei Katastrophen oder schweren Unglücksfällen, in: BGBl 1988 II, S. 287; vergleichbare Abkommen hat die Bundesrepublik mit mehreren europäischen Staaten geschlossen.

67
Gewährleistungs-
verantwortung

Selbst soweit danach horizontale Öffnungen zulässig sind, darf keine unbegrenzte Einwilligung der Bundesrepublik zur Einwirkung einer fremden Staatsgewalt auf im deutschen Staatsgebiet angesiedelte Rechtsverhältnisse erfolgen. Werden fremde Behörden anstelle deutscher tätig, darf dies nicht dazu führen, daß die Anforderungen, die das Grundgesetz an staatliches Handeln stellt, erodiert werden[208]. Aus diesem Grund trifft die Bundesrepublik Deutschland eine verfassungsrechtliche Gewährleistungsverantwortung, die sich in einer lenkenden und kontrollierenden Einwirkung auf fremdstaatliche Maßnahmen realisiert. Das deutsche Organ, das die Einwirkung gestattet hat, ist ebenso an das Grundgesetz gebunden[209] wie die zuständigen deutschen Behörden, die aufgrund ihrer staatlichen Schutzpflicht Vorkehrungen treffen müssen, daß ausländische Gewalten keine Grundrechte verletzen[210].

Staatliche
Schutzpflicht

68
Demokratieprinzip

Soweit unter diesem Vorbehalt die Gebietshoheit der Bundesrepublik Deutschland zugunsten fremder Staatsgewalt zurückgenommen werden darf, ist des weiteren zu beachten, daß der Ausnutzung vertraglich eingeräumter Servitute durch fremde Staaten unter dem Aspekt des Demokratieprinzips zwar eine sachliche[211], nicht aber eine personelle Legitimation[212] innewohnt, die allein im Rahmen der Ausübung deutscher Staatsgewalt gewährleistet werden kann[213]. Zwar steht das Erfordernis demokratischer Legitimation nicht unter einem Bagatellvorbehalt[214]; indes ist seine umfassende Realisierung doch im Rahmen internationaler Kooperation gleich welcher Art nicht möglich, da diese immer mit der Öffnung gegenüber fremden Einflüssen einhergeht. Angesichts der deutlichen Offenheit des Grundgesetzes für internationale Kooperation kann eine Realisierung des Erfordernisses demokratischer Legitimation nicht in dem gleichen Maße möglich sein wie bei rein innerstaatlicher Entfaltung von Staatsgewalt[215]. Dennoch führt der Ausgleich zwischen diesem Erfordernis und der historisch bedingten Akzeptanz internationaler Kooperation zu einer notwendigen Beschränkung der Tragweite möglicher Ausübung von Hoheitsrechten durch ausländische Hoheitsträger[216]. Das Bundesverfassungsgericht fordert, abhängig von einer Einzelfallbetrachtung[217], einen hinreichenden sachlichen Anknüpfungspunkt und die Gegenseitigkeit bei der Ermächtigung zu hoheitlichen Eingriffen[218].

Keine umfassende
Realisierung
möglich

Restriktionen durch
das BVerfG

---

208 *Hecker* (N 145), S. 316.
209 *Kai Hailbronner*, Kontrolle der auswärtigen Gewalt, in: VVDStRL 56 (1997), S. 7 (15); *Juliane Kokott*, Kontrolle auswärtiger Gewalt, in: DVBl 1996, S. 937.
210 *Cremer* (N 145), S. 135; *Hecker* (N 145), S. 317; *Rauser* (N 29), S. 287. → Bd. IX, *Isensee*, § 191 Rn. 208 ff.
211 *Rauser* (N 29), S. 264.
212 *Hecker* (N 145), S. 319.
213 *Schmidt-Aßmann* (N 198), S. 339.
214 Zu einer Auseinandersetzung mit dem Bagatellvorbehalt ausf. *Matthias Jestaedt*, Demokratie unter Bagatellvorbehalt?, in: Der Staat 32 (1993), S. 29 ff. (52 und passim); *Schmidt-Aßmann* (N 198), S. 367; offengelassen aber in BVerfGE 47, 253 (274); 83, 60 (74); 93, 37 (70).
215 *Cremer* (N 145), S. 118.
216 *Hecker* (N 145), S. 318.
217 BVerfGE 9, 268 (282 ff.); 83, 60 (74).
218 BVerfGE 63, 343 (370).

69

Fremde Hoheitsgewalt unter deutscher Aufsicht

Gemeinsame Polizeistreife

Handelt ein fremder Staat auf deutschem Gebiet, ohne eigene Hoheitsgewalt auszuüben, ist hiergegen aus verfassungsrechtlicher Sicht nichts einzuwenden, wenn die Zustimmung der Bundesrepublik Deutschland vorliegt. Dies ist der Fall, wenn ausländische Behörden mit deutschen Behörden gemeinsame Aufgaben erfüllen, etwa durch gemeinsame Streifen- und Ermittlungsgruppen der deutschen und schweizerischen Polizei[219] oder durch Einsätze niederländischer Polizeikräfte[220] auf deutschem Boden unter der Aufsicht eines deutschen Beamten. Hier liegt keine Ausübung fremder Hoheitsrechte vor, falls deutsche Behörden die Kontrolle über den Einsatz beanspruchen und durchsetzen[221]; die Maßnahme des ausländischen Amtswalters ist dann der deutschen Hoheitsgewalt zuzurechnen[222]. Ein Zurechnungsdurchgriff auf den fremden Staat scheidet aus.

4. Integration und Gebietshoheit

70

Europäische Integration

Auf der Grundlage der verfassungsrechtlichen Integrationsermächtigungen hat die Bundesrepublik Deutschland eine Mitgliedschaft in einer Vielzahl internationaler Organisationen erworben. Das größte Maß an vertikaler Öffnung hat sie dabei gegenüber der Europäischen Union vollzogen, deren Recht unmittelbare Anwendung gegenüber dem staatlichen Recht und Vorrang diesem gegenüber genießt[223]. Die Europäische Union hat sich in dem europäischen Mehrebenensystem zu dem stärksten Anziehungspunkt für die Übertragung von Hoheitsbefugnissen entwickelt. Sie übt gegenüber den Staatsbürgern ihrer Mitgliedstaaten ein quantitativ nahezu gleiches Maß an Hoheitsbefugnissen aus wie nationale und kommunale Gebietskörperschaften[224] – auch wenn sich die Regelungsadressaten aufgrund des Grundsatzes der mitgliedstaatlichen Verwaltungsautonomie[225] und der Notwendigkeit, eine ganze Reihe von Rechtssetzungsakten der Europäischen Union noch in nationales Recht zu transformieren (Art. 288 Abs. 3 AEUV), nach wie vor einer brüchigen Fassade mitgliedstaatlicher Hoheitsgewalt gegenüber sehen.

71

Verfassungsrechtlich gebotene Differenzierung

Diese Entwicklung, die durch die Übertragung einzelner Hoheitsrechte angestoßen wurde, ist nicht ohne Rückwirkung auf das Bild von der Exklusivität der mitgliedstaatlichen Gebietshoheit geblieben, obwohl immerhin zumindest aus deutscher verfassungsrechtlicher Sicht zwischen der erlaubten Übertragung einzelner Rechte und der verbotenen Übertragung der Gebietshoheit

---

219 Art. 20 des deutsch-schweizerischen Vertrages über grenzüberschreitende polizeiliche und justizielle Zusammenarbeit, in: BGBl 2001 II, S. 946; vgl. hierzu *Cremer* (N 145), S. 104.
220 Art. 6 des deutsch-niederländischen Vertrags über die grenzüberschreitende polizeiliche Zusammenarbeit, in: BGBl 2006 II, S. 194.
221 *Heinz Bonk/Heribert Schmitz*, in: Paul Stelkens/Heinz Bonk/Michael Sachs, VwVfG, ⁷2008, § 3 Rn. 47.
222 *Gramm* (N 136), S. 1242, 1244.
223 *Martin Nettesheim*, in: Eberhard Grabitz/Meinhard Hilf, Das Recht der Europäischen Union, Art. 249 Rn. 37 ff.; *Ruffert* (N 90), Art. 1 AEUV Rn. 16 ff.; → Bd. X, *P. Kirchhof*, § 214; *Hufeld*, § 215; *Durner*, § 216.
224 *Ulrich Battis/Jens Kersten*, Europäische Raumentwicklung, in: EuR 209, S. 3 (4).
225 *Florian Becker*, Application of Community Law by Member States' public authorities: Between Autonomy and Effectiveness, in: CMLRev 44 (2007), S. 1035; → Bd. X, *Streinz*, § 218 Rn. 1 ff., 62 ff.

als solcher zu differenzieren ist. Im Rahmen der Europäischen Union sind die einzelnen Märkte der Mitgliedstaaten in einem gemeinsamen Binnenmarkt aufgegangen (Art. 26 ff. AEUV). Die Abschaffung der Grenzkontrollen im „Schengen-Raum"[226] bzw. die korrespondierende Einführung der Nacheile (Art. 41 SDÜ) und fremdstaatlicher Observation (Art. 40 SDÜ) wurden nunmehr durch ein einheitliches System zum Schutz der Außengrenzen der Europäischen Union ergänzt (Art. 77 Abs. 1 c und Abs. 2 d AEUV). Hinzu tritt die in vielfacher Weise eine Ausübung von Hoheitsmacht umfassende Zusammenarbeit in dem „Raum der Freiheit, der Sicherheit und des Rechts" (vgl. Art. 67 ff. AEUV)[227]. Diese Entwicklungen drängen innerhalb der Europäischen Union die Bedeutung der Grenzen, die für die Existenz eines Staatsgebiets und die Abgrenzung verschiedener staatlicher Herrschaftsräume von entscheidender Bedeutung sind, in ganz erheblichem Maße zurück. Die Einzelstaaten sind für die supranationale Hoheitsgewalt verstärkt „permeabel", so daß der Durchgriff europäischer Rechtsakte, die Bürger unmittelbar binden, möglich ist[228]. Der substantielle Kompetenzbestand und der stetige Kompetenzzuwachs der Europäischen Union werfen die Frage nach einer Gebietshoheit der Union auf[229]. Vereinzelt werden bereits eine schleichende Entwicklung zu einer europäischen Gebietshoheit und die Mutation der Europäischen Union zu einer supranationalen Gebietskörperschaft festgestellt[230]. Dementsprechend sind in der Literatur Formulierungen „Territorium der EU"[231] und „Gemeinschaftsgebiet"[232] nachweisbar.

72

In der Lissabon-Entscheidung untersucht das Bundesverfassungsgericht vor dem Hintergrund des durch den Vertrag von Lissabon erreichten Standes der Integration die durch diesen Vertrag verursachten Einflüsse auf das Staatsgebiet und die Gebietshoheit der Bundesrepublik Deutschland[233]. Zwar konstatiert das Gericht einen Bedeutungsverlust des „begrenzenden Elements des Staatsgebiets, das insbesondere durch die Territorialgrenzen verdeutlicht wird, die eine Ausübung fremder Herrschaftsgewalt auf dem Staatsgebiet grundsätzlich verhindern sollen"[234]. Doch gibt das Zustimmungsgesetz das Staatsgebiet der Bundesrepublik Deutschland nach Auffassung des Gerichts nicht auf, da die Europäische Union die ihr übertragenen Hoheitsrechte auf

---

226 Übereinkommen betreffend den schrittweisen Abbau der Kontrollen an den gemeinsamen Grenzen (Schengen I), ABl 2000 Nr. L 239 S. 13; Schengener Durchführungsübereinkommen (Schengen II bzw. SDÜ), ABl 2000 Nr. L 239 S. 19; siehe dazu *Roland Bieber*, Das Abkommen von Schengen über den Abbau der Grenzkontrollen, in: NJW 1994, S. 294.
227 Hierzu *Peter-Christian Müller-Graff*, Der Raum der Freiheit, der Sicherheit und des Rechts in der Lissabonner Reform, in: EuR 2009 Beiheft 1, S. 105; s.a. *Peter-Christian Müller-Graff* (Hg.), Der Raum der Freiheit, der Sicherheit und des Rechts, 2005; *Eckart Pache* (Hg.), Die Europäische Union – Ein Raum der Freiheit, der Sicherheit und des Rechts?, 2005; zur „europäischen Raumentwicklung" der gleichnamige Beitrag von *Battis/Kersten* (N 224).
228 *Josef Isensee*, Integrationsziel Europastaat?, in: FS für Ulrich Everling, Bd. I, 1995, S. 567 (573).
229 *Battis/Kersten* (N 224), S. 5.
230 *Isensee* (N 228), S. 573; zustimmend *Battis/Kersten* (N 224), S. 5.
231 *Bieber* (N 226), S. 294; *Michael Krautzenberger/Welf Selke*, Auf dem Weg zu einem europäischen Raumentwicklungskonzept, in: DÖV 1994, S. 685 (688).
232 *Battis/Kersten* (N 224), S. 3.
233 BVerfGE 123, 267.
234 BVerfGE 123, 267 (403).

dem Territorium der Bundesrepublik Deutschland und gegenüber ihren Bürgern allein auf der Grundlage der ihr durch Zustimmungsgesetz „übertragenen Zuständigkeiten und damit nicht ohne ausdrückliche Erlaubnis der Bundesrepublik Deutschland" ausübt. Vor diesem Hintergrund geht das Bundesverfassungsgericht unter Hinweis auf Jellinek[235] von dem Fortbestehen einer „gebietsbezogenen Staatsgewalt" der Bundesrepublik Deutschland aus[236].

Gebietsbezogene Staatsgewalt

73

Kein unionsunmittelbares Territorium

Auch das Primärrecht[237] der Union geht davon aus, daß die Mitgliedstaaten über „Hoheitsgebiet" verfügen[238]. Unionsunmittelbares Territorium gibt es nicht[239]. Insbesondere Art. 52 EUV und Art. 355 AEUV beanspruchen keine Gebietshoheit für die Union, sondern handeln (ähnlich wie seinerzeit Art. 23 GG a. F.) nur von dem „räumlichen Geltungsbereich" der Verträge, der durch die Bestimmungen der mitgliedstaatlichen Verfassungen festgelegt wird[240] und sich daher mit den zum Staatsgebiet der Mitgliedstaaten gehörenden Gebieten deckt[241].

Staats-Akzessorität der EU

Damit ist der räumliche Geltungsbereich der Verträge akzessorisch zu den von den jeweiligen Staatsgrenzen umfaßten Territorien der Mitgliedstaaten[242]. Ändert sich das Staatsgebiet eines Mitgliedstaates durch Beitritt oder Abspaltung einzelner Teile, so kann dies nach dem Prinzip der beweglichen Vertragsgrenzen den Wirkbereich der Union unmittelbar erweitern oder beschneiden[243]. Daß diese Überlegungen keineswegs nur theoretischer Natur sind, zeigen etwa die deutsche Wiedervereinigung oder die weitgehende Autonomie des vormals vollständig von Dänemark verwalteten Grönlands[244].

Abhängigkeit der Union

Damit fehlt es der Union an jeglicher Macht, ihren räumlichen Wirkungsbereich unmittelbar und selbst zu gestalten oder zu erhalten. Sie ist insoweit vollständig von den territorialen Entscheidungen zur Grenzziehung ihrer Mitgliedstaaten abhängig. Sie besitzt keine umfassende Gebietshoheit, sondern übt im räumlichen Geltungsbereich der Verträge die ihr verliehenen Einzelzuständigkeiten aus[245]. Das Primärrecht setzt die Wirkung der staatli-

---

235 *Jellinek* (N 2), S. 394. Allerdings schreibt Jellinek hier lediglich, daß Staaten ein Staatsgebiet haben. Größere Bedeutung als der konkrete Nachweis dürfte daher die bloße Erwähnung des Werks und damit die Bezugnahme auf die Allgemeine Staatslehre im allgemeinen haben.
236 BVerfGE 123, 267 (403).
237 Vgl. Art. 20 Abs. 2 S. 2 (a); 21; 45 Abs. 3 (b); 88 Abs. 3, 89, 343 AEUV und öfter.
238 *Thomas Oppermann/Claus Classen/Martin Nettesheim*, Europarecht, [4]2009, § 6 Rn. 21.
239 *Christian Tomuschat*, in: Hans v.d. Groeben/Jürgen Schwarze, EUV/EGV, [6]2003, Art. 281 EGV Rn. 44.
240 EuGH, Rs. 148/77, Slg. 1978, S. 1787, Rn. 10 – H. Hansen jun. & O.C. Balle GmbH & Co. gegen Hauptzollamt Flensburg.
241 *Paul Kirchhof*, Der Verfassungsstaat und seine Mitgliedschaft in der Europäischen Union, in: Claus Classen u. a. (Hg.), Liber amicorum Thomas Oppermann, 2001, S. 201 (203).; *Günther Winkler*, Raum und Recht, 1999, S. 38.
242 *Jean Groux*, „Territorialité" et Droit Communautaire, in: RTDE 5 (1987), S. 23ff.; *Meinhard Schröder*, in: Hans v.d. Groeben/Jürgen Schwarze, EUV/EGV, [6]2003, Art. 229 EGV Rn. 3.
243 EuGH, Rs. 61/77, Slg. 1978, 417 – Seefischerei; *Oppermann/Classen/Nettesheim* (N 238), § 6 Rn. 22; *Michael Schweitzer*, Staatsrecht III, [10]2010, Rn. 540 ff.; *Rudolf Streinz*, Europarecht, [9]2012, Rn. 102.
244 Allerdings erfolgte der Austritt Grönlands aus der EU ohne vollständigen Austritt aus dem Königreich Dänemark; siehe *Claus-Dieter Ehlermann*, Mitgliedschaft in der Europäischen Gemeinschaft, in: EuR 1984, S. 113 (129); *Frederik Harhoff*, Greenland's withdrawal from European Communities, in: CMLRev 1983, S. 13 (27).
245 *Paul Kirchhof*, Der europäische Staatenverbund, in: Armin v. Bogdandy/Jürgen Bast (Hg.), Europäisches Verfassungsrecht, [2]2009, S. 1009 (1035); *Peter Unruh*, Die Unionstreue, in: EuR 2002, S. 41 (60).

che Hoheitsakte begrenzenden Gebietshoheit des Grundgesetzes nicht außer Kraft[246].

Wann genau der Punkt überschritten ist, ab dem tatsächlich von einer bestehenden Gebietshoheit der Europäischen Union gesprochen werden muß, ist kaum auszumachen, da der Zuwachs an Unionskompetenzen einen stetigen Prozeß darstellt. Der Übergang der Gebietshoheit von den Mitgliedstaaten an die Union wäre jedenfalls gleichbedeutend mit der Staatswerdung der Union.

74
Ungewisser Umschlagspunkt

5. Ausübung von deutscher Staatsgewalt gegenüber Ausländern

a) Gebietshoheit als Grund

Da die Gebietshoheit eines Staates sich auf diejenigen Personen erstreckt, die durch ihre Präsenz eine spezifische Beziehung zum Staatsgebiet aufweisen[247], führt ihre Inanspruchnahme dazu, daß sich deutsche Staatsgewalt auch gegenüber Ausländern durch die Anordnung von Rechtsfolgen und deren Durchsetzung entfalten kann, sobald diese sich auf deutschem Staatsgebiet befinden. Entscheidend für die Anknüpfung von Regelungen an die Gebietshoheit ist damit nicht die Staatsangehörigkeit, sondern der Aufenthaltsort des Adressaten[248].

75
Präsenz als Anknüpfung

Das Völkerrecht erlaubt ohne weiteres, daß Fremde, die sich auf dem Staatsgebiet eines dritten Staates aufhalten, in vollem Umfang der dort geltenden Rechtsordnung unterworfen werden[249]. Mit seiner Einreise in das Staatsgebiet, auf die vorbehaltlich besonderer Regelungen für den Ausländer kein Anspruch besteht[250], ordnet dieser sich in einem freiwilligen Akt der Regelungszuständigkeit des Staates unter[251]. Neben der Einreise kann die Unterwerfung unter die Gebietshoheit eines Staates auch durch weitere Akte wie etwa die Erlangung von Eigentum oder das Einreichen eines Asylantrags[252] erfolgen, mit denen eine spezifische Beziehung zum betreffenden Staat hergestellt wird. In dem Moment der Unterwerfung kollidiert die Personalhoheit des Heimatstaats mit der Gebietshoheit des Zielstaats[253].

76
Einreise als Unterwerfung

Indem Art. 74 Abs. 1 Nr. 4 GG dem Bund die konkurrierende Gesetzgebungskompetenz für das Aufenthalts- und Niederlassungsrecht der Ausländer zuweist, verdeutlicht diese Regelung die Selbstverständlichkeit, daß die durch das Grundgesetz konstituierte Staatsgewalt die von ihr beanspruchte Gebietshoheit auch gegenüber fremden Staatsangehörigen geltend macht. Die Einbe-

77
Inanspruchnahme von Ausländern

---

246 EuGH, Rs. C-55/93, Slg 1994, I-4837, Rn. 16; *Jürgen Bröhmer*, in: Calliess/Ruffert (N 90), Art. 52 AEUV Rn. 11.
247 *Dahm/Delbrück/Wolfrum* (N 3), S. 319 ff. → Bd. IX, *Rüfner*, § 196 Rn. 34 ff.; *Gundel*, § 198 Rn. 43 ff.; *Isensee*, § 199 Rn. 66 ff.
248 *Dahm/Delbrück/Wolfrum* (N 3), S. 320.
249 *Brownlie* (N 12), S. 301 ff.; *Lowe/Staker* (N 55), S. 320 f.
250 Vgl. z. B. *Daniel Thym*, in: Eberhard Grabitz/Meinhard Hilf/Martin Nettesheim, Das Recht der Europäischen Union, 2011, Art. 77 AEUV Rn. 8.
251 So schon *John Locke*, Two treatises of government, 1690, II § 119, übers. v. *Jörn Hoffmann*, in: Walter Euchner (Hg.), Zwei Abhandlungen über die Regierung, 2008.
252 BVerfGE 60, 253.
253 *Meng* (N 28), S. 43; s.a. *Zitelmann* (N 29), S. 84 ff.; *Josef Isensee*, Die staatsrechtliche Stellung des Ausländers, in: VVDStRL 32 (1974), S. 49 (60 ff.).

§ 230 *Zwanzigster Teil: Leitprinzipien*

Einfachgesetzliche Regelungen

ziehung gebietsansässiger Ausländer in die Gebietshoheit der Bundesrepublik Deutschland wird auch in verschiedenen einfachgesetzlichen Regelungen deutlich. So genießen beispielsweise nach § 121 UrhG ausländische Urheber den immaterialgüterrechtlichen Schutz ihrer in Deutschland erschienenen Werke. Die Sanktionierung von Fehlverhalten knüpft sowohl im Strafrecht (§ 3 StGB) als auch im Recht der Ordnungswidrigkeiten (§ 5 OWiG) im wesentlichen an den im Inland gelegenen Tatort an, wobei gleichgültig ist, ob ein deutscher Staatsbürger oder ein Inländer die Tat begangen hat[254].

78
Fremdenrecht

Setzt eine Regelung andere Anforderungen oder Rechtsfolgen für Ausländer als für Inländer, so handelt es sich um sogenanntes Fremdenrecht[255]. Dies ist zum Beispiel bei den §§ 55, 110 ff. ZPO der Fall, die besondere Regelungen zur Prozeßfähigkeit und Prozeßkostensicherheit für Ausländer festlegen[256]. Auch der gesamte Bereich des nunmehr maßgeblich im Gesetz über den Aufenthalt, die Erwerbstätigkeit und die Integration von Ausländern im Bundesgebiet geregelten Ausländerrechts ist Fremdenrecht. Solche spezifischen Normen sind nicht wegen Art. 3 Abs. 2 GG verfassungswidrig[257], die Differenzierungsbefugnis des einfachen Gesetzgebers findet aber ihre Grenzen in den durch Art. 25 Abs. 1 GG bezeichneten allgemeinen Regeln des Völkerrechts.

79
Sonderregelungen für EU-Ausländer

Die Unionsbürger haben im Gegensatz zu anderen Ausländern innerhalb der einzelnen Mitgliedstaaten besondere Rechte und Pflichten[258]. Hierunter fallen politische Mitwirkungs- und Kontrollrechte[259], das Recht auf Freizügigkeit[260], der Grundsatz des Verbots der Diskriminierung aus Gründen der Staatsangehörigkeit[261], die Grundfreiheiten[262] sowie der Anspruch auf effektiven Rechtsschutz[263]. Bisweilen wird zudem unter Hinweis auf das Diskriminierungsverbot aus Art. 18 AEUV für Unionsbürger eine Einbeziehung in die Deutschengrundrechte gefordert[264]. Jedenfalls sind die Deutschengrundrechte insoweit europarechtskonform auszulegen, daß auch Unionsbürger in ihren persönlichen Schutzbereich fallen[265].

---

254 Zu § 3 StGB *Albin Eser*, in: Adolf Schönke/Horst Schröder, StGB, [28]2010, § 3 Rn. 5; zu § 5 OWiG *Bohnert* (N 30), § 5 Rn. 3; *Klaus Rogall*, in: Karlsruher Kommentar zum OWiG, [3]2006, § 5 Rn. 20.
255 *Herdegen* (N 85), Art. 25 Rn. 29; *Hans Sonnenberger*, in: MüKo-BGB, Bd. 10, [5]2010, EGBGB, IPR, Einl. Rn. 372.
256 *Stefan Leible*, in: Lutz Michalski (Hg.), GmbHG, Bd. I, [2]2010, Systematische Darstellung 2 Rn. 2; s. a. *Oliver Furtak*, Die Parteifähigkeit in Zivilverfahren mit Auslandsberührung, Prozeßrecht zwischen Kollisionsrecht, Fremdenrecht und Sachrecht, 1995.
257 *Günter Dürig/Rupert Scholz*, in: Maunz/Dürig, Art. 3 Abs. 3 Rn. 80; *Sonnenberger* (N 255), Einl. Rn. 372. → Bd. IX, *Gundel*, § 198 Rn. 20 f., 84 ff.
258 → Bd. X, *Haack*, § 205 Rn. 23 ff.; *Haratsch*, § 210; *Herdegen*, § 211.
259 Wahlrecht zum Europäischen Parlament aus Art. 22 Abs. 2, 190 AEUV, Kommunalwahlrecht gem. Art. 22 Abs. 1, Petitionsrecht beim Europäischen Parlament gem. Art. 24 S. 2, 227 AEUV.
260 Art. 21 AEUV.
261 Art. 18 AEUV.
262 Art. 34 ff. AEUV; → Bd. X, *Haratsch*, § 210.
263 Art. 19 Abs. 1 UAbs. 2 EUV.
264 *Meinhard Hilf*, in: Eberhard Grabitz/ders., Komm. zum EUV/EGV, Art. 17 Rn. 52; → Bd. IX, *Gundel*, § 198 Rn. 24 ff.
265 *Rüdiger Breuer*, Freiheit des Berufs, in: HStR VI, [2]2001, § 147 Rn. 21; *Dirk Ehlers*, Die Weiterentwicklung des Staatshaftungsrechts durch das europäische Gemeinschaftsrecht, in: JZ 1996, S. 776 (781). → Bd. IX, *Isensee*, § 199 Rn. 71.

b) Grenze der Ausübung deutscher Staatsgewalt auf deutschem Staatsgebiet

Die aus der Gebietshoheit fließende Befugnis, auch die Rechtsverhältnisse von Ausländern zu regeln, soweit diese sich auf deutschem Staatsgebiet aufhalten, findet ihre Schranken im Völkerrecht, das insoweit die staatliche Gebietshoheit begrenzt[266]. Zum einen reglementieren spezielle Abkommen wie die Genfer Flüchtlingskonvention[267] oder die UN-Wanderarbeiterkonvention[268] den Umgang mit Ausländern, die in ein fremdes Staatsgebiet einreisen. Hinzu treten Regeln des Gewohnheitsrechts; so etwa das Gebot, daß nach ihrem Heimatrecht rechtsfähige natürliche Personen und anzuerkennende ausländische juristische Personen in gleicher Weise Träger privater Rechte und Pflichten wie inländische sind[269]. Weitere anerkannte Grundsätze sind die Garantie eines Mindeststandards an Verfahrensgerechtigkeit[270] beispielsweise durch die Gewährung rechtlichen Gehörs[271], die Garantie des Eigentums auch von Ausländern[272]. Das Einziehen eines Ausländers zur Ableistung von Wehrdienst in der Bundeswehr verstößt ebenfalls gegen völkergewohnheitsrechtliche Übung[273].

80 Völkerrechtliche Schranken

Eine weitere Begrenzung der Gebietshoheit findet sich in den völkerrechtlichen Regeln über die Staatenimmunität[274], die, soweit diese nicht aus völkervertraglicher Quelle stammen, jedenfalls gemäß Art. 25 GG direkt und unmittelbar als Bundesrecht gilt und damit den einfachen Gesetzgeber bindet[275]. Auch sie ist Ausfluß der völkerrechtlichen souveränen Gleichheit der Staaten[276]. Die Reichweite der Immunität in sachlicher und personeller Hinsicht

81 Staatenimmunität

---

266 *Dahm/Delbrück/Wolfrum* (N 3), S. 320; zu der hier nicht zu erörternden Problematik eines Durchgriffs völkervertraglicher Verpflichtungen auf den deutschen Gesetzgeber bzw. dessen Freiheit, Gesetze unter Verstoß gegen völkerrechtliche Verpflichtungen zu erlassen, vgl. *Florian Becker*, Völkerrechtliche Verträge und parlamentarische Gesetzgebungskompetenz, in: NVwZ 2005, S. 289.
267 Abkommen über die Rechtsstellung der Flüchtlinge v. 28.7.1951, in: BGBl II, S. 619.
268 Internationale Konvention zum Schutz der Rechte aller Wanderarbeitnehmer und ihrer Familienangehörigen vom 18.12.1990.
269 *Sonnenberger* (N 255), Einl. Rn. 372.
270 BVerfGE 60, 253 (303 ff.); 67, 43 (63); *Herdegen* (N 85), Art. 25 Rn. 29.
271 BVerfGE 60, 253; 63, 332 (337).
272 *Rudolf Dolzer*, Eigentum, Enteignung und Entschädigung im geltenden Völkerrecht, 1985; *Matthias Herdegen*, Internationales Wirtschaftsrecht, ^{9}2011, S. 88 f.
273 *Karl Doehring*, Völkerrecht, ^{2}2004, S. 269; *Herdegen* (N 85), Art. 25 Rn. 29; *Dieter Walz*, Die Wehrpflicht von Ausländern, Sowjetflüchtlingen und Mehrstaatlern nach dem WPflG der Bundesrepublik Deutschland als Problem des nationalen und internationalen Rechts, 1969, S. 154.
274 BVerfGE 16, 27 (34 ff.); 46, 342 (364, 392 ff.); BVerwG, in: DVBl 1989, S. 261 ff.; BGH, in: NJW 1979, S. 1101 ff.; s.a. *Ulrich v. Schönfeldt*, Die Immunität ausländischer Staaten vor deutschen Gerichten, in: NJW 1986, S. 2980 ff.; *Andreas L. Paulus*, Triumph und Tragik des Völkerstrafrechts, in: NJW 1999, S. 2644 (2645 f.); zur Unterscheidung von Staatenimmunität und diplomatischer Immunität BVerfGE 96, 68 (82 ff., 85); vgl. auch § 18 GVG i.V.m. dem Wiener Übereinkommen über diplomatische Beziehungen v. 18.4.1961 (BGBl 1964 II, S. 957, 971) und § 19 GVG i.V.m. dem Wiener Übereinkommen über konsularische Beziehungen v. 24.4.1963 sowie für Streitkräfte das NATO-Truppenstatut (BGBl 1969 II, S. 1585, 1619).
275 *Tina Roeder*, Grundzüge der Staatenimmunität, in: JuS 2005, S. 215 ff. (216).
276 Im allgemeinen zurückgeführt auf *Bartolus de Saxoferrato* (1313–1357): Tractatus repressalium (1354), Quaestio prima, ad tertium, § 10; vgl. *Dahm/Delbrück/Wolfrum* (N 3), S. 452 ff.; *Epping/Gloria* (N 75), S. 334.

§ 230 Zwanzigster Teil: Leitprinzipien

Absolute und relative Immunität

unterliegt einem steten Wandel. Ursprünglich waren Klagen gegen ausländische Staaten ohne deren Einwilligung unzulässig (absolute Immunität)[277]. Heutzutage wird Immunität nur für hoheitliches Staatshandeln gewährt (restriktiver Ansatz)[278]. Vor deutschen Gerichten genießen fremde Staaten grundsätzlich Immunität für hoheitliches Handeln (acta iure imperii), während sie bei nicht hoheitlichen Betätigungen (acta iure gestionis) inländischer Gerichtsbarkeit unterworfen sind[279]. Dabei wird die Unterscheidung zwischen hoheitlicher und geschäftlicher Handlung anhand der objektiv ermittelbaren Natur der Sache festgelegt[280]. Zudem muß der Akt einen unmittelbaren Bezug zu staatlichen Funktionen haben. Explizite Benennungen von Tätigkeiten, die in jedem Fall keine hoheitlichen Tätigkeiten darstellen, finden sich im Kodifikationsentwurf der International Law Commission der Vereinten Nationen zur Staatenimmunität[281] und dem Europäischen Übereinkommen über die Staatenimmunität (1972)[282].

82
Personbezogene Immunität

Schutz des Organwalters, nicht des Staates

Zudem gewähren völkergewohnheitsrechtliche und völkervertragliche Regelungen bestimmten Einzelpersonen[283] wie Regierungsoberhäuptern und Diplomaten eine persönliche Immunität[284], die sich aber nach dem Zweck und den Regeln von der Staatenimmunität unterscheidet[285]. Das Bundesverfassungsgericht hebt das personale Element der diplomatischen Immunität hervor, das den Diplomaten als handelndes Organ und nicht den Entsendestaat schützt[286]. Die diplomatische Immunität ist somit nicht Ausfluß der Staatenimmunität, da die Berechtigung des Diplomaten für seinen Aufenthalt und für seine dienstlichen Handlungen auf der Zustimmung des Empfangsstaates in Form des Agreement gemäß Art. 4 WÜD beruhen. Diese Zustimmung rechtfertigt die persönliche wie funktionelle diplomatische Immunität. Im Gegensatz dazu gewinnen Staatsorgane ihren Status allein durch einen innerstaatlichen Kreationsakt[287].

---

277 Vgl. *Verdross/Simma* (N 14), § 1168.
278 *Doehring* (N 273), S. 285.
279 BVerfGE 15, 25 (42f.); 16, 27 (33); BVerwG, in: DVBl 1989, S. 261; *Pernice* (N 99), ²2006, Art. 25 Rn. 32; *Roeder* (N 275), S. 215f.
280 BVerfGE 16, 27 (39).
281 A/CN.4/L.399, Art. 11–20.
282 BGBl 1990 II, S. 35 i.d.F. d. Bek. v. 24.10.1990 (BGBl II, S. 1400); vgl. auch *Herdegen* (N 272), S. 84.
283 Anders ist die Frage der Immunität grundsätzlich bei Einzelpersonen zu beurteilen, denen die Begehung von Verbrechen gegen die Menschlichkeit zur Last gelegt wird; vgl. *Ulf Häußler*, Der Fall Pinochet: Das Völkerrecht auf dem Weg zu einem effektiven internationalen Menschenrechtsschutz, in: MRM 4 (1999) 3 S. 5; vgl. auch die Statuten des Internationalen Strafgerichtshofs für das ehemalige Jugoslawien, Art. 7 Abs. 2 und des Internationalen Strafgerichtshofs, Art. 22.
284 *Roeder* (N 275), S. 217.
285 BVerfGE 96, 68 (85f.).
286 BVerfGE 96, 68 (85f.).
287 BVerfGE 96, 68 (85f.); vgl. dazu auch *Jean Salmon*, Manuel de Droit Diplomatique, Brüssel 1994, S. 463; *Eileen Denza*, Diplomatic Law, Oxford 1976, S. 250.

C. Personalhoheit als Grund und Grenze der Staatsgewalt

I. Einleitung

Die Wandlung der Herrschaftsverbände von Personal- zu Gebietskörperschaften[288] hat zwar die ausschließliche Herrschaft des hierdurch entstandenen modernen Staates über sein Territorium und damit die Unterwerfung aller auf dem Territorium anwesenden Personen unter seine Staatsgewalt im Sinne der Gebietshoheit begründet. Aber das Konzept der Personalhoheit, die die hoheitliche Regelungsbefugnis an eine Eigenschaft der Regelungsadressaten anknüpft[289], wurde hierdurch keineswegs obsolet. Sie trat lediglich in ihrer Bedeutung als Anknüpfungspunkt für staatliche Regelungszuständigkeiten hinter die Gebietshoheit zurück[290].

83 Personalhoheit nicht obsolet

Nach Bodin war der Staatsbürger auch außerhalb des Staatsgebiets an die Gesetze seines Staates gebunden[291]. Demgegenüber hatte in früheren völkerrechtlichen Vorstellungen eine Verabsolutierung des Territorialitätsprinzips dazu geführt, daß die Staatsgewalt zwar für das Staatsgebiet exklusiv wirken, aber selbst gegenüber Staatsangehörigen an der Grenze des Territoriums enden sollte[292]. Die angelsächsisch geprägten Rechtsordnungen kennen noch heute eine ausdrückliche Vermutung gegen eine extraterritoriale Anwendung nationalen Rechts[293].

84 Frühere Begrenzung auf das Territorium

Die von der Personalhoheit eines Staates erfaßten Individuen und juristischen Personen sind der staatlichen Gesetzgebung sowie den Entscheidungen von Verwaltung und Gerichtsbarkeit allein aufgrund ihrer Zugehörigkeit zu dem Staat unterworfen – unabhängig davon, ob sie sich auf dem Territorium des Staates aufhalten oder nicht. Hingegen schützt eine ausländische Staatsangehörigkeit nicht gegen die Wirkungen der Gebietshoheit, wenn der Fremde sich auf dem Territorium des regelnden Staates aufhält[294].

85 Effekt der Personalhoheit

Wegen des umfassenden staatlichen Regelungsanspruchs auf der Grundlage der Gebietshoheit ist eine Anknüpfung von Regelungen an eine persönliche Eigenschaft des Regelungsadressaten nur in den Fällen erforderlich, in denen dieser sich nicht auf dem Gebiet des regelnden Staates befindet, da er ansonsten bereits auf der Grundlage der Gebietshoheit von den staatlichen Rege-

86 Abgrenzung von Personal- und Gebietshoheit

---

288 *Kriele* (N 21), S. 68.
289 *Meng* (N 28), S. 53.
290 Durch die zwischenzeitliche Bedeutung der genossenschaftlichen Staatstheorie gewann die Personalhoheit sogar eine gesteigerte Bedeutung für die Ausübung von Staatsgewalt; vgl. *Friedrich Curtius*, Ueber Staatsgebiet und Staatsangehörigkeit, in: AöR 9 (1894), S. 1. Einen ähnlichen Einfluß hatten die nationalstaatlichen Bewegungen des 19. Jahrhunderts: *Vogel* (N 16), S. 95.
291 *Jean Bodin*, Les six livres de la République, 1583, übers. von Bernd Wimmer, 1981, S. 185. Diese Sichtweise wird auch heute noch zum Teil im angelsächsischen Rechtsraum vertreten; vgl. *Vogel* (N 16), S. 101 ff.
292 *Wolff* (N 84), §§ 293 ff.; ähnlich im Hinblick auf die Lotus-Entscheidung des StIGH auch *Bruns* (N 84), S. 51 ff.
293 *William S. Dodge*, Understanding the Presumption against Extraterritoriality, in: Berkeley Journal of International Law 16 (1998), S. 85 ff.
294 *Doehring* (N 273), S. 354.

lungen erfaßt werden würde[295]. Gerade aber die notwendige Abwesenheit des Adressaten von dem Gebiet des regelnden Staates und damit die zwingende Anwesenheit auf dem Gebiet eines anderen Staates bringt die Anknüpfung an die Personalhoheit stets in einen potentiellen Konflikt mit der Gebietshoheit des Aufenthaltsstaates.

II. Grundlagen der Personalhoheit

1. Staatsangehörigkeit

87
Staatsangehörigkeit als Grundlage

Das rechtliche Band[296] zwischen Individuum und Staat, das der Personalhoheit regelmäßig zugrunde liegt, ist die hinsichtlich ihrer rechtlichen Natur durchaus umstrittene[297], staats- und völkerrechtlich bedeutsame[298] Staatsangehörigkeit[299], die eine auf einer Gegenseitigkeitserwartung beruhende Rechts- und Pflichtenbeziehung zwischen dem Bürger und seinem Heimatstaat herstellt[300].

88
Staatszugehörigkeit juristischer Personen

Inkorporations- und Sitztheorie

Naturgemäß können juristische Personen keine Staatsangehörigkeit vergleichbar derjenigen von natürlichen Personen haben. Das rechtliche Band zwischen juristischer Person und Staat wird deshalb als Staatszugehörigkeit bezeichnet[301]. Nach der Gründungs- bzw. Inkorporationstheorie ist eine juristische Person dem Staat zuzuordnen, nach dessen Recht sie gegründet wurde. Das deutsche Gesellschaftsrecht folgt hingegen der Sitztheorie, die auf den satzungsmäßigen oder tatsächlichen Sitz der juristischen Person abstellt[302]. Allerdings führt eine konsequente Anwendung der Sitztheorie zu Kollisionen mit der unionsrechtlichen Niederlassungsfreiheit (Art. 49ff. AEUV). Sie ist daher nur noch so anzuwenden, daß ihr keine Wirkung ausgeht, die die unionsweite Mobilität von Unternehmen einschränkt[303].

---

295 Anders aber *Ohler* (N 29), S. 183 f., der eine Unterscheidung dahingehend, auf welche der beiden Hoheiten sich ein regelnder Staat gegenüber Personen, die sich auf seinem Territorium befinden, beruft, danach treffen möchte, ob die Regelung ihren Tatbestandsmerkmalen nach gebietsbezogen ist oder einen persönlichen Anwendungsbereich aufweist.
296 Begriff des IGH in der Entscheidung Nottebohm, ICJRep 1955, S. 4 (23).
297 *Ulrich Becker*, in: v. Mangoldt/Klein/Starck, Bd. I, Art. 16 Abs. 1 GG Rn. 1; *Kay Hailbronner*, Grundlagen des Staatsangehörigkeitsrechts, in: ders./Günter Renner/Hans-Georg Maaßen (Hg.), Staatsangehörigkeitsrecht, ⁵2010, Teil I C, Rn. 1ff.; *Jörn Axel Kämmerer*, in: BK, Art. 16 Abs. 1 GG Rn. 27; *Albrecht Randelzhofer*, in: Maunz/Dürig, Art. 16 Abs. 1 Rn. 8.
298 *Hailbronner* (N 297), Teil I C, Rn. 6 ff.
299 BVerfGE 37, 217 (239 ff., 253); zur Staatsangehörigkeit → Bd. II, *Grawert*, § 16; → Bd. X, *Haratsch*, § 205 Rn. 7ff. Siehe auch *Hailbronner* (N 297), Teil I, Rn. 1ff.; *Ingo von Münch*, Die deutsche Staatsangehörigkeit, 2007; *Burkhard Ziemske*, Die deutsche Staatsangehörigkeit nach dem Grundgesetz, 1995. Zu den verschiedenen theoretischen Charakterisierungen dieses Status bereits: *Aleksandr N. Makarov*, Allgemeine Lehren des Staatsangehörigkeitsrechts, ²1962, S. 19 ff.
300 *Epping/Gloria* (N 75), S. 327.
301 *Herdegen* (N 3), S. 191 f. → Bd. IX, *Rüfner*, § 196 Rn. 94 ff.; *Isensee*, § 199 Rn. 66 ff.
302 BGHZ 78, 318 (374).
303 EuGH, Urt. v. 9. 3. 1999, Rs. C-212/97, Slg. 1999, I-1459 – Centros; EuGH, Urt. v. 5. 11. 2002, Rs. C-208/00, Slg. 2002, I-9919 – Überseering; EuGH, Urt. v. 30. 9. 2003, Rs. C-167/01, Slg. 2003, I-10155 – Inspire Art; vgl. *Matthias Lang*, Internationales Gesellschaftsrecht, in: Hildegard Ziemons/Carsten Jaeger (Hg.), BeckOK GmbHG, Stand 1. 12. 2012, Rn. 15 ff.

Bei der Ausgestaltung der nationalen Regelungen zur Staatsangehörigkeit sind die Staaten völkerrechtlich weitgehend frei[304]. Es handelt sich um eine innere Angelegenheit des souveränen Staates[305]. Spurenelemente einer individualschützenden völkerrechtlichen Komponente der Staatsangehörigkeit enthält Art. 15 der Allgemeinen Erklärung der Menschenrechte (1948), wonach nicht nur jeder das Recht auf eine Staatsangehörigkeit hat[306], sondern auch niemandem seine Staatsangehörigkeit willkürlich entzogen oder das Recht versagt werden darf, seine Staatsangehörigkeit zu wechseln.

89 Freiheit der Ausgestaltung

Die politische und demographische Heterogenität der Völkerrechtsgemeinschaft haben eine umfassende internationale Konvention über das Recht der Staatsangehörigkeit verhindert, obwohl die Vielzahl konkreter Ausgestaltungen den internationalen Rechtsverkehr in erheblichem Ausmaß berühren kann. Neben einer Reihe der Regelung spezifischer Fragen (etwa hinsichtlich des Wehrdienstes) dienender Übereinkommen[307] weist allerdings nunmehr auf regionaler Ebene das Europäische Übereinkommen über die Staatsangehörigkeit aus dem Jahre 2000[308] erstmals einen umfassenden und grundlegenden Regelungsanspruch auf[309].

90 Internationale und regionale Koordination

Das Völkerrecht errichtet in zweifacher Hinsicht eine negative Grenze für die internationale Wirkung des nationalen Rechts der Staatsangehörigkeit. Zum einen folgt aus der engen Verbindung zwischen staatlicher Souveränität und dem Institut der Staatsangehörigkeit, daß jeder Staat nur Regelungen zu seiner eigenen Staatsangehörigkeit treffen darf[310].

91 Eigene Staatsangehörigkeit

Zum andern darf die Verleihung einer Staatsangehörigkeit nicht willkürlich erfolgen; sie darf mithin nicht an sachfremde, mit dem Staat nicht in hinreichender Weise verbundene Sachverhalte anknüpfen[311]. Könnte jeder Staat jede beliebige Person als seinen Staatsangehörigen in Anspruch nehmen, liefe die Funktion der Staatsangehörigkeit als Institut zur Abgrenzung völkerrechtlicher Regelungsbefugnisse leer[312]. Der einzelne Staat kann nicht verlangen, daß seine Regelungen auch dann völkerrechtliche Wirkungen entfalten, wenn sie nicht in Übereinstimmung mit dem hieraus abzuleitenden Erfordernis der

92 Erfordernis einer tatsächlichen Beziehung

---

304 *Epping/Gloria* (N 75), S. 328; *Hailbronner* (N 297), Teil I E, Rn. 1; *Verdross/Simma* (N 14), § 1192.
305 *Epping/Gloria* (N 75), S. 328; *Hailbronner* (N 297), Teil I E, Rn. 1 f.; *Randelzhofer* (N 297), Art. 16 Abs. 1 Rn. 10.
306 Zu den Konsequenzen von Staatenlosigkeit und den Versuchen, sie zu verhindern, *Hailbronner* (N 297), Teil I G, Rn. 1 ff.
307 Zu den bisherigen europäischen und weltweiten bi- und multilateralen Verträgen in diesem Bereich *Hailbronner* (N 297), Teil I E, Rn. 10 ff.
308 Das Gesetz zu dem Europäischen Übereinkommen v. 6.11.1997 über die Staatsangehörigkeit ist am 19.5.2004 in Kraft getreten (BGBl II, S. 578).
309 Hierzu *Brigitte Knocke*, Das Europäische Übereinkommen über die Staatsangehörigkeit als Schranke für die Regelung des nationalen Staatsangehörigkeitsrechts, 2005.
310 BVerfGE 37, 217 (218); *Doehring* (N 273), S. 32; *Epping/Gloria* (N 75), S. 328, § 24 Rn. 5; *Hailbronner* (N 297), Teil I E, Rn. 6 ff.; *Jörn A. Kämmerer*, in: BK, Art. 16 GG Rn. 9; *Randelzhofer* (N 297), Art. 16 Abs. 1 Rn. 11.
311 BVerfGE 77, 137 (153) unter Hinweis auf BVerfGE 1, 322 (329); BVerwGE 23, 274 (278); BGHSt 5, 230 (234); 9, 53 (59).
312 *Hailbronner* (N 297), Teil I E, Rn. 9.

"genuine connection"³¹³ oder der "näheren tatsächlichen Beziehung"³¹⁴ zwischen Staat und Person stehen³¹⁵. Fehlt es an einer entsprechenden Beziehung, berührt dies aus völkerrechtlicher Sicht nicht die staatlich-souveräne Entscheidung über die Zuerkennung einer Staatsangehörigkeit. Allerdings kann der so erlangte Status dann nicht Anknüpfungspunkt für die Ausübung völkerrechtlicher Befugnisse durch den Staat sein. Diese Begrenzung der völkerrechtlichen Relevanz der staatlichen Verleihung einer Staatsangehörigkeit ergibt sich aus der Existenz und der Personalhoheit anderer Staaten³¹⁶. Darüber hinaus betont das Bundesverfassungsgericht in einer älteren Entscheidung neben dem Anliegen einer vernünftigen internationalen Koordination auch noch das staatliche Bedürfnis, Loyalitätskonflikte ihrer Bürger zu vermeiden³¹⁷.

Vermeidung von Loyalitätskonflikten

93

Willkürliche Einbürgerung

Völkerrechtliche Beachtlichkeit

Anknüpfungspunkte

Die relative Unwirksamkeit der willkürlichen Verleihung einer Staatsangehörigkeit hat der Internationale Gerichtshof in seiner – allerdings sehr umstrittenen³¹⁸ – Entscheidung zugrundegelegt, in der es nicht um konkurrierende Staatsangehörigkeiten, sondern um die Frage ging, ob eine Zuerkennung einer Staatsangehörigkeit überhaupt völkerrechtlich beachtlich ist³¹⁹. Die hiernach erforderliche Bindung der Person an den Staat ist an verschiedenen Umständen ablesbar: familiäre Bindung, Ort der Teilnahme am öffentlichen Leben, emotionales Engagement für ein bestimmtes Land, eigene Seßhaftigkeit, regelmäßige Besuche, belegenes Eigentum, geschäftliche Beziehungen, Freundschaften³²⁰. Diesen Vorgaben entsprechen Einbürgerungsgesetze, in denen gefordert wird, daß die Staatsangehörigkeit nur unter Bedingungen zuzuerkennen ist, die eine solche oder ähnliche Verbindung zwischen dem Individuum und dem aufnehmenden Staat erkennen lassen³²¹. In der literarischen Kritik fand diese Rechtsprechung wenig Anklang, da dem Gericht ein Nachweis der Existenz entsprechender völkergewohnheitsrechtlicher Regeln

---

313 *Epping/Gloria* (N 75), S. 329; *Hailbronner* (N 297), Teil I E, Rn. 20; *Verdross/Simma* (N 14), § 1194.
314 BVerfGE 1, 322 (329).
315 → Bd. II, *Grawert*, § 16 Rn. 51. Vgl. auch *Epping* (N 3), S. 329; *Juliane Kokott*, in: Sachs, ⁶2011, Art. 16 GG Rn. 1; *Johannes Masing*, in: Dreier, Bd. I, ²2004, Art. 16 GG Rn. 15; *Randelzhofer* (N 297), Art. 16 Abs. 1 Rn. 13.
316 BVerfGE 77, 137 (153).
317 BVerfGE 37, 217 (254).
318 Vgl. z. B. die abweichenden Ansichten der Richter Helge Klaestad, ICJRep. 1955, S. 30, und John Erskine Read, S. 39.; s. a. die Ausführungen des Ad-hoc-Richters M. Paul Guggenheim, S. 54.; s. a. *Josef Kunz*, The Nottebohm Judgment (Second Phase), in: American Journal of International Law 54 (1960), S. 536, 552 ff. (de lege lata) und 564 ff. (de lege ferenda). Kritisch äußern sich auch *J. Mervyn Jones*, The Nottebohm Case, in: International and Comparative Law Quaterly 5 (1956), S. 230; *Erwin H. Löwenfeld*, Der Fall Nottebohm, in: AVR 5 (1955–1956), S. 387; *Alexandr N. Makarov*, Das Urteil des Internationalen Gerichtshofs im Fall Nottebohm, in: ZaöRV 16 (1955–1956), S. 407; *ders*, Nottebohm-Fall, in: WVR II, S. 635; *Ignaz Seidl-Hohenveldern*, Der Fall Nottebohm, in: RIW 1955, S. 147; vgl. die weitere Übersicht bei *Hailbronner* (N 297), Teil I E, Rn. 27 ff.
319 IGH, Nottebohm, ICJRep 1955, S. 4.
320 Überblick bei *Hailbronner* (N 297), Teil I E, Rn. 33 ff.; eine Aufzählung der nicht anerkannten Anknüpfungspunkte findet sich bei *Randelzhofer* (N 297), Art. 16 Abs. 1 Rn. 23 ff.
321 Dementsprechend verlangt § 10 Abs. 1 S. 1 StAG, daß ein Ausländer seit acht Jahren seinen gewöhnlichen Aufenthalt im Bundesgebiet haben und "über Kenntnisse der Rechts- und Gesellschaftsordnung und der Lebensverhältnisse in Deutschland" verfügen muß (§ 10 Abs. 1 S. 1 Nr. 7 StAG).

nicht gelang³²². Von anderen wird die Nottebohm-Entscheidung als „restlos überholt" bezeichnet³²³. Zum Zeitpunkt der Entscheidung war eine Vielfalt nationaler Staatsangehörigkeitsregelungen nachweisbar, die zum Teil noch viel schwächere Anknüpfungspunkte als die im Urteil genannten für die Verleihung der Staatsangehörigkeit ausreichen lassen und dabei sogar auf einen permanenten Aufenthalt im Land verzichten³²⁴. Soweit dennoch heute in der völkerrechtlichen Literatur unter Anlehnung an die Entscheidung eine echte tatsächliche Beziehung als Grundlage von Einbürgerung und Staatsangehörigkeit gefordert wird³²⁵, ist die Nottebohm-Entscheidung als Ausgangspunkt einer Entwicklung zu einer entsprechenden Regel des Völkergewohnheitsrechts zu betrachten.

94
Staatszugehörigkeit juristischer Personen

Im Hinblick auf die Staatszugehörigkeit juristischer Personen hat der Internationale Gerichtshof in „Barcelona Traction" entschieden, daß sich ein Staat nicht zur Geltendmachung diplomatischen Schutzes auf die Beherrschung einer Gesellschaft durch die eigenen Staatsangehörigen berufen kann³²⁶. Bei der Beurteilung der Staatszugehörigkeit einer juristischen Person ist mithin auf diese selbst, nicht auf die hinter ihr stehenden natürlichen Personen abzustellen, da allein auf diese Weise ihrer rechtlichen Verselbständigung Rechnung getragen wird. Der Internationale Gerichtshof bestätigte in dieser Entscheidung, daß auch bei der Staatszugehörigkeit nationales Recht maßgeblich sein soll.

2. Weitere Anknüpfungspunkte für die Personalhoheit

95
Relativierung der Staatsangehörigkeit als Anknüpfung

Es ist zu beobachten, daß Staaten die Ausübung ihrer Personalhoheit nicht mehr ausschließlich an die Staatsangehörigkeit koppeln, sondern auch andere Verbindungen zum Staat wie etwa den Wohnsitz oder die Geschäftstätigkeit ausreichen lassen³²⁷. Eine solche Anknüpfung ist dann von Bedeutung, wenn ein auch im Ausland wohnhafter Ausländer seinen (weiteren) Wohn- oder seinen Geschäftssitz in der Bundesrepublik Deutschland hat und sich die Regelung nicht auf den Anknüpfungspunkt im Inland (beispielsweise den Wohn-

---

322 So z.B. die abweichenden Ansichten der Richter *Helge Klaestad*, ICJRep. 1955, S. 4, 30; *John Erskine Read*, ICJRep. 1955, S. 4, 39 ff.; s.a. die Ausführungen des Ad-hoc-Richters M. *Paul Guggenheim*, ICJRep. 1955, S. 4, 54 ff.; s.a. *Kunz* (N 318), S. 230, 552 ff. (de lege lata) und 564 ff. (de lege ferenda). Kritisch der Entscheidung gegenüber stehen auch *Jones* (N 318), S. 230; *Löwenfeld* (N 318), S. 387; *Makarov* (N 318), S. 407; *ders.*, Nottebohm-Fall, in: WVR, Bd. II, ²1961, S. 635; *Seidl-Hohenveldern* (N 318), S. 147.
323 *Ignaz Seidl-Hohenveldern*, New Directions in International Law, in: NJW 1983, S. 1246 (1246); siehe neuerdings auch *Robert D. Sloane*, Breaking the Genuine Link: The Contemporary International Legal Regulation of Nationality, in: Harvard International Law Journal 50 (2009), S. 1.
324 Überblick bei *Jones* (N 318), S. 286 f.
325 BVerfGE 77, 137 (153 f.); so wohl → Bd. II, *Grawert*, § 16 Rn. 35; ebenso *Epping/Gloria* (N 75), S. 331; zweideutig *Verdross/Simma* (N 14), § 1194; ablehnend *Helmut Rittstieg*, Doppelte Staatsangehörigkeit im Völkerrecht, in: NJW 1990, S. 1401 (1402), weil der IGH auf eine echte tatsächliche Beziehung nur abstellt, um Liechtenstein den diplomatischen Schutz für den früheren deutschen Staatsangehörigen Nottebohm zu versagen, nicht um die rechtliche Wirksamkeit der Einbürgerung in Frage zu stellen.
326 IGH, Barcelona Traction, Light and Power Company, Limited, Judgment, ICJRep 1970, S. 3 (38).
327 *Meng* (N 28), S. 58.

sitz) bezieht, da in diesem Fall bereits das Territorialitätsprinzip Anwendung findet[328]. Die Personalhoheit wird indes überspannt, sofern nationale Verbotsregelungen auch auf Tochterunternehmen inländischer Gesellschaften erstreckt werden, obwohl diese ihren Sitz im Ausland haben[329]. Der territoriale Bezug zum Inland darf nicht dafür genutzt werden, eine umfassendere personenbezogene Regelungsgewalt auszuüben, als dies auf der Basis der Staatsangehörigkeit oder -zugehörigkeit möglich ist. Vielmehr ist auch im Hinblick auf die Realisierung von Personalhoheit ein der Sache angemessener Bezug zwischen dem Bezug zum Inland und dem personellen Zugriff zu fordern, der in überzeugender Weise allein in der Staatsangehörigkeit zu finden ist. Andernfalls drohen die vollständige Erosion der Gebietshoheit und ihre Verschmelzung mit der Personalhoheit.

III. Personalhoheit als Anknüpfungspunkt staatlicher Regelungsgewalt

96
Regelungen für Gebietsabwesende

Die typischerweise auf der Staatsangehörigkeit der Regelungsadressaten aufbauende Personalhoheit legitimiert den Staat völkerrechtlich, für seinen Personenverband auch solche Regelungen zu setzen, die auch außerhalb seines Staatsgebiets, also extraterritorial, gelten. Da eine solche Ausübung von Personalhoheit mit der Gebietshoheit desjenigen Staates, auf dessen Staatsgebiet sich der Regelungsadressat aufhält, kollidiert, erlaubt erst die Bezugnahme auf die Staatsangehörigkeit als sinnvolle Anknüpfung die Extraterritorialität der Regelung und vermeidet so die Verletzung fremder Gebietshoheit[330].

97
Besteuerung von Ausländern

Das Bundesverfassungsgericht greift den völkerrechtlichen Grundsatz der Personalhoheit auf, um die Unbedenklichkeit einer extraterritorialen Regelung zu belegen. Anläßlich eines Rechtsstreits über das österreichische Abgabenrecht führt es aus: „Für die Auferlegung von Abgaben gegen einen im Ausland lebenden Ausländer, die an einen Sachverhalt anknüpft, der ganz oder teilweise im Ausland verwirklicht worden ist, bedarf es, soll er nicht eine völkerrechtswidrige Einmischung in den Hoheitsbereich eines fremden Staates sein, hinreichender sachgerechter Anknüpfungsmomente für die Abgabenerhebung in dem Staat, der die Abgaben erhebt. Diese Anknüpfungsmomente und ihre Sachnähe müssen von Völkerrechts wegen einem Mindestmaß an Einsichtigkeit genügen. Dieses Erfordernis bildet eine wesentliche tatbestandliche Einschränkung der zulässigerweise von einem

---

328 S.o. Rn. 75 ff.
329 So geschehen durch den Erlaß eines Exportembargos für US-Firmen und von diesen kontrollierte, ausländische Tochtergesellschaften durch den Präsidenten der USA auf der Grundlage des Export Administration Act. Ein niederländisches Unternehmen wurde als 100%-ige Tochter eines amerikanischen Unternehmens von dem Embargo erfaßt. Die USA versuchten auf diese Weise, ein Erdgas-Röhrengeschäft zwischen europäischen Unternehmen und der Sowjetunion zu verhindern. Auf das Personalitätsprinzip konnten die USA ihre Regelungsbefugnis nicht gründen, da das betroffene Unternehmen eine niederländische Gesellschaft war; vgl. *Daniel Zimmer*, in: Jörg Menzel/Tobias Pierlings/Jeannine Hoffmann (Hg.), Völkerrechtsprechung, 2005, S. 701; Bezirksgericht Den Haag v. 17.9.1982, *Compagnie Européenne des Pétroles S.A. vs. Sensor Nederland B.V.*, in: ILM 22 (1983), S. 66 (= RabelsZ 47 [1983], S. 141 m. Anm. v. *Jürgen Basedow*); *Herdegen* (N 3), S. 196 f.
330 *Herdegen* (N 3), S. 187 f., 196 f.

Staat mit Regelungen seiner eigenen Rechtsordnung zu erfassenden Sachverhalte, eine Begrenzung seiner internationalen Regelungskompetenz. Der rechtlichen Möglichkeit, Ausländer zu Abgaben heranzuziehen, sind durch das Erfordernis der Anknüpfung etwa an die Staatsangehörigkeit, Niederlassung, Wohnsitz oder Aufenthalt im Inland, die Verwirklichung eines Abgabentatbestandes im Inland oder die Herbeiführung eines abgabenrechtlich erheblichen Erfolges im Inland deutliche Grenzen gesetzt"[331].

Das Völkerrecht unterscheidet zwischen dem aktiven und dem passiven Personalitätsprinzip als Anknüpfungspunkt für Regelungen durch den Heimatstaat. Beide bieten einen Anknüpfungspunkt für die Regelung von Rechten, Pflichten und den Status einer Person durch ihren Heimatstaat[332]. Das aktive Personalitätsprinzip knüpft dabei an das eigene Verhalten deutscher Staatsangehöriger im Ausland an und erlangt vor allem im Strafrecht überragende Bedeutung. So erklärt § 7 Abs. 2 Nr. 1 StGB deutsches Strafrecht für anwendbar, wenn die Tat am Tatort mit Strafe bedroht ist oder der Tatort keiner Strafgewalt unterliegt und wenn der Täter zur Zeit der Tat Deutscher war oder es nach der Tat geworden ist[333]. Es kann zu Regelungskonflikten kommen, wenn ein Staat seinen Staatsangehörigen Pflichten auferlegt, die im Aufenthaltsstaat rechtswidrig sind[334].

98
Aktives Personalitätsprinzip

Straftaten im Ausland

Regelungen aufgrund des passiven Personalitätsprinzip schützen die eigenen Staatsangehörigen im Ausland[335]. Auch von dieser Möglichkeit der Ausübung von Regelungsgewalt hat der deutsche Gesetzgeber etwa in § 5 Nr. 6 ff., § 7 Abs. 1 StGB Gebrauch gemacht. Bei der Verwirklichung der hier genannten Delikte gilt deutsches Strafrecht zum Schutz deutscher Staatsangehöriger unabhängig vom Recht des Tatorts. Anders als das aktive Personalitätsprinzip ist die Legitimation des passiven Personalitätsprinzips sowohl seinem Grunde nach als auch seiner Reichweite nach noch umstritten[336].

99
Passives Personalitätsprinzip

Auslandstaten gegen Inländer

Wie bereits im Hinblick auf die Abgrenzung von Anwendungs- und Geltungsbereich einer Regelung dargelegt[337], entfalten Normen, die die Rechtsverhältnisse von außerhalb des Staatsgebiets befindlichen Personen regeln, ihre volle Wirksamkeit nur dann, wenn der Adressat sich auf deutschem Staatsgebiet einfindet und sich damit der Gebietshoheit unterwirft, da nur diese die Anwendung und Durchsetzung von Regelungen erlaubt.

100
Durchsetzung der Personalhoheit

Die Personalhoheit findet in der Rechtsprechung des Bundesverfassungsgerichts noch seltener als die Gebietshoheit eine ebenfalls nur beiläufige Erwähnung[338]. Daß das Grundgesetz aber ganz ungezwungen von einem Ausgreifen staatlicher Regelungsbefugnisse über das Staatsgebiet der Bundesrepublik

101
Personalhoheit und einfache Gesetzgebung

---

331 BVerfGE 63, 343 (369) unter Bezugnahme auf *Mann* (N 55), S. 9 ff., 44 ff., 109 ff.; → Unten *Reimer*, § 250 Rn. 36 ff.
332 *Herdegen* (N 3), S. 196 f.
333 Vgl. auch § 5 Nr. 8, 9, 12, 13 StGB.
334 *Gärditz* (N 55), S. 288.
335 *Herdegen* (N 3), S. 197.
336 *Herdegen* (N 3), S. 197.
337 S. o. Rn. 9 ff.
338 Neben BVerfGE 63, 343 (369) z. B. noch BVerfGE 68, 1 (90 f.).

Deutschland ausgeht, wurde ebenso bereits dargelegt[339] wie der Umstand, daß der einfache Gesetzgeber hierbei durch Vermittlung der Verfassung (Art. 25 S. 1 GG) seine Grenzen in den „allgemeinen Regeln des Völkerrechtes" findet[340]. Somit begrenzen die dargelegten Regelungen über das aktive und (mit der gebotenen Einschränkung fragwürdiger völkerrechtlicher Akzeptanz) das passive Personalitätsprinzip die Regelungsbefugnisse des einfachen Gesetzgebers.

IV. Unionsbürgerschaft und Personalhoheit der Europäischen Union

102 *Regelungen*

Die Unionsbürgerschaft knüpft zwischen den Staatsangehörigen der Mitgliedstaaten ein dauerhaftes Band, das zwar in seiner Dichte der gemeinsamen Zugehörigkeit zu einem Staat deutlich nachsteht, dem bestehenden Maß existentieller Gemeinsamkeit jedoch einen rechtlich verbindlichen Ausdruck verleiht[341]. Die Unionsbürgerschaft[342] ist der Staatsangehörigkeit dennoch nicht strukturell gleichartig[343]. Der partikulare Charakter der Unionsbürgerschaft[344] und die im Vergleich zu den Mitgliedstaaten immer noch deutlich geringere Intensität der Rechtsbeziehungen zwischen Bürger und Union[345] begründen einen fundamentalen und nicht nur graduellen Unterschied zur Staatsangehörigkeit[346]. Die Unionsbürgerschaft ist keine „echte" Staatsbürgerschaft, die die Grundlage einer originären Personalhoheit der Europäischen Union bildet[347]. Die Staatsbürgerschaft wird durch die Unionsbürgerschaft gemäß Art. 20 Abs. 1 S. 3 AEUV ergänzt, nicht jedoch ersetzt. Diese wird nur aufgrund der Staatsangehörigkeit eines Mitgliedstaates erworben (Art. 20 Abs. 1 S. 2 AEUV). Auf diesen mittelbaren Erwerbstatbestand weist auch das Bundesverfassungsgericht hin[348]. Eine Personalhoheit ist erst denkbar, wenn die bestehende supranationale Organisation in einer staatlichen Struktur aufgeht[349].

Keine strukturelle Gleichartigkeit

Nur mittelbarer Erwerb der Unionsbürgerschaft

103 *Unionsbürger als unmittelbarer Adressat*

Der Unionsbürger ist zwar unmittelbarer Adressat von Rechtsakten der Europäischen Union. Art. 20 Abs. 2 AEUV verweist auf die „in den Verträgen vorgesehenen Rechte und Pflichten". Damit wird klargestellt, daß nicht nur

---

339 S.o. Rn. 30 ff.
340 S.o. Rn. 38 f.
341 BVerfGE 89, 155 (184).
342 Grundlegend *Christian Calliess*, Der Unionsbürger, in: EuR 2007 Beiheft 1, S. 7 ff.; *Stefan Kadelbach*, Unionsbürgerschaft, in: Armin von Bogdandy/Jürgen Bast (Hg.), Europäisches Verfassungsrecht, ²2009, S. 611 ff.; *Nikolaos Kotalakidis*, Von der nationalen Staatsangehörigkeit zur Unionsbürgerschaft, 2000; *Christoph Schönberger*, Unionsbürger, 2006.
343 So aber *Klaus Vogel*, Von der Territorialhoheit zur Unionsbürgerschaft, in: FS für Christian Starck, 2007, S. 679 ff. (686).
344 *Winfried Kluth*, in: Christian Calliess/Matthias Ruffert (Hg.), EUV/AEUV, ⁴2011, Art. 20 AEUV Rn. 5.
345 *Marcel Haag*, in: Hans v. d. Groeben/Jürgen Schwarze (Hg.), Kommentar zum EUV/EGV, ⁶2003, Bd. I, Art. 17 EG, Rn. 5.
346 *Kluth* (N 344), Art. 20 AEUV Rn. 5.
347 Anders aber *Albert Bleckmann*, Vertrag über die Europäische Union, in: DVBl 1992, S. 335 ff. (336).
348 BVerfGE 89, 155 (159); 123, 267 (404). → Bd. X, *Haack*, § 205 Rn. 23 ff.
349 *Hailbronner* (N 297), Teil II, Rn. 15.

die Regelungen im Zweiten Teil des Vertrags über die Arbeitsweise der Europäischen Union, sondern dessen Vorschriften sowie die des Vertrags über die Europäische Union und der durch Art. 6 Abs. 1 EUV in das Primärrecht einbezogenen Grundrechtecharta erfaßt sind, soweit hierin unmittelbar Unionsbürger betreffende Regelungen getroffen werden[350]. Aber diese Rechte und Pflichten ergeben sich letztendlich doch nicht aus dem Status der Unionsbürgerschaft als solchem, sondern aus den Vorschriften des Primärrechts, deren Anwendung sich die Bundesrepublik Deutschland durch Zustimmungsgesetz geöffnet hat[351]. Daher sind diese Rechte und Pflichten von den Mitgliedstaaten in ihrer Gesamtheit ohne Mitwirkung der Europäischen Union abänderbar. Im Fall des Austritts nach Art. 50 EUV sind sie sogar zu beenden. Die Existenz der Unionsbürgerschaft erlaubt damit nicht die Annahme einer unabgeleiteten, originären Beziehung zwischen Bürger und Union, die ihrerseits allein Grundlage für die Annahme einer unionalen Personalhoheit sein kann[352].

Anwendung durch Zustimmungsgesetz

D. Lösung von Regelungskonflikten

Das aus völkerrechtlicher Sicht nicht zu beanstandende Nebeneinander von Gebiets- und Personalhoheit ebenso wie die sich durch eine mehrfache Staatsbürgerschaft manifestierende Gleichberechtigung verschiedener Personalhoheiten können zu Überschneidungen von Regelungsansprüchen verschiedener Staaten im Hinblick auf ein und denselben Sachverhalt führen[353]. Dabei besteht nicht allein die Möglichkeit eines Konflikts zwischen verschiedenen hoheitlichen Zugriffen auf eine Person kraft Gebietshoheit einerseits und Personalhoheit andererseits. Ein Regelungsadressat kann sich ebenso dem rechtlichen Zugriff verschiedener Staaten aufgrund einer jeweils in Anspruch genommenen Personalhoheit ausgesetzt sehen. Auch kann zwischen verschiedenen Staaten durchaus streitig sein, welcher von ihnen für den diplomatischen Schutz einer Person zuständig ist.

104 *Konfliktpotential*

Die in vielen Sachbereichen unerwünschte Kollisionslage verschiedener Rechte und Pflichten verlangt im Sinne des betroffenen Regelungsadressaten entweder nach einer bi- oder einer multilateralen Auflösung der Regelungskonflikte[354]. Dies ist beispielsweise für den konkurrierenden steuerlichen Zugriff auf eine Person durch ein Geflecht von Doppelbesteuerungsabkommen geschehen[355]. Oder es bleibt dem einzelnen Staat überlassen, seine Rege-

105 *Einseitige Rücknahme*

Doppelbesteuerungsabkommen

---

350 *Kluth* (N 344), Art. 20 AEUV Rn. 11.
351 → Bd. II, *Hillgruber*, § 32 Rn. 99.
352 → Bd. II, *Hillgruber*, § 32 Rn. 99.
353 Hierzu *Werner Meng*, Extraterritorial Effects of Legislative, Judicial and Administrative Acts of State, in: Rudolf Bernhardt (Hg.), Encyclopedia of Public International Law, Instalment II, 1995, S. 155 ff.
354 *Ohler* (N 29), S. 345.
355 *Epping/Gloria* (N 75), S. 324; → Unten *Reimer*, § 250 Rn. 38 ff.

Internationales Wettbewerbsrecht

lung zugunsten eines zweifach in Anspruch genommenen Adressaten einseitig zurückzunehmen. Die Wirkung einer solchen Rücknahme läßt sich wiederum in dem besonders konfliktträchtigen Bereich des internationalen Wettbewerbsrechts exemplifizieren. Hier hat der US Supreme Court in einer viel beachteten Entscheidung den nach dem Effektivitätsprinzip gestalteten Anwendungsbereich des US-amerikanischen Wettbewerbsrechts (und damit die Rechtsprechungszuständigkeit amerikanischer Gerichte in Schadensersatzklagen) zurückgenommen[356]. Dies geschah freilich nicht lediglich zur Vermeidung echter internationaler Regelungskonflikte, in denen das hier für wettbewerbswidrig erachtete Verhalten in einem anderen Land nicht nur zulässig[357], sondern sogar geboten ist. Vorrangiges Anliegen des Gerichts war es vielmehr, eine übermäßige Inanspruchnahme US-amerikanischer Gerichte in Fällen zu vermeiden, in denen dem amerikanischen Markt von einer Wettbewerbsbeschränkung keine Gefahr droht.

106
Konfliktlösung durch Nicht-Intervention

Zur Vermeidung von echten Regelungskonflikten wurde von US-amerikanischen Gerichten und dem insoweit am weitesten entwickelten Bereich des internationalen Wettbewerbsrechts eine auf dem völkerrechtlichen Grundsatz der Nicht-Intervention beruhende Konfliktlösung entwickelt. Kein Staat soll Regelungen für einen Sachverhalt erlassen dürfen, wenn die Interessen eines fremden Staats an der Regelung dieses Sachverhalts überwiegen[358]. Ohne an der Existenz eines Regelungskonflikts zu rühren, wurde zudem eine Einvernehmensregelung entwickelt, aufgrund deren die Gerichte von der Ausübung ihrer eigentlich gegebenen[359] Gerichtsbarkeit absehen sollen, wenn andernfalls das fruchtbare Zusammenleben der Staaten gefährdet wäre[360].

Nichtanwendung der Abwägungsregel

Allerdings haben sich sowohl US-amerikanische wie auch europäische Gerichte gegen die Anwendung dieser Abwägungsregel gestellt, da sie in primär außenpolitische Gefilde übergreife[361]. Von einer verbreiteten Rechtsüberzeugung werden diese Regelungen daher nicht getragen. Auch die entsprechen-

---

356 *F. Hoffmann-La Roche Ltd. vs. Empagran S.A.*, 542 US 155 (2004); vgl. *Sam Foster Halabi*, The Comity of Empagran, in: Harvard International Law Journal 46 (2005), S. 279; *Ralf Michaels/Daniel Zimmer*, US-Gerichte als Weltkartellgerichte?, in: IPRax 2004, S. 451.
357 In einem solchen Fall trifft das Wirtschaftssubjekt keinen Regelungskonflikt, weil es ihm durchaus freisteht, die Anforderungen beider Wettbewerbsordnungen zu erfüllen; vgl. *Hartford Fire Insurance Co. vs. California*, 509 US 764 (1993).
358 *Hartford Fire Insurance Co. vs. California*, 509 US 764 (1993); vgl. *Karl Meessen*, Antitrust Jurisdiction under Customary International Law, in: American Journal of International Law 78 (1984), S. 783 (804).
359 Allerdings vertrat Richter Scalia in *Hartford Fire Insurance Co. vs. California*, 509 US 764 (1993) vielmehr die abweichende Ansicht, daß bereits die Zuständigkeit des Gerichts nicht gegeben sei, wenn hierdurch die internationale „comity" verletzt ist.
360 *Timberlane Lumber Co. vs. Bank of America*, 549 F.2d 597, 613 (9th Cir. 1976); *Mannington Mills vs. Congoleum Corp.*, 595 F.2d 1287 (3rd Cir. 1979); ähnlich formuliere später das The Restatement (Third) of the Foreign Relations Law of the United States § 403(2) (1987), das durch das American Law Institute als Bestandsaufnahme gewohnheitsrechtlicher Regeln veröffentlicht wird und deswegen keine wirkliche Rechtsquelle darstellt.
361 *Laker Airways vs. Sabena*, 731 F.2d 909 (D.C. Cir. 1984); *Hartford Fire Insurance Co. vs. California*, 509 US 764 (1993); EuGH, Urt. v. 31.3.1993, verb. Rs. C-89, 104, 114, 116, 117 und 125 bis 129/85, Slg 1993, I-1307 – Zellstoff.

F. Becker: Gebiets- und Personalhoheit des Staates § 230

den bilateralen völkerrechtlichen Verträge³⁶² gründen auf der Annahme, daß die extraterritoriale Anwendung von nationalem Wettbewerbsrecht bei Vorliegen einer sinnvollen Anknüpfung unabhängig von den Interessen des hierdurch ebenfalls betroffenen Staates zulässig ist.

Die Konfliktlage zwischen verschiedenen Jurisdiktionen, die auf ein und denselben Sachverhalt zugreifen, ist aufgrund des primär koordinationsrechtlichen, auf souveräner Gleichheit der Staaten beruhenden Anspruchs des Völkerrechts ohne deren Kooperation nicht möglich³⁶³. Auch vor diesem Hintergrund kann es nicht das Ziel der völkerrechtlichen Koordinationsordnung sein, eine weltweit überschneidungsfreie Zuständigkeitsverteilung zwischen den staatlichen Hoheitsbereichen zu organisieren. Es bleibt aufgrund des völkerrechtlichen Prinzips der Gleichheit der Staaten stets möglich und zulässig, daß mehrere Staaten jeweils für denselben Sachverhalt eine sinnvolle Anknüpfung geltend machen und für den Sachverhalt Rechtsfolgen anordnen können.

107
Keine endgültige völkerrechtliche Auflösung

E. Ausübung von Staatsgewalt ohne Anknüpfung an Gebiets- oder Personalhoheit

Das Völkerrecht erlaubt die staatliche Regelung nicht allein auf der Grundlage von Gebiets- und Personalhoheit. Neben diese beiden Anknüpfungspunkte tritt das Universalitätsprinzip (Weltrechtsgrundsatz³⁶⁴) als Ausnahme zum völkerrechtlichen Interventionsverbot³⁶⁵. Das insbesondere im Strafrecht angewendete Universalitätsprinzip erlaubt die Verfolgung gewichtiger Straftaten unabhängig vom Tatort und der Staatsangehörigkeit von Täter oder Opfer³⁶⁶. Die extraterritoriale Ausübung von Staatsgewalt rechtfertigt sich dadurch, daß sie nicht im eigenen Interesse des ausübenden Staates erfolgt, sondern im Interesse der Weltgemeinschaft³⁶⁷.

108
Weltrechtsgrundsatz
Interventionsverbot

Die Möglichkeit einer Anknüpfung an den Weltrechtsgrundsatz wird in zwei Fallgruppen angenommen: zum einen, wenn eine Tat vorliegt, die das Sicherheitsinteresse aller Staaten der Erde verletzt oder bedroht³⁶⁸ (etwa im Falle

109
Piraterie, Terrorismus

---

362 Eine Übersicht der entsprechenden Abkommen findet sich für die USA auf www.usdoj.gov/atr/public/international/int-arrangements.htm, für die EU unter http://ec.europa.eu/comm/competition/international/bilateral/.
363 *Lowe/Staker* (N 55), S. 323 ff.; *Meng* (N 353), S. 341 ff.
364 Zur historischen Herleitung und den theoretischen Grundlagen vgl. *Dahm/Delbrück/Wolfrum* (N 3), S. 322; *Marc Henzelin*, Le principe de l'universalité en droit pénal international, 2000, S. 33 ff.
365 S. o. Rn. 106 f.
366 *Dietrich Oehler*, Neuerer Wandel in den Bestimmungen über den strafrechtlichen Geltungsbereich in den völkerrechtlichen Verträgen, in: FS für Karl Carstens, Bd. I, 1984, S. 435 (440 ff.); *Wolfgang Zieher*, Das sogenannte Internationale Strafrecht nach der Reform, 1977, S. 79.
367 *Christian Tomuschat*, The duty to prosecute international crimes commited by individuals, in: FS für Helmut Steinberger, 2001, S. 315 (328): „interests of the international community at large".
368 *Kai Ambos*, in: Münchener Komm. z. StGB I, ²2011, Vorbem. §§ 3–7 Rn. 47.

von Piraterie oder internationalem Terrorismus³⁶⁹); zum anderen, wenn allgemein anerkannte Rechtsgüter verletzt werden, die die Staatengemeinschaft und die Menschheit an sich betreffen³⁷⁰. Dies ist aufgrund der erga omnes-Wirkung³⁷¹ zum Schutz fundamentaler Menschenrechte anerkannt³⁷². Die Verfolgung der Urheber solcher Taten erfolgt stellvertretend für die Weltgemeinschaft und steht jedem ihrer Mitglieder zu.

Verletzung von Menschenrechten

110
Weltstrafrecht

Die grundsätzliche völkerrechtliche Zulässigkeit des Universalitätsprinzips ist unbestritten, allerdings ist die konkrete Beschränkung auf bestimmte Verbrechen schwierig³⁷³. Die zu schützenden Rechtsgüter und zu verfolgenden Delikte müssen sich aus deren universeller Anerkennung durch völkerrechtliche Verträge, Völkergewohnheitsrecht und allgemeinen Rechtsgrundsätzen ergeben³⁷⁴. So hatte das Bundesverfassungsgericht zur Völkermordkonvention³⁷⁵ festgelegt, daß diese eine Geltungserstreckung nach dem Universalitätsprinzip zulasse, obwohl in Art. VI der Territorialitätsgrundsatz festgelegt ist³⁷⁶. Es kommt also nicht auf eine explizite Nennung des Universalitätsprinzips an, sondern vielmehr auf den Sinn und Zweck der Norm³⁷⁷. Als Delikte, deren Verfolgung dem Universalitätsprinzip unterfallen, gelten neben der Piraterie die „klassischen" Kriegsverbrechen und die Verletzungen der grundlegenden Menschenrechte³⁷⁸: der Aggressionstatbestand, die Verbrechen des bewaffneten Konflikts, Völkermord, Verbrechen gegen die Menschlichkeit (Sklaverei, Menschenhandel, Apartheid)³⁷⁹. Darüber hinaus ist die Verfolgung einzelner Folterhandlungen ebenso gerechtfertigt³⁸⁰ wie die Verfolgung außergerichtlicher Hinrichtungen und des „Verschwindenlassens" von Personen³⁸¹. Mittlerweile ist auch der internationale Terrorismus zu diesen Delik-

Völkermordkonvention

Kriegsverbrechen

---

369 Vgl. zur Piraterie Art. 105 S. 2 Seerechtsübereinkommen der Vereinten Nationen v. 10.12.1982, in: BGBl 1994 II, S. 1798; *Martin Böse*, in: Urs Kindhäuser/Ulfrid Neumann/Hans-Ullrich Paeffgen (Hg.), Komm. zum StGB I, ³2010, Vorbem. § 3 Rn. 24 m. weit. Nachw.
370 BVerfG, in: JZ 2001, S. 975 (979); *Ambos* (N 368), Vorbem. §§ 3–7 Rn. 47.
371 Erga omnes Verpflichtungen, die insbesondere aus ius cogens Normen folgen, gelten nicht nur zwischenstaatlich, sondern gegenüber der Staatengemeinschaft als Ganzes, IGH, Barcelona Traction, Light and Power Company, Limited, Judgment, ICJRep 1970, S. 3 (32).
372 Vgl. *Dahm/Delbrück/Wolfrum* (N 3), S. 322.
373 *Zieher* (N 366), S. 80.; → Unten *Gärditz*, § 245 Rn. 30 ff.
374 *Oehler* (N 366), S. 440 ff.
375 Konvention über die Verhütung und Bestrafung des Völkermordes v. 9.12.1948, in: BGBl 1954 II, S. 729.
376 BVerfG, in: JZ 2001, S. 975 (979).
377 Die Völkermordkonvention soll die weltweite Bestrafung des Völkermordes sicherstellen, vgl. Art. I–V der Konvention über die Verhütung und Bestrafung des Völkermordes v. 9.12.1948, in: BGBl 1954 II, S. 729; vgl. auch *Ambos* (N 368), Vorbem. §§ 3–7 Rn. 50.
378 Eine verbindliche Kodifizierung dieser Verbrechen als Kernverbrechen findet sich in den Art. 6–8 des Römischen Statuts des Internationalen Strafgerichtshofs. 17.7.1998, in: BGBl 2000 II, S. 1394; vgl. auch § 1 des Völkerstrafgesetzbuchs v. 26.6.2002, in: BGBl 2002 I, S. 2254.
379 Vgl. *Ambos* (N 368), Vorbem. §§ 3–7 Rn. 50 m. weit. Nachw.; *Gerhard Werle*, Völkerstrafrecht und geltendes deutsches Strafrecht, in: JZ 2000, S. 755 (756).
380 Zu Gesamt- und Einzeltat vgl. *Werle* (N 379), S. 757; vgl. auch Art. 4, 5 des Übereinkommens der Vereinten Nationen gegen Folter und andere grausame, unmenschliche oder erniedrigende Behandlung oder Strafe v. 10.12.1984, in: BGBl 1990 II, S. 246.
381 *Werle* (N 379), S. 756 f.

ten hinzuzuzählen[382]. Das Grundgesetz ermöglicht der Staatsgewalt der Bundesrepublik Deutschland ebenso wie in den anderen Fällen extraterritorialen Handelns und in den dort[383] dargelegten Grenzen die Regelung von Sachverhalten auf der Grundlage des Universalitätsprinzips.

Universalitätsprinzip

F. Auflösungserscheinungen von Personal- und Gebietshoheit?

Die Staatsgewalt des modernen Staates und ihre personalen und territorialen Anknüpfungspunkte stehen in einer kontinuierlichen historischen Entwicklung. Die Diskussion über das Schicksal des modernen Staates ist in den Sozialwissenschaften seit vielen Jahren en vogue[384]. Sie kulminierte in der Feststellung, daß die Handlungsfähigkeit des Staates zum Ende des 20. Jahrhunderts gegen Null zu tendieren scheint[385]. Hiermit wird die staatliche Souveränität in Frage gestellt, die als existentielle Grundlage moderner Staatlichkeit insbesondere in Gestalt der Gebietshoheit greifbar wird. Der einzelne Staat verliert den potentiell umfassenden Zugriff auf die Rechtsverhältnisse seiner Einwohner zugunsten eines undurchsichtigen weltweiten Netzes von staatlichen, privaten oder hybriden Akteuren[386].

111
Handlungsfähigkeit des Staates

Es ist unbestritten, daß sich die Wandlung der sozialen, wirtschaftlichen und technischen Rahmenbedingungen der Staatlichkeit in den letzten Jahrzehnten erheblich beschleunigt hat. Unter dem Vorzeichen der Privatisierung begeben sich Staaten einzelner Funktionsbereiche vollständig; aber sie substituieren ihre Wahrnehmungskompetenz durch abgestufte Einflußrechte auf die Wahrnehmung durch Private[387]. Dies geschieht zum Teil freiwillig und aus Gründen der Staatsentlastung; zum Teil wird die staatliche Aufgabenreduzierung aber auch durch eine mangelnde Fähigkeit, in Sachverhalte ohne unverhältnismäßigen Informations- und Kontrollaufwand eingreifen zu können, oder durch höherrangige rechtliche Vorgaben erzwungen. Wenn staatlich wahrgenommene Funktionen privatisiert werden, birgt dies das Risiko staatlicher Steuerungsverluste[388].

112
Privatisierung

Steuerungsverluste

---

382 *Robert Jennings/Arthur Watts*, Oppenheim's international law, Oxford 1992, S. 470; *Michael P. Scharf*, Law and Contemporary Problems, 64, 2001, S. 67 (83f.); *Tomuschat* (N 367), S. 334f.
383 S. o. Rn. 31 ff.
384 Zu der thematischen Abfolge der Diskussion siehe etwa *Renate Mayntz*, Politische Steuerung und gesellschaftliche Steuerungsprobleme, in: Thomas Ellwein/Joachim Jens Hesse/dies./Fritz W. Scharpf (Hg.), Jahrbuch zur Staats- und Verwaltungswissenschaft, Bd. I, 1987, S. 89 (89 f. m. weit. Nachw.). → Bd. II, *Isensee*, § 15 Rn. 7 ff.
385 *Rüdiger Voigt*, in: ders. (Hg.), Der kooperative Staat, 1995, S. 33 (35).
386 *Martin Albrow*, Abschied vom Nationalstaat, 1998, S. 101 ff., 266 ff. → Bd. II, *Isensee*, § 15 Rn. 12 ff.; *Hillgruber*, § 32 Rn. 75 ff., 113 ff., 147 ff.
387 Vgl. hierzu umfassend *Florian Becker*, Kooperative und konsensuale Strukturen in der Normsetzung, 2005, S. 3 ff. → Bd. IV, *Burgi*, § 75 Rn. 1 ff., 6 ff.
388 *Dirk Ehlers*, Verwaltung in Privatrechtsform, 1984, S. 259 ff.; → Bd. IV, *Butzer*, § 74 Rn. 1 ff., 19 ff.; → Bd. V, *Krebs*, § 108 Rn. 50.

113
Globalisierung

Aber auch aufgrund der Entwicklungen, die mit dem schillernden Begriff der Globalisierung beschrieben werden[389], schwinden die effektiven Zugriffsmöglichkeiten nationaler Staatsgewalt auch auf solche Sachverhalte, deren Regelung eigentlich der Gebietshoheit des Staates unterliegen[390]. Staatsgrenzen, deren Existenz für die wechselseitige Abgrenzung der Staatsgewalten maßgeblich ist, gewinnen an Durchlässigkeit und verlieren damit an Bedeutung[391].

Grenzüberschreitende Derogation durch Kommunikation

Ein zentraler Grund dafür, daß den Territorialstaaten der Bezugspunkt ihrer Herrschaft zu entgleiten droht, liegt in der allgegenwärtigen grenzüberschreitenden Kommunikation[392]. Vor allem das Internet, aber auch andere Medien wie Telefon oder Satellitenfernsehen führen Menschen aus unterschiedlichen Staaten zusammen. Dienstleistungen können über das Internet ohne Zeitverlust zwischen Vertragspartnern auf verschiedenen Kontinenten abgewickelt werden, ohne daß ein Beteiligter in einen anderen Staat einreisen muß. Kulturelle Vernetzung auch von nationalen Minderheiten in verschiedenen Staaten findet über Fernsehsender[393] und das Internet statt[394].

114
Regulierung von Kommunikation

Möchte eine staatliche Regierung auf grenzüberschreitende Information und Kommunikation einwirken, so ist dies, abgesehen von deren nahezu unrealistischer Unterbindung, nur in Zusammenarbeit mit anderen betroffenen Staaten möglich[395]. Diese erfordern internationale Übereinkünfte und die Einrichtung entsprechender Institutionen[396]. Ausfluß dieser Notwendigkeit sind völkerrechtliche Abkommen etwa zum gemeinsamen Vorgehen gegen Immaterialgüterrechtsverstöße[397] oder Straftaten[398], die mittels des Internets begangen werden.

115
International agierende Unternehmen

Eine weitere Herausforderung für die Durchsetzung staatlicher Gebietshoheit ist die Präsenz international agierender privater Unternehmen, die über vielfältige Einflußmöglichkeiten auf die wirtschaftlichen und sozialen Verhältnisse der einzelnen Staaten verfügen[399]. So sind beispielsweise Energiekon-

---

389 *Dicke* (N 26), S. 14 ff.; → Unten *Puttler*, § 234 Rn. 1.
390 *Bernd Mützelburg*, in: Alfred Herrhausen, Gesellschaft für internationalen Dialog (Hg.), Wege aus der Ohnmacht, Regieren im Zeitalter der Globalisierung, 2004, S. 14.
391 *Herbert Dittgen*, Grenzen im Zeitalter der Globalisierung, in: Zeitschrift für Politikwissenschaft 9 (1999), S. 3; *Ballin* (N 47), S. 278 ff.
392 *Adeno Addis*, The Thin State in Thick Globalism, in: Vanderbilt Journal of Transnational Law 37 (2004), 1 (107).
393 Deswegen unterstellt BVerfGE 90, 27 (35 ff.) auch ein besonderes Interesse gerade ausländischer Mieter daran, das Eigentum der Vermieter für das Anbringen einer Parabolantenne in Anspruch nehmen zu dürfen, um ausländische Fernsehprogramme empfangen zu können. „Sie sind in der Regel daran interessiert, die Programme ihres Heimatlandes zu empfangen, um sich über das dortige Geschehen unterrichten und die kulturelle und sprachliche Verbindung aufrecht erhalten zu können" (a.a.O., S. 36).
394 *Addis* (N 392), S. 105.
395 *Addis* (N 392), S. 40, 106; *Shashi Tharoor*, in: Alfred Herrhausen, Gesellschaft für internationalen Dialog (Hg.), Wege aus der Ohnmacht, Regieren im Zeitalter der Globalisierung, 2004, S. 15 (16 f.).
396 *Hans v. Mangoldt*, Der (National-)Staat als Voraussetzung und Partner der Globalisierung, in: Walter-Raymond-Stiftung (Hg.), Politik und Wirtschaft im Zeichen der Globalisierung, 1999, S. 113 ff.
397 Siehe das geplante ACTA-Abkommen; dazu *Simon Klopschinski*, Ankündigung eines Anti-Counterfeiting Trade Agreement (ACTA), in: GRUR Int. 2007, S. 1054; *Otmar Philipp*, Transparenz beim ACTA-Abkommen herstellen, in: EuZW 2010, S. 283.
398 Siehe die Cybercrime Convention, in: BGBl II 2008, S. 1242 ff.
399 → Bd. X, *Grewlich*, § 223 Rn. 42 ff., 60 ff.

zerne durch Herbeiführung künstlicher Knappheit von Öl oder Strom in der Lage, die Preise zu steigern[400]; Banken können Unternehmen zugunsten von deren Mitbewerbern Kredite verweigern[401]. Ratingagenturen nehmen nicht nur immensen Einfluß auf die Bonität eines Staates, sondern sind auch in der Lage, den Staaten in Form der Veröffentlichung ihrer Bewertungskriterien Bedingungen zu stellen, deren Nichterfüllung zu einem Zusammenbruch der Staatsfinanzen führt[402]. Die daraus erwachsende besondere Machtstellung transnationaler Unternehmen, die durch ihre globale Mobilität und damit die Möglichkeit, sich der Anwendung staatlicher Regelungen zu entziehen, verstärkt wird, führt zu Bestrebungen, diese trotz der notwendigen kategorialen Unterscheidung zwischen privater Grundrechtsberechtigung und staatlicher Grundrechtsverpflichtung[403] wie Staaten auf die Einhaltung von Menschenrechten zu verpflichten[404]. Der auf dem Selbstverpflichtungsprinzip aufbauende Global Compact der Vereinten Nationen stellt einen solchen Ansatz dar[405].

Ratingagenturen

Global Compact

Der einzelne Staat kann zwar nach wie vor noch geltende extraterritoriale Regeln für internationale Akteure und grenzüberschreitende Sachverhalte setzen. Deren Anwendung und Durchsetzung bleibt aber auf das Staatsgebiet des regelnden Staates beschränkt. Globale Probleme kann ein Staat somit selten alleine effektiv und nachhaltig lösen. Er ist deshalb auf eine Zusammenarbeit mit anderen Staaten oder gar mit privaten Akteuren angewiesen[406]. Der Staat versucht mit der Internationalisierung von tatsächlichen Problemen wie etwa dem Klimaschutz, aber auch mit der Mobilität transnationaler Akteure durch überstaatliche Kooperation und Integration Schritt zu halten. Er tauscht dabei partiell gegenstandslos gewordene eigene Kompetenzen gegen gesamthänderische Mitwirkungskompetenzen bei einer kollektiven Problemlösung ein. Völkerrecht und supranationales Recht greifen selbst auf Regelungsmaterien wie die Behandlung eigener Staatsbürger zu[407]. Einrichtungen wie der Weltgesundheitsorganisation wird zugebilligt, im Einzelfall unter Ausblendung nationaler Staatsgewalt in Seuchengebieten zu wirken, und Bürger werden teilweise durch Institutionen, wie dem Hohen Flüchtlingskommissar der Vereinten Nationen, vor ihrer eigenen Regierung geschützt[408]. Besonders

116
Internationale Kooperation

Kollektive und supranationale Problemlösung

---

400 *Albrow* (N 386), S. 111.
401 *Siegfried Broß*, Privatisierung öffentlicher Aufgaben – Gefahren für die Steuerungsfähigkeit von Staaten und für das Gemeinwohl?, Vortrag am 22.1.2007 in Stuttgart.
402 Vgl. *Florian Becker*, Die Regulierung von Ratingagenturen, in: DB 2010, S. 941 ff.
403 Zum Folgenden nur *Josef Isensee*, Grundrechte und Demokratie, in: Der Staat 20 (1981), 161 (162 ff.).
404 → Bd. X, *Grewlich*, § 223 Rn. 67 ff.
405 Die zehn Grundprinzipien sind abrufbar unter www.unglobalcompact.org/; siehe dazu *Axel Birk*, Corporate Responsibility, unternehmerische Selbstverpflichtungen und unlauterer Wettbewerb, in: GRUR 2011, S. 196 (200); *Meike Ullrich*, in: Eberhard Grabitz/Meinhard Hilf, Das Recht der Europäischen Union, 40. EL 2009, B 17 Rn. 53; *Katarina Weilert*, Transnationale Unternehmen im rechtsfreien Raum? Geltung und Reichweite völkerrechtlicher Standards, in: ZaöRV 69 (2009), S. 883 (913 f.).
406 *Florian Becker*, Staatlich-private Rechtsetzung in globalisierten Finanzmärkten, in: ZG 24 (2009), S. 123; *Klaus Schwab*, in: Alfred Herrhausen, Gesellschaft für internationalen Dialog (Hg.), Wege aus der Ohnmacht, Regieren im Zeitalter der Globalisierung, 2004, S. 17.
407 → Bd. II, *Randelzhofer*, § 17 Rn. 33 f.; *Hillgruber*, § 32 Rn. 69.
408 *Tharoor* (N 395), S. 15.

deutlich wird die Erosion der Gebietshoheit durch die Aufhebung der Binnengrenzen innerhalb des Schengen-Raums[409] und des Europäischen Binnenmarktes[410].

117
Verfassungsrechtlich relevante Souveränität

Als Folge der beschriebenen Entwicklungen ist die Möglichkeit zu einer tatsächlichen und umfassenden Realisierung von Gebiets- und Personalhoheit durch die staatliche Gewalt zwar zurückgegangen. Von einem Niedergang staatlicher Souveränität – dem Grund der beiden Hoheiten – kann aber dennoch keine Rede sein[411]. Dem Abgesang auf die Staatlichkeit wird ein Staatsbild zugrunde gelegt, das nicht dem des Grundgesetzes entspricht. Das Dogma der Allzuständigkeit und damit die Fähigkeit, den eigenen Wirkungskreis zu definieren und beliebig zu erweitern, wie es dem modernen Staat bisweilen durch die Allgemeine Staatslehre zugeschrieben wurde[412], bedarf im Verfassungsstaat der Rekonstruktion und Reduktion[413]. Der Staat des Grundgesetzes ist ein sektoraler Staat[414]. Er deckt nicht die Lebenstotalität des Gemeinwesens ab, sondern nur einen rechtlich umfaßten Ausschnitt, den er mit um der Freiheit seiner Bürger willen beschränktem Handlungspotential zu gestalten sucht[415].

Sektoraler Staat

118
Verfassungs- und völkerrechtlich gebundene Souveränität

Soweit Souveränität als höchste, nach innen und außen unbeschränkte Macht des souveränen Staates im Sinne einer umfassenden Kompetenz-Kompetenz verstanden wird, ist ein solches Verständnis verfassungsrechtlich nicht haltbar. Schon die Existenz des internationalen und nationalen Rechts, der Verfassung und insbesondere die Existenz eines dieser innewohnenden unabänderlichen Wesenskerns (Art. 79 Abs. 3 GG) verbieten ein solches Souveränitätsverständnis[416]. Die Möglichkeit einer vertraglichen Übertragung von Hoheitsrechten auf andere Völkerrechtssubjekte wird vom Völkerrecht gerade als Manifestation äußerer Souveränität begriffen[417]. Was von einem klassischen und möglicherweise bewußt anspruchsvoll überhöhten Souveränitätsbegriff ausgehend als Erosion von Staat und Souveränität gelten mag, stellt sich als geschichtlicher Wandel eines strukturell offenen Begriffs dar[418].

119
Letztentscheidungskompetenz

Das Souveränitätskonzept des modernen Staates legt ein maßgeblich auf die Gewährung innerer und äußerer Sicherheit limitiertes Staatsbild zugrunde[419]. Der Staat muß über die Fähigkeit verfügen, auf seinem Staatsgebiet Rechtsfolgen des von ihm selbst und von Dritten mit staatlicher Zulassung gesetzten

---

409 *Steffen Mau/Jan-Hendrik Kamlage u. a.*, Staatlichkeit, Territorialgrenzen und Personenmobilität, 2007, S. 21.
410 S. o. Rn. 71.
411 → Bd. II, *Hillgruber*, § 32 Rn. 69.
412 *Krüger* (N 2), S. 760 f.
413 → Bd. IV, *Isensee*, § 73 Rn. 55 ff.
414 → Bd. II, *Isensee*, § 15 Rn. 75. → Bd. IV, *ders.*, § 71 Rn. 4, 29 ff.
415 → Bd. IV, *Isensee*, § 71 Rn. 29.
416 *Manfred Baldus*, Zur Relevanz des Souveränitätsproblems für die Wissenschaft vom öffentlichen Recht, in: Der Staat 36 (1997), S. 381 (388 f.).
417 *Dahm/Delbrück/Wolfrum* (N 3), S. 216 f.
418 *Peter Häberle*, Zur gegenwärtigen Diskussion um das Problem der Souveränität, in: AöR 92 (1967), S. 259 (260 f., 264 f.).
419 → Bd. II, *Isensee*, § 15 Rn. 4.

Rechts einseitig anzuordnen und notfalls zu erzwingen[420]. Diese Fähigkeit spiegelt sich in der staatlichen Rechtsetzungsbefugnis, der staatlichen Kompetenz, letztverbindliche Regelungen mit dem Anspruch auf Rechtsgehorsam aufzustellen[421], mithin in der staatlichen Normsetzungsautorität[422] sowie dem staatlichen Gewaltmonopol wider[423]. Staatliche Souveränität, auf die die Gebiets- und Personalhoheit zurückzuführen sind, fordert neben dem gebietsbezogenen Gewaltmonopol ein Recht des letzten Wortes, eine Befugnis zur letztverbindlichen Entscheidungsgewalt darüber, welchen Normen in welchem Rang der Charakter einer Rechtsnorm zukommt[424]. Versteht man Souveränität als rechtlich zugewiesene Kompetenz, letztverbindlich über den Inhalt, die Geltung, Anwendung und Durchsetzung von Rechtsnormen zu entscheiden[425] (und diese Entscheidung auch gegebenenfalls gewaltsam durchzusetzen), so bietet sich ein realistischeres Bild über den Zustand des Staates sowie der Gebiets- und Personalhoheit in der Globalisierung.

Staatliches Gewaltmonopol

---

[420] *Josef Isensee*, Gemeinwohl und Staatsaufgaben im Verfassungsstaat, in: HStR III, ²1988, § 57 Rn. 42.
[421] *Albrecht Randelzhofer*, Staatsgewalt und Staatssouveränität, in: HStR I, ²1987, § 15 Rn. 39.
[422] *Elke Gurlit*, Verwaltungsvertrag und Gesetz, S. 63 ff.
[423] Hierzu und zum Folgenden *Florian Becker*, Kooperative und konsensuale Strukturen in der Normsetzung, 2005, S. 735 ff.
[424] *Ferdinand Kirchhof*, Private Rechtsetzung, 1987, S. 48 f., 124.
[425] *Baldus* (N 416), S. 390, unter Bezugnahme auf *Kelsen* (N 46), S. 107.

G. Bibliographie

Manfred Baldus, Übertragung von Hoheitsrechten auf ausländische Staaten im Bereich der Sicherheitsverwaltung, in: Die Verwaltung 32 (1999), S. 481.
Christof Gramm, Verfassungsrechtliche Grenzen der Zusammenarbeit mit auswärtigen Staaten, in: DVBl 1999, S. 1237.
Jan Hecker, Grundgesetz und horizontale Öffnungen des Staates, in: AöR 127 (2002), S. 291.
Stephan Hobe, Der offene Verfassungsstaat zwischen Souveränität und Interdependenz, 1988.
Vaughan Lowe/Christopher Staker, Jurisdiction, in: Malcolm Evans (Hg.), International Law, Oxford ^{3}2010, S. 313 ff.
Frederick Alexander Mann, The Doctrine of Jurisdiction in International Law, in: RdC 111 (1964), S. 9.
Werner Meng, Extraterritoriale Jurisdiktion im öffentlichen Wirtschaftsrecht, 1994.
Christoph Ohler, Die Kollisionsordnung des Allgemeinen Verwaltungsrechts, 2005.
Karl Theodor Rauser, Die Übertragung von Hoheitsrechten auf ausländische Staaten, 1991.
Walter Rudolf, Territoriale Grenzen der staatlichen Rechtsetzung, in: BDGVR 11 (1973), S. 7.
Utz Schliesky, Souveränität und Legitimität von Herrschaftsgewalt, 2004.
Hans-Jürgen Schlochauer, Die extraterritoriale Wirkung von Hoheitsakten, 1962.
Klaus Vogel, Der räumliche Anwendungsbereich der Verwaltungsrechtsnorm, 1965.

§ 231
Cyberspace – der virtuelle Raum

Stephan Hobe

Übersicht

	Rn.		Rn.
A. Einführung – Entgrenzung als neues Paradigma in der virtuellen Welt des 21. Jahrhunderts	1– 4	a) Zugang zum virtuellen Raum und Netzneutralität	17–20
B. Cyberspace – eine definitorische Annäherung	5– 9	b) Cybersicherheit	21–26
I. Konzept des Raums	6	c) Cyberspace als Raum der zwischenstaatlichen Konfrontation?	27–29
II. Virtueller Raum	7– 8		
III. Zwischenresümee	9	2. Rechtsbindung und Rechtsdurchsetzung im Cyberspace	30–31
C. Der moderne Verfassungsstaat im Cyberspace	10–43	III. Demokratische Teilhabe und Cyberspace	32–35
I. Cyberspace als staatsfreier Raum? Grenzen von Staatlichkeit im Cyberspace	10–13	IV. Notwendigkeit eines internationalen Regelungsansatzes?	36–42
II. Staatliche Interventionsmöglichkeiten im Cyberspace	14–31	V. Zusammenfassung	43
1. Der virtuelle Raum als Raum und Rechtsregime	14–29	D. Ausblick	44
		E. Bibliographie	

A. Einführung – Entgrenzung als neues Paradigma in der virtuellen Welt des 21. Jahrhunderts

1
Entgrenzung

Die moderne Informationstechnologie, die unser tägliches Leben bestimmt, hat auch Auswirkungen auf die Funktionsweise des modernen souveränen Staates. Entgrenzung heißt die Umschreibung eines neuen Tatbestandes, mit dem uns das Internet als Medium und Cyberspace als das Operationsforum konfrontiert.

2
Ursprung des Wortes

Dabei kommt der Begriff „Cyberspace" bereits Mitte der 1980er Jahre in der Novelle „Neuromancer" von William Gibson vor[1]. Später wird Don Slater die Metapher dazu benutzen, um den Cyberspace wie folgt zu umschreiben: „The sense of a social setting that exists purely within a space of representation and communication ... It exists entirely within a computer space, distributed across increasingly complex and fluid networks"[2].

3
Imaginiert-technische Realität

Diese enge Definition von Cyberspace als rein imaginiert-technische Realität provoziert letztlich die Frage nach der Beziehung zwischen der realen und der virtuellen Welt. Insofern wird man festzuhalten haben, daß in der Bezeichnung „Cyberspace" das Raumkonzept eher in einem abstrakten mathematischen Sinne zu verstehen ist als im Sinne eines physischen Raums. Es wird vielmehr Bezug genommen auf den Platz, der dem Surfer im Internet zur Verfügung steht. Dieser Platz ist gänzlich abhängig von den technologischen Grundlagen und der Verknüpfung von Rechnernetzwerken. Diese technologische Revolution ist der industriellen Revolution durchaus vergleichbar, hat sie doch das Leben der Menschheit in fundamentaler Weise verändert. An sie

Auflösung des souveränen Staates durch den virtuellen Raum?

knüpfen sich auch grundsätzliche, für die Existenz und Wirkweise des modernen souveränen Staates konstituierende Fragestellungen, denen im folgenden nur in einem sehr allgemeinen Sinne nachgegangen werden kann. Im Kern geht es um die Frage, ob das, was das Essentiale des modernen souveränen Staates ausmacht, nämlich, daß seit spätestens 1648 Herrschaft über ein bestimmtes, genau demarkiertes Territorium und die auf ihm lebende Bevölkerung ausgeübt wird und gerade dies den modernen souveränen Staat von den nicht territorialen Wirkungseinheiten des Mittelalters unterscheidet[3], ob diese Bedingung also nunmehr im digitalen Zeitalter erneut grundlegenden Verwerfungen unterworfen ist. Ist etwa, so soll gefragt werden, dem durch die drei Elemente Territorium, Bevölkerung und Höchstgeltung beanspruchende Staatsgewalt[4] gekennzeichneten modernen souveränen Staat eines seiner ihn konstituierenden Elemente mit dem Raum abhanden gekommen? Wenn dem so sein sollte, ist dann weiter zu fragen, was dies für die moderne Staats- und Völkerrechtsordnung zu bedeuten hat. Sollte dem indes nicht so sein, wird

---
1 *William Gibson*, Neuromancer, The Berkley Publishing Group, New York 1984.
2 *Don Slater*, Social Relationships and Identity Online and Offline, in: Leah Lievrouw/Sonia Livingstone (Hg.), Handbook of New Media: Social Shaping and Consequences of ICTs, London 2002, S. 533 ff.
3 → Bd. II, *Graf Vitzthum*, § 18 Rn. 1 ff.; → oben *Becker*, § 230 Rn. 13 ff.
4 → Bd. II, *Isensee*, § 15 Rn. 49 ff.

trotzdem zu fragen sein, was der geradezu herausragende Bedeutungsaufwuchs des virtuellen Mediums und damit auch des virtuellen Raums für den Begriff des modernen souveränen Staates bedeutet. Im wesentlichen sind dabei folgende zentrale Rechtsfragen aufzuwerfen: Einmal gilt es zu überlegen, ob es bei dem nationale Grenzen überwindenden virtuellen Raum nach wie vor um die Wirkweise moderner souveräner Staaten geht? Zudem stellen sich Fragen nach der Durchsetzbarkeit des Rechts sowie der Gewährleistung der fundamentalen Grundrechte, und schließlich Fragen nach den Grundlagen der demokratischen Verfaßtheit des Staatswesens. Schafft also, mit anderen Worten, der Ausgriff auf virtuelle Räume ganz neue Möglichkeiten, so etwa ein neues Potential an demokratischer Partizipation?

Zentrale Rechtsfragen

Bereits dieser Problemaufriß verdeutlicht, daß die Wirkweise von Cyberspace auf moderne Staatlichkeit durchaus nicht marginaler Natur ist. Bei der Diskussion um den Staat im virtuellen Raum geht es um nicht weniger als die hier notwendigerweise zu vollziehende Nachzeichnung der modernen und konstitutionellen Grundbedingungen moderner Staatlichkeit.

4 Problematik von großer Bedeutung

B. Cyberspace – eine definitorische Annäherung

Ein tiefergehendes Verständnis des virtuellen Raums als eines technologischen und gesellschaftlichen Novums verlangt eine Befassung mit dem Raum als Konzept, dem in der Rechtswissenschaft, der Staatsrechtswissenschaft zumal, aber eben auch in der Völkerrechtswissenschaft besondere Bedeutung zukommt[5].

5 Virtueller Raum als Konzept in der Wissenschaft

I. Konzept des Raums

Der Begriff des Raums beschreibt eine gegenständlich erfahrbare Realität, sei es als abgeschlossener und zur Nutzung bereitstehender Teil eines Gebäudes, sei es als abgrenzbarer Teil der Erdoberfläche. Das räumliche Denken und Vorstellungsvermögen ist eine Eigenschaft, die dem Menschen ermöglicht, sich in der für ihn sinnlich erfahrbaren Welt zu orientieren und diese zu gestalten. Die Bedeutung des Raums als Konzept für die menschliche Existenz reflektiert auch die Staatslehre. Der Staat ist, wenngleich juristische Person und damit rechtlich als Fiktion konstruiert, ganz maßgeblich durch die Raumkomponente geprägt[6]. Historisch zurückblickend läßt sich die Staatswerdung im Europa des Mittelalters als Übergang eines personalen Herrschaftsverständnisses zu einem territorialen begreifen[7]. Eingeleitet durch den Westfäli-

6 Begriff des Raums

---

5 Zum Konzept des Raums und der Bedeutung des Staatsgebietes → Bd. II, *Graf Vitzthum*, § 18 Rn. 1 f.; siehe auch *Bernhard Kempen*, Staat und Raum, 2013.
6 *Reinhold Zippelius*, Allgemeine Staatslehre, [16]2010, S. 73.
7 Zum Hintergrund des Aufstiegs des modernen Staates gerade in Europa vgl. *Wolfgang Reinhard*, Geschichte des modernen Staates, 2007, S. 32 ff.

schen Frieden von 1648 entwickelte sich die Vorstellung souveräner Herrschaft, die von der Krone auf die Fürsten und deren räumlich begrenzte Herrschaftssphären übertragen wurde, bevor sie sich auch von der Anbindung an den Fürsten löste[8]. Diese demarkierende Funktion des Raums hielt dann Einzug in das Völkerrecht und prägt bis heute dessen Verständnis von „Staat". Zurückgehend auf Georg Jellinek[9] wird der Staat als Herrschaftsverband begriffen, der sich durch ein Staatsvolk und Staatsgewalt in bezug auf ein konkretes Staatsgebiet auszeichnet[10]. Nach dieser, durch die Montevideo-Konvention[11] völkerrechtlich anerkannten Definition des Staates, ist das Territorium – der staatliche Raum – mithin konstitutiv für das Vorliegen eines Staates. Zugleich markiert der Raum die Grenzen des Einzelstaates. Grundsätzlich gelten dessen Gesetze als Emanationen seiner Hoheitsgewalt nur innerhalb seiner Grenzen. Dort gelten sie allerdings für alle Träger von Rechten und Pflichten, auch wenn sie der Personalgewalt eines anderen Staates unterstehen.

II. Virtueller Raum

Der virtuelle Raum entfernt sich von diesem gegenständlichen Verständnis des Raums und vollzieht diese Loslösung bereits begrifflich, indem auf das Scheinbare („virtuell") abgestellt und dieses in Verbindung mit dem Raum gesetzt wird. Manche verwenden den Begriff „Cyberspace" auch synonym mit dem Internet. Das Internet selbst beschreibt ein dezentralisiertes Netzwerk, bestehend aus unzähligen Rechnern, die miteinander einen Datenverbund begründen, der einen globalen Informationsaustausch ermöglicht[12]. Es geht zurück auf das ARPANET[13], das als Projekt des Verteidigungsministeriums der Vereinigten Staaten eine Kommunikation auch für den Fall einer nuklearen Auseinandersetzung und in der daraus folgenden erheblichen Zerstörungen ermöglichen sollte[14]. An dieses dezentrale Kommunikationsnetz wurden schließlich auch Universitäten angeschlossen, so daß dessen zivile Nutzung schon nach kurzer Zeit überwog. Nachdem mit dem Internetprotokoll eine Möglichkeit entwickelt worden war, mit der verschiedene Netzwerke kommunizieren konnten, begann der Siegeszug des Internets. Heute scheint das Internet omnipräsent und seine Verfügbarkeit für jedermann selbstverständlich. Menschen sind mit ihren Mobiltelefonen, die kleinen Computern gleichen, selbst in Flugzeugen und Zügen online; Fahrpläne und Fahrscheine wer-

---

8 *Roman Herzog/Bernd Grzeszick*, in: Maunz/Dürig, 2013, Art. 20 Rn. 2–8.
9 *Georg Jellinek*, Allgemeine Staatslehre, ³1921, S. 394 ff.
10 *Zippelius* (N5), S. 40 ff.
11 Art. 1 Montevideo Convention on Rights and Duties of States, 26.12.1933, 165 LNTS 19. → Bd. II, *Isensee*, § 15 Rn. 47 ff., 49.
12 *Wilhelm Mecklenburg*, Internetfreiheit, in: ZUM 1997, S. 525, 526 m. weit. Nachw.
13 Umfassend und illustrativ zur Geschichte des Internets: *Stephen Segaller*, Nerds 2.0.1: A Brief History of the Internet, New York 1998; *Barry Leiner*, The Past and Future History of the Internet, http://ccrg.soe.ucsc.edu/CMPE252A/FALL2012/PAPERS/history1.pdf.
14 *Franz C. Mayer*, Recht und Cyberspace, in: HFR 1997, S. 3.

den über das Internet eingesehen, ausgesucht, erworben und bezahlt. Es reicht, wenn der Schaffner einen Code auf dem Handydisplay abliest. Auch im universitären Bereich ist das Internet zu einer unverzichtbaren Säule von Forschung und Lehre geworden. Wissenschaftler kooperieren in Arbeitsgruppen, deren Mitglieder sich über den Globus verteilten, und Studierende benötigen das Internet, um sich für Klausuren anzumelden und Vorlesungsmaterialien herunterzuladen[15]. Das Internet ist eine conditio sine qua non für die Teilhabe am gesellschaftlichen Leben geworden.

Es erscheint gleichwohl angezeigt, zwischen dem Internet und Cyberspace eine Differenzierung dahingehend zu treffen, daß das Internet die technischen Voraussetzungen für Cyberspace als virtuelle Realität schafft. Cyberspace ist demnach ein vorrangig sozial konstruierter Raum, der, wenngleich eingeschränkt, ein Abbild des gesellschaftlichen Lebens unkörperlich reflektiert. So bietet der virtuelle Raum eine Vielzahl an Möglichkeiten der menschlichen Interaktion. Menschen treffen sich zu gemeinsamen online-Spielen und begeben sich auf gemeinsame Missionen, ohne sich jemals begegnet und mitunter ohne auch nur auf demselben Kontinent zu sein[16]. Telefonate und Konferenzen werden über das Internet vermittelt abgehalten[17] und selbst für Bereiche persönlicher Lebensführung gibt es im Netz operierende kommerzielle Partnerschaftsvermittlungen[18]. Diese Beispiele verdeutlichen, daß der virtuelle Raum sich insbesondere durch das Element der Kommunikation auszeichnet, wenngleich die bildliche Darstellung der Realität zunehmende Relevanz erlangt. Etwa im Bereich der online-Spiele werden dreidimensionale Welten derart realitätsnah rekonstruiert, daß sie für eine beachtliche Zahl ein bedrohliches Suchtpotential[19] entfalten. Daß sich Menschen im virtuellen Raum verlieren können, ja dort gar eine Ersatzrealität kreieren können, versinnbildlicht sich auch in der Existenz von Avataren, bei denen es sich um künstliche Alter Ego oder „virtuelle Doppelgänger"[20] handelt, die in sozialen Foren und Spielen agieren können. Bezeichnend ist insoweit, daß sich etwa ein bedeutsames Forum, in dem zwischen 40.000 und 60.000 Spieler jederzeit präsent sind, „Second Life" nennt oder im Bereich des online-Handels von „Warenkörben", „Schaufenstern" und ähnlichem gesprochen wird[21]. Als sozialer Raum sieht sich der virtuelle Raum allerdings auch bestimmten negativen Erscheinungsformen des gesellschaftlichen Zusammenlebens ausgesetzt. Kriminelle haben sich mittlerweile den virtuellen Raum erschlossen, der für die Bege-

8
Cyberspace als Reflektion des gesellschaftlichen Lebens

Möglichkeiten des Cyberspace

Gefahren des Cyberspace

---

15 Vgl. etwa die an der Universität zu Köln eingerichtete elektronische Lernplattform ILIAS, Zugang über www.ilias.uni-koeln.de/ilias/index.php.
16 Dies gilt etwa für das berühmteste online-Spiel „World of Warcraft"; für ein Plädoyer, diese Spiele nicht zum rechtsfreien Raum werden zu lassen, vgl. *Paul H. Klickermann*, Virtuelle Welten ohne Rechtsansprüche, in: MMR 2007, S. 766 ff.
17 Dies kann etwa über den Internetdienst Skype erfolgen, der nicht nur Video-Anrufe über das Internet vermittelt, sondern auch Konferenzschaltungen ermöglicht, vgl. www.skype.com/de/what-is-skype/.
18 Aufgearbeitet in: www.sueddeutsche.de/leben/singleboersen-im-internet-suche-liebe-aber-schnell-1.1135546; große Plattformen sind hier etwa www.elitepartner.de und www.parship.de.
19 *Jörg Petry*, Dysfunktionaler und pathologischer PC- und Internet-Gebrauch, 2009, S. 45 ff.
20 *Klickermann* (N 16), S. 766.
21 Hier ist etwa auf die großen online-Händler www.amazon.de und www.zalando.de zu verweisen.

Kriminalität im Cyberspace

hung von Straftaten gut nutzbar ist[22]. So ist etwa ein Eingehungsbetrug[23] auch möglich, wenn eine Person online vorgibt, eine nicht vorhandene Ware verkaufen zu wollen. Im virtuellen Zahlungsraum kann es gar leichter fallen, Konto-, Zugangs- und Nutzerdaten etwa über gefälschte Internetseiten zu erlangen („phishing") und somit etwa Konten zu räumen oder Identitätsdiebstahl zu begehen. Daß eine Online-Straftat ungleich wirkmächtiger sein kann, verdeutlicht das Cybermobbing[24]. Hier werden Personen unter Nutzung des Internets im virtuellen Raum diffamiert, beleidigt oder genötigt. Auch werden mitunter Videos hochgeladen, die das Opfer bei der Erduldung etwa einer Gewalttat zeigen, oder auch kompromittierende Bilder. Aufgrund der Offenheit des virtuellen Raums können ungleich mehr Personen Zeugen diffamierender Handlungen werden und die Opferstellung der Betroffenen intensiviert sich dadurch noch. Zugleich scheint die Bereitschaft, Täter zu werden, ebenfalls zu wachsen – das Unrechtsbewußtsein verhält sich indes umgekehrt proportional zur (vermeintlichen) Anonymität in der virtuellen Welt: Es sinkt.

III. Zwischenresümee

9
Cyberspace als eigenständige soziale Sphäre

Cyberspace hat sich mittlerweile als eigenständige soziale Sphäre neben der gesellschaftlichen Realität etabliert, in der viele bekannte gesellschaftliche Phänomene eine Entsprechung finden und teilweise eine Verstärkung erfahren. Der virtuelle Raum löst sich dabei vom Raumkonzept als einer erfaßbaren, sinnlich wahrnehmbaren Begrenzung, was die Frage seiner Eigentümlichkeit und der Notwendigkeit einer besonderen rechtlichen Befassung aufwirft.

C. Der moderne Verfassungsstaat im Cyberspace

I. Cyberspace als staatsfreier Raum? Grenzen von Staatlichkeit im Cyberspace

10
Keine staatliche Exklusivität von Hoheitsgewalt

Der Staat wird vorrangig als ein Territorialverband begriffen. Der Raum ist für ihn schlechterdings konstituierend. Wie dargelegt, dient der Raum also dazu, ihn von anderen Staaten als Territorialeinheiten abzugrenzen[25]. Zugleich wird damit auch die grundsätzliche Grenze seiner Jurisdiktionsge-

---

22 *Irini E. Vassilaki*, Kriminalität im World Wide Web – Erscheinungsformen der „Post-Computerkriminalität" der zweiten Generation, in: MMR 2006, S. 212 f. m. weit. Nachw.
23 *Urs Kindhäuser*, in: ders./Ulfrid Neumann/Hans-Ullrich Paeffgen, Kommentar zum Strafgesetzbuch, ⁴2013, § 263 Rn. 316 ff.
24 Cyberlife – Spannungsfeld zwischen Faszination und Gefahr, www.buendnis-gegen-cybermobbing.de/studie/cybermobbingstudie.pdf.
25 *Rolf Grawert*, Wie soll Europa organisiert werden? – Zur konstitutionellen „Zukunft Europas" nach dem Vertrag von Nizza, in: EuR 2003, S. 971 (975).

walt deutlich[26]. Die Staatsgewalt entfaltet sich vorrangig innerhalb der staatlichen Grenzen. Daß die Mitgliedstaaten der Europäischen Union Staaten selbst innerhalb dieser Grenzen einer supranationalen Hoheitsgewalt Raum einräumen[27], verdeutlicht indes, daß Staaten keine Exklusivität ihrer Hoheitsgewalt mehr beanspruchen können. Die vermeintlich fehlende Körperlichkeit des Internets und damit des virtuellen Raums verleitet viele nun zu der Annahme, daß die Staatsgewalt vor den virtuellen Grenzen des Cyberspace haltmache. Bei näherer Betrachtung zeigt sich indes, daß zwar der virtuelle Raum die Staatsgewalt vor Herausforderungen stellt, aber diese nicht obsolet machen kann. Herausforderung für die Staatsgewalt

11 Als Prämisse gilt freilich, daß die dezentrale Struktur des Internets und damit auch des virtuellen Raums jedwede Form staatlicher Governance zunächst erschwert. Die Anwendung von Zwang als dem klassischen Mittel zur Durchsetzung staatlich sanktionierter Verhaltenssteuerung scheint zunächst ins Leere zu gehen. So sind Server (also die Hardware) von bestimmten Internetinhalten an Orten der Welt installiert, die, sofern sie überhaupt lokalisiert werden können, oftmals nicht einer geordneten staatlichen Kontrolle unterliegen. Und selbst wenn eine staatliche Kontrolle besteht, können unterschiedliche kulturelle und rechtliche Wertungen dazu führen, daß die Vorstellung eines Staates in einem anderen Staat nicht nachvollzogen und damit auch nicht durchgesetzt wird. Prominenz haben insoweit der Fall „kreuz.net" und der Fall der „Auschwitz-Lüge" im Internet erlangt. Die Seite kreuz.net gab sich als das wichtigste katholische online-Portal aus. Auf ihrer Homepage betrieb sie Propaganda nicht nur gegen kirchliche Reformkräfte nach dem Zweiten Vatikanischen Konzil, sondern wetterte auch gegen Frauenemanzipation und betrieb homophobe und antisemitische Hetze. Lange Zeit war es unmöglich, die Verantwortlichen zu ermitteln, um strafrechtlichen Verdachtsmomenten nachzugehen. Auf private Initiative hin wurden indes einige Autoren der Seite ausfindig gemacht. Dies erhöhte offenbar so sehr den Druck, daß die Seite kurze Zeit später von den Machern offline geschaltet wurde, auch wenn mittlerweile eine neue Seite mit ähnlichem Aussehen und Inhalt etabliert wurde (kreuz-net.at)[28].

12 Doch selbst wenn die Betreiber eines Angebotes im Cyberspace in einem anderen Staat mit funktionierender Rechtsordnung identifiziert werden können, folgt daraus nicht automatisch, daß deren Verfolgung möglich ist. So ist etwa die Auschwitzlüge in Deutschland unter Strafe gestellt[29], wohingegen sie

---

26 *Zippelius* (N5), S. 74f. → Oben *Becker*, § 230 Rn. 13ff.
27 Zur Supranationalität der Europäischen Union vgl. *Michael Lysander Fremuth*, Die EU auf dem Weg in die Supranationalität, 2010, S. 23ff. → Bd. II, *Di Fabio*, § 27 Rn. 64ff., 74ff.; *Hillgruber*, § 32 Rn. 75ff.; → Bd. X, *P. Kirchhof*, § 214 Rn. 1ff., 43ff.
28 *Matthias Kopp*, Hass unter Missbrauch des Begriffs „katholisch". Das Internetportal kreuz.net ist offline, in: Communicatio Socialis, 2012, S. 436ff.
29 Zur Strafbarkeit der Auschwitzlüge nach § 130 Abs. 1 und 3; § 131 Abs. 1 Nr. 1 StGB vgl. BGH, in: NStZ 1994, S. 140; NStZ 2001, S. 305; zum Sonderfall und der Verfassungskonformität des § 130 Abs. 4 StGB vgl. BVerfG, in: NJW 2010, S. 47.

§ 231 Zwanzigster Teil: Leitprinzipien

Erschwernis der Strafverfolgung

etwa in den Vereinigten Staaten von der Meinungsfreiheit geschützt wird[30]. Dementsprechend stößt der Strafverfolgungsanspruch insoweit an seine Grenzen, denn der virtuelle Raum basiert auf dem internationalen Netz und teilt damit dessen dezentralen, transnationalen und pluralistischen Charakter. Diesem Charakter ist auch geschuldet, daß Seiten, deren Sperrung gelingt, häufig über andere Server wieder zur Verfügung gestellt werden. Im Kampf gegen vermeintliche Zensur finden sich immer wieder Personen, die auch Internetseiten mit rechtswidrigen Inhalten auf anderem Wege zugänglich machen. Andererseits verdeutlichen Ägypten, Iran und Syrien, daß eine gänzliche Netzsperrung möglich ist[31], ebenso eine weitreichende Zensur, wie sie China vornimmt[32]. Der Staat ist mithin imstande, sehr erheblich in den virtuellen Raum einzudringen oder diesen gar ganz oder jedenfalls teilweise zu beseitigen.

Staatliche Eingriffsmöglichkeiten in den virtuellen Raum

13

Anarchischer Raum?

Mit den Anfängen des Internets und den aufgezeigten Grenzen des staatlichen Wirkungsbereichs wuchs bei einigen Netzprotagonisten die Hoffnung auf ein Ende der Staatlichkeit. Das Internet sollte einen sozialen Raum erschaffen, der – insoweit anarchistischen Vorstellungen nahe – ohne die staatliche Ordnungsmacht auskomme und ganz von einer gesellschaftlichen Selbstregulierung geprägt sei[33]. Zwischenzeitlich gibt es nur noch wenige, die Cyberspace als staatsfreien Raum reklamieren oder die Utopie eines gänzlich freien Internet entwerfen. Zu deutlich ist die Notwendigkeit einer staatlichen Steuerung auch im virtuellen Raum geworden, sei es, um den einzelnen in demselben oder vor Auswirken desselben zu schützen, sei es, um jenen Raum und den Zugang dazu selbst zu schützen. Im folgenden gilt es daher, die Notwendigkeit gewisser staatlich-regulativer Maßnahmen zu begründen und staatliche Maßnahmen mit Bezug zum virtuellen Raum näher zu betrachten.

Notwendigkeit staatlicher Steuerung

II. Staatliche Interventionsmöglichkeiten im Cyberspace

1. Der virtuelle Raum als Raum und Rechtsregime

14

Gewähr von Staatlichkeit als Legitimationsanspruch

Die Notwendigkeit für Staaten, ihren Regelungsanspruch auch auf den virtuellen Raum auszudehnen, folgt sowohl aus Gründen der Staatslegitimation als auch aus Gründen seiner freiheitssichernden und damit Grundrechtsschutz garantierenden Funktion. Die Gewähr von Sicherheit ist eine der zentralen Legitimationsquellen des Staates[34]. Seiner Legitimation geht er verlustig,

---

30 *Mayer* (N 14), S. 16 Rn. 109.
31 Speziell zu Ägypten siehe: www.sueddeutsche.de/digital/proteste-in-aegypten-regierungsbefehl-netzsperrre-1.1052458; *Matthias Kettemann*, Das Internet als internationales Schutzgut: Entwicklungsperspektiven des Internetvölkerrechts anlässlich des Arabischen Frühlings, in: ZaöRV 2012, S. 469.
32 *Annette Marberth-Kubicki*, Der Beginn der Internet-Zensur – Zugangssperren durch Access-Provider, in: NJW 2009, S. 1792 (1795).
33 Vgl. *Herbert Fiedler*, Der Staat im Cyberspace, Informatik–Spektrum–24–Oktober–2001, S. 309 f.
34 *Burkhard Schöbener*, Allgemeine Staatslehre, § 4, D II 2 Rn. 105; *Hartmut Maurer*, Staatsrecht I, § 1, I 3 Rn. 12; *Bodo Pieroth/Bernhard Schlink/Michael Kniesel*, Polizei- und Ordnungsrecht, 1. Teil § 2, I 1 Rn. 1.

wenn das gesellschaftliche Leben sich zum Teil in den virtuellen Raum verlagert, er sein Sicherheitsgewährversprechen aber nicht mit ausdehnt. Hinzu kommt, daß dem Staat eine wachsende Bedeutung als Schutzgarant zukommt[35]. Bedrohungen von Freiheit sind zunehmend ein gesellschaftliches Problem und geschehen, wie bereits angedeutet, auch im virtuellen Raum. Dementsprechend muß der Staat seine Schutzpflichten auch aus grundrechtlichen Erwägungen hierauf ausdehnen und den ihm anempfohlenen Bewohnern seines Territoriums etwa im Fall von Cybermobbing geeignete Schutzmöglichkeiten anbieten.

Staat als Garant des Grundrechtsschutzes

15

Die Frage lautet daher nicht *ob*, sondern *wie* der Staat den an ihn gerichteten Ansprüchen in der virtuellen Welt gerecht werden soll. Die Unterschiede von Cyberspace zum traditionellen staatlichen Raumkonzept wurden bereits verdeutlicht. Dies führt zu der Frage, ob für den virtuellen Raum ein eigenes Rechtsregime errichtet werden sollte. Auf internationaler Ebene gibt es Begründungsansätze, Cyberspace als gesondertes Regime dem Weltraum und der Hohen See vergleichbar anzuerkennen[36]. Ob man freilich einen derartigen Sonderstatus gut begründen kann, erscheint fraglich. In den genannten Fällen sollen bestimmte Bereiche, die jeweils körperlich zugänglich sind, nicht staatlicher Hoheitsgewalt unterstellt werden, sondern für eine staatengemeinschaftliche Nutzung offenstehen[37]. Für Cyberspace fehlt eine Verständigung der Staaten dahingehend, daß dies gewünscht ist, zudem fehlt der physikalische Anknüpfungspunkt für ein konsistentes völkerrechtliches Regime[38]. Vielmehr dürfte es hier darum gehen, die verschiedenen staatlichen Jurisdiktionsgewalten sinnvoll voneinander abzugrenzen oder ein gemeinsames Vorgehen zu koordinieren. Da das Internet nicht räumlich begrenzt ist, fehlt auch die Notwendigkeit, einen staatsfernen, territorial nicht zugewiesenen Raum von Hoheitsansprüchen freihalten zu müssen. Noch weniger kann Cyberspace als „self-contained regime" bezeichnet werden. Darunter wird ja ein abgeschlossener, durch eigene Regelungen normierter Rechtsbereich verstanden, der den Rückgriff auf das allgemeine Völkerrecht ausschließt[39]. In Ermangelung spezifischer und auch nur ansatzweise umfassender Regelungen scheidet ein solcher Ansatz aus.

Frage nach staatlicher Gestaltungsmöglichkeit

Vergleich zum Weltraum und zur Hohen See

Cyberspace kein „self-contained regime"

16

Dies bedeutet freilich nicht, daß Cyberspace nicht Spezifika aufweise, die eine besondere Befassung auf nationaler und internationaler Ebene erforderlich machen. Die bereits erwähnte internationale und dezentrale Struktur verlangt besondere Lösungsansätze. Auch in technischer Hinsicht müssen die Staaten

Lösungsansätze

---

35 Zu staatlichen Schutzpflichten vgl. *Gerrit Manssen*, Staatsrecht II, Teil 1, § 3 III 2.
36 Zu den staatsfreien Räumen insgesamt *Rüdiger Wolfrum*, Die Internationalisierung staatsfreier Räume, passim; kritisch zur Vergleichbarkeit: *Dirk Heckmann*, E-Commerce: Flucht in den virtuellen Raum?; Zur Reichweite gewerberechtlicher Bindungen des Internethandels, in: NJW 2000, S. 1370; zum Cyberspace als neuartigem Raum demgegenüber *Mayer* (N 14), S. 23 Rn. 135 ff.
37 *Stephan Hobe*, Einführung in das Völkerrecht, 9 2008, S. 473 ff.
38 *Klaus W. Grewlich*, „Internet governance" und „völkerrechtliche Konstitutionalisierung" – nach dem Weltinformationsgipfel 2005 in Tunis, in: KuR 2006, S. 156 ff.
39 *Hobe* (N 37), S. 631; Case Concerning United States Diplomatic and Consular Staff in Tehran (United States of America vs. Iran); Order, 12 V 81, International Court of Justice (ICJ), 12 May 1981.

nachrüsten, wollen sie ihren Gestaltungsanspruch auch nur im Ansatz geltend machen. Die „Netzgemeinde" ist Avantgarde des technischen Fortschritts und versucht – nur zu einem sehr kleinen Teil mit krimineller Intention – in der Nutzung dieses technischen Fortschritts den Staaten voraus zu sein. Hier sind die Staaten aufgefordert, sich technisch in den Stand zu versetzen, im virtuellen Raum präsent zu sein. Dies geht mit der Notwendigkeit einher, geeignetes Personal einzustellen oder temporär einzubinden. Bereits heute arbeiten Sicherheitsbehörden mit „Hackern" im Rahmen der Gefahrenabwehr zusammen. Diesbezüglich gilt es, die Expertise zu internalisieren und zu verstetigen. Zugleich muß ein permanenter Austausch mit der „Netzgemeinschaft" gepflegt werden, um Entwicklungen frühzeitig erkennen und analysieren zu können. Doch auch wenn man die Besonderheiten des virtuellen Raums anerkennt, kann daraus nicht abgeleitet werden, daß die bestehenden Regelungen pauschal nicht paßten. Vielmehr gilt es, zu schauen, in welchen Bereichen Regelungen angepaßt, modifiziert oder mitunter neu geschaffen werden müssen, um Cyberspace normativ zu erfassen. Einige Bereiche sollen nun näher betrachtet werden.

a) Zugang zum virtuellen Raum und Netzneutralität

17 Der Staat ist zunächst hinsichtlich zweier grundsätzlicher Voraussetzungen gefordert: hinsichtlich des Zugangs zum Internet sowie hinsichtlich der Verläßlichkeit und Stabilität von Internetdienstleistungen. Bezüglich des Zugangs stellt sich die Frage, inwieweit der Staat einen solchen Zugang ermöglichen muß, etwa im Rahmen der Sozialhilfe. Die Sozialhilfe ist geprägt durch das Grundrecht eines jeden auf Gewährleistung eines menschenwürdigen Existenzminimums aus Art. 1 Abs. 1 GG in Verbindung mit dem Sozialstaatsprinzip des Art. 20 Abs. 1 GG. Dies sichert jedem Hilfebedürftigen diejenigen materiellen Voraussetzungen zu, die für seine physische Existenz und für ein Mindestmaß an Teilhabe am gesellschaftlichen, kulturellen und politischen Leben unerläßlich sind[40]. Hier ist durchaus zu erwägen, ob nicht von einem solchen Anspruch der Zugang zum Internet auch umfaßt wird. Das Internet ist in vielen Bereichen eine unverzichtbare Quelle der Information aber auch der Teilhabe, etwa bei gesellschaftlichen Debatten, Blogs und dergleichen mehr. Dies dürfte dafür sprechen, daß zum Existenzminimum auch die Möglichkeit der Internetnutzung gehört, wenngleich die konkrete Ausgestaltung dem Gesetzgeber obliegt. Jedenfalls müßte die Finanzierung eines Internetzugangs – vergleichbar der Anschaffung und Nutzung eines Radios – in die Sozialhilfe finanziell einbezogen werden.

18 Ein weiterer Fragenkreis, der sich mit dem Zugang sowie der Stabilität und Verläßlichkeit der Nutzung des Internets als Grundlage des virtuellen Raums befaßt, ist die Netzneutralität. Sie beschreibt die neutrale Übermittlung von Daten im Internet, das heißt, alle Datenpakete werden gleichberechtigt übertragen ungeachtet ihrer Herkunft, ihres Inhalts oder der Anwendung, der sie

---

40 BVerfGE 125, 175 (222ff.). → Bd. II, *Zacher*, § 28 Rn. 32f. → Bd. IX, *Murswiek*, § 192 Rn. 106ff.

dienen⁴¹. Folglich dürfte nicht unterschieden werden zwischen der Nutzung des Internets für das Aufrufen einer Seite, die Telefonie („voice over IP") oder das online-Spielen. Nachdem einige Internet-Provider angekündigt haben, künftig nicht mehr alle Datenpakete gleichberechtigt zu übermitteln, haben viele Menschen und Regierungen reagiert und den Grundsatz der Netzneutralität eingefordert bzw. gesetzlich verankert. So wurde etwa in Deutschland die Regelung des § 41 a in das Telekommunikationsgesetz aufgenommen. Die mit „Netzneutralität" überschriebene Norm ermächtigt die Bundesregierung in Abs. 1 „in einer Rechtsverordnung mit Zustimmung des Bundestages und des Bundesrates gegenüber Unternehmen, die Telekommunikationsnetze betreiben, die grundsätzlichen Anforderungen an eine diskriminierungsfreie Datenübermittlung und den diskriminierungsfreien Zugang zu Inhalten und Anwendungen festzulegen, um eine willkürliche Verschlechterung von Diensten und eine ungerechtfertigte Behinderung oder Verlangsamung des Datenverkehrs in den Netzen zu verhindern."

Diskriminierungsfreier Netzzugang

Gemäß Abs. 2 dieser Vorschrift kann die Bundesnetzagentur Einzelheiten über Mindestanforderungen an die Dienstqualität durch Verfügung festlegen. Die Norm des § 41 a TKG wird als Aspekt der Marktregulierung eingeordnet. Damit begreift der Gesetzgeber die Netzneutralität normativ insbesondere auch als einen Aspekt des Wettbewerbs und tatsächlich gibt es eine starke Auffassung, die zugunsten einer differenzierten Datenübertragung und der Zurückhaltung des Staates insoweit argumentiert⁴². Dienste, Anwendung und Nutzer könnten dann für eine besonders stabile und prioritäre Datenübertragung gesondert bezahlen. Zugleich ließe sich inhaltlich sicherstellen, daß etwa bei der Internettelefonie die Datenübertragung bevorzugt wird, um eine sichere Kommunikationsverbindung zu garantieren, wohingegen beim Herunterladen („Download") von Daten Unterbrechungen nicht stören. Die Kritiker befürchten demgegenüber, daß wirtschaftlich potente Anbieter und Provider ihre Inhalte begünstigen, indem sie deren Übertragung bevorzugen. Zugleich könnte es zu einem „doppelten Abkassieren" kommen, wenn sowohl Anbieter als auch Kunden für eine bevorrechtigte Datenübermittlung zahlen müßten. Kleinere innovative Unternehmen („Internet Start-ups") seien damit systematisch benachteiligt. Der deutsche Gesetzgeber macht keine inhaltlichen Vorgaben zur Netzneutralität. Indem § 41 a TKG von einer „diskriminierungsfreien" Datenübertragung spricht und eine „ungerechtfertigte" Behinderung vermeiden möchte, öffnet er Raum für eine politische Entscheidung dieser Fragen⁴³. Jedenfalls eine völlig egalitäre Behandlung aller Datenpakete schreibt die Norm nicht vor. Die Bundesnetzagentur prüft derweil das Vorgehen eines der großen Internetanbieter in Deutschland, der

19
§ 41 a TKG als Aspekt der Marktregulierung

Keine Pflicht zur Gleichbehandlung

Bundesnetzagentur vs. Deutsche Telekom

---

41 *Maria Bullinger Gyde*, Netzneutralität – Pro und Contra einer gesetzlichen Festschreibung, Deutscher Bundestag – Wissenschaftliche Dienste, A-Drs 17(24)001, S. 4.
42 *Justus Haucap*, Netzneutralität: Die Perspektive eines Wettbewerbsökonomen, www.insm-oekonomenblog.de/10250-netzneutralitat-die-perspektive-eines-wettbewerbsokonomen/.
43 *Ulrike Berger-Kögler/Benedict Kind*, Netzneutralität – juristisch und ökonomisch geboten?, in: MMR-Aktuell 2010, 302773.

Deutschen Telekom[44]. Das Bonner Unternehmen hat nicht nur angekündigt, künftig ab einem gewissen Datenvolumen und ohne zusätzliche Gebühr die Leistung zu drosseln. Überdies sollen eigene Angebote von dieser Drosselung ausgenommen sein; sie werden damit bevorzugt. Der Ansatz der Bundesregierung intendiert die Sicherstellung von Wettbewerb, insofern dürfte sich noch erweisen, ob und inwieweit das Verhalten der Telekom am Markt durchsetzungsfähig ist. Erste Proteste haben bereits zu einer Modifikation der Pläne geführt, wobei offenbleibt, ob die Verbraucher ausreichend Marktmacht mobilisieren können, um die Freiheit des Internets gegen wirtschaftliche Interessen durchzusetzen.

20
Staat als Garant des freien Netzes

Diese beiden Beispiele verdeutlichen, daß der Staat bereits hinsichtlich der wesentlichen Grundlagen des virtuellen Raums, nämlich des Zugangs zum Internet und der stabilen, diskriminierungsfreien Übertragung von Daten, gefordert ist. Entspräche er den Forderungen mancher Netzaktivisten und hielte sich gänzlich fern, drohte eine Monopolisierung durch die mächtigen Internet-Konzerne, die das Internet, den Inhalt und den Zugang weitgehend kontrollieren könnten. Aus dem freien Netz, das manche mit der Forderung nach Staatsferne zu errichten oder zu verteidigen versuchen, würde ein gänzlich kommerzialisiertes und im Ergebnis unfreies Netz. Deutlich wird hier, daß dem Staat damit bereits auf dieser Ebene eine Garantenstellung dahingehend zuwächst, die Verteidigung der gesellschaftlichen Freiheit einschließlich eines fairen Wettbewerbs für die Wirtschaft als Teilsystem der Gesellschaft nach der Ausdehnung in den virtuellen Raum auch dort nachzuvollziehen.

b) Cybersicherheit

21
Kriminelle Akteure im Cyberspace

Auch im virtuellen Raum bewegen sich – es ist angeklungen – kriminelle und terroristische Akteure. Deren Schädigungshandlungen zeitigen dabei oftmals Wirkungen, die nicht allein auf Cyberspace beschränkt bleiben, auch wenn die Handlung selbst zunächst rein virtuell anmutet. So sind verschiedene Szenarien vorstellbar: Es lassen sich etwa über entsprechende Software Kontenzugangsdaten ausspähen, mit denen dann selbstständig auf Konten von Bürgern zugegriffen und gegebenenfalls auch Überweisungen vorgenommen werden können. Sofern ein Betrag abgebucht wurde, reduziert sich die Summe auf der Habenseite des Kontos entsprechend. Was zunächst als ein rein virtueller Vorgang erscheint, wird dann sehr real erfahrbar, wenn der Versuch, Geld an einem Bankautomaten abzuholen, mangels Kontodeckung scheitert.

22
Cybermobbing und Terrorismus

Die Diffamierung einer Person in sozialen Medien wird ebenfalls sehr real erfahrbar, wenn etwa Mitschüler auf dem Schulhof kompromittierende Bilder aus dem Internet zeigen oder dort getätigte Aussagen wiedergeben. Isolation in der Wirklichkeit kann demnach die Folge einer virtuellen Kampagne sein. Und schließlich kann der virtuelle Raum planvoll genutzt werden, um sich dort zu einem terroristischen Anschlag zu verabreden und Techniken für den Bombenbau oder die Auswahl von Anschlagszielen auszutauschen.

---

44 Siehe hierzu: www.tagesspiegel.de/wirtschaft/geplante-drosselung-bundesnetzagentur-fordert-klarheit-von-telekom/8168454.html.

Schließlich können sich Taten auch gegen IT-basierte Einrichtungen der für den Sicherheits- und Versorgungsbestand des Staates essentiellen Infrastruktur richten. Viele Einrichtungen des öffentlichen Lebens, wie die Versorgung mit Elektrizität, Gas oder Wasser, sind als Teile eines Netzwerks an den Netzwerkverbund des Internet angeschlossen. Angriffe können sich daher über das Netzwerk gegen diese Einrichtungen richten, wobei Szenarien entwickelt werden, kraft deren etwa die gesamte Stromversorgung einer Stadt lahmgelegt oder Dämme von Stauseen elektronisch geöffnet werden können. Berühmt geworden ist der Fall von „Stuxnet", einem Computerschadprogramm, das auf die Steuerung technischer Prozesse eingewirkt und etwa zur Störung des iranischen Atomprogramms geführt hat.

23 Angriffe gegen staatliche Einrichtungen

Diese wenigen Beispiele verdeutlichen, daß eine Anpassung der Sicherheitsarchitektur erforderlich ist, um den Gefahren im und aus dem Cyberspace zu begegnen. Das deutsche Bundesministerium des Innern hat im Februar 2011 eine Cyber-Sicherheitsstrategie für Deutschland herausgegeben. Dort heißt es einleitend, daß die „Verfügbarkeit des Cyber-Raums und die Integrität, Authentizität und Vertraulichkeit der darin vorhandenen Daten ... zu einer existentiellen Frage des 21. Jahrhunderts geworden" ist. Konsequenterweise wird die Cyber-Sicherheit als eine zentrale gemeinsame Herausforderung für Staat, Wirtschaft und Gesellschaft erkannt. Dabei wird die Cyber- Sicherheitslage, die aufgrund der zunehmenden Verbindung von Informationssystemen mit dem Cyber-Raum unter Verwendung von Standardkomponenten durch eine besondere Verletzlichkeit geprägt sei, als kritisch bezeichnet. Ihr müsse durch Zusammenwirken der Politik mit Wirtschaft und Gesellschaft auf nationaler und internationaler Ebene begegnet werden. Nach der Sicherheitsstrategie werde die Bundesregierung selbst in zehn strategischen Bereichen Maßnahmen ergreifen: So seien für die Versorgungssicherheit wesentliche Informationsinfrastrukturen besser zu schützen; auch die IT-Systeme der Bürger und Unternehmen bedürften mehr Sicherheit, wozu die Regierung beitragen wolle; ferner gelte es, die IT-Systeme der öffentlichen Verwaltung besser zu schützen und eine einheitliche und sichere Netzinfrastruktur der Bundesverwaltung zu schaffen. Ein nationales Cyber-Abwehrzentrum soll unter Mitwirkung von beteiligten Polizeibehörden und Nachrichtendiensten IT-Vorfälle analysieren und Handlungsempfehlungen geben. Damit soll auch die präventive Komponente gestärkt werden. Ein nationaler Cyber-Sicherheitsrat flankiert den Schutz, indem er die präventiven Instrumente und die übergreifenden Politikansätze zwischen Staat und Gesellschaft koordiniert. Die Wirksamkeit der Kriminalitätsbekämpfung soll erhöht werden, indem die Fähigkeiten der Strafverfolgungsbehörden ausgebaut, andere Partnerländer unterstützt werden und das Strafrecht weltweit harmonisiert wird. Dies korrespondiert mit dem Ansatz einer Stärkung der Zusammenarbeit auf europäischer und internationaler Ebene. Hier gelte es, die Instrumente abzustimmen, Aufgabenzuweisungen etwa der NATO effektiv zu nutzen und neben vertrauens- und sicherheitsbildenden Maßnahmen einen Kodex für das staatliche Verhalten im Cyberspace zu etablieren. Weiterhin soll die Verfügbarkeit ver-

24 Anpassung der Sicherheitsarchitektur

Kritische Sicherheitslage

Maßnahmenkatalog zur Steigerung der Sicherheit

läßlicher IT-Systeme dauerhaft sichergestellt werden, etwa durch Entwicklung neuer Schutzkonzepte und Zertifizierungsstandards. Zudem müßten die personellen Kapazitäten im Hinblick auf die Cyber-Sicherheit ausgebaut und Instrumentarien zur Abwehr von Cyber-Angriffen entwickelt werden. Neben einer Bedrohungsanalyse und der Entwicklung geeigneter Schutzmaßnahmen sieht das Bundesministerium des Innern auch die Prüfung vor, ob weitere gesetzliche Befugnisse erforderlich sind[45].

25 Multidimensionale Sicherheitsstrategie

Mit dieser Sicherheitsstrategie hat die Bundesregierung eine Analyse der Herausforderungen und Probleme von Cyberspace sowie denkbarer Reaktionen des Staates vorgenommen. Hervorzuheben ist deren multidimensionaler Ansatz. Eine umfangreiche Sicherheitsstrategie kommt nicht umhin, zunächst Analysekompetenzen aufzubauen, was die Einstellung und Schulung geeigneten Personals erfordert. Auf dieser Grundlage gilt es, ein Konzept der Prävention zu entwickeln, das Forschung fördert und die Zusammenarbeit zwischen allen Beteiligten stärkt.

Internationale Kooperation von elementarer Bedeutung

Die internationale Kooperation ist schließlich der letzte, wenngleich entscheidende Baustein eines umfassenden Ansatzes, der insbesondere die internationale und dezentrale Struktur von Cyberspace einfangen muß. Die Generalversammlung der Vereinten Nationen hat die internationale Kooperation als „essentiell" bezeichnet, um die Gefahren, die mit den neuen Informations- und Kommunikationstechnologien verbunden sind, zu reduzieren und die Sicherheitssituation zu verbessern. Dazu wurde der Generalsekretär beauftragt, einen Bericht für die nächste 68. Sitzung der Generalversammlung zu erarbeiten, um mögliche konkrete Formen der Zusammenarbeit zu bezeichnen.

Bericht der UN-Generalversammlung

Der (noch nicht öffentlich zugängliche) Bericht der ihn unterstützenden Expertengruppe aus Regierungsvertretern vom 7. Juni 2013 identifiziert nicht nur die Risiken und Verwundbarkeiten durch die Technologie; er enthält auch konkrete Vorschläge der Kooperation sowohl in den Vereinten Nationen als auch in regionalen Zusammenschlüssen. Darunter fallen neben der Verständigung über die Auslegung geltender auch die Schaffung neuer Normen, die Empfehlung eines Verhaltenscodexes in der Informationsgesellschaft, vertrauensbildende Maßnahmen und insbesondere der Informationsaustausch. Die Beachtung der Menschenrechte wird dabei ebenso verlangt wie eine engere Kooperation mit der Zivilgesellschaft, der in diesem Bereich der Informationssicherheit eine besondere Rolle zukomme. Vor allem aber müsse es auch um einen Kapazitätenaufbau gehen, um durch einen iterativen Ansatz die internationale Sicherheit bei der Nutzung der Informations- und Kommunikationstechnologie zu garantieren.

26 Konfliktpotential

Gerade der Aspekt der internationalen Kooperation erweist sich somit als bedeutsam, zugleich stellt er eine Herausforderung dar. Obwohl die Vereinigten Staaten die Verständigung in der Expertenkommission begrüßt haben[46], wird Cyberspace zunehmend auch unter befreundeten Staaten zu einem kon-

---

45 Abrufbar unter: www.cio.bund.de/SharedDocs/Publikationen/DE/Strategische-Themen/css–download.pdf?–blob=publicationFile.
46 So das US State Department, vgl. www.state.gov/r/pa/prs/ps/2013/06/210418.htm.

fliktträchtigen Ort, etwa im Fall der Industriespionage, wenn Nachrichtendienste wirtschaftlich relevante Informationen ausspähen und diese heimischen Unternehmen zur Verfügung stellen, die dann wiederum Patentschutz beantragen. Die Abhöraffären rund um die amerikanischen und britischen Geheimdienste „Prism" und „Tempora" haben jüngst das Konfliktpotential noch einmal aufgezeigt. Doch sind noch gravierendere Nutzungsformen des Internets und Cyberspace denkbar, welche die Frage provozieren, inwieweit das zwischenstaatliche Völkerrecht zur Anwendung gelangen kann.

Industriespionage durch Nachrichtendienste

c) Cyberspace als Raum der zwischenstaatlichen Konfrontation?

Dabei läßt sich bezüglich der Anwendbarkeit zwischen dem ius ad bellum, also der Befugnis zur militärischen Gewaltanwendung einerseits, und dem ius in bello, dem Recht innerhalb eines bewaffneten Konfliktes, unterscheiden[47].

27
Ius ad bellum – ius in bello

Gemäß Art. 2 Abs. 4 der UN-Charta gilt der auch völkergewohnheitsrechtlich anerkannte Grundsatz des Gewaltverbots. Die Anwendung von Gewalt ist in den zwischenstaatlichen Beziehungen geächtet[48]. Grundsätzlich untersagt ist ebenfalls die Einmischung eines Staates in die innerstaatlichen Angelegenheiten eines anderen Staates, wobei hier ein Zwangselement gefordert wird, damit ein Verhalten unter das Interventionsverbot fällt. Sofern die Anwendung von Gewalt die Schwelle eines bewaffneten Konfliktes erreicht, löst dies das Selbstverteidigungsrecht des Staates nach Art. 51 UN-Charta aus, das heißt, der Staat darf seinerseits zur Gewalt greifen, ohne völkerrechtswidrig zu handeln[49]. Insbesondere hinsichtlich des Selbstverteidigungsrechts wird diskutiert, wann ein virtueller Angriff („cyber-attack") die Schwelle zum das Selbstverteidigungsrecht auslösenden bewaffneten Angriff („armed attack") überschreitet. Die Einzelheiten sind freilich streitig, jedoch wird ganz überwiegend angenommen, daß auch virtuelle Attacken nicht nur Verstöße gegen das Interventionsverbot darstellen, sondern auch die Schwelle zum bewaffneten Angriff überschreiten können. Maßgeblich sei insoweit, daß die „cyber-attacks" Wirkungen in der Realität zeitigten. Für den bewaffneten Angriff würden etwa nicht nur Infrastruktur, sondern auch Menschen an Leib und Leben geschädigt. Mit diesem Erfordernis wird zugleich deutlich, daß es nicht allein um eine virtuelle Auseinandersetzung geht, sondern daß verlangt wird, eine Wirkung in der Realität zu verzeichnen. Um eine Unterminierung des Gewaltverbots zu verhindern und um sicherzustellen, daß Art. 51 UN-Charta nicht allzuleicht mißbraucht werden kann, ist daher zu verlangen, daß „cyber-attacks" das Äquivalent eines kinetischen Angriffs darstellen, die Wirkungen also traditionellen kinetischen Angriffen entsprechen[50].

28
Recht auf Selbstverteidigung bei virtuellen Angriffen

Wirkung in der Realität als Kriterium

Äquivalent eines kinetischen Angriffs

---

47 Zu dieser Unterscheidung vgl. *Hobe* (N 37), S. 39 f.; *Christopher Greenwood*, The relationship between *ius ad bellum* and *ius in bello*, in: Review of International Studies, 1983, S. 221 ff.
48 → Unten *Fassbender*, § 244 Rn. 35 ff.
49 → Unten *Fassbender*, § 244 Rn. 40 ff.
50 Dazu überzeugend: *Charles J. Dunlap*, Towards a Cyberspace Legal Regime in the 21st Century: Considerations for American Cyberwarriors, in: Nebraska Law Review 2009, S. 712 (714 ff.).

29
Konfliktvölkerrecht

Dies gilt auch für das Konfliktvölkerrecht (ius in bello), das in bewaffneten Konflikten ein Mindestmaß an Humanität sicherstellen möchte und Regelungen zur Zulässigkeit von Waffen, Verhaltensweisen und Zielobjekte im bewaffneten Konflikt trifft[51]. Eine rein virtuelle Auseinandersetzung zwischen Staaten, etwa durch gegenseitige Spionage-Attacken, dürfte keinen bewaffneten Konflikt darstellen. Das humanitäre Völkerrecht soll Zivilisten und Verwundete ebenso schützen wie die Behandlung von sogenannten Kombattanten regeln, es geht also von einer realen, physisch spürbaren Auswirkung auf Menschen aus. Gleichwohl hat der Begriff der virtuellen Kriegsführung im Hinblick auf den Einsatz von Drohnen gewisse Bedeutung erlangt. Diese werden durch Piloten am Boden, mitunter einige Tausend Kilometer vom Einsatzort entfernt, gesteuert. Dabei mutet die Steuerung über Bildschirm und Joystick für manche virtuell an und in philosophischer Perspektive läßt sich durchaus diskutieren, ob sich das Wesen des Krieges verändert, wenn er – jedenfalls zum Teil und auf einer Seite – ohne Soldaten erfolgt, die ihr Leben riskieren; zudem kann gefragt werden, welche ethischen Schlüsse daraus resultieren. Doch der kontrovers diskutierte Einsatz von Drohnen ist keineswegs gleichbedeutend mit einem virtuellen Krieg („cyberwar"). Auch wenn die Mittel der Kriegsführung sich verändern, wird aus dem virtuellen Krieg sehr schnell eine kinetische Operation. Die virtuell gesteuerte Kampfdrohne wird schließlich eingesetzt, um gegnerische Ziele mittels Waffengewalt zu zerstören. Für diesen Fall sind die allgemeinen Regelungen, die das Völkerrecht bereithält, anwendbar. So kann bereits das Eindringen in den Luftraum eine Verletzung staatlicher Souveränität bedeuten. Hinsichtlich des Einsatzes von Waffengewalt gelten die allgemeinen Regelungen des humanitären Völkerrechts, etwa das Unterscheidungsgebot zwischen Kombattanten und Zivilisten. Auch hinsichtlich der Frage, ob dieses anwendbar ist, also ein bewaffneter Konflikt vorliegt, gelten die allgemeinen Maßstäbe. Drohnen und andere Methoden der vermeintlich virtuellen Kriegsführung stellen insoweit Waffen dar, deren Einsatz erst über die Frage des bewaffneten Konflikts entscheidet. Insofern erscheint die Frage sehr berechtigt, ob Cyberspace als solcher überhaupt ein Ort der kriegerischen Auseinandersetzung sein kann[52]. Tatsächlich dürfte ein Krieg im virtuellen Raum, also ein Cyberwar, nicht mehr darstellen als eine Auseinandersetzung zwischen Konfliktparteien mit Mitteln der Informationstechnologie[53], die einer kriegerischen Auseinandersetzung dient. Der Aspekt der Abwehr von Angriffen auf die eigene Informationsinfrastruktur erhält damit herausragende Bedeutung.

Drohneneinsatz

Vom virtuellen Krieg zur kinetischen Operation

„Cyberwar"

---

51 Zum humanitären Völkerrecht etwa *Thilo Rensmann*, Die Humanisierung des Völkerrechts durch das *ius in bello* – Von der Martens'schen Klausel zur „Responsibility to Protect", in: ZaöRV 2008, S. 111 ff.
52 *Martin C. Libicki*, Cyberspace Is Not a Warfighting Domain, in: I/S Journal of Law and Policy, 2012, S. 321 ff.
53 *Daniel Möckli*, Cyberwar: Konzept, Stand und Grenzen, in: CSS Analysen zur Sicherheitspolitik, 2010, S. 2.

2. Rechtsbindung und Rechtsdurchsetzung im Cyberspace

Bereits die genannten Beispiele verdeutlichen, daß sich der Staat durch das Ausweichen oder Eingreifen in den virtuellen Raum seiner Rechtsbindung nicht entledigen kann. Die Bindung an Grund- und Menschenrechte dient als Ausdruck der Konstitutionalisierung der Beschränkung von Hoheitsgewalt, ungeachtet des Ortes, an dem sie wirkt. So bleibt der Staat an Menschenrechte gebunden und muß etwa das Recht auf Meinungsfreiheit auch dann achten, wenn die Meinung im virtuellen Raum geäußert wird[54]. Daneben kommt der Informationsfreiheit für die Nutzung von Cyberspace besondere Bedeutung zu. Hinsichtlich des Rechts auf Versammlungsfreiheit ist demgegenüber streitig, ob dieses auch im Internet gilt[55]. Daß aber hinsichtlich der Rechtsbindung mit Cyberspace Besonderheiten verbunden sind, zeigt das vom Bundesverfassungsgericht geschaffene Grundrecht auf Gewährleistung der Vertraulichkeit und Integrität informationstechnischer Systeme[56]. Es gibt mithin Spezifika des virtuellen Raums, die dem Staat eine neuartige Eingriffsoption bieten, etwa das Infiltrieren von IT-Systemen, und die einen besonderen Schutz erforderlich machen. Das Verfassungsgericht hat durch seine Rechtsfortbildung deutlich gemacht, daß das Grundgesetz imstande ist, diese Spezifika zu adaptieren. Zugleich hat es verdeutlicht, daß auch die Judikative willens ist, ihre Schutzfunktion für die virtuelle Realität zu übernehmen.

30
Umfassende Rechtsbindung des Staates

Integrität informationstechnischer Systeme

Die Rechtsbindung umfaßt freilich nicht allein die abwehrrechtliche Dimension der Grundrechte, sondern auch die aus ihnen abgeleitete Schutzpflichtwirkung[57]. Anhand dieser wird sehr gut deutlich, welche Schwierigkeiten hinsichtlich der Rechtsdurchsetzung im virtuellen Raum bestehen. So wird auch eine grundrechtliche Pflicht des Staates anzuerkennen sein, Kinder vor Gewalt und Mißbrauch zu schützen. Insoweit ist auf die Menschenwürde und das Recht auf körperliche Unversehrtheit zu verweisen. Dementsprechend gilt es, die Kinderpornographie zu bekämpfen. Jene hat durch das Internet und Tauschbörsen im virtuellen Raum eine sehr große Verbreitung gefunden. Da neben der Mißbrauchshandlung auch die fortwährende Darstellung und Abrufbarkeit entsprechender Inhalte eine Verletzung der Kindesrechte darstellen, ist es ein legitimes Unterfangen, Kinderpornographie im Internet zu unterbinden. Dazu hat der Bundestag im Juni 2009 das Zugangserschwerungsgesetz angenommen, das im Februar 2010 in Kraft trat. Es sah vor, daß das Bundeskriminalamt Listen mit zu filternden Seiten, die kinderpornographisches Material enthielten, erstellt und den großen Providern übermittelt. Diese waren dann verpflichtet, den Zugang zu diesen Seiten zu sperren, wobei

31
Schutzpflicht des Staates

Kinderpornographie

Zugangserschwerungsgesetz

---

54 *Matthias Milstein/Alexander Lippold*: Suchmaschinenergebnisse im Lichte der Meinungsfreiheit der nationalen und europäischen Grund- und Menschenrechte, in: NVwZ 2013, S. 182; *Wiese*, Internet und Meinungsfreiheit des Arbeitgebers, Arbeitnehmers und Betriebsrats, in: NZA 2012, S. 1.
55 Bejahend und vertiefend: *Christian Möhlen*, Das Recht auf Versammlungsfreiheit im Internet – Anwendbarkeit eines klassischen Menschenrechts auf neue digitale Kommunikations- und Protestformen, in: MMR 2013, S. 221 ff.
56 BVerfGE 120, 274 (302 ff.); → Bd. VII, *Kube*, § 148 Rn. 69 ff.; *Horn*, § 149 Rn. 102 ff.
57 → Bd. IX, *Isensee*, § 191 Rn. 1 ff., 217 ff.

dem Internetnutzer ein Sperrschild angezeigt wurde. Das Gesetz hat keine praktische Relevanz erlangt und wurde im Dezember 2011 wieder aufgehoben. Die Kritik an dem Gesetz war erheblich und reichte von dem Vorwurf der Zensur bis hin zu einer unverhältnismäßigen Freiheit des Netzes[58]. Auch im virtuellen Raum sieht sich der Staat mithin einer nicht unerheblichen Rechtfertigungslast ausgesetzt, mag sie auch mitunter erstaunen und ein wenig übertrieben wirken. Zugleich verdeutlicht dieses Beispiel, daß der Staat nur begrenzt imstande ist, Inhalte im Internet unzugänglich zu machen. Solange aber die Server auf einem Staatsgebiet installiert sind und etwa internationale Konzerne als juristische Personen als Pflichtenadressaten in Anspruch genommen werden können, ist eine Rechtsdurchsetzung nicht unmöglich, selbst wenn sie im Einzelfall schwierig und begrenzt sein mag. Ein Verzicht darauf würde nicht nur die Legitimation des Staates untergraben. Es ist vielmehr festzuhalten, daß nur durch eine konsequente Rechtsanwendung zugleich der edukatorische Effekt erzielt werden kann, der den Menschen verdeutlicht, daß auch sie im virtuellen Raum Bindungen unterliegen.

III. Demokratische Teilhabe und Cyberspace

32 Neben dem rechtsstaatlichen Aspekt der Rechtsbindung und Rechtsdurchsetzung ist schließlich auch noch nach den Auswirkungen auf das für den freiheitlichen Rechtsstaat schlechthin konstitutive Demokratieprinzip[59] zu fragen. Dabei ist von der Prämisse auszugehen, daß Demokratie selbst keine virtuelle Erscheinung bleiben darf. Die Herrschaft des Volkes als Regierung des Volkes, durch das Volk und für das Volk[60] verlangt reale politische Entscheidungen, die auf das Volk zurückgehen. Die virtuellen Welten selbst, seien es online-Spiele oder soziale Netzwerke, bedürfen dabei keiner demokratischen Legitimation, da es insoweit nicht zu einer Ausübung von Hoheitsgewalt kommt. Eine Kontrolle auch des virtuellen Raums durch demokratisch legitimierte Staatsorgane der Exekutive und Legislative ist freilich nicht nur weiterhin möglich, sondern entsprechend der bereits dargelegten Notwendigkeit, das Recht auch im virtuellen Raum durchzusetzen, zudem geboten.

33 Der virtuelle Raum ist jedoch auch geeignet, die demokratische Teilhabe zu verbessern. So ist zunächst nicht auszuschließen, daß in der Zukunft die Teilnahme an Wahlen und damit die demokratische Mitwirkung in der repräsentativen Demokratie über das Internet stattfinden kann. Bereits heute werden Wahlcomputer eingesetzt, die ebenfalls eine elektronische Stimmabgabe vorsehen und einer Stimmabgabe online durchaus ähnlich sein können. Das

---

58 *Christoph Schnabel*, Die Nichtanwendung des Zugangserschwerungsgesetzes – Ein „juristisch interessantes Konstrukt" oder ein gezielter Verfassungsverstoß?, in: Kommunikation und Recht, 2011/03, S. 175; *Dieter Frey/Matthias Rudolph*, Zugangserschwerungsgesetz: Schnellschuss mit Risiken und Nebenwirkungen; in: CR 2009, S. 644 ff.
59 Vgl. dazu vertiefend: *Hartmut Maurer*, Staatsrecht, § 7 Rn. 1 ff.
60 *Abraham Lincoln*, Gettysburg-Rede, 1863; → Bd. IX, *Brugger*, § 186 Rn. 10.

Urteil des Bundesverfassungsgerichts zum Einsatz von Wahlautomaten[61] verdeutlicht aber zugleich das mit diesen verbundene, auch verfassungstheoretische Problem der Manipulationsanfälligkeit. Bei einer Wahl über das Internet, also einer gänzlich virtuellen Stimmabgabe, verschärft sich das Problem insoweit, als die Identität des Wählers zweifelsfrei im Wahlmoment bestimmt sein muß und auch die Geheimheit hier nur bedingt kontrollierbar ist. Solange die Wahlrechtsgrundsätze des Art. 38 GG gelten, dürfte deren Einhaltung die größte Herausforderung und zugleich das größte Hindernis einer potentiellen online-Wahl darstellen.

Der virtuelle Raum fördert aber die politische Teilhabe bereits heute auf anderem Weg, nämlich durch Information, Transparenz und Kommunikation. Schon heute gibt es Foren, in denen Abgeordnete befragt werden können und in denen deren Antworten dann für alle Internetnutzer sichtbar gemacht werden[62]. Die Zahl der politischen Blogs hat deutlich zugenommen und ermöglicht jedem Bürger, sich ungeachtet seiner Prominenz und seines Sachverstandes politisch zu äußern, auf andere einzuwirken und dadurch am politischen Leben unmittelbar mitzuwirken. Im und über den virtuellen Raum können demnach Informationen direkt vermittelt, weit gestreut und Politik damit transparent gemacht werden. Der demokratische Diskurs wird insoweit befördert, wenngleich es auch aus demokratietheoretischen Erwägungen sicherzustellen gilt, daß Cyberspace – grundsätzlich anonym – nicht zu einem verantwortungsfreien Raum degeneriert[63]. Schließlich zeigen auch die Ereignisse im Iran nach der Wahl im Jahr 2009 („grüne Revolution") sowie in der Türkei hinsichtlich der Proteste auf dem Taksim-Platz, welch große Bedeutung dem Internet und online-Diensten wie Facebook und Twitter für die Koordination und Organisation von Demonstrationen und Protesten zukommt. Durch die Abstimmung im virtuellen Raum können Menschen auch im realen Leben konkret und gezielt Einfluß nehmen und von ihren demokratischen Beteiligungsrechten Gebrauch machen.

Weiter reichen allerdings die Vorstellungen, die mit dem Begriff „Liquid Democracy" verbunden sind und die in Deutschland etwa von der Piratenpartei, einer Partei, die das Internet und damit den virtuellen Raum zu ihrem Markenkern erhoben hat, einer breiteren Öffentlichkeit zugänglich gemacht werden. Hier geht es um eine demokratische Mischform, bei der Elemente der repräsentativen Demokratie mit solchen der unmittelbaren direkten Demokratie verbunden werden sollen. Vermittelt über das Internet sollen die Wahlberechtigten im Einzelfall entscheiden, ob sie ihre Stimme selbst abgegeben oder diese auf eine Person oder eine Personengruppe übertragen („delegated voting"). Darüber hinausgehend wird auch über eine inhaltliche Beteiligung etwa am Normgebungsprozeß nachgedacht. So könnte eine unbestimmt große Gruppe über die Verabschiedung von Gesetzen oder Verordnungen

---

61 BVerfGE 123, 39 (68 ff.).
62 Vgl. dazu www.abgeordnetenwatch.de.
63 Ähnlich *Fiedler* (N 33), S. 312.

mitschreiben⁶⁴. Radikale Vertreter dieser Denkschule bezeichnen Parlamentarier als „gewählte Oligarchen"; sie halten eine Abschaffung der Parlamente wenn nicht für gewünscht, so zumindest für möglich⁶⁵. Schnell dürfte deutlich werden, daß dieser Ansatz mit den verfassungsrechtlichen Vorgaben des Grundgesetzes nach Art. 20 GG, die durch Art. 79 Abs. 3 GG einer Änderung entzogen sind, nicht vereinbar sind. Jedenfalls Deutschland hat sich zugunsten der repräsentativen Demokratie entschieden, bei denen die demokratische Teilhabe über Personalentscheidungen vermittelt wird. Ungeachtet dessen begegnet dieser Ansatz hinsichtlich der noch bestehenden digitalen Teilung („digital divide"), also dem fehlenden Zugang aller Bürger zum Internet, aber auch der Manipulationsanfälligkeit Bedenken. Zudem stellt sich die Frage, ob nicht der prozeßhafte, diskursive Ansatz der Sachentscheidung in der repräsentativen Demokratie einem der Schnelligkeit und Stimmungsmache stärker unterliegenden online-Wahlverfahren überlegen ist. Für private, etwa auch parteiinterne Abstimmungen und Meinungserhebungen dürfte das Konzept der „Liquid Democracy" als Ausdruck und Ausprägung der innerverbandlichen Selbstorganisationskraft allerdings zulässig sein. Die Entscheidung über die Sinnhaftigkeit obliegt dann freilich den Mitgliedern.

Keine Vereinbarkeit mit der Verfassung

IV. Notwendigkeit eines internationalen Regelungsansatzes?

36
Begrenzte Regulierungsmöglichkeit des Einzelstaates

Bereits die bisherigen Ausführungen haben gezeigt, daß Möglichkeiten des Verfassungsstaats zur Regulierung der Herausforderungen von Cyberspace durchaus bestehen, aber bislang begrenzt sind. Die Globalisierung hat nahezu sämtliche Bereiche des gesellschaftlichen Lebens erreicht und fordert den Staat auf diversen Ebenen heraus. Dessen Grenzen werden permeabel, das gesellschaftliche Leben transzendiert die staatlichen Grenzen und entzieht sich partiell dem staatlichen Steuerungsanspruch. Einzelne Staaten könnten das Internet gänzlich abstellen oder weitgehend regulieren, wie es in Ägypten vorkam und hinsichtlich der Regulierung in China weiterhin vorkommt. Allein ein solcher Eingriff kostet einen hohen Preis, denn ohne das Internet werden Chancen gesellschaftlicher und wirtschaftlicher Fortentwicklung vergeben, und „Zensur macht dumm"⁶⁶. Dem Cyberspace als Sinnbild der Globalisierung, also der Entgrenzung, kann man sich also zwar prinzipiell, aber nur zu hohen gesellschaftlichen Kosten entziehen.

37
Multilateraler Ansatz

Wie für die Globalisierung und deren Auswüchse insgesamt, etwa in Form der Bekämpfung des internationalen Terrorismus oder der Bekämpfung der internationalen Wirtschafts- und Finanzkrise, scheint ein international koordinier-

---

64 *Dirk Heckmann/Florian Albrecht*, Das Gesetz zur Förderung der elektronischen Verwaltung, in: ZRP 2013, S. 42; *David Horbank*, Liquid Democracy – Neue Formen direkter Demokratie im Internetzeitalter, www.informatik.uni-leipzig.de/~graebe/Texte/Horbank-11.pdf.
65 *Peter Mühlbauer*, Warum Partei und nicht Religion? – Interview mit Jan Huwald zu den Plänen der Piratenpartei, 2007, www.heise.de/tp/artikel/26/26173/1.html.
66 *Stephan Eisel*, Internet und Demokratie, Herausgegeben im Auftrag der Konrad-Adenauer-Stiftung e. V., 2011, www.kas.de/upload/dokumente/2012/08/eisel-internet-demokratie.pdf.

tes, multilaterales Vorgehen am besten geeignet, um Regelungsansätze für Cyberspace zu entwickeln. Unterschiede in kultureller, politischer oder rechtstraditioneller Sicht sowie auch zum Teil fundamental konfligierende Interessen gerade auch der Staaten machen hier ein weltweites gemeinsames Vorgehen freilich mitunter schwierig.

So nimmt es nicht wunder, daß sich erste Regelungsansätze zunächst im europäischen Kontext finden. Es gibt sie etwa im Rahmen des Europarates, der ein Übereinkommen über Computerkriminalität[67] angenommen hat. Bereits in dessen Präambel wird anerkannt, daß „die Staaten und die Privatwirtschaft bei der Bekämpfung der Computerkriminalität zusammenarbeiten ... müssen".

38
Ansätze im europäischen Kontext

Diese Zusammenarbeit solle sich insbesondere auf eine Harmonisierung des Strafrechts und eine Zusammenarbeit in Strafsachen beziehen. Dazu enthält das Übereinkommen zunächst Vorgaben für das materielle Strafrecht (Abschnitt 1). So müssen zum Schutz von Computersystemen (Titel 1) bestimmte Verhaltensweisen wie der unbefugte Zugang zu Computersystemen, das rechtswidrige Abfangen nicht öffentlicher Computerdatenübermittlungen oder der Eingriff in Computerdaten und Computersysteme, sofern dieser vorsätzlich erfolgt, als Straftat normiert werden. Daneben werden gewisse computerspezifische Handlungen (Titel 2) wie Datenfälschungen und computerbezogener Betrug inkriminiert. Schließlich sieht Titel 3 vor, daß inhaltsbezogene Straftaten, nämlich Kinderpornographie, ebenso als Straftat ausgestaltet werden müssen wie Taten im Zusammenhang mit Verletzungen des Urheberrechts und verwandter Schutzrechte (Titel 4). Ein Zusatzprotokoll ergänzt die zu inkriminierenden Verhaltensweisen um Handlungen rassistischer und fremdenfeindlicher Art. Das Übereinkommen trifft schließlich auch Regelungen zur Datenerhebung und Speicherung sowie zur Gerichtsbarkeit (Abschnitt 2). Zudem enthält es umfangreiche Vorgaben hinsichtlich der internationalen Zusammenarbeit (Kapitel III), etwa bezüglich der Rechtshilfe, der Übermittlung von Daten oder der Einrichtung eines vierundzwanzigstündig erreichbaren Netzwerks. Das Übereinkommen wählt also den Weg der koordinierenden Zusammenarbeit in Strafsachen.

39
Harmonisierung des Strafrechts

Übereinkommen über Computerkriminalität

Weiter gehen die Regulierungsversuche auf der Ebene der supranationalen Europäischen Union. Hier hat die Europäische Kommission gemeinsam mit der Hohen Vertreterin der Union für Außen- und Sicherheitspolitik am 7. Februar 2013 eine Cybersicherheitsstrategie sowie einen Kommissionsvorschlag für eine Richtlinie zur Netz- und Informationssicherheit (NIS) veröffentlicht. Diese Strategie basiert auf fünf Prioritäten: Die Stärkung der Widerstandsfähigkeit gegenüber Cyberangriffen, eine drastische Eindämmung der Cyberkriminalität, die Entwicklung einer Cyberverteidigungspolitik und von Cyberverteidigungskapazitäten im Zusammenhang mit der Gemeinsamen Sicherheits- und Verteidigungspolitik (CSDP), ferner die Entwicklung der industriellen und technischen Ressourcen für die Cybersicherheit sowie die

40
Regulierung auf EU-Ebene

Cybersicherheitsstrategie

---

67 Europarat, Übereinkommen über Computerkriminalität, SEV-Nr.: 185 vom 23.11.2001.

Entwicklung einer einheitlichen Cyberraumstrategie der Europäischen Union auf internationaler Ebene und die Förderung der Grundwerte der Europäischen Union[68]. Hervorzuheben ist, daß die Europäische Union mit ihrer Strategie neben der wirtschaftlichen Entwicklung auch die Grundwerte der Europäischen Union wie Freiheit und Demokratie zu fördern gedenkt. Die Strategie ist mithin nicht rein repressiv gedacht, sondern erkennt das Internet und den virtuellen Raum sehr ausdrücklich als existentiell für diese Werte an. Ein Richtlinienvorschlag komplettiert diesen Ansatz, indem so die Mitgliedstaaten verpflichtet werden sollen, eine Netz- und Informationssicherheitsstrategie anzunehmen und zur Vermeidung und Bekämpfung von Sicherheitsrisiken miteinander zu kooperieren. Zudem werden Betreiber kritischer Infrastrukturen angehalten, Risikomanagementmethoden einzuführen und große Sicherheitsvorfälle zu melden.

41 Auf internationaler Ebene fällt eine Regelung demgegenüber schwerer, wie jüngst die Versuche, die International Telecommunication Union (ITU) mit der Aufgabe der Internet Governance[69] zu betrauen, verdeutlichen. Deren Regelwerk (International Telecommunication Radio Regulations) stammt aus dem Jahr 1988 und damit aus einer Zeit, in der das Internet noch keine große Relevanz hatte. Dieser Vertrag sollte auf der World Conference on International Telecommunications (WCIT) im Dezember 2012 in Dubai novelliert werden. Schon im Vorfeld gab es erhebliche Proteste. Insbesondere die westlichen Staaten wandten sich gegen die Bemühung von Staaten wie Rußland, China und Saudi-Arabien, die Regulierung des Internets auf die Ebene der International Telecommunication Union zu heben und einer stärkeren inhaltlichen Kontrolle zu unterziehen[70]. Bislang wird die Internet-Infrastruktur maßgeblich von nichtstaatlichen Organisationen wie der Internet Corporation for Assigned Names and Numbers (ICANN) oder Internet Society (ISOC) gemeinsam mit den Staaten und insbesondere den USA verwaltet („multi-stakeholder governance")[71]. Nun besteht die Sorge, daß über die International Telecommunication Union manche Staaten versuchen könnten, die restriktive Politik gegenüber dem Internet auf nationaler Ebene auch international zu verankern und zu legitimieren[72], indem die Rechte der Staaten zur Beschränkung der individuellen Telekommunikation nun auf das Internet ausgedehnt würden. Während es in Europa um die Sicherung des virtuellen Raums ging, auch um die Verteidigung der Freiheit, bemühen sich manche internationalen Akteure, das Internet und damit den virtuellen Raum gänzlich unter staatliche Kontrolle zu stellen. Die nun überarbeiteten Bestimmungen stießen auf beachtliche Ablehnung großer Staaten, etwa der USA, Kanadas, Australiens und der EU-Staaten. Ob und inwieweit sie überhaupt auf das Internet anzuwenden sind, ist dabei noch streitbefangen[73]. Es droht

---

68 Vgl. dazu *Europäische Kommission*, Pressemitteilung, 7.2.2013, IP/13/94.
69 Zu Ansätzen *Grewlich* (N 38), S. 157 ff.
70 Vgl. www.heise.de/newsticker/meldung/Internet-Regulierung-ITU-im-Kreuzfeuer-1760914.html.
71 Vgl. www.asil.org/pdfs/insights/insight130207.pdf.
72 Vgl. dazu www.zeit.de/digital/internet/2012-12/weltkonferenz-telekommunikation-internet-regulierung.
73 Vertiefend www.asil.org/pdfs/insights/insight130207.pdf.

aufgrund der unterschiedlichen Geltung einerseits der alten und andererseits der novellierten Regelungen der International Telecommunication Union hier jedenfalls eine Fragmentierung des Völkerrechts. Die Notwendigkeit, eine gemeinsame Regelung für Cyberspace zu finden, bleibt davon freilich unberührt[74].

Desungeachtet macht die Diskussion deutlich, daß kritisch bewertet und entschieden werden muß, welchen Preis man für eine internationale Regulierung zu zahlen bereit ist und ob sich gemeinsame Ansätze nicht auf die Kooperation mit Staaten beschränken sollten, die sich zur Freiheit des Internets bekennen und einen gemeinsamen Wertekonsens, insbesondere hinsichtlich des Schutzes von Menschenrechten, Freiheit und Demokratie, aufweisen.

42
Preis der internationalen Regulierung

V. Zusammenfassung

Die Vielfalt an mit dem virtuellen Raum zusammenhängenden Herausforderungen für den souveränen Verfassungsstaat kann hier nur angedeutet werden. Gleichwohl sollte deutlich geworden sein, daß dem Staat verschiedene Aufgaben zukommen. Einerseits ist er zum Schutz auch des gesellschaftlichen Lebens im virtuellen Raum berufen, was die Verteidigung der Freiheit dort einschließt. Andererseits gilt seine Pflichtenbindung uneingeschränkt auch für Cyberspace. Dabei darf angenommen werden, daß die staatliche Rechtsordnung weder durch Cyberspace obsolet wird noch dort pauschal von einer wirksamen Anwendung ausgeschlossen ist. Eine wirksame Regulierung des virtuellen Raums gelingt über die internationale Kooperation. Dabei ist freilich darauf zu achten, daß jene Kooperation nicht mißbraucht wird, um den virtuellen Raum zu infiltrieren und die wenigen Freiheitsräume, die in autoritären Staaten noch bestehen, mit dem Segen der internationalen Gemeinschaft zu beseitigen.

43
Verschiedene Aufgaben des Staates

Schutzauftrag und Pflichtenbindung

D. Ausblick

Der virtuelle Raum bedeutet, wie deutlich geworden ist, nicht das Ende des souveränen Verfassungsstaates. Dieser wird vorrangiger Adressat von Rechten und Pflichten, Inhaber der Hoheitsgewalt und maßgebliches Subjekt von Forderungen nach Sicherheit und Ordnung bleiben. Gleichwohl fordern die zunehmende Bedeutung von Cyberspace und die Verlagerung gesellschaftlicher Aktivität in den virtuellen Raum den Staat heraus. Er muß seinen Gestaltungs- und Schutzanspruch ausdehnen. Er sieht sich im Cyberspace mit einer internationalen und dezentralen Struktur nicht nur vielen Konkurrenten

44
Kein Ende des souveränen Staates

---

74 Zu Ansätzen und Vorschlägen dazu vgl. *Klaus W. Grewlich*, Governance in Cyberspace – Access and Public Interest in Global Communications, Den Haag 1999.

Neue
Herausforderungen
für den Staat

ausgesetzt, sondern auch Akteuren, die Gelegenheiten suchen, um eine wirksame Rechtsdurchsetzung zu vereiteln. Eine wirksame Regelung verlangt ein gemeinsames Vorgehen der Staatengemeinschaft. Dennoch geht der Staat auch im virtuellen Raum des Raums als seiner Grundkonstituante nicht verlustig – er verliert durch die Ausdehnung des virtuellen Raums nicht seine Souveränität. Solange die Infrastruktur im Cyberspace, das Internet, an Server und terrestrische Übertragungssysteme gebunden ist, bestehen Ansatzpunkte für Existenz und Ausübung von Staatsgewalt. Das Internet ist innerhalb eines Staatsgebietes regulierbar, zensierbar und sogar abschaltbar. Dauerhaft ist ein solches Vorgehen freilich nicht sinnvoll, so daß letztlich die aus der Globalisierungsdebatte bekannte Erkenntnis bleibt, daß der Staat zwar nicht untergehen wird, er sich allein aber nicht mehr genug ist.

E. Bibliographie

Ulrike Berger-Kögler/Benedict Kind, Netzneutralität – juristisch und ökonomisch geboten?, in: MMR-Aktuell 2010, S. 302 ff.
Charles J. Dunlap, Towards a Cyberspace Legal Regime in the 21st Century: Considerations for American Cyberwarriors, in: Nebraska Law Review 2009, S. 712 ff.
Stephan Eisel, Internet und Demokratie, hg. im Auftrag der Konrad-Adenauer-Stiftung e. V., 2011, www.kas.de/upload/dokumente/2012/08/eisel–internet–demokratie.pdf.
Herbert Fiedler, Der Staat im Cyberspace, in: Informatik Spektrum 2001, S. 309 ff.
Michael Lysander Fremuth, Die EU auf dem Weg in die Supranationalität, 2010.
Dieter Frey/Matthias Rudolph, Zugangserschwerungsgesetz: Schnellschuss mit Risiken und Nebenwirkungen, in: CR 2009, S. 644 ff.
Rolf Grawert, Wie soll Europa organisiert werden? – Zur konstitutionellen „Zukunft Europas" nach dem Vertrag von Nizza, in: EuR 2003, S. 971.
Klaus W. Grewlich, „Internet governance" und „völkerrechtliche Konstitutionalisierung" – nach dem Weltinformationsgipfel 2005 in Tunis, in: KuR 2006, S. 156 ff.
ders., Governance in Cyberspace – Access and Public Interest in Global Communications, 1999.
William Gibson, Neuromancer, New York 1984.
Maria Bullinger Gyde, Netzneutralität – Pro und Contra einer gesetzlichen Festschreibung, in: Deutscher Bundestag – Wissenschaftliche Dienste, A-Drs 17(24)001, S. 1 ff.
Justus Haucap, Netzneutralität: Die Perspektive eines Wettbewerbsökonomen, www.insm-oekonomenblog.de/10250-netzneutralitat-die-perspektive-eines-wettbewerbsokonomen/.
Dirk Heckmann, E-Commerce: Flucht in den virtuellen Raum? – Zur Reichweite gewerberechtlicher Bindungen des Internethandels, in: NJW 2000, S. 1370 ff.
ders./Florian Albrecht, Das Gesetz zur Förderung der elektronischen Verwaltung, in: ZRP 2013, S. 42 ff.
Stephan Hobe, Einführung in das Völkerrecht, 2008.
David Horbank, Liquid Democracy – Neue Formen direkter Demokratie im Internetzeitalter, www.informatik.uni-leipzig.de/~graebe/Texte/Horbank-11.pdf.
Georg Jellinek, Allgemeine Staatslehre, 1921.
Matthias Kettemann, Das Internet als internationales Schutzgut: Entwicklungsperspektiven des Internetvölkerrechts anlässlich des Arabischen Frühlings, in: ZaöRV 2012, S. 469 ff.
Paul H. Klickermann, Virtuelle Welten ohne Rechtsansprüche, in: MMR 2007, S. 766 ff.

§ 232
Prinzipien von Staat, supranationalen und internationalen Organisationen

Armin von Bogdandy

Übersicht

	Rn.		Rn.
A. Forschungsfeld Grundprinzipien heute	1–28	3. Vorgaben für andere Staaten	33–34
I. Emergenz eines neuen öffentlichen Rechts	1–7	II. Grundprinzipien des Unionsverfassungsrechts	35–39
II. Ausübung öffentlicher Gewalt als Forschungsgegenstand	8–24	1. Vorgaben für die unionale Hoheitsgewalt	35
		2. Vorgaben für Staaten	36–37
1. Erosion des Souveränitätsprinzips	8–11	3. Vorgaben für internationale Institutionen	38–39
2. Öffentliche Gewalt supra- und internationaler Institutionen	12–21	III. Öffentlich-rechtliche Grundprinzipien des Völkerrechts	40–49
3. Öffentliche Gewalt anderer Staaten	22–24	1. Vorgaben des allgemeinen Völkerrechts und Konstitutionalismus	40–41
III. Prinzipien	25–28	2. Vorgaben für Staaten	42–45
B. Einzelne Grundprinzipien und ihre rechtlichen Grundlagen	29–49	3. Vorgaben für internationale Organisationen	46–49
I. Grundprinzipien des Grundgesetzes	30–34	C. Fragen der Entfaltung	50–56
1. Vorgaben für deutsche öffentliche Gewalt	30	I. Potentiale und Probleme	50–52
2. Vorgaben für supra- und internationale Hoheitsträger	31–32	II. Prinzipienpluralismus	53–55
		III. Prinzipien der Prinzipien	56
		D. Bibliographie	

A. Forschungsfeld Grundprinzipien heute

I. Emergenz eines neuen öffentlichen Rechts

1
Wandel durch Internationalisierung

Vom Handbuch des Staatsrechts erwartet man die Entfaltung der gesicherten Grundstrukturen des in Deutschland geltenden öffentlichen Rechts[1]. Diese Dogmatik zeichnet, zumeist unter Referenz auf Prinzipien des Grundgesetzes, die weithin identischen verfassungsrechtlichen Strukturen der Institutionen des Bundes und der Länder[2]. War damit bis vor gar nicht langer Zeit der wesentliche Kreis öffentlicher Gewalt umschrieben, so wirken heute supranationale und internationale Institutionen machtvoll auf das soziale Zusammenleben in Deutschland ein. Zudem besteht eine neue Offenheit gegenüber Hoheitsakten anderer Staaten. Diese Europäisierung und Internationalisierung des Landes führen zur Frage, wie nunmehr die Grundstrukturen des öffentlichen Rechts in Deutschland begriffen werden sollen.

2
Grundstrukturen aller öffentlichen Gewalt

Das Handbuch des Staatsrechts stellt sich dieser Frage. Diese Grundstrukturen sind Gegenstand dieses Beitrags, und zwar im Sinne von Grundprinzipien, welche alle in Deutschland wirksame öffentliche Gewalt einbinden. Der Beitrag kann dabei, entsprechend dem Stand der Erkenntnis, nur wenig gesichertes Wissen unterbreiten. Eine systematische, praxisleitende und vor allem prinzipiengesteuerte Dogmatik eines Rechts der Menschheit[3], eines kosmopolitischen Rechts[4], eines globalen Rechts[5], eines Weltrechts[6], eines Weltinnenrechts[7], eines transnationalen Rechts[8], ja selbst des Völkerrechts[9] oder auch nur des öffentlichen Rechts im europäischen Rechtsraum[10], also etwas in

---

1 *Josef Isensee/Paul Kirchhof*, Vorwort zur ersten Auflage, in: HStR I, ¹1987, S. IX.

2 *Klaus Stern*, Das Staatsrecht der Bundesrepublik Deutschland, Bd. I, 1984, S. 551 ff., 705; der verfassungsrechtliche Ansatzpunkt hierfür ist die Homogenitätsklausel des Art. 28 Abs. 1 GG.

3 *Clarence Wilfred Jenks*, The Common Law of Mankind, London 1958; *Christian Tomuschat*, International Law: Ensuring the Survival of Mankind on the Eve of a New Century, General Course on Public International Law, in: RdC 1999, S. 281 (2001), S. 88 („constitution of humankind").

4 *Seyla Benhabib*, The Philosophical Foundations of Cosmopolitan Norms, in: Seyla Benhabib/Robert Post (Hg.), Another Cosmopolitanism. Berkeley Tanner Lectures 2004, Oxford 2006, S. 13; *Hauke Brunkhorst*, Solidarität: Von der Bürgerfreundschaft zur globalen Rechtsgenossenschaft, 2002, S. 171 ff. Als philosophische Konzeption *Immanuel Kant*, Zum ewigen Frieden. Ein philosophischer Entwurf, in: Karl Vorländer (Hg.), Kleinere Schriften zur Geschichtsphilosophie, Ethik und Politik, 1964, S. 115 (133 ff.).

5 *Rafael Domingo*, The New Global Law, Cambridge 2010; *Sabino Cassese*, The Globalization of Law, in: New York University Journal of International Law and Politics 37 (2005), S. 973.

6 *Mireille Delmas-Marty*, Trois défis pour un droit mondial, Paris 1998; *Angelika Emmerich-Fritsche*, Vom Völkerrecht zum Weltrecht, 2007; *Udo Di Fabio*, Verfassungsstaat und Weltrecht, in: Rechtstheorie 39 (2008), S. 399.

7 *Jost Delbrück*, Perspektiven für ein „Weltinnenrecht"? Rechtsentwicklungen in einem sich wandelnden internationalen System, in: GS für Jürgen Sonnenschein, 2003, S. 793; *Jürgen Habermas*, Der gespaltene Westen: Kleine politische Schriften, 2004, S. 143, 159 ff.

8 *Philip C. Jessup*, Transnational Law, New Haven (Connecticut) 1956; *Peer Zumbansen*, Transnational Law, in: Jan M. Smits (Hg.), Elgar Encyclopedia of Comparative Law, Cheltenham 2006, S. 738 ff.

9 Jetzt monumental in zehn Bänden *Rüdiger Wolfrum* (Hg.), The Max Planck Encyclopedia of Public International Law, Oxford 2012, aber eben enzyklopädisch auf 11.724 Seiten mit 1.618 Einträgen und über 800 Autoren, nicht im Sinne eines „Systems".

10 Impulse in diese Richtung setzen die europäische Vereinigung für öffentliches Recht (Societas Iuris Publici Europaei/SIPE) oder die European Public Law Association. Zu den verfassungsgeschichtlichen Wurzeln *Dieter Gosewinkel/Johannes Masing*, Die Verfassungen in Europa 1789–1949, 2006.

Ansätzen dem deutschen Staatsrecht Vergleichbares, erscheint jenseits der Möglichkeiten, jedenfalls des Horizonts unserer Zeit.

Wohlgemerkt: Es fehlt nicht an wissenschaftlichem Interesse. Schon immer hat sich die deutsche Staatsrechtswissenschaft mit der Einbindung Deutschlands in größere Zusammenhänge befaßt[11]. Das Thema hat seit der Jahrhundertwende geradezu Konjunktur, vorzügliche Studien liegen vor[12]. Es kann inzwischen als weitgehend gesichert gelten, daß die Prinzipien des Menschenrechtsschutzes und der Rechtsstaatlichkeit, ja sogar der Demokratie für alle Formen der Ausübung öffentlicher Gewalt *irgendwie* von Relevanz sind[13]. Doch dies ist nur ein allererster Ansatzpunkt. Es gibt keine dies entfaltende praxisleitende Dogmatik, und dies zu Recht: Es ist hierfür, gerade angesichts der Wirklichkeit konstituierenden Wirkungen entsprechender Konstruktionen[14], zu früh.

3 Fehlende praxisleitende Dogmatik

Vor diesem Hintergrund unterbreitet dieser Beitrag sein Verständnis des neuen Forschungsfeldes (I.), verankert die relevanten Prinzipien positivrechtlich und skizziert sie in ihrem Gestaltungsanspruch (II.) und erörtert ihr gegenseitiges Verhältnis, um dadurch die Gesamtkonstellation zu beleuchten (III.). Die Darlegungen beruhen auf einigen, in früheren Studien verfestigten Annahmen zu diesem neuen öffentlichen Recht[15]. Thesenhaft formuliert lauten sie:

4 Neues Forschungsfeld

Im Zuge der Europäisierung und Internationalisierung Deutschlands ist das auf dessen Territorium geltende öffentliche Recht nicht mehr allein im Lichte eines Staatsrechts vom Grundgesetz aus zu erschließen, sondern unter Einbeziehung des Unionsrechts, des Völkerrechts und rechtsvergleichender Erkenntnisse, insbesondere aus dem Kontext des europäischen Rechtsraums[16]. Dies modifiziert den Anwendungsbereich der Grundprinzipien des Grundgesetzes und wirkt auf deren Bedeutung ein. Ihre Auslegung und Fortentwicklung ist supranational, international und rechtsvergleichend einzubetten.

5 Europäisierung und Internationalisierung des öffentlichen Rechts

---

11 Es sei nur an diverse einschlägige Veranstaltungen der Vereinigung der deutschen Staatsrechtslehrer und Beiträge im Handbuch des Staatsrechts erinnert.
12 Stellvertretend drei herausragende Werke aus der neueren deutschen Dissertationsliteratur: *Heiko Sauer*, Jurisdiktionskonflikte in Mehrebenensystemen, 2008; *Mehrdad Payandeh*, Internationales Gemeinschaftsrecht, 2010; *Thomas Kleinlein*, Konstitutionalisierung im Völkerrecht, 2012.
13 Dies war vor 20 Jahren noch durchaus anders. Vgl. *Albrecht Randelzhofer*, Zum behaupteten Demokratiedefizit der Europäischen Gemeinschaft, in: Peter Hommelhoff/Paul Kirchhof (Hg.), Der Staatenverbund der Europäischen Union, 1994, S. 39 (40).
14 „Ist erst das Reich der Vorstellungen revolutioniert, so hält die Wirklichkeit nicht aus": *Georg Wilhelm Friedrich Hegel*, Brief an Niethammer vom 28.10.1808, in: Johannes Hoffmeister (Hg.), Briefe von und an Hegel, Bd. I, 1952, S. 253; *Jean L. Cohen*, Constitutionalism Beyond the State: Myth or Necessity? (A Pluralist Approach), in: Humanity 2 (2011), S. 127 (128).
15 *Armin von Bogdandy*, Zweierlei Verfassungsrecht. Europäisierung als Gefährdung des gesellschaftlichen Grundkonsenses?, in: Der Staat 39 (2000), S. 163; *ders.*, Grundprinzipien, in: ders./Jürgen Bast (Hg.), Europäisches Verfassungsrecht. Theoretische und dogmatische Grundzüge, ²2009, S. 13; *ders.*, General Principles of International Public Authority, in: German Law Journal 9 (2008), S. 1909; *ders.*, Pluralism, Direct Effect, and the Ultimate Say: On the Relationship between International and Domestic Constitutional Law, in: International Journal of Constitutional Law 6 (2008), S. 397.
16 Näher *Armin von Bogdandy*, Deutsche Rechtswissenschaft im europäischen Rechtsraum, in: JZ 66 (2011), S. 1.

6 Verknüpfung der verschiedenen Hoheitsträger	Die deutschen, supranationalen und internationalen Institutionen sind nicht als Organe eines übergreifenden, gemeinsamen Verbands zu begreifen[17]. Gleichwohl sind aufgrund der Europäisierung und Internationalisierung Deutschlands die staatlichen, supranationalen und internationalen Hoheitsträger inzwischen so eng verknüpft, daß in Deutschland die Legitimation wirksamer öffentlicher Gewalt oft nur noch im Gesamtkontext zu ermitteln ist. Legitimationsprobleme eines Hoheitsträgers beschädigen die Legitimation der Entscheidungen anderer Hoheitsträger. Prinzipientreue wird damit zu einer Angelegenheit von gemeinsamem Interesse.
7 Gemeinsame Prinzipien als Legitimationsmaßstab	Maßstab dieser Legitimation ist ein Bestand gemeinsamer Grundprinzipien. Dies gilt zumindest für supranationale und internationale Institutionen, die auf das soziale Zusammenleben in Deutschland einwirken[18]. Unter ihnen sind die Prinzipien des Menschenrechtsschutzes, der Rechtsstaatlichkeit und der Demokratie besonders relevant, sowohl für dogmatische als auch für legitimationstheoretische Konstruktionen. Diese gemeinsamen Grundprinzipien sind aber nicht als identisch, sondern als unterschiedlichen Rechtsordnungen zugehörig zu begreifen, was zu Bedeutungsunterschieden zwischen gleichlautenden Prinzipien führen kann. Diese Prinzipien bilden somit einerseits Bezugspunkte übergreifender rechtsdogmatischer und legitimationstheoretischer Diskurse, können andererseits jedoch auch rechtfertigen, warum die Institution einer Rechtsordnung dem Gestaltungsanspruch eines Aktes einer anderen Rechtsordnung widersteht. Prinzipien sind für die Interaktion der verschiedenen Rechtsordnungen von hoher Bedeutung.

II. Ausübung öffentlicher Gewalt als Forschungsgegenstand

1. Erosion des Souveränitätsprinzips

8 Strukturenwandel in Deutschland	Den Ausgangspunkt dieses Beitrags bildet die Feststellung eines Wandels. Während bis zu Beginn der 90er Jahre des letzten Jahrhunderts das Staatsrecht, vor allem mit Hilfe der Prinzipien des Grundgesetzes, den wesentlichen Kreis öffentlicher Gewalt in Deutschland erfassen konnte, wirken nunmehr daneben supranationale und internationale Institutionen, die in anderen Rechtsordnungen verankert sind, in erheblichem Umfang gestaltend auf das soziale Zusammenleben ein. Die Prinzipien des Art. 20 GG prägen die Verordnungsgebung der Europäischen Union, die Sanktionspraxis des UN-Sicherheitsrats oder die Rechtsprechung des Europäischen Gerichtshofes für Menschenrechte nicht wie die Ausübung öffentlicher Gewalt durch deutsche Institutionen. Eine genauere Fassung dieses Wandels der öffentlich-rechtlichen Grundstruktur eröffnet das Souveränitätsprinzip.

---

17 Dies ist weitgehend unstreitig, siehe aber auch *Mathias Albert*, Einleitung: Weltstaat und Weltstaatlichkeit: Neubestimmungen des Politischen in der Weltgesellschaft, in: ders./Rudolf Stichweh (Hg.), Weltstaat und Weltstaatlichkeit – Beobachtungen globaler politischer Strukturbildung, 2007, S. 9.

18 Zur Frage der Rolle der Scharia im Verfassungsrecht muslimischer Staaten *Abou El Fadl*, The Centrality of Shari'ah to Government and Constitutionalism in Islam, in: Rainer Grote/Tilmann Röder (Hg.), Constitutionalism in Islamic Countries: Between Upheaval and Continuity, Oxford 2012, S. 35.

Das überkommene Verständnis von Staat und internationaler Ordnung, von Staatsrecht und Völkerrecht, also der hier fraglichen Gesamtkonstellation, kann aus dem Souveränitätsprinzip heraus entwickelt werden, dogmatisch wie legitimationstheoretisch. Laut Georg Jellinek kann alles „durch die Souveränität und aus der Souveränität erklärt werden"[19]. Sie erlaubt eine bemerkenswert transparente und kohärente Konstruktion, die einen Maßstab für neue Grundbegrifflichkeiten bildet. Ungeachtet aller Probleme, die abstrakte Begrifflichkeiten immer mit sich bringen, war das klassische Souveränitätsprinzip von gewaltiger analytischer und normativer Kraft. Die Souveränität begründet als *staatsrechtliche* Souveränität die Geltung allen Rechts im Staatswillen und bezeichnet die überlegene Macht des Staates, verstanden als Handlungseinheit einer Vielzahl unterschiedlichster Institutionen, gegenüber allen anderen gesellschaftlichen Bereichen[20]. Die Souveränität rechtfertigt als *Volks*souveränität diese Macht und dieses Recht als Realisierungsform des demokratischen Prinzips[21]. Nach außen gewendet schützt sie als *völkerrechtliche* Souveränität wie ein „Panzer" die vorbeschriebene Konstellation[22] und gründet die Geltung des Völkerrechts, ebenso wie die des Staatsrechts, auf den Staatswillen. Kurzum: Dank des Souveränitätsprinzips bildet der Staat mit seiner Rechtsordnung ein normatives Universum.

9 Souveränitätsprinzip

Erscheinungsformen

Dieses Souveränitätsprinzip prägt die Struktur des Staatsrechts ebenso wie die des Völkerrechts, jedoch in diametral entgegengesetzten Richtungen: Das Staatsrecht hat eine prononciert herrschaftliche, das Völkerrecht eine prononciert genossenschaftliche Struktur. Vor diesem konzeptionellen Hintergrund führten positivrechtliche Ansatzpunkte, wie sie sich völkerrechtlich in Art. 38 Abs. 1 lit. c IGH-Statut und staatsrechtlich in Bestimmungen wie Art. 25 GG, Art. 10 der italienischen, Art. 29 der irischen oder Art. 153 der slowenischen Verfassung finden, nicht zu übergreifenden strukturprägenden Prinzipien jenseits der Souveränität. Die allgemein anerkannten Grundsätze des Rechts im Sinne von Art. 38 Abs. 1 lit. c IGH-Statut speisen sich vor allem aus privatrechtlichen Instituten, man denke an pacta sunt servanda, bona fides, die Schadensersatzpflicht[23]. Selbst Menschenrechte sind hier kaum unterzubringen[24]. Doch nicht nur zwischen der staatlichen und der internationalen Rechtsordnung fehlen gemeinsame Grundprinzipien: Das traditionelle Souveränitätsprinzip erlaubt zwischen den Staaten gänzlich unterschiedliche Ordnungsentwürfe, also einen radikalen Pluralismus.

10 Gegenläufigkeit der Strukturen

Pluralismus unter Staaten

Gewiß wird das klassische Souveränitätsprinzip unter dem Grundgesetz weniger pointiert vertreten als in manchen anderen Verfassungsordnun-

11

---

19 *Georg Jellinek*, Die Lehre von den Staatenverbindungen (1882), hg. und eingeleitet von Walter Pauly, 1996, S. 16 ff., Zitat S. 36; ausf. zum Werk die Einleitung von Pauly, S. VII ff.
20 → Bd. II, *Randelzhofer*, § 17 Rn. 25 ff., 35 ff.
21 *Hermann Heller*, Die Souveränität: Ein Beitrag zur Theorie des Staats- und Völkerrechts, 1927, S. 70 ff.; *Uwe Volkmann*, Setzt Demokratie den Staat voraus?, in: AöR 127 (2002), S. 575 (577, 582).
22 Zum Begriff des Souveränitätspanzers *Albert Bleckmann*, Begriff und Kriterien der innerstaatlichen Anwendbarkeit völkerrechtlicher Verträge, 1970, S. 166.
23 Klassisch *Hersch Lauterpacht*, Private Law Sources and Analogies of International Law, London 1927.
24 *Hermann Mosler*, General Principles of Law, in: Rudolf Bernhardt (Hg.), EPIL, Bd. II, Amsterdam/Lausanne u.a. 1995, S. 511, 518 ff., mit einer vorsichtigen Öffnung zu den Menschenrechten.

Offenheit des Grundgesetzes

gen²⁵. Gewiß ist es zudem stets umstritten gewesen, ob die Souveränität überhaupt wie beschrieben zu verstehen ist²⁶. Die Zweifler finden im Grundgesetz gewichtige Anhaltspunkte, da es diesen Begriff, anders als andere Verfassungen²⁷, nicht positiviert und zudem in der Präambel sowie den Artikeln 23–26 eine im internationalen Vergleich bemerkenswerte Offenheit zeigt²⁸. Gleichwohl haben die deutsche Staatslehre und staatsrechtliche Dogmatik mehrheitlich in einer dem Souveränitätsprinzip entsprechenden Binnenlogik operiert: Rainer Wahl hat eindringlich beschrieben, wie die Konstitutionalisierung der Rechtsordnung das große normative Projekt der ersten 40 Jahre der Bundesrepublik darstellte²⁹. In diese Richtung weisen auch das herrschende Verständnis der allgemeinen Regeln des Völkerrechts unter Art. 25 GG³⁰, die

Erosion des Souveränitätsprinzips

über lange Zeit geringe Beachtung der Urteile des Europäischen Gerichtshofes für Menschenrechte³¹ oder die geringe Bedeutung der Rechtsvergleichung für die höchstrichterliche Rechtsprechung³². Im Jahre 2009 erlangte das Souveränitätsprinzip im Lissabon-Urteil des Bundesverfassungsgerichts sogar eine neue, unmittelbar Rechtsfolgen generierende Qualität³³. Das Urteil zeigt jedoch zugleich die Erosion des Prinzips: Es schützt nur noch das Wesentlichste des Wesentlichen, das absolut Unverfügbare, das, was auf keinen Fall auf andere als deutsche Hoheitsträger übertragen werden darf, es bildet aber nicht mehr die Grundlage der gesamten dogmatischen oder legitimationstheoretischen Konstruktion.

2. Öffentliche Gewalt supra- und internationaler Institutionen

12 Zweifellos ist das Souveränitätsprinzip staats- und völkerrechtlich sowie legitimationstheoretisch weiterhin von Bedeutung³⁴. Aufgrund einer Reihe von

---

25 Man denke nur an die grundlegende Bedeutung des Prinzips der parlamentarischen Souveränität im Vereinigten Königreich, dazu *Martin Loughlin*, Grundlagen und Grundzüge staatlichen Verfassungsrechts: Großbritannien, in: Armin von Bogdandy/Pedro Cruz Villalón/Peter M. Huber (Hg.), Handbuch Ius Publicum Europaeum, Bd. I, 2007, § 4 Rn. 75; zu Frankreich *Olivier Jouanjan*, Grundlagen und Grundzüge staatlichen Verfassungsrechts: Frankreich, ebd., § 2 Rn. 100 ff.
26 Grundlegend *Hugo Preuß*, Selbstverwaltung, Gemeinde, Staat, Souveränität, in: FS für Paul Laband, 1908, S. 199 (insbes. S. 233 ff.); ausf. *Christoph Möllers*, Staat als Argument, ²2011, S. 291 ff.
27 Vgl. Art. 3 und 4 der französischen Verfassung; Art. 126 der polnischen Verfassung; Art. 1 Abs. 1 der tschechischen Verfassung; Art. 11 der italienischen Verfassung.
28 Klassisch *Klaus Vogel*, Die Verfassungsentscheidung des Grundgesetzes für die internationale Zusammenarbeit, 1964.
29 *Rainer Wahl*, Herausforderungen und Antworten – Das Öffentliche Recht der letzten fünf Jahrzehnte, 2006, S. 26 ff.
30 *Christian Koenig*, in: v. Mangoldt/Klein/Stark, Bd. II, Art. 25 Rn. 32 ff.; *Matthias Herdegen*, in: Maunz/Dürig, Bd. IV, Art. 25 Rn. 36 ff. Rechtsvergleichend: *Stephan Hobe*, in: Friauf/Höfling, Berliner Kommentar zum Grundgesetz, Bd. II, Art. 25 Rn. 37 ff.
31 *Jochen Abraham Frowein*, Kritische Bemerkungen zur Lage des deutschen Staatsrechts aus rechtsvergleichender Sicht, in: DÖV 19 (1998), S. 806 (809 ff.).
32 *Heiko Sauer*, Verfassungsvergleichung durch das Bundesverfassungsgericht, in: JRP 18 (2010), S. 194.
33 Vgl. *Frank Schorkopf*, The European Union as an Association of Sovereign States: Karlsruhe's Ruling on the Treaty of Lisbon, in: German Law Journal 10 (2009), S. 1219 (1223 ff.); *Matthias Kottmann/Christian Wohlfahrt*, Der gespaltene Wächter? Demokratie, Verfassungsidentität und Integrationsverantwortung im Lissabon-Urteil, in: ZaöRV 69 (2009), S. 443 (460 ff.).
34 Vgl. nur *Dieter Grimm*, Souveränität: Herkunft und Zukunft eines Schlüsselbegriffs, 2009; *Ulrich Haltern*, Was bedeutet Souveränität?, 2007; *Ingeborg Maus*, Über Volkssouveränität: Elemente einer Demokratietheorie, 2011.

Entwicklungen erschließt es jedoch nicht mehr die Grundstruktur öffentlicher Gewalt[35]. So untergraben die Europäisierung und Globalisierung der Lebenswelten die berühmte Prämisse des klassischen Souveränitätsprinzips, wonach Staaten „independent communities" bilden[36]. In einem plastischen Bild von Eyal Benvenisti: Die alte Souveränität gleicht dem Eigentum an einer freistehenden Villa auf großem Grundstück, die neue hingegen dem Wohnungseigentum in einem Hochhaus mit 200 Parteien. Dies bildet den Hintergrund für das hier unmittelbar relevante neue Phänomen: Supra- und internationale Institutionen wirken in einem solchen Maße und mit einer solchen Autonomie gestaltend auf soziale Interaktionen in Deutschland ein, daß die dreigesichtige Souveränität weder dogmatisch noch legitimationstheoretisch die Gesamtkonstellation trägt[37]. Die Gestaltungsmacht jener Institutionen auf soziale Interaktionen in Deutschland läßt es vielmehr als angebracht erscheinen, sie als eigene Träger öffentlicher Gewalt zu begreifen. Anders formuliert: Die Ausübung öffentlicher Gewalt ist das fundamentale Strukturmerkmal, das staatliche Institutionen inzwischen mit supranationalen und vielen internationalen Institutionen teilen.

Europäisierung und Globalisierung der Lebenswelten

Einwirkung internationaler Institutionen

Öffentliche Gewalt als Strukturmerkmal

Diese Qualifikation ist ein essentieller Schritt auf dem Weg zu gemeinsamen Prinzipien für die staatlichen, supranationalen und internationalen Institutionen, da gemeinsame Prinzipien nur bei hinreichender Vergleichbarkeit Sinn machen. Sie erlaubt diesen Schritt ohne problematische Figuren wie die eines globalen Verfassungsrechts[38] oder Verwaltungsrechts[39]. Doch auch die Begriffsbildungen „supranationale öffentliche Gewalt" und erst recht „internationale öffentliche Gewalt" sind keineswegs selbstverständlich, sondern erfordern erhebliche konzeptionelle Innovationen[40].

13
Erforderlichkeit von Innovationen

---

35 Hier wird nicht der interne Wandel des Staatsverständnisses thematisiert, dazu *Jean-Bernard Auby*, Die Transformation der Verwaltung und des Verwaltungsrechts, in: Armin von Bogdandy/Sabino Cassese/Peter M. Huber (Hg.), Handbuch Ius Publicum Europaeum, Bd. III, 2010, § 56. Wohlgemerkt: Es wird nicht behauptet, das Souveränitätsprinzip spiele keine Rolle mehr; dies wäre unhaltbar, vgl. nur IGH Urt. vom 3.2.2012, Jurisdictional Immunities of the State (Germany v. Italy: Greece intervening), Rn. 57.
36 So klassisch im Lotus-Fall StIGH, Urt. vom 7.9.1927, The Case of the S.S. Lotus, France vs. Turkey, Series A, No. 10 (1927), S. 18.
37 Aus der Fülle des Schrifttums *Thomas Vesting*, Die Staatsrechtslehre und die Veränderung ihres Gegenstandes, in: VVDStRL 63 (2004), S. 41.
38 Dies schmälert nicht die Verdienste dieses Ansatzes; vgl. insbesondere *Jan Klabbers/Anne Peters/Geir Ulfstein*, The Constitutionalization of International Law, Oxford 2009; speziell zu Prinzipien *Kleinlein* (N 12); zu den Problemen *Jan Klabbers*, Constitutionalism Lite, in: International Organizations Law Review 1 (2004), S. 31; *Joseph H.H. Weiler*, Dialogical Epilogue, in: Grainne de Burca/ders. (Hg.), The Worlds of European Constitutionalism, Cambridge 2011, S. 262 ff.
39 *Benedict Kingsbury/Nico Krisch/Richard Stewart*, The Emergence of Global Administrative Law, in: Law and Contemporary Problems 2 (2005), S. 15; *Eberhard Schmidt-Aßmann*, Die Herausforderung der Verwaltungsrechtswissenschaft durch die Internationalisierung der Verwaltungsbeziehungen, in: Der Staat 45 (2006), S. 315; zu den Problemen Armin von Bogdandy, Prolegomena zu Prinzipien internationalisierter und internationaler Verwaltung, in: Hans-Heinrich Trute/Thomas Groß u.a. (Hg.), Allgemeines Verwaltungsrecht – zur Tragfähigkeit eines Konzepts, 2008, S. 683.
40 Näher *Armin von Bogdandy/Philipp Dann/Matthias Goldmann*, Völkerrecht als öffentliches Recht: Konturen eines rechtlichen Rahmens für Global Governance, in: Der Staat 49 (2010), S. 23 (30 ff.); vgl. weiter *Michael Zürn/Martin Binder/Matthias Ecker-Ehrhardt*, International Authority and Its Politicization, in: International Theory 4 (2012), S. 69; *Dieter Grimm*, Das öffentliche Recht vor der Frage nach seiner Identität, 2012, S. 40 ff.

14
Begriff
„öffentliche Gewalt"

Das traditionelle Verständnis der öffentlichen Gewalt beruht auf dem Begriff der Staatsgewalt, welche wiederum das staatliche Gewaltmonopol und die souveräne Territorialherrschaft kennzeichnen. Da weder supranationale noch internationale Institutionen hierüber verfügen, muß Gewalt weiter als traditionell definiert werden[41], will man diese Institutionen in den Anwendungsbereich jener Prinzipien bringen, die das Grundgesetz als strukturbildend für öffentliche Gewalt begreift. Der Vorschlag lautet öffentliche Gewalt als das rechtlich begründete Vermögen zu verstehen, andere Akteure in ihrer Freiheit rechtlich oder tatsächlich einzuschränken oder aber deren Gebrauch in ähnlicher Weise zu gestalten[42]. Dies kann zunächst durch rechtsverbindliche Akte erfolgen, dies ist die konzeptionell am wenigsten problematische Konstellation. Ein Akt ist rechtsverbindlich, wenn er die rechtliche Situation eines anderen Rechtssubjekts modifiziert, vor allem also wenn eine Handlung, die im Widerspruch zu diesem Akt steht, rechtswidrig ist[43].

Rechtsverbindliche Akte

15
Internationale Gerichte

Angesichts der Funktionsweise vieler internationaler Institutionen sollte der Begriff der öffentlichen Gewalt jedoch über rechtliche Verbindlichkeit hinausreichen. Gestaltungsmächtig sind zunächst internationale Gerichte durch ihr „case law": Selbst wenn es im Völkerrecht keine Doktrin des „stare decisis" gibt, so haben viele internationale Gerichte in den letzten 20 Jahren eine bedeutende Rolle in der Fortentwicklung des Völkerrechts gerade in innerstaatlich relevanten Materien wie Menschenrechten, Strafrecht, Wirtschaftsrecht oder Umweltrecht erlangt[44]. Ähnliches gilt für nicht verbindliche Akte internationaler Einrichtungen, auch sie können den Freiheitsgebrauch anderer Rechtssubjekte beschränken oder in ähnlicher freiheitsrelevanter Weise gestalten. Dies ist der Fall, wenn ein Akt Druck erzeugt, dem andere Subjekte nur unter Schwierigkeiten standhalten können. Eine derartige Ausübung internationaler öffentlicher Gewalt geschieht häufig durch die Festsetzung unverbindlicher Standards, die unter anderem deswegen befolgt werden, weil die Vorteile ihrer Befolgung die Nachteile der Nichtbefolgung überwiegen (zum Beispiel die OECD-Standards zur Vermeidung von Doppelbesteuerung) oder weil sie über Durchsetzungsmechanismen verfügen, über die positive oder negative Sanktionen verhängt werden können (zum Beispiel der

Internationale Einrichtungen

---

41 „Definition" wird hier verstanden als Entwicklung hinreichender begrifflicher Elemente, welche die wichtigsten Konstellationen erfassen. Wir zielen somit auf eine vollumfängliche Definition ab. Näher dazu *Hans-Joachim Koch/Helmut Rüßmann*, Juristische Begründungslehre, 1982, S. 75.
42 Ähnlich *Michael Barnett/Raymond Duvall*, Power in Global Governance, in: dies. (Hg.), Power in Global Governance, Cambridge 2005, S. 1 (8); enger der traditionelle Ansatz, vgl. etwa *Christoph Möllers*, Gewaltengliederung: Legitimation und Dogmatik im nationalen und internationalen Rechtsvergleich, 2005, S. 81 ff.
43 Ein Beispiel für eine solche rechtliche Determinierung ist die Entscheidung über den Flüchtlingsstatus durch den UNHCR, dazu *Maja Smrkolj*, International Institutions and Individualized Decision-Making: An Example of UNHCR's Refuge Status Determination, in: German Law Journal 9 (2008), S. 1779.
44 Zur Rechtserzeugung durch internationale Gerichte und deren Problematik ausführlich die Beiträge in *Armin von Bogdandy/Ingo Venzke* (Hg.), Beyond Dispute: International Judicial Institutions as Lawmakers, in: German Law Journal 12 (2011), S. 979. Die spezifischen Probleme der öffentlichen Gewalt internationaler Gerichte sollen im Rahmen dieses Beitrags nicht näher verfolgt werden.

FAO Code of Conduct for Responsible Fisheries)⁴⁵. Weiterhin können Rechtssubjekte auch durch Handlungen konditioniert werden, denen keine deontische Qualität zukommt (zum Beispiel statistische Daten in den PISA-Berichten), die aber eine Kommunikationsmacht aufbauen, der sich der Adressat nur zu bestimmten Kosten entziehen kann, seien dies Reputationsverluste oder finanzielle Einbußen. Diese Erweiterung des Gewaltbegriffs kann vor allem kommunikationstheoretisch begründet werden⁴⁶. Allerdings muß ein solcher Akt ein Mindestmaß an Erheblichkeit überschreiten. Das ist insbesondere dann der Fall, wenn er mit spezifischen Mechanismen verbunden ist, die den Adressaten effektiv zu seiner Berücksichtigung anhalten. Diese sind zahlreich anzutreffen: Internationale Organisationen haben sich in dieser Hinsicht als außerordentlich einfallsreich erwiesen⁴⁷.

Mittelbar bindende Handlungen

Dieses weite Verständnis des Begriffs der Gewalt beruht auf der empirischen Einsicht, daß viele Akte von supranationalen und internationalen Institutionen heute persönliche Freiheit und kollektive Selbstbestimmung im Ergebnis in ähnlicher Weise beschränken können wie verbindliche Rechtsakte staatlicher Organe. Die Rechtspflicht, einen rechtsverbindlichen Akt einer supra- oder internationalen Institution zu befolgen, folgt unter dem Grundgesetz bereits aus dem Rechtsstaatsgebot⁴⁸, ist aber oft auch durch externe Mechanismen sanktioniert. Die rechtliche Freiheit, einen nur konditionierenden Akt nicht zu befolgen, ist oft reine Fiktion⁴⁹. Diesem weiten Gewaltbegriff liegt zudem eine prinzipielle Erwägung zugrunde: Wenn öffentliches Recht im Einklang mit seiner freiheitlich-demokratischen Tradition als eine Ordnung zum Schutz persönlicher Freiheit und zur Ermöglichung kollektiver Selbstbestimmung begriffen wird, muß jeder Akt mit Auswirkungen auf diese Werte, ob verbindlich oder unverbindlich, definitorisch umfaßt sein, soweit die Auswirkungen nur bedeutsam genug sind, um begründete Zweifel an seiner Legitimität zu wecken. Diese Erweiterung des Gewaltbegriffs geht parallel mit ähnlichen Entwicklungen im deutschen Recht⁵⁰.

16
Erweiterung des Gewaltbegriffs

Wohlgemerkt: Diese Weiterung des Gewaltbegriffs ist, da eine Definition, natürlich keineswegs zwingend. Es ist weiterhin möglich, alles aus dem tradi-

17
Kein zwingendes Verständnis

---

45 Näher *Ekkehart Reimer*, Transnationales Steuerrecht, in: Christoph Möllers/Andreas Voßkuhle/Christian Walter (Hg.), Internationales Verwaltungsrecht, 2007, S. 181 (187, 207); *Jürgen Friedrich*, Legal Challenges of Nonbinding Instruments: The Case of the FAO Code of Conduct for Responsible Fisheries, in: German Law Journal 9 (2008), S. 1539 (1551 ff.).
46 Ausführlich hierzu *Matthias Goldmann*, Internationale öffentliche Gewalt, 2013, Teil 2 B; *Ingo Venzke*, How Interpretation Makes International Law, Oxford 2012.
47 Zahlreiche Beispiele in *Armin von Bogdandy/Rüdiger Wolfrum u.a.* (Hg.), The Exercise of Public Authority by International Institutions. Advancing International Institutional Law, 2010.
48 So das BVerfG z.B. im Görgülü-Beschluß vom 10.3.2004, BVerfGE 111, 307, bzgl. der Rechtsprechung des EGMR; BVerfGE 22, 293 bzgl. des Rechts der (damaligen) EWG.
49 Aus politikwissenschaftlicher Perspektive siehe *Barnett/Duvall* (N 42); *Kenneth W. Abbott/Duncan Snidal*, Hard and Soft Law in International Governance, in: International Organization 54 (2000), S. 421; *Charles Lipson*, Why are some International Agreements informal?, in: International Organization 45 (1991), S. 495.
50 Dies gilt insbesondere für Maßnahmen staatlicher Informationspolitik. Grundlegend BVerwGE 90, 112 ff. Näher handlungsformentheoretisch *Christian Bumke*, Publikumsinformationen, in: Die Verwaltung 37 (2004), S. 3 ff.; *Rudolf C. Feik*, Öffentliche Verwaltungskommunikation, 2007.

tionellen Souveränitätsprinzip zu erklären, den Staatswillen in den Mittelpunkt zu stellen und öffentliche Gewalt allein als staatliche Gewalt zu begreifen; die Figur des staatsrechtlichen Anwendungsbefehls für supranationale und internationale Akte ist dabei von zentraler Bedeutung. Eine entsprechende Dogmatik verkennt jedoch, in welchem Ausmaß andere Rechtsordnungen auf soziale Interaktionen in Deutschland einwirken, und läuft Gefahr, blind und taub gegenüber diesem gewichtigen Phänomenen zu sein. Das Grundgesetz erlaubt diese begriffliche Weiterung, die sich schon aus Art. 23 Abs. 1 S. 2 und Art. 24 Abs. 1 GG ergibt: „Hoheitsrechte übertragen". „Hoheitsrechte" steht für Kompetenzen, und Kompetenzen sind die wichtigste rechtliche Grundlage öffentlicher Gewalt.

18
Gewalt durch Private

Freiheitsrelevanz, gerade vor dem Hintergrund dieses weiten Gewaltbegriffs, können auch die Akte Privater haben, man denke an Klassifizierungen durch Ratingagenturen, Struktur- und Standortentscheidungen großer Unternehmen oder elterliche Maßnahmen gegenüber Kindern. Wann ist die Ausübung von Macht ein Phänomen „öffentlicher" Gewalt? Unter supranationaler und internationaler öffentlicher Gewalt sei jede Gewalt verstanden, die auf einer Kompetenz beruht, die ihrerseits durch einen gemeinsamen Akt öffentlicher Akteure – zumeist Staaten – verliehen wurde, um eine öffentliche Aufgabe zu erfüllen, welche von eben diesen Akteuren als solche definiert wurde und definiert werden durfte[51].

Abhängigkeit von der Rechtsgrundlage

Der öffentliche Charakter einer Ausübung von „Gewalt" hängt also von der „Rechtsgrundlage" ab. Die untersuchten Institutionen üben mithin öffentliche Gewalt aus, die ihnen durch politische Gemeinwesen auf Grundlage von Rechtsakten (verbindlicher oder unverbindlicher Natur) zugewiesen worden ist. Der Gegenbegriff hierzu ist ein Handeln, das rechtlich als Ausdruck individueller Freiheit zu begreifen ist und daher keiner weiteren Rechtfertigung bedarf[52].

19
Internationale „öffentliche" Gewalt

Diese Definition öffentlicher Gewalt führt viele Einsichten der Rechtswissenschaft zusammen. Die supranationale öffentliche Gewalt wird in unionalen Gesetzgebungsakten, dem Verwaltungshandeln der Union, den Entscheidungen der europäischen Justiz ausgeübt[53]. Daß die Europäische Union öffentliche Gewalt ausübt, scheint mittlerweile weitgehend unstreitig, wenngleich die einschlägige Diskussion zumeist unter dem technischen Begriff der Kompetenz geführt wird. Doch auch die Gestaltungsmacht von Institutionen der

---

51 Einige stellen die Erfüllung öffentlicher Aufgaben ins Zentrum ihres Ansatzes. Siehe *Matthias Ruffert*, Perspektiven des Internationalen Verwaltungsrechts, in: Christoph Möllers/Andreas Voßkuhle/Christian Walter (Hg.), Internationales Verwaltungsrecht, 2007, S. 395 (402). Wir ziehen es vor, vom Begriff der öffentlichen Gewalt auszugehen, diesen aber unter Bezugnahme auf öffentliche Interessen zu qualifizieren.
52 Dies schließt nicht aus, private Akteure, insbesondere Unternehmen, auf die Menschenrechte zu verpflichten, vgl. nur Art. 9 Abs. 3 GG. Zu weitergehenden Ansätzen auf der globalen Ebene vgl. nur die OECD Guidelines for Multinational Enterprises und die UN Guiding Principles on Business and Human Rights; Special Representative of the Secretary-General on the Issue of Human Rights and Transnational Corporations and Other Business Enterprises, Guiding Principles on Business and Human Rights: Implementing the United Nations „Protect, Respect and Remedy" Framework, UN Doc. A/HRC/17/31 (21. 3. 2011) (von John Gerard Ruggie); *John Gerard Ruggie*, Business and Human Rights: The Evolving International Agenda, in: AJIL 101 (2007), S. 819.
53 Ausf. *Stephan Bitter*, Die Sanktion im Recht der Europäischen Union, 2011.

"global governance"⁵⁴ wird inzwischen zunehmend in dieser Logik begriffen, wie etwa eingeführte Begriffe eines „lawmaking" durch internationale Institutionen⁵⁵, eines „internationalen" oder „globalen" Verwaltungsrechts⁵⁶ sowie einer internationalen Justiz, gerade auch Strafjustiz⁵⁷, bezeugen.

Natürlich ist diese Definition des „Öffentlichen" eher formalistisch und erschöpft nicht die Bedeutung, die dem Begriff in der westlichen Verfassungstradition zukommt. In freiheitlich-demokratischen Staaten verbindet sich damit die Pflicht öffentlicher Institutionen, dem Gemeinwohl zu dienen und grundlegende Prinzipien zu achten⁵⁸, also, anders als eine Räuberbande, legitim zu sein. Derartige Erwartungshaltungen sollte man jedoch nicht im Begriff der öffentlichen Gewalt, sondern in eigenständigen Prinzipien verankern⁵⁹.

20
Formalistische Definition

Öffentliche Gewalt als gemeinsame Grundbegrifflichkeit für staatliche, supranationale und internationale Institutionen behauptet nicht deren Identität in jeder Hinsicht. Sie bildet im Gegenteil den Ausgangspunkt, um deren jeweilige Spezifik zu fassen. So zeichnet sich staatliche öffentliche Gewalt typischerweise etwa dadurch aus, daß ein staatlicher Verband über die Kompetenz-Kompetenz, also originäre öffentliche Gewalt, sowie die Mittel physischen Zwangs verfügt, aber auch, gerade in Deutschland, auf soziale Ressourcen wie eine auf den Staat bezogene kollektive Identität und eine entwickelte Solidarität zurückgreifen kann⁶⁰. Supranationale Institutionen unterscheiden sich typischerweise von internationalen etwa dadurch, daß ihre Akte regelmäßig direkt soziale Interaktionen im staatlichen Rechtsraum gestalten können. Diese hier nur angedeuteten Unterschiede werden von großer Bedeutung bei der Konkretisierung der Grundprinzipien sein.

21
Möglichkeit zur Spezifizierung

3. Öffentliche Gewalt anderer Staaten

Nicht nur „nach oben", sondern auch „zur Seite hin" hat sich der deutsche Rechtsraum in einer Weise geöffnet, daß er nunmehr als Teil eines europäi-

22

---

54 Grundlegend *James N. Rosenau*, Governance, Order, and Change in World Politics, in: ders./Ernst-Otto Czempiel (Hg.), Governance without Government, Cambridge 1992, S. 1.
55 *José Alvarez*, International Organizations as Law-makers, Oxford 2005.
56 S. o. N 39.
57 Zur Legitimationsproblematik der Rechtserzeugungsprozesse eindringlich *Frank Meyer*, Strafrechtsgenese in Internationalen Organisationen, 2012, S. 601 ff., 837 ff.
58 *Carl J. Friedrich*, Constitutional Government and Politics, New York 1950, S. 247 ff.; *Karl Loewenstein*, Political Power and the Governmental Process, Chicago 1957; *Louis Henkin*, A New Birth of Constitutionalism, in: Michel Rosenfeld (Hg.), Constitutionalism, Identity, Difference and Legitimacy, Durham 1994, S. 39.
59 S. u. Rn. 25 ff. So aber, wenngleich unter Bezug auf den Rechtsbegriff, *Benedict Kingsbury*, The Concept of „Law" in Global Administrative Law, in: EJIL 20 (2009), S. 23 (30 ff.), unter Anlehnung an die Naturrechtslehre von Lon Fuller. Nach Kingsbury ist die Übereinstimmung mit bestimmten fundamentalen Prinzipien, wie Rationalität und Verhältnismäßigkeit, Voraussetzung des Begriffs des öffentlichen Rechts. Alexander Somek sieht hier die Tendenz zu einer naturrechtlich orientierten Konzeption des öffentlichen Rechts auf der internationalen Ebene, *Alexander Somek*, The Concept of „Law" in Global Administrative Law: A Reply to Benedict Kingsbury, in: EJIL 20 (2009), S. 985 (990).
60 Vgl. nur das Maastricht-Urteil vom 12. 10. 1993, BVerfGE 89, 155, und das Lissabon-Urteil vom 30. 6. 2009, BVerfGE 123, 267.

Öffnung des deutschen Rechtsraums

schen Rechtsraums gedeutet werden kann[61]. Natürlich ist diese Öffnung nicht völlig neu. Das wohl älteste Element dieser Offenheit findet sich im sogenannten internationalen Privatrecht, das staatliche Gerichte zur Anwendung des Privatrechts anderer Staaten verpflichtet[62]. Diese Öffnung hat jedoch im Zuge der Europäisierung und Internationalisierung an Bedeutung gewonnen. Zunächst wurde das entsprechende staatliche Recht mit der „Rom I"- und der „Rom II"-Verordnung[63] sowie der Verordnung über die gerichtliche Zuständigkeit und die Anerkennung und Vollstreckung von Entscheidungen in Zivil- und Handelssachen (EUGVVO)[64] in weiten Teilen harmonisiert. Dies bedeutet aber nicht nur innerhalb der Europäischen Union eine erhebliche Öffnung gegenüber dem Privatrecht anderer Mitgliedstaaten. Auch gegenüber Drittstaaten öffnet sich der deutsche Rechtsraum, da die Regeln der Verordnungen auch die Anwendung außereuropäischen Rechts vorsehen, unter gegenüber dem früheren deutschen Recht vereinfachten Bedingungen[65].

23 Transnationales Verwaltungsrecht

Ein neueres Moment der „seitlichen Offenheit" findet sich im Verwaltungsrecht. Nach überkommenem Recht gilt für Verwaltungsakte der Territorialitätsgrundsatz; nur wenige Verwaltungsakte, etwa die Fahrerlaubnis, galten aufgrund von völkerrechtlichen Abkommen immer schon grenzüberschreitend[66]. Inzwischen ist der transnationale Verwaltungsakt jedoch zu einer festen und regelmäßigen Figur des Verwaltungsrechts geworden, so daß häufig Maßnahmen eines anderen Staats in Deutschland wirken und sogar durch deutsche Behörden vollstreckt werden[67]. In vielen Konstellationen ist dies durch Unionsrecht[68] und durch Völkerrecht[69] geboten.

24 Rechtsvergleichung

Eine weitere, für die Grundprinzipien besonders relevante Öffnung erfolgt im Rahmen der Rechtsvergleichung. Nationale Gerichte bedienen sich der Urteile anderer nationaler Gerichte, entwickeln so gemeinsam rechtliche Figuren weiter und tragen zu einem transnationalen Diskurs der Gerichte

---

[61] *Rainer Wahl*, Europäisierung: Die miteinander verbundenen Entwicklungen von Rechtsordnungen als ganzen, in: Hans-Heinrich Trute/Thomas Groß u. a. (Hg.), Allgemeines Verwaltungsrecht – zur Tragfähigkeit eines Konzepts, 2008, S. 869 (897).
[62] Näher *Bernd v. Hoffmann/Karsten Thorn*, Internationales Privatrecht, ^{10}2012, S. 47.
[63] Verordnung (EG) Nr. 593/2008 des Europäischen Parlaments und des Rates vom 17.6.2008 über das auf vertragliche Schuldverhältnisse anzuwendende Recht (Rom I) bzw. Verordnung (EG) Nr. 864/2007 des Europäischen Parlaments und des Rates vom 11.7.2007 über das auf außervertragliche Schuldverhältnisse anzuwendende Recht („Rom II").
[64] Verordnung (EG) Nr. 44/2001 des Rates vom 22.12.2000 über die gerichtliche Zuständigkeit und die Anerkennung und Vollstreckung von Entscheidungen in Zivil- und Handelssachen.
[65] Vergleiche den Grundsatz der universellen Anwendung nach Art. 2 Rom I-VO und Art. 3 Rom II-VO.
[66] *Matthias Ruffert*, Der transnationale Verwaltungsakt, in: Die Verwaltung 34 (2001), S. 453 (457).
[67] *Eberhard Schmidt-Aßmann*, Deutsches und Europäisches Verwaltungsrecht, in: DVBl 108 (1993), S. 924 (935); *Gernot Sydow*, Verwaltungskooperation in der Europäischen Union, 2004, S. 141 ff.
[68] *Christoph Ohler*, Europäisches und nationales Verwaltungsrecht, in: Philipp Terhechte (Hg.), Verwaltungsrecht der Europäischen Union, 2011, S. 331 (344); zum Migrationsrecht: *Jürgen Bast*, Transnationale Verwaltung des europäischen Migrationsraums, in: Der Staat 46 (2007), S. 1; zum Wirtschaftsverwaltungsrecht: *Sascha Michaels*, Anerkennungspflichten im Wirtschaftsverwaltungsrecht der Europäischen Gemeinschaft und der Bundesrepublik Deutschland, 2004, S. 188 ff.
[69] *Kalypso Nicolaidis/Gregory Shaffer*, Transnational Mutual Recognition Regimes: Governance without Global Government, in: Law and Contemporary Problems 68 (2005), S. 263.

bei⁷⁰. In diesem transnationalen Diskurs werden Prinzipien fortentwickelt. Insbesondere im Rahmen der Rechtsprechung des Bundesverfassungsgerichts finden sich zunehmend Bezugnahmen auf die Rechtsprechung anderer Staaten⁷¹. Diese haben bislang eine im wesentlichen bestätigende Natur und, anders als Urteile des Europäischen Gerichtshofes für Menschenrechte⁷², keine präjudizielle Wirkung. Es stellt sich aber die Frage, ob im Rahmen der Einbettung des deutschen in den europäischen Rechtsraum die Entscheidungen anderer Höchstgerichte eine entsprechende Wirkung haben sollten. Insbesondere ist zu erwägen, ob die Abweichung von der Lösung eines anderen Gerichts begründungsbedürftig wird. Im Rahmen des europäischen Rechtsraums scheint es angezeigt, daß Fragen von gemeinsamem Interesse in einem gemeinsamen Diskurs erörtert werden, der gerade die dokumentierte Auseinandersetzung mit abweichenden Auffassungen verlangt⁷³. Dabei stellen sich, wie das Beispiel des kritischen Umgangs des tschechischen Verfassungsgerichts mit einer Entscheidung des Bundesverfassungsgerichts zeigt, allerdings schwierige Fragen⁷⁴.

Einfluß fremder Rechtsprechung

Beachtung im europäischen Raum?

III. Prinzipien

Die Suche nach Prinzipien ist ein typischer Weg der Rechtswissenschaft, Grundstrukturen aufzuzeigen. Auch deshalb handelt es sich bei „Prinzipien" um einen schwierigen und umstrittenen Begriff⁷⁵. Diesem Beitrag liegt ein Verständnis von Prinzipien als besonders wichtige Normen zugrunde. Der Begriff des Prinzips hat hier somit attributiven Charakter. Er weist einer Norm eine herausgehobene Bedeutung zu. Insoweit faßt dieser Beitrag Prinzipien anders als Alexy, der Prinzipien im Gegensatz zu Regeln als abwägbare Optimierungsgebote versteht⁷⁶. Die dieser Charakterisierung zugrundelie-

25
Normen von herausgehobener Bedeutung

---

70 *Eyal Benvenisti*, Reclaiming democracy: The Strategic Uses of Foreign and International Law by National Courts, in: AJIL 102 (2008), S. 241; *Anne-Marie Slaughter*, A Global Community of Courts, in: Harvard International Law Journal 44 (2003), S. 191; *Mattias Wendel*, Permeabilität im europäischen Verfassungsrecht, 2011, S. 53 ff.; zurückhaltend für die deutsche Zivilgerichtsbarkeit *Filippo Ranieri*, Die Rechtsvergleichung und das deutsche Zivilrecht im 20. Jahrhundert, in: FS für Knut Wolfgang Nörr, 2003, S. 777 (796 ff.).
71 *Sauer* (N 32).
72 Görgülü Beschluß des BVerfG, BVerfGE 111, 307 (317, 323); vgl. aus jüngster Zeit auch die Sicherheitsverwahrungsentscheidung des BVerfG, BVerfGE 128, 326 (368 f.).
73 Vgl. zur analogen Diskussion im Rahmen des internationalen Investitionsschutzrechts *Stephan Schill*, Crafting the International Economic Order: The Public Function of Investment Treaty Arbitration and Its Significance for the Role of the Arbitrator, in: Leiden Journal of International Law 23 (2010), S. 401 (424 ff.).
74 Vgl. das Urteil des tschechischen Verfassungsgerichts vom 3.11.2009, Pl. ÚS 29/09 (Vertrag von Lissabon II), insbesondere Rn. 110 ff., 137 ff.
75 Grundlegend *Ronald Dworkin*, Bürgerrechte ernstgenommen, 1984, S. 58 ff.; zur Debatte *Riccardo Guastini*, Distinguendo: Studi di teoria e metateoria del diritto, Turin 1996, S. 115 ff.; *Martti Koskenniemi*, General Principles, in: ders. (Hg.), Sources of International Law, Aldershot 2000, S. 359; *Jürgen Habermas*, Faktizität und Geltung, 1994, S. 254 ff.; *Robert Alexy*, Theorie der Grundrechte, ³2006; *Franz Reimer*, Verfassungsprinzipien: Ein Normtyp im Grundgesetz, 2001.
76 Ausführlich *Alexy* (N 75), S. 75 ff.

gende kategorische Unterscheidung von Regel und Prinzip ist jedoch wenig überzeugend[77].

26
Legitimatorische Grundlagen

Typischerweise zeichnen sich Prinzipien durch ihre Abstraktheit und Vagheit aus, welche große Interpretationsspielräume eröffnen und eine Anbindung an allgemeine normative Diskurse erlauben. Als Grundprinzipien gelten dabei in der westlichen liberaldemokratischen Tradition[78] jene Normen, die eine normativ begründende Funktion für die Ausübung öffentlicher Gewalt haben; sie legen angesichts der Rechtfertigungsbedürftigkeit hoheitlichen Handelns die wesentlichen legitimatorischen Grundlagen fest[79]. Dieser materielle Begriff des Grundprinzips erfaßt nur einige wenige Normen, die im staatlichen Verfassungsrecht ebenfalls als Grundprinzipien, aber auch als Strukturprinzipien oder Baugesetze bezeichnet werden[80].

27
Kein einheitlicher rechtlicher Status

Anstoß zum ebenenübergreifenden Diskurs

Eine als Prinzip bezeichnete Norm kann auch in einer Handlungsform des „soft law" enthalten sein; dies entspricht dem oben entwickelten Begriff der öffentlichen Gewalt[81]. Nicht zuletzt deshalb gibt es keinen einheitlichen rechtlichen Status von Prinzipien. Eine als Prinzip identifizierte Norm kann sich darauf beschränken, als lediglich dogmatisches Struktur- bzw. Ordnungsprinzip eine Rekonstruktion des Rechtsmaterials zu ermöglichen. Eine Norm kann zudem die Natur eines Leitprinzips haben, das auf spätere politische und administrative Prozesse einwirken soll. Gerade im supra- und internationalen Bereich werden in dieser Form oft Konsense niedergelegt, die es weiter zu entwickeln gilt[82]. Prinzipien können zudem als Rechtsprinzipien auf die Auslegung einwirken und in manchen Fällen sogar selbständig Rechtsfolgen herbeiführen. Daraus folgt, daß allein die Qualifizierung einer Norm als Prinzip keine spezifischen Rechtsfolgen auslöst. Es ist wichtig zu unterstreichen, daß die Prinzipien in den diversen Rechtsordnungen insgesamt unterschiedliche Normativität aufweisen; ein hoher Grad von Normativität, wie man sie gerade aus der deutschen Verfassungsordnung kennt, beschreibt nicht den Normalfall[83]. In diesem Beitrag geht es in erster Linie darum, übergreifende Grundprinzipien als Ordnungs- und Leitprinzipien vorzustellen, um die Gesamtkonstellation zu beleuchten und die Förderung eines ebenenübergreifenden rechtswissenschaftlichen Diskurses als mögliches und verfolgenswertes Projekt zu erweisen.

---

77 *András Jakab*, Re-Defining Principles as Important Rules – A Critique of Robert Alexy, in: Martin Borowski (Hg.), On the nature of legal principles, 2010, S. 145.
78 Zur Frage des Eurozentrismus *Armin von Bogdandy*, The European Lesson for International Democracy, in: EJIL 23 (2012), S. 315 ff.
79 Zum Begriff „principe fondateur" *Joël Molinier* (Hg.), Les principes fondateurs de l'Union européenne, Paris 2005, S. 24; ähnlich *Dworkin* (N 75), S. 55.
80 Näher *Horst Dreier*, in: ders. (Hg.), Bd. 2, 2006, Art. 20 (Einführung), Rn. 5, 8; *Reimer* (N 75), S. 26 ff.
81 Die Gründe dieses weiten Rechtsbegriffs entsprechen denen für den weiten Begriff der öffentlichen Gewalt, s. o. Rn. 14 ff.
82 So etwa das World Summit Outcome Document, September 2005: „they (Rule of Law, democracy, human rights) belong to the universal and indivisible core values and principles of the United Nations", UN Doc. A/RES/60/1 (24.10.2005), par. 119.
83 *Niklas Luhmann*, Das Recht der Gesellschaft, 1993, S. 585 f., sieht dies gar als eine europäische Anomalie im Niedergang.

Dies begründet, daß im folgenden die drei Prinzipien der Rechtstaatlichkeit, der Demokratie und des Schutzes der Menschenrechte in den Blick genommen werden. Dies bestreitet nicht die Existenz und Bedeutung weiterer Prinzipien, wie beispielsweise jenes der Sozialstaatlichkeit, der Nachhaltigkeit oder der Subsidiarität.

28
Drei Kernprinzipien

B. Einzelne Grundprinzipien und ihre rechtlichen Grundlagen

Die Frage, wie den Prinzipien der Demokratie, Rechtstaatlichkeit und des Menschenrechtsschutzes in der neuen Gesamtkonstellation Rechnung zu tragen ist, beschäftigt nicht allein die Rechtswissenschaft, sondern auch andere Disziplinen[84]. Insbesondere politische Theorie und Rechtsphilosophie argumentieren oft prinzipienbasiert[85]. Das Verhältnis der Rechtswissenschaft zu ihnen ist ebenso fließend wie schwierig. Der Unterschied kann nicht in den Prinzipien als solchen liegen: Hier wie dort geht es um Demokratie, Rechtsstaatlichkeit, Grund- und Menschenrechte. Die Spezifik liegt vielmehr darin, daß ein philosophischer Prinzipiendiskurs rein deduktiv vorgehen kann, während eine juristische Bearbeitung anhand des geltenden Rechts, also positiven Bestimmungen und gerichtlichen Entscheidungen, erfolgen sollte. Eine erste Aufgabe des juristischen Beitrags zu dieser fachübergreifenden und oft auch öffentlichen Diskussion lautet, deren zu Recht geronnene Ergebnisse festzustellen, so die positivrechtlichen Grundlagen einschlägiger Prinzipien darzulegen und in ihrem Geltungsanspruch gerade auch für die Akte fremder Hoheitsgewalt zu skizzieren. Die Bestimmungen des Grundgesetzes gelten für das deutsche Territorium als Akt der verfassunggebenden Gewalt und begründen somit originäre öffentliche Gewalt[86]. Dies empfiehlt sie als Ausgangspunkt. Eine Darlegung der Grundprinzipien des Unionsverfassungsrechts und des Völkerrechts schließt sich daran an.

29
Interdisziplinäre Frage

Unterschiede in der Betrachtung

Originäre öffentliche Gewalt

I. Grundprinzipien des Grundgesetzes

1. Vorgaben für deutsche öffentliche Gewalt

Das Grundgesetz legt zahlreiche Prinzipien für alle deutschen Träger öffentlicher Gewalt nieder. Eine durch Art. 79 Abs. 3 GG herausgehobene Gruppe findet sich in den Art. 1 und 20 GG, namentlich Menschenwürde und der

30
Zentrale Prinzipien des Art. 79 Abs. 3 GG

---

84 Einen Schwerpunkt der internationalen Forschung hierzu bildet das Exzellenzcluster Normative Ordnungen an der Universität Frankfurt am Main. Zu dessen Programmatik *Rainer Forst/Klaus Günther*, Die Herausbildung normativer Ordnungen. Zur Idee eines interdisziplinären Forschungsprogramms, in: dies. (Hg.), Die Herausbildung normativer Ordnungen, 2011, S. 11.
85 *John Rawls*, Eine Theorie der Gerechtigkeit, 1975, S. 81 ff.; *Dworkin* (N 75), S. 54 ff.; *Habermas* (N 75), S. 166, 208 ff., 242.
86 Ausführlich zur Relevanz dieser verfassungsrechtlichen Figur *Tobias Herbst*, Legitimation durch Verfassungsgebung, 2003.

Kernbestand der unveräußerlichen Menschenrechte sowie Demokratie, Bundes-, Rechts- und Sozialstaatlichkeit. Verfassungsvergleichend ist festzuhalten, daß diese Vorgaben zwar im europäischen und internationalen Mainstream liegen[87], aufgrund einer singulär intensiven Verfassungsrechtsprechung aber von besonderer Dichte sind[88]. Die zentralen Prinzipien der Achtung der Menschenrechte, der Demokratie und der Rechtsstaatlichkeit erhalten schon im Grundgesetz selbst nähere Ausprägung: Die Achtung der Menschenrechte und das Demokratieprinzip werden vor allem durch den Grundrechtskatalog bzw. durch die Grundsätze des Art. 38 GG konkretisiert, während das Prinzip der Rechtsstaatlichkeit etwa durch die Art. 19 Abs. 4 GG, Art. 97–104 GG sowie durch die Zuständigkeitsregelungen, welche Ausdruck der Gewaltenteilung sind, eine Konkretisierung erfährt. Die entsprechende Konstitutionalisierung der Rechtsordnung und Einbindung jeglicher deutscher öffentlicher Gewalt stellen die wohl wichtigste Entwicklung der bundesrepublikanischen Rechtsordnung in den ersten 40 Jahren ihres Bestehens dar[89]. Wenngleich ungeklärt ist, ob die Tiefe dieser Konstitutionalisierung als idiosynkratisch oder international beispielhaft zu verstehen ist, so steht doch außer Frage, daß sie Teil einer insgesamt überaus erfolgreichen Entwicklung war[90].

Konkretisierung durch das GG

Konstitutionalisierung der Rechtsordnung

2. Vorgaben für supra- und internationale Hoheitsträger

31

Art. 23 Abs. 1 GG als Maßstab

Das Grundgesetz stellt nicht nur für die deutsche öffentliche Gewalt, sondern auch für supra- und internationale öffentliche Gewalt Prinzipien auf. Wenngleich es einerseits den deutschen Rechtsraum bemerkenswert weit gegenüber dem internationalen und dem europäischen Recht öffnet[91], nur wenige europäische Verfassungen enthalten ähnlich weitgehende Bestimmungen[92], so legt es andererseits in Art. 23 Abs. 1 GG eine Reihe von Vorgaben für die Europäische Union nieder. Diese ist „demokratischen, rechtsstaatlichen, sozialen und föderativen Grundsätzen und dem Grundsatz der Subsidiarität" verpflichtet und muß „einen diesem Grundgesetz im wesentlichen vergleichbaren Grundrechtsschutz" gewährleisten. Hierin steht das Grundgesetz weitgehend allein. Die Vorgaben in den Verfassungen der meisten anderen EU-Mitgliedstaaten sind weitaus vager[93]. Sie wurden allerdings von deren

Deutsche Verfassung als Ausnahme

---

87 *Pedro Cruz Villalón*, Grundlagen und Grundzüge staatlichen Verfassungsrechts: Vergleich, in: Armin von Bogdandy/ders./Peter M. Huber (Hg.), Handbuch Ius Publicum Europaeum, Bd. I, 2007, S. 729.
88 Zu den Gründen *Christoph Schönberger*, Anmerkungen zu Karlsruhe, in: Matthias Jestaedt/Oliver Lepsius u. a., Das entgrenzte Gericht, 2011, S. 9 (27).
89 *Wahl* (N 29); *Gunnar Folke Schuppert/Christian Bumke*, Die Konstitutionalisierung der Rechtsordnung, 2000.
90 Vgl. nur die Beiträge in Michael Stolleis (Hg.), Herzkammern der Republik. Die Deutschen und das Bundesverfassungsgericht, 2011.
91 Wegweisend *Vogel* (N 28); aus dem neueren Schrifttum *Wendel* (N 70).
92 Sehr weitgehend auch die Verfassung Portugals, die in Art. 7 zahlreiche internationale Grundsätze und das Ziel der Verwirklichung einer friedlichen internationalen und europäischen Ordnung nennt; etwas zurückhaltender die Verfassung der Niederlande, welche in Art. 90 vorsieht, daß die Regierung die Entwicklung der internationalen Rechtsordnung fördert. Besonders weitgehend auch Art. 193 Abs. 4 der Schweizer Verfassung.
93 Gewisse Vorgaben finden sich auch in Art. 8 Abs. 4 der portugiesischen Verfassung („unter Beachtung der fundamentalen Prinzipien des demokratischen Rechtsstaats").

Verfassungsgerichten oft im Sinne des Bundesverfassungsgerichts, wenngleich weniger detailreich, fortentwickelt[94].

Vorgaben für internationale Organisationen sind Art. 24 GG und Art. 59 GG zu entnehmen. Während Art. 59 Abs. 2 GG rechtsvergleichend zum eher staatszentrierten Durchschnitt gehört[95], zählt Art. 24 GG zu den gegenüber überstaatlicher Gewalt besonders offenen Bestimmungen[96]. Seine größere Offenheit im Vergleich zu Art. 23 Abs. 1 GG spiegelt den Stand der Debatte zur Zeit der Neufassung des Art. 24 GG zu Beginn der 90er Jahre wider. Gerichte und Rechtswissenschaft haben auf dieser Grundlage vorsichtig einige prinzipienbasierte Anforderungen entwickelt. So darf eine internationale Organisation über den demokratisch legitimierten Auftrag nicht hinausgehen[97]; dies führt zur zentralen Rolle der Kompetenzlehren. Zudem darf die Kompetenzübertragung nicht die Grundstruktur der Verfassung berühren[98]. Daraus ergeben sich gewisse Strukturvorgaben für internationale Organisationen, insbesondere die Prinzipien des Schutzes der Menschenrechte sowie der Rechtsstaatlichkeit[99]. Das demokratische Prinzip liegt zumindest den Gesetzesvorbehalten in Art. 24 und in Art. 59 GG in Verbindung mit dem Grundsatz der beschränkten Ermächtigung zugrunde, dies zeigt die Relevanz dieses Prinzips auch für internationale öffentliche Gewalt.

32
Vorgaben für internationale Organisationen

Entwicklung prinzipienbasierter Anforderungen

3. Vorgaben für andere Staaten

Das Grundgesetz weist keine spezifische Norm auf, die Vorgaben für die Einwirkung von Akten anderer Staaten macht. Allerdings findet sowohl die Anwendung ausländischen Privatrechts als auch die Anerkennung ausländischer Urteile in Zivilsachen durch deutsche Organe seine Grenze im Ordre public-Vorbehalt. Nach Art. 6 S. 1 EGBGB ist „eine Rechtsnorm eines anderen Staates ... nicht anzuwenden, wenn ihre Anwendung zu einem Ergebnis führt, das mit wesentlichen Grundsätzen des deutschen Rechts offensichtlich unvereinbar ist"[100]. Diese wesentlichen Grundsätze ergeben sich gerade auch

33
Keine spezifische Regelung im GG

---

94 So in Schweden, Ungarn und Tschechien, vgl. dazu *Wendel* (N 70), S. 449 ff.; zusammenfassend *Peter M. Huber*, Offene Staatlichkeit: Vergleich, in: Armin von Bogdandy/Pedro Cruz Villalón/Peter M. Huber (Hg.), Handbuch Ius Publicum Europaeum, Bd. II, 2008, S. 433; *Christoph Grabenwarter*, in: Armin von Bogdandy/Jürgen Bast (Hg.), Europäisches Verfassungsrecht. Theoretische und dogmatische Grundzüge, ²2009, S. 121 (124 ff.); *Franz C. Mayer*, Verfassungsgerichtsbarkeit, ebd., S. 559.
95 Vgl. für ähnliche Vorgaben z. B. Art. 53 der französischen Verfassung, Art. 89 der polnischen Verfassung oder Art. 3 a der slowenischen Verfassung.
96 *Ingolf Pernice*, in: Horst Dreier (Hg.), Bd. II, ⁵2010, Art. 24 Rn. 14; vorsichtige Ermächtigungen zur Übertragung von öffentlicher Gewalt enthalten aber auch Art. 34 der belgischen Verfassung, Art. 90 Abs. 1 der polnischen Verfassung, Art. 3 a der slowenischen Verfassung und Art. 10 a der tschechischen Verfassung.
97 Vgl. die Entscheidung des Bundesverfassungsgerichts vom 22. 11. 2001 zum neuen Strategischen Konzept der NATO (BVerfGE 104, 151).
98 *Pernice* (N 96), Art. 24 Rn. 32.
99 *Rudolf Streinz*, in: Michael Sachs (Hg.), ⁶2011, Art. 24 Rn. 29.
100 Ähnlich § 328 Abs. 1 Nr. 4 ZPO; entsprechende Bestimmungen des Unionsrechts in. Art. 21 Rom I-VO, Art. 10 Rom II-VO; für die Anerkennung ausländischer Urteile § 328 Abs. 1 Nr. 4 ZPO bzw. Art. 34 Nr. 1 EuGVVO.

Völker- und verfassungsrechtliche Grundsätze

aus den Prinzipien des Grundgesetzes[101]. Auch fließen über den Art. 25 GG völkerrechtliche Grundsätze in die Auslegung des Art. 6 EGBGB ein; der deutsche „ordre public" ist internationalisiert[102]. Hinsichtlich der Anerkennung und Wirkung ausländischer Gerichtsentscheidungen greift der Ordre public-Vorbehalt nur einschränkend ein, wenn die ausländischen Verfahren minimalen rechtsstaatlichen Anforderungen nicht genügt haben oder das Ergebnis der Anerkennung essentiellen Wertungen des Grundgesetzes widerspräche[103]. Vorgaben bezüglich der öffentlichen Gewalt anderer Staaten bestehen somit nur indirekt und in engen Grenzen; eine demokratische und rechtsstaatliche Verfaßtheit ist nicht gefordert.

34
Unterschiede im Konkretisierungsgrad

Die grundgesetzlichen Prinzipien des Menschenrechtsschutzes, der Rechtsstaatlichkeit und der Demokratie sind grundsätzlich für sämtliche Formen öffentlicher Gewalt, die auf das deutsche Territorium einwirken, von Relevanz. Allerdings ist der Konkretisierungsgrad außerordentlich unterschiedlich. Er steigt ab von einer reichen Dogmatik und einer Fülle von Judikaten bezüglich deutscher öffentlicher Gewalt über vagere Vorgaben für überstaatliche Gewalt der Europäischen Union zu lediglich minimalen Beschränkungen für die Auswirkungen der Akte anderer Staaten. Dies hat eine Logik: Die Vorgaben für deutsche öffentliche Gewalt sind nicht ohne weiteres auf andere Hoheitsträger übertragbar. Eine Übertragung würde Deutschland integrationsunfähig machen und widerspräche so schon dem Auftrag in der Präambel des Grundgesetzes.

II. Grundprinzipien des Unionsverfassungsrechts

1. Vorgaben für die unionale Hoheitsgewalt

35
Maßgaben aus dem Primärrecht

Das Primärrecht der Europäischen Union legt in Art. 2 S. 1 EUV die Grundprinzipien öffentlicher Gewalt nieder, namentlich „Achtung der Menschenwürde, Freiheit, Demokratie, Gleichheit, Rechtsstaatlichkeit und die Wahrung der Menschenrechte". Zahlreiche Bestimmungen des Unionsprimärrechts dienen ihrer Konkretisierung mit Blick auf die Unionsgewalt, insbesondere Art. 9–12 EUV für das Demokratieprinzip oder die Bestimmungen der Grundrechtecharta für den Grundrechtsschutz und das Rechtsstaatsprinzip. Von großer Bedeutung sowohl für das Demokratieprinzip als auch für die Rechtsstaatlichkeit sind weiter die ausdifferenzierten Bestimmungen über die EU-Kompetenzen, namentlich in Art. 1 Abs. 1, Art. 4 und

Konstitutionalisierung des Gemeinschaftsrechts

Art. 5 EUV sowie Art. 2–6 AEUV. Langsam entwickeln sich im Lichte der Tradition des europäischen Konstitutionalismus spezifische unionale Lehren der Verfassungsprinzipien, welche die Spezifik der Union aufnehmen und so

---

[101] Vgl. Art. 6 S. 2 EGBGB, der die Vereinbarkeit mit den Grundrechten als Bedingung hervorhebt.
[102] *Dieter Blumenwitz*, in: Dieter Henrich (Hg.), J. von Staudingers Kommentar zum Bürgerlichen Gesetzbuch, Neuauflage 2003, Art. 6 Rn. 63 ff.
[103] *Peter Gottwald*, in: Thomas Rauscher/Peter Wax/Joachim Wenzel (Hg.), Münchner Kommentar zur ZPO, ³2008, Rn. 99 f., 110 ff.

ihre „sui-generis"-Gestalt konkretisieren[104]. Diese Prinzipien und Lehren müssen von den staatlichen Prinzipiendiskursen inspiriert werden, können diesen aber nicht einfach folgen. Insbesondere kann der hochentwickelte deutsche Diskurs kaum als Leitbild dienen, fehlen auf der europäischen Ebene doch viele von dessen Voraussetzungen, etwa der traumatische Hintergrund, die spezifische Rolle des Bundesverfassungsgerichts, die Bedeutung der Rechtswissenschaft. Gewiß gab es eine Konstitutionalisierung des Gemeinschaftsrechts[105], aber diese ist mit der Konstitutionalisierung der deutschen Rechtsordnung nicht vergleichbar.

2. Vorgaben für Staaten

Die Prinzipien des Art. 2 EUV bilden nicht nur Vorgaben für die Unionsgewalt, sondern auch für staatliche öffentliche Gewalt. Dabei ist zwischen EU-Mitgliedstaaten und Drittstaaten zu unterscheiden. Die Relevanz dieser Prinzipien für Mitgliedstaaten ergibt sich aus Art. 7 und 49 EUV, und zwar für *jede* Ausübung mitgliedstaatlicher öffentlicher Gewalt, auch außerhalb des Anwendungsbereichs des Art. 51 GRCH[106]. Der genaue Aussagegehalt dieser Prinzipien für diese Konstellation ist jedoch noch wenig bestimmt; die Deutungstendenz gerade in der deutschen Rechtswissenschaft ist eher restriktiv[107]. Sicherlich kann der deutsche Homogenitätsgrundsatz kein Beispiel geben. Dagegen streitet mit Art. 4 Abs. 2 EUV die Vielfalt der mitgliedstaatlichen Verfassungen: Republiken und Monarchien, parlamentarische und semipräsidentielle Systeme, starke und schwache Parlamente, Konkurrenz- und Konkordanzdemokratien, solche mit starken und solche mit schwachen Parteistrukturen, mit starken und schwachen gesellschaftlichen Institutionen, unitarische und föderale Ordnungen, starke, schwache und fehlende Verfassungsgerichte sowie beachtliche Divergenzen hinsichtlich des Gehalts und der Schutzintensivität von Grundrechten[108]. Es ist eine wichtige rechtswissenschaftliche Herausforderung, vor diesem Hintergrund aus den Prinzipien problemadäquate unionsrechtliche Vorgaben zu entwickeln[109].

36
EU-Mitgliedstaaten

Entwicklung problemadäquater Vorgaben

---

104 *Molinier* (N 79); *Stelio Mangiameli* (Hg.), L'ordinamento Europeo: I principi dell'Unione, Mailand 2006; *Hartmut Bauer/Christian Calliess* (Hg.), Verfassungsprinzipien in Europa, 2008; *Claudio Franzius*, Europäisches Verfassungsrechtsdenken, Athen 2010, S. 87 ff.; *Bengt Beutler*, Die Werte der Europäischen Union und ihr Wert, in: FS für Rainer Wahl, 2011, S. 635.
105 Wegweisend *Joseph H. H. Weiler*, The Transformation of Europe, in: Yale Law Journal 100 (1991), S. 2403.
106 *Meinhard Hilf/Frank Schorkopf*, in: Eberhard Grabitz/Meinhard Hilf (Hg.), Das Recht der Europäischen Union (Loseblattsammlung, Stand Juli 2010), Art. 2 EU, Rn. 18; *Matthias Ruffert*, in: Christian Calliess/ders. (Hg.), EUV/AEUV, ²2011, Art. 7 EUV, Rn. 4; *Amaryllis Verhoeven*, How Democratic need European Union members be?, in: ELRev. 23 (1998), S. 217 (222 ff., 234); Declaration of the Presidency of the Convention, 6. 2. 2003, CONV 528/03, 11.
107 Dies zeigt sich an der Diskussion um die Auslegung des Art. 51 (1) Grundrechtecharta. Für ein eher restriktives Verständnis z. B. *Peter M. Huber*, Auslegung und Anwendung der Charta der Grundrechte, in: NJW 64 (2011), S. 2385; *Martin Borowsky*, Art. 51 GRCH, in: Jürgen Meyer (Hg.), Charta der Grundrechte der Europäischen Union, ³2011, Rn. 24; anders *Koen Lenaerts*, Die EU Grundrechtecharta: Anwendbarkeit und Auslegung, Europarecht 2012, S. 3.
108 *Cruz Villalón* (N 87).
109 Ein Versuch: *Armin von Bogdandy/Matthias Kottmann u. a.*, Ein Rettungsschirm für europäische Grundrechte, in: ZaöRV 72 (2012), S. 45.

37
Drittstaaten

Mit Blick auf Drittstaaten macht das Unionsrecht ebenfalls explizite Vorgaben, wobei wiederum zwischen Beitrittskandidaten und anderen Staaten zu unterscheiden ist. Beitrittskandidaten müssen laut Art. 49 EUV die Grundprinzipien des Art. 2 EUV erfüllen[110], was in der Vergangenheit oft ein wichtiger Ansporn für eine liberaldemokratische Entwicklung in jenen Staaten war[111]. Aber auch darüber hinaus macht es das Unionsrecht den Unionsorganen zur Aufgabe, auf eine liberaldemokratische Verfassungsentwicklung in anderen Staaten hinzuwirken[112], wie sich aus Art. 3 Abs. 5 und Art. 21 Abs. 1 EUV ergibt. Offensichtlich gefällt den Vertragsgebern die Idee einer Union als weltweite Fackelträgerin demokratischer Freiheit[113]. Diese Prinzipien haben jedoch die einschlägige Praxis der Union wenig geprägt: Die Anwendungsdiskurse zu diesen Normen sind bislang eher dünn[114], Rechtsprechung ist kaum vorhanden[115].

Idee demokratischer Freiheit

3. Vorgaben für internationale Institutionen

38
Liberaldemokratische Entwicklung als Zielsetzung

Mit Blick auf die Öffnung für die öffentliche Gewalt von internationalen Institutionen machen die Verträge keine expliziten Vorgaben. Allerdings können die Zielvorgaben in Art. 3 Abs. 5 EUV, Art. 21 Abs. 1 EUV in dem Sinne verstanden werden, daß die Union auf eine liberaldemokratische Entwicklung der internationalen Organisationen hinwirken soll[116]. Diese Zielsetzung spiegelt sich auch in den einschlägigen Ermächtigungsnormen[117].

39
Rechtsprechung des EuGH

Der Rechtsprechung des Europäischen Gerichtshofs läßt sich allerdings nur wenig an Strukturvorgaben für internationale Institutionen entnehmen. Sie scheint vor allem darauf ausgerichtet zu sein, die Autonomie des Unions-

---

110 Ausführlich *Michael Rötting*, Das verfassungsrechtliche Beitrittsverfahren zur Europäischen Union, 2009.
111 *Wojciech Sadurski*, Accession's Democracy Dividend: The Impact of the EU Enlargement upon Democracy in the New Member States of Central and Eastern Europe, in: ELJ 10 (2004), S. 371; *Ulrich Sedelmeier*, Europeanisation in new member and candidate states, in: Living Reviews in European Governance 6 (2011), abrufbar: www.livingreviews.org/lreg-2011-1.
112 Hierzu politikwissenschaftlich *Ian Manners*, Normative Power Europe: A Contradiction in Terms?, in: Journal of Common Market Studies 40 (2002), S. 235; *Frank Schimmelfennig*, Europeanization beyond Europe, in: Living Reviews in European Governance 7 (2012), abrufbar: www.livingreviews.org/lreg-2012-1.
113 Zur hegemonialen Seite früh *Johan Galtung*, The European Community: A Superpower in the Making, Oslo/London, 1973, insbes. S. 117 ff.
114 Vgl. jedoch *Marise Cremona*, Values in EU Foreign Policy, in: Malcolm Evans/Panos Koutrakos (Hg.) Beyond the Established Legal Orders (2011), S. 275 (280 f.); *Markus Krajewski*, External Trade Law and the Constitution Treaty: Towards a Federal and More Demorcratic Foreign Policy?, in: Common Market Law Review 42 (2005), S. 91 (106 ff.).
115 Art. 3 Abs. 5 und Art. 21 Abs. 1 werden bislang vornehmlich herangezogen, um die Bindung der Union an Völkerrecht zu untermauern. Vgl. EuGH Rs. C-366/10, Air Transport Association of America, Rn. 101; vgl. auch EuG Rs. T-85/09, Kadi (Kadi II), Rn. 115.
116 In diesem Sinne *Ernst-Ulrich Petersmann*, The 2004 Treaty Establishing a Constitution for Europe and Foreign Policy: A New Constitutional Paradigm?, in: FS für Manfred Zuleeg, 2005, S. 176 (185 ff.); *Cremona* (N 114), S. 307 ff.
117 Bezugnahmen in Art. 207 AEUV (gemeinsame Handelspolitik); Art. 208 Abs. 1 AEUV (Entwicklungszusammenarbeit); Art. 212 Abs. 1 AEUV (wirtschaftliche, finanzielle und technische Zusammenarbeit mit Drittländern) und Art. 214 Abs. 1 AEUV (humanitäre Hilfe).

rechts und die eigene Rechtsprechungskompetenz zu schützen[118]. Von wesentlicher Bedeutung ist in diesem Zusammenhang die sogenannte Kadi-Rechtsprechung. Nach verbreiteter, aber keineswegs allgemeiner Auffassung hat es der Europäische Gerichtshof hier gerade unterlassen, mit einer Solange-Formel Vorgaben für einwirkende internationale öffentliche Gewalt aufzustellen[119].

III. Öffentlich-rechtliche Grundprinzipien des Völkerrechts

1. Vorgaben des allgemeinen Völkerrechts und Konstitutionalismus

40
Kein grundlegender Rechtsakt

Dem Völkerrecht fehlt ein dem Grundgesetz oder dem EU-Vertrag vergleichbarer grundlegender Rechtsakt, der die Prinzipien des Menschenrechtsschutzes, der Rechtsstaatlichkeit und der Demokratie für das gesamte Völkerecht oder gar für alles Recht niederlegt. Es gibt aber seit jeher zahlreiche politische und wissenschaftliche Versuche, diesen von vielen als mangelhaft wahrgenommenen Zustand zu überwinden; in den letzten Jahren wurden diese noch intensiviert[120]. Unter den rechtswissenschaftlichen Bemühungen sind besonders die Vertreter einer Konstitutionalisierung des Völkerrechts zu nennen[121].

41
Konstitutionalisierung des Völkerrechts

Dieser Ansatz deutet grundlegende internationale Normen als Komponenten eines überstaatlichen Verfassungsrechts[122]. Vereinzelt wurde angedacht, bestimmte Prinzipien als ius cogens zu verorten, welches nicht nur gegenüber anderem Völkerrecht, sondern gegenüber allem Recht vorrangige Geltung entfaltet[123]. Ein solches Vorgehen überdehnt jedoch das Rechtsinstitut des ius cogens bei weitem[124]. Ein vorsichtigerer Vorschlag entfaltet die Satzung der

---

118 EuGH Gutachten 1/91 vom 14.12.1991 (EWR), Slg. 1991, I-6079, insbes. Rn. 34ff., und EuGH Gutachten 1/09 vom 8.3.2011 (Patentgericht), Slg. 2011, I-1137, Rn. 64ff.
119 So *Joseph H. H. Weiler*, EJIL Editorial, in: EJIL 19 (2008), S. 895 (896); *Daniel Halberstam/Eric Stein*, The United Nations, the European Union and the King of Sweden: Economic Sanctions and Individual Rights in a Plural World Order, in: CMLRev 46 (2009), S. 13 (60f.); einen Solange-Ansatz in Kadi entdeckt u. a. *Heiko Sauer*, Rechtsschutz gegen völkerrechtsdeterminiertes Gemeinschaftsrecht? – Die Terroristenlisten vor dem EuGH, in: NJW (2008), S. 3685 (3686).
120 Jüngst wurde hierzu sogar eine eigene interdisziplinäre Zeitschrift gegründet: Global Constitutionalism, vgl. dazu das Editorial der ersten Ausgabe: *Antje Wiener/Anthony F. Lang Jr. u.a.*, Global Constitutionalism: Human Rights, Democracy and the Rule of Law, in: Global Constitutionalism 1 (2012), S. 1.
121 Zur Entwicklung und für einen Überblick *Kleinlein* (N 12).
122 *Anne Peters*, Compensatory Constitutionalism: The Function and Potential of Fundamental International Norms and Structures, Leiden Journal of International Law 2006, S. 579; *Stefan Kadelbach/Thomas Kleinlein*, Überstaatliches Verfassungsrecht, in: AVR 2006, S. 235.
123 So befand der internationale Strafgerichtshof für das ehemalige Jugoslawien im Urteil Furundžija, daß dem Folterverbot der Status von ius cogens zukommt, welches anderslautende nationale Regelungen verbietet und in ihrer Geltung vernichtet, Urteil der ersten Instanz vom 10.12.1998 (IT-95-17/1-T), par. 144ff.
124 Entsprechende Deklarationen wie etwa im World Summit Outcome Document Sept. 2005, wonach Rechtsstaatlichkeit, Demokratie und Menschenrechte „belong to the universal and indivisible core values and principles of the United Nations" (s.o. N82), haben keinen Status von ius cogens; näher *Stefan Kadelbach*, Jus Cogens, Obligations Erga Omnes and Other Rules – The Identification of Fundamental Norms, in: Jean-Marc Thouvenin/Christian Tomuschat (Hg.), The Fundamental Rules of the International Legal Order, Leiden 2006, S. 30.

Verschiedene Ansätze

Vereinten Nationen im Lichte grundlegender Verfassungsprinzipien[125]. Ein anderer verwendet einen materiellen Verfassungsbegriff und identifiziert besonders wichtige völkerrechtliche Normen als konstitutionell[126]. Man kann zu ähnlichen Ergebnissen auch auf verwaltungsrechtlicher Grundlage kommen[127]. Der hier verfolgte öffentlich-rechtliche Ansatz ist ebenfalls der Sicherung und Förderung liberaldemokratischer Herrschaft verschrieben, operiert jedoch auf einer anderen begrifflichen Grundlage, die Probleme jener Ansätze vermeidet, da er dogmatisch wie legitimationstheoretisch bei der Ausübung von Hoheitsgewalt ansetzt.

2. Vorgaben für Staaten

42 Verpflichtung zum Menschenrechtsschutz

Am deutlichsten ist die Verpflichtung aller Staaten auf das völkerrechtliche Prinzip des Menschenrechtsschutzes. Sie ist bei den Vertragsparteien der universellen Menschenrechtspakte unzweifelhaft[128]. Deren innerstaatliche Funktion wird in zahlreichen neueren Verfassungen ausdrücklich anerkannt[129]. Nicht ganz so eindeutig ist die Bindungswirkung für Staaten, die keine Vertragsparteien sind. Es gibt jedoch eine Fülle dogmatischer Ansätze, die deren Verpflichtung zumindest auf die fundamentalen Menschenrechte überzeugend argumentieren[130]. Diese fundamentalen Rechte schließen vor allem das Recht auf Leben, das Verbot der Folter, der Sklaverei und der willkürlichen Freiheitsberaubung ein[131].

43 Problem der Durchsetzbarkeit

Problematisch ist im Hinblick auf das Prinzip des Menschenrechtsschutzes weniger die Rechtsgrundlage als seine Durchsetzung, wie zahlreiche Organisationen ebenso glaubwürdig wie bedrückend dokumentieren. Dies führt zum Rechtsstaatsprinzip. Dieses Prinzip, auch als „rule of law" oder „prééminence du droit" bezeichnet, ist vielschichtig. Seine derzeit vielleicht wichtigste Komponente bilden Verfahren, welche die Normativität des Rechts und damit der Menschenrechte gerade gegenüber der öffentlichen Gewalt durchsetzen.

---

125 *Alfred Verdross/Bruno Simma*, Universelles Völkerrecht, ³1984, S. 69ff.; *Bardo Fassbender*, The United Nations Charter as the Constitution of the International Community, Leiden 2009.
126 Im Sinne einer ebenenübergreifenden Verfassungsentwicklung *Anne Peters*, Rechtsordnungen und Konstitutionalisierung: Zur Neubestimmung der Verhältnisse, in: ZÖR 65 (2010), S. 3.
127 *Kingsbury/Krisch/Stewart* (N 39), S. 15.
128 Als autoritative Stimme aus der „neuen Welt" *Flávia Piovesan*, Direitos Humanos e o Direito Constitucional Internacional, São Paolo ¹³2012, S. 227.
129 Aus dem europäischen Rechtsraum vgl. nur Section 10 der spanischen Verfassung; Art. 20 der rumänischen Verfassung; Art. 11 der slowakischen Verfassung; ähnlich insbesondere neuere Bestimmungen in den Verfassungen Lateinamerikas, zum Beispiel Section 75, 22 der argentinischen Verfassung; Art. 6 der Verfassung von Uruguay; dazu *Christina Binder*, The Prohibition of Amnesties by the Inter-American Court of Human Rights, in: German Law Journal 11 (2011), S. 1203.
130 *Olivier De Schutter*, International Human Rights Law, Cambridge 2010, S. 49ff.; *Bruno Simma/Philip Alston*, The Sources of Human Rights Law: Custom, Jus Cogens and General Principles, Australian Yearbook of International Law 12 (1988/1989), S. 100; *Theodor Meron*, Human Rights and Humanitarian Norms as Customary Law, Oxford 1989, S. 79; in diese Richtung auch die Advisory Opinion des IGH vom 9.7.2004, Legal Consequences of the Construction of a Wall in the Occupied Palestinian Territory, par. 107ff.
131 *Kadelbach* (N 124), S. 29.

Zahlreiche völkerrechtliche Verträge enthalten rechtsstaatliche Vorgaben für staatliche Verwaltungen und Gerichte. Beispielhaft seien Art. 9 Abs. 3 – 4, 14, 15 IPbürgR, Art. X GATT oder Art. 88 ICC-Statut genannt[132]. Diese Vorgaben sind größtenteils sektorspezifisch ausgestaltet und entsprechen zumeist nicht den Mindestanforderungen entwickelter nationaler Rechtsordnungen. Dennoch wird vielfach eine verstärkte Tendenz zur Entwicklung dieser Dimension des Völkerrechts oder sogar die Emergenz eines allgemeinen völkerrechtlichen Grundsatzes eines globalen „due process" beschrieben[133]. So sieht Sabino Cassese zwar keinen allgemeinen Grundsatz des „due process" auf internationaler Ebene, beschreibt jedoch eine klare Tendenz zur Weiterentwicklung und Konsolidierung bestimmter Kernanforderungen dieses Grundsatzes[134]. Bei dieser Entwicklung spielen internationale Gerichte eine zentrale Rolle[135].

44
Rechtsstaatlichkeit

„Due process"

Schwieriger ist die Rechtslage mit Blick auf das demokratische Prinzip. Die Satzung der Vereinten Nationen verlangt von den Mitgliedstaaten nur, daß sie „friedliebend" sind (Art. 4 Abs. 1 SVN). Das Gebot der Selbstbestimmung, in vielfältiger Weise völkerrechtlich abgesichert, deutet in die gleiche Richtung, bleibt jedoch in seinem allgemeinen Gehalt noch hinter dem demokratischen Prinzip zurück[136]. Zweifelsohne untermauert das Völkerrecht in einer Reihe von Bestimmungen wichtige Aspekte demokratischer Verfaßtheit, insbesondere durch menschenrechtliche und Minderheiten schützende Normen. Zudem schreibt Art. 25 des Zivilpakts freie Wahlen vor[137]; seine Normativität wird durch die Verfassungspraxis von Staaten wie China und Rußland beschädigt, aber nicht zerstört. Darüber hinaus wird vielfältig diskutiert, ob das Völkerrecht zu demokratischer Verfaßtheit verpflichtet[138]. Eine Reihe von Auto-

45
Demokratieprinzip

Leitprinzip ohne Verpflichtung

---

132 Eine Zusammenstellung einschlägiger Bestimmungen bei *Sabino Cassese*, A Global Due Process of Law?, in: Gordon Anthony/Jean-Bernard Auby u. a. (Hg.), Values in Global Administrative Law, Oxford 2011, S. 17 (21 ff.); auf der regionalen europäischen Ebene treten insbesondere Verbürgungen der EMRK hinzu, insbesondere Art. 6 und 13.
133 *Cassese* (N 132); *Sérvulo Correia*, Administrative Due or Fair Process: Different Paths in the Evolutionary Formation of a Global Principle and of a Global Right, in: Gordon Anthony/Jean-Bernard Auby u. a. (Hg.), Values in Global Administrative Law, Oxford 2011, S. 313; *Gianluigi Palombella*, The Rule of Law Beyond the State: Failures, Promises, Theory, in: International Journal of Constitutional Law 7 (2009), S. 442.
134 *Cassese* (N 132), S. 51.
135 Vgl. WTO Appelate Body Report, *United States – Import Prohibition of Certain Shrimp and Shrimp Products*, WT-DS58/AB/R, vom 6. 11. 1998, par. 182.
136 *Anne Peters*, Das Gebietsreferendum im Völkerrecht, 1995, S. 387 ff.; *Daniel Thürer/Thomas Burri* beobachten in ihrem Artikel zu „Self-Determination", in: Rüdiger Wolfrum (Hg.), The Max Planck Encyclopedia of Public International Law, Oxford 2012 (online Ausgabe), gewisse Entwicklungen in dem Recht auf Selbstbestimmung, einem Recht auf Demokratie ist es aber nicht gleichzusetzen. Für das Recht auf Selbstbestimmung als ius cogens und als erga omnes-Verpflichtung, allerdings ebenfalls ohne es einem Recht auf Demokratie gleichzusetzen, *Steven Wheatley*, The Democratic Legitimacy of International Law, Oxford 2010, S. 213.
137 *Manfred Nowak*, CCPR-Kommentar, Art. 25, Rn. 1, 18; wiederum ist die spezifische europäische Rechtslage klarer, insbesondere dank Art. 3 des 1. Zusatzprotokolls zur EMRK; dazu *Jochen Frowein*, in: ders./Wolfgang Peukert (Hg.), Europäische Menschenrechtskonvention. Kommentar, 1996, S. 835.
138 *Thomas M. Franck*, The Emerging Right to Democratic Governance, in: AJIL 86 (1992), S. 46; *Anne Peters*, in: Jan Klabbers/Anne Peters/Geir Ulfstein (Hg.), The Constitutionalization of International Law, Oxford 2009, S. 263 (273 ff.); *Niels Petersen*, Demokratie als teleologisches Prinzip, 2009; *Samantha Besson*, Das Menschenrecht auf Demokratie, in: Gret Haller/Klaus Günther/Ulfrid Neumann (Hg.), Menschenrechte und Volkssouveränität in Europa, 2011, S. 61.

ren sieht eine Entwicklung in Richtung eines universellen Demokratiegebots als Rechtsprinzip, welches in dieser Form jedoch heute noch nicht besteht. Als völkerrechtliches Ordnungs- und Leitprinzip ist es jedoch etabliert[139].

3. Vorgaben für internationale Organisationen

46
Hegung und Stärkung der Macht

Die öffentlich-rechtlichen Prinzipien des Völkerrechts sind traditionell auf die Bändigung staatlicher Gewalt ausgerichtet. Das Recht der internationalen Organisationen wurde hingegen lange Zeit funktionalistisch gedeutet, also nicht im Sinne der Hegung ihrer Macht, sondern zu deren Stärkung[140]. Da sie im Zuge der Globalisierung nun aber vielfach zu Trägern öffentlicher Gewalt erstarkten, stellt sich entsprechend die Frage nach der Anwendung jener Prinzipien auch auf sie. Die zunächst mit Blick auf die Europäische Union geführte Debatte universalisiert sich.

47
Bindung an die Menschenrechte?

Zunächst stellte sich die Frage, inwieweit supra- und internationale Organisationen an die Menschenrechte gebunden sind. Selbst wenn von internationalen Organisationen nur selten direkt wirkende Akte erlassen werden, ist die Menschenrechtsrelevanz vieler ihrer Politiken heute offensichtlich – seien es „smart sanctions" des UN-Sicherheitsrats, die Mittelvergabe der Weltbank oder die Anerkennung des Flüchtlingsstatus durch den UN-Hochkommissar für Flüchtlinge. Da diese Institutionen in aller Regel nicht Vertragsparteien der Menschenrechtspakte sind, bedarf ihre Verpflichtung dogmatischer Konstrukte, die mittlerweile ebenso vielfältig wie überzeugend entwickelt worden sind[141]. Es gibt heute wohl keine internationale Einrichtung, die die Relevanz von Menschenrechten für ihr Handeln prinzipiell bestreitet. Es ist offensichtlich, daß anderenfalls schwere Legitimitätseinbußen drohten, die die Organisation gefährden könnten.

48
Bindung an das Rechtsstaatsprinzip?

Gerichtlicher Rechtsschutz

Ähnlich ist die Lage mit Blick auf das Rechtsstaatsprinzip, der „rule of law", dem „due process". Viele internationale Institutionen verfügen zwar über komplexe institutionelle und prozedurale Regeln[142], die jedoch derzeit kaum im Sinne eines entwickelten Rechtsstaatsprinzips operieren. Allgemeine Aussagen sind zudem schwierig, weil die Rechtslage von Organisation zu Organisation außerordentlich unterschiedlich ist[143]. Insbesondere fehlt es an klaren Bestimmungen, die gerichtlichen Rechtsschutz gegenüber Akten supra- und

---

139 Ausführlich: *Petersen* (N 138).
140 *Jan Klabbers*, Two Concepts of International Organization, in: International Organizations Law Review 2005, S. 277.
141 *Simma/Alston* (N 130), S. 100 ff.; *Tawhida Ahmed/Israel de Jesús Butler*, The European Union and Human Rights: An International Law Perspective, in: EJIL 17 (2006), S. 771; *Robert McCorquodale*, International Organizations and International Human Rights Law, in: Kaiyan Homi Kaikobad/Michael Bohlander (Hg.), International Law and Power: Perspectives on Legal Order and Justice, Leiden 2009, S. 141.
142 *Jochen von Bernstorff*, Procedures of Decision-Making and the Role of Law in International Organizations, in: German Law Journal 9 (2008), S. 1939 (1951 ff.).
143 Ausf. Nachweis bei *Henry G. Schermer/Niels M. Blokker*, International Institutional Law, Leiden ⁵2011, S. 501 ff.

internationaler Institutionen verlangen und ermöglichen[144]. Jedoch werden die Menschenrechte zunehmend so verstanden, daß sie zumindest funktional entsprechende rechtsschützende Verfahren verlangen[145]; dafür stehen das „Inspection Panel" der Weltbank sowie die Ombudsperson im Rahmen der „smart sanctions" des Sicherheitsrats[146]. Eine große, noch ungeklärte Frage ist, in welchem Umfang staatliche Gerichte Defizite auf der internationalen Ebene kompensieren können[147].

Noch schwieriger ist die Frage, ob und wie einem völkerrechtlich verankerten Demokratieprinzip Vorgaben für die Strukturen überstaatlicher und internationaler Organisationen entnommen werden können. Während der EU-Vertrag für die supranationale Europäische Union die Verbindlichkeit des demokratischen Prinzips festschreibt, fehlt es an entsprechenden Bestimmungen in den Statuten internationaler Organisationen. Es wäre jedoch allzu positivistisch, allein deshalb die Demokratie in internationalen Organisationen aus dem Bereich rechtlichen Denkens zu verbannen und ganz der politischen Theorie zu überlassen. Angesichts der offensichtlich schwierigen Übertragbarkeit demokratischer Verfahren ziehen es zahlreiche Autoren allerdings vor, die Rückbindung internationaler Institutionen unter dem Begriff der „accountability" zu diskutieren[148]. Letztlich geht es aber eben doch um die demokratische Frage, wie die internationalen Institutionen mit den Werten, Interessen und Überzeugungen der betroffenen Bürger verknüpft werden und ihnen gegenüber verantwortlich sind. Die Debatte ist weit gespannt. Sicher erscheint, daß der Grundsatz der Bindung der Organisationen an ihre Rechtsgrundlage im Sinne des demokratischen Prinzips zu deuten ist[149]. Weitere zentrale Punkte bilden die Rolle internationaler parlamentarischer Gremien sowie Beteiligungsrechte nichtstaatlicher Organisationen[150]. So vielfältig und im einzelnen unsicher die Erkenntnisse dieser Debatte sind, kann man ihr doch entnehmen, daß der Demokratiebegriff heute auch mit Blick auf internationale Organisationen als Fluchtpunkt rechtswissenschaftlicher Konstruktion und Kritik dienen kann.

49
Vorgaben aus dem Demokratieprinzip?

Demokratiebegriff als Fluchtpunkt

---

144 *Kirsten Schmalenbach*, International Organizations or Institutions, Legal Remedies against Acts of Organs, in: Rüdiger Wolfrum (Hg.), The Max Planck Encyclopedia of Public International Law, Oxford 2012 (online Ausgabe), Rn. 25; *Matthias Ruffert/Christian Walter*, Institutionalisiertes Völkerrecht, 2009, S. 75.
145 *Clemens A. Feinäugle*, Hoheitsgewalt im Völkerrecht: das 1267-Sanktionsregime der UN und seine rechtliche Fassung, 2011, S. 191 ff.
146 *Schmalenbach* (N 144); *Erika de Wet*, Holding International Institutions Accountable: The Complementary Role of Non-Judicial Oversight Mechanisms and Judicial Review, in: German Law Journal 9 (2008), S. 1987 (2000).
147 Näher *August Reinisch* (Hg.), Challenging Acts of International Organizations before National Courts, Oxford 2010.
148 *International Law Association*, Accountability of International Organisations, Final Report, 2004, abrufbar unter: www.ila-hq.org/html/layout–committee.htm; *Kingsbury* (N 59); *Deirdre Curtin/Anchrit Wille* (Hg.), Meaning and Practice of Accountability in the EU Multi-Level Context, 2008; *Philipp Dann*, Accountability in Development Aid Law The: World Bank, UNDP and the Emerging Structures of Transnational Oversight, in: AVR 44 (2006), S. 381.
149 *Rüdiger Wolfrum*, Kontrolle der auswärtigen Gewalt, in: VVDStRL 56, 1997, S. 38 (45 ff. und 61 ff.); *Jan Klabbers*, Research Handbook on the Law of International Organizations, Cheltenham, 2011, S. 208 ff.
150 Ausführlich *v. Bogdandy* (N 78).

C. Fragen der Entfaltung

I. Potentiale und Probleme

50
Gleichklang der Grundstrukturen

Sowohl im deutschen Recht als auch im Unionsrecht und im Völkerrecht lassen sich also die Prinzipien des Menschenrechtsschutzes, der Rechtsstaatlichkeit und, wenngleich eingeschränkt, der Demokratie identifizieren, und zwar sowohl für Institutionen der eigenen als auch für solche interagierender Rechtsordnungen. Sie bilden Eckpunkte für einen übergreifenden Diskurs über das, worauf es im Kern ankommt. Dieser Gleichklang hat ein erhebliches Potential für eine überzeugende Entfaltung öffentlicher Gewalt in der zeitgenössischen Situation. Allerdings führt der Umstand, daß Normen des deutschen, des unionalen und des internationalen Rechts Hoheitsorganen der jeweils anderen Rechtsordnungen prinzipielle Vorgaben machen, auch zu schwierigen Fragen, etwa welche Rechtsordnung allgemeinverbindliche Eckpunkte des Prinzipienverständnisses festlegt[151]. Der klassische Modus, solche Konflikte zu lösen und Prinzipiendiskurse zu ordnen, findet sich in Artikel IV Abs. 4 der Verfassung der Vereinigten Staaten und in deren vierzehnten Amendment, in Deutschland in Art. 28 Abs. 1 GG: Danach müssen sich die Strukturprinzipien der Länder an den Strukturprinzipien des Bundes ausrichten.

51
Zuordnung von Staatsrecht, Unionsrecht, Völkerrecht

Eine ähnlich eindeutige Regelung fehlt mit Blick auf die neuen Konflikt- und Interpretationskontexte[152]. Man ist auf dogmatische Konstruktionen angewiesen, die wahrhaft Fundamentales verhandeln: Der Modus der gegenseitigen Zuordnung der staatsrechtlichen, unionsrechtlichen und völkerrechtlichen Bestimmungen sowie die Frage nach der Bedeutung rechtsvergleichender Erkenntnisse sind grundlegend für die Gesamtarchitektur des auf dem deutschen Territorium geltenden Rechts.

52
Verschiedene Ausprägungen der Prinzipien

Es geht dabei um eine Reihe unterschiedlicher, wenngleich zusammenhängender Fragen. Bei völkerrechtlichen Akten geht es um deren Geltung, Rang und Wirkung im territorialen Anwendungsbereich des Unionsrechts und des nationalen Rechts, also darum, wie Institutionen der Union oder deutsche Organe mit diesen Akten umgehen müssen. Die gegenläufige Fragestellung sieht etwas anders aus: Es geht in aller Regel nicht um Geltung, Rang und Wirkung von Unionsrecht und staatlichem Recht im Rahmen der Völkerrechtsordnung, sondern darum, ob Unionsorgane oder staatliche Organe einem völkerrechtlichen Akt zustimmen dürfen oder ob und wie ein völkerrechtlicher Akt im Rahmen der Operationen des internen Rechtssystems von Relevanz ist. Da es bei Prinzipien in aller Regel nicht zu direkten Konflikten

---

151 Daß das klassische Souveränitätsprinzip dies verhinderte, ist ein Grundthema bei *Carl Schmitt*, Der Nomos der Erde, 1950, S. 96 ff.
152 Obgleich es einige positiv-rechtliche Ansätze gibt. Klassisch: Art. VI der Verfassung der Vereinigten Staaten; aus dem europäischen Rechtsraum z.B. Art. 1 und 25 GG, Art. 10 der italienischen Verfassung, Art. 55 der französischen Verfassung, Art. 216 Abs. 2 AEUV.

kommt, stellt sich vornehmlich die Frage, wie sich unterschiedliche Verständnisse und Ausprägungen der Prinzipien, wie sie in den jeweiligen Rechtsordnungen in positivem Recht, Rechtsprechung und Wissenschaft entwickelt wurden, zueinander verhalten; die Frage stellt sich auch für rechtsvergleichende Erkenntnisse.

II. Prinzipienpluralismus

Das Nachdenken über das Verhältnis der Prinzipien verschiedener Ebenen krankt daran, daß es weiterhin im Bannkreis zweier Theorienangebote des frühen 20. Jahrhunderts steht: Monismus und Dualismus[153]. Von ihnen ausgehend läßt sich kein plausibles Verständnis mehr entwickeln. Die heutige rechtliche und politische Lage unterscheidet sich grundsätzlich von der vor 100 Jahren: Deutschland hat sich zu einem demokratischen Verfassungsstaat entwickelt, es rivalisiert nicht mehr mit seinen Nachbarstaaten um Kolonien und Großmachtstatus, sondern ist gemeinsam mit ihnen eingebettet in ein dichtes Geflecht supra- und internationaler Organisationen, just um jene Rivalität zu überwinden. Es ist signifikant, daß die wichtigste Schrift, die den Dualismus unter dem Grundgesetz fortführt, aus dem Jahre 1967 stammt und natürlich keines der Phänomene der „global governance" verarbeiten kann[154]. Aber auch der Monismus überzeugt weder als dogmatisches noch als theoretisches Angebot: Wann immer eine Frage nach Geltung, Rang, Wirkung oder Legitimität zu klären ist, so ist als erstes der fragliche Akt einer spezifischen Rechtsordnung zuzuordnen; die Praxis geht also gerade nicht von einem Verschmelzen der Rechtsordnungen aus. Alle wesentlichen Fragen werden stets relativ zu einer Rechtsordnung unter anderen beantwortet. Als spezifisch dogmatische Konstruktionen sind Monismus und Dualismus nicht mehr nützlich, weil sie bei keiner der relevanten Rechtsfragen einen plausiblen Lösungsvorschlag unterbreiten können. Als theoretische Konstruktionen zur Erfassung der rechtlichen Gesamtkonstruktion sind sie ebensowenig weiterführend, weder analytisch noch normativ. Der Dualismus teilt letztlich das Schicksal des traditionellen Souveränitätsprinzips. Der Monismus mit völkerrechtlichem Primat teilt die Schwächen eines Weltverfassungsrechts als Paradigma zur Erfassung des geltenden Rechts. Im Verfassungsrecht findet man noch am ehesten den Monismus mit staatsrechtlichem Primat, wonach die nationalen Verfassungsprinzipien den Mittelpunkt des normativen Universums bilden, etwa mit Blick auf die Rechtsvergleichung bei Antonin Scalia[155]

53
Dialogischer Pluralismus

Deutschland als Teil der Weltengemeinschaft

Kein Verschmelzen der Rechtsordnungen

Monismus mit staatsrechtlichem Primat

---

153 Wegweisend *Heinrich Triepel*, Völkerrecht und Landesrecht, 1899, S. 12 ff.; *Hans Kelsen*, Reine Rechtslehre, 1934, S. 129 ff.; *Georges Scelle*, Précis de Droit des Gens, 1932, S. 31 ff.; ausführlich *Christine Amrhein-Hofmann*, Monismus und Dualismus in den Völkerrechtslehren, 2003; *Pierre-Marie Dupuy*, International Law and Domestic (Municipal) Law, in: Rüdiger Wolfrum (Hg.), The Max Planck Encyclopedia of Public International Law, Oxford 2012 (online Ausgabe).
154 *Walter Rudolf*, Völkerrecht und deutsches Recht, 1967.
155 Vgl. Antonin Scalias „dissenting opinion" in der US-Supreme-Court Entscheidung Roper vs. Simmons, 543 US (2005); sowie eine Diskussion mit Justice Stephen Breyer, in Auszügen abgedruckt in: International Journal of Constitutional Law 3 (2005), S. 519.

sowie bei solchen Autoren, die das Völkerrecht als äußeres Staatsrecht begreifen[156]. Doch deren Verständnis wird bereits für die amerikanische Verfassung unter anderem mit dem bestechenden Argument bestritten, daß es den Verfassern um eine Einbettung der amerikanischen Institutionen in ein universelles Vernunftprojekt ging[157]. Für Deutschland kann eine Konzeption wie die von Scalia angesichts der klaren Grundentscheidung für die offene Staatlichkeit kaum überzeugen.

54
Mehrebenen-, Netzwerk- und Verbundbegriff

Es gibt zahlreiche begriffliche Vorschläge, die neue Gesamtkonstellation zu fassen. Besondere Bedeutung haben im deutschsprachigen Kontext der Mehrebenen-, der Netzwerk- und vor allem der Verbundbegriff erhalten[158]. Man kann diese Vorschläge als Teil der internationalen Debatte begreifen, die die Gesamtkonstellation im Zeichen eines rechtlichen Pluralismus konzipiert[159]. Die Kerneinsicht aller pluralistischen Positionen liegt darin, daß die diversen Prinzipien, die als Teil des Völkerrechts, des Unionsrechts oder aber des staatlichen Rechts normative Vorgaben für soziale Interaktionen niederlegen, nicht als Teile einer einheitlichen Rechtsordnung konzipiert und Konflikte nicht mit dem Paradigma der Hierarchie gelöst werden können[160].

55
Optierung zum dialogischen Pluralismus

Die pluralistischen Ansätze teilen sich in zwei Lager. Der radikalere Ansatz geht von Konflikten aus, die er als Machtkonflikte begreift und die juristischer Rationalität kaum zugänglich sind[161]. Der dialogische Ansatz beruht hingegen auf der Beobachtung, daß die diversen Rechtsregime und Institutionen bei prinzipieller Wahrung ihrer normativen Unabhängigkeit in aller Regel stabile rechtliche Beziehungen aufbauen. Grundlegende Konflikte sind die große Ausnahme, die intensive und zumeist fruchtbare Zusammenarbeit hingegen der Regelfall. Wer nicht mit Carl Schmitt den Ausnahme-, sondern mit Hegel den Normalfall als Ausgangspunkt wissenschaftlichen Denkens wählt, wird für einen dialogischen Pluralismus optieren.

---

156 *Jack Goldsmith/Eric Posner*, The Limits of International Law, Oxford 2005; *Curtis Bradley/Jack Goldsmith*, Foreign Relations Law, New York ²2007.
157 *Vicki C. Jackson*, Constitutional Engagement in a Transnational Era, Oxford 2010, S. 153 f.
158 Zum Verbundbegriff *Armin von Bogdandy*, Supranationaler Föderalismus als Wirklichkeit und Idee einer neuen Herrschaftsform, 1999; *Christoph Schönberger*, Die Europäische Union als Bund, in: AöR 129 (2004), S. 81; zum Mehrebenenbegriff *Ingolf Pernice*, Multilevel Constitutionalism in the European Union, in: ELRev. 27 (2002), S. 511; zum Netzwerkbegriff *Matthias Goldmann*, Der Widerspenstigen Zähmung, oder: Netzwerke dogmatisch gedacht, in: Sigrid Boysen (Hg.), Netzwerke, 2007, S. 225,
159 *Klaus Günther*, Rechtspluralismus und universeller Code der Legalität: Globalisierung als rechtstheoretisches Problem, in: FS für Jürgen Habermas, 2001, S. 539; *John Griffiths*, What is Legal Pluralism?, in: Journal of Legal Pluralism and Unofficial Law 24 (1986), S. 1.
160 *Giulio Itzcovich*, Legal Order, Legal Pluralism, Fundamental Principles. Europe and Its Law in Three Concepts, in: ELJ 18 (2012), S. 358 (370).
161 *Gunther Teubner*, Globale Bukowina. Zur Emergenz eines transnationalen Rechtspluralismus, in: Rechtshistorisches Journal 15 (1996), S. 255 (261 f., 273); s. auch *Andreas Fischer-Lescano/Gunther Teubner*, Regimekollisionen. Zur Fragmentierung des globalen Rechts, 2006; *Nico Krisch*, Beyond Constitutionalism. The Pluralist Structure of Postnational Law, Oxford 2010.

III. Prinzipien der Prinzipien

Die genannten Prinzipien, bei allen Differenzen hinsichtlich ihres rechten Verständnisses, können der politischen und rechtlichen Auseinandersetzung in der neuen Konstellation einen hegenden Rahmen geben. Um diesen Rahmen zu verfestigen, werden unter dem Ansatz eines dialogischen Pluralismus die juristischen Kernkompetenzen der Abstraktion, der Spezifikation, des Vergleichs, des Transfers und nicht zuletzt der Konfliktlösung neu gefordert[162]. Eine Verschmelzung der diversen Prinzipiendiskurse ist ebenso unwahrscheinlich wie die Verschmelzung der diversen Rechtsordnungen. Unter der Prämisse des dialogischen Pluralismus ist jedoch ihre intensive Verknüpfung ebenso wahrscheinlich wie geboten, da den Prinzipien der Prinzipien dienlich, namentlich dem Schutz des Kerngehalts der Menschenrechte[163], der Aufrechterhaltung normativen Erwartens gegenüber Trägern der öffentlichen Gewalt[164] sowie deren Anbindung an die Werte, Interessen und Überzeugungen der durch die Entscheidung Betroffenen, abstrakter: der Inklusion der Bürger in die Ausübung öffentlicher Gewalt[165].

56
Neuer Rahmen der Auseinandersetzung

Inklusion der Bürger

---

162 Umsichtige Beispiele in *Samantha Besson*, Das Menschenrecht auf Demokratie, in: Gret Haller (Hg.), Menschenrechte und Volkssouveränität in Europa, 2011, S. 61, sowie in *Hélène Ruiz Fabri*, Principes généraux du droit communautaire et droit comparé, in: Droits 45 (2007), S. 127.
163 *Jochen von Bernstorff*, Kerngehaltsschutz durch den UN-Menschenrechtsausschuss und den EGMR: vom Wert kategorialer Argumentationsformen, in: Der Staat 50 (2011), S. 165.
164 *Habermas* (N 75), S. 516; *Luhmann* (N 83), S. 150 ff.
165 *Jürgen Habermas*, Zur Verfassung Europas. Ein Essay, 2011, S. 54; s. auch *Amartya Sen*, The Idea of Justice, London 2009, S. 117.

D. Bibliographie

Jürgen Bast, Transnationale Verwaltung des europäischen Migrationsraums, in: Der Staat 46 (2007), S. 1 ff.
Eyal Benvenisti, Reclaiming Democracy: The Strategic Uses of Foreign and International Law by National Courts, in: AJIL 102 (2008), S. 241 ff.
Jochen von Bernstorff, Kerngehaltsschutz durch den UN-Menschenrechtsausschuss und den EGMR: vom Wert kategorialer Argumentationsformen, in: Der Staat 50 (2011), S. 165 ff.
Sabino Cassese, A Global Due Process of Law?, in: Gordon Anthony/Jean-Bernard Auby/John Morison/Tom Zwart (Hg.), Values in Global Administrative Law, Oxford 2011, S. 17 ff.
Thomas M. Franck, The Emerging Right to Democratic Governance, in: AJIL 86 (1992), S. 46 ff.
Jürgen Habermas, Faktizität und Geltung, 1994.
Daniel Halberstam/Eric Stein, The United Nations, the European Union and the King of Sweden: Economic Sanctions and Individual Rights in a Plural World Order, in: CMLR 46 (2009) S. 13 ff.
Vicki C. Jackson, Constitutional Engagement in a Transnational Era, Oxford 2010.
Georg Jellinek, Die Lehre von den Staatenverbindungen (1882), hg. und eingeleitet von Walter Pauly, 1996.
Stefan Kadelbach/Thomas Kleinlein, Überstaatliches Verfassungsrecht, in: AVR 2006, S. 235 ff.
Benedict Kingsbury/Nico Krisch/Richard Stewart, The Emergence of Global Administrative Law, in: Law and Contemporary Problems 2 (2005), S. 15 ff.
Jan Klabbers/Anne Peters/Geir Ulfstein, The Constitutionalization of International Law, Oxford 2009.
Christoph Möllers/Andreas Voßkuhle/Christian Walter (Hg.), Internationales Verwaltungsrecht, 2007.
Hélène Ruiz Fabri, Principes généraux du droit communautaire et droit comparé, in: Droits 45 (2007), S. 127 ff.
Eberhard Schmidt-Aßmann, Die Herausforderung der Verwaltungsrechtswissenschaft durch die Internationalisierung der Verwaltungsbeziehungen, in: Der Staat 45 (2006), S. 31 ff.
Christoph Schönberger, Die Europäische Union als Bund, in: AöR 129 (2004), S. 81 ff.
Bruno Simma/Philip Alston, The Sources of Human Rights Law: Custom, Jus Cogens and General Principles, in: Australian Yearbook of International Law 12 (1988/1989), S. 82 ff.
Heinrich Triepel, Völkerrecht und Landesrecht, 1899.
Klaus Vogel, Die Verfassungsentscheidung des Grundgesetzes für die internationale Zusammenarbeit, 1964.
Rainer Wahl, Herausforderungen und Antworten – Das Öffentliche Recht der letzten fünf Jahrzehnte, 2006.
Joseph H.H. Weiler, The Transformation of Europe, in: Yale Law Journal 100 (1991), S. 2403 ff.
Mattias Wendel, Permeabilität im europäischen Verfassungsrecht: verfassungsrechtliche Integrationsnormen auf Staats- und Unionsebene im Vergleich, 2011.
Rüdiger Wolfrum (Hg.), The Max Planck Encyclopedia of Public International Law, Oxford 2012.

§ 233
Wettbewerb der Rechtsordnungen?

Jens Kersten

Übersicht

	Rn.		Rn.
A. Wettbewerbsentwicklung	1	C. Integrierte Wettbewerbsregime	17–27
B. Wettbewerbsmodell	2–16	I. Rechtswettbewerb	18–24
I. Wettbewerbskritik	2	1. Föderaler Wettbewerbsrahmen	19–20
II. Wettbewerbsstruktur	3–5	2. Europäischer Wettbewerbsrahmen	21–23
III. Wettbewerbsfunktion	6–8	3. Internationaler Wettbewerbsrahmen	24
IV. Wettbewerbseskalationen	9	II. Standortwettbewerb	25–27
V. Wettbewerbsregulierung	10–16	D. Hybride Wettbewerbsregime	28–30
1. Wettbewerbsordnung	11–12	E. Fazit	31
2. Wettbewerbsrahmen	13–16	F. Bibliographie	

§ 233 Zwanzigster Teil: Leitprinzipien

A. Wettbewerbsentwicklung

1
Historische Entwicklungslinien

Ein Wettbewerb der Rechtsordnungen entwickelt sich, wenn eine natürliche oder juristische Person zwischen den Angeboten wählen kann, die ihr von zumindest zwei Rechtsanbietern unterbreitet werden[1]. In historischer Perspektive reichen die Entwicklungslinien eines Wettbewerbs von Rechtsordnungen weit zurück. Vor allem Gewerbetreibende haben jederzeit zwischen verschiedenen Handelsplätzen und damit auch zwischen unterschiedlichen Standorten und Rechtsordnungen gewählt. Die Vorstellung eines „geschlossenen Handelsstaats"[2] war schon immer eine klaustrophobe Utopie. Diese Wahlmöglichkeiten zwischen Rechtsordnungen haben sich im Rahmen der Europäisierung und Globalisierung vervielfältigt: Auf der Angebotsseite konkurrieren heute staatliche Rechtsordnungen nicht nur untereinander, sondern darüber hinaus auch mit europäischen, supra-, trans- und internationalen sowie privaten Rechtsetzern[3]. Auch die Nachfrageseite hat sich mit der steigenden Mobilität von natürlichen und juristischen Personen pluralisiert: Nicht

„Recht als Produkt"

nur Unternehmen fragen gezielt „Recht als Produkt"[4] nach, sondern auch die Bürgerinnen und Bürger nehmen ganz bewußt in ausländischen Rechtsordnungen legale Leistungen in Anspruch, die ihnen von der heimischen Rechtslage vorenthalten werden. Dies gilt beispielsweise für die Nachfrage von Fortpflanzungstechniken am Lebensbeginn sowie von Sterbehilfe am Lebensende, da die kulturellen Differenzen zwischen den Rechtsordnungen zu sehr differierenden biomedizinischen Regelungen geführt haben[5]. Schließlich fragen aber inzwischen auch die föderalen, nationalen, europäischen und internationalen Gesetzgeber und Rechtsetzer selbst „Rechtsprodukte" auf Rechtsmärkten nach, wenn sie ihre Rechtsordnung reformieren oder neu gestalten

Wahlmöglichkeiten zwischen Rechtsordnungen

wollen. Darüber hinaus nutzen die Bürgerinnen und Bürger sowie Unternehmen auch ganz bewußt die Rechtsangebote des politischen Mehrebenensystems: Unternehmen wählen zwischen national und europäisch gestalteten

---

[1] Vgl. hierzu und zum Folgenden *Thomas Ackermann*, Wettbewerb der Wettbewerbsordnungen im europäischen Binnenmarkt, in: Jahrbuch Junger Zivilrechtswissenschaftler 1997, S. 203 (220); *Horst Eidenmüller*, Recht als Produkt, in: JZ 2009, S. 641 (642 f.); *ders.*, The Transnational Law Market, Regulatory Competition, and Transnational Corporations, in: Indiana Journal of Global Legal Studies 18 (2011), S. 707 (709 ff.); *Thomas Giegerich*, Wettbewerb von Rechtsordnungen, in: VVDStRL 69 (2010), S. 57 (60); *Lothar Michael*, Wettbewerb mit Rechtsordnungen, in: DVBl 2009, S. 1062 (1068); *Anne Peters*, Wettbewerb von Rechtsordnungen, in: VVDStRL 69 (2010), S. 7 (13 f.); *Manfred E. Streit*, Systemwettbewerb im europäischen Integrationsprozeß, in: FS für Ernst-Joachim Mestmäcker, 1996, S. 521 (522).

[2] *Johann Gottlieb Fichte*, Der geschlossene Handelsstaat, 1800, Nachdruck 1979.

[3] Vgl. *Eidenmüller*, Recht als Produkt (N 1), S. 647; *ders.*, Transnational Law Market (N 1), S. 726; *Giegerich* (N 1), S. 75 ff.; *Peters* (N 1), S. 16.

[4] *Eidenmüller*, Recht als Produkt (N 1), S. 652; *ders.*, Transnational Law Market (N 1), S. 707 ff.; *ders.*, Wettbewerb der Insolvenzrechte?, in: ZGR 467 (2006), S. 467 (470); vgl. auch *Karl M. Meessen*, Economic Law as an Economic Good: Its Rule Function and its Tool Function in the Competition of Systems, in: ders./Marc Bungenberg/Adelheid Puttler (Hg.), Economic Law as an Economic Good. Its Rule Function and its Tool Function in the Competition of Systems, 2009, S. 3 ff.; *Peter Behrens*, Economic Law Between Harmonization and Competition: The Law & Economic Approach, ebd., S. 45 (49 ff.).

[5] Vgl. *Giegerich* (N 1), S. 77; *Alexander Kluge*, Das Bohren harter Bretter, 2011, S. 289; darüber hinaus *Michael* (N 1), S. 1065, zum wissenschaftlichen „Wettbewerb um den geringsten Embryonenschutz".

Gesellschaftsformen[6]; und sie reflektieren – wie auch die Bürgerinnen und Bürger – die sehr unterschiedlichen Bedingungen und Aussichten von Klagen, etwa vor einem Landesverfassungsgericht, dem Bundesverfassungsgericht, dem Europäischen Gerichtshof oder dem Europäischen Gerichtshof für Menschenrechte[7]. So ist aus dem „forum shopping" des internationalen Privat- und Zivilprozeßrechts (Art. 27 EGBGB, § 35 ZPO)[8] längst ein umfassendes „foreign shopping" von Standorten, Rechtsordnungen und Jurisdiktionen[9] geworden, dessen Wettbewerbsinformationen im „world wide web" ubiquitär verfügbar sind. Die dynamische Entwicklung dieses horizontalen wie vertikalen Wettbewerbs der Rechtsordnungen zeigt – angestachelt von den Rankings des World Economic Forum und der Weltbank[10] – vor allem bei den Staaten Wirkung: Diese werben inzwischen proaktiv und global für den eigenen Standort[11], für die eigene Rechtsordnung[12] und die eigene Jurisdiktion[13], wobei sich die allgemeine „Globalisierungsnervosität"[14] teilweise in gegenseitigen Imperialismusvorwürfen entlädt[15].

„Foreign shopping"

B. Wettbewerbsmodell

I. Wettbewerbskritik

Mit der zunehmenden Ausdifferenzierung dieser Phänomene eines Wettbewerbs der Rechtsordnungen wird jedoch zugleich die Übertragung der Metapher „Wettbewerb" auf die Konkurrenz zwischen Staaten und Rechtsordnungen skeptisch gesehen und begriffliche Zurückhaltung angemahnt[16]. Die kritischen Einwände gegen eine unreflektierte Übertragung von ökono-

2
Wettbewerb unter Staaten

---

6 Vgl. *Eidenmüller*, Recht als Produkt (N 1), S. 641 ff.; *ders.*, Transnational Law Market (N 1), S. 743 f.
7 Vgl. *Giegerich* (N 1), S. 68; *Michael* (N 1), S. 1066.
8 Vgl. *Giegerich* (N 1), S. 64; *Michael* (N 1), S. 1064, 1066; *Peters* (N 1), S. 19.
9 Vgl. speziell *Helmuth Schulze-Fielitz/Carsten Schütz* (Hg.), Justiz und Justizverwaltung zwischen Ökonomisierungsdruck und Unabhängigkeit, in: Die Verwaltung-Beiheft 5 (2000).
10 Vgl. *Eidenmüller*, Recht als Produkt (N 1), S. 643; *ders.*, Transnational Law Market (N 1), S. 714; *Peters* (N 1), S. 9; jew. m. Nachw.; krit. *Matthias M. Siems*, Statistische Rechtsvergleichung, in: RabelsZ 72 (2008), S. 354 (368 ff.).
11 Vgl. BVerfGE 116, 164 (191 f.); *Paul Kirchhof*, Freiheitlicher Wettbewerb und staatliche Autonomie – Solidarität, in: ORDO 56 (2005), S. 39; *Ulrich Battis*, Werbung für den Wirtschafts- und Investitionsstandort Deutschland durch den Bund, in: FS für Ulrich Eisenhardt, 2007, S. 389 f.; *ders./Jens Kersten*, Standortmarketing im Bundesstaat, 2008, S. 14 ff., 25 ff., 32 ff.; *Jens Kersten*, Standortmarketing für die Bundesrepublik, in: VerwArch 99 (2008), S. 30 ff.
12 Vgl. *Hein Kötz*, Deutsches Recht und Common Law im Wettbewerb, in: AnwBl 2010, S. 1 ff.; *Volker Triebel*, Der Kampf ums anwendbare Recht, in: AnwBl 2008, S. 305 ff.
13 Vgl. *Gralf-Peter Calliess/Hermann B. Hoffmann*, Judicial Services – Made in Germany, in: GLJ 10 (2009), S. 115 ff.; *Andreas Maurer*, Justizstandort Deutschland im globalen Wettbewerb, in: ZRP 2009, S. 88 ff.
14 *Peter Sloterdijk*, Im Weltinnenraum des Kapitals, 2005, S. 234.
15 Vgl. *Menno Aden*, „Law Made in Germany", in: ZRP 2012, S. 50; hierzu auch *Giegerich* (N 1), S. 83 m. weit. Nachw.
16 Vgl. *Meinhard Dreher*, Wettbewerb oder Vereinheitlichung der Rechtsordnungen in Europa?, in: JZ 1999, S. 105 (108 ff.); *Christoph Engel*, Rezension von Karl M. Meessen, Wirtschaftsrecht im Wettbewerb der Systeme, 2005, in: AöR 131 (2006), S. 322; insbesondere zum metaphorischen Verständnis des „Wettbewerbs von Rechtsordnungen" *Michael* (N 1), S. 1062 f., 1069.

Gegensätzliche Prinzipien

mischen Modellen auf die Konkurrenz zwischen Staaten und Rechtsordnungen lassen sich in vier Punkten zusammenfassen[17]: Erstens handele es sich bei freiheitsentfaltendem Wettbewerb und demokratisch verfaßter Hoheitsausübung um zwei gegensätzliche Prinzipien. Zweitens würden Hoheitsträger in Form rechtlich gestalteter Autonomie konstituiert und könnten deshalb keine wettbewerbliche Freiheit für sich beanspruchen. Drittens verpflichte das Verfassungsrecht die Hoheitsträger auf eine „Kultur des Maßes"[18], die es ihnen verwehre, in einen eskalationsanfälligen Wettbewerb einzutreten und dabei gegebenenfalls rechtsstaatliche Bindungen wie den Gleichheitssatz, das Verhältnismäßigkeitsprinzip und vor allem auch die Kompetenzordnungen kompetitiv zu überspielen. Viertens verweise das Sozialstaatsprinzip die öffentliche Hand darauf, insbesondere soziale Leistungen aufgrund des Solidaritätsprinzips ohne Gegenleistung zur Verfügung zu stellen und sich dementsprechend nicht an dem wettbewerbsfokussierten Grundsatz der Gewinnmaximierung zu orientieren. Vor diesem Hintergrund solle – so Paul Kirchhof resümierend – die Wirkung des Wettbewerbsprinzips für die staatliche Rechtsordnung nicht überschätzt werden: Der Staat dürfe sich – etwa im Rahmen des Steuerwettbewerbs[19] – nicht „zum Objekt fluchtbereiter Wirtschaftsmacht"[20] degradieren. Diese Wettbewerbskritik kann zwar nicht die faktische Entwicklung des Wettbewerbs von Rechtsordnungen und Standorten in Frage stellen[21], konturiert aber gleichwohl den verfassungsrechtlichen Rahmen, innerhalb dessen sich die Struktur der Rechts- und Standortmärkte analysieren läßt[22].

II. Wettbewerbsstruktur

3
Strukturmerkmale

Die Struktur des Wettbewerbs von Rechtsordnungen kann im Anschluß an Albert Hirschman[23] mit den drei Kategorien von „Exit", „Voice" und „Loyalty" erfaßt werden[24]. Mit „Exit" wird die Option einer natürlichen oder

---

17 Vgl. hierzu und zum Folgenden → Bd. VI, *Isensee*, § 126 Rn. 333; → Bd. V, *P. Kirchhof*, § 99 Rn. 35 ff.; s. auch *ders.* (N 11), S. 39 f.; *ders.*, Das Wettbewerbsrecht als Teil einer folgerichtigen und widerspruchsfreien Gesamtrechtsordnung, in: ders. (Hg.), Gemeinwohl und Wettbewerb, 2005, S. 1 (3 ff.); grundlegend zum Gegensatz von Hoheits- und Wettbewerbskonzept → Bd. IV, *Grzeszick*, § 78 Rn. 17 ff., 30 ff.
18 *P. Kirchhof*, Wettbewerbsrecht (N 17), S. 9.
19 Vgl. *Andreas Glaser*, Föderaler Steuerwettbewerb durch Recht – verfassungstheoretische Grundfragen, in: ORDO 61 (2010), S. 205 (214 ff.); *Wolfgang Schön*, Der „Wettbewerb" der europäischen Steuerordnungen als Rechtsproblem, in: Jürgen Pelka (Hg.), Europa- und verfassungsrechtliche Grenzen der Unternehmensbesteuerung, 2000, S. 191 ff.; *ders.*, Steuerwettbewerb in Europa, in: ASA/Archives 71 (2002), S. 337 ff.; *Ulrich Becker/Wolfgang Schön* (Hg.), Steuer- und Sozialstaat im europäischen Systemwettbewerb, 2005.
20 *P. Kirchhof* (N 11), S. 39.
21 Vgl. *Glaser* (N 19), S. 212 f.
22 S. o. Rn. 1.
23 Vgl. hierzu und zum Folgenden *Albert O. Hirschman*, Exit, Voice, and Loyalty. Responses to Decline in Firms, Organizations, and States, 1970, S. 1 ff., 21 ff., 30 ff., 76 ff.
24 Vgl. für eine entsprechende Anknüpfung an Hirschmans Wettbewerbsverständnis *Monopolkommission*, Systemwettbewerb. Sondergutachten Nr. 27, 1998, S. 16 ff.; *Ackermann* (N 1), S. 220; *Behrens* (N 4), S. 50 ff.; *Dale d. Murphy*, The Structure of Regulatory Competition, Oxford 2004, S. 10; *Eidenmüller*, Recht als Produkt (N 1), S. 642 f.; *Engel* (N 16), S. 322 ff.; *Glaser* (N 19), S. 210 f., 214; *Lüder Gerken*, Der Wettbewerb der Staaten, 1999, S. 11 ff.; *Giegerich* (N 1), S. 63; → Bd. IV, *Grzeszick*, § 78 Rn. 40 mit N 124; *Veith Mehde*, Wettbewerb zwischen Staaten, 2005, S. 42 ff.; *Michael* (N 1), S. 1064, 1068; *Karl M. Meessen*, Prinzip Wettbewerb, in: JZ 2009, S. 697 (703); *Erin A. O'Hara/Larry E. Ribstein*, The Law Market, Oxford 2009, S. 13 f.; *Peters* (N 1), S. 17 ff.; *Streit* (N 1), S. 522 f.

juristischen Person beschrieben, eine Rechtsordnung oder ein Rechtsinstitut aufzugeben, indem sie eine andere, effektivere Rechtsordnung oder einen attraktiveren Standort wählt[25]. Dieses Strukturmerkmal des Exit bildet die Grundlage, auf der sich ein Wettbewerb der Rechtsordnungen und Standorte überhaupt erst ausdifferenzieren kann. Die Entwicklungsbeschleunigung, die der Wettbewerb von Rechtsordnungen und Standorten vor allem in den letzten beiden Jahrzehnten erfahren hat, ist insbesondere durch die Steigerung der Mobilität und damit der Exit-Optionen im Rahmen der Europäisierung und Globalisierung bedingt, wobei sich Kapital im Vergleich zu Personen grundsätzlich als mobiler erweist[26].

„Exit"

Mit „Voice" wird die Position von natürlichen und juristischen Personen gekennzeichnet, sich bei einem Rechtsanbieter im Hinblick auf die Gestaltung einer Rechtsordnung oder eines Standorts Gehör zu verschaffen[27]. So kann sich beispielsweise die – im wahrsten Sinne des Wortes – „nachfragende" natürliche oder juristische Person an den Hoheitsträger wenden, dessen Rechtsordnung oder Standort sie gegenwärtig nutzt. Mit dem Hinweis auf mögliche Exit-Optionen lassen sich rechtspolitische Veränderungen anregen. Es ist ihr jedoch ebenfalls möglich, mit dieser Nachfrage (zugleich) auch an mehrere andere Hoheitsträger heranzutreten, um – wiederum mit dem Verweis auf einen möglichen Rechtsordnungs- oder Standortwechsel – für sie optimale Transferbedingungen zu erreichen. Dieser Konzeptbaustein setzt Rechtsanbieter unter rechtspolitischen Veränderungsdruck.

4
„Voice"

Mit „Loyalty" lassen sich die Transaktionskosten für den Wechsel einer Rechtsordnung oder eines Standorts reflektieren[28]. Sprache, Struktur, Effizienz und Kultur von Recht spielen in den Loyalitätserwägungen ebenso eine Rolle wie die finanziellen Transaktionskosten, die durch den Wechsel einer Rechtsordnung oder eines Standorts ausgelöst werden[29]. Dieser Konzeptbaustein bildet aufgrund der normativen Kraft des Faktischen und der Gewohnheit das ökonomische Gegengewicht zur – scheinbar – sehr starken Kombination von Exit-Option und Voice-Position von natürlichen und juristischen Personen im Rechts- und Standortwettbewerb gegenüber Rechtsanbietern. „Exit", „Voice" und „Loyalty" stehen deshalb nicht in einem Ergänzungs-, sondern in einem Spannungsverhältnis, das insbesondere die Hoheitsträger nicht nur in die passive Rolle der „Erpreßten" rückt, sondern über das nach wie vor gewährleistete „Primat des Politischen"[30] deren aktive (Ver-)Handlungsoptionen beschreibt[31]. Dies gilt vor allem für die Frage der Gewährleistung öffentlicher Güter und damit speziell auch verfassungsrechtlicher Verpflichtungen, bei denen Hirschman die Einschränkung extensiver Exit-

5
„Loyalty"

Spannungsverhältnis zwischen den Merkmalen

---

25 Vgl. *Hirschman* (N 23), S. 21 ff.
26 Vgl. *Peters* (N 1), S. 18, 20 f.; grundsätzlich *Eva-Maria Kieninger*, Wettbewerb der Privatrechtsordnungen im europäischen Binnenmarkt, 2002, S. 57 ff.
27 Vgl. *Hirschman* (N 23), S. 30 ff.
28 Vgl. *Hirschman* (N 23), S. 76 ff.
29 Vgl. *Dreher* (N 16), S. 109; *Giegerich* (N 1), S. 72; *Michael* (N 1), S. 1068; *Peters* (N 1), S. 18.
30 *Eidenmüller*, Recht als Produkt (N 1), S. 648, 653.
31 Vgl. *Eidenmüller*, Recht als Produkt (N 1), S. 648; *ders.*, Transnational Law Market (N 1), S. 730.

Optionen zugunsten von Voice-Konzepten und Loyalty-Bindungen ausdrücklich unterstreicht[32].

III. Wettbewerbsfunktion

6

Wettbewerb als Entdeckungsverfahren

Die Funktion des Wettbewerbs von Rechtsordnungen kann im Rückgriff auf Friedrich August von Hayeks[33] Verständnis des Wettbewerbs als Entdeckungsverfahren beschrieben werden[34]: In einer komplexen Welt verstreuten Wissens lassen sich über den Wettbewerb die Kenntnisse aller Akteure nutzen, um die Chancen für die Entdeckung von Innovationen zu erhöhen, über deren Interessengerechtigkeit die „negative Rückkopplung"[35] in Form von Akzeptanz oder erneuter Variation entscheidet. Dieses Wettbewerbsverständnis eignet sich vor allem deshalb, um die Funktion des Wettbewerbs von Rechtsordnungen zu bestimmen, weil es sicherlich auch, aber eben nicht nur auf ökonomische Effizienz setzt, die in wirtschaftlichem Gewinn oder Verlust zum Ausdruck kommt. Vielmehr zeigt sich der wissensökonomische Grundansatz dieses Wettbewerbsverständnisses für rechtliche Wettbewerbskonstel-

Konzeptionelle Offenheit des Wettbewerbs

lationen offen, in denen es ebenfalls darauf ankommt, in einer komplexen sozialen und politischen Welt neue Rechtskenntnisse unter Vermeidung einer „Anmaßung von Wissen"[36] zu gewinnen. Diese konzeptionelle Offenheit des Wettbewerbs als Entdeckungsverfahren ist um so wesentlicher, als die Konkurrenz um und zwischen Rechtsordnungen gerade nicht in einem rein wirtschaftlichen Kalkül aufgeht, sondern kulturelle Differenzen einrechnen muß. Dies läßt sich am Beispiel des Wettbewerbs um einzelne Rechtsinstitute ver-

Wettbewerb um Rechtsinstitute

anschaulichen: Der wettbewerbliche Export von Rechtsinstituten wird teilweise mit dem Kalkül betrieben, der eigenen Wirtschaft Investitionsvorteile zu verschaffen, die so im Ausland auf ihr bekanntes Recht trifft[37]. Doch Recht ist eben nicht nur ein ökonomisches „Produkt", sondern zugleich auch ein

---

32 Vgl. *Hirschman* (N 23), S. 98 ff.
33 Vgl. *Friedrich August von Hayek*, Der Wettbewerb als Entdeckungsverfahren, in: ders., Gesammelte Schriften, Bd. A 4, 2003, S. 132 ff.; *ders.*, Rechtsordnung und Handelsnsordnung, ebd., S. 35 (42, 44); *ders.*, Die marktliche Ordnung oder Katallaxie, in: ders., Gesammelte Schriften, Bd. B4, Recht, Gesetz und Freiheit, 2003, S. 258 (268).
34 Vgl. für eine entsprechende Anknüpfung an von Hayeks Wettbewerbsmodell *Monopolkommission* (N 24), S. 18 f.; *Behrens* (N 4), S. 52; *Eidenmüller*, Recht als Produkt (N 1), S. 648 f.; *ders.*, Transnational Law Market (N 1), S. 731 ff.; *ders./Nils Jansen u. a.*, Der Vorschlag für eine Verordnung über ein Gemeinsames Europäisches Kaufrecht – Defizite der neuesten Textstufe des europäischen Privatrechts –, in: JZ 2012, S. 269 (285); *Engel* (N 16), S. 324; *Glaser* (N 19), S. 215; *Klaus Heine*, Wettbewerb der Regulierungen als Integrationsstrategie, in: Hermann-Josef Blanke/Arno Scherzberg/Gerhard Wegner (Hg.), Dimensionen des Wettbewerbs, 2012, S. 235 (243 f.); *Günter Knieps*, Wettbewerb im Spannungsfeld zwischen Größenvorteilen, Vielfalt und Innovation, ebd., S. 267 (270, 272 f.); *Veith Mehde*, Der zwischenstaatliche Wettbewerb als Instrument Europäischer Governance, ebd., S. 217 (221); *ders.* (N 24), S. 33 f.; *Meessen* (N 4), S. 4; *ders.* (N 24), S. 698; *Stefan Sinn*, The Taming of the Leviathan, in: Constitutional Political Economy 3 (1992), S. 177 (191); *Streit* (N 1), S. 524 ff.; *Viktor J. Vanberg*, Economic Constitution, the Constitution of Politics and Interjurisdictional Competition, in: Meessen/Bungenberg/Puttler (N 4), S. 61 (62 ff.); *Maximilian Wallerath*, Der ökonomisierte Staat, in: JZ 2001, S. 209 (213).
35 *Hayek*, Wettbewerb als Entdeckungsverfahren (N 33), S. 139.
36 *Friedrich August von Hayek*, Die Anmaßung von Wissen, in: ders., Gesammelte Schriften, Bd. A 5, 2002, S. 69 ff.
37 Vgl. hierzu und zum Folgenden *Eidenmüller*, Recht als Produkt (N 1), S. 643; *Giegerich* (N 1), S. 75.

„Kulturgut"[38]. Insofern kann ein wettbewerblich rezipiertes Rechtsinstitut in der rezipierenden Ordnung – etwa aufgrund eines divergierenden Verständnisses von Freiheit und Gleichheit oder von Privatautonomie und Verbraucherschutz – eine vollkommen andere Rechtswirkung und Rechtsentwicklung als in der exportierenden Rechtsordnung entfalten[39]. Aus diesem Grund ist der Wettbewerb um Rechtsinstitute kulturell unberechenbar und kann deshalb auch nicht allein mit Blick auf wirtschaftlichen Gewinn funktional erfaßt werden. Demgegenüber eignet sich aber das wissensökonomische Verständnis des Wettbewerbs von Rechtsordnungen als Entdeckungsverfahren für die Rechtsmarktanalyse, weil es sich gerade auch für (Rechts-)Kultur als Wettbewerbsfaktor interessiert.

Doch das Verständnis des Wettbewerbs der Rechtsordnungen als Entdeckungsverfahren eröffnet nicht nur eine rechtsanalytische, sondern auch eine rechtspolitische Perspektive auf Rechtsmärkte[40]. Der innovative Charakter des Wettbewerbs von Rechtsmärkten beruht auf der unüberschaubaren Vielzahl von rechtspolitischen Akteuren, die sowohl auf der Angebots- als auch auf der Nachfrageseite ihr Wissen und ihre Interessen in die kompetitive Entwicklung und Neugestaltung von Rechtsordnungen und Rechtsinstituten einbringen. Auf diesen Rechtsmärkten sind die Staaten sicherlich sehr wesentliche Akteure, denen es jedoch im Zuge der Europäisierung und Globalisierung nicht mehr möglich ist, die Rechtsetzungsprozesse politisch (auf sich) zu polarisieren, geschweige denn zu monopolisieren. Auf diese Weise kommt dem Wettbewerb von Rechtsordnungen und Rechtsinstituten mit seiner rechtsinnovativen Wirkung zugleich eine freiheitssichernde Funktion zu: Hoheitliche Regelungen werden ständig mit Regelungsalternativen konfrontiert und so fortlaufend rechtspolitisch evaluiert[41]. In dieser wettbewerblichen Evaluation hoheitlicher Rechtsetzung wird das kritische Potential deutlich, das mit dem Wettbewerb als einem Entdeckungsverfahren verbunden ist[42]. Veraltete Regelungsangebote fallen im wettbewerblichen Rechtsvergleich ebenso auf wie Interessenverflechtungen, falls sie sich in Rechtsordnungen oder Rechtsinstituten niedergeschlagen haben. Träge und interessenbefangene Gesetzgebung wird sichtbar. Deshalb bietet es sich für einen rechtlich innovativen und politisch selbstbewußten Gesetzgeber an, den Rechtswettbewerb von vornherein im Gesetzgebungsverfahren transparent zu reflektieren: „So würde die Einführung einer Rubrik für knappe rechtsvergleichende Angaben die Vorblätter der Gesetzesbegründungen informativer gestalten und vielleicht sogar dazu beitragen, daß in der seit Jahrzehnten vorhandenen

7
Rechtspolitische Perspektive auf Rechtsmärkte

Freiheitssichernde Funktion des Wettbewerbs

---

38 Vgl. *Giegerich* (N 1), S. 63; *Peter Häberle*, Europäische Rechtskultur, 1997, S. 9 ff.; *Peter Mankowski*, Rechtskultur, in: JZ 2009, S. 321 ff.
39 Vgl. *Dreher* (N 16), S. 109.
40 Vgl. *Giegerich* (N 1), S. 63; *Glaser* (N 19), S. 214 f.
41 Vgl. *Dreher* (N 16), S. 110.
42 Vgl. hierzu und zum Folgenden *Monopolkommission* (N 24), S. 23, 25; *Eidenmüller*, Recht als Produkt (N 1), S. 648 f.; *ders.*, Transnational Law Market (N 1), S. 731 ff.; *Engel* (N 16), S. 324; *Glaser* (N 19), S. 214 f.; *O'Hara/Ribstein* (N 24), S. 19 ff.; *Hans-Werner Sinn*, The New Systems Competition, Oxford 2003, S. 8 f.; *Wallerath* (N 34), S. 213.

Rubrik ‚Alternativen' nicht weiterhin meist nur die Antwort ‚keine' auftaucht."[43]

8
Gefahr einer dysfunktionalen Wettbewerbsentwicklung?

Gerade gegen diese freiheitliche und kritische Wirkung des Wettbewerbs der Rechtsordnungen wird jedoch die soziale und politische Asymmetrie der Rechtsmärkte eingewandt: Insbesondere große Unternehmen könnten – so die Kritik[44] – über ihre gewichtige Exit-Option eine rechtspolitische Voice entwickeln, in deren Folge die Interessen von Arbeitnehmern, Verbrauchern und Gläubigern auf der Strecke blieben. Damit wäre nicht nur die innovative, sondern auch die freiheitssichernde und die kritische Funktion des Wettbewerbs als ein Entdeckungsverfahren in Frage gestellt, wenn nicht konterkariert: Gerade der Wettbewerb von Rechtsordnungen würde zur politökonomischen Interessenverflechtung führen, statt diese offenzulegen. Die Gefahr einer solchen dysfunktionalen Wettbewerbsentwicklung läßt sich nicht von vornherein ausschließen. Sie muß sich aber auch nicht zwingend realisieren. Die Struktur des Wettbewerbs von Rechtsordnungen – Exit, Voice und Loyalty[45] – läßt jedenfalls genug Spielraum, um den Gesetzgebern eigenständige

Entscheidungsreservate des Gesetzgebers

und zugleich verfassungskonforme Entscheidungsreservate zu sichern, ohne sie notwendigerweise in eine wettbewerbsbedingte Interessenkonfusion zu stürzen. Dies wird deutlich, wenn man vor dem Hintergrund drohender Exit-Optionen schwergewichtiger Rechtsnachfrager noch einmal die Struktur von Voice und Loyalty in den rechtspolitischen Blick nimmt: Auf der Strukturebene Voice konkurriert bei gesetzgeberischen Rechtsgestaltungen das ökonomische Voice-Potential von schwergewichtigen Rechtsnachfragern – wie etwa Unternehmen – mit dem politischen Voice-Potential der Bürgerinnen und Bürger, das sich nicht nur in wiederkehrenden Parlamentswahlen, sondern auch über die (neuen Sozialen) Medien aktualisiert[46]. Gerade in dieser Konkurrenz zwischen den ökonomischen und politischen Voice-Potentialen entstehen für den Gesetzgeber rechtliche Gestaltungsfreiräume, die im

Gestaltungsfreiräume des Gesetzgebers

Gesetzgebungsverfahren als einem kommunikativen Prozeß reflektiert werden können[47]: Im Gesetzgebungsverfahren können konkurrierende politische und ökonomische Voice-Positionen einander begegnen und so Exit-Optionen zumindest moderiert werden. Doch nicht nur über die Strukturebene Voice, sondern auch auf der Strukturebene Loyalty eröffnen sich rechtspolitische Gestaltungsmöglichkeiten, die dem Gesetzgeber eine differenzierte Reaktion gegenüber ökonomisch bedeutenden Rechtsnachfragern erlaubt: Erstens

Transferkosten

kann der Staat als Rechtsanbieter die Transferkosten, welche die Realisierung einer Exit-Option gerade bei großen Unternehmungen verursacht, in seine rechtspolitischen Gestaltungsoptionen „einpreisen". Auf diese Weise

---

43 *Meessen* (N 24), S. 705.
44 Vgl. hierzu und zum Folgenden *Eidenmüller*, Recht als Produkt (N 1), S. 647; *ders.*, Transnational Law Market (N 1), S. 726; *Gerken* (N 24), S. 35 ff.; *Peters* (N 1), S. 28 ff.
45 S. o. Rn. 3.
46 Vgl. *Meessen* (N 24), S. 705; *Michael* (N 1), S. 1068; *Peters* (N 1), S. 17 f.
47 Vgl. zur Gesetzgebung als demokratischem Rechtsetzungsdiskurs *Helmuth Schulze-Fielitz*, Theorie und Praxis parlamentarischer Gesetzgebung – besonders des 9. Deutschen Bundestages (1980–1983), 1988, S. 255, 292 ff., 404 ff.; *Kersten*, in: Maunz/Dürig, [61]2011, Art. 76 Rn. 1.

lassen sich mit ökonomisch fundierten Loyalitätserwartungen auch im Hinblick auf schwergewichtige Rechtsnachfrager rechtspolitische Spielräume für die Ausgestaltung von Rechtsinstituten abschätzen. Zweitens handelt es sich bei der Rechtsetzung um einen normativen Ausdifferenzierungsprozeß, in dessen Rahmen der Gesetzgeber zur Problemlösung selbst innovative Produkte auf dem Rechtsmarkt identifizieren und rezipieren kann, um Rechtsnachfragekonflikte zu lösen[48]. Drittens stehen dem Gesetzgeber in jedem Einzelfall mit der Möglichkeit von Ausnahmeregelungen, dispositivem Recht oder „soft law" sehr differenzierte Steuerungsinstrumente zur Verfügung, um selbst Exit-orientierten Rechtsnachfragern eine freie Rechtswahl ohne Rechtsordnungs- oder Standortwechsel zu ermöglichen[49]. Dies setzt allerdings voraus, daß der Gesetzgeber die Öffnung der eigenen Rechtsordnung nicht als politische Schwäche, sondern als politische Stärke begreift. Viertens haben die Staaten schließlich die Option, durch gemeinsame trans-, supra- und internationale Rechtsharmonisierung oder Rechtsregulierung den Wettbewerb der Rechtsordnungen und Rechtsinstitute einzuschränken und gegebenenfalls im Interesse des Gemeinwohls sogar aufzuheben[50].

IV. Wettbewerbseskalationen

Es besteht jedoch die verbreitete Besorgnis, daß ein Wettbewerb der Rechtsordnungen in ein „race to the bottom" eskalieren könnte[51]: Ökonomisch wie politisch schwergewichtigen Nachfragern – insbesondere großen und transnationalen Unternehmungen – wäre es möglich, ihre Exit-Optionen und Voice-Potentiale zu nutzen, um die unterschiedlichen Rechtsordnungen – vor allem kleiner oder armer Staaten – auf dem Rechtsmarkt mit dem Ziel gegeneinander auszuspielen, möglichst niedrige Standards etwa im Gläubiger-, Arbeits-, Verbraucher- oder im Umweltschutz für sich zu erreichen. Diese Besorgnis hat der Bundesgerichtshof exemplarisch formuliert: „Es ist zu befürchten, dass sich im dergestalt eröffneten ‚Wettbewerb der Rechtsordnungen' gerade die Rechtsordnung mit dem schwächsten Schutz dritter Interessen durchsetzen würde (‚race to the bottom')."[52] Doch die Annahme eines „race to the bottom" läßt sich in dieser Pauschalität weder empirisch belegen noch rechtspolitisch verallgemeinern[53]. Der Wettbewerb von Rechtsordnungen kann zu einer Absenkung von rechtlichen Standards führen, muß dies aber nicht. Viel-

---

48 Vgl. *Giegerich* (N 1), S. 67.
49 Vgl. *Eidenmüller*, Recht als Produkt (N 1), S. 647, 652; ders., Transnational Law Market (N 1), S. 745; *Florian Möslein*, Dispositives Recht, 2011, S. 120 ff., 337 ff.; *Peters* (N 1), S. 19.
50 Vgl. *Karl. M. Meessen*, Wirtschaftsrecht im Wettbewerb der Systeme, 2005, S. 37 ff.; ders. (N 24), S. 704.
51 Vgl. *Dreher* (N 16), S. 110; *P. Kirchhof* (N 11), S. 44; *Michael* (N 1), S. 1069.
52 BGH, in: JZ 2000, S. 903 (904); vgl. auch *Dreher* (N 16), S. 110.
53 Vgl. *Monopolkommission* (N 24), S. 22 ff., 33 ff.; *Eidenmüller*, Recht als Produkt (N 1), S. 648; *Glaser* (N 19), S. 211; *Michael* (N 1), S. 1065; *Peters* (N 1), S. 32 f.; für die entsprechend divergierenden Befürchtungen im Kontext des Wettbewerbs der Gesellschaftsrechte zwischen „race to the bottom" und „race to the top" *Hans-Friedrich Müller*, Wettbewerb der Normsetzer im Gesellschaftsrecht, in: Blanke/Scherzberg/Wegner (N 34), S. 419; *Klaus Heine*, Regulierungswettbewerb. Zur Funktionsfähigkeit eines Wettbewerbs der Rechtsordnungen im europäischen Gesellschaftsrecht, 2003, S. 120 ff.

mehr ist mit Anne Peters und Thomas Giegerich festzustellen, daß sich die Wettbewerbslagen eher diffus gestalten[54]: Der Steuerwettbewerb hat nicht zu einem Verfall der Steuereinnahmen geführt; allerdings ist eine „gewisse Tendenz zur Verlagerung von direkten Steuern auf indirekte Steuern und vom mobilen Kapital auf den eher immobilen Produktionsfaktor Arbeit sowie auf das Grundeigentum"[55] zu konstatieren. Im Arbeitsrecht ist es im Rahmen des Rechtswettbewerbs – mit Ausnahme der Arbeitsbedingungen auf Schiffen – zu keinem allgemeinen Dumping der Gesundheits- und Sicherheitsstandards gekommen; wohl aber haben sich im Zuge des Wettbewerbs der Rechtsordnungen Lohnniveau, Kündigungsschutz und Mitbestimmung abgesenkt[56]. In diesen wettbewerblichen Rezeptionsprozessen können jedoch Entscheidungsmotivationen selten so deutlich wie im Fall der Societas Europaea (SE) ausgemacht werden, die vor allem von deutschen Großunternehmen gewählt wurde, um die unternehmerische Mitbestimmung abzumildern[57]. Im Umweltrecht tendieren globale Unternehmen mit ökologisch belastender Produktion zwar durchaus zu einem Standort mit niedrigem Umweltschutzniveau[58]. Doch Anne Peters hat gerade mit Blick auf das Montrealprotokoll zum Schutz der Ozonschicht darauf hingewiesen, daß auch in den Zeiten eines global verstärkten Wettbewerbs der Rechtsordnungen ein hoher Standard im Umweltschutz verwirklicht werden kann[59]. So läßt sich resümieren, daß der Rechts- und Standortwettbewerb nicht notwendigerweise in ein „race to the bottom" übergeht. Dabei sind vor allem zwei Gründe für die „Persistenz von Heterogenität der Standards trotz Wettbewerb"[60] verantwortlich: Zum einen läßt sich in vielen Rechtsbereichen überhaupt nicht klar bestimmen, was der relationale „Boden" eines „race to the bottom" überhaupt wäre[61]: Eine Standardabsenkung kann auch schlicht darauf zurückzuführen sein, daß zuvor ein unangemessen „hoher" Regelungsstandard bestand, den es nun in Abwägung mit anderen Gütern zu relativieren gilt. Zum anderen schließt auch die Wettbewerbsstruktur von Exit, Voice und Loyalty aus, daß der Wettbewerb der Rechtsordnungen zwangsläufig zu einem „race to the bottom" führen müßte[62]: Insbesondere die staatlichen Gesetzgeber verfügen in dieser Wettbewerbsstruktur über Gestaltungsspielräume, die sie aktiv für die Gewährleistung ihrer verfassungsrechtlichen Bindungen und Schutzpflichten nutzen können.

---

54 Vgl. hierzu und zum Folgenden *Peters* (N 1), S. 32 ff.; *Giegerich* (N 1), S. 80.
55 *Peters* (N 1), S. 34.
56 Vgl. *Peters* (N 1), S. 33.
57 Vgl. *Eidenmüller*, Recht als Produkt (N 1), S. 645; *ders.*, Transnational Law Market (N 1), S. 711; *ders./Andreas Englert/Lars Hornuf*, Die Societas Europaea: Empirische Bestandsaufnahme und Entwicklungslinien einer neuen Rechtsform, in: AG 2008, S. 721 (728); *Barbara Grunewald*, Wettbewerb der Normsetzer im Gesellschaftsrecht, in: Blanke/Scherzberg/Wegner (N 34), S. 409 (414); grundsätzlich zur Mitbestimmung im Rahmen der SE *Mehde* (N 24), S. 334 ff.
58 Vgl. hierzu und zum Folgenden *Heine* (N 34), S. 252; *Peters* (N 1), S. 34; in der Perspektive des europäischen Regulierungswettbewerbs *Mehde* (N 24), S. 307 ff.; *Jörg Philipp Terhechte*, Wettbewerb der Regulierungen als Integrationsstrategie in der Europäischen Union?, in: Blanke/Scherzberg/Wegner (N 34), S. 279 (298 f.).
59 Vgl. *Peters* (N 1), S. 34.
60 *Peters* (N 1), S. 34; ferner *Giegerich* (N 1), S. 80.
61 Vgl. *Peters* (N 1), S. 33.
62 S.o. Rn. 3.

Darüber hinaus ist es auch nicht ausgeschlossen, daß es im Rahmen des Wettbewerbs der Rechtsordnungen gerade umgekehrt zu einem (politisch motivierten) „race to the top" kommt[63]. Dies ist etwa der Fall, wenn – wie für „unerwünschte" Techniken (zum Beispiel Gentechnik) – von staatlichen Gesetzgebern gezielt hohe Regelungsstandards eingeführt werden, um entsprechende Unternehmensansiedlungen zu verhindern bzw. einschlägige Unternehmen zur Abwanderung oder Produktionsverlagerung ins Ausland zu bewegen („Negativer Standortwettbewerb")[64]. Vor dem Hintergrund dieser komplexen Wettbewerbsstruktur erweist sich die eindimensionale Annahme eines gleichsam automatischen „race to the bottom" als unterkomplex.

„Race to the top"?

V. Wettbewerbsregulierung

Wie jede Form des Wettbewerbs sind auch Rechtsmärkte in eine normative Metaordnung eingebettet, welche die marktkonstituierenden und marktkorrigierenden Regelungen definiert[65]. Allerdings werden sehr unterschiedliche Anforderungen an diese Metaordnung für Rechtsmärkte gestellt, die sich anhand des von Thomas Giegerich konturierten Kriteriendreisatzes – Regelungsziele, Regelungsbedarf und Regelungsdichte[66] – diskutieren lassen.

10
Normative Metaordnung

1. Wettbewerbsordnung

Einen im Hinblick auf Regelungsziele, Regelungsbedarf und Regelungsdichte sehr hohen Standard hat Anne Peters mit ihrem normativen Konzept einer „Wettbewerbsordnung" für Rechtsmärkte vorgeschlagen[67]: Nur soweit der Rechtswettbewerb tatsächlich Freiheitsräume sichere, Defizite des demokratischen Prozesses ausgleiche und Wohlstand schaffe, könne er als „Legitimationsprinzip zweiter Ordnung"[68] angesehen werden. Allein in diesem Fall dürfe der Wettbewerb zur rechtspolitischen Leitschnur der nationalen, europäischen und internationalen Gesetzgeber sowie anderer Formen der Hoheitsausübung werden. De lege ferenda solle die (Meta-)Rechtsordnung so ausgestaltet werden, daß sich der Wettbewerb entfalten könne, er aber zugleich auch gesteuert, kanalisiert und unter Umständen wieder reduziert werden könne. Die Regulierung auf der Metaebene solle die positiven Funktionen eines Wettbewerbs der Rechtsordnungen für Demokratie, soziale Kohäsion und Gemeinwohl fördern, negative Wettbewerbseffekte jedoch zugleich eindämmen. Deshalb sei es das Regelungsziel, eine „Wettbewerbsordnung im

11
„Legitimationsprinzip zweiter Ordnung"

---

63 Vgl. *Giegerich* (N 1), S. 80; *Michael* (N 1), S. 1063; *Peters* (N 1), S. 34.
64 Vgl. *Michael* (N 1), S. 1063.
65 Grundsätzlich → Bd. IV, *Schmidt*, § 92 Rn. 8; *Jens Kersten*, Herstellung von Wettbewerb als Verwaltungsaufgabe, in: VVDStRL 69 (2010), S. 288 (290 ff.); für den Wettbewerb der Rechtsordnungen *Giegerich* (N 1), S. 81 ff.; *Peters* (N 1), S. 37 ff.
66 Vgl. *Giegerich* (N 1), S. 81: „Regelungsbedarf, Regelungsdichte, Regelungsziele".
67 Vgl. hierzu und zum Folgenden *Peters* (N 1), S. 38 ff.
68 *Peters* (N 1), S. 38.

Sinne Walter Euckens"[69] zu schaffen. Dafür unterscheide die wettbewerbliche Metaordnung grundsätzlich zwei Arten von Regelungen: zum einen wettbewerbskonstitutive, zum anderen wettbewerbsbeschränkende Normen. Die wettbewerbskonstitutive Metaordnung umfasse die Garantie einer Vielfalt von Rechtsetzern einschließlich der entsprechend ausdifferenzierten Rechtsetzungskompetenzen sowie die Gewährleistung von Rechtswahlmodalitäten, also vor allem demokratische Abstimmungen sowie Abwanderungs-, Rechtswahl- und Warenverkehrsfreiheit. Die wettbewerbsbeschränkenden Regelungen hätten die Aufgabe, die schädlichen Auswirkungen des Wettbewerbs auf Demokratie, Sozialstaat und Gemeinwohl zu beschränken. Insofern sei allerdings die (Wieder-)Beschränkung der Rechtswahlmöglichkeiten als Grenze eines exzessiven Rechtswettbewerbs kaum realisierbar, da die Rechtswahlmöglichkeiten auf Freiheitsverbürgungen beruhten. Deshalb müsse es das vorrangige Ziel sein, auf der Metaebene Kriterien zu erarbeiten, um einen unlauteren oder schädlichen Wettbewerb der Rechtsordnungen zu unterbinden: Gerade im Hinblick auf die Herausbildung eines Lauterkeitsrechts für Rechtsmärkte sei aber nur in wenigen Fällen ein eindeutiger internationaler oder auch nur europäischer Konsens feststellbar, wie beispielsweise im Fall des Verbots von menschenunwürdigen Produktionsbedingungen. Demgegenüber zeige sich jedoch bereits unter dieser Schwelle eine umstrittene Grauzone von Arbeitsverhältnissen und Arbeitsbedingungen, deren Lauterkeit fragwürdig sei. Analoges gelte für den fehlenden internationalen Konsens im Hinblick auf den Steuerwettbewerb, Beihilfen oder normatives Dumping. Deshalb komme es vor allem darauf an, „Elemente der qualitätssichernden Metaordnung"[70] zu identifizieren: die Ausgestaltung von internationalen Verfahrensregeln für die Bekämpfung unlauterer Praktiken, die punktuelle Intensivierung des Rechtswettbewerbs im Sinne eines gezielten „race to the top", die Förderung und Ordnung der zivilen (Selbst-)Regulierung sowie die gezielte Rechtsharmonisierung und Konfliktlösung, die den Wettbewerb der Rechtsordnungen bremsen, aber auch begründen und einbetten könne.

12 Bei dieser Beschreibung des Wettbewerbs der Rechtsordnungen als umfassender „Wettbewerbsordnung" handelt es sich um ein rechtspolitisches Konzept, das seine hohen Standards im Hinblick auf Regelungsziele, Regelungsbedarf und Regelungsdichte der Rechtsmärkte ausdrücklich de lege ferenda formuliert: Die Regelungsziele dieser Wettbewerbsordnung verstehen den Rechts- und Standortwettbewerb als – zumindest „sekundäres" – Legitimationskonzept, das dazu beitragen soll, die Demokratie-, Sozialstaats- und Gemeinwohlverpflichtung der Hoheitsträger im politischen Mehrebenensystem zu stärken. Dementsprechend werden auch Regelungsbedarf und Regelungsdichte für diese Rechtsmärkte hoch veranschlagt, um den Wettbewerb als Legitimationskonzept zu gewährleisten, indem Wettbewerbsversagen und damit Legitimationsschäden ausgeschlossen werden. Die Divergenz dieser

---

69 *Peters* (N 1), S. 38 (Klammerzusatz durch den Verfasser), unter Bezugnahme auf *Walter Eucken*, Grundsätze der Wettbewerbspolitik, [6]1990, S. 245 ff.
70 *Peters* (N 1), S. 48.

rechtspolitischen Beschreibung einer Wettbewerbsordnung zur realpolitischen Wettbewerbswirklichkeit wird jedoch auch deutlich: Die derzeitige Bestandsaufnahme der materiellrechtlichen Regelungsstrukturen für Wettbewerbsbeschränkungen und Lauterkeitsrecht fällt schmal aus, so daß vor allem die formale Verfahrensebene der Standardsetzung als zentrale Steuerungsressource der wettbewerbsregulierenden Metaebene betont wird. Gerade dies unterstreicht jedoch die konstitutionelle Unterbilanz des politischen Mehrebenensystems. Deshalb hat sich bisher noch keine in diesem Sinne normativ anspruchsvolle Wettbewerbsordnung für Rechtsmärkte entwickeln können. Die Zeit für eine „Wettbewerbsordnung der Rechtsordnungen" scheint noch nicht reif.

2. Wettbewerbsrahmen

Der Rechts- und Standortwettbewerb ist gegenwärtig nicht in eine umfassende Wettbewerbsordnung, sondern in einen normativ fragmentarischen Wettbewerbsrahmen eingebettet[71]. Dabei darf dieser fragmentarische Charakter nicht als ein normatives Manko der Metaordnung für Rechtsmärkte mißverstanden werden. Ganz im Gegenteil ist eine fragmentarische Marktordnung die ideale Voraussetzung für jede Entfaltung freien Wettbewerbs[72]. Die normative Kontur dieser fragmentarischen und deshalb freiheitlichen Wettbewerbsordnung wird im Hinblick auf deren Regelungsziel, Regelungsbedürfnis und Regelungsdichte durch zwei Faktoren determiniert: zum einen durch das Spannungsverhältnis, das zwischen der Wettbewerbsfunktion und dem Wettbewerbsversagen von Rechtsmärkten besteht, zum anderen durch das Spannungsverhältnis, welches sich innerhalb der Wettbewerbsstruktur zwischen den Wettbewerbsakteuren entwickelt.

13
Fragmentarische Marktordnung

Die Spannung zwischen Wettbewerbsfunktion und Wettbewerbsversagen bestimmt die Konkretisierung des Verhältnisses von Regelungsziel und Regelungsbedarf auf der wettbewerbsregulierenden Metaebene: Die Funktion des Wettbewerbs der Rechtsordnungen liegt darin, neue Rechtsformen und Rechtsinstitute zu entdecken, und – über dieses Entdeckungsverfahren – nicht nur die Freiheitsentfaltung natürlicher und juristischer Personen zu fördern, sondern zugleich auch eine Kritik interessenbefangener und lethargischer Rechtsetzung zu ermöglichen[73]. Zwar läßt sich nicht von vornherein ausschließen, daß der Wettbewerb der Rechtsordnungen in Einzelfällen zu Wettbewerbseskalationen in Form von „races to the top" oder „to the bottom" führt[74]. Doch dieses wettbewerbliche Eskalationspotential läßt sich nicht verallgemeinern. Auch unter den Bedingungen eines Wettbewerbs der Rechtsordnungen herrschen heterogene Standards vor, die keinem Wettbewerbsver-

14
Spannung zwischen Wettbewerbsfunktion und -versagen

---
71 Vgl. *Meessen* (N 24), S. 704.
72 Vgl. *Jens Kersten*, Teilverfaßte Wirtschaft, in: Thomas Vesting/Stefan Korioth (Hg.), Der Eigenwert des Verfassungsrechts, 2011, S. 135 ff.
73 S. o. Rn. 6.
74 Hierzu und zum Folgenden s. o. Rn. 9.

sagen geschuldet sind. Insofern reduziert sich der Regelungsbedarf auf eine normative (Nach-)Steuerung des Einzelfalls, wenn eine konkrete Wettbewerbssituation in ein Normdumping zu entgleisen droht.

15

Die Spannung, die sich innerhalb der Wettbewerbsstruktur zwischen den Wettbewerbsakteuren entwickelt, betrifft die Konkretisierung des Verhältnisses von Regelungsbedarf und Regelungsdichte. Diese muß die Besonderheit reflektieren, in der sich die metarechtliche Regulierung des Wettbewerbs von Rechtsordnungen vom allgemeinen Wettbewerbs- und Kartellrecht unterscheidet. Das Wettbewerbs- und Kartellrecht folgt dem Konzept eines optimierten Wettbewerbs, dessen marktkonstituierende und marktkorrigierende Regelungen den Wettbewerbern von demokratisch legitimierten Gesetzgebern heteronom auferlegt werden[75]. Durch diese heteronomen Wettbewerbsregelungen soll der freie Wettbewerb im Markprozeß „von außen" gefördert und der Markt auf diese Weise „von außen" vor der Selbstzerstörung geschützt werden. Demgegenüber weist die Metaordnung für den Wettbewerb der Rechtsordnungen eine andere Verpflichtungsstruktur auf[76]: Sie wird von den Gesetzgebern des politischen Mehrebenensystems konstituiert, die wiederum selbst Wettbewerber auf Rechtsmärkten sind. Mit dieser Doppelfunktion der politischen Akteure des föderalen, nationalen, europäischen und internationalen Mehrebenensystems als wettbewerbsregulierende Wettbewerber ist das Spezifikum der Regulierung von Rechtsmärkten beschrieben, das vor allem auch den Primat politisch und damit demokratisch legitimierter Gestaltung der fragmentarischen Metaordnung für den Rechtswettbewerb gewährleist. Daraus folgt, daß die fragmentarische Metaordnung der Rechtsmärkte im Hinblick auf den Regelungsbedarf und die Regelungsdichte auf ein hohes Maß der – sicherlich ambivalenten – Selbstregulierung setzen muß, aber auch setzen kann, da die politischen Akteure ihren jeweiligen verfassungsrechtlichen Bindungen unmittelbar im Wettbewerb der Rechtsgestaltung nachzukommen haben. Diese normativ reflexive Ausgestaltung der wettbewerbsregulierenden Metaordnung über die beteiligten politischen Wettbewerber entfaltet jedoch mit der Ausdifferenzierung der Konkurrenz zwischen Rechtsprodukten öffentlicher und privater Ordnungen im Hinblick auf die privaten Rechtsetzer wieder einen heteronomen Verpflichtungsgehalt[77].

Steuerung des Einzelfalls

Spannung zwischen den Wettbewerbsakteuren

Doppelfunktion der politischen Akteure

Hohes Maß der Selbstregulierung

16

Fügt man diese beiden Wettbewerbsfaktoren – einerseits Wettbewerbsfunktion und Wettbewerbsversagen, andererseits Wettbewerbsstruktur und Wettbewerbsakteure – zusammen, so genügt eine fragmentarische Metaordnung zur funktionalen Gewährleistung von Rechtsmärkten: Wettbewerbseskalation und Wettbewerbsversagen können vermieden werden, weil den Hoheitsträgern im Rahmen der Wettbewerbsstruktur von Exit, Voice und Loyalty genug

Funktionale Gewährleistung der Rechtsmärkte

---

[75] Vgl. hierzu und zum Folgenden *Kersten* (N 65), S. 290 ff.; zur Tendenz der Selbstzerstörung von Markt und Wettbewerb *Christoph Engel*, Institutionen zwischen Staat und Markt, in: Die Verwaltung 34 (2001), S. 1 (6 f.); *ders.*, Das Recht der Gemeinschaftsgüter, in: Die Verwaltung 30 (1997), S. 429 (432).
[76] Vgl. hierzu und zum Folgenden *Peters* (N 1), S. 40 mit Fn. 110.
[77] S. u. Rn. 28 ff.

politischer Spielraum verbleibt, um ihre verfassungsrechtlichen Bindungen in der Gestaltung von Rechtsprodukten zu aktualisieren oder den Wettbewerb durch Rechtsharmonisierung auszuschließen. Gerade hierin dürfte auch einer der zentralen Gründe dafür liegen, daß eine Grundtendenz zum Wettbewerbsversagen von Rechtsmärkten etwa durch ein „race to the bottom" empirisch keineswegs belegbar ist[78]. Regelungsziele, Regelungsbedarf und Regelungsdichte der Metaebene von Rechtsmärkten lassen sich folglich nicht abstrakt-generell bestimmen, sondern hängen vom politischen Konstitutionsgrad des jeweiligen Rechtsmarkts ab, wobei sich (unterschiedlich) integrierte von hybriden Wettbewerbsregimen unterscheiden.

C. Integrierte Wettbewerbsregime

Dem politischen Mehrebenensystem entsprechend hat die fragmentarische Wettbewerbsordnung föderale, europäische und internationale Wettbewerbsebenen ausdifferenziert, in deren Rahmen sich horizontale wie vertikale Wettbewerbsverhältnisse von Rechtsordnungen und Standorten entwickeln.

17
Föderale, europäische und internationale Ebenen

I. Rechtswettbewerb

Die fragmentarische Wettbewerbsordnung weist im föderalen, europäischen und internationalen Mehrebenensystem im Hinblick auf Regelungsziel, Regelungsbedarf und Regelungsdichte unterschiedliche Integrationsgrade auf[79]. Der konkrete Integrationsgrad der jeweiligen Wettbewerbsebene wird durch die jeweils spezifische Ausgestaltung, Gewährleistung und Kombination der Strukturelemente von Exit, Voice und Loyalty bestimmt[80]: Im Hinblick auf die Exit-Optionen entscheidet der Gewährleistungsumfang von mobiler Freizügigkeit und rechtlichen Wahlmöglichkeiten über die Dimension, in der sich ein Rechtsmarkt auf einer Wettbewerbsebene entwickeln kann. Im Hinblick auf die Voice-Positionen wird der Integrationsgrad durch zwei Faktoren bestimmt: zum einen durch die rechtspolitische Bereitschaft der Gesetzgeber einer Wettbewerbsebene, rechtspolitische Anregungen der Rechtsnachfrager aufzunehmen; zum anderen durch die verfassungsrechtliche Verpflichtung der Gesetzgeber, die demokratischen Voice-Positionen der Bürgerinnen und Bürger bei der Rechtsetzung zu repräsentieren. Im Hinblick auf die Loyalty-Bindungen entscheidet sich der Integrationsgrad einer Wettbewerbsebene ebenfalls unter zwei Gesichtspunkten: Einerseits kommt es darauf an, welcher Gestaltungsspielraum den Gesetzgebern im Spannungsverhältnis zwischen

18
Unterschiedliche Integrationsgrade

Exit-Optionen

Voice-Positionen

Loyalty-Bindungen

---
78 S.o. Rn. 9.
79 Vgl. hierzu und zum Folgenden *Eidenmüller*, Recht als Produkt (N 1), S. 648; *ders.*, Transnational Law Market (N 1), S. 730; *Giegerich* (N 1), S. 81 f.
80 S.o. Rn. 3.

Exit-Optionen und Voice-Positionen verbleibt. Andererseits ist ausschlaggebend, ob es ihnen gelingt, den Wettbewerb beispielsweise durch Rechtskoordination oder Rechtsharmonisierung zu beschränken und damit Loyalitätsbindungen zu intensivieren.

1. Föderaler Wettbewerbsrahmen

19
Größter Integrationsgrad

Der Wettbewerb von Rechtsordnungen weist auf der föderalen Ebene grundsätzlich den größten Integrationsgrad auf. Auf der Grundlage der Freizügigkeit im Bundesgebiet (Art. 11 Abs. 1 GG) in Verbindung mit den Grundrechtsgewährleistungen (Art. 1 Abs. 3, Art. 142 GG) sowie dem gemeinsamen Indigenat (Art. 33 Abs. 1 GG) können die Bürgerinnen und Bürger, aber auch Unternehmungen Exit-Optionen realisieren und damit den Wettbewerb der föderalen Rechtsordnungen begründen[81]. Dieser wird grundsätzlich auch mit der Eigenstaatlichkeit der Länder (Art. 28 Abs. 1 S. 1 GG) in Verbindung mit der gesetzgeberischen Kompetenzordnung (Art. 70 ff. GG) verfassungsrechtlich ermöglicht. Die parlamentarischen Systeme in den Ländern zeigen sich im Hinblick auf die Voice-Positionen von Rechtsnachfragern offen, ohne die demokratischen Voice-Positionen der Bürgerinnen und Bürger bei der Rechtsgestaltung verfassungsrechtlich vernachlässigen zu dürfen. Das zentrale Problem der föderalen Wettbewerbsintegration liegt auf der Strukturebene der Loyalty. Zwar besteht über die Homogenitätsklausel (Art. 28 Abs. 1 S. 1 GG) sowie die Verteilung der Gesetzgebungskompetenzen ein weiter verfassungsrechtlicher und einfachgesetzlicher Gestaltungsspielraum, mit dem die Länder in einen Wettbewerb der Rechtsordnungen eintreten könnten und der allein durch den Grundsatz bundesfreundlichen Verhaltens beschränkt wird[82]. Doch jenseits konkurrierender Politiken vor allem in den Bereichen des Bildungs- sowie neuerdings auch des Beamten- und Medienrechts wirkt

Trend zum „unitarischen Bundesstaat"

der stagnierende deutsche Dauertrend zum kooperativen und „unitarischen Bundesstaat"[83] der Entwicklung einer experimentellen Rechtskultur entgegen[84], die als Ausdruck des Rechtswettbewerbs im Sinne eines Entdeckungsverfahrens einen bundesdeutschen Wettbewerbsföderalismus beleben könnte[85]. Die föderale Vorbildfunktion des Verwaltungsverfahrensgesetzes des Bundes, dem die Länder faktisch oder rechtlich folgen[86], ist ebenso Ausdruck dieser Entwicklung wie die föderale Mustergesetzgebung, die etwa das Polizei- und Ordnungsrecht prägt[87]. Der Grund für diese Entwicklung liegt neben der föderalen Parteien- und Politikverflechtung insbesondere darin,

---

81 Vgl. hierzu und zum Folgenden *Giegerich* (N 1), S. 88.
82 Vgl. zum föderalen Grundsatz bundesfreundlichen Verhaltens BVerfGE 8, 122 (140); 12, 205 (255); 92, 203 (234); 103, 81 (88); 104, 238 (248); 110, 33 (52).
83 *Konrad Hesse*, Der unitarische Bundesstaat, 1962.
84 Vgl. *Giegerich* (N 1), S. 90; *Michael* (N 1), S. 1070 f.; *Terhechte* (N 58), S. 282.
85 Vgl. zu möglichen Entwicklungslinien *Glaser* (N 19), S. 215 ff.; *Mehde* (N 24), S. 112 ff.; *Terhechte* (N 58), S. 282 ff.; zum Aufstieg und Fall des Konzepts des Wettbewerbsföderalismus in Deutschland *Gunnar Folke Schuppert*, Wettbewerb als Element Europäischer Governance, in: Blanke/Scherzberg/Wegner (N 34), S. 199 (202 ff.).
86 Vgl. *Hartmut Maurer*, Allgemeines Verwaltungsrecht, [18]2011, § 5 Rn. 17 ff.
87 Vgl. *Christoph Gusy*, Polizei- und Ordnungsrecht, [7]2009, § 1 Rn. 29 f.

daß sich die „Gleichwertigkeit der Lebensverhältnisse" (Art. 72 Abs. 2 GG) bzw. die „Einheitlichkeit der Lebensverhältnisse" (Art. 106 Abs. 3 S. 4 Nr. 2 GG) jenseits ihrer verfassungsrechtlichen Bedeutung als Beschränkung der konkurrierenden Gesetzgebungskompetenzen des Bundes zu einem der zentralen verfassungspolitischen Legitimationspfeiler der Bundesrepublik entwickelt haben[88].

Der verfassungsändernde Gesetzgeber hat versucht, diese Lethargie des föderalen Rechtswettbewerbs in der Bundesrepublik im Rahmen der Föderalismusreform I dadurch aufzubrechen, daß er 2006 anstelle der früheren Rahmengesetzgebung (Art. 75 GG a. F.) die Abweichungsgesetzgebung (Art. 72 Abs. 3 GG) eingeführt hat[89]: Wenn der Bund von seiner konkurrierenden Gesetzgebungskompetenz in den Bereichen des Jagdwesens, des Naturschutzes, der Bodenverteilung, der Raumordnung, des Wasserhaushalts oder der Hochschulzulassung bzw. der Hochschulabschlüsse Gebrauch gemacht hat, können die Länder – vorbehaltlich änderungsfester Regelungskerne – hiervon abweichende Bestimmungen treffen (Art. 72 Abs. 3 S. 1 GG). Entsprechende Bundesgesetze treten frühestens sechs Monate nach ihrer Verkündung in Kraft, soweit nicht mit der Zustimmung des Bundesrats anderes bestimmt wird (Art. 72 Ab. 3 S. 2 GG). Darüber hinaus geht für den Regelungsbereich der Abweichungsgesetzgebung im Verhältnis von Bundes- und Landesrecht das jeweils spätere Gesetz vor (Art. 72 Abs. 3 S. 3 GG). Mit dieser Regelung der Abweichungsgesetzgebung verfolgt der verfassungsändernde Gesetzgeber das Ziel, einen experimentellen Föderalismus zu verwirklichen, wenn auch nur in vergleichsweise engen Regelungsbereichen[90]. Dieser setzt nicht nur auf einen vertikalen Wettbewerb von Bundes- und Landesrecht, sondern auch auf einen horizontalen Wettbewerb zwischen den Landesrechtsordnungen. Dadurch sollen neue, innovative Regelungsformen entwickelt und erprobt werden, was ganz der Funktion des Wettbewerbs der Rechtsordnungen als einem Entdeckungsverfahren entspricht[91]. Doch der im Vergleich recht schmale Anwendungsbereich der Abweichungsgesetzgebung wird für sich genommen kaum in der Lage sein, die Entwicklung einer wettbewerblichen Rechtskultur im deutschen Föderalismus anzustoßen. So sind die Möglichkeiten eines dynamischen vertikalen wie horizontalen Wettbewerbs der föderalen Rechtsordnungen der Bundesrepublik im Grundgesetz zwar durchaus angelegt. Aber aufgrund parteipolitischer, ministerialbürokratischer und verbandsinteressierter Verflechtung sowie dem sozialpolitisch bevorzugten Trend zu einheitlichen Lebensverhältnissen verkümmern die wettbewerblichen Innovationspotentiale im bundesdeutschen Föderalismus.

20
Abweichungsgesetzgebung

Vertikaler und horizontaler Wettbewerb

---

88 *Giegerich* (N 1), S. 91; *Jens Kersten*, Abschied von der Gleichwertigkeit der Lebensverhältnisse – Der „wirtschaftliche, soziale und territoriale Zusammenhalt" als neue Leitvorstellung für die Raumplanung –, in: UPR 2006, S. 245 ff.
89 Hierzu und zum Folgenden → Bd. VI, *Rengeling*, § 135 Rn. 178 ff.; ferner *Ulrich Battis/Jens Kersten*, Die Raumordnung nach der Föderalismusreform, in: DVBl 2007, S. 152 (156 ff.); *Claudio Franzius*, Die Abweichungsgesetzgebung, in: NVwZ 2008, S. 492 (493 ff.); *Terhechte* (N 58), S. 283.
90 Vgl. hierzu und zum Folgenden *Battis/Kersten* (N 89), S. 159; *Michael* (N 1), S. 1070.
91 S. o. Rn. 6.

2. Europäischer Wettbewerbsrahmen

21
Geringerer Integrationsgrad

Der europäische Wettbewerb der Rechtsordnungen ist im Vergleich zu der föderalen Ordnung der Bundesrepublik weniger stark integriert. Die Europäische Union ist kein Staat, sondern ein Staatenverbund[92], in dessen (verfassungs)vertraglichem Rahmen sich auch ein Wettbewerb der Rechtsordnungen entfaltet. Die Grundlage dieses Wettbewerbs europäischer Rechtsordnungen bilden die Freizügigkeit und die Aufenthaltsfreiheit (Art. 45 GRCH, Art. 21 AEUV) sowie die Grundfreiheiten des Warenverkehrs (Art. 28 ff. AEUV), der Arbeitnehmer (Art. 45 ff. AEUV), der Niederlassung (Art. 49 ff. AEUV), der Dienstleistungen (Art. 56 AEUV) sowie des Kapital- und Zahlungsverkehrs (Art. 63 ff. AEUV)[93]. Sie gewährleisten in Verbindung mit der Unionsbürgerschaft sowie umfassenden Diskriminierungsverboten (Art. 20 GRCH, Art. 9 EUV, Art. 18 ff. AEUV) über Exit-Optionen der Unionsbürgerinnen und Unionsbürger sowie der Unternehmen die Möglichkeit der freien Wahl von mitgliedstaatlichen Rechtsordnungen[94]. Soweit dieser Wettbewerb reicht, ist es in erster Linie die Aufgabe der Mitgliedstaaten, ihre rechtspolitischen Gestaltungsspielräume im Spannungsverhältnis von Voice-Positionen und Loyalty-Bindungen der Rechtsnachfrager auszufüllen[95].

Freie Wahl mitgliedstaatlicher Rechtsordnungen

22
Rechtsharmonisierung

Dieser europäische Wettbewerb der Rechtsordnungen wird durch die Europäische Union reguliert: Zum einen kann die Europäische Union, soweit ihre Kompetenzen reichen, durch eigene Regelungen eine Rechtsharmonisierung herbeiführen[96]. Auf diese Weise ist es ihr möglich, den Wettbewerb der mitgliedstaatlichen Rechtsordnungen auszugestalten und gegebenenfalls auch „auszuschalten"[97]. In den Regelungsbereichen der ausschließlichen Zuständigkeit der Union ist ein Wettbewerb der mitgliedstaatlichen Rechtsordnungen von vornherein ausgeschlossen (Art. 3 AEUV). Aber auch im Hinblick auf die Regelungsmaterien der geteilten Zuständigkeit findet faktisch kein Rechts- und Regulierungswettbewerb statt (Art. 4 AEUV). Im Gegenteil lassen sich selbst dort, wo mitgliedstaatliche Regelungsspielräume mit Potential zum Rechtswettbewerb bestehen, Formen der „spontanen Rechtsangleichung (bzw. spontanen Rechtsvereinheitlichung)"[98] beobachten. Soweit die Union unter Ausnutzung ihrer Regelungskompetenzen eine solche Rechtsharmonisierung verfolgt, kann sie auch selbst als Nachfrager auftreten, um auf den

„Spontane Rechtsangleichung"

---

92 Vgl. BVerfGE 88, 155 (155 [2. LS], 156 [8. LS], 181 ff.) – Maastricht 123, 267 (267 [1. LS], 348, 350, 379) – Lissabon.
93 Vgl. hierzu und zum Folgenden *Simon Deakin*, Legal Diversity and Regulatory Competition: Which Model for Europe?, in: ELJ 12 (2006), S. 440 (443); *Eidenmüller/Jansen u. a.* (N 34), S. 285 mit Fn. 164; *Giegerich* (N 1), S. 85 f.; *Mehde* (N 24), S. 256 ff.; *ders.* (N 34), S. 227 ff.; *Michael* (N 1), S. 1069; *Terhechte* (N 58), S. 293 f.; *Streit* (N 1), S. 526 f.
94 Vgl. *Eidenmüller*, Recht als Produkt (N 1), S. 651; *ders.*, Transnational Law Market (N 1), S. 741; *Christoph Schönberger*, Unionsbürgerschaft. Europas föderales Bürgerrecht in vergleichender Sicht, 2005, S. 301 ff.
95 S. o. Rn. 3.
96 Vgl. *Dreher* (N 16), S. 105; *Giegerich* (N 1), S. 85 f.; *Michael* (N 1), S. 1071; *Wolfgang Kerber*, The Theory of Regulatory Competition and Competition Law, in: Meessen/Bungenberg/Puttler (N 4), S. 27 (28).
97 Vgl. hierzu und zum Folgenden *Streit* (N 1), S. 527; *Terhechte* (N 58), S. 288 ff. m. weit. Nachw.
98 Vgl. am Beispiel des Wettbewerbsrechts *Ackermann* (N 1), S. 220 ff.; *Terhechte* (N 58), S. 291.

mitgliedstaatlichen oder internationalen Rechtsmärkten innovative Rechtsinstitute für sich zu entdecken. Soweit in diesem Rechtsetzungsprozeß sowohl Unionsbürgerinnen und Unionsbürger als auch Unternehmen wiederum ihre Voice-Positionen geltend machen möchten, können sie dafür das vertragsrechtlich ausdifferenzierte Demokratieangebot der Europäischen Union nutzen. Dieses verwirklicht in Art. 10 und Art. 11 EUV neben repräsentativen, plebiszitären und partizipativen Elementen auch den Grundsatz der assoziativen Demokratie: Die Unionsorgane sollen einen offenen, transparenten und regelmäßigen Dialog mit den repräsentativen Verbänden und der Zivilgesellschaft führen (Art. 11 Abs. 2 EUV)[99]. So kann der europäische Gesetzgeber die Voice-Positionen möglicher Rechtsnachfrager im demokratischen Prozeß reflektieren. Allerdings kommt es dabei ganz entscheidend darauf an, in der Ausbalancierung mit den repräsentativen, plebiszitären und partizipativen Demokratieelementen der Gefahr eines Korporatismus entgegenzuwirken, der im Grundsatz assoziativer Demokratie angelegt ist[100]. Wesentlich erscheint schließlich, daß eine differenzierte Form der Regulierung von Rechtsmärkten keineswegs auf die Rechtsetzung beschränkt ist, sondern auch im Hinblick auf die Konkurrenz von Jurisdiktionen im europäischen Wettbewerbsraum stattfindet: So wird beispielhaft das komplexe Verhältnis von Europäischem Gerichtshof und Bundesverfassungsgericht als „europäischer Verfassungsgerichtsverbund"[101] verstanden, um den Rechtsprechungswettbewerb einzuhegen.

Assoziative Demokratie

Zum anderen kann die Europäische Union den Wettbewerb unter den Mitgliedstaaten anregen. Dies erfolgt etwa durch die offene Methode der Koordinierung, die auf der Grundlage eines Rechtswettbewerbs optimale Regelungsansätze mit Vorbildwirkung für alle Mitgliedstaaten entdecken will[102]. Darüber hinaus beteiligt sich die Europäische Union aber auch mit eigenen Rechtsprodukten am Wettbewerb der Rechtsordnungen[103]. Beispiele hierfür sind die Societas Europaea (SE)[104], der Vorschlag für ein Gemeinsames Europäisches Kaufrecht[105] sowie in gewisser Weise auch der Gemeinsame Refe-

23
Anregung des Wettbewerbs

Eigene Rechtsprodukte

---

99 Vgl. BVerfGE 123, 267 (369, 377, 379 f.) – Lissabon; *Matthias Ruffert*, in: Christian Calliess/Matthias Ruffert (Hg.), EUV/AEUV, ⁴2011, Art. 10 EUV Rn. 3 ff.; *Jens Kersten* „System verflochtener Demokratie" – Verfassungsrechtliche Theoriebildung gegen die politische Laufrichtung –, in: FS für Hans-Jürgen Papier, 2013, S. 103.
100 Vgl. *Peter-Michael Huber*, in: Rudolf Streinz (Hg.), EUV/AEUV, ²2012, Art. 11 EUV Rn. 14 ff.; *Ruffert* (N 99), Rn. 11 ff.; *Kersten* (N 99).
101 *Andreas Voßkuhle*, Die Integrationsverantwortung des Bundesverfassungsgerichts, in: Die Verwaltung-Beiheft 10 (2010), S. 229 (237).
102 Vgl. *Giegerich* (N 1), S. 86; *Mehde* (N 24), S. 345 ff., 579; *ders.* (N 34), S. 222 f.; *Schuppert* (N 85), S. 205 ff.
103 Vgl. *Eidenmüller*, Recht als Produkt (N 1), S. 652; *ders.*, Transnational Law Market (N 1), S. 743 f.
104 Vgl. *Eidenmüller*, Recht als Produkt (N 1), S. 652; *ders.*, Transnational Law Market (N 1), S. 744; *ders./Jansen u. a.* (N 34), S. 285 mit Fn. 164; *Giegerich* (N 1), S. 79 f. mit Fn. 117; *Grunewald* (N 57), S. 414; *Terhechte* (N 58), S. 303 f.; mit Einschränkungen *Mehde* (N 24), S. 336 ff.
105 Vgl. krit. *Eidenmüller/Jansen u. a.* (N 34), S. 285: „Rechtswettbewerb hat anscheinend das Potential, ein Entdeckungsverfahren für das beste Rechtsprodukt in Gang zu setzen. Schlechte Rechtsprodukte sollten am Markt scheitern. Allerdings kann es im Einzelfall auch anders kommen. Rechtsprodukte können sich durchsetzen, obwohl sie schlecht sind. Diese Gefahr ist im Hinblick auf das CESL [Common European Sales Law] real." (Klammerzusatz durch den Verfasser); vgl. auch *dies.*, ebd., S. 288.

renzrahmen für ein Europäisches Privatrecht[106]. So entwickelt sich im Rahmen der Europäischen Union neben dem horizontalen ein vertikaler Wettbewerb der Rechtsordnungen, der insbesondere auch auf die Vorbildwirkung von „soft" und „optional law" jenseits der europäischen Kompetenzordnung setzt[107]. Angesichts dieses Befundes erscheint es zu restriktiv, den Rechtswettbewerb in der Europäischen Union „nur" als ein „Residium" zu verstehen, also als „die ‚Restmenge' dessen, was Mitgliedstaaten unter Beachtung der grundfreiheitlichen Beschränkungsverbote einerseits und der Rechtsangleichung andererseits an eigenem Regelungsspielraum verbleibt."[108]

3. Internationaler Wettbewerbsrahmen

24
Niedrigster Integrationsgrad

Trotz der fortschreitenden Konstitutionalisierung des Völkerrechts weist der internationale Wettbewerbsrahmen den – wiederum im Vergleich mit der föderalen und europäischen Rahmung des Wettbewerbs der Rechtsordnungen – niedrigsten Integrationsgrad auf[109]. Nach Art. 2 Nr. 4 SVN unterlassen alle Mitglieder der Vereinten Nationen in ihren internationalen Beziehungen jede gegen die territoriale Unversehrtheit oder die politische Unabhängigkeit eines Staates gerichtete oder sonst mit den Zielen der Vereinten Nationen unvereinbare Androhung oder Anwendung von Gewalt. Damit scheidet ein

Kein gewaltsamer Rechtsexport

gewaltsamer Rechtsexport ebenso aus[110] wie die „feindliche Übernahme" eines Rechtsmarktkonkurrenten[111]. Exit-Optionen werden im Rahmen der internationalen Freizügigkeit und – in existentiellen Situationen – durch das Flüchtlings- und Asylrecht gewährleistet[112]. Voice-Positionen beruhen sowohl für Rechtswettbewerber als auch für Bürgerinnen und Bürger auf menschenrechtlich garantierten Mindeststandards (Art. 5, 10, 11, 16 EMRK, Art. 12f., 16, 19, 22, 25 IPbürgR)[113]. Loyalty-Bindungen, die einen Rechtsordnungswechsel ökonomisch überflüssig erscheinen lassen und damit zu einer Einschränkung des Rechtswettbewerbs führen können, ergeben sich ebenfalls aus völkerrechtlich vereinbarten Mindestgewährleistungen wie beispielsweise aus dem internationalen Umweltrecht[114].

---

106 Vgl. *Eidenmüller*, Recht als Produkt (N 1), S. 652; *ders.*, Transnational Law Market (N 1), S. 744; krit. *ders./Florian Faust u. a.*, Der Gemeinsame Referenzrahmen für das Europäische Privatrecht – Wertungsfragen und Kodifikationsprobleme –, in: JZ 2008, S. 529 ff.; positiv *Stefan Leible*, Europäisches Privatrecht am Scheideweg, in: NJW 2008, S. 2558 ff.
107 Vgl. *Peters* (N 1), S. 16 mit Fn. 22; umfassend *Matthias Knauff*, Der Regelungsverbund. Recht und Soft Law im Mehrebenensystem, 2010.
108 *Christoph Teichmann*, Binnenmarktkonformes Gesellschaftsrecht, 2006, S. 383; vgl. auch *Peters* (N 1), S. 40.
109 Vgl. *Mehde* (N 24), S. 463 ff., zu der hiervon zu unterscheidenden Frage völkerrechtlicher Wettbewerbsordnungen.
110 Vgl. *Giegerich* (N 1), S. 83.
111 Vgl. *P. Kirchhof* (N 11), S. 40; *Michael* (N 1), S. 1069.
112 Vgl. *Michael* (N 1), S. 1069.
113 Vgl. *Giegerich* (N 1), S. 84.
114 Vgl. *Giegerich* (N 1), S. 84.

II. Standortwettbewerb

Der Standortwettbewerb folgt ebenfalls der Wettbewerbsstruktur von Exit, Voice und Loyalty[115]. Wirtschaftsunternehmen nutzen bei der Suche nach einem Investitionsstandort ihre Mobilität und damit Exit-Optionen, um für sie optimale Bedingungen sicherzustellen. So entsteht eine internationale Standortkonkurrenz zwischen Staaten und darüber hinaus Regionen und Kommunen um Arbeitsplätze, Steueraufkommen und Techniktransfer, den eine Unternehmensansiedlung mit sich bringt[116]. Dies begründet zugleich das Voice-Potential der umworbenen Unternehmen, das diese gegenüber ihrem bisherigen oder anvisierten neuen Standort hinsichtlich optimaler Investitionsbedingungen geltend machen. Im Umgang mit diesen Exit-Optionen und Voice-Potentialen müssen die Staaten, Regionen und Kommunen mit der Attraktivität ihres eigenen Standorts ihre Loyalty-Erwartungen realistisch einschätzen, die ihre politischen wie rechtlichen Gestaltungsspielräume begründen. Nur so können sie verhindern, sich einem Investor finanz-, sozial-, wirtschafts- und umweltpolitisch „auszuliefern".

25
Sicherung optimaler Bedingungen

Dementsprechend geht das Standortmarketing von Hoheitsträgern heute weit über die schlicht informationelle Werbung für den eigenen Investitions- und Unternehmensstandort hinaus[117]. Es umfaßt die Analyse des eigenen Standorts, die Bestandsaufnahme des (ausländischen) Investorenmarkts, die allgemein informative Standortwerbung, die pro- wie reaktive Unternehmensansiedlung, die Nachbetreuung gewonnener Investoren sowie die dauerhafte Standortpflege. Dies setzt nicht zuletzt auch eine „optimierende" Anpassung der eigenen Rechtsordnung im Hinblick auf arbeits-, aufenthalts-, bau-, dienstleistungs-, finanz-, gewerbe-, infrastruktur-, sozial-, steuer- und umweltrechtliche Investitions- und Standortbedingungen voraus[118]. Auf diese Weise werben beispielsweise die Volksrepublik China mit „Invest in China"[119], Frankreich mit der „Invest in France Agency"[120], Großbritannien mit „Invest in the UK"[121] und die Vereinigten Staaten mit „SelectUSA" aktiv für den eigenen Wirtschaftsstandort[122]. Mit diesen und vielen anderen Wettbewerbern konkurrieren für die Bundesrepublik Deutschland der Bund mit „Germany Trade & Invest"[123] sowie die Länder und Kommunen mit ihrem jeweiligen Standortmarketing[124]. In organisatorischer Hinsicht erfolgt dieses Standortmarketing von Bund, Ländern und Kommunen teilweise in Privatrechtsform, teilweise durch ministerielle Stabs- oder öffentliche Verwaltungsstellen. Soweit es um die Unternehmensansiedlung geht, haben die konkurrierenden

26
Standortmarketing von Hoheitsträgern

„Germany Trade & Invest"

---

115 S.o. Rn.3.
116 Vgl. BVerfGE 116, 164 (191 f.).
117 Vgl. hierzu und zum Folgenden *Battis/Kersten* (N 11), S. 13 ff., 21 ff., 32 ff.; *Kersten* (N 11), S. 32 ff.
118 Vgl. *Kieninger* (N 26), S. 91 ff.
119 www.fdi.gov.cn/pub/FDI–EN/default.htm.
120 www.invest-in-france.org/de.
121 www.ukti.gov.uk/de–de/invest.html?guid=none.
122 http://selectusa.commerce.gov.
123 www.gtai.de/GTAI/Navigation/DE/Meta/ueber-uns.html.
124 Vgl. *Battis/Kersten* (N 11), S. 14 ff., für die Entwicklung des Standortmarketings der Länder.

§ 233   Zwanzigster Teil: Leitprinzipien

Hoheitsträger Governancestrukturen entwickelt, die darauf ausgerichtet sind, für Investoren konkrete Standortvorschläge auszuarbeiten, ihnen öffentliche Finanzierungshilfen zu erschließen sowie Kontakte zu Fachbehörden, Kommunen, Kammern, Wirtschaftsverbänden und Dienstleistern zu vermitteln und insbesondere sicherzustellen, daß die gegebenenfalls notwendigen bau-, gewerbe- oder umweltrechtlichen Genehmigungsverfahren zügig durchgeführt werden[125].

27
Kompetenzen

In verfassungsrechtlicher Hinsicht kommt es vor allem darauf an, daß durch einen überschießenden Wettbewerb von Bund, Ländern und Gemeinden um Investoren nicht die bundesstaatliche Kompetenzordnung überspielt wird[126]: Grundsätzlich verfügen alle genannten Hoheitsträger über die Kompetenz, informell ohne Verletzung des Art. 32 GG im europäischen wie internationalen Raum für den jeweils eigenen Standort zu werben. Die konkrete Unternehmensansiedlung ist nach der föderalen Kompetenzordnung grundsätzlich Sache der Länder (Art. 30, Art. 83 ff. GG), die dabei wiederum die kommunalen Kompetenzen wahren müssen (Art. 28 Abs. 1 S. 2 GG). Dabei darf der Bund Investoren „nur" für die Bundesrepublik Deutschland, nicht aber für ein spezielles Bundesland ansprechen. Wenn der Bund einen Investor gewinnt, muß er diesen an die Länder vermitteln. Eine solche Vermittlung kann nicht „freihändig" und im politischen Belieben des Bundes erfolgen.

Vermittlungsverfahren

Vielmehr muß das Vermittlungsverfahren den Anforderungen des Demokratie-, Rechtsstaats- und Bundesstaatsgebots genügen (Art. 20 Abs. 1 – 3 GG)[127]. Dabei stellt vor allem das Bundesstaatsprinzip spezielle organisatorische wie verfahrensrechtliche Anforderungen an die Ausgestaltung eines wettbewerblichen Vermittlungsverfahrens, mittels dessen der Bund investitionsinteressierte Unternehmen an die Länder vermittelt[128]: Erstens muß das Vermittlungsverfahren so ausgestaltet sein, daß die Kompetenzräume von Bund und Ländern klar getrennt bleiben und kein verfassungswidriger Fall der Mischverwaltung entsteht[129]. Zweitens ist der Bund aufgrund des föderalen Gleichheitssatzes verpflichtet, die Chancengleichheit aller Länder bei der Investorenvermittlung zu wahren[130]. Drittens darf der Bund wegen des föderalen Neutralitätsgebots kein Land bei der Vermittlung von Investoren bevorzugen, es sei denn, der Investor äußert bereits eine eindeutige Präferenz[131]. Viertens verpflichtet der Grundsatz bundesfreundlichen Verhaltens den Bund wie auch die Länder, in diesem Vermittlungsverfahren ihre Kompetenzen auch in der wirtschaftlichen Konkurrenzsituation fair auszuüben. So wäre es beispielsweise unzulässig, wenn ein Land parallel zu dem Vermittlungsverfahren, an

Verfassungsrechtliche Anforderungen

---

125 Vgl. *Meessen* (N 4), S. 3; *ders.* (N 24), S. 703.
126 Vgl. hierzu und zum Folgenden *Battis* (N 11), S. 389 ff.; *ders./Kersten* (N 11), S. 24, 41 ff., 68 ff.; *Kersten* (N 11), S. 32 ff.
127 Vgl. *Battis/Kersten* (N 11), S. 64 ff.; *Kersten* (N 11), S. 40 ff.
128 Vgl. hierzu und zum Folgenden *Battis/Kersten* (N 11), S. 68 ff.; *Kersten* (N 11), S. 43 ff.
129 Vgl. zum föderalen Mischverwaltungsverbot BVerfGE 11, 105 (124); 32, 145 (156); 119, 331 (370 ff.).
130 Vgl. zum föderalen Gleichheitssatz BVerfGE 1, 299 (315); 12, 205 (255 f.); 41, 291 (308); 72, 330 (404); 86, 148 (211 f.); 95, 250 (256).
131 Vgl. zum föderalen Neutralitätsprinzip *Battis/Kersten* (N 11), S. 69 f.; *Kersten* (N 11), S. 43 f.

dem es teilnimmt, den föderal umstrittenen Investor direkt kontaktierte, soweit sich dieser nicht seinerseits unmittelbar an das Land wendet. Diesen verfassungsrechtlichen Anforderungen kann durch eine entsprechende Ausgestaltung des Vermittlungsverfahrens, in dessen Mittelpunkt ein umfassender, zeitnaher und transparenter Informationsfluß über Investitionsanfragen und Investitionsangebote steht, im organisatorischen Rahmen der Standortmarketinggesellschaft des Bundes Rechnung getragen werden[132].

D. Hybride Wettbewerbsregime

Der Staat hat nie über ein Rechtsmonopol verfügt. Gerade in historischer Perspektive zeigt sich, daß sich neben der öffentlichen Gewalt schon immer im weitesten Sinne „private" Rechtsanbieter etabliert haben, die teilweise – wie etwa die Religionsgemeinschaften und Kirchen – autonom verfaßt sind[133]. So koexistieren, konkurrieren und konfligieren bis heute berufsständische, europäische, indigene, internationale, private, religiöse, sportliche, staatliche, wirtschaftliche und eine Vielzahl weiterer Rechtsordnungen im Hinblick auf Rechtsetzung, Rechtsprechung und Rechtsdurchsetzung[134]. Ein Wettbewerb der Rechtsordnungen entsteht auch hier, wenn und soweit Rechtsnachfrager unter verschiedenen Angeboten des privaten Rechts oder zwischen privaten und öffentlichen Rechtsinstituten und Rechtsordnungen wählen können[135]. Dieser Rechtswettbewerb läßt sich ebenfalls über die Struktur von Exit, Voice und Loyalty analysieren[136] und seine Funktion als Endeckungsverfahren neuer Rechtformen begreifen[137]. Im Gegensatz zum Rechtswettbewerb im staatlichen, europäischen und internationalen Mehrebenensystem sieht sich der Wettbewerb zwischen privaten und zwischen privaten und öffentlichen Ordnungen nicht durch einen einheitlichen Rechtsrahmen integriert[138]. Vielmehr entwickelt sich dieser Wettbewerb in hybriden Wettbewerbsrahmungen, die durch öffentliche und private „Verfassungsfragmente"[139] konstituiert werden.

28
Wettbewerb zwischen und mit privaten Rechtsordnungen

Kein einheitlicher Rechtsrahmen

---

132 Vgl. zu Gestaltungsmöglichkeiten *Battis* (N 11), S. 389 ff.; *ders./Kersten* (N 11), S. 35 ff.
133 Vgl. klassisch *Georg Jellinek*, Der Kampf des alten mit dem neuen Recht. Prorektoratsrede, 1907; *Christoph Möllers*, Die drei Gewalten. Legitimation der Gewaltengliederung in Verfassungsstaat, Europäischer Integration und Internationalisierung, 2008, S. 224; *Peters* (N 1), S. 16 f.
134 Vgl. grundsätzlich *Eidenmüller*, Recht als Produkt (N 1), S. 647; *Peters* (N 1), S. 16 f.; speziell *Gunnar Folke Schuppert*, When Governance meets Religion. Governancestrukturen und Governanceakteure im Bereich des Religiösen, 2012, S. 94 ff.; *Claus Luttermann*, Islamic Finance: Ein Dialog über Recht, Weltwirtschaft und Religionen, in: JZ 2009, S. 706 ff.
135 S. o. Rn. 1.
136 S. o. Rn. 3.
137 S. o. Rn. 6.
138 S. o. Rn. 17 ff.
139 Vgl. *Gunther Teubner*, Verfassungsfragmente. Gesellschaftlicher Konstitutionalismus in der Globalisierung, 2012, S. 225 ff.

29
Transnationales Handels- und Wirtschaftsrecht

Das gegenwärtig umstrittenste, zugleich aber auch kategorial paradigmatischste Beispiel für eine solche hybride Rahmung des Wettbewerbs privater Rechtsordnungen ist das transnationale Handels- und Wirtschaftsrecht. Dieses entwickelt sich in der dynamischen Konkurrenz von Codes of Conduct, Guidelines, Handelsbräuchen, Musterverträgen, Prinzipien und Vertragstypen im Spannungsfeld „maßgeschneiderter" Einzelfallösungen und generalisierender Standardsetzungen[140]. Die Akteure dieses Wettbewerbs privater Rechtsinstitute sind multi- und transnationale Unternehmungen sowie international vernetzte Rechtsanwaltskanzleien. Deren Rechtsprodukte konkurrieren nicht nur mit staatlichen Regelungen, sondern müssen sich darüber hinaus auch im Wettbewerb der privaten Schiedsgerichte mit staatlichen Gerichten behaupten. Dabei bleibt die Vollstreckung privater Schiedssprüche auf das staatliche Gewaltmonopol angewiesen. Die Frage nach der wettbewerblichen Rahmung dieser „neuen" lex mercatoria kulminiert in der Charakterisierung des transnationalen Rechts als einer dritten Kategorie autonomer Rechtssysteme jenseits der beiden traditionellen Formen des staatlichen und internationalen Rechts[141]: Das transnationale Recht werde – so Gralf-Peter Calliess – in einem nicht nur effektiven, sondern auch legitimen reflexiven Rechtsschöpfungsprozeß einer „globalen Zivil(rechts)gesellschaft"[142] entwickelt, die auf der inneren „Spontanverfassung von Privatregimes"[143] beruhe. Diese Privatregimes bedürften der Einbettung in eine Rahmenordnung, die einerseits die zivilgesellschaftliche Selbstorganisation als Ausübung von Privat- und Parteiautonomie anerkenne und andererseits diese Grundsätze im Hinblick auf Gemeinwohl, Drittinteressen und Gerechtigkeit einbinde und begrenze. Dabei fungierten private und öffentliche Verfassungen „als wechselseitige Auffangordnungen, wobei die Grenzen im Kontext einer global governance, die auf das Zusammenwirken staatlicher, wirtschaftlicher und zivilgesellschaftlicher Akteure setzt, zu *hybriden* Ordnungsstrukturen verschwimmen, die hier zusammengenommen als *Zivilverfassung* bezeichnet werden."[144]

„Spontanverfassung von Privatregimes"

---

140 Vgl. hierzu und zum Folgenden *Gralf-Peter Calliess*, Transnationales Handelsvertragsrecht: Private Ordnung und staatlicher Rahmen, in: Bernhard Zangl/Michael Zürn (Hg.), Verrechtlichung – Bausteine für Global Governance?, 2004, S. 160; *ders./Hoffmann* (N 13), S. 119; *Eidenmüller*, Recht als Produkt (N 1), S. 644; *ders.*, Transnational Law Market (N 1), S. 715, 727 ff.; *Peters* (N 1), S. 16; *Sigrid Quack*, Governance durch Praktiker: Vom privatrechtlichen Vertrag zur transnationalen Rechtsnorm, in: Sebastian Botzem/Jeannette Hofmann u. a. (Hg.), Governance als Prozeß. Koordinationsformen im Wandel, 2009, S. 575 (581 ff.); *Gunnar Folke Schuppert*, Governance und Rechtsetzung. Grundfragen einer modernen Regelungswissenschaft, 2011, S. 211 f., 337 ff., 410 ff.; *Streit* (N 1), S. 531 ff.
141 Vgl. hierzu und zum Folgenden *Gralf-Peter Calliess*, Transnationales Verbrauchervertragsrecht, in: RabelsZ 68 (2004), S. 244 (254 ff.); *ders.* (N 140), S. 161, 165 ff.; *ders.* Grenzüberschreitende Verbraucherverträge. Rechtssicherheit und Gerechtigkeit auf dem elektronischen Weltmarktplatz, 2006, S. 196 ff., 201 ff.; *ders.*, Reflexive Transnational Law, in: ZfRsoz 2002, S. 185 (206 f.); *Gunther Teubner*, The Corporate Codes of Multinationals: Company Constitutions Beyond Corporate Governance and Co-Determination, in: Rainer Nickel (Hg.), Conflict of Laws and Laws of Conflict in Europe and Beyond: Patterns of Supranational and Transnational Juridification, Oslo 2010, S. 203 (207).
142 *Calliess* (N 140), S. 176.
143 *Calliess*, Verbrauchervertragsrecht (N 141), S. 277; vgl. auch *ders.*, Verbraucherverträge (N 141), S. 203.
144 Vgl. *Calliess*, Verbrauchervertragsrecht (N 141), S. 277 (Hervorhebung im Original); ferner *ders.* (N 140), S. 176 f.; *ders.*, Das Zivilrecht der Zivilgesellschaft, in: Christian Joerges/Gunther Teubner (Hg.), Rechtsverfassungsrecht. Recht-Fertigung zwischen Privatrechtsdogmatik und Gesellschaftstheorie, 2003, S. 239 ff.; *Gunther Teubner*, Globale Zivilverfassungen: Alternativen zur staatszentrierten Verfassungstheorie, in: ZaöRV 63 (2003), S. 1 (5 ff., 16 ff.).

Diesem theoretisch äußerst ambitionierten Ansatz ist in seiner Beschreibung transnationalen Rechts als einer hybriden Governancestruktur zuzustimmen, die durch öffentliche und private Verfassungsbausteine konstituiert wird[145]. Dieser normativ hybride Eklektizismus, der besonders deutlich in der staatlichen Vollstreckung privater Schiedssprüche zum Ausdruck kommt, sperrt sich jedoch gerade gegen das Verständnis des transnationalen Rechts als einer „autonomen" Ordnung. Diese Annahme erscheint allenfalls in einer systemtheoretischen, nicht jedoch in einer rechtsdogmatischen Perspektive plausibel: Selbst in den hyperkomplexen Hybridstrukturen transnationalen Rechts läßt sich die tradierte Dichotomie privater und öffentlicher Ordnungsmuster ausmachen[146]. Dementsprechend liegt die rechtsdogmatische Aufgabe der Fortentwicklung des transnationalen Rechts gerade nicht darin, deren private und öffentliche Verfassungsbausteine zu einer Governance „verschwimmen" zu lassen. Vielmehr kommt es darauf an, die Folgen der spezifischen juristischen Bindungen dieser privaten und öffentlichen Verfassungsbausteine in ihrem funktionalen Zusammenwirken differenziert zu analysieren[147]. Allein dieser methodologische Zugang gewährleistet auch, die Beeinflussung, Steuerung und Korrektur von Rechtsmärkten innerhalb des transnationalen Wettbewerbsregimes angemessen zu würdigen. Die sehr unterschiedlichen Regulierungspotentiale dieser hybriden Wettbewerbsordnung spiegeln sich beispielsweise in den differierenden Vorschlägen, die Gestaltungs- und Nachfragemacht multinationaler Unternehmen auf transnationalen Rechtsmärkten zu regulieren: Auf der „öffentlichen Seite" der Hybridstruktur wird eine stärkere staatliche Kontrolle[148] und eine Fortentwicklung des Konzepts der Völkerrechtssubjektivität im Hinblick auf transnationale Unternehmen befürwortet[149]. Auf der „privaten Seite" der Hybridstruktur setzt man unterdessen auf die unternehmerische Selbstbeschränkung in Form eines rechtlichen „Self-Constitutionalizing"[150], das durch eine zivilgesellschaftlich grundierte „Governance by Reputation" gewährleistet wird[151]. Schließlich ist auch eine Kombination öffentlicher und privater Regulierung transnationaler Unternehmungen in der Governance hybrider Wettbewerbsregime im Sinne eines gestuften Regelungsansatzes nicht ausgeschlossen[152].

30
Hybride Governancestruktur

Dichotomie privater und öffentlicher Ordnungsmuster

Differenzierte Bindung durch privates und öffentliches Recht

---

145 Vgl. *Schuppert* (N 140), S. 382 ff.
146 Vgl. *Möllers* (N 133), S. 221 ff.
147 Vgl. hierzu und zum Folgenden *Eidenmüller*, Transnational Law Market (N 1), S. 728; *Nils Christian Ipsen*, Private Normenordnungen als transnationales Recht?, 2009, S. 164 ff.; *Schuppert* (N 140), S. 373 ff., insbes. S. 378.
148 Vgl. *Katarina Weilert*, Transnationale Unternehmen im rechtsfreien Raum? Geltung und Reichweite völkerrechtlicher Standards, in: ZaöVR 69 (2009), S. 883 (915).
149 Vgl. *Karsten Nowrot*, Reconceptualising International Legal Personality of Influential Non-State Actors: Towards a Rebuttable Presumption of Normative Responsibilities, in: Fleur Johns (Hg.), International Legal Personality, Surrey 2010, S. 369 (379 ff.); krit. *Eidenmüller*, Transnational Law Market (N 1), S. 746.
150 *Gunther Teubner*, Self-Constitutionalizing TNCs? On the Linkage of „Private" and „Public" Corporate Codes of Conduct, in: Indiana Journal of Global Legal Studies 18 (2011), S. 17 ff.; vgl. auch *Eidenmüller*, Transnational Law Market (N 1), S. 728.
151 Vgl. zum Steuerungspotential einer „Governance by Reputation" *Schuppert* (N 140), S. 214; ders. (N 85), S. 211 f.
152 Vgl. *Eidenmüller*, Transnational Law Market (N 1), S. 747.

E. Fazit

31
Herausforderungen für Staatsgewalt

Der Wettbewerb der Rechtsordnungen verändert das Staatsverständnis: Das Staatsvolk – die Bürgerinnen und Bürger – können in vielen Lebensbereichen zwischen den Angeboten öffentlicher und privater Rechtsanbieter im In- und Ausland wählen. Dies hat zugleich Folgen für die rechtliche Konzeption des Staatsgebiets, da die staatliche Exklusivität des Konnexes von Rechtsgeltung und Territorium relativiert wird[153]. Beides führt zu neuen Herausforderungen der demokratisch legitimierten Staatsgewalt, die sich politisch selbstbewußt auf den Wettbewerb der Rechtsordnungen einlassen kann, um innovative Rechtsformen und neue Rechtsinstitute zu entdecken.

---

153 Vgl. *Eidenmüller*, Recht als Produkt (N 1), S. 647, 653; *ders.*, Transnational Law Market (N 1), S. 725 f.

F. Bibliographie

Ulrich Battis/Jens Kersten, Standortmarketing im Bundesstaat, 2008.
Ulrich Becker/Wolfgang Schön (Hg.), Steuer- und Sozialstaat im europäischen Systemwettbewerb, 2005.
Hermann-Josef Blanke/Arno Scherzberg/Gerhard Wegner (Hg.), Dimensionen des Wettbewerbs, 2012.
Gralf-Peter Calliess, Transnationales Verbrauchervertragsrecht, in: RabelsZ 68 (2004), S. 244 ff.
Meinhard Dreher, Wettbewerb oder Vereinheitlichung der Rechtsordnungen in Europa?, in: JZ 1999, S. 105 ff.
Horst Eidenmüller, Recht als Produkt, in: JZ 2009, S. 641 ff.
ders., The Transnational Law Market, Regulatory Competition, and Transnational Corporations, in: Indiana Journal of Global Legal Studies 18 (2011), S. 707 ff.
Christoph Engel, Rezension von Karl M. Meessen, Wirtschaftsrecht im Wettbewerb der Systeme, 2005, in: AöR 131 (2006), S. 322 ff.
Lüder Gerken, Der Wettbewerb der Staaten, 1999.
Thomas Giegerich, Wettbewerb von Rechtsordnungen, in: VVDStRL 69 (2010), S. 57 ff.
Andreas Glaser, Föderaler Steuerwettbewerb durch Recht – verfassungstheoretische Grundfragen, in: ORDO 61 (2010), S. 205 ff.
Friedrich August von Hayek, Der Wettbewerb als Entdeckungsverfahren, in: ders., Gesammelte Schriften, Bd. A 4, 2003, S. 132 ff.
Albert O. Hirschman, Exit, Voice, and Loyalty. Responses to Decline in Firms, Organizations, and States, Harvard 1970.
Eva-Maria Kieninger, Wettbewerb der Privatrechtsordnungen im europäischen Binnenmarkt, 2002.
Paul Kirchhof, Das Wettbewerbsrecht als Teil einer folgerichtigen und widerspruchsfreien Gesamtrechtsordnung, in: ders. (Hg.), Gemeinwohl und Wettbewerb, 2005, S. 1 ff.
ders., Freiheitlicher Wettbewerb und staatliche Autonomie – Solidarität, in: ORDO 56 (2005), S. 39 ff.
Karl M. Meessen, Prinzip Wettbewerb, in: JZ 2009, S. 697 ff.
ders./*Marc Bungenberg/Adelheid Puttler* (Hg.), Economic Law as an Economic Good. Its Rule Function and its Tool Function in the Competition of Systems, 2009.
Veith Mehde, Wettbewerb zwischen Staaten, 2005.
Lothar Michael, Wettbewerb von Rechtsordnungen, in: DVBl 2009, S. 1062 ff.
Monopolkommission, Systemwettbewerb. Sondergutachten Nr. 27, 1998.
Anne Peters, Wettbewerb von Rechtsordnungen, in: VVDStRL 69 (2010), S. 7 ff.
Gunnar Folke Schuppert, Governance und Rechtsetzung. Grundfragen einer modernen Regelungswissenschaft, 2011.

§ 234
Globalisierung als Topos

Adelheid Puttler

Übersicht

	Rn.		Rn.
A. Begriff und Phänomen der Globalisierung	1	D. Einfluß der Globalisierung auf staatliche Hoheitsträger und innerstaatliche Entscheidungsstrukturen	25–40
B. Gewandelte Rolle des Staates im Zeitalter der Globalisierung	2	I. Einbindung der Exekutive in internationale Netzwerkstrukturen	26–27
C. Begrenztheit staatlicher Hoheitsmacht angesichts der Vervielfachung internationaler Akteure	3–24	II. Funktionsverlust des Parlaments	28–37
I. Rolle des Staates in internationalen und supranationalen Organisationen	3–13	1. Geringer Einfluß des Parlaments auf die internationalen Rechtsbeziehungen	29–31
1. Internationale Organisationen: Eingeschränkte Zuständigkeiten und Abhängigkeit	3–6	2. Integrationsverantwortung und begrenzte Mitwirkung in europäischen Angelegenheiten	32–37
2. Supranationale Organisationen: Staaten noch als „Herren der Verträge"	7–13	III. Einbindung der Judikative in extern erzeugtes Recht und ihre Ablösung durch Schiedsgerichte	38–40
II. Rolle des Staates gegenüber nichtstaatlichen Akteuren	14–24	E. Bibliographie	
1. Transnationale Unternehmen: Unter dem Schutz, aber außerhalb der Kontrolle von Nationalstaaten	15–20		
2. Internationale Nichtregierungsorganisationen: Mitgestaltung und Einflußnahme	21–24		

A. Begriff und Phänomen der Globalisierung

1
Globalisierung als gesellschaftlicher Prozeß

Wir leben im Zeitalter der Globalisierung. Der Begriff taucht in unterschiedlichem Zusammenhang in der öffentlichen Diskussion auf. Globalisierung ist ein gesellschaftlicher Prozeß, über dessen Natur, Ursachen, Bedeutung und Folgen keine Einigkeit besteht. Ganz allgemein kann Globalisierung als komplexer und vielschichtiger Prozeß bezeichnet werden, in dessen Rahmen sich menschliche Aktivitäten einerseits auf den gesamten Globus erstrecken, andererseits aber auch von Ereignissen weltweit beeinflußt werden. Globalisierung wohnt also eine grenzüberschreitende Tendenz inne und ist von zunehmenden wechselseitigen Abhängigkeiten gekennzeichnet. Vorbedingung und Katalysator der Globalisierung ist der enorme technische Fortschritt seit der zweiten Hälfte des 19. Jahrhunderts, der insbesondere Reisen und Kommunikation über Landesgrenzen und Kontinente hinweg immer mehr erleichtert[1]. Zwar wurde der Begriff der Globalisierung schon vor dem Zweiten Weltkrieg für diese Phänomene vereinzelt verwendet. Vor allem der Wirtschaftswissenschaftler Theodore Levitt machte den Begriff der Globalisierung aber mit einem 1983 erschienenen Beitrag bekannt[2]. Er prophezeite die Globalisierung der Märkte für standardisierte Konsumgüter und sah daher das Ende weltweit tätiger Konzerne mit differenzierter, länderspezifischer Marktorientierung voraus. Statt dessen propagierte er den auf dem Weltmarkt agierenden globalen Konzern, der regionale und nationale Unterschiede ignoriert.

Globalisierung in verschiedenen Bereichen

Das Phänomen der Globalisierung geht aber weit über die Wirtschaft hinaus. Als Beispiele für Bereiche, in denen Probleme weltweit auftreten und globale Interdependenzen zu beobachten sind, seien neben der Weltwirtschaft und der damit eng zusammenhängenden internationalen Finanzarchitektur nur die Entwicklung von Massenvernichtungswaffen und der Bedarf nach internationaler Friedenssicherung, der Anstieg der Weltbevölkerung und die Armutsbekämpfung, der Umweltschutz und der Klimawandel, der Energie- und Rohstoffbedarf, der Menschenrechtsschutz und die Demokratiebewegungen, der Einfluß von Religionen und Weltanschauungen, die Revolution der Kommunikation durch das Internet, aber auch die weltweite Kriminalität wie Drogen-, Waffen- und Menschenhandel, die Cyberkriminalität sowie der Terrorismus genannt[3].

Globalisierung als Gegenstand der Wissenschaft

Globalisierung ist vor allem seit dem letzten Jahrzehnt des 20. Jahrhunderts Gegenstand von Diskussionen und Theoriebildung in der Sozial- und Politikwissenschaft[4]. Auch wenn die Idee der Globalisierung mitt-

---

1 Zur Geschichte der Globalisierung unter Einbeziehung der technischen und der damit einhergehenden politischen, wirtschaftlichen und gesellschaftlichen Entwicklungen *Jan Aart Scholte*, Globalization: A Critical Introduction, Basingstoke/New York ²2005, S. 85 ff.
2 *Theodore Levitt*, The globalization of markets, in: Harvard Business Review 61 (1983), S. 92 ff.
3 S. zu den einzelnen Feldern der Globalisierung den von *Le monde diplomatique* seit 2003 regelmäßig herausgegebenen „Atlas der Globalisierung", zuletzt *Le monde diplomatique*, Atlas der Globalisierung: Die Welt von morgen, 2012.
4 S. nur *Ulrich Beck*, Was ist Globalisierung? Irrtümer des Globalismus – Antworten auf Globalisierung, Taschenbuchausgabe 2007; *Richard Münch*, Globale Dynamik, lokale Lebenswelten: Der schwierige Weg in die Weltgesellschaft, ²1998; *Scholte* (N 1); s. auch den Überblick bei *Lui Hebron/John F. Stack Jr.*, Globalization, ²2010.

lerweile teilweise als überholt[5] oder der Begriff als wenig brauchbar bezeichnet wird[6], hat sich an der Zunahme grenzüberschreitender Aktivitäten, weltweiter Probleme und gegenseitiger Abhängigkeiten nichts geändert. Für die Rechtswissenschaft ist es ungeachtet der Frage, wie dieses Phänomen zu bezeichnen ist, von Interesse, die juristischen Folgeerscheinungen dieses Prozesses zu analysieren und die Rolle des Staates darin zu beleuchten.

B. Gewandelte Rolle des Staates im Zeitalter der Globalisierung

Der moderne Staat ist nicht mehr der Inhaber unumschränkter Hoheitsgewalt, dessen Organe Entscheidungen in allen Fragen des Gemeinwesens treffen und ihre Beschlüsse mit Hilfe des staatlichen Gewaltmonopols gegenüber allen Regelungssubjekten durchsetzen können. Staaten sind heutzutage vermehrt abhängig von weltpolitischen Gegebenheiten, wie beispielsweise von Entwicklungen der Weltwirtschaft und der Finanzmärkte, von globalen Umweltproblemen oder von Auswirkungen bewaffneter Konflikte und Katastrophen in anderen Teilen der Welt. Weil Staaten komplexe, weltumspannende Probleme nicht mehr alleine bewältigen können, beteiligen sie sich auf internationaler Ebene an Institutionen und Strukturen und gehen völkerrechtliche Verpflichtungen ein. Daneben versucht eine Vielzahl nichtstaatlicher internationaler Akteure Einfluß auf staatliches Handeln zu gewinnen. Angesichts der Rahmenbedingungen, die die Globalisierung setzt, täuscht das Bild souveräner und gleicher Staaten, wie es etwa der Charta der Vereinten Nationen zugrunde liegt[7]. Die Souveränität des modernen Staates, verstanden als Unabhängigkeit nach außen und Besitz der höchsten Gewalt im Sinne einer Verfassungsautonomie nach innen[8], wird durch Interdependenzen und Einfluß zahlreicher Mitwirkender relativiert. Aus sozial- und politikwissenschaftlicher Sicht wird die Souveränität der Nationalstaaten durch transnationale Akteure unterlaufen und querverbunden[9], und sie erlebt durch die Überwindung von Grenzen eine Erosion[10]. Aus rechtswissenschaftlicher Sicht muß

2
Rolle des Staates angesichts internationaler Abhängigkeiten

Einfluß nichtstaatlicher internationaler Akteure

---

5 *Justin Rosenberg*, Globalization Theory: A Post Mortem, in: International Politics 42 (2005), S. 2 ff.
6 *Ralf Walkenhaus*, Entwicklungslinien moderner Staatlichkeit: Konzeptualisierungsprobleme des Staatswandels, in: FS für Rüdiger Voigt, 2006, S. 17 (34).
7 S. Art. 2 Ziff. 1 UN-Charta, wonach die Vereinten Nationen auf dem Grundsatz der souveränen Gleichheit ihrer Mitglieder beruhen; so auch die Generalversammlung in der „Friendly Relations Declaration", Declaration on Principles of International Law concerning Friendly Relations and Co-operation among States in accordance with the Charter of the United Nations, Anhang zur Resolution 2625 (XXV) v. 24. 10. 1970.
8 S. auch *Adelheid Puttler*, Gleichheit im Völkerrecht, in: Rudolf Mellinghoff/Ulrich Palm (Hg.), Gleichheit im Verfassungsstaat, in: FS für Paul Kirchhof, 2008, S. 217 (220); → Bd. II, *Randelzhofer*, § 17 Rn. 23 f.
9 *Beck* (N 4), S. 28 f.
10 *Elmar Altvater*, Ort und Zeit des Politischen unter den Bedingungen ökonomischer Globalisierung, in: Dirk Messner (Hg.), Die Zukunft des Staates und der Politik – Möglichkeiten und Grenzen politischer Steuerung in der Weltgesellschaft, 1998, S. 74.

es darum gehen, die rechtlichen Bindungen und Begrenztheiten aufzuzeigen, denen Staaten im Zeitalter der Globalisierung unterliegen.

C. Begrenztheit staatlicher Hoheitsmacht angesichts der Vervielfachung internationaler Akteure

I. Rolle des Staates in internationalen und supranationalen Organisationen

1. Internationale Organisationen: Eingeschränkte Zuständigkeiten und Abhängigkeit

3
Zwischenstaatliche Kooperation zur Bewältigung gemeinsamer Probleme

Begrifflichkeit der internationalen Organisation

Internationale Organisationen im einzelnen

Bis weit ins 19. Jahrhundert hinein waren Staaten die Hauptakteure auf internationaler Ebene. Erst mit der Industrialisierung und dem damit zusammenhängenden stetig wachsenden internationalen Verkehr stieg auch das Bedürfnis nach Kommunikation und Regulierung an. Dem suchten Staaten durch institutionalisierte zwischenstaatliche Kooperation und Koordination nachzukommen. Sie gründeten internationale Organisationen zur Bewältigung von Aufgaben, die sie alleine nicht mehr lösen konnten. Unter internationalen Organisationen sind Institutionen zu verstehen, die ihre Existenz einem völkerrechtlichen Vertrag oder einem anderen völkerrechtlichen Akt verdanken, die mit der selbständigen Wahrnehmung von Aufgaben betraut sind, Mitglieder haben, von denen mindestens zwei entweder Staaten oder andere Völkerrechtssubjekte sind, und die durch ihre Organe in der Lage sind, einen Willen zu bilden, der sich von dem ihrer Mitglieder unterscheidet[11]. Beispiele für frühe Formen internationaler Organisationen sind die Internationale Fernmeldeunion von 1865[12] oder der Weltpostverein von 1874[13]. Seit dem Zweiten Weltkrieg nahm die Zahl internationaler Organisationen zur Friedenssicherung oder mit sicherheitspolitischer, wirtschaftlicher, entwicklungspolitischer und technischer Zielsetzung sprunghaft zu. Zu den universellen Organisationen zählen die Vereinten Nationen[14] mit ihren zahlreichen Sonderorganisationen, darunter die Internationale Arbeitsorganisation[15], der Internationale Währungsfonds[16], die Weltbankgruppe[17], die Weltgesundheits-

---

11 Zur Definition *Volker Epping*, in: Knut Ipsen (Hg.), Völkerrecht, ⁵2004, § 6, S. 83 (84 ff.); *Kirsten Schmalenbach*, International Organizations or Institutions, General Aspects, in: Rüdiger Wolfrum (Hg.), The Max Planck Encyclopedia of Public International Law, Oxford 2008, Online-Ausgabe (www.mpepil.com), Rn. 3 ff.
12 Heute: International Telecommunication Union, ITU, www.itu.int.
13 Heute: Universal Postal Union, UPU, www.upu.int.
14 United Nations, UN, www.un.org.
15 International Labour Organization, ILO, www.ilo.org.
16 International Monetary Fund, IMF, www.imf.org.
17 Dazu zählen die Bank für Wiederaufbau und Entwicklung (International Bank for Reconstruction and Development, IBRD, www.worldbank.org/ibrd), die Internationale Entwicklungsorganisation (International Development Association, IDA, www.worldbank.org/ida/), die Internationale Finanz-Corporation (International Finance Corporation, IFC, www.ifc.org), die Multilaterale Investitions-Garantie-Agentur (Multilateral Investment Guarantee Agency, MIGA, www.miga.org), das Internationale Zentrum für die Beilegung von Investitionsstreitigkeiten (International Centre for Settlement of Investment Disputes, ICSID, icsid.worldbank.org).

organisation[18], die Ernährungs- und Landwirtschaftsorganisation[19], die Organisation der Vereinten Nationen für Bildung, Wissenschaft und Kultur[20] sowie mit den Vereinten Nationen verbundene Organisationen, wie beispielweise die Welthandelsorganisation[21], die Internationale Atomenergieorganisation[22] und der Internationale Strafgerichtshof[23]. Daneben wurden internationale Organisationen auf regionaler Ebene gegründet, wie der Europarat[24], die Organisation Amerikanischer Staaten[25], die Afrikanische Union[26] oder die Arabische Liga[27]. Dazu kommen Organisationen, die sich wegen ihrer Zweckbestimmung an bestimmte Mitgliedstaaten unabhängig von ihrer geographischen Lage richten. Beispiele hierfür sind die Organisation für wirtschaftliche Zusammenarbeit und Entwicklung[28], die vorwiegend ein Forum für Industriestaaten bildet, oder die Nordatlantik-Organisation[29], ein ehemals klassisches Verteidigungsbündnis, dessen Aufgaben um Friedenssicherung und Konfliktverhütung erweitert wurden.

4
Allzuständigkeit des Staates

Trotz des starken Anstiegs der Zahl internationaler Organisationen in den vergangenen Jahrzehnten haben sie den Staat nicht verdrängt oder gar abgelöst. Denn es sind die Staaten, denen internationale Organisationen ihre Existenz verdanken. Staaten sind die ursprünglichen Völkerrechtssubjekte. Sie sind zur Ausübung von Gewalt über alle erdenklichen Aspekte menschlichen Zusammenlebens zuständig; sie besitzen mithin Allzuständigkeit. Staaten gründen internationale Organisationen hingegen nur für die Verfolgung bestimmter Ziele und Zwecke (beispielsweise den Internationalen Strafgerichtshof zur Ahndung einer Reihe schwerster Verbrechen[30]). Daher haben diese Organisationen auch nur eingeschränkte Zuständigkeiten, begrenzt auf den Zweck und die Aufgaben, für die sie gegründet oder die ihnen später übertragen wurden. Die Tatsache, daß Staaten immer mehr Problembereiche identifizieren, die ihnen nur durch institutionalisierte Kooperation lösbar erscheinen, erklärt auch die zunehmende Zahl internationaler Organisationen. Zweck und Aufgaben der internationalen Organisation, die damit verbundenen Kompetenzen und die Organisationsstruktur, insbesondere ihre Organe, legen die Gründungsmitglieder in der Regel[31] in einem völkerrechtlichen Vertrag fest. Dort wird auch bestimmt, ob nur Staaten oder auch andere

Bestimmung von Zweck und Aufgaben durch völkerrechtlichen Vertrag

---

18 World Health Organization, WHO, www.who.int.
19 Food and Agricultural Organization, FAO, www.fao.org.
20 United Nations Educational, Scientific and Cultural Organization, UNESCO, www.unesco.org.
21 World Trade Organization, WTO, www.wto.org.
22 International Atomic Energy Agency, IAEA, www.iaea.org.
23 International Criminal Court, www.icc-cpi.int.
24 Council of Europe, www.coe.int.
25 Organization of American States, OAS, www.oas.org.
26 African Union, AU, seit 2002 Nachfolgerin der Organisation für Afrikanische Einheit (Organization of African Unity, OAU); www.au.int.
27 League of Arab States, www.lasportal.org.
28 Organization for Economic Cooperation and Development, OECD, www.oecd.org.
29 North Atlantic Treaty Organization, NATO, www.nato.int.
30 Art. 1, Art. 5 Statut des Internationalen Strafgerichtshofs.
31 Beispiel für eine Ausnahme ist der Nordische Rat, der durch übereinstimmende Beschlüsse der Parlamente der Mitgliedstaaten gegründet wurde, s. *Epping* (N 11), § 31, S. 444 (S. 449 Fn. 10).

internationale Organisationen Mitglieder sein können. Staaten können internationale Organisationen auch wieder auflösen[32] oder die Dauer ihrer Existenz von vornherein beschränken[33]. Internationale Organisationen sind ebenso wie Staaten Völkerrechtssubjekte. Dies gilt jedenfalls im Verhältnis zu ihren Mitgliedstaaten und unabhängig davon, ob der Gründungsvertrag eine entsprechende Bestimmung enthält (wie etwa in Art. 4 Abs. 1 S. 1 Statut des Internationalen Strafgerichtshofs)[34]. Allerdings ist die Völkerrechtssubjektivität der internationalen Organisation nicht unbeschränkt wie die der allzuständigen Staaten, sondern ihre Rechte und Pflichten unter dem Völkerrecht sind begrenzt auf ihre in ihrem Gründungsvertrag oder späteren Änderungsverträgen festgelegten Kompetenzen. Gegenüber Nicht-Mitgliedern besitzt die internationale Organisation lediglich Völkerrechtssubjektivität, soweit diese die Rechtspersönlichkeit ausdrücklich oder konkludent, beispielsweise durch den Abschluß eines Vertrages, anerkannt haben[35].

Nicht nur im Hinblick auf ihre Existenz, ihre Aufgaben und ihre Rechtspersönlichkeit ist die internationale Organisation von Staaten abhängig. Auch für die Durchsetzung ihrer Entscheidungen bedarf sie ihrer Mitgliedstaaten, sofern die Organe einer internationalen Organisation nach ihrem Gründungsstatut nicht ohnehin nur Empfehlungen aussprechen[36], sondern tatsächlich auch verbindliche Beschlüsse fassen können[37]. Die Mitgliedstaaten gewähren einer internationalen Organisation in der Regel keine Befugnisse, für die Bevölkerung in den Mitgliedstaaten unmittelbar verbindliche Akte zu erlassen[38]. Sie wachen über ihr staatliches Gewaltmonopol und gewähren deshalb erst recht keine Durchgriffsbefugnisse zum Zweck der Vollstreckung gegenüber natürlichen oder juristischen Personen auf ihrem Territorium. Ein verbindlicher Beschluß einer internationalen Organisation verpflichtet lediglich ihre Mitgliedstaaten völkerrechtlich, die dort getroffenen Entscheidungen in nationales Recht umzusetzen. So sind beispielsweise Embargobeschlüsse des UN-Sicherheitsrates nach Art. 41 UN-Charta für die Mitgliedstaaten der Vereinten Nationen verbindlich (Art. 25 UN-Charta), innerstaatlich für Unternehmen und Einzelpersonen aber so lange nicht wirksam, wie sie nicht in nationales Recht umgesetzt sind.

Durch die Gründung und Mitwirkung in internationalen Organisationen bewältigen Staaten globale Probleme in institutionalisierter Form. Internationale Organisationen können je nach den Vorgaben in ihrem Gründungsstatut beschränkt auf ihren Zweck und ihre Aufgaben ihre Mitgliedstaaten völkerrechtlich verpflichten und somit in ihrer politischen Entscheidungsfreiheit einschränken. Insofern relativiert sich ihre Souveränität. Allerdings sind die

---

32 Vorbehaltlich besonderer Regelungen im Gründungsvertrag *Schmalenbach* (N 11), Rn. 121.
33 So die auf 50 Jahre angelegte Europäische Gemeinschaft für Kohle und Stahl, Art. 97 EGKS-Vertrag.
34 Allgemeine Auffassung seit *IGH*, Gutachten v. 11. 4. 1949 (Reparations for Injuries Suffered in the Service of the United Nations), in: ICJRep 1949, S. 174 (179).
35 Dazu mit Beispielen *Schmalenbach* (N 11), Rn. 30 f.
36 Z.B. die UN-Generalversammlung, Art. 10, 11, 14 UN-Charta.
37 Z.B. der UN-Sicherheitsrat, Art. 25 UN-Charta.
38 Anders bei der supranationalen Organisation, s.u. Rn. 7.

Staaten diese Verpflichtungen freiwillig eingegangen. Diese freiwillige Beschränkung ihrer Souveränität ist der Preis für ihre Mitwirkungsmöglichkeit an der internationalen Politik[39]. Staaten können sich grundsätzlich aus einer internationalen Organisation unter den Voraussetzungen des Völkerrechts[40] lösen oder bei Konsens eine Internationale Organisation auch ganz auflösen. Allerdings ist dieser Weg ein eher theoretischer, da Staaten damit auf ein wichtiges Instrument der Teilhabe an weltpolitischer Gestaltung verzichten würden.

2. Supranationale Organisationen: Staaten noch als „Herren der Verträge"

Eine Sonderrolle nehmen die Europäische Union[41] und die Europäische Atomgemeinschaft[42] als supranationale Organisationen ein. Die supranationale Organisation ist eine besonders stark integrierte Form der internationalen Organisation. Sie besitzt die Befugnis zum Erlaß von Rechtsakten, die nationalem Recht vorgehen[43] und natürliche und juristische Personen in den Mitgliedstaaten unmittelbar binden[44]. Weitere Besonderheiten sind die verbindliche Beschlußfassung auch gegen den Willen der Mitgliedstaaten[45] sowie die Einrichtung eines Gerichtshofs mit Kompetenz zur autonomen Auslegung des Unionsrechts[46] und der vereinheitlichenden Kraft der Vorabentscheidungsverfahren[47]. Die Europäische Union hat sich von drei vornehmlich auf wirtschaftliche Zwecke ausgerichteten Gemeinschaften[48] zu einer Union mit einem breiten Spektrum an Zielen entwickelt[49]. Nachdem sich die Europäische Wirtschaftsgemeinschaft in ihrer Anfangszeit darauf konzentriert hatte, den Wohlstand ihrer Mitgliedstaaten durch den Abbau der sie trennenden Grenzen für Waren, Dienstleistungen, Personen und Kapital zu mehren, über-

Marginalien: **7** Stark integrierte Form der internationalen Organisation; EU als supranationale Organisation

---

39 → Bd. II, *Randelzhofer*, § 17 Rn. 33.
40 Vgl. Art. 54 ff. WVK bzw. Art. 54 ff. Wiener Übereinkommen über das Recht der Verträge zwischen Staaten und Internationalen Organisationen oder zwischen Internationalen Organisationen von 1986 (BGBl 1990 II, S. 1415, noch nicht in Kraft), die auch das derzeit geltende Völkergewohnheitsrecht wiedergeben dürften.
41 Europäische Union, europa.eu/index–de.htm.
42 Aktuelle Informationen zur Europäischen Atomgemeinschaft auf der Website der Generaldirektion Energie der Europäischen Kommission, http://ec.europa.eu/energy/nuclear/euratom/euratom–en.htm. Die EAG ist wegen ihres Aufgabengebietes Förderung von Kernforschung und friedliche Nutzung der Kernenergie derzeit von geringer praktischer Bedeutung.
43 Zum Vorrang des Rechts der EU s. 17. Erklärung zum Vorrang, ABlEU C 326 v. 26.10.2012, S. 346; std. Rspr. des Gerichtshofs der Europäischen Gemeinschaften (jetzt: Gerichtshof der Europäischen Union): Seit EuGH, Urt. v. 15.7.1964, Rs. 6/64, Slg. 1964, 1251 (Costa/ENEL), besitzt primäres und sekundäres Europarecht Anwendungsvorrang vor entgegenstehendem nationalem Recht, auch vor nationalem Verfassungsrecht; für Verfassungsrecht erstmals entschieden in EuGH, Urt. v. 17.12.1970, Rs. 11/70, Slg. 1970, 1125 (Internationale Handelsgesellschaft).
44 S. Art. 288 Abs. 2 und 4 AEUV, Art. 106 a Abs. 1 EAGV.
45 In der EU vor allem die regelmäßige Beschlußfassung mit qualifizierter Mehrheit im Rat, Art. 16 Abs. 3 EUV.
46 Art. 19 Abs. 1 S. 2 EUV.
47 Art. 267 AEUV.
48 Europäische Gemeinschaft für Kohle und Stahl (EGKS, gegründet 1952), Europäische Wirtschaftsgemeinschaft (EWG, gegründet 1957) und Europäische Atomgemeinschaft (EAG, gegründet 1957).
49 Aufgelistet in Art. 3 EUV.

§ 234   *Zwanzigster Teil: Leitprinzipien*

trugen die Mitgliedstaaten seit Ende der 1980er Jahre immer mehr Kompetenzen, darunter auch solche, die die Außenbeziehungen betreffen und zu einer gemeinschaftlichen Lösung der mit der Globalisierung zusammenhängende Probleme beitragen sollen. Gerade gegenüber wirtschaftlich und politisch einflußreichen Staaten kann sich die Europäische Union eher Gehör verschaffen als einzelne Mitgliedstaaten. So betrug beispielsweise 2010 der Anteil der Europäischen Union am weltweiten Bruttoinlandsprodukt über 25 % im Vergleich zu den Vereinigten Staaten von Amerika mit knapp 23 % sowie China und Japan mit etwa 9 %[50]. Im folgenden sollen nur die wichtigsten der Kompetenzen der Europäischen Union mit Bezug zu Drittstaaten in Erinnerung gerufen werden.

8
Ausschließliche Zuständigkeit der EU im Außenwirtschaftsverkehr

Die Gemeinsame Handelspolitik, die den Wirtschaftsverkehr mit Drittstaaten betrifft, ist die einzige der Außenkompetenzen der Europäischen Union, die bereits im Vertrag zur Gründung der Europäischen Wirtschaftsgemeinschaft von 1957 angelegt war (Art. 113 EWGV). Die Reichweite dieser Kompetenz wurde durch die Verträge von Amsterdam und Nizza sowie zuletzt durch den Vertrag von Lissabon erweitert und ist jetzt in Art. 206, 207 AEUV geregelt. Sie zählt nunmehr ausdrücklich[51] zu den ausschließlichen Kompetenzen der Union (Art. 3 Abs. 1 lit. e AEUV). Der Vertrag von Lissabon ergänzt diese Befugnis zur Regelung des Außenwirtschaftsverkehrs um Kompetenzen zum Erlaß von Wirtschaftssanktionen. Dabei übernimmt er bereits zuvor bestehende, aber lückenhafte Kompetenzen der Union für kurzfristig notwendige außen- und sicherheitspolitische Maßnahmen mit handelpolitischen Instrumenten in Art. 215 Abs. 1 AEUV (Wirtschaftssanktionen gegen Drittstaaten)[52] und erweitert sie in Art. 215 Abs. 2 AEUV um Sanktionen gegen nichtstaatliche einzelne oder Gruppen[53] und in Art. 75 AEUV um Maßnahmen zur Bekämpfung des Terrorismus[54]. Aufgrund der ausschließlichen Kompetenz der Europäischen Union können daher die EU-Mitgliedstaaten beispielsweise einer Pflicht nach Art. 25 UN-Charta zur Umsetzung von Embargobeschlüssen des UN-Sicherheitsrates nach Kapitel VII der UN-Charta nicht mehr selbst nachkommen. Sie sind hierbei vielmehr auf die Umsetzung durch die Union angewiesen[55].

9
Entwicklungspolitik und humanitäre Hilfe in geteilter Zuständigkeit

Auch die Förderung der Zusammenarbeit zwischen Industrie- und Entwicklungsländern, um letzteren zu einer nachhaltigen Entwicklung zu verhelfen, gehört mittlerweile zu den Aufgaben der Europäischen Union (s. Art. 3 Abs. 5 EUV). Erst seit dem Vertrag von Maastricht gibt es vertragliche Rechtsgrundlagen für die Tätigkeit der Union im Bereich der Entwicklungszusammen-

---

50 Genaue Zahlen: *Eurostat*, The EU in the world 2013 – A statistical portrait, Luxemburg 2012, S. 17 ff.
51 Vgl. auch die vorangegangene Rechtsprechung des EuGH: Urt. v. 15. 12. 1976, Rs. 41/76, Slg. 1976, 1921, Rn. 31/37 (Donckerwolke/Procureur de la République); Gutachten 1/94 v. 15. 11. 1994, Slg. 1994, I-5267 (WTO).
52 Zuvor Art. 301 EGV.
53 Zuvor gestützt auf Art. 301 i. V. m. Art. 60 und Art. 308 EGV, s. dazu EuGH, Urt. v. 3. 9. 2008, verb. Rs. C-402/05 P und C-415/05 P, Slg. 2008, I-6351 *(Kadi und Al Barakaat)*, Rn. 211 ff.
54 Diese wurden zuvor gestützt auf Art. 60 i. V. m. Art. 301 EGV.
55 Näher dazu *Juliane Kokott*, Art. 215, in: Rudolf Streinz (Hg.), EUV/AEUV, ²2012, Rn. 10.

arbeit, die nunmehr in Art. 208 – 211 AEUV geregelt ist. Hauptziel sind die Bekämpfung und letztlich Beseitigung der Armut (Art. 208 Abs. 1 UAbs. 2 S. 1 AEUV). Es handelt sich hierbei um eine geteilte Zuständigkeit, wobei sich die Maßnahmen von Union und Mitgliedstaaten ergänzen und gegenseitig verstärken sollen (Art. 4 Abs. 4, Art. 208 Abs. 1 UAbs. 1 S. 2 AEUV). Durch den Vertrag von Lissabon wurde mit Art. 214 AEUV ferner eine neue vertragliche Grundlage für die Gewährung humanitärer Hilfe bei Katastrophen in Drittstaaten eingefügt. Wie bei der Entwicklungszusammenarbeit handelt es sich auch hier um eine mit den Mitgliedstaaten geteilte Kompetenz (Art. 4 Abs. 4, Art. 214 Abs. 1 S. 3 AEUV).

10
Eingeschränkte Befugnisse für eine gemeinsame Außen- und Sicherheitspolitik

Mit Ausnahme dieser vorwiegend handels- und wirtschaftspolitisch ausgerichteten Bereiche blieb die übrige Außenpolitik in der Zuständigkeit der Mitgliedstaaten. Zwar wurde den Mitgliedstaaten im Laufe der Zeit bewußt, daß sich im Zuge der fortschreitenden internationalen Verflechtungen die vergemeinschafteten Bereiche der Außenwirtschafts- und Entwicklungspolitik immer schwerer von den sonstigen Bereichen der Außenpolitik trennen ließen. Sie bemühen sich daher seit langem um eine gemeinsame Außenpolitik und um ein gemeinsames Auftreten, um ihre Interessen auf internationaler Ebene besser zur Geltung zu bringen. Allerdings zögern sie, der Union in diesem Bereich echte Entscheidungsbefugnisse zu übertragen. In Art. 30 der Einheitlichen Europäischen Akte (EEA) von 1987[56] regelten die Mitgliedstaaten ihren seit Anfang der 1970er Jahre eingeführten besonderen Kooperationsmechanismus der „Europäischen Politischen Zusammenarbeit" (EPZ) erstmals vertraglich, gliederten diesen Politikbereich aber nicht in das Gemeinschaftsrecht ein (Art. 3 Abs. 2, Art. 1 Abs. 3 EEA). Der Vertrag von Maastricht führte 1993 die Gemeinsame Außen- und Sicherheitspolitik (GASP) als „Zweite Säule" unter dem Dach der neu geschaffenen Europäischen Union ein (Art. J – J.11 EUV[57]), hielt diese aber weiterhin getrennt vom Gemeinschaftsrecht und übertrug die Bestimmung von Grundsätzen und allgemeinen Leitlinien dem Europäischen Rat, die Entscheidungen zur Durchführung dieser Politik hingegen dem Rat (Art. J.8 Abs. 1 und 2). Obwohl der Vertrag von Lissabon die Säulenstruktur abschafft und die Gemeinsame Außen- und Sicherheitspolitik der Union als einzig verbliebenem Rechtssubjekt zuordnet, nimmt sie weiterhin eine Sonderstellung unter den Politiken der Union ein. Dies zeigt sich bereits daran, daß sich ihre Regelungen ausschließlich im EU-Vertrag befinden, das übrige auswärtige Handeln – mit Ausnahme der gemeinsamen Grundsätze für das auswärtige Handeln der Union in Art. 21, 22 EUV – aber im AEUV geregelt ist. Die Regelungen der Gemeinsamen Außen- und Sicherheitspolitik weisen darüber hinaus Besonderheiten auf. So werden Entscheidungen regelmäßig einstimmig getroffen (Art. 31 Abs. 1 UAbs. 1 S. 1 EUV). Gesetzgebungsakte im Sinne des Art. 289 AEUV und damit die Mitwirkung des Europäischen Parlaments sind ausge-

Besonderheiten der Gemeinsamen Außen- und Sicherheitspolitik

---
56 BGBl 1986 II, S. 1104.
57 BGBl 1992 II, S. 1253.

schlossen (Art. 24 Abs. 1 UAbs. 2 S. 3, Art. 31 Abs. 1 UAbs. 1 S. 2 EUV). Die Gemeinsame Außen- und Sicherheitspolitik verfügt über besondere Handlungsformen (Art. 25 EUV), die grundsätzlich nicht der Überprüfung durch den Gerichtshof unterliegen (Art. 275 AEUV). Die Einrichtung eines Hohen Vertreters der Union für die Außen- und Sicherheitspolitik (Art. 18 EUV) mit Leitungs- und Koordinierungsaufgaben soll die Handlungsfähigkeit der Union im Bereich der Gemeinsamen Außen- und Sicherheitspolitik verbessern.

11
Überführung der Visa-, Asyl- und Einwanderungspolitik in das EU-Recht

Auch die Lösung des Problems, wie der weltweit zunehmenden Migration begegnet und welche Politik gegenüber Bürgern aus Drittstaaten verfolgt werden soll, verlagern die Mitgliedstaaten zunehmend auf die Europäische Union. Fragen der Visa-, Asyl- und Einwanderungspolitik standen zur Zeit des Abschlusses des EWG-Vertrages von 1957 noch in der alleinigen Zuständigkeit der Mitgliedstaaten. Nachdem die Europäische Wirtschaftsgemeinschaft allerdings auf den Wegfall der Grenzen zwischen den Mitgliedstaaten ausgerichtet war und die Einheitliche Europäische Akte 1987 mit einem

Erfordernis einer einheitlichen Politik durch Wegfall der Binnengrenzen

neuen Art. 8a dieses Binnenmarktziel unter Bestimmung des 31. Dezember 1992 als – willkürlich gewähltem – Zieldatum bekräftigt und im EWG-Vertrag ausdrücklich verankert hatte, mußte auch über eine einheitliche Politik an den Außengrenzen nachgedacht werden. Zunächst bemühten sich einige Mitgliedstaaten um den Abbau der Kontrollen an den Binnengrenzen durch Abschluß des Schengener Abkommens von 1985[58]. Erst das Schengener Durchführungsübereinkommen von 1990[59] enthielt neben der eigentlichen Verpflichtung zur Beseitigung der Grenzkontrollen Ausgleichsmaßnahmen im Hinblick auf die Behandlung von Drittstaatsangehörigen, darunter die Vereinheitlichung von Visumsregelungen und die Bestimmung des für einen Asylantrag zuständigen Mitgliedstaats. Titel VI des Vertrages von Maastricht

Einführung der „Dritten Säule" im Vertrag von Maastricht

führte die Zusammenarbeit in den Bereichen Justiz und Inneres, die „Dritte Säule" ein, bezeichnete unter anderem die Asylpolitik, die Vorschriften über das Überschreiten der Außengrenzen der Gemeinschaft und die Einwanderungspolitik als Angelegenheiten von gemeinsamem Interesse (Art. K.1 Ziff. 1–3 EUV) und sah – letztlich wenig erfolgreiche – Verfahren der Koordinierung vor (Art. K.3). Der Vertrag von Amsterdam fügte 1999 in den dritten Teil des EG-Vertrages einen neuen Titel IV „Visa, Asyl, Einwanderung und andere Politiken betreffend den freien Personenverkehr" ein und vergemeinschaftete erhebliche Teile der bisherigen „Dritten Säule"[60]. In einem besonderen Protokoll wurde die völkerrechtliche „Schengen"-Zusammenarbeit in

---

58 Übereinkommen zwischen den Regierungen der Staaten der Benelux-Wirtschaftsunion, der Bundesrepublik Deutschland und der Französischen Republik betreffend den schrittweisen Abbau der Kontrollen an den gemeinsamen Grenzen v. 14.6.1985, GMBl 1986, S. 79ff.
59 Übereinkommen zur Durchführung des Übereinkommens von Schengen v. 14.6.1985 zwischen den Regierungen der Staaten der Benelux-Wirtschaftsunion, der Bundesrepublik Deutschland und der Französischen Republik betreffend den schrittweisen Abbau der Kontrollen an den gemeinsamen Grenzen v. 19.6.1990 (BGBl II 1993, S. 1013ff.).
60 Mit Ausnahmeregelungen für das Vereinigte Königreich, Irland und Dänemark, s. Protokoll (Nr. 21) über die Position des Vereinigten Königreichs und Irlands hinsichtlich des Raums der Freiheit, der Sicherheit und des Rechts sowie Protokoll (Nr. 22) über die Position Dänemarks, ABlEU C 326 v. 26.10.2012, S. 295ff.

den Rechtsrahmen der Europäischen Union überführt[61]. Im Vertrag von Lissabon erweiterten die Mitgliedstaaten noch einmal die Kompetenzen der Union für Grenzkontrollen, Visa und Einwanderung, unter anderem durch eine neue ausdrückliche Kompetenz für die Schaffung eines integrierten Grenzschutzsystems an den Außengrenzen (Art. 77 Abs. 1 lit. c, Abs. 2 lit. d AEUV), durch die Befugnis zur umfassenden Harmonisierung des Asylrechts (Art. 78 Abs. 2 AEUV) und durch neue, ausdrückliche Rechtsgrundlagen zur Bekämpfung der illegalen Einwanderung und des Menschenhandels (Art. 79 Abs. 2 lit. c und d AEUV). Der Bereich ist nun ausdrücklich den zwischen Europäischer Union und Mitgliedstaaten geteilten Zuständigkeiten zugeordnet (Art. 4 Abs. 2 lit. j AEUV) und somit am Subsidiaritätsprinzip (Art. 5 Abs. 3 EUV) zu messen.

Überführung in das EU-Recht

Die Bemühungen um eine Gemeinsame Außen- und Sicherheitspolitik, die umfangreichen Kompetenzverlagerungen auf die Europäische Union im Bereich der Außenwirtschaftsbeziehungen und der Behandlung von Drittstaatsangehörigen zeigen, daß die Mitgliedstaaten ihren Einfluß bei der Lösung globaler Fragen nur ausreichend gewährleistet sehen, wenn sie geschlossen auftreten. In der Europäischen Union haben sich die Mitgliedstaaten besonders eng verbunden. Zwar spricht der EU-Vertrag von einem „Prozeß der europäischen Integration"[62] und „der Verwirklichung einer immer engeren Union der Völker Europas"[63], ohne jedoch das Endziel dieses Prozesses zu nennen. Allerdings haben spätestens die Änderungen durch den Vertrag von Lissabon deutlich gemacht, daß die Mitgliedstaaten die Letztentscheidung über die Weiterentwicklung des Integrationsprozesses selbst in der Hand behalten wollen. So erwähnt der EU-Vertrag das Prinzip der begrenzten Einzelermächtigung gleich an drei Stellen (Art. 4 Abs. 1, Art. 5 Abs. 1 S. 1, Art. 5 Abs. 2 S. 1) und betont damit den Willen der Staaten, der Union nicht die Kompetenz-Kompetenz übertragen zu wollen. Daneben halten die Mitgliedstaaten daran fest, daß weitere Kompetenzübertragungen gegen den Willen auch nur eines Mitgliedstaates nicht möglich sind[64]. Dafür sieht Art. 48 Abs. 2 EUV das ordentliche Änderungsverfahren vor, das den Abschluß eines völkerrechtlichen Vertrages unter den Mitgliedstaaten verlangt. Zwar sind die Unionsorgane zu beteiligen und gegebenenfalls ist auch ein Konvent einzuberufen, der eine Empfehlung aussprechen kann (Art. 48 Abs. 3 EUV). Der endgültige Text wird jedoch – wie bei völkerrechtlichen Verträgen üblich – auf einer Regierungskonferenz festgelegt (Art. 48 Abs. 4 S. 1 EUV). Das Ratifikationserfordernis des Art. 48 Abs. 4 S. 2 EUV macht das Inkrafttreten einer

12
Gewährleistung staatlichen Einflusses durch geschlossenes Auftreten

Prinzip der begrenzten Einzelermächtigung

Ordentliches Änderungsverfahren

---

61 Jetzt Protokoll (Nr. 19) über den in den Rahmen der Europäischen Union einbezogenen Schengen-Besitzstand, ABlEU C 326 v. 26. 10. 2012, S. 290. Sonderregelungen bestehen weiterhin für das Vereinigte Königreich, Irland und Dänemark.
62 Präambel, 1. Erwägungsgrund.
63 Art. 1 Abs. 2 EUV.
64 Zu nicht weiter verfolgten Vorschlägen im Vorfeld des Verfassungsvertrages, für eine Annahme des Verfassungsvertrages lediglich eine Mehrheit der Mitgliedstaaten ausreichen zu lassen oder ein EU-weites Referendum zu verlangen *Adelheid Puttler*, Sind die Mitgliedstaaten noch „Herren" der EU?: Stellung und Einfluß der Mitgliedstaaten nach dem Entwurf des Verfassungsvertrages der Regierungskonferenz, in: EuR 2004, S. 669 (673 f.).

Vereinfachtes Änderungsverfahren

solchen Vertragsänderung weiterhin von der Zustimmung jedes einzelnen Mitgliedstaates abhängig. Das vereinfachte Änderungsverfahren des Art. 48 Abs. 6 EUV im Bereich der internen Politikbereiche ist ausdrücklich nur für Vertragsänderungen ohne Kompetenzausweitung bestimmt (UAbs. 3), verlangt aber nicht nur einen einstimmigen Beschluß des Europäischen Rates, sondern zusätzlich die Zustimmung aller Mitgliedstaaten „im Einklang mit ihren jeweiligen verfassungsrechtlichen Vorschriften" (UAbs. 2 S. 3). Deswegen ist auch dieses Änderungsverfahren als eine Form des völkerrechtlichen Vertragsschlusses zu werten[65]. Art. 48 Abs. 7 EUV sieht ein weiteres vereinfachtes Änderungsverfahren vor, bei dem es im wesentlichen um ein Abgehen vom Einstimmigkeitserfordernis in Entscheidungsverfahren der Organe bei der Inanspruchnahme bereits vorhandener Befugnisse geht. Auch diese Vertragsänderungen sind nicht gegen den Willen einzelner Mitgliedstaaten möglich. Neben dem Erfordernis eines einstimmigen Beschlusses im Europäischen Rat enthält Art. 48 Abs. 7 UAbs. 3 EUV zusätzlich ein Vetorecht für nationale Parlamente. Schließlich beendet die Aufnahme eines ausdrücklichen Austrittsrechts in Art. 50 EUV den Streit über die Unauflöslichkeit der Union[66].

13
Übereinstimmung mit den Anforderungen der deutschen Verfassung

Befürchtungen, der europäische Integrationsprozeß könne ein Ausmaß erreichen, daß sich das staatliche Verfassungsrecht und damit der Staat selbst aufzulösen beginne[67], treten die Mitgliedstaaten mit den gerade geschilderten Mechanismen des Vertrages von Lissabon entgegen, mit denen sie sicherzustellen suchen, daß sie die Letztentscheidung über Ziele und Befugnisse der Europäischen Union und ihre Mitgliedschaft in dieser supranationalen Organisation in der Hand behalten werden. Dies entspricht auch den deutschen innerstaatlichen Anforderungen des Grundgesetzes, wie sie das Bundesverfassungsgericht vor allem in seinen Entscheidungen zu den Vertragsgesetzen im Zusammenhang mit den Verträgen von Maastricht und Lissabon ausgeführt hat. So betont das Gericht, daß das Grundgesetz in Art. 79 Abs. 3 die staatliche Souveränität Deutschlands nicht nur voraussetze, sondern auch garantiere[68]. Das Grundgesetz enthält freilich in der Präambel und in Art. 23 Abs. 1 den Auftrag für die deutschen Verfassungsorgane, sich an der europäischen Integration zu beteiligen[69]. Daher erlaubt das Grundgesetz die Öffnung des deutschen Rechts für die supranationale Einwirkung, die durchaus die prägenden Strukturprinzipien des deutschen Staates wie das Demokratieprinzip, das Rechtsstaatsprinzip, die Bindung des Staates an Grundrechte, das Sozialstaatsprinzip, das Bundesstaatsprinzip und das Republikprinzip inhalt-

Garantie staatlicher Souveränität durch Art. 79 Abs. 3 GG

---

65 *Hans-Joachim Cremer*, Art. 48 EUV, in: Christian Calliess/Matthias Ruffert, EUV/AEUV Kommentar, ⁴2011, Rn. 10.
66 Näher dazu *Puttler* (N 64), S. 676 f.
67 Vgl. *Theo Öhlinger*, Verfassungsfragen einer Mitgliedschaft zur Europäischen Union – Ausgewählte Abhandlungen, Wien/New York 1999, S. 125 (136, 138).
68 BVerfGE 123, 267 (343) – Lissabon.
69 BVerfGE 123, 267 (345 ff.) – Lissabon.

lich beeinflussen kann[70]. Allerdings verlangt das Bundesverfassungsgericht, daß die Bundesrepublik Deutschland das Selbstbestimmungsrecht des deutschen Volkes in Gestalt der völkerrechtlichen Souveränität nicht durch Eintritt in einen Bundesstaat aufgibt[71]. Bei der Übertragung von Hoheitsrechten ist daher auf die Einhaltung des Prinzips der begrenzten Einzelermächtigung[72], die Bestimmbarkeit des Integrationsprogramms[73] und die Widerruflichkeit der Hoheitsrechtsübertragung[74] zu achten. Die Ermächtigung zur Ausübung supranationaler Gewalt hat von den Mitgliedstaaten zu stammen. Sie müssen dauerhaft Herren der Verträge bleiben[75].

II. Rolle des Staates gegenüber nichtstaatlichen Akteuren

Mit dem Ende des Kalten Krieges und dem Fall des Eisernen Vorhangs zwischen Ost und West nahmen die Zahl nichtstaatlicher Akteure und ihr Einfluß auf die Politik von Staaten und internationalen Organisationen erheblich zu[76]. Zu diesen nichtstaatlichen Akteuren zählen zum einen international agierende Wirtschaftsunternehmen und zum anderen grenzüberschreitend tätige Organisationen der Zivilgesellschaft, sogenannte Internationale Nichtregierungsorganisationen.

14
Zunehmender Einfluß nichtstaatlicher Akteure

1. Transnationale Unternehmen: Unter dem Schutz, aber außerhalb der Kontrolle von Nationalstaaten

International tätige Wirtschaftsunternehmen werden als „transnationale" oder „multinationale" Unternehmen bezeichnet, wobei beide Begriffe regelmäßig synonym verwendet werden[77]. Dabei handelt es sich um Konzerne, die in mehreren Staaten wirtschaftlich aktiv sind und ihre Planungen international ausrichten[78]. Die Zahl global operierender Unternehmen ist in den ver-

15
Erhebliche Zunahme transnationaler Unternehmen

---

70 Dazu näher *Andreas Haratsch*, Das Integrationsstaatsprinzip des Grundgesetzes, in: FS für Eckart Klein, 2013, S. 79 (82 ff.).
71 BVerfGE 123, 267 (347 f.) – Lissabon; s. auch BVerfGE 89, 155 (190) – Maastricht.
72 Keine Übertragung der Kompetenz-Kompetenz: BVerfG, Urt. v. 12.9.2012, 2 BvR 1390/12 u.a., EuGRZ 2012, S. 569 (581 f., Absatz-Nr. 209) – ESM- und Fiskalvertrag; BVerfGE 123, 267 (349 f.) – Lissabon; BVerfGE 89, 155 (187 f., 192, 199) – Maastricht.
73 Keine Blankettermächtigung: BVerfG, Urt. v. 12.9.2012 (N 72), a.a.O.; BVerfGE 123, 267 (351 ff.) – Lissabon; 89, 155 (184 ff., 187) – Maastricht.
74 BVerfGE 123, 267 (350) – Lissabon; BVerfGE 89, 155 (190) – Maastricht.
75 BVerfGE 123, 267 (348 f.) – Lissabon; BVerfGE 89, 155 (190, 199) – Maastricht; BVerfGE 75, 223 (242) – Kloppenburg.
76 Näher dazu aus politikwissenschaftlicher Sicht *Ernst-Otto Czempiel*, Weltpolitik im Umbruch. Das internationale System nach dem Ende des Ost-West-Konflikts, ²1993, S. 105 ff.
77 Zur Definition ausführlich *Thomas Koenen*, Wirtschaft und Menschenrechte: Staatliche Schutzpflichten auf der Basis regionaler und internationaler Menschenrechtsverträge, 2012, S. 43 ff.
78 Vgl. die Definition der *OECD*, OECD-Leitsätze für multinationale Unternehmen, Paris, Neufassung 2011, I. Begriffe und Grundsätze, Ziff. 4: „Es handelt sich gewöhnlich um Unternehmen oder andere in mehreren Ländern niedergelassene Unternehmensteile, die so miteinander verbunden sind, daß sie ihre Geschäftstätigkeit auf unterschiedliche Art und Weise koordinieren können. Einer oder mehrere dieser Unternehmensteile können u.U. in der Lage sein, einen wesentlichen Einfluß auf die Geschäftstätigkeit der anderen Unternehmensteile auszuüben, doch wird ihr Autonomiegrad innerhalb des Gesamtunternehmens je nach den betreffenden multinationalen Unternehmen sehr unterschiedlich sein. Das Gesellschaftskapital kann privat, öffentlich oder gemischt sein ...".

gangenen Jahrzehnten erheblich angestiegen. Sie hat sich seit Beginn der 1990er Jahre weitaus mehr als verdoppelt[79] und beträgt derzeit über 100.000 Muttergesellschaften mit etwa 900.000 verbundenen Unternehmen[80]. Die größten transnationalen Unternehmen besitzen nicht selten eine höhere Wirtschaftskraft als die mancher Staaten. International operierende Unternehmen können sich durch Verlagerung ihrer Aktivitäten einzelstaatlicher Kontrolle entziehen.

16
Beachtung völkerrechtlicher Jurisdiktionsregeln

Eine umfassende Kontrolle der Aktivitäten eines transnationalen Unternehmens ist einem einzelnen Staat nicht möglich. Denn Staaten haben bei der Regulierung des Verhaltens von natürlichen oder juristischen Personen völkerrechtliche Jurisdiktionsregeln zu beachten[81]. Nach Völkergewohnheitsrecht ist ein Staat zur Regelung eines Sachverhaltes nur zuständig bei Vorliegen eines völkerrechtlich anerkannten Anknüpfungspunktes. Unstrittige

Begrenzte Regelungsbefugnis des Staates

Anknüpfungspunkte sind das Territorium (Territorialprinzip) und die Staatsangehörigkeit von natürlichen oder die Staatszugehörigkeit von juristischen Personen (aktives Nationalitätsprinzip)[82]. Letztere bestimmt sich nach dem Recht des Staates, nach dem das Unternehmen gegründet wurde (Gründungstheorie), oder nach dem Recht des Staates, in dem sich der Sitz der Hauptverwaltung befindet (Sitztheorie)[83]. Dies bedeutet, daß Staaten in der Regel lediglich das Verhalten von Unternehmen regeln dürfen, das sich auf ihrem Territorium abspielt. Zwar dürfte ein Staat aufgrund des aktiven Nationalitätsprinzips auch das Verhalten der Unternehmen im Ausland regeln, die

Extraterritorial wirkende Regelungen des Staates

seine Staatszugehörigkeit besitzen. Damit könnte er die Auslandsaktivitäten eines transnationalen Unternehmens aber nicht oder nur zu einem sehr kleinen Teil erfassen. Denn eine Muttergesellschaft bestimmt zwar häufig die weltweite Unternehmenspolitik des Konzerns, wird allerdings in der Regel nicht selbst im Ausland tätig, sondern überläßt die Ausführung dort angesiedelten verbundenen Unternehmen. Ein Staat dürfte mit seinen extraterritorial wirkenden Regelungen lediglich unselbständige Zweigniederlassungen eines einheimischen Unternehmens im Ausland erfassen. Rechtlich selbständige ausländische Tochterunternehmen sind jedoch regelmäßig nach dem Recht des ausländischen Staates gegründet und haben auch ihren Sitz im Ausland. Zur Regelung ihres Verhaltens ist der Heimatstaat der Muttergesellschaft völkerrechtlich daher nicht befugt[84]. Nachdem einzelne Staaten die

---

79 Nachweise bei *Koenen* (N 77), S. 49 f.
80 Zahlen der UNCTAD aus 2010, abrufbar unter http://unctad.org/Sections/dite-dir/docs/WIR11-web%20tab%2034.pdf.
81 *James Crawford*, Brownlie's Principles of Public International Law, Oxford ^{8}2012, S. 456 ff.; *Adelheid Puttler*, Völkerrechtliche Grenzen von Export- und Reexportverboten: Eine Darstellung am Beispiel des Rechts der Vereinigten Staaten von Amerika und der Bundesrepublik Deutschland, 1989, S. 91 ff.; *Torsten Stein/Christian von Buttlar*, Völkerrecht, ^{13}2012, S. 216 ff.
82 *Crawford* (N 81), S. 458 f., 486; *Puttler* (N 81), S. 95, 101; *Stein/v. Buttlar* (N 81), S. 219 ff.
83 Zu den Einzelheiten *Volker Epping/Christian Gloria*, in: Ipsen (N 11), S. 334 f.; *Peter Muchlinski*, Corporations in International Law, in: Rüdiger Wolfrum (Hg.), The Max Planck Encyclopedia of Public International Law, Oxford 2008, Online-Ausgabe (www.mpepil.com), Rn. 19 ff.; *Puttler* (N 81), S. 108 ff.
84 Zur indirekten Kontrolle der ausländischen Tochter durch Einflußnahme auf die Muttergesellschaft *Puttler* (N 81), S. 118 ff.

weltweiten Aktivitäten transnationaler Unternehmen nicht verbindlich regeln dürfen und eine solche Regulierung in der Praxis zudem auf erhebliche Kontroll- und Durchsetzungsschwierigkeiten stoßen würde, könnten allenfalls zwischenstaatliche Vereinbarungen helfen, die allerdings wegen Interessengegensätzen zwischen Staaten nicht zustande kommen. Statt dessen sollen freiwillige Verhaltenskodizes dafür sorgen, daß sich transnationale Unternehmen an weltweiten ökonomischen, ökologischen und sozialen Standards orientieren. Wichtigste Beispiele sind die „Leitsätze für multinationale Unternehmen" der Organisation für wirtschaftliche Zusammenarbeit und Entwicklung[85], die „Dreigliedrige Grundsatzerklärung über multinationale Unternehmen und Sozialpolitik" der Internationalen Arbeitsorganisation[86] und der „Global Compact" der Vereinten Nationen[87].

Freiwillige Verhaltenskodizes für transnationale Unternehmen

Transnationale Unternehmen sind für die Weltwirtschaft von enormer wirtschaftlicher Bedeutung. Zu ihren Aktivitäten gehören neben dem grenzüberschreitenden Handel mit Waren und Dienstleistungen vor allem Direktinvestitionen[88] außerhalb ihres Heimatstaates. Beispielsweise bauen und betreiben sie in anderen Staaten Anlagen, errichten Zweigniederlassungen und Tochtergesellschaften oder beteiligen sich an Unternehmen des Gaststaates. Nachdem Auslandsinvestitionen regelmäßig dem Recht des Gaststaates unterliegen, besteht für den ausländischen Investor immer das Risiko der Rechtsänderung zu seinen Ungunsten. Zum Schutz und zur Förderung von Auslandsinvestitionen haben Staaten seit der zweiten Hälfte des 20. Jahrhunderts deshalb zahlreiche bilaterale und multilaterale Abkommen geschlossen, in denen vor allem Regelungen zur Zulassung von Investitionen und deren Behandlung im Gaststaat, zum Transfer von Kapital und Zahlungen, zum Enteignungsschutz einschließlich Entschädigungsregelung und zur Streitbeilegung enthalten sind[89]. Die United Nations Conference on Trade and Development (UNCTAD), die in ihren jährlichen World Investment Reports über die weltweiten Entwicklungen der ausländischen Direktinvestitionen berichtet, zählte bis Ende 2011 3.164 Investitionsabkommen, darunter 2.833 bilaterale[90]. Für die Bundesrepublik Deutschland gibt sie 136 bilaterale und 64 wei-

17
Direktinvestitionen im Ausland

Schutz durch völkerrechtliche Abkommen

Kompetenz der EU für ausländische Direktinvestitionen

---

85 *OECD*, OECD-Leitsätze für multinationale Unternehmen, Paris, Neufassung 2011.
86 *Internationale Arbeitsorganisation*, Dreigliedrige Grundsatzerklärung über multinationale Unternehmen und Sozialpolitik, Genf ⁴2006.
87 Dazu näher www.unglobalcompact.org; *Lothar Rieth*, Zehn Jahre Globaler Pakt der Vereinten Nationen – Eine Zwischenbilanz mit Licht und Schatten, Vereinte Nationen 2010, S. 10 ff.; *Tagi Sagafi-nejad/ John H. Dunning*, The UN and Transnational Corporations – From Code of Conduct to Global Compact, Bloomington/Indiana 2008.
88 Langfristige Finanzanlagen, die dem Investor teilweise oder vollständige Kontrolle über eine Unternehmung im Ausland geben; zur Definition auch in Abgrenzung zu Portfolioinvestitionen *August Reinisch*, Internationales Investitionsschutzrecht, in: Christian Tietje (Hg.), Internationales Wirtschaftsrecht, 2009, § 8 Rn. 29 ff.; *Burkhard Schöbener/Jochen Herbst/Markus Perkams*, Internationales Wirtschaftsrecht, 2010, S. 259 f.
89 Näher *Schöbener/Herbst/Perkams* (N 88), S. 247 ff.
90 *UNCTAD*, World Investment Report 2012: Towards a New Generation of Investment Policies, New York/Genf 2012, S. 118.

tere Investitionsabkommen an[91]. Der Vertrag von Lissabon fügte 2009 in Art. 207 Abs. 1 AEUV eine neue und ausschließliche Kompetenz der Union für ausländische Direktinvestitionen ein. Der genaue Umfang dieser Kompetenz ist noch unklar, so daß derzeit noch nicht entschieden ist, ob die existierenden Investitionsschutzverträge der Mitgliedstaaten mit Drittstaaten beendet werden müssen und ob an deren Stelle zukünftig allein von der Europäischen Union ausgehandelte Verträge oder gemischte Abkommen unter Beteiligung der Mitgliedstaaten treten werden[92]. Ergänzend zu den als lex specialis vorgehenden völkervertraglichen Regelungen enthält das Völkergewohnheitsrecht aus dem Fremdenrecht stammende Regeln über die Behandlung ausländischer Unternehmen durch den Gaststaat[93], insbesondere den Eigentumsschutz und – umstrittene – Regelungen für entsprechende Entschädigungsansprüche bei Enteignungen[94].

18

Zusätzlich zu diesen völkervertraglichen und völkergewohnheitsrechtlichen Normen schließen bei größeren Investitionsvorhaben häufig der ausländische Investor und der Gaststaat einen besonderen Vertrag. Bei diesen „State Contracts" handelt es sich beispielsweise um Konzessionsverträge zum Zweck der Rohstoffgewinnung oder der Übernahme öffentlicher Infrastrukturaufgaben durch das ausländische Unternehmen (Energieversorgung, Bau und Betrieb von Straßen, Krankenhäusern, Häfen etc.)[95]. In der Regel unterliegen diese Verträge der nationalen Rechtsordnung des Gaststaates. Zusätzlichen Schutz des Investors sollen die Aufnahme von Internationalisierungsklauseln bringen, in denen Regeln des Völkerrechts oder allgemeine Rechtsgrundsätze für anwendbar erklärt werden, sowie von Stabilisierungsklauseln, die Änderungen des Rechts des Gaststaates zu Ungunsten des Investors untersagen oder zumindest erschweren. In der Regel enthalten sowohl die State Contracts als auch die Investitionsabkommen Schiedsklauseln, wodurch Rechtsstreitigkeiten aus dem Investor-Staat-Vertrag den staatlichen Gerichten des Gaststaates entzogen und auf Schiedsgerichte übertragen werden. Damit werden Unternehmen unmittelbare Klagerechte gegen ihren Gaststaat eingeräumt. Wegen dieser Vertragsklauseln wird in der Literatur deshalb zum Teil vertreten, daß transnationalen Unternehmen eine vom staatlichen Vertragspartner abgelei-

---

91 *UNCTAD* (N 90), Annex table III.1, S. 200. Die Fundstellen aller bilateralen Investitionsverträge (Bilateral Investment Treaties – BITs) der Bundesrepublik Deutschland im Bundesgesetzblatt Teil II listet das Deutsche Institut für Schiedsgerichtsbarkeit auf seiner Homepage www.dis-arb.de/ unter „Materialien" auf.
92 Zu den Einzelheiten *Marc Bungenberg*, Going Global? The EU Common Commercial Policy after Lisbon, in: Christoph Herrmann/Jörg Philipp Terhechte (Hg.), European Yearbook of International Economic Law 2010, S. 123 (135 ff.).
93 *Reinisch* (N 88), § 8 Rn. 40 ff.
94 *Reinisch* (N 88), § 8 Rn. 56 ff.
95 Näher dazu *Karsten Nowrot*, Steuerungssubjekte und -mechanismen im Internationalen Wirtschaftsrecht (einschließlich regionale Wirtschaftsintegration), in: Tietje (N 88), § 2 Rn. 73 ff.; *Christoph Ohler*, Concessions, in: Rüdiger Wolfrum (Hg.), The Max Planck Encyclopedia of Public International Law, Oxford 2008, Online-Ausgabe (www.mpepil.com).

tete partielle Völkerrechtssubjektivität zukommen müsse⁹⁶, eine Auffassung, die sich jedoch in der internationalen Schiedsgerichtsbarkeit bislang nicht durchgesetzt hat. Vor allem die Schiedsverfahren zwischen ausländischem Investor und Gaststaat sind in der Praxis bedeutsam. Grundsätzlich kann zwar auch der Heimatstaat des Investors diplomatischen Schutz gewähren und gegenüber dem Gaststaat die Verletzung einer völkerrechtlichen Pflicht zum Schutz von Auslandsinvestition geltend machen. Derartige Verfahren sind jedoch gegenüber Verfahren zwischen ausländischem Investor und Gaststaat regelmäßig subsidiär⁹⁷.

Die Parteien eines State Contract sind frei, die Verfahrensordnung des Schiedsgerichts zu wählen. Zu wie vielen Schiedsverfahren es in der Vergangenheit gekommen ist und nach welcher Verfahrensordnung diese durchgeführt wurden, ist unbekannt, da weder die Investitionsabkommen noch die State Contracts die Parteien zur Veröffentlichung der Verfahren verpflichten. In der Praxis von besonderer Bedeutung sind Verfahren beim International Centre for Settlement of Investment Disputes (ICSID), einer zur Weltbankgruppe gehörenden Schiedsgerichtsinstitution, die durch völkerrechtlichen Vertrag (ICSID-Konvention⁹⁸) errichtet wurde. Hingewiesen werden soll hier vor allem auf Art. 54 Abs. 1 ICSID-Konvention, wonach jeder Vertragsstaat jeden im Rahmen des ICSID-Verfahrens erlassenen Schiedsspruch als bindend anerkennt und für die Vollstreckung der darin auferlegten finanziellen Verpflichtungen in seinem Hoheitsgebiet so sorgt, als handele es sich um ein rechtskräftiges Urteil eines seiner innerstaatlichen Gerichte. Diese Verpflichtung wurde vom deutschen Gesetzgeber in Art. 2 des Zustimmungsgesetzes zur ICSID-Konvention⁹⁹ umgesetzt. Hält ein ICSID-Schiedsgericht einen für den ausländischen Investor nachteiligen Hoheitsakt des Gaststaates für rechtswidrig und spricht dem Investor Schadenersatz zu, kann dies dazu führen, daß eine staatliche Maßnahme, die möglicherweise sogar auf einer gesetzlichen Grundlage beruht, durch Schiedsspruch faktisch zunichte gemacht wird. Schließlich haben bislang 149 Staaten die ICSID-Konvention ratifiziert¹⁰⁰, so daß ein Schiedsspruch nahezu weltweit vollstreckbar ist.

19 Verfahren nach der ICSID-Konvention

Weltweite Vollstreckbarkeit der Schiedssprüche

Transnationale Unternehmen üben erheblichen informellen Einfluß aus. Alleine oder über Verbände betreiben sie intensiv Lobbyarbeit bei Regierungen, Parlamenten, supra- und internationalen Organisationen. Wegen ihrer

20 Informeller Einfluß transnationaler Unternehmen

---

96 *Karl-Heinz Böckstiegel*, Der Staat als Vertragspartner ausländischer Privatunternehmen, 1971, S. 184 ff, 233 ff.; *Christian Tietje*, Die Staatsrechtslehre und die Veränderung ihres Gegenstandes: Konsequenzen von Europäisierung und Internationalisierung, in: DVBl 2003, S. 1081 (1091); *Luzius Wildhaber*, Multinationale Unternehmen und Völkerrecht, in: Internationalrechtliche Probleme multinationaler Korporationen, in: BDGVR 18 (1978), S. 7 (37 ff.).
97 S. dazu für Schiedsverfahren im Rahmen des ICSID Art. 27 Abs. 1 ICSID-Konvention. Einzelheiten zum diplomatischen Schutz bei *Schöbener/Herbst/Perkams* (N 88), S. 62 ff., 307.
98 Übereinkommen zur Beilegung von Investitionsstreitigkeiten zwischen Staaten und Angehörigen anderer Staaten vom 18. 3. 1965 (BGBl 1969 II, S. 371).
99 Gesetz zu dem Übereinkommen vom 18. 3. 1965 zur Beilegung von Investitionsstreitigkeiten zwischen Staaten und Angehörigen anderer Staaten vom 25. 2. 1969 (BGBl 1969 II, S. 369), geändert durch Art. 2 § 11 des G vom 22. 12. 1997 (BGBl 1997 I, S. 3224).
100 Eine aktuelle Auflistung der Mitgliedstaaten findet sich auf der Homepage des ICSID unter https://icsid.worldbank.org/ICSID/Index.jsp.

Bedeutung für die Weltwirtschaft, aber auch für den innerstaatlichen Wohlstand (Steuerkraft, Arbeitsplätze) stehen Staaten und internationale Organisationen ihren Anliegen aufgeschlossen gegenüber, wie sich nicht zuletzt an der hohen Zahl von Investitionsabkommen zeigt. Transnationale Unternehmen sind in indirekter Form auch an Rechtssetzungs- und Standardisierungsprozessen beteiligt, so etwa in der Vorbereitungsphase des Übereinkommens über handelsbezogene Aspekte der Rechte des geistigen Eigentums (Agreement on Trade-Related Aspects of Intellectual Property Rights, TRIPS) oder bei der Internationalen Organisation für Normung (International Organization for Standardization, ISO)[101]. Problematisch ist die nur begrenzte Regelungsbefugnis, die Staaten gegenüber ausländischen Aktivitäten eines transnationalen Unternehmens zukommt. Selbst wenn extraterritorial wirkende Regelungen eines Staates im Einzelfall zulässig sind, ist der regelnde Staat wegen des völkerrechtlichen Verbots der Vornahme von Hoheitsakten im Ausland[102] bei der Durchsetzung von Maßnahmen im Ausland auf die Kooperation des Gaststaates des Unternehmens angewiesen. In Ermangelung eines Konsenses zwischen den Staaten über die Regelungen, denen Unternehmen unterworfen werden sollen, zum Beispiel im Hinblick auf Umweltschutz, Arbeitsbedingungen und Menschenrechte, kommt es nicht zum Abschluß entsprechender völkerrechtlicher Verträge. Die Staaten müssen sich daher weiterhin für freiwillige Verhaltenskodizes[103] für transnationale Unternehmen einsetzen.

2. Internationale Nichtregierungsorganisationen: Mitgestaltung und Einflußnahme

21
Begrifflichkeit

Neben den international tätigen Unternehmen sind weitere nichtstaatliche Organisationen entstanden, die grenzüberschreitend tätig werden und die die Breite gesellschaftlicher Interessen widerspiegeln (unter anderem Sport, Religion, Menschenrechte, Umweltschutz, Korruptionsbekämpfung, Entwicklungspolitik). Für diese nichtstaatlichen Organisationen hat sich die Bezeichnung „Nichtregierungsorganisationen" (Non-Governmental Organizations, NGOs) eingebürgert. Zur präziseren Abgrenzung von solchen Organisationen, die ihre Tätigkeit auf das Territorium eines Staates beschränken, werden solche mit Aktivitäten in mehreren Staaten auch als Internationale Nichtregierungsorganisationen (INGOs) bezeichnet. Es gibt keine feststehende Definition für Internationale Nichtregierungsorganisationen. Sie lassen sich am ehesten in Abgrenzung zu anderen grenzüberschreitenden Akteuren beschreiben. Im Gegensatz zu internationalen Organisationen werden Nichtregierungsorganisationen nicht von Staaten auf der Grundlage völkerrechtlicher Abkommen, sondern von natürlichen oder juristischen Personen nach nationalem Recht gegründet. Während transnationale Unternehmen wirt-

---
101 Nachweise bei *Nowrot* (N 95), § 2 Rn. 28.
102 *Epping/Gloria* (N 83), S. 311 f.
103 S. o. Rn. 16.

schaftliche Zwecke verfolgen und auf die Erzielung von Gewinnen ausgerichtet sind, repräsentieren Nichtregierungsorganisationen im allgemeinen Gemeinwohlbelange und sind nicht gewinnorientiert. Zu den Nichtregierungsorganisationen zählen auch mit wirtschaftlichen Fragen befaßte, aber nicht gewinnorientierte Organisationen, wie etwa die Internationale Handelskammer (International Chamber of Commerce, ICC)[104], da eine gedeihliche Entwicklung der Weltwirtschaft ebenfalls im Interesse der Allgemeinheit liegt. Teilweise wird eine handlungsfähige Binnenstruktur verlangt, die Gewähr für die Unabhängigkeit der Nichtregierungsorganisation bietet[105]. Zu den bekanntesten und größten Internationalen Nichtregierungsorganisationen gehören beispielsweise aus dem Bereich des Umweltschutzes Greenpeace, aus dem Bereich der Menschenrechte Amnesty International und Human Rights Watch, aus dem Bereich des Sports das Internationale Olympische Komitee (International Olympic Committee, IOC) und der Weltfußballverband (Fédération Internationale de Football Association, FIFA) sowie aus dem Bereich der Korruptionsbekämpfung Transparency International. Es gibt auch hybride Nichtregierungsorganisationen, die zwar nach nationalem Recht gegründet wurden und privatautonom handeln, an deren Arbeit jedoch auch öffentliche Akteure beteiligt sind. Bekanntestes Beispiel ist die Internet Corporation for Assigned Names and Numbers (ICANN), die die Vergabe von einmaligen Namen und Adressen im Internet koordiniert[106].

Hybride Nichtregierungsorganisationen

Seit den 1990er Jahren ist die Zahl der Nichtregierungsorganisationen sprunghaft angestiegen. Ein wesentlicher Grund liegt neben der Revolution der Kommunikation durch das Internet darin, daß das Ende des Kalten Krieges den durch die militärische Bedrohung eingeengten Blick weitete und die Aufmerksamkeit auf weltweite Probleme lenkte[107]. Je nach verwendeter Definition werden unterschiedliche Zahlen an Nichtregierungsorganisationen ermittelt. Auf jeden Fall übersteigt die Zahl der Nichtregierungsorganisationen erheblich die Zahl der internationalen Organisationen (die in Abgrenzung zu NGOs auch Internationale Regierungsorganisationen, International Governmental Organizations – IGOs – genannt werden). Die Union of International Associations (UIA), selbst eine Internationale Nichtregierungsorganisation, die in ihrem „Yearbook of International Organizations" Informationen über nicht gewinnorientierte internationale Regierungs- und Nichtregierungsorganisationen sammelt, gibt für 2012 die Zahl der Nichtregierungsorganisationen

22
Starke Zunahme an Nichtregierungsorganisationen

---

104 A. A. *Nowrot* (N 95), § 2 Rn. 30.
105 Zur Definitionen von INGOs → Bd. X, *Grewlich*, § 223 Rn. 30, 34 ff.; *Stephan Hobe*, Non-Governmental Organizations, in: Rüdiger Wolfrum (Hg.), The Max Planck Encyclopedia of Public International Law, Oxford 2008, Online-Ausgabe (www.mpepil.com), Rn. 1 ff.; *Ralf Müller-Terpitz*, Beteiligungs- und Handlungsmöglichkeiten nichtstaatlicher Organisationen im aktuellen Völker- und Gemeinschaftsrecht: Innovativer Mechanismus zur Durchsetzung von Gemeinwohlinteressen oder rechtlich bedenkliche Verlagerung von Kompetenzen auf Private?, in: AVR 43 (2005), S. 466 f.
106 Näher → Bd. X, *Grewlich*, § 223 Rn. 13 f.; *Johann Christoph Woltag*, Internet, in: Rüdiger Wolfrum (Hg.), The Max Planck Encyclopedia of Public International Law, Oxford 2008, Online-Ausgabe (www.mpepil.com), Rn. 8 ff.
107 Zu den Gründen im einzelnen → Bd. X, *Grewlich*, § 223 Rn. 2 ff.

weltweit mit 57.721 im Gegensatz zu „nur" 7.679 internationalen Regierungsorganisationen an[108].

23
Keine Völkerrechtssubjektivität der NGOs

Internationale Nichtregierungsorganisationen sind nach überwiegender Auffassung[109] keine Völkerrechtssubjekte, mit Ausnahme des Internationalen Komitees vom Roten Kreuz (International Committee of the Red Cross, ICRC), das zu den traditionellen partiellen Völkerrechtssubjekten zählt[110]. Ihre Rechte und Pflichten werden von innerstaatlichem Recht bestimmt.

Mitwirkungs- und Beteiligungsrechte auf internationaler Ebene

Dennoch werden Internationalen Nichtregierungsorganisationen auf internationaler Ebene zunehmend Mitwirkungs- und Beteiligungsrechte zugebilligt. Die Satzung der Vereinten Nationen räumt in Art. 71 nichtstaatlichen Organisationen zwar lediglich beim Wirtschafts- und Sozialrat einen förmlichen Konsultativstatus ein, den dieser in mehreren Resolutionen, zuletzt 1996, konkretisiert hat[111]. Aber auch die Haupt- und Spezialorgane der Vereinten Nationen ebenso wie die Sonderorganisationen entwickelten für Nichtregierungsorganisationen jeweils eigene Beteiligungsformen an ihrer Arbeit. Im

Beteiligungsrechte im einzelnen

Rahmen von Menschenrechtsverträgen spielen Nichtregierungsorganisationen eine nicht unwichtige Rolle. Art. 45 des Übereinkommens über die Rechte des Kindes[112] sieht in lit. a und b eine Mitwirkungsmöglichkeit für „andere zuständige Stellen" („other competent bodies") an der Arbeit des Sachverständigenausschusses vor, worunter auch Nichtregierungsorganisationen verstanden werden. Auch die Expertenausschüsse anderer Menschenrechtsverträge greifen auf Berichte von Nichtregierungsorganisationen zurück, um die Richtigkeit der eingereichten Staatenberichte besser beurteilen zu können. Im internationalen Umweltrecht ist eine deutliche Ausweitung der Beteiligungsrechte von Nichtregierungsorganisationen zu verzeichnen. Im Rahmen von Öffentlichkeitsbeteiligungsverfahren zählt die Aarhus-Konvention[113] in Art. 2 Ziff. 5 nichtstaatliche Umweltschutzorganisationen ausdrücklich zur betroffenen Öffentlichkeit und räumt ihnen damit automatisch bestimmte Beteiligungs- und Informationsrechte ein[114]. Nichtregierungsorganisationen arbeiten zudem im Vorfeld und während internationaler Regierungskonferenzen mit[115]. Allerdings ist ihre Mitwirkung indirekt, da die beteiligten Staaten und internationalen Organisationen ihnen hier nur Rechte zur Beteiligung und Stellungnahme, aber keine Entscheidungsbefugnisse gewähren. Bei der Entwicklung von internationalen Normen und Standards sind Nichtregierungsorganisationen nicht selten maßgeblich beteiligt. Ein Beispiel

Keine Einräumung von Entscheidungsbefugnissen

---

108 www.uia.org/yearbook/.
109 Für eine partielle Völkerrechtssubjektivität für bestimmte NGOs *Epping* (N 11), § 8 S. 93 f. m. Nachw.
110 *Epping* (N 11), § 8 S. 103 f.
111 Economic and Social Council, Resolution 1996/31. Consultative relationship between the United Nations and non-governmental organizations vom 25. 7. 1996.
112 BGBl 1992 II, S. 122.
113 Übereinkommen vom 25. 6. 1998 über den Zugang zu Informationen, die Öffentlichkeitsbeteiligung an Entscheidungsverfahren und den Zugang zu Gerichten in Umweltangelegenheiten (BGBl 2006 II, S. 1252).
114 Zur damit verbundenen Problematik vor allem bei der Kollision mit Rechten Dritter *Müller-Terpitz* (N 105), S. 474 ff.
115 Beispiele bei *Hobe* (N 105), Rn. 14 ff.

aus dem Bereich des Handelsrechts sind Internationalen Handelsklauseln (International Commercial Terms, INCOTERMS)[116], die von der Internationalen Handelskammer (International Chamber of Commerce, ICC) im Jahr 1936 aufgestellt und seitdem mehrfach geändert wurden. Dabei handelt es sich um einheitliche Regeln der wesentlichen Käufer- und Verkäuferpflichten insbesondere bei der grenzüberschreitenden Lieferung von Gütern. Die Internationalen Handelsklauseln haben keine Gesetzeskraft, gelten aber als Handelsbrauch und werden von Gerichten anerkannt, wenn sie von den Parteien vertraglich vereinbart werden. Schließlich spielen Nichtregierungsorganisationen eine Rolle bei der Überwachung und Rechtsdurchsetzung, indem sie öffentlich auf Mißstände aufmerksam machen und, wo zulässig, vor Streitschlichtungsorganen auch Stellungnahmen abgeben[117].

Es läßt sich feststellen, daß Nichtregierungsorganisationen durch ihre Mitwirkungs- und Beteiligungsrechte auf internationaler Ebene erheblichen Einfluß auf Hoheitsträger, insbesondere im Hinblick auf die Entstehung von Rechtsregeln und deren Durchsetzung haben können. Auch Nichtregierungsorganisationen betreiben effektiv Lobbyarbeit bei staatlichen Stellen und internationalen Organisationen und mobilisieren die Öffentlichkeit für ihre Ziele. Wenn auch die Unabhängigkeit und Qualität der Arbeit von Nichtregierungsorganisationen nicht durch international einheitlich geltende Regeln gesichert ist und es in der Vergangenheit schon zu skandalösen Fehlinformationen durch Nichtregierungsorganisationen gekommen ist[118], so wird die Expertise von Nichtregierungsorganisationen auf internationaler Ebene von den anderen Akteuren, insbesondere staatlichen Stellen und internationalen Organisationen, in aller Regel durchaus geschätzt. Allerdings übertragen Staaten und internationale Organisationen Nichtregierungsorganisationen regelmäßig keine Hoheitsbefugnisse. Dies ist angesichts der fehlenden demokratischen Legitimation der Nichtregierungsorganisationen und der mangelnden Transparenz der Binnenstrukturen und Entscheidungsprozesse bei manchen dieser Organisationen auch zu begrüßen. Nichtregierungsorganisationen haben zwar häufig inhaltlichen Einfluß auf die Diskussion, besitzen jedoch in den meisten Fällen keine Entscheidungsbefugnisse, sondern üben vielmehr vorwiegend Initiativ-, Mobilisierungs- und Beratungsfunktionen aus.

24
Einfluß durch Beteiligung und Lobbyarbeit

Keine Hoheitsbefugnisse der NGOs

---

116 Dazu näher *Christoph Graf von Bernstorff*, Incoterms® 2010 der Internationalen Handelskammer (ICC): Kommentierung für die Praxis inklusive offiziellem Regelwerk, 2010; *Karsten Otte*, Internationales Transportrecht, in: Tietje (N 88), § 7 Rn. 159.
117 Beispielsweise durch Einreichung von „amicus curiae briefs" bei Streitbeilegungspanels der Welthandelsorganisation, → Bd. X, *Grewlich*, § 223 Rn. 19; *Nowrot* (N 95), § 2 Rn. 33 m. Nachw.
118 Zur „Brent Spar"-Affaire von 1995, in der Greenpeace eine in mehreren europäischen Staaten vielbeachtete Kampagne gegen den Ölkonzern Shell auf eine grob fehlerhafte Einschätzung gestützt hatte, *Matthias Herdegen*, Internationales Wirtschaftsrecht, ⁹2011, S. 63.

D. Einfluß der Globalisierung auf staatliche Hoheitsträger und innerstaatliche Entscheidungsstrukturen

25
Staat als Beeinflußter und Einflußnehmer

Moderne Staaten können aufgrund der Interdependenzen, die die Globalisierung mit sich bringt, ihre Aufgaben nicht mehr nur mit Blick auf die innerstaatlichen Gegebenheiten und Anforderungen erfüllen. Sie müssen bei ihren Entscheidungen die weltweiten Entwicklungen berücksichtigen. Staaten werden zum einen von den Auswirkungen der Handlungen (oder auch des Nichthandelns) externer Entscheidungsträger betroffen, beispielsweise anderer einflußreicher Staaten und internationaler Organisationen, aber auch großer ausländischer Wirtschaftsakteure, zum Beispiel finanzmächtiger Unternehmen, Hedgefonds und anderer Börsenspekulanten. Anderseits gestalten Staaten selbst aktiv – je nach wirtschaftlicher und politischer Macht – als Einzelstaaten oder im Verbund mit anderen Staaten die ökonomischen, sozialen, politischen und rechtlichen Bedingungen der Welt mit. Dies bleibt nicht ohne Auswirkungen auf die staatlichen Hoheitsträger der Exekutive, Legislative und Judikative sowie die innerstaatlichen Entscheidungsprozesse.

I. Einbindung der Exekutive in internationale Netzwerkstrukturen

26
Zunehmende informelle Zusammenarbeit und Netzwerkbildung

„Global Governance"

Staaten bemühen sich um die Lösung globaler Probleme nicht nur durch zwischenstaatliche Kooperation in institutionalisierter Form. Daneben ist in den vergangen Jahrzehnten eine Vielzahl von weiteren nichthierarchischen Kooperationsformen mit rechtlich unverbindlichen Strukturen entstanden, die dem informellen Dialog und der Regelbildung dienen sollen. An diesen Netzwerkstrukturen sind unterschiedliche Akteure beteiligt. Von staatlicher Seite handelt es sich dabei vor allem um Vertreter der Exekutive, also der Regierungen und der nationalen Verwaltungen. Teilweise arbeiten in Netzwerken mit staatlichen Institutionen auch nichtstaatliche internationale Akteure wie transnationale Unternehmen oder Nichtregierungsorganisationen, teilweise auch lokale Akteure zusammen. In der zunehmend engen informellen Vernetzung staatlicher Stellen wird von der Literatur bereits eine „neue Weltordnung"[119] gesehen. Das Zusammenwirken staatlicher und nichtstaatlicher Akteure von den lokalen bis zur globalen Ebene wird auch als „Global Governance" bezeichnet und als neue Form der Lösung globaler Probleme begriffen[120].

---

119 *Anne-Marie Slaughter*, A New World Order, Princeton/Oxford 2004.
120 *Franz Nuscheler*, Globalisierung und Global Governance: Zwischen der Skylla der Nationalstaatlichkeit und der Charybdis der Weltstaatlichkeit, in: Dieter S. Lutz (Hg.), Globalisierung und nationale Souveränität, in: FS für Winfried Röhrich, 2000, S. 301 (309 ff.); s. auch *Stefan Marschall*, „Niedergang" und „Aufstieg" des Parlamentarismus im Zeitalter der Denationalisierung, in: ZParl 2002, S. 377 (383). Der Begriff „Global Governance" wird allerdings nicht einheitlich definiert. *Slaughter* (N 119) beispielsweise versteht darunter die Vernetzung vor allem staatlicher Stellen, andere meinen damit allgemein die Zunahme und Intensivierung der internationalen Zusammenarbeit.

27
Informelle Treffen von Regierungsvertretern

Die bekanntesten Beispiele für hochrangige, aber informelle Treffen von Regierungsvertretern sind die Gipfel der Staats- und Regierungschefs aus acht Industrieländern („Gruppe der Acht", G 8[121]) und der wichtigsten Industrie- und Schwellenländer („Gruppe der Zwanzig", G 20[122]). Bei diesen Treffen werden aktuelle global bedeutsame Fragen erörtert und Weichen für erforderliche Maßnahmen gestellt. Das verabredete Vorgehen muß jeder beteiligte Staat anschließend noch durch nationale Rechtsetzung oder Verwaltungstätigkeit umsetzen. Internationale Vernetzung findet in der Praxis allerdings seltener auf Regierungsebene, sondern viel häufiger auf Ebene der nationalen Verwaltungen statt[123]. Solche Netzwerkbildung ist zum einen unter dem Dach einer zwischenstaatlichen Vereinbarung oder Institution, insbesondere innerhalb von internationalen Organisationen wie der Welthandelsorganisation[124], zu beobachten, in deren Rahmen staatliche Stellen und Behörden die Entscheidungsprozesse der Organe vorbereiten oder beeinflussen[125]. Daneben kommt es immer häufiger auch zu internationaler Verwaltungskooperation außerhalb einer zwischenstaatlichen Vereinbarung. Ein Beispiel dafür ist der Basler Ausschuß für Bankenaufsicht (Basel Committee on Banking Supervision)[126], ein 1974 von den Zentralbankchefs der zehn führenden Industrienationen (G 10) gegründetes informelles Gremium, in dem derzeit fast 30 Zentralbanken zusammenarbeiten, um zu möglichst hohen und einheitlichen Standards der Bankenaufsicht beizutragen. Der Ausschuß, der bei der Bank für Internationalen Zahlungsausgleich (Bank for International Settlements) in Basel angesiedelt ist, arbeitet in Zusammenarbeit mit Banken und staatlichen Aufsichtsbehörden Richtlinien und Empfehlungen aus, die zu ihrer Verbindlichkeit allerdings noch in nationales Recht übernommen werden müssen. Ein besonders einflußreiches Behördennetzwerk ist das International Competition Network (ICN)[127], ein Forum für Fragen des Kartellrechts und seiner Umsetzung, an dem mittlerweile über 100 Wettbewerbsbehörden beteiligt sind und in dessen Aktivitäten auch Vertreter nichtstaatlicher Stellen, wie Wirtschaft, Verbraucherorganisationen und Wissenschaft einbezogen werden. Ein Beispiel für ein öffentlich-privates Politiknetzwerk ist die Global Reporting Initiative, ein aus einer Vielzahl von Akteursgruppen, darunter staatliche und internationale Organisationen, Unternehmen und Nichtregierungsorganisationen, zusammengesetztes Netzwerk, das Richtlinien für die Erstellung von Nachhaltigkeitsberichten von Unternehmen, Regierungen und

Netzwerke auf der Ebene der nationalen Verwaltungen

---

121 Deutschland, Frankreich, Großbritannien, Italien, Japan, Kanada, Rußland und die Vereinigten Staaten von Amerika. Außerdem ist die Europäische Union vertreten.
122 Die EU sowie 19 Staaten (Argentinien, Australien, Brasilien, China, Deutschland, Frankreich, Großbritannien, Indien, Indonesien, Italien, Japan, Kanada, Mexico, Rußland, Saudi Arabien, Südafrika, Südkorea, Türkei, Vereinigte Staaten von Amerika).
123 Ausführlich *Christian Tietje*, Internationalisiertes Verwaltungshandeln, 2001.
124 *Christian Tietje*, WTO und Recht des Weltwarenhandels, in: ders. (Hg.), Internationales Wirtschaftsrecht, 2009, § 3 Rn. 34.
125 Weitere Beispiele bei *Slaughter* (N 119), S. 45 ff.
126 www.bis.org/bcbs/.
127 www.internationalcompetitionnetwork.org; dazu auch *Florian Wagner-von Papp*, Internationales Wettbewerbsrecht, in: Tietje (N 88), § 11 Rn. 111; weitere Beispiele bei *Slaughter* (N 119), S. 48 f.

Nichtregierungsorganisationen erarbeitet[128]. In der Literatur wird erörtert, ob und inwieweit sich bereits gemeinsame Regeln und Prinzipien dieses informellen Verwaltungshandelns identifizieren lassen und als Teil eines „Internationalen Verwaltungsrechts" oder „Global Administrative Law" verstanden werden können, das einen globalen Verwaltungsraum erfaßt, in dem sich die Grenzen zwischen national und international sowie öffentlich und privat auflösen[129].

II. Funktionsverlust des Parlaments

28
Entparlamentarisierung

Auch die institutionelle Ausformung des Demokratieprinzips in Art. 20 Abs. 2 S. 1 GG, wonach der Deutsche Bundestag das Volk repräsentiert, wird durch die Anforderungen der Globalisierung relativiert. Neben der Rolle des Deutschen Bundestages als primärem Legislativorgan erfährt auch die Mitwirkung des Bundesrates am Gesetzgebungsverfahren nach Art. 76–78 GG unter den Anforderungen der Globalisierung erhebliche Einschränkungen. Auf internationaler Ebene spielen Parlamente kaum eine Rolle, da hier vor allem die Exekutive in Erscheinung tritt, sei es beim Aushandeln völkerrechtlicher Verträge, bei der Mitarbeit in internationalen Organisationen oder bei der Mitwirkung in informellen Netzwerken. Dazu kommt der Einfluß nichtstaatlicher Akteure wie Nichtregierungsorganisationen und transnationaler Unternehmen. Auf europäischer Ebene haben Staaten durch Verlagerung von Hoheitsrechten auf die Europäische Union ihren Parlamenten immer mehr Politikbereiche entzogen. In der Europäischen Union werden die gesetzgeberischen Entscheidungen im wesentlichen von der Kommission vorbereitet und von Rat und Europäischem Parlament getroffen. Für die nationalen Parlamente war lange Zeit auf europäischer Ebene keine Rolle vorgesehen[130]. Angesichts dieses Funktionsverlusts nationaler Parlamente wird daher in der rechts- und politikwissenschaftlichen Diskussion von „Entparlamentarisierung", ja sogar vom „postparlamentarischen Zeitalter" gesprochen[131].

1. Geringer Einfluß des Parlaments auf die internationalen Rechtsbeziehungen

29
Nationale Parlamente in parlamentarischen Versammlungen

Die Beziehungen zu ausländischen Staaten und internationalen Organisationen werden vorrangig von der Exekutive wahrgenommen. Eine – wenn auch mit geringem Einfluß verbundene – Form der Repräsentanz nationaler Parlamente auf internationaler Ebene ermöglicht die Institution der parlamentari-

---

128 www.globalreporting.org.
129 *Benedict Kingsbury/Megan Donaldson*, Global Administrative Law, in: Rüdiger Wolfrum (Hg.), The Max Planck Encyclopedia of Public International Law, Oxford 2008, Online-Ausgabe (www.mpepil.com), m. Nachw.
130 Für die Zeit nach dem Vertrag von Lissabon s. u. Rn. 37.
131 *Marschall* (N 120), S. 377 f. m. Nachw.; zur Entparlamentarisierung durch die europäische Integration *Ingolf Pernice*, in: Dreier, Bd. II, 2006, Art. 45 Rn. 1.

schen Versammlung. Parlamentarische Versammlungen existieren bei einer Reihe von internationalen Organisationen und zählen zu deren Organen. In Europa dürfte das bekannteste Beispiel die Beratende Versammlung des Europarates sein[132]. Auch der Vorläufer des Europäischen Parlaments war eine „Versammlung"[133]. Die Mitglieder einer parlamentarischen Versammlung werden regelmäßig von den nationalen Parlamenten bestimmt und in dieses Organ entsandt[134]. In der Regel haben parlamentarische Versammlungen lediglich beratende Funktion[135]. Zu den internationalen Organisationen ohne parlamentarische Versammlung zählen die Vereinten Nationen. In der Diskussion über eine UN-Reform wird zur Erhöhung der demokratischen Legitimation und zur besseren Verankerung dieser weltumspannenden Organisation in den Mitgliedstaaten immer wieder auch die Einrichtung einer Parlamentarischen Versammlung gefordert[136]. Angesichts der hohen Anforderungen für Vertragsänderungen in Art. 108 f. UN-Charta dürfte dieser Vorschlag jedoch ebenso wie die anderen diskutierten Reformen, beispielsweise zur Erweiterung des Sicherheitsrates um zusätzliche ständige Mitglieder[137], wenig Aussicht auf eine rasche Realisierung haben.

Keine parlamentarische Versammlung in der UN

Das Grundgesetz sieht für die gesetzgebenden Körperschaften in Deutschland keine Mitwirkung an der auswärtigen Politik vor, mit Ausnahme des innerstaatlichen Zustimmungsverfahrens zu völkerrechtlichen Verträgen nach Art. 59 Abs. 2 GG. Internationale Verhandlungen mit dem Ziel eines Vertragsschlusses sind grundsätzlich Sache der Bundesregierung, wobei stets eine Koordination durch das Auswärtige Amt zu erfolgen hat[138]. Nach Verhandlungen mit den Bevollmächtigten der beteiligten Staaten oder internationalen Organisationen und Einigung über einen gemeinsamen Vertragstext wird der unterzeichnete Vertragstext Bundestag und Bundesrat zur Billigung vorgelegt. Dabei wird dieses Ergebnis internationaler Verhandlungen häufig als alternativlos präsentiert. Bundestag und gegebenenfalls Bundesrat[139] können dem Vertragstext nur im ganzen zustimmen oder ihn komplett ablehnen. Änderungsanträge und damit parlamentarische Gestaltungsmöglichkeiten im Detail sind im Gesetzgebungsverfahren nicht zulässig[140].

30
Mitwirkung des Parlaments an völkerrechtlichen Verträgen

---

132 Art. 22 ff. Satzung des Europarates.
133 S. Art. 4 Abs. 1, Art. 137 ff. EWGV i. d. F. von 1957 sowie das Abkommen über gemeinsame Organe für die europäischen Gemeinschaften vom 25. 3. 1957 (BGBl 1957 II, S. 1156). Die bereits seit 1962 von der Versammlung verwendete Bezeichnung „Europäisches Parlament" erkannten die Mitgliedstaaten erst mit den Vertragsänderungen durch die EEA 1987 an.
134 S. beispielsweise Art. 25 lit. a Satzung des Europarates; Art. 138 Abs. 1 EWGV i. d. F. von 1957.
135 S. Art. 22 Satzung des Europarates. Die Versammlung der Europäischen Gemeinschaften hatte zu Beginn weder bei der Rechtssetzung noch im Haushaltsbereich Entscheidungsbefugnisse.
136 Näher dazu *Marschall* (N 120), S. 387 f. m. Nachw.
137 → Bd. X, *Wolfrum*, § 219 Rn. 50 ff.
138 § 11 Abs. 2 GOBReg i. V. m. Art. 65 S. 4 GG.
139 Beim Vertragsgesetz nach Art. 59 Abs. 2 S. 1 GG richtet sich die Mitwirkung des Bundesrates wie bei jedem anderen Bundesgesetz nach Art. 76 ff. GG. Es ist daher bei der im Vertrag geregelten Materie nach ihrer Zustimmungsbedürftigkeit zu fragen, näher *Michael Schweitzer*, Staatsrecht III, [10]2010, Rn. 179 ff.
140 § 82 Abs. 2 GOBT.

31
Keine parlamentarische Mitwirkung bei Verpflichtungen ohne förmliche Vertragsbindung

Geht die Exekutive lediglich politische Verpflichtungen ohne förmliche Vertragsbindung ein, brauchen Bundestag und Bundesrat nicht beteiligt zu werden, auch wenn die praktisch-politischen Wirkungen oft ähnlich stark sind wie bei förmlichen Vereinbarungen[141]. Nach Art. 59 Abs. 2 GG ist ein Vertragsgesetz nur bei den in Satz 1 genannten hochpolitischen Verträgen (1. Alt.) und bei Verträgen mit Verpflichtungen erforderlich, deren Erfüllung innerstaatlich ein formelles Gesetz verlangt (2. Alt.)[142]. Bei den sogenannten Verwaltungsabkommen (Art. 59 Abs. 2 S. 2 GG) sind die gesetzgebenden Körperschaften hingegen nicht beteiligt. Ein solches liegt vor, wenn die Exekutive die völkervertragsrechtliche Verpflichtung gestützt auf eine vorhandene gesetzliche Ermächtigung innerstaatlich im Wege der Rechtsverordnung durchführen kann. Werden bestehende Verträge im Sinne von Art. 59 Abs. 2 S. 2 GG geändert, ist grundsätzlich ein weiteres Vertragsgesetz erforderlich.

Änderung von Verträgen

Auch ein mit den Vertragpartnern abgestimmtes außenpolitisches Handeln kann zustimmungsbedürftig sein, wenn wegen des zum Ausdruck gekommenen Vertragsschlußwillens konkludent eine Änderung des Vertragsinhalts bewirkt wird[143]. Von der Vertragänderung grenzt das Bundesverfassungsgericht die dynamische Auslegung eines bestehenden Vertrages ab, die ohne parlamentarische Mitwirkung vorgenommen werden kann. Hierbei läßt das Gericht bei Verträgen mit weitgefaßten normativen Aufgabenbestimmungen und Zielvorgaben sogar Inhaltsänderungen durch Interpretation zu, solange nur erkennbar ist, daß die Vertragsparteien keine neuen vertraglichen Rechtsbindungen entstehen lassen wollen. Wichtigster Anwendungsfall dieser Rechtsprechung ist der NATO-Vertrag, bei dem das Bundesverfassungsgericht die Ausweitung der Aufgaben der NATO von der klassischen kollektiven Selbstverteidigung zur Friedenssicherung und Krisenintervention auch außerhalb des NATO-Gebietes als bloße Konkretisierung und Fortentwicklung des Vertrages im Wege der Auslegung, also ohne parlamentarische Beteiligung, für zulässig hielt[144]. Das Gericht empfahl dem Bundestag, der Gefahr, daß die dynamische Interpretation zu einer allmählichen Inhaltsveränderung des Vertrages führen könnte, dadurch zu begegnen, daß er vor allem von seinen allgemeinen parlamentarischen Kontrollrechten nach Art. 43 Abs. 1 GG, von seinem Budgetrecht und dem wehrverfassungsrechtlichen Parlamentsvorbehalt entsprechend Gebrauch macht[145].

Dynamische Auslegung von Verträgen

2. Integrationsverantwortung und begrenzte Mitwirkung in europäischen Angelegenheiten

32
Integrationskompetenz bei der Exekutive

Im Gegensatz zum Bereich der Außenpolitik besitzen die gesetzgebenden Körperschaften in Angelegenheiten der Europäischen Union mehr Mitwirkungsrechte. Bei aller Stärkung der Beteiligungsrechte von Bundestag und

---

141 BVerfGE 68, 1 (87f.); 90, 286 (358); a. A. *Pernice* (N 131), Art. 59 Rn. 45.
142 BVerfGE 1, 372 (388f.) – Deutsch-Französisches Wirtschaftsabkommen.
143 BVerfGE 90, 286 (360) – Out-of area-Einsätze.
144 BVerfGE 90, 286 (363, 365ff.) – Out-of area-Einsätze; BVerfGE 104, 151 (199ff.) – NATO-Konzept.
145 BVerfGE 104, 151 (208f.) – NATO-Konzept.

Bundesrat kommt allerdings die Integrationskompetenz grundsätzlich der Exekutive zu. Das Grundgesetz enthält einen Verfassungsauftrag zur Verwirklichung eines vereinten Europa[146]. Die deutsche Verfassung erlaubt demgemäß auch die Hoheitsrechtsübertragung auf die Europäische Union durch Öffnung der nationalen Rechtsordnung für die unmittelbare Geltung und Anwendbarkeit von Europarecht[147]. Zur Erhaltung eines Mindestmaßes an Legislativkompetenz von Bundestag und Bundesrat trägt die deutliche verfassungsrechtliche Schrankenziehung für die Übertragung von Befugnissen auf die Europäische Union bei. Die Übertragung von Kompetenzen an die Europäischen Gemeinschaften wurde in den ersten Jahrzehnten auf Art. 24 Abs. 1 GG gestützt. Vom Bundesverfassungsgericht herausgearbeitete Grundsätze zu dessen ungeschriebenen Schranken[148] und politische Forderungen an die Grenzen der Integrationsgewalt fanden 1992 Eingang in die im Zuge der Gründung der Europäische Union ins Grundgesetz eingefügte Spezialnorm des Art. 23 GG. Die Struktursicherungsklausel des Art. 23 Abs. 1 S. 1 GG macht Vorgaben für die organisatorische Struktur der Union und lehnt sich dabei an grundlegende Strukturprinzipien des deutschen Staatswesens an. Den verfassungsändernden Integrationsgesetzgeber bindet Art. 23 Abs. 1 S. 3 GG nunmehr ausdrücklich an Art. 79 Abs. 2 und 3 GG. Das Bundesverfassungsgericht betont, daß sich die Befugnisse der Europäischen Union von den Mitgliedstaaten ableiten, diese also die Herren der Verträge bleiben müssen[149]. Daraus folgt die Bedeutung des Prinzips der begrenzten Einzelermächtigung und das Verbot der Übertragung der Kompetenz-Kompetenz[150]. Das Bundesverfassungsgericht hebt ferner die Notwendigkeit einer Bestimmbarkeit des Integrationsprogramms der Europäischen Union hervor und untersagt Blankettermächtigungen[151].

Wahrung der Legislativkompetenz durch Schrankenziehung

Struktursicherungsklausel des Art. 23 Abs. 1 GG

Den Verfassungsorganen kommt eine dauerhafte Integrationsverantwortung zu, die darauf gerichtet ist, bei der Übertragung von Hoheitsrechten und bei der Ausgestaltung der europäischen Entscheidungsverfahren auf die Einhaltung demokratischer Grundsätze zu achten. Daraus folgt das Bundesverfassungsgericht, daß der das Volk repräsentierende Deutsche Bundestag und die von ihm getragene Bundesregierung einen gestaltenden Einfluß auf die politische Entwicklung in Deutschland behalten müssen[152]. In seinen Entscheidungen zu den Maßnahmen zur Bekämpfung der Finanz- und Staatsschuldenkrise hebt das Bundesverfassungsgericht vor allem die Haushaltsautonomie und das Budgetrecht des Bundestages als Befugnisse hervor, die zum Identitätskern der Verfassung zählen und über die der Bundestag frei und ohne Fremd-

33
Noch ausreichender politischer Gestaltungsraum für den Bundestag

Verfassungsrechtlich unverfügbare Bereiche

---

146 Das Bundesverfassungsgericht folgert dies aus Art. 23 Abs. 1 GG und der Präambel, BVerfGE 123, 267 (346 f.) – Lissabon.
147 BVerfGE 37, 271 (280) – Solange I; BVerfGE 73, 339 (374) – Solange II (zu Art. 24 Abs. 1 GG).
148 Insbesondere zum Grundrechtsschutz in BVerfGE 73, 339 – Solange II.
149 BVerfGE 123, 267 (348 f.) – Lissabon.
150 BVerfGE 123, 267 (349 f.) – Lissabon; vgl. auch BVerfGE 89, 155 (187 f., 192, 199) – Maastricht.
151 BVerfGE 123, 267 (351) – Lissabon; BVerfGE 89, 155 (183 f., 187) – Maastricht.
152 BVerfGE 123, 267 (356) – Lissabon; vgl. auch BVerfGE 89, 155 (186, 207) – Maastricht.

bestimmung entscheiden können muß[153]. Daneben erklärt das Bundesverfassungsgericht in seiner Lissabon-Entscheidung weitere Bereiche für verfassungsrechtlich unverfügbar, in denen dem deutschen Gesetzgeber noch Raum zur politischen Gestaltung der wirtschaftlichen, kulturellen und sozialen Lebensverhältnisse bleiben muß[154]. Dabei handelt es sich in erster Linie um eine bei weiteren Hoheitsrechtsübertragungen zu beachtende Grenze für den deutschen Integrationsgesetzgeber[155].

34
Dynamische Vertragsentwicklung

Bei Vertragsklauseln, die eine dynamische Veränderung des Vertragsrechts ohne Ratifikationsverfahren, also ohne Beteiligung der deutschen gesetzgebenden Körperschaften, herbeiführen können, erfordert die Integrationsverantwortung innerstaatliche Verfahren, die die Zustimmung des deutschen Vertreters von einer vorherigen Zustimmung von Bundestag und Bundesrat abhängig machen[156]. Diese Vorgaben des Bundesverfassungsgerichts in seiner Lissabon-Entscheidung wurden im Integrationsverantwortungsgesetz[157] umgesetzt. So muß beispielsweise der deutsche Vertreter im Europäischen Rat Beschlußvorlagen zur Inanspruchnahme von Brückenklauseln ablehnen, wenn nicht zuvor ein Gesetz nach Art. 23 Abs. 1 GG erlassen worden ist (§ 4 IntVG zu allgemeinen Brückenklauseln) oder entsprechende Beschlüsse von Bundestag und gegebenenfalls auch Bundesrat gefaßt wurden (§ 5 IntVG zu besonderen Brückenklauseln). Auch die Zustimmung des deutschen Vertreters zur Inanspruchnahme der Flexibilitätsklausel des Art. 352 AEUV verlangt ein vorheriges Gesetz nach Art. 23 Abs. 1 GG (§ 8 IntVG).

35
Kein genereller Parlamentsvorbehalt in Europaangelegenheiten

Ausnahme von der Kompetenzverteilung des GG

Mit Ausnahme der aus der Integrationsverantwortung fließenden besonderen Verfahrensanforderungen in Fällen der dynamische Vertragsentwicklung existiert jedoch kein Parlamentsvorbehalt in Angelegenheiten der Europäischen Union. Vor allem läßt sich aus den Beteiligungsrechten von Bundestag und Bundesrat nach Art. 23 Abs. 2 GG kein genereller Parlamentsvorbehalt ablesen. Als Gegengewicht zur Übertragung von Hoheitsrechten für immer weitere Politikbereiche auf die Europäische Union und die damit verbundene Beschneidung von Legislativkompetenzen bestimmt Art. 23 Abs. 2 S. 1 GG die innerstaatliche Mitwirkung von Bundestag und Bundesrat an der Willensbildung des Bundes in Angelegenheiten der Europäischen Union. Für den Bereich der Europäischen Union macht Art. 23 Abs. 2 S. 1 GG und seine Konkretisierung in den Absätzen 3–7 damit eine Ausnahme von der Kompetenzverteilung des Grundgesetzes, wonach die Außenbeziehungen mit Ausnahme der Zustimmung zu bestimmten völkerrechtlichen Verträgen grundsätzlich in

---

153 BVerfG, Urt. v. 12.9.2012 (N 72) S. 582, Absatz-Nr. 210 ff.; BVerfGE 129, 124 (177 ff.) – Rettungsschirm.
154 BVerfGE 123, 267 (357 ff.) – Lissabon; dazu zählt das Gericht u. a. Entscheidungen über Staatsbürgerschaft, materielles und formelles Strafrecht, ziviles und militärisches Gewaltmonopol, Sozialpolitik, kulturell bedeutsame Entscheidungen im Familienrecht, Schul- und Bildungssystem oder über den Umgang mit religiösen Gemeinschaften.
155 *Adelheid Puttler*, Art. 4 EUV, in: Calliess/Ruffert (N 65), Rn. 17.
156 BVerfGE 123, 267 (433 ff.) – Lissabon.
157 Gesetz über die Wahrnehmung der Integrationsverantwortung des Bundestages und des Bundesrates in Angelegenheiten der Europäischen Union vom 22. 9. 2009 (BGBl 2009 I, S. 3022).

die Zuständigkeit der Exekutive fallen. Damit Bundestag und Bundesrat ihre Mitwirkungsrechte wahrnehmen können, enthält Art. 23 Abs. 2 S. 2 GG das Recht der gesetzgebenden Körperschaften zur frühzeitigen und umfassenden Information. Die in Satz 1 erwähnten Angelegenheiten der Europäischen Union beschränken sich nicht nur auf Rechtssetzungsakte, sondern sollen die gesetzgebenden Körperschaften in einem umfassenden Sinn an der Willensbildung in europäischen Fragen beteiligen[158]. Die Zahl der dementsprechend von der Bundesregierung zu übermittelnden Dokumente führt allerdings zu einer Informationsflut, die vom Parlament trotz der Einschaltung des Europaausschusses des Bundestages (Art. 45 GG) und der Europakammer des Bundesrates (Art. 52 Abs. 3 a GG)[159] kaum noch zu bewältigen ist. In der Literatur wird daher auch von Desinformation durch Überinformation gesprochen[160].

Desinformation durch Überinformation

Bei den in Art. 23 Abs. 3 GG für den Bundestag und in Art. 23 Abs. 4–7 GG für den Bundesrat ausgestalteten Mitwirkungsrechten handelt es sich vor allem um das Recht, Stellungnahmen abzugeben. Dem Bundestag hat die Bundesregierung Gelegenheit zur Stellungnahme vor jeder Art von Rechtssetzungsakten der Europäischen Union zu geben. Die Bundesregierung ist allerdings nicht an die Stellungnahmen gebunden, sie hat sie vielmehr bei ihren Verhandlungen nur zu berücksichtigen (Art. 23 Abs. 3 GG). Damit bleibt es bei der grundsätzlichen Integrationskompetenz der Bundesregierung[161]. Differenzierter sind die Mitwirkungsmöglichkeiten des Bundesrates in Art. 23 Abs. 4–7 ausgestaltet. Hierdurch sollen nicht nur der Verlust von Beteiligungsmöglichkeiten des Bundesrates an der Bundesgesetzgebung ausgeglichen, sondern auch der Verlust von Gesetzgebungskompetenzen der Länder durch die Übertragung von Länderkompetenzen auf die Europäische Union kompensiert werden. Art. 23 Abs. 4–6 GG sieht keine direkte Beteiligung der Länder, sondern nur eine Mediatisierung durch den Bundesrat vor. Das Beteiligungsverfahren ist abgestuft ausgestaltet und orientiert sich an der innerstaatlichen Kompetenzverteilung sowie an der Betroffenheit der Länderinteressen. Auch hier hat die Bundesregierung die Stellungnahmen des Bundesrates zu berücksichtigen (Art. 23 Abs. 5 S. 1 GG) und, wenn im Schwerpunkt Gesetzgebungsbefugnisse der Länder betroffen sind, sogar maßgeblich zu berücksichtigen (Art. 23 Abs. 5 S. 2 GG). Allerdings verbleibt auch hier das Letztentscheidungsrecht bei der Bundesregierung[162]. Selbst wenn bei der Betroffenheit bestimmter Gesetzgebungsbefugnisse der Länder ein Landesvertreter die Mitgliedschaftsrechte der Bundesrepublik Deutschland in Gremien der Europäischen Union wahrnimmt, darf dies nur in Abstimmung mit der Bundesregierung und unter Wahrung der gesamtstaatlichen Verantwortung des Bundes erfolgen (Art. 23 Abs. 6 GG).

36
Mitwirkungsrechte des Bundestages ohne Letztentscheidungskompetenz

Differenziertere Mitwirkungsrechte des Bundesrates, aber ohne Letztentscheidungskompetenz

---

158 Zur Verletzung der Unterrichtungsrechte des Deutschen Bundestages durch die Bundesregierung BVerfGE 131, 152 (199 ff.) – ESM/Euro-Plus-Pakt.
159 Zum „Schattendasein" der Europakammer → Bd. VI, *Puttler*, § 142 Rn. 50.
160 *Marschall* (N 120), S. 379 m. Nachw.
161 *Rupert Scholz*, in: Maunz/Dürig, Art. 23, Rn. 133 f., 154.
162 → Bd. VI, *Puttler*, § 142 Rn. 52.

37
Beteiligungsrechte nationaler Parlamente auf europäischer Ebene

Bis 1979 waren die nationalen Parlamente auf europäischer Ebene dadurch vertreten, daß die Abgeordneten der Versammlung (später: Europäisches Parlament) von den nationalen Parlamenten entsandt wurden (Art. 138 Abs. 1 EWGV i. d. F. von 1957). Diese Repräsentation der nationalen Parlamente hatte mit Einführung der Direktwahlen zum Europäischen Parlament 1979 ein Ende[163]. Danach war für die nationalen Parlamente auf europäischer Ebene keine Rolle mehr vorgesehen, außer in den Verfahren der Vertragsänderung, in denen der Vertrag eine innerstaatliche Ratifikation (Art. 48 Abs. 4 EUV[164]) oder eine Zustimmung der Mitgliedstaaten im Einklang mit ihren verfassungsrechtlichen Vorschriften vorsieht (beispielsweise in Art. 48 Abs. 6 UAbs. 2 EUV). Zwar fügte der Vertrag von Amsterdam ein Protokoll mit einer Regelung an, wonach Konsultationsdokumente und Gesetzesvorschläge der Kommission den nationalen Parlamenten übermittelt werden sollten[165].

Neuordnung durch den Vertrag von Lissabon

Erst der Vertrag von Lissabon nimmt aber in dem neu eingefügten Art. 12 EUV die nationalen Parlamente der Mitgliedstaaten ausdrücklich zur Kenntnis und sieht Mitwirkungsmöglichkeiten auf europäischer Ebene vor. Damit die nationalen Parlamente ihrer in Art. 12 EUV niedergelegten Pflicht, aktiv zur guten Arbeitsweise der Union beizutragen, auch nachkommen können, erweitert Art. 12 lit. a EUV in Verbindung mit dem Protokoll (Nr. 1) über die Rolle der nationalen Parlamente in der Europäischen Union[166] die Informationsrechte unmittelbar durch die Organe der Union. Von den Mitwirkungsformen sollen nur die Subsidiaritätskontrolle und die Einbeziehung der nationalen Parlamente in das Vereinfachte Änderungsverfahren nach Art. 48 Abs. 7 UAbs. 3 EUV exemplarisch angesprochen werden. Neu ist die Einräumung eines parlamentarischen Kontrollrechts im Hinblick auf die Einhaltung des Subsidiaritätsgrundsatzes in Art. 5 Abs. 3 UAbs. 2 S. 2 EUV und Art. 69 AEUV. Das Subsidiaritätsprotokoll[167] konkretisiert dieses Kontrollrecht und ermöglicht den Parlamenten im Rahmen eines Frühwarnsystems im Vorfeld eines Rechtsakts die Erhebung einer Subsidiaritätsrüge (Art. 6, 7) und nach Erlaß des Gesetzgebungsaktes eine Subsidiaritätsklage zum Gerichtshof der Europäischen Union (Art. 8)[168]. Allein können Bundestag und Bundesrat jedenfalls beim Frühwarnsystem kaum etwas ausrichten, denn eine Überprüfung des Entwurfs ist erst bei Erreichen einer bestimmten Zahl von nationalen Rügen erforderlich (Art. 7 Abs. 2 und 3). Weiter bezieht der Vertrag von Lissabon die nationalen Parlamente in der Form des Vetorechts in das vereinfachte Änderungsverfahren nach Art. 48 Abs. 7 UAbs. 3 EUV ein. Hier handelt es sich um die Inanspruchnahme von Brückenklauseln zur Änderung des

Subsidiaritätskontrolle

Vetorecht im vereinfachten Änderungsverfahren

---

163 Akt zur Einführung allgemeiner unmittelbarer Wahlen der Abgeordneten der Versammlung, ABlEG L 278 v. 8.10.1976, S. 5.
164 Ggf. nach Vorschaltung eines Konvents unter Beteiligung von Vertretern der nationalen Parlamente, Art. 48 Abs. 3 EUV.
165 Protokoll (Nr. 9) über die Rolle der einzelstaatlichen Parlamente in der Europäischen Union, ABlEG C 340 v. 10.11.1997, S. 113.
166 ABlEU C 326 v. 26.10.2012, S. 203.
167 Protokoll (Nr. 2) über die Anwendung der Grundsätze der Subsidiarität und der Verhältnismäßigkeit, ABlEU C 326 v. 26.10.2012, S. 206.
168 S. dazu auch die innerstaatliche Konkretisierung in Art. 23 Abs. 1 a GG sowie §§ 11, 12 IntVG.

Entscheidungsverfahrens der Organe, wobei regelmäßig vom Einstimmigkeitserfordernis zur qualifizierten Mehrheit übergegangen wird. Nach Art. 48 Abs. 7 UAbs. 3 EUV würde ein Schweigen der nationalen Parlamente für die Heranziehung der Brückenklauseln genügen. Dies reicht dem Bundesverfassungsgericht innerstaatlich allerdings nicht aus[169]. Daher verlangen §§ 4 und 10 IntVG den Erlaß eines Gesetzes vor der Abstimmung des deutschen Vertreters im Europäischen Rat. Die neuen Beteiligungsrechte der nationalen Parlamente sind nur punktuell und verschaffen den nationalen Parlamenten lediglich indirekte Beteiligungsmöglichkeiten an den Entscheidungsverfahren der Europäischen Union. Aus der Sicht des Bundesverfassungsgerichts können die Beteiligungsrechte für nationale Parlamente das Legitimationsniveau der Europäischen Union zwar erhöhen. Das demokratische Defizit in der Europäischen Union beseitigen sie allerdings nicht[170].

BVerfG: Keine Beseitigung des demokratischen Defizits in der EU

III. Einbindung der Judikative in extern erzeugtes Recht und ihre Ablösung durch Schiedsgerichte

Auch die rechtsprechende Gewalt ist von den Einwirkungen, die die internationale Zusammenarbeit mit sich bringen, betroffen. Das Grundgesetz verpflichtet nach Art. 20 Abs. 3 GG deutsche Gerichte zur Anwendung von Völkerrecht, soweit die Normen unmittelbare Wirkung entfalten. Über Art. 59 Abs. 2 S. 1 GG sind die deutschen Gerichte an Völkervertragsrecht und über Art. 25 Abs. 1 GG an die allgemeinen Regeln des Völkerrechts, insbesondere Völkergewohnheitsrecht, gebunden[171]. Allerdings ist diese Bindung nicht ohne Einschränkungen; sie gilt nur so weit, wie sie Grundwerten der deutschen Verfassung, insbesondere der Menschenwürde und der Beachtung von Grundrechten, nicht widerspricht[172]. Wegen der Völkerrechtsfreundlichkeit des Grundgesetzes sind deutsche Gesetze grundsätzlich im Einklang mit den völkerrechtlichen Verpflichtungen der Bundesrepublik Deutschland auszulegen und anzuwenden, sofern nicht der Gesetzgeber einen entgegenstehenden Willen klar zum Ausdruck gebracht hat[173]. Die Europäische Menschenrechtskonvention kann als völkerrechtlicher Vertrag zwar gemäß Art. 59 Abs. 2 S. 1 GG innerstaatlich keinen höheren Rang als ihr Vertragsgesetz einnehmen, besitzt also lediglich den Rang eines einfachen Bundesgesetzes[174]. Dennoch zieht das Bundesverfassungsgericht den Konventionstext und die Rechtsprechung des Europäischen Gerichtshofs für Menschenrechte als Auslegungshilfen für die Bestimmung von Inhalt und Reichweite von Grundrechten und rechtsstaatlichen Grundsätzen des Grundgesetzes heran und begründet dies

38
Pflicht zur Anwendung von Völkerrecht

Einschränkungen über Grundwerte der deutschen Verfassung

Europäische Menschenrechtskonvention als Auslegungshilfe

---

169 BVerfGE 123, 267 (390 f.) – Lissabon.
170 BVerfGE 123, 267 (379 f.) – Lissabon.
171 BVerfGE 112, 1 (24 f.) – Bodenreform III; für die EMRK: BVerfGE 111, 307 (316 f.) – Görgülü.
172 BVerfGE 112, 1 (25 f.) – Bodenreform III; für Grenzen bei der Beachtung der Rspr. des EGMR in mehrpoligen Grundrechtsverhältnissen BVerfGE 111, 307 (323 ff.) – Görgülü.
173 BVerfGE 74, 358 (370) – Unschuldsvermutung; BVerfGE 111, 307 (324) – Görgülü.
174 BVerfGE 111, 307 (316 f.) – Görgülü.

mit der Bedeutung der Europäischen Menschenrechtskonvention als Menschenrechtsvertrag und der Völkerrechtsfreundlichkeit des Grundgesetzes[175].

39
Deutsche Gerichte als Teil der Unionsgerichtsbarkeit

Die Einbindung Deutschlands in das Recht der Europäischen Union ergreift auch die deutschen Gerichte und macht sie – sowohl aus deutscher wie aus europäischer Sicht – funktionell zu einem Teil der Unionsgerichtsbarkeit. Aus innerstaatlicher Sicht gehört EU-Recht in seiner Auslegung durch den Gerichtshof der Europäischen Union zum nach Art. 20 Abs. 3 GG von den deutschen Gerichten anzuwendenden Recht, soweit es unmittelbare Wirkungen entfaltet. Die Vertragsgesetze nach Art. 59 Abs. 2 GG erteilen in Verbindung mit der grundgesetzlichen Ermächtigung zur Hoheitsrechtsübertragung (Art. 24 Abs. 1 GG oder, seit 1993, Art. 23 Abs. 1 S. 2 GG) den innerstaatlichen Anwendungsbefehl für EU-Recht[176]. Nach ständiger Rechtsprechung des Europäischen Gerichtshofes gehört es zur Verantwortung der nationalen Gerichte, bei der Rechtsanwendung zur effektiven Verwirklichung des Unionsrechts beizutragen[177]. Die Vorlagepflicht nach Art. 267 AEUV, der deutsche Gerichte auch aufgrund verfassungsrechtlicher Pflicht nachzukommen haben[178], stellt dabei die einheitliche Auslegung und Anwendung des EU-Rechts sicher.

40
Zunahme von Streitschlichtung durch Schiedsgerichte

Die Auswirkungen der Globalisierung binden die deutschen Gerichte nicht nur in supranational oder international erzeugtes Recht ein, sondern schließen sie andererseits auch teilweise von der Ausübung ihrer rechtsprechenden Tätigkeit aus. Die Zahl internationaler Streitbeilegungsgremien hat in den vergangenen Jahrzehnten stark zugenommen. Dabei soll hier nicht auf die Spruchkörper eingegangen werden, die ausschließlich für Rechtsstreitigkeiten zwischen Staaten geschaffen wurden, da für diese Verfahren innerstaatliche Gerichte ohnehin nicht zuständig wären. Vielmehr ist auf die bereits oben erwähnte[179] Streitbeilegung für Rechtsfragen aus sogenannten State Contracts, also Verträgen zwischen ausländischem Investor und Gaststaat, hinzuweisen, die über vertragliche Schiedsklauseln nahezu vollständig privaten Schiedsgerichten zugewiesen sind. Auch bei grenzüberschreitenden Wirtschaftsbeziehungen zwischen Privaten werden zunehmend Schiedsabreden getroffen. Zu den in Europa wichtigsten Institutionen zur privatwirtschaftlichen Streitschlichtung gehört der 1923 in Paris gegründete Internationale Schiedsgerichtshof der Internationalen Handelskammer, der seine Verfahren nach den Regeln der ICC-Schiedsgerichtsordnung[180] abwickelt.

---

175 BVerfGE 74, 358 (370) – Unschuldsvermutung; BVerfGE 111, 307 (317 f.) – Görgülü.
176 BVerfGE 73, 339 (374 f.) – Solange II.
177 So bereits EuGH, verb. Rs. C-6 und C-9/90, Slg. 1991, I-5357, Rn. 32 m. Nachw. (Francovich).
178 Std. Rspr. des BVerfG, z.B. BVerfGE 82, 159 (192 f.) – Absatzfondsgesetz.
179 S.o. Rn. 18 f.
180 Dazu *Jason Fry/Simon Greenberg/Francesca Mazza*, The Secretariat's Guide to ICC Arbitration: A Practical Commentary on the 2012 ICC Rules of Arbitration from the Secretariat of the ICC International Court of Arbitration, Paris 2012.

E. Bibliographie

Ulrich Beck, Was ist Globalisierung? Irrtümer des Globalismus – Antworten auf Globalisierung, 2007.
Jörg Dürrschmidt, Globalisierung, 2002.
Stephan Hobe, Der offene Verfassungsstaat zwischen Souveränität und Interdependenz – Eine Studie zur Wandlung des Staatsbegriffs der deutschsprachigen Staatslehre im Kontext internationaler institutionalisierter Kooperation, 1998.
Jan Aart Scholte, Globalization – A Critical Introduction, Basingstoke/New York ²2005.
Sabine von Schorlemer (Hg.), Praxishandbuch UNO – Die Vereinten Nationen im Lichte globaler Herausforderungen, 2003.
Anne-Marie Slaughter, A New World Order, Princeton/Oxford 2004.
Christian Tietje, Internationalisiertes Verwaltungshandeln, 2001.
Milos Vec, Recht und Normierung in der Industriellen Revolution: Neue Strukturen der Normsetzung in Völkerrecht, staatlicher Gesetzgebung und gesellschaftlicher Selbstnormierung, 2006.

Einundzwanzigster Teil
Deutsches, ausländisches, internationales Recht

§ 235
Allgemeine Regeln des Völkerrechts

Hans-Joachim Cremer

Übersicht

	Rn.
A. Allgemeine Regeln des Völkerrechts im Kontext der deutschen Rechtsordnung	1–9
I. Stellung des Art. 25 GG im völkerrechtlichen Verpflichtungszusammenhang der deutschen Rechtsordnung	1–3
II. Funktion des Art. 25 GG	4–9
1. Herstellung und beständige Erhaltung des Einklangs von deutscher Rechtsordnung und allgemeinem Völkerrecht	4–7
2. Überwindung eines dualistischen „Transformations"-Denkens	8
3. Keine Anwendung von Art. 25 GG auf intraföderale Rechtsbeziehungen	9
B. Von Art. 25 S. 1 GG erfaßte Normen des Völkerrechts	10–19
I. Begriff der allgemeinen Regeln des Völkerrechts	10–18
1. Universelles Völkergewohnheitsrecht	11–14
2. Allgemeine Rechtsgrundsätze	15
3. Allgemeinheit der Regeln	16–18
II. Zur Frage der „Legitimität" einer Bindung an allgemeines Völkerrecht	19
C. Verhältnis der allgemeinen Regeln des Völkerrechts zum Völkervertragsrecht	20–26
I. Grundsatz: Nachvollziehung der völkerrechtlichen Verhältnisbestimmung	20–21
II. Grundsatz pacta sunt servanda, gewohnheitsrechtliche Regeln über den Vertragsschluß und Vorwirkungen von Verträgen	22–23
III. Gewohnheitsrechtliche Regeln über die Auslegung völkerrechtlicher Verträge	24–25

	Rn.
IV. Ein zweiter, differenzierender Blick auf das Verhältnis von Völkergewohnheitsrecht und Völkervertragsrecht	26
D. Vorrang der allgemeinen Regeln des Völkerrechts vor den (Bundes-)Gesetzen	27–30
I. Rang der allgemeinen Regeln des Völkerrechts in der deutschen Rechtsordnung	27–28
II. Rechtsfolgen des Vorrangs im Kollisionsfall	29
III. Setzt der Vorrang die unmittelbare Anwendbarkeit voraus?	30
E. Unmittelbare Erzeugung von Rechten und Pflichten für die Bewohner des Bundesgebietes	31–33
F. Praktische Bedeutung der allgemeinen Regeln des Völkerrechts	34–40
G. Normenverifikationsverfahren des Art. 100 Abs. 2 GG	41–49
I. Zulässigkeit des Normenverifikationsverfahrens	44–47
II. Rechtsfolgen eines gerichtlichen Verstoßes gegen die Vorlagepflicht	48–49
H. Allgemeine Regeln des Völkerrechts im weiteren Gefüge der Verfassung	50–57
I. Zurechnungsfragen im Lichte des Völkerrechts	50–51
II. Völkerrechtssensitive Auslegung von Bestimmungen über Grundrechte und grundrechtsgleiche Rechte	52–55
III. Blick auf das Völkerrecht bei der Auslegung der Verfassung im übrigen	56–57
I. Rückblick auf Art. 25 GG als Schnittstelle in der Kommunikation zwischen Völkerrecht und deutschem Recht	58–62
J. Bibliographie	

A. Allgemeine Regeln des Völkerrechts im Kontext der deutschen Rechtsordnung

I. Stellung des Art. 25 GG im völkerrechtlichen Verpflichtungszusammenhang der deutschen Rechtsordnung

1
Schnittstelle zwischen Völkerrecht und innerstaatlichem Recht

Nach Art. 25 S. 1 GG sind die allgemeinen Regeln des Völkerrechts Bestandteil des Bundesrechts; sie gehen den Gesetzen vor und erzeugen unmittelbar Rechte und Pflichten für die Bewohner des Bundesgebietes. Die Vorschrift erschließt in genereller Weise die allgemeinen Regeln des Völkerrechts für die deutsche Rechtsordnung und steht an einer Schnittstelle zwischen Völkerrecht und innerstaatlichem Recht. Zugleich ist sie eine der wesentlichen Grundlagen der Völkerrechtsfreundlichkeit des Grundgesetzes[1].

2
Genereller Rechtsanwendungsbefehl

Als „interface" des innerstaatlichen Rechts „schaltet" Art. 25 GG – in einer im Rechtsvergleich durchaus typischen Weise[2] – die allgemeinen Regeln des Völkerrechts für die deutsche Rechtsordnung „durch". Art. 25 S. 1 GG erteilt den Normen des allgemeinen Völkerrechts einen dynamischen „generellen Rechtsanwendungsbefehl"[3].

3
Rezeption des Völkerrechts durch innerstaatliches Recht

In der weltweiten Rechtspraxis der Staaten[4] ist ungeachtet aller unterschiedlichen theoretischen Konstruktionen des Verhältnisses von Völkerrecht und staatlichem Recht[5] entscheidend, wie das innerstaatliche Recht Völkerrecht rezipiert[6]. Einen Völkerrechtsbruch jedoch vermögen nationale Normen nicht

---

1 S. nur BVerfGE 6, 309 (362f.) – Reichskonkordat; BVerfGE 31, 58 (75f.) – Spanier-Beschluß; BVerfGE 41, 88 (120f.) – Gemeinschaftsschule; BVerfGE 45, 83 (97); 92, 26 (48) – Zweitregister; BVerfGE 111, 307 (318) – Görgülü; BVerfGE 112, 1 (24f.) – Bodenreform III; BVerfGE 113, 273 (296) – Europäischer Haftbefehl; BVerfGE 123, 267 (344ff., insbes. 344f., 347); 128, 326 (364ff.) – Sicherungsverwahrung; *Albert Bleckmann*, Der Grundsatz der Völkerrechtsfreundlichkeit der deutschen Rechtsordnung, in: DÖV 49 (1996), S. 137; *Thomas Giegerich* (Hg.), Der „offene Verfassungsstaat" des Grundgesetzes nach 60 Jahren, 2010, S. 73 ff.; *Mehrdad Payandeh*, Völkerrechtsfreundlichkeit als Verfassungsprinzip, in: JöR N. F. 57 (2009), S. 465. Vgl. auch BVerfGE 75, 1 (17) – ne bis in idem; BVerfGE 89, 155 (183) – Maastricht (wo mit Blick auf Art. 23 und 24 GG von der „Offenheit für Bindungen in der Völkerrechtsgemeinschaft und in dem engeren Rechtsverbund einer zwischenstaatlichen Gemeinschaft" gesprochen wird; s. insoweit auch BVerfGE 123, 267 [345] – Lissabon); BVerfGE 109, 13 (23f.); 109, 38 (49f.); *Giegerich* (N 1), S. 197ff.
2 *Antonio Cassese*, International Law, Oxford ²2005, S. 224.
3 BVerfGE 46, 342 (363) – Philippinische Botschaft.
4 S. dazu, daß vom Parlamentarischen Rat bei der Beratung des Grundgesetzes insbesondere das englische Recht bewußt wahrgenommen wurde (sowohl mit dem Common Law-Grundsatz: „International law is part of the law of the land" als auch mit der Parlamentssouveränität): *Hermann von Mangoldt*, Hauptausschuß, 12. Sitzung vom 15.10.1948, abgedruckt in: Der Parlamentarische Rat 1948–1949, bearb. v. Eberhard Pikart/Wolfram Werner, Bd. 5/I, S. 318f.; *ders.*, Parlamentarischer Rat 1948/49 – Verhandlungen des Hauptausschusses, 1948/49, 5. Sitzung am 18.11.1948, S. 64; *ders.*, ebd., 27. Sitzung am 15.12.1948, S. 329; *ders.*, ebd., 48. Sitzung am 9.2.1949, S. 625. Vgl. dazu, daß die englische Rechtslage korrekt erfaßt wurde: *Ian Brownlie*, Principles of Public International Law, New York ⁷2008, S. 41 ff.
5 Die grundlegenden theoretischen Positionen des Monismus und Dualismus haben sich im Laufe der Zeit einander angenähert. S. die Übersichten bei: *Brownlie* (N 4), S. 31 ff.; *Cassese* (N 2), S. 213 ff.; *Rudolf Geiger*, Grundgesetz und Völkerrecht, ⁴2009, S. 13 ff., 140 f.; *Siegfried Magiera*, Dualismus und Monismus, in: Eberhard Menzel/Knut Ipsen, Völkerrecht, ²1979, S. 49 ff.; *Michael Schweitzer*, Staatsrecht III, ¹⁰2010, Rn. 418 ff.
6 *Cassese* (N 2), S. 217; *Magiera* (N 5), S. 53 ff. Vielfach werden von ein und derselben Rechtsordnung verschiedene Formen der Rezeption gewählt (s. *Brownlie* [N 4], S. 47 ff.).

H.-J. Cremer: Allgemeine Regeln des Völkerrechts   § 235

zu rechtfertigen[7], nicht einmal solche des Verfassungsrechts[8]. Völkerrechtliche Normen sowohl des Vertrags-[9] als auch des Gewohnheitsrechts[10] stellen zunehmend Anforderungen an die Gestaltung des staatlichen Rechts[11]. Gleichwohl betrachtet das Völkerrecht das interne Recht als Teil des „Verhaltens" eines Staates, an das es – ergebnisorientiert[12] – seine normativen Maßstäbe anlegt.

Keine Rechtfertigung eines Völkerrechtsbruchs

II. Funktion des Art. 25 GG

1. Herstellung und beständige Erhaltung des Einklangs von deutscher Rechtsordnung und allgemeinem Völkerrecht

In Art. 25 geht das Grundgesetz erkennbar von der Existenz allgemeiner Regeln des Völkerrechts aus. Mit ihnen will es die deutsche Rechtsordnung in Einklang bringen und erhalten[13]. Dies ist sein zentrales Telos.

4
Deutsches Recht und Völkerrecht

Durch Art. 25 GG soll das allgemeine Völkerrecht dabei, wie es jeweils gilt, in die innerstaatliche Rechtsordnung einbezogen werden. Dies zeigt bereits die Entstehungsgeschichte[14]. So ist man bewußt von der Vorgängernorm des Art. 4 der Weimarer Reichsverfassung (WRV) schon insoweit abgewichen, als danach (nur) „die allgemein *anerkannten* Regeln des Völkerrechts" als bin-

5
Dynamische Einbeziehung allgemeinen Völkerrechts

---

7 *Brownlie* (N 4), S. 34; *Cassese* (N 2), S. 217 – je m. weit. Nachw. S. insbesondere auch Art. 27 des Wiener Übereinkommens über das Recht der Verträge vom 23.5.1969, BGBl 1985 II, S. 927 (WVK). Danach kann sich eine Vertragspartei nicht auf ihr innerstaatliches Recht berufen, um die Nichterfüllung eines Vertrags zu rechtfertigen. S. aber auch Art. 46 WVK.
8 S. schon *Permanent Court of International Justice*, Treatment of Polish Nationals and Other Persons of Polish Origin or Speech in the Danzig Territory, in: PCIJ, 4.2.1932, Advisory Opinion, Series A/B, no. 44, S. 24.
9 *Cassese* (N 2), S. 218 m. Nachw. aus dem Vertragsrecht.
10 *Cassese* (N 2), S. 218 f., führt an das Urteil der Trial Chamber II des International Tribunal for the Prosecution of Persons Responsible for Serious Violations of International Humanitarian Law Committed in the Territory of the Former Yugoslavia since 1991 (ICTY) im Fall Furundžija, Urt. v. 10.12.1998, Fall Nr. IT-95-17/1-T, wo in §§ 148ff. die Staaten als verpflichtet angesehen werden, in ihren Rechtsordnungen wirksam Vorsorge gegen Folter zu treffen.
11 *Cassese* (N 2), S. 218 f. S. auch: *Andreas Paulus*, Internationales, nationales und privates Recht: Hybridisierung der Rechtsordnungen, Zusammenspiel der Rechtsquellen aus völkerrechtlicher Perspektive. Vortrag auf der Tagung der Deutschen Gesellschaft für Internationales Recht am 14.3.2013, demnächst in: BDGVR Bd. 45.
12 Denn grundsätzlich ist jeder Staat frei darin, wie er denn die Erfüllung seiner völkerrechtlichen Pflichten bewirkt. S. *Cassese* (N 2), S. 219, der auf S. 220, darauf hinweist, daß dieser anarchische Zustand darauf beruht, daß die Staaten diese Freiheit als Teil ihrer Souveränität verstehen. S. auch *Permanent Court of International Justice*, Exchange of Greek and Turkish Populations, 21.2.1925, Advisory Opinion, Series B, no. 10, S. 20, wo mit Bezug auf eine Vertragsklausel, die zu innerstaatlichen Rechtsänderungen verpflichtete, gesagt wurde: „This clause, however, merely lays stress on a principle which is self-evident, according to which a State which has contracted valid international obligations is bound to make in its legislation such modifications as may be necessary to ensure the fulfillment of the obligations undertaken." Sowie: *Peter Malanczuk*, Akehurst's Modern Introduction to International Law, London/New York [7]1997, S. 64; *Brownlie* (N 4), S. 35. S. insbes. auch die Differenzierung im Urteil der ICTY Trial Chamber II (Fn. 10), §§ 149 f., mit strengeren Anforderungen an die Gestaltung des innerstaatlichen Rechts aus dem Folterverbot.
13 Im Sinne eines „consonance of the national system with general rules of international law" (*Cassese* [N 2], S. 224).
14 Vgl. in diesem Zusammenhang auch *Carlo Schmid*, Hauptausschuß, 12. Sitzung vom 15.10.1948, abgedruckt in: Der Parlamentarische Rat 1948–1949, bearb. v. Eberhard Pikart/Wolfram Werner, Bd. 5/I, S. 320, der mit Blick auf die Beeinflussung der Gesetzgebung durch das allgemeine Völkerrecht ausführte: „Gewiß, die Schale wird etwas porös; es dringt ein neues Rechtsdenken durch und in den staatlichen Bereich hinein."

Abweichung zu Art. 4 WRV	dende Bestandteile des deutschen Reichsrechts galten. Dies war nämlich dahin verstanden worden, daß ein Völkerrechtssatz zwar nicht „von jedem einzelnen Staate des Erdkreises", wohl aber notwendig vom Deutschen Reich „als geltendes Völkerrecht anerkannt" sein mußte; sonst sei die Norm „für uns nicht ‚allgemein'" und falle nicht unter Art. 4 WRV; ferner wurde die Anerkennung durch das Deutsche Reich als widerruflich angesehen[15]. Dagegen herrschte im Parlamentarischen Rat offensichtlich Einigkeit, daß Art. 25 GG einen allgemeinen Völkerrechtssatz grundsätzlich ungeachtet einer möglichen Nichtanerkennung durch die Bundesrepublik Deutschland[16] und ungeachtet auch des Widerrufs einer einmal (völkerrechtlich) erklärten deutschen Anerkennung zum Bestandteil des Bundesrechts machen sollte[17]. Was man in die deutsche Rechtsordnung einbeziehen wollte, war das allgemeine Völkerrecht, wie es unabhängig vom deutschen Recht existierte. Gerade daraus resultierte freilich auch die diskutierte Rechtsunsicherheit, die insbesondere Hermann von Mangoldt beschwor[18].
6 Normhierarchische Sicherung Gebot völkerrechtskonformer Auslegung	Den Einklang der deutschen Rechtsordnung mit dem allgemeinen Völkerrecht sichert Art. 25 GG normhierarchisch. Nicht nur partizipieren die allgemeinen Regeln des Völkerrechts als Bestandteil des Bundesrechts an dessen Vorrang (Art. 31 GG). Sie gehen sogar „den Gesetzen" vor (Art. 25 S. 2 GG) und binden damit die gesetzgebende Gewalt auch des Bundes. Dies wirkt sich auf die Struktur der deutschen Verfassung aus: „Mit der durch Art. 25 GG vollzogenen Eingliederung der allgemeinen Regeln des Völkerrechts in das Bundesrecht mit Vorrang vor den Gesetzen erzwingt die Verfassung eine dem allgemeinen Völkerrecht entsprechende Gestaltung des Bundesrechts. Der Sinn der unmittelbaren Geltung der allgemeinen Regeln des Völkerrechts[19] liegt darin, kollidierendes innerstaatliches Recht zu verdrängen oder seine völkerrechtskonforme Anwendung zu bewirken."[20] Art. 25 GG verpflichtet in Verbindung mit Art. 20 Abs. 3 GG nicht nur Behörden und Gerichte dazu, deutsches Recht in Konformität mit den allgemeinen Regeln des Völkerrechts auszulegen[21]. Die allgemeinen Regeln des Völkerrechts ziehen gerade auch dem Gesetzgeber Grenzen, die zu kontrollieren der Judikative obliegt, wobei

---

15 *Gerhard Anschütz*, Die Verfassung des Deutschen Reiches vom 11. August 1919, ¹⁴1933, Art. 45, Anm. 4. und 7. Prägnant wird diese Rechtslage vom Abgeordneter Georg August Zinn erfaßt, Parlamentarischer Rat 1948/49 – Verhandlungen des Hauptausschusses, 1948/49, 27. Sitzung vom 15. 12. 1948, 330. S. auch *Schmid* (N 14), S. 317 („Der Ausdruck ‚die allgemein anerkannten Regeln des Völkerrechts' gab jedem Amtsrichter die Möglichkeit, zu erklären, das und das ist nicht allgemein anerkannt; also interessiere es mich nicht.").
16 Zum Problem des „persistent objector" bei der Entstehung einer Norm des Völkergewohnheitsrechts s. u. Rn. 15.
17 *Hermann von Mangoldt*, Parlamentarischer Rat 1948/49 – Verhandlungen des Hauptausschusses, 1948/49, 27. Sitzung vom 15. 12. 1948, S. 329 (seine Befürwortung der Formulierung „allgemein anerkannte Regeln" gründete in der Sorge um Rechtssicherheit, s. u. N 24 a. E.); *Carlo Schmid*, ebd.; Abgeordneter Georg August Zinn, ebd., S. 330.
18 *v. Mangoldt* (N 17), S. 65; vgl. auch *ders.*, a. a. O., 27. Sitzung am 15. 12. 1948, S. 330; *ders.*, a. a. O., 48. Sitzung am 9. 2. 1949, S. 625. Er befürwortete daher die Formulierung „allgemein *anerkannte* Regeln".
19 Vgl. aber BVerfGE 6, 309 (363): „Art. 25 GG räumt ... den ‚allgemeinen Regeln des Völkerrechts' den Charakter innerstaatlichen Rechts ... ein."
20 BVerfGE 23, 288 (316) – Kriegsfolgelasten II.
21 BVerfGE 23, 288 (300, 316) – Kriegsfolgelasten II; BVerfGE 75, 1 (18f.) – ne bis in idem; BVerfGE 109, 13 (26); 109, 38 (52). S. auch BVerfG Dreierausschuß, in: EuGRZ 1985, S. 654 [Pakelli].

freilich Art. 100 Abs. 2 GG[22] aus Respekt vor dem parlamentarischen Gesetzgeber die Entscheidung über Zweifelsfragen dem Bundesverfassungsgericht vorbehält[23]. Mithin prägt Art. 25 GG – was schon dem Parlamentarischen Rat bewußt war – das Verhältnis von Legislative und Judikative mit[24].

Art. 25 GG beschränkt sich nicht darauf, schlicht die formale und inhaltliche Konformität des deutschen Rechts mit dem allgemeinen Völkerrecht zu fordern. Durch ihn sind die deutschen Behörden und Gerichte „auch verpflichtet, alles zu unterlassen, was einer unter Verstoß gegen allgemeine Regeln des Völkerrechts vorgenommenen Handlung nichtdeutscher Hoheitsträger im Geltungsbereich des Grundgesetzes Wirksamkeit verschafft, und gehindert, an einer gegen die allgemeinen Regeln des Völkerrechts verstoßenden Handlung nichtdeutscher Hoheitsträger bestimmend mitzuwirken."[25]

2. Überwindung eines dualistischen „Transformations"-Denkens

Im Parlamentarischen Rat sprach sich insbesondere Carlo Schmid dafür aus, die allgemeinen Regeln des Völkerrechts die Bewohner des Bundesgebietes „unmittelbar", also nicht erst kraft einer Transformation, eines „Umgießens" völkerrechtlicher Normgehalte in nationales Recht, erreichen zu lassen; eine strikt dualistische, Völkerrecht und innerstaatliches Recht als zwei getrennte Rechtskreise wahrnehmende[26] Sichtwei-

---

22 S. zum völkerrechtlichen Verifikationsverfahren statt vieler: *Eckart Klein*, in: Ernst Benda/Eckart Klein, Verfassungsprozessrecht, ³2012, § 26 Rn. 916 ff.
23 BVerfGE 23, 288 (316 ff.) – Kriegsfolgelasten II.
24 Ob das allgemeine Völkerrecht ein höherer Rang zugewiesen werden sollte als den Gesetzen, war zunächst umstritten – auf Grund der Furcht vor einer aus der Unbestimmtheit und möglichen Umstrittenheit von Völkerrechtssätzen folgenden Rechtsunsicherheit und vor daraus wiederum entstehendem politischem Druck aus dem Ausland; s. v. Mangoldt (N 17), S. 319, 320 f.; *ders.*, Parlamentarischer Rat 1948/49 – Verhandlungen des Hauptausschusses, 1948/49, 5. Sitzung am 18.11.1948, S. 64 (vgl. auch S. 65). Angedeutet finden sich auch Bedenken wegen der Folgen für die demokratische Gesetzgebung; s. *Theodor Heuss*, Hauptausschuß, 12. Sitzung vom 15.10.1948, abgedruckt in: Der Parlamentarische Rat 1948–1949, bearb. v. Eberhard Pikart/Wolfram Werner, Bd. 5/I, S. 320. Der Vorrang setzte sich gleichwohl durch; s. die Abstimmung im Hauptausschuß, 12. Sitzung vom 15.10.1948, abgedruckt ebd., S. 322. Dem Vorschlag v. Mangoldts, die Geltung der allgemeinen Regeln des Völkerrechts – ähnlich der englischen Rechtslage – nur zuzulassen, soweit sie nicht mit formellen Gesetzen konfligierten (Hauptausschuß, 12. Sitzung vom 15.10.1948, abgedruckt ebd., S. 321), setzte Carlo Schmid entgegen: „Damit nehmen wir dem Satz die Kraft, nicht nur auf die Judikatur, sondern auch auf den Gesetzgeber einen heilsamen Zwang auszuüben" (Hauptausschuß, 12. Sitzung vom 15.10.1948, abgedruckt ebd., S. 321). Dies überzeugte wohl letztlich, zumal später die Sorge galt, den Vorrang der allgemeinen Regeln gegenüber dem *verfassungsändernden* Gesetzgeber abzusichern (s. u. Rn. 27).
25 BVerfGE 75, 1 (19) – ne bis in idem; BVerfGE 109, 13 (26); 109, 38 (52).
26 In strenger Form wurde eine solche Theorie des Dualismus etwa vertreten von *Heinrich Triepel*, Völkerrecht und Landesrecht, 1899 (unveränderter Nachdruck 1958), S. 111, nach dessen Auffassung Völkerrecht und Landesrecht „nicht nur verschiedene Rechtstheile, sondern auch verschiedene Rechtsordnungen" darstellen und zwei Kreise bilden, „die sich höchstens berühren, niemals schneiden". S. auch *ders.*, Les rapports entre le droit interne et le droit international, in: RdC 1923 I, S. 73 ff.; *Dionisio Anzilotti*, Lehrbuch des Völkerrechts, ³1929, S. 36 ff. Der gemäßigte Dualismus räumt ein, daß Völkerrecht und Landesrecht in Beziehung stehen und kollidieren können. Das Völkerrecht könne den Staat rechtlich binden, aber nicht unmittelbar verhindern, daß die Staaten jederzeit völkerrechtswidrige, gleichwohl aber innerstaatlich gültige Normen zu erlassen vermöchten, sofern die Vorschriften der innerstaatlichen Rechtsordnung gewahrt blieben, so *Gustav Walz*, Völkerrecht und staatliches Recht, 1933, 260 f. Zu einer der völkerrechtliche Praxis rezipierenden Theorie des „gemäßigten Dualismus" *Walter Rudolf*, Völkerrecht und deutsches Recht, 1967, S. 141 ff. S. zu den Aspekten der Verschiedenheit der beiden Rechtskreise nach dualistischer Lehre zusammenfassend: *Magiera* (N 5), S. 50; *Cassese* (N 2), S. 214.

se²⁷, die allein die Staaten als Adressaten des Völkerrechts ansah, sollte jedenfalls nach seiner Ansicht²⁸ überwunden werden²⁹. Die in Art. 25 S. 2 GG für die Erzeugung individueller Rechte und Pflichten zum Ausdruck gebrachte „Unmittelbarkeit" der Erschließung des allgemeinen Völkerrechts für die deutsche Rechtsordnung bezieht das Bundesverfassungsgericht auf Art. 25 GG insgesamt: „Diese Bestimmung bewirkt, daß diese Regeln ohne ein Transformationsgesetz, also unmittelbar, Eingang in die deutsche Rechtsordnung finden …"³⁰ – und zwar so, wie sie im Völkerrecht aufzufinden sind³¹. Nur dadurch läßt sich auch eine stetige und beständige Vereinbarkeit der

---

27 Demgegenüber geht der Monismus – zumindest „erkenntnismäßig" – von einer Einheit allen Rechts aus und begreift Völkerrecht und einzelstaatliche Rechtsordnungen als Teile eines einheitlichen Systems von Normen. S. insbes. *Hans Kelsen*, Reine Rechtslehre, ¹1934 (2. Neudruck 1994), S. 135. Eine Spielart der monistischen Lehre nimmt einen Primat des staatlichen Rechts an: Der Staat begründe die Geltung von Völkerrecht dadurch, daß er Völkerrecht als für sich verbindlich anerkenne. Durch dieses voluntare Element der Selbstverpflichtung wird Völkerrecht Bestandteil der staatlichen Rechtsordnung als bloßes „äußeres Staatsrecht". Ein solcher Monismus mit Primat des staatlichen Rechts (dazu *Magiera* [N 5], S. 51) wird gegenwärtig nicht mehr, wurde früher aber vertreten etwa von: *Karl Bergbohm*, Staatsverträge und Gesetze als Quellen des Völkerrechts, 1877, insbes. S. 59 ff., 102 ff.; *Albert Zorn*, Grundzüge des Völkerrechts, ²1903, S. 5 ff.; *Max Wenzel*, Juristische Grundprobleme – Zugleich eine Untersuchung zum Begriff des Staates und Problem des Völkerrechts, 1920, S. 351 ff., 385 ff. Kritisch dazu: *Hans Kelsen*, Allgemeine Staatslehre, 1925 (Neudruck 1993), S. 132 (ein solcher Monismus führe „letzten Endes zu einer Negation des Rechtes überhaupt", „zur Leugnung des Völkerrechts und von hier zur Negation der Rechtsidee"); *ders.*, General Theory of Law and State, Cambridge (Massachussets), 1949 (3. Neudruck 2008), S. 386 ff. („The ultimate consequence of the primacy of national law is State solipsism" [387]; die Wahl zwischen dem Primat des nationalen Rechts und dem Primat des Völkerrechts sei eine ethische oder politische, also nicht eine rechtliche, Frage [388]; s. insoweit auch *ders.*, Allgemeine Staatslehre, 1925 (Neudruck 1993), S. 131: „Gegensatz der Weltanschauungen"). – Die Staaten umgekehrt durch das Völkerrecht begrenzt (so *Magiera* [N 5], S. 51) sieht die andere Spielart des Monismus mit Primat des Völkerrechts, so etwa: *Wilhelm Kaufmann*, Die Rechtskraft des Internationalen Rechtes und das Verhältnis der Staatsgesetzgebungen und der Staatsorgane zu demselben, 1899, S. 1 ff.; *ders.*, Die mitteleuropäischen Eisenbahnen und das internationale öffentliche Recht, 1893, S. 112 f., 121 ff., 129 ff.; *ders.*, Die modernen nichtstaatlichen internationalen Verbände und Kongresse und das internationale Recht, Zeitschrift für Völkerrecht und Bundesstaatsrecht 2 (1908), S. 419 (438 ff.); *Hans Kelsen*, Das Problem der Souveränität und die Theorie des Völkerrechts – Beitrag zu einer reinen Rechtslehre, ²1928, S. 120 ff.; *ders.*, Allgemeine Staatslehre, 1925 (Neudruck 1993), S. 119 ff.; *ders.*, Les rapports de système entre le droit interne et le droit international public, in: RdC 1926 IV, S. 227 ff.; *ders.*, Die Einheit von Völkerrecht und staatlichem Recht, in: ZaöRV 1958, S. 234 ff.; *George Scelle*, Manuel élémentaire de droit international public, Paris 1943, S. 19, 21; *Alfred Verdross*, Grundlagen und Grundlegung des Völkerrechts, in: Niemeyers Zeitschrift für Internationales Recht 29 (1921), S. 65 ff.; *ders.*, Die Verfassung der Völkerrechtsgemeinschaft, 1926, S. 33 ff.
28 Zu anderen, an der Transformationslehre festhaltenden Strömungen im Parlamentarischen Rat: *Karl Josef Partsch*, Die Anwendung des Völkerrechts im innerstaatlichen Recht, Überprüfung der Transformationslehre, in: BDGVR 6 (1964), S. 13 ff. (49 f.).
29 *Carlo Schmid*, Hauptausschuß, 12. Sitzung vom 15. 10. 1948, abgedruckt in: Der Parlamentarische Rat 1948–1949, bearb. v. Eberhard Pikart/Wolfram Werner, Bd. 5/I, 1993, S. 317 f. (s. auch *ders.*, a. a. O., S. 320, sowie Parlamentarischer Rat 1948/49 – Verhandlungen des Hauptausschusses, 1948/49, 5. Sitzung am 18. 11. 1948, S. 65, 66). S. auch *Adolf Süsterhenn*, Parlamentarischer Rat 1948/49 – Verhandlungen des Hauptausschusses, 1948/49, 5. Sitzung am 18. 11. 1948, S. 65 f. Diese historische Intention, eine rigide Transformationslehre zu überwinden, steht nicht in Widerspruch zur Richtigkeit der Aussage, daß Art. 25 GG die Frage nach dem rechtstheoretischen Verhältnis zwischen Völkerrecht und innerstaatlichem Recht nicht beantwortet (so zu Recht *Ondolf Rojahn*, in: Ingo v. Münch (Begr.)/Philip Kunig (Hg.), Bd. I, ⁶2012, Art. 25 Rn. 4 m. Nachw. zum Streitstand; s. o. Rn. 6). S. auch *Helmut Steinberger*, Allgemeine Regeln des Völkerrechts, in: HStR VII, ¹1992, § 173 Rn. 42 f.
30 BVerfGE 6, 309 (363) – Reichskonkordat. S. auch BVerfGE 23, 288 (316) – Kriegsfolgelasten II.
31 BVerfGE 27, 253 (274) – Kriegsfolgeschäden. S. auch BVerfGE 18, 441 (448) – AG in Zürich; BVerfGE 41, 126 (160) – Reparationsschäden.

deutschen Rechtsordnung mit allgemeinem Völkerrecht erzielen[32], ist doch „die Zahl der möglichen Kollisionen zwischen allgemeinem Völkerrecht und innerstaatlichem Recht nicht übersehbar", da „die allgemeinen Regeln des Völkerrechts sich ständig fortentwickeln"[33]. „Nach Art. 25 GG werden allgemeine Völkerrechtsregeln Bestandteil des Bundesrechts nur mit ihrem jeweiligen Inhalt und in ihrer jeweiligen Tragweite"[34].

Minimierung von Rechtskonflikten

3. Keine Anwendung von Art. 25 GG auf intraföderale Rechtsbeziehungen

Auch wenn Art. 25 GG für das Verhältnis von Bundesrecht zu Landesrecht[35] und für die Zuordnung der Gewalten zueinander[36] Bedeutung hat, gibt es doch für die Anwendung von Völkerrecht im „vertikalen" Verhältnis zwischen Bund und Ländern[37] keinen Raum[38]. Ein das Verhältnis von Staaten zueinander regelnder Völkerrechtssatz kann nicht innerhalb des Bundesstaates im Verhältnis von Land zu Land und im Bereich ihrer rechtlichen Gleichordnung, also „horizontal", angewendet werden[39]. Art. 25 GG bietet, so das Bundesverfassungsgericht, keinen Ansatz, die verfassungsrechtliche Regelung der Beziehungen zwischen den Ländern als Gliedstaaten im Bundesstaat zu modifizieren oder zu ergänzen[40]. Dieses Verhältnis sei durch das Bundesverfassungsrecht lückenlos geregelt, teils durch ausdrückliche Regelungen im Grundgesetz, teils durch den vom Bundesverfassungsgericht entwickelten Grundsatz des bundesfreundlichen Verhaltens[41].

9

Keine Ergänzung der verfassungsrechtlichen Regelung

B. Von Art. 25 S. 1 GG erfaßte Normen des Völkerrechts

I. Begriff der allgemeinen Regeln des Völkerrechts

Allgemeine Regeln des Völkerrechts sind „Regeln des universell geltenden Völkergewohnheitsrechts, ergänzt durch aus den nationalen Rechtsordnun-

10

---

32 S. insbes. *Steinberger* (N 29), § 173 Rn. 42 f.
33 BVerfGE 23, 288 (316) – Kriegsfolgelasten II.
34 BVerfGE 18, 441 (448) – AG in Zürich mit Verweis auf BVerfGE 15, 25 (31 f.) – Jugoslawische Militärmission; BVerfGE 16, 27 (32 f.) – Iranische Botschaft.
35 S. o. Rn. 6.
36 S. o. Rn. 6 a. E.
37 S. zur Frage von landesverfassungsrechtlichen Vorschriften mit ähnlichem Inhalt wie Art. 25 GG: *Matthias Herdegen*, in: Maunz/Dürig, Art. 25 Rn. 11 m. weit. Nachw. (die Verfassungsautonomie der Länder betonend); *Steinberger* (N 29), § 173 Rn. 3.
38 BVerfGE 1, 14 (51 f.) – Südweststaat; BVerfGE 34, 216 (231) – Coburg. Vgl. auch BVerfGE 6, 309 (366) (zu den rechtlichen Folgen aus einem den Bundesstaat verpflichtenden völkerrechtlichen Vertrag für die Gliedstaaten).
39 BVerfGE 34, 216 (231) – Coburg. Eine solche Möglichkeit hatte BVerfGE 1, 14 (51 f.) – Südweststaat (mit Verweis auf die Entscheidung des RStGH vom 18. 6. 1927 – 7/25, in: Hans Lammers/Walter Simons [Hg.], Die Rechtsprechung des Staatsgerichtshofes für das Deutsche Reich und des Reichsgerichts auf Grund Art. 13 Abs. 2 der Reichsverfassung, Bd. I, S. 185 ff.), nicht ausgeschlossen.
40 BVerfGE 34, 216 (231) – Coburg.
41 BVerfGE 34, 216 (232) – Coburg.

§ 235   *Einundzwanzigster Teil: Deutsches und internationales Recht*

Völkervertragsrecht nicht erfaßt

gen tradierte allgemeine Rechtsgrundsätze"[42]. Dagegen erfaßt Art. 25 GG nicht auch völkervertragliche Regelungen[43] (arg. e contrario ex Art. 59 Abs. 2 GG). Die Abgrenzung des Gewohnheitsrechts von allgemeinen Rechtsgrundsätzen richtet sich nach Völkerrecht, welches die Kriterien für die Völkerrechtsquellen vorgibt[44]. An die Feststellung einer allgemeinen Regel des Völkerrechts sind hohe Anforderungen zu stellen, da es um eine grundsätzliche Verpflichtung aller Staaten geht[45].

1. Universelles Völkergewohnheitsrecht

11

Longa consuetudo et opinio iuris sive necessitatis

Eine allgemeine Regel des Völker*gewohnheits*rechts ist „eine Regel, die von einer gefestigten Praxis zahlreicher, aber nicht notwendigerweise aller Staaten („usus") in der Überzeugung einer völkerrechtlichen Verpflichtung („opinio iuris sive necessitatis") getragen wird ... Das Element der Rechtsüberzeugung dient dazu, zwischen einer Praxis, die lediglich auf ‚courtoisie' beruht, und einer Rechtsregel zu unterscheiden."[46] Damit werden für die Bildung von Gewohnheitsrecht deren objektive Komponente (eine gefestigte – dauerhafte, einheitliche und verbreitete[47] – Staatenpraxis) und deren subjektive Komponente (die Überzeugung, zu dieser Praxis von Völkerrechts wegen verpflichtet zu sein[48]) genannt[49]. Daß nur beide Komponenten zusammen Gewohnheitsrecht erzeugen, ist allgemein grundsätzlich anerkannt[50]. Nicht übersehen werden darf, daß im Wege der Bildung neuen Völkergewohnheitsrechts bestehende Normen aufgehoben oder abgeändert werden können[51]. Bleibt hingegen die allgemeine Rechtsüberzeugung bestehen, dann vermag eine ihr widersprechende Praxis weder geltendes Völkergewohnheitsrecht aufzuheben noch neues zu schaffen[52].

Objektive und subjektive Komponente

---

42 BVerfGE 117, 141 (148) – Diplomatische Immunität; BVerfGE 118, 124 (134 f.) – Völkerrechtliche Notstandseinrede. Dies entspricht ständiger Rspr.: BVerfGE 23, 288 (317) – Kriegsfolgelasten; BVerfGE 94, 315 (328) – Zwangsarbeit; BVerfGE 95, 96 (128) – Mauerschützen; BVerfGE 96, 68 (86) – DDR-Botschafter; BVerfGE 109, 13 (27); 109, 38 (53).
43 BVerfGE 100, 266 (269 f.) – Kosovo; BVerfGE 117, 141 (148) – Diplomatische Immunität; BVerfGE 118, 124 (134 f.) – Völkerrechtliche Notstandseinrede. S. auch BVerfGE 31, 145 (177 f.) – Milchpulver.
44 BVerfGE 117, 141 (149) – Diplomatische Immunität; BVerfGE 118, 124 (134) – Völkerrechtliche Notstandseinrede.
45 BVerfGE 118, 124 (135) – Völkerrechtliche Notstandseinrede.
46 BVerfGE 117, 141 (150) – Diplomatische Immunität. S. auch BVerfGE 15, 25 (35) – Jugoslawische Militärmission; 16, 27 (52) – Iranische Botschaft; BVerfGE 46, 342 (367) – Philippinische Botschaft; BVerfGE 66, 39 (64 f.) – Nachrüstung; BVerfGE 92, 277 (320) – DDR-Spione; BVerfGE 96, 68 (86 f.) – DDR-Botschafter; BVerfGE 95, 96 (128) – Mauerschützen; BVerfGE 109, 13 (27 f.); 109, 38 (53 f.). Vgl. Art. 38 Abs. 1 lit. b des IGH-Statuts und die „klassische" Definition in *IGH*, North Sea Continental Shelf Cases (Federal Republic of Germany/Denmark and Federal Republic of Germany/Netherlands), in: ICJRep 1969, 44, § 77 (s. auch §§ 70 ff. insgesamt).
47 *Heintschel von Heinegg*, in: Knut Ipsen, Völkerrecht, ⁵2004, § 16 Rn. 7 ff.
48 Das Element der Rechtsüberzeugung dient dazu, zwischen einer Praxis, die lediglich auf „courtoisie" beruht, und einer Rechtsregel zu unterscheiden, so BVerfGE 117, 141 (150) – Diplomatische Immunität.
49 *Martti Koskenniemi*, From Apology to Utopia, Neudruck der 1. Auflage (1989) mit Epilog, Cambridge 2005, S. 388 ff.
50 *Heintschel v. Heinegg* (N 47), § 16 Rn. 2; *Alfred Verdross/Bruno Simma*, Universelles Völkerrecht, ³1984, § 551.
51 *Verdross/Simma* (N 50), §§ 573 ff.
52 *Verdross/Simma* (N 50), § 576.

Zweifelhaft ist daher, ob Gewohnheitsrecht auch „spontan" entstehen kann[53]. Auf den ersten Blick besonders einleuchten mag die Annahme, solches „instant customary law" könne dadurch erzeugt werden, daß Staaten etwa in der UN-Generalversammlung inhaltlich übereinstimmende Erklärungen abgeben[54]. Doch dürfte es näher liegen, einen solch spontanen Rechtskonsens dahin zu deuten, daß er einen allgemeinen Rechtsgrundsatz zur Entstehung bringt[55]. Eine beachtliche Strömung der Völkerrechtslehre bemüht sich, gerade Völkerrechtsnormen des Menschenrechtsschutzes als allgemeine Rechtsgrundsätze zu erweisen[56].

12
„Instant customary law"?

„Bei der Ermittlung von Normen des Völkergewohnheitsrechts ist in erster Linie auf das völkerrechtlich erhebliche Verhalten derjenigen Staatsorgane abzustellen, die kraft Völkerrechts oder kraft innerstaatlichen Rechts dazu berufen sind, den Staat im völkerrechtlichen Verkehr zu repräsentieren. Daneben kann sich eine solche Praxis aber auch in den Akten anderer Staatsorgane wie des Gesetzgebers oder der Gerichte bekunden, zumindest soweit ihr Verhalten unmittelbar völkerrechtlich erheblich ist, etwa zur Erfüllung einer völkerrechtlichen Verpflichtung oder zur Ausfüllung eines völkerrechtlichen Gestaltungsspielraums dienen kann. Für Entscheidungen nationaler Gerichte gilt dies zumal dort, wo, wie im Bereich der gerichtlichen Immunität fremder Staaten, das innerstaatliche Recht den nationalen Gerichten die unmittelbare Anwendung von Völkerrecht gestattet."[57]

13
Völkerrechtlich erhebliches Verhalten staatlicher Stellen

Im Zentrum der Analyse kann also gerade die Praxis staatlicher Gerichte stehen[58]. Bedeutung haben auch die Staatenpraxis im übrigen, die Versuche, das hier in Frage stehende Völkerrecht zu kodifizieren, sowie die Lehren anerkannter Autoren[59]. Aber auch aus der *Vertrags*praxis der Staaten läßt sich unter Umständen auf eine von Rechtsüberzeugung getragene Übung schließen[60].

14
Praxis staatlicher Gerichte

---

53 So etwa *Roberto Ago*, Science juridique et droit international, in: RdC 90 (1956 II), S. 857 (932 f.). Dagegen etwa die internationale Rspr.: *IGH*, Military Activities in and against Nicaragua (Nicaragua vs. USA), in: ICJRep 1986, 14, 97 f. Sowie: *Heintschel v. Heinegg* (N 47), § 16 Rn. 4 ff.

54 Dies gilt zumal dort, wo sich eine Staatenpraxis – etwa mangels technischer Möglichkeiten – noch gar nicht hat bilden können.

55 *Verdross/Simma* (N 50), § 606, ordnen solche Grundsätze Art. 38 Abs. 1 lit. c IGH-Statut zu, obwohl sie gerade nicht einer allgemeinen innerstaatlichen Anerkennung „in foro domestico" entspringen.

56 S. *Bruno Simma/Philipp Alston*, The Sources of Human Rights Law: Custom, Jus Cogens, and General Principles, in: Australian Yearbook of International Law 12 (1988–1989), S. 82 (102 ff.); vgl. auch *Theodor Meron*, Human Rights and Humanitarian Norms as Customary Law, New York 1989, S. 88 f. S. hierzu: *Thomas Kleinlein*, Konstitutionalisierung im Völkerrecht, 2012, S. 683 ff.; *Olivier de Schutter*, International Human Rights Law, New York 2010, S. 53 ff.

57 BVerfGE 46, 342 (367 f.) – Philippinische Botschaft; ähnlich BVerfGE 109, 13 (28); 109, 38 (54); 117, 141 (150 f.) – Diplomatische Immunität. Vgl. aber BVerfGE 96, 68 (87) – DDR-Botschafter.

58 S. aus jüngerer Zeit BVerfGE 117, 141 (157 ff.) – Diplomatische Immunität.

59 BVerfGE 16, 27 (34) – Iranische Botschaft im Anschluß an BVerfGE 15, 25 (35) – Gesandtschaftsgrundstück; BVerfGE 23, 288 (306 ff.) – Kriegsfolgelasten II; BVerfGE 46, 342 (368 ff., 389 ff.) – Philippinische Botschaft. Ähnlich BVerfGE 117, 141 (151) – Diplomatische Immunität.

60 Vgl. BVerfGE 23, 288 (306 ff.) – Kriegsfolgelasten II; BVerfGE 46, 342 (381 ff.) – Philippinische Botschaft (381 f., 387). Vgl. auch die Auswertung der Vertragspraxis (mit negativem Ergebnis) in: BVerfGE 75, 1 (24, 27 ff.) – ne bis in idem. Zur Problematik des Schlusses von gleichlautenden Bestimmungen völkerrechtlicher Abkommen auf die Existenz einer Regel des Völkergewohnheitsrechts: *Heintschel v. Heinegg* (N 47), § 16 Rn. 22, 36 ff., 49 ff. (auch mit Hinweis auf Art. 38 WVK und die Bemühungen um Kodifikation von Gewohnheitsrecht); *Ignaz Seidl-Hohenveldern*, Völkerrecht, ⁹1997, Rn. 423, 527 f.; *Verdross/Simma* (N 50), §§ 580 ff., s. auch § 556. S. aber auch BVerfGE 18, 441 (449) – AG in Zürich, wo offengelassen wird, ob eine verbreitete Vertragspraxis nicht gerade gegen die Allgemeinheit einer Völkerrechtsregel spricht. – Vgl. aber auch BVerfGE 15, 25 (35) – Jugoslawische Militärmission; BVerfGE 16, 27 (52) – Iranische Botschaft.

Staatenpraxis i. w. S. und Praxis internationaler Stellen

Einzubeziehen sind ferner thematisch einschlägige Sprüche internationaler Schiedsinstanzen[61] oder internationaler Gerichte, aber auch „die Handlungen von Organen internationaler Organisationen und vor allem internationaler Gerichte"[62]. Anhaltspunkt für die Existenz von Gewohnheitsrecht können ferner ergänzend Regelungen des diplomatischen Verkehrs, die Arbeiten der Völkerrechtskommission der Vereinten Nationen und das völkerrechtliche Schrifttum bieten[63].

2. Allgemeine Rechtsgrundsätze

15
Völkerrechtsapriorische Normen

Auch allgemeine Rechtsgrundsätze[64] sind von Art. 25 GG erfaßt[65]. Diese „von den Kulturvölkern anerkannten allgemeinen Rechtsgrundsätze" (Art. 38 Abs. 1 lit. c des IGH-Statuts)[66] bilden eine eigenständige, wenn auch gegenüber Vertrags- und Gewohnheitsrecht in der Regel zurücktretende[67] Rechtsquelle des Völkerrechts. Es geht dabei – anders als bei völkerrechtlichem Gewohnheits- und Vertragsrecht – um allgemeine Rechtsprinzipien[68], die in den nationalen Rechtsordnungen aller „Kulturvölker"[69] gelten, dort in innerstaatlichen Kontexten angewandt werden und darum[70] unmittel-

---

61 BVerfGE 23, 288 (308 f.) – Kriegsfolgelasten II.
62 BVerfGE 109, 13 (28) mit der Einschränkung, im Grundsatz gelte weiterhin, daß „richterliche Entscheidungen, wie auch völkerrechtliche Lehrmeinungen, nur als Hilfsmittel für die Ermittlung von Völkergewohnheitsrecht heranzuziehen sind" (unter Hinweis auf BVerfGE 96, 68 [87] – DDR-Botschafter und auf Art. 38 Abs. 1 lit. d des IGH-Statuts). Wortgleich: BVerfGE 109, 38 (54); fast wortgleich: BVerfGE 117, 141 (151) – Diplomatische Immunität.
63 BVerfGE 117, 141 (161) – Diplomatische Immunität.
64 S. hierzu etwa: *Kay Hailbronner*, Ziele und Methoden völkerrechtlich relevanter Rechtsvergleichung, in: ZaöRV 36 (1976), S. 190 (205 ff.); *Kleinlein* (N 56), S. 621 ff. S. zur Frage, ob es eine allgemeine Regel des Völkerrechts gebe, „die einen Staat gegenüber Privatpersonen berechtigt, die Erfüllung fälliger privatrechtlicher Zahlungsansprüche unter Berufung auf den wegen Zahlungsunfähigkeit erklärten Staatsnotstand zeitweise zu verweigern"; BVerfGE 118, 124 (134 f.) – Völkerrechtliche Notstandsklausel m. abw. M. Gertrude Lübbe-Wolff (ebd., 146 ff. [157 ff.]).
65 So etwa auch: *Hans D. Jarass*, in: ders./Pieroth, ¹²2011, Art. 25 Rn. 8; *Rojahn* (N 29), Art. 25 Rn. 22 f.; *Rudolf Streinz*, in: Sachs, ⁶2011, Art. 25 Rn. 35 m. weit. Nachw. A. A. etwa *Schweitzer* (N 5), Rn. 472 f.
66 Diese dürfen nicht mit den allgemeinen Grundsätzen des Völkerrechts wie etwa der souveränen Gleichheit der Staaten, dem Gewaltverbot und wohl richtigerweise auch dem Grundsatz pacta sunt servanda verwechselt werden, die dem Völkergewohnheitsrecht zuzuordnen sind. S. *Heintschel v. Heinegg* (N 47) § 17 Rn. 1.
67 Entscheidend ist ihr Charakter als leges generales, der bewirkt, daß vertrags- oder gewohnheitsrechtliche Spezialnormen sie derogieren; dies schließt aber eine gleichzeitige Heranziehung von Normen aller drei in Art. 38 Abs. 1 IGH-Statut genannten Kategorien nicht aus, so überzeugend *Verdross/Simma* (N 50), §§ 608 ff. S. auch *Heintschel v. Heinegg* (N 47), § 17 Rn. 6.
68 Nicht geht es um detaillierte Ausprägungen allgemeiner Rechtsgrundsätze, sondern um die Grundsätze als solche, die auf der völkerrechtlichen Ebene noch konkretisiert werden müssen. S. *Heintschel v. Heinegg* (N 47), § 17 Rn. 3 (mit Hinweis auf das Sondervotum des Richters McNair, *IGH*, International Status of South-West Africa, in: ICJRep 1950, 128, 148); *Theodor Schweisfurth*, Völkerrecht, 2006, Rn. 109, der ebd., Rn. 107, Beispiele für solche allgemeinen Rechtsgrundsätze nennt. Nach *Verdross/Simma* (N 50), § 604, entsteht erst durch Anwendung der Grundsätze auf einen zwischenstaatlichen Sachverhalt eine konkrete Norm des Völkerrechts.
69 S. zu diesem Begriff: *Heintschel v. Heinegg* (N 47), § 17 Rn. 2; *Schweisfurth* (N 68), Rn. 106.
70 Daher erscheint es schlüssig, wenn BVerfGE 117, 141 (150) – Diplomatische Immunität ausführt: „Um einen allgemeinen Rechtsgrundsatz kann es sich bei einer Regel zur Reichweite des Immunitätsverzichts im Bereich der Staaten- und der diplomatischen Immunität deshalb nicht handeln, weil diese Frage keine aus den nationalen Rechtsordnungen tradierten Rechtsgrundsätze, sondern einen originär zwischenstaatlichen Bereich betrifft."

bar⁷¹ zugleich auch Bestandteil des Völkerrechts sind⁷². Ihr Nachweis setzt aber eine sorgfältige rechtsvergleichende Überprüfung voraus⁷³.

3. Allgemeinheit der Regeln

Allgemein im Sinne des Art. 25 S. 1 GG ist eine Regel des Völkerrechts entsprechend der Reichweite ihrer Geltung⁷⁴ dann, wenn sie von der überwiegenden Mehrheit der Staaten anerkannt wird⁷⁵ und universell gilt⁷⁶. Doch muß sie weder durch alle Staaten der Welt noch notwendig gerade durch die Bundesrepublik Deutschland anerkannt sein⁷⁷. Ist eine Regel des universellen Gewohnheitsrechts einmal entstanden, so bindet sie auch den abseits stehenden, sie selbst bislang nicht aktiv nachvollziehenden Staat⁷⁸. Ein einzelner Staat kann sich zwar kontinuierlich und beharrlich (also nicht nur durch einmaligen Protest) einer Rechtsentwicklung widersetzen. Dieser „persistent objector" verhindert indessen nicht die Entstehung des Gewohnheitsrechtssatzes, sondern nur seine eigene Bindung daran⁷⁹.

16 Universalität

Nichtbindung des „persistent objector"

Ob Art. 25 GG auch partikuläres und regionales⁸⁰ Völkergewohnheitsrecht erfaßt⁸¹ oder ob es eine – im Rang von Bundesrecht – „seit eh und je bestehende gewohnheitsrechtliche Inkorporationsnorm" für nicht allgemeines

17 Rezeption partikulären und regionalen Völkergewohnheitsrechts

---

71 *Schweisfurth* (N 68), Rn. 108, mit Verweis auf *Georg Dahm/Jost Delbrück/Rüdiger Wolfrum*, Völkerrecht, Bd. I/1, ²1989, S. 66.
72 Diese Rechtsgrundsätze sind auf Grund ihrer allgemeinen Verbreitung innerhalb der staatlichen Rechtsordnungen gleichsam völkerrechts-apriorisch vom Begriff des Rechts umfaßt; sie bilden einen notwendigen Gehalt dessen, was Staaten im Rechtsdiskurs und also auch im Völkerrechtsdiskurs voraussetzen. S. auch *Karl Doehring*, Völkerrecht, 1999, Rn. 410; *Schweisfurth* (N 68), Rn. 110.
73 *Schweisfurth* (N 68), Rn. 111.
74 Die Allgemeinheit bezieht sich also nicht auf den Inhalt einer Regel; s. BVerfGE 117, 141 (148) – Diplomatische Immunität; BVerfGE 118, 124 (134) – Völkerrechtliche Notstandseinrede. Es kann sich durchaus um eine Spezialnorm handeln.
75 BVerfGE 117, 141 (148) – Diplomatische Immunität; BVerfGE 118, 124 (134) – Völkerrechtliche Notstandseinrede. Std. Rspr., s. schon BVerfGE 15, 25 (34) – Jugoslawische Militärmission (freilich bezogen auf Völkerrechtsregeln über die Befreiung ausländischer Staaten von inländischer Gerichtsbarkeit und Regeln „ähnlichen technischen Inhalts"); ähnlich BVerfGE 16, 27 [34] – Iranische Botschaft); sodann aber ohne diese Differenzierung BVerfGE 23, 288 (317) – Kriegsfolgelasten II; BVerfGE 95, 96 (128) – Mauerschützen.
76 BVerfGE 94, 315 (328) – Zwangsarbeit; BVerfGE 96, 68 (86) – DDR-Botschafter; s. auch BVerfGE 75, 1 (26, s. auch 27, 31) – ne bis in idem („weltweite Breite" der Rechtsentwicklung). Wenn es etwa in BVerfGE 15, 25 (32 f.) – Jugoslawische Militärmission; BVerfGE 23, 288 (317) – Kriegsfolgelasten II; BVerfGE 95, 96 (128) – Mauerschützen, heißt, die allgemeinen Regeln des Völkerrechts seien „vorwiegend universell geltendes Völkergewohnheitsrecht", so dürfte sich diese Einschränkung auf das Verhältnis von Gewohnheitsrecht zu den allgemeinen Rechtsgrundsätzen beziehen. Entsprechend zu verstehen sind BVerfGE 109, 13 (27); 109, 38 (53 f.) („in erster Linie").
77 BVerfGE 117, 141 (149) – Diplomatische Immunität.
78 S. *Heintschel v. Heinegg* (N 47), § 16 Rn. 25, 27 (s. u. Rn. 14; s. o. Rn. 19).
79 *Heintschel v. Heinegg* (N 47), § 16 Rn. 26.
80 Weitgehende Einigkeit besteht, so *Herdegen* (N 37), Art. 25 Rn. 33, darin, daß bilaterales Gewohnheitsrecht nicht erfaßt ist. A. A. aber etwa: *Albert Bleckmann*, Grundgesetz und Völkerrecht, 1975, S. 291; *Schweitzer* (N 5), Rn. 481.
81 So etwa *Ingolf Pernice*, in: Dreier, Bd. II, ²2006, Art. 25 Rn. 20; *Streinz* (N 65), Art. 25 Rn. 26; *Christian Tomuschat*, Die staatsrechtliche Entscheidung für die internationale Offenheit, in: HStR VII, ¹1992, § 172 Rn. 13.

Gewohnheitsrecht gibt[82], ist umstritten. Während der Wortlaut des Art. 25 GG dagegen spricht[83] und das Erfordernis der Allgemeinheit eine „Richtigkeitsgewähr" bietet[84], würde das Grundtelos dieser Vorschrift befördert, wenn – etwa im Wege einer teleologischen Extension – sowohl die Rangvorschrift ihres Satzes 1 als auch die Vorrangregel ihres Satzes 2 auch auf nicht universelles Völkergewohnheitsrecht erstreckt würde[85]: Es wäre sichergestellt, daß Deutschland sich völkerrechtlich als verläßlicher Nachbar zeigte. Dies hätte gegenüber der Heranziehung einer „gewohnheitsrechtlichen Inkorporationsnorm"[86] den Vorteil, daß die Stellung auch dieser völkergewohnheitsrechtlichen Regeln im Kontext der deutschen Rechtsordnung klargestellt wäre. Erweitert man die Reichweite des Art. 25 GG, so ist auch regionales und partikulares Völkerrecht Bestandteil des *Bundes*rechts und geht überdies den Gesetzen vor. Dies könnte wegen der daraus folgenden Beschränkung des parlamentarisch-demokratischen Gesetzgebers zu weit zu gehen scheinen, der sich dann nicht innerstaatlich einseitig über regionales oder partikulares Völkergewohnheitsrecht hinwegsetzen könnte. Doch entsteht solches Gewohnheitsrecht nur, wenn die Bundesrepublik Deutschland selbst an der Praxis in Rechtsüberzeugung partizipiert. Der Bundestag vermag durch seine Kontrollrechte und politische Einflußnahme aber auf das Verhalten der Bundesregierung, durch Gesetzgebung auf die Praxis von Behörden und Gerichten und damit auch auf den Prozeß der Entstehung von Gewohnheitsrecht einzuwirken. Hat sich begrenzt geltendes Gewohnheitsrecht entwickelt, so läßt es sich schließlich nachträglich vertraglich abbedingen oder ersetzen – obgleich nur im Einvernehmen mit den sonst daran gebundenen Völkerrechtssubjekten, damit aber im Ausgleich auch mit deren Interessen, was im Gegensatz zu einem einseitigen Bruch von Gewohnheitsrecht zur Friedlichkeit der internationalen Beziehungen beizutragen vermag.

18
Beteiligung der Bundesländer

Gilt dies alles für Gewohnheitsrecht, an das die Bundesrepublik Deutschland als solche gebunden ist, so bleibt doch theoretisch denkbar, daß sich einzelne Bundesländer, soweit sie am völkerrechtlichen Verkehr teilnehmen dürfen[87],

---

82 *Walter Rudolf*, Die innerstaatliche Anwendung partikulären Völkergewohnheitsrechts, in: FS für Alfred Verdross (1971), S. 435 (443 f.), unter Berufung auf RGSt 23, 267 und RGZ 62, 165 ff.). Ablehnend etwa *Herdegen* (N 37), Art. 25 Rn. 34, der selbst ebd. eine analoge Anwendung des Art. 25 S. 1 GG befürwortet, die nicht zum Geltungsvorrang führt.
83 *Herdegen* (N 37), Art. 25 Rn. 32, sieht für ein Abgehen vom Wortlaut keine Gründe von Substanz.
84 *Rojahn* (N 29), Art. 25 Rn. 15 (unter Berufung auch auf die „kompensatorische Funktion" mit Blick auf eine Bindung der Bundesrepublik Deutschland an allgemeine Völkerrechtsnormen ohne Beteiligung an der Rechtsentstehung).
85 *Tomuschat* (N 81), § 172 Rn. 13.
86 Zu den – unklaren – Konsequenzen einer solchen Inkorporationsnorm: *Rudolf* (N 82), S. 446 ff.
87 Dies gilt insbesondere, aber nicht nur bei grenzüberschreitenden Kontakten im Zusammenhang mit dem Abschluß oder der Durchführung eines von ihnen selbst nach Art. 32 Abs. 3 GG geschlossenen völkerrechtlichen Vertrags (*Rojahn* [N 29], Art. 32 Rn. 59; *Streinz* [N 65], Art. 32 Rn. 49). S. zur Frage, inwieweit die Länder über einen Vertragsschluß gemäß Art. 32 Abs. 3 GG hinaus auswärtige Kontakte pflegen dürfen: *Rojahn* (N 29), Art. 32 Rn. 56 ff.; *Streinz* (N 65), Art. 32 Rn. 12 f., 49, 52. Im Beispielsfall von N 88 bedürfte auch die Praxis Schleswig-Holsteins innerstaatlich in Analogie zu Art. 32 Abs. 3 GG der Zustimmung der Bundesregierung, so *Streinz*, a. a. O., Rn. 53; vgl. auch *Wilhelm G. Grewe*, Auswärtige Gewalt, in HStR III, ²1996 (¹1988), § 77 Rn. 82 ff.; *Rojahn* (N 29), Art. 32 Rn. 64. → Bd. IV, *Calliess*, § 83 Rn. 60.

völkerrechtsrelevant betätigen[88] und dabei im bilateralen[89] oder regionalen Rahmen auch an der Generierung von Gewohnheitsrecht beteiligen. Dann aber bietet es sich als sinnvoll an, solchem Gewohnheitsrecht innerstaatlich – mit Blick auf seine normhierarchische Einordnung in die deutsche Rechtsordnung – den Status des jeweiligen Landesrechts zuzuerkennen[90].

II. Zur Frage der „Legitimität" einer Bindung an allgemeines Völkerrecht

Wie dies bei der Erörterung der Erstreckung des Art. 25 GG auf nicht universelles Völkergewohnheitsrecht bereits anklang, könnte die Legitimität des allgemeinen Völkerrechts, das durch Art. 25 GG für die deutsche Rechtsordnung erschlossen wird, zweifelhaft erscheinen. Setzt aber die Existenz von Gewohnheitsrecht mit begrenztem Adressatenkreis voraus, daß alle gebundenen Staaten es anerkannt haben[91], so ist die Bundesrepublik Deutschland durch die zur Außenvertretung befugten Organe der Exekutive daran beteiligt. Gerade die Bundesregierung, Bundeskanzler und die Bundesminister (im Fokus steht der Außenminister, mitunter der Verteidigungsminister) sind persönlich, in ihrem Verhalten aber auch durch ihre Gesetzesbindung sowie durch parlamentarische Kontrolle zumindest mittelbar an den Willen des Deutschen Volkes rückgebunden und demokratisch legitimiert. Allerdings muß bei den universellen Regeln des Völkerrechts die Bundesrepublik Deutschland keineswegs aktiv – etwa durch eine bestimmte Praxis oder durch Kundgabe ihrer Rechtsauffassung – zu ihrer Entstehung beigetragen haben[92]. Die Dramatik der Legitimitätsfrage mag dadurch abgeschwächt sein, daß das universelle Völkerrecht – wie es insbesondere auch im Parlamentarischen Rat wahrgenommen wurde[93] – von sehr grundsätzlicher Art ist[94]. Entscheidend – und nur vordergründig rein formal – ist aber, daß mit Art. 25 GG die Verfassung selbst sich für die Öffnung der deutschen Rechtsordnung für das allge-

19
Demokratische Legitimität kraft Mitwirkung deutscher Organe

Legitimatorische Kraft der in Art. 25 GG liegenden Verfassungsentscheidung

---

88 Man stelle sich etwa vor, zwischen Schleswig-Holstein und Dänemark entwickelte sich über Jahre die Praxis, daß Kinder unabhängig von ihrem Wohnort oder ihrer Staatsangehörigkeit aus der Grenzregion des Nachbarlandes von der jeweils nächstgelegenen staatlichen Schule aufgenommen würden. Könnte daraus nicht bei entsprechender Rechtsüberzeugung regionales Gewohnheitsrecht erwachsen?
89 Dazu, daß bilaterales Gewohnheitsrecht überwiegend schon grundsätzlich als nicht von Art. 25 GG angesehen wird, s. o. N 80.
90 Vgl. zur „Transformation" partikulären Gewohnheitsrechts: *Walter Rudolf*, Die innerstaatliche Anwendung partikulären Völkergewohnheitsrechts, in: FS für Alfred Verdross, 1971, S. 435 (446ff.).
91 S. o. Rn. 16.
92 S. o. Rn. 15.
93 *Carlo Schmid*, Parlamentarischer Rat 1948/49 – Verhandlungen des Hauptausschusses, 1948/49, 5. Sitzung am 18.11.1948, S. 65 (linke Spalte: „weithin nichts anderes als Nutzanwendungen der allgemeinen Rechtsvorstellungen, die mehr oder weniger in allen zivilisierten Staaten bestehen, auf zwischenstaatliche Lebensverhältnisse"; s. auch rechte Spalte: „ein stillschweigendes Übereinkommen der Menschen unseres abendländischen Rechtskreises, unterhalb eines bestimmten rechtlichen Zivilisationsstandards nicht leben zu wollen"); *ders.*, Hauptausschuß, 12. Sitzung vom 15.10.1948, abgedruckt in: Der Parlamentarische Rat 1948–1949, bearb. v. Eberhard Pikart/Wolfram Werner, Bd. 5/I, S. 318; *Adolf Süsterhenn*, Parlamentarischer Rat 1948/49 – Verhandlungen des Hauptausschusses, 1948/49, 5. Sitzung am 18.11.1948, S. 65f. („der ethische Kernbestand des Völkerrechts").
94 Teils so grundsätzlich, daß man für Völkergewohnheitsrecht den Nachweis von „longa consuetudo" und „opinio iuris" in der Praxis nicht führt und die Völkerrechtssätze, zumal die des ius cogens wie Gewaltoder Genozidverbot, einen naturrechtlichen Klang erhalten (vgl. *Koskenniemi* [N 49], S. 468 ff.).

§ 235   Einundzwanzigster Teil: Deutsches und internationales Recht

meine Völkerrecht entschieden hat[95]. Dies hat legitimatorische Kraft. Nicht übersehen werden darf, daß Art. 25 GG gerade auch im Lichte seiner Entstehungsgeschichte[96] bewirken soll, daß sich die Bundesrepublik Deutschland als ein das Völkerrecht achtendes Mitglied in die Weltgemeinschaft, in die Völkerrechtsgemeinschaft, einordnet.

C. Verhältnis der allgemeinen Regeln des Völkerrechts zum Völkervertragsrecht

I. Grundsatz: Nachvollziehung der völkerrechtlichen Verhältnisbestimmung

20

Verhältnis konfligierender Normen im Völkerrecht

Erfaßt Art. 25 GG Normen des Völkervertragsrecht als solche nicht[97], so fragt sich, wie sich allgemeine Regeln des Völkerrechts und Völkervertragsrecht zueinander verhalten. Das Völkerrecht schreibt den Normen aller seiner Quellen grundsätzlich – mit Ausnahme von ius cogens[98] – gleichen Rang zu[99]. Folglich werden Normenkonflikte nach allgemeinen Grundsätzen des Vorrangs der späteren oder speziellen Norm gelöst[100]. Völkerrechtliche Verträge regeln spezifische Sachmaterien, sind regelmäßig[101] spezieller als Gewohnheitsrecht und allgemeine Rechtsgrundsätze und setzen sich also gegenüber allgemeinem Völkerrecht durch[102].

21

Dieses Verhältnis wird auch in der deutschen Rechtsordnung – um des Einklangs mit dem Völkerrecht willen – übernommen und nicht dadurch in Frage gestellt, daß allgemeine Regeln des Völkerrechts nach Art. 25 S. 2 GG den (Bundes-)Gesetzen vorgehen, während völkerrechtliche Verträge höchstens

---

95 Was wohl – in den Grenzen, die Art. 79 Abs. 3 i. V. m. Art. 1 (insbes. dessen Abs. 2) GG – jedenfalls verfassungsrechtlich reversibel wäre (Art. 79 Abs. 1 GG).
96 S. o. N 93. S. u. Rn. 27. Sowie: *Carlo Schmid*, Hauptausschuß, 12. Sitzung vom 15. 10. 1948, abgedruckt in: Der Parlamentarische Rat 1948–1949, bearb. v. Eberhard Pikart/Wolfram Werner, Bd. 5/I, S. 321 f. (zum [Völker-]Recht als Schutz des Machtlosen); *v. Mangoldt*, ebd., S. 322, sowie in: Parlamentarischer Rat 1948/49 – Verhandlungen des Hauptausschusses, 1948/49, 5. Sitzung am 18. 11. 1948, S. 66, sowie 27. Sitzung am 15. 12. 1948, S. 329; Abgeordneter Georg August Zinn, ebd., 27. Sitzung am 15. 12. 1948, S. 330.
97 S. o. Rn. 10.
98 BVerfGE 112, 1 (28) – Bodenreform III, führt mit Hinweis auf Art. 53 S. 2 WVK aus: „Solches Völkerrecht kann von den Staaten weder einseitig noch vertraglich abbedungen, sondern nur durch eine spätere Norm des allgemeinen Völkerrechts derselben Rechtsnatur geändert werden" (s. auch a. a. O., 27 f.; sowie BVerfGE 18, 441 [448 f.] – AG in Zürich; BVerfGE 75, 1 [20 f.] – ne bis in idem). S. zu ius cogens insbes.: *Stefan Kadelbach*, Zwingendes Völkerrecht, 2002.
99 *Heintschel v. Heinegg* (N 47), § 20 Rn. 1. Zur Hierarchisierung im Völkerrecht *Thomas Kleinlein*, Konstitutionalisierung im Völkerrecht, 2012, S. 315 ff.
100 *Heintschel v. Heinegg* (N 47), § 20 Rn. 2 ff.
101 Ausnahmen gelten, soweit völkerrechtliche Verträge Gewohnheitsrecht schlicht kodifizieren.
102 BVerfGE 18, 441 (448 f.) – AG in Zürich.

den Rang von Bundesgesetzen genießen[103]. Denn allgemeine Völkerrechtsregeln werden gemäß Art. 25 GG „nur mit ihrem jeweiligen Inhalt und in ihrer jeweiligen Tragweite" Bestandteil des Bundesrechts[104]: „Art. 25 GG öffnet ihnen die deutsche Rechtsordnung nur im Bestand ihrer völkerrechtlichen Geltung ..., der sich auch danach bemißt, inwieweit sie im Verhältnis zu einzelnen Staaten durch vertragliche Regelungen verdrängt worden sind. Art. 25 GG hindert nicht, daß völkerrechtlich zulässige vertragliche Abmachungen, die den allgemeinen Völkerrechtsregeln nicht voll entsprechen, durch Gesetz die Kraft innerstaatlichen deutschen Rechts erlangen ..."[105].

Präjudizialität der völkerrechtlichen Lösung von Normenkollisionen

II. Grundsatz pacta sunt servanda, gewohnheitsrechtliche Regeln über den Vertragsschluß und Vorwirkungen von Verträgen

Umgekehrt verwandelt der allgemeine Rechtsgrundsatz pacta sunt servanda die einzelnen Normen völkerrechtlicher Verträge nicht ihrerseits in allgemeine Regeln des Völkerrechts mit Vorrang vor innerstaatlichem Recht[106], würde eine solche normhierarchische Hochstufung völkerrechtlicher Verträge doch die Unterschiede zwischen Art. 25 GG und Art. 59 Abs. 2 GG verwischen[107].

22
Prinzip der Vertragstreue

Gewohnheitsrecht vermag aber Lücken zu füllen, die ein Vertrag aufweist[108]. Allgemeine Regeln des Völkerrechts erstrecken sich allerdings auch auf das Verfahren des Abschlusses völkerrechtlicher Verträge[109]. Nach Völkergewohnheitsrecht treten im Vorfeld eines völkerrechtlichen Vertragsschlusses gewisse Bindungen ein[110]. Ein Staat, der einen schriftlichen Vertrag mit blo-

23
Völkerrechtlicher Vertragsschluß

---

103 Auf Grund des Zustimmungsgesetzes nach Art. 59 Abs. 2 GG; s. zu Art. III Abs. 2 GATT: BVerfGE 31, 145 (177 f.) – Milchpulver; für die EMRK: BVerfGE 74, 358 (370) – Unschuldsvermutung; BVerfGE 111, 307 (315 ff.) – Görgülü; BVerfGE 128, 326 (366 f.) – Sicherungsverwahrung; vgl. zum deutsch-schweizerischen Abkommen zum deutschen Lastenausgleich und zum Überleitungsvertrag: BVerfGE 18, 441 (450) – AG in Zürich. Völkerrechtliche Verträge der Länder nach Art. 32 Abs. 3 GG erhalten durch die Zustimmungsakte der Länder den Rang von Landesgesetzen. Hält man bei einem Vertragsschluß des Bundes über Gegenstände ausschließlicher Landesgesetzgebungszuständigkeit – wie überwiegend vertreten – neben einem lediglich den Bundespräsidenten zum Vertragsschluß ermächtigenden Bundesgesetz gemäß Art. 59 Abs. 2 S. 1 GG ein Landesgesetz (oder je nach Materie Gesetze mehrerer Länder) für erforderlich, um den Rechtsanwendungsbefehl zu erteilen (*Schweitzer* [N 5], Rn. 454), so haben diese „Transformations"- oder „Vollzugs"-Akte notwendig nur den Rang von Landesrecht (vgl. *Schweitzer*, a. a. O., Rn. 447 a ff., 457 a ff.).
104 BVerfGE 18, 441 (448) – AG in Zürich: mit Verweis auf BVerfGE 15, 25 (31 f.) – Jugoslawische Militärmission; BVerfGE 16, 27 (32 f.) – Iranische Botschaft.
105 BVerfGE 18, 441 (448) – AG in Zürich.
106 So ausdrücklich BVerfGE 31, 145 (178) – Milchpulver mit Hinweis auf BVerfGE 6, 309 (363) – Reichskonkordat.
107 BVerfGE 6, 309 (362 f.) – Reichskonkordat; BVerfGE 41, 88 (120) – Gemeinschaftsschule. Beachte aber zum Einfluß der EMRK auf die Auslegung von Grundgesetz und „einfachen" Gesetzen auch: BVerfGE 74, 358 (370) – Unschuldsvermutung; BVerfGE 111, 307 (317, 324) – Görgülü.
108 S. z. B. BVerfGE 117, 141 (150) – Diplomatische Immunität mit Verweis auf BVerfGE 46, 342 (394 ff.) – Philippinische Botschaft.
109 BVerfGE 2, 347 (374) – Kehler Hafen; BVerfGE 50, 244 (249); 104, 151 (200 ff.) – NATO-Konzept. S. auch *Seidl-Hohenveldern* (N 60), Rn. 251 ff.
110 Diese beruhen letztlich auf dem Grundsatz von Treu und Glauben; s. *Rudolf Bernhard*, Völkerrechtliche Bindungen in den Vorstadien des Vertragsschlusses, in: ZaöRV 18 (1957/1958), S. 652 ff.; *Werner Morvay*, The Obligation of a State not to Frustrate the Object of a Treaty Prior to its Entry into Force, in: ZaöRV 28 (1968), S. 452 (454 ff.). Vgl. auch *Markus Kotzur*, „Good Faith", § 19, in: Max Planck Encyclopedia of Public International Law (www.mpepil.com), Oxford 2011.

§ 235   *Einundzwanzigster Teil: Deutsches und internationales Recht*

ßer Authentifizierungsabsicht unterzeichnet, seine Absicht aber (noch) nicht klar zu erkennen gegeben hat, nicht Partei des Vertrages zu werden, darf Ziel und Zweck des Vertrags nicht vereiteln[111]. Gleiches gilt im Zeitraum zwischen Ratifikation und Inkrafttreten eines Vertrags[112]. Dieses Frustrationsverbot entspringt dem Vertrauensschutz im Völkerrecht[113], ist aber eine Vorwirkung des noch nicht ratifizierten Vertrags. Daher dürfte diese Vorwirkung innerstaatlich entweder Art. 59 Abs. 2 (und Art. 32 Abs. 3) GG zuzuordnen oder aber die Vorrangregel des Art. 25 S. 2 GG teleologisch zu restringieren und ihr innerstaatlich kein höherer Rang als der des (avisierten) Vertrages zuzuerkennen sein.

Frustrationsverbot im Vorfeld des Vertragsschlusses

III. Gewohnheitsrechtliche Regeln über die Auslegung völkerrechtlicher Verträge

24

Allgemeine völkerrechtliche Auslegungsregeln

Bei der Auslegung völkerrechtlicher Abkommen, die die Bundesrepublik Deutschland binden, sind die für die Auslegung völkerrechtlicher Verträge gewohnheitsrechtlich geltenden Grundsätze[114] anzuwenden[115]. Spielen damit im Völkerrecht Vertrags- und Gewohnheitsrecht bei der Ermittlung des Vertragsinhalts zusammen, so schlägt sich dies vermittels Art. 25 GG auch im deutschen Recht nieder – jedenfalls wenn man keiner (strengen) Transformationslehre folgt, sondern anerkennt, daß völkerrechtlichen Verträgen durch den jeweiligen deutschen Zustimmungsakt[116] ein „Rechtsanwendungsbefehl" erteilt wird[117], auf Grund dessen innerstaatlich der völkerrechtliche Vertrag

---

111 *Verdross/Simma* (N 50), §§ 705, 719 mit Verweis auf Art. 18 lit. a des Wiener Übereinkommens über das Recht der Verträge. S. auch BVerfGE 108, 129 (140 f.) zu diesem völkerrechtlichen Frustrationsverbot bei Auslieferungen an Indien im Vorfeld des Inkrafttretens eines Auslieferungsvertrags, der Vorkehrungen für die Achtung der menschenrechtlichen Mindeststandards im ersuchenden Staat trifft. Sowie BVerfGE 109, 13 (36); 109, 38 (62).
112 *Verdross/Simma* (N 50), § 719 mit Verweis auf Art. 18 lit. b des Wiener Übereinkommens über das Recht der Verträge (vorausgesetzt ist, daß sich das Inkrafttreten des Vertrags nicht ungebührlich verzögert).
113 *Verdross/Simma* (N 50), § 705; *Jörg Müller*, Vertrauensschutz im Völkerrecht, 1971, S. 154 ff. Vgl. auch BVerfGE 88, 173 (183).
114 Die Regeln über die Auslegung völkerrechtlicher Verträge, wie sie in Art. 31 ff. WVK niedergelegt sind, sind selbst Bestandteil des generellen Völkergewohnheitsrechts; s. *Wolfgang Graf Vitzthum*, in: ders. (Hg.), Völkerrecht, ^{5}2010, 1. Abschnitt, Rn. 123, S. 56 mit Hinweis in Rn. 124, S. 57, auf weitere, in das WVK nicht übernommene detailliertere Auslegungsregeln, die dann herangezogen werden, wenn ein dahingehender Wille der Vertragsparteien vorliegt; s. auch *Seidl-Hohenveldern* (N 60), Rn. 340 ff.
115 BVerfGE 4, 157 (168) – Saarstatut (danach sei jedes Abkommen so auszulegen, daß die Vertragspartner einerseits das von ihnen gemeinsam angestrebte Ziel durch den Vertrag erreichen können, andererseits nicht über das gewollte Maß hinaus als gebunden angesehen werden dürfen). Statt vieler: *Rojahn* (N 29), Art. 59 Rn. 36, 46 ff.
116 Solche Zustimmungsakte sind erforderlich: zu Verträgen des Bundes auf dem Gebiet seiner Gesetzgebungszuständigkeit (Art. 59 Abs. 2 S. 1 GG), zu Verwaltungsabkommen; zu Verträgen der Länder; zu Verträgen des Bundes auf Gebieten ausschließlicher Landesgesetzgebungszuständigkeit (dazu N 103).
117 So die inzwischen ständige Rechtsprechung des Bundesverfassungsgerichts seit BVerfGE 45, 142 (169) – Rückwirkende Verordnungen (s. z. B. BVerfGE 59, 63 [90] – Eurocontrol II; BVerfGE 63, 343 [358] – Rechtshilfevertrag; BVerfGE 77, 170 [209 f.] – Lagerung chemischer Waffen; BVerfGE 90, 286 [364] – Out of Area-Einsätze). Recht unglücklich: BVerfGE 111, 307 BVerfGE (316 f.) – Görgülü, wo zwar davon gesprochen wird, die EMRK sei „in das deutsche Recht transformiert" worden, dies aber nicht nur sogleich dahin ergänzt wird, ihr sei ein entsprechender „Rechtsanwendungsbefehl erteilt" worden, sondern auch angenommen wird, den Entscheidungen des Europäischen Gerichtshofs für Menschenrechte komme innerstaatlich durchaus Bedeutung zu (a. a. O., 322 ff. insbes. zur „Berücksichtigungspflicht"; s. auch BVerfGE 120, 180 [199 f., 208 f., 218] – Caroline von Monaco III, wo deutlich wird, daß die *Rechtsprechung* des Gerichtshofs insgesamt zu „berücksichtigen" ist). S. auch *Hans-Joachim Cremer*, Zur Bindungswirkung von EGMR-Urteilen, in: EuGRZ 31 (2004), S. 683 ff.

als solcher anzuwenden ist. Bei seiner Interpretation gelten dann die allgemeinen völkerrechtlichen Auslegungsregeln[118]: Wenn diesen Auslegungsregeln nach Art. 25 GG Vorrang selbst vor Bundesrecht zukommt, so vermag auch der Gesetzgeber von ihnen nicht abzuweichen, wenn er einem Vertrag den Rechtsanwendungsbefehl erteilt. Deutsche Behörden und Gerichte müssen völkerrechtliche Verträge folglich gemäß den Regeln des Völkerrechts auslegen. Sie dürfen sie nicht wie deutsche Gesetze behandeln. Dies gilt schon für die Interpretation des Wortlauts[119]. Oberstes Ziel ist, den von den Vertragsparteien erzielten Konsens zu ermitteln[120]. Dabei darf man sich etwa bei mehrsprachig abgefaßten Abkommen nicht mit der deutschen Übersetzung des Vertrags begnügen, zumal wenn Deutsch keine der authentischen Sprachen ist[121].

Prekär erscheint es, wenn das Bundesverfassungsgericht völkerrechtliche Verträge, die mit dem Grundgesetz in Konflikt stehen könnten, verfassungskonform auslegt. Völkerrechtlich kann sich ein Staat nämlich gegenüber einem anderen Vertragsstaat grundsätzlich nicht auf sein innerstaatliches Recht berufen, um die Nichterfüllung eines Vertrags zu rechtfertigen[122]. Wenn das Bundesverfassungsgericht annimmt, daß, solange und soweit die Auslegung offen sei, ein Vertrag so verstanden werden müsse, daß er vor dem Grundgesetz bestehen könne[123], kann dies völkerrechtlich nur Bestand haben, wenn die innerstaatliche (Verfassungs-)Rechtslage der anderen Vertragspartei bekannt oder offenkundig war[124] oder jene diese hätte erkennen können und müssen[125]. Wenn das Bundesverfassungsgericht gleichwohl meint, völkerrechtliche Verträge, die der Auslegung und Anwendung durch die nationalen Gerichte bedürfen, seien „im Lichte des nationalen Verfassungsrechts auszulegen"[126], so erscheint dies nur unproblematisch, soweit ein Vertrag schon nach völkerrechtlicher Auslegung den Parteien Umsetzungs- und Anwendungsspielräume beläßt und deren Nutzung ausreicht, um den Anforderun-

25
Grenzen verfassungskonformer Auslegung

---

118 S. dazu sowie zur Annäherung der (gemäßigten) Transformationstheorie an Adoptionstheorie und Vollzugslehre: *Geiger* (N 5), S. 14 f., 163 f.; *Siefried Magiera*, Geltung des Völkerrechts im staatlichen Bereich, in: Eberhard Menzel/Knut Ipsen, Völkerrecht ²1979, S. 53 ff., 56 f.; *Schweitzer* (N 5), Rn. 432 ff. (insbes. 435; s. auch 421, 423). Besondere Probleme rühren daher, daß nach allgemeinem – in Art. 31 Abs. 3 lit. b) WVK lediglich kodifiziertem – Völkerrecht bei der Auslegung eines völkerrechtlichen Vertrages u.a. auch „jede spätere Übung bei der Anwendung des Vertrags" zu berücksichtigen ist, „aus der die Übereinstimmung der Vertragsparteien über seine Auslegung hervorgeht". BVerfGE 90, 286 (362 f.) – Out-of-area-Einsätze; BVerfGE 104, 151 (206 f.) – NATO-Konzept. S. auch *Graf Vitzthum* (N 114), 1. Abschnitt, Rn. 123, S. 56. Nach *Seidl-Hohenveldern* (N 60), Rn. 366, ist die übereinstimmende Praxis Indiz für den gemeinsamen Willen, wie er entweder ursprünglich bestanden habe oder sich in einer gewohnheitsrechtlichen Veränderung des Vertrags oder in einem Verzicht auf dessen Anfechtung niederschlage. S. auch BVerfGE 59, 63 (95) – Eurocontrol II mit Bezug auf *Rudolf Bernhardt*, Die Auslegung völkerrechtlicher Verträge insbesondere in der neueren Rechtsprechung internationaler Gerichte, 1963, S. 126 ff.
119 S. zur Bedeutung des Wortlauts Art. 31 Abs. 1 WVK und dazu *Graf Vitzthum* (N 114), 1. Abschnitt, Rn. 123, S. 56 f. Vgl. auch BVerfGE 104, 151 (202) – NATO-Konzept.
120 *Seidl-Hohenveldern* (N 60), Rn. 334 (entscheidend sei der „wahre Wille der Parteien").
121 Vgl. hierzu *Graf Vitzthum* (N 114), 1. Abschnitt, Rn. 123, S. 57 (auch zu Art. 33 Abs. 1 WVK).
122 S. Art. 27, aber auch Art. 46 WVK und dazu *Verdross/Simma* (N 50), §§ 689 ff.
123 BVerfGE 4, 157 (168) – Saarstatut. Entsprechend und mit Bezug hierauf: BVerfGE 30, 272 (289).
124 Vgl. Art. 46 WVK.
125 BVerfGE 31, 1 (35 f.) – Grundlagenvertrag.
126 BVerfGE 99, 145 (158) – Gegenläufige Kindesrückführung.

Nichtigkeit des Zustimmungsgesetzes

gen der Verfassung zu genügen[127]. Wo dagegen die Auslegung nach völkerrechtlichen Regeln einen Vertragsinhalt hervorbringt, der mit Vorschriften des Grundgesetzes unvereinbar ist, müßte an sich das deutsche Zustimmungsgesetz zu diesem Vertrag nichtig sein, was seine innerstaatliche Anwendung ausschlösse[128]. Allenfalls könnte man erwägen, mit einer verfassungs- (zumal grundrechts-) konformen Auslegung den Rechtsanwendungsbefehl für den Vertrag zu erhalten und dadurch einen „Zustand näher am Völkerrecht"[129] herzustellen.

IV. Ein zweiter, differenzierender Blick auf das Verhältnis von Völkergewohnheitsrecht und Völkervertragsrecht

26
Zusammenwirken von Gewohnheits- und Vertragsrecht

Die deutsche Rechtsordnung „bildet" Völkervertragsrecht und -gewohnheitsrecht – sei es über Zustimmungsakte (insbesondere nach Art. 59 Abs. 2 GG), sei es über Art. 25 GG – in ihrer völkerrechtlichen Geltung getreulich „ab"[130]. Verträge können aber so auszulegen sein (oder sogar ausdrücklich vorsehen), daß in Ergänzung ihrer ausdrücklichen Vorschriften die Regeln des allgemeinen Völkerrechts gelten sollen[131]. Darüber hinaus können Völkervertragsrecht und Völkergewohnheitsrecht parallel gelten, soweit sie inhaltlich nicht konfligieren[132]. Völkerrechtlich aber geht die Vertragsnorm vor[133], weil speziell vereinbart[134]: Das Gewohnheitsrecht kommt insoweit nicht zum Zuge; die Vertragsnorm wird von Art. 25 GG nicht erfaßt. Denkbar ist aber gleichwohl, daß inhaltlich nicht konfligierende Normen des Gewohnheits- und des Vertragsrechts im deutschen Recht „nebeneinander" gelten. So kann der Befehl zur Rechtsanwendung einer Vertragsnorm durch Zustimmungsakt (etwa nach Art. 59 Abs. 2 GG) gegeben und gleichzeitig eine nicht konfligierende Gewohnheitsregel durch Art. 25 GG rezipiert werden, weil die Vertragsnorm im Verhältnis nur zu den übrigen Vertragsparteien gilt, die Gewohnheitsrechtsnorm dagegen erga omnes[135].

---

127 Der Sache nach geschieht dies in BVerfGE 99, 145 (158ff., 162ff.) – Gegenläufige Kindesrückführung.
128 S. auch *Kay Hailbronner*, Kontrolle der auswärtigen Gewalt, in: VVDStRL 56 (1997), S. 7 (26); *Rudolf Bernhardt*, Völkerrechtliche Bemerkungen zum Grundvertrags-Urteil des Bundesverfassungsgerichts, in: FS für Eberhard Menzel, 1975, S. 109 (111f.); *Rojahn* (N 29), Art. 59 Rn. 51; *Markus Winkler*, Zur Auslegung völkerrechtlicher Verträge anhand einzelstaatlichen Verfassungsrechts, in: NVwZ 1994, S. 450ff.
129 Vgl. – freilich mit anderem Kontext und anderer Zielrichtung – BVerfGE 112, 1 (31, s. auch 35f.) – Bodenreform III mit ablehnendem Sondervotum der Richterin Gertrude Lübbe-Wolf, ebd., 44 (47f.).
130 S. o. Rn. 4ff.
131 BVerfGE 46, 342 (361) – Philippinische Botschaft zu Art. 22 WÜD (vgl. auch a.a.O., 396).
132 *Heintschel v. Heinegg* (N 47), § 16 Rn. 3. Die Inkorporation einer gewohnheitsrechtlichen Norm in einen völkerrechtlichen Vertrag ändere nichts an ihrer gewohnheitsrechtlichen Geltung und Anwendbarkeit (a.a.O. mit Verweis auf *IGH*, North Sea Continental Shelf Cases [N 46], 95)
133 *Heintschel v. Heinegg* (N 47), § 20 Rn. 3.
134 S. o. Rn. 20.
135 Vgl. BVerfGE 96, 68 (76ff., 79f.) – DDR-Botschafter, wo es um die Immunität eines Diplomaten für seine Diensthandlungen und speziell darum ging, ob diese Immunität erga omnes wirke.

D. Vorrang der allgemeinen Regeln des Völkerrechts vor den (Bundes-)Gesetzen

I. Rang der allgemeinen Regeln des Völkerrechts in der deutschen Rechtsordnung

Nach Art. 25 GG sind die allgemeinen Regeln des Völkerrechts nicht nur Bestandteil des Bundesrechts (S. 1), sondern sie gehen auch den Gesetzen vor (S. 2). Das Bundesverfassungsgericht spricht den allgemeinen Regeln des Völkerrechts innerstaatlich einen Rang unter dem (Bundes-, nicht aber dem Landes-[136]) Verfassungsrecht zu[137]. Hierzu zwingt der Wortlaut des Art. 25 S. 2 GG keineswegs. Auch wird damit das Telos der Norm nicht hinreichend getroffen. Dies gilt zum einen, wenn man die Vorschrift im systematischen Kontext mit dem Völkerrecht selbst sieht: Die Entstehung und die Existenz von Staaten ist in das Völkerrecht eingebettet, und über allgemeines Völkerrecht können einzelne Staaten nicht einseitig frei disponieren. Dies gilt zum anderen, wenn man das Telos im Lichte der Entstehungsgeschichte des Grundgesetzes begreift[138]: Die dem heutigen Art. 25 GG entsprechende Textfassung wurde vom Hauptausschuß angenommen, nachdem Clemens von Brentano offensichtlich unwidersprochen ausgeführt hatte: „Nach der bisherigen Fassung[139] wäre es möglich, durch Änderung des Grundgesetzes auch Völkerrecht abzuändern. Durch die Fassung des Antrags Hermann von Mangoldts wird dies unmöglich gemacht. Das Völkerrecht geht unter allen Umständen dem Bundesrecht und auch dem Bundesverfassungsrecht vor."[140] Man muß nicht so weit gehen, einen Vorrang sogar vor dem Verfassungsrecht anzunehmen[141]. Doch erscheint es angemessen[142], den allgemeinen Regeln des Völkerrechts Gleichrang mit der Verfassung zuzuerkennen und in der

27
BVerfG: Rang unter dem Verfassungsrecht

Völkerrechtskontext des Verfassungsrechts ab initio

Überverfassungsrang als historische Absicht

Gleichrang mit der Verfassung

---

136 Gegenüber Landesverfassungsrecht genießen die allgemeinen Regeln des Völkerrechts den Vorrang. S. BVerfGE 1, 208 (233) – 7,5%-Sperrklausel: „Nachdem Art. 25 GG allgemein den Primat des Völkerrechts vor dem innerstaatlichen Recht als Verfassungsgrundsatz der Deutschen Bundesrepublik proklamiert hat, ist selbstverständlich, daß auch die Verfassung von Schleswig-Holstein von diesem Grundsatz beherrscht wird."
137 BVerfGE 6, 309 (363) – Reichskonkordat (den allgemeinen Regeln des Völkerrechts sei „Vorrang vor den Gesetzen" eingeräumt; sie gingen „dem deutschen innerstaatlichen Recht – nicht dem Verfassungsrecht – im Range" vor); BVerfGE 37, 271 (278f.) – Solange I (die allgemeinen Vorschriften des Völkerrechts gingen „nur dem einfachen Bundesrecht" vor). Vorsichtig noch BVerfGE 1, 208 (233) – 7,5%-Sperrklausel (Zitat s. o. N 136).
138 S. dazu insbes. *Partsch* (N 28), S. 63ff.
139 Diese erklärte die allgemeinen Regeln des Völkerrechts zum Bestandteil des Bundesverfassungsrechts.
140 Parlamentarischer Rat 1948/49 – Verhandlungen des Hauptausschusses, 1948/49, 57. Sitzung am 5.5.1949, S. 749f. S. dazu auch *Pernice* (N 81), Art. 25 Rn. 4.
141 So die h.M. nach 1949, Nachweise bei *Christian Koenig*, in: v. Mangoldt/Klein/Starck, Bd. II, ⁶2010, Art. 25 Rn. 50, selbst mit einer differenzierenden Lösung Rn. 51ff. Den verfassungsändernden Gesetzgeber sieht *Pernice* (N 81), Art. 25 Rn. 25, an völkerrechtliches ius cogens gebunden.
142 A.A. etwa: *Rainer Hofmann*, in: Umbach/Clemens, Bd. I, 2002, Art. 25 Rn. 22f.; *Theodor Maunz*, in: Maunz/Dürig, Art. 25 (¹1964) Rn. 24f.; *Georgios Papadimitriou*, Die Stellung der allgemeinen Regeln des Völkerrechts im innerstaatlichen Recht, 1972, S. 94; *Rudolf* (N 26), S. 265f.; *Tomuschat* (N 81), § 172 Rn. 11. Differenzierend *Rojahn* (N 29), Art. 25 Rn. 55ff.

§ 235   Einundzwanzigster Teil: Deutsches und internationales Recht

Folge Konflikte zwischen Grundgesetz und allgemeinem Völkerrecht im Wege der praktischen Konkordanz zu lösen[143]. Ein dadurch etwa bewirkter „Verfassungswandel" würde Art. 79 Abs. 1 S. 1 GG deshalb nicht widersprechen, weil er von Art. 25 GG selbst „gewollt" wäre. Einbrüche in das deutsche Verfassungsgefüge sind eher unwahrscheinlich, wären aber zu verhindern, indem die Bundesrepublik Deutschland durch ihren Widerspruch die Bildung einer verfassungswidrigen Norm des Völkergewohnheitsrechts als solche, zumindest aber durch „persistent objection"[144] Deutschlands Bindung für daran verhinderte[145].

28
Bestandteil vorrangigen EU-Rechts

Die Frage des Rangs allgemeiner Regeln des Völkerrechts in der deutschen Rechtsordnung stellt sich noch in anderem Zusammenhang. Nach der Rechtsprechung des Europäischen Gerichtshofes gehören die allgemeine Regeln des Völkerrechts[146] zum Bestand des EU-Rechts und gehen dessen Sekundär- (und Tertiär-[147]) recht vor[148]. Damit genießen sie – mittels Art. 23 Abs. 1 S. 2 GG in Verbindung mit den Zustimmungsgesetzen[149] – auch den Vorrang des EU-Rechts[150], soweit dieses sie erfaßt.

II. Rechtsfolgen des Vorrangs im Kollisionsfall

29
Daß die allgemeinen Regeln des Völkerrechts nach Art. 25 S. 2 GG den Gesetzen vorgehen, bedeutet, daß dann, wenn eine deutsche Norm für einen

---

143 S. *Steinberger* (N 29), § 173 Rn. 61 ff., insbes. 63; sowie: i. E. *Jochen von Bernstorff*, Kerngehalte im Grund- und Menschenrechtsschutz, Habilitationsschrift Frankfurt 2011, S. 301 ff., 303; *Pernice* (N 81), Art. 25 Rn. 24 (ius cogens aber binde auch den verfassungsändernden Gesetzgebers, a. a. O., Rn. 25); *Streinz* (N 65), Art. 25 Rn. 90 i. V. m. Rn. 85 ff.; s. auch *Rojahn* (N 29), Art. 25 Rn. 57, der wiederum nur zwingendem Völkerrecht Verfassungsrang zugesteht). S. zu praktischer Konkordanz: *Konrad Hesse*, Grundzüge des Verfassungsrechts der Bundesrepublik Deutschland, [20]1999, Rn. 72, 318; BVerfGE 41, 29 (51) – Simultanschule; BVerfGE 41, 65 (78) – Gemeinsame Schule; BVerfGE 41, 88 (106 ff.) – Gemeinschaftsschule; BVerfGE 52, 223 (240, 242) – Schulgebet; BVerfGE 59, 231 (262–263) – Freie Mitarbeiter; BVerfGE 59, 360 (381) – Schülerberater; BVerfGE 67, 100 (143 f.) – Flick-Untersuchungsausschuß; BVerfGE 77, 1 (47) – Neue Heimat; BVerfGE 81, 298 (308) – Nationalhymne; 83, 130 (143) – Mutzenbacher; BVerfGE 97, 169 (176) – Kleinbetriebsklausel I; BVerfGE 116, 1 (21) – Insolvenzverwalter; BVerfGE 117, 202 (211, 215) – Vaterschaftsfeststellung.
144 S. o. Rn. 16.
145 *Steinberger* (N 29), § 173 Rn. 61 i. V. m. Rn. 34 f.
146 Davon abzugrenzen sind allgemeine Rechtsgrundsätze des Unionsrechts – wie insbes. die Grundrechtsbindung der EU (s. dazu BVerfGE 73, 339 [383 f.] – Solange II; BVerfGE 123, 267 [283] – Lissabon).
147 S. Art. 290 f. AEUV.
148 EuGH, Rs C-162/96, Slg. 1998 I-3655 – Racke. S. dazu *Frank Hoffmeister*, Die Bindung der Europäischen Gemeinschaft an das Völkergewohnheitsrecht der Verträge, in: EWS 1998, S. 365 (366 ff.).
149 S. zum Begriff der Übertragung von Hoheitsrechten: BVerfGE 37, 271 (279 f.) – Solange I. Wesentlich ist, daß die Rechtsakte der EU von und in der Bundesrepublik Deutschland als Teil ihrer Rechtsordnung anzuerkennen sind, s. BVerfGE 31, 145 (174) sowie die abw. M. der Richter Hans Rupp, Martin Hirsch und Walter Rudi Wand, BVerfGE 37, 271, 291 (295) – Solange I.
150 S. zum Vorrang des EU-Rechts: EuGH, Rs. 6/64, Slg. 1964, 1253 (1269 f.) – Flaminio Costa/E. N. E. L. Zur Rechtsfolge, daß konfligierendes nationales Recht unanwendbar ist: EuGH, Rs. 106/77, Slg. 1978, 629 Rn. 17 ff. – Staatliche Finanzverwaltung/S. p. A. Simmenthal; Rs. C-10/97 – C-22/97, Slg. 1998, I-6307 Rn. 20 f. – Ministero delle Finanze vs IN.CO.GE.'90 u. a. Siehe zum Vorrang des EU-Rechts aus der Perspektive des deutschen Rechts: BVerfGE 123, 267 (279, 282, 299 f., 396 ff.) – Lissabon (insbes. auch 354, 361 zu den Grenzen des Vorrangs); BVerfGE 126, 286 (301 f.) – Ultra vires-Kontrolle Mangoldt. Vgl. BVerfGE 31, 145 (173 ff.) – Milchpulver; BVerfGE 73, 339 (374 f.) – Solange II; BVerfGE 75, 223 (244) – Kloppenburg-Beschluß, zu Art. 24 Abs. 1 GG und dem EWGV (s. auch 224 f: „Art. 24 Abs. 1 GG enthält die verfassungsrechtliche Ermächtigung für die Billigung dieser Vorrangregel durch den Gesetzgeber und ihre Anwendung durch die rechtsprechende Gewalt im Einzelfall").

konkreten Sachverhalt eine Rechtsfolge anordnet, die mit einer ebenfalls einschlägigen Norm des allgemeinen Völkerrechts unvereinbar wäre, die deutsche Norm verdrängt wird, aber in Geltung bleibt[151] und sich die Rechtsfolge nach der völkerrechtlichen Norm bestimmt. Die allgemeinen Regeln des Völkerrechts genießen mithin Anwendungs-, aber keinen Geltungsvorrang. Während die Nichtigkeit der nationalen Norm die Geltungskraft gänzlich versagen müßte, bedeutet der Anwendungsvorrang ein punktuelles Zurückweichen des deutschen Rechts. Dies reicht hin, um den Einklang von allgemeinem Völkerrecht und deutschem Recht zu gewährleisten, erhält die Anwendbarkeit des innerstaatlichen Gesetzesrechts aufrecht, soweit ein Konflikt nicht besteht, und schont nicht zuletzt den parlamentarischen Gesetzgeber.

Anwendungsvorrang

Kein Geltungsvorrang

III. Setzt der Vorrang die unmittelbare Anwendbarkeit voraus?

Zu eng wäre es[152], den Anwendungsvorrang gegenüber dem deutschen Recht auf solche allgemeinen Regeln des Völkerrechts zu beschränken, die für einen konkreten Sachverhalt eine Rechtsfolge anordnen und in diesem Sinne unmittelbar anwendbar sind[153]. Denn mittels des Vorrangs soll gerade auch der parlamentarische Gesetzgeber gebunden werden[154]. Gerade darum muß die vorrangige Bindung auch dort wirken, wo allgemeine Völkerrechtsnormen zu ihrer Befolgung konkretisierender innerstaatlicher Umsetzungsgesetzgebung bedürfen, zumal bei positiven Handlungspflichten[155]. Gestärkt wird zugleich das Exekutive und Judikative treffende Gebot, nationales Recht im Einklang mit allgemeinem Völkerrecht auszulegen und anzuwenden[156]. Wenn sich die Bewohner des Bundesgebietes nach Art. 25 S. 2 GG auf die innerstaatliche Geltung allgemeiner Völkerrechtsregeln berufen können[157], so erstreckt sich dies auch auf nicht „unmittelbar anwendbare" Normen mit deren jeweiligem Inhalt und Bestand.

30

Vorrang auch nicht unmittelbar anwendbarer Normen

---

151 Vgl. BVerfGE 36, 342 (365 f.) – Niedersächsisches Landesbesoldungsgesetz. Anders noch BVerfGE 6, 309 (363) – Reichskonkordat. S. auch BVerfGE 23, 288 (316 f.) – Kriegsfolgelasten.
152 So aber etwa: *Rudolf* (N 26), S. 173, 258.
153 S. auch *Herdegen* (N 37), Art. 25 Rn. 37; *Rojahn* (N 29), Art. 25 Rn. 30; *Steinberger* (N 29), § 173 Rn. 44 ff. (der zu Recht die Qualität der allgemeinen Regeln des Völkerrechts als objektives Recht sowie deren mögliche Kontext- und Vorfragenrelevanz betont). Vgl. zum Begriff der unmittelbaren Anwendbarkeit mit Blick auf völkerrechtliche Verträge BVerfGE 29, 348 (360) – Deutsch-Niederländischer Finanzvertrag.
154 Dies belegt die Entstehungsgeschichte, s. o. Rn. 27.
155 Wie etwa das dem fremdenrechtlichen Mindeststandard entspringende Gebot, ausländische Staatsangehörige vor voraussehbaren Angriffen, zumal auf ihre menschenrechtlich gewährleistete Freiheit, zu schützen; s. dazu: *John Dugard*, Diplomatic Protection, in: Max Planck Encyclopedia of Public International Law (www.mpepil.com), Oxford 2009, Rn. 18, 81; *Kay Hailbronner/Jana Gogolin*, Aliens, ebd., Rn. 26 ff.; *Seidl-Hohenveldern* (N 60), Rn. 1639.
156 So durchströmen völkerrechtliche Schutzpflichten, seien sie fremden-, seien sie menschenrechtlichen Ursprungs, gerade vorfindliche nationale Gefahrenabwehrnormen, zumal polizeiliche Generalklauseln.
157 BVerfGE 27, 253 (274) – Kriegsfolgeschäden.

E. Unmittelbare Erzeugung von Rechten und Pflichten für die Bewohner des Bundesgebietes

31
Rein deklaratorische Bedeutung des Art. 25 S. 2 GG?

Nach Art. 25 S. 2 GG erzeugen die allgemeinen Regeln des Völkerrechts „Rechte und Pflichten unmittelbar für die Bewohner des Bundesgebietes" – zu denen auch juristische Personen mit inländischem Sitz zählen[158]. Dies hat eine klarstellende Funktion, soweit allgemeine Regeln des Völkerrechts sich schon selbst an den einzelnen[159] richten und ihn berechtigen oder verpflichten[160]. Rein deklaratorischen Charakter spricht das Bundesverfassungsgericht Art. 25 S. 2 GG aber auch im übrigen zu. Die Vorschrift besage lediglich, „daß die allgemeinen Regeln des Völkerrechts die gleichen Rechtswirkungen für und gegen den einzelnen haben wie (sonstiges) innerstaatliches Recht und dabei – soweit es ihr Inhalt zuläßt – auch subjektive Rechte und Pflichten für den einzelnen erzeugen"; sie wiederhole und bekräftige nur die bereits durch Art. 25 S. 1 GG vollzogene Eingliederung der allgemeinen Regeln des Völkerrechts in das Bundesrecht[161]. Im übrigen können allgemeine Regeln des Völkerrechts als Sätze objektiven Rechts innerstaatlich bedeutsam sein[162]. Auf diese Weise wird jedenfalls das Grundtelos des Art. 25 GG gewahrt, den Einklang der deutschen Rechtsordnung mit dem allgemeinen Völkerrecht zu sichern[163].

Sätze objektiven Rechts

32
Überwindung der Mediatisierung des Individuums

Ein solch deklaratorisches Verständnis, an dem schon der Wortlaut des Art. 25 S. 2 Hs. 2 GG Zweifel weckt, setzt sich auch ab von den Beratungen des Parlamentarischen Rates, in dem Carlo Schmid vorschlug, „abzuweichen von der

---

158 *Steinberger* (N 29), § 173 Rn. 66.
159 Die Formulierung „Bewohner des Bundesgebietes" wurde gewählt, um Fremde und „displaced persons" mit einzubeziehen. S. *Fritz Eberhard*, Hauptausschuß, 12. Sitzung vom 15.10.1948, abgedruckt in: Der Parlamentarische Rat 1948–1949, bearb. v. Eberhard Pikart/Wolfram Werner, Bd. 5/I, 1993, S. 317; *Carlo Schmid*, ebd., S. 318.
160 Vgl. BVerfGE 46, 342 (362f., 403f.) – Philippinische Botschaft. So *Steinberger* (N 29), § 173 Rn. 67 (m. weit. Nachw.); *Christian Tomuschat*, Deutsche Rechtsprechung in völkerrechtlichen Fragen 1958-1965, in: ZaöRV 1968, S. 48 (63); a. A. *Paul Kirchhof*, Verfassungsrechtlicher Schutz und internationaler Schutz der Menschenrechte: Konkurrenz oder Ergänzung?, in: EuGRZ 21 (1994), S. 16 (26), der Art. 25 S. 2 Hs. 2 GG für einschlägig hält.
161 BVerfGE 15, 25 (33) – Gesandtschaftsgrundstück. S. auch BVerfGE 18, 441 (448) – AG in Zürich; BVerfGE 27, 253 (274) – Kriegsfolgeschäden; BVerfGE 41, 126 (160) – Reparationsschäden; BVerfGE 46, 342 (363, 403) – Philippinische Botschaft (unter Offenlassung der Frage einer konstitutiven Erzeugung subjektiver Rechte durch Art. 25 S. 2 GG); BVerfGE 63, 343 (363, 373f.) – Rechtshilfevertrag. Vgl. zu Fragen von Entschädigungsansprüchen gegen den Besatzungsmacht auch BVerfGE 84, 90 (124f.) – Bodenreform I. Ob BVerfGE 112, 1 (22) – Bodenreform III, so zu verstehen ist, daß das Bundesverfassungsgericht nunmehr die Versubjektivierung staatengerichteter allgemeiner Regeln des Völkerrechts ernster in Erwägung zieht (vgl. *Rojahn* [N 29], Art. 25 Rn. 47), mag man bezweifeln. Denn der Satz, in der vom Grundgesetz verfaßten staatlichen Ordnung könne es unabhängig davon, ob Ansprüche von Einzelpersonen schon kraft Völkerrechts bestünden, „geboten sein, Völkerrechtsverstöße als subjektive Rechtsverletzungen geltend machen zu können", steht zwar im Zusammenhang mit Art. 25 S. 2 GG, folgt aber unmittelbar auf die Feststellung: „Eine den Einzelnen belastende gerichtliche Entscheidung, die auf einer den allgemeinen Regeln des Völkerrechts widersprechenden Vorschrift des innerstaatlichen Rechts oder auch einer mit dem allgemeinen Völkerrecht unvereinbaren Auslegung und Anwendung einer Vorschrift des innerstaatlichen Rechts beruht, kann *gegen das durch Art. 2 Abs. 1 GG geschützte Recht der freien Entfaltung der Persönlichkeit* verstoßen" (Hervorhebung nicht im Original).
162 BVerfGE 46, 342 (403) – Philippinische Botschaft.
163 S. o. Rn. 4 ff.

bisherigen Doktrin des Völkerrechts, wonach das Völkerrecht nur adressiert ist an die Staaten und nicht an die einzelnen Individuen; es könne nicht schaden, „wenn unser Land das erste wäre, das mit diesem Herkommen bricht und klar zum Ausdruck bringt, daß das Völkerrecht nicht eine Rechtssphäre irgendwo ist ..., die gerade deshalb nie zum Zuge kommt, sondern daß es eine Rechtssphäre ist, die auch unser innerstaatliches Rechtsleben bedingt und bestimmt und sich unmittelbar an den einzelnen Deutschen wendet, ihn berechtigend und verpflichtend"[164]. Danach könnte Art. 25 S. 2 GG objektive oder staatengerichtete Normen des allgemeinen Völkerrechts für den deutschen Rechtsraum[165] in subjektive Individualrechte oder -pflichten verwandeln. Bewirkt würde ein „Adressatenwechsel", der jedoch nur denkbar erscheint, soweit er den Inhalt des Völkerrechts nicht verfälscht[166]. Ansonsten würde das Grundtelos des Art. 25 GG, der Einklang mit dem Völkerrecht, gefährdet. Am ehesten wird man daher eine individuelle Versubjektivierung von Pflichten annehmen[167], die auf ein striktes Unterlassen gerichtet sind, etwa die Pflicht, niemanden zu foltern, oder das – freilich schon aus Art. 26 GG folgende – Verbot, an einem Angriffskrieg gegen einen fremden Staat mitzuwirken[168]. Denn Unterlassungspflichten sind eindeutig. Individuelle Pflichten, ein bestimmtes Verhalten nicht zu zeigen, vermögen Unterlassungspflichten des Gemeinwesens Staat zu untermauern. Ferner läßt sich denken, daß Art. 25 S. 2 Hs. 2 GG Völkerrechtsnormen, die zwar schon existieren, jedoch erst reflexhaft den einzelnen begünstigen, innerstaatlich zu echten Individualrechten erstarken läßt, noch bevor sie im Völkerrecht anerkannt sind. Subjektive Rechte des einzelnen können freilich nicht gegenüber einem fremden Staat als Völkerrechtssubjekt begründet werden, da die deutsche Rechtsordnung diesen grundsätzlich[169] einseitig weder binden noch ihm in der Person des einzelnen als eines neuen Rechtsträgers die Anerkennung eines neuen Völkerrechtssubjekts aufdrängen kann. Gebunden werden könnte aber die deutsche Staatsgewalt. In der Folge würden solche Rechte innerstaatlich

Konstitutiver Adressatenwechsel

Strikte gleichsinnige Unterlassungspflichten

Innerstaatliche Anerkennung von Individualrechten

Bindung deutscher Staatsgewalt

---

164 *Carlo Schmid*, Parlamentarischer Rat 1948/49 – Verhandlungen des Hauptausschusses, 1948/49, 5. Sitzung am 18.11.1948, S. 65 (s. auch S. 65 f. insgesamt).
165 „Rechtsraum" verstanden nicht in einem strikt territorialen Sinn, sondern entsprechend der Reichweite des deutschen Rechts, die sich auch über die Grenzen des Bundesgebietes erstrecken kann.
166 Grundlegend *Karl Doehring*, Die allgemeinen Regeln des völkerrechtlichen Fremdenrechts und das deutsche Verfassungsrecht, 1963, S. 153 ff. Eine Verfälschung kann auch eintreten, wenn schon das Völkerrecht einer Inpflichtnahme des Individuums Freiheitsrechte entgegenstellt (s. *Tomuschat* [N 81], § 172 Rn. 16).
167 Wie sich verfassungsrechtliche Gesetzesvorbehalte auswirken, ist umstritten, s. *Pernice* (N 81), Art. 25 Rn. 30; *Steinberger* (N 29), § 173 Rn. 68; *Rojahn* (N 29), Art. 25 Rn. 28 f., 51; *Streinz* (N 65), Art. 25 Rn. 46. Durch die Bewirkung eines Adressatenwechsels dürfte Art. 25 S. 2 GG die Pflichten materiellrechtlich selbst konstitutiv begründen (vgl. *Pernice*, a. a. O.), ohne vom Erfordernis einer gesetzlichen Grundlage zu entbinden, soweit zur Realisierung der Sanktionierung der Befolgung solcher Pflichten hoheitlich in Grundrechte eingegriffen wird (vgl. *Rojahn* [N 29], Art. 25 Rn. 28 f.; *Steinberger* [N 29], Rn. 68).
168 In diese Richtung schon *Fritz Eberhard*, Hauptausschuß, 12. Sitzung vom 15.10.1948, abgedruckt in: Der Parlamentarische Rat 1948–1949, bearb. v. Eberhard Pikart/Wolfram Werner, Bd. 5/I, 1993, S. 317. Vgl. auch *Rojahn* (N 29), Art. 25 Rn. 52.
169 Nämlich jedenfalls soweit er hoheitlich handelt. Handelt der fremde Staat dagegen privatrechtlich, kann sein Verhalten bei hinreichendem Anknüpfungspunkt von Vorschriften des deutschen Privatrechts erfaßt und der fremde Staat insoweit der deutschen Gerichtsbarkeit unterworfen sein.

justitiabel (Art. 19 Abs. 4 GG) und Deutschland würde eine Staatspraxis ausprägen, die völkerrechtlich relevant wäre und die Entwicklung von Völkergewohnheitsrecht hin zur Überwindung der klassischen Mediatisierung des einzelnen im Völkerrecht befördern würde[170].

33

Durchsetzung objektiven Völkerrechts mit Hilfe der Verfassungsbeschwerde

Aber auch soweit man annimmt, Art. 25 GG wandle Völkerrechtsnormen nicht konstitutiv in Individualrechte und -pflichten um, ist die Erschließung (objektiver) Völkerrechtsnormen für die Rechtsstellung des einzelnen doch bedeutsam. Zwar kann eine Verfassungsbeschwerde nicht unmittelbar auf die Verletzung von Art. 25 GG gestützt werden[171]. Doch kann mit ihr gerügt werden, daß gesetzliche Vorschriften zu einer allgemeinen Regel des Völkerrechts in Widerspruch stehen und von dieser verdrängt werden[172]. Der einzelne kann sich gegenüber einem Verhalten deutscher Hoheitsgewalt (Art. 1 Abs. 3 GG) auf eine „individualschützende Regel"[173] des allgemeinen Völkerrechts „in Verbindung mit Art. 2 Abs. 1 GG" berufen[174]. Art. 25 S. 2 GG verdeutlicht nach Ansicht des Bundesverfassungsgerichts die Wertung der Verfassung, daß der Betroffene die Beachtung der allgemeinen Regeln des Völkerrechts vor dem Bundesverfassungsgericht soll erzwingen können[175]. Denkbar erscheint auch eine Verletzung von Art. 3 Abs. 1 GG, wenn eine Differenzierung gegen allgemeines Völkerrecht verstößt[176].

---

170 Vgl. auch andere ähnliche Ansätze – etwa von *Thomas Giegerich*, Die Verfassungsbeschwerde an der Schnittstelle von deutschem, internationalem und supranationalem Recht, in: Christoph Grabenwarter u. a. (Hg.), Allgemeinheit der Grundrechte und Vielfalt der Gesellschaft, 1994, S. 108f.; *Herdegen* (N 37), Art. 25 Rn. 49f.; *Pernice* (N 81), Art. 25 Rn. 30; *Rojahn* (N 29), Art. 25 Rn. 46, 48ff.; *Streinz* (N 65), Art. 25 Rn. 47ff.; *Tomuschat* (N 81), § 172 Rn. 16.

171 BVerfGE 6, 389 (440) – Homosexuelle; 18, 441 (451) – AG in Zürich. Vgl. aber auch *Carlo Schmid*, Hauptausschuß, 12. Sitzung vom 15. 10. 1948, abgedruckt in: Der Parlamentarische Rat 1948–1949, bearb. v. Eberhard Pikart/Wolfram Werner, Bd. 5/I, S. 321: „... Angenommen, durch ein Landesgesetz wird ein Statut der Ausländer erlassen. Dann kann ein Ausländer, der sich durch dieses Gesetz gekränkt fühlt und der Meinung ist, daß darin nicht die völkerrechtlichen Regeln gewahrt sind, Beschwerde einlegen, und zwar eine Verfassungsbeschwerde. Dann wird der Verfassungsgerichtshof entscheiden. Genau so wird er sich vor dem Verwaltungsgerichtshof darauf berufen können."

172 BVerfGE 23, 288 (300) – Kriegsfolgelasten mit Bezugnahme auf BVerfGE 6, 32 (41) – Elfes; BVerfGE 6, 389 (432f., 440) – Homosexuelle; BVerfGE 7, 111 (119); 9, 3 (11). Sodann: BVerfGE 31, 145 (177) – Milchpulver.

173 Der Kreis „individualschützender" Normen ist weiter als der Individual*rechte* verleihender Normen, wie spätere Entscheidungen zeigen. Vgl. die Verneinung eines Verstoßes gegen Art. 2 Abs. 1 (teils auch Art. 2 Abs. 2 S. 2) i. V. m. Art. 25 GG in: BVerfGE 95, 96 (128f.) – Mauerschützen (unter Verweis auf BVerfGE 77, 170 [232] – Lagerung chemischer Waffen; keine fortwirkende Immunität als ehemalige Inhaber hoher Regierungsämter und Mitglieder eines Verfassungsorgans der DDR); BVerfGE 96, 68 (96) – DDR-Botschafter (keine Immunität eines in der DDR akkreditierten Botschafters nach der Wiedervereinigung); BVerfGE 109, 13 (32) – Lockspitzel I sowie BVerfGE 109, 38 (58) – Lockspitzel II (kein Auslieferungshindernis bei einer „Entführung" durch List).

174 BVerfGE 66, 39 (64) – Nachrüstung. Wo speziellere Freiheitsrechte einschlägig sind, verdrängen diese Art. 2 Abs. 1 GG. S. hierzu insbes.: *Giegerich* (N 170), S. 109ff.; *Charalambos M. Tsiliotis*, Die Allgemeinen Regeln des Völkerrechts im Sinne der Art. 25 GG und die deutschen Grundrechte, in: Europäische Zeitschrift des öffentlichen Rechts 11 (1999), S. 1185 (1196ff. m. weit. Nachw.); *Herdegen* (N 37), Art. 25 Rn. 54, möchte die Prüfung einer auf Art. 2 Abs. 1 i. V. m. Art. 25 GG gegründeten Verfassungsbeschwerde auf die Verletzung solcher Völkerrechtsregeln beschränken, die unmittelbar subjektive Rechte des einzelnen begründen oder zumindest einen starken individualschützenden Gehalt haben.

175 BVerfGE 112, 1 (21f.) – Bodenreform III, mit Hinweis auf BVerfGE 18, 441 (448) – AG in Zürich; BVerfGE 27, 253 (274) – Kriegsfolgeschäden.

176 Vgl. BVerfGE 112, 1 (22ff.) – Bodenreform III.

F. Praktische Bedeutung der allgemeinen Regeln des Völkerrechts

Das Bundesverfassungsgericht hat immer wieder, zumal in Verfahren nach Art. 100 Abs. 2 GG, zur Existenz von Normen des allgemeinen Völkerrechts Stellung genommen[177]. Die Fälle zeigen die Bedeutung des Völkerrechts in der forensischen Praxis[178]. Natürlich erfassen sie aber nur Ausschnitte und können jeweils nur eine Momentaufnahme des sich stetig fortentwickelnden allgemeinen Völkersrechts wiedergeben[179]. Gleichwohl kristallisieren sich Bereiche praktisch wichtiger allgemeiner Regeln des Völkerrechts heraus, die über Art. 25 GG in der deutschen Rechtsordnung gelten. Diese zeigen, daß das allgemeine Völkerrecht dem Staat nicht nur Grenzen setzt, sondern ihm auch Befugnisse verleiht und damit ermöglichend wirkt.

34
Gerichtsentscheide als Momentaufnahmen der Völkerrechtsentwicklung

Begrenzende und ermöglichende Wirkung

Von der Verfassungsrechtsprechung häufig berührt worden sind Aspekte der Souveränität. Vielfach geht es dabei um Fragen der Abgrenzung, welcher Staat befugt ist, auf einen Sachverhalt zuzugreifen und ihn zu regeln, und damit zusammenhängend um Fragen der Zurechnung[180]. So stellt es die ausschließliche Angelegenheit eines fremden Staates dar, wenn dessen Behörden und Gerichte über eine Auslieferung entscheiden und dabei einen Auslieferungsvertrag anwenden, weshalb diese Vertragsanwendung der Rechtmäßigkeitsüberprüfung durch deutsche Gerichte nicht unterliegt[181]. 1987 stellte das Bundesverfassungsgericht fest, die im Bundesgebiet mit Einverständnis der Bundesrepublik Deutschland stationierten fremden Streitkräfte seien nach einer allgemeinen Regel des Völkerrechts hinsichtlich ihres hoheitlichen Verhaltens, zu dem auch die Lagerung von Waffen zu Verteidigungszwecken zähle, in verfahrensrechtlicher Hinsicht der Hoheitsgewalt der Bundesrepublik Deutschland entzogen[182]. Jedenfalls im Hintergrund des ersten Urteils des Bundesverfassungsgerichts zu Fragen der Bodenreform in der DDR steht der Grundsatz der Gebietshoheit souveräner Staaten, wenn dort ausgeführt wird, es bestünden keine verfassungsrechtlichen Bedenken dagegen, daß nach deutschem internationalen Enteignungsrecht die Enteignungen eines fremden Staates einschließlich der entschädigungslosen „Konfiskationen" grundsätzlich als wirksam angesehen werden, soweit dieser Staat innerhalb der Grenzen seiner Macht geblieben ist[183]. Als Ausfluß deutscher Souveränität

35
Staatliche Souveränität

Koordination und Zuordnung

---

177 S. als Beispiele der Diversität der Fälle und der dabei beleuchteten (teils nur vermeintlichen) Völkerrechtsregeln: BVerfGE 1, 208 (240) – 7,5 %-Sperrklausel; BVerfGE 23, 288 (300 ff.) – Kriegsfolgelasten II; BVerfGE 30, 409 (413) – § 12 UHaftEntschG (zum völkerrechtlichen Gegenseitigkeitsprinzip).
178 Zur fortbestehenden, teils aber schwindenden Bedeutung des allgemeinen Völkergewohnheitsrechts: *Heintschel v. Heinegg* (N 47), § 16 Rn. 1, 32.
179 S. o. Rn. 8 a.E.
180 S. auch u. Rn. 50 f.
181 BVerfGE 46, 214 (219 f.) mit Verweis auf BVerfGE 1, 10 (11). Vgl. a. BVerfGE 46, 342 (400) – Philippinische Botschaft (Verlangen von Auskunft über ein Botschaftskonto als unzulässige Intervention).
182 BVerfGE 77, 170 (207 f.) – Lagerung chemischer Waffen (ausgeschlossen sei ihnen gegenüber der Erlaß von Einzelakten, die eine einseitige hoheitliche Regelung eines Einzelfalls enthielten).
183 BVerfGE 84, 90 (123 f.) – Bodenreform I. Kritisch: *Seidl-Hohenveldern* (N 60), Rn. 1489 a.

§ 235   *Einundzwanzigster Teil: Deutsches und internationales Recht*

erweist es sich, daß die Bundesrepublik Deutschland nachrichtendienstliche Tätigkeiten, die im Auftrag der ehemaligen DDR ausgeübt worden waren, ahndete, konnte doch das Bundesverfassungsgericht nicht feststellen, daß diese Ahndung gegen eine allgemeine Regel des Völkerrechts und damit gegen Art. 25 GG verstößt[184].

36
„Lotus-Prinzip"

Nach dem – freilich umstrittenen – „Lotus-Prinzip" dürfen Beschränkungen der Handlungsfreiheit souveräner Staaten nicht vermutet, sondern müssen im je bindenden Völkerrecht belegt werden[185]. Im Lichte dessen erscheinen viele Fragen der Geltung von allgemeinem Völkerrecht als Aspekte der beschränkten Reichweite staatlicher Souveränität – so etwa das Gewaltverbot[186], Grenzen des Waffeneinsatzes nach humanitärem Kriegsvölkerrecht[187], Pflichten aus dem völkerrechtlichen Gleichheitssatz[188], das Verbot völkerrechtlicher Verträge zu Lasten Dritter[189], Schranken der Zulässigkeit von Großprojekten auf Grund internationalen Nachbarrechts[190] oder die Pflicht, eigene Staatsangehörige zum Hoheitsgebiet zuzulassen[191]. Im Auslieferungsrecht verbietet es der Grundsatz der Spezialität grundsätzlich, eine ausgelieferte Person wegen anderer als der in der Auslieferungsbewilligung angeführten Taten zu inhaftieren, vor Gericht zu stellen oder zu bestrafen[192], sowie strafbare Handlungen, für welche die Auslieferung nicht bewilligt ist, strafschärfend zu berücksichtigen[193]. Das völkerrechtliche Annexionsverbot und die daraus folgende Rechtsunwirksamkeit einer Annexion fremden Staatsgebiets[194] können

Beschränkungen staatlicher Handlungsfreiheit

---

184 BVerfGE 92, 277 (320 ff.) – DDR-Spione (321 f. zur Anerkennung der „Act of State Doctrine" allein im angloamerikanischen Rechtskreis). S. zur vorfragenweisen gerichtlichen Befassung mit Hoheitsakten fremder Staaten auch: BVerfGE 96, 68 (90) – DDR-Botschafter m. weit. Nachw., auch zur „Act of State Doctrine". S. dazu auch: *Jean-Pierre. Fonteyne*, Acts of State, in: in: Max Planck Encyclopedia of Public International Law, Bd. I, Oxford 1992, S. 17 ff.; *Matthias Ruffert*, Recognition of Foreign Legislative and Administrative Acts, in: Max Planck Encyclopedia of Public International Law, www.mpepil.com, 2011; *Seidl-Hohenveldern* (N 60) Rn. 1487 ff.; *Verdross/Simma* (N 50), §§ 1178 ff.
185 S. zum „Lotus-Prinzip": Permanent Court of International Justice, Affaire du „Lotus", Urt. v. 7.9.1927, Serie A, Nr. 10, S. 18 ff. S. a. die Kritik am Lotus-Prinzip im Sondervotum des Richters Bruno Simma zur Advisory Opinion des International Court of Justice, Accordance with International Law of the Unilateral Declaration of Independence in Respect of Kosovo, 22.7.2010, §§ 3, 8 f. (www.icj-cij.org/docket/index.php?p1=3&p2=4&k=21&case=141&code=kos&p3=4).
186 BVerfGE 104, 151 (177, 212 f.) – NATO-Konzept; BVerfGE 118, 244 (270 f.) – Afghanistan-Einsatz.
187 BVerfGE 77, 170 (232 f.) – Lagerung chemischer Waffen; dort auch zur nicht auszuschließenden Möglichkeit von Völkerrechtsverletzungen.
188 BVerfGE 38, 128 (134 f.).
189 BVerfGE 96, 68 (91) – DDR-Botschafter. Vgl. auch BVerfGE 118, 124 (134 ff.) – Völkerrechtliche Notstandseinrede (keine Berufung auf den wegen Zahlungsunfähigkeit erklärten Staatsnotstand, um die Erfüllung fälliger privatrechtlicher Zahlungsansprüche unter Berufung auf Völkerrecht zeitweise zu verweigern – a. A. abw. M. der Richterin Gertrude Lübbe-Wolff, ebd., 146 ff. [156 ff.]).
190 Vgl. BVerfGE 72, 66 (80 f.) – Flughafen Salzburg.
191 BVerfGE 113, 273 (294) – Europäischer Haftbefehl (daraus auf das Vertrauen der Bürger in den gesicherten Aufenthalt auf dem Gebiet ihres Heimatstaates als völkerrechtliche Grundlage eines verfassungsrechtlichen Auslieferungsverbots schließend; dagegen abw. M. der Richterin Gertrude Lübbe-Wolff, ebd., 327 ff. [328]).
192 *Torsten Stein*, Extradition, in: Max Planck Encyclopedia of Public International Law, www.mpepil.com, Rn. 19 (auch zu den Ausnahmen des freiwilligen Verbleibs des Betroffenen im ersuchenden Staat, seiner freiwilligen Rückkehr oder der erneuten Auslieferung dorthin nach Verlassen des Gerichtsstaates).
193 BVerfGE 57, 9 (27 f.) – Einlieferungsersuchen.
194 *Alfred Verdross/Bruno Simma*, Universelles Völkerrecht, 3. Aufl., 1984, §§ 970 f. (s. auch § 79); *Rudolf Bindschedler*, Annexation, in: Max Planck Encyclopedia of Public International Law, Bd. I, Oxford 1992, S. 168 (170 f.); vgl. auch BGH, in: DVBl 1959, S. 434.

für – historisch verwurzelte – Anwendungsfälle des (durch deutsches Recht als verbindlich angeordneten) Territorialitätsgrundsatzes bedeutsam sein[195].

37
Staatenimmunität

Gerichtspraktisch bedeutsam sind vor allem die Grundsätze der Staatenimmunität[196], welche die Ausübung deutscher Gerichtsbarkeit beschränken. Den Ausgangspunkt bildet dabei allerdings, daß es das allgemeine Völkerrecht einem Staat *nicht verwehrt*, fremden Staaten vor seiner Gerichtsbarkeit unbeschränkte Immunität zu gewähren[197]. Während dieser Grundsatz durch Entwicklungen im Bereich der Menschenrechte, zumal des Folterverbots, inzwischen unter Druck geraten ist[198], befaßt sich die Rechtsprechung zumeist damit, wie weit es *geboten* ist, Immunität zu gewähren. Zu unterscheiden sind dabei zum einen die Regeln der Staatenimmunität[199] und die als leges speciales zu verstehenden[200] Regeln diplomatischer Immunität[201]. Zum anderen ist zu trennen[202] zwischen gerichtlichen Erkenntnisverfahren, die gegen einen fremden Staat ohne dessen Immunitätsverzicht nur durchgeführt werden dürfen, wenn es um dessen nichthoheitliches Handeln geht[203], und Vollstreckungsverfahren, mittels deren auf im Inland belegene Gegenstände eines fremden Staates ohne dessen Einverständnis nicht zugegriffen werden darf, die im Zeitpunkt des Beginns einer Vollstreckungsmaßnahme hoheitlichen Zwecken dieses Staates dienen[204].

38
Außenvertretung des Staates

Wie sich dies schon bei den Regeln über Staatenimmunität andeutet, wird staatliches Handeln durch Völkerrecht nicht nur beschränkt, sondern auch erleichtert oder ermöglicht. So ist dazu, bindende Erklärungen mit Wirkung nach außen abzugeben, nach allgemeinem Völkerrecht neben dem Staats-

---

195 S. BVerfGE 94, 315 (324) – Zwangsarbeit.
196 §§ 18 bis 20 GVG erfassen die Staatenimmunität als solche nicht, zumindest nicht vollständig. Daher sind von den Gerichten die – nach Art. 25 GG ohnehin vorrangigen – allgemeinen Regeln des Völkerrechts anzuwenden. S. zu Immunitätsfragen auch die demnächst in: BDGVR Bd. 45 erscheinenden Vorträge auf der Tagung der Deutschen Gesellschaft für Internationales Recht am 14. u. 15.3.2013: *Heike Krieger*, Immunität: Entwicklung und Aktualität als Rechtsinstitut; *Stefan Talmon*, Immunität von Staatsbedienstete; *Andreas R. Ziegler*, Immunität – Immunität der Staaten.
197 So ausdrücklich BVerfGE 46, 342 (366) – Philippinische Botschaft.
198 Während im Fall Al-Adsani ./. Großbritannien die GK des EGMR, Beschwerde Nr. 35763/97, Beschl. v. 21.11.2001, in: Reports of Judgments and Decisions 2001-XI, §§ 61 ff., meinte, jedenfalls gegenüber zivilgerichtlichen (Schadensersatz-)Klagen, die sich auf einen Verstoß gegen das Folterverbot gründen, könnten Staaten sich auch heute noch auf den Grundsatz der Staatenimmunität berufen, widersprachen dem eine Reihe von Richtern in Sondervoten heftig.
199 BVerfGE 15, 25 (34 ff., 42 f.) – Gesandtschaftsgrundstück; BVerfGE 16, 27 (33 ff., 61 ff.) – Iranische Botschaft; BVerfGE 46, 342 (364 f.; s. auch 393 f.) – Philippinische Botschaft; BVerfGE 95, 96 (129) – Mauerschützen.
200 BVerfGE 117, 141 (151 f.) – Diplomatische Immunität. S. auch BVerfGE 96, 68 (82 ff.; 85 f.; s. auch 90 f.) – DDR-Botschafter.
201 BVerfGE 96, 68 (86 ff.) – DDR-Botschafter.
202 BVerfGE 117, 141 (153 ff., 155) – Diplomatische Immunität. S. auch BVerfGE 46, 342 (364 ff., 393 f.) – Philippinische Botschaft.
203 BVerfGE 16, 27 (33 ff., 61 ff.) – Iranische Botschaft; BVerfGE 46, 342 (364 f.) – Philippinische Botschaft.
204 BVerfGE 46, 342 (364 ff., 394 ff., 400, 401 f.) – Philippinische Botschaft; BVerfGE 64, 1 (22 ff., 44) – National Iranian Oil Company; BVerfGE 117, 141 (148, 151 ff.) – Diplomatische Immunität. S. auch BVerfGE 63, 343 (361) – Rechtshilfevertrag (ein Staat müsse nach allgemeinem Völkerrecht in seinem Hoheitsbereich die Vornahme oder Vollstreckung von Hoheitsakten eines anderen Staates durch dessen Organe grundsätzlich weder dulden noch dafür – im Wege der Rechtshilfe – seine Hand reichen; das Völkerrecht *verbiete* freilich solche Duldung oder Mithilfe auch nicht; es stelle sie den Staaten frei).

oberhaupt auch der Außenminister eines Staates befugt[205]. Kraft allgemeinen Völkerrechts ist es einem Staat nicht verwehrt, mit Kernsprengköpfen ausgerüstete Raketen zu Verteidigungszwecken bereitzuhalten, insbesondere um damit einen seinerseits über Kernwaffen verfügenden möglichen Gegner vom Einsatz seiner Kernwaffen abzuhalten; zulässig ist es auch, daß ein Staat zu Verteidigungszwecken, zumal um einen potentiellen Aggressor abzuschrecken, seine Zustimmung zur Aufstellung von Kernwaffen durch einen dritten Staat gibt[206]. Auf Forderungen gegen fremde Staaten kann verzichtet werden[207]. Der Beschlagnahmezugriff auf innerhalb seines Hoheitsgebiets befindliche Gegenstände gehört zu den ausschließlichen Angelegenheiten eines Staates, soweit nicht ausnahmsweise allgemeine Regeln des Völkerrechts, wie etwa Immunitäten oder diplomatische Unverletzlichkeiten, oder vertragliche Regelungen eingreifen[208]. Hoheitliches Handeln ist in gewissen Grenzen auch außerhalb der räumlichen Sphäre von Territorium und Küstenmeer zulässig[209]. Einem im Ausland lebenden Ausländer können bei hinreichendem sachgerechtem Anknüpfungspunkt Abgaben auferlegt werden[210]. Grundsätzlich steht es im Ermessen jedes Staates, zu bestimmen, wie seine Staatsangehörigkeit erworben und verloren wird[211]. Freilich ist diese Befugis, Staatsangehörigkeitsfragen zu regeln, durch das allgemeine Völkerrecht zugleich begrenzt: Jeder Staat darf seine Staatsangehörigkeit nur an Personen verleihen, die zu ihm in einer näheren tatsächlichen Beziehung stehen – etwa auf Grund der Abstammung von einem Staatsangehörigen oder der Geburt auf dem Staatsgebiet[212]. Kein Staat ist völkerrechtlich befugt, Rechtsvorschriften über den Erwerb oder Verlust einer *fremden* Staatsangehörigkeit zu treffen[213]. Zugunsten seiner Staatsangehörigen kann jeder Staat diplomatischen Schutz[214]

Rüstung

Forderungsverzicht und Beschlagnahmezugriff

Regelung extraterritorialer Sachverhalte

Staatsangehörigkeitsrecht

---

205 BVerfGE 68, 1 (83) – Atomwaffenstationierung.
206 S. BVerfGE 66, 39 (64f.) – Nachrüstung. Bestätigt in: BVerfGE 68, 1 (83) – Atomwaffenstationierung.
207 S. BVerfGE 112, 1 (33) – Bodenreform III.
208 BVerfGE 64, 1 (19f.) – National Iranian Oil Company (dem völkerrechtlich anerkannten und von anderen Staaten zu achtenden Ausschließlichkeitsanspruch des jeweiligen Staates für einen derartigen Zugriff entspreche das Recht, einen solchen Zugriff vorzunehmen und über ihn autonom zu entscheiden).
209 S. in diesem Kontext: *Brownlie* (N 4), S. 105ff., 173ff., 299ff., insbes. 311ff. Vgl. etwa auch BVerfGE 97, 198 (216) (zu § 6 BGSG 1994 [§ 6 BGSG 1972] und Befugnissen des Bundesgrenzschutzes auf hoher See außerhalb des Küstenmeers).
210 BVerfGE 63, 343 (368f.) – Rechtshilfevertrag (wo das Erfordernis hinreichender Anknüpfung freilich als Begrenzung der internationalen Regelungskompetenz eines Staates erscheint).
211 BVerfGE 1, 322 (328); 37, 217 (218) – Staatsangehörigkeit von Abkömmlingen. Diese ermöglichende Wirkung ließe sich freilich nach dem „Lotus-Prinzip" (s. o. Rn. 36) als schlichter Ausfluß der Souveränität verstehen.
212 BVerfGE 1, 322 (328); 4, 322 (327ff.) (zur Lage bei Staatensukzession und Desannexion, sodann speziell bei Wiedererrichtung Österreichs als eines selbständigen Staates); BVerfGE 77, 137 (153) – Teso (die Bundesrepublik Deutschland habe die Grenzen für die Bestimmung des Kreises ihrer Staatsangehörigen nicht überschritten, indem sie die Staatsbürger der DDR zum Kreis der deutschen Staatsangehörigen im Sinne des Grundgesetzes zählte, diesen Status aber immer erst dann aktualisierte, wenn die Betroffenen in den Hoheitsbereich der Bundesrepublik Deutschland gelangten und die Aktualisierung hinnahmen oder begehrten).
213 BVerfGE 37, 217 (218) – Staatsangehörigkeit von Abkömmlingen (auch zu doppelter oder mehrfacher Staatsangehörigkeit).
214 Zu den Voraussetzungen: *John Dugard*, Diplomatic Protection, in: Max Planck Encyclopedia of Public International Law, www.mpepil.com, Rn. 18ff.

üben²¹⁵. Unbeschadet entgegenstehender völkervertragsrechtlicher Bestimmungen können die Staaten über die Zulassung von Fremden zu ihrem Hoheitsgebiet oder deren Abweisung regelmäßig nach freiem Ermessen entscheiden²¹⁶. Asyl zu gewähren, ist völkerrechtlich zunächst ein Recht des Staates²¹⁷. Die Asylgewährung ist dabei nach allgemeinem Völkerrecht nicht auf politische Verbrecher oder solche Personen beschränkt, deren Tat in Verbindung mit einer politischen Straftat steht²¹⁸. Für die Mitwirkung der Bundesrepublik Deutschland an Auslieferungen im internationalen Rechtshilfeverkehr ist es bedeutsam, daß es an einer allgemeinen Regel des Völkerrechts fehlt, die einen Durchlieferungsstaat zur Rückführung eines Verfolgten verpflichtet, sofern die Durchlieferung aus Rechtsgründen undurchführbar wird²¹⁹; insoweit vermag Art. 16 Abs. 2 S. 1 GG ohne Völkerrechtsbruch zum Zuge zu kommen. Die Auslieferung auch eigener Staatsangehöriger entspricht indessen einer allgemeinen überstaatlichen und völkerrechtlichen Entwicklung²²⁰. Auslieferungsersuchen auch wegen fiskalischer Delikte zu stellen, ist zulässig²²¹. Eine Regel, wonach niemand in den ersuchenden Staat ausgeliefert werden dürfte, der aus seinem Heimatstaat mit List, aber ohne Beeinträchtigung seiner Entscheidungsfreiheit in den ersuchten Staat gelockt worden ist, besteht nach allgemeinem Völkerrecht nicht²²². Bei der Prüfung der Zulässigkeit einer Auslieferung haben die deutschen Gerichte zwar grundsätzlich die Rechtmäßigkeit des Zustandekommens eines ausländischen Strafurteils, zu dessen Vollstreckung der Verfolgte ausgeliefert werden soll, nicht nachzuprü-

Zulassung fremder Staatsangehöriger zum Hoheitsgebiet

39
Gewährung von Asyl

Auslieferungsrecht

---

215 Diplomatischen Schutz zu üben, stellt ein Recht des Staates dar. Ob der einzelne Anspruch auf diplomatischen Schutz hat, ist wesentlich eine Frage des innerstaatlichen Rechts. S. in diesem Zusammenhang: BVerfGE 6, 290 (299f.) – Washingtoner Abkommen; BVerfGE 40, 141 (177f.) – Ostverträge; BVerfGE 41, 126 (182f.) – Reparationsschäden; BVerfGE 55, 349 (364ff.) – Hess-Entscheidung; BVerfGE 94, 315 (329ff.) – Zwangsarbeit. S. auch *Wilhelm Karl Geck*, Der Anspruch des Staatsbürgers auf Schutz gegenüber dem Ausland nach deutschem Recht, in: ZaöRV 17 (1956/57), S. 476ff.; *Karl Doehring*, Die Pflicht des Staates zur Gewährung diplomatischen Schutzes, 1959; *Eckart Klein*, Diplomatischer Schutz und grundrechtliche Schutzpflicht, in: DÖV 1977, S. 704ff. m. weit. Nachw.
216 BVerfGE 76, 1 (78) – Familiennachzug; vgl. auch BVerfGE 113, 273 (294) – Europäischer Haftbefehl. S. auch EGMR, Abdulaziz u. a. ./. Großbritannien, Beschwerde Nr. 9214/80, § 67; Moustaquim vs. Belgium, Urt. v. 18.2.1991, Series A no. 193, 18, § 43; Boultif ./. Schweiz, Beschwerde Nr. 4273/00, in: Reports of Judgments and Decisions 2001-IX, §§ 39, 46; Üner ./. Niederlande, Beschwerde Nr. 46410/99, Urt. (GK) v. 18.10.2006, in: Reports of Judgments and Decisions 2006-XII, § 54. S. zum Familiennachzug und Art. 8 EMRK: EGMR, Gül ./. Schweiz, Beschwerde Nr. 23218/94, Urt. (GK) v. 19.2.1996, in: Reports of Judgments and Decisions, § 38; Ahmut ./. Niederlande, Beschwerde Nr. 21702/93, in: Reports of Judgement and Decisions 1996-VI, § 67; *Jochen Abr. Frowein/Wolfgang Peukert*, ³2009, Art. 8 Rn. 40.
217 BVerfGE 74, 51 (58f.) – Nachfluchttatbestände.
218 BVerfGE 9, 174 (181) – Politisch Verfolgter.
219 BVerfGE 10, 136 (140) – Durchlieferung.
220 BVerfGE 113, 273 (296) – Europäischer Haftbefehl.
221 BVerfGE 57, 9 (27) – Einlieferungsersuchen.
222 BVerfGE 109, 13 (28ff.) – auch zu Tendenzen einer Entwicklung der Staatenpraxis dahin, daß die Geltung des Grundsatzes male captus, bene detentus jedenfalls dann abgelehnt wird, wenn sich der Gerichtsstaat des Verfolgten unter schweren Menschenrechtsverletzungen bemächtigt und der in seiner Gebietshoheit verletzte Staat gegen ein solches Vorgehen protestiert hat (mit Hinweis auf International Criminal Tribunal for the Former Yugoslavia, Prosecutor v. Dragan Nikolić, Entscheidung vom 5.6.2003 – IT-94-2-AR73 –, Appeals Chamber, Ziff. 24 ff. unter Hinweis auf die Entscheidung des U.S. Federal Court of Appeals, United States v. Toscanino, 500 Federal Reporter, Second Series, 267 [1974]; sowie *Stephan Wilske*, Die völkerrechtswidrige Entführung und ihre Rechtsfolgen, 2000, S. 272ff., 336 m. weit. Nachw.). Entsprechend: BVerfGE 109, 38 (54ff.).

fen. Sie sind jedoch nicht daran gehindert[223], sondern „von Verfassungs wegen gehalten", zu prüfen, „ob die Auslieferung und ihr zugrundeliegende Akte mit dem nach Art. 25 GG in der Bundesrepublik Deutschland verbindlichen völkerrechtlichen Mindeststandard und mit den unabdingbaren verfassungsrechtlichen Grundsätzen ihrer öffentlichen Ordnung vereinbar sind"[224].

40
Positive Handlungspflichten des Staates

Angemessener Rechtsschutz für fremde Staatsangehörige

Allgemeine Regeln des Völkerrechts können auch zu positivem Tun verpflichten. So hat es das Bundesverfassungsgericht als eine seit langem anerkannte allgemeine Regel des völkerrechtlichen Fremdenrechts anerkannt, daß der Aufenthaltsstaat dem Fremden angemessenen gerichtlichen Rechtsschutz gewährleisten muß[225]. Zu diesem völkerrechtlich geschuldeten Ausmaß an gerichtlichem Rechtsschutz gehöre jedenfalls, daß der Fremde nach Maßgabe und in den Grenzen allgemein eröffneter Rechtswege Zugang zu den Gerichten haben und sein Rechtsschutzbegehren von unparteiischen Richtern geprüft und entschieden werden müsse. Ferner sei ein Mindeststandard an Verfahrensgerechtigkeit, insbesondere ausreichendes Gehör, zu gewähren, und das Verfahren dürfe nicht ungebührlich verzögert werden. Soweit der Rechtsweg eröffnet sei, müsse der Aufenthaltsstaat Inländern wie Fremden in grundsätzlich gleicher Weise zugänglich sein[226].

G. Normenverifikationsverfahren des Art. 100 Abs. 2 GG

41
Funktionen des Verfahrens

Art. 100 Abs. 2 GG[227] verpflichtet für den Fall, daß „in einem Rechtsstreite zweifelhaft [ist], ob eine Regel des Völkerrechtes Bestandteil des Bundesrechtes ist und ob sie unmittelbar Rechte und Pflichten für den einzelnen erzeugt (Artikel 25)", die Gerichte[228] dazu, die Entscheidung des Bundesverfassungsgerichtes einzuholen. Das Verfahren[229] dient der Normverifikation[230] und der Normqualifikation. Die Norm im Anschluß an die Entscheidung des Bundesverfassungsgerichts auf den Fall anzuwenden und dabei auch die Tatbestandsvoraussetzungen zu prüfen, obliegt dagegen dem Fachgericht[231].

---

223 BVerfGE 63, 332 (337) – italienisches Abwesenheitsverfahren (eine entsprechende Verfassungsrechtspflicht nur erwägend). S. a. BVerfGE 59, 280 (282ff.); 75, 1 (19) – ne bis in idem (dort auch 18, 21ff., 33f. zum Nichteingreifen des Grundsatzes ne bis in idem nach allgemeinem[!] Völkerrecht).
224 So nunmehr deutlich BVerfGE 113, 154 (162) – Auslieferung IV (zur Auslieferung bei drohender lebenslanger Freiheitsstrafe ohne die Möglichkeit einer Strafaussetzung). S. zuvor schon BVerfGE 108, 129 (136).
225 BVerfGE 60, 253 (303f.).
226 BVerfGE 60, 253 (303f.) – Anwaltsverschulden.
227 S. zur umstrittenen Vorlagefähigkeit einer allgemeinen Regel des Völkerrechts nach Art. 100 Abs. 1 GG: *Eckart Klein*, in: Ernst Benda/Eckart Klein, Verfassungsprozessrecht, ³2012, § 24 Rn. 792f. m. weit. Nachw. (s. auch *ders.*, ebd., § 22 Rn. 677, dazu, daß allgemeine Regeln des Völkerrechts Gegenstand einer abstrakten Normenkontrolle sein können). S. zu allgemeinen Regeln des Völkerrechts als Prüfungsmaßstab der abstrakten Normenkontrolle: *Klein*, a. a. O., § 22 Rn. 692; § 24 Rn. 793.
228 Zu dem Begriff „Gericht": *Klaus Stern*, in: BK, Art. 100 Rn. 42ff., 230.
229 Näher ausgestaltet in §§ 13 Nr. 12, 83 und 84 i. V. m. §§ 80 und 82 Abs. 3 BVerfGG.
230 BVerfGE 23, 288 (318) – Kriegsfolgelasten II.
231 Vgl. die abw. M. der Richterin Gertrude Lübbe-Wolff BVerfGE 118, 124, 146ff. (149ff.) – Völkerrechtliche Notstandseinrede.

Das Vorlageverfahren beugt zum einen der Gefahr von Verletzungen der allgemeinen Regeln des Völkerrechts[232] durch deutsche Gerichte vor[233]. Art. 100 Abs. 2 in Verbindung mit Art. 25 GG kommt zugunsten der allgemeinen Regeln des Völkerrechts angesichts deren dynamischer Entwicklung und seltenen Evidenz[234] eine „Gewährleistungsfunktion" zu[235]. Das Verfahren steht auch im Dienst „der staatenübergreifenden Einheitlichkeit und Verläßlichkeit der allgemeinen Regeln des Völkerrechts"[236].

42
Materielle Gewährleistungsfunktion

Existenz und Tragweite allgemeinen Völkerrechts zu klären, dient zum anderen dem innerstaatlichen Rechts- und Kompetenzgefüge. Daß die allgemeinen Regeln des Völkerrechts nach Art. 25 S. 2 GG den Gesetzen vorgehen, erzeugt Gefahren für die Autorität des Gesetzgebers und für die Rechtssicherheit[237]. Nicht jedes „einfache" Gericht soll innerstaatliches Recht, weil es angeblich mit einer allgemeinen Regel des Völkerrechts kollidiert, ohne weiteres als verdrängt unangewendet lassen dürfen, droht solche Rechtsprechung doch zu divergieren[238]. Vielmehr sollen, vom Fall der Evidenz abgesehen, nicht die Fachgerichte, sondern allein das Bundesverfassungsgericht befugt sein, über Bestehen oder Nichtbestehen und über die Tragweite einer allgemeinen Völkerrechtsregel zu entscheiden[239]. Das Verifikationsverfahren nach Art. 100 Abs. 2 GG ersetzt „im Ergebnis das Gesetzgebungsverfahren"[240].

43
Gewaltenbalance

I. Zulässigkeit des Normenverifikationsverfahrens

Vom Wortlaut des Art. 100 Abs. 2 GG her könnte die Vorlagepflicht eng zu verstehen sein und nur eingreifen, wo die Existenz einer Regel des Völkerrechts oder ihre Allgemeinheit und darum ihre Eigenschaft als Bestandteil

44
Mißverständlicher Wortlaut des Art. 100 Abs. 2 GG

---

232 Gegenstand dieses Normenverifikationsverfahrens sind nur die allgemeinen Regeln des Völkerrechts im Sinne von Art. 25 GG, also das universell geltende Völkergewohnheitsrecht sowie die allgemeinen Rechtsgrundsätze (BVerfGE 94, 315 [328] – Zwangsarbeit mit Verweis auf BVerfGE 23, 288 [317] – Kriegsfolgelasten II). Alle übrigen völkerrechtlichen Regeln und insbesondere das Völkervertragsrecht haben die Fachgerichte selbst anzuwenden und auszulegen; die verfassungsgerichtliche Nachprüfung ihrer Entscheidungen folgt den dafür geltenden allgemeinen Maßstäben für die Kontrolle von Gerichtsentscheidungen (BVerfGE 94, 315 [328] – Zwangsarbeit, mit Verweis auf BVerfGE 18, 441 [450] – AG in Zürich; 59; BVerfGE 63 [89] – Eurocontrol II). – Vgl. aber auch BVerfGE 96, 68 (79f.) – DDR-Botschafter.
233 BVerfGE 46, 342 (360) – Philippinische Botschaft; BVerfGE 64, 1 (14f.) – National Iranian Oil Company; BVerfGE 96, 68 (77f.) – DDR-Botschafter; BVerfGE 109, 13 (23); 109, 38 (49); abw. M. der Richterin Gertrude Lübbe-Wolff BVerfGE 118, 124, 146ff. (150) – Völkerrechtliche Notstandseinrede.
234 BVerfGE 23, 288 (316f.) – Kriegsfolgelasten II.
235 BVerfGE 46, 342 (363) – Philippinische Botschaft.
236 BVerfGE 96, 68 (77f.) – DDR-Botschafter; BVerfGE 109, 13 (23f.) – Lockspitzel I; BVerfGE 109, 38 (49f.) – Lockspitzel II.
237 BVerfGE 23, 288 (317) – Kriegsfolgelasten II; BVerfGE 96, 68 (77f.) – DDR-Botschafter.
238 BVerfGE 23, 288 (317) – Kriegsfolgelasten II.
239 BVerfGE 23, 288 (317) – Kriegsfolgelasten II; BVerfGE 64, 1 (14f.) – National Iranian Oil Company; BVerfGE 96, 68 (82) – DDR-Botschafter („ausschließliche Entscheidungskompetenz"); 109, 13 (23) – Lockspitzel I; BVerfGE 109, 38 (49) – Lockspitzel II.
240 BVerfGE 23, 288 (318) – Kriegsfolgelasten II. S. zur Gesetzeskraft des Tenors der Entscheidung: Art. 94 Abs. 2 GG, § 13 Nr. 12 und § 31 Abs. 2 BVerfGG. Beachte auch die nach § 83 Abs. 2 BVerfGG notwendige Beteiligung der an der Gesetzgebung und an der Pflege der auswärtigen Beziehungen beteiligten Verfassungsorgane des Bundes; dazu BVerfGE 23, 288 (318f.) – Kriegsfolgelasten II; s. auch BVerfGE 64, 1 (15) – National Iranian Oil Company.

des Bundesrechtes im Sinne des Art. 25 GG zweifelhaft sind – und dies womöglich allein, wenn zugleich („und") zu klären wäre, ob sie unmittelbar Rechte und Pflichten für den einzelnen erzeugt. Doch erlaubt Art. 100 Abs. 2 GG Vorlagen auch, wenn die Völkerrechtsnorm *nicht* geeignet ist, unmittelbar Rechte und Pflichten für den einzelnen zu erzeugen, sondern sich nur an die Staaten und ihre Organe wendet[241]. Denn auch allgemeinem Völkerrecht objektiv-rechtlicher Natur kommt nach Art. 25 GG als Bestandteil des Bundesrechts Vorrang vor den Gesetzen zu. Es ist von allen rechtsetzenden und -anwendenden Organen der Bundesrepublik Deutschland zu beachten und je nach Maßgabe seines Tatbestands und Regelungsgehalts anzuwenden[242]. Der private einzelne wie der fremde Staat kann sich darauf „ebenso ‚berufen' wie auf sonstiges objektives Recht", kann es sich doch, in der Regel als Vorfrage, auf das rechtliche Begehren des einzelnen auswirken und damit entscheidungserheblich sein[243].

Auch objektiv-rechtliche Klärungsfunktion

45 Die Notwendigkeit einer einheitlichen Rechtsprechung erstreckt sich nicht nur auf die Existenz, sondern auch auf die Tragweite allgemeiner Völkerrechtsregeln. Entsprechend erweitert sich die Vorlagepflicht nach Art. 100 Abs. 2 GG[244].

Verifikation von Existenz und Tragweite

46 Dafür, ob das Bestehen (und gegebenenfalls die Tragweite) einer allgemeinen Regel des Völkerrechts „zweifelhaft ist", kommt es nicht auf die subjektive Sicht des Gerichts an, für dessen Entscheidung die Regel erheblich ist. Die Vorlagepflicht wird bereits durch objektiv bestehende „ernsthafte Zweifel" ausgelöst[245]. Vorgelegt werden muß, wenn das Gericht abweichen würde von der Meinung eines Verfassungsorgans[246] oder von den Entscheidungen hoher deutscher, ausländischer oder internationaler Gerichte oder von den Lehren anerkannter Autoren der Völkerrechtswissenschaft[247]. Nur so kann das Verfahren nach Art. 100 Abs. 2 GG seine Funktion erfüllen, durch eine allgemeinverbindliche und mit Gesetzeskraft ausgestattete[248] Ent-

Objektive Zweifel

---

241 BVerfGE 15, 25 (33 f.) – Gesandtschaftsgrundstück. S. auch BVerfGE 16, 27 (33) – Iranische Botschaft.
242 BVerfGE 46, 342 (363) – Philippinische Botschaft.
243 BVerfGE 46, 342 (363) – Philippinische Botschaft; BVerfGE 64, 1 (13) – National Iranian Oil Company.
244 BVerfGE 15, 25 (31) – Gesandtschaftsgrundstück; BVerfGE 16, 27 (32) – Iranische Botschaft; BVerfGE 92, 277 (316) – DDR-Spione; s. auch BVerfGE 23, 288 (319) – Kriegsfolgelasten II; BVerfGE 64, 1 (13) – National Iranian Oil Company; BVerfGE 117, 141 (148) – Diplomatische Immunität; BVerfGE 118, 124 (132 f.) – Völkerrechtliche Notstandseinrede. S. insbes. auch BVerfGE 15, 25 (32 f.) dazu, daß bei universellen Regeln des Völkerrechts die Frage nach ihrer Geltung unlösbar mit der nach ihrer Allgemeinheit verknüpft sei.
245 BVerfGE 23, 288 (316 ff.) – Kriegsfolgelasten II (Gegenbegriff ist die „Evidenz" der allgemeinen Regel des Völkerrechts, a. a. O., 317); BVerfGE 64, 1 (14 f.) – National Iranian Oil Company; BVerfGE 96, 68 (77 f.) – DDR-Botschafter (das Fachgericht habe keinen „Vertretbarkeitsspielraum"); BVerfGE 109, 13 (23) – Lockspitzel I; BVerfGE 109, 38 (50) – Lockspitzel II.
246 Besondere Bedeutung kommt der Bundesregierung zu, s. etwa BVerfGE 75, 1 (11) – ne bis in idem; 92, 277 (316) – DDR-Spione.
247 BVerfGE 23, 288 (319) – Kriegsfolgelasten II mit Verweis auf BVerfGE 7, 18 (23 f.) – Bayerisches Ärztegesetz; BVerfGE 8, 186 (191); 9, 153 (157); 11, 89 (92) – Bremisches Urlaubsgesetz; BVerfGE 13, 367 (371) – Zulässigkeit von Blankettstrafgesetzen, zu Art. 126 GG und § 86 Abs. 2 BVerfGG. Bestätigt in BVerfGE 64, 1 (15) – National Iranian Oil Company (s. auch a. a. O., 16 f., zu einer besonderen Konstellation, in der nämlich das BVerfG das Bestehen einer allgemeinen Regel des Völkerrechts selbst offengelassen hatte). S. auch BVerfGE 96, 68 (78 f.) – DDR-Botschafter.
248 § 31 Abs. 2 S. 1 (s. auch S. 3 und 4) BVerfGG.

scheidung des Bundesverfassungsgerichts Rechtssicherheit herbeizuführen[249]. Nur vor dem Bundesverfassungsgericht erhalten auch die an der Gesetzgebung und an der Pflege der auswärtigen beteiligten (Bundes-)Verfassungsorgane Gelegenheit, sich zu äußern und dem Verfahren beizutreten (§ 83 Abs. 2 GG)[250].

Gelegenheit zur Äußerung

Obwohl anders als in Art. 100 Abs. 1 GG nicht ausdrücklich vorgeschrieben, sind Vorlagen nach Art. 100 Abs. 2 GG nur zulässig, wenn die Regel des Völkerrechts und die Frage, ob sie Bestandteil des Bundesrechts ist, für das Ausgangsverfahren entscheidungserheblich[251] sind[252]. Maßgeblich ist die Bewertung der Entscheidungserheblichkeit durch das vorlegende Gericht, es sei denn, diese wäre offensichtlich unhaltbar[253]. Da Art. 100 Abs. 2 GG ein Zwischenverfahren begründet, hängt es vom Ausgangsverfahren ab[254]: Die Entscheidungserheblichkeit der Vorlagefrage muß noch im Zeitpunkt der Entscheidung des Bundesverfassungsgerichts fortbestehen[255]. Kommt Art. 100 Abs. 2 GG aber eine „Gewährleistungsfunktion zugunsten der allgemeinen Regeln des Völkerrechts" zu[256], so ist das Bundesverfassungsgericht nicht nur berechtigt, sondern auch verpflichtet, eine Vorlagefrage gegebenenfalls so umzuformulieren, daß die für das vorlegende Fachgericht

47
Entscheidungserheblichkeit

---

249 Zu dieser Funktion: BVerfGE 23, 288 (317) – Kriegsfolgelasten II; BVerfGE 64, 1 (14) – National Iranian Oil Company.
250 BVerfGE 23, 288 (318 f.) – Kriegsfolgelasten II.
251 Als Entscheidung in diesem Sinn sind Beweisbeschlüsse jedenfalls dann anzusehen, wenn die vorgesehene Beweiserhebung die Gefahr einer Völkerrechtsverletzung gegenüber dem fremden Staat in sich birgt (BVerfGE 46, 342 (360 ff.) – Philippinische Botschaft).
252 BVerfGE 15, 25 (30) – Gesandtschaftsgrundstück (mit Verweis auf BVerfGE 4, 319 [321]); 16, 27 (32 f.) – Iranische Botschaft; BVerfGE 18, 441 (447 f.) – AG in Zürich; BVerfGE 46, 342 (358 ff.) – Philippinische Botschaft; BVerfGE 64, 1 (17) – National Iranian Oil Company; BVerfGE 94, 315 (328) – Zwangsarbeit; BVerfGE 96, 68 (79) – DDR-Botschafter; 100, 209 (211 f.); BVerfGE 109, 13 (25) – Lockspitzel I; BVerfGE 109, 38 (51) – Lockspitzel II; abw. M. der Richterin Gertrude Lübbe-Wolff BVerfGE 118, 124, 146 ff. (147) – Völkerrechtliche Notstandseinrede; BVerfGE 121, 388 (390). Vgl. auch BVerfGE 117, 141 (147 f.) – Diplomatische Immunität.
253 BVerfGE 15, 25 (31) – Gesandtschaftsgrundstück; BVerfGE 16, 27 (32) – Iranische Botschaft; BVerfGE 46, 342 (359 ff.) – Philippinische Botschaft; BVerfGE 100, 209 (212). Entsprechend muß die Vorlagebegründung sich mit einschlägiger Rechtsprechung und Literatur eingehend auseinandersetzen (BVerfGE 100, 209 [212, 214]) und angeben, inwiefern die Entscheidung des vorlegenden Gerichts davon abhängt, ob eine Regel des Völkerrechts Bestandteil des Bundesrechts ist; s. dazu BVerfGE 15, 25 (30) – Gesandtschaftsgrundstück, unter Heranziehung von § 84 i. V. m. § 80 Abs. 2 BVerfGG; BVerfGE 16, 276 (29); 94, 315 (328) – Zwangsarbeit; s. auch BVerfGE 118, 124 (133 f.) – Völkerrechtliche Notstandseinrede (dort auch insbes. die abw. M. der Richterin Gertrude Lübbe-Wolff, 148 f., mit kritischer Reflexion der Anforderungen an das Fachgericht). Es genügt, wenn sich die Entscheidungserheblichkeit dem Zusammenhang der Ausführungen im Vorlagebeschluß entnehmen läßt (BVerfGE 15, 25 [30] – Gesandtschaftsgrundstück mit Hinweis vgl. BVerfGE 7, 171 [174] – Dieselsubventionierung; BVerfGE 13, 178 [180]).
254 BVerfGE 117, 357 (358 f.); 121, 388 (390 f.).
255 Abw. M. der Richterin Gertrude Lübbe-Wolff BVerfGE 118, 124, 146 ff. (148) – Völkerrechtliche Notstandseinrede. Dort auch zu dem Fall, daß die Entscheidungserheblichkeit im Laufe des Verfahrens nach Art. 100 Abs. 2 GG infolge nachträglich eingetretener Umstände zweifelhaft wird (mit Hinweis auf BVerfGE 51, 161 [163]). Erledigt sich das Ausgangsverfahren und wird der Vorlagebeschluß aufgehoben (was nach BVerfGE 117, 357 [359] auch möglich ist, wenn die Entscheidungserheblichkeit der Vorlagefrage aufgrund einer Veränderung der tatsächlichen Umstände nachträglich entfällt), erledigt sich auch das Verfahren nach Art. 100 Abs. 2 GG (BVerfGE 121, 388 [390 f.]).
256 S. o. Rn. 42.

II. Rechtsfolgen eines gerichtlichen Verstoßes gegen die Vorlagepflicht

48
BVerfG als gesetzlicher Richter

Versäumt es ein Fachgericht trotz objektiver Zweifel an Existenz oder Tragweite einer allgemeinen Regel des Völkerrechts, ein Vorlageverfahren in Gang zu setzen, so können die Parteien des Rechtsstreits dadurch ihrem gesetzlichen Richter entzogen werden[258]. Art. 101 Abs. 1 S. 2 GG ist dabei an sich nur verletzt, wenn das Unterlassen der Vorlage auf Willkür beruht[259]. Liegen jedoch hinsichtlich des Bestehens oder der Tragweite einer allgemeinen Regel des Völkerrechts „objektiv ernstzunehmende Zweifel" vor, so verstößt das Fachgericht, das die Vorlage unterläßt, „regelmäßig" gegen das grundrechtsgleiche Recht auf den gesetzlichen Richter[260]. Wegen der Gewährleistungsfunktion des Verfahrens nach Art. 100 Abs. 2 GG[261] hat das Fachgericht „keinen Vertretbarkeitsspielraum bei der Würdigung objektiv ernstzunehmender Zweifel. Für lediglich rechtsirrtümliche Verstöße gegen die Vorlagepflicht, die nicht Art. 101 Abs. 1 S. 2 GG verletzen, bleibt hiernach nur ein gering bemessener Raum"[262].

Strenger Maßstab bei der Prüfung

49
Besonderheiten der Begründetheit

Eine Verfassungsbeschwerde, mit der geltend gemacht wird, ein Gericht habe durch Unterlassung einer Vorlage nach Art. 100 Abs. 2 GG das Recht des Beschwerdeführers auf den gesetzlichen Richter (Art. 101 Abs. 1 S. 2 GG) verletzt, ist jedoch unbegründet, wenn die fachgerichtliche Entscheidung nicht auf dem Verstoß gegen Art. 101 Abs. 1 S. 2, 100 Abs. 2 GG beruht. Dies ist der Fall, wenn das Bundesverfassungsgericht unter der hypothetischen Bedingung, daß die Vorlagepflicht erfüllt worden wäre, im (wenigstens faktischen) Einklang mit dem Fachgericht festgestellt hätte, daß eine denkbare allgemeine Regel des Völkerrechts nicht besteht[263]; gleiches muß gelten, wenn das Fachgericht das Bestehen einer allgemeinen Regel angenommen, aber trotz

---

257 Sehr klar die abw. M. der Richterin Gertrude Lübbe-Wolff BVerfGE 118, 124, 146 ff. (154 f.) – Völkerrechtliche Notstandseinrede mit Hinweis auf BVerfGE 15, 25 (31 f.) – Jugoslawische Militärmission; BVerfGE 16, 27 (32) – Iranische Botschaft; sowie *Jan Sieckmann*, in: v. Mangoldt/Klein/Starck, Bd. III, ⁶2010, Art. 100 Rn. 77; *Jürgen Rühmann*, in: Umbach/Clemens, ¹1992, § 83 Rn. 19; *Frank Schorkopf*, in: Dieter C. Umbach/Thomas Clemens/Franz-Wilhelm Dollinger, Bundesverfassungsgerichtsgesetz, ²2005, §§ 83, 84 Rn. 24. Vgl. auch BVerfGE 117, 141 (146 f.) – Diplomatische Immunität (wo von der „Notwendigkeit einer Auslegung und Präzisierung der Vorlagefrage aus der Begründung des Vorlagebeschlusses heraus" gesprochen wird). Zu (an Art. 100 Abs. 1 GG orientierten) Grenzen einer Umformulierung der Vorlagefrage: Abw. M. der Richterin Gertrude Lübbe-Wolff BVerfGE 118, 124, 146 ff. (155) – Völkerrechtliche Notstandseinrede mit Hinweis auf BVerfGE 23, 146 (151).
258 BVerfGE 18, 441 (447) – AG in Zürich; BVerfGE 23, 288 (319 ff.) – Kriegsfolgelasten.
259 So BVerfGE 23, 288 (320) – Kriegsfolgelasten auch für Art. 100 Abs. 2 GG.
260 BVerfGE 109, 13 (23) – Lockspitzel I; BVerfGE 109, 38 (49) – Lockspitzel II. S. schon: BVerfGE 23, 288 (320) – Kriegsfolgelasten.
261 S. o. Rn. 42 mit N 236 zur Funktion, „die staatenübergreifende Einheitlichkeit und Verläßlichkeit der Völkerrechtsregeln" zu sichern.
262 BVerfGE 109, 13 (23 f.) – Lockspitzel I; BVerfGE 109, 38 (49 f.) – Lockspitzel II, je mit Hinweis auf BVerfGE 64, 1 (21) – National Iranian Oil Company.
263 BVerfGE 64, 1 (21 f.) – National Iranian Oil Company; BVerfGE 96, 68 (76 f., 86) – DDR-Botschafter; BVerfGE 109, 13 (27) – Lockspitzel I; BVerfGE 109, 38 (53) – Lockspitzel II.

Zweifel nicht vorgelegt hat und das Bundesverfassungsgericht die Existenz der betreffenden Völkerrechtsnorm feststellt. Entscheidend dafür, daß eine Verfassungsbeschwerde zurückgewiesen wird, ist, daß das Bundesverfassungsgericht, ja der erkennende Senat, selbst der gesetzliche Richter ist, dem der Beschwerdeführer entzogen wurde[264].

H. Allgemeine Regeln des Völkerrechts im weiteren Gefüge der Verfassung

Das Grundgesetz stellt sich auch über Art. 25 GG hinaus bewußt in einen Kontext mit dem Völkerrecht[265].

I. Zurechnungsfragen im Lichte des Völkerrechts

In einer immer enger vernetzten Welt muß vielfach beurteilt werden, inwieweit ein hoheitliches Verhalten oder ein Erfolg der deutschen öffentlichen Gewalt zuzurechnen ist[266] – zumal die Grundrechte „in ihrem sachlichen Geltungsumfang die deutsche öffentliche Gewalt auch [binden], soweit Wirkungen ihrer Betätigung außerhalb des Hoheitsbereichs der Bundesrepublik Deutschland eintreten"[267]. Berührungen und Überschneidungen mit fremder Hoheitsgewalt werfen die Frage auf, ob ein Verhalten oder ein Erfolg der deutschen, grundrechtsgebundenen Staatsgewalt oder eben fremder Hoheitsgewalt[268] zuzurechnen ist[269]. Zu ihrer Beantwortung zieht das Bundesverfassungsgericht der Sache nach Kriterien des allgemeinen Völkerrechts (nämlich der Souveränität fremder Staaten und ihrer daraus folgenden Immunität vor innerstaatlicher Gerichtsbarkeit) heran[270] und stellt darauf ab, ob die Bundesrepublik Deutschland „einen bestimmenden Einfluß auf die Ausgestaltung und den Vollzug der innerstaatlichen Ordnung des ersuchten Staates"

50
Völkerrechtliche Kriterien für die Folgenzurechnung

Souveränität fremder Staaten und Immunität

---

264 BVerfGE 64, 1 (22.) – National Iranian Oil Company; BVerfGE 96, 68 (86) – DDR-Botschafter; BVerfGE 109, 13 (27) – Lockspitzel I; BVerfGE 109, 38 (53) – Lockspitzel II.
265 S. die Präambel sowie Art. 1 Abs. 2, 9 Abs. 2, 23 bis 26, 32, 59, 100 Abs. 2 GG.
266 S. z. B. BVerfGE 100, 313 (362 f.) – Telekommunikationsüberwachung I. Dahingestellt ließen BVerfGE 109, 13 (34) – Lockspitzel I; BVerfGE 109, 38 (60) – Lockspitzel II, die Frage, ob der Einsatz eines jemenitischen V-Mannes durch US-amerikanische Strafverfolgungs- und Ermittlungsbehörden im Jemen prinzipiell an deutschen Grundrechten gemessen werden könne.
267 BVerfGE 57, 9 (23) – Einlieferungsersuchen. Dies gelte etwa für den Abschluß von Verträgen, die im Ausland zu vollziehen sind (a. a. O. mit Verweis auf BVerfGE 6, 290 [295] – Washingtoner Abkommen).
268 Zu internationaler öffentlicher Gewalt siehe *Armin von Bogdandy/Philipp Dann/Matthias Goldmann*, Developing the publicness of public international law: towards a legal framework for global governance activities, in: Armin von Bogdandy/Rüdiger Wolfrum u.a. (Hg.), The exercise of public authority by international institutions, Heidelberg/London 2010, S. 3 ff.
269 So die Fragestellung in BVerfGE 57, 9 (23) – Einlieferungsersuchen.
270 S. etwa BVerfGE 57, 9 (23 f.) – Einlieferungsersuchen.

habe²⁷¹. Der Bundesrepublik ist die Folge eines Aktes²⁷² ihrer Hoheitsgewalt dann nicht zuzurechnen, wenn sie nicht die Herrschaft über den Eintritt dieser Folge hat²⁷³.

51
Völkerrechtsbezogene Wertungen

Wird eine „zwischenstaatliche Einrichtung" im Sinne des Art. 24 Abs. 1 GG geschaffen, so ist die von ihr ausgeübte Hoheitsgewalt – auf Grund einer völkerrechtsbezogenen Wertung²⁷⁴ – eine gegenüber der deutschen fremde öffentliche Gewalt, bezüglich deren die Rechtsschutzgarantie des Art. 19 Abs. 4 GG nicht eingreift²⁷⁵.

II. Völkerrechtssensitive Auslegung von Bestimmungen über Grundrechte und grundrechtsgleiche Rechte

52
Inhalt und Reichweite von Grundrechten im Völkerrechtskontext

Allgemeine Regeln des Völkerrechts beeinflussen aber auch das Verständnis des Schutzgehalts deutscher Grundrechte, ist doch das deutsche Recht grundsätzlich im Einklang mit dem Völkerrecht auszulegen²⁷⁶. Dies gilt auch für die Grundrechte. So kann es eine Schutzpflicht aus Art. 1 Abs. 1 Sätze 1 und 2 GG auslösen, wenn strafrechtliche Verurteilungen „die in der Völkergemeinschaft allgemein anerkannten Menschenrechte in schwerwiegender Weise mißachtet haben"²⁷⁷. Vom Schutzbereich des Art. 2 Abs. 2 S. 1 GG nicht umfaßt ist es, wenn der völkerrechtsgemäße Einsatz von Waffen gegen den militärischen Gegner im Verteidigungsfall Rückwirkungen auf die Bevölkerung hat²⁷⁸.

---

271 BVerfGE 57, 9 (23 f.) – Einlieferungsersuchen.
272 Wie der Zustimmung der Bundesregierung zur Aufstellung von Pershing II-Raketen und Marschflugkörpern auf dem Bundesgebiet.
273 S. näher BVerfGE 66, 39 (62) – Nachrüstung, sowie BVerfGE 55, 349 (362 ff.) – Hess-Entscheidung; BVerfGE 92, 26 (47) – Zweitregister. S. zu Besatzungsschäden: BVerfGE 27, 253 (272) – Kriegsfolgeschäden (mit Verweis auf BVerfGE 3, 4 [11 f.] – Aufhebung von Entschädigungsnormen für Besatzungsschäden); BVerfGE 27, 326 (334 ff.) – Besatzungsschäden; BVerfGE 41, 126 (158 ff.) – Reparationsschäden. S. zur Bodenreform in der DDR: BVerfGE 112, 1 (29, s. auch 40 f.) – Bodenreform III mit Verweis auf BVerfGE 84, 90 (122 f.) – Bodenreform I; vgl. auch BVerfGE 94, 12 (46) – Bodenreform II. Vgl. auch BVerfGE 63, 343 (372) – Rechtshilfevertrag (wo eine völkerrechtliche Verantwortlichkeit der Bundesrepublik Deutschland ausgeschlossen wird, weil ausschließlich das Verhalten österreichischer Staatsorgane in Rede stand).
274 BVerfGE 58, 1 (27) – Eurocontrol I.
275 BVerfGE 58, 1 (29) – Eurocontrol I (zur rechtsfähigen internationalen Organisation Eurocontrol). Dafür, daß es sich nicht um deutsche öffentliche Gewalt handelt, ist nicht entscheidend, ob die „Übertragung" von Hoheitsrechten nach Maßgabe des deutschen Verfassungsrechts gültig ist, sondern daß die Einrichtung durch einen wirksamen völkerrechtlichen Akt geschaffen worden ist und sich bei ihrem Verhalten nicht völlig aus ihrer völkerrechtlichen Kompetenzgrundlage gelöst hat (a.a.O.).
276 BVerfGE 111, 307 (324, 317) – Görgülü; BVerfGE 74, 358 (370) – Unschuldsvermutung. Vgl. *Cremer* (N 117), S. 683 ff.
277 BVerfGE 101, 275 (289 f., 287 ff., 290) – Fahnenflucht (zur Verpflichtung des Staates zur strafrechtlichen Rehabilitierung eines durch DDR-Gerichte Verurteilten). S. zur Frage, inwieweit das Völkergewohnheitsrecht Menschenrechte gewährleistet: *v. Bernstorff* (N 143), S. 296, und insbes. auch *American Law Institute*, Restatement of the Law, the Third, the foreign Relations Law of the United States, St. Paul/Minn. (USA) 1987, Bd. II, S. 161, § 702: „A State violates international law if, as a matter of State policy, it practices, encourages, or condones (1) genocide, (2) slavery or slave trade, (3) the murder or causing the disappearance of individuals, (4) torture or other cruel, inhuman or degrading treatment or punishment, (5) prolonged arbitrary detention, (6) systematic racial discrimination, or (7) a consistent pattern of gross violations of internationally recognised human rights.".
278 BVerfGE 77, 170 (221) – Lagerung chemischer Waffen (gleichwohl könne die öffentliche Gewalt gehalten sein, Vorkehrungen zum Schutz der Zivilbevölkerung zu treffen).

Nicht nur der sachliche Schutzgehalt des Fernmeldegeheimnisses ist mit dem einschlägigen Völkerrecht abzustimmen, sondern auch die territoriale Reichweite des Art. 10 GG[279]. Soweit Art. 16 Abs. 1 S. 2 GG auf die Vermeidung von Staatenlosigkeit durch den Verlust der deutschen Staatsangehörigkeit zielt, wird er im Lichte der an völkerrechtliche Bestrebungen gegen die Staatenlosigkeit anknüpfenden Zielsetzung des Verfassunggebers ausgelegt[280]. Daß der Gesetzgeber verpflichtet sei, bei der Umsetzung des Rahmenbeschlusses zur Schaffung eines Europäischen Haftbefehls dafür zu sorgen, daß die das Gesetz ausführenden Stellen in einem Auslieferungsfall in eine konkrete Abwägung der widerstreitenden Rechtspositionen eintreten, entwickelt das Bundesverfassungsgericht aus Art. 16 Abs. 2 GG unter Heranziehung völkerrechtlicher Grundsätze über die Rechtshilfe in Strafsachen[281].

53
Asylgrundrecht im Lichte des Völkerrechts

Das Grundgesetz hat das Asylrecht des politisch Verfolgten zum Grundrecht erhoben (Art. 16 Abs. 2 S. 2 a. F.; Art. 16a GG) und dadurch „das Asylrecht, über das Völkerrecht und das Recht anderer Staaten hinausgehend, als subjektives öffentliches Recht ausgestaltet, an das Gesetzgebung, Verwaltung und Rechtsprechung gebunden sind"[282]. Hieraus hat das Bundesverfassungsgericht Schlüsse für die Reichweite des Schutzes gezogen[283].

54
Gleichheitssatz und Völkerrecht

Ob staatliches Handeln gegen Art. 3 Abs. 1 GG verstößt, kann durch das allgemeine Völkerrecht beeinflußt werden[284] – sei es, daß dieses einen Differenzierungsgrund wie zum Beispiel das Gegenseitigkeitsprinzip[285] oder etwa mit dem Grundsatz der Souveränität fremder Staaten den Bezugspunkt für die Rechtfertigung des Staatsangehörigkeitsprinzips im deutschen Internationalen Privatrecht liefert[286]. Denkbar ist auch, daß sich ein Sachgrund für eine Ungleichheit am Völkerrecht bricht.

---

279 BVerfGE 100, 313 (362f.) – Telekommunikationsüberwachung I (die Reichweite von Grundrechten sei jedoch unter Berücksichtigung von Art. 25 GG aus dem Grundgesetz selbst zu ermitteln). Wegen hinreichenden Gebietskontakts wurde Art. 10 GG als für die Erfassung und Aufzeichnung des im Ausland stattfindenden Telekommunikationsverkehrs mit Hilfe von auf deutschem Boden stationierten Empfangsanlagen des Bundesnachrichtendienstes für einschlägig gehalten; a. a. O., S 363f.
280 BVerfGE 116, 24 (47ff.) – Einbürgerung (einfließen läßt das Bundesverfassungsgericht aber auch weitere Entwicklungen des allgemeinen und vertraglichen Völkerrechts).
281 BVerfGE 113, 273 (303) – Europäischer Haftbefehl (freie Entscheidung aller Staaten, ob sie einem Strafgewalt ausübenden Staat Rechtshilfe leisten).
282 BVerfGE 54, 341 (356) – Wirtschaftsasyl; BVerfGE 56, 216 (235) – Rechtsschutz im Asylverfahren; BVerfGE 74, 51 (57) – Nachfluchttatbestände.
283 S. etwa zur Beachtlichkeit von Nachfluchttatbeständen: BVerfGE 74, 51 (57ff.) – Nachfluchttatbestände; zu religiöser Verfolgung: BVerfGE 76, 143 (156ff.) – Ahmadiyya-Glaubensgemeinschaft; zum Charakter politischer Verfolgung als grundsätzlich staatlicher Verfolgung: BVerfGE 80, 315 (334) – Tamilen (s. auch 335ff. zu Handlungen Dritter und 340f. zu Bürgerkriegslagen); zum Ausschluß von Asyl, wo jemand seine politische Überzeugung unter Einsatz terroristischer Mittel betätigt hat: BVerfGE 81, 142 (152) (s. auch BVerfGE 80, 315 [338f.] – Tamilen); dazu, daß die Stellung eines Asylantrags keinen Anspruch auf Einreise begründet: BVerfGE 94, 166 (199) – Flughafenverfahren.
284 S. o. N 176.
285 BVerfGE 30, 409 (413) – § 12 UHaftEntschG (zu § 12 UHaftEntschG, der die Entschädigung für unschuldig erlittene Untersuchungshaft bei Ausländern davon abhängig machte, daß im Verhältnis zu ihrem Heimatstaat die Gegenseitigkeit verbürgt war); 81, 208 (223f.) – Ausländische Künstler (zu Anforderungen aus Art. 3 Abs. 1 GG an ein Gegenseitigkeitserfordernis); BVerfGE 116, 96 (130) – Fremdrentengesetz.
286 BVerfGE 116, 243 (265, 265f.) – Transsexuelle IV (wo die Differenzierung nach der Staatsangehörigkeit jedoch für verfassungswidrig befunden wurde).

55
Rechtfertigung von Verfassungsrechtsrestriktionen kraft Völkerrechts?

Die schwerwiegende Mißachtung der in der Völkerrechtsgemeinschaft allgemein anerkannten Menschenrechte bildete einen Grund dafür, gegenüber der Verurteilung von Mitgliedern des Nationalen Verteidigungsrates der DDR sowie eines Angehörigen der DDR-Grenztruppen wegen der Tötung von Flüchtlingen an der innerdeutschen Grenze den „strikten Schutz von Vertrauen durch Art. 103 Abs. 2 GG" zurücktreten zu lassen[287].

III. Blick auf das Völkerrecht bei der Auslegung der Verfassung im übrigen

56
Völkerrechtssensitive Verfassungsauslegung

Nicht nur Grundrechtsbestimmungen, sondern auch andere Vorschriften wurden insbesondere historisch-genetisch im Lichte des Völkerrechts und dessen Entwicklung ausgelegt, so etwa Art. 59 a[288] und Art. 24 Abs. 2 GG[289]. Der Begriff „auswärtige Angelegenheiten" in Art. 73 Nr. 1 GG ist indessen nicht auf den völkerrechtlichen Verkehr beschränkt[290], ebenso wie der „Einsatz bewaffneter Streitkräfte" im Sinne des richterrechtlich entwickelten Parlamentsvorbehalts[291] ein verfassungsrechtlicher Begriff ist, „dessen Konkretisierung von der völkerrechtlichen Grundlage des konkreten Einsatzes nicht unmittelbar abhängt"[292].

57
BVerfG als Garant des Völkerrechts

Im Gefüge der Gewalten sieht sich das Bundesverfassungsgericht selbst „mittelbar im Dienst der Durchsetzung des Völkerrechts", nämlich „im Rahmen seiner Zuständigkeit[293] auch dazu berufen, Verletzungen des Völkerrechts, die in der fehlerhaften Anwendung oder Nichtbeachtung völkerrechtlicher Verpflichtungen durch deutsche Gerichte liegen und eine völkerrechtliche Verantwortlichkeit Deutschlands begründen können, nach Möglichkeit zu verhindern und zu beseitigen"[294]. Freilich bleibt die Begründetheit eines Organstreits von einer *Verfassungs*verletzung abhängig[295]; dabei kann eine Maßnahme der auswärtigen Gewalt eine völkerrechtliche Bindung herbeiführen, zugleich aber die Verfassung verletzen[296]. Gerade im Organstreitverfah-

---

287 BVerfGE 95, 96 (133) – Mauerschützen (s. auch 135 zur Rspr. des BGH und zum Verhältnis zur „Radbruchschen Formel"). Kritisch dazu etwa *Herdegen* (N 37), Art. 25 Rn. 48.
288 BVerfGE 90, 286 (384) – Out of area-Einsätze (zum Begriff der Feststellung des Eintritts des Verteidigungsfalles).
289 BVerfGE 118, 244 (270f.) – Afghanistan-Einsatz (zur Deutung des Begriffs „System gegenseitiger kollektiver Sicherheit" im Lichte des völkergewohnheitsrechtlichen Gewaltverbots).
290 BVerfGE 100, 313 (368f.) – Telekommunikationsüberwachung I (zur Gesetzgebungskompetenz für Fragen der Auslandsaufklärung) in Klarstellung der Formel in BVerfGE 33, 52 (60) – Zensur.
291 S. BVerfGE 90, 286 [372ff.] – Out of area-Einsätze; BVerfGE 104, 151 (208) – NATO-Konzept; BVerfGE 121, 135 (153ff.) – Luftraumüberwachung Türkei; BVerfGE 126, 55 (69ff.) – G 8-Gipfel Heiligendamm.
292 BVerfGE 121, 135 (156) – Luftraumüberwachung Türkei.
293 In BVerfGE 58, 1 (34) – Eurocontrol I; BVerfGE 59, 63 (89) – Eurocontrol II wird präziser von „Gerichtsbarkeit" gesprochen.
294 BVerfGE 111, 307 (328) – Görgülü (es vermindere dadurch das Risiko der Nichtbefolgung internationalen Rechts; daher seien seine Kompetenzen bei Verfassungsbeschwerden dahin erweitert, „abweichend von dem herkömmlichen Maßstab die Anwendung und Auslegung völkerrechtlicher Verträge durch die Fachgerichte zu überprüfen", was geboten sein könne). S. auch BVerfGE 58, 1 (34) – Eurocontrol I; BVerfGE 59, 63 (89) – Eurocontrol II; BVerfGE 109, 13 (23f.) – Lockspitzel I; BVerfGE 109, 38 (49f.) – Lockspitzel II.
295 BVerfGE 118, 244 (271) – Afghanistan-Einsatz (wo allerdings ein Zusammenhang von Art. 24 Abs. 2 GG und dem völkergewohnheitsrechtlichen Gewaltverbot hergestellt wird!).
296 BVerfGE 104, 151 (198) – NATO-Konzept (unter Bezugnahme auf BVerfGE 6, 290 [295] – Washingtoner Abkommen).

ren übt das Gericht jedoch besondere Zurückhaltung, wo sich der Antrag auf Erlaß einer einstweiligen Anordnung gegen eine Maßnahme mit völkerrechtlichen oder außenpolitischen Auswirkungen richtet[297].

I. Rückblick auf Art. 25 GG als Schnittstelle in der Kommunikation zwischen Völkerrecht und deutschem Recht

Ist zu Beginn Art. 25 GG als Schnittstelle zwischen Völkerrecht und innerstaatlichem Recht beschrieben worden, so ist deutlich geworden, daß es dabei nicht allein um die nach innen gerichtete Erteilung eines generellen Rechtsanwendungsbefehls für die allgemeinen Regeln des Völkerrechts geht. Die deutsche Rechtsordnung kommuniziert vielmehr mit dem Völkerrecht in einem umfassenderen Sinn.

58
Mehr als ein Rechtsanwendungsbefehl

Art. 25 GG selbst zeigt dies, soweit sein Satz 2 richtigerweise so zu verstehen ist, daß „objektive" Rechtsnormen des allgemeinen Völkerrechts in „Rechte und Pflichten für die Bewohner des Bundesgebietes" wirklich umgewandelt werden können[298]. Eine solche konstitutive Versubjektivierung von Völkerrechtsnormen läßt sich zwar nur ausnahmsweise und unter dem Vorbehalt, daß diese nicht verfälscht werden, annehmen – dies jedoch immerhin insoweit, als einerseits durch entsprechende Individualpflichten das Völkerrecht verstärkt wird oder andererseits ein im Völkerrecht selbst angelegtes Potential zur Ausbildung subjektiver Rechte des einzelnen genutzt und daraus innerstaatlich vorab, noch bevor sich eine entsprechende Entwicklung völkerrechtlich vollzogen hat, die Konsequenz der Zuschreibung von Individualrechten gezogen wird. Sowohl durch die Erzeugung subjektiver Pflichten als auch durch die Erzeugung subjektiver Rechte des einzelnen werden Völkerrechtsnormen in der internen Rechtsordnung nicht nur modifiziert abgebildet und damit pointiert. Die Bundesrepublik Deutschland prägt dadurch auch eine interne, völkerrechtsrelevante Praxis aus, die zur Bildung von Völkergewohnheitsrecht und – durchaus im Sinne der Entstehungsgeschichte – zur fortschreitenden Einbeziehung des Individuums in das Völkerrecht beitragen kann.

59
Konstitutive Subjektivierung von Völkerrechtsnormen

Beteiligung an der Erzeugung von Völkergewohnheitsrecht

Denn die deutsche Rechtsordnung steht – über Art. 25 S. 2 GG hinaus – mit dem allgemeinen Völkerrecht in einem Rechtserzeugungskontext. Dies hängt mit den Rechtsquellen Gewohnheitsrecht und allgemeine Rechtsquellen zusammen, die nicht als bloße Rechts*erkenntnis*-, sondern als Rechts*erzeugungs*quellen zu begreifen sind. Die allgemeinen Rechtsgrundsätze sind

60
Rechtserzeugungskontext

---
[297] BVerfGE 118, 111 (122) mit Hinweis auf BVerfGE 33, 195 (197) – Bewaffnete Bundeswehreinsätze; BVerfGE 83, 162 (171 f.) – Einigungsvertrag; BVerfGE 88, 173 (179) – AWACS I; BVerfGE 89, 38 (43) – Somalia; BVerfGE 108, 34 (41) – AWACS-Einsatz (Türkei).
[298] S. o. Rn. 32.

§ 235   Einundzwanzigster Teil: Deutsches und internationales Recht

darum Bestandteil des Völkerrechts[299], sie sind darum zwischen Völkerrechtssubjekten geltendes Völkerrecht, weil sie übereinstimmend in den internen Rechtsordnungen der Staaten – und damit eben auch in der deutschen Rechtsordnung – existieren. Das universelle Völkergewohnheitsrecht entsteht durch eine allgemeine gleichförmige Praxis der Staaten, die von Rechtsüberzeugung getragen wird[300]. Die praktischen Beispiele[301] zeigen, daß die für die Bildung von Gewohnheitsrecht relevante „Praxis der Staaten" vielfach gerade auch das Verhalten innerstaatlicher Stellen erfaßt – also auch das Verhalten innerstaatlicher deutscher Behörden und Gerichte, die darum an der Entwicklung von allgemeinem Völkerrecht aktiv teilhaben. Natürlich muß solches innerstaatliche Verhalten einen völkerrechtlichen Bezugs- oder Anknüpfungspunkt haben. Dieser liegt aber oft gar nicht fern. Man denke nur an die Entwicklung von Normen des völkerrechtlichen Fremdenrechts (also der Behandlung fremder Staatsangehöriger durch die Hoheitsgewalt des Aufenthaltsstaates) oder von Regeln der Staatenimmunität (also daß fremde Staaten mit ihren acta iure imperii der Gerichtsbarkeit nationaler Gerichte nicht unterworfen sind, wohl aber mit ihren acta iure gestionis[302]). Was der Gesetzgeber auf diesen Gebieten normiert und wie sich deutsche Behörden und Gerichte verhalten, prägt die Praxis des deutschen Staates und gibt die deutsche Rechtsüberzeugung in den internationalen Rechtsraum hinein kund. Die Träger deutscher Hoheitsgewalt sind damit einbezogen in die Kommunikationsprozesse, die allgemeines Völkerrecht hervorbringen.

61

Über Art. 25 GG kommuniziert die deutsche Rechtsordnung aber auch rezeptiv – und nur scheinbar passiv – mit dem Völkerrecht, indem das Grundgesetz die allgemeinen Regeln des Völkerrechts zum integrierenden „Bestandteil des Bundesrechts" erklärt und ihnen Vorrang vor „den Gesetzen" zuerkennt[303]. Notgedrungen erfolgt die Bestimmung des Verhältnisses von Völkerrecht und deutschem Recht aus der Warte der deutschen Verfassung[304]. Ein rigides dualistisches Denken (die Vorstellung von Völkerrecht und innerstaatlichem Recht als zwei getrennten Rechtskreisen) läßt sich mit Blick auf das allgemeine Völkerrecht zumindest verfassungsinterpretatorisch überwinden[305], hat doch das Grundgesetz – durchaus weise – darauf verzichtet, ein spezifisches theoretisches (dualistisches oder monistisches) Verständnis des Verhältnisses von (allgemeinem) Völkerrecht und innerstaatlichem Recht verfassungsautoritativ anzuordnen. Doch steht Art. 25 GG jedem Versuch entgegen, die deutsche Rechtsordnung gegen das allgemeine Völkerrecht abzuschotten oder zu immunisieren. „The law of Nations ... is held to be part

---

299 S.o. Rn. 15.
300 S.o. Rn. 11 ff.
301 S.o. Rn. 34 f.
302 S.o. Rn. 37 mit N 203.
303 S.o. Rn. 27.
304 S.o. Rn. 3.
305 S.o. Rn. 8.

of the law of the land."³⁰⁶ Was William Blackstone für das „common law" feststellte³⁰⁷, läßt sich auch für das deutsche Recht sagen. Der durch Art. 25 GG angeordnete Vorrang sichert gerade den Einklang des deutschen Rechts mit dem allgemeinen Völkerrecht. Dessen Regeln sind Teil des *Rechts*, das der deutsche Gesetzgeber befolgen muß, zu dem er sich³⁰⁸ nicht in Widerspruch setzen darf und das von deutschen Behörden und Gerichten zu beachten und anzuwenden ist. Indem Art. 25 GG das allgemeine Völkerrecht in das deutsche Recht einwebt, unterstreicht er, daß das Grundgesetz das Völkerrecht als vollwertiges, bindendes Recht wahrnimmt³⁰⁹. Daß die Rezeption in der Praxis schwierig sein kann, hat auch der Verfassunggeber gesehen. Während das allgemeine Völkerrecht wie alles andere Bundesrecht von jedermann beachtet werden muß, installiert Art. 100 Abs. 2 GG für Zweifel über Bestehen oder Reichweite einer allgemeinen Regel des Völkerrechts, die in einem Rechtsstreit auftreten, ein besonderes Verifikationsverfahren³¹⁰. Dem Bundesverfassungsgericht wird die Funktion zugewiesen, festzustellen, ob eine Norm des allgemeinen Völkerrechts gilt und welchen Inhalt sie hat. Dies geht über eine passive Rezeption hinaus. Nimmt man nur das universelle Völkergewohnheitsrecht, so muß das Gericht nämlich die weltweite Praxis der Staaten und deren Rechtsüberzeugung nicht nur sichten, sondern auch bewerten. Im Fluß der Völkerrechtsentwicklung³¹¹ gibt es keinen greifbaren „Autor" von Sätzen des allgemeinen Völkerrechts, sondern es liegt beim rechtlichen „Entscheider" zu sagen³¹², ob – oder ob eben noch nicht – Gewohnheitsrecht entstanden ist³¹³. Der Spruch nach Art. 100 Abs. 2 GG bindet die Verfassungsorgane des Bundes und der Länder sowie alle Gerichte und Behörden (§ 31 Abs. 1 BVerfGG) und hat Gesetzeskraft (§ 31 Abs. 2 S. 1 BVerfGG). Er bekundet als Akt der deutschen Staatspraxis³¹⁴ zudem, welche Haltung die Bundesrepublik Deutschland zur Existenz und zum Inhalt eines Satzes des allgemeinen Völkerrechts einnimmt. Dies hat Rückwirkungen auf die Völkerrechtslage. Auch hier kommuniziert die deutsche Rechtsordnung aktiv mit dem Völkerrecht.

Völkerrecht als vollwertiges Recht

Aktive Rezeption durch das Verifikationsverfahren

---

306 *William Blackstone*, Commentaries on the Law of England (A Facsimile of the First Edition of 1765–1769), 1979, S. 67.
307 S. zu Blackstone: *Mark W. Janis*, Blackstone and Bentham: The Law of Nations and International Law, in: ders., America and the Law of Nations 1776–1939, Oxford 2010, S. 1 (2 ff.).
308 Freilich auf die Gefahr nicht der Ungültigkeit, sondern nur der Unanwendbarkeit des von ihm gesetzten Rechts, soweit es mit allgemeinem Völkerrecht konfligiert (s.o. Rn. 29).
309 S.o. Rn. 4.
310 S.o. Rn. 41 ff.
311 S. etwa zum Stand der Entwicklung einer allgemeinen Regel des Völkerrechts, nach welcher das Verbot der Doppelbestrafung auch ausländische Strafverurteilungen erfassen würde: BVerfGE 75, 1 (21 ff.) – ne bis in idem.
312 Vgl. zur rechtsetzenden Funktion internationaler Gerichte *Armin von Bogdandy/Ingo Venzke* (Hg.) International judicial lawmaking: on public authority and democratic legitimation in global governance, 2011.
313 S. aber dazu, daß bei Unklarheit der völkerrechtlichen Lage das Bundesverfassungsgericht den Einschätzungs- und Beurteilungsspielraum der Bundesregierung zu achten hat: *Schorkopf* (N 257), §§ 83, 84 Rn. 60. S. auch *Matthias Ruffert*, Der Entscheidungsmaßstab im Normenverifikationsverfahren nach Art. 100 II GG, in: JZ 2001, S. 633 (638 f.).
314 *Schorkopf* (N 257), §§ 83, 84 Rn. 54.

62
„Recht vor Macht"

Die Ermöglichung dieser Kommunikation durch unmittelbare Geltung von allgemeinem Völkerrecht einschließlich der Erzeugung von Rechten und Pflichten des einzelnen stellte Carlo Schmid – der 1948 die vormalige Geringschätzung des Völkerrechts in Deutschland beklagte und sodann als „etwas sehr Politisches" anmerkte: „Die einzige wirksame Waffe des ganz Machtlosen ist das Recht, das Völkerrecht"[315] – bei den Beratungen des Parlamentarischen Rates in einen größeren staatsphilosophischen Zusammenhang: „Zur Demokratie gehört weiter die Anerkennung des Satzes, daß *Recht vor Macht* geht, und ich glaube und möchte behaupten, daß ein Staat sich heute nur dann als volldemokratisch bezeichnen kann, wenn er diesem Prinzip im Verhältnis zu den anderen Staaten Ausdruck gibt."[316]

---

[315] Hauptausschuß, 12. Sitzung vom 15.10.1948, abgedruckt in: Der Parlamentarische Rat 1948–1949, bearb. v. Eberhard Pikart/Wolfram Werner, 1993, Bd. 5/I, S. 321. Zur keineswegs völlig gesicherten Vertrauenswürdigkeit des Völkerrechts: *Tomuschat* (N 81), § 172 Rn. 19.

[316] *Carlo Schmid*, 2. Sitzung des Plenums am 8.9.1948, abgedruckt in: Der Parlamentarische Rat 1948–1949, bearb. v. Wolfram Werner, 1996, Bd. 9, S. 40.

J. Bibliographie

Albert Bleckmann, Grundgesetz und Völkerrecht, 1975.
Hartwin Bungert, Einwirkung und Rang von Völkerrecht im innerstaatlichen Rechtsraum, in: DÖV 1994, S. 137 ff.
Karl Doehring, Die allgemeinen Regeln des völkerrechtlichen Fremdenrechts und das deutsche Verfassungsrecht, 1963.
Christoph Engel, Völkerrecht als Tatbestandsmerkmal deutscher Normen, 1989.
Wilhelm Karl Geck, Das Bundesverfassungsgericht und die allgemeinen Regeln des Völkerrechts, in: Bundesverfassungsgericht und Grundgesetz. FG aus Anlaß des 25jährigen Bestehens des Bundesverfassungsgerichts, hg. v. Christian Starck, 1976, Bd. II, S. 125 ff.
Rudolf Geiger, Zur Lehre vom Völkergewohnheitsrecht in der Rechtsprechung des Bundesverfassungsgerichts, in: AöR 103 (1978), S. 382 ff.
Rainer Hofmann, Zur Bedeutung von Art. 25 GG für die Praxis deutscher Behörden und Gerichte, in: FS für Wolfgang Zeidler, 1987, Bd. II, S. 1885.
ders., Art. 25 und die Anwendung völkerrechtswidrigen ausländischen Rechts, in: ZaöRV 49 (1989), S. 41 ff.
Otto Kimminich, Das Völkerrecht in der Rechtsprechung des Bundesverfassungsgerichts, in: AöR 93 (1968), S. 485 ff.
Karl Josef Partsch, Die Anwendung des Völkerrechts im innerstaatlichen Recht: Überprüfung der Transformationslehre, in: BDGVR 6 (1964), S. 13 ff.
Walter Rudolf, Völkerrecht und deutsches Recht, 1967.
Michael Silagi, Die allgemeinen Regeln des Völkerrechts als Bezugsgegenstand in Art. 25 GG und Art. 26 EMRK, in: EuGRZ 1980, S. 632 ff.
Helmut Steinberger, Allgemeine Regeln des Völkerrechts, in: HStR VII, ^{1}1992, § 173.
Charalambos M. Tsiliotis, Die Allgemeinen Regeln des Völkerrechts im Sinne des Art. 25 GG und die deutschen Grundrechte, in: Europäische Zeitschrift des öffentlichen Rechts 11 (1999), S. 1185 ff.
Wolfgang Weiß, Allgemeine Rechtsgrundsätze des Völkerrechts, in: AVR 39 (2001), S. 394 ff.

§ 236
Verfassungsrecht und völkerrechtliche Verträge

Silja Vöneky

Übersicht

	Rn.		Rn.
A. Einleitung	1–13	C. Sonderfragen und Konfliktfälle	26–33
I. Begriffsbestimmungen	2–5	I. Innerstaatlicher Rang völkerrechtlicher Verträge und Lösung von Kollisionen	26
II. Grundzüge des Zusammenwirkens	6–8		
III. Dualismus und innerstaatliche Übernahme völkerrechtlicher Verträge	9–11	II. Verfassungsrechtliche Grenzen der Vertragsgewalt	27–28
IV. Historische Entwicklung	12–13	III. Verfassungsgerichtliche Kontrolle völkerrechtlicher Verträge	29–32
B. Völkerrechtliche Verträge im innerstaatlichen Recht mit und ohne Mitwirkung der Legislative	14–25	IV. Verfassungswidrigkeit nachträglicher, bewußt völkervertragswidriger Gesetzgebung („treaty override")	33
I. Notwendige Parlamentsbeteiligung durch Bundesgesetz	14–21	D. Bibliographie	
II. Keine oder verringerte Parlamentsbeteiligung	22–25		

A. Einleitung

1
Internationale Offenheit des Grundgesetzes

Die Bestimmung des Verhältnisses von Verfassungsrecht und völkerrechtlichen Verträgen ist für jeden Staat zentral. Völkerrechtliche Verträge stellen die Hauptrechtsquelle des gegenwärtigen, sehr verdichteten Völkerrechts[1] dar. Gerade in der Bundesrepublik Deutschland, die Partei tausender bilateraler und multilateraler Abkommen ist[2], und deren Grundgesetz in dem ersten Präambelabsatz das Ziel betont, „als gleichberechtigtes Glied in einem vereinten Europa dem Frieden der Welt zu dienen", zeigt auch die Ausgestaltung des Verhältnisses von Verfassungsrecht und völkerrechtlichen Verträgen, was die viel besprochene „internationale Offenheit" des Grundgesetzes[3] konkret bedeutet.

I. Begriffsbestimmungen

2
Völkerrechtliche Verträge

Völkerrechtliche Verträge sind durch korrespondierende Willenserklärungen erzielte Einigungen zwischen Völkerrechtssubjekten über bestimmte völkerrechtliche Rechtsfolgen[4]. Völkerrechtlich erforderlich ist für einen wirksamen Vertragsabschluß zwischen Staaten[5] nur deren wirksame Zustimmung, durch den Vertrag gebunden zu sein[6]. Die Art der Zustimmung ist frei; in der Regel erfolgt sie durch Ratifikation, das heißt durch die völkerrechtlich verbindliche, förmliche Erklärung eines Staatsorgans, den Vertrag als bindend anzusehen und seine innerstaatliche Einhaltung zu gewährleisten[7]. Die Verletzung innerstaatlicher Zuständigkeitsregelungen ist nur in Ausnahmefällen beachtlich[8].

---

1 *Rüdiger Wolfrum*, Kontrolle der auswärtigen Gewalt, in: VVDStRL 56 (1997), S. 42; *Wilfried Fiedler*, Quantitative und qualitative Aspekte der Einordnung der Bundesrepublik Deutschland in völkerrechtliche Verträge, in: Rudolf Geiger (Hg.), Völkerrechtlicher Vertrag und staatliches Recht vor dem Hintergrund zunehmender Verdichtung der internationalen Beziehungen, 2000, S. 11 ff.
2 Deutschland ist Partei von ca. 3.000 multi- sowie bilateralen Abkommen; für eine Aufzählung vgl. http://treaties.un.org.
3 Statt anderer → oben *Tomuschat*, § 226; *Matthias Herdegen*, in: Maunz/Dürig, 2013, Art. 25 Rn. 6 f.; *Albert Bleckmann*, Der Grundsatz der Völkerrechtsfreundlichkeit der deutschen Rechtsordnung, in. DÖV 1996, S. 137 ff.; *Walter Rudolf*, Völkerrecht und deutsches Recht, 1967.
4 Vgl. entsprechend IGH, Territorial Questions between Qatar and Bahrain, in: ICJRep 1994, S. 112 ff., 120 ff.
5 Völkerrechtliche Verträge können jedoch zwischen allen Völkerrechtssubjekten geschlossen werden, also neben den Staaten auch mit oder zwischen internationalen Organisationen (→ Bd. X, *Wolfrum*, § 219, § 221) oder besonderen Völkerrechtssubjekten wie dem Heiligen Stuhl (vgl. BVerfGE 6, 309 [362]). Keine Völkerrechtssubjekte sind jedoch beispielsweise Nichtregierungsorganisationen; zu diesen Entitäten → Bd. X, *Grewlich*, § 223 Rn. 27 ff.
6 Für schriftliche Verträge zwischen Staaten vgl. Art. 11–16 Wiener Übereinkommen über das Recht der Verträge von 1969 (WVK; in Kraft seit 1980, BGBl 1987 II, S. 757) i.V.m. Art. 2 Abs. 1 lit. b WVK, Art. 6 f. WVK, Art. 24 WVK.
7 Vgl. auch Art. 2 Abs. 1 lit. b WVK. Sonstige Formen der Zustimmung sind Annahme, Genehmigung, Notenwechsel etc.; vgl. dazu Art. 11 ff. WVK.
8 Art. 27 WVK i.V.m. Art. 46 WVK: Vorgaben des innerstaatlichen Rechts rechtfertigen nicht die Nichterfüllung des völkerrechtlichen Vertrages; Ausnahme ist die Berufung auf eine nicht wirksame Zustimmung, wenn „die Verletzung offenkundig war" und eine „innerstaatliche Rechtsvorschrift von grundlegender Bedeutung betraf".

Inhaltlich werden völkerrechtliche Verträge grundsätzlich nur durch das sogenannte zwingende Völkerrechts („ius cogens") begrenzt[9]. Sie können als „do ut des"-Bestimmungen Austauschpflichten zwischen bestimmten Völkerrechtssubjekten festlegen, aber auch allgemeine Regeln und Prinzipien – unter anderem – zum Schutz von Gemeinwohlgütern oder Werten der Völkerrechtsgemeinschaft insgesamt niederlegen. Von völkerrechtlichen Verträgen zu unterscheiden sind das internationale Gewohnheitsrecht und die allgemeinen Rechtsgrundsätze[10]. Keine völkerrechtlichen Verträge sind auch die sogenannten internationalen „soft law"-Normen[11], die von Staaten und anderen Völkerrechtssubjekten ohne Rechtsbindungswillen vereinbart werden. Ob diese Normen wegen ihrer dennoch bestehenden faktischen Bindungswirkung innerstaatlich den gleichen Regeln wie völkerrechtliche Verträge unterworfen werden müssen, bedarf sorgfältiger Prüfung[12].

3
Inhaltliche Ausgestaltung

Abgrenzung: Gewohnheitsrecht, Rechtsgrundsätze, „soft law"

Geht es um die Einwirkungen völkerrechtlicher Verträge auf die innerstaatliche Rechtsordnung, so muß zwischen der oben beschriebenen völkerrechtlichen Vertragsgeltung, der innerstaatlichen Geltung des Vertrages und der unmittelbaren Anwendbarkeit der Vertragsbestimmungen im innerstaatlichen Recht unterschieden werden.

4
Innerstaatliche Geltung und Anwendbarkeit

Die innerstaatliche Geltung einer Vertragsnorm erfordert einen in der innerstaatlichen Ordnung gerechtfertigten Befolgungsanspruch. Die unmittelbare Anwendbarkeit einer Vertragsnorm setzt zusätzlich voraus, daß es keines konkretisierenden innerstaatlichen Umsetzungsaktes (also keiner weiteren Norm oder sonstiger Vollzugsakte) für diese Vertragsbestimmung bedarf, damit aus ihr bestimmte Rechtsfolgen für Rechtssubjekte abgeleitet werden können. Ist dies der Fall, kann diese Vertragsbestimmung als „self executing" bezeichnet werden[13]. Da die Verletzung innerstaatlichen Rechts für die völkerrechtliche Vertragsgeltung grundsätzlich unbeachtlich ist[14], kann ein Staat völkerrechtlich mehr Rechtsbindungen eingehen, als er nach innerstaatlichem Recht verfassungskonform erfüllen kann[15].

5
„Self executing"

---

9 Jeder Vertrag, der im Widerspruch zu einer ius cogens-Norm steht, ist nichtig, vgl. Art. 53, 64, 71 WVK. Zu diesen gehören u. a. das Gewaltverbot, das Folterverbot, das Verbot des Völkermordes und das Sklavereiverbot; vgl. *Alexander Orakhelashvili*, Peremptory Norms in International Law, New York 2006, S. 36 ff., 133 ff.
10 Vgl. dazu nur *James Crawford*, Brownlie's Public International Law, Oxford [8]2012, S. 23 ff.
11 Grundlegend zum Begriff „soft law" *Daniel Thürer*, Soft Law, in: Rüdiger Wolfrum, The Max Planck Encyclopedia of Public International Law, Bd. IX, Oxford 2012, S. 269.
12 S. u. Rn. 24 f.
13 Subjektive Rechte werden dem einzelnen dann durch eine Vertragsbestimmung eingeräumt, wenn diese nach Wortlaut, Zweck und Inhalt wie eine innerstaatliche Gesetzesvorschrift rechtliche Wirkungen auszulösen geeignet ist; BVerfGE 29, 348 (360). Der frühere Streit bzgl. der unmittelbaren Anwendbarkeit des WTO-Rechts besitzt staatsrechtlich keine Relevanz mehr, da mit dem Vertrag von Lissabon die Europäische Union die ausschließliche Kompetenz für das WTO-Recht hat, so daß die Rechtsprechung des EuGH entscheidend ist, der hier eine unmittelbare Wirkung ablehnt; vgl. auch *Silja Vöneky/Britta Beylage-Haarmann*, in: Eberhard Grabitz/Meinhard Hilf/Martin Nettesheim, Das Recht der Europäischen Union, Kommentar, Bd. II, 45. EL 2011, Art. 216 AEUV, Vertragsschlußkompetenz, Rn. 28 f., 33, 45.
14 Vgl. nur BVerfGE 45, 83 (96).
15 Ein (fiktives) Beispiel wäre ein völkerrechtlicher Vertrag, der die Bundesrepublik verpflichten würde, in Friedenszeiten ein von Terroristen entführtes, ziviles Luftfahrzeug abzuschießen. Dies wäre, folgt

§ 236 Einundzwanzigster Teil: Deutsches und internationales Recht

II. Grundzüge des Zusammenwirkens

6
Art. 32 GG: Kompetenzaufteilung zwischen Bund und Ländern

Das Grundgesetz enthält nur wenige Regelungen für das Zusammenspiel von innerstaatlichem Recht und völkerrechtlichen Verträgen. Maßgeblich sind die Art. 59, 32, 24 und 23 GG[16]. Der für das Verhältnis von Verfassungsrecht und völkerrechtlichen Verträgen zunächst maßgebliche Art. 32 GG betrifft die Kompetenzaufteilung zwischen Bund und Ländern. Hier sollen zumindest die Grundzüge dargelegt werden: Abs. 1 bestimmt den Normalfall der Bundeskompetenz für den Abschluß völkerrechtlicher Verträge. Abs. 3 regelt die ausnahmsweise Kompetenz der Länder zum Abschluß völkerrechtlicher Verträge, soweit diese für die Gesetzgebung zuständig sind. Damit wird auch die völkerrechtliche Vertragsfähigkeit der Länder[17] gegenüber auswärtigen Staaten und anderen Völkerrechtssubjekten[18] konstituiert. Da diese jedoch von der Zustimmung der Bundesregierung abhängt, soweit Abs. 3 reicht, können die Gesamtinteressen der Bundesrepublik gewahrt werden[19].

7
Art. 59 GG als Kernbestimmung

Art. 59 GG ist die nachfolgend vertiefend erörterte Kernbestimmung für das Verhältnis von Verfassungsrecht und völkerrechtlichen Verträgen. Absatz 1 regelt die Frage der formalen Vertretungsmacht (Außenvertretungsbefugnis) und damit die Organkompetenz im Bereich des Bundes, die verfassungsrechtlich dem Bundespräsidenten für die völkerrechtlichen Beziehungen des Bundes zugewiesen wird. Demnach schließt[20] dieser die Verträge des Bundes mit anderen Staaten und Völkerrechtssubjekten, sofern er nicht seine Befugnisse

---

man der zutreffenden Ansicht des BVerfG, insbesondere mit Art. 1 Abs. 1 GG unvereinbar. Vgl. zu dem entsprechenden, allerdings rein nationalen Sachverhalt, BVerfGE 115, 118 (124, 153 f., 158). Wie dieser Konflikt zwischen einer bestehenden völkerrechtlichen Verpflichtung und der Verfassungswidrigkeit ihrer Erfüllung aufzulösen ist, wird später erörtert, s. u. Rn. 27 ff., N 77.

16 Da Art. 23 und 24 GG die wichtigen Sonderfragen der Verwirklichung der Europäischen Union, der Eingliederung des Bundes in ein System kollektiver Sicherheit und der Pflicht zum Beitritt zu Vereinbarungen über eine internationale obligatorische Schiedsgerichtsbarkeit betreffen, werden sie an anderer Stelle behandelt, dazu → Bd. X, *Durner*, § 216; *Wolfrum*, § 221; → unten *Wolfrum*, § 242; *Oeter*, § 243.

17 Gliedstaaten von Bundesstaaten können als partielle Völkerrechtssubjekte beschränkte Vertragsfähigkeit besitzen, wenn die jeweilige Verfassung dies wie in der Bundesrepublik vorsieht und diese Vertragsfähigkeit im völkerrechtlichen Verkehr anerkannt wird. Vgl. dazu erschöpfend, auch in historischer Perspektive, *Bardo Fassbender*, Der offene Bundesstaat. Studien zur auswärtigen Gewalt und zur Völkerrechtssubjektivität bundesstaatlicher Teilstaaten in Europa, 2007, insbesondere Kap. 2–6; *ders.*, Art. 32 GG, in: BK, 152. EL. Klassisches Beispiel für einen entsprechenden Vertrag ist das Übereinkommen über den Schutz des Bodensees gegen Verunreinigung vom 27. 10. 1960 zwischen Baden-Württemberg, Bayern, Österreich und der Schweiz (BayGVBl 1961, S. 237 ff.).

18 So die herrschende Ansicht über den Wortlaut hinaus, vgl. auch BVerfGE 2, 347 (374). Nicht ausgedehnt wird der Anwendungsbereich von Art. 32 Abs. 1 und 3 GG in der Praxis auf Konkordate mit dem Heiligen Stuhl; Hier gelten abweichend die allgemeinen Zuständigkeitsregeln für die Gesetzgebung, die in der Regel bei den Ländern liegt. Vgl. jedoch kritisch mit guten Gründen *Rudolf Bernhardt*, Verfassungsrecht und Völkerrechtliche Verträge, in: HStR VII, ¹1992, § 174 Rn. 20. Zu der Entscheidung im GG, keine ausdrückliche Regelung zu Konkordaten zu treffen, vgl. *Rudolf Streinz*, in: Sachs, ⁶2011, Art. 59 Rn. 3.

19 „Präventive Bundesaufsicht", vgl. BVerfGE 2, 347 (370). Zu diesen Fragen insgesamt bereits vertiefend → Bd. IV, *Calliess*, § 83 Rn. 52 ff.

20 Vertragsschluß bedeutet gerade nicht das Aushandeln, sondern Unterzeichnung und Ratifikation der Verträge, dazu → Bd. IV, *Calliess*, § 83 Rn. 16 ff., 22. Verträge, die die Länder nach Art. 32 Abs. 3 GG abschließen, werden von deren Organen geschlossen; vgl. dazu die Regelungen in den Landesverfassungen, Übersicht in: *Michael Schweitzer*, Staatsrecht III, ¹⁰2010, S. 56 f.

im Einzelfall zulässig delegiert. Abs. 2 S. 1 GG beinhaltet für diejenigen völkerrechtlichen Verträge die maßgeblichen Vorgaben, die die politischen Beziehungen des Bundes regeln (erste Alternative) oder sich auf Gegenstände der Bundesgesetzgebung beziehen (zweite Alternative). Sogenannte Vertragsgesetze[21] (besser: Zustimmungsgesetze)[22] und damit eine parlamentarische Mitwirkung sind in den bezeichneten Fällen die notwendige Voraussetzung für die Ratifikation der Verträge (sogenanntes mehrphasiges Verfahren). Das Zustimmungsgesetz begründet innerstaatlich die Geltung des Vertrages[23]; die darauffolgende Ratifikation durch den Bundespräsidenten ist Voraussetzung für die völkerrechtliche Verbindlichkeit des Vertrages.

Politische Beziehungen des Bundes – Gegenstände der Bundesgesetzgebung

Völkerrechtliche Verträge, die nicht unter Art. 59 Abs. 2 S. 1 GG fallen (sogenanntes Verwaltungsabkommen, Art. 59 Abs. 2 S. 2 GG), und alle anderen im Völkerrecht relevanten Erklärungen der Bundesrepublik unterliegen dagegen grundsätzlich allein der Kompetenz der Bundesregierung und werden im sogenannten einphasigen Verfahren ohne Beteiligung der Legislative geschlossen.

8
Verwaltungsabkommen

III. Dualismus und innerstaatliche Übernahme völkerrechtlicher Verträge

Art. 59 Abs. 2 GG kann als Beleg für eine dualistische Deutung des Verhältnisses von Völkerrecht und nationalem Recht, die die beiden Rechtsgebiete grundsätzlich trennt, herangezogen werden[24]. Anders als nach monistischen Theorien sind danach Völkerrecht und innerstaatliches Recht nicht als eine Rechtsordnung zu begreifen; vielmehr bestehe zwischen Völkerrecht und innerstaatlichem Recht grundsätzlich „ein Verhältnis zweier unterschiedlicher Rechtskreise"[25]. Um innerstaatlich Wirkung zu entfalten, bedarf das Völkerrecht damit nach dem Grundgesetz eines Übersetzungsaktes[26].

9
Verhältnis zweier unterschiedlicher Rechtskreise

Art. 59 Abs. 2 GG regelt damit auch die generelle Übernahme völkerrechtlicher Verträge in die innerstaatliche Rechtsordnung durch parlamentarische Zustimmung in Gesetzesform (S. 1) bzw. durch einen Anwendungsbefehl in Gestalt einer Rechtsverordnung oder Verwaltungsvorschrift (S. 2)[27]. Wie

10
Transformation des Völkerrechts in nationales Recht

---

21 Vgl. zu diesen *Volker Röben*, Außenverfassungsrecht, 2007, S. 92 ff.
22 Zustimmungsgesetze begründen nur die innerstaatliche Geltung; fehlt Normen des völkerrechtlichen Vertrages – wie üblich – die unmittelbare Anwendbarkeit, muß diese dennoch durch entsprechende Umsetzungsgesetze (oder andere Umsetzungsakte) gewährleistet werden.
23 Auf die darüber hinausgehende Verfassungskonformität des Gesetzes kommt es daher zunächst nicht an (s. aber u. Rn. 26 ff.); der Vertrag ist durch das Vertragsgesetz Teil der verfassungsmäßigen Ordnung, vgl. BVerfGE 91, 335 (338 ff.); 99, 145 ff. Beginn und Ende der innerstaatlichen Geltung richten sich dabei grundsätzlich nach Beginn und Ende der völkerrechtlichen Vertragsgeltung.
24 Vgl. dazu und zu Mischsystemen auch *Röben* (N 21), S. 66 ff. Rechtsvergleichend zu Dualismus und Monismus vgl. *Georg Dahm/Jost Delbrück/Rüdiger Wolfrum*, Völkerrecht, Bd. I/1, ²1989, S. 104 ff.
25 BVerfGE 111, 307 (318); BVerfG, Beschluß vom 14.10.2004, 2 BvR 1481/04 = NJW 2004, S. 3407 (3408). Dazu auch *Markus Kotzur*, Deutschland und die internationalen Beziehungen – „offene Staatlichkeit" nach 60 Jahren Grundgesetz, in: JöR N.F. 59 (2011), S. 394 ff. Grundlegend *Heinrich Triepel*, Völkerrecht und Landesrecht, 1899, S. 111.
26 Vgl. *Andreas von Arnauld*, Völkerrecht, 2012, Rn. 498.
27 *Alfred Verdross/Bruno Simma*, Universelles Völkerrecht, ³1984, § 856.

§ 236   *Einundzwanzigster Teil: Deutsches und internationales Recht*

diese Durchführung sinnvoll zu deuten ist, ist umstritten: Zum Teil wird sie zutreffend als Transformation des Völkerrechts in staatliches Recht angesehen, durch die der Geltungsgrund der Norm abgeändert und die Völkerrechtsnorm in nationales Recht „umgegossen"[28] wird; die völkerrechtliche Norm wird danach aufgespalten in ein „völkerrechtliches Original und ein landesrechtliches Spiegelbild"[29].

11
Vollzugsbefehl als innerstaatlicher Akt

Nach anderer Ansicht ist der innerstaatliche Akt lediglich ein Vollzugsbefehl, kraft dessen die Vertragsnormen völkerrechtliche Normen bleiben, deren völkerrechtliche Geltung sich aber in den innerstaatlichen Bereich erstreckt[30]. Nach beiden Theorien ist jedoch richtigerweise auch das Zustimmungsgesetz primär nach den (völkerrechtlichen) Vorgaben der Wiener Vertragsrechtskonvention auszulegen, die unter anderem auch auf die Praxis der Vertragsparteien abstellt (Art. 31 Abs. 3 lit. b WVK)[31].

IV. Historische Entwicklung

12
Völkerrechtsoffenheit des GG

Die betonte, ausdrückliche Völkerrechtsoffenheit des Grundgesetzes war die notwendige normative Reaktion in deutlichster Abkehr von den vorhergehenden völkerrechtswidrigen Aggressionen und Greueltaten der nationalsozialistischen Herrschaft. Daß die Art. 32 GG und 59 GG historisch betrachtet jedoch keine Neuerungen, sondern akzentuierte Fortentwicklungen der Vorläuferbestimmungen waren, zeigt die verfassungsrechtliche Kontinuität in diesen Fragen, insbesondere zur Weimarer Reichsverfassung[32]. Auch der Grundsatz, daß wichtige völkerrechtliche Verträge einer Parlamentsbeteiligung bedürfen, war keine Neuerung des Grundgesetzes[33]. Daß die entsprechende Vorläuferbestimmung in der Weimarer Reichsverfassung bereits 1933 durch das sogenannte Ermächtigungsgesetz für die gesamte Zeit der NS-Herrschaft aufgehoben wurde[34], zeigt, welch zentrale Kontroll- und Rückbindungsfunktion die Parlamentsbeteiligung bei dem Abschluß völkerrechtlicher Verträge besitzt, die es zur Errichtung der Diktatur auszuschalten galt.

---

28 *Verdross/Simma* (N 27), § 863.
29 Vgl. *Verdross/Simma* (N 27), § 858. Bestätigend BVerwGE 95, 42 (49). Offen dagegen BVerfGE 90, 286 (364); 104, 151 (209) und BVerfG, in: NJW 2007, S. 499 (501).
30 Dafür statt anderer *Arnauld* (N 26), Rn. 499.
31 So auch *Arnauld* (N 26), Rn. 499. Dagegen noch BVerwG 104, 254 (258).
32 Zu den Vorläuferbestimmungen zu Art. 32 GG, insbesondere § 6–9 RV 1849; Art. 11 RV 1871 und Art. 78 WRV, vgl. die Abdrucke bei *Streinz* (N 18), Art. 32 und 59, S. 1098, 1351 f. Zur historischen und rechtsvergleichenden Einordnung und Analyse der Vertragsschließungsrechte der Gliedstaaten der europäischen Bundesstaaten *Fassbender* (N 17), passim, zur Weimarer Reichsverfassung a.a.O., S. 233 ff.
33 Vgl. beispielsweise § 102 FRV; Art. 11 Abs. 3 RV; Art. 45 Abs. 3 WRV; vgl. zudem Art. II Sect. 2 US-Verfassung 1787. Zur Reichsverfassung und Weimarer Reichsverfassung näher *Frank Schorkopf*, Grundgesetz und Überstaatlichkeit, 2007, S. 36 f.
34 Art. 4 Gesetz zur Behebung der Not von Volk und Reich (sog. Ermächtigungsgesetz), 24. 3. 1933 (RGBl 1933 I, S. 141): „Verträge des Reiches mit fremden Staaten, die sich auf Gegenstände der Reichsgesetzgebung beziehen, bedürfen für die Dauer der Geltung dieser Gesetze nicht der Zustimmung der an der Gesetzgebung beteiligten Körperschaften. Die Reichsregierung erläßt die zur Durchführung dieser Verträge erforderlichen Vorschriften." Zum Ermächtigungsgesetz auch → Bd. I, *Grawert*, § 6 Rn. 5, 9 f.

Das Grundgesetz geht dabei trotz der beschriebenen Kontinuität über die Anforderungen der Weimarer Reichsverfassung an die Beteiligung der Legislative hinaus. Die Parlamentarisierung in diesem Bereich wird weiter gestärkt, indem nicht nur die Zustimmung der Legislative für (wie bisher) zwei bestimmte Arten[35] völkerrechtlicher Verträge gefordert wird, sondern die Zustimmung zudem „in der Form eines Bundesgesetzes" erfolgen muß.

13
Stärkung der Parlamentarisierung durch das GG

B. Völkerrechtliche Verträge im innerstaatlichen Recht mit und ohne Mitwirkung der Legislative

I. Notwendige Parlamentsbeteiligung durch Bundesgesetz

In den Fällen des Art. 59 Abs. 2 S. 1 GG wird die völkerrechtliche Verbindlichkeit für die Bundesrepublik erst nach Sicherung der präventiven Kontrolle durch die Legislative, also auch nach der präventiven Kontrolle durch die damit geschaffene Öffentlichkeit[36], begründet. Nach Art. 59 Abs. 2 S. 1 GG ist dieses legislative Vetorecht[37] für zwei Arten völkerrechtlicher Verträge gegeben: Verträge, die die „politischen Beziehungen des Bundes regeln", und Verträge, die „sich auf Gegenstände der Bundesgesetzgebung beziehen".

14
Legislatives Vetorecht

Für die erste Qualifikation ist zunächst der Wortlaut der Norm, auch im historischen Vergleich, der Ausgangspunkt: „Verträge, die die politischen Beziehungen des Bundes regeln", wurden in der Weimarer Reichsverfassung noch als „Bündnisse" bezeichnet[38]. Entscheidend ist zudem der Sinn und Zweck von Art. 59 Abs. 2 S. 1 GG: Die Norm verstärkt die demokratische Legitimation und sichert eine präventive parlamentarische Kontrolle der Verträge. Maßgeblich muß daher sein, in welchen Fällen dies erforderlich ist.

15
Verträge, die die politischen Beziehungen des Bundes regeln

Unter die erste Alternative sind jedenfalls „hochpolitische" bzw. für die Bundesrepublik „existentielle" Verträge zu subsumieren, die beispielsweise die territoriale Integrität, Unabhängigkeit, Stellung in der Staatengemeinschaft und Bündnisse betreffen oder Deutschland massive finanzielle Bürden auferlegen, ist völlig überzeugend[39]. In diesen Fällen sind präventive Kontrolle und Verstärkung der demokratischen Legitimationsbasis in einem demokratischen

16
„Hochpolitische" und „existentielle" Verträge

---

35 Die WRV spricht von „Bündnissen und Verträgen mit fremden Staaten, die sich auf Gegenstände der Reichsgesetzgebung beziehen"; das Grundgesetz etwas verklausulierend dagegen in der ersten Alternative von „Verträge[n], welche die politischen Beziehungen des Bundes regeln", da Deutschland 1949 keine Bündnisfähigkeit besaß, vgl. *Streinz* (N 18), Art. 59 Rn. 3.
36 Zum Öffentlichkeitsprinzip im Rahmen der Gesetzgebung vgl. *Silja Vöneky*, Recht, Moral und Ethik, 2010, S. 190 ff. m. weit. Nachw.
37 Erzwingen kann das Parlament die Ratifikation jedoch nicht, da die Regierung entscheidet, ob sie den Vertrag nach Zustimmung des Parlaments dem Bundespräsidenten übergibt. Dazu BVerfGE 90, 286 (358); → Bd. IV, *Calliess*, § 83 Rn. 26.
38 S. o. N 35.
39 BVerfGE 1, 372 (380 f.). Dazu gehören u. a. Friedensverträge, Nichtangriffsverträge, Beistandsverträge und Grenzverträge. Vgl. dazu auch BVerfGE 40, 141 (164 f.); 43, 203 ff.; 36, 1 (13) – Ostverträge; BVerfGE 90, 286 ff. – Beitritt zur NATO und UNO.

§ 236   Einundzwanzigster Teil: Deutsches und internationales Recht

Rechtsstaat geboten. Dies gilt, entgegen anderer Ansichten, auch, wenn diese Verträge die Gestaltung existentieller Fragen der Bundesrepublik nur als Nebenfolge berühren, da entscheidend ist, daß überhaupt existentielle Fragen für das Staatswesen völkerrechtlich normiert werden[40].

17
Grundrechtswesentliche Verträge

Gut vertretbar erscheint zudem die Argumentation, daß in einer grundrechtsgeprägten Ordnung die parlamentarische Kontrolle – über die obengenannten existentiellen (das heißt territorial, sicherheitsrechtlich oder finanziell bedeutenden) Verträge hinaus[41] – auch für völkerrechtliche Verträge gelten muß, die grundrechtswesentlich sind, wie beispielsweise Verträge im Rahmen des internationalen Menschenrechts-[42], Minderheiten- oder Gesundheitsschutzes[43], aber auch des Umweltschutzes.

18
Verträge, die sich auf Gegenstände der Bundesgesetzgebung beziehen

Für diese Auslegung spricht, daß eine solche Wesentlichkeitstheorie, die das Bundesverfassungsgericht zum allgemeinen Parlamentsvorbehalt vertritt[44], auch die Grundlage der zweiten Alternative der in Art. 59 Abs. 2 S. 1 GG genannten Verträge ist, das heißt der Verträge, die sich auf Gegenstände der Bundesgesetzgebung[45] beziehen. Entscheidendes Charakteristikum dieser Verträge ist, daß der Bund Verpflichtungen übernimmt, deren Erfüllung allein durch den Erlaß eines Bundesgesetzes möglich ist[46]. Die Frage nach der Zustimmungsbedürftigkeit beantwortet sich also nach den allgemeinen Regeln zum Parlamentsvorbehalt[47]. Damit wird auch erreicht, daß keine Verträge völkerrechtlich verbindlich werden, die ohne Mitwirkung der (Bundes-)Legislative nicht erfüllt werden könnten[48]. Daß sich zwischen der ersten und zweiten Alternative in Art. 59 Abs. 2 S. 1 GG nach der hier vertretenen Auslegung weitgehende Schnittmengen ergeben[49], ist mit Blick auf Ziel und Zweck der Norm und für deren einheitliche Auslegung gerade ein Vorteil[50].

19
Parallelvertrag

Für die Zustimmungsbedürftigkeit aus Art. 59 Abs. 2 S. 1 GG ist unerheblich, ob der Vertrag bereits durch innerstaatliche Gesetze erfüllt ist (sogenannter Parallelvertrag), oder ob noch innerstaatliche Vollzugsakte erforderlich sind. Die Anwendung der Norm bei Parallelverträgen ist geboten, da mit einem neuen Vertrag immer neue völkerrechtliche Verpflichtungen begründet wer-

---

40 Zu eng dagegen *Philip Kunig*, Völkerrecht und staatliches Recht, in: Wolfgang Graf Vitzthum (Hg.), Völkerrecht, ⁵2010, Rn. 90.
41 Darauf beschränkend jedoch → Bd. IV, *Callies* § 83 Rn. 27.
42 Ein Beispiel ist die UN-Konvention über die Rechte von Menschen mit Behinderungen von 2006, die am 3. 5. 2008 in Kraft getreten ist und am 24. 9. 2009 von Deutschland ratifiziert wurde (BGBl 2008 II, S. 1419).
43 Z.B. das WHO-Rahmenübereinkommen zur Eindämmung des Tabakgebrauchs von 2003, das von Deutschland am 16. 12. 2004 ratifiziert wurde (BGBl 2004 II, S. 1538) und am 27. 2. 2005 in Kraft getreten ist.
44 BVerfGE 83, 130 (152); → Bd. V, *Ossenbühl*, § 101 Rn. 52 ff.
45 Für Verträge, die sich auf Gegenstände der Landesgesetzgebung beziehen, ist neben der ersten Alternative von Art. 59 Abs. 2 S. 1 GG auch Art. 32 Abs. 2 und 3 GG zu beachten.
46 BVerfGE 1, 372 (388 f.).
47 So auch *Kunig* (N 40), Rn. 94.
48 BVerfGE 1, 372 (390); → Bd. IV, *Calliess*, § 83 Rn. 26.
49 Vgl. zum Parlamentsvorbehalt für finanzwirksame Verträge auch Art. 110 Abs. 1 S. 1 GG.
50 Von unproblematischen Teilmengen spricht beispielsweise auch *Kunig* (N 40), Rn. 94, auch wenn er für die politischen Verträge mit der herrschenden Lehre eine engere Auslegung vertritt.

den, die die Bundesrepublik in Zukunft, auch mit Blick auf eine völkerrechtskonforme Auslegung des innerstaatlichen Rechts, binden[51].

Auch die Änderung oder Ergänzung eines Vertrages machen die erneute Zustimmung der Legislative in den Fällen des Art. 59 Abs. 2 S. 1 GG immer[52] erforderlich, da auch hier die verstärkte demokratische Legitimation und die Kontrolle durch das Parlament nach dem Telos der Norm notwendig sind. Dabei ist die (förmliche oder konkludente) Änderung oder Ergänzung von Verträgen von deren inhaltlicher Fortentwicklung[53], Anpassung und Ausdehnung abzugrenzen[54]. Entscheidend ist dabei auch, ob die Veränderung des Vertrages noch durch das Zustimmungsgesetz gedeckt ist[55]. Die Grenze ist erreicht, wenn die Vertragsparteien gegen wesentliche Strukturentscheidungen des Vertragswerks verstoßen[56] – also objektiv wesentlich anders ausgerichtete Verpflichtungen schaffen – oder einen Vertragsänderungswillen haben – also gerade beabsichtigen, neue Verpflichtungen zu schaffen. Das Erfordernis eines neuen Zustimmungsgesetzes ist zudem anzunehmen, wenn jedenfalls die Bundesregierung von einer Vertragsänderung ausgeht, selbst wenn andere Staaten dies verneinen.

20
Fortentwicklung völkerrechtlicher Verträge

Zum Teil wird in diesem Zusammenhang vertreten, daß der Gesetzgeber bereits im Zustimmungsgesetz seine Zustimmung zu der späteren Änderung oder Ergänzung erteilen kann. Erfolgt dies ausdrücklich, beispielsweise durch eine Verordnungsermächtigung (Art. 80 Abs. 1 GG), erscheint das (noch) vertretbar, jedoch nur in engem Umfang, das heißt wenn die Änderung oder Ergänzung nach Inhalt, Zweck und Ausmaß bereits im ursprünglichen Vertrag enthalten war[57]. Eine konkludente antizipierte Zustimmung genügt in den Fällen der Änderung oder Ergänzung eines Vertrages hingegen gerade nicht den Anforderungen des Art. 59 Abs. 2 S. 1 GG, da sie keine konkrete inhaltliche Kontrolle der Exekutive erlaubt.

21
Antizipierte Zustimmung zur Änderung oder Ergänzung

II. Keine oder verringerte Parlamentsbeteiligung

Alle Verträge, die nicht durch S. 1 von Art. 59 Abs. 2 GG erfaßt werden, sind Verwaltungsabkommen (Art. 59 Abs. 2 S. 2 GG). Für sie gelten im Rahmen der Verbandskompetenz des Bundes, also für alle Materien der Bundesgesetz-

22
Verwaltungsabkommen

---

51 → Bd. IV, *Calliess*, § 83 Rn. 28 m. weit. Nachw. (pro und contra); siehe auch *Kunig* (N 40), Rn. 97.
52 Also auch in den Fällen, in denen die Änderung eines zustimmungsbedürftigen Vertrages für sich gesehen keines Zustimmungsgesetzes bedürfte; dies entspricht der Praxis, vgl. *Streinz* (N 18), Art. 59 Rn. 39; *Schweitzer* (N 20), Rn. 225 ff.
53 Näher zur Fortentwicklung durch Staatenpraxis *Dietrich Murswiek*, Die Fortentwicklung völkerrechtlicher Verträge: verfassungsrechtliche Grenzen und Kontrolle im Organstreit, in: NVwZ 2007, S. 1130 ff.
54 BVerfGE 90, 286 (363); → Bd. IV, *Calliess*, § 83 Rn. 37.
55 So beispielsweise für das neue Strategische Konzept der NATO 1999 BVerfGE 104, 151 ff. und für den NATO-geführten ISAF-Einsatz in Afghanistan BVerfG, in: DVBl 2007, S. 962 ff.; → Bd. IV, *Calliess*, § 83 Rn. 37.
56 BVerfGE 104, 151 (210).
57 So *Schweitzer* (N 20), Rn. 174 d.; a. A. jedoch BVerfGE 1, 372 (395).

gebung, die Vorschriften der Bundesverwaltung (Art. 83 ff. GG) analog[58]. Für ihre Geltung ist daher kein Zustimmungsgesetz und grundsätzlich auch nicht die Mitwirkung des Bundespräsidenten erforderlich (einphasiges Verfahren), wenn der Vertrag keine Ratifikationsklausel enthält[59] und der Bundespräsident seine Befugnisse zulässig delegiert[60]. Sie werden als Regierungsabkommen von der Bundesregierung bzw. als Ressortabkommen von einem Bundesminister geschlossen. Der Bundesrat muß jedoch seine Zustimmung – in Form eines einfachen Beschlusses[61] – vor Abschluß eines solchen Abkommens geben, wenn diese Zustimmung zur innerstaatlichen Durchführung erforderlich ist (Art. 80 Abs. 2, 84 Abs. 2, Art. 85 Abs. 2 S. 1 GG)[62]. Enthalten Verwaltungsabkommen Verpflichtungen zur Rechtsetzung (sogenannte normative Verwaltungsabkommen), so ist für die innerstaatliche Ausführung eine Rechtsverordnung erforderlich.

23
Keine Parlamentsbeteiligung bei einseitigen Akten

Zudem ist nach dem Wortlaut eine präventive Mitwirkung der Legislative nur bei völkerrechtlichen Verträgen verpflichtend. Nicht umfaßt sind damit eindeutig einseitige, völkerrechtlich wirksame Akte, wie Anerkennung, Protest, Verzicht oder Versprechen[63]. Eine Ausnahme ist zudem das Einlegen von Vorbehalten, da durch diese der Vertrag inhaltlich modifiziert wird[64]. Eine weitere Ausdehnung des Art. 59 Abs. 2 S. 1 GG über seinen Wortlaut hinaus erscheint für andere einseitige Akte nicht vertretbar, da offensichtlich keine planwidrige Lücke vorliegt. Dafür spricht auch, daß andernfalls der Handlungsspielraum der Exekutive im Bereich der Auswärtigen Gewalt zu sehr eingeschränkt würde.

24
Parlamentsbeteiligung bei „soft law"?

Für „soft law"-Deklarationen ist die entsprechende Argumentation, die das Vorliegen einer planwidrigen Lücke verneint, jedoch nicht überzeugend: Die Bedeutung von „soft law" hat erheblich zugenommen und die faktische Bindungskraft dieser Normen wurde erst in den letzten Jahren hinreichend erkannt[65].

---

58 Soweit die Länder völkerrechtliche Verträge schließen (insbesondere nach Art. 32 Abs. 3 GG), bestimmt sich die Zulässigkeit von Verwaltungsabkommen (dazu BVerfGE 2, 347 [369]) nach den Bestimmungen der Landesverfassungen.
59 Ausnahmen sind daher die Verwaltungsabkommen mit Ratifikationsvorbehalt, vgl. UNESCO-Welterbekonvention vom 23. 11. 1972 (BGBl 1977 II, S. 213); BVerfGK 11, 241 (Waldschlösschenbrücke Dresden). Dazu auch *Ulrich Fastenrath*, Zur Abgrenzung des Gesetzgebungsvertrages vom Verwaltungsabkommen i. S. d. Art. 59 Abs. 2 GG am Beispiel der UNESCO-Welterbekonvention, in: DÖV 2008, S. 700 ff.
60 In der Praxis liegt für diese Abkommen keine ausdrückliche Vollmacht des Bundespräsidenten für eine Abschlußkompetenz anderer Staatsorgane vor; die überwiegende Ansicht geht mit unterschiedlichen Begründungen von einer zulässigen Delegation aus, so auch BVerfGE 68, 1 (82 f.). Ablehnend bzgl. einer generellen stillschweigenden Delegation aber → Bd. IV, *Calliess*, § 83 Rn. 19.
61 *Schweitzer* (N 20), Rn. 178.
62 Vgl. *Streinz* (N 18), Art. 59 Rn. 79.
63 Vgl. zu diesen einseitigen Rechtsgeschäften in Abgrenzung zu einseitigen Hoheitsakten *Verdross/Simma* (N 27), § 662 ff. Anderes gilt nur, wenn einseitige Akte eindeutig in den Anwendungsbereich der Norm fallen, wie Beitrittserklärungen zu einem völkerrechtlichen Vertrag.
64 Anderer Ansicht *Ingolf Pernice*, in: Dreier, Bd. II, ²2006, Art. 59 Rn. 39.
65 Auch wenn die Allgemeine Erklärung der Menschenrechte vom 10. 12. 1948 (UNGA Res. 217 A III, UN Doc. A/810, S. 71) bereits das erste gewichtige „soft law"-Dokument war.

Mittlerweile ersetzen „soft law"-Deklarationen in manchen Bereichen völkerrechtliche Verträge[66] und werden ähnlich intensiv zwischen den Staatenvertretern verhandelt wie diese.

Allerdings wäre es im Ergebnis nicht richtig, eine analoge Anwendung von Art. 59 Abs. 2 GG zu vertreten. Dies würde insbesondere der Intention der „soft law"-Erklärungen zuwiderlaufen, gerade keine förmlichen Ratifizierungen für deren Geltung zu verlangen. Da es keine formale Rechtsverbindlichkeit der „soft law"-Deklarationen gibt (und auch nicht geben soll), würde ein Zustimmungsgesetz die Deklarationen zudem innerstaatlich zu sehr „verrechtlichen". Andererseits ist offensichtlich, daß der faktischen Bindungswirkung von „soft law"-Deklarationen und ihrer funktionalen Äquivalenz zu völkerrechtlichen Verträgen ohne eine erweiternde Auslegung des Art. 59 Abs. 2 S. 1 GG nicht Rechnung getragen werden kann. Überzeugend erscheint daher, die Zustimmung des Bundestages in Form eines einfachen Parlamentsbeschlusses jedenfalls für diejenigen „soft law"-Deklarationen zu verlangen, die die politischen Beziehungen des Bundes faktisch regeln oder faktische Grundrechtsrelevanz besitzen[67]. Dies hätte zum einen den Vorteil größerer Transparenz, zum anderen könnte das Parlament so auch Stimmerklärungen Deutschlands zu den Deklarationen, die einem Vertragsvorbehalt gleichkommen, anmahnen[68].

25
Keine analoge Anwendung des Art. 59 GG

Einfacher Parlamentsbeschluß

C. Sonderfragen und Konfliktfälle

I. Innerstaatlicher Rang völkerrechtlicher Verträge und Lösung von Kollisionen

Zunächst gilt für das Verhältnis von innerstaatlichem Recht und Völkerrecht aus völkerrechtlicher (Art. 27 WVK)[69], aber auch aus verfassungsrechtlicher Sicht[70] grundsätzlich das Gebot völkerrechtskonformer Auslegung des gesamten innerstaatlichen Rechts einschließlich des Grundgesetzes, da sich die Staaten darauf verpflichtet haben, die geschlossenen Verträge zu erfüllen[71]. Kol-

26
Gebot völkerrechtskonformer Auslegung

---

66 So haben die UNESCO-Deklarationen im Bereich der Biomedizin und Bioethik bisher eine universelle Biomedizinkonvention funktional ersetzt. Wie ernst Deutschland diese Deklarationen nimmt, zeigt die Stimmerklärung Deutschlands („explanation of vote") zu umstrittenen Regelungen der UNESCO-Bioethik Deklaration von 2005 zur Forschung an Nicht-Einwilligungsfähigen in Art. 4, 7 und 9, die einem Vorbehalt gleichkommt. Abrufbar unter www.unesco.de/stimmerklaerung–2005.html. Die einzigen völkerrechtlichen Verträge in diesem Bereich, die Biomedizinkonvention des Europarates und deren Zusatzprotokolle, wurden von der Bundesrepublik dagegen nicht unterzeichnet.
67 Beispiele für solche Deklarationen sind neben der bereits genannten Allgemeinen Erklärung der Menschenrechte von 1948, die heute Völkergewohnheitsrecht ist, die genannten UNESCO Deklarationen im Bereich der Biomedizin.
68 Zu einer solchen Erklärung s. o. N 66.
69 *Verdross/Simma* (N 27), § 860.
70 Statt anderer BVerfGE 111, 307 (317 f.); 112, 1 (24 ff.).
71 Es besteht grundsätzlich aus verfassungsrechtlicher Sicht die Vermutung, daß der Gesetzgeber sich nicht in Widerspruch zu den völkerrechtlichen Vorgaben setzen wollte; BVerfGE 74, 358 (370).

lidieren die Normen völkerrechtlicher Verträge darüber hinaus mit innerstaatlichem Recht, so ist für die Auflösung dieser Kollision der innerstaatliche Rang der völkerrechtlichen Verträge nach ihrer Transformation entscheidend.

Innerstaatliches Rangverhältnis entscheidend

Anders als für das allgemeine Völkerrecht nach Art. 25 S. 2 GG räumt das Grundgesetz den völkerrechtlichen Verträgen jedoch keinen Vorrang gegenüber widersprechenden innerstaatlichen Gesetzen ein. Die Verträge stehen nach Art. 59 Abs. 2 GG durch das Zustimmungsgesetz im Rang von einfachen Bundesgesetzen und bei Verwaltungsabkommen im untergesetzlichen Rang, beispielsweise im Rang von Verordnungen, wenn sie durch solche umgesetzt wurden[72]. Damit kann jedoch eine dem völkerrechtlichen Vertrag (bzw. dem Zustimmungsgesetz) widersprechende spätere, mindestens gleichrangige innerstaatliche Norm diesem die innerstaatliche Geltung entziehen[73], wenn die völkerrechtliche Norm nicht spezieller ist[74] bzw. wenn keine völkerrechtsfreundliche Auslegung des kollidierenden Gesetzes möglich ist – auch wenn dies eine Verletzung des Völkerrechts bedeutet. In letzterem Fall, in dem auch eine völkerrechtsfreundliche Auslegung nicht möglich ist, ist der Gesetzgeber jedoch völker- und verfassungsrechtlich verpflichtet, die Gesetzeslage soweit wie möglich den völkerrechtlichen Verpflichtungen anzupassen[75]. Die Grenze für diese Pflicht ist nach zutreffender Ansicht erreicht, wenn nur durch Nichtbeachtung der Verpflichtung ein Verstoß gegen tragende Grundsätze der Verfassung abzuwenden ist[76].

Verpflichtung zur völkerrechtsfreundlichen Gesetzesanpassung

II. Verfassungsrechtliche Grenzen der Vertragsgewalt

27

Pflicht zur verfassungskonformen Auslegung

Die von der Bundesrepublik geschlossenen völkerrechtlichen Verträge müssen grundsätzlich auch inhaltlich verfassungskonform sein. Es besteht daher grundsätzlich die Pflicht auch zur verfassungskonformen Auslegung des Vertrages, sofern es völkerrechtliche Spielräume gibt[77]. Die Grundrechte sind hier primärer Maßstab, zudem das Demokratieprinzip, das Rechtsstaatsgebot und die übrigen in Art. 79 Abs. 3 GG benannten Identitätsprinzipien der Verfassung[78]. Müßte für einen Vertrag das Grundgesetz geändert werden, so wäre diese Änderung nach Art. 79 Abs. 1 und 3 GG zunächst ausdrücklich und im gegebenen Verfahren vorzunehmen, sofern nicht ein Fall des Art. 79 Abs. 1

---

72 Vgl. auch *Georg Dahm/Jost Delbrück/Rüdiger Wolfrum*, Völkerrecht, Bd. I/1, ²1989, S. 121; *Hartwin Bungert*, Einwirkung und Rang von Völkerrecht im innerstaatlichen Rechtsraum, in: DÖV 1994, S. 797 ff. Speziell zum Sonderfall der – hier nicht behandelten – EMRK *Frank Czerner*, Das völkerrechtliche Anschlußsystem der Art. 59 II 1, 25 und 24 I GG und deren Inkorporierungsfunktion zugunsten der innerstaatlichen EMRK-Geltung, in: EuR 2007, S. 537 ff.
73 *Verdross/Simma* (N 27), § 861.
74 So im Konfliktfall das BVerwGE 111, 200.
75 *Rudolf Geiger*, Grundgesetz und Völkerrecht, ⁵2010, S. 168; *Schweitzer* (N 20), Rn. 440 c ff.
76 BVerfGE 111, 307 (318 f.).
77 So schon BVerfGE 4, 157 (168) – Saar-Urteil. Zu dem Problem des Zusammenspiels mit dem Grundsatz der Völkerrechtsfreundlichkeit vgl. *Georg Ress*, Wechselwirkung zwischen Völkerrecht und Verfassung bei der Auslegung völkerrechtlicher Verträge, in: Berichte der Deutschen Gesellschaft für Völkerrecht, Heft 23, 1982, S. 43 ff.
78 Von der Identität der Verfassung spricht BVerfG, 2 BvR 1390/12 vom 12. 9. 2012 = NJW 2012, S. 3145 (Rn. 208).

S. 2 vorliegt⁷⁹. Daraus läßt sich schließen, daß das Zustimmungsgesetz selbst die Verfassung nur ändern kann, wenn dafür eine spezifische Rechtfertigung im Grundgesetz bereits vorgegeben ist⁸⁰.

Allerdings kann argumentiert werden, daß Abweichungen von den Vorgaben des Grundgesetzes dann gerechtfertigt sein können, wenn damit eine Situation für die Betroffenen insgesamt verbessert wird⁸¹ und (!) wenn Regelungen über Gegenstände getroffen werden, die nicht allein durch deutsche Staatsorgane bestimmt werden können⁸². Zudem ist, um unerfüllbare Anforderungen zu vermeiden, von einem angemessenen Ermessensspielraum der zuständigen Organe hinsichtlich der Einschätzung außenpolitischer Sachverhalte und der Zweckmäßigkeit möglichen Verhaltens auszugehen⁸³.

28
Gerechtfertigte Abweichungen

III. Verfassungsgerichtliche Kontrolle völkerrechtlicher Verträge

Unbestritten ist die Kompetenz des Bundesverfassungsgerichts für die Überprüfung völkerrechtlicher Verträge (bzw. der Zustimmungsgesetze) auf ihre Verfassungsmäßigkeit⁸⁴ im Rahmen der üblichen Verfahren, also im Rahmen eines Organstreits, einer Normenkontrolle oder Verfassungsbeschwerde⁸⁵. Auch einstweiliger Rechtsschutz in Form einer einstweiligen Anordnung muß, bei sorgfältiger Prüfung der Voraussetzungen⁸⁶, gewährt werden können⁸⁷ mit dem Ziel, die völkerrechtliche Bindungswirkung durch Ratifikation bis zur Entscheidung in der Hauptsache zu verhindern⁸⁸.

29
Überprüfungskompetenz des BVerfG

Es ist zudem dem Bundesverfassungsgericht zuzustimmen, daß bereits im Verfahren der einstweiligen Anordnung die summarische Prüfung erforderlich sein kann, ob wahrscheinlich ist, daß das Vertragsgesetz im Hauptsacheverfahren für verfassungswidrig erklärt werden wird⁸⁹. Dies gilt insbesondere,

30
Summarische Prüfung im Eilverfahren

---

79 Verfassungsänderung ohne Verfassungstextänderung bei völkerrechtlichen Verträgen, die u. a. eine Friedensregelung zum Gegenstand haben oder der Verteidigung der Bundesrepublik dienen.
80 Vgl. dazu Art. 79 Abs. 2 S. 2 GG; zum Wiedervereinigungsgebot als Rechtfertigung vgl. BVerfGE 82, 316 (320).
81 BVerfGE 4, 157 (168 ff.); 6, 290 (296).
82 *Bernhardt* (N 18), § 174 Rn. 27; BVerfGE 77, 170 (231).
83 BVerfGE 35, 257 (262); 36, 1 (14); 55, 349 (365).
84 Zur festgestellten Verfassungswidrigkeit von Vertragsbestimmungen vgl. BVerfGE 30, 272; 72, 200.
85 Vgl. nur *Streinz* (N 18), Art. 59 Rn. 71. Ausführlich rechtsvergleichend auch *Thomas Giegerich*, Verfassungsgerichtliche Kontrolle der auswärtigen Gewalt im europäisch-atlantischen Verfassungsstaat, in: ZaöRV 57 (1997), S. 409 ff. Für eine Reduktion der Kontrolldichte im „Kernbereich der Bundesregierung" *Sven Fischbach*, Die verfassungsgerichtliche Kontrolle der Bundesregierung bei der Ausübung der Auswärtigen Gewalt, 2010, S. 149 ff.
86 Vgl. nur BVerfGE 55, 1 (3); 82, 310 (312); 129, 284 (298); BVerfG, 2 BvR 1390/12 vom 12. 9. 2012 = NJW 2012, S. 3145 (Rn. 190 ff.).
87 So schon *Bernhardt* (N 18), § 174 Rn. 30.
88 § 32 Abs. 1 BVerfGG. Vgl. nur im Zusammenhang mit der sog. Eurorettung im Ergebnis die grundsätzliche Ablehnung der Anträge auf Erlaß einer einstweilige Anordnung durch das BVerfG als unbegründet, BVerfG, 2 BvR 1390/12 vom 12. 9. 2012 = NJW 2012, S. 3145. Vgl. auch BVerfGE 111, 147 (153).
89 BVerfG, 2 BvR 1390/12 vom 12. 9. 2012 2012 = NJW 2012, S. 3145 (Rn. 88). Zutreffend zu den rechtlichen Schwächen des reinen Abwägungsmodells bei Sachverhalten mit Auslandsbezug *Friedrich Schoch/Rainer Wahl*, Die einstweilige Anordnung des Bundesverfassungsgerichts in außenpolitischen Angelegenheiten, in: FS für Ernst Benda, 1995, S. 299 ff.

wenn eine Verletzung der Schutzgüter des Art. 79 Abs. 3 GG mit hoher Wahrscheinlichkeit möglich ist[90].

31
Prüfungsrecht des Bundespräsidenten

Die genannten Rechtsschutzmöglichkeiten reichen aus, um Verfassungsverstöße zu verhindern. Dagegen ist ein Prüfungsrecht des Bundespräsidenten nach den allgemeinen Grundsätzen nur für evidente Verfassungs- und Völkerrechtsverstöße anzunehmen[91]. Auch mit Blick auf den Abschluß völkerrechtlicher Verträge hat der Bundespräsident nur eine formale Vertretungskompetenz, die den innerstaatlichen Willen nach außen kundtun soll[92].

32
Wiederherstellung des verfassungsmäßigen Zustandes

Verletzt jedoch ein Vertragsgesetz die Verfassung, muß der Gesetzgeber trotz seiner völkerrechtlichen Erfüllungspflicht „den dadurch geschaffenen verfassungswidrigen Zustand ... beseitigen, soweit dies möglich ist" und „alle Möglichkeiten eines irgendwie gearteten Ausgleichs aus[...]schöpfen, um auf diese Weise den Erfordernissen beider Rechtskreise Rechnung zu tragen."[93]

IV. Verfassungswidrigkeit nachträglicher, bewußt völkervertragswidriger Gesetzgebung („treaty override")

33
Verfassungswidrigkeit des „treaty override"?

Die Sondersituation eines „treaty overrides" liegt vor, wenn der nationale Gesetzgeber bewußt ohne völkerrechtliche Rechtfertigungsgründe innerstaatlich von einem ihn bindenden völkerrechtlichen Vertrag abweicht, sich also völkerrechtswidrig verhält[94]. Ob diese Praxis verfassungswidrig ist, ist dennoch umstritten[95]. Zum Teil wird vertreten, daß ein „treaty override" einen Verstoß gegen das völkerrechtsfreundlich verstandene Rechtsstaatsprinzip des Grundgesetzes bedeute, da der Gesetzgeber seine „Normsetzungsautorität eingebüßt" habe, soweit der völkerrechtliche Vertrag bzw. das Zustimmungsgesetz verbindliche Regelungen vorgibt[96]. Dagegen wird unzutreffend eingewandt, daß völkerrechtliche Verträge nicht zur verfassungsmäßigen Ordnung gehören, die die Legislative bindet (Art. 20 Abs. 3 GG)[97]. Der

---

90 Richtig ist auch, dies auf die begleitenden gesetzlichen Regelungen auszudehnen, soweit wegen des engen Sachzusammenhanges eine „getrennte Betrachtung des Zustimmungsgesetzes und der Begleitgesetzgebung ebenso eine künstliche Aufspaltung eines einheitlichen Sachverhalts darstellte wie ihre Unterwerfung unter unterschiedliche Maßstäbe." So BVerfG, 2 BvR 1390/12 vom 12.9.2012 2012 = NJW 2012, S. 3145 (Rn. 193).
91 → Bd. IV, *Calliess*, § 83 Rn. 18 m. weit. Nachw.
92 Anders als noch nach der WRV insgesamt → Bd. IV, *Calliess*, § 83 Rn. 16 f.
93 BVerfGE 6, 290 (295); 16, 220 (227 f.); 36, 1 (14); 45, 83 (96); 38, 49 (51).
94 *Martin Nettesheim*, in: Maunz/Dürig, 2013, Art. 59 Rn. 186.
95 Aus der Literatur für eine Unzulässigkeit des „treaty override" wegen Verfassungsverstoßes *Klaus Vogel*, Wortbruch im Verfassungsrecht, in: JZ 1997, S. 161; *Florian Becker*, Völkerrechtliche Verträge und parlamentarische Gesetzgebungskompetenz, in: NVwZ 2005, S. 289; *Alexander Rust/Ekkehard Reimer*, Treaty Override im deutschen Internationalen Steuerrecht, in: IStR 2005, S. 843. Dieser Ansicht ist die Rechtsprechung des Bundesfinanzhofes nun gefolgt, vgl. den BFH-Vorlagebeschluß nach Art. 100 Abs. 1 GG vom 10.1.2012 (I R 66/09) = DStR 2012, S. 949. Anderer Ansicht beispielsweise *Tobias Hofmann*, Zur Verfassungsmäßigkeit des Treaty Override, in: DVBl 2013, S. 215 ff.; *Bernhardt* (N 18), § 174 Rn. 29; *Ondolf Rojahn*, in: v. Münch/Kunig, Bd. I, 6'2012, Art. 24 Rn. 5.
96 Vgl. beispielsweise *Becker* (N 95), S. 291. Anders schon s. o. in N 24.
97 *Hofmann* (N 95).

(neue) demokratische Gesetzgeber müsse Gesetze ändern können, auch wenn (frühere) völkerrechtliche Verträge dagegen stehen. Das letzte Argument verkennt jedoch, daß der demokratische Gesetzgeber sich rechtskonform von die Bundesrepublik bindenden völkerrechtlichen Verträgen „freimachen" kann, bevor er neue Gesetze erläßt, indem er diese Verträge in Übereinstimmung mit dem Völkerrecht beendet, beispielsweise durch Einvernehmen, Rücktritt oder Kündigung (vgl. Art. 54 ff. WVK). Daher spricht vieles dafür, die Verfassungswidrigkeit des „treaty override" anzunehmen. Zwar ist die These von der „kompetenzbeschränkenden Wirkung" der Zustimmungsgesetze nicht überzeugend. In der Sache haben die Vertreter dieser Ansicht jedoch Recht: Die Legislative darf sich nicht treuwidrig verhalten; es gibt in den ungeschriebenen Verfassungsgrundsätzen nicht nur die Pflicht zur Bundes- bzw. Landestreue, sondern auch die Pflicht zur Treue und Loyalität in den internationalen Beziehungen, die nicht nur die Bundesrepublik als Völkerrechtssubjekt trifft, sondern auch ihre einzelnen Organe. Dies gilt jedenfalls bezüglich anderer Völkerrechtssubjekte, mit denen sie vertragliche Bindungen eingegangen ist, sofern diese völkerrechtlichen Normen nicht einen Verstoß gegen die tragenden Grundsätze der Verfassung darstellen[98]. Anders kann Deutschland nicht „als gleichberechtigtes Glied in einem vereinten Europa dem Frieden der Welt dienen", wie es sein Ziel und seine Aufgabe ist.

Möglichkeit zur rechtskonformen Beendigung völkerrechtlicher Verträge

Treuepflicht in der Völkerrechtsgemeinschaft

---

98 Eine solche Grenze wäre beispielsweise im Fall der vertraglichen Verpflichtung zum Abschuß eines entführten zivilen Flugzeuges in Friedenszeiten erreicht, s. o. N 15.

D. Bibliographie

Albert Bleckmann, Der Grundsatz der Völkerrechtsfreundlichkeit der deutschen Rechtsordnung, in: DÖV 1996, S. 137 ff.

Rudolf Bernhardt, Verfassungsrecht und Völkerrechtliche Verträge, in: HStR VII, ¹1992, § 174.

Georg Dahm/Jost Delbrück/Rüdiger Wolfrum, Völkerrecht, Bd. I/1, ²1989 (Kap. 2, § 9, § 10).

Bardo Fassbender, Der offene Bundesstaat. Studien zur auswärtigen Gewalt und zur Völkerrechtssubjektivität bundesstaatlicher Teilstaaten in Europa, 2007.

Ulrich Fastenrath, Zur Abgrenzung des Gesetzgebungsvertrages vom Verwaltungsabkommen i. S. d. Art. 59 Abs. 2 GG am Beispiel der UNESCO-Welterbekonvention, in: DÖV 2008, S. 697 ff.

Sven Fischbach, Die verfassungsgerichtliche Kontrolle der Bundesregierung bei der Ausübung der Auswärtigen Gewalt, 2010.

Rudolf Geiger, Grundgesetz und Völkerrecht, ⁵2010, §§ 29 ff.

Kay Hailbronner/Rüdiger Wolfrum/Luzius Wildhaber/Theo Öhlinger, Kontrolle der auswärtigen Gewalt, in: VVDStRL 56 (1997), S. 17 ff.

Tobias Hofmann, Zur Verfassungsmäßigkeit des Treaty Override, in: DVBl 2013, S. 215 ff.

Markus Kotzur, Deutschland und die internationalen Beziehungen – „offene Staatlichkeit" nach 60 Jahren Grundgesetz, in: JöR N. F. 59 (2011), S. 389 ff.

Dietrich Murswiek, Die Fortentwicklung völkerrechtlicher Verträge: verfassungsrechtliche Grenzen und Kontrolle im Organstreit, in: NVwZ 2007, S. 1130 ff.

Georg Ress, Wechselwirkung zwischen Völkerrecht und Verfassung bei der Auslegung völkerrechtlicher Verträge, in: Berichte der Deutschen Gesellschaft für Völkerrecht, Heft 23, 1982, S. 1.

Volker Röben, Außenverfassungsrecht, 2007.

Walter Rudolf, Völkerrecht und deutsches Recht, 1967.

Friedrich Schoch/Rainer Wahl, Die einstweilige Anordnung des Bundesverfassungsgerichts in außenpolitischen Angelegenheiten, in: FS für Ernst Benda, 1995, S. 265 ff.

Frank Schorkopf, Grundgesetz und Überstaatlichkeit, 2007.

Alfred Verdross/Bruno Simma, Universelles Völkerrecht, ³1984.

§ 237
Anwendung deutschen Rechts im Ausland und fremden Rechts in Deutschland

Christian Walter

Übersicht

	Rn.		Rn.
A. Grundlagen	1–16	IV. Anwendung ausländischen Rechts im Bereich des öffentlichen Rechts	28–43
I. Problemstellung	1–3		
II. Systematisierung und Begriffsklärungen	4–10	1. Zur Diskussion um die Existenz eines öffentlichen Kollisionsrechts	28–29
1. Systematisierung der Sachverhalte	4–6		
2. Systematisierung nach Regelungsebenen	7	2. Fallgestaltungen der Anwendung ausländischen öffentlichen Rechts	30–43
3. Begriffsklärungen	8–10		
III. Völkerrechtlicher Rahmen	11–16	a) Anwendung ausländischen öffentlichen Rechts durch ausländische Behörden im Inland	31–35
1. Extraterritoriale Regelungsbefugnis als Bestandteil der Souveränität	11–13		
2. Regelungsbefugnis und Durchsetzungsbefugnis	14–15	b) Anwendung ausländischen öffentlichen Rechts durch inländische Behörden und Gerichte	36–42
3. Pflicht zur Anwendung ausländischen Rechts?	16		
B. Anwendung ausländischen Rechts in Deutschland	17–45	c) Grenzüberschreitende Rechtsanwendung ausländischen öffentlichen Rechts durch ausländische Behörden aus dem Ausland	43
I. Territoriale Grenzen als Bestimmungsfaktor für die Rechtsanwendung „in" Deutschland	18–20		
II. Anwendung ausländischen Rechts im Bereich des Zivilrechts	21–24	V. Beschränkung der Anwendung ausländischen Rechts durch Grund- und Menschenrechte	44–45
1. Grundsätzliche Anwendung ausländischen Rechts nach Art. 3 EGBGB	21	C. Anwendung deutschen Rechts im Ausland	46–51
		I. Allgemeines	46–47
2. Modifikationen und Ausnahmen (insbesondere ordre public-Klausel)	22–24	II. Handlungsbefugnisse deutscher Behörden im Ausland	48–49
		III. Grundrechtsbindungen deutscher Behörden im Ausland	50–51
III. Anwendung ausländischen Rechts im Bereich des Strafrechts	25–27	D. Ausblick	52
		E. Bibliographie	

§ 237   Einundzwanzigster Teil: Deutsches und internationales Recht

A. Grundlagen

I. Problemstellung

1
Kernanwendungsbereich des Rechts im jeweiligen Staatsgebiet

Die Ablösung der personalen Herrschaftsverbände des Mittelalters durch den modernen Flächenstaat hat das Staatsgebiet zum entscheidenden Bezugspunkt für die Ausübung staatlicher Hoheitsgewalt werden lassen[1]. Staatsgewalt wird seither überwiegend, aber keineswegs ausschließlich territorial, das heißt bezogen auf das eigene Staatsgebiet ausgeübt. Daneben bestehen personale Anknüpfungspunkte fort, die sich aus den mit der Staatsangehörigkeit verbundenen Rechten und Pflichten ergeben[2]. Im Normalfall der Rechtsanwendung fehlt es dabei an einem grenzüberschreitenden Bezug. Staaten wenden ihr Recht ganz überwiegend auf eigene Staatsangehörige an, die sich auf ihrem eigenen Staatsgebiet aufhalten. Man kann insoweit von einem „Kernanwendungsbereich" des eigenen staatlichen Rechts auf Sachverhalte sprechen, „die *nur* mit diesem einen Staat, insbesondere seinem Staatsgebiet und seinem Staatsvolk, Verknüpfungen aufweisen"[3].

2
Grenzüberschreitende Beziehungen

Extraterritoriale Rechtsanwendung

Mit der zunehmenden Internationalisierung vieler Lebenssachverhalte haben aber grenzüberschreitende Beziehungen deutlich zugenommen. Güter und Dienstleistungen werden immer öfter grenzüberschreitend angeboten, nicht selten wird sogar der Lebensmittelpunkt zeitweise oder gar auf Dauer in ein anderes Land verlegt. Orientieren sich Staaten in solchen Fällen an der Staatsangehörigkeit (bei natürlichen Personen) oder am Sitz (bei juristischen Personen), so kann es zur extraterritorialen Rechtsanwendung kommen. So erwirbt etwa ein Kind deutscher Eltern, das im Ausland geboren wird, im Zeitpunkt der Geburt automatisch die deutsche Staatsangehörigkeit[4]. Umgekehrt unterliegen beispielsweise nach Art. 13 EGBGB die Voraussetzungen für die Eheschließung in Deutschland für alle Verlobten dem Recht des Staates, dem sie angehören. Die Extraterritorialität dieser Rechtswirkungen ergibt sich hier jeweils indirekt aus dem Umstand, daß die betreffende Person eine andere Staatsangehörigkeit besitzt als diejenige des Staates, in dem sie sich aufhält.

3
Direkte Formen extraterritorialer Ausübung von Hoheitsgewalt

Aber auch direkte Formen extraterritorialer Ausübung von Hoheitsgewalt nehmen zu. So hat es in den vergangenen Jahren einen Ausbau der grenznachbarschaftlichen Zusammenarbeit gegeben, der etwa in gewissem Umfang die Ausübung von polizeilichen Befugnissen auch auf fremdem Staatsgebiet ermöglicht[5]. Traditionelle Fälle der Anwendung fremden Rechts außerhalb

---

1 → Bd. II, *Graf Vitzthum*, § 18 Rn. 5.
2 → Bd. II, *Grawert*, § 16 Rn. 57; *ders.*, Staat und Staatsangehörigkeit, 1973, S. 226 ff.
3 *Wilhelm Wengler*, Internationales Privatrecht, 1. Teilband, 1981, S. 1.
4 Gewisse Einschränkungen gelten nach § 4 Abs. 4 StAG für die zweite im Ausland geborene Generation, s. näher *Günter Renner/Hans-Georg Maaßen*, in: Kay Hailbronner/Günter Renner/Hans-Georg Maaßen, Staatsangehörigkeitsrecht, ^{5}2010, § 4 Rn. 48 ff.; s. allgemein *Kay Hailbronner/Marcel Kau*, Der Staat und der Einzelne als Völkerrechtssubjekte, in: Wolfgang Graf Vitzthum (Hg.), Völkerrecht, ^{5}2010, S. 147 ff. Rn. 105
5 S. u. Rn. 32.

des eigenen Staatsgebiets betreffen diplomatische und konsularische Missionen[6], besetzte Gebiete oder auch Schiffe und Luftfahrzeuge[7].

II. Systematisierung und Begriffsklärungen

1. Systematisierung der Sachverhalte

Wie lassen sich die genannten Sachverhalte mit Auslandsbezug systematisch erfassen? Zunächst läßt sich nach der Art der Grenzüberschreitung differenzieren. Überschreitet eine Behörde die Grenze (zum Beispiel die Polizeistreife bei der Nacheile in der grenznachbarschaftlichen Zusammenarbeit), so stellt sich die Frage nach der Rechtsgrundlage für ihr extraterritoriales Handeln. Diese könnte sich aus dem Recht des Aufenthaltsstaats, aus dem Recht des Heimatstaats oder unmittelbar aus dem Völkerrecht ergeben[8].

4 Art der Grenzüberschreitung

Denkbar ist aber auch, daß nur das Recht die Grenze überschreitet. Dies ist immer der Fall, wenn inländische Behörden im Inland ausländisches Recht (oder umgekehrt ausländische Behörden im Ausland deutsches Recht) anwenden. So ist etwa im internationalen Deliktsrecht der Grundsatz anerkannt, daß das Recht des Deliktsorts maßgeblich ist. Nach Art. 40 EGBGB müssen deutsche Gerichte deshalb beispielsweise, wenn sie über Schadensersatzansprüche wegen eines Verkehrsunfalls in Frankreich entscheiden, französisches Recht anwenden[9].

5 Grenzüberschreitung durch das Recht

Schließlich gibt es Konstellationen, in denen die Anwendung inländischen Rechts im Inland Rechtswirkungen im Ausland (oder umgekehrt die Anwendung ausländischen Rechts im Ausland Rechtswirkungen in Deutschland) nach sich zieht. So wird etwa nach § 34c EStG eine im Ausland entrichtete Einkommensteuer im Inland angerechnet[10]. In solchen Konstellationen kommt es strenggenommen gar nicht zu einer grenzüberschreitenden Rechtsanwendung, sondern es handelt sich um grenzüberschreitende Tatbestandselemente, die bei der Rechtsanwendung zugrunde gelegt werden.

6 Grenzüberschreitende Tatbestandselemente

2. Systematisierung nach Regelungsebenen

Eine systematische Betrachtung muß weiter nach den Regelungsebenen unterscheiden. Die Anwendung ausländischen Rechts im Inland und die Anwendung inländischen Rechts im Ausland kann völkerrechtlich verpflich-

7 Geltungsgrund für die Anwendung ausländischen Rechts

---

6 Siehe für Deutschland z.B. § 2 KonsularG. Auf dem Gelände einer diplomatischen Mission gilt allerdings trotz besonderer Vorrechte grundsätzlich die Rechtsordnung des Empfangsstaates. Siehe dazu die Stellungnahme der Bundesregierung im Fall Honecker 1991: *Ulrich Seidenberger*, Die diplomatischen und konsularischen Immunitäten und Privilegien, S. 274.
7 Schiffe/Luftfahrzeuge: *Bernd von Hoffmann/Karsten Thorn*, Internationales Privatrecht, [9]2007, § 11 Rn. 33.
8 S.u. Rn. 11 ff.
9 Soweit die Beteiligten nicht ihren Wohnsitz in demselben Staat haben. Siehe näher *Abbo Junker*, in: Franz Jürgen Säcker/Roland Rixecker, MüKo-BGB, [5]2010, Bd. 11, Art. 40 EGBGB Rn. 22.
10 Näher *Klaus J. Wagner*, in Walter Blümich, Einkommensteuergesetz, Körperschaftsteuergesetz, Gewerbesteuergesetz, Loseblatt-Kommentar, [116]2012, § 34c Rn. 2.

tend sein, sie kann auf einer autonomen Entscheidung des jeweiligen nationalen Rechts beruhen und es sind völkerrechtliche Grenzen für eine extraterritoriale Rechtsanwendung zu beachten.

3. Begriffsklärungen

8
„Anwendung" ausländischen Rechts

Schließlich ist die im Titel verwendete Formulierung erläuterungsbedürftig, und zwar in zweifacher Hinsicht: Unter der „Anwendung" ausländischen Rechts wird im folgenden jeder Vorgang verstanden, bei dem auf deutschem Staatsgebiet Rechtsakte der Legislative, der Exekutive oder der Judikative eines anderen Staates durch deutsche Behörden oder Gerichte ihrer eigenen Entscheidung zugrunde gelegt werden. Soweit ausländische Behörden in Deutschland auf der Basis des Rechts ihres Heimatstaats handeln, liegt darin ebenfalls eine Anwendung ausländischen Rechts in Deutschland. Soweit dagegen die deutsche Rechtsordnung aufgrund einer Entscheidung des Gesetzgebers geöffnet wird und eine ausländische Entscheidung im Inland automatisch Rechtswirkungen erzeugt (zum Beispiel das Führen eines Kraftfahrzeuges im Inland im Umfang der im Ausland erworbenen Berechtigung gestattet wird), liegt hierin keine „Anwendung" ausländischen Rechts[11]. Es fehlt in solchen Fällen an der Entscheidung einer Behörde oder eines Gerichts, die man als „Anwendung" ausländischen Rechts einordnen könnte, obwohl dieses – wie der Beispielsfall zeigt – grenzüberschreitende Wirkungen entfaltet.

9
Ausländische Regelung eines Auslandssachverhalts

Anwendung deutschen Rechts „im" Ausland

Nicht behandelt wird außerdem die bloße Regelung eines deutschen Inlandssachverhalts durch einen anderen Staat (zum Beispiel die Anwendung französischen Deliktsrechts durch französische Gerichte auf einen Verkehrsunfall, der in Deutschland zwischen zwei französischen Unfallbeteiligten stattfindet, gemäß Art. 4 Abs. 2 EG-Verordnung Nr. 864/2007 des Europäischen Rates vom 11. Juli 2007[12]). Hierin liegt keine Anwendung ausländischen Rechts „in" Deutschland. Gleichfalls nicht behandelt wird die spiegelbildliche Situation, in der deutsche Gerichte in Deutschland deutsches Recht auf einen Auslandssachverhalt anwenden, also zum Beispiel die einen Straftäter nach deutschem Strafrecht für eine im Ausland begangene Tat zur Rechenschaft ziehen. Hierin liegt zwar eine extraterritoriale Anwendung deutschen Strafrechts[13], aber keine Anwendung deutschen Rechts „im" Ausland.

10
„Ausländisches Recht"

Mit einem sehr weiten Verständnis könnte man unter „ausländischem Recht" schließlich auch Normen des Völkerrechts und Unionsrechts verstehen. Für die Zwecke des vorliegenden Beitrags erscheint ein solches weites Verständnis aber nicht sinnvoll, weil dies zu umfangreichen Überschneidungen mit

---

11 Näher hierzu, auch zu dem genannten Beispielsfall, s. u. Rn. 40.
12 Die „Rom II"-Verordnung (ABl Nr. L 199 vom 31. 7. 2007, S. 40 ff., in Kraft seit dem 11. 1. 2009) regelt das Internationale Privatrecht der Europäischen Union im Bereich der außervertraglichen Schuldverhältnisse. Sie gilt für alle EG-Mitgliedstaaten mit Ausnahme von Dänemark. Näher *Ansgar Staudinger/Björn Steinrötter*, Europäisches Internationales Privatrecht: Die Rom-Verordnungen, in: JA 43 (2011), S. 241 ff.
13 *Helmut Satzger*, Internationales und Europäisches Strafrecht, ^{5}2011, § 5 Rn. 64 ff.

Beiträgen zur Geltung des Völkerrechts und des Unionsrechts im nationalen Recht führen würde[14]. Unter ausländischem Recht wird deshalb das Recht fremder Staaten verstanden. Das Völkerrecht setzt für diese Rechtsanwendung den Rahmen, es nimmt aber selbst an ihr nicht teil.

III. Völkerrechtlicher Rahmen

1. Extraterritoriale Regelungsbefugnis als Bestandteil der Souveränität

Das Völkerrecht regelt die extraterritoriale Rechtsanwendung nicht positiv, wirkt also nicht zuständigkeitsbegründend[15]. Bis heute gehört es prinzipiell zur staatlichen Souveränität, daß Staaten selbst über den räumlichen Anwendungsbereich der von ihnen erlassen Normen entscheiden[16]. Die Lotus-Entscheidung des Ständigen Internationalen Gerichtshofs formulierte den Grundsatz wie folgt: „Far from laying down a general prohibition to the effect that states may not extend the application of their laws and the jurisdiction of their courts to persons, property and acts outside their territory, it leaves them in this respect a wide measure of discretion which is only limited in certain cases by prohibitive rules."[17]

11
Regelungsbefugnis der Staaten

Aus diesem völkerrechtlichen Ausgangspunkt ergibt sich, daß die Regelungsbefugnis eines Staates prinzipiell in Konkurrenz tritt mit der entsprechenden Regelungsbefugnis anderer Staaten. Deshalb bedarf jede extraterritoriale Regelung eines rechtfertigenden Anknüpfungspunktes. Hierfür haben sich im Völkerrecht teilweise Spezialregelungen für die einzelnen Rechtsgebiete herausgebildet. Diese lassen sich aber im Prinzip alle auf die Gedanken einer territorialen oder personalen Verbindung mit dem einen Regelungsanspruch erhebenden Staat zurückführen, die substantiell und vernünftig sein muß.

12
Rechtfertigender Anknüpfungspunkt

Hieraus entsteht eine völkerrechtliche Arbeitsteilung zwischen den Staaten[18], die es aber nicht ausschließt, daß im Einzelfall Kollisionen entstehen, weil mehrere Staaten einen hinreichenden Anknüpfungspunkt geltend machen können, der ihre Regelungsbefugnis legitimiert. Für die Lösung solcher Kollisionsfälle enthält das Völkerrecht bislang keine festen Vorgaben. Es gibt keinen Vorrang bestimmter Anknüpfungspunkte vor anderen. Vielmehr sind die Staaten darauf verwiesen, durch Konsultationen und vertragliche Regelungen sachgerechte Lösungen herbeizuführen. Hierin mag man ein gewisses Defizit der allgemeinen völkerrechtlichen Regelungen sehen. Auf der anderen Seite steht der Vorteil, daß Regelungslücken leichter vermieden werden[19]. Aus der Sicht des einzelnen Staates kommt es ohnehin in erster Linie darauf an, ob

13
Kollisionsfälle

Konsultationen und vertragliche Regelungen

---

14 → Oben *Cremer*, § 235; → Bd. X, *Hufeld*, § 215.
15 *Walter Rudolf*, Territoriale Grenzen der staatlichen Rechtsetzung, in: Berichte der Deutschen Gesellschaft für Völkerrecht 11 (1973), S. 17.
16 *Christoph Ohler*, Die Kollisionsordnung des allgemeinen Verwaltungsrechts, 2005, S. 47.
17 S. S. Lotus, 1927 P. C. I. J. (ser. A) No. 10 (Sept. 7), Rn. 46.
18 *Georg Dahm/Jost Delbrück/Rüdiger Wolfrum*, Völkerrecht, Bd. I/1, ²1988, S. 321.
19 *Ohler* (N 16), S. 346.

eine Befugnis zur Regelung besteht, weniger darauf, wie Kollisionen gegebenenfalls zu lösen wären. Im übrigen zeigt das Recht der Doppelbesteuerungsabkommen, daß die Praxis in der Lage ist, vertragliche Lösungen zu finden[20]. Ähnliche Abreden gibt es neuerdings über die extraterritoriale Anwendung von Wettbewerbsregeln[21].

2. Regelungsbefugnis und Durchsetzungsbefugnis

14
Jurisdiction to prescribe

Völkerrechtlich ist die Unterscheidung zwischen der Regelungsbefugnis („jurisdiction to prescribe") und der Durchsetzungsbefugnis („jurisdiction to enforce") von zentraler Bedeutung[22]. Die bisherigen Ausführungen betreffen ausschließlich die Regelungsbefugnis, also die Frage, ob ein Staat einen Sachverhalt zulässigerweise regeln darf. Regelung meint dabei nicht nur den Erlaß abstrakt-genereller Rechtssätze, sondern auch den Erlaß von Verwaltungsakten oder Gerichtsurteilen[23]. Demgegenüber geht es bei der Durchsetzungsbefugnis um den physischen Aspekt der Ausübung von Hoheitsgewalt, etwa bei der Vollstreckung eines Verwaltungsakts[24].

15
Jurisdiction to enforce

Anders als bei der Regelungsbefugnis, bei der es neben dem Erfordernis eines substantiellen und vernünftigen Anknüpfungspunktes keine weiteren beschränkenden Kriterien gibt[25], besteht auf fremdem Staatsgebiet grundsätzlich keine Durchsetzungsbefugnis[26]. Will ein Staat Hoheitsgewalt im Sinne der Durchsetzungsbefugnis auf fremdem Staatsgebiet ausüben, so bedarf er dafür einer eigenen Rechtsgrundlage[27]. Häufig werden solche Rechtsgrundlagen in völkerrechtlichen Verträgen geschaffen. Ein Beispiel bietet die grenznachbarschaftliche Zusammenarbeit im Bereich des Polizei- oder Zollrechts[28]. Sie können sich aber auch aus gewohnheitsrechtlichen Grundsätzen ergeben. Bei-

---

20 *Klaus Vogel*, in: ders./Moris Lehner, Doppelbesteuerungsabkommen, Kommentar, [5]2008, Einleitung Rn. 11 f., 32 ff.; Ohler (N 16), S. 345.
21 Z.B. Abkommen zwischen der Europäischen Gemeinschaft und der Regierung der Republik Korea über die Zusammenarbeit bei wettbewerbswidrigen Verhaltensweisen (ABl 2009, Nr. L 202, S. 36); Abkommen zwischen der Europäischen Gemeinschaft und der Regierung von Japan über die Zusammenarbeit bei wettbewerbswidrigen Verhaltensweisen – Vereinbarte Niederschrift (ABl 2003 Nr. L 183, S. 12); Abkommen zwischen den Europäischen Gemeinschaften und der Regierung von Kanada über die Anwendung ihres Wettbewerbsrechts (ABl 1999, Nr. L 175, S. 50); Abkommen zwischen den Europäischen Gemeinschaften und der Regierung der Vereinigten Staaten von Amerika über die Anwendung der „Positive Comity"- Grundsätze bei der Durchsetzung ihrer Wettbewerbsregeln (ABl 1998, Nr. L 173, S. 28).
22 Grundlegend *Frederick Alexander Mann*, The Doctrine of jurisdiction in International Law, in: RdC 111 (1964 I), S. 9 (10).
23 Die teilweise statt dessen verwendete Terminologie von der „Rechtssetzungsgewalt" (*Dahm/Delbrück/Wolfrum*, [N 18], S. 319) bringt diese Bedeutung nur unzureichend zum Ausdruck, weil im deutschen Sprachgebrauch mit „Rechtssetzung" der Erlaß abstrakt-genereller Vorschriften assoziiert wird.
24 Näher und mit weit. Nachw. Ohler (N 16), S. 329.
25 S. o. Rn. 11 f.
26 Klassisch hierfür ist die Formulierung im Schiedsspruch im Las Palmas-Fall vom 4. 4. 1928: „Sovereignty in the relations between States signifies independence. Independence in regard to a portion of the globe is the right to exercise therein, to the exclusion of any other State, the functions of a State." (RIAA II, S. 829 [838]).
27 *Georg Dahm/Jost Delbrück/Rüdiger Wolfrum*, Völkerrecht, Bd. I/2, [2]2002, S. 326.
28 Näher s. u. Rn. 32.

spiele hierfür liefern das Diplomatie- und Konsularrecht[29] und das Besatzungsrecht[30].

3. Pflicht zur Anwendung ausländischen Rechts?

Eine allgemeine völkerrechtliche Pflicht zur Anwendung ausländischen Rechts gibt es nicht. Die ganz herrschende Meinung im Völkerrecht geht im Gegenteil davon aus, daß die Souveränität über das eigene Staatsgebiet das Recht beinhalte, andere Staaten von der Ausübung von Hoheitsgewalt auszuschließen[31]. An dieser Stelle bewährt sich die Unterscheidung zwischen Regelungsbefugnis und Durchsetzungsbefugnis: Ein Staat kann einen anderen nicht daran hindern, Sachverhalte zu regeln, die sich auf seinem Staatsgebiet abspielen, soweit ein hinreichender Anknüpfungspunkt besteht[32]. Es gibt aber keine allgemeine Verpflichtung, diese fremde Regelung im eigenen Staatsgebiet anzuerkennen und durchzusetzen.

16
Souveränität über das eigene Staatsgebiet

Keine Pflicht zur Anerkennung fremder Regelungen

B. Anwendung ausländischen Rechts in Deutschland

Für die Anwendung ausländischen Rechts in Deutschland ist zwischen den Teilrechtsgebieten des Zivilrechts, des Strafrechts und des Öffentlichen Rechts zu unterscheiden (II.–IV.). Zuvor bedarf es der Klärung, wann eine Rechtsanwendung „in" Deutschland erfolgt (I.).

17
Differenzierung nach Teilrechtsgebieten

I. Territoriale Grenzen als Bestimmungsfaktor für die Rechtsanwendung „in" Deutschland

Für die Anwendung ausländischen Rechts „in" Deutschland kommt es auf die territorialen Grenzen an. In der völkerrechtlichen Praxis wird hierzu zwischen territorialer Souveränität und Gebietshoheit unterschieden. Die territoriale Souveränität bezeichnet das Recht des Staates auf das von ihm beherrschte Gebiet. Sie entspricht damit – zivilrechtlich gesprochen – dem Eigentumsbegriff. Gebietshoheit meint demgegenüber – insoweit dem zivilrechtlichen Begriff des Besitzes entsprechend – die tatsächliche Herrschaftsausübung. Räumt ein Staat einem anderen Staat Rechte über sein Gebiet oder Teile ein, behält sich aber die endgültige Verfügungsbefugnis über das Gebiet vor, so fallen territoriale Souveränität und Gebietshoheit auseinander. Werden nur

18
Territoriale Souveränität und Gebietshoheit

---

29 Die Räumlichkeiten für die diplomatische Mission und die Wohnung eines Diplomaten gelten heute nicht mehr als extraterritorial, aber es findet das Recht des Heimatstaates Anwendung: *Dahm/Delbrück/Wolfrum* (N 27), S. 287 f.
30 *Knut Ipsen*, Völkerrecht, ^{5}2004, S. 1258.
31 Vgl. hier nochmals das Zitat oben in N 26.
32 S. o. Rn. 11 ff.

§ 237 Einundzwanzigster Teil: Deutsches und internationales Recht

einzelne Rechte eingeräumt, so spricht man von einer „Servitut"[33]. Wird dagegen die gesamte Hoheitsgewalt für das Gebiet übertragen, so handelt es sich um eine Verwaltungszession. In beiden Fällen kommt es zur Anwendung fremden Rechts auf dem Hoheitsgebiet des Staates, der die Servitut eingeräumt oder die Verwaltungszession vorgenommen hat[34].

19
Kondominium

Wenn zwei oder mehrere Staaten die territoriale Souveränität über ein Gebiet gemeinsam ausüben, also im zivilrechtlichen Sinne als Miteigentümer anzusehen sind, so handelt es sich um ein Kondominium. Im Grenzbereich zwischen Deutschland und Luxemburg besteht ein solches Kondominium[35]. Es wurde durch die Wiener Kongreßakte 1815 begründet und in Art. 1 des Vertrags über den Grenzverlauf zwischen Deutschland und dem Großherzogtum Luxemburg für die Flüsse Mosel, Saar und Our bestätigt: „Wo Mosel, Sauer und Our nach dem Vertrag vom 26. Juni 1816 die Grenze bilden, sind sie gemeinschaftliches Hoheitsgebiet beider Vertragsstaaten."[36]

20
Frage des anwendbaren Rechts

Die Frage des anwendbaren Rechts ist im Vertrag allerdings nicht geregelt. In einem Notenwechsel zum Vertrag wurde für im Bereich des vom Kondominium erfaßten Gebiets belegene Grundstücke folgendes vereinbart: „Die Rechtsverhältnisse an einem im gemeinschaftlichen Hoheitsbereich belegenen Grundstück richten sich nach dem Recht des Vertragsstaats, in dem das Grundstück zum Zwecke der Verlautbarung der zivilrechtlichen Rechtsverhältnisse registriert ist."[37] Es kann also, je nach Registrierung, sowohl zur Anwendung luxemburgischen wie zur Anwendung deutschen Grundstücksrechts kommen. Für alle anderen vom Vertrag nicht ausdrücklich geregelten Bereiche ist das anwendbare Recht umstritten. Das Preußische Oberverwaltungsgericht ging in einer Entscheidung aus dem Jahr 1932 davon aus, daß Preußisches Wasserrecht keine Anwendung finde, weil das betreffende Gebiet der einseitigen Preußischen Gesetzgebung nicht unterworfen sei und außerhalb des Anwendungsbereichs der nationalen Rechtsordnung liege[38].

Hoheitsgewalt zur gesamten Hand?

Auch in der Literatur wird vertreten, das vom Kondominium umfaßte Gebiet sei vom Staatsgebiet der beteiligten Staaten getrennt und diesen stehe die Hoheitsgewalt deshalb nur zur gesamten Hand zu[39]. Teilweise wird dagegen von einem konkurrierenden Geltungsanspruch des nationalen Rechts der beteiligten Staaten ausgegangen[40]. Aufgrund der geringen praktischen Bedeu-

---

33 Servitute betreffen häufig Transitrechte über fremdes Territorium, wirtschaftliche Rechte wie Fischereirechte oder auch Grenzkontrollregelungen an Bahnhöfen wie dem Badischen Bahnhof in Basel. Auch die Vereinbarung der Demilitarisierung eines Gebiets kann als (passive) Servitut angesehen werden. Genauer: *Theodor Schweisfurth*, Völkerrecht, 2006, S. 307 f.; *Dahm/Delbrück/Wolfrum* (N 18), S. 336 ff.
34 *Hailbronner/Kau* (N 4), Rn. 130; *Sergio Marchisio*, Servitutes, in: Rüdiger Wolfrum (Hg.), EPIL, Bd. IX, 2012. Als Beispiel für eine Verwaltungszession ist der Hay-Bunau-Varilla Vertrag vom 18.11.1903 (aufrufbar unter: http://avalon.law.yale.edu/20th-century/pan001.asp) zwischen den USA und Panama bezüglich der Kontrolle des Panama-Kanals zu nennen.
35 → Bd. II, *Graf Vitzthum*, § 18 Rn. 26.
36 Vertrag zwischen der Bundesrepublik Deutschland und dem Großherzogtum Luxemburg über den Verlauf der gemeinsamen Staatsgrenze vom 19.12.1984 (BGBl 1988 II, S. 415 ff.).
37 BGBl 1988 II, S. 419.
38 Reichsverwaltungs- und Preußisches Verwaltungsblatt 55 (1934), S. 528.
39 *Dahm/Delbrück/Wolfrum* (N 18), S. 342.
40 *Daniel-Erasmus Khan*, Die deutschen Staatsgrenzen, 2004, S. 495 f.

tung ist die Frage bislang nicht gelöst. Sachgerecht erscheint es, von einer völkerrechtlichen Verpflichtung der beteiligten Staaten zu einer einvernehmlichen Lösung auszugehen. Bei Eilbedürftigkeit kann daneben eine einseitige Zuständigkeit bestehen.

II. Anwendung ausländischen Rechts im Bereich des Zivilrechts

1. Grundsätzliche Anwendung ausländischen Rechts nach Art. 3 EGBGB

Das Kollisionsrecht des Internationalen Privatrechts entscheidet nach Art. 3 EGBGB über „das anzuwendende Recht bei Sachverhalten mit einer Verbindung zu einem ausländischen Staat". Dies führt in zahlreichen Konstellationen zur Anwendung ausländischen Rechts durch deutsche Behörden und Gerichte. Einige Beispiele: Die Rechtsnachfolge von Todes wegen unterliegt dem Recht des Heimatstaates des Erblassers (Art. 25 EGBGB), Ansprüche aus unerlaubter Handlung richten sich in der Regel nach dem Ort der unerlaubten Handlung (Art. 40 Abs. 1 S. 1 EGBGB) und im Vertragsrecht besteht grundsätzlich eine Wahlmöglichkeit der Parteien (Art. 27 EGBGB), die gleichfalls zur Anwendung ausländischen Rechts führen kann. Zusammenfassend läßt sich festhalten, daß die Anwendung ausländischen Rechts bei Sachverhalten mit einem Auslandsbezug im Zivilrecht ein selbstverständlicher Vorgang ist.

21
Kollisionsrecht des IPR

2. Modifikationen und Ausnahmen (insbesondere ordre public-Klausel)

Von dieser grundsätzlichen Anwendbarkeit des ausländischen Rechts gibt es Ausnahmen, die der Verträglichkeit mit dem inländischen Recht geschuldet sind. Hierbei spielen das Institut der Anpassung und die ordre public-Klausel eine zentrale Rolle. Die Anpassung dient der Vermeidung von Widersprüchen, die sich aus der Interaktion von verschiedenen Rechtsordnungen ergeben[41]. In solchen Fällen kann das ausländische Recht angepaßt werden, um insgesamt zu einer sachgerechten Lösung zu kommen. Entsprechende Probleme können vor allem dann entstehen, wenn eng miteinander verbundene Rechtsfolgen von verschiedenen Kollisionsnormen erfaßt werden. Ein Beispiel hierfür ist die versorgungsrechtliche Situation des hinterbliebenen Ehegatten, der nach deutschem Recht zu einem Viertel erbrechtlich und zu einem Viertel güterrechtlich versorgt wird. Hier verweist Art. 15 Abs. 1 EGBGB für die güterrechtlichen Folgen auf das für die allgemeinen Ehewirkungen maßgebliche Recht, während für die erbrechtlichen Folgen nach Art. 25 Abs. 1 EGBGB die Staatsangehörigkeit des Erblassers maßgeblich ist. Führt dies zur Anwendung unterschiedlicher Rechtsordnungen, so können unerwünschte Folgen in Form einer Über- oder Unterversorgung eintreten. In solchen Fäl-

22
Institut der Anpassung

Beispiel des hinterbliebenen Ehegatten

---

41 *Christian von Bar/Peter Mankowski*, Internationales Privatrecht, Bd. I, ²2003, § 7 Rn. 250 ff.

len erfolgt eine Anpassung, bei der entweder das Kollisionsrecht oder das anwendbare Sachrecht modifiziert wird[42].

23
Ordre public-Klausel

Während die Anpassung den Normenwiderspruch zu beseitigen versucht, der durch das Zusammentreffen verschiedener Rechtsordnungen entsteht, hat die ordre public-Klausel das Ziel, grundsätzliche inländische Wertvorstellungen zu schützen. Nach Art. 6 S. 1 EGBGB ist deshalb eine Rechtsnorm eines anderen Staates nicht anzuwenden, „wenn ihre Anwendung zu einem Ergebnis führt, das mit wesentlichen Grundsätzen des deutschen Rechts offensichtlich unvereinbar ist." Bei der ordre public-Klausel handelt es sich um ein „Überdruckventil", das in allen Kollisionsrechtsordnungen vorkommt[43]. Erst durch die ordre public-Klausel wird die durch das Kollisionsrecht bewirkte Anwendung ausländischen Rechts erträglich. Maßstab für die Ermittlung der wesentlichen inländischen Wertvorstellungen sind nach Art. 6 S. 2 EGBGB vor allem die Grundrechte des Grundgesetzes. Daneben kommen aber auch menschenrechtliche Garantien der Europäischen Menschenrechtskonvention und anderer Verträge des internationalen Menschenrechtsschutzes in Betracht[44]. Die ordre public-Klausel ist damit das Instrument im positiven deutschen Internationalen Privatrecht, mit dem wesentliche Grundrechtsstandards gegenüber ausländischem Privatrecht durchgesetzt werden können[45].

Schutz inländischer Wertvorstellungen

24
Ergebnis im Einzelfall

Bezugspunkt der Prüfung ist dabei allein das Ergebnis der Anwendung ausländischen Rechts, nicht die ausländische Norm als solche[46]. Entscheidend ist deshalb, ob die Anwendung ausländischen Rechts im Einzelfall zu einem mit dem ordre public unvereinbaren Ergebnis führt. Hat beispielsweise eine Ehefrau ihren Ehemann ausdrücklich um ein „talaq", die Verstoßung nach Scharia-Recht, gebeten, weil sie die Ehe für zerrüttet hält, dann liegt kein Verstoß gegen den deutschen ordre public vor, auch wenn man die einseitige Verstoßung der Ehefrau durch den Ehemann grundsätzlich für mit dem Grundsatz der Gleichberechtigung von Mann und Frau (Art. 3 Abs. 2 S. 1 GG) unvereinbar hält[47].

III. Anwendung ausländischen Rechts im Bereich des Strafrechts

25
„Strafanwendungsrecht" des StGB

Grundsätzlich ist auch im Bereich des Strafrechts die Anwendung ausländischen Rechts durch inländische Gerichte denkbar. So regelte etwa bis zum Jahr 2007 Art. 5 Abs. 1 des schweizerischen Strafgesetzbuches, daß bei Auslandstaten das ausländische Strafrecht anzuwenden sei, wenn es im Vergleich

---

42 *Jan Kropholler*, Internationales Privatrecht, [6]2006, § 34; ausführlich *Dirk Looschelders*, Die Anpassung im Internationalen Privatrecht, 1995, S. 134 ff.
43 *v. Bar/Mankowski* (N 41), S. 714.
44 *v. Bar/Mankowski* (N 41), S. 720 f.
45 Das BVerfG spricht plastisch vom „Einfallstor" und der „Einbruchstelle" der Grundrechte in das internationale Privatrecht (BVerfGE 31, 58 [74 und 86]); ausführlich zur Begrenzung der Anwendung ausländischen Rechts durch die Grundrechte s. u. Rn. 44.
46 *Dagmar Coester-Waltjen*, Die Wirkungskraft der Grundrechte bei Fällen mit Auslandsberührung – familien- und erbrechtlicher Bereich, in: BerDGVR 38 (1997), S. 22 f.
47 Beispiel bei *v. Bar/Mankowski* (N 41), S. 718 f.

zum schweizerischen das mildere ist[48]. Demgegenüber beruhen in Deutschland die Regeln des internationalen Strafrechts in den §§ 3 ff. StGB auf dem Grundprinzip, daß deutsche Strafgerichte nur deutsches Strafrecht anwenden[49]. Es handelt sich deshalb nicht um Kollisionsrecht, das zwischen verschiedenen in Frage kommenden Rechtsordnungen eine anzuwendende auswählt, sondern um „Strafanwendungsrecht", das allein darüber entscheidet, wann das deutsche Strafrecht auf einen Sachverhalt mit Auslandsbezug anzuwenden ist[50]. Eine Kollisionsnorm, mit der die Anwendung ausländischen Strafrechts angeordnet wird, gibt es derzeit nicht. Ob sich diese Lösung angesichts der auch für das Strafrecht bedeutsamen wachsenden Zahl grenzüberschreitender Sachverhalte durchhalten läßt, wird in der Literatur zunehmend bezweifelt[51]. An der Ausgestaltung im positiven Recht hat dies aber bisher nichts geändert.

Fehlende Kollisionsnorm

Ein Sonderfall der Anwendung ausländischen Strafrechts durch ausländische Strafgerichte besteht im Bereich des NATO-Truppenstatuts. Dieses sieht ein System der konkurrierenden Strafgerichtsbarkeit von Entsende- und Aufnahmestaat vor, das die Möglichkeit der Strafverfolgung in Deutschland stationierter Soldaten durch den Entsendestaat in Deutschland eröffnet, Art. VII Abs. 1 a NATO-Truppenstatut. Hierdurch wird die Ausübung fremder Strafgerichtsbarkeit nach ausländischem Recht in Deutschland grundsätzlich so ermöglicht, wie sie auch im Heimatstaat ausgeübt würde[52].

26
NATO-Truppenstatut

Eine Ausnahme von diesem Grundsatz bestand von Anfang an hinsichtlich der Vollstreckung der Todesstrafe in Deutschland (Art. VII Abs. 7 a NATO-Truppenstatut). Durch die Änderung des Zusatzabkommens zum NATO-Truppenstatut im Jahr 1993 wurde darüber hinaus sichergestellt, daß auf deutschem Staatsgebiet kein Strafverfahren mehr durchgeführt werden kann, in dem die Todesstrafe verhängt wird[53]. Außerdem sind Strafverfolgungsmaßnahmen ausgeschlossen, die zur Verhängung der Todesstrafe im Heimatstaat führen können[54]. Nach wie vor möglich ist aber die Verbringung des Angeklagten in den Heimatstaat zum Zwecke der dortigen Durchführung des Strafverfahrens mit der Folge einer Todesstrafe. Maßgeblich für die verfassungsrechtliche Beurteilung der Zulässigkeit eines solchen Vorgehens ist der

27
Ausnahme: Vollstreckung der Todesstrafe

Umfang der Schutzpflichten

---

48 Seit dem 1.1.2007 regelt Art. 6 Abs. 2 des schweizerischen StGB nunmehr lediglich eine Anwendung auf der Rechtsfolgenseite. Das Gericht bestimmt demnach Sanktionen so, daß sie nicht schwerer wiegen als nach denjenigen des Begehungsortes. Siehe *Hans Vest*, in: Stefan Trechsel u.a., Schweizerisches Strafgesetzbuch, Praxiskommentar, ¹2008, § 6 Rn. 4.
49 *Satzger* (N 13), § 3 Rn. 4.
50 *Kai Ambos*, in: Holger Joecks/Wulf Miebach, Münchner Kommentar zum StGB, Bd. I, ²2011, vor §§ 3–7, Rn. 2; *Albin Eser*, in Adolf Schönke/Horst Schröder, Strafgesetzbuch, Kommentar, ²⁸2010, § 3 Rn. 1; *Helmut Frister*, Strafrecht: Allgemeiner Teil, ⁴2009, S. 53; *Heinz-Heinrich Jescheck/Thomas Weigend*, Lehrbuch des Strafrechts: Allgemeiner Teil, ⁶2008, S. 163 f.
51 Für *Satzger* (N 13), § 3 Rn. 5, mutet die Ausgestaltung als reines Strafanwendungsrecht „geradezu archaisch" an.
52 *Rainer Birke*, Strafverfolgung nach dem NATO-Truppenstatut, 2004, S. 166.
53 Art. 18 A Zusatzabkommen zum NATO-Truppenstatut; vgl. BT-Drs 12/6477, S. 61 f.; Beispiele zur Praxis amerikanischer Militärgerichte vor der Änderung bei *Rolf-Peter Calliess*, Die Todesstrafe in der Bundesrepublik Deutschland – Zu einem aktuellen strafrechtlichen und verfassungsrechtlichen Problem, in: NJW 1988, S. 849 ff. (850).
54 Art. 18 A Abs. 2 Zusatzabkommen zum NATO-Truppenstatut.

Umfang der Schutzpflichten aus Art. 2 Abs. 1 S. 1 und Art. 102 GG. Das Bundesverfassungsgericht ist in seiner Rechtsprechung insoweit schon im Rahmen des Auslieferungsrechts zurückhaltend, bei dem sich die Person immerhin im Gewahrsam deutscher Behörden befindet[55]. Dies könnte darauf deuten, daß es nicht gegen Art. 102 GG verstößt, wenn die Bundesrepublik Deutschland es duldet, daß ein sich ohnehin in fremdem Gewahrsam befindender Täter, in den Gewahrsamsstaat verbracht und dort zum Tode verurteilt wird[56]. Auf der anderen Seite ist zu berücksichtigen, daß die neuere internationale Haltung zur Todesstrafe deutlich restriktiv ist. Deshalb sprechen die besseren Gründe für eine Schutzpflicht, die Verbringung in den Gewahrsamsstaat zu verhindern[57].

IV. Anwendung ausländischen Rechts im Bereich des öffentlichen Rechts

1. Zur Diskussion um die Existenz eines öffentlichen Kollisionsrechts

28
Fehlende oder einseitige Kollisionsnormen?

Zu einer weitgehenden Anwendung ausländischen öffentlichen Rechts in Deutschland käme es, wenn es im öffentlichen Recht dem Internationalen Privatrecht vergleichbare Kollisionsnormen gäbe. Allerdings beruht das Internationale Privatrecht auf der Prämisse, daß prinzipiell alle Zivilrechtsordnungen gleich sind[58]. Deshalb kann es als Kollisionsrecht ausgestaltet werden, das den Streit nicht selbst materiell entscheidet, sondern lediglich die zur Streitentscheidung berufene Rechtsordnung bestimmt[59]. Für das öffentliche Recht wird hingegen seit langem über die Frage gestritten, ob es überhaupt einer kollisionsrechtlichen Regelung zugänglich sei. Die Frage wird entweder ganz verneint[60] oder – und das dürfte die herrschende Auffassung sein – im Sinne der Existenz einseitiger Kollisionsnormen beantwortet. Nach dieser Auffassung gibt es im öffentlichen Recht lediglich kollisionsrechtliche Aussagen zur Anwendung des eigenen Rechts bei grenzüberschreitenden Sachverhalten. Anders als im Zivilrecht seien im öffentlichen Recht die Rechtsordnungen

Der Staat als Partei
eben gerade nicht gleichwertig. Der Staat, so hat es Karl Neumeyer, der Begründer dieser Position, formuliert, ist im öffentlichen Recht nicht „Mittler zwischen gegenüberstehenden Interessen anderer, er ist Partei."[61] Soweit der Staat einen Sachverhalt öffentlich-rechtlich regeln wolle, tue er dies nach sei-

---

55 In einer frühen Entscheidung hat das Bundesverfassungsgericht ein verfassungsunmittelbares Auslieferungsverbot bei drohender Todesstrafe verneint (BVerfGE 18, 112), diese Aussage aber später relativiert und die Frage aufgeworfen, ob an der Entscheidung „heute noch in vollem Umfang festzuhalten" wäre (BVerfGE 60, 348 [354]).
56 So die Tendenz bei *Horst Dreier*, in: Dreier, Bd. III, ²2008, Art. 102 Rn. 46.
57 Ausführlich dazu *Birke* (N 52), S. 300 ff.
58 *v. Bar/Mankowski* (N 41), § 1 Rn. 12.
59 *Stefan Lorenz*, in: Georg Bamberger/Herbert Roth (Hg.), Kommentar zum Bürgerlichen Gesetzbuch, Bd. ³2012, Einl. IPR Rn. 2; *Jan Kropholler*, Internationales Privatrecht, ⁶2006, S. 1.
60 *Klaus Vogel*, Der räumliche Anwendungsbereich der Verwaltungsrechtsnorm, 1965, S. 237, 298 ff.; umfassend zu den Argumenten gegen eine Existenz: *Christoph Ohler*, Internationales Verwaltungsrecht – ein Kollisionsrecht eigener Art?, in: Stephan Leible/Matthias Ruffert (Hg.), Völkerrecht und IPR, 2006, S. 132 ff.
61 *Karl Neumeyer*, Internationales Verwaltungsrecht, Bd. IV, 1936, S. 119.

nem eigenen Recht, soweit er ihn nicht regele, treffe er auch keine Entscheidung über das anwendbare Recht[62]. Dabei wird auch auf den die Staatsgewalt konstituierenden Charakter des öffentlichen Rechts verwiesen[63]. Schließlich wird auch das Territorialitätsprinzip herangezogen, um die Einseitigkeit eines öffentlichen Kollisionsrechts zu begründen[64].

Eine neuere Auffassung begründet dagegen überzeugend das öffentliche Kollisionsrecht als ein mehrseitiges Kollisionsrecht, das prinzipiell die Anwendung ausländischen öffentlichen Rechts zuläßt[65]. Zwar gibt es bislang rechtstatsächlich nur wenige Fälle der Anwendung ausländischen öffentlichen Rechts in Deutschland[66], aber hieraus folgt nicht, daß dies von vornherein denklogisch ausgeschlossen wäre. So ließen sich etwa Probleme der grenzüberschreitenden Bürgerbeteiligung auch kollisionsrechtlich lösen. Zwar sprechen gute Gründe dafür, die Beteiligungsrechte an das Verwaltungsverfahrensrecht des das Genehmigungsverfahren durchführenden Staates zu binden. Aber es ist nicht logisch ausgeschlossen, hierfür den Wohnsitz und damit das öffentliche Recht des Nachbarstaates heranzuziehen. Für die Anwendung fremden öffentlichen Rechts mögen je nach Konstellation Gründe der internationalen Arbeitsteilung, eine Konvergenz der Interessen der beteiligten Staaten oder die Vermeidung von Doppelbelastungen im internationalen Wirtschaftsverkehr sprechen[67].

29
Mehrseitiges Kollisionsrecht

2. Fallgestaltungen der Anwendung ausländischen öffentlichen Rechts

In der Praxis bestehen sehr unterschiedliche Formen der Anwendung ausländischen öffentlichen Rechts in Deutschland. Diese lassen sich nach der handelnden Staatsgewalt (deutsche oder ausländische), dem Ort des Handelns (in Deutschland oder im Ausland), dem Ort der Wirkungen (in Deutschland oder im Ausland) und dem Adressaten (Deutscher oder Ausländer) strukturieren[68]. Außerdem kann die Handlungsform (Realakt, Verwaltungsakt etc.) von Bedeutung sein. Für die Frage nach der Anwendung ausländischen Rechts in Deutschland kommt es vor allem auf die handelnden Behörden und die Handlungsformen an.

30
Handelnde Behörde und Handlungsformen

---

62 *v. Bar/Mankowsi* (N 41), § 4 Rn. 61.
63 *Vogel* (N 60), S. 237: „Die Normen des öffentlichen Rechts sind ..., staatstheoretisch gesprochen, *die Staatsgewalt selber* ..." (Hervorhebung im Original).
64 *Ferdinand Kopp/Wolf-Rüdiger Schenke*, VwGO, § 1 Rn. 24; *Dirk Ehlers*, in: Friedrich Schoch/Eberhard Schmidt-Aßmann/Rainer Pietzner, Verwaltungsgerichtsordnung, Kommentar, Stand 2010, Vorbem. § 40 Rn. 68.
65 *Ohler* (N 16), S. 87 ff.; *Martin Kment*, Grenzüberschreitendes Verwaltungshandeln, 2010, S. 202 ff., 223, 241 ff.; siehe auch *Hans-Jürgen Sonnenberger*, in: Franz Jürgen Säcker/Roland Rixecker (Hg.), MüKo-BGB, Bd. 10, ⁵2010, Einl. IPR, Rn. 390: „rechtslogisch möglich".
66 S. u. Rn. 30 ff.
67 Zu diesen Argumenten im einzelnen *Ohler* (N 16), S. 99 ff.
68 *Gunther Elbing*, Zur Anwendbarkeit der Grundrechte bei Sachverhalten mit Auslandsbezug, 1992, S. 55.

a) Anwendung ausländischen öffentlichen Rechts durch ausländische Behörden im Inland

31
Diplomatische und konsularische Missionen

Es kommt nur selten vor, daß ausländische Behörden auf deutschem Staatsgebiet tätig werden. Ein völkerrechtlich unproblematischer Fall ist die Rechtsanwendung in diplomatischen und konsularischen Missionen (etwa die Erteilung eines Visums), die in Anwendung des Heimatrechts des Entsendestaats erfolgt. Da nach der modernen völkerrechtlichen Auffassung diplomatische und konsularische Missionen nicht mehr extraterritorial, sondern als auf dem Staatsgebiet des Empfangsstaats belegen angesehen werden[69], handelt es sich hierbei auch um einen Fall der Anwendung ausländischen Rechts.

32
Nacheilebefugnisse bei Polizei und Zoll

In der grenzüberschreitenden Kooperation von Polizei und Zoll stellt sich die Frage nach Nacheilebefugnissen. So sieht etwa das Schengener Durchführungsübereinkommen grenzüberschreitende Observations- und auch Nacheilemöglichkeiten vor[70]. Vergleichbare Regelungen gibt es in bilateralen Polizeiabkommen, die das Schengener Durchführungsabkommen teilweise konkretisieren, teilweise aber auch – wie im Fall des deutsch-schweizerischen Abkommens – eigenständige Regelungen treffen[71]. Auch für den Bereich des Zollwesens gibt es eine entsprechende Regelung zwischen den EU-Mitgliedstaaten[72].

33
Anwendung von Heimatrecht im Bereich des Dienstrechts

In allen genannten Fällen stellt sich die Frage, welches Recht zur Anwendung kommt. Eine ausdrückliche Regelung hinsichtlich des Heimatrechts gibt es nur für den Bereich des Dienstrechts[73]. Wenn also ein ausländischer Polizeibeamter sich auf deutschem Staatsgebiet eine dienstrechtliche Verfehlung zuschulden kommen läßt, so ist auf diese sein Heimatrecht anwendbar[74]. Ähnliche Regelungen bestehen nach dem NATO-Truppenstatut für polizeiliche Maßnahmen des Entsendestaates gegenüber seinen eigenen Soldaten[75]. Für etwaige polizeirechtliche Eingriffsbefugnisse gegenüber Dritten fehlt es

---

69 So bereits RGSt 69, 54 f.; BGHZ 82, 34 (44); *Dahm/Delbrück/Wolfrum* (N 18), S. 288.
70 Art. 40 und Art. 41 Schengener Durchführungsübereinkommen (SDÜ) (ABl EG L 239 vom 22. 9. 2000, S. 19 ff.).
71 Siehe Art. 41 Abs. 6 SDÜ (N 70); der Schengen-Besitzstand wurde mit dem Vertrag von Amsterdam in den Rahmen der EU einbezogen (Protokoll Nr. 19 zum EUV; näher *Suhr*, Art. 67 Rn. 7, in: Calliess/Ruffert, EUV/AEUV, ⁴2011. Allerdings sind die Hoheitsbefugnisse der Polizei auf fremdem Gebiet häufig stark eingeschränkt. Siehe dazu die Abkommen zwischen Deutschland und den umliegenden Staaten über die Zusammenarbeit der Polizeibehörden und Zollverwaltungen in den Grenzgebieten auf Grundlage des SDÜ: Belgien, Abkommen vom 27. 3. 2000 (BGBl 2002 II, S. 1532); Dänemark, Abkommen vom 21. 3. 2001 (BGBl 2002 II, S. 1536); Frankreich, Abkommen vom 9. 10. 1997 (BGBl 1998 II, S. 2479); Luxemburg, Abkommen vom 24. 10. 1995 (BGBl 1996 II, S. 1203); Niederlande, Abkommen vom 2. 3. 2005 (BGBl 2006 II, S. 194); Österreich, Abkommen vom 10. 11. und 19. 12. 2003 (BGBl 2005 II, S. 1307); Polen, Abkommen vom 18. 2. 2002 (BGBl 2003 II, S. 218); Schweiz, Abkommen vom 27. 4. 1999 (BGBl 2001 II, S. 945); Tschechische Republik, Abkommen vom 19. 9. 2000 (BGBl 2002 II, S. 790).
72 Übereinkommen vom 18. 12. 1997 aufgrund von Artikel K. 3 des Vertrags über die Europäische Union über gegenseitige Amtshilfe und Zusammenarbeit der Zollverwaltungen (2008/39/JI) (ABl vom 23. 1. 1998 C 24, S. 2).
73 Siehe z. B. Art. 31 Abs. 2 Deutsch-Schweizerisches Abkommen.
74 Vgl. die Denkschrift der BReg. BT-Drs 14/5735, S. 31.
75 Art. VII Abs. 10 a NATO-Truppenstatut, s. o. Rn. 26. Zur Anwendung eigenen Rechts durch stationierte Truppen vor und nach Änderung des Zusatzabkommens zum NATO-Truppenstatut siehe *Frank Burkhardt*, Das Abkommen zur Änderung des Zusatzabkommens zum Nato-Truppenstatut (ZA-NTS), in: NJW 1995, S. 424 (425).

dagegen an einer Regelung über das anwendbare Recht. Diese Eingriffsbefugnisse (beispielsweise das Festhalten eines auf frischer Tat Betroffenen nach Art. 16 Abs. 2 des Deutsch-Schweizerischen Abkommens) sind allerdings im Vertrag detailliert geregelt[76]. Es ist deshalb davon auszugehen, daß weder das Heimatrecht der nacheilenden Polizisten noch das Recht des Staates Anwendung findet, in dem die Nacheile stattfindet, sondern die jeweiligen im Vertrag vorgesehenen Befugnisse als Spezialregelung maßgeblich sind[77]. Es handelt sich deshalb nicht um Fälle der Anwendung ausländischen öffentlichen Rechts, sondern um solche der Anwendung von Völkerrecht.

Vertraglich geregelte Befugnisse

Auf einer ähnlichen Linie liegen vertraglich eingeräumte Befugnisse an Nachbarstaaten, auf deutschem Staatsgebiet Grenzkontrollen durchzuführen, etwa Kontrollen im fahrenden Zug zwischen zwei Grenzbahnhöfen[78].

34
Grenzkontrollen

Die Anwendung ausländischen Rechts durch ausländische Behörden kann sich schließlich auch aus territorialen Besonderheiten ergeben. Dies ist etwa der Fall für die Exklave Büsingen, die vom Schweizer Staatsgebiet umgeben ist, aber zum deutschen Staatsgebiet zählt. Der Vertrag zwischen der Schweizerischen Eidgenossenschaft und der Bundesrepublik Deutschland über die Einbeziehung der Gemeinde Büsingen am Hochrhein in das schweizerische Zollgebiet vom 23. November 1964[79] sieht beispielsweise im Bereich der Landwirtschaft und des Gesundheitswesens zahlreiche Gegenstände vor, auf die schweizerische (eidgenössische und kantonale) Regelungen des öffentlichen Rechts (beispielsweise Betäubungsmittelrecht oder Seuchenrecht) zur Anwendung kommen[80]. Für den Vollzug sind gemäß Art. 2 Abs. 4 Staatsvertrag die schweizerischen Behörden zuständig.

35
Territoriale Besonderheiten

b) Anwendung ausländischen öffentlichen Rechts durch inländische Behörden und Gerichte

Auch wenn man berücksichtigt, daß inzwischen vielfach Unionsrecht die Rechtsgrundlage für behördliches Handeln der Mitgliedstaaten bildet, handeln inländische Behörden nach wie vor ganz überwiegend nach inländischem

36
Berücksichtigung ausländischen öffentlichen Rechts

---

76 Ob darin eine – vom Grundgesetz nicht vorgesehene – Übertragung von Hoheitsbefugnissen auf ausländische Staaten liegt, ist in der Literatur umstritten; siehe *Manfred Baldus*, Übertragung von Hoheitsrechten auf ausländische Staaten im Bereich der Sicherheitsverwaltung, in: Die Verwaltung 1999, S. 481 ff. (484 ff.); *Christof Gramm*, Verfassungsrechtliche Grenzen der Zusammenarbeit mit auswärtigen Staaten im Hoheitsbereich, in: DVBl 114 (1999), S. 1237 (1238).
77 *Hans-Joachim Cremer*, Der Schutz vor den Auslandsfolgen aufenthaltsbeendender Maßnahmen, 1994, S. 116; *Lothar Harings*, Grenzüberschreitende Zusammenarbeit der Polizei- und Zollverwaltungen und Rechtsschutz in Deutschland, 1998, S. 80.
78 Art. 1 Abs. 2 Abkommen zwischen der Bundesrepublik Deutschland und der Republik Österreich über die Erleichterung der Grenzabfertigung (BGBl 1957 II, S. 582); Art. 1 Abs. 2 c Abkommen zwischen der Bundesrepublik Deutschland und der Schweizerischen Eidgenossenschaft über die Errichtung nebeneinanderliegender Grenzabfertigungsstellen und die Grenzabfertigung in Verkehrsmitteln während der Fahrt (BGBl 1962 II, S. 879); Art. 1 Abs. 2 Abkommen zwischen Deutschland und Tschechien über die Erleichterung der Grenzabfertigung im Eisenbahn-, Straßen- und Schiffsverkehr (BGBl 1996 II, S. 19). Nachweise bei *Ohler* (N 16), S. 73.
79 BGBl 1967 II, S. 2030 ff.
80 Art. 2 Vertrag zwischen der Schweizerischen Eidgenossenschaft und der Bundesrepublik Deutschland über die Einbeziehung der Gemeinde Büsingen am Hochrhein in das schweizerische Zollgebiet vom 23. 11. 1964.

öffentlichem Recht. Aber weder entspricht die ausschließliche Anwendung inländischen Rechts einem normativen Gebot[81] noch läßt sich behaupten, daß ausländisches öffentliches Recht für inländische Rechtsanwendung überhaupt keine Rolle spielt. Namentlich im Bereich der „Anerkennung" von Verwaltungsakten kommt es zu einer Berücksichtigung ausländischen öffentlichen Rechts (aa). Dagegen gibt es praktisch so gut wie keine Beispiele dafür, daß sich die Rechtsfolgen unmittelbar aus abstrakt-generellen Vorschriften ausländischen Rechts ergeben (bb).

aa) „Anerkennung" von Verwaltungsakten und sonstigen konkret-individuellen Entscheidungen

37 *Anwendung fremden Rechts?*
Teilweise wird in der Literatur schon in der Anerkennung ausländischer Verwaltungsakte eine Anwendung fremden Rechts gesehen[82]. Dies ist mißverständlich, wenn nicht näher präzisiert wird, was unter einer „Anerkennung" verstanden werden soll[83]. Diese erfolgt nämlich in der Rechtspraxis in sehr unterschiedlichen Formen, die sich ganz überwiegend nicht als Anwendung fremden Rechts im Sinne der für diesen Beitrag verwendeten Definition verstehen lassen[84].

38 *Rechtstatsache einer inländischen Entscheidung*
Vielfach wird der ausländische Verwaltungsakt beispielsweise lediglich als Rechtstatsache einer inländischen Entscheidung zugrunde gelegt, die als solche aber ausschließlich nach Maßstäben des deutschen Rechts ergeht. Beispiele sind die Umschreibung einer ausländischen Fahrerlaubnis nach § 31 FeV oder die Anrechnung einer im Ausland entrichteten Einkommensteuer nach § 34c EStG[85]. Hier wird nicht im Inland nach ausländischem Recht erlaubt oder besteuert, sondern im Rahmen einer Verwaltungsentscheidung nach deutschem Recht eine zuvor im Ausland von den dortigen Behörden nach dortigem Recht erfolgte Entscheidung (die Erteilung der Fahrerlaubnis oder die Erhebung einer Steuer) berücksichtigt[86]. Hierin liegt keine Anwendung ausländischen Rechts durch eine deutsche Behörde.

39 *Wirkungserstreckung auf das deutsche Staatsgebiet*
In anderen Fällen werden die Wirkungen eines ausländischen Akts auf das deutsche Staatsgebiet erstreckt[87]. Die Wirkungserstreckung kann sich dabei unmittelbar aus dem Völkergewohnheitsrecht ergeben. In diesem Fall erfolgt keine ausdrückliche „Anerkennung" durch den einzelnen Staat, sondern

---

81 So aber die Tendenz bei *v. Bar/Mankowski* (N 41), § 4 Rn. 59.
82 *Ferdinand O. Kopp*, Kollisionsrecht im öffentlichen Recht, in: DVBl 82 (1967), S. 469 (470); *Vogel* (N 60), S. 333: „Sonderfall der Anwendung fremden Verwaltungsrechts".
83 *Stefan Burbaum*, Rechtsschutz gegen transnationales Verwaltungshandeln, 2003, S. 55; *Ohler* (N 16), S. 52; *Matthias Ruffert*, Der transnationale Verwaltungsakt, in: Die Verwaltung 34 (2001), S. 453 (458).
84 Zur Definition und Abgrenzung s.o. Rn. 6 und 8 ff.
85 § 31 der Verordnung über die Zulassung von Personen zum Straßenverkehr (Fahrerlaubnis-Verordnung – FeV vom 13.12.2010) sieht vor, daß für die Erteilung der Fahrerlaubnis an Inhaber einer Fahrerlaubnis aus einem Staat außerhalb des Abkommens über den Europäischen Wirtschaftsraum bestimmte Voraussetzungen der Erlaubnis nicht mehr gesondert geprüft werden müssen. So entfällt z.B. nach § 31 Abs. 1 Nr. 1 die Prüfung des Sehvermögens. – Nach der Anrechnungsmethode gemäß § 34c EStG wird die Doppelbesteuerung von ausländischen Einkommen vermieden; vgl. näher *Wagner* (N 10), § 34c Rn. 1 ff.
86 *Kment* (N 65) verwendet hierfür den Begriff „Anerkennung".
87 *Matthias Ruffert*, Der transnationale Verwaltungsakt, in: Die Verwaltung 34 (2001), S. 453 (457 ff.): „wirkungsbezogene Transnationalität".

diese wird durch die völkergewohnheitsrechtliche Regel vorweggenommen. Ein bekanntes Beispiel ist der Grundsatz, daß die Staatsangehörigkeit nach dem Recht des verleihenden Staates verliehen wird. Wenn also deutsche Behörden zum Beispiel einen Spanier nach dem Freizügigkeitsgesetz/EU behandeln, akzeptieren sie damit implizit die spanische Entscheidung über die Verleihung der spanischen Staatsangehörigkeit, auch wenn keine ausdrückliche „Anerkennung" der spanischen Staatsangehörigkeit erfolgt. Eine „Anwendung" ausländischen Rechts durch deutsche Behörden kann man hierin nicht sehen.

Auch aus völkerrechtlichen Verträgen können sich entsprechende Konsequenzen ergeben. So verpflichtet das Wiener Übereinkommen über den Straßenverkehr vom 8. November 1968 die Vertragsparteien zur Anerkennung der jeweils von ihnen ausgestellten Führerscheine. In Umsetzung dieser Pflicht erlaubt § 28 Abs. 1 in Verbindung mit § 29 Abs. 2 der Verordnung über die Zulassung von Personen zum Straßenverkehr jedem Inhaber einer ausländischen Fahrerlaubnis das Führen von Kraftfahrzeugen im Inland im Umfang der im Heimatstaat bestehenden Berechtigung, wenn sie im Inland keinen ordentlichen Wohnsitz haben[88]. In beiden Beispielsfällen werden die Wirkungen eines ausländischen Verwaltungsakts (Verleihung der Staatsangehörigkeit oder Erteilung einer Erlaubnis zum Führen von Kraftfahrzeugen) kraft Völkerrechts oder in Umsetzung einer völkerrechtlichen Pflicht auf das Inland erstreckt. Das ausländische Recht wird dabei aber nicht in Deutschland „angewendet".

Solche Vereinbarungen können schließlich auch für den Einzelfall getroffen werden, wie das Beispiel des deutsch-österreichischen Vertrags über Auswirkungen der Anlage und des Betriebes des Flughafens Salzburg auf das Hoheitsgebiet der Bundesrepublik Deutschland vom 19. Dezember 1967 zeigt[89]. In diesem Vertrag verpflichtet sich die Bundesrepublik Deutschland, der österreichischen Genehmigung des Flughafens Salzburg praktisch die Wirkung einer deutschen luftverkehrsrechtlichen Planfeststellung zuzuerkennen[90]. Wegen des Einzelfallbezugs ist es in einem solchen Fall durchaus berechtigt, von einer „Anerkennung" der ausländischen Entscheidung zu sprechen[91].

bb) Vollzug abstrakt-genereller Normen

In ganz eng begrenztem Umfang sind deutsche Behörden an ausländisches öffentliches Recht gebunden, wenn sie im Rahmen der grenzüberschreitenden Befugnisse im Bereich der Polizei und des Zollwesens auf fremdem

---

88 Vor dem 30.7.2008 geregelt in § 4 Abs. 1 und 2 Verordnung über internationalen Kraftfahrzeugverkehr (IntKfzVO). Siehe BGBl 2008 I, S. 1338.
89 BGBl 1974 II, S. 13.
90 *Wolfgang Durner*, Internationales Umweltverwaltungsrecht, in: Christoph Möllers/Andreas Voßkuhle/Christian Walter (Hg.), Internationales Verwaltungsrecht, 2007, S. 121 ff. (137).
91 Vgl. auch *Joachim Becker*, Der transnationale Verwaltungsakt, in: DVBl 2001, S. 855 (866), in bezug auf die europarechtliche Verpflichtung zur Anerkennung von Verwaltungsentscheidungen anderer Mitgliedstaaten.

Staatsgebiet tätig werden[92]. Allerdings findet dann gerade keine Anwendung ausländischen Rechts „in" Deutschland statt. Einen echten Fall der Anwendung ausländischen öffentlichen Rechts durch deutsche Behörden im Inland sieht Art. 4 Abs. 3 des bereits erwähnten deutsch-österreichischen Vertrags über den Salzburger Flughafen vor, dem zufolge Ansprüche wegen Einwirkungen des Flugplatzverkehrs oder des Betriebes des Flughafens auf Personen, Sachen oder Rechte im Hoheitsgebiet der Bundesrepublik Deutschland auch auf österreichisches Recht gestützt werden können[93]. Da eine ausschließliche Zuständigkeit der deutschen Gerichte besteht, führt die Regelung für den Fall, daß ein Kläger sich auf österreichisches Recht stützt, zur Anwendung österreichischen Rechts durch deutsche Gerichte. Das betreffende österreichische Recht ist sicherlich kein Eingriffsrecht, aber die Vorschrift schließt zumindest die Anwendung auch österreichischen öffentlichen Rechts nicht aus[94].

Sonderfall: Salzburger Flughafen

c) Grenzüberschreitende Rechtsanwendung ausländischen öffentlichen Rechts durch ausländische Behörden aus dem Ausland

43

Grenzüberschreitendes „Beteiligungsangebot"

Neben der Anerkennung von Verwaltungsakten und dem Vollzug abstrakt-genereller Normen, bei denen jeweils deutsche Behörden in Anwendung ausländischen Rechts handeln, ist schließlich eine dritte Konstellation denkbar, in der sich die ausländische Behörde aus dem Ausland direkt an Rechtsunterworfene in Deutschland wendet. Solche grenzüberschreitenden Formen der Rechtsanwendung bestehen im modernen Umweltrecht, das zunehmend auch grenzüberschreitend Beteiligungsrechte vorsieht und Rechtsschutzmöglichkeiten einräumt. Maßgeblich hierfür sind die Aarhus-Konvention und ihre Umsetzung durch die Richtlinie 2003/35/EG für den Bereich der Bürgerbeteiligung[95] sowie die Espoo-Konvention und die UVP-Richtlinie für den Bereich

Modernes Umweltrecht

---

92 Gemäß Art. 40 Abs. 3 lit. a und Art. 41 Abs. 5 lit. a Schengener Durchführungsübereinkommen sind Beamte, die zur Observation oder Nacheile die Grenzen des eigenen Staates überschreiten, an das nationale Recht des fremden Staates gebunden: *Ohler* (N 16), S. 49.
93 Die Vorschrift lautet: „Ansprüche wegen Einwirkungen des Flugplatzverkehrs oder des Betriebes des Flughafens auf Personen, Sachen oder Rechte im Hoheitsgebiet der Bundesrepublik Deutschland können sich auf das deutsche oder auf das österreichische Recht stützen. Stützen sich die Ansprüche auf das deutsche Recht, so findet § 11 des deutschen Luftverkehrsgesetzes in Verbindung mit § 26 der deutschen Gewerbeordnung sinngemäß Anwendung, soweit der Flughafen nach den geltenden österreichischen Vorschriften und im Rahmen dieses Vertrages betrieben wird. Zur Entscheidung von Streitigkeiten über solche Ansprüche sind ausschließlich die ordentlichen Gerichte der Bundesrepublik Deutschland zuständig."
94 Für Ansprüche aus Amtshaftung oder Aufopferung war es auch im deutschen Recht lange umstritten, ob sie öffentlich-rechtlicher oder privatrechtlicher Natur sind. Heute bejaht die wohl überwiegende Meinung eine Einordnung in das öffentliche Recht. Vgl. schon BVerfGE 61, 149 (176); *Heinz Joachim Bonk*, in: Sachs, ³2003, Art. 34 Rn. 7 m. weit. Nachw.
95 Zur Umsetzung von Art. 7 der Aarhus Konvention (UNTS Vol. 2161, S. 447 ff.) sieht Art. 3 Abs. 5 a (2) b) i. V. m. Art. 2 Abs. 2 b und c der Richtlinie 2003/35/EG (ABl vom 25. 6. 2003 L 156, S. 17) Beteiligungsrechte der Öffentlichkeit an einem ausländischen Verfahren vor. Das deutsche UVPG sieht in den §§ 9 a und b die Beteiligung der Öffentlichkeit auch nach ausländischem Recht vor. Allgemein zu den Vorgaben der Öffentlichkeitsbeteiligung *Helmut Lecheler*, Europarechtliche Vorgaben für die Öffentlichkeitsbeteiligung und den Rechtsschutz im deutschen Wirtschaftsverwaltungs- und Umweltrecht, in: GewArch 51 (2005), S. 305 ff.

der Umweltverträglichkeitsprüfung⁹⁶. Hierdurch wird in Deutschland ansässigen Personen die grenzüberschreitende Beteiligung an entsprechenden Verwaltungsverfahren im Ausland nach Maßgabe des dortigen Rechts möglich⁹⁷. In diesem grenzüberschreitenden „Beteiligungsangebot" der ausländischen Rechtsordnung liegt ebenfalls eine Anwendung ausländischen Rechts in Deutschland.

V. Beschränkung der Anwendung ausländischen Rechts durch Grund- und Menschenrechte

44 *Grundrechtsbindung nach Art. 1 Abs. 3 GG*

Kommt es zur Anwendung ausländischen Rechts durch deutsche Behörden und Gerichte, so stellt sich die Frage nach der Anwendung der Grundrechte des Grundgesetzes. Für eine vollumfängliche Grundrechtsbindung spricht die Regelung in Art. 1 Abs. 3 GG, nach der gerade auch Rechtsprechung und vollziehende Gewalt an die Grundrechte gebunden sind. Problematisch könnte dies erscheinen, weil der ausländische Normgeber nicht an das Grundgesetz gebunden ist. Das Bundesverfassungsgericht hat diesen Einwand aber in seiner „Spanier-Entscheidung" überzeugend zurückgewiesen⁹⁸. Es geht nicht um die „generelle Zensur" einer fremden Norm, sondern um die konkrete Anwendung dieser Norm im Einzelfall⁹⁹. Dogmatisch läßt sich die prinzipielle Überprüfung des Ergebnisses anhand der Grundrechte über die ordre public-Klausel des Art. 6 EGBGB erreichen¹⁰⁰. Die Heranziehung der ordre public-Klausel führt freilich nicht zu einer vollständigen Gleichstellung eines grenzüberschreitenden Sachverhalts mit einem reinen Inlandssachverhalt¹⁰¹. Entscheidend ist, ob die Gerichte bei der (einfachrechtlichen!) Anwendung der ordre public-Klausel einen Fehler gemacht haben, der auf einer „grundsätzlich unrichtigen Anschauung von der Bedeutung eines Grundrechts, insbesondere vom Umfang seines Schutzbereichs beruhen …"¹⁰².

Spanier-Entscheidung des BVerfG

Ordre public-Klausel des Art. 6 EGBGB

45 *Zweitregister-Entscheidung des BVerfG*

Das Bundesverfassungsgericht hat diese Grundkonzeption in seiner Zweitregister-Entscheidung auf das generelle Problem der Absenkung grundrechtlicher Standards in einer globalisierten Welt erstreckt. Der deutsche Gesetzge-

---

96 Art. 11 der Richtlinie 2011/92/EU vom 13.12.2011 über die Umweltverträglichkeitsprüfung bei bestimmten öffentlichen und privaten Projekten (ABl vom 28.1.2012, L 26, S. 1; als Nachfolge der RL 85/337/EWG vom 27.6.1985, ABl L 175, S. 40) sieht einen Zugang zu einem Überprüfungsverfahren für die betroffene ausländische Öffentlichkeit vor. Gemäß Art. 9 I b der Richtlinie muß sich die betroffene Öffentlichkeit auch im ausländischen Verfahren beteiligen können. Grundlage der Richtlinie ist unter anderem die Espoo-Konvention (Übereinkommen über die Umweltverträglichkeitsprüfung im grenzüberschreitenden Rahmen vom 25.2.1991, BGBl 1991 II, S. 1407 ff.); ausführlich *Kment* (N 65), S. 300 ff.
97 Vgl. für den umgekehrten Fall der Beteiligung im Ausland ansässiger Personen an deutschen Verwaltungsverfahren *Rainer Hofmann*, Grundrechte und grenzüberschreitende Sachverhalte, 1994, S. 336; *Durner* (N 90), S. 157 f.
98 BVerfGE 31, 58 (71 ff.); vgl. auch die Überlegungen bei *Gunther Elbing*, Zur Anwendbarkeit der Grundrechte bei Sachverhalten mit Auslandsbezug, 1992, S. 128 ff.
99 *Elbing* (N 98), S. 75.
100 S. o. Rn. 23.
101 *Hofmann* (N 97), S. 130 f.
102 BVerfGE 79, 203 (210) – Wiedergabe ohne Nachweise; vgl. zum Ganzen auch *Peter Badura*, Der räumliche Geltungsbereich der Grundrechte, in: HGR, Bd. II, 2006, § 47 Rn. 38.

§ 237 Einundzwanzigster Teil: Deutsches und internationales Recht

ber wollte mit der Einführung eines Zweitregisters für Handelsschiffe der Entwicklung entgegenwirken, daß immer mehr deutsche Schiffe ausgeflaggt wurden und dann nicht mehr den vergleichsweise hohen deutschen Sicherheits-, Arbeits- und Sozialstandards unterstanden. Daher wurde für deutsche Handelsschiffe, die in einem Zweitregister eingetragen wurden, die Anwendbarkeit ausländischen Arbeitsrechts erleichtert[103]. Wenn der Gesetzgeber vor der Alternative stehe, den deutschen Grundrechtsstandard entweder ungeschmälert zu wahren, ihm damit aber im Bereich der Hochseeschiffahrt praktisch das Anwendungsfeld zu entziehen, oder ihm ein Anwendungsfeld zu erhalten, dann aber eine Minderung des Grundrechtsstandards in Kauf zu nehmen, dürfe er sich für den zweiten Weg entscheiden[104]. Zu diesem Ergebnis gelangt das Bundesverfassungsgericht, indem es die gesetzgeberische Gestaltungsbefugnis bei Sachverhalten mit Auslandsberührung für besonders groß erachtet: „Berührt die Ausübung des Grundrechts zwangsläufig die Rechtsordnungen anderer Staaten und werden die widerstreitenden Interessen der Grundrechtsträger in einem Raum ausgetragen, der von der deutschen Rechtsordnung nicht mit alleinigem Gültigkeitsanspruch beherrscht wird, ist die Gestaltungsbefugnis des Gesetzgebers größer als bei der Regelung von Rechtsbeziehungen mit inländischem Schwerpunkt."[105]

Gesetzgeberische Gestaltungsbefugnis

C. Anwendung deutschen Rechts im Ausland

I. Allgemeines

46

Spiegelbildliche Anwendbarkeit deutschen Rechts

Grundsätzlich folgt die Anwendung deutschen Rechts im Ausland spiegelbildlich den für die Anwendung ausländischen Rechts in Deutschland entwickelten Grundsätzen. Wo eine autonome Entscheidung des fremden Staates zur Anwendung deutschen Rechts vorliegt, stellen sich keine besonderen Rechtsprobleme. Namentlich im privatrechtlichen Kollisionsrecht kommt es immer dann zur Anwendung deutschen Sachrechts durch ausländische Gerichte, wenn das ausländische Internationale Privatrecht auf deutsches Recht verweist[106]. Auch das deutsche internationale Strafrecht sorgt für eine prinzipielle Anwendbarkeit deutschen Strafrechts im Ausland[107]. Hier erfolgt allerdings – anders als im Internationalen Privatrecht – die Rechtsanwendung durch die deutschen Strafgerichte. Deshalb handelt es sich nach der für diesen Beitrag vorgenommenen Begrenzung nicht um eine Rechtsanwendung „in" Deutschland[108].

---

103 Vgl. die Darstellung in BVerfGE 92, 26 (29 f.).
104 BVerfGE 92, 26 (42).
105 BVerfGE 92, 26 (41 f.).
106 *Günther Schotten/Cornelia Schmellenkamp*, Das internationale Privatrecht in der notariellen Praxis, ²2007, § 2 Funktionsweise des IPR, Rn. 16 ff.
107 §§ 5–7 StGB; ausführlich *Martin Niemöller*, Zur Geltung des inländischen Strafrechts für Auslandstaten Deutscher, in: NStZ 1993, S. 171 ff.
108 S.o. Rn. 9.

Es gibt keine allgemeine verfassungsrechtliche Regel, der zufolge die Geltung deutscher Rechtsvorschriften territorial auf das deutsche Staatsgebiet begrenzt wäre[109]. Dies schließt es freilich nicht aus, daß eine entsprechende Begrenzung im Einzelfall ausdrücklich formuliert wird. So beschränkt das Gesetz über die Anwendung unmittelbaren Zwanges und die Ausübung besonderer Befugnisse durch Soldaten der Bundeswehr und verbündete Streitkräfte sowie zivile Wachpersonen (UzwGBw) den Schutz auf „Anlagen, Einrichtungen und Schiffe der Bundeswehr und der verbündeten Streitkräfte *in der Bundesrepublik.*"[110] Abgesehen von solchen ausdrücklichen Regeln ist es eine Frage der Auslegung, ob eine territoriale Begrenzung auf das deutsche Staatsgebiet besteht oder nicht[111].

47
Ausdrückliche Begrenzung im Einzelfall

Auslegung

II. Handlungsbefugnisse deutscher Behörden im Ausland

Konkrete Befugnisse zur Anwendung deutschen Rechts im Ausland bestehen in einigen wenigen Teilbereichen. So werden Kosten und Gebühren für diplomatische und konsularische Amtshandlungen im Ausland nach deutschem Recht erhoben[112]. Die Regelungen des Schengener Durchführungsübereinkommens und anderer Verträge über die grenznachbarliche Zusammenarbeit gehen davon aus, daß Beamte, die sich im Rahmen der Nacheile auf fremdem Staatsgebiet aufhalten, dienst- und disziplinarrechtlich weiterhin dem Recht ihres Heimatstaats unterliegen[113]. Gleiches gilt für das Dienst- und Disziplinarrecht von Beamten im diplomatischen und konsularischen Dienst im Ausland sowie beim Aufenthalt deutscher Soldaten im Ausland. Auch hier findet deutsches Dienst- und Disziplinarrecht Anwendung[114].

48
Diplomatische und konsularische Amtshandlungen

Dienst- und Disziplinarrecht

Spiegelbildlich zur grenzüberschreitenden Beteiligung an ausländischen Verwaltungsverfahren besteht auch in Deutschland die Möglichkeit, daß sich Personen aus dem Ausland an umweltrelevanten Verwaltungsverfahren in Deutschland beteiligen. In der Erstreckung entsprechender Beteiligungs- und gegebenenfalls auch Rechtsschutzmöglichkeiten auf das Ausland liegt eine grenzüberschreitende Anwendung deutschen Rechts im Ausland[115]. Aller-

49
Umweltrelevante Verwaltungsverfahren

---

109 *Rudolf* (N 15), S. 13 ff.; *Vogel* (N 60), S. 148 ff.
110 BGBl 1965 I, S. 796; zuletzt geändert durch Artikel 12 des Gesetzes vom 21.12.2007 (BGBl 2007 I, S. 3198) – Hervorhebung vom Verfasser.
111 *Stefan Talmon*, Die Geltung deutscher Rechtsvorschriften bei Auslandseinsätzen der Bundeswehr mit Zustimmung des Aufenthaltsstaates, in: NZWehrR 1997, S. 221 ff. (227 f.).
112 Art. 39 Wiener Übereinkommen über konsularische Beziehungen v. 24.4.1963 (WÜK), UNTS Bd. 596, S. 261 ff.; dazu § 25 Konsulargesetz (Konsulargesetz vom 11.9.1974 (BGBl I, S. 2317), zuletzt geändert durch Artikel 20 des Gesetzes vom 17.12.2008 [BGBl I, S. 2586]) i. V. m. der Auslandskostenverordnung vom 20.12.2001 (BGBl I, S. 4161; BGBl I 2002 I, S. 750), letzte Änderung durch Artikel 1 der Verordnung vom 31.8.2012 (BGBl I, S. 1866).
113 *Dieter Kugelmann*, Der Einsatz von Polizeibeamten im Ausland, in: Die Kriminalpolizei 25 (2007), S. 8 (12); ausführlich zu transnationalen Handlungsbefugnissen der Polizei: *Manfred Baldus*, Transnationales Polizeirecht. Verfassungsrechtliche Grundlagen und einfach-gesetzliche Ausgestaltung polizeilicher Eingriffsbefugnisse in grenzüberschreitenden Sachverhalten, 2001.
114 *Talmon* (N 111), S. 231 f.
115 Grundlegend dazu die Emsland-Entscheidung des Bundesverwaltungsgerichts (BVerwGE 75, 285); ausführlich *Durner* (N 90), S. 153 ff.

dings geht mit diesem „Beteiligungsangebot" in aller Regel keine grenzüberschreitende Handlungsbefugnis der deutschen Behörden einher. Dies kann nachteilige Folgen haben. So sieht etwa das Planfeststellungsverfahren in § 72 Abs. 2 VwVfG eine öffentliche Bekanntmachung voraus. Von dieser Bekanntmachung hängt unter anderem die Präklusion verspäteter Einwendungen ab (§ 73 Abs. 4 S. 4 VwVfG). Es ist aber unklar, wie eine formgerechte Bekanntmachung im grenzüberschreitenden Verkehr erfolgen kann[116].

III. Grundrechtsbindungen deutscher Behörden im Ausland

50
Extraterritoriale Wirkungen der Grundrechtsgarantien

Mit den zunehmenden Auslandseinsätzen der Bundeswehr ist die Frage nach extraterritorialen Wirkungen der Grundrechtsgarantien des Grundgesetzes in den letzten Jahren aktuell geworden[117]. Ausgangspunkt der Analyse ist die Regelung in Art. 1 Abs. 3 GG. Das Bundesverfassungsgericht hat in seiner G 10-Entscheidung zwar betont, daß sich aus der dort angeordneten umfassenden Bindung von Gesetzgebung, vollziehender Gewalt und Rechtsprechung an die Grundrechte noch keine abschließende Festlegung der räumlichen Geltungsreichweite der Grundrechte ergebe[118]. Umgekehrt gilt es allerdings auch festzuhalten, daß der Wortlaut keine ausdrückliche territoriale Beschränkung enthält[119]. Unter Verweis auf die Rechtsprechung des Europäischen Gerichtshofs für Menschenrechte zur territorialen Reichweite der Konventionsgarantien wird in der Literatur vorgeschlagen, eine territoriale Beschränkung in Art. 1 Abs. 3 GG hineinzulesen. Verlangt wird eine „regelmäßige Ausübung von Hoheitsgewalt ... im Sinne einer generalisierten Kontrolle"[120].

Territoriale Beschränkung aus Art. 1 Abs. 3 GG?

51
Schutz fremder Souveränität

Allerdings bleibt unklar, woraus dieses Erfordernis abgeleitet wird. Da der Wortlaut gerade keinen Anhaltspunkt liefert, könnten nur systematische und teleologische Argumente das Ergebnis tragen[121]. Zentraler Gesichtspunkt

---

116 *Durner* (N 90), S. 158.
117 Die nachstehenden Überlegungen orientieren sich an *Christian Walter*, Grundrechtliche und rechtsstaatliche Bindungen der Bundeswehr beim Einsatz im Ausland, in: FS für Eckart Klein, 2013, S. 351; siehe auch *Christian Walter/Antje von Ungern-Sternberg*, Piratenbekämpfung vor Somalia, in: DÖV 2012, S. 861 ff. (864 f.).
118 BVerfGE 100, 313 (362).
119 Dieser Gesichtspunkt wird zu Recht betont bei *Matthias Herdegen*, Art. 1 Abs. 3 Rn. 71, in: Maunz-Dürig, (Stand: 66. Ergänzungslieferung, August 2012); *Peter Badura*, Der räumliche Geltungsbereich der Grundrechte, in: HGR, Bd. I, § 47 Rn. 13; siehe ebenso *ders.*, Territorialprinzip und Grundrechtsschutz, in: FS für Walter Leisner, 1999, S. 403 ff.
120 *Heike Krieger*, Die gerichtliche Kontrolle militärischer Operationen, in: Dieter Fleck (Hg.), Rechtsfragen der Terrorismusbekämpfung durch Streitkräfte, 2004, S. 223 ff. (237); zudem *Heike Krieger*, Die Verantwortlichkeit Deutschlands nach der EMRK für seine Streitkräfte im Auslandseinsatz, in: ZaöRV 62 (2002), S. 669 ff. (672).
121 Zur kritischen Auseinandersetzung mit einer in Art. 1 Abs. 3 GG hineingelesenen territorial begrenzten Bindung siehe auch: *Dirk Lorenz*, Der territoriale Anwendungsbereich der Grund- und Menschenrechte, 2005, S. 159 f.; zudem *Angela Werner*, Die Grundrechtsbindung der Bundeswehr bei Auslandseinsätzen, 2007, S. 78 f.: Art. 1 Abs. 3 GG regele nur die Art der Bindung, dem Wortlaut nach knüpfe die Vorschrift an keine räumliche Bedingung an, so daß der Annahme grundrechtsfreier Räume für das Handeln deutscher Organe nicht gestattet sei; kritisch auch *Muna A. Yousif*, Die extraterritoriale Geltung der Grundrechte bei der Ausübung deutscher Staatsgewalt im Ausland, 2007, S. 92 ff.

muß letztlich der Schutz fremder Souveränität sein. Allerdings ist noch einmal genauer zu fragen, in welchen Konstellationen die grenzüberschreitende Anwendung von Grundrechtsstandards fremde Souveränitätsansprüche berühren kann. Beim Auslandseinsatz der Bundeswehr liegt der Eingriff in fremde Souveränitätsrechte regelmäßig schon darin, daß deutsches Militär auf fremdem Staatsgebiet tätig ist. Soweit die Grundrechte hier lediglich zur Begrenzung des Einsatzes herangezogen werden, ergibt sich daraus keine über die ohnehin schon bestehende extraterritoriale Handlung hinausgehende Wirkung. Jedenfalls in ihrer abwehrrechtlichen Dimension wirken die Grundrechte nicht zuständigkeitserweiternd, sondern zuständigkeitsbeschränkend[122]. Aus diesem Grund ist auch eine mögliche Sorge des „völkerrechtlichen Grundrechtsimperialismus"[123] unbegründet. Für die anderen Grundrechtsdimensionen, also die Leistungs- oder Teilhaberechte, mag die Situation anders aussehen, weshalb diese in der Literatur zu den Auslandswirkungen der Grundrechte zu Recht gesondert behandelt werden[124]. Im Ergebnis ist deshalb auch beim Einsatz im Ausland von einer grundsätzlichen Bindung der Bundeswehr an die Grundrechte des Grundgesetzes auszugehen[125].

Grundrechtsbindung der Bundeswehr bei Auslandseinsätzen

D. Ausblick

An der überwiegend territorialen Ausübung von Hoheitsgewalt durch den modernen Verfassungsstaat wird sich auf absehbare Zeit schon aus Gründen des Demokratieprinzips nichts Grundlegendes ändern. Allerdings werden aufgrund der zunehmenden Verflechtung der Rechtsordnungen grenzüberschreitende Anwendungen ausländischen Rechts in Deutschland und deutschen Rechts im Ausland zunehmen. Wo diese Rechtsanwendung einvernehmlich erfolgt, ist sie weitgehend unproblematisch. Im übrigen nimmt das deutsche Verfassungsrecht Rücksicht auf die internationale Zusammenarbeit und deshalb seinen Kontrollanspruch in den Grenzen des ordre public zurück. Es respektiert damit grundsätzlich den grenzüberschreitenden Wirkungsanspruch des ausländischen Rechts. Umgekehrt kommt es zu einer räumlichen Ausdehnung der Wirkungen deutschen Rechts über die territorialen Grenzen Deutschlands hinaus. Namentlich binden die Grundrechte die deutsche Staatsgewalt auch dann, wenn sie im Ausland tätig ist.

52
Zunahme grenzüberschreitender Rechtsanwendung

---

122 Vgl. auch *Lorenz* (N 121), S. 82 f., S. 149.
123 *Josef Isensee*, Grundrechtsvoraussetzungen und Verfassungserwartungen, in: HStR V, ²2000 (¹1992), § 115 Rn. 79, unter Verweis auf BVerfGE 18, 112 (120 ff.).
124 Vgl. *Hans D. Jarass*, in: ders./Pieroth, ¹¹2010, Art. 1 Rn. 33; *Yousif* (N 121), S. 147.
125 Vgl. neben den Nachweisen in N 121 auch *Andreas Zimmermann*, Grundrechtseingriffe durch deutsche Streitkräfte im Ausland und das Grundgesetz, in: ZRP 2012, S. 116.

E. Bibliographie

Christian von Bar/Peter Mankowski, Internationales Privatrecht, Bd. I, ²2003.
Peter Badura, Territorialprinzip und Grundrechtsschutz, in: FS für Walter Leisner, 1999, S. 403 ff.
ders., Der räumliche Geltungsbereich der Grundrechte, in: HGR, Bd. II, 2006, § 47.
Manfred Baldus, Übertragung von Hoheitsrechten auf ausländische Staaten im Bereich der Sicherheitsverwaltung, in: Die Verwaltung 32 (1999), S. 481 ff.
ders., Transnationales Polizeirecht. Verfassungsrechtliche Grundlagen und einfachgesetzliche Ausgestaltung polizeilicher Eingriffsbefugnisse in grenzüberschreitenden Sachverhalten, 2001.
Joachim Becker, Der transnationale Verwaltungsakt, in: DVBl 116 (2001), S. 855 ff.
Stefan Burbaum, Rechtsschutz gegen transnationales Verwaltungshandeln, 2003.
Frank Burkhardt, Das Abkommen zur Änderung des Zusatzabkommens zum NATO-Truppenstatut (ZA-NTS), in: NJW 1995, S. 424 ff.
Gunther Elbing, Zur Anwendbarkeit der Grundrechte bei Sachverhalten mit Auslandsbezug, 1992.
Christof Gramm, Verfassungsrechtliche Grenzen der Zusammenarbeit mit auswärtigen Staaten im Hoheitsbereich, in: DVBl 114 (1999), S. 1237 ff.
Lothar Harings, Grenzüberschreitende Zusammenarbeit der Polizei- und Zollverwaltungen und Rechtsschutz in Deutschland, 1998.
Rainer Hofmann, Grundrechte und grenzüberschreitende Sachverhalte, 1994.
Daniel-Erasmus Khan, Die deutschen Staatsgrenzen, 2004.
Martin Kment, Grenzüberschreitendes Verwaltungshandeln, 2010.
Ferdinand O. Kopp, Kollisionsrecht im öffentlichen Recht, in: DVBl 82 (1967), S. 469 ff.
Markus Kotzur, Grenznachbarschaftliche Zusammenarbeit in Europa, 2004.
Heike Krieger, Die Verantwortlichkeit Deutschlands nach der EMRK für seine Streitkräfte im Auslandseinsatz, in: ZaöRV 62 (2002), S. 669 ff.
dies., Die gerichtliche Kontrolle militärischer Operationen, in: Dieter Fleck (Hg.), Rechtsfragen der Terrorismusbekämpfung durch Streitkräfte, 2004, S. 223 ff.
Dieter Kugelmann, Der Einsatz von Polizeibeamten im Ausland, in: Die Kriminalpolizei 25 (2007), S. 8 ff.
Dirk Lorenz, Der territoriale Anwendungsbereich der Grund- und Menschenrechte, 2005.
Martin Niemöller, Zur Geltung des inländischen Strafrechts für Auslandstaten Deutscher, in: NStZ 1993, S. 171 ff.
Christoph Ohler, Die Kollisionsordnung des allgemeinen Verwaltungsrechts, 2005.
Walter Rudolf, Territoriale Grenzen der staatlichen Rechtsetzung, in: Berichte der Deutschen Gesellschaft für Völkerrecht 11 (1973), S. 7 ff.
Matthias Ruffert, Der transnationale Verwaltungsakt, in: Die Verwaltung 34 (2001), S. 453 ff.
Helmut Satzger, Internationales und Europäisches Strafrecht, ⁵2011.
Stefan Talmon, Die Geltung deutscher Rechtsvorschriften bei Auslandseinsätzen der Bundeswehr mit Zustimmung des Aufenthaltsstaates, in: NZWehrR 1997, S. 221 ff.
Klaus Vogel, Der räumliche Anwendungsbereich der Verwaltungsrechtsnorm, 1965.
Angela Werner, Die Grundrechtsbindung der Bundeswehr bei Auslandseinsätzen, 2007.
Muna A. Yousif, Die extraterritoriale Geltung der Grundrechte bei der Ausübung deutscher Staatsgewalt im Ausland, 2007.

§ 238
Ordre public

Christoph Ohler

Übersicht

	Rn.		Rn.
A. Funktionen des ordre public	1–26	C. Europäischer ordre public	33–37
I. Vorbehaltsfunktion	1–12	I. Grundwerte und Grundrechte	33
1. Problem internationaler Regelungskonflikte	4	II. Vorbehalte zugunsten der Mitgliedstaaten	34–35
2. Vorrangregeln und ordre public	5–8	III. Sekundärrechtliche ordre public-Vorbehalte	36–37
3. Horizontale Normkonflikte und ordre public	9–12	D. Verfassungsrechtlicher ordre public	38–40
II. Schutz- und Gestaltungsfunktion	13–20	I. Identitätsgarantie des Art. 79 Abs. 3 GG	38
III. Rechtsnatur des Vorbehalts	21–23	II. Einfachgesetzliche Vorbehalte	39
IV. Absoluter und relativer Charakter	24–25	III. Anerkennung eines fremden ordre public	40
V. Definition und Kontrolle des ordre public	26	E. Bibliographie	
B. Völkerrechtlicher ordre public	27–32		
I. Vertragliche Regelungen	27–28		
II. Ordre public im Völkergewohnheitsrecht	29–31		
III. Verhältnis zum ius cogens	32		

§ 238 Einundzwanzigster Teil: Deutsches und internationales Recht

A. Funktionen des ordre public

I. Vorbehaltsfunktion

1
Rechtspluralismus und Fragmentierung

In einer multipolaren Welt aus nahezu 200 Staaten[1] und einer noch größeren Zahl internationaler Organisationen besteht das Recht aus einem unüberschaubaren Gefüge verschiedener Rechtsordnungen. Es setzt sich aus staatlichen und unterstaatlichen Rechtsquellen verschiedenen Ranges und verschiedener Wirkung, dem primären und sekundären Europarecht, völkerrechtlichen Verträgen einschließlich der Verfassungen internationaler Organisationen und ihres sekundären Rechts, gewohnheitsrechtlichen Regeln und allgemeinen Rechtsgrundsätzen zusammen. Ob man diese Situation als Rechtspluralismus[2] oder als Fragmentierung beschreibt[3], mag dahinstehen. In der Realität ergeben sich positive Wechselbezüge ebenso wie schwer zu bewältigende Rechtskonflikte zwischen den verschiedenen Rechtsordnungen. Positive Wechselbezüge entstehen beispielsweise, soweit Völkerrecht und Europarecht ihre allgemeinen Rechtsgrundsätze aus den Quellen des nationalen Rechts beziehen[4]. Häufig formen internationale und europäische Normierungen erfolgreiche Regelungsmodelle des innerstaatlichen Rechts nach. Umgekehrt wirken Völkerrecht und Europarecht praktisch in allen Rechtsbereichen auf das innerstaatliche Recht inhaltlich ein, setzen neue Ziele, ändern Verfahren und legen neuartige materielle Anforderungen fest.

2
Internationale Zusammenarbeit in allen Rechtsbereichen

Eine Besonderheit gilt im Internationalen Privatrecht. Hier berufen staatliche Rechtsordnungen bei Sachverhalten mit Auslandsberührung das Privatrecht eines anderen Staates, um es als anwendbares Recht für diesen Sachverhalt festzulegen[5]. Das Internationale Zivilprozeßrecht bewirkt eine Förderung ausländischer Gerichtsverfahren, indem es die Zustellung von im Ausland erhobenen Klagen ermöglicht[6] oder die Anerkennung ausländischer Gerichtsurteile anordnet[7]. Im strafrechtlichen Bereich kooperieren die Staaten mit dem Ziel der Rechtshilfe, wozu die Auslieferung von Straftätern auf Ersuchen anderer Staaten zählt[8]. Das Verwaltungsrecht kennt schließlich die internationale Amtshilfe sowie die Anerkennung und Vollstreckung ausländischer Verwaltungsakte im Inland[9].

---

[1] Derzeit sind 193 Staaten Mitglied der Vereinten Nationen.
[2] *Lars Viellechner*, Responsiver Rechtspluralismus, in: Der Staat 2012, S. 559 ff.
[3] Zum Problem der Fragmentierung des Völkerrechts siehe International Law Commission, Fragmentation of International Law, Difficulties arising from the diversification and expansion of international law, A/CN.4/L.682, 2006; *Joost Pauwelyn*, Fragmentation of International Law, in: Rüdiger Wolfrum (Hg.), Max Planck Encyclopedia of Public International Law, 2008 ff., Online-Ausgabe, Rn. 1 ff.
[4] Art. 38 Abs. 1 c) IGH-Statut; Art. 2 und Art. 6 Abs. 3 EUV.
[5] Vgl. Art. 3 EGBGB.
[6] Haager Übereinkommen über die Zustellung gerichtlicher und außergerichtlicher Schriftstücke im Ausland in Zivil- und Handelssachen vom 15.11.1965 (BGBl 1977 II, S. 1435).
[7] §§ 722, 723, 318 ZPO.
[8] Siehe das Gesetz über die internationale Rechtshilfe in Strafsachen (IRG); neugefaßt durch Bekanntmachung vom 27.6.1994 (BGBl 1994 I, S. 1537).
[9] Beispiel: Anerkennung von ausländischen Hochschulgraden gemäß § 53 Abs. 3 und 4 Thüringer Hochschulgesetz.

Alle diese Verschränkungen mit anderen Rechtsordnungen sind aus Sicht des innerstaatlichen Verfassungsrechts gewollt[10]. Soweit das deutsche Recht ein Recht aus anderer Quelle rezipiert, ergibt sich die verfassungsrechtliche Rechtfertigung für diese Rezeption, je nach Quelle, aus Art. 23–25 sowie Art. 59 Abs. 2 GG. Für die Berufung ausländischen Rechts durch das Internationale Privatrecht, die Anerkennung ausländischer Hoheitsakte sowie die internationale Rechts- und Amtshilfe findet sich die verfassungsrechtliche Basis im Grundsatz der internationalen Zusammenarbeit. Er wohnt den Art. 23–26 GG inne und kommt in der Präambel des Grundgesetzes zum Ausdruck. Das Bundesverfassungsgericht formuliert insoweit, das Grundgesetz gebiete es, fremde Rechtsordnungen und -anschauungen grundsätzlich zu achten, auch wenn sie im einzelnen nicht mit den deutschen innerstaatlichen Auffassungen übereinstimmen[11]. Dieser Grundsatz sowie die Grundsätze der Europarechtsfreundlichkeit[12] und der Völkerrechtsfreundlichkeit[13] des Grundgesetzes leiten überdies die Auslegung und Anwendung des Rechts aus anderer Quelle an.

3 Verfassungsrechtliche Grundlagen

Grundsatz der internationalen Zusammenarbeit

1. Problem internationaler Regelungskonflikte

In dem Umfang, in dem die verschiedenen Rechtsordnungen aufeinander einwirken, kann es aber auch zu beträchtlichen Normkonflikten und allgemein zu Wertungswidersprüchen kommen. Normkonflikte zeichnen sich dadurch aus, daß in einem konkreten Fall zwei anwendbare Rechtsnormen den gleichen Adressaten verpflichten und zu einander widersprechenden Rechtsfolgen führen[14]. Wertungswidersprüche beruhen dagegen auf der teilweisen oder vollständigen Unvereinbarkeit zweier Rechtsregime. Sie sind innerstaatlich relevant, wenn es zu einem Ineinandergreifen der Rechtsordnungen im Rahmen internationaler Kooperationen, zum Beispiel im Wege der Rechts- und Amtshilfe, kommt. Aber auch durch die Berufung fremden Rechts als Entscheidungsgrundlage in einem innerstaatlichen Verfahren, wie es im Internationalen Privatrecht der Fall ist, kann mittelbar ein Rechtskonflikt entstehen, wenn dieses Recht im Widerspruch zu innerstaatlichen Rechtsauffassungen steht. Alle diese Konflikte lassen sich theoretisch durch eine inhaltliche Harmonisierung der betroffenen Rechtsordnungen beseitigen. Angesichts der Realität der internationalen Beziehungen herrscht hierzu aber nur eine beschränkte politische Bereitschaft. Auch die Vielzahl und Heterogenität der rechtsetzenden, internationalen Akteure schließt es praktisch aus, daß ihre Rechtsordnungen widerspruchsfrei nebeneinander bestehen.

4 Normkonflikte und Wertungswidersprüche

---

10 BVerfGE 108, 238 (247); 123, 267 (344 ff.); 128, 326 (368 f.).
11 BVerfGE 75, 1 (16 f.); 108, 129 (137); 108, 238 (247 f.).
12 BVerfGE 123, 267 (354); 126, 286 (303).
13 Vgl. BVerfGE 74, 358 (370); 83, 119 (128); ausdrücklich BVerfGE 111, 307 (317); 128, 326 (366).
14 *Christoph Ohler*, Die Kollisionsordnung des Allgemeinen Verwaltungsrechts, 2005, S. 16 f.

2. Vorrangregeln und ordre public

5
Materielle Vorbehaltsregeln

Die in der internationalen Rechtsgemeinschaft bestehenden Regelungskonflikte lassen sich nicht über eine gemeinsame Grundnorm auflösen, die nur ein rechtstheoretisches Ideal bildet, sondern über Kollisionsregeln, die Bestandteil der jeweiligen (Teil-)Rechtsordnungen sind. Praktisch kommen zur Konfliktbewältigung in erster Linie verschiedene Varianten von Vorrangregeln in Betracht. Solche Vorrangregeln können entweder auf normhierarchischen Konstruktionen (als Geltungs- oder Anerkennungsvorrang) oder auf allgemein anerkannten Spezialitätsregeln aufbauen. Hierzu liegen materielle Vorbehaltsregeln quer, die dem Schutz eines „unantastbaren Bereichs der eigenen Rechtsordnung"[15] dienen. Praktisch alle Rechtsordnungen in der Welt kennen einen solchen ordre public-Vorbehalt[16]. Ist er anwendbar, durchbricht er sowohl die Normhierarchie als auch ansonsten anerkannte Spezialitätsregeln. Dahinter steht unausgesprochen die Vorstellung, daß die Durchsetzung der durch den ordre public geschützten Rechtsgüter im Konfliktfall uneingeschränkten Vorrang genießt. Er hat damit Kontroll- und Sperrfunktion gegenüber der Anwendung jedes anderen Rechts[17].

Kontroll- und Sperrfunktion des ordre public

6
Verfassungsrecht und Europarecht

Dieser Zusammenhang läßt sich exemplarisch am Verhältnis von Europarecht zum Recht der Mitgliedstaaten illustrieren, das auf dem Anwendungsvorrang des Europarechts beruht. Wiewohl auch das Grundgesetz diesen Vorrang anerkennt[18], gilt er jedenfalls aus innerstaatlicher Sicht nicht unbeschränkt, wie aus Art. 23 Abs. 1 GG selbst folgt[19]. Art. 79 Abs. 3 GG entfaltet daher gegenüber den Einwirkungen des Europarechts die Funktion eines ordre public zur Sicherung der Verfassungsidentität unter dem Grundgesetz[20].

7
Verfassungsrecht und Völkerrecht

Die Rechtslage im Verhältnis von innerstaatlichem Recht zum Völkerrecht scheint auf den ersten Blick diametral entgegengesetzt zu sein, strukturell ähnelt sie aber der europarechtlichen Situation. Zwar gilt im deutschen Verfassungsrecht ein Vorrang des Grundgesetzes vor Völkergewohnheitsrecht nach Art. 25 GG und völkerrechtlichen Verträgen nach Art. 59 Abs. 2 GG[21]. Normkonflikte wären daher aus innerstaatlicher Sicht über den Vorrang des Grundgesetzes zu bewältigen[22], wobei das Bundesverfassungsgericht das Zustimmungsgesetz zum völkerrechtlichen Vertrag[23] oder nach Art. 100 Abs. 2 GG die Regel des Völkergewohnheitsrechts überprüft. Wenn aufgrund

---

15 *Gerhard Kegel/Klaus Schurig*, Internationales Privatrecht, ⁹2004, S. 516.
16 ICSID, World Duty Free Company Limited vs. Republic of Kenya, Case No. ARB/00/7, Entscheidung vom 4.10.2006, International Legal Materials 2007, S. 339 ff., Rn. 138; *Christian von Bar/Peter Mankowski*, Internationales Privatrecht, Bd. I, ²2003, S. 714.
17 Sog. negative Funktion des ordre public, *Kegel/Schurig* (N 15), S. 516; *Martin Gebauer*, Ordre Public (Public Policy), in: Rüdiger Wolfrum (Hg.), Max Planck Encyclopedia of Public International Law, Online-Ausgabe, Rn. 4.
18 BVerfGE 126, 286 (303).
19 In Deutschland nach Art. 23 Abs. 1 S. 3 i. V. m. Art. 79 Abs. 3 GG.
20 BVerfGE 123, 267 (344 f.).
21 BVerfGE 111, 307 (318).
22 *Dietrich Rauschning*, in: BK, Zweitbearbeitung 2009, Art. 59 GG Rn. 140; *Stefan Talmon*, Die Grenzen der Anwendung des Völkerrechts im deutschen Recht, in: JZ 2013, S. 12 (16).
23 BVerfGE 1, 396 (410); 4, 157 (162); 6, 290 (295).

eines Widerspruchs zum Grundgesetz ein Rechtssatz des Völkerrechts innerstaatlich nicht Beachtung fände, bliebe aber die völkerrechtliche Verpflichtung bestehen[24] und löste Haftungsansprüche unter dem Aspekt der Staatenverantwortlichkeit aus.

Die Bewältigung des Normkonflikts mit dem Vorrangprinzip kann daher – von den praktischen Folgen gedacht und nach Maßgabe des Grundsatzes der Völkerrechtsfreundlichkeit – nicht erwünscht sein[25]. Der Vorrang des Grundgesetzes bedarf unter Umständen auch deshalb der Einschränkung, weil der Normkonflikt nur punktueller Natur ist und die Folgen einer Normverdrängung zu weitreichend wären. Daher stellt sich die Frage, ob die Vorgaben des Grundgesetzes im Einzelfall durch eine modifizierende Auslegung nach Maßgabe des Grundsatzes der Völkerrechtsfreundlichkeit korrigiert werden können, was das Bundesverfassungsgericht grundsätzlich bejaht hat[26]. Eine generelle Freizeichnung von verfassungsrechtlichen Bindungen im Bereich des auswärtigen Handelns schließt das Grundgesetz indes aus. Vielmehr sind jegliche Abweichungen von verfassungsrechtlichen Vorgaben, die ansonsten für rein inländische Konstellationen gelten, für jeden Einzelfall begründungs- und nachweisbedürftig. Ausgangspunkt ist dabei, daß das Grundgesetz seine für die Ausübung deutscher Hoheitsgewalt geltenden Bindungen weder anderen Staaten abverlangt noch schlechthin nach außen spiegelt, wenn deutsche Stellen mit ausländischen Staaten kooperieren. So kann beispielsweise das Ziel, die internationale Handlungsfähigkeit der Bundesrepublik Deutschland zu sichern, für eine gegenständlich beschränkte Korrektur verfassungsrechtlicher Vorgaben sprechen[27]. Das außenpolitisch Mögliche stellt ebenfalls eine Grenze für die Verwirklichung verfassungsrechtlicher Vorgaben im Bereich des auswärtigen Handelns dar[28]. In solchen Entscheidungssituationen bedarf es jedoch eines materiellen Vorbehalts gegenüber der Modifikation verfassungsrechtlicher Anforderungen, um zumindest tragende Grundsätze der Verfassung durchsetzen zu können[29]. Eine solche Vorbehaltsfunktion üben Art. 79 Abs. 3 GG und, bei grundrechtlichen Konflikten, Art. 19 Abs. 2 GG aus[30]. Dieser Verfassungskern stellt eine Grenze für die Modifikation verfassungsrechtlicher Anforderungen bei internationalen Sachverhalten dar.

8 Modifikation verfassungsrechtlicher Anforderungen

Grundsatz der Völkerrechtsfreundlichkeit

Begründungsbedürftigkeit im Einzelfall

Verfassungskern als Grenze

3. Horizontale Normkonflikte und ordre public

Keine hierarchischen Regeln kommen dagegen zur Anwendung, soweit es um horizontale Konflikte zwischen nationalen Rechtsordnungen geht, was die typische Entscheidungssituation im Internationalen Privatrecht, bei der inter-

9 Gleiche Souveränität der Staaten

---

24 Art. 27 WVK.
25 Vgl. BVerfGE 111, 307 (328).
26 Zu einem solchen Fall in bezug auf das Demokratieprinzip des Art. 20 Abs. 1 siehe BVerfGE 63, 343 (370).
27 Vgl. *Frank Schorkopf*, Grundgesetz und Überstaatlichkeit, 2007, S. 96 f.
28 BVerfGE 4, 157 (169).
29 BVerfGE 4, 157 (170). So auch BVerfGE 63, 343 (371), wo ein Widerspruch gegen die „verfassungsrechtliche öffentliche Ordnung der Bundesrepublik Deutschland" verneint wurde. Auf die tragenden Grundsätze der Verfassung stellt auch BVerfGE 111, 307 (319) ab.
30 Vgl. BVerfGE 123, 267 (344 f.) im Hinblick auf das Ziel der internationalen Zusammenarbeit.

nationalen Rechtshilfe, der internationalen Amtshilfe oder bei der Anerkennung ausländischer Urteile und Verwaltungsakte darstellt. Die souveräne Gleichheit der Staaten, die die Grundlage der internationalen Zusammenarbeit bildet[31], schließt eine Lösung dieser Probleme über das Instrument der Normhierarchie aus. Im Internationalen Privatrecht herrscht aus diesem Grund die Vorstellung, daß die Rechtsordnungen anderer Staaten gegenüber der inländischen Rechtsordnung gleichberechtigt sind[32]. Die Auswahlentscheidung zugunsten einer bestimmten Rechtsordnung erfolgt daher nach einem nicht hierarchischen Verweisungssystem, das typischerweise auf dem Prinzip des engsten Zusammenhangs eines Sachverhalts mit einer Rechtsordnung beruht[33]. Auch die zwischenstaatliche Zusammenarbeit im Bereich der internationalen Rechts- und Amtshilfe findet ihre Grundlage in der gegenseitigen Achtung der verschiedenen Rechtsordnungen. Im übrigen schließt auch das Demokratieprinzip des Grundgesetzes normhierarchische Lösungen gegenüber anderen staatlichen Rechtsordnungen als Konfliktbewältigungsmechanismen aus. Aus dem Demokratieprinzip des Art. 20 Abs. 2 GG folgt, daß sich die staatliche Rechtsordnung für Recht aus anderer Quelle nur aufgrund der Anordnung des demokratisch legitimierten Gesetzgebers öffnet[34], womit es zugleich einer Unterordnung des demokratischen Gesetzgebers unter das Recht anderer Staaten entgegensteht. Dem Demokratieprinzip ist aber nicht immanent, daß sich das vom Parlament erlassene Recht den Auffassungen anderer, möglicherweise nicht demokratisch verfaßter Staaten überordnen muß. Vielmehr beruht auch das Demokratieprinzip auf der in der Präambel des Grundgesetzes zum Ausdruck gebrachten Vorstellung, daß Deutschland sich als „gleichberechtigtes Glied" in die internationale Gemeinschaft einordnet.

10
Vorrang der Verfassung vor innerstaatlichem Kollisionsrecht

Von der fehlenden Hierarchie zwischen den Rechtsordnungen der Staaten ist das innerstaatliche Hierarchieverhältnis zwischen einfachgesetzlichen Verweisungsnormen, zum Beispiel des Einführungsgesetzes zum Bürgerlichen Gesetzbuch, gegenüber der inländischen Verfassung und sonstigem höherrangigen Recht zu unterscheiden. Die innerstaatlichen Verweisungs- und Anerkennungsnormen beruhen stets auf einer autonomen Entscheidung des nationalen Gesetzgebers. Sie unterliegen damit vollständig der verfassungsrechtlichen Kontrolle, so daß auch der Vorrang der Verfassung durchgreift[35].

11
Ergebniskontrolle im Einzelfall

Tatsächlich können aber selbst verfassungskonforme, inländische Verweisungsnormen aufgrund ihrer abstrakten Verweisungstechnik auch solche ausländischen Rechtsordnungen berufen, die im konkreten Entscheidungsfall zu offensichtlich unzuträglichen Ergebnissen führen würden. Die gleiche Problematik stellt sich bei der internationalen Rechts- und Amtshilfe (zum Beispiel

---

31 Art. 2 Ziff. 1 UN-Charta.
32 *Gebauer* (N 17), Rn. 1.
33 So der Rechtsgedanke des Art. 4 Abs. 4 VO (EG) Nr. 593/2008 (Rom I) und des Art. 4 Abs. 3 VO (EG) Nr. 864/2007 (Rom II); aus dem Schrifttum *Kegel/Schurig* (N 15), S. 131.
34 Vgl. hierzu bereits *Albert Bleckmann*, Die völkerrechtlichen Grundlagen des internationalen Kollisionsrechts, 1992, S. 13 ff.
35 BVerfGE 31, 58 (72f., 76).

Zustellungen, Beweisaufnahmen) und der Anerkennung ausländischer Einzelrechtsakte, seien es Urteile, Verwaltungsakte oder andere hoheitliche Maßnahmen ausländischer Staaten. Solche horizontalen Rechtsordnungskonflikte im zwischenstaatlichen Verhältnis lassen sich wiederum nur mit materiellen Vorbehaltsklauseln bewältigen. Im Internationalen Privatrecht bildet der ordre public-Vorbehalt des Art. 6 EGBGB ein solches Instrument. Die gleiche Funktion übt § 73 IRG für die Rechtshilfe in Strafsachen aus. Ihr gemeinsamer, verfassungsrechtlicher Nenner besteht darin, daß sie unabdingbare verfassungsrechtliche Grundsätze der deutschen öffentlichen Ordnung einschließlich der Grundrechte gegenüber der Anwendung fremden Rechts schützen sollen[36]. Soweit keine Verpflichtungen aus völkerrechtlichen Verträgen entgegenstehen, verstößt die damit verbundene Kontrolle ausländischen Rechts weder gegen Art. 25 GG noch gegen Völkergewohnheitsrecht, da keine allgemeine Verpflichtung zur uneingeschränkten Anwendung fremden Rechts durch inländische Hoheitsträger besteht[37]. Insbesondere wird durch eine solche Kontrolle nicht der völkerrechtliche Grundsatz der Staatenimmunität verletzt[38].

Schutz unabdingbarer verfassungsrechtlicher Grundsätze

Kein Verstoß gegen Art. 25 GG oder Völkergewohnheitsrecht

Auch im Verhältnis völkerrechtlicher Verträge zueinander existiert keine Normhierarchie, da sie als Rechtsquellen gleichrangig sind, sieht man von den Ausnahmen lex specialis, lex posterior[39], dem Vorrang von Rahmenverträgen gegenüber Durchführungsverträgen[40] und der Sonderrolle der UN-Charta[41] ab. Ordre public-Klauseln spielen jedoch im Verhältnis völkerrechtlicher Verträge zueinander keine signifikante Rolle, um Normkonflikte zu bewältigen. Das beruht letztlich darauf, daß völkerrechtliche Verträge im Verhältnis zueinander nicht auf Verdrängung angelegt sind, sondern nach dem Willen der Vertragsparteien gleichmäßig die Rechtsbefolgung erheischen. Wenn eine wechselseitige Rezeption oder im Konfliktfall der Vorrang eines Vertrags gewollt wäre, müßten die Vertragsparteien dies ausdrücklich vereinbaren[42].

12

Gleichrangigkeit völkerrechtlicher Verträge

Keine Konfliktlösung durch ordre public

II. Schutz- und Gestaltungsfunktion

Der sachliche Grund für einen ordre public-Vorbehalt liegt im Schutz wesentlicher Gehalte der staatlichen inländischen Rechtsordnung, die vor einer Verdrängung durch Recht aus einer anderen Quelle geschützt werden

13

Erhaltung der inländischen Rechtsordnung

---

36 Vgl. BVerfGE 63, 332 (337f.); 75, 1 (19); 108, 129 (136); 108, 238 (247).
37 BVerfGE 31, 58 (75f.); 92, 277 (322f.); 96, 68 (90); BGH, in: NJW-RR 2007, S. 145 (149); *Alfred Verdross/Bruno Simma*, Universelles Völkerrecht, ³1984, § 1178.
38 *Christoph Ohler*, Grundrechte und Internationales Privatrecht, in: HGR, Bd. VI/2, 2009, § 184 Rn. 18.
39 Art. 59 WVK; siehe auch *Erich Vranes*, Lex Superior, Lex Specialis, Lex Posterior – Zur Rechtsnatur der „Konfliktlösungsregeln", in: ZaöRV 2005, S. 391 ff.
40 Siehe z. B. Art. XVI Abs. 3 Übereinkommen zur Errichtung der Welthandelsorganisation vom 15.4.1994 (BGBl II 1994, S. 1625).
41 Siehe die Vorrangregel des Art. 103 UN-Charta; sie spiegelt sich z. B. in Art. XXI lit. c GATT und Art. XIVbis Abs. 1 lit. c GATS.
42 Siehe beispielsweise Art. XII Abs. 2 Freundschafts-, Handels- und Schiffahrtsvertrag zwischen der Bundesrepublik Deutschland und den Vereinigten Staaten von Amerika vom 29.10.1954 (BGBl 1965 II, S. 487).

Grundlage des Staates und seiner Funktionen	soll⁴³. Der Bezug auf die inländische Rechtsordnung rechtfertigt sich durch die Funktionen, die das innerstaatliche Recht nach wie vor ausübt. Es ist Grundlage für die Friedens- und Ordnungsfunktion des Staates nach innen, die Legitimation und Kontrolle staatlicher Hoheitsgewalt, und es gewährleistet die Freiheitsräume, der die Bürger im Verhältnis untereinander und gegenüber dem Staat bedürfen⁴⁴. Jedenfalls die erstgenannten Funktionen
Staat als Garant grundrechtlicher Verbürgungen	sind nach wie vor im allgemeinen Völkerrecht sowie im Europarecht anerkannt, wie Art. 4 Abs. 2 S. 2 EUV⁴⁵ und Art. 72 AEUV in exemplarischer Weise regeln. Unter dem Verfassungsverständnis des Grundgesetzes ist der Staat aber ebenfalls der vorrangige Garant grundrechtlicher Verbürgungen. Völkerrechtliche und europarechtliche Grundrechtsgarantien ergänzen diesen Schutz nur, ersetzen ihn aber nicht.
14 Wandelbarer Inhalt des ordre public	Den ordre public schlechthin gibt es dabei nicht, vielmehr ist er Ausdruck grundlegender Wertvorstellungen einer bestimmten Rechtsordnung zu einer bestimmten Zeit und damit tendenziell wandelbar⁴⁶. Überdies ist es denkbar, daß gerade einfachrechtliche Ausprägungen nur einen Ausschnitt aus den Grundwerten einer Rechtsordnung darstellen oder nur die im jeweiligen Rechtsbereich aufgeworfenen Fragen adressieren⁴⁷. Solche bereichsspezifischen ordre public-Regeln finden sich auch häufig in völkerrechtlichen Verträgen⁴⁸.
15 Schutz wesentlicher Rechte	Aufgrund der ihm eigenen Begrenzungsfunktion gegenüber Recht aus anderer Quelle bedarf ein ordre public-Vorbehalt jedoch auch selbst sachlicher Grenzen, die sich aus dem Schutz konkreter und grundlegender Rechtspositionen vor den Einwirkungen einer anderen Rechtsordnung ergeben. Ein unbegrenzter oder weitgehend unbestimmter ordre public wäre dagegen mit dem Verfassungsgebot der internationalen Zusammenarbeit und dem rechtsstaatlichen Bestimmtheitsgebot nicht zu vereinbaren. Im übrigen ist stets zu
Offensichtlichkeit des Verstoßes	berücksichtigen, daß ordre public-Vorbehalte in einem Spannungsverhältnis zum Prinzip internationaler und europäischer Zusammenarbeit stehen und möglicherweise die Erfüllung von zuvor freiwillig begründeten Rechtspflichten beeinträchtigen⁴⁹. Daher ergibt sich eine wichtige Grenze bei seiner Anwendung daraus, daß Verstöße gegen wesentliche inländische Wertvorstellungen offensichtlich sein müssen⁵⁰.
16 Allgemeine Maßstäbe und Einzelfallkontrolle	Die Schutzfunktion des ordre public-Vorbehalts bedingt gleichwohl, daß die Wirkungen des einströmenden Rechts im Inland kontrolliert werden müssen. Die abstrakt-generelle Regelung obliegt dabei dem Gesetzgeber, der zu ent-

---

43 *Karl Doehring*, Völkerrecht, ²2004, Rn. 960; *Gebauer* (N 17), Rn. 1. Anders *v. Bar/Mankowski* (N 16), S. 715, die auf die Souveränität des Staates abstellen.
44 Vgl. zu diesen Aufgaben des Staates in der internationalen Gemeinschaft BVerfGE 123, 267 (346).
45 Zur Staatsfunktionengarantie dieser Vorschrift siehe *Armin von Bogdandy/Stephan Schill*, in: Eberhard Grabitz/Meinhard Hilf/Martin Nettesheim (Hg.), Das Recht der Europäischen Union (Stand: Juli 2010), Art. 4 EUV Rn. 29.
46 *v. Bar/Mankowski* (N 16), S. 719.
47 Siehe z. B. § 73 IRG.
48 Siehe z. B. Art. 8 TRIPs.
49 Vgl. *v. Bar/Mankowski* (N 16), S. 715.
50 *v. Bar/Mankowski* (N 16), S. 715; *Juliane Kokott*, Grund- und Menschenrechte als Inhalt eines internationalen ordre public, in: Berichte der Deutschen Gesellschaft für Völkerrecht 38 (1998), S. 71 (100).

scheiden hat, anhand welcher Maßstäbe die einzelfallbezogene Kontrolle durch die Gerichte stattfinden soll. Der Prüfungsmaßstab ist dabei zwangsläufig niedriger als bei inländischen Sachverhalten, da die Anwendung des allgemeinen inländischen Rechts die internationale Zusammenarbeit übermäßig erschweren oder unmöglich machen würde[51]. Typischerweise wird er auch nur reservemäßig durch die Gerichte aktiviert, wenn eine den Konflikt mildernde Auslegung des Rechts aus anderer Quelle nicht mehr in Betracht kommt. Ist der ordre public-Vorbehalt im Einzelfall allerdings eröffnet, schließt er repressiv die Beachtung des Rechts aus einer anderen Quelle aus oder schränkt zumindest seine Reichweite ein[52]. Der Vorbehalt übt damit eine endgültige Sperrfunktion gegenüber der Anwendung jedes anderen Rechts in der innerstaatlichen Rechtsordnung aus.

Der innerstaatliche ordre public kann allerdings auch eine internationale Gestaltungsfunktion ausüben und den Rahmen ziehen, innerhalb dessen der Staat völkerrechtliche Bindungen eingehen darf. Solange die Staaten als Völkerrechtssubjekte Vertragsautonomie genießen, haben sie es nämlich in der Hand, bei der Verhandlung und Ausgestaltung ihrer völkerrechtlichen Verträge die Verpflichtungen so abzufassen, daß sie nicht im Widerspruch zu den Vorgaben des innerstaatlichen Rechts stehen. Auch ist es stets möglich, einen völkerrechtlichen Vertrag von vornherein mit einer ordre public-Klausel zu versehen, um auf diese Weise grundlegenden Schutzbedürfnissen der Vertragsparteien Rechnung zu tragen. Zur Berücksichtigung dieser Gesichtspunkte sind in der Bundesrepublik Deutschland die an der Aushandlung, Zustimmung und Ratifikation beteiligten Verfassungsorgane aufgrund ihrer verfassungsrechtlichen Bindung sogar verpflichtet, wenn aus dem Gegenstand oder Zweck des völkerrechtlichen Vertrages erkennbar ist, daß er in seinem Vollzug zu Widersprüchen mit dem Grundgesetz führen wird. Derartige Konflikte müssen bereits während der Vertragsverhandlungen durch entsprechende vertragliche Anpassungen oder spätestens vor Ratifikation durch die Erklärung von Vorbehalten bewältigt werden[53].

17
Internationale Gestaltungsfunktion

Der im Grundgesetz verkörperte ordre public in Gestalt des Art. 79 Abs. 3 GG übt für die Integration der Bundesrepublik Deutschland in die Europäische Union ebenfalls eine Gestaltungsfunktion aus. Im Vertragsänderungsverfahren nach Art. 48 und 49 EUV sind die Mitgliedstaaten nach wie vor die Herren der Verträge, die keiner Einschränkung unterliegen, um bei der Fortentwicklung des primären Europarechts zugleich ihren verfassungsrechtlichen Bindungen Rechnung zu tragen. In Deutschland folgt die verfassungsrechtliche Pflicht hierzu unmittelbar aus Art. 23 Abs. 1 S. 3 GG mit dem Ziel, die durch Art. 79 Abs. 3 GG geschützte Verfassungsidentität zu wahren[54].

18
Art. 79 Abs. 3 GG

---

51 BVerfGE 108, 238 (246).
52 *Kegel/Schurig* (N 15), S. 518.
53 Siehe BVerfG, in: NJW 2012, S. 3145 (3153f.).
54 BVerfGE 123, 267 (344, 357f.).

19
Besonderheit des Internationalen Privatrechts

Derartige Möglichkeiten der vorbeugenden Steuerung und Einflußnahme fehlen dagegen im Verhältnis nationaler Rechtsordnungen zueinander, was im Internationalen Privatrecht bedeutet, daß fremdes Recht so berufen werden muß, wie es im Entscheidungszeitpunkt eines gerichtlichen Verfahrens gilt. Steuerungsmöglichkeiten fehlen überdies, wenn völkerrechtliche und europarechtliche Bindungen nur allgemein umschrieben sind und erst in ihrem Vollzug Wirkungen eintreten, die bei Vertragsschluß nicht mit allen Konsequenzen vorhergesehen wurden[55]. In diesen Fällen wirkt der inländische ordre public daher als Instrument repressiver Kontrolle.

20
Eingriffsnormen

Eine Sonderrolle spielen schließlich inländische Eingriffsnormen, das heißt zwingende Bestimmungen des nationalen Rechts, die aufgrund von Art. 34 EGBGB der Anwendung ausländischen Sachrechts vorangehen[56]. Soweit sie im Schrifttum als positiver ordre public beschrieben werden[57], verwirklichen sie meist nur einfachgesetzliche Ordnungsziele, nicht aber zwingend essentielle verfassungsrechtliche Vorgaben. Gleichwohl üben auch sie eine Gestaltungsfunktion auf solche Sachverhalte aus, die in ihren Anwendungsbereich fallen.

III. Rechtsnatur des Vorbehalts

21
Inländische Rechtsquellen

Ordre public-Vorbehalte können auf allen Ebenen des inländischen Rechts bestehen. Ihre konkrete Rechtsqualität und ihre Rechtswirkungen ergeben sich daher aus der Rechtsquelle, der sie angehören. Entsprechend sind Rang und Wirkung von verfassungsrechtlichen, einfachgesetzlichen oder untergesetzlichen ordre public-Vorbehalten zu unterscheiden. Das bedeutet zugleich, daß sich einfachgesetzliche und verfassungsrechtliche Vorbehalte nicht decken müssen. Insbesondere können einfachgesetzliche Vorbehalte weiter reichen, als es verfassungsrechtlich geboten ist. Zudem läßt das Grundgesetz je nach Sachlage verschiedene Vorbehalte zu, die auch enger gefaßt sein können, als es in anderen Rechtsmaterien üblich ist. Ein Beispiel bildet Art. 13 HZÜ[58], der wesentlich enger ausgestaltet ist als Art. 6 EGBGB[59], was verfassungsrechtlich aufgrund der hohen Bedeutung des internationalen Rechtshilfeverkehrs zulässig ist[60].

22
Nur Bindung deutscher Hoheitsträger

Zu beachten ist bei der Anwendung verfassungsrechtlicher oder einfachgesetzlicher Vorgaben, daß sie sich nur an die deutsche Hoheitsgewalt richten. Aus diesem Grund erfolgt keine unmittelbare Überprüfung der Hoheitsakte anderer Staaten[61] oder der Europäischen Union[62], sondern nur eine mittelbare Kontrolle anhand eines inländischen Zustimmungs- oder Vollzugsakts.

---

55 Zu der Problematik der Vorhersehbarkeit des Integrationsprogramms umfassend BVerfGE 123, 267 (351 ff.).
56 *v. Bar/Mankowski* (N 16), S. 723.
57 *Kegel/Schurig* (N 15), S. 516; *Gebauer* (N 17), Rn. 4.
58 S. o. N 6.
59 KG Berlin, Beschluß vom 25. 10. 2012, Az. 1 VA 11/12, Rn. 3 – juris.
60 BVerfGE 91, 335 (340).
61 BVerfGE 57, 9 (23 f.).
62 Grundlegend BVerfGE 73, 339 (387). Relativiert durch BVerfGE 89, 155 (175).

Auch bei der Anwendung fremden Rechts aufgrund einer inländischen Verweisungsnorm findet nur eine inzidente Überprüfung des ausländischen Rechts statt. Den unmittelbaren Prüfungsgegenstand bildet der inländische Akt der Rechtsanwendung, da der inländische Richter oder die inländische Verwaltungsbehörde nach Art. 1 Abs. 3 GG grundrechtlich gebunden sind[63].

23
Ordre public-Klauseln in völkerrechtlichen Verträgen

Ordre public-Vorbehalte, die in völkerrechtlichen Verträgen enthalten sind, ermächtigen dagegen die Vertragsparteien, völkerrechtliche Verpflichtungen einzuschränken. Innerstaatlich haben sie den Rang von Bundesgesetzen nach Art. 59 Abs. 2 GG. Soweit zugunsten der Mitgliedstaaten ordre public-Vorbehalte im Recht der Europäischen Union vorgesehen sind, nehmen sie an dessen Rang und Wirkung teil. Innerstaatlich genießen sie über Art. 23 Abs. 1 GG Anwendungsvorrang.

IV. Absoluter und relativer Charakter

24
Inlandsbezug des ordre public

Nach ihrer Funktion sollen ordre public-Vorbehalte wesentliche Interessen der aufnehmenden Rechtsordnung schützen. Das scheint dafür zu sprechen, daß sie absolut gelten und Abwägungen nicht zugänglich sind. Die Praxis zu Art. 6 EGBGB zeigt indes, daß die Anwendung des Vorbehalts auch von der Intensität des Inlandsbezugs abhängt[64]. Je stärker ein Sachverhalt mit dem Inland verknüpft ist, desto mehr wird der Schutzaspekt der ordre public-Klausel in den Vordergrund treten und seine Durchsetzung gebieten[65]. Allerdings sind die Anforderungen an den Inlandsbezug um so geringer, je stärker die ausländische Rechtsnorm gegen die inländische verfassungsrechtliche Wertordnung verstößt[66]. Verfassungsrechtlich ist es zulässig, bei Sachverhalten mit Auslandsberührung die Intensität der grundrechtlichen Bindung in Abhängigkeit von den vorgenannten Kriterien zu modifizieren[67].

Internationales Privatrecht

Für das Internationale Privatrecht ergibt sich die Rechtfertigung daraus, daß das Grundgesetz die Bundesrepublik Deutschland in die Rechtsordnungen der internationalen Staatengemeinschaft einbettet, womit die Pflicht zur Rücksichtnahme gegenüber der Regelungszuständigkeit anderer Staaten verbunden ist[68]. Diese Rücksichtnahme löst keinen Automatismus im Sinne einer unbedingten Pflicht zur Reduzierung der grundrechtlichen Maßstäbe aus[69]. Das Grundgesetz ermöglicht vielmehr eine Modifikation der grundrechtlichen Prüfungsdichte bei der Anwendung fremden Rechts[70].

---

63 BVerfGE 31, 58 (74).
64 BGHZ 118, 312 (349); *Dieter Blumenwitz*, in: Staudinger, BGB, Neubearbeitung 2003, Art. 6 EGBGB Rn. 153 ff.; *Kegel/Schurig* (N 15), S. 521 ff.
65 *Gebauer* (N 17), Rn. 13.
66 BVerfGE 116, 243 (266).
67 BVerfGE 31, 58 (76 f.). Siehe bereits auch BVerfGE 6, 290 (299). Ambivalent *Christian Tomuschat*, Die staatsrechtliche Entscheidung für die internationale Offenheit, in: HStR VII, ¹1992, § 172 Rn. 54 einerseits, Rn. 58 andererseits.
68 Vgl. *Karin Graßhof/Ralph Backhaus*, Verfassungsrechtliche Gewährleistungen im Auslieferungsverfahren, in: EuGRZ 1996, S. 445 (448); *Rainer Hofmann*, Grundrechte und grenzüberschreitende Sachverhalte, 1988, S. 130; *Kokott* (N 50), S. 71 (98).
69 *Kokott* (N 50), S. 71 (98).
70 *Ohler* (N 38), § 184 Rn. 24.

§ 238 Einundzwanzigster Teil: Deutsches und internationales Recht

25
Völkerrechtliche und verfassungsrechtliche Gründe

Die gleiche Sachlogik läßt sich auf Konflikte fremden Rechts mit innerstaatlichem Staatsorganisationsrecht einschließlich der Strukturvorgaben des Art. 20 GG anwenden[71]. Solange ein Sachverhalt nur einen geringen Inlandsbezug aufweist und die Einwirkungen des rezipierten Rechts nur begrenzter Natur sind, kann der Gedanke der internationalen Zusammenarbeit Modifikationen der innerstaatlichen Verfassungsgrundsätze rechtfertigen. In dem Maße, in dem dagegen der Inlandsbezug wächst und die Intensität der Einwirkungen rezipierten Rechts auf das inländische Verfassungsrecht zunimmt, verlangt Art. 20 GG nach einer entsprechend ungeschmälerten Anwendung. Für diese relative Bedeutung des ordre public-Vorbehalts sprechen sowohl völkerrechtliche wie verfassungsrechtliche Gründe. Völkerrechtlich ist die Rücksichtnahme auf Sachentscheidungen ausländischer Rechtsordnungen aus der Pflicht zur Nichteinmischung geboten, wenn bei einem Sachverhalt der Auslandsbezug überwiegt. Soll dagegen inländisches Recht auf einen internationalen Sachverhalt anwendbar sein, so bedarf es eines hinreichenden Anknüpfungspunktes zum Inland[72]. Auch aus verfassungsrechtlicher Sicht dient der ordre public-Vorbehalt primär dem Schutz inländischer Rechtsgüter, nicht aber der globalen Durchsetzung deutscher verfassungsrechtlicher Wertmaßstäbe. Im übrigen zeigen sich die Bedeutung und Tragweite eines ordre public-Vorbehalts erst im Einzelfall, wenn der konkrete Konflikt zwischen dem Inhalt des rezipierten Rechts und den vergleichbaren Anforderungen des inländischen Rechts sichtbar wird[73].

Endgültige Analyse im Einzelfall

V. Definition und Kontrolle des ordre public

26
Kein geschlossenes Konzept des ordre public

Weder im deutschen Recht noch im Europarecht und Völkerrecht existiert ein einheitliches, in sich geschlossenes Konzept des ordre public. Er bedarf daher der normativen Verankerung und vor allem auch der hinreichenden Konkretisierung, welche Rechtswerte als so wesentlich anzusehen sind, daß sie jeder Einwirkung durch Recht aus anderer Quelle vorgehen müssen. Diese Aufgabe obliegt einerseits dem Verfassunggeber und, für spezielle Rechtsanwendungsprobleme, dem einfachen Gesetzgeber. Zur Anwendung und Durchsetzung sind die jeweils zuständigen Gerichte berufen. Damit ergeben sich aber in der Praxis durchweg Spannungsverhältnisse zwischen Gesetzgeber und Gerichten, da ordre public-Vorbehalte typischerweise als Generalklauseln formuliert sind und somit weite Spielräume zur Konkretisierung im Einzelfall gewähren. Spannungslagen können auch auftreten, soweit in europarechtlichen und innerstaatlichen Rechtsnormen einander korrespondierende Vorbehalte vorgesehen sind, wie im Fall von Art. 4 Abs. 2 EUV und Art. 79 Abs. 3 GG. Hier beanspruchen einerseits der Gerichtshof der Europäischen Union und andererseits das Bundesverfassungsgericht die Auslegungs-

Spannungslagen

Art. 4 Abs. 2 EUV und Art. 79 Abs. 3 GG

---

71 BVerfGE 4, 157 (169).
72 *v. Bar/Mankowski* (N 16), S. 717; *Doehring* (N 43), Rn. 963.
73 *Kegel/Schurig* (N 15), S. 526.

hoheit und vor allem das Letztentscheidungsrecht. Deutlich geringer ist das Spannungsverhältnis zum innerstaatlichen Recht, wenn ordre public-Vorbehalte in völkerrechtlichen Verträgen enthalten sind[74]. Streitbeilegungsgremien existieren nicht in allen internationalen Rechtsregimen, so daß entweder die Selbstbeurteilung durch die Vertragsparteien zum Tragen kommt oder ein möglicher Rechtsstreit explizit und einvernehmlich vor den Internationalen Gerichtshof gebracht werden muß. In allen derartigen Fällen zeigt sich aber, daß die Formulierung von ordre public-Vorbehalten regelmäßig auch den Anspruch beinhaltet, das Letztentscheidungsrecht über seine Anwendung wahrnehmen zu können. Das damit verbundene Risiko der Fehlinterpretation und damit der Vertragsverletzung schlägt sich in der Möglichkeit völkerrechtlicher Entschädigungspflichten nach den Grundsätzen der Staatenverantwortlichkeit nieder.

Völkerrechtliche Verträge

B. Völkerrechtlicher ordre public

I. Vertragliche Regelungen

Ordre public-Klauseln in völkerrechtlichen Verträgen entfalten eine andere Funktion als die innerstaatlichen Vorbehaltsregeln. Ihr Berührungspunkt zum nationalen ordre public liegt darin, daß sie das Schutzinteresse staatlicher Rechtsordnungen grundsätzlich als legitim anerkennen. Im Unterschied hierzu sollen sie aber vornehmlich eine Angleichung des ordre public-Verständnisses der Vertragsparteien bewirken und typischerweise dessen rechtlichen Anwendungsbereich einschränken[75]. Damit verbunden ist die Überlegung, daß die Nichterfüllung von vertraglich begründeten Verpflichtungen nur unter sehr engen und für alle Vertragsparteien einheitlichen Voraussetzungen zulässig sein soll. Eine solche Funktion spielen vor allem ordre public-Klauseln in kollisionsrechtlichen Verträgen, die nach ihrem Gegenstand explizit das Verhältnis staatlicher Rechtsordnungen zueinander regeln. Sie können in Konventionen zur Harmonisierung des Internationalen Privatrechts oder in Regelungen über die zwischenstaatliche Rechts- und Amtshilfe enthalten sein[76]. Sofern sie anwendbar sind, erfordern sie typischerweise keine gesonderte Verhältnismäßigkeitsprüfung mehr.

27

Anerkennung inländischer Schutzinteressen

Kollisionsrechtliche Verträge

Eine andere Funktion haben dagegen Ausnahmeregelungen in völkerrechtlichen Verträgen, die es den Vertragsparteien ermöglichen, aus Gründen des inländischen öffentlichen Wohls von der Beachtung vertraglicher Verpflichtungen abzusehen. Typisch ist insoweit die Formulierung, daß die Ausnahme

28

Ausnahmeregelungen

---

[74] Vgl. *v. Bar/Mankowski* (N 16), S. 720.
[75] ICSID, World Duty Free Company Limited vs. Republic of Kenya, Case No. ARB/00/7, Entscheidung vom 4.10.2006, International Legal Materials 2007, S. 339 ff., Rn. 138.
[76] Siehe z. B. Art. 13 HZÜ, s.o. N 6.

aus Gründen der „öffentlichen Ordnung" zulässig ist[77]. Die Parallele zwischen dem kollisionsrechtlichen ordre public und Ausnahmeregelungen ergibt sich aber daraus, daß jedenfalls im praktischen Ergebnis eine Abweichung von rechtlich im übrigen gebotenen Pflichten zulässig ist. Ähnlichkeiten bestehen auch darin, daß der Ausnahmegrund der öffentlichen Ordnung durchweg eng verstanden wird und sich nur auf die Situation einer schwerwiegenden Bedrohung der Grundwerte der Gesellschaft bezieht[78]. Gleichzeitig können solche völkerrechtlichen Ausnahmeregelungen thematisch weiter reichen. Sie erstrecken sich dann auf die öffentliche Sicherheit im Inneren, was die Funktionsfähigkeit des Staates und seiner Organe einschließt, die öffentliche Gesundheit[79] oder andere wesentliche Interessen der Vertragsparteien[80]. Eine weitere Kategorie bilden schließlich Notstandsklauseln wie Art. 4 IPbürgR[81] oder Art. 15 EMRK, die die Vertragsparteien unter sehr engen Voraussetzungen ermächtigen, von der Pflicht zur Beachtung bestimmter Grundrechte abzuweichen. Die Inanspruchnahme von solchen Ausnahme- und Notstandsregelungen setzt stets voraus, daß die staatliche Vertragspartei den Nachweis für das Vorliegen der Tatbestandsvoraussetzungen vollständig führen kann und bei der Wahl und Anwendung ihrer Maßnahmen strikt die Verhältnismäßigkeit wahrt.

Notstandsklauseln

II. Ordre public im Völkergewohnheitsrecht

29
Freiheit zur Verfolgung von Gemeinwohlzielen

Im Völkergewohnheitsrecht ist zunächst anerkannt, daß Staaten in Ermangelung spezifischer Verpflichtungen aus völkerrechtlichen Verträgen frei sind, ihre innerstaatliche Rechtsordnung zur Verfolgung öffentlicher Gemeinwohlziele auszugestalten[82]. Das schließt die Möglichkeit ein, auch bestimmte innerstaatliche Wertentscheidungen als wesentlich zu definieren und sie dem Zugriff völkerrechtlicher Bindungen zu entziehen. Soweit Staaten aber durch Abschluß eines völkerrechtlichen Vertrags den innerstaatlichen ordre public einvernehmlich beschränken, gibt das Völkergewohnheitsrecht ihnen keinen Rechtfertigungsgrund an die Hand, um sich den dadurch begründeten Bindungen später wieder einseitig entziehen zu können.

30
Internationaler ordre public

Einen ordre public im funktionalen Sinne einer Vorbehaltsklausel gibt es im Völkergewohnheitsrecht nicht, auch wenn insoweit von einem „internationa-

---

77 Beispiele bilden Art. XIV lit. a GATS und Art. 8 Abs. 1 TRIPs.
78 So ausdrücklich die amtliche Fußnote 5) zu Art. XIV GATS.
79 Art. XX lit. b GATT; Art. II Abs. 5 Freundschafts-, Handels- und Schiffahrtsvertrag zwischen der Bundesrepublik Deutschland und den Vereinigten Staaten von Amerika vom 29. 10. 1954 (BGBl 1965 II, S. 487).
80 Siehe z.B. Art. 21 Abkommen zwischen der Regierung der Bundesrepublik Deutschland und der Regierung der Französischen Republik über die Zusammenarbeit der Polizei- und Zollbehörden in den Grenzgebieten vom 9. 10. 1997 (BGBl 1998 II, S. 2474); Art. 42 Vertrag zwischen der Bundesrepublik Deutschland und der Schweizerischen Eidgenossenschaft über die grenzüberschreitende polizeiliche und justizielle Zusammenarbeit vom 27. 4. 1999 (BGBl 2001 II, S. 946).
81 Internationaler Pakt über bürgerliche und politische Rechte vom 19. 12. 1966 (BGBl 1973 II, S. 1534).
82 Vgl. ICSID, CMS Gas Transmission Company vs. Argentine Republic (Case No. ARB/01/8), Objections to Jurisdiction, Entscheidung vom 17. 7. 2003, International Legal Materials 2003, S. 788 ff., Rn. 27 f.

len ordre public" die Rede ist[83]. Soweit Staaten aber auf universelle gewohnheitsrechtliche Rechtssätze zurückgreifen, um daraus Gesichtspunkte für ihren innerstaatlichen ordre public zu gewinnen, ist dies mit dem allgemeinen Völkerrecht vereinbar. Innerstaatlich ist das insofern bedeutsam, daß unter Berufung auf Art. 25 GG Inhalt und Umfang des in Deutschland zu beachtenden ordre public bestimmt werden können[84]. Hierzu gehört beispielsweise die völkerrechtliche Zuständigkeitsordnung in ihren territorialen und personalen Aspekten von Staatlichkeit[85]. Ein dem Völkergewohnheitsrecht innewohnender ordre public besteht überdies in den Vorgaben der Art. 49–52 WVK[86]. Betrug, Bestechung, Zwang, Androhung und Anwendung von Gewalt sind, wie in allen Rechtsordnungen, illegitim und führen im Völkerrecht zur Unwirksamkeit darauf gegründeter Verträge. Das Verbot entsprechender Delikte in den innerstaatlichen Rechtsordnungen entspricht den Vorstellungen einer „transnationalen öffentlichen Ordnung", was bedeutet, daß das Völkergewohnheitsrecht auch die Rechtswidrigkeit nach innerstaatlichem Recht durchweg honoriert[87]. *Art. 49–52 WVK*

Auch in den Regelungen zum Notstand, die als Rechtfertigungsgrund im Völkergewohnheitsrecht anerkannt sind[88], läßt sich der Rechtsgedanke des ordre public wiedererkennen. Seine allgemein anerkannte Ausgestaltung hat dieser Grundsatz durch Art. 25 des Entwurfs zur Staatenverantwortlichkeit der International Law Commission gefunden[89]. Ein Notstand liegt hiernach vor, wenn ein wesentliches Interesse vor einer schweren und unmittelbar drohenden Gefahr geschützt werden soll. Solche wesentlichen Interessen sind nicht von vornherein thematisch eingeschränkt. Sie können beispielsweise im Schutz der Existenz des Staates und seiner Bevölkerung während einer Notlage, der Sicherheit der Zivilbevölkerung oder selbst in Zielen des Umweltschutzes liegen[90]. Allerdings wird das Notstandsrecht durch strikte Verhältnismäßigkeitsanforderungen eingeschränkt, um Mißbräuche auszuschließen. Die von staatlicher Seite ergriffene Maßnahme muß „die einzige Möglichkeit" sein; hierbei dürfen keine wesentlichen Interessen anderer Staaten, denen gegenüber eine völkerrechtliche Verpflichtung nicht beachtet wird, oder der gesamten internationalen Gemeinschaft ernsthaft beeinträchtigt sein. Das Notstandsrecht ist nach Art. 25 Abs. 2 des Entwurfs zur Staatenverantwortlichkeit ausgeschlossen, wenn die völkerrechtliche Verpflichtung die Beru-

31
Notstand

Gefahr für wesentliches Interesse

Einschränkung durch Verhältnismäßigkeitsanforderung

Haftungsausschluß

---

83 Zur unscharfen Bedeutung des Begriffs *Kokott* (N 50), S. 71 (73).
84 BVerfGE 63, 332 (337f.); 75, 1 (19); 108, 129 (136); *Kokott* (N 50), S. 71 (103).
85 Vgl. *Doehring* (N 43), Rn. 961; *Günther Jaenicke*, Zur Frage des internationalen ordre public, in: Berichte der Deutschen Gesellschaft für Völkerrecht 7 (1967), S. 77 (99).
86 Zu derartigen „Grundnormen" siehe *Jaenicke* (N 85), S. 77 (91 f.).
87 ICSID, World Duty Free Company Limited vs. Republic of Kenya, Case No. ARB/00/7, Entscheidung vom 4. 10. 2006, International Legal Materials 2007, S. 339 ff., Rn. 141 ff.
88 IGH, Gabčíkovo-Nagymaros Project, in: ICJRep 1997, S. 7 (37), Rn. 51; Legal Consequences of the Construction of a Wall in the Occupied Palestinian Territory, in: ICJRep 2004, S. 136 (194), Rn. 140; BVerfGE 118, 124 (135 ff.).
89 Anlage zur Resolution der UN-Generalversammlung Nr. 56/83 vom 12. 12. 2001.
90 ILC, Draft Articles on Responsibility of States for Internationally Wrongful Act with Commentaries, 2001 (A/56/10), S. 83, Rn. 14.

fung auf den Notstand ausschließt oder wenn der Staat zu der Notstandssituation beigetragen hat. Die Berufung auf den Notstand beseitigt im übrigen die bestehenden völkerrechtlichen Verpflichtungen des Staates nicht, sondern verschafft ihm – zeitlich befristet während des Bestehens des Notstands – eine Rechtsgrundlage dafür, für eine Nichterfüllung dieser Verpflichtungen nicht haften zu müssen[91].

III. Verhältnis zum ius cogens

32
Zwingende Gehalte des Völkerrechts

Die in Art. 53 WVK anerkannten, zwingenden Normen des allgemeinen Völkerrechts – ius cogens – stehen in engem Bezug zu völkerrechtlichen Vorstellungen eines internationalen ordre public[92]. Während dieser Grundsatz weitgehend anerkannt ist, besteht die Schwierigkeit darin zu entscheiden, welche Rechtssätze in diesem Sinne als international zwingend betrachtet werden müssen.

Menschenrechte als ius cogens?

Hierzu rechnen nach verbreiteter Ansicht das Gewaltverbot, das Verbot des Genozids, der Sklaverei und der Folter, das Verbot von Verbrechen gegen die Menschlichkeit, das Verbot der Rassendiskriminierung und, zumindest im europäischen und nordamerikanischen Rechtsraum, die Anerkennung von elementaren Menschenrechten[93]. Wieweit aber gerade bei den Menschenrechten im einzelnen von zwingenden Anforderungen auszugehen ist, ist nicht abschließend geklärt. Die bloße Feststellung, gerade die in der Europäischen Menschenrechtskonvention und der Charta der Grundrechte der Europäischen Union garantierten Rechte seien Teil des europäischen ordre public, führt noch nicht automatisch zu ihrer Einordnung als zwingendes Recht.

C. Europäischer ordre public

I. Grundwerte und Grundrechte

33
Identitätsklausel der EU

Der ordre public der Europäischen Union wird durch die in Art. 2 EUV aufgeführten Werte charakterisiert. Dies sind die Achtung der Menschenwürde, Freiheit, Demokratie, Gleichheit, Rechtsstaatlichkeit und die Wahrung der Menschenrechte einschließlich der Rechte der Personen, die Minderheiten angehören. Die Einhaltung dieser Verfassungsprinzipien sichert die Identität der Union als Rechtsgemeinschaft und begründet die Legitimität der im Ver-

---

91 IGH, Gabčíkovo-Nagymaros Project, in: ICJRep 1997, S. 7 (63), Rn. 101.
92 EuG, Rs. T-306/01, Yusuf, Slg. 2005, II-3533, Rn. 212; Rs. T-315/01, Kadi, Slg. 2005, II-3649, Rn. 226; *Jochen Abr. Frowein*, Ius Cogens, in: Rüdiger Wolfrum (Hg.), Max Planck Encyclopedia of Public International Law, Online-Ausgabe, Rn. 3; *Jaenicke* (N 85), S. 87 f.
93 Vgl. *Ian Brownlie*, Principles of Public International Law, Oxford ⁷2008, S. 510 f.; *Frowein* (N 92), Rn. 6 ff.

bund von Union und Mitgliedstaaten ausgeübten Herrschaftsgewalt[94]. Die menschenrechtlichen Gewährleistungen ergeben sich wiederum aus der Charta der Grundrechte der Europäischen Union. Alle diese Grundwerte bedürfen aufgrund ihres Prinzipiencharakters jedoch der Ausgestaltung und Konkretisierung[95], während die Grundrechte der Einschränkung aufgrund von in der Union anerkannten Gemeinwohlzielen zugänglich sind (Art. 52 Abs. 1 GRCH). Der diesen Normen zu entnehmende ordre public ergibt sich daher erst aufgrund einer wertenden Betrachtung der strukturellen Merkmale der Unionsrechtsordnung und der ihnen zu entnehmenden Grundsätze[96]. Er ist der harte Kern der Unionsrechtsordnung, über den die Organe der Union nicht verfügen dürfen[97]. Wann dieser harte Kern verletzt ist, läßt sich allerdings kaum abstrakt-generell, sondern nur aufgrund einer wertenden Einzelfallbetrachtung entscheiden.

II. Vorbehalte zugunsten der Mitgliedstaaten

Der grundlegende Vorbehalt zugunsten der Mitgliedstaaten ergibt sich aus Art. 4 Abs. 2 EUV, aufgrund dessen die Union die nationale Identität der Mitgliedstaaten, die in ihren grundlegenden politischen und verfassungsrechtlichen Strukturen einschließlich der regionalen und lokalen Selbstverwaltung zum Ausdruck kommt, achtet. Die Identitätsgarantie entspricht dem Schutz des nationalen, verfassungsrechtlichen ordre public[98]. Der Gerichtshof der Europäischen Union hat bislang relativ viel Flexibilität an den Tag gelegt, soweit es um die Anerkennung spezifischer Regelungen[99] und Wertentscheidungen[100] im Verfassungsrecht der Mitgliedstaaten geht. Gleichwohl ist in Art. 4 Abs. 2 EUV ein Spannungsverhältnis zwischen dem Anspruch auf Letztentscheidung durch den Gerichtshof der Europäischen Union einerseits und nationale Verfassungsgerichte andererseits angelegt.

34
Nationale Identität der Mitgliedstaaten

Die Verträge anerkennen die öffentliche Ordnung in den Mitgliedstaaten auch als Rechtfertigungsgrund für Diskriminierungen und Beschränkungen im Rahmen der Grundfreiheiten gemäß Art. 36, Art. 45 Abs. 3 und Art. 52 Abs. 1 AEUV sowie im Zusammenhang mit dem Freizügigkeitsrecht aus Art. 21 AEUV. Nach ständiger Rechtsprechung ist der Begriff aufgrund seines Ausnahmecharakters eng zu verstehen und seine Konkretisierung durch den jeweiligen Mitgliedstaat unterliegt der Nachprüfung durch die europäi-

35
Öffentliche Ordnung

Enges Verständnis und gerichtliche Überprüfbarkeit

---

94 *Christoph Ohler*, in: Eberhard Grabitz/Meinhard Hilf/Martin Nettesheim (Hg.), Das Recht der Europäischen Union (Stand: August 2011), Art. 49 EUV Rn. 15.
95 *Meinhard Hilf/Frank Schorkopf*, in: Eberhard Grabitz/Meinhard Hilf/Martin Nettesheim (Hg.), Das Recht der Europäischen Union (Stand: Juli 2010), Art. 2 EUV Rn. 20.
96 Vgl. *Armin von Bogdandy*, Grundprinzipien, in: ders./Jürgen Bast (Hg.), Europäisches Verfassungsrecht, ²2009, S. 13 (36 ff.).
97 Hierzu *Christian Calliess*, in: ders./Matthias Ruffert (Hg.), EUV/AEUV, ⁴2011, Art. 2 EUV Rn. 7; *Hilf/Schorkopf* (N 95), Art. 2 EUV Rn. 37.
98 Vgl. EuGH, Rs. C-208/09, Sayn-Wittgenstein, Slg. 2010, I-13693, Rn. 83 f.
99 Beispielhaft EuGH, Rs. C-208/09, Sayn-Wittgenstein, Slg. 2010, I-13693.
100 Hierzu vor allem EuGH, Rs. C-36/02, Omega, Slg. 2004, I-9609.

§ 238   Einundzwanzigster Teil: Deutsches und internationales Recht

Beurteilungsraum der Mitgliedstaaten

schen Gerichte[101]. Insoweit läßt der Gerichtshof der Europäischen Union eine Berufung auf die öffentliche Ordnung nur dann zu, wenn eine tatsächliche und hinreichend schwere Gefährdung vorliegt, die ein Grundinteresse der Gesellschaft berührt[102]. Diese Einschränkung schließt es nicht aus, daß die konkreten Umstände, die die Berufung auf den Begriff der öffentlichen Ordnung rechtfertigen können, von einem Mitgliedstaat zum anderen und im zeitlichen Wechsel verschieden sind. Insoweit räumt der Gerichtshof der Europäischen Union den Mitgliedstaaten daher einen Beurteilungsspielraum innerhalb der durch die Verträge gesetzten Grenzen ein[103]. Der Mitgliedstaat muß aber die Anforderungen aus dem Verhältnismäßigkeitsgrundsatz, insbesondere die Geeignetheit und Erforderlichkeit, wahren, wenn er sich auf den Rechtfertigungsgrund der öffentlichen Ordnung beruft.

III. Sekundärrechtliche ordre public-Vorbehalte

36
Kontrolle durch den EuGH

Sekundärrechtliche ordre public-Vorbehalte legt der Europäische Gerichtshof durchweg eng aus. Das gilt sowohl für kollisionsrechtlichen Bestimmungen als auch anerkennungsrechtliche Regelungen wie Art. 45 Abs. 1 lit. a VO (EU) Nr. 1215/2012[104]. Soweit der Vorbehalt eine Verweisung auf den ordre public eines Mitgliedstaats beinhaltet, können die Mitgliedstaaten „grundsätzlich selbst festlegen, welche Anforderungen sich nach ihren innerstaatlichen Anschauungen aus ihrer öffentlichen Ordnung ergeben, doch gehört die Abgrenzung dieses Begriffs zur Auslegung dieser Verordnung."[105] Nach Ansicht des Gerichtshofs der Europäischen Union hat er daher über die Grenzen zu wachen, innerhalb deren sich das Gericht eines Mitgliedstaats auf diesen Begriff stützen darf[106]. Verletzt ist der ordre public nur dann, wenn gegen einen „wesentlichen Rechtsgrundsatz" verstoßen wurde und deshalb ein „nicht hinnehmbarer Gegensatz zur Rechtsordnung des Mitgliedstaats" entstünde. Es muß sich bei diesem Verstoß um eine „offensichtliche Verletzung einer in der Rechtsordnung des Vollstreckungsmitgliedstaats als wesentlich geltenden Rechtsnorm oder eines dort als grundlegend anerkannten

---

101 EuGH, Rs. C-36/02, Omega, Slg. 2004, Rn. 30; Rs. C-33/07, Jipa, Slg. 2008, I-5157, Rn. 23; Rs. C-208/09, Sayn-Wittgenstein, Slg. 2010, I-13693, Rn. 86.
102 EuGH, Rs. C-36/02, Omega, Slg. 2004, Rn. 30; Rs. C-208/09, Sayn-Wittgenstein, Slg. 2010, I-13693, Rn. 86.
103 EuGH, Rs. C-36/02, Omega, Slg. 2004, Rn. 31; Rs. C-208/09, Sayn-Wittgenstein, Slg. 2010, I-13693, Rn. 87.
104 VO über die gerichtliche Zuständigkeit und die Anerkennung und Vollstreckung von Entscheidungen in Zivil- und Handelssachen, ABl 2012 L 351, S. 1. Zur entsprechenden Auslegung der gleichlautenden Vorgängerbestimmung des Art. 34 Nr. 1 VO (EG) Nr. 44/2001 siehe EuGH, Rs. C-456/11, Gothaer Allgemeine Versicherungs AG, Slg. 2012, I-000, Rn. 30.
105 EuGH, Rs. C-7/98, Krombach, Slg. 2000, I-1935, Rn. 22; Rs. C-38/98, Renault, Slg. 2000, I-2973, Rn. 27; Rs. C-420/07, Apostolides, Slg. 2009, I-3571, Rn. 56; Rs. C-619/10, Trade Agency Ltd., Slg. 2012, I-000, Rn. 49.
106 EuGH, Rs. C-7/98, Krombach, Slg. 2000, I-1935, Rn. 23; Rs. C-38/98, Renault, Slg. 2000, I-2973, Rn. 28; Rs. C-420/07, Apostolides, Slg. 2009, I-3571, Rn. 57; Rs. C-619/10, Trade Agency Ltd., Slg. 2012, I-000, Rn. 49.

Rechts" handeln[107]. Zuletzt hat der Gerichtshof der Europäischen Union den zulässigen Gehalt des mitgliedstaatlichen ordre public aus der Charta der Grundrechte entnommen und ihn als verletzt angesehen, wenn bei einer Würdigung der Gesamtumstände eine offensichtliche und unverhältnismäßige Beeinträchtigung von Rechten einzelner aufgrund der Charta eingetreten ist[108]. Diese Rechtsprechung ist insofern problematisch, da sie auf eine inhaltliche Angleichung des mitgliedstaatlichen ordre public zielt, die sekundärrechtlich gar nicht vorgesehen war. Der Gerichtshof nutzt insoweit die Charta der Grundrechte als Instrument zur Harmonisierung des Grundrechtsschutzes in der Europäischen Union.

Rückgriff auf die Charta der Grundrechte

Problematisch sind auch solche Anerkennungsregeln im europäischen Sekundärrecht, die im Einzelfall keine Nachprüfung von gerichtlichen Entscheidungen eines anderen Mitgliedstaats, auch nicht unter dem Gesichtspunkt des ordre public, eröffnen. Dies ist der Fall bei Art. 42 VO (EG) Nr. 2201/2003[109], wonach vollstreckbare Entscheidungen über die Rückgabe eines Kindes „in einem anderen Mitgliedstaat anerkannt und dort vollstreckt werden [können], ohne daß es einer Vollstreckbarerklärung bedarf und ohne daß die Anerkennung angefochten werden kann". Der Gerichtshof der Europäischen Union hielt diese Regelung für vereinbar mit Art. 24 GRCH und versagte den Gerichten des anerkennungspflichtigen Mitgliedstaats jegliche inhaltliche Überprüfung am Maßstab des Kindeswohls[110]. Das grundlegende Problem besteht jedoch darin, daß die Verordnung selbst keine Ausnahmen für außergewöhnliche Einzelfälle kennt und insoweit auch keine Verpflichtung schafft, dem Kindeswohl im Einzelfall höheren Rang einzuräumen als dem Grundsatz der gegenseitigen Anerkennung im europäischen Rechtsraum. Die Pflicht, eine im Licht grundrechtlicher Schutzpflichten besser ausbalancierte Regelung zu treffen, obliegt hier in erster Linie dem europäischen Gesetzgeber.

37

Vorbehaltlose Anerkennungspflichten

D. Verfassungsrechtlicher ordre public

I. Identitätsgarantie des Art. 79 Abs. 3 GG

Unter der durch das Grundgesetz konstituierten Verfassungsordnung findet der ordre public seine Grundlage in Art. 79 Abs. 3 GG. Er umfaßt somit einerseits grundrechtliche Gewährleistungen und andererseits die tragenden Verfassungsprinzipien des Art. 20 GG. In Art. 79 Abs. 3 GG vorausgesetzt ist fer-

38

Grundlage des ordre public

---

107 EuGH, Rs. C-7/98, Krombach, Slg. 2000, I-1935, Rn. 37; Rs. C-38/98, Renault, Slg. 2000, I-2973, Rn. 30; Rs. C-420/07, Apostolides, Slg. 2009, I-3571, Rn. 59; Rs. C-619/10, Trade Agency Ltd., Slg. 2012, Rn. 51.
108 EuGH, Rs. C-619/10, Trade Agency Ltd., Slg. 2012, I-000, Rn. 55, 62.
109 VO über die Zuständigkeit und die Anerkennung und Vollstreckung von Entscheidungen in Ehesachen und in Verfahren betreffend die elterliche Verantwortung, ABl 2003 L 338, S. 1.
110 EuGH, Rs. C-491/10 PPU, Zarraga, Slg. 2010, I-14247, Rn. 58 ff.

ner der Schutz des Staates und seiner wesentlichen Funktionen an sich[111]. Zugleich schafft Art. 79 Abs. 3 GG Raum für politische Weiterentwicklungen bei der internationalen und europäischen Zusammenarbeit, solange die durch die Vorschrift gezogenen, äußersten Grenzen nicht verletzt werden. Art. 79 Abs. 3 GG errichtet daher kein statisches Prüfprogramm zur Kontrolle des Rechts aus einer anderen Quelle, sondern erfordert die wertende Begründung und Anwendung von Entscheidungsmaßstäben, die auf Art. 1 und Art. 20 GG beruhen. Für die Funktion als ordre public zur Kontrolle von Recht aus anderer Quelle lassen sich generell folgende Kriterien heranziehen: die Intensität der Einwirkung auf die inländische Verfassungsordnung, das Maß der Abweichung der zu prüfenden Rechtsnorm von innerstaatlichen Wertvorstellungen, die Übertragbarkeit inländischer Wertvorstellungen auf internationale Sachverhalte sowie die Bedeutung der zu prüfenden Rechtsnorm für die internationale und europäische Zusammenarbeit und die Einbettung der Bundesrepublik Deutschland in die internationale Gemeinschaft. Schließlich ist danach zu unterscheiden, ob der ordre public auf abstrakt-generelle Regelungen oder auf konkrete Einzelfälle angewendet wird. Insgesamt ist eine verfassungsrechtliche Grenze nur dort erreicht, wo offensichtlich unabdingbare Grundsätze der durch das Grundgesetz geschützten Verfassungsordnung verletzt werden[112].

Kriterien für die ordre public-Kontrolle

Unaufgebbare verfassungsrechtliche Garantien

II. Einfachgesetzliche Vorbehalte

39

Bereichsspezifischer Schutz im Fachrecht

Das Grundgesetzt überläßt es dem parlamentarischen Gesetzgeber, bereichsbezogene ordre public-Vorbehalte im einfachen Recht zu formulieren. Einen einheitlichen Maßstab gebietet das Grundgesetz dabei nicht, vielmehr läßt es abhängig von den Sachmaterien und dem Stand der internationalen Zusammenarbeit Modifikationen bei grundrechtlichen wie staatsorganisatorischen Prüfungsmaßstäben zu. Die eigentümliche Konstruktion, Modifikationen verfassungsrechtlicher Anforderungen nicht nur dem verfassungsändernden, sondern implizit auch dem einfachen Gesetzgeber zuzugestehen, findet ihre Berechtigung in dem Ziel der Verfassung, die Einbettung der Bundesrepublik Deutschland in die europäische und internationale Ordnung real zu ermöglichen, gerade auch in Ansehung der Tatsache, daß ausländische Rechtsordnungen nicht mit inländischen Wertmaßstäben übereinstimmen müssen. Die Fähigkeit zur internationalen Konsensbildung setzt daher voraus, daß die beteiligten Staaten in der Lage sind, Abstriche bei den Anforderungen zu machen, die sich aus ihren eigenen Rechtsordnungen ergeben. Dies zu berücksichtigen, gestattet das Grundgesetz dem Gesetzgeber, solange er die Grenze des Art. 79 Abs. 3 GG wahrt.

---

111 So die Ratio in BVerfGE 123, 267 (346).
112 Vgl. BVerfGE 63, 332 (337f.); 75, 1 (19); 108, 129 (136); 108 (238 (247).

III. Anerkennung eines fremden ordre public

Eine besondere verfassungsrechtliche Problematik liegt in der Frage, ob auch ein ausländischer ordre public, meist in Gestalt von Vorschriften des ausländischen öffentlichen Rechts, berücksichtigt werden kann[113]. Dabei handelt es sich um sogenannte Eingriffsnormen, die zumeist als ordnungspolitische Normen[114] oder Vorschriften zum Schutz eines überindividuellen Gemeinschaftsinteresses[115] qualifiziert werden. Unproblematisch ist die Berücksichtigung, wenn die Bundesrepublik Deutschland hierzu durch völkerrechtlichen Vertrag[116] oder Unionsrecht verpflichtet ist. Fehlt es hieran, läßt die Rechtsprechung einzelfallweise eine Berücksichtigung über § 138 BGB zu[117]. Aus verfassungsrechtlicher Sicht besteht jedenfalls keine Pflicht zur Anwendung einer ausländischen öffentlich-rechtlichen Norm, das Grundgesetz verbietet ihre Berücksichtigung mittels inländischer Generalklauseln aber auch nicht schlechthin. Erforderlich ist aber, daß die Berücksichtigung eines fremden ordre public über inländische Generalklauseln nicht gegen verfassungsrechtliche Vorgaben verstößt, da inländisches Recht durchweg verfassungskonform anzuwenden ist. Auch wenn das ausländische Recht gegen Völkergewohnheitsrecht verstößt, schließt Art. 25 GG seine Anwendung oder Berücksichtigung durch deutsche öffentliche Stellen aus[118].

40
Keine allgemeine Pflicht zur Berücksichtigung

---

113 Hierzu *Jürgen Basedow*, Wirtschaftskollisionsrecht. Theoretischer Versuch über die ordnungspolitischen Normen des Forumstaates, in: RabelsZ 52 (1988), S. 8 ff.; *Ernst-Joachim Mestmäcker*, Staatliche Souveränität und offene Märkte, Konflikte bei der extraterritorialen Anwendung von Wirtschaftsrecht, ebd., S. 205; *Karl Kreuzer*, Ausländisches Wirtschaftsrecht vor deutschen Gerichten, 1986.
114 *Basedow* (N 113), S. 8 (9 f.); *Ulrich Drobnig*, Das Profil des Wirtschaftskollisionsrechts, in: RabelsZ 52 (198), S. 1 (2).
115 Vgl. *Thomas Rauscher*, Internationales Privatrecht, ²2002, S. 266.
116 Ein wichtiges Beispiel bildet Art. VIII Abschn. 2 Buchst. b) IWF-Abkommen vom 2. 7. 1944 (Neufassung BGBl 1978 II, S. 13).
117 BGHZ 34, 169 (177); 59, 82 (85); OLG Hamburg, in: RIW 1994, S. 686 (687).
118 BVerfGE 75, 1 (19).

E. Bibliographie

Albert Bleckmann, Sittenwidrigkeit wegen Verstoßes gegen den ordre public international, in: ZaöRV 1974, S. 112 ff.
Christoph Feddersen, Der ordre public in der WTO, 2002.
Martin Gebauer, Ordre Public (Public Policy), in: Rüdiger Wolfrum (Hg.), Max Planck Encyclopedia of Public International Law, Online-Ausgabe.
Rainer Hofmann, Grundrechte und grenzüberschreitende Sachverhalte, 1988.
ders., Art. 25 GG und die Anwendung völkerrechtswidrigen ausländischen öffentlichen Rechts, in: ZaöRV 1989, S. 41 ff.
Günther Jaenicke, Zur Frage des internationalen ordre public, in: Berichte der Deutschen Gesellschaft für Völkerrecht 7 (1967), S. 77 ff.
Juliane Kokott, Grund- und Menschenrechte als Inhalt eines internationalen ordre public, in: Berichte der Deutschen Gesellschaft für Völkerrecht 38 (1998), S. 71 ff.
Christoph Ohler, Die Kollisionsordnung des Allgemeinen Verwaltungsrechts, 2005.
Frank Schorkopf, Grundgesetz und Überstaatlichkeit, 2007.
Andreas Spickhoff, Der ordre public im Internationalen Privatrecht, 1989.
Stefan Talmon, Die Grenzen der Anwendung des Völkerrechts im deutschen Recht, in: JZ 2013, S. 12 ff.
Erika de Wet, Zur Zukunft der Völkerrechtswissenschaft in Deutschland, in: ZaöRV 2007, S. 777 ff.

§ 239
Mitwirkung des Verfassungsstaates an Rechtsakten anderer Staaten

Christian von Coelln

Übersicht

	Rn.		Rn.
A. Einleitung	1–3	b) Lockerung der Verfassungsbindung bei grenzüberschreitenden Sachverhalten	45–47
B. Tatsächlicher Befund: Formen der Mitwirkung an Rechtsakten anderer Staaten	4–37		
I. Anerkennung fremder Rechtsakte	4–12	c) Auch in Fällen mit Auslandsbezug unverzichtbare Anforderungen des Grundgesetzes	48–53
II. Vollstreckung ausländischer Rechtsakte	13–18		
III. Internationale Rechts- und Amtshilfe	19–33	2. Wahrung der unverzichtbaren verfassungsrechtlichen Mitwirkungsgrenzen durch Vorbehaltsklauseln	54–60
1. Internationale Rechtshilfe in Zivilsachen	20–21		
2. Internationale Rechtshilfe in Strafsachen	22–27	3. Frage nach der Wahrung der verfassungsrechtlichen Grenzen in Fällen ohne Vorbehaltsklauseln	61–71
3. Internationale Amtshilfe in Verwaltungssachen	28–33	a) Kein vollständiger Dispens durch Art. 23 GG	62–63
IV. Gestattung der Tätigkeit ausländischer Behörden im Inland	34–37	b) Frage nach der Gleichwertigkeit der Rechtsakte anderer EU-Mitgliedstaaten	64–69
C. Verfassungsrechtliche Maßstäbe für die Mitwirkung an fremden Hoheitsakten	38–78		
I. Mitwirkungsgebote der Verfassung	39–41	c) Konsequenzen der Verfassungswidrigkeit vorbehaltloser Mitwirkungspflichten	70–71
1. Entscheidung für die offene Staatlichkeit	39		
2. Entscheidung für die Europäische Integration	40	4. Besonderheiten bei der Gestattung ausländischer Behördentätigkeit im Inland	72–78
3. Weitere Mitwirkungsgebote	41	a) Verbot der Übertragung von Hoheitsrechten auf andere Staaten	73–75
II. Verfassungsrechtliche Grenzen der Mitwirkung	42–78		
1. Prinzipielle Überlegungen	42–53	b) Grundgesetzliche Grenzen fremder Staatstätigkeit im übrigen und ihre prozessuale Durchsetzung	76–78
a) Mitwirkungsakte als verfassungsgebundene Ausübung deutscher Staatsgewalt	42–44		
		D. Bibliographie	

A. Einleitung

1
Gebietshoheit

Die Wirkung der Hoheitsakte eines Staates endet im allgemeinen an seinen Grenzen[1]. Hoheitliches Handeln auf dem Gebiet eines anderen Staates ohne dessen Zustimmung ist grundsätzlich völkerrechtswidrig[2], da es dessen Gebietshoheit verletzt. Die Gebietshoheit eines Staates ist im Regelfall Bestandteil seiner Territorialhoheit[3]; sie bezeichnet die prinzipielle Alleinzuständigkeit für die Vornahme von Hoheitsakten auf dem eigenen Staatsgebiet[4]. Fremdes Staatshandeln schließt sie grundsätzlich aus[5]. Geöffnet wird

„Souveränitätspanzer"

der „Souveränitätspanzer"[6] erst durch einen Mitwirkungsakt des Zielstaates, den dieser völkerrechtlich zwar vornehmen darf, aber nicht muß: Ob ein Staat fremde Hoheitsakte anerkennt, ihre Vornahme oder Vollstreckung durch Organe des anderen Staates zuläßt oder dazu durch eigene Organe helfend die Hand reicht, ist seine eigene souveräne Entscheidung. Gegen sie spricht aus der Perspektive des Völkerrechts regelmäßig[7] nichts. Vorbehaltlich freiwillig eingegangener vertraglicher Bindungen ist ein Staat zur Mitwirkung an

Keine Pflicht zur Mitwirkung

fremden Hoheitsakten aber grundsätzlich[8] nicht verpflichtet[9]. Das gilt selbst in Fällen, in denen Staaten dem – ohnehin nicht als generelle Pflicht des allgemeinen Völkerrechts[10], sondern lediglich sektoral geltenden – „Gebot der zwischenstaatlichen Zusammenarbeit" unterliegen. Es verpflichtet nicht dazu,

---

1 *Christoph Ohler*, Die Kollisionsordnung des Allgemeinen Verwaltungsrechts, 2005, S. 50; *Christian Feldmüller*, Die Rechtsstellung fremder Staaten und sonstiger juristischer Personen des ausländischen öffentlichen Rechts im deutschen Verwaltungsprozeßrecht, 1999, S. 348. → Bd. II, *Graf Vitzthum*, § 18 Rn. 4 ff.; → Bd. X, *P. Kirchhof*, § 214 Rn. 105 ff.; → oben *Becker*, § 230 Rn. 1 ff.
2 BVerfGE 63, 343 (358); *Susanne Koch*, Die grenzüberschreitende Wirkung von nationalen Genehmigungen für umweltbeeinträchtigende industrielle Anlagen, 2010, S. 31; *Walter Rudolf*, Territoriale Grenzen der staatlichen Rechtsetzung, in: Berichte der Deutschen Gesellschaft für Völkerrecht, 1973, S. 7 (33). – S. dazu auch BVerfGE 63, 343 (358): Das völkerrechtliche Verbot besteht freilich ausschließlich im Interesse des Staates, nicht im Interesse einzelner.
3 → Oben *Becker*, § 230 Rn. 16 ff.; siehe auch *Burkhard Schöbener*, Allgemeine Staatslehre, 2009, § 3 Rn. 37. Näher zur Territorialhoheit *Werner Meng*, Extraterritoriale Jurisdiktion im öffentlichen Wirtschaftsrecht, 1994, S. 29 ff.
4 → Oben *Becker*, § 230 Rn. 18 ff.; siehe auch *Koch* (N 2), S. 31.
5 *Schöbener* (N 3), § 3 Rn. 38.
6 Begriff von *Albert Bleckmann*, Grundgesetz und Völkerrecht, 1975, S. 308. → Bd. II, *Randelzhofer*, § 17 Rn. 23 ff.
7 Eine Ausnahme stellt das völkerrechtliche Verbot der Anerkennung fremdstaatlicher Urteile dar, die unter Mißachtung des Grundsatzes der Staatenimmunität zustande gekommen sind. Hierzu *Reinhold Geimer*, in: Richard Zöller, Kommentar zur Zivilprozeßordnung, ^{29}2012, § 328 Rn. 6. Das deutsche Recht trägt dem Rechnung, indem es die Gerichtsbarkeit des Staates, der das Urteil erlassen hat, als Voraussetzung für die Anerkennung analog § 328 Abs. 1 Nr. 1 ZPO versteht, an der es in Fällen der geschilderten Art fehlt (*Peter Gottwald*, in: MüKo-ZPO, Bd. I, ^{3}2008, § 328 Rn. 62).
8 Eine Ausnahme gilt für Verwaltungsakte, die den Status eines Menschen wie namentlich die Staatsangehörigkeit oder von ihm ausgeübte hoheitliche Funktionen oder Ämter in einem anderen Staat betreffen. Sie müssen kraft Völkergewohnheitsrechts anerkannt werden, wenn und weil allein der Erlaßstaat den jeweiligen Sachverhalt regeln kann. Näher *Ohler* (N 1), S. 51; *Rudolf Geiger*, Grundgesetz und Völkerrecht mit Europarecht, ^{5}2010, S. 296.
9 BVerfGE 63, 343 (361); *Feldmüller* (N 1), S. 348 f.; ebenso *Koch* (N 2), für die Anerkennung von Genehmigungen für umweltbeeinträchtigende Tätigkeiten.
10 *Stephan Hobe*, Einführung in das Völkerrecht, ^{9}2008, S. 377, spricht insofern von Ansätzen.

die Hoheitsakte anderer Staaten anzuerkennen[11], sie vorzubereiten oder ihnen anderweitig zur Wirksamkeit zu verhelfen.

Dieser Ausgangsbefund darf jedoch nicht darüber hinwegtäuschen, daß zwischenstaatliche Zusammenarbeit, die auch die Öffnung des „Souveränitätspanzers" für die Rechtsakte anderer Staaten umfaßt, in immer größerem Umfang stattfindet. Internationale Kooperation ist im modernen Verfassungsstaat keine gesondert begründungsbedürftige Ausnahme, sondern der Normalzustand[12] und ein essentieller Bestandteil des eigenen Selbstverständnisses[13]. Eine stetig zunehmende Zahl von Problemen entzieht sich von vornherein der Lösung durch einen einzelnen Staat, weil das Gebiet mehrerer Staaten betroffen ist. Besonders deutlich wird das etwa im Umweltschutz sowie in der Sicherheits- und Migrationspolitik[14]. Nicht nur mit Blick auf die immer weitere Öffnung staatlicher Grenzen für den internationalen Wirtschaftsverkehr und die zunehmende Bedeutung internationaler Organisationen wird sogar die Relativität des Staates als politische Erscheinungsform betont[15]. Zumindest aber ist jeder Staat darauf angewiesen, daß seine eigenen Hoheitsakte im Ausland nicht vollkommen wirkungslos bleiben. Erreichen kann er das nur, indem er seinerseits fremde Hoheitsakte zuläßt bzw. unterstützt. Je enger die politische und wirtschaftliche Verflechtung mit anderen Staaten ist oder werden soll, desto intensiver gerät notwendigerweise auch die gegenseitige Mitwirkung an Hoheitsakten. Insofern nimmt es nicht wunder, daß sie zwischen den Mitgliedstaaten der Europäischen Union besonders stark ausgeprägt ist. Jedenfalls dort kann unter anderem keine Rede mehr davon sein, daß Staaten bei der Vollstreckung ausländischer Straferkenntnisse oder der Beitreibung ausländischer Abgabenforderungen im eigenen Hoheitsbereich äußerste Zurückhaltung an den Tag legten bzw. daß sie es dort in aller Regel ablehnten, an der Vollstreckung ausländischer (Abgaben-)Titel mitzuwirken[16].

In derartigen Fällen, in denen deutsche Behörden und Gerichte einen gezielten Beitrag zur Durchsetzung fremder Hoheitsakte leisten, erschöpft sich die Mitwirkung an den Rechtsakten anderer Staaten nicht. Zumindest mittelbar wirkt die deutsche Staatsgewalt auch dort an fremden Rechtsakten mit, wo sie internationale Rechts- und Amtshilfe leistet oder wo sie die Tätigkeit fremder Staatsgewalt auf deutschem Hoheitsgebiet zuläßt. Mehr noch: Schon die Anerkennung fremder Rechtsakte läßt sich bei einem weiten Verständnis als Form der Mitwirkung auffassen. All diese Phänomene dürfen rechtlich nicht

---

11 *Martin Kment*, Grenzüberschreitendes Verwaltungshandeln, 2010, S. 65 ff.
12 → Oben *Tomuschat*, § 226 Rn. 1 ff.; s. auch *Frank Schorkopf*, Grundgesetz und Überstaatlichkeit, 2007, S. 221 ff.
13 *Peter Häberle*, Verfassung als öffentlicher Prozeß, ³1998, S. 407 ff.; *Markus Kotzur*, Grenznachbarschaftliche Zusammenarbeit in Europa, 2004, S. 1.
14 Dazu und zu weiteren Beispielen *Kment* (N 11), S. 100.
15 *Ohler* (N 1), S. 1. → Bd. II, *Isensee*, § 15 Rn. 200 f.; *P. Kirchhof*, § 21 Rn. 52 ff.; *Hillgruber*, § 32 Rn. 75 ff. → Bd. X, *P. Kirchhof*, § 214 Rn. 121 ff.; *Hufeld*, § 215 Rn. 71 ff.
16 So noch 1983 BVerfGE 63, 343 (361 f.). Vgl. hierzu auch *Jens Schmidt*, Die transnationale Vollstreckung von Geldstrafen nach dem Europäischen Geldsanktionengesetz, in: NZWiST 2012, S. 95.

§ 239 Einundzwanzigster Teil: Deutsches und internationales Recht

Partielle Rücknahme des Exklusivitätsanspruchs

über einen Kamm geschoren werden. Gemein ist ihnen jedoch, daß die nationale Rechtsordnung ihren Exklusivitätsanspruch partiell zurücknimmt. Das ist aus Sicht der Verfassung dem Grunde nach geboten, zugleich aber auch begrenzt. Wenn im folgenden vor dem Blick auf die einschlägigen Aussagen des Grundgesetzes zunächst einzelne Formen der Mitwirkung näher betrachtet werden, ist daher von besonderem Interesse, welche Grenzen der Mitwirkung schon die jeweils einschlägige Rechtsgrundlage vorsieht.

B. Tatsächlicher Befund: Formen der Mitwirkung an Rechtsakten anderer Staaten

I. Anerkennung fremder Rechtsakte

4
Unterschiedliche Anerkennungsbegriffe

Der Begriff der Anerkennung wird im Hinblick auf fremde Rechtsakte in unterschiedlichen Bedeutungen verwendet[17]. In einem engeren Sinne bezeichnet er die Zulassung fremder Entscheidungen zur Vollstreckung in Deutschland. Das basiert auf der Überlegung, eine Entscheidung müsse zumindest gedanklich zunächst anerkannt werden, bevor sie vollstreckt werden könne. In einem weiteren Sinne beschreibt „Anerkennung" jede Maßnahme, die fremde Hoheitsakte für rechtsverbindlich, maßgeblich oder existent erklärt bzw. die Gleichstellung mit entsprechenden inländischen Hoheitsakten anordnet[18] und ihnen so im Inland rechtliche Wirkungen beilegt[19].

5
Gegenstand, Mittel und Grundlage der Anerkennung

Auf einer abstrakten Ebene lassen sich die Fälle der Anerkennung nach ihrem Gegenstand, ihrem Mittel und ihrer Grundlage kategorisieren. Gegenstand der Anerkennung sind regelmäßig Gerichts- und Verwaltungsentscheidungen. Vorgenommen wird die Anerkennung durch eine Rechtsnorm oder wiederum durch eine Gerichts- oder Verwaltungsentscheidung[20]. Als Grundlage der Anerkennung kommen völkerrechtliche Verträge, EU-Recht oder autonomes staatliches Recht in Betracht[21]. Aus der Kombination dieser Merkmale ergibt sich eine Fülle möglicher Anerkennungsfälle, die sich auf einer konkreten Ebene noch einmal vervielfacht, weil je nach Staat, dessen Rechtsakte anerkannt werden sollen, Besonderheiten zu beachten sein können.

6
Anerkennung von Urteilen

Der Anerkennung ausländischer Urteile nimmt sich der autonome innerstaatliche Gesetzgeber (abgesehen von §§ 107 ff. FamFG) in erster Linie mit § 328 ZPO an. Diese Vorschrift bedient sich insofern einer ungewöhnlichen Regelungstechnik, als sie ihrem Wortlaut nach nicht die Voraussetzungen der

---

17 *Ohler* (N 1), S. 52, mit Blick auf die Anerkennung ausländischer Verwaltungsakte.
18 So *Sascha Michaels*, Anerkennungspflichten im Wirtschaftsverwaltungsrecht der Europäischen Gemeinschaften und der Bundesrepublik Deutschland, 2004, S. 50; *Koch* (N 2), S. 35.
19 Zu diesen beiden Bedeutungen *Gottwald* (N 7), § 328 Rn. 2. → Oben *Becker*, § 230 Rn. 12.
20 *Christine Linke*, Europäisches Internationales Verwaltungsrecht, 2001, S. 30 f.; *Koch* (N 2), S. 36.
21 *Feldmüller* (N 1), S. 349.

Anerkennung statuiert, sondern allein Gründe für deren Versagung benennt. Das gibt Anlaß zu der Überlegung, ob das deutsche Recht von einem „Grundsatz der Anerkennung" ausgeht oder ob die Vorschrift umgekehrt gerade die Nichtanerkennung zum Regelfall erklärt. Richtigerweise wird man beide Positionen ablehnen müssen: Die Anerkennung hängt von der Erfüllung positiver Voraussetzungen und dem Fehlen der Ausschlußgründe des § 328 ZPO ab, ohne daß es einen Grundsatz oder eine Vermutung gäbe, die für oder gegen die eine oder die andere Entscheidung sprächen[22]. Zu versagen ist die Anerkennung unter anderem nach § 328 Abs. 1 Nr. 4 ZPO, wenn sie zu einem Ergebnis führt, das mit wesentlichen Grundsätzen des deutschen Rechts offensichtlich unvereinbar ist, was nach der ausdrücklichen Entscheidung des Gesetzgebers insbesondere im Fall der Unvereinbarkeit mit den deutschen Grundrechten anzunehmen ist. Dieser Ordre public-Vorbehalt ist eine dem Schutz höherwertiger Interessen dienende[23] Ausnahme vom Verbot der „révision au fond", nach dem der deutsche Richter die Richtigkeit der ausländischen Entscheidung grundsätzlich nicht nachprüfen darf. Das Verbot ist für die Vollstreckung in § 723 Abs. 1 ZPO ausdrücklich geregelt, gilt aber darüber hinaus auch für die Anerkennung[24].

<small>Gesetzgeberische Grundsatzentscheidung?</small>

<small>Ordre public-Vorbehalt</small>

Daß ein Urteil anerkannt wird, bedeutet, daß seine Wirkungen in den anerkennenden Staat erstreckt werden (Anerkennung als Wirkungserstreckung im Gegensatz zur These von der Anerkennung als Gleichstellung, nach der ein Urteil mit einer im anerkennenden Staat ergangenen Entscheidung gleichgestellt würde)[25]. Ausgenommen von der Erstreckung ist freilich die Vollstreckbarkeit des Urteils, die erst durch eine separate Vollstreckbarerklärung nach §§ 722 f. ZPO herbeigeführt wird[26], für die es einer gesonderten gerichtlichen Entscheidung bedarf. Im Gegensatz dazu ist die Anerkennung grundsätzlich[27] formlos möglich; sie kann inzident durch jedes Gericht oder jede andere Stelle vorgenommen werden, für dessen bzw. deren Tätigkeit die Wirkungen der fremden Entscheidung relevant sind[28].

7
<small>Wirkung der Anerkennung</small>

<small>Keine automatische Vollstreckbarkeit</small>

Die Bedeutung von § 328 ZPO für die Anerkennung ausländischer Urteile ist insofern begrenzt, als die Vorschrift grundsätzlich[29] nur in Konstellationen anwendbar ist, in denen weder Vorschriften der Europäischen Union noch

8
<small>Vorrang von EU-Recht und Staatsverträgen</small>

---

22 *Rolf A. Schütze*, Das internationale Zivilprozessrecht in der ZPO, ²2011, § 328 Rn. 84, mit Nachweisen zu den beiden abgelehnten Positionen.
23 *Astrid Stadler*, in: Hans-Joachim Musielak, ZPO, ⁹2012, § 328 Rn. 23. → Oben *Ohler*, § 238 Rn. 13 ff.
24 *Gottwald* (N 7), § 328 Rn. 98.
25 *Schütze* (N 22), § 328 Rn. 1 ff.
26 *Schütze* (N 22), § 328 Rn. 12.
27 Eine Ausnahme stellen Entscheidungen nach § 107 I FamFG (Nichtigerklärung, Aufhebung und Scheidung einer Ehe; Feststellung des Bestehens oder Nichtbestehens einer Ehe) dar, die nur anerkannt werden, wenn die Landesjustizverwaltung festgestellt hat, daß die Voraussetzungen der Anerkennung vorliegen.
28 *Schütze* (N 22), § 328 Rn. 12.
29 Anerkennungsverträge schließen regelmäßig eine Anerkennung auf der Grundlage von Vorschriften, die weniger strenge Anforderungen statuieren, nicht aus. Nach diesem „Günstigkeitsprinzip" kann § 328 ZPO also auch in Konstellationen zur Anwendung kommen, in denen eine an sich vorrangige vertragliche Regelung besteht (Stadler [N 23], § 328 Rn. 3; *Gottwald* [N 7], § 328 Rn. 15).

§ 239 *Einundzwanzigster Teil: Deutsches und internationales Recht*

Staatsverträge vorrangige Regelungen enthalten[30]. Das aber ist häufig der Fall, so daß sich bei der Anerkennung ausländischer Urteile alle drei obengenannten Anerkennungsgründe (autonome staatliche Entscheidung, EU-Recht, Staatsverträge) finden lassen. Neben etlichen EU-Verordnungen[31], von denen die EuGVVO („Brüssel-I-Verordnung") und die „Brüssel-II a-Verordnung" die derzeit wichtigsten darstellen, sind insofern das Lugano-Übereinkommen II, mehrere multilaterale Staatsverträge zu Spezialfragen wie das Haager Übereinkommen über die Zustellung gerichtlicher und außergerichtlicher Schriftstücke im Ausland in Zivil- oder Handelssachen (HZÜ)[32] sowie eine ganze Reihe von bilateralen Staatsverträgen zu nennen[33].

9 Anerkennungsvorbehalte

Alle diese Verordnungen und Vereinbarungen stellen die Anerkennung unter bestimmte Vorbehalte, die dem Ordre public-Vorbehalt des § 328 Abs. 1 Nr. 4 ZPO zumindest vergleichbar sind. In der EuGVVO etwa findet sich der Vorbehalt – neben dem Verbot der „révision au fond" des Art. 36 – in Art. 34 Nr. 1[34]. Besondere Beachtung verdient er schon deshalb, weil ursprünglich geplant war, gerade keine derartige Klausel in die EuGVVO aufzunehmen[35].

10 Regelung zivilrechtlicher Streitgegenstände

Anerkennung in anderen Rechtsgebieten

Eine weitere Gemeinsamkeit der vorgenannten Regelungen ist, daß sie sich allein auf die Anerkennung gerichtlicher Entscheidungen über einen (aus deutscher Sicht) zivilrechtlichen Streitgegenstand beziehen[36]. Sie können jedoch (unter anderem) auch von Verwaltungsgerichten angewandt werden, für deren Verfahren es auf die betreffenden ausländischen Entscheidungen ankommt[37]. Vergleichbare Regelungen über die Anerkennung ausländischer Gerichtsentscheidungen in Strafsachen fehlen hingegen ebenso wie solche über die Anerkennung von Gerichtsentscheidungen in öffentlich-rechtlichen Streitigkeiten[38]. Die Möglichkeit der Vollstreckung ausländischer Erkenntnisse in Strafsachen[39] setzt jedoch deren Anerkennung voraus[40]. Im Bereich des öffentlichen Rechts werden nicht die Resultate der richterlichen Überprüfung von Verwaltungsmaßnahmen anerkannt, sondern regelmäßig die Verwaltungsmaßnahmen selbst. Die Anerkennung ist zum Teil ausdrücklich vorgesehen; im übrigen liegt sie grundsätzlich im Ermessen der deutschen Stellen[41].

---

30 *Gottwald* (N 7), § 328 Rn. 15.
31 Zum Grundsatz der gegenseitigen Anerkennung im AEUV s. u. Rn. 40.
32 Vom 15.11.1965, BGBl 1977 II, S. 1453.
33 Eine umfassende Aufzählung aller Fälle (europäisches Recht, multilaterale und bilaterale Staatsverträge) findet sich bei *Schütze* (N 22), § 328 Rn. 150 ff.
34 Näher *Christoph G. Paulus*, Zivilprozessrecht, ⁴2010, Rn. 1006.
35 Nachweise bei *Schütze* (N 22), § 328 Rn. 157.
36 Zu § 328 ZPO *Gottwald* (N 7), § 328 Rn. 45.
37 Für die Anwendbarkeit von § 328 ZPO i.V.m. § 173 VwGO s. etwa *Claus Meissner*, in: Friedrich Schoch/Jens-Peter Schneider/Wolfgang Bier, VwGO, Loseblatt, Stand: März 2008, § 173 Rn. 247.
38 *Feldmüller* (N 1), S. 349 ff.
39 S. u. Rn. 25 ff.
40 Vgl. auch hierzu *Pelopidas Andreou*, Gegenseitige Anerkennung von Entscheidungen in Strafsachen in der Europäischen Union, 2009, S. 42 f.
41 *Berthold Clausing*, in: Friedrich Schoch/Jens-Peter Schneider/Wolfgang Bier, VwGO, Loseblatt, Stand: Januar 2012, § 121 Rn. 119.

Verwaltungsakte eines Staates, die in anderen Staaten anerkannt werden, so daß sie auch dort rechtliche Wirkungen zeitigen, werden als „transnationale Verwaltungsakte" bezeichnet[42]. Geprägt wurde der Begriff mit Blick auf mitgliedstaatliche Verwaltungsakte, deren Wirkung auch innerhalb der anderen Mitgliedstaaten der Europäischen Union auf der Pflicht zur Anerkennung aus dem europäischen Richtlinienrecht beruht[43]. Daß er bis heute häufig gerade in diesem Kontext verwendet wird[44], ist insofern verständlich, als sich die Relevanz dieses Phänomens durch die Anerkennungspflichten des Sekundärrechts erheblich gesteigert hat[45]. Terminologisch spricht aber nichts dagegen, als „transnational" auch solche Verwaltungsakte zu bezeichnen, die auf Grund völkerrechtlicher Verträge anzuerkennen sind[46]. Unabhängig von dieser Frage nach der Reichweite des Begriffs lassen sich unterschiedliche Formen transnationaler Verwaltungsakte ausmachen. Verwaltungsakte, deren grenzüberschreitende Wirkung unmittelbar auf Unionsrecht oder einer normativen Geltungsanordnung im Wirkungsstaat beruht, werden als „echte" bzw. „unmittelbare transnationale" Verwaltungsakte bezeichnet, zum Teil auch als solche im engeren Sinne. Um „mittelbare transnationale" Verwaltungsakte (bzw. solche im weiteren Sinne) handelt es sich hingegen, wenn sie erst durch einen Anerkennungsakt im Einzelfall wirksam werden[47]. Neben dieser Unterscheidung steht diejenige zwischen wirkungsbezogenen transnationalen Verwaltungsakten einerseits, die von einer Behörde im Land des Adressaten erlassen werden und in einem anderen Staat Wirkungen entfalten, und adressatenbezogenen transnationalen Verwaltungsakten andererseits, die sich an einen Adressaten in einem anderem Staat als dem der Erlaßbehörde richten[48].

Ein Beispiel für transnationale Verwaltungsakte sind – neben Bildungsabschlüssen aus EU-Mitgliedstaaten[49] und Aufenthaltstiteln[50] – ausländische Fahrerlaubnisse. Die Erteilung einer Fahrerlaubnis durch die Behörde eines anderen Staates berechtigt nicht aus sich heraus dazu, in Deutschland Kraft-

11
Transnationale Verwaltungsakte

Europäisches Richtlinienrecht

Mittelbare und unmittelbare Transnationalität

Wirkungs- und adressatenbezogene Transnationalität

12
Ausländische Fahrerlaubnisse

---

42 *Heinrich Amadeus Wolff/Stefan Brink*, in: Johann Bader/Michael Ronellenfitsch, Verwaltungsverfahrensgesetz, 2010, § 35 Rn. 8; *Ferdinand Kopp/Ulrich Ramsauer*, VwVfG, [12]2011, § 35 Rn. 34.
43 *Volker Neßler*, Europäisches Richtlinienrecht wandelt deutsches Verwaltungsrecht, 1994, S. 5 ff.; ders., Der transnationale Verwaltungsakt – Zur Dogmatik eines neuen Rechtsinstituts, in: NVwZ 1995, S. 863 ff.; *Matthias Ruffert*, Der transnationale Verwaltungsakt, in: DV 34 (2001), S. 453 ff.; *Eberhard Schmidt-Aßmann*, Deutsches und Europäisches Verwaltungsrecht, in: DVBl 1993, S. 924 (935).
44 *Franz-Joseph Peine*, Allgemeines Verwaltungsrecht, [10]2011, Rn. 477; *Ruffert* (N 43), S. 458 f. Kritisch zum Begriff *Franz C. Mayer*, in: Christoph Möllers/Andreas Voßkuhle/Christian Walter, Internationales Verwaltungsrecht, 2007, S. 56 f.: „Transnational" suggeriere eine Horizontalität, durch die die vertikale, europarechtliche Aufladung aus dem Blick zu geraten drohe.
45 S. etwa *Schmidt-Aßmann* (N 43), S. 935: Quantitativ und qualitativ auf eine neue Entwicklungsstufe gehoben.
46 *Matthias Ruffert*, in: Hans-Uwe Erichsen/Dirk Ehlers, Allgemeines Verwaltungsrecht, [14]2010, § 21 Rn. 71.
47 *Kopp/Ramsauer* (N 42), § 35 Rn. 34 a; s. auch *Peine* (N 44), Rn. 485.
48 *Ruffert* (N 46), § 21 Rn. 71, mit dem zusätzlichen Hinweis auf die Möglichkeit behördenbezogener Transnationalität.
49 Die grundsätzlich bestehende Pflicht zur Anerkennung ergibt sich aus der später noch mehrfach geänderten Richtlinie 2005/36/EG des Europäischen Parlaments und des Rates v. 7. 9. 2005 (ABl L 255, S. 22).
50 *Wolff/Brink* (N 42), § 35 Rn. 8.

Unmittelbare und wirkungsbezogene Transnationalität

fahrzeuge zu führen. §§ 28, 29 FeV in Verbindung mit § 2 XI StVG sehen jedoch die Anerkennung ausländischer Fahrerlaubnisse in einem näher bestimmten Umfang vor. Soweit es um Fahrerlaubnisse aus EU- bzw. EWR-Mitgliedstaaten geht (§ 28 FeV), wird Richtlinienrecht umgesetzt[51]. Die Anerkennung beruht insoweit auf EU-Recht, das eine prinzipielle Pflicht zur Anerkennung[52] vorsieht. Zur Anerkennung anderer Fahrerlaubnisse (§ 29 FeV) hat sich Deutschland in Art. 41 des Wiener Übereinkommens über den Straßenverkehr[53] verpflichtet; Grundlage der Anerkennung ist insofern ein völkerrechtlicher Vertrag. Da die Fahrerlaubnis in beiden Konstellationen ohne zusätzlichen Anerkennungsakt im Inland zum Führen von Fahrzeugen berechtigt und sich die erlassende Behörde und der Adressat des Verwaltungsakts im selben Land befinden, die Fahrerlaubnis aber grenzüberschreitend wirkt, handelt es sich um einen Fall unmittelbarer[54] und wirkungsbezogener Transnationalität.

II. Vollstreckung ausländischer Rechtsakte

13
Grundlagen

Besonders augenfällig gerät die Mitwirkung an Rechtsakten anderer Staaten im Fall der Vollstreckung ausländischer Entscheidungen durch deutsche Hoheitsträger. Hier stellt der deutsche Staat seine Ressourcen zur Verfügung, um das Urteil oder den Verwaltungsakt eines anderen Staates – nötigenfalls auch zwangsweise – durchzusetzen. Daß er dies tut, kann wiederum auf völkerrechtlichen Verträgen, auf EU-Recht oder auf autonom gesetztem staatlichem Recht beruhen[55].

14
Vollstreckung nach §§ 722 f. ZPO

Um autonomes staatliches Recht handelt es sich bei §§ 722, 723 ZPO. Die Vorschriften regeln nicht die Zwangsvollstreckung selbst, sondern machen sie

---

51 Die Anerkennung der von den Mitgliedstaaten ausgestellten Führerscheine war zunächst vorgesehen in Art. 1 Abs. 2 der Richtlinie 91/439/EWG des Rates v. 29.7.1991 (ABl L 237, S. 1). Aktuell findet sich die Regelung in Art. 2 Abs. 1 der Richtlinie 2006/126/EG des Europäischen Parlaments und des Rates v. 20.12.2006 (ABl L 403, S. 18). Die unmittelbar nur für Führerscheine aus EU-Staaten geltende Richtlinie wurde durch Beschluß des Gemeinsamen EWR-Ausschusses Nr. 29/2008 v. 14.3.2008 (ABl L 182 S. 21) in den Anhang XIII (Verkehr) des EWR-Abkommens aufgenommen. Zum Gemeinsamen EWR-Ausschuß s. Art. 97 EWR-Abkommen.
52 Die wenigen Ausnahmen dienen namentlich zur Eindämmung des „Führerscheintourismus": Deutsche Staatsangehörige, denen in Deutschland die Fahrerlaubnis entzogen wurde, erwerben unter leichteren Bedingungen, als dies in Deutschland möglich wäre, im EU-Ausland eine neue Fahrerlaubnis. Die meisten Fälle betreffen Fahrerlaubnisse aus der tschechischen Republik, siehe dazu *Ruffert* (N 46), § 21 Rn. 71. Ein Ablehnungsgrund ist insbesondere der fehlende Wohnsitz in dem Staat, in dem die Fahrerlaubnis erworben wurde. Dazu zuletzt EuGH, Urteil v. 1.3.2012, C-467/10; zuvor EuGH Slg 2008, I-4635; EuGH Slg 2008, I-4691. Vgl. auch *Joachim Dyllick/Ernö Lörincz*, Der Führerscheintourismus, in: NJ 2012, S. 104 ff.; *Albert Scheidler*, Neuere Entwicklungen im EU-Führerscheintourismus. EuGH locuta – causa non finita!, in: NWVBl 2011, S. 449 ff.
53 Vom 8.11.1968, BGBl II 1977, S. 809.
54 Anders *Kopp/Ramsauer* (N 42), § 35 Rn. 34 b, 34 f. Dort wird nur Fahrerlaubnissen nach § 29 Abs. 1 FeV unmittelbare Transnationalität zugeschrieben, während in Fällen des § 28 Abs. 1 FeV von mittelbarer Transnationalität ausgegangen wird. Letzteres wäre richtig, wenn man – anders als dort wie hier vertreten – die Anerkennung durch eine innerstaatliche Rechtsnorm als Fall nur mittelbaren Transnationalität ansehen würde. Zumindest die Differenzierung zwischen den beiden Konstellationen überzeugt nicht, da § 28 FeV und § 29 FeV in den hier entscheidenden Punkten dieselbe Struktur aufweisen.
55 Zu diesen drei Möglichkeiten *Feldmüller* (N 1), S. 349.

von besonderen Voraussetzungen abhängig. Nach § 722 findet die Zwangsvollstreckung aus dem (Zivil-)Urteil[56] eines ausländischen Gerichts nur statt, wenn ihre Zulässigkeit durch ein Vollstreckungsurteil ausgesprochen ist. Das Vollstreckungsurteil hat rechtsgestaltende Wirkung. Es ist erforderlich, weil sich die Anerkennung des Urteils gerade nicht auf ihre Vollstreckbarkeit bezieht[57]; erst das Vollstreckungsurteil stellt die Grundlage für die anschließende Zwangsvollstreckung dar[58]. Die zusätzliche innerstaatliche Gerichtsentscheidung löst den Auslandsbezug der Vollstreckung aber nicht auf. Anders als in Fällen, in denen der Gläubiger im Inland erneut auf Leistung klagt[59], ist Streitgegenstand im Verfahren nach § 722 ZPO nicht der ursprüngliche Anspruch, sondern allein die Erstreckung der Vollstreckbarkeit der ausländischen Entscheidung[60]. Eine der Voraussetzungen der Vollstreckbarerklärung ist nach § 723 Abs. 2 S. 2 ZPO, daß die Anerkennung des Urteils nicht nach § 328 ZPO – beispielsweise also wegen des Ordre public-Vorbehalts gemäß § 328 Abs. 1 Nr. 4 ZPO[61] – ausgeschlossen ist.

<small>Vollstreckungsurteil als Grundlage</small>

15

Die praktische Bedeutung der §§ 722, 723 ZPO wird durch eine ganze Reihe an Staatsverträgen und europäischen Verordnungen begrenzt, die den rein nationalen Vorschriften zumindest faktisch vorgehen[62]. Von besonderer Bedeutung sind derzeit die EuGVVO[63] und die EuVTVO[64]. Nach der EuGVVO in Verbindung mit den Ausführungsbestimmungen des AVAG[65] ist die Zulassung von Urteilen aus anderen EU-Mitgliedstaaten zur Zwangsvollstreckung möglich, indem sie auf Antrag des Gläubigers mit einer Vollstreckungsklausel versehen werden. Daß das ein bedeutsamer Unterschied zum Verfahren nach §§ 722 f. ZPO ist, wird zum Teil bestritten[66]. Immerhin wird der Schuldner vor der Klauselerteilung nicht gehört; Gründe, nach denen die (Anerkennung und damit auch die) Zulassung zur Vollstreckung zu versagen wären – dazu zählt nach Art. 34 Nr. 1 EuGVVO auch der Ordre public-Vorbehalt –, werden erst auf seine Beschwerde hin[67] geprüft (Art. 41 EuGVVO).

<small>Begrenzung der §§ 722, 723 ZPO</small>

<small>Vollstreckung nach der EuGVVO</small>

16

Noch einen Schritt weiter geht mittlerweile die EuVTVO. Sie stellt Titel über unbestrittene Forderungen, die in dem Mitgliedstaat, in dem sie ergangen sind, als europäischer Vollstreckungstitel bestätigt wurden, den vollstreckbaren Entscheidungen desjenigen Mitgliedstaates[68] gleich, in dem vollstreckt

<small>Vollstreckung nach der EuVTVO</small>

---

56 Für Familiensachen gilt § 110 FamFG.
57 *Rolf Lackmann*, in: Hans-Joachim Musielak, ZPO, ⁹2012, § 722 Rn. 1.
58 *Lackmann* (N 57), § 722 Rn. 10.
59 Zu dieser Möglichkeit etwa BGH, in: FamRZ 1987, S. 370 ff.; *Adolf Baumbach/Wolfgang Lauterbach/ Jan Albers/Peter Hartmann*, Zivilprozessordnung, ⁷⁰2012, § 722 Rn. 5.
60 *Schütze* (N 22), § 722 Rn. 38.
61 S. o. Rn. 6.
62 Für den Vorrang dieser Regelungen *Lackmann* (N 57), § 722 Rn. 2. Anders *Peter Gottwald*, in: MüKo-ZPO, Bd. II, ³2007, § 722 Rn. 5.
63 VO (EG) Nr. 44/2001. Die EuGVVO hat das EuGVÜ in ihrem Geltungsbereich abgelöst.
64 VO (EG) Nr. 805/2004.
65 Anerkennungs- und Vollstreckungsausführungsgesetz v. 3. 12. 2009, BGBl I, S. 3830.
66 Dezidiert kritisch *Schütze* (N 22), § 722 Rn. 83: Im Grunde ein Etikettenschwindel, der vortäuschen soll, es gäbe keine Notwendigkeit eines Exequaturs mehr.
67 Nach §§ 11 ff. AVAG.
68 Mit Ausnahme Dänemarks, wo sie gemäß Art. 2 Abs. 3 EuVTVO nicht gilt.

werden soll. Die Vollstreckung von bestätigten europäischen Vollstreckungstiteln nach der Verordnung ist ohne gesonderte Vollstreckbarerklärung oder Zulassung zur Vollstreckung möglich (§ 1082 ZPO). Damit ist insbesondere kein Raum für den Einwand eines Ordre public-Verstoßes[69]. Diese gravierende Einschränkung kommt freilich (derzeit) nur in einer geringen Zahl von Fällen zum Tragen, weil die Bestätigung als europäischer Vollstreckungstitel nach Art. 6 Abs. 1 lit. d EuVTVO voraussetzt, daß der Schuldner ein Verbraucher mit Wohnsitz im Erststaat ist[70].

17
Europäisches Erkenntnisverfahren

Der erleichterten Durchsetzung unbestrittener Geldforderungen im europäischen Binnenmarkt dient auch die Europäische Mahnverfahrensordnung (EuMahnVO[71]). Durch sie wurde das erste genuin europäische Erkenntnisverfahren geschaffen[72]. Der Gläubiger kann in diesem Verfahren mit dem europäischen Zahlungsbefehl einen in den anderen Mitgliedstaaten[73] vollstreckbaren Titel[74] erlangen. Eine Prüfung der Anerkennungsvoraussetzungen im Vollstreckungsstaat findet nach Art. 19 EuMahnVO nicht statt[75]. Eine Verweigerung der Vollstreckung ist nur unter den Voraussetzungen des Art. 22 EuMahnVO möglich, zu denen ein Ordre public-Verstoß im Vollstreckungsstaat nicht zählt[76]. Entsprechendes gilt für Urteile, die vom Gericht eines Mitgliedstaates im europäischen Verfahren für geringfügige Forderungen auf der Grundlage der EuGFVO[77] ergangen sind und in einem anderen Mitgliedstaat vollstreckt werden sollen. Eine Ablehnung der Vollstreckung ist nur aus den in Art. 22 Abs. 1 EuGFVO genannten Gründen zulässig. Ordre public-Verstöße im Vollstreckungsstaat sind dort nicht aufgeführt. Daher schließt auch die EuGFVO eine derartige Prüfung aus[78].

Unbeachtlichkeit von Ordre public-Verstößen

18
Vollstreckungshilfe

Ausländische Hoheitsakte können nicht nur – wie in den vorstehend geschilderten Fällen – im Interesse und auf Initiative der von ihnen begünstigten Dritten vollstreckt werden. Die Vollstreckung ist vielmehr auch auf Ersuchen des den Hoheitsakt erlassenden Staates möglich. Dann handelt es sich um Vollstreckungshilfe, die eine von mehreren Formen der internationalen Rechts- bzw. Amtshilfe darstellt[79].

---

69 *Paulus* (N 34), Rn. 1013; *Lackmann* (N 57), Vorbem. Europäisches Zivilprozessrecht, Rn. 14.
70 Kritisch zu diesem engen Anwendungsbereich *Schütze* (N 22), § 722 Rn. 95: Das hohe Ziel eines Vollstreckungstitels ohne weitere Nachprüfung und Exequatur sei durch die Verbraucherlobby vereitelt worden; die EuVTVO sei ein Papiertiger.
71 Verordnung (EG) Nr. 1896/2006. Die deutschen Ausführungsregelungen finden sich in §§ 1087 ff. ZPO.
72 *Michael Weber*, Europäisches Zivilprozessrecht und Demokratieprinzip, 2009, S. 37.
73 Ausgenommen ist einmal mehr Dänemark, Art. 2 Abs. 3 EuMahnVO.
74 Zu den Schwierigkeiten der Vollstreckung des europäischen Zahlungsbefehls außerhalb der EU *Wolfgang Voit*, in: Hans-Joachim Musielak, ZPO, 9.2012, Vorbem. §§ 1087 ff., Rn. 5.
75 Dazu *Voit* (N 74), Vorbem. §§ 1087 ff., Rn. 1.
76 *Voit* (N 74), Vorbem. §§ 1087 ff., Rn. 31: Nicht ausdrücklich geregelt, aber angesichts der Systematik der Bestimmung eindeutig.
77 Verordnung (EG) Nr. 861/2007. Die deutschen Ausführungsregelungen finden sich in §§ 1097 ff. ZPO.
78 *Paulus* (N 34), Rn. 1027; *Voit* (N 74), Vorbem. §§ 1097 ff., Rn. 37.
79 Die Terminologie ist uneinheitlich. Zum Teil wird auch die Vollstreckung auf der Grundlage der vorstehend angesprochenen EU-Verordnungen der internationalen Rechtshilfe zugeordnet. So etwa *Carl Creifelds/Klaus Weber* (Hg.), Rechtswörterbuch, 20.2011, S. 975.

III. Internationale Rechts- und Amtshilfe

Internationale Rechtshilfe ist die Unterstützung, die das Gericht eines Staates durch Gerichte und Behörden eines anderen Staates erhält. Rechtshilfe wird häufig in Strafsachen geleistet – ein besonders weitreichender Fall ist hier die Auslieferung[80]. Sie findet jedoch ebenfalls in Zivilsachen statt. Die internationale Rechtshilfe beruht auf Unionsrecht oder auf bi- und multilateralen Übereinkommen; sie kann aber im Einzelfall auch freiwillig geleistet werden (sogenannter vertragsloser Rechtshilfeverkehr). Behörden anderer Staaten werden im Wege der internationalen Amtshilfe unterstützt. Diese ist supranational bislang eher punktuell geregelt.

19
Begriffserklärung

1. Internationale Rechtshilfe in Zivilsachen

Gegenstände der Rechtshilfe im Zivilrecht sind insbesondere die Zustellung von Schriftstücken sowie die Unterstützung zum Beispiel bei der Beweisaufnahme. Wichtige internationale Grundlagen in diesem Bereich sind das bereits angesprochene Haager Übereinkommen über die Zustellung gerichtlicher und außergerichtlicher Schriftstücke im Ausland in Zivil- oder Handelssachen (HZÜ)[81] und das Haager Übereinkommen über die Beweisaufnahme im Ausland in Zivil- oder Handelssachen[82]. Innerhalb der Europäischen Union gelten die EuZVO[83] sowie die Verordnung über die Zusammenarbeit zwischen den Gerichten der Mitgliedstaaten auf dem Gebiet der Beweisaufnahme in Zivil- oder Handelssachen[84]. Im innerstaatlichen Recht finden sich die wichtigsten Regelungen in der Rechtshilfeordnung für Zivilsachen (ZRHO), einer von Bund und Ländern erlassenen Verwaltungsvorschrift. Ergänzende Regelungen zu den EU-Verordnungen statuieren zudem die §§ 1067 ff. ZPO.

20
Gegenstände und Grundlagen

Gegenstand juristischer Auseinandersetzungen ist in diesem Bereich namentlich die Zulässigkeit der Zustellung von im Ausland erhobenen Klagen im Inland. Ob eine Zustellung letztlich auf dem HZÜ oder auf der EuZVO beruht, ist dabei insbesondere für die Frage relevant, ob die Erledigung des Zustellungsantrags abgelehnt werden darf. Nach Art. 13 Abs. 1 HZÜ ist dies nur – aber immerhin – möglich, wenn der ersuchte Staat die Zustellung für geeignet hält, seine Hoheitsrechte oder seine Sicherheit zu gefährden. Dafür soll ein bloßer Verstoß des Klagebegehrens gegen den innerstaatlichen ordre public grundsätzlich nicht ausreichen: Die Gefährdung von Hoheitsrechten

21
Zustellung von Klagen

Möglichkeit der Ablehnung

---
80 *Horst Tilch/Frank Arloth* (Hg.), Deutsches Rechts-Lexikon, Bd. III, Q-Z, ³2001, S. 3476.
81 Vom 15. 11. 1965, BGBl 1977 II, S. 1453.
82 Vom 18. 3. 1970, BGBl 1977 II, S. 1472.
83 Verordnung (EG) Nr. 1393/2007 des Europäischen Parlaments und des Rates vom 13. 11. 2007 über die Zustellung gerichtlicher und außergerichtlicher Schriftstücke in Zivil- oder Handelssachen in den Mitgliedstaaten, ABl L 324 vom 10. 12. 2007, S. 79.
84 Verordnung (EG) Nr. 1206/2001 des Rates vom 28. 5. 2001 über die Zusammenarbeit zwischen den Gerichten der Mitgliedstaaten auf dem Gebiet der Beweisaufnahme in Zivil- oder Handelssachen (ABl L 174 vom 27. 6. 2001, S. 1). Die Verordnung gilt nicht für Dänemark.

muß darüber noch hinausgehen[85]. In der EuZVO fehlt es sogar an einer derartigen Begrenzung[86].

2. Internationale Rechtshilfe in Strafsachen

22
Auslieferung

Im Vordergrund der Rechtshilfe im Strafrecht steht die Auslieferung („große Rechtshilfe"[87]). Sie ist „als traditionelles Institut der internationalen strafrechtlichen Zusammenarbeit ... dadurch gekennzeichnet, dass eine Person auf Ersuchen [einer ausländischen Stelle] zwangsweise aus dem Bereich der inländischen Hoheitsgewalt entfernt und einer ausländischen Hoheitsgewalt überstellt wird ..., damit ein dort betriebenes Strafverfahren abgeschlossen oder eine dort verhängte Strafe vollstreckt werden kann ..."[88]. Begrifflich ist die Auslieferung zwar nicht auf die strafrechtliche Zusammenarbeit beschränkt. Sie kann durchaus dazu dienen, die ausländische Hoheitsgewalt in den Stand zu versetzen, ein zivil- oder verwaltungsgerichtliches Verfahren durchzuführen[89], in dem der Betroffene Partei oder Zeuge ist[90]. Der Schutz des Art. 16 Abs. 2 S. 1 GG erstreckt sich auch auf diese Fälle der Auslieferung[91]. Meist dient sie jedoch strafrechtlichen Zwecken[92].

Weitreichender Begriff der Auslieferung

23
Zurückweisung und Ausweisung

Daß die Auslieferung gerade zur Unterstützung eines anderen Staates erfolgt, unterscheidet sie von aufenthaltsversagenden oder -beendenden Maßnahmen wie der Zurückweisung oder der (gegebenenfalls im Wege der Abschiebung durchgesetzten) Ausweisung, die allein aus innerstaatlichen Gründen vorgenommen werden. Da sie nicht auf Ersuchen eines anderen Staates erfolgen und den Betroffenen auch nicht gezielt dem Zugriff einer bestimmten Hoheitsgewalt zuführen[93], lassen sie sich nicht als „Mitwirkung" an einem von dieser vorgenommenen Rechtsakt verstehen und können hier außer Betracht bleiben. Anders sind Fälle der „verschleierten Auslieferung" zu beurteilen, in denen der Betroffene durch eine Ausweisung und gegebenenfalls Abschie-

---

85 BVerfGE 91, 335 (340); s. auch BVerfGE 108, 238 (246f.). Kritisch *Astrid Stadler*, Anm. zu BVerfG, Beschl. vom 7. 12. 1994 – 1 BvR 1279/94, in: JZ 1995, S. 718 (719f.). Bejaht worden ist die Gefährdung von Hoheitsrechten beispielsweise für das Ersuchen eines ausländischen Gerichts, einem Verfahrensbeteiligten eines inländischen Prozesses ein Prozeßfortführungsverbot („antisuit injunction") zuzustellen. Dazu OLG Frankfurt a. M., in: NJW-RR 2002, S. 357, unter Hinweis auf OLG Düsseldorf, in: ZIP 1996, S. 294ff.
86 Dazu *Anna-Kristina Bitter*, Vollstreckbarerklärung und Zwangsvollstreckung ausländischer Titel in der Europäischen Union, 2009, S. 185 f., die Art. 13 I HZÜ freilich als Ordre public-Vorbehalt versteht. Vom Ordre public-Vorbehalt des Art. 13 HZÜ sprechen auch *Harald Koch/Frank Diedrich*, Grundrechte als Maßstab für Zustellungen nach dem Haager Zustellungsübereinkommen, in: ZIP 1994, S. 1830 (1831).
87 *Wolfgang Schomburg/Otto Lagodny/Sabine Gleß/Thomas Hackner*, Internationale Rechtshilfe in Strafsachen, [5]2012, Einleitung Rn. 13. → Bd. X, *Weiß*, § 207 Rn. 1 ff.
88 BVerfGE 113, 273 (293).
89 → Bd. X, *Weiß*, § 207 Rn. 7; siehe auch *Juliane Kokott*, in: Sachs, [6]2011, Art. 16 Rn. 35.
90 Zu dieser Möglichkeit *Winfried Kluth*, in: Stern/Becker, Art. 16 Rn. 106.
91 *Andreas v. Arnauld*, in: v. Münch/Kunig, Bd. I, [6]2012, Art. 16 Rn. 34. Zu eng insofern BVerfGE 113, 273 (293), wo der Schutz nur auf die Auslieferung zu strafrechtlichen Zwecken bezogen wird.
92 *v. Arnauld* (N 91), Art. 16 Rn. 34. → Bd. X, *Weiß*, § 207 Rn. 7, 18 ff., 21 ff.
93 *Kokott* (N 89), Art. 16 Rn. 35, zur Ausweisung.

bung in Wahrheit gezielt dem Zugriff einer ausländischen Hoheitsgewalt ausgesetzt wird[94].

Bewußt und gewollt fremder Hoheitsgewalt überantwortet werden Personen, die sich im Inland aufhalten, auch in den Fällen der Durchlieferung, in denen sie von einem fremden Staat an einen anderen ausgeliefert werden und dabei das Bundesgebiet in einer Weise passieren, die deutschen Hoheitsträgern echte Einwirkungsmöglichkeiten verleiht[95]. Nichts anderes gilt für die Rücklieferung, die eine der Bundesrepublik vorläufig und nur unter der Bedingung der Rücküberstellung für die Durchführung eines bestimmten Verfahrens überlassene Person betrifft[96]. Unabhängig davon, ob man in der Rücklieferung eine Auslieferung im Sinne von Art. 16 Abs. 2 GG sieht[97], wirkt Deutschland mit ihr doch jedenfalls an fremden Rechtsakten mit.

24
Durchlieferung

Rücklieferung

Als „kleine Rechtshilfe" werden andere Formen der Unterstützung fremder Strafverfahren bezeichnet. Dazu gehören beispielsweise Zustellungen, Zeugenbefragungen, die vorübergehende Überstellung von Personen, Beschlagnahmen, Durchsuchungen oder die Bereitstellung von Informationen[98]. Darüber hinaus kann Rechtshilfe auch durch die Vollstreckung ausländischer Erkenntnisse geleistet werden.

25
Kleine Rechtshilfe

Internationale Grundlagen der Rechtshilfe in Strafsachen sind das Europäische Auslieferungsübereinkommen vom 13. Dezember 1957[99], das Europäische Übereinkommen über die Rechtshilfe in Strafsachen vom 20. April 1959[100] und das Übereinkommen des Europarates über die Überstellung verurteilter Personen vom 21. März 1983[101]. Hinzu kommen die Art. 48 ff. des Schengener Durchführungsübereinkommens (SDÜ)[102] sowie mehrere Rahmenbeschlüsse, insbesondere der über den Europäischen Haftbefehl[103] und über die Anwendung des Grundsatzes der gegenseitigen Anerkennung von Geldstrafen und Geldbußen (RbGeld)[104]. Die zentrale innerstaatliche Vorschrift ist – abgesehen von den Richtlinien für den Verkehr mit dem Ausland in strafrechtlichen Angelegenheiten (RIVASt) – das Gesetz über die internationale Rechtshilfe in Strafsachen (IRG). Vorbehaltlich vorrangiger völkerrechtlicher Vereinbarungen, die zu innerstaatlichem Recht geworden sind, regelt es den gesamten Rechtshilfeverkehr mit dem Ausland in strafrechtli-

26
Grundlagen
der Rechtshilfe

---

94 *Johannes Masing*, in: Dreier, Bd. I, ²2004, Art. 16 Rn. 93.
95 Also nicht durch bloßes Passieren des Luftraums bei einem Überflug. So zutreffend *v. Arnauld* (N 91), Art. 16 Rn. 35.
96 → Bd. X, *Weiß*, § 207 Rn. 9.
97 Dafür *v. Arnauld* (N 91), Art. 16 Rn. 36; dagegen BVerfGE 29, 183 (193 f.); *Hans Jarass*, in: Jarass/Pieroth, ¹²2012, Art. 16 Rn. 16.
98 *Schomburg* (N 87), Einleitung Rn. 16.
99 BGBl 1964 II, S. 1371; 1976 II, S. 1778.
100 BGBl 1964 II, S. 1386; 1976 II, S. 1799.
101 BGBl 1991 II, S. 1007.
102 BGBl 1993 II, S. 1013.
103 Rahmenbeschluß 2002/584/JI v. 13. 6. 2002 des Rates über den Europäischen Haftbefehl und die Übergabeverfahren zwischen den Mitgliedstaaten, ABl L 190 S. 1.
104 Rahmenbeschluß 2005/214/JI des Rates v. 24. 2. 2005 über die Anwendung des Grundsatzes der gegenseitigen Anerkennung von Geldstrafen und Geldbußen, ABl L 76, S. 16.

§ 239   Einundzwanzigster Teil: Deutsches und internationales Recht

Gesetz über die internationale Rechtshilfe in Strafsachen

chen Angelegenheiten[105]. Dabei unterscheidet es zwischen der Aus- und Durchlieferung, der Vollstreckungshilfe und der sonstigen Rechtshilfe, die es jeweils getrennt für den Rechtshilfeverkehr mit Nicht-EU-Mitgliedstaaten einerseits und mit EU-Mitgliedstaaten andererseits regelt[106]. Die Vorschriften über die Auslieferung und die Vollstreckungshilfe im Rechtsverkehr mit anderen Mitgliedstaaten setzen neben dem Rahmenbeschluß über den Europäischen Haftbefehl[107] unter anderem den RbGeld um[108], was insbesondere dazu führt, daß Bußgeldbescheide aus dem EU-Ausland in Deutschland vollstreckt werden können[109].

27
Grenzen der Rechtshilfe

Todesstrafe

Die Grenzen der Rechtshilfe legt das Gesetz über internationale Rechtshilfe in Strafsachen teils maßnahmespezifisch, teils übergreifend fest. Eine besonders markante maßnahmespezifische Grenze stellt § 8 IRG dar. Danach ist die Auslieferung wegen einer Tat, die nach dem Recht des ersuchenden Staates mit der Todesstrafe bedroht ist, nur zulässig, wenn der ersuchende Staat zusichert, daß die Todesstrafe nicht verhängt oder nicht vollstreckt wird[110]. Generelle Grenzen, die für jede Form von Rechtshilfe gelten, statuiert § 73 IRG. Nach S. 1 der Vorschrift ist (unter anderem) die Leistung von Rechtshilfe unzulässig, wenn sie wesentlichen Grundlagen der deutschen Rechtsordnung widersprechen würde. Für die Leistung von Rechtshilfe an EU-Mitgliedstaaten wählt § 73 S. 2 IRG einen anderen Maßstab: Sie ist unzulässig, wenn die Erledigung zu den in Art. 6 EUV enthaltenen Grundsätzen im Widerspruch stünde.

3. Internationale Amtshilfe in Verwaltungssachen

28
Wachsende Bedeutung in Verwaltungssachen

Regelungen für die internationale Amtshilfe in Verwaltungssachen gab es lange in deutlich geringerem Umfang. In jüngerer Vergangenheit aber nimmt die Zahl der einschlägigen Regelungen stark zu. Sie betreffen in erster Linie das Verhältnis zu den anderen EU-Mitgliedstaaten[111].

---

105 Zu Details des Anwendungsbereichs s. § 1 IRG.
106 Im 2., 3., 4. und 5. Teil für die Nicht-EU-Mitgliedstaaten, im 8., 9. und 10. Teil für die EU-Mitgliedstaaten. Zur Regelung auch des Rechtshilfeverkehrs mit den EU-Mitgliedstaaten durch das IRG s. § 1 Abs. 4 IRG. Die abschließenden Regelungen des IRG zum Rechtshilfeverkehr mit den Mitgliedstaaten gehen den in § 1 Abs. 3 IRG genannten völkerrechtlichen Vereinbarungen vor, §§ 78 Abs. 2, 86 Abs. 2, 91 Abs. 2 IRG.
107 Die insofern einschlägigen Regelungen wurden in den 8. Teil des IRG zunächst durch das EuHbG v. 21. 7. 2004, BGBl I, S. 1748, eingefügt. Nach der Nichtigerklärung dieses EuHbG durch das BVerfG (BVerfGE 113, 273 ff.) wurden sie in veränderter Form erneut eingefügt durch das EuHbG v. 20. 7. 2006, BGBl I, S. 1721.
108 Allgemein zur Umsetzung von Rahmenbeschlüssen *Andreas Funke*, Umsetzungsrecht, 2010, S. 315 ff.
109 Eingefügt wurden die hierfür maßgeblichen Regelungen in den 9. Teil des IRG durch das Gesetz zur Umsetzung des Rahmenbeschlusses 2005/214/JI des Rates vom 24. 2. 2005 über die Anwendung des Grundsatzes der gegenseitigen Anerkennung von Geldstrafen und Geldbußen v. 18. 10. 2005, BGBl I, S. 1408. Zum Inhalt des Gesetzes näher *Holger Kartizky/Felicitas Wannek*, Die EU-weite Vollstreckung von Geldstrafen und Geldbußen, in: NJW 2010, S. 3393 ff. Daß Bußgeldangelegenheiten vom IRG erfaßt werden, beruht auf § 1 Abs. 2 IRG. Danach sind strafrechtliche Angelegenheiten im Sinne des IRG auch Verfahren wegen einer Tat, die nach deutschem Recht als Ordnungswidrigkeit mit Geldbuße oder die nach ausländischem Recht mit einer vergleichbaren Sanktion bedroht ist, sofern über deren Festsetzung ein auch für Strafsachen zuständiges Gericht entscheiden kann.
110 Zu den weiteren Voraussetzungen s. §§ 3 ff. IRG. → Bd. X, *Weiß*, § 207 Rn. 22.
111 Zutreffend daher der Befund von *Utz Schliesky*, Die Europäisierung der Amtshilfe, 2008, S. 7, das Gemeinschaftsrecht habe die Amtshilfe wieder auf die Tagesordnung gesetzt.

Außerhalb dieses Kontextes wird die internationale Amtshilfe durch die im Rahmen des Europarats geschlossenen Europäischen Übereinkommen über die Zustellung von Schriftstücken in Verwaltungssachen im Ausland vom 24. November 1977[112] sowie über die Erlangung von Auskünften und Beweisen in Verwaltungssachen im Ausland vom 15. März 1978[113] geregelt. Ein Grund für die Ablehnung der Erledigung entsprechender Ersuchen ist nach Art. 14 Abs. 1 lit. b des erstgenannten Übereinkommens, daß die zuständige Behörde des ersuchten Staates die Erledigung für geeignet hält, die Souveränität, die Sicherheit, die öffentliche Ordnung oder andere wesentliche Interessen des Staates zu beeinträchtigen. Aus denselben Gründen kann die Erledigung eines Ersuchens nach Art. 7 Abs. 1 lit. b des zweiten Übereinkommen abgelehnt werden; als weiterer Ablehnungsgrund kommt nach Art. 7 Abs. 1 lit. c hinzu, daß die Erledigung des Ersuchens die Grundrechte oder die wesentlichen Interessen der Person, auf die sich die Auskunft bezieht, beeinträchtigen könnte oder daß das Ersuchen vertrauliche Auskünfte betrifft, die nicht preisgegeben werden dürfen. Das nationale Ausführungsgesetz zu beiden Übereinkommen[114] sieht als Grund für die Unzulässigkeit der Zustellung bzw. für die Verweigerung der Entgegennahme von Schriftstücken vor, daß diese nicht in deutscher Sprache abgefaßt bzw. in diese übersetzt sind.

29
Amtshilfe jenseits der EU

Ablehnung durch den ersuchten Staat

Zwischen den Mitgliedstaaten der Europäischen Union richtet sich die Amtshilfe bis 2012 primär[115] nach der EG-Amtshilferichtlinie, die Amtshilfe in Form der Auskunftserteilung an andere Mitgliedstaaten in bestimmten Steuerangelegenheiten vorsieht[116]. In innerstaatliches Recht umgesetzt wird diese Vorgabe durch das EG-Amtshilfe-Gesetz (EGAHiG)[117], das trotz seiner auf eine umfassende Regelung hindeutenden Kurzbezeichnung nur Regelungen im thematisch engen Anwendungsbereich der Richtlinie trifft. Es nennt eine Reihe von Gründen, aus denen heraus die Auskunft verweigert werden darf oder muß; zu letzteren gehört die Beeinträchtigung der öffentlichen Ordnung (§ 3 Abs. 1 Nr. 3 EGAHiG[118]). Die bisherige Amtshilferichtlinie ist jedoch mit Wirkung zum 1. Januar 2013 aufgehoben und durch eine Nachfol-

30
Amtshilfe innerhalb der EU

Amtshilferichtlinie

---

112 BGBl 1981 II, S. 535.
113 BGBl 1981 II, S. 550.
114 Gesetz zur Ausführung des Europäischen Übereinkommens vom 24. 11. 1977 über die Zustellung von Schriftstücken in Verwaltungssachen im Ausland und des Europäischen Übereinkommens vom 15. 3. 1978 über die Erlangung von Auskünften und Beweisen in Verwaltungssachen im Ausland vom 20. 7. 1981, BGBl I, S. 665.
115 Zu sektorspezifischen Amtshilferegelungen aus einzelnen Rechtsgebieten *Schliesky* (N 111), S. 9 ff.
116 Durch die Richtlinie 77/799/EWG des Rates vom 19. 12. 1977 über die gegenseitige Amtshilfe zwischen den zuständigen Behörden der Mitgliedstaaten im Bereich der direkten Steuern und der Steuern auf Versicherungsprämien (ABl L 336, S. 15, zuletzt geändert durch die Richtlinie 2006/98/EG des Rates vom 20. 11. 2006 zur Anpassung bestimmter Richtlinien im Bereich des Steuerrechts anläßlich des Beitritts Bulgariens und Rumäniens, ABl L 363, S. 129).
117 Gesetz zur Durchführung der EG-Richtlinie über die gegenseitige Amtshilfe im Bereich der direkten Steuern, bestimmter Verbrauchsteuern und der Steuern auf Versicherungsprämien v. 19. 12. 1985, BGBl I, S. 2436, zuletzt geändert durch Art. 17 G v. 20. 12. 2007, BGBl I, S. 3150.
118 Beeinträchtigt wird die öffentliche Ordnung insbesondere, wenn im um Auskunft ersuchenden Mitgliedstaat die Geheimhaltung nicht in dem von § 4 EG-AmtshG vorgesehenen Umfang gewährleistet ist.

gerichtlinie ersetzt worden, die bis zum 1. Januar 2013 in nationales Recht umzusetzen gewesen wäre[119]. Die neue Richtlinie gilt für alle Steuern, für die keine Sondervorschriften bestehen. Unter anderem soll sie den Informationsaustausch verbessern und so dazu beitragen, Steuerhinterziehung zu vermeiden.

31
Amtshilfe bei Mehrwertsteuer

Schon seit längerer Zeit besteht eine intensive Zusammenarbeit der Mitgliedstaaten im Bereich der Mehrwertsteuer. Sie beruht auf einer EU-Verordnung[120], die namentlich den Informationsaustausch, aber auch Zustellungen regelt. Erheblich vorangetrieben wird derzeit die gegenseitige Unterstützung beim Eintreiben staatlicher Forderungen. Die einschlägige Richtlinie aus dem Jahr 2008[121] wurde bereits 2010 durch die sogenannte Beitreibungsrichtlinie[122] abgelöst, deren Umsetzung das EU-Beitreibungsgesetz (EUBeitrG)[123] dient.

Einheitlicher Vollstreckungstitel

Es erleichtert und erweitert den Informationsaustausch und vereinfacht das Zustellungsverfahren. Vor allem aber führt es den „einheitlichen Vollstreckungstitel" ein, der keiner Anerkennung mehr bedarf: Nach § 9 EUBeitrG gilt ein Vollstreckungstitel aus einem anderen Mitgliedstaat im Inland als vollstreckbarer Verwaltungsakt und kann nach den für entsprechende Steuern oder Abgaben im Inland geltenden Vorschriften vollstreckt werden.

32
Dienstleistungsrichtlinie

Umfangreiche Pflichten zu gegenseitiger Amtshilfe der Mitgliedstaaten statuieren seit 2006 die Art. 28 ff. der EU-Dienstleistungsrichtlinie[124]. Umgesetzt worden ist die Richtlinie durch die §§ 8a ff. VwVfG[125] des Bundes und der Länder. Mit diesen Vorschriften über die europäische Verwaltungszusammenarbeit hat der Gesetzgeber den Weg der sektorspezifischen Amtshilferegelungen verlassen; die behördliche Hilfeleistung ist nun für alle Fälle vorgesehen, in denen dies nach Maßgabe von Unionsrecht geboten ist (§ 8a Abs. 1 VwVfG)[126].

33
Amtshilfe durch Finanzbehörden

Speziell für die Amtshilfe durch Finanzbehörden gilt wiederum § 117 AO. Die Vorschrift läßt die Leistung zwischenstaatlicher Rechts- und Amtshilfe durch die Finanzbehörden nicht nur auf Grund innerstaatlich anwendbarer völkerrechtlicher Vereinbarungen, innerstaatlich anwendbarer EU-Rechtsakte so-

---

119 Richtlinie 2011/16/EU des Rates v. 15.2.2011 über die Zusammenarbeit der Verwaltungsbehörden im Bereich der Besteuerung und zur Aufhebung der Richtlinie 77/799/EWG, ABl L 64, S. 1. Ihre Umsetzung bezweckt der Entwurf des Amtshilferichtlinie-Umsetzungsgesetzes (BT-Drs 17/12375 v. 19.2.2013. Das Gesetz wurde vom Bundestag am 28.2.2013 beschlossen. Der Bundesrat hat am 22.3.2013 den Vermittlungsausschuß angerufen.
120 Aktuell die Verordnung (EU) Nr. 904/2010 des Rates vom 7.10.2010 über die Zusammenarbeit der Verwaltungsbehörden und die Betrugsbekämpfung auf dem Gebiet der Mehrwertsteuer (Neufassung), ABl L 268, S. 1.
121 Richtlinie 2008/55/EG des Rates v. 26.5.2008 über die gegenseitige Unterstützung bei der Beitreibung von Forderungen in bezug auf bestimmte Abgaben, Zölle, Steuern und sonstige Maßnahmen, ABl L 150, S. 28.
122 Richtlinie 2010/24/EU des Rates vom 16.3.2010 über die Amtshilfe bei der Beitreibung von Forderungen in bezug auf bestimmte Steuern, Abgaben und sonstige Maßnahmen, ABl L 84, S. 1.
123 Gesetz über die Durchführung der Amtshilfe bei der Beitreibung von Forderungen in bezug auf bestimmte Steuern, Abgaben und sonstige Maßnahmen zwischen den Mitgliedstaaten der Europäischen Union v. 7.12.2011, BGBl I, S. 2592. Das Gesetz ist zum 1.1.2012 an die Stelle des die Vorgängerrichtlinie umsetzenden EG-Beitreibungsgesetzes (EG-BeitrG) getreten.
124 Richtlinie 2006/123/EG des Europäischen Parlaments und des Rates v. 12.12.2006 über Dienstleistungen im Binnenmarkt, ABl L 376/36. Näher *Schliesky* (N 111), S. 13 ff.
125 Zur Begründung der im ursprünglichen Gesetzentwurf auf Bundesebene nicht vorgesehenen Normen s. BT-Drs 16/13399, S. 11 ff.
126 Dazu auch *Utz Schliesky*, in: Hans Joachim Knack/Hans-Günter Henneke, VwVfG, ^{9}2010, § 8a Rn. 4.

wie des EGAHiG (§ 117 Abs. 2 AO) zu. Hilfe ist vielmehr nach pflichtgemäßem Ermessen der Behörden auch in anderen Fällen möglich. Die Erledigung des Ersuchens ist freilich ausgeschlossen, wenn sie die Souveränität, die Sicherheit, die öffentliche Ordnung oder andere wesentliche Interessen des Bundes oder der Länder beeinträchtigen würde (§ 17 Abs. 3 Nr. 4 AO).

IV. Gestattung der Tätigkeit ausländischer Behörden im Inland

Deutsche Hoheitsträger wirken nicht nur dort an fremden Rechtsakten mit, wo sie selbst im Rahmen einer Einzelmaßnahme tätig werden und gegebenenfalls sogar unmittelbar gegenüber dem betroffenen Bürger auftreten. Um eine gewissermaßen vorgelagerte Form der Mitwirkung handelt es sich bei der Gestattung der Tätigkeit ausländischer Behörden in Deutschland. Hier wird der jeweilige Einzelakt im Inland durch die Behörden eines anderen Staates und gegebenenfalls ohne jede auf den konkreten Fall bezogene Unterstützungshandlung inländischer Staatsgewalt vorgenommen.

34 Vorgelagerte Mitwirkung

Obwohl in diesen Fällen die Zurücknahme der staatlichen Souveränität besonders deutlich wird – ungeachtet geänderter Rahmenbedingungen sollen Territorialgrenzen die Ausübung fremder Hoheitsgewalt auch heute noch grundsätzlich verhindern[127] –, ist gegenüber einer pauschalen Etikettierung als „Zuspitzung der Idee von der Öffnung für fremdes öffentliches Recht"[128] Vorsicht geboten. Zwar beschreibt sie zutreffend die Konstellationen, in denen die ausländische Behörde nicht nur im Inland agiert, sondern dabei zusätzlich das Recht ihres Staates anwendet. Beispiele für derartige Fälle lassen sich etwa im Bereich der Finanzaufsicht ausmachen. Nach § 53 b Abs. 6 KWG und § 110 a Abs. 3 S. 2 VAG dürfen die Aufsichtsbehörde des Herkunftslandes in den deutschen Niederlassungen ausländischer Finanzinstitute Prüfungen vornehmen. Die Regelungen gehen auf europäisches Richtlinienrecht zurück; sie betreffen das harmonisierte Banken- bzw. Versicherungsaufsichtsrecht[129]. Ein weiterer Fall jenseits des EU-Kontextes ist beispielsweise[130] die Vornahme von Grenzkontrollen durch Bedienstete anderer Staaten auf deutschem Staatsgebiet[131], wie sie etwa an der Grenze zur Schweiz durch das Abkommen zwischen der Bundesrepublik Deutschland und der Schweizerischen Eidgenossenschaft über die Errichtung nebeneinander liegender Grenzabfertigungsstellen und die Grenzabfertigung in Verkehrsmitteln während der Fahrt[132] ermöglicht wird.

35 Anwendung fremden Rechts

Einzelfälle

---

127 BVerfGE 123, 267 (402 f.). → Oben *Becker*, § 230 Rn. 72.
128 *Jörg Menzel*, Internationales Öffentliches Recht, 2011, S. 812.
129 Näher *Ohler* (N 1), S. 72.
130 *Ohler* (N 1), S. 72 f., nennt zusätzlich die Befugnisse der Militärpolizei von NATO-Mitgliedstaaten innerhalb ihrer militärischen Liegenschaften auf der Grundlage von Art. VIII Abs. 10 lit. a) Truppenstatut. Insofern ist str., ob deutsches oder ausländisches Recht zur Anwendung kommt. S. dazu die Nachweise bei *Ohler*, a.a.O., Fn. 348.
131 Zur geringen Bedeutung dieser Fälle freilich *Menzel* (N 128), S. 812: eher marginal.
132 BGBl 1962 II, S. 879. Zur Anwendung des fremden (hier: schweizerischen) Rechts s. Art. 4 ff. des Abkommens.

36
Bindung an deutsches Recht

Eine weniger weitgehende Öffnung für fremdes öffentliches Recht ist jedoch dort zu verzeichnen, wo ausländische Behörden zwar in Deutschland tätig werden dürfen, dabei aber an deutsches Recht gebunden sind. So stellt sich die Lage etwa nach dem Schengener Durchführungsübereinkommen (SDÜ)[133] dar, das den Polizeibeamten anderer Vertragsstaaten die Nacheile und die Observation gestattet (Art. 40, 41 SDÜ)[134], für diesen Fall aber zugleich vorsieht, daß die nacheilenden bzw. observierenden Beamten neben dem Schengener Durchführungsübereinkommen selbst an das Recht des Staates gebunden sind, in dem sie auftreten (Art. 40 Abs. 3 lit. a, 41 Abs. 5 lit. a SDÜ). Zudem bestehen weitere Einwirkungsmöglichkeiten deutscher Hoheitsträger. Beispielsweise ist die Nacheile auf Verlangen der zuständigen Behörde des Gebietsstaates einzustellen (Art. 40 Abs. 1 S. 4 SDÜ).

Nacheile

37
Bewußte Öffnung der Rechtsordnung

In allen diesen Fällen sind die Maßnahmen der ausländischen Hoheitsgewalt nicht etwa unbeabsichtigte oder gar unabsehbare Folgen des deutschen Gestattungsaktes. Sie werden vielmehr von einem „positiven Geschäftswillen"[135] deutscher Organe getragen. Damit besteht ein hinreichend enger Wirkungszusammenhang, um von einer Mitwirkung sprechen zu können.

C. Verfassungsrechtliche Maßstäbe für die Mitwirkung an fremden Hoheitsakten

38
Gebotenheit und Grenzen internationaler Kooperation

Das Grundgesetz teilt die Neutralität des Völkerrechts[136] hinsichtlich der Kooperation mit anderen Staaten nicht. Es stellt dem von ihm konstituierten Staat die Mitwirkung an fremden Hoheitsakten nicht frei, sondern gibt sie ihm dem Grunde nach auf. Zugleich begrenzt es diese Mitwirkung aber: Der internationale Bezug einer Maßnahme mag die verfassungsrechtlichen Bindungen des Staates lockern. Er stellt den Staat aber nicht vollständig von seinen verfassungsrechtlichen Bindungen frei. Auftrag und Wille zur internationalen Kooperation brechen sich vielmehr an indisponibler deutscher Verfassungssubstanz.

I. Mitwirkungsgebote der Verfassung

1. Entscheidung für die offene Staatlichkeit

39
Völkerrechtsfreundlichkeit

Das Grundgesetz ist geprägt durch die Grundsätze der Völkerrechtsfreundlichkeit[137] und durch internationale Offenheit[138]. Das ergibt sich aus einer

---

133 BGBl 1993 II, S. 1013.
134 Näher *Manfred Baldus*, Transnationales Polizeirecht, 2001, S. 263. Zu weiteren Beispielen für die Tätigkeit fremder Polizeikräfte siehe a.a.O., S. 118.
135 Nach BVerfGE 40, 141 (166 f.), wäre dies die Mindestvoraussetzung dafür gewesen, um die Ostverträge als nachträgliche Zustimmung und damit als (grundrechtsgebundene) Mitwirkung an vermögensentziehenden Maßnahmen durch die Sowjetunion und Polen qualifizieren zu können.
136 S. o. Rn. 1.
137 BVerfGE 111, 307 (317); 112, 1 (26); 123, 267 (344, 347); 128, 326 (365 ff.). → Oben *Tomuschat*, § 226 Rn. 4, 9.
138 BVerfGE 92, 26 (48). → Oben *Tomuschat*, § 226 Rn. 1 ff.

Zusammenschau der Präambel sowie der Art. 1 Abs. 2, 9 Abs. 2, 23 bis 26 GG, wobei Art. 24 GG eine besondere Bedeutung zukommt[139]. Eine von mehreren Ausprägungen dieser Entscheidung für eine offene Staatlichkeit[140] ist die Festlegung auf eine internationale Zusammenarbeit, die insbesondere in Art. 24 Abs. 1 GG zum Ausdruck kommt[141]. Über den unmittelbaren Regelungsgehalt dieser Vorschrift hinaus, der sich auf die Übertragung von Hoheitsrechten auf zwischenstaatliche Einrichtungen beschränkt, verpflichten die vorgenannten Vorschriften in ihrer Gesamtheit den Staat zur Kooperation auch mit anderen Staaten[142]. Die Zusammenarbeit in Form der Mitwirkung an fremden Rechtsakten ist daher nicht nur ein faktisches Erfordernis oder ein Gebot der Vernunft im Zeitalter der Globalisierung[143], sondern die Befolgung eines Verfassungsgebots. Zwar wird der Staat nicht verpflichtet, bestimmte Maßnahmen der Kooperation zu ergreifen. Art. 24 GG beläßt seinen Adressaten – ungeachtet aller Differenzen hinsichtlich seiner dogmatischen Einordnung als Staatsziel, Gestaltungsauftrag, Verfassungsziel etc.[144] – schon deshalb einen vergleichsweise großen Gestaltungsspielraum, weil internationale Kooperation dem jeweils anderen Staat nicht aufgezwungen werden kann. Sie ist auf Akzeptanz und Resonanz angewiesen[145]. Immerhin wäre jedoch ein Verharren unter dem Souveränitätspanzer[146] durch die Verweigerung jeder Zusammenarbeit mit anderen Staaten verfassungswidrig[147].

Gebotenheit internationaler Kooperation

Verfassungswidrigkeit der Kooperationsverweigerung

2. Entscheidung für die Europäische Integration

Detailliertere Maßstäbe lassen sich aus der Festlegung auf die Mitwirkung bei der Entwicklung der Europäischen Union in Art. 23 Abs. 1 S. 1 GG gewinnen. Die Vorschrift enthält zusammen mit der Präambel einen Integrationsauftrag, der den Grundsatz der offenen Staatlichkeit konkretisiert[148] und der die deutschen Staatsorgane auf den Grundsatz der Europarechtsfreundlichkeit[149] festlegt. Die Möglichkeit der Übertragung von Hoheitsrechten nach Art. 23 Abs. 1 S. 2 GG („kann") ist daher als Verpflichtung des Bundes zu verstehen[150]. Ebenso wie bei Art. 24 GG[151] bedeutet die Übertragung von Hoheits-

40
Kooperation in der EU

---

139 *Rudolf Streinz*, in: Sachs, ⁶2011, Art. 24 Rn. 6.
140 *Klaus Vogel*, Die Verfassungsentscheidung des Grundgesetzes für eine internationale Zusammenarbeit, 1964, S. 42. → Oben *Tomuschat*, § 226 Rn. 1 ff. Kritisch zur Annahme einer Verfassungsentscheidung für eine offene Staatlichkeit als Ergebnis einer Gesamtschau verschiedener Grundgesetzbestimmungen *Baldus* (N 134), S. 139 ff.
141 BVerfGE 58, 1 (41), im Anschluß an *Vogel* (N 140).
142 *Ondolf Rojahn*, in: v. Münch/Kunig, Bd. I, ⁶2012, Art. 24 Rn. 8.
143 *Stephan Hobe*, in: Karl Heinrich Friauf/Wolfram Höfling, Berliner Kommentar zum Grundgesetz, Loseblatt, Stand: Mai 2012, Art. 24 Rn. 6. → Oben *Puttler*, § 234 Rn. 1.
144 Nachweise bei *Streinz* (N 139), Art. 24 Rn. 8.
145 *Rojahn* (N 142), Art. 24 Rn. 9.
146 S. o. N 6.
147 Vgl. auch *Klaus Stern*, Staatsrecht, Bd. I, ²1984, S. 520.
148 *Robert Uerpmann-Wittzack*, in: v. Münch/Kunig, Bd. I, ⁶2012, Art. 23 Rn. 7.
149 BVerfGE 123, 267 (346).
150 *Uerpmann-Wittzack* (N 148), Art. 23 Rn. 7.
151 Dazu BVerfGE 37, 271 (280); 58, 1 (28); 59, 63 (90).

§ 239 *Einundzwanzigster Teil: Deutsches und internationales Recht*

<small>Zurücknahme der Gebietshoheit</small>

rechten die Zurücknahme des ausschließlichen territorialen Herrschaftsanspruchs Deutschlands, die der unmittelbaren Geltung und Anwendbarkeit eines Rechts aus anderer Quelle im staatlichen Herrschaftsbereich Raum läßt[152]. Damit ist nicht nur das Unionsrecht selbst gemeint. In dessen Wesen liegt es vielmehr begründet, daß es auch und gerade die Kooperation mit den übrigen Mitgliedstaaten vorsieht. Deutlichen Ausdruck findet dieser Gedanke in Art. 67 Abs. 3, 4 AEUV, nach denen die gegenseitige Anerkennung straf- und zivilrechtlicher Entscheidungen ein wichtiges Instrument der Zusammenarbeit im Raum der Freiheit, der Sicherheit und des Rechts (Art. 67 Abs. 1 AEUV) ist. Gemäß Art. 81 Abs. 1, 82 Abs. 1 AEUV beruht die justizielle Zusammenarbeit in Zivil- und in Strafsachen auf dem Grundsatz der gegenseitigen Anerkennung der betreffenden Entscheidungen; Art. 81 Abs. 2, 82 Abs. 2, 3 AEUV ermöglichen zu diesem Zweck Maßnahmen der Europäischen Union, die unter anderem in Zivilsachen die gegenseitige Anerkennung und die Vollstreckung von Entscheidungen sowie die Zustellung von Schriftstücken sowie in Strafsachen die Anerkennung von Urteilen und gerichtlichen Entscheidungen sicherstellen. Indem Art. 70 S. 1 AEUV Bewertungsmaßnahmen ermöglicht, die insbesondere die umfassende Anwendung des Grundsatzes der gegenseitigen Anerkennung fördern sollen, setzt die Vorschrift voraus, daß ein solcher Grundsatz Teil des Unionsrechts ist. Eine Beschränkung auf zivil- oder strafrechtliche Entscheidungen enthält die Norm nicht, so daß es zumindest möglich erscheint, sie auch auf Entscheidungen von Verwaltungsbehörden und -gerichten zu beziehen[153].

<small>Grundsatz der gegenseitigen Anerkennung</small>

3. Weitere Mitwirkungsgebote

41

<small>Grundrechtliche Mitwirkungspflichten</small>

Punktuell ergänzt werden diese grundlegenden Kooperationsgebote durch andere Vorschriften, die ebenfalls zur Mitwirkung an fremden Rechtsakten verpflichten können. Das ist speziell dort der Fall, wo die Versagung der Mitwirkung gegen Grundrechte verstößt[154]. Beispielsweise kann sich aus der allgemeinen Handlungsfreiheit des Art. 2 Abs. 1 GG ein Anspruch auf die Führung eines im Ausland erworbenen akademischen Grades ergeben[155], was sich als Form der Anerkennung verstehen läßt.

<small>152 *Streinz* (N 139), Art. 24 Rn. 60.
153 *Volker Röben*, in: Eberhard Grabitz/Meinhard Hilf/Martin Nettesheim, Das Recht der Europäischen Union, Loseblatt, Stand: September 2010, Art. 70 AEUV Rn. 9f.
154 Näher *Kment* (N 11), S. 460f.
155 BVerwG OVerwG, in: NVwZ 1988, S. 365, offengelassen von BVerwGE 39, 77 (78). S. auch BVerfGE 78, 179 (196ff.): Verstoß gegen Art. 2 Abs. 1 GG durch das Verbot, Ausländern eine Heilpraktikererlaubnis zu erteilen.</small>

II. Verfassungsrechtliche Grenzen der Mitwirkung

1. Prinzipielle Überlegungen

a) Mitwirkungsakte als verfassungsgebundene Ausübung deutscher Staatsgewalt

Bei allen Maßnahmen, die sich als Mitwirkung an ausländischen Rechtsakten qualifizieren lassen, handelt es sich um die Ausübung deutscher Staatsgewalt, die jedenfalls dem Grunde nach gemäß Art. 20 Abs. 3, Art. 1 Abs. 3 GG an das Grundgesetz einschließlich seiner Grundrechte gebunden ist. Der internationale Bezug eliminiert die Verfassungsbindung nicht. Auf einem anderen Blatt steht die im Anschluß zu erörternde Frage, ob und gegebenenfalls in welchem Umfang er sie modifiziert. Umgekehrt ist die ausländische öffentliche Gewalt, die den Rechtsakt erläßt, an dem deutsche Stellen mitwirken, nicht an die Verfassung gebunden[156]. Das Grundgesetz gilt prinzipiell nur für die von ihm verfaßte Staatsgewalt[157].

Anlaß zu einer anderen Beurteilung könnten höchstens die Fälle bieten, in denen die Mitwirkung in der Duldung bzw. Gestattung fremder Hoheitstätigkeit auf deutschem Staatsgebiet besteht. Die öffentliche Gewalt fremder Staaten wirkt hier unmittelbar in Deutschland gegenüber dem einzelnen Bürger. Das entspricht strukturell der Wirkung von Rechtsakten der Europäischen Union, deren Überprüfbarkeit am Maßstab deutscher Grundrechte das Bundesverfassungsgericht mit dem Argument begründet hat, sie berührten die Gewährleistungen des Grundgesetzes und die Aufgaben des Bundesverfassungsgerichts, die den Grundrechtsschutz in Deutschland und nicht nur gegenüber deutschen Staatsorganen zum Gegenstand hätten[158]. Diese Konzeption wirft die Frage auf, ob womöglich auch in Deutschland ausgeübte fremde Staatsgewalt als grundrechtsgebunden und (verfassungs-)gerichtlich überprüfbar anzusehen ist.

Aber selbst wenn man so weit nicht gehen will[159], greift es zu kurz, derartige Konstellationen unter Hinweis auf die Ausübung fremder Staatsgewalt für grundgesetzlich irrelevant zu halten. Immerhin ist es ein Akt deutscher hoheitlicher Gewalt, der den anderen Staat überhaupt erst in die Lage versetzt, im Inland tätig zu werden und auf grundrechtlich geschützte Rechtsgüter einzuwirken. Der Schutz dieser Güter aber obliegt dem Staat auf Grund der Schutzpflichtenfunktion der Grundrechte auch gegenüber Dritten, wozu neben Privaten fremde Hoheitsgewalt zählt[160]. Insofern wird zu Recht von einer umfassenden Verantwortung des Staates für die Vorgänge auf seinem Hoheitsgebiet[161] gesprochen. Sie hat zur Folge, daß der Staat die Ausübung

---

156 Speziell zur fehlenden Grundrechtsbindung BVerfGE 43, 203 (209); 57, 9 (23 f.).
157 BVerfGE 58, 1 (26).
158 BVerfGE 89, 155 (175).
159 Näher s. u. Rn. 77.
160 So offenbar *Josef Isensee*, Vorrang des Europarechts und deutsche Verfassungsvorbehalte – offener Dissens, in: FS für Klaus Stern, 1997, S. 1239 (1260).
161 *Uerpmann-Wittzack* (N 148), Art. 23 Rn. 25. → Bd. IX, *Isensee*, § 191 Rn. 208 f.

fremder Staatsgewalt im Inland nur unter bestimmten Bedingungen gestatten darf[162].

b) Lockerung der Verfassungsbindung bei grenzüberschreitenden Sachverhalten

45 *Offenheit als Grundhaltung* — Die danach bestehende Bindung jedenfalls der deutschen Staatsgewalt reicht freilich nicht so weit wie in Fällen ohne Auslandsbezug. Die Entscheidung des Grundgesetzes, die Kooperation mit anderen Staaten nicht nur zu gestatten, sondern sogar zu befördern, würde durch eine strikte Bindung des Staates an die Maßstäbe der Verfassung auch in diesem Bereich konterkariert. Die Offenheit des Grundgesetzes und seine völkerrechtsfreundliche Grundhaltung fordern Achtung vor fremden Rechtsordnungen und Rechtsanschauungen[163].

Kein strikter Vorrang des Grundgesetzes — Das schließt es aus, von einem Vorrangcharakter oder einer absoluten Geltung der eigenen (Verfassungs-)Rechtsordnung auszugehen[164], die Deutschland entgegen der Intention bereits des Art. 24 GG in etlichen Fällen die Fähigkeit nicht nur zur Beteiligung an zwischenstaatlichen Einrichtungen[165], sondern auch zur direkten Kooperation mit anderen Staaten nehmen würde. Das kann das Grundgesetz schon deshalb nicht beabsichtigen, weil die internationale Zusammenarbeit regelmäßig auf dem Prinzip der Gegenseitigkeit beruht.

Gegenseitigkeit — Die Verabsolutierung der eigenen Vorstellungen könnte also dazu führen, daß auch umgekehrt andere Staaten die Mitwirkung an deutschen Rechtsakten von deren Vereinbarkeit mit der eigenen Rechtsordnung abhängig machten, was die gegenseitige Unterstützung erheblich einschränken würde[166]. In Konstellationen, in denen die deutsche Rechtsordnung keine exklusive Gültigkeit beanspruchen kann, erhebt das Grundgesetz daher nur einen inhaltlich reduzierten Geltungsanspruch[167]. Das betrifft nicht allein die Grundrechte[168], sondern auch die übrigen verfassungsrechtlichen Bindungen, denen rein national ausgerichtetes Staatshandeln unterliegt[169].

Reduzierter Geltungsanspruch

46 *Lockerung grundgesetzlicher Bindungen durch Art. 23 GG* — Auf demselben Grundgedanken beruht die ausdrückliche Lockerung der verfassungsrechtlichen Bindungen für den Prozeß der europäischen Integration durch Art. 23 GG. Wenn jeder Mitgliedstaat auf Unionsebene die Realisierung grundlegender Strukturprinzipien gerade in der Ausprägung fordern würde, die sie in seiner eigenen Verfassung gefunden haben, wäre eine Ver-

---

162 *Uerpmann-Wittzack* (N 148), Art. 23 Rn. 25; vorsichtig („nicht gänzlich auszuschließen") in diese Richtung auch *Baldus* (N 134), S. 54.
163 BVerfGE 31, 58 (76); 75, 1 (17); 108, 129 (137); 108, 238 (248).
164 BVerfGE 18, 112 (120 f.).
165 BVerfGE 58, 1 (41).
166 Zu dieser Gefahr mit Blick auf den im gegenseitigen Interesse bestehenden zwischenstaatlichen Auslieferungsverkehr BVerfGE 108, 129 (137).
167 BVerfGE 92, 26 (41).
168 Dazu erstmals BVerfGE 31, 58 (76 f.).
169 BVerfGE 77, 170 (231 f.); 89, 155 (187): Geringere Anforderungen des rechtsstaatlich radizierten Parlamentsvorbehalts bei völkerrechtlichen Verträgen. Kritisch dazu *Otto Lagodny*, in: Wolfgang Schomburg/Otto Lagodny/Sabine Gleß/Thomas Hackner, Internationale Rechtshilfe in Strafsachen, ⁵2012, § 73 Rn. 14 ff.

ständigung auf eine konkrete Gestalt der Union nicht möglich[170]. Daher verlangt Art. 23 Abs. 1 S. 1 GG lediglich, daß die Europäische Union demokratischen, rechtsstaatlichen, sozialen und föderativen Grundsätzen verpflichtet ist. Eine Kongruenz mit den innerstaatlichen Vorgaben des Grundgesetzes wird damit nicht gefordert[171], allenfalls eine gewisse Homogenität[172]. Auch der durch die Europäische Union gewährleistete Grundrechtsschutz muß gemäß Art. 23 Abs. 1 S. 1 GG dem des Grundgesetzes lediglich im wesentlichen vergleichbar sein[173].

Homogenität statt Kongruenz

Als Grundlage für e contrario-Schlüsse des Inhalts, in anderen als den in Art. 23 GG geregelten Fällen sei die Verfassungsbindung trotz internationaler Bezüge nicht gelockert, eignet sich die Vorschrift nicht. Die Lockerung der grundgesetzlichen Maßstäbe in Fällen mit Auslandsbezug ist seit dem Spanier-Beschluß[174] anerkannt. Art. 23 Abs. 1 S. 1 GG ordnet sie im Interesse der Integrationsfähigkeit Deutschlands mit Blick auf die Europäischen Union eigens an[175], ohne ihr im übrigen eine Absage zu erteilen.

47
Kein e contrario-Schluß aus Art. 23 GG

c) Auch in Fällen mit Auslandsbezug unverzichtbare Anforderungen des Grundgesetzes

Die Rücknahme der verfassungsrechtlichen Maßstäbe geht freilich nicht unbegrenzt weit. Die Bindungen, denen die deutsche Hoheitsgewalt unterliegt, werden lediglich gelockert, nicht aber aufgehoben. Das Grundgesetz insgesamt und insbesondere seine Grundrechte machen vor Sachverhalten mit Auslandsberührung nicht halt[176]. In der Rechtsprechung des Bundesverfassungsgerichts läßt sich das zum Teil den vorstehend zitierten Formulierungen entnehmen, etwa der vom reduzierten Geltungsanspruch. Speziell für die Zustellung von Klagen, die Vollstreckung von Zahlungstiteln und für Auslieferungen wird die dem Grunde nach fortbestehende Bindung aber auch konkret benannt bzw. exemplifiziert.

48
Fortbestehende Grundgesetzbindung

Die Zustellung einer im Ausland erhobenen Klage muß sich an der allgemeinen Handlungsfreiheit gemäß Art. 2 Abs. 1 GG in Verbindung mit dem Rechtsstaatsprinzip messen lassen. Einen Verstoß gegen diesen Maßstab durch die Zustellung hält das Bundesverfassungsgericht unter dem Gesichtspunkt der Angemessenheit (Verhältnismäßigkeit im engeren Sinne) allenfalls in Fällen für möglich, in denen das mit der Klage angestrebte Ziel offensichtlich gegen unverzichtbare Grundsätze eines freiheitlichen Rechtsstaats verstößt, wie sie auch in internationalen Menschenrechtsübereinkommen verankert sind. Letztlich hat es die Frage aber selbst für derartige Konstellationen offengelassen. Im konkreten Fall ging es um eine Klage, die unter anderem

49
Zustellung von im Ausland erhobenen Klagen

---

170 *Uerpmann-Wittzack* (N 148), Art. 23 Rn. 12. → Bd. X, *Durner*, § 216 Rn. 5 ff., 18 ff., 26 ff.
171 *Streinz* (N 139), Art. 23 Rn. 21.
172 *Uerpmann-Wittzack* (N 148), Art. 23 Rn. 12. → Bd. X, *Durner*, § 216 Rn. 26.
173 → Bd. X, *Hufeld*, § 215 Rn. 52 ff.
174 BVerfGE 31, 58 (75 ff.).
175 *Uerpmann-Wittzack* (N 148), Art. 23 Rn. 26.
176 *Geimer* (N 7), § 328 Rn. 13.

auf Zahlung von Strafschadensersatz („punitive damages") gerichtet war. Zwar sieht das deutsche zivilrechtliche Sanktionssystem dieses Klageziel nicht vor. In einen fundamentalen Konflikt mit der deutschen Rechtsordnung gerät das Klageziel jedoch nicht. Die Zumutbarkeit der Zustellung selbst begründet das Gericht ergänzend mit der Überlegung, daß die Verurteilung zur Zahlung noch nicht zu diesem Zeitpunkt, sondern (allenfalls) nach Erlaß des Urteils feststehe. Dann aber könne der Zugriff auf inländisches Vermögen noch durch die Versagung der Urteilsanerkennung verhindert werden[177]. Eine Einschränkung des Rechtshilfeverkehrs schon im Moment der Zustellung sei um so weniger geboten, als in diesem Zeitpunkt der Ausgang des Verfahrens noch völlig offen sei[178]. Jedoch stellen auch spätere Korrekturmöglichkeiten den Staat bei der Mitwirkung an vorbereitenden Akten wie der Zustellung nicht vollständig von seinen grundgesetzlichen Bindungen frei. Mit Blick auf die Zustellung einer dem deutschen Recht fremden Sammelklage („class action") jedenfalls zweifelt das Bundesverfassungsgericht trotz der Möglichkeit einer späteren Versagung der Anerkennung des Urteils daran, ob deutsche Behörden in Fällen Rechtshilfe leisten dürfen, in denen schon die Zustellung einer ausländischen Klage gegen unverzichtbare Grundsätze des freiheitlichen Rechtsstaates verstößt. Einen derartigen Verstoß hält es dort für möglich, wo eine ausländische, im Klageweg geltend gemachte Forderung jedenfalls in ihrer Höhe ersichtlich keine substantielle Grundlage hat, sondern in einer offenkundig mißbräuchlichen Art und Weise genutzt wird, um mit publizistischem Druck und dem Risiko einer Verurteilung einen Marktteilnehmer gefügig zu machen. Dagegen soll die Erhebung der Klage in einer der deutschen Rechtsordnung unbekannten Verfahrensart noch kein Zustellungshindernis darstellen[179].

50 Wenn es um die Anerkennung, vor allem aber um die Vollstreckung ausländischer Entscheidungen geht, ist die Rechtsschutzgarantie des Art. 19 Abs. 4 GG von besonderer Bedeutung. Die Vorschrift gewährleistet ein Grundrecht auf wirksamen Rechtsschutz gegen Akte der öffentlichen Gewalt, soweit diese in Rechte des Betroffenen eingreifen[180]. Diese Voraussetzungen sind in den hier betrachteten Fällen erfüllt: Anerkennung und Vollstreckung stellen Akte deutscher öffentlicher Gewalt dar[181]; jedenfalls die Vollstreckung greift in Grundrechte des Betroffenen ein. Das löst den Anspruch aus Art. 19 Abs. 4 GG aus. Seine Erfüllung verlangt jedoch nicht zwingend, daß noch im Rahmen der Vollstreckung überprüft werden kann, ob die Voraussetzungen für den Erlaß des Titels vorlagen. Vielmehr reicht es aus, wenn gerichtlicher Rechtsschutz im Rahmen der Entstehung des Titels möglich war. Daher ist es bei rein innerstaatlichen Verfahren unbedenklich, wenn im Vollstreckungs-

---

177 BVerfGE 91, 335 (338 ff.).
178 BVerfGE 91, 335 (340).
179 BVerfGE 108, 238 (248 f.). Die zurückhaltenden Formulierungen sind der Tatsache geschuldet, daß die Entscheidung nur den Erlaß einer einstweiligen Anordnung betraf.
180 BVerfGE 113, 273 (310).
181 BVerfGE 63, 343 (375), unter Hinweis darauf, daß die Anerkennung und Vollstreckung ausländischer Hoheitsakte daher den Schutzbereich des Art. 19 Abs. 4 GG betreffen könnten.

verfahren die Richtigkeit des rechtskräftigen Urteils nicht mehr überprüft werden kann. Anders kann sich die Lage bei Vollstreckungstiteln aus dem Ausland darstellen. Zwar fordert Art. 19 Abs. 4 GG nicht, daß der im Rahmen der Titelentstehung mögliche Rechtsschutz dem deutschen Standard in jeder Hinsicht entspricht. Das Grundrecht läßt den Verzicht auf inhaltliche Kontrollmöglichkeiten im Vollstreckungsverfahren aber nur unter der Voraussetzung zu, daß der im Ausland mögliche Rechtsschutz ein Mindestmaß an Rechtsstaatlichkeit wahrt. Dazu gehört die Möglichkeit des Rechtswegs vor unabhängige und unparteiische Gerichte ebenso wie ein Mindestmaß an gehörigem Verfahren (insbesondere: die Gewährleistung rechtlichen Gehörs und rechtskundigen Beistands sowie eine hinreichende Prüfungs- und Entscheidungsmacht der Gerichte)[182].

<small>Mindestmaß an Rechtsstaatlichkeit</small>

Auslieferungen sind aus grundgesetzlicher Perspektive nur dann zulässig, wenn sie und die ihr zugrundeliegenden Akte mit dem nach Art. 25 GG in der Bundesrepublik verbindlichen völkerrechtlichen Mindeststandard und mit den unabdingbaren verfassungsrechtlichen Grundsätzen ihrer öffentlichen Ordnung vereinbar sind[183]. Zu den unabdingbaren verfassungsrechtlichen Grundsätzen zählt das Bundesverfassungsgericht den Kernbereich des aus dem Rechtsstaatsprinzip abzuleitenden Prinzips der Verhältnismäßigkeit. Ausgeliefert werden darf daher nicht, wenn die drohende Strafe unerträglich hart, also unter jedem denkbaren Gesichtspunkt unangemessen erschiene. Weiter soll zu den unabdingbaren Grundsätzen zählen, daß eine angedrohte Strafe nicht grausam, unmenschlich oder erniedrigend sein darf. Anders seien Fälle zu beurteilen, in denen die zu vollstreckende Strafe lediglich als in hohem Maße hart anzusehen ist und bei strenger Beurteilung anhand deutschen Verfassungsrechts nicht mehr als angemessen erachtet werden könnte[184].

<small>51
Auslieferungen

Unerträglich harte Strafe</small>

Zu den unabdingbaren Grundsätzen der Verfassung zählt konkret, daß niemand zum bloßen Gegenstand eines Verfahrens gemacht werden darf. Daher kann eine Auslieferung unzulässig sein, wenn der Angeklagte in Abwesenheit verurteilt wurde[185]. Im Gegensatz dazu soll die drohende Verhängung einer lebenslangen Freiheitsstrafe ohne die Möglichkeit einer Strafaussetzung zur Bewährung, die nach deutschem Recht nicht zulässig wäre[186], nicht dazu führen, daß eine Auslieferung gegen unabdingbare Verfassungsgrundsätze verstößt[187]. In einen noch sensibleren Bereich führt die Abgrenzung zwischen einer „nur" in hohem Maße harten Strafe einerseits und einer unerträglich harten Strafe andererseits, wenn aufenthaltsbeendende Maßnahmen trotz drohender Todesstrafe getroffen werden sollen. Deutschen Staatsorganen ist ihre Verhängung, Vollstreckung oder Aufnahme in den Sanktionenkatalog des Strafrechts durch Art. 102 GG untersagt[188]. Eine weitergehende Aussage

<small>52
Unabdingbare Grundsätze

Drohende Todesstrafe</small>

---

182 BVerfGE 63, 343 (377f.).
183 BVerfGE 63, 332 (337); 75, 1 (19); 108, 129 (136); 113, 154 (162). → Bd. X, *Weiß*, § 207 Rn. 21 ff.
184 BVerfGE 108, 129 (136f.).
185 BVerfGE 63, 332 (337f.).
186 BVerfGE 45, 187 (229ff.).
187 BVerfGE 113, 154 (161ff.).
188 BVerfGE 18, 112 (116). → Bd. VII, *Müller-Terpitz*, § 147 Rn. 63

der Vorschrift im Sinne eines strikten Verbots, trotz drohender Todesstrafe auszuliefern, hat das Bundesverfassungsgericht zunächst als unzulässige Verabsolutierung der grundgesetzlichen Entscheidung verneint[189]. Von dieser Haltung ist es später vorsichtig abgerückt[190]. Angesichts des mittlerweile erreichten Grund- bzw. Menschenrechtsstandards wird man aufenthaltsbeendende Maßnahmen trotz drohender Todesstrafe heute jedoch regelmäßig schon aus verfassungsrechtlicher Perspektive als unzulässig ansehen müssen[191]. Anders als noch zur Zeit der ersten einschlägigen Entscheidung des Bundesverfassungsgerichts kann inzwischen (nicht zuletzt auf Grund des 6. und des 13. Zusatzprotokolls zur EMRK) von einem gesamteuropäischen Grundsatz des Verbots der Todesstrafe ausgegangen werden[192]. Die Bedeutung dieses Grundsatzes auch für aufenthaltsbeendende Maßnahmen findet ebenso wie die prinzipielle Beurteilung der Todesstrafe Ausdruck in Art. 19 Abs. 2 GRCH, der die Auslieferung, Ausweisung und Abschiebung verbietet, sofern für den Betroffenen das ernsthafte Risiko der Todesstrafe, der Folter oder einer anderen unmenschlichen oder erniedrigenden Strafe oder Behandlung besteht. Diesen Maßstab wird man auch dem Grundgesetz entnehmen müssen. Anders als bei der Zustellung im Ausland erhobener Klagen[193] haben deutsche Staatsorgane nach einer einmal erfolgten Auslieferung auch keine Möglichkeit mehr, im weiteren Verlauf des Verfahrens auf dieses Einfluß zu nehmen, so daß bereits das ernsthafte Risiko der Todesstrafe ein Auslieferungshindernis darstellt.

Gesamteuropäische Ächtung der Todesstrafe

53

Indisponible Verfassungssubstanz

Alles in allem läßt sich der Rechtsprechung zwar kein vollständiges und in sich geschlossenes Regelwerk für die Bedeutung des Grundgesetzes bei der Mitwirkung an fremden Rechtsakten entnehmen[194]. Verallgemeinerungsfähig ist aber immerhin der Grundgedanke einer indisponiblen Verfassungssubstanz, deren Preisgabe das Grundgesetz auch auf die Gefahr von Einschränkungen der internationalen Kooperationsfähigkeit Deutschlands hin nicht gestattet. Ihr Inhalt sind jedenfalls[195] die Grundsätze, die die „Ewigkeitsklausel" des Art. 79 Abs. 3 GG dem Zugriff sogar des verfassungsändernden Gesetzgebers entzieht. Diese Grenze gilt nach Art. 23 Abs. 1 S. 3 GG sogar dann, wenn das Grundgesetz an die europäische Integration angepaßt wer-

Beachtung der „Ewigkeitsklausel"

---

189 BVerfGE 18, 112 (116 ff.).
190 BVerfGE 60, 348 (354), läßt die Frage, ob an der früheren Rechtsprechung festzuhalten sei, offen. Zumindest in Fällen, in denen hinreichender Schutz vor der Vollstreckung der Todesstrafe bestehe, stehe das Grundgesetz einer Auslieferung nicht entgegen.
191 So auch *Philip Kunig*, in: v. Münch/Kunig, Bd. II, [6]2012, Art. 102 Rn. 13; *Dieter Lorenz*, Recht auf Leben und körperliche Unversehrtheit, in: HStR VI, [2]1989, § 128 Rn. 27. Anders *Horst Dreier*, in: Dreier, Bd. III, [2]2008, Art. 102 Rn. 50 ff., der zwischen der Auslieferung einerseits und der Ausweisung bzw. Abschiebung andererseits unterscheidet und nur die letzteren wegen ihres innerstaatlichen Schwerpunkts bei drohender Todesstrafe für verfassungsrechtlich zwingend unzulässig hält. S. freilich auch BVerfGE 94, 115 (138): Daß in einem Staat die Todesstrafe für Taten schwersten Unrechtsgehalts angedroht und auch verhängt und vollstreckt wird, schließt die Bestimmung dieses Staates zum sicheren Herkunftsstaat i. S. v. Art. 16 a GG nicht aus.
192 *Christoph Degenhart*, in: Sachs, [6]2011, Art. 102 Rn. 1.
193 Dazu s. o. Rn. 49.
194 *Baldus* (N 134), S. 126.
195 Weiter *Karin Graßhof/Ralph Backhaus*, Verfassungsrechtliche Gewährleistungen im Auslieferungsverfahren, in: EuGRZ 1996, S. 445 (448 f.); für eine Beschränkung auf die Grundsätze des Art. 79 Abs. 3 GG hingegen *Dreier* (N 191), Art. 102 Rn. 54.

den soll[196]. In anderen Fällen der Kooperation ist sie folglich erst recht zu beachten.

2. Wahrung der unverzichtbaren verfassungsrechtlichen Mitwirkungsgrenzen durch Vorbehaltsklauseln

Diesen verfassungsrechtlichen Grenzen der Mitwirkung trägt das einfache Recht durch unterschiedliche Regelungen Rechnung, die die Kooperation mit anderen Staaten nicht bedingungslos vorsehen oder zulassen, sondern von bestimmten Voraussetzungen abhängig machen.

54 Mitwirkungsvoraussetzungen im einfachen Recht

Speziell die Ordre public-Vorbehalte[197] bzw. die diesen entsprechenden Klauseln ermöglichen es den für den konkreten Mitwirkungsakt zuständigen deutschen Hoheitsträgern, die Mitwirkung jedenfalls in den Fällen zu verweigern, in denen sie verfassungsrechtlich unzulässig wäre[198]. Zwar besteht Einigkeit darüber, daß die Ordre public-Vorbehalte eng auszulegen sind[199]. Das hindert den Rechtsanwender jedoch nicht daran, in Fällen, in denen die Mitwirkung aus Sicht des Grundgesetzes ungeachtet aller Rücksichtnahme auf die internationalen Beziehungen als nicht mehr tragbar erscheint, eine offensichtliche Unvereinbarkeit mit wesentlichen Grundsätzen des deutschen Rechts anzunehmen, was beispielsweise nach § 328 Abs. 1 Nr. 4 ZPO die Anerkennung eines ausländischen Urteils ausschließt. Soweit diese Vorschrift – wie andere Vorbehaltsklauseln auch – als Beispiel für die Verletzung des deutschen ordre public die Unvereinbarkeit des Mitwirkungsaktes mit den Grundrechten nennt, geht sie ihrem Wortlaut nach über den grundgesetzlich geforderten Minimalvorbehalt sogar hinaus. Die Formulierung ließe sich auch so verstehen, daß die Mitwirkung schon dann unzulässig ist, wenn die den einzelnen letztlich treffenden Maßnahmen bei rein innerstaatlichen Sachverhalten gegen Grundrechte verstoßen würden. Daß das bei Fällen mit Auslandsbezug gerade nicht verlangt wird, erhellt schon daraus, daß Auslieferungen ausdrücklich selbst dann nicht unzulässig sind, wenn die zu erwartenden Sanktionen nach deutschen grundrechtlichen Maßstäben nicht verhängt werden dürften[200]. Die grundrechtlich tatsächlich geforderte Grenze für Mitwirkungsakte wird daher auch bei einer restriktiven Auslegung des Merkmals der Unvereinbarkeit mit Grundrechten noch gewahrt. Als Verstoß anerkannt sind beispielsweise gravierende Verletzungen des rechtlichen Gehörs[201].

55 Ordre public-Vorbehalte

Wesentliche Grundsätze des einfachen Rechts

Deutsche Grundrechtsmaßstäbe

Bedeutung kommt Ordre public-Vorbehalten auch für die Beachtung der Anforderungen des Art. 19 Abs. 4 GG zu. Speziell im Fall der Vollstreckung eines ausländischen Zahlungstitels ermöglichen sie eine zusätzliche gerichtli-

56 Bedeutung der Vorbehalte für Art. 19 Abs. 4 GG

---

196 BVerfGE 123, 267 (348). → Bd. II, *P. Kirchhof*, § 21 Rn. 52. → Bd. X, *Weiß*, § 207 Rn. 22; *Hufeld*, § 215 Rn. 62; *Durner*, § 216 Rn. 18 ff.
197 S. o. Rn. 6, 9.
198 *Ohler* (N 1), S. 165 f. Zu den Ordre public-Vorbehalten als Grenze internationaler Offenheit s. auch *Menzel* (N 128), S. 813 ff.
199 *Schütze* (N 22), § 328 Rn. 57.
200 S. o. Rn. 51 f.
201 BGHZ 182, 188 ff.

che Überprüfung noch im Vollstreckungsverfahren. Sie können so zur Kompensation von Rechtsschutzdefiziten im Herkunftsstaat des Titels beitragen, auf Grund derer die Rechtsschutzgarantie eine Vollstreckung an sich nicht zulassen würde. In Fällen, in denen das von Art. 19 Abs. 4 GG geforderte Mindestmaß an Rechtsschutz[202] im Ausland nicht generell gewährleistet erscheint, setzt die Vollstreckbarkeit ausländischer Titel daher regelmäßig einen Vorbehalt der öffentlichen Ordnung voraus[203].

57
Schwächere Vorbehaltsklauseln

Die verfassungsrechtlichen Vorgaben können aber auch dort eingehalten werden, wo Vorbehaltsklauseln in den Rechtsgrundlagen der Mitwirkungsakte weniger weit reichen als vollumfängliche Ordre public-Vorbehalte wie in § 328 Abs. 1 Nr. 4 ZPO. Ein Beispiel ist Art. 13 Abs. 1 HZÜ. Nach der Vorschrift ist die Zustellung einer im Ausland erhobenen Klage in Deutschland nicht schon bei einem bloßen Verstoß des Klagebegehrens gegen den innerstaatlichen ordre public unzulässig, sondern erst bei einer darüber hinausgehenden

Gefährdung von Hoheitsrechten

Gefährdung von Hoheitsrechten[204]. Das trägt den vergleichsweise geringen Anforderungen des Grundgesetzes an Zustellungen[205] jedoch hinreichend Rechnung. Daher hat das Bundesverfassungsgericht zu Recht festgestellt, die Maßstäbe des Grundgesetzes würden durch Art. 13 Abs. 1 HZÜ in das Übereinkommen aufgenommen[206].

58
Verbot von strafrechtlicher Rechtshilfe

Eine entsprechende Rolle kommt im Anwendungsbereich des Gesetzes über internationale Rechtshilfe in Strafsachen (IRG) dessen § 73 zu. Sein S. 1 verbietet – ebenso wie entsprechende Klauseln im vertraglichen Rechtshilfeverkehr – die Leistung strafrechtlicher Rechtshilfe, wenn sie wesentlichen Grundsätzen der deutschen Rechtsordnung widersprechen würde[207]. Das ermöglicht insbesondere die Ablehnung grundrechtswidriger Rechtshilfemaßnahmen. Bedeutsam wird das beispielsweise im Zusammenhang mit der Aus-

Auslieferung bei drohender Todesstrafe

lieferung bei drohender Todesstrafe. Nach § 8 IRG ist die Auslieferung an einen Staat, nach dessen Recht die in Rede stehende Tat mit der Todesstrafe bedroht ist, nur zulässig, wenn der ersuchende Staat zusichert, daß die Todesstrafe nicht verhängt oder nicht vollstreckt wird. Sofern man – wofür zumindest vieles spricht [208] – eine Auslieferung bei drohender Todesstrafe für verfassungsrechtlich unzulässig hält, ist § 8 IRG insofern nicht strikt genug formuliert, als er nach seinem Wortlaut („zusichert") womöglich schon eine politische Absichtserklärung des um Auslieferung ersuchenden Staates genügen läßt. Auch die Entstehungsgeschichte der Vorschrift spricht dafür, daß die geforderte Zusicherung keine völkerrechtlich verbindliche Erklärung sein muß: Die Bundesregierung hatte in ihrer Begründung zum Entwurf des

---

202 → Bd. VIII, *Papier*, § 177 Rn. 57 ff., 90 ff. Zu den in Fällen mit Auslandsbezug abgeschwächten Anforderungen aus Art. 19 Abs. 4 GG s.o. Rn. 50.
203 So zu Recht BVerfGE 63, 343 (378).
204 Dazu s.o. Rn. 21.
205 S.o. Rn. 49.
206 BVerfGE 108, 238 (250). Bejaht wurde die Verfassungsmäßigkeit der Vorschrift schon zuvor durch BVerfGE 91, 335 (339 ff.).
207 S.o. Rn. 27.
208 S.o. Rn. 52.

Gesetzes über internationale Rechtshilfe in Strafsachen noch auf die erste, tendenziell auslieferungsfreundliche Entscheidung des Bundesverfassungsgerichts Bezug genommen und ausgeführt, eine restriktive Interpretation könne gerade im Verhältnis zu Rechtsstaaten, deren Verfassungsordnungen der deutschen vergleichbar seien, zu Schwierigkeiten führen. Es gebe zahlreiche beachtliche, aus dem jeweiligen nationalen Recht folgende Gründe, die es einem Staat verwehren könnten, eine rechtsförmliche Zusicherung der Nichtverhängung bzw. -vollstreckung der Todesstrafe abzugeben. Ob eine als ausreichend erachtete Zusicherung vorliege, werde daher nur an Hand der Umstände des Einzelfalls festgestellt werden können. Sie werde sich unter Umständen auch aus einer Verpflichtungserklärung des ersuchenden Staates ergeben können, auf die Nichtvollstreckung der Todesstrafe hinzuwirken, wenn auf Grund der mit diesem Staat gesammelten Erfahrungen die sichere Erwartung begründet sei, daß die Vollstreckung tatsächlich unterbleibe[209]. Nimmt man an, dieses Maß an Sicherheit bleibe hinter den grundgesetzlichen Anforderungen zurück, bieten sich zwei Lösungen an: Entweder legt man § 8 IRG verfassungskonform dahingehend aus, daß als Zusicherung nur eine völkerrechtlich verbindliche Erklärung des ersuchenden Staates genügt, welche die Vollstreckung der Todesstrafe ausschließt[210]. In dieser Lesart wäre § 8 IRG ein Beispiel für einen Vorbehalt, der nur – aber immerhin – bei verfassungskonformer Auslegung sicherstellt, daß das einfache Recht den grundgesetzlichen Anforderungen genügt. Oder man zieht § 73 S. 1 IRG heran: Wenn und weil diese Vorschrift auch für den Bereich der Auslieferung gilt[211], erscheint es denkbar, die Zulässigkeit einer Auslieferung bei einer nicht hinreichend verbindlichen Erklärung über das Absehen zumindest von der Vollstreckung der Todesstrafe nicht auf Grund von § 8 IRG, sondern von § 73 S. 1 IRG zu verneinen. In jedem Fall bietet das einfache Recht die Möglichkeit, die verfassungsrechtlichen Grenzen der Rechtshilfe zu berücksichtigen.

Zugesicherter Ausschluß der Todesstrafe

Auslegung des § 8 IRG

Das gilt – jedenfalls derzeit noch – auch im Verhältnis zu anderen EU-Mitgliedstaaten. Rechtshilfe ist hier nach § 73 S. 2 IRG unzulässig, wenn ihre Erledigung im Widerspruch zu den in Art. 6 EUV enthaltenen Grundsätzen stünde. Ungeachtet der Frage, ob es sich dabei um eine statische Verweisung handelt, die sich auf Art. 6 EUV a. F. bezieht, oder um eine dynamische Verweisung, deren Bezugsobjekt die aktuelle Fassung der Vorschrift ist[212], hat die Norm zur Folge, daß durch die Erledigung der Rechtshilfeersuchen nicht gegen die Europäische Menschenrechtskonvention verstoßen werden darf[213]. Regelmäßig werden damit zugleich die Mindestanforderungen des Grundgesetzes gewahrt sein.

59
Rechtshilfe innerhalb der EU

---

209 BT-Drs 9/1338, S. 43. In der Gesetzesvorlage war die mit dem heutigen § 8 IRG identische Norm noch als § 7 IRG vorgesehen.
210 Dafür *Kunig* (N 191), Art. 102 Rn. 15.
211 BVerfGE 75, 1 (19).
212 Offengelassen von OLG Stuttgart, in: StV 2010, S. 262.
213 *Lagodny* (N 169), § 73 IRG Rn. 109.

60

Grenzüberschreitende Ahndung von Verkehrsdelikten

Schuldprinzip

Zwingend ist dieser Schluß jedoch nicht, wie ein aktuelles Beispiel zeigt. In mehreren EU-Mitgliedstaaten gilt für Verstöße gegen Straßenverkehrsvorschriften die Halterhaftung. In Deutschland wäre sie mit dem Schuldprinzip unvereinbar, das zu den nach Art. 79 Abs. 3 GG unverfügbaren Grundsätzen der verfassungsmäßigen Ordnung gehört[214]. Gleichwohl hat der Europäische Gerichtshof für Menschenrechte die Halterhaftung zumindest in bestimmten Konstellationen für vereinbar mit der Europäischen Menschenrechtskonvention gehalten[215]. Für Deutschland stellt das trotz der Vollstreckbarkeit von Geldsanktionen aus anderen EU-Mitgliedstaaten, die in Umsetzung des RbGeld mittlerweile eingeführt wurde[216], derzeit allenfalls wegen § 87b Abs. 3 Nr. 9 IRG kein Problem dar: Nach der Norm ist die Vollstreckung unzulässig, wenn der Betroffene in dem ausländischen Verfahren keine Gelegenheit zu der Einwendung hatte, für die der Entscheidung zugrundeliegende Handlung nicht verantwortlich zu sein, und dies gegenüber der Bewilligungsbehörde geltend macht. Mit dieser speziellen Vorbehaltsklausel trägt der nationale Gesetzgeber nach überwiegender Auffassung den grundgesetzlichen Grenzen internationaler Kooperation hinreichend Rechnung[217]. Das erschien zunächst nicht ausgemacht: Der RbGeld sieht derartige Vorbehalte gerade nicht vor. Daher war der Rahmenbeschluß zunächst, als die Modalitäten der deutschen Umsetzung noch nicht feststanden, dezidierter und berechtigter Kritik der strafrechtlichen Literatur ausgesetzt[218].

3. Frage nach der Wahrung der verfassungsrechtlichen Grenzen in Fällen ohne Vorbehaltsklauseln

61

Bedingungslose Mitwirkungspflichten

Als noch problematischer erweisen sich zwangsläufig Situationen, in denen die normative Grundlage des Mitwirkungsaktes gerade keinen Vorbehalt mehr enthält, der die deutschen Hoheitsträger unter bestimmten Umständen zur Verweigerung der Kooperation berechtigt. Das ist bei Rechtsakten aus anderen EU-Mitgliedstaaten bereits in einer Reihe von Regelungen der Fall[219]. Die Mitwirkung darf bzw. dürfte hier nicht einmal in den „ganz krassen Fällen"[220] versagt werden, in denen die Ordre public-Klauseln oder vergleichbare Bestimmungen die Beteiligung deutscher Stellen an solchen Akten verhindern, deren Unterstützung die Verfassung ungeachtet ihres Auslandsbezugs verbietet. Unproblematisch wäre dies nur, wenn entweder das Grundgesetz die Beteiligung an Akten anderer EU-Mitgliedstaaten ohne jeden

---

214 BVerfGE 123, 267 (413).
215 OLG Köln, in: NZV 2012, S. 451 f., unter Hinweis auf EGMR, Beschl. v. 19. 10. 2004, Az. 66273/01.
216 S. o. Rn. 26.
217 OLG Köln, in: NZV 2012, S. 451 f.; *Volker Lempp*, in: Carsten Krumm/Volker Lempp/Sebastian Trautmann, Das neue Geldsanktionengesetz, 2010, § 87b IRG Rn. 33. A. A. *Bernd Schünemann*, Die Karawane zur Europäisierung des Strafrechts zieht weiter, in: ZIS 2010, S. 515 (521).
218 *Detlef Otto Bönke*, Grenzüberschreitende Ahndung von Verkehrsverstößen: Das EU-Übereinkommen zur Vollstreckung von Geldstrafen und Geldbußen, in: NZV 2006, S. 19 (23).
219 S. o. Rn. 16 f.
220 So wörtlich *Geimer* (N 7), § 328 Rn. 210, zum ohnehin kleinen Anwendungsbereich des Ordre public-Vorbehalts nach § 328 Abs. 1 Nr. 4 ZPO.

Vorbehalt zulassen würde oder wenn sichergestellt wäre, daß Rechtsakte aus anderen Mitgliedstaaten der Europäischen Union nicht gegen die verbleibenden Vorbehalte des Grundgesetzes verstoßen könnten. Beides ist jedoch nicht der Fall.

a) Kein vollständiger Dispens durch Art. 23 GG

Auch Art. 23 GG enthält keine umfassende Freistellung von den Anforderungen des Grundgesetzes. Das EU-Recht selbst genießt zwar grundsätzlich Anwendungsvorrang vor nationalem Recht. Jedoch wird dieser Vorrang durch das Grundgesetz begrenzt. Diese Grenzen wirken sich auch im hier betrachteten Kontext aus: Die auf EU-Recht beruhende Pflicht zur Mitwirkung an fremden Rechtsakten endet jedenfalls dort, wo sich das EU-Recht selbst nicht gegenüber nationalem Recht durchsetzen könnte.

62
Anwendungsvorrang und Mitwirkungspflicht

Begrenzt wird der Anwendungsvorrang des EU-Rechts zunächst durch die Kompetenzen der EU-Organe. Neben dem primär zuständigen Europäischen Gerichtshof kann unter engen Voraussetzungen zumindest theoretisch[221] auch das Bundesverfassungsgericht befugt sein, Ultra vires-Handlungen die Wirksamkeit in Deutschland abzusprechen[222]. Eine weitere Grenze des Anwendungsvorrangs kann sich aus den Grundrechten des Grundgesetzes ergeben[223]. Damit sie zum Maßstab für die Überprüfung europäischer Rechtsakte durch das Bundesverfassungsgericht würden, müßte jedoch dargelegt werden, daß der nach dem Grundgesetz unabdingbar gebotene Grundrechtsschutz generell nicht mehr gewährleistet ist[224]. Und schließlich darf das Bundesverfassungsgericht prüfen, ob das EU-Recht den unantastbaren Kerngehalt der Verfassungsidentität des Grundgesetzes nach Art. 23 Abs. 1 S. 3 in Verbindung mit Art. 79 Abs. 3 GG wahrt[225], zu der die in Art. 79 Abs. 3 GG für unantastbar erklärten Grundsätze der Art. 1 und 20 GG zählen, unter anderem also das Rechtsstaatsprinzip[226].

63
Kompetenzen, Grundrechte, Verfassungsidentität

Ultra vires-Vorbehalt

b) Frage nach der Gleichwertigkeit der Rechtsakte anderer EU-Mitgliedstaaten

Das wäre unproblematisch, wenn sichergestellt wäre, daß Rechtsakte aus anderen EU-Mitgliedstaaten diesen Mindeststandards in jedem Fall genügen. Eben davon gehen die EU-Organe auch aus. In den Erwägungsgründen zur EuVTVO[227] bzw. zur EuMahnVO[228] heißt es ausdrücklich, gegenseitiges Vertrauen in die ordnungsgemäße Rechtspflege in den Mitgliedstaaten rechtfer-

64
Prämisse der Gleichwertigkeit

---

221 Zur geringen praktischen Relevanz *Burkhard Schöbener*, Das Verhältnis des EU-Rechts zum nationalen Recht der Bundesrepublik Deutschland, in: JA 2011, S. 885 (891). → Bd. X, *Durner*, § 216 Rn. 9, 11.
222 Eingehend BVerfGE 126, 286 (302 ff.). → Bd. X, *P. Kirchhof*, § 214 Rn. 48, 54, 63, 159, 189.
223 Zunächst BVerfGE 37, 271 (285); später BVerfGE 73, 339 (387), 89, 155 (175).
224 BVerfGE 102, 147 (164).
225 BVerfGE 123, 267 (353 f.).
226 BVerfGE 123, 267 (343).
227 Dazu näher s. o. Rn. 16.
228 Dazu näher s. o. Rn. 17.

tige es, daß das Gericht nur eines Mitgliedstaats beurteile, ob alle Voraussetzungen für die Bestätigung der Entscheidung als europäischer Vollstreckungstitel bzw. den Erlaß eines europäischen Zahlungsbefehls vorlägen und die Vollstreckung in allen Mitgliedstaaten möglich sei, ohne daß im Vollstreckungsmitgliedstaat zusätzlich von einem Gericht geprüft werden müsse, ob die prozessualen Mindestvorschriften eingehalten worden seien[229].

65
Kein gleichwertiger Rechtsschutz in allen EU-Staaten

Die zivilprozessuale Literatur und die Rechtsprechung teilen diesen Optimismus nicht. Zwar besteht Konsens darüber, daß die Regelungen unter der Prämisse eines europaweit gleichwertigen Rechtsschutzes unbedenklich wären[230]. Diese Gleichwertigkeit aber sieht zumindest eine große Zahl von Stimmen als bloße Fiktion an, die einer Überprüfung am Maßstab der Realität nicht standhält[231]. Der vollständige Verzicht auf Kontrollmöglichkeiten nach dem Muster der tradierten Ordre public-Klauseln wird als verfassungswidrig eingestuft[232].

66
Mögliche Verfassungswidrigkeit der Mitwirkung

Diese Einschätzung erweist sich im Lichte der – zustimmungswürdigen – Rechtsprechung des Bundesverfassungsgerichts als berechtigt. Sicherlich werden die Rechtsakte anderer EU-Mitgliedstaaten regelmäßig so beschaffen sein, daß das Grundgesetz einer Mitwirkung deutscher Hoheitsgewalt nicht entgegensteht. Zwingend ist dieser Schluß jedoch nicht: Die EU-Mitgliedschaft des anderen Staates mag ein starkes Indiz für die Verfassungsmäßigkeit der Mitwirkung sein. Sie schließt die Verfassungswidrigkeit des Mitwirkungsaktes jedoch nicht a priori aus. Zwar werden die Grundlagen der Beteiligungspflichten regelmäßig keine Ultra vires-Handlungen der sie erlassenden EU-Organe darstellen. Verpflichtungen selbst zur vorbehaltlosen Mitwirkung werden durch das Integrationsprogramm speziell der Art. 67 ff. AEUV und durch die dortigen Handlungsermächtigungen gedeckt. Relevant werden können jedoch die Aspekte des Grundrechtsschutzes und der Verfassungsidentität.

67
Minimaler Grundrechtsstandard

Wenn es noch nicht einmal a priori ausgeschlossen ist, daß Rechtsakte der Europäischen Union selbst gegen den unabdingbaren Grundrechtstandard

---

229 Erwägungsgrund 18 der EuVTVO, Erwägungsgrund 27 der EuMahnVO.
230 So etwa *Weber* (N 72), S. 35, für die EuVTVO.
231 *Astrid Stadler*, Das Europäische Zivilprozessrecht – Wie viel Beschleunigung verträgt Europa?, in: IPRax 2004, S. 2 (7); *Christian Kohler*, Systemwechsel im europäischen Anerkennungsrecht: Von der EuGVVO zur Abschaffung des Exequaturs, in: Jürgen Bauer/Heinz-Peter Mansel, Systemwechsel im europäischen Kollisionsrecht, 2002, S. 147 (156). Konkret wird *Schünemann* (N 217), S. 518, mit dem Hinweis, in der seriösen Presse werde regelmäßig festgestellt, daß sich namentlich Bulgarien und Rumänien den sonst in Europa üblichen Standards in der Rechtspflege nicht ernsthaft angepaßt hätten. Auf Mißstände in Form von Korruption in der Justiz dieser beiden Länder weist auch *Eva-Maria Kieninger*, Die Abschaffung des Vollstreckbarerklärungsverfahrens in der EuGVVO und die Zukunft des Verbraucherschutzes, in: VuR 2011, S. 243 (248), hin.
232 *Kohler* (N 231), S. 159 ff.; *Haimo Schack*, Die Entwicklung des europäischen Internationalen Zivilverfahrensrechts – aktuelle Bestandsaufnahme und Kritik, in: FS für Dieter Leipold, 2009, S. 317 (333); für den ursprünglich geplanten Verzicht auf einen derartigen Vorbehalt in der EuGVVO ebenso *Schütze* (N 22), § 328 Rn. 157. Ebenso – wenn auch zwangsläufig ohne Bezugnahme auf die neueren EU-Verordnungen – *Reinhold Geimer*, Anerkennung ausländischer Entscheidungen in Deutschland, 1995, S. 18 f. Anders hingegen *Anja Heringer*, Der europäische Vollstreckungstitel für unbestrittene Forderungen, 2007, S. 86 f., die die Verpflichtung der anderen Mitgliedstaaten auf rechtsstaatliche Grundsätze und Menschenrechte für ausreichend hält. Den Beklagtenschutz hält sie mit dem bemerkenswerten Argument für verzichtbar, für ein vereintes Europa müßten auch Opfer gebracht werden.

des Grundgesetzes verstoßen, sind auch (bzw. erst recht) mitgliedstaatliche Rechtsakte vorstellbar, die hinter diesem Standard zurückbleiben, so daß das Grundgesetz eine Mitwirkung deutscher Hoheitsträger nicht zuläßt[233]. Im übrigen bestätigt seit neuestem auch der Europäische Gerichtshof zumindest mittelbar diese Sichtweise: Er nimmt an, hinsichtlich der Beachtung der Grundrechte von Asylbewerbern in anderen Mitgliedstaaten bestehe nach der sogenannten Dublin II-Verordnung[234] lediglich eine widerlegliche Vermutung; einer unwiderleglichen Vermutung stehe das Unionsrecht entgegen[235].

Widerlegliche Vermutung

Jedenfalls vorstellbar ist zudem eine Verletzung des unantastbaren Kerngehalts grundgesetzlicher Verfassungsidentität, zu der – wie bereits angesprochen[236] – die in Art. 79 Abs. 3 GG für änderungsfest erklärten Grundsätze der Art. 1 und 20 GG einschließlich des Rechtsstaatsprinzips zählen. In seiner Entscheidung zum Europäischen Haftbefehl hat das Bundesverfassungsgericht zutreffend ausgeführt, es gebe schon wegen Art. 6 Abs. 1 EUV eine Grundlage für gegenseitiges Vertrauen, daß der Grundsatz der Rechtsstaatlichkeit geachtet werde. Zugleich führt es jedoch aus, bei nachhaltiger Erschütterung des Vertrauens in die Rechtsstaatlichkeit der allgemeinen Verfahrensbedingungen in einem Mitgliedstaat müsse der Gesetzgeber reagieren[237]. Damit bejaht es die Möglichkeit einer Verfehlung rechtsstaatlicher Maßstäbe, die auch einer Mitwirkung deutscher Staatsgewalt in den hier interessierenden Verfahren entgegenstehen können. Als Beispiel läßt sich die Gefahr der Verletzung des rechtlichen Gehörs anführen, die bei einem Gerichtsverfahren in einem anderen Staat und in einer dem Beklagten womöglich nicht geläufigen Sprache besonders groß ist. Die Vollstreckung entsprechender Entscheidungen ließe sich durch eine im Vollstreckungsstaat zu prüfende Ordre public-Klausel verhindern – was freilich ausscheidet, wenn es an einer derartigen Klausel fehlt[238].

68
Mögliche Verletzung der Verfassungsidentität

Grundlage für gegenseitiges Vertrauen

Daraus ergibt sich ein weiteres Problem, das namentlich die Vollstreckung ausländischer Titel betrifft. Die Vorbehaltsklausel wäre der Maßstab, an dem noch im Vollstreckungsverfahren das Zustandekommen des Titels geprüft werden könnte. Wenn es keine derartige Klausel gibt, steht dem betroffenen Bürger daher konsequenterweise auch kein fachgerichtlicher Rechtsschutz zur Verfügung, mit dem er Grundrechts- oder Rechtsstaatsmängel im Herkunftsstaat des jeweiligen Rechtsaktes geltend machen könnte. Für den Vollstreckungsschuldner etwa, in dessen Vermögen in Deutschland auf Grund eines europäischen Vollstreckungstitels vollstreckt wird, sehen §§ 1082 ff. ZPO keinen Rechtsbehelf vor. Nach der Rechtsprechung des Bundesverfassungs-

69
Vorbehaltsklausel als Maßstab

Bedenken im Hinblick auf Art. 19 Abs. 4 GG

---

[233] In diese Richtung auch *Rolf Wagner*, Beibehaltung oder Abschaffung des Vollstreckbarerklärungsverfahrens in der EuGVVO, in: RIW 2011, S. 44 (46), der auf die große Zahl von Fällen hinweist, in denen der EGMR Verstöße namentlich gegen Art. 6 EMRK feststellt.
[234] Verordnung 343/2003/EG v. 18.2.2003 (ABl L 50, S. 1 ff.).
[235] EuGH, in: EuGRZ 2012, S. 24 ff.
[236] S.o. Rn. 63.
[237] BVerfGE 113, 273 (299).
[238] *Weber* (N 72), S. 34 f., unter Hinweis auf die Bedeutung von Ordre public-Klauseln als „Notbremse" unter anderem für derartige Fälle.

gerichts wäre eine solche Situation mit der Rechtsschutzgarantie des Art. 19 Abs. 4 GG nur vereinbar, wenn hinreichender Rechtsschutz im Herkunftsstaat des Titels *generell* gewährleistet erschiene[239]. Das aber ist nach hier vertretener Auffassung gerade nicht der Fall. Der Verzicht auf Rechtsbehelfsmöglichkeiten begegnet daher im Lichte des Art. 19 Abs. 4 GG erheblichen Bedenken.

c) Konsequenzen der Verfassungswidrigkeit vorbehaltloser Mitwirkungspflichten

70
Konfliktlösung als offene Frage

Nach alledem kann sich schon heute die Situation ergeben, daß Vorschriften der Europäischen Union deutsche Hoheitsträger zu einer Mitwirkung an fremden Rechtsakten zwingen, die ihnen von Grundgesetzes wegen versagt ist. Das Vertrauen der Unionsorgane in die Vergleichbarkeit der Rechtsschutzsysteme läßt erwarten, daß die Zahl derartiger Konstellationen in Zukunft noch deutlich zunehmen wird. Wie dieser Konflikt zwischen EU-Recht und nationalem Verfassungsrecht zu bewältigen ist, ist vom Bundesverfassungsgericht noch nicht entschieden worden.

71
Verfassungsbeschwerde gegen den Mitwirkungsakt

In Ermangelung fachgerichtlicher Rechtsschutzmöglichkeiten kann der Betroffene derzeit allenfalls Verfassungsbeschwerde gegen den Mitwirkungsakt (im Beispiel: die Vollstreckungsmaßnahme) einlegen. Die bisherige Rechtsprechung des Bundesverfassungsgerichts muß der Zulässigkeit einer derartigen Beschwerde nicht entgegenstehen: Die Darlegung, der nach dem Grundgesetz unabdingbar gebotene Grundrechtsschutz sei generell nicht mehr gewährleistet, wird nur für Anträge verlangt, die sich unmittelbar gegen EU-Rechtsakte richten. Das wäre hier nicht der Fall. Zudem beruht dieses Erfordernis darauf, daß auf EU-Ebene mittlerweile ein hinreichender Grundrechtsschutz erreicht ist an dessen Maßstab EU-Rechtsakte gemessen werden können. In den hier betrachteten Fällen öffnet das EU-Recht die deutsche Rechtsordnung jedoch für mitgliedstaatliche Rechtsakte. Richtigerweise wäre insofern allenfalls auf den adäquaten Grundrechtsschutz im jeweiligen Mitgliedstaat abzustellen, dessen Existenz aber gerade nicht sichergestellt sein muß. Im Rahmen einer zulässigen Verfassungsbeschwerde könnte das Bundesverfassungsgericht zugleich die Beachtung der unverzichtbaren Verfassungsidentität prüfen[240].

4. Besonderheiten bei der Gestattung ausländischer Behördentätigkeit im Inland

72
Ausländische Behördentätigkeit in der Bundesrepublik

Die vorstehenden Überlegungen sind auch für die Fälle relevant, in denen deutsche Hoheitsträger anderen Staaten gestatten, in Deutschland hoheitlich tätig zu werden[241]. Zunächst ist insofern freilich die logisch vorrangige Frage

---

239 BVerfGE 63, 343 (378) (Hervorhebung im Original). Dazu s. o. Rn. 50, 56.
240 Zur Möglichkeit der umfassenden Prüfung auf eine zulässige Verfassungsbeschwerde hin BVerfGE 42, 312 (325f.).
241 S. o. Rn. 34ff. → Oben *Becker*, § 230 Rn. 40ff.

zu beantworten, ob das Grundgesetz diese besonders weit gehende Öffnung der eigenen Souveränität überhaupt erlaubt.

a) Verbot der Übertragung von Hoheitsrechten auf andere Staaten

Die Frage stellt sich, weil das Grundgesetz die Übertragung von Hoheitsrechten auf andere Staaten richtiger Auffassung nach nicht zuläßt. Das ergibt sich – jedenfalls im Grundsatz – als Umkehrschluß aus Art. 23, 24 GG, die als Adressaten einer solchen Übertragung nur die Europäische Union (Art. 23 Abs. 1 S. 2 GG) bzw. zwischenstaatliche (Art. 24 Abs. 1 GG) und grenznachbarschaftliche (Art. 24 Abs. 1 a GG) Einrichtungen vorsehen[242]. Zwar nennt Art. 23 Abs. 1 S. 2 GG (anders als Art. 24 Abs. 1, 1 a GG) keinen Adressaten. Jedoch ergibt sich aus dem systematischen Zusammenhang mit Art. 23 Abs. 1 S. 1 GG, daß hier nur die Europäische Union selbst gemeint ist[243].

73
Übertragung grundsätzlich unzulässig

Unter der Übertragung von Hoheitsrechten ist die Zurücknahme des ausschließlichen territorialen Herrschaftsanspruchs Deutschlands zu verstehen, die der unmittelbaren Geltung und Anwendbarkeit eines Rechts aus anderer Quelle im staatlichen Herrschaftsbereich Raum läßt[244]. Dazu wird man die Gestattung fremder Staatstätigkeit jedenfalls dann zählen müssen, wenn diese nicht so eng in die deutsche Hoheitsverwaltung eingegliedert ist, daß man sie dem deutschen Staat zurechnen könnte[245]. Zumindest Fälle wie die Gestattung der Tätigkeit einer ausländischen Finanzaufsichtsbehörde nach § 53 b Abs. 6 KWG[246], die keiner Weisung oder ähnlichen Ingerenzen deutscher Behörden unterliegt[247], stellen daher richtiger Auffassung nach[248] eine Übertragung von Hoheitsrechten dar.

74
Zulassung fremder Staatstätigkeit

Zwar gilt das Verbot der Hoheitsrechtsübertragung an andere Staaten nicht ausnahmslos. Traditionell und vorkonstitutionell übliche Übertragungen sind als ungeschriebene Ausnahmen weiterhin zulässig[249]. Dazu zählen unter anderem Regelungen zur Grenzabfertigung (sogenannte Grenzservituten)[250] und in engem Umfang auch polizeiliche Befugnisse wie die Nacheile[251]. Neuere

75
Grenzservituten

Nacheile

---

242 *Streinz* (N 139), Art. 24 Rn. 20; *Hobe* (N 143) Art. 24 Rn. 21; *Jarass* (N 97), Art. 24 Rn. 7; vgl. auch BVerfGE 68, 1 (91). A. A. *Claus Dieter Classen*, in: v. Mangoldt/Klein/Starck, Bd. II, ⁶2010, Art. 24 Rn. 66 ff.; *Karl Th. Rauser*, Die Übertragung von Hoheitsrechten auf ausländische Staaten, 1991, S. 246 ff.
243 *Christoph Ohler*, Hoheitsrechtsbeschränkungen im Rahmen grenzüberschreitender Zusammenarbeit, in: DVBl 2002, S. 880 (883); *Christof Gramm*, Verfassungsrechtliche Grenzen der Zusammenarbeit mit auswärtigen Staaten im Hoheitsbereich, in: DVBl 1999, S. 1237 (1239).
244 Zu dieser Definition s. o. Rn. 40.
245 Sofern die Zurechnung möglich ist, handelt es sich um eine Kooperation unterhalb der Übertragungsschwelle. So zutreffend *Gramm* (N 243), S. 1242 f.
246 S. o. Rn. 35.
247 Die Vorschrift sieht lediglich eine Unterrichtung der Bundesanstalt für Finanzdienstleistungsaufsicht vor.
248 Nach *Ohler* (N 243), S. 887 ff., handelt es sich hierbei lediglich um Hoheitsrechtsbeschränkungen, die er von Hoheitsrechtsübertragungen abgrenzt. Gegen diese Unterscheidung *Gramm* (N 243), S. 1240 f.
249 *Manfred Baldus*, Übertragung von Hoheitsrechten auf ausländische Staaten im Bereich der Sicherheitsverwaltung, in: DV 32 (1999), S. 481 (502).
250 *Hobe* (N 10), S. 98.
251 Näher *Gramm* (N 243), S. 1238; a. A. *Ohler* (N 243), S. 886.

Befugnisse speziell der Behörden anderer EU-Mitgliedstaaten wie etwa das vorgenannte Beispiel aus dem Bereich der Bankenaufsicht reichen jedoch deutlich über diese Ausnahmetatbestände hinaus[252]. Verfassungsmäßig wäre das nur, wenn man als Adressaten einer Hoheitsrechtsübertragung nach Art. 23 Abs. 1 S. 2 GG neben der Europäischen Union auch andere Mitgliedstaaten sehen wollte[253]. Andernfalls ist das Verdikt der Verfassungswidrigkeit nicht zu vermeiden.

b) Grundgesetzliche Grenzen fremder Staatstätigkeit im übrigen und ihre prozessuale Durchsetzung

76
Unzulässigkeit einer vorbehaltlosen Gestattung

Im übrigen können für die Gestattung der hoheitlichen Tätigkeit fremder Staaten in Deutschland keine geringeren Grenzen gelten als für andere Mitwirkungsakte. Was deutscher Staatsgewalt zur Unterstützung aus dem Ausland herrührender Rechtsakte versagt ist, darf fremder Staatsgewalt in Deutschland nicht erlaubt werden. Die vorbehaltlose Gestattung fremder Staatstätigkeit sieht bzw. sähe sich daher denselben Bedenken ausgesetzt wie Vorschriften, die deutsche Hoheitsträger vorbehaltlos zur Mitwirkung an fremden Hoheitsakten verpflichten[254]. Mit dem Gestattungsakt muß sich Deutschland daher in die Lage versetzen, die Beachtung der auch in Fällen mit Auslandsbezug indisponiblen Verfassungssubstanz sicherzustellen[255]. In Betracht kommen dafür zum Beispiel die Bindung der ausländischen Behörden an deutsches Recht[256] oder Regelungen, die die behördliche Tätigkeit von der Zustimmung deutscher Stellen abhängig machen[257]. Wie eine derartige Regelung aussehen kann, zeigen etwa das Schengener Durchführungsübereinkommen bzw. das deutsche Zustimmungsgesetz zu diesem. Angesichts der vielfältigen Einwirkungsmöglichkeiten deutscher Behörden[258] bestehen gegen das Zustimmungsgesetz keine Bedenken[259].

Indisponible Verfassungssubstanz

77
Gerichtliche Überprüfbarkeit deutscher Hoheitsakte

Als Akte deutscher Staatsgewalt können der gestattende Akt selbst und gegebenenfalls erforderliche Zustimmungsakte oder ähnliches (verfassungs-)gerichtlich auf die Einhaltung der grundgesetzlich vorgegebenen Grenzen kontrolliert werden. Die Tätigkeit der ausländischen Behörde selbst kann hin-

---

252 So auch *Ohler* (N 1), S. 188.
253 So gegen die überwiegende Meinung etwa *Classen* (N 242), Art. 23 Rn. 9.
254 S. o. Rn. 61 ff.
255 Ähnlich *Ohler* (N 243), S. 889, zum Grundrechtsschutz: Deutsche Staatsgewalt darf sich ihrer Letztverantwortung nicht entziehen. Zur Unverzichtbarkeit der von Art. 79 Abs. 3 GG geschützten Grundsätze auch bei der Übertragung von Hoheitsrechten nach Art. 24 GG bereits *Hermann Mosler*, Die Übertragung von Hoheitsgewalt, in: HStR VII, ¹1992, § 175 Rn. 66.
256 Derartige Regelungen enthält etwa der Vertrag zwischen der Bundesrepublik Deutschland und der Schweizerischen Eidgenossenschaft über die grenzüberschreitende polizeiliche und justitielle Zusammenarbeit (deutsch-schweizerischer Polizeivertrag), BGBl II 2001, S. 948. Näher *Hans-Joachim Cremer*, Der grenzüberschreitende Einsatz von Polizeibeamten nach dem deutsch-schweizerischen Polizeivertrag: ein Vorbild für die Kooperation der Mitgliedstaaten der Europäischen Union auf dem Gebiet der Verbrechensbekämpfung?, in: ZaöRV 2000, S. 103 (116 f.).
257 So auch *Gramm* (N 243), S. 1244: Insbesondere bei Grundrechtseingriffen müssen deutsche Hoheitsträger das Geschehen steuernd beherrschen.
258 S. o. Rn. 36.
259 Für die Verfassungsmäßigkeit des SDÜ auch *Oliver Dörr*, Das Schengener Durchführungsübereinkommen – ein Fall des Art. 24 Abs. 1 GG, in: DÖV 1993, S. 696 (705).

gegen zumindest nicht ohne weiteres durch deutsche Gerichte überprüft werden. Zwar mißt sich das Bundesverfassungsgericht die Aufgabe zu, Grundrechtsschutz auch gegenüber solchen Akten einer nicht deutschen Hoheitsgewalt zu gewähren, die die Grundrechtsberechtigten in Deutschland betreffen[260]. Gemeint waren mit dieser Aussage jedoch stets Akte supranationaler Organisationen. Im Gegensatz zu diesen gilt für Staaten der völkerrechtliche Grundsatz der Staatenimmunität, der auf dem völkerrechtlichen Grundsatz des par in parem non habet imperium[261] beruht und nach dem die acta iure imperii eines Staates nicht von den Gerichten eines anderen Staates überprüft werden können[262]. Er schließt nicht nur eine fachgerichtliche Prüfung des fremden Staatshandelns aus, sondern steht auch einer Kontrolle durch das Bundesverfassungsgericht entgegen[263]. Der Grundsatz könnte zwar abgedungen werden[264]. Jedoch dürfte kaum ein Staat bereit sein, sich auf diese Weise deutscher Gerichtsbarkeit zu unterwerfen. Daher muß bereits der Gestattungsakt andere Einwirkungsmöglichkeiten deutscher Hoheitsträger vorsehen, durch die die Wahrung der verfassungsrechtlichen Grenzen sichergestellt werden kann.

Keine Überprüfbarkeit fremder Hoheitsakte

Welches Maß an Einfluß durch deutsche Stellen verfassungsrechtlich geboten ist, hängt zudem davon ab, welche Reaktionsmöglichkeiten dem Betroffenen im Staat der handelnden Behörden zur Verfügung stehen. Für den Rechtsschutz gegen die Akte supranationaler Organisationen führt das Bundesverfassungsgericht aus, die Verfassung fordere nicht zwingend Rechtsschutz durch das Bundesverfassungsgericht selbst. Es übe seine Gerichtsbarkeit daher nicht aus, wenn auf der supranationalen Ebene ein dem grundgesetzlichen Standard vergleichbarer Grundrechtsschutz generell[265] gewährleistet sei[266]. Diese Einschränkung soll freilich nicht für die Fallgruppen der Ultra vires-Rüge und der Identitätsrüge gelten: Von der Darlegung, daß der nach dem Grundgesetz unabdingbar gebotene Grundrechtsschutz im Rahmen der jeweiligen Organisation nicht im erforderlichen Maße geboten sei, hängt die Zulässigkeit von Anträgen oder Vorlagen an das Bundesverfassungsgericht nur „unbeschadet der ... Fallgruppen der Ultra vires-Rüge und der Identitätsrüge" ab[267]. Diese Überlegung läßt sich ihrem Grundgedanken nach auf die hier betrachteten Fälle übertragen: Sofern der in Deutschland handelnde fremde Staat einen dem Grundgesetz vergleichbaren Grundrechtsstandard bereithält, auf den sich der in Deutschland vom fremden Staatshandeln Betroffene berufen kann, senkt dies das verfassungsrechtlich geforderte Maß an Einfluß und Kontrolle. Gänzlich verzichtbar sind Möglichkeiten der Ingerenz freilich selbst in diesem Fall nicht.

78
Erforderlicher Einfluß deutscher Stellen

Vergleichbarer Grundrechtsschutz

---

260 BVerfGE 89, 155 (175), zu Maßnahmen der EU; BVerfG, in: GRUR 2010, S. 1031 f., zu Maßnahmen der Europäischen Patentorganisation.
261 Zum Grundsatz der Staatengleichheit näher *Maria Berentelg*, Die Act of State-Doktrin als Zukunftsmodell für Deutschland?, 2010, S. 8 f.
262 Näher *Hobe* (N 10), S. 370 ff.; *Kment* (N 11), S. 146 ff.
263 *Cremer* (N 256), S. 137 f.
264 Zu dieser Möglichkeit *Cremer* (N 256), S. 123.
265 BVerfGE 102, 147 (161).
266 BVerfG, in: GRUR 2010, S. 1031 (1032).
267 BVerfG, in: NVwZ 2010, S. 641 (643). → Bd. X, *Hufeld*, § 215 Rn. 52 ff.

D. Bibliographie

Manfred Baldus, Transnationales Polizeirecht, 2001.
Martin Kment, Grenzüberschreitendes Verwaltungshandeln, 2010.
Markus Kotzur, Grenznachbarschaftliche Zusammenarbeit in Europa, 2004.
Reinhold Geimer, Anerkennung ausländischer Entscheidungen in Deutschland, 1995.
Jörg Menzel, Internationales Öffentliches Recht, 2011.
Christoph Ohler, Die Kollisionsordnung des Allgemeinen Verwaltungsrechts, 2005.
Karl Th. Rauser, Die Übertragung von Hoheitsrechten auf ausländische Staaten, 1991.
Utz Schliesky, Die Europäisierung der Amtshilfe, 2008.
Frank Schorkopf, Grundgesetz und Überstaatlichkeit, 2007.
Wolfgang Schomburg/Otto Lagodny/Sabine Gleß/Thomas Hackner, Internationale Rechtshilfe in Strafsachen, ^{5}2012.
Rolf A. Schütze, Das internationale Zivilprozessrecht in der ZPO, ^{2}2011.
Michael Weber, Europäisches Zivilprozessrecht und Demokratieprinzip, 2009.
Klaus Vogel, Die Verfassungsentscheidung des Grundgesetzes für eine internationale Zusammenarbeit, 1964.

Zweiundzwanzigster Teil

Grenzüberschreitende Staatsaufgaben

§ 240
Grenzüberschreitende Reichweite deutscher Grundrechte

Florian Becker

Übersicht

	Rn.		Rn.
A. Einleitung	1– 5	5. Grundrechte und völkerrechtliche Kooperation	64– 67
B. Strenges Territorialitätsprinzip und völkerrechtliche Vorgaben	6– 11	II. Einseitige Ausdehnung von Grundrechten in andere Staaten	68– 72
C. Bedeutung von Art. 1 Abs. 3 GG	12– 32	III. Sachlicher Anwendungsbereich und Auslandsbezug	73– 99
I. Begrenzte Aussagekraft von Art. 1 Abs. 3 GG	13	1. Ausdrückliche Beschränkungen	74– 77
II. Wirkungsprinzip des Bundesverfassungsgerichts	14– 16	2. Beschränkung des Schutzbereichs durch kollidierendes Verfassungsrecht	78– 84
III. Subordinationsverhältnis als Grundrechtsvoraussetzung	17– 23	3. Ermittlung des räumlichen Anwendungsbereichs durch Auslegung	85– 99
IV. Gefahr des Grundrechtsoktroi	24– 27	a) Kriterien in der Entscheidung zur Kommunikationsüberwachung	86– 90
V. Sachlicher Anwendungsbereich der Grundrechte	28– 32	b) Weitere Kriterien	91
D. Einzelne Bedingungen der Anwendung von Grundrechten auf Sachverhalte mit Auslandsbezug	33–107	c) Freiheitsrechte	92– 96
		d) Gleichheitsrechte	97– 99
I. Grundrechtsverpflichtung	34– 67	IV. Einschränkung eines anwendbaren Grundrechts	100–107
1. Grundrechtsverpflichtung der deutschen Staatsgewalt	35– 37	E. Schutzansprüche und Schutzpflichten	108–112
2. Kausalität und Zurechnung	38– 47	F. Verbleibende Durchsetzungskraft der Grundrechte	113–114
3. Ausländische Rechtsanwendung und Anwendung ausländischen Rechts	48– 56	G. Bibliographie	
4. Übertragung von Hoheitsrechten	57– 63		

A. Einleitung

1
Staatsgrenzen als Grenzen der Staatsgewalt?

In einer globalisierten Welt wachsen die Berührungspunkte staatlicher und überstaatlicher Gewalten[1]. „Die Staatsgrenzen waren im allgemeinen zugleich die Grenzen der Staatsgewalt. Erst die Entwicklung der Technik hat es ermöglicht, daß die Staatsgewalt ihre Tätigkeit auch auf das Gebiet anderer Staaten erstrecken kann, ohne dort durch Organwalter körperlich anwesend sein zu müssen"[2]. Aber nicht nur das Hinauswirken der Staatsgewalt über ihr originäres Territorium, sondern auch die internationale Mobilität früher weitgehend territorial radizierter Grundrechtsträger führt dazu, daß bei Sachverhalten mit Auslandsbezug in dem Status des einzelnen nationale sowie ausländische konkurrierende oder gar kollidierende Rechte und Pflichten in einer manchmal nur schwer auflösbaren Gemengelage zusammentreffen können.

2
Normalfall der Ausübung deutscher Staatsgewalt

Es stellt sich die Frage, ob die „Enträumlichung" der Staatsgewalt ihre Entsprechung in der Grundrechtsordnung findet. Da das Staatsgebiet jedenfalls der territoriale „Kernbereich der Grundrechtsanwendung"[3] ist, bildet die Ausübung deutscher Staatsfunktionen, die ihre Wirkung allein auf dem Gebiet der Bundesrepublik Deutschland und gegenüber einem deutschen Staatsbürger entfalten, den verfassungsrechtlichen „Normalfall"[4], in dem sich die Frage nach der räumlichen Reichweite bei der Anwendung[5] der Grundrechte nicht stellt. Dies ist aber nicht allein schon in den Konstellationen anders, in denen deutsche Staatsgewalt im Ausland aufgrund einer „jurisdiction to enforce"[6] final hoheitlich tätig wird. Abgesehen von bewaffneten Einsätzen der Streitkräfte ist dies ohnehin nur in ganz begrenztem Maße völkerrechtlich zulässig[7]. Auch die Anknüpfung von Rechtsfolgen an Sachverhalte mit Auslandsbezug oder die Rezeption ausländischer Regelungen kann Geltung und Anwendung deutscher Grundrechte auf den Plan rufen.

3
Fremde Machtentfaltung auf deutschem Gebiet

Zudem öffnet sich die staatliche Rechtsordnung für die Ausübung originär fremder oder übertragener Kompetenzen auf dem ursprünglich staatlicherseits exklusiv beherrschten Territorium[8]. Hier ist zu erwägen, ob und unter welchen Bedingungen sich die deutsche Grundrechtsordnung in ihrem Geltungsanspruch gegenüber fremder Machtentfaltung auf deutschem Staatsgebiet zurücknimmt.

---

1 → Oben *Becker*, § 230 Rn. 7; *Puttler*, § 234 Rn. 2, 3 ff.
2 BVerfGE 100, 313 (362).
3 *Josef Isensee*, Grundrechtsvoraussetzungen und Verfassungserwartungen an die Grundrechtsausübung, in: HStR V, ²2000 (¹1992), § 115 Rn. 83.
4 *Markus Heintzen*, Auswärtige Beziehungen privater Verbände, 1988, S. 130; zu Normal- und Ausnahmefall auch *Manfred Baldus*, Transnationales Polizeirecht, 2000, S. 125 f.
5 → Oben *Becker*, § 230 Rn. 10 f., zu der hier verwendeten Begrifflichkeit von Geltung und Anwendung einer Rechtsnorm.
6 → Oben *Becker*, § 230 Rn. 18.
7 *Alexander Orakhelashvili*, Governmental Activities on Foreign Territory, in: Rüdiger Wolfrum (Hg.), Max Planck Encyclopedia of Public International Law, Online-Ausgabe, 2008, Rn. 6 ff.
8 Eine viel weiter ausdifferenzierte Aufstellung relevanter Konstellationen findet sich bei *Gunther Elbing*, Zur Anwendbarkeit der Grundrechte bei Sachverhalten mit Auslandsbezug, 1992, S. 51 ff.

Dem Normalfall diametral gegenüber steht die Konstellation, in der deutsche Staatsfunktionen gegenüber Ausländern im Ausland ausgeübt werden. Daneben treten zum einen die Fälle, in denen der deutsche Staatsbürger im Ausland einen Anspruch auf Schutz oder Abwehr geltend macht; zum andern kann sich der Ausländer in Deutschland den Wirkungen staatlichen Handelns ausgesetzt sehen[9].

4
Deutsche Staatsgewalt mit Auslandsbezug

Das Bundesverfassungsgericht bemerkte noch in der bereits zitierten Entscheidung aus dem Jahr 1999, daß die räumliche Reichweite des Grundrechtsschutzes (hier: des Fernmeldegeheimnisses aus Art. 10 GG) „bisher nicht geklärt" sei. Und in der Tat mag man hier nach wie vor eine gewisse Zurückhaltung des Gerichts bei der Formulierung von über den Einzelfall hinausgehenden Grundsätzen erkennen[10]. Allerdings kann der daraus abgeleiteten Diagnose einer Vernachlässigung der einschlägigen verfassungsrechtlichen Fragen, die noch in den 80er Jahren auch von anderen[11] beklagt worden war, zumindest im Hinblick auf den Beitrag der Wissenschaft heute überhaupt nicht mehr zugestimmt werden. Das Thema ist inzwischen vielfach monographisch aufgegriffen und unter verschiedenen Gesichtspunkten tiefschürfend behandelt worden[12].

5
Aktualität und Bedeutung der Diskussion

B. Strenges Territorialitätsprinzip und völkerrechtliche Vorgaben

Seiner Konstruktionsidee nach schützt und garantiert der Verfassungsstaat die Grundrechte von Bürgern sowie anderen Personen, die seiner Gebietshoheit unterworfen sind (wenn auch letzteren gegenüber schon nur in eingeschränktem Maß)[13]. Ideengeschichtlich waren Grundrechte entstanden, um den Untertan gegenüber dem Souverän auf dessen Territorium zu schützen[14]. Schon seit seinem Erlaß war das Grundgesetz zwar als völkerrechtsfreundliche Verfassung konstruiert[15]. Aber die Konsequenzen internationaler Mobilität von Rechtssubjekten oder einer Permeabilität der verfaßten Rechtsord-

6
Konstruktionsidee der Grundrechte

---

9 *Helmut Quaritsch*, Der grundrechtliche Status der Ausländer, in: HStR V, ²2000 (¹1992), § 120.
10 Vgl. *Baldus* (N 4), S. 126 m. weit. Nachw. in Fn. 5.
11 *Klaus Stern*, Das Staatsrecht der Bundesrepublik Deutschland, Bd. III/1, 1988, § 72 V 2, S. 1226.
12 Repräsentativ, aber keineswegs erschöpfend sei insoweit auf die in der Bibliographie aufgeführten Werke verwiesen; insbesondere *Heintzen* (N 4); *Elbing* (N 8); *Rainer Hofmann*, Grundrechte und grenzüberschreitende Sachverhalte, 1994. Aber auch weitere Werke enthalten substantielle Abschnitte zu dem Thema, vgl. z. B.: *Peter Badura*, Der räumliche Geltungsbereich der Grundrechte, in: HGR, Bd. II, 2006, § 47; *Baldus* (N 4), S. 125 ff.; *Hartwin Bungert*, Das Recht ausländischer Kapitalgesellschaften auf Gleichbehandlung im deutschen und US-amerikanischen Recht, 1994, S. 220 ff.; *Jörg Menzel*, Internationales Öffentliches Recht, 2011, S. 537 ff.
13 *Badura* (N 12), § 47 Rn. 1.
14 Hierzu ausführlich *Klaus Stern*, Die Idee der Menschen- und Grundrechte, in: HGR, Bd. I, 2004, § 1.
15 → Oben *Tomuschat*, § 226 Rn. 36 ff. Siehe auch BVerfGE 111, 307 (317 ff.); *Albert Bleckmann*, Der Grundsatz der Völkerrechtsfreundlichkeit der deutschen Rechtsordnung, in: DÖV 1996, S. 137 (139 f.).

nung für die Anwendung und Anwendbarkeit deutscher Grundrechte waren seinerzeit noch nicht mitbedacht worden[16].

7
Klassisches Territorialitätsprinzip

Da das Grundgesetz nur die deutsche Staatsgewalt konstituiert, kann und muß die räumliche Wirkung der Grundrechte nicht über den durch die Staatsgewalt erreichbaren territorialen Bereich hinausgehen. Grundrechte können nur dort wirken, wo auch deutsche Staatsgewalt hinreicht. Diese entfaltet sich natürlich nach wie vor in erster Linie auf dem deutschen Staatsgebiet. Aber die Forderung nach einem womöglich sogar ausschließlich territorial begründeten Inlandsbezug als Voraussetzung für die Grundrechtsanwendung im Ausland stammt noch aus einer Zeit, als die Staatsgrenzen zugleich als Grenzen der Staatsgewalt angesehen und die internationalen Verflechtungen deutlich weniger intensiv waren als dies heute der Fall ist. In Anbetracht der Tatsache, daß nahezu alle Staaten in mehr oder weniger intensivem Maß außerhalb ihres Staatsgebietes tätig werden (und dies eigentlich schon waren), kann diese Auffassung heute weniger denn je überzeugen[17].

8
Globalisierung

„Jurisdiction to prescribe"

„Genuine link"

Zwar ist das Staatsgebiet auch unter den Bedingungen der Globalisierung nach wie vor das zentrale identitätsstiftende Merkmal des Staats- und Völkerrechtssubjekts „Staat". Aber weder Völker- noch Staatsrecht fordern, daß die Anwendung oder gar die Wirkung der staatlichen Rechtsordnung an dessen territorialen Grenzen enden. Jedenfalls in dem Rahmen der „jurisdiction to prescribe" existiert kein Verbot, die Anwendung einer Rechtsordnung territorial auszudehnen, solange nur der „genuine link" gewahrt bleibt, die Anknüpfung also nicht willkürlich völlig fremdartige Sachverhalte aufgreift und zu regeln sucht[18]. Solange deutsche Staatsgewalt eine „jurisdiction to prescribe" in Anspruch nimmt und nehmen darf, ist der über die deutsche Gebietsherrschaft hinausgehende Übergriff deutscher Staatsgewalt durch die Anwendung der Grundrechte sogar eingeschränkter (und damit aus Sicht des Zielstaats und seiner Rechtsordnung sogar souveränitätsschonender), als wenn deutsche Staatsgewalt ohne Bindung an Grundrechte handeln dürfte. Dasselbe gilt für die seltenere völkerrechtlich legitime Inanspruchnahme einer extraterritorialen „jurisdiction to enforce".

9
Grundrechtsbindung bei Verstoß gegen Völkerrecht

Aber selbst dann, wenn die deutsche Staatsgewalt unter Verletzung völkerrechtlicher Regeln Wirkungen im Ausland erzielt, verliert sie ihre Qualität als verfassungsrechtlich konstituierte Staatsgewalt nicht. (Völker-)rechtswidriges Handeln zieht daher keine Beschränkung des räumlichen Anwendungsbereichs der Grundrechte nach sich[19]. Andernfalls würde die Verletzung von Normen des Völkerrechts den Staat zusätzlich auch noch von seiner grund-

---

16 *Stern* (N 11), § 72 V 2, S. 1226.
17 *Heike Krieger*, Die Reichweite der Grundrechtsbindung bei nachrichtendienstlichem Handeln: Berliner Online-Beiträge zum Völker- und Verfassungsrecht Nr. 1/2008, S. 1 (3).
18 BVerfGE 100, 313 (363); s. a. *Christoph Ohler*, Die Kollisionsordnung des Allgemeinen Verwaltungsrechts, 2005, S. 280 m. weit. Nachw. in Fn. 85.
19 *Badura* (N 12), § 47 Rn. 13; *Menzel* (N 12), S. 567; anders aber *Heintzen* (N 4), S. 127 ff.; *Thomas Oppermann*, Transnationale Ausstrahlungen deutscher Grundrechte?, in: FS für Wilhelm Grewe, 1981, S. 529 ff.

rechtlichen Bindung befreien. Wenn der deutsche Staat aber zum Beispiel extraterritoriale Handlungen vornimmt, die die völkerrechtliche Souveränität eines anderen Staates (seine Gebiets- oder Personalhoheit) verletzen, ist dies nicht nur völkerrechtlich[20], sondern auch grundrechtlich[21] von Bedeutung. Die Verletzung der einen Rechtsordnung kann nicht gegen die gleichzeitige Verletzung der anderen immunisieren, zumal beide Rechtsordnungen unterschiedliche Schutzrichtungen haben. Die völkerrechtliche Beschränkung der „jurisdiction to enforce" schützt die Gebietshoheit des fremden Staates, während die Grundrechte dem individuellen Schutz der Grundrechtsberechtigten dienen, für die es keine Rolle spielt, ob die Ausübung deutscher Hoheitsgewalt im Ausland mit dem Völkerrecht im Einklang steht oder nicht[22].

„Jurisdiction to enforce"

Soweit das Grundgesetz es ermöglicht, daß Staatsgewalt außerhalb des deutschen Territoriums handelt oder wirkt[23], können auch Anwendung und Wirkung der Grundrechte keine streng territoriale Begrenzung erfahren[24]. Zur Begründung einer solchen Begrenzung wurde früher neben allgemeinen Erwägungen über die strenge Verbindung von Staatsgewalt und Staatsgebiet auf Art. 23 GG a. F. verwiesen. Dieser legte bis zu der deutschen Wiedervereinigung fest, daß das Grundgesetz „zunächst" in den alten Bundesländern „gilt" und in anderen Teilen „nach deren Beitritt in Kraft zu setzen" ist. Mehr als eine Aussage zu dem aktuellen Status des Grundgesetzes als Verfassung in und zur Überwindung der deutschen Teilung war in der Vorschrift indes nicht zu sehen[25].

10
Bedeutung von Art. 23 GG a. F.

Vielmehr machte das Grundgesetz schon immer durch Art. 116 Abs. 1 GG, wenn auch unter den besonderen Bedingungen Nachkriegsdeutschlands, deutlich, daß es eine Regelungskompetenz zu Fragen der deutschen Staatsangehörigkeit auch solcher Personen beansprucht, die sich außerhalb der Gebietshoheit der Bundesrepublik Deutschland befinden[26].

11
Territoriales Ausgreifen des GG durch Art. 116 Abs. 1 GG

---

20 *Michael Kloepfer*, Grenzüberschreitende Umweltbelastungen als Rechtsproblem, in: DVBl 1984, S. 245 (249); *Heintzen* (N 4), S. 118.
21 *Herbert Kronke*, in: Dagmar Coester-Waltjen/ders./Juliane Kokott, Die Wirkungskraft der Grundrechte bei Fällen mit Auslandsbezug, in: Berichte der Deutschen Gesellschaft für Völkerrecht 38 (1998), S. 33 (42); *Rüdiger Wolfrum*, Die grenzüberschreitende Luftverschmutzung im Schnittpunkt von nationalem Recht und Völkerrecht, in: DVBl 1984, S. 493 (500).
22 *Muna A. Yousif*, Die extraterritoriale Geltung der Grundrechte bei der Ausübung deutscher Staatsgewalt im Ausland, 2007, S. 89.
23 → Oben *Becker*, § 230 Rn. 30 f.
24 So aber noch im Ansatz *Oppermann* (N 19), S. 521 ff.; *Henning v. Olshausen*, Grundrechte und Anwendung ausländischen Rechts, in: DVBl 1974, S. 652 (656); *Meinhard Schröder*, Zur Wirkkraft der Grundrechte bei Sachverhalten mit grenzüberschreitenden Elementen, in: FS für Hans-Jürgen Schlochauer, 1981, S. 137 (140 f.); anders aber nun die einhellige Ansicht, siehe nur *Ohler* (N 18), S. 280.
25 → Oben *Becker*, § 230 Rn. 27. Vgl. auch *Peter Lerche*, Der Beitritt der DDR, in: HStR VIII, ¹1995, § 194 Rn. 3 ff.
26 BVerfGE 77, 137 (150).

C. Bedeutung von Art. 1 Abs. 3 GG

12
Art. 1 Abs. 3 GG
als Ausgangspunkt

Nahezu alle Erörterungen des räumlichen Anwendungsbereichs der Grundrechte beginnen mit einer Analyse von Art. 1 Abs. 3 GG[27]. Auch das Bundesverfassungsgericht setzt zur Bestimmung des räumlichen Geltungsumfangs der Grundrechte bei dieser Norm an[28]. Sie ist die einzige Vorschrift des ersten Abschnitts des Grundgesetzes, die eine allgemein gehaltene Aussage zu der Reichweite der Grundrechte enthält. Nach Art. 1 Abs. 3 GG binden diese die gesamte Staatsgewalt als unmittelbar geltendes Recht. Der umfassende Charakter dieser Bindung ist in funktionaler Hinsicht weitgehend unbestritten, auch wenn in den nicht durch einseitig-hoheitlichen Zwang geprägten Randbereichen staatlichen Handelns – etwa im Hinblick auf das fiskalische Staatshandeln und das Verwaltungsprivatrecht – immer wieder Tendenzen zur Aufweichung des Grundsatzes und damit zur Relativierung des Grundrechtsschutzes zu beobachten sind[29].

I. Begrenzte Aussagekraft von Art. 1 Abs. 3 GG

13
Keine grundrechtsfreien Räume

Die in Art. 1 Abs. 3 GG angeordnete Bindung der Staatsgewalt an die Grundrechte gilt absolut und umfassend; es soll keine grundrechtsfreien Räume geben[30]. Im Hinblick auf den funktionalen Umfang der Bindung spricht hierfür die erschöpfende Aufzählung der drei Staatsgewalten in Art. 1 Abs. 3 GG. Demgegenüber kann eine auf die räumliche Dimension der Grundrechtsbindung bezogene Diskussion allein davon ausgehen, daß der Wortlaut des Art. 1 Abs. 3 GG ausdrücklich weder etwas für noch gegen eine extraterritoriale Geltung oder Anwendung der Grundrechte aussagt. Daraus aber, daß Art. 1 Abs. 3 GG die Grundrechtsbindung nicht territorial begründet, sondern sie an die Ausübung der aufgezählten staatlichen Funktionen knüpft, wird der Schluß gezogen, daß die räumliche Dimension keine entscheidende Rolle spielen kann, sondern daß deutsche Staatsgewalt – gleich wo, in welcher Form

---

27 *Isensee* (N 3), § 115 Rn. 60 ff. Siehe auch *Badura* (N 12), § 47 Rn. 2, 13; *Peter Badura*, Territorialprinzip und Grundrechtsschutz, in: FS für Walter Leisner, 1999, S. 410 (410); *Baldus* (N 4), S. 154; *Heintzen* (N 4), S. 97 ff.; *Hofmann* (N 12), S. 12 f.; *Menzel* (N 12), S. 564 ff. m. weit. Nachw.; *Ohler* (N 18), S. 281; *Schröder* (N 24), S. 138; *Stern* (N 11), § 72 V 2 S. 1226, 1228; *Oppermann* (N 19), S. 523; ablehnend aber *Elbing* (N 8), S. 72 ff., der Art. 1 Abs. 3 GG angesichts der Vielgestaltigkeit der in Frage kommenden Konstellationen zum einen für ein zu grobes Raster hält. Zum andern gehe es bei der Anwendung von Grundrechten in Sachverhalten mit Auslandsbezug um die Frage, wie weit das Grundgesetz reiche, so daß die grundgesetzliche Norm des Art. 1 Abs. 3 GG die Anwendung der Verfassung voraussetze. „Wenn das Grundgesetz nicht anwendbar ist, ist auch Art. 1 III GG nicht anwendbar (a.a.O., S. 73). Allerdings bedarf es natürlich auch zur Feststellung, ob das Grundgesetz anwendbar ist (oder sich für anwendbar hält), eines normativen Anhaltspunkts, so daß allein der Rückgriff auf eine verfassungsrechtliche Norm nicht den Vorwurf eines Zirkelschlusses begründen kann.
28 Vgl. nur BVerfGE 100, 313 (362).
29 Beispielhaft sei insoweit auf die Diskussion um die Grundrechtsbindung staatlicher Wirtschaftsteilnahme verwiesen: *Klaus Grupp*, Wirtschaftliche Betätigung der öffentlichen Hand unter dem Grundgesetz, in: ZHR 140 (1976), S. 367 (377 f.); *Matthias Herdegen*, in: Maunz/Dürig, Art. 1 Abs. 3 Rn. 95 f.
30 *Stern* (N 11), § 72 V 5 a, S. 1230.

und in welcher Intensität sie „wirkt" – prinzipiell nur grundrechtlich gebunden denkbar ist[31].

II. Wirkungsprinzip des Bundesverfassungsgerichts

Für das damit angesprochene Wirkungsprinzip[32] wird das Bundesverfassungsgericht mit seiner frühen, oftmals zitierten Aussage in Anspruch genommen, daß die Grundrechte die deutsche öffentliche Gewalt auch binden, „soweit Wirkungen ihrer Betätigung im Ausland eintreten"[33]. In dem fraglichen Fall ging es um die Anwendung der Eigentumsgarantie und des allgemeinen Gleichheitssatzes auf das deutsche Zustimmungsgesetz zu drei deutschschweizerischen Abkommen über deutsche Vermögenswerte in der Schweiz. Nachdem sich die Schweiz im Jahre 1946 gegenüber den westlichen Siegermächten zur Liquidation von in der Schweiz belegenen Vermögenswerten in Deutschland wohnhafter Deutscher verpflichtet hatte, wurde den Betroffenen die Möglichkeit eingeräumt, ihr Vermögen wiederzuerlangen. Die Schweiz verpflichtete sich zur Freigabe der Vermögenswerte gegen Zahlung eines Ablösungsbetrags, der wiederum durch Beiträge betroffener Eigentümer abgedeckt werden sollte. Der in Deutschland wohnende deutsche Eigentümer eines Schweizer Grundstücks sah in diesen Regelungen einen Verstoß insbesondere gegen die Eigentumsgarantie. Das Gericht zog bei der Prüfung der Beschwerdebefugnis Art. 14 Abs. 1 GG und das „Wirkungsprinzip" im Hinblick auf im Ausland belegenes Eigentum eines Deutschen heran – allerdings ohne Bezugnahme auf Art. 1 Abs. 3 GG.

14
Wirkung der Betätigung im Ausland

„Wirkungsprinzip"

Hieraus entwickelte sich die Ansicht, daß die deutsche Staatsgewalt immer und überall durch Grundrechte gebunden ist – gleich wo und gegen wen sie „wirkt". Allerdings löste die Fixierung auf die grundrechtlichen „Wirkungen" staatlicher Handlungen angesichts einer daraus potentiell erwachsenden Ubiquität deutschen Grundrechtsschutzes Unbehagen aus[34] – vor allem unter dem Eindruck des grundrechtlichen status positivus sowie des immer weiter werdenden Verständnisses des Grundrechtseingriffs.

15
Potentielle Ubiquität

Das Wirkungskriterium scheint eine einfache und offensichtliche Lösung der Frage nach dem räumlichen Anwendungsbereich der Grundrechte zu sein, da Art. 1 Abs. 3 GG hinsichtlich der Grundrechtsbindung staatlicher Funktionsausübung nicht zwischen Handlungs- und Erfolgsort differenziert[35]. Doch ist der Blick auf die „Wirkung" als Auslöser der Grundrechtsanwendung und -geltung zu eng, denn Grundrechte können nur dann „wirken" oder „betroffen sein", wenn sie anwendbar sind. Es ergibt sich die Gefahr eines Zirkelschlusses von der Wirkung auf die Anwendung[36]. Es bedarf daher anderer

16

Zirkelschluß

---
31 *Herdegen* (N 29), Art. 1 Abs. 3 Rn. 71 f.; *Stern* (N 11), § 72 V 5 a, S. 1230; *Elbing* (N 8), S. 222 ff.; *Krieger* (N 17), S. 6.
32 *Stern* (N 11) § 72 V 5 a, S. 1230.
33 BVerfGE 6, 290 (295).
34 Plastisch *Isensee* (N 3), § 115 Rn. 78.
35 *Kronke* (N 21), S. 41.
36 *Isensee* (N 3), § 115 Rn. 83.

Maßstäbe, die nicht Art. 1 Abs. 3 GG zu entnehmen sind, um die Frage nach dem räumlichen Anwendungsbereich der deutschen Grundrechte beantworten zu können.

III. Subordinationsverhältnis als Grundrechtsvoraussetzung

17
Vermeidung des Zirkelschlusses

Die Lehre von dem Subordinationsverhältnis als Grundrechtsvoraussetzung[37] dient der Auflösung des dargelegten Zirkelschlusses. Sie ist zwischen dem nicht mehr vertretenen strengen grundrechtlichen Territorialitätsprinzip[38] und dem der Rechtsprechung des Bundesverfassungsgerichts zugeschriebenen „reinen" Wirkungsprinzip[39] angesiedelt[40].

18
Grundrechtsschutz nur im Subordinationsverhältnis

Nach dieser Lehre gründet die Grundrechtsanwendung auf einer der staatlichen Funktionsausübung vorausliegenden Einordnung einer Person in ein subordinatives Grundverhältnis gegenüber dem deutschen Staat[41]. Damit wird der Blick auf den Status des potentiell Berechtigten gelenkt[42]: Derjenige, der in einem durch Gebiets- oder Personalhoheit begründeten Subordinationsverhältnis zur deutschen Staatsgewalt steht, ist durch die deutschen Grundrechte geschützt (vorbehaltlich der Differenzierung zwischen Deutschen- und Jedermanngrundrechten).

19
Ausländer im Ausland

Da Ausländer im Ausland nicht deutscher Personalhoheit, geschweige denn deutscher Gebietshoheit unterliegen, käme ihnen Grundrechtsschutz prinzipiell nicht zu. Demgegenüber wird eine solche Subordination aber durch den Aufenthalt innerhalb des gebietshoheitlich beherrschten Territoriums begründet[43]. Die sogenannten Jedermanngrundrechte gewähren damit eigentlich Ausländern nur auf dem Gebiet der Bundesrepublik Deutschland Schutz[44].

Gebietskontakt

Allerdings konstituiert nicht erst der physische Gebietskontakt mit dem Territorium der Bundesrepublik Deutschland eine Unterwerfung unter deren Gebietshoheit. Auch ein Bankkonto des im Ausland befindlichen Ausländers oder ein sozialversicherungsrechtlicher Anspruch sollen insoweit genügen[45]. Außerdem genügt auch nach dem Konzept der Subordination als Grundrechtsvoraussetzung etwa im Fall des Schutzes von Ehe und Familie, daß nur ein Partner bereits der deutschen Gebietshoheit unterliegt und hierdurch gerade der andere Partner (derivativ) berechtigt wird[46].

---

37 *Isensee* (N 3), § 115 Rn. 83.
38 S. o. Rn. 7.
39 S. o. Rn. 14 ff.
40 *Isensee* (N 3), § 115 Rn. 82 ff. m. weit. Nachw. in N 176.
41 *Isensee* (N 3), § 115 Rn. 78 ff., 84; siehe auch *ders.*, Die staatsrechtliche Stellung der Ausländer in der Bundesrepublik Deutschland, in: VVDStRL 32 (1974), S. 49 (69); *Heintzen* (N 4), S. 102 ff.; ähnlich *Bungert* (N 12), S. 230; *Dirk Looschelders*, Die Ausstrahlung der Grund- und Menschenrechte auf das Internationale Privatrecht, in: RabelsZ 65 (2001), S. 463 (477); *Quaritsch* (N 9), § 120 Rn. 75.
42 *Kronke* (N 21), S. 33 (42).
43 *Isensee* (N 3), § 115 Rn. 85; siehe auch *Martin Nettesheim*, in: Maunz/Dürig, Art. 59 Rn. 230.
44 *Isensee* (N 3), § 115 Rn. 87; siehe auch *Heintzen* (N 4), S. 138 f.
45 *Isensee* (N 3), § 115 Rn. 85.
46 *Isensee* (N 3), § 115 Rn. 88. Allerdings soll dieser Schutz den Externen nur reflexiv begünstigen und ihm wohl gerade kein eigenes subjektiv-öffentliches Recht vermitteln (s. auch *ders.*, Die staatsrechtliche Stellung [N 41], S. 64 f.).

Neben die Gebietshoheit des Staates tritt seine Personalhoheit kraft deren er seine Staatsbürger auch im Ausland seiner Rechtsordnung und anderen Hoheitsakten unterwerfen kann. Die Personalhoheit begründet ein für die Grundrechtsordnung erforderliches Subordinationsverhältnis auch für deutsche Staatsangehörige im Ausland.

20
Personalhoheit

Überzeugend ist der Ausgangspunkt der Lehre von dem Grundverhältnis. Art. 1 Abs. 3 GG kann keine abschließende Aussage über die Anwendung eines Grundrechts in einem konkreten Fall treffen, weil die hier angeordnete Grundrechtsbindung der Staatsgewalt nur ein einzelnes Element der Anwendungsvoraussetzungen darstellt[47].

21
Ausgangspunkt

Die Frage nach der Anwendung von Grundrechten aktualisiert sich indessen stets anläßlich eines Eingriffs in Rechtsgüter[48]. Zwar wird durch einen Grundrechtseingriff kein generelles und umfassendes Subordinationsverhältnis im Sinne der Lehre von der Subordination als Grundrechtsvoraussetzung etabliert. Aber ein Rechtsverhältnis zwischen dem zumindest faktisch Betroffenen und der deutschen Staatsgewalt entsteht allemal[49]. Des weiteren ist die Differenzierung zwischen finalen Freiheitsbeeinträchtigungen, die einen Status begründen können sollen, und mittelbaren Beeinträchtigungen, denen diese Eigenschaft nicht zukommt, keineswegs zwingend[50]. Zwar ist die allgemein akzeptierte Aufgabe dieser Differenzierung auf die Frage des Grundrechtseingriffs gemünzt[51], und die Statusbegründung liegt der Frage der Grundrechtsgeltung und des Eingriffs voraus. Dennoch dürfte es schwierig zu begründen sein, worin der Unterschied zwischen einem Subordinationsverhältnis und einem einfachen Rechtsverhältnis im Hinblick auf die Grundrechtsanwendung besteht und wann dieser Unterschied so gravierende Konsequenzen nach sich ziehen soll. Zudem ist damit auch immer noch nicht die Frage beantwortet, ob das konkrete Grundrecht den ausländischen Sachverhalt ebenfalls schützt[52].

22
Einfaches Rechtsverhältnis

Anderes gilt in Konstellationen, in denen sich der grundrechtliche status positivus entfalten soll. Hier bedarf es eines sachlichen Anknüpfungspunktes zwischen dem (potentiellen) Grundrechtsberechtigten und dem deutschen Grundrechtsverpflichteten. Ansonsten besäße jeder Mensch weltweit zumindest einen Anspruch auf eine ermessensfehlerfreie Erwägung, ob und wie der deutsche Staat ihm gegenüber seine grundrechtlichen Schutzpflichten erfüllt. Dieser Anspruch bestünde dem Grunde nach auch, wenn der Schutz für Sachverhalte beansprucht würde, die geographisch und sachlich nicht im geringsten Zusammenhang mit der Bundesrepublik Deutschland und ihrer Staatsgewalt stehen. Hier ist die Anknüpfung an ein bereits bestehendes Sub-

23
Status positivus

---

47 S. u. Rn. 29 ff.
48 *Isensee* (N 3), § 115 Rn. 90. So auch *Heintzen* (N 4), S. 148 ff.
49 Weiter geht aber z. B. *Baldus* (N 4), S. 150 ff.
50 Diese Differenzierung trifft *Isensee* (N 3), § 115 Rn. 89 f.; anders hingegen *Quaritsch* (N 9), § 120 Rn. 86 f.
51 *Bodo Pieroth/Bernhard Schlink*, Grundrechte, [28]2012, S. 61; *Friedhelm Hufen*, Staatsrecht II – Grundrechte, [3]2011, S. 104; → Bd. IX, *Isensee*, § 191 Rn. 111 ff.; *Hillgruber*, § 200 Rn. 89 ff.
52 S. u. Rn. 73 ff.

ordinationsverhältnis als Grundrechtsvoraussetzung eine notwendige, aber nicht hinreichende Voraussetzung für die Entfaltung grundrechtlichen Schutzes.

IV. Gefahr des Grundrechtsoktroi

24
Grundrechtsimperialismus und Todesstrafe

Die Gefahren eines deutschen Grundrechtsimperialismus, eines Grundrechtsoktroi oder einer „planetarischen Grundrechtsverantwortung"[53] sind häufig genannte Gründe für die Eingrenzung des Grundrechtsschutzes bei Sachverhalten mit Auslandsbezug oder für dessen nur moderate Entfaltung[54]. Ein Staat, der über einen andersartigen Grundrechtsschutz verfügt, könne sich „gestört" fühlen[55]. Hierbei wird oftmals auf das Bundesverfassungsgericht Bezug genommen, das in seiner Auslieferungsentscheidung des Jahres 1964[56] offenbar ein moralisches Urteil über solche Staaten vermeiden wollte, die die Todesstrafe verhängen oder gar vollstrecken. Es tat dies mit einem rechtsvergleichenden Hinweis darauf[57], daß hinsichtlich der Beurteilung der Todesstrafe keineswegs Konsens unter „Kulturstaaten" herrsche[58]. Nach dieser Entscheidung konnte man also annehmen, daß eine Anwendung von Grundrechten auf Sachverhalte mit Auslandsbezug nicht in Frage kommt, wenn dies von dritten Staaten als Grundrechtsoktroi empfunden werden kann.

25
Geringe Gefahr

Viele der diskutierten Schwierigkeiten, die bei einer zu großzügigen Ausdehnung der eigenen Rechtsordnung über das staatliche Territorium hinaus befürchtet werden, wiegen gering, wenn die Erfordernisse der Grundrechtsverpflichtung und der Zurechnung einer Freiheitsbeeinträchtigung zu einem Grundrechtsverpflichteten genau beachtet werden.

26
Grundrechtsschutz aufgrund von Personalhoheit

Die Personalhoheit ermöglicht und legitimiert vorbehaltlich einer Interpretation des sachlichen Schutzbereichs die Erstreckung des Grundrechtsschutzes auf Deutsche, auch wenn diese sich außerhalb der Gebietshoheit aufhalten und dort mit der deutschen Staatsgewalt in Kontakt kommen[59]. Ein normativer Konflikt kann wegen der Erweiterung des Rechtskreises dieser Personen nicht entstehen, da es der Rechtsordnung des Aufenthaltsstaats unbenommen bleibt, dem Deutschen Rechte und Pflichten aufzuerlegen, die an deutschen Grundrechten nicht zu messen sind.

27
Kollision von Rechtsordnungen

Das Problem eines möglichen Grundrechtsimperialismus entsteht nur bei einer echten Kollision zweier nicht miteinander in Einklang zu bringender Pflichten in ein und derselben Person. Eine Kollision von zwei räumlich nebeneinander bestehenden, zunächst territorial abgegrenzten Rechtsordnungen setzt voraus, daß an ein und denselben Tatbestand zwei verschieden-

---

53 *Isensee* (N 3), § 115 Rn. 79.
54 *Isensee* (N 3), § 115 Rn. 79; siehe auch *Stern* (N 11), § 72 V 7 S. 1242 f.; *Oppermann* (N 19), S. 531 f.
55 *Oppermann* (N 19), S. 531.
56 BVerfGE 18, 112 (117 f.); zweifelnd allerdings schon BVerfGE 60, 348 (354).
57 Hierauf weist *Schröder* (N 24), S. 142, hin.
58 Ein striktes völkerrechtliches Verbot der Todesstrafe ist nach wie vor nicht zu erkennen, s. u. Rn. 41.
59 *Oppermann* (N 19), S. 523.

artige Rechtsfolgen angeknüpft werden. In grundrechtlichem Zusammenhang kann dies bedeuten, daß eine bestimmte Handlung eines Rechtssubjekts aus der Sicht der einen (aber nicht aus der Sicht der anderen) Rechtsordnung zulässig ist und nicht staatlicherseits unterbunden werden darf (status negativus). Das Grundrecht wird aber nur von einer bestimmten Hoheitsgewalt eingeräumt und wirkt auch nur dieser gegenüber. Wenn also eine Meinungsäußerung eines Deutschen im Ausland nach Art. 5 Abs. 1 GG erlaubt, nach der Rechtsordnung des Aufenthaltsstaats aber verboten ist, so entsteht keine Kollision, weil das deutsche Grundrecht gegenüber dem ausländischen Eingriff gar nicht schützt. Wenn sich das Individuum nicht in einem konkreten Fall zwischen zwei konfligierenden Rechtsbefehlen entscheiden muß, entsteht keine Kollisionslage und beide Grundrechtsordnungen stehen wechselseitig unbehelligt in demselben räumlichen Anwendungsbereich nebeneinander.

V. Sachlicher Anwendungsbereich der Grundrechte

Auf der Suche nach der Wirkung der Grundrechte ist der Blick auf Art. 1 Abs. 3 GG zu eng. Die Norm macht zwar deutlich, daß der Grundrechtsschutz möglichst umfassend sein soll. Aber sie bildet nur einen Teil des Problems der Grundrechtsbindung deutscher Staatsgewalt bei Sachverhalten mit Auslandsbezug ab. Denn die Aktivierung des Grundrechtsschutzes gegenüber einer bestimmten Handlung oder auch nur einer Wirkung auf eine individuelle Rechtsposition setzt immer und unabhängig von der räumlichen Dimension[60] viererlei voraus[61].

28
Art. 1 Abs. 3 GG als einzelnes Element

Erstens bedarf es der Grundrechtsberechtigung des Betroffenen; zweitens muß derjenige, von dem die Belastung ausgeht, auf die Grundrechte verpflichtet sein und drittens müssen die Grundrechte räumlich anwendbar sein. Gerade dieser Aspekt weist allerdings auch – viertens – eine mit ihm eng verwobene sachliche Komponente auf: Denn welchen konkreten Bereich menschlicher Freiheit die Staatsgewalt im einzelnen zu respektieren hat, ergibt sich erst aus dem Schutzbereich des fraglichen Grundrechts[62]. Es dürfte etwa nicht zu bezweifeln sein, daß auch die nach Art. 1 Abs. 3 GG umfassend grundrechtsverpflichtete deutsche Hoheitsgewalt gegenüber einem Ausländer im In- oder Ausland nicht an Art. 12 Abs. 1 GG gebunden ist, da es sich eben um ein Deutschengrundrecht handelt.

29
Voraussetzungen der Grundrechtsanwendung

---

60 Mit dem Folgenden soll auch verdeutlicht werden, daß die Problematik des Grundrechtsschutzes bei Auslandsbezug durchaus mit den Instrumenten der traditionellen Dogmatik gelöst werden kann und es keines speziell auf diese Fragen zugeschnittenen grundrechtsdogmatischen Systems bedarf, in dem etwa die verschiedenen Ebenen der Grundrechtsprüfung verschmelzen (vgl. hierzu – im Ergebnis ebenfalls den besonderen Status von Fragestellung und Problemlösung ablehnend – *Baldus* [N 4], S. 126; kritisch insoweit auch *Hofmann* [N 12], S. 28).
61 Zu den ersten drei Aspekten: *Ohler* (N 18), S. 277.
62 *Detlef Merten*, Räumlicher Geltungsbereich von Grundrechtsbestimmungen, in: FS für Hartmut Schiedermair, 2001, S. 331 (340).

30
Räumliche Dimension

Jede Handlung zieht „Wirkungen" nach sich; allerdings müssen diese nicht zwingend rechtlicher, sondern sie können auch tatsächlicher Natur sein. Aber damit Grundrechte überhaupt geltend gemacht werden können, bedarf es daher nicht nur des Nachweises einer Handlung der (umfassend nach Art. 1 Abs. 3 GG) verpflichteten Staatsgewalt, sondern es muß auch festgestellt werden, ob der von der Ausführung der Staatsgewalt Betroffene das entsprechende Grundrecht innehat[63]. Dies aber ist nicht nur eine Frage dahingehend, ob ein Deutschen- oder ein Jedermanngrundrecht zur Diskussion steht. Erfaßt vielmehr das „Eigentum" im Sinne von Art. 14 GG auch das im Ausland belegene Eigentum? Kann eine „Meinung" im Sinne von Art. 5 Abs. 1 GG auch im Ausland geäußert werden? Sind als „Ehe und Familie" im Sinne von Art. 6 Abs. 1 GG auch solche Personenverbindungen beschrieben, die im Ausland nach fremdem Recht geschlossen und deren Mitglieder dort ganz oder zum Teil (noch) ansässig sind? Diese Fragen sind nur durch Interpretation des einzelnen Grundrechtstatbestands nach Wortlaut, Sinn und Zweck im Hinblick auf den Geltungsumfang der verwendeten Tatbestandsmerkmale zu beantworten. Wichtige Determinante dieser Auslegung ist, ob das fragliche Grundrecht wesensgemäß eine bestimmte Beziehung zur Lebens- oder Rechtsordnung im Geltungsbereich der Verfassung voraussetzt, so daß eine uneingeschränkte Durchsetzung in ganz oder überwiegend auslandsbezogenen Sachverhalten den Sinn des Grundrechtsschutzes verfehlen würde[64].

31
Bindung nur im sachlichen Geltungsumfang

Ungeachtet seines immer wieder zitierten Wirkungsansatzes lehnt es das Bundesverfassungsgericht daher auch zu Recht ab, aus der in Art. 1 Abs. 3 GG angeordneten Bindung aller Staatsfunktionen an die Grundrechte eine „abschließende Festlegung der räumlichen Geltungsreichweite der Grundrechte"[65] abzuleiten. Die Grundrechte binden, „soweit Wirkungen ihrer Betätigung außerhalb des Hoheitsbereichs der Bundesrepublik Deutschland eintreten", die Staatsgewalt „in ihrem sachlichen Geltungsumfang"[66] – und eben nur in diesem Umfang.

32
Kein grundrechtsexternes Kollisionsrecht

Da die Anwendung eines Grundrechts auf einen bestimmten Fall mit Auslandsbezug somit aus der Grundrechtsnorm selbst interpretatorisch zu ermitteln ist, müssen auch Versuche scheitern, ein grundrechtsexternes Verfassungs- oder Grundrechtskollisionsrecht[67] nach privatrechtlichem Vorbild zu entwickeln. Die von dem deutschen Gesetzgeber erlassenen Regeln des internationalen Privatrechts (IPR) ermöglichen die Entscheidung, ob zur Herbeiführung einer Rechtsfolge in einem bürgerlich-rechtlichen Sachverhalt eine bestimmte Sachnorm des heimischen oder eines ausländischen Rechts anwendbar ist. Die räumliche und sachliche Reichweite der Grundrechte ist hingegen aus dem Tatbestand dieser Rechte selbst und nicht aus einer externen Norm zu entwickeln. Zudem geht das Internationale Privatrecht grund-

---

63 *Quaritsch* (N 9), § 120 Rn. 75.
64 BVerfGE 31, 58 (76); kritisch hierzu aber *Schröder* (N 24), S. 142.
65 BVerfGE 100, 313 (361).
66 BVerfGE 57, 9 (22).
67 *Herbert Bernstein*, Ein Kollisionsrecht für die Verfassung, in: NJW 1965, S. 2273 ff.

sätzlich von einem „Alles-oder-Nichts" der Normanwendung aus[68]. Ein solcher Entscheidungsmodus ist nur hinsichtlich des sachlichen Schutzbereichs der Grundrechtsnorm möglich (auch wenn das Bundesverfassungsgericht auch auf dieser Ebene bereits Konzessionen zu machen scheint[69]). Der Heranziehung externer Normen bedarf es hierbei nicht. Das Maß des effektiven Grundrechtsschutzes, das am Ende der Grundrechtsprüfung festgestellt wird, erfährt aufgrund des Auslandsbezugs insbesondere auch auf der Ebene der Grundrechtsbeschränkung und ihrer Rechtfertigung eine besondere Prägung. Somit ist die Grundrechtsanwendung einzelfallbezogen variabel und das Grundrecht kann nicht durch eine grundrechtsexterne Norm für anwendbar oder nicht anwendbar erklärt werden.

D. Einzelne Bedingungen der Anwendung von Grundrechten auf Sachverhalte mit Auslandsbezug

Die Wirkung von Grundrechten in Sachverhalten mit Auslandsbezug bedarf grundsätzlich einer umfassenden und über die Anwendung von Art. 1 Abs. 3 GG hinausgehenden Prüfung, deren einzelnen Aspekte nunmehr zu betrachten sind. Die Feststellung eines Auslandsbezugs ersetzt keinen der Prüfungsschritte einer Grundrechtsprüfung und erlaubt auch nicht etwa die Annahme eines von vornherein geminderten Grundrechtsschutzes[70]. Dieser kann nur Resultat, nicht Ausgangspunkt der Prüfung sein. Allerdings wird auch gerade in den einschlägigen Entscheidungen des Bundesverfassungsgerichts nicht immer deutlich, ob der Auslandsbezug nun zu einer Schutzbereichsreduktion des Grundrechts führen soll oder nur einen Aspekt bei der Überprüfung der Grundrechtsbeschränkung darstellt.

33
Erforderlichkeit einer umfassenden Prüfung

I. Grundrechtsverpflichtung

Die Auslösung grundrechtlichen Schutzes setzt voraus, daß eine Handlung der grundrechtlich verpflichteten (deutschen) öffentlichen Gewalt für die Beeinträchtigung eines grundrechtlich geschützten Bereichs ursächlich ist. Darüber hinaus muß ihr diese Beeinträchtigung zurechenbar sein[71].

34
Ursächlichkeit und Zurechenbarkeit

---

68 *Kronke* (N 21), S. 47.
69 BVerfGE 31, 58 (77).
70 So auch *Baldus* (N 4), S. 129 ff., 139 ff.
71 BVerfGE 66, 39 (60); siehe für den Sonderfall der Enteignungen in der SBZ in den Jahren 1945 bis 1949 die Ausführungen in BVerfGE 84, 90 (122 ff.), für die die Bundesrepublik Deutschland nicht nur nicht grundrechtlich verantwortlich gemacht werden konnte, weil sie zu diesem Zeitpunkt noch nicht existierte, sondern auch, weil diese Enteignungen nicht in ihren räumlich beherrschten Verantwortungsbereich gefallen wären.

1. Grundrechtsverpflichtung der deutschen Staatsgewalt

35
Nur Bindung deutscher Hoheitsgewalt

Unabhängig von der Frage, an welchem Ort und bei welchem Rechtssubjekt eine Freiheitsbeeinträchtigung eintritt, bindet Art. 1 Abs. 3 GG nur die deutsche, nicht aber die auswärtige oder überstaatliche Hoheitsgewalt an deutsche Grundrechte[72]. Beschränken solche Hoheitsgewalten die Freiheitssphäre sich im Ausland befindlicher deutscher oder ausländischer Rechtssubjekte, so sind deutsche Grundrechte als Abwehrrechte mangels Grundrechtsverpflichtung dieser Hoheitsgewalt auf deren Handeln nicht anwendbar. Wenn zum Beispiel eine ausländische, nicht an die Grundrechte gebundene Staatsgewalt in eine durch eine fremde Rechtsordnung begründete, geschützte und im Ausland belegene Eigentumsposition eines Deutschen eingreift, ist sie im völkerrechtlichen Rahmen hieran nicht gehindert. Ein solcher Eingriff in das Eigentum des Deutschen wie des Ausländers im Ausland ist dementsprechend von der deutschen Staatsgewalt hinzunehmen, da die deutschen Grundrechte hier kein Maßstab sein können. Die Frage der „Wirkung" einer fremden hoheitlichen Entscheidung auf deutsche Grundrechte stellt sich daher nicht. Es können sich höchstens wiederum Verpflichtungen der deutschen Staatsgewalt zugunsten des Deutschen auf diplomatischen Schutz gegen willkürliche Enteignungen ohne Entschädigung ergeben[73].

36
US-amerikanische Waffenstationierung in Deutschland

Das Bundesverfassungsgericht hat anläßlich einer Waffenstationierung durch die USA auf dem Territorium der Bundesrepublik Deutschland ausgeführt, daß sich zwar „der menschenrechtliche Schutzbereich der vom Grundgesetz anerkannten Grundrechte und Grundfreiheiten gegen jedwede hoheitliche Gewalt"[74] richte. Dies scheint dem bislang Gesagten zu widersprechen. Das Gericht lehnt es trotzdem ab, Entscheidungen und Handlungen der US-amerikanischen Regierung an den deutschen Grundrechten zu messen, weil der Rechtsbehelf der Verfassungsbeschwerde „nur gegen ein Verhalten der staatlichen, deutschen, an das Grundgesetz gebundenen öffentlichen Gewalt" gewährt werde[75]. Das Gericht führt in derselben Entscheidung an späterer Stelle aus, daß die „verfassungsrechtliche Verantwortlichkeit der an das Grundgesetz gebundenen Hoheitsgewalt und damit auch der Schutzbereich der Grundrechte, insoweit er ihr gegenüber besteht, ... grundsätzlich dort [endet], wo ein Vorgang in seinem wesentlichen Verlauf von einem fremden Staat nach seinem, von der Bundesrepublik Deutschland unabhängigen, Willen gestaltet wird"[76]. In den durch das Bundesverfassungsgericht in Bezug genommenen Entscheidungen war indes keine ausdrückliche Differenzierung zwischen dem angeblich über die deutsche öffentliche Gewalt hinausgehen-

---

72 BVerfGE 1, 10 (11); *Badura* (N 12), § 47 Rn. 9; *Stern* (N 11), § 72 V 4 f., S. 1227 ff.; *Wolfram Höfling*, in: Sachs, ⁶2011, Art. 1 Rn. 86; *Philip Kunig*, in: v. Münch/Kunig, ⁶2012, Art. 1 Rn. 52; skeptisch hiergegen aber *Menzel* (N 12), S. 538.
73 S. u. Rn. 111 f.
74 BVerfGE 66, 39 (55 f.).
75 BVerfGE 66, 39 (56) unter Bezugnahme auf die Eurocontrol I-Entscheidung (BVerfGE 58, 1 [27]); s. a. schon zuvor BVerfGE 6, 15 (18); 6, 290 (295); 22, 91 (92); 22, 293 (295).
76 BVerfGE 66, 39 (61) unter Hinweis auf BVerfGE 55, 349 (362 f.); 57, 9 (23 f.).

den Wirkungsbereich der Grundrechte und dem prozessualen Gegenstand der Verfassungsbeschwerde vorgenommen worden: „Der Wortlaut des Art. 19 Abs. 4 GG besagt für sich allein nichts darüber, ob als ‚öffentliche Gewalt' auch nicht deutsche Hoheitsgewalt in Betracht kommt. Grundsätzlich gilt das Grundgesetz allerdings nur für die von ihm verfaßte Staatsgewalt, begrenzt auf das ‚Gefüge der deutschen Staatsorganisation'. Dies spricht dagegen, die Rechtsschutzgewährleistung des Art. 19 Abs. 4 GG auf das Verhalten öffentlicher Gewalt zu erstrecken, die nicht diesem Gefüge zugehört. Art. 19 Abs. 4 GG meint die ‚durch die Verfassung gebundene deutsche öffentliche Gewalt'."[77]

Art. 19 Abs. 4 GG

Eine Differenzierung zwischen materieller Reichweite von Grundrechten und ihrer prozessualen Durchsetzung überzeugt ohnehin nicht. Zwar ist es denkbar, daß das Grundgesetz oder auch der einfache Gesetzgeber die Überprüfungsreichweite des Bundesverfassungsgerichts unter bestimmten Umständen zurücknehmen. Aber es dürfte auch völlig klar sein, daß das Grundgesetz als die die Staatsgewalt konstituierende und zugleich domestizierende Verfassungsordnung nicht den Anspruch erhebt (und auch aus völkerrechtlicher Sicht nicht erheben kann), fremde Hoheitsgewalt zu binden. Allein denkbar ist eine positive grundrechtliche Verpflichtung der deutschen Staatsgewalt, gegenüber fremden Hoheitsträgern auf die Verwirklichung und Förderung grundrechtlicher Freiheit im Ausland hinzuwirken.

37

Materielle Reichweite und prozessuale Durchsetzung

Keine Bindung fremder Staatsgewalt an das GG

2. Kausalität und Zurechnung

Grundrechtsbindung kann sich im status negativus nur dort entfalten, wo die Grundrechtsverpflichteten auch vollumfänglich für eine Handlung verantwortlich und nicht einem bestimmenden fremden Einfluß unterworfen sind[78]. Dabei ist es unerheblich, ob neben deutschen Grundrechten noch weitere Schutzsysteme eingreifen bzw. ob aus Sicht inter- und supranationaler Rechtsordnungen den Betroffenen noch weitere Schutzrechte zukommen sollen, die gegebenenfalls sogar stärkeren Schutz als das Grundgesetz gewähren. Daher ist das Erfordernis der Zurechnung nicht in einem exklusiven Sinn zu verstehen, das durch jedweden anderen Einfluß auf eine Freiheitsbeschränkung ausgeschlossen ist[79].

38

Handlungsverantwortlichkeit des Grundrechtsverpflichteten

In Sachverhalten mit Auslandsbezug ist nicht stets offensichtlich, ob die deutsche grundrechtsverpflichtete oder eine andere, nicht an die Grundrechte gebundene Hoheitsgewalt in die Freiheit eines Rechtssubjekts eingegriffen hat. So ist die Auslieferung einer Person in das Ausland durch die Bundesrepublik Deutschland ebenso wie eine Abschiebung ein Akt grundrechtsgebun-

39

Kausalität der Belastungswirkung

Auslieferung

---

77 BVerfGE 58, 1 (26); für das „Gefüge der deutschen Staatsorganisation" bezieht sich das Gericht auf BVerfGE 22, 293 (297).
78 BVerfGE 100, 313 (362f.).
79 Hierzu im Zusammenhang mit Freiheitsbeschränkungen bei Bekämpfung von Piraterie im internationalen Verbund *Christian Walter/Antje von Ungern-Sternberg*, Piratenbekämpfung vor Somalia, in: DÖV 2012, S. 861 (867f.).

§ 240   *Zweiundzwanzigster Teil: Grenzüberschreitende Staatsaufgaben*

dener deutscher Staatsgewalt. Aber können dieser auch nachfolgende Freiheitsverletzungen durch den Zielstaat grundrechtlich zugerechnet werden? Das Bundesverfassungsgericht stellt im Hinblick auf die Grundrechtsverpflichtung der deutschen Staatsgewalt die Notwendigkeit von Kausalität und Zurechnung einer von ihr ausgehenden Belastungswirkung nebeneinander. Es genügt mithin nicht, daß die deutsche Staatsgewalt gehandelt hat; vielmehr muß ihr eine ein Rechtssubjekt belastende Wirkung auch kausal zurechenbar sein. Anders als das Erfordernis der Kausalität erfordert die Feststellung der Zurechnung die Einbeziehung von wertenden Gesichtspunkten.

40
Folgeverantwortung

An Zurechenbarkeit mangelt es, wenn eine Beeinträchtigung „entscheidend erst durch einen eigenständigen Entschluß deutscher Hoheitsgewalt nicht unterstehender Organe eines fremden souveränen Staates herbeigeführt"[80] würde. Die Zurechnung begrenzt somit die Folgeverantwortung der deutschen Staatsgewalt[81]. Als zentrale Frage erweist sich, ob die Staatsgewalt der Bundesrepublik Deutschland auf einen bestimmten Erfolg durch Steuerung der als maßgebend erscheinenden Umstände Einfluß nehmen kann oder aus rechtlichen und tatsächlichen Gründen daran gehindert ist[82].

41
Erstes Auslieferungsurteil des BVerfG

Todesstrafe

Die Problematik der Reichweite grundrechtsverpflichteter deutscher Staatsgewalt bzw. die Möglichkeit einer Zurechnung von Freiheitsbeeinträchtigungen an sie kann anhand des (ersten) Auslieferungsurteils des Bundesverfassungsgerichts verdeutlicht werden[83]. Das Gericht hatte in dieser inzwischen inhaltlich als überholt angesehenen Entscheidung zur Auslieferung in ein Land zu urteilen, in dem dem Ausgelieferten die Todesstrafe drohte. Es kann keinem Zweifel unterliegen, daß deutsche Staatsorgane und ihre Organwalter auch im Ausland und auch gegenüber ausländischen Staatsbürgern schon aus verfassungsrechtlichen Gründen (Art. 102 GG) kein Todesurteil verhängen oder vollstrecken dürfen. Unabhängig von der Frage, ob Art. 102 GG für sich genommen ein Grundrecht normiert[84], ist aber zwischen der deutschen (ausliefernden oder abschiebenden[85]) Staatsgewalt und der ausländischen, die Todesstrafe verhängenden oder vollstreckenden Staatsgewalt zu unterscheiden. Die grundrechtsverpflichtete Bundesrepublik Deutschland verhängt weder noch vollstreckt sie die Todesstrafe. Die ausländische Staatsgewalt mag

---

80 BVerfGE 66, 39 (61); kritisch gegenüber der Art und Weise, in der das Bundesverfassungsgericht das Zurechnungskriterium verwendet, aber *Baldus* (N 4), S. 164 ff.; → Bd. IX, *Gundel*, § 198 Rn. 43 ff.; → Bd. X, *Weiß*, § 207 Rn. 14 ff.
81 So auch *Ohler* (N 18), S. 288; kritisch demgegenüber *Menzel* (N 12), S. 611.
82 BVerfGE 66, 39 (62).
83 BVerfGE 18, 112 (117 f.); zweifelnd allerdings schon BVerfGE 60, 348 (354).
84 Der Wortlaut spricht eher für eine objektiv-rechtliche Normierung; *Rupert Scholz*, in: Maunz/Dürig, Art. 102 Rn. 2 ff., spricht von einem Grundrecht; Maßstab einer Verfassungsbeschwerde kann die Vorschrift indes nur in Verbindung mit Art. 2 Abs. 2 GG sein; s. a. *Christoph Gusy*, in: v. Mangoldt/Klein/Starck, ⁶2010, Art. 102 Rn. 21.
85 Eine Differenzierung zwischen diesen beiden Akten erscheint in diesem Zusammenhang entgegen *Volker Epping*, in: ders./Christian Hillgruber (Hg.), Beck'scher Online-Kommentar GG, Art. 102, Rn. 9, nicht sinnvoll.

in ihren Handlungsoptionen völkerrechtlich beschränkt sein[86], an Art. 102 GG ist sie jedenfalls nicht gebunden. Sie verhängt und vollstreckt die Todesstrafe innerhalb ihrer durch die äußere staatliche Souveränität gegen die Bindung durch fremde Rechtsordnungen geschützten rechtlichen Sphäre.

42
Auslieferung und Abschiebung als deutsche Maßnahme

Allerdings sind Auslieferung und Abschiebung selbst hoheitliche Maßnahmen, die gegenüber dem ausländischen Grundrechtsträger zumindest an Art. 2 Abs. 2 S. 2 GG zu messen sind und die daher dem Grundsatz der Verhältnismäßigkeit zu genügen haben[87]. Diese Ausübung deutscher Staatsgewalt findet typischerweise auf deutschem Territorium statt, da sich die betroffene Person dort befindet. Auch wenn diese Konstellation auf das Ausland bezogene Implikationen aufweist, liegt doch der Schwerpunkt der Ausübung von Hoheitsgewalt auf deutschem Staatsgebiet, so daß die Anwendung deutscher Grundrechte auf die Entscheidung in dem beschriebenen sachlichen Rahmen unabdingbar ist.

43
Keine Zurechnung der Folgen

Die Ausübung deutscher Staatsgewalt ist in einem solchen Fall zwar durch Auslieferung und Abschiebung zumindest für die Vollstreckung einer Todesstrafe kausal. Aber die fremde, nicht grundrechtsgebundene Staatsgewalt tritt eigenverantwortlich und unabhängig in diesen Kausalzusammenhang ein und setzt eine autonome Ursache für die Freiheitsbeeinträchtigung. Dieses Dazwischentreten einer gleichberechtigten und unabhängigen Staatsgewalt steht der Zurechnung des ultimativen Eingriffs in das Leben des Straftäters an die Bundesrepublik Deutschland entgegen. In einem solchen Fall geht es also nicht um eine extraterritoriale Anwendung von Art. 102 GG auf eine von einem fremden Staat verhängte und vollstreckte Todesstrafe, sondern um die durch den Zurechnungsgedanken begrenzte Verantwortung deutscher Staatsgewalt für das unabhängige Handeln anderer gleichberechtigter Hoheitsgewalten[88]. Soweit die Bundesrepublik Deutschland einen Kausalbeitrag dafür setzt, daß ein anderer Staat aus freien Stücken und nach eigener und unabhängiger Prüfung in Rechtsgüter eingreift, wird der Zurechnungszusammenhang zu der deutschen Staatsgewalt durch das Dazwischentreten des anderen Staates unterbrochen. Nur dessen Grundrechtsordnung mag dann Schutz gewähren[89].

Todesstrafe

44
Objektive Vorhersehbarkeit der Freiheitsbeeinträchtigung durch Dritte

Vor dem Hintergrund, daß auf diese Weise die Schutzwirkung der Grundrechte stark reduziert wird, wurde unter Hinweis auf die allgemein akzeptierte Offenheit des grundrechtlichen Eingriffsbegriffs vorgeschlagen, auf eine „objektive Vorhersehbarkeit" der Freiheitsbeeinträchtigung durch Dritte

---

86 Gemäß Art. 6 IPbürgR ist eine Todesstrafe nur unter strengen Voraussetzungen zulässig. Das 2. Fakultativprotokoll zum IPbürgR, das bislang von 75 Staaten ratifiziert wurde, enthält in Art. 1 ein Hinrichtungsverbot sowie ein Gebot, alle erforderlichen Maßnahmen zu ergreifen, um die Todesstrafe im Hoheitsgebiet der Vertragsstaaten abzuschaffen. Auch im Rahmen der EMRK ist die Todesstrafe gem. Art. 1 des 6. Zusatzprotokolls in den Vertragsstaaten abgeschafft. Ausnahmen gelten nach beiden Vertragsregimen jeweils für Kriegszeiten.
87 Zu den sich daraus ergebenden Grenzen *Badura* (N 12), § 47 Rn. 30.
88 *Josef Ruthig*, Globalisierung und Grundgesetz, in: Jürgen Wolter/Eibe Riedel/Jochen Taupitz (Hg.), Einwirkungen der Grundrechte auf das Zivilrecht, Öffentliche Recht und Strafrecht, 1999, S. 271 (294); → Bd. X, *Weiß*, § 207 Rn. 22.
89 BVerfGE 57, 9 (22f.).

abzustellen⁹⁰. Ein vorhersehbares Dazwischentreten Dritter würde damit einen Zurechnungszusammenhang zu der deutschen Staatsgewalt nicht mehr unterbrechen. Aber zum einen werden hier die Fragen der Grundrechtsbindung und des Eingriffs miteinander vermengt. Zum andern kann die Zurechnung einer Freiheitsbeschränkung zur deutschen Staatsgewalt noch nicht mit einer Grundrechtsverletzung gleichzusetzen sein. Dann aber ist unklar, wie bei einer großzügigen Zurechnung von letztendlich von Dritten zugefügten Freiheitsbeschränkungen an die deutsche Staatsgewalt solche Grundrechtseingriffe überhaupt noch gerechtfertigt werden können. Die Eingriffsmotive, die die Handlung der deutschen Staatsgewalt zu einem weiteren Grundrechtseingriff werden lassen, liegen im Ausland, das ermächtigende Gesetz ist einer ausländischen Rechtsordnung zuzuordnen. Die grundrechtsverpflichtete Staatsgewalt würde auf diese Weise für Freiheitsbeschränkungen verantwortlich gemacht, die sie nicht beurteilen, steuern oder gar abwenden kann.

45
Völkerrechtliche Standards

Auslieferung und Abschiebung verstoßen in den genannten Fällen nicht bereits gegen Art. 102 GG⁹¹. In jedem Fall ist aber anhand von Art. 25 GG zu überprüfen, ob durch die deutsche Handlung der deutschen Staatsgewalt völkerrechtliche Standards eingehalten werden⁹². Hiernach ist jede Auslieferung an nach Art. 25 GG verbindliche völkerrechtliche Mindeststandards sowie an die unabdingbaren verfassungsrechtlichen Grundsätze der öffentlichen Ordnung der Bundesrepublik Deutschland gebunden⁹³. Wegen der entsprechenden völkerrechtlichen Bindungen kann eine Auslieferung von Personen, die im Zielstaat realistischerweise der Folter oder sonstiger unmenschlicher Behandlung unterworfen sein werden, nicht erfolgen, selbst wenn der Zielstaat eine entsprechende völkerrechtliche Unterlassungserklärung abgibt, die aber nicht glaubhaft ist⁹⁴. Dasselbe wird im Hinblick auf die Todesstrafe gelten, wenn deren Ächtung sich völkerrechtlich durchsetzt. Zudem ergeben sich restriktive Bindungen der deutschen Staatsorgane aus der Europäischen Menschenrechtskonvention und der Rechtsprechung des Europäischen Gerichtshofes für Menschenrechte unter dem Gesichtspunkt des Verbots unmenschlicher Behandlung (Art. 3 EMRK)⁹⁵. Des weiteren ist der einfache Gesetzgeber im Rahmen der völkerrechtlichen Verpflichtungen nicht gehindert, Abschiebungen in entsprechende Staaten zu verbieten.

Unmenschliche Behandlung

---

90 *Baldus* (N 4), S. 162 ff., 169.
91 So aber *Kunig* (N 72), Art. 102 Rn. 12 ff.; *Dieter Lorenz*, Recht auf Leben und körperliche Unversehrtheit, in: HStR VI, ²2001 (¹1989), § 128 Rn. 27; *Gerhard Robbers*, in: HdbVerfR, ²1994, § 11 Rn. 45; hiergegen hinsichtlich der Auslieferung *Horst Dreier*, in: Dreier, ²2008, Art. 102 Rn. 52 ff. Allerdings erscheint die dort vollzogene Abgrenzung zwischen einseitiger (daher an Art. 102 GG zu messender) Abschiebung und aufgrund völkerrechtlicher Verpflichtung erfolgender Auslieferung nicht geboten. Der Blick ist nicht auf die Völkerrechtsfreundlichkeit des Grundgesetzes (und damit die Vertragsbindung) zu richten. Vielmehr ist die Verantwortung für den Vollzug der Todesstrafe zuzurechnen, die sich nicht gleichsam von selbst aus dem Akt der Auslieferung ergibt, sondern Konsequenz der Anwendung einer fremden Rechtsordnung ist; → Bd. VII, *Müller-Terpitz*, § 147 Rn. 49, 65. → Bd. X, *Weiß*, § 207 Rn. 4, 22.
92 *Epping* (N 85), Art. 102 Rn. 8. 1.
93 Vgl. u. a. BVerfG, Beschlüsse vom 8. 4. 2004 – 2 BvR 253/04 – und vom 20. 12. 2007 – 2 BvR 1996/07 – m. weit. Nachw.
94 Vgl. BVerfG, Beschluß vom 20. 12. 2007 – 2 BvR 1996/07 – Rn. 23; ähnlich auch EGMR, Entscheidung vom 16. 10. 2006, G. S. B. O./Germany, Nr. 1104/04, Rn. 38 f.
95 EGMR, Urt. v. 7. 7. 1989, Soering/Vereinigtes Königreich, Serie A Nr. 161 (Rn. 88).

Auch bei Auslandseinsätzen deutscher Streitkräfte kommt ein Eingriff in Grundrechte nur dann in Betracht, wenn eine Handlung oder Wirkung der deutschen Staatsgewalt zurechenbar ist[96]. Dies ist zunächst nur bei unilateralen Auslandseinsätzen der Bundeswehr der Fall. Typischerweise handelt es sich aber bei Auslandseinsätzen der Streitkräfte um ein Vorgehen im Rahmen von Systemen kollektiver Sicherheit nach Art. 24 Abs. 2 GG. Hier ist die konkrete Struktur von Mission und Befehlskette auf das Vorhandensein der genannten Zurechnungskriterien hin zu analysieren, und zwar auf die je einzelne Beeinträchtigung. Es ist nicht erforderlich, daß die Beeinträchtigung im Rahmen einer gleichsam der Gebietshoheit ähnlichen regelmäßigen Ausübung von Hoheitsgewalt erfolgt, die der innerstaatlichen Ausübung strukturierter Hoheitsgewalt nahe- oder gar gleichkommt[97]. Selbst wenn die Streitkräfte für den Auslandseinsatz in eine supra- oder internationale Organisations- und Kommandostruktur integriert sind, können einzelne Entscheidungen von den Trägern deutscher Staatsgewalt in eigener Verantwortung getroffen werden, so daß insoweit eine Zurechnung einer Grundrechtsbeeinträchtigung zur deutschen Staatsgewalt möglich ist[98].

46
Auslandseinsätze der Bundeswehr

Zurechnung zur deutschen Staatsgewalt

Ist eine Zurechnung einer Belastungswirkung an die deutsche grundrechtsverpflichtete Staatsgewalt nicht möglich, so kann nur noch erwogen werden, ob der Grundrechtsberechtigte eine grundrechtliche Schutzpflicht gegenüber der auch zum Schutz verpflichteten deutschen Staatsgewalt geltend machen kann[99].

47
Geltendmachung einer Schutzpflicht als Alternative

3. Ausländische Rechtsanwendung und Anwendung ausländischen Rechts

Soweit ausländische Hoheitsträger Rechtsfolgen an Sachverhalte auf deutschem Staatsgebiet anknüpfen, ist dies aus deutscher abwehrrechtlicher Sicht unproblematisch, wenn es sich um die Ausübung originär ausländischer staatlicher Funktionen handelt, deren Auswirkungen sich nicht im deutschen Rechtsraum realisieren und nicht durch deutsche Hoheitsträger gegenüber der betroffenen Person angewendet und umgesetzt werden müssen. Wenn also ausländische Hoheitsgewalt in eine im Ausland nach ausländischem Recht geschlossene Ehe von Personen eingreift, die in dem Bundesgebiet

48
Regelungen durch ausländische Hoheitsträger

---

96 Hierzu und zum Folgenden *Andreas Zimmermann*, Grundrechtseingriffe durch deutsche Streitkräfte im Ausland und das Grundgesetz, in: ZRP 2012, S. 116 (116f.).
97 *Zimmermann* (N 96), S. 117; so aber *Krieger* (N 17), S. 8, auf der Grundlage der von ihr für die EMRK aus der Bankovic Rechtsprechung des EGMR (Urt. v. 12.12.2001, Bankovic u.a./Belgien u. 16 andere NATO-Staaten, Nr. 52207/99; nachfolgend EGMR, Urt. v. 29.3.2010, Nr. 3394/03, Medvedyev u.a./ Frankreich, Rn. 64; EGMR Urt. v. 7.7.2011, Nr. 55721/07, Al-Skeini u.a/Vereinigtes Königreich, Rn. 131 ff.) entwickelten Lehre (hierzu z.B. *Menzel* [N 12], S. 546ff.); vgl. *Heike Krieger*, Die Verantwortlichkeit Deutschlands nach der EMRK für seine Streitkräfte im Auslandseinsatz, in: ZaöRV 62 (2002), S. 669 (670ff.).
98 So etwa hinsichtlich der Entscheidung, wann und wo die Verdächtigen an einen ausländischen Richter übergeben oder ob sie nach Deutschland überstellt und dort einem Richter vorgeführt werden sollen; vgl. VG Köln, in: JZ 2012, S. 366 (369); hierzu *Helmut Aust*, Piraterebekämpfung im Lichte von Grundgesetz und Völkerrecht auf dem verwaltungsgerichtlichen Prüfstand, in: DVBl 2012, S. 484 (485ff.); *Walter/v. Ungern-Sternberg* (N 79), S. 864ff.
99 S. u. Rn. 108ff.

ansässig sind, kann Art. 6 Abs. 1 GG nicht schützen, weil der ausländische Staat nicht an die deutschen Grundrechte gebunden ist.

49
Anknüpfung an ausländische Regelungen

Damit ist allerdings noch nicht die Frage beantwortet, ob die grundrechtsverpflichtete deutsche Staatsgewalt an eine solche ausländische Entscheidung anknüpfen muß und die Betroffenen (etwa steuer- oder unterhaltsrechtlich) nicht mehr als Eheleute behandeln darf. In einem solchen Fall knüpft die deutsche Staatsgewalt tatbestandlich an die ausländische Regelung[100]. Die deutschen Grundrechte können aber auch dann Wirkung entfalten, wenn der deutsche Gesetzgeber die Anwendung ausländischen Rechts oder die Anknüpfung an eine ausländische Entscheidung als Voraussetzung eines deutschen Hoheitsakts anordnet. Sowohl in der generell-abstrakten Anordnung als auch in dem nachfolgenden Hoheitsakt offenbart sich grundrechtsgebundene deutsche Staatsgewalt, die nicht – so eine berühmte Formulierung – einen „Sprung ins Dunkle"[101] vollführen darf.

50
Internationales Privatrecht

Eine bedeutsame Einbruchstelle fremden Rechts in die deutsche Rechtsanwendung bilden die Regeln des internationalen Privatrechts. Insoweit hat der Spanier-Beschluß des Bundesverfassungsgerichts aus dem Jahre 1971 festgehalten, daß der Respekt vor dem fremden Gesetzgeber jedenfalls nicht so weit geht, daß fremdes Recht, welches aufgrund einer deutschen Kollisionsnorm berufen wird, unabhängig von seiner grundrechtlichen Beurteilung angewendet werden darf[102]. Bis zu diesem Zeitpunkt hatte die zivilgerichtliche Judikatur eine Anwendung von Grundrechten in dem Bereich des Internationalen Privatrechts nur dann für möglich gehalten, wenn diese durch deutsche Kollisionsnormen und insbesondere Art. 30 EGBGB (a.F.) zugelassen worden war[103].

51
Spanier-Beschluß

Eine solche Zurückhaltung war aber der fundamentalen Bedeutung der Grundrechte nicht angemessen[104]. Ausgehend von der in Art. 1 Abs. 3 GG angeordneten Grundrechtsbindung folgt für das Gericht, daß „für den Erlaß einer Kollisionsnorm durch den deutschen Gesetzgeber oder ihre Übernahme aus dem vorkonstitutionellen Recht das gleiche gilt wie bei anderen im Rang unter der Verfassung stehenden Gesetzen"[105]. Gerade der Umstand, daß der deutsche Gesetzgeber durch die Inanspruchnahme fremder Rechtsordnungen den Normadressaten einem inhaltlich nicht steuer- oder kontrollierbaren Rechtsbefehl aussetzt, ruft nach dem Schutz der Grundrechte gegenüber der fremden Norm. Dies gilt um so mehr, als der deutsche Gesetzgeber ansonsten

---

100 *Hofmann* (N 12), S. 115 ff. (zum Internationalen Privatrecht), S. 138 ff. (zum Internationalen Öffentlichen Recht).
101 So *Leo Raape*, jetzt in: ders./Fritz Sturm, Internationales Privatrecht, 6. 1977, S. 199.
102 BVerfGE 31, 58 (73).
103 BGHZ 50, 370 (375 f.); 54, 123 (129 f.); 54, 132 (140); *Murad Ferid*, Wechselbeziehungen zwischen Verfassungsrecht und Kollisionsrecht, in: FS für Hans Dölle, Bd. II, 1963, S. 143 ff.; *Günther Beitzke*, Grundgesetz und Internationalprivatrecht, 1961, S. 33 ff.; wohl damals schon kritisch, d.h. für eine Anwendung der Grundrechte *Bernstein* (N 67), S. 2275, sowie *Wilhelm Wengler*, Anmerkung zu BGH, Urt. v. 29. 4. 1964 – IV ZR 93/63, in: JZ 1965, S. 100 (101 ff.).
104 BVerfGE 31, 58 (72 ff.).
105 BVerfGE 31, 58 (73).

durch eine übereifrige Berufung ausländischen Rechts grundrechtsfreie Räume schaffen könnte[106].

Schon in dieser Entscheidung demonstrierte das Bundesverfassungsgericht Sensibilität für die grundrechtliche Beurteilung ausländischen Rechts. Zum einen weist das Gericht darauf hin, daß, selbst wenn das Recht als ausländisches in die deutsche Rechtsordnung berufen wird, es doch Organe der deutschen Staatsgewalt (vor allem Gerichte) sind, die dieses ausländische Recht anwenden. Zum andern erscheint es für das Gericht von Bedeutung, daß in einer „Anerkennung des Geltungsanspruchs der Grundrechte auch für die Anwendung des berufenen ausländischen Rechts ... keine unzulässige Ausweitung des Geltungsbereichs des Grundgesetzes gegenüber dem fremden Staat oder ein Oktroi deutscher Wertvorstellungen gegenüber dem Ausland" liegt[107], weil das ausländische Recht allein im Hinblick auf seine Anwendbarkeit in einem räumlich-funktional deutschen Kontext durch einen deutschen Grundrechtverpflichteten überprüft wird. Eine Beurteilung der Gültigkeit der Norm in ihrem eigenen, ausländischen Bereich unterbleibt.

52

Räumlich-funktional deutscher Kontext

Mit dieser Entscheidung hat sich die Anwendung von Grundrechten auf berufenes ausländisches Sachrecht durchgesetzt. Ist der deutsche Richter aufgrund einer deutschen international-privatrechtlichen Kollisionsnorm zur Anwendung ausländischen Privatrechts berufen, so hat er dieses grundsätzlich so anzuwenden, wie es der ausländische Richter tun würde. Daher darf er etwa bei einer grundrechtskonformen Auslegung dieser einfachgesetzlichen Normen nicht auf deutsche, sondern nur auf die ausländischen Grundrechte zurückgreifen[108]. Erst in einem nächsten Schritt ist dann festzustellen, ob das so gewonnene Ergebnis mit deutschen Grundrechten vereinbar ist[109].

53

Gestufte Grundrechtsprüfung

Der seit 1986 bestehenden Anordnung in Art. 6 S. 2 EGBGB, nach dem eine ausländische Rechtsnorm dann nicht angewendet werden darf, wenn ihre Anwendung mit den Grundrechten unvereinbar ist, kommt daher nur eine deklaratorische Bedeutung zu. Nach wie vor soll und darf nicht „eine zur Disposition des einfachen Gesetzgebers stehende Norm des Internationalen Privatrechts, Rang und Reichweite von Verfassungsnormen bestimmen"[110]. Art. 6 EGBGB folgt der Rechtsprechung des Bundesverfassungsgerichts zur Bedeutung der Grundrechte für zur Anwendung berufenes ausländisches Recht. Eine prozessuale Parallele zu Art. 6 S. 2 EGBGB enthält § 328 Abs. 1 Nr. 4 ZPO. Hiernach ist die Anerkennung eines ausländischen Urteils ausgeschlossen, wenn diese Anerkennung mit den Grundrechten unvereinbar ist. Ein solches Urteil entfaltet im Inland keine Rechtswirkung[111].

54

Art. 6 S. 2 EGBGB

---

106 BVerfGE 31, 58 (73).
107 BVerfGE 31, 58 (73 f.).
108 S. a. *Menzel* (N 12), S. 607 ff.
109 *Dagmar Coester-Waltjen*, in: dies./Herbert Kronke/Juliane Kokott, Die Wirkungskraft der Grundrechte bei Fällen mit Auslandsberührung, Familien- und erbrechtlicher Bereich, in: Berichte der Deutschen Gesellschaft für Völkerrecht 38 (1998), S. 9 (11).
110 BVerfGE 31, 58 (74).
111 *Peter Gottwald*, in: Wolfgang Krüger/Thomas Rauscher (Hg.), Münchener Kommentar ZPO, Bd. I, § 328 Rn. 187.

55
Inlandsbeziehung

Das Schrifttum hat die Aussage des Bundesverfassungsgerichts zu der stärkeren oder schwächeren Inlandsbeziehung so gedeutet als sei der Grundrechtsschutz erst ab einer gewissen Stärke dieser Beziehung gegeben[112]. Die Rechtsfolge von Art. 6 EGBGB, die Anwendbarkeit einer ausländischen Rechtsnorm, soll nur eintreten, wenn der fragliche Einzelfall einen hinreichenden Inlandsbezug aufweist[113], der durch die deutsche Staatsangehörigkeit oder den gewöhnlichen Aufenthalt eines Beteiligten in Deutschland etabliert wird. Aber auch weitere Anknüpfungspunkte wie Vermögensbelegenheit, Unternehmenssitz, Zahlungs- oder Handlungsort werden in Betracht gezogen[114]. Jedoch kann weder das einfache Gesetzesrecht noch seine Auslegung die Anwendung und Begrenzung der Grundrechte bestimmen, so daß das Tätigwerden deutscher Staatsgewalt den Grundrechtschutz auslöst, wenn auch die übrigen Bedingungen der Grundrechtsanwendung gegeben sind.

56
Ordre public-Klausel

Zudem lösen solche ordre public-Klauseln das grundrechtliche Problem nur scheinbar. Sie kommen lediglich zum Zuge, wenn zuvor festgestellt wird, daß und in welchem Umfang die Grundrechte überhaupt anwendbar sind[115]. Wenn also die Anwendung einer berufenen ausländischen Rechtsnorm eine Verletzung etwa von Art. 6 Abs. 1 GG darstellen soll, so muß die in Frage stehende Verbindung zwischen zwei Personen gerade auch in den sachlichen Schutzbereich des Grundrechts fallen. Soweit diese Verbindung nicht durch Art. 6 Abs. 1 GG geschützt ist, kann unabhängig von dem Aufenthaltsort der Beteiligten auch die Rechtsfolge gemäß Art. 6 S. 2 EGBGB nicht einschlägig sein, weil kein Grundrechtsverstoß vorliegt.

4. Übertragung von Hoheitsrechten

57
Verfassungsrechtliche Anforderungen

Die Bundesrepublik Deutschland kann und soll sich durch eine Übertragung von Hoheitsrechten der Ausübung ausländischer oder überstaatlicher Hoheitsgewalt öffnen[116]. Wann immer der deutsche Staat Hoheitsakte anderer Staaten oder internationaler Organisationen auf seinem Territorium zuläßt, ist die Öffnungsentscheidung vollumfänglich an den Grundrechten zu messen[117]. Eine unkontrollierte, nicht oder nur unter erschwerten Bedingungen rückholbare oder nicht durch alternative Schutzmechanismen abgeschirmte Übertragung von Hoheitsrechten auf Dritte ist aufgrund der durch sie verursachten Grundrechtsgefährdung verfassungsrechtlich nicht mög-

---

112 Hierauf weist *Schröder* (N 24), S. 140 (m. weit. Nachw. in Fn. 19), hin.
113 BVerfGE 31, 58 (77); BGH, in: NJW 1993, S. 848 (849); NJW 1992, S. 3096 (3105); BGHZ 60, 68 (79); *Hans-Jürgen Sonnenberger*, in: Münchener Kommentar zum BGB, ⁵2010, Art. 6 EGBGB Rn. 79 ff. m. weit. Nachw. (dort Fn. 2).
114 *Stephan Lorenz*, in: Heinz G. Bamberger/Herbert Roth (Hg.), Beck'scher Online-Kommentar BGB, Art. 6 EGBGB Rn. 16 m. weit. Nachw.
115 *Kronke* (N 21), S. 48 f.
116 BVerfGE 37, 271 (280); 58, 1 (28); *Albrecht Randelzhofer*, in: Maunz/Dürig, Art. 24 Rn. 57; *Rudolf Streinz*, in: Sachs, ⁶2011, Art. 24 Rn. 18.
117 *Herdegen* (N 29), Art. 1 Abs. 3 Rn. 90.

lich[118]. Insoweit ist auch nicht zwischen der Übertragung auf eine supra- oder internationale Organisation einerseits und der auf einen anderen Staat andererseits zu differenzieren[119].

58
Sinken des Grundrechtsniveaus durch EU-Interpretation

Indes kann und muß unter dem Gesichtspunkt des verfassungsrechtlichen Auftrags zur internationalen Kooperation im allgemeinen[120], zur europäischen Integration im besonderen[121], ein notwendiges Absenken des Grundrechtsschutzes gegenüber der grundsätzlichen Entscheidung nachfolgenden fremden Hoheitsakten hingenommen werden. Andernfalls drohten Kooperation und Integration stets an einer durchgängig erforderlichen Aufrechterhaltung deutscher Grundrechtsstandards zu scheitern.

59
Hypothekentheorie

Zu Beginn der europäischen Integrationsentwicklung gab es Versuche, die Übertragung originär deutscher Hoheitsrechte an überstaatliche Rechtssubjekte (insbesondere an die Europäische Gemeinschaft) nur unter der Bedingung zuzulassen, daß diese bei der Ausübung übertragener Befugnisse an die deutschen Grundrechte gebunden sind, die gleichsam den übertragenen Hoheitsrechten „anhaften". So sollte zumindest für den deutschen Rechtsraum das bemerkenswerte grundrechtliche Defizit bei Rechtsakten supranationaler Organisation ohne eigenen Grundrechtskatalog oder bei solchen Rechtsakten, die deutsche Staatsgewalt auf gemeinschaftsrechtlicher Grundlage erließen, durch Etablierung eines partikularen Grundrechtsschutzes umgangen werden. Die Vertreter dieser „Hypothekentheorie"[122] zogen aus der Formulierung des Art. 24 Abs. 1 GG a. F. den Schluß, die gemeinschaftsrechtlichen Kompetenzen bestünden allein aus der Summe der von den einzelnen Mitgliedstaaten übertragenen Hoheitsrechte. Hieraus ergebe sich wiederum als Reflex die Bindung an deutsche Grundrechte bei der Ausübung dieser Hoheitsrechte, selbst wenn es sich um übertragene handele.

60
Unionsgrundrechte als Maßstab

Diesen Überlegungen wurde aber nicht nur in dem deutschen Schrifttum[123], sondern auch durch den Europäischen Gerichtshof eine deutliche Absage erteilt[124]. Auch wenn die gemeinschaftsrechtlichen Kompetenzen auf der ursprünglichen Übertragung von staatlichen Hoheitsbefugnissen beruhen, so handelt es sich dennoch zumindest nach unionsrechtlicher Lesart heute um originäre Befugnisse. Wäre ihre Ausübung an nationalen Grundrechten zu

---

118 BVerfGE 123, 267 (350); *Karl Albrecht Schachtschneider/Angelika Emmerich-Fritsche/Thomas C. W. Beyer*, Der Vertrag über die Europäische Union und das Grundgesetz, in: JZ 1993, S. 751 (758); *Juliane Kokott*, Deutschland im Rahmen der Europäischen Union – zum Vertrag von Maastricht, in: AöR 119 (1994), S. 207 (225); *Udo Di Fabio*, Das Recht offener Staaten, 1998, S. 83.
119 Offen insoweit wegen der unterschiedlichen verfassungsrechtlichen Ermächtigungsgrundlagen für die Übertragung *Hofmann* (N 12), S. 98 ff.; → Bd. X, *Hufeld*, § 215 Rn. 57 ff.
120 *Herdegen* (N 29), Art. 1 Abs. 3 Rn. 91; *Eberhard Schmidt-Aßmann*, in: Maunz/Dürig, Art. 19 Abs. 4 Rn. 48.
121 BVerfGE 89, 155 (174 f.); *Scholz* (N 84), Art. 23 Rn. 80; *Wolff Heintschel von Heinegg*, in: Volker Epping/Christian Hillgruber (Hg.), Beck'scher Online-Kommentar GG, Art. 23 Rn. 18.
122 *Karl Heinz Klein*, Die Übertragung von Hoheitsrechten, 1952, S. 22 f.; *Dietrich Küchenhoff*, Grundrechte und europäisches Staatengemeinschaftsrecht, in: DÖV 1963, S. 161 (166); *Ludwig Gramlich*, Europäische Zentralbank und Art. 24 Abs. 1 GG, 1979, S. 148 f.
123 *Hans Peter Ipsen*, Europäisches Gemeinschaftsrecht, 1972, S. 55 ff.
124 EuGH, Urt. v. 17. 12. 1970, C-11/70, Internationale Handelsgesellschaft, Slg. 1970, 1125 Rn. 3.

messen, würde dies zudem zu einer Zersplitterung des Grundrechtsschutzes in der Union führen. Daher können allein unionsrechtliche Grundrechte den Maßstab bilden, an dem die Ausübung von supranationalen Hoheitsbefugnissen zu messen ist.

61
Grundrechtsschutz durch Kompensation

Grundrechtsschutz wird dabei durch Kompensation verwirklicht. Eine Übertragung von Hoheitsrechten ist nur dann zulässig, „solange" ausreichender Grundrechtsschutz durch den Empfänger der Kompetenzen gewährleistet wird[125]. Mit einer solchen Kompensationslösung hat auch der Europäische Gerichtshof für Menschenrechte das Dilemma der europäischen Staaten aufgelöst, die sich zwischen den völkerrechtlichen Verpflichtungen der Europäischen Menschenrechtskonvention und ihren unionsrechtlichen Verpflichtungen hin- und hergerissen sahen[126].

62
Ausübung von übertragenen Befugnissen

Wenn deutsche Hoheitsgewalten ohne eigenen Gestaltungsspielraum Funktionen auf der Grundlage von zunächst übertragenen Befugnissen ausüben (so etwa bei der Anwendung von europäischen Verordnungen oder der buchstabengetreuen Umsetzung von Richtlinien in nationales Recht), sind deren Handlungen ebenfalls nicht an deutschen Grundrechten zu messen. Die deutsche Staatsgewalt handelt von deutschen Grundrechtsstandards befreit, wenn sie Europäisches Unionsrecht „durchführt" (vgl. Art. 51 Abs. 1 S. 1 GRCH). Hierin liegt eine Einschränkung der Grundrechtsverpflichtung nach Art. 1 Abs. 3 GG.

63
Überwachungs- und Gewährleistungsverantwortung

In beiden Fällen behält sich das Bundesverfassungsgericht indes auch angesichts der Kompensationslösung eine Überwachungs- und Gewährleistungsverantwortung vor[127]. Es vollzieht damit zumindest eine teilweise Abkehr von dem in Art. 1 Abs. 3 GG angelegten funktionsbezogenen zu einem raumbezogenen Konzept des Grundrechtsschutzes[128]. Das Bundesverfassungsgericht hält sich für die Gewährung von Grundrechtsschutz gegenüber nicht deutscher Hoheitsgewalt bereit[129]. In dem Maastricht-Urteil macht das Gericht deutlich, daß es zwar nach wie vor generell die unabdingbaren Grundrechtsstandards gewährleistet. Im Rahmen seines „Kooperationsverhältnisses" mit dem Europäischen Gerichtshof sei letzterer jedoch für den Grundrechtsschutz im Einzelfall gegen durch Sekundärrecht determinierte Akte auch deutscher Behörden zuständig[130]. Das Gericht werde seine Gerichtsbarkeit diesbezüglich erst wieder ausüben, sofern der Europäische Gerichtshof den bereits in der Solange II-Entscheidung festgestellten Grundrechtsstandard wieder verlasse. In der Bananenmarkt-Entscheidung ging das Bundesverfassungsgericht dann noch einen Schritt weiter, indem es forderte, Verfassungsbeschwerden gegen sekundärrechtsdeterminierte Akte müßten darlegen, daß

„Kooperationsverhältnis" mit dem EuGH

---

125 BVerfGE 102, 147 (164).
126 EGMR, Urt. v. 30.6.2005, Nr. 45036/98, Bosphorus/Irland, Rn. 155f.
127 BVerfGE 89, 155 (174f.); 102, 147 (164).
128 BVerfGE 89, 155 (175).
129 BVerfGE 89, 155 (175); zu den dabei entstehenden Schwierigkeiten etwa unter dem Blickwinkel der Immunität und der Unmöglichkeit einer unmittelbaren gerichtlichen Überprüfung von Akten ausländischer Staatsgewalt siehe Ruthig (N 88), S. 280 ff.
130 BVerfGE 89, 155 (174f.).

das Niveau des Grundrechtsschutzes durch den Europäischen Gerichtshof generell abgesunken sei, um nicht als unzulässig abgewiesen zu werden[131]. Durch diese Rechtsprechung schreibt das Gericht den deutschen Grundrechten daher eine Reservewirkung und sich selbst eine Reservefunktion zu, die eine Kompensation für die grundsätzliche verfassungsrechtliche Erlaubnis der Übertragung von Hoheitsrechten darstellt.

5. Grundrechte und völkerrechtliche Kooperation

Die Durchsetzungskraft der deutschen Grundrechtsordnung ist auch außerhalb der europäischen Integration geschmälert, wenn der deutsche Staat aufgrund eines völkerrechtlichen Vertrags zu einer bestimmten Handlung gegebenenfalls auch auf Anforderung eines anderen Staates verpflichtet ist. Eine solche Verpflichtung kann sich etwa im Bereich der gemeinsamen Zivilrechtspflege (Zustellung von Klagen, Anerkennung und Vollstreckung ausländischer Urteile) oder auch der Strafverfolgung (Vollstreckung internationaler Haftbefehle, Auslieferungen) ergeben[132].

64
Geschmälerte Durchsetzungskraft nationaler Grundrechte

In solchen Fällen handelt zwar die deutsche Staatsgewalt. Aber sie ist in ihren Handlungen nicht frei, sondern vielmehr völkerrechtlich gebunden, eine bestimmte Handlung auf Anforderung eines anderen Staates vorzunehmen[133]. Ohne entsprechende (typischerweise aufgrund der Funktion des Vertrags eng auszulegende[134]) Klauseln oder einen völkerrechtlichen Vorbehalt entspräche es nicht Sinn und Zweck internationaler Kooperation, wenn der ausländische Staat durch deutsche Prüfungsvorbehalte mittelbar an deutsche Grundrechte gebunden würde[135]. Für den Rechtsakt, mit dem die internationale Kooperation begründet wird, gilt eine umfassende Grundrechtsbindung, die zum einen durch die bereits angesprochene Kompensationslösung, zum andern aber auch durch eine Möglichkeit der Grundrechtseinschränkung zur Sicherstellung verfassungsrechtlich erwünschter internationaler Kooperation geprägt ist.

65
Keine mittelbare Grundrechtsbindung

Das Bundesverfassungsgericht hat dementsprechend aus dem Rechtsstaatsprinzip abgeleitet, daß bestimmte Mindestanforderungen erfüllt sein müssen, wenn die Bundesrepublik Deutschland Rechtshilfe durch die Einführung einer generellen Vollstreckungsmöglichkeit ausländischer Vollstreckungstitel leistet. Dies ist nur zulässig, wenn „das materielle ausländische Abgabenrecht nicht der verfassungsrechtlichen öffentlichen Ordnung (ordre public) der Bundesrepublik Deutschland zuwiderläuft und das ausländische Verfahrens-

66
Reservefunktion deutscher Grundrechte

Ordre public

---

131 BVerfGE 102, 147 (164).
132 Zu dem Sonderfall einer Auslieferung oder Abschiebung, wenn dem Betroffenen die Todesstrafe droht, s. o. Rn. 41 ff.
133 BVerfGE 91, 335 (343); ähnlich für den Fall einer Auslieferung nach dem Europäischen Auslieferungsübereinkommen vom 13.12.1957 schon BVerfGE 75, 1 (15).
134 BVerfGE 108, 238 (246 m. weit. Nachw.).
135 So BVerfGE 108, 238 (246) für das Haager Übereinkommen über die Zustellung gerichtlicher und außergerichtlicher Schriftstücke im Ausland in Zivil- oder Handelssachen vom 15.11.1965 (BGBl 1977 II, S. 1452).

recht, in dem Abgabenverpflichtungen tituliert werden, einem rechtsstaatlichen Mindeststandard an Verfahrensgerechtigkeit genügt"[136]. Die letzte Reservefunktion der Grundrechte wird somit nur dann aktiviert, wenn der ausländische Hoheitsakt bzw. das mit ihm verfolgte Ziel „offensichtlich gegen unverzichtbare Grundsätze eines freiheitlichen Rechtsstaats verstößt", deren Gehalt unter Einbeziehung internationaler Menschenrechtsstandards zu ermitteln ist[137].

67
Sicherung von Minimalstandards

Die einseitige und nicht vertraglich bereits vorgesehene Gewährleistung solcher Mindestschranken in der Situation einer völkerrechtlich determinierten Handlung läßt sich nur dann mit der völkerrechtlichen Verpflichtung in einen Ausgleich bringen, wenn man jenen Mindeststandard aus verfassungsrechtlichen Gründen für vertraglich unverfügbar erklärt. Während also der Art. 1 Abs. 3 GG bei völkerrechtlich determiniertem Handeln zunächst deaktiviert ist, tritt die Grundrechtsbindung in diesem Fall zur Sicherung von Minimalstandards wieder in Kraft, da die Bundesrepublik Deutschland eine solche Handlung aus verfassungsrechtlichen Gründen völkerrechtlich nicht versprechen kann. Hier liegt die Grenze jedweder Integration.

II. Einseitige Ausdehnung von Grundrechten in andere Staaten

68
Ausstrahlungswirkung innerstaatlicher Maßnahmen

Die Frage der Grundrechtsgeltung ist aufgeworfen, wenn eine deutsche innerstaatliche Maßnahme auf das Ausland und insbesondere Nachbarstaaten ausstrahlt. Hier zielt die Handlung keineswegs final auf die Beschränkung von Rechtsgütern Dritter, sondern sie werden mittelbar beeinträchtigt. Diese Konstellation entsteht etwa bei der Genehmigung von emittierenden Anlagen an der Staatsgrenze, die die ausländischen Anrainer belasten. Die allgemeinen Regeln des Völkerrechts bieten allein dem Nachbarstaat selbst

Immissionen aus dem Ausland

Schutz gegen die Verletzung seiner Souveränitätssphäre: Der Staat, der emittierende Anlagen auf seinem Territorium betreibt oder zuläßt, muß erhebliche grenzüberschreitende Belastungen unterlassen oder unterbinden[138]. Dies ist eine Beschränkung seiner Gebietshoheit zum Schutz der Gebietshoheit des gleichermaßen souveränen Nachbarn. Individuelle Rechte im Verwaltungsverfahren oder bei der Anfechtung der Genehmigung erwachsen hieraus nicht.

---

136 BVerfGE 63, 343 (366).
137 BVerfGE 91, 335 (343 ff.); → Bd. X, *Kirste*, § 204 Rn. 46 ff.; *Nußberger*, § 209 Rn. 46 ff.
138 Trail Smelter Arbitration, USA/Kanada, RIAA III, 1938 (1965); IGH, Corfu Channel Case, Vereinigtes Königreich/Albanien, in: ICJRep 1949, S. 4 (22); Legality of the Threat or Use of Nuclear Weapons, Rechtsgutachten, in: ICJRep 1996, S. 226 (241 f.). Inzwischen ist das Verbot grenzüberschreitender erheblicher Umweltbeeinträchtigungen Bestandteil des Völkergewohnheitsrechts: *Dietrich Rauschning*, Allgemeine Völkerrechtsregeln zum Schutz gegen grenzüberschreitende Umweltbeeinträchtigungen, in: FS für Hans-Jürgen Schlochauer, 1981, S. 557 (563); *Ulrich Beyerlin*, Grenzüberschreitender Umweltschutz und allgemeines Völkerrecht, in: FS für Karl Doehring, 1989, S. 37 (46 f.); *Jörg Lücke*, Universales Verfassungsrecht, Völkerrecht und Schutz der Umwelt, in: AVR 1997, S. 1 (11); *Alexandre Kiss/Dinah Shelton*, Guide to International Environmental Law, Leiden, 2007, S. 280 ff.; → Unten *Dederer*, § 248 Rn. 65 ff., 119 ff.

Das Bundesverwaltungsgericht konnte sich in einer entsprechenden Situation mit der Feststellung begnügen, daß die einfachgesetzliche Genehmigungsnorm auch ein subjektiv-öffentliches Recht für Ausländer im Ausland enthält, damit deren Klagebefugnis begründet (§ 42 Abs. 2 VwGO) und ihnen ein Recht auf Abhilfe zubilligt, da auch sie in ihren Rechten verletzt sein können (§ 113 Abs. 1 VwGO). Die Grundrechte sind in einer solchen Konstellation aber nicht nur dann relevant, wenn eine einfachgesetzliche Norm nicht vorhanden oder anwendbar sein sollte, sondern sie entfalten ja bekanntermaßen gerade auch in komplexen Genehmigungsverfahren eine verfahrensrechtliche Vorwirkung im Sinne des Grundrechtsschutzes durch Verfahren[139]. Jeder Ausstrahlung des Grundrechtsschutzes über die Gebietshoheit der Bundesrepublik Deutschland hinaus liegt indes die Frage nach dem sachlichen Anwendungsbereich des jeweiligen Grundrechts voraus[140].

69 Einfachgesetzliches subjektiv-öffentliches Recht für Ausländer

Vorbehaltlich einer Auslegung des Schutzbereichs im Einzelfall spricht für die Zuerkennung des Grundrechtsschutzes auch an Grenznachbarn zunächst, daß ihnen die Gebietshoheit ihres Heimatstaats (zumindest soweit die Belastung die genannte Zumutbarkeitsschwelle nicht überschreitet) selbst keinen Schutz zu bieten vermag. Daher lassen sich die nebeneinander stehenden Gebietshoheiten und der Respekt für die des Nachbarstaates nicht als Argument gegen eine Ausdehnung des Grundrechtsschutzes heranziehen[141].

70 Zuerkennung von Grundrechtsschutz an Grenznachbarn

Eine Ausdehnung des Grundrechtsschutzes auf Ausländer im Ausland soll die Verhandlungsposition der Bundesrepublik Deutschland in internationalen Angelegenheiten insoweit schwächen, als ausländischen Staatsangehörigen bereits durch eine einseitige Zuwendung der Verfassung dasjenige an Schutz gegeben wird, was der andere Staat vielleicht erst vertraglich zusichern muß[142]. Das Argument ist aber ein in erster Linie rechtspolitisches und verkennt zudem, das sich ein do ut des im internationalen Kontext nicht stets auf ein und dieselbe Leistung beziehen muß.

71 Schwächung der internationalen Verhandlungsposition?

Der Ausstrahlungswirkung deutscher Grundrechte auf das Ausland wird aus rechtspraktischer Perspektive auch entgegengehalten, daß sie stets über eine bloße Rechtsgewährung hinausführen muß, weil etwa die verfahrensrechtlichen Konsequenzen einer subjektiv-öffentlichen Rechtsposition zwingend Hoheitsakte im Ausland wie Zustellungen und ähnliches nach sich zögen[143]. Differenziert man allerdings auch hier zwischen der Zuerkennung einer grundrechtlichen Position (im Sinne der „jurisdiction to prescribe") und deren tatsächlicher Durchsetzung auch durch vorgelagerte Verfahrenshandlungen (im Sinne der „jurisdiction to enforce"), so ergibt sich, daß aus dem einen nicht zwingend das andere folgen muß. Sind für die Durchsetzung von Grundrechten weitere deutsche Hoheitsakte im Ausland erforderlich, so müssen diese eigenständig auf ihre Zulässigkeit hin untersucht werden. Wenn ein sol-

72 Differenzierung zwischen Rechtsgewährung und -durchsetzung

---

139 BVerfGE 53, 30 (64).
140 S. u. Rn. 73 ff.
141 *Quaritsch* (N 9), § 120 Rn. 86; → Unten *Dederer*, § 248 Rn. 85 ff.
142 *Oppermann* (N 19), S. 530 f.
143 *Oppermann* (N 19), S. 532.

cher Hoheitsakt auf fremdem Staatsgebiet völkerrechtlich nicht zulässig und auch der Zielstaat zur Kooperation nicht willens ist, kann dies keine Rückwirkung auf eine zuvor gewährte Rechtsposition haben. Vielmehr hat die grundrechtsgebundene Hoheitsgewalt im Sinne der „Annäherungstheorie"[144] Lösungen zu verfolgen, die eine Verwirklichung des Grundrechtsschutzes ermöglichen. Ansonsten entstünde eine Situation, in der sich die eigentlich zur Abrundung des Grundrechtsschutzes entwickelte verfahrensrechtliche Dimension als Rechtfertigung für dessen Einschränkung erwiese.

III. Sachlicher Anwendungsbereich und Auslandsbezug

Liegt eine Handlung vor, die einem nach Art. 1 Abs. 3 GG auf die Grundrechte Verpflichteten zurechenbar ist, so muß anhand des Schutzbereichs des in Frage stehenden Grundrechts in sachlicher und persönlicher Hinsicht festgestellt werden, ob dieses Recht auf den konkreten Fall anwendbar ist. Genauso stellt sich die Frage nach deren räumlichen Anwendungsbereich. Beide Aspekte sind nach hier vertretener Auffassung miteinander verwoben und lassen sich nicht allgemein bestimmen, sondern nur danach, ob der Schutzbereich des betroffenen Grundrechts nach Wortlaut, Sinn und Zweck eine Anwendung bei Auslandssachverhalten zuläßt oder eine Differenzierung verlangt[145]. Selbst wenn ein Grundrecht einschlägig ist, kann sein Schutz aber immer noch in verhältnismäßiger Weise durch Gesetz beschränkt werden. Bei der insoweit zentralen Verhältnismäßigkeitsprüfung ist dem internationalen Kontext der Grundrechtswirkung dann besonderes Gewicht einzuräumen.

1. Ausdrückliche Beschränkungen

Schon der Verfassung selbst sind Begrenzungen der Grundrechtsanwendung anhand von direkten oder indirekten Aussagen über die räumliche Dimension zu entnehmen. Zum einen bringt die Beschränkung des persönlichen Anwendungsbereichs eines Grundrechts zugleich eine räumliche Beschränkung mit sich. Dies gilt offensichtlich für die Deutschengrundrechte, die auf Ausländer unabhängig von deren Aufenthaltsort im In- oder im Ausland unanwendbar sind[146]. Zum andern kann ein grundrechtlicher Tatbestand aber auch eine ausdrückliche Beschränkung seines räumlichen Anwendungsbereichs enthalten. Art. 11 GG garantiert deutschen Staatsbürgern Freizügigkeit im Bundesgebiet (und nur dort). Zwar schützt die Vorschrift die Einreisefreiheit für Deutsche[147], findet also auch dann Anwendung, wenn ein deutscher Staatsbürger sich gerade außerhalb der deutschen Gebietshoheit befindet. Indes ist von Art. 11 GG weder die Ausreisefreiheit umfaßt[148] noch fällt die Mobilität des

---
144 S.u. Rn. 103 ff.
145 BVerfGE 31, 58 (77).
146 → Bd. IX, *Gundel*, § 198 Rn. 3 ff.
147 BVerfGE 2, 266 (273); *Martin Pagenkopf*, in: Sachs, ⁶2011, Art. 11 Rn. 18.
148 So schon BVerfGE 6, 32 (34 f.); weit. Nachw. bei *Wolfgang Durner*, in: Maunz/Dürig, Art. 11 Rn. 98 ff.; a. A. *Gusy* (N 84), Art. 11 Rn. 38.

Deutschen oder gar des Ausländers im Ausland in den Schutzbereich des Grundrechts[149].

Eine weitere Aussage im Hinblick auf eine räumliche Begrenzung der Grundrechte enthält Art. 19 Abs. 3 GG[150]. Wenn die Vorschrift die Anwendbarkeit der Grundrechte auf inländische juristische Personen erweitert, so schließt dies zugleich die Anwendung auf ausländische juristische Personen aus. Man kann die Vorschrift so verstehen, daß eine Ausdehnung der Grundrechtsberechtigung von Individuen auch auf juristische Personen in einem nur auf das Inland beschränktem Maße erfolgt. Dementsprechend wird mittelbar die Grundrechtsgeltung für juristische Personen mit Sitz[151] im Ausland ausgeschlossen. Dieser subjektbezogene Ausschluß gilt natürlich nicht nur dann, wenn diese juristischen Personen in Deutschland der Ausübung deutscher Staatsfunktionen ausgesetzt sind. Vielmehr sind die Grundrechte auf ausländische juristische Personen generell nicht anwendbar – also auch dann nicht, wenn diese im Ausland mit der Ausübung deutscher Staatsgewalt in Berührung kommen. Der auf bestimmte Rechtssubjekte bezogene Ausschluß wirkt hier zugleich auch räumlich, weil deren typischer Aktionsradius eben das Ausland ist.

75
Inländische juristische Personen

Einen besonderen Fall des Grundrechtsschutzes mit Auslandsbezug enthält das Asylgrundrecht (Art. 16a GG). Dessen personeller Schutzbereich ist zwar durch den Begriff der politischen Verfolgung und der Einreise aus einem anderen als einem sicheren Drittstaat geprägt (vgl. Art. 16a Abs. 1 und Abs. 2 S. 1 GG). Aber aus der Entstehungsgeschichte des Grundrechts ebenso wie aus seinem systematischen Verhältnis zu der Einreisefreiheit deutscher Staatsangehöriger[152] ist abzuleiten, daß Art. 16a GG allein politisch Verfolgte schützt, die nicht die deutsche Staatsangehörigkeit besitzen[153]. Es handelt sich also um ein Nicht-Deutschengrundrecht. Bei Erfüllung der Tatbestandsmerkmale berechtigt es nicht nur zum Aufenthalt in der Bundesrepublik Deutschland, sondern auch zur Einreise. Inwieweit ein Staat in völkerrechtlich zulässiger Weise auf fremdem Territorium in seinem durch diplomatische Immunität geschützten räumlichen Bereich Asyl gewähren darf, ist dabei nicht eindeutig geklärt[154]. Das verfassungsrechtlich gewährte Asyl ist indes allein territorialer, nicht diplomatischer Natur[155]. Das Grundrecht realisiert sich erst mit Gebiets-

76
Art. 16a GG

Nicht-Deutschengrundrecht

---

149 → Bd. VII, *Hailbronner*, § 152 Rn. 32 ff., 37 ff.
150 *Oppermann* (N 19), S. 529.
151 Der Ort der *tatsächlichen Hauptverwaltung* ist hier der entscheidende Maßstab, vgl. *Barbara Remmert*, in: Maunz/Dürig, Art. 19 Abs. 3 Rn. 76 ff.; → Bd. IX, *Rüfner*, § 196 Rn. 94 ff.; *Isensee*, § 199 Rn. 66 ff.
152 *Manfred Baldus*, in: Volker Epping/Christian Hillgruber (Hg.), Beck'scher Online-Kommentar GG, Art. 11 Rn. 35 f.
153 BVerfGE 9, 174 (180); 97, 49 (66); *Jan Bergmann*, in: Günter Renner, AuslR, ^{9}2011, Art. 16a GG Rn. 19. Allerdings wird diese Beschränkung nach Änderung des Auslieferungsschutzes für Deutsche (vgl. Art. 16 Abs. 2 S. 2 GG a.F.; geändert im Jahre 1993) zunehmend in Frage gestellt, *Johannes Masing*, in: Dreier, Bd. I, ^{2}2004, Art. 16a Rn. 70; *Hans D. Jarass*, in: Jarass/Pieroth, ^{12}2012, Art. 16a Rn. 22.
154 *Ulrich Becker*, in: v. Mangoldt/Klein/Starck, ^{6}2010, Art. 16a Rn. 2, 18 m. weit. Nachw.; *Randelzhofer* (N 116), Art. 16a Rn. 17 ff., geht von der grundsätzlichen völkerrechtlichen Unzulässigkeit diplomatischen Asyls aus.
155 *Becker* (N 154), Art. 16a Rn. 2; *Randelzhofer* (N 116), Art. 16a Rn. 20 ff.

kontakt¹⁵⁶, verpflichtet daher nicht etwa deutsche Auslandsvertretungen dazu, Asylsuchenden Schutz zu gewähren¹⁵⁷. Erst an der Grenze darf ein politisch Verfolgter nicht zurückgewiesen werden¹⁵⁸, wenn er nicht aus einem sicheren Drittstaat anreist¹⁵⁹. Das Grundrecht kennt somit keine räumliche, sondern nur eine zeitliche Vorwirkung durch das vorläufige Bleiberecht während des Anerkennungsverfahrens¹⁶⁰.

77
Rechtskreiserweiterung durch Art. 16a GG

Auch dieses Grundrecht verpflichtet allein die deutsche Staatsgewalt, die im Rahmen des Art. 16a GG (also etwa nicht bei einer Einreise aus sicheren Drittstaaten) der Einreise nach Deutschland keine ungerechtfertigten Hindernisse entgegensetzen darf, ändert aber nichts an den Verpflichtungen des Grundrechtsträgers in seiner Heimatrechtsordnung, die der Ausreise nach Deutschland entgegenstehen können, ohne daß die grundrechtsverpflichtete deutsche Staatsgewalt dem etwas entgegensetzen muß. Der Rechtskreis des Ausländers wird durch das deutsche Grundrecht erweitert, ohne daß dies einen Einfluß auf seine Position in der Heimatrechtsordnung entfaltet. Eine Kollisionslage zwischen zwei staatlichen Grundrechtsordnungen entsteht nicht.

2. Beschränkung des Schutzbereichs durch kollidierendes Verfassungsrecht

78
„Auslandstauglichkeit" von Grundrechten

Die bereits angedeutete dogmatische Sprunghaftigkeit, die die grundrechtliche Lösung der hier in Rede stehenden Sachverhalte bisweilen prägt, führt dazu, daß in einem immer bedeutsamer werdenden Bereich staatlicher Aktivitäten im Ausland – dem des Streitkräfte- und Polizeieinsatzes – nicht der Schutzbereich eines Grundrechts auf seine „Auslandstauglichkeit" hin überprüft wird. Vielmehr schränkt das Bundesverfassungsgericht bereits den noch nicht ausgelegten Schutzbereich unter dem Eindruck prima facie kollidierender verfassungsrechtlicher Vorschriften ein.

79
Landesverteidigung und Art. 2 Abs. 2 S. 2 GG

Soweit eine bestimmte Belastungswirkung einer grundrechtsverpflichteten Funktion der deutschen Staatsgewalt zugerechnet werden kann, wird nach zuweilen vertretener Auffassung der Grundrechtsschutz von In- und vor allem Ausländern im Einsatzgebiet aufgrund des notwendigen Ausgleichs verfassungsrechtlicher Vorgaben eingeschränkt. Das Spannungsverhältnis zwischen den militärischen Aufgaben der Landesverteidigung und dem Grundrecht der Bevölkerung auf Leben und körperliche Unversehrtheit löst das

---

156 BVerwGE 69, 323 (325 ff.): „Als territorialgebundenes Recht eröffnet Art. 16 Abs. 2 Satz 2 GG daher dem im Heimatstaat verbliebenen Ausländer, der von dort um Asyl nachsucht, keinen Anspruch auf Anerkennung als politisch Verfolgter in der Bundesrepublik Deutschland. Für die Inanspruchnahme dieses territorialen oder externen Asyls reicht es auch nicht allein aus, daß der Verfolgte den Herkunftsstaat verläßt, sondern er muß den Zufluchtsstaat erreichen" (S. 325); s. a. BVerwGE 100, 23 (28).
157 *Hans-Georg Maaßen*, in: Volker Epping/Christian Hillgruber (Hg.), Beck'scher Online-Kommentar GG, Art. 16a Rn. 51.
158 BT-Drs 12/4152, S. 4; *Martin Pagenkopf/Martin Will*, in: Sachs, ⁶2011, Art. 16a Rn. 69.
159 *Randelzhofer* (N 116), Art. 16a Rn. 135; → Bd. VII, *Randelzhofer*, § 153 Rn. 75 ff.
160 *Becker* (N 154), Art. 16a Rn. 123 f.; a. A. aber *Jan Ziekow*, Über Freizügigkeit und Aufenthalt, 1997, S. 513 m. weit. Nachw. in Fn. 101; → Bd. VII, *Randelzhofer*, § 153 Rn. 66 ff.

Bundesverfassungsgericht durch Annahme einer verfassungsimmanenten Schranke des grundrechtlichen Schutzbereichs[161]: Wenn die Verfassung sich für die Zulassung militärischer Landesverteidigung entscheidet (vgl. Art. 24 Abs. 2, 87 a, 115 a ff. GG), nimmt sie zugleich hin, daß im Zuge ihrer Verwirklichung auch Gefahren und Schäden zu Lasten der eigenen Zivilbevölkerung eintreten können. Der Preis eines ungeschmälerten Grundrechtsschutzes für In- wie Ausländer im In- wie im Ausland wäre die völlige Aufgabe einer „Landesverteidigung, die gerade dem Schutz der freiheitlichen – auch die Grundrechte verbürgenden – Ordnung dient"[162].

Allerdings ist Art. 115 c Abs. 2 GG auch aufgrund eines „argumentum e contrario" zu entnehmen, daß es selbst im Verteidigungsfall nicht ipso facto zu einer generellen Schutzbereichsbegrenzung aller Grundrechte kommt. Andernfalls wären die dort vorgesehenen besonderen Ermächtigungen zu Grundrechtseinschränkungen überflüssig[163].

80
Art. 115 c Abs. 2 GG

Voraussetzung der Schutzbereichsreduktion ist, daß die Handlungen des Staates und damit Streitkräfte im Einklang mit den Vorgaben des Kriegsvölkerrechts stehen, das zugleich auch umfangreiche Schutzanforderungen zugunsten der betroffenen Zivilbevölkerung[164] stellt[165]. Die Verfassung nimmt sich hier zugunsten des Völkerrechts zurück. Daher ist es unerheblich, ob das humanitäre Völkerrecht für sich in Anspruch nimmt, auch neben verfassungsrechtlichen Schutzvorschriften zu gelten[166].

81
Voraussetzung einer Schutzbereichsbegrenzung

Wenn dies alles aber schon im Hinblick auf die subjektiven Rechte der eigenen Bevölkerung gilt, dann kann die ausländische Bevölkerung außerhalb des Bundesgebiets wohl kaum in den Genuß eines weitergehenden Schutzes in Form einer ungeschmälerten Anwendung von Grundrechten, insbesondere des Grundrechts aus Art. 2 Abs. 2 S. 1 GG, gegenüber dem deutschen Staat und seinen grundrechtsverpflichteten Streitkräften kommen.

82
Begrenzte Schutzwirkung

Auch wenn sich deutsche Staatsgewalt außerhalb der klassischen Landesverteidigung im Ausland beteiligt, gelten die dargelegten Grundsätze. Dies bewährt sich bei der Beurteilung grundrechtlicher Schranken bei der Bekämpfung von Piraten. Auch insoweit ermöglicht das Grundgesetz die Beteiligung Deutschlands an internationalen Einsätzen aller Art. Daher „kann nicht davon ausgegangen werden, dass das Grundgesetz eine Beteiligung Deutschlands an völkerrechtlich erwünschten Maßnahmen der Pirate-

83
Pierateriebekämpfung

---

161 Siehe hierzu und zum Folgenden *Dieter Wiefelspütz*, Auslandseinsatz der Streitkräfte und Grundrechte, in: NZWehrR 2008, S. 89 (102); s. a. BVerfGE 77, 170 (220); → Unten *Fassbender*, § 244 Rn. 148 ff.
162 BVerfGE 77, 170 (220).
163 *Zimmermann* (N 96), S. 117.
164 *Michael Bothe*, Friedenssicherung und Kriegsrecht, in: Wolfgang Graf Vitzthum (Hg.), Völkerrecht, ⁵2010, 8. Abschnitt II Rn. 66. Nach Art. 13 der 4. Genfer Konvention zum Schutz der Zivilpersonen in Kriegszeiten ist die Gesamtheit der Bevölkerung der in den Konflikt verwickelten Länder geschützt, nicht nur die Bevölkerung des Kriegsgegners.
165 BVerfGE 77, 170 (220).
166 Zu der Frage nach der parallelen Anwendung von sonstigen Individualrechten *Walter/v. Ungern-Sternberg* (N 79), S. 864 f.

riebekämpfung vereiteln will, indem es den Einsatz grundrechtlichen Vorgaben unterwirft, deren Einhaltung auf Hoher See fernab vom deutschen Hoheitsgebiet schlechthin unmöglich wäre"[167]. Die Verwirklichung grundrechtlichen Schutzes steht in solchen Situationen unter dem Vorbehalt des Möglichen. Daher müssen zum Beispiel der Piraterie Verdächtige auf Hoher See nicht innerhalb der für den „Normalfall" geltenden Frist des Art. 104 Abs. 3 GG einem (gegebenenfalls ausländischen) Richter vorgeführt werden, sondern es genügt eine Vorführung, die nach den konkreten Umständen eines Kriegsschiffs auf Hoher See ohne schuldhaftes Zögern erfolgt[168].

84
Rechtfertigung statt Schutzbereichseingrenzung

Während diesen Aussagen im Ergebnis zuzustimmen ist, erscheint es aber vorzugswürdig, solche Überlegungen im Zusammenhang mit der Rechtfertigung eines Grundrechtseingriffs und nicht bereits durch einigermaßen schwer rationalisierbare Schutzbereichseingrenzungen zur Geltung zu bringen.

3. Ermittlung des räumlichen Anwendungsbereichs durch Auslegung

85
Vorgehensweise des BVerfG

Soweit der Wortlaut eines Grundrechts nichts für die Ermittlung seines räumlichen Anwendungsbereichs hergibt, untersucht das Bundesverfassungsgericht durch Auslegung des jeweiligen Grundrechts nach Sinn und Zweck, ob und welche Wirkungen ein Grundrecht im extraterritorialen Bereich haben kann[169]. Denn unabhängig von dem Wortlaut „kann ein Grundrecht wesensgemäß eine bestimmte Beziehung zur Lebensordnung im Geltungsbereich der Verfassung voraussetzen, so daß eine uneingeschränkte Durchsetzung in ganz oder überwiegend auslandsbezogenen Sachverhalten den Sinn des Grundrechtsschutzes verfehlen würde"[170]. Eine Auslegung der Grundrechtsnorm muß ergeben, „ob sie bei Sachverhalten mit mehr oder weniger intensiver Auslandsbeziehung eine Differenzierung zuläßt oder verlangt"[171]. Danach sind im Ausland nicht stets die gleichen Maßstäbe anzuwenden wie bei rein inländischen Sachverhalten[172]. Modifikationen und Differenzierungen sind schon möglich und geboten[173] und diese können bereits auf der Ebene des Schutzbereichs erfolgen. Natürlich schließt diese Maßgabe aber keineswegs den Grundrechtsschutz bei Sachverhalten mit Auslandsbezug prinzipiell aus.

a) Kriterien in der Entscheidung zur Kommunikationsüberwachung

86
Einzelheiten

In seiner Entscheidung zur Telekommunikationsüberwachung nach dem Gesetz zur Beschränkung des Brief-, Post- und Fernmeldegeheimnisses zeigt das Gericht, wie der sachliche und damit auch räumliche Anwendungsbereich

---

167 VG Köln, in: JZ 2012, S. 366 (368).
168 VG Köln, in: JZ 2012, S. 366 (368), unter Hinweis auf *Claus Kreß*, Die moderne Piraterie, das Strafrecht und die Menschenrechte, Gedanken aus Anlass der deutschen Mitwirkung an der Seeoperation ATALANTA, in: Dieter Weingärtner (Hg.), Die Bundeswehr als Armee im Einsatz, S. 95 (115).
169 BVerfGE 31, 58 (77).
170 BVerfGE 31, 58 (77).
171 BVerfGE 31, 58 (77).
172 BVerfGE 31, 58 (76f.).
173 BVerfGE 100, 313 (363).

eines Grundrechts die Gebietshoheit, die deutsche Rechts- und Gesellschaftsordnung transzendieren kann. Hier war ein denkbar weites Übergreifen deutscher Staatsgewalt über den eigenen territorialen Funktionsbereich zu beurteilen, da das in Frage stehende Gesetz unter bestimmten Voraussetzungen eine Überwachung von Telekommunikationsvorgängen im Ausland zwischen Ausländern erlaubte[174].

Das Bundesverfassungsgericht wies die Auffassung zurück, daß der grundrechtliche Schutz des Telekommunikationsverkehrs durch Art. 10 GG „nur bei hinreichendem territorialen Bezug zur Bundesrepublik Deutschland eingreift und deswegen für ausländischen Fernmeldeverkehr oder für im Ausland lebende Personen nicht gelten kann"[175]. Vielmehr genügte es dem Gericht, daß zum einen die Überwachung mit technischem Gerät von deutschem Boden ausgeführt und daß zum andern die Informationen auf deutschem Boden ausgewertet werden, um einen ausreichenden Bezug zur deutschen Staatsgewalt herzustellen und damit eine Grundrechtsbindung des entsprechenden staatlichen Handelns auszulösen, da auf diese Weise der deutsche „Gebietskontakt" der privaten Handlung im Ausland hergestellt wird[176]. Offenbar mit Blick auf das Völkerrecht, das für die Begründung einer staatlichen Zuständigkeit zur Regelung eines Sachverhalts eine Anknüpfung an das Territorialitätsprinzip als „genuine link" einfordert[177], sucht das Bundesverfassungsgericht nach einem Gebietskontakt als Grundrechtsvoraussetzung. Die Anleihe ist aber nur auf den ersten Blick zwingend: Während das Völkerrecht den möglichen Konflikt mit anderen gleichrangigen Zuständigkeiten zu vermeiden sucht, dienen die Grundrechte der unilateralen Beschränkung der Staatsgewalt.

87
Gebietskontakt

„Genuine link"

Die Formulierungen des Gerichts lassen insoweit erkennen, daß ein solcher Bezug sogar verzichtbar sein könnte[178]. Es kann gerade angesichts der Flüchtigkeit und Ortsungebundenheit von Kommunikation aus grundrechtlicher Sicht zu keiner unterschiedlichen Beurteilung führen, ob im Ausland abgefangene Kommunikationsvorgänge im Inland ausgewertet werden und auf diese Weise ein Gebietskontakt hergestellt wird oder ob die Auswertung im Ausland erfolgt. Das Bundesverfassungsgericht stellt darauf ab, daß der Schutz der Kommunikation durch Art. 10 GG gerade deswegen besteht, weil sie nicht ortsgebunden ist, sondern über eine Distanz unter Zuhilfenahme von technischen Mitteln erfolgt. Dies erleichtert den unbemerkten staatlichen Zugriff und führt zur besonderen Schutzwürdigkeit[179]. Selbst wenn mithin der Gebietskontakt weitgehend virtuell ist, so führt doch zum einen die besondere Schutzwürdigkeit der privaten Handlung, zum andern der Umstand, daß die

88
Räumliche Ausdehnung durch Art. 10 GG

---
174 BVerfGE 100, 313 (362 ff.); → Bd. VII, *Horn*, § 149 Rn. 98 ff.
175 BVerfGE 100, 313 (362).
176 BVerfGE 100, 313 (362 f.).
177 *Georg Dahm/Jost Delbrück/Rüdiger Wolfrum*, Völkerrecht, Bd. I/3, ²2002, S. 999.
178 „Unter diesen Umständen ist aber auch eine Kommunikation im Ausland mit staatlichem Handeln im Inland derart verknüpft, daß die Bindung durch Art. 10 GG selbst dann eingreift, wenn man dafür einen hinreichenden territorialen Bezug voraussetzen wollte"; BVerfGE 100, 313 (363 f.).
179 BVerfGE 85, 386 (396).

Anwendung der Grundrechte in diesem Fall erfolgen kann, ohne die Rechtsordnung anderer souveräner Staaten in Frage zu stellen, zu einer räumlichen Ausdehnung des grundrechtlichen Anwendungsbereichs von Art. 10 GG auf Handlungen von Ausländern, die weit entfernt von dem deutschen Staatsgebiet stattfinden. Hieran wird deutlich, daß eine räumliche Beziehung zwischen der Ausübung staatlicher Gewalt und dem Hoheitsgebiet der Bundesrepublik Deutschland nicht zur Bedingung für die Anwendung von Grundrechten gemacht werden soll.

89
Kein Raumbezug

Das Bundesverfassungsgericht dynamisiert die räumliche Dimension des Grundrechtsschutzes gefahrenadäquat. Es führt die Entwicklung der modernen Technik, die einen Zugriff auf Kommunikation im Ausland von dem Territorium der Bundesrepublik Deutschland aus erlaubt, als Bestätigung dafür an, daß Art. 10 Abs. 1 GG auch in solchen Fällen eingreifen muß[180]. Der räumliche Bezugspunkt, das Territorium, spielt weder für die Kommunikation noch deren Auswertung eine Rolle. Dies rechtfertigt eine parallele Loslösung auch des Grundrechtsschutzes von dem Territorium. Der sachliche Anwendungsbereich des Grundrechts umfaßt gerade deswegen zunächst schlechthin weltweit jeden Kommunikationsvorgang zwischen jeder Person, weil es heutzutage so einfach erscheint, von jedem Ort der Welt auf jeden Kommunikationsvorgang zuzugreifen. Die ubiquitäre Angreifbarkeit des Freiheitsbereichs führt zu seiner grundrechtlichen Veredelung.

90
Schutz durch das Völkerrecht

Zudem reichert die Entscheidung die Interpretation des grundrechtlichen Schutzbereichs dadurch an, daß sie auf ähnliche Schutzrechte im Völkerrecht hinweist[181]. Das kann nur bedeuten, daß es widersinnig wäre, einen bestimmten Sachverhalt aus dem räumlich-sachlichen Anwendungsbereich eines Grundrechts heraus zu interpretieren, wenn die Bundesrepublik Deutschland gleichzeitig durch Beteiligung an einem völkerrechtlichen Vertrag deutlich gemacht hat, daß sie ein Grundrecht für weltweit schützenswert hält.

b) Weitere Kriterien

91
Charakterisierung des im Ausland anwendbaren Grundrechts

Losgelöst von dieser zentralen Entscheidung des Bundesverfassungsgerichts gibt es weitere Ansatzpunkte für die Interpretation der sachlichen und damit auch der räumlichen Dimension des Grundrechtsschutzes. Ein Grundrecht kann aufgrund seines Schutzanliegens auf die Einbindung in und die Verwirklichung innerhalb der deutschen Rechtsordnung angelegt sein. Je mehr das Grundrecht auf die konkrete bundesdeutsche Rechts- und Sozialordnung bezogen ist, desto eher ist es auch in seiner Wirkung räumlich auf diese beschränkt. Je deutlicher hingegen der notwendigerweise universelle Schutz der Menschenwürde als Motiv und Sinnstiftung eines grundrechtlichen Schutzbereichs hervortritt, desto eher dürften seine Geltung und Anwendung die deutsche Gebietshoheit transzendieren. Dies gilt nicht nur für Art. 1 Abs. 1 GG selbst (in seinen verschiedenen Ausprägungen wie etwa dem Fol-

---
180 BVerfGE 100, 313 (363); → Oben *Hobe*, § 231.
181 BVerfGE 100, 313 (363).

terverbot[182]), sondern auch für Art. 2 Abs. 2 S. 1 GG. In diese Grundrechte darf die deutsche Staatsgewalt auch gegenüber Ausländern im Ausland stets nur auf der Grundlage einer entsprechenden Ermächtigung in verhältnismäßiger Weise eingreifen. Soweit ein Grundrecht aufgrund von dessen spezifischem Bezug zu dem deutschen Territorium oder der deutschen Rechts- und Gesellschaftsordnung auf Sachverhalte mit Auslandsbezug nicht anwendbar ist, bleibt aber die Bindung der Staatsgewalt an Art. 2 Abs. 1 GG, so daß letztlich alles staatliche Handeln überall einer gesetzlichen Befugnis bedarf und verhältnismäßig sein muß.

Art. 2 Abs. 1 GG

c) Freiheitsrechte

Als Beispiel für eine besondere Einbindung eines Grundrechts in die Rechts- und Gesellschaftsordnung der Bundesrepublik Deutschland und damit gegen eine die Gebietshoheit transzendierende Wirkung ist die Privatschulfreiheit des Art. 7 Abs. 4 GG zu nennen[183]. Die Vorschrift normiert nicht nur ein Abwehrrecht im Sinne einer Gründungsfreiheit, sondern auch eine institutionelle Garantie sowie einen Förderungsanspruch[184]. Die so verstandene Privatschulfreiheit kann ihre Funktion als Einfallstor für erwünschte privat-komplementäre Initiative nur unter den Bedingungen eines grundsätzlich vom Staat verantworteten, organisierten und finanzierten Schulsystems deutscher Prägung erfüllen. In andersartigen ausländischen Systemen erwiese sich die Privatschulfreiheit als Fremdkörper. Zwar kann sich der (deutsche oder ausländische) Betreiber einer bestehenden Privatschule im Ausland auf der Grundlage von Art. 7 Abs. 4 GG gegen (allerdings kaum vorstellbare) Eingriffe der deutschen Staatsgewalt in den Betrieb dieser Schule zur Wehr setzen. Aber ein grundrechtlicher Anspruch auf Förderung einer (deutschen) Privatschule im Ausland kann wegen der dargelegten Kontextualisierung dieser Freiheit nicht entstehen. Dem steht nicht entgegen, daß Schulen im Einzelfall eine entsprechende Anerkennung erfahren können[185].

92
Privatschulfreiheit

Deutsche Schule im Ausland

Ähnlich setzt sich im Eigentumsrecht wegen dessen besonderer Raumgebundenheit und normativer Prägung durch den zur Inhaltsbestimmung aufgerufenen Gesetzgeber das Territorialitätsprinzip durch. Der deutsche Eigentümer eines außerhalb der Bundesrepublik Deutschland belegenen Gegenstands wird durch Art. 14 GG ebensowenig geschützt[186] wie der ausländische Eigentümer im Ausland. Die Eigentumsgarantie (Art. 14 GG) ist ein in besonderem Maß durch den Gesetzgeber vorgeprägtes Grundrecht[187]. Zwar besteht ein

93
Eigentumsrecht

---

182 BVerfG, in: NJW 2005, S. 656 (657); *Christian Hillgruber*, in: Volker Epping/ders. (Hg.), Beck'scher Online-Kommentar GG, Art. 1 Rn. 43 f.; *Hans Hofmann*, in: Schmidt-Bleibtreu/Hofmann/Hopfauf, ¹²2011, Art. 1 Abs. 1 Rn. 18; *Kunig* (N 72), Art. 1 Abs. 1 Rn. 36.
183 Hierzu und zum Folgenden *Merten* (N 62), S. 342.
184 Hierzu BVerfGE 75, 40 (62 f.); 90, 107 (115 ff.); 112, 74 (83 f.); Überblick über die Wirkungsdimensionen bei *Peter Badura*, in: Maunz/Dürig, Art. 7 Rn. 97 ff.
185 Vgl. BFH, in: DStR 2005, S. 630 (632 f.).
186 BVerfGE 84, 90 (121 ff.).
187 *Florian Becker*, in: Stern/Becker, ¹2009, Art. 14 GG, Rn. 11; → Bd. IX, *Isensee*, § 191 Rn. 69; *Hillgruber*, § 200 Rn. 69 ff.

gleichsam vorrechtliches, intuitives Verständnis davon, was Eigentum ist, doch kann dieses natürlich keineswegs mehr jede der zum Teil virtuellen Eigentumspositionen erfassen und erst recht nicht gesetzliche Normierungen über Erwerb, Verlust und Schutz des Eigentums substituieren. Insoweit spricht einiges dafür, daß die Verfassung zum einen natürlich das in Deutschland belegene, von dem deutschen Gesetzgeber institutionalisierte Eigentum gegen unverhältnismäßige Eingriffe und entschädigungslose Enteignungen schützt. Gegenüber Enteignungen, die „außerhalb des zeitlichen oder territorialen Geltungsbereichs des Grundgesetzes stattgefunden [haben], kann sich der vormalige Eigentümer nicht auf Art. 14 GG berufen"[188].

94
Positives und negatives Territorialprinzip

Wenn gegen Ausländer im Ausland aufgrund fremden Rechts wirksam durchgeführte Enteignungen ausländischen Eigentums Gegenstand einer rechtlichen Fragestellung in Deutschland werden[189], so entscheidet zwar ein deutsches, grundrechtsgebundenes Gericht. Doch der als Vorfrage zu beurteilende Sachverhalt unterliegt unter keinem Gesichtspunkt der Grundrechtsbindung. Ihn hat das Gericht als Ergebnis hinzunehmen (positives Territorialitätsprinzip)[190]. Dies gilt nicht, wenn das durch ausländischen Hoheitsakt enteignete Eigentum in der Bundesrepublik Deutschland belegen, durch deutsches Recht konstituiert ist und damit durch die deutsche Gebietshoheit abgeschirmt wird (negatives Territorialitätsprinzip)[191]. Erkennt die Bundesrepublik Deutschland eine solche aus Sicht des enteignenden Staates extraterritoriale Enteignung an und verschafft ihr dadurch erstmals innerstaatliche Wirkung, so ist dies ein an Art. 14 GG zu messender Grundrechtseingriff. Wenn dessen Voraussetzungen nicht gegeben sind, ist die Anknüpfung eines deutschen Hoheitsakts an eine solche Enteignung ausgeschlossen[192].

95
Schutz von Ehe und Familie

Von Gebiets- und Personalhoheit unabhängiger Schutzbereich

Besondere Brisanz birgt die Frage der Anwendung von Grundrechten auf Sachverhalte mit Auslandsbezug stets in dem Bereich des Schutzes internationaler Eheschließungen bzw. der Eheschließungen von deutschen mit ausländischen Staatsbürgern, die dann eine Familienzusammenführung in Deutschland begehren[193]. Der Schutzbereich von Art. 6 Abs. 1 GG ist nicht auf Ehen zwischen deutschen Staatsbürgern in Deutschland beschränkt. Vielmehr bejaht das Bundesverfassungsgericht den Schutz von Ehe und Familie gemäß Art. 6 Abs. 1 GG „unabhängig davon, wo und nach Maßgabe welcher Rechtsordnung sie begründet wurden und ob die Rechtswirkungen des ehelichen oder familiären Bandes nach deutschem oder ausländischem Recht zu beurteilen sind"[194]. Dies gilt zumindest, soweit die fragliche Partnerschaft ihrem Erscheinungsbild nach dem Bild der Ehe in Art. 6 Abs. 1 GG einigermaßen

---

188 BVerfGE 112, 1 (20).
189 Beispiel von *Stern* (N 11), § 72 V S. 1241.
190 Hierzu insgesamt *Hofmann* (N 12), S. 142 ff.
191 *Hofmann* (N 12), S. 146 ff.; dort auch zu der relativierenden Entwicklung; s. a. *Christiane Wendehorst*, in: MüKo-BGB, ⁵2010, Anhang zu Art. 46 Enteignungsrecht im IPR Rn. 13 ff.
192 *Wendehorst* (N 191), Anhang zu Art. 46 Enteignungsrecht im IPR Rn. 23 f.
193 Siehe *Hofmann* (N 12), S. 306 ff.
194 BVerfGE 76, 1 (41) unter Hinweis auf BVerfGE 62, 323 (330).

entspricht¹⁹⁵. Hier liegt nach den obengenannten¹⁹⁶ Maßstäben ein Grenzfall vor. Auf der einen Seite handelt es sich bei der Ehe um ein stark kulturell und sozial determiniertes Phänomen¹⁹⁷, das auch in der Ausgestaltung seiner rechtlichen Voraussetzungen und Konsequenzen der jeweiligen Rechts- und Sozialordnung stark verbunden ist. Das spricht dagegen, auch eine im Ausland zwischen Ausländern nach ausländischem Recht geschlossene Verbindung als „Ehe" im Sinne von Art. 6 Abs. 1 GG aufzufassen. Auf der anderen Seite ist nach dem Menschenbild des Grundgesetzes eine dauerhaft angelegte Verbindung von Mann und Frau schützenswert, weil diese, wie auch die Familie, „als ursprüngliche – nicht nur instrumentale und der Selbstentfaltung des einzelnen dienende – Elemente der staatlichen Ordnung und Rechtsgemeinschaft anerkannt und garantiert" werden¹⁹⁸. So haben Ehe und Familie zwar eine kulturelle Funktion für das Gemeinschaftsleben, sie basieren aber „auf der selbstbestimmten und eigenverantwortlichen Freiheit der die Ehe und die Familie bildenden Personen"¹⁹⁹. Der vor allem relevante Aspekt der Familienzusammenführung ist aber eher leistungs- als abwehrrechtlicher Natur. Für den ausländischen, auf Nachzug in das Bundesgebiet drängenden Partner bedarf es daher eines Gebietskontakts. Das Grundrecht schützt im Hinblick auf die räumliche Zusammenführung nicht jede Ehe oder Familie weltweit, sondern nur diejenigen, die bereits etwa durch die Anwesenheit eines Partners oder Mitglieds einen Gebietskontakt zu der Bundesrepublik Deutschland hergestellt haben²⁰⁰.

Familienzusammenführung

Die Meinungsfreiheit des Art. 5 Abs. 1 GG umfaßt auch das Recht, eine Meinung im Ausland zu äußern²⁰¹. Das bedeutet einerseits, daß die deutsche Staatsgewalt jedwede Betätigung der Meinungsfreiheit auch im Ausland nur aufgrund eines verhältnismäßigen allgemeinen Gesetzes beschränken kann. Allerdings darf als rechtfertigender Grund auch der spezifische Auslandszusammenhang der Grundrechtsausübung in Betracht gezogen werden, wenn es etwa um die Wahrung des Ansehens der Bundesrepublik im Ausland geht. Dies ist aber keine Frage des Schutzbereichs. Andererseits führt die Anwendung des Grundrechts auf Meinungsäußerungen im Ausland keineswegs zu einer Immunisierung des Grundrechtsträgers gegenüber dem Aufenthaltsort mit geringerem Schutzniveau. Dies ist wiederum keine Frage der räumlichen Geltung des deutschen Grundrechts. Vielmehr ist der ausländische Hoheitsträger nicht an deutsche Grundrechte gebunden. Gegenüber der deutschen Staatsgewalt kann sich aber grundsätzlich auch der Ausländer im Ausland auf die Meinungsfreiheit berufen.

96
Meinungsfreiheit

---

195 BVerfGE 76, 1 (42).
196 S. o. Rn. 91.
197 Zur kulturellen Prägung der Ehe: *Arnd Uhle*, Freiheitlicher Verfassungsstaat und kulturelle Identität, 2003, S. 259 ff.
198 *Badura* (N 184), Art. 6 Rn. 2.
199 *Badura* (N 184), Art. 6 Rn. 2.
200 BVerfGE 76, 1 (46).
201 BVerfGE 6, 32 (44).

d) Gleichheitsrechte

97 *Judikatur des BVerfG* — Das Bundesverfassungsgericht hat an Ausländer im Ausland adressierte gesetzliche Vorschriften aus dem Bereich der Sozialversicherung am Maßstab des allgemeinen Gleichheitsgrundsatzes (Art. 3 Abs. 1 GG) gemessen. Als Voraussetzung für die Anwendung des Gleichheitssatzes sah das Gericht den Umstand an, daß die betreffenden Ausländer (oder ihre versicherten Ehegatten) während der Entstehung ihrer Anwartschaften in Deutschland sozialversicherungspflichtig gearbeitet hatten[202].

98 *Einzelheiten zur Rechtfertigung* — Im Hinblick auf dieses Gleichheitsrecht erwägt das Gericht, daß ein Auslandsbezug bzw. die Herauslösung eines Sachverhalts aus den spezifischen Lebensverhältnissen eine gegenüber einem rein inländischen Sachverhalt unterschiedliche Behandlung rechtfertigen kann. Diese Erwägungen sind allerdings erst der Rechtfertigungsebene zuzuordnen. Da die Gleichheitsrechte anders strukturiert sind als Freiheitsrechte, geht es bei Sachverhalten mit Auslandsbezug nicht um den Schutzbereich. Vielmehr werden In- und Ausländer miteinander verglichen. Eine Differenzierung muß verhältnismäßig sein. Ein völliger Ausschluß des Ausländers aus dem Kreis der Berechtigten, nur weil dieser im Ausland lebt, wäre daher nicht zu rechtfertigen[203].

99 *Anspruch des Ausländers auf Gleichbehandlung?* — Vorzugswürdig erscheint allerdings eine Differenzierung zwischen der Ungleichbehandlung und deren Rechtfertigung. Ein Anspruch des Ausländers im Ausland gegenüber der deutschen Staatsgewalt auf Gleichbehandlung ist grundsätzlich denkbar. Soweit auf der Grundlage des Art. 3 Abs. 1 GG und verwandter Gleichheitsrechte die Abwehr einer der deutschen Staatsgewalt zurechenbaren Belastung erreicht werden soll, dürfte die für die Anwendung des Gleichheitsrechts erforderliche Vergleichbarkeit der Fälle aber nur dann gegeben sein, wenn der Ausländer im Ausland über einen territorialen Anknüpfungspunkt verfügt, der sich etwa aus der Belegenheit von Ansprüchen ergeben kann. Soweit auf der Grundlage von Art. 3 Abs. 1 GG hingegen weitere Leistungen zum Zweck der Gleichbehandlung begehrt werden, sind die Fälle parallel zu denjenigen zu behandeln, die die Erfüllung staatlicher Schutzpflichten betreffen[204].

IV. Einschränkung eines anwendbaren Grundrechts

100 *Verhältnismäßigkeit* — Die hier verfolgte Konzeption baut auf einer räumlichen Anwendung deutscher Grundrechte außerhalb der deutschen Gebietshoheit im Rahmen des sachlich durch Grundrechtsinterpretation Gebotenen auf. Wie stets, wenn ein grundrechtlicher Schutzbereich einschlägig ist, verursacht nicht jedes staatliche Handeln auch eine Grundrechtsverletzung. Gerade weil eine Grundrechtsanwendung mit Auslandsbezug erfolgt, sind bei der erforderlichen Ver-

---

202 BVerfGE 51, 1 (21 f.).
203 BVerfGE 51, 1 (25 ff.).
204 S. u. Rn. 108 ff.; → Oben *Tomuschat*, § 226 Rn. 36 ff.

hältnismäßigkeitsprüfung hierauf bezogene Gesichtspunkte mit einzubeziehen, die letztlich weitere Gründe für eine Einschränkbarkeit der sachlich anwendbaren Grundrechte anbieten.

Diese Vorgehensweise entspricht der des Bundesverfassungsgerichts in seinem Urteil zur Telekommunikationsüberwachung aus dem Jahre 1999. Das Gericht führte hier aus, daß „nicht nur" „Umfang der Verantwortlichkeit und Verantwortung deutscher Staatsorgane bei der Reichweite grundrechtlicher Bindungen zu berücksichtigen sind"[205], sondern daß das so gefundene Ergebnis mit den Regeln des Völkerrechts abzustimmen ist. Schon zuvor hatte das Gericht in dem Spanier-Beschluß angedeutet, daß die Grenzen der Anwendung deutscher Grundrechte auf Sachverhalte mit Auslandsbezug in erster Linie in dem Grundsatz der Völkerrechtsfreundlichkeit des Grundgesetzes und dort insbesondere in den allgemeinen Regeln des Völkerrechtes (vgl. Art. 25 GG) zu finden sind[206]. Wichtiges Element dieser Völkerrechtsfreundlichkeit ist der Respekt vor der Eigenständigkeit fremder Rechtsordnungen[207]. Daß dieser notwendige Respekt indes bei genauer Beachtung der Grenzen der Grundrechtsverpflichtung sowie bei einer angemessenen Auslegung des einzelnen Grundrechts nicht in Gefahr ist, wurde schon dargelegt. Zudem trennt das Gericht nicht immer deutlich zwischen einer derart motivierten Einschränkung des Grundrechts schon auf der Ebene des Schutzbereichs und einer Nutzung dieses Motivs für die Rechtfertigung einer grundrechtlichen Schranke.

101
Grundsatz der Völkerrechtsfreundlichkeit

Respekt vor fremden Rechtsordnungen

Die Völkerrechtsfreundlichkeit des Grundgesetzes und die aus der Eingliederung der Bundesrepublik in die Völkerrechtsordnung resultierende Verpflichtung zur Achtung fremder Rechtsordnungen ist der argumentative Ausgangspunkt für die stärkere Einschränkbarkeit der Grundrechte in Sachverhalten mit Auslandsbezug[208]. Die Frage der Rechtfertigung einer Einschränkung stellt sich naturgemäß erst dann, wenn der sachliche und räumliche Schutzbereich eines Grundrechts eröffnet ist. Dann aber treten Aspekte wie außenpolitische Belange[209], die Ermöglichung internationaler Kooperation sowie die schwierigere Realisierbarkeit des Grundrechtsschutzes außerhalb deutscher Gebietshoheit als mögliche Rechtfertigungsgründe auf allen Ebenen der Verhältnismäßigkeitsprüfung[210] in den Vordergrund.

102
Rechtfertigungsgründe

Das Bundesverfassungsgericht hat in seiner Zweitregisterentscheidung die Anwendung und Durchsetzung von Grundrechten in Sachverhalten mit Auslandsbezug unter einen Realisierbarkeitsvorbehalt gestellt. Wenn durch eine Regelung ein Zustand erreicht wird, der gegebenenfalls den Grundrechten

103
Zweitregisterentscheidung und Realisierbarkeitsvorbehalt

---

205 BVerfGE 100, 313 (362f.) unter Hinweis auf BVerfGE 66, 39 (57ff.) und 92, 26 (47).
206 BVerfGE 31, 58 (74ff.).
207 BVerfGE 31, 58 (74) verweist insoweit auf BVerfGE 18, 112 (116ff.), v.a. S. 117f., wo das Bundesverfassungsgericht sich dagegen wendet, aus der Abschaffung der Todesstrafe in Deutschland eine „rechtsstaatlich-sittliche Superiorität für sich in Anspruch zu nehmen und fremde Rechtsordnungen in diesem Punkte zu diskriminieren".
208 *Badura* (N 12), § 47 Rn. 3.
209 Hierzu *Ruthig* (N 88), S. 292f.
210 *Baldus* (N 4), S. 185ff.

§ 240 Zweiundzwanzigster Teil: Grenzüberschreitende Staatsaufgaben

der Betroffenen nicht vollständig gerecht wird, aber ein Nichthandeln des deutschen Gesetzgebers zwar nicht zu einer Grundrechtsverletzung, wohl aber zu einer noch unbefriedigenderen Situation führt, dann kann der Zustand „näher am Grundgesetz"[211] hierdurch gerechtfertigt werden.

„Näher am Grundgesetz"

104
Verminderter Grundrechtsschutz

Im Zuge der Globalisierung führt die Mobilität von Unternehmen und Kapital dazu, daß sich bestimmte Sachverhalte der deutschen Rechtsordnung entziehen und in einen räumlichen Bereich abwandern, in dem Grundrechte in geringerem Maße geschützt werden. Vor diesem Hintergrund kann der deutsche Gesetzgeber Regelungen verwirklichen, die außerhalb dieses Kontexts nicht mit Grundrechten zu vereinbaren wären, die aber Anlaß zu der Hoffnung geben, daß die fraglichen Sachverhalte zumindest teilweise in der deutschen Rechtsordnung verankert bleiben[212]. Hierin liegt dann auch kein Verstoß gegen eine grundrechtliche Schutzpflicht, da der deutsche Gesetzgeber einen weitergehenden Grundrechtsschutz aufgrund des Auslandsbezugs der Sachverhalte und des fehlenden Zugriffs auf diese gar nicht durchzusetzen in der Lage wäre[213].

Vorbehalt des Möglichen

105
„Annäherungstheorie"

Während das Bundesverfassungsgericht sich dieser Argumentation zunächst allein mit Blick auf die Wiederherstellung eines verfassungsgemäßen Zustands bei langsamer Ablösung des besatzungsrechtlichen Regimes bediente[214], wurde sie in der Zweiregister-Entscheidung nunmehr auch zum Schlüssel bei der grundrechtlichen Bewältigung solcher Sachverhalte, die sich aufgrund der Mobilität ihrer Akteure ansonsten der deutschen Rechtsordnung zu entziehen drohen.

106
Keine Pflicht zur Sicherstellung eines bestimmten Grundrechtsstandards

In dem Ausmaß der tatsächlichen Nicht-Realisierbarkeit ist der Staat dann auch der grundrechtlichen Schutzverantwortung enthoben. Zu einer Einflußnahme auf Ebene des Völkerrechts mit dem Ziel, einen grundgesetzlichen Schutzstandard international verbindlich und damit Abwanderung aus Deutschland unattraktiv zu machen, ist der Staat „nur im Rahmen der pflichtgemäßen politischen Entscheidung und Verantwortung der zuständigen deutschen Organe" gefordert[215]. Auch kann der Gesetzgeber nicht unter dem Gesichtspunkt des grundrechtlichen status positivus verpflichtet werden, den Verbleib von global mobilen Unternehmen und Kapital durch Subventionen zu erkaufen, um auf diese Weise einen optimalen Grundrechtsstandard in Deutschland sicherstellen zu können, da eine solche Leistungsverpflichtung die parlamentarische Verpflichtung für den Gesamthaushalt unterminierte[216].

---

211 So schon in einem anderen, besatzungsrechtlichen Zusammenhang BVerfGE 4, 157 (170): „Wollte man nur eine dem Grundgesetz voll entsprechende vertragliche Regelung als verfassungsmäßig gelten lassen, so hieße das, einen verfassungsrechtlichen Rigorismus vertreten, der sich in den Satz verdichten ließe: Das Schlechte darf dem Besseren nicht weichen, weil das Beste (oder von diesem Standpunkt aus: das allein Gute) nicht erreichbar ist. Das kann vom Grundgesetz nicht gewollt sein"; diese Vorgehensweise wird als Annäherungstheorie bezeichnet; vgl. z.B. *Dirk Lorenz*, Der territoriale Anwendungsbereich der Grund- und Menschenrechte, 2005, S. 128.
212 BVerfGE 92, 26 (45 ff.).
213 BVerfGE 92, 26 (45 ff.); → Bd. IX, *Isensee*, § 191 Rn. 274 ff.
214 Kritisch gegenüber einer weiteren Ausdehnung z.B. *Schröder* (N 24), S. 144 f.
215 BVerfGE 92, 26 (46) unter Hinweis auf BVerfGE 66, 39 (60 ff.).
216 BVerfGE 92, 26 (46).

Diese Entscheidung des Bundesverfassungsgerichts verdeutlicht, daß bei der Auslegung der Grundrechte und der daraus folgenden Entscheidung, ob diese auf Sachverhalte mit Auslandsbezug anwendbar sein sollen, weder das Grundgesetz noch die grundrechtsverpflichtete Staatsgewalt überfordert werden sollen.

107
Keine Überforderung von Grundgesetz und Staatsgewalt

E. Schutzansprüche und Schutzpflichten

Ebenso wie im Hinblick auf den grundrechtlichen status negativus ist es auch im Hinblick auf den status positivus von dem Schutzbereich jeweiligen Grundrechts abhängig, ob dieses einen Anspruch darauf einräumt, daß die Grundrechtsverpflichteten die Einleitung von Schutzmaßnahmen erwägen.

108
Status positivus

Obschon es daher nicht undenkbar ist, daß auch der status positivus grenzüberschreitend wirkt[217], ergeben sich hier doch ganz andere Schwierigkeiten, so daß Modifikationen gegenüber der negatorischen Wirkung der Grundrechte zu beachten sind. Die Kategorie der Schutzpflicht eignet sich in ihrer originären Wirkweise nur bedingt für den Einsatz im Ausland. Dies gilt zumindest, soweit sie gegenüber einer fremden Hoheitsgewalt in Ansatz gebracht werden soll. Der status positivus verlangt von dem verpflichteten Hoheitsträger aktive Maßnahmen zur Verteidigung grundrechtlich geschützter Güter, soweit diese von anderen (privaten) Grundrechtsträgern bedroht werden[218]. Sie kompensiert private Friedenspflicht und staatliches Gewaltmonopol, die die Möglichkeiten des einzelnen, sich gegen die Bedrohung grundrechtlich geschützter Güter durch Private zu wenden, stark beschränken[219]. Die Schutzpflicht setzt die Zugriffsmöglichkeit des Staates, vor allem des Gesetzgebers, auf den Sachverhalt voraus. Alles dies ist dort nicht gegeben, wo die Freiheitsbedrohung von einem gleichgeordneten, souveränen Staat und seiner Hoheitsgewalt herrührt. Eine staatliche Schutzpflicht zugunsten der Grundrechtsausübung seiner oder gar fremder Bürger im Ausland kann aus deutschen Grundrechten daher überhaupt nur bei Vernachlässigung der Geschichte sowie der dogmatischen Herleitung und Rechtfertigung des status positivus angenommen werden.

109
Wirkweise des status positivus bei Auslandsbezug

Soll die Aktivierung des status positivus nicht zu einem ohnehin nicht einlösbaren Weltheilsversprechen werden, so bedarf es einer sinnvollen Verbindung zwischen potentiellem Grundrechtsträger und deutscher Staatsgewalt. Es ist somit ein Zurechnungszusammenhang zwischen einem bestimmten Sachverhalt und der deutschen Staatsgewalt erforderlich[220]. Dieser Zurechnungszu-

110
Zurechnung

---

217 Siehe hierzu *Badura* (N 12), § 47 Rn. 21 ff.
218 *Eckart Klein*, Grundrechtliche Schutzpflicht des Staates, in: NJW 1989, S. 1633 (1633); *Herdegen* (N 29), Art. 1 Abs. 3 Rn. 64.
219 → Bd. IX, *Isensee*, § 190 Rn. 181 ff.
220 *Ohler* (N 18), S. 279.

sammenhang gründet in erster Linie auf der Personalhoheit des Staates, so daß deutsche Staatsbürger auch im Ausland einen Anspruch auf den aktiven Schutz ihrer sachlich einschlägigen Freiheitsrechte haben. Auch soweit nicht ohnehin nur Deutschengrundrechte betroffen sind, haben Ausländer ohne weiteren Bezug zur deutschen Staatsgewalt keinen Anspruch auf Schutzgewähr durch den deutschen Staat. Ohne eine solche Anknüpfung könnte der Staat auch zu einem extraterritorialen Handeln verpflichtet werden, ohne daß ein völkerrechtlich erforderlicher „genuine link" zu dem Sachverhalt nachweisbar ist.

Anknüpfen des Schutzes an die Staatsangehörigkeit

111
Anspruch auf Schutz

Der grundrechtliche Schutz wird in erster Linie im Wege des dem Völkerrecht wohlbekannten diplomatischen Schutzes gewährt werden, der ausländischer Staatsgewalt sowohl im In- wie auch im Ausland gegenüber zur Geltung zu bringen ist[221]. Er ist dennoch inhaltlich von diesem zu differenzieren[222]. „Den Organen der Bundesrepublik obliegt von Verfassungs wegen die Pflicht zum Schutz deutscher Staatsangehöriger und ihrer Interessen gegenüber fremden Staaten"[223]. Dieser Schutzpflicht des Staates steht nach Ansicht des Bundesverwaltungsgerichts ein entsprechender Anspruch des einzelnen auf Schutzgewährung gegenüber[224]. Aber anders als der grundrechtliche Schutz vermittelt der diplomatische Schutz dem Betroffenen kein subjektiv-öffentliches Recht[225], da er seinem Herkommen und seiner Zielrichtung gemäß nicht dem Schutz des Individuums dient, sondern die Integrität der staatlichen Souveränität aufrechterhalten soll[226].

112
Weites Einschreitermessen

Die zum Schutz verpflichtete Staatsgewalt hat einen erheblichen Spielraum in der Entscheidung, ob und gegebenenfalls wie sie zum Schutz der Grundrechte ihrer Bürger im Ausland tätig wird[227]. Eine ordnungsgemäße Ermessensausübung zielt regelmäßig darauf ab, daß der Aufenthaltsstaat dem deutschen Staatsbürger einen ausreichenden, wenn auch nicht notwendig dem heimischen Grundrechtsstandard entsprechenden Schutz gewährleistet. Der Schutzanspruch findet dort seine Grenze, wo seine Realisierung in völker-

---

221 Zu der Schutzpflicht allg. *Menzel* (N 12), S. 588 ff.; → Bd. IX, *Isensee*, § 190 Rn. 212; → Bd. X, *Ruffert*, § 206 Rn. 9 ff., 17 ff.
222 *Badura* (N 12), § 47 Rn. 24; *Heintzen* (N 4), S. 118 ff., 127 ff.
223 BVerfGE 6, 290 (299); 40, 141 (177 f.), 41, 126 (182); 55, 349 (364); s. a. BVerwGE 62, 11 (14).
224 BVerwGE 62, 11 (14); s. a. *Wilhelm Karl Geck*, Der Anspruch des Staatsbürgers auf Schutz gegenüber dem Ausland nach deutschem Recht, in: ZaöRV 17 (1956/57), S. 476 ff. Zu dem Verhältnis von diplomatischen Schutz und grundrechtlicher Schutzpflicht schon: *Eckart Klein*, Diplomatischer Schutz und grundrechtliche Schutzpflicht, in: DÖV 1977, S. 704 ff.; *ders.*, Schlußwort, in: DÖV 1979, S. 39 ff.; *Hans Treviranus*, Nochmals: Diplomatischer Schutz und grundrechtliche Schutzpflicht, ebd., S. 35 ff.; → Bd. X, *Ruffert*, § 206 Rn. 34 ff.
225 Anders allerdings BVerfGE 37, 217 (241): „Unmittelbar aus der Grundbeziehung der Staatsangehörigkeit erwächst ferner der nur den Deutschen zustehende Anspruch auf Schutz seitens der Bundesrepublik gegenüber dem Ausland, besonders auf diplomatischen Schutz und konsularische Betreuung durch die deutschen Auslandsvertretungen".
226 *Kay Hailbronner/Marcel Kau*, Der Staat und der Einzelne als Völkerrechtssubjekte, in: Wolfgang Graf Vitzthum (Hg.), Völkerrecht, ⁵2010, 3. Abschnitt II Rn. 114; *Kay Hailbronner*, in: ders./Günther Renner/Hans-Georg Maaßen, Staatsangehörigkeitsrecht, ⁵2010, Teil I E Rn. 85 ff.; → Bd. X, *Ruffert*, § 206 Rn. 30 ff.
227 *Badura* (N 12), § 47 Rn. 20; vgl. BVerfGE 55, 349 (363 ff.); → Bd. IX, *Isensee*, § 191 Rn. 212; → Bd. X, *Ruffert*, § 206 Rn. 38 ff.

rechtswidriger Weise die Souveränität des Aufenthaltsstaates verletzten würde. Ohnehin bildet das Völkerrecht eine Grenze, weil völkerrechtswidriges Handeln schlechterdings nicht verlangt werden kann[228]. Hier liegt eine immanente Schranke des status positivus-Grundrechts.

F. Verbleibende Durchsetzungskraft der Grundrechte

Wo grundrechtsverpflichtete Staatsgewalt handelt, können Grundrechte verletzt werden. Dies kann grundsätzlich im Inland wie im Ausland der Fall sein; der Grundrechtsträger mag Deutscher oder Ausländer sein. Ob aber ein konkretes Grundrecht „wirkt", entscheidet sich erst nach Auslegung seines Schutzbereichs, der eine sachliche *und* eine räumliche Dimension aufweist, die eng miteinander verwoben sind. Auch hier mündet die grundrechtliche Betroffenheit nicht per se in eine Grundrechtsverletzung. Das Maß der Grundrechtsverwirklichung im Ausland kann nicht stets dem Maß der Grundrechtsverwirklichung im Inland entsprechen, da die Durchsetzungskraft der Staatsgewalt im positiven wie im negativen Sinne mit zunehmender Distanz von ihrem Staatsgebiet schwindet. Die Rücknahme der Wirkung deutscher Grundrechte gegenüber der deutschen Staatsgewalt zurechenbaren oder von ihr zugelassenen Freiheitsbeeinträchtigungen endet bei denjenigen Grundrechtsgehalten, die nicht kontrahierbar und damit nicht integrierbar sind. Eine grundrechtlich ungezügelte Ausübung deutscher Staatsgewalt im Ausland ist demnach ebensowenig zulässig wie die ungehinderte Zulassung fremder Hoheitsgewalt auf deutschem Staatsgebiet.

113
Schutzbereich als Maßstab

All dieses macht deutlich, daß es zu dramatisierend erscheint, wegen der Flüchtigkeit grundrechtsrelevanter Sachverhalte einerseits und der zunehmenden Gemengelagen verschiedener Rechtsordnungen andererseits von einem Bedeutungsverlust der (nationalen) Grundrechte in der Globalisierung zu sprechen[229]. Führt man sich die Lebenswelt der Mehrheit der deutschen Staatsbürger vor Augen, kommt diese allenfalls im Urlaub oder aber bei Einkäufen im World Wide Web mit dem Ausland in Berührung. Aber zweifelsohne verlieren die nationalen Grundrechte an Durchsetzungskraft, wenn sie in Sachverhalten zur Anwendung kommen, die sich nicht in dem vollständig durch den grundrechtsverpflichteten deutschen Staat beherrschten Raum – dem der Gebietshoheit unterliegenden Staatsgebiet – abspielen. Hier bedarf es der Abhilfe durch internationale Kooperation.

114
Kein dramatischer Bedeutungsverlust für nationale Grundrechte

---

228 So wohl auch *Menzel* (N 12), S. 565.
229 *Di Fabio* (N 118), S. 82.

G. Bibliographie

Manfred Baldus, Transnationales Polizeirecht, 2000.
Peter Badura, Der räumliche Geltungsbereich der Grundrechte, in: HGR, 2006, Bd. II, 2006.
ders., Territorialprinzip und Grundrechtsschutz, in: FS für Walter Leisner, 1999, S. 410 ff.
Dagmar Coester-Waltjen, in: dies./Herbert Kronke/Juliane Kokott, Die Wirkungskraft der Grundrechte bei Fällen mit Auslandsberührung, Familien- und erbrechtlicher Bereich, in: Berichte der Deutschen Gesellschaft für Völkerrecht 38 (1998), S. 9 ff.
Gunther Elbing, Zur Anwendbarkeit der Grundrechte bei Sachverhalten mit Auslandsbezug, 1992.
Volker Epping, Die Außenwirtschaftsfreiheit, 1998.
Markus Heintzen, Auswärtige Beziehungen privater Verbände, 1988.
Rainer Hofmann, Grundrechte und grenzüberschreitende Sachverhalte, 1994.
Herbert Kronke, Internationales Vertrags-, Delikts- und Wirtschaftsrecht, in: Dagmar Coester-Waltjen/ders./Juliane Kokott, Die Wirkungskraft der Grundrechte bei Fällen mit Auslandsbezug, in: Berichte der Deutschen Gesellschaft für Völkerrecht 38 (1998), S. 33 ff.
Dirk Lorenz, Der territoriale Anwendungsbereich der Grund- und Menschenrechte, 2005.
Jörg Menzel, Internationales Öffentliches Recht, 2011.
Detlef Merten, Räumlicher Geltungsbereich von Grundrechtsbestimmungen, in: FS für Hartmut Schiedermair, 2001, S. 331 ff.
Christoph Ohler, Die Kollisionsordnung des Allgemeinen Verwaltungsrechts, 2005.
Thomas Oppermann, Transnationale Ausstrahlungen deutscher Grundrechte?, in: FS für Wilhelm Grewe, 1981, S. 521 ff.
Josef Ruthig, Globalisierung und Grundgesetz – Die Grundrechte in Sachverhalten mit Auslandsbezug, in: Jürgen Wolter/Eibe Riedel/Jochen Taupitz (Hg.), Einwirkungen der Grundrechte auf das Zivilrecht, Öffentliche Recht und Strafrecht, 1999, S. 271 ff.
Meinhard Schröder, Zur Wirkkraft der Grundrechte bei Sachverhalten mit grenzüberschreitenden Elementen, in: FS für Hans-Jürgen Schlochauer, 1981, S. 137 ff.

§ 241
Verfassungsbindung der auswärtigen Gewalt

Martin Nettesheim

Übersicht

	Rn.
A. Problemrahmen	1–18
I. Besondere Strukturgegebenheiten auswärtiger Gewalt	3–6
II. Streben nach konstitutioneller „Einhegung"	7–17
1. Konstitutionelles Versprechen	8–11
2. Herausforderungen und Folgen	12–17
III. Einheit von Handlungs- und Kontrollmaßstab	18
B. Vielgestaltigkeit der auswärtigen Gewalt	19–21
C. Zur allgemeinen Dogmatik	22–49
I. Funktionale Gesichtspunkte – Besonderheiten des „Prüfungsmaßstabs"	22–47
1. Nicht justiziable Hoheitsakte	23–24
2. „Political question"-Doktrin	25–28
3. „Judicial restraint"	29
4. Kriterien einer funktionsgerechten Zuständigkeitsabgrenzung	30–47
a) Verfassungsgerichtliche Tatsachenermittlung	31–36
b) Gegenläufige Tendenzen bei der Ermittlung internationalen Rechts	37–39
c) Verminderte Anforderungen bei „Annäherung" an das Grundgesetz	40–42
d) Spezifische Handhabung der Prozeßvoraussetzungen bei Sachverhalten mit Auslandsbezug	43–47
II. Grundsatz der „Offenheit" deutscher Staatlichkeit	48–49
D. Völkerrechtskonformität und Friedensverpflichtung	50–52
E. Grundrechtsbindung der auswärtigen Gewalt	53–69
I. Überblick	53–56
II. Grundsätzliche Anwendbarkeit der Grundrechte auch auf Sachverhalte mit Auslandsbezug	57–58
III. Eingriffskonstellationen	59–69
1. Auslandsbezug inländischer Handlungen	60
2. Zwischenstaatliche Vereinbarungen mit Bindung für die Ausübung deutscher Hoheitsgewalt	61
3. Zustimmung zur Einwirkung der Akte einer fremden Hoheitsgewalt	62–65
4. Freistellung privaten Verhaltens	66–67
5. Schutzansprüche deutscher Staatsbürger im bzw. gegenüber dem Ausland	68–69
F. Gesetzesvorbehalte bei der Ausübung öffentlicher Gewalt	70–73
G. Bibliographie	

A. Problemrahmen

1
Grundsatz der Verfassungsbindung

Die Verfassungsbindung der auswärtigen Gewalt[1] steht in der grundgesetzlichen Ordnung außer Frage. Staatliches Handeln unterliegt auch dann, wenn es jenseits der Grenzen der Bundesrepublik Deutschland erfolgt oder nach „außen" gerichtet ist, den Bindungen der Verfassung (Art. 1 Abs. 3, Art. 20 Abs. 3 GG). Es geht nicht um das Ob der Bindung, sondern nur um das Wie.

Stärkung der verfassungsrechtlichen Aufsicht

In der Welt transnationaler und internationaler Beziehungen ändern sich die Gegebenheiten gegenwärtig so schnell, daß Anlaß besteht, darüber nachzudenken, wie Freiheit und Bindung angemessen in Bezug gesetzt werden können. In der Tendenz zeichnet sich eine Verstärkung der verfassungsgerichtlichen Aufsicht deutlich ab. Der sich herausbildende Raum internationaler und auswärtiger Politik, in dem nicht mehr nur über die Sphären- und Zuständigkeitsabgrenzung (Öffnung–Schließung) entschieden wird, wird in vermehrtem Umfang konstitutionell erfaßt und verfassungsgerichtlicher Steuerung bzw. Kontrolle unterworfen werden. Offensichtlich muß dabei den Besonderheiten auswärtigen Handelns Rechnung getragen werden. Verfassungsrechtliche Begrenzungen der auswärtigen Politik sind mit besonderen Gegebenheiten konfrontiert, die im Prozeß der Maßstabsbildung und -anwendung nicht unberücksichtigt bleiben dürfen. Die Verfassung darf sich zudem nicht zu einem Heilsinstrument entwickeln, das (in bester subjektiver Absicht) überall dort eingesetzt wird, wo vermeintliche Ungerechtigkeit oder Ungutes entdeckt wird. Gerade im Bereich des Äußeren muß man sich diese Gefahr immer vergegenwärtigen. Überwiegend ist man sich dessen wohl auch bewußt. Verfassungsbindung bedeutet nicht umfassende Determination, ebensowenig eine wesentliche Steuerung durch ein Gericht.

Besondere Gegebenheiten

2
Beteiligung des Parlaments?

Ungelöste Konflikte

In den Diskussionen um die Bindung der auswärtigen Gewalt (man kann auch von auswärtiger Politik sprechen) zeichnet sich damit eine neue Problemdimension ab. Seit den 1950er Jahren wird darüber diskutiert, in welchem Umfang das Parlament an der Wahrnehmung auswärtiger Befugnisse der Gubernative teilzuhaben beanspruchen kann[2]. Weiterhin sind hier viele Fragen offen. Dies belegen etwa die Konflikte über die Reichweite des Parlamentsvorbehalts bei Auslandseinsätzen der Bundeswehr[3] oder die Bemühungen um Klärung der Informations- und Mitentscheidungsrechte des Parlaments im Prozeß der europäischen Einigung[4]. Mit der Formel, daß die auswärtige Gewalt der Regierung und dem Parlament zur „gesamten Hand" zustehe, werden diese Konfliktlagen eher überdeckt, als daß sie gelöst wür-

---

1 Allgemein insbes. *Frank Schorkopf* Grundgesetz und Überstaatlichkeit, 2007; *Volker Röben*, Außenverfassungsrecht, 2007. → Bd. IX, *Rüfner*, § 197 Rn. 56 ff.
2 → Bd. IV, *Calliess*, § 83 Rn. 24 ff.
3 Aus der umfangreichen Literatur etwa: *Eckart Klein*, Bemerkungen zur Rechtsprechung des Bundesverfassungsgerichts zum Auslandseinsatz deutscher Streitkräfte, in: FS für Michael Bothe 2008, S. 157.
4 BVerfGE 123, 267 – Lissabon; BVerfGE 129, 124 – Griechenlandhilfe; BVerfG, Urt. v. 28. 2. 2012, 2 BvE 8/11 – Neunergremium; BVerfG, Urt. v. 19. 6. 2012, 2 BvE 4/11 – (Informationsrechte des Bundestages); BVerfG, Urt. v. 12. 9. 2012, 2 BvR 1390/12 (u. a. ESM und Fiskalpakt). Zur gesetzlichen Umsetzung *Martin Nettesheim*, Die Integrationsverantwortung, in: NJW 2010, S. 177.

den[5]. Inzwischen ist die materielle Verfassungsbindung der auswärtigen Gewalt in den Vordergrund gerückt – und damit die Rolle des Bundesverfassungsgerichts[6]. Es erscheint nicht ausgeschlossen, daß sich das Bundesverfassungsgericht in diesem Bereich in ähnlicher Weise einen Gestaltungsauftrag zuschreiben wird, wie es dies schon seit geraumer Zeit im Bereich der europäischen Integration unternimmt. Die Vorstellung, daß sich auswärtige Gewalt in einem weitgehend offenen Raum bewegt, in dem es um Interessen, Macht und Strategie geht, nicht aber um verfassungsrechtliche Vorgaben unter gerichtlicher Aufsicht, wäre dann nur noch verfassungshistorische Reminiszenz.

Gestaltungsauftrag des BVerfG?

I. Besondere Strukturgegebenheiten auswärtiger Gewalt

Die Bemühungen um eine Konkretisierung der verfassungsrechtlichen Bindungen auswärtiger Politik müssen vor dem Hintergrund der Strukturveränderungen gedeutet werden, die sich auf tatsächlicher Ebene in der zwischenstaatlichen Kooperation beobachten lassen. Sie sind der Anlaß, der das verstärkte Interesse an der Fragestellung provoziert, ob nicht eine intensivierte oder andersartige Kontrolle der auswärtigen Gewalt entwickelt werden sollte. Zu nennen ist in diesem Zusammenhang nicht nur die Effektivierung der Kontrollbefugnisse des UN-Sicherheitsrats[7]. Gestaltungsformen der horizontalen zwischenstaatlichen Kooperation haben heute vielfach eine Dichte und Tiefe angenommen, die es nahelegen, sie unter verfassungsrechtlichen Gesichtspunkten neu zu bewerten. Schließlich sind auch vermehrt Fälle zu verzeichnen, in denen Hoheitsgewalt außerhalb des deutschen Staatsgebiets ausgeübt wird. Der Einsatz deutscher Streitkräfte und Polizeieinheiten wirft Fragen auf, die so bis vor wenigen Jahren allenfalls abstrakt gestellt werden konnten[8].

3
Zwischenstaatliche Kooperation

Sicherheitsrat

Die Anwendung der Verfassung auf Handlungen und Maßnahmen der auswärtigen Politik muß deren Funktionsgegebenheiten und -besonderheiten im Blick behalten. Zu den tatsächlichen Besonderheiten auswärtigen Handelns zählen insbesondere die Abhängigkeit von den Entscheidungen anderer Staaten, die Unvorhersehbarkeit außenpolitischer Entwicklungen und die Komplexität der internationalen Beziehungen[9]. Auf das Geschehen in staatsinneren politischen Räumen kann der normative Geltungsanspruch der Verfassung und der konkretisierenden Entscheidungen des Bundesverfassungsgerichts erstreckt werden, ohne daß dabei grundsätzliche konzeptionelle

4
Besonderheiten auswärtigen Handelns

---

5 Zum Stand der Entwicklung: *Isabelle Ley*, Zur Politisierung des Völkerrechts: Parlamentarische Versammlungen im Außenverhältnis, in: AVR 50 (2012), S. 191. → Bd. IV, *Calliess*, § 83 Rn. 21 ff.
6 → Bd. IV, *Calliess*, § 83 Rn. 33 f.
7 *Samantha Besson*, European Legal Pluralism after Kadi, in: European Constitutional Review 5 (2009), S. 237; *Martin Nettesheim*, U.N. Sanctions against Individuals, in: CMLRev 2007, S. 567 m. weit. Nachw.
8 Z.B. *Dieter Wiefelspütz*, Polizeilich geprägte Auslandseinsätze der Bundeswehr und das Grundgesetz, in: FS für Edzard Schmidt-Jorzig, 2011, S. 581; *Jan Thiele*, Auslandseinsätze der Bundeswehr zur Bekämpfung des internationalen Terrorismus, 2011. → Unten *Fassbender*, § 244.
9 Beispiele nach *Kay Hailbronner*, Kontrolle der Auswärtigen Gewalt, in: VVDStRL 56 (1997), S. 5 (14).

Probleme aufträten. Legislative, Gubernative, Exekutive und die Fachgerichtsbarkeit unterliegen dem umfassenden Kontroll- und Gestaltungsanspruch des Bundesverfassungsgerichts. Demgegenüber läßt sich das Geschehen in einem grenzübergreifenden Raum mit dieser Subordinationskonstruktion nicht reibungsfrei erfassen. Auswärtige Politik läuft regelmäßig nicht darauf hinaus, einen autonom gebildeten Willen zu realisieren. Sie zielt vielmehr auf die für Kooperationsprozesse kennzeichnende Kompromißbildung und ein koordiniertes Verhalten. Staatliches Handeln außerhalb der Grenzen Deutschlands ist völkerrechtlich beschränkt, nicht zuletzt aufgrund der Territorialhoheit anderer Staaten.

Völkerrechtliche Schranken staatlichen Handelns

5
Grenzübergreifende Kooperationsprozesse

Selbst wenn man den Geltungsanspruch des Grundgesetzes auf Entscheidungen außerhalb des staatlichen Raums erstreckte[10], ließe sich das Mit- und Nebeneinander deutscher und ausländischer Amtsträger in Verhandlungssituationen nur unvollkommen erfassen. Grenzübergreifende Koordinations- und Kooperationsprozesse lassen sich aus grundgesetzlicher Warte immer nur partiell erfassen. Regelmäßig ist es lediglich möglich, das kooperative Handeln eines deutschen Amtsträgers zum Anknüpfungspunkt zu machen. Gegebenenfalls bleibt auch die Möglichkeit, einer im zwischen- oder überstaatlichen Raum einmal getroffenen Entscheidung die Wirksamkeit auf deutschem Staatsgebiet oder die Durchführbarkeit durch deutsche Hoheitsgewalt abzusprechen. Offenkundig erfolgt damit aber eine strukturelle Verschiebung: Während innerstaatliche Entscheidungslagen der judikativen Kontrolle unmittelbar unterworfen werden können, muß die Kontrolle auswärtiger Politik an einem Surrogat ansetzen. Es kann sein, daß der auswärts ergangene Akt selbst bestehen bleibt.

Begrenzte Kontrolle

6
Handlungsspielräume

Auswärtiges Handeln setzt Spielräume voraus, wie sie so im innerstaatlichen Kontext nicht erforderlich sind. Je enger die verfassungsrechtlichen Vorgaben gefaßt werden, desto geringer sind die Handlungs- und Kompromißspielräume der politisch handelnden Organe. Je offensiver eine konstitutionelle Einbindung der auswärtigen Politik vorangetrieben wird, desto enger ist der politische Spielraum. Je nach Lage kann damit eine deutliche Verringerung der Wahrscheinlichkeit erfolgreicher Kooperation einhergehen. Der Versuch eines Verfassungsgerichts, durch die Formulierung von Vorgaben in die politische Gestaltung der Außenbeziehungen einzugreifen, kann daher lagenabhängig auch ineffektiv sein.

II. Streben nach konstitutioneller „Einhegung"

7
Umfassende Verfassungsbindung aller Sphären

Diese rechtstatsächlichen Veränderungen spielen sich in einem verfassungsrechtskulturellen Umfeld ab, das es nachgerade natürlich erscheinen läßt, in der Verfassung die wesentlichen Maßstäbe für eine gerechte und gute äußere Politik zu suchen. Ein konstitutionell geprägtes Denken, das wesentlich von

---

10 So das Bundesverfassungsgericht in der Maastricht-Entscheidung (BVerfGE 89, 155 Leitsatz 7). → Oben *Becker*, § 230; *ders.*, § 240.

der Idee der Anleitung hoheitlichen Handelns durch die Verfassung geleitet wird, kann es nicht hinnehmen, daß es eine zunehmend wichtige Sphäre staatlichen Handelns gibt, die nicht dieser Bindung unterworfen ist. Wenn es richtig ist, daß alles staatliche Handeln der Direktionswirkung der Verfassung unterliegt, dann muß dies auch für das auswärtige Handeln gelten. Aus dieser Perspektive ist die Forderung konsequent, daß „die Grundrechte" insbesondere auch in Fällen angewandt werden müssen, in denen deutsche Amtsträger Zwangsmaßnahmen außerhalb des deutschen Staatsgebiets ergreifen. Danach muß das Grundgesetz als Schutzmantel begriffen werden, der weltweit jedem zur Verfügung steht, der in irgendeiner Weise mit der deutschen Staatsgewalt in Berührung kommt[11]. Häufig stützt man sich in diesem Zusammenhang auf die These, daß Innen- und Außenpolitik kaum mehr trennbar seien[12]. Eine klassische Abgrenzung nach „Innen-" und „Außensphäre" des Staates[13] ist danach im Zeitalter offener Verfassungsstaaten[14] kaum noch sinnvoll und gewinnbringend möglich.

Untrennbarkeit von Innen- und Außenpolitik

1. Konstitutionelles Versprechen

Es geht insofern um einen Prozeß der verfassungsrechtlichen Einhegung eines Raums, der ehedem – und weiterhin in anderen Staaten – ganz oder doch weitestgehend als gubernativ geprägt und als Ort politischer Entscheidung angesehen wurde. Auch wenn immer wieder betont wird, daß die Verfassung ihren Rahmencharakter nicht verlieren und den politischen Prozeß nicht ersticken dürfe, wird sie doch in der Praxis von Bundesverfassungsgericht und Verfassungsrechtswissenschaft als dichte und tiefgehende materiale Ordnung begriffen, mit der politische Prozesse umfassend strukturiert werden können. Natürlich bedeutet dies nicht, daß es hierzu immer kommt. Die Verfassungspraxis verfügt aber über das funktionale Potential und die dogmatischen Reserven, auch im Außenbereich jede Handlung von Gubernative oder Exekutive zu thematisieren. Wenn das Bundesverfassungsgericht etwa davon spricht, daß den politisch agierenden Organen im Bereich des Äußeren ein „Beurteilungsspielraum" eingeräumt werde, so liegt darin eine Rückverweisung, zugleich ein Zugeständnis, das erst auf dem Hintergrund eines grundsätzlichen Bindungsanspruchs zu erklären ist.

8
Verfassung als materiale Ordnung

„Beurteilungsspielraum" als Rückverweisung

Es wäre im übrigen alles andere als verwunderlich, wenn der konstitutionelle Anspruch zur Steuerung der äußeren Politik nicht „aktiviert" würde. Dabei geht es weniger um institutionelle Eigeninteressen: Das Gericht hält sich bislang noch deutlich zurück – als ob es vor der Herausforderung, dogmatische Konturen für Steuerungs- und Kontrollregeln zu entwerfen, zurückschrecke. Es geht vielmehr vor allem um ein materiales Verständnis des Grundgesetzes:

9
Konstitutioneller Anspruch aus materiellem Verständnis des GG?

---

11 Kritisch zu dieser These *Martin Nettesheim*, in: Maunz/Dürig, Art. 59 GG Rn. 230.
12 Richtig ist, daß beide Bereiche miteinander verfließen. Damit wird aber nicht alles amalgamiert. → Oben *Becker*, § 230 Rn. 9ff.; *ders.*, § 240 Rn. 12ff.
13 Vgl. beispielsweise *Sven Fischbach*, Die verfassungsgerichtliche Kontrolle der Bundesregierung bei der Ausübung der Auswärtigen Gewalt, 2011, S. 20.
14 *Udo Di Fabio*, Das Recht offener Staaten, 1998, zur hier interessierenden Thematik insbes. S. 97ff.

GG als Mittel zur Besserung von Politik

Wenn es wirklich richtig ist, daß über die Interpretation und Anwendung der Verfassungs- und vor allem der Grundrechtsbestimmungen eine Läuterung und Besserung von Politik erreicht werden kann, dann gibt es inhaltlich keinen Grund, den Bereich der auswärtigen Politik auszusparen. Wer der Auffassung ist, daß mit der Anwendung „der Grundrechte" auf einen Sachverhalt schon ein Gewinn (sei es an Gerechtigkeit, sei es mit Blick auf die Gewährleistung eines guten Lebens) erzielt ist, der wird unwillkürlich auch für eine umfassende Grundrechtskontrolle auswärtiger Politik – insbesondere auch außerhalb des deutschen Staatsgebiets – streiten. Dem Karlsruher Gericht wird damit die Aufgabe zugewiesen, im Wege der Kontrolle der auswärtigen Gewalt für Zustände der Gerechtigkeit und eines guten Lebens auch außerhalb der Grenzen Deutschlands zu sorgen. Man erkennt einen engen Bezug zum Bemühen, die Völkerrechtsordnung als „konstitutionelle Ordnung" zu begreifen[15].

Vergleichbare Entwicklung im Völkerrecht

10

Umfassende exterritoriale Kontrolle seitens des BVerfG?

Es hat den Anschein, daß diese Sichtweise inzwischen an Verbreitung gewinnt. Dabei kommen jedenfalls drei Punkte zusammen: die überaus guten Erfahrung mit der Rolle des Bundesverfassungsgerichts im staatsinneren Bereich, ein grundsätzliches Mißtrauen gegenüber realpolitisch agierender Außenpolitik[16], verbunden mit dem Willen, in Fällen, in denen etwas schiefgeht, korrigierend einzugreifen, schließlich die Suche nach einem Punkt, von dem aus die Welt gedeutet und erklärt werden kann. Man ist es inzwischen so gewohnt, das letzte Wort aus Karlsruhe zu hören, daß es beinahe verwunderlich sein muß, wenn dies in einem so wichtigen Bereich wie jenem der auswärtigen Gewalt noch nicht der Fall ist. Wie könnte es sein, daß dort die Garantie von Gerechtigkeit und Richtigkeit, die die Verfassungsjurisprudenz zu gewährleisten verspricht, nicht zum Tragen kommt? Gerade angesichts des Gefühls, daß die internationalen Beziehungen mehr als die nationale Politik von einem nüchternen Realismus geprägt sind, muß dies irritieren. Nichts liegt näher, in dieser Situation für eine grundgesetzliche Kontrolle seitens des Bundesverfassungsgerichts zu streiten. Man muß sich hiervon im übrigen nicht notwendig eine echte Richtungskorrektur versprechen. Mit einer verfassungsgerichtlichen Kontrolle verbindet sich eine normative Legitimation politischer Entscheidungen auch dann, wenn sie im Ergebnis bestätigend ausfällt. Das Kontrollverfahren in Karlsruhe verspricht politische Absorptionseffekte. Zudem liegt die Auffassung nicht fern, daß nichts falsch daran sein kann, daß das Bundesverfassungsgericht über eine Entscheidung oder Handlung nochmals „draufschaut". Insofern ist in der gegenwärtigen Diskussion in Deutschland (anders als in den USA[17]) eine Art Politikvergessenheit – um nicht zu sagen: Machtvergessenheit – zu beobachten.

Politikvergessenheit

---

15 *Thomas Kleinlein*, Konstitutionalisierung im Völkerrecht. Konstruktion und Elemente einer idealistischen Völkerrechtslehre, 2012; *Isabelle Ley*, Kant versus Locke: Europarechtlicher und völkerrechtlicher Konstitutionalismus im Vergleich, in: Zeitschrift für ausländisches öffentliches Recht und Völkerrecht 69 (2009), S. 317; *Stefan Talmon*, The Security Council as World Legislature, in: The American Journal of International Law 99 (2005), S. 175.

16 Vgl. zur Idee des „Primats der Außenpolitik" etwa *Ulrike Guérot*, Der Wert Europas und seine Grenzen: Die EU als außenpolitische Gestaltungsmacht mit Defiziten, in: Integration 2 (2012), S. 116.

17 Zur US-amerikanischen Diskussion um Wert und Unwert eines „foreign affairs legalism": *Daniel Abebe/ Eric A. Posner*, The Flaws of Foreign Affairs Legalism, in: VirginiaJIntL 51 (2011), S. 507 m. weit. Nachw.

Der Preis dieses Ansatzes ist allerdings – gerade mit Blick auf die Grundrechte – nicht gering. Mit der Aussage, daß „die Grundrechte" auf die Ausübung auswärtiger Gewalt zur Anwendung gebracht werden, verbindet sich zunächst nur eine Folge. Das Bundesverfassungsgericht wird in seiner Rolle als Hüter und Wächter über die auswärtige Politik aktiviert. Zuständigkeiten verschieben sich von Berlin nach Karlsruhe. Gerade mit Blick auf die Grundrechtsbindung ist damit noch nicht viel gewonnen. Grundrechte sind ihrer Natur nach deontologische Sätze. Sie stecken vor allem Lagen ab, in denen der Hoheitsgewalt zum Schutz der gleichen Freiheit der Individuen und zum Schutz ihrer Rechtsgüter Schranken gezogen sind. Die Härte der Grenzziehung ist schon in innerstaatlichen Lagen – aufgrund von Beeinträchtigungsvorbehalten und dem Verhältnismäßigkeitsprinzip – inzwischen eher gering. Das Bundesverfassungsgericht setzt vielfach nicht Rechte durch, sondern betreibt nur eine klugheitsgetragene Abwägung von Interessen. Es geht also weniger um die feste Grenzziehung am Maßstab des Richtigen und mehr um eine Art nachträgliche Klugheitsbewertung. Diese Problematik stellt sich bei einer Kontrolle der auswärtigen Gewalt verschärft.

11
Bedeutung und Folge

Klugheitsbewertung statt fester Grenzziehung

2. Herausforderungen und Folgen

Eine umfassende Erörterung der Probleme, die sich bei der Entscheidung über die Anwendung und Durchsetzung verfassungsrechtlicher Aussagen im Bereich der auswärtigen Gewalt stellen, ist hier nicht Thema. Immerhin sollen einige wichtige Aspekte benannt werden.

12
Wichtige Aspekte

Die Verfassung bewirkt eine Bindung der Politik; sie leitet ihre Legitimation aus der Idee der Selbstregierung eines Volkes ab. Das Bundesverfassungsgericht agiert als Sprachrohr dieses Anspruchs, sich selbst zu regieren. In transnationalen Räumen greift dieser Anspruch aber nur begrenzt. Während die Verfassung die Gegebenheiten im staatlichen Raum umgreifen kann, kann sie in transnationalen Räumen nicht mehr als eine „Mitsteuerung" bewirken. Dies zwingt zu einer Anpassung der legitimatorischen Hintergrundannahmen, über die bislang wenig nachgedacht worden ist. Das Agieren in einem Umfeld, das inzwischen als „global legal pluralism"[18] bezeichnet wird, ist nicht mehr selbst-, sondern im wesentlichen fremdbezogen. Ihren Hierarchieanspruch[19] kann die Verfassung[20] hier nicht oder doch nur begrenzt durchsetzen. In vielen Konstellationen stellt sich die Frage danach, wer eigentlich das letzte Wort hat[21].

13
Anspruch auf Selbstregierung

Begrenzter Hierarchieanspruch der Verfassung

Das außenpolitische Agieren in Räumen, in denen es um die Koordination und Kooperation geht, setzt Spielräume voraus, die in innerstaatlichen Ent-

14

---

18 *Paul Schiff Berman*, Global Legal Pluralism: A Jurisprudence of Law Beyond Borders, Cambridge, 2012.
19 *Christoph Grabenwarter*, Die Verfassung in der Hierarchie der Rechtsordnung, in: Otto Depenheuer/ders. (Hg.), Verfassungstheorie, 2011, § 11; vgl. auch *Thomas Vesting/Stefan Korioth* (Hg.), Der Eigenwert des Verfassungsrechts, 2011.
20 Zum Begriff etwa *Dieter Grimm*, Entwicklung und Funktion des Verfassungsbegriffs, in: Thomas Cottier/Walter Kälin (Hg.), Die Öffnung des Verfassungsrechts, 2005, S. 7.
21 *Gertrude Lübbe-Wolff*, Who has the Last Word? National and Transnational Courts – Conflict and Cooperation, in: Yearbook of European Law 30 (2011), S. 86.

scheidungslagen so nicht vorhanden sein müssen. Das Verfassungsgericht vermag den deutschen Amtsträgern Verhaltensmaximen mit auf den Weg zu geben; es mag gegebenenfalls auch der Einwirkung einer einmal getroffenen Entscheidung auf das deutsche Hoheitsgebiet Grenzen ziehen. Ein unmittelbarer Zugriff – mit der Folge einer Rechtswidrigkeits- oder Nichtigkeitserklärung – wird aber häufig ausscheiden, eine Beseitigung der einmal getroffenen Entscheidung regelmäßig unmöglich sein. Die Forderung, in verfassungskonformer Weise neu zu entscheiden, wird von den Verhandlungspartnern möglicherweise ignoriert. Das Bundesverfassungsgericht wird dadurch reagieren, daß es seine „Kontrolldichte" zurücknimmt und diese Gegebenheiten dogmatisch berücksichtigt. Aus rechtskonstitutiver Perspektive lassen sich diese Probleme mit den Begriffen „Organadäquanz" und „Funktionsangemessenheit" thematisieren[22]. Ein rechtsökonomischer Blick mag die Kosten der Einmischung ermitteln. Das Problem ist, daß das Gericht hierbei notwendig einzelfallbezogen und ad hoc vorgehen wird. Eine wirkliche Maßstabsbildung, die für das Bundesverfassungsgericht mehr als nur topische Qualität hätte, wird kaum gelingen. Die Verfassungsrechtswissenschaft hat weder methodisch die Werkzeuge noch institutionell die Stellung, um dem Bundesverfassungsgericht in diesem Punkt tragfähige Regeln vorzuschlagen. Das Gericht wird die Entscheidung, ob noch die (Wertungs-)Entscheidung des zu kontrollierenden Amtsträgers oder schon seine eigene Wertung zum Tragen kommt, letztlich nur ad hoc treffen. Angesichts der Heterogenität der politischen Praxis wird es kaum zu einer gefestigten Präjudizienpraxis kommen. Auch wenn man der Auffassung ist, daß die Verschiebung und Umstrukturierung von Macht, die im Bereich des Auswärtigen zu beobachten sind, von den Gerichten begleitet und nachvollzogen werden müssen, sollte man vor den (Transaktions-)Kosten nicht die Augen verschließen.

15 Zu berücksichtigen ist in diesem Zusammenhang, daß die Gubernative strategisch, allgemein, interessenbezogen und längerfristig handeln kann, während ein Gericht fallbezogen, tendenziell statisch und ohne weitergehenden Anspruch auf Folgenbetrachtung vorgeht. Politische Entscheidungsperspektive und judikative Kontrollperspektive sind damit nicht deckungsgleich. Insofern liegt es nahe, bei der Handhabung der Kontrolldichte zu differenzieren: Es ist eine Sache, wenn staatlicher Konstitutionalismus dazu eingesetzt wird, völkerrechtliche Vorgaben (etwa im Menschenrechtsbereich[23]) innerstaatlich zu effektivieren oder gar auszubauen[24]. Es ist aber eine andere

---

22 Es scheint allerdings, als ob in Deutschland die Beschäftigung mit der funktionalen Rolle des Bundesverfassungsgerichts zum Erliegen gekommen ist. Fragen der verfassungsrechtlichen Zuordnung von Entscheidungsbefugnissen werden in Deutschland kaum noch systematisch diskutiert. Dies gilt schon für das Verhältnis von Regierung und Parlament. Erst recht gilt es dann für das Verhältnis von Gubernative und Judikative. → Bd. III, *Roellecke*, § 67 Rn. 40 ff.
23 Man kann hier von einem Völkerrechtskonstitutionalismus sprechen (Verfassung als Scharnier).
24 Zu dieser Rolle insbes. *Eyal Benvienisti/George W. Downs*, National Courts, Domestic Democracy, and the Evolution of International Law, in: European Journal of International Law 20 (2009), S. 59. Auch dort sind die Schwierigkeiten nicht zu unterschätzen: Mit der Formel „promoting international law" lassen sich sehr unterschiedliche Vorstellungen verbinden. Geht es um die Abbildung der häufig unappe-

Sache, wenn sich ein Verfassungsgericht daran macht, eigenständige Verhaltensmaßstäbe zu entwickeln[25].

Die bisherige Entscheidungspraxis des Gerichts macht deutlich, daß es die beschriebenen Strukturgegebenheiten vor Augen hat. Es bedient sich eines Ansatzes, der in geschickter Weise den Anspruch konstitutioneller Kontrolle mit der Anerkennung der politischen Imperative äußeren Handelns verbindet. Auf der einen Seite hat das Gericht nicht nur eine umfassende Bindung der auswärtigen Politik postuliert. Dogmatische Figuren, die das Bundesverfassungsgericht im staatsinneren Raum verwendet, wurden auch nach außen gestülpt. So unterwarf es etwa das auswärtige Handeln den grundrechtlichen Schutzansprüchen[26]. Es brachte grundrechtliche Freiheitsrechte auch gegenüber den Folgen auswärtigen Handelns zum Tragen. Es unternahm den Versuch, Institutionenarrangements, die das Grundgesetz für inneres Handeln vorsieht, in den Grenzen des Möglichen auch auf auswärtiges Handeln zu erstrecken[27]. Konstitutionellen Erwartungshaltungen kam das Gericht so weit entgegen. Zugleich räumte es den politischen Akteuren dann aber weitgespannte Beurteilungs- und Gestaltungsspielräume ein und erkannte damit deren Prärogative an. Insofern hat es realpolitischen Anschauungen über eine sinnvolle Kräfteverteilung im auswärtigen Bereich Rechnung getragen. Dieser Ansatz verhindert bis heute, daß in Deutschland Diskussionen über die grundsätzliche Rolle des Bundesverfassungsgerichts im Bereich der auswärtigen Politik ausbrachen. Probleme bleiben aber sichtbar:

16
Beachtung der Strukturgegebenheiten in der Praxis

Sinnvolle Kräfteverteilung im auswärtigen Bereich

Mit Blick auf die Grundrechtsanwendung ist nicht unproblematisch, in welchem Umfang man von Rechtedurchsetzung sprechen kann. Denn die Tragweite von Rechten ändert sich bei der Anwendung auf viele Sachverhalte der äußeren Politik. Rechte verlieren ihre Qualität als (definitive) Grenzziehungen, die der Staatsgewalt unbedingte Grenzen setzen, und werden zu Topoi oder Entscheidungsgesichtspunkten, die in einen Abwägungsprozeß einzustellen sind und dort gegebenenfalls auch weggewogen werden können. Vom „Hüter" eines vergleichsweise festen Ordnungsrahmens wandelt sich das Bundesverfassungsgericht zu einer Institution, die dazu beiträgt, Prozesse der auswärtigen Politik nach Vernunftkriterien zu lenken. Man mag dies gut oder schlecht finden. Es ist jedenfalls ein grundlegender und qualitativer Unterschied, ob ein Gericht Rechtspositionen gegen die Politik schützt und durch-

17
Rechte als Topoi im Abwägungsprozeß

Aufgabenwandel des BVerfG

---

titlichen Kompromisse, die sich im Völkerrecht niederschlagen, oder geht es um die Durchsetzung des richterlichen Verständnisses einer besseren Welt? Geht es um die Schaffung einer Art substantiellen Weltordnung, die allerdings dezentral durchsetzt wird? Nimmt man zur Kenntnis, wie umstritten die Frage der Herausbildung einer solchen Ordnung ist (bis hin zu den Streitigkeiten um ius cogens), erscheint es nicht unproblematisch, wenn das BVerfG sich hier einmischen würde.
25 Vgl. *Sabino Cassese*, When Legal Orders Collide: The Role of Courts, Sevilla 2010.
26 S. u. Rn. 57 ff.; → Bd. IX, *Isensee*, § 191 Rn. 208 ff.
27 Der Begriff des Management eines Institutionensettings findet sich bei *Oliver Lepsius*, in: EuZW 2012, S. 761 (Kommentar zur Entscheidung des BVerfG vom 12.11.2012). Das BVerfG muß damit ein Folgenkalkül zum Tragen bringen, das sich deutlich von jenem unterscheidet, das bei innerstaatlicher Kontrolltätigkeit gilt. Tendenziell wird es dazu führen, daß das BVerfG seine Kontrolle „zurücknimmt"; zudem wird es die Besonderheiten der Lage dadurch berücksichtigen, daß es verstärkt auf eine Steuerung von Zuständigkeiten und Verfahren („Institutionenmanagement") setzt.

setzt oder ob es Interessen, Werte und Güter in einem Prozeß offener Abwägung, in die dann auch die Funktionsgegebenheiten auswärtiger Politik einfließen, irgendwie berücksichtigt. Dies bringt dann zwar eine Juridifizierung komplexer Sachverhalte mit sich, aber nicht die Durchsetzung allgemeiner Regeln oder eines spezifisch rechtlich-konstitutionellen Maßstabs. Eine Institution, die – in der Selbstbeschreibung des von Gerhard Leibholz verfaßten Berichts[28] – an der Schnittstelle von Recht und Politik steht[29], wird beim Entwurf von Ordnungsvorstellungen für immer neue außenpolitische Lagen keine Schwierigkeiten haben. Man sollte die damit verbundene Einbuße funktionaler Rationalität aber nicht gering schätzen. In den USA wird dies offen diskutiert[30]. In Deutschland scheint man eher davon auszugehen, daß mit jeder Verschärfung verfassungsrechtlicher Bindung ein Rationalitäts- und Gerechtigkeitsgewinn einhergeht.

Einbuße funktionaler Rationalität

III. Einheit von Handlungs- und Kontrollmaßstab

18
Keine praktische Relevanz

Es sei abschließend darauf hingewiesen, daß man sich den Blick auf die verfassungsrechtlichen Zusammenhänge verstellt, wenn man von einer Differenz zwischen den substantiellen Bindungen der auswärtigen Politik und den Kontrollmaßstäben des Bundesverfassungsgerichts ausgeht. Zwar ist es richtig, daß die Idee einer derartigen Differenzierung zwischen quasi-objektiven Handlungsmaßstäben und den vom Bundesverfassungsgericht erst post factum zu etablierenden Kontrollmaßstäben schon lange diskutiert wird und auf einer abstrakt-konzeptionellen Ebene nicht ohne Reiz ist. Funktional und inhaltlich trägt sie aber nicht. Es gibt neben dem Bundesverfassungsgericht keine Instanz, die die Handlungsnormen der politisch entscheidenden Organe mit Verbindlichkeit konkretisieren könnte. Dem Bundesverfassungsgericht wäre es auch nicht möglich, den Verstoß gegen eine Handlungsnorm festzustellen, hieraus dann aber deswegen keine Konsequenzen zu ziehen, weil die dahinterstehende offene Kontrollnorm nicht verletzt sei. Inhaltlich ist es zudem nicht möglich, hinreichend tragfähige Kriterien dafür zu entwickeln, wo die beiden voneinander abzuschichtenden Maßstäbe verlaufen sollen. Vielfach hat das Bundesverfassungsgericht seine Kontrollmaßstäbe schon so eng gefaßt, daß eine darüber hinausgehende Einschränkung über engere Handlungsnormen jeglichen politischen Spielraum beseitigte.

---

28 Hierzu etwa *Oliver Lembcke*, Hüter der Verfassung, 2007, S. 30.
29 *Matthias Jestaedt*, Zur Kopplung von Politik und Recht in der Verfassungsgerichtsbarkeit, in: Vesting/Korioth (N 19), S. 317. → Bd. III, *Roellecke*, § 67 Rn. 28 ff., 44.
30 S. o. N 10.

B. Vielgestaltigkeit der auswärtigen Gewalt

Das nachfolgend in den Blick zu nehmende Tätigkeitsfeld ist begrifflich nicht klar abgesteckt. Der Begriff der auswärtigen Gewalt ist kein Bestandteil des geschriebenen Verfassungsrechts. Es handelt sich vielmehr um eine in der Staatsrechtswissenschaft entwickelte[31] Bezeichnung, die aus systematisierender Perspektive einen beschränkten Ausschnitt der materiellen Staatstätigkeit beschreibt[32]. Das Grundgesetz gibt zu erkennen, daß es diesem Feld eine besondere Bedeutung zuschreibt. Es enthält zahlreiche Normen, die sich mit der Stellung der Bundesrepublik Deutschland in der Völkergemeinschaft befassen (Präambel, Art. 1 Abs. 2 Art. 23, Art. 24, Art. 26, Art. 32 GG) und daher die Außenbeziehungen des deutschen Staates als einen eigenen Regelungsbereich konstituieren[33]. Darüber hinaus gibt es auch faktische Besonderheiten, die das auswärtige Handeln der Bundesrepublik prägen und die daher eine eigene Begriffsbildung und Untersuchung in diesem Bereich rechtfertigen[34], etwa die schon erwähnte Abhängigkeit vom Handeln Dritter, die durch die Organe der Bundesrepublik nur begrenzt beeinflußbar sind[35]. Insofern bezeichnet der Begriff einen bestimmten Normbereich, dessen Bestandteile sich durch gewisse strukturelle Gemeinsamkeiten auszeichnen. Offensichtlich handelt es sich nicht um eine tatsächliche „Gewalt" im Sinne der Montesquieuschen Gewaltenteilungslehre[36]. Der Begriff „auswärtige Gewalt" liegt vielmehr quer zum traditionellen Gewaltenteilungsschema. Er erfaßt alle an der Außentätigkeit der Bundesrepublik beteiligten Organe[37]. Allein aus der Zuordnung einer Materie zur auswärtigen Gewalt ergibt sich im übrigen noch keine Rechtsfolge – etwa in bezug auf die gerichtliche Kontrolldichte[38]. Die konkrete Zuordnung und Bindung der auswärtigen Gewalt ist anhand der einschlägigen Verfassungsnormen herauszuarbeiten[39].

19 Begriffsbestimmung

Normbereich mit struktureller Gemeinsamkeit

„Auswärtige Gewalt" umfaßt alle beteiligten Organe

Für die nachfolgende Untersuchung von Bedeutung ist damit nicht nur das *rechtsförmige* Handeln der Bundesrepublik Deutschland auf dem Gebiet des Völkerrechts unter Wahrnehmung auswärtiger Gewalt[40]. In den Blick zu nehmen sind auch Handlungen, die die Gestaltung der internationalen Beziehun-

20 Untersuchungsgegenstände

---

31 Erstmals *Albert Haenel*, Deutsches Staatsrecht, 1892, Bd. I, S. 531 ff.; ausführlich → Bd. IV, *Calliess*, § 83 Rn. 1 ff.
32 *Gunnar Folke Schuppert*, Die verfassungsgerichtliche Kontrolle der Auswärtigen Gewalt, 1973, S. 19; ähnlich *Hailbronner* (N 9), S. 9.
33 *Michael Kloepfer*, Verfassungsrecht I, 2011, § 30 Rn. 3; → Bd. IV, *Calliess*, § 83 Rn. 1 ff.
34 *Kloepfer* (N 33), § 30 Rn. 4 ff.; *Thomas Giegerich*, Verfassungsgerichtliche Kontrolle der Auswärtigen Gewalt, in: ZaöRV 1997, S. 409 (416); *Schuppert* (N 32), S. 19; → Bd. IV, *Calliess*, § 83 Rn. 3 ff.
35 Hierzu BVerfGE 40, 141 (177 f.); sowie *Hailbronner* (N 9), S. 15 ff., mit weiteren Beispielen.
36 *Fischbach* (N 13), S. 19; *Henning Schwarz*, Die verfassungsgerichtliche Kontrolle der Außen- und Sicherheitspolitik, 1995, S. 44; *Schuppert* (N 32), S. 20.
37 Zur Kompetenzverteilung ausführlich → Bd. IV, *Calliess*, § 83 Rn. 15 ff.
38 *Hailbronner* (N 9), S. 9; *Schwarz* (N 36), S. 44.
39 So auch deutlich *Bardo Fassbender*, in: Rudolf Dolzer/Jürgen Abraham, Bonner Kommentar zum GG, Stand: Juni 2011, Art. 33 GG Rn. 15 f.
40 → Bd. IV, *Calliess*, § 83 Rn. 2; siehe auch *Fischbach* (N 13), S. 24; *Schwarz* (N 36), S. 44; *Schuppert* (N 32), S. 21.

gen der Bundesrepublik zum Gegenstand haben, ohne dem klassischen Kanon völkerrechtlicher Handlungsformen zu unterfallen[41]. Eine Beschränkung ausschließlich auf formale Rechtsakte des Völkerrechts würde es nicht erlauben, viele (zwar nicht direkt als verbindliches Völkerrecht zu qualifizierende, aber dennoch rechtserhebliche) Akte zu erfassen, die heute ebenfalls zu den Steuerungselementen der internationalen Beziehungen gehören[42]. Neben den nach außen gerichteten Handlungen des Staates muß ferner auch die innerstaatliche Willensbildung, die auf die Herbeiführung dieser Akte gerichtet ist, zur auswärtigen Gewalt gezählt werden[43]. Würde man sich nur mit den äußeren Handlungen befassen, ohne ihren innerstaatlichen Entstehungsprozeß in den Blick zu nehmen, bestünde die Gefahr, einen einheitlichen Vorgang künstlich in getrennte Elemente aufzuspalten[44]. Damit unterfällt der auswärtigen Gewalt sowohl rechtsförmliches als auch nicht rechtsförmliches Handeln der Bundesrepublik Deutschland und die hierzu führende interne Willensbildung. Nicht den Gegenstand dieses Beitrags bildet die auf den europäischen Einigungsprozeß bezogene „Integrationsgewalt", die inzwischen einem in vielerlei Hinsicht besonderen Regime unterworfen ist[45]. Es soll nur um die „klassische" auswärtige Gewalt gehen[46].

„Klassische" auswärtige Gewalt als Untersuchungsschwerpunkt

21 Natürlich geht die auswärtige Gewalt im modernen Staat, der in vielfältiger Hinsicht in internationale Kooperationszusammenhänge eingebunden ist und dessen Bürger bei weitem nicht mehr in demselben Maße wie in früheren Zeiten mediatisiert sind[47], über die klassischen Formen internationaler Diplomatie weit hinaus. Verfassungsrechtlich von Bedeutung ist ein weitgespannter Kanon von Handlungstypen, die sich nach Finalität, Adressaten und Wirkungsort, darüber hinaus nach der Art der Auswirkungen auf fremdem Territorium oder gegenüber einem ausländischen Adressaten unterscheiden[48]. Aufgrund der Eigengesetzlichkeiten einer Welt, in der souveräne Staaten miteinander kooperieren, sind deren Voraussetzungen, deren Zustandekommen und deren Folgen für die Träger der Staatsgewalt nur begrenzt beherrschbar.

Auswärtige Gewalt im modernen Staat

C. Zur allgemeinen Dogmatik

Im folgenden soll zunächst auf allgemeine dogmatische Figuren eingegangen werden, die in der Rechtsprechung des Bundesverfassungsgerichts zur Kontrolle der auswärtigen Gewalt eine Rolle spielen.

---

41 *Fischbach* (N 13), S. 25 ff.; *Schwarz* (N 36), S. 44 f.
42 Vgl. *Schwarz* (N 36), S. 44 f.
43 → Bd. IV, *Calliess*, § 83 Rn. 2; siehe auch *Fischbach* (N 13), S. 19.
44 *Schuppert* (N 32), S. 20 f.
45 Statt vieler *Fischbach* (N 13), S. 20 ff.
46 Zur Struktur der transnationalen Rechtsbeziehungen wegweisend: *Claudio Franzius*, Recht und Politik in der transnationalen Konstellation, 2013.
47 Aus völkerrechtlicher Perspektive *Wolfgang Graf Vitzthum*, in: ders., Völkerrecht, ⁵2010, 1. Abschnitt Rn. 20; → Bd. IV, *Calliess*, § 83 Rn. 4 ff.
48 So *Schwarz* (N 36), S. 45; ähnlich *Fischbach* (N 13), S. 20; → Bd. IV, *Calliess*, § 83 Rn. 2.

I. Funktionale Gesichtspunkte – Besonderheiten des „Prüfungsmaßstabs"

Die Wahl des Prüfungsgegenstands und der anzuwendende Prüfungsmaßstab einer verfassungsgerichtlichen Kontrolle der auswärtigen Politik bedürfen einer spezifischen, den Besonderheiten der Lagen angemessenen Fassung. Die These, wonach Innen- und Außenpolitik heute ununterscheidbar ineinander verflössen, ist schon inhaltlich angreifbar. Aus der Kontrollperspektive eines Verfassungsgerichts ist sie offenkundig unrichtig. Das Bundesverfassungsgericht hatte sich allerdings von Anfang an dem Vorschlag entgegengestellt, auf die besondere Entscheidungslage mit einer „political question"-Doktrin zu reagieren, der Politik eine „carte blanche" zuzuteilen und sich eines Kontrollanspruchs gänzlich zu enthalten.

22 Besondere verfassungsrechtliche Kontrolle

1. Nicht justiziable Hoheitsakte

Schon sehr früh in seiner Rechtsprechung hat das Bundesverfassungsgericht klargestellt, daß es unter der Geltung des Grundgesetzes keine „justizfreien Hoheitsakte"[49] im Bereich der auswärtigen Gewalt gibt. In einem Rechtsstreit um das Saarstatut hatte die Bundesregierung geltend gemacht, daß die Verfassungsbeschwerde bereits deshalb unzulässig sei, weil Zustimmungsgesetze zu völkerrechtlichen Verträgen als nicht justiziable Regierungsakte auf dem Gebiet der auswärtigen Gewalt nicht mit der abstrakten Normenkontrolle angreifbar seien[50]. Das Gericht ist diesem Einwand nicht gefolgt und hat die Beschwerde für zulässig erachtet[51]. Ähnlich entschied das Gericht für das Verfahren der Verfassungsbeschwerde im Rechtsstreit um das Washingtoner Abkommen[52].

23 Keine „justizfreien Hoheitsakte"

Diesem Ansatz des Gerichts ist zuzustimmen[53]. Das Grundgesetz normiert eine umfassende Verfassungsbindung der öffentlichen Gewalt (Art. 1 Abs. 3, 20 Abs. 3 GG). Soweit diese Bindung reicht, ist sie grundsätzlich auch durch die Gerichtsbarkeit zu kontrollieren (Art. 19 Abs. 4, Art. 93 GG). Soweit eine gerichtliche Kontrolle ausnahmsweise nicht vorgesehen ist, wird dies vom Grundgesetz explizit angeordnet[54]. Hiermit verträgt sich eine Blankettfreistellung der Entscheidung politischer Gewalten für einen ganzen Bereich der Staatstätigkeit nur schwerlich. Die Idee, daß die gesamte auswärtige Gewalt von der Kontrolle durch das Bundesverfassungsgericht ausgenommen sei, ist folgerichtig auch nicht mehr ernsthaft aufgegriffen worden.

24 Umfassende Verfassungsbindung und Kontrolle öffentlicher Gewalt

---

49 Dazu grundlegend *Hans Schneider*, Gerichtsfreie Hoheitsakte, 1951; → Bd. VIII, *Papier*, § 177 Rn. 36.
50 BVerfGE 4, 157 (161 f.).
51 BVerfGE 4, 157 (161 f.).
52 BVerfGE 6, 290 (294 f.).
53 *Hailbronner* (N 9), S. 12.
54 *Martin Nettesheim*, in: Maunz/Dürig, EL (2012), Art. 59 Rn. 233.

2. „Political question"-Doktrin

25
Anwendung im deutschen Recht

Einen breiteren Raum nahm im deutschen Schrifttum hingegen die Diskussion um eine Übertragung der „political question"-Doktrin auf das deutsche Recht ein[55]. Dabei handelt es sich um eine Formel, die es US-amerikanischen Gerichten erlaubt, trotz eigentlich bestehender Zuständigkeit die Entscheidung eines Rechtsstreits abzulehnen, wenn dieser sich als hochpolitischer Sachverhalt darstellt.

26
Kriterien

Die US-amerikanischen Gerichte ziehen dabei verschiedene Kriterien heran, um einen Sachverhalt als „political question" einzuordnen[56]. Hierzu gehören die Zuweisung der Letztentscheidungskompetenz durch die Verfassung an ein anderes Organ, das Fehlen eines rechtlichen Maßstabs zur Entscheidung der Sache, die Abhängigkeit der Sachentscheidung von einer vorherigen politischen Entscheidung und die Notwendigkeit einheitlicher Entscheidungen im Bereich der Außenpolitik.

27
Lösung für Verteilungsproblematik?

Die Attraktivität dieser Rechtsfigur für den deutschen Diskurs dürfte daher rühren, daß sie auf eine Problemlage antwortet, die sich auch außerhalb des US-amerikanischen Rechtsraums stellt. Es geht um eine funktionsgerechte Verteilung der Kompetenzen zwischen den einzelnen Staatsorganen. Diese ist aufgrund der Besonderheiten der auswärtigen Gewalt besonders drängend. Allerdings stellt sich die Frage, ob es hierfür einer Übernahme des Begriffs „political question" bedarf und ob er die notwendige Abgrenzung überhaupt leisten kann.

28
Verknüpfung von Politik und Verfassungsrecht

Verfassungsrecht und Politik sind aufeinander bezogen, das Verfassungsrecht reguliert die Politik und die politische Wirklichkeit wirkt auf das Verfassungsrecht zurück[57]. Gerade im Bereich des Auswärtigen ist eine Unterscheidung danach, ob eine Frage einen politischen oder rechtlichen Charakter hat, damit schon im Ansatz kaum möglich. Die Verwendung eines Entscheidungskriteriums, das auf den einmal mehr und einmal weniger politischen Charakter eines Sachverhaltes abstellt, birgt keine Entscheidungssicherheit. Einzuräumen ist allerdings, daß sich die der Theorie zugrundeliegenden Kriterien teilweise auch in Entscheidungen des Bundesverfassungsrechts nachweisen lassen. Fehlt es an einem rechtlichen Entscheidungsmaßstab oder weist die Verfassung die Letztentscheidungskompetenz einem bestimmten Organ zu, so wird das Bundesverfassungsgericht die Frage nicht selbst entscheiden. Dafür bedarf es des Begriffs „political question" allerdings nicht. Rechtsfragen unter Rücksicht auf politische Notwendigkeiten offen auszuweichen, ist nach deutschem Verfassungsrechtsverständnis unzulässig. Im Ergebnis hilft die Bezeichnung „political question" daher dabei, dem Problem der Abgrenzung von Kompetenzbereichen zwischen Bundesverfassungsgericht und den Trägern der auswärtigen Gewalt einen Namen zu geben. Die für eine Lösung erforderlichen Kriterien lassen sich dem Begriff aber nicht entnehmen.

Kein Bedarf an „political question"-Doktrin

---

[55] *Josef Isensee*, Verfassungsrecht als „politisches Recht", in: HStR VII, ¹1992, § 162 Rn. 88; *Fischbach* (N 13), S. 128 ff.; *Giegerich* (N 34), S. 430; *Hailbronner* (N 9), S. 12 f.; *Schwarz* (N 36) S. 300 ff.
[56] Ausführlich *Schwarz* (N 36), S. 68 ff.
[57] Vgl. *Schuppert* (N 32), S. 115 ff.

3. „Judicial restraint"

Ähnliches gilt für den noch weitaus unklareren Begriff „judicial restraint"[58]. Selbst in der amerikanischen Diskussion ist umstritten, ob es sich dabei um eine deskriptive Umschreibung bestimmter Rechtsprechungstendenzen oder um eine normative Anforderung an richterliches Verhalten handelt[59]. Trotz dieser mangelnden Inhaltsschärfe taucht der Begriff vor allem deshalb hin und wieder in der deutschen Diskussion auf, weil er durch das Bundesverfassungsgericht selbst in der Entscheidung zum Grundlagenvertrag eingeführt wurde[60]. Nach der Definition des Gerichts beschreibt der Begriff ein Vorgehen, in dessen Folge das Gericht nicht in die vom Grundgesetz den anderen Staatsfunktionen zugesicherten Gestaltungsräume eingreifen wird[61]. In diesem Verständnis ist er banal, da er nichts anderes besagt, als daß das Gericht geltendes Verfassungsrecht nicht verletzen wird. Soweit darunter die willkürliche Nichtanwendung an das Gericht zugewiesener Kompetenzen gemeint sein sollte, so läßt diese sich nicht durch einen wie auch immer definierten Begriff der „richterlichen Zurückhaltung" rechtfertigen. Dies bedürfte vielmehr des Nachweises, daß dem Gericht ein Spielraum bei der Anwendung seiner Kompetenzen zukommt. Im Ergebnis gilt das bereits zur „political question"-Doktrin Gesagte hier daher um so mehr: Die Rechtfertigung des „judicial restraint" liegt darin, das Problem der adäquaten Funktionsabgrenzung benannt zu haben. Seine Lösung kann allerdings nicht in einem derartigen Begriff gefunden werden, sie erfordert die Untersuchung der geltenden Verfassungsordnung.

29
Unklare Begrifflichkeit

Einführung durch das BVerfG

Benennung des Problems, keine Lösung

4. Kriterien einer funktionsgerechten Zuständigkeitsabgrenzung

Verfassungsrechtsnormativ wird ferner auf die Notwendigkeit der adäquaten Zuordnung von Kompetenzen und deren Handhabung hingewiesen. Dabei scheint zumindest im neueren Schrifttum Einigkeit darüber zu bestehen, daß der sinnvollste Weg hierfür in Überlegungen zur Funktionsgerechtigkeit der Kompetenzzuweisung zu suchen ist[62]. Dabei geht es darum, welches Organ nach seiner Ausstattung und Organisation in einer konkreten Entscheidungslage am ehesten zu einer sachgerechten Entscheidung befähigt ist. In der Diskussion werden vor allem vier Punkte angesprochen. Sie bewegen sich bereits auf der Ebene der Rechtsschutzgewähr und kommen damit nicht erst bei der Beurteilung der materiellrechtlichen Rechtslage zum Tragen[63].

30
Prüfung auf Ebene der Rechtsschutzgewähr

---

58 → Bd. IX, *Kriele*, § 188 Rn. 6, 9 ff.; *Thomas M. Pfeiffer*, Verfassungsgerichtliche Rechtsprechung zu Fragen der Außenpolitik, 2007, S. 40.
59 *Pfeiffer* (N 59), S. 41 f.
60 BVerfGE 36, 1 (14).
61 BVerfGE 36, 1 (14).
62 *Fischbach* (N 13), S. 142 f.; *Giegerich* (N 34), S. 421; *Hailbronner* (N 9), S. 13. → Bd. III, *Roellecke*, § 67 Rn. 40 ff.
63 Aufzählung nach *Giegerich* (N 34), S. 417.

a) Verfassungsgerichtliche Tatsachenermittlung

31 *Untersuchungsgrundsatz des § 26 Abs. 1 S. 1 BVerfGG*

Ausgangspunkt jeder Überlegung über die Tatsachenermittlung durch das Bundesverfassungsgericht ist § 26 Abs. 1 S. 1 BVerfGG. Dieser schreibt für das Verfahren vor dem Verfassungsgericht den Untersuchungsgrundsatz fest[64]. Dabei kann das Gericht grundsätzlich Sachverhalte umfassend selbstständig erforschen, ohne an Feststellungen und Stellungnahmen gebunden zu sein[65]. Diese Grundsätze haben im Hinblick auf Verfahren, die die auswärtige Gewalt betreffen, allerdings Modifikationen erfahren.

32 *Entscheidungsprärogative hinsichtlich der Mittel*

In der Verfassungsbeschwerde gegen die Inhaftierung von Rudolf Heß hat das Verfassungsgericht festgestellt, daß die Beurteilung der Frage, welche Mittel zur Erreichung eines außenpolitischen Zwecks geeignet seien, der politischen Einschätzung der Bundesregierung unterfalle[66]. Um die Frage danach, was die Bundesregierung im Rahmen von Verhandlungen hätte erreichen können, ging

Bodenreform

es in den beiden Entscheidungen zur Bodenreform[67]. Das Verfassungsgericht sah sich hier daran gebunden, daß nach Auskunft der Bundesregierung ein Vertragsabschluß nur unter der Bedingung eines Restitutionsausschlusses für bestimmte Enteignungsfälle möglich gewesen war[68]. Diese Feststellung des Gerichts wurde in der zweiten Bodenreform-Entscheidung angegriffen. Das Gericht präzisierte sie daraufhin dahingehend, daß auch Fehleinschätzungen der Bundesregierung grundsätzlich verbindlich seien. Lediglich Einschätzungen der Verhandlungslage, die derart fehlsam seien, daß sich der Bundesregierung geradezu aufdrängen müsse, daß sie von falschen Voraussetzungen ausgehe, könnten durch das Gericht nachgeprüft werden[69].

Evidenzprüfung

33 *Nato-Doppelbeschluß*

Eine tiefergehende Auseinandersetzung mit dem Problem findet sich auch in der Entscheidung zum Nato-Doppelbeschluß. Das Verfassungsgericht legte hier die Äußerungen der Bundesregierung zu den Gründen der sowjetischen Aufrüstung und der strategischen Notwendigkeit einer Raketenstationierung zugrunde, ohne selbst Nachforschungen anzustellen. Es stellte fest, daß die Überprüfung derartiger Wertungen alleine auf Willkür stattfinde, es fehle an einem rechtlichen Maßstab, um sie durch eine eigene Wertung des Verfassungsgerichts zu ersetzen[70]. In ähnlicher Weise verhielt sich das Gericht im Sudanesenbeschluß. Hier waren die möglichen Auswirkungen einer Abschiebung der Beschwerdeführer an den Sudan zu beurteilen. Die Senatsmehrheit legte dabei die Einschätzung des Auswärtigen Amtes zugrunde, daß eine Zusage der sudanesischen Regierung, daß den Beschwerdeführern keine Gefahr drohe, ausreichenden Schutz biete. Es ging dabei davon aus, daß derartige Einschätzungen der Bundesregierung grundsätzlich bindend seien und durch das Verfassungsgericht nur aufgrund von konkreten Anhaltspunkten in

Sudanesenbeschluß

---

64 *Franz Klein*, in: Theodor Maunz/Bruno Schmidt-Bleibtreu/ders./Herbert Bethge, 37. EL, § 26 Rn. 1.
65 *Klein* (N 64), § 26 Rn. 5.
66 BVerfGE 55, 349 (365 f.).
67 Vgl. dazu auch *Giegerich* (N 34), S. 435 ff.
68 BVerfGE 84, 90 (128 f.)
69 BVerfGE 94, 12 (35).
70 BVerfGE 68, 1 (97).

Zweifel gezogen werden könnten[71]. Begründet wurde dies damit, daß die völkerrechtliche Handlungsfähigkeit der Bundesrepublik Deutschland ansonsten empfindlich gestört werde.

34
Einstweilige Anordnung des § 32 BVerfGG

Schlußendlich nimmt das Gericht eine weitere Einschränkung vor, soweit es um die Bewertung einstweiliger Anordnungen (§ 32 BVerfGG) geht. Wenn das Bundesverfassungsgericht über den Erlaß einer einstweiligen Anordnung entscheidet, nimmt es eine Abwägung zwischen den Konsequenzen des Nichterlasses bei späterem Obsiegen des Antragstellers und den Konsequenzen eines Erlasses bei späterem Unterliegen des Antragstellers vor[72]. Dabei werden die Erfolgsaussichten in der Hauptsache nur dann in die Abwägung mit einbezogen, wenn der Hauptsacheantrag unzulässig oder offensichtlich unbegründet ist[73]. Soweit allerdings Maßnahmen mit völkerrechtlichen oder außenpolitischen Wirkungen Gegenstand des Antrags auf Erlaß einer einstweiligen Anordnung sind, modifiziert das Gericht den Abwägungsmaßstab. In solchen Fällen soll eine besonders strenge Sachkontrolle erfolgen, die den Erlaß einer einstweiligen Anordnung nur ausnahmsweise zuläßt[74]. Eine einstweilige Anordnung wird daher in derartigen Fällen nur ganz ausnahmsweise in Betracht kommen.

Modifikation des Abwägungsmaßstabs

35
Überprüfung unter eingeschränkten Kriterien

Insgesamt unterwirft sich das Bundesverfassungsgericht daher weitgehend den Tatsachenschilderungen der Bundesregierung und nimmt eine Überprüfung nur unter sehr eingeschränkten Kriterien vor. Soweit es um die Frage nach den Voraussetzungen und Möglichkeiten innerhalb einer Verhandlungssituation geht, verdient die Rechtsprechung des Verfassungsgerichts volle Zustimmung. Eine Verhandlungssituation mit ihren verschiedenen Determinanten läßt sich in einem gerichtlichen Setting nicht mehr rekonstruieren[75]. Sie hängt von den genauen Umständen ab, unter denen die konkreten Personen handeln mußten, und kann später nicht mehr adäquat abgebildet werden.

Verhandlungssituation nicht rekonstruierbar

36
Einseitige Entscheidungen

Bei einseitigen Entscheidungen der Organe der Bundesrepublik Deutschland besteht allerdings nicht die Problematik der eingeschränkten Wiederholbarkeit der Entscheidungssituation. Das Gericht kann grundsätzlich eigene Nachforschungen anstellen. Dem Gericht stehen durchaus Möglichkeiten zur Verfügung, neben der Bundesregierung auch andere sachkundige Personen und Organisationen zu hören und sich so ein eigenes Bild von der Gefahrenlage zu machen, insbesondere in Anbetracht eventueller schwerer Grundrechtsbeeinträchtigungen[76].

---

71 BVerfGE 93, 248 (257); vgl. aber das Sondervotum des Richters Bertold Sommer, BVerfGE 93, 248 (258) ff.
72 BVerfGE 35, 193 (196).
73 BVerfGE 99, 57 (66).
74 BVerfGE 83, 162 (171 f.); 83, 162 (171 f.).
75 Vgl. hierzu auch *Hailbronner* (N 9), S. 20.
76 Ähnlich auch *Giegerich* (N 34), S. 446.

b) Gegenläufige Tendenzen bei der Ermittlung internationalen Rechts

37
Unsicherheiten des völkerrechtlichen Rechtsrahmens

Die Unsicherheiten bei der Kontrolle von Entscheidungen der auswärtigen Gewalt können ihre Ursache auch darin haben, daß der völkerrechtliche Rechtsrahmen unsicher ist. Dies gilt insbesondere für das völkerrechtliche Gewohnheitsrecht, bei dem schon der Nachweis der Existenz einer Norm schwerfallen kann, aber auch für das Vertragsrecht, das häufig eine wesentlich geringere normative Dichte als innerstaatliche Regelwerke aufweist.

38
Willkürkontrolle völkerrechtlicher Rechtsstandpunkte

Diesbezüglich finden sich einerseits Entscheidungen, die eine völkerrechtliche Interpretation vor allem der Bundesregierung grundsätzlich als richtig unterstellen und eine bloße Willkürkontrolle vornehmen: In der bereits erwähnten Heß-Entscheidung berief sich die Bundesregierung darauf, daß der streitgegenständliche Sachverhalt von Art. 107 der Satzung der Vereinten Nationen umfaßt sei. Das Gericht bemerkte hierzu, daß es nicht darauf ankomme, ob diese Einschätzung richtig sei. Es sei wichtig, daß die Bundesrepublik nach außen einheitlich auftrete, weswegen völkerrechtliche Rechtsstandpunkte der Bundesregierung einer bloßen Willkürkontrolle unterlägen[77]. Ähnlich entschied das Gericht in einer Entscheidung, in der es die Ansicht der Bundesregierung zur völkerrechtlichen Lage zwischen der Bundesrepublik Deutschland und der Deutschen Demokratischen Republik als bindend bis zur Grenze der Willkürlichkeit betrachtete[78].

39
Interpretation durch das BVerfG

Saarstatut

Grundlagenvertrag

Ostverträge

Andererseits finden sich aber auch Entscheidungen, in denen das Gericht zu einer überaus feinsinnigen Interpretation völkerrechtlicher Vertragswerke schreitet. In der Entscheidung zum Saarstatut ging es davon aus, daß völkerrechtliche Verträge (genauer: das Zustimmungsgesetz zu einem völkerrechtlichen Vertrag) so auszulegen seien, daß sie möglichst mit dem Grundgesetz übereinstimmten[79]. In der Entscheidung zum Grundlagenvertrag schritt das Gericht zu einer überaus umfangreichen eigenen Deutung, um eine Übereinstimmung mit den von ihm ausgestellten Grundsätzen aussprechen zu können[80]. Auch in bezug auf die Ostverträge untersuchte es selbst ausführlich den Vertragsinhalt, ohne vorher eine als verbindlich angesehene Stellungnahme der Bundesregierung zu den einzelnen Rechtsfragen einzuholen[81]. Die Ermittlung des Sinngehalts völkerrechtlicher Normen ist dem Bundesverfassungsgericht überantwortet (Art. 25, 100 Abs. 2 GG). Eine Unterordnung des Gerichts unter die Rechtsansichten anderer Organe ist daher grundsätzlich abzulehnen[82]. Die Normen des Völkerrechts und deren deutsche Umsetzungsakte sind grundsätzlich anhand der völkerrechtlichen Auslegungsmethoden zu behandeln[83].

---

77 BVerfGE 55, 349 (367f.).
78 BVerfGE 77, 137 (167).
79 BVerfGE 4, 157 (168).
80 BVerfGE 36, 1 (20ff.).
81 BVerfGE 40, 141 (165ff.).
82 Anders *Giegerich* (N 34), S. 463.
83 Vgl. *Philip Kunig*, in: Wolfgang Graf Vitzthum, Völkerrecht, ⁵2010, 2. Abschnitt, Rn. 114.

c) Verminderte Anforderungen bei „Annäherung" an das Grundgesetz

Eine besondere Konstellation lag in Fällen vor, in denen das Bundesverfassungsgericht die Frage zu beantworten hatte, inwiefern ein Vertrag von den Regelungen des Grundgesetzes abweichen darf, wenn dadurch ein zwar verfassungswidriger, aber den grundgesetzlichen Anforderungen eher genügender („näherer") Zustand entsteht.

In den meisten Fällen ging es dabei um die Bewältigung der Folgen des Zweiten Weltkrieges. So ging das Gericht im Urteil zum Saarstatut davon aus, daß der Abbau grundgesetzwidriger Zustände nur im Bereich des politisch Machbaren gefordert werden könne[84]. Dabei dürften die politischen Organe der Bundesrepublik auch Verträge abschließen, die nicht vollends im Einklang mit dem Grundgesetz stünden, soweit sie die Lage insgesamt näher an das verfassungsrechtlich Geforderte heranführten. Grenzen bildeten hierbei lediglich die Ewigkeitsklausel des Art. 79 Abs. 3 GG und der Wesensgehalt der Grundrechte (Art. 19 Abs. 2 GG)[85]. In ähnlicher Weise ging das Gericht davon aus, daß ein Verzicht der Bundesrepublik darauf, Ansprüche wegen Besatzungsschäden gegen die Alliierten geltend zu machen, jedenfalls deswegen gerechtfertigt sei, weil der Überleitungsvertrag einen dem Grundgesetz näheren Zustand herbeigeführt habe[86]. Ähnliche Äußerungen finden sich in Entscheidungen zu Reparationsschäden[87] und NATO-Betriebsvertretungen[88].

Die Idee des Verfassungsgerichts von einer graduellen Annäherung an den verfassungsmäßigen Zustand ist vor allem den Besonderheiten der Kriegsfolgenbewältigung geschuldet. Diesbezügliche Entscheidungen sind so gut wie ausschließlich in diesem Bereich ergangen. Eine Generalisierung dieser zu einer Ausnahmesituation ergangenen Rechtsprechung sollte daher unterbleiben[89] – auch wenn die Idee jetzt im Kontext der Bewältigung der Euro-Krise gelegentlich fruchtbar gemacht wird. Dem Bundesverfassungsgericht ist daher darin beizupflichten, daß es keinesfalls immer statthaft sein kann, sich mit einer „Annäherung" zu begnügen. So entschied das Gericht im Hinblick auf die Rechtsetzung der Europäischen Union, daß die Bundesregierung sich nicht darauf beschränken dürfe, einen unvermeidbaren Verstoß gegen Rechte der Länder möglichst schonend zu gestalten. Vielmehr sei sie verpflichtet, sich der Mitwirkung hieran grundsätzlich komplett zu enthalten[90].

---

84 BVerfGE 4, 157 (168). Dazu *Josef Isensee*, Rechtsstaat – Vorgabe und Aufgabe der Einung Deutschlands, in: HStR IX, ¹1997, § 202 Rn. 184ff., 189.
85 BVerfGE 4, 157 (170).
86 BVerfGE 27, 253 (281f.).
87 BVerfGE 41, 126 (167).
88 BVerfGE 95, 39 (46).
89 Zu den Gefahren der Übertragung derart exzeptioneller Rechtsfiguren *Steffen Augsberg*, Denken vom Ausnahmezustand her, in: Felix Arndt/u. v. a. (Hg.), Freiheit – Sicherheit – Öffentlichkeit, 2009, S. 17 ff.
90 BVerfGE 92, 203 (236).

d) Spezifische Handhabung der Prozeßvoraussetzungen bei Sachverhalten mit Auslandsbezug

Gelegentlich modifiziert das Gericht in Fällen mit Bedeutung für die auswärtige Gewalt die Prozeßvoraussetzungen.

43
Abstrakte Normenkontrolle

Ein Verfahren der abstrakten Normenkontrolle ist grundsätzlich nur dann zulässig, wenn die den Verfahrensgegenstand bildende Norm bereits ausgefertigt und verkündet wurde[91]. Das abstrakte Normenkontrollverfahren soll kein Gutachtenverfahren zu bloß potentiellen Rechtsnormen sein, sondern dient der präventiven Kontrolle endgültig feststehender Regelungen.

44
Besonderheit bei völkerrechtlichem Vertragsgesetz

Das Bundesverfassungsgericht hat bereits sehr früh, in einer seiner ersten Entscheidungen, eine Ausnahme für den Fall völkerrechtlicher Vertragsgesetze statuiert[92]. Es begründet dies mit dem Doppelcharakter des Zustimmungsgesetzes, das nicht nur den völkerrechtlichen Normen innerstaatlich Geltung verschaffe, sondern darüber hinaus auch den Bundespräsidenten zur Ratifikation des Vertrages ermächtige. Würde man an den Grundsätzen festhalten, die für rein innerstaatliche Gesetze gelten, könnte der Bundespräsident den Vertrag ratifizieren, obwohl das Bundesverfassungsgericht dem Vertragsgesetz wegen Verfassungswidrigkeit die innerstaatliche Geltung verweigert. Wegen dieser Gefahr könne mit einer Kontrolle nicht bis zur Verkündung des Gesetzes gewartet werden[93]. Aus diesem Grund ist die Zulässigkeit des abstrakten Normenkontrollverfahrens bei völkerrechtlichen Vertragsgesetzen schon ab dem Zustandekommen des Gesetzes (Art. 78 GG) gegeben.

45
Rechtssicherheit

Präventive Normenkontrolle

Das Gericht rückt hiermit zwar von dem grundsätzlich reaktiv ausgestalteten Charakter des Normenkontrollverfahrens ab und rückt dieses in die Nähe einer präventiven, eher gutachterlich geprägten Stellungnahme. Es entschärft damit das Konfliktpotential, das bei unterschiedlichen Wertungen der völkerrechtlichen und der verfassungsrechtlichen Ebene unweigerlich entstehen kann. In der Sache wird damit der Handlungsspielraum der mit der auswärtigen Gewalt betrauten Organe geschützt, indem Rechtssicherheit hergestellt wird.

46
Verfassungsbeschwerdeverfahren

Spezifisches Unmittelbarkeitskriterium

Gleichfalls ist in Fällen mit Bezug zur auswärtigen Gewalt eine spezifische Fassung der Antragsbefugnis im Verfassungsbeschwerdeverfahren zu beobachten[94]. Das Gericht geht grundsätzlich davon aus, daß ein Vertragsgesetz nach Art. 59 Abs. 2 GG einen „Akt öffentlicher Gewalt" darstellt[95]. Grundsätzlich verletze es den Beschwerdeführer nicht unmittelbar in seinen Rechten. Vielmehr trete eine Rechtsverletzung regelmäßig erst durch jene Rechtsakte und Handlungen der öffentlichen Gewalt ein, die die vertraglichen Regelungen umsetzen[96]. Im Einzelfall erkennt das Gericht aber auch die unmittelbare

---
91 *Jochen Rozek*, in: Maunz/Schmidt-Bleibtreu/Klein/Bethge, 37. EL, § 76 Rn. 15 f. → Bd. III, *Löwer*, § 70 Rn. 65.
92 BVerfGE 1 396 ff. → Bd. III, *Löwer*, § 70 Rn. 65.
93 BVerfGE 1, 396 (413).
94 *Herbert Bethge*, in: Maunz/Schmidt-Bleibtreu/Klein/ders., 37. EL, § 90 Rn. 371 ff.
95 BVerfGE 6, 290 (294 f.).
96 BVerfGE 40, 141 (156 f.).

Betroffenheit durch ein Vertragsgesetz an[97]. Das Bundesverfassungsgericht handhabt vor allem im Rahmen hochpolitischer Verträge das Unmittelbarkeitskriterium streng[98].

Die Vorverlegung des Prüfungsmaßstabs der abstrakten Normenkontrolle und die Zurückhaltung, im Rahmen der Verfassungsbeschwerde zur nachträglichen Kontrolle zu schreiten, lassen sich als einheitlicher Bestandteil einer Strategie des Verfassungsgerichts zur Konfliktvermeidung auf dem Gebiet des Auswärtigen deuten[99]. Mit der Vorverlagerung des Normenkontrollverfahrens stellt das Gericht den übrigen Akteuren des politischen Prozesses ein Verfahren zur möglichst frühzeitigen Klärung der verfassungsrechtlichen Zulässigkeit eines Vertragsgesetzes zur Verfügung.

47
Strategie der Konfliktvermeidung

II. Grundsatz der „Offenheit" deutscher Staatlichkeit

In die Interpretation und Anwendung der grundgesetzlichen Bestimmungen auf Fallkonstellationen der auswärtigen Gewalt muß der sogenannte Grundsatz der internationalen Offenheit des Grundgesetzes einfließen[100]. Dieser Grundsatz wird an keiner Stelle des Grundgesetzes ausdrücklich erwähnt. Er läßt sich aber aus verschiedenen Strukturvorgaben herleiten: dem Bekenntnis des Grundgesetzes zu den allgemeinen Regeln des Völkerrechts (Art. 25 GG), dem Aggressionsverbot (Art. 26 GG) und der Öffnung zur internationalen Zusammenarbeit (Art. 24 GG)[101]. Von Bedeutung sind auch das Bekenntnis zu einem vereinten Europa und dem Weltfrieden in der Präambel und zu den unverletzlichen und unveräußerlichen Menschenrechten in Art. 1 Abs. 2 GG. In einer Gesamtschau dieser Vorschriften erhellt sich, daß sie über die jeweilige Einzelfestsetzung hinaus die Konturen eines Staatsbilds aufzeigen, das sich von der traditionellen geschlossenen Konzeption abgewendet hat[102]. Das Grundgesetz gibt zu erkennen, daß es die Einbettung deutscher Staatlichkeit in eine internationale Ordnung wünscht, gleichzeitig aber auch ihre Besonderheiten akzeptiert.

48
Herleitung aus dem GG

Abwendung von geschlossener Konzeption

Eine derartige Einbettung kann nur gelingen, wenn sich die (Verfassungs-)-Rechtsordnung für die Besonderheiten dieses Bereichs öffnet. Ohne daß eine opportunistische Anpassung an tatsächliche Gegebenheiten oder die Verfassungs- und Rechtstraditionen anderer Staaten geboten wäre, muß sich die Verfassungsinterpretation doch offen zeigen. Ohne daß die Verfassung das nationale Recht unter einen Kompatibilitätsvorbehalt mit den wechselnden Anforderungen der Außenpolitik stellen müßte[103], sind die Funktionsgesetzlichkeiten, die den Bereich der auswärtigen Gewalt ausmachen, bei einer

49
Öffnung der (Verfassungs-) Rechtsordnung

---
97 BVerfGE 6, 290 (295).
98 *Giegerich* (N 34), S. 528.
99 *Giegerich* (N 34), S. 528.
100 Zu dessen Bedeutung in diesem Bereich *Hailbronner* (N 9), S. 16.
101 → Oben *Tomuschat*, § 226 Rn. 1 ff., 13 ff., 46 ff., 82 ff.
102 → Oben *Tomuschat*, § 226 Rn. 4 ff.
103 Dazu für den Bereich der Grundrechte schon *Nettesheim* (N 54), Art. 59 GG Rn. 223.

D. Völkerrechtskonformität und Friedensverpflichtung

50
Maßgaben des GG

Das Grundgesetz macht deutlich, daß die Ausübung auswärtiger Gewalt dem Völkerrecht unterworfen ist; zudem begründet es die Pflicht, aggressive oder friedensgefährdende Maßnahmen zu unterlassen[104].

51
Geltung völkerrechtlicher Regelungen im Inland

Eine unmittelbare und weitreichende Bindung an das Völkerrecht ergibt sich aus Art. 25 GG. Diese Bestimmung ordnet die Geltung völkerrechtlicher Regelungen auch innerhalb der deutschen Rechtsordnung an. Was genau mit den dort genannten „allgemeinen Regeln des Völkerrechts" gemeint ist und ob und in welcher Weise diese Geltungsanordnung dabei zu konstruieren ist, ist im einzelnen umstritten[105]. Unstrittig umfaßt sind jedenfalls jene Normen des Völkergewohnheitsrechts, die nicht nur regionale Gültigkeit besitzen und deren Bestehen die Bundesrepublik Deutschland nicht regelmäßig bestritten hat. Die Bedeutung der Bestimmung liegt vor allem darin, daß sie deutschen Gerichten den Zugriff auf die Normen des Völkerrechts ermöglicht und damit eine weitere gerichtliche Kontrollebene eröffnet. In diesem Sinne hat das Verfassungsgericht die Norm auch verschiedentlich verwendet, um vor allem auf dem Gebiet der Auslieferung die Beachtung der allgemeinen Regeln des Völkerrechts durchzusetzen[106].

Eröffnung einer weiteren gerichtlichen Kontrollebene

52
Friedenspflicht des GG

Eine Friedenspflicht ergibt sich nicht nur aus Art. 26 GG. Auch Art. 24 Abs. 2 GG begründet eine diesbezügliche Grenze. Der Beitritt zu einem System kollektiver Sicherheit ist ausgeschlossen, wenn das System nicht dem Zweck der Friedenswahrung dient. Diese Zweckbestimmung muß nicht nur beim ursprünglichen Beitritt vorliegen, sondern auch in der folgenden Entwicklung des Bündnisses beibehalten werden. Die Organe der Bundesrepublik Deutschland dürfen an einer Änderung, die diese Zweckbindung berührt, nicht mitwirken[107]. Das Bundesverfassungsgericht hat dem Begriff der Friedenswahrung in seiner Rechtsprechung nähere Konturen verliehen. Danach muß ein System kollektiver Sicherheit zunächst auf die Herbeiführung und Sicherung einer friedlichen und dauerhaften Ordnung in Europa und der Welt ausgerichtet sein[108]. Ein wesentlicher Bestandteil dieses Systems ist die Achtung des völkerrechtlichen Gewaltverbotes aus Art. 2 Abs. 4 SVN. Als Grenzen deutet das Gericht eine „machtpolitisch oder aggressiv motivierte Frie-

System kollektiver Sicherheit

Konkretisierungen durch das BVerfG

---

104 → Oben *Proelß*, § 227 Rn. 1 ff., 11 ff.
105 Übersicht bei *Kunig* (N 83), Rn. 131 ff.; → Oben *Tomuschat*, § 226 Rn. 13 ff.; *Proelß*, § 227 Rn. 21 ff.; *Cremer*, § 235 Rn. 10 ff.
106 BVerfGE 75, 1 (19 f.); dazu auch *Matthias Herdegen*, in: Maunz/Dürig, Art. 59 GG, Rn. 38 ff.
107 BVerfGE 104, 151 (212). → Oben *Proelß*, § 227 Rn. 17 ff.
108 BVerfGE 104, 151 (212).

densstörungsabsicht" an[109]. Die Einschätzung, ob eine bestimmte Ausrichtung einer Organisation stabilisierende oder destabilisierende Wirkung hat, hängt von außenpolitischen Lagebeurteilungen ab, bei denen das Verfassungsgericht den zuständigen Organen in der Regel eine Einschätzungsprärogative zugesteht. Insofern sind zwar theoretische Fälle denkbar, in denen ein so eindeutiger Systemwandel eintritt, daß die Verpflichtung auf den Friedenszweck eindeutig verletzt wird. Im realpolitischen Alltag dürften solche Situationen aber kaum je eintreten.

E. Grundrechtsbindung der auswärtigen Gewalt

I. Überblick

In das Zentrum der rechtswissenschaftlichen Überlegungen ist in den letzten Jahren die Frage nach der Grundrechtsbindung der öffentlichen Gewalt bei Handlungen mit Auslandsbezug gerückt[110]. Dabei fällt ein vergleichsweise breites Meinungsspektrum ins Auge. Dieses reicht von einer eher skeptischen Grundhaltung gegenüber einer Anwendbarkeit der Grundrechte auf Auslandssachverhalte[111] über die Forderung einer weitgehend unmodifizierten Anwendung[112] bis hin zu vermittelnden Lösungen[113].

53 Breites Meinungsspektrum

In der Rechtsprechung des Bundesverfassungsgerichts schlägt sich diese Entwicklung allerdings noch nicht nieder. Bekanntlich hat sich das Gericht zur Steuerungs- und Bindungswirkung der Grundrechte im europäischen Integrationsprozeß vielfach geäußert. Jenseits dessen finden sich nur vereinzelte Aussagen zur Wirkung der Grundrechte[114]. Das wird aber nicht so bleiben. Wenn man Art und Umfang der grundrechtlichen Bindungen im innerstaatlichen Bereich betrachtet – und damit verbunden immer auch: des Rechtsschutzes durch das Bundesverfassungsgericht –, dann erscheinen die Normen des Grundrechtsteils der Verfassung und die grundrechtsgleichen Rechte geradezu prädestiniert dafür, dem Bundesverfassungsgericht die Möglichkeit der steuernden Einflußnahme auf die auswärtige Gewalt zu verschaffen.

54 Möglichkeit zur Einflußnahme auf auswärtige Gewalt

---

109 BVerfGE 104, 151 (212).
110 Vgl. nur *Daniel A. Beck*, Auslandseinsätze deutscher Streitkräfte: materiell-rechtliche Bindungen aus Völkerrecht und Grundgesetz, insbesondere zum Schutz des Lebens, 2008; *Muna A. Yousif*, Die extraterritoriale Geltung der Grundrechte bei der Ausübung deutscher Staatsgewalt im Ausland, 2007; *Peter Badura*, Der räumliche Geltungsbereich der Grundrechte, in: HGR I, 2006, § 47; *Angela Werner*, Die Grundrechtsbindung der Bundeswehr bei Auslandseinsätzen, 2006; *Dirk Lorenz*, Der territoriale Anwendungsbereich der Grund- und Menschenrechte, 2005; *Rainer Hofmann*, Grundrechte und grenzüberschreitende Sachverhalte, 1994; *Gunther Elbing*, Zur Anwendbarkeit der Grundrechte bei Sachverhalten mit Auslandsbezug, 1992.
111 *Josef Isensee*, Grundrechtsvoraussetzungen und Verfassungserwartungen an die Grundrechtsausübung, in: HStR V, ²2000 (¹1992), § 115 Rn. 82 ff. → Oben *Becker*, § 240 Rn. 14 ff., 28 ff.
112 *Yousif* (N 110), S. 100.
113 *Beck* (N 110), S. 74 f.
114 So etwa BVerfGE 113, 154; 77, 170; 18, 112.

55
Grenzen des Völkerrechts

Bedürfnis eines hinreichenden Bezugs zum Staatsgebiet

Die Entfaltung der Grundrechtswirkungen im Bereich auswärtiger Politik ist den Grenzen unterworfen, die das Völkerrecht zieht. Aus völkerrechtlicher Sicht stellt sich die Grundrechtsbindung außerhalb des deutschen Staatsgebietes als Teil der deutschen Hoheitsgewalt dar, genauer: als Teil der präskriptiven Gehalte der Hoheitsgewalt des deutschen Staates[115]. Es gehört zu den Grundsätzen des Völkerrechts, daß die Ausübung von Hoheitsgewalt außerhalb des eigenen Staatsgebietes, selbst wenn es sich ausschließlich um den Erlaß von Normen handelt, deren Anwendungsbereich auch das Ausland erfassen soll, eines hinreichenden Bezuges zum eigenen Staatsgebiet bedarf[116]. Insofern steht außer Frage, daß der Grundrechtsbindung nur Handlungen der eigenen Staatsorgane mit Auslandsbezug unterworfen werden dürfen. Grundrechtliche Geltungsansprüche, die sich an fremde Staatsgewalt außerhalb des deutschen Staatsgebietes richten, sind völkerrechtlich unzulässig. Es kann daher immer nur darum gehen, der deutschen Staatsgewalt Grenzen aufzuerlegen, wenn sie mit Wirkung für das Ausland tätig wird, bzw. Handlungspflichten für die deutsche Staatsgewalt aufzustellen, wenn diese im Hinblick auf ausländische Sachverhalte untätig bleibt.

56
Grundrechtsbindung fremder Staatsgewalt

Die Normierung grundrechtlicher Bindung für das Handeln fremder Staatsgewalt auf deutschem Territorium wäre völkerrechtlich zwar nicht zu beanstanden, da insoweit der Territorialitätsgrundsatz Vorrang beansprucht. Allerdings beschränkt sich das Grundgesetz auch in dieser Hinsicht darauf, Ansprüche an die deutschen Staatsorgane zu richten.

II. Grundsätzliche Anwendbarkeit der Grundrechte auch auf Sachverhalte mit Auslandsbezug

57
Umfassende Grundrechtsbindung

Interventionsverbot

Das Grundgesetz schreibt in Art. 1 Abs. 3 GG die umfassende Grundrechtsbindung der deutschen öffentlichen Gewalt vor, ohne dabei eine Unterscheidung nach räumlichen Kriterien vorzunehmen[117]. Gleichzeitig bekennt es sich allerdings auch zu den allgemeinen Grundsätzen des Völkerrechts und weist diesen einen besonderen Rang in der deutschen Rechtsordnung zu (Art. 25 GG). Zu diesen Grundsätzen gehören auch die Pflichten, die Territorialhoheit anderer Staaten zu respektieren und sich nicht in deren innere Angelegenheiten einzumischen (Interventionsverbot). Eine unbegrenzte, weltweite Anwendung der Grundrechte auf jedweden Sachverhalt, der irgendwie in Bezug zur Ausübung deutscher Hoheitsgewalt steht, ist damit auszuschließen. Es muß darum gehen, nach den Konturen eines angemessenen Geltungsanspruchs zu

---

115 *Bernhard H. Oxman*, Jurisdiction of States, in: Max Planck Encyclopedia of International Law, online edition, Stand: 1.10.2012, Rn. 3.
116 *Volker Epping/Christian Gloria*, Die völkerrechtliche Zulässigkeit des Erlasses von Hoheitsakten mit Auslandswirkung, in: Ipsen, Völkerrecht, ⁵2004, Rn. 88. → Oben *Becker*, § 230 Rn. 16 ff.
117 Seit dem Wegfall des Art. 23 GG a.F. enthält das Grundgesetz keine expliziten Aussagen mehr zu seinem räumlichen Geltungsanspruch. Art. 23 GG a.F. wollte im übrigen nicht in einem begrenzten Sinne Aussagen zur Grundrechtsgeltung in bezug auf das Ausland treffen. Dazu *Werner* (N 110), S. 76 f. → Oben *Becker*, § 240 Rn. 12 ff. → Unten *Fassbender*, § 244 Rn. 150 ff.

suchen, der sich zwischen den beiden Extremen einer vollkommenen Entbindung und Entgrenzung der auswärtigen Gewalt von den Grundrechten einerseits und einem weltweit unbegrenzten, die Besonderheiten des Sachbereichs ignorierenden Grundrechtsrigorismus andererseits bewegt.

Insofern gilt es, sich vor unzulässigen Generalisierungen zu hüten. Die bereits angesprochene Vielfalt an Handlungsweisen, die in den Bereich der auswärtigen Gewalt fallen, läßt ein schematisches und generalisierendes Vorgehen nicht zu. Allgemein gültige Antworten auf die Frage der Reichweite der Grundrechtsbindung lassen sich deshalb nicht geben[118]. Handlungen auf deutschem Staatsgebiet sind anders zu beurteilen als Handlungen im Ausland, ebenso wie einseitige Handlungen des deutschen Staates anderen Kriterien unterworfen werden müssen als solche unter Beteiligung anderer Staaten. Insbesondere ist, ebenso wie im innerstaatlichen Bereich, zwischen Eingriffen in Grundrechte auf der einen und Schutzpflichtenkonstellationen auf der anderen Seite zu unterscheiden. Eine sinnvolle Antwort läßt sich daher nur in einer Untersuchung von Fallgruppen finden, die anhand bestimmter Kriterien eine einheitliche Beurteilung rechtfertigen. Als allgemeine Leitlinie bietet es sich an, „Grundrechtstoleranz"[119] walten zu lassen. Gerade um die oben angesprochene Gefahr zu vermeiden, daß sich Grundrechtsrechtsprechung in nachträgliche Klugheitsbeurteilung wandelt, sollte das Bundesverfassungsgericht nur bei wesentlichen und offenkundig nicht gerechtfertigten Maßnahmen einschreiten. Der Politik sind damit im Einwirkungsfeld von Völkerrecht und Verfassungsrecht hinreichend breite Korridore[120] zu lassen.

58
Keine Generalisierung möglich

„Grundrechtstoleranz" als Leitlinie

III. Eingriffskonstellationen

Im Bereich der Eingriffe in verfassungsrechtlich geschützte Rechtsgüter lassen sich vier Konstellationen unterscheiden: Handlungen deutscher Staatsgewalt auf deutschem Staatsgebiet mit mittelbaren Auswirkungen im Ausland, unilaterale Handlungen deutscher Staatsgewalt im Ausland, Handlungen deutscher Staatgewalt im Ausland im Rahmen multilateraler Verbände und die Mitwirkung an grundrechtsbeeinträchtigenden Akten fremder Staatsgewalt.

59
Vier mögliche Konstellationen

1. Auslandsbezug inländischer Handlungen

Als Handlungen deutscher Staatsgewalt auf deutschem Staatsgebiet mit mittelbaren Auswirkungen im Ausland sind Handlungen anzusehen, die die deutsche Staatsgewalt auf deutschem Territorium vornimmt, die sich aber mittel-

60
Definition

---

118 *Beck* (N 110), S. 75.
119 Zum Begriff: *Anne Peters*, Die Anwendbarkeit der EMRK in Zeiten komplexer Hoheitsgewalt und das Prinzip der Grundrechtstoleranz, in: Archiv des Völkerrechts 48 (2010), S. 1.
120 *Gertrude Lübbe-Wolff*, Der Grundrechtsschutz nach der EMRK bei konfligierenden Individualrechten. Plädoyer für eine Korridorlösung, in: Kolloquium zum 60. Geburtstag von Dietrich Murswiek, 2010, S. 193.

bar auf die auswärtigen Beziehungen der Bundesrepublik Deutschland auswirken. Angesichts der zunehmenden internationalen Verflechtung auch auf Gebieten, die bislang rein internen Angelegenheiten eines Staates zugerechnet wurden, handelt es sich hierbei um eine schier unüberschaubare Anzahl möglicher Fallgestaltungen[121]. Heute können bei einer großen Vielzahl von Entscheidungen auch außenpolitische Gesichtspunkte eine Rolle spielen. Derartige Handlungen sind grundrechtsdogmatisch grundsätzlich nicht abweichend von anderen Fällen internen Handelns zu beurteilen[122]. Sie unterfallen zwanglos der allgemeinen Grundrechtsbindung nach Art. 1 Abs. 3 GG, so daß sich in bezug auf Geltungsanspruch und Anwendung der Grundrechte keine Besonderheiten ergeben[123]. Auf der Rechtfertigungsebene ist die außenpolitische Bedeutung, die der innerstaatliche Sachverhalt in dieser Fallkonstellation hat, allerdings zu berücksichtigen. Den Belangen ist angemessenes Gewicht einzuräumen.

Umfassende Grundrechtsbindung

Beachtung auf der Ebene der Rechtfertigung

2. Zwischenstaatliche Vereinbarungen mit Bindung für die Ausübung deutscher Hoheitsgewalt

61

Beachtlichkeit der Grundrechte

Werden Träger deutscher Hoheitsgewalt durch Akte auswärtiger Gewalt zu Entscheidungen im deutschen Hoheitsgebiet verpflichtet, die eine Beeinträchtigung grundrechtlich geschützter Freiheit mit sich bringen, so besteht kein Zweifel an der Grundrechtsbindung. Art. 1 Abs. 3 GG ordnet die Beachtlichkeit der Grundrechte auch für den Fall an, daß es zu einer außenpolitisch motivierten oder veranlaßten Beeinträchtigung der Rechtssphäre einzelner kommt[124]. Gewisse Unterschiede ergeben sich in der grundrechtlichen Beurteilung zwischen „rein internen" Maßnahmen und Akten der auswärtigen Gewalt allerdings auf der Ebene der Rechtfertigung. Zum einen sind bei der Beurteilung der Frage, inwieweit der Akt von den Schranken des einschlägigen Grundrechts gedeckt und verhältnismäßig ist, die spezifischen Besonderheiten der Ausübung auswärtiger Gewalt zu berücksichtigen. Das Umfeld, in dem Akte der auswärtigen Gewalt getroffen werden, ist häufig komplexer als jenes, in dem sich interne Maßnahmen bewegen. Zudem sind die zu berücksichtigenden Folgen schwerer abzuschätzen. Ferner ist von Bedeutung, daß dem Träger auswärtiger Gewalt regelmäßig nicht jene Entscheidungs- und Handlungsfreiheit zur Verfügung steht, die er im internen Bereich hat. Die rechtlichen und politischen Prärogativen, die dem auswärtigen Handeln einen Rahmen setzen, schränken den Handlungsspielraum ein und sind damit auch im Rahmen grundrechtlicher Abwägungen und Bewertungen zu berücksichtigen. Das Bundesverfassungsgericht steht bei der Wahrnehmung seiner Kontrollaufgabe im Bereich der auswärtigen Gewalt zudem vor Schwierigkeiten,

Unterschiede auf der Ebene der Rechtfertigung

Kontrollschwierigkeiten

---

121 Beispiel bei *Nettesheim* (N 54), Art. 59 GG Rn. 224.
122 So schon BVerfGE 6, 290 (295): Die Grundrechte binden die deutsche Staatsgewalt unabhängig davon, ob die Wirkung ihrer Handlungen im Ausland eintritt.
123 *Nettesheim* (N 54), Art. 59 GG Rn. 224.
124 BVerfGE 6, 290; 40, 141.

die so im Internen nicht existieren. Die für die grundrechtliche Bewertung erforderliche Abschätzung des Umfelds, in dem sich eine Maßnahme bewegt, sowie die Einschätzung ihrer Folgen stellen sich für ein Gericht, das den Sachverhalt aus einer spezifischen Perspektive aufarbeiten muß, als komplexe, häufig nur unzureichend zu bewältigende Aufgabe dar. Insbesondere bestehen mit Blick auf die Folgenbewertung häufig nicht genügend Erfahrungswerte, um eine angemessene Bewertung vorzunehmen. Dies schlägt sich in funktionaler Hinsicht in einer zurückgenommenen Kontrolldichte nieder.

3. Zustimmung zur Einwirkung der Akte einer fremden Hoheitsgewalt

62 *Grundrechtsbindung nach Art. 1 Abs. 3 GG*

Ebenso unterliegen Entscheidungen, mit denen es deutsche Hoheitsträger ausländischer öffentlicher Gewalt ermöglichen, auf deutschem Hoheitsgebiet tätig zu werden, nach Art. 1 Abs. 3 GG der Grundrechtsbindung. Hieran besteht kein Zweifel. Danach dürfen derartige Entscheidungen nicht einen Zustand herbeiführen, der mit den grundrechtlichen Vorgaben des Grundgesetzes unvereinbar ist. Mit dieser Feststellung verbinden sich allerdings erhebliche grundrechtsdogmatische Schwierigkeiten. Es geht hier nicht um unmittelbare Grundrechtseingriffe seitens der deutschen Hoheitsgewalt, sondern darum, inwieweit diese für Akte einer fremden Hoheitsgewalt auf deutschem Territorium grundrechtlich einzustehen hat. Nach der Rechtsprechung des Bundesverfassungsgerichts ist eine fremde, auf deutschem Territorium operierende Hoheitsgewalt nicht unmittelbar der Bindung durch deutsche Grundrechte unterworfen[125]. Grundrechte begründen nicht einen in beliebige Richtung zielenden Individualstatus, sondern sind ein im staatlichen Hoheitsverhältnis zwischen der Staatsgewalt und dem einzelnen angelegter Schutzmechanismus. Zu Unrecht hat das Bundesverfassungsgericht in der Maastricht-Entscheidung postuliert, die Grundrechte des Grundgesetzes schützten unmittelbar auch vor nicht deutscher Hoheitsgewalt[126]. In der Rechtsprechung des Bundesverfassungsgerichts ist diese These vereinzelt geblieben. Der Versuch, über einen Grundrechtsstatus einen umfassenden Schutz vor in- und ausländischen Maßnahmen, die irgendwie auf den einzelnen einwirken, zu begründen, wird der Funktion der Grundrechte in der grundgesetzlichen Ordnung nicht gerecht und endet in nicht zu bewältigenden praktisch-dogmatischen Schwierigkeiten. Als Teilelemente eines verfassungsrechtlich begründeten Unterwerfungs- und Schutzverhältnisses kommen die Grundrechte nur im Verhältnis zur deutschen Hoheitsgewalt zur Anwendung – ohne daß dies allerdings bedeutete, daß sie gegen deren Entscheidungen, fremde Hoheitsgewalt auf deutschem Territorium zuzulassen, ohne Schutzwirkung und Direktionskraft wären.

Grundrechtsdogmatische Schwierigkeiten

Fremde Hoheitsgewalt auf deutschem Staatsgebiet

Anwendung nur im Verhältnis zu deutscher Hoheitsgewalt

63 *Dogmatische Folgefragen*

Hieraus ergeben sich zwei dogmatische Folgefragen. Zum einen bedarf es der Feststellung, in welchem Umfang sich aus den Grundrechten Vorgaben für den Ermächtigungsakt ergeben, der einer fremden Hoheitsgewalt erteilt wird. Zum anderen stellt sich die Frage, inwieweit sich aus grundrechtlichen Schutz-

---
125 BVerfGE 92, 26; 100, 313; → Oben *Becker*, § 230 Rn. 40ff.
126 BVerfGE 89, 155.

pflichten ein Gebot ergibt, die Träger der Grundrechte vor den Maßnahmen einer fremden Hoheitsgewalt zu schützen und abzuschirmen. Die erstgenannte Frage hat in der Entscheidung des Bundesverfassungsgerichts vom 29. Oktober 1987 zur verfassungsrechtlichen Beurteilung der Lagerung chemischer Waffen auf dem Gebiet der Bundesrepublik eine Rolle gespielt[127]. Das Bundesverfassungsgericht stellte in dieser Entscheidung zunächst fest, daß grundrechtlicher Schutz nicht unmittelbar gegen Maßnahmen fremder Staatsgewalt erlangt werden kann[128]. Es betont weiterhin, daß der Akt deutscher Staatsgewalt, gegen den sich ein grundrechtlicher Angriff richten muß, das Zustimmungsgesetz nach Art. 59 Abs. 2 GG sein muß, nicht aber vorbereitende oder begleitende Akte der Regierung. Danach ist das Zustimmungsgesetz jener Rechtsakt, der (auch mit Wirkung für einzelne) die Befugnis zur Betätigung fremder Hoheitsgewalt auf deutschem Staatsgebiet begründet. Das Bundesverfassungsgericht hält es für möglich, daß derartige Zustimmungsakte einen Eingriff in die Abwehrdimension der Grundrechte beinhalten: Es spricht davon, daß die Zustimmung zur Vornahme fremder Hoheitsakte eine Grundrechtsgefährdung bewirken könne, die im Hinblick auf ihre Intensität als Eingriff angesehen werden müsse. Wann diese Schwelle überschritten wird, läßt das Bundesverfassungsgericht im Hinblick auf Lagerung und Transport allerdings offen[129].

64

Interessant ist, daß das Bundesverfassungsgericht Grundrechtsgefährdungen, die vom Einsatz chemischer Waffen ausgehen, gar nicht erst in den Schutzbereich des Art. 2 Abs. 2 GG fallen lassen will. Es stellt in diesem Zusammenhang fest: „Zwar können staatliche Maßnahmen zur Abwehr eines bewaffneten Angriffs von außen mit Gefahren für die eigene Zivilbevölkerung verbunden sein. Solche Gefahren und daraus gegebenenfalls entstehende Schäden zu vermeiden, überschreitet indes die staatlichen Möglichkeiten, wenn eine wirkungsvolle Landesverteidigung, die gerade dem Schutz der freiheitlichen – auch die Grundrechte verbürgenden – Ordnung dient, gewährleistet bleiben soll. Mit der Entscheidung für die militärische Landesverteidigung (Art. 24 Abs. 2, 87a, 115a ff. GG) hat das Grundgesetz zu erkennen gegeben, daß der Schutzbereich des Art. 2 Abs. 2 S. 1 GG Rückwirkungen auf die Bevölkerung bei einem völkerrechtsgemäßen Einsatz von Waffen gegen den militärischen Gegner im Verteidigungsfall nicht umfaßt; daß ein Einzelner in der Nähe eines Waffendepots lebt oder arbeitet, stellt keinen besonderen Umstand dar, der ausnahmsweise eine andere Beurteilung geböte."[130] Der Verfassungsauftrag und die Ermächtigung zur Einrichtung und zum Gebrauch einer militärischen Landesverteidigung stellen danach einen Titel dar, der eine allgemeine Freistellung von Grundrechtsbindungen enthält[131].

---

127 BVerfGE 77, 170.
128 An dieser Sichtweise ist ungeachtet der Zweifel festzuhalten, die diesbezüglich die Maastricht-Entscheidung des Bundesverfassungsgerichts erweckt hat (BVerfGE 89, 155).
129 BVerfGE 77, 170 (219).
130 BVerfGE 77, 170 (220).
131 Dazu *Michael Sachs*, Die verfassungsunmittelbaren Begrenzungen, in: Klaus Stern, Das Staatsrecht der Bundesrepublik Deutschland, Bd. III/2, 1994, S. 585 f.; vgl. aber auch *ders.*, in: Klaus Stern, Das Staatsrecht der Bundesrepublik Deutschland, Bd. IV, S. 152; → Unten *Fassbender*, § 244 Rn. 149 ff.

Keine besonderen verfassungsrechtsdogmatischen Probleme wirft die Anwendung der grundrechtlichen Schutzfunktion gegenüber Zustimmungsakten auf, mit denen ausländischen Trägern von Hoheitsgewalt die Befugnis zur Vornahme von Maßnahmen auf deutschem Hoheitsgebiet erteilt wird. In der Schutzpflichtdogmatik ist es angelegt, daß die Grundrechte einen Anspruch gegen Träger deutscher Hoheitsgewalt gewähren, Schutz vor unangemessenen Beeinträchtigungen grundrechtlich geschützter Freiheit oder grundrechtlich geschützter Rechtsgüter zu leisten. Das Bundesverfassungsgericht hat denn auch ohne Zögern die Schutzpflichtdogmatik in dem Verfahren zur Chemiewaffenlagerung zur Anwendung gebracht[132]. Das Gericht schreibt dieser Grundrechtsdimension (zu Recht) allerdings eine so geringe Reichweite zu, daß nicht absehbar ist, daß ein Zustimmungsakt im Ergebnis einmal als Verletzung grundrechtlicher Schutzansprüche angesehen werden könnte.

4. Freistellung privaten Verhaltens

Grundrechtliche Probleme können sich schließlich ergeben, wenn sich Träger deutscher Hoheitsgewalt dazu entschließen, unter Wahrnehmung der Befugnisse auswärtiger Gewalt privates Verhalten zu ermöglichen, das sich auf grundrechtlich geschützte Rechtsgüter auswirkt. Derartige Maßnahmen – etwa die vertragliche Vereinbarung der Aufhebung von Beschränkungen im Waren-, Personen- oder Dienstleistungsverkehr – führen nicht selbst zu einem Eingriff in grundrechtlich geschützte Rechtsgüter. Sie können allenfalls insoweit grundrechtlich angegriffen werden, als der Träger deutscher Hoheitsgewalt bei der Freisetzung privaten Verhaltens eine grundrechtliche Schutzpflicht mißachtet hat. Allerdings ist in diesem Bereich nicht wirklich damit zu rechnen, daß es zur Feststellung einer verfassungsrechtswidrigen Unterschreitung des gebotenen Schutzstandards kommen kann. Der sprichwörtliche Respekt vor der Gestaltungsfreiheit der Träger auswärtiger Gewalt macht es hochgradig unwahrscheinlich, daß das Bundesverfassungsgericht sich in der hier interessierenden Frage je zum Eingreifen veranlaßt sehen könnte. Die Grundrechte gewähren insbesondere keine Schutzansprüche vor ausländischer Konkurrenz: Sie lassen sich nicht dazu heranziehen, um den „offenen Verfassungsstaat"[133] zu introvertiertem Verhalten gegenüber transnationalen Marktkräften zu zwingen. Ebensowenig lassen sich die Grundrechte dazu heranziehen, um sich gegenüber kulturellen oder sozialen Einwirkungen von außen abzuschotten.

Allenfalls dort, wo sich die Träger deutscher Hoheitsgewalt dazu entschließen, ausländischen Privaten eine gezielte Einwirkung auf grundrechtlich geschützte Rechtsgüter inländischer Rechtsträger zu ermöglichen, könnten

---

132 BVerfGE 77, 170 (216 f.). Im konkreten Verfahren gelang es den Antragstellern allerdings nicht darzulegen, daß eine Verletzung des Anspruchs auf Schutzgewähr möglich war.
133 Analyse der Rechtsprechung bei *Claudio Franzius*, Vom Nationalstaat zum Mitgliedstaat und wieder zurück? Modifikationen des Leitbildes „offener Staatlichkeit" durch das Lissabon-Urteil des Bundesverfassungsgerichts, in: Leviathan 38 (2010), S. 429.

grundrechtliche Schutzansprüche ins Spiel kommen. Beeinträchtigungen, die der Staat nicht unmittelbar bewirken darf, darf er auch nicht dadurch bewirken, daß er sich eines Privaten als eines „Werkzeugs" bedient. Allerdings kann eine derartige Konstellation nur dann vorliegen, wenn zwei Voraussetzungen gegeben sind: In modaler Hinsicht kann von einer „Instrumentalisierung" eines Privaten nur dann die Rede sein, wenn dessen Verhalten durch den Akt der deutschen Hoheitsgewalt quasi erzwungen wird, wenn also dessen Entscheidungsfreiheit im Hinblick auf das Ob und das Wie der Beeinträchtigung hoheitlich determiniert wird. In finaler Hinsicht muß hinzutreten, daß die Beeinträchtigung grundrechtlicher Schutzgüter vom Träger deutscher Hoheitsgewalt bezweckt, jedenfalls aber billigend in Kauf genommen wird. Rein zufällige, nicht vorhersehbare oder auch unerwünschte Folgen für grundrechtlich geschützte Rechtsgüter fallen hierunter nicht.

Determinierung des Verhaltens

Final bezweckte Beeinträchtigung

5. Schutzansprüche deutscher Staatsbürger im bzw. gegenüber dem Ausland

68

Schutzpflicht auch außerhalb des Staatsgebiets

Der deutsche Staat ist grundrechtlich nicht nur verpflichtet, sich auf seinem Territorium schützend vor grundrechtlich gewährleistete Rechtspositionen zu stellen. Die Bürgerinnen und Bürger können diesen Schutzanspruch auch dann in Anspruch nehmen, wenn sie sich außerhalb des Staatsgebiets der Bundesrepublik Deutschland aufhalten oder wenn auf ihre grundrechtliche Positionen durch Maßnahmen außerhalb der Bundesrepublik eingewirkt wird. Allerdings sind die faktischen Einwirkungsmöglichkeiten der deutschen Staatsgewalt im Ausland stark eingeschränkt. Paradigmatisch für derartige Ansprüche ist der Anspruch auf die Wahrnehmung diplomatischen Schutzes im völkerrechtlichen Sinne gegenüber fremden Staaten[134]. Daneben kommen allerdings im Einzelfall auch Ansprüche in Betracht, die über den traditionellen diplomatischen Schutz hinausgehen können. So käme beispielsweise die Zahlung von Lösegeld für im Ausland festgehaltene Deutsche in Frage, auch wenn es sich dabei, mangels Einwirkung auf ein Völkerrechtssubjekt, nicht um eine klassische Maßnahme des diplomatischen Schutzes handelt[135].

Anspruch auf Wahrnehmung diplomatischen Schutzes

69

Feststellung grundsätzlicher Schutzpflichten durch das BVerfG

Das Verfassungsgericht hat sich mit der Reichweite grundrechtlicher Schutzansprüche deutscher Staatsangehöriger gegenüber anderen Staaten bereits auseinandergesetzt[136]. Es hat die grundsätzliche Pflicht der Organe der Bundesrepublik Deutschland zum Schutz der grundrechtlich geschützten Güter dabei ausdrücklich festgestellt[137]. Allerdings geht es ebenfalls, dem Charakter grundrechtlicher Schutzpflichten entsprechend, von einem weiten Beurteilungsspielraum bei der Ausübung dieses Schutzes aus[138]. Eine Grundrechtsverletzung soll danach vom Vorliegen eines Beurteilungsfehlers abhängig sein, den das Gericht offensichtlich erst beim Überschreiten der Willkür-

---

134 → Bd. IX, *Isensee*, § 191 Rn. 212; → Bd. X, *Ruffert*, § 206 Rn. 30 ff.
135 *Yousif* (N 110), S. 152.
136 BVerfGE 55, 349.
137 BVerfGE 55, 349 (364); → Unten *Fassbender*, § 244 Rn. 75 ff.
138 BVerfGE 55, 349 (364).

grenze erkennen will[139]. Zugleich räumt das Bundesverfassungsgericht den zuständigen Organen auch einen erheblichen Spielraum bei der Einschätzung der Wirksamkeit und Zweckmäßigkeit bestimmter Handlungen in tatsächlicher Hinsicht ein[140]. Es ist offenkundig, daß kaum Fälle auftauchen dürften, in denen die Schutzpflicht tatsächlich greifen wird. Sie wird zu Recht nicht als Gebrauchsanleitung für deutsche Außenpolitik verstanden, die das Bundesverfassungsgericht in die Position setzt, das Verhalten der Bundesrepublik Deutschland im internationalen Rechtsverkehr zu bestimmen.

F. Gesetzesvorbehalte bei der Ausübung öffentlicher Gewalt

70

Weitgehend ungeklärt ist bislang die Frage, inwieweit Handlungen deutscher Amtsträger im Ausland einem Gesetzesvorbehalt unterliegen[141]. Bis in die jüngere Vergangenheit war dies eine eher akademische Frage. Inzwischen mehren sich allerdings die Fälle, in denen – vor allem aus grundrechtlicher Perspektive – gefragt werden kann, ob nicht für das Handeln eine gesetzliche Grundlage erforderlich ist. Dies gilt etwa für polizeiliche Eingriffe und sonstige Zwangsmaßnahmen deutscher Sicherheitskräfte bei Auslandseinsätzen[142]. So fehlt es beispielsweise bislang an einer expliziten gesetzlichen Rechtsgrundlage, die die Festnahme, den Gewalteinsatz und ähnliche Eingriffe von deutschen Soldaten im Ausland regelte. Wäre es richtig, daß Handlungen im Ausland einem ähnlich weitgehenden Gesetzesvorbehalt wie bei Inlandssachverhalten unterfallen, wären viele Handlungen deutscher Soldaten mangels hinreichender Ermächtigung rechtswidrig.

71

In der Tat werden in vielen wissenschaftlichen Äußerungen die für den staatlichen Innenbereich entwickelten Gesetzesvorbehalte (grundrechtliche Gesetzesvorbehalte; rechtsstaatlicher Vorbehalt des Gesetzes; Wesentlichkeitsvorbehalte) unvermittelt und im wesentlichen unbesehen auf das auswärtige Handeln angewandt[143]. In der Rechtsprechung des Bundesverfassungsgerichts finden sich diesbezüglich bislang aber keine – derart weitgehende – Feststellungen zur Notwendigkeit eines formellen Parlamentsgesetzes. Lediglich einige fragmentarische Äußerungen lassen sich nachweisen: In der Chemiewaffenentscheidung geht das Gericht davon aus, daß der Vorbehalt des

---

139 BVerfGE 55, 349 (368); aus neuerer Zeit vgl. den Beschluß v. 4.9.2008, 2 BvR 1720/03.
140 BVerfGE 55, 349 (366).
141 *Hans H. Klein*, Rechtsfragen des Parlamentsvorbehalts für Einsätze der Bundeswehr, in: FS für Walter Schmitt Glaeser, 2003, S. 245.
142 → Oben *Becker*, § 230 Rn. 31 ff.; → Unten *Fassbender*, § 244 Rn. 84 ff., 104 ff.
143 *Yousif* (N 110), S. 166 ff.; *Andreas Fischer-Lescano/Lena Kreck*, Piraterie und Menschenrechte, in: AVR 2009, S. 481 (499); *Manfred Baldus*, Transnationales Polizeirecht, 2001, S. 174 ff.; dazu auch aus strafrechtlicher Perspektive: *Helmut Frister/Marcus Korte/Claus Kreß*, Die strafrechtliche Rechtfertigung militärischer Gewalt in Auslandseinsätzen auf der Grundlage eines Mandats der Vereinten Nationen, in: JZ 2010, S. 10 ff.

§ 241 *Zweiundzwanzigster Teil: Grenzüberschreitende Staatsaufgaben*

<small>Restriktive Anwendung des Gesetzesvorbehalts</small>

Gesetzes keine strengen Anforderungen an die normative Dichte einer Regelung stelle, soweit es sich bei dieser um ein Zustimmungsgesetz nach Art. 59 Abs. 2 GG handele. Ansonsten könnte der Gesetzgeber nur sehr spezifischen Verträgen seine Zustimmung erteilen, was die Bundesrepublik Deutschland handlungsunfähig machen würde[144]. In der Entscheidung zu „Out-of-area"-Einsätzen der Bundeswehr spricht das Gericht davon, daß außenpolitisches Handeln zwar dem grundrechtlichen Gesetzesvorbehalt unterliege. Diesem könne aber durch ein Zustimmungsgesetz oder eine „sonst ausreichende Ermächtigungsgrundlage" Genüge getan werden[145]. Liest man beide Entscheidungen zusammen, so wird man davon ausgehen können, daß das Gericht jedenfalls die grundrechtlichen Gesetzesvorbehalte und den rechtsstaatlichen Vorbehalt des Gesetzes nicht mit derselben Strenge wie bei innerstaatlichen Sachverhalten anwendet.

72

<small>Funktionsgerechte Zuordnung von Aufgaben und Kompetenzen</small>

Dem ist zuzustimmen. Gesetzesvorbehalte beschreiben eine Zuständigkeitsverteilung. Es geht um die Zuordnung von Organzuständigkeiten. Sie werfen die Frage auf, welchem Organ die Kompetenz für eine bestimmte Handlung oder Entscheidung zukommen soll[146]. In der Reichweite und im Inhalt von Gesetzesvorbehalten bildet sich damit die Anschauung darüber ab, wie die Beteiligten des politischen Prozesses einander zugeordnet werden sollen[147]. Die Entscheidung über das Erfordernis eines formellen Gesetzes und seiner Dichte[148] muß auf eine funktionsgerechte Zuordnung von Aufgaben und Kompetenzen abzielen. Es muß um die Befassung und Entscheidung durch diejenigen Organe gehen, die bei der Aufgabenerledigung funktional effizient handeln[149]. Der steuernde Effekt eines abstrakt-generellen Parlamentsgesetzes ist um so geringer, je weniger sich die in den Blick genommene Lage durch allgemeine und abstrakte Regelung normativ erfassen läßt.

73

<small>Grenzen des Gesetzesvorbehalts</small>

<small>„Rules of Engagement" und humanitäres Völkerrecht</small>

Gesetzesvorbehalte stoßen also dort an ihre Grenzen, wo ein Sachbereich sich kraft seiner Eigengesetzlichkeiten nicht zu einer vorherigen Normierung eignet. Dies dürfte sich für weite Teile des auswärtigen Handelns, insbesondere durch die Bundeswehr, bejahen lassen[150]. Es handelt sich hier um Situationen, in denen sich die Gegebenheiten rasch wandeln können, die schnelle Entscheidungsprozesse erfordern und oft auch von Abstimmungen mit Bündnispartnern abhängen. Insofern ist dem Bundesverfassungsgericht zuzustimmen, wenn es Skepsis an der Leistungsfähigkeit jener innerstaatlichen Instrumente hat, die für gewöhnlich für die Zuordnung von Entscheidungen zum Parlament bemüht werden. Es scheint wesentlich realistischer, die Grenzen des sinnvoll Machbaren anzuerkennen und von der Anwendung innerstaatlicher Gesetzesvorbehalte Abstand zu nehmen. Dies läuft nicht auf die Forderung

---

<small>144 BVerfGE 77, 170 (231); bestätigt in der Maastricht-Entscheidung, BVerfGE 89, 155 (187).
145 BVerfGE 90, 286 (364), dazu *Baldus* (N 143), S. 175; → Unten *Fassbender*, § 244 Rn. 99 ff.
146 → Bd. V, *Ossenbühl*, § 101 Rn. 1; *Michael Sachs*, Die Gesetzesvorbehalte, in: Klaus Stern, Das Staatsrecht der Bundesrepublik Deutschland, Bd. III/2, 1994, S. 430.
147 → Bd. V, *Ossenbühl*, § 101 Rn. 2 f.
148 Vgl. auch BVerfGE 68, 1 (87).
149 *Roman Herzog/Bernd Grzeszick*, in: Maunz/Dürig, Art. 20 GG Rn. 87.
150 So beispielsweise auch → Bd. V, *Ossenbühl*, § 101 Rn. 79; → Unten *Fassbender*, § 244 Rn. 160 ff.</small>

nach vollständiger Freistellung von rechtlichen Bindungen hinaus. Allerdings scheint es sinnvoller, die Bindungen auf der Ebene der einschlägigen „rules of engagement"[151] sowie des humanitären Völkerrechts zu suchen. Soweit diesen Anforderungen Genüge getan wird, kann davon ausgegangen werden, daß eine weitergehende gesetzliche Ermächtigung nicht notwendig ist.

---

151 Vgl. hierzu *Charlotte Spies*, Die Bedeutung von „Rules of Engagement" in multinationalen Operationen, in: Dieter Weingärtner (Hg.), Einsatz der Bundeswehr im Ausland, 2006, S. 115 ff.; → Unten *Fassbender*, § 244 Rn. 130 ff., 171.

G. Bibliographie

Peter Badura, Der räumliche Anwendungsbereich der Grundrechte, in: HGR, 2006, § 47.
Manfred Baldus, Transnationales Polizeirecht, 2001.
Daniel A. Beck, Auslandseinsätze deutscher Streitkräfte: materiell-rechtliche Bindungen aus Völkerrecht und Grundgesetz, insbesondere zum Schutz des Lebens, 2008.
Udo Di Fabio, Das Recht offener Staaten, 1998.
Gunther Elbing, Zur Anwendbarkeit der Grundrechte bei Sachverhalten mit Auslandsbezug, 1992.
Sven Fischbach, Die verfassungsgerichtliche Kontrolle der Bundesregierung bei der Ausübung der Auswärtigen Gewalt, 2011.
Helmut Frister/Marcus Korte/Claus Kreß, Die strafrechtliche Rechtfertigung militärischer Gewalt in Auslandseinsätzen auf der Grundlage eines Mandats der Vereinten Nationen, in: JZ 2010, S. 10 ff.
Thomas Giegerich, Verfassungsgerichtliche Kontrolle der auswärtigen Gewalt im europäisch-atlantischen Verfassungsstaat: Vergleichende Bestandsaufnahme mit Ausblick auf die neuen Demokratien in Mittel- und Osteuropa, in: ZaöRV 1997, S. 409 ff.
Kay Hailbronner, Kontrolle der Auswärtigen Gewalt, in: VVDStRL 56 (1996), S. 5 ff.
Matthias Herdegen, Grundrechtsschutz bei der deutschen Mitwirkung an EG-Rechtsakten, in: Festschrift für Georg Ress, 2005, S. 1175 ff.
Rainer Hofmann, Grundrechte und grenzüberschreitende Sachverhalte, 1994.
Hans D. Jarass, Die Grundrechte: Abwehrrechte und objektive Grundsatznormen, in: Festschrift 50 Jahre Bundesverfassungsgericht, Bd. II, 2001, S. 35 ff.
Dirk Lorenz, Der territoriale Anwendungsbereich der Grund- und Menschenrechte, 2005.
Detlef Merten, Grundrechtliche Schutzpflichten und Untermaßverbot, in: Gedächtnisschrift für Joachim Burmeister, 2005, S. 227 ff.
Bernhard H. Oxman, Jurisdiction of States, in: Max Planck Encyclopedia of International Law, Online-Ausgabe, Stand: 1. 10. 2012.
Thomas M. Pfeiffer, Verfassungsgerichtliche Rechtsprechung zu Fragen der Außenpolitik, 2007.
Beate Rickert, Grundrechtsgeltung bei der Umsetzung europäischer Richtlinien in innerstaatliches Recht, 1997.
Volker Röben, Außenverfassungsrecht, 2007.
Josef Ruthig, Globalisierung und Grundgesetz: Die Grundrechte in Sachverhalten mit Auslandsbezug, in: Jürgen Wolter/Hans-Wolfgang Arndt, Einwirkungen der Grundrechte auf das Zivilrecht, Öffentliche Recht und Strafrecht, 1999, S. 271 ff.
Gunnar Folke Schuppert, Die verfassungsgerichtliche Kontrolle der Auswärtigen Gewalt, 1973.
Henning Schwarz, Die verfassungsgerichtliche Kontrolle der Außen- und Sicherheitspolitik, 1995.
Charlotte Spies, Die Bedeutung von „Rules of Engagement" in mulinationalen Operationen, in: Dieter Weingärtner (Hg.), Einsatz der Bundeswehr im Ausland, 2006, S. 115 ff.
Rudolf Streinz, Bundesverfassungsgerichtliche Kontrolle über die deutsche Mitwirkung am Entscheidungsprozeß im Rat der Europäischen Gemeinschaften, 1990.
Angela Werner, Die Grundrechtsbindung der Bundeswehr bei Auslandseinsätzen, 2006.
Muna A. Yousif, Die extraterritoriale Geltung der Grundrechte bei der Ausübung deutscher Staatsgewalt im Ausland, 2007.

§ 242
Das Grundgesetz und die internationale Streitschlichtung

Rüdiger Wolfrum

Übersicht

	Rn.		Rn.
A. Vereinbarungen internationaler Schiedsgerichtsbarkeit	1	II. Organisation eines Schiedsgerichts	40–42
B. Auftrag des Grundgesetzes	2–13	III. Verfahren vor Schiedsgerichten	43–47
C. Internationale Gerichtsbarkeit im allgemeinen	14–37	E. Organisation und Verfahren vor internationalen Gerichten	48–65
I. Internationale Streitbeilegung und Friedenssicherung	14–15	I. Zwei universelle internationale Gerichte	48
II. Formen internationaler Streitbeilegung	16–17	II. Organisation internationaler Gerichte	49–55
III. Entwicklung der internationalen Gerichtsbarkeit	18–30	III. Verfahren vor internationalen Gerichten	56–65
IV. Allgemeines zum Verfahren vor internationalen Gerichten	31–37	F. Organisation und Verfahren der Streitbeilegung im Rahmen der Welthandelsorganisation im Überblick	66–68
D. Organisation und Verfahren der internationalen Schiedsgerichtsbarkeit	38–47	G. Ausblick	69
I. Einsetzung eines Schiedsgerichts	38–39	H. Bibliographie	

§ 242 *Zweiundzwanzigster Teil: Grenzüberschreitende Staatsaufgaben*

A. Vereinbarungen internationaler Schiedsgerichtsbarkeit

1
Beitritt nach Art. 24 Abs. 3 GG

Gemäß Art. 24 Abs. 3 GG wird der Bund Vereinbarungen über eine allgemeine, umfassende, obligatorische Schiedsgerichtsbarkeit beitreten. Diese programmatische Verpflichtung des Bundes ist in mehrfacher Hinsicht bemerkenswert. Auffallend ist zunächst, daß sie im engen räumlichen Zusammenhang mit der Ermächtigung des Art. 24 Abs. 2 GG steht, daß der Bund zur Wahrung des Friedens einem System gegenseitiger kollektiver Sicherheit beitreten kann. Auffallend ist des weiteren, daß der Beitritt zu einem System kollektiver Sicherheit eine Option ist, wohingegen der Beitritt zu Vereinbarungen über eine Schiedsgerichtsbarkeit verpflichtend formuliert wird. Schließlich fällt auf, daß Art. 24 Abs. 3 GG von internationaler Schiedsgerichtsbarkeit und nicht von internationaler Gerichtsbarkeit spricht. Der letztgenannte Begriff ist der weitere, Schiedsgerichtsbarkeit der engere. Es ist die Frage, ob diese Verengung der Verpflichtung bewußt erfolgte und welche praktische Bedeutung ihr zuzumessen ist. In diesem Zusammenhang ist darauf hinzuweisen, daß sich Deutschland erst spät gemäß Art. 36 Abs. 2 IGH-Statut der Jurisdiktion des Internationalen Gerichtshofs und auch nicht frei von Vorbehalten unterworfen hat[1].

B. Auftrag des Grundgesetzes

2
Begriff „Schiedsgerichtsbarkeit"

Art. 24 Abs. 3 GG spricht von „Schiedsgerichtsbarkeit". Im Völkerrecht wird darunter die verbindliche Entscheidung einer Rechtsstreitigkeit durch einen mit Schiedsrichtern besetzten Spruchkörper auf der Basis des Rechts verstan-

---

1 Erklärung vom 1. 5. 2008:
„1. The Government of the Federal Republic of Germany declares that it recognizes as compulsory ipso facto and without special agreement, in relation to any other state accepting the same obligation, the jurisdiction of the International Court of Justice, in conformity with paragraph 2 of Article 36 of the Statute of the Court, until such time as notice may be given to the Secretary-General of the United Nations withdrawing the declaration and with effect as from the moment of such notification, over all disputes arising after the present declaration, with regard to situations or facts subsequent to this date other than:
(i) any dispute which the Parties thereto have agreed or shall agree to have recourse to some other method of peaceful settlement or which is subject to another method of peaceful settlement chosen by all the Parties.
(ii) any dispute which
(a) relates to, arises from or is connected with the deployment of armed forces abroad, involvement in such deployments or decisions thereon, or
(b) relates to, arises from or is connected with the use for military purposes of the territory of the Federal Republic of Germany, including its airspace, as well as maritime areas subject to German sovereign rights and jurisdiction;
(iii) any dispute in respect of which any other Party to the dispute has accepted the compulsory jurisdiction of the International Court of Justice only in relation to or for the purpose of the dispute; or where the acceptance of the Court's compulsory jurisdiction on behalf of any other Party to the dispute was deposited or ratified less than twelve months prior to the filing of the application bringing the dispute before the Court.
2. The Government of the Federal Republic of Germany also reserves the right at any time, by means of a notification addressed to the Secretary-General of the United Nations, and with effect as from the moment of such notification, either to add to, amend or withdraw any of the foregoing reservations, or any that may hereafter be added."

den[2]. Völkerrechtliche Rechtsstreitigkeiten[3] verlieren ihre Rechtsnatur nicht dadurch, daß sie politische oder nicht juristische Komponenten enthalten. Dies hindert internationale Gerichte nicht an einer Entscheidung in der Sache[4].

Eine schiedsgerichtliche Institution ist dann allgemein, wie Art. 24 Abs. 3 GG formuliert, wenn sie allen Staaten zum Beitritt offensteht und nicht beispielsweise regional beschränkt ist. Dabei ist unerheblich, ob auch alle oder eine Mehrzahl der Staaten dem betreffenden Abkommen beigetreten sind. Der Ständige Schiedshof in Den Haag[5] erfüllt das Kriterium (allgemein) zweifelsohne.

3
„Allgemeine" Schiedsgerichtsbarkeit

Von einer umfassenden Schiedsgerichtsbarkeit ist dann zu sprechen, wenn alle Sachgebiete, die Gegenstand eines internationalen Streitfalls sein können, von der Jurisdiktion der betreffenden schiedsgerichtlichen Institutionen erfaßt werden können[6]. Auch dieses Kriterium erfüllt der Ständige Schiedshof ohne Zweifel. Dies gilt unbeschadet der Tatsache, daß die Staaten die Jurisdiktion eines Schiedsgerichts einschränken können, indem sie diesem bestimmte Streitigkeiten nicht unterwerfen.

4
„Umfassende" Schiedsgerichtsbarkeit

Eine Schiedsgerichtsbarkeit ist obligatorisch, wenn es eine Verpflichtung gibt, sich dieser zu unterwerfen und die Urteile und Entscheidungen zu vollstrecken. Eine obligatorische allgemeine Schiedsgerichtsbarkeit gibt es zur Zeit im Völkerrecht nicht[7]. Das Haager Abkommen zur friedlichen Erledigung internationaler Streitfälle von 1907[8], das zur Gründung des Ständigen Schiedshofs führte, verpflichtet die Staaten nicht, sich in einem konkreten Streitfall einem Schiedsverfahren zu unterwerfen, oder sich vertraglich generell zu verpflichten, Streitfälle schiedsgerichtlich entscheiden zu lassen. Etwas anderes gilt unter anderem für das Europäische Übereinkommen zur friedlichen Beilegung internationaler Streitigkeiten von 1957[9]. Es verpflichtet die Mitgliedstaaten, alle völkerrechtlichen Streitigkeiten dem Internationalen Gerichtshof (IGH) vorzulegen; allerdings ist dieses System nicht allgemeiner Natur.

5
„Obligatorische" Schiedsgerichtsbarkeit

---

2 Art. 37 des Abkommens über die friedliche Erledigung Internationaler Streitfälle, 1907 (Haager Abkommen, in: RGBl 1910, S. 5 formuliert: „Die internationale Schiedssprechung hat zum Gegenstand die Erledigung von Streitigkeiten zwischen Staaten durch Richter ihrer Wahl auf Grund der Achtung des Rechts"; *Charles H. Brower*, Arbitration, in: Rüdiger Wolfrum (Hg.), Max Planck Encyclopedia of Public International Law, Oxford, 2011, Rn. 4.
3 Zum Begriff s. u. Rn. 13.
4 Siehe z. B. Urteil des IGH im Nicaragua-Fall *Military and Paramilitary Activities in and against Nicaragua (Nicaragua vs. United States of America), Merits,* in: ICJRep 1986, S. 14 Rn. 34 ff.; siehe des weiteren die Entscheidung des Internationalen Seegerichtshofs in: Southern Bluefin Tuna-Fall (New Zealand vs. Japan/Australia vs. Japan, in: Reports of International Arbitral Awards, 23 [2000], S. 1) in dem Japan vorgetragen hatte, es handele sich im Grunde genommen um eine biologische Frage.
5 Dazu s. u. Rn. 19 ff.
6 *Hermann Mosler*, Das Grundgesetz und die Internationale Streitschlichtung, in: HStR VII, ¹1992, § 179 Rn. 24.
7 *Mosler* (N 6), § 179 Rn. 25; *Christian Tomuschat*, Art. 24, in: Bonner Kommentar, Grundgesetz, Ordner 6, Rn. 203; *Albrecht Randelzhofer*, Art. 24 Abs. 3, in: Maunz/Dürig, ⁶⁶2012, Rn. 15 f.
8 Haager Abkommen, in: RGBl 1910, S. 5.
9 BGBl 1961 II, S. 82.

6
Bindung an Konsens der Parteien

Das völkerrechtliche Streitbeilegungsverfahren ist an den Konsens der Parteien gebunden und findet hierin seine legitimatorische Basis[10], aber auch seine Grenzen. Es besteht nach allgemeinem Völkerrecht keine Pflicht, sich der Jurisdiktion eines allgemeinen schiedsgerichtlichen Verfahrens zu unterwerfen. Dies gilt auch für die internationale Gerichtsbarkeit. Beispielsweise ist die Jurisdiktion des Internationalen Gerichtshofs von einer Unterwerfung der betreffenden Streitparteien abhängig. Der Beitritt zu der Charta der Vereinten Nationen schließt den Beitritt zum IGH-Statut zwar ein; die Jurisdiktion des Internationalen Gerichtshofs wird aber entweder für den Einzelfall oder generell begründet[11]. Etwas anderes gilt für das Streitbeilegungsverfahren nach dem Seerechtsübereinkommen von 1982[12]. Zwar ist das Streitbeilegungssystem für die Entscheidung von seerechtlichen Streitigkeiten obligatorisch. Es ist aber thematisch begrenzt, also nicht allgemein, und gilt nur für die Vertragsstaaten des Seerechtsübereinkommens[13]. Das heißt, auch hier ist eine vorherige Zustimmung erforderlich, nämlich der Beitritt zu dem Seerechtsübereinkommen. Das gleiche gilt für das Streitbeilegungssystem der Welthandelsorganisation.

Internationale Gerichtsbarkeit

7
Keine Unterwerfungspflicht Deutschlands

Aus der Tatsache, daß das Streitbeilegungssystem des Internationalen Gerichtshofs nicht als obligatorisch zu bezeichnen ist, folgt, daß keine Verpflichtung Deutschlands zu einer Unterwerfung unter seine Jurisdiktion bestand[14]. Nicht relevant war hingegen, daß sich nur eine Minderheit der Staaten der Rechtsprechung des Internationalen Gerichtshofs allgemein unterworfen hat[15].

8
Verfassungsrechtliche Bedeutung des Art. 24 Abs. 3 GG

Die Tatsache, daß Art. 24 Abs. 3 GG auf etwas ausgerichtet ist, was noch nicht existiert, nimmt dieser Norm nicht ihre verfassungsrechtliche Bedeutung. Sie verpflichtet Deutschland, völkerrechtlich auf die Fortentwicklung der internationalen Streitbeilegung hinzuwirken. Diesem Auftrag kommt Deutschland in internationalen Verhandlungen nach.

9
Erstreckung auf die internationale Gerichtsbarkeit

Wie bereits angedeutet, spricht Art. 24 Abs. 3 GG von einer allgemeinen, umfassenden und obligatorischen Schiedsgerichtsbarkeit und nicht von einer „internationalen Gerichtsbarkeit". Nach wohl herrschender Meinung erstreckt sich Art. 24 Abs. 3 GG auch auf die internationale Gerichtsbarkeit. Dies, so wird argumentiert, entspräche Sinn und Zweck der Norm und könne mit dem „Erst-recht-Schluß" begründet werden, da die internationale Gerichtsbarkeit die höher entwickelte, straffere Form der Streitbeilegung darstellt[16]. Demgegenüber wird man zu bedenken haben, daß internationale Schiedsgerichte entweder nur für einen Streitfall oder nur für Streitfälle einer bestimmten Kategorie einberufen und besetzt werden und ad hoc zusammen-

---

10 S. u. Rn. 31 ff.
11 S. u. Rn. 31.
12 BGBl 1994 II, S. 1799; vgl. dazu Teil XV sowie die Annexe VI und VII.
13 S. u. Rn. 32 f.
14 *Mosler* (N 6), § 179 Rn. 32.
15 Zu der Unterwerfung unter die Jurisdiktion des IGH s. u. Rn. 31.
16 *Tomuschat* (N 7), Rn. 198; *Randelzhofer* (N 7), Rn. 8; *Mosler* (N 6), § 179 Rn. 16.

treten. Der Souveränitätsverzicht der betreffenden Staaten ist also geringer als bei der Unterwerfung unter die Gerichtsbarkeit eines institutionalisierten Gerichtes allgemein. Allerdings ist zu berücksichtigen, daß Art. 24 Abs. 3 GG nicht auf die zur Zeit existierende Schiedsgerichtsbarkeit abzielt, sondern – wie die Qualifikationen zeigen – auf etwas Umfassendes, das von der Zustimmung der Staaten ad hoc gelöst ist. Insoweit ist der herrschenden Meinung zuzustimmen. Demgemäß ist es aus der Sicht des Grundgesetzes offen, ob es zu der Einrichtung einer obligatorischen allgemeinen internationalen Gerichtsbarkeit oder Schiedsgerichtsbarkeit kommt. Die völkerrechtliche Entwicklung geht allerdings nicht in die Richtung einer obligatorischen allgemeinen Gerichtsbarkeit oder Schiedsgerichtsbarkeit, sondern zielt, wie im Fall seerechtlicher und wirtschaftsrechtlicher Streitbeilegung[17], auf eine obligatorische spezielle Streitbeilegung.

10
Streitigkeiten zwischen Staaten als Völkerrechtssubjekten

Art. 24 Abs. 3 GG erwähnt ausdrücklich Streitigkeiten zwischen Staaten, das heißt Streitigkeiten, die zwischen Staaten als Völkerrechtssubjekten bestehen. Hierin liegen zwei Einschränkungen. Hierunter fallen keine Streitigkeiten, die zwischen Staaten auf einer anderen Ebene als der des Völkerrechts bestehen, wie zum Beispiel zivilrechtliche Streitigkeiten. Ebenfalls ausgeschlossen sind Streitfälle, an denen internationale Organisationen beteiligt sind. Letzteres geht von einem überholten Verständnis des Völkerrechts aus. Internationale Organisationen sind Völkerrechtssubjekte, und es besteht kein Grund, Streitigkeiten zwischen ihnen oder zwischen ihnen und Staaten anders zu behandeln als Streitigkeiten zwischen Staaten. Allerdings sind internationale Organisationen vor dem Internationalen Gerichtshof nicht parteifähig. Die Situation ist für den Internationalen Seegerichtshof anders, und sie können auch – zumindest theoretisch – Kläger oder Beklagte vor der internationalen Schiedsgerichtsbarkeit sein.

Keine Streitfälle internationaler Organisationen

Entscheidungen im Rahmen zwischenstaatlicher Streitbeilegung richten sich an die Streitparteien als Völkerrechtssubjekte. Sie besitzen keine unmittelbar darüber hinausgehende allgemeine rechtliche Wirkung. Art. 38 Abs. 1 (d) des IGH-Statuts spricht von gerichtlichen Entscheidungen ausdrücklich als „subsidiary means for the determination of rules of law". Das heißt, sie sind Erkenntnisquellen im Sinne von Quellen zur Erkenntnis des geltenden Rechts und nicht Rechtsquellen. Die Realität ist sehr viel komplexer. Internationale Gerichte, insbesondere der Internationale Gerichtshof, legen großen Wert darauf, sich nicht zu widersprechen, und auch ein Widerspruch gegenüber der Rechtsprechung eines anderen internationalen Gerichts ist die Ausnahme[18]. Trotz der Bedeutung, die der Rechtsprechung bei der Fortbildung des Völkerrechts beizumessen ist, erscheint es aber doch nicht vertretbar, von einer legislativen Funktion der Gerichte in dem Sinne zu sprechen, daß Urteile als völkerrechtliche Rechtsquelle auf gleicher Stufe stehen wie zum

11
Quellen zur Erkenntnis geltenden Rechts

---
17 S. u. Rn. 29.
18 Vgl. dazu *Alain Pellet*, Art. 38, in: Andreas Zimmermann/Christian Tomuschat/Karin Oellers-Frahm (Hg.), The Statute of the International Court of Justice: A Commentary, Oxford ²2012, Rn. 304 ff.

§ 242   *Zweiundzwanzigster Teil: Grenzüberschreitende Staatsaufgaben*

Keine unmittelbare Durchsetzbarkeit der Urteile

Beispiel völkerrechtliche Verträge. Urteile internationaler Gerichte oder Schiedsgerichte sind im Regelfall auch nicht unmittelbar durchsetzbar, anders als zum Beispiel die Urteile des Europäischen Gerichtshofs. Etwas anderes gilt für bestimmte Urteile der Meeresbodenkammer des Internationalen Seegerichtshofs.

12
Internationale Strafgerichtsbarkeit

Nicht unter zwischenstaatliche Streitigkeiten fällt die internationale Strafgerichtsbarkeit. Hierbei geht es um die individuelle Verantwortlichkeit für völkerrechtliche Verbrechen. Insofern bildet die internationale Strafgerichtsbarkeit einen eigenen Zweig.

13
Ursprünge im 19. Jahrhundert

Die Bewertung von Art. 24 Abs. 3 GG ist vor dem Hintergrund der internationalen Gerichtsbarkeit (einschließlich der Schiedsgerichtsbarkeit) zu sehen, deren Ursprünge auf das 19. Jahrhundert zurückgehen und deren Grundzüge zur Zeit der Entstehung des Grundgesetzes feststanden. Allerdings deutet Art. 24 Abs. 3 GG über den Ist-Zustand der internationalen Gerichtsbarkeit hinaus[19].

C. Internationale Gerichtsbarkeit im allgemeinen

I. Internationale Streitbeilegung und Friedenssicherung

14
Internationale Streitigkeiten

Internationale Streitigkeiten werden traditionell als Streitigkeiten zwischen Staaten oder – allerdings nicht generell – zwischen Staaten und internationalen Organisationen verstanden. Dieser Begriff bestimmt den Umfang der Jurisdiktion jedes einzelnen internationalen Gerichts und Schiedsgerichts und der internationalen Gerichtsbarkeit insgesamt. Bestrebungen, die internationale Gerichtsbarkeit auch Individuen oder Verbänden generell zu öffnen, sind bislang erfolglos geblieben. Sonderfälle stellen insoweit internationale (regionale) Gerichte zum Schutz der Menschenrechte und Verfahren vor dem Internationalen Zentrum zur Beilegung von Investitions-Streitigkeiten[20].

15
Grundsatz der friedlichen Streitbeilegung

Gemäß Art. 2 Ziff. 3 UN-Charta legen alle Mitglieder der Vereinten Nationen ihre internationalen Streitigkeiten durch friedliche Mittel so bei, daß der Weltfriede, die internationale Sicherheit und die Gerechtigkeit nicht gefährdet werden. Dieser Grundsatz wird in Art. 33 UN-Charta wiederholt und es werden die traditionellen Mittel der internationalen Streitbeilegung angesprochen. Die Verpflichtung, internationale Streitigkeiten mit friedlichen Mitteln beizulegen, ist eine notwendige Ergänzung des Gewaltverbots und des Verbots einer Drohung mit Einsatz von militärischer Gewalt (Art. 2 Ziff. 4 UN-Charta). Ausgeschlossen werden soll damit der Rekurs auf militärische Mittel auch zur Durchsetzung berechtigter völkerrechtlicher Ansprüche oder

Ausschluß militärischer Gewalt

---

19 S. o. Rn. 8.
20 Übereinkommen zur Beilegung von Investitionsstreitigkeiten zwischen Staaten und Angehörigen anderer Staaten (BGBl 1969 II, S. 369).

Rechte, abgesehen von den Fällen einer Reaktion auf militärische Gewalt[21]. Dieser Ansatz wird in Art. 1 des Haager Abkommens zur friedlichen Erledigung internationaler Streitfälle von 1907 (RGBl 1910, S. 5) angesprochen, ebenso in beson derer Klarheit, in Art. 1 des Amerikanischen Vertrages über die friedliche Beilegung von Streitigkeiten. Im Bogotá-Pakt vom 30. April 1948 lautet es: „The High Contracting Parties, solemnly reaffirming their commitments made in earlier international conventions and declarations, as well as in the Charter oft the United Nations, agree to refrain from the threat or use of force, or from any other means of coercion for the settlement of their controversies, and to have recourse at all times to pacific procedures."[22] Es liegt daher völlig auf der Linie der Entwicklung des Systems internationaler Streitbeilegung, daß diese im Grundgesetz im engen räumlichen Zusammenhang mit der Friedenssicherung angesprochen wird.

II. Formen internationaler Streitbeilegung

16
Diplomatische Streitbeilegung

Traditionell wird im Völkerrecht zwischen diplomatischen Formen der Streitbei-legung und solchen, die zu juristisch begründeten Entscheidungen führen, unterschieden. Letztere kann man wiederum in Schiedsgerichtsbarkeit und Gerichtsbarkeit durch ständige Gerichte untergliedern. In der Praxis werden die meisten der internationalen Streitigkeiten durch Verhandlungen zwischen den betroffenen Staaten entschieden. Die Mehrzahl der internationalen Verträge, die es ermöglichen, ein internationales Gericht anzurufen bzw. ein Schiedsgericht einzusetzen, verlangen zudem, daß vorher Verhandlungen zwischen den Parteien stattgefunden haben[23]. Als weitere Formen diplomatischer Streitbeilegung nennt Art. 33 UN-Charta neben Verhandlungen die Vermittlung[24], den Vergleich[25] und Untersuchungen[26]. Trotz der Versuche der Vereinten Nationen, diese Formen der Streitbeilegung zu stärken, spielen zumindest Vergleichs- und Untersuchungsverfahren eine untergeordnete Rolle in der Praxis. Sie sollen in diesem Kontext nicht weiter erörtert werden; der Beitrag wird sich auf die Formen internationaler Streitigkeiten konzentrieren, die die Lösung eines Konflikts durch eine juristisch begründete Entscheidung anstreben.

17
Streitbeilegung durch juristisch begründete Entscheidungen

Internationale institutionalisierte Gerichte und Schiedsgerichte unterscheiden sich grundlegend in zwei Punkten. International institutionalisierte Gerichte sind durch einen völkerrechtlichen Vertrag eingerichtet, haben eine feste Richterbank, verfügen über eine Verfahrensordnung und einen festen Sitz.

---

21 Vgl. dazu *Rüdiger Wolfrum*, Die Bundesrepublik Deutschland im Verteidigungsbündnis, in: HStR VII, ¹1992, § 176 Rn. 2.
22 American Treaty on Pacific Settlement (Pact of Bogota), (30.4.1948), in: United Nations Treaty Series, 1949, Bd. 30, S. 55.
23 Sie dazu zum Beispiel: Case Concerning Application of the International Convention on the Elimination of All Forms of Racial Discrimination (Georgia vs. Russian Federation), Preliminary Objections, Judgment 1.4.2011, Rn. 116ff.
24 Vgl. dazu *John G. Merrills*, International Dispute Settlement, Cambridge, ⁵2011, S. 26ff.
25 Vgl. dazu *Merrills* (N 24), S. 58ff.
26 Vgl. dazu *Merrills* (N 24), S. 41ff.

Internationale institutionalisierte Gerichte

Sie stehen den Parteien einer internationalen Streitigkeit zur Verfügung, wenn sich diese der Jurisdiktion des betreffenden Gerichts ad hoc oder generell unterworfen haben. Beispiele sind der Internationale Gerichtshof (mit Sitz in Den Haag) und sein Vorgänger, der Ständige Internationale Gerichtshof, sowie der Internationale Seegerichtshof (mit Sitz in Hamburg). Das heißt, internationale Gerichte werden für die Entscheidung einer Vielzahl abstrakt definierter Streitigkeiten eingerichtet.

Schiedsgerichte

Schiedsgerichte werden dagegen ad hoc für die Beilegung einer konkreten Streitigkeit eingesetzt. Die Parteien entscheiden zumindest im Prinzip über die Besetzung der Richterbank und die Verfahrensordnung. Über den Sitz des Schiedsgerichts entscheiden die Parteien, gegebenenfalls im Zusammenwirken mit dem Schiedsgericht. Allerdings existieren Dachorganisationen, wie der Ständige Schiedshof in Den Haag, die Schiedsgerichten eine Infrastruktur zur Verfügung stellen.

III. Entwicklung der internationalen Gerichtsbarkeit

18
Streitbeilegung in Mittelalter und Antike

Die Ursprünge der internationalen Schiedsgerichtsbarkeit liegen im 19. Jahrhundert, auch wenn es bereits in der Antike und im Mittelalter eine Praxis der Streitbeilegung gab. Diese unterscheidet sich grundlegend von der heutigen internationalen Schiedsgerichtsbarkeit. Der wesentliche Unterschied lag darin, daß es sich hierbei nicht um eine Lösung eines Konflikts auf der Basis des Rechts handelte, sondern um eine Streitbeilegung, die heute unter dem Begriff der Vermittlung zu subsumieren wäre. Ähnliches gilt auch für die Streitbeilegung im Mittelalter, als der Papst, der Kaiser des Heiligen Römischen Reiches, Könige oder die politische Führung von autonomen Einheiten (zum Beispiel Freie Städte) als „Schiedsrichter" berufen wurden. Auch hier erfolgte die Lösung des Konflikts nicht auf der Basis von Recht, sondern sie beruhte auf der Autorität und Legitimität des von den Streitparteien angerufenen Dritten. Mit dem Erstarken der Nationalstaaten ging diese Form der Streitbeilegung deutlich zurück. Sie lebt im Grunde genommen in den gelegentlichen Vermittlungsverfahren durch den Generalsekretär der Vereinten Nationen[27] oder durch den Papst[28] fort.

19
Moderne Schiedsgerichtsbarkeit

Die Entwicklung der modernen Schiedsgerichtsbarkeit beginnt mit dem Jay Vertrag von 1794 zwischen Großbritannien und den USA[29]; sie wurde durch die Alabama Claims Arbitration von 1872 zwischen Großbritannien und den USA weiter ausgebaut und schließlich durch die Haager Friedenskonferenzen von 1899 und 1907 konsolidiert. Letztere mündeten in die Einrichtung des Ständigen Schiedshofs in Den Haag, wobei anzumerken ist, daß es sich hierbei – entgegen dem Namen – nicht um ein institutionalisiertes Gericht handelt.

---

27 Vgl. dazu *Francisco Orrego Vicuña*, Mediation, in: Rüdiger Wolfrum (Hg.), Max Planck Encyclopedia of Public International Law, Oxford 2011, Rn. 31 ff.
28 Siehe *Guillermo R. Moncayo*, La médiation pontificale dans l'affaire du Canal Beagle, in: Recueil des Cours 242 (1993), S. 197 ff.
29 Treaty of Amity, Commerce and Navigation between Great Britain and the United States (19 November 1794) (1793–95), Consolidated Treaty Series, Bd. 52, New York, S. 243; siehe dazu *Brower* (N 2), Rn. 13.

Der Jay Treaty wurde zwischen Großbritannien und den USA geschlossen, um Rechtsstreitigkeiten zwischen diesen beiden Staaten, die sich im Gefolge des erfolgreichen Unabhängigkeitskrieges der USA ergeben hatten, zu klären. Zu den zu klärenden Fragen gehörten die Grenzziehung zwischen den USA und Kanada und die Regelung der Schulden von amerikanischen Staatsbürgern und deren Schadensersatzansprüchen. Die Entscheidungen waren unterschiedlich besetzten Kommissionen anvertraut. Allerdings folgte die Besetzung einem Grundmuster. Jeder der beiden Staaten benannte eine gleiche Anzahl von Schiedsrichtern und die Besetzung des Vorsitzes erfolgte durch Vereinbarung zwischen den Parteien. Die Entscheidungen ergingen auf der Basis geltenden Rechts und waren verbindlich.

20
Jay Treaty

Dieses Beispiel wurde in der Folgezeit von anderen Staaten aufgegriffen, vor allem um Rechtsstreitigkeiten, die im Gefolge von bewaffneten Konflikten entstanden waren, zu lösen. Der wesentliche Unterschied zu den heutigen Verfahren liegt darin, daß die Besetzung der Entscheidungsgremien ausschließlich bilateral war.

21

Die Alabama Claims Arbitration, deren Grundlage der Vertrag von Washington von 1871[30] war, stellte einen wesentlichen weiteren Schritt in der Entwicklung der internationalen Schiedsgerichtsbarkeit dar. Ihre Aufgabe war es, Ansprüche der USA gegen Großbritannien wegen des Vorwurfs der USA zu entscheiden, Großbritannien habe die völkerrechtlichen Neutralitätsregeln im amerikanischen Bürgerkrieg verletzt, indem es zuließ, daß Kriegsschiffe der Konföderierten in britischen Häfen gebaut und ausgerüstet wurden. Der hier entscheidende Punkt war, daß die fünf Schiedsrichter nicht mehr alleine von den beiden Streitparteien berufen wurden, sondern drei von ihnen jeweils durch den König von Italien, den Präsidenten der Konföderation der Schweiz und den Kaiser von Brasilien. Außerdem erstreckte sich die Kompetenz des Schiedsgerichts nicht nur auf konkret formulierte Streitigkeiten, sondern Streitigkeiten, die sich aus einer bestimmten historischen Situation ergaben, aber erst noch durch das Schiedsgericht identifiziert werden mußten.

22
Alabama Claims Arbitration

Eine Konsolidierung des Systems der internationalen Schiedsgerichtsbarkeit erfolgte durch die Haager Friedenskonferenzen von 1899 und 1907, wobei die entscheidenden Weichen bereits 1899 gestellt wurden. Geplant war von einem Teil der Delegierten die Einrichtung eines ständigen Schiedsgerichts. 1907 unterbreiteten die USA, das Vereinigte Königreich und Deutschland einen Vorschlag für die Gründung eines ständigen Gerichts, der aber keine Zustimmung fand. Das bereits 1899 entwickelte Ergebnis – letztlich ein Kompromiß – ist die Einrichtung einer Institution, in der jeder Mitgliedstaat des Haager Abkommens zur friedlichen Erledigung internationaler Streitfälle von 1907 (RGBl 1910, S. 5) potentielle Schiedsrichter registrieren lassen kann, aus denen sich die Parteien eines Rechtsstreits Schiedsrichter auswählen können. Der Ständige Schiedshof stellt im übrigen die Infrastruktur für Schiedsverfah-

23
Haager Friedenskonferenzen

Ständiger Schiedshof

---

30 Treaty between Great Britain and the United States for Amicable Settlement of All Causes of Difference between the Two Countries (8.5.1871), Cosolidates TS, Bd. 143, New York, S. 145

ren zur Verfügung ebenso wie eine Musterverfahrensordnung, deren sich die Parteien ganz oder teilweise für ein Schiedsverfahren bedienen können. Er betreut aber nicht nur Streitigkeiten gemäß dem Haager Abkommen, sondern auch Verfahren zum Beispiel unter Annex VII des UN-Seerechtsübereinkommens oder ebenfalls andere Verfahren, wenn die Streitparteien dem zustimmen.

24
Ständiger Internationaler Gerichtshof

Der Rat des nach dem Ersten Weltkrieg gegründeten Völkerbundes befürwortete die Errichtung eines ständigen institutionalisierten Gerichtshofs, um internationale Streitigkeiten zwischen Staaten beizulegen. Dieser Gerichtshof, der Ständige Internationale Gerichtshof, wurde 1921 errichtet, seine erste Sitzung fand 1922 statt[31]. Seine Arbeit wurde, bedingt durch den Zweiten Weltkrieg, 1940 ausgesetzt. Nach Beendigung des Zweiten Weltkrieges wurde der Ständige Internationale Gerichtshof förmlich aufgelöst und der Internationale Gerichtshof gegründet. Letzterer ist zwar formal eines der Hauptorgane der Vereinten Nationen, ein Status, der dem Ständigen Internationalen Gerichtshof in bezug auf den Völkerbund nicht zukam, aber ein unabhängiges Gericht, dessen Statut und Verfahrensordnung mit denen des Ständigen Internationalen Gerichtshofs identisch sind. Der Internationale Gerichtshof interpretiert die Unterwerfung unter die Zuständigkeit des Ständigen Internationalen Gerichtshofs als Unterwerfung unter die seine. Er ist in jeder Hinsicht der Nachfolger des Ständigen Internationalen Gerichtshofs und greift häufig auf dessen Rechtsprechung zurück.

Internationaler Gerichtshof als Nachfolger

25
Auswirkungen auf die Schiedsgerichte

Die Gründung des Ständigen Internationalen Gerichtshofs und des Internationalen Gerichtshofs warf naturgemäß die Frage auf, ob neben der institutionellen Gerichtsbarkeit noch Raum für eine internationale Schiedsgerichtsbarkeit bestehen bleibt. Die Frage hat die Praxis beantwortet. Während nach der Gründung des Ständigen Internationalen Gerichtshofs und des Internationalen Gerichtshofs die Rechtsprechung im Rahmen des Ständigen Schiedshofs dramatisch zurückging[32], sind die Verfahren seit Mitte der 90er Jahre des vorigen Jahrhunderts vor dem ständigen Schiedshof ebenso dramatisch wieder gestiegen, und zwar auf durchschnittlich zehn bis zwölf Fälle pro Jahr, gegenüber ca. vier Fällen vor dem Internationalen Gerichtshof. Was die Substanz der Fälle vor internationalen Schiedsgerichten angeht, unterscheiden sie sich nicht grundsätzlich von denen, die vor dem Internationalen Gerichtshof verhandelt werden. Neben Investitionsstreitigkeiten, die kaum vor den Internationalen Gerichtshof getragen werden, sind dies Fragen der Grenzziehung

Zunehmende Bedeutung der Schiedsgerichtsbarkeit

---

31 *Shabtai Rosenne*, Permanent Court of International Justice (PCIJ), in: Rüdiger Wolfrum (Hg.), Max Planck Encyclopedia of Public International Law, Oxford, 2011, Rn. 9.
32 Dies betraf allerdings nur die Fälle unter dem ständigen Schiedshof. Die Zahl der schiedsgerichtlich entschiedenen Fälle blieb hoch. Bei einem Vergleich der Zahlen von anhängigen Verfahren vor dem Ständigen Internationalen Gerichtshof und den Fällen, die schiedsgerichtlich entschieden wurden, darf nicht übersehen werden, daß eine große Zahl der Fälle vor dem Ständigen Internationalen Gerichtshof auf den Vertrag von Versailles zurückzuführen ist, der eine Zuständigkeit des Ständigen Internationalen Gerichtshofs begründete; Vgl. dazu *Hans Jonhmann*, The Role of the Permanen/Court of Arbitration in International Dispute Resolution, in: Recveil des Cpurs 279 (1999), S. 9 ff.; *Bette E. Shifman*, The Permanent Court of Arbitration: An Overview, in Peter J. von Kriehen/David McKay (Hg.), The Hague: Legal Capital of the World, Den Haag 2005, S. 127 ff.

oder anderer zwischenstaatlicher Streitigkeiten, die auch vor dem Internationalen Gerichtshof hätten verhandelt werden können[33]. Insgesamt kann festgehalten werden, daß internationale Schiedsgerichtsbarkeit und internationale institutionelle Gerichtsbarkeit nebeneinander bestehen und von den Parteien alternativ genutzt werden.

Neben den beiden „Säulen" internationaler Streitbeilegung, der internationalen Schiedsgerichtsbarkeit und der institutionalisierten internationalen Gerichtsbarkeit, ist es nach 1918 und nach 1945 zur Einrichtung von speziellen Schiedsgerichten gekommen, in denen natürliche oder juristische Personen Ansprüche wegen erlittener Schäden in den Weltkriegen geltend machen konnten. Es handelte sich um die sogenannten Gemischten Schiedsgerichte[34]. Generell können im Völkerrecht natürliche oder juristische Personen Schadensersatzansprüche gegen andere Staaten nur im Wege diplomatischen Schutzes geltend machen. Dies setzt voraus, daß ihr Heimatstaat bereit ist, den Anspruch seiner Staatsangehörigen gerichtlich zu verfolgen. Insoweit bedeutete die Errichtung dieser Gemischten Schiedsgerichte eine Verbesserung ihrer prozessualen Position.

26
Gemischte Schiedsgerichte

Schiedsgerichte wurden auch für die Entscheidung von Streitigkeiten zwischen multinationalen Unternehmen und Staaten eingerichtet, die sich aus dem Abbau von Rohstoffen, insbesondere von Öl und Gas ergaben. Die Besonderheit dieser Schiedsgerichte war es, daß sie auch auf der Basis des Völkerrechts entschieden. Die Grundlage dieser Schiedsgerichte waren jeweils die Abbauverträge zwischen den Unternehmen und dem Staat, in dem der Abbau erfolgen sollte[35].

27
Schiedsgericht im Bereich des Rohstoffabbaus

Es sind des weiteren verschiedene internationale Schiedsgerichte eingerichtet worden, die auf die Entscheidung von Streitigkeiten zwischen ausländischen Investoren und ihren Gaststaaten spezialisiert sind. Die Weltbank-Gruppe entwarf und administriert das Übereinkommen zur Beilegung von Investitionsstreitigkeiten zwischen Staaten und Angehörigen anderer Staaten (Convention on the Settlement of Investment Disputes between States and Nationals of Other States)[36]. Das auf dieser Basis errichtete Zentrum für Investiti-

28
Schiedsgericht im Bereich der Investitionsstreitigkeiten

---

33 Als Beispiel seien genannt: Monetary Gold Arbitration (United States, France, Italy, Great Britain, North Ireland), 20.2.1953; in: RIAA, Vol. XII, S. 13; The Ambatielos Claim (Greece vs. United Kingdom, Northern Ireland), 6.3.1956, in RIAA, Vol. XII, S. 83; Lac Lanoux Arbitration (France vs. Spain), 16.11.1957, in: RIAA, Vol. XII, S. 281; Rann of Kutch Arbitration (India vs. Pakistan), 19.2.1968, in: RIAA, Vol. XVII, S. 1; Beagle Channel Arbitration (Argentina vs. Chile), 18.2.1977, in: RIAA, Vol. XXI, S. 53; Continental Shelf Arbitration (United Kingdom vs. France), 30.6.1977/14.3.1978, in: RIAA, Vol. XVIII, S. 3; Maritime Delimitation Arbitration (Guinea-Bissau vs. Senegal), 14.2.1985, in RIAA, Vol. XIX, S. 149; Maritime Boundary Arbitration (Guinea-Bissau vs. Senegal), 31.7.1989, in RIAA Vol. XIX, S. 199; Rainbow Warrior Affair Arbitration (New Zealand vs. France), 6.7.1986, in: RIAA, Vol. XX, S. 119; Taba Arbitration (Egypt vs. Israel), 29.9.1988, in RIAA Vol. XX, S. 1; Coast of St. Pieree and Miquelon Arbitration (Canada vs. France), 10.6.1992, in: ILM Vol. 31, 1992, S. 1149; Maritime Delimitation Arbitration (Eritrea vs. Yemen), 17.12.1999, in RIAA Vol. XXII, S. 335; Maritime Delimitation Arbitration (Barbados vs. The Republic of Trinidad and Tobago, 11.4.2006, in: RIAA Vol. XXVII, S. 147.
34 Vgl. dazu *Brower* (N 2), Rn. 37; *Stephen J. Toope*, Mixed International Arbitration: Den Haag Studies in Arbitration between States and Private Persons, Cambridge 1990.
35 Vgl. dazu *Brower* (N 2), Rn. 38.
36 Übereinkommen zur Beilegung von Investitionsstreitigkeiten zwischen Staaten und Angehörigen anderer Staaten (BGBl 1969 II, S. 369).

onsstreitigkeiten (International Centre for the Settlement of Investment Disputes – ICSID) ist dem Ständigen Internationalen Schiedshof nachgebildet. Es stellt eine Liste potentieller Schiedsrichter und Verfahrensregeln zur Verfügung. Durch die Ratifikation der Konvention haben die Vertragsstaaten die Option, Investmentstreitigkeiten unter diesem Regime entscheiden zu lassen. Nur durch eine explizite Unterwerfung entsteht eine entsprechende Verpflichtung[37].

29
Welthandelsabkommen und Internationaler Seegerichtshof

Schließlich ist es – und dies ist ein weiterer Evolutionsschritt in der Entwicklung der internationalen Streitbeilegung – zu der Gründung einer fachlich spezialisierten internationalen institutionalisierten Gerichtsbarkeit gekommen, der Einrichtung einer zweizügigen Gerichtsbarkeit unter dem Welthandelsabkommen, das in seinem Verfahren von der traditionellen Gerichtsbarkeit abweicht, und der Gründung des Internationalen Seegerichtshofs, der dem traditionellen Vorbild des Internationalen Gerichtshofs weitgehend folgt.

30
Fragmentierung des Völkerrechts?

Die Gründung dieser verschiedenen Institutionen zur Lösung internationaler Streitigkeiten hat die Befürchtung einer Fragmentierung des Völkerrechts aufkommen lassen[38]. Dazu hat auch die Gründung der drei internationalen Strafgerichtshöfe beigetragen. Die Kompetenzen dieser Gerichte überschneiden sich, zum Beispiel kann ein wesentlicher Teil der seerechtlichen Verfahren vor dem Internationalen Seegerichtshof, dem Internationalen Gerichtshof sowie vor einem Schiedsgericht eingeleitet werden[39].

IV. Allgemeines zum Verfahren vor internationalen Gerichten

31
Zustimmung der Parteien

Generelle Unterwerfung

Unterwerfung durch Vertrag

Allen Formen der internationalen Streitbeilegung ist gemeinsam, daß sie auf der Zustimmung der betroffenen Parteien beruhen[40], wobei sich die Formen der Zustimmung unterscheiden können. Für den Internationalen Gerichtshof können verschiedene Formen der Unterwerfung unter seine Gerichtsbarkeit unterschieden werden. An der ersten Stelle ist die generelle Unterwerfung gemäß Art. 36 Abs. 1 IGH-Statut zu nennen. Sie kann für einzelne Kategorien von Streitfällen ausgeschlossen werden; die Unterwerfungserklärung kann auch nur für bestimmte Kategorien von Streitigkeiten abgegeben werden. Ein Beispiel für eine generelle Unterwerfungserklärung, bei der bestimmte Kategorien von Streitigkeiten ausgeschlossen sind, ist die Unterwerfung Deutschlands[41]. Vorraussetzung für die Begründung der Zuständigkeit des Internationalen Gerichtshofs ist es, daß beide Parteien sich gleichermaßen der Rechtsprechung des Internationalen Gerichtshofs unterstellt haben. Eine weitere Möglichkeit ist die Unterwerfung auf der Basis eines Vertrages über die

---

37 Vgl. dazu *Moshe Hirsch*, The Arbitration Mechanism of the International Centre for the Settlement of Investment Disputes, Dordrecht 1993; *Todd Weiler*, International Investment Law and Arbitration: Leading Cases from the ICSID, NAFTA, Bilateral Treaties and Customary International Law, London 2005.
38 Vgl. dazu *Jonathan I. Charney*, Is International Law Threatened by Multiple International Tribunals?, in: Recueil des Cours 271 (1998), S. 101 ff.
39 Dies wird durch Art. 287 Seerechtsübereinkommen ausdrücklich vorgesehen.
40 Vgl. dazu *Chittharanjan F. Amerasinghe*, Jurisdiction of Specific International Tribunals, Leiden 2009, S. 11 ff.
41 Siehe den Text unter N 1.

Streitbeilegung zwischen den Vertragsstaaten dieses Vertrages. Ein Beispiel hierfür ist das Europäische Übereinkommen zur friedlichen Beilegung von Streitigkeiten von 1957[42]. Häufig beruht die Zuständigkeit des Internationalen Gerichtshofs allerdings auf völkerrechtlichen Verträgen, die einen bestimmten Themenkomplex regeln. Die Jurisdiktion des Internationalen Gerichtshofs ist dann auf Streitigkeiten im Zusammenhang mit diesem Vertrag beschränkt. Eines von vielen Beispielen ist Art. 22 des Internationalen Abkommens über die Beseitigung jeder Form von Rassendiskriminierung von 1966[43]. Auf diese Grundlage stützte sich die Klage von Georgien gegen die Russische Föderation, wobei eine Verletzung des Abkommens für einen außenstehenden Beobachter sicher nicht im Mittelpunkt stand[44]. Möglich ist es auch, die Zuständigkeit des Internationalen Gerichtshofs durch einen Vertrag für einen konkreten Streitfall ad hoc zu begründen („compromis")[45]. Schließlich besteht die Möglichkeit, daß eine Streitpartei den Internationalen Gerichtshof anruft und erst daraufhin die Gegenpartei die Zulässigkeitsvoraussetzungen für sich schafft („forum prorogatum")[46]. Grundsätzlich kann man diese Unterwerfungsverfahren danach systematisch unterscheiden, daß sie entweder einseitig erfolgen oder in einem Vertrag vereinbart sind. Die Übergänge sind allerdings fließend. Die Unterwerfungsverfahren ergänzen einander und sind gleichermaßen von Bedeutung dafür, daß der Internationale Gerichtshof seine Funktion ausfüllen kann.

„Compromis"

„Forum progatum"

Die Zuständigkeit des Internationalen Seegerichtshofs ist sachlich beschränkt. Er entscheidet über die Auslegung und Anwendung des UN-Seerechtsübereinkommens[47] und anderer seerechtlicher Übereinkommen, in denen seine Zuständigkeit festgeschrieben ist.

32
Internationaler Seegerichtshof

Das Streitbeilegungsverfahren nach dem Seerechtsübereinkommen stellt entwicklungsgeschichtlich einen Fortschritt dar. Während der Beitritt zur Charta der Vereinten Nationen nicht die Verpflichtung enthält, sich der Zuständigkeit des Internationalen Gerichtshofs zu unterwerfen, ist ein Mitgliedstaat des Seerechtsübereinkommens durch seinen Beitritt dazu verpflichtet, dieses Streitbeilegungsverfahren zu akzeptieren. Es verbleibt lediglich eine Wahl-

33
Verfahren nach dem Seerechtsübereinkommen

---

42 BGBl 1961 II, S. 82; dieses war die Basis für die Zuständigkeit des IGH im Rechtsstreit Jurisdictional Immunities of the State (Germany vs. Italy: Greece Intervening), 3. Februar 2012, in: ICJRep 2012, General List No. 143.
43 BGBl 1969 II, S. 962.
44 Application of the International Convention on the Elimination of all Forms of Racial Discrimination (Georgia vs. Russian Federation), Preliminary Objections, 1. April 2011, in: ICJRep 2011, General List No. 140; die Klage wurde von dem IGH letztlich – wenn auch aus anderen Gründen – als unzulässig zurückgewiesen.
45 Die Literatur geht mehrheitlich davon aus, daß die Befassung des IGH durch „compromis" rechtspolitisch vorzuziehen ist; so bereits *Berthold Graf Schenk von Stauffenberg*, Statut et règlement de la Cour permanente de Justice internationale: Eléments d'interprétation, 1934, S. 292 ff.; *Peter Tomka*, The Special Agreement, in: Liber Amicorum Judge Shigeru Oda, Den Haag 2002, S. 553 ff.; *Christian Tomuschat*, Art. 36, in: Andreas Zimmermann/Christian Tomuschat/Karin Oellers-Frahm (Hg.), The Statute of the International Court of Justice: A Commentary, Oxford ²2012, Rn. 41 ff.
46 Corfu Channel case (United Kingdom of Great Britain and Northern Ireland vs. Albania), Preliminary Objections, 25. 3. 1948 in: ICJRep 1948 General List No. 2, S. 15 ff.
47 Art. 288 Seerechtsübereinkommen.

§ 242 *Zweiundzwanzigster Teil: Grenzüberschreitende Staatsaufgaben*

möglichkeit in bezug auf das Forum. Die Staaten haben die Wahl zwischen dem Internationalen Seegerichtshof, dem Internationalen Gerichtshof oder der Schiedsgerichtsbarkeit. Wird keine Wahl getroffen, was für die Mehrzahl der Staaten der Fall ist, so ist die Schiedsgerichtsbarkeit gemäß Annex VII des Seerechtsübereinkommens anwendbar. Die Formen einer Unterwerfung unter die Zuständigkeit des Internationalen Seegerichtshofs entsprechen denen, die für den Internationalen Gerichtshof anwendbar sind.

34
Zuständigkeit von Schiedsgerichten

Die Zuständigkeit von Schiedsgerichten wird jeweils ad hoc begründet. Dies kann durch einen „compromis" geschehen, aber auch durch den Antrag einer Partei und einer entsprechenden Einlassung der Gegenpartei („forum prorogatum").

35
Ex officio-Prüfung der Zuständigkeit

In internationalen gerichtlichen Verfahren spielt die Entscheidung über die Zuständigkeit stets eine gewichtige Rolle. Die Gerichte prüfen, ob ihre Zuständigkeit gegeben ist, ex officio. Während die Parteien eines Streitfalles frei entscheiden können, ob sie bestimmte Sachargumente vortragen, und die Gerichte bei der Entscheidungsfindung nicht vorgetragene Einwände und Fakten nicht berücksichtigen können, ist das Vorliegen der Jurisdiktion von Amts wegen zu prüfen. Das bedeutet, die Frage der gerichtlichen Zuständigkeit kann auch hinterfragt werden, wenn die Parteien dies nicht oder nicht vollständig tun.

36
Internationale Streitigkeit

Ein zentrales Element hinsichtlich der Zuständigkeit aller internationalen Gerichte ist das Vorliegen einer internationalen Streitigkeit („international legal dispute"). Nach der klassischen Formulierung ist dies eine Streitigkeit zwischen zwei Parteien über die Auslegung oder Anwendung von Recht oder rechtlich relevanten Fakten, wobei sich zwei Positionen gegenüberstehen müssen[48]. Dieser Konflikt muß zum Zeitpunkt der Antragstellung vorliegen.

37
Verbindlichkeit der Urteile

Die Urteile von internationalen Gerichten sowie Schiedsgerichten sind in gleicher Weise verbindlich. Auch wenn zwischen ihnen keine „Rangunterschiede" bestehen, tragen doch internationale Gerichte in der Praxis grundsätzlich stärker zur Fortentwicklung des Völkerrechts bei als Urteile von Schiedsgerichten.

---

48 Siehe dazu: Mavrommatis Palestine Concessions Judgement (GB vs. Greece), 30.4.1924, in: PC/J/924, Series A, No. 2, S. 11; Interpretation of Peace Treaties with Bulgaria, Hungary and Romania, First Phase, Advisory Opinions, 30.4./18.7.1950 in: ICJRep 1950, S. 72; South West Africa (Ethiopia vs. South Africa; Liberia vs. South Africa), Preliminary Objections, Judgment, 21.12.1962 in: ICJRep 1962, S. 328; Armed Activities on the Territory of the Congo (New Application: 2002) (Democratic Republic of the Congo vs. Rwanda), Jurisdiction and Admissibility, Judgment, 28.5.2002 in: ICJRep 2006, S. 40 Rn. 90.

D. Organisation und Verfahren der internationalen Schiedsgerichtsbarkeit

I. Einsetzung eines Schiedsgerichts

Da Schiedsgerichte ad hoc gebildet werden, gehen die Einsetzungen eines Schiedsgerichts und die Bestimmung über die Reichweite ihrer Rechtsprechungskompetenz Hand in Hand. Dabei kann die Ausgangslage unterschiedlich sein. In der Regel wird die Beilegung einer bestimmten internationalen Streitigkeit in einem schiedsgerichtlichen Verfahren durch Vertrag zwischen den Streitparteien vereinbart („compromis"), der Aussagen über die Struktur und das Verfahren des Schiedsgerichts enthalten kann, aber nicht enthalten muß. Besteht, wie nach Annex VII des UN-Seerechtsübereinkommens, eine Pflicht zur schiedsgerichtlichen Streitbeilegung, so kann das Verfahren durch einseitige Erklärung des Antragstellers in Gang gesetzt werden.

38
Bestimmung der Rechtsprechungskompetenz

Durch den Antrag des Antragstellers oder durch den „compromis" wird der Streitgegenstand des Schiedsgerichts fixiert. Allerdings handelt es sich hierbei lediglich um eine vorläufige Festlegung. Der Streitgegenstand wird endgültig erst zum Abschluß der mündlichen Verhandlung formell von dem Antragsteller formuliert. Die Formulierung des Streitgegenstands limitiert die Rechtsprechungskompetenz des Schiedsgerichts; es gilt das Gebot ne ultra petita. Allerdings kann das Schiedsgericht darauf verzichten, den Streitgegenstand auszuschöpfen.

39
Fixierung des Streitgegenstandes

II. Organisation eines Schiedsgerichts

Moderne Schiedsgerichte können aus einem, drei oder fünf Schiedsrichtern bestehen. Eine Tendenz geht dahin, Schiedsgerichte mit fünf Mitgliedern zu favorisieren, wobei zwei der Schiedsrichter von den beiden Streitparteien bestimmt werden, wohingegen drei weitere Mitglieder, von denen einer der Präsident des Schiedsgerichts ist, entweder einvernehmlich oder von außen ernannt werden. Der erste Schiedsrichter wird im Regelfall im Zusammenhang mit der Antragstellung benannt. Die Gegenseite nennt dann ihren Schiedsrichter. In der letzten Zeit hat sich eine Praxis eingebürgert, daß nicht mehr notwendigerweise die beiden Staatsparteien Schiedsrichter ihrer Staatsangehörigkeit benennen. Hintergrund dafür ist der Versuch, die Unabhängigkeit der Schiedsrichter und damit des Gerichts zu stärken. Beispielsweise hat in den schiedsgerichtlichen Verfahren Mauritius vs. United Kingdom nur einer der Schiedsrichter, der britische, die Nationalität einer Partei (des Beklagten), während Mauritius darauf verzichtet hat, einen eigenen Staatsangehörigen als Schiedsrichter zu ernennen, und statt dessen einen Deutschen benannt hat. In dem schiedsgerichtlichen Verfahren Bangladesh vs. India hat Indien einen Schiedsrichter eigener Staatsangehörigkeit nominiert, Bangladesh (der Antragsteller) hingegen einen Schiedsrichter aus Ghana.

40
Anzahl der Schiedsrichter

Benennungsverfahren

41 Benennung von dritter Seite	Sollte der Beklagte nicht bereit sein, seinen Schiedsrichter zu benennen, weil er unter anderem versucht, das Schiedsgerichtsverfahren zu verzögern, sehen inzwischen eine Reihe von Abkommen vor, daß dieser Schiedsrichter auch von dritter Seite ernannt werden kann. Das gleiche gilt für die Benennung der übrigen drei Schiedsrichter, wenn sich die Parteien nicht auf diese verständigen sollten. In diesen Fällen kann die Ernennung der Schiedsrichter entweder durch den Präsidenten eines der internationalen Gerichte erfolgen oder durch eine Person, auf die sich die Parteien geeinigt haben.
42 Befangenheit und fehlende Neutralität	Ursprünglich war nicht vorgesehen, daß ein Schiedsrichter für befangen erklärt werden konnte, aber seit Mitte des zwanzigsten Jahrhunderts ist es anerkannt, daß eine derartige Möglichkeit besteht. Eine Basis hierfür sind die Regeln der International Law Commission (ILC) über das schiedsgerichtliche Verfahren (Entwurf)[49] und die Modellregel über das schiedsgerichtliche Verfahren der Völkerrechtskommission[50] sowie die Verfahrensregeln des Ständigen Schiedshofs. Aber selbst wenn eine derartige Regelung nicht vorgesehen ist, besteht dennoch die Möglichkeit, die Unabhängigkeit und Neutralität eines Schiedsrichters in Frage zu stellen. Soweit die Verfahrensregeln nicht eine dritte Stelle mit der Entscheidung beauftragen, wird diese Entscheidung – wie in vielen nationalen Rechtsordnungen – von denjenigen Richtern gefällt, deren Unabhängigkeit nicht in Frage gestellt wurde[51].

III. Verfahren vor Schiedsgerichten

43 Kein allgemeines Standardverfahren Entwicklung von Modellverfahrensregeln	Trotz der Vielzahl von schiedsgerichtlichen Verfahren gibt es kein allgemein anerkanntes Standardverfahren, obwohl sich die schiedsgerichtlichen Verfahren in der Praxis ähneln. Vor allem der Entwurf der Konvention über schiedsgerichtliches Verfahren durch die Völkerrechtskommission wurde abgelehnt. Das führte dazu, daß die Völkerrechtskommission Modellregeln entwarf, die von der Generalversammlung der Vereinten Nationen 1958 zur Kenntnis genommen wurden. Trotz der fehlenden Annahme sind diese Regeln teilweise angewandt worden. Ein anderer Satz von Regeln sind die sogenannten United Nations Commission on International Trade Law (UNCITRAL) schiedsgerichtlichen Regeln[52]. Diese dienen allerdings der schiedsgerichtlichen Entscheidung zwischen Staaten und Privatunternehmen. Dennoch bildeten sie die Grundlage für den Ständigen Schiedshof, um seine Modellregeln zu verfassen. Letztere haben eine größere praktische Bedeutung erlangt. Letztlich formuliert auf der Basis dieser Schiedsregeln jedes Schiedsgericht seine Verfahrensregeln selbst. Dabei können Regeln durch Verweis übernommen,

---

49 *International Law Commission*, Draft Convention on Arbitral Procedure, in: Yb. ILC, 1953, Bd. II, S. 208.
50 *International Law Commission*, Model Rules on Arbitral Procedure, in:Yb. ILC, 1958, Bd. II, S. 83.
51 Vgl. PCA, Reasoned Decision on Challenge (The Republic of Mauritius vs. United Kingdom of Great Britain and Northern Ireland), vom 30.11.2011, S. 1f., abrufbar unter www.pca-cpa.org/showpage.asp?pag-id=1429.
52 UNCITRAL Arbitration Rules in: Report of the United Nations Commission on International Trade Law on the work of its ninth session (12. April–6. Mai 1976), UN General Assembly Official Records, 31st Session, Suppl. No. 17, (A/31/17) S. 35.

aber auch voll inkorporiert werden. Diesen Regeln muß von seiten der beiden Parteien wie auch von seiten des Schiedsgerichts zugestimmt werden.

Das Verfahren vor Schiedsgerichten ähnelt dem vor internationalen Gerichten. Es gliedert sich in ein schriftliches Verfahren und ein mündliches Verfahren. In aller Regel wird zwischen dem Gericht und den Parteien vereinbart, welche Schriftsätze einzureichen sind. Normalerweise handelt es sich um eine Antragsschrift („memorial"), eine Gegenvorstellung („counter-memorial"), eine Replik („reply") und eine Duplik „(rejoinder"). Es dominieren insoweit nicht die Vorstellungen der Schiedsgerichte, sondern die der Parteien.

44 Schriftliches Verfahren

Das mündliche Verfahren zeichnet sich dadurch aus, daß in ihm keine neuen Sachverhalte vorgetragen werden dürfen, soweit nicht die Gegenpartei oder das Gericht dem zugestimmt hat bzw. dies vom Gericht verlangt wird. Das mündliche Verfahren ist strikt kontradiktorisch; es werden in ihm Zeugen und Experten gehört. Theoretisch können auch Beweisaufnahmen vor Ort stattfinden. Aus der Sicht der deutschen gerichtlichen Praxis wird der mündlichen Verhandlung in aller Regel viel Zeit eingeräumt. Wesentliches Strukturelement ist, neben dem kontradiktorischen Verfahren, daß beide Parteien über die gleiche Zeit für die mündliche Verhandlung und die Präsentation von Beweismitteln verfügen. Anders als vor den institutionalisierten Gerichten bleiben die Schriftsätze der Parteien und die Plädoyers im mündlichen Verfahren der Schiedsgerichte geheim, lediglich das Urteil wird publiziert.

45 Mündliches Verfahren

Ein schiedsgerichtliches Urteil ist abschließend und verbindlich. Die Parteien sind verpflichtet, das Urteil durchzusetzen. Einen internationalen Durchsetzungsmechanismus gibt es im eigentlichen Sinne nicht. Sollte eine Partei das Urteil eines Schiedsverfahrens nicht oder nur unvollständig erfüllen, begeht es eine Völkerrechtsverletzung, die zu einem erneuten Verfahren führen kann.

46 Verbindlichkeit des Urteils

In der Regel ist festzuhalten, daß die schiedsgerichtlichen Urteile von den Parteien weitgehend erfüllt werden. Dies hat zwei Gründe: Die meisten Streitfälle, die vor Schiedsgerichten entschieden werden, behandeln nicht hochpolitische Fragestellungen, wenn es sich auch um Fragestellungen mit größerer Bedeutung für die Staaten handeln mag, wie zum Beispiel die Fragen der Grenzziehung, der Immunität oder des Schadenersatzes. Das Problem der Schiedsgerichtsbarkeit – wie der internationalen Gerichtsbarkeit insgesamt – ist es, Staaten dazu zu bewegen, diese Institution in Anspruch zu nehmen. Ist diese Hürde erst einmal überwunden, wehren sich Staaten nicht mehr gegen die Vollstreckung eines Urteils.

47 Akzeptanz bei den Parteien

E. Organisation und Verfahren vor internationalen Gerichten

I. Zwei universelle internationale Gerichte

48
IGH, Seegerichtshof

Es gibt zur Zeit lediglich zwei universelle internationale Gerichte, den Internationalen Gerichtshof und den Internationalen Seegerichtshof, wobei lediglich ersterer über eine umfassende sachliche Kompetenz verfügt, letzterer nur über eine eingeschränkte sachliche Kompetenz.

II. Organisation internationaler Gerichte

49
Internationaler Gerichtshof

Der Internationale Gerichtshof wurde mit Inkrafttreten der Charta der Vereinten Nationen gegründet. Bei ihm handelte es sich um ein Hauptorgan der Vereinten Nationen (Art. 92 UN-Charta)[53], allerdings genießt er auch gegenüber den Vereinten Nationen eine vollständige inhaltliche Unabhängigkeit. Das Budget des Internationalen Gerichtshofs ist Teil des Gesamtbudgets der Vereinten Nationen, das wiederum durch deren Mitglieder getragen wird.

50
Internationaler Seegerichtshof

Der Internationale Seegerichtshof wurde durch das Seerechtsübereinkommen der Vereinten Nationen 1996 gegründet. Es besteht anders als beim Internationalen Gerichtshof keine direkte Verbindung zu den Vereinten Nationen, auch wenn der Generalsekretär der Vereinten Nationen die Versammlung der Vertragsparteien – das Gremium, das über den Haushalt des Internationalen Seegerichtshofs entscheidet, sowie die Wahl der Richter vornimmt – einberuft. Das Budget des Seegerichtshofs wird von den Mitgliedern des UN-Seerechtsübereinkommens getragen.

51
Personelle Organisation des IGH

Der Internationale Gerichtshof umfaßt 15 Richter, die von dem Sicherheitsrat und der Generalversammlung der Vereinten Nationen gemeinsam gewählt werden. Für ihre Wahl bedürfen sie der absoluten Mehrheit sowohl im Sicherheitsrat wie auch in der Generalversammlung. Kandidaten für das Richteramt am Internationalen Gerichtshof werden von den nationalen Gruppen des Ständigen Schiedshofs benannt[54]. Die Wahlen finden im dreijährigen Turnus statt, so daß jeweils fünf Richter neu- bzw. wiedergewählt werden. Die Voraussetzung zum Richteramt gemäß Art. 2 des Statuts des Internationalen Gerichtshofs sieht vor, daß die Kandidaten die in ihren Heimatstaaten für die höchsten richterlichen Ämter notwendigen Voraussetzungen erfüllen müssen oder Völkerrechtsgelehrte von anerkanntem Ruf sind. Die Amtsdauer beträgt neun Jahre, eine Wiederwahl ist zulässig. Der Internationale Gerichtshof kennt weder eine Altersgrenze noch eine Beschränkung hinsichtlich der Wiederwahl.

---

53 Vgl. umfassend *Shabtai Rosenne*, International Court of Justice (ICJ), in: Rüdiger Wolfrum (Hg.), Max Planck Encyclopedia of Public International Law, Oxford 2011; sowie *ders./Terry D. Gill*, Rosenne's The World Court, Leiden ⁶2003, jeweils m. weit. Nachw.
54 Art. 4 Statut des Internationalen Gerichtshofs, vgl. zur Auswahl internationaler Richter *Ruth Mackenzie, Kate Malleson, Penny Martin, Philippe Sands*, Selecting International Judges, Oxford 2010.

Die Richter am Internationalen Seegerichtshof werden durch die Mitgliederversammlung des Seerechtsübereinkommens auf neun Jahre gewählt. Wahlen finden alle drei Jahre statt; es werden jeweils sieben Richter neu- oder wiedergewählt. Das Vorschlagsrecht liegt bei den Regierungen der Vertragsstaaten. Gewählt ist, wer zwei Drittel der Stimmen der abstimmenden Staaten in der Mitgliederversammlung auf sich vereinigen kann. Allerdings gilt für den Internationalen Seegerichtshof eine strikte regionale Quotierung. Danach stehen Afrika und Asien jeweils fünf der 21 Richtersitze zu, Lateinamerika und der Karibik vier, Westeuropa und Osteuropa jeweils drei. Ein Sitz wird in Konkurrenz zwischen Afrika bzw. Asien und Westeuropa entschieden. Die Anforderung an die Qualifikation verlangt persönliche Integrität und Unabhängigkeit sowie eine anerkannte Qualifikation auf dem Gebiet des Seerechts. Auch der Internationale Seegerichtshof kennt keine Altersgrenze und keine Beschränkungen hinsichtlich der Wiederwahl.

52
Personelle Organisation des Seegerichtshofs

Für beide Gerichte gilt, daß nicht mehrere Richter die Staatsangehörigkeit desselben Staates haben dürfen. Haben die Parteien eines Rechtsstreits keinen Richter ihrer Staatsangehörigkeit auf der Richterbank, so können sie einen ad hoc-Richter benennen. Dieser kann von der Gegenseite abgelehnt werden. Das System des ad hoc-Richters ist nicht unumstritten. An der Unabhängigkeit dieser Richter wurden in der Literatur gelegentlich Zweifel geäußert. Stichhaltige Gründe, die diese Zweifel stützen könnten, liegen nicht vor[55].

53
Ad hoc-Richter

Beide Gerichte entscheiden in der Regel im Plenum, haben aber auch die Möglichkeit, sachlich bestimmte Kammern zu bilden. Diesen kommt in der Praxis allerdings keine Bedeutung zu. Eine größere Bedeutung haben die ad hoc-Kammern, die auf Wunsch der Parteien gebildet werden können. Dabei unterscheidet sich der Internationale Seegerichtshof von dem Internationalen Gerichtshof dahingehend, daß der Einfluß der Parteien auf die Zusammensetzung der Kammer und das Verfahren größer ist als auf die ad hoc-Kammer des Internationalen Gerichtshofs. Innerhalb des Internationalen Seegerichtshofs gibt es eine Kammer für Meeresbodenstreitigkeiten, bestehend aus elf Richtern, deren Verfahren sich grundsätzlich von dem des Plenums unterscheidet. Vor dieser Kammer sind auch natürliche und juristische Personen parteifähig[56].

54
Plenarentscheidung

Kammerentscheidung

Der Internationale Gerichtshof kann über alle Fragen des Völkerrechts entscheiden; der Internationale Seegerichtshof hingegen nur über Fragen der Auslegung und Anwendung des Seerechtsübereinkommens. Zudem steht der Internationale Seegerichtshof in Konkurrenz zum Internationalen Gerichtshof und zur Schiedsgerichtsbarkeit, die in bezug auf die Seerechtsübereinkommen die gleichen Kompetenzen wie dieser haben.

55
Sachliche Zuständigkeit

---

55 Vgl. dazu *José Luis Jesus*, Judges ad hoc in the International Tribunal for the Law of the Sea, in: Coexistence, Cooperation and Solidarity: Liber Amicorum Rüdiger Wolfrum, Leiden 2012, Bd. II, S. 1661 ff.
56 *Jesus* (N 55), S. 1670.

III. Verfahren vor internationalen Gerichten

56
Ähnlichkeit der Verfahrensgrundzüge

Die Verfahren vor internationalen Gerichten ähneln einander in den Grundzügen und unterscheiden sich auch nicht substantiell von dem Verfahren vor internationalen Schiedsgerichten[57]. Das Verfahren gliedert sich in einen schriftlichen und einen mündlichen Teil. Es beginnt mit einer Antragsschrift des Antragsstellers, die für den Internationalen Gerichtshof in der Praxis eher knapp gefaßt sein kann, während sie für den Internationalen Seegerichtshof ausführlicher sein muß. In beiden Fällen muß der Prozeßbevollmächtigte („agent") des Klägers benannt werden; außerdem sind der Klagegrund, die wesentliche Rechtsgrundlage und die Faktenlage anzusprechen[58]. Modifikationen können sich daraus ergeben, ob das Verfahren durch „compromis" oder einseitig initiiert wurde, denn der „compromis" formuliert den Streitgegenstand zumindest allgemein.

Antragsschrift

57
Allgemeine Vorprüfung

Es findet in den Gerichten eine sehr allgemeine Vorprüfung statt, um offensichtlich unzulässige Anträge abzuweisen. Auf der Basis der Antragsschrift, die in der Liste der Fälle eingetragen wurde, wird durch den Präsidenten mit den Streitparteien das weitere Verfahren vorstrukturiert. Dabei handelt es sich in erster Linie um die Frage, welche Schriftsätze innerhalb welcher Fristen eingereicht werden müssen. Es sind dies in aller Regel eine Antragsschrift („memorial"), eine Erwiderungsschrift („counter-memorial"), Replik („reply") und Duplik („rejoinder"). Für die Vorlage der Antragsschrift bzw. der Erwiderung beanspruchen die Parteien je bis zu zwölf Monate und für Replik und Duplik je bis zu sechs Monate. Mit der Vorlage der Schriftsätze wird das schriftliche Verfahren geschlossen. Neue Dokumente und neue Vorträge dürfen danach nur bei Zustimmung der Gegenpartei oder auf Wunsch des Gerichts eingebracht werden.

Antrag und Erwiderung

Replik und Duplik

58
Mündliche Verhandlung und Urteilsfindung

Innerhalb einer festgelegten Frist, die von der Belastung des Gerichts abhängt, schließen sich die mündliche Verhandlung und danach die Urteilsfindung des Gerichts an. An dieser Stelle unterscheiden sich der Internationale Gerichtshof und der Internationale Seegerichtshof. Während die Fälle vor dem Internationalen Seegerichtshof, in denen das schriftliche Verfahren abgeschlossen worden ist und eine Vorberatung durch das Gericht stattgefunden hat, durch das Gericht in dieser Zusammensetzung entschieden werden, auch wenn die Amtszeit einzelner Richter abgelaufen ist, kann der Internationale Gerichtshof nur in der Amtszeit der befaßten Richter entscheiden. Beide internationalen Gerichte kennen keinen berichterstattenden Richter. Der Versuch, diesen in das Verfahren des Internationalen Seegerichtshofs einzuführen, ist am Widerstand vor allem der Richter gescheitert, die dem com-

---

57 Vgl. zu dem Verfahren vor dem IGH Art. 30 ff. der Verfahrensordnung (Stand 14. 4. 2005). Zum Verfahren umfassend *Rosenne* (N 53); für den Internationalen Seegerichtshof sind die Verfahrensordnung (Stand 17. 3. 2009), Art. 44 ff., sowie die Resolution on the Internal Judicial Practice of the Tribunal (31. 10. 1997) maßgeblich; vgl. dazu umfassend *Thomas Mensah*, Art. 44 – Art. 53, in: P. Chandrasekhara Rao/Philippe Gautier (Hg.), The Rules of the International Tribunal for the Law of the Sea: A Commentary, Leiden 2006, S. 129 ff.
58 Art. 38 Verfahrensordnung des IGH; Art. 54 Verfahrensordnung des Internationalen Seegerichtshofs.

mon law-System entstammen. Vielmehr sind die Richter des Internationalen Gerichtshofs verpflichtet und die Richter des Internationalen Seegerichtshofs angehalten, nach der mündlichen Verhandlung Voten einzureichen, die dann zusammen mit den Vorbereitungen des Präsidenten und der Kanzlei („registry") die Grundlage für die Beratungen im Plenum bilden. Ein Entwurf des Urteils wird auf der Basis der Beratungen durch einen Redaktionsausschuß der Richter („Drafting Committee") formuliert. Die Entscheidung fällt dann im Plenum in namentlicher Abstimmung.

Die Entscheidungen des Internationalen Gerichtshofs ergehen auf der Basis des Völkerrechts, wie es in Art. 38 IGH-Statut definiert ist, die des Internationalen Seegerichtshofs auf der Basis des Seerechtsübereinkommens und des Völkerrechts, soweit dies mit dem Seerechtübereinkommen kompatibel ist. Hinsichtlich der Interpretation der Normen folgen die internationalen Gerichte dem für das Völkerrecht maßgeblichen Ansatz, wonach die Wortinterpretation und die systematische Interpretation im Vordergrund stehen und durch die teleologische Interpretation ergänzt werden. Die historische Interpretation hat theoretisch nur Hilfsfunktion[59]. Internationale Gerichte bevorzugen in aller Regel schriftliche Beweise, aber Zeugenvernehmungen finden statt[60].

59
Entscheidungen auf der Basis des Völkerrechts

Es besteht die Möglichkeit zu abweichenden Meinungen („dissenting opinions"), Sondervoten („separate opinions") oder Deklarationen der Richter. Von dieser Möglichkeit wird intensiv Gebrauch gemacht. Das Urteil wird jeweils in den beiden Gerichtssprachen (Englisch und Französisch) ausgefertigt und verkündet. Urteile des Internationalen Gerichtshofs sind in beiden Sprachen authentisch, Urteile des Internationalen Seegerichtshofs in einer. Den abweichenden Voten kann in bezug auf die Interpretation des Urteils eine besondere Bedeutung zukommen.

60
Abweichende Meinung, Sondervotum, Deklaration

Die Urteile sind abschließend und verbindlich. Beide Gerichte sehen die Möglichkeit einer Interpretation eines Urteils oder eine Revision vor, eine Rechtsmittelinstanz gibt es für die institutionelle Gerichtsbarkeit – etwas anderes gilt für die Gerichtsbarkeit der Welthandelsorganisation – nicht.

61
Verbindlichkeit der Urteile

Für Urteile der internationalen Gerichte gibt es auch keine Durchsetzungsmechanismen. Zwar sieht Art. 94 UN-Charta vor, daß Urteile des Internationalen Gerichtshofs durch den Sicherheitsrat vollstreckt werden. Davon ist in der Praxis bislang kein Gebrauch gemacht worden. Für den Internationalen Seegerichtshof fehlt diese Möglichkeit.

62
Fehlende Durchsetzungsmechanismen

Beide internationale Gerichte haben die Möglichkeit, unverbindliche Rechtsgutachten zu erlassen. Diese Möglichkeit ist jedoch prozedural beschränkt.

63
Unverbindliche Rechtsgutachten

---

59 *Rosenne* (N 53).
60 Detailliert zum Beweis vor internationalen Gerichten *Markus Benzing*, Das Beweisrecht vor internationalen Gerichten und Schiedsgerichten in zwischenstaatlichen Streitigkeiten, 2010; *Rüdiger Wolfrum*, International Courts and Tribunals, Evidence, in: ders. (Hg.) Max Planck Encyclopedia of Public International Law, Oxford 2011; *Anna Riddell/Brendan Plant*, Evidence before the International Court of Justice, London 2009.

Sinn und Zweck von Rechtsgutachten sind umstritten. Es wird befürchtet, daß sie dazu mißbraucht werden können, streitige Verfahren zu umgehen oder unzulässige streitige Verfahren doch vor ein internationales Forum zu tragen[61]. Andererseits wird aber auf sie auch auf ein „weicheres" Verfahren der Streitbeilegung verwiesen.

64
Einstweilige Anordnungen

Beide internationale Gerichte können verbindliche einstweilige Anordnungen erlassen[62]. Einstweilige Anordnungen des Internationalen Seegerichtshofs können von den Anträgen abweichen und auch über diese hinausgehen. Es ist zu erwägen, ob derartige einstweilige Anordnungen bereits einen Streitfall beilegen können. An sich dienen sie lediglich dazu, die Rechte beider Parteien bis zur Entscheidung in der Hauptsache zu sichern. Im Fall des Internationalen Seegerichtshofs können einstweilige Anordnungen auch dem Schutz der Meeresumwelt dienen.

65
Kostentragung

Die außergerichtlichen Kosten tragen in aller Regel die Parteien selbst, die gerichtlichen Kosten fallen für den Internationalen Gerichtshof in das Budget der Vereinten Nationen und für den Internationalen Seegerichtshof werden sie durch eine Umlage der Mitglieder des UN-Seerechtsübereinkommens getragen.

F. Organisation und Verfahren der Streitbeilegung im Rahmen der Welthandelsorganisation im Überblick

66
Einvernehmliche Lösung

Das Streitbeilegungsverfahren im Rahmen der Welthandelsorganisation ist in der Uruguay-Runde gegenüber dem vorher bestehenden Verfahren des Allgemeinen Zoll- und Handelsabkommens (GATT) modifiziert worden. Es stellt derzeit das wohl effizienteste Streitbeilegungssystem im Sinne von Art. 2 Ziff. 3 UN-Charta dar. Wesentliches Grundanliegen ist nicht die Entscheidung eines Streitfalls, sondern, wie Art. 3.7. Dispute Settlement Understanding (DSU) formuliert, eine einvernehmliche – das heißt für alle Streitparteien akzeptable – Lösung im Verhandlungswege.

67
Exklusives Verfahren

Das Streitbeilegungssystem beruht auf dem Dispute Settlement Understanding[63] sowie den Rules of Conduct for the Understanding on Rules and Procedures Governing the Settlement of Disputes[64]. Es ist obligatorisch und erfaßt

---

61 Vgl. dazu umfassend *Marie-Clotilde Runavot*, La compétence consultative des juridictions internationales, Paris 2010; *Anthony Aust*, Handbook of International Law, Cambridge ²2010, S. 428f.
62 Dazu detailliert: *Mehmet Semih Gemalmaz*, Provisional Measures of Protection in International Law: 1907–2010, Istanbul 2011; *Karin Oellers-Frahm*, Art. 41, in: Andreas Zimmermann/Christian Tomuschat/Karin Oellers-Frahm (Hg.), The Statute of the International Court of Justice: A Commentary, Oxford ²2012; *Rüdiger Wolfrum*, Art. 89 – Art. 95, in: P. Chandrasekhara Rao/Philippe Gautier (Hg.), The Rules of the International Tribunal for the Law of the Sea: A Commentary, Leiden 2006, S. 247 ff.
63 WTO, Understanding on Rules and Procedures governing the Settlement of Disputes (15. April 1994), in: International Legal Materials, New York, Bd. 33, S. 1226; vgl. dazu detailliert *Rüdiger Wolfrum/Peter-Tobias Stoll/Karen Kaiser* (Hg.), WTO: Institutions and Dispute Settlement, Leiden 2006, S. 268 ff.
64 WTO, Rules of Conduct for the Understanding on the Rules and Procedures governing the Settlement of Disputes (11. Dezember 1996), WT/DSB/RC/1.

Streitigkeiten in bezug auf GATT 1994[65], TRIPs[66] und GATS[67]. Das Verfahren ist exklusiv, das heißt, es schließt den Rekurs zu anderen Verfahren der Streitbeilegung im Prinzip aus.

Das Streitbeilegungssystem kennt drei Verfahren: die Verletzungsbeschwerde, die Nichtverletzungsbeschwerde und die Situationsbeschwerde. Lediglich die Verletzungsbeschwerde ist in der Praxis von Bedeutung. Parteifähig in WTO-Streitbeilegungsverfahren sind ausschließlich WTO-Mitglieder, also Staaten und die Europäische Union. Erforderlich ist eine Klagebefugnis, wobei das Vorliegen wirtschaftlicher Interessen ausreicht[68]. Das Streitbeilegungssystem wird durch den sogenannten Dispute Settlement Body verwaltet, dies ist der Allgemeine Rat der Welthandelsorganisation.

Drei Verfahrenstypen
Parteifähigkeit

Auf Antrag der beschwerdeführenden Partei wird ein aus drei Experten besetztes Panel eingesetzt. Bei ihm liegt eine objektive Prüfung der Sach- und Rechtslage. Formal bereitet das Panel lediglich eine Entscheidung des Dispute Settlement Body vor. De facto handelt es sich aber um eine Entscheidung. Gegen eine Panel-Entscheidung kann Berufung vor dem Appellate Body eingelegt werden. Dieser kann die rechtlichen Feststellungen des Panels bestätigen, revidieren oder aufheben. Der Appellate Body besteht aus sieben für vier Jahre ernannten Personen. Entscheidungen ergehen durch Kammern, bestehend aus drei Personen. Der Panel und der Appellate Body-Bericht sind verbindlich, es sei denn, sie werden einstimmig durch den Dispute Settlement-Body aufgehoben. Dies ist in der Praxis unwahrscheinlich. Auch dieses Verfahren kennt keine Durchsetzungsmechanismen. Die Durchsetzung der Panel und der Appellate Body-Entscheidung liegt bei der obsiegenden Partei[69].

68
Panel-Entscheidung

Appellate Body-Entscheidung

G. Ausblick

Art. 24 Abs. 3 GG ist auf die Einrichtung einer verbindlichen und gleichzeitig allgemeinen internationalen Gerichtsbarkeit ausgerichtet. Die Tendenz des Völkerrechts zielt in eine andere Richtung, nämlich in Richtung verbindlicher Spezialgerichte, wie sie das System der Streitbeilegung in der Welthandelsorganisation und unter dem Seerechtsübereinkommen darstellen. Dieser Trend scheint unumkehrbar. Hier ist befürchtet worden, daß diese Verbreitung der internationalen Gerichte zu einer Fragmentierung des Völkerrechts führen

69
Verbindliche Spezialgerichte

---

65 General Agreement on Tariffs and Trade 1994 (15. April 1994), in: United Nations Treaty Series, 1995, Bd. 1867, S. 187.
66 WTO, Agreement on Trade-Related Aspects of Intellectual Property Rights, including Trade in Counterfeit Goods (15. April 1994), in: United Nations Treaty Series, 1995, Bd. 1869, S. 299.
67 General Agreement on Trade in Services (15. 4. 1994), in: United Nations Treaty Series, 1995, Bd. 1869, S. 183.
68 Vgl. dazu *David Palmeter/Petros C. Mavroidis*, Dispute Settlement in the World Trade Organization, Cambridge ²2004, S. 33.
69 Art. 22 DSU.

könne[70]. Diese Befürchtung hat sich als unbegründet erwiesen. Zwar hat es in Einzelfällen abweichende Aussagen zu bestimmten Rechtsprinzipien gegeben, aber diese sind unvermeidbar in einem System, das parallele Streitbeilegungsmechanismen kennt. Grundsätzlich ist es zu begrüßen, daß verschiedene Foren zur Verfügung stehen, um Rechtsstreitigkeiten im Völkerrecht auf der Basis des Rechts beizulegen. Sie alle tragen zu einer stärkeren Verwirklichung des Rechtsstaatsgedankens im Völkerrecht bei. Insofern sind die verschiedenen Foren als Einheit zu sehen. Ihre Spezialisierung reflektiert die ständige Diversifizierung des Völkerrechts.

---

70 *Thomas Buergenthal*, Proliferation of International Courts and Tribunals: Is it good or bad?, in: Journal Leiden, of International Law 14 (2001), S. 267 ff.; *Karin Oellers-Frahm*, Multiplication of International Courts and Tribunals and Conflicting Jurisdiction – Problems and Possible Solutions, in: Max Planck UNYB 5 (2001), S. 67 ff.; *Yuval Shany*, The Competing Jurisdictions of International Courts and Tribunals, Oxford 2003.

H. Bibliographie

Chittharanjan F. Amerasinghe, Jurisdiction of Specific International Tribunals, Leiden 2009.
Anthony Aust, Handbook of International Law, Cambridge ²2010.
Markus Benzing, Das Beweisrecht vor internationalen Gerichten und Schiedsgerichten in zwischenstaatlichen Streitigkeiten, 2010.
Charles A. Brower, Arbitration, in: Rüdiger Wolfrum (Hg.), Max Planck Encyclopedia of Public International Law, Online-Ausgabe, 2011.
Jonathan I. Charney, Is International Law Threatened by Multiple International Tribunals?, in: Recueil des Cours 271 (1998), S. 101 ff.
Moshe Hirsch, The Arbitration Mechanism of the International Centre for the Settlement of Investment Disputes, Den Haag 1993.
José Luis Jesus, Judges ad hoc in the International Tribunal on the Law of the Sea, in: Holger Hestermeyer/Doris König u. a. (Hg.), Coexistence, Cooperation and Solidarity: Liber Amicorum Rüdiger Wolfrum, Leiden 2011, Bd. II, S. 1661 ff.
Hans Jonkman, The Role of the Permanent Court of Arbitration in International Dispute Resolution, in: Recueil des Cours 279 (1999), S. 9 ff.
John G. Merrills, International Dispute Settlement, New York ⁵2011.
Guillermo R. Moncayo, La médiation pontificale dans l'affaire du Canale Beagle, in: Recueil des Cours 242 (1993), S. 197 ff.
Francisco Orrego Vicuna, Mediation, in: Rüdiger Wolfrum (Hg.), Max Planck Encyclopedia of Public International Law, Online-Ausgabe, 2011.
David Palmeter/Petros C. Mavroidis, Dispute Settlement in the World Trade Organization, Cambridge ²2004.
P. Chandrasekhara Rao/Philippe Gautier (Hg.), The Rules of the International Tribunal of the Law of the Sea: A Commentary, Leiden 2006.
Shabtai Rosenne, International Court of Justice (ICJ), in: Rüdiger Wolfrum (Hg.), Max Planck Encyclopedia of Public International Law, Online-Ausgabe, 2011.
ders., Permanent Court of International Justice (PCIJ), in: Rüdiger Wolfrum (Hg.), Max Planck Encyclopedia of Public International Law, Online-Ausgabe, 2011.
ders./Terry D. Gil, Rosenne's World Court, Leiden ⁶2003.
Marie-Clothilde Runavot, La compétence consultative des juridictions internationales, Paris 2010.
Bette E. Shifman, The Permanent Court of Arbitration: An Overview, in: Peter J. van Kricken/David McKay (Hg.), The Hague Legal Capital of the World, Cambridge 2005, S. 127 ff.
Peter Tomka, The Special Agreement, in: Nisuke Ando/Edward McWhinney/Rüdiger Wolfrum (Hg.), Liber Amicorum Judge Shigeru Oda, Leiden 2002, S. 553 ff.
Stephen J. Toope, Mixed International Arbitration: Studies in Arbitration between States and Private Persons, Cambridge 1990.
Todd Weiler, International Investment Law and Arbitration: Leading Cases from the ICSID, NAFTA, Bilateral Treaties and Customary International Law, London 2005.
Rüdiger Wolfrum, International Courts and Tribunals, Evidence, in: ders. (Hg.) Max Planck Encyclopedia of Public International Law, Oxford 2011.
Andreas Zimmermann/Christian Tomuschat/Karin Oellers-Frahm (Hg.), The Statute of the International Court of Justice: A Commentary, New York 2012.

§ 243
Systeme kollektiver Sicherheit

Stefan Oeter

Übersicht

	Rn.		Rn.
A. Kollektive Sicherheit als Konzept des Verfassungs- wie des Völkerrechts	1– 3	II. Einordnung in ein System kollektiver Sicherheit und Beschränkung von Hoheitsrechten	18–22
B. Konzepte kollektiver Sicherheit und kollektiver Verteidigung im Völkerrecht	4–13	III. Zweckbindung des Art. 24 Abs. 2 GG	23–24
I. Entstehung der Konzepte kollektiver Sicherheit	4– 6	E. Art. 24 Abs. 2 GG in der Verfassungspraxis	25–30
II. Kollektive Sicherheit im System der UN-Charta	7–10	I. Die Vereinten Nationen als globales System kollektiver Sicherheit	25–26
III. Regionalorganisationen kollektiver Sicherheit	11–12	II. NATO-Mitgliedschaft und kollektive Sicherheit	27
IV. Systeme kollektiver Verteidigung	13	III. Die Europäische Union als regionale Abmachung kollektiver Sicherheit	28
C. Rezeption der Konzepte kollektiver Sicherheit im Verfassungsrecht	14–15	IV. Systeme kollektiver Sicherheit und Einsatz der Bundeswehr	29–30
D. Normgehalt des Art. 24 Abs. 2 GG	16–24	F. Bibliographie	
I. System gegenseitiger kollektiver Sicherheit und Wahrung des Friedens	16–17		

619

A. Kollektive Sicherheit als Konzept des Verfassungs- wie des Völkerrechts

1
Normatives Leitkonzept des Systems der Friedenswahrung

Die Begriffe „kollektive Sicherheit" und „Systeme kollektiver Sicherheit" stammen aus dem Völkerrecht und haben dort seit dem Ende des Ersten Weltkriegs eine steile Karriere als neues normatives Leitkonzept des Systems der Friedenswahrung durchlaufen[1]. Im klassischen Völkerrecht des 19. Jahrhunderts war die Sorge um die äußere Sicherheit noch den einzelnen Staaten überantwortet, die sich über Bündnisse und Allianzen mit anderen Staaten verbanden, um sich so gegenüber militärischen Bedrohungen abzusichern.

Haager Friedenskonferenzen

Erste Versuche, das freie Recht zum Krieg („liberum ius ad bellum") durch Schaffung einer obligatorischen internationalen Schiedsgerichtsbarkeit zurückzudrängen, scheiterten auf den beiden Haager Friedenskonferenzen von 1899 und 1907[2]. Die Katastrophe des Ersten Weltkrieges bewegte die Staaten dazu, mit dem Völkerbund als Organisation kollektiver Sicherheit Ansätze einer neuen Sicherheitsarchitektur zu schaffen[3]. Die normativen

Völkerbund und Briand-Kellog-Pakt

Bemühungen um Ächtung des Krieges erfuhren mit dem Briand-Kellog-Pakt einen vorläufigen Abschluß[4] – doch in den bewaffneten Auseinandersetzungen der 30er Jahre erwies sich das System als weitgehend funktionsunfähig. Mit der Charta der Vereinten Nationen als Neuauflage eines Systems kollektiver Sicherheit versuchte man nach 1945, Lehren aus dem Scheitern des Völkerbundes zu ziehen[5]. Mit dem System des Kapitel VII der UN-Charta wurde

UN-Charta

ein institutionelles Gefüge geschaffen, das eine tatsächliche Gewähr kollektiver Sicherheit zu errichten suchte.

2
System kollektiver Sicherheit als Ziel deutscher Staatsräson

Angesichts dieser Entwicklungen war der Parlamentarische Rat sich darin einig, daß die Wahrung äußerer Sicherheit – wenn denn Deutschland irgendwann einmal wieder seine Souveränität von den Besatzungsmächten zurückerlangen sollte – letztlich nur im Kontext eines Systems kollektiver Sicherheit denkbar war[6]. Ergebnis dieses Konsenses war die Norm des Art. 24 Abs. 2 GG, die den Bund dazu ermächtigt, sich „zur Wahrung des Friedens einem System gegenseitiger kollektiver Sicherheit" einzuordnen. Formuliert als simple Ermächtigung, wird man sie darüber hinausgehend als eine Norm programmatischen Charakters einstufen müssen. Der Verfassunggeber bekennt sich mit dieser Norm dazu, daß eine Einbettung in ein System kollektiver Sicherheit als Ziel deutscher Staatsräson anzustreben ist, und will den Weg dafür normativ ebnen, nimmt als Preis für diesen Schritt explizit auch

---

1 Vgl. *Nico Krisch*, Selbstverteidigung und kollektive Sicherheit, 2001, S. 25 ff.
2 Vgl. grundlegend zu den Haager Friedenskonferenzen aus historischer Sicht *Jost Dülffer*, Regeln gegen den Krieg? Die Haager Friedenskonferenzen von 1899 und 1907 in der internationalen Politik, 1981.
3 Vgl. *Wilhelm G. Grewe*, Epochen der Völkerrechtsgeschichte, 1984, S. 691 ff., 728 ff.
4 Vgl. *Mary E. O'Connell*, Peace and War, in: Bardo Fassbender/Anne Peters (Hg.), The Oxford Handbook of the History of International Law, Oxford 2012, S. 272 ff. (288).
5 Vgl. *Krisch* (N 1), S. 45 ff.
6 Vgl. zur Entstehungsgeschichte des Art. 24 Abs. 2 GG *Christian Tomuschat*, in: BK, Art. 24 Rn. 133.

Beschränkungen der deutschen Hoheitsrechte in Kauf[7]. Als Konstellationen kollektiver Sicherheit sind in der Norm sowohl ein regionales System kollektiver Sicherheit in Europa wie auch das globale System kollektiver Sicherheit der Vereinten Nationen anvisiert – erstere Variante war in der konkreten Ausführung 1949 zwar noch unbestimmt, aber als wünschenswert für eine möglichst nahe Zukunft erstrebt, während die zweite Variante mit der Charta der Vereinten Nationen zwar schon normativ ausbuchstabiert war, der Beitritt dazu jedoch angesichts des fortdauernden Besatzungsstatuts in ferner Zukunft zu liegen schien. Der gesamte Artikel knüpft in seinen Begrifflichkeiten an die völkerrechtliche Diskussion der Zeit an und trifft eine bewußte Entscheidung dafür, diese neueren Völkerrechtsentwicklungen zu bejahen und den deutschen Teilstaat in die mit dem „System gegenseitiger kollektiver Sicherheit" umrissene internationale Ordnung neuen Typs einzubetten[8].

Regionale und globale Systeme kollektiver Sicherheit

Art. 24 GG als Ausdruck neuer Völkerrechtsentwicklungen

Das Bekenntnis des Art. 24 Abs. 2 GG zum Gedanken der kollektiven Sicherheit ist Teil der grundsätzlichen Verfassungsprogrammatik der „Völkerrechtsfreundlichkeit". Unter dem Eindruck des Grauens und des Leids, daß das nationalsozialistische Regime über Europa gebracht hatte, wollte man dem Völkerrecht normativ einen ganz besonderen Platz in der Verfassung einräumen und dessen Ordnungsrahmen in seiner Bedeutung für ein künftiges Deutschland betonen[9]. In diesem Kontext ist offensichtlich, daß man den völkerrechtlichen Rahmensetzungen mehr Gewicht einräumen wollte als dies das Völkerrecht im Grundsatz von den Staaten fordert[10]. Die Vorschrift des Art. 25 GG räumt etwa den allgemeinen Regeln des Völkerrechts einen normativen Rang ein, der über die Anforderungen des Völkerrechts hinausgeht – und der verhindern soll, daß sich ein deutscher Staat nochmals über die grundlegenden Wertsetzungen des Völkerrechts hinwegsetzt.

3
Verfassungsprogrammatik der „Völkerrechtsfreundlichkeit"

B. Konzepte kollektiver Sicherheit und kollektiver Verteidigung im Völkerrecht

I. Entstehung der Konzepte kollektiver Sicherheit

Der Begriff der kollektiven Sicherheit ist ein Kind der Völkerrechtslehre des frühen 20. Jahrhunderts. Als völlig neu wird man ihn nicht bezeichnen können, findet die Konzeption kollektiver Sicherheit doch Anknüpfungspunkte in älteren Entwürfen einer Staatenordnung – man denke nur an die Kantsche

4
Renaissance kantianischer Friedensmodelle

---

7 Siehe in diesem Sinne auch *Tomuschat* (N 6), Art. 24 Rn. 5; *Albrecht Randelzhofer*, in: Maunz/Dürig, Art. 24 Abs. 2 Rn. 6; skeptisch dagegen *Claus-Dieter Classen*, in: v. Mangoldt/Klein/Starck, Bd. II, 2010, Art. 24 Rn. 76.
8 Vgl. auch *Karl Doehring*, Systeme kollektiver Sicherheit, in: HStR VII, ¹1992, § 177 Rn. 1.
9 Vgl. in diesem Sinne auch *Doehring* (N 8), § 177 Rn. 1; *Ondolf Rojahn*, in: v. Münch/Kunig, Bd. I, 2000, Art. 24 Rn. 1 ff.
10 *Doehring* (N 8), § 177 Rn. 1.

Friedenssicherung als Unternehmen der Staatengemeinschaft

Friedensschrift mit ihrer Betonung des bündischen Zusammenschlusses der Republiken als Grundlage nachhaltiger Friedenswahrung[11]. Die Prominenz des Gedankens der kollektiven Sicherheit nach 1918 geht nicht zufällig parallel zu einer Renaissance kantianischer Friedensmodelle, im Sinne der Herstellung eines Systems institutionalisierter Friedenssicherung. Institutionalisierte Friedenssicherung aber war – jenseits der Hegemonialordnung – nur denkbar als kollektives Unternehmen der Staatengemeinschaft, in deren Kontext eine Ächtung des Krieges einhergehen mußte mit kollektiven Sicherungen der neuen Friedensordnung gegen rechtswidrige Gewaltakte. Als Begriffsverständnis setzte sich dabei sehr schnell – in Gegenübersetzung zum klassischen Konzept der Bündnisse und Allianzen, die immer von einem Element der Konfrontation mit anderen Bündnissen geprägt waren – der Gedanke durch, daß kollektive Sicherheit ein möglichst umfassendes System der Staatenorganisation erfordere, in das zur Wahrung des Friedens die jeweils denkbaren Gegner als Partner der Sicherheitsgewährleistung einbezogen seien[12].

5
System kollektiver Sicherheit – der Völkerbund

Nichteinbeziehung potentieller Gegner als Schwäche

Wirkungslosigkeit der Mechanismen bei Friedensbruch

Einem solchen Begriffsverständnis folgte die erste Blaupause eines Systems kollektiver Sicherheit – der Völkerbund. Innerhalb des Kollektivsystems (und unter Überwachung der übrigen Mitglieder des Systems) sollten die potentiellen Gegner von Aggressionen abgehalten werden – und im Fall, daß es doch zu einer Aggression kommen sollte, bestand die Erwartung einer kollektiven Reaktion der im Völkerbund organisierten Staatengemeinschaft. Leider wies dieses System jedoch erhebliche Schwächen auf. Die potentiellen Gegner waren nicht systematisch in das Gefüge kollektiver Sicherheit einbezogen – weder die USA noch die Sowjetunion noch gar das Deutsche Reich waren von Anfang an beteiligt. Zwar traten zumindest die Sowjetunion und das Deutsche Reich später bei – doch unter dem Eindruck der Aggressionen gegen ihre Nachbarstaaten wurde die Sowjetunion wieder ausgeschlossen und das Deutsche Reich verließ unter den Nazis den Völkerbund, um freie Bahn für seine forcierte Rüstung und die anschließende Aggressionspolitik zu haben. Die Ansätze einer Institutionalisierung kollektiver Reaktionsmechanismen auf Friedensbrüche liefen ins Leere, mangels Bereitschaft der tragenden Mächte, zugunsten der Aggressionsopfer zu den Waffen zu greifen. China wurde im Stich gelassen, als Japan es überfiel. Die italienische Aggression gegen Äthiopien blieb ohne große Folgen. Die Reaktionen nach dem Überfall der Sowjetunion auf Finnland muteten eher hilflos an und die Tschechoslowakei fiel der nationalsozialistischen Expansionspolitik ungehemmt zum Opfer.

6
Gründung der Vereinten Nationen

Reaktion darauf war 1945 die Gründung der Vereinten Nationen als Versuch einer verbesserten Neuauflage eines Systems kollektiver Sicherheit. Gezielt wurde jetzt darauf geachtet, daß die potentiellen Kontrahenten einer künfti-

---

11 Vgl. hierzu *Otfried Höffe*, Global Peace through Democratization and a League of Nations? Kantian Scepticism against Kant, in: Bindu Puri/Heiko Sievers (Hg.), Terror, Peace, and Universalism: Essays on the Philosophy of Immanuel Kant, Neu-Delhi 2007, S. 46 ff.
12 Zum Begriff „kollektive Sicherheit" siehe *Karl Doehring*, Kollektive Sicherheit, in: Rüdiger Wolfrum (Hg.), Handbuch Vereinte Nationen, 1991, S. 405 ff.; *Tomuschat* (N 6), Art. 24 Rn. 132 f.; *Doehring* (N 8), § 177 Rn. 2; *Dieter Deiseroth*, in: Umbach/Clemens, Bd. I, 2002, Art. 24 Rn. 181 ff.; *Krisch* (N 1), S. 45 ff.; *Alexander Orakhelashvili*, Collective Security, New York 2011, S. 11 ff.; *Rojahn* (N 9), Art. 24 Rn. 97.

gen Weltordnung – die USA und die Sowjetunion – in einem System gemeinsamer Entscheidungsfindung zusammengespannt waren, über die Mitgliedschaft im Sicherheitsrat als ständige Mitglieder mit Vetorecht. Preis dieser Konstruktion war eine mögliche Lähmung des gemeinsamen Entscheidungssystems, mit dem daraus folgenden Ausbleiben kollektiver Reaktionen auf Friedensbrüche – doch erschien diese Schwäche immer noch besser als der Ausschluß wichtiger potentieller Kontrahenten, mit dem Risiko der Instrumentalisierung des Systems als Vehikel der einen Großmacht im Kampf gegen die andere. Obwohl dieses System über Jahrzehnte – vom Beginn des Koreakriegs bis zum Ende des Kalten Krieges 1990 – nicht gerade optimal funktioniert hat, kann man ihm doch den Erfolg zuschreiben, daß es bis 1990 – trotz aller Blockkonfrontation – nie zu einem groß angelegten militärischen Schlagabtausch der Supermächte gekommen ist[13]. Neben diesem globalen Gefüge kollektiver Sicherheit entstand ein Geflecht regionaler Sicherheitsabmachungen, die allerdings weithin in den tradierten Kategorien der Verteidigungsbündnisse verhaftet blieben – wenn auch seit 1990 hier ebenfalls ein Aufbruch zu neuen Ufern kollektiver Sicherheitswahrung zu beobachten war, nicht zuletzt mit Blick auf Bedrohungen neuen Typs wie die Gefahren des internationalen Terrorismus.

Lähmung des Entscheidungssystems durch Vetorecht

Geflecht regionaler Sicherheitsabmachungen

II. Kollektive Sicherheit im System der UN-Charta

Das globale System kollektiver Sicherheit ist – wie eingangs schon erwähnt – heute im Organisationsgefüge der Vereinten Nationen institutionalisiert, das geradezu paradigmatisch das klassische Konzept der kollektiven Sicherheit verwirklicht, gehören doch alle anerkannten Staaten der Welt den Vereinten Nationen an. Die gemeinsame Gewährleistung der Sicherheit im Kreis der Mitgliedstaaten, unter Einschluß der potentiellen Aggressoren, ist mithin Programm[14]. Die Satzung der Vereinten Nationen enthält ein ausdrückliches Bekenntnis zum Gedanken der kollektiven Sicherheit. Dies wird schon deutlich an der Präambel der UN-Charta, in der es heißt: „festentschlossen, ... unsere Kräfte zu vereinen, um den Weltfrieden und die internationale Sicherheit zu wahren, Grundsätze anzunehmen und Verfahren einzuführen, die gewährleisten, daß Waffengewalt nur noch im gemeinsamen Interesse angewendet wird ...". Schon hier scheint der Grundgedanke der kollektiven Sicherheit deutlich auf. Vertieft wird dies in der Zielbestimmung des Art. 1 UN-Charta, in der als erstes Ziel der Organisation formuliert wird: „1. den Weltfrieden und die internationale Sicherheit zu wahren und zu diesem Zweck wirksame Kollektivmaßnahmen zu treffen, um Bedrohungen des Friedens zu verhüten und zu beseitigen ..."[15]. Kapitel VII der UN-Charta ope-

7
Gemeinsame Gewährleistung der Sicherheit als Programm

Ausdrückliches Bekenntnis zum Gedanken der kollektiven Sicherheit

---

13 Vgl. *Doehring* (N 8), § 177 Rn. 2; *Adam Roberts/Dominik Zaum*, Selective Security: War and the United Nations Security Council since 1945, New York 2008, S. 31 ff.
14 Vgl. auch *Orakhelashvili* (N 12), S. 16 ff.
15 Vgl. eingehend *Rüdiger Wolfrum*, in: Bruno Simma u. a. (Hg.), The Charter of the United Nations: A Commentary, Bd. I, New York ³2012, Art. 1 Rn. 8 ff.

§ 243 *Zweiundzwanzigster Teil: Grenzüberschreitende Staatsaufgaben*

rationalisiert sodann diese Programmatik in den Kompetenzen des Sicherheitsrates.

8
Sicherheitsrat als Träger der Hauptverantwortung

Beschränkung der Mitglieder

Relativierung durch Vetobefugnisse

Laut Art. 24 Abs. 1 UN-Charta ist der Sicherheitsrat Träger der „die Hauptverantwortung für die Wahrung des Weltfriedens und der internationalen Sicherheit"[16]. Um prinzipiell Handlungsfähigkeit herzustellen, die im Interesse einer effektiven Gewährleistung kollektiver Sicherheit unabdingbar ist, besteht der Sicherheitsrat nur aus 15 Mitgliedern – in den zwei Gruppen der fünf ständigen Mitglieder („P 5") und den zehn nichtständigen Mitgliedern, die alle zwei Jahre von der Generalversammlung im Blick auf Kriterien regionaler Ausgewogenheit gewählt werden[17]. Der kleine Kreis der stimmberechtigten Mitglieder gewährleistet im Ansatz effektive Debatten und Entscheidungsfindung – was allerdings durch die Vetobefugnis der fünf ständigen Mitglieder wieder relativiert wird. Allerdings gibt es zu einer Vetobefugnis der großen Atommächte wohl keine Alternative, soll der Sicherheitsrat – im Gefolge einseitiger Instrumentalisierung durch einzelne Großmächte – nicht selbst zur Quelle bewaffneter Konflikte (mit ungeheurem Eskalationspotential) werden.

9
Befugnis zum Ergreifen (bindender) Zwangsmaßnahmen

Militärische und nicht militärische Zwangsmaßnahmen

Mandatierung von Regionalorganisationen oder Staatenkoalitionen

Neben den (nicht bindenden) Instrumenten friedlicher Streitbeilegung nach Kapitel VI[18] ist dem Sicherheitsrat in Kapitel VII die Befugnis zum Ergreifen (bindender) Zwangsmaßnahmen übertragen worden. Tatbestandliche Voraussetzung für Zwangsmaßnahmen nach Kapitel VII ist gemäß Art. 39 UN-Charta die (vom Sicherheitsrat zu treffende) Feststellung, daß eine Friedensbedrohung, ein Bruch des Friedens oder eine Angriffshandlung vorliegt[19]. In der Praxis stellt der Sicherheitsrat fast ausschließlich auf „Friedensbedrohungen" ab, wobei er den Begriff recht weit auslegt und in der neueren Praxis auch Bürgerkriege mit erheblichen externen Effekten bzw. die systematische Begehung von Kriegsverbrechen und Verbrechen gegen die Menschlichkeit unter diesen Begriff faßt[20]. Neben der Möglichkeit zum Erlaß vorläufiger Maßnahmen nach Art. 40 UN-Charta stehen dem Sicherheitsrat dabei zwei Kategorien von Maßnahmen zur Verfügung – die militärischen Zwangsmaßnahmen und die nicht militärischen Sanktionsmaßnahmen (Wirtschaftsembargo, individualbezogene Sanktionen, Einsetzung von internationalen Strafgerichten zur Geltendmachung individueller strafrechtlicher Verantwortlichkeit, Schaffung von „claims commissions")[21]. Gelangt der Sicherheitsrat zur Einschätzung[22], daß Gefahr im Verzug ist und sofort militärisch gehandelt werden muß, so kann er Regionalorganisationen oder Gruppen von Mitgliedstaaten dahingehend mandatieren, militärisch Druck auf die Friedensbrecher

---

16 Vgl. *Orakhelashvili* (N 12), S. 22 ff.; im Detail *Anne Peters*, in: Bruno Simma u. a. (Hg.), The Charter of the United Nations: A Commentary, Bd. I, New York ³2012, Art. 24 Rn. 6 ff.
17 Vgl. *Rudolf Geiger*, in: Bruno Simma u. a. (Hg.), The Charter of the United Nations: A Commentary, Bd. I, New York ³2012, Art. 23 Rn. 3 ff.
18 Vgl. hierzu *Orakhelashvili* (N 12), S. 26 ff.
19 Vgl. dazu im Detail *Nico Krisch*, in: Bruno Simma u. a. (Hg.), The Charter of the United Nations: A Commentary, Bd. I, New York ³2012, Art. 39 Rn. 3 ff.; *Orakhelashvili* (N 12), S. 149 ff.
20 Vgl. *Krisch* (N 19), Art. 39 Rn. 12 ff.
21 Vgl. zum Katalog der Maßnahmen unter Kapitel VII *Orakhelashvili* (N 12), S. 188 ff.
22 Vgl. zu den Einschätzungsspielräumen des Sicherheitsrates *Krisch* (N 1), S. 207 ff.

auszuüben bzw. Maßnahmen zur Wiederherstellung internationaler Sicherheit zu treffen[23]. Diese Maßnahmen können die ganze Bandbreite militärischer Handlungsformen umfassen – von begrenzten Blockadeaktionen über punktuelle Rettungseinsätze, die Verhängung von Flugverbotszonen, die Unterstützung einer Regierung bei der Wiederherstellung von Recht und Ordnung bis zur umfassenden militärischen Intervention mit anschließender Übernahme der Regierungsgewalt über ein Staatsgebiet (oder Teile davon).

Diese Praxis weicht deutlich von der ursprünglichen Blaupause der UN-Charta ab, sah die Charta doch eigentlich vor, daß die Mitgliedstaaten den Vereinten Nationen (über den Abschluß von Sonderabkommen gemäß Art. 43 UN-Charta) Truppen zur Durchführung eigener militärischer Operationen zur Verfügung stellen sollten[24]. Mit dem Generalstabsausschuß des Art. 47 UN-Charta war auch die Keimzelle einer eigenen militärischen Führungsfähigkeit angelegt[25]. In der Realität hat sich dieses Arrangement allerdings nicht als funktionsfähig erwiesen, so daß der Sicherheitsrat in der jüngeren Praxis durchgängig zur Mandatierung von Regionalorganisationen oder Staatenkoalitionen mit der Aufgabe der Durchführung von militärischen Maßnahmen neigt. Die dabei eingesetzten Truppen bleiben grundsätzlich unter nationalem Kommando und werden von gemeinsamen Kommandostäben der an der Mission teilnehmenden Staaten befehligt.

10
Eigene militärische Operationen als Idee

Mandatierung aufgrund mangelnder Funktionsfähigkeit in der Praxis

III. Regionalorganisationen kollektiver Sicherheit

Ein ähnliches Arrangement kollektiver Sicherheit auf der regionalen Ebene nahm die UN-Charta mit Kapitel VIII ins Auge. Allerdings stellte Art. 53 UN-Charta Zwangsmaßnahmen dieser regionalen Systeme kollektiver Sicherheit unter die Aufsicht des Sicherheitsrates[26]. Lange Zeit blieb diese Vorschrift ohne nennenswerte praktische Bedeutung, da auf regionaler Ebene eher das klassische Arrangement der Bündnisse kollektiver Selbstverteidigung vorherrschte als daß es zur Ausbildung eigener Strukturen kollektiver Sicherheit im regionalen Kontext gekommen wäre. Seit dem Ende der Blockkonfrontation 1990 hat sich allerdings ein deutlicher Wandel hin zur Ausbildung regionaler Abmachungen kollektiver Sicherheit vollzogen[27]. Mit der Organisation für Sicherheit und Zusammenarbeit in Europa (OSZE) verfügt Europa mittlerweile über eine prototypische Ausprägung einer solchen Abmachung, wobei der Schwerpunkt der Organisation auf den Instrumenten der diploma-

11
Wandel hin zur Ausbildung regionaler Arrangements kollektiver Sicherheit

OSZE

---

23 Vgl. hierzu *Krisch* (N 19), Art. 42 Rn. 8 ff., 18 ff., sowie – auch in Abgrenzung zu „Friedensoperationen" nach Kapitel VI – *Terry D. Gill*, Legal Aspects of the Transfer of Authority in UN Peace Operations, in: Netherlands Yearbook of International Law 42 (2011), S. 37 (41 ff.).
24 Vgl. *August Reinisch/Gregor Novak*, in: Bruno Simma u. a. (Hg.), The Charter of the United Nations: A Commentary, Bd. I, New York ³2012, Art. 43 Rn. 3 ff.
25 Vgl. *Reinisch/Novak* (N 24), Art. 47 Rn. 5 ff.
26 Vgl. insoweit *Christian Walter*, in: Bruno Simma u. a. (Hg.), The Charter of the United Nations: A Commentary, Bd. I, New York ³2012, Art. 53 Rn. 62 ff.; *Ademola Abass*, Regional Organisations and the Development of Collective Security: Beyond Chapter VIII of the UN Charter, Portland 2004, S. 52 ff.
27 Vgl. *Walter* (N 26), Art. 52 Rn. 49 ff.; Art. 53 Rn. 18 ff.

NATO — tischen Konfliktprävention und des Konfliktmanagements liegt[28]. Parallel hat sich die NATO von einem reinen Verteidigungsbündnis mehr und mehr zu einer Abmachung regionaler Sicherheit im Sinne des Art. 52 UN-Charta entwickelt[29]. Zwar gewährleistet die NATO nach wie vor auch die Sicherheit ihrer Mitglieder gegen äußere Bedrohungen. Zugleich hat sie jedoch eine Vielzahl von Sicherheitsabmachungen mit angrenzenden Staaten getroffen („Partnership for Peace"), die so etwas wie kollektives Sicherheitsmanagement zu gewährleisten suchen. Auch tritt die NATO vielfach als Agent kollektiver Sicherheit im Auftrag der Vereinten Nationen auf, indem sie – gestützt auf ein Kapitel VII-Mandat – friedenserhaltende bzw. friedenssichernde Missionen in an Europa angrenzenden Regionen durchführt[30]. Ähnliches ließe sich für die Europäische Union als Agent einer Gemeinsamen Sicherheits- und Außenpolitik sagen[31].

Neues Begriffsverständnis — Am Funktionswandel der NATO und der Europäischen Union läßt sich ein Wandel des Begriffsverständnisses von kollektiver Sicherheit festmachen. Kollektive Sicherheit erfordert im heute gängigen Begriffsverständnis nicht zwingend Einschluß aller potentiellen Friedensbrecher in das System kollektiver Sicherheit, impliziert aber ein Mehr gegenüber den klassischen Formen kollektiver Selbstverteidigung: Gewährleistung kollektiver Sicherheit ist immer an der Sicherheit als Kollektivgut einer regionalen Staatengemeinschaft orientiert, nicht nur an der individuellen Sicherheit der Mitglieder, und umfaßt damit (über Selbstverteidigung hinaus) gemeinsames Konfliktmanagement und regionale Friedenssicherung im Auftrag der Vereinten Nationen.

12 Transformation der OAU in die Afrikanische Union — Echte regionale Abmachungen kollektiver Sicherheit sind auch auf dem afrikanischen Kontinent entstanden, etwa mit der Transformation der OAU in die „Afrikanische Union (AU), aber auch mit der Ausbildung einer weiteren Ebene subregionaler Organisationen mit sicherheitspolitischem Mandat. Zum Auftrag der Afrikanischen Union zählt die Gewährleistung kollektiver Sicherheit, was nach ihrer Satzung auch Zwangsmaßnahmen gegen den Frieden bedrohende Mitglieder einschließt[32]. Truppen der Afrikanischen Union bzw. der regionalen Unterorganisationen, häufig auf der Basis von Mandatierungen der Vereinten Nationen, sind in einer Reihe von Mitgliedstaaten im Kontext von Maßnahmen kollektiver Sicherheit eingesetzt (Somalia, Sudan/Darfur, Liberia, Mali). Vergleichbare Regionalsysteme kollektiver Sicherheit haben sich auf anderen Kontinenten bislang nicht bzw. nur in sehr zaghaften Ansätzen entwickelt[33].

---

28 Vgl. zur OSZE *Gunther Hauser*, Das europäische Sicherheits- und Verteidigungssystem und seine Akteure, ⁶2011, S. 51 ff.
29 Vgl. *Hauser* (N 28), S. 22 ff.; *Orakhelashvili* (N 12), S. 79 ff.
30 Vgl. *Hauser* (N 28), S. 26 ff.
31 Vgl. *Orakhelashvili* (N 12), S. 82 ff.
32 Vgl. *Orakhelashvili* (N 12), S. 64 ff., 269 ff.
33 Vgl. den Überblick bei *Orakhelashvili* (N 12), S. 64 ff.

IV. Systeme kollektiver Verteidigung

Strikt zu unterscheiden von Systemen kollektiver Sicherheit sind die Arrangements kollektiver Verteidigung[34]. Charakteristikum dieser Arrangements kollektiver Sicherheitsgewähr ist die im Prinzip außengerichtete Natur der Zusammenschlüsse – außengerichtet, weil auf eine von außen, von dritten Staaten stammende Bedrohung reagiert wird, bei der sich die Vertragspartner wechselseitige Unterstützung bei der Abwehr der einschlägigen Gefahren versprechen[35]. Auch hier geht es also um kollektives Handeln im Interesse der Wahrung äußerer Sicherheit, aber es geht – im Gegensatz zu den Systemen der kollektiven Sicherheit – um Abwehr externer Bedrohungen, im Kern also um die (präventive) Organisation kollektiver Selbstverteidigung[36]. Das Versprechen wechselseitigen Beistandes – im Sinne kollektiver Selbstverteidigung – stellt einen Beitrag zur Gewährleistung äußerer Sicherheit dar, indem es potentielle Aggressoren abschreckt. Zudem erweist sich effektive Selbstverteidigung in Situationen plötzlicher Angriffshandlungen immer wieder als extrem zeitkritisch – wenn es also zu effektiven Gegenmaßnahmen kollektiver Art kommen soll, bedarf es der intensiven Vorbereitung, gerade auch im Sinne einschlägiger Operationsplanungen, gemeinsamer Kommandostrukturen und der steten Übung kollektiven militärischen Handelns.

13
Außengerichtetheit als Charakteristikum

(Präventive) Organisation kollektiver Selbstverteidigung

C. Rezeption der Konzepte kollektiver Sicherheit im Verfassungsrecht

Bei einem Blick in die Diskussionen des Parlamentarischen Rates, aber auch schon im Lichte einer Wortlautauslegung wie einer systematischen Interpretation spricht sehr viel dafür, daß die verfassungsrechtliche Terminologie (insbesondere des Art. 24 Abs. 2 GG) hier gezielt die völkerrechtliche Diskussion und das daraus hervorgegangene Begriffsverständnis rezipiert hat[37]. Bei Ausarbeitung des Grundgesetzes bewegte man sich in Deutschland in einem Kontext, der stark von völkerrechtlichen Kategorien geprägt war. Wenige Jahre zuvor, bei Ausarbeitung der UN-Charta, war eine intensive Debatte aufgekommen über die Schwächen des Völkerbundsystems und die Konsequenzen, die daraus für eine Neuausrichtung der institutionellen Ausgestaltung des Gedankens kollektiver Sicherheit zu ziehen seien. Im Blick auf diesen Hintergrundkontext wird man das Bekenntnis zum Gedanken kollektiver Sicherheit

14
Völkerrechtliches Begriffsverständnis

Bekenntnis zum Gedanken kollektiver Sicherheit

---

34 Vgl. *Classen* (N 7), Art. 24 Rn. 77; *Joachim Wieland*, Verfassungsrechtliche Grundlagen und Grenzen für einen Einsatz der Bundeswehr, in: DVBl 1991, S. 1174 (1177); *Georg Nolte*, Die „neuen" Aufgaben von NATO und WEU: Völker- und verfassungsrechtliche Fragen, in: ZaöRV 54 (1994), S. 95 (97f.).
35 Vgl. zum klassischen Begriffsverständnis *Doehring* (N 8), § 177 Rn. 3; *Ludwig Dischler*, Bündnis, in: Karl Strupp/Hans-Jürgen Schlochauer (Hg.), Wörterbuch des Völkerrechts, Bd. I, 1960, S. 259 f., ferner *Classen* (N 7), Art. 24 Rn. 77.
36 Vgl. auch *Krisch* (N 1), S. 54 ff., 137 ff.
37 Vgl. etwa *Doehring* (N 8), § 177 Rn. 4.

als programmatische Entscheidung der Mütter und Väter des Grundgesetzes zu interpretieren haben, sich in den neuen Kontext der kollektiven Wahrung äußerer Sicherheit einzubetten – eine Entscheidung, die im Blick auf die Lage Deutschlands sowieso mehr als nahelag. Einziger Diskussionspunkt war, ob das Grundgesetz sich nur auf die klassischen Konzepte kollektiver Sicherheit beziehen sollte oder ob – in einem weiteren Sinne – auch Allianzen und Verteidigungsbündnisse (im Sinne der Organisation kollektiver Selbstverteidigung) als Formen „gemeinsamer Sicherheit" unterstützt werden sollten[38].

Bündnisse kollektiver Selbstverteidigung erfaßt?

15 Vieles spricht dafür, das Bekenntnis zu einem „System gegenseitiger kollektiver Sicherheit" als Orientierung an einem eher engen Begriffsverständnis zu deuten. Dafür spricht im Kern schon die Begriffsverwendung selbst, die dem etablierten Terminus „kollektive Sicherheit" das zusätzliche Adjektiv „gegenseitig" anfügte[39]. Auch die Entstehungsgeschichte der Formulierung stützt eher die Annahme, daß man in dieser Frage mehr oder weniger ausschließlich an Formen der „kollektiven Sicherheit" im gängigen völkerrechtlichen Verständnis dachte und nicht an Bündnisse kollektiver Selbstverteidigung[40]. Der Punkt wäre wenige Jahre darauf beinahe von großer Relevanz geworden, im Kontext des politischen Projekts einer Europäischen Verteidigungsgemeinschaft (EVG), das dann aber am Widerstand des französischen Parlaments scheiterte. In seiner Ausrichtung war das EVG-Projekt ambivalent – mit der Einbindung künftiger deutscher Streitkräfte in eine integrierte europäische Armee trug es Züge eines Systems kollektiver Sicherheit, in seiner Abwehrfunktion gen Osten aber auch Züge eines Arrangements kollektiver Selbstverteidigung. Die „Ersatzgründung" der NATO verschob dagegen das Schwergewicht fast völlig auf die kollektive Selbstverteidigung[41], wenn auch selbst die NATO mit der Einbettung deutscher Streitkräfte in ein gemeinsames Gefüge integrierter Kommandostrukturen und klarer militärischer Arbeitsteilung zu verhindern suchte, daß deutsches Militär noch jemals eigenständige Handlungsfähigkeit gewinnen könnte. Gleichwohl wurde die NATO lange Zeit nicht als System gegenseitiger kollektiver Sicherheit verstanden, was sich auch an der Konstruktion der Übertragung von „operational control" zeigte, die eben nicht Übertragung formeller Kommandogewalt ist, und damit (zumindest formal) keine Beschränkung von Hoheitsrechten erfordert, wie sie in Art. 24 Abs. 2 GG anvisiert ist[42].

Orientierung an einem engem Begriffsverständnis

Bedeutung beim Projekt der Europäischen Verteidigungsgemeinschaft

Bedeutungsverlust durch „Ersatzgründung" der NATO

---

38 Vgl. als umfassenden Nachweis des Streitstandes *Tomuschat* (N 6), Art. 24 Rn. 133 ff.
39 So auch *Doehring* (N 8), § 177 Rn. 5.
40 Vgl. in diesem Sinne auch *Doehring* (N 8), § 177 Rn. 4; kritisch zur Entstehungsgeschichte als Argument *Classen* (N 7), Art. 24 Rn. 79; *Tomuschat* (N 6), Art. 24 Rn. 133.
41 Vgl. hierzu *Ulrich Hufeld*, Verteidigung, in: FS für Paul Kirchhof, 2013, Bd. I, § 44 Rn. 10.
42 Vgl. zur Übertragung von „operational control" als typischem Element multinationaler Friedensmissionen *Blaise Cathcart*, Command and Control in Military Operations, in: Terry D. Gill/Dieter Fleck (Hg.), The Handbook of the International law of Military Operations, New York 2011, S. 235 ff.

D. Normgehalt des Art. 24 Abs. 2 GG

I. System gegenseitiger kollektiver Sicherheit und Wahrung des Friedens

Die von Art. 24 Abs. 2 GG in den Blick genommene Einbettung in ein System gegenseitiger kollektiver Sicherheit ist im Zusammenhang zu sehen mit den gleichlaufenden Vorschriften des Grundgesetzes in Art. 25 und 26[43]. Im Angesicht des Völkerrechtsnihilismus der Nationalsozialisten wollte man den künftigen deutschen Staat normativ zureichend in die Völkerrechtsordnung einbetten[44]. Dem dient zum einen Art. 25 GG, der die allgemeinen Regeln des Völkerrechts zum Bestandteil des Bundesrechts macht, und zwar in einem normhierarchischen Rangverhältnis, das sie den Gesetzen vorgehen läßt, also die Völkerrechtsbindung der Verfügung des Gesetzgebers entzieht[45]. In einer noch deutlicheren Wechselwirkung mit Art. 24 Abs. 2 GG steht die Norm des Art. 26 Abs. 1 GG, die unter dem Grundgesetz jegliche Handlungen verbietet, „die geeignet sind und in der Absicht vorgenommen werden, das friedliche Zusammenleben der Völker zu stören, insbesondere die Führung eines Angriffskrieges vorzubereiten"[46]. Derartige Akte der Friedensstörung sind nach Art. 26 Abs. 1 S. 2 GG sogar unter Strafe zu stellen. Das Grundgesetz macht damit ernst mit dem Motto, von deutschem Boden dürfe nie wieder Krieg ausgehen – und versucht diese Programmatik auch abzusichern und gegenüber dem „pouvoir constitué" unverfügbar zu stellen. Teil des unverfügbaren Friedensgebotes für jede deutsche Staatsgewalt ist die Ächtung der Angriffshandlungen (einschließlich deren individueller strafrechtlicher Ahndung); anderer Teil aber ist die Einbettung in ein System gegenseitiger kollektiver Sicherheit, das deutscher Sicherheitspolitik auch in der äußeren Einbettung unmöglich machen soll, noch einmal offensiv zum Mittel des Krieges zu greifen[47]. Die Einbettung in ein System gegenseitiger kollektiver Sicherheit hat somit eine Gewährleistungsfunktion im Blick auf das im Grundgesetz vorausgesetzte Ziel der Friedenswahrung – in Gefügen der kollektiven Sicherheit ist die Bundesrepublik militärisch notwendig auf den Beistand anderer Staaten angewiesen, muß aber für die wechselseitige Beistandserwartung auch ihrerseits anderen Staaten im Kontext der kollektiven Sicherheitswahrung Beistand gewähren.

Ein System kollektiver Sicherheit setzt notwendig eine größere Zahl von Staaten voraus, die sich in einem engeren institutionellen Verbund, meist in Form einer internationalen Organisation, zusammengeschlossen haben[48]. Das Element der „gegenseitigen" kollektiven Sicherheit setzt darüber hinaus

---
43 Vgl. auch *Classen* (N 7), Art. 24 Rn. 82.
44 Vgl. *Rüdiger Wolfrum*, Friedenssysteme, in: FS für Paul Kirchhof, 2013, Bd. I, § 40 Rn. 19.
45 Vgl. *Hans-Joachim Cremer*, Allgemeine Regeln des Völkerrechts, in: FS für Paul Kirchhof, 2013, Bd. I, § 97 Rn. 1 ff.
46 Vgl. hierzu *Udo Fink*, in: v. Mangoldt/Klein/Starck, Bd. II, 2010, Art. 26 Rn. 1 ff.
47 Vgl. *Wolfrum* (N 44), § 40 Rn. 20.
48 Vgl. auch *Classen* (N 7), Art. 24 Rn. 81.

Wechselbezüglichkeit der Sicherheitsgewähr voraus, läuft damit auf wechselseitige Beistandspflichten hinaus, wenn auch diese nicht immer mit einer rechtlichen Automatik gekoppelt sein werden. Wenn keine rechtlich bindende Beistandspflicht ausgeformt wird, bedarf es zunächst eines handlungsfähigen Arrangements kollektiver Entscheidungsfindung, in dessen Rahmen Beschlüsse über die erforderliche Beistandsgewährung zeitnah gefaßt werden können. Im Gegensatz zu Art. 24 Abs. 1 GG, die Hoheitsrechtsübertragung auf zwischenstaatliche Einrichtungen, für die nach der verfassungsgerichtlichen Rechtsprechung eine gewisse Grundhomogenität der Mitglieder der zwischenstaatlichen Einrichtung erforderlich ist, wurden vergleichbare Homogenitätsanforderungen für Systeme gegenseitiger kollektiver Sicherheit bislang nicht ernsthaft diskutiert[49]. Für die eigentlichen Systeme kollektiver Sicherheit ist dies eher wenig problematisch; anders könnte es dagegen bei Bündnissen kollektiver Selbstverteidigung sein, soweit deren Mitglieder durch offensive und aggressive Politik Konflikte zu produzieren drohen, deren Ausbruch die Bundesrepublik im Rahmen einer festen Beistandsklausel zur militärischen Parteinahme zwingen würde. In der Praxis wird dieses Problem allerdings durchweg durch eine relativ weiche Formulierung der etwaigen Beistandsklauseln vermieden.

Keine Homogenitätsanforderungen an Systeme kollektiver Sicherheit

II. Einordnung in ein System kollektiver Sicherheit und Beschränkung von Hoheitsrechten

18

Leitbildfunktion des Art. 24 Abs. 2 GG

Vom Wortlaut des Art. 24 Abs. 2 GG her ermächtigt diese Norm zunächst den Bund, sich einem System gegenseitiger kollektiver Sicherheit einzuordnen. In systematischer Zusammenschau mit Art. 25 und 26 GG wird man der Bestimmung jedoch eine über den Charakter einer reinen Ermächtigung weit hinausgehende Leitbildfunktion zuerkennen müssen[50]. Dem Grundgesetz geht es im Bereich der Außenbeziehungen nicht nur um klassische Fragen der Wahrung äußerer Sicherheit[51], sondern unbedingtes Ziel ist zugleich die Wahrung des Friedens in der Staatengemeinschaft[52]. Das Ziel der Friedenswahrung legt es jedoch nahe, die anvisierte Einordnung in ein System kollektiver Sicherheit als programmatisches Bekenntnis zu einer Friedensordnung neuen Typs zu verstehen, wie sie in den 40er Jahren gerade geschaffen worden war. Im Sinne einer solchen Friedensordnung erscheint es sowohl geboten, durch Einbettung in Strukturen kollektiver Sicherheit die von einem selbst potentiell ausgehenden Friedensgefährdungen zu minimieren – ein aus Sicht der späten 40er Jahre überaus naheliegender Gedanke – als auch durch (aktive) Teilnahme an einem System kollektiver Sicherheit das System der internationalen

Programmatisches Bekenntnis zu einer Friedensordnung neuen Typs

---

49 Vgl. *Classen* (N 7), Art. 24 Rn. 84.
50 Siehe in diesem Sinne etwa *Tomuschat* (N 6), Art. 24 Rn. 5.
51 Zum Verhältnis von „äußerer Sicherheit" als klassischem Staatsziel und Konzepten kollektiver Sicherheit vgl. *Stefan Oeter*, Äußere Sicherheit, in: FS für Paul Kirchhof, 2013, Bd. I, § 42 Rn. 9.
52 Vgl. in diesem Sinne auch *Wolfrum* (N 44), § 40 Rn. 19.

Friedenssicherung zu stärken⁵³. Aktive Teilnahme an Systemen kollektiver Sicherheit aber erfordert die (auch militärische) Solidarität mit den Opfern eventueller Angriffshandlungen oder Bedrohungen, erfordert also prinzipiell Mitwirkung der beteiligten Staaten an etwaig nötig werdenden Militäraktionen⁵⁴. Zwar bedeutet dies nicht in jedem einzelnen Fall, daß notwendig jeder Staat für eine erforderlich werdende Friedensmission eigene Truppen zur Verfügung zu stellen hätte – militärische Ressourcen sind begrenzt (und zugleich endlich), nicht jeder Staat hat in einer Situation das anzubieten, was im Blick auf die Lage erforderlich wäre⁵⁵. Aber im Grundsatz wird man doch – soll ein System kollektiver Sicherheit angemessen funktionieren – das Postulat aufstellen müssen, jeder beteiligte Staat solle seinen Größenverhältnissen und Ressourcen entsprechend zum Gesamtaufwand der militärischen Gewährleistung kollektiver Sicherheit beitragen.

Mitwirkung der Staaten an Militäraktionen

Die „Einordnung" in ein System kollektiver Sicherheit geschieht mithin nicht allein durch den Beitritt zu diesem System, so notwendig dieser Schritt als erste Bedingung für eine Teilnahme ist⁵⁶. Systeme kollektiver Sicherheit sind typischerweise in bestimmten institutionellen Arrangements auch mit eigenen Organen und Entscheidungsstrukturen versehen – und diese institutionellen Arrangements bilden regelhaft in völkerrechtlicher Perspektive eine internationale Organisation. Der Beitritt zu einer solchen Organisation bedarf, da dafür gemäß Art. 59 Abs. 2 GG eine Bindung an den der Organisation zugrundeliegenden Vertrag herzustellen ist, eines Zustimmungsgesetzes⁵⁷. Die Mitgliedschaft in einer solchen Organisation ist mit bestimmten Pflichten verbunden, etwa der gemeinsamen Finanzierung der Organisation durch Mitgliedsbeiträge sowie der Mitwirkung in den Organen. Bei Systemen kollektiver Sicherheit kommt typischerweise die Teilnahme an einer notwendigen militärischen Infrastruktur hinzu⁵⁸. Staaten müssen eigene Streitkräfte vorhalten, die im Blick auf Verwendungen im Gefüge kollektiver Sicherheit ausgerüstet und ausgebildet sein sollten und die auch darauf eingestellt sind, im Ernstfall gemeinsamen Kommandostrukturen unterstellt zu werden. Kollektive Sicherheit kann nicht funktionieren, wenn die Mitglieder eines Systems kollektiver Sicherheit nicht jeglichem Friedensbruch solidarisch entgegentreten, im Sinne effektiver Nothilfe für das Opfer der Friedensstörung⁵⁹.

19
Bindung an Organisationen durch Vertrag

Begründung von Pflichten durch Beitritt

---

53 Vgl. *Wolfrum* (N 44), § 40 Rn. 20; *Rojahn* (N 9), Art. 24 Rn. 103 f.; *Ingolf Pernice*, in: Dreier, Bd. II, 2006, Art. 24 Rn. 59.
54 Vgl. auch *Classen* (N 7), Art. 24 Rn. 86.
55 Vgl. *Terry D. Gill*, Legal Characterization and Basis for Enforcement Operations and Peace Enforcement Operations under the Charter, in: ders./Dieter Fleck (Hg.), The Handbook of the International Law of Military Operations, New York 2011, S. 81 (90 f.); *Niels Blokker*, The Security Council and the Use of Force – On Recent Practice, in: ders./Nico Schrijver (Hg.), The Security Council and the Use of Force, Leiden 2005, S. 1 (13 f., 28 f.).
56 Vgl. *Classen* (N 7), Art. 24 Rn. 85; *Rudolf Streinz*, in: Sachs, 2011, Art. 24 Rn. 52.
57 Da selbst die Übertragung von Hoheitsrechten gem. Art. 24 Abs. 1 GG nur eines einfachen Gesetzes als Grundlage bedarf, wird man an die – als „minus" einzustufende – Beschränkung von Hoheitsrechten gem. Art. 24 Abs. 2 GG keine weitergehenden Anforderungen zu stellen haben – vgl. *Doehring* (N 8), § 177 Rn. 11.
58 S. o. Rn. 18.
59 Vgl. *Krisch* (N 1), S. 45 ff.

20 Bedarf nach kollektivem Handeln	Kollektives Handeln in der Abwehr von Friedensgefährdungen setzt ein gehöriges Maß an Handlungskoordination voraus. Nicht jeder Einzelstaat kann völlig nach seinem Belieben handeln, die Mitglieder des Systems kollektiver Sicherheit müssen vielmehr im Verbund agieren. Der Bedarf nach kollektivem Handeln erstreckt sich auf zwei Entscheidungsebenen: Zum einen muß
Zwei Entscheidungsebenen	es eine abgestimmte politische Reaktion geben, die zu koordinierten politischen Gegenmaßnahmen führt, sei es in Form von Sanktionsbeschlüssen, sei es auch in der Entscheidung zum Ergreifen militärischer Maßnahmen[60]. Bei der Durchführung der gemeinsamen militärischen Gegenmaßnahmen bedarf es erst recht einer engen Handlungskoordination. Dies setzt effektives gemeinsames Handeln im militärischen Bereich durch koordinierte Planung und Führung der eingesetzten Truppen voraus, die letztlich nur mit der Unter-
Erste Ebene: Politische Gegenmaßnahmen	stellung unter gemeinsame Führungsstäbe und Kommandostrukturen erreichbar ist[61]. Kollektive Handlungskoordination auf der ersten, politischen Ebene wird regelmäßig durch kollektive Entscheidungen im Rahmen des Systems kollektiver Sicherheit erreicht. Das Entscheidungsorgan der Organisation kollektiver Sicherheit hat eine gemeinsam getragene Lagebeurteilung zu erstellen und Beschlüsse über die angemessenen Maßnahmen zu treffen. Je nach Konstruktion des Systems kann diese Entscheidung den Konsens der Vertragsparteien oder bestimmte Formen einer qualifizierten Mehrheit erfordern, wie etwa im Kontext des UN-Sicherheitsrates[62]. Einordnung in das System kollektiver Sicherheit impliziert damit notwendig die Unterwerfung unter das kollektive Entscheidungsverfahren der jeweiligen Organisation kol-
Zweite Ebene: Militärische Gegenmaßnahmen	lektiver Sicherheit[63]. Mit dieser Entscheidung ist – beim Ergreifen militärischer Maßnahmen – noch nicht notwendig die Verfügung über die Streitkräfte der einzelnen Mitgliedstaaten verbunden. Diese Einsatzentscheidung über die Verwendung der nationalen Truppen behalten sich die Staaten regelmäßig auch in Systemen kollektiver Sicherheit vor; die in Art. 43 UN-Charta vorgesehenen Sonderabkommen, auf deren Grundlage den Vereinten Nationen generell Truppen zur Verfügung gestellt würden, unabhängig vom konkreten Einsatzszenario, sind nie zustande gekommen[64]. Treffen die Staaten aber die Entscheidung, militärische Ressourcen – konkret vor allem bestimmte Truppenteile – einer multilateralen Militärmission zur Verfügung zu stellen, so betten sie sich damit notwendig in die gemeinsame Planungs- und Führungsstruktur der multinationalen Truppe ein.
21 Keine Übertragung, sondern Beschränkung von Hoheitsrechten	Die „Einordnung" in ein System kollektiver Sicherheit ist damit unweigerlich mit der Einschränkung von Hoheitsrechten verbunden. Diese Begrifflichkeit des Art. 24 Abs. 2 GG geht deutlich über die rechtlichen Bindungen im Außenverhältnis hinaus, zu deren Übernahme Art. 59 Abs. 2 GG den Bund berechtigt, sie bleibt jedoch hinter der „Übertragung von Hoheitsrechten"

---

60 Vgl. dazu *Orakhelashvili* (N 13), S. 188 ff.
61 Vgl. insoweit *Cathcart* (N 42), S. 235 ff.
62 Vgl. *Orakhelashvili* (N 13), S. 33 ff.
63 Vgl. etwa *Classen* (N 7), Art. 24 Rn. 86.
64 Vgl. *Reinisch/Novak* (N 24), Art. 43 Rn. 9 ff.,

zurück, zu der die Bestimmung des Art. 24 Abs. 1 GG ermächtigt[65]. „Übertragung von Hoheitsrechten" ist nach allgemeiner Auffassung die Delegation von Herrschaftsbefugnissen, also die Öffnung der Rechtsordnung für Hoheitsakte gemeinsamer, überstaatlicher Institutionen, die damit dann direkt in den innerstaatlichen Rechtsraum hineinwirken und Rechte und Pflichten der einzelnen Rechtssubjekte begründen können[66]. Die „Beschränkung von Hoheitsrechten" nimmt dagegen eine Verkürzung der nationalen Entscheidungsautonomie in den Blick[67]. Genau diese Verkürzung nationaler Handlungsspielräume ist aber typischerweise die Folge der Einordnung in Systeme kollektiver Sicherheit. Mit den (im zwischenstaatlichen Verhältnis verbindlichen) Organbeschlüssen über das Ergreifen kollektiver Gegenmaßnahmen werden die Staaten – unter Umständen auch gegen ihren Willen – zur Teilnahme an bestimmten kollektiven Handlungen verpflichtet, etwa zur Durchsetzung von Handelssanktionen, Embargomaßnahmen, zur Mitwirkung an der Verfolgung von Straftätern etc. Selbst koordiniertes militärisches Handeln kann auf diesem Weg über die Köpfe einzelner Staaten hinweg beschlossen werden, wenn dies üblicherweise auch nicht die Pflicht zur Teilnahme mit eigenen Truppen impliziert.

Mögliche Verpflichtung zu kollektivem Handeln gegen den Willen

Soweit der Mitgliedstaat eines Systems kollektiver Sicherheit sich mit eigenen Truppen in einen multilateralen Militäreinsatz eingeordnet hat, gehen damit zusätzliche Beschränkungen von Hoheitsrechten einher. Der truppenstellende Staat akzeptiert die Unterwerfung unter die Kommandostrukturen der multilateralen Streitkraft und verpflichtet sich, seine Truppen zur loyalen Befolgung der von den gemeinsamen Kommandobehörden erstellten Pläne und Einsatzweisungen anzuhalten[68]. Zwar wird in dieser Konstellation durchgängig nicht die formale Befehlsgewalt übertragen (auf Englisch als „full command" bezeichnet), sondern nur die „operational control"[69]. Die nationalen Truppenteile werden damit jedoch grundsätzlich zur Befolgung der Weisungen der multinationalen Stäbe und Kommandeure verpflichtet – es sei denn, ein entgegenstehender Befehl der weiterhin Befehlsgewalt ausübenden nationalen Kommandostelle ordnet anderes an. Die flankierende Disziplinar- und Strafgewalt über die entsandten Truppen wird mit der Einordnung in einen multinationalen Einsatz generell nicht übertragen[70]. Förmliche Hoheitsgewalt wird also bei multinationalen Militäreinsätzen im Ansatz nicht übertragen –

22
Unterwerfung unter die Kommandostrukturen der multilateralen Streitkraft

Disziplinar- und Strafgewalt verbleibt beim Staat

---

65 Vgl. hierzu *Doehring* (N 8), § 177 Rn. 8 ff.; *Rojahn* (N 9), Art. 24 Rn. 100.
66 Vgl. insoweit *Classen* (N 7), Art. 24 Rn. 4 ff.
67 Vgl. *Tomuschat* (N 6), Art. 24 Rn. 167 f.; *Rojahn* (N 9), Art. 24 Rn. 100; *Doehring* (N 8), § 177 Rn. 9.
68 Vgl. insoweit *Nolte* (N 34), S. 115; kritisch zu dieser Konstruktion *Ferdinand Kirchhof*, Deutsche Verfassungsvorgaben zur Befehlsgewalt und Wehrverwaltung in multinationalen Verbänden, in: NZWehrR 1998, S. 152 (157); *Classen* (N 7), Art. 24 Rn. 90.
69 Vgl. zur Unterscheidung von „full command", „operational command" und „operational control" *Cathcart* (N 42), S. 237 ff.; *Dieter Deiseroth*, in: Umbach/Clemens, Bd. II, 2002, Art. 65 a Rn. 112 ff.; *Gill* (N 23), S. 45 ff.
70 Vgl. *William J. Fenrick*, The Prosecution of International Crimes in Relation to the Conduct of Military Operations, in: Terry D. Gill/Dieter Fleck (Hg.), The Handbook of the International law of Military Operations, New York 2011, S. 501 (510 ff.); *Gill* (N 23), S. 49.

doch die Hoheitsrechte der beteiligten Staaten werden de facto erheblich beschränkt, will der einzelne Staat nicht in Kauf nehmen, das kollektive Handeln zu torpedieren.

III. Zweckbindung des Art. 24 Abs. 2 GG

23
Friedliche und dauerhafte Ordnung in Europa als primäres Ziel

Art. 24 Abs. 2 GG qualifiziert das System kollektiver Sicherheit, in das die Bundesrepublik sich einordnen sollte, noch näher mit der Zielklausel, der Bund könne in die Beschränkungen seiner Hoheitsrechte einwilligen, „die eine friedliche und dauerhafte Ordnung in Europa und zwischen den Völkern der Welt herbeiführen und sichern". Die Einordnung in Strukturen kollektiver Sicherheit und die damit einhergehenden Beschränkungen autonomer Sicherheitspolitik sind also konditioniert im Blick auf die Zielsetzungen der Schaffung einer „friedlichen und dauerhaften Ordnung in Europa" wie der Sicherung des Friedens zwischen den Völkern der Welt[71]. Angesichts der Vorerfahrungen der deutschen Aggressionspolitik unter den Nationalsozialisten ist diese Zielorientierung am Leitbild zunächst einer „friedlichen und dauerhaften Ordnung in Europa", darüber hinaus aber auch einer nachhaltigen globalen Friedensordnung gut nachvollziehbar. Die Zielrichtung ist also doppelt – Einordnung in ein regionales System kollektiver Sicherheit in Europa, ergänzend auch in das globale System kollektiver Sicherheit der Vereinten Nationen. Verfassungsrechtlich ist die Zulässigkeit der Einordnung in Systeme kollektiver Sicherheit also abhängig gemacht von der Zielsetzung dieser Systeme – die Schaffung einer dauerhaften Friedensordnung muß deren zentrales Ziel sein. Daß die Vereinten Nationen dieser Zielvorgabe gerecht werden, steht außer Frage. Für die anzustrebende „friedliche und dauerhafte Ordnung in Europa" waren die Konturen 1948/49 dagegen noch nicht abzusehen. Die (im Ergebnis gescheiterte) Europäische Verteidigungsgemeinschaft wäre den erwähnten Zielvorstellungen sicherlich gerecht geworden; ob dagegen die NATO als Arrangement kollektiver Selbstverteidigung (in der Gestalt des Kalten Krieges) in das Gefüge des Art. 24 Abs. 2 GG paßt, ist immer umstritten gewesen – und wohl eher zu verneinen[72]. Sicherlich wird man diese Zielkompatibilität aber für das Projekt der europäischen Integration, erst in Gestalt der europäischen Gemeinschaften, heute der Europäischen Union, positiv beantworten können – und mit der Gemeinsamen Außen- und Sicherheitspolitik (GASP) hat die Europäische Union sich ja zwischenzeitlich auch so weit Komponenten einer europäischen Sicherheitsordnung zugelegt, daß man heute deren Charakter als regionales System kollektiver Sicherheit wird bejahen müssen[73].

Nachhaltige globale Friedensordnung als ergänzendes Ziel

Zielsetzung dieser Systeme – eine dauerhafte Friedensordnung

NATO von Art. 24 Abs. 2 GG erfaßt?

EU als System kollektiver Sicherheit

---

[71] Vgl. *Doehring* (N 8), § 177 Rn. 12; *Streinz* (N 56), Art. 24 Rn. 53.
[72] Vgl. in diesem Sinne *Classen* (N 7), Art. 24 Rn. 80; *Deiseroth* (N 69), Art. 65 a Rn. 142 ff.; *Doehring* (N 8), § 177 Rn. 13 (m. weit. Nachw. der älteren Literatur in Fn. 37); a. A. dagegen *Tomuschat* (N 6), Art. 24 Rn. 123; → Bd. X, *Wolfrum*, § 221 Rn. 21.
[73] Vgl. *Orakhelashvili* (N 12), S. 82 ff.

Nun könnte man theoretisch einwenden, diese Zielbindung sei nicht dauerhaft gesichert – mit dem Gestalt- und Aufgabenwandel der Organisationen kollektiver Sicherheit könne die Orientierung am Ziel einer dauerhaften Friedensordnung auch wieder verlorengehen, etwa im Sinne der Mutation zu einer (von impliziten Gewaltdrohungen geprägten) Hegemonialordnung[74]. Der Einwand berührt einen heiklen Punkt. Der vertragliche Rahmen der Systeme kollektiver Sicherheit ist regelmäßig nur sehr vage definiert und damit offen für künftige Entwicklungen. Im Angesicht veränderter Sicherheitslagen und Herausforderungen kann es durchaus vorkommen, daß Systeme kollektiver Sicherheit ihre Aufgabenfelder verändern und völlig neue Handlungsformen entwickeln, sich damit Einsatzszenarien entwickeln, die in den Gründungsverträgen keine explizite Grundlage haben – wie etwa bei den UN-Blauhelmmissionen[75]. In welchem Umfang diese dynamische Fortentwicklung des vertraglichen Rahmens sich noch in den Grenzen zulässiger (dynamischer) Vertragsauslegung hält, ist im Kern eine Frage völkerrechtlicher Interpretation – wobei angesichts des meist vagen Wortlauts der Verträge und der Bedeutung der nachfolgenden Staatenpraxis für die Vertragsinterpretation diese Grenzen denkbar weit gesteckt sind. Das Bundesverfassungsgericht hat dementsprechend auch den – recht radikalen – Wandel der Aufgaben und Einsatzszenarien der NATO noch als vom Zustimmungsgesetz zum NATO-Vertrag gedeckt erklärt[76].

E. Art. 24 Abs. 2 GG in der Verfassungspraxis

I. Die Vereinten Nationen als globales System kollektiver Sicherheit

Primärer Fokus einer aus Art. 24 Abs. 2 GG gespeisten, verfassungspolitischen Perspektive lag zunächst auf den Vereinten Nationen, die im Blick auf die tatbestandlichen Voraussetzungen des Artikels als geradezu idealtypische Verkörperung des dort in Bezug genommenen Systems gegenseitiger kollektiver Sicherheit galten[77]. Lange Zeit wurde dementsprechend auf einen Beitritt zu den Vereinten Nationen hingearbeitet, und in der Folge stellte sich die Frage, ob nicht konsequent auch eine Teilhabe an Friedensmissionen der Vereinten Nationen angebracht sei. Zu den zentralen Zielen der Vereinten Nationen gehört es schließlich nach Art. 1 der UN-Charta, den Weltfrieden und die internationale Sicherheit zu wahren und zu diesem Zweck wirksame Kollektivmaßnahmen zu treffen[78]. Die Charta schreibt dabei dem Sicherheitsrat die

---

74 Vgl. insoweit auch *Doehring* (N 8), § 177 Rn. 13; *Rojahn* (N 9), Art. 24 Rn. 108.
75 Vgl. *Classen* (N 7), Art. 24 Rn. 87.
76 Siehe BVerfGE 104, 151 (195 f.); 118, 244 (266 ff.).
77 Siehe in diesem Sinne schon *Doehring* (N 8), § 177 Rn. 14.
78 → Bd. X, *Wolfrum*, § 219 Rn. 3.

Hauptverantwortung zu[79]. Internationale Streitigkeiten sind zwar nach Art. 1 Nr. 1 UN-Charta grundsätzlich durch friedliche Mittel beizulegen; der Sicherheitsrat ist insofern nach Kapitel VI der UN-Charta befugt, durch Empfehlungen auf Formen diplomatischer Streitbeilegung hinzuwirken[80]; soweit diese Formen diplomatischer Streitbeilegung nicht zum Ziel führen, ist der Sicherheitsrat jedoch befugt, eine Feststellung nach Art. 39 UN-Charta zu treffen – und diese Feststellung berechtigt ihn in der Folge zur Verhängung von Zwangsmaßnahmen nach Kapitel VII der UN-Charta[81]. Diese Zwangsmaßnahmen können nicht militärischer Natur sein[82]. Der Sicherheitsrat kann aber auch einfach einen Waffenstillstand verhängen[83]. Die möglichen Reaktionsformen erfassen darüber hinaus ein weites Spektrum denkbarer militärischer Maßnahmen[84], von Grenzblockaden über die Einrichtung von Flugverbotszonen, maritimen Kontrollzonen sowie punktuellen Militärinterventionen an Land bis zur vollen Invasion und anschließenden Besetzung eines friedensbrechenden Staates, mit der Möglichkeit der Einrichtung einer zeitweiligen Treuhandverwaltung der Vereinten Nationen für die besetzten Gebiete („territorial administration")[85].

26
Pflicht zur Unterstützung des Sicherheitsrates bei der Durchsetzung

Alle Mitglieder des UN-Systems unterliegen einer prinzipiellen Pflicht zur Unterstützung des Sicherheitsrates bei der Durchsetzung der getroffenen Maßnahmen – eine für die Bundesrepublik in den ersten 20 Jahren der UN-Mitgliedschaft nicht ganz triviale Aussage[86]. Diese Unterstützung schließt die gesetzgeberische und administrative Durchführung von Embargomaßnahmen und Individualsanktionen ein. Die mit diesen Maßnahmen verbundenen Einschränkungen von Hoheitsrechten sind unverkennbar, sind Beschlüsse unter Kapitel VII doch rechtlich bindend für die UN-Mitgliedstaaten[87]. Bei militärischen Zwangsmaßnahmen besteht dagegen keine unmittelbare Pflicht, mit eigenen Truppen an den (in der Regel multinationalen) Einsätzen teilzunehmen[88]. Jeder Mitgliedstaat der Vereinten Nationen hat aber zumindest ernsthaft zu prüfen, ob er Sinnvolles zu einem solchen Einsatz beitragen kann – und wenn er Truppen oder andere militärische Ressourcen beisteuert, muß er sich im Grundsatz der militärischen Führungsstruktur der multinationalen Friedenstruppen mit UN-Mandat einordnen.

---

79 Vgl. *Orakhelashvili* (N 12), S. 22 ff.
80 Vgl. *Orakhelashvili* (N 12), S. 26 ff.
81 → Bd. X, *Wolfrum*, § 219 Rn. 10; vgl. ferner ausführlich *Erika de Wet*, The Chapter VII Powers of the United Nations Security Council, Portland 2004; *Daniel Sigloch*, Auslandseinsätze der deutschen Bundeswehr: verfassungsrechtliche Möglichkeiten und Grenzen, 2006, S. 242 ff.
82 Vgl. *Krisch* (N 19), Art. 41 Rn. 12 ff., 26 ff.
83 Vgl. *Krisch* (N 1), S. 72 ff.
84 Vgl. zum Maßnahmenspektrum unter Art. 42 UN-Charta *Krisch* (N 19), Art. 42 Rn. 8 ff., 18 ff.
85 Vgl. zum Phänomen der „territorial administration" die Standardwerke von *Carsten Stahn*, The Law and Practice of International Territorial Administration, Cambridge 2008; *Ralph Wilde*, International Territorial Administration, Oxford 2008.
86 So schon *Doehring* (N 8), § 177 Rn. 16.
87 *Doehring* (N 8), § 177 Rn. 17.
88 Vgl. *Reinisch/Novak* (N 24), Art. 43 Rn. 9 ff.

II. NATO-Mitgliedschaft und kollektive Sicherheit

Noch sehr viel umstrittener als die Implikationen der UN-Mitgliedschaft ist die Einordnung der (ursprünglich rein als Verteidigungsbündnis konzipierten) NATO in die Kategorie der Systeme kollektiver Sicherheit – und damit die Rechtfertigung der Beschränkung von Hoheitsrechten im Kontext der NATO[89]. Die NATO war in den 50er Jahren entstanden als Bündnis zur Abwehr der von der Sowjetunion und ihren Verbündeten ausgehenden Gefahren für die Sicherheit Westeuropas und stellte in ihrer ursprünglichen Konstruktion ein reines Bündnis kollektiver Selbstverteidigung dar[90]. Mit dem Aufgabenwandel der NATO nach 1990 und der zunehmenden Übernahme von UN-mandatierten Friedensmissionen im Rahmen von Kapitel VII hat sich die Grundlage dieser Einschätzung deutlich verändert. Die NATO hat heute nicht mehr vorrangig die Funktion, die Vertragsstaaten gegen externe Bedrohungen zu schützen, die von benachbarten Staaten ausgingen, sondern dient einem deutlich weiteren Konzept von Sicherheitsgewährleistung[91]. In diesem Kontext stellt sie ihre militärischen Ressourcen zur Verfügung, um im Auftrag des UN-Sicherheitsrates Friedensbedrohungen im regionalen Umfeld Europas unter Kontrolle zu bringen. Profil dieser multinationalen Friedenseinsätze ist nicht mehr die klassische Bündnisverteidigung, sondern die kollektive Friedenswahrung im Sinne einer regionalen Abmachung gemäß Art. 52 und 53 der UN-Charta. Die Praxis der Vereinten Nationen, die sich in den vergangenen 20 Jahren vielfach der NATO als eines regionalen Mandatars zur Durchsetzung von militärischen Zwangsmaßnahmen unter Kapitel VII bedient hat, spricht letztlich in heutiger Perspektive sehr deutlich für eine Einstufung als regionales System kollektiver Sicherheit[92]. Zwar hat die NATO nicht völlig ihre Charakteristika als Bündnis kollektiver Selbstverteidigung verloren – doch sind diese stark in den Hintergrund getreten und von Elementen der kollektiven Sicherheit überlagert worden. Das Bundesverfassungsgericht hatte in seiner Rechtsprechung zunächst offengelassen, ob die NATO als ein System kollektiver Sicherheit im Sinne des Art. 24 Abs. 2 GG zu beurteilen sei[93], hat dies im weiteren Verlauf jedoch in seiner Entscheidung zu den Auslandseinsätzen der Bundeswehr bejaht[94] – nicht zuletzt wohl im Blick auf die veränderte Aufgabenstellung und die Anerkennung der Organisation als regionales System kollektiver Sicherheit durch den UN-Sicherheitsrat.

27
Aufgabenwandel der NATO

Friedenswahrung statt reine Bündnisverteidigung

Anerkenntnis der NATO als System kollektiver Sicherheit

---

89 Vgl. die Nachweise des Streitstandes bis 1992 bei *Doehring* (N 8), § 177 Rn. 13 mit Fn. 37; *Deiseroth* (N 69), Art. 65 a Rn. 142 ff.; *Sigloch* (N 81), S. 217 f., 269 ff.
90 So schon *Doehring* (N 8), § 177 Rn. 13; vgl. auch – mit gleichlautender Tendenz – die minutiöse Darstellung der Organstruktur der NATO bei *Deiseroth* (N 69), Art. 65 a Rn. 79 ff.
91 Vgl. *Hauser* (N 28), S. 26 ff.
92 → Bd. X, *Wolfrum*, § 221 Rn. 21.
93 BVerfGE 68, 1 (95 f.).
94 BVerfGE 90, 286 (351); 104, 151 (209 ff.); 118, 244 (261 f.); BVerfG, in: NJW 2008, S. 2018 (2020).

III. Die Europäische Union als regionale Abmachung kollektiver Sicherheit

28
Europäische Sicherheits- und Verteidigungspolitik

Ähnliches läßt sich auch für die Europäische Union sagen – in ihrer heutigen Gestalt als regionaler Staatenverbund mit im Ansatz weitreichenden Zuständigkeiten im Bereich der Europäischen Sicherheits- und Verteidigungspolitik (ESVP)[95]. Zwar sind diese Befugnisse bislang größtenteils operativ noch nicht wirklich umgesetzt. Die Europäische Union verfügt über keine ihr dauerhaft zugeordneten Truppenteile und auch nicht über eine echte eigene Planungs-, Führungs- und Kommandostruktur. Soweit bisher multinationale Militäreinsätze unter dem Dach der Europäischen Union durchgeführt wurden, was schon in einigen Fällen geschehen ist, hat man sich weitgehend der multilateralen Stäbe und Kommandobehörden der NATO bedient[96].

Ausbau des institutionellen Unterbaus

Einige Energie ist in den Ausbau des institutionellen Unterbaus des Rates geflossen, der politisch primär für die (noch rein intergouvernemental strukturierte) gemeinsame Sicherheits- und Verteidigungspolitik (wie generell die GASP) zuständig ist[97]. Eine institutionelle Schlüsselstellung nimmt dabei das Politische und Sicherheitspolitische Komitee ein (PSK) ein, das sich zum zentralen Leitungs- und Kontrollgremium der Europäischen Sicherheits- und Verteidigungspolitik entwickelt hat[98], unterstützt durch den EU-Militärausschuß und den EU-Militärstab[99].

Rückgriff auf Kommandostellen der NATO

Militärische Planungs- und Führungskapazitäten der Europäischen Union sind mithin im Aufbau, wenn man auch noch ein gutes Stück entfernt ist von einem „EU-Hauptquartier"[100]. Größere Einsätze werden auch in Zukunft auf die Planungs- und Kommandostellen der NATO zurückgreifen müssen, doch im Ergebnis läßt sich festhalten, daß Einsätze unterschiedlicher Größenordnung von der Europäischen Union durchaus in eigener Verantwortung durchzuführen sind – und die Europäische Union hat dementsprechend auch schon die Umsetzung einzelner Kapitel VII-Mandate übernommen und auch schon einige Einsätze außerhalb solcher Mandatierungen durchgeführt[101].

Charakterisierung als System kollektiver Sicherheit

Angesichts der vertraglichen Grundlagen, die weit über die Aufgaben eines Verteidigungsbündnisses hinausgehen, sowie des Gepräges der EU-Militäreinsätze, die vor allem auf kollektive Friedenssicherung im Krisenbogen in der näheren Nachbarschaft der Europäischen Union zielen, wird man

---

95 Vgl. *Martin Nettesheim*, Gemeinsame Außen-, Sicherheits- und Verteidigungspolitik, in: Thomas Oppermann/Claus Dieter Classen/Martin Nettesheim (Hg.), Europarecht, ⁴2009, S. 684 (693 ff.).
96 Vgl. *Daniel Thym*, Europäisches Wehrverwaltungsrecht, in: Jörg Paul Terhechte (Hg.), Verwaltungsrecht der Europäischen Union, 2011, § 17 Rn. 46 ff.
97 Vgl. zum intergouvernementalen Charakter der GASP wie der ESVP *Daniel Thym*, Foreign Affairs, in: Armin von Bogdandy/Jürgen Bast (Hg.), Principles of European Constitutional Law, Oxford ²2009, S. 309 (330 ff.).
98 Vgl. *Thym* (N 96), § 17 Rn. 15.
99 Vgl. *Thym* (N 96), § 17 Rn. 44.
100 Vgl. *Thym* (N 96), § 17 Rn. 19.
101 Vgl. die Beiträge von *Agilolf Keßelring, Magnus Pahl, Jörg Hillmann* und *Frank Hagemann* in: Bernhard Chiari/Magnus Pahl (Hg.), Auslandseinsätze der Bundeswehr, 2010, S. 51 ff., 109 ff., 181 ff., 189 ff.; *Frederik Naert*, ESDP in Practice, in: Martin Trybus/Nigel D. White (Hg.), European Security Law, Oxford 2007, S. 61 ff.

heute mithin die Europäische Union als regionale Abmachung kollektiver Sicherheit einstufen müssen[102].

IV. Systeme kollektiver Sicherheit und Einsatz der Bundeswehr

Von besonderer Bedeutung ist die Frage der Einordnung bestimmter regionaler Sicherheitsabmachungen (wie der NATO und der WEU) als Systeme kollektiver Sicherheit im Lichte der Rechtsprechung des Bundesverfassungsgerichts zur Zulässigkeit auswärtiger Streitkräfteeinsätze[103]. Leider hat das Bundesverfassungsgericht bis heute offengelassen, ob Art. 87 a Abs. 2 GG – wie von den Anhängern der restriktiven Interpretation dieser Vorschrift behauptet[104] – tatsächlich auswärtige Einsätze der Bundeswehr jenseits der reinen Selbstverteidigung verbietet oder ob er nicht doch – bei verständiger Interpretation[105] – keinerlei Aussagen zum auswärtigen Einsatz der Streitkräfte enthält. Das Gericht hat sich vielmehr – seit BVerfGE 90, 286 (345, 356) – mit dem Verweis auf die Norm des Art. 24 Abs. 2 GG aus der Affäre gezogen. Ganz abwegig ist dieser Argumentationsgang nicht. Unabhängig von der Auslegung des Art. 87 a Abs. 2 GG eröffne die Vorschrift des Art. 24 Abs. 2 GG – so das Gericht – jedenfalls für friedenssichernde Einsätze im Kontext von Systemen kollektiver Sicherheit unzweifelhaft eine Möglichkeit des auswärtigen Einsatzes der Bundeswehr[106]. Da die Verfassungspraxis der Bundesrepublik sich im Blick auf Auslandseinsätze seitdem allein auf die so eröffnete Befugnis nach Art. 24 Abs. 2 GG stützt, kommt der Qualifikation regionaler Abmachungen wie der NATO und der Europäischen Union als Systeme kol-

29
Rechtsprechung des BVerfG zum Streitkräfteeinsatz

Unzulässigkeit auswärtiger Einsätze aufgrund Art. 87 a Abs. 2 GG?

Verweis auf Vorrangigkeit des Art. 24 Abs. 2 GG

Qualifikation der Systeme als entscheidendes Kriterium

---

102 Vgl. hierzu *Thym* (N 96), § 17 Rn. 12; *Wolf Heintschel von Heinegg*, in: Epping/Hillgruber, GG, Art. 24 Rn. 33. 3; *Dieter Wiefelspütz*, Der Einsatz bewaffneter deutscher Streitkräfte, in: AöR 132 (2007), S. 44 (88); *Sigloch* (N 81), S. 219 ff.; *Volker Röben*, Der Einsatz der Streitkräfte nach dem Grundgesetz, in: ZaöRV 63 (2003), S. 585 (590); a. A. dagegen *Manfred Baldus*, in: v. Mangoldt/Klein/Starck, Bd. III, 2010 Art. 87 a Rn. 66; *Werner Heun*, in: Dreier, Bd. III, 2008, Art. 87 a Rn. 18; vgl. ferner aus völker- und europarechtlicher Sicht *Nigel D. White*, The EU as a Regional Security Actor within the International Legal Order, in: Martin Trybus/Nigel D. White (Hg.), European Security Law, Oxford 2007, S. 329 (332 ff.); *Sebastian Graf Kielmannsegg*, Die Verteidigungspolitik der Europäischen Union, 2005, S. 216 ff.

103 Vgl. als Überblick dieser Rechtsprechung *Baldus* (N 102), Art. 87 a Rn. 59 ff.; vgl. ferner *Karl-Andreas Hernekamp*, in: v. Münch/Kunig, Bd. II, 2012, Art. 87 a Rn. 12 ff.; *Sigloch* (N 81), S. 62 ff., 201 ff.; *Michael Wild*, Verfassungsrechtliche Möglichkeiten und Grenzen für Auslandseinsätze der Bundeswehr nach dem Kosovo-Krieg, in: DÖV 53 (2000), S. 622 ff.

104 Siehe in diesem Sinne etwa *Baldus* (N 102), Art. 87 a Rn. 31 ff.; *Classen* (N 7), Art. 24 Rn. 88; *Bodo Pieroth*, in: Jarass/ders., 2011, Art. 87 a Rn. 6 ff.; *Stefanie Schmahl*, in: Sodan, Art. 87 a Rn. 6; *Volker Epping*, in: ders./Hillgruber, GG, Art. 87 a Rn. 18; *Bernd Grzeszick*, in: Friauf/Höfling, GG, Art. 87 a Rn. 19; *Heun* (N 102), Art. 87 a Rn. 16; *Mark Zimmer*, Einsätze der Bundeswehr im Rahmen kollektiver Sicherheit, 1995, S. 49 ff.

105 Vgl. in diesem Sinne *Juliane Kokott*, in: Sachs, 2011, Art. 87 a Rn. 11 ff.; *Dieter Wiefelspütz*, Das Parlamentsheer, 2005, S. 72 ff.; *Stefan Oeter*, Einsatzarten der Streitkräfte außer zur Verteidigung – Verfassungsrechtliche Grundlagen, in: NZWehrR 2000, S. 89 (92 ff.); *Randelzhofer* (N 7), Art. 24 Abs. 2 Rn. 64 ff.; *Doehring* (N 8), § 177 Rn. 25; *Torsten Stein*, Die verfassungsrechtliche Zulässigkeit einer Beteiligung der Bundesrepublik Deutschland an Friedenstruppen der Vereinten Nationen, in: Jochen Abr. Frowein/ders. (Hg.), Rechtliche Aspekte einer Beteiligung der Bundesrepublik Deutschland an Friedenstruppen der Vereinten Nationen, 1990, S. 17 (23 ff.).

106 So auch schon *Wieland* (N 34), S. 1174 ff.; *Nolte* (N 34), S. 95 ff.; *Jochen Abr. Frowein*, Der völkerrechtliche Status von VN-Friedenstruppen und seine Bedeutung für das deutsche Recht, in: ders./Torsten Stein (Hg.), Rechtliche Aspekte einer Beteiligung der Bundesrepublik Deutschland an Friedenstruppen der Vereinten Nationen, 1990, S. 1 ff.

lektiver Sicherheit eine zentrale Bedeutung für die verfassungspolitischen Handlungsspielräume der Bundesregierung zu – auswärtiger Einsatz der Streitkräfte ist unter den Gegebenheiten deutscher Innenpolitik realistisch nur im Kontext der Systeme kollektiver Sicherheit mit dem Verweis auf Art. 24 Abs. 2 GG vermittelbar[107].

30
Unmöglichkeit der Bündnisbeteiligung bei restriktiver Interpretation

Im Ergebnis ist die Argumentationslinie des Bundesverfassungsgerichts nicht völlig abwegig. Folgte man konsequent der restriktiven Interpretation des Art. 87 a Abs. 2 GG, so wären sowohl Bündnisverteidigung als auch die Teilnahme an Systemen kollektiver Sicherheit eigentlich für die Bundesrepublik gar nicht durchführbar – die Verteidigung von Bündnispartnern wäre (soweit nicht die Bundesrepublik selbst angegriffen ist) ebenso unzulässig[108] wie die Beteiligung an militärischen Zwangsmaßnahmen, die typischerweise zum Instrumentenkasten von Systemen kollektiver Sicherheit gehören. Nimmt man die Programmatik des Art. 24 Abs. 2 GG ernst, so muß aber der Bundesrepublik eine aktive Teilnahme an Gefügen kollektiver Sicherheit möglich sein, um so zur Schaffung und Sicherung einer dauerhaften Friedensordnung beizutragen – aktive Teilnahme aber verlangt logisch auch die Teilhabe an den militärischen Lasten der Erzwingung des Friedens gegenüber eventuellen Friedensbrechern und der Abwehr von Friedensbedrohungen[109]. In einem logischen Schluß läßt sich folgern, daß Art. 24 Abs. 2 GG eigentlich die Möglichkeit des (wenn auch begrenzten) auswärtigen Streitkräfteeinsatzes voraussetzt. Der Argumentationsgang hängt allerdings letztlich an einer (Über-)Interpretation des Art. 87 a Abs. 2 GG. Stellt man in Rechnung, daß Art. 87 a eigentlich von der Entstehungsgeschichte wie von seiner systematischen Stellung her eine rein binnengerichtete, auf die Verwaltungskompetenzen von Bund und Ländern abzielende Norm ist, der keinerlei Regelungsgehalt für den Auslandseinsatz zukommt, so bricht die skizzierte Argumentationskette zusammen. Es bedarf eigentlich der Interpretation des Art. 24 Abs. 2 GG als Befugnisnorm nicht – und die Konstruktion des Art. 24 Abs. 2 GG als „ausdrückliche" Ermächtigung in Abweichung von der Grundregelung des Art. 87 a Abs. 2 GG ist ja letztlich auch eine Lebenslüge, denn der als „ausdrücklich" ausgegebene Normgehalt muß im Ergebnis doch eher in Art. 24 Abs. 2 GG hineingelesen werden als daß er in der Norm unzweideutig zum Ausdruck käme. Solange allerdings verfassungspolitisch eine Einigung auf eine sachangemessene Interpretation des Art. 87 a Abs. 2 GG nicht in Sicht ist, wird man der vom Bundesverfassungsgericht gewählten Interpretation des Art. 24 Abs. 2 GG eine gewisse praktische Vernunft nicht abstreiten können.

Art. 24 Abs. 2 GG impliziert Möglichkeit zum Streitkräfteeinsatz

Interpretation des BVerfG als Ausfluß praktischer Vernunft

---

107 Vgl. auch *Hufeld* (N 41), § 44 Rn. 8 ff.
108 Kritisch hierzu *Tomuschat* (N 6), Art. 24 Rn. 172; *Doehring* (N 8), § 177 Rn. 21 ff.; *Stein* (N 105), S. 91 ff.
109 Siehe in diesem Sinne *Doehring* (N 8), § 177 Rn. 24.

F. Bibliographie

Karl Doehring, Kollektive Sicherheit, in: Rüdiger Wolfrum (Hg.), Handbuch Vereinte Nationen, 1991, S. 405 ff.
Jochen Abr. Frowein/Torsten Stein (Hg.), Rechtliche Aspekte einer Beteiligung der Bundesrepublik Deutschland an Friedenstruppen der Vereinten Nationen, 1990.
Terry Gill, Legal Aspects of the Transfer of Authority in UN Peace Operations, in: Netherlands Yearbook of International Law 42 (2011), S. 37 ff.
ders./Dieter Fleck (Hg.), The Handbook of the International Law of Military Operations, New York 2011.
Nico Krisch, Selbstverteidigung und kollektive Sicherheit, 2001.
Georg Nolte, Die „neuen" Aufgaben von NATO und WEU: Völker- und verfassungsrechtliche Fragen, in: ZaöRV 54 (1994), S. 95 ff.
Alexander Orakhelashvili, Collective Security, New York 2011.
Daniel Thym, Europäisches Wehrverwaltungsrecht, in: Jörg Paul Terhechte (Hg.), Verwaltungsrecht der Europäischen Union, 2011, S. 633 ff.

§ 244
Militärische Einsätze der Bundeswehr

Bardo Fassbender

Übersicht

	Rn.
A. Einführung	1– 34
I. Die Bundeswehr als „Armee im Einsatz"	1– 16
1. Einsatzrealität und Rechtsbindung	1– 7
2. „Militärischer Einsatz" und verwandte Begriffe	8– 16
II. Militärische Einsätze der Bundeswehr vor dem Hintergrund der Entwicklung der Wehrverfassung	17– 34
1. Das Grundgesetz von 1949 als Verfassung eines demilitarisierten Staates	18– 22
2. Wiederbewaffnung und Wehrverfassung	23– 28
3. Deutschland seit der Wiedervereinigung	29– 34
B. Das völkerrechtliche Gewaltverbot und seine Ausnahmen	35– 46
I. Allgemeines Gewaltverbot	35– 38
II. Ausnahmen vom allgemeinen Gewaltverbot	39– 46
1. „Autorisierte" Gewaltanwendung	39
2. Individuelle und kollektive Selbstverteidigung	40– 42
3. Militärische Einsätze auf Grund der Zustimmung eines fremden Staates	43
4. „Humanitäre Intervention" als umstrittene Ausnahme	44– 46
C. Recht zum Einsatz	47–129
I. Verfassungsrechtliche Zulässigkeit internationaler militärischer Einsätze der Bundeswehr	47
II. Materielle Schranken	48– 83
1. Friedensgebot und Angriffskriegsverbot	48– 49
2. Einsätze zur Verteidigung	50– 58
3. Einsätze „außer zur Verteidigung"	59– 83
a) Einsätze im Rahmen eines Systems gegenseitiger kollektiver Sicherheit (Art. 24 Abs. 2 GG)	60– 69
b) Einsätze im Rahmen der Europäischen Union	70– 74
c) Einsätze zur Rettung deutscher Staatsangehöriger im Ausland	75– 78
d) Humanitäre Interventionen zugunsten fremder Staatsangehöriger	79
e) Katastrophenhilfe	80– 83
III. Verfahrensrechtliche Schranken	84–118
1. Rechtsprechung des Bundesverfassungsgerichts zum „Parlamentsvorbehalt"	84– 93
2. Der „Parlamentsvorbehalt" vor dem Hintergrund der deutschen Verfassungsgeschichte	94– 98
3. Parlamentsbeteiligungsgesetz	99–103
4. Strittige Fälle der Zustimmungspflichtigkeit von Einsätzen	104–118
IV. Verfassungsgerichtliche Kontrolle	119–129
1. Organstreitverfahren	119–123
2. Verfassungsbeschwerde	124
3. Abstrakte Normenkontrolle	125–129
D. Recht im Einsatz	130–170
I. Humanitäres Völkerrecht	130–138
II. Internationales Recht zum Schutz der Menschenrechte	139–147
III. Grundrechte des Grundgesetzes	148–170
E. Grenzen des Verfassungsrechts	171–174
F. Bibliographie	

A. Einführung

I. Die Bundeswehr als „Armee im Einsatz"

1. Einsatzrealität und Rechtsbindung

1

Militärische Auslandseinsätze

Seit dem Beginn der 1990er Jahre wird die Bundeswehr militärisch im Ausland eingesetzt. Ganz überwiegend handelt es sich um eine Beteiligung an multinationalen Operationen im Rahmen internationaler Organisationen, denen die Bundesrepublik Deutschland als Mitgliedstaat angehört. Unter diesen Organisationen können Organisationen mit dem Zweck der internationalen Friedenswahrung (Vereinte Nationen[1], OSZE), Verteidigungsbündnisse (NATO, WEU)[2] sowie die Europäische Union[3] unterschieden werden. Die zahlreichen Einsätze der Bundeswehr – die Begriffe „Bundeswehr" und „Streitkräfte" werden in diesem Beitrag synonym verwandt[4] – unterscheiden sich sowohl nach ihrer Gestalt als auch nach ihrer politischen und militärischen Bedeutung erheblich[5]:

„Klassische" Friedenseinsätze

auf der einen Seite stehen die durch die Zustimmung aller Konfliktparteien gekennzeichneten „klassischen" Friedenseinsätze („peacekeeping missions"), wie sie sich ohne ausdrückliche Regelung in der UN-Charta in der Praxis der Vereinten Nationen herausgebildet haben (Überwachung eines Waffenstillstands, einer internationalen Grenze oder von Abrüstungsmaßnahmen), auf der anderen Seite Operationen zur Überwachung eines Luft- oder Seeraumes gegen terroristische Gefahren oder zum Schutz von Handelsschiffen gegen Piraterie[6], humanitäre Einsätze (Katastrophenhilfe, sanitätsdienstliche Versorgung, Lufttransporte von Lebensmitteln

Kampfeinsätze

und Medikamenten), aber auch Kampfeinsätze[7]. Zunehmend ist es zu einer Vermischung dieser Formen und Inhalte von Einsätzen gekommen[8]. Zahl und Gewicht innerstaatlicher Konflikte haben seit dem Beginn der 1990er Jahre stark zugenommen. An vielen Einsätzen, insbesondere an Beobachter- und

---

1 → Bd. X, *Wolfrum*, § 219.
2 → Bd. X, *Wolfrum*, § 221.
3 → Bd. X, *P. Kirchhof*, § 214.
4 Zur begrifflichen Unterscheidung → Bd. IV, *F. Kirchhof*, § 84 Rn. 3: „Streitkräfte und Bundeswehrverwaltung bilden zusammen die Bundeswehr ... Der militärische Auftrag wird von den Streitkräften erfüllt, also von einem militärisch gegliederten, ausgerüsteten und geführten Verband. Nach Art. 87 b Abs. 1 GG ist die Bundeswehrverwaltung ihnen zur Seite gestellt ...".
5 Tabellarische Übersichten: *Andreas M. Rauch*, Auslandseinsätze der Bundeswehr, 2006, S. 55 f.; *Bernhard Chiari/Magnus Pahl* (Hg.), Wegweiser zur Geschichte: Auslandseinsätze der Bundeswehr, 2010, S. 296 ff. Vgl. ferner *Hans J. Gießmann/Armin Wagner* (Hg.), Armee im Einsatz, 2009. Übersicht über die Zustimmungen des Bundestags zu Einsätzen der Bundeswehr (1994–2007): *Dieter Wiefelspütz*, Der Auslandseinsatz der Bundeswehr und das Parlamentsbeteiligungsgesetz, 2008, S. 242 ff.
6 Vgl. *Doris König*, Der Einsatz von Seestreitkräften zur Verhinderung von Terrorismus und Verbreitung von Massenvernichtungswaffen sowie zur Bekämpfung der Piraterie, in: Berichte der Deutschen Gesellschaft für Völkerrecht 44 (2010), S. 203 ff.
7 Vgl. *Eric Suy*, Peace-keeping Operations, in: René-Jean Dupuy (Hg.), Manuel sur les organisations internationales – A Handbook on International Organizations, Den Haag, ²1998, S. 539 ff.; *Michael Bothe*, Peacekeeping Forces, in: Rüdiger Wolfrum (Hg.), The Max Planck Encyclopedia of Public International Law, Bd. VIII, Oxford 2012, S. 224 ff.
8 Vgl. *Silja Vöneky/Rüdiger Wolfrum*, Die Reform der Friedensmissionen der Vereinten Nationen und ihre Umsetzung nach deutschem Verfassungsrecht, in: ZaöRV 62 (2002), S. 569 ff.

Verifikationsmissionen, war nur eine kleine Zahl von Soldaten der Bundeswehr beteiligt. Größere Verbände sind dagegen in Somalia (1992–1994), auf dem Balkan (seit 1992) und in Afghanistan (seit 2002) zum Einsatz gekommen[9]. Die wichtigsten Einsätze haben im Rahmen der NATO stattgefunden. Bis zum Frühjahr 2011 waren insgesamt ca. 300.000 Bundeswehrangehörige im Auslandseinsatz[10].

In der Regel liegt den Einsätzen der Bundeswehr ein Beschluß des UN-Sicherheitsrates zugrunde, der die Anwendung militärischer Gewalt als Ausnahme von dem allgemeinen völkerrechtlichen Gewaltverbot (Art. 2 Nr. 4 UN-Charta) erlaubt[11]. Ausnahmsweise werden Einsätze auch mit dem völkerrechtlichen Selbstverteidigungsrecht der Staaten oder der umstrittenen Rechtsfigur der „humanitären Intervention" begründet[12]. Die Einsätze kennzeichnet eine komplizierte und eher undurchsichtige Verschränkung allgemeinen Völkerrechts mit dem Recht der UN-Charta als dem „Verfassungsrecht" der heutigen internationalen Gemeinschaft[13], dem Recht einer bestimmten Organisation (wie der NATO oder der OSZE), völkerrechtlichen Vereinbarungen mit dem Staat, auf dessen Gebiet der Einsatz stattfindet, und dem nationalen Recht (insbesondere dem Verfassungsrecht) der an dem Einsatz beteiligten Staaten. Dies gilt für die Voraussetzungen der Zulässigkeit eines Einsatzes ebenso wie für die rechtliche Beurteilung der einzelnen tatsächlichen Operationen, die im Rahmen eines Einsatzes stattfinden. Ein anschauliches Beispiel einer intransparenten Rechtslage bietet der internationale Einsatz in Afghanistan seit 2001. Die Verschränkung der Rechtsebenen und die sich daraus ergebende unklare Verantwortungsstruktur begünstigen eine Erosion des allgemeinen Gewaltverbotes. Die Lehre vom Parlamentsvorbehalt[14] ist die Antwort des Bundesverfassungsgerichts auf diese „neue Unübersichtlichkeit"; sie weist im komplexen Rechtsgefüge dem Bundestag ein entscheidendes letztes Wort über den militärischen Einsatz der Bundeswehr zu, erweckt damit aber auch den Anschein einer realiter nicht mehr gegebenen nationalen Souveränität in militärischen Angelegenheiten.

Nach wie vor gibt es keine völkerrechtliche Bindung der Bundesrepublik, die im Sinne eines „Automatismus" in einem konkreten Einzelfall einen Einsatz der Bundeswehr erzwingen würde[15]. Zwar verpflichten die Art. 43 und 45

---

9 Vgl. *Wolfgang März*, Bundeswehr in Somalia, 1993; *Stefan Mair* (Hg.), Auslandseinsätze der Bundeswehr, 2007; *Anja Seiffert/Phil C. Langer/Carsten Pietsch* (Hg.), Der Einsatz der Bundeswehr in Afghanistan. Sozial- und politikwissenschaftliche Perspektiven, 2012.
10 Rede des Bundesministers der Verteidigung Thomas de Maizière v. 18.5.2011 in Berlin über die „Neuausrichtung der Bundeswehr", S. 3 des Manuskripts.
11 S. u. Rn. 38 f.
12 S. u. Rn. 40 ff., 44 ff.
13 Vgl. *Bardo Fassbender*, Grund und Grenzen der konstitutionellen Idee im Völkerrecht, in: FS für Josef Isensee, 2007, S. 73 ff.
14 S. u. Rn. 85 ff.
15 Vgl. dagegen für die Wirtschaftssanktionen des UN-Sicherheitsrates gemäß Art. 41 UN-Charta – unter Einschluß der gegen Einzelpersonen, Vereinigungen und Unternehmen gerichteten Sanktionen – *Bardo Fassbender*, Art. 19 Abs. 4 GG als Garantie innerstaatlichen Rechtsschutzes gegen Individualsanktionen des UN-Sicherheitsrates, in: AöR 132 (2007), S. 257.

UN-Charta unverändert die UN-Mitgliedstaaten zum Abschluß von Abkommen mit den Vereinten Nationen, nach deren Maßgabe die Mitgliedstaaten dem Sicherheitsrat auf dessen Ersuchen Land- und Luftstreitkräfte zur Verfügung stellen[16]. Doch ist es zu solchen Abkommen seit 1945 nicht gekommen. Der Sicherheitsrat könnte mit einem Beschluß gemäß Kapitel VII der UN-Charta auch alle oder einzelne Mitgliedstaaten zu spezifischen militärischen Maßnahmen verpflichten, doch hat er zu diesem Mittel noch nicht gegriffen und sich statt dessen darauf beschränkt, einen von einzelnen Mitgliedstaaten zur Durchsetzung seiner Resolutionen angebotenen Einsatz militärischer Gewalt zu „autorisieren"[17].

**4
Vorbehalt im NATO-Vertrag**
Auch im Rahmen der NATO haben es sich die Mitgliedstaaten vorbehalten, im Fall eines bewaffneten Angriffs gegen einen oder mehrere von ihnen in Erfüllung ihrer Beistandspflicht je für sich über die Maßnahmen zu entscheiden, „die sie für erforderlich erachten, um die Sicherheit des nordatlantischen Gebiets wiederherzustellen und zu erhalten" (Art. 5 Abs. 1 NATO-Vertrag)[18]. Allerdings suggeriert diese Bestimmung eine Autonomie der Mitgliedstaaten, die jedenfalls in der Periode des Kalten Krieges tatsächlich nicht gegeben war. Im Fall eines Angriffs des Warschauer Pakts auf das NATO-Gebiet wären die militärischen Reaktionen vermutlich – ungeachtet der Zuständigkeiten des Nordatlantikrates und des NATO-Militärausschusses – nach den vorbereiteten Plänen zeitnah vom Oberkommandierenden des strategischen NATO-Kommandos Europa (SACEUR) bestimmt worden, bei dem es sich stets um einen amerikanischen General oder Admiral gehandelt hätte.

**5
Keine Pflicht zur Bereitstellung von Streitkräften im EUV**
Hinsichtlich der Mitgliedschaft der Bundesrepublik in der Europäischen Union hat das Bundesverfassungsgericht ausdrücklich festgestellt, der Vertrag über die Europäische Union in der Fassung von Lissabon übertrage der Europäischen Union keine Zuständigkeit, auf die Streitkräfte der Mitgliedstaaten ohne Zustimmung des jeweils betroffenen Mitgliedstaates oder seines Parlaments zurückzugreifen[19]. Der Vertrag verpflichte die Mitgliedstaaten nicht, nationale Streitkräfte für militärische Einsätze der Europäischen Union bereitzustellen. Wortlaut und Entstehungsgeschichte der Art. 42 ff. EUV zeigten deutlich „das Bestreben der Mitgliedstaaten, die in dem letzten Wort der Verfassung liegende souveräne Entscheidung über den Einsatz ihrer Streitkräfte beizubehalten"[20]. Selbst mit einer ordentlichen Vertragsänderung könne der grundgesetzliche Parlamentsvorbehalt für jeden Auslandseinsatz der Bundeswehr nicht umgangen werden; „die Bundesrepublik Deutschland

---

16 Vgl. BVerfGE 90, 286 (380).
17 S. u. Rn. 38.
18 Vgl. BVerfGE 68, 1 (93); 123, 267 (424). → Bd. X, *Wolfrum*, § 221 Rn. 9, 24.
19 BVerfGE 123, 267 (422) – Vertrag von Lissabon.
20 BVerfGE 123, 267 (423). Eine Bestätigung fand diese Auslegung des EUV im Beschluß der im Europäischen Rat vereinigten Staats- und Regierungschefs vom 19. 6. 2009 (Rats-Dok. 11225/2/09, Abschn. C): „Es bleibt Irland und jedem anderen Mitgliedstaat unbenommen, nach Maßgabe etwaiger innerstaatlicher Rechtsvorschriften einen Beschluß über eine etwaige Teilnahme an Militäroperationen zu fassen."

dürfte sich von Verfassungs wegen nicht an einer solchen Vertragsänderung beteiligen"²¹.

Auch in der Zukunft wird an die Bundesrepublik die Aufforderung gerichtet werden, sie solle sich ihrem wirtschaftlichen und politischen Gewicht und ihren bündnispolitischen Bindungen entsprechend auch militärisch an der Verhütung oder Befriedung von Konflikten beteiligen. Wer jedoch im Text des Grundgesetzes Antwort auf die Frage sucht, unter welchen rechtlichen Bedingungen sich die Bundesrepublik auf in der Regel politisch heikle und Leib und Leben ihrer Soldaten gefährdende Militäreinsätze einlassen darf, sieht sich enttäuscht. Das Grundgesetz ist in seinen auf die Bundeswehr bezogenen Regelungen auf dem Stand der „Wiederbewaffnung" der Bundesrepublik in den 1950er Jahren²² und der Notstandsregelung von 1968 (Abschnitt X a des Grundgesetzes über den „Verteidigungsfall")²³ stehengeblieben²⁴. Diese Regelungen wiederum waren seinerzeit einer durchaus pazifistischen Verfassung, dem Grundgesetz von 1949, hinzugefügt worden, womit deren ursprüngliche Kohärenz in einer Weise durchbrochen wurde, die der Zerstrittenheit der deutschen Politik und Öffentlichkeit in der Frage entsprach. Daß sich der sonst so aktionsfreudige verfassungsändernde Gesetzgeber des Themas der militärischen Auslandseinsätze der Bundeswehr nicht hat annehmen müssen, verdankt er dem Bundesverfassungsgericht, das im Jahr 1994 entschied, Art. 24 Abs. 2 GG in seinem Wortlaut von 1949 sei eine ausreichende Grundlage für Einsätze bewaffneter deutscher Streitkräfte im Rahmen der Vereinten Nationen und der NATO, doch bedürften diese in jedem Fall einer Zustimmung des Bundestages („Parlamentsvorbehalt")²⁵. Für eine förmliche Änderung des Wortlauts des Grundgesetzes im Sinne des einen wie des anderen Elements dieser Rechtsprechung fehlten die notwendigen Mehrheiten²⁶.

6
Fehlende Regelung im Grundgesetz

BVerfG: Art. 24 Abs. 2 GG als Grundlage

Gegenwärtig läßt sich daher die verfassungsrechtliche Zulässigkeit von militärischen Einsätzen der Bundeswehr nur durch eine Interpretation verstreuter Verfassungsbestimmungen bestimmen, die in früheren Epochen des Grundgesetzes Antworten auf andere Fragen zu geben versuchten. Die Situation wird dadurch nicht leichter, daß die Verfassungsvorschriften über militärisches Handeln der Bundesrepublik auf das Völkerrecht Bezug nehmen und sich für dieses öffnen, die völkerrechtliche Zulässigkeit der Anwendung zwi-

7
Bestimmung der verfassungsrechtlichen Zulässigkeit

---

21 BVerfGE 123, 267 (426).
22 S. u. Rn. 23.
23 S. u. Rn. 26.
24 Stefanie Schmahl nennt die Wehrverfassung unter Bezugnahme auf Isensee (→ Bd. II, *Isensee*, § 15 Rn. 177 ff.) ein „Paradebeispiel für die Unterschiedlichkeit zwischen ‚geschriebener und gelebter Verfassung'": *Stefanie Schmahl*, Der Einsatz deutscher Streitkräfte unter der Ägide des Grundgesetzes, in: Horst Dreier (Hg.), Macht und Ohnmacht des Grundgesetzes, 2009, S. 107 (134).
25 BVerfGE 90, 286 (345, 355 f.). S. u. Rn. 85.
26 Vgl. zu den vier von den Fraktionen und Gruppen des Bundestags in den Jahren 1992 und 1993 eingebrachten Gesetzentwürfen zur Änderung des Grundgesetzes *Ulrich K. Preuß*, Die Bundeswehr – Hausgut der Regierung?, in: KritJ 26 (1993), S. 263 (271 ff.); *Mark Zimmer*, Einsätze der Bundeswehr im Rahmen kollektiver Sicherheit, 1995, S. 190 ff. Auch die Gemeinsame Verfassungskommission von Bundestag und Bundesrat (→ Bd. I, *Bauer*, § 14 Rn. 49 ff.) konnte sich nicht auf Vorschläge für eine Änderung der Vorschriften des Grundgesetzes über Einsätze der Bundeswehr verständigen. Vgl. den Bericht der Kommission vom 28. 10. 1993, BT-Drs 12/6000, S. 101 ff.

schenstaatlicher Gewalt sich aber ihrerseits im wesentlichen nach Normen des Jahres 1945 bemißt, deren heutige Bedeutung in Staatenpraxis und Rechtslehre umstritten ist[27].

2. „Militärischer Einsatz" und verwandte Begriffe

8
Begriffsbestimmung

Thema des vorliegenden Beitrags sind „militärische Einsätze" der Bundeswehr. Was ist hierunter zu verstehen? Die verfassungsrechtliche Diskussion des Einsatzbegriffs ist von der Auslegung des Art. 87 a GG bestimmt. Gemäß Art. 87 a Abs. 2 GG dürfen die Streitkräfte außer zur Verteidigung „nur eingesetzt werden, soweit dieses Grundgesetz es ausdrücklich zuläßt". Diese Vorschrift hat viele Autoren dazu geführt, den Einsatzbegriff eng zu definieren, um Verwendungen der Bundeswehr, für die man im Grundgesetz vergeblich eine ausdrückliche Regelung sucht, die aber der Staatspraxis entsprechen (zum Beispiel Auslandsflüge der Flugbereitschaft oder Katastrophenhilfe im Ausland), für grundgesetzkonform erklären zu können[28]. Mit gleicher Absicht ist der Begriff „Verteidigung" für im Grundgesetz nicht erwähnte Verwendungen der Bundeswehr, denen sich ihr Einsatzcharakter nicht absprechen ließ (insbesondere die Rettung deutscher Staatsangehöriger im Ausland und die Beteiligung an UN-Friedenseinsätzen), weit gedehnt worden[29]. Auf die Auslegung des Art. 87 a GG sowie des Art. 35 Abs. 2 und 3 GG geht auch die Unterscheidung zwischen „militärischen" und „polizeilichen" Einsätzen der Bundeswehr zurück. Letztgenannten werden die „Hilfe bei einer Naturkatastrophe oder bei einem besonders schweren Unglücksfall" (Art. 35 Abs. 2 und 3 GG), der Schutz ziviler Objekte und die Verkehrsregelung (Art. 87 a Abs. 3 GG) sowie die Abwehr einer drohenden Gefahr für den Bestand oder die freiheitliche demokratische Grundordnung des Bundes oder eines Landes gemäß Art. 87 a Abs. 4 GG zugerechnet[30]. Daß selbst bei diesen Einsätzen im inneren Notstand und im Katastrophennotstand[31] die Grenze zwischen „polizeilichem" und „militärischem" Handeln der Bundeswehr schwer zu ziehen ist, ergibt sich bereits aus der der Bundeswehr zugewiesenen Aufgabe der „Bekämpfung organisierter und militärisch bewaffneter Aufständischer" (Art. 87 a Abs. 4 S. 1 GG)[32].

Art. 87 a GG

Art. 35 Abs. 2, 3 GG

---

27 S. u. Rn. 35 ff.
28 Vgl. z. B. *Christian Tomuschat*, in: BK, Art. 24 Rn. 187; *Otto Depenheuer*, in: Maunz/Dürig, Art. 87 a Rn. 103. Überblick über die entsprechende Literatur: *Eric Schemann*, Verfassungsrechtliche Legitimation nichtmilitärischer Einsätze der Bundeswehr, Diss. jur. Tübingen 1998, S. 37 ff. Vgl. auch *Ulrich Fastenrath*, Zur Verfassungsmäßigkeit unilateraler Piratenbekämpfung durch die Deutsche Marine, in: FS für Rüdiger Wolfrum, 2012, Bd. II, S. 1935 (1951): Piratenbekämpfung als „erlaubte Verwendung", der Art. 87 a Abs. 2 GG nicht entgegenstehe.
29 Vgl. z. B. *Otto Depenheuer*, in: Maunz/Dürig, Art. 87 a Rn. 39 f., 108 ff., 122 ff.
30 → Bd. IV, *F. Kirchhof*, § 84 Rn. 58, der eine „typische Verwendung der Bundeswehr als militärischer Verband" von ihrem „atypischen Einsatz für polizeiliche Gefahrenabwehrziele" unterscheidet.
31 *Eckart Klein*, Der innere Notstand, in: HStR VII, ¹1992, § 169 Rn. 35 ff.
32 Vgl. auch BVerfG, 2 PBU 1/11 vom 3. 7. 2012 (Plenarentscheidung zum Luftsicherheitsgesetz), LS 2 und Abs.-Nr. 24, 28: „Art. 35 Abs. 2 S. 2 und 3 GG schließen eine Verwendung spezifisch militärischer Waffen bei einem Einsatz der Streitkräfte nach diesen Vorschriften nicht grundsätzlich aus". „Eine Beschränkung des Streitkräfteeinsatzes auf diejenigen Mittel, die nach dem Gefahrenabwehrrecht des Einsatzlandes der Polizei zur Verfügung stehen oder verfügbar gemacht werden dürften, ist durch den Wortlaut des Art. 35 Abs. 2 S. 2 und Abs. 3 GG und die Systematik des Grundgesetzes nicht zwingend vorgegeben; der Regelungszweck spricht eher gegen eine solche Beschränkung".

Im Kontext des vorliegenden Beitrags ist aber zunächst der Begriff „militärischer Einsatz" ungeachtet der Regelung des Art. 87 a GG zu klären. Dabei ist vom allgemeinen und militärischen Sprachgebrauch auszugehen[33]. Erst in einem späteren Schritt ist zu prüfen, ob bestimmte Einsätze gemessen an Art. 87 a GG verfassungsrechtlich zulässig sind[34].

9 „Militärischer Einsatz"

In einem engen Sinne besteht ein militärischer „Einsatz" in der Drohung mit und der Vornahme von Kampfhandlungen mit militärischen Mitteln, wozu auch unterstützende Handlungen ohne Anwendung von Waffengewalt (etwa durch Sanitäts-, Fernmelde- oder Transportverbände) gehören[35]. In einem weiteren Sinne gehören zu einem militärischen Einsatz einerseits auch die Vorbereitung von Kampfhandlungen (etwa durch die Verlegung von Truppen an einen bestimmten Ort, den Aufbau eines Feldlagers, die Erkundung des gegnerischen Territoriums mit Mitteln der Luftaufklärung), andererseits auch militärische Maßnahmen nach dem Ende von Kampfhandlungen (zum Beispiel die Gefangennahme von Angehörigen der gegnerischen Streitkräfte oder die Errichtung einer Verwaltung im besetzten Gebiet). Vorbereitende Maßnahmen können freilich nur dann einem (bestimmten) militärischen Einsatz zugerechnet werden, wenn sie mit diesem in einem engeren Zusammenhang stehen. So ist die allgemeine Ausbildung der Soldaten in Friedenszeiten nicht Teil eines militärischen Einsatzes.

10 Kampfhandlungen mit militärischen Mitteln

Auf die Rechtsprechung des Bundesverfassungsgerichts geht der Begriff „Einsatz bewaffneter Streitkräfte" zurück. Ein solcher Einsatz unterliegt der „konstitutiven, grundsätzlich vorherigen Zustimmung des Bundestages"[36]. Das Gericht definierte diesen Begriff näher in seinem Urteil vom 7. Mai 2008[37] über die Beteiligung deutscher Soldaten an der Überwachung des Luftraums der Türkei durch die NATO im Jahr 2003. Für das Eingreifen des Parlamentsvorbehalts, so erklärte das Gericht, komme es nicht darauf an, „ob bewaffnete Auseinandersetzungen sich schon im Sinne eines Kampfgeschehens verwirklicht haben, sondern darauf, ob nach dem jeweiligen Einsatzzusammenhang und den einzelnen rechtlichen und tatsächlichen Umständen die Einbeziehung deutscher Soldaten in bewaffnete Auseinandersetzungen konkret zu erwarten ist und deutsche Soldaten deshalb bereits in bewaffnete Unternehmungen einbezogen sind"[38]. Ein Anhaltspunkt für eine drohende Einbeziehung in bewaffnete Auseinandersetzungen bestehe, wenn Soldaten im Ausland Waffen mit sich führten und ermächtigt seien, von ihnen Gebrauch zu machen[39]. Keiner parlamentarischen Zustimmung bedürfe „die Verwendung von Personal der Bundeswehr für Hilfsdienste und Hilfeleistungen im Ausland, sofern die Soldaten dabei nicht in bewaffnete Unternehmun-

11 „Einsatz bewaffneter Streitkräfte"

„Rein humanitäre Einsätze"

---

33 → Bd. IV, *F. Kirchhof*, § 84 Rn. 55.
34 S. u. Rn. 50 ff.
35 → Bd. IV, *F. Kirchhof*, § 84 Rn. 55.
36 BVerfGE 90, 286 (387). S. u. Rn. 85.
37 BVerfGE 121, 135 – AWACS II. S. u. Rn. 92.
38 BVerfGE 121, 135 (164).
39 BVerfGE 121, 135 (167 f.).

gen einbezogen sind"⁴⁰. Diese Verwendungen werden häufig als „rein humanitäre Einsätze" bezeichnet.

12
Parlamentsbeteiligungsgesetz

Nach dem Gesetz über die parlamentarische Beteiligung bei der Entscheidung über den Einsatz bewaffneter Streitkräfte im Ausland (Parlamentsbeteiligungsgesetz) vom 18. März 2005⁴¹ liegt ein Einsatz bewaffneter Streitkräfte vor, „wenn Soldatinnen oder Soldaten der Bundeswehr in bewaffnete Unternehmungen einbezogen sind oder eine Einbeziehung in eine bewaffnete Unternehmung zu erwarten ist" (§ 2 Abs. 1 ParlBetG). Dagegen sind „vorbereitende Maßnahmen und Planungen" kein Einsatz im Sinne dieses Gesetzes (§ 2 Abs. 2 S. 1 ParlBetG).

13
„Polizeilicher Einsatz"

Nicht nur auf der Grundlage der Art. 35 Abs. 2 und 3 und Art. 87 a GG werden „militärische" von „polizeilichen" Einsätzen der Bundeswehr unterschieden. Auch aus völkerrechtlicher Sicht wird von der Wahrnehmung polizeilicher Aufgaben durch internationale Friedenstruppen gesprochen⁴², womit insbesondere die Aufrechterhaltung von Recht und Ordnung in einem Gebiet nach dem Ende von Kriegs- und Bürgerkriegshandlungen gemeint ist („postconflict peacebuilding"). Schon Art. 43 der Haager Landkriegsordnung von 1907⁴³ wies einer Besatzungsmacht die Pflicht zu, im besetzten Gebiet „nach Möglichkeit die öffentliche Ordnung und das öffentliche Leben wiederherzustellen und aufrechtzuerhalten"⁴⁴.

14
Polizeiliche Tätigkeit als militärischer Einsatz

Für die Zwecke des vorliegenden Beitrags, der die Zulässigkeit von (Auslands-)Einsätzen der Bundeswehr nach Völkerrecht und Verfassungsrecht untersucht, ist der Gegensatz von „militärisch" und „polizeilich" jedoch nicht wesentlich. Auch eine der Sache oder dem Inhalt nach polizeiliche Tätigkeit ist ein militärischer Einsatz, wenn sie mit militärischen Mitteln (das heißt militärischem Personal und Apparat) vorgenommen wird. Zu einem Einsatz der Bundeswehr kommt es ja gerade, um deren spezifische, das heißt militärische Mittel zur Anwendung zu bringen⁴⁵. Wird die Bundeswehr zum Beispiel im Rahmen einer UN-Mission damit beauftragt, in einem bestimmten Gebiet die öffentliche Sicherheit und Ordnung aufrechtzuerhalten⁴⁶, handelt es sich um einen militärischen Einsatz. Dasselbe gilt für „humanitäre Hilfsdienste und Hilfsleistungen der Streitkräfte, bei denen Waffen lediglich zum Zweck der Selbstverteidigung mitgeführt werden", welche § 2 Abs. 2 S. 2 ParlBetG von dem Erfordernis einer Zustimmung des Bundestags ausnimmt⁴⁷.

---

40 BVerfGE 90, 286 (388).
41 BGBl I, S. 775.
42 Vgl. *Thilo Marauhn*, Streitkräfte zur Friedenssicherung im Ausland: Zwischen militärischem und polizeilichem Einsatz, in: Berichte der Deutschen Gesellschaft für Völkerrecht 44 (2010), S. 249 ff.
43 Ordnung der Gesetze und Gebräuche des Landkriegs; Anlage zum Abkommen betreffend die Gesetze und Gebräuche des Landkriegs (IV. Haager Abkommen) vom 18.10.1907 (RGBl 1910, S. 107), Nachdruck in: Christian Tomuschat (Hg.), Völkerrecht – Textsammlung, ⁵2012, S. 480.
44 Vgl. *Kirsten Schmalenbach*, Wiederherstellung von Staatlichkeit nach militärischen Konflikten – Mögliche Funktionen von Besatzungsmächten, Internationalen Organisationen und dritten Staaten, in: Berichte der Deutschen Gesellschaft für Völkerrecht 44 (2010), S. 341 (359 ff.).
45 Vgl. BVerfG, 2 PBvU 1/11 vom 3.7.2012 (Plenarentscheidung zum Luftsicherheitsgesetz), Abs.-Nr. 31.
46 Vgl. zum Einsatz im Kosovo (KFOR) seit Juni 1999 BVerfGE 124, 267 (267 ff.).
47 S. u. Rn. 80 ff.

Auch Inlandseinsätze der Bundeswehr bei einer Naturkatastrophe oder einem besonders schweren Unglücksfall in einem Bundesland (Art. 35 Abs. 2 S. 2, Abs. 3 S. 1 GG), im Verteidigungsfall und Spannungsfall (Art. 87 a Abs. 3 GG) sowie im Fall des inneren Notstands (Art. 87 a Abs. 4 GG) sind militärische Einsätze. Sie bleiben hier aber unberücksichtigt, weil sie Gegenstand anderer Beiträge dieses Handbuchs sind[48].

15
Inlandseinsätze der Bundeswehr

Demzufolge erfaßt der vorliegende Beitrag im wesentlichen militärische Einsätze der Bundeswehr im Ausland, welche erfolgen:
– in Ausübung des Rechts auf individuelle oder kollektive Selbstverteidigung (Art. 51 UN-Charta) oder
– im Rahmen eines Systems gegenseitiger kollektiver Sicherheit (Art. 24 Abs. 2 GG), insbesondere auf Grund eines Beschlusses des UN-Sicherheitsrates gemäß Kapitel VII der UN-Charta oder
– mit Zustimmung des Staates, auf dessen Gebiet der Einsatz stattfinden soll (insbesondere Katastrophenhilfe) oder
– als „humanitäre Intervention" zur Rettung des Lebens eigener oder fremder Staatsangehöriger.

16
Militärische Einsätze im Ausland

II. Militärische Einsätze der Bundeswehr vor dem Hintergrund der Entwicklung der Wehrverfassung

In der Entwicklung des Grundgesetzes im Hinblick auf militärisches Handeln der Bundesrepublik lassen sich drei Perioden unterscheiden: eine erste (1949–1955), in der die Bundesrepublik über keine Streitkräfte verfügte, eine zweite (1955–1990), in der die Bundeswehr auf die Aufgabe der NATO-integrierten Verteidigung gegen einen Angriff des Warschauer Paktes beschränkt war, sowie eine dritte Periode (seit 1990), in der nach dem Ende des Ost-West-Gegensatzes die traditionelle Verteidigungsaufgabe zurückgetreten ist und sich die Bundesrepublik in einer von neuen Gegensätzen und Konflikten bestimmten, mühsam um ein höheres Maß politischer und rechtlicher Integration ringenden Welt international militärisch engagiert. Dabei wirken die beiden ersten Perioden noch vielfältig auf die Gegenwart ein. Insbesondere ist die grundsätzliche Ablehnung einer Beteiligung an Kriegen durch eine große Mehrheit der Deutschen seit dem Ende des Zweiten Weltkriegs konstant geblieben.

17
Entwicklungsperioden

1. Das Grundgesetz von 1949 als Verfassung eines demilitarisierten Staates

Das Grundgesetz von 1949 war die Verfassung eines demilitarisierten Staates. Auf der Potsdamer Drei-Mächte-Konferenz hatten die Hauptsiegermächte im Sommer 1945 beschlossen, eines der vier Hauptziele der alliierten Besatzung

18
Abrüstung und Entmilitarisierung

---

[48] → Bd. IV, *F. Kirchhof*, § 84 Rn. 59 ff.; *Götz*, § 85 Rn. 32; *Klein* (N 31), § 169 Rn. 35 ff.; *Wolfgang Graf Vitzthum*, Der Spannungs- und der Verteidigungsfall, in: HStR VII, ¹1992, § 170 Rn. 15 ff., 33 f.

sei „die völlige Abrüstung und Entmilitarisierung Deutschlands und die Ausschaltung der gesamten deutschen Industrie, welche für eine Kriegsproduktion benutzt werden kann, oder deren Überwachung"[49]. Entsprechend ordneten die Oberbefehlshaber der Besatzungsstreitkräfte in ihrer Proklamation Nr. 2 vom 20. September 1945 die vollständige und endgültige Auflösung aller deutschen Streitkräfte, der SA und der SS an[50]. Das Ziel der Entmilitarisierung Deutschlands verfolgten mehrere weitere Gesetze, Befehle und Direktiven des Alliierten Kontrollrats[51]. Dieselben Empfehlungen der Londoner Sechs-Mächte-Konferenz von 1948, die den Weg für eine landesübergreifende westdeutsche Verfassunggebung öffneten, bekräftigten die Fortdauer der Entmilitarisierung und Abrüstung sowie die Kontrolle der entsprechenden Industrie auch nach dem Ende der direkten Besatzungsherrschaft[52]. Das Besatzungsstatut vom 10. April 1949 erklärte die Entwaffnung und Entmilitarisierung zu einem der Gebiete, deren Regelung sich die drei westlichen Besatzungsmächte weiterhin vorbehielten[53]. Schon das dritte der sogenannten Frankfurter Dokumente der westlichen Militärgouverneure vom 1. Juli 1948[54] hatte eine entsprechende Ankündigung enthalten.

19
Verzicht auf Remilitarisierung im Parlamentarischen Rat

In dieser Rechtslage mußte sich der Parlamentarische Rat jedes Versuchs enthalten, die Bundesrepublik mit Streitkräften auszustatten. Carlo Schmid schrieb in seinen Erinnerungen: „Bei unseren Beratungen durfte nicht übersehen werden, daß – was auch immer der Parlamentarische Rat beschließen würde – der Bundesrepublik erhebliche, für jeden Staat begriffsnotwendige Attribute fehlen würden: das Recht auf eigene Außenpolitik; ... das Recht, sich durch eigene Streitkräfte zu verteidigen."[55]

20
Wunsch nach Frieden

Der Parlamentarische Rat entsprach mit dem Verzicht auf jeden Versuch einer Remilitarisierung aber auch der ganz herrschenden Haltung der Bevölkerung, die, im kriegszerstörten Deutschland mühsam ein neues Leben aufbauend und sehnsüchtig auf die Heimkehr der Kriegsgefangenen wartend,

---

49 Mitteilung über die Drei-Mächte-Konferenz von Berlin („Potsdamer Abkommen") v. 2.8.1945, Abschn. III. A. 3. I (ABlKR Ergänzungsblatt Nr. 1 v. 30.4.1946, S. 13 ff.); im englischen Original ebd. sowie in: Ingo von Münch (Hg.), Dokumente des geteilten Deutschland, Bd. I, ²1976, S. 32 (35). → Bd. I, *Stolleis*, § 7 Rn. 29.
50 Proclamation No. 2, Section I.1 (ABlKR Nr. 1 v. 29.10.1945, S. 8).
51 Gesetz Nr. 8 (Ausschaltung und Verbot der militärischen Ausbildung) v. 30.11.1945 (ABlKR Nr. 2 v. 30.11.1945, S. 33); Befehl Nr. 2 (Einziehung und Ablieferung von Waffen und Munition) v. 7.1.1946 (ABlKR Nr. 6 v. 30.4.1946, S. 130); Gesetz Nr. 23 (Verbot militärischer Bauten in Deutschland) v. 10.4.1946 (ABlKR Nr. 6 v. 30.4.1946, S. 136); Gesetz Nr. 25 (Regelung und Überwachung der naturwissenschaftlichen Forschung) v. 29.4.1946 (ABlKR Nr. 6 v. 30.4.1946, S. 138); Direktive Nr. 30 (Beseitigung deutscher Denkmäler und Museen militärischen und nationalsozialistischen Charakters) v. 13.5.1946 (ABlKR Nr. 7 v. 31.5.1946, S. 154); Gesetz Nr. 34 (Auflösung der Wehrmacht) v. 20.8.1946 (ABlKR Nr. 10 v. 31.8.1946, S. 172); Gesetz Nr. 43 (Verbot der Herstellung, Einfuhr, Ausfuhr, Beförderung und Lagerung von Kriegsmaterial) v. 20.12.1946 (ABlKR Nr. 13 v. 31.12.1946, S. 234).
52 Sechs-Mächte-Empfehlungen v. 2.6.1948, Abschn. V (Security); Text in: v. Münch, Bd. I (N 49), S. 82 (84 f.).
53 Ziff. 2 a) des Besatzungsstatuts (ABlAHK Nr. 1 vom 23.9.1949, S. 13), in: v. Münch, Bd. I (N 49), S. 71. Vgl. Gesetz Nr. 16 der Alliierten Hohen Kommission v. 16.12.1949 über die „Ausschaltung des Militarismus" (ABlAHK Nr. 7 v. 19.12.1949, S. 72).
54 Text: v. Münch, Bd. I (N 49), S. 90 f.; → Bd. I, *Mußgnug*, § 8 Rn. 22 f.
55 *Carlo Schmid*, Erinnerungen, 1979, S. 338.

nicht bereit war, Vorbereitungen für einen neuen Krieg zu treffen. „Die meisten Überlebenden hatten Gewalt und massenhaften Tod kennengelernt: an der Front, in den Konzentrationslagern, in den zerbombten Städten, durch Flucht und Vertreibung. In Deutschlands Städten, vor allem in den großen Wohnzentren, herrschte eine Atmosphäre des Todes."[56] Bereits der Verfassungskonvent von Herrenchiemsee[57] hatte darauf verzichtet, in seinem Entwurf eines Grundgesetzes unter den Gegenständen der ausschließlichen Gesetzgebung des Bundes auch das Wehrrecht aufzuführen. „Um Mißverständnisse anderer Art von vornherein zu vermeiden", sah der Konvent von einer Ziffer „Wehrverfassung" oder „Wehrfragen" ab[58]. Mit dem Vorschlag des Art. 24 Abs. 2 seines Entwurfs, wonach der Bund „im Interesse der Aufrechterhaltung des Friedens sein Gebiet in ein System kollektiver Sicherheit einordnen" können sollte[59], antizipierte der Verfassungskonvent keineswegs eine Wiederbewaffnung (West-)Deutschlands. Vielmehr begründete er den Vorschlag gerade mit der fehlenden Möglichkeit eigener Verteidigung: „Das deutsche Volk ist gewillt, künftighin auf den Krieg als Mittel der Politik zu verzichten und hieraus die Folgerungen zu ziehen. Um aber nicht wehrlos fremder Gewalt preisgegeben zu sein, bedarf es der Aufnahme des Bundesgebietes in ein System kollektiver Sicherheit, das ihm den Frieden gewährleistet."[60] In der vom Parlamentarischen Rat beschlossenen Fassung des Art. 24 Abs. 2 GG hieß es, der Bund könne sich „zur Wahrung des Friedens einem System gegenseitiger kollektiver Sicherheit einordnen"; er werde hierbei „in die Beschränkungen seiner Hoheitsrechte einwilligen, die eine friedliche und dauerhafte Ordnung in Europa und zwischen den Völkern der Welt herbeiführen und sichern"[61].

Einordnung in ein System kollektiver Sicherheit

Andere Vorschriften verstärkten das Friedensprogramm des Grundgesetzes[62]: Die Präambel betonte den Willen des deutschen Volkes, „dem Frieden der Welt zu dienen"[63]. Art. 24 Abs. 3 GG nahm das Gebot der friedlichen Streitbeilegung der UN-Charta (Art. 2 Nr. 3) auf und sah „zur Regelung zwischenstaatlicher Streitigkeiten" den Beitritt des Bundes zu „Vereinbarungen über eine allgemeine, umfassende, obligatorische, internationale Schiedsgerichtsbarkeit" vor[64]. Art. 25 GG erklärte die „allgemeinen Regeln des Völker-

21
Friedensichernde Vorschriften

---

56 *Wilfried Röhrich*, Die Demokratie der Westdeutschen, 1988, S. 12 ff.
57 → Bd. I, *Mußgnug*, § 8 Rn. 39 ff.
58 Bericht über den Verfassungskonvent auf Herrenchiemsee vom 10. bis 23. August 1948, in: *Peter Bucher* (Bearb.), Der Parlamentarische Rat 1948–1949, Bd. II, 1981, S. 504 (530).
59 Bericht über den Verfassungskonvent (N 58), Teil C: Entwurf eines Grundgesetzes, in: *Bucher* (N 58), S. 579 (583).
60 Bericht über den Verfassungskonvent (N 58), S. 517. Auch zitiert in: *Klaus-Berto v. Doemming/Rudolf Werner Füßlein/Werner Matz*, Entstehungsgeschichte der Artikel des Grundgesetzes, in: JöR N.F. 1 (1951), S. 222 (223).
61 → Oben *Proelß*, § 227 Rn. 17 ff.
62 Vgl. auch BVerfGE 123, 267 (345 ff.) – Vertrag von Lissabon; → oben *Proelß*, § 227 Rn. 11 ff., 15 ff., 21 ff.
63 Die Formulierung entstammt dem Vorschlag des Allgemeinen Redaktionsausschusses des Parlamentarischen Rates vom 13.12.1948, der sich nur knapp gegenüber dem Vorschlag des Grundsatzausschusses behauptete, in dem es hieß, ein geeintes Deutschland werde „als gleichberechtigtes Glied in einem vereinten Europa *dem Wohle der Menschheit* dienen". Vgl. *v. Doemming/Füßlein/Matz* (N 60), S. 20 (32, 35, 37, 38, 40 f.) (Hervorhebung hinzugefügt).
64 → Oben *Wolfrum*, § 242 Rn. 3 ff.

rechts", darunter das Gewaltverbot⁶⁵, zum Bestandteil des Bundesrechts, und ordnete an, daß sie den Gesetzen vorgehen und Rechte und Pflichten „unmittelbar für die Bewohner des Bundesgebietes" erzeugen⁶⁶. Art. 26 Abs. 1 GG bestimmte, daß „Handlungen, die geeignet sind und in der Absicht vorgenommen werden, das friedliche Zusammenleben der Völker zu stören, insbesondere die Führung eines Angriffskrieges vorzubereiten", verfassungswidrig und unter Strafe zu stellen seien⁶⁷. Der Parlamentarische Rat billigte damit nachträglich die in der deutschen Öffentlichkeit umstrittene Strafverfolgung deutscher Politiker und Militärs wegen „Verbrechen gegen den Frieden" – insbesondere der Planung, Vorbereitung, Auslösung und Führung eines Angriffskrieges („war of aggression") – durch den Internationalen Militärgerichtshof in Nürnberg⁶⁸. Der Demilitarisierung Deutschlands entsprechend war Art. 26 GG auf eine Verpflichtung der einzelnen „Bewohner des Bundesgebietes" (Art. 25 S. 2 GG) gerichtet, nicht des neuen Bundes der westdeutschen Länder, der zur Führung eines Angriffskrieges gar nicht imstande war. Schließlich bestimmte Art. 139 GG, die zur „Befreiung des deutschen Volkes vom Nationalismus und Militarismus" erlassenen Rechtsvorschriften würden von den Bestimmungen des Grundgesetzes nicht berührt.

22

Nach dem Inkrafttreten des Grundgesetzes erklärte die Bundesregierung im sogenannten Petersberg-Abkommen vom 22. November 1949 gegenüber den drei westalliierten Mächten „ihre feste Entschlossenheit, die Entmilitarisierung des Bundesgebiets aufrechtzuerhalten und mit allen ihr zur Verfügung stehenden Mitteln die Neubildung irgendwelcher Streitkräfte zu verhindern"⁶⁹.

2. Wiederbewaffnung und Wehrverfassung

23

Die zweite Periode der Entwicklung des Grundgesetzes im Hinblick auf militärisches Handeln der Bundesrepublik begann mit der „Wiederbewaffnung" der Bundesrepublik in Folge des Ost-West-Konflikts. Überzeugt von der Bedrohung Westdeutschlands durch die Sowjetunion, zugleich die Situation für eine Verbesserung des Status der Bundesrepublik gegenüber den Besatzungsmächten nutzend, setzte die Regierung Adenauer vor dem Hintergrund des Korea-Krieges den „deutschen Verteidigungsbeitrag" durch, obwohl die

---

65 Vgl. BVerfGE 104, 151 (213); 118, 244 (270 f.).
66 → Oben *Tomuschat*, § 226 Rn. 13 ff.; *Cremer*, § 235 Rn. 1.
67 Vgl. hierzu die Erläuterung im Bericht über den Verfassungskonvent (N 58), S. 518. Zu den Vorläufern des Art. 26 GG in den Landesverfassungen von Württemberg-Baden, Hessen, Baden und Württemberg-Hohenzollern von 1946 und 1947 *Michael Bothe*, in: BK, Art. 26 Rn. 6 f.
68 Vgl. Art. 6 lit. a des Statuts für den Internationalen Militärgerichtshof in Nürnberg vom 8. 8. 1945; Text in: v. Münch, Bd. I (N 49), S. 45 (46). Vgl. auch Art. II Nr. 1 lit. a des Kontrollratsgesetzes Nr. 10 vom 20. 12. 1945 über die Bestrafung von Personen, die sich Kriegsverbrechen, Verbrechen gegen den Frieden oder die Menschlichkeit schuldig gemacht haben; ABlKR Nr. 3 vom 31. 1. 1946, S. 50. Vgl. auch *Hans-Jürgen Papier*, Vergangenheitsbewältigung: Abwicklung, Ahndung, Entschädigung, in: HStR IX, ¹1997, § 213 Rn. 56 ff., 68 ff.
69 Art. III der „Niederschrift der Abmachungen zwischen den Alliierten Hohen Kommissaren und dem Deutschen Bundeskanzler auf dem Petersberg"; Text in: v. Münch, Bd. I (N 49), S. 226 ff.

bundesdeutsche Bevölkerung angesichts der Erfahrung des Weltkriegs und der Lage des geteilten Deutschland in der Frage tief gespalten war und zu Beginn der öffentlichen Debatte die Ablehnung überwog[70]. Juristisch schlug sich diese Ablehnung in einer Normenkontrollklage der SPD-Bundestagsfraktion gegen den Beitritt der Bundesrepublik zur Europäischen Verteidigungsgemeinschaft (EVG)[71] und einem längeren Verfassungsstreit[72] nieder. Drei Faktoren, schrieb Konrad Adenauer im Rückblick, seien es gewesen, die seine Haltung in der Frage der Wiederbewaffnung beeinflußten: „1. die Erlangung der Souveränität als Folge der Wiederaufrüstung, 2. Sicherheit gegenüber der Aufrüstung der Sowjetzone durch Sowjetrußland, 3. die Herbeiführung einer europäischen Föderation" durch eine deutsche Beteiligung an der Verteidigung Westeuropas[73].

Souveränität, Sicherheit und europäische Föderation

Die neue Bundeswehr war von Anfang an eine in die westlichen Bündnisstrukturen integrierte Armee[74]. Voraussetzung ihrer Errichtung war zunächst die vorgesehene Mitgliedschaft der Bundesrepublik in der EVG, nach deren Scheitern (Ablehnung durch die französische Nationalversammlung im August 1954[75]) in der Westeuropäischen Union (WEU)[76] und der NATO[77]. Im Gegensatz zu den Streitkräften der anderen NATO-Staaten wurden bereits in Friedenszeiten alle Kampfverbände der Bundeswehr und zusätzlich zwei Großverbände des Territorialheeres als „assignierte Streitkräfte" dem Alliierten Oberbefehlshaber Europa (SACEUR) unterstellt und durch diesen operativ geführt und inspiziert[78]. Eine zusätzliche Kontrolle der Bundeswehr ergab sich aus der Präsenz starker verbündeter, insbesondere amerikanischer Verbände auf dem Bundesgebiet. Zweck der Errichtung der Bundeswehr war eine militärische Entlastung der Westmächte im Bereich konventioneller Streitkräfte durch „eine deutsche Beteiligung an einer integrierten Streitmacht zur Verteidigung der Freiheit Europas"[79]. Hauptaufgabe der Bundes-

24
Integration der Bundeswehr in westliche Bündnisstrukturen

WEU und NATO

---

70 So *Hans-Adolf Jacobsen*, Von der Strategie der Gewalt zur Politik der Friedenssicherung – Zur Rolle der deutschen Streitkräfte von 1919–1989, in: ders. u. a. (Hg.), Friedenssicherung durch Verteidigungsbereitschaft. Deutsche Sicherheitspolitik 1949–1989, 1990, S. 9ff. (13). Vgl. auch *Hans-Peter Schwarz*, Die Ära Adenauer. Gründerjahre der Republik, 1981, S. 104ff., 135ff.; *Heinrich August Winkler*, Der lange Weg nach Westen, Bd. II, 2000, S. 144ff., 152f., 163ff.
71 Vertrag über die Gründung der Europäischen Verteidigungsgemeinschaft v. 27.5.1952 (BGBl 1954 II, S. 343).
72 Wortlaut der Schriftsätze, Gutachten und verfassungsgerichtlichen Entscheidungen in: Institut für Staatslehre und Politik e. V. in Mainz (Hg.), Der Kampf um den Wehrbeitrag, Bd. I, 1952; Bd. II, 1953, Erg.-Bd., 1958. Vgl. auch *Schwarz* (N 70), S. 169ff.; *Konrad Adenauer*, Erinnerungen 1953–1955, 1966, S. 169ff. → Bd. I, *Hofmann*, § 9 Rn. 44ff.
73 *Konrad Adenauer*, Erinnerungen 1945–1953, 1965, S. 345.
74 Vgl. *Franz-Joseph Schulze*, Bundeswehr im Bündnis, in: Lothar Domröse (Hg.), *Ulrich de Maizière – Stationen eines Soldatenlebens*, 1982, S. 33ff.
75 Vgl. etwa *Schwarz* (N 70), S. 221ff.; *Sebastian Graf von Kielmansegg*, Die Verteidigungspolitik der Europäischen Union – Eine rechtliche Analyse, 2005, S. 55ff.
76 Protokoll vom 23.10.1954 zur Änderung und Ergänzung des Brüsseler Vertrags v. 17.3.1948 (BGBl 1955 II, S. 258).
77 Gesetz betreffend den Beitritt der Bundesrepublik Deutschland zum Brüsseler Vertrag und zum Nordatlantikvertrag v. 24.3.1955 (BGBl II, S. 256).
78 Vgl. *Olaf Theiler*, Bundeswehr und NATO, in: Gießmann/Wagner (N 5), S. 186 (189).
79 Kommuniqué der Konferenz der Außenminister der drei Westmächte in New York vom 19.9.1950; in: *Jacobsen* (N 70), S. 35f.

§ 244 *Zweiundzwanzigster Teil: Grenzüberschreitende Staatsaufgaben*

wehr war bis 1990 die „Vorneverteidigung" des westlichen Bündnisses entlang der innerdeutschen Grenze.

25
Keine eigenständige Landesverteidigung

Die Bundeswehr war und ist strukturell nicht angriffsfähig. Sie kann nicht eigenständig, das heißt ohne Beteiligung der NATO gegen einen Nachbarstaat oder sonst einen Staat mit Aussicht auf Erfolg Krieg führen. Wegen der bestehenden militärischen Bündnisstrukturen ist der Bundeswehr auch eine eigenständige Landesverteidigung unmöglich. Da im Verteidigungsfall die Verbände der Bundeswehr durch die Kommandostellen der NATO geführt würden, sind entsprechende Stellen auf nationaler Ebene erst gar nicht aufgebaut worden. Die Entscheidung über einen Einsatz amerikanischer, britischer oder französischer Nuklearwaffen liegt allein beim Präsidenten der Vereinigten Staaten bzw. dem britischen Premierminister und dem französischen Präsidenten. Auch wenn die Europäische Verteidigungsgemeinschaft nicht zustande kam, die „gemeinsame Organe, gemeinsame Streitkräfte und einen gemeinsamen Haushalt" besitzen und eine „Verschmelzung der Verteidigungsstreitkräfte der Mitgliedstaaten" verwirklichen sollte[80], wurde die Bundeswehr faktisch – mit den Worten eines Memorandums Bundeskanzler Adenauers – ein „deutsches Kontingent" einer internationalen Armee[81]. „Zu keinem Zeitpunkt hatte man in der Bundesrepublik die Möglichkeit oder die Absicht, eine nationale Verteidigungsstrategie zu entwickeln. Der einzige Weg war – gestützt auf das Gewicht des westdeutschen Bündnisbeitrags –, Einfluß auf die Entscheidungsfindung in der Allianz zu nehmen."[82]

Bundeswehr als „deutsches Kontingent" einer internationalen Armee

26
Ausschließliche Gesetzgebungszuständigkeit des Bundes

Durch das 4. Gesetz zur Änderung des Grundgesetzes vom 26. März 1954[83] wurde die ausschließliche Gesetzgebungszuständigkeit des Bundes auf Verteidigungsangelegenheiten einschließlich der allgemeinen Wehrpflicht erstreckt (Art. 73 Nr. 1 GG)[84]. Nach der Beendigung des Besatzungsregimes am 5. Mai 1955[85], dem Beitritt der Bundesrepublik zur Westeuropäischen Union am 7. Mai 1955 und ihrer Aufnahme in die NATO am 9. Mai 1955 wurde mit dem (7.) Gesetz zur Ergänzung des Grundgesetzes vom 19. März 1956[86] eine „Wehrverfassung" in das Grundgesetz eingefügt[87]. Ein neuer Art. 87a GG sprach von den „vom Bunde zur Verteidigung aufgestellten Streitkräften". Diese (alleinige) Zweckbestimmung hielt die Errichtung der Bundeswehr im Einklang mit den auf die Wahrung des Weltfriedens gerichteten Verfassungsbestimmungen von 1949[88]. Zuvor hatte sich die Bundesrepublik auf der Lon-

„Wehrverfassung" im Grundgesetz

---

80 Vgl. Art. 1 und Art. 2 § 2 S. 2 des EVG-Vertrags (N 71).
81 Memorandum über die Sicherung des Bundesgebietes nach innen und außen vom 29. 8. 1950, in: *Jacobsen* (N 70), S. 34 f.
82 *Jacobsen* (N 70), S. 61.
83 BGBl I, S. 45.
84 → Bd. I, *Hofmann*, § 9 Rn. 45.
85 Vgl. das Protokoll über die Beendigung des Besatzungsregimes in der Bundesrepublik Deutschland vom 23. 10. 1954 (BGBl 1955 II, S. 215) und die Proklamation betreffend die Aufhebung des Besatzungsstatuts und die Auflösung der Alliierten Hohen Kommission vom 5. 5. 1955, in: v. Münch, Bd. I (N 49), S. 249.
86 BGBl I, S. 111.
87 → Bd. I, *Hofmann*, § 9 Rn. 46 ff.
88 Vgl. etwa *Christoph von Bülow*, Der Einsatz der Streitkräfte zur Verteidigung. Eine Untersuchung zu Art. 87a II GG, 1984, S. 51 ff.

doner Neun-Mächte-Konferenz am 3. Oktober 1954 bereit erklärt, „ihre Politik gemäß den Grundsätzen der Satzung der Vereinten Nationen zu gestalten" und die in Art. 2 dieser Satzung (der UN-Charta) enthaltenen Verpflichtungen anzunehmen (darunter das Gebot der friedlichen Streitbeilegung und das Gewaltverbot in Art. 2 Nr. 3 und 4 UN-Charta)[89]. Im Jahr 1968 wurde mit der sogenannten Notstandsverfassung auch der äußere Notstand („Verteidigungsfall") ausführlich geregelt (Neufassung des Art. 87 a sowie neuer Abschn. X a des Grundgesetzes)[90].

_{Äußerer Notstand}

In dieser zweiten Periode waren die Auslandseinsätze der Bundeswehr auf solche mit „humanitärem" Charakter beschränkt[91]. Der erste humanitäre Einsatz fand 1960 mit der Luftwaffe und Sanitätssoldaten in Marokko statt, nachdem die Stadt Agadir durch ein Erdbeben zerstört worden war. Das frühere französische Protektorat Marokko hatte erst 1956 die Unabhängigkeit erlangt. Der zweite Einsatz erfolgte noch im selben Jahr zur Bekämpfung einer Hungersnot in der portugiesischen Kolonie Angola[92]. Die Bundesrepublik konzentrierte sich auf Hilfe bei Naturkatastrophen (Erdbeben, Überschwemmungen, Dürre, Vulkanausbrüche, Waldbrände), wobei die Bundeswehr regelmäßig eng mit dem Technischen Hilfswerk kooperierte[93].

27
„Humanitäre" Auslandseinsätze

Von einer gelegentlichen logistischen Unterstützung von UN-Friedenstruppen abgesehen[94], änderte an dieser Beschränkung auch der Beitritt der Bundesrepublik zu den Vereinten Nationen im Jahr 1973[95] nichts, mit dem sich die Bundesrepublik für eine Mitwirkung am Friedenssicherungssystem der Weltorganisation entschieden hatte[96]; das Grundgesetz blieb unverändert. Die Bundesregierung[97] und ein Teil der Literatur[98] vertraten die Auffassung, das Grundgesetz lasse mangels ausdrücklicher Zulassung (Art. 87 a Abs. 2 GG) eine Beteiligung der Bundeswehr an UN-Friedenseinsätzen nicht zu; der Verteidigungsauftrag beschränke den Einsatz von Bundeswehrangehörigen auf das Gebiet der NATO-Staaten im Sinne von Art. 6 des NATO-Vertrags.

28
Beitritt der Bundesrepublik zu den Vereinten Nationen

Beteiligung der Bundeswehr an UN-Friedenseinsätzen?

---

89 BullBReg vom 6.10.1954, Nr. 188; *Jacobsen* (N 70), S. 52.
90 17. Gesetz zur Änderung des Grundgesetzes vom 24.6.1968 (BGBl I, S. 709); → Bd. I, *Hofmann*, § 9 Rn. 52 f.
91 Tabellarische Übersichten: *Chiari/Pahl* (N 5), S. 297 ff. (1960–2005); *Rauch* (N 5), S. 48 f. (1991–2004). Aus rechtlicher Sicht: Bernd *Nölle*, Die Verwendung des deutschen Soldaten im Ausland, Diss. iur. Bonn 1973, S. 93 ff. („Der auswärtige Einsatz des deutschen Soldaten im Rahmen der Katastrophenhilfe").
92 Vgl. *Rauch* (N 5), S. 49 f.
93 Vgl. *Rauch* (N 5), S. 51.
94 Vgl. *v. Bülow* (N 88), S. 198.
95 Vgl. das Beitrittsgesetz vom 6.6.1973 (BGBl II, S. 430); → Bd. X, *Wolfrum*, § 219 Rn. 15.
96 Vgl. BVerfGE 90, 286 (379).
97 Vgl. *v. Bülow* (N 88), S. 199; *Dieter Fleck*, UN-Friedenstruppen im Brennpunkt – Überlegungen zu einer Beteiligung der Bundesrepublik Deutschland, in: Vereinte Nationen 1974, S. 161; *Peter Dreist*, 50 Jahre Bundeswehr – Rahmenbedingungen für Einsätze im Ausland im Spannungsfeld zwischen Politik und Recht, Teil I, in: Bundeswehrverwaltung – Fachzeitschrift für Administration 49 (2005), S. 29 (30 f.); *Eckart Klein*, Bemerkungen zur Rechtsprechung des Bundesverfassungsgerichts zum Auslandseinsatz deutscher Streitkräfte, in: FS für Michael Bothe, 2008, S. 157 (157 f., 160) (mit dem Hinweis auf eine allmähliche Änderung der Haltung der Bundesregierung nach dem Regierungswechsel von 1982/83). Vgl. auch BVerfGE 88, 173 (176, 178); 90, 286 (380).
98 *Eckart Klein*, Rechtsprobleme einer deutschen Beteiligung an der Aufstellung von Streitkräften der Vereinten Nationen, in: ZaöRV 34 (1974), S. 430 (443); *v. Bülow* (N 88), S. 199 ff.

Dagegen hielt ein anderer Teil der Literatur eine solche Beteiligung entweder für als von Art. 24 Abs. 2 GG erlaubt[99] oder wegen der „Wertentscheidung der Verfassung für den Frieden und für seine internationale Sicherung"[100] für zulässig.

3. Deutschland seit der Wiedervereinigung

29
„Zwei-plus-Vier-Vertrag"

Die dritte – und noch andauernde – Periode der Verfassungsentwicklung der Bundesrepublik in bezug auf ihre Streitkräfte begann mit der Wiedervereinigung Deutschlands im Jahr 1990[101]. War die Bundesrepublik zuvor nicht nur politisch und faktisch, sondern durch das Vertragswerk von 1952/1954[102] auch rechtlich an einem militärischen Vorgehen ohne Absprache mit den drei Mächten gehindert, sprach der Vertrag über die abschließende Regelung in bezug auf Deutschland vom 12. September 1990 („Zwei-plus-Vier-Vertrag")[103] in Konsequenz der Beendigung der alliierten „Rechte und Verantwortlichkeiten in bezug auf Berlin und Deutschland als Ganzes" (Art. 7 Abs. 1 des Vertrags) dem „vereinten Deutschland" die „volle Souveränität über seine inneren und äußeren Angelegenheiten" zu (Art. 7 Abs. 2). Art. 6 des Vertrages verbürgte Deutschland das Recht der freien Bündniswahl, das heißt praktisch den Verbleib in der NATO und die Ausdehnung des Bündnisgebietes auf die bisherige DDR. Jedenfalls im Verhältnis zu den drei Westmächten bildete die Fortdauer der europäischen und atlantischen Integration der Bundesrepublik eine stillschweigende Bedingung für den Verzicht auf die Siegerrechte von 1945[104]. In Art. 2 des Vertrags bekräftigten die beiden deutschen Regierungen den Inhalt des Art. 26 Abs. 1 GG und erklärten, „daß das vereinte Deutschland keine seiner Waffen jemals einsetzen wird, es sei denn in Übereinstimmung mit seiner Verfassung und der Charta der Vereinten Nationen". Die beiden Regierungen bekräftigten außerdem ihren „Verzicht auf Herstellung und Besitz von und auf Verfügungsgewalt über atomare, biologische und chemische Waffen" (Art. 3 Abs. 1)[105]. Art. 3 Abs. 2 des Vertrags sah eine Reduzierung der Personalstärke der Streitkräfte des vereinten Deutschland auf 370.000 Mann innerhalb von drei bis vier Jahren vor[106]. Die wehrver-

Volle Souveränität über innere und äußere Angelegenheiten

Verzicht auf A-, B-, C-Waffen

Reduzierung der Streitkräfte

---
99 *Christian Tomuschat*, in: BK, Art. 24 Rn. 188 m. weit. Nachw.; *Jochen Abr. Frowein*, Der völkerrechtliche Status von VN-Friedenstruppen und seine Bedeutung für das deutsche Recht, in: ders./Torsten Stein, Rechtliche Aspekte einer Beteiligung der Bundesrepublik Deutschland an Friedenstruppen der Vereinten Nationen, 1990, S. 1 (12f.).
100 *Knut Ipsen*, Der Einsatz der Bundeswehr zur Verteidigung, im Spannungs- und Verteidigungsfall sowie im internen bewaffneten Konflikt, in: Klaus-Dieter Schwarz, Sicherheitspolitik, ³1978, S. 615 (625). Ähnlich *Torsten Stein*, Die verfassungsrechtliche Zulässigkeit einer Beteiligung der Bundesrepublik Deutschland an Friedenstruppen der Vereinten Nationen, in: Frowein/Stein (N 99), S. 17 (19, 29).
101 → Bd. X, *Schweitzer*, § 224; *Badura*, § 225.
102 Vgl. insbes. Art. 2 des Vertrags über die Beziehungen zwischen der Bundesrepublik Deutschland und den drei Mächten („Generalvertrag" oder „Deutschlandvertrag") vom 26.5.1952 i.d.F. vom 23.10.1954 (BGBl 1955 II, S. 305), in: v. Münch, Bd. I (N 49), S. 229.
103 BGBl II, S. 1318. → Bd. I, *Kilian*, § 12 Rn. 58ff., 82ff.; → Bd. X, *Schweitzer*, § 224 Rn. 24ff.
104 *Bardo Fassbender*, Zur staatlichen Ordnung Europas nach der deutschen Einigung, in: Europa-Archiv 46 (1991), S. 395 (398).
105 → Bd. X, *Schweitzer*, § 224 Rn. 48f.
106 → Bd. X, *Schweitzer*, § 224 Rn. 50.

fassungsrechtlichen Bestimmungen des Grundgesetzes wurden im Zuge der Wiedervereinigung nicht geändert.

War der Verteidigungsfall als Ausnahmezustand konzipiert, in dem die normale föderale Ordnung der Legislativ- und Exekutivkompetenzen und das normale Gesetzgebungsverfahren des Bundes für eine begrenzte Zeit außer Kraft gesetzt werden, so sind die zahlreichen militärischen Einsätze der Bundeswehr seit 1990 zu einem Teil der laufenden Außen- und Sicherheitspolitik der Bundesrepublik geworden[107]. Dennoch läßt sich nur mit Vorbehalt von einer „Normalität" des Verfassungslebens sprechen, denn die Mehrzahl der Einsätze hat nur wegen ihrer sehr geringen Dimension Akzeptanz in Politik und Öffentlichkeit gefunden.

30 Einsätze als Teil der Außen- und Sicherheitspolitik

Die „Verteidigungspolitischen Richtlinien" des Bundesministers der Verteidigung von 2003 machten deutlich, daß unter den Aufgaben der Bundeswehr die traditionelle Landes- und Bündnisverteidigung hinter der „internationalen Konfliktverhütung und Krisenbewältigung einschließlich des Kampfs gegen den internationalen Terrorismus" zurückgetreten ist[108]. Diese neuen Aufgaben seien „strukturbestimmend für die Bundeswehr" als einer „Armee im Einsatz"[109]. Ausschließlich für die herkömmliche Landesverteidigung gegen einen konventionellen Angreifer dienende Fähigkeiten würden angesichts des neuen internationalen Umfelds nicht mehr benötigt und seien auch nicht mehr finanzierbar[110].

31 Internationale Konfliktverhütung und Krisenbewältigung

Die Richtlinien von 2011 nennen unter den „Risiken und Bedrohungen" Deutschlands an erster Stelle die von „zerfallenden und zerfallenen Staaten" ausgehenden („Bürgerkrieg, Destabilisierung von Regionen, humanitäre Krisen und damit verbundene Phänomene wie Radikalisierung und Migrationsbewegungen"), sodann den internationalen Terrorismus und die organisierte Kriminalität. Ferner werden als Risiken und Bedrohungen identifiziert die Verbreitung und Weitergabe von Massenvernichtungswaffen, die Verbreitung von gefährlichen Stoffen, Epidemien und Seuchen, klimatische Veränderungen (insbesondere Wüstenausbreitung, Wasser- und Bodenverknappung) sowie eine Verknappung von Energieträgern und anderen Rohstoffen[111].

32 Risiken und Bedrohungen

Der Neuausrichtung der Bundeswehr dient ihre im Jahr 1999 eingeleitete Reform. Eines ihrer zentralen Elemente ist die Umwandlung zu einer reinen Freiwilligenarmee durch die Aussetzung der Verpflichtung zum Grundwehr-

33 Reform der Bundeswehr

---

107 Vgl. zu den verschiedenen Einsätzen und ihren Rahmenbedingungen die Beiträge in Chiari/Pahl (N 5) und in Christoph Schwegmann (Hg.), Bewährungsproben einer Nation. Die Entsendung der Bundeswehr ins Ausland, 2011.
108 Verteidigungspolitische Richtlinien für den Geschäftsbereich des Bundesministers der Verteidigung (Erlaß des BMVg v. 21.5.2003), Ziff. 78. Im selben Sinne die „Konzeption der Bundeswehr" (Erlaß des BMVg v. 9.8.2004) und das „Weißbuch zur Sicherheitspolitik Deutschlands und zur Zukunft der Bundeswehr" von 2006, Teil 1, Kap. 1.
109 Vgl. Verteidigungspolitische Richtlinien (N 108), Ziff. 78 und 84.
110 Vgl. Verteidigungspolitische Richtlinien (N 108), Ziff. 62.
111 Verteidigungspolitische Richtlinien des BMVg v. 27.5.2011, Abschn. II. Übersicht über die verschiedenen Sicherheitsrisiken aus politikwissenschaftlicher Sicht: *Myriam Dunn Cavelty/Victor Mauer* (Hg.), The Routledge Handbook of Security Studies, London/New York 2010, Teil II und III.

dienst mit Wirkung vom 1. Juli 2011[112]. In der Begründung des entsprechenden Gesetzentwurfs erklärte die Bundesregierung, mit dieser Aussetzung werde die Wehrpflicht nicht abgeschafft. „Vielmehr sollen die Pflichtdienste nach der im Grundgesetz geregelten Feststellung des Spannungs- oder Verteidigungsfalles wieder aufleben. Diese auflösende Bedingung garantiert die Einsatzfähigkeit der Bundeswehr zum Schutz der Bundesrepublik Deutschland und ihrer verfassungsmäßigen Ordnung."[113] Erlaubte der Zwei-plus-Vier-Vertrag von 1990 dem wiedervereinigten Deutschland noch eine Personalstärke der Streitkräfte von 370.000 Mann[114], so sieht die Bundeswehrreform einen Gesamtumfang von bis zu 185.000 Soldatinnen und Soldaten vor[115].

34
Einsatzführungskommando in Potsdam

Im Jahr 2001 wurde für die Auslandseinsätze der deutschen Streitkräfte das Einsatzführungskommando der Bundeswehr in Potsdam aufgestellt[116]. Durch Befehle und Weisungen führt es im Ausland alle ihm für den Einsatzzeitraum unterstellten Einheiten und Verbände. In der Phase der Einsatzplanung und -vorbereitung bleiben diese dagegen ihren eigenen Führungskommandos unterstellt. Bei Einsätzen der Bundeswehr in einem internationalen Rahmen übernimmt eine multinationale, durch die Vereinten Nationen, die Europäische Union oder die NATO gestellte Kommandostruktur die operative und taktische Kontrolle der Truppen.

B. Das völkerrechtliche Gewaltverbot und seine Ausnahmen

I. Allgemeines Gewaltverbot

35
„Ius ad bellum"

Das Völkerrecht regelt die Zulässigkeit und Begrenzung militärischen Handelns in drei unterschiedlichen Normkomplexen: 1. dem zwischenstaatlichen Gewaltverbot, das bewaffnete Konflikte zwischen Staaten verhindern will („ius ad bellum")[117], 2. dem in bewaffneten Konflikten anwendbaren Recht („ius in bello", humanitäres Völkerrecht) und 3. dem internationalen Recht zum Schutz der Menschenrechte. In diesem Teil des Beitrags soll zunächst auf den ersten Normkomplex eingegangen werden, während die in einem

---

112 Vgl. Art. 1 Ziff. 2 des Gesetzes zur Änderung wehrrechtlicher Vorschriften 2011 v. 28. 4. 2011 (BGBl I, S. 678) (Änderung des § 2 des Wehrpflichtgesetzes).
113 BT-Drs 17/4821 v. 21. 2. 2011, S. 13.
114 Art. 3 Abs. 2 des Vertrags über die abschließende Regelung in bezug auf Deutschland (N 103).
115 Rede des Bundesministers der Verteidigung *de Maizière* (N 10), S. 15.
116 Vgl. Einsatzführungskommando der Bundeswehr (Hg.), Einsatzführungskommando der Bundeswehr, 2011.
117 Einzelne Autoren nennen das Recht nach seinem heutigen Inhalt treffend „ius contra bellum". Vgl. *Michael Bothe*, Friedenssicherung und Kriegsrecht, in: Wolfgang Graf Vitzthum (Hg.), Völkerrecht, ⁵2010, S. 639 (645); *Robert Kolb*, Ius contra bellum. Le droit international relatif au maintien de la paix, Basel/Brüssel 2003.

militärischen Auslandseinsatz zum Schutz der Kombattanten und der Zivilbevölkerung geltenden völkerrechtlichen Regeln weiter unten erläutert werden[118].

Am Ende des Zweiten Weltkriegs – der Krieg der Alliierten gegen Japan dauerte noch an, als im April 1945 die Gründungskonferenz der Organisation der Vereinten Nationen in San Francisco zusammentrat – wurde verwirklicht, was zehn Jahre lang Gegenstand erfolgloser Reformbemühungen des Völkerbundes gewesen war: ein allgemeines zwischenstaatliches Verbot der Anwendung und Androhung militärischer Gewalt[119]. Zusammen mit den neuen Prinzipien der souveränen Gleichheit der Staaten, des Selbstbestimmungsrechts der Völker und der Achtung der Menschenrechte ist das allgemeine Gewaltverbot Charakteristikum der neuen Völkerrechtsordnung im Zeichen der Vereinten Nationen. Die Präambel der am 26. Juni 1945 unterzeichneten Charta der Vereinten Nationen enthält das „Friedensprogramm" der neuen Organisation. Art. 2 Nr. 4 UN-Charta bestimmt in schlichten Worten: „Alle Mitglieder [der Vereinten Nationen] unterlassen in ihren internationalen Beziehungen jede ... Androhung oder Anwendung von Gewalt."[120] Mit der Vorschrift wurde jede Anwendung zwischenstaatlicher Gewalt – nicht nur der „Krieg", wie ihn das Völkerrecht vor 1945 definiert hatte – verboten, soweit keine konkrete Ausnahme in der Charta gemacht wird. Da heute (außer Taiwan, Kosovo und dem Staat der Vatikanstadt) alle Staaten der Erde den Vereinten Nationen angehören, hat das allgemeine Gewaltverbot der UN-Charta universelle vertragliche Geltung. Es ist zudem eine Norm des Völkergewohnheitsrechts[121]. Nicht nur die Vereinten Nationen und die Völkerrechtslehre, sondern auch die Regierungen der UN-Mitgliedstaaten haben seit 1945 an der Geltung des Gewaltverbotes festgehalten, es in zahlreichen zwei- und mehrseitigen Verträgen und Erklärungen bekräftigt (zum Beispiel im NATO-Vertrag und der KSZE-Schlußakte von Helsinki) und ihr Verhalten als im Einklang mit dem Gewaltverbot zu rechtfertigen gesucht. Die UN-Generalversammlung hat das Gewaltverbot im Jahr 1970 in der im Einvernehmen aller Mitgliedstaaten angenommenen „Friendly Relations"-Deklaration näher definiert[122].

Das völkerrechtliche Gewaltverbot bezieht sich nur auf die Anwendung militärischer Gewalt. Außer direkter Gewaltanwendung ist auch die Unterstützung unerlaubter Gewalt untersagt, zum Beispiel die Organisation irregulärer Streitkräfte, bewaffneter Banden und Söldnergruppen oder die Förderung terroristischer Gewalt[123]. Andere Formen nachteiliger Einwirkungen auf

---

118 S. u. Rn. 130 ff.
119 Näher *Bardo Fassbender*, Die Gegenwartskrise des völkerrechtlichen Gewaltverbotes vor dem Hintergrund der geschichtlichen Entwicklung, in: EuGRZ 2004, S. 241 ff.
120 Ausführliche Kommentierung: *Albrecht Randelzhofer/Oliver Dörr*, Art. 2 (4), in: Bruno Simma u.a. (Hg.), The Charter of the United Nations: A Commentary, Oxford ³2012.
121 So der Internationale Gerichtshof in seinem Nicaragua-Urteil von 1986, in: ICJRep 1986, S. 14 (98 ff.), ständige Rechtsprechung.
122 Declaration on Principles of International Law concerning Friendly Relations and Co-operation among States in accordance with the Charter of the United Nations, Resolution 2625 (XXV) der UN-Generalversammlung vom 24. 10. 1970 (Anhang), Text in: Tomuschat (N 43), S. 96 (98 f.).
123 Vgl. die Friendly Relations Declaration (N 122), Abschn. zum Gewaltverbot, Abs. 7 und 8.

einen anderen Staat (zum Beispiel wirtschaftliche Zwangsmaßnahmen) erfaßt es nicht; sie können aber vom zwischenstaatlichen Interventionsverbot untersagt sein[124]. Auch kommt das Gewaltverbot nur zur Anwendung, wenn die Schwelle einer gewissen Gewaltintensität überschritten wird. Ferner muß es sich um eine Anwendung von Gewalt in den „internationalen Beziehungen" der Staaten handeln, das heißt eine von einem Staat zu verantwortende Gewalt, die gegen einen anderen Staat gerichtet ist[125].

Gewalt in „internationalen Beziehungen"

38
Zwangsmaßnahmen zur Wahrung des Weltfriedens

Nach den Vorschriften des Kapitels VII der UN-Charta ist der Sicherheitsrat berechtigt, zur Wahrung oder Wiederherstellung des Weltfriedens nichtmilitärische oder militärische Zwangsmaßnahmen zu ergreifen. Zu den ersteren zählen Wirtschaftssanktionen, die einen Staat von den internationalen Wirtschafts- und Handelsbeziehungen ausschließen (vgl. Art. 41 UN-Charta). Militärische Maßnahmen stellte sich die Charta so vor, daß die Mitgliedstaaten dem Sicherheitsrat Streitkräfte zur Verfügung stellen würden, über deren Einsatz der Sicherheitsrat eigenständig entscheiden könnte (vgl. Art. 42–47 UN-Charta). Dazu aber sind die Mitgliedstaaten (entgegen ihrer Verpflichtung durch die Charta) bis heute nicht bereit gewesen. Der Sicherheitsrat kann daher faktisch nur einzelne Mitgliedstaaten „autorisieren" (ermächtigen), zur Durchsetzung seiner Beschlüsse militärische Gewalt anzuwenden. Das ist zum ersten Mal im Jahr 1990 nach der Besetzung Kuwaits durch den Irak geschehen, als der Sicherheitsrat die mit Kuwait verbündeten Staaten (insbesondere die USA) ermächtigte, „alle notwendigen Mittel" („all necessary means") zur Befreiung von Kuwait einzusetzen[126].

II. Ausnahmen vom allgemeinen Gewaltverbot

1. „Autorisierte" Gewaltanwendung

39
Ermächtigung durch den Sicherheitsrat

Aus der soeben beschriebenen, von den UN-Mitgliedstaaten akzeptierten Praxis des Sicherheitsrates[127] ergibt sich eine im Text der UN-Charta nicht ausdrücklich vorgesehene Ausnahme von dem Gewaltverbot des Art. 2 Nr. 4 der Charta: Ein Staat darf militärisch gegen einen anderen Staat vorgehen, wenn und soweit ihn der Sicherheitsrat in einer gemäß Kapitel VII der UN-Charta beschlossenen Resolution ausdrücklich dazu ermächtigt hat[128].

---

124 Vgl. *Gerd Seidel*, Völkerrechtliches Interventionsverbot, in: FS für Christian Tomuschat, 2006, S. 829 ff.
125 Zu allem näher *Bothe* (N 117), S. 649 ff.; ferner *Oliver Dörr*, Use of Force, Prohibition of, in: Max Planck Encyclopedia (N 7), Bd. X, 2012, S. 607 (609 ff.); *Karl Zemanek*, Armed Attack, ebd., Bd. I, 2012, S. 595 ff. Monographien über das Gewaltverbot: *Yoram Dinstein*, War, Aggression and Self-Defence, Cambridge ⁵2011; *Christine Gray*, International Law and the Use of Force, Oxford ³2008.
126 Resolution 678 (1990) des UN-Sicherheitsrats vom 29. 11. 1990, Text in: Tomuschat (N 43), S. 594.
127 S. o. Rn. 38.
128 Vgl. *Dörr* (N 125), S. 616; *Vaughan Lowe/Antonios Tzanakopoulos*, Humanitarian Intervention, in: Max Planck Encyclopedia (N 7), Bd. V, 2012, S. 47 (50ff.) (Darstellung der Praxis). Vgl. auch die Resolution des *Institut de Droit International* (Session de Rhodes) vom 9. 9. 2011 (Authorization of the Use of Force by the United Nations).

2. Individuelle und kollektive Selbstverteidigung

Als einzige ausdrückliche Ausnahme von der allgemeinen Pflicht jedes Staates, sich der Androhung oder Ausübung von Gewalt gegen einen anderen Staat zu enthalten, erkennt die UN-Charta in ihrem Art. 51[129] im Fall eines „bewaffneten Angriffs" („armed attack") das individuelle und kollektive Selbstverteidigungsrecht eines Staates an. Die Selbstverteidigung muß verhältnismäßig sein; sie ist ferner unter den Vorbehalt eines Tätigwerdens des UN-Sicherheitsrates gestellt: Ein Angriff darf abgewehrt werden, bis der Sicherheitsrat die notwendigen Maßnahmen getroffen hat[130]. Adressat dieser Maßnahmen des Sicherheitsrates kann auch der sich verteidigende Staat sein. Denn „auch der Verteidigungskrieg ist ein Krieg. Er muß dort vermieden [bzw. beendet] werden, wo andere Mittel ... zum Ziele führen"[131].

40
Selbstverteidigung bei „bewaffnetem Angriff"

Seit 1945 war umstritten, ob Art. 51 UN-Charta die Selbstverteidigung nur gegen einen bereits begonnenen oder auch gegen einen unmittelbar bevorstehenden bewaffneten Angriff erlaubt (klassisches Indiz für einen solchen ist der Aufmarsch von Truppen an einer Grenze und die direkte Vorbereitung von Angriffshandlungen)[132]. Mit der sogenannten Bush-Doktrin (2002) nahm jedoch die US-Regierung ein weitaus unbeschränkteres vorbeugendes Selbstverteidigungsrecht in Anspruch. Auch fernliegende Gefahren für die Sicherheit der USA (zum Beispiel durch die Ausbildung von Terroristen oder die Produktion von Atomwaffen) sollten danach militärische Maßnahmen rechtfertigen. Eine solche Ausweitung des Selbstverteidigungsrechts hat jedoch keine Anerkennung gefunden[133]. Die Staatengemeinschaft zeigte keine Bereitschaft, der amerikanischen Argumentation zu folgen, die das Gewaltverbot in vielen Fällen leerlaufen lassen würde.

41
Begonnener oder unmittelbar bevorstehender Angriff?

Schwieriger zu entscheiden ist, ob das Völkerrecht heute die Selbstverteidigung eines Staates auch gegen nichtstaatliche, „private" Gewalt (insbesondere terroristischer Organisationen) erlaubt. In Reaktion auf die terroristischen Anschläge des 11. September 2001 haben die USA ihre Militäraktionen gegen die Al Qaida-Organisation und die Taliban-Kämpfer in Afghanistan auf das Selbstverteidigungsrecht gestützt und der UN-Sicherheitsrat hat diese Position grundsätzlich akzeptiert[134]. Die NATO stellte – erstmals in ihrer Geschichte – den Bündnisfall nach Art. 5 des Nordatlantikvertrages fest, also das Vorliegen eines „bewaffneten Angriffs" gegen die USA, mit der Folge der Auslösung der Beistandspflicht der übrigen NATO-Staaten nach Maßgabe

42
Selbstverteidigung gegen „private" Gewalt

---

129 Ausführliche Kommentierung: *Albrecht Randelzhofer/Georg Nolte*, Art. 51, in: Simma (N 120).
130 Vgl. *Christopher Greenwood*, Self-Defence, in: Max Planck Encyclopedia (N 7), Bd. IX, 2012, S. 103 ff.
131 *Hans Wehberg*, Der Pakt von Locarno, in: Karl Strupp (Hg.), Wörterbuch des Völkerrechts und der Diplomatie, Bd. III, 1929, S. 977 (994).
132 Vgl. *Greenwood* (N 130), S. 111 ff.
133 Ebenso *Bothe* (N 117), S. 658; *Randelzhofer/Nolte* (N 129), Art. 51 Rn. 80, jeweils m. weit. Nachw.
134 Resolutionen 1368 (3. Abs. der Präambel) und 1373 (4. Abs. der Präambel) vom 12.9.2001 und 28.9.2001. Text in: Tomuschat (N 43), S. 606 f. Vgl. *Bardo Fassbender*, The UN Security Council and International Terrorism, in: Andrea Bianchi (Hg.), Enforcing International Law Norms Against Terrorism, Oxford 2004, S. 83 (86 ff.).

Zurechenbarkeit des terroristischen Anschlags

des NATO-Vertrags¹³⁵. Der Internationale Gerichtshof hat dagegen in seiner neueren Rechtsprechung das Prinzip bekräftigt, daß eine Gewaltanwendung von nicht staatlicher Seite, sei sie auch in ihrer Dimension und ihrer Wirkung mit der staatlicher Streitkräfte vergleichbar, nur als „bewaffneter Angriff" im Sinne von Art. 51 UN-Charta und des Völkergewohnheitsrechts angesehen werden kann, wenn sie einem Staat zurechenbar ist, der dann auch der Adressat von Selbstverteidigungsmaßnahmen sein kann¹³⁶. Es ist auch darauf aufmerksam gemacht worden, daß „Verteidigung" gegen einen abgeschlossenen terroristischen Anschlag nicht in der Weise möglich ist, wie sich ein Staat gegen fortgesetzte Kriegshandlungen eines Feindstaates verteidigen kann¹³⁷. Schließlich verletzt notwendigerweise jede gegen eine terroristische Organisation gerichtete Verteidigungshandlung auf dem Gebiet eines fremden Staates dessen territoriale Integrität. Erfolgt dieser Akt aber mit Zustimmung des Gebietsstaates, so bedarf es zu seiner Rechtfertigung nicht des Arguments der Selbstverteidigung¹³⁸.

3. Militärische Einsätze auf Grund der Zustimmung eines fremden Staates

43

Unzulässige Intervention in einen Bürgerkrieg

Wenn die Regierung eines Staates einem anderen Staat die Anwendung militärischer Gewalt auf ihrem Gebiet gestattet, liegt keine vom völkerrechtlichen Gewaltverbot erfaßte Gewalt vor¹³⁹. Jedoch wird eine Intervention in einen Bürgerkrieg (nicht-internationalen bewaffneten Konflikt) auf seiten einer Bürgerkriegspartei überwiegend als unzulässig angesehen, auch wenn es sich bei dieser Partei um die bisher anerkannte Regierung des Landes handelt¹⁴⁰.

4. „Humanitäre Intervention" als umstrittene Ausnahme

44

NATO-Staaten im Kosovo-Krieg

Das Gewaltverbot erhielt mit dem militärischen Vorgehen der NATO-Staaten gegen Jugoslawien (März bis Juni 1999) im „Kosovo-Krieg"¹⁴¹ einen schweren Schlag. Die Luftangriffe ließen sich nicht als Maßnahme der Selbstverteidi-

---

135 Feststellungen des Nordatlantikrates vom 12.9. und 2.10.2001. Vgl. *Dieter Wiefelspütz*, Der Einsatz bewaffneter deutscher Streitkräfte im Ausland, in: AöR 132 (2007), S. 44 (69).
136 Vgl. IGH, *Legal Consequences of the Construction of a Wall in the Occupied Palestinian Territory* (Advisory Opinion), in: ICJRep 2004, S. 136 (194), Abs. Nr. 139; *Armed Activities on the Territory of the Congo* (Democratic Republic of the Congo vs. Uganda), in: ICJRep 2005, S. 168 (58 f., 226), Abs. Nr. 146 f., 160. Zustimmend *Bothe* (N 117), S. 658; *Dörr* (N 125), S. 613 f., 615 f.; *Randelzhofer/Nolte* (N 129), Art. 51 Rn. 55 f.; kritisch *Zemanek* (N 125), S. 598 f.; *Greenwood* (N 130), S. 107 f.
137 *Zemanek* (N 125), S. 599.
138 S.u. Rn. 43.
139 Ebenso *Bothe* (N 117), S. 664. Nach anderer Ansicht ist der Anwendungsbereich des Gewaltverbots eröffnet, doch liegt in der Zustimmung der Regierung eine Rechtfertigung der Gewalt. Vgl. ausführlich *Georg Nolte*, Eingreifen auf Einladung, 1999; *ders.*, Intervention bei Invitation, in: Max Planck Encyclopedia (N 7), Bd. VI, S. 282 ff.
140 *Bothe* (N 117), S. 664. Vgl. auch die Resolution des *Institut de Droit International* (Session de Rhodes) vom 8.9.2011 (Military assistance on request).
141 Vgl. *Dieter S. Lutz* (Hg.), Der Kosovo-Krieg. Rechtliche und rechtsethische Aspekte, 1999; *Reinhard Merkel* (Hg.), Der Kosovo-Krieg und das Völkerrecht, 2000; *Christian Tomuschat* (Hg.), Kosovo and the International Community, Den Haag 2002. Über die Beteiligung Deutschlands: *Dreist* (N 97), S. 35 ff.

gung begründen und waren nicht vom UN-Sicherheitsrat autorisiert worden. Die NATO-Staaten, darunter Deutschland, rechtfertigten die Angriffe als „humanitäre Intervention" zugunsten der Kosovo-Albaner. Damit wurde auf ein altes und seit jeher umstrittenes Argument zurückgegriffen, das sich allerdings im Text der UN-Charta nicht finden läßt. Im 19. Jahrhundert beriefen sich darauf insbesondere Großbritannien, Frankreich, Österreich und die USA, wenn sie, häufig im Wege der Kollektivintervention, gegen Verstöße gegen die „Gesetze der Humanität" diplomatisch und militärisch vorgingen. Hauptsächlich ging es um den Schutz der christlichen Minderheiten im Osmanischen Reich. Die Geschichte einseitiger Interventionen seit 1945 zeigt, daß das humanitäre Argument oft mißbräuchlich benutzt wurde: „Menschenrechtsverletzungen waren in kaum einem Fall der Hauptanlaß des Einschreitens; vielmehr sind regelmäßig strategische und machtpolitische sowie ideologische Motive ausschlaggebend gewesen."[142]

Mißbrauch des humanitären Arguments

Seit 1945 wurden militärische Interventionen im Ausland wiederholt als zum Schutz des Lebens eigener Staatsangehöriger gegen staatliche oder private Gewalt erforderlich begründet (zum Beispiel 1976 die israelische Geiselbefreiung in Entebbe/Uganda oder 1983 die US-Intervention in Grenada). Die Rechtmäßigkeit solcher Interventionen wird von der Staatengemeinschaft ambivalent beurteilt. Dagegen werden sie von der Völkerrechtslehre überwiegend für völkerrechtswidrig gehalten, da die UN-Charta das Selbstverteidigungsrecht auf den Fall eines „bewaffneten Angriffs" gegen einen Staat beschränkt hat, ein solcher aber bei einer Gefährdung einzelner Staatsangehöriger auf fremdem Staatsgebiet nicht vorliegt[143].

45
Schutz eigener Staatsangehöriger

Im Kosovo-Fall gingen die NATO-Staaten aber weiter, indem sie ein Recht zur gewaltsamen Intervention zugunsten *fremder* (nämlich jugoslawischer beziehungsweise serbischer) Staatsangehöriger in Anspruch nahmen, obwohl es nach dem System der UN-Charta gerade Aufgabe des Sicherheitsrates ist, schwerwiegende Menschenrechtsverletzungen in einem Staat als Friedensbedrohung im Sinne der Charta zu qualifizieren und kollektive Maßnahmen im Namen der internationalen Gemeinschaft zu treffen. Ein angebliches „Versagen" des Sicherheitsrates kann ein einseitiges, nicht autorisiertes Handeln nicht rechtfertigen, da das Nichtzustandekommen eines Ratsbeschlusses auf den Verfahrensvorschriften der Charta beruht. Mit der Hürde des Erfordernisses einer Zustimmung aller fünf ständigen Mitglieder (sogenanntes Vetorecht, Art. 27 Abs. 3 UN-Charta) hat sich die Staatengemeinschaft im Zweifel gegen die Anwendung von Gewalt entschieden[144]. Hält man eine gewohnheitsrechtliche Rechtfertigung der Anwendung militärischer Gewalt auch außerhalb des Rechtsrahmens der UN-Charta für möglich, so fehlt es jeden-

46
Intervention zugunsten fremder Staatsangehöriger

Vetorecht in Art. 27 Abs. 3 UN-Charta

---

142 *Matthias Pape*, Humanitäre Intervention, 1997, S. 102 f.
143 Vgl. *Bothe* (N 117), S. 660 f.; *Dörr* (N 125), S. 616 f.; *Randelzhofer/Nolte* (N 129), Art. 51 Rn. 28; *Volker Epping*, Die Evakuierung deutscher Staatsbürger im Ausland als neues Kapitel der Bundeswehrgeschichte ohne rechtliche Grundlage?, in: AöR 124 (1999), S. 423 (458 ff.). A. A. *Greenwood* (N 130), S. 108.
144 *Pape* (N 142), S. 102 f.

falls an einer durch eine allgemeine Rechtsüberzeugung der Staaten getragenen Praxis der humanitären Intervention auf fremdem Territorium¹⁴⁵. Auch der noch in Entwicklung begriffene Grundsatz einer „Schutzverantwortung" („responsibility to protect") jedes Staates für seine eigene Bevölkerung rechtfertigt keine einseitige militärische Intervention mit humanitärer Zielsetzung¹⁴⁶.

C. Recht zum Einsatz

I. Verfassungsrechtliche Zulässigkeit internationaler militärischer Einsätze der Bundeswehr

47 Das Grundgesetz von 1949 bekennt sich im Sinne der Vorgaben der UN-Charta von 1945 zum Ziel einer friedlichen, von unerlaubter zwischenstaatlicher Gewalt freien Welt. Das Bundesverfassungsgericht spricht von einem „verfassungsrechtlichen Friedensgebot"¹⁴⁷. Die Normen des Grundgesetzes bekräftigen die völkerrechtlichen Regeln, an die die Bundesrepublik Deutschland als Mitglied der Vereinten Nationen sowie völkergewohnheitsrechtlich gebunden ist. „Das Grundgesetz stellt die Staatsorgane mittelbar in den Dienst der Durchsetzung des Völkerrechts"¹⁴⁸. Auf diesem Weg will es „den Respekt vor friedens- und freiheitswahrenden internationalen Organisationen und dem Völkerrecht erhöhen"¹⁴⁹. Außerdem sollten die Regeln des Grundgesetzes vor dem Hintergrund eines in Einzelfragen strittigen völkerrechtlichen Normenbestands die rechtlichen Bindungen der Verfassungsorgane im Hinblick auf internationale militärische Einsätze der Bundeswehr präzisieren, diesen Bindungen „feste Konturen geben"¹⁵⁰. Als vom Bundesverfassungsgericht ausgelegtes Verfassungsrecht könnte das vom Grundgesetz rezipierte Völkerrecht eine besondere Festigkeit erlangen. Denn das Verfassungsrecht vermag mit Wirkung für die deutschen Verfassungsorgane Lücken zu schließen, die das allgemeine Völkerrecht läßt, und Klarheit in dessen Grauzonen zu schaffen. Insofern könnte das als besonders völkerrechtsfreundlich apostrophierte Grundgesetz auch die Klärung und Fortentwicklung zentraler Fragen des Völkerrechts fördern. Ein entsprechender Beitrag des Verfassungsrechts und Verfassungsgerichts ist aber so gut wie ausgeblieben. Mit dem „Staatsziel Frieden" und den völkerrechtlichen Normen, die es

---

145 H.L., vgl. *Bothe* (N 117), S. 662; *Dörr* (N 125), S. 617 f.; *Lowe/Tzanakopoulos* (N 128), S. 53 ff. m. weit. Nachw.
146 Ebenso *Bothe* (N 117), S. 663 m. weit. Nachw.
147 BVerfGE 104, 151 (212). → Oben *Proelß*, § 227 Rn. 10 ff.
148 Vgl. BVerfGE 112, 1 (25).
149 BVerfGE 112, 1 (25 f.).
150 Vgl. *Matthias Herdegen*, in: Maunz/Dürig, Art. 26 Rn. 2: „Die Vorschrift des Art. 26 GG gibt dem Bekenntnis zum ‚Frieden der Welt' in der Präambel im Umkreis des völkerrechtlichen Gewaltverbotes feste Konturen".

absichern, hat sich das Bundesverfassungsgericht nicht näher beschäftigen wollen[151]. Was völkerrechtlich unklar ist, ist auch aus der Perspektive des Verfassungsrechts unklar geblieben. Die vergleichsweise größte Aufmerksamkeit widmet das Verfassungsgericht einer Frage, die jenseits völkerrechtlicher Regelung liegt, nämlich den sich aus dem Grundgesetz ergebenden verfahrensrechtlichen Schranken für militärische Auslandseinsätze der Bundeswehr.

II. Materielle Schranken

1. Friedensgebot und Angriffskriegsverbot

Materielle Schranken eines internationalen militärischen Einsatzes der Bundeswehr ergeben sich aus der Präambel des Grundgesetzes, aus Art. 1 Abs. 2, Art. 24 Abs. 2, Art. 25 und 26 GG. Als zentrales Ziel der (west-)deutschen Verfassunggebung nach dem Zweiten Weltkrieg betont die Präambel den Erhalt des soeben wiederhergestellten „Friedens der Welt"[152]. Auch die provocatio ad Deum der Präambel („im Bewußtsein seiner Verantwortung vor Gott") enthält ein Friedensbekenntnis, denn der vom deutschen Volk angerufene Gott ist der Gott des Friedens und der Gewaltlosigkeit des Neuen Testaments. Art. 24 Abs. 2 GG nennt als Verfassungsziele erneut die „Wahrung des Friedens" sowie eine „friedliche und dauerhafte Ordnung in Europa und zwischen den Völkern der Welt". Art. 1 Abs. 2 GG bezeichnet die Menschenrechte „als Grundlage jeder menschlichen Gemeinschaft, des Friedens und der Gerechtigkeit in der Welt" und spricht damit dem Frieden auch einen positiven Gehalt zu, der über die bloße Abwesenheit militärischer Gewalt hinausgeht. In demselben Sinne ist in Art. 26 Abs. 1 GG von dem „friedlichen Zusammenleben der Völker" die Rede. Mit dem „Angriffskrieg", dessen Vorbereitung Art. 26 Abs. 1 GG verbietet, hat das Grundgesetz einen Begriff des alliierten Nachkriegsrechts aufgegriffen[153], der (als „act of aggression") auch Eingang in die UN-Charta fand (Art. 1 Ziff. 1, Art. 39 UN-Charta). Einen besonderen Beitrag zur Sicherung des Weltfriedens wollte der Parlamentarische Rat mit Art. 25 GG leisten[154]. Das völkerrechtliche Gewaltverbot (mit der Beschränkung des Selbstverteidigungsrechts) gehört zu den „allgemeinen Regeln des Völkerrechts", die Art. 25 GG zu einem übergesetzlichen Bestandteil des Bundesrechtes erklärt[155]. In dieser Weise „stimmen verfassungsrechtliche und völkerrechtliche Rechtsprinzipien grundsätzlich überein"[156].

48
Friedensbekenntnis im Grundgesetz

Positiver Gehalt des Friedens

Art. 25 GG

---

151 Vgl. *Michael Bothe*, in: BK, Art. 26 Rn. 42 ff.
152 → Bd. II, *Hillgruber*, § 32 Rn. 130 ff. → Oben *Proelß*, § 227 Rn. 11 ff.
153 S. o. Rn. N 68. → Oben *Tomuschat*, § 226 Rn. 25; *Proelß*, § 227 Rn. 24 ff.
154 So *Christian Tomuschat*, in: BK, Art. 25 Rn. 2.
155 BVerfGE 104, 151 (213); 118, 244 (270 f.). Vgl. *Tomuschat* (N 154), Art. 25 Rn. 13, 68, 70, 80, 99; *Matthias Herdegen*, in: Maunz/Dürig, Art. 25 Rn. 26. → Oben *Proelß*, § 227 Rn. 21 ff.
156 *Paul Kirchhof*, Der Verteidigungsauftrag der deutschen Streitkräfte, in: FS für Rudolf Bernhardt, 1995, S. 797 (799).

49
Verteidigungsbereitschaft als Mittel der Kriegsverhinderung

Aus all dem ergibt sich, daß das Grundgesetz keine Verfassung ist, die es ihren Organen erlaubt, bis an die Grenzen des völkerrechtlich Zulässigen zu gehen oder dogmatischen Streit auszunutzen, um in möglichst unbeschränkter nationaler Freiheit militärische Gewalt im und gegen das Ausland anzuwenden. Vielmehr ist das Grundgesetz über den umstrittenen Buchstaben des Völkerrechts hinaus dem Geist der im Zeichen der Vereinten Nationen errichteten Friedensordnung verpflichtet. Es bekennt sich zur Verteidigung des Bundesgebiets gegen Angriffe von außen und sieht diese Verteidigungsbereitschaft als Mittel der Kriegsverhinderung[157], steht anderen Formen der Anwendung militärischer Gewalt aber mit äußerster Zurückhaltung gegenüber.

2. Einsätze zur Verteidigung

50
Verteidigungsfall

In Übereinstimmung mit dem Völkerrecht (Art. 51 UN-Charta)[158] erlauben Art. 87a Abs. 1 und 2 GG den Einsatz der Bundeswehr („Streitkräfte") „zur Verteidigung". Das Zentrum zulässiger Verteidigung bildet der in Art. 115a Abs. 1 GG definierte „Verteidigungsfall": der Angriff des Bundesgebietes mit Waffengewalt sowie die unmittelbare Drohung eines solchen Angriffs. Einsätze „zur Verteidigung" sind aber auch jenseits dieses Verteidigungsfalles zulässig, soweit die Grenzen des völkerrechtlichen Selbstverteidigungsrechts der Staaten nicht überschritten werden[159]. Insbesondere darf die Bundeswehr zum Zweck kollektiver Verteidigung zur Abwehr von Angriffen auf andere Staaten eingesetzt werden[160]; dies muß nicht notwendigerweise im Rahmen eines Systems kollektiver Verteidigung im Sinne von Art. 24 Abs. 2 GG geschehen[161]. Verteidigung ist auch zulässig gegen einen bewaffneten Angriff auf Einheiten der Bundeswehr außerhalb des Bundesgebietes[162], nicht dagegen im Fall einer Gefährdung von Leib und Leben einzelner deutscher Staatsangehöriger im Ausland[163].

51
Verteidigung gegen den Angriff eines fremden Staates

So wie das Völkerrecht ist auch das Verfassungsrecht mit seinen auf die Landesverteidigung bezogenen Normen auf den zwischenstaatlichen Konflikt hin angelegt. Für beide Rechtsordnungen ist Modell politischer Herrschaft der moderne Staat, der auf seinem Gebiet eine Friedensordnung errichtet und das staatliche Gewaltmonopol durchgesetzt hat[164]. „In der befriedeten politischen

---

157 Diesen Gedanken drückt Art. 58 Abs. 2 S. 1 der schweizerischen Bundesverfassung von 1999 treffend so aus: „Die Armee dient der Kriegsverhinderung und trägt bei zur Erhaltung des Friedens; sie verteidigt das Land und seine Bevölkerung."
158 S.o. Rn. 40ff.
159 → Bd. IV, *F. Kirchhof*, § 84 Rn. 54.
160 → Bd. IV, *F. Kirchhof*, § 84 Rn. 53 (mit der Einschränkung „soweit ein Bündnisvertrag es vorsieht").
161 Ebenso *Wiefelspütz* (N 135), S. 85 m. weit. Nachw.: „Art. 24 Abs. 2 GG steht einer nach Art. 87a Abs. 1 S. 1 GG zulässigen Wahrnehmung des Rechts auf individuelle oder kollektive Selbstverteidigung durch deutsche Streitkräfte *außerhalb* eines Systems gegenseitiger kollektiver Sicherheit nicht entgegen."
162 Vgl. Art. 3 Buchst. d der „Aggressionsdefinition" der UN-Generalversammlung; Resolution 3314 (XXIX) vom 14.12.1974 (Anhang), Text in: Tomuschat (N 43), S. 102ff., sowie Art. 6(ii) des NATO-Vertrags vom 4.4.1949 i.d.F. des Protokolls vom 17.10.1951 (BGBl 1955 II, S. 293).
163 S. u. Rn. 75.
164 → Bd. II, *Isensee*, § 15 Rn. 61, 65, 83ff.

Einheit akzeptiert der Staat keinen Kombattanten, der gleich ihm selbst das Recht zu legitimer Gewaltanwendung besäße."[165] Im Außenverhältnis akzeptiert der Staat nur andere, ihm völkerrechtlich gleichgeordnete Staaten als Inhaber des Rechts zu (völkerrechtlich) legitimer Gewaltanwendung. Gewaltanwendung durch Private verfolgt er dagegen, auch wenn sie von außen kommt, als kriminelle Delikte mit den Mitteln des Strafrechts[166]. Entsprechend ist „Verteidigung" im Sinne des Grundgesetzes zunächst Verteidigung gegen den Angriff der Streitkräfte eines fremden Staates. Der vom verfassungsändernden Gesetzgeber erwartete „Verteidigungsfall" war ein Angriff der sowjetischen Roten Armee und ihrer Hilfstruppen.

Die in ihrer Dimension neuen terroristischen Anschläge des 11. September 2001 gegen Ziele in den USA haben jedoch zu einer Diskussion darüber geführt, ob sich in Ausnahmefällen völkerrechtlich erlaubte Selbstverteidigung eines Staates auch gegen nichtstaatliche Täter (Einzelpersonen und Organisationen) richten darf[167]. Falls man diese Frage bejaht – es also für möglich hält, daß ein von Art. 51 UN-Charta als Bedingung der Selbstverteidigung vorausgesetzter „bewaffneter Angriff" („armed attack") auch von einem nichtstaatlichen Urheber ausgehen kann, ohne zugleich von einem Staat verantwortet zu werden –, schließt sich verfassungsrechtlich das Problem einer ausweitenden Auslegung des Begriffs „Verteidigung" in Art. 87a Abs. 1 und 2 GG an. Eine solche extensive Auslegung ist, nimmt man eine Ausdehnung des völkerrechtlichen Selbstverteidigungsrechts auf die Abwehr nichtstaatlicher Angriffe an, möglich, nicht aber geboten, weil „Verteidigung" im Sinne des Grundgesetzes zwar in den Grenzen völkerrechtlich erlaubter Selbstverteidigung verbleiben muß, in diesem Rahmen aber höheren Voraussetzungen unterliegen kann als sie das Völkerrecht bestimmt.

52
Verteidigung auch gegen nichtstaatliche Täter?

Die durch das Friedensgebot bestimmte generelle Bemühung des Grundgesetzes, militärische Gewaltanwendung möglichst auszuschließen[168], legt es nahe, „Verteidigung" als verfassungsrechtlichen Begriff auf den völkerrechtlich tradierten und unumstrittenen Bereich der Abwehr von Angriffen der Streitkräfte eines fremden Staates (oder eines Bündnisses fremder Staaten) zu beschränken. Eine Abwehr terroristischer Gefahren durch die Bundeswehr käme dann nur als ein Einsatz „außer zur Verteidigung" auf der Grundlage von Art. 24 Abs. 2 GG in Betracht[169]. Gleichwohl hält eine Meinung der Kommentarliteratur Verteidigung im Sinne von Art. 87a Abs. 1 und 2 GG auch gegen Angriffe von Terroristen für zulässig[170]. Die Streitkräfte seien „zur Verteidigung" befugt gegen „jeden Angriff, der seiner Art und Wirkung

53
Abwehr terroristischer Gefahren

Art. 24 Abs. 2 GG als Grundlage?

---

165 → Bd. II, *Isensee*, § 15 Rn. 84.
166 Vgl. § 5 StGB (Auslandstaten gegen inländische Rechtsgüter), § 6 StGB (Auslandstaten gegen international geschützte Rechtsgüter).
167 S.o. Rn. 42.
168 S.o. Rn. 48f.
169 S.u. Rn. 62.
170 Vgl. *Depenheuer* (N 29), Art. 87a Rn. 90, 95 m. weit. Nachw.; *Dieter Wiefelspütz*, Der Auslandseinsatz der Bundeswehr gegen den grenzüberschreitenden internationalen Terrorismus, in: ZaöRV 65 (2005), S. 819 (827ff.).

nach als militärähnlich zu qualifizieren ist und deshalb auch nur durch die Streitkräfte bekämpft werden kann" – und zwar ungeachtet der Frage, ob der Angriff nach den Regeln der völkerrechtlichen Staatenverantwortlichkeit einem Staat zurechenbar ist oder nicht[171]. „Einen terroristischen Angriff, der wegen seiner Intensität von der Polizei mit ihren Mitteln nicht wirksam abgewehrt werden kann, dürfen und müssen die Streitkräfte aus eigener Kompetenz ... bekämpfen."[172] Eine engere Ansicht hält für erforderlich, daß die terroristischen Gruppierungen, gegen die sich die Verteidigung richtet, „eine militärähnliche Organisationsstruktur aufweisen, wie eine staatliche Armee international aktionsfähig sind und Zerstörungspotentiale zu aktualisieren vermögen, die den Waffen solcher Armeen entsprechen"[173].

Extensive Auslegung des Verteidigungsbegriffs

54
Operation „Enduring Freedom"

Auf Antrag der Bundesregierung vom 7. November 2011 hat der Bundestag am folgenden Tag unter Berufung auf das völkerrechtliche Selbstverteidigungsrecht einer Beteiligung der Bundeswehr an der von den USA geführten Operation „Enduring Freedom" zur Terrorismusbekämpfung in einem weitgezogenen, Afghanistan einschließenden geographischen Raum zugestimmt[174].

55
Konsequenzen der extensiven Auslegung

Regeln des Kriegsvölkerrechts

Schließt man sich einer extensiven Auslegung des Verteidigungsbegriffs an, muß man sich allerdings der Konsequenzen bewußt sein. Das Völkerrecht erlaubt die Selbstverteidigung, das heißt konkret die Verletzung, Tötung und Gefangennahme der Angehörigen der gegnerischen Streitkräfte, unterwirft den Konflikt aber zugleich den Regeln des Kriegsvölkerrechts. Diese Regeln müssen also auch beachtet werden, wenn sich die Verteidigung gegen nichtstaatliche Gegner richtet. Ein Terrorist kann nicht zugleich ein unter Inanspruchnahme des staatlichen „ius belli" bekämpfter „öffentlicher Feind" *und* ein Krimineller sein[175].

56
Auslösung des Bündnisfalles

Eine zweite Konsequenz ergibt sich für die vom Verteidigungsbegriff (neben der Landesverteidigung im engeren Sinne) mitumfaßte Bündnisverteidigung. Auch terroristische Angriffe gegen mit der Bundesrepublik militärisch ver-

---

171 Vgl. zu dieser Unterscheidung *Jan Thiele*, Auslandseinsätze der Bundeswehr zur Bekämpfung des internationalen Terrorismus, 2011, S. 300 ff.
172 *Depenheuer* (N 29), Art. 87 a Rn. 90.
173 *Manfred Baldus*, in: v. Mangoldt/Klein/Starck, Bd. II, Art. 87 a Rn. 58; *Thiele* (N 171), S. 310 (der zusätzlich verlangt, der terroristische Angriff müsse seinen Ursprung außerhalb des deutschen Staatsgebietes haben sowie einem Staat jedenfalls im Sinne eines qualifizierten Unterlassens zurechenbar sein).
174 BT-Drs 14/7296 vom 7. 11. 2001; Plenarprotokoll 14/202 vom 16. 11. 2001, S. 19855 (19893 ff.). In Ziff. 3 des Beschlusses der Bundesregierung heißt es: „Deutsche Streitkräfte wirken mit den USA und Partnerstaaten auf der Grundlage des Art. 51 der Satzung der Vereinten Nationen und des Art. 5 Nordatlantikvertrag bei der militärischen Bekämpfung des internationalen Terrorismus zusammen. Dazu beteiligt sich die Bundeswehr an der Operation ENDURING FREEDOM. Diese Operation hat zum Ziel, Führungs- und Ausbildungseinrichtungen von Terroristen auszuschalten, Terroristen zu bekämpfen, und vor Gericht zu stellen sowie Dritte dauerhaft von der Unterstützung terroristischer Aktivitäten abzuhalten." Gemäß Ziff. 2 des Beschlusses handeln die Streitkräfte „in Wahrnehmung des Rechts zur individuellen und kollektiven Selbstverteidigung im Rahmen und nach den Regeln eines Systems gegenseitiger kollektiver Sicherheit im Sinne des Art. 24 Abs. 2 GG". Vgl. *Christian Fischer/Andreas Fischer-Lescano*, Enduring Freedom für Entsendebeschlüsse? Völker- und verfassungsrechtliche Probleme der deutschen Beteiligung an Maßnahmen gegen den Internationalen Terrorismus, in: KritVj 85 (2002), S. 113 (120 ff.).
175 Vgl. zu dieser Unterscheidung *Carl Schmitt*, Der Begriff des Politischen, 1963, S. 29 ff., 45 ff.

bündete Staaten würden den Bündnisfall nach Art. 5 des NATO-Vertrags auslösen und zum Einsatz der Bundeswehr gemäß Art. 87a Abs. 1 und 2 GG berechtigen.

Drittens würden im Fall einer „Verteidigung" gegen Terroristen im Sinne von Art. 87a Abs. 1 und 2 GG die Schranken, die das Grundgesetz für einen Einsatz der Bundeswehr im Innern errichtet hat (Art. 35 Abs. 2 und 3, Art. 87a Abs. 3 und 4 GG)[176], gegenstandslos, denn Verteidigung ist räumlich nicht auf das Ausland beschränkt, auch wenn der Angriff seinen Ursprung außerhalb des Bundesgebietes hat[177].

57
Auswirkung auf den Einsatz im Innern

Einsätze zur Bekämpfung der Seeräuberei (Piraterie) im Sinne von Art. 101 des UN-Seerechtsübereinkommens (SRÜ)[178], insbesondere der Schutz deutscher Handelsschiffe gegen Seeräuberei sowie das Aufbringen eines Seeräuberschiffs oder eines durch Seeräuberei erbeuteten und in der Gewalt von Seeräubern stehenden Schiffs (Art. 105 SRÜ), sind keine Einsätze „zur Verteidigung"[179]. Die Ausübung krimineller Gewalt Privater gegen unter deutscher Flagge fahrende Handelsschiffe mit der Absicht der Bereicherung ist kein Angriff auf die Bundesrepublik Deutschland, der zur Selbstverteidigung gemäß Art. 51 UN-Charta berechtigen würde. Einsätze der Bundeswehr zur Bekämpfung der Seeräuberei können aber verfassungsrechtlich auf der Grundlage von Art. 24 Abs. 2 GG zulässig sein[180].

58
Bekämpfung der Seeräuberei

3. Einsätze „außer zur Verteidigung"

Gemäß Art. 87a Abs. 2 GG dürfen die Streitkräfte außer zur Verteidigung „nur eingesetzt werden, soweit dieses Grundgesetz es ausdrücklich zuläßt". Auch wenn dieser Vorbehalt einer ausdrücklichen grundgesetzlichen Regelung anderer Einsätze als der „zur Verteidigung" bestimmten nach seiner Entstehungsgeschichte primär Einsätze der Bundeswehr im Innern über die in Art. 35 Abs. 2 und 3 und Art. 87a Abs. 3 und 4 GG genannten hinaus ausschließen sollte[181], erlaubt es sein Wortlaut nicht, ihn allein auf die Verwen-

59
Vorbehalt einer ausdrücklichen grundgesetzlichen Regelung

---

176 Vgl. hierzu BVerfG, 2 PBvU 1/11 vom 3.7.2012 (Plenarentscheidung zum Luftsicherheitsgesetz), Abs.-Nr. 23 ff.
177 *Depenheuer* (N 29), Art. 87a Rn. 92 ff., zufolge besteht die Zuständigkeit der Streitkräfte „zur Verteidigung" unabhängig von der inneren oder äußeren Herkunft der Gefahr. Auch eine Gefahrenquelle im Inland rechtfertige einen Einsatz „zur Verteidigung".
178 Seerechtsübereinkommen der Vereinten Nationen vom 10.12.1982 (BGBl 1994 II, S. 1799); auszugsweise in *Tomuschat* (N 43), S. 243 ff. Vgl. *Andreas von Arnauld*, Die moderne Piraterie und das Völkerrecht, in: AVR 47 (2009), S. 454 ff.
179 Ebenso *Baldus* (N 173), Art. 87a Rn. 57; *Andreas Fischer-Lescano/Timo Tohidipur*, Rechtsrahmen der Maßnahmen gegen die Seepiraterie, in: NJW 2009, S. 1243 (1245); *Andreas Paulus/Micha Comnick*, Rolle von Bundesmarine und Bundespolizei, in: Stefan Mair (Hg.), Piraterie und maritime Sicherheit, 2010, S. 79 (80 ff.); *Dieter Wiefelspütz*, Die Beteiligung der Bundeswehr am Kampf gegen Piraterie, in: NZWehrR 51 (2009), S. 133 (136); *Stephanie Schiedermair*, Piratenjagd im Golf von Aden, in: AöR 135 (2010), S. 185 (212 ff.); *Heinrich Amadeus Wolff*, Der verfassungsrechtliche Rahmen für die Verwendung der Streitkräfte zur Abwehr von Piraterie, in: ZG 25 (2010), S. 209 (213).
180 S. u. Rn. 60 ff. Vgl. zur Operation „Atalanta" der EU: *König* (N 6), S. 229 ff.; *Andreas Fischer-Lescano/Lena Kreck*, Piraterie und Menschenrechte, in: AVR 47 (2009), S. 481 ff.
181 Vgl. etwa *Knut Ipsen*, in: BK, Art. 87a Rn. 27. Vgl. auch BVerfGE 90, 286 (356 f.).

dung der Bundeswehr im Inland zu beziehen[182]. Auch das Bundesverfassungsgericht hat Art. 87a Abs. 2 GG nicht in dieser Weise einschränkend ausgelegt[183].

a) Einsätze im Rahmen eines Systems gegenseitiger kollektiver Sicherheit (Art. 24 Abs. 2 GG)

60
Urteil des BVerfG zu Out-of-area-Einsätzen

Das Grundgesetz kennt keine *ausdrückliche* Zulassung von militärischen Einsätzen der Bundeswehr im Ausland, die nicht der Verteidigung dienen. Das Bundesverfassungsgericht hat aber in seinem Grundsatzurteil von 1994[184] entschieden, Art. 87a GG stehe „der Anwendung des Art. 24 Abs. 2 GG als verfassungsrechtliche Grundlage für den Einsatz bewaffneter Streitkräfte im Rahmen eines Systems gegenseitiger kollektiver Sicherheit nicht entgegen"[185]. Ob das Gericht mit diesem Diktum Art. 24 Abs. 2 GG als eine eigenständige, neben Art. 87a Abs. 2 GG stehende Ermächtigung anerkannt[186] oder aber die Vorschrift – entgegen ihrem Wortlaut – als ausreichende „Zulassung" im Sinne von Art. 87a Abs. 2 GG angesehen hat, bleibt undeutlich. Ein System

System gegenseitiger kollektiver Sicherheit

gegenseitiger kollektiver Sicherheit im Sinne des Art. 24 Abs. 2 GG sei, so das Gericht weiter, dadurch gekennzeichnet, „daß es durch ein friedenssicherndes Regelwerk und den Aufbau einer eigenen Organisation für jedes Mitglied einen Status völkerrechtlicher Gebundenheit begründet, der wechselseitig zur Wahrung des Friedens verpflichtet und Sicherheit gewährt". Ob das System dabei ausschließlich oder vornehmlich unter den Mitgliedstaaten Frieden garantieren oder bei Angriffen von außen zum kollektiven Beistand verpflich-

NATO und Vereinte Nationen

ten soll, sei unerheblich[187]. Entsprechend seien sowohl die Vereinten Nationen als auch die NATO ein System kollektiver Sicherheit[188]. „Hat der Gesetzgeber der Einordnung in ein System gegenseitiger kollektiver Sicherheit zugestimmt, so ergreift diese Zustimmung auch die Eingliederung von Streitkräften in integrierte Verbände des Systems oder eine Beteiligung von Soldaten an militärischen Aktionen des Systems unter dessen militärischem Kom-

---

182 Wie hier *Klein* (N 98), S. 432; *Epping* (N 143), S. 435; *Preuß* (N 26), S. 265 f.; *Christian Tomuschat*, in: BK, Art. 24 Rn. 185; *Werner Heun*, in: Dreier, Bd. III, Art. 87a Rn. 16 m. weit. Nachw.; *Baldus* (N 173), Art. 87a Rn. 31 ff.; *Thiele* (N 171), S. 217; *Fastenrath* (N 45), S. 1940 ff.; *Hans-Georg Franzke*, Art. 24 II GG als Rechtsgrundlage für den Außeneinsatz der Bundeswehr?, in: NJW 1992, S. 3075 (3076). A. A. *Albrecht Randelzhofer*, in: Maunz/Dürig, Art. 24 Abs. 2 Rn. 63; → Bd. IV, *F. Kirchhof*, § 84 Rn. 57; ferner auch *Stein* (N 100), S. 22 ff.; *Wiefelspütz* (N 135), S. 50.
183 Vgl. *Epping* (N 143), S. 427 f.; *Baldus* (N 173), Art. 87a Rn. 33.
184 BVerfGE 90, 286. Zusammenfassung des Urteils und der Folgerechtsprechung: *Heiko Sauer*, Das Verfassungsrecht der kollektiven Sicherheit, in: Hartmut Rensen/Stefan Brink (Hg.), Linien der Rechtsprechung des Bundesverfassungsgerichts – erörtert von den wissenschaftlichen Mitarbeitern, 2009, S. 585 (595 ff.).
185 BVerfGE 90, 286 (355 und LS 2). Die Formulierung stammt von *Randelzhofer* (N 182), Art. 24 Abs. 2 Rn. 56. Die Rechtsprechung kritisiert als unzulässige Verfassungsänderung unter Verweis auf die Entstehungsgeschichte des Art. 87a Abs. 2 GG: *Claus Arndt*, Verfassungsrechtliche Anforderungen an internationale Bundeswehreinsätze, in: NJW 1994, S. 2197 (2198); *ders.*, Das Grundgesetz und das Parlamentsbeteiligungsgesetz, in: DÖV 2005, S. 908 (909 ff.). Vgl. auch *Preuß* (N 26), S. 267 ff.
186 So *Baldus* (N 173), Art. 87a Rn. 34, 60, 63. Gegen die Auffassung des Art. 24 Abs. 2 GG als selbständige Rechtsgrundlage *Franzke* (N 182), S. 3076.
187 BVerfGE 90, 286 (349 und LS 5a).
188 BVerfGE 90, 286 (349, 351). → Oben *Oeter*, § 243 Rn. 7 ff., 27.

mando, soweit Eingliederung oder Beteiligung in Gründungsvertrag oder Satzung, die der Zustimmung unterlegen haben, bereits angelegt sind."[189]

Das Bundesverfassungsgericht hat damit insbesondere eine unmittelbare oder durch die NATO vermittelte Beteiligung der Bundeswehr an Friedensmissionen der Vereinten Nationen sowie an Einsätzen zur Durchsetzung von Resolutionen des UN-Sicherheitsrates als gemäß Art. 24 Abs. 2 GG zulässig erklärt, soweit diese Einsätze im übrigen mit dem Verfassungsrecht (Friedensgebot und Angriffskriegsverbot)[190] und dem Völkerrecht[191] vereinbar sind[192]. Dagegen sah das Gericht in der Europäischen Union in ihrer Gestalt nach dem Vertrag von Lissabon (2007) ungeachtet der mit diesem Vertrag eingeführten kollektiven Beistandspflicht (Art. 42 Abs. 7 UAbs. 1 S. 1 EUV) kein System gegenseitiger kollektiver Sicherheit[193].

61
Zulässige Beteiligung an Friedensmissionen

Nach der Rechtsprechung des Bundesverfassungsgerichts bietet die Ermächtigung des Art. 24 Abs. 2 GG die verfassungsrechtliche Grundlage für die Übernahme der mit der Zugehörigkeit zu einem System gegenseitiger kollektiver Sicherheit „typischerweise verbundenen Aufgaben und damit auch für eine Verwendung der Bundeswehr zu Einsätzen, die im Rahmen und nach den Regeln dieses Systems stattfinden"[194]. Die deutsche Beteiligung an friedenssichernden Operationen der Vereinten Nationen sei durch Art. 24 Abs. 2 GG verfassungsrechtlich legitimiert. Friedenstruppen und ihre friedenssichernden Aufgaben seien Bestandteil des Systems kollektiver Sicherheit der Vereinten Nationen, „wie es sich in der praktischen Handhabung der VN-Satzung entwickelt und in das sich die Bundesrepublik Deutschland durch den mit gesetzlicher Zustimmung im Jahre 1973 vollzogenen Beitritt eingeordnet hat"[195]. „Nehmen die zuständigen Organe der Vereinten Nationen Aufgaben, Kompetenzen und Befugnisse wahr, die in der Satzung angelegt sind, so bildet die gemäß Art. 24 Abs. 2 GG vollzogene Einordnung die verfassungsrechtliche Grundlage auch für eine Beteiligung deutscher Streitkräfte an den durch Beschlüsse des Sicherheitsrates autorisierten friedenssichernden Operationen der Vereinten Nationen."[196]

62
Verfassungsrechtliche Legitimation durch Art. 24 Abs. 2 GG

Der UN-Sicherheitsrat hat den Begriff „Bedrohung des Weltfriedens" („threat to the peace", Art. 39 UN-Charta), dessen Feststellung ihm den Beschluß verbindlicher Maßnahmen gemäß Kapitel VII der UN-Charta erlaubt, im Laufe der Zeit und mit allgemeiner Billigung der UN-Mitgliedstaaten ausdehnend interpretiert[197]. Nach der gefestigten Praxis des Sicherheitsrates stellen nicht nur klassische zwischenstaatliche Konfliktlagen eine

63
Begriff „Bedrohung des Weltfriedens"

---

189 BVerfGE 90, 286 (351).
190 S. o. Rn. 48.
191 S. o. Rn. 36 ff.
192 Zutreffend *Wiefelspütz* (N 135), S. 84: „Art. 24 Abs. 2 GG dispensiert nicht von den Anforderungen des geltenden Verfassungs- und Völkerrechts."
193 BVerfGE 123, 267 (361, 423 ff.). S. u. Rn. 72.
194 BVerfGE 90, 286 (345).
195 BVerfGE 90, 286 (351 f.).
196 BVerfGE 90, 286 (352).
197 Vgl. etwa *Kirchhof* (N 156), S. 815 ff.

§ 244 *Zweiundzwanzigster Teil: Grenzüberschreitende Staatsaufgaben*

Menschenrechts- solche „Bedrohung des Weltfriedens" dar, sondern auch schwere und syste-
verletzungen matische Menschenrechtsverletzungen in einem Land[198] sowie terroristische Gefahren, die von einem Staat oder einer nichtstaatlichen Organisation ausgehen[199].

64
Einsatz zum Schutz der Menschenrechte
Abwehr des Terrorismus

Entsprechend darf die Bundeswehr, sofern ein Mandat des UN-Sicherheitsrates vorliegt, auch an friedenssichernden Operationen der Vereinten Nationen zum Schutz der Menschenrechte und zur Abwehr von terroristischen Gefahren eingesetzt werden[200]. Es handelt sich dann verfassungsrechtlich um einen Einsatz „außer zur Verteidigung" auf der Grundlage von Art. 24 Abs. 2 GG. Im Rahmen des Mandats des Sicherheitsrates kann die Operation auch unter Beteiligung der Bundeswehr von einer Staatenverbindung wie der NATO, der Europäischen Union oder der Organisation für Sicherheit und Zusammenarbeit in Europa ausgeführt werden, wobei diese Verbindung selbst kein System gegenseitiger kollektiver Sicherheit im Sinne von Art. 24 Abs. 2 GG sein muß.

65
Einsatz ohne Mandat des UN-Sicherheitsrates

Fraglich ist, ob auf der Grundlage von Art. 24 Abs. 2 GG im Rahmen eines Systems gegenseitiger kollektiver Sicherheit auch ein Einsatz der Bundeswehr verfassungsrechtlich zulässig ist, für den kein Mandat des UN-Sicherheitsrates vorliegt, der also nicht mit einem Beschluß des Sicherheitsrates gemäß Kapitel VII der UN-Charta angeordnet oder autorisiert worden ist. Es handelt sich hier vornehmlich – aber nicht ausschließlich – um die Konstellation, daß ein bestimmter Antrag, militärische Sanktionen zu beschließen oder einzelne UN-Mitgliedstaaten zur Anwendung militärischer Gewalt zu ermächtigen, im Sicherheitsrat nicht die erforderliche Mehrheit gefunden hat (insbesondere am Vetorecht eines der ständigen Mitglieder des Sicherheitsrates gemäß Art. 27 Abs. 3 UN-Charta[201] gescheitert ist)[202].

66
Urteil des BVerfG zum NATO-Konzept

In seinem Urteil von 2001 über die Beteiligung des Bundestags an der Fortentwicklung des NATO-Vertrags[203] hat das Bundesverfassungsgericht zu dieser Frage indirekt Stellung genommen. Die Antragstellerin, die Bundestagsfraktion der PDS, hatte unter anderem vorgetragen, das sogenannte neue Strategische Konzept der NATO von 1999[204] eröffne die Möglichkeit, bei einem geplanten militärischen Einsatz dann auf ein Mandat des UN-Sicher-

---

198 Vgl. z.B. Resolutionen 1970 und 1973 vom 26.2.2011 und 17.3.2011 (Libyen), Text in: Tomuschat (N 43), S. 612, 617. Vgl. *Daphna Shraga*, The Security Council and Human Rights – From Discretion to Promote to Obligation to Protect, in: Bardo Fassbender (Hg.), Securing Human Rights? Achievements and Challenges of the UN Security Council, Oxford 2011, S. 8 (11 ff.); *Vera Gowlland-Debbas*, The Security Council as Enforcer of Human Rights, ebd., S. 37 (39 ff.).
199 Vgl. die Resolutionen 1368 (Abs. 1) und 1373 (3. Abs. der Präambel) vom 12.9.2001 und 28.9.2001. Text in: Tomuschat (N 43), S. 606 f.
200 Vgl. zum Thema „Terrorismusbekämpfung und Art. 24 Abs. 2 GG" die Literaturübersicht bei *Thiele* (N 171), S. 311 ff.
201 Vgl. hierzu *Bardo Fassbender*, UN Security Council Reform and the Right of Veto: A Constitutional Perspective, Den Haag/London/Boston 1998; *ders.*, Veto, in: Max Planck Encyclopedia (N 7), Bd. X, 2012, S. 665 (667 ff.).
202 Zum Kosovo-Fall s.o. Rn. 44 und 46 sowie BVerfGE 104, 151 (158 f.).
203 BVerfGE 104, 151 – Neues Strategisches Konzept der NATO.
204 „Erklärung von Washington" des Nordatlantikrates der NATO vom 24.4.1999; Auszüge in: BVerfGE 104, 151 (159 ff.). Vgl. *Eckart Klein/Stefanie Schmahl*, Die neue NATO-Strategie und ihre völkerrechtlichen und verfassungsrechtlichen Implikationen, in: Recht und Politik 35 (1999), S. 198 ff.

heitsrats zu verzichten, wenn dieses durch ein Veto eines ständigen Mitglieds verhindert oder die Aussicht auf ein Mandat von vornherein als negativ eingeschätzt würde. Das in dem Konzept enthaltene Bekenntnis zum Völkerrecht sei nicht identisch mit dem Bekenntnis zu einem UN-Mandat im Fall militärischer Einsätze[205]. Diese Interpretation des neuen Strategischen Konzepts entsprach dem, was aus NATO-Kreisen selbst verlautete[206]. Das Bundesverfassungsgericht erklärte hierzu, aus dem Inhalt des Konzepts gehe nicht hervor, daß die NATO ihre Bindung an die Ziele der Vereinten Nationen und die Beachtung der UN-Charta aufgeben wolle. Im Gegenteil bekräftige das Konzept diese Nähe der NATO zu den Vereinten Nationen ausdrücklich. Die nunmehrige Aufgabenstellung der NATO werde unter Bestätigung der Bindung an NATO-Vertrag und UN-Charta eingeleitet. Die primäre Verantwortung des UN-Sicherheitsrats für die Wahrung des Weltfriedens bleibe danach die Grundlage der NATO-Strategie[207].

67
Chartakonforme Auslegung des NATO-Konzeptes

Das Bundesverfassungsgericht hat damit den Anspruch der NATO, nicht ihrer Verteidigung gemäß Art. 5 NATO-Vertrag[208] dienende militärische Einsätze ausnahmsweise auch ohne eine Ermächtigung des UN-Sicherheitsrates auszuführen, mit zurückhaltenden Worten, aber dennoch bestimmt zurückgewiesen, indem es die entsprechenden Aussagen des Strategischen Konzepts Charta-konform ausgelegt hat. Ausdrücklich hat das Gericht festgestellt, die Bundesrepublik könne nicht an eine gegenteilige Interpretation des NATO-Vertrags gebunden werden: „Nach dem in Nr. 10 des Konzepts bezogenen Art. 7 NATO-Vertrag[209] kann auch das neue Strategische Konzept 1999 nicht zu einer Auslegung des NATO-Vertrags herangezogen werden, die die Rechte und Pflichten, die sich für die Bundesrepublik aus der UN-Charta ergeben, berühren." Das Gericht hat damit indirekt eine Beteiligung der Bundeswehr an einem nicht vom UN-Sicherheitsrat autorisierten Einsatz (soweit er nicht der Selbstverteidigung gemäß Art. 51 UN-Charta dient) als nicht vom NATO-Vertrag und damit auch nicht von Art. 24 Abs. 2 GG erfaßt abgelehnt. Im Ergebnis ist ein solcher Einsatz also verfassungsrechtlich unzulässig. Dies entspricht dem geltenden Völkerrecht[210].

Verfassungsrechtliche Unzulässigkeit eines nicht autorisierten Einsatzes

---

205 BVerfGE 104, 151 (176).
206 Vgl. etwa die Äußerung des an der Erarbeitung des Konzepts beteiligten deutschen Brigadegenerals Klaus Wittmann: „Bezüglich der Mandatierung von Nicht-Artikel-5-Operationen bleibt die primäre Verantwortung des VN-Sicherheitsrates für Weltfrieden und internationale Sicherheit erhalten, als Ausnahme wird aber die Möglichkeit von NATO-Aktionen im Einzelfall und im Bündniskonsens auch ohne explizite Mandatierung, jedoch in Übereinstimmung mit dem Völkerrecht, nicht ausgeschlossen". *Klaus Wittmann*, Gewandeltes Selbstverständnis und erweitertes Aufgabenspektrum: Der Weg zum neuen Strategischen Konzept der NATO, in: Europäische Sicherheit 8/99, S. 12 (19).
207 BVerfGE 104, 151 (211); siehe auch BVerfGE 104, 151 (213).
208 Beistandsverpflichtung der NATO-Staaten im Fall eines „bewaffneten Angriffs gegen einen oder mehrere von ihnen in Europa oder Nordamerika".
209 Gemäß Art. 7 NATO-Vertrag berührt der Vertrag „weder die Rechte und Pflichten, welche sich für die Parteien, die Mitglieder der Vereinten Nationen sind, aus deren Satzung ergeben, oder die in erster Linie bestehende Verantwortlichkeit des Sicherheitsrats für die Erhaltung des internationalen Friedens und der internationalen Sicherheit, noch kann er [der Vertrag] in solcher Weise ausgelegt werden".
210 S. o. Rn. 36ff. und u. Rn. 79.

68
AWACS II-Urteil des BVerfG

Kollektive Selbstverteidigung

Im AWACS II-Urteil des Bundesverfassungsgerichts von 2008[211] ist keine Abkehr von dieser Rechtsprechung zu sehen. Zwar handelte es sich bei der Luftüberwachung zum Schutz der Türkei nach Maßgabe des NATO-Beschlusses vom 19. Februar 2003 um einen Einsatz, der nicht vom UN-Sicherheitsrat autorisiert worden war. Der Einsatz gehörte aber sachlich in den Bereich der kollektiven Selbstverteidigung, die verfassungsrechtlich gemäß Art. 87 a Abs. 1 und 2 GG zulässig ist[212]: „Die eingesetzten AWACS-Aufklärungsflugzeuge waren Teil eines Systems konkreter militärischer Schutzmaßnahmen gegen einen befürchteten Angriff auf das Bündnisgebiet der NATO. Zum ersten Mal in der Geschichte des nordatlantischen Bündnisses hatte die Türkei Konsultationen nach Art. 4 des NATO-Vertrags beantragt, weil sie sich durch den sich abzeichnenden militärischen Konflikt im Irak und die Drohung des irakischen Diktators Saddam Hussein, jeder Verbündete der USA in der Region werde das Ziel irakischer Militäroperationen sein, bedroht fühlte."[213] Ausdrücklich betonte das Gericht, die NATO habe sich in dieser Situation „darauf eingestellt, dass die Anwendung bewaffneter Gewalt *zur Verteidigung* erforderlich werden könnte"[214]. Der UN-Sicherheitsrat war mit diesen Schutzmaßnahmen nicht befaßt worden. Es handelte sich um einen Fall, der sich von den völkerrechtlich problematischen, unter dem Rubrum „Einsätze ohne UN-Mandat" verhandelten Fällen deutlich unterschied.

69
„Systemkonforme" Verwendung der Streitkräfte

Mit seiner Rechtsprechung zu Art. 24 Abs. 2 GG hat das Bundesverfassungsgericht die Bedeutung des Begriffs „ausdrücklich" sehr gedehnt, denn die Vorschrift ist eigentlich ein Paradebeispiel einer nur impliziten Zulassung des Einsatzes von Streitkräften[215]: Wenn sich Deutschland Systemen gegenseitiger kollektiver Sicherheit einordnen kann, muß es im Grundsatz auch zu einer „systemkonformen" Verwendung seiner Streitkräfte in der Lage sein. Selbst diese Deutungsmöglichkeit ergab sich aber erst nach der Wiederbewaffnung der Bundesrepublik und der Einfügung der „Wehrverfassung" in das Grundgesetz[216]. Zu beachten ist ferner, daß Art. 24 Abs. 2 GG politisch-völkerrechtliche Bedingungen der Friedenswahrung nennt und ihre Erfüllung der neuen staatlichen Ordnung als Ziel aufgibt – nämlich die „Einordnung" der Bundesrepublik in ein System kollektiver Sicherheit, welche durch eine Beschränkung nationaler Hoheitsrechte bewirkt wird. „Diese Vorschrift würde, was auch ihre Stellung zwischen den Regelungen der Absätze 1 und 3 belegt, mißverstanden, wenn man ihr einen primär militärischen Sinn beilegen würde. Im

---

211 BVerfGE 121, 135.
212 S. o. Rn. 50.
213 BVerfGE 121, 135 (170).
214 BVerfGE 121, 135 (171). Hervorhebung hinzugefügt.
215 Ebenso *Randelzhofer* (N 182), Art. 24 Abs. 2 Rn. 54, 57; *Franzke* (N 182), S. 3076. *Christian Starck*, Auslegung und Fortbildung der Verfassung und des Verfassungsprozeßgesetzes durch das Verfassungsgericht, in: FS für Josef Isensee, 2007, S. 215 (218), spricht daher von einem „klaren Fall der Rechtsfortbildung".
216 Vgl. *Tomuschat* (N 182), Art. 24 Rn. 122; *Gerd Roellecke*, Bewaffnete Auslandseinsätze – Krieg, Außenpolitik oder Innenpolitik? Ein verfassungsänderndes Urteil des Bundesverfassungsgerichts, in: Der Staat 34 (1995), S. 415 (417). → Bd. II, *Hillgruber*, § 32 Rn. 136.

Gegenteil, sie soll durch die Herstellung eines politischen und normativen Geflechts von wechselseitigen Beziehungen die Anwendung von militärischem Zwang gerade vermeiden."[217] Schließlich begegnet die resolute Qualifizierung der NATO als System kollektiver Sicherheit Bedenken[218]. Entsprechend wäre das Bundesverfassungsgericht gut beraten, den „zusätzlichen Schlüssel zum Einsatz der Bundeswehr"[219], zu dem es Art. 24 Abs. 2 GG gemacht hat, nur vorsichtig zu verwenden und ihn nicht mit einem Passepartout zu verwechseln.

Vorsichtige Verwendung des Art. 24 Abs. 2 GG

b) Einsätze im Rahmen der Europäischen Union

In dem Bestreben, der Europäischen Union eine „auf zivile und militärische Mittel gestützte Operationsfähigkeit"[220] zu verschaffen, sieht Art. 42 Abs. 1 EUV in der Fassung des Vertrags von Lissabon im Rahmen der Gemeinsamen Sicherheits- und Verteidigungspolitik (GSVP) „Missionen außerhalb der Union zur Friedenssicherung, Konfliktverhütung und Stärkung der internationalen Sicherheit in Übereinstimmung mit den Grundsätzen der Charta der Vereinten Nationen" vor, die „mit Hilfe der Fähigkeiten, die von den Mitgliedstaaten bereitgestellt werden", ausgeführt werden sollen. Art. 43 Abs. 1 S. 1 EUV nennt als mögliche Inhalte und Ziele dieser Missionen „gemeinsame Abrüstungsmaßnahmen, humanitäre Aufgaben und Rettungseinsätze, Aufgaben der Konfliktverhütung und der Erhaltung des Friedens sowie Kampfeinsätze im Rahmen der Krisenbewältigung einschließlich Frieden schaffender Maßnahmen und Operationen zur Stabilisierung der Lage nach Konflikten"[221]. Mit diesen Missionen könne auch zur Bekämpfung des Terrorismus beigetragen werden (Art. 43 Abs. 1 S. 2 EUV). Der Rat der Europäischen Union faßt die Beschlüsse über die Missionen einstimmig auf Vorschlag des Hohen Vertreters der Union für Außen- und Sicherheitspolitik oder auf Initiative eines Mitgliedstaats (Art. 43 Abs. 2 S. 1 i. V. m. Art. 42 Abs. 4 S. 1 EUV). Der Rat kann „die Durchführung einer Mission einer Gruppe von

70
Friedenssicherung, Konfliktverhütung, internationale Sicherheit

---

217 *Preuß* (N 26), S. 267 f. Zur Sicht des Verfassungskonvents von Herrenchiemsee s. o. N 60.
218 Vgl. *Ernst Forsthoff*, Rechtsgutachten über die Frage, ob die Verabschiedung des Gesetzes betr. den EVG-Vertrag (Art. 59 Abs. 2 GG) eine Änderung des Grundgesetzes erfordert, in: Der Kampf um den Wehrbeitrag, Bd. II (N 72), S. 312 (335 f.): „Ein System gegenseitiger kollektiver Sicherheit ... bedeutet etwas wesentlich anderes als die gemeinsame Verbündung gegen einen gemeinsamen Feind. Der Begriff ist nach dem ersten Weltkrieg zusammen mit dem Völkerbund entstanden ... Der tragende Gedanke und damit der Unterschied zu den Allianzen und Bündnissen früherer Zeit besteht darin, daß das System nicht gegen einen Feind und potentiellen Angreifer gerichtet ist, sondern daß es offen ist, auch den potentiellen Angreifer mit einschließt und darauf seine Funktion der Friedenswahrung und der allgemeinen Sicherheit abstellt. Der potentielle Angreifer soll gerade dadurch, daß er selbst der Organisation angehört und ihren Mitteln und Verfahren unterworfen ist, zum Verzicht auf die Anwendung militärischer Gewalt gebracht werden. Das ist die dem Bündnis genau entgegengesetzte Technik der Friedenssicherung, denn beim Bündnis bleibt der potentielle Friedensbrecher außerhalb und das Bündnis richtet sich gegen ihn."
219 *Preuß* (N 26), S. 269.
220 Art. 42 Abs. 1 S. 2 EUV i.d.F. des Vertrags von Lissabon v. 13.12.2007 (BGBl 2008 II, S. 1038).
221 Vgl. *Maike Kuhn*, Die Europäische Sicherheits- und Verteidigungspolitik im Mehrebenensystem, 2012 (unter besonderer Berücksichtigung der Operation im Kongo 2003). Zur Praxis seit 2003 ferner: *Muriel Asseburg/Ronja Kempin* (Hg.), Die EU als strategischer Akteur in der Sicherheits- und Verteidigungspolitik? Eine systematische Bestandsaufnahme von ESVP-Missionen und -Operationen, 2009 (Stiftung Wissenschaft und Politik, Studie 32/09).

"Prinzip der Freiwilligkeit" Mitgliedstaaten übertragen, die dies wünschen und über die für eine derartige Mission erforderlichen Fähigkeiten verfügen" (Art. 44 Abs. 1 S. 1 EUV, „Prinzip der Freiwilligkeit"). Die betreffenden Mitgliedstaaten vereinbaren in Absprache mit dem Hohen Vertreter untereinander die Ausführung der Mission (Art. 44 Abs. 1 S. 2).

71
Beschluß über Teilnahme an Militäroperationen

Vor dem zweiten irischen Referendum über den Vertrag von Lissabon stellte ein Beschluß der im Europäischen Rat vereinigten Staats- und Regierungschefs vom 19. Juni 2009 klar, daß es „Irland und jedem anderen Mitgliedstaat unbenommen (bleibt), nach Maßgabe etwaiger innerstaatlicher Rechtsvorschriften einen Beschluß über eine etwaige Teilnahme an Militäroperationen zu fassen"[222].

72
Integrationsfester Parlamentsvorbehalt

In seinem Urteil zum Vertrag von Lissabon hat das Bundesverfassungsgericht die Geltung des konstitutiven Parlamentsvorbehalts für bewaffnete Einsätze der Bundeswehr im Zusammenhang der Bestimmungen des Vertrags über die Europäische Union über die Gemeinsame Sicherheits- und Verteidigungspolitik bekräftigt[223] und diesen Vorbehalt sogar für „integrationsfest"[224] erklärt. In seinen weitgehend in die Zukunft gerichteten Ausführungen hat das Gericht aber offengelassen, auf welche Norm des Grundgesetzes gegenwärtig eine Beteiligung der Bundeswehr an militärischen Missionen der Europäischen Union gemäß Art. 42 und 43 EUV – deren unionsrechtliche Zulässigkeit das Gericht nicht in Frage gestellt hat – gestützt werden kann. An einer Stelle des Urteils heißt es, „auch wenn die Europäische Union zu einem friedenserhaltenden regionalen System gegenseitiger kollektiver Sicherheit im Sinne des Art. 24 Abs. 2 GG ausgebaut würde", sei in diesem Bereich eine Supranationalisierung mit Anwendungsvorrang im Hinblick auf einen konkreten Einsatz deutscher Streitkräfte nicht zulässig[225]. An einer späteren Stelle führt das Gericht aus, mit dem Vertrag von Lissabon werde „der Schritt der Europäischen Union zu einem System gegenseitiger kollektiver Sicherheit ... noch nicht gegangen"[226].

73
Art. 24 Abs. 2 GG als Grundlage für militärische Missionen?

Diesen Ausführungen ist zu entnehmen, daß nach Ansicht des Gerichts gegenwärtig – das heißt nach dem Integrationsstand des Vertrags von Lissabon – militärische Missionen der Europäischen Union verfassungsrechtlich nicht auf Art. 24 Abs. 2 GG gestützt werden können, weil die Europäische Union (jedenfalls noch) kein System gegenseitiger kollektiver Sicherheit im Sinne dieser Vorschrift sei. Die Zurückhaltung des Verfassungsgerichts, auch die Europäische Union als ein solches System anzuerkennen, mag eine Folge der Großzügigkeit sein, mit der das Gericht im Jahr 1994 der NATO und der Westeuropäischen Union die entsprechende Qualität zugesprochen hatte[227].

---

222 Rats-Dok. 11225/2/09, Abschn. C. Vgl. zu dieser authentischen Interpretation des EUV *Daniel Thym*, Integrationsziel europäische Armee? Verfassungsrechtliche Grundlagen der deutschen Beteiligung an der Gemeinsamen Sicherheits- und Verteidigungspolitik, in: EuR, Beiheft 1 (2010), S. 171 (174).
223 S. u. Rn. 93.
224 BVerfGE 123, 267 (361).
225 BVerfGE 123, 267 (361).
226 BVerfGE 123, 267 (425).
227 Vgl. BVerfGE 90, 286 (350 f.).

Womöglich befürchtete das Gericht, die Konturen des ursprünglich auf die Vereinten Nationen zugeschnittenen Begriffs zu sehr zu verwischen. Es ist aber schwer nachzuvollziehen, warum die Europäische Union die im Streitkräfteurteil weit gezogenen Bedingungen eines Systems gegenseitiger kollektiver Sicherheit nicht erfüllen soll. Denn auch wenn sie weder ein klassisches System kollektiver Sicherheit noch ein Verteidigungsbündnis im engeren Sinn ist, begründet die Union „durch ein friedenssicherndes Regelwerk und den Aufbau einer eigenen Organisation für jedes Mitglied einen Status völkerrechtlicher Gebundenheit", „der wechselseitig zur Wahrung des Friedens verpflichtet und Sicherheit gewährt"[228]. Nach ausdrücklicher Feststellung des Bundesverfassungsgerichts ist es dabei unerheblich, „ob das System dabei ausschließlich oder vornehmlich unter den Mitgliedstaaten Frieden garantieren oder bei Angriffen von außen zum kollektiven Beistand verpflichten soll"[229]. Aus diesem Grund kann es für die Qualifizierung der Europäischen Union als System kollektiver Sicherheit auch nicht entscheidend auf die vom Gericht im Lissabon-Urteil[230] diskutierte Bindungswirkung der kollektiven Beistandspflicht der EU-Mitgliedstaaten (Art. 42 Abs. 7 EUV) ankommen[231].

Europäische Union als System kollektiver Sicherheit?

Erscheint es danach gut vertretbar, die Europäische Union als ein System gegenseitiger kollektiver Sicherheit im Sinne von Art. 24 Abs. 2 GG und entsprechend eine Beteiligung der Bundeswehr an den von Art. 42 ff. EUV vorgesehenen militärischen Missionen nach dieser grundgesetzlichen Norm für verfassungsrechtlich zulässig anzusehen[232], so böte auch Art. 23 Abs. 1 GG eine ausreichende – und verfassungssystematisch passendere – Rechtsgrundlage. Denn das „vereinte Europa", das durch eine weitere Entwicklung der Europäischen Union verwirklicht werden soll, umfaßt nach den seit den Anfängen der europäischen Integration nach dem Zweiten Weltkrieg bis heute kontinuierlich verfolgten politischen Absichten der Mitgliedstaaten auch eine gemeinsame Verteidigung nach außen und gemeinsame militärische Fähigkeiten[233]. Die Befürchtung, eine Heranziehung des Art. 23 Abs. 1 GG als verfassungsrechtliche Grundlage einer Beteiligung der Bundeswehr an militärischen EU-Einsätzen lasse den konstitutiven Parlamentsvorbehalt hinter die in Art. 23 Abs. 2 und 3 GG vorgesehene Mitwirkung des Bundestages an Angelegenheiten der Europäischen Union zurücktreten, ist unbegründet, weil das Bundesverfassungsgericht den Parlamentsvorbehalt nicht aus Art. 24

74
Art. 23 Abs. 1 GG als Rechtsgrundlage

---

228 BVerfGE 90, 286 (LS 5 a, 349).
229 BVerfGE 90, 286 (LS 5 a, 349).
230 Vgl. BVerfGE 123, 267 (423 f.).
231 Zur Entwicklung der Verteidigungsdimension der EU: *Graf von Kielmansegg* (N 75); *Daniel Thym*, Außenverfassungsrecht nach dem Lissaboner Vertrag, in: Ingolf Pernice (Hg.), Der Vertrag von Lissabon: Reform der EU ohne Verfassung?, 2008, S. 173 (181 ff.); *Volker Heise*, Zehn Jahre Europäische Sicherheits- und Verteidigungspolitik, 2009 (Stiftung Wissenschaft und Politik, Studie 25/09); *Victor Mauer*, The European Union: From Security Community towards Security Actor, in: Dunn Cavelty/ Mauer (N 111), S. 371 ff.
232 In diesem Sinne auch *Paulus/Comnick* (N 179), S. 83 ff.; *Thym* (N 222), S. 186 f.; Vgl. auch *Wiefelspütz* (N 135), S. 87 f. A. A. *Baldus* (N 173), Art. 87 a Rn. 66.
233 Zur Europäischen Verteidigungsgemeinschaft s. o. Rn. 23.

§ 244   *Zweiundzwanzigster Teil: Grenzüberschreitende Staatsaufgaben*

Zustimmung des Bundestages

Abs. 2 GG, sondern aus dem Grundgesetz als ganzem abgeleitet hat[234]. Daher bedürfte eine Beteiligung der Bundeswehr an militärischen Einsätzen der Europäischen Union ungeachtet der Regelungen des Art. 23 Abs. 2 und 3 GG der konstitutiven und grundsätzlich vorherigen Zustimmung des Bundestages mit der in Art. 42 Abs. 2 GG vorgesehenen Mehrheit[235]. In diesem Sinne kann auch der Hinweis des Verfassungsgerichts auf den im Hinblick auf den Einsatz von Streitkräften „gegenüber Art. 23 GG spezielleren konstitutiven Parlamentsvorbehalt"[236] gedeutet werden.

c) Einsätze zur Rettung deutscher Staatsangehöriger im Ausland

75 Keine ausdrückliche verfassungsrechtliche Regelung

Auch für militärische Einsätze zur Rettung oder Evakuierung deutscher Staatsangehöriger im Ausland kennt das Grundgesetz keine Norm, die diese im Sinne von Art. 87a Abs. 2 GG „ausdrücklich" zulassen würde. Es handelt sich hierbei auch nicht um „Verteidigung" im Sinne von Art. 87a Abs. 1 S. 1 und Abs. 2 GG[237], da der verfassungsrechtliche Begriff der Verteidigung nicht weiter geht als der völkerrechtliche Begriff der Selbstverteidigung. Selbstverteidigung aber setzt einen „bewaffneten Angriff" gegen die Bundesrepublik Deutschland voraus[238], der im Fall einer Gefährdung oder Geiselnahme einzelner deutscher Staatsangehöriger durch einen oder in einem fremden Staat nicht vorliegt[239].

76 Völkerrechtliche Zulässigkeit bei Zustimmung des Staates

Vor dem Hintergrund der zweifelhaften völkerrechtlichen Zulässigkeit solcher Einsätze[240] ist eine verfassungsrechtliche Regelung nicht zu erwarten, auch wenn sie möglich und zur Klärung und Entwicklung des Völkerrechts wünschenswert wäre[241]. Völkerrechtlich erlaubt ist ein Rettungseinsatz auf fremdem Staatsgebiet jedenfalls dann, wenn er (wie im Fall der Geiselbefreiung von Mogadischu im Jahr 1977)[242] mit Zustimmung des betreffenden Staates erfolgt.

---

234 S. u. Rn. 85.
235 Vgl. BVerfGE 90, 286 (381 ff., 387 f.).
236 BVerfGE 123, 267 (425).
237 Wie hier *Epping* (N 143), S. 440 f., 459; *Baldus* (N 173), Art. 87a Rn. 56; *Wiefelspütz* (N 135), S. 61 f.; *Schmahl* (N 24), S. 113, 125; *Thiele* (N 171), S. 296 f.; *Christof Gramm*, Die Stärkung des Parlaments in der Wehrverfassung, in: DVBl 2009, S. 1476 (1479 f.); *Philipp Scherrer*, Das Parlament und sein Heer, 2010, S. 280 f. A. A. *Depenheuer* (N 29), Art. 87a Rn. 40, 108 m. weit. Nachw.
238 S. o. Rn. 40 ff.
239 *Wiefelspütz* (N 135), S. 89, hält Art. 32 Abs. 1 GG für eine Ermächtigungsgrundlage „für völkerrechtlich zulässige militärische Einsätze deutscher Streitkräfte außerhalb von Systemen gegenseitiger kollektiver Sicherheit im Sinne des Art. 24 GG", darunter auch für „Rettungsaktionen von deutschen oder fremden Staatsangehörigen". Nach seinem Wortlaut („Pflege" der Beziehungen), seiner Entstehungsgeschichte und der verfassungsgeschichtlichen Tradition (Unterscheidung von auswärtiger Gewalt und Militärgewalt) erfaßt Art. 32 Abs. 1 GG aber militärisches Handeln gegen fremde Staaten oder auf deren Territorium nicht.
240 S. o. Rn. 45.
241 S. o. Rn. 47.
242 Die Spezialeinheit „GSG 9" des Bundesgrenzschutzes erstürmte auf dem Flughafen von Mogadischu (Somalia) die Lufthansa-Maschine „Landshut", die auf ihrem Flug von Palma de Mallorca nach Frankfurt a. M. von einem palästinensischen Kommando entführt worden war, um elf in Stammheim inhaftierte Mitglieder der „Rote Armee Fraktion" freizupressen. Vgl. *Marcus Schultz*, Die Auslandsentsendung von Bundeswehr und Bundesgrenzschutz zum Zwecke der Friedenswahrung und Verteidigung, 1998, S. 82 ff.

In Fortbildung der referierten Rechtsprechung[243] läßt sich für solche Rettungseinsätze eine ausreichende verfassungsrechtliche Grundlage in der sich aus Art. 2 Abs. 2 S. 1 GG (Recht auf Leben und körperliche Unversehrtheit) ergebenden grundrechtlichen Schutzpflicht des Staates[244] finden[245]. In Anlehnung an die Formulierung des Streitkräfteurteils läßt sich so sagen, Art. 87 a GG stehe einer Anwendung des Art. 2 Abs. 2 S. 1 GG als Grundlage für eine verfassungsrechtlich gebotene Ausübung staatlichen Schutzes nicht entgegen. Die Verpflichtung des Staates, sich „schützend und fördernd" vor das Schutzgut des Lebens zu stellen und dieses „vor rechtswidrigen Eingriffen von seiten anderer zu bewahren"[246], berechtigt ihn auch verfassungsrechtlich, Leib und Leben deutscher Staatsangehöriger im Ausland in extremen Gefahrenlagen mit dem Mittel eines Einsatzes der Streitkräfte zu schützen[247]. Auch das Parlamentsbeteiligungsgesetz von 1994[248] geht von einer Zulässigkeit von „Einsätzen zur Rettung von Menschen aus besonderen Gefahrenlagen" im Ausland[249] aus. Allerdings müssen in die zur Entscheidung über einen Rettungseinsatz führende Abwägung auch die grundrechtliche Position der an dem Einsatz beteiligten Soldaten[250] sowie die auf völkerrechtlichen Verträgen und dem Völkergewohnheitsrecht beruhenden Menschenrechte[251] der bei dem Einsatz gefährdeten Ausländer einbezogen werden.

77
Schutzpflicht des Staates

Parlamentsbeteiligungsgesetz

Wegen ihrer hohen völkerrechtlichen und außenpolitischen Bedeutung und vor dem Hintergrund ihrer umstrittenen völkerrechtlichen Zulässigkeit bedarf eine Entscheidung über einen Rettungseinsatz eines vorherigen Beschlusses der Bundesregierung als Kollegialorgan[252]. Eine Entscheidung des Bundesministers für Verteidigung gemäß Art. 65 a GG reicht nicht aus[253]. Auslandseinsätze können, wenn auch unter Umständen gerechtfertigt, völkerrechtliche Rechte eines fremden Staates verletzen und eine völkerrechtliche Verantwortlichkeit der Bundesrepublik begründen. Nur eine Entscheidung der Bundesregierung gewährleistet auch eine Beteiligung des Auswärtigen Amtes und seiner für völkerrechtliche Fragen zuständigen Rechtsabteilung.

78
Vorheriger Beschluß der Bundesregierung

---

243 S. o. Rn. 60.
244 → Bd. VII, *Müller-Terpitz*, § 147 Rn. 71 ff.; → Bd. IX, *Isensee*, § 191 Rn. 190 ff. → Oben *Nettesheim*, § 241 Rn. 68 f.
245 A. A. *Baldus* (N 173), Art. 87 a Rn. 102: Einsätze zum Schutz deutscher Staatsbürger seien nicht durch das Grundgesetz gedeckt, sofern sie nicht im Rahmen und nach den Regeln eines Systems kollektiver Sicherheit durchgeführt würden.
246 BVerfGE 39, 1 (42); 46, 160 (164).
247 → Bd. IX, *Isensee*, § 191 Rn. 208 ff. (Schutz vor auswärtiger öffentlicher Gewalt).
248 S. u. Rn. 99.
249 § 5 Abs. 1 S. 2 i. V. m. § 1 Abs. 1 S. 1 ParlBetG.
250 Zur Grundrechtsbindung im Soldatenverhältnis → Bd. IV, *F. Kirchhof*, § 84 Rn. 73; → Bd. IX, *Loschelder*, § 202; vgl. außerdem BVerwGE 127, 302.
251 Vgl. insbes. Art. 6 Abs. 1 des Internationalen Paktes über bürgerliche und politische Rechte (Recht auf Leben).
252 Vgl. BVerfGE 90, 286 (388): Berechtigung der Bundesregierung, bei Gefahr im Verzug vorläufig den Einsatz von Streitkräften zu beschließen. Vgl. ferner das Parlamentsbeteiligungsgesetz (s. u. Rn. 99 f.), das auch für Einsätze zur „Rettung von Menschen aus einer besonderen Gefahrenlage" (§ 5 Abs. 1 ParlBetG) einen – nachträglichen – Antrag der Bundesregierung auf Zustimmung des Bundestags fordert (§ 5 Abs. 3 i. v. m. § 3 ParlBetG). Vgl. auch Art. 35 Abs. 3 S. 1 GG sowie dazu BVerfG, 2 PBvU 1/11 vom 3. 7. 2012 (Plenarentscheidung zum Luftsicherheitsgesetz), Abs.-Nr. 53 ff.
253 A. A. *Epping* (N 143), S. 454.

d) Humanitäre Interventionen zugunsten fremder Staatsangehöriger

79
Keine verfassungsrechtliche Grundlage

Dagegen ist für humanitäre Interventionen zum Schutz fremder Staatsangehöriger vor schweren Menschenrechtsverletzungen, die nicht vom UN-Sicherheitsrat mit einem nach Kapitel VII der UN-Charta gefaßten Beschluß autorisiert worden sind[254], keine verfassungsrechtliche Grundlage erkennbar[255]. Sie sind daher ungeachtet der differierenden Ansichten über ihre völkerrechtliche Zulässigkeit grundgesetzwidrig[256]. Art. 24 Abs. 2 GG stellt eine verfassungsrechtliche Grundlage auch nicht für den Fall dar, daß die Intervention (wie im Kosovo-Fall 1999) von der NATO beschlossen und organisiert wird[257]. Denn diese handelt im Fall einer solchen Intervention nicht als ein System gegenseitiger kollektiver Sicherheit[258]. Eine humanitäre Intervention ist keine „mit der Zugehörigkeit zu einem solchen System typischerweise verbundene Aufgabe"[259]. Sie kann auch nicht „nach den Regeln dieses Systems"[260] (hier der NATO) stattfinden, weil sie der NATO-Vertrag nicht vorsieht[261]. Selbst wenn man eine nichtförmliche „Fortschreibung" des NATO-Vertrags im Sinne einer Ermächtigung der Organisation zu humanitären Interventionen annähme, bedürfte es hierfür einer Einbindung des Gesetzgebers gemäß Art. 59 Abs. 2 S. 1 GG[262]. Denn eine solche Ermächtigung wäre eine wesentliche Überschreitung und Änderung des im NATO-Vertrag angelegten Integrationsprogramms, die von dem ursprünglichen Zustimmungsgesetz nicht mehr gedeckt wäre[263].

Grundgesetzwidrigkeit der Interventionen

e) Katastrophenhilfe

80
Humanitäre Hilfe

Im Jahr 1960 leistete die Bundeswehr zum ersten Mal im Ausland humanitäre Hilfe nach einem Erdbeben in Agadir (Marokko)[264]. Seitdem gehören humanitäre Einsätze, insbesondere nach Naturkatastrophen und zur Vermeidung von Hungersnot, zur etablierten Praxis der Bundeswehr. Völkerrechtlich sind solche Einsätze unproblematisch, wenn sie mit Zustimmung des fremden Staates erfolgen, auf dessen Gebiet sie stattfinden.

81
Verfassungsrechtliche Zulässigkeit

Das Bundesverfassungsgericht hat in seiner Rechtsprechung zum Parlamentsvorbehalt die verfassungsrechtliche Zulässigkeit von humanitären Einsätzen nicht in Frage gestellt. Im Streitkräfteurteil von 1994 erklärte das Gericht:

---

254 Zur Frage ihrer Vereinbarkeit mit dem Völkerrecht s.o. Rn. 44, 46; zu vom UN-Sicherheitsrat autorisierten Interventionen zum Schutz der Menschenrechte s.o. Rn. 62.
255 → Bd. II, *Hillgruber*, § 32 Rn. 144.
256 Ebenso *Baldus* (N 173), Art. 87a Rn. 54. A. A. *Depenheuer* (N 29), Art. 87a Rn. 137: Die Mitwirkung deutscher Streitkräfte an humanitären Interventionen sei verfassungsrechtlich als Maßnahme der kollektiven Verteidigung zulässig, „wenn durch die Menschenrechtsverletzungen maßgeblich deutsche Sicherheitsinteressen gefährdet werden".
257 S.o. Rn. 65.
258 A. A. *Klein* (N 97), S. 170, 172f.
259 Vgl. BVerfGE 90, 286 (345).
260 Vgl. BVerfGE 90, 286 (345).
261 S.o. Rn. 65.
262 Vgl. BVerfGE 90, 286 (376).
263 Vgl. BVerfGE 104, 151 (195) – Neues Strategisches Konzept der NATO.
264 S.o. Rn. 27.

„Nicht der Zustimmung des Bundestages bedarf die Verwendung von Personal der Bundeswehr für Hilfsdienste und Hilfeleistungen im Ausland, sofern die Soldaten dabei nicht in bewaffnete Unternehmungen einbezogen sind."[265] Auch das Parlamentsbeteiligungsgesetz vom 18. März 2005[266] geht von der Zulässigkeit solcher Einsätze aus, indem es von der Zustimmungsbedürftigkeit „humanitäre Hilfsdienste und Hilfsleistungen der Streitkräfte, bei denen Waffen lediglich zum Zweck der Selbstverteidigung mitgeführt werden, wenn nicht zu erwarten ist, dass die Soldatinnen und Soldaten in bewaffnete Unternehmungen einbezogen werden" (§ 2 Abs. 2 S. 3 ParlBetG), ausnimmt.

Bei den humanitären Auslandseinsätzen der Bundeswehr handelt es sich um Einsätze im Sinne von Art. 87a Abs. 2 GG. Die verschiedenen Bemühungen in der Literatur, diese Vorschrift nur auf Inlandseinsätze zu beziehen[267] und/oder den Einsatzbegriff[268] eng zu definieren (indem etwa auf das Mitführen von Waffen, die Ausübung einer hoheitlichen Tätigkeit oder den „militärischen" Charakter eines Einsatzes abgestellt wird)[269], um so humanitäre Verwendungen als außerhalb des Anwendungsbereichs von Art. 87a Abs. 2 GG anzusehen, vermögen nicht zu überzeugen[270]. Das Grundgesetz selbst spricht in Art. 35 Abs. 3 S. 1 davon, die Bundesregierung könne bei einer Gefährdung durch Naturkatastrophen und Unglücksfälle „Einheiten ... der Streitkräfte ... *einsetzen*"[271].

82
Einsätze im Sinne von Art. 87a Abs. 2 GG

Soweit humanitäre Einsätze der Bundeswehr im Rahmen eines Systems gegenseitiger kollektiver Sicherheit stattfinden, sind sie verfassungsrechtlich gemäß Art. 24 Abs. 2 GG zulässig, wenn sie „nach den Regeln dieses Systems"[272] erfolgen. Einer Autorisierung durch den UN-Sicherheitsrat bedarf es nicht, wenn eine Zustimmung des Staates vorliegt, auf dessen Gebiet der Einsatz erfolgen soll. Für Einsätze außerhalb eines solchen Rahmens hält das Grundgesetz dagegen in seiner heutigen Fassung keine „ausdrückliche" Zulassung im Sinne von Art. 87a Abs. 2 GG bereit[273].

83
Einsätze im Rahmen eines Systems kollektiver Sicherheit

III. Verfahrensrechtliche Schranken

1. Rechtsprechung des Bundesverfassungsgerichts zum „Parlamentsvorbehalt"

Das Grundgesetz sieht in seinem Text eine Beteiligung des Bundestages nur bei der Feststellung des Verteidigungsfalles, nicht aber für andere militärische Einsätze der Bundeswehr vor: „Die Feststellung, daß das Bundesgebiet mit

84
Beteiligung des Bundestages im Verteidigungsfall

---
265 BVerfGE 90, 286 (388); 121, 135 (155).
266 S. u. Rn. 99.
267 S. o. Rn. 59.
268 S. o. Rn. 9 ff.
269 Vgl. *Schemann* (N 28), S. 37 ff.
270 Ebenso *Schemann* (N 28), S. 60 f.
271 Hervorhebung hinzugefügt.
272 Vgl. BVerfGE 90, 286 (345).
273 Ebenso *Schemann* (N 28), S. 123.

Waffengewalt angegriffen wird oder ein solcher Angriff unmittelbar droht (Verteidigungsfall), trifft der Bundestag mit Zustimmung des Bundesrates" (Art. 115a Abs. 1 S. 1 GG), und zwar auf Antrag der Bundesregierung und mit einer Mehrheit von zwei Dritteln der abgegebenen Stimmen, mindestens der Mehrheit der Mitglieder des Bundestages (Art. 115a Abs. 1 S. 2 GG). Die Feststellung wird vom Bundespräsidenten verkündet (Art. 115a Abs. 3 GG). Der Bundestag kann mit Zustimmung des Bundesrates jederzeit durch einen vom Bundespräsidenten zu verkündenden Beschluß den Verteidigungsfall für beendet erklären (Art. 115l Abs. 2 S. 1 GG).

85
Andere militärische Einsätze der Bundeswehr

Das Schweigen des Grundgesetzes in bezug auf eine Mitwirkung von Bundestag und Bundesrat an der Beschlußfassung über andere auslandsgerichtete Einsätze der Bundeswehr als solche zur Abwehr eines Angriffs auf das Bundesgebiet läßt sich in unterschiedlicher Weise interpretieren: Entweder hält man für andere Einsätze eine Beteiligung der gesetzgebenden Körperschaften für verfassungsrechtlich nicht geboten, überläßt solche Einsätze also der Kompetenzsphäre der Exekutive[274]. Oder aber man betrachtet die Regelung des Art. 115a Abs. 1 GG als nur beispielhaft und Ausdruck einer allgemeinen Regel im Sinne eines Vorbehalts für jeden bewaffneten Einsatz der Streitkräfte.

Streitkräfteurteil des BVerfG

Das Bundesverfassungsgericht hat sich in seinem sogenannten Streitkräfteurteil vom 12. Juli 1994[275] für die zweite Alternative entschieden, allerdings unter Beschränkung auf eine Mitwirkung des Bundestags: Die grundgesetzlichen Regelungen sähen für den Einsatz bewaffneter Streitkräfte „grundsätzlich eine Beteiligung des Parlaments vor". „Die auf die Streitkräfte bezogenen Regelungen des Grundgesetzes sind – in den verschiedenen Stufen ihrer Ausformung – stets darauf angelegt, die Bundeswehr nicht als Machtpotential allein der Exekutive zu überlassen, sondern als ‚Parlamentsheer' in die demokratisch rechtsstaatliche Verfassungsordnung einzufügen, das heißt dem Parlament einen rechtserheblichen Einfluß auf Aufbau und Verwendung der Streitkräfte zu sichern."[276]

Notwendige Parlamentsbeteiligung

Entsprechend bedürfe „der Einsatz bewaffneter Streitkräfte grundsätzlich der vorherigen konstitutiven Zustimmung des Bundestages"[277].

Beteiligung im Bündnisfall

Ausdrücklich erklärte das Gericht, die Parlamentsbeteiligung sei auch für einen Einsatz der Bundeswehr im Bündnisfall erforderlich: „Im Fall eines Angriffs auf einen Bündnispartner hat das Parlament der Beistandsverpflichtung zwar schon in Form des nach Art. 59 Abs. 2 GG erforderlichen Gesetzes zugestimmt und damit grundsätzlich gebilligt, daß deutsche Streitkräfte bei Eintritt des Bündnisfalles zum Einsatz kommen. Auch in diesem Fall bedarf es jedoch noch der ... parlamentarischen Entscheidung über den

---

274 In diesem Sinne *Roellecke* (N 216), S. 423 ff.
275 BVerfGE 90, 286. Dokumentation des Verfahrens: *Klaus Dau/Gotthard Wöhrmann* (Hg.), Der Auslandseinsatz deutscher Streitkräfte, 1996. → Bd. IV, *Calliess*, § 83 Rn. 37 ff. Urteilsbesprechungen unter besonderer Berücksichtigung der völkerrechtlichen Fragen: *Georg Nolte*, Bundeswehreinsätze in kollektiven Sicherheitssystemen, in: ZaöRV 54 (1994), S. 652 ff.; *Doris König*, Putting an End to an Endless Constitutional Debate?, in: GYIL 38 (1995), S. 103 ff.
276 BVerfGE 90, 286 (381 f.).
277 BVerfGE 90, 286 (381).

konkreten Einsatz nach Maßgabe der bestehenden Bündnisverpflichtung."[278] Nur soweit Bundestag und Bundesrat bereits gemäß Art. 115 a GG den Verteidigungsfall (das heißt einen Angriff oder unmittelbar drohenden Angriff auf das Bundesgebiet) festgestellt hätten, schließe diese Entscheidung die Zustimmung des Parlaments zu einem Einsatz bewaffneter Streitkräfte ein[279]. Das bedeutet im Umkehrschluß, daß selbst zur Landesverteidigung ein Einsatz der Bundeswehr zustimmungsbedürftig ist, solange der Verteidigungsfall noch nicht förmlich festgestellt worden ist.

Der Parlamentsvorbehalt, so entschied das Gericht, gelte ungeachtet näherer gesetzlicher Ausgestaltung unmittelbar kraft Verfassung[280]. Ohne Begründung ließ das Gericht für die parlamentarische Zustimmung – im Gegensatz zur Regelung des Art. 115 a Abs. 1 S. 2 GG – eine einfache Mehrheit der abgegebenen Stimmen (Art. 42 Abs. 2 GG) genügen[281]. In der Literatur ist auf den Zusammenhang zwischen der Stärkung des Bundestages durch den Parlamentsvorbehalt und der ebenfalls verfassungsfortbildenden Auslegung des Art. 24 Abs. 2 GG als Grundlage für den Einsatz bewaffneter Streitkräfte im Rahmen der Vereinten Nationen und der NATO im Streitkräfteurteil hingewiesen worden[282].

86
Unmittelbare Geltung kraft Verfassung

Von einer Beteiligung des Bundesrates ist im Urteil des Bundesverfassungsgerichts nicht die Rede, obwohl nicht nur Art. 115 a Abs. 1 S. 1 und Art. 115 l Abs. 2 S. 2 GG, sondern auch die vom Gericht zur Begründung des Parlamentsvorbehalts herangezogene „deutsche Verfassungstradition"[283] dies nahegelegt hätte[284]. Nach der Reichsverfassung von 1871 (Art. 11 Abs. 2)[285] war zur Erklärung des Krieges im Namen des Reichs durch den Kaiser „die Zustimmung des Bundesrates erforderlich, es sei denn, daß ein Angriff auf das Bundesgebiet oder dessen Küsten erfolgt". Erst kurz vor dem Ende des Kaiserreichs erhielt Art. 11 Abs. 2 im Zuge der Parlamentarisierung der Reichsgewalt folgende Fassung: „Zur Erklärung des Krieges im Namen des Reichs ist die Zustimmung des Bundesrats *und des Reichstags* erforderlich."[286]

87
Beteiligung des Bundesrates?

---

278 BVerfGE 90, 286 (387). Diese Feststellung des Gerichts ist kritisiert worden, weil die Beistandsverpflichtung die Essenz des NATO- und WEU-Vertrags sei, „die bei Ratifikation allen beteiligten Bündnispartnern bewußt war" (*Klein* [N 97], S. 164). Allerdings zeigt die überraschende Feststellung des Bündnisfalls nach den Anschlägen des 11. September (s.o. Rn. 42), daß das Gericht weitsichtig die Möglichkeit unvorhergesehener Inanspruchnahme der Bündnisverträge berücksichtigte.
279 BVerfGE 90, 286 (387).
280 BVerfGE 90, 286 (390).
281 Vgl. BVerfGE 90, 286 (388). Kritik an diesem „merkwürdigen verfassungsrechtlichen Zwiespalt": *Arndt*, Anforderungen (N 185), S. 2198. Vgl. auch *Klein* (N 97), S. 166.
282 Vgl. *Starck* (N 215), S. 218; *Klein* (N 97), S. 165. Vgl. BVerfGE 121, 135 (160).
283 BVerfGE 90, 286 (383, 387).
284 Ebenso *Michael Sachs*, Die Bundeswehr als „Parlamentsheer" – und der Bundesrat?, in: FS für Wolf-Rüdiger Schenke, 2011, S. 287 (295f.).
285 RGBl 1871, S. 63.
286 Zweites verfassungsänderndes Reichsgesetz vom 28. 10. 1918 (RGBl, S. 1274) (Hervorhebung hinzugefügt). Vgl. *Ernst Rudolf Huber*, Deutsche Verfassungsgeschichte seit 1789, Bd. III, ³1988, S. 906 f.; Bd. V, 1978, S. 589 ff.; *Bruno Rieder*, Die Entscheidung über Krieg und Frieden nach deutschem Verfassungsrecht, 1984, S. 203 ff., 238 ff.

88
Art. 45 Abs. 2 WRV

Art. 45 Abs. 2 WRV bestimmte: „Kriegserklärung und Friedensschluß erfolgen durch Reichsgesetz."[287] Wäre das Bundesverfassungsgericht dieser „Tradition" gefolgt, so wäre eine Beteiligung des Bundesrates – nämlich im Gesetzgebungsverfahren gemäß Art. 77 GG – unvermeidlich gewesen. Allerdings war das nach Art. 45 Abs. 2 WRV zu beschließende Gesetz „seinem Wesen nach eine der Reichsregierung vom Reichsgesetzgeber erteilte Ermächtigung, die genannten völkerrechtlichen Akte mit Außenwirkung vorzunehmen"; es war ein formelles Gesetz, das „dem Ermächtigungsakt einen besonderen Rang, insbesondere eine spezifische Art von Publizität (durch Ausfertigung und Verkündung) verleihen und die Mitverantwortung der Legislative öffentlich bekunden und auf Dauer im Bewußtsein bewahren" sollte[288].

89
Beteiligung des Bundespräsidenten?

Eine Zustimmung in Gesetzesform hätte außer zu einer Beteiligung des Bundesrates auch zu einer solchen des Bundespräsidenten geführt (vgl. Art. 82 Abs. 1 S. 1 GG) – damit aber auch zu der (bekanntlich in ihrem Umfang umstrittenen) Prüfungskompetenz des Bundespräsidenten[289]. In die verfassungsrechtliche Prüfung eines Gesetzes über einen bewaffneten Einsatz der Bundeswehr hätte der Bundespräsident auch die vom Grundgesetz rezipierten völkerrechtlichen Normen über die Anwendung militärischer Gewalt in den internationalen Beziehungen[290] einbeziehen können und müssen. Auch für diese Beteiligung des Bundespräsidenten hätten sich im Grundgesetz Referenzpunkte gefunden (Art. 115a Abs. 5 S. 1 GG: völkerrechtliche Erklärungen des Bundespräsidenten über das Bestehen des Verteidigungsfalls, Art. 115l Abs. 2 S. 1 GG: Beendigung des Verteidigungsfalls).

90
Gesteigerte Kompetenz des Reichstages

Es ist fraglich, ob – wie das Bundesverfassungsgericht meinte – die 1918 eingeführte und mit der Weimarer Reichsverfassung ein Jahr später gesteigerte Kompetenz des Reichstags eine „Verfassungstradition" begründen konnte. Denn die entsprechende Epoche währte keine 15 Jahre lang, und in ihr betätigte der Reichstag kein einziges Mal sein Recht der Kriegserklärung. Und keineswegs war die Reichswehr der Weimarer Republik ein „Parlamentsheer". Sie stand vielmehr rechtlich und in der Verfassungswirklichkeit unter dem maßgeblichen Einfluß des Reichspräsidenten, dem Art. 47 WRV den Oberbefehl, das heißt die Kommandogewalt zusprach[291] und über den Anschütz schrieb: „Er ist der Erwählte des ‚ganzen deutschen Volkes' (Art. 41), und die Tatsache, daß er es ist, soll seiner Stellung gegenüber dem Reichstag Festigkeit und Unabhängigkeit geben."[292]

---

287 → Bd. I, *Schneider*, § 5 Rn. 64f.; siehe auch *Rieder* (N 286), S. 266 ff.
288 *Ernst Rudolf Huber*, Deutsche Verfassungsgeschichte seit 1789, Bd. VI, 1981, revidierter Nachdr. 1993, S. 463 f.
289 → Bd. III, *Nettesheim*, § 61 Rn. 46; *ders.*, § 62 Rn. 36 ff.
290 S. o. Rn. 48.
291 Vgl. *Huber* (N 288), S. 610 ff.
292 *Gerhard Anschütz*, Die Verfassung des Deutschen Reichs vom 11. August 1919, ¹⁴1933, S. 243 f. Vgl. auch den 1919 eingeführten Fahneneid mit dem Gelöbnis, dem Reichspräsidenten Gehorsam zu leisten: *Hans Schmidt-Leonhardt*, Die Angehörigen der Wehrmacht, in: Anschütz/Thoma, Bd. II, § 68, S. 86 (88); *Huber* (N 288), S. 598 ff.

B. Fassbender: *Militärische Einsätze der Bundeswehr* § 244

Wenn man im Hinblick auf die Kontrolle der Streitkräfte überhaupt von einer „deutschen Verfassungstradition" sprechen will, so bestand diese in einer entsprechenden, den Konstitutionalismus des 19. Jahrhunderts charakterisierenden monarchischen Prärogative: Die militärische Befehlsgewalt vervollständigte „die königliche Prärogative im Bereich der Exekutive zu der Dreiheit von innerer Exekutivgewalt (monarchischer Verwaltung), auswärtiger Gewalt und Kommandogewalt"[293]. Den Inhalt der letzteren bezeichnete ein Erlaß des preußischen Königs Friedrich Wilhelm IV. vom 1. Juli 1849 unter Bezugnahme auf Art. 44 der „oktroyierten" Verfassung von 1848[294] wie folgt: „In allen den Punkten also, welche den Oberbefehl über das Heer betreffen, also allen Angelegenheiten der Militärorganisation, Dislokationen und Märschen von Truppenteilen, Truppenzusammenziehungen und Operationen sowie Besetzung von Stellen und Übertragung von Truppenkommandos, ist jede Einwirkung der Kammern ausgeschlossen, und der Kriegsminister ist nur Mir und seinem Gewissen verantwortlich."[295] Mit den knappen Worten Ernst-Wolfgang Böckenfördes: „Das Heer der konstitutionellen Monarchie war Königsheer, nicht Parlamentsheer."[296] Das bürgerliche, der Verfassung unterworfene Heer blieb eine unverwirklichte Forderung des Liberalismus[297].

91
Monarchische Prärogative

In seinem Urteil vom 7. Mai 2008 im Hauptsacheverfahren über die Zustimmungsbedürftigkeit des Einsatzes deutscher Soldaten bei Maßnahmen der Luftüberwachung zum Schutz der Türkei im Frühjahr 2003[298] hat das Bundesverfassungsgericht seine Rechtsprechung zum Parlamentsvorbehalt bestätigt und verstärkt. Die deutsche Mitwirkung an der strategischen Gesamtausrichtung (der NATO) und an der Willensbildung über konkrete Einsätze des Bündnisses liege ganz überwiegend in den Händen der Bundesregierung. Doch schließe diese bündnispolitische Gestaltungsfreiheit der Bundesregierung nicht die Entscheidung ein, wer innerstaatlich darüber zu befinden habe, ob sich Soldaten der Bundeswehr an einem konkreten Einsatz beteiligen, der im Bündnis beschlossen wurde[299]. „Mit der Anwendung militärischer Gewalt

92
AWACS II-Urteil des BVerfG

---

293 *Ernst-Wolfgang Böckenförde*, Der Verfassungstyp der deutschen konstitutionellen Monarchie im 19. Jahrhundert, in: ders. (Hg.), Moderne deutsche Verfassungsgeschichte (1815–1918), 1972, S. 146 (153), unter Verweis auf *Huber* (N 286), Bd. III, S. 13 f. Vgl. *Rieder* (N 286), S. 127 ff., 139 ff. → Bd. I, *E. R. Huber*, § 4 Rn. 27 f.
294 Art. 44 der Verfassungsurkunde für den Preußischen Staat vom 5. 12. 1848 (Preußische Gesetz-Sammlung S. 375), Nachdruck in: Ernst Rudolf Huber (Hg.), Dokumente zur deutschen Verfassungsgeschichte, Bd. I, ³1978, S. 484 (487), lautete: „Der König führt den Oberbefehl über das Heer." Die Bestimmung wurde wortgleich als Art. 46 am 31. 1. 1850 übernommen (Preußische Gesetz-Sammlung, S. 17), Nachdruck in: Huber, a. a. O., S. 501 (505).
295 Erlaß über den Wegfall der Gegenzeichnung bei Kommandoakten. Handschreiben König Friedrich Wilhelms IV. an das Staatsministerium vom 1. 7. 1849, in: Ernst Rudolf Huber (Hg.), Dokumente zur deutschen Verfassungsgeschichte, Bd. II, ³1986, S. 8 (9). Zum Verhältnis der Begriffe „Oberbefehl" und „Kommandogewalt": *Walter Bußmann*, Königliche Armee – Volksheer. Zur Geschichte des preußischen Heereskonflikts in den sechziger Jahren, in: Bundesministerium für Verteidigung (Hg.), Schicksalsfragen der Gegenwart, Bd. III, 1958, S. 27 (30 ff.).
296 *Böckenförde* (N 293), S. 152.
297 S. u. Rn. 94.
298 BVerfGE 121, 135 – AWACS II. Vgl. *Christian M. Burkiczak*, AWACS II – In dubio pro Bundestag, in: NVwZ 2008, S. 752 ff.
299 BVerfGE 121, 135 (160).

§ 244 *Zweiundzwanzigster Teil: Grenzüberschreitende Staatsaufgaben*

Mitwirkung des Bundestages

endet der weit bemessene Gestaltungsspielraum der Exekutive im auswärtigen Bereich. Der Deutsche Bundestag ist bei Einsatz bewaffneter Streitkräfte nicht lediglich in der Rolle eines nachvollziehenden, nur mittelbar lenkenden und kontrollierenden Organs, sondern er ist zur grundlegenden, konstitutiven Entscheidung berufen, ihm obliegt die Verantwortung für den bewaffneten Außeneinsatz der Bundeswehr."[300] Denn der Einsatz bewaffneter Gewalt bedeute nicht nur ein erhebliches Risiko für Leben und Gesundheit deutscher Soldaten, sondern er berge auch ein „politisches Eskalations- oder doch Verstrickungspotential", indem jeder Einsatz in eine größere und länger währende militärische Auseinandersetzung bis hinein in einen umfänglichen Krieg münden könne[301]. Auch ein defensiver Einsatz im Einklang mit dem NATO-Vertrag unterliege dem Vorbehalt[302]. Das Bundesverfassungsgericht spricht von einem „Entscheidungsverbund von Parlament und Regierung über den Einsatz bewaffneter Streitkräfte"[303]. Die Frage, ob eine Einbeziehung deutscher Soldaten in bewaffnete Unternehmungen bestehe, sei gerichtlich voll überprüfbar; ein vom Bundesverfassungsgericht nicht oder nur eingeschränkt nachprüfbarer Einschätzungs- oder Prognosespielraum sei der Bundesregierung hier nicht eröffnet[304].

93
Urteil des BVerfG zum Vertrag von Lissabon

Eine weitere Verstärkung erfuhr der Parlamentsvorbehalt im Urteil des Bundesverfassungsgerichts zum Vertrag von Lissabon vom 30. Juni 2009[305], in dem es mit Blick auf eine mögliche Entwicklung der Europäischen Union zu einem (regionalen) System gegenseitiger kollektiver Sicherheit im Sinne des Art. 24 Abs. 2 GG hieß: „Der konstitutive Parlamentsvorbehalt für den Auslandseinsatz der Bundeswehr ist integrationsfest." Im Hinblick auf den konkreten Einsatz deutscher Streitkräfte sei eine Supranationalisierung mit Anwendungsvorrang des Unionsrechts nicht zulässig; das Friedens- und Demokratiegebot des Grundgesetzes gehe insoweit der Integrationsermächtigung des Art. 23 Abs. 1 GG vor[306]. Im gleichen Sinne sprach das Gericht von dem „gegenüber

Konstitutiver Parlamentsvorbehalt

Art. 23 GG spezielleren konstitutiven Parlamentsvorbehalt nach Art. 24 Abs. 2 GG"[307]. Der wehrverfassungsrechtliche Parlamentsvorbehalt könne auch nicht aufgrund von sekundärrechtlich begründeten Handlungspflichten der Mitgliedstaaten umgangen werden[308]. Falls der Rat der Europäischen Union gemäß Art. 43 Abs. 2 EUV-Lissabon im Rahmen der Gemeinsamen Sicherheits- und Verteidigungspolitik einen Beschluß über eine militärische

---

300 BVerfGE 121, 135 (161).
301 BVerfGE 121, 135 (161).
302 BVerfGE 121, 135 (173). Vgl. schon BVerfGE 90, 286 (387) zum sog. Bündnisfall. S.o. Rn. 85.
303 BVerfGE 121, 135 (161). Vgl. auch BVerfGE 124, 267 (276): Die Beschlüsse von Bundesregierung und Bundestag über ein militärisches Unternehmen stellen einen „Entscheidungsverbund her, bei dem der Deutsche Bundestag den Einsatz nicht nur in Form eines einmaligen Zustimmungsakts bestätigt, sondern fortlaufend mitverantwortet".
304 BVerfGE 121, 135 (169).
305 BVerfGE 123, 267. Vgl. *Gramm* (N 237), S. 1477 ff.; *Dieter Wiefelspütz*, Das Lissabon-Urteil des Bundesverfassungsgerichts und das Wehrverfassungsrecht, in: DÖV 2010, S. 73 ff.
306 BVerfGE 123, 267 (361).
307 BVerfGE 123, 267 (425).
308 BVerfGE 123, 267 (424).

Mission (Art. 42 Abs. 1 EUV-Lissabon), welcher dem Einstimmigkeitsprinzip unterliegt, fassen sollte, wäre, so das Gericht, der deutsche Vertreter im Rat „von Verfassungs wegen verpflichtet, jeder Beschlußvorlage die Zustimmung zu verweigern, die den wehrverfassungsrechtlichen Parlamentsvorbehalt des Grundgesetzes verletzen oder umgehen würde"[309]. Selbst durch eine ordentliche Vertragsänderung des Vertrags über die Europäische Union, welche das Einstimmigkeitsprinzip zugunsten einer Abstimmung mit qualifizierter Mehrheit beseitigte, könnte der grundgesetzliche Parlamentsvorbehalt nicht umgangen werden, denn die Bundesrepublik dürfe sich von Verfassungs wegen nicht an einer solchen Vertragsänderung beteiligen[310]. Verfassungsrechtliche Voraussetzung einer Einschränkung des Parlamentsvorbehalts für militärische Einsätze der Bundeswehr im Rahmen der Europäischen Union wäre damit eine förmliche Änderung des Grundgesetzes.

Keine Umgehung durch Vertragsänderung

2. Der „Parlamentsvorbehalt" vor dem Hintergrund der deutschen Verfassungsgeschichte

Mit seiner auf die „deutsche Verfassungstradition" gegründeten Rechtsprechung zum allgemeinen Parlamentsvorbehalt für bewaffnete Einsätze der Bundeswehr hat das Bundesverfassungsgericht in einer späten Stunde des Verfassungsstaats die Forderung des Liberalismus des 19. Jahrhunderts[311] nach einem „Parlamentsheer" erfüllt. Das Heer, so die liberale Bewegung, sollte konstitutionalisiert, zu einer Verfassungseinrichtung gemacht, der einseitigen Herrschaft des Monarchen entzogen werden[312]. Nicht länger sollte das Heer vorkonstitutionelles monarchisches Reservat sein, wie es noch Art. 108 Abs. 2 der revidierten preußischen Verfassung von 1850 voraussetzte, indem er den Heereseid auf den König beschränkte: „Eine Vereidigung des Heeres auf die Verfassung findet nicht statt."[313]

94
„Parlamentsheer"

Im Reich kam es zu einer (über das Budgetrecht hinausgehenden) Herrschaft des Parlaments über das Heer und seinen Kriegseinsatz erst durch die Verfassungsreformen des Oktobers 1918[314] – „seltsamerweise", wie Walther Schücking bemerkte, „auf Betreiben der Obersten Heeresleitung im Zusammenhang mit der Erkenntnis ihres militärischen Bankrotts"[315]. Doch weder in der

95
Verfassungsreformen des Oktobers 1918

---

309 BVerfGE 123, 267 (425).
310 BVerfGE 123, 267 (426).
311 Eindrucksvolle Skizze des Liberalismus als politische Bewegung: *Thomas Nipperdey*, Deutsche Geschichte 1800–1866, 1983, S. 286ff.
312 Vgl. für die vormärzlichen Debatten in Süddeutschland *Hartwig Brandt*, Die deutschen Staaten der ersten Konstitutionalisierungswelle, in: Werner Daum (Hg.), Handbuch der europäischen Verfassungsgeschichte im 19. Jahrhundert, Bd. II, 2012, S. 823 (856ff.).
313 Art. 108 Abs. 2 der Verfassungsurkunde für den Preußischen Staat vom 31.1.1850 (N 294). Vgl. *Böckenförde* (N 293), S. 153.
314 S.o. Rn. 87.
315 *Walther Schücking*, Staatsrechtliche Reformbestrebungen und Reformen während der Kriegszeit, in: Anschütz/Thoma, Bd. I, § 9, S. 87 (92). Schücking selbst hatte zuvor nicht nur für Deutschland, sondern für alle Staaten die Forderung erhoben: „Kriegserklärungen dürfen nur mit Zustimmung der Parlamente ausgesprochen werden". *Walther Schücking*, Internationale Rechtsgarantien. Ausbau und Sicherung der zwischenstaatlichen Beziehungen, 1918, S. 86.

§ 244   *Zweiundzwanzigster Teil: Grenzüberschreitende Staatsaufgaben*

Weimarer Republik noch in der (west-)deutschen Bundesrepublik vor 1990 wurde das parlamentarische Recht der Kriegserklärung[316] bzw. der Feststellung des Verteidigungsfalles[317] je praktisch. Unterschiedlichen internationalen Lagen des deutschen Staates nach dem Ersten und Zweiten Weltkrieg war gemeinsam, daß sie ein autonomes militärisches Handeln Deutschlands ausschlossen. Erst nach der Wiedervereinigung stellte sich die Frage der Beteiligung der Bundesrepublik an bewaffneten Einsätzen der NATO und der Vereinten Nationen als reale politische Frage, und es war in dieser Situation, daß das Bundesverfassungsgericht die liberale Aspiration des 19. Jahrhunderts zum Verfassungsgesetz erhob.

96
Bürgerliches Heer

Für den Liberalismus war ein „Parlamentsheer" ein bürgerliches Heer: Das von einem adligen Offizierskorps geführte „stehende Heer" der Berufssoldaten sollte in eine bürgerliche Miliz umgewandelt werden. Carl von Rotteck sah im stehenden Heer ein „Werkzeug des Despotismus", in seinen Soldaten „Lohnknechte und Miethlinge der Fürsten". Er forderte, das Heer der „willenlosen Waffenknechte" durch eine Nationalwehr zu ersetzen: „Die ganze Nation bildet das Heer oder die bewaffnete Macht."[318] Das Vorbild dieses „Geistes der Freiwilligkeit, des Patriotismus, des selbsttätigen Interesses bei der Landesverteidigung" (Otto Hintze) war Frankreich: „Die französischen Revolutionsheere wurden etwas anderes, als was die Heere des Ancien Régime gewesen waren: hier trat ein Volk in Waffen, von nationalem Enthusiasmus und demokratischen Freiheitsideen erfüllt, den alten Soldheeren der absolutistischen Staaten entgegen."[319] Mit Hintze kann man so von einem inneren Zusammenhang der Institution der allgemeinen Wehrpflicht mit der Idee einer repräsentativen Verfassung sprechen[320].

97
Bindung der Kriegserklärung an die Zustimmung des Reichstags

Die Idee des Parlamentsheers – mehr eine verfassungspolitische Vorstellung als wirkliche Verfassungstradition – richtete sich damit zum einen gegen die Herrschaft der monarchischen Exekutive, zum anderen stellte sie die gewählte Volksvertretung schützend vor das Leben der durch die allgemeine Wehrpflicht herangezogenen Bürger. Als im Oktober 1918 die Erklärung eines Krieges an die Zustimmung des Reichstags gebunden wurde, war die konstitutionelle Herrschaft des Monarchen über das Militär noch nicht gebrochen. Die Kommandogewalt des Kaisers „war zwar in wichtigen Punkten ‚parlamentarisiert', aber doch nicht gänzlich aufgehoben"[321]. Die verständlicherweise nach der Revolution vom November 1918 nicht zurückgenommene Bindung behielt ihren Sinn in einer Verfassungsordnung, die das Militär

---

316 Vgl. Art. 45 Abs. 2 WRV. S. o. Rn. 88.
317 Vgl. Art. 59a Abs. 1 bzw. seit Inkrafttreten des 17. Gesetzes zur Änderung des Grundgesetzes v. 24.6.1968 (BGBl I, S.709), Art.115a Abs.1 GG.
318 *Carl von Rotteck*, Über stehende Heere und Nationalmiliz (1816), in: ders., Sammlung kleinerer Schriften, meist historischen oder politischen Inhalts, Bd. II, 1829, S. 156 (234); vgl. *Brandt* (N 312), S. 857f.
319 *Otto Hintze*, Staatsverfassung und Heeresverfassung (1906), in: ders., Staat und Verfassung – Gesammelte Abhandlungen zur allgemeinen Verfassungsgeschichte, hg. v. Gerhard Oestreich, ²1962, S. 52 (74f.).
320 Vgl. *Hintze* (N 319), S. 77.
321 So *Thomas Nipperdey*, Deutsche Geschichte 1866–1918, Bd. II, ³1995, S. 867.

einem vom Volk gewählten und nicht vom Parlament abhängigen Reichspräsidenten „als Rechtsnachfolger des Kaisers"[322] zuordnete (Art. 47 WRV).

Vor diesem verfassungsgeschichtlichen Hintergrund stellt sich die Frage nach der Begründung eines weitgezogenen Parlamentsvorbehalts für militärische Einsätze in der gegenwärtigen Epoche, in der die Streitkräfte vollständig der Herrschaft der vom Parlament gewählten und von seinem Vertrauen abhängigen Regierung unterstellt sind, soweit nicht das Parlament unmittelbar ihre Personalstärke und Organisation bestimmt[323]. Hinzu tritt nach der Aussetzung der allgemeinen Wehrpflicht im Jahr 2011[324] die Frage, warum das Handeln freiwillig in den Dienst der Bundeswehr getretener Berufssoldaten nicht ebenso in den Verantwortungsbereich der Exekutive fallen soll wie das der übrigen Staatsbediensteten, zumal sich die Auslandseinsätze der Bundeswehr verstetigen, sie regulär werden und sich nach Umfang und Wesen von dem „großen" (Verteidigungs-)Krieg, der den Maßstab der Regelung des Art. 115 a Abs. 1 S. 1 GG bildete, deutlich unterscheiden[325].

98
Fehlende Notwendigkeit für den Parlamentsvorbehalt

Verantwortungsbereich der Exekutive

3. Parlamentsbeteiligungsgesetz

Den Vorgaben des Bundesverfassungsgerichts von 1994 weitgehend folgend, hat der Bundestag „Form und Ausmaß der Beteiligung des Bundestages beim Einsatz bewaffneter deutscher Streitkräfte im Ausland" mit dem Parlamentsbeteiligungsgesetz vom 18. März 2005[326] (ParlBetG) geregelt. Der Bundestag nahm einen von den seinerzeit die Bundesregierung tragenden Fraktionen der SPD und des Bündnisses 90/Die Grünen am 23. März 2004 vorgelegten Gesetzentwurf[327] an, der aus einem früheren Entwurf der SPD-Fraktion vom 20. Oktober 2003[328] hervorgegangen war.

99
Beteiligung des Bundestages bei Auslandseinsätzen

Das Gesetz, das dem Bundestag eine im internationalen Vergleich besonders starke Mitwirkung sichert[329], läßt Art. 115 a GG ausdrücklich unberührt (§ 1 Abs. 1 S. 2 GG), nimmt also den Verteidigungsfall – nicht aber den Bündnisfall – von seinem Anwendungsbereich aus. Es bekräftigt den Grundsatz eines konstitutiven Zustimmungserfordernisses (§ 1 Abs. 2), definiert den „Einsatz

100
Keine Anwendung auf den Verteidigungsfall

---

322 *Anschütz* (N 292), S. 267.
323 Vgl. Art. 87 a Abs. 1 S. 2 GG. → Bd. IV, *F. Kirchhof*, § 84 Rn. 15 ff.
324 S. o. Rn. 30.
325 Vgl. *Roellecke* (N 216), S. 424.
326 BGBl I, S. 775. Vgl. *Wiefelspütz* (N 5), S. 293 ff.; *Thomas Schaefer*, Verfassungsrechtliche Grenzen des Parlamentsbeteiligungsgesetzes, 2005; *Scherrer* (N 237); *Tobias M. Wagner*, Parlamentsvorbehalt und Parlamentsbeteiligungsgesetz, 2010. Guter Überblick: *Markus Rau*, Auslandseinsatz der Bundeswehr: Was bringt das Parlamentsbeteiligungsgesetz?, in: AVR 44 (2006), S. 93 ff. Zur Praxis zwischen 1994 und 2004 ausführlich: *Florian Schröder*, Das parlamentarische Zustimmungsverfahren zum Auslandseinsatz der Bundeswehr in der Praxis, 2005.
327 BT-Drs 15/2742.
328 Text in: Scherrer (N 237), S. 339 f.
329 Vergleichende Analysen des Verfassungsrechts: *Charlotte Ku/Harold K. Jacobson* (Hg.), Democratic Accountability and the Use of Force in International Law, Cambridge 2003 (u. a. zu Japan, Rußland, Frankreich, Großbritannien und den USA); *Nicolai von Ondarza*, Legitimatoren ohne Einfluss? Nationale Parlamente in Entscheidungsprozessen zu militärischen EU- und VN-Operationen im Vergleich, 2012 (zu Frankreich, Irland, Polen und Spanien).

Konstitutives Zustimmungserfordernis

bewaffneter Streitkräfte", für den eine Zustimmung erforderlich ist (§ 2)[330], sieht ein vereinfachtes Zustimmungsverfahren für „Einsätze von geringer Intensität und Tragweite" (§ 4) und eine nachträgliche Zustimmung für „Einsätze bei Gefahr im Verzug" (§ 5) vor, begründet eine Pflicht der Bundesregierung, „den Bundestag regelmäßig über den Verlauf der Einsätze und über die Entwicklung im Einsatzgebiet" zu unterrichten (§ 6), und stellt ein „Rückholrecht" fest, indem der Bundestag jederzeit die Zustimmung zu einem Einsatz widerrufen kann (§ 8)[331]. Der Bundestag kann die Bundesregierung nicht zu einem Einsatz verpflichten[332]. Er kann einem Antrag der Bundesregierung nur als ganzem zustimmen oder ihn ablehnen; Änderungen des Antrags sind nicht zulässig (§ 3 Abs. 3). Der Vorgabe des Bundesverfassungsgerichts entsprechend[333] genügt für die Zustimmung ungeachtet des Zwecks des beantragten Einsatzes eine einfache Mehrheit (Art. 42 Abs. 2 GG)[334]. Der Antrag muß unter anderem Angaben über Einsatzauftrag und -gebiet, die Höchstzahl der einzusetzenden Soldaten, die militärischen Fähigkeiten der einzusetzenden Streitkräfte und die geplante Dauer des Einsatzes enthalten. An die entsprechenden Vorgaben der Bundesregierung ist der Bundestag also gebunden, wenn er einem Einsatz zustimmt[335]. Umgekehrt ist die Bundesregierung, bevor sie dem Bundestag einen Antrag übersendet, darauf angewiesen, die Zustimmung einer parlamentarischen Mehrheit zu diesen Eckdaten eines Antrags sicherzustellen.

Einfache Mehrheit

101
Antrag der Bundesregierung

Der gemäß § 3 ParlBetG erforderliche Antrag der Bundesregierung auf Zustimmung zum Einsatz der Streitkräfte muß unter anderem Angaben über „die rechtlichen Grundlagen des Einsatzes" enthalten. Seit dem Jahr 2001 enthalten die Anträge regelmäßig Abschnitte über „Völkerrechtliche Grundlagen und politische Rahmenbedingungen", „Verfassungsrechtliche Grundlagen" sowie „Status und Rechte" der betreffenden (internationalen) militärischen Verbände[336]. In der danach erforderlichen Prüfung auch der völkerrechtlichen Zulässigkeit eines Einsatzes durch den Bundestag ist ein wesentlicher, mit dem Gesetz herbeigeführter Fortschritt zu sehen.

---

330 Vgl. zum Einsatzbegriff des Parlamentsbeteiligungsgesetzes ausführlich *Scherrer* (N 237), S. 164 ff. S. o. Rn. 12.
331 Vgl. *Scherrer* (N 237), S. 295 ff.; *Wolfgang Weiß*, Die Beteiligung des Bundestags bei Einsätzen der Bundeswehr im Ausland – eine kritische Würdigung des Parlamentsbeteiligungsgesetzes, in: NZWehrR 47 (2005), S. 100 (113 f.).
332 Die Formulierung des Bundesverfassungsgerichts, der Zustimmungsvorbehalt verleihe dem Bundestag keine „Initiativbefugnis" für den Einsatz bewaffneter Streitkräfte (BVerfGE 90, 286 [389]), ist mißverständlich. Der Bundestag ist nicht gehindert, mit einem schlichten Beschluß einen bestimmten Einsatz anzuregen.
333 S. o. Rn. 85.
334 Dagegen hatte der Entwurf eines Gesetzes zur Ergänzung des Grundgesetzes der Fraktionen der CDU/CSU und FDP v. 13.1.1993 (BT-Drs 12/4107 und 12/4135) eine Zustimmung von zwei Dritteln der Mitglieder des Bundestages für den Fall einer Ausübung des Rechts zur kollektiven Selbstverteidigung im Rahmen von Bündnissen und anderen regionalen Abmachungen für erforderlich gehalten. Vgl. *Klein* (N 97), S. 166.
335 Zur Möglichkeit der Anbringung eines Vorbehalts durch den Bundestag s. u. Rn. 117.
336 Vgl. z.B. die Anträge der Bundesregierung vom 21.12.2001 (BT-Drs 14/7930) und 21.9.2005 (BT-Drs 15/5996) – ISAF-Einsatz in Afghanistan – sowie vom 10.12.2008 (BT-Drs 16/11337), 9.12.2009 (BT-Drs 17/179), 10.11.2010 (BT-Drs 17/3691), 16.11.2011 (BT-Drs 17/7742) und 18.4.2012 (BT-Drs 17/9339) – EU-geführte Operation „Atalanta" vor der Küste Somalias.

Das Parlamentsbeteiligungsgesetz trifft keine Aussage darüber, in welchem zeitlichen Abstand vor Beginn eines Einsatzes die Zustimmung vorliegen muß oder darf. Im Schrifttum sind Bedenken hinsichtlich der zweiten Konstellation geäußert[337] worden. So sei im Kosovo-Fall lange vor dem tatsächlichen Einsatz ein Vorratsbeschluß beantragt worden. „Dem Sinn des Parlamentsvorbehalts wäre nicht entsprochen, wenn trotz erheblicher Veränderung der Verhältnisse die Bundesregierung sich mit dem zurückliegenden Parlamentsbeschluß zufrieden geben würde, statt einen neuen Antrag auf Zustimmung zu stellen."[338]

102 Keine Regelung über den Zeitpunkt der Zustimmung

Nach einer Literaturansicht darf der Bundestag sein „Rückholrecht" (Widerruf der Zustimmung zu einem Einsatz, § 8 ParlBetG) „nicht ohne Berücksichtigung etwa der aufgrund der zuvor erteilten Zustimmung von der Bundesregierung eingegangenen Verpflichtungen oder in willkürlicher Weise" ausüben. Unter Umständen könne ein Widerruf die Bundesregierung in eigenen Rechten, nämlich ihrer außenpolitischen Verantwortung und Entscheidungsfreiheit, verletzen und vom Bundesverfassungsgericht im Organstreitverfahren überprüft werden[339]. Auch wenn der Bundestag schon aus Gründen der wechselseitigen Rücksichtnahme, die sich die Verfassungsorgane schulden, gehalten ist, auch die sich für die Bundesregierung aus dem Rückholbeschluß ergebenden Konsequenzen zu bedenken, ist aber nicht erkennbar, unter welchen Umständen ein solcher Beschluß eigene Rechte der Bundesregierung verletzen könnte. Nach der Rechtsprechung des Bundesverfassungsgerichts ist der Bundestag frei, einem von der Bundesregierung beantragten Einsatz zuzustimmen oder diesen abzulehnen. Er unterliegt dabei nur den Bindungen des Grundgesetzes und der von diesem rezipierten völkerrechtlichen Normen, insbesondere dem Verbot des Angriffskriegs[340]. Im übrigen kann sich eine Bundestagsmehrheit aus jedem politischen Gesichtspunkt zu einer Zustimmung oder einer Ablehnung des Antrags entschließen. Sie ist dabei auch nicht an etwaige Verpflichtungen der Bundesrepublik aus Bündnisverträgen[341] gebunden. Dieselbe Freiheit besteht für einen Widerruf der Zustimmung, die daher schwerlich „willkürlich" sein kann: Es liege, so das Bundesverfassungsgericht, im politischen Ermessen des Bundestags, „ob er infolge veränderter tatsächlicher oder rechtlicher Rahmenbedingungen die erteilte Zustimmung widerrufen und dadurch den Rückruf deutscher Soldaten verfügen will"[342]. Eben wegen dieses verfassungsmäßigen Rückholrechts kann eine Zustimmung des Bundestages zu einem Einsatz für die Bundesregierung keinen Vertrauenstatbestand schaffen. Im übrigen verpflichtet weder die Rechtsprechung des Verfassungsgerichts noch § 8 ParlBetG die Bundesregierung dazu,

103 „Rückholrecht" des Bundestages

Bindungen des Grundgesetzes

Kein „willkürlicher" Widerruf

Folgen des Widerrufs

---

337 § 3 Abs. 1 ParlBetG bestimmt nur, die Bundesregierung habe dem Bundestag den Antrag „rechtzeitig vor Beginn des Einsatzes" zu übersenden.
338 *Klein* (N 97), S. 166.
339 Vgl. *Klein* (N 97), S. 167.
340 S. o. Rn. 48.
341 S. o. Rn. 3.
342 BVerfGE 124, 267 (278). Vgl. schon BVerfGE 90, 286 (388) für einen Rückruf im Zusammenhang von Einsätzen bei „Gefahr im Verzug".

einen laufenden militärischen Einsatz nach Widerruf der Zustimmung abrupt abzubrechen. Vielmehr ist die Bundesregierung nach einem solchen Widerruf gehalten, den Einsatz unter Berücksichtigung der eingegangenen Verpflichtungen, der berechtigten Interessen der Bündnispartner und der außenpolitischen Lage so rasch wie möglich tatsächlich zu beenden. Sollte sich aus dieser Beendigung eine völkerrechtliche Verantwortlichkeit der Bundesrepublik ergeben, so ist dies nach der verfassungsgerichtlichen Konstruktion des Parlamentsvorbehalts unvermeidlich.

4. Strittige Fälle der Zustimmungspflichtigkeit von Einsätzen

104
„Einsatz bewaffneter Streitkräfte"

Sowohl vor wie nach dem Inkrafttreten des Parlamentsbeteiligungsgesetzes am 24. März 2005 ist es mehrfach zu einem – auch vor das Bundesverfassungsgericht getragenen – Streit über den verfassungsrechtlichen Begriff „Einsatz bewaffneter Streitkräfte" gekommen, bei dessen Vorliegen nach der Rechtsprechung des Bundesverfassungsgerichts die Zustimmung des Bundestages erforderlich ist[343]. Es handelt sich hier um einen verfassungsrechtlichen Begriff, für dessen Auslegung das Parlamentsbeteiligungsgesetz nicht maßgebend ist[344]. Gerade umgekehrt muß das Gesetz den Maßstäben des Grundgesetzes entsprechen.

105
Arbeit in integrierten Truppen und Stäben der NATO

Problematisch ist insbesondere die Arbeit von Angehörigen der Bundeswehr in integrierten Truppen und Stäben der NATO, wenn diese Einsätze der NATO vorbereiten oder durchführen[345]. Zu dieser Frage enthält die Begründung des vom Bundestag angenommenen Entwurfs des Parlamentsbeteiligungsgesetzes[346] die folgende Feststellung: „Nicht als Einsatz bewaffneter deutscher Streitkräfte im Sinne des Gesetzes angesehen wird, ebenfalls der bisherigen Praxis entsprechend, die Beteiligung von Soldatinnen und Soldaten der Bundeswehr an ständigen integrierten sowie multinational besetzten Stäben und Hauptquartieren der Organisation des Nordatlantikvertrages (NATO) und anderer Organisationen gegenseitiger kollektiver Sicherheit, während bei einer Verwendung in eigens für konkrete bewaffnete Einsätze gebildeten Stäben und Hauptquartieren der NATO und anderer Organisationen kollektiver Sicherheit der Vorbehalt der konstitutiven Zustimmung des Deutschen Bundestages besteht."[347] In den Gesetzestext selbst fand diese in der Praxis schwierige Unterscheidung freilich keine Aufnahme. Soweit ersichtlich, war die Beteiligung deutscher Soldaten an der Arbeit von NATO-Hauptquartieren oder Stäben außerhalb des konkreten Operations- und Einsatzgebietes einer bewaffneten Unternehmung bislang nicht Ge-

---

343 Vgl. *Scherrer* (N 237), S. 198 ff. (Operation „Eagle Assist" 2001/2002), S. 182 f. (Erdbebenhilfe in Afghanistan 2002), S. 183 ff. (Einsatz von Tornado-Flugzeugen in Afghanistan 2006/2007).
344 BVerfGE 121, 135 (156).
345 Hierzu auch *Arndt*, Anforderungen (N 185), S. 2199.
346 S. o. Rn. 99.
347 BT-Drs 15/2742, S. 4 (Begründung, Allg. Teil, B.). S. auch die Begründung zu § 2 des Entwurfs, ebd., S. 5.

genstand eines Antrags der Bundesregierung auf Zustimmung des Bundestages[348].

Umstritten waren auch Einsätze, die vom Wortlaut eines Zustimmungsbeschlusses des Bundestages nicht gedeckt waren. Naturgemäß war die Bundesregierung im Gegensatz zu Abgeordneten und Fraktionen des Bundestags bestrebt, den Begriff „Einsatz bewaffneter Streitkräfte" eng zu definieren.

106
Nicht vom Beschlußwortlaut gedeckte Einsätze

Im AWACS II-Beschluß vom 25. März 2003[349] wies das Gericht einen Antrag der FDP-Bundestagsfraktion auf Erlaß einer einstweiligen Anordnung ab, mit der die Bundesregierung verpflichtet werden sollte, die Zustimmung des Bundestags zum Einsatz von AWACS-Flugzeugen[350] (unter Beteiligung von Bundeswehrsoldaten) in der Türkei im Zusammenhang mit dem Irak-Krieg herbeizuführen. Im Ergebnis lasse sich nicht feststellen, daß die Rechte des Bundestages die der Exekutive deutlich überwiegen[351]. Das Gericht hob aber hervor, es sei nicht auszuschließen, „daß die Verlegung von Teilen des NATO-AWACS-Verbandes, an dem deutsche Soldaten in größerer Zahl beteiligt sind, in die Türkei einen Einsatz darstellt, der die konstitutive Zustimmung des Bundestages erfordert"[352].

107
Einsatz von AWACS-Flugzeugen

Kam das Gericht der Bundesregierung mit dieser Entscheidung entgegen, so gab es im Hauptsacheverfahren – lange nach Abschluß des betreffenden Einsatzes – mit seinem Urteil vom 7. Mai 2008[353] der Antragstellerin Recht. Die Beteiligung deutscher Soldaten an der Überwachung des Luftraums der Türkei durch die NATO vom 26. Februar bis zum 17. April 2003 sei ein Einsatz bewaffneter Streitkräfte gewesen, der der Zustimmung des Bundestages bedurft hätte[354]. Für den Vorbehalt komme es nicht darauf an, „ob bewaffnete Auseinandersetzungen sich schon im Sinne eines Kampfgeschehens verwirklicht haben, sondern darauf, ob nach dem jeweiligen Einsatzzusammenhang und den einzelnen rechtlichen und tatsächlichen Umständen die Einbeziehung deutscher Soldaten in bewaffnete Auseinandersetzungen konkret zu

108
Luftraumüberwachung der Türkei

---

348 Vgl. *Dieter Wiefelspütz*, Die militärische Integration der Bundeswehr und der konstitutive Parlamentsvorbehalt, in: ZaöRV 64 (2004), S. 363 (369 f.). Unter Hinweis auf die zitierte Begründung des Gesetzentwurfs hielt im Jahr 2011 der Bundestagsabgeordnete Hans-Christian Ströbele eine Zustimmung des Bundestags zu dem Einsatz von Bundeswehrsoldaten in den NATO-Hauptquartieren in Neapel und Poggio Renativo für erforderlich, von denen aus die Luftangriffe auf Ziele in Libyen befehligt wurden. Die Soldaten waren u. a. an der Auswahl der Angriffsziele beteiligt. Der Bundesminister der Verteidigung wies die Ansicht Ströbeles als „rechtsirrig" zurück. Vgl. *Stephan Löwenstein*, Bewaffnete Unternehmungen, in: FAZ v. 23. 8. 2011, S. 10.
349 BVerfGE 108, 34. Vgl. *Wiefelspütz* (N 5), S. 210 ff., 233 ff.; *Andreas Fischer-Lescano*, Konstitutiver Parlamentsvorbehalt: Wann ist ein AWACS-Einsatz ein „Einsatz bewaffneter Streitkräfte"?, in: NVwZ 2003, S. 1474 ff.; *Christian Lutze*, Der Parlamentsvorbehalt beim Einsatz bewaffneter Streitkräfte, in: DÖV 2003, S. 972 (973 ff.); *Martin Nolte*, Der AWACS-Einsatz in der Türkei zwischen Parlamentsvorbehalt und Regierungsverantwortung, in: NJW 2003, S. 2359 ff.; *Peter Dreist*, AWACS-Einsatz ohne Parlamentsbeschluss?, in: ZaöRV 64 (2004), S. 1001 ff.
350 Die Abkürzung AWACS steht für „Airborne Early Warning and Control System" (luftgestütztes Warn- und Überwachungssystem zur Früherkennung von Flugzeugen oder anderen fliegenden Objekten); vgl. *Dreist* (N 349), S. 1005 f.
351 BVerfGE 108, 34 (45).
352 BVerfGE 108, 34 (42).
353 BVerfGE 121, 135. S. o. Rn. 92.
354 BVerfGE 121, 135 (169).

erwarten ist und deutsche Soldaten deshalb bereits in bewaffnete Unternehmungen einbezogen sind"[355]. Für diese konkrete Erwartung reiche allerdings die bloße Möglichkeit bewaffneter Auseinandersetzungen nicht aus; vielmehr müsse „eine spezifische Nähe zur Anwendung militärischer Gewalt", „eine konkrete militärische Gefahrenlage" ersichtlich sein[356]. Ein Anhaltspunkt für eine drohende Einbeziehung in bewaffnete Auseinandersetzungen bestehe, wenn Soldaten im Ausland Waffen mit sich führten und ermächtigt seien, von ihnen Gebrauch zu machen[357]. Diese Formel geht über die Regelung des § 2 Ab. 2 S. 3 ParlBetG hinaus, wonach keiner Zustimmung des Bundestags „humanitäre Hilfsdienste und Hilfsleistungen" bedürfen, „bei denen Waffen lediglich zum Zweck der Selbstverteidigung mitgeführt werden, wenn nicht zu erwarten ist, dass die Soldatinnen oder Soldaten in bewaffnete Unternehmungen einbezogen werden". Auf die (unter Umständen „polizeiliche" oder „humanitäre") Funktion des Einsatzes kommt es für die Zustimmungsbedürftigkeit nicht an[358].

109 Zur Frage der Zustimmungsbedürftigkeit von Einsätzen deutscher Soldaten in integrierten Verbänden (insbesondere der NATO)[359] erklärte das Gericht, aus der Sicht des Parlamentsvorbehalts sei nicht entscheidend, wo in einem integrierten Verteidigungssystem die jeweilige Befehlsgewalt liege. Der Bundestag müsse „ausnahmslos jedem Einsatz bewaffneter Streitkräfte zustimmen"[360].

110 Nimmt man zu diesen Ausführungen die Feststellung des Gerichts hinzu, der Parlamentsvorbehalt sei im Zweifel parlamentsfreundlich auszulegen[361], so ergibt sich für Auslandseinsätze der Bundeswehr eine Vermutung der Zustimmungsbedürftigkeit. Diese ist die Regel, nur ausnahmsweise kommt der Parlamentsvorbehalt nicht zur Anwendung. Die wichtigste Ausnahme bilden dabei rein „humanitäre Hilfsdienste und Hilfsleistungen" (§ 2 Abs. 2 S. 3 ParlBetG) in einem friedlichen Umfeld.

111 Aus dem soeben referierten AWACS-Urteil von 2008 ergibt sich auch die Erforderlichkeit einer parlamentarischen Zustimmung zu Rettungseinsätzen zum Schutz deutscher Staatsangehöriger[362]. Denn bei diesen führen Soldaten in Erwartung einer bewaffneten Auseinandersetzung Waffen mit sich und sind auch ermächtigt, von diesen Gebrauch zu machen. § 5 Abs. 1 S. 2 ParlBetG sieht entsprechend eine Zustimmung des Bundestages für „Einsätze zur Rettung von Menschen aus besonderen Gefahrenlagen" vor, läßt aber eine nachträgliche Zustimmung genügen, „solange durch die öffentliche Befassung des Bundestages das Leben der zu rettenden Menschen gefährdet würde"[363].

---

355 BVerfGE 121, 135 (164).
356 BVerfGE 121, 135 (165).
357 BVerfGE 121, 135 (167f.).
358 So zutreffend *Baldus* (N 173), Art. 87a Rn. 82.
359 Vgl. zur diesbezüglichen politischen Diskussion *Scherrer* (N 237), S. 263ff.
360 BVerfGE 121, 135 (172f.).
361 BVerfGE 121, 135 (162).
362 S. o. Rn. 75ff.
363 Vgl. auch § 4 Abs. 3, 1. Spiegelstrich: Vereinfachtes Zustimmungsverfahren für „ein Erkundungskommando", „das Waffen lediglich zum Zwecke der Selbstverteidigung mit sich führt".

Präzedenzfall für die gesetzliche Regelung war die Operation „Libelle" vom 14. März 1997, mit der nach dem Zusammenbruch der öffentlichen Ordnung in Albanien 20 deutsche Staatsangehörige sowie 100 Staatsangehörige anderer Länder, die sich in Obhut der deutschen Botschaft befanden, durch die Bundeswehr mit Hubschraubern evakuiert wurden[364]. Die Rettungsaktion wurde vom Bundeskanzler, Verteidigungsminister und Außenminister am Morgen des 14. März 1997 beschlossen und vom Bundeskabinett nachträglich gebilligt. Noch vor Einsatzbeginn wurden die Vorsitzenden und die zuständigen Obleute der Bundestagsfraktionen sowie die Vorsitzenden des Verteidigungsausschusses und des Auswärtigen Ausschusses des Bundestages informiert. Die Bundesregierung ersuchte den Bundestag nach der Operation um seine Zustimmung; diese wurde am 20. März 1997 auch mit großer Mehrheit erteilt.

112
Operation „Libelle"

Dagegen sah die Bundesregierung für die Operation „Pegasus" zur Evakuierung von EU-Bürgern aus Libyen im Februar 2011 auch nachträglich davon ab, eine Zustimmung des Bundestags zu beantragen. An der Operation waren drei Schiffe, neun Flugzeuge und insgesamt rund 1.000 Soldaten beteiligt, darunter bewaffnete Fallschirmjäger und Feldjäger. Die Bundesregierung führte als Grund für ihre Haltung an, es habe sich bei der Operation um einen humanitären Einsatz gehandelt, der gemäß § 2 Abs. 2 S. 3 ParlBetG nicht zustimmungspflichtig sei. Der Einsatz sei mit der klaren Erwartung verbunden gewesen, daß die Soldaten ihre Waffen nicht würden einsetzen müssen[365]. Die Bundestagsfraktion Bündnis 90/Die Grünen hat wegen der fehlenden Parlamentsbeteiligung im August 2011 beim Bundesverfassungsgericht ein Organstreitverfahren gegen die Bundesregierung angestrengt.

113
Operation „Pegasus"

Bei Rettungseinsätzen liegt regelmäßig die Möglichkeit einer Gefährdung der zu rettenden Personen durch die öffentliche Befassung des Bundestags vor, sodaß gemäß § 5 Abs. 1 und 3 ParlBetG ein nachgeholter Antrag der Bundesregierung auf Zustimmung ausreicht. Das vom Bundesverfassungsgericht in diesem Zusammenhang betonte Recht des Bundestages zu verlangen, die Streitkräfte zurückzurufen[366], kann praktisch nicht zur Anwendung kommen, weil die Einsätze typischerweise zum Zeitpunkt des nachgeholten Antrags bereits beendet worden sind.

114
Ausreichen des nachgeholten Antrags

Das Geheimhaltungsproblem stellt sich auch für geheime Militäroperationen. Zu kritischer Erörterung haben insbesondere Einsätze des im Jahr 1996 aufgestellten „Kommandos Spezialkräfte" (KSK) der Bundeswehr in Afghanistan in den Jahren 2001–2003 und 2005 Anlaß gegeben, für die fraglich war, ob sie mit dem bestehenden Bundestagsmandat vereinbar waren, und über

115
Geheime Militäroperationen

---

364 Darstellung des Geschehens: *Claus Kreß*, Die Rettungsoperation der Bundeswehr in Albanien am 14. März 1997 aus völker- und verfassungsrechtlicher Sicht, in: ZaöRV 57 (1997), S. 329 (330f.); *Scherrer* (N 237), S. 123f., 272f. Vgl. ferner *Epping* (N 143).
365 Schreiben des Bundesministers des Auswärtigen an den Bundestagsabgeordneten Volker Beck; vgl. die Rede von *Volker Beck* im Deutschen Bundestag vom 24.3.2011 (zu Protokoll gegeben), BT-Prot 17/99, S. 11442 D – 11443 D.
366 BVerfGE 90, 286 (388).

§ 244   Zweiundzwanzigster Teil: Grenzüberschreitende Staatsaufgaben

die die Bundesregierung nur einzelne Bundestagsabgeordnete vertraulich unterrichtete[367].

116
Erfordernis eines auf Geheimhaltung verpflichteten Gremiums

Ein genereller Ausschluß der parlamentarischen Beteiligung im Fall von Einsätzen, für die nach Auffassung der Bundesregierung Geheimhaltung geboten ist, ist jedoch mit der Rechtsprechung des Bundesverfassungsgerichts unvereinbar, die es nur zuläßt, für bestimmte Einsätze „die Intensität der Kontrolle des Parlaments näher zu umgrenzen"[368], nicht aber diese auf Null zu reduzieren[369]. Als verfassungsgemäße Lösung bietet sich für Rettungseinsätze ebenso wie für geheime militärische Einsätze die Befassung eines auf Geheimhaltung verpflichteten parlamentarischen Gremiums an, das vor dem Einsatz für den Bundestag die Zustimmung zu einem Antrag der Bundesregierung erteilen und von der Bundesregierung laufend über den Einsatz informiert werden würde. Als solches Gremium käme der Verteidigungsausschuß in Betracht, der Verschlußsachen der Geheimhaltungsgrade VS-VERTRAULICH und höher in nicht öffentlicher Sitzung nach den Bestimmungen der Geheimschutzordnung des Bundestages beraten kann (§ 69 Abs. 7 GOBT)[370]. Möglich wäre auch die Errichtung eines neuen Gremiums nach dem Vorbild des Gremiums zur Kontrolle der nachrichtendienstlichen Tätigkeit des Bundes (Parlamentarisches Kontrollgremium)[371]. Einen entsprechenden Vorschlag enthielt ein Gesetzentwurf der FDP-Bundestagsfraktion in der 15. Wahlperiode[372]. Mitglieder eines solchen Gremiums könnten auch die Fraktionsvorsitzenden sein[373].

Fraktionsvorsitzende als Mitglieder

117
Änderung der Einsatzumstände nach Zustimmung

In einem von der Bundestagsfraktion DIE LINKE im Jahr 2008 angestrengten Organstreitverfahren hatte das Bundesverfassungsgericht über die Frage zu entscheiden, unter welchen Voraussetzungen ein neuer Zustimmungsbeschluß des Bundestages erforderlich wird, wenn sich rechtliche oder tatsächliche Umstände eines Streitkräfteeinsatzes nach Erteilung einer Zustimmung verändern[374]. Die Antragstellerin war der Auffassung, die Bundesregierung sei verpflichtet gewesen, nach der Unabhängigkeitserklärung des Kosovo vom 17. Februar 2008 für den dortigen Einsatz der Bundeswehr im Rahmen der KFOR-Mission eine neue Zustimmung des Bundestags einzuholen. Das Gericht, das den Antrag als unbegründet ablehnte, stellte fest, die Bundesregierung müsse eine erneute konstitutive Zustimmung des Bundestags herbei-

Erneute konstitutive Zustimmung

---

367 Vgl. *Scherrer* (N 237), S. 252 ff.; *Timo Noetzel/Benjamin Schreer*, Vernetzte Kontrolle: Zur Zukunft des Parlamentsvorbehalts, in: Mair (N 9), S. 35 (39).
368 BVerfGE 90, 286 (389).
369 Vgl. BVerfGE 121, 135 (161, 167).
370 *Scherrer* (N 237), S. 258, 261. Vgl. zur Zulässigkeit einer Delegation von Befugnissen des Bundestagsplenums auf Ausschüsse im vorliegenden Zusammenhang auch *Wiefelspütz* (N 348), S. 383 ff.
371 Gesetz über die parlamentarische Kontrolle nachrichtendienstlicher Tätigkeit des Bundes (Kontrollgremiumgesetz) vom 29. 7. 2009 (BGBl I, S. 2346). → Bd. III, *Zeh*, § 53 Rn. 74; *Geis*, § 54 Rn. 22.
372 Vgl. §§ 5 und 6 des Entwurfs eines Gesetzes zur Mitwirkung des Deutschen Bundestages bei Auslandseinsätzen der Bundeswehr, BT-Drs 15/1985, Nachdruck in: Scherrer (N 237), Anhang 6, S. 355.
373 So der Vorschlag von *Rafael Biermann*, Der Deutsche Bundestag und die Auslandseinsätze der Bundeswehr – Zur Gratwanderung zwischen exekutiver Prärogative und legislativer Mitwirkung, in: ZParl 35 (2004), S. 607 (626).
374 Vgl. BVerfGE 124, 267 (276).

führen, „wenn nachträglich tatsächliche oder rechtliche Umstände wegfallen, die der Zustimmungsbeschluß selbst als notwendige Bedingungen für einen Einsatz nennt". Denn in diesem Fall sei die Wirksamkeit der Zustimmung bereits durch das Eintreten auflösender Bedingungen entfallen, weshalb auch ein Widerruf der Zustimmung (§ 8 ParlBetG) „notwendig ins Leere" greife[375]. Eine notwendige Bedingung in diesem Sinne könne die explizite Verknüpfung einer Zustimmung mit dem Fortbestand eines völkerrechtlichen Mandats des UN-Sicherheitsrates sein[376].

Sofern sich im Zeitpunkt der Zustimmung bereits die Möglichkeit einer Änderung von Bedingungen abzeichne, die der Bundestag für notwendig halte, könne in die Zustimmung auch ein „ausdrücklicher Vorbehalt dahingehend aufgenommen werden, dass der Deutsche Bundestag erneut befaßt werden muss, sobald solche Veränderungen eintreten"[377]. In diesem Sinne ist ein Zustimmungsbeschluß des Bundestags zu einem Antrag der Bundesregierung nicht vorbehaltsfeindlich.

118
Ausdrücklicher Vorbehalt

IV. Verfassungsgerichtliche Kontrolle

1. Organstreitverfahren

Die bisher vom Bundesverfassungsgericht entschiedenen Fälle der Auslandseinsätze der Bundeswehr betrafen die Frage, ob ein bestimmter Einsatz dem Erfordernis einer Zustimmung des Bundestags unterlag, so daß die Bundesregierung verfassungsrechtlich gehalten war, den Bundestag für diesen Einsatz um seine Zustimmung zu ersuchen. Die Fälle wurden im Organstreitverfahren (Art. 93 Abs. 1 Nr. 1 GG, §§ 13 Nr. 5, 63 ff. BVerfGG)[378] von einer Fraktion oder mehreren Fraktionen des Bundestags vor das Gericht gebracht; Antragsgegner war jeweils die Bundesregierung[379]. Im Rahmen des Organstreitverfahrens entschied das Gericht auch, auf welche Bestimmungen des Grundgesetzes militärische Auslandseinsätze der Bundeswehr gestützt werden können[380]. Zulässig ist ein Organstreit zwischen dem Bundestag oder einer seiner Fraktionen einerseits und der Bundesregierung andererseits auch, wenn vorgebracht wird, ein konkreter Einsatz, dem der Bundestag zugestimmt hat, überschreite in räumlicher, zeitlicher oder inhaltlicher Sicht die Grenzen des Zustimmungsbeschlusses[381].

119
Fragen zum Zustimmungserfordernis

Bundesregierung als Antragsgegner

---

375 BVerfGE 124, 267 (276).
376 BVerfGE 124, 267 (277). Näher a.a.O., S. 278 f.
377 BVerfGE 124, 267 (277).
378 → Bd. III, *Löwer*, § 70 Rn. 8 ff. Vgl. auch *Bettina Meermagen*, Die Rechtsstellung des Deutschen Bundestages im wehrverfassungsrechtlichen Organstreit unter besonderer Berücksichtigung von Inlandsverwendungen der Streitkräfte, in: Sigrid Emmenegger/Ariane Wiedmann (Hg.), Linien der Rechtsprechung des Bundesverfassungsgerichts – erörtert von den wissenschaftlichen Mitarbeitern, Bd. II, 2011, S. 471 ff.
379 Vgl. zur Unzulässigkeit eines Antrags einzelner Abgeordneter sowie eines Antrags gegen den Bundesminister der Verteidigung BVerfGE 90, 286 (336 ff.).
380 S. o. Rn. 60.
381 *Fischer/Fischer-Lescano* (N 174), S. 140.

§ 244 Zweiundzwanzigster Teil: Grenzüberschreitende Staatsaufgaben

120
Keine Entscheidung zur materiellen Zulässigkeit

Dagegen ist es bisher zu einer Entscheidung des Bundesverfassungsgerichts über die materielle Zulässigkeit eines bestimmten Einsatzes, insbesondere seine Vereinbarkeit mit Art. 25 und 26 Abs. 1 GG (allgemeines völkerrechtliches Gewaltverbot und Angriffskriegsverbot)[382], nicht gekommen. Aus Anlaß der NATO-Luftangriffe auf Ziele in Jugoslawien im Kosovo-Konflikt des Jahres 1999[383] versuchte die Bundestagsfraktion der PDS eine solche Entscheidung in einem Organstreit mit der Bundesregierung herbeizuführen, scheiterte aber wegen mangelnder Antragsbefugnis[384]. Das Gericht entschied, von der Fraktion in Prozeßstandschaft vertretene Rechte des Bundestags könnten nicht verletzt sein, weil der Bundestag der Beteiligung der Bundeswehr an den militärischen Maßnahmen gegen Jugoslawien zugestimmt habe[385]. Die Antragstellerin sei auch nicht in ihren eigenen Rechten als Bundestagsfraktion verletzt, weil als derartige Rechte nur solche im innerparlamentarischen Raum, nicht aber im Verhältnis zwischen Parlament und Regierung in Betracht kämen[386]. Soweit die Antragstellerin vorgetragen habe, der Bundestag selbst habe ultra vires gehandelt, könne eine solche Rechtsverletzung allenfalls in einem Verfahren gegen den Bundestag geltend gemacht werden. Auch für dieses Verfahren fehle es jedoch an der Antragsbefugnis, weil die verfassungsrechtliche Ermächtigung des Bundes, Streitkräfte in einem System kollektiver Sicherheit einzusetzen, grundsätzlich geklärt sei und „die Rechte der antragstellenden Fraktion sich insoweit auf eine ordnungsgemäße Beteiligung an dem Verfahren beschränken, in dem der Bundestag dem Einsatz bewaffneter Streitkräfte seine vorherige konstitutive Zustimmung erteilt hat"[387]. Das Organstreitverfahren diene nicht einer „allgemeinen Verfassungsaufsicht"[388].

Kosovo-Einsatz

121
Entscheidung zum Afghanistan-Einsatz

Eine Modifizierung dieser Rechtsprechung – mit der Wirkung einer inzidenten Kontrolle einzelner Einsätze am Maßstab des Völkerrechts – hat das Bundesverfassungsgericht im Jahr 2007 mit seiner Entscheidung über die Beteiligung der Bundeswehr an dem „erweiterten ISAF-Mandat"[389] herbeigeführt, und zwar unter Rückgriff auf das Urteil von 2001 über das neue Strategische Konzept der NATO[390]. Mit dem letztgenannten Urteil hatte das Gericht ein Recht des Bundestages festgestellt, im Wege des Organstreitverfahrens zu rügen, daß die Mitwirkung der Bundesregierung an der Fortentwicklung eines

---

382 S. o. Rn. 48.
383 S. o. Rn. 44.
384 BVerfGE 100, 266. Kritik: *Karl Ulrich Voss*, Rechtsstaat ad hoc? Anwendung von Gesetzesvorbehalt und Parlamentsvorbehalt bei Auslandseinsätzen der Bundeswehr, in: ZRP 2007, S. 78 (80).
385 BVerfGE 100, 266 (269 f.).
386 BVerfGE 100, 266 (270) unter Verweis auf BVerfGE 91, 246 (250 f.).
387 BVerfGE 100, 266 (270).
388 BVerfGE 100, 266 (268) unter Verweis auf BVerfGE 68, 1 (69 ff.). Vgl. zu dieser Formel *Henning Schwarz*, Die verfassungsgerichtliche Kontrolle der Außen- und Sicherheitspolitik. Ein Verfassungsvergleich Deutschland – USA, 1995, S. 181 ff. Vgl. auch BVerfGE 124, 267 (280): Das Organstreitverfahren eröffne keine „Kontrolle außenpolitischer Maßnahmen der Bundesregierung im Sinne einer allgemeinen Verfassungs- *oder gar Völkerrechtsaufsicht*" (Hervorhebung hinzugefügt).
389 BVerfGE 118, 244. Die Abkürzung ISAF steht für International Security Assistance Force.
390 BVerfGE 104, 151. Vgl. *Heiko Sauer*, Die NATO und das Verfassungsrecht: neues Konzept – alte Fragen, in: ZaöRV 62 (2002), S. 317 ff. S. o. Rn. 66.

völkerrechtlichen Vertrages (hier des NATO-Vertrages) zu einer Überschreitung oder Änderung des im Vertrag angelegten und von dem ursprünglichen Zustimmungsgesetz gemäß Art. 59 Abs. 2 S. 1 GG gedeckten Integrationsprogramms geführt habe[391]. „Strengt der Bundestag mit der Behauptung einer wesentlichen Vertragsüberschreitung oder -änderung ein Organstreitverfahren an, wird er mithin zur Durchsetzung seines ihm übertragenen Rechts, über die völkervertraglichen Rechte und Pflichten des Bundes mit zu entscheiden, tätig. Das Bundesverfassungsgericht prüft dementsprechend, ob ein bestimmtes völkerrechtliches Handeln der Regierung durch das Vertragsgesetz und dessen verfassungsrechtlichen Rahmen gedeckt ist"[392]. Im Fall eines durch völkerrechtlichen Vertrag auf der Grundlage von Art. 24 Abs. 2 GG begründeten Systems gegenseitiger kollektiver Sicherheit sei die Umwandlung eines solchen Systems in eines, das nicht mehr der Wahrung des Friedens dient oder sogar Angriffskriege vorbereitet, verfassungsrechtlich untersagt und könne deshalb nicht vom Inhalt des ursprünglichen Zustimmungsgesetzes gedeckt sein[393].

Prüfung des völkerrechtlichen Handelns der Regierung

Hieran anknüpfend stellte das Bundesverfassungsgericht in der Entscheidung von 2007 fest, eine „Verletzung des Völkerrechts durch einzelne militärische Einsätze der NATO", „insbesondere die Verletzung des Gewaltverbots", könne „ein Indikator dafür sein, dass sich die NATO von ihrer verfassungsrechtlich zwingenden friedenswahrenden Ausrichtung strukturell entfernt" und damit die Grenzen des vom Bundestag mit seinem Zustimmungsgesetz zum NATO-Vertrag gebilligten Integrationsprogramms überschreitet[394]. Im Rahmen des Organstreitverfahrens nehme das Gericht „keine allgemeine Prüfung der Völkerrechtskonformität von militärischen Einsätzen der NATO" vor, sondern beschränke sich darauf, zu prüfen, „ob das Handeln der NATO, *insbesondere einzelne Einsätze*, bereits *Anhaltspunkte* dafür liefern, dass sich das Bündnis von seinem Gründungsvertrag entfernt, indem es seine friedenswahrende Ausrichtung aufgibt"[395]. Nur zur Klärung dieser Frage eröffne Art. 24 Abs. 2 GG eine Kontrolle am Maßstab des Völkerrechts, und nur als Anhaltspunkte für einen derartigen Strukturwandel der NATO – den das Gericht im Ergebnis verneinte – seien entsprechende Verletzungen des Völkerrechts im Organstreitverfahren erheblich[396]. Auf dieser Grundlage prüfte das Gericht die völkerrechtliche Zulässigkeit des „erweiterten" ISAF-Einsatzes in Afghanistan am Maßstab des NATO-Vertrags und der UN-Charta. Falls dieser Einsatz „insgesamt als Verstoß gegen das Völkerrecht erscheinen" sollte, sei dies ein Beleg für einen „systemrelevanten Transformationsprozeß der NATO weg von der Friedenswahrung"[397].

122
Inzidente Kontrolle der Völkerrechtskonformität

Strukturwandel der NATO?

---

391 BVerfGE 104, 151 (195).
392 BVerfGE 104, 151 (196).
393 BVerfGE 104, 151 (213). Vgl. BVerfGE 118, 244 (261 f.). Dogmatische Kritik: *Dietrich Murswiek*, Die Fortentwicklung völkerrechtlicher Verträge: verfassungsrechtliche Grenzen und Kontrolle im Organstreit, in: NVwZ 2007, S. 1130 (1132).
394 BVerfGE 118, 244 (271).
395 BVerfGE 118, 244 (271). Hervorhebung hinzugefügt.
396 BVerfGE 118, 244 (271 f.).
397 BVerfGE 118, 244 (275).

123

Erweiterung der prozessualen Möglichkeiten des Bundestages

In dieser Konstruktion liegt eine nicht zu unterschätzende Erweiterung der prozessualen Möglichkeiten des Bundestags und einzelner seiner Fraktionen – insbesondere der Opposition –, die Verfassungs- und Völkerrechtsmäßigkeit eines konkreten militärischen Einsatzes der Bundeswehr überprüfen zu lassen, und zwar auch dann, wenn die Bundestagsmehrheit dem betreffenden Einsatz zugestimmt hat.

2. Verfassungsbeschwerde

124

Beschwerdebefugnis

Zur Überprüfung der Verfassungs- und Völkerrechtsmäßigkeit eines militärischen Auslandseinsatzes der Bundeswehr kommt – ohne Rücksicht darauf, ob der Bundestag dem Einsatz zugestimmt hat oder nicht – auch das Verfassungsbeschwerdeverfahren (Art. 93 Abs. 1 Nr. 4a GG, §§ 13 Nr. 8a, 90 ff. BVerfGG)[398] in Betracht. Für einen Soldaten der Bundeswehr kann sich die Beschwerdebefugnis aus der möglichen Verletzung seiner Grundrechte durch den an ihn gerichteten Einsatzbefehl ergeben[399]. Verletzt sein kann neben den speziellen Grundrechten (insbesondere dem Recht auf Leben und körperliche Unversehrtheit, Art. 2 Abs. 2 S. 1 GG) auch die allgemeine Handlungsfreiheit (Art. 2 Abs. 1 GG)[400]. Die Verfassungsbeschwerde ist begründet, sofern die angegriffene Maßnahme verfassungswidrig ist. Prüfungsmaßstab ist dabei außer dem Grundrechtsteil der Verfassung das gesamte Grundgesetz[401], das heißt auch Art. 25 und 26 GG. Vorstellbar ist auch eine Verfassungsbeschwerde eines Soldaten im Fall einer Bestrafung wegen einer Befehlsverweigerung, die der Soldat damit begründet hat, der Einsatz verstoße gegen Art. 26 GG[402].

Kein Verzicht trotz Freiwilligkeit

Der Grundrechtsschutz besteht für Berufssoldaten – auch wenn sie sich freiwillig für einen bestimmten Einsatz zur Verfügung stellen – ebenso wie für Frauen und Männer, die den 2011 eingeführten freiwilligen Wehrdienst[403] leisten. Denn auch der freiwillige Entschluß wird in dem Vertrauen gefaßt, daß Einsatzentscheidungen rechtmäßig, insbesondere verfassungsgemäß sind[404], und beinhaltet keinen Verzicht auf Grundrechtspositionen oder auf deren gerichtliche Geltendmachung[405].

Ausländer

Soweit im Zusammenhang eines militärischen Einsatzes der Bundeswehr ein Ausländer Grundrechtsträger ist, kann auch dieser eine Verfassungsbeschwerde erheben[406].

---

398 → Bd. III, *Löwer*, § 70 Rn. 163 ff.
399 Vgl. *Schwarz* (N 388), S. 197; *Udo Fink*, Verfassungsrechtliche und verfassungsprozeßrechtliche Fragen im Zusammenhang mit dem Kosovo-Einsatz der Bundeswehr, in: JZ 1999, S. 1016 (1018); *Heike Krieger*, Die gerichtliche Kontrolle von militärischen Operationen, in: Dieter Fleck (Hg.), Rechtsfragen der Terrorismusbekämpfung durch Streitkräfte, 2004, S. 223 (236, 240).
400 Vgl. auch BVerfGE 123, 267 (360 f.): „Der Einsatz von Streitkräften ist für individuelle Rechtsgüter der Soldatinnen und Soldaten sowie anderer von militärischen Maßnahmen Betroffener wesentlich und birgt die Gefahr tiefgreifender Verwicklungen in sich."
401 → Bd. III, *Löwer*, § 70 Rn. 190, 204.
402 Vgl. *Klein* (N 97), S. 158 f. mit N 12.
403 §§ 54 ff. Wehrpflichtgesetz i. d. F. der Bekanntmachung vom 15. 8. 2011 (BGBl I, S. 1730), zuletzt geändert durch Art. 8 des Gesetzes vom 21. 7. 2012 (BGBl I, S. 1583).
404 Vgl. BVerfGE 88, 173 (184).
405 Vgl. *Schwarz* (N 388), S. 197.
406 S. u. Rn. 148 ff., 169.

3. Abstrakte Normenkontrolle

Möglich erscheint ferner eine Prüfung der Verfassungs- und Völkerrechtsmäßigkeit eines militärischen Auslandseinsatzes der Bundeswehr im Verfahren der abstrakten Normenkontrolle (Art. 93 Abs. 1 Nr. 2 GG, §§ 13 Nr. 6, 76 ff. BVerfGG). Voraussetzung hierfür ist das Bestehen von „Bundesrecht" im Sinne der genannten Vorschriften, über dessen Vereinbarkeit mit dem Grundgesetz das Bundesverfassungsgericht entscheiden könnte.

125 Bundesrecht i.S.d. Art. 93 Abs. 1 Nr. 2 GG

Der konstitutive Beschluß, mit dem der Bundestag auf Antrag der Bundesregierung einem Einsatz der Bundeswehr zustimmt, ergeht zwar nach der Rechtsprechung des Bundesverfassungsgerichts[407] und dem ihr folgenden Parlamentsbeteiligungsgesetz[408] nicht in Gesetzesform, sondern als Beschluß gemäß Art. 42 Abs. 2 S. 1 GG, und ist daher kein Gesetz im formellen Sinne. Seinem Inhalt nach ist er als auf einen Einzelfall bezogene Ermächtigung auch kein materielles Gesetz. Gleichwohl kann der Zustimmungsbeschluß als Bestandteil des Bundesrechts im Sinne von Art. 93 Abs. 1 Nr. 2 GG angesehen werden[409]. Denn der Ausdruck „Bundesrecht" soll den Gegenstand der Normenkontrolle möglichst umfassend bezeichnen[410]. Entsprechend hat das Bundesverfassungsgericht den Begriff stets weit ausgelegt[411].

126 Zustimmungsbeschluß als Bestandteil des Bundesrechts

Gegenstand einer abstrakten Normenkontrolle war bereits die Zustimmung des Bayerischen Landtags zu einem Rundfunkstaatsvertrag in Form eines „einfachen" Beschlusses gemäß Art. 72 Abs. 2 BayVerf[412]. Da nach dem Verfassungsrecht anderer Länder[413] und nach dem Grundgesetz (Art. 59 Abs. 2 S. 1 GG) die parlamentarische Zustimmung zu einem Vertrag in Gesetzesform erfolgt, wird im Schrifttum argumentiert, der Beschluß des Landtags ersetze funktionell eine Norm. Es handele sich um einen „gesetzesersetzenden Parlamentsbeschluß", der daher zulässiger Gegenstand der Normenkontrolle sei[414]. Ob dieses Argument der Gesetzesvertretung überzeugend ist, kann hier offenbleiben[415]. Entscheidend ist die Nähe des „einfachen" (oder „schlichten") Parlamentsbeschlusses[416] zum gesetzesförmigen Parlamentsbe-

127 8. Rundfunkentscheidung des BVerfG

---

407 S. o. Rn. 85.
408 S. o. Rn. 99.
409 Ebenso *Fischer/Fischer-Lescano* (N 174), S. 140 ff.; diesen folgend *Scherrer* (N 237), S. 106 ff.; *Eckart Klein*, Abstraktes Normenkontrollverfahren, in: Ernst Benda/Eckart Klein/Oliver Klein, Verfassungsprozessrecht, ³2012, § 22 Rn. 676. A. A. *Fink* (N 399), S. 1018; *Sauer* (N 184), S. 602 f.
410 Vgl. BVerfGE 1, 396 (410), std. Rspr. → Bd. III, *Löwer*, § 70 Rn. 63.
411 *Fischer/Fischer-Lescano* (N 174), S. 142.
412 Vgl. BVerfGE 90, 60 (84 ff.).
413 Vgl. z. B. Art. 101 S. 2 RheinlPfalzVerf.: „Staatsverträge bedürfen der Zustimmung des Landtags durch Gesetz."
414 → Bd. III, *Löwer*, § 70 Rn. 63; siehe auch *Andreas Voßkuhle*, in: v. Mangoldt/Klein/Starck, Bd. III, ⁴2001, Art. 93 Rn. 121; *Fischer/Fischer-Lescano* (N 174), S. 142 m. weit. Nachw.; *Klein* (N 409), § 22 Rn. 676.
415 Das Argument erscheint für den Fall der Zustimmung zu einem Einsatz der Bundeswehr wegen der Bedeutung des Parlamentsbeschlusses für die Zulässigkeit von Grundrechtseinschränkungen (s. u. Rn. 164) überzeugender als für den Fall der Zustimmung zu einem Staatsvertrag.
416 Vgl. zur Begrifflichkeit und Phänomenologie *Hermann Butzer*, Der Bereich des schlichten Parlamentsbeschlusses. Ein Beitrag insbesondere zur Frage der Substitution des förmlichen Gesetzes durch schlichten Parlamentsbeschluß, in: AöR 119 (1994), S. 61 (66 ff.).

schluß im Hinblick auf die angestrebte und erzielte Wirkung: Sowohl in Form eines solchen Beschlusses als auch in Form eines Gesetzes kann eine Landesregierung zum Abschluß eines Staatsvertrages ermächtigt werden. Der maßgebliche Unterschied ist das zu dem Beschluß bzw. dem Gesetz führende parlamentarische Verfahren. Die Entscheidung eines Landesverfassungsrechts für das eine oder das andere Verfahren soll aber die vom Grundgesetz vorgesehene Rechtskontrolle nicht verkürzen.

128
Rechtform entscheidet nicht über Rechtskontrolle

Eben dieser Gedanke trifft auch auf die Zustimmung des Bundestags zu einem bewaffneten Einsatz der Bundeswehr zu. Auch diese Zustimmung ließe sich in Gesetzesform ausdrücken. Der Bundesgesetzgeber wäre frei, eine entsprechende Regelung zu treffen. Ersichtlich war es dem Bundesverfassungsgericht, als es aus dem Grundgesetz das Erfordernis einer „einfachen" Zustimmung des Bundestags ableitete, darum zu tun, eine Beteiligung des Bundesrates entbehrlich zu machen[417]. Überträgt man die obigen Erwägungen vom Fall der Zustimmung zu einem Länderstaatsvertrag auf den Fall der Zustimmung zu einem Einsatz der Bundeswehr, so kann die Freiheit der Rechtsformwahl auch hier nicht zu einer Verkürzung der Rechtskontrolle führen[418].

129
Völkerrechtsfreundlichkeit des Grundgesetzes

Für eine Subsumtion des konstitutiven Zustimmungsbeschlusses des Bundestages unter den Begriff „Bundesrecht" in Art. 93 Abs. 1 Nr. 2 GG spricht aber noch ein weiteres ausschlaggebendes Argument, nämlich das Leitprinzip der Völkerrechtsfreundlichkeit des Grundgesetzes[419]. Als Teil einer kategorisch der Wahrung und Stärkung des Völkerrechts verpflichteten Verfassung muß der Begriff „Bundesrecht" im Zweifel so ausgelegt werden, daß er eine Überprüfung eines für das völkerrechtliche Handeln und die völkerrechtliche Verantwortlichkeit der Bundesrepublik so bedeutsamen Rechtsaktes wie der Zustimmung zu einem bewaffneten Einsatz der Bundeswehr erlaubt. Denn jeder Einsatz militärischer Gewalt gegen fremde Staaten berührt das allgemeine Gewaltverbot als einen tragenden Pfeiler der nach dem Zweiten Weltkrieg errichteten Völkerrechtsordnung[420]. Das Verfahren der abstrakten Normenkontrolle ist als ein rein objektives Verfahren mit dem Ziel, die Integrität der Verfassung und den Rechtsfrieden zu wahren[421], dazu geeignet, die Vereinbarkeit eines Parlamentsbeschlusses über den Einsatz militärischer Gewalt mit dem Verfassungsrecht und mit dem von diesem rezipierten Völkerrecht

---

417 S. o. Rn. 87.
418 Im Ergebnis ebenso *Fischer/Fischer-Lescano* (N 174), S. 142 f., die aber wesentlich auf BVerfGE 20, 56 (Überprüfung haushaltsrechtlicher Bewilligungen im Normenkontrollverfahren) abstellen.
419 → Oben *Tomuschat*, § 226 Rn. 36ff. Vgl. auch *Alexander Proelß*, Der Grundsatz der völkerrechtsfreundlichen Auslegung im Lichte der Rechtsprechung des BVerfG, in: Rensen/Brink (N 184), S. 553 (556, 563 f.): Das Gebot der völkerrechtsfreundlichen Auslegung als Konfliktvermeidungsregel, die zur Anwendung gelangt, wenn eine Rechtsnorm des deutschen Rechts – auch eine Norm des Grundgesetzes – mehrere Deutungen zuläßt.
420 Wenn *Christian Tomuschat*, in: BK, Art. 25 Rn. 80, schreibt, „selbstverständlich wäre auch ein einfacher Bundestagsbeschluss über die Genehmigung eines Bundeswehreinsatzes im Ausland nichtig, sollte dieser Einsatz dem Gewaltverbot widersprechen", verlangt die Aussage ein Organ, das diese Nichtigkeit auch mit Bindungskraft feststellen kann.
421 → Bd. III, *Löwer*, § 70 Rn. 62, unter Verweis auf BVerfGE 1, 208 (219) und die std. Rspr.

zu klären. Zu bedenken ist auch, daß bei einem „einfachen" Parlamentsbeschluß die bei Gesetzen erforderliche Prüfung der Verfassungsmäßigkeit durch den Bundespräsidenten entfällt[422]. Angesichts der weitgreifenden Folgen einer Verwicklung der Bundesrepublik in militärische Auseinandersetzungen erscheint es ferner richtig, mit diesem Verfahren einem Viertel[423] der gesetzlichen Mitglieder des Bundestages die Möglichkeit zu geben, einen konstitutiven Zustimmungsbeschluß des Bundestags zu beanstanden. Schließlich ist die Antragsbefugnis einer Landesregierung geeignet, die Folgen eines Ausschlusses des Bundesrates von einer Beteiligung an der Zustimmung zu bewaffneten Einsätzen der Bundeswehr in einem gewissen Maße zu mildern.

Keine Prüfung durch den Bundespräsidenten

Antragsbefugnis

D. Recht im Einsatz

I. Humanitäres Völkerrecht

Auf militärische Einsätze der Bundeswehr findet das völkerrechtliche Recht bewaffneter Konflikte Anwendung, wenn ein Einsatz in einem „bewaffneten Konflikt" im Sinne der gemeinsamen Art. 2 der Genfer Abkommen von 1949[424] und der Art. 1 der Zusatzprotokolle I und II von 1977[425] stattfindet oder einen solchen Konflikt begründet. Der bewaffnete Konflikt kann internationaler oder nicht-internationaler Natur sein. Früher sprach man vom „Kriegsrecht"[426]; der lateinische Begriff „ius in bello" ist noch immer gebräuchlich. Um den Hauptzweck dieses Rechts, nämlich den Schutz menschlichen Lebens, zu verdeutlichen, wird es auch „humanitäres Völkerrecht" genannt.

130
Recht bewaffneter Konflikte

„Ius in bello"

Es muß zu einer tatsächlichen Anwendung militärischer Waffengewalt in einer bestimmten Intensität kommen. Besteht ein bewaffneter Konflikt, in dessen Zusammenhang die Bundeswehr eingesetzt wird, so kommt es zur Anwendung des Rechts bewaffneter Konflikte nicht erst, wenn Einheiten in Kampfhandlungen verwickelt werden, sondern bereits dann, wenn die Einheiten einen Kampfauftrag haben. Das „ius in bello" ist auf Bundeswehreinsätze zum Beispiel anwendbar, wenn vom UN-Sicherheitsrat verhängte militärische Zwangsmaßnahmen ergriffen werden oder wenn in UN-Friedensmissionen[427] Situationen entstehen, die als bewaffnete Konflikte qualifiziert werden kön-

131
Militärische Gewalt in einer bestimmten Intensität

Anwendungsfälle

---

422 S. o. Rn. 89.
423 Bis zum Inkrafttreten des 53. Gesetzes zur Änderung des Grundgesetzes vom 8.10.2008 (BGBl I, S. 1926) handelte es sich um ein Drittel. Vgl. zu den Gründen der Verfassungsänderung (zahlenmäßige Unterlegenheit der Oppositionsfraktion(en) in Zeiten einer „Großen Koalition") *Klein* (N 409), § 22 Rn. 668.
424 S. u. N 435.
425 S. u. N 436.
426 Vgl. z. B. *Franz von Liszt*, Völkerrecht, [12]1925 (bearb. v. Max Fleischmann), S. 452 ff. (mit der Unterscheidung zwischen „Landkriegsrecht" und „Seekriegsrecht").
427 S. o. Rn. 1.

nen[428]. Es findet auch Anwendung in allen Fällen vollständiger oder teilweiser Besetzung eines Gebietes, selbst wenn diese Besetzung auf keinen bewaffneten Widerstand stößt (Art. 2 Abs. 2 der Genfer Abkommen von 1949), nicht dagegen „auf Fälle innerer Unruhen und Spannungen wie Tumulte, vereinzelt auftretende Gewalttaten und andere ähnliche Handlungen" (Art. 1 Abs. 2 Protokoll II).

132
Einsatz im Rahmen einer internationalen Organisation

Die völkerrechtlichen Verpflichtungen der Bundesrepublik bestehen für ihre Streitkräfte auch dann, wenn der Einsatz unter der Führung oder dem Oberkommando einer internationalen Organisation (wie den Vereinten Nationen oder der NATO) oder der Europäischen Union steht; in diesen Fällen tritt eine gewohnheitsrechtliche Bindung der Organisation bzw. der Europäischen Union an das „ius in bello" hinzu.

133
Leitgedanke des „ius in bello"

„Wenn und soweit das Völkerrecht die militärische Austragung von Konflikten nicht verhindern kann, sollen diese doch durch rechtliche Regeln in Grenzen gehalten werden."[429] Das ist der einfache Leitgedanke des „ius in bello", das überwiegend auf Verträgen, aber auch auf dem Völkergewohnheitsrecht beruht[430]. Es gilt primär für bewaffnete Konflikte zwischen Staaten (internationale bewaffnete Konflikte). Ein Teil der für diese Konflikte entwickelten Regeln findet auch auf bewaffnete Auseinandersetzungen Anwendung, die sich im Inneren eines Staates abspielen (nicht-internationale bewaffnete Konflikte, „Bürgerkriege")"[431].

134
Haager Recht

In der Geschichte des Kriegsrechts lassen sich zwei Entwicklungslinien unterscheiden: Die eine (das sogenannte Haager Recht) ist darauf gerichtet, durch Festlegung bestimmter Regeln der Kriegsführung für die Soldaten „die Leiden des Krieges zu mildern, soweit es die militärischen Interessen gestatten"[432]. Es soll also im Interesse der Angehörigen aller Streitkräfte Gewalt vermieden werden, die entweder zur Erreichung militärischer Ziele unnötig oder die unverhältnismäßig grausam ist. Die Grundregel drückt Art. 22 der Haager Landkriegsordnung von 1907[433] so aus: „Die Kriegführenden haben kein unbeschränktes Recht in der Wahl der Mittel zur Schädigung des Fein-

Landkriegsordnung von 1907

---

428 Vgl. *Bothe* (N 117), S. 696. Ausführlich *Robert Kolb*, Droit humanitaire et opérations de paix internationales, Genf/Brüssel ²2006. Zur Anwendung des humanitären Völkerrechts auf den Bundeswehreinsatz in Afghanistan: *Silja Vöneky*, Das Ende der Unschuld? Völkerrechtliche Aspekte des Einsatzes militärischer Gewalt durch Truppen der Bundeswehr am Beispiel Afghanistans, in: FS für Rüdiger Wolfrum, 2012, Bd. II, S. 1309 (1315 ff.).
429 *Bothe* (N 117), S. 691.
430 Neuere monographische Darstellung: *Robert Kolb*, Ius in bello. Le droit international des conflits armés, Basel/Brüssel ²2009. Überblicksdarstellungen: *Hans-Peter Gasser/Nils Melzer*, Humanitäres Völkerrecht – Eine Einführung, ²2012; *Hans-Peter Gasser/Daniel Thürer*, Humanitarian Law, International, in: Max Planck Encyclopedia (N 7), Bd. V, 2012, S. 59 ff.; *Wolff Heintschel von Heinegg*, Schutz des humanitären Völkerrechts bei bewaffneten Konflikten, in: HGR, Bd. VI/2, § 181.
431 Vgl. *Bothe* (N 117), S. 733 ff.; *Heintschel von Heinegg* (N 430), § 181 Rn. 70 ff.; *Stephan Hobe*, Das humanitäre Völkerrecht in asymmetrischen Konflikten: Anwendbarkeit, modifizierende Interpretation, Notwendigkeit einer Reform?, in: Berichte der Deutschen Gesellschaft für Völkerrecht 44 (2010), S. 41 ff.
432 Präambel des [IV. Haager] Abkommens betreffend die Gesetze und Gebräuche des Landkriegs vom 18.10.1907 (RGBl 1910, S. 107); Nachdruck in: Tomuschat (N 43), S. 477.
433 Ordnung der Gesetze und Gebräuche des Landkriegs, Anlage zum Abkommen vom 18.10.1907 (N 432); Nachdruck in: Tomuschat (N 43), S. 480.

des." Mit dem Ziel der Vermeidung unnötigen Leidens sind insbesondere bestimmte Waffen verboten worden, so zum Beispiel durch das Genfer Protokoll von 1925 die „Verwendung von erstickenden, giftigen oder gleichartigen Gasen"[434].

Die zweite Entwicklungslinie (das sogenannte Genfer Recht) verfolgt den Schutz von Kriegsopfern, insbesondere der verwundeten und schiffbrüchigen Soldaten, der Kriegsgefangenen und der Zivilpersonen. Sie begann mit der Genfer Konvention von 1864 über den Schutz der Verwundeten im Feld, die auf die Initiative des Genfer Bürgers Henri Dunant zurückging. Dunant hatte im Jahr 1859 als Reisender die Schlacht von Solferino (in der italienischen Provinz Mantua, südlich des Gardasees) miterlebt und nach Kräften den Verwundeten geholfen. In dieser besonders blutigen und verlustreichen Schlacht im Krieg um die Einigung Italiens zwischen Piemont-Sardinien und Frankreich einerseits und Österreich andererseits erlitt Österreich am 24. Juni 1859 die entscheidende Niederlage. Drei Jahre später veröffentlichte Dunant sein Buch „Un souvenir de Solferino", das zur ersten Genfer Konvention von 1864 und zur Gründung des Roten Kreuzes führte. Mit der Konvention wurde die Neutralität aller Ambulanzen und Lazarette, der Verwundeten und des Pflegepersonals unabhängig vom Fortgang der Feindseligkeiten anerkannt.

135
Genfer Recht

Konvention von 1864

Die wichtigsten heute geltenden Verträge zum Schutz von Opfern bewaffneter Konflikte sind die auf die Erfahrung des Zweiten Weltkriegs zurückgehenden (sämtlich von der Bundesrepublik Deutschland angenommenen) vier Genfer Abkommen vom 12. August 1949[435] sowie die beiden Zusatzprotokolle vom 8. Juni 1977 zu den Genfer Abkommen[436]. Die vier Genfer Abkommen sowie das erste Zusatzprotokoll finden Anwendung „in allen Fällen eines erklärten Krieges oder eines anderen bewaffneten Konflikts, der zwischen zwei oder mehreren der Hohen Vertragsparteien entsteht", sowie „in allen Fällen vollständiger oder teilweiser Besetzung des Gebietes einer Hohen Vertragspartei"[437]. Der gemeinsame Art. 3 der vier Abkommen bestimmt einen Mindeststandard für bewaffnete Konflikte, die keinen internationalen Charakter haben und auf dem Gebiet einer der Vertragsparteien entstehen. Das zweite Zusatzprotokoll hat diesen Mindeststandard weiterentwickelt und ergänzt. Während der gemeinsame Art. 3 Verhaltensmaßstäbe für „jede der

136
Genfer Abkommen

Mindeststandard für bewaffnete Konflikte

---

434 Protokoll über das Verbot der Verwendung von erstickenden, giftigen oder ähnlichen Gasen sowie von bakteriologischen Mitteln im Krieg vom 17.6.1925 (RGBl 1929 II, S. 174); Nachdruck in: Tomuschat (N 43), S. 485.
435 I. Genfer Abkommen zur Verbesserung des Loses der Verwundeten und Kranken der Streitkräfte im Feld (BGBl 1954 II, S. 783); II. Genfer Abkommen zur Verbesserung des Loses der Verwundeten, Kranken und Schiffbrüchigen der Streitkräfte zur See (BGBl 1954 II, S. 813); III. Genfer Abkommen über die Behandlung der Kriegsgefangenen (BGBl 1954 II, S. 838); IV. Genfer Abkommen zum Schutz von Zivilpersonen in Kriegszeiten (BGBl 1954 II, S. 917, berichtigt 1956 II, S. 1586). Auszüge aus der III. und IV. Konvention in: Tomuschat (N 43), S. 486, 490.
436 Zusatzprotokoll zu den Genfer Abkommen vom 12.8.1949 über den Schutz der Opfer internationaler bewaffneter Konflikte (Protokoll I) vom 8.6.1977 (BGBl 1990 II, S. 1551); Zusatzprotokoll zu den Genfer Abkommen vom 12.8.1949 über den Schutz der Opfer nicht internationaler Konflikte (Protokoll II) vom 8.6.1977 (BGBl 1990 II, S. 1637). Nachdruck in: Tomuschat (N 43), S. 504, 545.
437 Gemeinsamer Art. 2 der vier Genfer Abkommen (N 435) sowie Art. 1 Abs. 3 des Protokolls I (N 436).

am Konflikt beteiligten Parteien" vorgibt, beschränkt das zweite Zusatzprotokoll seinen Anwendungsbereich auf Konflikte, die im Hoheitsgebiet einer Vertragspartei „zwischen deren Streitkräften und abtrünnigen Streitkräften oder anderen organisierten bewaffneten Gruppen stattfinden, die unter einer verantwortlichen Führung eine solche Kontrolle über einen Teil des Hoheitsgebiets der Hohen Vertragspartei ausüben, daß sie anhaltende, koordinierte Kampfhandlungen durchführen und dieses Protokoll anzuwenden vermögen" (Art. 1 Abs. 1 Zusatzprotokoll II). Besondere Regeln gelten im Fall einer kriegerischen Besetzung eines Gebiets im Hinblick auf dessen Verwaltung und den Schutz der Bevölkerung des besetzten Gebiets[438].

137
Völkerstrafgesetzbuch

In der Bundesrepublik Deutschland sind mit dem Völkerstrafgesetzbuch vom 26. Juni 2002[439], welches das Römische Statut des Internationalen Strafgerichtshofs vom 17. Juli 1998[440] in das deutsche Recht umgesetzt hat, schwere Verstöße gegen das humanitäre Völkerrecht als Kriegsverbrechen unter Strafe gestellt worden[441]. Gemäß § 11 Abs. 2 S. 1 SG[442] darf ein Soldat einen Befehl nicht befolgen, wenn dadurch eine Straftat begangen würde.

138
Resolutionen des UN-Sicherheitsrates

Über das „ius in bello" im engeren Sinne hinaus können sich für die Bundeswehr im Einsatz zu beachtende Bindungen aus Resolutionen des UN-Sicherheitsrates ergeben, die das Mandat einer Operation bestimmen, sowie aus besonderen Verträgen, insbesondere zwischen den Vereinten Nationen und einem Staat, auf dessen Gebiet der Einsatz stattfindet oder UN-Friedenstruppen stationiert sind[443].

II. Internationales Recht zum Schutz der Menschenrechte

139
Europäische Menschenrechtskonvention

In militärischen Einsätzen ist die Bundeswehr an die völkerrechtlich geschützten Menschenrechte – insbesondere die in der Europäischen Menschenrechtskonvention (EMRK) und im Internationalen Pakt über bürgerliche und politische Rechte vom 19. Dezember 1966 (IPbürgR)[444] gewährleisteten – gebunden. Das gilt auch für Einsätze im bewaffneten Konflikt[445], wobei hier die Normen des humanitären Völkerrechts parallel gelten. Das Internationale

---

438 Art. 42 ff. der Haager Landkriegsordnung (N 433), Art. 47 ff. des IV. Genfer Abkommens (N 435), Art. 14 des Protokolls I (N 436). Vgl. *Bothe* (N 117), S. 710 ff.
439 BGBl 2002 I, S. 2254.
440 BGBl 2000 II, S. 1394; auszugsweise in: Tomuschat (N 43), S. 555.
441 Im einzelnen sind strafbar: § 8 – Kriegsverbrechen gegen Personen; § 9 – Kriegsverbrechen gegen Eigentum und sonstige Rechte; § 10 – Kriegsverbrechen gegen humanitäre Operationen und Embleme; § 11 – Kriegsverbrechen des Einsatzes verbotener Methoden der Kriegsführung; § 12 – Kriegsverbrechen des Einsatzes verbotener Mittel der Kriegsführung.
442 Gesetz über die Rechtsstellung der Soldaten (Soldatengesetz) i. d. F. der Bekanntmachung vom 30.5.2005 (BGBl I, S. 1482), zuletzt geändert durch Art. 9 des Gesetzes vom 21.7.2012 (BGBl I, S. 1583).
443 Vgl. *Bothe* (N 117), S. 677 f.
444 BGBl 1973 II, S. 1534; Nachdruck in: Tomuschat (N 43), S. 185. → Bd. X, *Tomuschat*, § 208 Rn. 10; *Christoph Vedder*, Die allgemeinen UN-Menschenrechtspakte und ihre Verfahren, in: HGR, Bd. VI/2, § 174.
445 S. o. Rn. 130.

Komitee vom Roten Kreuz spricht zutreffend von einer Komplementarität der beiden Rechtsgebiete[446]. Die Anforderungen beider Rechtsregime sind zu einem Ausgleich zu bringen[447]. Nur ausnahmsweise tritt der allgemeine Menschenrechtsschutz hinter das humanitäre Völkerrecht zurück (Anwendungsvorrang des humanitären Völkerrechts). In Situationen, die keine bewaffneten Konflikte im Sinne des humanitären Völkerrechts darstellen, weil etwa die hierfür erforderliche Intensität der Gewaltanwendung nicht gegeben ist, kommen allein die völkerrechtlich gewährleisteten Menschenrechte zur Anwendung und erfüllen partiell eine dem humanitären Völkerrecht vergleichbare Schutzfunktion.

Komplementarität der Menschenrechte und des humanitären Völkerrechts

140

Zwar ist das Recht der Menschenrechte primär auf Zeiten des Friedens[448] und auf Inlandsgeltung zugeschnitten. Doch ergibt sich schon aus den Menschenrechtsverträgen selbst, daß sie ihre Geltung im Krieg nicht verlieren. So erlaubt Art. 4 Abs. 1 IPbürgR den Vertragsstaaten, ihre Verpflichtungen aus dem Pakt „im Falle eines öffentlichen Notstandes, der das Leben der Nation bedroht und der amtlich verkündet ist", vorübergehend „in dem Umfang, den die Lage unbedingt erfordert", außer Kraft zu setzen. Bestimmte Menschenrechte sind gemäß Art. 4 Abs. 2 IPbürgR notstandsfest, darunter das Recht auf Leben, das Folter- und Sklavereiverbot, der nulla poena sine lege-Grundsatz und die Gedanken-, Gewissens- und Religionsfreiheit. Entsprechende Regeln enthält die Europäische Menschenrechtskonvention (Art. 15 EMRK)[449]. Zusätzlich verweist das humanitäre Völkerrecht auf den Schutz der Menschenrechte[450].

Geltung der Menschenrechte im Krieg

141

Auch wenn die Menschenrechtsverträge in erster Linie die jeweilige Staatsgewalt auf ihrem Gebiet binden wollen, ist ihre Geltung nicht generell auf das Inland beschränkt. Zwar bestimmt Art. 2 Abs. 1 IPbürgR, jeder Vertragsstaat verpflichte sich, „die in diesem Pakt anerkannten Rechte zu achten und sie allen in seinem Gebiet befindlichen und seiner Herrschaftsgewalt unterstehenden Personen („all individuals within its territory and subject to its jurisdiction") ohne Unterschied ... zu gewährleisten". Der zur Entscheidung über Staaten- und Individualbeschwerden nach dem Pakt berufene Ausschuß für

Geltung auch außerhalb des Staatsgebiets

---

446 Vgl. *Buergenthal/Thürer* (N 448), S. 116. Ebenso der Ausschuß für Menschenrechte (IPbürgR): General Comment No. 31 v. 29. 3. 2004, „The Nature of the General Legal Obligation Imposed on States Parties to the Covenant" (UN-Dokument CCPR/C/21/Rev.1/Add.13), Abs. Nr. 11. Der IGH bezeichnet das humanitäre Völkerrecht als lex specialis; vgl. seine Rechtsgutachten Legality of the Threat or Use of Nuclear Weapons, in: ICJRep 1996 (I), S. 240, Abs.-Nr. 25, sowie Legal Consequences of the Construction of a Wall (N 136), S. 178, Abs. Nr. 106. Ausführlich *Dirk Lorenz*, Der territoriale Anwendungsbereich der Grund- und Menschenrechte, 2005, S. 199 ff.
447 *Bothe* (N 117), S. 694 f.; ebenso *Christian Tomuschat*, Human Rights. Between Idealism and Realism, Oxford ²2008, S. 292. Näher *Michael Bothe*, Humanitäres Völkerrecht und Schutz der Menschenrechte: Auf der Suche nach Synergien und Schutzlücken, in: FS für Christian Tomuschat, 2006, S. 63 ff.; *Orna Ben-Naftali* (Hg.), International Humanitarian Law and International Human Rights Law: Pas de Deux, Oxford 2011. A. A. *Heintschel von Heinegg* (N 430), § 181 Rn. 20 (alleinige Anwendung des humanitären Völkerrechts im internationalen bewaffneten Konflikt).
448 *Thomas Buergenthal/Daniel Thürer*, Menschenrechte – Ideale, Instrumente, Institutionen, 2009, S. 115.
449 Vgl. *Jörg Gundel*, Europäische Menschenrechtskonvention: Beschränkungsmöglichkeiten, in: HGR, Bd. VI/1, 2010, § 147 Rn. 61 ff.
450 Vgl. Art. 75 Protokoll I und die Präambel des Protokolls II; dazu *Gasser/Thürer* (N 430), S. 67.

Teleologische Auslegung

Menschenrechte hat aber ohne Widerspruch der Vertragsstaaten das „und" in dieser Vorschrift wie ein „sowie auch den" interpretiert und den Pakt auch auf das Handeln von Staatsorganen außerhalb ihres Staatsgebiets angewandt: Einer Vertragspartei dürfe es nicht gestattet sein, sich ihren Verpflichtungen aus dem Pakt zu entziehen, indem sie den Ort der Rechtsverletzung in das Ausland verlege[451]. Diese Auslegung entspricht der Bestimmung des Art. 1 der Europäischen Menschenrechtskonvention, wonach die Vertragsparteien „allen ihrer Hoheitsgewalt unterstehenden Personen" („everyone within their jurisdiction") die in der Konvention bestimmten Rechte und Freiheiten zusichern. In seinen „Allgemeinen Bemerkungen" von 2004 bekräftigte der Ausschuß diese teleologische Auslegung und berücksichtigte dabei auch das Handeln von Streitkräften einer Vertragspartei im Ausland: „A State Party must respect and ensure the rights laid down in the Covenant to anyone within the power or effective control of that State Party, even if not situated within the territory of the State Party ... This principle also applies to those within the power or effective control of the forces of a State Party acting outside its territory, regardless of the circumstances in which such power or effective control was obtained, such as forces constituting a national contingent of a State Party assigned to an international peace-keeping or peace-enforcement operation."[452]

142
„Jurisdiction"

Der für den persönlichen Anwendungsbereich der Menschenrechtsverträge zentrale Begriff ist damit der der „jurisdiction". Dieser meint „Herrschaft" oder „Hoheitsgewalt" im Rechtssinn („power")[453], weitergehend – wie vom Ausschuß für Menschenrechte, aber auch vom Europäischen Gerichtshof für Menschenrechte[454] vertreten – auch tatsächliche Herrschaft („effective control"). Bei Auslandseinsätzen der Bundeswehr bestehen daher vertragliche menschenrechtliche Pflichten nur gegenüber Personen, die der „Hoheitsgewalt" der Bundesrepublik Deutschland oder jedenfalls ihrer tatsächlichen Herrschaft unterstehen. Das trifft insbesondere zu auf gefangene Angehörige gegnerischer Streitkräfte (Kriegsgefangene) sowie auf die Bevölkerung eines

---

451 Vgl. *Christophe Eick*, Die Anwendbarkeit des Internationalen Paktes über bürgerliche und politische Rechte bei Auslandseinsätzen der Bundeswehr, in: FS für Christian Tomuschat, 2006, S. 115 ff.; *Vedder* (N 444), § 174 Rn. 12.
452 General Comment No. 31 (N 446), Abs. Nr. 10.
453 Die Allgemeine Erklärung der Menschenrechte von 1948 legt in ihrer Präambel dar, mit der Erklärung solle die universelle und effektive Anerkennung und Achtung der Menschenrechte gesichert werden, „both among the peoples of Member States themselves *and among the peoples of territories under their jurisdiction*" (Hervorhebung hinzugefügt). Mit der hervorgehobenen Formulierung sollten die UN-Mitgliedstaaten auch für die Bevölkerung der von ihnen verwalteten Gebiete, das heißt insbesondere der Kolonien und Treuhandgebiete, an die proklamierten Menschenrechte gebunden werden. Vgl. *Bardo Fassbender* (Hg.), Menschenrechteerklärung – Neuübersetzung, Synopse, Erläuterungen, Materialien, 2009, S. 69; *Martin Nettesheim*, Die Allgemeine Erklärung der Menschenrechte und ihre Rechtsnatur, in: HGR, Bd. VI/2, § 173 Rn. 64 f.
454 Im Fall *Loizidou* bejahte der EGMR die Verantwortlichkeit der Türkei gemäß Art. 1 EMRK für ihre Amtshandlungen in Nordzypern, weil die Türkei das Gebiet effektiv kontrolliere („it exercises effective control of an area outside its national territory"). EGMR (Loizidou gegen Türkei), Urteil v. 23. 2. 1995 (Preliminary Objections), Abs. Nr. 62, in: Human Rights Law Journal 1995, S. 15 (22).

besetzten oder dauerhaft verwalteten Gebiets⁴⁵⁵. Die Verantwortlichkeit für Amtshandlungen in einem Gebiet kann auch im Rahmen einer internationalen Friedensmission⁴⁵⁶ oder bewaffneter Auseinandersetzungen⁴⁵⁷ bestehen. Unter Umständen tritt hier eine menschenrechtliche Verpflichtung internationaler Instanzen hinzu⁴⁵⁸.

Kriegsgefangene und Bevölkerung eines besetzten Gebietes

Keine Hoheitsgewalt wird dagegen über gegnerische Kombattanten ausgeübt. Zwar handelt der Soldat der Bundeswehr, der auf einen gegnerischen Kämpfer schießt, hoheitlich. Der Gegner untersteht aber deshalb nicht deutscher Hoheitsgewalt oder effektiver Kontrolle. Es besteht zwischen ihm und der Bundesrepublik Deutschland (als an dem bewaffneten Konflikt beteiligter Partei) eine rechtliche Beziehung, aber nur eine (kriegs-)völkerrechtliche, von den Normen des humanitären Völkerrechts bestimmte, nicht aber eine staatsrechtliche – der fremde Soldat „untersteht" nicht der deutschen Rechtsordnung. Weder schuldet er dieser Gehorsam noch wird er von ihr geschützt. Dasselbe gilt für einen Angehörigen der Zivilbevölkerung, der durch einen militärischen Einsatz der Bundeswehr in seinen Rechtsgütern geschädigt worden ist⁴⁵⁹.

143
Keine Hoheitsgewalt über gegnerische Kombattanten

---

455 Vgl. *Bothe* (N 117), S. 694; *Eick* (N 451), S. 123 f. Vgl. IGH, Legal Consequences of the Construction of a Wall (N 136), S. 179, Abs. Nr. 109; *ders.*, Armed Activities on the Territory of the Congo (N 136), S. 231, Abs. Nr. 178; EGMR, Urteil v. 7.7.2011 (Al-Skeini u.a. gegen Vereinigtes Königreich), in: European Human Rights Reports 53 (2011), S. 18, Abs. Nr. 138 f., 149 (Anwendbarkeit der EMRK auf Handlungen der Streitkräfte des Vereinigten Königreichs im amerikanisch-britisch besetzten Irak). Zum Urteil des EGMR: *Mads Andenas/Eirik Bjorge*, Human Rights and Acts by Troops Abroad: Rights and Jurisdictional Restrictions, in: European Public Law 18 (2012), S. 473 ff.

456 Vgl. *Eick* (N 451), S. 124 f., 129 f.; *Heike Krieger*, Die Verantwortlichkeit Deutschlands nach der EMRK für seine Streitkräfte im Auslandseinsatz, in: ZaöRV 62 (2002), S. 669 (677 ff.); *Ute Erberich*, Auslandseinsätze der Bundeswehr und Europäische Menschenrechtskonvention, 2004, S. 113 ff. (Bindung der Bundeswehr an die EMRK bei Einsätzen im Rahmen der NATO im früheren Jugoslawien und in Afghanistan); *Klaus Stoltenberg*, Auslandseinsätze der Bundeswehr im menschenrechtlichen Niemandsland?, in: ZRP 2008, S. 111 (113 ff.). Vgl. EGMR, Urteil v. 7.7.2011 (Al-Jedda gegen Vereinigtes Königreich), Abs. Nr. 80 ff.; mit negativem Ergebnis dagegen EGMR, Urteil v. 2.5.2007 (Behrami und Saramati), Abs. Nr. 132 ff., in: EuGRZ 2007, S. 522 (539 f.) (keine Hoheitsgewalt der an KFOR [International Force Responsible for Establishing a Security Presence in Kosovo] beteiligten Staaten wegen der „ultimativen Autorität und Kontrolle" des UN-Sicherheitsrats).

457 Vgl. EGMR, Urteil v. 16.11.2004 (Issa u.a. gegen Türkei), in: European Human Rights Reports 41 (2004), S. 567, Abs. Nr. 67 ff. (69): Anwendbarkeit der EMRK „where, as a consequence of military action – whether lawful or unlawful – that State in practice exercises effective control of an area situated outside its national territory". Ebenso EGMR, Urteil vom 7.7.2011 (Al-Skeini) (N 455), Abs. Nr. 138 f.

458 Untersuchung am Beispiel der internationalen Verwaltung Kosovos: *Georg Nolte*, Menschenrechtsschutz gegenüber internationalen Instanzen im Kosovo, in: Dieter Weingärtner (Hg.), Einsatz der Bundeswehr im Ausland: Rechtsgrundlagen und Rechtspraxis, 2007, S. 67 ff. Die Frage einer parallelen Zurechnung von Handlungen im Rahmen der EU-Operation „Atalanta" spielte auch in dem vom VG Köln am 11.11.2011 entschiedenen Fall (Az. 25 K 4280/09) eine Rolle; vgl. *Helmut Ph. Aust*, Pirateriebekämpfung mit oder ohne Grundgesetz und Völkerrecht auf dem verwaltungsgerichtlichen Prüfstand, in: DVBl 2012, S. 484 ff.

459 Ist der Schaden (als zulässiger „Kollateralschaden") trotz Beachtung der Regeln des humanitären Völkerrechts über Vorsichtsmaßnahmen beim Angriff und gegen die Wirkungen von Angriffen (vgl. Art. 57 f. Protokoll I) eingetreten, so ist er hinzunehmen; ist er dagegen Folge einer Verletzung von Regeln des humanitären Völkerrechts, so entstehen völkerrechtliche Schadenersatzansprüche des Heimatstaates des Opfers gegen den Verursacherstaat. Eine neuere Richtung der Lehre spricht dem Opfer auch individuelle Schadenersatzansprüche gegen den Verursacherstaat zu, kann sich aber nur auf vereinzelte Entscheidungen staatlicher Gerichte stützen. Vgl. *Tomuschat* (N 447), S. 318 f., 367 ff.; *Wolff Heintschel von Heinegg*, Entschädigung für Verletzungen des humanitären Völkerrechts, in: Berichte der Deutschen Gesellschaft für Völkerrecht 40 (2003), S. 1 (25 f., 52); *Rainer Hofmann*, Victims of Violations of International Humanitarian Law: Do They Have an Individual Right to Reparation against States under International Law?, in: FS für Christian Tomuschat, 2006, S. 341 ff.

144 Keine Ausübung tatsächlicher Herrschaft	Im Regelfall wird im Verhältnis zu einem gegnerischen Kombattanten oder einer einen Kollateralschaden erleidenden Zivilperson auch die zweite, kumulativ oder alternativ eine menschenrechtliche Verantwortung begründende Voraussetzung – nämlich die Ausübung tatsächlicher Herrschaft („effective control") – nicht gegeben sein. Es sind aber Ausnahmen vorstellbar. Greift zum Beispiel ein Verband aus einer Position praktisch unüberwindbarer Überlegenheit, die etwa in den zur Verfügung stehenden Waffen und der Technik begründet ist, eine Einheit des Gegners an, wird unter Umständen bereits effektive Herrschaft ausgeübt. Dasselbe gilt für Angriffe, die mittels ferngesteuerter unbemannter Flugzeuge (sogenannter Drohnen) auf unverteidigte Ziele erfolgen.
145 Banković-Entscheidung des EGMR Al-Skeini-Entscheidung des EGMR	Im Fall Banković entschied der Europäische Gerichtshof für Menschenrechte im Jahr 2001, die Luftangriffe von NATO-Staaten auf eine Fernseh- und Rundfunkstation in Belgrad im Kosovo-Konflikt des Jahres 1999[460] seien nicht als Ausübung von „Herrschaftsgewalt" im Sinne von Art. 1 EMRK zu qualifizieren. Extraterritoriale Herrschaftsgewalt übe eine Vertragspartei (nur) dann aus, wenn sie aufgrund effektiver Kontrolle eines Gebiets und seiner Bewohner als Folge einer militärischen Besetzung oder aufgrund einer Zustimmung, Einladung oder Duldung der Regierung des Gebiets alle oder einige hoheitliche Befugnisse ausübe, die gewöhnlich von dieser Regierung ausgeübt würden[461]. Diese Entscheidung ist mit dem Argument kritisiert worden, die NATO-Staaten hätten aufgrund ihrer tatsächlichen Lufthoheit über Jugoslawien zur Zeit des Konflikts über die von der Bombardierung betroffenen Personen tatsächliche Gewalt innegehabt[462]. Neuerdings hat sich mit dem Urteil des Europäischen Gerichtshofes für Menschenrechte im Fall Al-Skeini eine Abkehr von der Banković-Rechtsprechung angedeutet. Das Gericht bejahte hier „state agent authority and control" auch in Umständen, in denen „the use of force by a State's agents operating outside its territory may bring the individual thereby brought under the control of the State's authorities into the State's Article 1 jurisdiction"[463].
146 Rechtsansicht der Bundesrepublik	Die Bundesrepublik Deutschland hat ihre Rechtsansicht dem Ausschuß für Menschenrechte am 5. Januar 2005 wie folgt notifiziert: „Deutschland gewährleistet gemäß Art. 2 Abs. 1 die Paktrechte allen in seinem Gebiet befindlichen und seiner Herrschaftsgewalt unterstehenden Personen. Deutschland sichert bei Einsätzen seiner Polizei oder Streitkräfte im Ausland, insbesondere im Rahmen von Friedensmissionen, allen Personen, soweit sie seiner

---

460 S. o. Rn. 44.
461 EGMR, Entscheidung v. 12.12.2001 (Banković u.a. gegen Belgien u.a.), Abs. Nr. 62, 71, in: ECHR Reports of Judgments and Decisions 2001-XII; deutsche Übersetzung in: EuGRZ 2002, S. 133.
462 *Thilo Rensmann*, Die Anwendbarkeit von Menschenrechten im Auslandseinsatz, in: Weingärtner (N 458), S. 49 (56 ff.). Vgl. auch *Andreas von Arnauld*, Das (Menschen-)Recht im Auslandseinsatz, in: Dieter Weingärtner (Hg.), Streitkräfte und Menschenrechte, 2008, S. 61 (67) (Menschenrechtsschutz „gegen und durch den Staat überall dort, wo es im Vermögen des Staates steht, Grundrechte des Einzelnen zu achten oder zu schützen").
463 EGMR, Urteil v. 7.7.2011 (Al-Skeini) (N 455), Abs. Nr. 136.

Herrschaftsgewalt unterstehen, die Gewährung der im Pakt anerkannten Rechte zu."⁴⁶⁴

Soweit nach den obigen Ausführungen die Europäische Menschenrechtskonvention und der Internationale Pakt über bürgerliche und politische Rechte die Bundeswehr in Auslandseinsätzen binden, steht Personen, die sich in ihren Rechten aus der Europäischen Menschenrechtskonvention oder dem Pakt verletzt sehen, die Möglichkeit der Individualbeschwerde gemäß Art. 34 EMRK bzw. Art. 2 des Fakultativprotokolls zum Pakt⁴⁶⁵ offen⁴⁶⁶. Einen vergleichbaren Individualrechtsschutz bieten die Regeln des humanitären Völkerrechts nicht.

147
Individualbeschwerde gemäß Art. 34 EMRK und Art. 2 Fakultativprot. IPbürgR

III. Grundrechte des Grundgesetzes

Das Völkerrecht stellt es den Staaten frei, in ihren Verfassungen Grund- und Menschenrechte über das vom völkerrechtlichen Recht der Menschenrechte gebotene Maß hinaus zu gewähren. Insofern ist die Frage, ob und inwieweit die Bundeswehr bei militärischen Einsätzen im Ausland an die Grundrechte des Grundgesetzes gebunden ist, ungeachtet der Reichweite der sich aus dem Völkerrecht ergebenden menschenrechtlichen Verpflichtungen⁴⁶⁷ allein durch Auslegung des Grundgesetzes zu bestimmen⁴⁶⁸.

148
Auslegung des Grundgesetzes

Das Grundgesetz enthält ausdrückliche Regelungen weder über eine grundrechtliche Bindung der deutschen Staatsgewalt bei einem Handeln außerhalb des Gebiets der Bundesrepublik Deutschland noch über eine solche Bindung bei militärischem Handeln der Streitkräfte „zur Verteidigung" oder „außer zur Verteidigung" (Art. 87a Abs. 1 und 2 GG). Es kann also nur durch Verfassungsinterpretation nach einer impliziten Antwort des Grundgesetzes auf die beiden Fragen gesucht werden.

149
Keine ausdrückliche Regelung

Für eine allgemeine Beschränkung der Geltung der Grundrechte (und grundrechtsgleichen Rechte) auf ein Handeln der deutschen Staatsgewalt im Inland bietet der Wortlaut des Grundgesetzes keine Anhaltspunkte. An der Stelle, an der systematisch eine solche Beschränkung zu erwarten wäre, nämlich in Art. 19 GG, fehlt sie in auffälliger Weise. Art. 19 Abs. 3 GG ist im Umkehrschluß nur zu entnehmen, daß die Grundrechte für ausländische juristische Personen nicht gelten sollen⁴⁶⁹. Gegen eine allgemeine Beschränkung spricht die lakonische Bestimmung des Art. 1 Abs. 3 GG, die nachfolgenden Grund-

150
Grundrechtsbindung der deutschen Staatsgewalt

---

464 Comments by the Government of Germany to the Concluding Observations of the Human Rights Committee, UN-Dokument CCPR/CO/80/DEU/Add.1, zit. nach: *Eick* (N 451), S. 131.
465 BGBl 1992 II, S. 1247.
466 Ebenso *Vöneky* (N 428), S. 1322.
467 S.o. Rn. 139 ff.
468 Vgl. *Wolfgang Graf Vitzthum*, Extraterritoriale Grundrechtsgeltung – Zu Bedingungen nachrichtendienstlicher Auslandsaufklärung, in: FS für Michael Bothe, 2008, S. 1213 (1215 f.). Zur Bedeutung einer „völkerrechtsfreundlichen" Auslegung des Grundgesetzes in diesem Zusammenhang s.u. Rn. 158. → Oben *Becker*, § 240 Rn. 12 ff.; *Nettesheim*, § 241 Rn. 57 ff.
469 → Bd. IX, *Rüfner*, § 196 Rn. 92.

rechte bänden „Gesetzgebung, vollziehende Gewalt und Rechtsprechung als unmittelbar geltendes Recht". Diese Bestimmung ist vielmehr nur so zu deuten, daß die vom Grundgesetz konstituierte vollziehende Gewalt unabhängig von dem Ort ihrer Tätigkeit an die Grundrechte gebunden sein soll. Das Grundgesetz definiert „die Staatsgewalt der Bundesrepublik Deutschland als Grundrechtsadressaten mit der Konsequenz, daß für jeden, der zu ihr in Beziehung tritt, die Grundrechte gelten"[470]. Diese Auslegung findet in Art. 1 Abs. 2 GG ihre Bestätigung, wonach sich das deutsche Volk zu den Menschenrechten „als Grundlage jeder menschlichen Gemeinschaft, des Friedens und der Gerechtigkeit in der Welt" bekennt. Mit diesem Bekenntnis ist eine allgemeine Freiheit der deutschen Staatsgewalt, im Ausland entgegen den Menschenrechtsverbürgungen des Grundgesetzes zu handeln, unvereinbar. Im Ergebnis ist grundrechtsberechtigt „jeder Mensch, auch der im Ausland ansässige Deutsche oder Ausländer (soweit das einschlägige Grundrecht nicht auf Deutsche beschränkt ist), wenn er von der deutschen Staatsgewalt erfaßt wird"[471].

Grundrechtsgeltung auch im Ausland

151 In einem zweiten Schritt ist danach zu fragen, ob diese Grundrechtsbindung der deutschen Staatsgewalt auch im Fall militärischer Einsätze der Bundeswehr besteht. Dabei steht die Grundrechtsbindung der Streitkräfte als solche außer Frage[472]. Zusammen mit der Einfügung der sogenannten Wehrverfassung in das Grundgesetz im Jahr 1956[473] wurde Art. 1 Abs. 3 GG gerade geändert, um diese Bindung zu betonen: Anstelle von „Gesetzgebung, Verwaltung und Rechtsprechung" hieß es nunmehr „Gesetzgebung, vollziehende Gewalt und Rechtsprechung"[474]. Die Grundrechtsbindung besteht, wie sich aus Art. 115c Abs. 2 GG ergibt, selbst im Verteidigungsfall gemäß Art. 115a GG[475]. Fraglich ist nur, ob, wie und in welchem Umfang Beschränkungen grundrechtlicher Gewährleistungen in militärischen Auslandseinsätzen begründbar sind. Diesbezüglich ist, wie zutreffend festgestellt worden ist, „vieles ungeklärt und ungesichert"[476]; eine herrschende Meinung hat sich in der verfassungsrechtlichen Literatur bisher nicht herausgebildet, obwohl die Bundeswehr nunmehr bereits seit mehr als 20 Jahren regelmäßig militärisch im Ausland eingesetzt wird. Auch die folgenden Überlegungen bedürfen weiterer Vertiefung.

Grundrechtsbindung der Streitkräfte

Beschränkungen bei militärischen Auslandseinsätzen?

---

470 → Bd. IX, *Isensee*, § 190 Rn. 32.
471 → Bd. IX, *Rüfner*, § 196 Rn. 35. → Oben *Becker*, § 240 Rn. 17 ff. Im selben Sinne *Graf Vitzthum* (N 468), S. 1214, 1218 ff.; *Peter Badura*, Der räumliche Geltungsbereich der Grundrechte, in: HGR, Bd. II, 2006, § 47 Rn. 18; *Peter M. Huber*, Natürliche Personen als Grundrechtsträger, ebd., § 49 Rn. 31; *Markus Heintzen*, Ausländer als Grundrechtsträger, ebd., § 50 Rn. 31. Weitere Nachweise bei *Lorenz* (N 446), S. 159 f.
472 Vgl. nur BVerwGE 127, 302 (364).
473 S. o. Rn. 26.
474 Vgl. *Baldus* (N 173), Art. 87a Rn. 7, 89.
475 Vgl. BVerwGE 127, 302 (365 f.). → Oben *Nettesheim*,, § 241 Rn. 70 ff.
476 *Baldus* (N 173), Art. 87a Rn. 86. Vgl. auch *Albin Eser*, Rechtmäßige Tötung im Krieg: Zur Fragwürdigkeit eines Tabus, in: FS für Heinz Schöch, 2010, S. 461 ff.; ders., Tötung im Krieg: Rückfragen an das Staats- und Völkerrecht, in: FS für Rainer Wahl, 2011, S. 665 ff.

Zunächst ist darauf hinzuweisen, daß im grundrechtsrelevanten Bereich einfachgesetzliche wehrrechtliche Vorschriften Schutzwirkungen für Personen entfalten, die durch Bundeswehreinsätze im Ausland betroffen sind[477]. So verpflichtet das Soldatengesetz den Soldaten unter anderem dazu, für die Erhaltung der freiheitlichen demokratischen Grundordnung im Sinne des Grundgesetzes einzutreten und Befehle nur unter Beachtung des Völkerrechts, der Gesetze und der Dienstvorschriften zu erteilen[478]. Verletzungen von Grundrechten Dritter stellen damit in der Regel Verstöße gegen Dienstpflichten dar. Zudem gilt gemäß § 1 a Abs. 2 WStG das deutsche Strafrecht unabhängig vom Recht des Tatorts auch für Taten, die ein Soldat während eines dienstlichen Aufenthalts oder in Beziehung auf den Dienst im Ausland begeht[479].

152
Einfachgesetzliche wehrrechtliche Vorschriften

Als gesichert kann eine Grundrechtsgeltung im Zusammenhang von Auslandseinsätzen der Bundeswehr in den Fällen angenommen werden, in denen eine Person „von der deutschen Staatsgewalt erfaßt wird"[480], es also zu ihrer sowohl tatsächlichen wie auch rechtlichen „Unterordnung unter deutsches Militär"[481] kommt. Denn tritt „die Bundesrepublik dem Ausländer im Ausland so gegenüber wie im Inland, nämlich als Staat und Hoheitsträger, ist zwischen ihr und dem betroffenen Ausländer eine sachlich-persönliche Beziehung entstanden, die rechtfertigt, dem Ausländer dieselbe grundrechtliche Rechtsstellung einzuräumen, die er in der Bundesrepublik gegenüber dem eingreifenden Staat hätte"[482].

153
Von der deutschen Staatsgewalt erfaßte Personen

Eine solche Unterordnung tritt für die betreffende Bevölkerung ein, wenn die Bundeswehr nach den kriegsvölkerrechtlichen Regeln ein bestimmtes Gebiet besetzt[483] und in diesem die Verantwortung für die öffentliche Ordnung[484] übernommen hat[485]. Eine solche territoriale und personale Verantwortung

154
Unterordnung unter deutsche Staatsgewalt

---

477 *Dieter Weingärtner*, Zur Geltung des Internationalen Paktes über bürgerliche und politische Rechte und der Grundrechte im Rahmen von Auslandseinsätzen der Bundeswehr, in: ders. (N 461), S. 89.
478 Vgl. §§ 8 und 10 Abs. 4 SG (N 442).
479 Wehrstrafgesetz i.d.F. der Bekanntmachung vom 24.5.1974 (BGBl I, S. 1213), zuletzt geändert durch Art. 15 des Gesetzes vom 22.4.2005 (BGBl I, S. 1106). Vgl. *Fabian Stam*, Strafverfolgung von Bundeswehrsoldaten im Auslandseinsatz, in: Zeitschrift für Internationale Strafrechtsdogmatik (ZIS) 2010, S. 628 ff.
480 → Bd. IX, *Rüfner*, § 196 Rn. 35.
481 Vgl. *Heintzen* (N 471).
482 *Helmut Quaritsch*, Der grundrechtliche Status der Ausländer, in: HStR V, ²2000 (¹1992), § 120 Rn. 81. In diesem Sinne auch die Stellungnahme des Bundesministers des Innern im G 10-Verfahren: BVerfGE 100, 313 (339).
483 Vgl. Art. 42 der Haager Landkriegsordnung (N 433): „Ein Gebiet gilt als besetzt, wenn es sich tatsächlich in der Gewalt des feindlichen Heeres befindet. Die Besetzung erstreckt sich nur auf die Gebiete, wo diese Gewalt hergestellt ist und ausgeübt werden kann."
484 Vgl. Art. 43 der Haager Landkriegsordnung (N 433): „Nachdem die gesetzmäßige Gewalt tatsächlich in die Hände des Besetzenden übergegangen ist, hat dieser alle von ihm abhängenden Vorkehrungen zu treffen, um nach Möglichkeit die öffentliche Ordnung und das öffentliche Leben wiederherzustellen und aufrechtzuerhalten, und zwar, soweit kein zwingendes Hindernis besteht, unter Beachtung der Landesgesetze."
485 Vgl. *Lorenz* (N 446), S. 164 ff.; ferner grundsätzlich *Markus Heintzen*, Auswärtige Beziehungen privater Verbände, 1988, S. 154: „Die Grundrechtsbindung der deutschen öffentlichen Gewalt bei Sachverhalten mit Auslandsberührung steht gemäß Art. 1 Abs. 3 GG in einem gleitenden Abhängigkeitsverhältnis zur Gewaltunterworfenheit der (potentiellen) Grundrechtsträger ... Ist es die Gebietshoheit, das umfassendste Herrschaftsrecht also, greift die Grundrechtsbindung in vollem Umfang Platz."
→ Oben *Nettesheim*, § 241 Rn. 53 ff.

§ 244   *Zweiundzwanzigster Teil: Grenzüberschreitende Staatsaufgaben*

Kriegs-
gefangene
kann auch auf der Grundlage eines Mandats des UN-Sicherheitsrates beziehungsweise im Rahmen einer internationalen Friedensmission bestehen, an der sich die Bundeswehr gemäß Art. 24 Abs. 2 GG beteiligt[486]. Eine Unterordnung unter deutsche Staatsgewalt tritt auch ein, wenn ein gegnerischer Kombattant in die Gewalt der Bundeswehr gerät und damit Kriegsgefangener wird[487]. Ein Kriegsgefangener darf einem anderen Staat nur übergeben werden, wenn dessen Recht einen dem Grundgesetz im wesentlichen gleichen Grundrechtsschutz gewährleistet[488].

155
Eingriffsgrundlage
Folglich bedarf in den genannten Fällen jeder Eingriff in die Grundrechte einer Rechtfertigung. Mangels Auslandsgeltung der einschlägigen Gesetze[489] könnte eine gesetzliche Eingriffsgrundlage in den nach Art. 59 Abs. 2 S. 1 GG ergangenen Zustimmungsgesetzen zu den einschlägigen völkerrechtlichen Verträgen über das humanitäre Völkerrecht gesehen werden, auch wenn diesen in der Regel nur im Umkehrschluß positive Handlungsermächtigungen entnommen werden können[490]. Bei Auslandseinsätzen im Rahmen von internationalen Friedensmissionen kommen als Eingriffsgrundlage auch Zustimmungsgesetze zu völkerrechtlichen Vereinbarungen mit dem Aufenthaltsstaat in Betracht[491].

156
Militärische
Kampfhandlungen
Unterschiedlich beurteilt wird dagegen die Grundrechtsgeltung für militärische Kampfhandlungen. Nach einer Ansicht handelt es sich bei militärischer Gewalt, die im Rahmen des Völkerrechts im Ausland ausgeübt wird, nicht um deutsche Staatsgewalt im Sinne von Art. 1 Abs. 3 GG, solange es an einer Unterordnung unter deutsches Militär fehlt[492]. Nach der Gegenansicht gelten die Grundrechte auch bei Streitkräfteeinsätzen im Ausland umfassend immer

---

486 Ist das Handeln der Bundeswehr nicht dem deutschen Staat, sondern einer internationalen Organisation zuzurechnen, so muß ein dem Grundgesetz im wesentlichen gleicher Grundrechtsschutz durch die Organisation gewährleistet sein; anderenfalls verbleibt es nach der „Solange"-Rechtsprechung des Bundesverfassungsgerichts (BVerfGE 37, 271 [285]; 73, 339 [376]) bei dem Grundrechtsschutz des Grundgesetzes. Vgl. *Baldus* (N 173), Art. 87 a Rn. 98; *Stoltenberg* (N 456), S. 112; *v. Arnauld* (N 461), S. 76 f.; *Stefan Talmon*, Die Geltung deutscher Rechtsvorschriften bei Auslandseinsätzen der Bundeswehr mit Zustimmung des Aufenthaltsstaats, in: NZWehrR 1997, S. 221 (228 f.).
487 Vgl. Art. 4 des III. Genfer Abkommens (N 435) und Art. 44 Protokoll I (N 436).
488 Vgl. mutatis mutandis BVerfGE 37, 271 (285); 73, 339 (376). Vgl. auch Art. 12 Abs. 2 S. 1 des III. Genfer Abkommens (N 435): „Die Kriegsgefangenen dürfen vom Gewahrsamsstaat nur einer Macht übergeben werden, die Vertragspartei des vorliegenden Abkommens ist, und dies nur, wenn er sich vergewissert hat, dass die fragliche Macht willens und in der Lage ist, das Abkommen anzuwenden."
489 Vgl. insbesondere das Gesetz über die Anwendung unmittelbaren Zwanges und die Ausübung besonderer Befugnisse durch Soldaten der Bundeswehr und verbündeter Streitkräfte sowie zivile Wachpersonen v. 12. 8. 1965 (BGBl I, S. 796), zuletzt geändert durch Art. 12 des Gesetzes vom 21. 12. 2007 (BGBl I, S. 3198). Allerdings steht die räumliche Beschränkung des § 2 UZwGBw auf militärische Einrichtungen und Sicherheitsbereiche in Deutschland einer Geltung der §§ 8–18 UZwGBw im Ausland nicht entgegen. Vgl. *Talmon* (N 486), S. 232 N 67; *Daniel Beck*, Auslandseinsätze deutscher Streitkräfte, 2008, S. 318.
490 Vgl. *Baldus* (N 173), Art. 87 a Rn. 95 f.; *Yousif* (N 494), S. 182 ff.; *Krieger* (N 399), S. 242 f. → Oben *Nettesheim*, § 241 Rn. 70 ff.,
491 Vgl. *Weingärtner* (N 477), S. 89.
492 *Heintzen* (N 471); ähnlich (begrenzt auf den internationalen bewaffneten Konflikt) *Krieger* (N 399), S. 237 f.; *dies.*, Die Reichweite der Grundrechtsbindung bei nachrichtendienstlichem Handeln, in: Norbert Röttgen/Heinrich Amadeus Wolff (Hg.), Parlamentarische Kontrolle der Nachrichtendienste im demokratischen Rechtsstaat, 2008, S. 31 (38). Für eine entsprechende Auslegung der völkerrechtlichen Menschenrechtsverträge s. o. Rn. 142.

dann, „wenn die durch das Grundgesetz verfasste staatliche Gewalt Rechtsgüter gefährdet oder beeinträchtigt"[493]. Diese zweite Ansicht beruht auf einem Verständnis des Art. 1 Abs. 3 GG, nach dem der Geltungsbereich der Grundrechte dem Wirkungsbereich der deutschen staatlichen Gewalt kongruent ist („Wirkungsprinzip")[494]. Verfassungsgerichtliche Rechtsprechung zur Frage der Grundrechtsgeltung für militärische Kampfhandlungen liegt nicht vor; die wenigen sachlich verwandten Entscheidungen betreffen die Vereinbarkeit der allgemeinen Wehrpflicht mit dem Grundgesetz[495] sowie den Umfang des Grundrechtsschutzes Deutscher im Verteidigungsfall[496].

„Wirkungsprinzip"

In Anbetracht der zentralen und oft beschriebenen Stellung, die der Schutz der Menschenrechte im Grundgesetz einnimmt, und vor dem Hintergrund der den Mitgliedern des Parlamentarischen Rates vor Augen stehenden Gewaltexzesse, die auch von deutschen militärischen Verbänden verübt worden waren, erscheint ein grundsätzlicher Ausschluß im Ausland ausgeübter militärischer Gewalt von den Grundrechtsgewährleistungen schwer vertretbar. Auch die Entstehungsgeschichte spricht dagegen. So berichtete etwa auf der Ministerpräsidentenkonferenz vom 31. August 1948 der Justizminister von Württemberg-Baden, Josef Beyerle, die Verfassungskommission des Konvents auf Herrenchiemsee sei bei ihrer Arbeit an den Grundrechten von der Tatsache ausgegangen, „daß die Gegenwart und die unmittelbar hinter uns liegende Vergangenheit so viele Einbrüche in die menschlichen Rechte und Freiheiten aufzuweisen hat, daß es eine besondere Aufgabe der Verfassung und des Grundgesetzes sein werde, die Freiheits- und Menschenrechte mit ganz besonderem Nachdruck in den Vordergrund zu rücken"[497]. Mit dieser – von den Mitgliedern des Parlamentarischen Rates geteilten – grundsätzlichen Anschauung ist es unvereinbar, Art. 1 Abs. 3 GG einen solchen exkludierenden Gehalt beizumessen. Aber auch der Wortlaut des Art. 1 GG spricht dagegen, wenn die Achtung und der Schutz der Würde des Menschen zur

157
Grundrechtsgeltung für militärische Gewalt im Ausland

Entstehungsgeschichte

Wortlaut

---

493 *Baldus* (N 173), Art. 87a Rn. 90. Im selben Sinne *Stoltenberg* (N 456), S. 112; *v. Arnauld* (N 461), S. 70; *Vöneky* (N 428), S. 1323 f.; *Daniel Beck*, Auslandseinsätze deutscher Streitkräfte – Materiell-rechtliche Bindungen aus Völkerrecht und Grundgesetz, insbesondere zum Schutz des Lebens, 2008, S. 124 ff.; *Daniel Thym*, Zwischen „Krieg" und „Frieden": Rechtsmaßstäbe für operatives Handeln der Bundeswehr im Ausland, in: DÖV 2010, S. 621 (628 ff.) (mit der Einschränkung einer reduzierten Bindungsintensität außerhalb von Situationen einer effektiven Gebietskontrolle oder Fällen des Personengewahrsams).
494 Vgl. *Badura* (N 471): der grundrechtliche Schutz richte sich „gegen die deutsche Staatsgewalt, die im Inland oder grenzüberschreitend im Ausland handelnd auftritt oder Rechtsbeeinträchtigungen bewirkt"; *Huber* (N 471): Geltung der Menschenrechte des Grundgesetzes „wo immer eine natürliche Person sachlich einschlägige Interessenbeeinträchtigungen hinnehmen muß, die der deutschen öffentlichen Gewalt zuzurechnen sind". Ausführlich *Muna A. Yousif*, Die extraterritoriale Geltung der Grundrechte bei der Ausübung deutscher Staatsgewalt im Ausland, 2007, S. 74 ff., 100 ff.
495 Vgl. BVerfGE 12, 45 (51); 38, 154 (167); 48, 127 (161).
496 Vgl. BVerfGE 77, 170 (221) („Rückwirkungen auf die Bevölkerung bei einem völkerrechtsgemäßen Einsatz von Waffen gegen den militärischen Gegner im Verteidigungsfall" seien vom Schutzbereich des Art. 2 Abs. 2 S. 1 GG nicht umfaßt).
497 Justizminister Josef Beyerle als Vorsitzender des Unterausschusses I für Grundsatzfragen des Verfassungskonvents auf Herrenchiemsee, in: Johannes Volker Wagner (Bearb.), Der Parlamentarische Rat 1948–1949. Akten und Protokolle, Bd. I: Vorgeschichte, 1975, S. 337 (382); vgl. *Bodo Pieroth*, Die Grundrechte des Grundgesetzes in der Verfassungstradition, in: HGR, Bd. II, 2006, § 25 Rn. 15.

„Verpflichtung *aller* staatlichen Gewalt"[498] erhoben werden und sich das deutsche Volk zu „unverletzlichen und unveräußerlichen Menschenrechten" bekennt. Auch im Verteidigungsfall liegt es dem Grundgesetz fern, den gegnerischen Soldaten oder Zivilisten aus „jeder menschlichen Gemeinschaft" auszuschließen. Er bleibt auch als Gegner Mensch mit Menschenrechten. Dies gilt erst recht in den von diversen Konfliktlagen und Zielen bestimmten Auslandseinsätzen der Bundeswehr im Rahmen der Vereinten Nationen, in denen die Existenz der Bundesrepublik Deutschland und das Leben des deutschen Volkes nicht bedroht sind.

158
Rechtfertigung der Kampfhandlungen

Geht man aus diesen Gründen von der Richtigkeit der zweiten oben genannten Ansicht[499] aus, so bedürfen auch von der Bundeswehr ausgeführte Kampfhandlungen als Eingriffe[500] in die Grundrechte eines gegnerischen Kombattanten oder einer Zivilperson[501] – insbesondere in das Recht auf Leben und körperliche Unversehrtheit (Art. 2 Abs. 2 S. 1 GG) – einer Rechtfertigung[502]. Dies gilt auch dann, wenn die staatliche Maßnahme eine Doppelwirkung hat, das heißt als Eingriff zur Erfüllung einer grundrechtlichen Schutzverpflichtung (Verteidigung)[503] erforderlich ist[504].

159
Abschwächung der Grundrechtsgeltung?

Rücksichtnahme auf fremdes Recht

Abstimmung mit dem Völkerrecht

Soweit nach der Rechtsprechung des Bundesverfassungsgerichts die Reichweite der Grundrechtsgeltung bei Sachverhalten mit Auslandsbezügen „unter Berücksichtigung von Art. 25 GG aus dem Grundgesetz selbst zu ermitteln" ist, wobei „je nach den einschlägigen Verfassungsnormen Modifikationen und Differenzierungen zulässig oder geboten sein" können[505], ist für die hier in Rede stehenden Grundrechte eine Reduzierung bereits des Schutzbereichs nicht begründbar[506]. „Modifikationen und Differenzierungen" kommen nur auf der Ebene der Rechtfertigung eines Eingriffs in Betracht. Denn möglicher Grund einer Abschwächung der Grundrechtsgeltung soll dem Bundesverfassungsgericht zufolge einerseits die „Notwendigkeit einer Abgrenzung und Abstimmung mit anderen Staaten und Rechtsordnungen", also die Rücksichtnahme auf fremdes Recht, andererseits die Abstimmung mit dem Völkerrecht sein (daher der Hinweis auf Art. 25 GG)[507]. Beide Gesichtspunkte erfordern aber keine Abschwächung der Grundrechte eines gegnerischen Kombattanten oder einer Zivilperson, weil in der Gewähr dieser Rechte die ausländischen Rechtsordnungen und das Völkerrecht ganz gleichläufig mit dem

---

498 Hervorhebung hinzugefügt.
499 S. o. Rn. 156.
500 Zu bloß faktischem Handeln als Grundrechtseingriff → Bd. IX, *Hillgruber*, § 200 Rn. 89.
501 S. o. Rn. 142.
502 Ebenso *Yousif* (N 494), S. 168f.
503 → Bd. IX, *Isensee*, § 191 Rn. 211 (militärischer Schutz der Staatsangehörigen und Gebietszugehörigen).
504 → Bd. IX, *Hillgruber*, § 200 Rn. 105.
505 BVerfGE 100, 313 (363). Vgl. hierzu *Yousif* (N 494), S. 105 ff.
506 Im Ergebnis ebenso *Yousif* (N 494), S. 117. A. A. aber *Dieter Wiefelspütz*, Auslandseinsatz der Streitkräfte und Grundrechte, in: NZWehrR 2008, S. 89 (102).
507 BVerfGE 100, 313 (362f.). Vgl. schon *Heintzen* (N 485), S. 279: „Die Grundrechte reichen bis an die Grenzen, bis an die die Bundesrepublik Deutschland nach den Grundsätzen des Völkerrechts ihre Hoheitsgewalt ausdehnen kann."

Grundgesetz sind, es also zu einem Konflikt, der aus Gründen des Verhältnisses des deutschen Staates zur Staatengemeinschaft[508] eine Zurücknahme des deutschen Rechts erfordern könnte, gar nicht kommt. Im Gegenteil verstärkt die Geltung der Grundrechte des Grundgesetzes nur die Schutzwirkung des Rechts eines fremden Staates (für seine eigenen Bürger) sowie des Völkerrechts (völkerrechtlicher Schutz der Menschenrechte)[509].

Als Eingriffstitel reicht die grundgesetzliche Aufgabenzuweisung der „Verteidigung" (Art. 87 a Abs. 1 S. 1 GG) nicht aus[510]. Ungeachtet ihrer möglichen materiellen Legitimationswirkung ist diese Kompetenznorm keine hinreichende Eingriffsgrundlage, weil sie über das Wie des Eingriffs ausdrücklich nichts sagt. Zwar könnte man argumentieren, die Vorschrift verweise mit dem Verteidigungsauftrag auf das völkerrechtliche Selbstverteidigungsrecht[511], welches wiederum militärisches Handeln in den Grenzen des humanitären Völkerrechts[512] erlaube, das heißt insbesondere die Tötung, Verletzung und Gefangennahme eines gegnerischen Kombattanten sowie die unter Anwendung der erforderlichen Vorsicht unvermeidbare Schädigung von Zivilpersonen. Doch genügt eine Vorschrift, deren Inhalt sich nur durch mehrfache Verweisung feststellen läßt, nicht den Anforderungen der Klarheit, Bestimmtheit und Justiziabilität an eine Befugnisnorm, die unmittelbar zu Grundrechtseingriffen ermächtigt[513]. Schließlich würde „Verteidigung" als Kompetenztitel auch nur in einem Ausschnitt der militärischen Auslandseinsätze der Bundeswehr anwendbar sein[514].

160
Eingriffsgrundlage

Fehlende Bestimmtheit des Art. 87 a Abs. 1 S. 1 GG

Während für die Fälle einer „Unterordnung unter deutsches Militär" (insbesondere der Verantwortung für ein Gebiet sowie für Kriegsgefangene) als gesetzliche Eingriffsgrundlage die nach Art. 59 Abs. 2 S. 1 GG ergangenen Zustimmungsgesetze zu den einschlägigen völkerrechtlichen Verträgen über das humanitäre Völkerrecht in Betracht kommen[515], reichen diese Gesetze als Eingriffstitel für die Vornahme von Kampfhandlungen nicht aus[516]. Denn in den Verträgen über das humanitäre Völkerrecht wird das Recht, den gegnerischen Kombattanten zu töten oder zu verletzen, nur stillschweigend vorausgesetzt. Beschränkungen dieses Rechts, zum Beispiel im Hinblick auf verbotene Waffen und Geschosse, sind nur durch eine Gesamtschau einer Vielzahl von Verträgen ermittelbar. Keine ausreichende Eingriffsgrundlage bilden für

161
Zustimmungsgesetze als Eingriffstitel?

---

508 BVerfGE 100, 313 (362).
509 Vgl. auch *Krieger* (N 492), S. 37: „Je weniger ein Grundrecht in der spezifischen nationalen Rechtsordnung verortet ist, je deutlicher also sein menschenrechtlicher Charakter ist, desto eher ist es in grenzüberschreitenden Sachverhalten anwendbar."
510 Vgl. *Yousif* (N 494), S. 175 ff., sowie (für Art. 4 Abs. 1 GG) BVerwGE 127, 302 (362 ff.). A. A. *Dietrich Murswiek*, in: Sachs, ⁶2011, Art. 2 Rn. 172. Zum Problemkreis „Aufgabenzuweisungen als Eingriffstitel?" → Bd. IX, *Hillgruber*, § 200 Rn. 109.
511 S. o. Rn. 40 ff., 50 ff.
512 S. o. Rn. 130.
513 Dasselbe gilt für Art. 24 Abs. 2 GG, dem *Vöneky* (N 428), S. 1324, „implizit die Befugnis, Kriegshandlungen und auch Tötungshandlungen vorzunehmen, die in Übereinstimmung mit dem geltenden Kriegsvölkerrecht stehen", entnehmen will.
514 S. o. Rn. 50 und 59.
515 S. o. Rn. 153.
516 Im Ergebnis ebenso *Yousif* (N 494), S. 185.

Kampfhandlungen im Rahmen von Friedenseinsätzen der Vereinten Nationen oder der NATO auch die Zustimmungsgesetze zur Charta der Vereinten Nationen beziehungsweise zum NATO-Vertrag, da diese keine Bestimmungen über zulässige Formen und Modalitäten solcher Einsätze enthalten. Grundrechtseingriffe können auch nicht im Wege eines unmittelbaren Rückgriffs auf völkerrechtliche Normen gerechtfertigt werden[517].

162
Feststellung des Verteidigungsfalls und Zustimmung

Gemäß Art. 115a Abs. 1 GG stellt der Bundestag auf Antrag der Bundesregierung und mit Zustimmung des Bundesrates den Verteidigungsfall fest. Nach der Rechtsprechung des Bundesverfassungsgerichts bedarf auch jeder Auslandseinsatz bewaffneter Streitkräfte grundsätzlich einer Zustimmung des Bundestags[518]. Der nach dem Parlamentsbeteiligungsgesetz vom 18. März 2005[519] erforderliche Antrag der Bundesregierung muß unter anderem Angaben enthalten über den Einsatzauftrag, das Einsatzgebiet, die Höchstzahl der einzusetzenden Soldaten, die Fähigkeiten der einzusetzenden Streitkräfte und die geplante Dauer des Einsatzes (§ 3 Abs. 2 ParlBetG).

163
Rechtfertigung nur durch förmliches Gesetz?

Zu prüfen ist, ob die Feststellung des Verteidigungsfalls bzw. eine konstitutive Zustimmung des Bundestags Grundrechtseingriffe, die im Zusammenhang mit Kampfhandlungen erfolgen, zu rechtfertigen geeignet ist. Dies wird von einer Ansicht im Schrifttum mit der Begründung abgelehnt, nur das förmliche Gesetz, das ein höheres Maß an Legitimation und eine höhere Gewähr für den Schutz der Grundrechte liefere, genüge den Anforderungen des grundrechtlichen Gesetzesvorbehalts[520]. Für Eingriffe in das Recht auf Leben und körperliche Unversehrtheit kann sich diese Ansicht auch auf den Wortlaut des Grundgesetzes stützen (Art. 2 Abs. 2 S. 2 GG: „In diese Rechte darf nur auf Grund eines Gesetzes eingegriffen werden").

164
Zweck des Gesetzesvorbehalts

Es ist demgegenüber jedoch der Zweck des Gesetzesvorbehalts (und die Möglichkeit einer Erfüllung dieses Zwecks auch auf nicht gesetzesförmigem Wege) zu berücksichtigen. Der Gesetzesvorbehalt betrifft die „Abgrenzung der Wirkungsbereiche von Gesetzgebung und Verwaltung, von Parlament und Exekutive"; mit dem Begriff werden „Sachbereiche und Gegenstände umrissen, die ,dem Gesetz vorbehalten', also einer autonomen Regelung der Verwaltung entzogen sind"[521]. Diese Funktion der Sicherung der Gewaltenteilung wird auch mit dem Mittel der parlamentarischen Feststellung des Verteidigungsfalls bzw. der konstitutiven Zustimmung des Bundestags erfüllt.

165
Wesentlichkeitslehre

Allerdings ist nach der vom Bundesverfassungsgericht entwickelten Wesentlichkeitslehre das Parlament gehalten, „im Bereich der Grundrechtsausübung – soweit diese staatlicher Regelung zugänglich ist – alle wesentlichen Entscheidungen selbst zu treffen"[522]. Das Parlament selbst muß darüber befin-

---

517 *Baldus* (N 173), Art. 87a Rn. 95.
518 S.o. Rn. 85.
519 S.o. Rn. 99f.
520 *Baldus* (N 173), Art. 87a Rn. 94. Ebenso *Albin Eser*, in: FS für Rainer Wahl (N 476), S. 674, 686; *Voss* (N 384), S. 78ff.
521 → Bd. V, *Ossenbühl*, § 101 Rn. 11.
522 BVerfGE 49, 89 (126); 61, 260 (275); 77, 170 (230f.).

den, unter welchen tatbestandlichen Voraussetzungen erhebliche Grundrechtseingriffe erfolgen sollen[523]. „Zweitens steigen mit wachsender Eingriffsintensität auch die Anforderungen an die Dichte der vom parlamentarischen Gesetzgeber geschuldeten Regelung: Je schwerwiegender der Grundrechtseingriff ist, desto präziser und detailreicher muß die parlamentsgesetzliche Ausgestaltung des Grundrechtseingriffs ausfallen."[524]

Da das menschliche Leben einen Höchstwert darstellt[525], ist nach der Wesentlichkeitslehre eine präzise und detailreiche Ausgestaltung eines zulässigen Eingriffs in Gesetzesform geboten. Doch trifft diese Forderung auf eine militärische Wirklichkeit, in der sich die Modalitäten des Einsatzes von Waffen und Geschossen nach vielfältigen Bedingungen militärischer Zweckmäßigkeit richten und in der Regel unter hohem Zeitdruck ständigen Veränderungen dieser Bedingungen angepaßt werden müssen. Diese Modalitäten sind zwar – mit der Wendung des Bundesverfassungsgerichts[526] – staatlicher Regelung zugänglich; die Regelung wäre aber kaum möglich ohne Gefährdung des militärischen Auftrags, insbesondere des Verteidigungsauftrags der Streitkräfte. Ein „Bundeswehr-Einsatzgesetz" müßte sich unter diesen Bedingungen auf generalklauselartige Ermächtigungen zu einem Waffengebrauch unter Wahrung des Verhältnismäßigkeitsprinzips beschränken. Es ist mit anderen Worten nicht ersichtlich, daß der vom grundrechtlichen Gesetzesvorbehalt erstrebte Zweck einer möglichst genauen Regelung der Anforderungen an einen zulässigen Grundrechtseingriff hier mit dem Mittel eines Parlamentsgesetzes erreicht werden könnte.

166
Militärische Wirklichkeit

Grenzen des Parlamentsgesetzes

Hinzu tritt ein weiterer Gedanke. Nach den Vorstellungen der liberalen Verfassungsbewegung des 19. Jahrhunderts sollte mit dem Vorbehalt des Gesetzes gewährleistet werden, daß in die persönliche Freiheit und das Eigentum der Bürger nur noch und erst eingegriffen werden darf, „wenn die Betroffenen durch ihre Repräsentationsorgane, das heißt ursprünglich die landständischen Versammlungen, zuvor ihre Zustimmung erteilt hatten"[527]. Die Macht des Monarchen sollte durch „Mitbestimmung der betroffenen Gesellschaft" beschränkt werden[528]. Von einer solchen Mitbestimmung aber kann in der hier gegebenen Konstellation nicht die Rede sein. Es geht nicht um eine Selbstverständigung des deutschen Volkes, vertreten durch seine gewählten Abgeordneten, über das zulässige Maß einer Beschränkung der Grundrechte der Deutschen, sondern um eine Rechtfertigung von Eingriffen in die Grundrechte von Ausländern, die im Bundestag nicht vertreten sind. Es entfällt damit ein tragendes Element der Idee des Gesetzesvorbehalts, nämlich die demokratische Beteiligung der „Betroffenen" an der grundrechtsbeschränkenden Gesetzgebung.

167
Idee des Gesetzesvorbehalts

---

523 → Bd. IX, *Hillgruber*, § 201 Rn. 31.
524 → Bd. IX, *Hillgruber*, § 201 Rn. 31 unter Verweis auf BVerfGE 49, 89 (133); 59, 104 (114); 86, 288 (311).
525 Vgl. BVerfGE 46, 160 (164) – Schleyer.
526 S. o. Rn. 165.
527 → Bd. V, *Ossenbühl*, § 101 Rn. 18.
528 → Bd. V, *Ossenbühl*, § 101 Rn. 18.

§ 244 *Zweiundzwanzigster Teil: Grenzüberschreitende Staatsaufgaben*

168
Zustimmung des Bundestages als Ersatz für Eingriffstitel

Im Ergebnis läßt sich die konstitutive Zustimmung des Bundestags zu einem bewaffneten Einsatz der Streitkräfte ebenso wie die Feststellung des Verteidigungsfalls als adäquater funktionaler Ersatz für ein als Titel für Grundrechtseingriffe durch Kampfhandlungen dienendes förmliches Gesetz ansehen, wenn man berücksichtigt, daß die Zustimmung die wesentlichen Umstände eines konkreten Einsatzes erfaßt[529]. Es steht dem Bundestag frei, in seinem Zustimmungsbeschluß Voraussetzungen gerechtfertigter Grundrechtseingriffe detailliert zu bestimmen.

169
Gesetzliche Regelung für die Ausgestaltung des Rechtsschutzes

Einer gesetzlichen Regelung bedarf allerdings die Ausgestaltung des Rechtsschutzes gegen Grundrechtsverletzungen[530]. Soweit nach dem oben Erörterten die Bundeswehr bei militärischen Einsätzen an die Grundrechte gemäß Art. 1 Abs. 3 GG gebunden ist, gilt grundsätzlich auch die Rechtsweggarantie des Art. 19 Abs. 4 GG[531]. Entsprechend ist bei einer Ausübung von Hoheitsgewalt im Sinne einer „Unterordnung" – das heißt insbesondere im Fall einer Gebietsherrschaft sowie der Herrschaft über Kriegsgefangene –[532] der Rechtsweg eröffnet[533]. Subsidiär ist die Verfassungsbeschwerde zum Bundesverfassungsgericht zulässig.

170
Rechtsweggarantie des Art. 19 Abs. 4 GG

Dagegen erscheint es wegen der tatsächlichen Bedingungen militärischer Kampfhandlungen ausgeschlossen, einem gegnerischen Kombattanten wegen einer möglichen Grundrechtsverletzung einen Weg vor deutsche Gerichte zu eröffnen[534]. Die Rechtsweggarantie des Art. 19 Abs. 4 GG müßte diesbezüglich wegen kollidierender Rechtsgüter von Verfassungsrang (Art. 87a Abs. 1 GG: Verteidigung[535], Art. 24 Abs. 2 GG: Wahrung des Friedens durch Mitwirkung an einem System gegenseitiger kollektiver Sicherheit[536]) durch Gesetz beschränkt werden[537].

Schutz durch Strafrecht

Einen gewissen Schutz bietet die deutsche Rechtsordnung dem gegnerischen Kombattanten durch das Strafrecht, insbesondere die Strafbarkeit von Verbrechen gegen die Menschlichkeit sowie von Kriegsverbrechen nach dem Völkerstrafgesetzbuch[538]. Nicht generell abzulehnen, son-

---

529 A.A. *Yousif* (N 494), S. 188: „keine Eingriffsermächtigung für Tötungshandlungen deutscher Soldaten im Ausland im geltenden Recht". Zur verfassungsgeschichtlichen Nähe des parlamentarischen Zustimmungsbeschlusses zum Gesetz s.o. Rn. 87; ferner *Butzer* (N 416), S. 81 ff., zu schlichten Parlamentsbeschlüssen „im Umfeld der Gesetzgebung", insbesondere als Substitut förmlicher Gesetzesbeschlüsse.
530 Auch das humanitäre Völkerrecht verlangt in bestimmten Fällen eine gerichtliche Entscheidung (s.z.B. Art. 5 Abs. 2 des III. Genfer Abkommens: Feststellung des Kriegsgefangenenstatus einer Person „durch ein zuständiges Gericht") und erlegt damit den Konfliktparteien entsprechende institutionelle Bereitstellungspflichten auf. Vgl. *v. Arnauld* (N 461), S. 71.
531 Vgl. *Yousif* (N 494), S. 196 ff.
532 S.o. Rn. 153.
533 Ebenso *Thym* (N 493), S. 630: Klagemöglichkeit nach der VwGO „in Situationen einer effektiven Gebietskontrolle sowie in Fällen des Personengewahrsams".
534 A.A. *Yousif* (N 494), S. 199 ff., der zufolge allerdings im Einzelfall „fehlende Reziprozität" Einschränkungen der Rechtsweggarantie rechtfertigen kann.
535 Vgl. BVerfGE 69, 1 (21): „verfassungsrechtliche Grundentscheidung für eine wirksame militärische Landesverteidigung"; 105, 61 (73): „Verfassungsgrundsatz der militärischen Landesverteidigung".
536 Vgl. *Yousif* (N 494), S. 132 (das allgemeine Friedensgebot des Grundgesetzes als kollidierendes Verfassungsgut).
537 → Bd. IX, *Hillgruber*, § 201 Rn. 13 ff.
538 Vgl. §§ 7, 8 ff. Völkerstrafgesetzbuch v. 26.6.2002 (BGBl I, S. 2254). S.o. Rn. 137.

dern nach Fallkonstellationen differenziert zu beurteilen ist im Vergleich der Rechtsschutz einer durch Kampfhandlungen in ihren Rechtsgütern verletzten Zivilperson[539].

E. Grenzen des Verfassungsrechts

Der Anspruch des deutschen Verfassungsrechts, militärische Auslandseinsätze der Bundeswehr im Hinblick auf ihre Auslösung und ihre tatsächliche Führung seinen Normen zu unterwerfen, stößt auf Grenzen. Wenn im Fall staatlicher Existenzbedrohung militärisches Handeln zum Zweck der Selbsterhaltung geboten erscheint, ist die Staatspraxis geneigt, das Recht vor dem Ausnahmefall zurückweichen zu lassen[540]. Andere Grenzen der Steuerungsfähigkeit des Verfassungsrechts ergeben sich aus dem Umstand, daß heute – von eng begrenzten Rettungs- und Evakuierungseinsätzen abgesehen – ein militärisches Handeln Deutschlands im Alleingang nicht allein aus Gründen der bundesrepublikanischen Staatsräson, sondern auch praktisch ausgeschlossen ist. Weder die politischen noch die militärischen Mittel der Bundesrepublik reichen zu einem unilateralen Vorgehen aus. Schon die Integration der Bundeswehr in die Strukturen der NATO verhindert ein solches Vorgehen ohne das Einverständnis und die Unterstützung der Verbündeten, an erster Stelle der USA. Auf die Bundesrepublik trifft heute ein lakonisches Diktum von Ulrich Scheuner aus dem Jahr 1962 zu: „Kleinere und mittlere Staaten vermögen eine reale militärische und wirtschaftliche Unabhängigkeit nicht mehr zu erhalten"[541]. Wird die Bundeswehr daher im Regelfall im Verbund mit den Streitkräften anderer Staaten eingesetzt, so verliert das nationale Recht einen Teil seiner Kraft: Einsätze integrierter Verbände können, wenn sie ihren Zweck erfüllen sollen, nicht dem partikularen Recht eines jeden beteiligten Staates unterworfen werden. Vielmehr müssen sie nach gemeinsamen, kompromißhaft vereinbarten Regeln operieren. Die Möglichkeiten der Bundesrepublik, in einem solchen Kompromiß ihr eigenes Recht zur Geltung zu bringen, sind begrenzt[542]. In dieser Lage ist es daher verfassungsrechtlich geboten, bei allen an einem multinationalen Einsatz beteiligten Streitkräften das

171

Zurückweichen des Rechts vor dem Ausnahmefall

Ausschluß unilateralen Vorgehens

Gemeinsam vereinbarte Regeln bei Einsätzen integrierter Verbände

---

539 In seiner Entscheidung über den Antrag in Jugoslawien lebender jugoslawischer Staatsbürger auf Erlaß einer einstweiligen Anordnung gegen die NATO-Luftangriffe im sog. Kosovo-Krieg führte das VG Köln aus, daß die Antragsteller „als Staatsangehörige eines fremden Staates mit Wohnsitz im Ausland mit Rücksicht auf die Menschenrechtsqualität von Art. 2 Abs. 2 GG und der Individualschutzgarantie des Art. 19 Abs. 4 GG grundsätzlich antragsbefugt sein (dürften)". VG Köln v. 7.5.1999, Az. 19 L 1104/99, Rn. 11, zitiert in: Lorenz (N 446), S. 140 f.
540 Vgl. *Josef Isensee*, Verfassungsrecht als „politisches Recht", in: HStR VII, ¹1992, § 162 Rn. 90 ff.
541 *Ulrich Scheuner*, Völkerrechtsgeschichte, Abschn. IV: Neueste Entwicklung (seit 1914), in: Karl Strupp/Hans-Jürgen Schlochauer (Hg.), Wörterbuch des Völkerrechts, Bd. III, ²1962, S. 744 (746).
542 Mögliche Instrumente sind nationale Einsatzvorbehalte oder -beschränkungen im Rahmen der NATO („caveats") und „rules of engagement" (ROE). Vgl. zu den letzteren *Peter Dreist*, Rules of Engagement in multinationalen Operationen – ausgewählte Grundsatzfragen, in: NZWehrR 49 (2007), S. 45 (48 f., 54, 58).

Humanitäres Völkerrecht und Menschenrechte	Bewußtsein für die gemeinsame Bindung an das humanitäre Völkerrecht und die völkerrechtlich geschützten Menschenrechte zu stärken und darauf hinzuwirken, daß für den Schutz der sich hieraus ergebenden Rechte effektive Institutionen und Verfahren eingerichtet werden.
172 Zwänge der Bündnisintegration und -solidarität	Von diesen realen Gegebenheiten, in denen in der Gegenwart militärische Einsätze der Bundeswehr situiert sind, ist in der Rechtsprechung des Bundesverfassungsgerichts nicht die Rede. Diese erweckt den Eindruck eines in nationaler Autonomie über seine Streitkräfte verfügenden Staates, der das letzte Wort über Krieg und Frieden hat und auch in Zukunft behält[543]. Die Zwänge der Bündnisintegration und Bündnissolidarität[544] scheinen zwar auf, werden aber nicht verfassungsrechtlich verarbeitet[545]. Sie werden sich in der Zukunft vermutlich noch deutlich verstärken, wenn durch Einsparungen in den nationalen Verteidigungsetats bestimmte für einen Einsatz erforderliche Kapazitäten nur noch von einzelnen NATO-Staaten bereitgehalten werden[546].
173 Politische Schranke durch Parlamentsvorbehalt? Keine wirksame Kontrolle des Regierungshandelns	Wenn das Bundesverfassungsgericht gemeint haben sollte, mit der Postulierung des Parlamentsvorbehalts eine wirksame politische Schranke für bewaffnete Einsätze der Bundeswehr aufgerichtet zu haben, für die das Gericht gleichzeitig das verfassungsrechtliche Tor weit geöffnet hat, so muß es sich in dieser Erwartung enttäuscht sehen. Die jeweiligen die Regierung tragenden Bundestagsmehrheiten sind allen Anträgen „ihrer" Regierung gefolgt[547]. Allenfalls hat die vorangehende Abstimmung zwischen Regierung und Regierungsfraktionen zu bestimmten Beschränkungen eines Einsatzes geführt. Sofern sich Deutschland an Einsätzen nicht direkt beteiligt hat (wie dem Irak-Krieg von 2003 und den Luftangriffen auf Libyen 2011), lag dies an einer Entscheidung der Bundesregierung. Von seinem „Rückholrecht"[548] hat der Bundestag in keinem Fall Gebrauch gemacht. Die Idee wirksamer Kontrolle des Regierungshandelns durch den Bundestag, die der Lehre vom Parlamentsvorbehalt zugrunde liegt, entspricht nicht der Verfassungswirklichkeit[549]. Zudem hat die Aussetzung der Wehrpflicht dieser Lehre zu einem guten Teil den Boden entzogen. Was bleibt, ist ein schwer meßbarer Gewinn an Rationalität durch die Begründungs- und Informationspflichten der Bundesregierung sowie eine gesteigerte Öffentlichkeit.
174 Wunsch nach Frieden in der Bevölkerung	Einschneidende historische Erfahrungen eines Volkes haben eine lange Wirkung. In der ersten Ausgabe einer von der amerikanischen Besatzungsmacht in Deutschland 1945 verteilten Zeitung proklamierte General Eisenhower,

---

543 Vgl. BVerfGE 123, 267 (361): „Der konstitutive Parlamentsvorbehalt für den Auslandseinsatz der Bundeswehr ist integrationsfest."
544 Hierzu instruktiv *Winrich Kühne*, Interessen, Kriterien und Probleme deutscher Beteiligung an Friedenseinsätzen, in: Friedens-Warte 82 (2007), S. 23 ff.; *Markus Kaim*, Deutsches Interesse versus Bündnisverpflichtung: Zur Frage nationaler Handlungsspielräume bei Auslandseinsätzen der Bundeswehr, in: Gießmann/Wagner (N 5), S. 176 ff.
545 Ausnahme: BVerfGE 88, 173 (180 ff.).
546 Vgl. zum Konzept des „pooling and sharing" *Wolfgang Ischinger* u. a., Smart Defence, in: Internationale Politik 2012, S. 98 ff.
547 Vgl. *Biermann* (N 373), S. 618 f.
548 S. o. Rn. 99, 103.
549 Im Zusammenhang des Gesetzesvorbehalts → Bd. V, *Ossenbühl*, § 101 Rn. 13.

der Militarismus müsse aus der deutschen Gedankenwelt ausgelöscht werden. „In den Augen aller zivilisierten Völker der Welt ist der Krieg an sich etwas Unmoralisches. Den Deutschen muß diese offensichtliche Wahrheit beigebracht werden."[550] Diese „re-education" gelang. Die Situation, in der sich das kriegszerstörte Deutschland befand, erleichterte die Aufgabe. Die bald folgende „Wiederbewaffnung", der „deutsche Verteidigungsbeitrag", stieß entsprechend auf großen Unwillen. Auch die nach der Wiedervereinigung von 1990 aus außenpolitischen Gründen begonnenen Einsätze der Bundeswehr, die meisten von ihnen im Rahmen der NATO geführt, haben in der Bevölkerung keine breite Unterstützung erfahren. Auch vor diesem Hintergrund ist die Umwandlung der Bundeswehr in eine reine Berufsarmee zu sehen. Wenn das Verfassungsrecht eines demokratischen Staates Ausdruck der Selbstverständigung des Volkes über grundlegende politische Fragen ist, steht eine echte Verfassungsentscheidung über militärische Einsätze der Bundeswehr jenseits der Landes- und engeren Bündnisverteidigung noch aus.

Ausstehende echte Verfassungsentscheidung

---

550 „Militarism must be eradicated from the German world of thought. For all the civilized peoples of the earth war is per se something immoral, the Germans have to be educated to this truism." Zitiert nach: *Alfred Vagts*, A History of Militarism: Civilian and Military, New York 1959, S. 484. S.o. Rn. 18.

F. Bibliographie

Michael Bothe, Friedenssicherung und Kriegsrecht, in: Wolfgang Graf Vitzthum (Hg.), Völkerrecht, ⁵2010, S. 639 ff.
Bardo Fassbender, Die Gegenwartskrise des völkerrechtlichen Gewaltverbotes vor dem Hintergrund der geschichtlichen Entwicklung, in: EuGRZ 31 (2004), S. 241 ff.
Christine Gray, International Law and the Use of Force, Oxford ³2008.
Philipp Scherrer, Das Parlament und sein Heer. Das Parlamentsbeteiligungsgesetz, 2010.
Dieter Wiefelspütz, Der Auslandseinsatz der Bundeswehr und das Parlamentsbeteiligungsgesetz, 2008.
Muna A. Yousif, Die extraterritoriale Geltung der Grundrechte bei der Ausübung deutscher Staatsgewalt im Ausland, 2007.

§ 245
Überstaatliche Strafgewalt – Weltstrafrecht

Klaus Ferdinand Gärditz

Übersicht

	Rn.		Rn.
A. Allgemeine Vorfragen	1–11	c) Besondere Legitimationsprobleme internationaler Strafgerichtsbarkeit	24–25
I. Historische Versuche zur Etablierung überstaatlicher Strafgewalt	2–4		
II. Weltstrafrechtspflege im Zeitkontext	5–11	2. Grundrechtliche Grenzen der Kompetenzübertragung	26–28
1. Auf dem Weg zu einer internationalen Strafgerichtsbarkeit	7–8	3. Spezielle Grenzen der Auslieferung	29
2. Ausbreitung der Weltrechtspflege	9–11	C. Staatliches Weltstrafrecht	30–50
B. Überstaatliche Strafgewalt	12–29	I. Völkerrechtlicher Rahmen	33–36
I. Völkerrechtliche Begründung	12–17	II. Verfassungsrechtliche Grenzen	37–50
1. Ad hoc-Tribunale und gemischt internationale Strafgerichte	13	1. Legitime Strafzwecke der Weltrechtspflege	38–43
2. Internationaler Strafgerichtshof	14–17	2. Nulla poena sine lege und extraterritoriale Strafrechtsanwendung	44–50
II. Verfassungsrechtliche Schranken	18–29	a) Völkergewohnheitsrecht als gesetzliche Grundlage?	45–46
1. Demokratische und rechtsstaatliche Grenzen der Kompetenzübertragung	19–25	b) Parlamentsgesetz und Bestimmtheit	47
a) Nicht rein demokratische Legitimation von Gerichten	20	c) Kognitive und konstitutive Funktion territorialer Strafgesetzlichkeit	48–50
b) Legitimatorische Sonderrolle der Strafgerichte	21–23	D. Kritische Bewertung	51–54
		E. Bibliographie	

§ 245 *Zweiundzwanzigster Teil: Grenzüberschreitende Staatsaufgaben*

A. Allgemeine Vorfragen

1
Kontextabhängigkeit des Weltstrafrechts

Sowohl die Institutionalisierung überstaatlicher Strafgewalt als auch die staatliche Weltstrafrechtspflege wurden vor allem seit den 1990er Jahren prononciert vorangetrieben. Wie alles Recht sind auch diese Entwicklungen pfadabhängig – sprich: auf Vorgängigem beruhend – und in konkrete Zeitkontexte sowie ihre politischen Handlungsoptionen eingebettet[1]. Die Etablierung einer überstaatlichen Strafgewalt ist konkret nur durch die besondere außenpolitische Konstellation einer vorübergehenden westlichen Dominanz nach dem Ende des Kalten Krieges verstehbar. Während die Umstände, die eine explosionsartige Ausbreitung des Strafrechts als Instrument internationaler Kriseninterventionen befördert haben, insoweit schon heute als Zeitgeschichte historisierbar sind, hat das Weltstrafrecht die Erosion seiner eigenen Voraussetzungen überdauert. In Anbetracht der globalpolitischen Tektonikverschiebungen, insbesondere des unaufhaltsamen Bedeutungsschwundes des weltstrafrechtlich ambitionierten Europas zu Lasten tendenziell interventionsfeindlicher Mächte (nicht zuletzt China), dürfte freilich auch das Weltstrafrecht seinen Zenit bereits überschritten haben.

I. Historische Versuche zur Etablierung überstaatlicher Strafgewalt

2
Gescheiterte Versuche einer Weltstrafgerichtsbarkeit

Die Verantwortung für Staats- oder Kriegsverbrechen wurde traditionell kollektiviert, also dem jeweiligen Staat als solchem zugerechnet. Konflikte blieben daher zwischenstaatlich. Eine Individualisierung der Verantwortlichkeit durch das Instrument des Strafrechts ist demgegenüber ein vergleichsweise junges Phänomen und war zunächst eine Sequenz von Mißerfolgen[2]: Bereits 1872 machte Gustave Moynier, einer der Gründer des Internationalen Roten Kreuzes, den Vorschlag, ein internationales Straftribunal zur Aburteilung von Kriegsverbrechen an Stelle der strukturell befangenen Gerichte der Kriegsparteien zu gründen[3]. Art. 227 des Versailler Friedensvertrags vom 28. Juni 1919 verlangte vergeblich die Errichtung eines alliierten Ad personam-Tribunals zur strafrechtlichen Verfolgung des früheren Kaisers Wilhelms II[4]. Art. 230 des mit der Türkei 1919 geschlossenen Vertrags von Sèvres sah eine Strafverfolgung der während des Ersten Weltkriegs an der armenischen Volksgruppe verübten Massaker durch ein alliiertes Tribunal oder ein Strafge-

---

[1] Siehe m. weit. Nachw. *Klaus Ferdinand Gärditz*, Weltrechtspflege, 2006, S. 34 ff.
[2] Siehe zur Entwicklung eingehend *M. Cherif Bassiouni*, Historical Survey: 1919–1998, in: ders. (Hg.), International Criminal Law, Leiden ²1999, S. 597 ff.
[3] Hierzu *Christopher Keith Hall*, The First Proposal for a Permanent International Criminal Court, in: International Review of the Red Cross 322 (1998), S. 57 ff.; *Gustave Rolin-Jaequemyns*, Convention de Genève: Note sur le projet de M. Moynier, relatif à l'établissement d'une institution judiciaire internationale, protectrice de la 120 convention, in: Revue de droit international et de la legislation comparée IV (1872), S. 325 ff.
[4] Das Vorhaben scheiterte daran, daß die Niederlande, die dem Beschuldigten Exil gewährt hatten, nicht zur Auslieferung bereit waren. Hierzu *Gerd Hankel*, Die Leipziger Prozesse, 2003, S. 74 ff.

richt des Völkerbundes vor; der Vertrag wurde jedoch nicht ratifiziert und durch den endgültigen Friedensvertrag von Lausanne 1923 abgelöst, der auf entsprechende Regelungen verzichtete. Eine vom Völkerbund nach dem Ersten Weltkrieg angestoßene Diskussion über die Errichtung einer internationalen Strafgerichtsbarkeit blieb ein wissenschaftliches Projekt[5] ohne realpolitische Folgen. Die Konvention über die Errichtung eines Internationalen Strafgerichtshofes vom 16. November 1937 wollte ein internationales Strafgericht etablieren, um die zuvor verabschiedete Terrorismuskonvention durchzusetzen, wurde aber lediglich von Indien ratifiziert und trat nie in Kraft[6].

Mit der Einsetzung der Militärtribunale von Nürnberg und Tokio[7] wurde eine besatzungsrechtliche Form internationaler Strafgerichtsbarkeit ausgeübt, die vor allem die wissenschaftliche Fortentwicklung eines materiellen Völkerstrafrechts im Wartestand anregte[8] und daher teils als „Geburtsstunde" des modernen Völkerstrafrechts angesehen wird[9]. Die noch unter dem Eindruck der Nürnberger Prozesse formulierte und 1948 verabschiedete Völkermordkonvention[10] sah in Art. VI optional eine internationale Strafgerichtsbarkeit vor[11]. Großbritannien und Belgien schlugen seinerzeit eine Kompetenzübertragung auf den Internationalen Gerichtshof als internationales Strafgericht vor[12]. Bei Ratifikation der Völkermordkonvention zeichnete sich indes bereits das Szenario der Blockkonfrontation ab, die bis zum Wendejahr 1989 im Kalten Krieg mündete. Die Konstituierung eines internationalen Strafgerichts, das nicht zuletzt in den diversen Stellvertreterkriegen hätte angerufen werden können, hatte sich damit geopolitisch erledigt[13].

3
Nachkriegsentwicklung: Tribunale von Nürnberg und Tokio

Völkermordkonvention

---

5 Vgl. hierzu *Henri Donnedieu de Vabres*, La Cour Permanente de Justice Internationale et sa vocation en matière criminelle, in: Revue internationale de droit pénal 1924, S. 175 ff.; *Vespasien Pella*, La criminalité collective des Etats et le droit pénal de l'avenir, Bukarest ²1926; *ders.*, La répression des crimes contre la personnalité de l'Etat, in: Recueil des Cours de L'Académie de Droit International 53 (1930/III), S. 677 (820 ff.); *Quintilian Saldaña*, La justice pénale internationale, in: RdC 10 (1925/V), S. 227 ff.; *Hellmuth von Weber*, Internationale Strafgerichtsbarkeit, 1934, S. 7 ff.
6 Hierzu *Gerhard Grebing*, Zur Frage der Schaffung eines Internationalen Strafgerichtshofes, in: GA 1976, S. 97 (101 f.); *Hans-Heinrich Jescheck*, Die Verantwortlichkeit der Staatsorgane nach Völkerstrafrecht, 1952, S. 117 ff.
7 Eingehend *M. Cherif Bassiouni*, Introduction to International Criminal Law, Leiden 2003, S. 405 ff.; *Jescheck* (N 6), S. 149 ff.; *Susanne Jung*, Die Rechtsprobleme der Nürnberger Prozesse, 1992, S. 89 ff.
8 Siehe *Henri Donnedieu de Vabres*, Le Procès de Nuremberg devant les principes modernes du droit pénal international, in: Recueil des Cours de L'Académie de Droit International 70 (1947 I), S. 477 ff.; *Carl-Friedrich Stuckenberg*, Völkerrecht und Staatsverbrechen, in: Jörg Menzel/Tobias Pierlings/Jeannine Hoffmann (Hg.), Völkerrechtsprechung, 2005, S. 768 (770).
9 *Andreas von Arnauld*, Völkerrecht, 2012, Rn. 1280. Vergleichende Analyse bei *Robert Cryer*, International criminal justice in historical context: the post-Second World War Trials and modern international criminal justice, in: Gideon Boas/William A. Schabas/Michael P. Scharf (Hg.), International Criminal Justice: Legitimacy and Coherence, Cheltenham 2013, S. 145 ff.
10 Konvention über die Verhütung und Bestrafung des Völkermordes v. 9.12.1948 (BGBl 1954 II, S. 730).
11 „Personen, denen Völkermord oder eine der sonstigen in Artikel III aufgeführten Handlungen zur Last gelegt wird, werden vor ein zuständiges Gericht des Staates, in dessen Gebiet die Handlungen begangen worden sind, oder vor das internationale Strafgericht gestellt, das für die vertragschließenden Parteien, die seine Gerichtsbarkeit anerkannt haben, zuständig ist."
12 UN Doc. A/C.6/SR.97 und 252.
13 Vgl. hierzu *Otto Triffterer*, Der lange Weg zu einer internationalen Strafgerichtsbarkeit, in: ZStW 114 (2002), S. 321 (348 ff.); *William Schabas*, Genocide in International Law, Cambridge 2000, S. 353 ff.

4
Vorläufer staatlicher Weltrechtspflege

Die staatliche Weltrechtspflege hat sehr unterschiedliche und deutlich ältere Vorläufer[14]. Zunächst ging es schlicht darum, Zuständigkeitsprobleme zu bewältigen, wenn man eines Täters habhaft wurde (Gedanke des „forum deprehensionis")[15]. Für die „hostes humani generis" standen als historische Archetypen der Pirat und der Sklavenhändler[16]. Die Piraterie wurde nach Völkergewohnheitsrecht als Rechtsdurchsetzung gegen private Kriminalität vor allem mit militärischen Mitteln bekämpft[17], konnte schon immer unabhängig von Tatortstaat und Täterzugehörigkeit von nationalen Gerichten nach Weltrechtsprinzip abgeurteilt werden[18] und wird noch heute meist – obschon nicht wirklich paßgenau – als Leitbild der modernen Weltrechtspflege herangezogen[19]. Die Besonderheit des Piraten bestand schon immer darin, daß er seine Verbrechen typischerweise außerhalb staatlicher Jurisdiktion begeht[20], also insoweit der Ort der Ergreifung in den Mittelpunkt rückt, auch wenn die Piraterie bisweilen als Straftat unmittelbar nach Völkerrecht gedeutet wurde[21]. Piraterie wird typischerweise auf hoher See und damit auf „terra nullius" begangen[22]; eine Entterritorialisierung liegt daher in der Logik der strafrechtlichen (sprich: nicht militärischen) Piraterieverfolgung[23]. Auch die später etablierte extraterritoriale Verfolgung der Beschädigung unter-

Piraterie

---

14 Grundlegend *Henri Donnedieu de Vabres*, Le système de la repression universelle: Ses origines historiques – Ses formes contemporaines, in: Revue de droit international privé 18 (1922/23), S. 533 ff.
15 Zur Ideengeschichte *Gärditz* (N 1), S. 34 ff.
16 Siehe *Joaquin Alcaide Fernández*, Hostes humani generis: Pirates, Slavers, and other Criminals, in: Bardo Fassbender/Anne Peters (Hg.), The Oxford Handbook of the History of International Law, Oxford 2013, S. 120 ff.; *Kriangsak Kittichaisaree*, International Criminal Law, New York 2001, S. 15. Vgl. nur U.S. Supreme Court, Urt. v. 25. 2. 1820, United States vs. Smith, 18 U.S. (5 Wheat.) 153 (1820), 154, 161: „The common law, too, recognises and punishes piracy as an offence, not against its own municipal code, but as an offence against the law of nations, (which is part of the common law,) as an offence against the universal law of society, a pirate being deemed an enemy of the human race."
17 *Stephen C. Neff*, War and the Law of Nations, New York 2005, S. 247.
18 Eingehend Judicial Committee of the Privy Council, Urt. v. 26. 7. 1934, In re Piracy Jure Gentium, abgedruckt in: Antonio A. Cassese/Guido Acquaviva/Alex Whiting (Hg.), International Criminal Law: Cases and Commentary, New York 2011, S. 317 ff.; *M. Cherif Bassiouni*, Crimes Against Humanity in International Law, Den Haag 1992, S. 513 ff.
19 Etwa *Wolfgang Schomburg/Irene Suominen-Picht*, Einführung in die Strafverfolgung der Hochseepiraterie, in: Wolfgang Schomburg/Otto Lagodny/Sabine Gleß (Hg.), Internationale Rechtshilfe in Strafsachen, ⁵2012, Kap. IV F. Rn. 4. Kritische Annäherung bei *Eugene Kontorovich*, The Piracy Analogy: Modern Universal Jurisdiction's Hollow Foundation, in: Harv. Int'l L.J. 45 (2004), S. 183 (210 ff.). Namentlich wurde beim Piraten nicht auf ein Verbrechen nach Völkerrecht Bezug genommen, sondern stets nur auf die nationale Jurisdiktion erstreckt. Siehe *Daniel P. O'Connell*, The International Law of the Sea; Bd. II, Oxford 1984, S. 967.
20 *Hugo Grotius*, De iure belli ac pacis, Libri tres, 1625, lib. II, cap. XX, § VIII, 5, hier zitiert nach der von P.C. Molyhusen herausgegebenen Ausgabe, Leiden 1919.
21 Etwa U.S. Supreme Court, Urt. v. 25. 2. 1820, United States vs. Smith, 18 U.S. (5 Wheat.) 153 (1820), 154 (161): „The common law, too, recognises and punishes piracy as an offence, not against its own municipal code, but as an offence against the law of nations, (which is part of the common law,) as an offence against the universal law of society, a pirate being deemed an enemy of the human race." Verfasser des unter Chief Justice *Marshall* ergangenen Urteils war *Joseph Story*, der an sich ein Apologet strikter Territorialität war. Vgl. *Joseph Story*, Commentaries on the Conflict of Laws, Boston 1834, S. 24, S. 30 ff.
22 *Martin Böse*, in: Urs Kindhäuser/Ulfrid Neumann/Hans-Ullrich Paeffgen (Hg.), Systematischer Kommentar zum StGB, Bd. 1, ⁴2013, vor § 3 Rn. 24; *Gärditz* (N 1), S. 60, 216 f.; *Florian Jeßberger*, Der transnationale Geltungsbereich des deutschen Strafrechts, 2011, S. 281; *Kittichaisaree* (N 16), S. 15; *Christian Tomuschat*, Der 11. September und seine rechtlichen Konsequenzen, in: EuGRZ 2001, S. 535 (541).
23 *Grotius* (N 20), lib. II, cap. XX, § VIII, 5.

seeischer Telegrafenkabel[24] folgt dieser Ratio[25]. Jenseits des Sonderfalls der Piraterie gab es demgegenüber bis in die 1990er Jahre hinein kaum Fälle, in denen nationale Gerichte beanspruchten, Auslandstaten, in denen weder mutmaßliche Täter noch Opfer eigene Staatsangehörige waren (Weltrechtspflege[26]), durch inländische Verfahren aufzuklären und abzuurteilen[27]. Einen atypischen Sonderfall bildete der Prozeß gegen Adolf Eichmann in Jerusalem[28], doch war dieses Verfahren eher mit einer Übernahme des passiven Personalitätsprinzips ex post durch Israel zu erklären und ist daher kein eigentlicher Fall der Weltrechtspflege[29]. Noch gegen Ende der 1980er Jahre sah man das Prinzip der Weltrechtspflege im Absterben, weil sich die praktisch relevanten Fälle durch stellvertretende Strafrechtspflege angemessen bewältigen ließen[30].

Prozeß gegen Adolf Eichmann

II. Weltstrafrechtspflege im Zeitkontext

Für eine internationale Strafgerichtsbarkeit fehlte es während des Kalten Krieges angesichts der nun offenen Lagerkonfrontation am völkerrechtlichen Konsens, für eine staatliche Weltrechtspflege zum einen an effektiven Verfolgungsoptionen, zum anderen an der Bereitschaft, durch eine einseitige Intervention diplomatische Konflikte mit erheblichen Folgewirkungen zu provozieren. Das Wendejahr 1989 markierte auch in dieser Hinsicht einen kategorialen Umbruch. Die kurze Zeit zwischen dem Ende des Kalten Krieges und den Anschlägen vom 11. September 2001 bildet eine Phase sprunghafter und turbulenter Entwicklungen in der Weltpolitik und auch in der Völkerrechtsentwicklung, die von einer voreiligen Siegesgewißheit des Westens geprägt war, aus den ideologischen Konflikten des 20. Jahrhunderts als Gewinner hervorgegangen zu sein[31]. Die Durchsetzung einer liberalen Weltordnung – auch mit Mitteln des Rechts – wurde in heute irritierender Selbstüberschät-

5
Zwischen Kaltem Krieg und 11. September 2001

Sprunghafte Entwicklungen in der Weltpolitik

---

24 Siehe den Internationalen Vertrag zum Schutz der unterseeischen Telegraphenkabel v. 14.3.1884 (RGBl 1888, S. 151), der nach § 8 Abs. 1 vor allem eine Verfolgung nach Flaggenprinzip vorsah.
25 Schon die erst sehr spät erfolgte Erstreckung des Weltrechtsprinzips auf verschiedene Betäubungsmittelstraftaten (vgl. § 6 Nr. 5 StGB) fügt sich nicht mehr in dieses Raster. Kritisch *Gärditz* (N 1), S. 306 ff.
26 S. u. Rn. 31.
27 *Luc Reydams*, Universal Jurisdiction, Oxford 2003, S. 221.
28 District Court of Jerusalem, Urt. v. 12.12.1961, Attorney-General of the Government of Israel vs. Adolf Eichmann; Supreme Court of Israel, Urt. v. 29.5.1962, Attorney-General of the Government of Israel vs. Adolf Eichmann, dokumentiert in: International Law Reoprts 36 (1962), S. 5 ff. Referierend hierzu *Gary J. Bass*, The Adolf Eichmann Case: Universal and National Jurisdiction, in: Stephen Macedo (Hg.), Universal Jurisdiction, Philadelphia 2004, S. 77 ff.; *Florian Becker*, Supreme Court (Israel) v. 29.5.1962 – Eichmann, in: Menzel/Pierlings/Hoffmann (N 8), S. 781 ff.; *Lyal S. Sunga*, Individual Responsibility in International Law, Dordrecht u. a. 1992, S. 108 ff.; *Vanni E. Treves*, Jurisdictional Aspects of the Eichmann Case, Minnesota Law Review 47 (1963), S. 557 ff.
29 *Gärditz* (N 1), S. 112.
30 *Peter Wilkitzki*, Die völkerrechtlichen Verbrechen und das staatliche Strafrecht, in: ZStW 99 (1987), S. 455 (476).
31 *Gärditz* (N 1), S. 114.

zung für greifbar gehalten³². Die Clinton-Doktrin zielte auf eine holistische und globale Durchsetzung von Demokratie und Freiheit durch vom Westen angestoßene gesellschaftliche Transformationsprozesse³³. Zugleich sollte dem Recht und seinen Anwendern – an erster Stelle den Gerichten – eine zentrale Rolle in der neuen Weltordnung zufallen³⁴. Individuelle Freiheit von Tyrannei wurde als Rechtsdurchsetzungsproblem (miß)verstanden³⁵. Das Eskalationspotential rechtlicher Verfahren wurde meist verkannt. Eher vereinzelt blieben – in der Sache nicht unberechtigte – Mahnungen, politische Konfliktlösungen nicht durch eine inadäquate Justizialisierung zu blockieren³⁶ und Außenpolitik mit den Unwägbarkeiten richterlicher Machtausübung zu belasten³⁷.

6
Dominanz des Westens als Katalysator

Durch die vorübergehende Dominanz des Westens wurden parallel zwei Entwicklungen ausgelöst, die zwar in einem rechtskulturellen Zusammenhang stehen³⁸, inhaltlich aber durchaus disparat sind: Zum einen bemühten sich nationale Gerichte vermehrt um eine extraterritoriale Verfolgung anderer Menschenrechtsverletzungen mit Mitteln des Strafrechts und wurden hierbei mitunter auch durch die nationalen Gesetzgeber unterstützt, die die Rechtsgeltungsbestimmungen des nationalen Strafrechts auf entsprechende Auslandssachverhalte erstreckten. Zum anderen bemühte man sich aber auch parallel hierzu um den Aufbau einer zentralen völkerrechtlichen Strafgerichtsbarkeit, die sich wiederum als mentaler Katalysator für den Ausbau der nationalen Weltrechtspflege erwies³⁹. Die Internationalisierung der Strafrechtspflege wird in beiden Fällen damit begründet, daß die nach Weltrechtsprinzip verfolgbaren Straftaten die gesamte Völkerrechtsgemeinschaft bzw. das friedliche Zusammenleben unter Achtung fundamentaler Menschenrechte verletzten⁴⁰.

---

32 Vgl. *Anne-Marie Slaughter*, International Law in a World of Liberal States, in: European Journal of International Law 6 (1995), S. 503 ff. Konziser Entwicklungsbericht bei *Nico Krisch*, Amerikanische Hegemonie und liberale Revolution im Völkerrecht, in: Der Staat 43 (2004), S. 267 (274 ff.).
33 Hierzu *Douglas Brinkley*, Democratic Enlargement: The Clinton Doctrine, in: Foreign Policy 106 (1997), S. 111 ff. *Newt Gingrich/Mark Kester*, From Stabilizing to Transforming Societies as the Key to American Security, in: Fletcher Forum 28-2 (2004), S. 5.
34 Das theoretische Konzept lieferte die Politikwissenschaftlerin Anne-Marie Slaughter. Siehe stellvertretend *Anne-Marie Slaughter*, The Real New World Order, in: Foreign Affairs 76 (1997/5), S. 183 ff.; dies., Judicial Globalization, in: Virginia Journal of International Law 40 (2000), S. 1103 ff.; dies., A New World Order, Princeton 2004, S. 65 ff.
35 Siehe *William J. Aceves*, Liberalism and International Legal Scholarship: The Pinochet Case and the Move Toward a Universal System of Transnational Law Litigation, in: Harvard International Law Journal 41 (2000), S. 129 ff.
36 So immerhin aus der Warte des außenpolitischen Realismus *Henry Kissinger*, Does America Need a Foreign Policy?, London 2002, S. 282.
37 *Henry Kissinger*, The Pitfalls of Universal Jurisdiction, in: Foreign Affairs 80 (2001), Nr. 4, S. 86.
38 Siehe *Ulrich Fastenrath*, Möglichkeiten und Grenzen repressiven Menschenrechtsschutzes durch weltweite Strafverfolgung: Internationale Strafgerichtsbarkeit – Weltrechtsprinzip – Immunität, in: Sabine von Schorlemer (Hg.), Praxishandbuch UNO, 2003, S. 369 (370).
39 *Reydams* (N 27), S. 221.
40 Stellvertretend *Kai Ambos*, Internationales Strafrecht, ³2011, § 5 Rn. 3; *Christoph Safferling*, Internationales Strafrecht, 2011, § 4 Rn. 67; *Bettina Weißer*, Das Prinzip der Weltrechtspflege in Theorie und Praxis, in: GA 2012, S. 416 (423); *Gerhard Werle*, Völkerstrafrecht und deutsches Völkerstrafgesetzbuch, in: JZ 2012, S. 373 (377).

1. Auf dem Weg zu einer internationalen Strafgerichtsbarkeit

Durch Beschlüsse des VN-Sicherheitsrates wurden in den Jahren 1993 und 1994 jeweils Ad hoc-Tribunale eingesetzt, um schwerwiegende Menschenrechtsverletzungen (Völkermord, Verbrechen gegen die Menschlichkeit, Kriegsverbrechen) in Ruanda und in den jugoslawischen Sezessionskriegen zu verfolgen[41]. Während der Auftrag der beiden Tribunale temporal wie territorial eng umgrenzt blieb und sich die Einsetzung – ihrer Rechtsgrundlage des Art. 39, 41 UN-Charta entsprechend[42] – jeweils als Krisenintervention smaßnahme zur Friedenssicherung darstellte, wuchs das Bedürfnis nach einer dauerhaften und ereignisunabhängigen Institutionalisierung einer internationalen Strafgerichtsbarkeit. Obschon sich sehr bald die praktischen Schwierigkeiten der Strafverfolgung zeigten, wurde zum einen ihr politischer Symbolwert hochgehalten, zum anderen dienten sie als Vorbild für die Ausarbeitungen des Statuts einer internationalen Strafgerichtsbarkeit. Namentlich die Europäische Union unterstützte die Arbeit des Jugoslawien-Tribunals und setzte die Beitrittsverhandlungen mit Serbien und Kroatien als Druckmittel ein, von den betroffenen Beitrittskandidaten eine Zusammenarbeit mit dem Tribunal zu erreichen[43]. Es ist bemerkenswert, daß gerade eine ex post facto errichtete, in ihrer rechtlichen sowie legitimatorischen Grundlage nicht zweifelsfreie Strafgerichtsbarkeit nunmehr zum Prüfstein der Kompatibilität eines Drittstaates mit der viel beschworenen europäischen Wertegemeinschaft wurde, die offenbar auf strafrechtssanguinistischen Furor als Elementarbaustein der eigenen Freiheitsidee nicht verzichten kann. Die Gegenliebe blieb daher meist eher verhalten.

7
Ad hoc-Tribunale für Jugoslawien und Ruanda

Außenpolitische Instrumentalisierung durch die EU

In der Folgezeit kam es zu verschiedenen völkerrechtspolitischen Initiativen, eine permanente internationale Strafgerichtsbarkeit zu institutionalisieren. Auf der Grundlage von Vorarbeiten einer eingesetzten Kommission, die einen Statutsentwurf ausgearbeitet hatte, kam es im Sommer 1998 zur diplomatischen Konferenz von Rom, auf der sich die Teilnehmerstaaten als Ergebnis teils zäher, nicht rückschlagsfreier Verhandlungen[44] auf ein Abkommen („Römisches Statut") verständigen konnten, obgleich später bedeutende Signatarstaaten trotz zahlreicher Kompromisse von einer Ratifizierung wieder Abstand nahmen[45]. Innerhalb der bis zum 31. Dezember 2000 laufenden Frist unterzeichneten 139 Staaten das Statut; der überwiegende Teil hat das Statut inzwischen ratifiziert. Die Bundesrepublik Deutschland ist als eine trei-

8
Entwicklung zu einem permanenten Strafgerichtshof

Deutsche Begleitgesetzgebung

---

41 S. u. Rn. 13.
42 S. u. Rn. 13.
43 Vgl. etwa Europäische Kommission, Der westliche Balkan auf dem Weg in die EU: Konsolidierung der Stabilität und Steigerung des Wohlstands, in: KOM (2006) 27 endg., S. 5.
44 Zum Verlauf der Konferenz *Bassiouni*, Introduction (N 7), S. 462 ff.; *Klaus Kaul*, Der internationale Strafgerichtshof: Das Ringen um seine Zuständigkeit und Reichweite, in: Horst Fischer/Sascha Rolf Lüder (Hg.), Völkerrechtliche Verbrechen vor dem Jugoslawien-Tribunal, nationalen Gerichten und dem Internationalen Strafgerichtshof, 1999, S. 177 ff.
45 Die USA unterzeichneten zwar das Statut am 31. 12. 2000, erklärten jedoch endgültig am 6. 5. 2002, kein Mitgliedstaat werden zu wollen und daher das Statut nicht zu ratifizieren. Andere bedeutende Staaten wie China unterzeichneten das Statut von vornherein nicht.

bende Kraft bei den Vertragsverhandlungen dem Römischen Statut im Jahr 2000 beigetreten[46] und hat mit dem Gesetz über die Zusammenarbeit mit dem Internationalen Strafgerichtshof (IStGHG[47]) ein eigenes, umfangreiches und im wesentlichen das Rechtshilferecht des IStGH-Statuts[48] nachzeichnendes Sonderrechtshilfegesetz zum Gesetz über internationale Rechtshilfe in Strafsachen (IRG) geschaffen. Das Gesetz über das Ruhen der Verfolgungsverjährung und die Gleichstellung der Richter und Bediensteten des Internationalen Strafgerichtshofes (IStGHGleichstG[49]) ordnet die Hemmung der Verfolgungsverjährung nach § 78 StGB an (§ 1), sofern eine Person an den Gerichtshof übergeben wurde, und erweitert den Anwendungsbereich der Amtsdelikte des Strafgesetzbuches auf Straftaten in bezug auf Richter und Bedienstete des Gerichtshofs (§ 2). Das IStGH-Statut ist am 1. Juli 2002 in Kraft getreten. Die praktische Bedeutung des Internationalen Strafgerichtshofes, der nach über zehn Jahren immerhin sein erstes Urteil verkünden konnte[50], ist denkbar gering geblieben[51]. In irritierendem Kontrast dazu steht die Ausdifferenzierung der Völkerstrafrechtswissenschaft, die nicht nur zu einer Explosion an monografischem Schrifttum, sondern auch zu mehreren Fachzeitschriften geführt hat, in denen alle denkbaren Einzelfragen des materiellen Völkerstrafrechts mit der – aus dem nationalen Recht gewohnten – Akribie untersucht werden. Eine nachgelagerte wissenschaftliche Begründungsarbeit bleibt weiterhin unverzichtbar. Denn die völkerrechtliche Genese des Statuts war geprägt von hektischer Diplomatie und Eile, wohingegen die strafrechtstheoretischen und strafrechtsdogmatischen Begründungen[52] meist an der Oberfläche blieben[53] und von einer notgedrungen eher pragmatisch verfahrenden Gerichtsbarkeit – wie die Spruchpraxis der Ad hoc-Tribunale zeigt – nicht nachgeholt werden können.

Inkrafttreten und Bedeutung des Römischen Statuts

2. Ausbreitung der Weltrechtspflege

9

Fall Pinochet als Impulsgeber

Den Ausgangspunkt der jüngsten Entwicklung der staatlichen Weltrechtspflege bildete der Fall Pinochet[54]. Ein spanischer Untersuchungsrichter ver-

---

46 Zustimmungsgesetz zum Statut des Internationalen Strafgerichtshofs (BGBl 2000 II, S. 1393).
47 Vom 21. 6. 2002 (BGBl I, S. 2144), zuletzt geändert durch Art. 10 des Gesetzes v. 21. 12. 2007 (BGBl I, S. 3198).
48 Eingehend hierzu *Jörg Meißner*, Die Zusammenarbeit mit dem Internationalen Strafgerichtshof nach dem Römischen Statut, 2003.
49 Vom 21. 6. 2002 (BGBl I, S. 2144, 2162).
50 ICC, Urt. v. 14. 3. 2012, ICC-01/04-01/06 (Prosecutor vs. Thomas Lubanga Dyilo); hierzu *Christoph Barthe*, Das erste Urteil aus Den Haag, in: JZ 2013, S. 88 ff. Eingehender Bericht zur Geschäftslage am ICC nach 10 Jahren bei *Eleni Chaitidou*, Recent developments in the jurisprudence of the International Criminal Court, in: ZIS 2013, S. 130 ff.
51 Zum (praktisch gescheiterten) Haftbefehl gegen Omal Al-Bashir siehe *v. Arnauld* (N 9), Rn. 1326.
52 Zu Strafbegründung wird meist ein Bündel sehr unterschiedlicher, teils disparater und theoretisch oftmals divergenter Zwecke genannt, etwa Vergeltung, Abschreckung, positive Generalprävention und Gerechtigkeit für die Opfer. Stellvertretend *Safferling* (N 40), § 4 Rn. 69 ff.
53 *Michael Pawlik*, Rezension, in: ZIS 2006, S. 49.
54 Zum Fall *Aceves* (N 35), S. 129 ff.; *Heiko Ahlbrecht/Kai Ambos*, Der Fall Pinochet(s), 1999; *Roland Bank*, Der Fall Pinochet: Aufbruch zu neuen Ufern bei der Verfolgung von Menschenrechtsverletzungen, in: ZaöRV 59 (1999), S. 677 ff.; *Roger Burbach*, The Pinochet Affair, London 2003; *Karsten Schneider*, House of Lords v. 25. 11. 1998 u. 24. 3. 1999 – Pinochet. Ist Immunität ein Prinzip des Völkerrechts?, in: Menzel/Pierlings/Hoffmann (N 8), S. 426 ff.

langte 1998 vom Vereinigten Königreich die Auslieferung des vormaligen chilenischen Diktators, der zwecks eines Klinikaufenthalts in London weilte, um ihm wegen verschiedener unter seiner Herrschaft in Chile begangener Gewaltverbrechen in Spanien den Prozeß zu machen. Nachdem englische Gerichte im Ergebnis die angegriffene Auslieferungsentscheidung bestätigt hatten[55], wurde Pinochet indes aus gesundheitlichen Gründen freigelassen und kehrte nach Chile zurück, wo er zwar ebenfalls angeklagt, aber letztlich für verhandlungsunfähig erklärt wurde und 2006 verstarb. Die proaktive Rechtsprechungstätigkeit erwies sich jedoch als völkerrechtspolitische Inspirationsquelle. Im Zentrum der Auseinandersetzungen standen vor allem Fragen der Immunität herausgehobener staatlicher Funktionäre und ihre mögliche Durchbrechung bei schwerwiegenden Menschenrechtsverstößen[56], für die sich der Fall als maßgebliche und häufig zitierte Leitentscheidung[57] erwiesen hat[58]. Nationale Gerichte wurden als potentielle Akteure in einem – noch unsicheren – Kampfauftrag gegen die Straflosigkeit („impunity") bei schweren Menschenrechtsverletzungen entdeckt[59]. Es kam daher vermehrt zur extraterritorialen Strafverfolgung ehemaliger Funktionäre wegen verschiedenster Verletzungen von Menschenrechten. Auch die Europäische Union setzte sich erwartungsgemäß für einen Ausbau der Weltstrafrechtspflege ein[60]. Ungeachtet dessen sind erste Anzeichen erkennbar, daß die Staaten in der Inanspruchnahme des Weltrechtsprinzips auf Grund seiner Konfliktneigung wieder zurückhaltender werden und die Anwendung restriktiver handhaben[61].

Immunität herausgehobener staatlicher Funktionäre?

Flankiert wurde die Ausbreitung der strafrechtlichen Weltrechtspflege durch die Inanspruchnahme zivilrechtlicher Klagen auf Schadensersatz, mit denen Betroffene bzw. Menschenrechtsorganisationen in Drittstaaten nach Weltrechtsprinzip gegen mutmaßlich Verantwortliche für Menschenrechtsverlet-

10
Weltrechtspflege durch private Schadensersatzklagen

---

55 Siehe insbesondere House of Lords, Urt. v. 25.11.1998, Regina vs. Bow Street Metropolitan Stipendiary Magistrate ex parte Pinochet Ugarte, in: International Law Reports 119 (2002), S. 50.
56 Vertiefend *Fastenrath* (N 38), S. 385 ff.; *Hazel Fox*, The First Pinochet Case: Immunity for a Former Head of State, in: International & Comparative Law Quarterly 48 (1999), S. 207 ff.; *Matthias Ruffert*, Pinochet Follow Up: The End of Sovereign Immunity?, in: Netherlands International Law Review 48 (2001), S. 171 ff.
57 Semantisch wurde der Name Pinochet stellvertretend für die strafrechtliche Verantwortlichkeit verschiedenster Potentaten herangezogen. Vgl. etwa *Florian Jessberger/Cathleen Powell*, Prosecuting Pinochets in Africa, in: South African Journal of Criminal Justice 14 (2001), S. 344 ff.; *Reed Brody*, The Prosecution of Hissène Habré – An „African Pinochet", in: New England Law Review 35 (2001), S. 321 ff.; *Philippe Sands*, International Law Transformed? From Pinochet to Congo…?, in: Leiden Journal of International Law 16 (2003), S. 37 ff.
58 Retrospektiv mit umfangreichen Nachweisen zur Rezeptionsgeschichte *Ingrid Wuerth*, Pinochet's Legacy Reassessed, in: American Journal of International Law 106 (2012), S. 732 (734 ff.).
59 Siehe *Fastenrath* (N 38), S. 378; *Philippe Sands*, After Pinochet: The Role of National Courts, in: ders. (Hg.), From Nuremberg to The Hague, Cambridge 2003, S. 68 ff.
60 Council of the European Union, AU/EU Expert Report on the Principle of Universal Jurisdiction, 2009, S. 40 ff.
61 *Robert Cryer/Håkan Friman/Darryl Robinson/Elisabeth Wilmshurst*, An Introduction to International Law and Procedure, Cambridge 2007, S. 49 ff.

§ 245   *Zweiundzwanzigster Teil: Grenzüberschreitende Staatsaufgaben*

zungen vorgehen⁶². Insbesondere die Vereinigten Staaten wurden auf Grund der archaischen, aus der Gründungsphase der USA stammenden und in diesem Jahrtausend von Menschenrechtsanwälten wiederentdeckten Bestimmungen des Alien Torts Claims Act als Forum der ersten Wahl entdeckt⁶³, zumal eine Leitentscheidung des U.S. Supreme Court aus dem Jahr 2004⁶⁴ die Klagbarkeit nur begrenzt Einschränkungen unterworfen hat.

11
Deutsches Völkerstrafgesetzbuch

Im Zuge der Ratifizierung des Römischen Statuts gab sich auch die Bundesrepublik Deutschland ein Völkerstrafgesetzbuch (VStGB⁶⁵), das strafanwendungsrechtlich auf dem Weltrechtsprinzip beruht (§ 1) und den einschlägigen Katalogen klassischer Verbrechen nach Völkerrecht, wie sie auch das Statut des Internationalen Strafgerichtshofes ausformt, nachgebildet ist⁶⁶: Völkermord (§ 6), Verbrechen gegen die Menschlichkeit (§ 7) und Kriegsverbrechen (§§ 8–12). Das Völkerstrafgesetzbuch sollte, auch wenn die jeweiligen Taten nach allgemeinem Strafrecht bereits durchweg strafbar waren⁶⁷, vor allem dazu dienen, den spezifisch internationalen Unrechtsgehalt des Völkerstrafrechts besser sichtbar zu machen⁶⁸. Das Völkerstrafgesetzbuch soll die teils unübersichtliche Regelungsmaterie legislativ systematisieren⁶⁹ und – entsprechend dem Grundsatz der Komplementarität – sicherstellen, daß alle Straftaten nach Völkerstrafrecht auch inländisch von nationalen Behörden verfolgt und vor nationalen Strafgerichten angeklagt werden können⁷⁰. Vor allem

Grundsatz der Komplementarität

---

62 Vergleichend *Theresa Wilhelmi*, Das Weltrechtsprinzip im internationalen Privat- und Strafrecht, 2007. Zum Immunitätsproblem auch *Christian Appelbaum*, Einschränkungen der Staatenimmunität in Fällen schwerer Menschenrechtsverletzungen, 2007; *Wolfram Cremer*, Entschädigungsklagen wegen schwerer Menschenrechtsverletzungen und Staatenimmunität vor nationaler Zivilgerichtsbarkeit, in: AVR 41 (2003) S. 137 (164 ff.); *Klaus Ferdinand Gärditz*, EGMR, v. 21.11.2001 – Al-Adsani: Staatenimmunität, ius cogens und das Recht auf Zugang zu einem Gericht, in: Menzel/Pierlings/Hoffmann (N 8), S. 434 ff.; *Christian Maierhöfer*, Der EGMR als „Modernisierer" des Völkerrechts? – Staatenimmunität und ius cogens auf dem Prüfstand, in: EuGRZ 2002, S. 391 ff. *Thilo Rensmann*, Internationale Verbrechen und Befreiung von staatlicher Gerichtsbarkeit, in: IPRax 1999, S. 268 ff.
63 Hierzu *Claudia Hailer*, Menschenrechte vor Zivilgerichten – die Human Rights Litigation in den USA, 2006; *Georg Nolte*, Das Weltrechtsprinzip im Zivilverfahren, in: FS für Christian Starck, 2007, S. 847 ff. Insbesondere zur Herero-Klage gegen die Bundesrepublik Deutschland *Jörn Axel Kämmerer/Jörg Föh*, Das Völkerrecht als Instrument der Wiedergutmachung? Eine kritische Betrachtung am Beispiel des Herero-Aufstandes, in: AVR 42 (2004), S. 294 ff.
64 US Supreme Court, Sosa vs. Alvarez-Machain, 542 US 692 (2004). Hierzu *Claudia Hailer*, Die US-amerikanische Human Rights Litigation nach der Entscheidung des Supreme Court im Fall Sosa vs. Alvarez-Machain, in: AVR 44 (2006), S. 76 ff.; *Nolte* (N 63), S. 847 ff.
65 Völkerstrafgesetzbuch v. 26.6.2002 (BGBl I, S. 2254). Hierzu *Andreas Zimmermann*, Bestrafung völkerrechtlicher Verbrechen durch deutsche Gerichte nach In-Kraft-Treten des Völkerstrafgesetzbuchs, in: NJW 2002, S. 3086 ff.; *Helmut Satzger*, Das neue Völkerstrafgesetzbuch, in: NStZ 2002, S. 125 ff.; *Gerhard Werle/Florian Jeßberger*, Das Völkerstrafgesetzbuch, in: JZ 2000, S. 725 ff.; einflußreiche konzeptionelle Vorarbeit bei *Claus Kreß*, Vom Nutzen eines deutschen Völkerstrafgesetzbuchs, 2000. Kritisch *Frank Dietmeier*, Völkerstrafrecht und deutscher Gesetzgeber – kritische Anmerkungen zum Projekt eines „Deutschen Völkerstrafgesetzbuchs", in: GS für Dieter Meurer, 2002, S. 333 ff.
66 Vgl. BT-Drs 14/8524, S. 12 f.; *Thomas Weigend*, Deutsches Völkerstrafrecht? Reflexionen internationalen Strafrechts in Deutschland – und umgekehrt, in: Franz Streng/Gabrielle Kett-Straub (Hg.), Strafrechtsvergleichung als Kulturvergleich, 2012, S. 213 (218, 221); *Werle* (N 40), S. 375.
67 *Dietmeier* (N 65), S. 355 ff.; *Kreß* (N 65), S. 11, 17.
68 *Weigend* (N 66), S. 218; eingehend *Kreß* (N 65), S. 14 ff.
69 *Kreß* (N 65), S. 19 ff.
70 BT-Drs 14/8524, S. 12. Eingehend hierzu *Florian Jeßberger*, Universality, Complementarity, and the Duty to Prosecute Crimes Under International Law in Germany, in: Wolfgang Kaleck/Michael Ratner u. a. (Hg.), International Prosecution of Human Rights Crimes, 2007, S. 213 ff.

sollte das Völkerstrafgesetzbuch aber Symbolkraft entfalten, um „deutsche Staatspraxis und Rechtsüberzeugung gebündelt sichtbar" zu machen[71], sowie der Bundesrepublik Deutschland die Möglichkeit verschaffen, „die Konkretisierung des Völkerstrafrechts zu beeinflussen"[72], also letztlich außen- und machtpolitische Ziele erfüllen[73]. Die überschwengliche Begeisterung der Deutschen für das Projekt der Weltstrafrechtspflege ist zum einen aus dem wiedererlangten, bisweilen ostentativen Sendungsbewußtsein der Berliner Republik heraus zu erklären, globaler Akteur mit humanitärem Anspruch zu sein. Es spiegelt aber in gewisser Weise auch die spezifisch deutschen Traditionen hypertropher Justizstaatlichkeit wider. Der Justiz wird auch dort noch vertraut, wo sie brutalste politische Makrokriminalität[74] gegen die Menschlichkeit mit den gleichen Mechanismen sozialer Konfliktformalisierung justizförmig wie bei einem Ladendiebstahl erledigen soll. Vereinzelte Ermittlungsverfahren nach dem Völkerstrafgesetzbuch wurden geführt, der außenpolitisch mehr als heikle Versuch von Aktivisten, eine Anklage des früheren Außenministers der Vereinigten Staaten Donald Rumsfeld wegen präsumierter Folterstraftaten in bezug auf Abu Ghraib und Guantanamo Bay zu erreichen, wurde diskret durch Verfahrenseinstellung erledigt[75]. Eine erste zugelassene Anklage in einem Strafverfahren nach dem Völkerstrafgesetzbuch vor dem Oberlandesgericht Stuttgart gegen den ruandischen Milizenführer Ignace Murwanashyaka und seinen Stellvertreter wegen Verbrechen gegen die Menschlichkeit sowie Kriegsverbrechen im Kongo stützte sich bezeichnenderweise nicht auf das Weltrechtsprinzip des § 1 VStGB, sondern auf den Territorialitätsgrundsatz des § 3 StGB: Den Beschuldigten wird vorgeworfen, die Verbrechen der ruandischen Milizen an der Zivilbevölkerung per Mobiltelefon sowie E-Mail-Verkehr von Mannheim aus gesteuert zu haben[76].

Symbolpolitik mit kosmopolitischem Anspruch

Geringe Praxisrelevanz

---

71 *Werle* (N 40), S. 375. Insgesamt dominiert – der Dominanz der überkommenen Rechtsgutslehre entsprechend – in der Literatur die Erklärung der Weltrechtpflege mit der Verletzung ‚internationaler Rechtsgüter'. Siehe *Ambos* (N 40), § 3 Rn. 93 ff.; *Kathrin Bremer*, Nationale Strafverfolgung internationaler Verbrechen gegen das humanitäre Völkerrecht, 1999, S. 128; *Mark Deiters*, Gegenseitige Anerkennung von Strafgesetzen in Europa, in: ZRP 2003, S. 359 (361); *Johannes Klages*, Meeresumweltschutz und Strafrecht, 1989, S. 152; *Wolfgang Weiß*, Völkerstrafrecht zwischen Weltprinzip und Immunität, in: JZ 2002, S. 696 (698). Berechtigte Kritik und Gegenentwurf bei *Katrin Gierhake*, Das Prinzip der Weltrechtspflege nach § 1 Völkerstrafgesetzbuch und seine prozessuale Umsetzung in § 153 f der Strafprozessordnung, in: ZStW 120 (2008), S. 375 (388).
72 *Kreß* (N 65), S. 31.
73 Analytisch zutreffend *Ulrich Sieber/Marc Engelhart*, Strafrechtskodifikation, in: RW 2012, S. 364 (394).
74 Begriff nach *Herbert Jäger*, Makrokriminalität, 1989; *ders.*, Makroverbrechen als Gegenstand des Völkerstrafrechts, in: Gerd Hankel/Gerhard Stuby (Hg.), Strafgerichte gegen Menschheitsverbrechen, 1995, S. 325 ff.
75 Die Einstellungsverfügung des Generalbundesanwalts ist abgedruckt in: JZ 2005, S. 311; bestätigend OLG Stuttgart, in: NStZ 2006, S. 117; kritisch hierzu *Kai Ambos*, Völkerrechtliche Kernverbrechen, Weltrechtsprinzip und § 153 f StPO, ebd., S. 434 ff.; *Andreas Fischer-Lescano*, Weltrecht als Prinzip. Die Strafanzeige gegen Donald Rumsfeld in der Bundesrepublik, in: KJ 2005, S. 84 ff.; *Michael E. Kurth*, Zum Verfolgungsermessen des Generalbundesanwaltes nach § 153 f StPO, in: ZIS 2006, S. 81 ff. Eingehend zu den Hintergründen *Katherine Gallagher*, Universal Jurisdiction in Practice: Efforts to Hold Donald Rumsfeld and Other High-level United States Officials Accountable for Torture, in: Journal of International Criminal Justice 7 (2009), S. 1087 ff.
76 Siehe *Weigend* (N 66), S. 227; unzutreffend daher der Verweis auf § 1 StGB bei *Christoph Safferling*, Anmerkung, in: JZ 2010, S. 965 (968).

B. Überstaatliche Strafgewalt

I. Völkerrechtliche Begründung

12

Katalogisierung völkerrechtlicher Verbrechen

Die völkerrechtlichen Grundlagen und Strukturen internationaler Strafgerichtsbarkeit sind sehr unterschiedlich und teils disparat. Internationale Strafgerichte zeichnen sich ungeachtet dessen durch einen weitgehend homogenen Katalog an Straftaten aus[77], der sich in der Tradition der Tribunale von Nürnberg und Tokio gegen die schwersten Makroverbrechen gegen die Grundlagen des menschlichen Zusammenlebens[78] richtet: Völkermord, Verbrechen gegen die Menschlichkeit und Kriegsverbrechen. Die Tribunale von Nürnberg und Tokio haben zwar die Formulierung dieser materiellen Straftatbestände inspiriert[79], sich aber institutionell als nur begrenzt anschlußfähig erwiesen[80]. Zum einen handelte es sich der Konstruktion nach um Strafgerichte zur Aburteilung von Kriegsverbrechen im Kontext des Zweiten Weltkriegs. Für eine

Erfassung nicht militärischer Delikte

angemessene Einordnung der nicht militärischen Delikte (Völkermord, Verbrechen gegen die Menschlichkeit), deren Unrechtsgehalt nicht von einer Einbettung in einen zwischenstaatlichen bewaffneten Konflikt abhängt, ist dies aber inadäquat[81], zumal sich gerade innerstaatliche Konflikte (Bürgerkriege) als besonders anfällig für Massenverbrechen gezeigt haben[82]. Zum anderen handelte es sich bei den Tribunalen um spezifische Instrumente des Besatzungsrechts, die nicht durchweg den heutigen – freilich nicht durch einen Weltkrieg und den dabei erbrachten Blutzoll belasteten – Erwartungen an die rechtsstaatliche Neutralität von Gerichten genügen. Auch wäre eine erst besatzungsrechtlich institutionalisierte Strafgerichtsbarkeit kein Mittel der

Beitrag zur friedlichen Konfliktbewältigung

Wahl zur friedlichen Konfliktbewältigung, zu der das Völkerstrafrecht nach eigenem Verständnis beitragen möchte, weil die militärische Niederwerfung und Okkupation notwendige Bedingungen des Einsatzes von Besatzungsstrafrecht sind. Das Völkerstrafrecht ist daher institutionell zwar unterschiedliche, aber jeweils andere Wege gegangen.

1. Ad hoc-Tribunale und gemischt internationale Strafgerichte

13 Die Straftribunale für das ehemalige Jugoslawien (ICTY) sowie für Ruanda (ICTR) wurden 1993 und 1994 auf der Grundlage von Beschlüssen des VN-

---

77 Die Ausweitung auf verschiedenste Bereiche transnationaler Kriminalität wird neuerdings vereinzelt diskutiert. Siehe etwa für die grenzüberschreitende Organisierte Kriminalität; hierfür etwa *Jennifer M. Smith*, An International Hit Job: Prosecuting Organized Crime Acts as Crimes Against Humanity, in: The Georgetown Law Journal 97 (2009), S. 1111 (1152 ff.). Sachgerecht erscheint dies nicht und hat auch kaum Anschluß gefunden.
78 Vgl. *v. Arnauld* (N 9), Rn. 1298.
79 *Fastenrath* (N 38), S. 375.
80 Mißverständlich daher *Fastenrath* (N 38), S. 373.
81 Vgl. auch *Jeannine Hoffmann*, Internationales Militärtribunal v. 1. 10. 1946 – Nürnberger Kriegsverbrecherprozess, in: Menzel/Pierlings/Hoffmann (N 8), S. 773 (776).
82 Als Konsequenz wurde der Konnex mit Kriegshandlungen konsequent gestrichen, so *Fastenrath* (N 38), S. 376.

Sicherheitsrats errichtet⁸³. Als rechtlich nicht unumstrittene Ermächtigung für die Tribunaleinsetzung wurden Art. 39, 41 UN-Charta herangezogen⁸⁴. Die Tribunale wurden organisationsrechtlich als besondere Organe des VN-Sicherheitsrates zu dem Zweck errichtet, einer Gefährdung von Frieden und Sicherheit durch die erkannten Massenverbrechen entgegenzuwirken. Mitgliedstaaten der Vereinten Nationen wurden zur Zusammenarbeit mit den Tribunalen verpflichtet; auch die Bundesrepublik Deutschland hat entsprechende Umsetzungsvorschriften erlassen⁸⁵. Daneben entspricht es einer inzwischen fest etablierten Praxis der Vereinten Nationen, zum Zwecke der Konsolidierung bzw. Vergangenheitsbewältigung in labilen und gesellschaftlich traumatisierten Staaten auf völkervertragsrechtlicher Grundlage gemischte Strafgerichte einzurichten, in denen nationale und internationale Richter zusammenwirken (sogenannte Hybrid Courts)⁸⁶. Auf die Fälle Sierra Leone, Kambodscha und Osttimor darf hier verwiesen werden.

Gerichtseinsetzung durch Sicherheitsratsbeschluß

Hybrid Courts

2. Internationaler Strafgerichtshof

Der Internationale Strafgerichtshof (IStGH) wurde als selbstständige Einrichtung (Art. 1 S. 1 IStGH-Statut) mit Sitz in Den Haag (Art. 3 Abs. 1 IStGH-Statut) errichtet. Der Gerichtshof ist kein Organ der Vereinten Nationen,

14
Institutionalisierung des IStGH

---

83 Zum Prozeßrecht stellvertretend *Christiane Karmadi*, Die Ausformung einer Prozessordnung sui generis durch das ICTY unter Berücksichtigung des Fair-Trial-Prinzips, 2008; *Stefan van Heeck*, Die Weiterentwicklung des formellen Völkerstrafrechts, 2006; *Stefan Wäspi*, Die Arbeit der Internationalen Strafgerichtshöfe für das ehemalige Jugoslawien und Ruanda: Herausforderung für die Anklage im internationalen Umfeld, in: NJW 2000, S. 2449 ff.
84 Zum Streitstand ICTY (Appeals Chamber), in: Human Rights Law Journal 16 (1995), S. 437 (441 ff.); *Christopher Blakesley*, Comparing the Ad Hoc Tribunal for Crimes Against Humanitarian Law in the Former Yugoslavia & the Project for an International Criminal Court, in: Revue internationale de droit pénal 67 (1996), S. 139 (142 f.); *Jean-Pierre Getti/Karine Lescure*, Historique du fonctionnement du tribunal pénal international pour l'ex-Yougoslavie, in: Revue internationale de droit pénal 67 (1996), S. 233 (238 ff.); *Bernhard Graefrath*, Jugoslawientribunal – Präzedenzfall trotz fragwürdiger Rechtsgrundlage, in: NJ 1993, S. 433 ff.; *Wolff Heintschel von Heinegg*, Die Errichtung des Jugoslawien-Strafgerichtshofes durch Resolution 827 (1993), in: Fischer/Lüder (N 44), S. 63 (67 ff.); *Matthias Herdegen*, Befugnisse des UN-Sicherheitsrates, 1998, S. 25 f.; *Herwig Roggemann*, Der Internationale Strafgerichtshof der Vereinten Nationen von 1993 und der Krieg auf dem Balkan, 1994, S. 51 ff.
85 Jugoslawien-Strafgerichtshof-Gesetz v. 10. 4. 1995 (BGBl I, S. 485), das durch Art. 7 des Gesetzes v. 21. 6. 2002 (BGBl I, S. 2144) geändert worden ist; Ruanda-Strafgerichtshof-Gesetz v. 4. 5. 1998 (BGBl I, S. 843), das durch Art. 8 des Gesetzes v. 21. 6. 2002 (BGBl I, S. 2144) geändert worden ist.
86 Hierzu *Sylvia de Bertodano*, Current Developments in Internationalized Courts, in: Journal of International Criminal Justice 1 (2003), S. 226 ff.; *dies.*, Current Developments in Internationalized Courts: East Timor – Justice Denied, in: Journal of International Criminal Justice 2 (2004), S. 910 ff.; *Kate Gibson/Daniella Rudy*, A New Model of International Criminal Procedure?: The Progress of the Duch Trial at the ECCC, in: Journal of International Criminal Justice 7 (2009), S. 1005 ff.; *Geert-Jan G. Knoops*, Introduction to the Law of International Criminal Tribunals, 2003, S. 11 ff.; *Jessica Lincoln*, Transitional Justice, Peace and Accountability: Outreach and the Role of International Courts After Conflict, London 2011; *Sarah Williams*, Hybrid and Internationalised Criminal Tribunals: Selected Jurisdictional Issues, Oxford/Portland 2012. Zum Sonderfall des Libanon-Tribunals *Matthew Gillett/Matthias Schuster*, The Special Tribunal for Lebanon Swiftly Adopts Its Rules of Procedure and Evidence, in: Journal of International Criminal Justice 7 (2009), S. 885 ff.

§ 245 *Zweiundzwanzigster Teil: Grenzüberschreitende Staatsaufgaben*

sondern besitzt nach Art. 4 Abs. 1 S. 1 IStGH-Statut selbstständige Völkerrechtsfähigkeit[87], die allerdings grundsätzlich nur relativ gegenüber den Mitgliedern des Vertrages besteht und von Dritten erst anerkannt werden muß[88]. Nach dem Anklageprinzip werden noch solche Fälle verhandelt, die von dem nach Art. 15 IStGH-Statut eingerichteten Ankläger, der proprio motu ermitteln darf, vor den Gerichtshof gebracht werden. Der VN-Sicherheitsrat hat nach Art. 16 IStGH-Statut ein Suspensivrecht.

15
Sachliche Zuständigkeit für Verbrechen nach Völkerrecht

Ratione materiae ist die Jurisdiktion des Internationalen Strafgerichtshofes auf die Verfolgung der in Art. 5 IStGH-Statut abschließend aufgeführten völkerrechtlichen Kernstraftatbestände beschränkt, nämlich (bislang) Völkermord (Art. 6), Verbrechen gegen die Menschlichkeit (Art. 7) und Kriegsverbrechen (Art. 8)[89]. Nach Maßgabe des Art. 9 IStGH werden die im Statut oftmals sehr abstrakt gefaßten Straftaten durch von den Vertragsstaaten verabschiedete Verbrechenselemente konkretisiert, die als amtliche Auslegungshilfe dienen[90]. Zudem bedarf es auch einer hinreichenden Gravität der jeweiligen Taten. Bedauerlicherweise läßt das IStGH-Statut das Verhältnis seines Völkerstrafrechts zu den inhaltlich korrespondierenden Konventionen, die der Verhinderung der entsprechenden Verbrechen dienen (zum Beispiel Völkermordkonvention, Haager Kriegsvölkerrecht), ungeregelt[91].

16
Zeitliche Zuständigkeit

Ratione temporis werden nach Art. 11 Abs. 1 IStGH-Statut nur Taten erfaßt, die seit dem Inkrafttreten des Statuts begangen wurden. Diese zeitliche Begrenzung dient der Begrenzung der Gerichtszuständigkeit, aber nicht dem Schutz vor einer rückwirkenden Bestrafung, da – durchaus nicht unproblema-

---

87 Hierzu im einzelnen *Alexander Zahar/Göran Sluiter*, International Criminal Law, New York 2008, S. 14 f.
88 Siehe *Ignaz Seidl-Hohenveldern/Loibl*, Das Recht der Internationalen Organisationen, ⁷2000, Rn. 0700 ff. Für eine weitergehende Objektivierung gegenüber Dritten aber *Matthias Ruffert/Christian Walter*, Institutionelles Völkerrecht, 2009, Rn. 161 f.
89 Siehe ferner Art. 5 Abs. 2 ICC-Statut zum Verbrechen der Aggression, das erst nach einer einvernehmlichen Definition verfolgt werden kann. Die Konferenz von Kampala 2010 hat eine solche Definition entwickelt und Art. 8bis ICC-Statut eingefügt. Diese Bestimmung wurde bislang von vier Mitgliedstaaten ratifiziert; die Verfolgung wird aber von weiteren Bedingungen abhängig gemacht und erst für Straftaten ab 2017 ermöglicht, was hier im einzelnen nicht näher dargestellt werden soll. Siehe vertiefend und stellvertretend *Kai Ambos*, Das Verbrechen der Aggression nach Kampala, in: ZIS 2010, S. 649 ff.; *Stefan Barriga*, Der Kompromiss von Kampala zum Verbrechen der Aggression, ebd., S. 644 ff.; *Jennifer Trahan*, The Rome Statute's Amendment on the Crime of Aggression: Negotiations at the Kampala Review Conference, in: International Criminal Law Review 11 (2011), S. 49 ff.
90 Entsprechende amtliche Auslegungshilfen sind teils ihrerseits Gegenstand nicht amtlicher Kommentierungen. Vgl. etwa *Knut Dörmann*, Elements of War Crimes under the Rome Statute of the International Criminal Court, Cambridge/New York 2003.
91 Kritisch *Neil Boister*, „Transnational Criminal Law"?, in: European Journal of International Law 14 (2003), S. 953 (955 ff., 975 f.). Anschaulich zu den Problemen, die bei konkurrierenden Definitionen auftreten können, *Simeon Sungi*, Redefining Genocide: The International Criminal Court's Failure to Indict on the Darfur Situation, in: Journal of Theoretical and Philosophical Criminology 1 (2011), S. 63 ff.; *Johan D. van der Vyver*, Torture as a Crime under International Law, in: Albany Law Review 67 (2003), S. 427 (442). Ein Folgeproblem ist dann auch die mangelnde Verzahnung etwa mit Verfahren vor Menschenrechtsgerichtshöfen, vgl. für das bislang im Mittelpunkt stehende Afrika *Kristen Rau*, Jurisprudential Innovation or Accountability Avoidance? The International Criminal Court and Proposed Expansion of the African Court of Justice and Human Rights, in: Minnesota Law Review 97 (2012), S. 669 ff.

tisch⁹² – angenommen wurde, daß die vom Statut erfaßten Straftaten ohnehin zuvor bereits unmittelbar nach ungeschriebenem Völkerstrafrecht qua Gewohnheit strafbar waren⁹³. Ratione loci sowie ratione personae hat sich eine Ableitung der Jurisdiktionsgewalt vom Universalprinzip politisch nicht durchsetzen können⁹⁴. Der Internationale Strafgerichtshof hat Jurisdiktionsgewalt über Taten, die entweder auf dem Territorium oder durch Staatsangehörige eines Mitgliedstaates begangen wurden (Art. 12 Abs. 2 IStGH-Statut). Seine Zuständigkeit läßt sich daher auf eine von den Mitgliedstaaten abgeleitete Kombination des Territorialitäts- und des aktiven Personalitätsprinzips zurückführen⁹⁵. Gerade die Vereinigten Staaten kritisierten die Konzeption der strafrechtlichen Regelungsgewalt, weil hiernach auch Staatsangehörige von Nichtmitgliedstaaten des Statuts für Taten auf dem Gebiet eines Mitgliedstaats angeklagt werden können⁹⁶. Freilich kann jeder Staat bereits kraft seiner Territorialhoheit – vorbehaltlich etwaiger Ausnahmen qua Immunität oder Vertrag – alle Straftaten, die auf seinem Staatsgebiet begangen wurden, verfolgen und gegebenenfalls aburteilen. Diese Befugnis kann dann aber auch im Rahmen der autonomen Verfügung über die eigenen Hoheitsrechte auf ein internationales Strafgericht übertragen werden⁹⁷. Daher geht es der Kritik weniger um einen völkerrechtlichen Einwand als um eine völkerrechtspolitische Präferenz als strukturell sowohl militärisch als auch wirtschaftlich mächtigerer Akteur, der einzelne Staaten eher diplomatisch zu einem Verfolgungsverzicht bewegen kann als einen internationalen Gerichtshof. Völkerrechtlich entscheidend ist, daß dem Internationalen Strafgerichtshof von vornherein Jurisdiktionsgewalt über Verbrechen fehlt, die auf dem Gebiet von Nichtmitgliedstaaten von Drittstaatsangehörigen begangen werden. Ausnahmsweise kann zwar auch in diesen Fällen eine Zuweisung durch den VN-Sicherheitsrat erfolgen (Art. 13 lit. b IStGH-Statut), jedoch war dies nach herkömmlicher Lesart, wie sie sich namentlich bei der Einsetzung der Ad hoc-Tribunale durchgesetzt hat, auch unabhängig vom Statut bereits auf der Grundlage der UN-Charta möglich.

Örtliche und personale Zuständigkeit

Keine universelle Zuständigkeit

---

92 S. u. Rn. 45.
93 Siehe *Kathrin Bremer*, Nationale Strafverfolgung internationaler Verbrechen gegen das humanitäre Völkerrecht, 1999, S. 59 ff.; Cryer/Friman u. a. (N 61), S. 7 f.; *Fastenrath* (N 38), S. 372; *Otto Triffterer*, Der ständige Internationale Strafgerichtshof – Anspruch und Wirklichkeit, in: FS für Heinz Zipf, 1999, S. 493 (501 f.); *Weißer* (N 40), S. 419; *Zahar/Sluiter* (N 87), S. 86 ff.; vgl. auch *Klaus Ferdinand Gärditz*, ICTR v. 2. 12. 2003, „Radio Machete": Aufstachelung zum Völkermord durch Presse und Radio, in: Menzel/Pierlings/Hoffmann (N 8), S. 805 (810).
94 *Bassiouni* (N 7), S. 504.
95 *Klaus Ferdinand Gärditz*, Der Internationale Strafgerichtshof, in: Menzel/Pierlings/Hoffmann (N 8), S. 69 (72).
96 Vgl. eingehend die Darstellung des US-Sonderbotschafters für Kriegsverbrecher-Fragen der Clinton-Regierung *David J. Scheffer*, Staying the Course with the ICC, in: Cornell International Law Journal 35 (2001/02), S. 47 (98 f.); ferner *Ruth Wedgewood*, The International Criminal Court: An American View, in: European Journal of International Law 10 (1999), S. 93 (99 ff.).
97 Vgl. *Jack Goldsmith*, The Self-Defeating ICC, in: University of Chicago Law Review 70 (2003), S. 89 (91); *Monroe Leigh*, The United States and the Statute of Rome, in: American Journal of International Law 95 (2001), S. 124 (125).

§ 245 Zweiundzwanzigster Teil: Grenzüberschreitende Staatsaufgaben

17
Komplementarität

Im Verhältnis zu staatlichen Gerichten erfüllt der IStGH – anders als die Ad hoc-Tribunale[98] – eine bloße Komplementärfunktion (Art. 17 Abs. 1 lit. a IStGH-Statut)[99], das heißt eine Anklage vor dem Internationalen Strafgerichtshof ist unzulässig, wenn der Fall nicht von hinreichendem Gewicht ist oder eine effektive sowie unvoreingenommene Strafverfolgung durch staatliche Justizbehörden innerhalb deren Jurisdiktionsgewalt durchgeführt wurde oder wird[100]. Die komplementäre Ausgestaltung der Verfolgungsbefugnis beruht darauf, daß das Völkerstrafrecht im wesentlichen auf eine dezentrale Durchsetzung durch die Strafverfolgungsbehörden und Gerichte der einzelnen Staaten angewiesen ist („indirect enforcement")[101]. Insbesondere angesichts des erheblichen Aufwandes und der damit verbundenen Verfahrensdauer einerseits und den sehr begrenzten Ressourcen andererseits wird sich der Internationale Strafgerichtshof nur selektiv einer kleinen Zahl herausragender Fälle annehmen können. Dem trägt auch Art. 17 Abs. 1 lit. d IStGH-Statut Rechnung, wonach die jeweilige Sache schwerwiegend genug sein muß, eine Befassung durch den Gerichtshof zu rechtfertigen[102]. Die bisweilen vertretene Auffassung, das *primäre* Strafverfolgungsrecht liege bei den in Rede stehenden Taten nicht bei einem Einzelstaat, sondern bei „der Weltgemeinschaft"[103] selbst[104], hat daher im Statut keine Entsprechung gefunden. Das Statut folgt im übrigen dem Grundsatz ne bis in idem, läßt aber eine erneute Strafverfolgung vor dem Internationalen Strafgerichtshof zu, soweit eine abschließende staatliche Entscheidung auf einem unfairen oder parteiischen Verfahren beruht (Art. 20 IStGH-Statut).

„Indirect enforcement"

Ne bis in idem

II. Verfassungsrechtliche Schranken

18
Supranationale Strafgewalt als Übertragung von Hoheitsrechten

Die Übertragung von Kompetenzen auf eine internationale Strafgerichtsbarkeit durch völkerrechtlichen Vertrag – der Fall des Internationalen Strafgerichtshofes – bedarf zum einen eines Bundesgesetzes nach Art. 59 Abs. 2 S. 1 GG. Zum anderen werden Kompetenzen auf einen internationalen Strafge-

---

98 Art. 9 ICTY-Statut, Art. 8 ICTR-Statut sehen den *Vorrang* der Tribunale gegenüber staatlichen Gerichten vor.
99 Ausführlich hierzu *Meißner* (N 48), S. 66 ff.; *Otto Triffterer*, Der ständige Internationale Strafgerichtshof – Anspruch und Wirklichkeit, in: GS für Heinz Zipf, 1999, S. 493 (527 ff.). Siehe auch § 1 Abs. 1 S. 1 IStGHG.
100 Hierzu im einzelnen *v. Arnauld* (N 9), Rn. 1320 f.
101 Hierzu *Anthony D'Amato*, National Prosecution for International Crimes, in: M. Cherif Bassiouni (Hg.), International Criminal Law, Ardsley ²1999, S. 217 ff.; *Wulf Burchards*, Die Verfolgung von Völkerrechtsverbrechen durch Drittstaaten, 2005; *Gärditz* (N 95), S. 72; *Kreß* (N 65), S. 7.
102 Eingehend *Susana SáCouto/Katherine Cleary*, The Gravity Threshold of the International Criminal Court, in: American University International Law Review 23 (2007), S. 807 ff.
103 Eine solche fiktive Gemeinschaft bleibt ohne Institutionalisierung eine diffuse moralische Referenzgröße ohne rechtliche Konturen, so daß es völkerrechtlich allein darauf ankommt, welches Organ mit welchen Zuständigkeiten zur Verfolgung eingesetzt wird. Daß sich unter der Gemeinschaft nach gegenwärtigem Stand des Völkerrechts nur die Gemeinschaft der Staaten verbirgt, bemerkt zutreffend *v. Arnauld* (N 9), Rn. 1276.
104 *Otto Lagodny*, Legitimation und Bedeutung des Ständigen IStGH, in: ZStW 113 (2001), S. 800 (805); ferner *Weißer* (N 40), S. 418 f.

richtshof nach Art. 24 Abs. 1 GG „übertragen". Dies meint die Öffnung der Rechtsordnung für eine Ausübung überstaatlicher öffentlicher Gewalt im innerstaatlichen Bereich[105], und zwar gleichermaßen durch Gesetzgebung, vollziehende Gewalt und Rechtsprechung[106]. Kennzeichnend ist insoweit eine Durchgriffswirkung in den innerstaatlichen Bereich[107] bzw. die Öffnung für fremde Hoheitsgewalt gegenüber Deutschen auf deutschem Boden[108]. Das Völkerstrafrecht – gleich ob vermeintliches Gewohnheitsrecht oder Vertragsrecht – verpflichtet nicht allein die Staaten zur Strafverfolgung; es macht diese – semantischer Ungenauigkeit des Begriffs zum Trotz[109] – auch nicht zu möglichen Verfahrenssubjekten, obschon dies rechtstheoretisch natürlich möglich wäre[110]. Völkerstrafrecht ist vielmehr – in Durchbrechung der Mediatisierung des einzelnen im Völkerrecht[111] – Individualstrafrecht[112], das jeden einzelnen Menschen durch Verbote mit Strafbewehrung adressiert[113]. Es entfaltet daher inhärent Durchgriffswirkung, ist im eigentlichen Sinne ein supranationales Regime[114]. Daher bedarf es zur Ermächtigung einer internationalen Strafgerichtsbarkeit eines Kompetenztransfers nach Art. 24 Abs. 1 GG, der dementsprechend aus verfassungsrechtlicher Sicht auch an den dafür geltenden Schranken zu messen ist.

<small>Inhärente Durchgriffswirkung</small>

---

105 BVerfGE 59, 63 (90); 68, 1 (90); 73, 339 (374); → Bd. X, *Ipsen*, § 220 Rn. 68 ff.
106 *Hans D. Jarass*, in: ders./Pieroth, [12]2012, Art. 24 Rn. 4; *Rudolf Streinz*, in: Sachs, [6]2011, Art. 24 Rn. 12.
107 Vgl. BVerfGE 37, 271 (280); 68, 1 (94); 73, 339 (374); *Stephan Hobe*, in: Karl Heinrich Friauf/Wolfram Höfling (Hg.), Berliner Kommentar zum GG, 2012, Art. 24 Rn. 17; *Ondolf Rojahn*, in: v. Münch/Kunig, Bd. I, [6]2012, Art. 24 Rn. 25.
108 *Jarass* (N 106), Art. 24 Rn. 5.
109 Eigentlich müßte es „Strafvölkerrecht" lauten, etwa in Entsprechung zum Umwelt-, Wirtschafts- und Fremdenvölkerrecht, nicht Völkerstrafrecht, was suggeriert, daß entweder – wie etwa das Jugendstrafrecht – der Täterkreis typisiert wird (Völker sind aber keine Strafrechtssubjekte) oder – wie das Insolvenz- oder Betäubungsmittelstrafrecht – der Anknüpfungsgegenstand (was aber die meisten Delikte ebenfalls nicht trifft).
110 *Georg Dahm*, Zur Problematik des Völkerstrafrechts, 1956, S. 5 ff. *Gerhard Hoffmann*, Strafrechtliche Verantwortung im Völkerrecht, 1962, S. 33 f. Eingehend zur Genese eines Konzepts der strafrechtlichen Verantwortlichkeit von Staaten *Marina Spinedi*, International Crimes of State, in: Joseph H.H. Weiler/Antonio Cassese/ders. (Hg.), International Crimes of State, 1989, S. 7 ff.
111 *v. Arnauld* (N 9), Rn. 1274; *Kittichaisaree* (N 16), S. 7 ff.; zu den Folgeproblemen für eine nationalrechtliche Anknüpfung *Gärditz* (N 1), S. 412 f.
112 Die Ausnahmefall einer Strafverfolgung von Organisationen, den noch das Nürnberger Tribunal kannte, hat keinen Anschluß gefunden. Hierzu *Donnedieu de Vabres* (N 8) S. 543 ff.; *Kurt Heinze/Karl Schilling*, Die Rechtsprechung der Nürnberger Militärtribunale, 1952, S. 273 ff.; *Gerhard Rauschenbach*, Der Nürnberger Prozeß gegen die Organisationen, 1954. Dies dürfte auch daran liegen, daß die Funktion einer Verbandsstrafe im individualistischen Schuldstrafrecht bis heute stark umstritten geblieben ist. Siehe etwa *Peter-Alexis Albrecht*, Die vergessene Freiheit, [3]2011, S. 86; *Anne Ehrhardt*, Unternehmensdelinquenz und Unternehmensstrafe, 1994, S. 42 f.; *Friedrich von Freier*, Kritik der Verbandsstrafe, 1998, S. 232 ff.; *Peter König*, Zur Einführung strafrechtlicher Verantwortlichkeit für juristische Personen und Personenverbände, in: Michael Hettinger (Hg.), Reform des Sanktionenrechts, Bd. III, 2002, S. 39 (46 ff.); *Bernd Schünemann*, Die Strafbarkeit juristischer Personen aus deutscher und europäischer Sicht, in: ders./Carlos Suárez Gonzáles (Hg.), Bausteine des europäischen Wirtschaftsstrafrechts, 1994, S. 265 (279 ff.).
113 Siehe nur *Dahm* (N 110), S. 14 ff.; *Willi Thiele*, Völkerstrafrecht, 1952, S. 51 f.
114 Zutreffend *Weigend* (N 66), S. 220.

1. Demokratische und rechtsstaatliche Grenzen der Kompetenzübertragung

19

Kompetenztransfer nach Art. 24 Abs. 1 GG

Verfassungsrechtliche Übertragungsschranken

Die Übertragung erfolgt durch förmliches Bundesgesetz[115], das seinerseits hinreichend bestimmt sein muß[116], um die Grenzen des Kompetenztransfers erkennbar und damit sowohl demokratisch verantwortbar als auch rechtsstaatlich beherrschbar zu halten. Die Befugnis zur Übertragung von Hoheitsrechten nach Art. 24 Abs. 1 GG ist nicht schrankenlos gewährleistet. Insbesondere darf ein Kompetenztransfer nicht die nach Art. 79 Abs. 3 GG als unverbrüchlich definierte Verfassungsidentität aushebeln[117]. Dies bedeutet nicht zwingend, daß die zwischenstaatliche Einrichtung institutionell selbständig den Erhalt der nach deutschem Staatsorganisationsrecht vorgegebenen Standards eines freiheitlichen demokratischen Rechtsstaats sicherstellen muß[118]. Hierzu werden zwischenstaatliche Einrichtungen nur selten geeignet sein, die ihrerseits Staaten in die Willensbildung einbeziehen müssen, die nicht vergleichbar verfaßt sind. Entsprechende Einrichtungen beziehen ihre Legitimation von den Mitgliedstaaten und nicht von deren Bürgern[119], jedenfalls solange sie zwischenstaatlich (sprich: völkerrechtlich) bleiben und keine autonome Rechtsordnung ausdifferenzieren. Demokratische Legitimation muß daher nicht notwendig auch innerhalb der geschaffenen Einrichtung selbst erzeugt werden, solange die Mechanismen der Willensbildung innerhalb der Einrichtung eine hinreichende Steuerung und Kontrolle durch die Mitgliedstaaten (zum Beispiel über Vetorechte) und insoweit auch durch die Bundesrepublik Deutschland und ihre demokratisch legitimierten Organe zulassen[120]. Soweit Inhalt und Ausmaß des Kompetenztransfers begrenzt bleiben, lassen sich demokratische und rechtsstaatliche Mindeststandards auch durch die Ermächtigung selbst gewährleisten[121]: Die zwischenstaatliche Einrichtung wird als bloßes Werkzeug eingesetzt, eine punktuelle Aufgabe im mitgliedstaatlichen Interesse nach Maßgabe eines in der Ermächtigung niedergelegten Normprogramms durchzuführen. Die Bindung an geltendes Recht (Art. 20 Abs. 3 GG) ist als allgemeine Anforderung an die Ausübung von Hoheitsgewalt auch verfassungsrechtlich unabdingbare Voraussetzung für die Übertragung von Hoheitsrechten nach Art. 24 Abs. 1 GG[122]. Nur die Rechtsbindung der zwischenstaatlichen Einrichtung kann die demokratische Begrenzbarkeit sowie Verantwortbarkeit des Kompetenztransfers sicherstellen. Dies schließt Blankettatbestände zur Kompetenzübertragung aus.

Rechtsbindung

---

115 BVerfGE 58, 1 (35).
116 *Jarass* (N 106), Art. 24 Rn. 8.
117 BVerfGE 37, 271 (279 f.); 58, 1 (40 ff.); 73, 339 (375 f.); *Jarass* (N 106), Art. 24 Rn. 9.
118 BVerfGE 58, 1 (41). In diese Richtung aber *Jarass* (N 106), Art. 24 Rn. 9.
119 *Claus Dieter Classen*, in: v. Mangoldt/Klein/Starck, Bd. II, 6-2010, Art. 24 Rn. 30.
120 Eingehend zur Alternative der Legitimationsmittlung *Frank Meyer*, Strafrechtsgenese in Internationalen Organisationen, 2012, S. 597 ff., 809 ff.
121 Vgl. auch *Jarass* (N 106), Art. 24 Rn. 11.
122 *Classen* (N 119), Art. 24 Rn. 31.

a) Nicht rein demokratische Legitimation von Gerichten

Allein die Rechtlichkeit von Entscheidungen als solche schafft keine selbstständige Legitimation[123]. Andere Formen der Legitimationsbeschaffung sind daher erforderlich, weshalb es einer Rückanbindung an den Prozeß der demokratischen Willensbildung bedarf, der Recht nicht seinem Inhalt nach, sondern durch Verfahren legitimiert, die Konsequenz gleicher Freiheit aller sind. Die ihrerseits funktionsnotwendige richterliche Unabhängigkeit begrenzt freilich eine Rückankopplung an den demokratisch-politischen Prozeß über die Rechtsbindung hinaus auf die Form der Amtseinsetzung, während eine sachlich-inhaltliche Legitimation über Ingerenzen der politisch verantwortlichen Stellen auf die laufende Entscheidungsfindung der Gerichte nicht möglich ist[124]. Mit Recht wird daher darauf verwiesen, daß sich die spezifische Legitimation von Gerichten – obschon allgemein anerkannt und von der Verfassung (Art. 20 Abs. 3, 92, 97 Abs. 1 GG) vorausgesetzt[125] – nicht *allein* demokratisch begründen läßt. Auf Grund der institutionellen Sonderstellung von Gerichtsbarkeit bedürfe es zugleich einer Legitimation aus den individuellen Rechtsschutzinteressen der am Streit beteiligten Parteien[126], also aus Derivaten der legitimationstauglichen individuellen Selbstbestimmung. Während die materielle Bindung über das anzuwendende Recht – aus unterschiedlichen und hier nicht zu vertiefenden Gründen (insbesondere Aufladung mit ihrerseits legitimatorisch prekären Methodenfragen, Ermächtigungsproblemen insbesondere bei notwendigen Kreationsleistungen innerhalb der Justiz[127]) – ergänzungsbedürftig bleibt[128], kommt den institutionellen Rahmenbedingun-

20 Additive individuelle Legitimation

Institutionelle Rahmenbedingungen

---

123 Kritisch daher *Armin von Bogdandy/Ingo Venzke*, Zur Herrschaft internationaler Gerichte: Eine Untersuchung internationaler öffentlicher Gewalt und ihrer Rechtfertigung, in: ZaöRV 70 (2010), S. 1 (26 ff.); *Christoph Möllers*, Individuelle Legitimation: Wie rechtfertigen sich Gerichte?, in: Anna Geis/Frank Nullmeier/Christopher Daase (Hg.), Der Aufstieg der Legitimitätspolitik, 2012, S. 398 (410 f.).
124 Etwas anderes gilt für die als Exekutivbehörde organisierte Staatsanwaltschaft, bei der Weisungsrechte des Ressortministers schon aus demokratischen Gründen unverzichtbar bleiben. Stellvertretend *Hans-Ullrich Paeffgen*, Das externe Weisungsrecht des Justizministers – ein obsoletes Institut?, in: GS für Ellen Schlüchter, 2002, S. 563 ff.
125 → Bd. II, *Böckenförde*, § 24 Rn. 24; *Claus Dieter Classen*, Gesetzesvorbehalt und Dritte Gewalt – Zur demokratischen Legitimation der Rechtsprechung, in: JZ 2003, S. 693 (695); *Horst Dreier*, in: ders., Bd. II, ²2006, Art. 20 (Demokratie) Rn. 144; *Klaus Ferdinand Gärditz*, Die Legitimation der Justiz zur Völkerrechtsfortbildung, in: Der Staat 47 (2008), S. 381 (392); *Thomas Groß*, Verfassungsrechtliche Möglichkeiten und Begrenzungen für eine Selbstverwaltung der Justiz, in: ZRP 1999, S. 361 (362); *Fabian Wittreck*, Die Verwaltung der Dritten Gewalt, 2006, S. 132 ff.; für eine kontrollspezifische Legitimation *Alexander Tschentscher*, Demokratische Legitimation der dritten Gewalt, 2006, S. 189 ff.; *Gerhard Zimmer*, Funktion – Kompetenz – Legitimation, 1979, S. 304.
126 Jüngst eingehend *Möllers* (N 123), S. 398 ff.
127 Wenig überzeugendes Ausweichmanöver *Marion Albers*, Höchstrichterliche Rechtsfindung und Auslegung gerichtlicher Entscheidungen, in: VVDStRL 71 (2012), S. 257 (262), das im übrigen nicht ganz widerspruchsfrei bleibt: die Legitimationsfrage sei „weder nötig noch sinnvoll" (262); sie bleibe weiterhin „eine sehr wichtige Frage" (367 f.).
128 Auch ein Modell der ergänzenden individuellen Legitimation der Justiz kann letztlich Methodenfragen nicht vermeiden, weil Gerichte nicht beliebige Entscheidungen produzieren sollen (Art. 20 Abs. 3 97 Abs. 1 GG) und aus diesem Grund in den meisten Staaten gerade mit Juristen besetzt sind, wie umgekehrt ein methodenstrenges (rechtstheoretisch armiertes) Richtermodell zwar richtige Norminhalte voraussetzen, sich aber nicht der Einsicht verschließen kann, daß Rechtserkenntnis immer nur in konkreten Institutionen verfahrensrechtlich gebunden stattfindet und diese Rahmenbedingungen auf die real produzierten Entscheidungen von Einfluß sind.

gen, nicht zuletzt der Eigenart des formalisierten gerichtlichen Verfahrens, eine gesteigerte Bedeutung zu. Denn Rechtsprechung ist vor allem die Entscheidung von Einzelfällen[129]. Wirkungsexternalitäten, die den konkret-individuellen Fallbezug sprengen, erscheinen folglich legitimationstheoretisch zumindest besonders begründungsbedürftig[130]. Gemessen hieran wird dann ein Legitimationsdefizit des gegenwärtigen Völkerstrafrechts konstatiert[131].

b) Legitimatorische Sonderrolle der Strafgerichte

21
Kein individueller Legitimationsüberhang

Die Gründe hierfür liegen freilich tiefer, weil sich die Strafgerichtsbarkeit – ungeachtet ihres konzentrierten Fallbezugs und der über das Schuldprinzip vergleichsweise starken individuellen Fokussierung – nur begrenzt in ein individuelles Legitimationsmodell einfügt. Nicht der einzelne wendet sich – individuellen Legitimationstransfer auslösend – als Partei an ein Gericht, um sein Recht zu erlangen; er wird von dritter Seite (in der Regel einer Strafverfolgungsbehörde) gegen seinen Willen vor Gericht gebracht, damit dieses durch ein Strafverfahren – sprich: einen Dauergrundrechtseingriff[132] – über die Schuldfrage entscheidet. Das individuelle Schuldstrafrecht gründet zwar abstrakt auf der Selbstbestimmung des einzelnen und nimmt diesen als autonomes Subjekt ernst, mutet dem einzelnen aber zuvörderst Belastungen zu, die den Entfaltungsradius seiner Selbstbestimmung empfindlich begrenzen.

Begrenzung der Selbstbestimmung

Die positiven Erträge angewandten Schuldstrafrechts für die Freiheitlichkeit der Rechtsordnung insgesamt lassen sich nicht dem einzelnen Beschuldigten zurechnen; Referenz der Generalprävention ist die Allgemeinheit, also eine Bezugsgröße, die eher mit demokratischer Legitimation zu verkoppeln wäre. Insoweit bleibt es beim trivialen – idealisierender Deutungen entkleideten – Befund: Der Richter aktualisiert in der Verhängung von Strafe nicht die Freiheit des einzelnen, sondern greift – als Konsequenz einer modernen, von Rudimenten des Absoluten befreiten Prozeßstruktur – in diese ein[133].

22
Keine Legitimation aus Opferleid

Auch Opferleid schafft keine selbstständige Legitimation. Und metaphysische Begründungen, die das Strafrecht auf eine materiale Freiheitsidee zurückführen, sind aus sehr unterschiedlichen Gründen prekär[134], weichen aber vor allem dem formellen Legitimationsbedarf aus, indem sie sich allein auf überpositive, vermeintlich präeminente Inhalte von Recht beziehen. Systemimma-

---

129 Eingehend *Christoph Schönberger*, Höchstrichterliche Rechtsfindung und Auslegung gerichtlicher Entscheidungen, in: VVDStRL 71 (2012), S. 296 (302 ff.). Die ansonsten für Höchstgerichte typische Operationalisierung individueller Verfahren, „um eine systemstabilisierende Leistung zu erbringen" – *Möllers* (N 123), S. 407; hiergegen etwa *Patrick Hilbert*, An welche Normen ist der Richter gebunden?, in: JZ 2013, S. 130 (134) –, ist auch für unterinstanzliche Strafgerichte eine funktionsbedingte Selbstverständlichkeit. Die fallübergreifende Externalisierung beschränkt sich hier jedoch nicht auf die Arbeit an den relevanten rechtlichen Maßstäben, sondern zielt zuvörderst auf eine Bereinigung sozialer Systemkonflikte (Normstabilisation).
130 *Möllers* (N 123), S. 403.
131 *Möllers* (N 123), S. 412 f.
132 Vgl. *Otto Lagodny*, Strafrecht vor den Schranken der Grundrechte, 1996, S. 96 ff.
133 Vgl. insoweit konsequent *Volker Haas*, Strafbegriff, Staatsverständnis und Prozessstruktur, 2008, S. 298 f. und passim.
134 Kritik bei *Klaus Ferdinand Gärditz*, Strafbegründung und Demokratieprinzip, in: Der Staat 49 (2010), S. 331 ff.; s. u. Rn. 40 f.

nent wird ausgeblendet, daß Inhalte, wie vernünftig sie auch sein mögen, zunächst einer politischen Legitimation bedürfen – bezogen auf den völkerrechtlichen Kontext: gerade demokratische Staaten müssen ein Interesse an der förmlichen Steuerung der Völkerrechtsentwicklung haben[135] – und dem Verfahren eine entscheidende Rolle für die Entscheidungsfindung zukommt. Dies gilt auch, weil demokratische Verfahren auf Selbstbestimmung gründen, damit inhaltliche Kontingenz voraussetzen und insoweit kein Mechanismus zur Abbildung vorpositiver Gerechtigkeitsvisionen sein können. Der Formalisierungsbedarf des Strafrechts wird durch materiale Moralisierung unterlaufen[136]. Die institutionelle Seite, wer Strafgewalt ausüben soll, wird – der allgemeinen Blindheit materialer Gerechtigkeitsentwürfe für Institutionen und Verfahren entsprechend – in den materialen Legitimationsmodellen der Strafrechtswissenschaft, die gerade auch das Völkerstrafrecht dominieren, offengelassen. Die freiheitliche Idee des Strafrechts schafft folglich keine eigenständige individuelle Legitimation.

Keine Legitimation aus vorpositiver Gerechtigkeit

Die Zuständigkeit eines unabhängigen Richters für die Entscheidung in Strafsachen ist letztlich ein Mechanismus des Grundrechtsschutzes, weil die einschneidende Sanktion der Kriminalstrafe dem Betroffenen nur zumutbar ist, wenn sie auf Grund eines stark formalisierten und gegenüber äußeren Einflüssen neutralisierten Verfahrens verhängt wird[137]. Hierin liegt die besondere – sich von anderen gerichtlichen Verfahren durchaus unterscheidende – Justizgewährleistungsfunktion des Strafverfahrens[138]. Punitive Mechanismen sind als Instrumente sozialer Kontrolle in einer komplexen Gesellschaft unverzichtbar, werden aber prozedural institutionalisiert, um hierdurch die freiheitliche Grundstruktur von Strafe in ihrer Anwendung sicherzustellen und ein Ausweichen auf schlechter rationalisierbare, nicht freiheitsverträglich austarierte Formen der sozialen Kontrolle zu verhindern[139]. Der Beschuldigte wird zwar im Einzelfall durch ein Strafverfahren individuell belastet, erhält aber hierfür die Rolle als eigenständiges Prozeßsubjekt mit besonderen Rechten, die eine unvermittelte (etwa administrative[140]) Inanspruchnahme zu Strafzwecken verhindern. Aus der prozeßrechtlichen Rollendifferenzierung vor einer neutralisierten Instanz und dem daraus resultierenden – notwendig zu abstrahierenden – Freiheitsgewinn erwachsen dann letztlich strafrechts-

23
Strafrichter als prozeduraler Grundrechtsschutz

Rechtfertigung punitiver sozialer Kontrolle

---

135 Allgemein *Jack L. Goldsmith/Eric A. Posner*, The Limits of International Law, New York 2005, S. 209 ff. Siehe auch zur kritischen Haltung gegenüber einem offenen Umgang mit Gewohnheitsrecht *Curtis A. Bradley/Jack L. Goldsmith*, Customary International Law as Federal Common Law: A Critique of the Modern Position, in: Harvard Law Review 110 (1997), S. 816 (868); *Richard A. Falk*, The Role of Domestic Courts in the International Legal Order, Washington 1964, S. 71 ff.; *Phillip R. Trimble*, A Revisionist View of Customary International Law, in: University of California – Los Angeles Law Review 33 (1986), S. 665 (716 ff.).
136 In diesem Sinne zutreffend *Möllers* (N 123), S. 412.
137 Siehe BVerfGE 22, 49 (80); *Ivo Appel*, Verfassung und Strafe, 1998, S. 546 ff.; *Klaus Ferdinand Gärditz*, Strafprozess und Prävention, 2003, S. 167 ff.; *Hans-Ullrich Paeffgen*, Vorüberlegungen zu einer Dogmatik des Untersuchungshaft-Rechts, 1986, S. 67.
138 *Haas* (N 133), S. 10 f.; *Eberhard Schmidt*, Lehrkommentar zur Strafprozeßordnung und zum Gerichtsverfassungsgesetz, Teil I, ²1964, S. 35 ff.
139 Eingehend *Winfried Hassemer*, Warum Strafe sein muss, 2009, S. 32 ff.
140 Hiergegen zutreffend BVerfGE 22, 49 ff.

Besondere Legitimationsstruktur des Strafverfahrensrechts

spezifische individuelle Legitimationsbeiträge. Legitimationsstränge des öffentlichen und offenen Verfahrens, denen ansonsten eine eher ergänzende Rolle zufällt[141], tragen zwar die Legitimationsstruktur des Strafverfahrensrechts nicht allein, aber ganz entscheidend mit[142]. Da der Strafrichter mit der Strafverhängung in Freiheitsrechte eingreifen darf, verbleibt ungeachtet dessen ein besonderer sowie nicht individualisierbarer Legitimationsbedarf, der weiterhin im wesentlichen über das abstrakt-generelle demokratische Recht, das anzuwenden ist, befriedigt werden muß[143], auch weil im Hinblick auf die richterliche Unabhängigkeit fallbezogen-organisatorische Einflußpfade versperrt sind[144]. Hierin liegt auch eine spezifisch legitimatorische Begründung des qualifizierten Vorbehalts des Gesetzes (Art. 103 Abs. 2 GG), der sich institutionell gerade an Strafgerichte richtet und rechtsgedanklich aus verfassungsrechtlicher Sicht auch im Rahmen einer internationalen Strafgerichtsbarkeit zu wahren ist, damit sich die Bundesrepublik Deutschland an dieser als Vertragsstaat beteiligen kann.

c) Besondere Legitimationsprobleme internationaler Strafgerichtsbarkeit

24

Rechtskulturell relativierte Bindung an Normtexte

Eine bloße Bindung durch Texte, die schon als solche gleichermaßen voraussetzungsvoll wie problematisch ist, erscheint in einem internationalen Kontext in besonderer Weise ungeeignet, Legitimation zu stiften[145]. Im Völkerstrafrecht verstärkt sich dies, weil zum einen die Sprachfassungen der Straftatbestände vergleichsweise abstrakt bleiben und zum anderen – noch mehr als im nationalen Kontext – halbwegs konsentierte Interpretationsregeln nicht vorhanden sind und transparente Mechanismen zur Verkoppelung mit den verschiedenen – institutionell wie prozedural disparaten – nationalen Akteuren

---

141 *Andreas Voßkuhle/Gernot Sydow*, Die demokratische Legitimation des Richters, in: JZ 2002, S. 673 (676 ff.).
142 Mit Recht wird freilich festgestellt, daß solche ergänzenden Mechanismen im Rahmen einer internationalen Gerichtsbarkeit besonders schwach ausdifferenziert sind, so v. *Bogdandy/Venzke* (N 123), S. 29 ff., 47.
143 Daher gilt der Vorbehalt des Gesetzes auch für Gerichte, so *Klaus Ferdinand Gärditz*, in: Karl Heinrich Friauf/Wolfram Höfling (Hg.), Berliner Kommentar GG, 2012, Art. 20 Abs. 3 (Rechtsstaat) Rn. 176; *Christian Hillgruber*, Richterliche Rechtsfortbildung als Verfassungsproblem, in: JZ 1996, S. 118 (123 f.); *ders.*, in: Maunz/Dürig, 2012, Art. 97 Rn. 26; *Bodo Pieroth/Bernhard Schlink*, Grundrechte, [28]2012, Rn. 279; tendenziell auch BVerfGE 88, 103 (116). Ablehnend aber *Claus Dieter Classen*, Gesetzesvorbehalt und Dritte Gewalt, in: JZ 2003, S. 693 (697 ff.); *Ulrich Haltern/Franz Mayer/Christoph Möllers*, Wesentlichkeitstheorie und Gerichtsbarkeit – Zur institutionellen Kritik des Gesetzesvorbehalts, in: Die Verwaltung 30 (1997), S. 51 (62 ff.).
144 Im nationalen Recht wird die Legitimation der Strafgerichtsbarkeit insgesamt dadurch ergänzt, daß eine als Exekutivbehörde weisungsabhängige Staatsanwaltschaft (§ 146 GVG: internes Weisungsrecht; § 147 GVG: externes Weisungsrecht) einwandfrei demokratisch legitimiert ist und insoweit durch ihre notwendigen Mitwirkungshandlungen das Legitimationsniveau des Strafverfahrens erhöht. Diesen demokratischen Eigenwert übergeht die traditionsrechte Kritik hieran (etwa *Ernst E. Carsten/Erardo C. Rautenberg*, Die Geschichte der Staatsanwaltschaft in Deutschland bis zur Gegenwart, [2]2012, S. 469 ff.). Auf internationaler Ebene wird jedenfalls eine demokratische Legitimation einer internationalen Strafverfolgungsbehörde jedoch nicht herzustellen sein.
145 Allgemein *Möllers* (N 123), S. 411.

zu einer „Interpretationsgemeinschaft"¹⁴⁶ fehlen¹⁴⁷. Die auf den Staatenkonsens als potentielle Legitimationsquelle abstrakt-genereller Völkerrechtsetzung rückführbare Rechtserzeugungsquelle der Staatenpraxis steht internationalen Strafgerichten gerade nicht zur Verfügung, weil sich Straftatbestände auf individuelles Verhalten beziehen und sich daher schon strukturell keine Staatenpraxis einstellen kann, die ein internationales Gericht zu legitimieren vermag¹⁴⁸. Analysiert man den Staat disaggregiert¹⁴⁹, findet man keine völkerrechtsbezogenen Legitimationssplitter, sondern allenfalls – sub specie Art. 38 Abs. 1 lit. c IGH-Statut nicht von vornherein unergiebiges – Anschauungsmaterial, wie staatliche Gerichte mit ähnlichen Problemen im staatlichen Strafrecht umgehen. Auch auf nationaler Ebene hat sich das Strafrecht auf Grund seiner kulturell voraussetzungsvollen Basisstruktur unterhalb der abstrakten Normtexte nur als begrenzt permeabel erwiesen¹⁵⁰, was einen substantiellen Transfer – zumal in der Strafbegründungstheorie, im Allgemeinen Teil und im Prozeßrecht – erheblich behindert. Internationale Strafgerichte sind daher in erheblichem Umfang darauf angewiesen, ihre abstrakt-generellen Maßstäbe selbst und abstrahiert von tradierten nationalen Rechtskulturen in Verfahren auszuformen, die ihrerseits eher pragmatisches Konglomerat sind. Der Rechtsvergleichung fällt dann eher die Rolle zu, die Rechtspluralität bei der Rechtsgewinnung zu sichern¹⁵¹, was aber die Möglichkeiten einer mitgliedstaatlichen Legitimation durch Rechtsbindung weiter reduziert. Man wird vor diesem Gesamtbefund nicht umhinkommen, die Legitimation des Kompetenztransfers auf eine internationale Strafgerichtsbarkeit, die sich allein auf eine Bindung durch Normtexte stützen kann, als unzureichend anzusehen. Kompensatorische Mechanismen der Legitimationsbeschaffung – vor allem über eine demokratische Organisationsform oder die Besetzung des Gerichts – stehen praktisch nicht zur Verfügung. Die besondere Form kommunikativer Entscheidungsfindung allein ist zur Legitimationsbeschaffung unzureichend. Insgesamt erscheint daher eine unabhängige und mit supranationaler Durchgriffswirkung ausgestattete internationale Strafgerichtsbarkeit legitimatorisch

Keine Legitimation durch Staatenpraxis

Abstrakt-generelle Rechtserzeugung durch internationale Strafgerichte

---

146 *Möllers* (N 123), S. 411.
147 Überschätzt bei *Anne-Marie Slaughter*, Judicial Globalization, in: Virginia Journal of International Law 40 (2000), S. 1103 ff.; *dies.*, A New World Order, Princeton 2004, S. 65 ff., die weder den formalen Legitimationserfordernissen noch den Disparitäten in Rolle und institutionellem Setting von Gerichten in sehr unterschiedlichen Rechtskulturkreisen Beachtung zukommen läßt.
148 Kritisch *Klaus Ferdinand Gärditz*, Ungeschriebenes Völkerrecht durch Systembildung, in: AVR 45 (2007), S. 1 (8 ff.).
149 *Slaughter* (N 10), S. 184; im deutschen Schrifttum etwa *Uwe Kischel*, The State as a non-unitary actor: The role of the judicial branch in international negotiations, in: AVR 39 (2001), S. 268 (274 ff.).
150 *Hans Kudlich*, Exportgüter und Exportbeschränkungen – Der Strafrechtsexport aus rechtstheoretischer Sicht, in: Franz Streng/Gabriele Kett-Straub (Hg.), Strafrechtsvergleichung als Kulturvergleichung, 2012, S. 169 (182 ff.).
151 Eingehend *Mireille Delmarty-Marty*, The Contribution of Comparative Law to a Pluralist Conception of International Criminal Law, in: Journal of International Criminal Justice 1 (2003), S. 13 ff. Die eigentlichen Funktionen rechtsvergleichender Argumentation, „die Sichtweise des eigenen Rechts in der Perspektive des anderen zu objektivieren, indem es blinde Stellen und Anachronismen des eigenen Rechts aufdeckt" (*Thomas Coendet*, Rechtsvergleichende Argumentation, 2012, S. 151), bleiben relational, weil die jeweilige Referenzrechtsordnung in den Kontext der eigenen Rechtsordnung positioniert wird (vgl. a. a. O., S. 141 ff.). Fehlt es an einer Ausgangsrechtsordnung, die hinreichende Orientierungssicherheit vermittelt, so läßt sich diese nicht ohne weiteres rechtsvergleichend gewinnen.

defizitär, so daß eine vorbehaltlose Kompetenzübertragung gemessen an den vom Bundesverfassungsgericht zu Recht etablierten Mindeststandards verfassungsrechtlich kaum zu rechtfertigen wäre. Namentlich mit einem vom Unionsrecht bekannten Anwendungsvorrang[152] darf eine internationale Strafgerichtsbarkeit mangels angemessener Legitimationsmechanismen nicht ausgestattet werden.

25
Komplementarität als Mechanismus der Legitimationssicherung

Eine hinreichende Legitimation internationaler Strafgerichte, die einen Kompetenztransfer nach Art. 24 Abs. 1 GG aus verfassungsrechtlicher Sicht noch hinnehmbar macht, läßt sich daher letztlich – insoweit der Argumentationsstruktur im supranationalen Unionsrecht folgend – nur durch die enge Anbindung an die Willensbildung in den Mitgliedstaaten erreichen. Zwar wird eine internationale Strafgerichtsbarkeit immer nur als unabhängiges Gericht akzeptabel sein, was Vetopositionen im Strafverfahren ausschließt. Eine demokratische Legitimationssicherung kann jedoch durch den Grundsatz der Komplementarität, wie er sich in Art. 17 IStGH-Statut findet, erfolgen[153].

Art. 17 IStGH-Statut

Indem es der demokratische Rechtsstaat – in seiner kompensatorischen Auffangfunktion[154] – in der Hand hat, selbst für eine angemessene Strafverfolgung zu sorgen, kann er die Verfolgungsdichte und -gegenstände eines internationalen Strafgerichtshofs jedenfalls negativ mitbestimmen[155]. Anders gewendet ist die Bundesrepublik Deutschland verfassungsrechtlich gehindert, nach Art. 24 Abs. 1 GG supranationale Kompetenzen auf eine internationale Strafgerichtsbarkeit zu übertragen, wenn ihr nicht die Möglichkeit verbleibt, die Verfolgung von Straftaten, über die sie territoriale oder personale Regelungsgewalt besitzt, an sich zu ziehen.

2. Grundrechtliche Grenzen der Kompetenzübertragung

26
Gleichwertiger internationaler Rechtsschutz

Der Ausschluß von innerstaatlichem Rechtsschutz gegen Akte einer zwischenstaatlichen Einrichtung ist im Hinblick auf Art. 19 Abs. 4 GG nur zulässig, wenn dem einzelnen innerhalb der Einrichtung, auf die Hoheitsrechte übertragen werden, ein hinreichend effektiver Rechtsschutz zur Verfügung gestellt wird[156]. Rechtsschutzfragen stellen sich bei der Übertragung von Hoheitsgewalt auf eine internationale Strafgerichtsbarkeit unter drei unterschiedlichen Gesichtspunkten. Kann eine Strafverfolgungsbehörde eines internationalen Strafgerichts mit Durchgriffswirkung Ermittlungshandlungen durchführen (lassen), bedarf es effektiven Rechtsschutzes bereits im Ermitt-

---

152 Z.B. EuGH, Urt. v. 15.7.1964, Rs. 6/64 (Flaminio Costa/E.N.E.L), Slg. 1964, 1251 (1269); Urt. v. 22.10.1998, verb. Rs. C-10/97 u. a. (IN.CO.GE.90), Slg. 1998, I-6307 Rn. 21; Urt. v. 8.9.2010, Rs. C-409/06 (Wimmer Wetten GmbH/Bergheim), Slg. 2010 I-8015, Rn. 53, 61; BVerfGE 73, 339 (375); 123, 267 (402); 126, 286 (302).
153 Ebenfalls eine legitimatorische Bedeutung messen der Komplementarität zu: *David Scheffer/Ashley Cox*, The Constitutionality of the Rome Statute of the International Criminal Court, in: The Journal of Criminal Law & Criminology 98 (2008), S. 983 (1029 f.).
154 Hierfür zutreffend *v. Bogdandy/Venzke* (N 123), S. 47 f.
155 Dies ist auch bei einer verfassungskonformen Auslegung des § 28 IStGHG zu berücksichtigen.
156 BVerfGE 58, 1 (41 ff.); *Jarass* (N 106), Art. 24 Rn. 10. Entsprechendes gilt im übrigen auch nach Art. 6 Abs. 1 EMRK, siehe EGMR, Waite und Kennedy, in: NJW 1999, S. 1173 ff.

lungsverfahren. Der Rechtsschutzauftrag des Strafverfahrens in bezug auf die Strafverhängung verwirklicht sich im übrigen auch im nationalen Recht präventiv im Sinne eines besonderen Richtervorbehalts. Eine strafgerichtliche Sachentscheidung darf aus Gründen der Zumutbarkeit des intensiven Grundrechtseingriffs erst nach Abschluß eines formalisierten gerichtlichen Verfahrens durch ein neutrales Gericht erlassen werden[157]. Nicht weniger wird daher von einer internationalen Strafgerichtsbarkeit zu verlangen sein. Das Völkerrecht muß ein neutrales und bis zum Abschluß ergebnisoffenes Verfahren[158] gewährleisten, das durch eine hinreichende Formalisierung die Rechte des einzelnen schützt sowie das Zufallselement durch adäquate Verfahrensregeln hinreichend reduziert[159]. Schließlich müssen Mitwirkungsakte nationaler Stellen, auf die eine internationale Strafgerichtsbarkeit immer angewiesen bleiben wird, im Hinblick auf Art. 19 Abs. 4 S. 1 GG vor nationalen Gerichten angreifbar sein, soweit Rechte einzelner betroffen sein können[160]. Werden grundrechtliche Mindeststandards durch ein internationales Strafgericht unterschritten, kann eine Kooperationsverweigerung daher innerstaatlich – und gegebenenfalls gegen das unterverfassungsrechtliche Völkerrecht – durchgesetzt werden. Die für die Auslieferung durch Art. 16 Abs. 2 S. 2 GG positivierten Mindeststandards gelten auch für sonstige Rechtshilfe.

Neutrales, ergebnisoffenes und formalisiertes Verfahren

Anfechtbarkeit nationaler Mitwirkungsakte

Das Bundesverfassungsgericht hat gerade in Art. 103 Abs. 2 GG eine Ausprägung der Menschenwürde gesehen[161]. In der Tat würde eine strafrechtliche Verurteilung, die sich nicht auf zuvor normativ festgelegte und damit für den Normadressaten erkennbare Verhaltensmaßstäbe stützen läßt, den einzelnen seiner Stellung als eigenverantwortliches und selbstständiges Subjekt berauben, ihn also zum bloßen Objekt generalpräventiver Pönalisierungsinteressen degradieren[162]. Die Subjektstellung des einzelnen wird zwar nicht dadurch beeinträchtigt, daß die normativen Verhaltensmaßstäbe auf einer anderen Regelungsebene als der staatlichen und durch andere Organe als das Parlament gesetzt werden[163]. Geboten bleibt es aber, daß Strafgewalt nur auf eine solche zwischenstaatliche Einrichtung übertragen wird, die an hinreichend bestimmte und damit für den einzelnen vorhersehbare Tatbestände gebunden ist. Das IStGH-Statut gewährleistet nach Maßgabe des Art. 22, daß der Gerichtshof nur solche Taten aburteilen darf, die zur Tatzeit der Gerichtsbarkeit des Internationalen Strafgerichtshofes unterlagen (Abs. 1), wobei ein – in seiner Bindungsqualität fragliches[164] – Gebot der engen Auslegung sowie ein

27
Nulla poena sine lege und Menschenwürde

Art. 22 IStGH-Statut

---

157 S. o. Rn. 23.
158 Verbot der Desavouierung des Verfahrens, grundlegend *Carl-Friedrich Stuckenberg*, Untersuchungen zur Unschuldsvermutung, 1998, S. 544 ff.
159 *Stuckenberg* (N 158), S. 527 f.
160 Siehe für die Bewilligung der Rechtshilfe BVerfGE 113, 273 (311 ff.).
161 BVerfGE 109, 133 (171).
162 *Gerhard Dannecker*, Das intertemporale Strafrecht, 1993, S. 260 ff.; *Klaus Tiedemann*, Tatbestandsfunktionen, 1969, S. 191.
163 *Gärditz* (N 1), S. 415 f.
164 Ob eine Auslegung eng ist oder nicht, ist seinerseits erst das Ergebnis bereits erfolgter Auslegung. So auch *Gerhard Werle/Boris Burghardt*, Erfordern Menschlichkeitsverbrechen die Beteiligung eines Staates oder einer „staatsähnlichen" Organisation?, in: ZIS 2012, S. 271 (274); die allerdings den

striktes Analogieverbot (Abs. 2) gelten. Ungeachtet der Abstraktheit einzelner Straftatbestände handelt es sich – auch im Vergleich zum deutschen Strafgesetzbuch, das ebenfalls seine Generalklauseln kennt[165] – jedenfalls prinzipiell nicht um Strafbestimmungen, deren Fassung hinter allgemeinen Mindestanforderungen an die Vorhersehbarkeit zurückbleibt, zumal auch die „elements of crime" nach Art. 9 IStGH-Statut als eine Art amtliche Kommentierung zur Konkretisierung beitragen.

28
Schuldgrundsatz und Menschenwürde

Der Schuldgrundsatz setze – so das Bundesverfassungsgericht – „die Eigenverantwortung des Menschen voraus, der sein Handeln selbst bestimmt und sich kraft seiner Willensfreiheit zwischen Recht und Unrecht entscheiden kann. Dem Schutz der Menschenwürde liegt die Vorstellung vom Menschen als einem geistig-sittlichen Wesen zugrunde, das darauf angelegt ist, in Freiheit sich selbst zu bestimmen und sich zu entfalten ... Auf dem Gebiet der Strafrechtspflege bestimmt Art. 1 Abs. 1 GG die Auffassung vom Wesen der Strafe und das Verhältnis von Schuld und Sühne ... Der Grundsatz, daß jede Strafe Schuld voraussetzt, hat seine Grundlage damit in der Menschenwürdegarantie des Art. 1 Abs. 1 GG"[166]. Dies bleibt in der vom Gericht gewählten Abstraktheit freilich inoperabel, auch weil das Bundesverfassungsgericht kein rechtstaatliches Maß individueller Schuld angeben kann und nicht einmal klärt, was es unter Schuld versteht. Die Hypostasierung des Schuldgrundsatzes zur unmittelbaren Konsequenz der Menschenwürde ist aber auch in dieser Pauschalität überzogen, weil sich nicht jedes Detail der im Strafrecht dem Schuldprinzip zugeschriebenen Feindogmatik qua Menschenwürde in den änderungsfesten Identitätskern der Verfassung rücken läßt[167]. Es gibt aber, und insoweit ist der Ansatz des Bundesverfassungsgerichts ungeachtet seiner Konkretisierungsbedürftigkeit natürlich richtig, einen Menschenwürdekern des auf individueller Zurechenbarkeit gründenden Strafrechts, der sich im übrigen nicht in der Bemessung der Sanktionen erschöpft. Jedenfalls muß folgenden Anforderungen entsprochen werden, damit eine Kompetenzübertragung nach Art. 24 Abs. 1 GG zulässig ist: Die Strafgerichtsbarkeit muß institutionell gegenüber externen Einflüssen hinreichend abgeschirmt und insoweit politisch neutralisiert werden, weil ein Strafrecht, das als Instrument zur externen Durchsetzung politischer – und seien es menschenrechtspolitischer – Zwecke jenseits der materiellen Straftatbestände mißbraucht wird, auch den

Politisch neutrale Strafgerichtsbarkeit

Standpunkt einnehmen, daß das Gebot der engen Auslegung greife, wenn nach Ausschöpfung der Auslegungsmethoden nach Art. 31 WVK zwei gleichermaßen gut begründbare Auslegungsergebnisse bestehen blieben. Darin liegen zumindest zwei Probleme: Zum einen wird eine Frage des materiellen Rechts prozeduralisiert, Auslegung also eigenen Quasi-Beweisregeln unterworfen. Zum anderen sind die Auslegungsmethoden des WVK auf das zwischenstaatliche Verhältnis bezogen, nicht auf den einzelnen, der aber von den Straftatbeständen des IStGH-Statut adressiert wird. Insgesamt zum Problem *Björn Jesse*, Der Verbrechensbegriff des Römischen Statuts, 2009.
165 Vgl. auch BVerfGE 45, 363 (371).
166 BVerfGE 123, 267 (413).
167 Ablehnend daher *Klaus Ferdinand Gärditz*, BVerfG v. 4.5.2011, 2 BvR 2365/09 u. a., in: NJW 2011, S. 1931 – Sicherungsverwahrung: Tastende Orientierung zwischen Polizeirecht und Strafrecht, Straßburg und Karlsruhe, in: Jörg Menzel/Ralf Müller-Terpitz (Hg.), Verfassungsrechtsprechung, 2011, S. 901 (910).

einzelnen in einer Art. 1 Abs. 1 GG verletzenden Weise zum Objekt degradiert. Das Verfahrensrecht muß dem einzelnen einen substantiellen Subjektstatus einräumen, der ihm ein selbstbestimmtes Agieren im Verfahren ermöglicht und seiner existentiellen Sonderrolle als Beschuldigter gerecht wird. Etwa eine kontradiktorische Gleichordnung des Beschuldigten mit Vertretern von Opfergruppen oder Nichtregierungsorganisationen, die gerade im Umfeld der internationalen Strafgerichtsbarkeit einflußreich sind, wäre hiermit nicht zu vereinbaren. Das Sanktionsinstrumentarium muß als Ausdruck der Verhältnismäßigkeit, die eine unzumutbare Inanspruchnahme als Objekt öffentlicher Empörung verhindert, sicherstellen, daß die verhängte Strafe in einer vertretbaren Relation zur individuellen Verantwortlichkeit verbleibt. Daß dies gerade im Angesicht von emotional erschütternden Makroverbrechen gegen elementare Menschenrechte besonderer Sorgfalt bedarf, versteht sich von selbst[168]. Die Regierung ist schließlich im Rahmen ihrer auswärtigen Aufgaben verpflichtet, das praktische Operieren einer internationalen Strafgerichtsbarkeit zu beobachten und bei einem strukturellen Unterschreiten dieser grundrechtlichen Mindeststandards[169] die Kooperation einzustellen, weil Rechtshilfe anderenfalls zur Mithilfe an Grundrechtsverletzungen[170] wird.

Substantieller Subjektstatus des einzelnen

Einhaltung grundrechtlicher Mindeststandards

3. Spezielle Grenzen der Auslieferung

Eine besondere Kooperationsgrenze enthält Art. 16 Abs. 2 S. 2 GG[171]. Nach Art. 16 Abs. 2 S. 1 GG darf kein Deutscher an das Ausland ausgeliefert werden. Ursprünglich beschränkte sich Art. 16 Abs. 2 GG auf dieses – im Rechtsvergleich nicht selbstverständliche[172] „in spezifischer deutscher Tradition" stehende[173] – Verbot, was offenließ, ob eine Auslieferung an ein internationales Strafgericht möglich wäre. Denn ein solches Gericht wäre nicht „Ausland" im eigentlichen Sinne. Im Zuge des Beitritts zum IStGH-Statut wurde durch Einfügung eines Satzes 2 eine Auslieferungsmöglichkeit geschaffen. Durch Gesetz kann eine abweichende Regelung für Auslieferungen an einen Mitgliedstaat der Europäischen Union (vgl. §§ 80 ff. IRG) oder an einen interna-

29

Art. 16 Abs. 2 GG und die Auslieferung Deutscher

---

168 Die Gefahr einer Überwältigung durch das Emotionale ist gerade im Strafrecht hoch. Vgl. *Augusto Jobim do Amaral*, The Penal Policy of Human Rights, in: ZIS 2013, S. 61 ff.
169 Vgl. entsprechend BVerfGE 73, 339 ff.
170 Zu den äußersten Grenzen (obschon teils große Nachsicht zeigend) BVerfGE 63, 332 (337 f.); 75, 1 (19); 108, 129 (136 f.). Vertiefend *Klaus Ferdinand Gärditz*, Datenübermittlung im Rahmen der internationalen Rechtshilfe in Strafsachen als Problem der Grundrechtsgeltung, in: Jürgen Wolter/Wolf-Rüdiger Schenke u. a. (Hg.), Datenübermittlung und Vorfeldermittlung, 2003, S. 91 ff.
171 Eingehend hierzu *Christina Globke*, Die Auslieferung an den Internationalen Strafgerichtshof, 2009, S. 159 ff.; *Helmut Baier*, Die Auslieferung von Bürgern der Europäischen Union an Staaten innerhalb und außerhalb der EU, in: GA 2001, S. 427 ff.; *Arndt Uhle*, Auslieferung und Grundgesetz – Anmerkungen zu Art. 16 Abs. 2 GG, in: NJW 2001, S. 1889 ff.
172 Siehe für den angloamerikanischen Rechtskreis nur *Christian Maierhöfer*, „Aut dedere – aut iudicare", 2006, S. 98 ff.; *Dietrich Oehler*, Internationales Strafrecht, ²1983, Rn. 205 ff.; *Carsten Rinio*, Die Auslieferung eigener Staatsangehöriger – Historische Entwicklung und neuere Tendenzen, in: ZStW 108 (1996), S. 354 (367 ff.); *Thorsten Stein*, Die Auslieferungsausnahme bei politischen Delikten, 1983, S. 42 f.
173 *Bodo Pieroth*, Verfassungstraditionen in Deutschland, in: FS für Renate Jaeger, 2010, S. 297 (310).

tionalen Gerichtshof (vgl. §§ 3 ff. IStGHG) getroffen werden, soweit rechtsstaatliche Grundsätze gewahrt sind. Die Bedeutung der Regelung, die eine vollständige Umsetzung des IStGH-Statuts ermöglichen sollte, bleibt freilich undeutlich. Denn nach dem Grundsatz der Komplementarität (Art. 17 IStGH-Statut), der zudem verfassungsrechtlich unverzichtbar ist[174], kommt eine Auslieferung an den Internationalen Strafgerichtshof nur in Betracht, wenn die deutsche Strafjustiz nicht bereit oder nicht in der Lage ist, eine effektive Strafverfolgung zu übernehmen. Durch eigene Strafverfolgung kann daher die Bundesrepublik Deutschland die Zuständigkeit des Internationalen Strafgerichtshofes und insoweit zugleich eine Auslieferungslage verhindern. Die Ausnahmeklausel des Art. 16 Abs. 2 S. 2 GG kommt daher gerade in solchen Fällen zum Tragen, in denen deutsche Strafverfolgungsbehörden eine Verfolgung nicht für geboten erachten, die Strafverfolgungsbehörde des Internationalen Strafgerichtshofes aber eine solche Entscheidung nicht akzeptiert. Gerade in diesen Fällen werden aber rechtsstaatliche Auslieferungshindernisse indiziert sein.

Grundsatz der Komplementarität

C. Staatliches Weltstrafrecht

30

Traditionelle Grenzen strafrechtlicher Regelungsgewalt

Neben dem Aufbau einer Weltstrafgerichtsbarkeit auf völkervertragsrechtlicher Grundlage nehmen auch die einzelnen Staaten vermehrt die Regelungsgewalt in Anspruch, schwerwiegende Verbrechen gegen die Koexistenzbedingungen der internationalen Ordnung auch dann selbst zu verfolgen, wenn entsprechende Taten von Ausländern im Ausland begangen wurden. Dies durchbricht die traditionellen Grenzen strafrechtlicher Regelungsgewalt, die den Geltungsbereich des inländischen Strafrechts definieren[175]. Strafgesetze gelten in erster Linie territorial auf dem eigenen Staatsgebiet (Territorialprinzip[176]), das gegebenenfalls funktional auf Schiffe und Luftfahrzeuge unter eigener Flagge erweitert wird (Flaggenstaatsprinzip[177]). Im übrigen hat das Strafrecht kontinental-europäischer Tradition meist auch eine personale Komponente, indem eigene Staatsangehörige im Ausland dem nationalen Strafrecht unterworfen werden (aktives Personalitätsprinzip[178]) und/oder Straftaten gegen eigene Staatsangehörige nach dem Personalschutzpara-

Territorial- und Flaggenstaatsprinzip

Aktives und passives Personalitätsprinzip

---

174 S. o. Rn. 25.
175 Stellvertretend *Böse* (N 22), vor § 3 Rn. 15–32. Eingehende und grundlegende Untersuchung von *Jeßberger* (N 22).
176 Vgl. § 3 StGB. Eine wichtige Erweiterung hierzu enthält § 9 StGB, der den Tatort definiert und hierbei insbesondere auch den Ort des Erfolges einbezieht, selbst wenn die Tathandlung im Ausland vorgenommen wurde (Abs. 1).
177 Vgl. § 4 StGB.
178 Vgl. § 7 Abs. 2 Nr. 1 StGB. Eine Sonderform des aktiven Personalitätsprinzips ist die Anknüpfung an das Soldatenverhältnis bei Auslandstaten (§ 1 a WStG).

digma¹⁷⁹ verfolgt werden können, wenn sie im Ausland von fremden Staatsangehörigen begangen wurden (passives Personalitätsprinzip¹⁸⁰). Der Schutzgedanke wird zudem häufig auf andere gewichtige inländische Rechtsgüter oder Abwehrinteressen erstreckt (Schutzprinzip¹⁸¹). Eine territoriale und subsidiäre Universalisierung der Verfolgungskompetenz am „forum deprehensionis" ohne Erstreckung der präskriptiven Regelungsgewalt findet bei der stellvertretenden Strafrechtspflege statt, bei der inländische Stellen einen Ausländer für eine Auslandstat verfolgen, die am Tatort zur Tatzeit strafbar war, aber territorial nicht verfolgt wird bzw. werden kann, weil ein Auslieferungsersuchen nicht gestellt wurde¹⁸² oder eine Auslieferung nicht durchgeführt werden kann¹⁸³. Der strafverfolgende Staat wird hier zum Sachwalter des Tatortstaates¹⁸⁴. In allen genannten Fällen gilt nationales Strafrecht grundsätzlich weltweit¹⁸⁵. Soweit das nationale Strafrecht für bestimmte Sachverhalte *gilt* (vgl. die Formulierung des §§ 3–7 StGB), meint dies zuvörderst die Geltung des materiell-rechtlichen Strafrechts, schließt aber unausgesprochen zugleich die Kompetenz nationaler Organe (Staatsanwaltschaften, Strafgerichte) ein, die Straftat zu verfolgen¹⁸⁶, weshalb die Verfolgungspflicht durch das Opportunitätsprinzip nach § 153c StPO gelockert wird. Rechtsgeltung und Verfolgungszuständigkeit sind nicht notwendig deckungsgleich und auch inhaltlich voneinander zu trennen¹⁸⁷, schon weil fundamentale strafrechtliche Schutzprinzipien wie der Nulla poena-Satz primär an die materielle Rechtsgeltung und nicht an die Allokation von Verfolgungszuständigkeiten anknüpfen.

Schutzprinzip

Das Weltrechtsprinzip greift über die genannten – im einzelnen durchaus umstrittenen und je nach strafrechtskulturellem Kontext auch unterschiedlich verankerten – Grundbausteine des Rechtsanwendungsrechts hinaus. Nationales Strafrecht gilt hiernach für Straftaten unabhängig vom Tatort und von der Staatsangehörigkeit der präsumierten Täter oder Opfer sowie selbst dann, wenn die Tat nach Tatortrecht nicht mit Strafe bedroht ist¹⁸⁸. Meist wird heute die Weltrechtspflege als staatliche Intervention in Stellvertretung der Weltge-

31
Entgrenzung durch das Weltrechtsprinzip

---

179 Hierzu BVerfGE 37, 217 (241f.); 40, 141 (177f.); 55, 349 (364ff.); VG Berlin, Urt. v. 4.4.2006, 14 A 12.04, Rn. 46; *Ulrich Becker*, in: v. Mangoldt/Klein/Starck, Bd. I, ⁶2010, Art. 16 Rn. 23; *Klaus Ferdinand Gärditz*, Der Bürgerstatus im Licht von Migration und europäischer Integration, in: VVDStRL 72 (2013), S. 49 (84f.). → Bd. IX, *Isensee*, § 191 Rn. 212.
180 Vgl. § 7 Abs. 1 StGB.
181 Vgl. § 5 StGB.
182 Auf die Gründe hierfür kommt es ebensowenig an wie auf eine Ermächtigung des Tatortstaates zur Strafverfolgung. Siehe *Jeßberger* (N 22), S. 254.
183 Vgl. § 7 Abs. 2 Nr. 2 StGB.
184 *Jeßberger* (N 22), S. 265ff.
185 *Jeßberger* (N 22), S. 271.
186 Dies ergibt sich für das deutsche Strafrecht aus einem Umkehrschluß aus § 153c StPO, der eine erleichterte Einstellung von Strafverfahren bei Auslandstaten zuläßt.
187 Deutlich auch IGH, Urt. v. 20.7.2012, Questions relating to the Obligation to Prosecute or Extradite (Belgium vs. Senegal), Rn. 74. Ferner etwa *Böse* (N 22), vor § 3 Rn. 15.
188 Vgl. § 6 StGB, § 1 VStGB.

Actio popularis?

meinschaft[189] bzw. als deren Treuhänder[190] oder Prozeßstandschafter[191] gedeutet, ein Gedanke, der sich etwa bereits bei Robert von Mohl findet[192] und letztlich die Figur der „actio popularis"[193] fortschreibt. Weltstrafrecht reagiert auf ein Vollzugsdefizit im nationalen Strafrecht[194]. Instrumentell sollen sichere Häfen für Makrokriminelle blockiert werden. Das Völkerstrafrecht soll durch nationale Strafverfolgung flankiert werden. Allgemein wird die Durchsetzung universeller Normen in den Vordergrund gestellt, schon um dem Verdacht zu entgehen, man wolle der ganzen Welt staatliches Strafrecht oktroyieren. Wären die relevanten Taten tatsächlich weltweit geltende Straftatbestände, müßte ein eigenständiges Weltrechtsprinzip eigentlich überflüssig sein; Strafverfolgung ließe sich auf stellvertretende Strafrechtspflege stützen[195]. Tatsächlich will man qua Weltrechtspflege aber gerade solche Taten

Konzeptionelle Grundspannung des Modells

erfassen, die am Tatort legalisiert und daher nicht verfolgt werden. Hierin liegt die konzeptionelle Grundspannung des Weltrechtspflegemodells: Ein Staat beansprucht, in Stellvertretung für die Weltgemeinschaft zur Durchsetzung hypothetisch universeller Normen zu strafen, und rechtfertigt dies mit einem Mangel der tatsächlichen Universalität derselben Normen.

32

Gerichtsverfassungs- und verfahrensrechtliche Einbettung

Die Besonderheiten einer universellen Strafverfolgung, die zudem auf Grund der überwiegenden tatbestandlichen Einbettung der §§ 6ff. VStGB in politische Makrosachverhalte besonders sensibel ist, wurden gerichtsverfassungssowie prozeßrechtlich flankiert. Die Zuständigkeiten im Bereich des Völkerstrafgesetzbuches sind, abgestützt durch eine Verfassungsänderung (vgl. Art. 96 Abs. 5 Nr. 1–3 GG)[196], den Zuständigkeiten von Generalbundesanwalt und Oberlandesgericht in Ausübung von Bundesgerichtsbarkeit dem

---

189 *Albin Eser*, Völkermord und deutsche Strafgewalt, in: FS für Lutz Meyer-Goßner, 2001, S. 3 (17); *Marc Henzelin*, Le Principe de l'universalité en droit pénal international, Bâle u.a. 2000, S. 412; *Jeßberger* (N 22), S. 272; *Leila Nadya Sadat*, Redefining Universal Jurisdiction, in: New England Law Review 35 (2001), S. 241 (244); *Thomas Weigend*, Das Völkerstrafgesetzbuch – nationale Kodifikation internationalen Rechts, in: GS für Theo Vogler, 2004, S. 197 (208).
190 *Gierhake* (N 71), S. 386, 395; *Kreß* (N 65), S. 26; *Reinhard Merkel*, Universale Jurisdiktion bei völkerrechtlichen Verbrechen, in: Klaus Lüderssen (Hg.), Aufgeklärte Kriminalpolitik oder Kampf gegen das Böse?, Bd. III: Makrokriminalität, 2000, S. 237 (252).
191 *Weißer* (N 40), S. 423.
192 *Robert von Mohl*, Die völkerrechtliche Lehre vom Asyle, in: ders., Staatsrecht, Völkerrecht und Politik, Bd. I, 1860, S. 637 (683f., 694, 703, 711).
193 *Grotius* (N 20), lib. II, cap. XXI, § III, 2: „At non etiam ius tam plenum illis concessum est in delictis quae da societatem humanam aliquo modo pertinent, quae persequi ita civitatibus aliis earumve rectoribus ius est, quomodo in civitatibus singulis de quibusdam delictis actio datur popularis".
194 *Jeßberger* (N 22), S. 274f.
195 *Gärditz* (N 1), S. 143.
196 Gesetz zur Änderung des Grundgesetzes (Artikel 96) v. 26.7.2002 (BGBl I, S. 2863). Ob die dort aufgeführten Zuständigkeiten konstitutiv sind oder nicht, ist umstritten. Mit Recht für eine konstitutive Bedeutung BGH (Ermittlungsrichter), in: NJW 2000, S. 1583 (1583); *Ulrich Eisenberg*, Grundsätzliche erstinstanzliche Nichtzuständigkeit von Bundesanwaltschaft und Oberlandesgericht in Jugendstrafverfahren (§ 120 GVG, § 102 JGG), in: NStZ 1996, S. 263 (264); *Gärditz* (N 137), S. 393; *Hans-Ullrich Paeffgen*, Empfiehlt sich eine Änderung/Erweiterung der gesetzlichen Regelungen zur Zuständigkeit des Generalbundesanwalts für staatsanwaltschaftliche Ermittlungsverfahren im Bereich rechtsextremistischer, fremdenfeindlicher und/oder antisemitischer Straftaten?, Rechtsgutachten im Auftrag des BMJ, 2001, S. 33; wohl auch *Armin Schoreit*, Erstinstanzliche Zuständigkeit der Bundesanwaltschaft und der Oberlandesgerichte in Strafverfahren gegen Jugendliche und Heranwachsende gem. §§ 120, 142a GVG, § 102 JGG, in: NStZ 1997, S. 69 (70); anderer Ansicht *Kay Nehm*, Die Zuständigkeit des

Staatsschutzstrafrecht nachgebildet[197]. § 153 f StPO ermöglicht – korrespondierend zur Weite des materiellen Anwendungsbereichs des Völkerstrafgesetzbuches und der damit drohenden Überforderung der Strafjustiz[198] – eine Verfahrenseinstellung nach pflichtgemäßem Ermessen, wenn es um eine Auslandstat geht und sich der Beschuldigte nicht im Inland aufhält sowie ein solcher Aufenthalt auch nicht zu erwarten ist bzw. eine Verfolgung durch einen internationalen Gerichtshof erfolgt[199]. Die Vorschrift ist in zweierlei Hinsicht problematisch: Sollte die – über Art. 25 GG zu beachtende – völkerrechtliche Subsidiarität der Weltrechtspflege[200] sichergestellt werden[201], ist nicht verständlich, warum trotz Vorliegens der tatbestandlichen Voraussetzungen des § 153 f StPO eine Strafverfolgung im pflichtgemäßen Ermessen zulässig sein soll[202]. Umgekehrt besteht, soweit die Voraussetzungen des § 153 f StPO nicht erfüllt sind, eine Verfolgungspflicht, was unter dem Gesichtspunkt der außenpolitischen Handlungsfähigkeit der Regierung auch verfassungsrechtlich nicht unproblematisch ist[203].

§ 153 f StPO

I. Völkerrechtlicher Rahmen

Eine Entscheidung des Internationalen Gerichtshofes[204] in einem von der Republik Kongo gegen das Königreich Belgien angestrengten Verfahren wegen eines Haftbefehls, den ein belgischer Untersuchungsrichter gegen den

33
IGH in Kongo vs. Belgien (Yerodia)

Generalbundesanwalts für die Verfolgung extremistischer Einzeltäter, 2002, S. 11; *Klaus Stern*, Staatsrecht, Bd. II, 1980, S. 394; für eine von Art. 96 Abs. 5 GG vorausgesetzte, aber nicht begründete Bundeskompetenz schließlich BGHSt 46, 238 (242 f.); *Karl Heinz Schnarr*, Innere Sicherheit – die Zuständigkeit des Generalbundesanwalts nach § 120 II 1 Nr. 3 GVG, in: MDR 1993, S. 589 (590); *Schulze-Fielitz*, in: Dreier, Bd. III, ²2008, Art. 96 Rn. 35. Offengelassen bei *Vera Backhaus*, Der gesetzliche Richter im Staatsschutzstrafrecht – Zur Verfassungsmäßigkeit des § 120 Abs. 2 GVG, 2010, S. 76 ff.

197 Nach § 120 Abs. 1 Nr. 8 GVG sind in Strafsachen die Oberlandesgerichte, in deren Bezirk die Landesregierungen ihren Sitz haben, für das Gebiet des Landes zuständig für die Verhandlung und Entscheidung im ersten Rechtszug „bei Straftaten nach dem Völkerstrafgesetzbuch". Der Generalbundesanwalt wiederum übt nach § 142 a Abs. 1 S. 1 GVG in den zur Zuständigkeit von Oberlandesgerichten im ersten Rechtszug gehörenden Strafsachen (§ 120 Abs. 1–2 GVG) das Amt der Staatsanwaltschaft auch bei diesen Gerichten aus. Eingehend hierzu *Klaus Ferdinand Gärditz*, Die Zuständigkeit des Generalbundesanwalts zur Verfolgung von Straftaten nach Völkerstrafgesetzbuch im Lichte des Grundgesetzes, in: Bonner Rechtsjournal, Sonderausgabe 01/2010, S. 11 ff.

198 BT-Drs 14/8524, S. 14; *Lutz Meyer-Goßner*, StPO, ⁵⁵2012, § 153 f Rn. 1.

199 Zum im einzelnen problematischen Verhältnis von Abs. 2 zu Abs. 1 im Rahmen des § 153 f StPO siehe nur *Werner Beulke*, in: Löwe-Rosenberg StPO, Bd. V, ²⁶2008, § 153 Rn. 25.

200 S. u. Rn. 36.

201 So Generalbundesanwalt, in: JZ 2005, S. 311.

202 *Gierhake* (N 71), S. 383 f., 399.

203 Kritisch zu den dabei bestehenden Restriktionen *Gärditz* (N 1), S. 345 ff.; für eine Verschärfung der Verfolgungspflicht demgegenüber *Rainer Keller*, Grenzen, Unabhängigkeit und Subsidiarität der Weltrechtspflege, in: GA 2006, S. 25 (31 f.); jedenfalls für Fälle, in denen eine subsidiäre Zuständigkeit der Bundesrepublik Deutschland zu bejahen ist, *Gierhake*, S. 400 f.

204 IGH, Urt. v. 14.2.2002, Democratic Republic of the Congo vs. Belgium, in: ILM 41 (2002), S. 536 ff. Eingehende Entscheidungsbesprechungen bei *Claus Kreß*, Der Internationale Gerichtshof im Spannungsfeld von Völkerstrafrecht und Immunitätsschutz – Besprechung von IGH, Urteil vom 14.2.2002 (Kongo gegen Belgien), in: GA 2003, S. 25 ff.; *Christian Maierhöfer*, Weltrechtsprinzip und Immunität: das Völkerstrafrecht vor den Haager Richtern, in: EuGRZ 2003, S. 545 ff.; *Nikolaus Schultz*, Ist Lotus verblüht?, in: ZaöRV 62 (2002), S. 703 ff.; *Wolfgang Weiß*, Völkerstrafrecht zwischen Weltprinzip und Immunität, in: JZ 2002, S. 696 ff.

seinerzeit amtierenden kongolesischen Außenminister Abdoulaye Yerodia Ndombasi erlassen hatte, hat zwar den Streitstand zur völkerrechtlichen Zulässigkeit der nationalen Strafverfolgung nach Weltrechtsprinzip aufbereitet[205], die Voraussetzungen und Grenzen der Völkerrechtskonformität aber letztlich nicht geklärt[206]. Der Gerichtshof hat sich maßgeblich nur zur Frage der Immunität geäußert[207] und, weil bereits insoweit eine Völkerrechtsverletzung vorlag, über das vorgreifliche – im Fall durchaus relevante[208] – Problem der staatlichen Regelungsgewalt nicht entschieden[209]. In dem im Jahr 2012 entschiedenen Verfahren betreffend die von Senegal verweigerte Auslieferung des früheren Präsidenten des Tschad Hissène Habré[210] hat der Gerichtshof Art. 5 Abs. 2 des VN-Übereinkommens gegen Folter die Verpflichtung entnommen, eine Strafverfolgung auch nach dem Weltrechtsprinzip zu ermöglichen und gegebenenfalls durchzuführen, sofern nicht eine Auslieferung entsprechend dem Grundsatz „aut dedere aut iudicare"[211] erfolgt[212].

IGH in Belgien vs. Senegal (Habré)

34
Regelungsgewalt und Territorialhoheit

Die Regelungsgewalt in Strafsachen ist Ausdruck der (territorial grundsätzlich universellen) Hoheitsgewalt des jeweiligen Staates. Dies bedeutet auch, daß jeder Staat grundsätzlich völkerrechtlich dispositionsbefugt ist, Drittstaaten die Verfolgungszuständigkeit über Straftaten auf seinem Hoheitsgebiet einzuräumen. Daher läßt sich eine Geltungserstreckung des innerstaatlichen Strafrechts vor allem vertraglich rechtfertigen[213]. Vertragliche Regelungen, die das Weltrechtsprinzip zulassen, bestehen allerdings nur ausnahmsweise. Den vertraglichen Verfolgungspflichten liegt zudem ein eher effektivitätsbasierter Ansatz zu Grunde, der zwar auf die praktische Wirksamkeit der Strafverfolgung als Instrument der Menschenrechtsdurchsetzung zielt, aber nicht immer präzise zwischen präskriptiver Rechtsgeltungserstreckung und prozeduraler Verfolgungszuständigkeit differenziert. Stellvertretende Strafrechtspflege, „forum deprehensionis", „aut dedere aut iudicare" und Weltrechts-

---

205 Hierzu *Roger O'Keefe*, Universal Jurisdiction: Clarifying the Basic Concept, in: Journal of International Criminal Justice 2 (2004), S. 735 ff.
206 Siehe im einzelnen *Gärditz* (N 1), S. 196 ff., m. zahlr. Nachw.
207 Vertiefend *Antonio Cassese*, When May Senior State Officials Be Tried for International Crimes? Some Comments on the Congo vs. Belgium Case, in: European Journal of International Law 13 (2002), S. 853 ff.
208 Hierzu etwa *Eva Brem*, Universal Criminal Jurisdiction for Grave Breaches of International Humanitarian Law: The Belgian Legislation, in: Singapore Journal of International & Comparative Law 6 (2002), S. 909 ff.; *Marc Henzelin*, La compétence pénale universelle: une question non résolue par l'arrêt Yerodia, in: RGDIP 2002, S. 819 ff.; *Claus Kreß*, Völkerstrafrecht und Weltrechtsprinzip im Blickfeld des Internationalen Gerichtshofs, in: ZStW 114 (2002), S. 818 ff.
209 Kritisch etwa *Schultz* (N 204), S. 726.
210 Zu den wechselhaften Hintergründen des Falles *Brody* (N 57), S. 321 ff.; *Paola Gaeta*, Ratione Materiae Immunities of Former Heads of State and International Crimes: The Hissène Habré Case, in: Journal of International Criminal Justice 1 (2003), S. 186 ff.; *Dustin N. Sharp*, Prosecutions, Development, and Justice: The Trial of Hissein Habré, in: Harvard Human Rights Journal 16 (2003), S. 147 ff.
211 Grundlegende Untersuchung hierzu bei *Maierhöfer* (N 172), passim.
212 IGH, Urt. v. 20. 7. 2012, Questions relating to the Obligation to Prosecute or Extradite (Belgium vs. Senegal), Rn. 74 ff.
213 Siehe nur *Jeßberger* (N 22), S. 286 ff.

pflege werden daher nicht immer mit der wünschenswerten Klarheit unterschieden²¹⁴.

Fehlt eine vertragliche Regelung, bestehen keine allgemeingültigen Kollisions- oder Zuständigkeitsregelungen. Die völkerrechtliche Zulässigkeit einer extraterritorialen staatlichen Rechtsgeltungserstreckung ist aber nur zu bejahen, wenn ein hinreichender Anknüpfungspunkt im Inland („sufficient link") vorliegt, weil jede Erstreckung der staatlichen Regelungsgewalt auf fremdes Territorium die grundsätzlich exklusive Territorialhoheit des betroffenen Fremdstaates stört und daher völkerrechtlich rechtfertigungsbedürftig ist²¹⁵. Richtigerweise folgt die Rechtfertigung noch nicht allein aus der – bei den vom Völkerstrafgesetzbuch erfaßten Delikten problemlos nachweisbaren – internationalen Ächtung der präsumierten Verbrechen, weil materieller Verbotstatbestand und internationale Verfolgungszuständigkeit zu unterscheiden sind²¹⁶. Eine konstante Staatenpraxis, die sich in staatlicher Gesetzgebung, in der Rechtsprechung staatlicher Strafgerichte und in der Vertragspraxis objektiviert²¹⁷, rechtfertigt aber auf Grund des universellen Bezugs – meist in Analogie zum Delikt erga omnes umschrieben – heute die Erstreckung des materiellen Strafrechts nach Weltrechtsprinzip auf die klassischen Straftaten nach Völkerstrafrecht (Verbrechen gegen die Menschlichkeit, Völkermord, Kriegsverbrechen), weshalb auch § 1 VStGB grundsätzlich völkerrechtskonform ist²¹⁸. Daß sich hinsichtlich des Völkerstrafrechts eine breite Übereinstimmung erzielen läßt, liegt vor allem daran, daß die Gültigkeit der entsprechenden materiellen Verbotstatbestände universell anerkannt ist, sprich: auch diejenigen Staaten, die dagegen verstoßen, die Geltung jedenfalls nicht offen bestreiten können²¹⁹. Wurde die Rechtsgeltung zulässigerweise präskriptiv auf einen Auslandssachverhalt erstreckt, ist grundsätzlich auch die Strafver-

35
Hinreichender
Inlandsbezug

Etablierung des
Weltrechtsprinzips
für völkerrechtliche
Verbrechen

---

214 Vgl. nur *Aceves* (N 35), S. 148 f.; *Luis Benavides*, The Universal Jurisdiction Principle: Nature and Scope, Anuario Mexicano de Derecho Internacional 1 (2001), S. 19 (27); *Böse* (N 22), vor § 3 Rn. 22; *A. R. Carnegie*, Jurisdiction over Violations of the Laws and Customs of War, in: British Yearbook of International Law 39 (1963), S. 402 (405); *Gärditz* (N 1), S. 162; *Maierhöfer* (N 172), S. 346 f.
215 Siehe etwa BGHSt 34, 334 (336); BGH, in: NStZ 1999, S. 396 (397); US Supreme Court, Urt. v. 26. 4. 1909, American Banana Co. vs. United Fruit Co., 213 US 347 (1909), 356; *Derek William Bowett*, Jurisdiction: Changing Patterns of Authority over Activities and Resources, in: British Yearbook of International Law 53 (1982), S. 1 (16 f.); *Marc Bungenberg*, Extraterritoriale Strafrechtsanwendung bei Verbrechen gegen die Menschlichkeit und Völkermord, in: AVR 39 (2001), S. 170 (185 f.); *Fastenrath* (N 38), S. 380; *Andreas Henrich*, Das passive Personalitätsprinzip im deutschen Strafrecht, 1994, S. 16 ff.; *Philip Kunig*, Die Bedeutung des Nichteinmischungsprinzips für das Internationale Strafrecht der Bundesrepublik Deutschland, in: JuS 1978, S. 594 (595); *Frederick Alexander Mann*, The Doctrine of Jurisdiction in International Law, in: Recueil des Cours de L'Académie de Droit International 111 (1964 I), S. 1 (82); *Christian Tomuschat*, The Duty to Prosecute International Crimes Committed by Individuals, in: FS für Helmut Steinberger, 2002, S. 315 (327); *Hans-Jörg Ziegenhain*, Extraterritoriale Rechtsanwendung und die Bedeutung des Genuine-Link-Erfordernisses, 1992, S. 31 ff.
216 *Böse* (N 22), vor § 3 Rn. 15; *Carl-Friedrich Stuckenberg*, BGHSt 45, 64 – Nikola Jorgic: Völkermord in Bosnien vor deutschen Gerichten?, in: Menzel/Pierlings/Hoffmann (N 8), S. 796 (798), mit Nachweisen zur Gegenansicht.
217 Eingehend nachgewiesen bei *Helmut Kreicker*, Völkerstrafrecht im Ländervergleich, 2006, S. 191 ff.
218 Siehe nur *Kai Ambos*, in: Otto Lagodny (Hg.), Münchener Kommentar zum StGB, Bd. VI/2, 2009, § 1 VStGB Rn. 10 ff.; *Böse* (N 22), vor § 3 Rn. 23; *Fastenrath* (N 38), S. 380 ff.
219 Vgl. *Josef Isensee*, Humanitäre Interventionen zum Schutz der Menschenrechte?, in: Christian Starck (Hg.), Recht und Willkür, 2012, S. 136 (141).

folgung und Aburteilung im Inland zugelassen[220], weil die extraterritoriale Geltungsanordnung letztlich nur dazu dient, innerstaatlichen Stellen justizielle Strafverfolgungskompetenz zu verschaffen. Eine Aktualisierung dieser Kompetenz im konkreten Einzelfall kann aber mangels hinreichenden Inlandsbezugs unzulässig sein[221]. Aus der völkerrechtlichen Strafverfolgungskompetenz folgt im übrigen – vorbehaltlich einer vertragsrechtlichen Pflichtenübernahme[222] – keine gewohnheitsrechtliche Verfolgungspflicht[223], zumal sich eine solche Pflicht nur dann positiv nachweisen ließe, wenn andere Staaten eine Nichtverfolgung als Rechtsverletzung mißbilligten, was aber – soweit ersichtlich – nicht mit einer zur Herausbildung von Gewohnheitsrecht relevanten Kohärenz der Fall ist.

36
Verfolgungs-voraussetzungen

Inlandsaufenthalt

Subsidiarität

Keine gewohnheitsrechtliche Verfolgungspflicht

Auch wenn die Regelungsgewalt zulässigerweise begründet wurde, bedarf die konkrete Verfolgungsübernahme, die die Störung der fremden Territorialhoheit aktualisiert und vertieft, einer Rechtfertigung durch einen hinreichenden Inlandsbezug[224]. Richtigerweise ist der Aufenthalt des Beschuldigten im Inland grundsätzlich eine Voraussetzung, Weltrechtspflege auszuüben[225]. Erst die territoriale Greifbarkeit stellt im Regelfall einen hinreichenden Inlandsbezug her, der eine Verdrängung konkurrierender Verfolgungsansprüche rechtfertigt[226]. Befinden sich Beweismittel im Inland, die gesichert werden müssen, lassen sich Maßnahmen der Beweissicherung ebenfalls rechtfertigen, schon weil entsprechende Beweismittel im Wege der Rechtshilfe dem Aufenthalts- oder dem Tatortstaat zur Verfügung gestellt werden könnten. Im übrigen markiert die besondere Subsidiarität, die Art. 17 IStGH-Statut ausdrückt[227], die äußerste Grenze des Staatenkonsenses, Weltrechtspflege zuzulassen: Grundsätzlich greift hiernach eine Vorrangzuständigkeit des Tatort- oder Täterstaates[228], die nur dann durch einen Drittstaat durchbrochen werden darf, wenn die in Betracht kommenden Staaten zu einer effektiven Strafverfolgung entweder nicht in der Lage oder nicht bereit sind, insbesondere wenn sie die Täter durch eine nicht ernstlich betriebene Strafverfolgung abschirmen. Zusätzliche Anforderungen gelten dann, wenn mit der staatlichen Weltrechtspflege eine Intervention in nicht strafrechtliche Bemühungen

---

220 *Michael Akehurst*, Jurisdiction in International Law, in: British Yearbook of International Law 46 (1972/73), S. 145 (179); *Gärditz* (N 1), S. 28 f.; *Merkel* (N 190), S. 238.
221 S. u. Rn. 36.
222 Zu diskutierten Beispielen *Kreicker* (N 217), S. 10 ff.
223 Allgemein *Kay Hailbronner*, Der Staat und der Einzelne als Völkerrechtssubjekte, in: Wolfgang Graf Vitzthum (Hg.), Völkerrecht, ⁵2010, 3. Abschn. Rn. 33; für die Piraterie *Gerhard Werle/Florian Jeßberger*, in: Heinrich Wilhelm Laufhütte/Ruth Rissing van-Saan/Klaus Tiedemann (Hg.), Leipziger Kommentar zum StGB, ¹²2007, vor § 3 Rn. 96. Anders etwa *Kreicker* (N 217), S. 12 ff.
224 Z. B. BGHSt 45, 64 (66); Generalbundesanwalt, in: JZ 2005, S. 311; *Martin Böse*, in: Kindhäuser/Neumann/Paeffgen (N 22), § 6 Rn. 6; *Gierhake* (N 71), S. 396 ff.
225 Anders aber *Jeßberger* (N 22), S. 283 f.
226 In diesem Sinne *Weigend* (N 189), S. 208.
227 So auch *Gierhake* (N 71), S. 396.
228 *Kai Ambos*, in: Bernd von Heintschel-Heinegg (Hg.), Münchener Kommentar zum StGB, Bd. 1, ²2011, vor §§ 3–7 Rn. 62; *Weißer* (N 40), S. 430.

der Konfliktbereinigung verbunden ist[229]. Grundsätzlich obliegt es – auch im Interesse der allgemeinen Friedensziele des Völkerrechts (Art. 2 Nr. 3 UN-Charta) sowie der Menschenrechte – jedem Staat, selbst über die Form der inneren Konfliktlösung zu entscheiden. Strafrecht ist kein Selbstzweck, sondern empfängt seinen Eigenwert erst aus der gesellschaftlichen Ordnung, die es verteidigen soll[230]. Ist aber ein Staat der Auffassung, eine nicht strafrechtliche Erledigung erscheine zur Konsolidierung (insbesondere nach schweren inneren Verwerfungen, die entsprechende Makrokriminalität erst ermöglichen) sinnvoller[231], ist dies von Drittstaaten bis zur Grenze des offensichtlichen Mißbrauchs hinzunehmen. Strafverfolgung hat dann mit Rücksichtnahme auf das völkerrechtliche Interventionsverbot zu unterbleiben. Problemfälle können über eine völkerrechtskonforme Anwendung des § 153 f StPO, der rein prozessuale Bedeutung hat[232] und insoweit hinreichend elastisch ist, aufgefangen werden.

Keine Störung nicht strafrechtlicher Konfliktbewältigung

II. Verfassungsrechtliche Grenzen

Die verfassungsrechtlichen Grenzen der staatlichen Weltrechtspflege werden nur selten diskutiert, auch weil das Bundesverfassungsgericht eine extraterritoriale Bestrafung, wie die – inhaltlich freilich kaum überzeugende – Senats-Entscheidung zu den DDR-Spionen zeigt[233], grundsätzlich für zulässig erachtet und die universelle Verfolgung des Völkermordes in einem langatmigen, die jurisdiktionellen Kernfragen allerdings umschiffenden Kammerbeschluß[234] gebilligt hatte. Materiell-rechtlich sind hierbei zwei Fragen voneinander zu unterscheiden: die verfassungskonforme Definition eines Strafzwecks und die Wahrung des Art. 103 Abs. 2 GG, der sich nicht auf ein bloßes besonderes Bestimmtheitsgebot reduzieren läßt.

37
Mangelnde Verfassungssensibilität

1. Legitime Strafzwecke der Weltrechtspflege

Da strafbewehrte Verbote und ihre Aktualisierung im Strafverfahren in Grundrechte eingreifen[235], bedarf es zunächst einer legitimen Definition des mit der Strafe verfolgten Zwecks. Der Gesetzgeber kann diese Zwecksetzung nicht offenlassen und schlicht auf die Strafbarkeit nach Völkerrecht verwei-

38
Verfassungsrechtliche Sanktionierung des Strafrechts

---

229 Berechtigte Kritik bei *Eugene Kontorovich*, The Inefficiency of Universal Jurisdiction, in: University of Illinois Law Review 2008, S. 389 ff.
230 *Günther Jakobs*, Strafrecht. Allgemeiner Teil, ²1993, 1. Abschn. Rn. 20.
231 Vgl. etwa für Ruanda mit Blick auf die Massendimension der Verbrechen *Jaques Fierens*, Gacaca Courts: Between Fantasy and Reality, in: Journal of International Criminal Justice 3 (2005), S. 869 ff.; *Jeremy Sarkin*, The Tension between Justice an Reconciliation in Rwanda: Politics, Human Rights, Due Process and the Role of the Gacaca Courts in Dealing with Genocide, in: Journal of African Law 45 (2001), S. 143 ff.; *William A. Schabas*, Genocide Trials and Gacaca Courts, in: Journal of International Criminal Justice 3 (2005), S. 879 ff.
232 *Gierhake* (N 71), S. 382.
233 BVerfGE 92, 277 (320 ff.).
234 BVerfG(K), in: JZ 2001, S. 975 ff.
235 → Bd. VIII, *Möstl*, § 179 Rn. 1.

§ 245 *Zweiundzwanzigster Teil: Grenzüberschreitende Staatsaufgaben*

sen, weil staatliche Strafgesetze vollumfänglich an der Verfassung gemessen werden, von deren Bindungen weder das Völkervertrags- noch das Völkergewohnheitsrecht befreit[236]. Die gemeinhin postulierte Strafzweckneutralität des Grundgesetzes[237], die schon für sich gesehen den Bezugsrahmen des Verfassungsrechts nur unzureichend auslotet, läßt sich jedenfalls dort nicht aufrechterhalten, wo auf Grund besonderer Kontexte nicht mehr darauf verwiesen werden kann, daß die Verfassung Strafe als legitimes Sanktionsinstrument voraussetze (vgl. Art. 13 Abs. 3; 96 Abs. 2, 5; 103 Abs. 2–3; 104 Abs. 3 GG)[238]. Sollen im Wege der Weltrechtspflege Straftaten verfolgt werden, die in keinem Bezug zu inländischen Rechtsgütern stehen, ergeben sich hierbei – meist ausgeblendete – Besonderheiten.

39
Keine spezialpräventive Strafbegründung

Spezialpräventive Strafbegründungen vermögen den Weltrechtspflegegedanken nicht zu tragen: Sie begrenzen unter dem Gesichtspunkt der Resozialisierung des Täters das Strafmaß und den Strafvollzug[239], bilden aber keine selbstständige positive Rechtfertigung der Strafe[240]. Die Sicherung gefährlicher Täter bleibt bloßer Nebenzweck[241]; im Rahmen der primär thematischen Makroverbrechen scheitern spezialpräventive Strafzwecke in der Regel auch schon deshalb, weil die Verfolgung praktisch erst möglich wird, wenn das maßgebliche Regime gestürzt wurde, dann aber von den Tätern keine strukturelle Gefahr mehr ausgeht[242].

40
Keine absoluten oder überpositiven Strafbegründungen

Die Verfolgung von Verbrechen nach Völkerrecht, die das Völkerstrafgesetzbuch nachgebildet hat, wird oftmals auf im weiteren Sinne absolute – also gesellschaftlich entfunktionalisierte – Strafzwecke wie die Vergeltung oder eine ausgleichende Gerechtigkeit gestützt[243]. Auch das Anliegen, die „Straflosigkeit" von schweren Menschenrechtsverletzungen zu verhindern[244], impliziert oft eine Selbstzweckhaftigkeit, sofern es nicht schlicht um reformulierte Opferinteressen geht. Dies entspricht einer allgemeinen Tendenz in der Strafrechtswissenschaft, in der am Strafzweck der Vergeltung orientierte Strafbe-

---

236 *Gärditz* (N 1), S. 315, 320.
237 BVerfGE 45, 187 (253); *Appel* (N 137), S. 76f., 442; *Andreas Hamann*, Grundgesetz und Strafgesetzgebung, 1963, S. 16.
238 Hierzu *Appel* (N 137), S. 430; *Gärditz* (N 137), S. 83 ff.; *Edzard Schmidt-Jortzig*, Grenzen staatlicher Strafgewalt, in: FS 50 Jahre BVerfG, Bd. II, 2001, S. 505 f.
239 Hierzu BVerfG(K), in: NStZ-RR 1998, S. 122; NJW 1998, S. 1133 f.; NStZ-RR 2006, S. 325; *Natalie Andrea Leyendecker*, (Re-)Sozialisierung und Verfassungsrecht, 2002.
240 *Michael Pawlik*, Person, Subjekt, Bürger, 2004, S. 94 f. Siehe auch *Hans Welzel*, Das Deutsche Strafrecht, ¹¹1969, S. 243: Das spezialpräventive Strafquantum bemesse sich letztlich allein nach Gesichtspunkten der Gefahrenabwehr.
241 Vgl. *Günther Jakobs*, Bürgerstrafrecht und Feindstrafrecht, in: HRRS 2004, S. 88 f.
242 *Gärditz* (N 1), S. 323.
243 *Wolfgang Naucke*, Die strafjuristische Privilegierung staatsverstärkter Kriminalität, 1996, S. 32 ff.; für das Völkerstrafrecht *Bassiouni* (N 7), S. 693 ff.; *Stefan Braum*, Europäische Strafgesetzlichkeit, 2003, S. 97 ff., 105 ff., 141; *Katrin Gierhake*, Begründung des Völkerstrafrechts auf der Grundlage der Kantischen Rechtslehre, 2005; *Christina Möller*, Völkerstrafrecht und Internationaler Strafgerichtshof – kriminologische, straftheoretische und rechtspolitische Aspekte, 2003, S. 420 f.; für die Verfolgung von NS-Gewalttaten *Anton Roesen*, Rechtsfragen der Einsatzgruppen-Prozesse, in: NJW 1964, S. 133 (136).
244 *Weißer* (N 40), S. 418.

gründungstheorien in jüngerer Zeit eine beachtliche Renaissance erfahren[245]. Das freiheitliche Anliegen einer von gesellschaftlicher Zwecksetzung befreiten Strafe, eine Objektivierung des einzelnen zu verhindern, ist bei isolierter Betrachtung zwar in eine auf individueller Selbstbestimmung gründende Rechtsordnung (Art. 1 Abs. 1 S. 1 GG) durchaus zu integrieren[246]. Dennoch bestehen konzeptionelle Anschlußhindernisse[247]. Die Verfassung eines modernen, vollpositiven Rechtsstaats ruht auf sich selbst[248]. Das autonome Recht schließt eine externe Strukturdetermination – sei sie theologischen, sei sie säkularen Ursprungs – aus[249]. Zugleich wird das Recht als freiheitliche Konsequenz demokratischer Autonomisierung von Tradition, Vorgefundenem und Ontischem formal abgekoppelt[250], was erst die Möglichkeit zur demokratischen Gestaltung des Rechts, also einer Rechtserzeugung als Konsequenz gleicher Selbstbestimmung aller, eröffnet. Das Recht hat damit zwar keine beliebigen Inhalte, weil es auf historischen Kontinuitäten, rechtskulturellen Vorprägungen und auf gesellschaftlichen Rahmenbedingungen ruht, in die stets auch Gesetzgebung praktisch eingebettet bleibt. Normativ bleibt die bestehende Ordnung aber demokratisch gestaltbar; sie ist nicht Produkt einer höheren Vernunft oder eines Erkenntnisprozesses, sondern ruht auf autonomer Setzung – Willkür im positiven Sinne[251].

Autonome Rechtsetzung

Damit muß der Gesetzgeber dem Recht – das Strafrecht eingeschlossen – selbst einen gesellschaftlichen sowie rational darstellbaren Zweck einstiften, der sich ins Verhältnis zu den betroffenen Rechten setzen lassen muß und damit inhärent relativ bleibt; der Rekurs auf Höheres, auf eine vorrechtliche oder entfunktionalisierte Gerechtigkeit, ist abgeschnitten. Dies bedeutet zwar nicht, daß der demokratische Gesetzgeber nicht – teils durch gesellschaftliche Verhaltenserwartungen eingeprägte – Konzepte eines auch rechtsphiloso-

41
Strafrecht im demokratischen Rechtsstaat

---

245 Eingehend entfaltet vor allem bei *Michael Pawlik*, Das Unrecht des Bürgers, 2012, S. 82 ff. Ferner etwa *Regina Harzer*, Die Selbstständigkeit und ihre straftheoretische Bedeutung, in: Institut für Kriminalwissenschaften Frankfurt e. V. (Hg.), Vom unmöglichen Zustand des Strafrechts, 1995, S. 31 (43 f.); *Winfried Hassemer*, Einführung in die Grundlagen des Strafrechts, ²1990, S. 323 f., 327; *Felix Herzog*, Prävention des Unrechts und Manifestation des Rechts, 1987, S. 137 ff.; *Otfried Höffe*, Kategorische Rechtsprinzipien, 1990, S. 225 ff.; *Michael Kahlo*, Das Problem des Pflichtwidrigkeitszusammenhanges bei den unechten Unterlassungsdelikten, 1990, S. 272 ff.; *Kristian Kühl*, Die Bedeutung der Rechtsphilosophie für das Strafrecht, 2001, S. 30 ff.; *Ernst Amadeus Wolff*, Das neue Verständnis von Generalprävention und seine Tauglichkeit für eine Antwort auf die Kriminalität, in: ZStW 97 (1985), S. 786 (806 ff.); *Rainer Zaczyk*, Zur Begründung der Gerechtigkeit menschlichen Strafens, in: FS für Albin Eser, 2005, S. 207 (218 f.); *ders.*, Staat und Strafe, in: Götz Landwehr (Hg.), Freiheit, Gleichheit, Selbstständigkeit, 1999, S. 73 ff.
246 Nachdrücklich *Rainer Zaczyk*, Demokratieprinzip und Strafbegründung – Eine Erwiderung auf Klaus Ferdinand Gärditz, in: Der Staat 50 (2011), S. 295 ff.
247 Daß auch ein gesellschaftstranszendentes Weltstrafrecht die Voraussetzungen retributiver Strafzwecktheorie nicht erfüllen würde, wird dargelegt von *Michael Pawlik*, Strafe oder Gefahrenbekämpfung? Die Prinzipien des deutschen Internationalen Strafrechts vor dem Forum der Straftheorie, in: ZIS 2006, S. 274 (282 ff.).
248 *Matthias Jestaedt*, Grundrechtsentfaltung im Gesetz, 1999, S. 292; *ders.*, Verfassungstheorie als Disziplin, in: Otto Depenheuer/Christoph Grabenwarter (Hg.), Verfassungstheorie, 2010, § 1 Rn. 82.
249 *Niklas Luhmann*, Das Recht der Gesellschaft, 1993, S. 50, 542.
250 Vgl. *Horst Dreier*, Der freiheitliche Verfassungsstaat als riskante Ordnung, in: RW 2010, S. 11 (15).
251 Hierzu eingehend *Horst Dreier*, Recht und Willkür, in: Starck (N 219), S. 1 ff.

phisch zu rechtfertigenden Strafrechtssystems anstreben darf²⁵². Mit der demokratischen Autonomie des Rechts wäre es aber strukturell unvereinbar, staatlicher Strafe einen Sinn zuzuschreiben, der nicht auf dem positiven Recht ruht, sondern auf einer dahinter liegenden (vom geltenden Recht nicht sanktionierten, vorpositiven) „Rechtsidee"²⁵³. Ein demokratischer Verbrechensbegriff kann daher auch kein „allgemeiner" sein, der der Tat als solcher kraft ihrer Freiheitsverletzung eingeprägt ist²⁵⁴, sondern beschränkt sich – inhaltlich sehr viel anspruchsloser – auf die Verletzung des (sanktionsbewehrten) positiven Rechts, das in einem demokratischen Rechtsstaat zwar seinerseits rechtfertigungsbedürftig ist, dessen normativer Rechtfertigungsmaßstab aber rechtsendogen und damit schlicht das Verfassungsrecht bleibt²⁵⁵. Strafrecht im demokratischen Rechtsstaat muß damit gesellschaftlichen Zwecken dienen. Verfassungskonforme Strafzwecke können folglich auch keine selbstständigen Ziele staatlicher Strafverfolgung sein, sondern nur Mittel zum Zweck, bestimmte Gemeinwohlbelange durchzusetzen²⁵⁶. Demokratisch-rechtsstaatliches Strafrecht setzt insoweit den Bestand einer konkreten Rechtsordnung voraus²⁵⁷, auf die ein Straftatbestand als akzessorisches Reaktionsmittel Bezug nehmen kann. Strafrecht ist dann notgedrungen inhaltlich kontingent, nicht ideal, damit aber – im positiven Sinne – gesellschaftsfunktional. Dies gilt auch für die staatliche Weltrechtspflege.

42

Damit verbleiben zur Strafbegründung der Weltrechtspflege letztlich nur Formen der Generalprävention. Durch den inhärenten Zukunftsbezug des Prä-

---

252 Ob sich gerade die Weltrechtspflege sinnvoll begründen ließe, erscheint mir durchaus zweifelhaft. Einen Versuch unternimmt *Gierhake* (N 71), S. 390 ff. Deren Voraussetzungen tragen aber wohl eher nicht. Wenn in Kantischer Tradition die Rechtlichkeit von Strafe nur anerkannt wird, wenn die „Wiederherstellung der Rechtsgeltung durch Strafe" auf einer „durch den (späteren) Unrechtstäter mitbegründete Freiheitsordnung" beruht (S. 391, vgl. auch die Grundannahmen auf S. 397), dann wird man in den allermeisten Anwendungsfällen des § 1 VStGB schlicht konstatieren müssen, daß weder am Tatort geltende Rechtsordnung eine Freiheitsordnung ist noch der Täter irgendeine Freiheitsordnung als abstrahierter Miturheber mitkonstituieren konnte. Gegenüber dem Funktionär in einem autoritären Regime versagt also die freiheitliche Idee der Mitautorenschaft an einer rechtlichen Ordnung. Wenn zur Bestimmung des spezifischen Verletzungssubjekts zudem ein „Formprinzip der weltrechtlichen Gemeinschaft" – welche auch immer dies sein mag – ausgemacht wird (S. 394), läßt sich dieser Kollektivierungsvorgang kaum ohne Friktionen mit dem individual-freiheitlichen Ausgangspunkt des gewählten Rechtskonzepts in Einklang bringen, es sei denn, die weltbürgerliche Bande sowie eine real nicht bestehende Mitautorschaft werden allein zum Zweck der Bestrafung schlichtweg kontrafaktisch sowie zu Lasten des Täters fingiert. Eine solche von den realen Orientierungschancen abstrahierte Idee globaler Gerechtigkeit ist – bezogen auf den einzelnen – ebenfalls nicht freiheitlich, sondern autoritär. Da das Völkerstrafrecht als Bestandteil des Völkerrechts seine Legitimation weiterhin allein von den Staaten ableiten muß – v. *Arnauld* (N 9), Rn. 1276 –, ließe sich eine solche freiheitsphilosophische Begründung in Ansehung der überwiegend unfreiheitlichen Verfassungen der Staaten ohnehin nicht einlösen. Vielleicht ist das auch besser so.
253 Eingehend *Gärditz* (N 134), S. 331 ff.
254 Für das Weltrechtsprinzip in idealistischer Tradition reaktivierend *Gierhake* (N 71), S. 388 ff.
255 Daß dann die ihrerseits voraussetzungsvolle und auf einem rechtskulturellen Substrat formulierte Verfassung mögliche Einfallstore für strafbegründungstheoretische Argumente eröffnen mag (konstruktiv *Shu-Perng Hwang*, Demokratische Willensbildung vor grundrechtlicher Rahmenordnung, in: Der Staat 51 [2012], S. 233 [249 f.]; durchaus in diesem Sinne kann man aber auch *Zaczyk* [N 246], S. 301, verstehen), ist unbestritten und würde – bislang kaum genutzte – konstruktive Diskursfelder für die Strafrechtswissenschaft bereithalten.
256 *Appel* (N 137), S. 73 ff.
257 *Appel* (N 137), S. 76 f., 442.

ventionsgedankens ist dieser hinreichend elastisch, auch einen Einsatz im völkerrechtlichen Kontext zu ermöglichen²⁵⁸. Die negative Generalprävention (Abschreckung) ist hierbei kaum isoliert tragfähig. Zum einen vermag ein solcher rein instrumenteller Einsatz von Strafe nicht die Belastung des Betroffenen zu rechtfertigen. Zum anderen überzeugt das Ziel der Abschreckung gerade bei staatlich oder quasi-staatlich eingebetteter Makrokriminalität nicht, weil sich die empirische Abschreckungseignung kaum plausibilisieren läßt. Wer in ein gesellschaftliches Umfeld eingebettet ist, das entsprechende Straftaten mit hoheitlicher Gewalt (oder einem funktionalen Äquivalent) durchsetzt und deckt, wird nicht von der Begehung der Tat abgehalten, weil ein für ihn ferner Drittstaat Strafverfolgung androht.

43
Positive Generalprävention

Damit verbleibt letztlich nur die positive Generalprävention, die – empiriefrei – am sozialkommunikativen Ziel von Strafe ansetzt. Durch Bestrafung – reflexartig im Grunde genommen bereits durch die Aufnahme der Strafverfolgung – wird kommuniziert, daß der Normbruch normativ unbeachtlich ist und an der Unverbrüchlichkeit der verletzten Rechtsnorm festgehalten wird. Die davon ausgehende Normstabilisation ist ein verfassungskonformer Strafzweck²⁵⁹. Das soziale Präventionsziel einer Sanktion hängt daher auch nicht von der Konflikterledigung im Einzelfall, sondern von der Reaktionsfähigkeit staatlicher Institutionen auf Normbrüche insgesamt ab²⁶⁰. Und der Inhalt der Normen ist letztlich das Produkt demokratischer Rechtsetzung, die die Strafbegründungstheorie für den demokratischen Rechtsstaat anschlußfähig macht²⁶¹. Dies entspricht auch am ehesten dem Anliegen der staatlichen Weltrechtspflege, die nicht ernstlich effektive Zwangsgewalt zur realen Durchsetzung des Rechts sein kann, sondern nur Symbolfläche für die Rechtlichkeit als solche. Strafbegründungstheoretisch wurde der Einwand formuliert, es gehe bei der staatlichen Weltrechtspflege – wie auch beim Völkerstrafrecht – letztlich nicht um die interne Bekräftigung eines bereits bestehenden Zustandes der Rechtlichkeit, sondern um einen proaktiven „Beitrag zur künftigen (Re-)Kultivierung der betroffenen Gesellschaft", also letztlich um Zwangsmaßnahmen gegenüber Externen²⁶². Dies ist in der Sache zwar richtig. Verfassungsrechtlich schließt dies aber eine entsprechende Strafzwecksetzung nicht aus, da die Verfassung zunächst – vorbehaltlich Art. 103 Abs. 2 GG²⁶³ – einen auch instrumentellen Einsatz des Strafrechts zur Herstellung eines – inhaltlich legitimen – Zustandes nicht generell verbietet. Ein Konnex von Schutz und Gehorsam („the end of obedience is protection")²⁶⁴ ist verfassungsrechtlich nicht zwingend. Mit Recht wird darauf hingewiesen, daß unter dem Grund-

Demokratischer Positivismus

---

258 *Pawlik* (N 53), S. 50, mit kritischer Intention.
259 BVerfGE 120, 224 (252). Speziell für das VStGB *Dietmeier* (N 65), S. 342.
260 *Wolfgang Hoffmann-Riem*, Verwaltungskontrolle – Perspektiven, in: Eberhard Schmidt-Aßmann/ders. (Hg.), Verwaltungskontrolle, 2001, S. 325 (355).
261 Zu diesem Anliegen *Gärditz* (N 134); *Pawlik* (N 245), S. 103f.; *Carl-Friedrich Stuckenberg*, Grundrechtsdogmatik statt Rechtsgutslehre, in: GA 2011, S. 653 (658ff.).
262 *Pawlik* (N 245), S. 124f.
263 S. u. Rn. 50.
264 *Thomas Hobbes*, Leviathan, 1651, Chap. XXI (zit. nach der Ausgabe Amherst 1988).

gesetz unbeanstandet auch eine extraterritoriale Strafrechtsgeltungserstreckung erfolgt, wenn es (so beim passiven Personalitäts- bzw. beim Realschutzprinzip) um den Schutz inländischer Rechtsgüter gegenüber auswärtigen Angriffen geht[265]. Da die Strafverfolgung extraterritorialer Verbrechen nach Völkerrecht letztlich der Stabilisierung von Normen dient, die – obschon außerhalb der effektiven Reichweite deutscher Hoheitsgewalt – gerade die Würde des Menschen schützen sollen, handelt es sich bei einer universellen Normstabilisation um eine legitime Deutung des seinerseits universell formulierten Auftrags des Art. 1 Abs. 2 GG[266]. Insoweit läßt sich mit der positiven Generalprävention – jedenfalls soweit man sie von ihrer engen Verbindung zum gesellschaftlichen Substrat der Normgenese abstrahiert – durchaus eine verfassungskonforme Strafbegründung für die Weltrechtspflege gewinnen[267].

Internationaler Menschenrechtsschutz als legitimes Ziel

2. Nulla poena sine lege und extraterritoriale Strafrechtsanwendung

44

Rechtsstaatliche und demokratische Funktionen

Art. 103 Abs. 2 GG gewährleistet, daß eine Bestrafung nur erfolgen darf, wenn die Tat zur Tatzeit gesetzlich strafbar war. Dies schließt implizit die Strafbarkeit am Tatort ein. Art. 103 Abs. 2 GG verlangt eine parlamentsgesetzliche Grundlage[268]. Dem gesetzlichen Straftatbestand kommt hierbei zum einen eine rechtsstaatliche Funktion zu, die sich vor allem im Bestimmtheitsgebot niederschlägt und die Vorhersehbarkeit sowie Kontrollierbarkeit des staatlichen Strafanspruchs gewährleisten soll. Daneben hat das Gesetz aber auch eine demokratische Funktion. Ein förmliches Parlamentsgesetz soll der Bestrafung auf Grund der Eingriffsintensität zu einer qualifizierten Legitimation verhelfen. Insoweit ist Art. 103 Abs. 2 GG auch eine spezielle Ausprägung der Grundrechtswesentlichkeit[269]. Während die Straftatbestände des Völkerstrafgesetzbuches prima facie rechtsstaatlich nicht zu beanstanden und zudem demokratisch einwandfrei zustande gekommen sind, stellen sich bei der indirekten Durchsetzung des Völkerstrafrechts rechtsquellenspezifische Sonderprobleme, die zum einen die Verschränkung mit dem Völkerrecht und zum anderen die extraterritoriale Erstreckung der Strafgewalt betreffen.

Spezielle Ausprägung der Grundrechtswesentlichkeit

---

265 *Pawlik* (N 245), S. 127.
266 *Gärditz* (N 1), S. 335. Siehe luzide zu den Grenzen einer Außenpolitisierung aber auch *Christian Waldhoff*, Die innerstaatlichen Grundrechte als Maßstab der Außenpolitik?, in: Josef Isensee (Hg.), Menschenrechte als Weltmission, 2009, S. 43 ff.
267 Richtigerweise bedarf es dann freilich eines Bezugs zu universell geltenden Normen, die durch die Verletzungshandlung erschüttert sein können. Der deutsche Gesetzgeber kann eine solche sozialkommunikative Relation nicht durch schlichte Geltungserstreckung des nationalen Rechts herbeiführen. Problembewußt *Roland Schmitz*, § 7 II Nr. 2 StGB und das Prinzip der stellvertretenden Strafrechtspflege, in: FS für Gerald Grünwald, S. 619 (639).
268 BVerfGE 126, 170 (195); BVerfG(K), in: wistra 2010, S. 396 (402); *Christoph Degenhart*, in: Sachs, ⁶2011, Art. 103 Rn. 63; *Eberhard Schmidt-Aßmann*, in: Maunz/Dürig, 2012, Art. 103 Abs. 2 Rn. 183; *Tiedemann* (N 162), S. 262.
269 *Klaus Ferdinand Gärditz*, Europäisierung des Strafrechts und nationales Verfassungsrecht, in: Martin Böse (Hg.), Europäisches Strafrecht, Enzyklopädie des Europarechts, Bd. IX, 2013, § 6 Rn. 14.

a) Völkergewohnheitsrecht als gesetzliche Grundlage?

Erwägenswert ist zunächst, inwiefern eigentlich gewohnheitsrechtlich anerkannte Tatbestände des Völkerstrafrechts als Grundlage einer Strafverfolgung in Deutschland herangezogen werden könnten[270]. Immerhin wurden die Straftatbestände in den Statuten der erst nach Tatbegehung errichteten Ad hoc-Tribunale für das ehemalige Jugoslawien und Ruanda damit begründet, daß die aufgeführten Taten bereits zuvor und damit zur Tatzeit kraft Völkergewohnheitsrechts strafbar gewesen seien[271], was auch Art. 15 Abs. 2 IPbürgR und Art. 7 Abs. 2 EMRK grundsätzlich stützen. Richtigerweise ist eine Bestrafung auf der Grundlage von Völkergewohnheitsrecht unter dem Grundgesetz nicht möglich[272]. Die Straftatbestände des Völkerstrafrechts gehören schon nicht zu den allgemeinen Regeln des Völkerrechts im Sinne von Art. 25 S. 1 GG. Zwar werden viele der zugrundeliegenden *Verbots*normen (namentlich die Verbote von Völkermord, Verbrechen gegen die Menschlichkeit und zwischenstaatlicher Gewaltanwendung) zu universellem Völkergewohnheitsrecht geronnen sein. Diese staatsgerichteten Normen enthalten aber, auch wenn man ihre Geltung für den einzelnen nach Art. 25 S. 2 GG bejaht[273], keine Sanktionsfolge und sind auch keine vollzugsfähigen Straftatbestände. Die Verknüpfung der Verbote mit einer Sanktionsnorm wird erst durch das Völkerstrafrecht erreicht, das als solches mangels kohärenter Staatenpraxis, allein auf der Grundlage ungeschriebener Straftatbestände des Völkerrechts zu bestrafen[274], seinerseits nicht zu Gewohnheitsrecht erstarkt ist. Und selbst wenn man dies anders sehen wollte[275], dürften rein individuell adressierende, also die völkerrechtsstrukturelle Mediatisierung des einzelnen unmittelbar überwindende Normen nicht *allgemeine* völkerrechtliche Regeln im Sinne des Art. 25 GG sein, der auf die klassische Rechtsquellenlehre des Völkerrechts Bezug nimmt, das Spezifikum eines individualgerichteten Strafrechts damit aber nicht erfaßt.

Selbst wenn man Völkerstrafrecht als allgemeine Regeln des Völkerrechts im Sinne des Art. 25 S. 2 GG qualifizieren wollte, würde dies staatlichen Strafver-

45 Staatlicher Vollzug von Völkerstrafrecht?

Keine allgemeinen Regeln des Völkerrechts

46

---

270 Frühzeitig problembewußt immerhin *Oehler* (N 172), Rn. 434, wonach das nationale Strafrecht nicht die Strafgewalt in Anspruch nehme, die das Völkergewohnheitsrecht eigentlich zulasse. Insgesamt kritisch (teils für die Verfassungswidrigkeit einiger Bestimmungen des VStGB) inzwischen *Milan Kuhli*, Das Völkerstrafgesetzbuch und das Verbot der Strafbegründung durch Gewohnheitsrecht, 2009; ferner *Tobias Darge*, Kriegsverbrechen im nationalen und internationalen Recht: Unter besonderer Berücksichtigung des Bestimmtheitsgrundsatzes, 2010.
271 S. o. N 93. Gleiches gilt für das Tribunal für Osttimor, siehe *Zahar/Sluiter* (N 87), S. 88.
272 *Andreas S. Kolb/Thilo Neumann/Tim Salomon*, Die Entführung deutscher Seeschiffe: Flaggenrecht, Strafanwendungsrecht und diplomatischer Schutz, in: ZaöRV 71 (2011), S. 191 (211 ff.); *Philip Kunig*, Völkerrecht und staatliches Recht, in: Graf Vitzthum (N 223), 2. Abschn. Rn. 147; *Rojahn* (N 107), Art. 25 Rn. 29, 45; *Stefan Talmon*, Die Grenzen der Anwendung des Völkerrechts im deutschen Recht, in: JZ 2013, S. 12 (18 f.); *Christian Tomuschat*, Die staatsrechtliche Entscheidung für die internationale Offenheit, in: HStR VII, ¹1992, § 172 Rn. 16; wohl auch *Kreß* (N 65), S. 10.
273 Zu den weiteren Voraussetzungen *Rojahn* (N 107), Art. 25 Rn. 46 ff.
274 Im Gegenteil gehen gerade diejenigen Staaten, die das Weltrechtsprinzip etabliert haben, den Weg einer innerstaatlichen Kodifizierung der Straftatbestände und damit der geltungstheoretischen Abkopplung vom Völkerstrafrecht. Siehe rechtsvergleichend *Gärditz* (N 1), S. 169 ff.
275 Etwa *v. Arnauld* (N 9), Rn. 1284, 1309.

Kein Dispens vom Vorbehalt des Gesetzes

folgungsbehörden keine punitive Ermächtigungsgrundlage verschaffen. Denn richtigerweise entbindet Art. 25 S. 2 GG nicht vom Vorbehalt des Gesetzes bei Eingriffen in Grundrechte[276]. Dies gilt dann erst recht für den qualifizierten Vorbehalt des Gesetzes in Art. 103 Abs. 2 GG[277]. Aus diesem Grund hatte die Bundesrepublik Deutschland ursprünglich auch einen Vorbehalt zu Art. 7 Abs. 2 EMRK angebracht, wonach eine Bestrafung nur in den Grenzen des Art. 103 Abs. 2 GG möglich ist. Schließlich würde eine Bestrafung auf Grund Völkergewohnheitsrechts auch daran scheitern, daß sich Art. 103 Abs. 2 GG nicht nur auf den Tatbestand, sondern auch auf die Rechtsfolge bezieht[278], das Gewohnheitsrecht aber lediglich materielle Tatbestände ohne konkretes Strafmaß ausdifferenziert hat[279], schon weil gerade die Strafzumessung innerhalb der verschiedenen Rechtsordnungen grundlegend divergiert.

Mangelnde Rechtsfolgenbestimmung im Völkergewohnheitsrecht

b) Parlamentsgesetz und Bestimmtheit

47

Wesentlichkeit und Verweis auf völkerrechtliche Begriffe

Art. 103 Abs. 2 GG verlangt eine parlamentsgesetzliche Grundlage. Zwar ist eine begrenzte Delegation auch hier möglich[280]; namentlich Art. 80 Abs. 1 GG gilt auch im Strafrecht[281]. Die wesentlichen Tatbestandsmerkmale sind jedoch durch Parlamentsgesetz festzulegen. Wird dies beachtet, ist es auch möglich, auf Normen außerhalb des deutschen Rechts zu verweisen und diese über die Autorität des verweisenden Gesetzes zum Bestandteil des Straftatbestandes zu machen. Da eine Bestrafung in jedem Fall auf der Grundlage des deutschen Strafgesetzes erfolgt, muß insoweit der Gesamttatbestand den Anforderungen des Art. 103 Abs. 2 GG entsprechen[282], was auch durch eine – demokratisch beherrschbare – tatbestandsergänzende (statische) Verweisung geschehen kann[283]. Ein Straftatbestand, der erst durch Verweisung auf eine einzubeziehende Norm vervollständigt wird, ist gemessen am Bestimmtheitsgebot zulässig, wenn sowohl das verweisende Gesetz als auch die in Bezug genommene Norm in ihren jeweils den Gesamttatbestand konstituierenden Merkmalen inhaltlich hinreichend bestimmt sind[284]. Die Erfüllung der Bestimmtheitsanforderungen ist im Rahmen einer wertenden Gesamtbetrachtung des Normenkomplexes festzustellen[285], wobei natürlich zunächst einmal hinreichend klar sein muß, auf welche Bestimmungen verwiesen wird[286]. Das Bundesverfassungsgericht geht zudem davon aus, daß außerstraf-

Bestimmtheitsanforderungen des Art. 103 Abs. 2 GG

---

276 *Rojahn* (N 107), Art. 25 Rn. 51; *Talmon* (N 272), S. 17 f.
277 *Rojahn* (N 107), Art. 25 Rn. 45.
278 BVerfGE 45, 363 (371); 86, 288 (311); *Bodo Pieroth*, in: Jarass/Pieroth (N 106), Art. 103 Rn. 47.
279 Parallel für das Völkervertragsrecht *Kreß* (N 65), S. 10.
280 Siehe für Rechtsverordnungen BVerfG(K), in: NStZ-RR 1997, S. 342 ff.
281 BVerfGE 14, 174 (185 ff.); 75, 329 (342); BVerfG(K), in: wistra 2010, S. 396 (403); *Martin Böse*, Verweisungen auf das EU-Recht und das Bestimmtheitsgebot (Art. 103 Abs. 2 GG), in: FS für Volker Krey, 2010, S. 7 (8 ff.).
282 *Ambos* (N 40), § 11 Rn. 28 f.; *Helmut Satzger*, Europäisierung, in: Ulrich Sieber/Franz-Hermann Brüner u. a. (Hg.), Europäisches Strafrecht, 2011, § 9 Rn. 29.
283 BVerfG(K), in: wistra 2010, S. 396 (404).
284 BVerfGE 23, 265 (270); *Satzger* (N 282), § 9 Rn. 31; *Schmidt-Aßmann* (N 268), Art. 103 Abs. 2 Rn. 208.
285 BVerfGE 126, 170 (196); *Degenhart* (N 268), Art. 103 Rn. 64; *Schmidt-Aßmann* (N 268), Art. 103 Abs. 2 Rn. 201.
286 BVerfGE 48, 48 (55); BVerfG(K), in: wistra 2010, S. 396 (402).

rechtliche Normen – und Entsprechendes wird für das Völkerrecht gelten müssen –, auf die verwiesen wird, nicht den gleichen Anforderungen unterlägen wie die verweisenden Strafgesetze[287]. Eine interpretatorische Konkretisierung des Völkerstrafgesetzbuches durch Heranziehung des einschlägigen Völkerstrafrechts ist gewiß – im Rahmen der allgemeinen Möglichkeiten einer kognitiven Nachverdichtung durch gerichtliche Auslegung[288] – möglich[289] und wurde auch vom Bundesverfassungsgericht in bezug auf den damaligen § 220 a StGB in seinem Völkermord-Beschluß vorgenommen[290]. Legt man die relative Offenheit vieler deutscher Straftatbestände zugrunde, die oftmals erst durch eine beständige Rechtsprechung hinreichende Konturen gewinnen[291], wird man auch die Bestimmungen des Völkerstrafgesetzbuches, die im Zusammenspiel mit – bei allen Unvollkommenheiten[292] immerhin geschriebenen – Regeln des (insbesondere humanitären) Völkerrechts anwendbar sind, grundsätzlich nicht wegen Bestimmtheitsdefiziten für verfassungswidrig erachten können[293].

c) Kognitive und konstitutive Funktion territorialer Strafgesetzlichkeit

Selbst wenn sich eine verfassungsrechtlich hinreichende Bestimmtheit herstellen läßt, verbleibt die Frage nach der Vereinbarkeit des *Anwendungsbereichs* nach § 1 VStGB bzw. § 6 StGB mit Art. 103 Abs. 2 GG. Die universelle Geltung der erfaßten deutschen Strafgesetze führt nämlich dazu, daß jemand in Deutschland durch die deutsche öffentliche Gewalt für eine Straftat belangt wird, die auf fremdem Territorium ohne Bezug zur Bundesrepublik Deutschland begangen wurde und gegebenenfalls nicht einmal nach dem am Tatort geltenden Recht strafbar war. Auch wenn die erfaßten Tathandlungen grundsätzlich weltweit nach nationalem Recht strafbar sein werden, kann die Strafbarkeit – abhängig von der konkreten Situation – dadurch aufgehoben sein, daß staatliches Recht, nach Tatortrecht verbindliche Befehle oder allgemeine Anordnungen bestimmte Gewalttaten (zum Beispiel Kriegsverbrechen oder Verbrechen gegen die Menschlichkeit) straffrei stellen. Zunächst hindert dies normgeltungstheoretisch den deutschen oder einen internationalen Gesetzgeber nicht daran, das entsprechende Verhalten in der jeweils eigenen Rechtsordnung als Straftat auszuweisen. Das gegenüber der sozialen Wirklichkeit autonome Recht kann seine Geltung für jeden beliebigen Ort und jede beliebige Zeit festlegen[294]. Geltung setzt nicht soziologisch verstandene Wirksam-

48
Rechtsgeltung und empirische Wirksamkeit als Rechtsproblem

---

287 BVerfGE 126, 170 (196).
288 Offengelassen bei *Weigend* (N 66), S. 224 f.
289 Zutreffend *Talmon* (N 272), S. 19.
290 BVerfG(K), in: NJW 2001, S. 1848 (1849 f.).
291 BVerfGE 126, 170 (187 ff.). Zu den Folgeproblemen stellvertretend und instruktiv *Antje von Ungern-Sternberg*, Normative Wirkungen von Präjudizien nach der Rechtsprechung des Bundesverfassungsgerichts, in: AöR 138 (2013), S. 1 (47 ff.).
292 *Weigend* (N 66), S. 221 f.
293 So im Ergebnis auch *Werle* (N 40), S. 376. Dies schließt es nicht aus, daß einzelne Bestimmungen durchaus als problematisch zu bewerten sein können. Siehe *Weigend* (N 66), S. 224.
294 *Hans Kelsen*, Das Problem der Souveränität und die Theorie des Völkerrechts, ²1928, S. 72.

§ 245 Zweiundzwanzigster Teil: Grenzüberschreitende Staatsaufgaben

Rechtsimmanente Grenzen

keit voraus. Das Verfassungsrecht – hier konkret Art. 103 Abs. 2 GG – kann aber dem Gesetzgeber rechtsimmanente Grenzen auferlegen; das positive Recht kann also – anders gewendet – die eigene soziale Wirksamkeit vertatbestandlichen und damit zur Rechtsfrage machen[295].

49

Geltungsnominalismus als hinreichende Bestrafungsgrundlage?

Bislang dominiert eine nominalistische Sichtweise, die die Garantiefunktion des Art. 103 Abs. 2 GG auf das Vorhandensein einer gesetzlichen Grundlage beschränkt, ohne daß der sozialen Wirkungsweise des deutschen Gesetzes außerhalb des deutschen Hoheitsgebiets normative Bedeutung beigemessen würde. Richtigerweise setzt – obschon nicht explizit – Art. 103 Abs. 2 GG nicht nur sub specie Rückwirkungsverbot eine temporale Geltung des Strafgesetzes zur Tatzeit, sondern auch eine territoriale Geltung am Tatort voraus. Dies wird zwar nicht in Frage gestellt; es wird jedoch als ausreichend erachtet, daß das deutsche Recht die Geltung eines Strafgesetzes am extraterritorialen Tatort anordnet. Die Grenzen der Strafgewalt und damit die Frage, ob eine Tat zum Tatzeitpunkt am Tatort strafbar war oder nicht, seien – so das Bundesverfassungsgericht – „in erster Linie aufgrund des Strafrechts der Bundesrepublik Deutschland zu beurteilen"[296].

50

Kontextabhängigkeit des Nulla poena-Satzes

Dieser formale Nominalismus wurde mit Recht kritisiert[297]. Art. 103 Abs. 2 GG schützt nicht nur kognitiv das Vertrauen des Täters, sondern hat auch eine rechtsstaatlich-objektive Funktion[298]. Normative Verhaltenserwartungen erfüllen ihren besonderen Sinn, Orientierung in der Welt zumindest zu erleichtern, nur dann, wenn sie regelmäßig und nicht lediglich zufällig durch einzelne Individuen befolgt werden[299]. Die strafrechtliche Garantiefunktion des Art. 103 Abs. 2 GG fußt auf liberal-rechtsstaatlichen Wurzeln, weshalb Strafrecht immer als ein punktueller sowie hegungsbedürftiger Eingriff zum Erhalt einer auf Gegenseitigkeit gründenden sowie dem einzelnen normative

---

295 Vgl. *Brun-Otto Bryde*, Die Effektivität von Recht als Rechtsproblem, 1993, S. 18 ff.; *Horst Eidenmüller*, Rechtswissenschaft als Realwissenschaft, in: JZ 1999, S. 53 (58); *Hans Kelsen*, Reine Rechtslehre, 1934, S. 73.
296 BVerfGE 92, 277 (324); ebenso BVerfG(K), in: JZ 2001, S. 975 (977); BGHSt 39, 260 (262f.); *Peter-Alexis Albrecht/Stefan Kadelbach*, Zur strafrechtlichen Verfolgung von DDR-Außenspionage. Völker- und verfassungsrechtliche Fragen, in: NJ 1992, S. 137 (145); *Markus Gehrlein*, Die Strafbarkeit der Ost-Spione auf dem Prüfstand des Verfassungs- und Völkerrechts, 1996, S. 49 f.; *Andreas Henrich*, Das passive Personalitätsprinzip im deutschen Strafrecht, 1994, S. 191; *Rainer Lippold*, Die Strafbarkeit der DDR-Spionage und ihrer Verfassungsmäßigkeit, in: NJW 1992, S. 18 (23); *Joachim Renzikowski*, Vergangenheitsbewältigung durch Vergeltung?, in: JR 1992, S. 270 (272); *Gunnar Schuster*, Verfassungs- und völkerrechtliche Fragen der Bestrafung von DDR-Spionen nach der Wiedervereinigung Deutschlands, in: ZaöRV 51 (1991), S. 651 (664); *Bruno Simma/Klaus Volk*, Der Spion, der in die Kälte kam – Zur BGH-Entscheidung über die Strafbarkeit der DDR-Spionage, in: NJW 1991, S. 871 (873); *Christian Starck*, Der Rechtsstaat und die Aufarbeitung der vor-rechtsstaatlichen Vergangenheit, in: VVDStRL 51 (1992), S. 7 (29 f.); *Karl-Georg Zierlein*, in: Umbach/Clemens, Bd. II, 2002, Art. 103 Rn. 165.
297 *Gärditz* (N 1), S. 373 f.; *Günther Jakobs*, Das Selbstverständnis der Strafrechtswissenschaft vor den Herausforderungen der Gegenwart, in: Albin Eser/Winfried Hassemer/Björn Burkhardt (Hg.), Die deutsche Strafrechtswissenschaft vor der Jahrtausendwende, 2000, S. 47 (54 ff.); *Pawlik* (N 247), S. 274 ff.
298 *Bodo Pieroth*, Der Rechtsstaat und die Aufarbeitung der vor-rechtsstaatlichen Vergangenheit, in: VVDStRL 51 (1992), S. 90 (102).
299 *Winfried Brugger*, Konkretisierung des Rechts und Auslegung der Gesetze, in: AöR 119 (1994), S. 1 (3 f.); *Stuckenberg* (N 158), S. 502.

Orientierung verschaffenden Gesellschaftsordnung und ihrer normativierten Schutzbedürfnisse konstruiert wurde. Strafrecht ist hiernach kein Instrument zur Erzwingung einer zukünftigen Ordnung nach Planentwurf[300], sondern der normativen Bestandswahrung. Ein rechtsstaatliches Strafrecht verlangt daher dem einzelnen nur eine Orientierung an der jeweiligen Rechtsordnung ab, die für ihn gesellschaftlich real greifbar ist, also territorial durch staatliche Zwangsgewalt vermittelt wird[301] und auch die gesellschaftlichen Rahmenbedingungen im großen und ganzen determiniert. Nur innerhalb einer objektiv-rechtsstaatlich konstituierten Ordnung können sich auch die subjektiv-rechtlichen Schutzfunktionen des Art. 103 Abs. 2 GG entfalten, so daß eine Orientierung an bestehenden Verhaltenserwartungen möglich bleibt. Dies ist mehr als nur die faktische Möglichkeit zur Kenntnisnahme des fremden staatlichen Strafanspruchs[302]. Der einzelne wird sich bei den Tatbeständen des Völkerstrafgesetzbuches zwar meist bewußt sein, daß sein Verhalten international als Straftat verfolgt wird[303], orientiert sich aber an demjenigen Recht, das vor Ort – also territorial vermittelt – mit Zwang praktisch durchgesetzt wird. Im Hinblick auf den materiellen Charakter des Art. 103 Abs. 2 GG wird daher, wenn auch nur vereinzelt, mit Recht verlangt, daß eine Strafbarkeit auch *effektiv* geltende Rechtsnormen voraussetze[304]. Effektivität ist hierbei kein schlichter Soziologismus, sondern die Forderung, daß eine Tat nach dem geltenden sowie durch eine Zwangsordnung auch durchgesetzten Recht des Tatortstaates unter Strafe stand[305]. Dabei genügt es nicht, daß sich ein Straftatbestand findet, unter den das jeweilige Verhalten subsumierbar ist; Tötungshandlungen, Vergewaltigung, Freiheitsberaubung, Nötigung und Körperverletzung werden grundsätzlich überall auf der Welt strafbar sein. Erforderlich ist vielmehr eine Strafbarkeit, die nicht durch Rechtfertigungsgründe ausgeschlossen ist, wobei sich solche Gründe – abhängig von der im jeweiligen Tatortstaat praktizierten Rechtsquellenlehre – auch aus ungeschriebenem Recht, Befehl etc. ergeben können. Ist dies der Fall, erreicht die nominelle Geltung des deutschen Strafrechts den Betroffenen nicht. Die Verletzung des

Strafrecht als Instrument normativer Bestandswahrung

Effektive Wirksamkeit nach Tatortstrafrecht

Fehlen von Rechtfertigungsgründen

---

300 *Gärditz* (N 1), S. 376.
301 Vgl. *Pawlik* (N 247), S. 280: Nicht bloße soziale Mißbilligung, sondern Strafverfolgung ex officio.
302 Siehe *Hsiao-Wen Wang*, Der universale Strafanspruch des nationalen Staates, 2005, S. 118. Daß damit auch die willkürliche Praxis eines ‚Unrechtsregimes' anerkannt wird – so die Kritik bei *Hans-Joachim Hirsch*, Das Schuldprinzip und seine Funktion im Strafrecht, in: ZStW 106 (1994), S. 746 (753 f.) –, ist nicht zu bestreiten. Das Unrechtsregime wird jedoch nicht von der deutschen Rechtsordnung geschaffen oder perpetuiert. Es wird nur dem Umstand Rechnung getragen, daß unter diesem Regime Menschen leben und dort ihr Auskommen finden müssen. Der rechtsstaatliche Verzicht auf Strafe ist nicht mit einer inhaltlichen Billigung gleichzusetzen.
303 Teils wird dem Nulla poena-Satz ein rein kognitives Verständnis zugrunde gelegt: Täter moralisch evident verbrecherischer Handlungen verdienten keinen Schutz, zumal sie oft selbst mit Verfolgung rechneten. Etwa *David Luban*, Fairness to Rightness: Jurisdiction, Legality, and the Legitimacy of International Criminal Law, in: Samantha Besson/John Tasioulas (Hg.), The Philosophy of International Law, Oxford u. a. 2010, S. 659 (669 ff.).
304 *Bernd Schünemann*, Ungelöste Rechtsprobleme bei der Bestrafung nationalsozialistischer Gewalttaten, in: FS für Hans-Jürgen Bruns, 1978, S. 223 (228).
305 *Gärditz* (N 1), S. 378 f., 391 f., 396 ff.

Gesetzes bildet dann keine legitime Grundlage der Bestrafung[306]. Der Gedanke des malum in se[307] liefert einen moralischen Rechtfertigungsgrund, warum es sinnvoll sein kann, die Einbindung des Täters in seine realexistierende Gesellschaftsordnung normativ zu überwinden, ist aber nicht Inhalt des von Art. 103 Abs. 2 GG konstitutionell armierten Gesetzlichkeitsgebots, das als liberaler Grundsatz insoweit von einer moralischen Materialisierung freigehalten werden muß[308]. Gemessen hieran ist die Verfolgung von Straftaten nach Weltrechtsprinzip (§ 1 VStGB) nur verfassungskonform, wenn die Tat nach Maßgabe der Rechtsordnung des Tatorts tatsächlich strafbar war. Weltrechtspflege kann dann nur stellvertretende Strafrechtspflege sein[309].

D. Kritische Bewertung

51
Gebot kontextsensibler Skepsis

Wenn das jeweilige Verfahren entscheidend auch den Umgang mit den anzuwendenden Maßstäben prägt[310], ist die Frage, durch welche Institution, in welchem Kontext und wo universelles materielles Strafrecht angewendet wird, von entscheidender Bedeutung auch für die Inhalte von Weltstrafrecht und deren Überzeugungskraft. Interpretationshoheit ist Entscheidungsmacht und damit Kompetenzfrage[311]. Die zu einer fingierten Einheit universalisierten, meist abstrakt gefaßten Weltrechtsstraftatbestände entfalten ihre Bedeutung erst im Rahmen konkreter Strafverfahren, die ihrerseits sehr unterschiedlich strukturiert sind, in denen die beteiligten Akteure unterschiedliche Rollenfunktionen einnehmen und in denen unterschiedliche politische Erwartungen an die besondere soziale Funktion von Strafverfahren zum Ausdruck kommen. Ob diese Verfahren wirklich gegenstandsadäquat sind, sollte kritischer

Spezifisch westliches Modell?

als bislang hinterfragt werden. Wenn etwa die Weltstrafrechtspflege bisweilen – gerade von Entwicklungsländern – als Instrument des Westens zur asymmetrischen Strafverfolgung, die sich meist gegen afrikanische oder asiatische Beschuldigte richtet, wahrgenommen wird[312], sollten solche Vorwürfe –

---

306 *John Locke*, Two Treatises of Government, 1698, sec. treatise, Nr. 9 (zit. nach der von Peter Laslett herausgegebenen Ausgabe, Cambridge ¹⁴2003): „I doubt not but this will seem a very strange Doctrine to some Men: but before I condemn it, I desire them to resolve me, by what Right any Prince or State can put to death, or punish an Alien, for any Crime he commits in their Country. It is certain their Laws by virtue of any Sanction they receive from the promulgated Will of their Legislative, reach not a Stranger. They speak not to him, nor if they did, is he bound to hearken to them."
307 *Pawlik* (N 245), S. 126. In der Sache auch *Johann Braun*, Rechtsrelativismus und Rechtsabsolutismus, in: JZ 2013, S. 265 (269). Zur spezifischen Tradition der Mala-in-se-Bestrafung im Common Law, die sich ursprünglich auf standardisierte und keineswegs durch eine besondere Schwere herausgehobene Verletzungshandlungen gegen die Person bezogen, siehe *Mark S. Davis*, Crimes Mala in Se: An Equity-Based Definition, in: Criminal Justice Policy Review 17 (2006), S. 270 ff.; *Alice Ristroph*, Criminal Law in the Shadow of Violence, in: Alabama Law Review 62 (2011), S. 571 (576 f., 582 ff.).
308 Zur Illiberalität einer Materialisierung zutreffend *Pawlik* (N 247), S. 281.
309 *Gärditz* (N 1), S. 378.
310 *Möllers* (N 123), S. 404.
311 → Bd. IX, *Gärditz*, § 189 Rn. 14; ferner *Albers* (N 127), S. 260.
312 Vgl. die Wiedergabe afrikanischer Bedenken bei Council of the European Union (N 60), S. 35 f.; siehe auch *Weißer* (N 40), S. 428 f.

obschon überzogen – ernst genommen werden. Denn die tradierten justizstaatlichen Formen institutionalisierter Konflikterledigung im Strafverfahren sind rechtskulturell durchaus deutungsoffen[313], was schon der strafrechtskulturelle Graben innerhalb der westlichen Welt zwischen Kontinentaleuropa und den Vereinigten Staaten zeigt. Die Mechanismen rechtlicher Formalisierung sind auch nicht für jeden Konflikt gleichermaßen anschlußfähig. Selbst wenn man daher eine universelle „Tiefenstruktur des Strafrechts" anerkennen wollte[314], muß die Frage, ob die Justizialisierung von Makroverbrechen gegen die Menschlichkeit nicht im Kern ein spezifisch westliches Modell und daher nur mit Vorsicht zu universalisieren ist, auch weiterhin möglich sein.

Mit der Begeisterung für ein Weltstrafrecht und die darin liegende Justizialisierung wird das Konfliktlösungspotential von Strafrecht oftmals schlicht überschätzt. In Makrokonflikten wie Kriegen und Bürgerkriegen, in denen die Bewertung der Tat in erster Linie davon abhängt, wer aus dem Konflikt als Sieger hervorgeht[315], sind Strafgerichte eher Ausdruck von (durchaus verständlicher) Hilflosigkeit[316], weil man zu einer realen – sehr viel riskanteren und kostspieligeren – Konfliktunterbindung, die häufig nicht ohne den Einsatz militärischer Gewalt auskommt, nicht fähig oder – oftmals ja aus guten Gründen – politisch nicht bereit ist. Während die gewaltsame humanitäre Intervention als Instrument globaler Krisenintervention militärische Überlegenheit und damit Großmachtstatus voraussetzt[317], aber auch das Risiko blutigen Scheiterns birgt, ermöglicht die justizielle Intervention qua Weltrechtspflege militärisch bedeutungslosen Akteuren eine Demonstration moralischer Überlegenheit ohne substantielles Risiko. Zu einer Verrechtlichung von Konflikten und der damit einhergehenden Befriedung wird das Strafrecht allein aber kaum beitragen können. Das eklatante Gefälle zwischen dem humanitären Anspruch außenpolitischer Intervention zur Sanktionierung von Makroverbrechen und der realen Wirkungslosigkeit lastet im wesentlichen auf dem einzelnen, dem als Beschuldigter die Last eines gesamtgesellschaftlichen Scheiterns aufgebürdet wird. Individualstrafrecht isoliert Konflikte, um sie verfahrensförmig verfügbar zu machen, entkontextualisiert, um auf die individuelle Schuldfeststellung fokussieren zu können, entlastet so aber das Gesamtsystem. Es besteht die greifbare Gefahr, daß Konflikte, die sich im wesentlichen gar nicht zwischen Individuen abspielen, auf Kosten einzelner zwangsindividualisiert werden. Wenn der Anspruch des Strafrechts sozialkommunikativ ist, zeigt sich bei der Aufarbeitung von Makrokonflikten genau

52
Begrenztes Konfliktlösungspotential des Individualstrafrechts

Schwächen bei der Aufarbeitung von Makrokonflikten

---

313 Durchaus gesehen, jedoch mit anderen Folgerungen, bei *Kamari Maxine Clarke*, Fictions of Justice: The International Criminal Court and the Challenge of Legal Pluralism in Sub-Saharan Africa, New York 2009, S. 235 ff.
314 *Karl-Ludwig Kunz*, Die Kulturgebundenheit des Strafrechts und seine Übertragbarkeit in fremde Rechtskreise, in: Franz Streng/Gabriele Kett-Straub (Hg.), Strafrechtsvergleichung als Kulturvergleichung, 2012, S. 145 (153). Positiv hierzu auch *Otfried Höffe*, Gibt es ein interkulturelles Strafrecht?, 1999.
315 Mit Recht *Gerd Roellecke*, Weltpolizist Ströbele?, in: ders. (hg. v. Otto Depenheuer), Staatsrechtliche Miniaturen, 2013, S. 147 (148).
316 Sensible Analyse bei *Wolfgang Kaleck*, Kampf gegen die Straflosigkeit, 2010, S. 89 ff.
317 *Isensee* (N 219), S. 147.

hier eine große Schwäche, die eigentlich schon den Tribunalen von Nürnberg und Tokio anhaftete.

53
Aporien einer Weltinnenpolitik durch strafrechtliche Symbolik

Der Eigenwert der Rechtlichkeit durch Weltstrafrechtspflege[318] soll damit selbstverständlich nicht in Frage gestellt werden. Verrechtlichung hat aber ihre Grenzen und kann mit anderen Bedürfnissen in Konflikt geraten. Auch der Hauch von Weltinnenpolitik durch Symbolik, der dem Weltstrafrecht anhaftet, hat seinen Preis. Etwa Bemühungen um eine friedliche Konfliktlösung können durch strafrechtliche Interventionen empfindlich gestört werden, zumal wenn man einer verbreiteten (hier konsequent abzulehnenden) Auffassung in der Völkerstrafrechtswissenschaft folgt[319] und einen dauerhaften Strafverzicht für unwirksam erachtet. Und Strafrecht ist eine sehr einschneidende Form des Eingriffsrechts, das sich gegen einzelne Beschuldigte richtet, die in einem rechtsstaatlichen Verfahren ohne Ansehung der ihnen vorgeworfenen Taten besonders schutzbedürftig sind, und zwar erst recht, wenn den Beschuldigten auf Grund der kulturellen, räumlichen und sprachlichen Distanz zusätzliche Lasten und Freiheitsgefährdungen aufgebürdet werden. Für die Betroffenen ist seit den 1990er Jahren aus dem „Glasperlenspiel einer internationalen Juristensekte"[320] längst bitterer Ernst geworden. Auf Empathie oder eine wissenschaftlich-professionelle Gegenöffentlichkeit in der ansonsten stets um einen rechtsstaatlichen Niedergang besorgten Strafrechtswissenschaft brauchen die Beschuldigten hier nicht zu hoffen. Die vorbehaltlose Bejahung von Weltstrafrecht muß insoweit auch ihre inneren Widersprüche ertragen: Eine Hypersensibilität für Grundrechtsgefährdungen im herkömmlichen Strafrecht geht einher mit einer menschenrechtlich motivierten Optimierung der ansonsten ostentativ verpönten Effektivität der Strafrechtspflege, sobald es um Weltstrafrecht geht. Und der Völkerrechtsverbrecher wird als „hostis humani generis" zum personifizierten Bösen erklärt, während man sich zugleich über den Begriff des Feindstrafrechts mit der Gewißheit moralischer Überlegenheit echauffiert.

54
Entidealisierung als Perspektive

Mit der Befreiung von idealistischen Vorstellungen, Strafe sei Selbstzweck, würde auch das Weltstrafrecht aus den Sphären erhabener Universalgerechtigkeit in die Realpolitik zurückgeholt und als solches verfügbar sowie relativierbar. Weltstrafrecht hat konkrete globalpolitische Zwecke zu erfüllen und muß daher stets den Test seiner Funktionalität bestehen. Sind die durchweg legitimen instrumentellen Ziele des internationalen Menschenrechtsschutzes mit Mitteln der Weltstrafrechtspflege nicht sinnvoll zu erreichen, sollte man auf Strafe verzichten, statt sie zu idealisieren. Im Verzicht kann auch ein

Wissenschaftlicher Ertrag

Gewinn liegen. Eigentliche Gewinnerin der rasanten Entwicklung eines Weltstrafrechts war daher auch nicht der Menschenrechtsschutz, sondern die Straf-

---

318 Betont bei *Andreas Fischer-Lescano*, Torture in Abu Ghraib: The Complaint against Donald Rumsfeld under the German Code of Crimes against International Law, in: German Law Journal 6 (2005), S. 689 (723 f.).
319 Stellvertretend m. zahlr. Nachw. *Till Zimmermann*, „Deals" mit Diktatoren? Zur politischen Verhandelbarkeit völkerrechtlicher Strafansprüche, in: ZIS 2013, S. 102 (105 ff.).
320 *Helmut Quaritsch*, Nachwort, in: Carl Schmitt, Das international-rechtliche Verbrechen des Angriffskrieges und der Grundsatz „Nullum crimen, nulla poena sine lege", 1994, S. 219.

rechtswissenschaft[321], was gewiß nicht gering zu schätzen ist, weil das Völkerstrafrecht dazu beigetragen hat, die bisweilen aseptische internationale Isolierung des Strafrechts aufzubrechen, und der Rechtsvergleich zur Reflexion der Grundlagen rechtskulturell kontingenter Zurechnungsmodelle zwingt[322]. Das freilich war und ist kein sinnvolles Ziel deutscher oder internationaler Gesetzgebung. Eine Einordnung des Strafrechts als Kompartiment des öffentlichen Rechts in die Mechanik der internationalen Offenheit des staatlichen Verfassungsrechts[323] steht letztlich noch aus[324].

---

321 Auf jeden Beschuldigten kommen mindestens ein Dutzend teils tiefschürfender Monographien und eine spezifisch völkerstrafrechtliche Fachzeitschrift.
322 Eindrucksvoll in diesem Sinne *Carl-Friedrich Stuckenberg*, Vorstudien zu Vorsatz und Irrtum im Völkerstrafrecht – Versuch einer Elementarlehre für eine übernationale Vorsatzdogmatik, 2007.
323 Grundsätzlich hierzu *Udo Di Fabio*, Das Recht offener Staaten, 1998; *ders.*, Der Verfassungsstaat in der Weltgesellschaft, 2001; *Frank Schorkopf*, Grundgesetz und Überstaatlichkeit, 2007; *Rainer Wahl*, Verfassungsstaat, Europäisierung, Internationalisierung, 2003.
324 Richtig und problemsensibel hierzu *Jörg Menzel*, Internationales Öffentliches Recht, 2011, S. 24 ff.

E. Bibliographie

Kai Ambos, Internationales Strafrecht, ³2011.
Ulrich Fastenrath, Möglichkeiten und Grenzen repressiven Menschenrechtsschutzes durch weltweite Strafverfolgung: Internationale Strafgerichtsbarkeit – Weltrechtsprinzip – Immunität, in: Sabine von Schorlemer (Hg.), Praxishandbuch UNO, 2003, S. 369.
Klaus Ferdinand Gärditz, Weltrechtspflege. Eine Untersuchung über die Entgrenzung staatlicher Strafgewalt, 2006.
Katrin Gierhake, Das Prinzip der Weltrechtspflege nach § 1 Völkerstrafgesetzbuch und seine prozessuale Umsetzung in § 153 f der Strafprozessordnung, in: ZStW 120 (2008), S. 375.
Günther Jakobs, Das Selbstverständnis der Strafrechtswissenschaft vor den Herausforderungen der Gegenwart, in: Albin Eser/Winfried Hassemer/Björn Burkhardt (Hg.), Die deutsche Strafrechtswissenschaft vor der Jahrtausendwende, 2000, S. 47.
Florian Jeßberger, Der transnationale Geltungsbereich des deutschen Strafrechts, 2011.
Claus Kreß, Vom Nutzen eines deutschen Völkerstrafgesetzbuchs, 2000.
Reinhard Merkel, Universale Jurisdiktion bei völkerrechtlichen Verbrechen, in: Klaus Lüderssen (Hg.), Aufgeklärte Kriminalpolitik oder Kampf gegen das Böse?, Bd. III: Makrokriminalität, 2000, S. 237.
Michael Pawlik, Strafe oder Gefahrenbekämpfung? Die Prinzipien des deutschen Internationalen Strafrechts vor dem Forum der Straftheorie, in: Zeitschrift für Internationale Strafrechtsdogmatik, 2006, S. 274.
Luc Reydams, Universal Jurisdiction, Oxford 2003.
Thomas Weigend, Deutsches Völkerstrafrecht? Reflexionen internationalen Strafrechts in Deutschland – und umgekehrt, in: Franz Streng/Gabriele Kett-Straub (Hg.), Strafrechtsvergleichung als Kulturvergleich, 2012, S. 213.
Gerhard Werle, Völkerstrafrecht, ³2012.
ders., Völkerstrafrecht und deutsches Völkerstrafgesetzbuch, in: JZ 2012, S. 373.
Bettina Weißer, Das Prinzip der Weltrechtspflege in Theorie und Praxis, in: GA 2012, S. 416.

§ 246
Multinationale und globale Unternehmen im Wettbewerb der Systeme

Karl M. Meessen

Übersicht

	Rn.		Rn.
A. Souveränitätsfrage neu gestellt	1– 43	2. Völkerrechtliche Grenzen extraterritorialer Rechtsanwendung	55– 99
I. Staatenübergreifende Unternehmen gegen staatliche Souveränität	3– 7	a) Extraterritoriale Kartellrechtsanwendung durch Behörden	61– 75
II. Wandel des Rollenverständnisses beider Seiten	8– 19	b) Zuständigkeitsgrenzen für private Schadensersatzklagen	76– 88
1. Entschärfung des Nord-Süd-Konflikts durch wirtschaftliche Entwicklung	9– 13	c) Durchgriff durch juristische Personen	89– 94
2. Entwicklung einer Unternehmenskultur der Zusammenarbeit	14– 19	d) Funktionsfähigkeit des Systems konkurrierender Zuständigkeiten	95– 99
III. Globale Unternehmen als denationalisierte Akteure	20– 43	II. Unternehmensbezogene Rechtsetzung im Wettbewerb der Systeme	100–129
1. Durch Globalisierung der Märkte intensivierter Systemwettbewerb	26– 29	1. Unternehmerische Mitgestaltung von völkerrechtlichem „soft law"	103–107
2. Denationalisierungsstrategie globaler Unternehmen	30– 39	2. Recht der internationalen Handels- und Investitionsschiedsgerichtsbarkeit	108–123
3. Souveränitätsfrage in globalisierten Produktmärkten	40– 43	a) Ausmaß staatlicher Kontrolle von Schiedssprüchen	109–114
B. Grenzüberschreitende Interaktionen von Staaten und Unternehmen	44–129	b) Varianten transnationalen Handels- und Investitionsrechts	115–123
I. Territorialität des Geltungsbereichs, nicht aber des Anwendungsbereichs staatlich gesetzten Rechts	47– 99	3. Einflußnahme durch Lokalisierung wirtschaftlicher Aktivitäten	124–129
1. Verbot der Vornahme von Hoheitsakten im Ausland und Möglichkeiten seiner Umgehung	49– 54	C. Funktionsgerechte Zusammenarbeit von Staaten und Unternehmen	130–139
		D. Bibliographie	

A. Souveränitätsfrage neu gestellt

1
Staaten als mächtigste Sozialgebilde?

Die Veröffentlichung dieses Beitrags in dem Abschnitt „Grenzüberschreitendes Handeln und rechtliche Verantwortung" des Bandes „Internationale Bezüge", der dem Handbuch des Deutschen Staatsrechts in der dritten Auflage neu hinzugefügt wird, lenkt den Blick auf die Souveränitätsfrage: Sind die Staaten der „offenen Staatlichkeit" in dem durch das Auftreten multinationaler und globaler Unternehmen intensivierten „Wettbewerb der Systeme"[1] noch die mächtigsten Sozialgebilde der Welt? Gegenüber den als Personalverbände organisierten christlichen Kirchen der frühen Neuzeit hatte sich der Territorialstaat des Westfälischen Friedens von 1648 durchgesetzt. In der englischsprachigen Politikwissenschaft wurde er als „Westphalian state" bezeichnet.

2
NGOs und Zivilgesellschaft

Grenzüberschreitende Unternehmen

Heute konkurrieren mit den Staaten andere Mächte, zum Beispiel die eine Reihe von Kernanliegen der Zivilgesellschaft vertretenden Nichtregierungsorganisationen (Non-Governmental Organizations, NGOs), sowie die sich über Internetkommunikation ad hoc mobilisierende Zivilgesellschaft selbst. Hinzu kommen die über das Inland hinausgreifenden Unternehmen[2], die wie die Staaten mit einer straffen Organisation und vor allem mit erheblichen Geldmitteln ausgestattet sind. Bei diesen Unternehmen ist die in Börsenwerten, Umsätzen und Gewinnen gemessene Größe des jeweiligen Unternehmens nicht das einzige und vielleicht nicht einmal das wichtigste Merkmal von Macht. Physische Gewalt üben Unternehmen nicht aus. Entscheidend ist ihre grenzüberschreitende Beweglichkeit, die dem zwischenstaatlichen Systemwettbewerb und damit nicht zuletzt dem von den Staaten betriebenen Abbau der Handelsschranken zu verdanken ist.

I. Staatenübergreifende Unternehmen gegen staatliche Souveränität

3
Souveränität gegen internationale Konzerne

Unternehmen als dritte industrielle Weltmacht

Nicht ohne den Leviathan von Thomas Hobbes aus dem Jahre 1651 zu zitieren, fragte sich ein hoher Beamter der US-amerikanischen Kartellbehörde im Jahre 1947 – also nach den amerikanischen Atombomben auf Hiroshima und Nagasaki und vor der Herstellung der ersten sowjetischen Atombombe, das heißt zur Zeit des Höhepunkts amerikanischer militärischer Macht –, inwieweit sich nationale territorialstaatliche Souveränität gegenüber internationalen Konzernen behaupten könne[3]. Operierten diese Unternehmen etwa in einem Freiraum von jeglicher staatlichen Kontrolle? Der Vergleich der Größenverhältnisse zwischen Staaten und Unternehmen in Kategorien von Umsatz, Bruttosozialprodukt usw. trat erst 20 Jahre später in den Vordergrund. 1967 erschien Jean-Jacques Servan-Schreibers rasch in viele Sprachen übersetztes Buch „Le défi américain" (Die amerikanische Herausforderung)

---

1 Zum Begriff s. u. Rn. 26 ff.; → Bd. X, *Grewlich*, § 223.
2 Zum Begriff s. u. Rn. 20 ff., 30 ff.; → Oben *Hobe*, § 231.
3 *Sigmund Timberg*, International Combines and National Sovereigns, in: U. Penn. L. Rev. 95 (1947), S. 575, 607 f., Fn. 80.

mit der These, Tochtergesellschaften und Zweigniederlassungen US-amerikanischer multinationaler Unternehmen hätten aufgrund ihrer Überlegenheit an technischem Wissen und unternehmerischem Know-how „die amerikanische Industrie in Europa" als „dritte industrielle Weltmacht nach den USA und der UdSSR" errichtet[4]. Hinter den Unternehmen sah jedoch Servan-Schreiber stets die staatliche Macht, und zwar die der Vereinigten Staaten[5].

Multinationale Unternehmen, also Unternehmen mit rechtlich selbständigen Tochtergesellschaften oder rechtlich unselbständigen Zweigniederlassungen in zwei oder mehr ausländischen Staaten, gab es seit langem. In Deutschland erinnerte im Frühjahr 2013 der Beschluß über die baldige Stillegung des Opelwerks in Bochum daran, daß die Adam Opel AG bereits in den 20er Jahren des vorigen Jahrhunderts von der amerikanischen General Motors Inc. erworben worden war. Auch heute könnten sich die Bundesregierung und die zuständige Landesregierung, ganz abgesehen von den Gewerkschaften, daran stören, daß Arbeitsplätze in Nordrhein-Westfalen von der weltweiten Konzernstrategie eines multinationalen Unternehmens mit Sitz in Detroit im Bundesstaat Michigan der USA abhängen.

4
Multinationale Unternehmen

Adam Opel AG

Man wird es jedenfalls den in den 70er Jahren noch wirtschaftlich schwachen Staaten Lateinamerikas und erst recht den aus dem Dekolonisierungsprozeß hervorgegangenen neuen Staaten Afrikas und Südasiens nicht verdenken können, daß sie ihre kurz vorher gewonnene Souveränität durch einige wenige ausländische Unternehmen, die ihre Rohstoffe ausbeuten und meist in einem anderen Staat verarbeiten, gefährdet sahen, zumal wenn sich diese Investoren an der Seite ihres Heimatstaates in die Politik des Gaststaates einmischten.

5
Bedrohte Souveränität schwacher Staaten

Zu einer Zuspitzung, die den weiteren Verlauf des Nord-Süd-Konflikts prägte, kam es in Chile, als sich International Telephone & Telegraph (ITT), ein amerikanisches Telekommunikationsunternehmen, vorwerfen lassen mußte, sich 1970 in die von Salvador Allende schließlich doch gewonnene Wahl zum chilenischen Präsidenten eingemischt zu haben und 1973 an seinem Sturz beteiligt gewesen zu sein[6]. In denselben Zeitraum fiel das Erscheinen des auf einer langjährigen Sammlung von Daten beruhenden Buchs von Raymond Vernon, dessen Titel die sich damals aufdrängende Fragestellung treffend formulierte: „Sovereignty at Bay"[7]. Die Einnahme einer Gegenposition ließ nicht lange auf sich warten. Seymour J. Rubin, Völkerrechtler am Washington College der American University, sah in einem vielbeachteten Aufsatz im American

6
Nord-Süd-Konflikt in Chile

Souveränität oder Unternehmen in Gefahr

---

4 *Jean-Jacques Servan-Schreiber*, Le défi américain, Paris 1967, hier zitiert nach der deutschen Übersetzung: Die amerikanische Herausforderung, ⁴1948, S. 27 und passim.
5 So auch *Franz Josef Strauß*, Vorwort zu Servan-Schreiber (N 4), S. 9.
6 Zusammenfassend zu den auch anhand von Anhörungen vor dem US Kongreß verifizierbaren Fakten s. *Norman Girvan*, Corporate Imperialism. Conflict and Expropriation, Transnational Corporations and Economic Nationalism in the Third World, New York 1976, S. 90 f.; zur Sicht der Dritten Welt s. auch die Beiträge von *C. F. Amerasinghe, Francisco Orrego Vicuna* und *Norman Girvan*, in: Richard B. Lillich (Hg.), The Valuation of Nationalized Property, Charlottesville, Bd. III, 1975, S. 91, 131 und 149.
7 *Raymond Vernon*, Sovereignty at Bay, The Multinational Spread of U.S. Enterprises, New York 1971.

Journal of International Law das multinationale Unternehmen in Gefahr: Es drohe regelrecht zerrieben zu werden zwischen Enteignungsmaßnahmen der Gaststaaten und dem in protektionistische Gesetzgebung umgesetzten Druck der Gewerkschaftsbewegung in ihrem Heimatstaat[8].

7
Neue Souveränitätsfrage im Wettbewerb der Systeme

Nach einer Phase der Angleichung außenwirtschaftlicher Handlungsmöglichkeiten zwischen Nord und Süd und nach einer Konsolidierung der Beurteilung multinationaler Unternehmen hat sich im weltweiten Wettbewerb der Systeme eine neue Struktur der Souveränitätsfrage entwickelt. Heute ist es nicht mehr so sehr das einzelne Großunternehmen mit weltweiter Verankerung, das gezielt die Souveränität des einen oder anderen Gaststaates in Frage stellt. Vielmehr ist nunmehr zu fragen, ob nicht die global agierenden Unternehmen die unternehmensbezogene Rechtsetzung aller Staaten in eine von nicht wenigen Beobachtern als allzu neoliberal eingeschätzte Richtung drängen.

Druck auf neoliberale Rechtsetzung?

II. Wandel des Rollenverständnisses beider Seiten

8
Industrie- und Entwicklungsländer

Noch bis zum Beginn der 70er Jahre des vergangenen Jahrhunderts war die Welt hinsichtlich der in bezug auf multinationale Unternehmen wahrgenommenen Rollen in zwei Hälften aufgeteilt: eine nördliche Hälfte von Industriestaaten, die als Heimatstaat die Interessen der ihnen durch Sitz oder Gründungsrecht zugeordneten Investorunternehmen vertraten, und eine südliche Hälfte wirtschaftlich schwächer, aber resourcenreicher Entwicklungsländer, die als Gaststaaten den multinationalen Unternehmen des Nordens Zugang zu Gewinnung, Verarbeitung und Vertrieb ihrer Rohstoffe gestatten mußten. Die multinationalen Unternehmen selbst nahmen ihre Rolle als wirtschaftliche Chancen verteilende Investoren gerne wahr. Sie ließen sich gegen die (zum Teil provozierten) politischen Risiken einschließlich des Enteignungsrisikos bei staatlichen Versicherungen ihrer Heimatstaaten versichern. Die Rollen haben sich, wie die folgenden zwei Abschnitte zeigen, in den letzten vier Jahrzehnten vermischt und damit die Interessenkonstellation erheblich verändert.

Unternehmen als Chancen verteilende Investoren

Veränderte Interessenlage

1. Entschärfung des Nord-Süd-Konflikts durch wirtschaftliche Entwicklung

9
Kapitalhilfe auf moralischer Grundlage

In seiner Nobelpreisrede vom 17. März 1975 zur ungleichen Einkommensverteilung in der Welt rief der schwedische Entwicklungsökonom Gunnar Myrdal die „entwickelten Länder" (des Nordens) dazu auf, die den „unterentwickelten Ländern" (des Südens) gewährten Kapitalhilfen von ihrer interessenpolitischen auf eine moralische Grundlage umzustellen und zu intensivieren[9]. Die interessenpolitische Grundlage sah er aus der neutralen schwedischen Sicht als Schachzüge in dem den Nord-Süd-Konflikt überschat-

---

8 *Seymour J. Rubin*, The Multinational Enterprise at Bay, in: AJIL 68 (1974), S. 475, 483 ff.
9 *Gunnar Myrdal*, The Equality Issue in World Development, in: Swed. J. Econ. 1995, S. 413, 416 f.

tenden Ost-West-Konflikt an. Gegen Ende seiner Rede fügte er einige Bemerkungen zur Notwendigkeit struktureller Entwicklung in den Ländern des Südens hinzu[10]. Dieser Wunsch Myrdals erfüllte sich.

Die Wirtschaftspolitik eines großen Teils der Länder des Südens änderte sich radikal, allerdings nicht über Nacht, sondern über Jahrzehnte hinweg und aufgrund einer gewiß auch von Myrdal nicht erwarteten spontanen Entwicklung. Ausgangspunkt war der schon bald darauf als beispielgebend empfundene Aufschwung in den vier „Tiger"-Volkswirtschaften Ostasiens: Südkorea, Taiwan, Hongkong und Singapur. Daran zeigte sich, daß Staaten mit niedrigem Pro-Kopf-Einkommen den Einkommensvergleich mit den Industriestaaten jedenfalls dann nicht mehr zu scheuen brauchten, wenn sie wie die vier „Tiger"

10
Südkorea, Taiwan, Hongkong, Singapur

Voraussetzungen des Aufschwungs

– den grenzüberschreitenden Waren- und Kapitalverkehr liberalisierten,   Offene Grenzen
– Anschluß an die technologische Entwicklung gewannen, indem sie ausländischen Unternehmen ein gewisses Maß an Niederlassungsfreiheit gewährten, und   Technologie
– außerdem im Innern durch Erlaß und Durchsetzung kartellrechtlicher Regeln marktwirtschaftlichen Strukturen den Vorzug vor protektionistisch abgeschirmten Planwirtschaften gaben.   Marktwirtschaft

China unter Deng Xiaoping und einzelne lateinamerikanische Staaten öffneten die Handelsgrenzen bereits zu Beginn der 80er Jahre des vorigen Jahrhunderts. Der Fall der Berliner Mauer im Jahre 1989 und der anschließende politische Zusammenbruch und wirtschaftliche Wandel der staatssozialistischen sogenannten Zweiten Welt lösten einen anhaltenden wirtschaftlichen Aufschwung aus, der sich heute vor allem darin widerspiegelt, daß die 1995 aus der Uruguay-Runde des Allgemeinen Zoll- und Handelsabkommens (GATT) im Jahre 1995 hervorgegangene Welthandelsorganisation mit nahezu 160 Mitgliedstaaten alle größeren Volkswirtschaften der Welt umfaßt, und darin, daß die Schwellenländer mit den früher der Zweiten und Dritten Welt zuzurechnenden BRICS-Staaten Brasilien, Rußland, Indien, China sowie Südafrika in eine weltwirtschaftlich führende Rolle hineingewachsen sind.

11
Welthandelsorganisation

Wandel der Zweiten Welt

Schwellenländer

Hinzu kam, daß viele Entwicklungsländer ihre Erlöse aus Rohstoffverkäufen, die durch Preiserhöhungen und neue Funde von Rohstoffen oder neue technische Möglichkeiten zu ihrer Gewinnung in die Höhe geschnellt waren, durch staatliche Fonds in anderen Entwicklungsländern oder in Industrieländern wieder anlegen ließen. Damit überlagerten sich die vorher getrennten Funktionen von Gast- und Heimatstaaten. Auffallend war, daß sich bereits 1974 der damals noch von Schah Reza Pahlavi regierte Iran und das damals wie heute von einem Scheich regierte Kuwait in der UN-Generalversammlung der Stimme enthielten, als sie über die Charta der wirtschaftlichen Rechte und Pflichten der Staaten abstimmten, weil die Charta eine weitgehende entschä-

12
Funktionen von Gast- und Heimatstaat in der Dritten Welt

---

10 *Myrdal* (N 9), S. 429.

digungslose Enteignung vorsah und damit den Investitionsschutz von Ländern des Südens hätte gefährden können[11].

13
Bilaterale Investitionsschutzabkommen

Wenn heute bilaterale Investitionsschutzabkommen (Bilateral Investment Treaties, BITs) abgeschlossen werden, wissen die Partnerstaaten nicht, ob eines Tages die Einhaltung investitionsbegleitender Verträge vor einem internationalen Schiedsgericht von Unternehmen aus dem Norden oder dem Süden eingeklagt werden könnte[12]. Von einer von einzelnen multinationalen Unternehmen oder gar von einer gegenüber einzelnen Staaten betriebenen „privaten Außenpolitik" im Stile der International Telephone & Telegraph gegenüber Chile ist längst nicht mehr die Rede[13]. Nur noch selten geben Investorunternehmen den Gaststaaten Anlaß zu einer prinzipiellen Gegnerschaft. Sie werden, im Gegenteil, intensiv umworben[14].

Umwerbung von Investoren

2. Entwicklung einer Unternehmenskultur der Zusammenarbeit

14
Beilegung zwischenstaatlicher Streitigkeiten

Zwischenstaatliche Streitigkeiten, wie sie über die Rolle multinationaler Unternehmen im Nord-Süd-Konflikt aufgetreten waren, werden üblicherweise durch Aushandlung und Abschluß multilateraler völkerrechtlicher Verträge beigelegt. Derartige Verträge werden verbindlich, wenn sich genügend Staaten bereit finden, den Text auszuhandeln, und wenn sie auch in der Lage sind, die Zustimmung des heimischen Parlaments als Voraussetzung der Ratifikation einzuholen. Bei Wirtschaftsverträgen, die oft Drittstaaten begünstigen und daher zum Trittbrettfahren einladen, darf die Mindestzahl an Ratifikationen nicht zu niedrig angesetzt werden. Ob diese Schwelle bei einem Vertrag dann aber doch zu hoch kalkuliert ist, wird erst später erkennbar.

Wirtschaftsverträge

15
Unverbindliche Beschlüsse und Verträge

Instrument zur Kontrolle multinationaler Unternehmen

Angesichts dieser Schwierigkeiten bleibt als Alternative zur Bildung neuen Völkervertragsrechts mit universellem Geltungsanspruch praktisch nur die Fassung unverbindlicher Beschlüsse durch Staatenkonferenzen und die Ausarbeitung und Annahme von ebenfalls unverbindlichen Empfehlungen internationaler Organisationen. Dies ist denn auch das bevorzugte Instrument zur Kontrolle multinationaler Unternehmen geworden. Den organisatorischen Rahmen boten Unterorganisationen der Vereinten Nationen wie die Internationale Arbeitsorganisation und die UN-Konferenz über Handel und Entwicklung (UN Conference on Trade and Development, UNCTAD) sowie die UN-Generalversammlung mit ihrer universellen Mitgliedschaft und ihrer seit den 60er Jahren des vorigen Jahrhunderts von Entwicklungsländern gesteuerten „Dritte-Welt"-Mehrheit. Im folgenden ist hierüber und außerdem über die von den Industriestaaten gesteuerte Organisation für Wirtschaftliche

---

11 *Karl M. Meessen*, Völkerrechtliches Enteignungsrecht im Nord-Süd-Konflikt, in: Wilhelm Kewenig (Hg.), Völkerrecht und internationale wirtschaftliche Zusammenarbeit, 1978, S. 22 f. m. weit. Nachw.
12 S. u. Rn. 108 ff.
13 *Joseph S. Nye*, The Multinational Corporation in the 1980s, in: Charles P. Kindleberger/David B. Audretsch, The Multinational Corporation in the 1980s, Cambridge ²1984, S. 1, 16; siehe auch *Tagi Sagafi-Nejad*, The UN and Transnational Corporations, From Code of Conduct to Global Compact, Bloomington 2008, S. 41 ff.
14 *Sagafi-Nejad* (N 13), S. 29, 119.

Zusammenarbeit und Entwicklung (Organization for Economic Corporation and Development, OECD) zu berichten.

Schon in den 70er Jahren des vorigen Jahrhunderts wurden in dieser Weise die Richtlinien der Organisation für Wirtschaftliche Zusammenarbeit und Entwicklung über multinationale Unternehmen von 1976[15] sowie die dreiseitige Erklärung der Internationalen Arbeitsorganisation über multinationale Unternehmen von 1977[16] angenommen. 1980 folgte die Annahme des Kodex über wettbewerbsbeschränkende Geschäftspraktiken durch Beschlüsse der UN-Konferenz über Handel und Entwicklung vom 22. April 1980 und dann der Generalversammlung der Vereinten Nationen vom 5. Dezember 1980[17], in beiden Fällen im Konsenswege, also ohne förmliche Abstimmung, aber auch ohne ausdrückliche Enthaltungen oder Gegenstimmen.

16
OECD-Richtlinie

Erklärung der Internationalen Arbeitsorganisation

Kodex über wettbewerbsbeschränkende Geschäftspraktiken

Der Wirtschafts- und Sozialrat der Vereinten Nationen hatte einer sorgfältigen und ausgewogenen Sekretariatsstudie zufolge, auf die sich dann Empfehlungen einer Expertengruppe[18] stützten, im Jahre 1974 mit der Ausarbeitung eines Kodex über transnationale Gesellschaften (Transnational Corporations, TNCs) begonnen und zu diesem Zweck einen speziellen Ausschuß über Transnationale Gesellschaften (Commission on Transnational Corporations, UNCTC) eingesetzt[19]. Im Jahre 1975 beschloß der Ausschuß, sich der Ausarbeitung eines Verhaltenskodex mit „höchster Priorität" anzunehmen, diese Arbeit aber einer Arbeitsgruppe der Regierungen von 48 Mitgliedstaaten zu übertragen. 1983 mußte er diese Arbeit dann doch selbst übernehmen, er konnte sich aber in den folgenden Jahren auch nur über Teile eines Entwurfs[20] einigen. Daraufhin wurde Anfang der 90er Jahre die Zuständigkeit auf den Menschenrechtsausschuß übertragen mit dem Auftrag, sich der Verantwortung der Unternehmen für die Beachtung der Menschenrechte anzunehmen. Nach einem vorübergehenden Vorhaben, ein feierliches Abkommen über die Verantwortung von Unternehmen für Menschenrechte auszuarbeiten, mündete dieser Auftrag schließlich in den Beschluß des Menschenrechtsrats vom 6. Juli 2011, eine Arbeitsgruppe zur Überarbeitung und Umsetzung der Richtlinien einzusetzen, die John G. Ruggie als spezieller Vertreter des Generalsekretärs aufgrund von Beschlüssen des Menschenrechtsrats von 2005 und 2008 erarbeitet hatte[21].

17
Kodex über transnationale Gesellschaften

Wechselnde Zuständigkeit bei der Ausarbeitung

Beschluß des Menschenrechtsrats

---

15 Guidelines for Multinational Enterprises im Anhang zu der Erklärung der Regierungen der Mitgliedstaaten der OECD vom 21.6.1976, OECD Press Release A (76) 20.
16 ILO-Tripartite Declaration of Principles Concerning Multinational Enterprises and Social Policy vom 16.11.1977, in: ILM 17 (1978), S. 422.
17 Set of Multilaterally Agreed Equitable Principles and Rules for the Control of Restrictive Business Practices, U.N. Doc., TD/RBP/Conf/IO, GV Res 35/63.
18 Group of Eminent Persons, Report vom 22.5.1974, The Impact of Multinational Corporations on Development and on International Relations, Fundstelle: UN Doc. E/5500/Rev. 1 ST/ESA/6.
19 Auch zum Folgenden s. *Sagafi-Nejad* (N 13), S. 55 ff.
20 UN Draft Code of Conduct on Transnational Corporations, September 1986/May 1987, in: *Philip Kunig/Niels Lau/Werner Meng* (Hg.), International Economic Law, Basic Documents, 1989, S. 565.
21 Resolution of the Human Rights Council vom 6.7.2011, Human rights and transnational corporations and other business enterprises, UN Doc. A/HRC/RES/17/4.

18

Regeln für Staaten und Unternehmen

Formell nicht rechtsverbindliche Regeln

Auf diese Weise sind viele hundert Druckseiten mit Regeln und Regelentwürfen produziert worden, die sich nicht nur an die Heimat- und Gaststaaten der Investorunternehmen, sondern auch an die Unternehmen selbst wenden. Auch wenn diese Regeln durchweg formell nicht rechtsverbindlich sind, so können sie doch in einzelnen Fällen geltendes Völkervertrags- oder Völkergewohnheitsrecht wiedergeben. Eine derartig deklaratorische Bedeutung ist jedoch in jedem einzelnen Fall nachzuweisen. Die große Masse der übrigen Regeln wird oft zusammenfassend als völkerrechtliches „soft law" bezeichnet[22]. Mit dieser ebenfalls weichen Bezeichnung ist nicht viel gewonnen. Vielmehr ist jeweils zu prüfen, inwieweit insbesondere die an die Unternehmen selbst gerichteten Regeln zur Herausbildung einer Unternehmenskultur beigetragen haben, die ihrerseits in Verbindung mit unbestimmten Rechtsbegriffen des geltenden Völkerrechts oder auch innerstaatlichen Rechts rechtliche Bedeutung erlangen können[23]. Selbst soweit dies nicht der Fall ist, sind manche dieser Regeln so klar ausformuliert, daß Wettbewerber und Vertragspartner von multinationalen Unternehmen das Verhalten letzterer an diesen Regeln messen und etwaige Verletzungen die Reputation der Unternehmen beeinträchtigen können[24].

Völkerrechtliches „soft law"

Reputation eines Unternehmens

19

Interne Unternehmensrichtlinien

Um Verletzungen der Regeln zu vermeiden oder auch nur einer Anprangerung wegen ihrer Verletzung zuvorzukommen, sind viele multinationale Unternehmen dazu übergegangen, ein Substrat der wichtigsten Regeln in Mitarbeiteranweisungen, Richtlinien und dergleichen aufzunehmen[25]. Man kann davon ausgehen, daß die Mitarbeiter sich vorzugsweise auf derartige „manuals", deren Aufbau und Struktur sie kennen, verlassen. Durch Internalisierung können die dort niedergelegten Regeln zu einem Teil der Kultur des jeweiligen Unternehmens werden und zu einer Zusammenarbeit mit den Gaststaaten beitragen. Die OECD-Leitsätze bieten sich jeweils als roter Faden zur Erörterung einzelner Bereiche geschäftlichen Handelns an. Anders als im Rahmen der Vereinten Nationen wurde ein vollständiger Kodex beschlossen, der außerdem fortlaufend aktualisiert wird[26].

---

22 *Matthias Herdegen*, Internationales Wirtschaftsrecht, 2005, § 3 Rn. 9.
23 Zur Ausfüllung des völkergewohnheitsrechtlichen Tatbestandsmerkmals der Angemessenheit einer Entschädigung s. z. B. *Meessen* (N 11), S. 11, 24 f.; zur Ausfüllung der Sittenwidrigkeitsklauseln der §§ 138 BGB und 1 UWG s. z. B. *ders.*, Internationale Verhaltenskodizes und Sittenwidrigkeitsklauseln, in: NJW 34 (1981) S. 1131.
24 *Bob Hepple*, The Importance of Law, Guidelines and Codes of Conduct in Monitoring Corporate Behavior, in: Roger Blanpain (Hg.), Multinational Enterprises and the Social Challenges of XXIst Century, Den Haag 2000, S. 3 f.
25 *Hepple* (N 24), S. 6 f.
26 Zuletzt: OECD-Leitsätze für multinationale Unternehmen, OECD Publishing 2011, http://dx.doe.org/10.1787/9789264122352.de.

III. Globale Unternehmen als denationalisierte Akteure

Die Begriffe „multinationale Unternehmen" (oder „Gesellschaften") und „transnationale Gesellschaften" (oder „Unternehmen") gelten als austauschbar[27]. Die Definition in den Leitsätzen für multinationale Unternehmen der Organisation für wirtschaftliche Zusammenarbeit und Entwicklung bezeichnet dieselben Unternehmen, ebenso die verschiedenen Varianten des bis heute nicht verabschiedeten Entwurfs transnationaler Gesellschaften von 1986[28]. Beide Instrumente stellen klar, daß sie Geltung auch für inländische Unternehmen beanspruchen, soweit Regeln aus den Leitsätzen oder dem Kodex-Entwurf auf ihr Verhalten tatbestandlich anwendbar sind[29].

20
Begriffsbestimmung

Diesen Definitionen ist gemein, daß sie sich primär an Unternehmen richten, bei denen verschiedene in mehreren Staaten bestehende Unternehmensteile dauerhaft mit einer einem Heimatstaat durch Gründungsrecht oder Sitz zuzuordnenden Investorgesellschaft verbunden sind, meist gesellschaftsrechtlich über Tochtergesellschaften oder eigentumsrechtlich über Zweigniederlassungen. Eine Mindestgröße der Gesamtheit der Unternehmen ist ebensowenig festgelegt wie eine Mindestzahl der in dieser Weise betroffenen Staaten. Nach den OECD-Leitsätzen ist die Vagheit der Definition multinationaler Unternehmen ausdrücklich beabsichtigt[30]. Im Ergebnis unterscheidet sich aber auch in dieser Hinsicht der Entwurf des UN-Kodex für transnationale Gesellschaften nicht von den OECD-Leitsätzen[31].

21
Adressat der Instrumente

Beabsichtigte Vagheit der Definition

Für die Vereinten Nationen war die Befassung mit multinationalen Unternehmen (Multinational Enterprises, MNEs), die im UN-Rahmen seit Mitte der 70er Jahre des vorigen Jahrhunderts stets als „transnationale Gesellschaften" („Transnational Corporations") bezeichnet wurden, Teil ihrer Bemühungen um eine neue Weltwirtschaftsordnung[32]. Aus der Sicht der damals die neue Mehrheit in der Generalversammlung bildenden Entwicklungsländer ging es um die Kontrolle über die eigene Wirtschaftspolitik und aus der Sicht der Industrieländer um den Schutz von Direktinvestitionen industriestaatlicher Investorunternehmen in Entwicklungsländern. Die Verknüpfung mit dem Investitionsschutz im Nord-Süd-Konflikt zeigte sich schon darin, daß die OECD-Leitsätze ursprünglich lediglich den Anhang der OECD-Erklärung

22
Entwicklung einer neuen Weltwirtschaftsordnung

Kontrolle eigener Wirtschaftspolitik und Investitionsschutz

---

27 Statt vieler *Sylvanus Tiewul*, Transnational Corporations and Emerging Legal Standards, in: Paul de Waart/Paul Peters/Erik Denters (Hg.), International Law and Development, Dordrecht 1988, S. 105; so auch der Geschäftsführende Direktor UNCTC, Peter Hansen, zitiert in: *Tagi Sagafi-Nejad*, The UN and Transnational Corporations, From Code of Conduct to Global Compact, Bloomington 2008, S. 110; ebenso zum allgemeinen Sprachgebrauch um 1990 *John H. Dunning*, Multinational Enterprises and the Global Economy, Harlow 1992, S. 11, Note 1.
28 OECD-Leitsätze für multinationale Unternehmen (N 26), I. Begriffe und Grundsätze, Ziff. 4; UN-Draft Code of Conduct (N 20), Ziff. 1.
29 OECD (2011), Leitsätze für multinationale Unternehmen, I. Begriffe und Grundsätze, Ziff. 5; UN-Draft Code of Conduct (N 20), Ziff. 4.
30 OECD (2011), Leitsätze für multinationale Unternehmen, I. Begriffe und Grundsätze, Ziff. 5; UN-Draft Code of Conduct (N 20), Ziff. 8.
31 *Tiewul* (N 27).
32 *Sagafi-Nejad* (N 27), passim; VN-Generalversammlung, Declaration on the Establishment of a New International Economic Order, A/RES/S-6/3201, Ziffer 4 g.

über internationale Investitionen und multinationale Unternehmen vom 21. Juni 1976 bildeten[33].

23
Begrenzung auf Direktinvestitionen im Ausland

Das Erfordernis einer dauerhaften Verbindung zwischen den Teilunternehmen, die auf verschiedene Staaten bezogen zum großen Teil als selbständige Gesellschaften eines grenzüberschreitenden Konzerns errichtet waren, erfaßte nur Direktinvestitionen. Ausgeschlossen blieben die keinen wesentlichen Einfluß vermittelnden Portfolio-Investitionen und die lediglich aus grenzüberschreitenden Warenkauf- und Dienstleistungsverträgen bestehenden Handelsbeziehungen. Dieser Schwerpunkt der Definitionen von multinationalen und transnationalen Unternehmen stand im Einklang mit den Voraussetzungen ihrer Errichtung, wie sie ihnen von den Wirtschaftswissenschaften zugeschrieben wurden. Das Risiko der Aufnahme einer festen Verankerung im Ausland schien nur Unternehmen zumutbar, die schon vor Vornahme der ersten Auslandsinvestition über genügend Marktstärke verfügten oder auf die Unterstützung ihres Heimatstaates vertrauen konnten. Früher ging es darum, den Zugang zu Vorprodukten durch Erwerb von Eigentums- und Gewinnungsrechten zu sichern. So verstand Stephen Hymer in seiner vom Massachusetts Institute of Technology (MIT) angenommenen und oft zitierten Dissertation von 1960 (deren Druck die damals herrschende Lehre der amerikanischen Wirtschaftswissenschaften über 16 Jahre hinweg verhindert hatte) das multinationale Unternehmen als Instrument der grenzüberschreitenden Erstreckung einer monopolistischen oder jedenfalls marktstarken Stellung[34]. In der unternehmerischen Praxis wurden und werden auch heute Direktinvestitionen im Ausland hauptsächlich als Alternative zu Handelsbeziehungen aufgrund einer Mischung von Motiven (Vorprodukte, Absatzmärkte, Effizienzgewinne, Diversifizierung) geprüft und je nach der Bilanz von Chancen und Risiken vorgenommen[35].

Marktstärke als Voraussetzung

Alternative zu Handelsbeziehungen

24
Globalisierung der Wertschöpfungskette

Häufig ist die Präsenz auf den wichtigsten Absatzmärkten der Welt durch Einrichtung mehrerer Wertschöpfungsstufen umfassender Betriebsstätten das Hauptmotiv grenzüberschreitender Geschäftstätigkeit, wobei die Auswahl nach einer Mischung von vorgefundenen Vorteilen und komparativen Vorteilen in Produktions-, Vertriebs- und Leitungsposten zu einer Globalisierung der gesamten Wertschöpfungskette führen kann[36]. Damit werden die Fähigkeit und Bereitschaft zu einer Beweglichkeit geschaffen, die eine Verlagerung

---

33 OECD Declaration on International Investment and Multinational Enterprises vom 21.6.1976, in: OECD Press Release A (76) 20, abgedruckt in: Philip Kunig/Niels Lau/Werner Meng (Hg.), International Economic Law, Basic Documents, 1989, S. 559.
34 *Stephen Herbert Hymer*, The International Operations of National Firms. A Study of Direct Foreign Investment, Cambridge 1976, S. 91 f. (Nachdruck der Dissertation von 1960 mit einem Bericht über ihre Entstehung und die Wirkung des in der Zwischenzeit verstorbenen Autors von Charles P. Kindleberger); zum Beitrag von Hymer zur Entwicklung der Theorie vom multinationalen Unternehmen s. insbesondere *John H. Dunning/Sarianne M. Lundan*, Multinational Enterprises and the Global Economy, Cheltenham ²2008, S. 83 f.; vgl. auch *Richard E. Caves*, Multinational Enterprises and Economic Analysis, Cambridge 1982.
35 *Dunning/Lundan* (N 34), S. 68 f.
36 *Dunning/Lundan* (N 34), S. 189 f.

von Produktionsentwicklungs- und Absatzschwerpunkten auf ausländische Staaten als Teilmärkte des globalisierten Marktes einschließen muß.

Unternehmensberater waren wohl die ersten, die diese zwingende Folge der Globalisierung vieler Märkte beschrieben und von globalen Unternehmen zu sprechen begannen[37]. Derartige Unternehmen sind aber weder durch hard law noch soft law je rechtsatzförmig definiert worden. Man kann globale Unternehmen als Variante multi- und transnationaler Unternehmen oder auch als neuen von Unternehmenstyp verstehen. Wie auch immer sich der Sprachgebrauch entwickeln wird, im Hinblick auf das hier zu verfolgende Problem einer unternehmerischen Einflußnahme auf staatliches Handeln, die in letzter Konsequenz zu einer Beeinträchtigung staatlicher Souveränität führen kann, soll im folgenden auf das Phänomen globaler Unternehmen näher eingegangen werden. Globale Unternehmen stellen damit die unternehmerische Antwort auf den zum Teil erst jetzt entstandenen, insgesamt aber intensivierten Wettbewerb der Systeme her.

25
Globale Unternehmen als neuer Unternehmenstyp

Unternehmerische Antwort auf den Wettbewerb der Systeme

1. Durch Globalisierung der Märkte intensivierter Systemwettbewerb

Unter Systemwettbewerb wird der zwischenstaatliche Wettbewerb verstanden, bei dem souveräne Staaten politische, wirtschaftliche und rechtliche Systeme anbieten, um damit ausländische Direktinvestitionen und in ihrer Folge Arbeitsplätze, technologisches Wissen und Steuereinnahmen einzuwerben[38]. Der Wettbewerb der Rechtsordnungen, dessen Bestehen manche bestreiten, stellt lediglich einen Unterfall des alle investitionsrelevanten Daten umfassenden Systemwettbewerbs dar[39]. Daß dieser Wettbewerb infolge der Globalisierung der meisten Waren-, Dienstleistungs- und Faktorenmärkte an Intensität zugenommen hat, soll im folgenden erläutert werden.

26
Begriffsbestimmung von Systemwettbewerb

Intensivierung des Wettbewerbs als Globalisierungsfolge

Die Marktförmigkeit des Systemwettbewerbs geht aus einem kurzen Beitrag von Charles M. Tiebout aus dem Jahre 1956 hervor[40]. Tiebout widersprach in diesem Beitrag der These, daß die Ausgaben für öffentliche Güter nicht marktförmig eingesetzt werden und daher oft nicht optimal erfolgen, indem er nachwies, daß innerhalb der Vereinigten Staaten das Angebot an öffentlichen Gütern je nach Preis-Leistungs-Verhältnis von den „Verbraucher-Wählern" („consumer-voters") durch Wohnsitznahme bestimmt werde[41]. Unter der – innerhalb der Vereinigten Staaten realitätsnahen – Voraussetzung vollständiger Mobilität der Verbraucher-Wähler erfolge daher die Zuordnung öffentlicher Güter in einer Weise, die an Wettbewerblichkeit dem privaten Sektor

27
Markt für öffentliche Güter nach Tiebout

---

37 Erläuterungen und Nachweise s. u. Rn. 30 ff.
38 Zusammenfassend *Stefan Sinn*, Competition for Capital, On the Role of Governments in an Integrated World Economy, 1993, passim. → Oben *Kersten*, § 233.
39 *Karl M. Meessen*, Prinzip Wettbewerb, in: JZ 2009, S. 703; s. auch die Referate über den Wettbewerb von Rechtsordnungen von *Anne Peters* (skeptisch) und *Thomas Giegerich* (zustimmend) sowie die in der anschließenden Diskussion vertretenen unterschiedlichen Standpunkte, in: VVDStRL 69 (2010), S. 7 f., 57 f., 106 f. → Oben *Kersten*, § 233 Rn. 2 ff.; 6 ff. → Bd. IV, *Grzeszick*, § 78 Rn. 9 ff., 17 ff., 30 ff.
40 *Charles M. Tiebout*, A Pure Theory of Local Expenditures, in: J. Pol. ECON. 64 (1956), S. 416.
41 *Tiebout* (N 40), S. 418.

§ 246   *Zweiundzwanzigster Teil: Grenzüberschreitende Staatsaufgaben*

nicht nachstehe[42]. Während Tiebout als Modell auf den interkommunalen Wettbewerb in den USA abstellte, sind spätere Untersuchungen auf alle obenerwähnten Systemleistungen erstreckt und als Akteure des Wettbewerbs Gliedstaaten von Bundesstaaten, Mitgliedstaaten der Europäischen Union und schließlich alle Staaten der Welt ausgemacht worden[43].

28
Wettbewerb in einem globalen Markt

Mit dem Wechsel der Wettbewerber ging demgemäß die Annahme jeweils größerer Märkte einher. Aufgrund der Globalisierung vieler Unternehmensmärkte findet heute der Wettbewerb zwischenstaatlicher Systeme im wesentlichen in einem globalen Markt statt. Die Staaten Europas und Nordamerikas stehen inzwischen in direktem Wettbewerb mit Staaten Ost- und Südasiens. Die weitgehende Globalisierung der Produkt- und Faktorenmärkte führte dazu, daß Endverbraucher und industrielle Abnehmer Waren, Dienstleistungen und die Faktoren Arbeit und Kapital zunehmend weltweit nachfragen.

Folge technologischer und weltweiter Liberalisierung

Sie wurde in den letzten Jahrzehnten vor allem durch die technologische Entwicklung in den Bereichen Transport und Kommunikation sowie durch weltweite Liberalisierung des grenzüberschreitenden Waren-, Dienstleistungs- und Kapitalverkehrs und auch – aber in geringerem Umfang – der Niederlassungsfreiheit und der Arbeitnehmerfreizügigkeit weiter gefördert[44].

29
Marktwirtschaftliche Argumentation

Der vorangehenden marktwirtschaftlichen Argumentation liegt die Annahme eines vorwiegend effizienzorientierten Wettbewerbs der Unternehmen in den ihre Einnahmen und Ausgaben beeinflussenden Waren-, Dienstleistungs- und Faktorenmärkten zugrunde. Diese Annahme erscheint realistisch, auch wenn sie immer wieder aus anthropologischen und sozialethischen Gründen Kritik auf sich gezogen hat[45]. Die anthropologische Kritik verkennt die begrenzte Rolle, die die ökonomische Theorie dem homo oeconomicus zuweist[46]. Die sozialethische Kritik läßt sich nicht widerlegen. Sie kann aber und sollte daher auch durch politische Kompromisse berücksichtigt werden. Die Staaten bemühen sich in der Tat ständig um politische Kompromisse („trade-offs") zwischen effizienzorientierter wirtschaftsrechtlicher Rahmenordnung und verteilungsgerechter Sozialpolitik[47].

Notwendigkeit sozialpolitischen Ausgleichs

2. Denationalisierungsstrategie globaler Unternehmen

30
Einsparung von Transaktionskosten

Auf den verstärkten Wettbewerb haben sich auch die Unternehmen, vielleicht sogar rascher als die Staaten, eingestellt. Unternehmen wollen Gewinne erzielen. Eine wichtige Voraussetzung ist die Einsparung von Transaktionskosten. Dies gilt schon für die Errichtung eines Unternehmens, indem versucht wird,

---

42 *Tiebout* (N 40), S. 424.
43 *Albert Breton*, Towards a Theory of Competitive Federalism, in: Eur. J. Pol. Economy 3 (1987), S. 203; *Roland Vaubel*, The Political Economy of Entralization and the European Community, in: Public Choice 81 (1994), S. 151; *Albert Breton*, Competitive Governments. An Economic Theory of Politics and Public Finance, Cambridge 1996, S. 267 f.
44 *Karl M. Meessen*, Economic Law in Globalizing Markets, Den Haag 2004, S. 7 ff.
45 *Meessen* (N 39), S. 639 f. m. weit. Nachw.
46 *Gebhard Kirchgässner*, Homo Oeconomicus, ³2008, passim.
47 *Meessen* (N 39), S. 706.

die durch Geschäfte im Markt auftretenden Transaktionskosten durch Internalisierung zu minimieren[48]. Die Prognose über den Vergleich der Kosten von Markttransaktionen und unternehmensinternen Kosten, von denen jeweils eine gleichartige Wirkung erwartet wird, entscheidet darüber, ob die Gründung oder Vergrößerung eines Unternehmens effizient und ökonomisch sinnvoll ist[49].

Transaktionskostentheorie des Unternehmens

31

Diese Vergleichsrechnung aufzustellen, ist besonders schwierig, wenn ein Unternehmen überlegt, Waren und Dienstleistungen im Ausland zu veräußern oder zu erwerben. In diesem Fall ist der Einfluß auf die Gewinnmarge von ganz unterschiedlichen Maßnahmen – Rechtsgeschäfte mit Partnern, Errichtung von Produktionsstätten und Vertriebsstützpunkten als Zweigniederlassungen oder Tochtergesellschaften usw. jeweils in verschiedenen Staaten – zu berechnen[50]. Der Kostenvergleich ist nicht nur von der Art der Produkte der betroffenen Staaten und der handelnden Unternehmen, sondern auch von den jeweiligen wirtschaftlichen Rahmenbedingungen abhängig. Letztere sind durch die Globalisierung der Unternehmensmärkte und die Verschärfung des Wettbewerbs der staatlichen Systeme erheblich beeinflußt worden.

Schwierigkeiten bei Auslandsbezug

Abhängigkeit von unterschiedlichen Faktoren

Wirtschaftliche Rahmenbedingungen

32

In der neuen Lage die richtigen Antworten zu finden und umzusetzen, ist Aufgabe der Unternehmen. Bei der Erfüllung dieser Aufgabe werden sie von betriebswirtschaftlich ausgebildeten Unternehmensberatern unterstützt. Noch vor den weltbekannten Unternehmensberatern Ohmae und Porter hatte der frühere stellvertretende Außenminister der Vereinigten Staaten und damalige Vorsitzende der Investitionsbank Lehman Brothers George Ball 1967 in einer Rede den allerdings später nicht wiederaufgenommenen Begriff „Cosmocorp" geprägt und in vorausschauender Weise auf die Notwendigkeit einer sich „denationalisierenden Konzernobergesellschaft" („denationalizing parent") hingewiesen[51]. Über einige der Managementliteratur entnommenen Vorschläge zur Verwendung dieses Gedankens wird im folgenden ein Überblick gegeben.

Notwendigkeit einer denationalisierenden Konzernobergesellschaft

33

Bereits oben wurde darauf hingewiesen, daß der Begriff „transnationale Gesellschaft" seinem Wortsinn nach von dem Bestehen einer zentralen Verankerung in einem Heimatstaat ausgeht und daß auch der Begriff „multinationales Unternehmen" die Existenz einer einem bestimmten Heimatstaat zuzuordnenden Obergesellschaft voraussetzt[52]. Genau in dieser Hinsicht unterscheidet sich jedoch das globale Unternehmen:

Bedeutungsschwund heimatstaatlicher Verankerung

---

48 *Ronald Coase*, The Nature of the Firm, Economica, in: New Series 4 (1937), S. 386, wieder abgedruckt in: ders., The Firm, the Market and the Law, Chicago 1988, S. 33.
49 *Harold Demsetz*, The Firm in Economic Theory. A Quiet Revolution, in: Am. Econ. Ass. 87/2 (1997), S. 426.
50 Zum Transaktionskostenansatz s. *Oliver E. Williamson*, The Modern Corporation: Origins, Evolution, Attributes, in: JEL 19 (1981), S. 1537; *Hermann H. Kallfass*, Ökonomische Analyse der Konzernbildung, in: Ernst-Joachim Mestmäcker/Peter Behrens (Hg.), Das Gesellschaftsrecht der Konzerne im internationalen Vergleich, 1991, S. 19.
51 *George W. Ball*, Cosmocorp: The Importance of Being Stateless, in: Colum. J. World Bus. 2 (1969), S. 25, 28.
52 So noch *Caves* (N 34), S. 280 mit Fn. 1.

34
Netzwerk von Obergesellschaften als Option

(1) Der britische Wirtschaftswissenschaftler John H. Dunning meint sogar, die zentrale Obergesellschaft könne durch ein sich koordinierendes Netzwerk von verschiedenen in mehreren Staaten angesiedelten Obergesellschaften ersetzt werden[53]. Andere wie der frühere Präsident des Verwaltungsrats von Nestlé, Helmut Maucher, warnen jedoch vor einer Zersplitterung der Verantwortung an der Unternehmensspitze[54]. Im übrigen bedarf die Zulässigkeit von kartellrechtlichen Allianzen unter selbständigen Unternehmen einer sorgfältigen Prüfung nach deutschem und europäischem Kartellrecht[55]. Eine straffe Führung setzen auch diejenigen Autoren voraus, die als Antwort auf die Globalisierung der Märkte eine globale Unternehmensstrategie verlangen und diese Unternehmen dementsprechend als „global corporations" oder „global firms" bezeichnen[56].

Globale Unternehmensstrategie

35
Verselbständigung gegenüber dem Heimatstaat

(2) Inzwischen steht die Verselbständigung gegenüber dem Heimatstaat im Mittelpunkt der Eigenschaften, die den auf die heutigen wirtschaftlichen Anforderungen angemessen reagierenden Unternehmen zugesprochen werden. Damit unterscheidet sich die sich verselbständigende Gesellschaft in fundamentaler Weise von der kolonialen Struktur multinationaler und transnationaler Unternehmen der 60er und 70er Jahre[57]. Ausgefüllt wird der Begriff der Denationalisierung oder Verselbständigung durch folgende Verhaltensweisen und Eigenschaften:

36
Effizienzorientierung globalisierten unternehmerischen Denkens

– Das Denken aus der Perspektive des Heimatstaates müsse, so meint der japanische Unternehmensberater Kenichi Ohmae, durch ein effizienzorientiertes Denken ausschließlich aus der Perspektive des Unternehmens ersetzt werden[58]. Es spreche nichts dagegen, die sonst zur Kontrolle ausländischer Direktinvestitionen genutzte Entwicklung neuer Produkte vom Sitz der Obergesellschaft ins Ausland zu verlegen und dort für bestimmte Produkte Entwicklungszentren aufzubauen[59]. Führungspersonal für das gesamte Unternehmen, also nicht etwa nur für eine bestimmte ausländische Produktions- oder Vertriebsstätte, sei global zu rekrutieren[60]. Ausländische Standorte hätten nicht nur eine Funktion in der Wertschöpfungskette des Unternehmens, sondern könnten sich durchaus zu zwar gesellschaftsrechtlich eingegliederten, unternehmerisch aber selbständigen Zentren entwickeln[61].

---

53 *John H. Dunning*, The Advent of Alliance Capitalism, in: ders./Khalil A. Hamdani (Hg.), The New Globalism and Developing Countries, New York 1997, S. 11.
54 *Helmut Maucher*, Management Brevier. Ein Leitfaden für unternehmerischen Erfolg, 2007, S. 35.
55 *Jürgen Basedow/Christian Jung*, Strategische Allianzen, Die Vernetzung der Weltwirtschaft durch projektbezogene Kooperation im deutschen und europäischen Wettbewerbsrecht, 1993, passim.
56 *Kenichi Ohmae*, The Borderless World, Power and Strategy in the Interlinked Economy, London 1990, S. 90; *Michael E. Porter*, Competing Across Locations, Enhancing Competitive Advantage through a Global Strategy, in: ders. (Hg.), On Competition, Boston 1998, S. 155, 195.
57 *Ohmae* (N 56), S. 90.
58 *Ohmae* (N 56), S. 94.
59 *Porter* (N 56), S. 322 f.
60 *Maucher* (N 54), S. 36 f.
61 *Ohmae* (N 56), S. 52.

– Die Verselbständigung könne so weit vorangetrieben werden, daß der Hauptsitz aus dem ursprünglichen Heimatstaat abgezogen werde[62]. Damit geht es nicht mehr um die Verlegung einzelner Betriebe und Arbeitsplätze, sondern um die Verlagerung sämtlicher Leitungsfunktionen. So ist vor kurzem die Verlagerung des Hauptsitzes eines der wichtigsten ägyptischen Unternehmen von Kairo nach Amsterdam nicht nur angedroht, sondern stillschweigend eingeleitet und weitgehend abgeschlossen worden[63].

37 Verlagerung des Unternehmenshauptsitzes

– Die Beweglichkeit eines sich verselbständigen denationalisierenden Unternehmens kann naturgemäß von kleineren Unternehmen leichter, also mit geringeren Transaktionskosten, als von Großunternehmen wahrgenommen werden. Die Vorstellung, daß es sich bei multinationalen oder transnationalen Unternehmen stets um große Konzerne handele, trifft jedenfalls auf die Kategorie globaler Unternehmen nicht immer zu. Der Betriebswirtschaftler Hermann Simon hat nachgewiesen, daß selbst mittelständische Unternehmen, die Nischenmärkte bedienen, in globalisierten Produktmärkten weltweit erfolgreich operieren können. Freilich müßten sie dazu bereit sein, Produktions- und Absatzvolumen so zu erweitern, daß Skalenerträge erzielt werden können[64]. Für manche sei dies überlebensnotwendig, denn die Öffnung der Produktmärkte erlaube auch ausländischen Konkurrenten in den Inlandsmarkt einzudringen und eine dort marktführende Stellung anzugreifen[65].

38 Beweglichkeit vor Unternehmensgröße

– Die Anforderung äußerster Beweglichkeit hat weiterhin zur Folge, daß globale Unternehmen keine Staatsunternehmen als Obergesellschaften haben können[66]. Denn an Effizienz müßten sie den ausschließlich Gewinnziele verfolgenden marktwirtschaftlich geführten Unternehmen strukturell unterlegen sein. Ob sie dennoch – bei unbegrenzter Nachschußbereitschaft eines Heimatstaates wie China – „Privatunternehmen" auf den globalisierten Märkten verdrängen können[67], muß man abwarten.

39 Staatsunternehmen als Obergesellschaften?

3. Souveränitätsfrage in globalisierten Produktmärkten

Es geht nicht darum, die Phänomenologie multinationaler, transnationaler und globaler Unternehmen in voller Breite darzustellen. Vielmehr soll lediglich die Frage einer von diesen Unternehmen ausgehenden Bedrohung staatlicher Souveränität unter den heutigen wirtschaftlichen und politischen Bedingungen neu gestellt werden und es sollen Ansätze zu ihrer Beantwor-

40 Zwei Konstellationen

---

62 *Ohmae* (N 56), S. 199.
63 *Astrid Frefel*, Exodus der Sawiri-Brüder aus Ägypten, Die Rockefeller vom Nil bringen ihr Familiensilber in Sicherheit, in: Neue Zürcher Zeitung (Internationale Ausgabe) vom 25.4.2013, S. 11.
64 *Hermann Simon*, Hidden Champions, Aufbruch nach Globalia, Die Erfolgsstrategien unbekannter Weltmarktführer, 2012, S. 52.
65 *Simon* (N 64), S. 187.
66 *Porter* (N 56), S. 310.
67 *Ian Bremmer*, Das Ende des freien Marktes. Der ungleiche Kampf zwischen Staatsunternehmen und Privatwirtschaft, 2011, S. 166 f. (englischsprachiges Original: The End of the Free Market. Who Wins the War Between States and Corporations?, New York 2010); s. auch u. Rn. 138 f.

tung aufgezeigt werden. Hierbei ist zwischen zwei verschiedenen Konstellationen zu unterscheiden:

41
Grenzen staatlicher Regulierung

(1) Welche Möglichkeiten haben die Staaten, sich mit den ihnen traditionell zur Verfügung stehenden Mitteln des Erlasses staatlicher Regeln gegenüber grenzüberschreitenden Unternehmen in völkerrechtlich zulässiger Weise und dennoch faktisch wirksam durchzusetzen?

42
Einfluß unternehmerischer Vorgaben

(2) Inwieweit ist die staatliche Rechtsetzung zur Erlangung und Erhaltung von Investitionen unter den Machtverhältnissen im Wettbewerb der Systeme faktisch gezwungen, die sich aus dem Investitionsverhalten der Unternehmen ergebenden Vorgaben zu beachten?

43
Herausarbeitung von Aspekten

Beide Fragen sind teils zu umfassend, teils zu neuartig, um in einem Handbuchbeitrag geklärt zu werden. Jedoch können Aspekte zu ihrer Beantwortung herausgearbeitet werden. Dies soll in dem folgenden Abschnitt B geschehen. Im Abschnitt C wird auf die Souveränitätsfrage zurückzukommen sein.

B. Grenzüberschreitende Interaktionen von Staaten und Unternehmen

44
Unternehmerische Überschreitungen staatlicher Grenzen

Die Aktionen „staatenübergreifender Unternehmen" in den Varianten multinationaler oder globaler Unternehmen überschreiten per definitionem stets staatliche Grenzen. Verträge werden über die Grenze hinweg angebahnt, abgeschlossen und abgewickelt. In derselben Weise können von einem ausländischen Staat aus dort ansässige Unternehmensteile koordiniert durch die Unternehmensleitung, wo auch immer diese ansässig ist, als Repräsentanten, Zweigniederlassungen oder Konzerngesellschaften in dem betreffenden ausländischen Staat und in einem oder mehreren Drittstaaten agieren. Nicht nur das Unternehmenshandeln selbst, sondern auch dessen wirkliche oder auch nur mögliche Wirkungen überschreiten regelmäßig staatliche Grenzen. Die Berücksichtigung „potentiellen" Wettbewerbs ist ein gängiger Gesichtspunkt bei der kartellrechtlichen Überprüfung tatsächlicher Marktstärke[68].

45
Grenzüberschreitendes staatliches Handeln

Inwieweit können und dürfen Staaten derartige grenzüberschreitende Aktionen von Unternehmen steuern? Staatliche Steuerung erfolgt durch staatliche Rechtsetzung, die aber in der Regel nur dann wirksam wird, wenn sie durch Androhung oder Anwendung von Sanktionen durchgesetzt werden kann. Die dem Staat in dieser Hinsicht gesetzten Grenzen sind zunächst in Abschnitt I. aufzuzeigen. Anschließend werden in Abschnitt II. die völkerrechtlichen Grundlagen und Grenzen unternehmerischer Einflußnahme auf die Inhalte unternehmensbezogener staatlicher Rechtsetzung dargestellt.

---

68 *Ulrich Schwalbe/Daniel Zimmer*, Kartellrecht und Ökonomie, 2006, S. 162 f.

Die Staaten haben das Monopol der Ausübung physischer Gewalt des westfälischen Territorialstaates unter den heutigen Bedingungen offener Staatlichkeit gewahrt. In dem durch die Globalisierung der Märkte verschärften Wettbewerb der Systeme sind ihnen jedoch die grenzüberschreitenden Unternehmen als verselbständigte Akteure gegenüber getreten. Diese Akteure verfolgen wie alle Unternehmen jeweils ihre eigenen effizienzorientierten Ziele. Die Staaten hingegen sind dem Gemeinwohl verpflichtet. Das Gemeinwohl schließt wirtschaftliche Effizienz nur als ein mögliches, beliebig einschränkbares Teilziel ein. Die sich hieraus ergebende Unterschiedlichkeit der Orientierungsrahmen von Unternehmen und Staaten bietet bei der Gestaltung grenzüberschreitender Interaktionen neuartige Möglichkeiten der Zusammenarbeit, auf die abschließend unter C hinzuweisen ist.

46 Unternehmen als verselbständigte Akteure

Möglichkeit der Zusammenarbeit

I. Territorialität des Geltungsbereichs, nicht aber des Anwendungsbereichs staatlich gesetzten Rechts

Der Geltungsbereich staatlich gesetzten Rechts überdeckt jeweils das gesamte Territorium des jeweiligen Staates und einen Teil der an dieses Gebiet angrenzenden Meeresoberfläche. Die Geltungsbereiche der Rechtsordnungen mehrerer Staaten stoßen an den Staatsgrenzen nahtlos aneinander, so daß jedem der derzeit mehr als 190 Territorialstaaten ein Bereich zur ausschließlichen Ausübung physischer Gewalt zugeordnet ist. Die sich hieraus ergebenden Folgen für die Durchsetzung staatlich gesetzten Rechts gegenüber grenzüberschreitend tätigen Unternehmen sind in Unterabschnitt 1. darzustellen.

47 Territorialität des Geltungsbereichs staatlichen Rechts

In Unterabschnitt 2. wird nach dem vom Geltungsbereich zu unterscheidenden Anwendungsbereich[69] oder – in der Terminologie von Werner Meng – Regelungsbereich[70] staatlich gesetzten Rechts gefragt. Sind die Staaten verpflichtet, den Anwendungsbereich ihres Rechts auf den Raum zu begrenzen, in dem sie seine Einhaltung erzwingen können? Oder ist ihnen und, wenn ja, unter welchen Voraussetzungen eine extraterritoriale Erstreckung des Anwendungsbereichs ihres Rechts gestattet?

48 Extraterritorialer Anwendungsbereich staatlichen Rechts

1. Verbot der Vornahme von Hoheitsakten im Ausland und Möglichkeiten seiner Umgehung

Das Verbot der Vornahme von Hoheitsakten im Ausland gehört zu den wenigen in ihrem Kern nicht umstrittenen Regeln des Völkergewohnheitsrechts[71]. Allerdings sind die Ränder unscharf. Kommt es einer Vornahme von Hoheits-

49 Völkergewohnheitsrechtliches Verbot von Hoheitsakten im Ausland

---

69 Zur Unterscheidung der Begriffe „Geltungsbereich" und „Anwendungsbereich" s. *Karl M. Meessen*, Völkerrechtliche Grundsätze des internationalen Kartellrechts, 1975, S. 15f.; *Christoph Ohler*, Die Kollisionsordnung des Allgemeinen Verwaltungsrechts, 2005, S. 43f.
70 *Werner Meng*, Extraterritoriale Jurisdiktion im öffentlichen Wirtschaftsrecht, 1998, S. 11, 249f., 292f.
71 StIGH, Urt. v. 7. 9. 1927, „Lotus", CPJI Série A No. 10, S. 18; *Meessen* (N 69), S. 15f.; *Meng* (N 70), S. 33f. und passim. → Oben *Becker*, § 230 Rn. 13ff., 26ff.; *Walter*, § 237 Rn. 11ff., 46ff.

§ 246 Zweiundzwanzigster Teil: Grenzüberschreitende Staatsaufgaben

Unterschiedliche Formen der Zustellung im Ausland

akten im Ausland gleich, wenn ein im Inland erlassener Hoheitsakt, um Wirksamkeit zu erlangen, im Ausland zugestellt wird? Gilt dies bejahendenfalls nur bei einer Zustellung durch Gerichtsvollzieher oder auch bei einer Zustellung durch die Post? Kann das Erfordernis der Zustellung durch Verkündung im Amtsblatt ersetzt werden? Wie steht es mit einer Zustellung an die ausländische Adressatin zu Händen ihrer hundertprozentigen inländischen Tochtergesellschaft?

50
Trend zur Erweiterung völkerrechtlicher Zulässigkeit

Zu diesen und ähnlichen Grenzfällen gibt es vereinzelt Entscheidungen staatlicher Gerichte[72]. Aus diesen Entscheidungen läßt sich angesichts der unterschiedlichen prozeßrechtlichen Anforderungen nur schwer eine zur Begründung von Völkergewohnheitsrecht geeignete gleichförmige Praxis ableiten. Bestenfalls kann man von einem Trend zur Erweiterung der völkerrechtlichen Zulässigkeit von Formen der Zustellung sprechen, die die Anhörungsrechte der Adressaten sichern[73]. Jedenfalls wäre es verfehlt, wenn Unternehmen aus Schwierigkeiten der Zustellung ihre verfahrensrechtliche Unangreifbarkeit ableiten wollten[74]. Außerdem könnten die Staaten völkerrechtliche Probleme dadurch vermeiden, daß sie die Geschäftstätigkeit ausländischer Unternehmen im Inland von der vorherigen Benennung eines inländischen Zustellungsbevollmächtigten abhängig machen. Inwieweit völkervertraglich vereinbarte Rechtshilfe bei der Zustellung aus verfassungsrechtlichen Gründen verweigert werden darf, stellt eine völkergewohnheitsrechtlich nicht relevante Frage dar[75].

51
Ermittlungen im Ausland

Sich auf die Unwirksamkeit einer Zustellung zu berufen, kann die Durchsetzung inländischen Rechts im Ausland allenfalls verzögern, in der Regel aber nicht endgültig verhindern. Die Zulässigkeitsschwelle liegt höher für Ermittlungen, die im Ausland vorzunehmen sind[76]:

Augenschein

(1) Richterliche oder behördliche Augenscheinnahmen im Ausland sind nur mit Zustimmung des jeweiligen Staates völkerrechtlich zulässig.

Zeugen

(2) Die Zulässigkeit von Zeugenvernehmungen im Ausland setzt voraus, daß der ausländische Staat sich bereiterklärt hat, inländischen Richtern oder Vertretern inländischer Behörden zu diesem Zweck Zugang zu gewähren oder aber die Vernehmungen auf Rechtshilfeersuchen eines inländischen Gerichts selbst vorzunehmen. Als Alternative könnten sich von den Parteien gestellte oder, im Fall ordnungsgemäßer Zustellung der Ladung, vom Gericht geladene Zeugen freiwillig ins Inland begeben, um dort auszusagen.

52
Urkunden

Im Ermittlungsstadium und bei der Beweiserhebung haben Anordnungen zur Vorlage im Ausland belegener Urkunden die meisten Streitigkeiten hervorge-

---

72 Nachweise bei *Meessen* (N 44), S. 265 f.
73 S. insbesondere Volkswagenwerk Aktiengesellschaft vs. Schlunk, 108 S. Ct. 2104 (1988); zu dieser Entscheidung *Meessen* (N 44), S. 268 f.
74 *Meng* (N 70), S. 123 f.; prozeßrechtsvergleichend: *Joachim Bertele*, Souveränität und Verfahrensrecht, 1998, S. 334 f.
75 Vgl. hierzu BVerfG, Beschl. v. 25. 7. 2003, 2 BvR 1198/2003, E 108, 238.
76 *Meng* (N 70), S. 131 f.; prozeßrechtsvergleichend *Bertele* (N 74), S. 404 f.

rufen[77]. Darf die Vorlage im Inland, notfalls unter Androhung von Sanktionen in der Form von Geldbußen oder Beweisnachteilen, erzwungen werden? Die sich in diesen Fällen ergebenden Fallkonstellationen sind sehr vielgestaltig und erfordern genaue Kenntnisse des jeweils anwendbaren in- und ausländischen Prozeßrechts. An dieser Stelle muß es genügen, darauf hinzuweisen, daß das Verbot der Vornahme von Hoheitsakten im Ausland durchaus Anwendung finden und damit auch die Durchsetzung inländischen Rechts verhindern kann[78].

Man sollte meinen, spätestens die bei der Vollstreckung gebotene Ausübung physischer Gewalt setze dem Inland eine unüberwindliche Schranke gegenüber grenzüberschreitenden Unternehmen. Aber auch in dieser Hinsicht gibt es Umgehungsmöglichkeiten: Grenzüberschreitende Unternehmen schöpfen ihre Stärke aus der gleichzeitigen Verankerung der Unternehmen in einer Vielzahl von Staaten. Diese Verankerung bedeutet jedoch in der Regel eine ubiquitäre Deponierung von Faustpfändern, in die vollstreckt werden kann[79].

53
Weltweite Streuung von Unternehmensvermögen

Die inländischen Vermögenswerte grenzüberschreitender Unternehmen bieten eine offene Flanke, die dadurch zur Erzwingung von Handeln im Ausland genutzt werden kann, daß an die Nichtbeachtung von inländischen Anordnungen ausländischen Verhaltens finanzielle Sanktionen geknüpft werden. Rechtskräftig verhängte Bußgeldforderungen können dann in das inländische Vermögen vollstreckt werden. Zu diesem Vermögen gehören nicht nur Grundstücke, Bankeinlagen und gewerbliche Schutzrechte des Schuldnerunternehmens, sondern auch alle seine gegenwärtigen und künftigen Forderungen gegen inländische Kunden. Auf diese Weise kann jeder inländische Kunde gezwungen werden, statt an eine in- oder ausländische Konzerngesellschaft der Schuldnerin an die behördliche oder gerichtliche Instanz, die die Sanktion verhängt hat, zu leisten. Letztlich stehen die Schuldnerunternehmen daher vor der Wahl, die inländische Anordnung zu befolgen oder aber nicht nur auf das vorhandene inländische Vermögen, sondern auch auf jegliche künftige Geschäftätigkeit im Inland zu verzichten.

54
Vollstreckung in inländisches Vermögen

Infragestellung künftiger Geschäftstätigkeit im Inland

2. Völkerrechtliche Grenzen extraterritorialer Rechtsanwendung

Die Durchsetzung inländischer Hoheitsakte im Ausland ist zwar verboten. Statt im Ausland können die Hoheitsakte aber gegenüber grenzüberschreitend tätigen Unternehmen aufgrund ihres inländischen Vermögens in der Regel durchgesetzt werden. In diesen keineswegs seltenen Fällen stellt sich die Frage nach den völkerrechtlichen Grenzen der extraterritorialen Anwendung staatlichen Rechts.

55
Durchsetzbarkeit extraterritorialer Hoheitsakte

---

77 Zur britischen und US-amerikanischen Rechtsprechung: *Peter T. Muchlinski*, Multinational Enterprises and the Law, ²2007, S. 161 f.
78 *Meessen* (N 44), S. 272 f. m. weit. Nachw.
79 *Meessen* (N 44), S. 274 f.; prozeßrechtsvergleichend *Bertele* (N 74), S. 547 f.

56
Bedeutungsgleichheit von Zuständigkeits- und Jurisdiktionsgrenzen

Diese Grenzen werden teils als Grenzen staatlicher Zuständigkeit[80], teils als Grenzen staatlicher Jurisdiktion[81] bezeichnet. Der Begriff „Jurisdiktion" entstammt der US-amerikanischen Völkerrechtslehre, die ihn ihrerseits gleichlautenden – aus deutscher Sicht teils prozeßrechtlich, teils kollisionsrechtlich zu verstehenden – Begriffen des US-amerikanischen Rechts wie „personal jurisdiction" und „subject-matter jurisdiction" entnommen hat[82]. Nach beiden Begriffen geht es darum, ob Staaten bestimmte auslandsbezogene Angelegenheiten überhaupt regeln dürfen und ob bei Bestehen einer Zuständigkeit ihre Ausübung völkergewohnheitsrechtlich begrenzt ist.

57
Erlaß und Anwendung der Gesetze

Aus völkerrechtlicher Sicht erscheint es wenig sinnvoll, nach dem Schema innerstaatlicher Gewaltenteilung zwischen gesetzgeberischer, gesetzanwendender und rechtsprechender Jurisdiktion oder Zuständigkeit („jurisdiction to prescribe, to enforce and to adjudicate") zu unterscheiden. Für ausländische Staaten liegen der Erlaß glaubhaft anwendbarer Gesetze und Fälle ihrer Anwendung und ihrer gerichtlichen Aufrechterhaltung nah beieinander. Etwaige Zuständigkeitsregeln sind daher bereits beim Erlaß der Gesetze zu beachten[83].

58
Paradigmenwechsel bei der funktionalen Zuständigkeit

Mit Recht hat Stefan Hobe darauf hingewiesen, daß die überkommene „nationale Allzuständigkeit" im Zuge offener Staatlichkeit einem „Paradigmenwechsel in Richtung auf die jeweils problemangemessene Wahl der Aufgabenerledigungsebene" Platz gemacht habe[84]. Dieser Paradigmenwechsel betrifft jedoch nur die funktionale Zuständigkeit in der vertikalen Schichtung von Rechtsquellenebenen. Hier geht es jedoch um die internationale Zuständigkeit der in der Horizontalen nebeneinander entscheidenden Staaten und der von den Staaten ermächtigten supranationalen Organisationen. Die horizontale Ordnung bleibt jedenfalls gegenüber Drittstaaten unberührt.

59
EU und Drittstaaten

Dadurch, daß von den Mitgliedstaaten Entscheidungen auf eine supranationale Organisation übertragen werden können, werden die Rechte von Drittstaaten nicht verändert. Die Europäische Union unterliegt gegenüber den Vereinigten Staaten derselben völkerrechtlichen Zuständigkeitsordnung wie ihre Mitgliedstaaten[85]. Anderenfalls hätten sich die Mitgliedstaaten durch untereinander ohne Zustimmung von Drittstaaten getroffene Vereinbarungen von ihren diesen gegenüber bestehenden völkerrechtlichen Bindungen freizeichnen können. Hinsichtlich der Begründung und Ausübung kartellrechtlicher Zuständigkeiten haben die europäischen Gerichte die grundsätzliche

---

80 *Meessen* (N 69), S. 87 f.; *Anton K. Schnyder*, Wirtschaftskollisionsrecht, 1990, S. 101 f.; *Ohler* (N 69), S. 327 f.
81 *Meng* (N 70), S. 1 f.
82 *American Law Institute*, Restatement of the Foreign Relations Law of the United States, Third, Adopted on May 14, 1986, St. Paul 1987, Bd. I, S. 230 f.
83 *Meessen* (N 69), S. 103 f.; im Ergebnis ebenso *Meng* (N 70), S. 7.
84 *Stephan Hobe*, Der offene Verfassungsstaat zwischen Souveränität und Interdependenz. Eine Studie zur Wandlung des Staatsbegriffs der deutschsprachigen Staatslehre im Kontext internationaler institutionalisierter Kooperation, 1998, S. 424.
85 *Karl M. Meessen*, The Application of Rules of Public International Law Within Community Law, in: Common Market Law Review 13 (1976), S. 485.

Bindung der Europäischen Union an die völkerrechtliche Zuständigkeitsordnung nie in Frage gestellt.

Allerdings können die Fragen nach Bestehen und Ausübung extraterritorialer Rechtsetzung je nach Rechtsgebiet unterschiedlich zu beantworten sein. Im folgenden wird dies unter a) anhand der seit Jahrzehnten diskutierten Frage der extraterritorialen behördlichen Anwendung von Kartellrecht und unter b) anhand der zur Zeit im Mittelpunkt der Diskussion stehenden Frage der Anwendung von Vorschriften über Privatklagen auf Schadensersatz in auslandsbezogenen Sachverhalten verdeutlicht werden. Unter c) und d) folgen Stellungnahmen zur Durchgriffsproblematik und zur Funktionsfähigkeit eines Systems konkurrierender Zuständigkeiten.

60
Unterschiede nach Rechtsgebieten

a) Extraterritoriale Kartellrechtsanwendung durch Behörden

Völkergewohnheitsrechtliche Normen bilden sich im Zuge zwischenstaatlicher Konflikte. Dadurch, daß die Vereinigten Staaten ebenso wie Deutschland und andere nur mit rudimentären Kartellrechtsordnungen versehene Staaten im einträchtigen Nebeneinander während der ersten Hälfte des 20. Jahrhunderts kartellrechtliche Normen nur dann angewandt haben, wenn den beteiligten Unternehmen die Vornahme wettbewerbsbeschränkender Handlungen innerhalb des jeweiligen Staatsgebiets vorgeworfen werden konnte, fehlte zur Bildung von Gewohnheitsrecht der Nachweis einer Überzeugung, daß gerade diese Beschränkung des Anwendungsbereichs völkerrechtlich geboten war.

61
Staatenpraxis und Gewohnheitsrecht

Seit 1945 sind jedoch zwischenstaatliche Konflikte in erheblichem Umfang aufgetreten[86]. Ausgangspunkt war, daß die Vereinigten Staaten seit Erlaß der von dem Richter Learned Hand begründeten Alcoa-Entscheidung[87] das Recht für sich in Anspruch nahmen, wettbewerbsbeschränkende Vereinbarungen auch dann zu verfolgen, wenn sie zwischen nicht-amerikanischen Unternehmen außerhalb der Vereinigten Staaten in der Absicht und später auch mit der lediglich vorhersehbaren Folge verabredet und durchgeführt worden waren, den Wettbewerb zumindest auch auf dem US-amerikanischen Markt zu beschränken.

62
Alcoa-Entscheidung als Auftakt extraterritorialer Kartellrechtsanwendung

Gegen diese Anwendungspraxis setzten sich in einer Reihe kurz nach dem Alcoa-Fall entschiedener Fälle vor allem Kanada, Großbritannien, die Niederlande und die Schweiz als Heimatstaaten der Adressaten-Unternehmen zur Wehr, indem sie

- die Anwendung US-amerikanischen Rechts in diplomatischen Noten als völkerrechtswidrig brandmarkten,
- US-amerikanische Gerichtsentscheidungen, die in diesen Fällen ergangen waren, nicht anerkannten, und

63
Abwehr extraterritorialer Rechtsanwendung

---

86 Ausführlich zur kartellrechtlichen Praxis bis 1975: *Meessen* (N 69), S. 19 f.
87 US vs. Aluminum Co. of America, 148 F. 2d 416 (2d Cir: 1945).

– Abwehrgesetze erließen, in denen sie ihren Unternehmen die Beachtung US-amerikanischer kartellrechtlicher Anordnungen verboten und sogar Ansprüche auf Zurücklangung („claw-back") der aufgrund extraterritorialer Gesetze geleisteten Zahlungen verankerten[88].

64
Ausbreitung extraterritorialer Kartellrechtsanwendung

Konflikte bei gleichartigem Recht

Seit dem 1. Januar 1958 sind die Vereinigten Staaten nicht mehr der einzige Staat mit einer strengen und zunehmend extraterritorial angewandten Kartellrechtsordnung. An diesem Tag traten sowohl das deutsche Gesetz gegen Wettbewerbsbeschränkungen als auch die in Art. 85 f. des EWG-Vertrags enthaltenen und heute in die Art. 101 f. AEUV übernommenen kartellrechtlichen Vorschriften in Kraft. Trotz der inzwischen über 100 Staaten umfassenden Ausbreitung kartellrechtlicher Gesetzgebungen sind in einzelnen Fällen auch zwischen Staaten mit einer gleichartigen Wettbewerbspolitik Konflikte aufgetreten, und zwar nicht nur wegen unterschiedlicher Formulierung und Auslegung der Gesetze, sondern aufgrund mehr oder weniger offen eingestandener industrie- oder militärpolitischer Nebenziele[89].

65
Kompromißlösungen

Zwischenstaatliche Konsultationen

Im Ergebnis kam es früher und kommt es heute meist zu Kompromißlösungen. Einerseits konnten die wichtigsten wettbewerbspolitischen Anliegen der die kartellrechtlichen Maßnahmen erlassenden Staaten auch bei von ausländischen, im Ausland handelnden Unternehmen veranlaßten Inlandswirkungen durchgesetzt werden. Andererseits wurden aber auch von den kartellrechtlichen Maßnahmen ausgehende, in anderen Staaten spürbare Wirkungen, die jedoch für die inländische Durchsetzung dieser Maßnahmen nicht erforderlich waren, vermieden. Hierzu trugen zwischenstaatliche Konsultationen bei, die ursprünglich bilateral[90] vereinbart, durch OECD-Empfehlungen auf eine multilaterale Basis überführt worden waren[91] und schließlich in einem zwischenbehördlichen weltumspannenden Netzwerk (International Competition Network, ICN) institutionalisiert wurden, nachdem sich inzwischen über 100 Staaten eine kartellrechtliche Gesetzgebung zugelegt hatten, diese aber mit unterschiedlicher Strenge anwandten[92].

66
Entscheidungen staatlicher Gerichte

Der Nachweis von Völkergewohnheitsrecht ist immer schwierig. Vom Internationalen Gerichtshof und von internationalen Schiedsgerichten liegt keine Stellungnahme vor. Allerdings können Entscheidungen staatlicher Gerichte daraufhin untersucht werden, auf welches Prinzip die Zuständigkeit hätte gestützt werden können. Denn begründet haben die Gerichte ihre Entscheidungen in der Regel nicht unter Bezugnahme auf Völkergewohnheitsrecht, sondern mit

---

88 *Meessen* (N 69), S. 27 f.; insbesondere u. a. zur kartellrechtlichen Praxis bis 1983 s. auch *A. Vaughan Lowe*, Extraterritorial Jurisdiction, An Annotated Collection of Legal Materials, Cambridge 1983.
89 *Karl M. Meessen*, Internationales Kartellrecht der Europäischen Union, in: Ulrich Loewenheim/Karl M. Meessen/Alexander Riesenkampff, Kartellrecht, ²2009, Rn. 62 f.
90 *Meessen* (N 69), S. 48 f.
91 *Meessen* (N 69), S. 50 f.
92 *Sven Völcker*, Wettbewerbsrecht und seine internationale Durchsetzung Rn. 62 f., in: Ulrich Immenga/Ernst-Joachim Mestmäcker (Hg.), Wettbewerbsrecht, Bd. I, EU/Teil 1, ⁵2012.

einer mehr oder weniger plausiblen Argumentation nach innerstaatlichem Kollisions- oder Sachrecht[93].

In der Wissenschaft galt es noch vor 50 Jahren nicht als selbstverständlich, daß staatlich gesetztes Recht jeden Ort der Erdoberfläche erreichen und menschliches Verhalten, das ja auch für das Verhalten von Unternehmen verantwortlich ist, umfassend regeln könne[94]. Die multinationalen Unternehmen oder internationalen Konzerne („international combines"), wie sie von Sigmund Timberg in seiner Studie von 1947 genannt wurden[95], glaubten, diese Regelungslücke nutzen zu können. Dem war Timberg schon in dem Schlußsatz seines damaligen Beitrags entgegengetreten („...there can be no unregulated gaps ...")[96]. Der auch im Interesse multinationaler Unternehmen gegen das Wirkungs- und für das strenge Territorialitätsprinzip geführte Meinungsstreit wurde praktisch auf einer der alle zwei Jahre stattfindenden Konferenzen der International Law Association im August 1972 entschieden.

67
Rechtsfreier Raum bei strengem Territorialitätsprinzip

Die International Law Association, eine weltweite Vereinigung von Wissenschaftlern und Praktikern des Völkerrechts, hatte auf Initiative des ehemaligen britischen Präsidenten des Internationalen Gerichtshofs Lord McNair bei der Zweijahrestagung in Tokio im Jahre 1964 einen Ausschuß mit der Ausarbeitung einer Resolution beauftragt, welche die Grundsätze des Völkerrechts über wettbewerbsbeschränkende Praktiken zusammenfassen sollte, mit der Maßgabe, daß Zuständigkeit in öffentlich-rechtlichen Angelegenheiten territorial zu bestimmen sei („the primary rule of international law is that jurisdiction in matters of public law character is territorial")[97].

68
Rolle der International Law Association

Während dieser Ausschuß nach ausführlichen Vorarbeiten bei der vorangehenden Zweijahreskonferenz in Den Haag neben dem strengen Territorialitätsprinzip als Alternativen zwei Varianten des Wirkungsprinzips in seinen Resolutionsentwurf aufgenommen hatte, sollte nach dem in New York zur Abstimmung gestellten Text das Wirkungsprinzip durch folgende Formulierung eindeutig ausgeschlossen und damit den Unternehmen der im Interesse der Wirtschaft gewünschte rechtsfreie Raum verschafft werden: „International law, as evidenced by the general practice of states to date, does not permit a state to assume or exercise prescriptive jurisdiction over the conduct of an alien which occurs within the territory of another state or states solely on the basis that such conduct produces ‚effects' or repercussions within its territory"[98].

69
Geplanter Ausschluß des Wirkungsprinzips

Eine Mehrheit der bei der New Yorker Arbeitssitzung Anwesenden der Vereinigung nahm jedoch einen Abänderungsantrag eines gerade habilitierten deutschen Privatdozenten an, nachdem dieser Antrag, wie der Verfasser erst

70
Annahme eines Abänderungsbeitrags

---
93 Praxisnachweise: *Meessen* (N 69), S. 121 f., 208 f.; *ders.* (N 89), Rn. 71 f., 94 f.
94 → Oben *Becker*, § 230 Rn. 31 ff.
95 *Timberg* (N 3), S. 575.
96 *Timberg* (N 3), S. 620.
97 *Karl M. Meessen*, Die New Yorker Resolution der International Law Association zu den völkerrechtlichen Grundsätzen des internationalen Kartellrechts, in: AWD 1972, S. 360, 362.
98 *Meessen* (N 97) m. weit. Nachw.

§ 246   *Zweiundzwanzigster Teil: Grenzüberschreitende Staatsaufgaben*

später erkannte, die förmliche Unterstützung („seconding") des vielen Sitzungsteilnehmern bekannten Sigmund Timberg erhalten hatte[99].

71
Wirkungsprinzip statt Territorialitätsprinzip

Nach dem Abänderungsantrag wurde das Territorialitätsprinzip durch eine der beiden in Den Haag zur Diskussion gestellten Varianten des Wirkungsprinzips wie folgt ersetzt: „A state has jurisdiction to prescribe rules of law governing conduct that occurs outside its territory and causes an effect within its territory if:

(a) the conduct and its effects are constituent elements of activity to which the rule applies,
(b) the effect within the territory is substantial and
(c) it occurs as direct and primarily intended result of the conduct outside the territory."[100]

72

Abwägungsregel bei konkurrierender Zuständigkeit

Folge war, daß für das Kartellrecht die Annahme rechtsfreier Räume nie mehr geltend gemacht wurde und die Diskussion sich damit auf den Nachweis des Völkergewohnheitsrechts zur Ausübung einer bestehenden Zuständigkeit verlagerte. Schließlich löst in den sich globalisierenden Märkten unternehmerisches Verhalten in aller Regel Wirkungen in vielen Staaten gleichzeitig aus und begründet nach dem Wirkungsprinzip eine völkerrechtliche Zuständigkeit zum Erlaß kartellrechtlicher Hoheitsakte bei allen diesen Staaten. Für diesen Fall konkurrierender Zuständigkeit sah Art. 7 der New Yorker Resolution vor, daß kein Staat ein Verhalten in einem anderen Staat verlangen dürfe, das in diesem anderen Staat verboten sei, und daß jeder Staat bei der Anwendung seines Rechts auf das Verhalten in einem anderen Staat die Interessen dieses Staates und seine Wirtschaftspolitik in angemessener Weise zu berücksichtigen habe („pay due respect to the major interests and economic policies of such other state")[101].

73
Zweites Restatement des US-Außenrechts

Drittes Restatement des US-Außenrechts

Grundsatz der „reasonableness"

Die in Art. 7 der New Yorker Resolution enthaltene Abwägungsregel stützt sich auf § 40 des zweiten Restatements des Außenrechts der Vereinigten Staaten („US Foreign Relations Law") des American Law Institute von 1965, einer privaten Vereinigung von bis zu 2000 kooptierten amerikanischen Juristen, die in verschiedenen Restatements versucht, das weitgehend ungeschriebene in den Vereinigten Staaten geltende Recht systematisch darzustellen und in gesetzesförmigen Formulierungen niederzulegen. Mit dem Außenrecht der Vereinigten Staaten werden sowohl völkerrechtliche Normen als auch das innerstaatliche Recht der auswärtigen Beziehungen der Vereinigten Staaten erfaßt. Das dritte und immer noch neueste Restatement des US-Außenrechts von 1986 erstreckt das Wirkungsprinzip in § 402 1 c als mögliche Anknüpfung auf alle Regelungsbereiche, konditioniert es aber durch einen kollisionsrechtlich zu verstehenden Grundsatz der Vernünftigkeit („reasonableness") und behandelt verbleibende Fälle konkurrierender Zuständigkeit nach einer als

---

99 *International Law Association (ILA)*, Report of the 55th Conference held at New York, August 21st to August 26th, 1972, London 1974, S. 138.
100 *ILA* (N 99), S. 139.
101 *Meessen* (N 97), S. 563; *ILA* (N 99), S. 140.

Sollvorschrift formulierten Interessenabwägungsregel in Anlehnung an Art. 7 (b) der New Yorker Resolution der International Law Association.

Aus heutiger Sicht wird man den Stand des Völkergewohnheitsrechts zur extraterritorialen Kartellrechtsanwendung durch Behörden wie folgt zusammenfassen können[102]: Als Grundlage kartellrechtlicher Zuständigkeit hat sich das qualifizierte Wirkungsprinzip durchgesetzt. Danach ist der Erlaß kartellrechtlicher Hoheitsakte nur dann zulässig, wenn in Fortführung der Alcoa-Entscheidung beträchtliche, unmittelbare und vorhersehbare wettbewerbsbeschränkende Inlandswirkungen vorliegen[103]. Das Territorialitätsprinzip wird, wenn überhaupt, nur noch auf der Ebene des staatlichen Rechts vertreten und kann daher durch staatliches Recht jederzeit eingeschränkt oder ganz aufgegeben werden.

₇₄
Durchsetzung des Wirkungsprinzips

Kartellrechtliche Hoheitsakte, die im Einzelfall die Ausübung der Funktionen erheblich stören, sind trotz Bestehens einer Zuständigkeit nach Ziffer (1) verboten, wenn die Interessen des ausländischen Staates an dem Ausbleiben der Störung die Interessen des Inlands am Erlaß des kartellrechtlichen Hoheitsakts überwiegen[104]. Das Einmischungsverbot ist in der zwischenstaatlichen Behördenpraxis anerkannt. Es schränkt jedoch nur die Ausübung der Zuständigkeit im Einzelfall ein, nicht aber die Begründung völkerrechtlicher Zuständigkeit. Es ist nicht zuletzt eine verfahrensförmige Verpflichtung, die sich zur Überprüfung durch einzelstaatliche Gerichte vor allem dann eignet, wenn eine Konkordanz der staatlichen Interessen nachgewiesen werden kann. Anders als beim Wirkungsprinzip hat es sich jedoch als unmöglich erwiesen, daß sich Völkerrechtswissenschaft und Völkerrechtspraxis in der International Law Association, im American Law Institute und im Institut de droit international auf eine gemeinsame Formulierung des Einmischungsverbots einigen, das die Ausübung kartellrechtlicher Zuständigkeit begrenzt[105].

75
Einmischungsverbot bei Ausübung der Zuständigkeit

b) Zuständigkeitsgrenzen für private Schadensersatzklagen

Die Verletzung kartellrechtlicher Normen löst in Deutschland, den Vereinigten Staaten und einigen anderen Staaten Schadensersatzansprüche aus[106]. In den Vereinigten Staaten sind Schadensersatzklagen besonders attraktiv, weil den geschädigten Klägern vom Zeitpunkt der Klageerhebung an privat zu verfolgende Ermittlungsrechte gegen die Kartellbeteiligten und vor allem auch ein Anspruch auf dreifachen Schadensersatz zustehen. Die Anwaltschaft der Klägerseite („plaintiff bar") ist daher oft bereit, bei Vereinbarung hoher

76
Schadensersatzklagen vor amerikanischen Gerichten

---

102 *Meessen* (N 89), Rn. 62 f., 92 f. m. weit. Nachw.
103 *Meessen* (N 69), S. 171.
104 *Meessen* (N 69), S. 232.
105 Vgl. die Stellungnahmen von *Sir Ian Sinclair*, *Andreas F. Lowenfeld* und *Karl M. Meessen*, in: Karl M. Meessen (Hg.), Extraterritorial Jurisdiction in Theory and Practice, London 1996, S. 231 ff.
106 Zu einem aktuellen Überblick: *Daniel J. Zimmer*, Konkretisierung des Auswirkungsprinzips bei Hardcore-Kartellverstößen, Das Internationale Kartellprivatrecht nach Rom II und Empagran, 2013, passim.

Erfolgshonorare – häufig ein Drittel der (dreifachen) Schadenssumme – Verfahren zunächst auf eigenes Risiko zu betreiben.

77
Verfahren ohne Bezug zu den USA

Musterentscheidungen

Diese Anreize haben dazu geführt, daß auch nicht-amerikanische Geschädigte derartige Schadensersatzklagen wegen Schäden, die sie glauben außerhalb der Vereinigten Staaten erlitten zu haben, gegen nicht-amerikanische Schädiger vor amerikanischen Gerichten anhängig gemacht haben. Im Empagran-Fall hat der US Supreme Court in einer Musterentscheidung im Jahre 2004 eine derartige Klage abgewiesen. Vor kurzem wies er eine von Esther Kiobel und weiteren nigerianischen Staatsangehörigen gegen Royal Dutch Shell erhobene Klage zurück, die schwere Menschenrechtsverletzungen durch nigerianische Polizei- und Militärkräfte betraf, an denen Royal Dutch Shell anläßlich der Erschließung eines neuen Erdölförderungsgebiets im Nigerdelta in den 90er Jahren des vorigen Jahrhunderts beteiligt gewesen sein soll. Über die Entscheidungen im Empagran- und im Kiobel-Fall ist zunächst zu berichten. Anschließend sollen Rückschlüsse auf die völkerrechtliche Zuständigkeitsordnung für private Schadensersatzklagen umrissen werden.

78
Empagran-Fall

Im Empagran-Fall ließ sich das Wirkungsprinzip wegen der von dem weltweiten Vitamin-Kartell ausgehenden massiven inneramerikanischen Wirkungen zunächst einmal von den US-amerikanischen Vollzugsorganen problemlos anwenden. Als dann aber die ecuadorianische Arzneimittelgroßhändlerin Empagran die am Vitamin-Kartell beteiligten nicht-amerikanischen Unternehmen vor amerikanischen Gerichten auf den ihr nach amerikanischem Recht zustehenden dreifachen Schadensersatz in Anspruch nahm, stellte der US Supreme Court zu Recht fest, daß die Empagran angeblich zugefügte Schädigung nicht auf in den Vereinigten Staaten, sondern auf anderenorts eingetretene Wirkungen des Vitamin-Kartells zurückging[107]. Das staatliche Interesse an Privatklagen auf Schadensersatz gegen die am Kartell beteiligten Unternehmen wird durch eine Analyse wettbewerbsbeschränkender Inlandswirkungen nur teilweise erfaßt. Hauptsächlich geht es um die Frage, ob und inwieweit inländische Gerichte zur weltweiten Sanktionierung des Kartells eingesetzt werden sollten[108]. Würde die Präventivwirkung weiter erhöht werden? Oder würde im Gegenteil der Anreiz, aufgrund einer Kronzeugenregelung als erstes Unternehmen aus dem Kartell auszuscheren, um Straffreiheit zu erlangen, durch Zulassung staatlich nicht kontrollierbarer Schadensersatzklagen in einer Reihe von Staaten Kartellbeteiligte von einem Ausscheren aus dem Kartell eher abhalten, weil die Summe der Schadensersatzforderungen die zu erwartenden Bußgelder übersteigen würde? Würde eine abweichende oder auch eine gleichartige Vollzugspolitik ausländischer Staaten gestört werden?

Weltweite Sanktionierung durch inländische Gerichte

79
Anwendbarkeit des Wirkungsprinzips?

In schulmäßiger Anwendung der Qualifizierungskriterien des Wirkungsprinzips hätte die Klage einer außerhalb der Vereinigten Staaten geschädigten Großhändlerin mangels unmittelbarer wettbewerbsbeschränkender Wirkun-

---

107 F. Hoffmann-La Roche Ltd. vs. Empagran S. A., US Supreme Court, Urt. v. 14. 6. 2004, 124 S. Ct. 2359, auszugsweise abgedruckt in: WuW 54 (2004), S. 849.
108 Zum kartellrechtspolitischen Für und Wider: *Zimmer* (N 106), passim.

gen innerhalb der Vereinigten Staaten und daher wegen Fehlens einer völkerrechtlichen Zuständigkeit der Vereinigten Staaten abgewiesen werden müssen. Die Klage wurde auch abgewiesen, jedoch mit einer nur mittelbar völkerrechtliche Argumente einbeziehenden Begründung. Entscheidend sei die vom Kongreß mit dem Erlaß des Foreign Trade Antitrust Improvements Act von 1982 (FTAIA) verfolgte Absicht. Normalerweise müsse angenommen werden, daß ein derartiges Gesetz so auszulegen sei, daß es keine „unvernünftige Einmischung" („unreasonable interference") im Sinne von § 403 (2) des dritten Restatement Foreign Relations Law of the United States[109] in die Souveränität anderer Staaten zur Folge habe; eine fallweise Anwendung nach „comity"-Grundsätzen sei aber unpraktikabel. Letztlich hat der US Supreme Court in Empagran eine völkergewohnheitsrechtliche Bindung der Vereinigten Staaten weder hinsichtlich der Begründung der Zuständigkeit (zum Beispiel Wirkungsprinzip) noch hinsichtlich ihrer Ausübung (Grundsatz der reasonableness oder Interessenabwägungsregel) anerkannt[110].

<small>Mittelbar völkerrechtliche Argumentation</small>

Wenn also der amerikanische Gesetzgeber zu der Überzeugung käme, weltweiten Kartellen auch dadurch entgegenzuwirken, daß die Sanktion dreifachen Schadensersatzes Kartellgeschädigten unter den die Klägerseite begünstigenden Bedingungen des US-amerikanischen Prozeßrechts weltweit zur Verfügung gestellt wird, so wäre er befugt, den Foreign Trade Antitrust Improvements Act entsprechend neu zu fassen. Im Zeichen des weltweiten Wettbewerbs um wirtschaftliche Aktivitäten, sei es auch nur um anwaltliche Dienstleistungen, würden die amerikanischen Gerichte die Anwendung eines derartigen Gesetzes schwerlich mit der Begründung verweigern, es sei wegen „Unvernünftigkeit" im Sinne von § 403 (1) und (2) des Restatement völkerrechtswidrig oder stelle eine verbotene Einmischung dar. – An diesem Wettbewerb nimmt auch Deutschland teil, indem es sich dagegen wehrt, „dass bedeutende wirtschaftsrechtliche Streitigkeiten entweder im Ausland oder vor Schiedsgerichten ausgetragen werden – zum Nachteil des Gerichtsstandorts Deutschland und der deutschen Wirtschaft"; in Deutschland wird versucht, dem durch begrenzte Zulassung des Englischen als Gerichtssprache entgegenzuwirken[111].

80
<small>Dispositionsbefugnis des amerikanischen Gesetzgebers</small>

<small>Wettbewerb um wirtschaftliche Aktivitäten</small>

Multinationale und globale Unternehmen werden vor amerikanischen Gerichten auf Schadensersatz nicht nur wegen Verletzung von Kartellrecht, sondern auch mit der Begründung in Anspruch genommen, sie hätten im Rahmen ihrer weltweiten Geschäftstätigkeit zu Verbrechen gegen die Menschlichkeit („crimes against humanity") Beihilfe geleistet[112]. Mit dem Vorwurf einer Beteiligung an Menschenrechtsverletzungen klagten die nigerianische, aber in den Vereinigten Staaten wohnhafte Staatsangehörige Esther Kiobel im eigenen Namen und im Namen ihres verstorbenen Ehemannes

81
<small>Kiobel-Fall</small>

<small>109 S. o. N 82.
110 Hoffmann-LaRoche Ltd. vs. Empagran S. A. (N 107), S. 850, 852; zum Restatement s. o. Rn. 56 mit N 82.
111 Gesetzentwurf des Bundesrates zur Einführung von Kammern für internationale Handelssachen v. 16.6.2010, BT-Drs 17/2163, S. 7.
112 Allgemein hierzu: *Stephan J. Kobrin*, Private Political Authority and Public Responsibility: Transnational Politics, Transnational Firms, and Human Rights, in: Business Ethics Quarterly 2009, S. 349.</small>

sowie zahlreiche weitere nigerianische Staatsangehörige in ähnlicher Lage gegen die niederländische und die britische Holdinggesellschaft der niederländisch-britischen Royal Dutch Shell Gruppe sowie gegen deren gemeinsame nigerianische Tochtergesellschaft auf Schadensersatz. Nigerianische Militär- und Polizeikräfte hätten sie selbst oder nahe Angehörige angeblich mit Unterstützung der beklagten Unternehmen in deren Erdöl Explorations- und Förderungsgebiet in Nigeria massakriert, gefoltert oder vergewaltigt.

82
Letztinstanzliche Klageabweisung aus kollisionsrechtlichen Gründen

Gestützt war die Klage auf Verletzung von Völkerrecht in Verbindung mit dem US-amerikanischen Alien Tort Statute (ATS) aus dem Jahre 1789. Der US Supreme Court wies die Klage durch Urteil vom 17. April 2013 letztinstanzlich ausschließlich aus kollisionsrechtlichen Gründen ab. Zwar seien die Voraussetzungen der von dem Gericht schon in früheren Fällen zur Auslegung des Alien Tort Statute angenommenen Territorialitätsvermutung nicht widerlegt worden[113]. Doch über die Anwendung amerikanischen Rechts durch amerikanische Gerichte könnten wegen der ernsten außenpolitischen Folgen ausschließlich die „political branches" entscheiden. Vier der neun Richter verfaßten zu dem Urteilsspruch jedoch eine abweichende Begründung. Anstatt sich auf die Territorialitätsvermutung zu berufen, sahen sie ein wichtiges Anliegen der Vereinigten Staaten darin, sich nicht zu einem sicheren Rückzugsort („safe haven") für Verbrecher gegen die Menschlichkeit zu entwickeln. Insofern sei eine Zuständigkeit nach der in § 402 (1) (c) des dritten Restatement verankerten Verallgemeinerung des Wirkungsprinzips gegeben („conduct outside its territory that has or is intended to have substantial effect within its territory")[114]. Die Ausübung dieser Zuständigkeit sei jedoch im vorliegenden Fall im Sinne von § 403 (1) des Restatements unvernünftig („unreasonable"). Die einzige US-Präsenz der beiden beklagten ausländischen Gesellschaften, deren Anteile an der New Yorker Börse gehandelt werden, bestehe in einem Büro einer anderen Konzerngesellschaft in New York, dessen Aufgabe es sei, Investoren die Geschäftätigkeit des Unternehmens zu erläutern. Außerdem werde behauptet, die Beklagten hätten dieses Verhalten, das im Ausland stattgefunden habe, lediglich unterstützt, nicht aber, daß sie selbst tätig geworden seien.

Abweichende Begründungen

83
Berufungsurteil

In der Vorinstanz hatte das Bundesberufungsgericht des Zweiten Berufungsgerichtsbezirks die Klage durch Urteil vom 17. September 2010 mit der Begründung abgewiesen, das Völkergewohnheitsrecht gewähre selbst bei schweren Menschenrechtsverletzungen keinen Schadensersatzanspruch gegen juristische Personen, wohl aber – aufgrund einer Entwicklung, die mit den Nürnberger Prozessen eingesetzt habe – gegen natürliche Personen[115]. Pierre N. Leval, einer der drei Richter des Spruchkörpers des Berufungsgerichts, hielt diese Differenzierung hinsichtlich der Passivlegitimation unter dem Gesichtspunkt des Menschenrechtsschutzes für nicht gerechtfertigt und

Sondervotum

---

113 Kiobel et al. vs. Royal Dutch Petroleum Co. et al., US Supreme Court, Urt. v. 17.4.2013, slip op.
114 S.o. Rn.56 mit N 82.
115 Kiobel et al. vs. Royal Dutch Petroleum Co. et al., 621 F.3d 111 (2010).

verfaßte ein Sondervotum. Aber auch er entschied sich für die Abweisung der Klage, weil die Vorwürfe nicht in genügend substantiierter Form vorgetragen worden seien.

Als der Fall noch vor dem Supreme Court anhängig war, wandte sich der Richter Leval in einer vor der New Yorker Anwaltschaft gehaltenen Rede gegen die sich zu diesem Zeitpunkt bereits im US Supreme Court abzeichnende Absicht, Klagen abzuweisen, die sich auf im Ausland begangene Menschenrechtsverletzungen nach dem Alien Tort Statute stützen[116]. Damit würde, so meinte er, jede Hoffnung auf Erweiterung des globalen Menschenrechtsschutzes zerschlagen, und er plädierte für eine universelle Zuständigkeit bei Menschenrechtsverletzungen. Mit dieser Haltung steht er nicht allein.

84

Plädoyer für universelle Zuständigkeit bei Menschenrechtsverletzungen

Empagran und Kiobel zeigen, daß eine ausschließlich auf Art und Ausmaß von Inlandsbeziehungen der Sachverhalte aufbauende Zuständigkeitsordnung nicht geeignet ist, extraterritoriale Rechtsanwendung dauerhaft einzuschränken. Hintergrund ist der aus wertender Kollisionsrechtsvergleichung gewonnene Gesichtspunkt sinnvoller Anknüpfung, der von Georg Dahm erstmalig postuliert[117], von Frederick Alexander Mann als Grundlage einer Theorie völkerrechtlicher Zuständigkeit ausgebaut[118] und vom Verfasser zum Nachweis der Ersetzung des Territorialitätsprinzips durch das Wirkungsprinzip für den Bereich des Kartellrechts genutzt wurde[119]. Als Ergebnisse wertender Kollisionsrechtsvergleichung formulierte völkergewohnheitsrechtliche Regeln dieser Art können bestenfalls das momentane wohlverstandene Eigeninteresse der kollisionsrechtlich handelnden Staaten wiedergeben und, solange sich dieses Eigeninteresse nicht neuen Zielen zugewandt hat, Behörden und Gerichten einen völkerrechtlichen Bezugspunkt, auch im Sinne von Art. 25 S. 2 GG, anbieten[120].

85

Sinnvolle Anknüpfung

Wohlverstandenes Eigeninteresse

Die ernüchternde Bilanz der beiden Fälle ist jedoch um zwei Aspekte zu ergänzen: Zum einen kann in zwischenstaatlichen Konflikten der Trend zur Anwendung des zwar noch nicht allgemein anerkannten, aber auf dem allgemein anerkannten Grundsatz souveräner Gleichheit[121] beruhenden Einmischungsverbots gestärkt werden, zum anderen kann die von der Schaffung eines völkerrechtlichen „soft law" ausgehende Konsensbildung auch in Zuständigkeitskonflikten Orientierung geben, in der Regel allerdings zur Rechtfertigung erweiterter extraterritorialer Rechtsanwendung. Beide Entwicklungen können ebenfalls anhand der Empagran- und Kiobel-Fälle verdeutlicht werden:

86

Einmischungsverbot

„Soft law"

---

116 *Pierre N. Leval*, The Long Arm of International Law. Giving Victims of Human Rights Abuses Their Day in Court, in: Foreign Affairs 92 (2013), S. 16.
117 *Georg Dahm*, Völkerrecht, Bd. I, 1958, S. 256.
118 *Frederick Alexander Mann*, The Doctrine of Jurisdiction in International Law, in: Recueil des Cours 111 (1964 I), S. 1, 43 f.
119 *Meessen* (N 69), S. 101 f.
120 Ähnlich bereits *Karl M. Meessen*, Conflicts of Jurisdiction under the New Restatement, in: Law and Contemporary Problems 50 (1987), S. 47 (59 f.).
121 Art. 2 Abs. 1 Charta der Vereinten Nationen; zur Auslegung s. *Meessen* (N 69), S. 92 f.

87 Territorialitätsvermutung	(1) Das Einmischungsverbot wurde im Empagran-Fall nur als Hintergrund der Territorialitätsvermutung anerkannt. Zu einer Kontrolle der Ausübung der Zuständigkeit im Einzelfall gab es keinen Anlaß. Einige nicht-amerikanische Regierungen, unter anderem auch die Bundesregierung, hatten amicus-Schriftsätze eingereicht, in denen sie aber keine Verletzung eigener Interessen geltend machten und nur generell für eine zurückhaltende Anwendung des amerikanischen Schadensersatzrechts plädierten. Im Kiobel-Fall wurde sogar ausdrücklich erwähnt, daß ausländische Regierungen gegen die Anwendung amerikanischen Rechts keine Einwendungen gehabt hätten. Dem Einmischungsverbot war damit Genüge getan.
88 Art und Weise staatlichen Vorgehens als zentraler Aspekt Schutz von Leben Universalitätsprinzip bei schwersten Menschenrechtsverletzungen	(2) Unter dem Gesichtspunkt völkerrechtlicher Konsensbildung ist zum Empagran-Fall zu vermerken, daß es in diesem Stadium der Vitamin-Verfahren der US-amerikanischen und nicht-amerikanischen Regierungen nicht mehr um die Bekämpfung wettbewerbsbeschränkender Praktiken, sondern ausschließlich um die Art und Weise staatlichen Vorgehens ging. Die Nichtanwendung amerikanischen Rechts beließ nicht-amerikanischen Regierungen einen Spielraum zur Optimierung der Kartellrechtsfolgen. Im Kiobel-Fall ging es um den Schutz von Leben und Unversehrtheit und damit um einen konsentierten gemeinsamen Wert („shared value") par excellence. Obwohl die Zuerkennung von Schadensersatzforderungen durch amerikanische Gerichte für Royal Dutch Shell mit hohen Kosten und für die Heimatstaaten mit einer Verminderung des steuerbaren Gewinns verbunden gewesen wäre, hüteten sich die Niederlande und Großbritannien, eine Stellungnahme abzugeben, die ihnen als unsensibel gegenüber den Erfordernissen des Menschenrechtsschutzes hätte ausgelegt werden können. Die von dem Richter Leval vorgeschlagene Ausweitung der Anwendung US-amerikanischen Schadensersatzrechts nach dem Universalitätsprinzip bei schwersten Menschenrechtsverletzungen liegt im Trend der öffentlichen Meinung. Mit Recht wird daran Anstoß genommen, wenn Tochtergesellschaften oder auch nur Vertragspartner gewinnträchtiger Unternehmen von Arbeitsbedingungen in Niedriglohnländern profitieren, die zu schweren Verletzungen, sogar mit Todesfolge, führen können.

c) Durchgriff durch juristische Personen

89 Staatszugehörigkeit in Kiobel und Empagran	Auf die Zuständigkeit eines amerikanischen Gerichts, die niederländische Holdinggesellschaft Royal Dutch und die britische Holdinggesellschaft Shell möglicherweise zur Erbringung einer hohen Schadensersatzleistung zu verurteilen, war nur der Richter Leval in seinem Minderheitsvotum im Kiobel-Fall eingegangen. Die schweizerische Staatszugehörigkeit von Hoffmann La Roche wurde im Empagran-Fall überhaupt nicht thematisiert. Im Rahmen einer Rechtfertigung der behördlichen Verfolgung des weltweiten Vitamin-Kartells nach dem Wirkungsprinzip stand sie nicht zur Diskussion.
90 Unerheblichkeit der Staatszugehörigkeit im Verwaltungsverfahren	Auf die ausländische Staatszugehörigkeit einzelner oder aller Konzerngesellschaften können sich multinationale und globale Unternehmen in Verwaltungsverfahren in der Tat nicht berufen. Wenn inländisches Recht auf Grund

welcher Inlandsbeziehung auch immer auf einen Auslandssachverhalt anwendbar ist, dann schließt dies die Befugnis ein, ausländische Konzerngesellschaften als Beteiligte in Anspruch zu nehmen. „Ist eine deutsche Behörde international zuständig", so heißt es lakonisch im öffentlichen Kollisionsrecht von Ohler[122], „wendet sie mit ihrem Sachrecht grundsätzlich das eigene Verwaltungsverfahrensrecht an". Dies dürfte die Adressateneigenschaft einschließen.

Im Zivilprozeß besteht dieser Zusammenhang nicht. Im Vertragsrecht können anwendbares Recht und Gerichtsstand frei gewählt werden. Auch im Recht der unerlaubten Handlungen lassen die meisten Prozeßrechtsordnungen in gewissem Umfang eine Wahl des Gerichtsstands zu.

91 Wahlfreiheit im Zivilprozeß

Zuständigkeitsrechtlich spielt die Staatszugehörigkeit des Adressaten behördlicher oder gerichtlicher Hoheitsakte auch insofern keine Rolle, als das internationale Gesellschaftsrecht des Forum-Staates darüber entscheidet, nach welchem Recht ein Durchgriff vorgesehen werden kann[123]. Völkerrechtlich ist ein Durchgriff stets zulässig, jedoch für den Heimatstaat der Gesellschaft, auf die durchgegriffen wird, nicht verbindlich. Zwei verschiedene Situationen sind zu unterscheiden. Durch die völkerrechtliche Zuständigkeitsordnung sind Unternehmensteile nicht gegen die extraterritoriale Anwendung inländischen Rechts geschützt (Situation 1). Effektiver Schutz gegen einen Durchgriff läßt sich nur durch ausländisches Gegenrecht gewährleisten (Situation 2).

92 Zulässiger Durchgriff nach Völkerrecht

(1) Insbesondere bei Schadensersatzforderungen wegen Umweltkatastrophen ist der Durchgriff auf Obergesellschaften oder auf wirtschaftlich dominante Vertragspartner jeweils gestattet worden. So kann es bei Öltankerunfällen Verladern verwehrt sein, sich auf mangelnde Sorgfalt eines unter einer Gefälligkeitsflagge fahrenden Reeders zu berufen[124].

93 Inanspruchnahme solventer Obergesellschaften

(2) Zu einer Nichtanerkennung ausländischer Durchgriffsentscheidungen ist es dann gekommen, wenn völkerrechtswidrige Enteignungen nicht nur das Inlandsvermögen des enteigneten Unternehmens, sondern auch sein unmittelbar oder mittelbar über Tochtergesellschaften gehaltenes Vermögen außerhalb des Enteignerstaates erfassen sollten. So ist gegen die gesellschaftsrechtliche Konstruktion einer Spaltgesellschaft aus völkerrechtlicher Sicht grundsätzlich nichts einzuwenden. Die ausländische Spaltgesellschaft der enteigneten Gesellschaft kann vor den Gerichten eines Drittstaates, wie der chilenische Kupfer-Fall gezeigt hat[125], die Herausgabe von Enteignungsgut verlangen, das in den Drittstaat verbracht wurde. Anders ist es wiederum dann, wenn die Nichtanerkennung ihrerseits konsentierte gemeinsame Werte und/oder das völkerrechtliche Einmischungsverbot verletzt[126].

94 Nichtanerkennung völkerrechtswidriger Enteignungen

Spaltgesellschaft

---

122 *Ohler* (N 69), S. 128.
123 Vgl. *Schnyder* (N 80), S. 383 f., 402 f.
124 Zu instruktiven Fallberichten *Andreas F. Lowenfeld*, General Course on Private International Law, in: Recueil des Cours 245 (1994-I), S. 9, 127 f.
125 LG Hamburg Urt. v. 22.1.1973, in: AWD 19 (1973), S. 163; Urt. v. 13.3.1974, in: AWD 20 (1974), S. 412.
126 *Meessen* (N 44), S. 186 f. m. weit. Nachw.

d) Funktionsfähigkeit des Systems konkurrierender Zuständigkeiten

95
Exportkontrollrecht

Im Exportkontrollrecht werden multinationale und globale Unternehmen zur Umsetzung wirtschaftlicher Sanktionen eingesetzt. Sie werden verpflichtet, bestimmte Wirtschaftsgüter weder unmittelbar durch eigene Exporte noch mittelbar durch Reexporte ihrer Abnehmer in bestimmte Staaten gelangen zu lassen. Derartige Begrenzungen des Endverbrauchs lassen sich zwar vertraglich vereinbaren. Sind sie aber völkerrechtlich zulässig[127]?

96
Vorrag außenpolitischer Ziele?

Jeder Staat, der an den Kaufverträgen auf der Export- oder Importseite beteiligt ist, hat eine handelspolitische Zuständigkeit, in die der ein Embargo verhängende Staat eingreift, um damit seine außen-, militär- und/oder wirtschaftspolitischen Ziele zu verfolgen. Insofern geht es „nur" noch um die Interessenabwägung bei der Ausübung konkurrierender Zuständigkeiten.

„Röhrenembargo"

Der in Europa bekannteste Fall war die Verhängung des Röhrenembargos, das die Vereinigten Staaten am 30. Dezember 1981 über die Sowjetunion wegen der Ausrufung von Kriegsrecht in Polen verhängten, während die Bundesrepublik Deutschland und andere westeuropäische Staaten sich dem Embargo nicht angeschlossen hatten und daher als Reexportstaaten gegen ihren Willen zur Unterstützung des Embargos verpflichtet werden sollten[128].

97
Abwägung der Interessen von Embargostaat und Reexportstaat

Einer Interessenabwägung unter konkurrierenden Zuständigkeiten zugänglich ist nur das Verhältnis zwischen dem Embargostaat und dem oder den durch extraterritoriale Reexportverbote betroffenen Staaten. Der Konflikt zwischen Embargostaat und Zielstaat ist durch diametral entgegengesetzte Interessen geprägt. Derartige Interessen können nicht abgewogen, sondern nur im Rahmen einer politischen Lösung neu konzipiert werden. Die völkerrechtliche Zulässigkeit der Einmischung des Embargostaates in die Interessen des Reexportstaates hängt davon ab, in welchem Maß das Embargo von nur wenigen Staaten oder zum Beispiel aufgrund einer Entscheidung der Vereinten Nationen von der gesamten oder nahezu der gesamten Staatengemeinschaft getragen ist. In letzterem Fall könnte das Interesse des Embargostaates höher zu bewerten sein als die häufig nur handelspolitischen Interessen des Reexportstaates.

Konsens als Zulässigkeitskriterium

98
Kollisionsrecht

Typisierungen von Inlandsbeziehungen sind im Exportkontrollrecht und auch im Börsenaufsichtsrecht, Steuerrecht und anderen Rechtsgebieten[129] zwar möglich. Der gemeinsame Nenner einzelstaatlicher Kollisionsnormen darf jedoch nicht mit dauerhaft verbindlichem Völkergewohnheitsrecht gleichgesetzt werden. Kollisionsrecht ist Gelehrtenrecht, das je nach seiner Aufnahme zu einzelstaatlichem Richterrecht werden kann. Völkergewohnheitsrecht hingegen kann anhand vorhandener Staatenpraxis nur nachgezeichnet und systematisiert werden. Daher mögen sich Inlandsbeziehungen von Sachverhalten in wertender Kollisionsrechtsvergleichung über die ganze Breite des auf mul-

Völkergewohnheitsrechtliche Regeln

---

127 Hierzu und zum Folgenden *Karl M. Meessen* (Hg.), International Law of Export Control, Jurisdictional Issues, London 1992, passim.
128 Vgl. die Beiträge von *Jürgen Basedow, Klaus Bockslaff, Pieter Jan Kuyper, A. Vaughan Lowe, Karl M. Meessen* und *Detlev F. Vagts*, in: German Yearbook of International Law 27 (1984), S. 28 ff.
129 Zu diesen und anderen Rechtsgebieten und zur Unmöglichkeit einer allgemeinen Erfassung: *Meessen* (N 105), passim.

tinationale und globale Unternehmen extraterritorial anwendbaren Rechts nachweisen lassen. Zu völkergewohnheitsrechtlichen Regeln verdichten sich übereinstimmende Kollisionsregeln auch bei Überzeugung völkerrechtlicher Verbindlichkeit nur temporär. Wohlverstandenes Eigeninteresse kann jederzeit nach neuen Regeln verlangen, und neue Regeln können nach extraterritorialer Absicherung verlangen. Auch kann es im wohlverstandenen Eigeninteresse der Staaten liegen, die Durchsetzung universeller Werte wie der Menschenrechte durch extraterritoriale Anwendung des inländischen Rechts zu unterstützen.

In den das Verhalten multinationaler und globaler Unternehmen betreffenden Rechtsgebieten besteht daher heute meist eine konkurrierende Zuständigkeit vieler Staaten. Zum Teil verabreden die Staaten den Erlaß einheitlichen Rechts und suchen sogar seine gleichförmige Anwendung sicherzustellen. Auch soweit dies nicht geschieht, haben vielfältige Formen paralleler Beschränkung auf die für die Wirksamkeit im Inland wesentlichen Rechtsfolgen und vor allem die zunehmende Praxis informeller Zusammenarbeit von Regierungen und Behörden ernstere Konflikte bei der Ausübung der konkurrierenden Zuständigkeit verhindert. Die „selbständigen staatlichen Leitungszentren mit territorial verflochtener Zuständigkeit"[130] haben die im wesentlichen territoriale Ordnung des westfälischen Staates ersetzt und dadurch die Funktionsfähigkeit der neuen Ordnung unter Beweis gestellt. Im Wettbewerb der Systeme haben auch multinationale und globale Unternehmen keine grundsätzlichen Einwendungen mehr gegen extraterritoriale Rechtsanwendung unter der neuen Ordnung. Sie konzentrieren sich darauf, auf die Inhalte der Regelungen Einfluß zu nehmen. In welcher Weise dies geschieht, soll im folgenden erläutert werden.

99
Konkurrierende Zuständigkeit vieler Staaten

Statt Gebietsschutz Schutz staatlicher Leitung

II. Unternehmensbezogene Rechtsetzung im Wettbewerb der Systeme

Im zwischenstaatlichen Wettbewerb der Systeme versucht jeder Staat, Unternehmen dazu zu veranlassen, wertschöpfende wirtschaftliche Aktivitäten in sein Gebiet zu verlagern und ins Ausland nur dann auszulagern, wenn störende Emissionen dieser Aktivitäten den Nutzen inländischer Wertschöpfung übersteigen (Umweltdumping). Zur Erreichung dieser Ziele sind die durch staatliche Rechtsetzung geschaffenen Gebote und Verbote gegenüber Unternehmen, die im Inland bereits ansässig sind, nur in sehr begrenztem Umfang und gegenüber im Inland nicht ansässigen Unternehmen überhaupt nicht geeignet. Bei Entscheidungen über die Lokalisierung wirtschaftlicher Aktivitäten ziehen Unternehmen es vor, auf Anreize, die eine Erhöhung ihrer Gewinnmarge erwarten lassen, zu reagieren. Zu den Anreizen dieser Art zählen der Aufbau und die Unterhaltung einer unternehmensfreundlichen Infrastruktur bei vertretbarer steuerlicher Belastung. Als Bestandteil kann man im übertragenen Sinne auch eine das geschäftliche Umfeld prägende unternehmensfreundliche Rechtsetzung ansehen.

100
Staatliche Anreize zu unternehmerischer Wertschöpfung im Inland

---
130 *Meessen* (N 69), S. 268.

101
Unternehmen als Nachfrager staatlicher Rechtsetzung

Als Nachfrager im zwischenstaatlichen Wettbewerb der Systeme nehmen die Unternehmen auf die Inhalte unternehmensbezogener Rechtsetzung in vielfältiger Weise Einfluß. So sind Unternehmen intensiv am staatlichen Gesetzgebungsprozeß beteiligt. Oft geht die Initiative zu Gesetzesänderungen von Unternehmen oder ihren Fachverbänden aus. Im Gesetzgebungsverfahren werden Vertreter von Unternehmen bei den Gesetzgebungsorganen auf Leitungs- und Fachebene vorstellig. Gelegentlich werden sie zu formellen Anhörungen neben Sozialpartnern und wissenschaftlichen Experten eingeladen. Diese Art der Beteiligung von multinationalen und globalen Unternehmen unterscheidet sich von derjenigen ausschließlich auf das Inland ausgerichteter Unternehmen. Sie bedarf daher an dieser Stelle ebensowenig einer weiteren Darstellung wie die den Unternehmen durch staatliche Rechtsnormen überlassene Setzung und Fortschreibung technischer Standards.

102
Mitgestaltung von völkerrechtlichem „soft law"

Unternehmerischer Einfluß auf Rechtsetzung und Rechtsanwendung

Lokalisierung wirtschaftlicher Aktivitäten

Es wurde bereits erwähnt, daß das an multinationale Unternehmen und transnationale Gesellschaften gerichtete völkerrechtliche „soft law" in gewissem Umfang von diesen Unternehmen mitgestaltet wurde und weiterhin mitgestaltet wird. Hierüber ist in Unterabschnitt 1 genauer zu berichten. In Unterabschnitt 2 folgt ein Überblick über den wachsenden Bereich einer von Unternehmen getragenen unternehmensbezogenen Rechtsetzung und Rechtsanwendung. Die in dieser Weise geschaffenen Normen verdrängen aber nicht die staatliche Rechtsetzung, sondern stehen bei der Wahl des anwendbaren Rechts als Alternative zur Verfügung. Die im zwischenstaatlichen Systemwettbewerb erfolgende unternehmerische Beeinflussung unternehmensbezogener staatlicher Rechtsetzung durch Lokalisierung wirtschaftlicher Aktivitäten wird in Unterabschnitt 3. dargestellt.

1. Unternehmerische Mitgestaltung von völkerrechtlichem „soft law"

103
Maßgeblicher Anteil der Unternehmen

Die als Beispiel für völkerrechtliches „soft law" erwähnten Kodizes und Kodexentwürfe[131] stellen keine vollständigen Rechtsnormen dar, die als solche zur gerichtlichen Rechtsanwendung geeignet wären. Sie ergänzen lediglich einzelne Tatbestandsmerkmale oder präzisieren deren Auslegung[132]. Die Verantwortung für die Gestaltung der zu vervollständigenden einzelstaatlichen und völkerrechtlichen Normen liegt ausschließlich bei den Staaten. Dies kann vom völkerrechtlichen „soft law" selbst nicht gesagt werden. An seiner Gestaltung haben multinationale und globale Unternehmen einen maßgeblichen Anteil.

104
Leitsätze der Internationalen Arbeitsorganisation

Deutlich wird dieser Anteil bei den dreiseitigen Leitsätzen für multinationale Unternehmen, die die Internationale Arbeitsorganisation im Jahre 1977 zur Anwendung empfohlen hat[133]. In der Sprache der internationalen Arbeitsor-

---
131 S. o. Rn. 17 ff.
132 *Daniel Thürer*, Soft Law, in: Rudolf Bernhardt (Hg.), Encyclopedia of Public International Law, Bd. IV, 2000, S. 252.
133 S. o. Rn. 16 mit N 16.

ganisation beziehen sich die drei Seiten („tripartite") auf Vertreter der Mitgliedstaaten, auf Vertreter ihrer Unternehmen und Unternehmensverbände und auf Vertreter der die Arbeitnehmerschaft vertretenden Gewerkschaften[134]. Nach der Satzung der Internationalen Arbeitsorganisation hat jede der drei Seiten gleiches Stimmrecht und stellt daher je ein Drittel der Delegierten. Entscheidungen können nur mit einer Mehrheit von zwei Dritteln getroffen werden.

Bisher nicht erwähnt wurde die Internationale Handelskammer mit Sitz in Paris. Sie wurde 1919 von einer Gruppe privater Unternehmer auf Initiative eines ehemaligen französischen Handelsministers gegründet und betrachtet seither die Erarbeitung von unternehmensrelevanten Kodizes und von Regeln über die internationale Schiedsgerichtsbarkeit als eine ihrer Hauptaufgaben[135]. Die Internationale Handelskammer wird ausschließlich von den Dachorganisationen der nationalen Handelskammern getragen und diese wiederum ausschließlich von ihren jeweiligen Mitgliedsunternehmen. In Deutschland ist die nationale Dachorganisation als Körperschaft des öffentlichen Rechts organisiert[136]. Sie selbst und ihre regionalen Unterorganisationen nehmen zwar im Gewerberecht öffentlich-rechtliche Funktionen wahr. Ihre staatliche Beaufsichtigung aber ist begrenzt und ihre Entscheidungen werden ausschließlich von den auch für die Finanzierung verantwortlichen Mitgliedsunternehmen getroffen.

105
Internationale
Handelskammer

Träger

Multinationale Unternehmen waren und sind weiterhin an der Erarbeitung und Beschlußfassung der sie betreffenden Leitsätze der Organisation für wirtschaftliche Zusammenarbeit und Entwicklung, einer zwischenstaatlichen Organisation[137], beteiligt. Auch wenn die Unternehmen kein Stimmrecht haben, so werden sie doch als Betroffene („stakeholders") in alle Stadien der Ausarbeitung von Kodizes einbezogen[138]. Der Wirksamkeit der Kodizes kommt dies zugute. Sie beruht zu einem großen Teil auf der freiwilligen Zustimmung ihrer Adressaten.

106
Multinationale
Unternehmen

Beteiligung als
„stakeholders"

Der große amerikanische Diplomat und spätere Richter am Internationalen Gerichtshof, Philip Jessup bezeichnete die weder vom Völkerrecht noch von den betroffenen staatlichen Rechtsordnungen erfaßten rechtlichen Beziehungen zwischen Staaten und Unternehmen als transnationales Recht („transnational law")[139]. Christian Tietje hat diesen Begriff wiederbelebt und auf das von Unternehmen geschaffene oder doch mitgestaltete Wirtschaftsrecht angewandt[140]. Er erfaßt damit jedoch auch die Teile des völkerrechtlichen „soft law", die durch Ausfüllung völkerrechtlicher oder landesrechtlicher Rahmen-

107
Transnationales
Recht

Anwendung
auf mitgestaltetes
Wirtschaftsrecht

---

134 *Klaus Peter Samson*, International Labour Organisation, in: Bernhardt (N 132), Bd. II, 1995, S. 1150.
135 Fortlaufend aktualisierte Dokumentation: http://www.iccwba.org.
136 Gesetz zur vorläufigen Regelung des Rechts der Industrie- und Handelskammern v. 18. 12. 1956, zuletzt geändert durch Art. 2 Abs. 61 Gesetz v. 22. 12. 2011, BGBl 2011 I, S. 3044.
137 S. o. Rn. 14 ff.
138 S. 4 des Vorworts der OECD-Leitsätze in der Neufassung von 2011 (N 26).
139 *Philip C. Jessup*, Transnational Law, New Haven 1956, S. 2, 70.
140 *Christian Tietje*, Transnationales Wirtschaftsrecht aus öffentlich-rechtlicher Perspektive, in: ZVglRWiss 101 (2002), S. 417.

normen oder unbestimmter Rechtsbegriffe Verbindlichkeit erlangen. Auch diese Normen als transnationales Recht zu behandeln, könnte ihre gerichtsverfassungsrechtliche Qualifizierung als Völkergewohnheitsrecht oder völkerrechtlicher Vertrag im Sinne der Art. 25 und 59 Abs. 2 GG in Frage stellen. Der in staatlichen Gesetzen und völkerrechtlichen Verträgen bisher nicht gebräuchliche Begriff „transnationales Recht" sollte Regeln, deren Rechtsverbindlichkeit trotz fehlender Verankerung in einer etablierten Rechtsordnung anzuerkennen ist, vorbehalten bleiben[141]. Den damit erfaßten Bereich des in der internationalen Handels- und Investitionsschiedsgerichtsbarkeit angewandten und fortentwickelten Rechts[142] bezieht auch Tietje in seine Definition des Begriffs „transnationales Recht" ein[143]. Auf transnationales Recht in diesem engeren Sinne ist im folgenden einzugehen.

Begrenzung des transnationalen Rechts

2. Recht der internationalen Handels- und Investitionsschiedsgerichtsbarkeit

108
Anwendung in internationalen Schiedssprüchen

Der von Jessup dem transnationalen Recht zugedachte Raum zwischen Völkerrecht und einzelstaatlichem Recht[144] wird heute in der Tat weitgehend durch Recht der internationalen Handels- und Investitionsschiedsgerichtsbarkeit eingenommen. Die Verbindlichkeit dieses Rechtsbereichs beruht nicht wie diejenige von völkerrechtlichem „soft law" auf einzelnen Verweisungen oder offenen Begriffen völkerrechtlicher oder einzelstaatlicher Rechtsnormen, sondern nach realistischer Rechtstheorie[145] auf seiner Anwendung in Schiedssprüchen, deren Verbindlichkeit dadurch gewährleistet wird, daß sich die meisten Staaten durch völkerrechtliche Konventionen verpflichtet haben, den verfahrensrechtlichen Anforderungen dieser Konventionen entsprechende Schiedssprüche nahezu ohne inhaltliche Kontrolle zu vollstrecken. Zunächst ist unter a) das Ausmaß der Kontrollbefugnisse, die den Staaten auf diese Weise dank ihres Monopols physischer Gewaltausübung verblieben sind, darzustellen. Unter b) folgt ein Versuch, die inhaltliche Bandbreite des von multinationalen und globalen Unternehmen gestalteten „(Schieds-)Richterrechts" zu charakterisieren.

„(Schieds-)Richterrecht"

a) Ausmaß staatlicher Kontrolle von Schiedssprüchen

109
New Yorker Konvention

Für die Handelsschiedsgerichtsbarkeit wird der den staatlichen Gerichten verbleibende Raum für die inhaltliche Kontrolle von Schiedssprüchen durch das UN-Übereinkommen über die Anerkennung und Vollstreckung ausländischer Schiedssprüche, das am 10. Juni 1958 in New York unterzeichnet worden war (fortan: New Yorker Konvention)[146], vorgegeben. Art. V der New Yorker Konvention beschränkt die Ablehnung von Ersuchen, einen der Kon-

---

141 Ähnlich bereits *Meessen* (N 44), S. 323 i. V. m. S. 150 f.
142 S. u. Rn. 108 ff.
143 *Tietje* (N 140), S. 407.
144 S. o. Rn. 107 mit N 139.
145 *Meessen* (N 44), S. 45.
146 United Nations Treaty Series 330 (1958), S. 3; BGBl 1961 II, S. 122.

vention unterfallenden Schiedsspruch in einem der 150 Vertragsstaaten zu vollstrecken, auf sieben Gründe. Die fünf in Absatz 1 von Art. V genannten Gründe sind verfahrensrechtlicher Natur und betreffen überwiegend Wirksamkeit und Tragweite der zugrundeliegenden Schiedsvereinbarungen. Nur die zwei übrigen in Absatz 2 genannten Gründe betreffen den Inhalt des Schiedsspruchs, daß nämlich der Gegenstand des Rechtsstreites nach dem Recht des Vollstreckungsstaates nicht schiedsfähig war und daß eine Vollstreckung des Schiedsspruchs an einer Verletzung der öffentlichen Ordnung des Vollstreckungsstaates (Vorbehalt des nationalen ordre public) scheitern kann.

<small>Nationaler ordre public</small>

Die beiden materiellrechtlichen Ablehnungsgründe können die Vollstreckung meist nicht endgültig verhindern. Denn möglicherweise findet sich ein anderer der 150 Vertragsstaaten, der einem weiteren Vollstreckungsersuchen stattgibt. Die Kriterien der Schiedsfähigkeit und der öffentlichen Ordnung sind allerdings der Ausfüllung durch die Vertragsstaaten überlassen und schaffen daher vor allem bei politisch relevanten Streitfällen ein gewisses Maß an Unsicherheit. Hinsichtlich der Grenzen der Schiedsfähigkeit können selbst in unpolitischen Fällen grundsätzlich abweichende Haltungen der Vertragsstaaten zum Tragen kommen. So war nach US-amerikanischem Recht die Anwendung von Kartellrecht als Gültigkeitseinwand bei der Geltendmachung vertraglicher Ansprüche staatlichen Gerichten vorbehalten. Erst im Jahre 1985 hat sich der US Supreme Court für die Zulassung kartellrechtlicher Einwendungen gegen die Geltendmachung vertraglicher Ansprüche vor Schiedsgerichten ausgesprochen[147].

<small>**110** Materiellrechtliche Ablehnungsgründe</small>

<small>Schiedsfähigkeit</small>

Während Vollstreckungsverweigerungen aus materiellrechtlichen Gründen durch Wahl eines geeigneten Vollstreckungsstaates relativ leicht vermieden werden können, besteht die offene Flanke bei der Vollstreckung von Schiedssprüchen eher darin, daß nach dem fünften der zugelassenen verfahrensrechtlichen Verweigerungsgründe die vorherige Aufhebung eines Schiedsspruchs durch den zur Durchführung eines Aufhebungsverfahrens zuständigen Staat beachtet werden muß (Art. V Abs. 1 e der New Yorker Konvention). Eine derartige Aufhebung wäre in allen Vertragsstaaten der New Yorker Konvention wirksam und würde diese daher als Vollstreckungsstaaten ausschließen. Schon bei der Abfassung der Schiedsvereinbarung muß daher durch die Wahl des Orts der Schiedsgerichtsbarkeit darauf geachtet werden, die Zuständigkeit zur Aufhebung in einen Vertragsstaat zu legen, dessen Recht Einschränkungen dieses Aufhebungsgrundes zuläßt und damit die erfolgreiche Durchführung eines Aufhebungsverfahrens ausschließt[148]. Dies hängt von dem von Staat zu Staat unterschiedlichen Schiedsgerichtsrecht ab und ist keineswegs immer möglich.

<small>**111** Vorherige Aufhebung des Schiedsspruchs</small>

<small>Beachtlichkeit bei der Zuständigkeitswahl</small>

Für ein Verfahren, das keine Rechtsmittel vorsieht, sind die Möglichkeiten staatlicher Kontrolle der in der Handelsschiedsgerichtsbarkeit ergangenen Schiedssprüche als recht gering einzuschätzen. In den oft politisch brisanten

<small>**112** Begrenzte staatliche Kontrolle</small>

---

147 Mitsubishi Motors Corp. vs. Soler Chrysler- Plymouth Inc., 105 S. Ct. 3346 (1985).
148 Zu einem Beispiel s. *Meessen* (N 44), S. 303 f.

§ 246 *Zweiundzwanzigster Teil: Grenzüberschreitende Staatsaufgaben*

<small>ICSID</small>

Streitigkeiten zwischen ausländischen Investoren und Gaststaaten sieht die ICSID-Gerichtsbarkeit noch weniger Raum für eine nachträgliche Kontrolle durch staatliche Gerichte vor. Allerdings findet diese Form der Schiedsgerichtsbarkeit in einem durch staatliche Rechtsetzung geschaffenen Rahmen stets unter Beteiligung eines Staates statt. ICSID ist die allgemein gebräuchliche Abkürzung für das Zentrum für die Beilegung Internationaler Investitionsstreitigkeiten („International Center for Settlement of Investment Disputes"), das 1965 durch eine inzwischen von 141 Staaten ratifizierte Konvention (fortan: ICSID-Konvention) am Sitz der Weltbank und in enger organisatorischer Verbindung mit der Weltbank errichtet wurde[149]. 1978 wurde die geographische Ausdehnung der Zuständigkeit des Zentrums durch Zulassung völkervertragsrechtlicher Verweisungen noch weiter ausgedehnt.

113

<small>Überprüfungsverfahren</small>

<small>Immunitätsvorbehalt</small>

Das – gegenüber Handelssachen noch geringere – Ausmaß an Kontrolle durch staatliche Gerichte in Investitionssachen ergibt sich einerseits daraus, daß sich die Staaten nach Art. 27 der ICSID-Konvention verpflichtet haben, ICSID-Verfahren weder im Wege des diplomatischen Schutzes dem für zwischenstaatliche Streitigkeiten zuständigen Internationalen Gerichtshof noch einzelstaatlichen Gerichten zu unterbreiten. Vor allem sind ICSID-Schiedssprüche nach Art. 53 der ICSID-Konvention vorbehaltlich konventionsimmanenter Überprüfungsverfahren verbindlich und nach Art. 54 der ICSID-Konvention von allen Mitgliedstaaten als Vollstreckungstitel ohne weitere Prüfung anzuerkennen. Aufrecht erhalten ist nach Art. 55 der ICSID-Konvention allein der Immunitätsvorbehalt mit seiner aus der Rechtsprechung des Bundesverfassungsgerichts bekannten Unterscheidung zwischen acta iure imperii und acta iure gestionis.

114

<small>Auslegung oder Wiederaufnahme</small>

<small>Aufhebung von ICSID-Schiedssprüchen</small>

Bei den konventionsimmanenten Überprüfungsverfahren handelt es sich um Anträge auf Auslegung oder auf Wiederaufnahme, über die das Schiedsgericht, das den Schiedsspruch erlassen hat, oder, falls dies nicht möglich ist, ein neu zu bildendes Schiedsgericht entscheidet. Schließlich können Anträge auf Aufhebung des Schiedsspruchs an den Generalsekretär des Internationalen Zentrums zur Beilegung von Investitionsstreitigkeiten wegen Verletzung von einer oder mehreren der fünf in Art. 52 Abs. 1 aufgeführten elementaren Verfahrensvorschriften gestellt werden. Die Überprüfung von Aufhebungsanträgen erfolgt durch einen dreiköpfigen ad hoc-Ausschuß, dessen Mitglieder nicht von den Parteien, sondern gemäß Art. 52 Abs. 3 in Verbindung mit Art. 4 und 5 der ICSID-Konvention vom Präsidenten der Weltbank aus einem nach Vorschlägen der Mitgliedstaaten geführten Schiedsrichterverzeichnis ausgewählt werden.

b) Varianten transnationalen Handels- und Investitionsrechts

115

<small>Auswahl der Schiedsrichter</small>

In der Handelsschiedsgerichtsbarkeit wird die Rechtsanwendung vorbehaltlich der im vorangegangenen Unterabschnitt aufgezeigten Kontrolle durch

---

<small>149 Übereinkommen zur Beilegung von Investitionsstreitigkeiten zwischen Staaten und Angehörigen anderer Staaten vom 18.3.1965, BGBl 1969 II, S. 371; United Nations Treaty Series (1966), S. 159.</small>

staatliche Gerichte ausschließlich Schiedsrichterrinnen und Schiedsrichtern überlassen, die von den Parteien, also oft multinationalen und globalen Unternehmen ausgewählt wurden. Das von den solchermaßen gebildeten Schiedsgerichten zu beachtende Verfahrensrecht kann von den am jeweiligen Verfahren beteiligten Unternehmen ad hoc vereinbart werden. Der Einfachheit halber vereinbaren die Parteien aber oft schon in der Schiedsklausel oder bei Auftreten einer Streitigkeit die Anwendbarkeit bestimmter Verfahrensregeln, die eine private Institution, zum Beispiel die Internationale Handelskammer, oder eine zwischenstaatliche Institution, zum Beispiel der Ausschuß der Vereinten Nationen für Internationales Handelsrecht (United Nations Commission on International Trade Law, UNCITRAL), ausgearbeitet hat. Das Verfahrensrecht der Investitionsschiedsgerichtsbarkeit wird in der Regel durch die ICSID-Konvention selbst und die auf ihrer Grundlage erlassenen Verfahrensregeln vorgegeben. Nach Art. 44 der ICSID-Konvention sind die Parteien allerdings berechtigt, im gewissen Umfang abweichende Regeln zu vereinbaren und das von ihnen eingesetzte Schiedsgericht diesen Regeln zu unterwerfen.

Vereinbarung des Verfahrensrechts

Institutionelle Schiedsgerichtsbarkeit

Für die politische Gestaltung wichtiger als das Verfahrensrecht ist das in der internationalen Handels- und Investitionsschiedsgerichtsbarkeit angewandte materielle Recht. Es kann frei gewählt werden. Zur Auswahl stehen – in noch weiterem Umfang als nach dem in Deutschland anwendbaren Kollisionsrecht – staatliche Rechtsordnungen und Völkerrecht sowie Kombinationen oder Teile dieser Rechtsquellen. Verweisungen der zuletzt genannten Art laufen auf die Bildung von sonst nicht geltenden transnationalen Rechtsnormen im Handels- und Investitionsrecht hinaus. In welcher Weise dies geschieht, kann anhand der bisherigen Anwendung der in Art. 42 der ICSID-Konvention enthaltenen Rahmenvorschrift über das in der ICSID-Schiedsgerichtsbarkeit anwendbare materielle Recht aufgezeigt werden.

116
Freie Wahl des anzuwendenden materiellen Rechts

Nach Art. 42 Abs. 1 S. 1 entscheidet das Schiedsgericht „die Streitigkeit gemäß dem von den Parteien vereinbarten Rechtsvorschriften". Ein noch so ausführlicher Vertrag kann nicht ausschließlich nach seinem eigenen Inhalt beurteilt werden, vor allem wenn sich die Parteien über seine Auslegung oder gar seine Wirksamkeit streiten. Ein auf einer anderen Rechtsquelle beruhendes Vertragsrecht ist unverzichtbar. Seine Auswahl soll gemäß der zitierten Vorschrift durch die Parteien getroffen werden können. Hilfsweise wäre nach Art. 42 Abs. 1 S. 2 auf das internationale Privatrecht des Vertragsstaates, der Streitpartei ist, zurückzugreifen.

117
Vereinbarte Rechtsvorschriften

Die Ermächtigung der Parteien, nicht nur ein anwendbares Vertragsrecht, sondern die anwendbaren Rechtsvorschriften zu bestimmen, ist in der Praxis jedoch so verstanden worden, daß die Parteien freier gestellt sind und, anstatt ein bestimmtes anwendbares Recht zu wählen, das jeweilige Schiedsgericht beauftragen können, den von Jessup mit dem Begriff „transnationales Recht" umschriebenen Raum zwischen Völkerrecht und einzelnen staatlichen Rechtsordnungen auszufüllen. Dies kann dadurch geschehen, daß sie ausschließlich Völkerrecht, allgemeine Rechtsprinzipien oder den üblicherweise

118
Beauftragung des Schiedsgerichts

Möglichkeiten bei der Rechtsauswahl

Stabilitätsklauseln beachteten Handelsbrauch für anwendbar erklären[150]. Statt dessen können sie auch mehrere, untereinander widersprüchliche staatliche Rechtsordnungen oder nur das Recht des Gaststaates und Völkerrecht gleichzeitig für anwendbar erklären[151]. Sie können Teile eines hauptsächlich ausgewählten anwendbaren Rechts von der Anwendung ausschließen oder das an einem bestimmten Zeitpunkt geltende anwendbare Recht festschreiben[152]. Derartige Stabilitätsklauseln werden trotz demokratietheoretischer Bedenken für wirksam gehalten[153].

119 Hilfsweise Anwendbarkeit völkerrechtlicher Regeln

Maßgaben allgemeiner Rechtsgrundsätze

Schließlich eröffnet die in Art. 42 Abs. 1 S. 2 vorgesehene hilfsweise Anwendbarkeit der „einschlägigen Regeln des Völkerrechts" ein erhebliches Spektrum an schiedsrichterlichen Entscheidungsmöglichkeiten, insbesondere wenn die in zwischenstaatlichen Streitigkeiten kaum angewandten allgemeinen Rechtsgrundsätze gemäß Art. 38 Abs. 1 c des Statuts des Internationalen Gerichtshofs für anwendbar erklärt werden. Schreuer hat eine Liste von 14 Beispielen derartiger Grundsätze zusammengestellt und Anwendungsfälle ausschließlich anhand von ICSID-Schiedssprüchen nachgewiesen[154]. Hinter dieser Praxis steht eine Stellungnahme von Lord McNair. Er hatte bereits 1957 Vereinbarungen zwischen Staaten und ausländischen Investoren nach Maßgabe allgemeiner Rechtsgrundsätze, die aus seiner Sicht noch nicht einmal identisch mit den in Art. 38 Abs. 1 c Statut des Internationalen Gerichtshofs genannten allgemeinen Grundsätzen des Völkerrechts zu sein brauchen, rechtsschöpferischen Charakter zugeschrieben[155].

120 Aminoil-Fall als Beispiel

In einem ad hoc, also außerhalb der ICSID-Konvention durchgeführten Schiedsgerichtsverfahren zwischen Kuwait und Aminoil hatten die Parteien das anwendbare Recht ganz im Sinne von McNair wie folgt bestimmt[156]: „The law governing the substantive issues between the parties shall be determined by the tribunal, having regard to the quality of the parties, the transnational character of their relations and the principles of law and practice prevailing in the modern world."

121 Anwendung einer Gewinnverteilungsformel

Danach sah sich das Schiedsgericht als ermächtigt an, eine im Nahen Osten in anderen Vereinbarungen über Erdölkonzessionen getroffene Gewinnteilungsformel auf den Konzessionsvertrag zwischen Kuwait und Aminoil anzuwenden. Von einer ausdrücklichen oder stillschweigenden Zustimmung Aminoils zu dieser Formel war nicht die Rede. Die ägyptische Autorin Nagla Nassar rechtfertigte die Entscheidung des Schiedsgerichts aufgrund einer vertraglichen Gleichgewichtstheorie, nach der langfristige Verträge unter gewis-

---

150 Christoph Schreuer, The ICSID Convention. A Commentary, Cambridge ²2009, Rn. 36 zu Art. 42.
151 Schreuer (N 150), Rn, 49 zu Art. 42.
152 Schreuer (N 150), Rn. 41 zu Art. 42.
153 Schreuer (N 150), Rn. 117 zu Art. 42.
154 Schreuer (N 150), Rn. 177 zu Art. 42.
155 Arnold Duncan McNair, The General Principles of Law Recognized by Civilized Nations, in: British Yearbook of International Law 33 (1957), S. 1.
156 Kuwait vs. American Independent Oil Company, Ad hoc Arbitration Tribunal, Schiedsspruch vom 24. 3. 1982, in: International Legal Materials 21 (1982), S. 976, 980.

sen Anpassungen aufrechterhalten werden können[157]. Für Aminoil dürfte diese Lösung gegenüber einem Bruch des Vertrages das geringere Übel dargestellt haben.

Während es im Investitionsrecht gilt, den immer wieder auftretenden Gegensatz zwischen den Gewinninteressen investierender Unternehmen und den wirtschaftspolitischen Interessen des Gaststaates zu überbrücken, werden grenzüberschreitende Handelsverträge in der idealerweise unpolitischen Welt austauschender Gerechtigkeit der globalen Zivilgesellschaft abgeschlossen. Die Rechtswahl ist – abgesehen von den oben erwähnten gelegentlich auftretenden Hindernissen bei der Vollstreckung – nicht enger beschränkt als nach Art. 42 der ICSID-Konvention. Um keiner Seite den Vorteil einer Unterstellung des Vertrages unter das eigene Heimatrecht zu gewähren, gibt es auch in der Handelsschiedsgerichtsbarkeit eine Praxis der Bezugnahme auf mehrere Rechtsordnungen zugleich und eine Praxis der Festschreibung des anwendbaren Rechts auf den Zeitpunkt des Vertragsschlusses durch Stabilitätsklauseln[158].

122
Praxis der Handelsgerichtsbarkeit

Clive Schmitthoff und Berthold Goldman gingen einen Schritt weiter. Sie knüpften unter Überspringung von 600 Jahren Kodifikationsgeschichte an die Praxis italienischer Kaufleute an, ihre vertraglichen Beziehungen nach dem sich aus Handelsbräuchen entwickelnden Grundsätzen zu beurteilen, und kündigten die Entstehung einer „new law merchant" oder „lex mercatoria" an[159]. Während der letzten Jahrzehnte des vorigen Jahrhunderts begann man bereits, parallel zu Bemühungen um eine Kodifizierung von Grundsätzen des Vertragsrechts innerhalb der Europäischen Union, diverse Listen von Grundsätzen der lex mercatoria zusammenzustellen[160]. Die aus einer spärlichen schiedsgerichtlichen Praxis gewonnenen Grundsätze der lex mercatoria geben in Wirklichkeit jedoch keine praxisnahen Handelsbräuche, sondern wiederum nur sehr allgemein gehaltene Grundsätze des Vertragsrechts wieder[161]. Insofern ist die lex mercatoria bis heute dem ursprünglich formulierten Anspruch auf Herausbildung eines einheitlichen praxisnahen Regelwerks nicht gerecht geworden[162] und trotz eindrucksvoller Unterstützung in der Literatur über den Status einer Variante transnationalen Rechts nicht hinausgediehen.

123
Aus Handelsbräuchen entwickelte Grundsätze

Allgemein gehaltene Grundsätze des Vertragsrechts

3. Einflußnahme durch Lokalisierung wirtschaftlicher Aktivitäten

Weltweit versuchen marktwirtschaftlich organisierte Staaten Unternehmen zu veranlassen, wertschöpfende wirtschaftliche Aktivitäten in das eigene Gebiet zu verlegen und alte und neue Inlandsaktivitäten nicht ins Ausland zu verla-

124
Staatlicher Bedarf an inländischer Wertschöpfung

---

157 *Nagla Nassar*, Sanctity of Contracts Revisited. A Study in the Theory and Practice of Long-Term International Commercial Transactions, Dordrecht 1995, S. 237 f.
158 Statt vieler *Gary Born*, International Commercial Arbitration, Alphen 2009, Bd. II, S. 2222 f., 2226 f.
159 *Clive Schmitthoff*, International Business Law. A New Law Merchant, in: Current Law and Social Problems, 1961, S. 129; *Berthold Goldman*, Frontières du droit et „lex mercatoria", in: Archives de philosophie du droit 9 (1964), S. 177.
160 *Meessen* (N 44), S. 66 f. m. weit. Nachw.
161 *Meessen* (N 44), S. 69.
162 *Born* (N 158), S. 2232 f.

gern. Häufig geschieht dies durch Zuwendungen in der Form von Subventionen oder Steuervergünstigungen. Die Unternehmen wissen nur zu gut, daß es sich hierbei um Vorschußleistungen handelt, deren Gegenwert sie in der Folge selbst erwirtschaften müssen. Aus ihrer Sicht wichtiger sind daher mittel- und langfristig wirkende Anreize wie der Zugang zu Rohstoffen und anderen Vorprodukten, zu billigen und gut ausgebildeten Arbeitskräften und zu kaufkräftigen Abnehmern im Inland und leicht erreichbaren Auslandsmärkten. Neben einer leistungsfähigen Verkehrsinfrastruktur und zahlreichen „weichen" Faktoren wie Sicherheit und Lebensqualität sollen außerdem bei Einkauf und Vertrieb möglichst niedrige Transaktionskosten durch eine verläßliche und vor allem korruptionsfrei durchgesetzte Rechtsordnung anfallen[163].

125 *Wirtschaftliche Souveränität des Gaststaates*
Diese und andere Vorschläge brauchen den Regierungen von Gaststaaten nicht eigens nahegebracht zu werden. In Marktwirtschaften ist die Steigerung des Bruttoinlandsprodukts wichtigstes Ziel der Wirtschaftspolitik. Die Vorstellung, daß jedes größere Vorhaben Investoren Gelegenheit gibt, eine Wunschliste zur Gesetzgebung vorzulegen und auszuhandeln, mag das Verhältnis von industriestaatlichen Unternehmen zu Entwicklungsländern vor 50 Jahren gekennzeichnet haben. Heute wissen die Unternehmen, daß allzu deutliche Einwirkungen auf die wirtschaftliche Souveränität von Gaststaaten schon aus Gründen der Selbstachtung auf den Widerstand der jeweiligen Regierung stoßen und zu einem Verlust an Ansehen des Unternehmens unter den Abnehmern bis hin zu den Endverbrauchern führen.

126 *Lokalisierung unter dem Druck des Unternehmenswettbewerbs*
Die Intensität der mehr oder weniger lautlosen unternehmerischen Einflußnahme auf die staatliche Rechtsetzung beruht darauf, daß die Unternehmen im Markt für die von den Staaten angebotenen wirtschaftlichen und wirtschaftsrechtlichen Systemleistungen nur Nachfrager sind. Die Rolle als Nachfrager ist aus der Sicht der Unternehmen ihrer Rolle als Anbieter in ihrem eigentlichen Produktmarkt untergeordnet. Dort müssen sie sich im Wettbewerb mit anderen Unternehmen behaupten, die in demselben Produktmarkt tätig sind. Wenn sie es nicht tun, drohen rasch ein Ausscheiden aus dem Markt und sogar die Insolvenz, sofern ihnen Ausgleichsmöglichkeiten in anderen Märkten fehlen. Diese Risiken muß die staatliche Seite, wenn sie Entscheidungen trifft, die für die Lokalisierung wirtschaftlicher Aktivitäten von Unternehmen relevant sind, stets als für die Unternehmerseite unausweichlich einkalkulieren.

127 *Allgemeinpolitische Zurückhaltung*

Effizienzanforderungen des Produktmarkts
Im Rahmen staatlicher Wirtschaftspolitik wirken multinationale und globale Unternehmen durch ihr gemeinsames Machtpotential. Zu den großen sozialen und kulturellen Themen staatlicher Politik nehmen einzelne Unternehmen nicht Stellung. Sonst würden sie die Akzeptanz ihrer Produkte unter all denjenigen gefährden, die ihren politischen Standpunkt als industrielle Abnehmer oder als Endverbraucher nicht teilen. Ihr Handeln in dem Wettbewerb der Systeme orientiert sich ausschließlich an den Effizienzanforderungen ihres Produktmarkts. Politische Affinitäten zu Regierungen an bestimm-

---

163 Allgemein hierzu *Lüder Gerken*, Der Wettbewerb der Staaten, 1999, S. 25 f.

ten Standorten spielen keine Rolle. Die Unternehmen setzen lediglich wirtschaftliche Daten. Eben diese nach wettbewerblichen Kriterien des jeweiligen Produktmarkts gesetzten Daten sind es, die in den betroffenen Staaten über die Höhe des inländischen Bruttosozialprodukts entscheiden.

Während Unternehmen über die Lokalisierung wirtschaftlicher Aktivitäten in dem Wettbewerb ihres Produktmarkts stets rasch handeln müssen, wirkt sich für die staatliche Seite die Qualität des unternehmensrechtlichen Umfeldes auf die Anziehung ausländischer Investitionen oder die Verhinderung inländischer Desinvestitionen nur langsam aus. Auf Dauer stehen die Staaten aber unter dem unausweichlichen Druck des Systemwettbewerbs mit anderen Staaten. Die vom Investitionsverhalten der Unternehmen abhängige Wettbewerbsfähigkeit staatlicher Volkswirtschaften wird ständig mit derjenigen von Nachbarstaaten oder entfernteren, aber als Wettbewerber geltenden Volkswirtschaften verglichen. Indikatoren sind Veränderungen des Bruttoinlandsprodukts, der Arbeitslosigkeit und der sich aus der Verzinsung neu begebener Anleihen ablesbaren Kreditwürdigkeit. Die Wähler reagieren nach den Regeln der Public Choice Theorie mit „voice" oder „exit"[164].

128
Systemwettbewerb unter Staaten

Vergleich mit anderen Volkswirtschaften

Die Staaten können sich jedoch gegen diese Art von Druck zur Wehr zu setzen, und zwar durch Kartellbildung. So jedenfalls wird in der Wirtschaftswissenschaft der deutliche Trend zur Harmonisierung des Rechts auf den verschiedenen Ebenen des Systemwettbewerbs verstanden[165]. Besonders deutlich ist dies innerhalb der Europäischen Union, in der Harmonisierungsrichtlinien als leicht zugängliche Maßnahmen zur Ausgestaltung von Regulierungskartellen zur Verfügung stehen[166]. Im Grunde genommen geht es um die „problemangemessene Wahl der Aufgabenerledigungsebene" im Mehrebenensystem[167]. In den Wirtschaftswissenschaften ist versucht worden, unter dem Gesichtspunkt einer Ordnung des Wettbewerbs der Systeme ein Optimierungsmodell zu entwickeln[168]. Ein Modell dieser Art hat Oliver Budzinski in seiner Habilitationsschrift vorgestellt[169]. Dieses Modell dürfte zu perfektionistisch geraten sein. Jedenfalls hätte es, wenn es, um kartellartige Wirksamkeit zu entfalten, durch eine Konvention oder durch Richtlinienrecht umgesetzt würde, kaum Aussicht auf Akzeptanz. Die Entscheidung über Wettbewerb oder Harmonisierung gehört zu den staatlichen Kernkompetenzen und muß von Fall zu Fall politisch getroffen werden[170].

129
Kartellbildung auf Staatenebene

Harmonisierungsrichtlinien der EU

---

164 *Albert O. Hirschman*, Exit, Voice and Loyalty, Responses to Decline in Firms, Organizations and States, Cambridge 1970.
165 *Gerken* (N 163), S. 74 m. weit. Nachw.
166 *Werner Mussler*, Intra-EU Systems Competition, in: Karl M. Meessen/Marc Bungenberg/Adelheid Puttler (Hg.), Economic Law as an Economic Good. Its Rule Function and its Toll Function in the Competition of Systems, 2009, S. 337.
167 *Hobe* (N 84), S. 424.
168 *Wolfgang Kerber*, The Theory of Regulatory Competition and Competition Law, in: Meessen/Bungenberg/Puttler (N 166), S. 27.
169 *Oliver Budzinski*, The Governance of Global Competition. Towards Appropriate Rules for an International Multilevel Competition Policy System, Cheltenham 2008, S. 233 f.
170 Zu den sich gegenüberstehenden Gesichtspunkten vgl. *Karl M. Meessen*, Economic Law as an Economic Good, in: ders./Bungenberg/Puttler (N 168), S. 3, 21 f.

C. Funktionsgerechte Zusammenarbeit von Staaten und Unternehmen

130
Extraterritoriale Zuständigkeit

Zusammenfassend ist zu der im obigen Abschnitt B.I. erörterten grenzüberschreitenden Zuständigkeit der Staaten festzustellen, daß sie in Angelegenheiten, die sie im Inland selbst betreffen oder deren Regelung an jedem Ort der Welt aufgrund der Werthaftigkeit der Aufgabenstellung von jedem Staat verantwortet werden kann, befugt sind, Recht zu setzen und anzuwenden[171]. Derartiges extraterritoriales Recht kann in der Regel gerade gegenüber weltweit tätigen Unternehmen wirksam vollzogen werden. Bei der Ausübung extraterritorialer Zuständigkeit sind nach dem völkerrechtlichen Einmischungsverbot die rechtlichen Folgen der inländischen Regelung zur Wahrung souveräner Staatengleichheit im Wege von Kompromissen insbesondere durch Aufteilung der Rechtsfolgen so zu begrenzen, daß die inländischen Regelungsinteressen die Interessen eines oder mehrerer ausländischer Staaten an dem Ausbleiben dieser Regelungsfolgen überwiegen[172].

131
Einflußnahme globaler Unternehmen auf staatliche Rechtsetzung

Nach Maßgabe der Erörterungen in obigem Abschnitt B.II. können multinationale und globale Unternehmen in dem von staatlicher Rechtsetzung gestatteten Umfang staatliche und völkerrechtliche Regeln ausfüllen oder durch Beteiligung an der Handels- und Investitionsschiedsgerichtsbarkeit transnationales Recht in dem Raum zwischen Völkerrecht und innerstaatlichem Recht mitgestalten. Durch Entscheidungen über die weltweite Lokalisierung ihrer wirtschaftlichen Aktivitäten können multinationale und globale Unternehmen in ihrer Gesamtheit als Nachfrager im zwischenstaatlichen Systemwettbewerb Daten setzen, die in marktwirtschaftlich organisierten Staaten die unternehmensbezogene staatliche Rechtsetzung intensiv beeinflussen[173].

132
Zwischenabhängigkeit von Staaten und Unternehmen

Die eingangs gestellte Souveränitätsfrage kann nunmehr beantwortet werden: Durch das Auftreten von Unternehmen als globaler Akteure hat sich die Rolle der Staaten geändert, ihre auf verschiedenen Aktionsebenen ausgeübte Souveränität ist hierdurch aber nicht eingeschränkt worden. Staaten und Unternehmen stehen in einem Verhältnis der Zwischenabhängigkeit zueinander.

133
Gegenseitige Unterstützung ohne Absicht der Beherrschung

Weder wollen Unternehmen Staaten noch Staaten Unternehmen beherrschen. Ohne jeweils die eigene Existenz zu gefährden, wäre dies auch nicht möglich. So sind die Staaten auf Unternehmen nicht nur als Steuerzahler angewiesen. Vielmehr benötigen sie in ihrem Gebiet grenzüberschreitend tätige Unternehmen, die im Wege Hayekscher „Entdeckungsverfahren" für Innovationen und wirtschaftliches Wachstum sorgen, unter dem Druck des sich in zunehmend globalen Produktmärkten entfaltenden Wettbewerbs[174].

---

171 → Oben *Becker*, § 230; *Walter*, § 237 Rn. 17 ff., 46 ff.
172 S.o. Rn. 55 ff.
173 S.o. Rn. 100 ff.
174 Näheres s. *Meessen* (N 39), S. 698.

Die Staaten gewinnen damit eine Grundlage für die ihnen obliegende verteilungsgerechte Sozialpolitik zum Wohl einer nach Zahl und Anspruch wachsenden Weltbevölkerung. Die Unternehmen wiederum können die positiven Wirkungen ihres Wettbewerbs in den Produktmärkten nur dann erzeugen, wenn ihnen die Staaten durch Setzung und Anwendung rechtlicher Normen die Eingehung und Abwicklung komplizierter Rechtsverhältnisse und – in Kartell- und Außenhandelsrecht – dezentrale Entscheidungsprozesse in offenen Märkten ermöglichen. Genau dies ist das Ziel richtig verstandener ordoliberaler oder neoliberaler Wirtschaftspolitik[175]. {Gewinn auf beiden Seiten; Neoliberale Wirtschaftspolitik}

134 Staaten und Unternehmen stehen in keinem Konkurrenzverhältnis zueinander. In dem Bewußtsein, voneinander abhängig zu sein, können sie daher miteinander zusammenarbeiten und sich bei der Wahrnehmung ihrer sich nur zum Teil deckenden Aufgaben unterstützen. Ziel muß sein, die unterschiedlichen Orientierungsrahmen der dem Gemeinwohl verpflichteten und durch Rechtsetzung und Rechtsanwendung handelnden Staaten und der auf Gewinnerzielung ausgerichteten und durch Wettbewerb für Innovationen und wirtschaftliches Wachstum sorgenden Unternehmen von Aufgabe zu Aufgabe pragmatisch aufeinander abzustimmen. Die gegenseitige Abhängigkeit von Staaten und Unternehmen erschöpft sich nicht in einem in der Regel harmonischen Nebeneinander, sondern verpflichtet zu funktionsgerechter Zusammenarbeit, deren Potential weiterer Untersuchung und Entwicklung bedarf. {Funktionsgerechte Zusammenarbeit; Abstimmung von Aufgabe zu Aufgabe}

135 Zusammenarbeit ist vor allem dann geboten, wenn ein Staat ein nicht auf wirtschaftliche Effizienz ausgerichtetes Gemeinwohlziel in der Sozial- und Umweltpolitik verfolgen will und hierfür von Unternehmen Unterstützung erwartet. Zwar kann jedem Unternehmen soziale Verantwortung übertragen werden. Gegenüber multinationalen und globalen Unternehmen kann dies weltweit durch extraterritorial anwendbares Recht geschehen[176]. Die Übernahme sozialpolitischer oder umweltpolitischer Verantwortung ist jedoch für die Unternehmen in der Regel mit Kosten verbunden, die ihre Wettbewerbsfähigkeit in den sich globalisierenden Produktmärkten beeinträchtigen können. In solchen Fällen kann die Übertragung sozialer Verantwortung dadurch funktionsgerecht unterstützt werden, daß den Unternehmen finanzielle Anreize geboten werden, an der Verwirklichung derartiger Politiken aktiv mitzuwirken. Vor allem wenn ein Gemeinwohlziel nicht von allen Staaten in gleicher Weise betrieben wird, können die den Unternehmen aufgebürdeten Kosten der Mitwirkung zu einer Revision von Lokalisierungsentscheidungen und damit im Wettbewerb der Systeme auch zu einer wirtschaftlichen Benachteiligung des Staates führen, der ein anerkennenswertes Gemeinwohlziel im Alleingang verfolgt. {Sozial- und Umweltpolitik; Finanzielle Unterstützung von sozialer Verantwortung}

---

175 *Meessen* (N 39), S. 699; zur Gestaltung eines effizienzfördernden Wirtschaftsrechts vgl. *ders.*, Auf der Suche nach einem der Wirtschaft gemäßen Wirtschaftsrecht, in: ZVglRWiss 111 (2012), S. 273.
176 S.o. Rn. 55 ff.

§ 246 *Zweiundzwanzigster Teil: Grenzüberschreitende Staatsaufgaben*

136
Unternehmerische Reputation

Die Anreize können positiver oder negativer Art sein. Ersteres ist der Fall, wenn Unternehmen Gelegenheit gegeben wird, sich zum Beispiel durch regelmäßige Vorlage von Ökobilanzen in ihrem Produktmarkt eine vorteilhafte Reputation bei Abnehmern und Verbrauchern zu verschaffen. Umgekehrt können Unternehmen für den Fall mangelhafter Wahrnehmung dieser Verantwortung nach dem Motto „name and shame" Reputationsverluste angedroht werden. In beiden Fällen erfolgt die Verwirklichung einer derartigen Politik über die oft von Nichtregierungsorganisationen getragene öffentliche Meinung. Zur Illustration soll über den sogenannten Kimberley-Prozeß[177] kurz berichtet werden:

137
Kimberley-Prozeß

Im Kimberley-Prozeß haben Nichtregierungsorganisationen, staatliche Akteure und auch Unternehmen eng zusammengearbeitet und damit zur Beendigung von Bürgerkriegen in Angola und Sierra Leone beigetragen, die von den rebellierenden Teilen der Bevölkerung mit illegal geförderten „Blutdiamanten" finanziert worden waren. Der Finanzierung war dadurch Einhalt geboten worden, daß Diamanten importierende Staaten in Zusammenarbeit mit der größten Diamantenhändlerin der Welt ein Zertifizierungssystem für legal geförderte und damit für den Handel zugelassene Diamanten einführten und einige Jahre lang erfolgreich durchsetzten. Daß das kooperierende Diamantenhandelsunternehmen bei dieser Gelegenheit seine Lagerbestände im Wert von mehreren Milliarden US-Dollar abbauen konnte, war ein vielleicht von den Beteiligten in Kauf genommener Schönheitsfehler. – Der Gedanke, durch Zertifizierung Transparenz zu schaffen und auf diese Weise soziale Verantwortung in allen extraktiven Rohstoffindustrien durchzusetzen, wird unter anderem im Rahmen der EITI-Initiative (Extractive Industries Transparency Initiative) weiterverfolgt[178].

138
Funktionale Übergriffe durch staatliche Unternehmen und Staatsfonds?

Dieser hier nur kurz aufgezeigten Perspektive funktionsgerechter Zusammenarbeit ist ein caveat anzufügen. Neuerdings beginnen zwei Kategorien multinationaler und globaler Unternehmen zunehmend kritische Aufmerksamkeit auf sich zu ziehen: Zum einen sind es die staatlichen Unternehmen (State-Owned Enterprises, SOEs), zum anderen die Staatsfonds (Sovereign Wealth Funds, SWFs)[179]. In den Staatsfonds haben erdöl- und erdgasreiche Staaten des mittleren Ostens, aber auch Norwegen und Singapur Einnahmenüberschüsse in Anleihen als solvent geltender Staaten und in Kapitalbeteiligungen an Unternehmen aller Art angelegt. Zur wettbewerblichen Steuerung

Bisherige Zurückhaltung

sind diese in Höhe mehrerer Billionen US-Dollar angesammelten Mittel offenbar bisher nicht genutzt worden. So verfügen die Staatsunternehmen

---

177 *Ann C. Wallis*, Data Mining. Lessons from the Kimberley Process for the United Nations Development of Human Rights Norms for Transnational Corporations, in: Nw. J. Int'l Human Rights 4 (2005), S. 388; *Virginia Haufler*, The Kimberley Process Certification Scheme, An Innovation in Global Governance and Conflict Prevention, in: Journal of Business Ethics 2010, S. 403.
178 EITI International Secretariat, EITI Rules including Validation Guide, Fassung vom 1.11.2011; www.eiti.org; s. auch *Bundesministerium für wirtschaftliche Zusammenarbeit und Entwicklung*, Extraktive Rohstoffe, BMZ-Strategiepapier 4/2010.
179 Auch zum Folgenden: *Karl P. Sauvant/Lisa E. Sachs u.a.* (Hg.), Sovereign Investment, Concerns and Policy Reactions, Oxford 2012.

Rußlands und Chinas[180] ebenfalls über erhebliche Mittel und kontrollieren als Direktinvestoren auch Teile der Infrastruktur einiger Staaten. Allerdings sollen sie bisher ihre wirtschaftlichen Aktivitäten vorwiegend nach Effizienzkriterien ausgerichtet haben.

Das Alarmsignal, das Ian Bremmer aus diesem Befund abgeleitet hatte[181], mag verfrüht sein. Ob sich aber die multinationalen und globalen Unternehmen dieser Kategorie weiterhin zurückhalten werden, ist offen. Jederzeit könnten Staatsunternehmen ihre Schlüsselstellung in ausländischen Volkswirtschaften strategisch nutzen, und die Staatsfonds könnten ihre Portfolio-Beteiligungen an den Börsen der Welt ohne viel Aufhebens zu Mehrheitsbeteiligungen ausbauen, um sie dann für außenpolitische Ziele des sie kontrollierenden Staates einzusetzen. Die bisherige renditeorientierte Unternehmenspolitik könnte dann einer Politik der Androhung und Verhängung wirtschaftlicher Sanktionen Platz machen und damit auch die künftige Praktizierung funktionsgerechter Zusammenarbeit von globalen Unternehmen und Staaten in Frage stellen.

139
Aufbau von Störpotentialen

---

180 In einer neuen Liste der Zeitschrift Fortune der 500 größten Unternehmen der Welt haben nur zwei der 59 chinesischen Unternehmen mehrheitlich private Anteilseigner.
181 S. o. Rn. 39 mit N 67.

D. Bibliographie

George W. Ball, Cosmocorp: The Importance of Being Stateless, in: Colum. J. World Bus. 2 (1969), S. 25 ff.
Gary Born, International Commercial Arbitration, 2 Bde., Alphen 2009.
Albert Breton, Competitive Governments. An Economic Theory of Politics and Public Finance, Cambridge 1996.
Richard E. Caves, Multinational Enterprises and Economic Analysis, Cambridge 1982.
Ronald H. Coase, The Nature of the Firm, in: Economica, New Series 4 (1937), S. 386; auch abgedruckt in: ders., The Firm, the Market and the Law, Chicago 1988.
John H. Dunning/Sarianne M. Lundan, Multinational Enterprises and the Global Economy, Cheltenham ²2008.
Lüder Gerken, Der Wettbewerb der Staaten, 1999.
Virginia Haufler, The Kimberley Process Certification Scheme. An Innovation in Global Governance and Conflict Prevention, in: Journal of Business Ethics, 2010, S. 403 ff.
Stephen Herbert Hymer, The International Operations of National Firms. A Study of Direct Foreign Investment, Cambridge 1976 (Nachdruck der Dissertation von 1960).
Stephan J. Kobrin, Private Political Authority and Public Responsibility: Transnational Politics, Transnational Firms, and Human Rights, in: Business Ethics Quarterly 2009, S. 349 ff.
Karl M. Meessen, Völkerrechtliche Grundsätze des internationalen Kartellrechts, 1975.
ders., Internationale Verhaltenskodizes und Sittenwidrigkeitsklauseln, in: NJW 34 (1981), S. 1131 ff.
ders., Economic Law in Globalizing Markets, Den Haag 2004.
ders., Prinzip Wettbewerb, in: JZ 64 (2009), S. 697 ff.
Werner Meng, Extraterritoriale Jurisdiktion im öffentlichen Wirtschaftsrecht, 1998.
Peter T. Muchlinski, Multinational Enterprises and the Law, Oxford ²2007.
Gunnar Myrdal, The Equality Issue in World Development, in: Swed. J. Econ. 1995, S. 413 ff.
Karl P. Sauvant/Lisa E. Sachs/Wouter P. F. Schmit Jongbloed (Hg.), Sovereign Investment, Concerns and Policy Reactions, Oxford 2012.
Anton K. Schnyder, Wirtschaftskollisionsrecht, 1990.
Christoph Schreuer, The ICSID Convention. A Commentary, Cambridge ²2009.
Hermann Simon, Hidden Champions. Aufbruch nach Globalia. Die Erfolgsstrategien unbekannter Weltmarktführer, 2012.
Stefan Sinn, Competition for Capital. On the Role of Governments in an Integrated World Economy, 1993.
Charles M. Tiebout, A Pure Theory of Local Expenditures, in: J. Pol. ECON 64 (1956), S. 416 ff.
Raymond Vernon, Sovereignty at Bay, The Multinational Spread of U. S. Enterprises, New York 1971.

§ 247
Schutz des geistigen Eigentums

Andreas Paulus

Übersicht

	Rn.		Rn.
A. Urheberrecht als rechtssystemübergreifendes Menschen- und Grundrecht im Informationszeitalter	1–3	III. Europarechtlicher Urheberrechtsschutz	40–52
		1. Vom Territorialitätsprinzip über die Teil- zur Vollharmonisierung	41–43
B. Schutz des Urheberrechts in verschiedenen Rechtssystemen	4–55	2. Schutz des geistigen Eigentums als Unionsgrundrecht	44–48
I. Schutz des geistigen Eigentums nach dem Grundgesetz	8–25	3. Ausgleich der Grundrechtspositionen bei der Durchsetzung des geistigen Eigentums im europäischen Recht	49–52
1. Verbreitungs- und Verwertungsrecht als Eigentumsrechte	8–10		
2. Weitere Grundrechte des Urhebers	11–12	IV. Verhältnis zwischen internationalem, europäischem und nationalem Schutz der Urheber	53–55
3. Schonender Ausgleich zwischen Urheberrecht und anderen Grundrechten, insbesondere der Meinungs- und Informationsfreiheit	13–24	C. Urheberrecht als Staatsaufgabe im Informationszeitalter	56–67
		I. Der nationale Gesetzgeber zwischen Schutzaufgabe und Harmonisierungsdruck	58–61
4. Zwischenbilanz	25	II. Extraterritorialer Grundrechtsschutz als Aufgabe der Exekutive	62–64
II. Völkerrechtlicher Schutz des geistigen Eigentums	26–39		
1. Universeller Menschenrechtsschutz	28–31	III. Rechtsprechung im Mehrebenensystem: Schutzauftrag und Abgrenzung	65–67
2. Internationale Verträge zum Schutz des geistigen Eigentums	32–36	D. Zukunft des Schutzes geistigen Eigentums im Internetzeitalter	68–70
3. Urheberrecht im WTO-System: TRIPs	37–39	E. Bibliographie	

A. Urheberrecht als rechtssystemübergreifendes Menschen- und Grundrecht im Informationszeitalter

1
Internationaler Bezug

Wie kaum ein anderes grundrechtlich geschütztes Gut weist das geistige Eigentum eine Fülle internationaler Bezüge auf. Schon im 19. Jahrhundert war es Gegenstand internationaler Verträge[1]. Das rührt daher, daß immaterielle Güter viel leichter und unkontrollierter Grenzen überschreiten als Sachen. Wissenschaftliche Erfindungen stellen zudem die Grundlage des Wohlstands im 21. Jahrhundert dar, und entsprechend umkämpft ist ihr Schutz vor fremdem Zugriff. Dazu kommen die neuen Medien des Internetzeitalters, die fortwährend neue Anforderungen an den Ausgleich von Grundrechten der Urheber, Vermittler und Nutzer durch urheberrechtliche Regulierung stellen. Allerdings ist die Herausforderung des Urheberrechts durch neue Techniken der Vervielfältigung nichts Neues; vielmehr wurde das Urheberrecht schon immer dadurch geprägt, daß neue Techniken auf Grundlage alter Vorschriften beurteilt werden mußten[2].

2
Geistiges Eigentum im Internetzeitalter

Mit der fortschreitenden Digitalisierung von Informationen, der einfachen Möglichkeit zum Kopieren von Medieninhalten in hoher Qualität und aufgrund der durch das Internet ermöglichten kostengünstigen und massenweisen Verbreitung ergeben sich neue Herausforderungen für das Urheberrecht. Die Ubiquität kostenloser Information im Internet stellt insbesondere die klassischen Printmedien unter Existenzdruck. Aus der Kostenfreiheit vieler Angebote im Netz hat sich eine Gratiskultur entwickelt, die der Grundkonzeption – der Zuordnung der Erträge der Verwertung an den Urheber – entgegenläuft. Gerade die jüngere Generation ist immer weniger dazu bereit, für Gedrucktes Geld zu bezahlen – vom Filesharing im Internet für Musik und Videos einmal ganz zu schweigen. Aber Qualitätsmedien und Hochkultur sind auf diese Weise oft nur schwer finanzierbar. Zwar nimmt die Zahl der Informationsquellen zu; die Tiefe der Recherche ist hingegen gefährdet, wenn die

Finanzierungsprobleme durch kostenfreie Angebote

Kosten nicht mehr durch die Konsumenten getragen werden. Mit der kostenfreien Verfügbarkeit geistiger Leistungen wäre letztlich niemandem gedient: dem Urheber nicht, weil er nicht mehr von seiner Arbeit leben könnte; der Öffentlichkeit nicht, weil der Ideenstreit verflachen könnte und ihre Kontrollfunktionen beeinträchtigt und manipuliert werden könnten; der Wirtschaft nicht, weil ihre Innovationsfähigkeit ohne materielle Anreize für Unternehmer und Mitarbeiter litte – von den Schäden an Wissenschaft, Kunst und Kultur einmal abgesehen –, und schließlich auch den Verbrauchern nicht, weil sich das kulturelle Angebot verschlechterte.

---

1 Pariser Verbandsübereinkunft zum Schutz des gewerblichen Eigentums (PVÜ) v. 20. 3.1883, in: RGBl 1903, S. 147; Berner Übereinkunft zum Schutz von Werken der Literatur und Kunst v. 9. 9. 1886 (Pariser Fassung), in: RGBl 1897, S. 759, seit 1908 aufgrund mehrerer Revisionen auch als Revidierte Berner Übereinkunft zum Schutz von Werken der Literatur und Kunst (RBÜ) bezeichnet, zuletzt geändert am 20. 10. 1979 (BGBl 1985 II, S. 81); United Nations Treaty Series 828, S. 305.
2 S. nur RGZ 123, 312 (319f.) – Wilhelm Busch (Rundfunkübertragung); BGHZ 17, 266 (275ff.) – Magnettonband; BVerfGK 17, 533 (548f.), Rn. 64 – Drucker und Plotter I.

Schließlich stellen sich angesichts der Einbindung des Urheberrechts in völker- und vor allem europarechtliche Zusammenhänge[3] Fragen hinsichtlich der Steuerungsfähigkeit des nationalen Rechts, aber auch einer grundrechtlichen Schutzaufgabe der deutschen Staatsgewalt zum Schutz geistigen Eigentums (im weitesten Sinne) im Ausland. So kann durchaus von der Wahrnehmung einer grundrechtlichen Schutzverantwortung der Bundesregierung gesprochen werden, wenn sie vor US-amerikanischen Gerichten die Interessen deutscher Urheber sogenannter verwaister Werke, deren Aneignung durch Google Inc zu besorgen war, wahrnimmt[4]. Durchaus typisch für das Recht im Zeitalter der Globalisierung stellt das Urheberrecht die klassischen Grenzen zwischen öffentlichem Recht und Privatrecht, Direktwirkung und Drittwirkung von Grundrechten, zwischen nationalem, europäischem und internationalem Recht auf die Probe. Im folgenden wird zunächst auf den bestehenden grund- und menschenrechtlichen Schutz geistiger Eigentumsrechte eingegangen, bevor die sich aus dem eigentumsrechtlichen Charakter der Immaterialgüterrechte ergebenden Rechte und Aufgaben des Staates analysiert werden.

3
Folgen für das nationale Recht

B. Schutz des Urheberrechts in verschiedenen Rechtssystemen

Der Begriff des geistigen Eigentums („intellectual property") steht im angelsächsischen Raum für alle ausschließlichen Rechte am Produkt geistiger Leistung, ist aber auch in Deutschland gebräuchlich, zum Beispiel im Namen der Zeitschrift für geistiges Eigentum oder im früheren Namen des Max Planck Instituts für geistiges Eigentum, Wettbewerbs- und Steuerrecht in München[5]. Eugen Ulmer ging von einem vorrechtlichen, auf der Natur der Sache gründenden Eigentumsrecht des Urhebers aus[6]. Die Berufung (allein) auf die gesetzliche Verleihung werde der „Bedeutung des Gerechtigkeitsgehalts des Urheberrechtsschutzes"[7] nicht gerecht. Der Begriff des geistigen Eigentums ist – als Sammelbegriff für Urheber- und gewerbliche Schutzrechte – in die

4
Begriff des geistigen Eigentums

---

3 S. dazu *Jörg Gundel*, Die Europäische Gemeinschaft im Geflecht des internationalen Systems zum Schutz des geistigen Eigentums, in: ZUM 2007, S. 603; *Axel Metzger*, Der Einfluss des EuGH auf die gegenwärtige Entwicklung des Urheberrechts, in: GRUR 2012, S. 118; *Andreas Paulus/Steffen Wesche*, Rechtsetzung durch Rechtsprechung fachfremder Gerichte, in: GRUR 2012, S. 112.
4 S. zum Rechtsstreit etwa *Hans Weiler*, Google und die Folgen. Geistiges Eigentum im Zeitalter seiner technischen Reproduzierbarkeit, in: FS für Alexander von Brünneck, 2011, S. 379.
5 2002–2011. Das 2011 daraus hervorgegangene Max-Planck-Institut heißt seitdem aber MPI für Immaterialgüter- und Wettbewerbsrecht.
6 *Eugen Ulmer*, Urheber- und Verlagsrecht, ³1980, S. 105; ebenso wohl BGHZ 17, 266 (278) – Magnettonaufnahme.
7 *Ulmer* (N 6), S. 105.

Kritik geraten[8], hat aber einen verfassungsrechtlichen Gehalt, da das Bundesverfassungsgericht in ständiger Rechtsprechung das Urheberrecht und die Rechte aus dem gewerblichen Rechtsschutz (Patent-, Marken-, Musterrecht) in vermögensrechtlicher Hinsicht im Eigentumsrecht verankert sieht[9]. Der Gegenstand dieser Immaterialgüterrechte ist keine Sache, sondern sind Erfindungen (Patentrecht), Kennzeichen (Markenrecht) oder Werke (Urheberrecht). Es sind absolute Rechte an unkörperlichen Gegenständen, die per Gesetz definiert sind, mittels Lizenzen verwertet werden können, vergleichbaren Schranken unterliegen und deren Verletzung strafbewehrt ist[10]. Auch international werden diese Rechte zum Teil in denselben Verträgen geregelt[11] und durch dieselbe Organisation, die World Intellectual Property Organization (WIPO), administriert.

5 Verortung in den Grundrechten
Allerdings beschränkt sich der Schutz zumindest des Urheberrechts nicht auf den Vermögensschutz durch Eigentumsrechte; vielmehr kommen dem Urheber aus dem Allgemeinen Persönlichkeitsrecht von Art. 2 Abs. 1 in Verbindung mit Art. 1 Abs. 1 GG, aber auch aus der Wissenschafts- und Kunstfreiheit des Art. 5 Abs. 3 GG weitere, zum Teil auch weitergehende Grundrechte zu[12] – wobei der zusätzliche Ertrag der weiteren Grundrechte neben dem auf Vermögensfragen zugeschnittenen Art. 14 GG durchaus zweifelhaft ist.

6 Abwägung mit Allgemeininteressen
Denn wie der Gebrauch des Eigentumsrechts unter der Herrschaft des Grundgesetzes zugleich dem Wohl der Allgemeinheit dienen soll (Art. 14 Abs. 2 S. 2 GG) und damit das Eigentumsrecht schon inhärent nicht nur durch die gesetzliche Ausgestaltung von Inhalt und Schranken, sondern auch durch die Allgemeinwohlbindung mit konkurrierenden Rechten abgewogen werden muß, so gilt dies auch für die Kunst- und Wissenschaftsfreiheit, soweit die Gegenrechte unter verfassungsrechtlichem Schutz stehen. Diese Abwägung ist in aller Regel durch den Gesetzgeber im Rahmen seines weiten Gestaltungsspielraums vorzunehmen und wird vom Bundesverfassungsgericht überwacht[13].

7 Internationales Regelungsgeflecht
Vor allem aber ist das geistige Eigentum in ein Geflecht nationaler, europäischer und völkerrechtlicher Regelungen, aber auch menschenrechtlicher Gewährleistungen eingebunden. Eine vollständige Relativierung von Immaterialgüterrechten, die ihren Eigentumscharakter beeinträchtigen oder gar

---

[8] S. dazu nur (kritisch) *Manfred Rehbinder*, Urheberrecht, [16]2010, Rn. 97, s. aber zum Schutz durch Art. 14 Abs. 1 GG ebd., Rn. 139; befürwortend *Ansgar Ohly*, Geistiges Eigentum?, in: JZ 2003, S. 545 ff.; ganz ablehnend *Cyrill P. Rigamonti*, Geistiges Eigentum als Begriff und Theorie des Urheberrechts, 2001, S. 156 f., der aber die Abwägung mit anderen Grundrechten verkennt; s. auch *Thomas Hoeren*, Vorratsdaten und Urheberrecht – Keine Nutzung gespeicherter Daten, in: NJW 2008, S. 3099 (3101). Zu den historischen Wurzeln s. *Paul Kirchhof*, Der verfassungsrechtliche Gehalt des geistigen Eigentums, in: FS für Wolfgang Zeidler, Bd. II, 1987, S. 1639 (1640 f.); *Ohly*, a. a. O., S. 548 f.
[9] S. zuletzt BVerfGE 129, 78 (101 f.); 49, 382 (392); 31, 229 (238 f.); dazu *Steffen Wesche*, Das geistige Eigentum, in: Sigrid Emmenegger/Ariane Wiedmann (Hg.), Linien der Rechtsprechung des Bundesverfassungsgerichts, Bd. II, 2011, S. 375 (384 ff.) m. weit. Nachw.
[10] Vgl. *Ohly* (N 8), S. 550.
[11] S. u. Rn. 26 ff.
[12] Vgl. BVerfGE 129, 78 (101 f.) – Le Corbusier m. weit. Nachw.
[13] Vgl. BVerfGE 129, 78 (101 f.) – Le Corbusier m. weit. Nachw.

beseitigen würde, steht angesichts in diesem Fall drohender massiver Völker- und Europarechtsverstöße nicht ernsthaft zur Debatte. Vielmehr fragt sich, inwieweit neben der weitgehenden unionsrechtlichen Harmonisierung noch Spielraum für eine eigenständige nationale Grundrechtsgewährleistung bleibt. Das Bundesverfassungsgericht hat jedenfalls in seinem Le Corbusier-Möbel-Beschluß die Zivilgerichte angehalten, bei unionsrechtlich determinierten Sachverhalten eine zu besorgende Verletzung der Eigentumsrechte des Urhebers dem Gerichtshof der Europäischen Union vorzulegen[14].

I. Schutz des geistigen Eigentums nach dem Grundgesetz

1. Verbreitungs- und Verwertungsrecht als Eigentumsrechte

Nach langjähriger gefestigter Rechtsprechung[15] fällt das Urheberrecht unter das Recht auf Eigentum aus Art. 14 Abs. 1 GG, in seinen persönlichkeitsrechtlichen Aspekten auch unter das vom Bundesverfassungsgericht aus der allgemeinen Handlungsfreiheit entwickelte Allgemeine Persönlichkeitsrecht, das Gesetzgeber und Rechtsprechung nach Art. 2 Abs. 1 in Verbindung mit der Menschenwürde aus Art. 1 Abs. 1 GG zu schützen haben. Dabei überträgt die Rechtsprechung die Lehre John Lockes, der das Sacheigentum auf die Leistung bei seiner Aneignung zurückführt[16], auf das geistige Eigentum. So formuliert das Bundesverfassungsgericht in ständiger Rechtsprechung zu den subjektiven öffentlichen Rechten und zu den Ansprüchen aus der Sozialversicherung, daß diese dann unter den Eigentumsschutz fallen, wenn sie als Äquivalent eigener Leistung erworben wurden[17]. Jedenfalls aus verfassungsrechtlicher Sicht handelt es sich bei Urheber-, Marken- und Patentrechten um einen durch Arbeit und Leistung erworbenen Bestand an vermögenswerten Gütern und damit um Eigentumsrechte im Sinne der Verfassung[18].

8
Begründung des Eigentumscharakters

Nach Art. 14 Abs. 1 GG werden Inhalt und Schranken des Eigentums – auch des geistigen Eigentums – allerdings durch den Gesetzgeber bestimmt. Dabei ist die Trennung zwischen Inhalts- und Schrankenbestimmung an sich eine zentrale Grundrechtsfrage, aber speziell beim Eigentumsrecht nur schwer durchführbar[19]. Der Gesetzgeber hat dabei einen breiten Spielraum, er kann neue Rechte des geistigen Eigentums schaffen und alte – jedenfalls für die Zu-

9
Inhalts- und Schrankenbestimmung durch den Gesetzgeber

---

14 BVerfGE 129, 78 (103 ff.) – Le Corbusier m. weit. Nachw.
15 S. im einzelnen *Wesche* (N 9), S. 375 ff.
16 *John Locke*, Two Treatises on Government, Cambridge ²1967, Chap. V, § 27, S. 306 f.: „The *Labour* of his Body, and the *Work* of his Hands, we may say, are properly his."
17 S. zuletzt BVerfGE 128, 90 (101 ff.); 126, 369 (391 ff.); s. bereits BVerfGE 1, 264 (277 f.) – Bezirksschornsteinfeger; 14, 288 (293 f.).
18 S. BVerfGE 31, 229 (239); zum Ganzen *Kirchhof* (N 8), S. 1641 f.
19 Zur Inhaltsbestimmung des Urheberrechts durch den Gesetzgeber s. *Hans-Jürgen Papier*, Kommentierung zu Art. 14 GG, in: Maunz/Dürig, 2010, Rn. 197; BVerfG, Beschluß vom 24. 11. 2009, in: GRUR 2010, S. 332 (334 f.), Rn. 59; zur Unbestimmbarkeit des Verhältnisses zwischen Inhalt und Schranke (bzw. damit auch Ausgestaltung und Eingriff) bei Art. 14 s. *Papier*, a. a. O., Rn. 27 ff., 307 (zur Kritik an einem bloßen „Begriff nach Maßgabe des Gesetzgebers" Rn. 38); *Brun-Otto Bryde*, Kommentierung zu Art. 14 GG, in: v. Münch/Kunig, ⁶2012, Rn. 48 f.; vgl. BVerfGE 58, 300 (338 f.) – Naßauskiesung; a. A. → Bd. VII, *Leisner*, § 173 Rn. 11 ff., 127 ff. m. weit. Nachw.

kunft – modifizieren[20]. Das spielt gerade beim geistigen Eigentum eine besondere Rolle, weil sein Gegenstand selbst durch das Recht definiert – und begrenzt – wird. So endet das Urheberrecht für Werke der Literatur, Wissenschaft und Kunst in der Regel 70 Jahre nach dem Tod des Urhebers (§ 64 UrhG)[21], das Patentrecht bereits 20 Jahre nach dem Tag der Anmeldung (§ 16 Abs. 1 PatG). Von Art. 14 GG ist nicht nur die Verbreitung, sondern insbesondere die wirtschaftliche und finanzielle Verwertung der Eigentumsrechte erfaßt. Dazu kommen dann noch – nur zum Teil durch Art. 14 Abs. 1 GG geschützte[22] – Leistungsschutzrechte von Werkmittlern (s. insbesondere §§ 70 ff. UrhG), wie sie der Gesetzgeber mit Wirkung vom 1. August 2013 in § 87 f UrhG neuerdings für Presseverleger geschaffen hat[23].

10
Kein unbeschränktes Urheberrecht

Wertung des Art. 14 Abs. 1 GG

Art. 14 GG gewährleistet somit die Rechte des Urhebers nicht unbeschränkt. Einerseits legt der Gesetzgeber Inhalt und Schranken (auch) des geistigen Eigentums fest (s. insbesondere §§ 44 a ff. UrhG)[24], andererseits muß auch der Gebrauch des Urheberrechts zugleich dem Wohl der Allgemeinheit dienen. Schließlich gibt es zwar keinen absoluten, so doch aber einen relativen Bestandsschutz des Urhebers, der vor Verkürzung bereits erworbener Rechte schützt[25]. Bei der Auslegung von Beschränkungen ist die Wertung des Art. 14 Abs. 1 GG zu berücksichtigen; die grundsätzliche Zuordnung der vermögenswerten Ergebnisse des geistigen Eigentums zum Urheber[26] muß erhalten bleiben. Das gilt gerade dann, wenn neuere technische Entwicklungen nachgezeichnet werden müssen. Dabei kann nicht immer auf den Gesetzgeber gewartet werden; vielmehr sind die Generalklauseln des Zivilrechts zu einer verfassungskonformen Auslegung zu nutzen[27]. Nach der Rechtsprechung des Bundesgerichtshofs sind einfachrechtliche Urheberrechtsschranken grundsätzlich eng auszulegen[28]; inwieweit dies verfassungsrechtlich geboten ist, muß hier offen bleiben. Schließlich sind die völker- und europarechtlichen Schranken des sogenannten Dreistufentests zu beachten (Art. 13 TRIPs, Art. 6 RBÜ, Art. 5 Abs. 5 Informationsgesellschaftsrichtlinie)[29], nach dem sich die Ausnahme auf bestimmte Sonderfälle beschränken muß.

---

20 S. dazu BVerfGE 36, 281 (293) – Patentänderungsgesetz; BVerfGE 31, 275 (284 ff.) – Bild- und Tonträger.
21 S. auch Richtlinie 2006/116/EG des Europäischen Parlaments und des Rates über die Schutzdauer des Urheberrechts und bestimmter verwandter Schutzrechte vom 12. 12. 2006, ABl 2006, Nr. L 372/12, S. 12.
22 S. aber BVerfGE 81, 12 (16); 81, 208 (219 f.) zum Leistungsschutzrecht der Hersteller von Tonträgern bzw. der ausübenden Künstler, die dem Eigentumsrecht unterfielen.
23 S. Siebentes Gesetz zur Änderung des Urheberrechtsgesetzes (BGBl 2013 I, S. 1161); dazu *Thomas Dreier/Gernot Schulze*, Urheberrechtsgesetz, [4]2013, Nachtrag, S. 2147 ff.
24 Zu weiteren besonderen Schrankenbestimmungen s. die Auflistung bei *Thomas Dreier*, in: ders./Schulze (N 23), vor § 44 a Rn. 2.
25 S. im einzelnen BVerfGE 31, 275 (284 ff.) – Schallplatten.
26 BVerfGE 31, 270 (273) – Schulfunk.
27 BVerfGK 17, 533 (548 f.) – Drucker und Plotter I; vgl. zum Problem des „Alterungsprozesses" von Normen allgemein BVerfGE 82, 6 (12); 96, 375 (394).
28 BGHZ 116, 305 (308) – Altenwohnheim II, Rn. 16: anders nur bei „eindeutigen Anhaltspunkten"; BGHZ 123, 49, in: GRUR 1994, S. 45 (47), Rn. 21 – Verteileranlagen: analoge Anwendung „nur in seltenen Fällen", ganz ablehnend *Ferdinand Melichar*, Kommentierung vor §§ 44 a ff., in: Gerhard Schricker/Ulrich Loewenheim, Urheberrecht, [4]2010, Rn. 18 ff. m. weit. Nachw.
29 Vgl. zum Ganzen nur *Dreier* (N 23), Einl. Rn. 40 f.; *Melichar* (N 28), vor §§ 44 a ff. Rn. 12 f.

2. Weitere Grundrechte des Urhebers

Das allgemeine Persönlichkeitsrecht aus Art. 2 Abs. 1 in Verbindung mit Art. 1 Abs. 1 GG[30] kann zur Begründung des Urheberpersönlichkeitsrechts herangezogen werden. Nach der von Eugen Ulmer begründeten monistischen Theorie[31] erwächst das einfachgesetzliche Urheberrecht aus den Wurzeln des Eigentumsrechts sowie des Persönlichkeitsrechts[32], so daß beide Elemente in die jeweiligen einfachrechtlichen Bestimmungen eingeflossen sind. Allerdings trennt das Urheberrechtsgesetz durchaus zwischen dem Urheberpersönlichkeitsrecht einerseits, das sich in dem Veröffentlichungsrecht, dem Recht auf Anerkennung der Urheberschaft sowie dem Recht, Entstellungen oder Beeinträchtigungen zu verbieten, widerspiegelt (§ 11 S. 1, §§ 12–14 UrhG), und dem Verwertungsrecht andererseits (§§ 15 ff. UrhG). Aber schon das Verbreitungsrecht (§ 17 UrhG) weist sowohl vermögens- als auch persönlichkeitsrechtliche Aspekte auf. Mit Recht wird daher davon gesprochen, daß sämtliche Verwertungsrechte einen persönlichkeitsrechtlichen Kern aufweisen[33]. Damit dürften sie ebenfalls unter den Schutz aus Art. 2 Abs. 1 in Verbindung mit Art. 1 Abs. 1 GG fallen, was durchaus für die Ableitung von Schutzrechten von Bedeutung sein kann. Allerdings erscheint es durchaus möglich, schärfer zwischen Eigentums- und Persönlichkeitsrecht zu differenzieren[34]. Aus grundrechtlicher Sicht ist jeweils im Einzelfall zu prüfen, ob und welche verfassungsmäßigen Rechte betroffen sind: das (bloße) materielle Urhebereigentumsrecht oder (auch) das Urheberpersönlichkeitsrecht. Bisher ist das Bundesverfassungsgericht jedenfalls gut damit gefahren, die Entscheidung für die dualistische oder monistische Theorie dem Fachrecht zu überlassen. Eine Verkürzung des Grundrechtsschutzes durch eine strikte Festlegung darauf, das Urheberrecht allein dem Eigentumsrecht zuzuordnen, wäre aber unzulässig.

Daneben sind in bestimmten Fällen auch die Wissenschafts- und die Kunstfreiheit einschlägig[35], wobei allerdings zweifelhaft ist, inwieweit angesichts des Fehlens eines Gesetzesvorbehalts daraus dem Urheber ein weitergehender Schutz erwächst[36], da auch die Kunst- und Wissenschaftsfreiheit mit den Grundrechten anderer Beteiligter in schonenden Ausgleich zu bringen sind.

11 Urheberpersönlichkeitsrecht und Eigentumsrecht

Verbreitungs- und Verwertungsrecht

Dualistische und monistische Theorie

12 Wissenschafts- und Kunstfreiheit

---

30 → Bd. VII, *Kube*, § 148 Rn. 1 ff.
31 *Ulmer* (N 6), S. 109 ff., insbes. S. 113: „Einigkeit herrscht ... unter den Anhängern der monistischen Theorie über die Natur des Urheberrechtes als eines einheitlichen Rechtes, das weder reines Vermögensrecht noch reines Persönlichkeitsrecht ist". Kritisch *Katja Dahm*, Der Schutz des Urhebers durch die Kunstfreiheit, 2012, S. 13 ff.; *Rigamonti* (N 8), S. 67 ff.
32 *Ulmer* (N 6), S. 116; vgl. zur persönlichkeitsrechtlichen Komponente bereits RGZ 79, 397 (399) – Freskogemälde (1912); RGZ 69, 242 (244) – Lesezirkel (1908).
33 S. nur *Schulze* (N 23), Rn. 3 vor § 12.
34 Dafür insbes. *Rigamonti* (N 8), S. 63 ff., der diese Trennung vor allem im Recht der Vereinigten Staaten und dem der Schweiz nachweisen will; vgl. aber Art. 6bis der RBÜ (N 1).
35 → Bd. VII, *v. Arnauld*, § 167 Rn. 65; vgl. auch *Kirchhof* (N 8), S. 1653 f.
36 In diesem Sinne s. jetzt vor allem *Dahm* (N 31), S. 140 ff.

3. Schonender Ausgleich zwischen Urheberrecht und anderen Grundrechten, insbesondere der Meinungs- und Informationsfreiheit

13
Abwägung der Grundrechtspositionen

Die betroffenen Grundrechte sind von der Rechtsprechung bei der Auslegung und Anwendung der zivilrechtlichen Tatbestandsmerkmale zu berücksichtigen[37]; zuvor sind die gegenläufigen Grundrechtspositionen bereits vom Gesetzgeber abzuwägen[38]. Die folgenden Ausführungen beziehen sich beispielhaft auf das Urheberrecht im Internetzeitalter.

14
Marken- und Patentrecht

Das Marken- und vor allem das Patentrecht weisen eigene Probleme auf, deren Behandlung diesen Beitrag sprengen würde; beispielhaft sei nur der kürzlich vom Bundesgerichtshof nach Vorabentscheidung des Gerichtshofs der Europäischen Union entschiedene Fall zur (Nicht-)Patentierbarkeit menschlicher Embryonen genannt[39].

15
Vier Interessengruppen

Im Bereich des Urheberrechts und dessen Durchsetzung sind die Interessen und Grundrechtspositionen von vier Gruppen miteinander in Einklang zu bringen: Die Urheber bilden die erste Gruppe. Die von ihnen geschaffenen Werke und die darin verkörperte geistige Leistung stellen in vermögensrechtlicher Hinsicht Eigentum im Sinne des Art. 14 Abs. 1 S. 1 GG dar. Aus seiner

Urheber

verfassungsrechtlichen Gewährleistung erwächst dem Urheber die Befugnis, dieses geistige Eigentum wirtschaftlich zu nutzen[40]. Ebenso wie beim Eigentum an körperlichen Sachen ist es gemäß Art. 14 Abs. 1 S. 2 GG allerdings Sache des Gesetzgebers, Inhalt und Schranken dieses geistigen Eigentums auszugestalten. Dabei ist er grundsätzlich verpflichtet, das vermögenswerte Ergebnis der schöpferischen Leistung dem Urheber zuzuordnen und ihm die Freiheit einzuräumen, in eigener Verantwortung darüber verfügen zu können[41]. Allerdings ist nicht jede nur denkbare Verwertungsmöglichkeit garantiert[42], vielmehr obliegt es dem Gesetzgeber im Rahmen der inhalt-

Art. 14 Abs. 1 GG

lichen Ausprägung des Urheberrechts nach Art. 14 Abs. 1 S. 2 GG, sachgerechte Maßstäbe festzulegen, die eine der Natur und der sozialen Bedeutung des Rechts entsprechende Nutzung und angemessene Verwertung sicherstellen[43]. Dabei können Eingriffe in das Verfügungsrecht eher mit Gründen des Gemeinwohls gerechtfertigt werden als eine Beschränkung des Verwertungsrechts, die wegen der Intensität des Eingriffs nur durch ein gesteigertes öffentliches Interesse gerechtfertigt werden kann[44]. Von Art. 14 Abs. 1 GG sind allerdings nur die vermögenswerten Elemente des Urheberrechts geschützt;

---

37 BVerfGE 7, 198 – Lüth.
38 Vgl. dazu *Paulus/Wesche* (N 3), S. 116.
39 S. BGH, Urteil vom 27.11.2012 (X ZR 58/07), in: GRUR 2013, S. 272 – Neurale Vorläuferzellen II (Brüstle-Fall); EuGH, Urteil vom 11.9.2012, Oliver Brüstle vs. Greenpeace e.V. (Rs. C-34/10), in: GRUR 2013, S. 272. Ähnlich jetzt auch US Supreme Court, Urteil vom 13.6.2013, Association for Molecular Pathology vs. Myriad Genetics (Case no. 11-725), S. 11 ff.; zum Patentrecht allgemein s. *Maximilian Haedicke*, Patentrecht, ²2013.
40 Vgl. BVerfGE 31, 229 (238 f.); 49, 382 (392).
41 Vgl. BVerfGE 31, 229 (240 f.); 49, 382 (392); 79, 1 (25).
42 Vgl. BVerfGE 79, 1 (25).
43 Vgl. BVerfGE 49, 382 (392); 79, 1 (25); 129, 78 (101) – Le Corbusier; BVerfG, 3. Kammer des Ersten Senats, in: GRUR 2010, S. 332 (334).
44 BVerfGE 79, 29 (41).

soweit es um ideelle Positionen geht, unterfällt es dem Persönlichkeitsrecht des Schöpfers[45]. Die in dieser Weise grundrechtlich geschützten Rechte der Urheber werden zum Teil von Verwertungsgesellschaften wahrgenommen, die grundsätzlich keine eigenen (wirtschaftlichen) Interessen vertreten, sondern Interessenvertreter der Urheber sind[46].

Einer zweiten Gruppe lassen sich die Rechteverwerter (Verlage, Musiklabels etc.) zuordnen. Diese sind einerseits Vertragspartner der Urheber, erwerben von diesen entgeltlich das Recht zur Verwertung der Rechte und unterstützen die Urheber bei der Produktion und Vermarktung, aber auch bei der Durchsetzung ihrer Rechte, indem sie etwa Studios und Musiker zur Verfügung stellen. Sie stehen im Vergleich zu den folgenden Gruppen auf der Seite der Urheber, verfolgen aber eigene wirtschaftliche Interessen, die potentiell in Konflikt mit den Urhebern treten. Nicht zuletzt stehen sie in der Kritik, die Urheber nicht ausreichend zu entgelten und ihre Stärke zu Lasten der Urheber auszunutzen[47]. Ihre Rechtspositionen sind zunächst durch die Berufsfreiheit des Art. 12 GG, jedenfalls aber durch die wirtschaftliche Betätigungsfreiheit aus Art. 2 Abs. 1 GG[48] geschützt. Diese Grundrechtspositionen sind für den vorliegenden Bereich verhältnismäßig schwach. Art. 12 Abs. 1 GG entfaltet seine Schutzwirkung nur gegenüber solchen Normen oder Handlungen, die sich entweder unmittelbar auf die Berufstätigkeit beziehen oder die zumindest eine objektiv berufsregelnde Tendenz aufweisen[49]. Die Rechte des Art. 2 Abs. 1 GG reichen nur so weit, wie ihre Nutzung nicht gegen die sonstige Rechtsordnung verstößt. Meist treten die Verwerter aber gegenüber den nächsten beiden Gruppen als Inhaber der von den Urhebern eingeräumten und somit von ihnen abgeleiteten Nutzungsrechte auf[50]. Zudem können sie bestimmte Leistungsschutzrechte geltend machen[51], die ihrerseits den Eigentumsschutz des Art. 14 Abs. 1 GG genießen.

16
Rechteverwerter

Art. 12 GG

Art. 2 Abs. 1 GG

Eine dritte Gruppe sind die Nutzer. Während ihre Interessen an der Nutzung der Werke verhältnismäßig schwach durch die allgemeine Handlungsfreiheit des Art. 2 Abs. 1 GG geschützt sind, genießt ihre Teilnahme im Internet außerdem den Schutz personenbezogener Daten (Recht auf informationelle Selbstbestimmung und Grundrecht auf Gewährleistung der Vertraulichkeit und Integrität informationstechnischer Systeme, jeweils aus Art. 2 Abs. 1

17
Nutzer

---

45 *Papier* (N 19), Rn. 197 f.
46 S. dazu das Gesetz über die Wahrnehmung von Urheberrechten und verwandten Schutzrechten (Urheberrechtswahrnehmungsgesetz vom 9.9.1965 [BGBl 1965 I, S. 1294], zuletzt geändert durch Gesetz vom 26.10.2007 [BGBl 2007 I, S. 2513]). Für eine Übersicht der – in aller Regel nicht in gegenseitigem Wettbewerb stehenden – Verwertungsgesellschaften s. nur *Schulze* (N 23), vor § 1 UrhWG, Rn. 5, 16.
47 S. auch §§ 11 S. 2, 32 UrhG, der eine angemessene Vergütung verlangt, s. dazu jetzt BGH, Urteil vom 20.1.2011 (I ZR 19/09), in: GRUR 2011, S. 328 – Destructive Emotions; Urteil vom 20.1.2011 (I ZR 20/09), in: ZUM 2011, S. 403 ff. – Drop City. Die Entscheidungen liegen dem Bundesverfassungsgericht vor (1 BvR 1843/11, 1 BvR 1842/11).
48 Vgl. dazu BVerfGE 91, 207 (221); 95, 267 (303).
49 Vgl. BVerfGE 95, 267 (302); 97, 228 (253 f.); 113, 29 (48).
50 So z. B. die Beschwerdeführerin in BVerfGE 129, 78 – Le Corbusier-Möbel; zur Zulässigkeit der Abtretung und der daraus resultierenden Beschwerdebefugnis siehe a. a. O., S. 92.
51 S. z. B. BVerfGE 81, 12 (16) für das Vervielfältigungsrecht der Tonträgerhersteller.

i.V.m. Art. 1 Abs. 1 GG[52], Art. 8 Abs. 1 GRCH), der Informationsfreiheit (Art. 5 Abs. 1 S. 1 GG, Art. 11 Abs. 1 S. 2 GRCH) und des Fernmeldegeheimnisses (Art. 10 Abs. 1 GG).

18
Diensteanbieter

Zu einer vierten Gruppe gehören die Diensteanbieter des Internet, seien es Provider, Tauschbörsen oder Handelsplattformen. Sie stehen zum Teil in vertraglichen Beziehungen zu den Nutzern, nehmen aber ausschließlich eigene wirtschaftliche Interessen wahr, die durch die Berufsfreiheit (Art. 12 Abs. 1 GG) und die wirtschaftliche Betätigungsfreiheit (Art. 2 Abs. 1 GG, Art. 16 GRCH) geschützt sind[53]. Sie sind daran interessiert, möglichst viele Inhalte zum häufig für den Nutzer kostenfreien Abruf bereitzustellen und sich mit Werbung und der Vermarktung von Nutzerdaten zu finanzieren.

19
Abwägungsgebot

Die Einzelregelungen des Urheberrechts müssen dem verfassungsrechtlichen Abwägungsgebot zwischen den beteiligten Interessenten und deren Grundrechten gerecht werden, so bei Presseveröffentlichungen einerseits der Presse- und Informationsfreiheit, welche die Freiheit von Berichterstattung und Informationsempfang gewährleistet, und andererseits dem Urheberrecht, das die privatnützige Verbreitung und Verwertung der Rechte der Urheber sichert. Allerdings handelt es sich hier nicht nur um eine Konfrontation zwischen dem individuellen Recht an der Privatnützigkeit von Verbreitung und Verwertung und dem öffentlichen Interesse an einer freien Diskussion und Weiterentwicklung der Werke der Urheber. Letztere ist auch im Interesse des Urhebers, wie das Urheberrecht als wichtiger Anreiz und wichtiges Finanzierungsmittel für geistige Schöpfungen auch im Interesse der Allgemeinheit liegt. Dies führt mal zum Überwiegen der einen, mal der anderen Seite.

20
Maßstab bei der Anwendung einfachen Rechts

So hat das Bundesverfassungsgericht Entscheidungen des Bundesgerichtshofs nicht beanstandet, Online-Archive nicht am Berichterstattungsprivileg für Tageszeitungen aus § 50 UrhG teilhaben zu lassen[54]. Hier genügte die einfache Gesetzesanwendung durch die Fachgerichtsbarkeit; einer hiervon losgelösten, quasi nachgeschalteten gerichtlichen Grundrechtsabwägung bedurfte es nicht[55]. Denn bereits der Gesetzgeber hat das grundrechtliche Spannungsfeld in § 50 UrhG gesehen und einer typisierten Abwägung unterworfen. Hingegen hat das Bundesverfassungsgericht wie vor ihm der Bundesgerichtshof ausdrücklich eine Grundrechtsabwägung im Fall eines Hyperlinks in einem Bericht einer Computerzeitschrift vorgenommen, der auf eine Internetseite mit Links zu einer urheberrechtsverletzenden Software lenkte, dabei aber auf die Rechtswidrigkeit der Umgehung von Kopierschutzsoftware (§ 108b Abs. 1 Nr. 1 UrhG) ausdrücklich hinwies[56]. Beide Gerichte gaben hier der Pressefreiheit Vorrang vor dem Urheberrecht.

21

Aber auch in solchen an sich recht einfach gelagerten Grundrechtskollisionsfällen stellt sich angesichts der Einbindung des deutschen in das europäische Urheberrecht zunächst die Frage, ob die Prüfung der Abwägung durch den

---

52 BVerfGE 120, 274 – Online-Durchsuchung.
53 *Hans P. Jarass*, Charta der Grundrechte der Europäischen Union, ²2013, Art. 16 Rn. 9.
54 BVerfG, 2. Kammer des Ersten Senats, in: GRUR 2012, S. 389f.; BGH, in: GRUR 2011, S. 415ff.
55 Ausführlich dazu *Andreas Paulus*, Das Urheberrecht im Spannungsfeld der Neuen Medien, in: FS für Hans-Jürgen Papier, 2013, S. 561ff.
56 Vgl. BVerfG, 2. Kammer des Ersten Senats, in: GRUR 2012, S. 390 – AnyDVD.

Bundesgerichtshof anhand deutscher Grundrechte vorgenommen werden konnte und damit in die Zuständigkeit des Bundesverfassungsgerichts fiel. Diese Frage wurde vom Bundesverfassungsgericht bejaht. Zwar sei die Regelung des § 95a UrhG selbst an den EU-Grundrechten zu messen, weil ein Umsetzungsspielraum der Mitgliedstaaten insofern nicht ersichtlich sei. Die Abwägung der konkurrierenden Grundrechtspositionen der Beteiligten im konkreten Fall sei vom Bundesverfassungsgericht aber am Maßstab des Grundgesetzes zu messen. Die einschlägige Richtlinie enthalte keine vollharmonisierende Regelung der Abwägung zwischen dem Schutz vor Umgehung wirksamer technischer Maßnahmen gegen Urheberrechtsverletzungen nach Art. 6 Abs. 1 der Richtlinie einerseits und der Meinungs- und Pressefreiheit gemäß Art. 5 Abs. 1 GG, Art. 11 GRCH, Art. 10 EMRK andererseits.

Zudem hat hier – anders als bei den Online-Archiven – der Bundesgerichtshof selbst die gesetzliche Vorschrift durch eine Grundrechtsabwägung ergänzt. Die Vornahme einer solchen Abwägung in nachvollziehbarer Weise durch die Fachgerichte schützt weitgehend vor einer verfassungsgerichtlichen Korrektur, unabhängig vom konkreten Abwägungsergebnis[57]. Zudem zeigt sich, daß es die Fachgerichtsbarkeit häufig einfacher bei der Frage hat, welche Grundrechte zur Anwendung kommen, als das Bundesverfassungsgericht. Während letzteres sich vergewissern muß, daß deutsche Grundrechte anzuwenden sind – sonst fehlt ihm die Zuständigkeit[58] –, können die Fachgerichte meist die inhaltsähnlichen Gewährleistungen aus Grundgesetz, Europarecht und Menschenrechten gleichermaßen und austauschbar heranziehen.

22
Grundrechtsabwägung durch Fachgerichte

Die wirksame Durchsetzung des Urheberrechts stellt einerseits eine verfassungsrechtliche Pflicht dar, da ansonsten das Urheberrecht leerliefe; andererseits wirft die Durchsetzung zum Teil selbst verfassungsrechtliche Probleme auf. Das Urheberrechtsgesetz enthält einen umfassenden Anspruch auf Unterlassung und Schadensersatz (§ 97 UrhG) und auf Vernichtung, Rückruf und Überlassung (§ 98 UrhG) sowie Sonderregelungen für die Zwangsvollstreckung (§§ 112 ff. UrhG). Dazu gibt es einen umfassenden Auskunftsanspruch (§ 101 UrhG). Schließlich können Urheberrechtsverletzungen gegen das Nebenstrafrecht der §§ 106 ff. UrhG verstoßen oder gemäß § 111a UrhG bußgeldbewehrt sein. Grundsätzlich gilt, daß zwischen Privaten weniger strenge Maßstäbe gelten als für den Staat[59]. Nicht verlangt werden kann schon aus Gründen des Grundrechtsschutzes eine vollständige Überwachung des Nutzerverhaltens der Kunden eines Anbieters von Filehosting-Diensten[60].

23
Einfachgesetzliche Regelungen

---

57 Vgl. BVerfGE 89, 1 (9f.); 95, 28 (37); 97, 391 (401); 112, 332 (358f.).
58 Zur anderen Rechtslage in Österreich s. neuerdings Verfassungsgerichtshof Wien, Erkenntnis v. 14.3.2012, U 466/11, U 1836/11, in: EuGRZ 2012, S. 331 ff.
59 BVerfGE 125, 260 (340ff.) – Vorratsdatenspeicherung; s. auch BVerfGK 9, 399ff. Für weitgehende Zulässigkeit einer Speicherung für sieben Tage s. jetzt BGH, Beschluß vom 20.1.2010, in: JZ 2011, S. 691 (693) m. weit. Nachw. Zum Erfordernis eines „Speicherns auf Zuruf" hat sich das Bundesverfassungsgericht wegen Unzulässigkeit einer entsprechenden Verfassungsbeschwerde nicht geäußert, s. BVerfG (1 BvR 3050/10), in: ZUM-RD 2011, S. 395.
60 So einhellig in verschiedenen Konstellationen die Rechtsprechung des EuGH, Urteil vom 24.11.2011, Scarlet vs. SABAM (Rs. C-70/10), in: JZ 2012, S. 308, GRUR 2012, S. 265, und des BGH, BGHZ 191, 19 – Stiftparfüm; zusammenfassend s. dazu nur *Dreier* (N 23), § 97 UrhG Rn. 37 m. weit. Nachw.

24
Haftung von Online-Providern

Viele Einzelheiten zur Störerhaftung – zum Beispiel bei der Mitbenutzung von WLAN-Anschlüssen[61], zur Haftung von Online-Providern[62] oder zu Abmahnungen wegen angeblicher Urheberrechtsverletzungen (§ 97 a UrhG)[63] – sind umstritten. Hierbei ist zu bedenken, daß zu strenge Regeln gerade gegenüber minderjährigen Nutzern[64] dazu führen können, daß das Urheberrecht insgesamt in Verruf gerät.

4. Zwischenbilanz

25
Kernbestand des wirtschaftlichen Verwertungsrechts

Auch das Urheberrecht ist als – geistiges – Eigentumsrecht weitgehend zur Disposition des Gesetzgebers gestellt. Dennoch ist dies nicht durchweg der Fall. Ein Kernbestand des wirtschaftlichen Verwertungsrechts muß bei dem Urheber verbleiben. Dieses behält er auch gegenüber dem Verwerter, der für eine angemessene Vergütung zu sorgen hat, um ihm gerecht zu werden (§ 11 S. 2 UrhG). Das bedeutet jedoch nicht, daß die Rechte der Nutzer stets hintanstehen müßten; vielmehr haben Gesetzgebung und Fachgerichte die betroffenen Rechtspositionen im Einzelfall in praktischer Konkordanz gegeneinander abzuwägen. Insoweit ist das geistige Eigentum nicht anders zu behandeln als das Sacheigentum, dessen Gebrauch ebenfalls zugleich dem Wohl der Allgemeinheit zu dienen hat (Art. 14 Abs. 2 GG).

II. Völkerrechtlicher Schutz des geistigen Eigentums

26
Vielfältige Schutzebenen

Die Sondersituation des Schutzes des geistigen Eigentums findet sich in den vielfältigen grund- und fachrechtlichen Schutzebenen in nationalem Gesetzes- und Verfassungsrecht ebenso wie im internationalen und europäischen Recht, wobei auch dort jeweils eine menschenrechtliche und eine „fachrechtliche" Seite zu unterscheiden sind. Das ist insofern nichts Neues, als das geistiges Eigentum schon lange auch durch internationale Vereinbarungen geschützt

Internationale Abkommen

wird, so durch das Pariser Verbandsübereinkommen und das Berner Übereinkommen aus dem 19. Jahrhundert[65], durch die Allgemeine Erklärung der Menschenrechte von 1948[66] und – anders als das Eigentumsrecht – durch den Internationalen Pakt über wirtschaftliche, soziale und kulturelle Rechte vom 19. Dezember 1966[67] sowie das Übereinkommen über handelsbezogene

---

61 S. dazu nur *Dreier* (N 23), § 97 UrhG Rn. 34 m. weit. Nachw.
62 S. dazu jetzt EuGH, Scarlet vs. SABAM (N 60); EuGH, Urteil vom 16. 2. 2012, SABAM vs. Netlog (Rs. C-360/10), in: GRUR 2012, S. 382 m. Anm. von Axel Metzger; BGHZ 191, 219 – Blogeintrag; BGHZ 191, 19 – Stiftparfüm; BGHZ 194, 339 – Alone in the Dark (Filehosting).
63 S. nur BVerfG, Beschluß vom 20. 1. 2010, in: NJW 2010, S. 1347 – Fotoarchiv (Frage des einfachen Rechts, Subsidiarität); zum Ganzen nur *Dreier* (N 23), § 97 UrhG Rn. 2 m. weit. Nachw.
64 S. dazu jetzt in begrüßenswerter Klarheit zugunsten des Minderjährigen- und Familienschutzes BGH, Urteil vom 15. 12. 2012 (I ZR 74/12), in: NJW 2013, S. 1441 – Morpheus.
65 PVÜ (N 1); RBÜ (N 1); s. auch den WIPO-Urheberrechtsvertrag (WCT) vom 20. 12. 1996 (BGBl 2003 II, S. 755).
66 Art. 27 Abs. 2 der Allgemeinen Erklärung der Menschenrechte vom 10. 12. 1948, Res. 217 A (III) der UN-Generalversammlung, dort separat vom Eigentumsrecht in Art. 17 als Teil der Kunst- und Wissenschaftsfreiheit.
67 UNTS 993, S. 3, Art. 15 Abs. 1 lit. c, ebenfalls als Teil der Kultur- und Wissenschaftsfreiheit.

Aspekte der Rechte des geistigen Eigentums im Rahmen der Welthandelsorganisation⁶⁸. Insbesondere wird es aber durch das europäische Recht, die Charta der Grundrechte der Europäischen Union⁶⁹ und das europäische Sekundärrecht⁷⁰ geschützt.

Das stellt den nationalen Gesetzgeber, aber auch die nationalen Gerichte bei der Wahrnehmung ihrer Aufgabe des effektiven Grundrechtsschutzes vor erhebliche Schwierigkeiten, die mit den Mechanismen des Mehrebenensystems in den Griff zu bekommen sind. Wie auch sonst ist eine strikte Beachtung der jeweiligen Zuständigkeiten eine Grundvoraussetzung für Wirksamkeit und Effizienz des Grundrechtsschutzes. Gleichzeitig begrenzt die völkerrechtliche Verantwortung auch den Spielraum des Unionsgesetzgebers genauso wie die des nationalen Gesetzgebers. Dabei stellt das Völkerrecht lediglich Mindeststandards auf, so daß der europäische und deutsche Schutz darüber hinausgehen kann⁷¹. Andererseits beschränken die internationalen Mindeststandards die Möglichkeiten des Gesetzgebers, vorhandenen urheberrechtlichen Schutz abzubauen, auch wenn der Spielraum insbesondere bei der Definition von Urheberrechten, aber auch bei den Grundrechtsschranken groß ist. Insbesondere der Dreistufentest⁷² setzt dem nationalen Recht Schranken.

27
Beachtung der Zuständigkeiten

Mindeststandards

1. Universeller Menschenrechtsschutz

Der Menschenrechtsschutz des geistigen Eigentums geht über den – stets umstritten gebliebenen – völkerrechtlichen Schutz des Sacheigentums⁷³ hinaus. Völkerrechtlich ist der Schutz des Urhebers keineswegs auf die vermögensrechtliche Komponente reduziert. Die Allgemeine Erklärung der Menschenrechte⁷⁴ – die zwar völkerrechtlich nicht verbindlich ist, aber die Grundlage für den heutigen Menschenrechtsschutz gelegt hat – stellt die

28
Allgemeine Erklärung der Menschenrechte

---

68 Übereinkommen über handelsbezogene Aspekte der Rechte des geistigen Eigentums v. 15.4.1994 (BGBl 1994 II, S. 1730).
69 Charta der Grundrechte der Europäischen Union v. 12.12.2007, in: ABl 2007, Nr. C 303/17, S. 1, Art. 17 Abs. 2.
70 S. insbesondere die Richtlinie 2001/29/EG des Europäische Parlaments und des Rates v. 22.5.2001 zur Harmonisierung bestimmter Aspekte des Urheberrechts und der verwandten Schutzrechte in der Informationsgesellschaft, in: ABl 2001, Nr. L 167/10 („Urheberrechts-" oder – genauer – Informationsgesellschafts-RL) und die Richtlinie 2004/48/EG des Europäischen Parlaments und des Rates zur Durchsetzung der Rechte des geistigen Eigentums (Durchsetzungs-RL), in: ABl 2004, Nr. L 195/16 .
71 Das hat der Europäische Gerichtshof in der Peek & Cloppenburg-Entscheidung, EuGH, Urteil vom 17.4.2008, Peek & Cloppenburg KG vs. Cassina S.p.A (Rs. C-456/06), in: Slg. 2008, I-2731, verkannt; zur Kritik s. *Michael Goldmann/Ralf Möller*, Anbieten und Verbreiten von Werken der angewandten Kunst nach der „Le-Corbusier-Möbel"-Entscheidung des EuGH, in: GRUR 2009, S. 551 (554f.); *Gernot Schulze*, Die Gebrauchsüberlassung von Möbelimitaten – Besprechung zu BGH „Le-Corbusier-Möbel II", in: GRUR 2009, S. 812 (813f.).
72 Zur Berücksichtigung der internationalen Anforderungen des Dreistufentests beim Urheberrechtsgesetz *Catharina Maracke*, Die Entstehung des Urheberrechtsgesetzes von 1965, 2003, S. 271.
73 Vgl. BVerfGE 112, 1 (27ff.); *Rudolf Dolzer*, Eigentum, Enteignung und Entschädigung im geltenden Völkerrecht, 1985, S. 148ff.; *Ursula Kriebaum*, Eigentumsschutz im Völkerrecht, 2008, S. 43ff.
74 Allgemeine Erklärung der Menschenrechte vom 10.12.1948, Res. 217 A (III), GAOR III, Part I, UN Doc. A/810, S. 71.

Rechte des Urhebers vielmehr in den Kontext der Teilhabe an Kultur und Wissenschaft, wenn sie in Art. 27 Abs. 2 nach dem Schutz von Kultur, Wissenschaft und Kunst jedem ein „Recht auf Schutz der geistigen und materiellen Interessen" einräumt, „die ihm als Urheber von Werken der Wissenschaft, Literatur oder Kunst erwachsen". Insofern bestätigt der internationale Schutz das Nebeneinander von (materiellem) Schutz des Urheberrechts als Eigentum und persönlichkeitsrechtlichem Schutz jedenfalls der unmittelbaren Urheber im Bereich von Wissenschaft, Literatur und Kunst. Der wirtschaftliche Schutz der Rechte der Verwerter ist hier nicht inbegriffen.

29
UN-Sozialpakt

Ähnlich verfährt der – völkerrechtlich auch für Deutschland verbindliche – Internationale Pakt über wirtschaftliche, soziale und kulturelle Rechte[75]. In seinem Art. 15 schützt er einerseits die Teilhabe am kulturellen Leben und an den Errungenschaften des wissenschaftlichen Fortschritts, fügt dann in Buchstabe c aber den Genuß der geistigen und materiellen Interessen hinzu, die den Urhebern von Werken der Wissenschaft, Literatur oder Kunst erwachsen. Menschenrechtlich ist also der Urheber als Schöpfer kultureller Werte und nicht als Eigentümer seiner geistigen Leistung gefragt. Das international maßgebliche Dokument zur Auslegung des Pakts, der General Comment No. 17 des Ausschusses für wirtschaftliche, soziale und kulturelle Rechte[76], hebt denn auch hervor, daß sich dieses Recht aus der Menschenwürde ableite[77], während geistige Eigentumsrechte einzelne vom Staat verliehene Rechte darstellten mit dem Ziel, Anreize für Erfindergeist und Kreativität zu geben[78]. Dabei geht der Ausschuß offenbar vom angelsächsischen System aus, das auf der gesetzlichen Verleihung geistiger Eigentumsrechte beruht, nicht aber vom deutschen System der Verankerung des geistigen Eigentums im Eigentumsrecht einerseits, dem Persönlichkeitsrecht (und dem Schutz von Wissenschaft und Kunst) andererseits. Einen ähnlichen Ansatz wie der Ausschuß, der auf die Erhaltung der materiellen Lebensgrundlage der Urheber gerichtet ist[79], verfolgt das deutsche Urheberrechtsgesetz, wenn es neuerdings in § 11 S. 2, § 32 UrhG ausdrücklich ein Recht auf angemessene Vergütung des Urhebers für seine Leistung vorsieht, bis hin zu kollektivvertraglichen Vereinbarungen zwischen Urhebern und Verwertern gemäß § 36 UrhG.

Gesetzliche Verleihung geistiger Eigentumsrechte

30
Menschenrechtsschutz für Urheber

Außerdem verknüpft der Ausschuß die Rechte der Urheber mit der Teilnahme aller Menschen am kulturellen Leben[80], was der Kontext des Art. 15 auch nahelegt. Nur die Urheber genössen menschenrechtlichen Schutz, nicht die Verwerter[81]. Der Ausschuß erlaubt zwar die verhältnismäßige Beschrän-

---

75 Internationaler Pakt über Wirtschaftliche, Soziale und Kulturelle Rechte vom 19.12.1966, in: UNTS 993, S. 3 (BGBl 1973 II, S. 1570), in Kraft seit dem 3.1.1976 (BGBl 1976 II, S. 428).
76 General Comment No. 17 (2005), The right of everyone to benefit from the protection of the moral and material interests resulting from any scientific, literary or artistic production of which he or she is the author, Committee on Economic, Social and Cultural Rights, 35th session, UN Doc. E/C.12/GC/17 (12 January 2006).
77 Vgl. dazu *Jakob Schneider*, Menschenrechtlicher Schutz geistigen Eigentums, 2006, S. 124 f.
78 General Comment (N 76), Z 1.
79 S. dazu *Schneider* (N 77), S. 138 f.
80 General Comment (N 76), Z 4, 6.
81 General Comment (N 76), Z 7.

kung von Urheberrechten zum Wohl aller, fordert aber die Aufrechterhaltung der Verbindung zwischen Autor und Werk sowie die Erhaltung eines angemessenen Lebensstandards für Autoren sowie einen adäquaten finanziellen Ausgleich für die Nutzung geistigen Eigentums[82]. Schließlich betont der Ausschuß auch die soziale Funktion des geistigen Eigentums und plädiert daher für Begrenzungen der Ausnutzung des Patentrechts zum Wohl der Allgemeinheit[83].

Der universelle menschenrechtliche Schutz des geistigen Eigentums beschränkt sich somit auf die unmittelbaren Urheber[84], schließt aber deren soziale Situation ebenso ein wie das Persönlichkeitsrecht, als Urheber anerkannt zu werden, sowie den Schutz des Eigentums durch Entschädigungsansprüche im Falle seiner Verletzung[85]. Darüber hinaus ist die wirtschaftliche Verwertung von Rechten des geistigen Eigentums, insbesondere von Patent- und Markenrechten, nicht universell geschützt.

31
Wirtschaftliche Verwertung nicht erfaßt

2. Internationale Verträge zum Schutz des geistigen Eigentums

Während der universell-menschenrechtliche Schutz sich auf die Person des Urhebers beschränkt, präzisieren die Spezialverträge auf dem Gebiet des geistigen Eigentums das allgemeine Schutzniveau. Dabei wird einerseits die Gleichbehandlung ausländischen geistigen Eigentums mit inländischem garantiert[86], aber auch ein – mit der Zeit wachsender – allgemeiner Mindeststandard unter den Vertragsparteien sichergestellt. Die Berner Übereinkunft schützt dabei Werke der Literatur und Kunst, die Pariser Verbandsübereinkunft die gewerblichen Rechte, insbesondere Patente und Marken (Art. 1 Abs. 2).

32
Spezielle Übereinkommen

Zwar stammt die Berner Übereinkunft ursprünglich von 1886; Universalität hat sie (in der revidierten Pariser Fassung von 1971) aber erst durch den Beitritt der Vereinigten Staaten (1989), Chinas (1992) und Rußlands (1995) erlangt[87]. Während die Nichtdiskriminierung ausländischer Werke erhalten blieb, kamen unter den Mindestrechten zum ursprünglichen Übersetzungsrecht (Art. 8 RBÜ) später die Musikaufzeichnung (Art. 13), Filmrechte (Art. 14), das Senderecht (Art. 11 bis), das Folgerecht aus Verkäufen von künstlerischen Originalen von Werken der bildenden Künste und Autographen (Art. 14 ter), das öffentliche Aufführungs- und Vortragsrecht (Art. 11) sowie das Umarbeitungsrecht (Art. 12) hinzu. Aus deutscher Sicht besonders relevant ist die Verankerung des Kerns des Urheberpersönlichkeitsrechts in Art. 6 bis – woraus allerdings nicht zu folgern ist, daß – im Sinne der dualisti-

33
Revidierte Berner Übereinkunft

---

[82] General Comment (N 76), Z 23 f.
[83] General Comment (N 76), Z 35.
[84] Die Einbeziehung des Markenschutzes ist mehr als zweifelhaft, s. *Schneider* (N 77), S. 160 f., während der Schutz des Erfinders – der nicht mit dem Umfang des Patentschutzes gleichzusetzen ist – inbegriffen sein dürfte, *Schneider*, a. a. O., S. 150 ff.
[85] General Comment (N 76), Z 44 f.
[86] S. Art. 5 Abs. 1 RBÜ (N 1).
[87] *Schneider* (N 77), S. 277; zum jeweiligen Ratifikationsstand s. www.wipo.int; zum 1.6.2013 zählte das Übereinkommen 166 Mitgliedstaaten.

schen Theorie – nicht auch andere urheberrechtliche Schutznormen allein vermögensrechtlichen Charakter hätten[88].

34
Dreistufentest
Schließlich erhält die Revidierte Berner Übereinkunft besondere Relevanz wegen der Formulierung des Dreistufentests in Art. 9 Abs. 2. Aus einer Mindestvorschrift zur Regelung des Vervielfältigungsgebots hat sich ein weitgehend universell anerkannter Kriterienkatalog für die Zulässigkeit zivilrechtlicher Schranken von völkerrechtlich geschützten Urheberrechten entwickelt[89]. Nach Art. 9 Abs. 2 bleibt es den Verbandsländern vorbehalten, die Vervielfältigung geschützter Werke „in gewissen Sonderfällen unter der Voraussetzung zu gestatten, dass sie weder die normale Auswertung des Werkes beeinträchtigt noch die berechtigten Interessen des Urhebers unzumutbar verletzt." Demnach sollen Urheberrechte nur in Sonderfällen einzuschränken sein, die eine kommerzielle Verwertung nicht beeinträchtigen und die Interessen des Rechteinhabers wahren, wobei eine Verhältnismäßigkeitsprüfung vorzunehmen ist[90]. Bei der Anwendung dieses Tests – wie auch sonst – ist das Interesse der Allgemeinheit an der Kreation und Weiterverbreitung von Werken der Kunst und Wissenschaft zu beachten[91].

35
Pariser Verbandsübereinkunft
Die schon früh universell ratifizierte Pariser Verbandsübereinkunft[92] enthält ebenfalls die Inländerbehandlung (Art. 2), ein Prioritätsrecht des Erstanmelders in anderen Verbandsländern (Art. 4) sowie als Mindestrechte ein Persönlichkeitsrecht auf Erfindernennung (Art. 4 ter), Beschränkungen der Versagung und Ungültigkeitserklärung (Art. 4 quater) und des Verfalls (Art. 5. A.) sowie die Beschränkung der Erteilung von Zwangslizenzen (Art. 5.A.)[93].

36
Sonderabkommen zur Anpassung an neue Techniken
Daneben gibt es mit dem WIPO Copyright Treaty (WCT)[94] und dem WIPO Performances und Phonograms Treaty (WPPT)[95] vom 22. Dezember 1996 Sonderabkommen, welche die Revidierte Berner Übereinkunft an die neuen Techniken der Digitalisierung und des Internet anpassen sollen, indem sie den Kreis der in der RBÜ vorgesehenen Mindestrechte um das Verbreitungsrecht, das Vermietrecht und das Recht der öffentlichen Zugänglichmachung erweitern und um einen Rechtsschutz für technische Schutzmaßnahmen ergänzen. Insgesamt administriert die Welturheberrechtsorganisation WIPO 25 Abkommen aus dem Urheber-, Marken- und Patentrecht.

---

88 S. *Maracke* (N 72).
89 Aufgenommen in Art. 13 TRIPs, Art. 10 Abs. 1 WCT, Art. 16 Abs. 2 WPPT, Art. 5 Abs. 5 Urheberrechtsrichtlinie (N 21); zum Verhältnis des Europarechts zum Völkerrecht s. *Achim Förster*, Fair Use, 2008, S. 193 ff.; zum Ganzen *Joachim Bornkamm*, Der Dreistufentest als urheberrechtliche Schrankenbestimmung – Karriere eines Begriffs, in: FS für Willi Erdmann, 2002, S. 29 ff.
90 Im einzelnen zu den internationalen Anforderungen des Dreistufentests s. *Maracke* (N 72); *Jens T. Füller*, Kommentierung zu Art. 9, in: Jan Busche/Peter-Tobias Stoll (Hg.), TRIPs. Internationales und europäisches Recht des geistigen Eigentums, 2007, Art. 13 Rn. 7 ff.
91 Vgl. die vom Münchner Max-Planck-Institut für Geistiges Eigentum, Wettbewerbs- und Steuerrecht initiierte Erklärung der Münchner Konferenz der International Association for the Advancement of Teaching and Research in Intellectual Property (ATRIP) „A Balanced Interpretation of the ‚Three-Step Test' in Copyright Law" von 2008, www.ip.mpg.de/shared/data/pdf/declaration–three–steps.pdf.
92 PVÜ (N 1). Sie hat mittlerweile (Stand 1. 6. 2013) 174 Mitglieder, s. www.wipo.int.
93 Im einzelnen vgl. dazu *Schneider* (N 77), S. 318 ff.
94 UNTS 2186, 121 (BGBl 2003 II, S. 754).
95 UNTS 2186, 203 (BGBl 2003 II, S. 770).

3. Urheberrecht im WTO-System: TRIPs

Das Übereinkommen über handelsbezogene Aspekte der Rechte des geistigen Eigentums (TRIPs)[96], das unter anderem materielle Mindestrechte für insgesamt sieben Immaterialgüterrechte und detaillierte Vorgaben für die zivil- und strafprozessuale Durchsetzung der Rechte des geistigen Eigentums enthält sowie den Schutzstandard der Revidierten Berner Übereinkunft zum Schutz von Werken der Literatur und Kunst (RBÜ)[97] inkorporiert, ist als Teil der Uruguay-Runde in das System der Welthandelsorganisation integriert worden. Darüber hinaus enthält das Übereinkommen Bestimmungen zum Patentrecht sowie zum Schutz von Computerprogrammen und Datenbanken (Art. 10). Das Urheberpersönlichkeitsrecht wird jedoch ausgenommen (Art. 6 Abs. 1 S. 2). Der Dreistufentest des Revidierten Berner Übereinkommens wird in Artikel 13 auf alle ausschließlichen Rechte ausgedehnt.

37
Ausgestaltung des Übereinkommens

Besondere Bedeutung erhält das TRIPs-Abkommen durch die Einbeziehung des Urheber- und Patentrechts in das Meistbegünstigungsprinzip (Art. 4) sowie durch das Durchsetzungsregime (Teil III, Art. 41 ff.), insbesondere durch die Einbeziehung des geistigen Eigentums in das Streitbeilegungsregime der Welthandelsorganisation (Art. 64 TRIPs-Abkommen)[98]. Allerdings hat das in einem Einzelfall auch schon zu der Feststellung geführt, daß Urheberrechte als Gegenmaßnahme gegen die Verletzung anderer Rechte aus den Welthandelsabkommen eingeschränkt werden könnten[99].

38
Meistbegünstigungsprinzip

Streitbeilegungsmechanismus

Die Regelungen des TRIPs-Abkommens wurden als sogenanntes gemischtes Abkommen sowohl von den Mitgliedstaaten als auch von der Europäischen Union abgeschlossen[100] und unterliegen der Auslegungskompetenz des Europäischen Gerichtshofes, soweit sie in Unionsrecht umgesetzt worden sind. Die Union hat dies mit der Richtlinie 2001/29/EG zur Harmonisierung bestimmter Aspekte des Urheberrechts und der verwandten Schutzrechte in der Informationsgesellschaft (InfoSoc-RL) getan. Bei deren Auslegung ist nach der insoweit zutreffenden Rechtsprechung des Gerichtshofs das TRIPs-Abkommen

39
Umsetzung in Unionsrecht

---

96 Übereinkommen über handelsbezogene Aspekte der Rechte des geistigen Eigentums v. 15.4.1994 (BGBl 1994 II, S. 1730); s. dazu ausführlich die Kommentierung bei *Busche/Stoll* (N 90); zu den erreichten Fortschritten s. *Klaus Elfring*, Geistiges Eigentum in der Welthandelsordnung, 2006.
97 RBÜ (N 1).
98 S. auch die Vereinbarung über Regeln und Verfahren zur Beilegung von Streitigkeiten vom 15.4.1994, UNTS 1869, 401 (BGBl 1994 II, S. 1749), Art. 1 Abs. 1 S. 1 i.V.m. Anhang 1; s. dazu *Karen Kaiser*, in: Busche/Stoll (N 90), Art. 64 TRIPs, Rn. 2; zur Bedeutung der Streitbeilegung a.a.O., Rn. 28 ff. m. weit. Nachw.
99 S. Entscheidung der Schiedsrichter in European Communities-Regime for the Importation, Sale and Distribution of Bananas, Recourse to Arbitration by the European Communities under Article 22.6 of the DSU, WTO-Doc. WT/DS27/ARB/ECU v. 24.3.2000; dazu *Kaiser* (N 98), Art. 64 TRIPs, Rn. 44 ff. m. weit. Nachw.
100 Billigung durch Beschluß des Rates vom 22.12.1994 über den Abschluß der Übereinkünfte im Rahmen der multilateralen Verhandlungen der Uruguay-Runde (1986–1994) im Namen der Europäischen Gemeinschaft in bezug auf die in ihre Zuständigkeiten fallenden Bereiche, 94/800/EG, in: ABl 1994, L 336/1; s. zur Natur als gemischtes Abkommen EuGH, Gutachten vom 15.11.1994 (1/94), in: Slg 1994, I-5267, Rn. 105; EuGH, Urteil vom 14.12.2000, Parfums Christian Dior S. A. vs. Tuk Consultancy B. V. (Rs. C-300/98), in: Slg 2000, I-11344, Rn. 33.

§ 247 *Zweiundzwanzigster Teil: Grenzüberschreitende Staatsaufgaben*

Zuständigkeit der Mitgliedstaaten

zu berücksichtigen[101]. Für die nicht harmonisierten Bereiche des geistigen Eigentums bleibt es somit bei der Zuständigkeit der Mitgliedstaaten; diese sind nicht daran gehindert, dem TRIPs-Abkommen in ihrem nationalen Recht eine unmittelbare Wirkung zuzusprechen[102]. Im Einklang mit der Rechtsprechung des Gerichtshofs, der eine einheitliche Auslegung nur dort verlangt, wo der Unionsgesetzgeber bereits tätig geworden ist[103], können die Mitgliedstaaten ihre Verpflichtungen aus dem Abkommen in ihrem Zuständigkeitsbereich autonom auslegen; für die Union wie für die Mitgliedstaaten

Unmittelbare Anwendbarkeit des Übereinkommens

ist jedoch das Ergebnis der WTO-Streitschlichtung bindend. Der Bundesgerichtshof nimmt mit Recht für die nicht unionsrechtlich determinierten Teile des deutschen Rechts des geistigen Eigentums überwiegend eine unmittelbare Anwendbarkeit des TRIPs-Übereinkommens an, wobei hervorzuheben ist, daß die (objektive) unmittelbare Anwendbarkeit und die Herleitung subjektiver Rechte aus dem Vertrag für jede Vorschrift einzeln untersucht werden müssen[104].

III. Europarechtlicher Urheberrechtsschutz

40

Harmonisierung des Urheberrechts in der EU

Mit der Umsetzung der völkerrechtlichen Bestimmungen ins Unionsrecht, aber auch der weitergehenden Rechtsangleichung innerhalb der Europäischen Union hat zweifellos eine neue Etappe der Rechtsharmonisierung in Europa begonnen, die weit über bloße Anerkennungsregeln für ausländische Werke und Produkte hinausgeht und zunehmend in das Sachrecht hineinragt[105]. Die Rechtsharmonisierung des Urheberrechts begann relativ spät, nachdem noch bis in die 1990er Jahre hinein der Schutz von Urheberrechten den Handel innerhalb der Union beschränken konnte. Allerdings wurde der urheberrechtliche Erschöpfungsgrundsatz, dem zufolge beim erstmaligen willentlichen Inverkehrbringen das Urheberrecht „erschöpft" ist, europäisiert, so daß das Inverkehrbringen in einem Mitgliedstaat auch in den anderen Mitgliedstaaten eine Erschöpfung des Urheberrechts zur Folge hat[106]. Anderer-

---

101 EuGH, Dior vs. Tuk Consultancy (N 100), Rn. 47; EuGH, Urteil vom 16.6.1998, Hermès International vs. FHT Marketing Choice B. V. (Rs. C-53/96), in: Slg. 1998, I-3603; ebenso *Kaiser* (N 98), Art. 64 TRIPs, Einl. 3 Rn. 49.
102 S. zum Ganzen nur EuGH, Dior vs. Tuk Consultancy (N 100), Rn. 32 ff.; *Kirsten Schmalenbach*, Kommentierung zu Art. 216 AEUV, in: Christian Calliess/Matthias Ruffert, EUV/AEUV, ⁴2011, Rn. 43; umfassend zur unmittelbaren Anwendung *Kaiser* (N 98), Art. 64 TRIPs, Einl. 3 S. 33 ff.
103 EuGH, Dior vs. Tuk Consultancy (N 100), Rn. 47; EuGH, Hermès vs. FHT Marketing (N 101), Rn. 28.
104 BGHZ 141, 13 (35) – Kopienversanddienst, Rn. 73 zu Art. 9 RBÜ und 13 (Dreistufentest) TRIPs-Übereinkommen; differenzierend (i. d. R. nur Auslegungshilfe) BGHZ 150, 377 (388) – Faxkarte zu den Durchsetzungsbestimmungen in Art. 41–61 TRIPs-Übereinkommen; BGHZ 169, 30 (39) – Restschadstoffentfernung, Rn. 41 zu Art. 43 TRIPs.
105 S. im einzelnen *Gundel* (N 3), S. 603 ff.
106 EuGH, Urteil vom 8.6.1971, Deutsche Grammophon Gesellschaft mbH vs. Metro-SB-Grossmärkte GmbH & Co. KG (Rs. 78/70), in: Slg 1971, S. 487, Rn. 11; Urteil vom 20.1.1981, membran GmbH und K-tel International vs. GEMA (Rs. C-55/80), in: Slg 1981, S. 147, Rn. 15; Urteil vom 22.6.1994, IHT Internationale Heiztechnik GmbH und Uwe Danzinger vs. Ideal-Standard GmbH und Wabco Standard GmbH (Rs. C-9/93), in: Slg. 1994, I-2789, Rn. 34; dazu *Thorsten Kingreen*, Kommentierung zu Art. 34 AEUV, in: Calliess/Ruffert (N 102), Rn. 209 m. weit. Nachw.; vgl. § 17 Abs. 2 UrhG.

seits hat sich schon in der kurzen Zeit seit Inkrafttreten der Informationsgesellschaftsrichtlinie[107] gezeigt, daß angesichts der unterschiedlichen Konzeptionen des Urheberrechts in den Mitgliedstaaten der Europäischen Union und der Vereinheitlichungstendenz des Gerichtshofs der Europäischen Union aus der Teil- eine Vollharmonisierung zu werden droht. Insbesondere die Debatte um die Vereinheitlichung des Werkbegriffs – also um die Frage, ab welcher Stufe der Originalität ein Werk urheberrechtlichen Schutz genießen soll – hat diese Diskussion befeuert[108], aber auch die vom Gerichtshof vorgenommene Gleichsetzung der völkervertraglichen Untergrenze des Urheberrechtsschutzes mit dem europarechtlich erlaubten Maximalschutz[109].

Voll- statt Teilharmonisierung?

1. Vom Territorialitätsprinzip über die Teil- zur Vollharmonisierung

Während ursprünglich die Mitgliedstaaten durch (die Vorläufernormen des) Art. 36 AEUV zu Beschränkungen des freien Warenverkehrs zugunsten des Schutzes des gewerblichen und kommerziellen Eigentums ausdrücklich befugt waren, hat durch die „Teilharmonisierung" durch die Informationsgesellschaftsrichtlinie ein rasanter Prozeß der Europäisierung des Urheberrechts begonnen, welche immer weniger Spielraum für eigenständige mitgliedstaatliche Regulierungen des Urheberrechts läßt. Das ist insofern konsequent, als sich Einfuhrverbote zur Durchsetzung nationalen Urheberrechts innerhalb der Union nur schwer mit der Warenverkehrsfreiheit vertragen. Damit erfordert der Wegfall dieser Handelsschranken eine konsequente Europäisierung des Urheberrechts. Andererseits waren und sind die mitgliedstaatlichen Urheberrechtssysteme sehr unterschiedlich. So folgt auf die eine Angleichung stets schon die nächste.

41
Europäisierung des Urheberrechts

Der Lissabonner Vertrag zieht daraus in Art. 118 AEUV die Konsequenz und ermächtigt die Europäische Union im ordentlichen Gesetzgebungsverfahren – und das heißt mit Ausnahme der Sprachenregelungen mit Mehrheit – zur Schaffung europäischer Rechtstitel und zu einem einheitlichen Schutz des geistigen Eigentums in der Europäischen Union. So soll das Nebeneinander verschiedener Rechtstitel vermieden werden[110]. Die Sprachenregelung hat letztendlich nicht verhindert, daß nunmehr nach langen Beratungen gegen den Widerstand Italiens und Spaniens nach den Regeln der verstärkten Zusammenarbeit (Art. 20 EUV) ein einheitliches Europäisches Patentsystem geschaffen wurde[111]. Andere Materien des geistigen Eigentums waren bereits

42
Art. 118 AEUV

Lissabonner Vertrag

---

107 Informationsgesellschafts-RL (N 70).
108 S. dazu *Paulus/Wesche* (N 3); *Metzger* (N 3).
109 S. EuGH, Peek & Cloppenburg vs. Cassina (N 71); BGH, Urteil vom 22. 1. 2009 (I ZR 247/03) – Le-Corbusier-Möbel II; BVerfGE 129, 78 – Le Corbusier-Möbel.
110 S. *Johannes C. Wichard*, in: Calliess/Ruffert (N 102), Art. 118 AEUV, Rn. 7.
111 S. dazu EuGH, Gutachten vom 8. 3. 2011, 1/09, in: Slg. 2011, I-1137.

vorher teil- oder vollharmonisiert worden[112]; dies gilt insbesondere auch für die Durchsetzung des geistigen Eigentums[113], da nur eine gleichmäßige Durchsetzung geistiger Eigentumsrechte in der Union den Wegfall nationaler Schutzbestimmungen wettbewerbsverträglich gestaltet.

43
Handelsaspekte des geistigen Eigentums

In den Außenbeziehungen tritt die Union im Rahmen der Welthandelsorganisation schon lange einheitlich auf. Allerdings sieht der Lissabonner Vertrag für die Handelsaspekte des geistigen Eigentums in zwei Punkten eine Sonderregelung vor: Mit qualifizierter Mehrheit wird nach Art. 207 AEUV insoweit nur entschieden, als auch intern diese Mehrheit ausreicht; im Bereich von kulturellen und audiovisuellen Dienstleistungen bleibt es bei Einstimmigkeit im Fall der möglichen Beeinträchtigung der kulturellen und sprachlichen Vielfalt in der Union. Im ersten Punkt folgt der Vertrag nur der AETR-Rechtsprechung des Gerichtshofs[114], im zweiten kreiert er eine „exception culturelle", deren Bedeutung durch den Warencharakter vieler betroffener Produkte aber eingeschränkt ist[115]. Da die Anwendung der Einstimmigkeit intern stark zurückgegangen ist, dürfte der erste Punkt ein geschlossenes Auftreten der Union kaum verhindern[116].

2. Schutz des geistigen Eigentums als Unionsgrundrecht

44
Schutz unter der EMRK

Der Menschenrechtsschutz des Urheberrechts steht in Europa außer Frage. Obwohl Artikel 1 des Ersten Zusatzprotokolls der Europäischen Menschenrechtskonvention das geistige Eigentum nicht erwähnt, hat der Europäische Gerichtshof für Menschenrechte in ständiger Rechtsprechung einen sehr weitgehenden Schutz des geistigen Eigentums als „possession" im Sinne der Konvention anerkannt[117]. Über Art. 6 Abs. 1 EUV, 52 Abs. 3 S. 1, 53 GRCH

---

112 S. insbes. die Richtlinie 2006/115/EG des Europäischen Parlaments und des Rates zum Vermietrecht und Verleihrecht sowie zu bestimmten dem Urheberrecht verwandten Schutzrechten im Bereich des geistigen Eigentums vom 12. 12. 2006, in: ABl 2006, Nr. L 376, S. 28; Richtlinie 93/83/EWG des Rates zur Koordinierung bestimmter urheber- und leistungsschutzrechtlicher Vorschriften betreffend Satellitenrundfunk und Kabelweiterverbreitung vom 27. 9. 1993, in ABl 1993, Nr. L 248, S. 15; Richtlinie 2006/116/EG des Europäischen Parlaments und des Rates über die Schutzdauer des Urheberrechts und bestimmter verwandter Schutzrechte vom 12. 12. 2006, in: ABl 2006, Nr. L 372, S. 12; Richtlinie 96/9/EG des Europäischen Parlaments und des Rates über den rechtlichen Schutz von Datenbanken vom 11. 3. 1996, in: ABl 1996, Nr. L 77, S. 20; Richtlinie 2001/29/EG des Europäischen Parlaments und des Rates zur Harmonisierung bestimmter Aspekte des Urheberrechts und der verwandten Schutzrechte in der Informationsgesellschaft vom 22. 5. 2001, in: ABl 2001, Nr. L 167, S. 10, ber. ABl 2002, Nr. L 6, S. 71; Richtlinie 2001/84/EG des Europäischen Parlaments und des Rates über das Folgerecht des Urhebers des Originals eines Kunstwerks vom 27. 9. 2001, in: ABl 2001, Nr. L 272, S. 32.
113 Richtlinie 2004/48/EG des Europäischen Parlaments und des Rates zur Durchsetzung der Rechte des geistigen Eigentums (Durchsetzungs-RL), in: ABl 2004, Nr. L 195, S. 16.
114 Dabei kann heute ein anderes Ergebnis herauskommen als im Gutachten 1/94 zum Beitritt zur WTO (N 100) – *Michael J. Hahn*, in: Calliess/Ruffert (N 102), Art. 207 AEUV, Rn. 17, bezogen auf das Gutachten 1/94, Rn. 7 ff.
115 *Hahn* (N 114), Art. 207 AEUV, Rn. 113 f.
116 *Hahn* (N 114), Art. 207 AEUV, Rn. 117 f.
117 Das geht bis hin zur Anerkennung des Antrags auf Zuerkennung eines Markenrechts als geschützt, s. EGMR, Urteil vom 11. 1. 2007, Anheuser-Busch Inc. vs. Portugal (App. no. 73049/01), Rn. 72, 78; kritisch zu diesem Ergebnis mit Recht die Joint Concurring Opinion Steiner and Hajiyev, a. a. O.

bindet das nicht nur die Vertragsparteien wie die Bundesrepublik Deutschland völkerrechtlich, sondern auch die Europäische Union.

Im Unionsrecht selbst und dem zu seiner Umsetzung ergangenen nationalen Recht[118] schützt die Charta der Grundrechte in Art. 17 Abs. 2 ausdrücklich das geistige Eigentum und geht somit dem Wortlaut nach über das Grundgesetz hinaus. Das Unionsrecht erkennt also – anders als das Völkerrecht – ausdrücklich eine Parallele zwischen Sacheigentum und geistigem Eigentum an, die allerdings in der Rechtsprechung des Europäischen Gerichtshofs für Menschenrechte zu Art. 1 des 1. Zusatzprotokolls vorgezeichnet war[119].

45
Charta der Grundrechte

Eine größere Bedeutung haben jedoch die anderen Grundrechte erlangt, weil sie zugleich Beschränkungsmöglichkeiten für Urheberrechte schaffen. Der Europäische Gerichtshof für Menschenrechte betrachtet die Meinungs- und Informationsfreiheit als Schranke des Urheberrechts und wägt im Konfliktfall beide Grundrechte gegeneinander ab. Jedenfalls dort, wo die geschützte Handlung – wie im Fall des Filesharing durch den Anbieter Private Bay, also der Ermöglichung des privaten Datenaustauschs einschließlich des Austausches urheberrechtlich geschützten Materials – selbst privaten Zielen und nicht dem öffentlichen Meinungsaustausch dient, muß demnach der Schutz des Urheberrechts Vorrang haben; hier erkennt der Gerichtshof ausdrücklich eine staatliche Schutzpflicht für das geistige Eigentum an[120].

46
Rechtsprechung des EGMR

Seit langem hat der Gerichtshof der Europäischen Union in ständiger Rechtsprechung vertreten, daß die Mitgliedstaaten bei der Anwendung des Sekundärrechts die Unionsgrundrechte zu beachten haben[121]. Da die Harmonisierung im Bereich des Urheberrechts durch Richtlinien erfolgt, kann sich der Bürger in der Regel an das deutsche Umsetzungsrecht halten; soweit dieses aber für den Mitgliedstaat keinen Umsetzungsspielraum läßt, ist er beim Grundrechtsschutz auf den Unionsrechtsschutz angewiesen. Allenfalls über die bloße Willkürkontrolle der Garantie des gesetzlichen Richters (Art. 101 Abs. 1 S. 2 GG) kann der Bürger in diesem Fall eine Überprüfung des anwendbaren Rechts am Maßstab seiner Grundrechte erreichen, indem er eine Vorlage des nationalen Rechts durch das nationale Gericht an den Gerichtshof der Europäischen Union gemäß Art. 267 AEUV anregt – wobei er dies nur erzwingen kann, wenn und soweit auch das letztinstanzliche Gericht bei ernsthaften Zweifeln zur Vorlage verpflichtet ist[122]. Andererseits sind deutsche

47
Rechtsschutz gegen (angewandtes) EU-Recht

---

118 Im einzelnen ist streitig, was unter Art. 51 Abs. 1 GRCH fällt, s. EuGH, Urteil vom 26. 2. 2013, Åkerberg Fransson vs. Schwedische Regierung (Rs. C-617/10), in: EuZW 2013, S. 302 ff.; *Koen Lenaerts*, Die EU-Grundrechtecharta: Anwendbarkeit und Auslegung, in: EuR 2012, S. 3 f. einerseits; andererseits BVerfG, Urteil vom 24. 4. 2013 (1 BvR 1215/07), in: NJW 2013, S. 1499 (1500 f.) – ATDG; *Peter M. Huber*, Auslegung und Anwendung der Charta der Grundrechte, in: NJW 2011, S. 2385 ff.
119 S. u. Rn. 46 ff.
120 EGMR, Urteil vom 19. 2. 2013, Neij and Sunde Kolmisoppi vs. Sweden (App. no. 40397/12), in: GRUR-Int 2013, S. 476.
121 EuGH, Urteil vom 12. 11. 1969, Stauder vs. Stadt Ulm (Rs. 29/69), in: Slg 1969, S. 469, Rn. 7; EuGH, Urteil vom 17. 12. 1970, Internationale Handelsgesellschaft mbH vs. Einfuhr- und Vorratsstelle für Getreide und Futtermittel (Rs. 11/70), in: Slg 1970, S. 1125, Rn. 4; EuGH, Urteil vom 19. 5. 1974, Nold KG vs. Kommission (Rs. 4/73), Slg 1974, S. 491, Rn. 13; jetzt Art. 6 Abs. 1 und 3 EUV.
122 Im einzelnen s. BVerfGE 129, 78 (102 ff.) – Le Corbusier-Möbel; s. schon BVerfGE 118, 79 (97) – Emissionshandel.

Gerichte bei Richtlinienrecht sehr wohl dazu befugt, nationales Recht zu seiner Umsetzung anzuwenden; das schließt die deutschen Grundrechte ein. Wesentlich ist nur, daß im Ergebnis die erforderliche Grundrechtsabwägung erfolgt und damit auch die Unionsgrundrechte beachtet werden. Weil mit der Feststellung einer Vollharmonisierung aber die Zuständigkeit des Bundesverfassungsgerichts auf eine Kontrolle der Vorlage zum Gerichtshof anhand eines Vertretbarkeitsmaßstabs beschränkt ist und damit die Reichweite der deutschen Grundrechte von der Feststellung des Umsetzungsspielraums abhängt, hat das Bundesverfassungsgericht eine Vollkontrolle und nicht bloß eine Vertretbarkeitskontrolle der Frage der Teil- oder Vollharmonisierung übernommen[123]. Wie wichtig das ist, zeigt der beschriebene Trend (auch) im Urheberrecht von der Teil- zur Vollharmonisierung.

Kontrolle durch das BVerfG

48
Anwendbarkeit der nationalen Grundrechte

Schließlich wird hier der Vorteil der Regulierung des europäischen Urheberrechts per Richtlinie und nicht per Verordnung deutlich[124]: Hinsichtlich der Umsetzung in nationales Recht finden auf diese Weise nationale Grundrechte neben den europäischen Anwendung. Damit ist den europäischen Grundrechten Genüge getan, ohne das nationale Recht und die nationalen Gerichte, auch Verfassungsgerichte, auszuhebeln. Nur wo der nationale Grundrechtsschutz den europäischen Erfordernissen nicht entspricht, greift demnach europäisches Recht unmittelbar ein. Bei der Regelung durch Verordnung wäre der nationale Grundrechtsschutz hingegen durch das Bundesverfassungsgericht in erheblichem Maße beschränkt, weil eine Vollharmonisierung die Anwendung deutscher Grundrechte weitgehend ausschlösse[125]. Anwendung fände nicht mehr deutsches (Umsetzungs-)Recht, sondern unmittelbar eine EU-Verordnung.

3. Ausgleich der Grundrechtspositionen bei der Durchsetzung des geistigen Eigentums im europäischen Recht

49
Grundrechtsabwägung

Gerade bei der Durchsetzung des Urheberrechts spielt die Abwägung zwischen den Grundrechten der Betroffenen eine zentrale Rolle. In nunmehr ständiger Rechtsprechung verlangt der Gerichtshof der Europäischen Union vom nationalen Rechtsanwender die Herstellung eines Ausgleichs der Grundrechte der Betroffenen, also einerseits des Urhebers oder Erfinders, andererseits des Nutzers sowie weiterer Betroffener. Dies gilt insbesondere für die immer drängender werdende Frage, wie der Urheberrechtsschutz im Internet zu bewerkstelligen ist, ohne die Grundrechte der Meinungs- und Informa-

---

123 BVerfGE 129, 78 (103) – Le Corbusier-Möbel.
124 S. nur Art. 288 Abs. 2 und 3 AEUV. Allgemein zu Richtlinie und Verordnung; s. *Ruffert*, in: Calliess/ders. (N 102), Art. 288 AEUV, Rn. 16 ff.; zum nationalen Umsetzungsspielraum mit Blick auf die Anwendbarkeit europäischer Grundrechte *Jarass* (N 53), Art. 51 Rn. 21 f.; *Carsten Nowak*, in: Jörg Philipp Terhechte (Hg.), Verwaltungsrecht der EU, 2011, § 14 Rn. 91 ff.; aus der neueren Rechtsprechung des BVerfG s. BVerfGE 129, 78 (102 ff.) – Le Corbusier-Möbel; BVerfGE 129, 186 (200 ff.); grundlegend BVerfGE 118, 79 (95 ff.) – Emissionshandel.
125 Vgl. *Johannes Masing*, Herausforderungen des Datenschutzes, in: NJW 2012, S. 2305 (2310 f.).

tionsfreiheit zu gefährden. Dabei läßt die neuere Rechtsprechung eine letztlich erfreuliche grundrechtliche Begrenzung der Auskunftsansprüche des Urhebers erkennen, ohne das geistige Eigentum schutzlos zu stellen.

Die Mitgliedstaaten sind demnach durch Unionsrecht dazu verpflichtet, sich bei der Umsetzung dieser Richtlinien auf eine Auslegung zu stützen, die es ihnen erlaubt, ein angemessenes Gleichgewicht zwischen den verschiedenen durch die Gemeinschaftsrechtsordnung geschützten Grundrechten sicherzustellen. Bei der Durchführung der Maßnahmen zur Umsetzung der betroffenen Richtlinien[126] haben die Behörden und Gerichte der Mitgliedstaaten nicht nur ihr nationales Recht im Einklang mit diesen Richtlinien auszulegen, sondern auch darauf zu achten, daß sie sich nicht auf eine Auslegung stützen, die mit diesen Grundrechten oder den anderen allgemeinen Grundsätzen des Gemeinschaftsrechts, wie etwa dem Grundsatz der Verhältnismäßigkeit, kollidiert. Die nationalen Behörden und Gerichte haben ein angemessenes Gleichgewicht herzustellen zwischen dem Schutz

50
EU-Grundrechtsfreundliche Auslegung durch die Mitgliedstaaten

(1) des Rechts am geistigen Eigentum der Inhaber von Urheberrechten (Art. 17 Abs. 2 GRCH),

Art. 17 Abs. 2 GRCH

(2) der unternehmerischen Freiheit der Zugangsdienstleister nach Art. 16 GRCH, die verletzt wäre, wenn sämtliche Kommunikation zeitlich unbegrenzt im Hinblick auf jede, auch künftige Beeinträchtigung von Urheberrechten der Verwertungsgesellschaft zu überwachen wäre, weil dies auf ein kompliziertes, kostspieliges, auf eigene Kosten zu tragendes, unbefristetes Filtersystem hinausliefe, was außerdem nicht mit Art. 3 Abs. 1 RL 2004/48/EG zu vereinbaren ist[127], sowie

Art. 16 GRCH

(3) des Grundrechts auf Schutz personenbezogener Daten aus Art. 8 GRCH der Kunden des Providers, da es sich bei IP-Adressen um personenbezogene Daten handelt und mit dem Filtersystem „eine systematische Prüfung aller Inhalte sowie die Sammlung und Identifizierung der IP-Adressen der Nutzer" verbunden ist[128], und schließlich

Art. 8 GRCH

(4) des Rechts der Kunden auf Schutz der Informationsfreiheit aus Art. 11 GRCH, das beeinträchtigt sein kann, wenn das Filtersystem „nicht hinreichend zwischen einem unzulässigen Inhalt und einem zulässigen Inhalt unterscheiden kann, so dass sein Einsatz zur Sperrung von Kommunikationen mit zulässigem Inhalt führen könnte". Dementsprechend verbot der Gerichtshof eine globale Überwachung der Provider, also Anbieter von Dienstleistern im Internet wie Facebook oder Google, zum Schutz vor Verletzungen des Urheberrechts, andererseits erkannte er an, daß bei Vorliegen konkreter Anhalts-

Art. 11 GRCH

---

126 Richtlinie über den elektronischen Geschäftsverkehr (2000/31/EG), in: ABl 2000, Nr. L 178, S. 1, die Informationsgesellschafts-RL (N 70), die Durchsetzungs-RL (N 70) und die Datenschutzrichtlinie für elektronische Kommunikation (2002/58/EG), in: ABl 2002, Nr. L 201, S. 37.
127 EuGH, Scarlet vs. SABAM (N 60), Rn. 46 ff.
128 EuGH, Scarlet vs. SABAM (N 60), Rn. 51.

punkte für einen Verstoß der Dienstleister die entsprechenden Daten zu löschen seien[129].

51
Bedeutung der EuGH-Rechtsprechung

Die Grenze zwischen zulässiger spezieller Überwachung im Hinblick auf weitere Verletzungen einzelner Schutzrechte (L'Oréal v. Ebay) und unzulässiger, genereller Überwachungspflicht (Scarlet vs. SABAM, SABAM vs. Netlog) wird künftig noch auszudifferenzieren sein[130]. Denn die letztgenannten vom Europäischen Gerichtshof entschiedenen Fälle betrafen entsprechend der an ihn gestellten Vorlagefragen eher Extrempositionen einer umfassenden Überwachung als einen schonenden Ausgleich der gegenläufigen Positionen.

52
Fortschreitende Angleichung

Die Flexibilität der Richtlinie erlaubt hier unterschiedliche nationale Ansätze. Es bleibt zu hoffen, daß der Gerichtshof der Europäischen Union die nationalen Fachgerichte ihre Arbeit tun läßt, bevor er eine zu frühe Vereinheitlichung beginnt. Jedenfalls zeigt auch diese Rechtsprechung, wie zentral die Abwägung zwischen dem Schutz des geistigen Eigentums einerseits und der Meinungs- und Informationsfreiheit andererseits ist, um die betroffenen Grundrechte auch im Zivilrecht zum Ausgleich zu bringen. Dahinter verschwinden die Unterschiede zwischen den materiellen Gewährleistungen im nationalen, europäischen und internationalen Recht.

IV. Verhältnis zwischen internationalem, europäischem und nationalem Schutz der Urheber

53
Nationale Regulierung, grenzüberschreitender Bezug

Dennoch bleibt dieses Verhältnis eines der zentralen Probleme des heutigen Schutzes des geistigen Eigentums in Europa. Der Grundrechtsbürger, aber auch der nationale Richter ist mit einer Fülle von rechtlichen Voll- und Teilregulierungen konfrontiert. Dazu kommt die Komplexität der dahinter stehenden rechtlichen und ethischen Fragestellungen. Hier öffnen sich Beurteilungsspielräume des nationalen Rechts und der Fachgerichte. Einerseits sind viele Fragen des Urheberrechtsschutzes nicht mehr national zu lösen, wenn die Veröffentlichungsformen sich immer stärker globalisieren. Der Verleger eines E-books kann die Leistungen „seiner" Urheber global viel leichter vermarkten als im 19. Jahrhundert – obwohl schon damals das geistige Eigentum der internationalen Regulierung bedurfte, weil der Geist nun einmal weht, wo er will. Aber auch der Nutzer profitiert davon, weltweit Zugang zu Informatio-

---

129 EuGH, Urteil vom 29.1.2008, Promusicae vs. Telefónica España (Rs C-275/06) in: GRUR 2008, S. 113; ähnlich EuGH, Scarlet vs. SABAM (N 60); zu Markenrechtsverletzungen EuGH, Urteil vom 12.7.2011, L'Oréal vs. Ebay (Rs. C.324/09), in: EWS 2011, S. 287, CR 2011, S. 597; EuGH, Urteil vom 16.2.2012, EuGH, SABAM vs. Netlog (N 62). S. dazu *Gerald Spindler*, „Die Tür ist auf" – Europarechtliche Zulässigkeit von Auskunftsansprüchen gegenüber Providern – Urteilsanmerkung zu EuGH „Promusicae/Telefónica", in: GRUR 2008, S. 574; *Markus Rössel*, Europarechtliche Grenzen der Filterpflichten eines Accessproviders, in: jurisPR-ITR 25 (2011), Anm. 2; s. dazu ausführlich *Paulus* (N 55), m. weit. Nachw.
130 Vgl. auch § 7 Abs. 2 S. 1 TMG und Art. 15 Abs. 1 der Geschäftsverkehrs-RL (N 126). S. dazu jetzt die neuere Rechtsprechung des Bundesgerichtshofs: BGH, Urteil vom 12.7.2012 (I ZR 18/11), BGHZ 194, 339 ff. – Alone in the Dark; s. auch in: GRUR 2013, S. 370 ff. m. Anm. von *Sebastian Hühner*; in: MMR 2013, S. 185 ff. m. Anm. von *Thomas Hoeren*.

nen und geistigen Leistungen anderer erhalten zu können. Globalisierte Wissenschaft gelangt schneller zum Erfolg, weil sie weltweit in „Echtzeit" zusammenarbeiten kann.

Gleichzeitig benötigt der Urheber und Erfinder auch einen globalen Schutz, den er allein nicht sicherstellen kann. Entsprechend muß auch das Urheberrecht die verschiedenen Ebenen verschränken, um seine Rechte gegen die Ansprüche der Nutzer, aber auch der Vermarkter und Dienstleister zu schützen. Hier einen materiellen Ausgleich zu finden, bleibt die zentrale Aufgabe des Urheberrechts im 21. Jahrhundert.

54
Verschränkung der Rechtsebenen

Aber nicht zuletzt kommt hier auch der Staat zurück ins Spiel. Die einzelnen Urheber sind überfordert, wenn sie weltweit ihre Rechte schützen wollen. Nicht derjenige, der die geistige Leistung zu Recht die eigene nennen darf und daher daran Eigentum im wahrsten Sinne des Wortes geltend machen kann, sondern nur die großen Vermarkter sind effektiv in der Lage, ihr Recht zu schützen. Wenn privater Rechtsschutz nicht zu erlangen ist, kommt einerseits eine kollektive Wahrnehmung über Verwertungsgesellschaften in Frage. Andererseits aber ist staatlicher Schutz gefragt.

55
Kollektive Wahrnehmung von Rechten und staatliche Schutzpflicht

C. Urheberrecht als Staatsaufgabe im Informationszeitalter

Diese globalen Herausforderungen machen somit den Staat keineswegs überflüssig. Im Gegenteil: Nur der Staat kann effektiv die betroffenen Grundrechte in Gesetzgebung und Rechtsprechung abwägen und einen schonenden Ausgleich im allgemeinen und auch im Einzelfall herbeiführen. Internationale Vertragsverhandlungen im Rahmen der Europäischen Union, der Welthandelsorganisation oder des Europäischen Patentübereinkommens fallen ebenso unter die Aufgaben des Staates wie die Beobachtung, der Schutz und auch die Interessenvertretung deutscher Urheber-, Patent- oder Markenrechte im Ausland, einschließlich internationaler und ausländischer Gerichte und Schiedsgerichte.

56
Rolle des Staates

Soweit dabei der Spielraum der Exekutive reichen dürfte, so bindet nach Art. 1 Abs. 3 Grundgesetz auch das geistige Eigentumsrecht alle Staatsgewalten. Darüber hinaus werden auch wirtschaftliche Interessen existentiell getroffen, wo geistige Eigentumsrechte sanktionslos mißachtet werden können. Eine Technologienation lebt nicht zuletzt von dem praktischen Ergebnis der wissenschaftlichen, technischen und kulturellen Leistungen ihrer Bürgerinnen und Bürger, mit anderen Worten von dem geistigen Eigentum, das sie sowohl zum eigenen als auch zum gemeinen Wohl einsetzen. Gemäß der Einteilung in Art. 1 Abs. 3 GG ist zu fragen, wie die einzelnen Staatsgewalten dieser Aufgabe gerecht werden können.

57
Wirtschaftliche Bedeutung des Schutzes geistigen Eigentums

I. Der nationale Gesetzgeber zwischen Schutzaufgabe und Harmonisierungsdruck

58
Rolle des Gesetzgebers

Zunächst muß der Gesetzgeber einen Ausgleich zwischen den verschiedenen Rechtspositionen anstreben. Wer eine der genannten Gruppen ohne Rücksicht auf die Rechte der anderen schützen will, verfehlt die Aufgabe des schonenden Ausgleichs. Im deutschen, aber auch im europäischen und internationalen Recht sind die einzelnen Immaterialgüterrechte sehr unterschiedlich und differenziert gesetzlich geregelt. Der Vorteil dieser Methode liegt zweifelsohne in der Austarierung der betroffenen Rechte und Interessen durch den Gesetzgeber selbst. Aber auch der Nachteil dieser Vorgehensweise ist offensichtlich: Der Gesetzgeber braucht Zeit, während die technologische Entwicklung in Siebenmeilenstiefeln voranschreitet, so daß die Rechtsprechung behutsam die Regelungskonzepte des Gesetzgebers auf neue Entwicklungen übertragen muß[131].

59
Verschiebung der Aufgaben auf die Gerichte

Dieses Vorgehen erscheint trotz seiner gelegentlichen Schwerfälligkeit einer bloß judiziellen Verarbeitung von Veränderungen schon aus Gründen der demokratischen Legitimation vorzugswürdig. Generalklauseln für Schranken und Schranken-Schranken des Urheberrechts wie die ökonomisch orientierte angelsächsische Doktrin des „fair use"[132] oder der völker- und europarechtlich verankerte Dreistufentest[133] erscheinen dagegen häufig zu unspezifisch, um die sehr konkreten Probleme in den Griff zu bekommen, und verschieben die Aufgaben von der Gesetzgebung auf die Gerichte. Auf der anderen Seite nimmt die Komplexität der Probleme und der angebotenen Lösungen immer weiter zu. Der Gesetzgeber erscheint oft überfordert, was nicht zuletzt die Länge der Diskussion um die sogenannten Körbe der deutschen Urheberrechtsreform zur Umsetzung europäischer Richtlinien zeigt[134]. Schon durch die europäische Rechtsprechung wird eine Vereinheitlichung in Europa erzwungen, was meist mit der Übernahme allgemeiner Tests wie des Dreistufentests für Urheberrechtsschranken einhergeht[135]. Demnach sollen Urheberrechte nur in Sonderfällen einzuschränken sein, die eine kommerzielle Verwertung nicht beeinträchtigen und die Interessen des Rechteinhabers wahren. Bei der Anwendung dieses Tests wie auch sonst ist das Interesse der

Einzelregelungen oder Generalklauseln?

---

131 S. dazu BVerfGK 17, 533 (548 f.) – Drucker und Plotter I m. weit. Nachw.
132 Im US-amerikanischen Recht s. den 1976 Copyright Act, 17 U.S.C. § 107; dazu *Gerald Spindler*, Das neue amerikanische Urheberrechtsgesetz, in: GRUR-Int 1977, S. 421. Für einen umfassenden Rechtsvergleich s. neuerdings *Förster* (N 89), S. 9 ff.
133 S. Art. 9 Abs. 2 RBÜ (N 1), aufgenommen in Art. 13 TRIPs (N 96), Art. 10 Abs. 1 WCT (N 65), Art. 16 Abs. 2 WPPT, Art. 5 Abs. 5 Urheberrechtsrichtlinie (N 21); zum Verhältnis beider s. *Förster* (N 89), S. 193 ff.
134 *Ole Jani*, Urheberrechtspolitik in der 14. und 15. Legislaturperiode des Deutschen Bundestages, UFITA, Bd. II, 2006, S. 511 ff.; *Helge Langhoff/Pascal Oberndörfer/Ole Jani*, Der „Zweite Korb" der Urheberrechtsreform – Ein Überblick über die Änderungen des Urheberrechts nach der zweiten und dritten Lesung im Bundestag, in: ZUM 2007, S. 593 ff.
135 *Bornkamm* (N 89), S. 29 ff.

Allgemeinheit an der Kreation und Weiterverbreitung von Werken der Kunst und Wissenschaft zu beachten[136].

In diesem Sinne ist „open access", also die Gewährung kostenlosen Zugangs zu urheberrechtlich geschützten Leistungen, als freie Wahl des Urhebers zu begrüßen und zu unterstützen. Ein Zwang zur sofortigen kostenfreien Veröffentlichung ist dagegen abzulehnen, weil er die Urheber um die Grundlage ihrer Existenz, nämlich die Erträge ihrer geistigen Leistungen, bringt und damit weder dem geistigen Eigentum noch dem Gemeinwohlinteresse an der Erbringung solcher Leistungen gerecht wird.

60
„Open access"

Schließlich muß der Gesetzgeber ausreichende Schutz- und Durchsetzungsmechanismen für das geistige Eigentum schaffen und erhalten, von Auskunftsrechten zur Durchsetzung von Schadensersatz bis hin zu strafrechtlichen Sanktionen. Nur so kann der Schutz des geistigen Eigentums gewährleistet werden.

61
Schutz- und Durchsetzungsmechanismen

II. Extraterritorialer Grundrechtsschutz als Aufgabe der Exekutive

Dennoch wird der Spielraum für eine rein nationale Bestimmung des Inhalts und der Schranken des geistigen Eigentums immer enger. Schon im 19. Jahrhundert war es das geistige Eigentum, das zu den ersten Abkommen über die gegenseitige Anerkennung seines Schutzes führte[137].

62
Enger Spielraum für nationale Bestimmungen

Die öffentliche Diskussion um das inzwischen gescheiterte Projekt eines Anti-Counterfeiting Trade Agreement (ACTA) im Rahmen der Welthandelsorganisation[138] hat gezeigt, wie wichtig im Informationszeitalter das Urheberrecht in Gesellschaft und Politik genommen wird. Einseitige Lösungen, die allein die Inhaber und Verwerter des geistigen Eigentums schützen, werden auch dann als nicht akzeptabel angesehen, wenn sie nur wenig über den bisherigen Rechtszustand hinausgehen[139]. Die widerstreitenden grund- und menschenrechtlichen Interessen muß auch die internationale Rechtsetzung verarbeiten. Hierin liegt vor allem eine Aufgabe der deutschen und europäischen Exekutive, da sie es ist, welche die internationalen Vertragswerke zum Schutz des geistigen Eigentums aushandelt. Doch wie auch sonst ist eine rein exekutiv

63
Suche nach ausgewogenen Lösungen

---

136 S. Rn. 34 mit N 91.
137 S. PVÜ (N 1) sowie das (später revidierte) Berner Übereinkommen (N 1).
138 Der Entwurf eines Anti-Counterfeiting Trade Agreement, Doc. Nr. 12196/11 im Register des Rates richtete sich überwiegend gegen Produktpiraterie, aber enthielt auch einige sehr allgemeine Verpflichtungen zur Durchsetzung urheberrechtlicher Ansprüche; dazu nur *Malte Stieper*, Das Anti-Counterfeiting Trade Agreement (ACTA) – wo bleibt der Interessenausgleich im Urheberrecht, in: GRUR-Int 2011, S. 124 (125 ff.). In Deutschland wurde die Vorbereitung zur Unterzeichnung nach Protesten aus der Öffentlichkeit im Februar 2012 gestoppt; das Europäische Parlament, dessen Zustimmung gemäß Art. 207 Abs. 2, 3 S. 1, 218 Abs. 6 UAbs. 2 lit. a) v) AEUV zur Ratifizierung durch die EU erforderlich ist, sprach sich am 4.7.2012 mit überwältigender Mehrheit (478-39-165) gegen das Abkommen aus; dazu *Hahn* (N 114), Rn. 105. Das avisierte Gutachten des Gerichtshofs der Europäischen Union über seine Vereinbarkeit mit Unionsrecht dürfte damit wirkungslos sein. S. dazu nur *Paulus* (N 55), m. weit. Nachw.
139 Vgl. *Stieper* (N 138), S. 125.

bestimmte Außenpolitik nicht mehr mit dem zunehmenden Bedarf an Kompensation für die Schwächung des Parlaments durch die Globalisierung vereinbar. Daher ist das Parlament frühzeitig an internationalen Verhandlungen zu beteiligen. Auf diese Weise könnten ähnliche Vorgänge wie beim ACTA-Projekt künftig vermieden werden, weil die beteiligten Interessen offen und transparent aufeinanderträfen; von der Stärkung der demokratischen Legitimation solcher internationalen Abkommen ganz zu schweigen.

Aber die Exekutive hat auch die weitere Aufgabe, geistige Eigentumsrechte weltweit zu vertreten und deutschen Urhebern beim Schutz ihrer Eigentumsrechte beizustehen. Auf diese Weise können Gefahren, wie sie beispielsweise die Vergleichsverhandlungen mit dem Internetunternehmen Google über die verwaisten, das heißt keinem Urheber mehr zuzuordnenden Werke aufgezeigt haben, vermieden werden. Hier hat die Bundesregierung erfolgreich die Interessen deutscher Urheber vor einem New Yorker Gericht vertreten[140] und ist damit ihrem grundrechtlichen Schutzauftrag gerecht geworden. Ob sich diese Aufgabe zu einer Schutzpflicht verdichtet, ist eine Frage des Einzelfalls.

III. Rechtsprechung im Mehrebenensystem: Schutzauftrag und Abgrenzung

Im Geflecht von nationalem Recht, Völkerrecht und Europarecht muß auch die Rechtsprechung ihrem Verfassungsauftrag zum Schutz des geistigen Eigentums auf den verschiedenen Ebenen gerecht werden. Deutsche Gerichte wenden dabei neben dem nationalen Recht das unmittelbar anwendbare Europarecht, aber auch das Völkerrecht an. Die europäische Rechtsharmonisierung hat schließlich auch vor dem Urheberrecht nicht haltgemacht. Hier sind Spielräume, welche das europäische Recht trotz seines Anwendungsvorrangs bietet, konsequent im Sinne eines wirksamen Schutzes des geistigen Eigentums in Abwägung mit den anderen betroffenen Grundrechten zu nutzen. Dabei ist nach feststehender europäischer Rechtsprechung das nationale Recht richtlinienkonform auszulegen[141].

Schließlich muß das nationale Fachgericht auch das europäische Recht durchsetzen und gegebenenfalls eine Frage der Auslegung und Anwendung europäischen Sekundärrechts dem Gerichtshof der Europäischen Union gemäß Art. 267 AEUV zur Entscheidung vorlegen. Dabei hat das nationale Gericht auch selbst europäisches Sekundärrecht anhand der europäischen Grund-

---

140 United States District Court Southern District of New York, Urteil vom 20.9.2005, Authors Guild u.a. vs. Google Inc. (Case No. 05-cv-8136 (DC), Memorandum of Law in Opposition to the Settlement Proposal on behalf of the Federal Republic of Germany: http://dockets.justia.com/docket/new-york/nysdce/1:2005cv08136/273913/.

141 S. nur EuGH, Urteil vom 10.4.1984, Sabine von Colson und Elisabeth Kamann vs. Land Nordrhein-Westfalen (Rs. 14/8), in: Slg 1984, S. 1891 – von Colson und Kamann; Urteil vom 13.11.1990, Marleasing S. A. vs. La Comercial Internacional de Alimentacion S. A. (Rs. C-106/89), in: Slg 1990, I-4135, Rn. 8 – Marleasing.

rechte zu überprüfen und muß gegebenenfalls die Frage der Gültigkeit des Sekundärrechts vor dem Hintergrund der Verankerung des geistigen Eigentums in Art. 17 Abs. 2 GRCH vorlegen. Das Bundesverfassungsgericht überprüft die Frage der Anwendbarkeit deutscher oder europäischer Grundrechte voll, da sie die Reichweite des deutschen Grundrechtsschutzes bestimmt: Bei bloßer Durchführung des Unionsrechts ohne nationale Spielräume gelten nur die Unionsgrundrechte; beim Vorhandensein nationaler Umsetzungsspielräume sind jedenfalls auch nationale Grundrechte anwendbar, so daß der Weg zum Bundesverfassungsgericht eröffnet ist. Die Handhabung der Vorlage wird anhand eines Vertretbarkeitsmaßstabs im Rahmen der Garantie des gesetzlichen Richters vom Bundesverfassungsgericht geprüft; bei echten Zweifelsfragen erzwingen also sowohl deutsches als auch europäisches Recht eine Vorlage[142].

Allerdings ist auch der Gerichtshof der Europäischen Union dazu aufgerufen, die Grenzen der europäischen Rechtsharmonisierung zu respektieren. So ist es durchaus fragwürdig, aus der Umsetzung internationaler Abkommen, die nur einen Mindestschutz vorschreiben, in einer Richtlinie deren Maximalschutzcharakter zu folgern[143]. Das Argument des Schutzes der Warenverkehrsfreiheit durch Rechtsharmonisierung, das die Generalanwältin in diesem Verfahren für eine extensive Auslegung der Harmonisierung bemühte[144], übersieht, daß Art. 36 AEUV ausdrücklich den nationalen Schutz gewerblicher Rechte erlaubt und eine Teilharmonisierung einen mitgliedstaatlichen Beurteilungsspielraum lassen will. Letztlich obliegt es dem Gerichtshof der Europäischen Union, der Vollharmonisierung durch eine restriktivere Auslegung Grenzen zu setzen.

67
Position des EuGH

D. Die Zukunft des Schutzes geistigen Eigentums im Internetzeitalter

Im Zeitalter des global verfügbaren Internets mit fast unendlichen Speicherkapazitäten, die universell abrufbar sind, ist das geistige Eigentum unter Druck geraten. Gleichzeitig waren geistige Eigentumsrechte noch nie so umfassend auf allen Rechtsebenen geschützt – national, europäisch, global. Mit dem TRIPs-Abkommen ist die Nichteinhaltung internationaler Gewährleistungen des geistigen Eigentums sogar international sanktionsbewehrt geworden. Dennoch sind Urheberrechte verstärkt mit dem Wohl der Allge-

68

TRIPs-Abkommen als Sanktionsregime

---

142 S. im einzelnen BVerfGE 129, 78 (102 ff.) – Le Corbusier-Möbel m. weit. Nachw.; als Beispiel für eine Erzwingung der Auseinandersetzung mit der Vorlagefrage durch den Bundesgerichtshof s. BVerfGK 17, 533 (543 ff.) – Drucker und Plotter I. Zum Ganzen s. o. Rn. 47
143 So der Gerichtshof im Parallelverfahren zu BVerfGE 129, 78; s. EuGH, Peek & Cloppenburg vs. Cassina (N 71), Rn. 37 ff.
144 EUGH, Peek & Cloppenburg vs. Cassina (N 71), Schlußanträge vom 17. 1. 2008, in: Slg. 2008, I-2731, Rn. 33 ff.

69
Schonender
Ausgleich

meinheit, aber auch den Grundrechten anderer Beteiligter abzuwägen und in Einklang zu bringen. Die vielen Einzelfragen sind eine Sache des Fachrechts und waren hier nicht zu behandeln.

Die verschiedenen Grundrechtspositionen der Betroffenen und das Erfordernis einer Abwägung dieser Positionen lassen keine einfachen Lösungen erkennen. Im Urheberrecht wird es dem Gesetzgeber und der Rechtsprechung obliegen, den rechtlichen Rahmen an die neuen Entwicklungen schonend anzupassen, indem die Grundrechtspositionen der verschiedenen Beteiligten berücksichtigt und miteinander zum Ausgleich gebracht werden. Die Entfaltung der Kreativität der Urheber erfordert dabei einen ausreichenden Schutz, aber auch die wirtschaftliche Verwertbarkeit der Früchte dieser Kreativität. Der Schutz geistigen Eigentums bleibt als Anreiz für Innovation und Kultur, aber auch zur Erhaltung des Lebensunterhalts der Urheber unverzichtbar. Im Vergleich weniger schützenswert erscheinen hingegen reine Verwerterinteressen. Umgekehrt ist eine Akzeptanz des Urheberrechts durch die Nutzer als Konsumenten der Inhalte erforderlich.

70

Neue
Bezahlmodelle

Für die Vermarktung ihrer Werke tragen aber vor allen Dingen die Urheber selbst beziehungsweise die Rechteverwerter Verantwortung. Ihnen obliegt es, Ideen zu entwickeln, wie innerhalb des rechtlichen Rahmens Verwertung und Vergütung an die Realität des digitalen Zeitalters angepaßt werden können. Ob und inwiefern die traditionellen Veröffentlichungswege noch haltbar sind, ist eine Frage des Geschäftsmodells und nicht zuvörderst staatlicher Regulierung. Neue Bezahlmodelle, wie sie im Musik- und jetzt auch im Druckbereich geschaffen wurden, können einen Beitrag dazu leisten, daß die Urheber auch in der neuen Medienwelt nicht ausgebeutet werden, sondern von ihren Werken leben können. Nur so wird auch die Qualität redaktioneller Inhalte in der Online-Welt erhalten bleiben. Dazu ist aber gesellschaftliche Akzeptanz der Notwendigkeit des Schutzes geistigen Eigentums erforderlich. In einem Land, das von der Kreativität seiner Dichter und Denker, besonders aber seiner Tüftler und Bastler lebt, sollte diese Akzeptanz erreichbar sein.

E. Bibliographie

Joachim Bornkamm, Der Dreistufentest als urheberrechtliche Schrankenbestimmung – Karriere eines Begriffs, in: FS für Willi Erdmann, 2002, S. 29 ff.
Jan Busche/Peter-Tobias Stoll (Hg.), TRIPs. Internationales und europäisches Recht des geistigen Eigentums, 2007.
Katja Dahm, Der Schutz des Urhebers durch die Kunstfreiheit, 2012.
Thomas Dreier/Gernot Schulze, Urheberrechtsgesetz, ^{4}2013.
Klaus Elfring, Geistiges Eigentum in der Welthandelsordnung, 2006.
Frank Fechner, Geistiges Eigentum und Verfassung, 1999.
Achim Förster, Fair Use, 2008.
Maximilian Haedicke/Henrik Timmann (Hg.), Handbuch des Patentrechts, 2012.
Paul Kirchhof, Der verfassungsrechtliche Gehalt des geistigen Eigentums, in: FS für Wolfgang Zeidler, Bd. II, 1987, S. 1639 ff.
Volker Jänich, Geistiges Eigentum – eine Komplementärerscheinung zum Sacheigentum?, 2001.
Catharina Maracke, Die Entstehung des Urheberrechtsgesetzes von 1965, 2003.
Axel Metzger, Der Einfluss des EuGH auf die gegenwärtige Entwicklung des Urheberrechts, in: GRUR 2012, S. 118 ff.
Ansgar Ohly, Common Principles of European Intellectual Property Law, 2012.
ders., Geistiges Eigentum?, in: JZ 2003, S. 545 ff.
Andreas Paulus/Steffen Wesche, Urheberrecht und Verfassung, in: ZGE 2 (2010), S. 385 ff.
Manfred Rehbinder, Urheberrecht, ^{16}2010.
Cyrill P. Rigamonti, Geistiges Eigentum als Begriff und Theorie des Urheberrechts, 2001.
Jakob Schneider, Menschenrechtlicher Schutz geistigen Eigentums, 2006.
Gerhard Schricker/Ulrich Loewenheim (Hg.), Urheberrecht, ^{4}2010.
Eugen Ulmer, Urheber- und Verlagsrecht, ^{3}1980.
Steffen Wesche, Das geistige Eigentum, in: Sigrid Emmenegger/Ariane Wiedmann (Hg.), Linien der Rechtsprechung des Bundesverfassungsgerichts, Bd. II, 2011, S. 375 ff.

§ 248
Grenzübergreifender Umweltschutz

Hans-Georg Dederer

Übersicht

	Rn.
A. Grenzübergreifender Umweltschutz	1– 15
I. Rechtsbegriff der Umwelt	1– 2
II. Globale, regionale und lokale Umweltprobleme	3– 5
III. Merkmale grenzüberschreitender Umweltprobleme	6– 8
IV. Politisch-rechtliche Spannungslagen	9– 11
V. Regelungsebenen	12– 15
B. Auswärtige Gewalt auf dem Gebiet des grenzübergreifenden Umweltschutzes	16–118
I. Verbandskompetenzen	17– 53
1. Grundregel des Art. 32 GG	17– 44
a) Bundeskompetenz	22– 31
b) Länderkompetenzen	32– 42
c) Kompetenzübergänge	43– 44
2. Spezialregeln	45– 53
a) Europäische Union	45– 51
b) Sonstige zwischenstaatliche Einrichtungen	52
c) Grenznachbarschaftliche Einrichtungen	53
II. Organkompetenzen auf Bundesebene	54– 64
1. Grundregel des Art. 59 GG	54– 61
a) Organe der Exekutive	54– 58
b) Organe der Legislative	59– 61
2. Spezialregeln	62– 64
a) Europäische Union	62– 63
b) Zwischenstaatliche Einrichtungen	64
III. Materielle Verpflichtungen zum grenzübergreifenden Umweltschutz	65–118
1. Schutz der auswärtigen Umwelt	66– 87
a) Begriff der auswärtigen Umwelt	66
b) Schutz der auswärtigen Umwelt über Art. 20a GG	67– 84
c) Schutz der auswärtigen Umwelt über Art. 2 Abs. 2 S. 1, 14 Abs. 1 S. 1 GG	85– 87
2. Schutz der inländischen Umwelt vor auswärtiger Beeinträchtigung	88– 93
3. Adressaten der materiellen Verpflichtungen	94– 98
4. Reichweite staatsrechtlicher Bindungen	99–118
a) Bindung nur der deutschen Staatsgewalt	99–106
b) Bindung deutscher Staatsgewalt in grenzüberschreitenden Zusammenhängen	107–118
C. Innerstaatliche Geltung und Anwendbarkeit völkerrechtlicher Pflichten zum grenzübergreifenden Umweltschutz	119–136
I. Umweltvölkergewohnheitsrecht	119–129
1. Völkergewohnheitsrechtliche Verpflichtungen zum grenzübergreifenden Umweltschutz	119–123
2. Innerstaatliche Geltung und Anwendbarkeit	124–129
II. Umweltvölkerrechtliche Verträge	130–136
1. Völkervertragliche Verpflichtungen zum grenzübergreifenden Umweltschutz	130–131
2. Innerstaatliche Geltung und Anwendbarkeit	132–136
D. Bibliographie	

A. Grenzübergreifender Umweltschutz

I. Rechtsbegriff der Umwelt

1
Kein einheitlicher Umweltbegriff

Für alle Ebenen des Rechts, das heißt für das Völkerrecht wie für das Unionsrecht und das nationale Recht, gilt, daß kein einheitlicher, allen Rechtsbereichen gleichermaßen vorgegebener Rechtsbegriff der Umwelt existiert[1]. Der Begriff der Umwelt als allgemeiner Rechtsbegriff läßt sich deshalb nur aus den Regelungsmaterien des deutschen, europäischen und internationalen Umweltrechts entwickeln[2].

2
Umweltbegriff als Abbild der Regelungsgegenstände

Ein solcher, die Regelungsgegenstände des Umweltrechts aller Ebenen abbildender Umweltbegriff umfaßt die folgenden Umwelt-Elemente: die Umwelt-Sphären (Pedosphäre, Hydro- und Kryosphäre, Biosphäre, Atmosphäre und Weltall), die Umwelt-Medien (Boden, Wasser, Luft); das Umwelt-Phänomen Klima, die Umwelt-Bestandteile (Tiere und Pflanzen bzw. Tier- und Pflanzenarten, Habitate und Ökosysteme) sowie die Wechselwirkungen zwischen den vorgenannten Umwelt-Elementen. In den rechtlichen Umweltbegriff einzubeziehen sind außerdem die natürlichen Rohstoffe, ferner Räume und Gegenstände von ästhetisch-kultureller Bedeutung (Landschaften, Naturdenkmäler), schließlich aber auch der Mensch zumindest insoweit, als seine Gesundheit zu schützen ist[3].

II. Globale, regionale und lokale Umweltprobleme

3
Problemebenen

Der grenzübergreifende Umweltschutz ist auf die Bewältigung grenzüberschreitender Umweltprobleme gerichtet. Diese lassen sich in globale, regionale und lokale Umweltprobleme weiter auffächern.

4
Globale Umweltprobleme

Globale Umweltprobleme liegen zum einen in der Schädigung oder Gefährdung solcher Umweltelemente, deren Schutz und Erhaltung ein „gemeinsames Anliegen" („common concern")[4] der internationalen Staatengemein-

---

1 Zum Begriff der Umwelt im deutschen Umweltrecht: *Michael Kloepfer*, Umweltschutzrecht, ²2011, § 1 Rn. 24 ff.; im EU-Umweltrecht: *Christian Calliess*, in: ders./Matthias Ruffert (Hg.), EUV/AEUV, ⁴2011, Art. 191 AEUV Rn. 9; im Umweltrechtvölkerrecht: *Patricia Birnie/Alan Boyle/Catherine Redgwell*, International Law and the Environment, Oxford ³2009, S. 4 ff. → Bd. IV, *Salzwedel*, § 97 Rn. 1 ff.
2 Neben diesem allgemeinen Rechtsbegriff verwenden einzelne Regelwerke (z. B. nationale Gesetze, EU-Richtlinien oder völkerrechtliche Verträge) explizit im Wege der Legaldefinition oder implizit mit Blick auf Regelungszweck und Regelungsgegenstand einen je spezifisch für das Regelwerk geltenden, besonderen Rechtsbegriff der Umwelt. Siehe nur beispielhaft § 2 Nr. 1 USchadG; Art. 5 Abs. 1 i. V. m. Anhang IV Nr. 3 Richtlinie 2011/92/EU des Europäischen Parlaments und des Rates vom 13. 12. 2011 über die Umweltverträglichkeitsprüfung bei bestimmten öffentlichen und privaten Projekten (ABlEU 2012 L 26, S. 1; nachfolgend: UVP-RL 2011/92/EU); Art. 1 Nr. 4 Seerechtsübereinkommen der Vereinten Nationen vom 10. 12. 1982 (BGBl 1994 II, S. 1799; nachfolgend: SRÜ). → Bd. IV, *Salzwedel*, § 97 Rn. 46 ff.
3 Beispielsweise gehört zu den Zielen der EU-Umweltpolitik der „Schutz der menschlichen Gesundheit" (Art. 191 Abs. 1 AEUV). Das Protokoll von Cartagena über die biologische Sicherheit zum Übereinkommen über die biologische Vielfalt vom 29. 1. 2000 (BGBl 2003 II, S. 1506; nachfolgend: Cartagena-Protokoll) dient dem Schutz beim Umgang mit durch moderne Biotechnologie hervorgebrachten lebenden veränderten Organismen, „wobei auch Risiken für die menschliche Gesundheit zu berücksichtigen sind" (Art. 1 Cartagena-Protokoll).
4 Zum „common concern"-Konzept etwa *Alexandre Kiss/Dinah Shelton*, Guide to International Environmental Law, Leiden 2007, S. 13 ff.

schaft bilden. Zu diesen Staatengemeinschaftsgütern gehören namentlich das Klima[5], die Atmosphäre[6] und die biologische Vielfalt[7]. Globale Umweltprobleme bilden zum anderen die Schädigung oder Gefährdung der Umwelt in Staatengemeinschaftsräumen[8], nämlich die Umwelt der Hohen See, des Meeresbodens, der Antarktis sowie des Weltalls, des Mondes und anderer Himmelkörper.

Regionale Umweltprobleme sind auf bestimmte Staatenregionen beschränkt. Eine noch geringere geographische Ausdehnung haben lokale Umweltprobleme, die sich im Nachbarschaftsverhältnis von zwei oder auch mehr Staaten abspielen. Typische regionale oder lokale Umweltprobleme bilden etwa die Luftverunreinigung[9], die Verschmutzung regionaler Meere[10] oder die gemeinsame Gewässernutzung durch mehrere Anliegerstaaten[11].

5
Regionale und lokale Umweltprobleme

III. Merkmale grenzüberschreitender Umweltprobleme

Grenzüberschreitende Umweltprobleme sind vielfach durch das Phänomen der „Tragik der Allmende"[12] gekennzeichnet. Dieses „Trauerspiel" besteht darin, daß auf kurze Frist berechnete wirtschaftliche Interessen einzelner den langfristigen Erhalt eines der Gemeinschaft zur allgemeinen Nutzung zugewiesenen Gutes bedrohen[13]. So mag man die Atmosphäre als globale „Deponie" für die Ablagerung weltweit ausgestoßener ozonschädigender Gase und in dieser Funktion als „Allmende" der internationalen Staatengemeinschaft charakterisieren. Vor allem die Herstellung und Verwendung ozonschädigender Gase speziell durch die Industrieländer haben zu einer Sättigung der Atmosphäre geführt, so daß die Ozonschicht der Stratosphäre ihre dem Menschen und seiner Umwelt dienliche Funktion des Schutzes vor ultravioletter

6
„Tragik der Allmende"

---

5 Vgl. Präambel Abs. 1 des Rahmenübereinkommens der Vereinten Nationen über Klimaänderungen vom 9. 5. 1992 (BGBl 1993 II, S. 1783; nachfolgend: UN-Klimarahmenübereinkommen): „that change in the Earth's climate … [is] a common concern of humankind". Die amtliche Übersetzung („daß Änderungen des Erdklimas … die ganze Menschheit mit Sorge erfüllen") ist verunglückt.
6 Dazu, daß auch das Montrealer Protokoll über Stoffe, die zum Abbau der Ozonschicht führen, vom 16. 9. 1987 (BGBl 1988 II, S. 1014; nachfolgend: Montreal-Protokoll), jedenfalls implizit dem „common concern"-Ansatz folgt, *Jutta Brunnée*, Common Areas, Common Heritage, and Common Concern, in: Daniel Bodansky/Jutta Brunnée/Ellen Hey (Hg.), The Oxford Handbook of International Environmental Law, Oxford 2007, S. 550 (564 ff.).
7 Vgl. Präambel Abs. 3 des Übereinkommens über die biologische Vielfalt vom 5. 6. 1992 (BGBl 1993 II, S. 1741; nachfolgend: Biodiversitätskonvention): „Erhaltung der biologischen Vielfalt ein gemeinsames Anliegen der Menschheit".
8 Zu diesem Begriff *Alexander Proelß*, Raum und Umwelt im Völkerrecht, in: Wolfgang Graf Vitzthum (Hg.), Völkerrecht, ^{5}2010, 5. Abschn. Rn. 59.
9 So bereits im berühmten Trail Smelter Case (United States, Canada), in: RIAA 3, 1905 (1965); siehe ferner etwa das Übereinkommen über weiträumige grenzüberschreitende Luftverunreinigungen vom 13. 11. 1979 (BGBl 1982 II, S. 374; nachfolgend: LRTAP-Übereinkommen).
10 Siehe z.B. das Übereinkommen zum Schutz der Meeresumwelt des Nordostatlantiks vom 22. 9. 1992 (BGBl 1994 II, S. 1397).
11 Siehe z.B. das Übereinkommen über die Zusammenarbeit zum Schutz und zur verträglichen Nutzung der Donau vom 29. 6. 1994 (BGBl 1996 II, S. 875).
12 Nach *Garrett Hardin*, The Tragedy of the Commons, in: Science 162 (1968), S. 1243.
13 Zu möglichen Lösungsansätzen siehe insbesondere *Elinor Ostrom*, Governing the Commons, Cambridge 1990.

Strahlung auf lange Sicht nicht mehr erfüllen könnte, würden ozonschädigende Gase weiterhin unvermindert freigesetzt.

7
Komplexität

Grenzüberschreitende Umweltprobleme sind ferner durch ein besonders hohes Maß an Komplexität gekennzeichnet. Ursächlich hierfür ist das Zusammentreffen von Kumulations- und Synergieeffekten mit nicht linearen, zum Beispiel exponentiellen Ursache-Wirkung-Zusammenhängen, Trägheitsmomenten, Rückkoppelungseffekten, Wechselwirkungen und Problemverlagerungen[14]. Das erschwert die eindeutige Zurechnung grenzüberschreitender Umweltprobleme zu einzelnen Staaten[15]. Die globale Erderwärmung beispielsweise dürfte mit hoher Wahrscheinlichkeit auf die weltweiten Treibhausgasemissionen des Menschen zurückzuführen sein[16]. Der mithin anthropogen verstärkte Treibhauseffekt der Erdatmosphäre verschärft sich auf natürliche Weise dadurch, daß zum Beispiel die Permafrostböden auftauen, welche dabei das Treibhausgas Methan in großer Menge freisetzen. Darüber hinaus dürfte sich mit den überkommenen Regeln der Staatenverantwortlichkeit[17] eine Unrechtshaftung einzelner Staaten für den Klimawandel und seine Folgen kaum begründen lassen[18].

Treibhauseffekt

Unrechtshaftung für Klimawandel?

8
Empirische Ungewißheit

Ferner zeigt sich auch bei grenzüberschreitenden Umweltproblemen das Problem der empirischen Ungewißheit über Schadensursachen, Schadensverläufe, Schadensarten und Schadensumfänge. Die Gründe hierfür liegen in den Grenzen menschlichen Erkenntnisvermögens. Deshalb vermag gerade auch die moderne empirische Naturwissenschaft keine Gewißheit zu verschaffen, zumal ihr auch noch die Falsifizierbarkeit gleichsam wesensimmanent ist[19].

IV. Politisch-rechtliche Spannungslagen

9
Territoriale Souveränität

Fragen des grenzübergreifenden Umweltschutzes sind zunächst in das Spannungsverhältnis von territorialer Souveränität und Integrität eingebettet. Kraft seiner territorialen Souveränität[20] ist jeder Staat prinzipiell befugt, auch solche Tätigkeiten, welche die Umwelt beeinträchtigen könnten, durchzufüh-

---

14 Näher hierzu *David Hunter/James Salzman/Durwood Zaelke*, International Environmental Law and Policy, New York ³2007, S. 27 ff.
15 Auf regionaler Ebene könnten sich die Verursachungsbeiträge einzelner Staaten zu bestimmten grenzüberschreitenden Umweltproblemen (wie z. B. der Luftverschmutzung) allerdings mit einer gewissen Annäherung ermitteln lassen. Gelungen sein dürfte dies etwa für Schwefelemissionen in Europa mit Hilfe des „critical loads"-Konzepts und Modellen zur Verfrachtung von Luftschadstoffen (hierzu Art. 2 Abs. 1 und 2 i. V.m. Anhang I und II des Protokolls zu dem Übereinkommen von 1979 über weiträumige grenzüberschreitende Luftverunreinigungen betreffend die weitere Verringerung von Schwefelemissionen vom 13. 6. 1994 [BGBl 1998 II, S. 130]; nachfolgend: Oslo-Protokoll). Näher hierzu *Hunter/Salzman/Zaelke* (N 14), S. 564.
16 *IPCC*, Climate Change 2007, in: Synthesis Report, 2007, S. 37 f.
17 Quasi kodifiziert in den Draft Articles on Responsibility of States for Internationally Wrongful Acts vom 12.12.2001, in: Anhang zu GA Res. 56/83 (korrigiert durch UN Doc. A/56/49[Vol. I]/Corr. 4; nachfolgend: ILC Draft Articles on Responsibility of States) der UN-Völkerrechtskommission (ILC).
18 Eingehend zu dieser Problematik etwa *Christian Tomuschat*, Globale Warming and State Responsibility, in: Holger Hestermeyer/Nele Matz-Lück u. a. (Hg.), Law of the Sea in Dialogue, 2011, S. 3.
19 Grundlegend hierzu *Karl Popper*, Logik der Forschung, ¹¹2005, S. 17, 54 ff.
20 Zu diesem Begriff *Matthias Herdegen*, Völkerrecht, ¹¹2012, § 23 Rn. 1.

ren, zuzulassen oder zu fördern. Anderseits erwächst jedem Staat aus seiner territorialen Integrität grundsätzlich der Anspruch, daß nachteilige Einwirkungen auf sein Staatsgebiet, namentlich also auch auf seine Umwelt, unterbleiben. Gehen von einem Staat grenzüberschreitende Umweltbeeinträchtigungen auf einen anderen Staat aus, dann müssen territoriale Souveränität des einen Staates und territoriale Integrität des anderen Staates durch wechselseitige Begrenzung zu einem verhältnismäßigen, schonenden Ausgleich gebracht werden[21]. Dieselbe Überlegung gilt für das Verhältnis von territorialer Souveränität der Staaten einerseits, Integrität der Umwelt in Staatengemeinschaftsräumen (Hohe See, Meeresboden, Antarktis, Weltall, Mond und andere Himmelskörper)[22] bzw. Integrität von Staatengemeinschaftsgütern (Klima, Ozonschicht, biologische Vielfalt) anderseits.

<small>Territoriale Integrität</small>

<small>Schonender Ausgleich</small>

Grenzübergreifender Umweltschutz belastet aber auch die sensiblen Beziehungen zwischen Industrieländern auf der einen Seite, Entwicklungs- und Schwellenländern auf der anderen Seite. Gegen die Auferlegung internationaler Umweltschutzverpflichtungen regt sich bei den Entwicklungs- und Schwellenländern des Südens leicht ein antikolonialer Reflex gegen die Industrieländer des Nordens[23]. Dieser Nord-Süd-Gegensatz wird dadurch verschärft, daß Hauptverursacher drängender globaler Umweltprobleme, wie zum Beispiel des Klimawandels oder des Abbaus der Ozonschicht, gerade die Industrieländer sind. Diese verfügen darüber hinaus in weit höherem Maß als die Entwicklungs- und Schwellenländer über diejenigen finanziellen Ressourcen und wissenschaftlich-technischen Kapazitäten, die zur Bewältigung dieser grenzüberschreitenden Umweltprobleme vonnöten sind. Nicht von der Hand zu weisen ist schließlich, daß die wirtschaftlich-soziale Entwicklung in den Entwicklung- und Schwellenländern durch die völkervertragliche Übernahme internationaler Umweltschutzverpflichtungen merklich gehemmt werden kann[24].

10
„Nord-Süd-Gegensatz"

Gründe

Überhaupt bilden Umweltschutz und wirtschaftlich-soziale Entwicklung nach bisheriger Erfahrung gegenläufige Ziele. Eine sich zu Gunsten zukünftiger Generationen auf Dauer tragende wirtschaftlich-soziale Entwicklung muß notwendig auch umweltgerecht sein, obgleich Maßnahmen des Umweltschutzes die Kosten wirtschaftlich-sozialer Entwicklung in der Regel auf kurze bis mittlere Sicht in die Höhe treiben und die wirtschaftlich-soziale Entwicklung so zu Lasten der gegenwärtigen Generation spürbar verzögern können.

11
Umwelt und Entwicklung

---

21 Vgl. *Ulrich Beyerlin/Thilo Marauhn*, International Environmental Law, Oxford 2011, S. 40.
22 Daß Staaten mit Blick auf innerhalb ihres Hoheitsgebiets oder unter ihrer Kontrolle durchgeführte Tätigkeiten zumindest auch die Umwelt in Nichtstaatsgebieten zu achten haben, bildet seit längerem eine im Umweltvölkerrecht anerkannte Regel. So *IGH*, Legality of the Threat or Use of Nuclear Weapons, in: ICJRep 1996, S. 226, Abs.-Nr. 29; wegweisend Prinzip 21 der Stockholmer Erklärung vom 16. 6. 1972 (UN Doc. A/CONF. 48/14/Rev. 1 [1973]; nachfolgend: Stockholmer Erklärung von 1972) und Prinzip 2 der Rio-Erklärung vom 13. 6. 1992 (UN Doc. A/CONF. 151/26 [Bd. 1] [1992]; nachfolgend: Rio-Erklärung von 1992). S. u. Rn. 68.
23 Siehe *Beyerlin/Marauhn* (N 21), S. 14.
24 Für die wirtschaftlich-soziale Entwicklung in den Industrieländern gilt freilich nichts anderes. So hätte das dem Oslo-Protokoll (N 15) zugrundeliegende „critical loads"-Konzept (a. a. O.) eigentlich eine sofortige Einstellung der grenzüberschreitenden Schwefelemissionen in einigen Vertragsstaaten gefordert. Am Ende wurden lediglich wirtschaftlich zumutbare Reduktionsverpflichtungen normiert. Hierzu *Hunter/Salzman/Zaelke* (N 14), S. 564.

§ 248   Zweiundzwanzigster Teil: Grenzüberschreitende Staatsaufgaben

V. Regelungsebenen

12
Völkerrecht

Die vorangegangenen Überlegungen führen unausweichlich zu der Folgerung, daß grenzübergreifender Umweltschutz zuvörderst eine zwischenstaatliche Aufgabe, speziell mit Blick auf die globalen Umweltprobleme insbesondere eine unaufschiebbare Angelegenheit aller Staaten, also der internationalen Staatengemeinschaft bildet. Die Regelung des grenzüberschreitenden Umweltschutzes ist damit primär der Ebene des Völkerrechts aufgegeben. Dort bildet der grenzübergreifende Umweltschutz bereits seit längerem den Gegenstand eines inzwischen verselbständigten, eigenständigen Rechtsgebiets, nämlich des Umweltvölkerrechts[25] bzw. Internationalen Umweltrechts[26].

13
Unionsrecht

Das Umweltrecht der Europäischen Union setzt vielfach Umweltvölkerrecht um[27], nachdem die Europäische Union mittlerweile selbst Vertragspartei zahlreicher umweltvölkerrechtlicher Verträge geworden ist[28]. Allerdings thematisiert das EU-Umweltrecht nicht nur Fragen des Umweltschutzes in grenzüberschreitenden Zusammenhängen. Vielmehr bezweckt das Unionsrecht den Schutz der Umwelt innerhalb der EU-Mitgliedstaaten auch ganz unabhängig von grenzüberschreitenden Bezügen[29]. Grenzen vermag dem Unionsgesetzgeber insoweit freilich das Subsidiaritätsprinzip (Art. 5 Abs. 1 S. 2, Abs. 3 UAbs. 1 EUV) zu ziehen[30].

---

25   Zur Entwicklung des Umweltvölkerrechts etwa *Beyerlin/Marauhn* (N 21), S. 1 ff. Einführender Überblick über das Umweltvölkerrecht von *Hans-Georg Dederer*, Umweltvölkerrecht, in: Jörg Menzel/Tobias Pierlings/Jeannine Hoffmann (Hg.), Völkerrechtsprechung, 2005, S. 717 ff.

26   Die Begriffe des Umweltvölkerrechts und des Internationalen Umweltrechts werden vorliegend synonym verwendet. Letztlich geht der Begriff des Internationalen Umweltrechts auf die Übersetzung aus dem englischen „International Environmental Law" zurück. Zwar verbindet sich mit dem englischen Begriff, daß zum „International Environmental Law" auch die Regeln des Internationalen (Umwelt-)Privatrechts gehören können (siehe *Birnie/Boyle/Redgwell* [N 1], S. 2; *Peter H. Sand*, The Evolution of International Environmental Law, in: Bodansky/Brunnée/Hey [N 6], S. 29 [30]). Tatsächlich befassen sich aber auch die englischsprachigen Lehr- und Handbücher auf dem Gebiet des „International Environmental Law" praktisch ausschließlich mit dem Umweltvölkerrecht.

27   Bsp.: Umsetzung des Übereinkommens über den Zugang zu Informationen, die Öffentlichkeitsbeteiligung an Entscheidungsverfahren und den Zugang zu Gerichten in Umweltangelegenheiten vom 25. 6. 1998 (AB1EG 2005 L 124, S. 4; nachfolgend: Aarhus-Konvention) durch die Richtlinie 2003/4/EG des Europäischen Parlaments und des Rates vom 28. 1. 2003 über den Zugang der Öffentlichkeit zu Umweltinformationen und zur Aufhebung der Richtlinie 90/313/EWG (AB1EG 2003 L 41, S. 26), die Richtlinie 2003/35/EG des Europäischen Parlaments und des Rates vom 26. 5. 2003 über die Beteiligung der Öffentlichkeit bei der Ausarbeitung bestimmter umweltbezogener Pläne und Programme und zur Änderung der Richtlinien 85/337/EWG und 96/61/EG des Rates in bezug auf die Öffentlichkeitsbeteiligung und den Zugang zu Gerichten (AB1EG 2003 L 156, S. 17) und die Verordnung (EG) Nr. 1367/2006 des Europäischen Parlaments und des Rates vom 6. 9. 2006 über die Anwendung der Bestimmungen des Übereinkommens von Århus über den Zugang zu Informationen, die Öffentlichkeitsbeteiligung an Entscheidungsverfahren und den Zugang zu Gerichten in Umweltangelegenheiten auf Organe und Einrichtungen der Gemeinschaft (AB1EG 2006 L 264, S. 13).

28   Ausführlich zu den von der EU abgeschlossenen Übereinkommen *Klaus Meßerschmidt*, Europäisches Umweltrecht, 2011, § 4 Rn. 14 ff.

29   Bsp.: Richtlinie 2006/7/EG des Europäischen Parlaments und des Rates vom 15. 2. 2006 über die Qualität der Badegewässer und deren Bewirtschaftung und zur Aufhebung der Richtlinie 76/160/EWG (AB1EG 2006 L 64, S. 37).

30   Ebenso etwa *Jan H. Jans/Hans H. B. Vedder*, European Environmental Law, Groningen ⁴2012, S. 35. S. u. Rn. 63. Vgl. auch Art. 191 Abs. 2 UAbs. 1 S. 1 AEUV.

Erst recht befaßt sich das nationale Umweltverwaltungsrecht nicht primär mit grenzüberschreitenden Umweltproblemen. Indes werden den grenzübergreifenden Umweltschutz betreffende Regeln des Völker- und des Unionsrechts innerstaatlich umgesetzt. Gleichsam kaskadenartig werden so umweltvölkerrechtliche Regeln zum grenzübergreifenden Umweltschutz über das EU-Umweltrecht bis zum nationalen Umweltverwaltungsrecht heruntergebrochen[31]. Darüber hinaus können sich mit Blick auf grenzüberschreitende Umweltprobleme auch ganz konkrete Fragen des grenzüberschreitenden Rechtsschutzes stellen[32].

14
Nationales Umweltverwaltungsrecht

Demgegenüber trifft das Grundgesetz – jedenfalls bei einem Blick allein auf seinen Wortlaut – keine Aussagen zum grenzübergreifenden Umweltschutz. Gleichwohl soll sich sogleich nachfolgend erweisen, daß grenzübergreifender Umweltschutz einen Regelungsgegenstand des Staatsrechts von grundlegender Bedeutung bildet.

15
Staatsrecht

B. Auswärtige Gewalt auf dem Gebiet des grenzübergreifenden Umweltschutzes

Der Begriff der auswärtigen Gewalt steht funktional[33] für alles staatliche, das heißt dem Staat zurechenbare[34] Handeln, welches die auswärtigen Beziehungen unter Einschluß der darauf gerichteten innerstaatlichen Willensbildung zum Gegenstand hat[35]. Grenzübergreifender Umweltschutz ist danach in der Regel eine Materie der auswärtigen Gewalt im vorgenannten Sinne.

16
Begriffseinordnung

I. Verbandskompetenzen

1. Grundregel des Art. 32 GG

Art. 32 GG bildet die Grundregel für die Verteilung der Kompetenzen zwischen Bund und Ländern auf dem Gebiet der auswärtigen Gewalt. Gleichsam in Umkehrung zu Art. 30 GG normiert Art. 32, daß die „Pflege der Beziehungen zu auswärtigen Staaten" grundsätzlich in den Händen des Bundes liegt

17
Grundsatz der Bundeskompetenz

---

31 Bsp.: Das Übereinkommen über die Umweltverträglichkeitsprüfung im grenzüberschreitenden Rahmen vom 25.2.1991 (BGBl 2002 II, S. 1406; nachfolgend: Espoo-Konvention), das auch die EG ratifiziert hat (Erwägungsgrund 15 der UVP-RL 2011/92/EU [N 2]), wird innerhalb der EU mit der UVP-RL 2011/92/EU (N 2), diese wiederum innerhalb Deutschlands durch das UVPG umgesetzt.
32 Siehe nur die sog. Emsland-Entscheidung, BVerwGE 75, 285, zur Klagebefugnis in den Niederlanden wohnhafter niederländischer Staatsbürger gegen die erste atomrechtliche Teilgenehmigung des Kernkraftwerks Emsland. S. u. Rn. 113ff.
33 Wohl gleichsinnig *Martin Nettesheim*, in: Maunz/Dürig, Art. 32 Rn. 9.
34 Zu den Zurechnungskriterien *Hans-Georg Dederer*, Korporative Staatsgewalt, 2004, S. 13ff.
35 Ähnlich, auswärtige Gewalt freilich nicht funktional, sondern offenbar als „Kompetenzbegriff" auffassend, *Ondolf Rojahn*, in: v. Münch/Kunig, Bd. I, ⁶2012, Art. 32 Rn. 2 m. weit. Nachw. Eine einheitliche Begriffsbildung hat sich zum Terminus der auswärtigen Gewalt bis heute nicht durchgesetzt (zutreffend *Nettesheim* [N 33], Art. 32 Rn. 8).

(Art. 32 Abs. 1 und 2 GG), mithin nur ausnahmsweise eine Angelegenheit der Länder bildet (Art. 32 Abs. 3 GG)[36].

18
Anwendungsbereich

Der Anwendungsbereich des Art. 32 GG erfaßt nur die vom Völkerrecht beherrschten[37], mithin hoheitliches Handeln[38] betreffenden auswärtigen Beziehungen des Bundes und der deutschen Länder[39]. Infolgedessen gilt Art. 32 GG dort nicht, wo nicht zugleich auf deutscher wie auf auswärtiger Seite Völkerrechtssubjekte in Erscheinung treten[40]. Dabei steht die Wendung „auswärtige Staaten" in Art. 32 Abs. 1 und 3 GG nur pars pro toto für alle völkerrechtsfähigen Rechtspersonen[41], zu welchen namentlich die internationalen Organisationen gehören[42].

19
Geltung für grenzübergreifenden Umweltschutz

Staatliches Handeln auf dem Gebiet des grenzübergreifenden Umweltschutzes fällt danach in der Regel in den Anwendungsbereich des Art. 32 GG. Denn für die Bewältigung grenzüberschreitender Umweltprobleme erweisen sich die spezifisch völkerrechtliche Koordination und Kooperation mit anderen Staaten, zumal im Rahmen internationaler Organisationen[43], als unabdingbar[44].

20
Ausnahmen

Vom Anwendungsbereich des Art. 32 GG ausgenommen sind dagegen etwa grenznachbarschaftliche Formen der kommunalen Zusammenarbeit[45], zum Beispiel auf dem Gebiet der Abfallbehandlung[46]. Denn jedenfalls auf deutscher Seite kommt den kommunalen Gebietskörperschaften (oder den For-

---

36 Das genaue dogmatische Verhältnis von Art. 32 GG zu Art. 30 GG ist freilich umstritten (siehe hierzu einerseits *Rudolf Streinz*, in: Sachs, 2011, Art. 32 Rn. 9 m. weit. Nachw., andererseits *Nettesheim* [N 33], Art. 32 Rn. 23). Das BVerfG (BVerfGE 6, 309 [363]) geht davon aus, daß der Bund „auf dem Gebiete der auswärtigen Beziehungen" jedenfalls eine „Kompetenzvermutung" für sich hat.
37 Für die Beziehungen zur EU ist Art. 23 GG lex specialis zu Art. 32 GG (*Hans D. Jarass*, in: ders./Pieroth, [12]2012, Art. 23 Rn. 4, Art. 32 Rn. 2 f.). Die Beziehungen zu den EU-Mitgliedstaaten bleiben dagegen Art. 32 GG unterworfen, soweit sie nicht vom Geltungsbereich des Unionsrechts erfaßt werden (*Streinz* [N 36], Art. 32 Rn. 9 a).
38 Hoheitliches Handeln liegt nicht in erster Linie dann vor, wenn öffentliche Aufgaben erfüllt werden (so offenbar *Streinz* [N 36], Art. 32 Rn. 11), sondern wenn der Staat oder ein sonstiger Hoheitsträger die ihm spezifisch eigene Hoheitsgewalt ausübt, also nicht gerade so handelt, wie auch jede Privatperson handeln könnte.
39 Art. 32 Abs. 3 GG verleiht den Ländern Völkerrechtssubjektivität (s. u. Rn. 32), welche neben die Völkerrechtssubjektivität des Bundes tritt. Gerade deshalb bedarf es innerstaatlich einer Abschichtung der Verbandskompetenzen zwischen Bund und Ländern. Diese Kompetenzabgrenzung (durch Art. 32 Abs. 1 und 3 GG) betrifft aber auch nur das auswärtige Handeln von Bund und Ländern als Völkerrechtssubjekte und infolgedessen nur die die Übernahme völkerrechtlicher Rechte und Pflichten betreffenden auswärtigen Beziehungen von Bund und Ländern.
40 So für völkervertragliche Rechtsbeziehungen BVerfGE 2, 347 (374); allgemein wie hier etwa *Jarass* (N 37), Art. 32 Rn. 3 f. m. weit. Nachw. zur h. M.; teilweise abweichend z. B. *Streinz* (N 36), Art. 32 Rn. 19 ff., und *Nettesheim* (N 33), Art. 32 Rn. 48.
41 In diesem Sinne bereits BVerfGE 2, 347 (374); ferner wie hier etwa *Jarass* (N 37), Art. 32 Rn. 3 m. weit. Nachw.
42 Zu den Völkerrechtssubjekten im einzelnen siehe z. B. *Karl Doehring*, Völkerrecht, [2]2004 Rn. 42 ff.
43 Zu internationalen Organisationen als zentralen Akteuren auf dem Gebiet des Internationalen Umweltrechts umfassend etwa *Philippe Sands/Jacqueline Peel*, Principles of International Environmental Law, Cambridge [3]2012, S. 52 ff. S. u. Rn. 24.
44 S. o. Rn. 12.
45 *Bardo Fassbender*, BK, Art. 32 Rn. 94; *Ulrich Fastenrath/Thomas Groh*, in: Karl Heinrich Friauf/Wolfram Höfling (Hg.), Berliner Kommentar zum Grundgesetz, Art. 32 Rn. 100; *Ingolf Pernice*, in: Dreier, Bd. II, [2]2006, Art. 32 Rn. 29; *Stefanie Schmahl*, in: Sodan, [2]2011, Art. 32 Rn. 5.
46 Insofern gelten die allgemeinen Regeln über die bundesstaatliche Kompetenzverteilung, d. h. Art. 30, 70 ff., 83 ff., 92 ff. GG, unter Berücksichtigung der Garantie kommunaler Selbstverwaltung gemäß Art. 28 Abs. 2 GG.

men kommunaler Zusammenarbeit mit eigener Rechtspersönlichkeit[47]) keinerlei Völkerrechtssubjektivität zu. Gleichfalls nicht in den Anwendungsbereich des Art. 32 GG fällt der Kontakt der Bundesrepublik mit internationalen Nichtregierungsorganisationen (NGOs)[48], auch wenn jene auf dem Gebiet des grenzübergreifenden Umweltschutzes eine wichtige Rolle spielen[49]. Anders verhält es sich freilich in bezug auf die International Union for Conservation of Nature (IUCN), sofern die Bundesrepublik Deutschland mit ihr als Sekretariat der Ramsar-Konvention[50] in Kontakt tritt. *[Kommunale Zusammenarbeit / Nichtregierungsorganisationen]*

Umstritten ist, ob und gegebenenfalls inwieweit Art. 32 GG auch informales Staatshandeln erfaßt. Der These, den Anwendungsbereich des Art. 32 GG auf „völkerrechtsförmliches Handeln" zu beschränken[51], haben bisher weite Teile des Schrifttums[52] die Gefolgschaft verweigert. Informales Außenhandeln des Bundes oder der Länder fällt nach hier vertretener Ansicht[53] nur dann unter Art. 32 GG, wenn dabei der Bund bzw. die Länder als Völkerrechtssubjekte, mithin im Hinblick auf die Übernahme völkerrechtlicher Rechte und Pflichten in Erscheinung treten. Das ist nicht der Fall, wenn der Ministerpräsident eines Landes mit Wirtschaftsvertretern in ein Entwicklungsland reist, um sich dort für Auslandsinvestitionen heimischer Unternehmen zum Beispiel im Rahmen des Mechanismus für umweltverträgliche Entwicklung („Clean Development Mechanism")[54] einzusetzen[55]. **21** *Informales Außenhandeln*

a) Bundeskompetenz
aa) Reichweite

Zur Pflege der auswärtigen Beziehungen im Sinne des Art. 32 Abs. 1 GG gehört zunächst der Abschluß umweltvölkerrechtlicher Verträge. So werden vor allem die globalen wie auch die regionalen Übereinkommen über den grenzübergreifenden Umweltschutz typischerweise vom Bund abgeschlossen[56]. **22** *Abschluß völkerrechtlicher Verträge*

---

47 Bsp.: Zweckverbände etwa nach Art. 2 Abs. 3 S. 1, 17 ff. BayKommZG; → Bd. IV, *Callies*, § 83 Rn. 62.
48 Vgl. *Fastenrath/Groh* (N 45), Art. 32 Rn. 34, 39; *Bernhard Kempen*, in: v. Mangoldt/Klein/Starck, Bd. II, 2010, Art. 32 Rn. 30; *Pernice* (N 45), Art. 32 Rn. 23. Vgl. auch BVerfGE 2, 347 (374); → Bd. X, *Grewlich*, § 223 Rn. 10 ff.
49 Zur Bedeutung von NGOs für das internationale Umweltrecht *Hunter/Salzman/Zaelke* (N 14), S. 255 ff.; → Bd. X, *Grewlich*, § 223 Rn. 10.
50 Übereinkommen über Feuchtgebiete, insbesondere als Lebensraum für Wasser- und Watvögel, von internationaler Bedeutung vom 2. 2. 1971 (BGBl 1976 II, S. 1266; nachfolgend: Ramsar-Konvention).
51 *Ulrich Fastenrath*, Kompetenzverteilung im Bereich der auswärtigen Gewalt, 1986, S. 98 ff.; → Bd. IV, *Callies*, § 83 Rn. 59 ff.; → Bd. VI, *Isensee*, § 133 Rn. 110.
52 Siehe nur *Kempen* (N 48), Art. 32 Rn. 33 ff. m. weit. Nachw.
53 Dazu s. o. N 39. Diese Ansicht kommt der Auffassung von *Fastenrath/Groh* (N 45), Art. 32 Rn. 44 ff., im Ergebnis zumindest sehr nahe.
54 Gemäß Art. 12 Protokoll von Kyoto zum Rahmenübereinkommen der Vereinten Nationen über Klimaänderungen vom 11. 12. 1997 (BGBl 2002 II, S. 967; nachfolgend: Kyoto-Protokoll). Zum „Clean Development Mechanism" näher etwa *Sands/Peel* (N 43), S. 288 ff.
55 Vgl. *Fastenrath/Groh* (N 45), Art. 32 Rn. 47.
56 Siehe hierzu die umfassende Zusammenstellung von *Wolfgang E. Burhenne/Peter H. Sand*, Internationale Umweltvereinbarungen, in: Klaus Hansmann/Dieter Sellner (Hg.), Grundzüge des Umweltrechts, ⁴2012, Kap. 15 Rn. 15 ff., 62 ff. Siehe aber als von deutschen Ländern abgeschlossenes regionales Übereinkommen etwa das von Baden-Württemberg und Bayern mit Österreich und der Schweiz abgeschlossene Übereinkommen über den Schutz des Bodensees gegen Verunreinigung vom 27. 10. 1960 (BayGVBl 1961, S. 237; Bad.-Württ.GVBl 1962 S. 1).

§ 248 Zweiundzwanzigster Teil: Grenzüberschreitende Staatsaufgaben

23
Vertragsregime

Eine Vielzahl der vom Bund abgeschlossenen umweltvölkerrechtlichen Verträge errichtet eigene Vertragsorgane, namentlich Vertragsstaatenkonferenzen, Sekretariat und Nebenorgane[57], ohne dadurch zugleich schon eine internationale Organisation hervorzubringen[58]. Für die Wahrnehmung der Mitgliedschaftsrechte der Bundesrepublik Deutschland in diesen Vertragsorganen ist wiederum der Bund zuständig.

24
Mitwirkung in internationalen Organisationen

Ebenso fällt die Ausübung der Mitgliedschaftsrechte der Bundesrepublik Deutschland in Organen internationaler Organisationen in die Zuständigkeit des Bundes. Diese Kompetenzzuweisung ist auf dem Gebiet des grenzübergreifenden Umweltschutzes deshalb von wesentlicher Bedeutung, weil sich das Umweltvölkerrecht gerade auch im Rahmen internationaler Organisationen entscheidend fortentwickelt (hat)[59].

25
Einseitige Rechtsgeschäfte

Darüber hinaus ist der Bund für die Vornahme einseitiger Rechtsgeschäfte[60] zuständig[61]. Dazu können auf dem Gebiet des grenzübergreifenden Umweltschutzes zum Beispiel Versprechen[62], seerechtliche Proklamationen[63] oder aber auch Unterwerfungserklärungen unter die Zuständigkeit eines internationalen (Schieds-)Gerichts fallen. Die von der Bundesrepublik Deutschland im Jahr 2008 gemäß Art. 36 Abs. 2 IGH-Statut abgegebene, einseitige Unterwerfungserklärung[64] unter die Jurisdiktion des Internationalen Gerichtshofes[65] schließt umweltvölkerrechtliche Streitigkeiten Deutschlands mit anderen Staaten prinzipiell ein.

26
Vertragsabschlußkompetenz

Die Vertragsabschlußkompetenz des Bundes gemäß Art. 32 Abs. 1 GG besteht auch dort, wo innerstaatlich die Länder für die Gesetzgebung gemäß Art. 30, 70 ff. GG zuständig wären. Von einigen wenigen ausschließlichen Gesetzgebungszuständigkeiten des Bundes abgesehen, normiert das Grundgesetz auf dem Gebiet des Umweltschutzes freilich ohnehin ganz überwiegend konkurrierende Kompetenzen des Bundes[66]. Aber auch dort, wo aus-

---

57 Gleichsam paradigmatisch hierfür steht das UN-Klimarahmenübereinkommen (N 5): siehe dessen Art. 7 (Konferenz der Vertragsparteien), Art. 8 (Sekretariat), Art. 9 (Nebenorgan für wissenschaftliche und technologische Beratung) und Art. 10 (Nebenorgan für die Durchführung des Übereinkommens).
58 Zur Abgrenzung *Matthias Ruffert/Christian Walter*, Institutionalisiertes Völkerrechts, 2009, Rn. 14.
59 Paradigmatisch gilt das für die UN. So lagen den großen Staatenkonferenzen zum internationalen Umweltschutz Beschlüsse der UNGA zugrunde (siehe nur exemplarisch zur UN-Konferenz über die menschliche Umwelt in Stockholm 1972 GA Res. 2398 [XXIII] [1968]; ECOSOC/Res. 1346 [XLV] [1068]). Darüber hinaus wurden im Rahmen der UN bedeutsame globale (Bsp.: UN-Klimarahmenübereinkommen [N 5]) wie auch wegweisende regionale Übereinkommen (Bsp.: LRTAP-Übereinkommen [N 9]; Espoo-Konvention [N 31]; Aarhus-Konvention [N 27]) ausgehandelt.
60 Zu den einseitigen Rechtsgeschäften instruktiv *Michael Schweitzer*, Staatsrecht III, [10]2010, Rn. 286 ff.
61 Ebenso *Jarass* (N 37), Art. 32 Rn. 11; *Streinz* (N 36), Art. 32 Rn. 12.
62 Wie das Versprechen Frankreichs vor dem IGH, fortan keine atmosphärischen Nuklearwaffentests mehr durchzuführen (siehe *IGH*, Nuclear Tests [Australia vs. France], Judgment, ICJRep 1974, S. 253, Abs.-Nr. 42 ff.; *IGH*, Nuclear Tests [New Zealand vs. France], Judgment, in: ICJRep 1974, S. 457, Abs.-Nr. 45 ff.); weitere Beispiele bei *Sands/Peel* (N 43), S. 118.
63 S. u. Rn. 57.
64 BT-Drs 16/9218, S. 2.
65 Die Richterbank der vom IGH im Jahr 1993 gemäß Art. 26 Abs. 1 IGH-Statut eingerichteten Kammer für Umweltangelegenheiten wird seit 2006 nicht mehr besetzt (www.icj-cij.org/court/index.php?p1=1&p2=4).
66 Zur Verteilung der Gesetzgebungskompetenzen zwischen Bund und Ländern in Angelegenheiten des Umweltschutzes im einzelnen s. u. Rn. 35 ff.

nahmsweise die Länder ausschließlich für die Umweltschutzgesetzgebung zuständig sind, kommt dem Bund gemäß Art. 32 Abs. 1 GG die Kompetenz für den Abschluß umweltvölkerrechtlicher Verträge zu[67]. Erst recht ist der Bund auf den Gebieten der konkurrierenden Gesetzgebungszuständigkeiten beim Abschluß umweltvölkerrechtlicher Verträge nicht an die Erforderlichkeitsklausel des Art. 72 Abs. 2 GG gebunden[68], die schon nach ihrem klaren Wortlaut lediglich für die Ausübung der dort bezeichneten konkurrierenden Gesetzgebungskompetenzen des Bundes Geltung beanspruchen kann.

<small>Beherrschende Bundeskompetenz</small>

Für die hier vertretene „norddeutsche" Ansicht, welche (lediglich) die Vertragsabschlußkompetenz umfassend beim Bund konzentriert[69], spricht nicht nur der ohne jeden Kompetenzvorbehalt zu Gunsten der Länder formulierte Art. 32 Abs. 1 GG. Die uneingeschränkte Außenkompetenz des Bundes ist schon wegen des im Völkerrecht geltenden Prinzips der Einheitlichkeit des Bundesstaates nach außen[70] geboten. Besäße der Bund auf dem Gebiet des Umweltschutzes dort keine Vertragsabschlußkompetenz, wo die Länder ausschließlich für die Gesetzgebung zuständig sind, dann wäre zumindest theoretisch nicht auszuschließen, daß in Einzelfällen weder der Bund noch die Länder Partei eines umweltvölkerrechtlichen Vertrages werden könnten. Denn die anderen Vertragsparteien müßten die über Art. 32 Abs. 3 GG verliehene, nicht völkerrechtlich originär bestehende Vertragsschlußfähigkeit der deutschen Länder in der Regel nicht gegen sich gelten lassen[71]. Sie könnten aber auch nicht mit dem Bund kontrahieren, weil jener sich aus verfassungsrechtlichen Gründen einem Vertragsschluß verweigern müßte.

<small>**27**
„Norddeutsche Lösung"

Einheitlichkeit des Bundesstaats nach außen

Kontrahierungsproblematik</small>

Freilich vermag der Bund die Vertragserfüllung nicht zu garantieren, soweit der Vertragsgegenstand in eine ausschließliche Umweltgesetzgebungskompetenz der Länder fallen sollte. Hat er allerdings zum Beispiel entsprechend dem im Lindauer Abkommen[72] vorgesehenen Verfahren zuvor das Einverständnis der Länder eingeholt, sind jene nach dem Grundsatz bundesfreundlichen Verhaltens verfassungsrechtlich verpflichtet, den vom Bund abgeschlossenen umweltvölkerrechtlichen Vertrag im Rahmen ihrer Zuständigkeit zu erfüllen[73].

<small>**28**
Vollzugsproblematik

Lindauer Abkommen</small>

---

67 Ganz h. L.; siehe nur *Jarass* (N 37), Art. 32 Rn. 8 m. weit. Nachw.; a. A. aber etwa *Rudolf Bernhardt*, Der Abschluß völkerrechtlicher Verträge im Bundesstaat, 1957, S. 154; *Bardo Fassbender*, Der offene Bundesstaat, 2007, S. 350.
68 Ebenso die h. M.; siehe nur *Kempen* (N 48), Art. 32 Rn. 40 m. weit. Nachw; *Schmahl* (N 45), Art. 32 Rn. 6; a. A. *Rojahn* (N 35), Art. 32 Rn. 15.
69 Zur Gegenüberstellung der unterschiedlichen Auffassungen siehe nur *Fastenrath/Groh* (N 45), Art. 32 Rn. 61 ff.; *Nettesheim* (N 33), Art. 32 Rn. 61 ff.
70 BVerfGE 2, 347 (378); → Bd. IV, *Callies*, § 83 Rn. 57.
71 Dazu, daß die Völkerrechtssubjektivität der deutschen Länder neben der verfassungsrechtlichen Verleihung durch Art. 32 Abs. 3 GG die Anerkennung durch andere, auswärtige Völkerrechtssubjekte voraussetzt, siehe nur *Streinz* (N 36), Art. 32 Rn. 6, 18; → Bd. VI, *Isensee*, § 126 Rn. 241 ff.
72 Verständigung zwischen der Bundesregierung und den Staatskanzleien der Länder über das Vertragsschließungsrecht des Bundes vom 14. 11. 1957 (BullBReg 1957, S. 1966; abgedruckt z. B. in BT-Drs 7/5924, S. 236); → Bd. VI, *Rudolf*, § 141 Rn. 11, 49, 67.
73 Ebenso *Rojahn* (N 35), Art. 32 Rn. 55 m. weit. Nachw., sowie z. B. *Hans-Jürgen Papier*, Abschluß völkerrechtlicher Verträge und Föderalismus, in: DÖV 2003, S. 265 (268); siehe auch Sächs. OVG, in: DÖV 2007, S. 564 (566).

29
Bundesstaatsklausel

In Ermangelung eines solchen Einverständnisses der Länder muß sich der Bund (nunmehr aufgrund seiner eigenen Verpflichtung zu bundesfreundlichem Verhalten) bereits im jeweiligen umweltvölkerrechtlichen Vertrag durch eine sogenannte Bundesstaatsklausel[74] absichern[75], um nicht die Länder durch den Vertragsabschluß im Hinblick auf das Ob und Wie ihrer innerstaatlichen Kompetenzwahrnehmung zu präjudizieren. Eine solche Vertragsklausel bewirkt, daß der Bund gegenüber den anderen Vertragsparteien nicht infolge Nicht- oder fehlerhafter Umsetzung des völkerrechtlichen Vertrages seitens der innerstaatlich hierfür zuständigen Länder vertragsbrüchig wird, sofern er nur seiner Verpflichtung zur Unterrichtung der Länder unter Einschluß der Empfehlung zur Umsetzung des Vertrags nachgekommen ist[76].

bb) Ausübung

30
Anhörung der Länder

Nach Art. 32 Abs. 2 GG muß der Bund rechtzeitig, das heißt vor Authentifizierung des Vertragstextes gemäß Art. 10 WVK[77], diejenigen Länder anhören, deren „besondere Verhältnisse" durch den Vertrag „berührt" werden. Diese Anhörungspflicht wird nur im Fall spezifischer Betroffenheit einzelner Länder ausgelöst. Gerade umweltvölkerrechtliche Verträge können einzelne Länder in deren je besonderen Verhältnissen treffen. Ein Beispiel bildet das im September 2012 unterzeichnete, aber bislang (Juli 2013) noch

„Fluglärm-Abkommen"

nicht ratifizierte „Fluglärm-Abkommen" Deutschlands mit der Schweiz[78]. Dieser völkerrechtliche Vertrag regelt mit Blick auf den Zürcher Flughafen den über südbadisches Gebiet führenden An- und Abflugverkehr. Weitere Beispiele bilden völkerrechtliche Verträge Deutschlands mit seinen

---

74 Hierzu *Rojahn* (N 35), Art. 32 Rn. 42.
75 *Jarass* (N 37), Art. 32 Rn. 10.
76 Ein Beispiel hierfür bildet auf dem Gebiet des grenzübergreifenden Umweltschutzes Art. 34 lit. b des Übereinkommens zum Schutz des Kultur- und Naturerbes der Welt vom 2.2.1977 (BGBl 1977 II, S. 215; nachfolgend: Welterbekonvention). Genau diese Klausel greift aber nicht ein, soweit die Länder aufgrund ihres z.B. gemäß dem Lindauer Abkommen erteilten Einverständnisses aus dem verfassungsrechtlichen Grundsatz bundesfreundlichen Verhaltens heraus verpflichtet sind, den völkerrechtlichen Vertrag umzusetzen. So im Ergebnis auch *Diana Zacharias*, Cologne Cathedral versus Skyscrapers – World Cultural Heritage Protection as Archetype of a Multilevel System, in: Max Planck UNYB 10 (2006), S. 1 (58), zurückhaltender dagegen *Ulrich Fastenrath*, Der Schutz des Weltkulturerbes in Deutschland, in: DÖV 2006, S. 1017 (1026).
77 In diesem Sinne z.B. auch *Nettesheim* (N 33), Art. 32 Rn. 92; *Pernice* (N 45), Art. 32 Rn. 34.
78 Staatsvertrag zwischen der Bundesrepublik Deutschland und der Schweizerischen Eidgenossenschaft über die Auswirkungen des Betriebs des Flughafens Zürich auf das Hoheitsgebiet der Bundesrepublik Deutschland vom 4.9.2012 (abrufbar unter www.bmvbs.de/cae/servlet/contentblob/89508/publicationFile/62078/staatsvertrag-deutschland-schweiz-flugverkehr-zuerich.pdf). Dem Lärmschutz und weiteren Fragen des grenzübergreifenden Umweltschutzes dienende Regelungen enthält auch der Vertrag zwischen der Bundesrepublik Deutschland und dem Königreich der Niederlande über die Durchführung der Flugverkehrskontrolle durch die Bundesrepublik Deutschland über niederländischem Hoheitsgebiet und die Auswirkungen des zivilen Betriebes des Flughafens Niederrhein auf das Hoheitsgebiet des Königreichs der Niederlande vom 29.4.2003 (BGBl 2003 II, S. 1765); ähnlich bereits der Vertrag zwischen der Bundesrepublik Deutschland und der Republik Österreich über Auswirkungen der Anlage und des Betriebes des Flughafens Salzburg auf das Hoheitsgebiet der Bundesrepublik Deutschland vom 19.12.1967 (BGBl 1974 II, S. 13).

Nachbarstaaten über den Schutz und die Nutzung gemeinsamer Gewässer[79].

Werden ausschließliche Länderkompetenzen betroffen oder zumindest wesentliche Interessen der Länder berührt, greift das Lindauer Abkommen[80], auch wenn diese „Verständigung" keine unmittelbare rechtliche Bindungswirkung entfaltet[81]. Das danach bei völkerrechtlichen Verträgen auf Gebieten der ausschließlichen Zuständigkeit der Länder herbeizuführende Einverständnis der Länder „soll" gemäß Ziff. 3 des Lindauer Abkommens vor der Zustimmung im Sinne des Art. 11 WVK, durch den Vertrag völkerrechtlich gebunden zu sein, vorliegen. Zur Anwendung gekommen ist das Lindauer Abkommen auf dem Gebiet des grenzübergreifenden Umweltschutzes zum Beispiel vor Ratifizierung der Welterbekonvention[82].

31
Lindauer Abkommen

b) Länderkompetenzen

aa) Reichweite

Art. 32 Abs. 3 GG verleiht den Ländern partielle Völkerrechtssubjektivität[83] für den Abschluß völkerrechtlicher Verträge einschließlich vertragsbezogener einseitiger Rechtsgeschäfte[84] (wie die Erklärung von Vorbehalten, die Kündigung oder die Unterwerfung unter internationale [Schieds-]Gerichte)[85]. Errichten derartige Verträge zugleich Vertragsorgane, dann werden die Mitgliedschaftsrechte in diesen Organen von Vertretern der Länder wahrgenommen. Beispiele hierfür bilden Kommissionen, die zur Durchführung von Verträgen über gemeinsame Naturparks[86] oder über die Erhaltung und Nutzung gemeinsamer Gewässer[87] errichtet werden[88].

32
Völkerrechtliche Verträge und Vertragsregime

Tatsächlich haben auch die Länder gerade auf dem Gebiet des grenzübergreifenden Umweltschutzes völkerrechtliche Verträge abgeschlossen. Gegenständlich betreffen diese Verträge Fragen der grenznachbarschaftlichen

33
Vertragsgegenstände

---

79 Bsp.: Abkommen zwischen der Bundesrepublik Deutschland und dem Königreich Dänemark über die gemeinsame Fischerei in der Flensburger Innenförde vom 29.10.1959 (BGBl 1959 II, S. 1073); deutsch-niederländisches Ergänzendes Protokoll zum Ems-Dollart-Vertrag zur Regelung der Zusammenarbeit zum Gewässer- und Naturschutz in der Emsmündung vom 22.8.1996 (BGBl 1997, II, S. 1703). Umfassend zu solchen meist bilateralen Verträgen *Burhenne/Sand* (N 56), Rn. 6ff.
80 S.o. N 72.
81 *Nettesheim* (N 33), Art. 32 Rn. 73 m. weit. Nachw.; siehe ferner *Fassbender* (N 67), S. 337 ff. zur (verneinten) Frage, ob die Staatspraxis auf der Grundlage des Lindauer Abkommens Verfassungsgewohnheitsrecht herausgebildet hat.
82 S.o. N 76. Siehe *Armin v. Bogdandy/Diana Zacharias*, Zum Status der Weltkulturerbekonvention im deutschen Rechtsraum, in: NVwZ 2007, S. 527 (529); *Zacharias* (N 76), S. 53.
83 Siehe nur *Jarass* (N 37), Art. 32 Rn. 1, 14.
84 Darstellung der vertragsbezogenen einseitigen Rechtsgeschäfte bei *Schweitzer* (N 60), Rn. 290 ff.; → Bd. IV, *Callies*, § 83 Rn. 55f.
85 Siehe etwa *Streinz* (N 36), Art. 32 Rn. 49; speziell zur Unterwerfung der Länder unter eine internationale (Schieds-)Gerichtsbarkeit BVerfGE 2, 347 (377).
86 Bsp.: Staatsvertrag zwischen dem Land Rheinland-Pfalz und dem Großherzogtum Luxemburg über die Errichtung eines gemeinsamen Naturparks vom 17.4.1964 (Rheinl.-Pfalz GVBl 1965 S. 15).
87 Bsp.: Vertrag zwischen den Ländern Rheinland-Pfalz und Saarland und der Bundesrepublik Deutschland und dem Großherzogtum Luxemburg zur Neuregelung der Fischereiverhältnisse in den unter gemeinschaftlicher Hoheit dieser Staaten stehenden Grenzgewässern vom 24.11.1975 (Rheinl.-Pfalz GVBl 1976 S. 199).
88 Zur möglichen Qualifizierung solcher Kommissionen als internationale Organisationen s. u. Rn. 34.

Zusammenarbeit etwa auf den Gebieten des Naturschutzes, insbesondere durch die Errichtung von Naturparks, sowie des Schutzes und der Nutzung gemeinsamer Gewässer, namentlich im Zusammenhang mit Fischerei, Wasserkraftanlagen und Abwasserbeseitigung[89].

34 Internationale Organisationen
Soweit es sich bei Gründungsverträgen internationaler Organisationen nicht um „hochpolitische" Verträge des Bundes im Sinne von Art. 59 Abs. 2 S. 1 Alt. 1 GG handelt, können die Länder über Art. 32 Abs. 3 GG auch an der Gründung internationaler Organisationen mitwirken bzw. solchen beitreten[90]. Die Wahrnehmung der Mitgliedschaftsrechte in den Organen derartiger internationaler Organisationen liegt dann gleichfalls in den Händen der jeweils beteiligten Länder. Insoweit ist darauf hinzuweisen, daß der Internationale Gerichtshof im „Pulp Mills"-Fall eine gemeinsame Flußkommission zweier Staaten[91] explizit nicht als bloßes Vertragsorgan, sondern als „international organization" qualifiziert hat[92].

35 Ausschließliche Länderkompetenzen
Die Vertragsabschlußkompetenz der Länder besteht nach Art. 32 Abs. 3 GG nur, soweit sie (noch) für die Gesetzgebung zuständig sind. Ausschließliche Gesetzgebungszuständigkeiten stehen den Ländern auf dem Gebiet des Umweltschutzes freilich nur recht spärlich zu. Als Beispiele werden der Schutz vor verhaltensbezogenem Lärm (Art. 74 Abs. 1 Nr. 24 a. E. GG)[93], ferner das Landesplanungsrecht sowie das Fischereirecht genannt[94].

36 Konkurrierende Kompetenzen
Im Schwerpunkt liegen die Gesetzgebungskompetenzen für den Umweltschutz in der Hand des Bundes, und zwar ganz überwiegend als konkurrierende Zuständigkeiten. Kompetenzgrundlagen des Bundes bilden innerhalb von Art. 74 Abs. 1 GG insbesondere Nr. 1, 17, 18, 19, 20, 21, 22, 23, 24, 26, 28, 29, 31 und 32[95].

37 Weitgehende Kompetenzsperre
Von seinen konkurrierenden Zuständigkeiten auf dem Gebiet des Umweltschutzes hat der Bund im Wege innerstaatlicher Gesetzgebung in breitem Umfang Gebrauch gemacht[96]. Insoweit ist für die Länder auch im Außenverhältnis gemäß Art. 32 Abs. 3 GG seit langem eine entsprechend weitreichende Kompetenzsperre eingetreten[97].

---

89 Siehe hierzu die Zusammenstellung der von Bund und Ländern auf lokaler, meist bilateraler Ebene abgeschlossenen umweltvölkerrechtlichen Verträge bei *Burhenne/Sand* (N 56), Rn. 6 ff.
90 Siehe nur *Kempen* (N 48), Art. 32 Rn. 86. Für supranationale Organisationen bildet Art. 24 Abs. 1, 1 a GG eine Spezialregel zu Art. 32 GG.
91 S. o. Rn. 32.
92 *IGH*, Pulp Mills on the River Uruguay (Argentina vs. Uruguay), Judgment, in: ICJRep 2010, S. 14, Abs.-Nr. 89, 93.
93 Zu welchem allerdings nicht der Fluglärm eines grenznahen Flughafens zählt, der als anlagenbezogener Lärm einzustufen ist. Zur Abgrenzung siehe etwa *Bodo Pieroth*, in: Jarass/ders., 2011, Art. 74 Rn. 70; → Bd. VI, *Rengeling*, § 135 Rn. 291 ff.
94 *Kloepfer* (N 1), § 2 Rn. 34.
95 Siehe *Kloepfer* (N 1), § 2 Rn. 31 f.
96 *Rüdiger Breuer*, Umweltschutzrecht, in: Eberhard Schmidt-Aßmann/Friedrich Schoch (Hg.), Besonderes Verwaltungsrecht, [14]2008, 5. Kap. Rn. 35.
97 Vgl. BVerfGE 2, 347 (375). Die Wirkung einer Kompetenzsperre würde auch dadurch erzielt, daß der Bund in Angelegenheiten seiner konkurrierenden Zuständigkeiten lediglich einen völkerrechtlichen Vertrag abschließt (siehe nur *Jarass* [N 37], Art. 32 Rn. 13; a. A. *Fassbender* [N 67], S. 351); → Bd. VI, *Rengeling*, § 135 Rn. 291 ff.

Soweit und solange das Umweltrecht des Bundes die Einrichtung der Behörden und das Verwaltungsverfahren nicht gesetzlich geregelt hat, verbleibt den Ländern in den Bereichen der Landeseigenverwaltung (vgl. Art. 84 Abs. 1 S. 1 GG) und Bundesauftragsverwaltung (vgl. Art. 85 Abs. 1 S. 1 GG) die Kompetenz zur landesgesetzlichen Regelung (Art. 30, 70 Abs. 1 GG) und damit insoweit die Verbandskompetenz aus Art. 32 Abs. 3 GG für den Abschluß völkerrechtlicher Verträge[98]. Das gilt auch dann, wenn der Bund das Verwaltungsverfahren nur in Form von Verwaltungsvorschriften (Art. 84 Abs. 2, Art. 85 Abs. 2 S. 1 GG) regelt[99]. Denn allein durch den Erlaß von Verwaltungsvorschriften hat der Bund noch nicht seine Gesetzgebungskompetenz zur Regelung des Verwaltungsverfahrens (Art. 84 Abs. 1 S. 2 Hs. 1 und S. 5, Art. 85 Abs. 1 S. 1 Hs. 3 GG) in Anspruch genommen[100].

38
Vollziehung von Bundesgesetzen

Hat der Bund von seiner konkurrierenden Kompetenz Gebrauch gemacht, kann den Ländern seit der „Föderalismusreform I"[101] eine sogenannte Abweichungskompetenz zustehen. Auch diese Zuständigkeit eröffnet die Verbandskompetenz der Länder gemäß Art. 32 Abs. 3 GG[102]. Eine solche Zuständigkeit der Länder zur Abweichung von bundesgesetzlichen Regeln besteht sowohl im Bereich organisations- und verfahrensrechtlicher Regelungen des Bundes gemäß Art. 84 Abs. 1 S. 2 GG als auch auf einzelnen Gebieten des Umweltschutzes gemäß Art. 72 Abs. 3 S. 1 GG in Verbindung mit Art. 74 Abs. 1 Nr. 28, 29, 31 und 32 GG. Die darin vorgesehenen Regelungsmaterien (Jagdwesen, Naturschutz, Landschaftspflege, Raumordnung und Wasserhaushalt) sind auch aus der Sicht der Länder gerade für den grenzübergreifenden Umweltschutz von besonderer Bedeutung[103]. Dabei ist allerdings zu bedenken, daß die Abweichungskompetenz der Länder in den Fällen des Art. 74 Abs. 1 Nr. 28, 29 und 32 GG ihrerseits wieder beschränkt ist. Genau diese Beschränkungen betreffen Regelungsaspekte, die für den grenzübergreifenden Umweltschutz gesteigerte Relevanz haben, nämlich das Recht des Artenschutzes und des Meeresnaturschutzes (Art. 72 Abs. 3 S. 1 Nr. 2 GG) sowie die stoff- und anlagenbezogenen Regelungen (Art. 72 Abs. 3 S. 1 Nr. 5 GG).

39
Abweichungskompetenzen

In anderen Bereichen der konkurrierenden Gesetzgebungskompetenz des Bundes, für welche die Erforderlichkeitsklausel des Art. 72 Abs. 2 GG gilt, muß der Bund seine Gesetzgebungskompetenz mit Rücksicht auf seine Verpflichtung zu bundesfreundlichem Verhalten zu Gunsten der Länder jedenfalls dann freigeben, wenn die Erforderlichkeit bundesgesetzlicher Regelung

40
Kompetenzfreigabe

---

98 In diesem Sinne bereits BVerfGE 2, 347 (369 f.); ferner wie hier *Fastenrath/Groh* (N 45), Art. 32 Rn. 81; *Kempen* (N 48), Art. 32 Rn. 84; *Rojahn* (N 35), Art. 32 Rn. 35; *Schmahl* (N 45), Art. 32 Rn. 11; *Streinz* (N 36), Art. 32 Rn. 59 f.; a. A. offenbar *Pernice* (N 45), Art. 32 Rn. 40. Bei solchen Verträgen der Länder muß es sich nicht notwendig um Verwaltungsabkommen handeln (vgl. *Nettesheim* [N 33], Art. 59 Rn. 156).
99 A. A. offenbar *Schmahl* (N 45), Art. 32 Rn. 11.
100 Vgl. Art. 72 Abs. 1 GG: Der Bund muß von seiner Gesetzgebungszuständigkeit „durch Gesetz" Gebrauch gemacht haben.
101 Durch Gesetz zur Änderung des Grundgesetzes vom 28. 8. 2006 (BGBl I, S. 2034). → Bd. VI, *Isensee*, § 133 Rn. 30; *Rengeling*, § 135 Rn. 178 ff.
102 *Fassbender* (N 67), S. 352; *Rojahn* (N 35), Art. 32 Rn. 32.
103 S. o. Rn. 33.

zumindest ganz offenkundig nicht mehr besteht (Art. 72 Abs. 4 GG)[104]. Dadurch wird die Gesetzgebungszuständigkeit der Länder und damit deren Verbandskompetenz aus Art. 32 Abs. 3 GG wiederhergestellt[105]. Für eine solche Kompetenzfreigabe nach Art. 72 Abs. 4 GG kommen im vorliegenden Zusammenhang Art. 74 Abs. 1 Nr. 11, 20, 22 und 26 GG in Betracht.

41
Ausschließliche Bundeskompetenzen

Ohne bundesgesetzliche Ermächtigung zur Gesetzgebung gemäß Art. 71 GG[106] (gegebenenfalls auch nur zum völkerrechtlichen Vertragsschluß[107]) sind die Länder vom Abschluß völkerrechtlicher Verträge stets dort ausgeschlossen, wo dem Bund eine ausschließliche Gesetzgebungszuständigkeit zukommt[108]. Im Bereich des Umweltschutzes bestehen ausschließliche Bundeskompetenzen immerhin auf der Grundlage von Art. 73 Abs. 1 Nr. 6, 6 a, 11 und 14 GG[109]. Dagegen eröffnet Art. 73 Abs. 1 Nr. 1 GG dem Bund keine Kompetenz zur gesetzlichen Regelung von Fragen des grenzübergreifenden Umweltschutzes[110].

bb) Ausübung

42
Zustimmung der Bundesregierung

Wollen die Länder ihre Zuständigkeit für den Abschluß umweltvölkerrechtlicher Verträge gemäß Art. 32 Abs. 3 GG ausüben, so bedürfen sie nach Art. 32 Abs. 3 GG hierzu der Zustimmung der Bundesregierung. Diese Zustimmung muß spätestens vor der Zustimmung des jeweiligen Landes im Sinne von Art. 11 WVK, an den völkerrechtlichen Vertrag gebunden zu sein, vorliegen[111].

Folgen des Zustimmungsmangels

Die fehlende Zustimmung der Bundesregierung führt zunächst dazu, daß der völkerrechtliche Vertrag des betreffenden Landes innerstaatlich (nur) als nicht vollziehbar zu behandeln ist[112]. Darüber hinaus schlägt der Zustimmungsmangel gemäß Art. 46 Abs. 1 WVK[113] auch auf die völkerrechtliche

---

104 Zu diesem Fall und weiteren Fällen einer Reduktion des Freigabeermessens („kann") des Bundesgesetzgebers nach Art. 72 Abs. 4 GG *Arnd Uhle*, in: Winfried Kluth (Hg.), Föderalismusreformgesetz, 2007, Art. 72 GG Rn. 60; ferner etwa *Christoph Degenhart*, in: Sachs, 2011, Art. 72 Rn. 50; *Stefan Oeter*, in: v. Bd. II, 2010, Art. 72 Rn. 134; *Christian Seiler*, in: Volker Epping/Christian Hillgruber (Hg.), BeckOK GG, Art. 72 Rn. 18. → Bd. VI, *Rengeling*, § 135 Rn. 185 ff.
105 *Rojahn* (N 35), Art. 32 Rn. 32; *Schmahl* (N 45), Art. 32 Rn. 10; *Streinz* (N 36), Art. 32 Rn. 56.
106 Siehe nur *Herbert Kraus*, Die Zuständigkeit der Länder der Bundesrepublik Deutschland zum Abschluß von Kulturabkommen mit auswärtigen Staaten nach dem Bonner Grundgesetz, in: AVR 3 (1951/1952), S. 414 (422); → Bd. VI, *Rengeling*, § 135 Rn. 291 ff.
107 *Bernhardt* (N 67), S. 168, 179; *Fastenrath* (N 51), S. 143 in Fn. 681.
108 BVerfGE 2, 347 (375).
109 Siehe *Kloepfer* (N 1), § 2 Rn. 29.
110 Vgl. hierzu ferner *Markus Heintzen*, in: Bd. II, 2010, Art. 73 Rn. 8 f.; *Pieroth* (N 93), Art. 73 Rn. 3 f.; siehe ferner zur bewußt engen Auslegung des Art. 73 Abs. 1 Nr. 1 GG BVerfGE 100, 313 (368).
111 *Streinz* (N 36), Art. 32 Rn. 62.
112 Vgl. BVerfGE 2, 347 (371); wie hier *Fastenrath/Groh* (N 45), Art. 32 Rn. 89; *Pernice* (N 45), Art. 32 Rn. 46. Weitergehend wird im Schrifttum (z.B. *Nettesheim*, [N 33], Art. 32 Rn. 133; *Schmahl* (N 45), Art. 32 Rn. 13; *Streinz* [N 36], Art. 32 Rn. 63) angenommen, daß der Zustimmungsmangel – im innerstaatlichen Bereich – zur Unwirksamkeit des völkerrechtlichen Vertrags führe bzw. die Wirksamkeit des Vertragsgesetzes des Landes berühre (so etwa *Kempen* [N 48], Art. 32 Rn. 91; *Rojahn* [N 35], Art. 32 Rn. 40; *Schmahl* (N 45), Art. 32 Rn. 13). Jedenfalls vermag das Vertragsgesetz des Landes nicht die innerstaatliche Geltung des vom Land abgeschlossenen Vertrags herbeizuführen, weil der völkerrechtliche Vertrag innerstaatlich als nicht vollziehbar behandelt werden muß, solange die Zustimmung der Bundesregierung fehlt.
113 Siehe speziell zur weiten Auslegung des Tatbestandsmerkmals der innerstaatlichen Bestimmungen „über die Zuständigkeit zum Abschluß von Verträgen" *Thilo Rensmann*, in: Oliver Dörr/Kirsten Schmalenbach (Hg.), Vienna Convention on the Law of Treaties, 2012, Art. 46 Rn. 33 ff.

Ebene durch[114]. Allerdings vermag die nachträgliche Genehmigung der Bundesregierung den Zustimmungsmangel zu heilen und dadurch sowohl die völkerrechtliche Wirksamkeit als auch innerstaatliche Vollziehbarkeit herzustellen[115].

c) Kompetenzübergänge

Das komplizierte bundesstaatliche Kompetenzgeflecht[116] führt dazu, daß die Länder gerade auf dem Gebiet des Umweltschutzes Gesetzgebungskompetenzen und damit Vertragsschlußkompetenzen gemäß Art. 32 Abs. 3 GG an den Bund verlieren[117], aber auch zurückgewinnen können, sei es, daß der Bund sie gemäß Art. 71 GG entsprechend ermächtigt[118], sei es, daß der Bund seine Kompetenzausübung ganz oder teilweise zurücknimmt (vgl. Art. 72 Abs. 1 GG), wozu er gegebenenfalls nach Art. 72 Abs. 4 GG verpflichtet ist[119], sei es, daß die Länder von ihrer Abweichungskompetenz (Art. 72 Abs. 3 S. 1, Art. 84 Abs. 1 S. 2 GG)[120] Gebrauch machen.

43
Arten

Derartige Kompetenzübergänge lassen die vom Bund bzw. von den Ländern bereits zuvor abgeschlossenen umweltvölkerrechtlichen Verträge jeweils unberührt, das heißt diese bleiben auf der völkerrechtlichen Ebene wirksam[121]. Auch können der Bund bzw. die Länder die Erfüllung des Vertrags gegenüber der auswärtigen Vertragspartei nicht mit Verweis auf den innerstaatlich eingetretenen Verlust ihrer jeweiligen Gesetzgebungszuständigkeit verweigern (Art. 27 S. 1 WVK). Im innerstaatlichen Bereich führt der Wegfall der Gesetzgebungskompetenz freilich dazu, daß der Bund bzw. die Länder in der Regel auch die Kompetenz, dem von ihnen abgeschlossenen Vertrag innerstaatliche Geltung zu verschaffen, verlieren. Der betreffende völkerrechtliche Vertrag muß dann innerstaatlich als nicht vollziehbar behandelt werden.

44
Folgen auf völkerrechtlicher Ebene

Folgen auf innerstaatlicher Ebene

2. Spezialregeln der Art. 23, 24 Abs. 1, 1 a GG

a) Europäische Union (Art. 23 GG)

Art. 23 GG ist eine lex specialis zu Art. 32 GG[122]. Die Beziehungen zur Europäischen Union fallen danach ebenso in die ausschließliche Verbandskompetenz des Bundes wie die Beziehungen zu den anderen EU-Mitgliedstaaten, soweit sie vom Geltungsbereich des Unionsrechts erfaßt werden[123].

45
Ausschließliche Verbandskompetenz des Bundes

---

114 Im Ergebnis wie hier etwa *Kempen* (N 48), Art. 32 Rn. 91; *Pernice* (N 45), Art. 32 Rn. 46; *Rojahn* (N 35), Art. 32 Rn. 40; *Streinz* (N 36), Art. 32 Rn. 63.
115 Siehe nur *Streinz* (N 36), Art. 32 Rn. 63; *Nettesheim* (N 33), Art. 32 Rn. 134; a. A. aber *Kempen* (N 48), Art. 32 Rn. 91; zweifelnd *Pernice* (N 45), Art. 32 Rn. 46.
116 S. o. Rn. 35 ff.; → Bd. VI, *Rengeling*, § 135 Rn. 291 ff.
117 S. o. Rn. 37.
118 S. o. Rn. 41.
119 S. o. Rn. 40.
120 S. o. Rn. 39.
121 *Streinz* (N 36), Art. 32 Rn. 28 m. weit. Nachw.; ferner *Fastenrath/Groh* (N 45), Art. 32 Rn. 83; a. A. *Philip Kunig*, Völkerrecht und staatliches Recht, in: Wolfgang Graf Vitzthum (Hg.), Völkerrecht, ⁵2010, 2. Abschn. Rn. 62; *Rojahn* (N 35), Art. 32 Rn. 33; *Schmahl* (N 45), Art. 32 Rn. 10.
122 Siehe nur *Jarass* (N 37), Art. 23 Rn. 4, Art. 32 Rn. 2.
123 *Streinz* (N 36), Art. 32 Rn. 9 a. Zu sog. gemischten Abkommen der EU mit Drittstaaten s. u. Rn. 51.

46 Übertragung von Hoheitsrechten	Insbesondere kann der Bund auch auf dem Gebiet des Umweltschutzes sowohl eigene Hoheitsrechte als auch Hoheitsrechte der Länder gemäß Art. 23 Abs. 1 S. 2 GG durch Bundesgesetz auf die Europäische Union übertragen[124]. Zu den auf die Europäische Union übertragenen Hoheitsrechten können dabei Kompetenzen zur Regelung von Fragen des grenzübergreifenden Umweltschutzes nach innen im Verhältnis der EU-Mitgliedstaaten zueinander sowie Kompetenzen zur Regelung von Fragen des grenzübergreifenden Umweltschutzes nach außen im Verhältnis der Europäischen Union zu Drittstaaten gehören.
47 Weitreichende Umweltschutzkompetenzen der EU	Von seiner Befugnis zur Übertragung von Hoheitsrechten aus Art. 23 Abs. 1 S. 2 GG hat der Bund auf dem Gebiet des Umweltschutzes in außerordentlich weitem Umfang Gebrauch gemacht. Denn die Mitgliedstaaten haben der Europäischen Union mit Art. 191 Abs. 1, Art. 192 Abs. 1 AEUV[125] eine gegenständlich prinzipiell unbegrenzte Regelungszuständigkeit für den Umweltschutz[126] und insoweit auch für den grenzübergreifenden Umweltschutz eingeräumt[127].
48 Unmittelbare Regelung durch sekundäres Unionsrecht Mittelbare Regelung durch sekundäres Unionsrecht	Auf der Grundlage von Art. 192 Abs. 1 AEUV kann der Unionsgesetzgeber Fragen des grenzübergreifenden Umweltschutzes innerhalb der Europäischen Union unmittelbar sekundärrechtlich regeln[128]. Aber auch soweit auf Art. 192 Abs. 1 AEUV gestützt EU-Rechtsakte unmittelbar nur Umweltschutzaspekte innerhalb der EU-Mitgliedstaaten regeln, wird gegebenenfalls zumindest mittelbar grenzübergreifender Umweltschutz bewirkt. Denn jedenfalls die Harmonisierung des nationalen Umweltschutzrechts führt unionsweit zu einheitlichen Umweltschutzstandards. Weil und soweit Umweltprobleme ihrer Natur nach an Staatsgrenzen nicht haltmachen[129], bewirken unionsweit einheitliche Umweltstandards immer auch grenzübergreifenden Umweltschutz für das gesamte Gebiet der Europäischen Union[130].

---

124 Siehe hierzu allgemein nur *Rupert Scholz*, in: Maunz/Dürig, Art. 23 Rn. 64.
125 Zum Streit, ob Art. 192 Abs. 2 AEUV eine eigenständige Ermächtigungsgrundlage oder lediglich eine Sondervorschrift über das zu beachtende Gesetzgebungsverfahren darstellt, siehe etwa *Wolfgang Kahl*, in: Rudolf Streinz (Hg.), EUV/AEUV, ²2012, Art. 192 AEUV Rn. 16. Art. 192 Abs. 3 UAbs. 1 AEUV ermächtigt die Union nur zum Beschluß von Aktionsprogrammen, aber noch nicht zum Erlaß von sekundärrechtlichen Regelungen (vgl. Art. 192 Abs. 3 UAbs. 2 AEUV).
126 Vgl. hierzu nur den knappen, aber insoweit instruktiven Überblick zur Rechtsetzungstätigkeit der Union auf dem Gebiet des Umweltrechts bei *Kahl* (N 125), Art. 192 AEUV Rn. 11; → Bd. IV, *Salzwedel*, § 97 Rn. 34.
127 Zu weiteren Umweltschutzkompetenzen der EU im Rahmen anderer Politikbereiche (namentlich Binnenmarkt, Landwirtschaft, Verkehr, Handel und Energie) *Meßerschmidt* (N 28), § 3 Rn. 157 ff., 160 ff.
128 Bsp.: Richtlinie 2009/147/EG des Europäischen Parlaments und des Rates vom 30. 11. 2009 über die Erhaltung der wildlebenden Vogelarten (ABlEU 2010 L 20, S. 7); siehe insbesondere deren Erwägungsgrund 4, wonach der Schutz speziell der von der Richtlinie auch erfaßten Zugvogelarten ein „typisch grenzübergreifendes Umweltproblem" darstelle.
129 S. u. Rn. 69.
130 Bsp.: Richtlinie 2009/41/EG des Europäischen Parlaments und des Rates vom 6. 5. 2009 über die Anwendung genetisch veränderter Mikroorganismen in geschlossenen Systemen (ABlEU 2009 L 125, S. 75); siehe insbesondere deren Erwägungsgrund 7, wonach sich Mikroorganismen, „die im Laufe ihrer Anwendung in geschlossenen Systemen in die Umwelt ... freigesetzt werden, ... vermehren und ... über nationale Grenzen hinaus verbreiten und dadurch andere Mitgliedstaaten in Mitleidenschaft ziehen [können]."

Gemäß Art. 2 Abs. 6 AEUV begründet und begrenzt Art. 192 Abs. 1 AEUV zunächst die Innenkompetenz der Union, und zwar grundsätzlich als mit den Mitgliedstaaten geteilte Zuständigkeit (Art. 4 Abs. 2 lit. e AEUV). Lediglich die Erhaltung der biologischen Meeresschätze im Rahmen der gemeinsamen Fischereipolitik fällt in die ausschließliche Zuständigkeit der Europäischen Union (Art. 3 Abs. 1 lit. d AEUV).

49
Ausschließliche und geteilte Innenkompetenzen

Außenkompetenzen der Union im Sinne von Vertragsschlußkompetenzen (unter Einschluß der Kompetenz zu vertragsbezogenen einseitigen Rechtsgeschäften) können sich auf dem Gebiet des grenzübergreifenden Umweltschutzes aus Art. 216 Abs. 1 Hs. 2 Var. 1 in Verbindung mit Art. 191 Abs. 4 UAbs. 1 S. 2 AEUV ergeben[131]. Diese Vertragsabschlußkompetenz besteht parallel zur Vertragsabschlußkompetenz der Mitgliedstaaten (Art. 191 Abs. 4 UAbs. 2 AEUV)[132]. Wird demgegenüber Art. 191 Abs. 4 UAbs. 1 S. 2 AEUV nur als eine „Handlungsformkompetenz" aufgefaßt, dann vermag die Vertragsschlußkompetenz der Europäischen Union gemäß Art. 216 Abs. 1 Hs. 2 Var. 2–4 AEUV lediglich als „implied power" im Sinne der AETR-Rechtsprechung[133] zum Beispiel über Art. 192 Abs. 1 AEUV[134] hergeleitet zu werden[135]. Bei diesen impliziten Vertragsschlußkompetenzen der Union handelt es sich um ausschließliche EU-Zuständigkeiten, sofern jeweils die Voraussetzungen des Art. 3 Abs. 2 AEUV erfüllt sind[136].

50
Außenkompetenzen

In der Praxis bilden die von der Union[137] bislang abgeschlossenen umweltvölkerrechtlichen Verträge überwiegend sogenannte gemischte Abkommen, an welchen ebenso die EU-Mitgliedstaaten als Vertragsparteien beteiligt sind. Das gilt gerade auch für solche Übereinkommen, welche den grenzübergreifenden Umweltschutz betreffen[138]. Für diejenigen Vertragsgegenstände gemischter Abkommen, welche in die Zuständigkeit der Mitgliedstaaten fal-

51
Gemischte Abkommen

---

131 *Rudolf Mögele*, in: Rudolf Streinz (Hg.), EUV/AEUV, ²2012, Art. 216 AEUV Rn. 12, 15, 25.
132 *Mögele* (N 131), Art. 216 AEUV Rn. 25.
133 EuGH, Rs. 22/70, AETR, Slg. 1971, S. 263 Rn. 15/19.
134 Oder sonstige Innenkompetenzen auf dem Gebiet des Umweltschutzes, *Meßerschmidt* (N 28), § 3 Rn. 157 ff., 160 ff.
135 So *Kahl* (N 125), Art. 191 AEUV Rn. 128 f.; ebenso etwa *Meßerschmidt* (N 28), § 4 Rn. 4 ff.
136 Siehe hierzu *Mögele* (N 131), Art. 3 AEUV Rn. 13 ff., Art. 216 AEUV Rn. 32 f., 34 f.
137 Eigentlich von der früheren EWG bzw. EG. Zur Problematik der Rechtsnachfolge der EU (vgl. Art. 1 Abs. 3 S. 3 EUV) in völkerrechtliche Verträge der EG *Christoph Ohler*, in: Rudolf Streinz/Christoph Ohler/Christoph Herrmann, Der Vertrag von Lissabon zur Reform der EU, ³2010, S. 51 f.
138 Bsp.: Übereinkommen über den internationalen Handel mit gefährdeten Arten freilebender Tiere und Pflanzen vom 3.3.1973 (BGBl 1975 II, S. 773; ABlEG 1997 L 61, S. 1; nachfolgend: Washingtoner Artenschutzübereinkommen); LRTAP-Übereinkommen (N 9) (ABlEG 1986 L 171, S. 1); Übereinkommen zum Schutz der Ozonschicht vom 22.3.1985 (BGBl 1988 II, S. 901; ABlEG 1988 L 297, S. 8; nachfolgend: Wiener Ozonschutzübereinkommen); Montreal-Protokoll (N 6) (ABlEG 1988 L 297, S. 8); Basler Übereinkommen über die Kontrolle der grenzüberschreitenden Verbringung gefährlicher Abfälle und ihrer Entsorgung vom 22.3.1989 (BGBl 1994 II, S. 2704; ABlEG 1993 L 39, S. 1); Espoo-Konvention (N 31); Biodiversitätskonvention (N 7) (ABlEG 1993 L 309, S. 1); UN-Klimarahmenübereinkommen (N 5) (ABlEG 1994 L 33, S. 11); Kyoto-Protokoll (N 54) (ABlEG 2002 L 130, S. 1); Aarhus-Konvention (N 27) (ABlEG 2005 L 124, S. 1); Rotterdamer Übereinkommen über das Verfahren der vorherigen Zustimmung nach Inkenntnissetzung für bestimmte gefährliche Chemikalien sowie Pflanzenschutz- und Schädlingsbekämpfungsmittel im internationalen Handel vom 10.9.1998 (BGBl 2000 II, S. 1058; ABlEG 2003 L 63, S. 27); Cartagena-Protokoll (N 3) (ABlEG 2002 L 201, S. 48). Weitere Beispiele bei *Meßerschmidt* (N 28), § 4 Rn. 17.

len, gilt Art. 32 GG[139]. Art. 32 GG ist ferner dann einschlägig, wenn mit anderen EU-Mitgliedstaaten allein solche Fragen des grenzübergreifenden Umweltschutzes völkervertraglich geregelt worden sollen, die noch vollständig in der Kompetenz der Mitgliedstaaten verblieben sind[140].

b) Sonstige zwischenstaatliche Einrichtungen (Art. 24 Abs. 1 GG)

52
Ausschließliche Verbandskompetenz des Bundes

Auch Art. 24 Abs. 1 GG stellt eine Spezialregel zu Art. 32 GG dar[141]. Art. 24 Abs. 1 GG normiert – vorbehaltlich des Art. 24 Abs. 1 a GG – eine ausschließliche Verbandskompetenz des Bundes zur Gründung von bzw. zum Betritt zu solchen „zwischenstaatlichen Einrichtungen", auf die Hoheitsrechte übertragen werden. Beispiele[142] für derartige supranationale Organisationen auf dem Gebiet des grenzübergreifenden Umweltschutzes bilden die Europäische Kernenergie-Agentur[143], die Internationale Meeresbodenbehörde[144] und der Internationale Seegerichtshof im Hinblick auf dessen Kammer für Meeresbodenstreitigkeiten[145].

c) Grenznachbarschaftliche Einrichtungen (Art. 24 Abs. 1 a GG)

53
Verbandskompetenz der Länder

Eine (nicht ausschließliche) Verbandskompetenz der Länder zur Gründung von bzw. zum Beitritt zu supranationalen „grenznachbarschaftlichen Einrichtungen" bildet Art. 24 Abs. 1 a GG. Sie besteht nur insoweit, als den Ländern übertragbare Hoheitsrechte gemäß Art. 30 GG zustehen[146]. Als Anwendungsfälle des Art. 24 Abs. 1 a GG kommen auf dem Gebiet des grenzübergreifenden Umweltschutzes solche Einrichtungen in Betracht, die Hoheitsrechte zum Beispiel im Bereich der Abfall- und Abwasserbeseitigung[147] oder der Raum-[148] und Landschaftsplanung[149] ausüben können sollen.

II. Organkompetenzen auf Bundesebene

1. Grundregel des Art. 59 GG

a) Organe der Exekutive

54
Bundespräsident

Die Vertretung der Bundesrepublik nach außen, das heißt gegenüber auswärtigen Staaten und anderen Völkerrechtssubjekten[150], liegt in den Händen des Bundespräsidenten (Art. 59 Abs. 1 S. 1 GG). Das gilt insbesondere für den Abschluß völkerrechtlicher Verträge (Art. 59 Abs. 1 S. 2 GG), also für die

---

139 *Schmahl* (N 45), Art. 32 Rn. 3; *Streinz* (N 36), Art. 32 Rn. 9 a.
140 Vgl. *Streinz* (N 36), Art. 32 Rn. 9 a.
141 Siehe nur *Jarass* (N 37), Art. 24 Rn. 2, Art. 32 Rn. 2.
142 Siehe die Zusammenstellung etwa bei *Rojahn* (N 35), Art. 24 Rn. 43 ff.; *Streinz* (N 36), Art. 24 Rn. 30 ff.
143 Errichtet durch Beschluß des Rates der damaligen OEEC (seit 1961: OECD) (siehe Präambel Abs. 5 des Übereinkommens über die Errichtung einer Sicherheitskontrolle auf dem Gebiet der Kernenergie vom 20.12.1957 [BGBl 1959 II, S. 586]).
144 Errichtet durch Art. 156 Abs. 1 SRÜ.
145 Errichtet durch Art. 1 Abs. 1 Anlage VI zum SRÜ.
146 *Streinz* (N 36), Art. 24 Rn. 47.
147 BT-Drs 12/3338, S. 10.
148 *Jarass* (N 37), Art. 24 Rn. 15.
149 *Rojahn* (N 35), Art. 24 Rn. 88; *Streinz* (N 36), Art. 24 Rn. 50.
150 *Rojahn* (N 35), Art. 59 Rn. 5; vgl. bereits BVerfGE 2, 347 (374 f.); → Bd. III, *Nettesheim*, § 62 Rn. 42.

Zustimmung im Sinne von Art. 11 WVK, an völkerrechtliche Verträge gebunden zu sein. In diese Organkompetenz eingeschlossen ist die Vornahme vertragsbezogener, aber (wie das „Regelbeispiel" des Art. 59 Abs. 1 S. 3 GG erweist) auch selbständiger einseitiger Rechtsgeschäfte[151].

Der Wortlaut („vertritt") des Art. 59 Abs. 1 S. 1 GG und die „Regelbeispiele" des Art. 59 Abs. 1 S. 2 und 3 GG[152] zeigen, daß sich Art. 59 Abs. 1 S. 1 GG nur auf ein solches Organhandeln des Bundespräsidenten erstreckt, das Rechtswirkungen für und gegen die Bundesrepublik Deutschland zeitigt[153]. Rein politische Bekenntnisse, wie zum Beispiel der Wunsch Deutschlands, zum globalen Klimaschutz beitragen zu wollen, sind dem Bundespräsidenten damit aber nicht verwehrt. Seine Zuständigkeit hierfür folgt aus der Natur der Sache, soweit sich der Bundespräsident spezifisch in seiner Funktion als Repräsentativorgan für die Bundesrepublik Deutschland nach außen an das Ausland wendet[154]. Für derartiges informales Außenhandeln sind neben ihm freilich auch andere Bundesorgane zuständig, namentlich Bundesregierung und Bundestag[155].

55
Informales Handeln

Demgegenüber bildet die Vertretungsmacht aus Art. 59 Abs. 1 S. 1 GG eine ausschließliche Organkompetenz des Bundespräsidenten[156]. Allerdings erweist sich Art. 59 Abs. 1 GG dabei insofern als unvollständig, als dem Bundespräsidenten danach nur eine formale Vertretungsmacht zukommt[157]. Der Inhalt seines Handelns als Außenvertretungsorgan des Bundes wird von anderen, für die politische Gestaltung der auswärtigen Beziehungen zuständigen Bundesorganen, allen voran von der Bundesregierung, aber (mit Blick auf Art. 59 Abs. 2 S. 1 GG) auch von Bundestag und Bundesrat festgelegt. Deshalb bedarf jedes auf Art. 59 Abs. 1 GG gestützte Handeln des Bundespräsidenten der Gegenzeichnung gemäß Art. 58 S. 1 GG[158]. Auf dem Gebiet des grenzübergreifenden Umweltschutzes erfolgt die Gegenzeichnung in der Regel durch den für das Umweltressort zuständigen Bundesminister. Je nach Inhalt der gemäß Art. 59 Abs. 1 GG abzugebenden völkerrechtlichen Erklärung kommen aber auch andere Kabinettsmitglieder als „zuständige Bundesminister" im Sinne von Art. 58 S. 1 GG ins Spiel, etwa die für auswärtige Angelegenheiten, Wirtschaft, Entwicklungshilfe oder Landwirtschaft zuständigen Ressortminister[159].

56
Formale Vertretungsmacht

Gegenzeichnungspflicht

---

151 Hierzu s. o. Rn. 25. Wie hier etwa *Jarass* (N 37), Art. 59 Rn. 5; *Rojahn* (N 35), Art. 59 Rn. 5.
152 Zu Art. 59 Abs. 1 S. 2 und 3 GG als bloß „beispielhaften Erläuterungen" des Art. 59 Abs. 1 S. 1 GG siehe nur *Streinz* (N 36), Art. 59 Rn. 10.
153 *Fastenrath/Groh* (N 45), Art. 59 Rn. 35 m. weit. Nachw.; *Schmahl* (N 45), Art. 59 Rn. 3.
154 *Kempen* (N 48), Art. 59 Rn. 8; *Rojahn* (N 35), Art. 59 Rn. 10. Dabei unterliegt der Bundespräsident nicht dem Gegenzeichnungserfordernis aus Art. 58 S. 1 GG, wohl aber dem verfassungsrechtlichen Gebot der Organtreue (siehe nur *Streinz* [N 36], Art. 59 Rn. 17, 19; a. A. etwa *Kempen* [N 48], Art. 59 Rn. 11); → Bd. III, *Nettesheim*, § 61 Rn. 43.
155 *Jarass* (N 37), Art. 59 Rn. 2. → Bd. VI, *Isensee*, § 133 Rn. 112.
156 *Kempen* (N 48), Art. 59 Rn. 14.
157 *Fastenrath/Groh* (N 45), Art. 59 Rn. 30; *Rojahn* (N 35), Art. 59 Rn. 9; *Streinz* (N 36), Art. 59 Rn. 18.
158 *Fastenrath/Groh* (N 45), Art. 59 Rn. 31; → Bd. III, *Nettesheim*, § 62 Rn. 28 ff.
159 Sind aufgrund der vom Bundeskanzler gemäß Art. 65 S. 2 GG, § 9 S. 1 GOBReg vorgenommenen Festlegung der Geschäftsbereiche mehrere Bundesminister zuständig, dann müssen alle gegenzeichnen (*Pieroth* [N 93], Art. 58 Rn. 4 m. weit. Nachw. auch zur Gegenansicht).

§ 248   *Zweiundzwanzigster Teil: Grenzüberschreitende Staatsaufgaben*

57 Außenvertretung durch die Bundesregierung	Ungeachtet der gemäß Art. 59 Abs. 1 GG an sich ausschließlichen Vertretungskompetenz des Bundespräsidenten nimmt in der Praxis vielfach die Bundesregierung die förmliche Vertretung der Bundesrepublik nach außen wahr. Das gilt sowohl beim Abschluß von Verwaltungsabkommen, also völkerrechtlichen Verträgen, die nicht unter Art. 59 Abs. 2 S. 1 GG fallen[160], als auch bei der Ausübung von Mitwirkungsbefugnissen, insbesondere von Stimmrechten, in internationalen Organen oder bei einseitigen Rechtsge-
Bedeutsame Beispiele	schäften. Für den grenzübergreifenden Umweltschutz bedeutsame Beispiele[161] bilden die einseitigen Proklamationen über den deutschen Festlandsockel[162] und über das deutsche Küstenmeer[163] sowie die Ratifikation der Welterbekonvention[164] durch die Bundesregierung als Verwaltungsabkommen[165]. Demgegenüber beruht die Errichtung von Fischereizonen in der Nord- und Ostsee[166] auf (jeweils vom Bundeskanzler und Bundesaußenminister gegengezeichneten) Erklärungen des Bundespräsidenten[167].
58 Rechtliche Problematik	Nur vereinzelt wird die letztlich zutreffende Auffassung vertreten, die Wahrnehmung der Außenvertretung durch die Bundesregierung sei (vorbehaltlich einer ausdrücklichen oder schlüssigen Bevollmächtigung im jeweiligen Einzelfall) verfassungswidrig[168]. Ansonsten werden phantasievolle Rettungsversuche mit unterschiedlichen dogmatischen Ansätzen bemüht, um das Verdikt
Ausschluß der Vertretungsmacht durch Art. 59 GG	der Verfassungswidrigkeit abzuwenden[169]. Auf völkerrechtlicher Ebene gelten zwar neben Staatsoberhäuptern auch Regierungschefs und Außenminister als uneingeschränkt vertretungsberechtigt (vgl. Art. 7 Abs. 2 lit. a WVK). Allerdings kann der in Art. 59 Abs. 1 S. 1 und 2 GG offenkundig vorgesehene Ausschluß der Vertretungsmacht des deutschen Regierungschefs und des deutschen Außenministers gemäß Art. 46 Abs. 1 WVK auf die Wirksamkeit des Vertrags durchschlagen.

b) Organe der Legislative

59 Beteiligung von Bundestag und Bundesrat	Art. 59 Abs. 2 S. 1 Alt. 1 GG sieht eine Beteiligung von Bundestag und Bundesrat im Wege eines Bundesgesetzes für den Abschluß solcher Verträge,

---

160 *Jarass* (N 37), Art. 59 Rn. 20.
161 Siehe *Kempen* (N 48), Art. 59 Rn. 13; *Rojahn* (N 35), Art. 59 Rn. 7.
162 Proklamation der Bundesregierung über die Erforschung und Ausbeutung des deutschen Festlandsockels vom 20. 1. 1964 (BGBl 1964 II, S. 104).
163 Beschluß der Bundesregierung über die Erweiterung des Küstenmeers der Bundesrepublik Deutschland in der Nordsee zur Verhinderung von Tankerunfällen in der Deutschen Bucht vom 12. 11. 1984 (BGBl 1984 I, S. 1366); Proklamation der Bundesregierung über die Ausweitung des deutschen Küstenmeeres vom 11. 11. 1994 (BGBl 1994 I, S. 3428).
164 S. o. N 76.
165 Vgl. BGBl 1977 II, S. 213; wie hier *v. Bogdandy/Zacharias* (N 82), S. 529; *Fastenrath* (N 76), S. 1024; *Zacharias* (N 76), S. 53.
166 Proklamation der Bundesrepublik Deutschland über die Errichtung einer Fischereizone der Bundesrepublik Deutschland in der Nordsee vom 21. 12. 1976 (BGBl 1976 II, S. 1999); Proklamation der Bundesrepublik Deutschland über die Errichtung einer Fischereizone der Bundesrepublik Deutschland in der Ostsee vom 18. 5. 1978 (BGBl 1978 II, S. 867).
167 Insoweit anders *Kempen* (N 48), Art. 59 Rn. 13; *Rojahn* (N 35), Art. 59 Rn. 7.
168 *Kempen* (N 48), Art. 59 Rn. 18; wohl auch *Fastenrath/Groh* (N 45), Art. 59 Rn. 33.
169 Zusammenfassend zu diesen Ansätzen etwa *Jarass* (N 37), Art. 59 Rn. 3.

durch die nach ihrem Inhalt und Zweck[170] „die Existenz des Staates, seine territoriale Integrität, seine Unabhängigkeit, seine Stellung oder sein maßgebliches Gewicht durch den Vertrag selbst berührt werden"[171], vor. Im Lichte der hierfür gegebenen Beispiele[172] liegt die Annahme, umweltvölkerrechtliche Verträge könnten im vorgenannten Sinne „machtpolitische"[173] Verträge gemäß Art. 59 Abs. 2 S. 1 Alt. 1 GG bilden, eher fern. Würde demgegenüber auf die „Intensität der zwischenstaatlichen Kooperation, die politische Bedeutung der Vertragsmaterie, das Maß der Einschränkung einer selbständigen Politik, die Dauer der vertraglichen Bindung"[174] abgestellt, dann ließe sich die für Art. 59 Abs. 2 S. 1 Alt. 1 GG notwendige „hochpolitische"[175] Natur eines Vertrags bei einer Vielzahl globaler umweltvölkerrechtlicher Verträge[176] kaum ernsthaft bestreiten. Überhaupt dürften nicht nur Gründungsverträge internationaler Organisationen, sondern auch Vertragsregime, wie sie gerade auf dem Gebiet des grenzübergreifenden Umweltschutzes errichtet werden[177], „die Ordnung der Staatengemeinschaft betreffen"[178].

„Politische Verträge"

In jedem Fall werden umweltvölkerrechtliche Verträge deshalb in der Regel eines Vertragsgesetzes gemäß Art. 59 Abs. 2 S. 1 GG bedürfen, weil es sich um „gesetzgebungsgegenständliche" Verträge im Sinne von Art. 59 Abs. 2 S. 1 Alt. 2 GG handelt. In diese Kategorie fallen diejenigen völkerrechtlichen Verträge, deren innerstaatliche Umsetzung eines formellen Gesetzes bedarf[179]. Das wird bei umweltvölkerrechtlichen Verträgen fast regelmäßig der Fall sein. Denn praktische Wirksamkeit erlangen umweltvölkerrechtliche Verträge zum Beispiel vielfach nur dann, wenn Privaten bestimmte, dem Umweltschutz dienende Verpflichtungen auferlegt werden. Dadurch wird aber unweigerlich der Vorbehalt des Gesetzes ausgelöst[180]. Zum anderen kann die praktisch wirksame Umsetzung umweltvölkerrechtlicher Verträge die Änderung bestehender, zum Beispiel umweltrechtlicher Gesetze voraussetzen[181]. Sofern umweltvölkerrechtliche Verträge Finanztransfermechanismen vorsehen[182], müssen entsprechende Mittel im Haushalt bereitgestellt werden (vgl. Art. 110 Abs. 2 S. 1 GG). Aber auch wenn die bestehende Gesetzeslage bereits mit dem umweltvölkerrechtlichen Vertrag inhaltlich übereinstimmt, ist der Tatbestand des Art. 59 Abs. 2 S. 1 Alt. 2 GG erfüllt. Denn der Gesetzgeber wird durch den Vertragsabschluß für die Zukunft in seiner Gestaltungsfreiheit eingeengt[183].

60
„Gesetzgebungsgegenständliche Verträge"

Vorbehalt des Gesetzes

Änderung bestehender Gesetze

Budgetrecht und Einengung der Gestaltungsfreiheit

---

170 BVerfGE 1, 372 (382).
171 BVerfGE 1, 372 (381); → Bd. IV, *Callies*, § 83 Rn. 24 ff.
172 BVerfGE 1, 372 (381).
173 *Nettesheim* (N 33), Art. 59 Rn. 101; vgl. BVerfGE 1, 372 (381).
174 *Nettesheim* (N 33), Art. 59 Rn. 102.
175 BVerfGE 40, 141 (164).
176 Siehe nur die in N 138 genannten Übereinkommen.
177 S. o. Rn. 23.
178 BVerfGE 1, 372 (382).
179 BVerfGE 1, 372 (388 f.); → Bd. IV, *Callies*, § 83 Rn. 28.
180 Vgl. nur *Jarass* (N 37), Art. 59 Rn. 13 a.
181 *Rojahn* (N 35), Art. 59 Rn. 26.
182 Bsp.: Art. 10 Montreal-Protokoll (N 6).
183 Ebenso *Streinz* (N 36), Art. 59 Rn. 35 m. weit. Nachw. zum Theorienstreit zwischen (hier vertretener, herrschender) „abstrakter Theorie" und „konkreter Theorie".

61
Staatspraxis

Tatsächlich wurden umweltvölkerrechtliche Verträge bislang ganz überwiegend im Verfahren der „staatsrechtlichen Ratifikation" gemäß Art. 59 Abs. 2 S. 1 GG abgeschlossen. Eine wichtige Ausnahme bildet allerdings die Welterbekonvention[184], die von der Bundesregierung auf der Grundlage eines Kabinettsbeschlusses als Verwaltungsabkommen im Sinne des Art. 59 Abs. 2 S. 2 GG ratifiziert wurde[185]. Selbst wenn die Annahme der damaligen Bundesregierung zutreffend gewesen sein sollte, daß die innerstaatliche Gesetzeslage bereits den Anforderungen der Welterbekonvention entsprach, so wäre nach der hier vertretenen Auffassung[186] gleichwohl ein Vertragsgesetz gemäß Art. 59 Abs. 2 S. 1 Alt. 2 GG erforderlich gewesen[187].

2. Spezialregeln der Art. 23, 24 Abs. 1 GG

a) Europäische Union (Art. 23 GG)

62
Legislative Mitwirkung an Integrationsakten

Wegen der bereits umfassend erfolgten Übertragung von Hoheitsrechten auf die Europäische Union auf dem Gebiet des Umweltschutzes[188] bleibt nur noch wenig Raum für eine „Änderung ihrer vertraglichen Grundlagen" im Zusammenhang mit weiteren Hoheitsrechtsübertragungen gemäß Art. 23 Abs. 1 S. 2 und 3 GG. Zu beachten ist für den Bereich der EU-Umweltpolitik indes die spezielle Brückenklausel des Art. 192 Abs. 2 UAbs. 2 AEUV. Deren Inanspruchnahme setzt aus der staatsrechtlichen Perspektive Deutschlands zwar kein Gesetz im Sinne des Art. 23 Abs. 1 S. 2 GG, wohl aber einen zustimmenden Beschluß des Bundestages (§ 6 Abs. 1 S. 1 IntVG) und gegebenenfalls des Bundesrates (§ 6 Abs. 2 in Verbindung mit § 5 Abs. 2 IntVG) voraus[189].

63
Legislative Mitwirkung an der Unionsgesetzgebung

Da das Subsidiaritätsprinzip regelmäßig im Bereich der Umweltpolitik der Europäischen Union greift (Art. 5 Abs. 3 UAbs. 1 EUV i. V. m Art. 4 Abs. 4 lit. e EUV), kann das Wächteramt von Bundestag und Bundesrat gemäß Art. 23 Abs. 1 a S. 1 GG in Gestalt der Befugnis zur Subsidiaritätsklage[190] zum Tragen kommen. Im übrigen sind Bundestag und Bundesrat im Zusammenhang mit der Unionsgesetzgebung auf dem Gebiet des Umweltrechts stets zu beteiligen, der Bundestag gemäß Art. 23 Abs. 2, 3 GG in Verbindung mit EUZBBG, der Bundesrat nach Art. 23 Abs. 2, 4 Alt. 1, 6 GG in Verbindung mit EUZBLG. Dabei regelt Art. 23 Abs. 5 GG, in welchem Maß Stellungnahmen des Bundesrates beachtlich sind[191].

---

184 S. o. N 76.
185 *v. Bogdandy/Zacharias* (N 82), S. 529; *Zacharias* (N 76), S. 53.
186 S. o. Rn. 60.
187 Zu den Folgen des fehlenden Vertragsgesetzes s. u. Rn. 136.
188 S. o. Rn. 47.
189 Umsetzung von BVerfGE 123, 267 (391 f.).
190 Vgl. Art. 12 lit. b EUV, Art. 8 Abs. 1 Protokoll über die Anwendung der Grundsätze der Subsidiarität und der Verhältnismäßigkeit (ABlEG 207 C 306, S. 150).
191 Wegen der Einzelheiten siehe etwa *Jarass* (N 37), Art. 23 Rn. 58 ff.; → Bd. X, *Durner*, § 216 Rn. 31 ff.

b) Zwischenstaatliche Einrichtungen (Art. 24 Abs. 1 GG)

Das die Übertragung von Hoheitsrechten bewirkende Bundesgesetz gemäß Art. 24 Abs. 1 GG und das Vertragsgesetz nach Art. 59 Abs. 2 S. 1 GG bilden regelmäßig eine Einheit[192]. Die Mitwirkung des Bundesrates richtet sich nach Art. 59 Abs. 2 S. 1 GG[193].

64
Mitwirkung von Bundestag und Bundesrat

III. Materielle Verpflichtungen zum grenzübergreifenden Umweltschutz

Die auswärtige Gewalt ist auf dem Gebiet des grenzübergreifenden Umweltschutzes nicht nur in das zuvor dargestellte Kompetenzgeflecht[194] eingebunden. Vielmehr richtet das Grundgesetz die auswärtige Gewalt auch in materieller Hinsicht auf den grenzübergreifenden Umweltschutz aus. Die Rechtsgrundlagen hierfür bilden die Staatszielbestimmung des Art. 20a GG[195] sowie die Grundrechte aus Art. 2 Abs. 2 S. 1, 14 Abs. 1 S. 1 GG[196]. Mit Blick auf den grenzübergreifenden Umweltschutz stellt sich insofern insbesondere die Frage, inwieweit die staatlichen Umweltschutzpflichten aus Art. 20a GG und aus Art. 2 Abs. 2 S. 1, 14 Abs. 1 S. 1 GG gerade auch auf den Schutz der auswärtigen Umwelt gerichtet sind.

65
Rechtsgrundlagen

1. Schutz der auswärtigen Umwelt

a) Begriff der auswärtigen Umwelt

Unter der auswärtigen Umwelt sollen dabei die Umwelt[197] in anderen, auswärtigen Staaten, die Umwelt in Nichtstaatsgebieten, das heißt in Nutzungshoheitsräumen (Ausschließliche Wirtschaftszone [AWZ], Festlandsockel)[198] und in Staatengemeinschaftsräumen (Hohe See, Meeresboden, Antarktis,

66
Definition

---

192 *Streinz* (N 36), Art. 59 Rn. 24.
193 Siehe hierzu *Schweitzer* (N 60), Rn. 179 ff.
194 S. o. Rn. 17 ff.
195 Zur Charakterisierung des Art. 20a GG als Staatsziel *Dietrich Murswiek*, in: Sachs, 2011, Art. 20a Rn. 12; *Scholz* (N 124), Art. 20a Rn. 5; kritisch insoweit aber *Walter Georg Leisner*, in: Sodan, Art. 20a Rn. 1; → Bd. IV, *Salzwedel*, § 97 Rn. 25 ff.; instruktiv zum Wesen von Staatszielbestimmungen weiterhin *Hans Hugo Klein*, Staatsziele im Verfassungsgesetz, in: DVBl 1991, S. 729; speziell zur Bindung der auswärtigen Gewalt an die Staatszielbestimmungen etwa *Karl-Peter Sommermann*, Staatsziele und Staatszielbestimmungen, 1997, S. 387 ff.
196 Zur umweltschutzvermittelnden Wirkung dieser Grundrechte näher etwa *Reinhard Sparwasser/Rüdiger Engel/Andreas Voßkuhle*, Umweltrecht, ⁵2003, Rn. 157 ff. Vgl. etwa zu Risiken der Kernenergie z. B. BVerfGE 49, 89 (140 ff.); 53, 30 (57 ff.); BVerfG (3. Kammer des Ersten Senats), in: NVwZ 2010, S. 114 (115); zu Fluglärm BVerfGE 56, 54 (73 ff.); zu Straßenverkehrslärm BVerfGE 79, 174 (201 f.); zu Waldschäden infolge von Luftverunreinigung BVerfG (Vorprüfungsausschuß), in: NJW 1983, S. 2931 (2932); zu Gesundheitsrisiken durch bodennahes Ozon BVerfG (1. Kammer des Ersten Senats), in: NJW 1996, S. 651. Zur Frage, inwieweit sich staatliche Umweltschutzpflichten auch an andere Grundrechte anknüpfen lassen, *Sebastian Heselhaus*, Verfassungsrechtliche Grundlagen des Umweltschutzes, in: Klaus Hansmann/Dieter Sellner (Hg.), Grundzüge des Umweltrechts, ⁴2012, Rn. 93 ff.; → Bd. IV, *Salzwedel*, § 97 Rn. 27 ff.; → Bd. IX, *Isensee*, § 191 Rn. 24, 36, 149, 213, 257, 260, 271.
197 Zum Umweltbegriff s. o. Rn. 2. Ein hiervon abweichender, spezifisch verfassungsrechtlich engerer oder weiterer Umweltbegriff wird nicht vertreten. Siehe nur *Astrid Epiney*, in: v. Mangoldt/Klein/Starck, Bd. II, 2010, Art. 20a Rn. 18.
198 Hierzu *Proelß* (N 8), Rn. 49, der insoweit von „Funktionshoheitsräumen" spricht.

Weltall, Mond und sonstige Himmelskörper) sowie die Staatengemeinschaftsgüter (Klima, Ozonschicht, biologische Vielfalt) zu verstehen sein.

b) Schutz der auswärtigen Umwelt über Art. 20 a GG

aa) Erstreckung des Art. 20 a GG auf den Schutz der auswärtigen Umwelt

67
Wortlaut

Daß Art. 20 a GG jedenfalls im Grundsatz zum Schutz der Umwelt auch außerhalb des Bundesgebiets verpflichtet, wird vom Schrifttum verschiedentlich angenommen[199]. Der Wortlaut des Art. 20 a GG schließt dies immerhin nicht aus. Im Gegenteil zählen zu den „natürlichen Lebensgrundlagen" im Sinne des Art. 20 a GG gerade das Klima und die Ozonschicht[200], die beide ihrer Natur nach notwendig (auch) auswärtige Umweltschutzgüter darstellen. Maßgeblich stützen indes Sinn und Zweck des Art. 20 a GG sowie dessen völkerrechtsfreundliche Auslegung die Interpretation, daß sich das Staatsziel Umweltschutz auf die gesamte auswärtige Umwelt im vorbezeichneten Sinn[201] bezieht.

68
Völkerrechtsfreundliche Auslegung

Beachtung völkerrechtlicher Grundsätze

Auch das Grundgesetz selbst ist völkerrechtsfreundlich[202] „so auszulegen ..., daß ein Konflikt mit völkerrechtlichen Verpflichtungen der Bundesrepublik Deutschland nicht entsteht"[203]. Insbesondere „muß das Verfassungsrecht mit dem Völkerrecht abgestimmt werden"[204]. Eine in diesem Sinne völkerrechtsfreundliche Auslegung des Art. 20 a GG muß einen Gleichklang jedenfalls mit allgemeinen Grundsätzen des (Umwelt-)Völkerrechts herstellen[205]. Zu diesen Grundsätzen gehört „every State's obligation not to allow knowingly its territory to be used for acts contrary to the rights of other States"[206]. Seine spezifisch umweltvölkerrechtliche Ausformung hat dieser Grundsatz vor allem im

---

199 *Tobias Brönneke*, Umweltverfassungsrecht, 1999, S. 446; *Epiney* (N 197), Art. 20 a Rn. 23; *Heselhaus* (N 196), Rn. 19; *Jarass* (N 37), Art. 20 a Rn. 3; *Murswiek* (N 195), Art. 20 a Rn. 31 a; *Helmuth Schulze-Fielitz*, in: Dreier, Bd. II, 2006, Art. 20 a Rn. 32; *Heinhard Steiger*, Remarques sur l'article 20 a de la Loi Fondamental allemande, in: Michel Prieur/Claude Lambrechts (Hg.), Les hommes et l'environnement, Paris 1998, S. 479 (486 f.); *ders.*, Entwicklungen des Rechts der natürlichen Lebenswelt, in: NuR 1995, S. 437 (442); *Rainer Wolf*, Gehalt und Perspektiven des Art. 20 a GG, in: KritVj 1997, S. 280 (293); *ders.*, in: AK-GG, Art. 20 a Rn. 25; siehe auch *Thomas Groß*, Welche Klimaschutzpflichten ergeben sich aus Art. 20 a GG?, in: ZUR 2009, S. 364 (366 f.); *Jörg Menzel*, Internationales Öffentliches Recht, 2011, S. 747; ferner *Bundesminister des Innern/Bundesminister der Justiz* (Hg.), Staatszielbestimmungen/Gesetzgebungsaufträge, Bericht der Sachverständigenkommission, 1983, Rn. 144.
200 S. o. Rn. 2.
201 S. o. Rn. 66.
202 Zur „völkerrechtsfreundlichen Grundhaltung" des Grundgesetzes BVerfGE 18, 112 (121); std. Rspr.
203 BVerfGE 111, 307 (318); instruktiv zur völkerrechtsfreundlichen Auslegung des Grundgesetzes → oben *Tomuschat*, § 226 Rn. 36 ff.
204 BVerfGE 100, 313 (363).
205 Dabei handelt es sich nicht um „allgemeine Rechtsgrundsätze" als Rechtsquelle im Sinne von Art. 38 Abs. 1 lit. c Statut des Internationalen Gerichtshofs vom 26. 6. 1945 (BGBl 1973 II, S. 505; nachfolgend: IGH-Statut). Die „allgemeinen Grundsätze des Völkerrechts" werden vielmehr aus der „Struktur der Völkerrechtsordnung" im Wege der „Abstraktion aus dem bestehenden Vertrags- und Gewohnheitsrecht" abgeleitet (*Schweitzer* [N 60], Rn. 264). Ihrem Regelungsgehalt nach sind sie in der Weise allgemein anerkannt, daß ihre normative Geltung nicht mehr belegt zu werden braucht (siehe *Wolff Heintschel von Heinegg*, in: Knut Ipsen [Hg.], Völkerrecht, ⁵2004, § 16 Rn. 43).
206 IGH, Corfu Channel Case (United Kingdom of Great Britain and Northern Ireland vs. Albania), Judgement, in: ICJRep 1949, S. 4 (22).

Prinzip 21 der Stockholmer Erklärung von 1972[207] und sodann im Prinzip 2 der Rio-Erklärung von 1992[208] erfahren, und zwar namentlich unter Erweiterung um die Umwelt jenseits solcher Gebiete, die unter nationaler Hoheit stehen. In dieser Ausformung hat der Grundsatz seine Anerkennung auch durch den Internationalen Gerichtshof im Nuklearwaffengutachten gefunden[209]. Ferner hat der Internationale Gerichtshof im Atomwaffentest-Fall (freilich ohne nähere Begründung) angenommen, daß die Staaten eine Verpflichtung zum Schutz der Umwelt haben[210]. Mit Blick auf die grenzüberschreitenden Auswirkungen der den Rechtsstreit auslösenden atmosphärischen Atomwaffenversuche dürfte der Internationale Gerichtshof dabei nicht lediglich die nationale Umwelt der Streitparteien angesprochen haben. Nach alledem ist unumgänglich, Art. 20 a GG zunächst in der Weise zu interpretieren, daß sich sein Schutzauftrag auch darauf richtet, die auswärtige Umwelt vor Schädigungen oder Gefährdungen zu bewahren, die von Tätigkeiten im deutschen Hoheitsgebiet oder unter deutscher Kontrolle ausgehen[211].

Rechtsprechung des IGH

Schutzauftrag für auswärtige Umwelt

69

Weitergehende Folgerungen ergeben sich aus einer teleologischen Interpretation. Art. 20 a GG bezweckt, daß sich alles staatliche Handeln nicht zuletzt im Interesse der künftigen Generationen (auch) am Schutz der Umwelt auszurichten hat. Insofern vermag das Staatsziel aber nur dann praktische Wirksamkeit zu erlangen, wenn zu den natürlichen Lebensgrundlagen im Sinne des Art. 20 a GG auch die auswärtige Umwelt gezählt wird. Denn für die Umwelt bzw. ihre Elemente existieren keine Staatsgrenzen. Das gilt namentlich für die Umweltsphären (Pedosphäre, Hydro- und Kryosphäre, Biosphäre, Atmosphäre und Weltall) ebenso wie für die Umweltmedien (Boden, Wasser, Luft), das Umweltphänomen Klima und die Umweltbestandteile (Tiere und Pflanzen bzw. Tier- und Pflanzenarten, Habitate und Ökosysteme). Auch die Wechselwirkungen zwischen den vorgenannten Umweltelementen lassen sich nicht auf das je eigene Staatgebiet begrenzen. Die Umwelt ist lokal, regional und global interdependent. Eine nachhaltige Erosion der natürlichen Lebensgrundlagen auf deutschem Staatsgebiet ist daher gerade auch insoweit zu besorgen, als die auswärtige Umwelt mehr als nur ganz unerheblich geschädigt ist bzw. geschädigt zu werden droht. Danach verpflichtet Art. 20 a GG den Staat schon deshalb, auf den Schutz, die Erhaltung und Wiederherstellung auch der auswärtigen Umwelt hinzuwirken, um die auf deutschem Territorium belegenen natürlichen Lebensgrundlagen zu schützen und zu erhal-

Teleologische Auslegung

Keine Begrenzung auf Staatsgebiet möglich

Rückwirkung auswärtiger Umweltschäden

---

207 S. o. N 22.
208 S. o. N 22.
209 *IGH*, Legality of the Threat or Use of Nuclear Weapons, in: ICJRep 1996, S. 226, Abs.-Nr. 29: „The existence of the general obligation of States to ensure that activities within their jurisdiction or control respect the environment of other States or of areas beyond national control is now part of the corpus of international law relating to the environment."
210 *IGH*, Request for an Examination of the Situation in Accordance with Paragraph 63 of the Court's Judgment of 20 December 1974 in the Nuclear Tests (New Zealand vs. France) Case, in: ICJRep 1995, S. 288, Abs.-Nr. 64.
211 Im Ergebnis ebenso *Brönneke* (N 199), S. 446 f.; *Heselhaus* (N 196), Rn. 19; *Murswiek* (N 195), Art. 20 a Rn. 31 a; *Wolf* (N 199), Gehalt und Perspektiven des Art. 20 a GG, S. 293; *ders.* (N 199), in: AK-GG, Art. 20 a Rn. 25; siehe auch *Epiney* (N 197), Art. 20 a Rn. 23.

ten²¹². Diese interpretatorische Ausdehnung des Art. 20a GG auf den Schutz sowie die Erhaltung und Wiederherstellung der auswärtigen Umwelt wird völkerrechtlich vom Wirkungsprinzip als einer besonderen Ausprägung des Territorialitätsprinzips²¹³ sowie vom Schutzprinzip (in dessen weiter Auslegung durch das Bundesverfassungsgericht²¹⁴) getragen.

Wirkungs- und Schutzprinzip

Territorialprinzip

70 Über dieses „egoistische" Interesse an Schutz, Erhaltung und Wiederherstellung der auswärtigen Umwelt zumal in anderen Staaten führt nun erneut die völkerrechtsfreundliche Auslegung des Art. 20a GG hinaus. Denn auf der völkerrechtlichen Ebene bilden der Schutz des Klimas und der Ozonschicht sowie der Schutz und die Erhaltung der biologischen Vielfalt seit längerem ein anerkanntes Allgemeininteresse der internationalen Staatengemeinschaft²¹⁵. Darüber hinaus stellen die Staatengemeinschaftsräume (Hohe See, Meeresboden, Antarktis, Weltall, Mond und sonstige Himmelskörper) globale Allmenden dar²¹⁶. Schutz und Erhaltung der dort befindlichen natürlichen Ressourcen liegen gleichfalls im Allgemeininteresse der internationalen Staatengemeinschaft. Denn im Prinzip sollen alle Staaten diskriminierungsfreien Zugang zur friedlichen Nutzung dieser Ressourcen haben²¹⁷. Zumindest mittelbar ist dieses universelle Allgemeininteresse über den Schutz der natürlichen Ressourcen hinaus auch auf den Schutz der sonstigen Umwelt in den Staatengemeinschaftsräumen gerichtet, weil und soweit sich eine Schädigung oder Gefährdung der dortigen Umwelt nachteilig auf Bestand und Nutzung der natürlichen Ressourcen auszuwirken vermag.

Schutz als internationales Allgemeininteresse

Globale Allmenden

bb) Inhalt der Verpflichtung aus Art. 20a GG
zum Schutz der auswärtigen Umwelt

71 Die deutschen Staatsorgane müssen zunächst selbst Tätigkeiten unterlassen, die zu erheblichen²¹⁸ Schädigungen oder Gefährdungen der auswärtigen Umwelt führen können. Darüber hinaus dürfen die deutschen Staatsorgane nicht zulassen, daß im Inland bzw. unter ihrer Kontrolle zum Beispiel Tätig-

Unterlassung und Vorbeugung

---

212 In diesem Sinne auch *Epiney* (N 197), Art. 20a Rn. 23; *Heselhaus* (N 196), Rn. 19; *Murswiek* (N 195), Art. 20a Rn. 31 a; *Heinhard Steiger*, Verfassungsrechtliche Grundlagen, in: Arbeitskreis Umweltrecht (Hg.), Grundzüge des Umweltrechts, ²1997 ff., Kap. 2 Rn. 64; *Kay Waechter*, Umweltschutz als Staatsziel, in: NuR 1996, S. 321 (322); siehe auch *Leisner* (N 195), Art. 20a Rn. 6; vgl. allgemein für den Bereich der staatlichen Gefahrenabwehr auch *Christoph Ohler*, Die Kollisionsordnung des Allgemeinen Verwaltungsrechts, 2005, S. 110 f.
213 Siehe hierzu *Herdegen* (N 20), § 26 Rn. 4 ff.; s. u. Rn. 109; → Oben *Becker*, § 230 Rn. 6 ff.
214 BVerfG (2. Kammer des Zweiten Senats), in: NJW 1999, S. 3325: Schutz „auch [der] Rechtsgüter der Allgemeinheit und solche[r], die öffentlichen, politischen oder wirtschaftlichen Funktionen des Staates betreffen".
215 S. o. Rn. 4.
216 S. o. Rn. 4, 6.
217 S. u. Rn. 81.
218 Diese „Erheblichkeitsschwelle" ist geboten, um einen allseits verhältnismäßigen, für alle Seiten schonenden Ausgleich zwischen territorialer Souveränität Deutschlands einerseits, territorialer Integrität anderer Staaten bzw. Integrität der Umwelt in Nutzungshoheitsräumen und Staatengemeinschaftsräumen sowie Integrität von Staatengemeinschaftsgütern andererseits herzustellen (vgl. ILC Draft Articles on Prevention of Transboundary Harm from Hazardous Activities in: Yearbook of the International Law Commission, 2001, Bd. II, Teil 2, Art. 2 Rn. 2; nachfolgend: ILC Draft Articles on Prevention of Transboundary Harm with commentaries). S. o. Rn. 9; s. u. Rn. 120.

keiten Privater durchgeführt werden, welche die auswärtige Umwelt erheblich schädigen oder gefährden können.

Im Hinblick auf weitergehende, positive Maßnahmen zum Schutz, zur Erhaltung oder zur Wiederherstellung der auswärtigen Umwelt ist die deutsche Staatsgewalt im Grundsatz auf das deutsche Staatsgebiet beschränkt[219]. Dies bereitet vor allem dann praktische Probleme, wenn die auswärtige Umwelt (auch) von Tätigkeiten, die jenseits des deutschen Hoheitsgebiets oder deutscher Kontrolle stattfinden, geschädigt oder gefährdet wird. Als erfolgversprechend erweist sich hier in der Regel nur der Weg internationaler Zusammenarbeit, welche das Grundgesetz den deutschen Staatsorganen allgemein gebietet[220]. Denn das Grundgesetz „geht ... von der Notwendigkeit einer ... Abstimmung mit anderen Staaten ... aus"[221]. Ferner bildet das Kooperationsprinzip einen allgemeinen Grundsatz des (Umwelt-)Völkerrechts[222]. Die Verpflichtung aus Art. 20 a GG zum Schutz der auswärtigen Umwelt ist danach bei völkerrechtsfreundlicher Auslegung des Art. 20 a GG im Lichte des Kooperationsprinzips zu erfüllen[223], beispielsweise durch aktive Mitgestaltung der umweltpolitischen Agenda auf internationaler Ebene, substantielle Mitwirkung an Staatenkonferenzen, zielgerichtete Beteiligung an der Herausbildung von umweltvölkergewohnheitsrechtlichen Normen, konstruktive Verhandlung und tatsächlichen Abschluß umweltvölkerrechtlicher Verträge sowie effektive Unterstützung von Entwicklungsländern zum Beispiel im Wege des Kapazitätsaufbaus oder Finanz- und Technologietransfers[224].

72
Internationale Zusammenarbeit

Kooperationsprinzip

Beachtlich sind neben dem Kooperationsprinzip noch weitere, spezifisch umweltvölkerrechtliche Prinzipien. Auch deren Berücksichtigung ist im Wege einer völkerrechtsfreundlichen Auslegung des Art. 20 a GG geboten. Dies erscheint jedenfalls dann unproblematisch, wenn sich diese Prinzipien bereits zu allgemeinen Grundsätzen des (Umwelt-)Völkerrechts[225] verdichtet oder als sonstiges universelles oder (innerhalb Europas) als regionales Völkergewohnheitsrecht etabliert haben[226]. Solche Prinzipien[227] binden gemäß Art. 25

73

Prinzipien mit Bindungswirkung

---

219 Näher zur territorialen Reichweite staatsrechtlicher Bindungen s. u. Rn. 99 ff.
220 → Oben *Tomuschat*, § 226 Rn. 2, 4.
221 BVerfGE 100, 313 (362).
222 Siehe hierzu die Darstellung von *Sands/Peel* (N 43), S. 203 ff. So hat der Internationale Seegerichtshof ausgeführt, „that the duty to cooperate is a fundamental principle in the prevention of pollution of the marine environment under Part XII of the Convention and general international law" (*ITLOS*, The MOX Plant Case [Ireland vs. United Kingdom)], Request for provisional measures, Order, 3. 12. 2001, Abs.-Nr. 82).
223 Im Ergebnis auch *Epiney* (N 197), Art. 20 a Rn. 23; *Heselhaus* (N 196), Rn. 19; *Karl-Peter Sommermann*, in: v. Münch/Kunig, Bd. I, 2012, Art. 20 a Rn. 22.
224 In diesem Sinne auch *Steiger* (N 199), S. 487; *Arnd Uhle*, Das Staatsziel „Umweltschutz" und das Sozialstaatsprinzip im verfassungsrechtlichen Vergleich, in: JuS 1996, S. 96 (101 f.); *Wolf* (N 199), in: AK-GG, Art. 20 a Rn. 25; vgl. auch *Brönneke* (N 199), S. 447.
225 S. o. Rn. 68.
226 Vgl. *Sommermann* (N 223), Art. 20 a Rn. 13; siehe ferner *Jarass* (N 37), Art. 25 Rn. 14; → Oben *Tomuschat*, § 226 Rn. 28.
227 Nämlich das Kooperationsprinzip (s. o. Rn. 72), das Vorbeugungsprinzip (s. u. Rn. 74), die im Prinzip der nachhaltigen Entwicklung angelegte Forderung der Integration von Umweltschutz und Entwicklung (s. u. Rn. 76), das Ursprungsprinzip (s. u. Rn. 77), das im Prinzip des gemeinsamen Erbes der Menschheit enthaltene akzessorische Umweltschutzgebot (s. u. Rn. 81) sowie das Nichtdiskriminierungsprinzip im Hinblick auf die verfahrens- bzw. prozeßrechtliche Gleichbehandlung von In- und Ausländern (s. u. Rn. 82).

§ 248   Zweiundzwanzigster Teil: Grenzüberschreitende Staatsaufgaben

<small>Prinzipien mit Orientierungsfunktion</small>

S. 1, 20 Abs. 3 GG ohnehin alle deutsche Staatsgewalt[228]. Eine über die völkerrechtsfreundliche Auslegung des Art. 20 a GG vermittelte Bindungswirkung kann demgegenüber nicht auch solchen umweltvölkerrechtlichen Prinzipien zukommen, die noch nicht einmal zu Völkergewohnheitsrecht erstarkt, sondern allenfalls dem sogenannten weichen Recht zuzurechnen sind. Derartigen Prinzipien kann nur eine gewisse Orientierungsfunktion in Wahrnehmung der Schutzpflicht aus Art. 20 a GG zuerkannt werden. Denn wie Art. 25 S. 1 GG

<small>„Soft law"-Prinzipien</small>

erweist, will das Grundgesetz internationalen „soft law"-Normen gerade keine innerstaatliche Rechtsbindungswirkung zukommen lassen[229]. Diese verfassungsrechtliche Wertung darf nicht durch völkerrechtsfreundliche „Aufladung" des Art. 20 a GG mit „soft law"-Prinzipien überspielt werden[230].

74
<small>Vorbeugungsprinzip</small>

Das Vorbeugungsprinzip („principle of prevention")[231] gehört zu den allgemeinen Grundsätzen des (Umwelt-)Völkerrechts[232]. Danach hat die Bundesrepublik alle angemessenen Maßnahmen zu ergreifen, um erheblichen grenzüberschreitenden (Umwelt-)Schäden vorzubeugen[233]. Geschuldet wird aber nicht ein bestimmter Erfolg, sondern nur ein der objektiv gebotenen Sorgfalt („due diligence") entsprechendes Verhalten[234]. Läßt sich grenzübergreifender

<small>Klimawandel</small>

Umweltschutz von der Natur der Sache her (wie im Fall des Klimawandels) nicht von Deutschland allein bewirken, so verpflichtet Art. 20 a GG[235] im Lichte des Vorbeugungsprinzips höchstens zu einem solchen unilateralen Anteil Deutschlands an der Problemlösung, der – würden auch andere Staaten sich in entsprechendem Maße engagieren – im Verbund mit den Umweltschutzaktivitäten jener anderen Staaten erfolgversprechend erscheint[236].

75
<small>Vorsorgeprinzip</small>

Das objektiv gebotene Maß an Sorgfalt im Sinne des Vorbeugungsprinzips[237] wird auch durch das Vorsorgeprinzip bestimmt[238]. Jedenfalls wenn schwerer

---

228 S. u. Rn. 124.
229 S. u. Rn. 126.
230 Vgl. auch *Sommermann* (N 223), Art. 20 a Rn. 13.
231 Dieses Prinzip konkretisiert die oben erwähnte (s. o. Rn. 68) Verpflichtung der Staaten, zu gewährleisten, daß Tätigkeiten innerhalb ihres Hoheitsgebiets oder unter ihrer Kontrolle keinen Schaden an der auswärtigen Umwelt verursachen bzw. die auswärtige Umwelt achten („duty of prevention").
232 PCA-Arbitration Regarding the Iron Rhine („Ijzeren Rijn") Railway between the Kingdom of Belgium and the Kingdom of the Netherlands, Award of the Arbitral Tribunal, 24. 5. 2005, Abs.-Nr. 59: „duty to prevent ... has now become a principle of general international law"; *IGH*, Pulp Mills on the River Uruguay [Argentina vs. Uruguay], Judgment, in: ICJRep 2010, S. 14, Abs.-Nr. 101: „the principle of prevention, as a customary rule".
233 Art. 3 ILC Draft Articles on Prevention of Transboundary Harm from Hazardous Activities 2001, in: Official Records of the General Assembly, Fifty-sixth Session, Supplement No. 10 (A/56/10) (nachfolgend: ILC Draft Articles on Prevention of Transboundary Harm). Zur Rechtfertigung der Erheblichkeitsschwelle s. o. N 218.
234 *IGH*, Pulp Mills on the River Uruguay [Argentina vs. Uruguay], Judgment, in: ICJRep 2010, S. 14, Abs.-Nr. 101, 197; siehe auch *ITLOS* (Seabed Disputes Chamber), Responsibilities and Obligations of States Sponsoring Persons and Entities with respect to Activities in the Area, Advisory Opinion, 1. 2. 2011, Rn. 117 ff.; ILC Draft Articles on Prevention of Transboundary Harm with commentaries (N 218), Art. 3 Rn. 7.
235 Unbeschadet des Kooperationsprinzips (s. o. Rn. 72).
236 Vgl. *Brönneke* (N 199), S. 447 f.
237 S. o. Rn. 74.
238 Siehe *ITLOS* (Seabed Disputes Chamber), Responsibilities and Obligations of States Sponsoring Persons and Entities with respect to Activities in the Area, Advisory Opinion, 1. 2. 2011, Abs.-Nr. 131.

oder irreversibler Schaden droht, dürfen Vorbeugungsmaßnahmen nicht schon deshalb aufgeschoben werden, weil Schadensursachen, Schadensabläufe, Schadensarten oder Schadensumfänge noch nicht abschließend wissenschaftlich geklärt sind[239]. Ob das Vorsorgeprinzip für sich genommen schon zu einer Norm des Völkergewohnheitsrechts erstarkt ist, erscheint zweifelhaft[240]. Die Frage relativiert sich freilich dadurch, daß das Vorsorgeprinzip „integraler Bestandteil"[241] der nach dem Vorbeugungsprinzip völkergewohnheitsrechtlich geschuldeten objektiven Sorgfalt[242] ist.

Die Verpflichtung zum grenzübergreifenden Umweltschutz aus Art. 20 a GG ist darüber hinaus im Lichte des Prinzips der nachhaltigen Entwicklung[243] wahrzunehmen[244]. Dieses Prinzip sucht den schonenden Ausgleich im permanenten Zielkonflikt zwischen Umweltschutz und wirtschaftlich-sozialer Entwicklung herzustellen[245], vermag ihn aber nicht aufzuheben. Zum wesensmäßigen Kern des Prinzips der nachhaltigen Entwicklung gehört deshalb, daß Umweltschutz in den Prozeß wirtschaftlich-sozialer Entwicklung derart zu integrieren ist, daß sich die wirtschaftlich-soziale Entwicklung als dauerhaft umweltgerecht erweist[246]. Gerade in dieser Bedeutung hat auch der Internationale Gerichtshof das Prinzip der nachhaltigen Entwicklung bereits aufgegriffen und daraus zentrale Folgerungen für das grenznachbarschaftliche Verhältnis Ungarns mit der Slowakei gezogen[247]. Das spricht für eine völkergewohnheitsrechtliche Geltung der im Prinzip der nachhaltigen Entwicklung enthaltenen Forderung, Umweltschutz in den Prozeß wirtschaftlich-sozialer Entwicklung zu integrieren. Das gleichfalls im Prinzip der nachhaltigen Ent-

76
Prinzip der nachhaltigen Entwicklung

Integrationsfunktion

Generationengerechtigkeit

---

239 Vgl. Prinzip 15 der Rio-Erklärung von 1992 (N 22). Die danach zentrale Idee des Vorsorgeprinzips in seiner (umwelt-)völkerrechtlichen Ausprägung (siehe hierzu etwa *Birnie/Boyle/Redgwell* [N 1], S. 152 ff.) besteht darin, die Handlungsfähigkeit zumal des Staates trotz wissenschaftlicher Ungewißheit (dazu s. o. Rn. 8) zu gewährleisten. Im deutschen Recht wird das Vorsorgeprinzip dagegen mit einer fast überbordenden Vielfalt an weiteren Bedeutungen aufgeladen (siehe nur *Kloepfer* [N 1], § 3 Rn. 6 ff.). Allgemein zur Konkretisierung der Umweltschutzpflicht aus Art. 20 a GG durch das Vorsorgeprinzip etwa *Sommermann* (N 223), Art. 20 a Rn. 19.
240 Siehe einerseits *ITLOS* (Seabed Disputes Chamber), Responsibilities and Obligations of States Sponsoring Persons and Entities with respect to Activities in the Area, Advisory Opinion, 1. 2. 2011, Abs.-Nr. 135: „trend towards making this approach part of customary international law"; andererseits bereits mehr als zehn Jahre zuvor *Kommission der Europäischen Gemeinschaften*, Mitteilung der Kommission [über] die Anwendbarkeit des Vorsorgeprinzips vom 2. 2. 2000, KOM(2000) 1 endgültig, S. 13, die von einem „echten völkerrechtlichen Grundsatz von allgemeiner Geltung" spricht.
241 So *ITLOS* (Seabed Disputes Chamber), Responsibilities and Obligations of States Sponsoring Persons and Entities with respect to Activities in the Area, Advisory Opinion, 1. 2. 2011, Abs.-Nr. 131.
242 S. o. Rn. 74.
243 Hierzu etwa *Beyerlin/Marauhn* (N 21), S. 73 ff.
244 Vgl. auch *Johannes Caspar*, Klimaschutz und Verfassungsrecht, in: Hans-Joachim Koch/Johannes Caspar (Hg.), Klimaschutz im Recht, 1997, S. 367 ff. (384 ff.); allgemein zur verfassungsrechtlichen Verankerung des Nachhaltigkeitsprinzips in Art. 20 a GG *Walter Frenz*, Nachhaltige Entwicklung nach dem Grundgesetz, in: Jahrbuch des Umwelt- und Technikrechts 1999, S. 37 (40 ff.), und etwa *Schulze-Fielitz* (N 199), Art. 20 a Rn. 39 f.
245 Siehe *IGH*, Pulp Mills on the River Uruguay (Argentina vs. Uruguay), in: ICJRep 2010, S. 14, Abs.-Nr. 177.
246 *Astrid Epiney/Martin Scheyli*, Strukturprinzipien des Umweltvölkerrechts, 1998, S. 83.
247 *IGH*, Gabčikovo-Nagymaros Project (Hungary/Slovakia), Judgment, in: ICJRep 1997, S. 7, Abs.-Nr. 140 f.

§ 248 *Zweiundzwanzigster Teil: Grenzüberschreitende Staatsaufgaben*

wicklung enthaltene Konzept der Generationengerechtigkeit[248] hat ohnehin seinen expliziten Niederschlag in Art. 20 a GG gefunden.

77
Ursprungsprinzip

Grenzübergreifender Umweltschutz ist im Rahmen des Art. 20 a GG auch nach Maßgabe des Ursprungsprinzips zu bewirken[249]. Danach muß Umweltschutz zum einen so früh wie möglich, zum anderen so nah wie möglich dort, wo eine die Umwelt (möglicherweise) beeinträchtigende Tätigkeit durchgeführt wird, ansetzen. Daraus folgt das grundsätzliche Verbot, Umweltbeeinträchtigungen bzw. deren Bekämpfung zum Beispiel grenzüberschreitend ins Ausland zu verlagern[250]. Ausnahmen hiervon sind etwa dann denkbar, wenn die Bekämpfung der Umweltbeeinträchtigung (zum Beispiel die Abfallbehandlung) im Ausland wirksamer, insbesondere kosteneffektiver ist[251].

78
Verursacherprinzip

Betreiberhaftung

In Fragen des grenzübergreifenden Umweltschutzes ist ferner das Verursacherprinzip[252] bedeutsam, auch wenn Prinzip 16 der Rio-Erklärung von 1992[253] den Anwendungsbereich dieses Prinzips auf den innerstaatlichen Bereich beschränkt hat[254]. Gemäß dem Verursacherprinzip sind die Umweltkosten demjenigen anzulasten, der die Verschmutzung bzw. Nutzung der Umwelt in zurechenbarer Weise verursacht hat. Eine derartige Kostenallokation kann zum Beispiel durch eine Betreiberhaftung bewirkt werden. Diese vermag aber gerade auch bei grenzüberschreitenden (Umwelt-)Schäden zentrale Bedeutung zu erlangen. Denn der Staat selbst, in welchem der Betreiber beispielsweise eine (hoch-)gefährliche Tätigkeit (wie den Betrieb eines Chemiewerks) durchführt, haftet nicht, wenn er die ihm obliegenden Sorgfaltspflichten beachtet hat[255]. Ein effektiver Schadensausgleich vermag dann auch gegenüber ausländischen Geschädigten nur über eine (Gefährdungs-)Haftung des Betreibers bewirkt zu werden[256].

---

248 Siehe bereits die im sogenannten Brundtland-Bericht „Our Common Future" von 1987 (UN Doc. A/42/427) vorgenommene Definition nachhaltiger Entwicklung. Der Gedanke der Generationengerechtigkeit findet anschließend im Prinzip 3 der Rio-Erklärung von 1992 (N 22) seinen Niederschlag und wird etwas später auch vom *IGH*, Legality of the Threat or Use of Nuclear Weapons, Advisory Opinion, in: ICJRep 1996, S. 226, Abs.-Nr. 29 anerkannt. Freilich läßt sich die Idee der Generationengerechtigkeit schon in früheren Instrumenten nachweisen (z.B. Präambel Abs. 1 des Internationalen Übereinkommens zur Regelung des Walfangs vom 2. 12. 1946 [BGBl 1992 II, S. 558]).
249 Allgemein zur Verpflichtung des Staates aus Art. 20 a GG auch auf das Ursprungsprinzip *Epiney* (N 197), Art. 20 a Rn. 73.
250 Siehe Prinzip 14 der Rio-Erklärung von 1992 (N 22); vgl. auch *Brönneke* (N 199), S. 446; *Wolf* (N 199), Art. 20 a Rn. 25.
251 In solchen Ausnahmen liegt der Sinn der „Vorrangklausel" des Art. 4 lit. c Übereinkommen zum Schutz des Rheins vom 12. 4. 1999 (BGBl 2001 II, S. 849; nachfolgend: Rheinschutzübereinkommen).
252 Hierzu etwa *Hunter/Salzman/Zaelke* (N 14), S. 516 ff.
253 S. o. N 22.
254 Allgemein zur umstrittenen Frage, ob und inwieweit das Verursacherprinzip zur Konkretisierung der Umweltschutzpflicht aus Art. 20 a GG herangezogen werden kann, *Murswiek* (N 195), Art. 20 a Rn. 35.
255 Näher hierzu *Hans-Georg Dederer*, Staatenverantwortlichkeit („State responsibility") und Haftung („liability") auf dem Gebiet der „ultrahazardous activities", in: Timo Hebeler/Reinhard Hendler u.a., Verantwortlichkeit und Haftung für Umweltschäden, 2012, S. 22 ff.
256 Dementsprechend sind die Staaten aufgerufen, entsprechende Haftungsregime für Umweltschäden einzurichten. Siehe Prinzip 22 der Stockholmer Erklärung von 1972 (N 22) und Prinzip 13 der Rio-Erklärung von 1992 (N 22).

Das Prinzip der gemeinsamen, aber unterschiedlichen Verantwortlichkeit[257] zielt insbesondere im Hinblick auf die Bewältigung globaler Umweltprobleme auf eine gerechte Lastenverteilung zwischen den Industrieländern einerseits und den Entwicklungs- und Schwellenländern andererseits. Zwar haben zum Beispiel für den Klimawandel alle Staaten gemeinsam die Verantwortlichkeit zu übernehmen, weil in ausnahmslos allen Staaten Treibhausgase emittiert werden. Wegen der Asymmetrie zwischen den Industrieländern (des „Nordens") auf der einen Seite und den Entwicklungs- und Schwellenländern (des „Südens") auf der anderen Seite hinsichtlich ihrer unterschiedlichen Ursachenbeiträge und unterschiedlichen Problembewältigungskapazitäten[258] tragen „Nord" und „Süd" aber eine unterschiedliche, nämlich die Industrieländer eine größere, die Entwicklungs- und Schwellenländer eine geringere Verantwortlichkeit. Deshalb muß Deutschland seine Schutzpflicht für die auswärtige Umwelt aus Art. 20 a GG zum einen (im Sinne der gemeinsamen Verantwortlichkeit) kooperativ mit allen Staaten[259], zum anderen (im Sinne der unterschiedlichen Verantwortlichkeit) einseitig oder in Kooperation mit den anderen Industrieländern durch Übernahme besonderer Lasten, etwa durch spezielle Umweltschutzpflichten, Hilfen für Entwicklungsländer beim Kapazitätsaufbau oder durch Finanz- und Technologietransfers, wahrnehmen. Allerdings folgen aus dem Prinzip der gemeinsamen, aber unterschiedlichen Verantwortlichkeit selbst und deshalb auch über Art. 20 a GG noch keine konkreten Verhaltenspflichten, insbesondere auch keine Haftung des deutschen Staates zum Beispiel nach den Grundsätzen der Staatenverantwortlichkeit[260]. Leitend vermag dieses Prinzip für Deutschland deshalb vor allem im Rahmen von Verhandlungen völkerrechtlicher Verträge zu werden[261].

79
Gemeinsame, aber unterschiedliche Verantwortlichkeit

Industrie-, Entwicklungs-, Schwellenländer

Deutschlands besondere Lasten

Keine konkreten Verhaltenspflichten

Gleiches gilt für das Prinzip des gemeinsamen Anliegens der Menschheit[262]. Danach bilden der Schutz und die Erhaltung der Staatengemeinschaftsgüter Klima, Ozonschicht und biologische Vielfalt wie auch zum Beispiel die (nachhaltige) Nutzung der biologischen Vielfalt, insbesondere der faire Zugang zu genetischen Ressourcen[263], ein Allgemeininteresse der internationalen Staatengemeinschaft, dem wirksam letztlich nur im Wege internatio-

80
Gemeinsames Anliegen der Menschheit

---

257 Siehe Prinzipien 6 und 7 der Rio-Erklärung von 1992 (N 22); siehe auch z. B. Art. 3 Abs. 1 UN-Klimarahmenübereinkommen (N 5). Näher zu diesem Prinzip etwa *Sands/Peel* (N 43), S. 233 ff.
258 S. o. Rn. 10.
259 Zum Kooperationsprinzip s. o. Rn. 72.
260 ILC Draft Articles on Responsibility of States (N 17).
261 Dem Prinzip der gemeinsamen, aber unterschiedlichen Verantwortlichkeit Rechnung tragen z. B. Art. 4 UN-Klimarahmenübereinkommen (N 5); Art. 3 Abs. 1 i. V. m. Anlage I Kyoto-Protokoll (N 54), Art. 2 ff. Montreal-Protokoll (N 6).
262 Zum „common concern"-Ansatz s. o. Rn. 4.
263 Siehe hierzu Nagoya Protocol on Access to Genetic Resources and the Fair and Equitable Sharing of Benefits Arising from their Utilization to the Convention on Biological Diversity vom 29. 10. 2010 (abrufbar z. B. unter: www.cbd.int/abs/doc/protocol/nagoya-protocol-en.pdf).

ler Zusammenarbeit entsprochen werden kann²⁶⁴. Allerdings steht dieses Allgemeininteresse auch unabhängig von einer etwaigen kooperativen Konkretisierung jedenfalls der grob rücksichtslosen Ausübung territorialer Souveränität wie auch der „Permanent Sovereignty over Natural Resources"²⁶⁵ entgegen²⁶⁶.

81
Gemeinsames Erbe der Menschheit

Das Prinzip des gemeinsamen Erbes der Menschheit²⁶⁷ bezieht sich auf die Staatengemeinschaftsräume, also die Hohe See, den Meeresboden, die Antarktis, den Weltraum, den Mond und die sonstigen Himmelskörper²⁶⁸. Schon das Interesse aller Staaten an Bestand und Nutzung der natürlichen Ressourcen dieser staatsfreien Räume richtet sich mittelbar auf den Schutz ihrer Umwelt²⁶⁹. Darüber hinaus besteht unmittelbar ein (bloß) akzessorisches Umweltschutzgebot²⁷⁰, nach welchem die Umwelt der Staatengemeinschaftsräume spezifisch im Zusammenhang mit ihrer Nutzung vor schädlichen Auswirkungen geschützt werden muß²⁷¹.

82
Nichtdiskriminierung

Zentrale Bedeutung für die Verpflichtung zum Schutz der auswärtigen Umwelt über Art. 20 a GG kommt schließlich dem Prinzip der Nichtdiskriminierung zu²⁷². Danach dürfen in bezug auf die auswärtige Umwelt und dort eintretende Beeinträchtigungen im Prinzip keine weniger günstigen Regeln (zum Beispiel über Grenzwerte oder für die Betreiberhaftung) gelten als in bezug auf die inländische Umwelt. Insbesondere sollen von grenzüberschreitenden Umweltschäden betroffene Ausländer beim Zugang zu und bei der Beteiligung an Verwaltungs- und Gerichtsverfahren nicht weniger günstig

---

264 Darüber hinaus könnte daran gedacht werden, auch „klassische", d.h. fossile, metallische und mineralische Rohstoffe wegen deren herausragender Bedeutung für die wirtschaftliche (und damit immer zugleich auch soziale) Entwicklung aller Staaten in das Prinzip des gemeinsamen Anliegens der Menschheit einzubeziehen (mit der Forderung nach einer nachhaltigen Bewirtschaftung und gerechten und billigen Verteilung solcher Rohstoffe). Siehe zu dieser Überlegung (freilich zurückhaltend) *Hans-Georg Dederer*, Rohstoffausbeutung, -bewirtschaftung und -verteilung aus der Sicht des allgemeinen Völkerrechts, in: Dirk Ehlers/Christoph Herrmann/Hans-Michael Wolffgang/Ulrich Jan Schröder (Hg.), Rechtsfragen des internationalen Rohstoffhandels, 2012, S. 37 (54f.).
265 GA Res. 1803 (XVII) (1962). Grundlegend hierzu *Nico J. Schrijver*, Sovereignty over Natural Resources: Balancing Rights and Duties, Cambridge 1997.
266 Siehe hierzu auch *Birnie/Boyle/Redgwell* (N 1), S. 129f.
267 Eingehend hierzu *Rüdiger Wolfrum*, Common heritage of mankind, in: ders. (Hg.), The Max Planck Encyclopedia of Public International Law, 2009, Online-Ausgabe (www.mpepil.com).
268 Explizit ist das Prinzip nur für den Mond (Art. 11 Abs. 1 Agreement Governing the Activities of States on the Moon and Other Celestial Bodies vom 5.12.1979 [UNTS Bd. 1363, S. 3; nachfolgend: Mondvertrag]) und den Meeresboden (Art. 136 SRÜ) normiert worden. Implizit gilt es aber mit Blick auf die in den betreffenden völkerrechtlichen Verträgen fixierten Regeln auch für die anderen Räume (näher *Dederer* [N 264], S. 52; a.A. aber z.B. *Birnie/Boyle/Redgwell* [N 1], S. 197f., welche die Geltung des Prinzips auf den Mond und den Meeresboden und insoweit jeweils auf nichtlebende, mineralische Ressourcen beschränken wollen).
269 S.o. Rn. 70.
270 Offenbar weitergehend für ein allgemeines Umweltschutzgebot *Wolfrum* (N 267), Rn. 22.
271 Hohe See: Art. 117ff. SRÜ; Meeresboden: Art. 145 SRÜ; Weltraum, Mond und andere Himmelskörper: Art. IX S. 2 Vertrag über die Grundsätze zur Regelung der Tätigkeiten von Staaten bei der Erforschung und Nutzung des Weltraums einschließlich des Mondes und anderer Himmelskörper vom 27.1.1967 (BGBl 1969 II, S. 1968), Art. 7 Abs. 1 und 2 Mondvertrag (N 268); Antarktis: Art. 3 Protokoll über Umweltschutz in der Antarktis vom 4.10.1991 (BGBl 1994 II, S. 2479).
272 Ausgangspunkt dieses Prinzips bildet die OECD Recommendation of the Council on Principles Concerning Transfrontier Pollution, C(74)224, vom 14.11.1974, Titel C und D.

behandelt werden als Inländer. Dieser Grundsatz einer verfahrens- bzw. prozeßrechtlichen Gleichbehandlung dürfte mittlerweile innerhalb Europas als regionales Völkergewohnheitsrecht gelten[273].

83
Gegenläufige Belange

Die von Art. 20a GG ausgehende staatliche Verpflichtung zum Schutz gerade auch der auswärtigen Umwelt zumal im Lichte der vorgenannten umweltvölkerrechtlichen Prinzipien ändert nichts am prinzipiell weiten Spielraum der deutschen Staatsgewalt bei der Erfüllung der Umweltschutzverpflichtungen aus Art. 20a GG. Als Staatszielbestimmung schließt Art. 20a GG die Beachtung privater und öffentlicher Belange, die sich zum Schutz der auswärtigen Umwelt gegenläufig verhalten, nicht aus[274].

84
Staatenverantwortlichkeit

Soweit die auswärtige Umwelt durch andere Staaten unter Verletzung umweltvölkerrechtlicher Verpflichtungen beeinträchtigt wird oder zu werden droht, ist die deutsche Staatsgewalt aufgrund ihrer Umweltschutzverpflichtung aus Art. 20a GG gleichwohl prinzipiell gehalten, die sich aus den Regeln der Staatenverantwortlichkeit[275] ergebenden Konsequenzen zu ziehen. Die Möglichkeit, die Rechtsfolgen, die sich aus der Staatenverantwortlichkeit anderer Staaten ergeben[276], geltend zu machen, besteht unter Umständen auch dann, wenn die inländische Umwelt der Bundesrepublik Deutschland selbst keinen Schaden davon getragen haben sollte. Denn besteht die verletzte umweltvölkerrechtliche Pflicht gegenüber einer Staatengruppe, zu der Deutschland gehört, und ist diese Pflicht dem Schutz eines gemeinsamen Umweltschutzinteresses dieser Staatengruppe zu dienen bestimmt[277], oder besteht die verletzte Pflicht der internationalen Staatengemeinschaft insgesamt gegenüber[278], so ist Deutschland berechtigt, die Staatenverantwortlichkeit des für die Pflichtverletzung verantwortlichen Staates geltend zu machen[279]. Freilich kommt den hierzu berufenen deutschen Staatsorganen ein breiter Spielraum zu, um außenpolitischen Einschätzungen hinreichend Rech-

Außenpolitische Einschätzungsprärogative

---

273 Siehe hierzu auch schon *Ulrich Beyerlin*, Umweltvölkerrecht, 2000, Rn. 123, sowie z. B. Art. 3 der zwischen Dänemark, Finnland, Norwegen und Schweden abgeschlossenen Convention on the protection of the environment vom 19. 2. 1974 (UNTS No. 16770); Art. 2 Abs. 6 Espoo-Konvention (N 31); Art. 3 Abs. 9 Aarhus-Konvention (N 27). Zweifelnd an einer völkergewohnheitsrechtlichen Gleichstellungspflicht aber *Wolfgang Durner*, Internationales Umweltverwaltungsrecht, in: Christoph Möllers/Andreas Voßkuhle/Christan Walter (Hg.), Internationales Verwaltungsrecht, 2007, S. 121 (154).
274 Hierzu näher etwa *Scholz* (N 124), Art. 20a Rn. 41 ff., 52.
275 ILC Draft Articles on Responsibility of States (N 17).
276 Namentlich die Beendigung der Verletzung der umweltvölkerrechtlichen Verpflichtungen und die Rückkehr zur Pflichterfüllung sowie die Wiedergutmachung in Gestalt der Restitution und ggf. von Schadensersatz (vgl. Art. 29, 30 lit. a, 31, 35, 36 ILC Draft Articles on Responsibility of States [N 17]).
277 Art. 48 Abs. 1 lit. a ILC Draft Articles on Responsibility of States (N 17). Bsp.: Verletzung eines völkerrechtlichen Vertrags über regionalen Meeresumweltschutz (ILC Draft Articles on Responsibility of States for Internationally Wrongful Acts with commentaries, in: Yearbook of the International Law Commission, 2001, Bd. II, Teil 2, Art. 48 Rn. 7).
278 Art. 48 Abs. 1 lit. b ILC Draft Articles on Responsibility of States (N 17). Bsp.: Verletzung der völkergewohnheitsrechtlichen Verpflichtung zur Vorbeugung gegen erhebliche Schäden an der Umwelt in Staatengemeinschaftsräumen (s. o. Rn. 68).
279 Art. 48 Abs. 2 lit. b ILC Draft Articles on Responsibility of States (N 17). Wie hier *Birnie/Boyle/Redgwell* (N 1), S. 234 f.; siehe auch (wenngleich zurückhaltender) *Beyerlin/Marauhn* (N 21), S. 363; *Malgosia Fitzmaurice*, International Responsibility and Liability, in: Bodansky/Brunnée/Hey (N 6), S. 1010 ff. (1021). Zum Ganzen auch *Dederer* (N 255), S. 32 f.

nung tragen zu können. Diese können wiederum verfassungsgerichtlicher Kontrolle weithin entzogen sein[280].

c) Schutz der auswärtigen Umwelt über Art. 2 Abs. 2 S. 1, 14 Abs. 1 S. 1 GG

85
Rückwirkung auswärtiger Umweltschäden

Soweit aus Art. 2 Abs. 2 S. 1, 14 Abs. 1 S. 1 GG auch eine staatliche Umweltschutzpflicht folgt[281], richtet sich diese gleichfalls auf den Schutz der auswärtigen Umwelt[282]. Maßgeblich hierfür ist vor allem, daß die lokale, regionale und globale Interdependenz der Umwelt eine Fokussierung der staatlichen Verpflichtung zum Umweltschutz aus Art. 2 Abs. 2 S. 1, 14 Abs. 1 S. 1 GG allein auf den Schutz der inländischen Umwelt ausschließt[283].

86
Begrenzt justiziabler Spielraum

Bei der Erfüllung der Schutzpflicht kommt den staatlichen Organen freilich wie üblich „ein weiter Einschätzungs-, Wertungs- und Gestaltungsbereich" zu, der insbesondere „auch Raum läßt, etwa konkurrierende öffentliche und private Interessen zu berücksichtigen"[284]. Der grundrechtliche Schutzanspruch kann sich wegen dieses beachtlichen Spielraums nur darauf richten, „daß die öffentliche Gewalt Vorkehrungen zum Schutze des Grundrechts trifft, die nicht gänzlich ungeeignet oder völlig unzulänglich sind"[285]. Nicht unterschrit-

Untermaßverbot

ten werden darf in jedem Fall ein unteres Maß an Schutz[286], das heißt der vom Staat zu bewirkende Schutz muß wirksam und zugleich angemessen sein. Dabei läßt gerade die Angemessenheit wiederum Raum für die Berücksichtigung gegenläufiger Belange.

87
Bedeutung der umweltvölkerrechtlichen Prinzipien

Bei der Konkretisierung der grundrechtlichen Umweltschutzpflichten des Staates kommt den umweltvölkerrechtlichen Prinzipien eine deutlich geringere Bedeutung zu. Denn die staatlichen Schutzpflichten aus Art. 2 Abs. 2 S. 1, 14 Abs. 1 S. 1 GG bestehen primär im Interesse der einzelnen Grundrechtsträger. Demgegenüber sind die umweltvölkerrechtlichen Prinzipien (vom Nichtdiskriminierungsprinzip[287] abgesehen) in erster Linie auf den Schutz der Umwelt im (internationalen) Allgemeininteresse gerichtet. Unbeschadet dessen lassen sich die Kernaussagen des Vorbeugungs- und des Vorsorgeprinzips[288] mit Rücksicht auf die verfassungsgerichtliche Rechtsprechung[289] für die Erfüllung der grundrechtlichen Schutzpflichten operationalisieren.

---

280 Vgl. BVerfGE 40, 141 (178 f.).
281 S. o. Rn. 65.
282 Eingehend speziell zur grundrechtlichen Verpflichtung des Staates zum Schutz des Klimas *Martin Winkler*, Klimaschutzrecht, 2006, S. 78 ff.
283 S. o. Rn. 69.
284 BVerfGE 77, 170 (214 f.); std. Rspr.
285 BVerfGE 77, 170 (215); std. Rspr.
286 Sog. Untermaßverbot; siehe dazu BVerfGE 88, 203 (254); std. Rspr. → Bd. IX, *Isensee*, § 191 Rn. 301 ff.; *Stern*, § 185 Rn. 92.
287 S. o. Rn. 82.
288 S. o. 74 f.
289 Vgl. BVerfGE 49, 89 (140 ff.); 53, 30 (51, 57 ff.).

2. Schutz der inländischen Umwelt vor auswärtiger Beeinträchtigung

Die inländische Umwelt wird von der Umwelt im deutschen Staatsgebiet bzw. in Gebieten unter deutscher territorialer bzw. „aquitorialer"[290] Souveränität gebildet. Mithin handelt es sich bei der inländischen Umwelt um die Umwelt des deutschen Landraums (unter Einschluß der Binnengewässer und des Erdinneren), des deutschen Seeraums (innere Gewässer, Küstenmeer[291]) und des deutschen Luftraums (bis zur Grenze zum Weltraum in ca. 80–120 km Höhe[292]).

88 Deutsches Staatsgebiet

Daß der inländischen Umwelt auch vom Ausland her Schäden bzw. Gefährdungen drohen (können), liegt auf der Hand[293]. Insofern erstrecken sich die Schutzwirkungen sowohl der Staatszielbestimmung des Art. 20a GG als auch der Grundrechte aus Art. 2 Abs. 2 S. 1, 14 Abs. 1 S. 1 GG[294] auf den Schutz der inländischen Umwelt vor (möglichen) auswärtigen Beeinträchtigungen[295].

89 Auswärtige Gefahren

Freilich sind der deutschen Staatsgewalt beim Schutz der inländischen Umwelt vor vom Ausland ausgehenden Schädigungen bzw. Gefährdungen tatsächliche wie völkerrechtliche Grenzen gesetzt[296]. Praktisch wirksam läßt sich der Schutz der inländischen Umwelt vor auswärtigen Beeinträchtigungen zuvörderst vorbeugend-kooperativ mit anderen Staaten und im Rahmen internationaler Organisationen bewerkstelligen[297].

90 Grenzen

Soweit andere Staaten ihre umweltvölkerrechtlichen Verpflichtungen, zum Beispiel die allgemeine Vorbeugungspflicht[298] oder daraus abgeleitete weitere Sorgfaltspflichten[299], verletzen und dies Auswirkungen auf die inländische Umwelt hat oder haben kann, muß die deutsche Staatsgewalt darauf hinwirken, daß die betreffenden Staaten ihrer Staatenverantwortlichkeit entsprechend die Pflichtverletzung gegenüber Deutschland[300] beenden und zu einem der umweltvölkerrechtlichen Pflicht entsprechenden Verhalten zurückkeh-

91 Geltendmachung der Staatenverantwortlichkeit

---

290 *Proelß* (N 8), Rn. 46 zur Kennzeichnung der küstenstaatlichen Souveränität über das Küstenmeer gemäß Art. 2 Abs. 1 SRÜ.
291 Art. 2, 3, 8 SRÜ; → Bd. II, *Graf Vitzthum*, § 18 Rn. 19 ff., 25 ff.
292 Siehe *Herdegen* (N 20), § 24 Rn. 5; → Bd. II, *Graf Vitzthum*, § 18 Rn. 24.
293 Zur Begründung s. o. Rn. 69.
294 Speziell hierzu *Peter Badura*, Der räumliche Geltungsbereich der Grundrechte, in: HGR, Bd. II, 2006, § 47 Rn. 15; ferner etwa *Sparwasser/Engel/Voßkuhle* (N 196), Rn. 157; → Bd. X, *Isensee*, § 191 Rn. 213.
295 Vgl. auch BVerfGE 40, 141 (177) zur verfassungsrechtlichen Verpflichtung deutscher Staatsorgane „zum Schutz deutscher Staatsangehöriger und ihrer Interessen gegenüber fremden Staaten"; ferner BVerfGE 66, 39 (56 f.), wonach „sich der menschenrechtliche Schutzbereich der vom Grundgesetz anerkannten Grundrechte und Grundfreiheiten gegen jedwede hoheitliche Gewalt [richtet]"; speziell mit Blick auf die EU bzw. supranationale Organisationen nimmt das BVerfG an, daß seine Aufgaben auch „den Grundrechtsschutz in Deutschland und insoweit nicht nur gegenüber deutschen Staatsorganen zum Gegenstand haben" (BVerfGE 89, 155 [175]).
296 Zur territorialen Reichweite der verfassungsrechtlichen Umweltschutzverpflichtungen s. u. Rn. 99 ff.
297 In diesem Sinne auch *Brönneke* (N 199), S. 448.
298 S. o. Rn. 68, 74.
299 Zu diesen Sorgfaltspflichten s. u. Rn. 96.
300 Vgl. Art. 42 lit. a ILC Draft Articles on Responsibility of States (N 17). Art. 42 lit. b Ziff. i) ILC Draft Articles on Responsibility of States (N 17) wäre z. B. dann einschlägig, wenn ein Vertragsstaat des SRÜ seine Vorbeugungs- und Sorgfaltspflichten aus dem SRÜ verletzt und dadurch die Bundesrepublik Deutschland als anderer SRÜ-Vertragsstaat geschädigt wird (ILC Draft Articles on Responsibility of States with commentaries [N 277], Art. 42 Rn. 12).

§ 248   *Zweiundzwanzigster Teil: Grenzüberschreitende Staatsaufgaben*

Restitution und Schadensersatz
ren³⁰¹. Sollte bereits ein Umweltschaden eingetreten sein, müßte die deutsche Staatsgewalt Wiedergutmachung, das heißt Restitution im Sinne der Wiederherstellung des status quo ante³⁰² und gegebenenfalls Ersatz des darüber hinausgehenden Schadens³⁰³ zu erreichen suchen. Geltend machen könnten die deutschen Staatsorgane nicht nur den eigenen Schaden³⁰⁴, sondern auch den Schaden ihrer Staatsangehörigen³⁰⁵. Dabei wäre der von einem auswärtigen Staat erbrachte Schadensersatz an die tatsächlich im Inland Geschädigten weiterzureichen³⁰⁶.

92
Durchsetzung der Staatenverantwortlichkeit
Zum Zweck der effektiven Durchsetzung der Staatenverantwortlichkeit müssen gegebenenfalls Mittel der friedlichen Streitbeilegung³⁰⁷ unter Einschluß internationaler (schieds-)gerichtlicher Verfahren eingesetzt werden. Auch einseitige Maßnahmen wie Retorsionen und Repressalien³⁰⁸ muß die deutsche Staatsgewalt in Erwägung ziehen und gegebenenfalls ergreifen, um den Willen der dem Umweltvölkerrecht zuwider handelnden Staaten zu beugen.

93
Außenpolitischer Beurteilungsspielraum
Freilich lassen die Umweltschutzverpflichtungen aus Art. 20 a GG und Art. 2 Abs. 2 S. 1, 14 Abs. 1 S. 1 GG den deutschen Staatsorganen dabei beachtlichen Spielraum, um außenpolitischen Beurteilungen gebührend Rechnung tragen zu können³⁰⁹. Sollten die deutschen Staatsorgane bei der Durchsetzung der Staatenverantwortlichkeit im Rahmen angemessener Bemühungen erfolglos sein, so bleibt die deutsche Staatsgewalt im Grundsatz verpflichtet, im und für den innerstaatlichen Bereich die geschädigte Umwelt zum Beispiel selbst wiederherzustellen³¹⁰.

*3. Adressaten der materiellen Verpflichtungen
zum grenzübergreifenden Umweltschutz*

94
Alle deutsche Staatsgewalt
Adressat der materiellen Verpflichtungen zum grenzübergreifenden Umweltschutz aus Art. 20 a GG sowie aus Art. 2 Abs. 2 S. 1, 14 Abs. 1 S. 1 GG ist alle deutsche Staatsgewalt auf allen staatlichen Ebenen (Art. 20 a, 1 Abs. 3 GG),

---

301 Vgl. Art. 29, 30 lit. a ILC Draft Articles on Responsibility of States (N 17).
302 ILC Draft Articles on Responsibility of States with commentaries (N 277), Art. 35 Rn. 2.
303 Vgl. Art. 31, 35, 36 ILC Draft Articles on Responsibility of States (N 17).
304 Bsp.: Kosten für die Begrenzung, Milderung oder Beseitigung eines Umweltschadens oder die Wertminderung für verschmutztes Eigentum. Näher ILC Draft Articles on Responsibility of States with commentaries (N 277), Art. 36 Rn. 8, 13 ff. Siehe auch ILC Draft principles on the allocation of loss in the case of transboundary harm arising out of hazardous activities, with commentaries, in: Yearbook of the International Law Commission, 2006, Bd. II, Teil 2, Principle 3, Rn. 18 (nachfolgend: ILC Draft principles on allocation of loss with commentaries).
305 ILC Draft Articles on Responsibility of States with commentaries (N 277), Art. 36 Rn. 5. Nach ILC Draft principles on allocation of loss with commentaries (N 304), Principle 3, Rn. 18, soll ein Staat auch den Schaden seiner Einwohner unabhängig von deren Staatsangehörigkeit geltend machen können.
306 Vgl. hierzu die Ermahnung des *IGH*, Ahmadou Sadio Diallo (Republic of Guinea vs. Democratic Republic of the Congo), Compensation owed by the Democratic Republic of the Congo to the Republic of Guinea, Judgment, 19. 6. 2012, Abs.-Nr. 57.
307 Zusammengefaßt in Art. 33 Abs. 1 UN-Charta.
308 Näher hierzu etwa *Herdegen* (N 20), § 59 Rn. 4 ff.
309 Siehe auch *Brönneke* (N 199), S. 448.
310 Siehe aber auch *Brönneke* (N 199), S. 448.

mithin die gesetzgebende, vollziehende und rechtsprechende Gewalt des Bundes und der Länder[311].

Ungeachtet dessen ist zuvörderst der Gesetzgeber berufen, die Erfüllung der Umweltschutzverpflichtungen aus Art. 20 a GG sowie Art. 2 Abs. 2 S. 1, 14 Abs. 1 S. 1 GG zu bewirken. Für das Staatsziel Umweltschutz legt nicht nur der Wortlaut des Art. 20 a GG diese Auffassung nahe. Die Konkretisierungsbedürftigkeit des Art. 20 a GG spricht ebenso für eine „Konkretisierungsprärogative des Gesetzgebers"[312]. Auch in bezug auf die grundrechtlich vermittelten Umweltschutzpflichten aus Art. 2 Abs. 2 S. 1, 14 Abs. 1 S. 1 GG, „ist in erster Linie vom Gesetzgeber zu entscheiden"[313], wie diese Verpflichtungen zu erfüllen sind.

95
Legislative

Konkretisierungsprärogative

Mit Blick auf den grenzübergreifenden Umweltschutz hat der Gesetzgeber – unbeschadet seines Einschätzungs- und Gestaltungsspielraums[314] – vor allem die sich aus dem Vorbeugungsprinzip[315] (unter Beachtung des Vorsorgeprinzips[316]) ergebenden Sorgfaltspflichten zu konkretisieren[317]. Danach hat er dafür zu sorgen, daß für Tätigkeiten, die möglicherweise erhebliche grenzüberschreitende Umweltbeeinträchtigungen verursachen können, sowohl ein angemessener Rechtsrahmen als auch geeignete Verwaltungsstrukturen zum Zweck seiner Vollziehung bestehen[318]. Insbesondere müssen (hoch-)gefährliche Tätigkeiten unter einen Genehmigungsvorbehalt gestellt werden[319]. Die Erteilung der Genehmigung muß dabei an eine vorherige Risikobewertung und eine (darin gegebenenfalls integrierte) Umweltverträglichkeitsprüfung (UVP) anknüpfen[320]. Das hierbei zu beachtende Verwaltungsverfahren hat die Einhaltung bestimmter, völkergewohnheitsrechtlich verankerter Kooperationspflichten[321] zu gewährleisten[322]. Ob auch eine Beteiligung der auswärtigen Öffentlichkeit vorgesehen werden muß, erscheint beim gegenwärtigen Stand des Völkergewohnheitsrechts dagegen noch zweifelhaft[323]. In jedem Fall hat der Gesetzgeber mit Blick auf etwaige Katastrophenfälle eine Notfall-

96
Sorgfaltspflichten

Genehmigungsvorbehalt

Beteiligung auswärtiger Öffentlichkeit?

Notfallplan

---

311 Siehe nur *Sommermann* (N 223), Art. 20 a Rn. 15.
312 *Murswiek* (N 195), Art. 20 a Rn. 33.
313 BVerfGE 39, 1 (44); ebenso BVerfGE 88, 203 (254).
314 S. o. Rn. 83, 86.
315 S. o. Rn. 68, 74.
316 S. o. Rn. 75.
317 Zum Folgenden bereits *Dederer* (N 255), S. 24 ff.
318 Vgl. Art. 5 ILC Draft Articles on Prevention of Transboundary Harm (N 233). Allgemein zur Verpflichtung aus Art. 20 a GG, Umweltschutz auch durch Organisation und Verfahren zu gewährleisten, *Sommermann* (N 223), Art. 20 a Rn. 23.
319 Art. 6 Abs. 1 lit. a ILC Draft Articles on Prevention of Transboundary Harm (N 233).
320 Vgl. Art. 7 ILC Draft Articles on Prevention of Transboundary Harm (N 233). Der *IGH*, Pulp Mills on the River Uruguay (Argentina vs. Uruguay), in: ICJRep 2010, S. 14, Abs.-Nr. 204, hat die UVP-Pflicht bereits als geltendes Völkergewohnheitsrecht behandelt (siehe auch schon Prinzip 17 der Rio-Erklärung von 1992 [N 22]). Allgemein zur UVP als Anforderung aus Art. 20 a GG siehe etwa *Epiney* (N 197), Art. 20 a Rn. 81; *Sommermann* (N 223), Art. 20 a Rn. 23.
321 S. u. Rn. 122.
322 Vgl. Art. 8-13 ILC Draft Articles on Prevention of Transboundary Harm (N 233).
323 Siehe hierzu ILC Draft Articles on Prevention of Transboundary Harm with commentaries (N 218), Art. 13 Rn. 3 und 10. Allgemein zum Erfordernis eines „Mindestmaßes an Öffentlichkeitsbeteiligung" aus Art. 20 a GG etwa *Epiney* (N 197), Art. 20 a Rn. 85.

§ 248   Zweiundzwanzigster Teil: Grenzüberschreitende Staatsaufgaben

Haftungsregime

planpflicht zu statuieren[324] und ein angemessenes Haftungsregime einzurichten[325]. Darüber hinaus müssen das Verwaltungsverfahrens- und Prozeßrecht so eingerichtet werden, daß dem Prinzip der Nichtdiskriminierung Rechnung getragen wird bzw. werden kann[326].

97
Exekutive
und Judikative

Dieser Rechtsrahmen muß von der vollziehenden Gewalt wie von der Rechtsprechung in der Weise vollzogen bzw. ausgelegt und angewandt werden, daß der von Art. 20a GG bzw. Art. 2 Abs. 2 S. 1, 14 Abs. 1 S. 1 GG gewollte Schutz der auswärtigen Umwelt zumal im Lichte der umweltvölkerrechtlichen Prinzipien praktisch wirksam wird. Spielräume hierfür bieten etwa unbestimmte Rechtsbegriffe, planerische Abwägungen und die Ermessensausübung[327].

98
Insbesondere:
Bundesregierung

Auch wenn dem Gesetzgeber eine hervorgehobene Rolle bei der Konkretisierung der sich aus Art. 20a GG und Art. 2 Abs. 2 S. 1, 14 Abs. 1 S. 1 GG ergebenden Umweltschutzverpflichtungen zukommt[328], ist im vorliegenden Zusammenhang mit Fragen des grenzübergreifenden Umweltschutzes daran zu erinnern, daß die hierfür notwendigen auswärtigen Beziehungen zu anderen Staaten, Vertragsorganen und internationalen Organisationen vor allem von der Regierung politisch gestaltet werden[329]. Das betrifft sowohl die völkerrechtliche Rechtsetzung in Gestalt der Verhandlung und gegebenenfalls des Abschlusses völkerrechtlicher Verträge als auch die völkerrechtliche Rechtsdurchsetzung. Ob und wie die sich aus der Staatenverantwortlichkeit auswärtiger Staaten ergebenden Rechtsfolgen von der Bundesrepublik Deutschland geltend gemacht und in den Grenzen des allgemeinen Völkerrechts erzwungen werden sollen, stellt naturgemäß ein außenpolitisch heikles Unterfangen dar, für welches der Regierung ein breiter Einschätzungs- und Gestaltungsspielraum zusteht[330].

4. Reichweite staatsrechtlicher Bindungen

a) Bindung nur der deutschen Staatsgewalt

aa) Nichtdeutsche Hoheitsgewalt

99
Keine Bindung
ausländischer
Staatsgewalt

Die verfassungsrechtlichen Umweltschutzverpflichtungen aus Art. 20a GG und aus Art. 2 Abs. 2 S. 1, 14 Abs. 1 S. 1 GG richten sich an die vom Grundgesetz verfaßte, mithin nur an die deutsche Staatsgewalt[331]. Ausländische Staatsgewalt ist deshalb weder an die von Art. 20a GG noch an die von den Grundrechten der Art. 2 Abs. 2 S. 1, 14 Abs. 1 S. 1 GG ausgehenden Verpflichtungen[332] zum

---

324 Art. 16 ILC Draft Articles on Prevention of Transboundary Harm (N 233).
325 ILC Draft principles on allocation of loss with commentaries (N 304), Principle 4 Rn. 3. Siehe zur Notwendigkeit eines Haftungsrechts auch *Murswiek* (N 195), Art. 20a Rn. 64f.
326 S. o. Rn. 82.
327 Allgemein hierzu etwa *Murswiek* (N 195), Art. 20a Rn. 66 ff.
328 S. o. Rn. 95 f.
329 S. o. Rn. 56. Siehe auch *Murswiek* (N 195), Art. 20a Rn. 62.
330 Vgl. BVerfGE 40, 141 (178). S. o. Rn. 84, 93.
331 Siehe *Peter M. Huber*, in: Sachs, 2011, Präambel, Rn. 37.
332 Siehe zur fehlenden Grundrechtsbindung auswärtiger Staaten bereits BVerfGE 1, 10 (11).

Schutz der auswärtigen (das heißt ihrer eigenen und sonstigen auswärtigen) oder der inländischen (das heißt deutschen) Umwelt gebunden[333].

Das gilt im Grundsatz auch für die von der Europäischen Union oder einer zwischenstaatlichen bzw. grenznachbarschaftlichen Einrichtung im Sinne des Art. 24 Abs. 1, 1 a GG ausgeübte Hoheitsgewalt[334]. Andererseits kann sich die deutsche Staatsgewalt der Bindung an die deutschen Grundrechte nicht durch „Flucht" unter das Dach einer supranationalen Entität entziehen[335]. Deshalb greift gegenüber supranationaler Hoheitsgewalt der grundgesetzliche Grundrechtsschutz doch ein, soweit nicht auf supranationaler Ebene ein dem Grundgesetz im wesentlichen vergleichbarer Grundrechtsschutz gewährleistet ist[336]. Ein in diesem Sinne gleichwertiger Schutz besteht dabei nicht nur dann, wenn die supranationalen Grundrechte gerade so wie Art. 2 Abs. 2 S. 1, 14 Abs. 1 S. 1 GG Umweltschutz vermitteln[337]. Denn das Bundesverfassungsgericht verlangt mit Rücksicht auf den Schutz der Identität der deutschen Verfassungsordnung[338] nur, daß der vom Grundgesetz „als unabdingbar gebotene" Grundrechtsschutz, zumal der „Wesensgehalt" der jeweiligen Grundrechte, „generell" verbürgt sein muß[339].

100
Keine Bindung der EU

Deutscher Grundrechtsvorbehalt

Die vorangegangenen Überlegungen lassen sich danach nicht ohne weiteres auf das Staatsziel Umweltschutz aus Art. 20 a GG übertragen. Denn anders als der vom Grundgesetz „als unabdingbar gebotene", zumindest den Wesensgehalt verbürgende Grundrechtsschutz gehört der Umweltschutz gemäß Art. 20 a GG – ungeachtet seiner fundamentalen Bedeutung als Staatsziel[340] – jedenfalls nicht zur unabänderlichen, die Verfassungsidentität prägenden Verfassungssubstanz im Sinne von Art. 79 Abs. 3 GG[341].

101
Art. 20 a GG nicht identitätsprägend

---

333 Allerdings haben die deutschen Staatsorgane den Schutz der inländischen Umwelt auch gegenüber auswärtiger Staatsgewalt zu gewährleisten. S. o. Rn. 89 und N 295.
334 Vgl. bereits BVerfGE 22, 293 (295) zum Grundrechtsschutz gegenüber EWG-Rechtsakten.
335 Diese und die nachfolgenden Überlegungen gelten erst recht in bezug auf das Handeln von Organen internationaler Organisationen oder von Vertragsregimen. Für sie gilt analog zur Solange I-Entscheidung (BVerfGE 37, 271 [285]): Solange und soweit die jeweilige internationale Organisation bzw. das jeweilige Vertragsregime einen dem Grundgesetz im wesentlichen vergleichbaren Grund- bzw. Menschenrechtsschutz nicht gewährleistet, muß der Grundrechtsschutz durch die deutschen Fachgerichte, zuletzt durch das Bundesverfassungsgericht gesichert werden (wie hier speziell zu den UN *Rojahn* [N 35], Art. 24 Rn. 114; a. A. etwa *Matthias Herdegen*, in: Maunz/Dürig, Art. 1 Abs. 3 Rn. 91: „Zurücknahme des deutschen Grundrechtsstandards auf dessen unverzichtbare Gehalte").
336 Das gilt nicht nur für die EU, sondern gemäß der Rechtsprechung des BVerfG auch für sonstige zwischenstaatliche Einrichtungen i. S. d. Art. 24 Abs. 1 GG (siehe nur BVerfGE 73, 339 [376]) und infolgedessen ebenso für grenznachbarschaftliche Einrichtungen i. S. d. Art. 24 Abs. 1 a GG (siehe nur *Jarass* [N 37], Art. 24 Rn. 9f., 19).
337 Mit Blick auf die EU stellen sich insoweit ohnehin keine Probleme, als der EU-Grundrechtsschutz an den EMRK-Menschenrechtsschutz angekoppelt ist (Art. 6 Abs. 3 EUV sowie Art. 6 Abs 1 UAbs. 1 EUV i. V. m. Art. 52 Abs. 3 S. 1 GRCH). Zur Umweltschutz vermittelnden Wirkung der Konventionsrechte in der Auslegung durch den EGMR siehe *Julia Iliopoulos-Strangas*, Soziale Grundrechte, in: : HGR, Bd. VI/1, 2010, § 145 Rn. 62 ff.; *Roman Schmidt-Radefeldt*, Ökologische Menschenrechte, 2000, S. 66 ff.
338 BVerfGE 37, 271 (279 f.); 73, 339 (375 f.); siehe auch zur EU BVerfGE 123, 267 (340); 124, 129 (177); BVerfG, in: NJW 2012, S. 3145 (3148).
339 So zu den Europäischen Gemeinschaften BVerfGE 73, 339 (387), std. Rspr.
340 Siehe nur *Christian Calliess*, Rechtsstaat und Umweltstaat, 2001, S. 96 ff.
341 Ebenso etwa *Sommermann* (N 223), Art. 20 a Rn. 1. Insoweit ist auch bezeichnend, daß selbst die EU gemäß den besonderen Strukturvorgaben des Art. 23 Abs. 1 S. 1 GG nicht auch z. B. „ökologischen Grundsätzen" verpflichtet sein muß.

bb) Bindung deutscher Vertreter

102 *Europa- und Außenpolitik*

Die Mitwirkung deutscher Vertreter in Organen internationaler Organisationen, der Europäischen Union oder supranationaler Entitäten im Sinne des Art. 24 Abs. 1, 1 a GG oder in Vertragsorganen völkerrechtlicher Vertragsregime, ferner die Mitwirkung deutscher Vertreter an Staatenkonferenzen sowie an Verhandlungen und am Abschluß völkerrechtlicher Verträge stellen Ausübung deutscher Staatsgewalt dar. Deshalb sind deutsche Vertreter dabei an das Staatsziel Umweltschutz aus Art. 20 a GG ebenso gebunden wie an die Umweltschutz vermittelnden Grundrechte aus Art. 2 Abs. 2 S. 1, 14 Abs. 1 S. 1 GG[342].

103 *Einschätzungs- und Gestaltungsspielraum*

Politische Erreichbarkeit von Verhandlungsergebnissen

Allerdings müssen die staatlichen Umweltschutzpflichten aus Art. 20 a GG und Art. 2 Abs. 2 S. 1, 14 Abs. 1 S. 1 GG nicht notwendig in dem Umfang durchgesetzt werden, wie es innerstaatlich in vergleichbaren Regelungszusammenhängen verfassungsrechtlich geboten sein könnte. Die zutreffende Feststellung des Bundesverfassungsgerichts, „dass namentlich bei internationalen Vertragsverhandlungen der Kreis der möglichen Verhandlungsergebnisse sich auf das dem Verhandlungspartner gegenüber politisch Erreichbare verengt"[343], gilt für die Mitwirkung deutscher Vertreter in inter- oder supranationalen Organen oder an Staatenkonferenzen gleichermaßen[344]. Insofern fordert die Schutzpflicht aus Art. 20 a GG und Art. 2 Abs. 2 S. 1, 14 Abs. 1 S. 1 GG nur, auf inter- bzw. supranationaler Ebene einen Rechtszustand so nah wie möglich am Grundgesetz zu erreichen[345].

104 *Geminderte Umweltschutzstandards*

Fluglärm

Insofern dürfen die deutschen Vertreter „eine Minderung des Grundrechtsstandards in Kauf nehmen", wenn dem deutschen Grundrechtsstandard nur auf diese Weise ein Anwendungsfeld erhalten werden kann[346]. Entsprechendes gilt in bezug auf den deutschen Umweltschutzstandard, wie er sich aus Art. 20 a GG ergibt. Stets hinzunehmen ist eine solche Einbuße an Grundrechts- bzw. Umweltschutz, die auch nach den Maßstäben des Grundgesetzes verfassungsrechtlich gerechtfertigt wäre. So kann ein dem Schutz vor Fluglärm dienender Staatsvertrag vorsehen, daß entsprechend einer „im Inland bewährte[n] Regelung" die Einstellung des Flughafenbetriebs grundsätzlich nicht verlangt, allenfalls ein Anspruch auf Schutzvorkehrungen, subsidiär auf

---

342 Zur Bindung des deutschen Ratsvertreters in der EU an das Grundgesetz siehe BVerfGE 92, 203 (227f.); speziell zur Grundrechtsbindung gemäß Art. 1 Abs. 3 GG siehe nur *Wolfram Höfling*, in: Sachs, 2011, Art. 1 Rn. 90; vgl. auch BVerfG (2. Kammer des Zweiten Senats), in: NJW 1990, S. 974; BVerfG (3. Kammer des Zweiten Senats), in: NVwZ 1993, S. 883; zur Grundrechtsbindung deutscher Vertreter gemäß Art. 1 Abs. 3 GG in internationalen Organisationen bzw. Vertragsregimen siehe *Herdegen* (N 335), Art. 1 Abs. 3 Rn. 90; → Oben *Nettesheim*, § 241 Rn. 57ff.
343 BVerfGE 40, 141 (178).
344 Vgl. auch im Zusammenhang mit der Anwendung ausländischen Rechts im Lichte deutscher Grundrechte BVerfGE 31, 58 (77), wonach „ein Grundrecht wesensgemäß eine bestimmte Beziehung zur Lebensordnung im Geltungsbereich der Verfassung voraussetzen [kann], so daß eine uneingeschränkte Durchsetzung in ganz oder überwiegend auslandsbezogenen Sachverhalten den Sinn des Grundrechtsschutzes verfehlen würde." Diese Überlegung kann analog z.B. bei der Verhandlung umweltvölkerrechtlicher Verträge herangezogen werden.
345 In diesem Sinne BVerfGE 92, 26 (42) zur Gestaltungsbefugnis des Gesetzgebers in bezug auf Sachverhalte mit Auslandsberührung.
346 BVerfGE 92, 26 (42).

Schadensersatz geltend gemacht werden kann[347]. Keinesfalls preisgegeben werden darf freilich die von Art. 79 Abs. 3 GG als unabänderlich garantierte, die deutsche Verfassungsidentität mitbestimmende Grundrechtssubstanz.

cc) Zurechnung von oder Mitwirkung an auswärtiger Staatsgewalt

Die Umweltschutzwirkungen der Staatszielbestimmung des Art. 20 a GG bzw. der deutschen Grundrechte aus Art. 2 Abs. 2 S. 1, 14 Abs. 1 S. 1 GG können ferner dadurch ausgelöst werden, daß deutsche Staatsorgane in zurechenbarer Weise eine Ursache für umweltschädigendes bzw. -gefährdendes Handeln auswärtiger Staaten setzen[348]. Die Bindung an Art. 20 a GG sowie an Art. 2 Abs. 2 S. 1, 14 Abs. 1 S. 1 GG aktualisiert sich erst recht, wenn deutsche Staatsorgane an der Ausübung auswärtiger Staatsgewalt unmittelbar mitwirken[349].

105
Bindung deutscher Staatsgewalt

Auch soweit deutsche Staatsorgane ausländisches Recht anwenden[350], kommt die Bindung an Art. 20 a GG und Art. 2 Abs. 2 S. 1, 14 Abs. 1 S. 1 GG zum Tragen. Zu einer Anwendung ausländischen öffentlichen Umweltrechts könnte es im Kontext grenzübergreifenden Umweltschutzes etwa dann kommen, wenn im Lichte von § 138 Abs. 1 BGB zu beurteilen wäre, ob ein Kaufvertrag über ein Exemplar einer im Herkunftsland geschützten Tierart mit den guten Sitten im Sinne von § 138 Abs. 1 BGB unvereinbar ist, weil die Erfüllung des Kaufvertrags einen Verstoß gegen das im Artenschutzrecht des Herkunftslandes verankerte Exportverbot voraussetzen würde[351]. Analog zu Erwägungen des Bundesgerichtshofes im Fall eines See-Güterversicherungsvertrags über die Ausfuhr nigerianischen Kulturguts unter Verstoß gegen nigerianisches Recht[352] kommt etwa im Washingtoner Artenschutzübereinkommen[353] und in der Biodiversitätskonvention[354] das Allgemeininteresse der internationalen Staatengemeinschaft[355] am Schutz und an der Erhaltung der gefährdeten Tier- und Pflanzenarten in situ zum Ausdruck. Art. 20 a GG würde dann von der verfassungsrechtlichen Ebene her mit Blick auf den darin geforderten Schutz auch der auswärtigen Umwelt[356] auf die Annahme eines Sittenverstoßes im Sinne des § 138 Abs. 1 BGB drängen.

106
Anwendung ausländischen Rechts

Beispiel: Berücksichtigung im Rahmen des § 138 BGB

b) Bindung deutscher Staatsgewalt
in grenzüberschreitenden Zusammenhängen

aa) Beschränkung deutscher Staatsgewalt auf deutsches Staatsgebiet

Der deutsche Staat kann seine Pflichten zum Umweltschutz aus Art. 20 a GG bzw. Art. 2 Abs. 2 S. 1, 14 Abs. 1 S. 1 GG nur unter Beachtung seiner völker-

107
Territorialitätsprinzip

---
347 Siehe BVerfGE 72, 66 (80).
348 Vgl. BVerfGE 66, 39 (60, 62 f.).
349 Vgl. *Herdegen* (N 335), Art. 1 Abs. 3 Rn. 77.
350 Vgl. BVerfGE 31, 58 (72 ff.).
351 Dabei handelt es sich richtigerweise nicht um eine „Anwendung" des ausländischen Artenschutzrechts, sondern nur um dessen „Berücksichtigung als Tatsache" (*Ohler* [N 212], S. 147, 150 f.) bei der Anwendung deutschen Rechts, d. h. vorliegend des § 138 Abs. 1 BGB.
352 BGHZ 59, 82 (85).
353 S. o. N 138.
354 S. o. N 7.
355 Zum „common concern"-Ansatz speziell in der Biodiversitätskonvention (N 7) s. o. Rn. 4.
356 S. o. Rn. 67 ff.

§ 248   *Zweiundzwanzigster Teil: Grenzüberschreitende Staatsaufgaben*

rechtlichen Regelungsbefugnis erfüllen. Der hoheitliche Schutz der auswärtigen Umwelt wie der inländischen Umwelt vor auswärtigen Beeinträchtigungen ist daher zunächst territorial auf das Staatsgebiet der Bundesrepublik Deutschland[357] beschränkt.

108
Deutsches Staatsgebiet

Deutsche Nutzungshoheitsräume

Das Staatsgebiet wird dabei nicht nur vom Landraum (unter Einschluß der Binnengewässer und des Erdinneren), sondern auch vom Luftraum (bis zur Grenze zum Weltraum in ca. 80–120 km Höhe) gebildet[358]. Zum Staatsgebiet gehört ferner der deutsche Seeraum[359], das heißt die landwärts der Niedrigwasserlinie gemäß Art. 35 SRÜ gelegenen sogenannten inneren Gewässer im Sinne von Art. 8 Abs. 1 SRÜ sowie das deutsche Küstenmeer[360]. Darüber hinaus darf sich hoheitliches Handeln Deutschlands für Zwecke des Umweltschutzes auch auf die deutsche Ausschließliche Wirtschaftszone (AWZ)[361] und auf den deutschen Festlandsockel[362] erstrecken[363].

109
Wirkungsprinzip

Die prinzipielle Beschränkung der Ausübung deutscher Staatsgewalt auf das deutsche Staatsgebiet[364] und im Rahmen des Seerechts auf die vorgenannten maritimen Nutzungshoheitsräume (AWZ, Festlandsockel) stellt die inländische Umwelt im Hinblick auf auswärtige Beeinträchtigungen nicht generell schutzlos. Die gegen derartige Beeinträchtigungen gerichtete Ausübung deutscher Staatsgewalt läßt sich mit Blick auf das Wirkungsprinzip (als einer Ausprägung des Territorialitätsprinzips)[365] rechtfertigen. Allerdings dürfen ent-

---

357 Vgl. Präambel S. 2 GG. Hierzu etwa *Jarass* (N 37), Präambel, Rn. 8, 10. → Oben *Becker*, § 230 Rn. 13 ff.; *ders.* § 240 Rn. 6 ff.
358 S. o. Rn. 88; → Bd. II, *Graf Vitzthum*, § 18 Rn. 24.
359 Siehe nur *Proelß* (N 8), Rn. 38.
360 S. o. Rn. 88 und N 163. Siehe zum Umweltschutz im Küstenmeer insbesondere Art. 2, 19 Abs. 2 lit. h und i, 21 Abs. 1 lit. a, c – f, 22 Abs. 2, 23, 25 Abs. 1 und 2 SRÜ. → Bd. II, *Graf Vitzthum*, § 18 Rn. 25 ff.
361 Proklamation der Bundesrepublik Deutschland über die Errichtung einer ausschließlichen Wirtschaftszone der Bundesrepublik Deutschland in der Nordsee und in der Ostsee vom 29. 11. 1994 (BGBl 1994 II, S. 3770); → Bd. II, *Graf Vitzthum*, § 18 Rn. 33.
362 Vgl. Proklamation der Bundesrepublik Deutschland (N 162); Proklamation der Regierung der DDR über den Festlandsockel an der Ostseeküste vom 26. 5. 1964 (GBl 1964 I, S. 99). Die genaue Abgrenzung des deutschen Festlandsockels in der Nordsee beruht – im Gefolge des Urteils des *IGH*, North Sea Continental Shelf, Judgment, in: ICJRep 1969, S. 3 – auf bilateralen Verträgen mit Dänemark (Vertrag zwischen der Bundesrepublik Deutschland und dem Königreich Dänemark über die Abgrenzung des Festlandsockels unter der Nordsee vom 28. 1. 1971 [BGBl 1972 II, S. 882]) und den Niederlanden (Vertrag zwischen der Bundesrepublik Deutschland und dem Königreich der Niederlande über die Abgrenzung des Festlandsockels unter der Nordsee vom 28. 1. 1971 [BGBl 1972 II, S. 889) sowie auf einem Vertrag mit Großbritannien (Vertrag zwischen der Bundesrepublik Deutschland und dem Vereinigten Königreich Großbritannien und Nordirland über die Abgrenzung des Festlandsockels unter der Nordsee zwischen den beiden Ländern vom 25. 11. 1971 [BGBl 1972 II, S. 897]). In der Ostsee sind die Grenzen des deutschen Festlandsockels u. a. in völkerrechtlichen Verträgen der ehemaligen DDR mit Dänemark (Vertrag und Protokoll zwischen der DDR und dem Königreich Dänemark über die Abgrenzung des Festlandsockels und der Fischereizonen vom 14. 9. 1988 [GBl 1989 II, S. 147]) und Schweden (Vertrag und Protokoll zwischen der DDR und dem Königreich Schweden über die Abgrenzung des Festlandsockels vom 22. 6. 1978 [GBl 1979 II, S. 39]) festgelegt worden.
363 Zur AWZ siehe etwa Art. 56 Abs. 1 lit. a und b Ziff. iii), 58 Abs. 2, 60 Abs. 3, 61-68, 73 SRÜ; zum Festlandsockel siehe etwa Art. 77 Abs. 1 und 2, 79 Abs. 2, 80 SRÜ; → Bd. II, *Graf Vitzthum*, § 18 Rn. 33.
364 Zum deutschen Staatsgebiet gehören im übrigen weder unter deutscher Flagge fahrende Schiffe noch Luftfahrzeuge unter deutscher Flagge (vgl. *Streinz* [N 36], Art. 25 Rn. 51).
365 S. o. Rn. 69.

sprechende deutsche Hoheitsakte ihre rechtliche Geltungskraft grundsätzlich nur innerhalb des deutschen Staatsgebiets entfalten[366].

Zulässig wäre nach den vorgenannten Grundsätzen beispielsweise die Einbeziehung ausländischer Fluggesellschaften in ein nationales Emissionshandelssystem dann, wenn die Verpflichtung zur Abgabe von Emissionszertifikaten gemäß dem Territorialitätsprinzip zum Beispiel daran anknüpft, daß die Flugzeuge ausländischer Fluggesellschaften in Deutschland starten und landen[367]. Die Menge der abzugebenden Emissionszertifikate dürfte dabei im Lichte des Wirkungsprinzips nach der Menge des gesamten Treibhausgasausstoßes während des Flugs bemessen werden, auch wenn der Treibhausgasausstoß teilweise außerhalb des deutschen Luftraums stattfindet[368]. Denn die Verschärfung des Klimawandels durch extraterritoriale Emissionen von Treibhausgasen trifft Deutschland nicht minder.

110
Beispiel: Emissionshandel

Ausländische Flugzeuge

Freilich könnten ausländische Fluggesellschaften insofern einer mehrfachen umweltrechtlichen Belastung ausgesetzt sein, als zum Beispiel deren Heimatstaaten kraft Personalhoheit[369] denselben Treibhausgasausstoß beispielsweise durch Umweltabgaben belasten. Auf derartige Jurisdiktionskonflikte müßten alle daran beteiligten Staaten angemessen Rücksicht nehmen[370]. Dabei ist weiter zu berücksichtigen, daß einseitige Maßnahmen zur Bewältigung grenzüberschreitender Umweltprobleme gemäß Prinzip 12 der Rio-Erklärung von 1992[371] grundsätzlich vermieden werden sollten[372]. Bevor unilateraler Umweltschutz mit Blick auf grenzüberschreitende Umweltprobleme ergriffen wird, müssen deshalb alle anderen betroffenen Staaten nach Treu und Glauben mit dem ernsthaften Ziel konsultiert werden, sich in bezug auf Maßnahmen des grenzübergreifenden Umweltschutzes abzustimmen[373].

111
Lösung von Jurisdiktionskonflikten

Vermeidung einseitiger Maßnahmen

Konsultation der betroffenen Staaten

bb) Erstreckung deutscher Staatsgewalt auf Deutsche im Ausland

Kraft Personalhoheit sind die Deutschen und die juristischen Personen deutscher Staatszugehörigkeit sowie kraft Flaggenhoheit die Schiffe[374] und Luftfahrzeuge deutscher Staatszugehörigkeit der deutschen Staatsgewalt auch

112
Personalitätsprinzip

---

366 *Streinz* (N 36), Art. 25 Rn. 52. → Oben *Becker*, § 230 Rn. 13 ff.
367 In diesem Sinne EuGH, Rs-C-366/10, Air Transport Association of America u. a., Rn. 124 ff., zur Einbeziehung ausländischer Fluggesellschaften in das Emissionshandelssystem der EU. Vgl. zur Notwendigkeit einer entsprechenden Anknüpfung im Zusammenhang mit Abgaben auch BVerfGE 63, 343 (369).
368 In diesem Sinne auch Generalanwältin *Juliane Kokott* in ihren Schlußanträgen vom 6. 10. 2011 in der Rs. C-366/10, Rn. 150 ff., zum Emissionshandelssystem der EU; knapper, aber gleichsinnig EuGH, Rs-C-366/10, Air Transport Association of America u. a., Rn. 129.
369 S. u. Rn. 112.
370 Hierzu etwa *Herdegen* (N 20), § 26 Rn. 17 ff.
371 S. o. N 22.
372 Explizit heißt es in Prinzip 12 der Rio-Erklärung von 1992 (N 22) weiter: „Environmental measures addressing transboundary or global environmental problems should, as far as possible, be based on international consensus".
373 In diesem Sinne hat der WTO Appellate Body, WT/DS58/AB/R, United States – Import Prohibition of Certain Shrimp and Shrimp Products, Rn. 166 ff., seine Feststellung eines Verstoßes der USA gegen Art. XX GATT (auch) mit dem Versäumnis der USA, mit anderen, Garnelen in die USA exportierenden Staaten im Hinblick auf den Schutz und die Erhaltung von weit wandernden Meeresschildkröten abzustimmen, begründet.
374 Art. 91 Abs. 1 S. 2 SRÜ.

§ 248   *Zweiundzwanzigster Teil: Grenzüberschreitende Staatsaufgaben*

dann unterworfen, wenn sie sich im Ausland oder in Nichtstaatsgebieten aufhalten[375]. Allerdings darf die deutsche Staatsgewalt ihre Personalhoheit in Anknüpfung an das Personalitätsprinzip[376] nur in der Weise zum Beispiel zum Zweck des Umweltschutzes ausüben, daß sie auf die kraft territorialer Souveränität bestehende Regelungsgewalt anderer Staaten hinreichend Rücksicht nimmt[377].

cc) Auswirkung deutscher Staatsgewalt im Ausland

113
Beispiel: Atomrechtliche Genehmigung

Im Inland und mit rechtlicher Wirkung allein für das Inland ausgeübte deutsche Staatsgewalt kann sich faktisch oder mittelbar im Ausland auswirken. So vermag zum Beispiel eine atomrechtliche Genehmigung nach § 7 AtG zwar nur für das deutsche Staatsgebiet die Übereinstimmung des Vorhabens mit dem deutschen Recht hoheitlich festzustellen und den Betrieb des betreffenden Kernkraftwerks hoheitlich freizugeben[378]. Allerdings könnte sich der Betrieb des Kernkraftwerks bei entsprechender Grenznähe auf das Ausland faktisch auswirken, wenn zum Beispiel ein Störfall eintritt. Schon deshalb wird die staatliche Umweltschutzpflicht aus Art. 20a GG und Art. 2 Abs. 2 S. 1, 14 Abs. 1 S. 1 GG im Hinblick auf den Schutz der auswärtigen Umwelt ausgelöst[379]. Der deutsche Grundrechtsschutz kommt dabei ebenso den zum Beispiel im Nachbarstaat wohnhaften ausländischen Staatsbürgern gerade auch in subjektiv-rechtlicher Hinsicht zugute[380].

Faktischer Auslandsbezug

114
Problem ausländischer Unterlassungsklagen

Umgekehrt dürfen deutsche Staatsorgane auf Untersagung des genehmigten Kraftwerksbetriebs gerichtete ausländische Hoheitsakte abwehren[381]. So könnten sie etwa die Vollstreckung eines ausländischen Unterlassungsurteils in Deutschland wegen Verstoßes gegen den ordre public scheitern lassen[382].

---

375 Hierzu auch *Durner* (N 273), S. 160.
376 Hierzu etwa *Herdegen* (N 20), § 26 Rn. 9ff.; → Oben *Becker*, § 230 Rn. 23 ff.
377 Zum Problem des Jurisdiktionskonflikts s. o. Rn. 111.
378 Vgl. BVerwGE 75, 285 (286); allgemein *Ohler* (N 212), S. 50.
379 Zur Grundrechtsbindung gemäß Art. 1 Abs. 3 GG, soweit die Wirkungen deutscher Staatsgewalt im Ausland eintreten, BVerfGE 6, 290 (295); 57, 9 (23); allgemein zur Geltung des Grundgesetzes auch bei bloßer Auswirkung deutscher Staatsgewalt im Ausland etwa *Huber* (N 331), Präambel, Rn. 37. Für die Auslösung der Grundrechtsbindung deutscher Staatsgewalt kommt es freilich darauf an, daß die im Ausland eintretenden Wirkungen der deutschen Staatsgewalt objektiv zurechenbar sind. Daran besteht im Fall der staatlichen Genehmigung der Errichtung und des Betriebs eines Kernkraftwerks aber kein Zweifel (hierzu *Ohler* [N 212], S. 286ff.).
380 Wie hier *Ohler* (N 212), S. 288 m. weit. Nachw. auch zur Gegenansicht. Siehe ferner die zutreffenden Erwägungen von BVerwGE 75, 285 (288f.), wonach (auf einfachgesetzlicher Ebene) „im Ausland wohnenden Ausländern subjektive öffentliche Rechte im Zusammenhang mit der Erteilung einer nur im Inland wirksamen atomrechtlichen Genehmigung" zu gewähren sind; gleichsinnig zu einer luftverkehrsrechtlichen Konversionsgenehmigung BVerwGE 132, 152 (157ff.); diese Rechtsprechung auf das Immissionsschutzrecht übertragend OVG Saarlouis, in: NVwZ 1995, S. 97 (98); zustimmend etwa *Menzel* (N 199), S. 700f., 750.
381 Vgl. BVerfGE 63, 343 (361 f.).
382 BVerfGE 72, 66 (78f.); zustimmend BVerwGE 75, 285 (287f.); ebenso bereits *Rüdiger Lummert*, Zivilrechtliche Schadensersatz- und Unterlassungsklagen, in: Michael Bothe/Michel Prieur/Georg Ress (Hg.), Rechtsfragen grenzüberschreitender Umweltbelastungen, 1984, S. 183 (187f.); zumindest müßten deutsche Staatsorgane alles unterlassen, was einer solchen Gerichtsentscheidung in Deutschland Wirksamkeit verschaffen könnte (BVerfGE 75, 1 [19]; 112, 1 [27]). Gegen eine Vollstreckung aus einem entsprechenden ausländischen Urteil in anderen Staaten müßte sich die Bundesrepublik Deutschland gleichfalls zur Wehr setzen, und zwar nicht zuletzt mit Rücksicht auf die grundrechtliche Schutzpflicht zugunsten des Kraftwerksbetreibers aus Art. 12 Abs. 1, 14 Abs. 1 S. 1 GG.

Denn der ordre public wird über Art. 25 S. 1 GG auch durch das universelle Völkergewohnheitsrecht geprägt[383]. Das Völkergewohnheitsrecht gebietet aber anderen Staaten, die territoriale Souveränität Deutschlands zu respektieren[384]. Deshalb darf ein ausländisches Gericht eine deutsche Betriebsgenehmigung, die deutsche Behörden nach deutschem Recht mit Wirkung für das deutsche Staatsgebiet wegen einer auf deutschem Staatsgebiet betriebenen Anlage erlassen haben, nicht dadurch mißachten, daß es zum Beispiel einem Unterlassungsanspruch im Ausland wohnhafter ausländischer Kläger gegen den Betreiber stattgibt, sofern die Betriebsgenehmigung mit dem (Umwelt-)Völkerrecht vereinbar ist und nicht gegen den ordre public des Forumstaates verstößt[385].

Innerhalb der Europäischen Union hat der Europäische Gerichtshof das Problem einer Unterlassungsklage konkret des Landes Oberösterreich vor dem Landgericht Linz gegen den tschechischen Betreiber des Kernkraftwerks Temelin unter Hinweis auf das gemeinschaftsrechtliche Diskriminierungsverbot dadurch entschärft, daß die Gerichte Österreichs den für österreichische Betriebsgenehmigungen nach österreichischem Recht geltenden Ausschluß von Unterlassungsklagen auf die von Tschechien erteilten Genehmigungen erstrecken müssen[386]. Das läuft auf eine gemeinschaftsrechtliche Pflicht zur Anerkennung ausländischer Betriebsgenehmigungen im Sinne einer (bloßen) „Wirkungsgleichstellung bzw. Wirkungsangleichung"[387] hinaus.

115
Unionsrechtlicher Lösungsansatz

Die Problematik zeigt, daß grenznah durchgeführte technische Großvorhaben durch einen völkerrechtlichen Vertrag auf eine für alle Beteiligten Rechtssicherheit schaffende Rechtsgrundlage gestellt werden sollten[388], auch wenn bislang völkergewohnheitsrechtlich im Grundsatz keine spezifisch auf den Abschluß entsprechender völkerrechtlicher Verträge gerichtete Verpflichtung besteht[389]. Ein Beispiel hierfür bilden Staatsverträge Deutschlands mit seinen Nachbarstaaten über den Betrieb grenznaher Flughäfen[390].

116
Völkerrechtlicher Lösungsansatz

---

383 Vgl. *Matthias Herdegen*, Internationales Wirtschaftsrecht, ⁹2011, § 20 Rn. 17.
384 Keine völkergewohnheitsrechtliche Geltung hat freilich die US-amerikanische „Act of State"-Lehre (BVerfGE 95, 96 [129]).
385 Ausführlich in diesem Sinne *Maria Berentelg*, Die „Act of State-Doctrine" als Zukunftsmodell für Deutschland?, 2010, S. 9ff.; anders *Philipp Rüppell*, Die Berücksichtigungsfähigkeit ausländischer Anlagengenehmigungen, 2012, S. 142. Durchaus im hier vertretenen Sinne läßt sich OLG Linz, in: JBl 1987, S. 577 (LS 2, 579), verstehen, das mit Blick auf den Ausschluß eines nachbarrechtlichen Unterlassungsanspruchs gemäß §§ 364, 364 a ABGB ausländische Genehmigungen inländischen Genehmigungen gleichgestellt hat, sofern einerseits „die Immission völkerrechtlich zulässig ist" und andererseits, was sich im Sinne eines (großzügigen) ordre public-Vorbehalts deuten läßt, „die rechtlichen Voraussetzungen der Genehmigung im Ausland den inländischen äquivalent sind und ... sich der inländische Liegenschaftseigentümer am ausländischen Verfahren beteiligen konnte".
386 EuGH, Rs. C-115/08, Čez, Slg. 2009, S. I-10265, Rn. 93 ff., 135, 139.
387 *Ohler* (N 212), S. 53, 153.
388 Für nicht nur „auf Einzelfälle, sondern zumindest auf Kategorien von Genehmigungen" bezogene Übereinkommen etwa *Lummert* (N 382), S. 190.
389 Siehe aber Art. 9 Abs. 3 ILC Draft Articles on Prevention of Transboundary Harm (N 233): „If consultations ... fail to produce an agreed solution"; ILC Draft Articles on Prevention of Transboundary Harm with commentaries (N 218), Art. 9 Rn. 5; Art. 15 Rn. 4. Siehe ferner in bezug auf die Nutzung gemeinsamer Ressourcen *IGH*, Fisheries Jurisdiction (Federal Republic of Germany vs. Iceland), Merits, Judgment, in: ICJRep 1974, S. 175, Abs.-Nr. 65 ff.
390 S.o. Rn. 30, 104 sowie BVerfGE 72, 66 (78 f.); ferner *Durner* (N 273), S. 137 f.; siehe aber auch BVerwGE 132, 152 (163 ff.).

dd) Ausübung deutscher Staatsgewalt im Ausland

117
Keine Flucht aus der Verfassungsbindung

Der Umstand, daß sich deutsche Staatsgewalt ins Ausland (zum Beispiel bei Bundeswehreinsätzen) oder in Nichtstaatsgebiete (zum Beispiel auf deutschen Schiffen auf Hoher See) verlagert, vermag nicht zur „Flucht" aus den grundgesetzlichen, auf Umweltschutz gerichteten Bindungen genutzt zu werden[391]. Allerdings lassen sich die daraus folgenden staatlichen Verpflichtungen zum Umweltschutz im Ausland aus Art. 20a GG und Art. 2 Abs. 2 S. 1, 14 Abs. 1 S. 1 GG unter Umständen nur unvollkommen verwirklichen, weil und soweit der jeweilige Raum überhaupt nicht oder nur stark eingeschränkt deutscher Hoheitsgewalt unterworfen ist.

118
Minderung deutscher Schutzstandards

Eine sich daraus ergebende Minderung verfassungsrechtlich an sich einzuhaltender, deutscher Umweltschutzstandards wäre grundsätzlich hinzunehmen, sofern nur dadurch ein Anwendungsfeld für deutsche Umweltstandards bleibt[392]. Zum anderen läßt sich die Reichweite der staatlichen Umweltschutzverpflichtungen aus Art. 20a GG und Art. 2 Abs. 2 S. 1, 14 Abs. 1 S. 1 GG nur unter Berücksichtigung der allgemeinen Regeln des Völkerrechts im Sinne des Art. 25 S. 1 GG bestimmen[393]. Insbesondere gilt mit Blick auf die Bindung hoheitlichen Handelns deutscher Staatsorgane im Ausland an das deutsche (Verfassungs-)Recht das allgemeine Gebot der Rücksichtnahme auf die Rechtsordnung des auswärtigen Staates[394]. Zu beachten sein kann darüber hinaus aber auch das Gebot der Nichteinmischung[395].

C. Innerstaatliche Geltung und Anwendbarkeit völkerrechtlicher Pflichten zum grenzübergreifenden Umweltschutz

I. Umweltvölkergewohnheitsrecht

1. Völkergewohnheitsrechtliche Verpflichtungen zum grenzübergreifenden Umweltschutz

119
Bedeutung

Wegen der höheren Steuerungskraft völkerrechtlicher Verträge tritt das Völkergewohnheitsrecht auch auf dem Gebiet des grenzübergreifenden Umweltschutzes tendenziell hinter das Völkervertragsrecht zurück. Anders verhält es sich aber bei grenzüberschreitenden Umweltproblemen auf lokaler Ebene. Hier sind bestimmte Regeln des Völkergewohnheitsrechts als gleichsam zwi-

---

391 Im Ergebnis wie hier etwa *Huber* (N 331), Präambel Rn. 37; *Jarass* (N 37), Präambel, Rn. 9; speziell zur Grundrechtsbindung siehe nur *Herdegen* (N 335), Art. 1 Abs. 3 Rn. 71.
392 Vgl. BVerfGE 92, 26 (41 f., 47).
393 Vgl. BVerfGE 100, 313 (363); → Oben *Becker*, § 240 Rn. 73 ff.
394 *Ohler* (N 212), S. 79, 111 f., 295 ff., 347, der das Rücksichtnahmegebot im Grundsatz als Ausdruck von „comitas" bzw. „courtoisie" (S. 296) auffaßt.
395 Hierzu etwa *Torsten Stein/Christian v. Buttlar*, Völkerrecht, ¹³2012, Rn. 633.

schenstaatliches Nachbarrecht nach wie vor von grundlegender Bedeutung. Darüber hinaus kommt bestimmten umweltvölkerrechtlichen Prinzipien bzw. einzelnen ihrer Teilaspekte völkergewohnheitsrechtliche Geltung zu[396].

120
Souveränität und Integrität

Im Nachbarschaftsverhältnis zwischen Staaten, das im Fall grenzüberschreitender Umweltbeeinträchtigungen wie im Fall der Nutzung gemeinsamer Ressourcen (zum Beispiel gemeinsamer Binnengewässer oder weit wandernder Tierarten) auch über das engere grenznachbarschaftliche Verhältnis hinausgehen kann, ist die territoriale Souveränität des einen Staates, in dem (möglicherweise erhebliche) grenzüberschreitende Umweltbeeinträchtigungen verursachende Tätigkeiten durchgeführt werden, mit der territorialen Integrität der anderen, benachbarten Staaten, die von derartigen Umweltbeeinträchtigungen gegebenenfalls betroffen sein können, in verhältnismäßiger, schonender Weise auszugleichen[397]. Eine solche Harmonisierung muß ebenso zwischen der territorialen Souveränität der Staaten auf der einen Seite und der Integrität von Staatengemeinschaftsgütern (Klima, Ozonschicht, biologische Vielfalt) sowie der Umwelt in Staatgemeinschaftsräumen (Hohe See, Meeresboden, Antarktis, Weltall, Mond und sonstige Himmelskörper) auf der anderen Seite erreicht werden[398].

121
Pflicht zur Rücksichtnahme

Die Grundregel eines harmonischen Ausgleichs von Integrität und Souveränität bildet die Pflicht zur Rücksichtnahme der Staaten untereinander[399] wie der Staaten gegenüber der internationalen Staatengemeinschaft, zu deren Allgemeininteressen der Schutz und die Erhaltung der Staatengemeinschaftsgüter wie auch der Umwelt in den Staatengemeinschaftsräumen gehören[400]. Diese Rücksichtnahmepflicht prägt sich in weiteren Pflichten formeller und materieller Art aus.

122
Pflichten formeller Art

In formeller Hinsicht besteht zunächst die Pflicht zur Kooperation. Wenn aufgrund einer Tätigkeit erhebliche grenzüberschreitende Umweltbeeinträchtigungen eintreten können, wird diese Kooperationspflicht durch Notifikations-, Informations- und Konsultationspflichten weiter konkretisiert[401], die zu einer Umweltverträglichkeitsprüfungs- bzw. Risikobewertungspflicht[402] hinzutreten und sich mit dieser verbinden lassen[403]. Vergleichbare Notifikations-, Informations- und Konsultationspflichten bestehen mit Rücksicht auf das Problem der Nutzungskonkurrenz im Fall der Nutzung gemeinsamer Ressourcen[404].

---

396 S.o. Rn. 73.
397 S.o. Rn. 9; siehe ferner Präambel Abs. 2 und 3 ILC Draft Articles on Prevention of Transboundary Harm (N 233).
398 S.o. Rn. 9.
399 Vgl. ILC Draft Articles on Prevention of Transboundary Harm with commentaries (N 218), Preamble, Rn. 1.
400 S.o. Rn. 4.
401 Siehe Art. 8-13 ILC Draft Articles on Prevention of Transboundary Harm (N 233).
402 Siehe zur UVP- und Risikobewertungspflicht Art. 7 ILC Draft Articles on Prevention of Transboundary Harm (N 233)
403 S.o. Rn. 96; zu den Einzelheiten etwa *Dederer* (N 255), S. 24 ff.
404 Siehe z. B. Prinzipien 5–7 und 9 der UNEP Draft principles of conduct in the field of the environment for the guidance of States in the conservation and harmonious utilization of natural resources shared by two or more States (UNEP/GC/101 und Corr. 1; nachfolgend: UNEP Draft Principles).

§ 248 *Zweiundzwanzigster Teil: Grenzüberschreitende Staatsaufgaben*

123
Pflichten materieller Art

In materieller Hinsicht gilt in bezug auf grenzüberschreitende Umweltbeeinträchtigungen die Pflicht jedes Staates, zu gewährleisten, daß Tätigkeiten, die im eigenen Staatsgebiet oder unter seiner Kontrolle durchgeführt werden, keinen Schaden an der auswärtigen Umwelt verursachen[405]. Mit Blick auf die Nutzung gemeinsamer Ressourcen besteht die materielle Verpflichtung der daran beteiligten Staaten darin, sich dem Gebot gerechter, billiger und vernünftiger Nutzung gemäß zu verhalten[406].

2. Innerstaatliche Geltung und Anwendbarkeit

124
Rechtsanwendungsbefehl

Den Rechtsanwendungsbefehl[407] für die innerstaatliche Geltung der völkergewohnheitsrechtlichen Verpflichtungen zum grenzübergreifenden Umweltschutz bildet Art. 25 S. 1 GG[408]. Sie gehören danach zum Bundesrecht und stehen gemäß Art. 25 S. 2 GG im Rang über den Bundesgesetzen. Mithin binden sie über Art. 20 Abs. 3 GG[409] alle Staatsorgane und nehmen am Vorrang vor dem Landesrecht gemäß Art. 31 GG teil[410].

125
Allgemeine Rechtsgrundsätze

Art. 25 S. 1 GG bildet auch den Rechtsanwendungsbefehl für die allgemeinen Rechtsgrundsätze im Sinne von Art. 38 Abs. 1 lit. c IGH-Statut[411]. Allerdings lassen sich keine spezifisch auf den Umweltschutz bezogenen allgemeinen Rechtsgrundsätze nachweisen. Ungeachtet dessen können die sonst im Völkerrecht anerkannten allgemeinen Rechtsgrundsätze (wie namentlich „sic utere tuo ut alienum non laedas") auf Probleme des grenzübergreifenden Umweltschutzes angewandt werden[412].

126
„Soft law"

Befolgungswürdige Verhaltensstandards

Das sogenannte weiche Recht („soft law") gehört von vornherein nicht zu den allgemeinen Regeln des Völkerrechts im Sinne des Art. 25 S. 1 GG[413]. Es wird von solchen Normen gebildet, welchen mangels Rechtsbindungswillen der Staaten zwar keine Geltung als „hartes Recht" zukommt, die aber von den Staaten als im Prinzip richtige und infolgedessen befolgungswürdige Verhaltensstandards anerkannt worden sind. Exemplarisch kann auf die sogenannte

---

405 S. o. Rn. 68.
406 Siehe etwa Prinzip 1 S. 2 der UNEP Draft Principles (N 404); Art. 5 Abs. 1 S. 1 Übereinkommen über das Recht der nicht-schiffahrtlichen Nutzung internationaler Wasserläufe vom 21. 5. 1997 (BGBl 2006 II, S. 743).
407 BVerfGE 46, 342 (363); → Oben *Cremer*, § 235 Rn. 2 ff.
408 Erfaßt werden nicht nur die Regeln des universellen, sondern auch die Regeln des regionalen (Umwelt-)Völkergewohnheitsrechts. Näher zur Begründung *Schweitzer* (N 60), Rn. 480 f.; siehe ferner etwa *Christian Koenig*, in: v. Mangoldt/Klein/Starck, Bd. II, 2010, Art. 25 Rn. 28; *Streinz* (N 36), Art. 25 Rn. 26 m. weit. Nachw.; a. A. wohl BVerfGE 117, 141 (149); std. Rspr.; ferner *Rojahn* (N 35), Art. 25 Rn. 15; für eine analoge Anwendung des Art. 25 GG etwa *Herdegen* (N 335), Art. 25 Rn. 34 m. weit. Nachw.; → Oben *Tomuschat*, § 226 Rn. 13, 18; *Cremer*, § 235 Rn. 15.
409 Siehe nur *Koenig* (N 408), Art. 25 Rn. 44; → Oben *Cremer*, § 235 Rn. 27 ff.
410 *Pernice* (N 45), Art. 25 Rn. 24. Dabei ist sowohl gegenüber dem einfachen Bundesrecht als auch gegenüber dem gesamten Landesrecht nur von einem Anwendungsvorrang auszugehen (vgl. *Streinz* [N 36], Art. 25 Rn. 93; für Geltungsvorrang dagegen *Koenig* [N 408], Art. 25 Rn. 44).
411 BVerfGE 118, 124 (134); std. Rspr.
412 Siehe nur und näher hierzu *Sands/Peel* (N 43), S. 118 ff.
413 Ebenso *Herdegen* (N 335), Art. 25 Rn. 18; → Oben *Tomuschat*, § 226 Rn. 13, 24.

Wald-Grundsatzerklärung[414] verwiesen werden, die auf der Rio-Konferenz über Umwelt und Entwicklung von 1992 angenommen wurde, nachdem der Abschluß eines völkerrechtlichen Vertrages zum Schutz der Wälder am Widerstand der namentlich von Malaysia sowie von Brasilien und Indien geführten Staaten der G-77 scheiterte[415]. Ferner kommt einigen der umweltvölkerrechtlichen Prinzipien lediglich die Natur von „weichem Recht" zu[416]. Aber auch ohne innerstaatliche (Rechts-)Geltung bilden die Normen des „weichen Rechts" über den Grundsatz der Völkerrechtsfreundlichkeit des Grundgesetzes wichtige Orientierungen[417] bei der Wahrnehmung von Einschätzungs- und Gestaltungs-, Beurteilungs- oder Ermessensspielräumen[418].

127
Normenhierarchischer Rang

Den umweltvölkergewohnheitsrechtlichen Regeln kommt über Art. 25 S. 1 GG kein Verfassungsrang zu. Zwar teilt eine völkerrechtliche Norm im Grundsatz innerstaatlich den Rang ihres Rechtsanwendungsbefehls[419]. Allerdings wäre dann im Fall der allgemeinen Regeln des Völkerrechts im Sinne von Art. 25 S. 1 GG die ausdrückliche Anordnung in Art. 25 S. 2 GG („Sie gehen den Gesetzen vor.") entbehrlich. Einen eigenen Regelungsgehalt erhält dieser Passus nur in der Auslegung, daß Art. 25 GG für das Völkergewohnheitsrecht einen Zwischenrang zwischen Grundgesetz und einfachen Bundesgesetzen anordnet[420].

128
Objektives Recht

Die völkergewohnheitsrechtlich geltenden Regeln des Umweltvölkerrechts richten sich ausschließlich an Staaten[421]. Sie verschaffen deshalb dem einzelnen auch über Art. 25 S. 2 GG keine subjektiven Rechte. Denn sie erlangen nur „mit ihrer jeweiligen völkerrechtlichen Tragweite" innerstaatliche Geltung[422].

129
Unmittelbare Anwendbarkeit

Auch als nur objektives Recht sind die Normen des Umweltvölkergewohnheitsrechts unmittelbar anwendbar, sofern sie inhaltlich hinreichend bestimmt und unbedingt, also „self-executing" sind. Das läßt sich für die allgemeine Rücksichtnahmepflicht[423] sowie für deren materielle Ausprägungen[424] bejahen. Demgegenüber entbehren die Pflichten formeller Natur, also die Notifikations-, Informations- und Konsultationspflichten sowie die Umweltverträg-

---

414 The Non-legally Binding Authoritative Statement of Principles for a Global Consensus on the Management, Conservation and Sustainable Development of all Types of Forests.
415 Hierzu *Hunter/Salzman/Zaelke* (N 14), S. 1187.
416 S. o. Rn. 73.
417 S. o. Rn. 73.
418 Speziell zur Bedeutung von „soft law" für den Gesetzgeber *Rudolf Streinz*, Vorgaben des Völkerrechts für das deutsche Umweltrecht, in: Jahrbuch des Umwelt- und Technikrechts 1999, S. 319 (342 f.).
419 Insoweit zutreffend *Koenig* (N 408), Art. 25 Rn. 55; *Streinz* (N 36), Art. 25 Rn. 90.
420 In diesem Sinne auch BVerfGE 37, 271 (279); wie hier im Ergebnis etwa *Herdegen* (N 335), Art. 25 Rn. 42; *Schmahl* (N 45), Art. 25 Rn. 12. Die Differenzierung von *Pernice* (N 45), Art. 25 Rn. 25, und *Rojahn* (N 35), Art. 25 Rn. 55 ff., wonach zwingendes Völkergewohnheitsrecht Verfassungsrang einnehmen soll, kommt im vorliegenden Zusammenhang mit dem Umweltvölkergewohnheitsrecht keine Bedeutung zu, weil und solange umweltvölkerrechtliches ius cogens nicht nachweisbar ist.
421 *Streinz* (N 418), S. 341; siehe auch *Rojahn* (N 35), Art. 25 Rn. 35.
422 BVerfGE 46, 342 (403 f.).
423 S. o. Rn. 121.
424 S. o. Rn. 123.

lichkeitsprüfungs- und Risikobewertungspflichten[425] der Eigenschaft, „self-executing" zu sein. Die Notifikations-, Informations- und Konsultationspflichten erscheinen zwar als inhaltlich hinreichend bestimmt, sofern ihre Ausformulierung in den ILC Draft Articles on Prevention of Transboundary Harm[426] (mit Blick auf grenzüberschreitende Umweltbeeinträchtigungen) und in den UNEP Draft Principles[427] (mit Blick auf die Nutzung gemeinsamer Ressourcen) als Kodifikationen des Völkergewohnheitsrechts akzeptiert wird[428]. Gleichwohl sind sie in der Regel insofern auf weitere Konkretisierung durch den nationalen Gesetzgeber angewiesen, als diese Pflichten in die jeweiligen Verwaltungsverfahren integriert werden müssen. Ebenso bedürfen die Umweltverträglichkeitsprüfungs- und die Risikobewertungspflicht sogar typischerweise weiterer gesetzlicher Konkretisierung[429].

Konkretisierungsbedürftigkeit formeller Pflichten

II. Umweltvölkerrechtliche Verträge

1. Völkervertragliche Verpflichtungen zum grenzübergreifenden Umweltschutz

130
Bilaterale Verträge

Mit den Nachbarstaaten Belgien, Dänemark, Frankreich, Luxemburg, Niederlande, Österreich, Polen, Schweiz und Tschechien hat Deutschland eine Vielzahl bilateraler Verträge zu Fragen des grenzübergreifenden lokalen Umweltschutzes abgeschlossen. Die völkervertraglichen Regelungsgegenstände betreffen etwa die Fischerei, die Nutzung und den Schutz gemeinsamer Grenzgewässer, die Errichtung gemeinsamer Schutzgebiete, die Zusammenarbeit bei der Raumordnung, den Betrieb grenznaher Flughäfen oder die gegenseitige Hilfe in Katastrophenfällen[430].

131
Multilaterale Verträge

Horizontale Vertragswerke

Sektorale Vertragswerke

Daneben ist Deutschland Vertragsstaat zahlreicher multilateraler Verträge im europäischen, transatlantischen und globalen Rahmen. Bezogen auf den Regelungsgegenstand lassen sich horizontale von sektoralen Vertragswerken unterscheiden. Horizontale, das heißt gleichsam quer zum sektoralen Umweltschutz liegende Materien bilden etwa Abkommen über die zivil- oder strafrechtliche Betreiberhaftung, die UVP, den Zugang zu Umweltinformationen, die Beteiligung der Öffentlichkeit sowie den Zugang zu Gerichten. Dem sektoralen Umweltschutz zuzuordnen sind umweltvölkerrechtliche Verträge, die sich zum Beispiel auf die folgenden Materien beziehen: Gefahrstoffe (wie Chemikalien, Abfälle, radioaktive Stoffe); Luft, Atmosphäre (insbesondere

---

425 S.o. Rn. 122.
426 S.o. N 233.
427 S.o. N 404.
428 Vgl. hierzu *Dederer* (N 255), S. 25.
429 Nach *IGH*, Pulp Mills on the River Uruguay (Argentina vs. Uruguay), in: ICJRep 2010, S. 14, Abs.-Nr. 205 (ebenso *ITLOS* [Seabed Disputes Chamber], Responsibilities and Obligations of States Sponsoring Persons and Entities with respect to Activities in the Area, Advisory Opinion, 1.2.2011, Abs.-Nr. 149; ILC Draft Articles on Prevention of Transboundary Harm with commentaries [N 218], Art. 7 Rn. 5, 7) werden Anwendungsbereich und Inhalt jedenfalls der UVP nicht bereits vom Völkergewohnheitsrecht, sondern erst innerstaatlich vom Gesetzgeber oder im konkreten Zulassungsverfahren festgelegt. Das Gleiche gilt erst recht für die Risikobewertung.
430 Siehe die detaillierte Auflistung bei *Burhenne/Sand* (N 56), Rn. 6 ff.

Ozonschicht), Weltall; Klima; Binnengewässer (wie Flüsse, Seen, Grundwasser); biologische Vielfalt, Tier- und Pflanzenarten, Habitate, Landschaften, Naturerbe, Meeresumwelt und Meeresressourcen; bereichsspezifische Betreiberhaftung (zum Beispiel im Bereich der Kernenergie oder der Ölverschmutzung auf Hoher See)[431].

2. Innerstaatliche Geltung und Anwendbarkeit

Innerstaatliche Geltung erlangen auch umweltvölkerrechtliche Verträge nur über einen Rechtsanwendungsbefehl[432]. Als solcher kommt vornehmlich ein Vertragsgesetz nach Art. 59 Abs. 2 S. 1 GG in Betracht[433]. Völkerrechtliche Verträge auf dem Gebiet des grenzübergreifenden Umweltschutzes fallen in der Regel unter den Tatbestand der sich auf Gegenstände der Gesetzgebung beziehenden Verträge im Sinne des Art. 59 Abs. 2 S. 1 Alt. 2 GG[434]. Solche Vertragsgesetze enthalten gerade auf dem Gebiet des Umweltvölkerrechts bisweilen Verordnungsermächtigungen, welche es in der Regel dem für den Umweltschutz zuständigen Ressortminister des Bundes erlauben, Änderungen des umweltvölkerrechtlichen Vertrags oder von Vertragsorganen erlassenes sekundäres (Völker-)Recht per Rechtsverordnung innerstaatlich umzusetzen[435]. In jedem Fall beginnt die innerstaatliche Geltung des Vertrags aber immer erst mit dessen Inkrafttreten auf völkerrechtlicher Ebene[436].

132
Legislativer Rechtsanwendungsbefehl

Für Verwaltungsabkommen gemäß Art. 59 Abs. 2 S. 2 GG, also für völkerrechtliche Verträge, die nicht unter Art. 59 Abs. 2 S. 1 GG fallen[437], genügt als Rechtsanwendungsbefehl zum Beispiel eine Rechtsverordnung, Verwaltungsvorschrift oder Weisung[438]. Im Fall der entgegen Art. 59 Abs. 2 S. 1 Alt. 2 GG als Verwaltungsabkommen abgeschlossenen Welterbekonvention[439] erging allerdings offenbar nur ein Kabinettsbeschluß der damaligen Bundesregierung[440]. Dieser vermag keinen Rechtsanwendungsbefehl zu bilden[441].

133
Exekutivischer Rechtsanwendungsbefehl

Das Vertragsgesetz gemäß Art. 59 Abs. 2 S. 1 GG verschafft dem umweltvölkerrechtlichen Vertrag innerstaatliche Geltung nur im Rang eines Bundesgesetzes[442]. Als Rechtsanwendungsbefehl vermag das Vertragsgesetz des Bun-

134
Rang einfachen Bundesrechts

---

431 Siehe die umfassende Zusammenstellung von *Burhenne/Sand* (N 56), Rn. 15 ff.
432 Vgl. BVerfGE 128, 326 (367); std. Rspr.
433 BVerfGE 1, 396 (411).
434 S. o. Rn. 60.
435 Hierzu mit Beispielen etwa *Durner* (N 273), S. 143.
436 BVerfGE 1, 396 (411).
437 *Jarass* (N 37), Art. 59 Rn. 20.
438 Zu den Einzelheiten etwa *Schweitzer* (N 60), Rn. 461 ff.
439 S. o. N 76. S. o. Rn. 57, 61.
440 S. o. Rn. 61.
441 Vgl. auch Sächs. OVG, in: DÖV 2007, S. 564 (567); *v. Bogdandy/Zacharias* (N 82), S. 529 f.; *Zacharias* (N 76), S. 55. *Fastenrath* (N 76), S. 1024, geht demgegenüber von einer unmittelbaren Bindung deutscher Staatsorgane an Verwaltungsabkommen schon aufgrund ihrer Bekanntmachung im Bundesgesetzblatt aus. Mit der dualistischen Sicht des BVerfGE 111, 307 (318), läßt sich das nicht vereinbaren.
442 Vgl. BVerfGE 111, 307 (317). Auch diejenigen völkerrechtlichen Verträge, die nur vermittels eines exekutivischen Rechtsanwendungsbefehls innerstaatliche Geltung erlangen (s. o. Rn. 133), teilen den (untergesetzlichen) Rang des Rechtsanwendungsbefehls (siehe nur *Streinz* [N 36], Art. 25 Rn. 81); → Oben *Tomuschat*, § 226 Rn. 26.

des auf der Grundlage des Art. 59 Abs. 2 S. 1 GG ferner nur insoweit zu wirken, als dem Bund die Gesetzgebungskompetenz für die jeweilige Vertragsmaterie[443] zukommt[444].

135
Unmittelbare Anwendbarkeit

Normen umweltvölkerrechtlicher Verträge sind nur dann unmittelbar anwendbar, wenn sie sich als „self-executing", das heißt inhaltlich hinreichend bestimmt und unbedingt erweisen. Vielfach sind die Regeln umweltvölkerrechtlicher Verträge auf Umsetzung durch konkretisierende Rechtsakte angelegt, mithin nicht unbedingt[445]. Allerdings lassen sich immer wieder auch unmittelbar anwendbare völkervertragliche Umweltschutzregeln finden[446].

136
Folgen eines fehlenden Vertragsgesetzes

Vermeidung von Vertragsbruch

Fehlt ein nach Art. 59 Abs. 2 S. 1 GG an sich notwendiges Vertragsgesetz, wie zum Beispiel im Fall der Welterbekonvention[447], dann darf ein solcher umweltvölkerrechtlicher Vertrag innerstaatlich nicht vollzogen werden[448]. Ob die Bundesrepublik Deutschland gegenüber den anderen Vertragsparteien völkerrechtlich gebunden ist, beurteilt sich nach Art. 27, 46 WVK[449]. Sofern eine Vertragsbindung auf völkerrechtlicher Ebene eingetreten ist, greift innerstaatlich der Grundsatz der Völkerrechtsfreundlichkeit des Grundgesetzes. Denn danach „sind die deutschen Staatsorgane verpflichtet, die die Bundesrepublik Deutschland bindenden Völkerrechtsnormen zu befolgen und Verletzungen nach Möglichkeit zu unterlassen"[450]. Im Rahmen ihrer Verbands- und Organkompetenz und des geltenden Rechts (Art. 20 Abs. 3 GG) müssen daher alle deutschen Staatsorgane einen völkerrechtlichen Vertrag, der ohne ein nach Art. 59 Abs. 2 S. 1 GG erforderliches Vertragsgesetz völkerrechtlich verbindlich abgeschlossen worden ist, gleichwohl so berücksichtigen, daß die Bundesrepublik Deutschland auf völkerrechtlicher Ebene möglichst nicht vertragsbrüchig wird[451].

---

443 Zur Verteilung der Gesetzgebungskompetenzen auf dem Gebiet des Umweltschutzes s. o. Rn. 35 ff.
444 Vgl. *Jarass* (N 37), Art. 32 Rn. 10, Art. 59 Rn. 17; *Schmahl* (N 45), Art. 32 Rn. 7. Zur Verpflichtung der Länder, dem vom Bund abgeschlossenen völkerrechtlichen Vertrag innerstaatliche Geltung zu verschaffen, s. o. Rn. 28. Zur Absicherung des Bundes durch eine sog. Bundesstaatsklausel s. o. Rn. 29.
445 Bsp.: Art. 5 Nr. 4 lit. a Rheinschutzübereinkommen (N 251): Pflicht der Vertragsparteien sicherzustellen, daß „das Einleiten von Abwasser, das die Gewässerqualität beeinträchtigen kann, einer vorherigen Genehmigung bedarf oder einer allgemein verbindlichen Regelung unterliegt, mit der Begrenzungen der Emissionen festgelegt werden".
446 Siehe *Durner* (N 273), S. 144 f.: Art. 3 Abs. 1 der Ramsar-Konvention (N 50) als unmittelbar anwendbares, quasi „planerisches Optimierungsgebot".
447 S. o. N 76; s. o. Rn. 61, 133.
448 In diesem Sinne BVerfGE 72, 200 (264 f.) für den Fall, daß das Vertragsgesetz verfassungswidrig und nichtig ist (und aus diesem Grunde fehlt).
449 Hierzu *Kempen* (N 48), Art. 59 Rn. 97; *Streinz* (N 36), Art. 59 Rn. 70.
450 BVerfGE 112, 1 (26).
451 In diesem Sinne wohl auch zur Welterbekonvention (N 76) Sächs. OVG, in: DÖV 2007, S. 564 (567); *v. Bogdandy/Zacharias* (N 82), S. 530; *Fastenrath* (N 76), S. 1023 f.; *Zacharias* (N 76), S. 55 f.

D. Bibliographie

Armin v. Bogdandy/Diana Zacharias, Zum Status der Weltkulturerbekonvention im deutschen Rechtsraum, in: NVwZ 2007, S. 527.
Tobias Brönneke, Umweltverfassungsrecht, 1999.
Wolfgang E. Burhenne/Peter H. Sand, Internationale Umweltvereinbarungen, in: Klaus Hansmann/Dieter Sellner (Hg.), Grundzüge des Umweltrechts, ^{4}2012, Kap. 15.
Wolfgang Durner, Internationales Umweltverwaltungsrecht, in: Christoph Möllers/Andreas Voßkuhle/Christian Walter (Hg.), Internationales Verwaltungsrecht, 2007, S. 121.
Ulrich Fastenrath, Der Schutz des Weltkulturerbes in Deutschland, in: DÖV 2006, S. 1017.
Jörg Menzel, Internationales Öffentliches Recht, 2011.
Christoph Ohler, Die Kollisionsordnung des Allgemeinen Verwaltungsrechts, 2005.
Heinhard Steiger, Remarques sur l'article 20 a de la Loi Fondamental allemande, in: Michel Prieur/Claude Lambrechts (Hg.), Les hommes et l'environnement, Paris 1998.
Martin Winkler, Klimaschutzrecht, 2006.

§ 249
Entwicklungszusammenarbeit

Philipp Dann

Übersicht

	Rn.		Rn.
A. Dimensionen und Kontext des Rechts der Entwicklungszusammenarbeit	1–10	III. Prinzip individueller Autonomie und Menschenrechte	61–83
B. Organisation und Rechtsgrundlagen	11–39	1. Menschenrechts- und Grundrechtsbindung der deutschen Entwicklungszusammenarbeit	62–76
I. Entwicklungsverwaltung in Deutschland	11–23	a) Extraterritoriale Wirkung menschen- und grundrechtlicher Garantien	63–71
1. Organisationsstruktur	11–18		
2. Rechtsgrundlagen	19–23		
II. Überstaatliche Geber: Entwicklungsbanken, Vereinte Nationen, Europäische Union	24–39	b) Mittelbare Bindung über das Verbot der Beteiligung an Rechtsverletzungen durch die Nehmer	72–76
1. Entwicklungsbanken	25–29		
2. Entwicklungsverwaltung durch die Vereinten Nationen, insbesondere das Entwicklungsprogramm der Vereinten Nationen	30–32	2. Umfang und Menschenrechtsbindung der Entwicklungszusammenarbeit: Pflichtentrias aus Achten, Schützen, Gewährleisten	77–80
3. Entwicklungsverwaltung in der Europäischen Union	33–39	3. Menschenrechtsverträglichkeitsprüfung	81–83
C. Prinzipien und Maßstäbe	40–96	IV. Effizienz	84–96
I. Prinzip Entwicklung	41–51	1. Wirtschaftlichkeit	87–90
1. Rechtsgrundlagen	42–45	2. Ergebnisorientierung und Konzentration	91–93
a) Völkerrechtliche Quellen	42	3. Insbesondere: Korruptionsbekämpfung	94–96
b) Deutsches Recht	43–45	D. Verfahren und Instrumente	97–107
2. Gehalte	46–51	I. Planung der ODA-Vergabe: Programmierung	98–100
a) Keine ODA-Zahlungspflicht, aber Begrenzung des Auswahlermessens	47–48	II. Konkretisierte und generelle ODA-Vergabe: Projekt- und Budgethilfe	101–104
b) Zweckbindung für Armutsbekämpfung, Good Governance und Menschenrechte	49–51	III. Durchführung und Kontrolle	105–107
II. Prinzip kollektiver Autonomie	52–60	E. Bibliographie	
1. Souveränität als Ausgangspunkt	53–54		
2. Eigenverantwortung	55–60		

A. Dimensionen und Kontext des Rechts der Entwicklungszusammenarbeit

1
Entwicklungs-
zusammenarbeit als
Herausforderung
für das öffentliche
Recht

Asymmetrie

Extraterritoriale
Bindung

Die Entwicklungszusammenarbeit und ihre normative Anleitung sind eine Herausforderung für das staatliche wie überstaatliche öffentliche Recht. Als Recht, das die Vergabe öffentlicher Mittel regelt, ist es ein internationales Leistungsrecht und präsentiert einen Modus internationalen Hoheitshandelns, der bislang kaum konsequent durchdrungen ist. Die inhärente Asymmetrie zwischen Gebern und Nehmern im Faktischen kollidiert mit der souveränen Gleichheit der Staaten im Recht und problematisiert damit nicht weniger als ein Axiom des Völkerrechts. Indem die Entwicklungszusammenarbeit (EZ) und ihr Recht auf extraterritoriale Wirkungen zielen, stellen sich hier schärfer als auf anderen Gebieten die Fragen nach der extraterritorialen Bindung an Grund- und Menschenrechte und nach den Möglichkeiten betroffener Individuen, sich gegen Verletzungen zu wehren[1].

2
Verdächtigungen

Die Entwicklungszusammenarbeit als Praxis steht zudem unter vielfältigem Verdacht. Sie steht unter dem politischen Verdacht, eher Schmiergeld der Industrieländer oder ihr hegemoniales Machtinstrument zu sein[2]. Sie steht unter dem ökonomischen Verdacht, weitgehend wirkungslos oder gar schädlich zu sein[3]. Sie steht schließlich unter dem moralischen Verdacht, zu wenig und das Wenige oft für die Falschen (eine Entwicklungslobby, Eliten des Globalen Südens etc.) und ohne die Beteiligung der Richtigen zu tun[4].

3
Entwicklungs-
zusammenarbeit als
Referenzgebiet

Neues
Forschungsfeld

Trotz oder gerade wegen dieser Herausforderungen bieten sich die Entwicklungszusammenarbeit und ihre rechtlichen Strukturen als ein zentrales Referenzgebiet für das Studium der rechtsstaatlichen Bändigung internationaler wie extraterritorialer Hoheitsausübung an, die nicht zuletzt aus legitimatorischen Gründen dringend erforderlich ist[5]. Zugleich steht die rechtswissenschaftliche Durchdringung dieses Feldes noch ganz am Anfang. Das hergebrachte Entwicklungsvölkerrecht denkt eher prinzipiell oder von einzelnen Themenfeldern her, als daß es sich auf die rechtlichen Strukturen der nationalen wie übernationalen Administrationen einließe, die Entwicklungszusammenarbeit betreiben[6]. Das Recht der internationalen Organisationen erfaßt

---

1 → Oben *Becker*, § 240.
2 *Hans Morgenthau*, A Political theory of Foreign Aid, in: The American Political Science Review 56 (1962), S. 301 ff.; *Arturo Escobar*, Encountering Development, Princeton 1995.
3 *Roger C. Riddell*, Does Foreign Aid Really Work?, Oxford 2007; *Dambisa Moyo*, Dead Aid: Why Aid is not Working and How there is Another Way for Africa, London 2009; *William Easterly*, Wir retten die Welt zu Tode: Für ein professionelleres Management im Kampf gegen Armut, Amsterdam 2006.
4 *Thomas Pogge*, Global Justice and the First Millennium Goal, Melbourne 2004; *Barbara Bleisch/Peter Schaber* (Hg.), Weltarmut und Ethik, 2007.
5 *Martin Eifert*, Legitimationsstrukturen internationaler Verwaltung, in: FS für Eberhard Schmidt-Aßmann, 2008, S. 307 ff.; *Armin von Bogdandy/Philipp Dann/Matthias Goldmann*, Völkerrecht als öffentliches Recht: Konturen eines rechtlichen Rahmens für Global Governance, in: Der Staat 49 (2010), S. 23.
6 Vgl. *Stefan Kadelbach*, Entwicklungsvölkerrecht, in: FS für Michael Bothe, 2008, S. 625 ff.; zur näheren Einordnung des Entwicklungsvölkerrechts s. u. Rn. 10.

nur einen Ausschnitt (nämlich nicht die nationalen Geber) und beginnt erst langsam in dieses Gebiet vorzudringen. Das Recht der Entwicklungszusammenarbeit ist dagegen erst in den letzten Jahren und nicht überraschend im Zusammenhang mit dem generellen Nachdenken über den steigenden Einfluß internationaler Organisationen, deren Ausübung internationaler öffentlicher Gewalt und das internationale Verwaltungsrecht entstanden[7].

Definieren und konturieren läßt sich das Entwicklungsverwaltungsrecht (EntwVerwR), wie das Recht der Entwicklungszusammenarbeit spezifischer genannt wird, am besten durch seine Ausrichtung auf den Transfer von Official Development Assistance (ODA). Official Development Assistance ist die von der Organisation für wirtschaftliche Zusammenarbeit und Entwicklung (OECD) eingeführte, zentrale Kategorie, mit der definiert wird, was als öffentliche Entwicklungshilfe angesehen wird[8]. Das Entwicklungsverwaltungsrecht kann daher als das „Recht des ODA-Transfers" bezeichnet werden. Es regelt die Verfahren, Instrumente und Maßstäbe, nach denen Official Development Assistance vergeben wird. Die Ausrichtung an dieser Kategorie erlaubt es, Gegenstand, Akteure und Instrumente der durch das Entwicklungsverwaltungsrecht geregelten Entwicklungszusammenarbeit in allgemeiner Weise zu fassen, gegenüber anderen Materien abzugrenzen und nicht zuletzt die einschlägigen Regelungen verschiedener Organisationen zu vergleichen[9].

In dieser Beschreibung wird der eingangs erwähnte spezifische Steuerungsmodus des Entwicklungsverwaltungsrechts deutlich. Entwicklungsverwaltung ist eine internationale und extraterritoriale Leistungsverwaltung[10]. Entwicklungsverwaltungsrecht reguliert nicht, sondern finanziert. Es läßt sich insofern mit dem Subventionsrecht vergleichen. Wie dieses zielt das Entwicklungsverwaltungsrecht auf die systematisch geplante Vergabe öffentlicher Gelder zur Förderung von Gemeinwohlzielen. Ihre Besonderheit liegt in der internationalen Anlage, ist die ODA-Vergabe doch stets ein internationaler Vorgang. Besonders ist auch die extraterritoriale Zielsetzung. Allerdings dient sie nicht nur der Förderung eines extraterritorialen Gemeinwohls (zum Beispiel der

---

7 Siehe die Beiträge in *Armin von Bogdandy* u. a. (Hg.), The Exercise of Public Authority by International Institutions: Advancing International Institutional Law, 2010; *Benedict Kingsbury/Niko Krisch/Richard Stewart*, The Emergence of Global Administrative Law, in: Law and Contemporary Problems 68 (2005), S. 15 ff. Zum Recht der EZ *Philipp Dann*, Grundfragen eines Entwicklungsverwaltungsrechts, in: Christoph Möllers/Andreas Voßkuhle/Christian Walter (Hg.), Internationales Verwaltungsrecht, 2007, S. 7 ff.
8 Zu ODA und den Konturen des Gebiets generell *Philipp Dann*, Entwicklungsverwaltungsrecht, 2012, S. 5 ff.; *Riddell* (N 3), S. 18 ff.
9 EZ wird nicht nur durch öffentliche Träger betrieben. In der Tat gibt es eine intensive Diskussion über neue private und hybride Akteure sowie über die Transformationen der öffentlichen EZ durch das Aufkommen neuer Geber wie China oder Brasilien. Dazu *Jean-Michel Severino/Olivier Ray*, The End of ODA, in: Center for Global Development, Working Paper Number 167 (2009); *Homi Kharas/Andrew Rogerson*, Horizon 2025: Creative Destruction in the Aid Industry, Overseas Development Institute, 2012; im Zusammenhang *Philipp Dann*, The Law of Development Cooperation, Chap. 2.3, Cambridge 2013 m. weit. Nachw.
10 Zu den Aufgabenmodi der Verwaltung *Helmut Schulze-Fielitz*, Grundmodi der Aufgabenwahrnehmung, in: Wolfgang Hoffmann-Riem/Eberhard Schmidt-Aßmann/Andreas Voßkuhle (Hg.), Grundlagen des Verwaltungsrechts, Bd. I, ²2012, § 12 Rn. 39 ff.

Verkehrsinfrastruktur in Namibia) oder globaler öffentlicher Güter, sondern auch der Förderung einheimischer Unternehmen und ist insofern meist auch Außenwirtschaftsförderung[11].

6
Informationsverwaltungsrecht als Teilrecht

Zugleich soll die dogmatische Rekonstruktion über den ODA-Transfer nicht den Blick auf primär intellektuelle und also nicht finanzielle Dimensionen der Entwicklungszusammenarbeit und deren rechtlichen Rahmen verstellen. Die Vermittlung von Wissen und Fähigkeiten, traditionell als „technische Hilfe" bezeichnet, darüber aber weit hinausgewachsen, war immer und ist heute immer mehr ein wesentlicher Teil der Entwicklungszusammenarbeit – und also auch Gegenstand des Entwicklungsverwaltungsrechts. Es ist bezeichnend und folgerichtig, daß sich die Weltbank seit den 1990er Jahren als eine „knowledge bank" bezeichnet[12]. Insofern ist das Entwicklungsverwaltungsrecht zu einem bedeutenden Anteil auch Informationsverwaltungsrecht[13].

7
Heterarchisches Mehrebenenrecht

Ein weiteres Merkmal des Entwicklungsverwaltungsrechts ist seine Eigenart als heterarchisches Mehrebenenrecht[14]. Auch wenn in diesem Beitrag das deutsche Recht im Vordergrund stehen wird, so war die Aufgabe der ODA-Vergabe seit den 1950er Jahren auch supra- und internationalen Administrationen zugewiesen, am prominentesten der Weltbank, genauso aber auch der Europäischen Wirtschaftsgemeinschaft. Ihre administrative und zunehmend auch rechtlich angeleitete Praxis hatte wesentlichen Vorbildcharakter gerade auch für die deutsche Entwicklungsverwaltung und das deutsche Entwicklungsverwaltungsrecht. Die gegenseitige Abstimmung zwischen diesen Verwaltungen auf unterschiedlichen Hoheitsebenen ist daher ein wesentliches Element des Entwicklungsverwaltungsrechts, wobei das Besondere (und Problematische mit Blick auf Ressourcenschonung) in der Parallelität der Kompetenzen der Geber liegt, also als „heterarchisch" zu bezeichnen ist[15].

8
Thematik

Die Entwicklungszusammenarbeit und ihr Recht sind Thema dieses Beitrags, der daher auf die rechtliche Anleitung der einschlägigen Organisationen, ihrer Instrumente und Verfahren zielt. Entwicklungsfragen werden aber auch in anderen rechtlichen Zusammenhängen relevant. Die wesentlichen beiden anderen Zugänge seien kurz genannt[16].

9
Entwicklungsrecht

Als Entwicklungsrecht lassen sich all jene Untersuchungen fassen, die vor allem auf die Rolle des innerstaatlichen Rechts der Entwicklungsländer als

---

11 Dazu frühzeitig *Klaus Bodemer*, Entwicklungshilfe – Politik für wen?, 1974, S. 27 ff.
12 *Jonathan Morduch*, The Knowledge Bank, in: William Easterly (Hg.), Reinventing foreign aid, Cambridge 2008, S. 377.
13 *Michael Riegner*, Measuring the Good Governance State: A Legal Reconstruction of the World Bank's „Country Policy and Institutional Assessment", IRPA, in: Global Administrative Law Working Paper 6 (2012), abrufbar unter www.irpa.eu/.
14 *Dann* (N 8), S. 171 ff.
15 Ausführlich *Kirsten Schmalenbach*, Koordination im Entwicklungsverwaltungsrecht, in: Philipp Dann/Stefan Kadelbach/Markus Kaltenborn (Hg.), Entwicklung und Recht, 2013, S. 759; vertiefend auch *Jörg Faust/Dirk Messner*, Entwicklungspolitik als Global Governance-Arena, in: Hans Breitmeier (Hg.), Sektorale Weltordnungspolitik, 2009, S. 228 ff.
16 Die Benennung der Richtungen ist im Schrifttum uneinheitlich. Ein Blick auf das Gesamtfeld und ein Vorschlag für seine didaktische Aufbereitung findet sich bei *Philipp Dann/Michael Riegner*, „Recht und Entwicklung" als Gegenstand der Juristenausbildung, in: VRÜ 41 (2008), S. 309.

Instrument von Entwicklung zielen. Häufig firmiert dieser Ansatz unter dem Begriff des „Law and Development", einer zunächst vor allem amerikanischen Bewegung der Rechtsreform[17]. Der Ansatz, der im Verlaufe seiner Entwicklung diverse Konjunkturen durchlaufen hat[18] und seit den 1990er Jahren im Rahmen von „Good Governance" und „Rule of Law Reform" eine Renaissance erlebt, ist auch zum Instrument der deutschen Entwicklungszusammenarbeit und der deutschen Justizaußenpolitik geworden[19]. Diese Form der „rechtlichen Zusammenarbeit", die teils als Export des deutschen Rechts im Zuge eines globalen Wettbewerbs der Rechtsordnungen mißverstanden wird[20], etabliert sich derweil auch als Gegenstand der deutschen Wissenschaft vom öffentlichen Recht[21]. Daneben beschäftigen sich insbesondere auch die Rechtsanthropologie und -soziologie mit der Rolle des Rechts im Entwicklungsprozeß[22].

„Rechtliche Zusammenarbeit"

Das Entwicklungsvölkerrecht fragt nach der Stellung der Entwicklungsländer im internationalen Recht. Das Entwicklungsvölkerrecht im weiteren Sinne, eine Schule zunächst vornehmlich frankophoner Autoren[23], versieht die Analyse des Völkerrechts insgesamt mit einer teleologischen Komponente, die auf einen grundlegenden Wandel des internationalen Rechts durch eine zielgerichtete Reinterpretation von Grundbegriffen und Prinzipien zielt[24]. Das Ent-

10
Entwicklungsvölkerrecht i. w. S.

Entwicklungsvölkerrecht i.e. S.

---

17 *Brun-Otto Bryde*, Die Rolle des Rechts im Entwicklungsprozeß, 1986; *David Trubek*, Toward a Social Theory of Law: An Essay on the Study of Law and Development, in: Yale Law Journal 82 (1972), S. 1; *Marc Galanter*, The Modernization of Law, in: Myron Weiner (Hg.), Modernization, New York 1966, S. 153 ff.; *Ann Seidman* (Hg.), Making Development Work, Den Haag 1999; *Rainer Pitschas*, Sozial-ökologische Institutionenpolitik im Süden, in: Rainer Pitschas (Hg.), Entwicklungsrecht und sozial-ökologische Verwaltungspartnerschaft, 1994, S. 95; *Stefan Kadelbach*, Entwicklung als normatives Konzept, in: Dann u. a. (N 15), S. 43.
18 Kritische Einordnungen bei *Brun-Otto Bryde*, Was erforschen wir zu welchem Zweck?, in: Dann/Kadelbach/Kaltenborn (N 15), S. 95; *David Trubek*, The „Rule of Law" in Development Assistance: Past, Present and Future, in: David Trubek/Alvaro Santos (Hg.), The New Law and Economic Development, New York 2006, S. 74 ff.
19 Hierzu die Beiträge von *Matthias Koetter*, Good Governance, in: Dann u.a. (N 15), S. 545; *Charlotte Steinorth*, Demokratie als Entwicklungstechnologie, ebd., S. 519. *Oliver Meinecke*, Rechtsprojekte in der Entwicklungszusammenarbeit, 2007 m. weit. Nachw.
20 Vgl. die leider nur bedingt auf die vergangenen Erfahrungen mit der ersten Welle des „law and development" rekurrierenden Initiativen im Zusammenhang mit dem „Bündnis für das Deutsche Recht", *Dirk Mirow/Stefan Hülshörster*, Rechtstransfer und Rechtstransformation im Focus der Justizaußenpolitik, in: DRiZ (2011), S. 383; zum Wettbewerb der Rechtsordnungen → oben *Kersten*, § 233.
21 Überblick bei *Michael Riegner/Thomas Wischmeyer*, „Rechtliche Zusammenarbeit" mit Transformations- und Entwicklungsländern als Gegenstand öffentlich-rechtlicher Forschung, in: Der Staat 50 (2011), S. 436 m. weit. Nachw.; *Oliver Meinecke*, Rechtsprojekte in der Entwicklungszusammenarbeit: Theorie und Praxis am Beispiel von GTZ-Projekten zur Konsolidierung des Rechtsstaates in Südafrika und Sambia, 2007.
22 *Franz von Benda-Beckmann*, „Recht und Entwicklung" im Wandel, in: VRÜ 41 (2008), S. 295 ff. m. weit. Nachw.
23 Grundlegend *Michel Virally*, Vers un droit international du développement, in: Annuaires français de droit international 11 (1965), S. 3; *Alain Pellet*, Le droit international du développement, Paris 1987; *Guy Feuer/Herve Cassan*, Droit international du développement, Paris 1991; *Maurice Flory*, Droit international du développement, Paris 1977; *Milan Bulajic*, Principles of International Development Law, Dordrecht 1993.
24 *Markus Kaltenborn*, Entwicklungsvölkerrecht und Neugestaltung der internationalen Ordnung, 1998, S. 19 ff.; *Wolfgang Benedek*, Entwicklungsvölkerrecht – neuer Bereich oder neue Perspektive im Völkerrecht?, in: FS Universität Graz, 1979, S. 881; *Ahmed Mahiou*, International Law of Development, in: Rüdiger Wolfrum (Hg.), EPIL, 2006, Rn. 1 ff.

wicklungsvölkerrecht im engeren Sinne analysiert die Stellung der Entwicklungsländer in thematischen Einzelbereichen des Völkerrechts (Handel, Umwelt etc.), in denen sich jeweils spezielle Probleme und Instrumente finden, ohne daß dies an eine übergeordnete Programmatik oder Teleologie geknüpft würde[25]. Weniger Einfluß als von manchem erwartet hat das Recht auf Entwicklung erzielt[26].

B. Organisation und Rechtsgrundlagen

I. Entwicklungsverwaltung in Deutschland

1. Organisationsstruktur

11
BMZ

Steuerung und Kontrolle der Entwicklungshilfe

Obwohl sich die Entwicklungspolitik in der Bundesrepublik im Vergleich zur Außen- oder Außenwirtschaftspolitik spät entwickelt hat, wird sie von einem speziell zuständigen Bundesministerium aus geleitet[27]. Diesem 1961 gegründeten Bundesministerium für wirtschaftliche Zusammenarbeit und Entwicklung (BMZ) kommt die konzeptionelle Steuerung und Kontrolle der Entwicklungspolitik zu. Es formuliert die Ziele, Strategien und Instrumente der deutschen Entwicklungszusammenarbeit, entscheidet über die konkrete Mittelvergabe und schließt völkerrechtliche Übereinkünfte mit den Partnerländern ab[28]. Bei der Ausübung dieser nach und nach von anderen Ministerien übernommenen[29] Zuständigkeiten ist die Abstimmung mit diesen anderen Ministerien im Haushaltsverfahren wesentlich, zumal diese, wie auch die Bundesländer, eigene ODA-Mittel vergeben[30].

12
Trennung von Leitungs- und Durchführungsebene

Ein Kennzeichen der deutschen Entwicklungsverwaltung liegt in der organisatorischen Trennung von politischer Leitungs- und technischer Durchführungsebene sowie der organisatorischen Fragmentierung der Durchführungsebene. Das Bundesministerium für wirtschaftliche Zusammenarbeit und

---

25 Siehe die Beiträge von *Jürgen Bast*, Migration und Entwicklung, in: Dann u. a. (N 15), S. 223; *Markus Krajewski*, Handel und Entwicklung, ebd., S. 241; *Thilo Marauhn*, Umwelt und Entwicklung, ebd., S. 425; *Alexander Peukert*, Immaterialgüter und Entwicklung, S. 183; *Chantal Thomas/Joel P. Trachtman* (Hg.), Developing Countries in the WTO legal system, New York 2009; *Ulrich Beyerlin*, Bridging the North-South-Divide in International Environmental Law, in: ZaöRV 66 (2006), S. 259; *Peter-Tobias Stoll*, Der Technologietransfer, in: Werner Meng/Ulrich Magnus/Peter-Tobias Stoll (Hg.), Das internationale Recht im Nord-Süd-Verhältnis, 2005, S. 275.

26 Von *Jochen von Bernstorff*, Das Recht auf Entwicklung, in: Dann u. a. (N 15), S. 65; *Christian Tietje*, Internationales Wirtschaftsrecht und Recht auf Entwicklung als Element einer konstitutionalisierten Europäischen Union, in: FS für Jost Dellbrück, 2005, S. 803.

27 Zur Genese der deutschen Entwicklungspolitik und ihrer Verwaltung *Dann* (N 8), §§ 3.III, 4.III, 5.III. Zur aktuellen Struktur und Kritik: OECD-DAC, Deutschland – Peer Review, 2010.

28 *BMZ*, Leitlinien für die bilaterale Finanzielle und Technische Zusammenarbeit mit Kooperationspartnern der deutschen Entwicklungszusammenarbeit („Leitlinien"), Konzept Nr. 165, 2008, Ziffer 15 (Konzepte sind auf der Webpage des Ministeriums erhältlich www.BMZ.de). Mehr zu den rechtlichen Grundlagen der deutschen EZ s. u. Rn. 19ff. Zur Gründung des BMZ *Dann* (N 8), § 3.III.

29 Das BMZ hat diese Zuständigkeiten erst allmählich übernommen, insbesondere vom Bundeswirtschaftsministerium, vom Bundesfinanzministerium und vom Auswärtigen Amt. Zur kompetenziellen Entfaltung des BMZ *Dann* (N 8), Teil 1, § 3.III.2 m. weit. Nachw.

30 *Udo Kollatz*, Grundlagen der Entwicklungshilfeverwaltung, in: DÖV 1982, S. 564.

Entwicklung ist eine Bundesoberbehörde ohne eigenen Verwaltungsunterbau. Allerdings kooperiert es mit einer Reihe von Durchführungsorganisationen, insbesondere der Kreditanstalt für Wiederaufbau (KfW) sowie der Deutschen Gesellschaft für Internationale Zusammenarbeit (GIZ)[31]. Der Kreditanstalt für Wiederaufbau kommt die Prüfung und Abwicklung aller bei der finanziellen Zusammenarbeit anfallender Darlehen und Zuschüsse zu, während die Deutsche Gesellschaft für Internationale Zusammenarbeit die entsprechenden Aufgaben im Bereich der technischen Zusammenarbeit obliegen.

<small>Durchführungsorganisationen</small>

Die Kreditanstalt für Wiederaufbau ist eine Körperschaft des öffentlichen Rechts, die ihre Aufgaben als Auftragsangelegenheiten wahrnimmt. Ihre Rechtsgrundlage liegt im Gesetz über die Kreditanstalt für Wiederaufbau von 1948, in dem 1961 die Aufgabe der Abwicklung der finanziellen Zusammenarbeit eingefügt wurde[32]. Die entwicklungspolitische Tätigkeit der Kreditanstalt für Wiederaufbau regelt seit 1966 ein zwischen der Bundesrepublik und der Kreditanstalt für Wiederaufbau abgeschlossener Generalvertrag, der insbesondere Finanzierungs- und Mittelbewirtschaftungsfragen sowie Kontroll- und Berichtspflichten regelt[33].

13 KfW

Die Deutsche Gesellschaft für Internationale Zusammenarbeit ist als Gesellschaft mit beschränkter Haftung organisiert, deren sämtliche Geschäftsanteile in der Hand der Bundesrepublik liegen[34]. Sie bündelt seit dem 1. Januar 2011 die Arbeit von Deutschem Entwicklungsdienst (DED) gGmbH, Deutscher Gesellschaft für Technische Zusammenarbeit (GTZ) GmbH und Internationaler Weiterbildung und Entwicklung (InWEnt) gGmbH unter einem Dach. Der novellierte Gesellschaftsvertrag, in Kraft seit 3. Januar 2011, regelt interne Strukturen und Zuständigkeiten und bestimmt als zentralen Unternehmensgegenstand die „Förderung der internationalen Zusammenarbeit für nachhaltige Entwicklung und der internationalen Bildungsarbeit" zwecks Unterstützung der Bundesregierung bei der Erreichung ihrer entwicklungspolitischen Ziele.

14 Gesellschaft für Internationale Zusammenarbeit

Daneben besteht ein Generalvertrag zwischen der Bundesrepublik und der Deutschen Gesellschaft für Internationale Zusammenarbeit, der deren Kooperation insbesondere mit dem Bundesministerium für wirtschaftliche Zusammenarbeit und Entwicklung regelt. Er bildet die rechtliche Grundlage für die Beauftragung der Deutschen Gesellschaft für Internationale Zusammenarbeit mit der Prüfung und Durchführung von Projekten. Diese Gesellschaft arbeitet gemeinnützig und eigenverantwortlich; sie ist innerhalb der erteilten Prüfungsaufträge frei von Weisungen. Sie wird weitgehend im Auftrag der Bundesrepublik tätig, bietet ihre Dienste aber auch anderen Auftraggebern im In- und Ausland an.

15 Generalvertrag über die Zusammenarbeit mit dem BMZ

---

31 Zum Folgenden auch *Martin Pellens*, Entwicklungshilfe Deutschlands und der Europäischen Union, 1996, S. 43 ff.; zur Organisationsstruktur der deutschen EZ *BMZ*, Medienhandbuch Entwicklungspolitik 2008/2009, 2009, S. 59.
32 § 2 Abs. 1 (h) KfW-Gesetz (Gesetz vom 5.11.1948, in: WiGBl, S. 123).
33 Vertrag zur Durchführung der bilateralen Kapitalhilfe an Entwicklungsländer vom 16.5./4.7.1966.
34 Nähere Erläuterungen finden sich in *GTZ*, Die Begriffswelt der GTZ, 2004, S. 27 ff.

16 Geschäftsvolumen und Personal	Mit Blick auf Geschäftsvolumen und Mitarbeiterzahlen stellt die Deutsche Gesellschaft für Internationale Zusammenarbeit den größten Teil der deutschen Entwicklungsverwaltung dar. Ihr Geschäftsvolumen lag zum 31. Dezember 2011 bei rund zwei Milliarden Euro. 2011 beschäftigt sie über 17.000 Mitarbeiterinnen und Mitarbeiter – etwa 70 Prozent von ihnen sind als einheimisches Personal in den Partnerländern beschäftigt. Hinzu kommen knapp 1.000 Entwicklungshelferinnen und -helfer, 1050 integrierte und rückkehrende Fachkräfte sowie 500 „weltwärts"-Freiwillige[35]. Das Bundesministerium für wirtschaftliche Zusammenarbeit und Entwicklung hat dagegen „nur"
Durchführungs- organisationen	785 Mitarbeiter und die KfW-Entwicklungsbank 531[36] Allerdings sind die Deutsche Gesellschaft für Internationale Zusammenarbeit und die Kreditanstalt für Wiederaufbau nicht die einzigen Durchführungsorganisationen. Vielmehr gibt es auch nach der Fusion von Deutscher Gesellschaft für Technische Zusammenarbeit, Internationaler Weiterbildung und Entwicklung und Deutschem Entwicklungsdienst ein ganzes Konglomerat von Organisationen, die für je spezifische Bereiche der Entwicklungszusammenarbeit zuständig sind[37].
17 Letztentscheidung über die Vergabe	Im Verhältnis von Leitungs- und Durchführungsebene soll ein Merkmal gesondert erwähnt werden, das die deutsche Entwicklungszusammenarbeit teils von anderen Entwicklungsverwaltungen unterscheidet: Die Letztentscheidung über die Vergabe von Mitteln liegt stets beim Bundesministerium für wirtschaftliche Zusammenarbeit und Entwicklung. Dieses fordert von den Durchführungsorganisationen zwar jeweils Gutachten und Empfehlungen an, die selten ignoriert werden. Allerdings verbleibt die formale Entscheidung auf der politischen Ebene[38].
18 Organisationsstruktur der deutschen Entwicklungs- verwaltung	Im Zusammenhang betrachtet zeichnet sich die Organisationsstruktur der deutschen Entwicklungsverwaltung somit durch die herausgehobene Stellung des Bundesministeriums für wirtschaftliche Zusammenarbeit und Entwicklung, die Trennung der fachlichen Durchführungsebene von der politischen Leitungs- und Konzeptionsebene sowie eine nach wie vor starke Fragmentierung der Durchführungsebene aus[39].

2. Rechtsgrundlagen

19 Gesetzlose Fondsverwaltung	Die normative Anleitung und Ausrichtung der Entwicklungspolitik und ihrer Verwaltung ist in Deutschland vergleichsweise schwach und beschränkt sich auf Verwaltungsvorschriften und Haushaltsgesetz. Im Unterschied zu vielen anderen Gebernationen verfügt Deutschland nicht über ein spezifisches EZ-

---

35 *GIZ*, „Die Fusion hat sich gelohnt", Pressemitteilung anläßlich der Jahrespressekonferenz 2012, www.giz.de/de/downloads/giz2012-de-jahrespressekonferenz-pressemitteilung.docx.
36 *BMZ*, www.bmz.de/de/ministerium/aufbau/index.html; KfW-Entwicklungsbank, www.kfw-ipex-bank.de/ipex/de/Unternehmen/Organisation/Zahlen-und-Fakten/index.jsp.
37 Das Medienhandbuch listet nicht weniger als 17 einschlägige Organisationen, siehe *BMZ* (N 31), S. 90 ff.
38 Zum Verfahren konkret s. u. Rn. 97 ff.
39 Dazu *Daniel Brombacher*, Geberstrukturen in der Entwicklungspolitik, 2009, S. 18 f.

Gesetz⁴⁰. Ein Oppositions-Entwurf für ein „Gesetz zur Entwicklungspolitik der Bundesrepublik Deutschland"⁴¹ aus dem Jahr 1993 wurde nie verabschiedet⁴². Bis heute ist Entwicklungsverwaltung also letztlich eine gesetzlose Fondsverwaltung⁴³.

Diese „Gesetzlosigkeit" der Entwicklungszusammenarbeit bedeutet jedoch nicht rechtliche Ungebundenheit der deutschen ODA-Vergabe. Die deutsche Entwicklungsverwaltung und ihre ODA-Vergabe werden vielmehr durch verschiedene, wenngleich weitgehend untergesetzliche Normen angeleitet. Dazu gehört zunächst das jährliche Haushaltsgesetz, das im Einzelplan 23 die Aufteilung des Budgets auf Empfänger festlegt und damit gewisse Schwerpunkte der Förderung festsetzt⁴⁴. Um der „Kurzatmigkeit" des einjährigen Haushaltsplans zu begegnen, die mit den längerfristigen Planungshorizonten der Entwicklungszusammenarbeit kaum zusammenpaßt, wird regelmäßig das Instrument der Verpflichtungsermächtigung eingesetzt. Damit können mehrjährige Finanzierungszusagen gegeben werden⁴⁵.

20
Keine rechtliche Ungebundenheit

Haushaltsgesetz

Der konkrete administrative Ablauf der ODA-Vergabe wird in den Leitlinien für die bilaterale Finanzielle und Technische Zusammenarbeit mit Kooperationspartnern der deutschen Entwicklungszusammenarbeit geregelt, welche die Bundesregierung niederlegt und die in einer grundlegend überarbeiteten Fassung zum 1. März 2007 in Kraft getreten sind⁴⁶. Dabei handelt es sich um eine Verwaltungsvorschrift, die die Regierung, Durchführungsorganisationen sowie „dritte, auf deutscher Seite beteiligte Stellen" bindet. Sie spezifiziert in 89 Artikeln die Ziele der deutschen Entwicklungszusammenarbeit und bestimmt die Verfahren und Kompetenzen, die zur Initiierung, Prüfung, Durchführung und Evaluation von Projekten einschlägig sind.

21
Bindende Verwaltungsvorschriften

Neben diesen rechtlichen Grundlagen gibt es weitere Regierungsdokumente, die Maßstäbe, Ziele und Instrumente der deutschen Entwicklungsverwaltung und -politik näher umreißen. Dazu zählen zum einen Grundsatzerklärungen der Bundesregierungen, die (häufig nach Regierungswechseln) die aktuelle politische Verortung vornehmen⁴⁷. Zum anderen sind dies sogenannte Konzepte, welche einzelne Themenbereiche (Sektoren) oder Instrumente näher erläutern⁴⁸. Während einige von ihnen schlichte Positionspapiere darstellen,

22
Regierungsdokumente

---

40 Zum Rechtsvergleich siehe *Dann* u.a. (N 15).
41 Siehe Bundestagsdrucksache 12/5960 (vom 22.10.1993).
42 Zur Diskussion über den Gesetzentwurf *Pellens* (N 31), S. 49.
43 So *Rainer Pitschas*, Recht und Gesetz in der Entwicklungszusammenarbeit, in: VerwArch 81 (1990), S. 465.
44 Zur Entstehung des EZ-Haushalts ausführlich *Kollatz* (N 30), S. 563 ff.; *Jürgen Dennert*, Entwicklungshilfe – geplant oder verwaltet?, 1968, S. 28 f.
45 §§ 11 II, 16, 38 BHO. Zu den rechtlichen Fragen der Verpflichtungsermächtigung generell *Christoph Gröpl*, Haushaltsrecht und Reform, 2001, S. 467 ff.
46 Veröffentlicht auch unter *BMZ*, Konzept Nr. 165, 2008. Zuvor galten die Leitlinien von 1984, die 1999 zuletzt geändert worden waren.
47 Vgl. *BMZ*, Grundlinien der Entwicklungspolitik der Bundesregierung, 19.3.1986; *dasselbe*, Aktionsplan 2015. Armut bekämpfen, Gemeinsam handeln. Der Beitrag der Bundesregierung zur weltweiten Halbierung extremer Armut, 2001.
48 Zur wachsenden Bedeutung von Konzepten für die planende Anleitung von Verwaltungshandeln *Eberhard Schmidt-Aßmann*, Das allgemeine Verwaltungsrecht als Ordnungsidee, 2004, S. 332 ff.

§ 249 *Zweiundzwanzigster Teil: Grenzüberschreitende Staatsaufgaben*

Positionspapiere und verbindliche Vorgaben

die das Grundverständnis der Bundesregierung über einen Bereich widerspiegeln[49], enthalten andere wesentliche und entscheidungsrelevante Vorgaben für die Gestaltung der Entwicklungspolitik und das Vorgehen der deutschen Entwicklungsverwaltung[50]. Als solche sind sie für die Durchführungsorganisationen verbindlich. Sie dienen insofern nicht nur der transparenten Gestaltung des Vorgehens, sondern auch der Regelhaftigkeit und Vorhersehbarkeit staatlichen Handelns bzw. Handelns in staatlichem Auftrag.

23
Deutsche Steuerung als Ausnahmefall

Im Ergebnis wird die Entwicklungsverwaltung, also das Bundesministerium für wirtschaftliche Zusammenarbeit und Entwicklung und die Durchführungsorganisationen, in ihrer Aufgabe der ODA-Vergabe also durchaus durch Haushaltsrecht, Verwaltungsvorschriften und Konzepte normativ gesteuert. Allerdings erweist sich das Fehlen einer eigenen gesetzlichen Grundlage für die deutsche Entwicklungszusammenarbeit zunehmend als Ausnahmefall unter wichtigen Gebern. Die USA[51], Großbritannien, die Schweiz, Österreich und Dänemark etwa verfügen über eigene Gesetze zur Regelung der Entwicklungszusammenarbeit[52]. Auch die Europäische Union regelt ihre Entwicklungszusammenarbeit detailliert in Verordnungen[53].

II. Überstaatliche Geber:
Entwicklungsbanken, Vereinte Nationen, Europäische Union

24
Unterscheidung von drei Gruppen

Auch wenn es vornehmlich um deutsches Entwicklungsverwaltungsrecht gehen soll, so ist doch gerade hier auch die überstaatliche Dimension zu bedenken, da sie häufig Vorbild und Taktgeber für Entwicklungen waren, die dazu auch auf nationaler Ebene vollzogen wurden. Unter den überstaatlichen Geberorganisationen lassen sich drei Gruppen unterscheiden, nämlich die multilateralen Entwicklungsbanken (1.), die Vereinten Nationen und ihre einschlägigen Sonderorganisationen der Vereinten Nationen (2.) sowie schließlich die Europäische Union (3.).

---

49 So z.B. *BMZ*, Kleine Beiträge – große Sicherheit. Mikroversicherungen im Finanzsystem, Konzept Nr. 176, 2009, S. 2.
50 Wie z.B. das *BMZ*, Förderung von Good Governance in der deutschen Entwicklungszusammenarbeit, Konzept Nr. 172, 2009; *dasselbe*, Sektorkonzept Soziale Sicherung, Konzept Nr. 180, 2009; *dasselbe*, Budgetfinanzierung im Rahmen der Programmorientierten Gemeinschaftsfinanzierung, Konzept Nr. 146, 2008.
51 Die USA haben bereits 1961 den Foreign Assistance Act erlassen. Er wird vom Kongreß intensiv zur Steuerung der Entwicklungspolitik genutzt. Zur amerikanischen EZ *Carol Lancaster*, Foreign Aid, Chicago 2007, S. 62 ff.; zur aktuellen Lage der amerikanischen EZ siehe die Beiträge in *Lael Brainard*, Security by other Means, Washington D.C. 2007.
52 Großbritannien: International Development Act vom 26.2.2002; Dänemark: Act on International Development Co-operation, veröffentlicht in Act no. 541 of 10 July 1998. Eine hervorragende vergleichende Analyse nicht der rechtlichen Strukturen, wohl aber der institutionellen und ideellen findet sich bei *Lancaster* (N 51); für einen Überblick siehe auch *OECD*, Managing Aid, Paris 2005.
53 *Sandra Bartelt/Philipp Dann* (Hg.), Entwicklungszusammenarbeit im Recht der Europäischen Union, EuR-Beiheft 2 (2008).

1. Entwicklungsbanken

Mit den Entwicklungsbanken hat sich ein spezifischer Typus internationaler Organisation ausgebildet, der auf die Vergabe von Krediten und Zuschüssen für Entwicklungszwecke spezialisiert ist. Die erste Organisation dieser Art, bis heute ein Prototyp und eine der wichtigsten Organisationen, ist die Weltbank, die sich aus der Internationalen Bank für Wiederaufbau und Entwicklung und der Internationalen Entwicklungsorganisation (IDA) zusammensetzt. Seit den 1960er Jahren sind eine Reihe weiterer Banken gegründet worden, die allesamt einen regionalen Fokus in ihrer Geldvergabe, wenn auch nicht notwendigerweise in ihrer Mitgliedschaft haben[54]. Entwicklungsbanken sind neben ihrem Mandat und Sekundärrecht durch Besonderheiten bei der Finanzierung und Stimmverteilung gekennzeichnet.

25 Vergabe von Krediten und Zuschüssen

Das Mandat der Weltbank weist die Besonderheit auf, daß es die Organisation stärker als andere Entwicklungsbanken auf die ökonomische Solidität ihrer Vergabepraxis verpflichtet[55]. Sie ist zudem einem entwicklungsverwaltungsrechtlich einmaligen Verbot der Einmischung in die politischen Angelegenheiten ihrer Nehmer unterworfen[56]. Dieses apolitische Mandat hat sich tief in das Selbstverständnis der Organisation eingegraben, hat aber im Rahmen von Strukturanpassung und Good Governance-Agenda auch Erweiterungen erfahren[57]. Im Unterschied dazu sind die Mandate anderer Entwicklungsbanken offener und erlauben beispielsweise der European Bank for Reconstruction and Development (EBRD) ausdrücklich politische Vergabekonditionalitäten und Förderziele[58].

26 Weltbank

Apolitisches Mandat

Mandat, Vergabeverfahren und -maßstäbe sind im Sekundär- und Innenrecht der Entwicklungsbanken konkretisiert. Namentlich die Weltbank hat ein umfassendes Geflecht an sogenannten Operational Policies und Bank Procedures (OPs und BPs) verabschiedet, in denen unter anderem ihre Vergabeinstrumente, Verfahrensregeln sowie die Prüfung sozialer und umweltrechtlicher Risiken im Vorfeld der Kreditvergabe detailliert geregelt werden[59].

27 Sekundär- und Innenrecht

---

54 Es gibt u. a. die Afrikanische, Asiatische, Europäische, Karibische, Islamische und Interamerikanische Entwicklungsbank, siehe *Eisuke Suzuki*, Regional Development Banks, in: Rüdiger Wolfrum (Hg.), EPIL, 2007, Rn. 1 ff.; *Andres Rigo Sureda*, The Law Applicable to the Activities of International Development Banks, in: RdC 308 (2004 [2005]), S. 13. Zur weiteren Gruppe der internationalen Finanzinstitutionen *Maurizio Ragazzi*, Financial Institutions, International, in: Rüdiger Wolfrum (Hg.), EPIL, 2008, Rn. 1 ff.
55 Zum Recht der Weltbank (neben *Dann* [N 8], §§ 8.IV, 20.I, 23.I, passim) auch *Daniel Bradlow/David Hunter* (Hg.), International Financial Institutions and International Law, Alphen aan den Rijn 2010.
56 IBRD/IDA Art. I; IBRD-Art. V, Sect. 10; IDA-Art. V, Sect. 6; *Stefanie Killinger*, The World Bank's Non-political Mandate, 2003.
57 Vgl. nur *Ibrahim Shihata* (Hg.), The World Bank in a Changing World, Den Haag 1991, S. 53 ff.; *Killinger* (N 56), S. 74 f. Krit. *Mark E. Wadrzyk*, Is it appropriate for the World Bank to promote democratic standards in a borrowing country?, in: Wisconsin International Law Journal 17 (1999), S. 567.
58 Vgl. nur Art. 1 des Übereinkommens zur Errichtung der Europäischen Bank für Wiederaufbau und Entwicklung, in: BGBl 1991 II, Nr. 1, S. 183 (186).
59 Zu diesen Normtypen *José E. Alvarez*, International Organizations as Law-makers, New York 2005, S. 235; *Benedict Kingsbury*, Operational policies of international institutions as part of the law-making process, in: Guy S. Goodwin-Gill/Stefan Talmon (Hg.), The Reality of International Law, Oxford 1999, S. 323.

	Dabei handelt es sich um generelle Normen, die die Mitarbeiter der Bank strikt binden, veröffentlicht werden und von Projektbetroffenen vor dem

Beteiligung mehrerer Organe
Dabei handelt es sich um generelle Normen, die die Mitarbeiter der Bank strikt binden, veröffentlicht werden und von Projektbetroffenen vor dem quasi-justiziellen Inspection Panel der Bank durchgesetzt werden können. An ihrer Entstehung sind mehrere Organe beteiligt: Zum einen das Management unter dem Präsidenten, das im übrigen das Tagesgeschäft der Bank betreibt und aufgrund seiner Expertise beträchtliche Autonomie von den Mitgliedstaaten erlangt hat, zum anderen die Exekutivdirektoren der Bank. Diese vertreten einen oder mehrere Mitgliedstaaten, tagen wöchentlich und treffen Entscheidungen über Kreditbewilligung und grundlegende Bank-Politiken, darunter auch die Grundlinien der Operational Policies und Bank Procedures. Dem Gouverneursrat der Bank, der einmal jährlich tagt, sind Grundsatzentscheidungen wie Kapitalerhöhungen vorbehalten[60].

28
Drei Komponenten der Finanzierung

Die Finanzierung der Weltbank und anderer Entwicklungsbanken setzt sich grundsätzlich aus drei Komponenten zusammen: (1.) Grundkapital durch Kapitaleinlagen ihrer Mitgliedstaaten, (2.) Anleihen am Kapitalmarkt[61] und (3.) Sonderfonds, die von ihren Mitgliedstaaten in regelmäßigem Turnus aufgefüllt werden. Letztere finanzieren im wesentlichen die Arbeit im Entwicklungsbereich, also die Vergabe von stark konzessionären Darlehen, die als Official Development Assistance anerkannt werden[62].

29
Stimmverteilung nach eingebrachtem Grundkapital

Eine weitere Besonderheit der Entwicklungsbanken liegt in der in ihnen zur Anwendung kommenden Stimmverteilung. Während in den UN-Organisationen jedem Mitgliedstaat grundsätzlich das gleiche Stimmgewicht zukommt[63], richtet sich dieses bei den Entwicklungsbanken im Grundsatz nach der Höhe des eingebrachten Grundkapitals. Wer einen höheren Anteil an dem Kapital der Bank hält, hat demnach auch ein größeres Stimmgewicht[64]. Hierin zeigt sich, wie auch in ihrer Finanzierung, die Modellierung der Entwicklungsbanken nach einem eher gesellschafts- statt völkerrechtlichen Vorbild.

2. Entwicklungsverwaltung durch die Vereinten Nationen, insbesondere das Entwicklungsprogramm der Vereinten Nationen

30
Organisationen unter dem Dach der UN

Eine zweite Gruppe von überstaatlichen Geberorganisationen findet sich unter dem Dach der Vereinten Nationen[65]. Die Vereinten Nationen Development Group, eine 1997 gegründete Koordinationsstelle für Entwicklungsfragen in der UN-Familie, zählt nicht weniger als 32 UN-Sonderorganisationen,

---

60 Zur Organstruktur näher *Dann* (N 8), S. 158 ff.
61 Mit diesen Mitteln finanzieren sie weitgehend Kredite an Entwicklungsländer mittleren Einkommens. Diesen bieten sie Kredite zu nur leicht verbilligten Konditionen an, die aufgrund ihrer geringen Konzessionalität allerdings nicht als ODA erfaßt werden.
62 Im Rahmen der Weltbank ist dies die IDA. Die regionalen Entwicklungsbanken nutzen verschiedene Organisationsmodelle. Dazu genauer *Suzuki* (N 54), Rn. 25 ff.
63 Vgl. Art. 18 UN-Charta. Zur Stimmverteilung in internationalen Organisationen generell Henry G. *Schermers/Niels M. Blokker*, International Institutional Law, Den Haag 2003, §§ 791–793; zum Gleichheitsaspekt s. u. Rn. 52 ff.
64 Zu den Einzelheiten *Rigo Sureda* (N 54), S. 42 ff.
65 → Bd. X, *Wolfrum*, § 219 Rn. 44.

Sonderfonds oder Programme zu ihren Mitgliedern mit größtenteils sehr spezifischen Aufgaben[66]. Dazu zählen die Konferenz der Vereinten Nationen für Handel und Entwicklung (UNCTAD, gegründet 1964), das Entwicklungsprogramm der Vereinten Nationen (UNDP/1965), der UN Capital Development Fund (UNCDF/1966), die Organisation der Vereinten Nationen für industrielle Entwicklung (UNIDO/1966), der Internationale Fonds für landwirtschaftliche Entwicklung (IFAD/1974) oder der UN-Entwicklungsfonds für Frauen (UNIFEM/1976)[67].

Namentlich das Entwicklungsprogramm der Vereinten Nationen ist heute zu einer der wichtigsten Organisationen im Bereich technischer Zusammenarbeit geworden[68]. Es wird durch einen Exekutivrat mit 36 Mitgliedern und einem Verwaltungschef (Administrator) verwaltet. Zwar besitzen die Entwicklungsländer im Exekutivrat eine Mehrheit. Jedoch besteht die Übung, im Konsens zu entscheiden, die entwickelten Länder also nicht zu überstimmen. Das Entwicklungsprogramm der Vereinten Nationen hat, wie alle Organisationen der Vereinten Nationen, weitgehend durch die Beiträge ihrer Mitglieder finanziert, 2007 439 Millionen US-Dollar an ODA-Geldern vergeben. Eine besondere Stärke des Entwicklungsprogramms der Vereinten Nationen liegt in seiner globalen Repräsentanz. Es ist mit 132 Länder- und Regionalbüros im Grunde in jedem Entwicklungsland vertreten und bietet sich oft als Koordinationsinstanz zwischen verschiedenen Gebern an.

31
Entwicklungsprogramm der UN

In den finanziellen Dimensionen, mit denen überstaatliche Entwicklungsbanken operieren, zeigen sich große Unterschiede. Nicht nur erweist sich der Entwicklungsarm der Weltbank, die Internationale Entwicklungsorganisation, als der bei weitem generöseste Geber von Official Development Assistance, auch die anderen Entwicklungsbanken sind stets finanzstärker als die UN-Agenturen in diesem Feld[69]. So investierte die Weltbank durch die Internationale Entwicklungsorganisation im Finanzjahr 2007 rund 10 Milliarden US-Dollar (und weitere 13,5 Milliarden durch die Internationale Bank für Wiederaufbau und Entwicklung (IBRD). Der größte Anteil ging davon an afrikanische Staaten. Der zweitgrößte Geber unter den Entwicklungsbanken war die Islamic

32
Geringe Finanzkraft der UN

---

66 Siehe *UNDG*, www.undg.org/index.cfm?P=13. Zu einem gewissen Teil erklärt sich die Organisationsvielfalt aus dem Umstand, daß die Entwicklungsländer, als sie in den 1960er Jahren die Mehrheit in der UN übernahmen, diese dazu nutzten, um die eigenen Interessen stärker zu verankern. Dies schloß die Gründung verschiedener neuer Programme, Fonds und Sonderorganisationen ein, die sich mit Entwicklungsproblemen beschäftigen sollten. Zur Geschichte der EZ innerhalb der UN jetzt ausführlich *Olav Stokke*, The UN and Development, Bloomington 2009.
67 Allerdings sträubten sich die entwickelten Länder des Nordens zunehmend dagegen, als einflußlose Geldgeber dieser Organisationen verwandt zu werden, und begannen bald, diese zu boykottieren. Einige von ihnen sind daher heute weitgehend bedeutungslos (z.B. der UNCDF).
68 UNGA Res. 2029 (XX), UNGA Res. 48/162. Zum Entwicklungsprogramm der Vereinten Nationen ausführlich *Stephan Klingebiel*, Leistungsfähigkeit und Reform des Entwicklungsprogramms der Vereinten Nationen (Entwicklungsprogramm der Vereinten Nationen), 1999; *Michael Hampe*, Das Entwicklungsprogramm der Vereinten Nationen, 1998; schon früher *Gerd Wiegand*, Organisatorische Aspekte der internationalen Verwaltung von Entwicklungshilfe, 1978; zu seinen rechtlichen Strukturen *Dann* (N 7), S. 15 ff.
69 Die folgenden Angaben beziehen sich auf die Daten von 2007 und auf die konzessionelle Vergabe, also die Vergabe allein nach ODA-Kriterien. Die Kredite der IBRD fallen z.B. schon nicht mehr darunter. Vgl. *OECD*, Jahresbericht 2008, Statistical Annex, Tabelle 17, S. 192.

§ 249 *Zweiundzwanzigster Teil: Grenzüberschreitende Staatsaufgaben*

Development Bank mit 4,45 Milliarden US-Dollar. Die zahlungskräftigste UN-Agentur war (wie in den meisten Jahren) UNICEF, die aber „nur" 984 Millionen geben konnte, also weniger als ein Zehntel des Anteils der Internationalen Entwicklungsorganisation, aber doppelt so viel wie das Entwicklungsprogramm der Vereinten Nationen.

3. Entwicklungsverwaltung in der Europäischen Union

33
EU

Im öffentlichen Bewußtsein wird die Europäische Union gemeinhin nicht als EZ-Organisation wahrgenommen. Dabei vergibt sie seit ihrer Gründung Official Development Assistance und ist heute sogar einer der weltweit größten Geber. Zudem verfügt sie über ein genau reguliertes Entwicklungsverwaltungsrecht.

34
Europäische Entwicklungsverwaltung

Typisch für die europäische Entwicklungsverwaltung und ihr Recht ist zunächst eine Zweiteilung, nämlich zwischen der regional fokussierten Kooperation mit ehemaligen Kolonien im Kontext der Entwicklungszusammenarbeit mit den afrikanischen, karibischen und pazifischen (AKP-)Staaten einerseits und der global ausgerichteten Entwicklungszusammenarbeit mit den anderen Entwicklungsländern andererseits[70].

Finanzielle Aufteilung

Das Gesamtvolumen unionaler ODA-Leistungen verteilt sich einerseits auf den AKP-Staaten vorbehaltenen und gesondert ausgehandelten Europäischen Entwicklungsfonds (EEF) mit einem Volumen von 22,682 Milliarden Euro im Zeitraum von 2008 bis 2013[71], andererseits auf das reguläre Entwicklungsbudget der Europäischen Union, das für die Förderperiode von 2007 bis 2013 insgesamt 21 Milliarden Euro für 48 Nicht-AKP Staaten sowie 11 Milliarden Euro für thematische Programme zugunsten aller 143 Staaten vorsah[72].

35
Neuordnung der Organisationsstruktur

Die Organisationsstruktur der europäischen Entwicklungsverwaltung ist im Gefolge des Vertrages von Lissabon neu geordnet worden. Zuvor war allein die Kommission für die Konzeption und Durchführung der europäischen Entwicklungszusammenarbeit zuständig und entsprechende Aufgaben wurden intern auf die Generaldirektionen Entwicklung[73], Außenbeziehungen[74] und

---

70 Diese Aufspaltung erklärt sich historisch aus der Priorität der Kooperation mit den ehemaligen Kolonien. Dazu *Dann* (N 8), § 3.II.; zum europäischen Recht der EZ die Beiträge in EuR-Beiheft 2 (2008).
71 Zum EEF *Kirsten Schmalenbach*, in: Christian Calliess/Matthias Ruffert (Hg.) EUV/AEUV, 2011, Art. 208 AEUV Rn. 35 f.
72 Umfassendes Zahlenmaterial in: OECD-DAC, Development Co-operation Report 2009, 2009, S. 148. Vgl. zur Aufteilung auch Art. 1 Abs. 2 DCI-Verordnung; Art. 3 Abs. 1 VO-1889/2006; Art. 2 VO-1717/2006.
73 Diese war für die Formulierung der generellen entwicklungspolitischen Leitlinien sowie die konkreten Entwicklungsprogramme mit den 78 AKP-Ländern zuständig. *OECD-DAC*, European Community, 2007, S. 45.
74 Diese war für die Formulierung der allgemeinen außenpolitischen Leitlinien, die Beziehungen zu internationalen Organisationen sowie für die rund 120 Außenvertretungen der EU verantwortlich. Zugleich betrieb sie die konkrete Entwicklungsprogrammierung mit all denjenigen Entwicklungsländern, die nicht der AKP-Gruppe angehören, was immerhin 55 Länder sind. In der GD Außenbeziehungen waren rund 120 Beamte mit EZ-Aufgaben beschäftigt.

Humanitäre Hilfe (Echo) verteilt[75]. Wie in der deutschen Entwicklungsverwaltung war zudem die politische Leitungsebene von der technischen Durchführungsebene getrennt, seit 2001 das Amt für Zusammenarbeit (EuropeAid, in der Praxis häufig auch Aidco genannt) als Durchführungseinheit geschaffen worden war[76]. Diese Struktur wurde durch die Neuordnung im Jahr 2010 in zweierlei Hinsicht revidiert[77]. Zum einen tritt der Europäische Auswärtige Dienst (EAD) nunmehr als eigenständiger Akteur auch im Bereich der Entwicklungspolitik neben die fortbestehende Generaldirektion Entwicklung, er bündelt nun alle Länderreferate und übernimmt wesentliche Teile des Vergabe- Planungsverfahrens[78]. Zum anderen werden die in der Kommission verbleibenden Dienststellen der Generaldirektion Entwicklung mit dem Amt für Zusammenarbeit zur Generaldirektion Entwicklung und Zusammenarbeit – EuropeAid verschmolzen[79]. Die vormalige Trennung von politischer Leitungsebene und technischer Durchführung ist damit aufgehoben[80].

Ein weiteres organisatorisches Merkmal, das die europäische Entwicklungsverwaltung prägt, ist ihre Natur als Mehrebenenverwaltung, die Mitgliedstaaten der Europäischen Union nehmen durch den Rat kontinuierlichen Einfluß. Dies erfolgt durch eine Reihe von Ausschüssen, unter denen der Ausschuß für Entwicklungsfragen, angesiedelt unter dem Rat für Allgemeine Angelegenheiten und Auswärtige Beziehungen, der wichtigste ist[81]. Die Ausschüsse haben wesentliche Kompetenzen bei der Formulierung und Verabschiedung der Entwicklungsprogramme sowie der finanziell größeren Entwicklungsprojekte[82].

Was die Rechtsgrundlagen angeht, so ist die unionale Entwicklungszusammenarbeit anders als die der Bundesrepublik Gegenstand intensiver rechtlicher Regelungen[83]. Dies beginnt mit einem ausführlichen verfassungsrechtlichen Rahmen. Art. 4 Abs. 4 AEUV statuiert die Kompetenz der Union, Maßnahmen auf dem Gebiet der Entwicklungszusammenarbeit zu ergreifen. Er

---

75 Diese war für Nothilfe in Katastrophenfällen zuständig, vgl. *Schmalenbach* (N 71), Rn. 9.
76 *Rainer Pitschas*, in: Rudolf Streinz (Hg.), EUV/EGV, 2003, Art. 177 Rn. 5, 11; *Rudolf Streinz/Tobias Kruis*, in: Rudolf Streinz (Hg.), EUV/AEUV, ²2012, Art. 208 AEUV Rn. 13. EuropeAid verwaltet die von der Leitungsebene ausgehandelten Programme, indem es konkrete Projekte ausschreibt und betreut. Es beschäftigt in Brüssel rund 1000 Angestellte.
77 *Markus Kaltenborn/Tim Holzhauer*, Der Europäische Auswärtige Dienst und die neuen Kompetenzzuordnungen im Rahmen der europäischen EZ, in: EuR 2012, S. 101 ff.
78 Vgl. Errichtungsbeschluß, Anhang, Ziff. 2, und insbesondere *Julia Sattelberger*, Der Europäische Auswärtige Dienst: Chance oder Risiko für die europäische Entwicklungszusammenarbeit?, in: VRÜ 43 (2010), S. 381. Allgemein zum EAD *Christian Sichel*, Die Gründung des Europäischen Auswärtigen Dienstes als EU-Organ, in: EuR 2011, S. 447.
79 Die neue Organisationsstruktur beruht, soweit ersichtlich, nicht auf einem formellen Rechtsakt, sondern ergibt sich lediglich aus einem Organigramm vom 1.6.2011, vgl. http://ec.europa.eu/europeaid/who/whoswho/index–en.htm.
80 Art. 5 Ziff. 2 Errichtungsbeschluß. Kritisch insofern *Gernot Sydow*, Der Europäische Auswärtige Dienst, in: JZ 2011, S. 10.
81 Eine eigene Ratsformation für Entwicklungsfragen bestand bis 2001, dazu *Maurizio Carbone*, The European Union and International Development, London 2007, S. 49 f.
82 Dazu im einzelnen *Dann* (N 8), § 20.II.1 und § 23.II.1.
83 Zu diesen Grundlagen *Pitschas* (N 76), Rn. 1 ff., m. weit. Nachw.; zu den letztlich geringfügigen Änderungen durch den Vertrag von Lissabon *Bernd Martenczuk*, Die Kooperation der Europäischen Union mit Entwicklungsländern und Drittstaaten und der Vertrag von Lissabon, in: Bartelt/Dann (N 52), S. 36.

konkretisiert dies mit Kompetenzen der Union zur Rechtsetzung (Art. 209 Abs. 1 AEUV) und zum Vertragsschluß (Art. 209 Abs. 2 AEUV). Diese EU-Kompetenzen tangieren die Zuständigkeit der Mitgliedstaaten, ebenfalls Maßnahmen der Entwicklungszusammenarbeit zu ergreifen, nicht, Art. 210 AEUV verpflichtet aber beide zur gegenseitigen Abstimmung ihrer Politiken.

38
Armutsbekämpfung

Mit dem Lissabonner Vertrag geht eine Priorisierung der Ziele der unionalen Entwicklungszusammenarbeit einher. Das Hauptziel der Unionspolitik soll die „Bekämpfung und auf längere Sicht die Beseitigung der Armut" sein (Art. 208 Abs. 1 UAbs. 2 AEUV). Der Vertrag zieht damit einen generellen Trend im Recht der Entwicklungszusammenarbeit nach, das seit der Jahrhundertwende den Zweck der Armutsbekämpfung klarer benennt. Zugleich soll

Grundsätze des auswärtigen Handelns

sich die Entwicklungspolitik jedoch im Rahmen der Grundsätze und Ziele des auswärtigen Handelns der Union bewegen (Art. 208 Abs. 1 UAbs. 1 AEUV). Damit sind insbesondere die Förderung von Demokratie, Menschenrechten und Rechtsstaatlichkeit, nachhaltige Entwicklung und die Integration der Entwicklungsländer in die Weltwirtschaft als Ziele gemeint (Art. 21 Abs. 2 b, d und e EUV), die zuvor noch im Vertrag über die Europäische Union in der

Eigenes verfassungsrechtliches Gerüst

Fassung von Nizza auf gleicher Ebene neben dem Ziel der Armutsbekämpfung standen[84]. Die unionale Entwicklungszusammenarbeit hat damit ein eigenes verfassungsrechtliches Gerüst, das sie gegenüber der Kooperation mit Nicht-Entwicklungsländern (Art. 212, 213 AEUV)[85], der Assoziierungspolitik (Art. 198–204 AEUV) und nicht zuletzt den Bestimmungen zur Gemeinsamen Außen- und Sicherheitspolitik (Art. 23–46 EUV) abgrenzt[86].

39
Intensive sekundärrechtliche Regelung

Unterhalb dieses einheitlichen verfassungsrechtlichen Schirms ist das Recht der unionalen Entwicklungspolitik zum einen durch seine intensive sekundärrechtliche Regelung gekennzeichnet. Das Vorgehen der Kommission bei der Vergabe von Official Development Assistance unterliegt formalem, außen-

---

[84] Diese recht offensive Formulierung der politischen Zielsetzung der EZ erscheint angesichts deren außenpolitischer Natur bemerkenswert. Der Weltbank ist es nach ihren Statuten explizit verboten, politische Aspekte zu berücksichtigen oder gar zu fördern. Art. 21 EUV, der 1992 als Art. 130 Abs. 2 EG mit dem Maastrichter Vertrag in den EGV gelangte, markiert demgegenüber einen einschneidenden Wandel im Entwicklungsparadigma – und im politischen Kontext. War die politische Auflage entwicklungspolitischer Aktivitäten gegenüber souveränitätsbewußten Partnerländern bis in die 1980er Jahre hinein ein Tabu, so wandelte sich dies nach Ende des Kalten Krieges. Nunmehr erschien die Verknüpfung der ODA-Vergabe mit politischen Zielen angesichts mangelnder Alternativen für die Entwicklungsländer weniger bedenklich. Zugleich setzte sich die Überzeugung durch, daß die Erfolgschancen von Entwicklungskooperation in dem Maße steigen, in dem man es mit einem demokratischen und rechtsstaatlichen Gemeinwesen zu tun hat. Nichtsdestotrotz ist dieser Aspekt aus der Perspektive der extraterritorialen Zielrichtung des EntwVerwR nach wie vor problematisch, werden diese Ziele doch weitgehend einseitig gesetzt. Während sich Subventionen im nationalen Kontext (auch) durch ihre Ausrichtung auf einen „öffentlichen Zweck" legitimieren, der durch die auch von den Leistungsempfängern demokratisch legitimierte Hoheitsgewalt gesetzt wird, wird der „öffentliche Zweck" der ODA, obwohl es ein bilateraler, wenn nicht ein regionaler oder gar kosmopolitischer sein sollte, hier von einer Seite allein diktiert.
[85] EuGH, Rs C-155/07, EP vs. Rat, Slg. 2008 I-08103.
[86] EuGH, Rs C-91/05, Kommission vs. Rat, Slg. 2008 I-03651.

wirksamem Recht, das durch Rat und Parlament im ordentlichen Gesetzgebungsverfahren (Art. 209 I, 294 AEUV) gesetzt wird[87]. Zum anderen fällt die Zweiteilung der rechtlichen Grundlagen zwischen der Entwicklungszusammenarbeit mit AKP- und Nicht-AKP-Ländern auf. Die Zusammenarbeit mit den AKP-Staaten erfolgt weitestgehend[88] auf der Grundlage des Partnerschaftsabkommens von Cotonou, welches im Jahr 2000 das vierte Abkommen von Lomé ablöste[89], sowie dem Rechtsregime des 10. Europäischen Entwicklungsfonds (EEF)[90]. Davon getrennt sind die Rechtsgrundlagen für die Zusammenarbeit der Europäischen Union mit Entwicklungsländern außerhalb der Gruppe der AKP-Staaten. Seit 2006 sind hier – nur – noch fünf Rechtsakte einschlägig[91]. Zentral ist die Verordnung über das Finanzierungsinstrument für die Entwicklungszusammenarbeit (DCI)[92]. Diese regelt die Ziele und Grundsätze der Vergabe, ihre thematische wie geographische Ausrichtung und nicht zuletzt die Verfahren zur Programmierung und Zuweisung der Mittel und zur Durchführung der Programme[93].

Zusammenarbeit mit AKP-Staaten

Zusammenarbeit mit den übrigen Entwicklungsländern

---

87 *Philipp Dann*, Europäisches Entwicklungsverwaltungsrecht, in: Jörg Philipp Terhechte (Hg.), Verwaltungsrecht der Europäischen Union, 2011, § 34, S. 1194.
88 Thematische Aktionen können auch in AKP-Staaten über die Budgets anderer Instrumente finanziert werden, vgl. Art. 1 Abs. 2 VO 1905/2006 (DCI-Verordnung).
89 Unterzeichnet am 23.6.2000, ABl L 317/1; seit dem 1.11.2010 gilt die 2. revidierte Fassung: vgl. http://ec.europa.eu/europeaid/where/acp/overview/cotonou-agreement/index–en.htm. Dazu ausführlich *Bernd Martenczuk*, From Lomé to Cotonou: The ACP-EU Partnership Agreement in a Legal Perspective, in: European Foreign Affairs Review 5 (2000), S. 461; *Karin Arts*, ACP-EU Relations in a New Era: the Cotonou Agreement, in: Common Market Law Review 40 (2003), S. 95.
90 Zu diesem Rechtsregime zählen das interne Abkommen zwischen den im Rat vereinigten Vertretern der Regierungen der Mitgliedstaaten über die Finanzierung der im Finanzrahmen für den Zeitraum von 2008 bis 2013 bereitgestellten Gemeinschaftshilfe im Rahmen des AKP-EG-Partnerschaftsabkommens (ABl L 247/32 v. 9.9.2006); die Verordnung des Rates Nr. 617/2007 vom 14.5.2007 zur Durchführung des 10. EEF (ABl L 152/1 v. 13.6.2007) [nachfolgend DVO-10.EEF]. Da der EEF ein separates, zwischen den Mitgliedstaaten ausgehandeltes Budget ist, gilt für ihn ein spezifisches Haushaltsrecht. Niedergelegt in der Finanzregelung für den 10. EEF, Verordnung des Rates Nr. 215/2008 v. 18.2.2008 (ABl L 78/1 v. 19.3.2008). Zum EEF auch *Schmalenbach* (N 71), Rn. 12 m. weit. Nachw.; zum Recht der Strukturfonds grundlegend *Bettina Schöndorf-Haubold*, Die Strukturfonds der Europäischen Gemeinschaft, 2005.
91 Zu dieser Reform im Jahr 2006 *Sandra Bartelt*, The legislative architecture of EU external assistance and development cooperation, in: dies./Dann (N 52), S. 9.
92 Verordnung (EG) 1905/2006 v. 18.12.2006 zur Schaffung eines Finanzierungsinstruments für die Entwicklungszusammenarbeit (ABl L 378/41).
93 Seine Regeln gleichen denen zur Durchführung des EEF und bilden das Grundgerüst des europäischen EntwVerwR. Vier weitere Verordnungen ermöglichen eine geographisch und thematisch weiter differenzierte Förderung. Geographisch gilt (neben der weltweit 48 Länder fördernden DCI-Verordnung) die Verordnung (EG) Nr. 1638/2006 v. 24.10.2006 zur Festlegung allgemeiner Bestimmungen zur Schaffung eines Europäischen Nachbarschafts- und Partnerschaftsinstruments (ABl L 310/1), mit dem 17 Nachbarstaaten der EU gefördert werden. Das Pre-Accession Instrument (Verordnung [EG] Nr. 1085/2006 v. 17.7.2006), welches die Balkanländer und die Türkei fördert, kann insofern als Rechtsakt der EZ betrachtet werden, als sein Gegenstand ein Entwicklungsland (z.B. Albanien) und sein Zweck Entwicklung ist, die verwendeten Gelder insofern als ODA gewertet werden. Thematisch sind drei Verordnungen einschlägig: die Verordnung (EG) Nr. 1889/2006 v. 20.12.2006 zur Förderung von Demokratie und Menschenrechten weltweit (ABl L 386/1), die Verordnung (EG) Nr. 1717/2006 v. 15.11.2006 zur Schaffung eines Stabilitätsinstruments (ABl L 327/1) sowie die Verordnung (EG, Euratom) Nr. 300/2007 v. 19.2.2007 über die Zusammenarbeit im Bereich der nuklearen Sicherheit (ABl L 81/1).

C. Prinzipien und Maßstäbe

40
Normative Leitideen

Das Entwicklungsverwaltungsrecht läßt sich anhand allgemeiner Prinzipien verstehen, die das Gebiet als normative Leitideen prägen und Ansatzpunkte zu seinem systematischen Verständnis sowie zur Einordnung und Bewertung seiner Einzelregelungen bieten. Vier Prinzipien sind zentral: Entwicklung, kollektive Autonomie, individuelle Autonomie sowie ein Prinzip der Effizienz und Kohärenz, das auch Korruptionsbekämpfung umfaßt. Sie greifen bereits etablierte Prinzipien des allgemeinen Völkerrechts auf, wandeln sie aber in sachbereichsspezifischer Weise zu letztlich sektoralen Prinzipien des Entwicklungsverwaltungsrechts um. Im Rahmen der Bindung der Bundesrepublik Deutschland an das Völkerrecht gelten diese Prinzipien also auch für die deutsche Entwicklungszusammenarbeit. Darüber hinaus lassen sich die Prinzipien aber auch aus Gehalten des Grundgesetzes und des deutschen Gesetzesrechts rekonstruieren. Normtheoretisch handelt es sich teils um Rechtsprinzipien, teils um Strukturprinzipien, welche der Ordnung, Systematisierung und, im Falle von Rechtsprinzipien, Bewertung des Rechtsmaterials dienen[94]. Insoweit unterscheiden sie sich von den völkerrechtlichen Prinzipien mit vor allem teleologischer Funktion, wie sie die Schule des Entwicklungsvölkerrechts im weiteren Sinne entwickelt hat[95].

Prinzipien des Völkerrechts

Prinzipien des deutschen Rechts

I. Prinzip Entwicklung

41
Zentrales inhaltliches Ziel

Die massive Armut in Entwicklungsländern und die materielle Asymmetrie zwischen den Staaten sind Entstehungsgrund und Daseinsberechtigung der Entwicklungszusammenarbeit[96]. Die Entwicklungszusammenarbeit und ihr Recht sind daher faktisch wie normativ auf die Lösung dieser Probleme ausgerichtet. Aus dem einschlägigen Recht läßt sich folglich ein (Struktur-)Prinzip Entwicklung ableiten. Staaten und einschlägige internationale Organisationen sind danach zur internationalen Zusammenarbeit mit dem Ziel der Armutsbekämpfung verpflichtet. Geber wie auch Nehmer sind zu gegenseitigen Anstrengungen aufgerufen, die sich im Kontext des ODA-Transfers kon-

Armutsbekämpfung

---

94 → Oben *v. Bogdandy*, § 232 Rn. 25 ff. Siehe auch *Franz Reimer*, Verfassungsprinzipien: Ein Normtyp des Grundgesetzes, 2001; *Martti Koskenniemi*, General Principles: Reflexions on Constructivist Thinking in International Law, in: ders. (Hg.), Sources of International Law, London 2000, S. 359.

95 Näher *Dann* (N 8), § 13 I. Solche Prinzipien werden vor allem als teleologische Instrumente begriffen, die zur Transformation des generellen Rechts beitragen sollen. Sie dienen damit weniger einer systematisierenden oder wertenden Funktion und schon gar nicht einer (eher stabilisierenden) Ordnungsfunktion, sondern vor allem einer Programmfunktion. Siehe nur *Flory* (N 23), S. 31. Hierzu sowie zu einem eigenen, mit dem hiesigen Herangehen aber kompatiblen Ansatz, der auf der Grundlage von Robert Alexys Arbeiten entwicklungsrechtliche Prinzipien als völkerrechtliche Optimierungsgebote versteht, siehe *Kaltenborn* (N 24), S. 25 ff., 103 ff., 122 ff.

96 Zu Ausmaß und Dimensionen von Armut siehe *Daniel J. Shaw*, Dimensions of Poverty, in: Development Policy Review 23 (2005), S. 499; *Alastair Greig/David Hulme*, Challenging Global Inequality, Basingstoke 2007, S. 10 ff.; als Einführung in die ethische Diskussion über Armut siehe die Beiträge in: Bleisch/Schaber (N 4).

kretisieren. Das Entwicklungsprinzip verankert somit das zentrale inhaltliche Ziel der Entwicklungszusammenarbeit und verknüpft es mit einer Pflicht zur Kooperation, ohne jedoch zu einem Rechtsprinzip zu erstarken.

1. Rechtsgrundlagen

Mögliche Rechtsgrundlagen für ein Prinzip Entwicklung finden sich sowohl im Völkerrecht als auch im Grundgesetz.

a) Völkerrechtliche Quellen

Völkervertragsrechtlich läßt sich ein Prinzip der Entwicklung zunächst auf Art. 1 Abs. 3 und 55 lit. a, b, 56 UN-Satzung stützen, welche die Vereinten Nationen und ihre Mitglieder auf die Förderung wirtschaftlichen und sozialen Fortschritts verpflichten[97]. Hinzu kommt eine menschenrechtliche Verpflichtung zur Entwicklungskooperation aus Art. 2 Abs. 1, 11 Abs. 1 des Internationalen Pakts über wirtschaftliche, soziale und kulturelle Rechte von 1966 (Sozialpakt)[98]. Jenseits dieser völkervertraglichen Grundlagen gibt es eine große Anzahl von grundsätzlich politischen Deklarationen (vor allem Resolutionen der UN-Generalversammlung), die jedoch in ihrer Summe, Kontinuität und Zustimmungsbreite die Formung einer entsprechenden Rechtsüberzeugung und -praxis andeuten und insofern auf eine gewohnheitsrechtliche Anerkennung des Entwicklungsprinzips hinauslaufen. Hierzu gehören insbesondere die Allgemeine Erklärung der Menschenrechte von 1946[99], die Friendly-Relations-Deklaration der Generalversammlung aus dem Jahre 1970[100] sowie die Millenniums-Erklärung und der Monterrey-Konsens[101]. In diese Liste der Rechtsgrundlagen eines Entwicklungsprinzips reiht sich grundsätzlich auch das Recht auf Entwicklung ein, wie es seit den frühen 1970er Jahren diskutiert

42
Vertragsrechtliche Grundlagen

Politische Deklarationen

Recht auf Entwicklung

---

97 Nicht durchgesetzt haben sich Ansätze, welche die Verbürgung souveräner Gleichheit der Staaten in Art. 2 Abs. 1 UN-Satzung auch als materiellen Auftrag zur Herstellung von Gleichheit und als Verbürgung der Gleichheit ökonomischer Chancen aller Länder interpretieren. Vgl. *Bulajic* (N 23), S. 256; *Feuer/Cassan* (N 23), S. 32 ff. Eine kritische Verknüpfung dieses Ergebnisses mit den Traditionen der westlichen Völkerrechtslehre bei *Benedict Kingsbury*, Sovereignty and Inequality, in: European Journal of International Law 9 (1998), S. 603 ff.
98 In diesem verpflichtet sich jeder Mitgliedstaat, „einzeln und durch internationale Hilfe und Zusammenarbeit, insbesondere wirtschaftlicher und technischer Art, unter Ausschöpfung aller seiner Möglichkeiten Maßnahmen zu treffen, um nach und nach mit allen geeigneten Mitteln die volle Verwirklichung der in diesem Pakt anerkannten Rechte zu erreichen." Zum (Menschen-)Recht auf Entwicklung sogleich.
99 Vgl. Art. 22 und 28, wonach jeder Mensch Anspruch auf eine soziale und internationale Ordnung hat, in welcher die in der Erklärung angeführten Rechte und Freiheiten durch innerstaatliche Maßnahmen wie auch internationale Zusammenarbeit verwirklicht werden.
100 Diese bekräftigt die Pflicht aller Staaten zur gegenseitigen Zusammenarbeit im Einklang mit der Charta, wozu auch die Verpflichtung „zur Förderung des wirtschaftlichen Wachstums in der ganzen Welt, insbesondere in den Entwicklungsländern" zählt, vgl. UNGA, Res. 2625 (XXV) vom 24.10.1970. Ausführlich zum politischen Hintergrund und zur rechtlichen Struktur dieser und weiterer Deklarationen *Bulajic* (N 23), S. 126 ff.; *Raimund Schütz*, Solidarität im Wirtschaftsvölkerrecht, 1994, S. 65 ff.
101 UNGA, Res. 55/2 vom 8.9.2000; UNGA, Res. A/Res/56/210 B vom 9.7.2002; zum Hintergrund *Dann* (N 8), § 6.II.

und 1986 in einer UN-Resolution konkretisiert wurde[102]. Für die rechtliche Begründung des Entwicklungsprinzips kann schließlich auch eine vergleichende Betrachtung der Vorschriften verschiedener Geber, insbesondere ihrer Ziel- und Mandatsvorschriften, in Betracht gezogen werden, namentlich im Fall der Weltbank Art. I IDA-/IBRD-Articles, Art. 209 AEUV, Art. 21 EUV und Art. 24 GG sowie die Leitlinien des Bundesministeriums für wirtschaftliche Zusammenarbeit und Entwicklung.

Ziel- und Mandatsvorschriften

b) Deutsches Recht

43

Innerhalb der deutschen Rechtsordnung gilt zunächst das völkerrechtlich begründete Entwicklungsprinzip über Art. 25 GG, soweit es auf Gewohnheitsrecht beruht, und über Art. 59 Abs. 2 GG, soweit es auf völkervertragsvertraglichen Normen fußt. Darüber hinaus lassen sich im Text des Grundgesetzes aber auch Ansatzpunkte für eine eigenständige, verfassungsrechtliche Begründung des Entwicklungsprinzips finden. Diese Begründung beruht einerseits auf dem Bekenntnis zu den Menschenrechten in Art. 1 Abs. 2 GG, andererseits auf dem grundgesetzlichen Friedensgebot, das sich aus der Präambel und den Art. 1 Abs. 2, 24 Abs. 2 und 26 GG ergibt. Beide Begründungsansätze folgen der in der Präambel zum Ausdruck gebrachten Verantwortung des deutschen Volkes „vor dem Menschen" – verstanden als Menschheit, und nicht etwa nur vor dem deutschen Volk oder vor den hier und heute in Deutschland lebenden Menschen[103].

Verfassungsrechtliche Begründung des Entwicklungsprinzips

44

Art. 1 Abs. 2 GG beinhaltet nicht nur eine überpositive Fundierung der grundgesetzlich geschützten Grundrechte, sondern bekennt sich ausdrücklich zu den Menschenrechten als Grundlage des Friedens und der Gerechtigkeit „in der Welt". Dies läßt sich auch als Verpflichtung deuten, weltweit zur Verwirklichung der Menschenrechte beizutragen[104]. Zu den Menschenrechten zählen auch die wirtschaftlichen und sozialen Rechte, wie sie namentlich der Sozialpakt positiviert und wesentlicher Teil eines modernen Entwicklungsbegriffs sind. Den deutschen Staatsorganen ist damit grundsätzlich aufgegeben, zur Förderung dieser Rechte mit anderen Staaten zusammenzuarbeiten. Dies

Globale Verpflichtung aus Art. 1 Abs. 2 GG

Förderung der Rechte durch Zusammenarbeit

---

102 UNGA, Res. 41/128 vom 4.12.1986. Dazu *v. Bernstorff* (N 26), S. 65; *Christian Tomuschat*, Das Recht auf Entwicklung, in: GYIL 25 (1982), S. 86 ff. Die Idee eines Rechts auf Entwicklung (RaE) wurde erstmals 1972 von dem Senegalesen und späteren Richter am IGH Kéba M'Baye formuliert: *Keba M'Baye*, Le droit au developppement comme un droit de l'homme, in: Revue des droits de l'homme 5 (1972), S. 505. Zur Genese *Sabine Bennigsen*, Das „Recht auf Entwicklung" in der internationalen Diskussion, 1989, S. 19 ff.; *Guido Odendahl*, Das Recht auf Entwicklung, 1997, S. 111 ff.; → Bd. IX, *Isensee*, § 190 Rn. 22. → Bd. X, *Tomuschat*, § 208 Rn. 13.
103 „Gesamte Menschheit", so *Jürgen Rühmann*, in: Umbach/Clemens, Bd. I, 2002, Präambel Rn. 19, 21. A. A. *Horst Dreier*, in: ders., Bd. I, ²2004, Präambel Rn. 35: Zukunftsdimension des GGs, Umweltschutz etc.
104 *Horst Dreier*, in: ders., Bd. I, ²2004, Art. 1 Abs. 2 Rn. 22; *Christian Starck*, in: v. Mangoldt/Klein/ders., Bd. I, ⁶2010, Art. 1 Rn. 139; *Karl-Peter Sommermann*, Völkerrechtlich garantierte Menschenrechte als Maßstab der Verfassungskonkretisierung – Die Menschenrechtsfreundlichkeit des Grundgesetzes, in: AöR 114 (1989), S. 391 (420); *Hans D. Jarras*, in: ders./Pieroth, ¹¹2011, Art. 1 Rn. 28; *Josef Isensee*, Grundrechtsvoraussetzungen und Verfassungserwartungen an die Grundrechtsausübung, in: HStR V, ²2000 (¹1992), § 115 Rn. 79; *Klaus Stern*, Das Staatsrecht der Bundesrepublik Deutschland, Bd. III, Halbbd. 2, 1994, § 94, S. 1622.

erkennt auch das Menschenrechtskonzept des Bundesministeriums für wirtschaftliche Zusammenarbeit und Entwicklung aus dem Jahr 2011 grundsätzlich an[105]. Diese Zusammenarbeit vollzieht sich im Rahmen der grundgesetzlichen Kompetenzordnung und völkerrechtlicher Regeln. Sie schließt daher weder außenpolitische Handlungsspielräume und diplomatische Rücksichtnahme aus, noch bedingt sie eine „Übernahme planetarischer Grundrechtsverantwortung" oder einen „Grundrechtsimperialismus"[106].

GG und Völkerrecht als Rahmen

Das grundgesetzliche Friedensgebot läßt sich ebenfalls zur Begründung des Entwicklungsgedankens heranziehen. Das Friedensgebot erschöpft sich nicht im Verzicht auf militärische Gewalt im zwischen- oder innerstaatlichen Bereich[107]. Vielmehr umfaßt eine Friedensordnung „zwischen den Völkern der Welt" (Art. 24 Abs. 2 GG) nach hier vertretener Auffassung auch Ordnungen präventiver Friedenssicherung, die sich den Gefahren ökonomischer, sozialer oder ökologischer Ungleichgewichte widmen[108]. Demnach fordert das Grundgesetz die verantwortlichen Staatsorgane zu einer über die bloße Einhaltung des völkerrechtlichen Gewaltverbotes hinausgehenden, aktiven Mitwirkung an der Bewältigung globaler Probleme auf[109]. Dies kann durch Beteiligung an friedenssichernden UN-Maßnahmen und durch humanitäre Hilfe für Krisengebiete geschehen, schließt aber auch früher ansetzende Formen der Entwicklungskooperation zur nachhaltigen Linderung von Armutskonflikten und destabilisierenden sozialen Mißständen jedenfalls nicht aus[110]. Gleiches gilt für die Konfliktnachsorge in Nachkriegsgesellschaften. Solche konfliktverhütenden und -nachsorgenden Maßnahmen entsprechen vielmehr der Praxis der Vereinten Nationen, den völkerrechtlichen Friedens- und Sicherheitsbegriff über die bloße Abwesenheit militärischer Konflikte hinaus auf die Bedingungen der Möglichkeit „menschlicher

45
Friedensgebot des GG

Verpflichtung zur aktiven Mitwirkung

Beteiligung an friedenssichernden Maßnahmen

Konfliktnachsorge in Nachkriegsgesellschaften

---

105 *BMZ*, Menschenrechte in der deutschen Entwicklungspolitik („Menschenrechts-Konzept"), BMZ-Strategiepapier 04/2011, S. 3.
106 *Isensee* (N 104), § 115 Rn. 79. Zurückhaltend auch *Dreier* (N 104), Art. 1 Abs. 2 Rn. 22. Anders und noch weiter gehend *Philip Kunig*, in: v. Münch/ders., Bd. I, ⁶2012, Art. 1 Rn. 46; *Christian Tomuschat*, Der Verfassungsstaat im Geflecht der internationalen Beziehungen, in: VVDStRL 36 (1978), S. 7 (42 ff., 55 ff.). Zum Gehalt des Entwicklungsprinzips s. u. Rn. 46 ff.; allgemein → oben *Tomuschat*, § 226 Rn. 69 f.; *Proelß*, § 227 Rn. 15 f.; *Nettesheim*, § 241 Rn. 53 ff.
107 So aber *Karl Doehring*, Das Friedensgebot des Grundgesetzes, in: HStR VII, ¹1992, § 178 Rn. 18, 32, 41; → Oben *Proelß*, § 227 Rn. 21 ff.; *Fassbender*, § 244 Rn. 35 ff.
108 *Ingolf Pernice*, in: Dreier, Bd. II, ²2006, Art. 24 Rn. 57, 65 und Art. 26 Rn. 15; *Rudolf Geiger*, Grundgesetz und Völkerrecht, ³2002, S. 357; *Rudolf Streinz*, in: Sachs, ⁶2011, Art. 26 Rn. 12. Generell ablehnend und das Friedensgebot auf die Einhaltung des völkerrechtlichen Gewaltverbotes beschränkend *Doehring* (N 107), § 178 Rn. 14, 18, 41; → Oben *Proelß*, § 227 Rn. 21 ff.; *Fassbender*, § 244 Rn. 35 ff.
109 → Oben *Tomuschat*, § 226 Rn. 5; *Dreier* (N 103), Präambel Rn. 45; *Manfred Zuleeg*, AK-GG, ³2001, Präambel, Rn. 26. Grundlegend *Klaus Vogel*, Die Verfassungsentscheidung des Grundgesetzes für eine internationale Zusammenarbeit, 1964.
110 *Dreier* (N 103), Präambel Rn. 46 unter Verweis auf BVerfGE 90, 286 (378 ff.); *Klaus Stern*, Das Staatsrecht der Bundesrepublik Deutschland, Bd. I, ²1984, § 14 S. 511; *Peter Huber*, in: Sachs, ⁶2011, Präambel Rn. 46; *Philip Kunig*, in: v. Münch/ders., Bd. I, ⁶2012, Präambel Rn. 29, 30, der eine Verantwortung für die Minderung von „Armutskonflikten und krassen sozialen Mißständen" erwägt. Dagegen *Dreier* (N 103), Präambel Rn. 47.

Sicherheit" zu erstrecken[111]. Dieser völkerrechtliche Wandel beeinflußt angesichts der Ausrichtung des grundgesetzlichen Friedensgebotes auf die UN-Charta[112] auch die völkerrechtsfreundliche Auslegung der friedensbezogenen Normen des Grundgesetzes[113].

2. Gehalte

46
Kooperations- und Hilfsgebot

Das Entwicklungsprinzip umfaßt grundsätzlich ein allgemeines Kooperations- und Hilfsgebot zum Ziel der Armutsbekämpfung[114]. Insofern ergibt sich aus den Rechtsgrundlagen zwar keine (Haupt-)Pflicht zur Leistung von Official Development Assistance, die das Entschließungsermessen der Geber einschränken würde, doch wird das Auswahlermessen von zur Vergabe entschlossenen Gebern durch eine Reihe von Nebenpflichten beschränkt.

a) Keine ODA-Zahlungspflicht, aber Begrenzung des Auswahlermessens

47
Keine unmittelbare Pflicht zur Leistung

Zunächst ist festzuhalten, daß sich aus den genannten Rechtsgrundlagen keine unmittelbare Pflicht zur Leistung von Official Development Assistance ergibt[115]. Eine solche Pflicht der Industriestaaten zur Zahlung von Official Development Assistance und spezifischer noch zur Leistung von 0,7 % ihres BIP als Official Development Assistance wird zwar seit langem gefordert[116] und auch von einigen Autoren angenommen[117]. Dies läßt sich jedoch weder aus den einschlägigen vertragsrechtlichen Grundlagen[118] noch aus einer even-

---

111 Zur Resolutionspraxis des Sicherheitsrates *Doehring*, Völkerrecht, 2004, S. 195 f.
112 Vgl. *Pernice* (N 108), Art. 24 Rn. 9.
113 Zur Völkerrechtsfreundlichkeit des Grundgesetzes *Ingolf Pernice*, in: Dreier, Bd. II, ²2006, Art. 25 Rn 15; BVerfGE 6, 309 (362), std. Rspr.; BVerfGE 111, 307 (317). Weitergehend BFHE 236, 304. Zurückhaltender *Doehring* (N 107), § 178 Rn. 14. → Oben *Tomuschat*, § 226 Rn. 36 ff.; *v. Coelln*, § 239 Rn. 39.
114 Zur Hilfspflicht grundsätzlich *Magdalena Sepulveda*, The obligations of „international assistance and cooperation" under the International Covenant on Economic, Social and Cultural Rights, in: The International Journal of Human Rights 13 (2009), S. 86 (89 ff.); *Margot E. Salomon*, Global Responsibility for Human Rights, Oxford 2008; sehr viel früher schon *Brun-Otto Bryde*, Von der Notwendigkeit einer neuen Weltwirtschaftsordnung, in: ders./Philip Kunig/Thomas Opperman (Hg.), Neuordnung der Weltwirtschaft?, 1986, S. 29 (34 ff.).
115 Wie hier *Philip Alston*, Ships Passing in the Night: The Current State of the Human Rights and Development Debate Seen Through the Lens of the Millennium Development Goals, in: Human Rights Quarterly 25 (2005), S. 755 (776 ff.); *Eibe Riedel*, Menschenrechte der Dritten Generation, in: ders. (Hg.), Die Universalität der Menschenrechte, 2006, S. 329 (352); *Christian Tomuschat*, Ensuring the Survival of Mankind on the Eve of a New Century, in: RdC 281 (1999 [2001]), S. 265 f.; *Albert Bleckmann*, Anspruch auf Entwicklungshilfe?, in: VRÜ 12 (1979), S. 5; *Philip Kunig*, Die „innere" Dimension des Rechts auf Entwicklung, in: VRÜ 19 (1986), S. 383 (390).
116 Die Forderung findet sich insbesondere in Resolutionen der Generalversammlung, erstmals in Resolution 2626 (XXV) vom 24.12.1970 (Rn. 42, 43), zuletzt insbesondere in der Millenniums-Erklärung (UNGA, Res. 55/2 vom 18.9.2000, Rn. 15, und dem Monterrey-Konsens (UNGA, Res. 56/210 vom 9.7.2002, Rn. 41, 42). Zur Politik der UN in dieser Hinsicht *Bulajic* (N 23), S. 256 f.; *Sakiko Fukuda-Parr*, Millennium Development Goal 8, in: Human Rights Quarterly 28 (2006), S. 966.
117 *Hermann Weber*, Der Anspruch auf Entwicklungshilfe und die Veränderungen des internationalen Wirtschaftsrechts, in: VRÜ 11 (1978), S. 5 (25); *Flory* (N 23), S. 56 f.; *Bulajic* (N 23), S. 256.
118 Insbesondere statuiert Art. 2 Abs. 1 Sozialpakt keine konkrete und unmittelbare finanzielle Leistungspflicht der Geber. Zu seiner Auslegung insbesondere *Magdalena Sepulveda*, The Nature of the Obligations under the International Covenant on Economic, Social and Cultural Rights, Utrecht 2003, S. 31 ff.

tuellen Selbstverpflichtung der Geber auf europäischer[119] oder völkerrechtlicher Ebene[120] herleiten. Auch eine Leistungspflicht der Mitgliedstaaten des WSK-Paktes, die sich mittelbar über die Vorschriften der Staatenverantwortlichkeit durchaus vertretbar konstruieren läßt[121], steht jedenfalls unter dem Vorbehalt vorhandener Ressourcen und einer autonomen Finanzierungsentscheidung der Bundesregierung[122].

Auch wenn das Entwicklungsprinzip grundsätzlich[123] keine Pflicht zur Leistung von Official Development Assistance begründet, so lassen sich ihm doch konkrete Verbürgungen im Zusammenhang des ODA-Transfers entnehmen. Diesen liegt eine Wenn-Dann-Logik zugrunde: Wenn Official Development Assistance geleistet wird, dann gelten dafür nach dem Entwicklungsprinzip auch gewisse Regeln. Verwaltungsrechtlich ausgedrückt ließe sich zwischen dem Entschließungs- und Auswahlermessen der Geber unterscheiden: Wenngleich das Entschließungsermessen der Geber und damit ihre Entscheidung, ob sie Official Development Assistance leisten wollen oder nicht, weitgehend unbeschränkt ist, haben sie bei der Vergabe von Official Development Assistance selber weitere Aspekte in ihre Entscheidung einzubeziehen.

48
Beachtliche Verbürgungen im Auswahlermessen

---

119 Der ODA-Stufenplan der EU, den der Europäische Rat 2005 beschlossen und 2008 bestätigt hat (Europäischer Rat, Schlußfolgerungen des Vorsitzes, Dok 10255/1/05 Rev 1, Rn. 27 (vom 15.7.2005); Europäischer Rat, Schlußfolgerungen des Vorsitzes, Dok 11018/1/08 Rev 1, Rn. 59 (vom 17.7.2008), ist als politische Absichtserklärung rechtlich nicht bindend und legt sich i. ü. auch nicht auf eventuell konkret Empfangsberechtigte fest. Vgl. *Jean-Paul Jacque*, in: Hans von der Groeben/Jürgen Schwarze (Hg.), Kommentar zum Vertrag über die Europäische Union und zur Gründung der Europäischen Gemeinschaft, ⁶2003, Art. 4 EUV Rn. 17, 20.
120 Man könnte in Erwägung ziehen, ob sich eine Selbstbindung aus der anhaltenden Praxis der Geber in Verbindung mit den häufig auch von ihnen getragenen Deklarationen der UN ergibt. Immerhin zahlen die Industriestaaten teils schon seit mehreren Jahrzehnten und meist an dieselben Staaten ODA. Insbesondere da, wo Nehmerstaaten ihrerseits komplementäre Anstrengungen und Planungen vornehmen, könnte man an die Entstehung eines Vertrauenstatbestandes denken, aus dem heraus eine Leistungspflicht der Geber erwächst. Allerdings haben die Geberstaaten stets eine solche konkrete, rechtlich bindende Pflicht abgelehnt. Dies belegt insbesondere ihr Stimmverhalten in der UN, wo sie zwar das allgemein anzustrebende Ziel von 0,7 % und insbesondere mit dem achten Millenniumsziel auch die Idee verstärkter Anstrengungen in der EZ mittragen, konkrete rechtliche Verpflichtungen aber stets ablehnen. Im einzelnen *Salomon* (N 114), S. 98 ff.; beispielhaft und eindeutig die Haltung der Bundesregierung in ihrer Stellungnahme vor der Task Force zum Recht auf Entwicklung von 2005: www2.ohchr.org/english/issues/development/docs/germany.pdf.
121 Im Grundsatz hat die Bundesrepublik über die Vorschriften der Staatenverantwortlichkeit auch an den positiven Schutzpflichten teil, die den Nehmerstaaten gegenüber seinen Bürgern zukommen. Davon ist im Grundsatz auszugehen. Art. 16 ILC-Regeln der Staatenverantwortlichkeit läßt keine Differenzierung erkennen, welche die Verletzung positiver Pflichten ausschließt. Vielmehr hat die Bundesrepublik bei aktiven Mitwirkungshandlungen an der Pflichtenstellung des Nehmerstaates teil. Insofern könnte auch ein Anspruch auf Gewährleistung der anerkannten Rechte bestehen. Zu dieser Konstruktion s. u. Rn. 79 f.
122 Dies schließt allerdings nicht aus, daß sie sich im Extremfall von Hunger- oder Naturkatastrophen dann zu Leistungspflichten verdichten, wenn selbst der „minimum core" von Rechten, etwa dem Recht auf Nahrung, nur durch materielle Leistungspflicht zu schützen ist. So auch der UN-Ausschuß für wirtschaftliche, soziale und kulturelle Rechte, General Comment Nr. 12, Rn. 38 (UN-Dokument E/C.12/1999/5); General Comment Nr. 14, Rn. 40 (UN-Dokument E/C.12/2000/4). Auch diese Pflichten stehen aber unter dem Vorbehalt vorhandener Mittel.
123 Etwas anderes gilt im Fall von Katastrophen. Hier entsteht durchaus eine Leistungspflicht. So etwa *Eibe Riedel*, Theorie der Menschenrechtsstandards, 1987, S. 234 f.; *Bleckmann* (N 115), S. 14.

b) Zweckbindung für Armutsbekämpfung, Good Governance und Menschenrechte

49
Inhaltliche Ausrichtung der Kooperation

Eine erste Konkretisierung des Entwicklungsprinzips im Fall der Zahlung zielt auf die inhaltliche Ausrichtung der Kooperation: Das Prinzip verpflichtet seine Adressaten nicht nur auf das generelle Ziel der Entwicklung, sondern auch auf das spezifischere Ziel der Armutsbekämpfung. Die Akteure der Entwicklungszusammenarbeit (Geber wie Nehmer) sollen die Zweckentfremdung von Official Development Assistance vermeiden und sich auf das Ziel (nachhaltiger) Armutsbekämpfung konzentrieren. Diese Fokussierung läßt sich rechtlich an Mandatsvorschriften der Geber festmachen, die das Ziel der Armutsbekämpfung nennen. Auch wenn dieser Fokus in sich weit ist, so kann er doch als Argument gegen verschiedene Praktiken im Zusammenhang mit der ODA-Vergabe verwendet werden, insbesondere gegen Formen der Lieferbindungen („tied aid") und gegen Regeln, die Korruption Vorschub leisten.

50
„Good Governance"

Eine zweite inhaltliche Konkretisierung des Entwicklungsprinzips umfaßt die Förderung von „Good Governance" in den Nehmerstaaten. Der gewandelte Entwicklungsbegriff umfaßt auch persönliche Freiheiten, politische Partizipation und rechtsstaatliche Strukturen in den Nehmerstaaten[124]. Dies schließt auch Kooperationsmaßnahmen zur Korruptionsbekämpfung oder Rechtsstaatsförderung ein[125].

51
Menschenrechte

Eine Konkretisierung erfolgt schließlich mit Blick auf Menschenrechte. Wird Official Development Assistance gezahlt, so ist der Geber im Rahmen des Entwicklungsprinzips zur Förderung von Menschenrechten, im Rahmen des Prinzips individueller Autonomie zur Achtung von Menschenrechten verpflichtet.

II. Prinzip kollektive Autonomie

52

Entwicklungszusammenarbeit ist nicht nur ein ökonomischer, sondern vor allem auch ein politischer Prozeß, in dem Form und Gehalt der Zusammenarbeit stets aufs Neue ausgehandelt werden müssen. Die Frage, wie dabei die kollektive Autonomie der Parteien rechtlich geschützt wird, gewinnt im Kontext der Entwicklungszusammenarbeit besondere Dringlichkeit, ist diese doch von immensen faktischen Ungleichheiten zwischen Nehmern und Gebern geprägt. Stehen sich die jeweiligen Autonomieansprüche potentiell gleichwertig gegenüber, so stellt sich die Frage, wie Autonomie trotz Asymmetrie gewahrt werden kann. Darauf antworten soll das Prinzip kollektiver Autonomie.

Autonomie trotz Asymmetrie

---

124 *Koetter* (N 19), S. 545; *Dann* (N 8), § 6 m. weit. Nachw.
125 *Anne van Aaken*, Korruption und Entwicklung, in: Dann u. a. (N 15), S. 611. Zur Rechtsstaatsförderung *Riegner/Wischmeyer* (N 21); *Kristen Boon*, „Open for Business": International Financial Institutions, Post-Conflict Economic Reform, and the Rule of Law, in: NYU Journal of International Law and Politics 39 (2007), S. 513.

1. Souveränität als Ausgangspunkt

Ausgangspunkt und Rechtsgrundlage für das Prinzip kollektiver Autonomie findet sich im Grundsatz souveräner Gleichheit der Staaten, wie er in Art. 2 Abs. 1 UN-Satzung niedergelegt und völkergewohnheitsrechtlich anerkannt ist[126]. Als Völkergewohnheitsrecht gilt der Souveränitätsgrundsatz über Art. 25 GG damit auch im deutschen Recht. Sein Kerngedanke ist in der Prinzipiendeklaration von 1970 auf den Punkt gebracht, die schlicht erklärt: „Each State has the right to freely choose and develop its political, social, economic and cultural system"[127]. Souveränität sichert also das Recht jedes Staates unabhängig von seiner Größe oder Macht, über die Gestaltung der eigenen Ordnung zu bestimmen. In ihrer inneren Dimension dient Souveränität also insbesondere der Verfassungsautonomie und -identität[128].

53 Gleichheit der Staaten

Verfassungsautonomie und -identität

Kollektive Autonomie kommt aber natürlich nicht nur Nehmerstaaten, sondern auch Gebern zu. Verschafft sie den Nehmerstaaten im Grundsatz das Recht, über die Verwendung von Official Development Assistance auf ihrem Territorium entscheiden zu können, so verbürgt der Autonomiegrundsatz auch die Verfügungsgewalt des Geberstaates über seine Ressourcen. Auch die Geber von Official Development Assistance sind mit einem Anspruch auf Entscheidung über den Einsatz ihrer Mittel versehen. Die Kollision und der Versuch des Ausgleichs dieser Autonomieansprüche werden insofern zu wesentlichen Fragen des Entwicklungsverwaltungsrechts.

54 Verfügungsgewalt über Ressourcen

2. Eigenverantwortung

Das Prinzip kollektiver Autonomie erhält in den letzten Jahren eine Reformulierung in einem Konzept, das im Bereich der Entwicklungszusammenarbeit inzwischen geradezu ubiquitär gebraucht wird, nämlich das Konzept der Eigenverantwortung („ownership"). Für sein Aufkommen in den frühen

55 „Ownership"

---

126 *Tomuschat* (N 115), S. 165 f.; *Bardo Fassbender*, Die Souveränität des Staates als Autonomie im Rahmen der völkerrechtlichen Verfassung, in: FS für Erik Jayme, 2004, S. 1089; zur Diskussion um Transformation und Bedeutungswandel des Prinzips siehe *Stefan Oeter*, Souveränität – ein überholtes Konzept?, in: FS für Helmut Steinberger, 2002, S. 282 (286 f.); *Neil Walker* (Hg.), Sovereignty in Transition, Oxford 2003; für eine provozierende politikwissenschaftliche Sicht *Stephen D. Krasner*, Sovereignty, Princeton 1999; zum Souveränitätsverständnis der Staaten der Dritten Welt *Ludger Kühnhardt*, Stufen der Souveränität, 1992. Zur Geltung des Souveränitätsprinzips für internationale Organisationen s. *Rainer Hofmann*, Die Rechtskontrolle von Organen der Staatengemeinschaft, in: ders./August Reinisch u. a. (Hg.), Die Rechtskontrolle von Organen der Staatengemeinschaft, Berichte der Deutschen Gesellschaft für Völkerrecht, 2005, S. 1 ff.; *Schermers/Blokker* (N 63), §§ 1572 ff.; → Bd. II, *Hillgruber*, § 32 Rn. 36 ff. → Oben *Vosgerau*, § 228 Rn. 4 ff.
127 UNGA, Res. 2625 (XX) vom 24. 10. 1970.
128 Zur hier anknüpfenden Frage nach der Souveränität fragiler Staaten siehe *Robert H. Jackson*, Quasi-states, Vancouver 1993; *David Williams*, Aid and sovereignty: quasi-states and the international financial institutions, in: Review of International Studies 26 (2000), S. 557; *Marie von Engelhardt*, Reflections of the Role of State in the Legal Regimes of International Aid, in: ZaöRV 71 (2011), S. 451; *Stefan Oeter*, Regieren im 21. Jahrhundert: Staatlichkeit und internationales System, in: Stefani Weiss/Joscha Schmierer (Hg.), Prekäre Staatlichkeit und internationale Ordnung, 2007, S. 70; → Bd. II, *Hillgruber*, § 32 Rn. 36 ff.; → Oben *Vosgerau*, § 228 Rn. 4 ff.; *Quaritsch*, § 229 Rn. 3 f., 8.

§ 249   Zweiundzwanzigster Teil: Grenzüberschreitende Staatsaufgaben

„Bevormundung" der Nehmer- durch die Geber

1990er Jahren spielen zwei Elemente eine wichtige Rolle[129]. Es ist zunächst mit der Frustration der Geber über die Wirkungslosigkeit vieler EZ-Projekte verbunden. Diese wurde erklärt mit einem mangelnden tatsächlichen Engagement („commitment") der Nehmer bei der Durchführung der gemeinsam vereinbarten Projekte. Zugleich wird wohl nicht zu Unrecht vermutet, daß sich mit der Einführung des Konzepts, das von Geberseite und insbesondere von der Weltbank, dem Internationalen Währungsfonds und dem Ausschuß für Entwicklungshilfe (DAC) der Organisation für wirtschaftliche Zusammenarbeit und Entwicklung ersonnen wurde, auch eine politische Strategie verbindet. Es könnte nicht zuletzt als Reaktion auf die massive Kritik an den Strukturanpassungsprogrammen der Weltbank und der (vermeintlichen) Bevormundung der Nehmer durch die Geber gedacht sein und die Verantwortung für Programme jedenfalls auf mehrere Schultern verteilen.

56
Führungsverantwortung der Nehmerstaaten

Primäre Verantwortung der Regierung

Inhaltlich bezeichnet Eigenverantwortung die Führungsrolle und Führungsverantwortung der Nehmerstaaten im Entwicklungsprozeß. Die Nehmer sollen bei der Ausarbeitung von Entwicklungsstrategien die wesentliche Rolle übernehmen, die Umsetzung der Pläne in konkrete Politikprogramme betreiben und zudem die Koordinierung der Geberleistungen organisieren[130]. Sie sollen eigenständige Autoren und leitende Organisatoren ihrer Entwicklungsprogramme sein und Verantwortung für sie übernehmen. Dabei bezieht sich „Nehmer" meist auf die Regierungen der Nehmerstaaten, die jedoch „breit angelegte Konsultationsprozesse" bei der Konzipierung der Entwicklungsprogramme durchführen und die Zivilgesellschaft fördern sollen[131]. Nichtsdestotrotz zielt der Begriff in erster Linie auf gubernative und administrative Akteure, wohingegen nichtstaatliche Akteure, aber auch Parlamente eine nur sekundäre Rolle spielen.

57
Strukturprinzip, kein Rechtsprinzip

Seinem rechtlichen Status nach steht das Konzept der Eigenverantwortung (bislang) weitgehend auf der Stufe eines unverbindlichen Grundsatzes und ist insofern zunächst ein Strukturprinzip, kein Rechtsprinzip. Bei der Pariser Erklärung (wie auch dem Europäischen Konsens), die das Konzept besonders prominent formuliert, handelt es sich um eine politische Erklärung. Beiden Dokumenten hat Deutschland zugestimmt. Zugleich ist der Begriff in verschiedenen verbindlichen Rechtstexten aufgenommen worden[132].

---

129 *Tony Killick*, Aid and the Political Economy of Policy Change, London/New York 1998, S. 86 ff.; *Lindsay Whitfield/Alastair Fraser*, Introduction: Aid and Sovereignty, in: Lindsay Whitfield (Hg.), The Politics of Aid: African strategies for dealing with donors, Oxford 2009, S. 1 (3 ff.).
130 Erklärung von Paris über die Wirksamkeit der Entwicklungszusammenarbeit („Pariser Erklärung") vom 2.3.2005, Rn. 14. Zu Konzeptionen verschiedener Geber (noch vor Formulierung der Pariser Erklärung) *Omotunde E. G. Johnson*, Country Ownership of Reform Programs and the Implication for Conditionality, in: G 24 Discussion Paper Series Nr. 35/2005, S. 4 f. (abrufbar unter http://cdi.mecon.gov.ar/biblio/docelec/unctad/G24/35.pdf).
131 Andere Rechtstexte nutzen ähnliche Formulierungen oder verweisen direkt auf die Pariser Erklärung, vgl. Art. 3 Abs. 8, 19 EG-VO 1905/2006 (DCI-Verordnung); Art. 2, 57 Cotonou-Abkommen; Art. 1, 4, 6 EG-VO 617/2007 (zur Durchführung des Cotonou-Abkommens); *BMZ*, Leitlinien, Rn. 1; Europäischer Konsens vom Dezember 2005, Rn. 14; Weltbank, OP 2.11, Rn. 8.
132 S. o. N 131.

Letztlich läßt sich das Konzept der Eigenverantwortung als eine sachbereichsspezifische Bekräftigung des Souveränitätsprinzips lesen. Es bestärkt das Recht auf Eigenständigkeit in der Formulierung von Entwicklungsplänen und weist somit die „Kompetenz" zur Programmierung den Nehmern zu. Allerdings dürfte diese Kompetenz rechtlich nie wirklich in Frage gestanden haben, schließlich sind Entwicklungspläne in den entsprechenden Ländern grundlegende Entscheidungen über die Gestaltung der innerstaatlichen Ordnung.

58 Souveränitätsprinzip

So tritt ein anderer, eher verpflichtender Gehalt der Eigenverantwortung in den Blick. Die Nehmer haben nicht nur das Recht, sondern nun explizit auch die Pflicht zur Formulierung, zur Koordinierung und nicht zuletzt zur verantwortlichen Implementation der Programme. Sie werden verpflichtet, Programme nicht nur zu schreiben, sondern auch zu ihnen zu stehen. So betrachtet führt Eigenverantwortung ein Element von Reziprozität als bloß eine Bestätigung der Souveränität im Bereich der Entwicklungszusammenarbeit ein. Wenn die Vorlage von Nehmerplänen Voraussetzung für ODA-Leistung ist, dann wird die Formulierung der Pläne durch die Nehmer Voraussetzung für das Engagement der Geber. Völkerrechtlich problematisch wäre dies nur, wenn Eigenverantwortung der Nehmer (und damit ihre Pflichten) einseitig von seiten der Geber eingeführt und zu Lasten der Nehmer definiert würde. Ob dies der Fall ist, wird sich erst bei Analyse der besonderen Strukturen des Entwicklungsverwaltungsrechts und vor allem der Programmierung zeigen.

59 Eigenverantwortung verpflichtet

Reziprozität

Und noch ein dritter Gehalt des Grundsatzes der Eigenverantwortung ist zu betonen, nämlich seine Funktion als Schranke der Geber. Eigenverantwortung nimmt nicht nur die Nehmer in die Pflicht, sondern korrespondiert auch mit der Pflicht der Geber, sich an die von den Nehmern formulierten Strategien und Projekte zu halten, auch wenn sie womöglich nicht in die Konzepte der Geber passen[133]. Darin liegt eine Achtungspflicht.

60 Achtungspflicht der Geber

III. Prinzip individueller Autonomie und Menschenrechte

Ein Recht der Entwicklungszusammenarbeit kann heute nicht mehr nur als Recht der Staaten und Völkerrechtssubjekte konzipiert werden. Auch rechtlich ist der einzelne in die Betrachtung einzustellen. Darauf zielt das Prinzip individueller Autonomie als dritte Leitidee des Entwicklungsverwaltungsrechts. Dabei ist sie erst spät auf die Bühne der Entwicklungszusammenarbeit getreten. Anders als noch in der Anfangsphase stellen Menschenrechte heute zudem einen zentralen Zugang der Rechtswissenschaft zu Fragen der Entwicklungszusammenarbeit dar und tragen intensiv zur Konturierung des Ent-

61

Menschenrechte

---

133 Dazu die Pariser Erklärung, Rn. 15.

wicklungsverwaltungsrechts bei[134]. Die folgenden Ausführungen beschränken sich auf die Frage der Menschen- und Grundrechtsbindung der Entwicklungsverwaltungen, insbesondere der deutschen.

1. Menschenrechts- und Grundrechtsbindung der deutschen Entwicklungszusammenarbeit

62

Negative Nebenfolgen

Die positive Intention deutscher EZ-Maßnahmen schließt nicht aus, daß eben diese Projekte negative Nebenfolgen für Menschen in den Nehmerstaaten zeitigen. Die Praxis der UN-Treaty-Bodies liefert hierfür Anschauungsmaterial[135]. Dies wirft die Frage nach der Menschen- und Grundrechtsbindung der deutschen Entwicklungszusammenarbeit auf.

a) Extraterritoriale Wirkung menschen- und grundrechtlicher Garantien

63

Bindung an Völkerrecht und Grundrechte

Die Bindung der deutschen Entwicklungszusammenarbeit kann über zwei Wege angenommen werden, nämlich zum einen eine völkerrechtliche Bindung, die über Art. 25 und Art. 59 Abs. 2 GG auch innerstaatliche Wirkungen entfaltet, zum anderen über die grenzüberschreitende Bindungswirkung der Grundrechte des deutschen Grundgesetzes über Art. 1 Abs. 2 und 3. In beiden Fällen stellt sich die Frage nach der Reichweite entsprechender Verpflichtungen im auswärtigen Handeln und damit nach der derzeit intensiv diskutierten extraterritorialen Wirkung insbesondere menschenrechtlicher Abkommen[136].

---

134 Untersuchungen behandeln meistens die Rechtslage einer Organisation, zur Weltbank siehe *Sigrun Skogly*, The Human Rights Obligations of the World Bank and the International Monetary Fund, London 2001; *Mac Darrow*, Between Light and Shadow: The World Bank, The International Monetary Fund and International Human Rights Law, Oxford 2003; *Stefanie R. Roos*, Der internationale Menschenrechtsschutz vor entwicklungsbedingten Zwangsumsiedlungen und seine Sicherstellung durch Recht und Praxis der Weltbank, 2008; zur EU *Lorand Bartels*, Human rights conditionality in the EU's international agreements, Oxford 2005; *Christian Pippan*, Die Förderung der Menschenrechte und der Demokratie als Aufgabe der Entwicklungszusammenarbeit der Europäischen Gemeinschaft, 2002. Eine Monographie zu den Menschenrechten in der deutschen EZ fehlt bislang (siehe aber *Andrea Kämpf/Anna Würth*, Mehr Menschenrechte in die Entwicklungspolitik!, Policy Paper Nr. 15/2010 des Deutschen Instituts für Menschenrechte, 2010). Zum Menschenrechtsansatz im Sinne eines materiellen Ziels der EZ *Alston* (N 115); *Markus Kaltenborn*, Soziale Rechte und Entwicklung, in: Dann u. a. (N 15), S. 149. Seltener wird das Thema generell angegangen, so insbesondere *Samuli Seppänen*, Possibilities and Challenges of the Human Rights-Based Approach to Development, Helsinki 2005. Weit. Nachw. bei *Dann* (N 8), § 15.
135 Negative menschenrechtliche Folgen deutscher Entwicklungsprojekte kritisiert der WSK-Rechte Ausschuß in Concluding observations of the Committee on Economic, Social and Cultural Rights – Germany – 12.7.2011, E/C.12/DEU/CO/5, Rn. 9: „The Committee is concerned that the State party's development cooperation programme has supported projects that have reportedly resulted in the violation of economic, social and cultural rights, such as in the case of the land-titling project in Cambodia (arts. 2.1, 11, 22 and 23)".
136 Zur grundgesetzlichen Rechtslage → oben *Vöneky*, § 236 Rn. 1 ff.; *Nettesheim*, § 241 Rn. 61. Zum Völkerrecht *Thomas Buergenthal*, The ICJ, human rights, and extraterritorial jurisdiction, in: FS für Luzius Wildhaber, 2007, S. 143; *Fons Coomans, Menno Tjeerd Kamminga* (Hg.), Extraterritorial Application of Human Rights Treaties, Antwerpen/Oxford 2004; *Samantha Besson*, The Extraterritoriality of the European Convention on Human Rights, in: Leiden Journal of International Law 25 (2012), S. 857.

aa) Völkerrechtliche Bindung

Die Bundesrepublik hat die zentralen Menschenrechtsakte ratifiziert und sich damit zu ihrer Einhaltung verpflichtet[137]. Die Frage, wem gegenüber die Bundesrepublik damit verpflichtet ist, wer also Träger der Rechte ist, ist damit aber noch nicht beantwortet. Im Kontext der Entwicklungszusammenarbeit geht es nicht um die Bindung gegenüber den eigenen Staatsbürgern, sondern gegenüber Betroffenen der von ihr finanzierten EZ-Projekte, also Bürgern des Nehmerstaates[138].

64
Bindung gegenüber Bürgern der Nehmerstaaten

Zur Bestimmung des Umfangs der Bindung und der Trägerschaft ist auf die spezifischen Jurisdiktionsklauseln der jeweiligen Abkommen abzustellen. Exemplarisch sei hier die entsprechende Klausel des Sozialpaktes angesprochen, die offener formuliert ist als die Parallelnormen etwa im Zivilpakt oder der Europäischen Menschenrechtskonvention[139]. Nach Art. 2 Abs. 1 Sozialpakt verpflichtet sich jeder Vertragsstaat, „einzeln und durch internationale Hilfe und Zusammenarbeit ... Maßnahmen zu treffen, um ... die volle Verwirklichung der ... Rechte zu erreichen". Einen explizit territorialen Bezug oder ein Erfordernis der Herrschaftsgewalt enthält er nicht. Ob damit eine extraterritoriale Pflicht der Vertragsstaaten einhergeht, ist allerdings umstritten[140]. Wortlaut und jüngere Auslegungen des Sozialpaktes durch den VN-Ausschuß für wirtschaftliche, soziale und kulturelle Rechte stützen die Ansicht, daß der Pakt gerade Formen der internationalen Kooperation erfordert und den Vertragsparteien im Zusammenhang dieser Kooperation auch Pflichten auferlegt, wenn und wo sie über entsprechenden Einfluß verfügen[141].

65
Jurisdiktionsklauseln

Sozialpakt

---

137 Dazu zählen insbesondere der Internationale Pakt über bürgerliche und soziale Rechte (1966/Zivilpakt), der Internationale Pakt über wirtschaftliche soziale und kulturelle Rechte (1966/Sozialpakt), Übereinkommen zur Beseitigung jeder Form von Diskriminierung der Frau (1979), Übereinkommen gegen Folter (1984), Übereinkommen über die Rechte des Kindes (1989), Übereinkommen zur Beseitigung jeder Form der Rassendiskriminierung (1965). Zum Ratifikationsstand der Kern-Menschenrechtsverträge siehe www2.ohchr.org/english/law/docs/HRChart.xls. → Bd. X, *Tomuschat*, § 208 Rn. 4 ff.
138 *Eyal Benvenisti*, Sovereigns as Trustees of Humanity: On the Accountability of States to Foreign Stakeholders, in: AJIL 107 (2013), S. 295.
139 Der Zivilpakt verpflichtet nach seinem Art. 2 Abs. 1 jeden Vertragsstaat dazu, die im Pakt anerkannten Rechte „allen in seinem Gebiet befindlichen und seiner Herrschaftsgewalt unterstehenden Personen ... zu gewährleisten". Er schließt damit eine extraterritoriale Wirkung nicht grundsätzlich aus, erfordert aber ein Element der Beherrschung der betroffenen Person als Voraussetzung für eine extraterritoriale Anwendbarkeit. *Manfred Nowak*, UN Covenant on Civil and Political Rights: CCPR-Kommentar, ²2005, Art. 2 Rn. 29, 30. Eine ähnliche Formulierung enthält Art. 1 EMRK, auf den der EGMR in seinem Bankovic-Urteil abstellt. Danach bedarf es effektiver Kontrolle. Dazu *Georg Ress*, State responsibility for extraterritorial human rights violations: The Case of Bankovic, in: ZEuS 6 (2003), S. 73 m. weit. Nachw.
140 Anfänglich wurde vertreten, daß der Pakt keine extraterritorialen Pflichten entfalten solle, da insbesondere der Entstehungsgeschichte des Paktes kaum zu entnehmen sei, daß seine Verfasser spezifische Leistungspflichten etablieren wollten, s. *Philip Alston/Gerard Quinn*, The Nature and Scope of States Parties' Obligation under the International Covenant on Economic, Social and Cultural Rights, in: Human Rights Quarterly 9 (1987), S. 156 (186 ff.); → Bd. X, *Tomuschat*, § 208 Rn. 10 f.
141 *Rolf Künnemann*, Extraterritorial Application of the International Covenant on Economic, Social and Cultural Rights, in: Fons Coomans/Menno Tjeerd Kamminga (Hg.), Extraterritorial Application of Human Rights Treaties, Antwerpen 2004, S. 201; *Sigrun Skogly*, Beyond national borders, Antwerpen/Oxford 2006, S. 83 ff.; *Sepulveda* (N 118), S. 272 ff.

§ 249 *Zweiundzwanzigster Teil: Grenzüberschreitende Staatsaufgaben*

66
Anerkennung der Bindung an Menschenrechte

Noch deutlicher wird die Behindertenrechtskonvention der Vereinten Nationen[142], die in Art. 32 als erstes Menschenrechtsabkommen explizite Anforderungen an die menschenrechtliche Ausgestaltung der Entwicklungszusammenarbeit formuliert. Schließlich anerkennt auch das Bundesministerium für wirtschaftliche Zusammenarbeit und Entwicklung in seinem als „verbindlich" bezeichneten Konzept zu Menschenrechten in der deutschen Entwicklungszusammenarbeit[143], daß internationale Menschenrechtsabkommen „auch die entwicklungspolitische Zusammenarbeit Deutschlands mit seinen Partnerländern" binden[144].

67
Effektive Kontrolle

Geht man grundsätzlich von der Möglichkeit einer extraterritorialen Bindung aus, so verlangen beide Pakte als Voraussetzung einer solchen aber jedenfalls eine effektive Kontrolle über die betroffenen Personen. Eine solche Konstellation findet sich im Rahmen der Entwicklungszusammenarbeit allerdings nur ausgesprochen selten[145]. Vielmehr werden die Geber durch ihre Kooperation mit der Nehmerregierung mediatisiert. Der deutsche Akt hoheitlichen Handelns beschränkt sich im EZ-Bereich zumeist schlicht auf die Unterzeichnung eines Projektvertrags und die Überweisung von Official Development Assistance.

bb) Grundgesetzliche Bindung

68
Extraterritoriale Grundrechtsbindung

Extraterritoriale Hoheitsgewalt als Voraussetzung

Eine verfassungsrechtlich begründete Bindung kann sich aus Art. 1 Abs. 2, 3 GG ergeben. Die Grundrechte binden die deutsche Hoheitsgewalt auch, soweit Wirkungen ihrer Betätigung außerhalb des deutschen Hoheitsgebietes eintreten[146]. Beeinträchtigungen von Betroffenen, wie sie sich aus von Deutschland und einem Partnerstaat gemeinschaftlich durchgeführten Projekten ergeben können, fallen daher nicht von vornherein aus dem Geltungsbereich der deutschen Grundrechte. In jedem Fall setzt eine Grundrechtsbindung aber die Ausübung extraterritorialer Hoheitsgewalt voraus[147], damit es überhaupt zu einem der deutschen Staatsgewalt (auch) zurechenbaren Grundrechtseingriff kommen kann. Wann von einer solchen zurechenbaren Ausübung von Hoheitsgewalt ausgegangen werden kann, ist umstritten.

69

Teils wird eine auswärtige Bindung schon dann abgelehnt, wenn deutsche öffentliche Gewalt nicht alleinverantwortlich ausgeübt wird[148]. Freilich ergibt

---

142 Übereinkommen über die Rechte von Menschen mit Behinderungen, in: BGBl 2008 II, Nr. 35, S. 1419 (1444 f.); → Bd. X, *Tomuschat*, § 208 Rn. 12.
143 *BMZ*, Menschenrechts-Konzept, S. 5.
144 *BMZ*, Menschenrechts-Konzept, S. 4.
145 Selbst eine Mission zur Leistung technischer Hilfe durch die GIZ wird kaum ein Element territorialer Herrschaft oder effektiver Kontrolle über Menschen vor Ort schaffen. Dennoch auf den relativen Einfluß des Gebers abstellend *Kämpf/Würth* (N 134), S. 6.
146 BVerfGE 57, 9 (23) im Anschluß an BVerfGE 6, 290 (295). *Starck* (N 104), Art. 1 Rn. 212; *Matthias Herdegen*, in: Maunz/Dürig, 2005, Art. 1 Abs. 3 Rn. 71; *Jarass* (N 104), Art. 1 Rn. 44. → Oben *Becker*, § 240 Rn. 31 ff.; *Nettesheim*, § 241 Rn. 57 f.; *Fassbender*, § 244 Rn. 148 ff.
147 *Rainer Hofmann*, Grundrechte und grenzüberschreitende Sachverhalte, 1994, S. 10 ff.; *Horst Dreier*, in: ders., Bd. I, ²2004, Art. 1 Abs. 3 Rn. 44.
148 Dazu *Klaus Stern*, Das Staatsrecht der Bundesrepublik Deutschland, Bd. III/1, 1988, S. 1236 ff.; → Oben *Fassbender*, § 244 Rn. 171 ff.

sich dies weder aus dem Wortlaut des Art. 1 Abs. 3 GG, noch wäre es mit dem Zweck der Norm vereinbar, wenn sich deutsche Hoheitsgewalt von Grundrechtsbindung freizeichnen könnte, indem sie Eingriffe im Zusammenwirken mit anderen Hoheitsträgern vornimmt[149]. Weiterhin wird für eine Grundrechtsbindung vielfach ein bereits vorab begründetes Subordinationsverhältnis vorausgesetzt und die völkerrechtliche Zuständigkeit als äußerste Grenze für die mögliche Reichweite deutscher Grundrechte angesehen[150]. Folgt man dem, dürfte es jedenfalls bei der bloßen Finanzierung von Projekten ausländischer Hoheitsträger in der Regel an der Ausübung deutscher Hoheitsgewalt fehlen[151].

<small>Fehlende Alleinverantwortlichkeit</small>

<small>Erfordernis eines Subordinationsverhältnisses</small>

Richtig ist insoweit, daß die Intensität der Grundrechtsbindung bei grenzüberschreitenden Sachverhalten Differenzierungen unterliegt, die sich ihrerseits nach den völkerrechtlich gesicherten oder faktisch in Anspruch genommenen Gestaltungsmöglichkeiten deutscher Stellen richten[152]. Diese Gestaltungsmöglichkeiten im Hinblick auf in Nehmerstaaten durchgeführte Projekte stoßen in der Tat oftmals an völkerrechtliche und faktische Grenzen. Das bedeutet freilich nicht, daß Art. 1 Abs. 3 GG in Verbindung mit Art. 1 Abs. 2 GG deutschen Stellen die Finanzierung oder Durchführung von Projekten erlauben, welche im Nehmerstaat zu vorhersehbaren und vermeidbaren Grundrechtsverletzungen führen. Vielmehr formuliert das Bundesverfassungsgericht bereits 1971 mit Blick auf Sachverhalte mit Auslandsbeziehung, daß das „der Verfassung vorangestellte Bekenntnis zu den Menschenrechten als Grundlage jeder menschlichen Gemeinschaft, des Friedens und der Gerechtigkeit in der Welt (Art. 1 Abs. 2 GG) ... nicht zu vereinbaren [ist] mit der Vorstellung, die mit den Grundrechten aufgerichtete Wertordnung, besonders die dadurch gewährte Sicherung eines Freiheitsraums für den Einzelnen, könne oder müsse allgemein außer Funktion treten, um der Rechtsordnung anderer Staaten den Vorrang zu lassen."[153]

70

<small>Differenzierung nach Gestaltungsmöglichkeiten</small>

<small>Allgemeine Beachtlichkeit der Grundrechte</small>

Folglich bestehen auch beim Zusammenwirken mit anderen Hoheitsträgern Schutzpflichten, die ihrerseits Überwachungs- und Einwirkungspflichten mit sich bringen[154]. Diese verpflichten deutsche Stellen, menschenrechtliche Risi-

71

<small>Überwachungs- und Einwirkungspflichten</small>

---

149 Für die Bindung bei Mitwirkung deutscher Staatsorgane an ausländischen Hoheitsakten *Christian Hillgruber*, in: Volker Epping/ders. (Hg.), BeckOK GG, ¹⁷2013, Art. 1 Rn. 77.
150 *Isensee* (N 104), § 115 Rn. 78 f.; *Martin Nettesheim*, in: Maunz/Dürig, 2009, Art. 59 Rn. 231. Ausdrücklich zum Erfordernis eines durch Staatsbürgerschaft und Gebietskontakt vermittelten „Grund-Rechtsverhältnisses zwischen Individuum und Staat", das von den Grundrechten vorausgesetzt und nicht konstituiert werde, *Markus Heintzen*, Auswärtige Beziehungen privater Verbände, 1988, S. 102 ff.
151 So ausdrücklich für die deutsche EZ *Nettesheim* (N 150), Art. 59 Rn. 231.
152 *Herdegen* (N 146), Art. 1 Abs. 3 Rn. 72. Vgl. auch *Hofmann* (N 147), S. 30 ff.
153 BVerfGE 31, 58 (76). Bezog sich diese Formulierung noch auf international-privatrechtliche Sachverhalte, so hat das Gericht in Folgeentscheidungen auch zu anderen Auslandssachverhalten Stellung genommen, vgl. Zweitregisterentscheidung, BVerfGE 92, 26.
154 Zu Schutzpflichten bei Sachverhalten mit Auslandsbezug allgemein BVerfGE 6, 290 (299 f.); BVerfGE 55, 349 (364 ff.); BVerfGE 40, 141 (177 f.); *Herdegen* (N 146), Art. 1 Abs. 3, Rn. 75. Zum aus Schutzpflichten abgeleiteten, leistungsrechtlichen „Einwirkungsanspruch" des einzelnen gegenüber deutscher auswärtiger Gewalt schon *Gunther Elbing*, Zur Anwendbarkeit der Grundrechte bei Sachverhalten mit Auslandsbezug, 1992, S. 98 ff. (dort abgeleitet aus einer „Erweiterung" einzelner Grundrechtsnormen). Kritisch dazu *Hofmann* (N 147), S. 28; → Bd. IX, *Isensee*, § 191 Rn. 208 ff.

ken von EZ-Vorhaben vorab zu prüfen und gegenüber den Partnern zumindest darauf hinzuwirken, daß vorhersehbare Verstöße erkannt und vermieden werden. In besonders grundrechtssensiblen Bereichen oder grundrechtsverletzungsanfälligen Staaten kann dies im Einzelfall auch bedeuten, daß die notwendigen Informations- und Einwirkungsrechte völkervertragsrechtlich zu schaffen sind oder zumindest im Rahmen von Regierungsverhandlungen auf ihre Schaffung hinzuwirken ist.

b) Mittelbare Bindung über das Verbot der Beteiligung an Rechtsverletzungen durch die Nehmer

72
Verantwortlichkeit durch Beihilfe

Allerdings kann sich eine Bindung der Bundesrepublik nicht nur aus eigenem auswärtigem Handeln, sondern auch mittelbar aus dem Verbot der Beihilfe zu einem Handeln der nehmerstaatlichen Regierung ergeben[155]. In diesem Fall würde das Erfordernis eigener Jurisdiktion entfallen. Art. 16 der Articles on State Responsibility, wie sie die International Law Commission 2001 verabschiedet hat, sieht eine solche Form der Verantwortlichkeit durch Beihilfe („complicity") vor[156]. Er enthält vier Tatbestandmerkmale[157].

73
Rechtswidriger Akt des Nehmerstaates

Beihilfe setzt danach erstens voraus, daß der Nehmerstaat einen nach internationalem Recht rechtswidrigen Akt begeht. Hat ein Nehmerstaat den einschlägigen Menschenrechtsvertrag unterzeichnet und die ihm daraus entstandenen Pflichten im Rahmen eines EZ-Projekts oder einer spezifischen Politik verletzt, zum Beispiel durch zwangsweise, kompensationslose Umsiedlungen, dann wäre das Recht auf angemessenes Wohnen (Art. 11 Sozialpakt) verletzt[158].

74
Unterstützung durch den Geber

Zweitens setzt Beihilfe voraus, daß der Nehmerstaat von dem Geberstaat bei Begehung des Aktes unterstützt wird und den Akt, drittens, mit Wissen des Geberstaates begeht. Auch dies kann nicht selten der Fall sein. Häufig kommen ein EZ-Projekt oder eine Entwicklungspolitik des Nehmerstaates, in deren Rahmen Menschenrechte gefährdet werden, nur deshalb zustande, weil der Geber gerade diese finanziell fördert. Seine Zahlung steht somit in kausalem Zusammenhang mit der Entstehung der Menschenrechtsverletzung. Da Projekte in der Projekt- und Programme in der Budgethilfe zudem regelmäßig sehr genau geplant werden, hat der Geber auch das nach Art. 16 verlangte Wissen. Auch wenn man den Gebern und insbesondere der Bundesrepublik unterstellen muß, daß sie mit ihren Zahlungen nicht auf Menschenrechtsver-

---

155 Mit Blick auf umweltvölkerrechtliche Pflichten in der EZ auch *Astrid Epiney*, Umweltvölkerrechtliche Rahmenbedingungen für Entwicklungsprojekte, in: Werner Meng/Sabine Schlemmer-Schulte u. a. (Hg.), Das internationale Recht im Nord-Süd-Verhältnis, 2006, S. 329 (358 ff.).
156 Art. 16 lautet: „A State which aids or assists another State in the commission of an internationally wrongful act by the latter is internationally responsible for doing so if (a) that State does so with knowledge of the circumstances of the internationally wrongful act; and (b) the act would be internationally wrongful if committed by that State."
157 Ausführlich zu den Tatbestandsmerkmalen *James Crawford*, The International Law Commission's Articles on State Responsibility, Cambridge 2002, S. 148 ff.; zur Rechtsfigur der Beihilfe generell *Helmut Aust*, Complicity and the Law of State Responsibility, Cambridge 2012.
158 Zu ökologisch bedenklichen Konstellation in EZ-Projekten ausführlich *Epiney* (N 155), S. 358 ff.

letzungen zielen, so ist ihnen über die Aushandlung des Projektes der Umfang der Menschenrechtsgefährdung doch deutlich bewußt. Wenn sie trotz dieses Wissens die ODA-Zahlung vornehmen, ohne die menschenrechtliche Unbedenklichkeit des Projekts zu prüfen und vertraglich zu sichern, so kann man auch von dem notwendigen subjektiven Element ausgehen.

Viertens ist es für das Vorliegen einer Beihilfe notwendig, daß der Akt auch dann rechtswidrig wäre, wenn ihn der Geberstaat selbst begangen hätte. Im vorliegenden Zusammenhang würde dies bedeuten, daß der Geberstaat einen entsprechenden Akt gegenüber seinen eigenen Bürgern vornimmt. Da Deutschland die entsprechenden Pakte anerkannt hat, unterliegt es dieser Bindung.

75 Rechtswidrigkeit bei Selbstvornahme

Da die Articles on State Responsibility, wie sie die International Law Commission nach 40jähriger Arbeit niedergelegt hat, auch Teil des völkerrechtlichen Gewohnheitsrechts sind, unterfallen sie der verfassungsrechtlichen Kategorie der allgemeinen Regeln gemäß Art. 25 GG. Sie sind Bestandteil des Bundesrechts mit Vorrang vor Gesetzesrecht[159]. Die völkerrechtliche Pflicht wird dadurch auf die staatlichen Organe der Bundesrepublik übergeleitet und verbindlich. Im Ergebnis läßt sich über die Regeln der Staatenverantwortlichkeit somit eine Haftung der Bundesrepublik für Menschenrechtsverletzungen annehmen, die mit ihrer Hilfe geschehen[160]. Diese Annahme einer Mit- statt eigener Verantwortlichkeit wird der kooperativen Struktur der Entwicklungszusammenarbeit besser gerecht und entschärft auch das in der Frage der Extraterritorialität angelegte Problem der Souveränitätseinschränkung.

76 Articles on State Responsibility

Verbindlichkeit und Haftung der Bundesrepublik

2. Umfang und Menschenrechtsbindung der Entwicklungszusammenarbeit: Pflichtentrias aus Achten, Schützen, Gewährleisten

Auch wenn eine Bindung angenommen wird, ist damit noch nicht die Frage nach dem Umfang der Bindung beantwortet. Hier hat die grund- und menschenrechtliche Dogmatik drei Dimensionen herausgearbeitet. In ihrer fundamentalen Bedeutung sollen Menschenrechte die Bürger vor hoheitlichen Übergriffen schützen. Darauf zielt die Achtungspflicht aus Menschenrechten („duty to respect"). Auch im Rahmen der Entwicklungszusammenarbeit sind Konstellationen denkbar, in denen die Vergabe von Official Development Assistance zu Gefährdungen dieser Rechte führen kann. So kann es beim Bau eines Dammes oder bei großen Infrastrukturmaßnahmen zu massenhaften zwangsweisen Umsiedlungen ohne Entschädigung kommen. Maßnahmen der Budgethilfe und Strukturanpassung ohne Anhörungen oder Beteiligung der Betroffenen können tiefgreifende soziale Folgen zeitigen[161]. Die Achtungspflicht der Menschenrechte soll verhindern, daß durch ODA-Vergabe Pro-

77 Dreidimensionale Dogmatik

Achtungspflicht

Vermeidung der Förderung menschenrechtsverletzender Projekte

---

159 BVerfGE 15, 25 (33); *Pernice* (N 113), Art. 25 Rn. 19; → oben *Cremer*, § 235 Rn. 27 ff.
160 So auch *Epiney* (N 155), S. 367.
161 Anschaulich *Irene Hadiprayitno*, Hazard or Right?, Utrecht 2009, S. 77 ff. (sie unterscheidet vier Hauptgefahren durch EZ-Projekte: „displacement and landlessness"; „joblessness and degradation of income"; „degradation of health, livelihood and morbidity"; „food insecurity").

jekte gefördert werden, die solche Verletzungen mit sich bringen. Insofern sind die Geber verpflichtet, die Förderung solcher Handlungen zu unterlassen und die Rechte der Betroffenen zu achten[162].

78
„Duty to protect"

Eine zweite Dimension menschenrechtlicher Pflichten besteht darin, daß die Verpflichteten auf das Verhalten Dritter einwirken sollen („duty to protect")[163]. Im Kontext der Entwicklungszusammenarbeit findet diese Dimension eine spezifische Anwendung insofern, als Staaten auch bei ihren Tätigkeiten in internationalen Organisationen an die Pflichten aus den Pakten gebunden sind[164]. Das Verhalten Deutschlands in den Gremien der Weltbank,

Europäische Union

aber auch in denjenigen der Europäischen Union unterliegt damit menschenrechtlicher Bindung[165].

79
Verpflichtung zur Gewährleistung von Rechten

Menschenrechte können in einer dritten Dimension auch positive Pflichten statuieren. Diese Gewährleistungspflichten („duty to fulfill") verlangen, daß die hoheitlichen Adressaten aktiv positive Maßnahmen ergreifen, um die rechtlichen, institutionellen und verfahrensmäßigen Voraussetzungen dafür zu schaffen, daß die Berechtigten ihre Rechte realisieren können. Dabei geht es insbesondere um Pflichten zur Ausgestaltung von Rechten. Dazu kann es nötig sein, Gesetze oder rechtliche Maßnahmen zu erlassen, institutionelle Voraussetzungen zu schaffen oder auch positive Leistungen im engeren Sinne von Geldleistungen zu erbringen. Allerdings sind dem staatli-

Vorbehalt des Möglichen

chen Handeln in dieser Dimension am ehesten faktische Grenzen gezogen, die das Recht der Menschenrechtspakte berücksichtigt. Insbesondere Art. 2 Abs. 1 Sozialpakt statuiert, daß die Vertragsstaaten die im Pakt verbürgten Rechte „unter Ausschöpfung aller ihrer Möglichkeiten" und „nach und

„Minimum core"

nach" verwirklichen sollen. Dies wird so verstanden, daß die Adressaten nur im Rahmen verfügbarer Ressourcen zur progressiven Verwirklichung der Rechte verpflichtet sind, dabei aber jedenfalls einen Kerngehalt („minimum core") ermöglichen sollen[166].

---

162 Zu den entsprechenden Pflichten aus dem Sozialpakt siehe UN-Ausschuß für wirtschaftliche, soziale und kulturelle Rechte (CESCR), General Comment, Nr. 2, Rn. 6 (zu technischer Hilfe); General Comment, Nr. 4, Rn. 19 (zum Recht auf angemessene Unterbringung); General Comment Nr. 15, Rn. 33 (zum Recht auf Wasser); General Comment, Nr. 19, Rn. 53 (zum Recht auf soziale Sicherheit). Der genaue Gehalt dieser Pflichten muß in jedem Einzelfall und mit Blick auf einzelne Rechte geklärt werden. Für Beispiele mit Blick auf die Weltbank und ihre Pflichten aus dem Recht auf Erziehung und auf Ernährung siehe *Skogly* (N 134), S. 154 ff.
163 Hierzu generell *Walter Kälin/Jörg Künzli*, Universeller Menschenrechtsschutz, ²2008, S. 118 ff.
164 So fordert der UN-Ausschuß für wirtschaftliche, soziale und kulturelle Rechte (CESCR) Mitgliedstaaten dazu auf, „als Mitglied internationaler Finanzinstitutionen, hier besonders der Weltbank, ... unter Ausschöpfung seiner gesamten Möglichkeiten zu gewährleisten, daß die Maßnahmen und Entscheidungen dieser Organisationen den Verpflichtungen der Vertragsstaaten, insbesondere derer nach Art. 2 Abs. 1, Art. 11, 15, 22 und 23 bezüglich der internationalen Hilfe und Zusammenarbeit, entsprechen". Konkret gegenüber Deutschland CESCR, Concluding Observations Germany, E/C.12/1/Add. 68, Rn. 31; entsprechende Aufforderungen erfolgten u. a. auch gegenüber Frankreich, Italien und Belgien, siehe CESCR, Concluding Observations France E/2002/22, Rn. 881; Concluding Observations Italy E/2002/22, Rn. 126; Concluding Observations Belgium E/2001/22, Rn. 493.
165 So auch *Salomon* (N 114), S. 106 f.; *Sepulveda* (N 118), S. 237 f.
166 *Malcolm Langford*, The Justiciability of Social Rights: From Practice to Theory, in: Malcolm Langford (Hg.), Social Rights Jurisprudence, Oslo 2008, S. 3 (21 ff.); *Sepulveda* (N 118), S. 313 ff.

Entsprechende Pflichten obliegen im Kontext der Entwicklungszusammenarbeit vornehmlich den Nehmerstaaten. Sie haben für die Gewährleistung der Rechte ihrer Bürger zu sorgen. Allerdings können auch die Geber gewisse Gewährleistungspflichten treffen. Dabei handelt es sich weniger um subjektive Rechte als vielmehr um Gestaltungsaufträge an den Gesetzgeber.

80
Vornehmliche Pflicht der Nehmerstaaten

3. Menschenrechtsverträglichkeitsprüfung

Geber, einschließlich der Bundesrepublik Deutschland, sind zum Menschenrechtsschutz durch Verfahren verpflichtet. Sie haben menschenrechtliche Risiken der von ihnen geförderten Projekte systematisch zu prüfen, bevor sie der Förderung zustimmen. Vergleichbar einer Umweltverträglichkeitsprüfung müssen Geber dabei vor ihrer Zustimmung zu einem Projekt und während seiner Umsetzung sicherstellen, daß Menschenrechte durch die geplanten Projekte nicht gefährdet werden.

81
Prüfung von menschenrechtlichen Risiken

Ansätze zu einer solchen Prüfung bestehen heute schon insbesondere im Recht der Weltbank[167]. Das deutsche Entwicklungsverwaltungsrecht kannte entsprechende Pflichten bislang nicht. Allerdings bestand eine Praxis des Bundestages, in Einzelfällen Anfragen zur menschenrechtlichen Gefährdungslage von Projekten zu stellen. Damit ist aber weder eine systematische noch eine vorherige Prüfung gesichert. Abhilfe verspricht insoweit nur die Integration einer systematischen Menschenrechtsverträglichkeitsprüfung in das Vergabeverfahren der deutschen Entwicklungszusammenarbeit[168]. Tatsächlich legt nunmehr auch das 2011 veröffentlice Menschenrechtskonzept des Bundesministeriums für wirtschaftliche Zusammenarbeit und Entwicklung nieder, daß im Vorfeld aller Vorhaben der bilateralen Entwicklungszusammenarbeit eine Prüfung menschenrechtlicher Risiken und Wirkungen vorzunehmen ist. An dieser Überprüfung soll die lokale Bevölkerung aktiv beteiligt werden. Auch in der Umsetzungsphase sind die Auswirkungen auf Menschenrechte zu beobachten und darüber zu berichten[169]. Dieses Vorhaben ist zu begrüßen und seine Umsetzung nach hier vertretener Auffassung auch rechtlich geboten.

82
Keine normierte Prüfungspflicht

Menschenrechtskonzept des BMZ als Neuerung

Im Hinblick auf institutionelle Vorkehrungen zum Schutz von Grund- und Menschenrechten in der Entwicklungszusammenarbeit ist insbesondere an Beschwerdemechanismen für konkret projektbetroffene Bürger der Nehmerstaaten zu denken. Solche Mechanismen haben sich bei den multilateralen Entwicklungsbanken etabliert, namentlich in Form des „Inspection Panels"

83
Beschwerdemechanismen für Bürger

---

167 Sie hat zahlreiche „Safeguard policies" erlassen, die ihre Mitarbeiter dazu verpflichten, bei der Aushandlung von Projekten bestimmte Umwelt- und Sozialaspekte zu prüfen: *Dann* (N 8), § 23.I.2. Das EntwVerwR der Europäischen Union kennt solche Prüfungspflichten nur in einem eingeschränkten Maß, entwickelt sich aber in Richtung einer Praxis von „Human Rights Impact Assessments" auch für auswärtiges Unionshandeln fort.
168 Vgl. *Deutscher Bundestag*, Sitzung des Menschenrechts/EZ-Ausschusses, Frühjahr 2012.
169 *BMZ*, Menschenrechts-Konzept, S. 15.

Fehlende Mechanismen in Deutschland der Weltbank[170]. In Deutschland fehlt ein EZ-spezifischer Mechanismus. Vorschläge von Nichtregierungsorganisationen zur Einrichtung und Ausgestaltung eines Beschwerdemechanismus liegen vor[171]. Allerdings ist hinzuzufügen, daß aus Sicht der Pakte jedenfalls keine subjektiven Rechte auf die Einrichtung solcher Mechanismen bestehen, sondern allenfalls Gestaltungsaufträge an zum Beispiel den deutschen Gesetzgeber begründbar sind.

IV. Effizienz

84 Umgang mit eingesetzten Ressourcen

Eine vierte Leitidee des Entwicklungsverwaltungsrechts zielt nicht auf das Ziel oder einzelne Akteure der Entwicklungszusammenarbeit, sondern auf ihre prozedurale Gestaltung und ihren Umgang mit den eingesetzten Ressourcen. Die vielfältigen Ausprägungen dieser Leitidee seien hier als Prinzip der Kohärenz und Effizienz gefaßt und systematisiert. Dabei handelt es sich um einen Aspekt, der in den letzten Jahren durch die Debatte um „aid effectiveness" besonders betont wurde und eine wesentliche Einsicht thematisiert: Entwicklungszusammenarbeit, die mit Official Development Assistance und also aus öffentlichen Mitteln finanziert wird, muß um eine möglichst wirksame und effiziente Nutzung dieser Mittel bemüht sein[172].

85 Erfordernis der Betrachtung im Kontext

Zugleich sollte sie doch im weiteren, auch normativen Kontext gesehen werden. Wird Effizienz zum dominanten Maßstab und Entwicklungszusammenarbeit insgesamt durch die Brille dieses Gedankens betrachtet, so werden andere Werte, namentlich kollektive und individuelle Autonomie, zu bloßen Mitteln. Betroffene Bürger, aber auch die Nehmerstaaten selbst werden dann Statisten zur Erreichung eines andernorts definierten Zwecks. Dies kann, wie die bereits erläuterten Prinzipien verdeutlicht haben, normativ nicht überzeugen. Vielmehr haben diese einen Eigenstand, der nicht im Blick auf Effizienz aufgeht[173].

86 Wirtschaftlichkeit, Ergebnisorientierung, Konzentration

Das Kohärenz- und Effizienzprinzip zielt auch auf das Problem der Korruption in der Entwicklungszusammenarbeit, formuliert darüber hinaus aber schlicht einen Grundgedanken des Umgangs mit öffentlichen Geldern in zweifacher Weise, nämlich zum einen als Grundsatz der Wirtschaftlichkeit im allgemeinen Haushaltsrecht (1.) und zum anderen mit speziellem Blick auf die Entwicklungszusammenarbeit als Grundsatz der Ergebnisorientierung und der Konzentration (2.).

---

170 Ausführlich zum Grundansatz und seiner Umsetzung in Weltbank, EU und Deutschland *Dann* (N 9), chap. 9.
171 *Forum Menschenrechte*, Proposal for a Human Rights Complaint Mechanism for German development cooperation, Oktober 2012.
172 Zu dieser Debatte ausführlich *Dann* (N 8), § 6.II.; aus politikwissenschaftlicher Sicht Jörg Faust/ Susanne Neubert (Hg), Wirksamere Entwicklungspolitik. Befunde, Reformen, Instrumente, 2010.
173 Für eine umsichtige Integration des Effizienzgedankens im nationalen Verwaltungsrecht auch *Schmidt-Aßmann* (N 48), S. 317; ausführlich auch *Rainer Pitschas*, Maßstäbe des Verwaltungshandelns, in: Wolfgang Hoffmann-Riem/Eberhard Schmidt-Aßmann/Andreas Voßkuhle (Hg.), Grundlagen des Verwaltungsrechts, Bd. II, ²2012, § 42 Rn. 111 ff.

1. Wirtschaftlichkeit

Entwicklungszusammenarbeit beruht letztlich auf einem Finanztransfer. Auch wenn dieses Geld für diverse Zwecke verwandt wird, werden all diese doch erst möglich aufgrund einer ursprünglichen Geldleistung. Der Grundsatz der Wirtschaftlichkeit markiert daher einen fundamentalen Aspekt des Entwicklungsverwaltungsrechts. Er besagt, daß die günstigste Relation zwischen dem verfolgten Zweck und den einzusetzenden Mitteln anzustreben ist. Er kann als Minimalprinzip (ein bestimmtes Ergebnis wird mit möglichst geringem Einsatz von Mitteln erreicht) oder als Maximalprinzip (mit einem bestimmten Einsatz von Mitteln soll ein bestmögliches Ergebnis erzielt werden) verstanden werden. Dieser Grundsatz ist im Haushaltsrecht aller Geber niedergelegt und gilt insofern auch für die Zuwendungen in der Entwicklungszusammenarbeit, die als Official Development Assistance zu qualifizieren sind.

87 Optimale Mittel-Zweck-Relation

Im deutschen Recht ist der Grundsatz der Wirtschaftlichkeit an verschiedenen Stellen niedergelegt und ausgeformt[174]. So legt Art. 114 Abs. 2 GG fest, daß der Bundesrechnungshof die Wirtschaftlichkeit und Ordnungsmäßigkeit der Haushalts- und Wirtschaftsführung prüft. Die §§ 6 Haushaltsgrundsätzegesetz (HGrG) und 7 Bundeshaushaltsordnung (BHO) normieren wortgleich, daß „bei der Aufstellung und Ausführung des Haushaltsplans" die Grundsätze der Wirtschaftlichkeit und Sparsamkeit zu beachten sind. Schließlich legen §§ 14 HGrG und 23 BHO mit Blick auf Geldleistungen an Stellen außerhalb der Bundesverwaltung zur Erfüllung bestimmter Aufgaben (Zuwendungen) fest, daß solche Zuwendungen (unter die auch viele Posten der ODA-Ausgaben fallen[175]) nur veranschlagt werden dürfen, wenn der Bund an der Erfüllung durch solche Stellen ein erhebliches Interesse hat, das ohne die Zuwendung nicht oder nicht im notwendigen Umfang befriedigt werden kann.

88 Wirtschaftlichkeit als Rechtsprinzip

Der Grundsatz der Wirtschaftlichkeit enthält somit sowohl einen Kontrollauftrag der Rechnungsprüfung, der sich an den Bundesrechnungshof richtet, als auch einen Handlungsmaßstab, der für die Exekutive wie auch für den Haushaltsgesetzgeber gilt. Dabei ist festzuhalten, daß Wirtschaftlichkeit an sich ein inhaltlich offenes Prinzip (und Optimierungsgebot) darstellt, daß erst in bezug auf ein konkretes Ziel relevant wird. Im Kontext der Entwicklungszusammenarbeit findet sich dieses in der Ausrichtung auf die Armutsbekämpfung. Für die Gelder, die die Bundesrepublik als Official Development Assistance verwendet, gilt also eine grundsätzliche Pflicht des wirtschaftlichen Handelns[176].

89 Kontrollauftrag und Handlungsmaßstab

---

174 *Gröpl* (N 45), S. 343; *Schmidt-Aßmann* (N 48), S. 6, 64 ff., 316 ff.; *Hans Herbert von Arnim*, Wirtschaftlichkeit als Rechtsprinzip, 1988; → Bd. V, *Gröpl*, § 121 Rn. 16 ff.
175 Zum Begriff der Zuwendung *Werner Patzig*, Haushaltsrecht des Bundes und der Länder (Kommentar), Bd. II, 1987, C/23/7.
176 Gerade für den Bereich der Zuwendungen gibt es spezifische Verfahren der Erfolgskontrolle, die noch jüngst Gegenstand von Diskussion und Reform gewesen sind (*Hermann Dommach*, Das Verfahren der Erfolgskontrolle durch die Bundesverwaltung für zuwendungsfinanzierte Projekte und Institutionen, in: DÖV 63 (2008), S. 282 ff.; *Gröpl* (N 45), S. 560 ff.; generell zum Verfahren der Finanzkontrolle *Herbert Rischer*, Finanzkontrolle staatlicher Verwaltung, 1995; siehe auch die Beiträge in *Helmut Schulze-Fielitz* (Hg.), Fortschritte der Finanzkontrolle in Theorie und Praxis, 2000.

90

EU und Weltbank

Auch im Recht der Europäischen Union[177] und im Innenrecht der Weltbank[178] finden sich Vorgaben zur Wirtschaftlichkeit und Kontrolle des Mitteleinsatzes. Im Ergebnis zeigt sich, daß die Verpflichtung auf einen wirtschaftlichen und rationalen Umgang mit Ressourcen ein Grundgedanke jeder hoheitlichen Institution ist, die mit der ODA-Vergabe betraut ist. Darüber hinaus findet der Gedanke aber auch EZ-spezifische Ausprägungen.

2. Ergebnisorientierung und Konzentration

91

Kontrolle der verwendeten Mittel

In der Entwicklungszusammenarbeit hat der Gedanke der möglichst wirksamen Verwendung von Geldern zwei weitere, spezifische Ausformungen erfahren, nämlich den Grundsatz der Ergebnisorientierung sowie den Grundsatz der Konzentration. Insbesondere nach der Pariser Erklärung und ihren Nachfolgedokumenten sollen EZ-Mittel ergebnisorientiert verwaltet und eingesetzt werden. Dieser Grundsatz zielt darauf, bei der Programmierung der ODA-Vergabe klare, am besten quantitativ bemessene Ziele zu definieren und präzise Berichts- und Evaluierungssysteme einzurichten, mit denen die Verwendung der Mittel und die Realisierung der angestrebten Ziele kontrolliert werden können. In der Pariser Erklärung verpflichten sich die Nehmerstaaten dazu, entsprechende Evaluierungsrahmen zu schaffen und Indikatoren zu benennen, während die Geberstaaten sich verpflichten, sich an den Zielen und Evaluierungssystemen der Entwicklungsstrategien der Nehmerstaaten auszurichten[179].

92

Grundsatzerklärung der EU

Diese Grundidee wird insbesondere im europäischen Entwicklungsverwaltungsrecht schon aufgenommen. Hier hat sich der Europäische Konsens von 2005 als eine Grundsatzerklärung der Europäischen Union und ihrer Mit-

---

177 Im Recht der Europäischen Union findet sich der Grundsatz der Wirtschaftlichkeit in Art. 317 Abs. 1 AEUV sowie für ODA-Leistungen an die AKP-Staaten in Art. 11, 13 Verordnung des Rates Nr. 215/2008. Als korrespondierende Kontrollvorschriften siehe Art. 287 Abs. 2 UAbs. 1 AEUV (mit vielen weiteren Nachweisen *Wolfgang Schenk*, Strukturen und Rechtsfragen der gemeinschaftlichen Leistungsverwaltung, 2006, S. 351).
178 Das Recht der Weltbank kennt diverse Vorschriften, die zwar den Grundsatz der Wirtschaftlichkeit nicht explizit niederlegen, der Bank aber die inhaltlich äquivalente Pflicht zum wirtschaftlichen Umgang mit Ressourcen auferlegen: Die Bank ist, erstens, verpflichtet, eine ausführliche Prüfung der Kreditwürdigkeit eines Landes zu machen, an das Kredite vergeben werden sollen (IBRD, Art. III, Sect. 4 v). Weltbank-Gelder sollen, zweitens, grundsätzlich nur für „spezifische Projekte" vergeben werden (IBRD, Art. III, Sect. 4 vii); IDA, Art. V, Sect. 1 b), womit sichergestellt werden soll, daß die Verwendung und die Wirksamkeit der Mittel genau kontrolliert werden können. Geht es um die Vergabe konkreter Projektkredite, so muß jedes Projekt, drittens, durch die Mitarbeiter der Bank nicht nur entwicklungstechnisch, sondern auch ökonomisch gerechtfertigt werden (OP 10.0, Rn. 3; OP/BP 10.04). Dies umfaßt eine intensive ökonomische Kosten-Nutzen-Rechnung der Bank. Um die zweckspezifische Verwendung der Kredite zu sichern, darf die Bank, viertens, Gelder nur auszahlen, soweit konkrete Ausgaben anfallen (IBRD, Art. III, Sect. 5; IDA, Art. V, Sect. 1 h). Ist der Kreditnehmer kein Mitgliedsland, sondern ein Privater, dann schreiben die IBRD-Articles vor, daß die IBRD den Kredit nur dann vergeben darf, wenn der Heimatstaat den Kredit mit einer Bürgschaft absichert („statutory government guarantee") (IBRD, Art. III, Sect. 4 i). Zu weiteren Accountability-Regeln ausführlich *Philipp Dann*, Accountability in Development Aid Law, in: AVR 44 (2006), S. 381 (389 ff.). So muß sie ihre Haushaltsführung einem externen Auditing unterziehen (IBRD, Art. V, Sect. 13).
179 Pariser Erklärung, Rn. 43 ff.

gliedstaaten generell zur Idee der Ergebnisorientierung bekannt[180]. Zudem haben die seither ergangenen Verordnungen zur Entwicklungszusammenarbeit, insbesondere die zentrale Verordnung 1905/2006 (DCI-Verordnung), diese Idee aufgenommen[181]. Auch die deutschen Leitlinien zur Entwicklungszusammenarbeit von 2007 nehmen den Gedanken der Ergebnisorientierung auf und setzen ihn in den konkreten Planungsregeln konkret um[182].

Bei der zweiten Ausformung handelt es sich um den Grundsatz der Schwerpunktsetzung oder Konzentration[183]. Danach verpflichten sich die Geber, ihren ODA-Einsatz jeweils auf wenige inhaltliche Sektoren und/oder wenige Nehmerländer zu konzentrieren und dadurch eine Bündelung von Kompetenzen und Ressourcen zur Bearbeitung von Kernproblemen zu erreichen. Entsprechende Schwerpunktsetzungen sollen dabei im Dialog sowohl mit dem Nehmerland als auch mit den anderen Gebern erfolgen. Entsprechend enthalten heute sowohl die Leitlinien des Bundesministeriums für wirtschaftliche Zusammenarbeit und Entwicklung als auch die DCI-Verordnung thematische Schwerpunktsetzungen.

93
Bündelung von Kompetenzen und Ressourcen

3. Insbesondere: Korruptionsbekämpfung

Der zweckbestimmte und ergebnisorientierte Einsatz von Official Development Assistance umfaßt auch die Vermeidung und Bekämpfung von Korruption bei der Projektvergabe und -durchführung. Allgemein ist Korruption in Nehmerstaaten heute als Entwicklungshemmnis erkannt worden und ihre Bekämpfung zum Ziel entwicklungspolitischer „Good Governance"-Initiativen geworden[184]. In diesem Kontext nutzen Entwicklungspolitik und Nehmerstaaten etwa nationales Vergaberecht als Mittel der Korruptionsbekämpfung[185].

94
Vergaberecht als Mittel

Daneben ist auch die ODA-Vergabe selbst Gegenstand allgemeiner und spezieller Anti-Korruptions-Regime. Allgemeine völkerrechtliche Vorgaben zur Korruptionsbekämpfung auf Ebene der Vereinten Nationen, der Organisation für wirtschaftliche Zusammenarbeit und Entwicklung und des Europarates erfassen, soweit ratifiziert, grundsätzlich auch die Entwicklungszusammenarbeit[186]. Die Weltbank verpflichtet ihre Vertragspartner in Allgemeinen

95
Anti-Korruptions-Regime

---

180 Europäischer Konsens, Rn. 25.
181 Siehe Art. 3 Abs. 8, 19 Abs. 4 VO-1905/2006.
182 *BMZ*, Leitlinien, Rn. 1, 22.
183 Vgl. Europäischer Konsens, Rn. 67 ff.; *BMZ*, Leitlinien, Rn. 2.
184 Allgemeiner Überblick bei *van Aaken* (N 125), S. 611; Sebastian Wolf, Internationale Antikorruptionsregime als Phänomen neuer Staatlichkeit, in: Christian Lahusen/Carsten Stark (Hg.), Korruption und neue Staatlichkeit, 2009, S. 177 ff.
185 *Laurence M. Westen*, Das Vergaberecht als Mittel der Korruptionsbekämpfung in den Entwicklungsländern Subsahara-Afrikas am Beispiel Kenia, 2012.
186 Namentlich die UN-Konvention gegen Korruption, A/RES/58/4 (11. 12. 2003), in: ILM 43 (2004), S. 37; die OECD Convention on Combating Bribery of Foreign Public Officials in International Business Transactions vom 17. 12. 1997; die Strafrechtsübereinkommen des Europarates gegen Korruption vom 27. 1. 1999 und das Zivilrechtsübereinkommen des Europarates gegen Korruption vom 4. 11. 1999, ETS No. 173 und 174. Näher *Anne van Aaken*, Die UN-Konvention gegen Korruption: Alter Wein in neuen Schläuchen?, in: Rainer Hofmann/Christina Pfaff (Hg.), Die Konvention der Vereinten Nationen zur Bekämpfung der Korruption: Betrachtungen aus Wissenschaft und Praxis, 2006, S. 9.

Geschäftsbedingungen auf Vermeidung und Bekämpfung von Korruption bei der Ausschreibung von öffentlichen Aufträgen und hat ein eigenes Ermittlungs- und Sanktionsinstrumentarium entwickelt, das den Ausschluß korrupter Firmen von künftiger Auftragsvergabe umfaßt[187]. In der Europäischen Union ermittelt die Betrugsbekämpfungsbehörde (OLAF) auch in Fällen mit EZ-Bezug und fördert etwa das Instrument des „whistle-blowing" in Projekten[188].

96
Umsetzung im deutschen Strafrecht

Compliance-Management

Im deutschen Recht sind die Vorgaben ratifizierter Anti-Korruptions-Abkommen umgesetzt und insbesondere strafrechtliche Normen wie die §§ 331 ff. StGB teils auch auf die Bestechung ausländischer Amtsträger erstreckt worden[189]. Die strafrechtliche Verantwortlichkeit bildet auch den Anknüpfungspunkt für Compliance-Management in der Entwicklungsverwaltung. So haben sich die Durchführungsorganisationen interne Codes of Coduct gegeben und die Deutsche Gesellschaft für Internationale Zusammenarbeit hat einen internen Integritätsbeauftragten und eine externe Vertrauensanwältin berufen[190].

D. Verfahren und Instrumente

97
Ebenenübergreifendes Leistungsverwaltungsrecht

Die Entwicklungsverwaltung kennt seit den 1960er Jahren zunehmend formalisierte Formen der Planung, Vergabe und Kontrolle. Heute haben Weltbank, Europäische Union und deutsche Entwicklungszusammenarbeit unterschiedliche Verfahrenstypen ausgeprägt, deren Strukturen jedoch konvergieren und so Konturen eines ebenenübergreifenden Leistungsverwaltungsrechts erkennen lassen. Dieses Verfahrensrecht organisiert einen mehrstufigen und mehrpoligen Prozeß der Mittelvergabe, in dem sich drei Phasen unterscheiden lassen: ein erste Phase der mittelfristigen Planung, meist „Programmierung" genannt, eine zweite Phase der Vergabevereinbarung und schließlich eine dritte Phase der Durchführung und begleitenden Kontrolle.

---

187 Siehe www.worldbank.org/integrity. World Bank, Annual Integrity Report: Fiscal Year 2007, 2008, http://siteresources.worldbank.org/INTDOII/Resources/fy07report-complete.pdf; näher *Dann* (N 9), S. 447.
188 *Europäische Kommission*, Supporting anti-corruption reform in partner countries: Concepts, tools and areas for action, 2011, S. 42, 65; *dies*, Protection of the financial interests of the Communities – Fight against fraud – Annual report 2006: Report from the Commission to the European Parliament and the Council, in: COM (2007) 390, 6. 7. 2007, S. 19 ff. Auffindbar unter http://ec.europa.eu/anti–fraud/documents/reports-commission/2006–en.pdf.
189 Gesetz zu dem Protokoll vom 27. 9. 1996 zum Übereinkommen über den Schutz der finanziellen Interessen der Europäischen Gemeinschaften (EU-Bestechungsgesetz – EUBstG), in: BGBl 1998 II, Nr. 37, S. 2340 (sowie das Änderungsgesetz, in: BGBl 2004 I, Nr. 38, S. 1763); Gesetz zu dem Übereinkommen vom 17. 12. 1997 über die Bekämpfung der Bestechung ausländischer Amtsträger im internationalen Geschäftsverkehr (Gesetz zur Bekämpfung internationaler Bestechung – IntBestG), in: BGBl 1998 II, Nr. 37, S. 2327.
190 Siehe www.kfw.de/kfw/en/KfW–Group/About–KfW/Responsability–and–Corporate–Governance/Integrity–and–Compliance/Corruption.jsp.

I. Planung der ODA-Vergabe: Programmierung

Die Programmierungsphase verfolgt den Zweck, die zuvor unkoordiniert genehmigten Projekte in einen Zusammenhang zu bringen und so den Mitteleinsatz zu effektuieren. Die Programmierung bezieht sich stets auf ein Nehmerland, eine Region oder einen Themenbereich und hat einen mittelfristigen Horizont von einigen Jahren. Sie dient, wie jede Planung, den Funktionen der Generierung von Wissen, der Artikulation von Interessen und der Analyse der Bedarfslage[191]. In der Entwicklungszusammenarbeit kommt der Programmierung besondere Bedeutung zu, setzt sie doch Themen, markiert Grenzen und bestimmt generell die Agenda der Kooperation in einem frühen Stadium der ODA-Allokation. Sie erweist sich damit als Test insbesondere für Fragen der kollektiven Autonomie und der Koordination.

98 Koordinierung der Projekte

Insoweit hat die Betonung der Eigenverantwortung der Nehmer in jüngerer Zeit auch die nehmerseitige Programmierung in den Vordergrund gerückt, insbesondere durch das Instrument der „Poverty Reduction Strategy Papers"[192]. In der Summe erweist sich das Planungsrecht der Entwicklungszusammenarbeit aber nach wie vor als ein im Wege von Gebern geprägtes Recht. Hier haben Weltbank und Europäische Union zwei unterschiedliche Verfahrenstypen ausgeprägt: Die Programmierung der Weltbank, die wesentlich auf dem Instrument der „Country Assistance Strategy" beruht, zeichnet sich durch ein expertokratisch-konsultatives Verfahren und nur vage Grenzen des Planungsermessens aus[193]. Dagegen trägt das Verfahren der Europäischen Union, das auf Landesstrategiepapieren („country strategy paper") und Mehrjahresrichtprogrammen („multi-annual indicative program") beruht, weitgehend kooperative Züge, während das Planungsermessen vielen inhaltlichen Grenzen unterliegt[194].

99 Poverty Reduction Strategy Papers

Verfahren der Weltbank

Verfahren der EU

Auch die deutsche Entwicklungszusammenarbeit kennt seit den 1970er Jahren das Instrument der mittelfristigen Länderplanung[195]. Allerdings findet diese weitgehend unterhalb der Ebene formalen Rechts statt. Die Leitlinien der Bundesregierung zur deutschen Entwicklungszusammenarbeit sprechen allein die Zuständigkeit der Bundesregierung zur Erstellung von Länderanalysen sowie zur Formulierung von „Strategien, Zielen und Schwerpunkten mit den einzelnen Partnern" an[196]. Sie geben aber weder konkrete Instrumente noch dazugehörige Verfahren vor. Nichtsdestotrotz besteht eine regelmäßige und strukturierte Praxis der Planung. Diese gliedert sich erstens in eine Etappe der Konzentration auf bestimmte Partnerländer und thematische Schwerpunkte und zweitens eine Phase der Erstellung von Länderkonzepten

100 Mittelfristige Länderplanung

Regelmäßige und strukturierte Praxis der Planung

---

191 Allgemein *Eberhard Schmidt-Aßmann*, Aufgabe und Perspektive Verwaltungsrechtlicher Forschung, 2006, S. 158, 159. Näher zu den Zwecken in der EZ *Dann* (N 8), S. 279 ff.
192 Näher *Dann* (N 8), S. 282 ff.
193 Näher *Dann* (N 8), S. 290 ff.
194 Näher *Dann* (N 8), S. 301 ff.
195 *Pellens* (N 31), S. 93.
196 *BMZ*, Leitlinien, Rn. 15. Zu diesen s. o. Rn. 21.

§ 249 *Zweiundzwanzigster Teil: Grenzüberschreitende Staatsaufgaben*

und Schwerpunktstrategiepapieren[197]. Die planungsleitenden Dokumente sind für die Ministerialverwaltung unmittelbar und für die Durchführungsorganisationen im Rahmen von BMZ-Aufträgen verbindlich. Jenseits dieser informellen, verfahrensrechtlichen Regelungen besteht eine materiell-rechtliche Hegung mit Blick auf die Bindung an Menschenrechte und die allgemeinen Ziele der Entwicklungszusammenarbeit, wie sie in Menschenrechtskonzepten und Leitlinien des Bundesministeriums für wirtschaftliche Zusammenarbeit und Entwicklung, aber auch in den Prinzipien Entwicklung und individueller Autonomie niedergelegt sind.

Ausrichtung auf Menschenrechte

II. Konkretisierte und generelle ODA-Vergabe: Projekt- und Budgethilfe

101
Bindende Verträge anhand der Pläne

Legen die Geber in der Programmierungsphase ein Tableau verschiedener Optionen fest, so wählen Geber und Nehmer in der zweiten Phase der Vergabe bestimmte Vorhaben aus. Auf Grundlage der einseitigen, nur intern verbindlichen Pläne der Geber werden nun gegenseitige, bindende Verträge geschlossen. Wie auch die Programmierung hat die Vergabephase die Funktion der Wissensgenerierung und Interessenartikulation. Hinzu tritt die Funktion der Zwecksicherung, die durch das Instrument der vertraglichen Konditionalität erfüllt werden soll[198].

Wissensgenerierung und Interessenartikulation

102
Finanzierungsmöglichkeiten

Bei der Vereinbarung der Vergabe stehen den Parteien im Kern zwei Finanzierungsinstrumente zur Verfügung, die unterschiedlichen Rechtsregimen unterliegen: Die Parteien können zum einen die Förderung konkreter Projekte vereinbaren, deren Träger, Inhalte und Ziele vertraglich festgeschrieben werden (Projekthilfe). Zum anderen besteht die Möglichkeit, dem Haushalt des Nehmers einen generellen Zuschuß zukommen zu lassen, den dieser selbstständig nutzen kann (Budgethilfe). In der Entscheidung zwischen diesen beiden Instrumenten liegt nicht zuletzt eine Antwort auf die Frage, in welchem Maße die Zusammenarbeit von der Eigenverantwortung des Nehmers und vom Vertrauen des Nehmers in die Fähigkeiten des Gebers getragen ist[199].

Unterscheidung anhand der Eigenverantwortung des Nehmers

103
Projekthilfe im Recht der Weltbank

Die Projekthilfe ist im Recht der Weltbank am intensivsten geregelt. Kennzeichnend ist dort ein engmaschiges Netz von Vorgaben zur Prüfung der Chancen und umweltrechtlichen und sozialen Risiken von Projekten. Die Regime der Europäischen Union und Deutschlands stellen sich demgegenüber als beschränkt, aber nicht notwendigerweise als defizitär dar[200]. Die deutschen Leitlinien für die bilaterale technische (TZ) und finanzielle Zusammenarbeit (FZ) enthalten die wesentlichen Vorschriften für die Projektvergabe. Die konkrete Vergabe beruht auf einer Zusage der Bundesregierung, geeignete Fördermaßnahmen in einem Nehmerland grundsätzlich zu unter-

Vergabeverfahren in Deutschland

Zusage der Bundesregierung

---
197 Näher hierzu und zum Folgenden *Dann* (N 8), S. 314 ff.
198 Näher zu den Funktionen *Dann* (N 8), S. 329 ff.
199 *Dann* (N 8), S. 326 f.
200 Näher zur Weltbank und EU *Dann* (N 8), S. 334 ff.

stützen[201]. Diese Zusage steht unter dem Vorbehalt, daß geeignete Projekte vorgeschlagen und positiv geprüft werden. Das dazu einschlägige Verfahren besteht aus drei Phasen, nämlich (1.) dem Vorschlag des Nehmers und der Auswahl durch das Bundesministerium für wirtschaftliche Zusammenarbeit und Entwicklung, (2.) der Prüfung durch die deutsche Durchführungsorganisation und der Planung des Umgangs mit möglichen Risiken und (3.) dem Abschluß einer völkerrechtlichen Maßnahmevereinbarung zwischen der Bundesregierung und der Partnerregierung[202]. Die materiellen Kriterien der Vergabe sind in den Leitlinien angedeutet und umfassen etwa die gesamtwirtschaftliche Situation des Kooperationspartners und den Bedarfsnachweis für das Projekt, seine technische Gestaltung und seine Auswirkungen in volkswirtschaftlicher, soziokultureller genderspezifischer und ökologischer Hinsicht[203]. Hinzu kommt die im Menschenrechtskonzept verlangte Prüfung der menschenrechtlichen Wirkungen und Risiken des Projekts[204].

<small>Positive Prüfung des Projekts</small>

<small>Materielle Kriterien der Vergabe</small>

Die Budgethilfe verfolgt den Zweck, gegenüber Einzelprojekten Transaktionskostenkosten zu senken, breitere Effekte zu erzielen, Geberbeiträge zusammenzuführen und politische Prozesse im Nehmerland, namentlich das in Projekthilfe oft nicht einbezogene Parlament, zu stärken[205]. Die entsprechenden Vorschriften der Weltbank, der Europäischen Union und der deutschen Entwicklungszusammenarbeit – dort terminologisch unter programmorientierter Gemeinschaftsfinanzierung verortet – sind vergleichsweise knapp und ähneln sich. Generell erachtet das Recht der Geber nicht nur konkrete Entwicklungsmaßnahmen, sondern auch Zuschüsse zum allgemeinen Haushalt von Entwicklungsländern für zulässig[206]. Zur Voraussetzung der Vergabe wird dabei die Erfüllung einer umfassenderen Politik- und Regierungskonditionalität gemacht. Die entsprechenden Vergabekriterien verlangen erstens die Vorlage eines spezifischen sektor- oder makro-ökonomischen Programms, auf das sich die Finanzierung beziehen kann[207]. Zweite Voraussetzung ist, daß das öffentliche Finanzsystem des Nehmerstaates transparent, zuverlässig und effizient ist[208]. Drittens ist die Budgethilfe geknüpft an eine positiv verlaufende Prüfung der Regierungsführung des Nehmerlandes, „die mit politischer Macht und öffentlichen Ressourcen menschenrechtsorientiert und verantwortungsvoll umgehen muß"[209]. Mit diesen Vergabekriterien korrespondiert eine

104
<small>Budgethilfe</small>

<small>Vergabekriterien</small>

<small>Leistungskonditionalität</small>

---

201 *BMZ*, Leitlinien, Ziffer 32.
202 *BMZ*, Leitlinien, Ziffern 21, 39 ff., 54 ff., 87. Näher *Dann* (N 8), S. 366 f.
203 *BMZ*, Leitlinien, Ziffer 38.
204 *BMZ*, Menschenrechts-Konzept, S. 15.
205 Näher zu den Zielen der Budgethilfe und ihrer Kritik, namentlich bezogen auf die Strukturanpassungsprogramme der Weltbank, *Dann* (N 8), S. 379 ff.
206 Nur die Gründungsverträge der Weltbank enthalten insofern eine Klausel, daß die Budgethilfe auf Ausnahmesituationen beschränkt bleiben muß. Vgl. IBRD Art. III, Sec. 4 viii, IDA Art. V, Sec. 1 b. Näher *Dann* (N 8), S. 383 f.; *Ibrahim Shihata*, The World Bank Legal Papers, Den Haag 2000, S. 159 ff.
207 Besondere Bedeutung kommt dabei den o. a. Poverty Reduction Strategy Papers zu. Näher *Dann* (N 8), S. 385.
208 So die einschlägige EU-Norm, Art. 25 Abs. 1 b DCI-Verordnung. Näher *Dann* (N 8), S. 385 f.
209 *BMZ*, Konzept zur Budgetfinanzierung im Rahmen programmorientierter Gemeinschaftsfinanzierung (PGF), Konzept Nr. 146, 2008, S. 15. Näher auch zu anderen Gebern *Dann* (N 8), S. 386.

kontinuierlich beobachtete Leistungskonditionalität in der Auszahlungsphase, die bei Verfehlung von Teilzielen zur Zurückhaltung einzelner Tranchen führen kann[210].

III. Durchführung und Kontrolle

105
Vertraglich vereinbartes Projektrecht

Die Durchführung der Projekt- und Budgethilfe richtet sich primär nach dem maßnahmen-spezifischen Projektrecht, das Geber und Nehmer vertraglich vereinbaren. Generelle Vorgaben, zum Beispiel zur Ausschreibung von Leistungen oder zum Monitoring durch die Geberorganisation, finden sich unter anderem in den Allgemeinen Geschäftsbedingungen der Weltbank und vereinzelt in den allgemeinen Verfahrensregimen der Geber[211]. Daneben stellt das Entwicklungsverwaltungsrecht aller Geber unterschiedliche Mechanismen der Kontrolle und Verantwortlichkeit („Accountability") bereit. Diese Mechanismen sind Kernbestand eines Rechts der Entwicklungszusammenarbeit, sichern sie doch die Befolgung der rechtlichen Regeln, tragen zu Wissensgenerierung und zu organisationalen Lernen bei und verleihen der Entwicklungszusammenarbeit Legitimität, indem sie Hoheitsausübung kontrollierbar und responsiver machen[212]. Die bestehenden Kontrollen beziehen sich auf die Rechtmäßigkeit, die Zweckerreichung, die finanzielle Ordnungsmäßigkeit der Projekt- und Programmdurchführung sowie auf Öffentlichkeitskontrolle durch Transparenzregime.

Kontrolle und Verantwortlichkeit

106
Rechtmäßigkeitskontrolle

Eine EZ-spezifische Rechtmäßigkeitskontrolle findet sich allein im Recht der Weltbank: Dort prüft seit 1993 das quasi-justizielle Inspection Panel Anträge von Projektbetroffenen daraufhin, ob diesen durch Verstöße gegen weltbankinternes Recht ein Schaden entstanden ist, und empfiehlt bejahendenfalls Abhilfemaßnahmen des Managements. Entsprechende Mechanismen bestehen in der Europäischen Union und Deutschland nicht und die jeweiligen Gerichte halten sich bei der justiziellen Kontrolle von EZ-Projekten typischerweise zurück[213]. Klagen vor deutschen Gerichten sind vor dem Hintergrund von Art. 19 Abs. 4 GG nicht von vornherein ausgeschlossen, würden aber wohl regelmäßig an fehlender Klagebefugnis scheitern.

107
Erfolgs-, Finanz- und Öffentlichkeitskontrolle

Was die materielle Erfolgs-, die Finanz- und die Öffentlichkeitskontrolle angeht, finden sich dagegen bei allen Gebern mehr oder weniger verrechtliche Evaluations-, Audit- bzw. Informationszugangsregime[214]. In der deutschen Entwicklungszusammenarbeit ist die Evaluationsabteilung im Bundesministe-

---

210 *Dann* (N 8), S. 388 ff.
211 Näher *Kevin Hempel*, Erfolgskontrolle in der EZ, 2006; *Axel Bormann/Heinz Ahrens*, Zur Bewertung der Entwicklungszusammenarbeit, 2006.
212 Zu den Funktionen *Dann* (N 178); *Dann* (N 9), chap. 9.
213 *Dann* (N 9), chap. 9 (zu Weltbank und Deutschland). Zur EU insbesondere *Kirsten Schmalenbach*, Accountability: Who is judging the European Development Cooperation, in: Bartelt/Dann (N 5-3), S. 162.
214 Überblick bei *Dann* (N 8), S. 448 ff.; *ders.*, Der Zugang zu Dokumente im Recht der Weltbank: Kosmopolitische Tendenzen im Internationalen Verwaltungsrecht, in: Verw 44 (2011), S. 313.

rium für wirtschaftliche Zusammenarbeit und Entwicklung sowie das 2012 verselbständige Deutsche Evaluierungsinstitut der Entwicklungszusammenarbeit mit der materiellen Erfolgskontrolle betraut[215]. Der Bundesrechnungshof prüft auf Grundlage von Art. 114 Abs. 2 GG regelmäßig auch das Finanzgebaren der deutschen EZ-Stellen und erstellt dabei überaus aufschlußreiche Berichte. Die haushaltsrechtliche Entlastung durch den Bundestag hängt ihrerseits von diesem Bericht ab[216]. Das Bundesministerium für wirtschaftliche Zusammenarbeit und Entwicklung selbst übernimmt Aufgaben der Außenrevision, Beteiligungsprüfung und Vergabekontrolle[217]. Schließlich ist auch das Informationsfreiheitsgesetz des Bundes auf das Bundesministerium für wirtschaftliche Zusammenarbeit und Entwicklung und die Durchführungsorganisationen anwendbar und ermöglicht mithin eine Kontrolle durch die interessierte Öffentlichkeit[218]. Das Bundesministerium für wirtschaftliche Zusammenarbeit und Entwicklung hat insoweit seinen Aktenplan im Internet veröffentlicht[219] und sich im übrigen zusammen mit den Durchführungsorganisationen den unverbindlichen Transparenzstandards der International Aid Transparency Initiative unterworfen, welche unter anderem die Publikation aller deutschen ODA-Flüsse vorschreiben[220]. Nur hingewiesen werden kann hier abschließend auf die deutsche Beteiligung an den internationalen Peer Review-Verfahren im Rahmen des OECD-Entwicklungsausschusses und der Pariser Erklärung, in deren Zuge die deutsche Entwicklungszusammenarbeit regelmäßig untersucht und in aufschlußreichen Berichten evaluiert wird[221].

Peer Review-Verfahren und Pariser Erklärung

---

215 *Dann* (N 9), S. 466 f.
216 §§ 42–47 Haushaltsgrundsätzegesetz (Gesetz über die Grundsätze des Haushaltsrechts des Bundes und der Länder (HGrG), in: BGBl 1969 I, Nr. 81, S. 1273, 1279 ff.
217 Vgl. §§ 53–55 Haushaltsgrundsätzegesetz; §§ 65–69, 112 Bundeshaushaltsordnung; *Dann* (N 9), S. 465.
218 Gesetz zur Regelung des Zugangs zu Informationen des Bundes (Informationsfreiheitsgesetz – IFG), in: BGBl 2005 I, Nr. 57, S. 2722. Hierzu *Dieter Kugelmann*, Das Informationsfreiheitsgesetz des Bundes, in: NJW 58 (2005), S. 3609. Zur Anwendung des IFG auf Bundesministerien BVerwG v. 3.11.2011, Az. 7 C 4.11, BVerwGE 141, 122.
219 Abrufbar unter www.bmz.de/de/service/IFG/index.html.
220 Vgl. www.aidtransparency.net/. Siehe dazu *BMZ*, Operationsplan zur Umsetzung der Pariser Erklärung 2005 und des Accra Aktionsplans 2008 zur Steigerung der Wirksamkeit von Entwicklungszusammenarbeit, 2009, abrufbar unter www.bmz.de/de/zentrales–downloadarchiv/grundsaetze–und–ziele/ OP–Paris–Accra–03–2009.pdf; *GIZ*, Policy Transparenz und Informationsaustausch, abrufbar unter www.giz.de/de/downloads/giz2011-de-policy-transparenz.pdf.
221 Vgl. zuletzt *OECD-DAC*, Germany (2010) DAC Peer Review – Main Findings and Recommendations, abrufbar unter www.oecd.org/dac/peer-reviews/germany2010dacpeerreview-mainfindingsandrecommendations.htm. Näher zum Verfahren *Dann* (N 9), S. 475 ff.

E. Bibliographie

Lorand Bartels, Human rights conditionality in the EU's international agreements, Oxford 2005.

Armin von Bogdandy/Philipp Dann/Matthias Goldmann, Völkerrecht als öffentliches Recht: Konturen eines rechtlichen Rahmens für Global Governance, in: Der Staat 49 (2010), S. 23 ff.

Brun-Otto Bryde, Die Rolle des Rechts im Entwicklungsprozeß, 1986.

Philipp Dann, Entwicklungsverwaltungsrecht, 2012.

ders./Stefan Kadelbach/Markus Kaltenborn (Hg.), Entwicklung und Recht, 2013.

William Easterly, Wir retten die Welt zu Tode: Für ein professionelleres Management im Kampf gegen Armut, 2006.

Stefan Kadelbach, Entwicklungsvölkerrecht, in: FS für Michael Bothe, 2008, S. 625 ff.

Stefanie Killinger, The World Bank's Non-political Mandate, 2003.

Benedict Kingsbury/Niko Krisch/Richard Stewart, The Emergence of Global Administrative Law, in: Law and Contemporary Problems 68 (2005), S. 15.

Udo Kollatz, Grundlagen der Entwicklungshilfeverwaltung, in: DÖV 1982, S. 564 ff.

Christian Pippan, Die Förderung der Menschenrechte und der Demokratie als Aufgabe der Entwicklungszusammenarbeit der Europäischen Gemeinschaft, 2002.

Rainer Pitschas, Recht und Gesetz in der Entwicklungszusammenarbeit, in: VerwArch 81 (1990), S. 465 ff.

Peter Schaber/Barbara Bleisch (Hg.), Weltarmut und Ethik, 2007.

Ibrahim Shihata, The World Bank Legal Papers, Den Haag 2000.

§ 250
Internationales Finanzrecht

Ekkehart Reimer

Übersicht

	Rn.		Rn.
A. Internationales Finanzrecht: Bedeutung und Begriff	1–11	II. Doppelbesteuerung und ihre Parallelprobleme	41–45
I. Historische Auffächerungen	2	III. Doppelnichtbesteuerung und ihre Parallelprobleme	46–47
II. Abgrenzungen	3–11	IV. Diskriminierungen	48–50
1. Internationales Finanzrecht und Allgemeines Völkerrecht	3	V. Schädlicher Steuerwettbewerb	51–54
2. Internationales Finanzrecht und Internationales Privatrecht	4–6	VI. Internationales Steuerdeterminationsrecht	55–60
		1. Formelle und informelle Akteure	56
3. Internationales und Europäisches Finanzrecht	7–11	2. Institutionelle und verfahrensbezogene Vorgaben	57
B. Internationales Geld- und Währungsrecht	12–19	3. Materiell-gestaltende Vorgaben	58–60
I. Das Recht als Mittel und Grenze der Geldpolitik	13–16	F. Finanzrecht Internationaler Organisationen	61–69
II. Außenbezüge des Währungsrechts	17–19	I. Finanzierung	62–66
		II. Haushaltshoheit	67
C. Finanzrecht von Wiederaufbau und Entwicklung	20–24	III. Steuerliche Immunität	68
I. Regionale Institutionen und Programme	21–22	IV. Besteuerung der Bediensteten	69
II. Institutionen und Handlungsformen der Weltbank	23	G. Internationales Finanzdienstleistungsrecht	70–88
III. Einbeziehung und Dominanz des Internationalen Währungsfonds	24	I. Akteure, Institutionen, Rechtsquellen	72–77
D. Recht der Bonität, Verschuldung und Insolvenz von Staaten	25–35	II. Koordination nationaler Aufsichtsbehörden	78–79
I. Informelle Institutionen	26–28	III. Ratingagenturen und ihre Regulierung	80–86
1. Pariser Club	26–27	IV. Vorgaben zu Eigenkapital und Einlagensicherung, Stabilisierung und Rettung	87–88
2. Londoner Club	28		
II. Internationaler Währungsfonds	29–30	H. Perspektiven	89–96
III. Bank für Internationalen Zahlungsausgleich	31–32	I. Verknüpfungen	89
IV. Regionale Institutionen	33	II. Internationales Finanzrecht als Ausgleichsordnung	90
V. Konferenz der Vereinten Nationen für Handel und Entwicklung	34	III. Internationales Finanzrecht als Auffangordnung	91–92
VI. Perspektiven	35	IV. Konstitutionalisierung und Justiziabilität	93–95
E. Internationales Steuerrecht	36–60	V. Wissenschaft vom Internationalen Finanzrecht	96
I. Entwicklungsstufen und Rechtsquellen	37–40	I. Bibliographie	

A. Internationales Finanzrecht: Bedeutung und Begriff

1
Themenfeld

Als Inbegriff aller Normen, die Reichweite und Ausübung staatlicher oder überstaatlicher Finanzhoheit in grenzüberschreitenden Fällen regeln[1], umfaßt das Internationale Finanzrecht neben den Normen des Völkervertragsrechts einschließlich des Primär- und Sekundärrechts internationaler Organisationen (namentlich der Weltbank-Gruppe) und regionaler Verbünde (namentlich der Europäischen Union) auch die einschlägigen (Grenz-)Normen des innerstaatlichen Rechts[2]. Ähnlich dem Begriff des intertemporalen Rechts wird damit auch das „Internationale Finanzrecht" zu einem rechtsquellenübergreifenden, allein gegenstandszentrierten Begriff. Im Unterschied zum überkommenen Verständnis des Ausdrucks „Internationales Privatrecht"[3] geht das „Internationale Finanzrecht" über die (im öffentlichen Recht ohnehin seltenen) Kollisionsnormen hinaus, ist also nicht nur Rechtsanwendungsrecht auf der Metaebene, sondern enthält auch – teils unmittelbar wirkende, teils die nationale Rechtsetzung anleitende – Sachnormen mit gestaltendem oder inhaltlichbegrenzendem Anspruch.

I. Historische Auffächerungen

2
Lehr- und Rechtsbücher

Prägend für das Verständnis des Internationalen Finanzrechts sind für den deutschsprachigen Wissenschaftsraum Lehr- und Rechtsbücher des ersten Drittels des 20. Jahrhunderts geworden, die – ohne eine eigenständige Disziplin zu begründen – historisch von dem Schnittbereich zwischen Steuerrecht und Völkerrecht ausgegangen sind[4]. Sie haben teils dokumentarischen Charakter[5] und weisen deutliche Zeitbezüge auf; teilweise bemühen sie sich aber auch um theoretische Ansätze und die Herausbildung eines „reinen internationalen Finanzrechts"[6] in bewußter Abgrenzung zu dem positiven Finanzrecht einzelner Kodifikationen.

II. Abgrenzungen

1. Internationales Finanzrecht und Allgemeines Völkerrecht

3

Soweit das Internationale Finanzrecht seine Rechtsquellen im Völkervertragsrecht hat, folgen Rechtsetzung und Rechtsanwendung, damit insbeson-

---

1 *Ernst Isay*, Internationales Finanzrecht, 1934, S. 3.
2 Statt aller *Klaus Vogel*, Der räumliche Anwendungsbereich der Verwaltungsrechtsnorm, 1965, S. 168.
3 Zu sachlichen Bezügen s. u. Rn. 4 ff.
4 *Gustav Lippert*, Das internationale Finanzrecht, 1912 (²1928 unter dem Titel „Handbuch des Internationalen Finanzrechts"); *Ernst Isay*, Internationales Finanzrecht. Eine Untersuchung über die äußeren Grenzen der staatlichen Finanzgewalt, 1934; *Karl Neumeyer*, Internationales Finanzrecht, in: Internationales Verwaltungsrecht, Bd. II, 1922, S. 186 ff.
5 So namentlich *Gustav Lippert*, Deutsch, englisch, französisch, italienisch abgefaßtes Rechtsbuch des Internationalen Finanzrechts, 1935.
6 *Isay* (N 4), S. 22 ff.

dere die Auslegung der Verträge und die Behandlung von Leistungsstörungen den völkergewohnheitsrechtlichen Regeln, wie sie in der Wiener Vertragsrechtskonvention kodifiziert sind. Daneben hat das allgemeine Völkerrecht materiell-begrenzenden, aber auch materiell-gestaltenden Einfluß auf das Internationale Finanzrecht. Das allgemeine „genuine link"-Erfordernis beschreibt die räumlichen Grenzen staatlicher Souveränität, wenn die „jurisdiction to prescribe" auf Sachverhalte begrenzt wird, die einen Bezug zum Staatsgebiet oder zur Staatstätigkeit haben[7]. In der wissenschaftlichen Aufbereitung bietet die Analyse des Internationalen Finanzrecht daneben Belege und Bezüge zu übergreifenden Erklärungsmustern, namentlich den Fragen von Konstitutionalisierung oder Fragmentierung des internationalen Rechts[8].

Vertragstheorie, „genuine link"

2. Internationales Finanzrecht und Internationales Privatrecht

Das Internationale Finanzrecht baut im Rechtssinn auf dem Privatrecht auf, wo es die Rechtssubjektivität unternehmerischer Einheiten aus dem Privatrecht ableitet oder vertragliche Schuldverhältnisse unmittelbar zum Tatbestandsmerkmal aufsichts- oder steuerrechtlicher Regelungen macht. Entsprechendes gilt umgekehrt, wo aufsichtsrechtliche Maßnahmen (etwa über Vorschriften wie § 134 BGB) unmittelbar privatrechtsgestaltend wirken oder auf andere Weise – auch horizontal – haftungsrechtliche Folgen auslösen. Vor allem aber hat das Privatrecht Erkenntnisfunktion für die Rechtsanwendung im öffentlichen Finanzrecht: Zur Erfassung des wirtschaftlichen Gehalts finanzwirksamer Geschäfte, ihrer Risiken und deren wirklicher Allokation kann die Anwendung des öffentlichen Finanzrechts nur unter profunder Aufnahme der zivilrechtlichen Vorprägung wirtschaftlicher Geschäfte zu sachgerechten Ergebnissen gelangen. Auch dies gilt gleichermaßen für das Finanzdienstleistungs-, namentlich das Finanzaufsichtsrecht, und für das Steuerrecht[9]. Mit der Hereinnahme privatrechtlicher Regelungen und Wertungen

4
Privatrecht als Einsatzgröße und Erkenntnisquelle

---

7 IGH vom 7.9.1927, „Lotus" (Frankreich vs. Türkei), PCIJ Ser. A No. 10, S. 19, und vom 6.4.1955 „Nottebohm" (Liechtenstein vs. Guatemala), in: ICJRep 1955, S. 4, 23; aus der Literatur bereits *Isay* (N 4), S. 32 ff.; neuerdings etwa *Knut Ipsen*, Völkerrecht, [5]2004, § 23 Rn. 86 ff. (insbes. Rn. 88); vgl. auch BVerfG, Beschl. vom 22.3.1983, 2 BvR 457/78; BVerfGE 63, 343 (369).
8 Vgl. die Beiträge bei Jan Klabbers/Anne Peters/Geir Ulfstein (Hg.), The Constitutionalization of International Law, 2009; *Rainer Wahl*, Konstitutionalisierung – Leitbegriff oder Allerweltsbegriff?, in: FS für Winfried Brohm, 2002, S. 191 f.; *Stefan Kadelbach*, Ethik des Völkerrechts unter Bedingungen der Globalisierung, in: ZaöRV 64 (2004), S. 1 ff.; *Armin von Bogdandy*, Constitutionalism in International Law, in: Harvard Law Journal 47 (2006), S. 223 ff.; *Bardo Fassbender* (Hg.), Suprastaatliche Konstitutionalisierung. Perspektiven auf die Legitimität, Kohärenz und Effektivität des Völkerrechts, 2012; *Thomas Kleinlein*, Konstitutionalisierung im Völkerrecht. Konstruktion und Elemente einer idealisitischen Völkerrechtslehre, 2012 S. 76 ff., 87 ff. und passim. Zur Parallelterminologie im Unionsrecht einerseits *Christoph Möllers*, Verfassunggebende Gewalt – Verfassung – Konstitutionalisierung, in: Armin von Bogdandy (Hg.), Europäisches Verfassungsrecht, 2003, S. 47 f.; andererseits → Bd. X, *P. Kirchhof*, § 214 Rn. 132 mit N 326.
9 Zur wirtschaftlichen Betrachtungsweise prägend *Enno Becker*, Von der Selbständigkeit des Steuerrechts, in: StuW 1932, Sp. 481; aus jüngerer Zeit v.a. *Ralf-Peter Schenke*, Die Rechtsfindung im Steuerrecht. Konstitutionalisierung, Europäisierung, Methodengesetzgebung, 2007, S. 129 ff.; *René Matteotti*, Steuergerechtigkeit und Rechtsfortbildung. Ein Rechtsvergleich zwischen der Schweiz und den Vereinigten Staaten von Amerika unter besonderer Berücksichtigung der wirtschaftlichen Betrachtungsweise, 2007.

§ 250   Zweiundzwanzigster Teil: Grenzüberschreitende Staatsaufgaben

importiert speziell das Internationale Finanzrecht mittelbar auch die international-privatrechtlichen Setzungen, die sich aus den nationalen, europäischen und völkerrechtlichen Kollisionsordnungen ergeben.

5
Privatrecht als Handlungsform

Gegenläufig ist die Bedeutung des Privatrechts für das Finanzrecht, wo ein ordnungsrechtlich-hoheitliches Einwirken auf private Akteure unzulässig oder inopportun wäre. Namentlich die im Währungs- und Finanzdienstleistungsrecht erforderliche „Feinsteuerung" staatlicher Interventionen profitiert von der Flexibilität sogenannter Offenmarktgeschäfte und der Diskretion anderer privatrechtlicher Handlungsformen. Aber auch die Kreditaufnahme und die Ausreichung von Beihilfen realisieren sich – jenseits öffentlich-rechtlicher Grundentscheidungen und Bindungen – regelmäßig in den Formen des Privatrechts. Damit nehmen auch diese Teile des Internationalen Finanzrechts die kollisionsrechtliche Rahmenordnung in Anspruch und bedienen sich des Potentials der grundsätzlich freien Rechtswahl[10].

6
Grundlegende Unterschiede in den Regelungsstrukturen

Bei allen diesen Querverstrebungen unterscheiden sich Internationales Finanzrecht und Internationales Privatrecht in ihren Regelungsstrukturen grundlegend. Das Internationale Privatrecht ist weiterhin Kollisionsordnung, also Meta-Recht. Demgegenüber handelt es sich bei den meisten Regelungen des Internationalen Finanzrechts (in der Sprache des Internationalen Privatrechts) um Sachrecht, dessen Setzung und Anwendung überwiegend nur ungeschriebenes Kollisionsrecht, namentlich das allgemein völkerrechtliche

Strukturparallelen im DBA-Recht

„genuine-link"-Erfordernis zugrunde liegt. Spurenelemente anspruchsvoller Kollisionsordnungen finden sich allerdings in den völkerrechtlichen Verträgen zur Vermeidung der Doppelbesteuerung (DBA). Sie enthalten namentlich mit ihren Verteilungsnormen[11] und Methodenartikeln[12] „Meta-Tatbestände", deren Funktion darin liegt, welcher der Vertragsstaaten sein innerstaatliches Steuerrecht (die „Objekt-Tatbestände") ungehindert zur Anwendung bringen darf und welcher Staat umgekehrt zur Vermeidung der Doppelbesteuerung den innerstaatlichen Steueranspruch zurückzunehmen hat[13]. Mit – nicht durchweg synonymen – Begriffen wie Entscheidungsharmonie und Qualifikationsverkettung orientiert sich die moderne DBA-Dogmatik aber auch an international-privatrechtlichen Methoden[14].

3. Internationales und Europäisches Finanzrecht

7
Stufenbau im Bereich der Verrechtlichung

Geht man terminologisch von einer Parallelität der Ausdrücke „Internationales Finanzrecht" und „Europäisches Finanzrecht" aus, erscheint das Europäische Finanzrecht in seinem historischen Ausgangspunkt als verkleinertes Abbild des Internationalen Finanzrechts. Ungleich stärker als im Völkerrecht

---

10 Vgl. Art. 3 Abs. 1 der Verordnung 593/2008/EG, ABl L 177 vom 4.7.2008 („Rom I"); Art. 14 Abs. 2 und Art. 42 EGBGB.
11 Art. 6–22 OECD-MA.
12 Art. 23 A und 23 B OECD-MA.
13 Zur Terminologie *Klaus Vogel*, in: ders./Moris Lehner (Hg.), Doppelbesteuerungsabkommen, ⁵2008, Einl. Rn. 78 ff.
14 Näher s.u. Rn. 47 m. weit. Nachw. in N 84.

kommt es hier indes zu Konstitutionalisierungsprozessen. Sie zeigen sich nicht nur in der Herausbildung besonderer Formen der Teilung der Finanzgewalt zwischen den Gemeinschaften (der Union) und den Mitgliedstaaten und zwischen den Gemeinschafts-/Unionsorganen, sondern vor allem in der hohen Dichte des Finanzrechts, das heißt dem Maß an Verrechtlichung des Europäischen Finanzwesens, und der Herausbildung normhierarchischer Stufungen. Evident ist diese Verdichtung im Recht der Gemeinschaftswährung und der sie tragenden Institutionen, namentlich der Europäischen Zentralbank und des Europäischen Systems der Zentralbanken. Sie zeigt sich aber auch in Ansätzen einer Haushalts- und Fiskalunion, die – unterhalb der Schwelle zum allgemeinen und dauerhaften Finanzausgleich – finanzielle Umverteilungen zwischen den Mitgliedstaaten kennt: Das Interesse eines funktionierenden Binnenmarkts ließ sich mit dem Interesse an der Aufrechterhaltung traditioneller Wirtschaftsstrukturen und Branchen (Landwirtschaft, Fischerei) nur durch eine Vergemeinschaftung staatlicher Beihilfen in praktische Konkordanz bringen; unter erheblichem Einsatz finanzieller Ressourcen bemüht sich die Union aber auch um die Förderung des Strukturwandels, die Bereitstellung moderner Infrastruktur in allen Mitgliedstaaten[15] und die nachhaltige Bewältigung des Problems überbordender mitgliedstaatlicher Verschuldung[16].

8
Einzelfelder

Auch ohne nennenswerte Ertragskompetenzen der Union[17] hat sich ein leistungsfähiges Europäisches Steuerrecht herausgebildet. Es geht von dem Netz der zumeist bilateralen Doppelbesteuerungsabkommen aus[18], respektiert deren Verteilungsentscheidungen[19], modifiziert aber die Modalitäten der Besteuerung grenzüberschreitender Aktivitäten erheblich. Das Europäische Steuerrecht geht dabei auch weit über die negative Integration hinaus, die die primärrechtlichen Diskriminierungs- und Beihilfenverbote zu leisten vermögen[20].

9
Europäisches
Steuerrecht

Durch Harmonisierung vor allem im Bereich der Zölle und der indirekten Steuern definiert das Sekundärrecht, wie die konkurrierenden und prinzipiell gleichberechtigten mitgliedstaatlichen Fisci durch abgestimmtes Zusammenwirken spezifische Verwerfungen in grenzüberschreitenden Sachverhalten vermeiden. Insofern ist das Europäische Steuerrecht nicht nur Surrogat für

10
Harmonisierung
der Zölle und
Mehrwertsteuer

---

15 Umfassend, auch in historischer Perspektive, *Bettina Schöndorf-Haubold*, Die Strukturfonds der Europäischen Gemeinschaft. Rechtsformen und Verfahren europäischer Verbundverwaltung, 2005, S. 3 ff., 46 ff.; ferner *Michael Potacs*, Die Europäische Wirtschafts- und Währungsunion und das Solidaritätsprinzip, in: EuR 2013, S. 133 ff.
16 → Bd. X, v. *Lewinski*, § 217 Rn. 32 ff., 69 ff.
17 Zur Besteuerung der Bediensteten s. u. N 119; zur Partizipation der Union am mitgliedstaatlichen Aufkommen aus der Mehrwertsteuer *Bettina Meermagen*, Beitrags- und Eigenmittelsystem. Die Finanzierung inter- und supranationaler Organisationen, insbesondere der Europäischen Gemeinschaften, 2002, S. 152 ff.; *Robin Helmke*, Die Finanzkompetenzen der Europäischen Gemeinschaft unter besonderer Berücksichtigung des Rechts der direkten Steuern, 2009, S. 194 ff.
18 Vgl. Art. 293 EG-Vertrag i.d.F. bis zum Inkrafttreten des Vertrags von Lissabon. Hierzu v.a. *Georg Kofler*, Doppelbesteuerungsabkommen und Europäisches Gemeinschaftsrecht, 2007; *Alexander Rust* (Hg.), Double Taxation with the European Union, 2007.
19 S.u. Rn. 41.
20 Maßstabgebend *Axel Cordewener*, Europäische Grundfreiheiten und nationales Steuerrecht, 2002; ferner die Nachweise unten in N 88.

eine Anwendung der welthandelsrechtlichen Vorgaben innerhalb der Europäischen Union, sondern wird auch zu einer wichtigen Inspirationsquelle für die Fortentwicklung des Rechts der Welthandelsorganisation[21]. Die Bedeutung des Europäischen Mehrwertsteuerrechts geht zugleich weit über eine binnenmarktbezogene Neutralitätssicherung hinaus. Die (Voll-)Harmonisierung und die dichte Kontrolle eines geordneten Gesetzesvollzugs stärkt auch die mitgliedstaatliche Haushaltswirtschaft, indem sie diese besonders aufkommensstarke Steuer dem innergemeinschaftlichen „race to the bottom" entzieht; mit ihrer Orientierung am Bestimmungslandprinzip sorgt sie zugleich für ein hohes Maß an Kapitalimportneutralität (Besteuerung der importierten, vollständige Entlastung der exportierten Güter und Dienstleistungen) und verschafft europäischen Unternehmen damit einen strukturellen Wettbewerbsvorteil im Verhältnis zu Unternehmen aus Staaten wie den USA oder China, in denen ein ungleich größerer Anteil der Gesamtsteuerlast auf den Faktoren Arbeit und Kapital ruht.

Kapitalimportneutralität durch Mehrwertsteuerharmonisierung

11
Mittelstellung des europäischen Steuerrechts

Insgesamt verbindet das Europäische Finanzrecht damit traditionelle Elemente des Internationalen Finanzrechts mit staatlichen Regelungsmustern. Wie das Internationale Finanzrecht erfüllt es die Funktion zwischenstaatlicher Koordination; mit dem Finanzrecht des Verfassungsstaats teilt es die Orientierung an einer freiheitsgerechten Ausgestaltung der Finanzbeziehungen zwischen der öffentlichen Hand und Privaten und der Wahrung individueller Neutralitätsansprüche.

B. Internationales Geld- und Währungsrecht

12
Bedeutung

Im offenen Verfassungsstaat ist die Verfassungsvoraussetzung[22] Geld auf internationale Konvertibilität und Stabilität ausgerichtet und bedarf daher der Ergänzung um ein Währungsrecht. Gemeinsam bildet das Internationale Geld- und Währungsrecht[23] die Grundlage nahezu aller weiteren (Teil-)Bereiche des Internationalen Finanzrechts. Gegenstand des Geld- und Währungsrechts sind Gut und Wert des Geldes: also einerseits seine Verkörperung in Münzen und Noten, seine buchmäßige Abbildung und seine Verkehrsfähigkeit, andererseits die in ihm enthaltene Kauf- und Tauschkraft[24].

---

21 S.u. Rn. 64.
22 → Bd. II, *Vogel*, § 30 Rn. 17 ff.; → Bd. V, *Waldhoff*, § 116 Rn. 9.
23 Zur Vermessung dieses Gebiets klassisch *Frederick [Fritz] A. Mann*, The Legal Aspect of Money, With Special Reference to Comperative, Private and Public International Law, Oxford 1953 (zuletzt unter dem Titel Charles Proctor, Mann on the Legal Aspect of Money, Oxford ²2012); aus zivilrechtlicher Perspektive *Frank Vischer u.a.*, Geld- und Währungsrecht im nationalen und internationalen Kontext (2009); zur Differenzierung zwischen beiden Teilgebieten *Nikolaus Reinhuber*, Grundbegriffe und internationaler Anwendungsbereich von Währungsrecht, 1995, S. 3, 51.
24 *Klaus Vogel/Christian Waldhoff*, in: BK, Vorbem. zu Art. 104 a ff. GG (= *dies.*, Grundlagen des Finanzverfassungsrechts, 1999), Rn. 270 ff.; → Bd. V, *R. Schmidt*, § 117.

I. Das Recht als Mittel und Grenze der Geldpolitik

Die Existenz stabilen Geldes ist Rückgrat der Haushaltswirtschaft und Grundbedingung jeder staatlichen Aufgabenerfüllung über die Zeit. Seine Tausch- und Speicherfunktion bedarf deshalb rechtlicher Begründung und Absicherung. Das macht die Währungshoheit nicht notwendig zu einer unaufgebbar nationalen Kompetenz; auch gemeine Währungen (historisch vor allem der Goldstandard) und die nicht durch Edelmetall unterlegten, dafür aber rechtlich abgesicherten Gemeinschaftswährungen können die basalen Anforderungen des modernen Staates an (s)eine Währung erfüllen[25]. Aus Sicht des allgemeinen Völkerrechts fällt die Währungshoheit aber in den Kernbereich staatlicher Souveränität, der den starken Schutz des Interventionsverbots genießt[26], das die Grenze jedes internationalen „Währungskriegs" markiert[27].

13
Währungshoheit als Kernbereich staatlicher Souveränität

Zu den institutionellen Rahmenbedingungen der Geldversorgung gehört die traditionelle Monopolisierung der Münz- und Notenhoheit bei einer Zentralbank oder bei einem föderal oder unional gestuften System von Zentralbanken[28]. In den Grenzen einer Vorprägung durch den Gesetzgeber liegen ihre primären Aufgaben in der Einführung und Umstellung der Währung und der Geldzeichen, in der Geldversorgung einschließlich der technischen Refinanzierung (Abpufferung von Liquiditätsüberschüssen und -unterschüssen) des Staates und privater Banken, in der Sicherung der Stabilität von Geldwert und Preisniveau und – akzessorisch hierzu, aber von übergreifender praktischer Bedeutung – in der Bereitstellung ökonometrischer und statistischer Informationen für alle staatlichen Institutionen. Daneben kennen die meisten Zentralbankverfassungen eine Programmierung auf Sekundärziele wie eine gesunde Konjunkturpolitik[29].

14
Zentralbank

Die Zentralbanken haben damit auch die spezifisch internationale Aufgabe, den reibungslosen, auch großvolumigen Zahlungsverkehr über Staatsgrenzen

15
Amtliches Clearing

---

25 Zur Europäischen Währungsunion aus deutscher Sicht wegweisend BVerfG, Urt. vom 12.10.1993 – 2 BvR 2134, 2159/92 – Maastricht, BVerfGE 89, 155 (203 ff.); zur Währungsunion zwischen Liechtenstein und der Schweiz *Vischer et al.* (N 23), S. 42 ff.; zu weiteren Währungsunionen etwa *dies.*, S. 45 f., 47 f.; *Eckart Schremmer*, Währungsunionen und stabiles Geld in Münzgeldsystemen mit integriertem Papiergeld. Lehren aus der Geschichte?, 1999; *Reiner Cunz* (Hg.), Währungsunionen. Beiträge zur Geschichte überregionaler Münz- und Geldpolitik, 2002; *Rolf Hofmeier*, UEMOA, in Wolfgang Gieler (Hg.), Internationale Wirtschaftsorganisationen, 2005, S. 66 ff.
26 Vgl. bereits die Entscheidung des englischen Chancery Court im Fall *Emperor of Austria vs. Day* (1861) 3 De G.F. & J. S. 217 ff. Hierzu etwa *Reinhuber* (N 23), S. 168 ff.
27 Vgl. *Joseph Gold*, Strengthening the Soft International Law of Exchange Arrangements, in: AJIL 77 (1983), S. 443 (486); *Claus Thomasberger*, Europäische Währungsintegration und globale Währungskonkurrenz, 1993, S. 19; *Edieth Y. Wu*, Recent Developments in the Currency War. The Euro, the Dollar, the Yen, and the BEMU, in: CJIL 15 (2000), S. 1 ff.
28 Vgl. Art. 88 GG i.d.F. des 38. Gesetzes zur Änderung des Grundgesetzes vom 21.12.1992, in: BGBl I 1992, S. 2086 i.V.m. Art. 127 ff. AEUV. Rechtsvergleichend *Leonhard Gleske*, Organisation, Status und Aufgaben der zweistufigen Zentralbanksysteme in den Vereinigten Staaten von Amerika, in der Bundesrepublik Deutschland, in der künftigen Europäischen Währungsunion, in: FS für Hugo J. Hahn, 1997, S. 123 ff.
29 Für Europa Art. 119 Abs. 2, 127 Abs. 1 AEUV. Zur Übertragung bankaufsichtsrechtlicher (regulatorischer) Aufgaben auf die EZB s.u. Rn. 15.

§ 250   *Zweiundzwanzigster Teil: Grenzüberschreitende Staatsaufgaben*

hinweg zu gewährleisten. Dazu dienen Clearingsysteme, die teils von den Zentralbanken selbst, teils von privaten Konsortien begründet, betrieben und genutzt werden. Für den Verkehr zwischen den Zentralbanken des Euro-Raums übernehmen die transeuropäischen automatisierten Echtzeit-Brutto-Expreß-Abwicklungssysteme „TARGET" (bis 2007) und „TARGET 2" (seit 2007) die Aufgabe, für die Abwicklung, Abfederung und Glättung des Zahlungsverkehrs zu sorgen; sie stehen damit im Dienst des Binnenmarkts und hier insbesondere seiner Zahlungsverkehrsfreiheit (Art. 65 Abs. 2 AEUV).

Telos: Ausgleich von Zahlungsbilanzen

Einziges Telos dieser Abwicklungssysteme ist der Ausgleich der Zahlungsbilanzen. Eine aktuelle oder potentielle Indienstnahme dieser Systeme für Zwecke der Fiskal- und Haushaltspolitik, mithin der monetären Staatsfinanzierung scheidet wegen Art. 123 AEUV und wegen des Mangels an demokratischer Kontrolle und parlamentarischer Absicherung unions- und verfassungsrechtlich aus[30]. Wo im Schnittfeld der Sicherung des flüssigen Zahlungsverkehrs einerseits und der monetären Haushaltsfinanzierung andererseits die exakte Demarkationslinie verläuft, obliegt primär der Einschätzung des Europäischen Systems der Zentralbanken; die Verwendung der Ausdrücke „verboten" (Art. 123 Abs. 1 AEUV) und „Verbote" (Art. 125 Abs. 2 AEUV) macht diese Frage allerdings justiziabel[31].

16
Privates Clearing

Der Zahlungsverkehr zwischen privaten Akteuren verläuft in der Regel über privatrechtlich verfaßte und betriebene Clearingsysteme, deren Träger – oft Konsortien – zueinander im Wettbewerb stehen[32]. Mit der Zahlungsdienste-Richtlinie[33] und der Verordnung über grenzüberschreitende Zahlungen[34] besteht für den EU-Raum ein regulatorischer Rahmen, der diesen Wettbewerb hegt.

II. Außenbezüge des Währungsrechts

17
Währungsarten und Währungsfragen

Von den Fragen der technischen Liquiditätsversorgung kaum zu trennen sind die Gegenstände des Internationalen Währungsrechts[35]. Mit der allmählichen Aufgabe des Goldstandards löste sich das feste Gefüge der unterschiedlichen Währungen zugunsten freier, damit aber potentiell hochvolatiler Wechselkurse auf. Im Interesse ökonomischer (Handels-)Stabilität löste diese Entwicklung zahlreiche Gegenbewegungen aus: An die Seite der seit jeher be-

---

30 Sie sind Gegenstand der beim BVerfG derzeit (Juni 2013) noch anhängigen Verfahren 2 BvR 1390/12, 2 BvE 6/12 u.a.; vgl. einstweilen BVerfG, Beschl. v. 12.9.2012 – 2 BvR 1390/12, 2 BvE 6/12 u.a., in: NJW 2012, S. 3145ff.
31 S. die Nachweise oben in N 30.
32 Zu nennen sind v.a. die 1985 gegründete Euro Banking Association (EBA) mit ihren Zahlungssystemen „EURO 1" (für großvolumige Zahlungen), „STEP 1" und „STEP 2" (für das Massengeschäft); für die schweizerischen Banken das „euro Swiss Interbank Clearing" (euroSIC).
33 Richtlinie 2007/64/EG über Zahlungsdienste im Binnenmarkt, ABl L 319 vom 5.12.2007, S. 1.
34 Verordnung (EG) Nr. 924/2009 über grenzüberschreitende Zahlungen in der Gemeinschaft, ABl L 266 vom 9.10.2009, S. 11.
35 Frühe Überblicke bei *Max Gutzwiller*, Der Geltungsbereich der Währungsvorschriften. Umrisse eines Internationalrechts der Geldverfassungen, 1940; aus neuerer Zeit *Hugo J. Hahn*, Währungsrecht, 1990; *Werner F. Ebke*, Internationales Devisenrecht, 1991; *Reinhuber* (N 23).

kannten innerstaatlichen Devisenbewirtschaftungen und protektionistischen Maßnahmen zur Eindämmung der Kapitalflucht, namentlich der Devisenkontrollbestimmungen[36], treten staatenübergreifende Währungsverbünde und Regelungsmechanismen. Zu ihnen zählen einerseits Kunstwährungen für nicht oder nur partiell marktgesteuerte Wirtschaftssysteme[37], andererseits die Bemühungen der marktwirtschaftlich verfaßten Staaten um Glättung und Dämpfung von Auf- und Abwertungstendenzen.

Auf der Grundlage des Bretton Woods-Abkommens von 1944 kam es bereits im selben Jahr zur Gründung des Internationalen Währungsfonds[38] und damit – funktional verstanden – zum Kern einer Konstitutionalisierung des Internationalen Finanzrechts[39]. Im Vorfeld seiner heutigen Bedeutung als „lender of last resort" hatte der Internationale Währungsfonds ursprünglich die Funktion einer für die Haushalts- und Wirtschaftspolitik der Mitgliedstaaten blinden Einrichtung zur Sicherung der Konvertibilität und Verfügbarkeit von Devisen und der Glättung der Wechselkurse[40].

18
Bretton Woods und IWF

Heute hat sich eine dreigliedrige Struktur des Internationalen Währungsrechts herausgebildet, die Organisationsnormen, funktionelle Normen mit Regelungen über Aufgaben, Befugnisse und Handlungsformen der Akteure und Schutznormen umfaßt[41]. Obgleich im Kern im Internationalen Öffentlichen Recht verankert, ist das Internationale Währungsrecht von rechtsgebietsübergreifender Relevanz; sie erstreckt sich insbesondere auf das Internationale Privatrecht[42].

19
Gegenwart

C. Finanzrecht von Wiederaufbau und Entwicklung

Solange der Goldstandard noch weitgehend intakt war, waren Fragen von Währungsrecht und Währungspolitik weitgehend von Fragen des Haushaltsrechts und der Haushaltspolitik entkoppelt. Als vom Währungsrecht zunächst getrennter, aber parallel mit ihm wachsender Arm des Internationalen Finanzrechts entwickelte sich nach Ende des Zweiten Weltkriegs ein Internationales Finanzrecht von Wiederaufbau und Entwicklung.

20
Entkoppelungen und Verflechtungen

---

36 Art. VIII 2 b des Bretton-Woods-Abkommens BGBl II 1952, S. 637 ff.
37 Zur Funktionsweise des Transferrubelsystems im Rat für Gegenseitige Wirtschaftshilfe s. die Innensicht bei *Hans Spiller* u. a. (Autorenkollektiv), Finanz- und Währungsbeziehungen der sozialistischen ökonomischen Integration, 1989; vgl. zuvor bereits *dies.* (Autorenkollektiv), Finanz- und Währungsbeziehungen zu nichtsozialistischen Ländern, 1984.
38 S. u. Rn. 29 f.
39 *Werner F. Ebke*, State Debt Crisis, Private Creditors, and the IMF Articles of Agreement, in: FS für Rüdiger Wolfrum, 2012, Bd. I, S. 17 ff. Vgl. auch die Beiträge bei Mario Giovanoli (Hg.), International Monetary Law: Issues for the New Millennium, 2000. Zu den völkerrechtlichen Aspekten v. a. die Berichte von *Hugo J. Hahn/Günter Roth*, Fragen des Rechtes der Auf- und Abwertung, in: Berichte der Deutschen Gesellschaft für Völkerrecht, Bd. 20, 1979.
40 Zu den späteren Entwicklungen s. u. Rn. 30.
41 *Reinhuber* (N 23), S. 27.
42 Von hoher analytischer Kraft *Reinhuber* (N 23), S. 26.

§ 250   Zweiundzwanzigster Teil: Grenzüberschreitende Staatsaufgaben

I. Regionale Institutionen und Programme

21
Regionalisierung und Diversifizierung

Für den transatlantischen Raum kommt dabei dem mit dem Marshall-Plan ins Werk gesetzten European Recovery Program (ERP) eine Pionierrolle zu[43]. Daneben haben die Weltbank[44], die Asiatische Entwicklungsbank, die Interamerikanische Entwicklungsbank und die Afrikanische Entwicklungsbank Aufgaben regionalen Zuschnitts übernommen; sie zeigen, daß es neben der Öffnung der Volkswirtschaften auf Binnenmärkte hin auch ein politisches Bedürfnis nach einer regionalen Bündelung fiskalischer (haushaltswirtschaftlicher) Kräfte zu geben scheint.

22
Kohärente ökonomische Interessen der BRICS-Staaten

In eine ähnliche Richtung gehen neuere Überlegungen Brasiliens, Chinas, Indiens, Rußlands und Südafrikas zur Gründung einer „BRICS-Bank". Hinter diesem Zusammenschluß steht keine territoriale Kohäsion, sondern eine Kohärenz ökonomischer Interessen angesichts ähnlicher Entwicklungsstände und des gemeinsamen Wunsches der genannten Staaten, eine mittlere Distanz zu dem amerikanisch und EU-europäisch dominierten Verbund von Internationalem Währungsfonds und Weltbank zu gewinnen.

II. Institutionen und Handlungsformen der Weltbank

23
Weltbank-Gruppe

Als Keimzelle der heutigen Weltbank-Gruppe kommt der Internationalen Bank für Wiederaufbau und Entwicklung (IBRD) eine Schlüsselstellung für die Versorgung neu gegründeter, in die Unabhängigkeit entlassener oder kriegsbedingt danieder liegender Staaten mit Devisen zu[45]. Die Weltbankgruppe umfaßt daneben die Internationale Entwicklungsorganisation (International Development Association, IDA)[46], eine Internationale Finanzkörperschaft (International Finance Corporation, IFC)[47], eine Multilaterale Investitions-Garantie-Agentur (Multilateral Investment Guarantee Agency, MIGA)[48] und das Internationale Zentrum für die Beilegung von Investitions-

---

43 Problemorientierte Darstellungen bei *Wolfgang Becker*, Das ERP-Sondervermögen. Entstehung und Verwaltung, 1968; *Erhard Pauker*, Das ERP-Sondervermögen. Wirtschaftsförderung im Bundesstaat, 1987; *Christian Waldhoff*, Verfassungsrechtliche Probleme des ERP-Sondervermögens, in: DÖV 2005, S. 675 ff.
44 S. u. Rn. 23.
45 *Philipp Dann*, Entwicklungsverwaltungsrecht. Theorie und Dogmatik des Rechts der Entwicklungszusammenarbeit, untersucht am Beispiel der Weltbank, der EU und der Bundesrepublik Deutschland, 2012, S. 30 ff.
46 *James H. Weaver*, The International Development Association: A new Approach to Foreign Aid, New York 1965; *Francis Lethem*, Le role de l'International Finance Corporation et de l'International Development Association dans l'aide aux pays en voie de développement, Lüttich 1966; *International Bank for Reconstruction and Development*, IDA in Retrospect. The first Two Decades of the International Development Association, New York 1982; *Dann* (N 45), S. 33 f.
47 *Klaus Unverzagt* (Hg.), Satzung der internationalen Finanz-Corporation, 1957; *Lethem* (N 46); *James C. Baker*, The international finance corporation: origin, operations and evaluation, New York 1968; *ders.*, International Business Expansion Into Less-Developed Countries: The International Finance Corporation an Its operations, New York 2012.
48 Statt aller *Carsten Thomas Ebenroth/Joachim Karl*, Die multilaterale Investitionsgarantie-Agentur. Kommentar zum MIGA-Übereinkommen, 1989; *Thomas Stern*, Die multilaterale Investitions-Garantie-Agentur (MIGA): Ein neues versicherungsrechtliches Instrument zur Verbesserung des Schutzes deutscher Investitionen im Ausland, 1990; *Michael Schöber*, Die Multilateral Investment Guarantee Agency (MIGA) der Weltbank, 1994.

streitigkeiten (International Centre for Settlement of Investment Disputes, ICSID)[49].

III. Einbeziehung und Dominanz des Internationalen Währungsfonds

Je variabler die Wechselkurse werden, desto mehr fungieren sie als Indikatoren für die Nachhaltigkeit der öffentlichen Finanzen eines Staates und desto stärker verschwimmt die das Internationale Währungsrecht klassisch[50] begrenzende Demarkationslinie zwischen reiner Geldpolitik und Haushaltspolitik (Fiskalpolitik). Für den Internationalen Währungsfonds bedeutete diese Entwicklung einen Paradigmenwechsel, der sich allerdings weniger in dem primärrechtlichen Rahmenwerk des Internationalen Währungsfonds als vor allem in seinen sekundärrechtlichen, durch ausgreifende Konditionalitäten geprägten Handlungen widerspiegelt[51].

24
Paradigmenwechsel des IWF

D. Recht der Bonität, Verschuldung und Insolvenz von Staaten

Von anderer Qualität als die Situationen, in denen außenpolitische oder realwirtschaftliche Krisen die Haushaltswirtschaft eines Staates zum Erliegen gebracht haben[52], sind haushaltsendogene Krisen, die entstehen, wenn ein Staat trotz einer prinzipiell stabilen politischen und realwirtschaftlichen Lage fiskalisch über seine Verhältnisse gelebt, das heißt sich über die Jahre in eine strukturelle Verschuldung begeben hat, die dann – oftmals einhergehend mit einer Bankenschwäche – zur krisenhaften Zuspitzung geführt hat, die es unmöglich macht, daß der Staat ohne Hilfe von außen noch die Verpflichtungen gegenüber seinen Gläubigern erfüllt. Historisch sind derartige Zuspitzungen keine Seltenheit; rechtlich folgen sie aber keinem festen und einheitlichen Regelwerk, sondern werden – je nach politischen und ökonomischen Paradigmen – unterschiedlich bewältigt[53].

25
Krisen als historischer Regelfall

---

49 Exemplarisch *Christoph Schreuer*, The ICSID Convention, Cambridge ²2011; die Beiträge bei Rainer Hofmann/Christian J. Tams (Hg.), International Convention on the Settlement of Investment Disputes (ICSID): Taking Stock after 40 Years, 2007; *Margaret L. Moses*, The principles and practice of international commercial arbitration, Cambridge 2013; *Richard Happ*, ICSID, in: Rolf A. Schütze (Hg.), Institutional arbitration, 2013, S. 923 ff.
50 S. o. Rn. 15.
51 *Axel Dreher*, Die Kreditvergabe von IWF und Weltbank: Ursachen und Wirkungen aus politisch-ökonomischer Sicht, 2003.
52 S. o. Rn. 23.
53 → Bd. X, *v. Lewinski*, § 217. Weitere Überblicke mit empirischen Analysen bei *Kay-Michael Schanz*, Schwierigkeiten verschuldeter Staaten bei der Bedienung von Auslandsverbindlichkeiten. Inhalt und Grenzen der Verpflichtungen des Internationalen Währungsfonds sowie der Bank für Internationalen Zahlungsausgleich und der Teilnehmer des Pariser Clubs, 1988; *Harald Finger/Mauro Mecagni*, Sovereign debt restructuring and debt sustainability. An analysis of recent cross-country experience, Washington 2007.

§ 250   *Zweiundzwanzigster Teil: Grenzüberschreitende Staatsaufgaben*

I. Informelle Institutionen

1. Pariser Club

26
Organisation und Geschichte

Prägend sind dabei informelle Institutionen von großer Flexibilität[54]. Als zentrales Forum zur Lösung von Zahlungsschwierigkeiten eines Staates bei Verbindlichkeiten gegenüber anderen Staaten besteht seit 1956 mit dem „Pariser Club" eine informelle, aber wirkmächtige Plattform für in der Regel monatliche Treffen der Gläubigerstaaten mit einem oder mehreren Schuldnerstaaten. Seit Ende der 1970er Jahre fungiert das Schatzamt („Direction générale du Trésor") des französischen Finanzministeriums als ständiges Sekretariat des Clubs. Wichtigste Handlungsform sind Vereinbarungen zwischen Gläubiger- und Schuldnerstaaten, die zunächst informell fixiert, später in die Form eines völkerrechtlichen Vertrags gegossen werden und dem Schuldnerstaat Erleichterungen oder Nachlässe seiner Schulden oder der Zahlungsmodalitäten gewähren. Seit Gründung des Clubs sind rund 430 derartige Vereinbarungen mit 90 Schuldnerstaaten geschlossen worden[55].

27
Verstrebungen

Voraussetzung für die Aufnahme von Verhandlungen im Pariser Club sind heute Vereinbarungen des Schuldnerstaats mit dem Internationalen Währungsfonds und insbesondere die tätige Anerkennung der dort niedergelegten Konditionalitäten durch den Schuldnerstaat.

2. Londoner Club

28
Vertretung privater Kreditinstitute nach Pariser Vorbild

Auch die Vertretung von rund 1.000 privaten Kreditinstituten, die ihre Engagements aus Staatsfinanzierungen zu verlieren drohen, hat – nach dem Vorbild des Pariser Clubs – im Jahr 1976 einen informellen Gläubigerausschuß gebildet, der den Schuldnerstaaten Erleichterungen, unter Umständen sogar einen Darlehenserlaß verschaffen kann[56]. Allerdings ist der Schuldenerlaß nicht die Regel; häufiger sind bloße Umschuldungen, Moratorien oder Änderungen der Darlehensbedingungen anzutreffen. Sie stehen – wie bei den parallelen Entscheidungen des Pariser Clubs – unter der Bedingung von Strukturanpassungen in der Haushaltsführung der Schuldnerstaaten.

II. Internationaler Währungsfonds

29
Konditionalitäten

Die Sperrminoritäten, die die USA und – unabhängig davon – die EU-Staaten als große Anteilsinhaber für alle Hilfsentscheidungen des Internationalen Währungsfonds haben, hat sie historisch in die Lage versetzt, die Ausreichung

---

54 Vgl. *Armin von Bogdandy/Matthias Goldmann*, Sovereign Debt Restructurings as Exercises of Public Authority, in: C. Esposito/P. Bohoslavsky (Hg.), Sovereign Financing and International Law. The UNCTAD Principles on Responsible Sovereign Lending and Borrowing; Oxford 2013, S. 39 ff.
55 Internet: www.clubdeparis.org/.
56 *Wolfgang Eibner*, Internationale wirtschaftliche Integration, 2008, S. 168 f.; *Kai von Lewinski*, Öffentlich-rechtliche Insolvenz und Staatsbankrott, 2011, S. 479.

von Devisen an Bedingungen zu knüpfen. Seit den 1950er Jahren sind derartige Bedingungen nach dem sogenannten Washington Consensus[57] für Entwicklungs- und Schwellenländer üblich; Ende der 1970er Jahre wurden sie auch Großbritannien, in jüngerer Zeit Irland und Ungarn gestellt. Zu diesen sogenannten Konditionalitäten gehören insbesondere konjunkturpolitisch und haushaltswirtschaftlich ausgerichtete Strukturanpassungsprogramme. Sie wirken auf die Behebung struktureller Schwierigkeiten im Steuer-, Haushalts- und Schuldenwesen einzelner Staaten hin, sollen damit stabilisierend wirken und insbesondere die Zahlungsfähigkeit des Empfängerstaats sichern; gelegentlich treten aber auch allgemeine, von dem historischen Auftrag des Internationalen Währungsfonds nicht umfaßte Anforderungen an eine gute Regierungsführung hinzu.

Zu den Handlungsformen des Internationalen Währungsfonds gehören insbesondere „balance of payment"-Hilfen. Mit ihnen verhindert oder verzögert der Internationale Währungsfonds die Zahlungsunfähigkeit von Staaten und unterbindet zugleich übergreifende Ansteckungseffekte. An einer freien Staatsfinanzierung und seiner Fortentwicklung zu einer allgemeinen Staatenbank ist der Internationale Währungsfonds dagegen gehindert. Informelles Regulativ gegen die Lockerung der Anforderungen, die der Internationale Währungsfonds an die Kreditvergabe stellt, können die nationalen Notenbanken der Geberländer sein, die regelmäßig auf den Anstieg von Ausfallrisiken hinweisen und die mitgliedstaatlichen IWF-Einlagen als riskant einstufen können.

30
Aufgaben und Grenzen

III. Bank für Internationalen Zahlungsausgleich

Die bereits 1930 durch ein eidgenössisches „Grundgesetz"[58] als juristische Person schweizerischen Rechts in Basel errichtete, völkervertraglich abgesicherte[59] und in ihrem Status einer Internationalen Organisation angenäherte[60] Bank für Internationalen Zahlungsausgleich beansprucht die Stellung einer Zentralbank der Zentralbanken. Ihre Aufgaben sind in einem eigenen Statut niedergelegt und umfassen vordergründig eine Reihe unmittelbar-ope-

31
Funktion

---

57 Zuletzt *Thomas Kelley*, Beyond the Washington Consensus and New Institutionalism. What is the Future of Law and Development? North Carolina Journal of International Law and Commercial Regulation 35 (2010), S. 539 ff. Aus der kaum übersehbaren wirtschafts- und politikwissenschaftlichen Literatur etwa *Christian Kellermann*, Organisation des Washington Consensus. Der Internationale Währungsfonds und seine Rolle in der internationalen Finanzarchitektur, 2006; siehe auch die Beiträge bei Narcís Serra/Josephh E. Stiglitz (Hg.), Washington Consensus Reconsidered. Towards a New Global Governance, Oxford 2008.
58 Grundgesetz der Bank für Internationalen Zahlungsausgleich vom 20.1.1930 i.d.F. vom 10.12.1969, Sammlung des Bundesrechts Nr. 0.192.122.971.
59 Haager Abkommen über die Bank für Internationalen Zahlungsausgleich vom 20.1.1930, Originaltext: LNTS Bd. 104, S. 441 ff.
60 Vgl. etwa die Regelungen über die Steuerfreiheit in Ziff. 6 bis 9 und die Exemptionen von eigentums- und devisenrechtlichen Restriktionen in Ziff. 10 des Grundgesetzes (N 58) und die parallelen Garantien in dem Protokoll über die Immunität der Bank für Internationalen Zahlungsausgleich vom 30.7.1936, Originaltext: LNTS Bd. 197, S. 31; deutschsprachige Fassung in der Sammlung des schweizerischen Bundesrechts 0.192.122.971.1

rativer banktypischer Angelegenheiten; zugleich und vor allem ist die Bank für Internationalen Zahlungsausgleich (BIZ) aber zum Kern einer epistemischen Gemeinschaft von Zentralbankexperten[61] und zu dem zentralen Forum informeller Kooperation und Koordination der rund 60 teilnehmenden Zentralbanken geworden[62]. Als solches versteht sie sich auch als Schnittstelle zu weiteren staatlichen und überstaatlichen Akteuren, insbesondere zu den Finanzaufsichtsbehörden.

32
Aufbau und Organe

Ihre Struktur entspricht im Kern der für Internationale Organisationen üblichen Zweigliedrigkeit. Eine aus den Vertretern der nationalen und supranationalen Zentralbanken zusammengesetzte Generalversammlung fungiert als zentrales Entscheidungsorgan; ein Vorstand und ein ihm nachgeordnetes Management leiten die Geschäfte. Hohe Bedeutung haben die ständigen Ausschüsse der Generalversammlung (sogenannte Kommittees), unter denen der sogenannte Basler Ausschuß für Bankaufsicht herausragt[63]. Diese Ausschüsse bilden ihrerseits Unterausschüsse von hohem Spezialisierungsgrad.

IV. Regionale Institutionen

33
Beispiel: ESM

Daneben existieren zahlreiche internationale Organisationen, Institutionen und Fazilitäten zur Bewältigung regionaler Staatsschuldenkrisen. Hervorzuheben sind der Europäische Stabilisierungsmechanismus (ESM) und der ihn begleitende Fiskalpakt vom 2. März 2012, der präventives Determinationsrecht für die Eurostaaten und acht weitere EU-Staaten setzt[64].

V. Konferenz der Vereinten Nationen für Handel und Entwicklung

34
Publifizierung des „soft law"

Zu den zentralen internationalen Koordinationsforen gehört die Konferenz der Vereinten Nationen für Handel und Entwicklung (UNCTAD). Traditionell der Fortentwicklung des Welthandelsrechts und der Einwirkung auf das mitgliedstaatliche Privatrecht verpflichtet, ist inzwischen eine Publifizierung des von der Konferenz hervorgebrachten „soft law" zu beobachten. Das gilt namentlich für die Aufnahme und Vergabe von Krediten an Staaten. Auf der Basis eines 2011 vorgelegten Entwurfs[65], der als Bestandteil der sogenannten

---

61 Beispielhaft das bei der BIS angesiedelte Irving Fisher Committee on Central Bank Statistics, in dem Daten gesammelt und aufbereitet, v.a. aber die einschlägigen Methoden erörtert und laufend abgeglichen werden.
62 Darunter die Zentralbanken von 25 der 27 EU-Staaten (nicht: Malta und Zypern) und die EZB, ferner u.a. die Zentralbanken Brasiliens, Chinas, Indiens, Israels, Kanadas, Rußlands, Saudi-Arabiens, der Schweiz, der Türkei und der USA.
63 S.u. Rn. 75, 78.
64 Ausführlich → Bd. X, *v. Lewinski*, § 217 Rn. 30 ff.; zu den von Gläubigern vorgegebenen Schuldengrenzen und sog. Collective Action Clauses in Darlehensverträgen a.a.O., Rn. 55; *Stefan Pilz/Heidi Dittmann*, Die Europäische Wirtschafts- und Währungsunion am Scheideweg, in: DÖV 2011, S. 438 (440); und nunmehr die Regelungen in §§ 4a ff. BSchuWG.
65 UNCTAD Draft Principles on Promoting Responsible Sovereign Lending and Borrowing, Internet: http://unctad.org/en/Docs/gdsddf2011misc1–en.pdf. Vgl. hierzu die Beiträge bei Esposito/Bohoslavsky (N 54), passim.

Millennium Development Goals begriffen wird, hat die UNCTAD Prinzipien für eine verantwortliche, das heißt begrenzte und umfassend informierte Aufnahme staatlicher Schulden, aber auch für einen schonenden Umgang der Gläubiger mit staatlichen Schuldnern verabschiedet. Sie beeinflussen die dezentralisierten (regionalen oder staatlichen) Regeln über konkrete Finanzierungsinstrumente im Bereich der Staatsverschuldung.

VI. Perspektiven

Die axiomatische Setzung, daß Staaten insolvenzunfähig sind, ist deskriptiv-empirisch nicht haltbar. Juristisch ist sie aber berechtigt, wo die regulären Rechtsfolgen einer Insolvenz – Fremdverwaltung, notfalls Liquidation – nicht in Betracht kommen[66]. Daher erscheinen Überlegungen zur Einführung eines regionalen oder universellen Insolvenzrechts für Staaten[67] auf den ersten Blick als Quadratur des Kreises. In der Beschränkung auf das Anliegen staatlicher Resolvenz[68] können sie aber bestehende Regelungsmuster bündeln und vereinheitlichen, Maßstäbe für eine angemessene Risikoallokation setzen und damit falsche Anreize, namentlich den „moral hazard" privater Investoren oder staatlicher Akteure in den Nehmerländern verringern.

35
Resolvenzrecht für Staaten

E. Internationales Steuerrecht

Als zentraler Baustein des Internationalen Finanzrechts tragen elaborierte Regelwerke zur Abstimmung konkurrierender und sich überlagernder Steuerrechtsordnungen (I.) dazu bei, daß Doppel- und Mehrfachbesteuerung (II.) ebenso vermieden werden wie die ungerechtfertigte Kumulation von Steuervorteilen (III.). Weitere Regelungsgegenstände des Internationalen Steuerrechts sind – wie im Europäischen Steuerrecht, aber auch den föderalen Steuerrechtsordnungen zum Beispiel der Schweiz und der Vereinigten Staaten – Diskriminierungen und diskriminierende Beschränkungen (IV.), der „unfaire Steuerwettbewerb" und sonstige Phänomene eines unabgestimmten Aufeinandertreffens zweier gleichgeordneter Rechtsordnungen (V.). Erweitert man den Untersuchungsgegenstand von dem Recht grenzüberschreitender Fälle auf das grenzüberschreitende Recht, geraten zudem eine Reihe völkerrechtsradizierter Regelungen in den Blick, denen der Charakter internationalen Determinationsrechts zukommt (VI.).

36
Problemstellungen

---

66 Differenzierte Analyse m. weit. Nachw. bei *v. Lewinski* (N 56), S. 7 ff.
67 Aus der deutschsprachigen Literatur v. a. *Eckart Petzold*, Die internationalen Gläubiger-Schuldner-Beziehungen im Recht der Staatsinsolvenz, 1986; *Kathrin Berensmann/Angélique Herzberg*, Insolvenzrecht für Staaten: Ein Vergleich von ausgewählten Vorschlägen, 2007; *Christoph Paulus*, Staateninsolvenz – ein Tabu? Rechtspolitische Optionen für verschuldete Staaten, in: Eckhard Pache/Kyrill-A. Schwarz (Hg.), Grundlagen, aktuelle Entwicklungen und Perspektiven der Europäischen Währungsunion, 2012, S. 98 ff.; *ders.*, Ein Insolvenzrecht für Staaten?, in: Stefan Kadelbach (Hg.), Nach der Finanzkrise. Rechtliche Rahmenbedingungen einer neuen Ordnung, 2012, S. 105.
68 *Paul Kirchhof*, Die Resolvenz des Staates, in: Michael Blatz/Werner Ebke/Christopher Seagon (Hg.), Solvenz – Insolvenz – Resolvenz, 2013, S. 49.

I. Entwicklungsstufen und Rechtsquellen

37
Steuerarten und Anknüpfungen

Seit dem Entstehen moderner direkter Steuern wie der Einkommen-, Vermögen- und Erbschaftsteuer, die an die Leistungsfähigkeit eines Steuerpflichtigen in toto anknüpfen, erstrecken sich die Tatbestände des innerstaatlichen Rechts auch auf Auslandssachverhalte. So besteuert der Ansässigkeitsstaat der natürlichen Person regelmäßig deren Welteinkünfte[69], ihr Weltvermögen[70] oder den weltweiten Vermögensanfall[71]. Entsprechendes gilt für juristische Personen. Wenn diese Praxis im ausländischen Staat auf Regelungen trifft, die im Sinne eines Quellen-, Belegenheits- oder Territorialitätsprinzips auch diejenigen belasten, die Einkünfte, Vermögensanfälle oder Vermögen in diesem Staat haben, ohne dort auch ansässig zu sein, kommt es zur Doppelbesteuerung.

38
Doppelbesteuerung als historischer Impuls

Das Problem der Doppelbesteuerung war die historische Initialzündung für das Entstehen zunächst unilateraler, später bilateraler und inzwischen faktisch multilateralisierter Ordnungen zur Abstimmung konkurrierender staatlicher Steueransprüche aufeinander. In nichtlinearer Rechtsentwicklung sind die seit jeher virulenten Fragen der Abstimmung konkurrierender Fisci aufeinander[72] seit dem letzten Drittel des 19. Jahrhunderts systematisch bearbeitet[73] und zum Gegenstand positiver Regelungen geworden[74]. Nach entscheidenden Impulsen, die in den 1920er Jahren von Arbeiten im Umfeld des Völkerbundes ausgingen[75], hat die Organisation für wirt-

---

69 Vgl. § 1 Abs. 1 EStG.
70 Vgl. §§ 1 Abs. 1, 4 Abs. 1 Nr. 1 VStG.
71 Vgl. § 10 Abs. 1 S. 1 ErbStG.
72 *Moris Lehner*, Wurzeln des Internationalen Steuerrechts im biblischen und im talmudischen Recht, in: FS für Klaus Vogel, 2000, S. 1149 ff.
73 Etwa bei *Paul Speiser*, Das Verbot der Doppelbesteuerung. Eine systematische Untersuchung, in: Zeitschrift für schweizerisches Recht, N. F. 6 (1886), S. 526; *Th. Clauss*, Das Reichsgesetz vom 13. Mai 1870 wegen Beseitigung der Doppelbesteuerung, in: Finanz-Archiv 5 (1888), S. 138 ff.; überragend *Georg [von] Schanz*, Zur Frage der Steuerpflicht, in: Finanz-Archiv 9 (1892), S. 1 ff.; ferner *Francis Walker*, Double Taxation in the United States, in: Studies in History, Economics and Public Law 5 (1895), Nr. 1; *Alessandro Garelli*, Il diritto internazionale tributario. Parte generale. La scienza della finanza internazionale tributaria, 1899.
74 Innerbundesstaatlich: Doppelbesteuerungsgesetze des Norddeutschen Bundes vom 13. 5. 1870 und des Deutschen Reiches vom 22. 3. 1909. Zu frühen Doppelbesteuerungsabkommen s. *John F. Avery Jones*, The History of the United Kingdom's First Comprehensive Double Taxation Agreement, in: British Tax Review 2007, S. 211; *Christian Frhr. von Roenne*, The Very Beginning – The First Tax Treaties, in: Thomas Ecker/Gernot Ressler (Hg.), History of Tax Treaties. The Relevance of the OECD Documents for the Interpretation of Tax Treaties, 2011, S. 17 ff.
75 Prominent die Arbeit der „Vier Weisen" *Edwin R. A. Seligman*, *Sir Josiah* (später Lord) *Stamp*, *Gijsbert Bruins* und *Luigi Einaudi*, Report on Double Taxation, Submitted to the Financial Committee [of the League of Nations' Economic and Financial Commission] vom 5. 4. 1923, Doc. E.F.S. 73.F.19, 1923; *Georg [von] Schanz*, Die Doppelbesteuerung und der Völkerbund, in: Finanz-Archiv 40 (1923), S. 353 ff.; *Herbert Dorn*, Internationales Finanzrecht und internationale Doppelbesteuerung, in: DJZ 29 (1924), S. 682 ff.; *ders.*, Welche Grundsätze empfehlen sich für das internationale Vertragsrecht zur Vermeidung internationaler Doppelbesteuerung bei Einzelpersonen und Körperschaften, insbesondere bei gewerblichen Betrieben?, in: 33. DJT, 1925, S. 495 ff.; *ders.*, Das Recht der internationalen Doppelbesteuerung, in: Vierteljahresschrift für Steuer- und Finanzrecht 1 (1927), S. 189 ff. Allgemein zu Geschichte und Bedeutung des Völkerbundes *Paul Barandon*, Völkerbund, in: Wörterbuch des Völkerrechts, Bd. III, 1962, S. 597 ff.; *Alfred Pfeil*, Der Völkerbund, 1976; *Christian J. Tams*, League of Nations, in: Max Planck Encyclopedia of Public International Law, www.mpepil.com.

schaftliche Zusammenarbeit in Europa (OEEC, heute: OECD) erstmals 1963 ein Musterabkommen (OECD-MA) in der Handlungsform einer Empfehlung nach Art. 5 lit. b des OECD-Übereinkommens[76] vorgelegt[77], das 1977 und sodann seit 1991 in unregelmäßigen, aber bewußt kürzeren Abständen aktualisiert wird. Das OECD-MA hat eine überragende globale Prägekraft für den Abschluß bilateraler Doppelbesteuerungsabkommen erlangt. Gemeinsam mit seinem amtlichen Kommentar und zahlreichen weiteren Berichten, Richtlinien und Stellungnahmen der Organisation zu Einzelfragen des Rechts der Doppelbesteuerungsabkommen bildet es das Rückgrat des Internationalen Steuerrechts.

OECD-Musterabkommen

Ein von dem OECD-MA abgeleitetes und weiterhin an ihm orientiertes UN-Musterabkommen weist in besonderer Weise auf Spielräume für eine an den fiskalischen Bedürfnissen der kapitalimportierenden Länder orientierte Abkommenspolitik hin. Regelungstechnisch weist es großflächige Übereinstimmungen mit dem OECD-MA auf. Während das OECD-MA aber – zumeist aus Praktikabilitätsgründen – Raum für die ausschließliche Besteuerung bestimmter Einkünfte im Ansässigkeitsstaat des Steuerpflichtigen läßt, trifft das UN-MA vor allem bei der Bestimmung des Schwellenbegriffs der Betriebsstätte und bei der Zuordnung und den Quellensteuersätzen für passive Einkünfte (Dividenden, Zinsen, Lizenzgebühren) Vorsorge für eine quellenorientierte Besteuerung.

39
UN-Musterabkommen

Demgegenüber ist die Problematik einer Doppelbesteuerung auf dem Gebiet der Objekt-, Verkehr-, Verbrauch- und Aufwandsteuern jüngeren Datums. Im Vergleich mit den Personensteuern (namentlich den modernen Einkommen-, Vermögen- und Erbschaftsteuern) sind diese Steuern traditionell stärker örtlich radiziert und belasten nur Vorfälle auf dem Gebiet des jeweiligen Fiskus. Erst mit dem Erstarken der Umsatzsteuer, ihrer Europäisierung und damit ihrer Erstreckung auf das Gebiet eines überstaatlichen Binnenmarkts ist auch insoweit der Regelungsbedarf gewachsen. Die Mehrwertsteuerrichtlinien der verschiedenen Entwicklungsstufen tragen diesem Abstimmungsbedarf auf Ebene des Letztverbrauchers in der Regel durch eine Präferenz zugunsten des Herkunftslandes Rechnung; nur für bestimmte Leistungen (namentlich die Lieferung besonders wertvoller Waren wie neuer Kraftfahrzeuge) kommt es zu einer Besteuerung im Bestimmungsland.

40
Territorialität der indirekten Steuern

---

[76] Übereinkommen über die Organisation für wirtschaftliche Zusammenarbeit und Entwicklung (OECD) vom 14.12.1960, in: BGBl II 1961, S. 1150.
[77] Historiographie etwa bei *Peter Harris*, Origins of the 1963 OECD Model Series: Working Party Twelve and Article 10, in: Australian Tax Forum 15.1 (2000), S. 1; *Friederike Oberascher*, Die Arbeiten des Steuerausschusses der OEEC in wirtschaftshistorischer und rechtshistorischer Kontextanalyse, 2008. Ein Konsortium von Forschungseinrichtungen hat unter www.taxtreatieshistory.org die Materialien aus der Zeit der Entstehung des OECD-MA erschlossen. Erste Auswertungen in der facettenreichen Sammlung von Thomas Ecker/Gernot Ressler (Hg.), History of Tax Treaties. The Relevance of the OECD Documents for the Interpretation of Tax Treaties, Wien 2011.

II. Doppelbesteuerung und ihre Parallelprobleme

41
Wer verzichtet?

Die zentrale, für die Doppelbesteuerungsabkommen auch namensgebende Funktion des Internationalen Steuerrechts ist die Vermeidung, Beseitigung oder zumindest Milderung der internationalen Doppelbesteuerung und bestimmter Formen einer interpersonalen internationalen Doppelbelastung auf dem Gebiet der direkten Steuern. Quer durch die Rechtsquellen (innerstaatliche Steuerrechtsordnungen, Unionsrecht, DBA) finden sich dabei unterschiedliche, teils miteinander kombinierte Regelungstechniken. Ihnen ist gemein, daß sie in bilateralen Relationen denken, in der Regel aber auch in Drei- und Mehrecksfällen zur Bewältigung des Doppelbesteuerungsproblems in der Lage sind, wenn und weil dem Ansässigkeitsstaat des Steuerpflichtigen eine Scharnierfunktion zukommt[78]: Ob Einkünfte im Quellen- oder im Ansässigkeitsstaat besteuert werden, hängt allein von dem (in uni- oder bilateralen Rechtsquellen niedergelegten) Recht dieser beiden Staaten, gegebenenfalls primär von dem zwischen ihnen abgeschlossenen Doppelbesteuerungsabkommen ab. Dagegen weisen die Doppelbesteuerungsabkommen mit an dem Sachverhalt ebenfalls beteiligten Drittstaaten die Besteuerung in ihrem bilateralen Verhältnis fest und ausschließlich dem Ansässigkeitsstaat zu, so daß dieser im Verhältnis zum Quellen- bzw. Belegenheitsstaat gleichsam seine volle Verfügungsmacht behält.

Besteuerung im Quellen- oder Ansässigkeitsstaat

42
Präferenz für Quellen- oder Belegenheitsstaat

Die Zuordnung der Besteuerungshoheit zwischen Quellen- und Ansässigkeitsstaat folgt sowohl im (deutschen) innerstaatlichen Recht als auch in den Doppelbesteuerungsabkommen zumeist einer theoretischen Präferenz für den Quellen- bzw. Belegenheitsstaat, die sich aber oft erst oberhalb bestimmter Festigkeits- oder Beständigkeitsschwellen durchsetzt. Zu diesen Schwellen gehören namentlich das Betriebsstättenprinzip der Art. 7 Abs. 1, 10 Abs. 4, 11 Abs. 4 und 12 Abs. 3 OECD-MA, aber auch die 183-Tage-Regel des Art. 15 Abs. 2 OECD-MA. Sind sie erreicht, darf der Quellen- bzw. Belegenheitsstaat sein innerstaatliches Steuerrecht ungehindert zur Anwendung bringen. Dieser Grundsatz gilt insbesondere für Einkünfte aus unbeweglichem Vermögen sowie für sämtliche – auf selbständiger oder unselbständiger Tätigkeit beruhenden – aktiven laufenden Einkünfte (Art. 6 Abs. 1, 7 Abs. 1 S. 2, 15 Abs. 1 S. 2, 16, 17 und 19 OECD-MA) und die mit ihnen zusammenhängenden Veräußerungsgewinne (Art. 13 Abs. 1, 2 und 4 OECD-MA).

Prinzipienorientierte Schwellen als Untergrenze

43
Grundsätzlicher Ausschluß des Quellenstaates unterhalb der Schwellen

Unterhalb der genannten Schwellen ist der Quellen- bzw. Belegenheitsstaat dagegen in der Regel von jeder Besteuerung ausgeschlossen. Ein vermittelndes Regelungsmodell sehen die Doppelbesteuerungsabkommen und – in Randbereichen – das Europäische Sekundärrecht für Kapitalvergütungen, namentlich für Dividenden und Zinsen vor: Hier räumen sie dem Quellenstaat Sockelbesteuerungsrechte ein, kraft deren der Quellenstaat die Dividenden und Zinsen auf Bruttobasis besteuern kann, dabei aber nicht über bestimmte (niedrige) Höchststeuersätze hinausgehen darf. Unter dem UN-MA gilt Entsprechendes auch für Lizenzgebühren, während das OECD-MA

---

[78] Exemplarisch *Martin Ribbrock*, Dreieckssachverhalte im Internationalen Steuerrecht, 2004.

insoweit sogar eine ausschließliche und unbedingte Besteuerung im Ansässigkeitsstaat vorsieht und den Quellenstaat von jeder Besteuerung ausschließt. Diesen Sonderregeln liegt in der Regel keine konzeptionelle Primärlegitimität des Ansässigkeitsstaats zugrunde; meist sind es vielmehr Praktikabilitätserwägungen, die bei – flüchtigen, den Behörden des Quellenstaats oft nicht ohne weiteres erkennbaren – Inbound-Investitionen gegen eine vorrangige Besteuerung passiver Einkünfte in diesem Quellenstaat sprechen. Gelegentlich verschaffen sich die Quellenstaaten[79] allerdings das verlorene Besteuerungsrecht indirekt zurück, in dem sie gesetzliche Abzugsverbote für Zinsen und Lizenzgebühren erlassen, die aber – weil sie auf der Ebene des Schuldners ansetzen – mit den Doppelbesteuerungsabkommen und Europäischem Recht in Einklang stehen, solange sie nicht ausschließlich für Outbound-Zahlungen, sondern auch in rein innerstaatlichen Fällen eingreifen[80].

Sobald einem Staat die vorrangige oder ungehinderte Besteuerung überlassen worden ist, gerät die Methode in den Blick, mit welcher der andere Staat seine Verantwortung zur Vermeidung der Doppelbesteuerung erfüllen kann. Soweit in der zwischenstaatlichen Relation ein Doppelbesteuerungsabkommen Anwendung findet, das die Besteuerung der betroffenen Einkünfte nach den oben skizzierten Maßstäben ausschließlich dem Ansässigkeitsstaat des Steuerpflichtigen überläßt, ist der andere Staat stets zur Freistellung verpflichtet. Ist dagegen dieser andere Staat als Quellenstaat zur Anwendung seines innerstaatlichen Rechts berechtigt und weist das Doppelbesteuerungsabkommen dem Ansässigkeitsstaat die Verpflichtung zu, die Doppelbesteuerung zu vermeiden, finden unterschiedliche Methoden Anwendung: Während Deutschland – wie andere kontinentaleuropäische Staaten – die meisten Auslandseinkünfte der in Deutschland ansässigen Steuerpflichtigen unter Progressionsvorbehalt freistellt, folgen zahlreiche außereuropäische Staaten, aber auch – innerhalb Europas – sämtliche common law-Staaten der Anrechnungsmethode (Anrechnung der Steuern des Quellenstaats auf die Steuer, die der Ansässigkeitsstaat auf diese Einkünfte aus dem Quellenstaat erhebt).

44
Methodenwahl

Freistellungs- und Anrechnungsmethode

Für den Fall, daß bei der Anwendung der Doppelbesteuerungsabkommen Auslegungsschwierigkeiten auftreten, die zu Qualifikationskonflikten führen und einer Lösung des Doppelbesteuerungsproblems entgegenstehen, sehen die Doppelbesteuerungsabkommen in erster Linie zwischenstaatliche Verständigungsverfahren vor[81]; in zweiter Linie finden neuerdings auch Schieds-

45
Verständigungsverfahren bei Qualifikationskonflikten

---

79 Partiell auch Deutschland: §§ 4h EStG, 8a KStG.
80 S. einerseits Art. 24 Abs. 4 OECD-MA, andererseits EuGH, Urt. vom Urteil vom 21.7.2011, Rs. C-397/09 – *Scheuten Solar Technology*, Slg. 2011, I-6455 = IStR 2011, S. 590.
81 Art. 25 Abs. 1–4 OECD-MA. Hierzu *Moris Lehner*, Möglichkeiten zur Verbesserung des Verständigungsverfahrens auf der Grundlage des EWG-Vertrages, 1982; *Christian Gloria*, Das steuerliche Verständigungsverfahren und das Recht auf diplomatischen Schutz, 1988; *Markus Albert*, DBA-Verständigungsverfahren: Probleme und Verbesserungsvorschläge (Institut Finanzen und Steuern, Schrift Nr. 457/2009); *Karsten Flüchter*, Verständigungsverfahren und die Beilegung grenzüberschreitender Streitigkeiten, in: IStR 2012, S. 694 ff. Für Analysen der Schnittstellen zum innerstaatlichen Recht s. *Roland Ismer*, DBA-Konkretisierung durch die Exekutive? Zur Bindungswirkung von Verständigungsvereinbarungen nach Art. 25 Abs. 3 S. 1 OECD-MA, in: IStR 2009, S. 366; *Susanne Stiewe*, Die verfahrensrechtliche Umsetzung internationaler Verständigungsvereinbarungen, 2011.

klauseln Eingang in die Doppelbesteuerungsabkommen[82]. Diese Regelungen, darüber hinaus aber auch separierte Vertragswerke wie das Europäische Übereinkommen über die Beseitigung von Doppelbesteuerung im Fall von Gewinnberichtigungen zwischen verbundenen Unternehmen[83] erlauben ferner die Streitbeilegung in zwischenstaatlichen Konflikten über die Anpassung der steuerlichen Ansätze von Verrechnungspreisen innerhalb internationaler Konzerne (Beseitigung der wirtschaftlichen Doppelbelastung) und in Einheitsunternehmen mit ausländischen Betriebstätten (Beseitigung der Doppelbesteuerung im engeren Sinne).

III. Doppelnichtbesteuerung und ihre Parallelprobleme

46
Weiße Einkünfte?

Reziprok zur Doppel- und Mehrfachbesteuerung können das nicht abgestimmte Zusammenwirken unterschiedlicher nationaler Steuerrechtsordnungen, aber auch die Anwendung der Doppelbesteuerungsabkommen zu Sondervorteilen derjenigen führen, die grenzüberschreitend tätig sind. Was auf den ersten Blick als Nichtbesteuerung erscheint, kann indes systematisch und teleologisch gerechtfertigt sein, wenn sich die aktuelle Entlastung zum Beispiel daraus ergibt, daß die beiden Steuerrechtsordnungen die Einkünfte zeitlich oder persönlich unterschiedlich zuordnen; hier ist zu erwarten, daß die Einkünfte später oder an anderer Stelle noch besteuert werden. Dies gilt etwa, wenn bei Alterseinkünften ein Staat vor-, der andere nachgelagert besteuert; wenn ein Staat Gewinne einer Gesellschaft auf der Ebene der Gesellschaft, der andere dagegen auf der Ebene ihrer Gesellschafter besteuert etc.

47
„Hybrid mismatch"

Führt die Anwendung des Doppelbesteuerungsabkommens dagegen auf der Grundlage besonderer, unter Umständen sogar planvoller zivilrechtlicher Gestaltungen des Steuerpflichtigen zu einem „hybrid mismatch", das heißt zur Ausnutzung von Qualifikations- oder Zuordnungskonflikten zwischen den Vertragsstaaten bei der Auslegung des Doppelbesteuerungsabkommens, ist von Rechts wegen Abhilfe geboten. Indikator hierfür kann eine Steuerbelastung sein, die im grenzüberschreitenden Fall in der Summe beider Staaten geringer ist als sie wäre, wenn die Besteuerungsmerkmale vollständig in dem einen oder vollständig in dem anderen Staat verwirklicht worden wären. Vielfach kommt es bei derartigen Gestaltungen bereits zu Autoimmunreaktionen der Doppelbesteuerungsabkommen: Üblicherweise werden Doppelbesteuerungsabkommen heute mit subject to tax-Vorbehalten oder Umschaltklauseln ausgestattet; daneben kommen Qualifikationsverkettungen auf Rechtsanwendungsebene in Betracht[84]. Soweit die Minderbelastung dagegen auf Disparitä-

Mißbrauchs-
abwehrklauseln

---

[82] Art. 25 Abs. 5 und 6 OECD-MA. Hierzu *Axel Nientimp/Susanne Tomson*, Das verbindliche Schiedsverfahren nach dem neuen OECD-MA, in: IStR 2009, S. 615.
[83] Sog. Schiedskonvention: 90/436/EWG vom 23.7.1990, ABlEG Nr. L 225, S. 10; Änderungsprotokoll vom 25.5.1999, ABlEG Nr. C 202, S. 1; und Ergänzung vom 30.6.2005, ABlEU Nr. C 160, S. 11.
[84] *Michael Lang*, Qualifikationskonflikte im Recht der Doppelbesteuerungsabkommen, in: FS für Klaus Vogel, 2000, S. 907 ff.; *Kees van Raad*, International Coordination of Tax Treaty Interpretation and Application, ebd., S. 1091 ff.; *Ekkehart Reimer*, Die sog. Entscheidungsharmonie als Maßstab für die Auslegung von Doppelbesteuerungsabkommen, in: IStR 2008, S. 551.

ten der beiden nationalen Rechtsordnungen beruht, kommen zur Lösung de lege lata nur allgemeine – geschriebene oder ungeschriebene – Mißbrauchsabwehrklauseln in Betracht[85].

IV. Diskriminierungen

Als dritter Regelungskomplex des Internationalen Steuerrechts spielen Diskriminierungsverbote, Gleichbehandlungsgebote und Meistbegünstigungsklauseln eine zentrale Rolle[86]. Bei beachtlicher Vielfalt der Rechtsquellen lassen sich gemeinsame Ordnungsmuster ausmachen: Diskriminierungen auf der Grundlage der Staatsangehörigkeit sind zumeist kategorisch verboten[87]; die Grundfreiheiten des primären Unionsrechts verbieten daneben Ungleichbehandlungen auf der Basis des Merkmals der Ansässigkeit[88]. Eine Ausnahme gilt allein für natürliche Personen mit Blick auf die steuerliche Berücksichtigung ihrer persönlichen Verhältnisse; hier sollen Diskriminierungen grundsätzlich erlaubt[89] und nur für den Fall verboten sein, daß die natürliche Person sämtliche oder nahezu sämtliche ihrer Einkünfte in einem Mitgliedstaat erzielt, in dem sie nicht ansässig ist: In diesem Fall müsse der Quellenstaat gewissermaßen stellvertretend die „Heimatverantwortung" des Ansässigkeitsstaats übernehmen[90]. Abkommens- und Unionsrecht laufen dagegen wiederum parallel, soweit sie eine Benachteiligung inländischer Zweigniederlassungen (Betriebstätten) von im Ausland ansässigen Steuerpflichtigen gegenüber inländischen Unternehmen verbieten[91].

48
Statusbezogene Gleichheitssätze

---

85 Ausführlich → unten *Lehner*, § 251 Rn. 54.
86 Wegweisend *Kees van Raad*, Non-discrimination in International Tax Law, Boston 1986; aus jüngerer Zeit *Joachim Englisch*, Wettbewerbsgleichheit im grenzüberschreitenden Handel, 2008; instruktiv ferner die Beiträge in den Cahiers de Droit Fiscal International, Bd. LXXVIIIb, 1993, und die Kommentierung von *Alexander Rust*, in: Klaus Vogel/Moris Lehner (Hg.), Doppelbesteuerungsabkommen, ⁵2008, Art. 24 OECD-MA; jeweils m. weit. Nachw. speziell zur Frage der Meistbegünstigung *Andreas Kempf*, Gedanken zur steuerlichen Meistbegünstigung insbesondere nordamerikanischer Investoren, in: IStR 1998, S. 693 ff.; *Frank Stockmann*, Völkerrechtliche Meistbegünstigungsklausel und Internationales Steuerrecht, in: IStR 1999, S. 129 ff.
87 Art. 24 Abs. 1 OECD-MA; Art. 18 AEUV.
88 Exemplarisch EuGH, Urt. vom 12. 6. 2003, Rs. C-234/01 – Gerritse, Slg. 2003 I-5933; → Bd. X, *Haratsch*, § 210 Rn. 12 ff. und passim. Aus der umfangreichen Literatur Moris Lehner (Hg.), Grundfreiheiten im Steuerrecht der EU-Staaten, 2000; Cordewener, (N 20); *Joachim Englisch*, Zur Dogmatik der Grundfreiheiten des EGV und ihren ertragsteuerlichen Implikationen, in: StuW 2003, S. 88 ff.; *ders.*, The European Treaties' Implications for Direct Taxes, in: Intertax 2005, S. 310 ff.; *Arne Schnitger*, Die Grenzen der Einwirkung der Grundfreiheiten des EG-Vertrages auf das Ertragsteuerrecht, 2006; *Paul Farmer/Richard Lyal*, EC Tax Law, ³2008; *Daniel Dürrschmidt*, „Europäisches Steuerrecht" nach Lissabon, in: NJW 2010, S. 2086 ff.; *Ben Terra/Peter Wattel*, European Tax Law, ⁶2012; *Benjamin Straßburger*, Die Dogmatik der EU-Grundfreiheiten, 2013. Zur Erweiterung der unionsrechtlichen Garantien durch Verträge der EU mit Drittstaaten; *Julian Maier*, Die steuerlichen Implikationen der Mobilitätsgarantien des Freizügigkeitsabkommens Schweiz-EU, 2013.
89 Vgl. für das Unionsrecht EuGH, Urt. vom 14. 2. 1995, Rs. C-279/93 – Roland Schumacker, Slg. 1995, I-225 = NJW 1995, S. 1207; Urt. 12. 12. 2002, Rs. C-385/00 – de Groot, Slg. 2002, I-11819; Urt. vom 28. 2. 2013, Rs. C 168/11 – Manfred und Christa Beker; std. Rspr.
90 EuGH (N 89). Berechtigte Kritik an dieser Rechtsprechungslinie bei *Kees van Raad*, Fractional Taxation of Multi-State Income of EU Resident Individuals – A Proposal, in: FS für Sven Olof Lodin, 1999, S. 211 (221); *Peter Wattel*, EC law does not require most-favoured nation tax treatment and a disparity is not a discrimination: D. v Inspecteur van de Belastingdienst, in: British Tax Review 2005, S. 575 (577).
91 Art. 24 Abs. 3 OECD-MA; aus der Rechtsprechung des EuGH v. a. das Urt. vom 21. 9. 1999, Rs. C-307/97 – Saint Gobain, Slg. 1999, I-6161.

49
Spezielle
Gleichheitssätze

Neben diesen statusbezogenen Gleichheitsgewährleistungen stehen objektbezogene Garantien. Zu ihnen zählen vor allem das Verbot einer Diskriminierung ausländisch beherrschter gegenüber inländisch beherrschten Unternehmen[92]. Daneben finden sich in einigen wenigen Doppelbesteuerungsabkommen Regelungen über die Gleichbehandlung in- und ausländischer gemeinnütziger Körperschaften[93]. Sie sehen vor, daß Einkünfte einer in einem Vertragsstaat ansässigen und dort steuerbefreiten Körperschaft, die ausschließlich religiöse, mildtätige, wissenschaftliche, erzieherische oder öffentliche Zwecke verfolgt, im anderen Vertragsstaat ebenfalls steuerbefreit sein soll, wenn und soweit allein das Ansässigkeitserfordernis einer Steuerbefreiung nach dem innerstaatlichen Recht dieses anderen Vertragsstaats entgegensteht.

50
Meistbegünstigungsklauseln

Ein strukturell und funktional von den rein bilateral wirkenden Diskriminierungsverboten verschiedener Normtyp sind Meistbegünstigungsklauseln, die sich in Doppelbesteuerungsabkommen nur vereinzelt[94] in nicht spezifisch auf das Steuerrecht abzielenden, dorthin aber bisweilen zurückstrahlenden Vertragswerken aus dem Bereich des WTO-Rechts, der bilateralen Freundschafts-, Handels- und Schiffahrtsverträge und in bilateralen Investitionsförderungs- und -schutzverträgen (BIT) finden[95]. Die Grundfreiheiten des Unionsrechts wirken dagegen nach überzeugender Auffassung des Europäischen Gerichtshofes[96] jedenfalls im Bereich der direkten Steuern nicht als Meistbegünstigungsklauseln[97].

V. Schädlicher Steuerwettbewerb

51
Anpassungsdruck durch zwischenstaatlichen Wettstreit

Je mehr sich die Ausgestaltung des Steuerrechts – sprunghaft beschleunigt in den letzten Jahren – von der Primärausrichtung auf Distributionswirkungen im Staat-Bürger-Verhältnis entfernt und in den Dienst eines zwischenstaatlichen Wettstreits um die Faktorattraktion gestellt wird, desto deutlicher treten

---

92 Art. 24 Abs. 5 OECD-MA.
93 Exemplarisch Art. 21 Abs. 7 lit. b DBA Frankreich (BGBl II 1990, S. 770 i.d.F. des Zusatzabkommens vom 20.12.2001, BGBl II 2002, S. 2370) und Art. 27 DBA USA v. 29.8.1989 (BGBl II 1992, S. 355 i.d.F. des Revisionsabkommens vom 4.6.2008, BGBl II 2008, S. 661); vgl. dazu *Michael Droege*, Gemeinnützigkeit im offenen Steuerstaat, 2010, S. 475 f.
94 *Alexander Rust*, Meistbegünstigungsklauseln in Doppelbesteuerungsabkommen, in: Cordewener/Enchelmaier/Schindler (Hg.), Meistbegünstigung im Steuerrecht der EU-Staaten, 2006, S. 77 ff.
95 *Ekkehart Reimer*, Steuerliche Bezüge der völkerrechtlichen Meistbegünstigungspflicht, in: Cordewener/Enchelmaier/Schindler (N 94), S. 41 ff; *Englisch* (N 86), S. 402 ff., 406 ff.
96 EuGH (Große Kammer), Urt. v. 5.7.2005, Rs. C-376/03 – D gegen Inspecteur van de Belastingdienst, Slg. 2005, I-5821; m. Anm. von *Michael Lang*, Das EuGH-Urteil in der Rechtssache D. – Gerät der Motor der Steuerharmonisierung ins Stottern?, in: Steuer & Wirtschaft International 2005, S. 365 ff.
97 Statt aller *Axel Cordewener*, EG-rechtliche Meistbegünstigungspflicht im Steuerrecht: Aktuelle und potenzielle Fallgestaltungen, in: ders./Enchelmaier/Schindler (N 94), S. 123 ff.; *Axel Cordewener/Ekkehart Reimer*, The Future of Most-Favoured-Nation Treatment in EC Tax Law – Did the ECJ Pull the Emergency Brake without Real Need? in: European Taxation 2006, S. 239 ff. (Teil I) und S. 291 ff. (Teil II); teilweise a. A. *Ines Hofbauer*, Das Prinzip der Meistbegünstigung im grenzüberschreitenden Ertragsteuerrecht, 2005; *Josef Schuch*, Marktintegration durch Meistbegünstigung im EG-Steuerrecht, in: Cordewener/Enchelmaier/Schindler (N 94), S. 151 ff.; und *Albert Rädler sen.*, Meistbegünstigung im Binnenmarkt, ebd., S. 213 ff.

Tendenzen der Staaten hervor, ihr nationales Steuerrecht und namentlich das Außensteuerrecht, aber auch die Doppelbesteuerungsabkommen so auszugestalten, daß ausländisches Kapital, ausländische Arbeitskräfte („expatriates") und Immaterialgüterrechte angelockt werden.

Im Ausgangspunkt ist gegen dieses Bestreben von Rechts wegen nichts zu erinnern[98]. Aus der Souveränität der Staaten, aber zum Beispiel auch aus dem Auftrag der Europäischen Union zur Wirtschaftsintegration[99] folgt eine Kompetenz der Staaten zur Beteiligung am Wettbewerb als einem wichtigen Entdeckungsverfahren, aber auch an einem „race to the bottom". Faktisch ist gerade das letztgenannte Phänomen vergleichsweise schwer zu beobachten; häufiger als zu unkontrollierten progredienten Steuer(satz)senkungen zeigen sich Tendenzen der Staaten, sich Nischen zu suchen, um punktuelle oder sektorielle Vorteile zu erlangen. Häufig verlegen sich die Staaten auf besonders günstige Unternehmensteuern und niedrige Steuern auf Vermögen, Vermögenseinkünfte und Vermögensübergänge; nennenswerte Aufkommenseffekte ergeben sich dann oft erst durch die so attrahierten natürlichen Personen (Lohnsteuer, Umsatzsteuer). Je kleiner ein Staat ist[100] und je geringer seine absoluten und relativen Aufkommensverluste aus branchenspezifischen Steuersatzsenkungen sind, desto eher lassen sich dort steuerliche Lockangebote antreffen, die sich – offen oder verdeckt – speziell an ausländische Arbeitskräfte und Investoren richten. Die Einrichtung von Sonderwirtschaftszonen[101], die Gewährung von „tax holidays", aber auch die Eröffnung präferentieller Systeme für junge und/oder kleine Unternehmen werden deshalb politisch als Maßnahmen eines unfairen Steuerwettbewerbs begriffen.

52
„Race to the bottom"

„Maßnahmen eines unfairen Steuerwettbewerbs"

In bestimmten Fallgruppen ist diesem Steuerwettbewerb mit den Mitteln des geltenden Rechts zu begegnen. Innerstaatlich sind vor allem die allgemeine Mißbrauchsklausel des § 42 AO, die Hinzurechnungsbesteuerung (§§ 7 ff. AStG) und die Entstrickungsregeln zu nennen, die allerdings nur im Verhältnis zu Drittstaaten zu ungehinderter Anwendung gebracht werden können[102].

53
Rechtliche Grenzen

---

98 *Hugh Ault*, Tax Competition: What (If Anything) To Do About It?, in: FS für Klaus Vogel, 2000, S. 1117 ff.; *Reuven Avi-Yonah*, Tax Competition, Tax Arbitrage and the International Tax Regime, in: Bulletin for International Taxation 2007, S. 130 ff.
99 Grundlegend *Wolfgang Schön*, in: ders. (Hg.), Tax Competition in Europe, Amsterdam 2003, S. 40 f.
100 Zur Korrelation zwischen Größe eines Landes und seiner Positionierung im Steuerwettbewerb *H. Vording*, A Level Playing Field for Business Taxation in Europe: Why Country Size Matters, in: European Taxation 1999, S. 410 ff.; *Philipp Genschel*, Steuerharmonisierung und Steuerwettbewerb in der Europäischen Union, 2002, S. 244 f.; *Clemens Fuest*, Ist Deutschland dem internationalen Steuerwettbewerb gewachsen?, in: Jürgen Lüdicke (Hg.), Wo steht das deutsche internationale Steuerrecht?, 2009, S. 1 ff. (7).
101 Exemplarisch zu Irland *Georg Kofler*, Dublin Docks-Gesellschaften zwischen Missbrauch und Gemeinschaftsrecht, in: RdW 2005, S. 786 ff.; zu Madeira *Siegfried Wagner*, „Madeira" – ein den „Dublin Docks" vergleichbarer Platz?, in: StBp 2005, S. 125 ff.; zu Polen *Markus Birkenmaier*, Die Vorgaben der Beihilfevorschriften des EG-Vertrages für die direkte Unternehmensbesteuerung, 2007; insgesamt *Jacques Malherbe*, Harmful Tax Competition and the Future of Financial Centres in the European Union, in: FS für Klaus Vogel, 2000, S. 1125 ff.
102 Zu den grundfreiheitlichen Restriktionen insbesondere EuGH (Große Kammer), Urt. vom 12. 9. 2006, Rs. C-196/04 – Cadbury Schweppes, Slg. 2006, I-7995 = DStR 2006, 1686 (Hinzurechnungsbesteuerung); Urt. vom 11. 3. 2004, Rs. C-9/02 – Hughes de Lasteyrie du Saillant, Slg. 2004, I-2409; Urt. vom 29. 11. 2011, Rs. C-371/10 – National Grid Indus; und Urt. vom 6. 9. 2012, Rs. C-38/10 – Kommission vs. Portugal (Entstrickung, v. a. durch Wegzugsbesteuerung).

§ 250   *Zweiundzwanzigster Teil: Grenzüberschreitende Staatsaufgaben*

Für die EU-Staaten und den Binnenmarkt ist demgegenüber vor allem das Beihilfenrecht der Art. 107f. AEUV zu einem wirksamen, allerdings gelegentlich seinerseits nur selektiv in Stellung gebrachten Instrument zur Wahrung der Gleichmäßigkeit der Besteuerung geworden[103]. Für den Bereich der Zölle und zollgleichen (Waren-)Abgaben sind daneben die wirtschaftsvölkerrechtlichen Subventionsverbote vor allem des Allgemeinen Zoll- und Handelsabkommens (GATT) von eminenter Bedeutung. Für den Bereich der direkten Steuern sind Parallelnormen in Allgemeinen Dienstleistungsabkommen (GATS) und in Übereinkommen über handelsbezogene Aspekte der Rechte des geistigen Eigentums (TRIPS) demgegenüber nur sporadisch, dann aber besonders sichtbar angewandt worden[104].

54
Wettbewerb von EU und OECD

Bemerkenswert ist schließlich, daß es keineswegs nur den globalen Wettbewerb zwischen den Staaten oder auch zwischen Europäischer Union und USA um die Steuerzahler gibt. Es gibt auch einen Wettbewerb der Europäischen Union mit Internationalen Organisationen um Definitions- und Entscheidungskompetenzen im Bereich des Internationalen Steuerrechts. Als wichtigstes Gegenlager zur Europäischen Union erweist sich dabei die OECD. Viele Aktivitäten ihres Steuerausschusses und der von ihm eingesetzten Arbeitsgruppen und Beratergruppen betreffen ähnliche Fragen und Probleme wie parallele Arbeiten der Europäischen Union, insbesondere des ECOFIN-Rates[105]. Weniger konkret, aber atmosphärisch ebenfalls spürbar ist die Konkurrenz von Europäischer Union und OECD bei der Vorbereitung zwischenstaatlicher Streitschlichtungsinstitutionen[106]. Das alles belegt den Facettenreichtum und die Mehrdimensionalität des Europäischen Steuerwettbewerbs.

---

103 Statt aller *Volkmar Götz*, Steuervergünstigungen als Gegenstand der europäischen Beihilfenaufsicht, in: FS für Klaus Vogel, 2000, S. 579 ff.; *Hanno Kube*, Competence Conflicts and Solutions: National Tax Exemptions and Transnational Controls, in: Columbia Journal of European Law 9 (2003), S. 79 ff.; ders., Finanzgewalt in der Kompetenzordnung, 2004, S. 278 ff.

104 Markant die Verfahren der WTO-Streitschlichtungsinstanzen zu den US-amerikanischen Domestic International Sales Corporations (DISCs), 1971, zu den Foreign Sales Corporations (FSCs), 1984, und zu der Extraterritorial Income Exclusion Act (ETI), 2000. Hierzu *Paul R. McDaniel*, The Impact of Trade Agreements on Tax Systems, in: FS für Klaus Vogel, 2000, S. 1105 ff.; *Hale E. Sheppard*, Rethinking Tax-Based Export Incentives: Converting Repeated Defeats Before the WTO into Positive Tax Policy, in: Texas International Law Journal 39 (2003), S. 111 ff.; *Wolfgang Schön*, WTO und Steuerrecht, in: Recht der Internationalen Wirtschaft 2004, S. 50 ff.; *Hanno Kube*, Finanzgewalt in der Kompetenzordnung, 2004, S. 294 ff.; *Karoline Robra*, Welthandelsrechtliche Aspekte der internationalen Besteuerung aus europäischer Perspektive. Beiträge zum Transnationalen Wirtschaftsrecht 40 (2005), S. 34 ff., 44 ff.

105 Zu Beispielen *Ekkehart Reimer*, Wettbewerb der Steuerrechtsordnungen, in: Hermann-Josef Blanke (Hg.), Dimensionen des Wettbewerbs 2010, S. 369.

106 Vorüberlegungen bei *Gustaf Lindencrona/Nils Mattson*, Study of the Feasibility of a World Tax Court. Madrid Conference of the Law of the World, Madrid 1979; *Frances M. Horner*, Do We Need an International Tax Organization? in: Tax Notes International 24/2001 vom 8.10.2001, S. 179 ff.; *Vito Tanzi*, Is there a Need for a World Tax Organization?, in: Assaf Razin/Efraim Sadka (Hg.), The Economics of Globalization. Policy Perspectives from Public Economics, New York 1999, S. 173 ff.; gute Zusammenfassung bei *Mario Züger*, Arbitration under Tax Treaties. Improving Legal Protection in International Tax Law, 2001, S. 110 f.; weitere Überlegungen bei *Adrian Sawyer*, Developing a World Tax Organization: The Way Forward, Birmingham 2009.

VI. Internationales Steuerdeterminationsrecht

Die internationale Zusammenarbeit mit dem Ziel der Mehrung von Wirtschaftskraft, Wohlstand und Rechtsstaatlichkeit hat auch jenseits des Rechts klassischer Finanzhilfen[107] umfangreiche und hochflexible Regelwerke hervorgebracht, mit denen neben den Empfängerländern auch die industrialisierten Rechtsstaaten der nördlichen Hemisphäre auf Determinanten einer „good governance" verpflichtet oder mindestens hingewiesen werden.

55
Rechtsstaatsexport

1. Formelle und informelle Akteure

Teilbereiche dieser Regelwerke haben dezidiert steuerrechtlichen Bezug. Als Akteur tritt insbesondere die OECD hervor[108]. Ihre einschlägigen Arbeiten und Empfehlungen weisen eine Reihe inhaltlicher Bezüge zu den Konditionalitäten auf, mit denen die Institutionen der Weltbank-Gruppe das Ausreichen internationaler Finanzhilfen verbinden. Aus dem Bereich der Weltbank kommt wiederum dem Internationalen Währungsfonds[109] eine zentrale Bedeutung zu. Neben diese Internationalen Organisationen treten zahlreiche Ansätze eines horizontalen Rechtsexports durch staatliche und staatsnahe Institutionen[110], die sich aber auf Beratungsleistungen beschränken, damit unterhalb der Schwelle zum Determinationsrecht bleiben und nicht durchweg Spuren hinterlassen.

56
OECD, Weltbank, staatliche Institutionen

2. Institutionelle und verfahrensbezogene Vorgaben

Zu den determinationsrechtlichen Regelungen auf dem Gebiet des formellen Rechts und der Verwaltungspraxis zählen primär verfahrensrechtliche Garantien wie Fairneß, Zügigkeit und Transparenz von Verfahren, aber auch weite Teile des Steuerinformationsrechts: die Begründung und Ausgestaltung von Mitteilungs-, Steuererklärungs- und -anmeldungspflichten, die verwaltungsseitige Wissensspeicherung, das Registerwesen einschließlich der Vergabe von Steuer- und Rechnungsnummern und anderen Identifikationsmerkmalen, ferner der Informationsaustausch der Finanzämter mit anderen Behörden und andere Formen der Amts- und Beitreibungshilfe, die Praxis der steuerlichen Außenprüfung und Nachschau, die Erteilung verbindlicher Auskünfte, der Bereich steuerlicher Nebenleistungen wie Zinsen, Verspätungs-, Säumnis- und Strafzuschläge und schließlich der Rechtsschutzgarantien[111].

57
Recht der Steuerverwaltung

---

107 S.o. Rn. 17 ff., 21 ff.
108 Zu Einzelnachweisen s.u. N 113; zur Bedeutung des Handelns der OECD auf diesem Feld etwa *Gefion Schuler*, „Politikbewertung" als Handlungsform internationaler Institutionen. Das Beispiel der Korruptionsbekämpfung der OECD, 2012.
109 S.o. Rn. 29 f.
110 Für Deutschland etwa im Rahmen der bundesfinanzierten Entwicklungszusammenarbeit der GIZ.
111 Beispielhaft *OECD*, Governance, Taxation and Accountability. Issues and Practices, 2008; *OECD/ BMZ/International Tax Compact*, Tax and Development. Aid Modalities for Strenghening Tax Systems, 2013.

3. Materiell-gestaltende Vorgaben

58
Automatische Stabilisatoren

Weit weniger umfassend sind demgegenüber die Regelungen, durch die externe Akteure Einfluß auf die Ausgestaltung des materiellen Steuerrechts eines Staates zu gewinnen suchen. Intensiv und detailliert sind sie nur dort, wo Steuerwirkungen über den Fiskalzweck hinaus angestrebt oder unterbunden werden sollen. Damit sind einerseits die Auswirkungen der Besteuerung auf den Konjunkturverlauf angesprochen; der Internationale Währungsfonds wirkt auf die Einführung sogenannter automatischer Stabilisatoren hin, durch deren Nutzung der Staat konjunkturell glättend wirken kann[112].

59
Good governance

Andererseits verfolgen internationale Institutionen unter dem Dach von Programmen zur Stärkung guter Regierungsführung das Ziel der Bekämpfung von Korruption durch Private; sie setzen dazu auch auf steuerliche Maßnahmen, namentlich die Einführung und Verschärfung von Vorschriften zur Nichtabziehbarkeit von Bestechungs- und Schmiergeldern[113].

60
„Border tax adjustment" und Finanztransaktionssteuer

In den Kern des Internationalen Finanzrechts fallen aber auch determinationsrechtliche Regelungen, mit denen bestimmte Steuerarten vorgeschrieben werden. Exemplarisch sind die Projekte zur Einführung eines „border tax adjustment" für den Handel mit Emissionszertifikaten, aber auch frühere Pläne der international koordinierten Einführung einer Finanztransaktionssteuer zu nennen.

F. Finanzrecht Internationaler Organisationen

61
Rechtsquellen

Als stark zerklüfteter und kaum dokumentierter Teil des Internationalen Finanzrechts markieren die Gründungsverträge Internationaler Organisationen, ihre Sitzstaatabkommen und ergänzend die Vorschriften des innerstaatlichen Rechts vor allem des Sitzstaats und der Tätigkeitsstaaten den rechtlichen Rahmen der finanziellen Verhältnisse dieser Internationalen Organisationen.

---

112 *Thomas Baunsgaard/Steven A. Symansky*, Automatic Fiscal Stabilizers: How Can They Be Enhanced Without Increasing the Size of Government?, Washington 2009.
113 Aus dem Bereich der OECD Art. 8 des OECD-Übereinkommens vom 17.12.1997 über die Bekämpfung der Bestechung ausländischer Amtsträger im internationalen Geschäftsverkehr, in: BGBl II 1998, S. 2327; Umsetzung in Deutschland durch § 4 Abs. 5 Nr. 10 EStG i.d.F. des StEntlG 1999/2000/2002 vom 24.3.1999, in: BGBl I 1999, S. 402; s. hierzu *BMF* vom 10.10.2012, in: BStBl I 2002, S. 1031; *OFD Düsseldorf* vom 1.11.2004, Die Behandlung von Vorteilszuwendungen im Sinne des § 4 Abs. 5 S. 1 Nr. 10 EStG, FMNR 748410004 (juris); ferner die auf Art. 5 lit. b des OECD-Übereinkommens gestützte Empfehlung des Rates der OECD zu steuerlichen Maßnahmen zur weiteren Bekämpfung der Bestechung ausländischer Amtsträger im internationalen Geschäftsverkehr vom 25.5.2009. Parallele Vorgaben enthält Art. 12 Abs. 4 des – durch Deutschland bislang nicht unterzeichneten – Übereinkommens der Vereinten Nationen gegen Korruption vom 31.10.2003, das am 14.12.2005 in Kraft getreten ist. Rechtsvergleichende Beiträge bei Gerhard Dannecker/Roman Leitner (Hg.), Schmiergelder, Strafbarkeit und steuerliche Abzugsverbote in Österreich und Deutschland, 2002. Den Bezug steuerrechtlicher Regelungen zu den Anliegen der Armutsbekämpfung pointiert auch *Thomas Pogge*, The Role of International Law in Reproducing Massive Poverty, in: Samantha Besson/John Tasioulas (Hg.), The Philosophy of International Law, New York 2010, S. 417 ff. (427 f.).

Er betrifft vor allem deren Finanzierung (I.), die Haushaltsaufstellung und den Haushaltsvollzug (II.). Das Finanzrecht Internationaler Organisationen umfaßt daneben die Regelungen über Grund und Grenze einer Unterwerfung der Internationalen Organisation unter die nationale Steuergewalt (III.) und über die Besteuerung der Gehälter der Bediensteten (IV.).

I. Finanzierung

Internationale Organisationen decken ihre Ausgaben primär durch Matrikularbeiträge der Mitgliedstaaten, sekundär durch Eigenmittel[114]. Die Gründungsverträge enthalten dabei meist nur die Festlegung einer Beitragspflicht dem Grunde nach und treffen knappe zuständigkeits- und verfahrensrechtliche Regelungen für die Ausgestaltung dieser Eigenmittelfinanzierung[115]. Darin werden die Festlegung ihres Finanzbedarfs und der Schlüssel zur Verteilung der Lasten auf die Mitgliedstaaten der Zuständigkeit der Internationalen Organisation überantwortet. Innerhalb der Internationalen Organisation liegt die Organkompetenz stets bei dem Hauptorgan (Rat, Generalversammlung[116]), in dem die Mitgliedstaaten – insoweit üblicherweise einstimmig – die wesentlichen Entscheidungen treffen.

62
Beiträge vs. Eigenmittel

Bestimmendes materielles Gliederungsprinzip ist die Unterscheidung zwischen Pflichtbeiträgen und freiwilligen Beiträgen. Pflichtbeiträge werden üblicherweise nach Leistungsfähigkeit oder Größe der Staaten bemessen, für die unterschiedliche Indikatoren verwendet werden. Gelegentlich – wie im US-amerikanischen UNO-Beitrag – finden sich Deckelungen oder Beitragsrabatte, aber auch Sonderlasten für Staaten, die aus der Tätigkeit der Organisation einen besonderen Nutzen ziehen. So muß insbesondere der jeweilige Sitzstaat üblicherweise ein besonderes finanzielles und sachliches Engagement eingehen.

63
Maßstäbe der Beitragsfinanzierung

Daneben erschließen sich nahezu alle Internationalen Organisationen auch Eigenmittel. Ertragskräftig, aber im Rechtsvergleich weiterhin eine seltene Ausnahme sind Abschöpfungen der Vorteile, die die Mitgliedstaaten aus der Tätigkeit der Organisation erzielen; prägendes Beispiel waren die Umlagen der Europäische Gemeinschaft für Kohle und Stahl (EGKS)[117]; zu nennen sind aber auch Abgaben und Agrarabschöpfungen der Europäischen Union im Rahmen der Gemeinsamen Agrarpolitik[118]. Zu ihnen gehört regelmäßig eine Steuer auf die Gehälter, unter Umständen auch die Pensionen der

64
Arten von Eigenmitteln

---

114 Hierzu insgesamt *Rolf Peffekoven*, Eigene Einnahmen internationaler Organisationen, in: FS für Heinz Kolms, 1984, S. 315 ff.; *Meermagen* (N 17), insbes. S. 41 ff.; ferner *Ulrich Häde*, Finanzausgleich, 1996, S. 419 ff.
115 Exemplarisch Art. 17 Abs. 2 UN-Charta; Art. 20 Abs. 2 des Übereinkommens über die OECD (N 76).
116 Art. 17 Abs. 1 und 2 UN-Charta; zum Aufbau der Fachorganisationen → Bd. X, *K. Ipsen*, § 220 Rn. 20.
117 *Meermagen* (N 17), S. 122 ff.
118 *Meermagen* (N 17), S. 130 ff.; neuerdings auch *Robin Helmke*, Die Finanzkompetenzen der Europäischen Gemeinschaft, 2009, S. 194 ff.

Bediensteten[119]. Offen oder verdeckt neigen aber auch Internationale Organisationen zu einer Verschuldung durch Aufnahme von Krediten, teils durch Begebung eigener Anleihen[120].

65
Erwerbswirtschaftliche Tätigkeit

Von teils erheblicher Bedeutung kann aber auch die eigene erwerbswirtschaftliche Tätigkeit Internationaler Organisationen sein, die oft über die bloße Erstattung von Kosten hinausgeht. Das prominente Beispiel der Internationalen Meeresbodenbehörde[121] zeigt, daß die Monopolisierung der Bewirtschaftung bestimmter Ressourcen bei einer Internationalen Organisation diese Ressourcen – jedenfalls anfänglich – zu „res extra commercium" macht. Die entgeltlichen Veräußerungen stehen damit im Dienst der besonderen Form eines öffentlichen Zuteilungs- und Ausgleichsmodells, das nicht durchgehend den klassischen innerstaatlichen Formen eines Betriebs gewerblicher Art entspricht. Entsprechendes gilt für Gebühreneinnahmen der Organisation, soweit sie nach Grund und Höhe dem Äquivalenzprinzip entsprechen. Zu echten Erwerbseinnahmen Internationaler Organisationen gehören Einnahmen aus der Auftragsforschung, aber auch aus der Veräußerung eigener Veröffentlichungen.

66
Vermögensverwaltung

Als vierte Einnahmequelle Internationaler Organisationen sind schließlich Erträge aus der Verwaltung des der Organisation übertragenen oder von ihr akkumulierten Vermögens zu nennen. Besondere wirtschaftliche Bedeutung haben dabei Pensionsfonds, die der Absicherung später fälliger Ruhegehälter der Bediensteten dienen. Diese Erträge haben zumeist den Charakter mündelsicherer passiver Einkünfte.

II. Haushaltshoheit

67
Zuständigkeiten

Jede Internationale Organisation verfügt über einen eigenen (Stamm-)Haushalt, der in vielen Fällen durch Nebenhaushalte von nicht rechtlich, aber faktisch verselbständigten Unterorganisationen ergänzt wird. Zumeist ist die Vorlage eines Haushaltsplans Sache des (General-)Sekretariats der Organisation; verabschiedet und ex post geprüft wird der Haushalt aber durch ihren Rat, im Fall der Organisation der Vereinten Nationen also durch die Generalversammlung[122].

III. Steuerliche Immunität

68
Reichweite

Inwieweit Internationale Organisationen Immunität genießen, hängt von ihrem jeweiligen Gründungsstatut und wiederum ergänzend von dem Sitz-

---

119 Zur Eigenmittelsteuer auf die Gehälter der EU-Bediensteten: Art. 12 S. 1 des Protokolls über die Vorrechte und Befreiungen der Europäischen Union vom 8. April 1965.
120 Für eine historische Perspektive auf die Europäischen Gemeinschaften *Giancarlo Olmi*, Les ressources propres aux Communautés européennes, in: CDE 1971, S. 379 ff. (382 ff.).
121 Art. 156 des am 16.11.1994 in Kraft getretenen Seerechtsübereinkommens vom 10.12.1982, in: BGBl II 1994, S. 1798; Überblicksdarstellung bei *Ekkehart Reimer*, Das Steuerrecht der Hohen See, in: FS für Rüdiger Wolfrum, Bd. II, 2012, S. 2071 (2092 f.).
122 Art. 17 Abs. 1 UN-Charta.

staatabkommen ab[123]. Regelmäßig wird der Organisation darin eine zumindest funktionale Steuerbefreiung eingeräumt, die sich auf alle Einkünfte, Vermögensgegenstände und Geschäftsvorfälle erstreckt, die im Rahmen der regulären Aufgabenerfüllung der Organisation liegen[124]. Die Sonderrechte dürfen das für die Erreichung der Ziele der Organisation erforderliche Maß nicht unter-, in der Regel aber auch nicht überschreiten[125]: Die Untergrenze des Umfangs funktionaler Immunität ist Ausfluß der Staatenimmunität („par in parem not habet imperium"), die Obergrenze wird sich vielfach aus dem innerstaatlichen Anliegen gleichmäßiger Abgabenerhebung und gleicher Besteuerung nach der wirtschaftlichen Leistungsfähigkeit ergeben. Die Immunität erstreckt sich daher nicht auf Abgaben mit Gegenleistungscharakter wie etwa Gebühren und Beiträge[126], in der Regel nicht auf die indirekten Steuern und bisweilen auch nicht auf Kapitaleinkünfte.

IV. Besteuerung der Bediensteten

Die Immunität der Organisation färbt nicht von sich aus auf deren Bedienstete ab. In Anlehnung an den steuerlichen Status von diplomatischem und konsularischem Personal[127] enthalten aber die Sitzstaatabkommen und/oder die bilateralen Doppelbesteuerungsabkommen in vielen Fällen Garantien einer Befreiung der Gehälter und der Einkünfte aus dem Entsendestaat und aus Drittstaaten von der Einkommensteuer des Sitzstaats der Internationalen Organisation[128]. Soweit die Internationale Organisation keine eigene (Quasi-)Steuer auf die Gehälter erhebt[129], kommt es insoweit in der Regel zu einer Besteuerung durch den Entsendestaat, die sich aus der dortigen unbeschränkten Einkommensteuerpflicht ergibt oder ihr jedenfalls im Ergebnis ent-

69
Gehaltsprivileg

---

123 Allgemein zu Begründung und Struktur der Immunität Internationaler Organisationen *Peter H. F. Bekker*, The Legal Position of Intergovernmental Organizations. A Functional Necessity Analysis of Their Legal Status and Immunities, Boston 1994, S. 37 ff.; vgl. auch Ian Brownlie, Principles of Public International Law, 7 2008, S. 680.
124 Z. B. Art. 105 Abs. 1 und Abs. 3 UN-Charta i. V. m. Art. II Abschn. 7 lit. a des Übereinkommens vom 13. 2. 1946 über die Vorrechte und Immunitäten der Vereinten Nationen, in: BGBl II 1980, S. 941: Befreiung von jeder direkten Steuer.
125 *Alexander S. Muller*, International Organizations and their Host States, Den Haag 1995, S. 30; s. auch Sec. 27 Headquarters Agreement between the United States of America and the United Nations vom 4. 8. 1947, United States Statutes at Large, Bd. 61, S. 756; vgl. IGH Gutachten vom 15. 12. 1989 „Applicability of Article VI, Section 22, of the Convention on the Privileges and Immunities of the United Nations", in: ICJRep 1989, S. 177, 192.
126 Vgl. auch insoweit Art. II Abschn. 7 lit. a UNOImmÜbk (N 124).
127 Zum sog. Kassenstaatsprinzip *Christian Waldhoff*, in: Vogel/Lehner (N 13), Art. 19 Rn. 2 ff.
128 Ziff. 4 des amtlichen Kommentars zu Art. 28 OECD-MA; aus der Literatur *Bernhard Kramer*, Die Besteuerung der Bediensteten Internationaler Organisationen unter besonderer Berücksichtigung der Rechtslage in der Bundesrepublik Deutschland (1977); *William W. Chip/Steven S. Snider*, Federal Taxation of Foreign Governments, International Organizations and Their Employees in the United States, in: Bulletin of International Fiscal Documentation 1982, S. 243 ff.; *Florenz Hundt*, Besteuerung internationaler Organisationen und ihrer Bediensteten, in: IWB F. 10 Gr. 2, S. 307; und die Kommentierung von *Michael Engelschalk*, in: Vogel/Lehner (N 13), Art. 28 Rn. 21 ff.; zum steuerlichen Status der EU-Bediensteten im Sitzstaat und im Heimatstaat: Art. 12 S. 2 und Art. 13 des Protokolls über die Vorrechte und Befreiungen der Europäischen Union vom 8. 4. 1965.
129 S. o. Rn. 64.

spricht[130]. Dagegen folgt die Besteuerung anderer Einkünfte als der Gehälter meist den allgemeinen Regeln. Gleiches gilt für die indirekten Steuern.

G. Internationales Finanzdienstleistungsrecht

70
Gegenstand und Funktion

Als Schnittmenge zwischen Internationalem Finanzrecht und Internationalem Wirtschaftsrecht regelt das Internationale Finanzdienstleistungsrecht die Rechtsverhältnisse grenzüberschreitend tätiger Kreditinstitute, Versicherungen, Ratingagenturen, Vermittler und Börsen[131]. Es überlagert und begrenzt die Privatautonomie, beugt Marktversagen vor, gewährleistet die Nachhaltigkeit der Geld- und Kreditversorgung und bemüht sich um verbraucherschützende Kapitalerhaltung. Historische Erfahrungen und ökonomische Evidenz verbieten dabei die Verengung der Regelungsgegenstände auf Geld, Wertpapiere, Forderungen und Derivate. Angesichts ihrer nahezu unbegrenzten Vermehrbarkeit und Flüchtigkeit wird das Vertrauen der Marktteilnehmer zur zentralen Ressource funktionierender Finanzmärkte und damit zum maßgeblichen Regelungsgegenstand des Internationalen Finanzdienstleistungsrechts. Sein Ziel ist die Wahrung berechtigten Vertrauens bei Aufdeckung geschäftlicher Risiken, Aufrechterhaltung und Durchsetzung der dezentralen Primärverantwortung aller Marktteilnehmer für ihr Handeln.

71
Primat der Privatautonomie

Folgerichtig bildet die Vertragsfreiheit der privaten Akteure das Rückgrat des Finanzdienstleistungsrechts. Sie begründet die Rechtsverhältnisse, vermittelt zwischen Angebot und Nachfrage, ermöglicht eine prinzipiell grenzenlose Varietät in Qualität, Strukturierung und Quantität der „Produkte". Sie trifft aber auch Regelungen für den Fall von Leistungsstörungen. Das öffentliche Recht – und hier insbesondere das internationale öffentliche Recht – hat demgegenüber nur den sekundär-stützenden Charakter einer Auffangordnung[132]. Es stellt Regelungen über die Rechtsfähigkeit institutioneller Marktteilnehmer bereit, wirkt dort privatrechtsgestaltend und -begrenzend, wo die Privatautonomie an ihre Grenzen stößt – etwa in der Abmilderung von Informationsasymmetrien –, trifft insolvenzrechtliche Regelungen und begründet ergänzende Gewährleistungspflichten und Interventionsbefugnisse der öffentlichen Hand.

---

130 Vgl. für Deutschland § 1 Abs. 2 EStG.
131 Historischer Abriß bei *Niels P. Petersson*, Normative Grundlagen überstaatlicher Handels- und Finanzintegration um 1900, in: Rainer Klump/Miloš Vec (Hg.), Völkerrecht und Weltwirtschaft im 19. Jahrhundert, 2012, S. 59 ff.; Annäherungen aus jüngerer Zeit bei *Christos V. Gortsos*, Fundamentals of public international financial law. International banking law within the system of public international financial law, 2012.
132 Zum Verhältnis staatlicher Einhegung, Lenkung und Intervention zur Privatautonomie *Wolfgang Hoffmann-Riem/Eberhard Schmidt-Aßmann* (Hg.), Öffentliches Recht und Privatrecht als wechselseitige Auffangordnungen, 1996, S. 8; *Eberhard Schmidt-Aßmann*, Allgemeines Verwaltungsrecht als Ordnungsidee, ²2004, S. 294; *Matthias Ruffert*, Vorrang der Verfassung und Eigenständigkeit des Privatrechts, 2001, S. 55.

I. Akteure, Institutionen, Rechtsquellen

Als Teilbereich des öffentlichen Wirtschaftsrechts liegen auch diejenigen Teile des Finanzdienstleistungs- und Aufsichtsrechts, die auf die Abwehr der spezifischen Gefahren einer international verflochtenen Wirtschaftstätigkeit programmiert sind, primär in der Kompetenz und der Verantwortung des parlamentarischen Gesetzgebers. Die grenzüberschreitende Koordination und Kooperation der Aufsichtsbehörden hat sich aber vor allem zur Behebung von Informationsdefiziten und damit zur Identifikation externer Risiken als unabdingbar erwiesen; in den letzten Jahren ist es zu einer Supranationalisierung, in vielen Fragen zu einer Internationalisierung des Verwaltungshandelns gekommen[133].

72 Innerstaatliches Recht

Auf unionaler Ebene ist auf der Grundlage des De Larosière-Berichts[134] ein Europäisches System der Finanzaufsicht etabliert worden, das – in Anlehnung an das Europäische System der Zentralbanken – als begriffliches Dach über einer zum 1. Januar 2011 ins Werk gesetzten vielgliedrigen Aufsichtsstruktur dient[135]. Zu ihr gehören die mitgliedstaatlichen Aufsichtsbehörden, ein Gemeinsamer Ausschuß der Europäischen Aufsichtsbehörden, ein Europäischer Ausschuß für Systemrisiken (ESRB[136]) und drei ebenfalls zum 1. Januar 2011 neu gegründete Spartenbehörden mit eigener Rechtspersönlichkeit, die funktional die Nachfolge der drei bis dahin bestehenden Aufsichtsausschüsse[137] angetreten haben: eine Europäische Bankenaufsichtsbehörde (EBA[138], die sich ihre Aufgabe künftig mit der Europäischen Zentralbank teilen soll[139]), eine Europäische Aufsichtsbehörde für das Versicherungswesen und die betriebliche Altersvorsorge (EIOPA[140]) und eine Europäische Wert-

73 EU-Ausschüsse, EU-Behörden

---

133 *Christian Tietje*, Architektur der Weltfinanzordnung, in: Beiträge zum Transnationalen Wirtschaftsrecht 109 (2011), S. 1; *Matthias Lehmann*, Grundstrukturen der Regulierung der Finanzmärkte nach der Krise. Working Papers on Global Financial Markets Nr. 22 (2011) = *ders.*, in: Ludwig Gramlich/Cornelia Manger-Nestler, Europäisierte Regulierungsstrukturen und -netzwerke, 2011.
134 Schlußbericht vom 25. 2. 2009, http://ec.europa.eu/internal_market/finances/docs/de_larosiere_report_en.pdf.
135 Aus der Literatur statt vieler *Matthias Lehmann/Cornelia Manger-Nestler*, Die Vorschläge zur neuen Architektur der europäischen Finanzaufsicht, in: EuZW 2010, S. 87 ff.; *Jens-Hinrich Binder*, Verbesserte Krisenprävention durch paneuropäische Aufsicht? Zur neuen Aufsichtsinfrastruktur auf EU-Ebene, in: GPR 2011, S. 34 ff.; *Georg Baur/Martin Boegl*, Die neue europäische Finanzmarktaufsicht, in: BKR 2011, S. 177 ff.
136 Verordnung (EU) Nr. 1092/2010 des Europäischen Parlaments und des Rates vom 24. 11. 2010 über die Finanzaufsicht der Europäischen Union auf Makroebene und zur Errichtung eines Europäischen Ausschusses für Systemrisiken, AblEU Nr. L 331, S. 1; hierzu *Ann-Katrin Kaufhold*, Der Europäische Ausschuss für Systemrisiken im Finanzsystem als Ausprägung einer neuen Aufsichtsform, in: Verw 2013, S. 21 ff.
137 Zu diesen sog. Level-3-Ausschüssen gehörten das Committee of European Banking Supervisors (CEBS), das Committee of European Insurance and Occupational Pensions Supervisors (CEIOPS) und das Committee of European Securities Regulators (CESR).
138 Verordnung (EU) Nr. 1093/2010 des Europäischen Parlaments und des Rates vom 24. 11. 2010 zur Errichtung einer Europäischen Bankaufsichtsbehörde, AblEU Nr. L 331, S. 12; hierzu *Natalia Kohtamäki*, Die Reform der Bankenaufsicht in der Europäischen Union, 2012.
139 S. u. Rn. 74.
140 Verordnung (EU) Nr. 1094/2010 des Europäischen Parlaments und des Rates vom 24. 11. 2010 zur Errichtung einer Europäischen Aufsichtsbehörde für das Versicherungswesen und die betriebliche Altersversorgung, AblEU Nr. L 331, S. 48.

§ 250   *Zweiundzwanzigster Teil: Grenzüberschreitende Staatsaufgaben*

papier- und Marktaufsichtsbehörde (ESMA[141]). Während der ESRB die spartenübergreifende Stabilität des Finanzsystems im ganzen überwachen und durch Warnungen und Empfehlungen sichern soll („makroprudentielle Aufsicht"), obliegt den drei mit Regelungsbefugnissen ausgestatteten Behörden die Aufsicht über die einzelnen Märkte und Unternehmen („mikroprudentielle Aufsicht").

74
EZB

Künftig soll zudem die Europäische Zentralbank in den Stand versetzt werden, in parlamentarischer Verantwortung, aber weitgehend abgekoppelt von parlamentarischem Einfluß die Aufsicht über die Großbanken innerhalb der Euro-Gruppe zu übernehmen[142]. Dadurch würde ein einheitlicher Aufsichtsmechanismus (SSM) errichtet, für den perspektivisch sogar eine Ausdehnung auf Banken sämtlicher Größenklassen in Betracht gezogen wird, so daß sich die Europäische Bankenaufsichtsbehörde[143] auf die Aufsicht über Banken aus Nicht-Euro-Staaten beschränken könnte. Diese Erweiterung der Aufgaben der Europäischen Zentralbank geht an die Grenze dessen, was mit Blick auf die monothematische Programmierung der Europäischen Zentralbank und ihre (Weisungs-)Unabhängigkeit (Art. 130 AEUV) unter den Vorgaben der Art. 114 und 127 Abs. 6 AEUV primärrechtlich zulässig ist. Sie markiert den Einstieg in eine Bankenunion, die sich um Regelungen über eine bessere Zuordnung der Risiken ergänzen läßt, die sich im Fall einer geordneten Abwicklung zahlungsunfähiger Banken ergeben[144].

75
Basler Ausschuß

Für die Bewältigung der über die Europäische Union hinausgehenden Risiken, damit – mittelbar – aber auch für sämtliche innerunionale Risiken fällt dem Basler Ausschuß für Bankaufsicht eine Schlüsselstellung zu. Dieser Ausschuß koordiniert unter dem Dach der Bank für Internationalen Zahlungsausgleich[145] das Handeln der nationalen Aufsichtsbehörden und Zentralbanken der rund 60 Mitgliedstaaten und der Europäischen Union[146]. Der Ausschuß verfügt weder im Außenverhältnis (gegenüber den Marktteilnehmern) noch im Innenverhältnis (gegenüber den Mitgliedstaaten und der Europäischen Union) über eine eigene Rechtsetzungskompetenz.

76
Äquator-Prinzipien

Von erheblichem praktischem Einfluß sind daneben selbstgesetzte Verhaltenskodizes der großen Finanzdienstleistungsunternehmen. Unter diesen Kodizes ragen die zehn 2003 verabschiedeten Äquator-Prinzipien heraus, die historisch auf eine programmatische Selbstverpflichtung von zehn weltweit

---

141 Verordnung (EU) Nr. 1095/2010 des Europäischen Parlaments und des Rates vom 24. 11. 2010 zur Errichtung einer Europäischen Wertpapier- und Marktaufsichtsbehörde, ABlEU Nr. L 331, S. 84; anschauliche Darstellung bei *Henning Zülch/Sebastian Hoffmann/Dominic Detzen*, ESMA – Die neue europäische Wertpapier- und Kapitalmarktaufsicht, in: EWS 2011, S. 167 ff.
142 Entwurf einer Verordnung (EU) des Rates zur Übertragung besonderer Aufgaben im Zusammenhang mit der Aufsicht über Kreditinstitute auf die Europäische Zentralbank („SSM-Verordnung") in der Fassung vom 16. 4. 2013, Ratsdokument 7776/1/13 REV 1; vgl. das Gesetz vom 16. 4. 2013, BT-Drs 17/13470.
143 S. o. N 135.
144 Zum derzeitigen Rechtsstand s. die Richtlinie 2001/24/EG des Europäischen Parlaments und des Rates vom 4. 4. 2001 über die Sanierung und Liquidation von Kreditinstituten, ABlEG L 125, S. 15.
145 S. o. Rn. 31 f.
146 S. u. Rn. 78 f.

tätigen Banken aus dem Jahr 2003 zurückgehen, mittlerweile aber von zahlreichen weiteren Banken aufgegriffen worden sind[147]. Sie zielen auf die Einhaltung umfassender Nachhaltigkeitsanforderungen im sogenannten Projektfinanzierungsgeschäft ab und beanspruchen heute für alle Finanzierungen oberhalb eines Schwellenwerts von 10 Mio. US-Dollar Beachtung. Im Zentrum ihrer Regelungen stehen die ökologische und die soziale Solidität von Projekten aller Art, die durch die teilnehmenden Banken finanziert werden. Dazu verpflichten sich die Banken unter anderem zur Wahrung der Gesetze des Zielstaates und der sogenannten Performance Standards der International Finance Corporation (IFC), einer Tochtergesellschaft der Weltbank. Auf diese Weise erlangen die Internationale Finanzkorporation und die Weltbank-Gruppe insgesamt einen abstrakt-generellen, das heißt indirekten, aber bedeutenden Einfluß auf fremdfinanzierte Infrastruktur-, Bodenschatz- und Industrieprojekte vor allem in Entwicklungsländern.

Ökologische und soziale Solidität

Das Internationale Finanzrecht wird damit zur Auffangordnung für (fehlende) weltweite Regelungen in den Bereichen des Umweltrechts (Erfordernis von Umweltverträglichkeitsprüfungen und Umweltmanagementplänen, Schutz der Artenvielfalt), des Gesundheits- und Arbeitsschutzrechts (Verbot einer Verwendung schädlicher Substanzen), aber auch des Kulturgüterschutzes und des Schutzes ethnischer (zum Beispiel indigener) Minderheiten.

77
Bezüge zu anderen Rechtsgebieten

II. Koordination nationaler Aufsichtsbehörden

Unabhängig von der Grundentscheidung für eine segmentierte Aufsicht über Finanzdienstleistungsunternehmen oder für eine sogenannte Allfinanzaufsicht ist der Bedarf nach internationaler Zusammenarbeit der Aufsichtsbehörden unabweisbar. Das gilt nicht nur für die Bankenregulierung, die in dem Basler Ausschuß für Bankenaufsicht verhandelt und vorbereitet wird, sondern in paralleler Weise für die Internationale Vereinigung der Versicherungsaufsichtsbehörden (IAIS), die Internationale Vereinigung der Pensionsfondsaufseher (IOPS) und die Internationale Vereinigung der Wertpapieraufsichtsbehörden (IOSCO), ferner für spartenübergreifende Foren wie das „Financial Stability Board" und das „Joint Forum". Sie alle verfügen nicht über Regelungsbefugnisse. Ein rein entscheidungsbezogener Maßstab würde sie daher im vorrechtlichen Bereich ansiedeln. Tatsächlich sind die von ihnen ausgehende Standardisierungswirkung (etwa für die Eigenkapitalausstattung der Banken nach „Basel II" und „Basel III"), aber auch die Bedeutung ihres Informationshandelns in Einzelfällen (etwa in der Durchführung und Auswertung sogenannter Streßtests) und fachlichen Einzelfragen so groß, daß ihre Aktivitäten in einem materiellen Sinn durchaus als Erscheinungsform inter-

78
Internationale Foren

---

147 Zu ihnen *Scott Hoffman*, The law and business of international project finance, New York 2008, S. 108 ff.; *Christopher Wright*, Setting standards for responsible banking: examining the role of the International Finance Corporation in the emergence of the Equator Principles, in: Frank Biermann (Hg.), International organizations in global environmental governance, New York 2009, S. 51 ff.

nationaler öffentlicher Gewalt begriffen werden können[148].

79
Demokratiedefizit

Das wirft die Frage nach einer hinreichenden demokratischen Legitimation dieser Foren und ihres Handelns auf. Dem Vorwurf der Entdemokratisierung[149] wird die Beobachtung einer (nur so möglichen) Wiedergewinnung staatlicher Regelungshoheit über den privaten Sektor entgegengehalten. Der legitimatorische Gehalt dieser Beobachtung ist indes begrenzt. Viel spricht dafür, daß informell getroffene Absprachen, die sich faktisch als Determinationsrecht für staatliche Eingriffsakte erweisen und deshalb grundrechtswesentliche Bedeutung im Außenverhältnis erlangen können, nach dem Vorbild der IFRS-Verordnung[150] in die unionalen und verfassungsstaatlichen Handlungsformen überführt und dadurch mit einer hinreichenden demokratischen Legitimation ausgestattet werden müssen („Endorsement").

III. Ratingagenturen und ihre Regulierung

80
Scharnierfunktion

Ratingagenturen sind das informationelle Scharnier zwischen unterschiedlichen Akteuren am Kapitalmarkt, insbesondere zwischen Kapitalgebern und Kapitalnehmern. Durch die Bündelung und Aufbereitung kapitalmarktrelevanter Informationen verringern sie Informationsasymmetrien zwischen Kapitalgeber und Kapitalnehmer, erleichtern Investitionen und tragen zu informationeller Waffengleichheit konkurrierender Investoren bei. Sie konzentrieren ökonomisch wertvolles Bewertungswissen und ermöglichen damit Wohlfahrtsgewinne. Der öffentlichen Hand helfen sie bei der Kreditaufnahme am Markt, der Europäischen Zentralbank – satzungsgemäß – bei der Identifikation zentralbankfähiger Sicherheiten. Insofern erfüllen Ratingagenturen eine wichtige Scharnierfunktion und sind notwendig Diener vieler Herren.

81
Marktversagen

Im Verfassungs- und Unionsrecht genießen Ratingagenturen im Ausgangspunkt Gewerbefreiheit. Wichtigstes Regulativ für die Qualität der Tätigkeit von Ratingagenturen ist deshalb der Markt; hoheitliche Eingriffe bedürfen der Rechtfertigung. Sie gelingt, wo der Markt versagt. Der Markt versagt, wenn die Ratingagenturen keine Haftung für die von ihnen bereitgestellten und verfaßten Informationen trifft[151]. Er versagt aber auch, wenn Ratingagenturen Interessenkollisionen erliegen und kraft wirtschaftlichen Drucks dazu gebracht werden, wider besseres Wissen bestimmte Analysen zu stellen oder zu unterdrücken.

---

148 Zu diesem Konzept *Matthias Goldmann*, Internationale öffentliche Gewalt, 2014, Teil 2, B. III.
149 Etwa bei *Christoph Möllers*, Internationales Verwaltungsrecht, in: ders./Andreas Voßkuhle, Internationales Verwaltungsrecht (2007), S. 1 ff.
150 Verordnung (EG) Nr. 1725/2003 der Kommission vom 29. 9. 2003 betreffend die Übernahme bestimmter internationaler Rechnungslegungsstandards, ABlEG Nr. L 261, S. 1.
151 Zur zivilrechtlichen Verantwortlichkeit *Andreas C. Peters*, Die Haftung und die Regulierung von Rating-Agenturen, 2001; *Peter Korth*, Dritthaftung von Ratingagenturen, 2010; *David Vasella*, Die Haftung von Ratingagenturen. Ein Beitrag zur Expertenhaftung, 2011; *Moritz Schuler*, Regulierung und zivilrechtliche Verantwortlichkeit von Ratingagenturen, 2012.

Daraus ergibt sich die Notwendigkeit einer Regulierung der Ratingagenturen, die die marktwirtschaftliche Verantwortung aller beteiligten privaten Akteure – namentlich der Ratingagenturen selber – stärkt, sie in prinzipieller Staatsfreiheit beläßt und mit ihren wirtschaftsordnungsrechtlichen Regelungen allein dort ansetzt, wo es in der Vergangenheit zu einem Marktversagen gekommen ist.

82
Regulierung

Nach intensiver öffentlicher, auch rechtswissenschaftlicher Debatte[152] sind inzwischen beidseits des Atlantiks wirtschaftsrechtliche Regelungen zur Regulierung der Ratingagenturen vorgelegt worden. Für die europäischen und mitgliedstaatlichen Maßnahmen liegt dabei ein Kernproblem in der prinzipiellen Begrenzung des räumlichen Anwendungsbereichs der Regelungen. Alle drei großen Ratingagenturen haben Sitz und Geschäftsleitung in den USA; eine unmittelbare Regulierung durch die Europäische Union oder gar die Mitgliedstaaten kann daher nur am Marktort oder am Sitz des Auftraggebers stattfinden. Wegen der besonderen Mobilität des Kapitals lassen sich rechtliche Fesseln auf einem regionalen Teilmarkt leicht zu Lasten dieses Marktortes umgehen. Unilaterale Maßnahmen empfehlen sich deshalb nur dort, wo zu erwarten ist, daß die Kapitalflucht durch den positiven Effekt der Regulierung (Stabilisierung, Qualitätssicherung) mindestens aufgewogen wird.

83
„Genuine link" als Regulierungsproblem

Entsprechend behutsam setzt das Unionsrecht an. Die Ratingverordnung[153] stellt zunächst klar, daß sie kein Verbot des Handels mit ungerateten Produkten enthält; über das Ob eines Ratings befinden die Marktteilnehmer weiterhin grundsätzlich privatautonom. Das Unionsrecht greift nur ein, wenn sie sich für ein europäisches oder ein in die Europäische Union importiertes Rating entscheiden. Mit der Ratingverordnung soll gewährleistet werden, daß in der Europäischen Union verwendete Ratings unabhängig, objektiv und von angemessener Qualität sind. Die Richtlinie etabliert dazu Mechanismen zur Sicherung der Unabhängigkeit und der Transparenz der Ratingagenturen. Interessenkollisionen, die sich durch ihre Doppelrolle als Beurteiler und Produktberater ergeben, werden verringert. Zugleich beläßt das Unionsrecht dem Markt dort seine volle Freiheit, wo Ratings nicht weitergegeben werden, sondern nur dem Auftraggeber zugänglich sind; die öffentliche Regulierung beschränkt sich auf veröffentlichte oder zu veröffentlichende Ratings.

84
Ratingverordnung der EU

Nicht alle dieser Regelungen erfüllen die Anforderungen, die im Verfassungsstaat an gewerberechtliche Interventionen zu stellen sind. Uneingeschränkt richtig sind die Maßnahmen, die der Überwindung von Interessenkonflikten

85
Bewältigung von Interessenkollisionen

---

152 *Denise Alessandra Bauer*, Ein Organisationsmodell zur Regulierung der Rating-Agenturen. Ein Beitrag zur regulierten Selbstregulierung am Kapitalmarkt, 2009; *Sebastian Herfurth*, Die Regulierung von Ratingagenturen unter Basel II, 2010; *Alexander Lampe*, Die Regulierung von Ratingagenturen, 2010; *Andreas Freytag/Martin Zenker*, The Credit Rating Market – Options for Appropriate Regulation, in: Working Papers on Global Financial Markets Nr. 39, 2012; *Stefanie Hiß/Sebastian Nagel*, Ratingagenturen zwischen Krise und Regulierung, 2012.
153 Verordnung (EG) Nr. 1060/2009 des Europäischen Parlaments und des Rates vom 16. 9. 2009, ABl Nr. L 302, S. 1 i.d.F. der Verordnung (EU) Nr. 510/2011 des Europäischen Parlaments und des Rates vom 11. 5. 2011, ABl Nr. L 145, S. 1.

der Ratingagenturen dienen, deren Unabhängigkeit sichern, ihre haftungsrechtliche Verantwortlichkeit stärken und einen Beitrag zur Auflösung des Oligopols der Ratingagenturen (das sogar als geographisches Monopol erscheint) leisten. Mit derartigen Regelungen übernehmen Staat und Union eine Gewährleistungsverantwortung für die Glaubwürdigkeit der Rating-Agenturen und die Erfüllung der ihnen zugleich obliegenden Stabilisierungsfunktion.

86
Wissen ist wichtig

Soweit die Regelungen dagegen prinzipiell verfügbare Informationen unterdrücken, indem sie die Häufigkeit von Ratings für Staaten oder Staatsanleihen beschränken oder durch die Definition von Zeitfenstern die freie – und damit notwendig auch unverzügliche – Veröffentlichung neuer Einschätzungen verzögern, könnten Normgeber ihrerseits Opfer einer Interessenkollision geworden sein[154]. Verbote eines Ratings für überschuldete Länder (auch und gerade dann, wenn sie erst eingreifen, sobald sich das Land unter einen staatlichen oder überstaatlichen Rettungsschirm wie den Europäischen Stabilitätsmechanismus geflüchtet hat), machen das Regulierungsrecht zur Zensur; die gezielte Unterdrückung marktrelevanter Informationen gerät in die Nähe eines Betrugs durch Unterlassen, wenn die Informationen allein den Staaten unangenehm sind, weil sie deren Kreditaufnahme verteuern. Verfassungsrechtlich streiten nicht nur die Wirtschaftsfreiheit der Träger der Ratingagenturen, sondern vor allem das Demokratieprinzip gerade hier für eine prinzipiell unverzögerte Transparenz.

IV. Vorgaben zu Eigenkapital und Einlagensicherung, Stabilisierung und Rettung

87
Mindestreserven

Zu den überkommenen Ansätzen zur Vermeidung von Liquiditätskrisen von Banken gehören Mindestquoten für den Anteil der Eigenkapitalunterlegung am gesamten Engagement einer Bank[155]. Bildung von Zähler und Nenner bedürfen dabei im Einzelfall genauer Kontrolle. So dürfte sich die Möglichkeit, daß die deutschen und die meisten europäischen Banken Staatsanleihen auch ohne jede Eigenkapitalunterlegung zeichnen durften, krisenverschärfend ausgewirkt haben. Umgekehrt braucht die Eigenkapitalunterlegung nicht für alle Engagements einer Bank gleich hoch zu sein; die Regelungsgeber haben deshalb – im Ansatz überzeugend – Risikoabstufungen vorgenommen[156].

---

154 Vgl. *Ekkehart Reimer*, Institutionelle Urteilskraft, in: GPR 2011 Heft 5, S. 217.
155 Exemplarisch *Thomas Hartmann-Wendels*, Basel II: Die neuen Vorschriften zu Eigenmittelunterlegung von Kreditrisiken, 2003; siehe auch die Beiträge bei Stefan Grundmann/Christian Hofmann/Florian Möslein (Hg.), Finanzkrise und Wirtschaftsordnung, 2009; neuerdings auch *Frank A. Schäfer*, Eigenkapital im Bankaufsichtsrecht und Basel III, in: ZHR 175 (2011), S. 319 ff.
156 Von den Regelungen des Europäischen Rechts siehe v.a. die Richtlinie 93/6/EWG des Rates vom 15.3.1993 über die angemessene Eigenkapitalausstattung von Wertpapierfirmen und Kreditinstituten („Kapitaladäquanzrichtlinie"), ABl Nr. L 141, S. 1; die Richtlinie 2000/12/EG des Europäischen Parlaments und des Rates vom 20.3.2000, ABl Nr. L 126, S. 1 („Bankenrichtlinie") i.d.F. der Neufassung vom 14.6.2006, ABl Nr. L 177, S. 1; und zuletzt die Straffungsvorschläge in dem sog. CRD IV-Paket über die Aufnahme und Ausübung der Tätigkeit der Kreditinstitute

Prägend für die Balance zwischen privater Finanzverantwortung und öffentlichem Stabilitätsinteresse sind die Regelungen über Möglichkeit und Grenzen einer Sicherung notleidend gewordener Finanzdienstleister. Soweit es über rein innerstaatliche Regelungssysteme hinausgeht, die in Deutschland teils auf freiwilligen Zusammenschlüssen[157], teils auf zwingenden gesetzlichen Vorgaben beruhen[158], unterliegt das Einlagensicherungsrecht vor allem unionsrechtlichen Vorgaben. Die (damalige) EWG-Kommission hat 1986 eine Empfehlung zu einer gesetzlichen Verpflichtung von Banken zur Teilnahme an Sicherungssystemen („Deposit Guarantee Schemes") veröffentlicht. An ihre Stelle traten seit 1994 verschiedene Richtlinien[159], deren Vorgaben in Deutschland durch das Einlagensicherungs- und Anlegerentschädigungsgesetz (EAEG) umgesetzt worden sind[160] und deren Effektivität mehrfach geprüft worden ist[161].

88
Einlagensicherung

H. Perspektiven

I. Verknüpfungen

Die vorstehend skizzierten Felder des Internationalen Finanzrechts stehen nicht als vorgefundene und deutlich gegeneinander abgrenzbare Teilrechtsgebiete nebeneinander. Sie bilden vielmehr ein sich vielfältig überlappendes, aber auch nach außen – insbesondere in Richtung auf das öffentliche Finanzrecht des Grundgesetzes, das öffentliche und private Wirtschaftsrecht – offenes Gebiet. Innere Verflechtungen zeigen sich etwa im Rückgriff auf – teils nur sprachlich, teils auch konzeptuell – identische Begriffe[162], aber auch in Überwirkungen der Teleologie eines Teilgebiets auf ein anderes. Diese Über-

89
Offenheit, Zusammenhänge

---

157 Wie namentlich dem sog. Einlagensicherungsfonds; dazu zuletzt *Christian Hissnauer*, Die Reform der Einlagensicherung und Anlegerentschädigung in Deutschland, 2013, S. 31 ff.
158 Dazu v. a. das Einlagensicherungs- und Anlegerentschädigungsgesetz vom 16. 7. 1998. Weiter gehende mündliche Garantien der Bundesregierung hat der Gesetzgeber dagegen nicht aufgegriffen; ihnen kommt allein der Charakter einer politischen Absichtserklärung zu. Neben die Einlagensicherung für den Krisenfall treten präventive gesetzliche Vorgaben zur Isolierung von Risiken und zur künftigen Abwicklung notleidender Finanzdienstleistungsunternehmen, wie sie für Deutschland 2013 durch das Gesetz zur Abschirmung von Risiken und zur Planung der Sanierung und Abwicklung von Kreditinstituten und Finanzgruppen (TrennbankenG), BR-Drs 378/13, eingeführt worden sind. Hierzu m. weit. Nachw. *Jürgen van Kann/Philip Rosak*, Der Regierungsentwurf des Trennbankengesetzes, in: BB 2013, S. 1475 ff.
159 Richtlinie 94/19/EG über Einlagensicherungssysteme im Hinblick auf die Deckungssumme und die Auszahlungsfrist, ABlEG Nr. L 135, S. 5; RL 97/9/EG über Systeme für die Entschädigung der Anleger, ABlEG Nr. L 84, S. 22; und 2009 die Richtlinie 2009/14/EG des Europäischen Parlaments und des Rates vom 11. März 2009 zur Änderung der Richtlinie 94/19/EG, ABlEG Nr. L 68, S. 3.
160 S. o. N 158.
161 Bericht „Investigating the efficiency of EU Deposit Guarantee Schemes" der EU-Kommission vom Mai 2008, Internet: http://ec.europa.eu/internal–market/bank/docs/guarantee/deposit/report–en.pdf; Bericht „JRC Report under Article 12 of Directive 94/19/EC as amended by Directive 2009/14/EC" 2010, Internet: http://ec.europa.eu/internal–market/bank/docs/guarantee/jrc-rep–en.pdf .
162 Z. B. „Eigenkapital", dessen Konturierung für das Internationale Steuerrecht ebenso relevant ist wie für das Internationale Bankaufsichtsrecht.

wirkungen führen teils zu wechselseitigen Verstärkungen. Sie können aber auch Verspannungen innerhalb eines Subsystems auslösen[163].

II. Internationales Finanzrecht als Ausgleichsordnung

90
Desiderate internationaler Gerechtigkeit

Das Internationale Finanzrecht ist in seiner Einheit aber auch eine Ausgleichsordnung: Unter Wahrung der ökonomisch-haushaltswirtschaftlichen Autonomie des souveränen Staates kann die finanzielle Zusammenarbeit über Staats- und Kontinentalgrenzen hinweg zu nachhaltiger Entwicklung auch derjenigen Länder und Regionen beitragen, die aus historischen Gründen, vor allem aber wegen besonderer klimatischer oder geographischer Herausforderungen in ökonomisch und damit auch fiskalisch strukturellem Nachteil gegenüber den Industriestaaten der nördlichen Hemisphäre sind. So wenig sich ein weltstaatlicher Finanzausgleich empfiehlt, so sehr kann der offene Verfassungsstaat den „nervus rerum" in den Dienst internationaler Gerechtigkeit stellen[164].

III. Internationales Finanzrecht als Auffangordnung

91
Stabilisierung der innerstaatlichen Rechtsordnung

Im hier verstandenen Sinne entlastet und stabilisiert das Internationale Finanzrecht[165] zugleich andere Teile der Rechtsordnung. Das gilt zunächst für das innerstaatliche Verfassungsrecht. Das Staatsschuldenrecht[166] verstetigt die Regierungsführung und die Vorhersehbarkeit der Haushaltswirtschaft; zahlungsverkehrsrechtliche und steuerrechtliche Regelungen dämmen die Korruption ein[167] und stärken die innerstaatliche Gewaltengliederung. Die Haushaltskrisen einiger europäischer Staaten belegen daneben die Entlastungsfunktion des Internationalen Währungsfonds und seiner Strukturanpassungsprogramme für das Recht der regionalen (hier: europäischen) Integration.

92
Stabilisierung der Völkerrechtsordnung

Das Internationale Finanzrecht stützt aber auch andere Gebiete des Völkerrechts ab. Auf der Einnahmenseite und im Bereich der Mittelverwendung unterliegen Internationale Organisationen und nicht rechtsförmig verfaßte

---

163 So stehen Neutralitätserwartungen aus dem Internationalen Beihilfenrecht, die gleichermaßen an das Internationale Steuerrecht zu stellen sind, in Widerspruch zu der fundamentalen Asymmetrie zwischen der Steuerbarkeit von ins Ausland abfließenden Dividenden bei gleichzeitiger Nichtsteuerbarkeit der ins Ausland abfließenden Zinsen. Diese Asymmetrie ist v.a. auf die Kapitalknappheit der Volkswirtschaften in Kriegszeiten zurückzuführen. Ihr liegen Lenkungszwecke (Attraktion ausländischen Fremdkapitals, Vermeidung ausländischer gesellschaftsrechtlichen Einflusses auf inländische Unternehmen, Thesaurieren und Reinvestition inländischer Gewinne) zugrunde, die in Widerspruch zu den steuer(verfassungs)rechtlichen Postulaten der Finanzierungsneutralität und der Kapitalimport-/-exportneutralität stehen.
164 *Matthias Valta*, Internationales Steuerrecht zwischen Gerechtigkeit, Effizienz und Entwicklungshilfe, 2013.
165 S.o. Rn. 1.
166 S.o. Rn. 25ff.
167 S.o. Rn. 59.

Träger internationaler öffentlicher Gewalt[168] finanzrechtlichen Vorgaben und Möglichkeiten, die sich vielfach zu Funktionsbedingungen verfestigen. Das Internationale Strafrecht wird durch steuer(determinations)rechtliche Regelungen über die Behandlung von Bestechungsgeldern flankiert[169]. Nicht zuletzt ist die friedenssichernde Funktion finanzieller Zusammenarbeit[170] ein Beitrag zur Entlastung des humanitären Völkerrechts und zu einer Stabilisierung der Staatengemeinschaft insgesamt.

IV. Konstitutionalisierung und Justiziabilität

In erstaunlichem Kontrast zu der fundamentalen Bedeutung, die das Internationale Finanzrecht mithin innerhalb des Völkerrechts beanspruchen kann, steht das geringe Maß an rechtlicher Bündelung und interner Hierarchisierung des Rechtsgebiets. Als diffuses und unspezifisches Phänomen sind Geld, Währungen und Schulden die Kehrseite nahezu jeder Sachpolitik, mithin auch jedes Teilgebiets des Völkerrechts. Die Fragmentierung des Internationalen Finanzrechts nach Gegenständen, aber auch nach Akteuren (Zuständigkeiten), Verfahren und Handlungsformen ist deshalb ein Spiegel seiner großen Bedeutung. Die signifikant verbesserte Zugänglichkeit von Informationen und Programmen Internationaler Organisationen wird für das Finanzrecht – wie für viele andere Bereiche des internationalen Rechts – den Wettbewerb der Institutionen stärken, die Aufgabenkritik erleichtern und langfristig Konzentrationsprozesse auslösen. Dabei zeigt die regionale Integration innerhalb der Europäischen Union, wie an die Stelle klassischer Akteure globalen Zuschnitts (etwa des Internationalen Währungsfonds) schrittweise regionale Institutionen (etwa der Europäische Stabilitätsmechanismus) treten.

93
Fragmentierung des Internationalen Finanzrechts

Umgekehrt wachsen der Staatengemeinschaft in dem Maß neue Aufgaben zu, wie Regierungen, Notenbanken und Finanzaufsichtsbehörden bestimmte Probleme nicht oder nur zu höheren demokratischen Kosten auf eigene Faust lösen können. So sehr die Externalisierung unangenehmer (Strukturanpassungs-)Entscheidungen die Regierung notleidender Staaten vordergründig stabilisieren kann, so sehr nimmt damit der politische, mediale und auch individuelle Druck auf die maßgebenden Institutionen zu. Die Abgabe von Hoheitsgewalt in zentralen, den Souveränitätskern eines Staates berührenden (Finanz-)Fragen bedarf deshalb politischer, aber auch verfassungsrechtlicher Einhegung. Sobald finanzpolitische Fragen untrennbar mit Sachfragen verbunden werden, ist die Ausübung überstaatlicher Finanzgewalt zugleich Ausübung überstaatlicher Sachgewalt, die demokratischer Legitimation und laufender Begleitung bedarf.

94
Externalisierung

---

168 Zu diesem Begriff v.a. *Armin von Bogdandy/Rüdiger Wolfrum u.a.* (Hg.), The Exercise of Public Authority by International Institutions. Advancing International Law, 2010; *Goldmann* (N 148), Teil 2, B. III. und passim.
169 S.o. Rn. 59 m. N 113.
170 S.o. Rn. 90.

95
Individualrechtsschutz auf überstaatlicher Ebene

Zugleich wird die Ausübung einer (derivativen Staats-)Gewalt durch Internationale Organisationen und Verwaltungseinheiten zu einer Herausforderung für individuellen Rechtsschutz. Je stärker das Handeln internationaler Akteure rechtlich gebunden ist und je intensiver es – unmittelbar oder mittelbar – in private Rechte eingreift, desto dringlicher ist neben einer Klärung politischer Verantwortungsstränge auch die Eröffnung rechtlicher Prüfungswege[171].

V. Wissenschaft vom Internationalen Finanzrecht

96
Abstimmung auf die Vorgaben des Verfassungsstaates

Der Eindruck disziplinärer Einheit der Wissenschaft vom Internationalen Finanzrecht endet mit der Zwischenkriegszeit. Eine umfassende Wissenschaft vom Internationalen Finanzrecht stößt heute an disziplinäre Grenzen zwischen öffentlichem Recht und Privatrecht, wird durch die Heterogenität der Akteure und ihrer Begriffsbildung, nicht zuletzt durch die Komplexität der zugrundeliegenden Phänomene erschwert. Perspektivisch bedürfen aber die überstaatlichen Einflüsse auf die staatliche Finanzhoheit steter Begleitung und Reflexion. Mit der Möglichkeit zu Bündelung und Synchronisierung des Rechtsstoffs bieten sich auch Gelegenheiten zur Klärung der Handlungsformen internationaler öffentlicher Gewalt. Ihre Abstimmung auf die Vorgaben des demokratischen Verfassungsstaates sind dabei auch zentrales rechtswissenschaftliches Desiderat[172].

---

[171] Vgl. *Eberhard Schmidt-Aßmann*, Ansätze zur Internationalisierung verwaltungsgerichtlichen Rechtsschutzes, in: FS für Rüdiger Wolfrum, 2012, Bd. II, S. 2119 ff.; noch ausgeblendet bei *Christian Tietje*, Internationalisiertes Verwaltungshandeln, 2001.
[172] Vgl. *Goldmann* (N 148).

I. Bibliographie

Werner Ebke, Internationales Devisenrecht, 1991.
Max Gutzwiller, Der Geltungsbereich der Währungsvorschriften. Umrisse eines Internationalrechts der Geldverfassungen, 1940.
Ernst Isay, Internationales Finanzrecht. Eine Untersuchung über die äußeren Grenzen der staatlichen Finanzgewalt, 1934.
Kai von Lewinski, Öffentlich-rechtliche Insolvenz und Staatsbankrott – Rechtliche Bewältigung finanzieller Krisen der öffentlichen Hand, 2011.
Gustav Lippert, Das internationale Finanzrecht: eine systematische Darstellung der internationalen Finanzrechtsnormen, 1912.
ders., Handbuch des Internationalen Finanzrechts, ^{2}1928.
Karl Neumeyer, Internationales Verwaltungsrecht, Bd. II, 1922.
Wolfgang Schön, International Tax Coordination for a Second-Best World, in: World Tax Journal 2009, S. 67 ff. (Part I) bzw. 2010, S. 65 ff. (Part II) und S. 227 ff. (Part III).
Klaus Vogel/Moris Lehner, Doppelbesteuerungsabkommen, ^{6}2013.

§ 251
Internationale Reichweite staatlicher Besteuerungshoheit

Moris Lehner

Übersicht

	Rn.		Rn.
A. Begründung und Spektrum staatlicher Besteuerungshoheit	1–12	4. Primäre Verantwortung des Ansässigkeitsstaates für die Beseitigung der Doppelbesteuerung	30–32
I. Besteuerungshoheit als Ausprägung staatlicher Souveränität	1–2	5. Zurückhaltende Vorgaben des Unionsrechts	33–38
II. Normativer Rahmen	3–8	II. Unilaterale Maßnahmen zur Beseitigung der Doppelbesteuerung	39–42
1. Innerstaatliches Recht, Völkerrecht, Unionsrecht	3–4	1. Anrechnung der ausländischen Steuer im Ansässigkeitsstaat	39–40
2. Internationales Steuerrecht	5–8	2. Keine Beseitigung der Doppelbesteuerung im Quellenstaat	41–42
III. Welteinkommensprinzip und Territorialitätsprinzip	9–12	III. Doppelbesteuerungsabkommen	43–60
1. Territoriale Fundierung der Steuerpflicht	9–10	1. Rechtliche Einordnung und Verhältnis zum innerstaatlichen Recht	43–50
2. Äquivalenztheoretische Grundlagen	11–12	2. Auslegung von Doppelbesteuerungsabkommen	51–52
B. Steuergerechtigkeit im Internationalen Steuerrecht	13–22	3. Abkommenswidrige Gesetzgebung	53–57
I. Verfassungsrechtliche Vorgaben	13–18	4. Verständigungs-, Konsultations- und Schiedsverfahren	58–60
1. Bestätigung der äquivalenztheoretischen Grundlagen	13–14	D. Ausgestaltung der Besteuerung	61–81
2. Räumlicher Anwendungsbereich des Leistungsfähigkeitsprinzips	15–18	I. Nachteile von beschränkt Steuerpflichtigen gegenüber unbeschränkt Steuerpflichtigen	61–76
II. Steuergerechtigkeit im Völkerrecht und im Unionsrecht	19–22	1. Anforderung des Leistungsfähigkeitsprinzips	63–65
1. Allgemeines Völkerrecht und völkerrechtliche Verträge	19–20	2. Grundfreiheiten	66–76
2. Unionsrecht	21–22	II. Rechtsangleichung	77–79
C. Doppelbesteuerung	23–60	III. Verbot staatlicher Beihilfen	80–81
I. Zwischenstaatliche Abgrenzung der Besteuerungshoheit	23–38	E. Zwischenstaatliche Rechts- und Amtshilfe	82–86
1. Äquivalenztheoretische Aufteilung nach Georg von Schanz	23–24	I. Zielsetzung und Rechtsgrundlagen	82–85
2. Problem sachgerechter Quellenbestimmung	25–27	II. Schutz des Steuerpflichtigen	86
3. Doppelbesteuerung als Verstoß gegen das Leistungsfähigkeitsprinzip	28–29	F. Bibliographie	

A. Begründung und Spektrum staatlicher Besteuerungshoheit

I. Besteuerungshoheit als Ausprägung staatlicher Souveränität

1
Besteuerung des Welteinkommens

Weltweit besteuern Staaten den Ertrag aus grenzüberschreitender wirtschaftlicher Betätigung[1]. Grundlegend ist die Unterscheidung zwischen einer an die Ansässigkeit im Inland anknüpfenden unbeschränkten Steuerpflicht mit dem Welteinkommen, die neben inländischen auch ausländische Einkünfte umfaßt, und einer beschränkten Steuerpflicht, der nicht im Inland ansässige Personen unterliegen, soweit sie inländische Einkünfte beziehen[2]. Die besondere Bedeutung der Besteuerungshoheit zeigt sich darin, daß Staatsgewalt auch im völkervertraglichen Zusammenwirken und im supranationalen Verbund ohne je eigene öffentliche Finanzen nicht denkbar ist[3]. Aus dem Blickwinkel der verfassungsrechtlichen Gewaltenteilung umfaßt Besteuerungshoheit[4] als Teilbereich der staatlichen Finanzhoheit[5] die Kompetenz zur Steuergesetzgebung (Art. 105 GG), die Finanzverwaltung (Art. 108 Abs. 1–4 GG) und die Finanzgerichtsbarkeit (Art. 108 Abs. 6 GG). Finanzhoheit reicht jedoch weiter als Besteuerungshoheit, weil ihr auch die Sicherung der Finanzausstattung von Bund, Ländern und Gemeinden nach Maßgabe der Art. 106 und 107 GG[6] unterfällt. Die europäische Union hat, von partieller Ertrags- und Ausgabenhoheit abgesehen, keine eigenständige Finanzhoheit[7].

Keine eigenständige Finanzhoheit der EU

2
Ausprägung staatlicher Souveränität

Im Kontext der steuerlichen Erfassung von grenzüberschreitenden Sachverhalten ist Besteuerungshoheit besondere Ausprägung staatlicher Souveränität[8]. Die territoriale Radizierung staatlicher Souveränität[9] erfaßt das Staatsgebiet als konstitutives Merkmal von Staatlichkeit im Sinne der Drei-Elemente-Lehre Jellineks[10]. Daran anknüpfend grenzt territorial radizierte Souveränität Staatsgewalt im Sinne der Unterscheidung zwischen äußerer

---

1 *Klaus Vogel*, Die Besteuerung von Auslandseinkünften – Prinzipien und Praxis, in: VDStjG 8 (1985), S. 3 (4 ff.); → Bd. V, *P. Kirchhof*, § 118 Rn. 4.
2 S. u. Rn. 23 ff., 30 ff.
3 → Bd. II, *Vogel*, § 30 Rn. 2; *Dieter Birk*, Finanzhoheit und Steuerwettbewerb in der EU, in: FS für Hans Georg Ruppe, 2007, S. 51 (52).
4 BVerfGE 55, 274 (301) – „Berufsausbildungsabgabe"; BVerfGE 72, 200 (208) – „Außensteuergesetz"; von „Steuerhoheit" sprechen: *Johann Caspar Bluntschli*, Lehre vom modernen Staat, fortgeführt von Edgar Löning, Bd. II, ⁶1885, Neudruck 1965, S. 530; *Ernst Blumenstein*, System des Steuerrechts, ⁵1995, Neubearbeitung von *Peter Locher*, S. 39; *Albert Hensel*, Steuerrecht, ³1933, S. 14; *Rudolf Weber-Fas*, Staatsverträge im Internationalen Steuerrecht, 1982, S. 32.
5 → Bd. V, *Waldhoff*, § 116 Rn. 61; *Stefan Korioth*, Der Finanzausgleich zwischen Bund und Ländern, 1997, S. 266 ff.
6 *Korioth* (N 5), S. 57.
7 → Bd. V, *Waldhoff*, § 116 Rn. 162; *Robin Helmke*, Die Finanzkompetenzen der Europäischen Gemeinschaft, 2009, S. 194 ff., 218.
8 *Ottmar Bühler*, Prinzipien des Internationalen Steuerrechts, 1964, S. 132; *Weber-Fas* (N 4), S. 32 f.
9 → Bd. II, *Graf Vitzthum*, § 18 Rn. 1; *Peter Badura*, Territorialitätsprinzip und Grundrechtsschutz, in: FS für Walter Leisner, 1999, S. 403; *Udo Di Fabio*, Das Recht offener Staaten, 1998, S. 2, 5 ff., 17 ff., 94 ff.
10 *Georg Jellinek*, Allgemeine Staatslehre, ³1920, S. 396; → Bd. II, *Isensee*, § 15 Rn. 49 ff.; *Utz Schliesky*, Souveränität und Legitimität von Herrschaftsgewalt, 2004, S. 25 ff.; *Georg Dahm/Jost Delbrück/Rüdiger Wolfrum*, Völkerrecht, Bd. I/1, ²1989, S. 316.

und innerer Souveränität[11] völkerrechtlich, das heißt im Verhältnis zu anderen Staaten, nach außen ab. Zugleich bestimmt territorial radizierte Souveränität das Staatsgebiet als Raum, in dem staatliche Hoheitsgewalt auf den Personenverband wirkt, der dem Staat angehört[12]. Dem entspricht die Wirkung von Besteuerungshoheit als Ausprägung staatlicher Souveränität: Territoriale Abgrenzung bestimmt die Reichweite des steuerlichen Zugriffs im Verhältnis der Staaten zueinander; auf Gebiets- und auf Personalhoheit beruht die Berechtigung des staatlichen Gemeinwesens zur Begründung und zur Ausgestaltung der Steuerpflicht[13].

II. Normativer Rahmen

1. Innerstaatliches Recht, Völkerrecht, Unionsrecht

Der rechtlichen Einhegung innerer und äußerer Souveränität[14] entsprechend, ist Besteuerungshoheit nach innen primär verfassungsrechtlich und einfachgesetzlich ausgestaltete, nach außen primär völkerrechtlich und, beide Bereiche umfassend, unionsrechtlich begrenzte staatliche Gewalt[15]. Trotz vielfältiger Überlagerungen und Modifikationen durch völkerrechtliche Verträge[16] und durch Recht der europäischen Union[17] bleibt innerstaatliches Steuerrecht in seinem Anwendungsbereich auf grenzüberschreitende Sachverhalte Grundlage der Steuerpflicht. Innerstaatliches Verfassungsrecht bleibt ihr primärer Maßstab. Mit diesen grundlegenden Vorgaben ist der normative Rahmen gezeichnet, in dem staatliche Besteuerungshoheit ihre konkrete Gestalt finden muß. Dabei geht es zum einen um die Begrenzung der Reichweite des steuerlichen Zugriffs der Staaten auf Einkommen, das durch grenzüberschreitende Betätigung erzielt wird. Gelingt diese Begrenzung nicht, so entsteht zu Lasten des Steuerpflichtigen Doppelbesteuerung[18]. Der zweite Bereich, die Ausgestaltung der Steuerpflicht, betrifft das Problem, daß unbeschränkt Steuerpflichtige in ihrem Ansässigkeitsstaat in den Genuß einer den verfassungsrechtlichen Vorgaben entsprechenden leistungsfähigkeitsgerechten Besteuerung kommen, beschränkt Steuerpflichtige dagegen grundsätzlich nicht[19].

3
Reichweite und Ausgestaltung der Besteuerungshoheit

Mit den klassischen eingriffsrechtlichen Fragestellungen werden diese Zusammenhänge nur unzureichend erfaßt. Dies liegt bereits darin begründet, daß die relevanten Probleme aus dem Zusammenwirken zweier oder mehrerer

4
Zusammenwirken mehrerer Rechtsordnungen

---

11 Zu dieser Unterscheidung: → Bd. II, *Randelzhofer*, § 17 Rn. 23, 25 ff.; *Hillgruber*, § 32 Rn. 53 f.; *Graf Vitzthum*, § 18 Rn. 18; s. a. *Schliesky* (N 10), S. 57.
12 → Bd. II, *Graf Vitzthum*, § 18 Rn. 4; *Isensee*, § 15 Rn. 52.
13 → Bd. V, *P. Kirchhof*, § 118 Rn. 87, 221.
14 → Bd. II, *Hillgruber*, § 32 Rn. 53 f.; *Randelzhofer*, § 17 Rn. 23; *Graf Vitzthum*, § 18 Rn. 53 ff.
15 → Bd. II, *Hillgruber*, § 32 Rn. 61 ff., 78 ff.; → Bd. X, *P. Kirchhof*, § 214 Rn. 1 ff., 43 ff.; *Michel Fromont*, Souveränität und Europa: Ein Vergleich der deutschen und französischen Verfassungsrechtsprechung, in: DÖV 2011, S. 457.
16 S. u. Rn. 19 ff., 43 ff.
17 S. u. Rn. 19 ff., 33 ff., 66 ff.
18 S. u. Rn. 23 ff.
19 S. u. Rn. 61 ff.

Rechtsordnungen entstehen und daß sie deshalb nicht unilateral, sondern nur auf bilateraler oder auf multilateraler Basis zufriedenstellend erfaßt und gelöst werden können. Finanzwissenschaftliche Fragen nach optimaler, durch steuerliche Belastung möglichst unbeeinflußter Allokation von Kapital, treten hinzu[20]. Steuerpolitische Grundsatzentscheidungen betreffen das Verhältnis zwischen Industriestaaten und Entwicklungsländern sowie den Wettbewerb der Staaten um Steueraufkommen[21]. Dennoch behalten die normativen Rahmenbedingungen primäre Bedeutung. Sie sind jedoch in einem Umfeld angesiedelt, das Lösungen im Kompromiß mit anderen Staaten erforderlich macht. Die Verfassungsentscheidung des Grundgesetzes für eine internationale Zusammenarbeit eröffnet diesen Weg[22].

2. Internationales Steuerrecht

5
Besteuerung grenzüberschreitender Sachverhalte

Internationales Steuerrecht umfaßt die Gesamtheit der innerstaatlichen, völkerrechtlichen und unionsrechtlichen Normen, die auf die Besteuerung von grenzüberschreitenden Sachverhalten anwendbar sind[23].

6
Innerstaatliches Steuerrecht

Dazu gehören aus dem Bereich des innerstaatlichen Steuerrechts vor allem die Vorschriften des Einkommensteuer-, Körperschaftsteuer- und Erbschaftsteuergesetzes, die zwischen einer unbeschränkten Steuerpflicht von ansässigen Personen mit ihrem Welteinkommen und einer beschränkten Steuerpflicht von nicht im Inland ansässigen Personen mit Einkünften aus inländischen Quellen unterscheiden[24], ebenso die Normen über die Beseitigung der Doppelbesteuerung durch Anrechnung von ausländischen Steuern[25].

7
DBA

Die auf grenzüberschreitende Sachverhalte anwendbaren Normen des innerstaatlichen Steuerrechts werden durch Doppelbesteuerungsabkommen modifiziert und überlagert. Als bilaterale oder multilaterale völkerrechtliche Ver-

---

20 S. u. Rn. 50.
21 S. u. Rn. 11, 80f.
22 *Klaus Vogel*, Die Verfassungsentscheidung des Grundgesetzes für eine internationale Zusammenarbeit, 1964, S. 22ff., 34ff., 47ff.
23 *Bühler* (N 8), S. 3; *Klaus Vogel*, Internationales Steuerrecht, in: DStZ 1997, S. 269; *ders.*, in: Klaus Vogel/Moris Lehner, Doppelbesteuerungsabkommen, Kommentar, ^{5}2008, Einleitung, Rn. 14; ab ^{6}2014: *Lehner*, Rn. 3, 4ff., 14; *Ekkehart Reimer*, Transnationales Steuerrecht, in: Christoph Möllers/Andreas Voßkuhle/Christian Walter (Hg.), Internationales Verwaltungsrecht, 2007, S. 181; *Volker Kluge*, Das Internationale Steuerrecht, ^{4}2000, Rn. A 1ff.; *Harald Schaumburg*, Internationales Steuerrecht, ^{3}2011, Rn. 2.1ff.; zu älteren Begriffsbestimmungen: *Ernst Isay*, Internationales Finanzrecht, 1934, S. 1ff., 15ff.; *Gustav Lippert*, Handbuch des Internationalen Finanzrechts, ^{2}1928, S. 1ff., 36ff.; *Armin Spitaler*, Das Doppelbesteuerungsproblem bei den direkten Steuern, ^{2}1967, S. 132f.
24 Vgl. § 1 Abs. 1 und Abs. 4 EStG mit weiteren Differenzierungen in § 1 Abs. 2 (erweiterte unbeschränkte Steuerpflicht); § 1 Abs. 3 (besondere beschränkte Steuerpflicht); § 2 AStG (erweiterte beschränkte Steuerpflicht); §§ 1 und 2 KStG; § 2 Abs. 1 Nr. 1 und Nr. 3 ErbStG; dazu u. Rn. 23ff., 61ff.; indirekte Steuern, insbesondere die Normen des Umsatzsteuergesetzes, des Zollrechts und der Verbrauchsteuern, die ebenfalls auf grenzüberschreitende Sachverhalte anwendbar sind (vgl. insbesondere § 1 Abs. 1 Nr. 1, 4 und 5, §§ 3 a ff. UStG und die Normen des Zollkodex), werden üblicherweise nicht dem Internationalen Steuerrecht zugeordnet.
25 Vgl. § 34 c EStG; § 26 KStG; § 21 ErbStG.

träge sind sie darauf gerichtet, Doppelbesteuerung[26], teilweise auch Fälle von Keinmalbesteuerung zu vermeiden[27]. Hinzu treten mit besonderer Bedeutung für das originär innerstaatliche Recht, weniger dagegen für die zwischen den Mitgliedstaaten der Europäischen Union abgeschlossenen Doppelbesteuerungsabkommen, Normen des Unionsrechts[28].

Zahlreiche Normen und Maßnahmen, die durch Anforderungen des Unionsrechts überlagert werden, dienen der Sicherung des Steueraufkommens und der Gewährleistung des verfassungsrechtlichen Auftrags gleichmäßiger Besteuerung[29]. Dazu gehören erhöhte Mitwirkungs- und Dokumentationspflichten des Steuerpflichtigen[30] sowie Maßnahmen gegen Gestaltungsmißbrauch in Form von allgemeinen[31] und besonderen Mißbrauchsvermeidungsnormen[32], die vielfältige Abgrenzungsfragen aufwerfen[33]. Hinzu kommen Vorkehrungen gegen Entstrickung durch Verlagerung von Beteiligungen und Wirtschaftsgütern in das Ausland[34] sowie speziell außensteuerrechtliche Normen, die darauf gerichtet sind, Steuervorteile zu verhindern, die aus der Beteiligung an niedrig besteuerten Auslandsgesellschaften mit Einkünften aus nicht aktiver Tätigkeit resultieren können[35], ebenso Vorteile aus einem Wohnsitzwechsel in Niedrigsteuerländer. Im Anwendungsbereich von Doppelbesteuerungsabkommen sind Maßnahmen gegen ungerechtfertigte Inanspruchnahme von Abkommensvorteilen („Treaty Shopping" und „Rule

8
Weitere
Zielsetzungen

---

26 Vgl. zum Begriff der Doppelbesteuerung: *Bühler* (N 8), S. 32; *Vogel*, Doppelbesteuerungsabkommen (N 23), Einleitung, Rn. 1; *ders.*, Internationales Steuerrecht (N 23), S. 276; OECD-MA, Einleitung, Rn. 1. Danach ist „Internationale Doppelbesteuerung im Rechtssinne" („internationale juristische Doppelbesteuerung") die „Erhebung vergleichbarer Steuern in zwei (oder mehreren) Staaten von demselben Steuerpflichtigen für denselben Steuergegenstand und denselben Zeitraum". Zur Abgrenzung von „wirtschaftlicher Doppelbesteuerung" s. u. Rn. 36.
27 S. u. Rn. 43, 49, 54 f.
28 S. u. Rn. 33 ff., 66 ff., 77 ff., 80 f.
29 *Johanna Hey*, Spezialgesetzliche Missbrauchsgesetzgebung aus steuersystematischer, verfassungs- und europarechtlicher Sicht, in: StuW 2008, S. 167 (171 f., 173 ff., 178 ff.); *Wolfgang Schön*, Rechtsmissbrauch im Europäischen Steuerrecht, in: FS für Wolfram Reiss, 2008, S. 571 ff.; *ders.*, Deutsche Hinzurechnungsbesteuerung und Europäische Grundfreiheiten, in: IStR-Beihefter 2013, S. 3 (9 ff.); *Markus Albert*, Zur Abwehr von Steuerumgehungen aus deutscher und europäischer Sicht, 2009, S. 55 ff.; *Monika Gabel*, Verfassungsrechtliche Maßstäbe spezieller Missbrauchsnormen im Steuerrecht, 2010.
30 § 90 Abs. 2 und 3 AO, § 1 Abs. 2 AStG; vgl. dazu u. a. *Roman Seer*, in: Klaus Tipke/Heinrich Wilhelm Kruse (Hg.), Abgabenordnung/Finanzgerichtsordnung, § 90 AO Rn. 18 ff., 38 ff. (122. Lfg., Stand: Januar 2010); *Hartmut Söhn*, in: Walter Hübschmann/Ernst Hepp/Armin Spitaler (Hg.), Abgabenordnung/Finanzgerichtsordnung, § 117 AO Rn. 17, 135 ff. (220. Lfg., Stand: November 2012), sowie die Nachw. in N 385.
31 § 42 AO; vgl. dazu u. a. die Kommentierungen von *Klaus-Dieter Drüen*, in: Klaus Tipke/Heinrich Wilhelm Kruse (Hg.), Abgabenordnung/Finanzgerichtsordnung, § 42 AO (124. Lfg., Stand: Oktober 2010), und *Peter Fischer*, in: Walter Hübschmann/Ernst Hepp/Armin Spitaler (Hg.), Abgabenordnung/Finanzgerichtsordnung, § 42 AO (202. Lfg., Stand: März 2009); *Albert* (N 29), S. 8 ff.
32 *Hey* (N 29), S. 167 ff.; *dies.*, Nationale Missbrauchsvorschriften im Spannungsfeld von DBA- und EU-Recht, in: Jürgen Lüdicke (Hg.), Wo steht das deutsche Internationale Steuerrecht?, 2009, S. 137 ff.
33 *Hey* (N 29), S. 173; *dies.* (N 32), S. 145 ff.
34 Vgl. insbesondere § 4 Abs. 1 S. 3 und 4 EStG; § 12 Abs. 1 S. 2 KStG; § 17 Abs. 5 EStG; aktuell: *Arne Schnitger*, Die Entstrickung im Steuerrecht, IFSt Nr. 487, 2013; *Schaumburg* (N 23), Rn. 5.345 ff.; *Otto H. Jacobs*, Internationale Unternehmensbesteuerung, ⁷2011, S. 703 f.
35 *Schön* (N 29), Deutsche Hinzurechnungsbesteuerung, S. 3 ff.; *Franz Wassermeyer/Jens Schönfeld*, in: Franz Wassermeyer/Hubertus Baumhoff/Jens Schönfeld (Hg.), Außensteuerrecht, Kommentar, vor §§ 7–14 (50. Lfg., Stand: Oktober 2002); *Alexander Rust*, Die Hinzurechnungsbesteuerung, 2007, S. 11 ff.

Shopping")³⁶ und von EU-Richtlinien („Directive Shopping")³⁷ vorgesehen. Schließlich ist auf grenzüberschreitende Amtshilfe in Gestalt von Informationsaustausch und Vollstreckungshilfe in Doppelbesteuerungsabkommen und in speziellen völkerrechtlichen Verträgen hinzuweisen³⁸.

III. Welteinkommensprinzip und Territorialitätsprinzip

1. Territoriale Fundierung der Steuerpflicht

9
Prinzipien und Abgrenzungen

Die Anknüpfung der Steuerpflicht an die territorialen Merkmale der Ansässigkeit im Inland³⁹ mit der Folge der unbeschränkten Steuerpflicht mit dem Welteinkommen und an die Quelle inländischer Einkünfte mit der Folge der beschränkten Steuerpflicht von Einkünften aus inländischen Quellen⁴⁰ steht in prinzipieller Übereinstimmung mit der territorialen Fundierung der Besteuerungshoheit des Staates⁴¹. Dennoch gibt es weder ein allgemein anerkanntes Welteinkommens⁴²-, Totalitäts-⁴³ oder Universalitätsprinzip⁴⁴ noch ein apriorisches Territorialitäts- bzw. Territorialprinzip⁴⁵. Überwiegend dienen die Begriffe zur Charakterisierung und zur abgrenzenden Unterscheidung zwischen der unbeschränkten und der beschränkten Steuerpflicht⁴⁶. Besonderheiten bestehen für die in lateinamerikanischen Staaten anzutreffende Rechtspraxis, auch die im jeweiligen Staatsgebiet ansässigen Personen nur mit Einkünften aus inländischen Quellen zu besteuern. Auch diese Beschränkung wird als Besteuerung nach dem Territorialitätsprinzip bezeichnet⁴⁷, doch wird

Rechtspraxis lateinamerikanischer Staaten als Besonderheit

---

36 Vgl. *Rainer Prokisch*, in: Klaus Vogel/Moris Lehner, Doppelbesteuerungsabkommen, Kommentar, ⁶2014, Art. 1 Rn. 88 ff.; *Stef van Weeghel*, Tax treaties and tax avoidance: application of anti-avoidance provisions, IFA-Generalbericht, CDFI, Bd. 95a, 201, S. 17 ff.; vgl. auch die Beiträge in Michael Lang/Josef Schuch/Claus Staringer (Hg.), Die Grenzen der Gestaltungsmöglichkeiten im Internationalen Steuerrecht, 2009.
37 *Georg Kofler*, Steuergestaltung im Europäischen und Internationalen Recht, in: VDStJG 8 (1985), S. 213 (217 ff.); *Schön*, Rechtsmißbrauch (N 29), S. 591 ff.
38 S. u. Rn. 82 ff.
39 § 1 Abs. 1 EStG i. V. m. §§ 8, 9 AO; § 1 KStG i. V. m. §§ 10, 11 AO.
40 S. o. N 24.
41 S. o. Rn. 1 f.
42 *Vogel* (N 1), S. 4 ff.; *Moris Lehner/Christian Waldhoff*, in: Paul Kirchhof/Hartmut Söhn u. a. (Hg.), EStG, Kommentar, § 1 Rn. A 4, A 184 (100. Lfg., Stand: Juli 2000); *Schaumburg* (N 23), Rn. 5.103 ff.; *ders.*, Das Leistungsfähigkeitsprinzip im internationalen Steuerrecht, in: FS für Klaus Tipke, 1995, S. 125 (127 f.).
43 *Arno Schulze-Brachmann*, Totalitäts- oder Territorialitätsprinzip?, Ein Beitrag zum Doppelbesteuerungsrecht, in: StuW 1964, Sp. 589 (592 ff.).
44 *Jacobs* (N 34), S. 6 f.; *Joachim Lang*, Die Bemessungsgrundlage der Einkommensteuer, 1988, S. 167 f.; *Gerd Morgenthaler*, Die Lizenzgebühren im System des internationalen Steuerrechts, 1992, S. 7; *Bühler* (N 8), S. 165: „Universalprinzip".
45 *Klaus Vogel*, Der räumliche Anwendungsbereich der Verwaltungsrechtsnorm, 1965, S. 150.
46 Vgl. nur *Vogel* (N 1), S. 4; *Franz Wassermeyer*, Die beschränkte Steuerpflicht, in: VDStJG 8 (1985), S. 49 (52 ff.); *Johanna Hey*, Das Territorialitätsprinzip als theoretische Grundlage der beschränkten Steuerpflicht, in: IWB Nr. 1 v. 14. 1. 2004, Gruppe 1, S. 2003 ff.; *Jürgen Hidien*, in: Paul Kirchhof/Hartmut Söhn u. a. (Hg.), EStG, Kommentar, § 49 Rn. A 110 ff. (220. Lfg., Stand: Juli 2011); *Schaumburg* (N 23), Rn. 5.103 ff.; *ders.*, Das Leistungsfähigkeitsprinzip (N 42), S. 127; *Moris Lehner*, Das Territorialitätsprinzip im Licht des Europarechts, in: FS für Franz Wassermeyer, 2005, S. 241 (247 f.).
47 *Ramón Valdéz Costa*, Steuern auf ausländische Einkünfte nach dem Recht der Staaten Lateinamerikas, in: Michael Engelschalk (Hg.), Steuern auf ausländische Einkünfte, 1985, S. 43 ff.; *Vogel* (N 45), S. 368 f.; *Kluge* (N 23), Rn. B 30; *Moris Lehner*, in: Klaus Vogel/ders., Doppelbesteuerungsabkommen, Kommentar, ⁶2014, Einleitung, Rn. 13 f.

diese strikte Form von Territorialität mit weiteren Differenzierungen auch als „Ursprungsprinzip"[48] oder als „Quellenprinzip"[49] in einem engeren Sinn erfaßt.

Im Unterschied zu dieser Auffassung von Territorialität im Steuerrecht, die auf die unterschiedlichen Formen der Steuerpflicht abstellt, steht ein Verständnis von Territorialität, das die völkerrechtlich an sich naheliegende Kennzeichnung einer Besteuerung umfaßt, die neben ihrer territorialen Anknüpfung an die Quelle der Einkünfte auch an die territorialen Merkmale der Ansässigkeit des Steuerpflichtigen anknüpft[50], obwohl die Anknüpfung an die Ansässigkeit zur unbeschränkten Steuerpflicht mit dem Welteinkommen führt. Dieses Verständnis von Territorialität verwischt zwar die wichtigen Unterscheidungen zwischen den einzelnen Formen der Steuerpflicht, ändert aber nichts daran, daß auch die Anknüpfung an die Ansässigkeit territorialer Natur ist. Schließlich wird nur aus diesem Blickwinkel deutlich, daß sowohl die Ansässigkeit im Inland als auch die inländische Quelle der Einkünfte trotz der gebotenen Unterscheidungen diejenigen Verbindungen mit der Rechts- und Infrastruktur eines Staates begründen, die zum einen für die Erzielung von Einkünften erforderlich sind[51], zum anderen aber auch wichtige Bedingungen für die Durchsetzung des hoheitlichen Besteuerungsanspruchs bilden.

10
Funktion der territorialen Radizierung

Ansässigkeit als Verbindung mit der Rechts- und Infrastruktur

2. Äquivalenztheoretische Grundlagen

Schon *Karl Neumeyer*[52] stellt fest, daß jede Steuer „der Abgrenzung im Raum" bedarf. Ansässigkeit in Gestalt des Wohnsitzes, des gewöhnlichen Aufenthalts, des Ortes der Geschäftsleitung oder des Sitzes in einem Staat oder der Bezug von Einkünften aus Quellen im Gebiet eines Staates bilden die territorial-radizierten Grundlagen der unbeschränkten und der beschränkten Steuerpflicht. Auf diesen territorialen Verbindungen beruht die territorial-äquivalenztheoretische bzw. nutzentheoretische Rechtfertigung der Steuerpflicht[53]. Die Abgabe in Gestalt der Steuer als Leistung des Bürgers an den Staat, der keine konkrete Gegenleistung des Staates gegenüber-

11
Landesspezifische Infrastrukturbedingungen

---

48 *Morgenthaler* (N 44), S. 107 ff.; *Horst Walter Endriss*, Wohnsitz- oder Ursprungsprinzip?, 1967, S. 78.
49 Dazu: *Ekkehart Reimer*, Der Ort des Unterlassens, 2004, S. 318 ff.; *Klaus Ebling*, Unilaterale Maßnahmen gegen die internationale Doppelbesteuerung, 1970, S. 63 f.
50 So offenbar nur *Hermann-Wilfried Bayer*, Steuerlehre 1998, S. 189 f.; *Dieter Biehl*, Einfuhrland-Prinzip, Ausfuhrland-Prinzip und Gemeinsamer-Markt-Prinzip, 1969, S. 259.
51 → Bd. V, *P. Kirchhof*, § 118 Rn. 1 ff., 221 ff.; *Lehner/Waldhoff* (N 42), § 1 Rn. A 163 ff.
52 *Karl Neumeyer*, Internationales Verwaltungsrecht, Bd. 4, Allgemeiner Teil, 1936, S. 61.
53 → Bd. V, *P. Kirchhof*, § 118 Rn. 2, 87 f., 222; *ders.*, Die Steuer als Ausdruck der Staatsverfassung, in: FS für Horst Sendler 1991, S. 65 (72 f.); zur historischen Entwicklung: → Bd. II, *Vogel*, § 30 Rn. 64 ff.; *ders.*, Rechtfertigung der Steuern: eine vergessene Vorfrage, in: Der Staat 1986, S. 481 (493 ff.); *Wolfgang Schön*, Steuergesetzgebung zwischen Markt und Grundgesetz, in: Rudolf Mellinghoff/Gerd Morgenthaler u. a. (Hg.), Die Erneuerung des Verfassungsstaates, 2003, S. 143 (156 ff.); *ders.*, Zur Zukunft des Internationalen Steuerrechts, in: StuW 2012, S. 213 (214 ff.); *Lehner/Waldhoff* (N 42), § 1 Rn. A 169; kritisch: *Klaus Tipke*, Die Steuerrechtsordnung, Bd. I, ²2000, S. 476 ff.; *Joachim Lang*, Unternehmensbesteuerung im internationalen Wettbewerb, in: StuW 2011, S. 144 (146 f.); *Johanna Hey*, Vom Nutzen des Nutzenprinzips für die Gestaltung der Steuerrechtsordnung, in: FS für Joachim Lang, 2010, S. 133 ff.

steht⁵⁴, ist zwar nicht im synallagmatischen Sinne, wohl aber im Sinne einer generellen Äquivalenz, Gegenleistung für die Möglichkeit, durch Nutzung staatlich bereitgestellter und gesicherter Infrastruktur, Einkünfte zu erzielen⁵⁵. Diese Infrastruktur umfaßt die Gesamtheit der erwerbswirtschaftlich relevanten Bedingungen eines Marktes, der Rechtsordnung einschließlich des Rechtsschutzes. Wichtige Voraussetzungen für erwerbswirtschaftliche Betätigung und für die Möglichkeit, Einkünfte zu erzielen, sind Vorkehrungen für soziale Stabilität und für Friedenssicherung im weitesten Sinne und nicht zuletzt die Verpflichtung des Staates auf ein gesamtwirtschaftliches Gleichgewicht und auf Offenheit in der internationalen Zusammenarbeit⁵⁶. Diese Bedingungen sind im Vergleich der Staaten zueinander je unterschiedlich⁵⁷. Die landesspezifischen Infrastrukturbedingungen sind deshalb nicht nur Voraussetzung für die Erzielung von Einkünften, sie sind zugleich wesentliche Determinanten für Standortentscheidungen, das heißt für die Betätigung innerhalb eines konkreten Marktes. Deutlich kommt dies in der Diskussion über den wirtschaftlichen „Standort Deutschland"⁵⁸ zum Ausdruck. Auch der „Binnenmarkt" der Europäischen Union⁵⁹ ist Zielvorgabe, aber noch nicht vollständig verwirklichtes Ziel⁶⁰. Obwohl der „Wettbewerb der Steuersysteme"⁶¹ wegen seines Scheiterns nicht mehr offizielle Politik der Europäischen Union⁶² ist, besteht er doch innerhalb Europas und über die Grenzen Europas hinaus fort⁶³.

---

54 S. § 3 Abs. 1 AO; zur Übereinstimmung mit dem verfassungsrechtlichen Steuerbegriff → Bd. V, *Waldhoff*, § 116 Rn. 85.
55 Neben den in N 53 Genannten: *Heinz Haller*, Die Steuern. Grundlinien eines rationalen Systems öffentlicher Abgaben, ³1981, S. 13 f.; *Vogel* (N 45), S. 371; vgl. auch die Ansätze in BVerfGE 67, 100 (143) – „Flick-Ausschuß"; BVerfGE 72, 200 (246) – Außensteuergesetz; BVerfG Kammerbeschluß v. 24. 2. 1989, 1 BvR 519/87, in: HFR 1990, 42; EuGH v. 21. 6. 1974, Rs. 2/74 – Reyners, Slg. 1974, 631, Tz. 21; v. 30. 11. 1995, Rs. C-55/94 – Gebhard, Slg. 1995, I-4165, Tz. 25; v. 12. 11. 2006, Rs. C-196/04 – Cadbury Schweppes, Slg. 2006, I-7995, Tz. 53; v. 14. 9. 2006, Rs. C-386/04 – Stauffer, Slg. 2006, I-8203, Tz. 18; v. 11. 10. 2007, Rs. C-451/05 – ELISA, Slg. 2007, I-8251, Tz. 63; v. 19. 7. 2012, Rs. C-48/11 – A Oy I, DStRE 2013, S. 148, Tz. 24.
56 *Vogel* (N 22).
57 *Moris Lehner*, Begrenzung der nationalen Besteuerungsgewalt durch die Grundfreiheiten und Diskriminierungsverbote des EG-Vertrages, in: VDStjG 23 (2000), S. 263 (276 ff.); *ders.* (N 46), S. 246.
58 *Stefan Empter/Robert B. Vehrkamp* (Hg.), Wirtschaftsstandort Deutschland, 2006; *Wolfgang Ritter*, Steuerliche Perspektiven für den Standort Deutschland, in: Lutz Fischer (Hg.), Wirtschaftsstandort Deutschland im internationalen Steuerrecht, 1994, S. 1 ff.; *Ulrich Wehrlin*, Wirtschaftsstandorte und Unternehmensrechtsformen, 2010, S. 67 ff.; s.a. Stellungnahme des Bundesrates zum Standortsicherungsgesetz BT-Drs 12/4487, 49; BT-Drs 12/5016.
59 → Bd. X, *P. Kirchhof*, § 214 Rn. 37 ff.; *Benjamin Strassburger*, Die Dogmatik der EU-Grundfreiheiten, 2012, S. 8 ff.; *Johannes Baßler*, Steuerliche Gewinnabgrenzung im Europäischen Binnenmarkt, 2011, S. 116 ff.
60 *Armin Hatje*, in: Jürgen Schwarze/Ulrich Becker u.a. (Hg.), EU-Kommentar, ³2012, Art. 26 AEUV, Rn. 3 ff., 16 ff.; *Wolfgang Kahl*, in: Christian Calliess/Matthias Ruffert (Hg.), EUV/AEUV, Kommentar, ⁴2011, Art. 26 AEUV, Rn. 15 ff., 26 ff.; *Meinhard Schröder*, in: Rudolf Streinz (Hg.), EUV/AEUV, Kommentar, ²2012, Art. 26 AEUV, Rn. 9; im Kontext des Internationalen Steuerrechts: *Lehner* (N 46), S. 249 ff.
61 *Birk* (N 3), S. 56 ff.; *Wolfgang Schön*, Der „Wettbewerb" der europäischen Steuerordnungen als Rechtsproblem, in: VDStjG 23 (2000), S. 191; *ders.*, Zukunft des Internationalen Steuerrechts (N 53), S. 216 f.; und die Beiträge in: Wolfgang Schön (Hg.), Tax Competition in Europe, 2003.
62 Zur Entwicklung dieser Politik: *Moris Lehner*, Entwicklungslinien europäischer Steuerpolitik und Steuerrechtsprechung, in: FS für Ruppert Scholz, 2007, S. 1047 (1053 f.).
63 *J. Lang* (N 53), S. 144 ff.; *Moris Lehner*, Wettbewerb der Steuersysteme im Spiegel europäischer und US-amerikanischer Steuerpolitik, in: StuW 1998, S. 159.

Vor diesem Hintergrund wird deutlich, daß der Inlandsbegriff der Einzelsteuergesetze[64] nicht nur eine formal-geographische, sondern auch eine materiell-äquivalenztheoretische Abgrenzungsfunktion hat. Besonders deutlich wird dies in § 1 Abs. 1 S. 2 EStG. Danach gehört zum „Inland im Sinne dieses Gesetzes ... auch der der Bundesrepublik Deutschland zustehende Anteil am Festlandsockel, soweit dort Naturschätze des Meeresgrundes ... erforscht oder ausgebeutet werden oder dieser der Energieerzeugung ... dient."

12
Funktion des Inlandsbegriffs

B. Steuergerechtigkeit im Internationalen Steuerrecht

I. Verfassungsrechtliche Vorgaben

1. Bestätigung der äquivalenztheoretischen Grundlagen

Für den Rechts- und Wirtschaftsraum der Bundesrepublik Deutschland wird die generell-äquivalenztheoretische Fundierung der Steuerpflicht durch die freiheitsgeprägte und freiheitsprägende Verfassungsentscheidung des Grundgesetzes für den sozialen Steuerstaat bestätigt[65]. Im Verständnis der „Steuer als Preis der Freiheit"[66] und in der Sozialbindung des Einkommens[67] findet sie deutlichen Ausdruck. Dem entspricht die ebenfalls äquivalenztheoretisch fundierte Markteinkommenstheorie[68] in ihrer Beschränkung auf die Steuerbarkeit von marktoffenen Vorgängen[69]. Auf eine Abgrenzung zwischen dem Inlandsmarkt und ausländischen Märkten ist die Markteinkommenstheorie zwar nicht ausdrücklich gerichtet, wohl aber in ihrer steuerstaatlichen Verankerung bezogen.

13
Freiheitsrechtliche Bestätigung

Mag auch eine an rein rechtliche Merkmale, insbesondere an die Staatsangehörigkeit anknüpfende Steuerpflicht, wie sie in einigen anderen Staaten ergänzend neben der Anknüpfung an die Ansässigkeit besteht[70], nach der Finanzverfassung des Grundgesetzes unter dem Gesichtspunkt einer staatlich

14
Keine Anknüpfung an die Staatsangehörigkeit

---

64 *Lehner/Waldhoff* (N 42), § 1 Rn. A 161 f., B 26 ff.
65 → Bd. II, *Vogel*, § 30 Rn. 51 ff.; speziell zum sozialen Steuerstaat: *Moris Lehner*, Einkommensteuerrecht und Sozialhilferecht, 1993, S. 133 ff., 155 ff., 299 ff.; *ders.* (N 46), S. 254 f.
66 → Bd. V, *P. Kirchhof*, § 118 Rn. 2.
67 → Bd. V, *P. Kirchhof*, § 118 Rn. 117 ff., 126 ff.; *ders.*, Die Steuer (N 53), S. 73 f.; *Monika Jachmann*, Steuergesetzgebung zwischen Gleichheit und wirtschaftlicher Freiheit, 2000, S. 31 ff.; *Moris Lehner*, Besteuerung und Eigentum im Kontext des innerstaatlichen und des Internationalen Steuerrechts, in: FS für Hans-Jürgen Papier, 2013, S. 533 (538 ff., 544 f.).
68 *Hans Georg Ruppe*, Möglichkeiten und Grenzen der Übertragung von Einkunftsquellen als Rechtsproblem, in: VDStjG 6 (1979), S. 7 (16) mit Bezug auf *Fritz Neumark*, Theorie und Praxis der modernen Einkommensbesteuerung, 1947, S. 41; *Paul Kirchhof*, in: ders./Hartmut Söhn u.a. (Hg.), EStG, Kommentar, § 2 Rn. A 364 ff. (34. Lfg., Stand: April 1992); *Hartmut Söhn*, Erwerbsbezüge, Markteinkommenstheorie und Besteuerung nach der Leistungsfähigkeit, in: FS für Klaus Tipke, 1995, S. 343.
69 *P. Kirchhof* (N 68), § 2 Rn. A 9.
70 So insbesondere in den Vereinigten Staaten von Amerika; s. dazu: *Lehner/Waldhoff* (N 42), § 1 Rn. A 327 ff.

verfaßten Solidargemeinschaft grundsätzlich zulässig (gewesen) sein[71], so ist sie aufgrund einer Steuerpflicht, die traditionell an territoriale Merkmale anknüpft, und die dieser Grundsatzentscheidung entsprechend fortentwickelt wurde, wegen der Bindungswirkung des Folgerichtigkeitsgebots verfassungsrechtlich weitgehend unzulässig geworden[72]. Dem steht eine durch das Merkmal der Staatsangehörigkeit ergänzende Bestimmung der Steuerpflicht nicht entgegen[73].

2. Räumlicher Anwendungsbereich des Leistungsfähigkeitsprinzips

15
Grundlagen der Steuergerechtigkeit

Besteuerung nach der wirtschaftlichen Leistungsfähigkeit, ergänzt durch das Gebot der Folgerichtigkeit, bildet die grundlegenden verfassungsrechtlichen Vorgaben für die Verwirklichung von Steuergerechtigkeit[74]. Besteuerung nach der wirtschaftlichen Leistungsfähigkeit findet in den Möglichkeiten, die eine bestimmte Rechts- und Wirtschaftsordnung für die Erzielung von Einkünften bereitstellt, wichtige gleichheits- und freiheitsrechtliche Vorgaben[75]. Die Besteuerung des Ansässigen mit seinen ausländischen Einkünften und die Besteuerung des Nichtansässigen mit seinen inländischen Einkünften muß diesen generell-äquivalenztheoretischen Vorgaben differenziert Rechnung tragen. Dementsprechend stellt sich die Frage nach dem Anwendungsbereich des Leistungsfähigkeitsprinzips auf grenzüberschreitende Sachverhalte sowohl im Hinblick auf die unterschiedliche Reichweite des steuerlichen Zugriffs auf das Welteinkommen des Ansässigen als auch auf das Inlandseinkommen des Nichtansässigen[76]. Die Frage nach dem Anwendungsbereich des Leistungsfähigkeitsprinzips auf grenzüberschreitende Sachverhalte stellt sich aber auch im Zusammenhang mit der Ausgestaltung der Steuerpflicht, insbesondere als Frage, ob im Rahmen der jeweiligen Steuerpflicht erwerbs- und existenzsichernde Aufwendungen berücksichtigt werden müssen[77].

Reichweite und Ausgestaltung grenzüberschreitender Besteuerung

16
Grundrechtsbindung deutscher Staatsgewalt mit extraterritorialer Wirkung

Soweit deutsche Staatsgewalt außerhalb des Geltungsbereichs der Verfassung ausgeübt wird, ist ihre Grundrechtsbindung und damit auch ihre Bindung an das grundrechtsgeprägte Leistungsfähigkeitsprinzip nach den Vorgaben des Art. 1 Abs. 3 GG zu beurteilen. Es ist jedoch noch nicht eindeutig geklärt, ob Art. 1 Abs. 3 GG eine unterschiedslose Grundrechtsbindung für innerstaatliche und extraterritoriale Wirkungen deutscher Staatsgewalt begründet oder ob

---

71 *Wolfgang Schön*, Steuerstaat und Freizügigkeit, in: Ulrich Becker/Wolfgang Schön (Hg.), Steuer- und Sozialstaat im europäischen Systemwettbewerb, 2005, S. 41 (53), jedoch ohne den Klammerzusatz.
72 Zum Grundsatz der Folgerichtigkeit → Bd. V, *P. Kirchhof*, § 118 Rn. 178 ff.
73 So vor allem in § 1 Abs. 2 EStG (erweiterte unbeschränkte Steuerpflicht) und § 2 AStG (erweiterte beschränkte Steuerpflicht).
74 Std. Rspr., vgl. zuletzt BVerfGE 127, 224 (245); → Bd. V, *P. Kirchhof*, § 118 Rn. 170 ff., 182 ff., 232 ff.; *Waldhoff*, § 116 Rn. 100 ff.; *Dieter Birk*, Das Leistungsfähigkeitsprinzip als Maßstab der Steuernormen, 1983; *ders.*, Leistungsfähigkeitsprinzip, in: Hanno Kube/Rudolf Mellinghoff u.a. (Hg.), Leitgedanken des Rechts, 2013, § 147; *Jachmann* (N 67), S. 9 ff.; *Tipke* (N 53), S. 479 ff.
75 *Lehner/Waldhoff* (N 42), § 1 Rn. A 164 ff.
76 S.u. Rn. 28 ff.
77 S.u. Rn. 63 ff.

die begrenzte Gebietshoheit insoweit Einschränkungen erfordert[78]. Das Bundesverfassungsgericht bejaht eine Grundrechtsbindung der deutschen öffentlichen Gewalt, soweit Wirkungen ihrer Betätigung im Ausland eintreten, es sagt aber deutlich, daß die Intensität dieser Grundrechtsbindung eingeschränkt sein kann[79]. Zur Begründung stellt das Gericht auf die Reichweite der Verantwortlichkeit der deutschen Staatsorgane[80] ab und es berücksichtigt die Möglichkeiten deutscher Hoheitsträger, auf Auslandssachverhalte Einfluß zu nehmen[81]. Diese Vorgaben können ohne weiteres auf die rechtlichen Bedingungen für die räumliche Ausdehnung staatlicher Besteuerungsgewalt übertragen werden.

BVerfG: Einschränkung der Intensität der Grundrechtsbindung

Grundrechtsbindung der deutschen öffentlichen Gewalt im grenzüberschreitenden Kontext setzt allerdings voraus, daß staatliche Hoheitsgewalt mit Wirkung für Auslandssachverhalte ausgeübt wird. Die unilaterale Anknüpfung steuerpflichtbegründender Tatbestände an grenzüberschreitende Sachverhalte ist aber für sich allein weder mit der hoheitlichen Durchsetzung innerstaatlichen Steuerrechts im Ausland noch mit der Durchsetzung ausländischen Steuerrechts im Inland verbunden. Dem widerspricht nicht, daß ausländische Besteuerungsmerkmale bei der Anwendung des innerstaatlichen Steuerrechts in zahlreichen Fällen, etwa bei der Anrechnung einer ausländischen Steuer, zu berücksichtigen sind[82].

17 Anknüpfung an grenzüberschreitende Sachverhalte

Von der bloßen Anknüpfung steuerpflichtbegründender Tatbestände an grenzüberschreitende Sachverhalte streng zu unterscheiden ist jedoch eine daraus resultierende Besteuerung des im Inland Ansässigen mit seinen ausländischen Einkünften und die des im Ausland Ansässigen mit seinen inländischen Einkünften. Insoweit ist für die Grundrechtsberechtigung des beschränkt Steuerpflichtigen bedeutsam, daß auch die beschränkte Steuerpflicht

18 Natürliche Person als Steuersubjekt

---

[78] Mit der Annahme von territorial bedingten, zumindest möglichen Einschränkungen: *Badura* (N 9), S. 403; *Josef Isensee*, Grundrechtsvoraussetzungen und Verfassungserwartungen an die Grundrechtsausübung, in: HStR V, ²2000 (¹1992), § 115 Rn. 77, 82 ff.; → Bd. IX, *Rüfner*, § 196 Rn. 34; *Detlef Merten*, Räumlicher Geltungsbereich von Grundrechtsbestimmungen, in: FS für Hartmut Schiedermair, 2001, S. 331 (339 ff.); *Klaus Stern*, Das Staatsrecht der Bundesrepublik Deutschland, Bd. III/1, 1988, S. 1232; *Thomas Oppermann*, Transnationale Ausstrahlung deutscher Grundrechte?, in: FS für Wilhelm G. Grewe, 1981, S. 521 (528) mit Hinweis auf die Völkerrechtsfreundlichkeit des Grundgesetzes; mit Vorbehalten gegen eine grundsätzlich territorial begrenzte Grundrechtswirkung: *Gunther Elbing*, Zur Anwendbarkeit der Grundrechte bei Sachverhalten mit Auslandsbezug, 1992, S. 57 (168 ff., 220 ff.); *Lehner/Waldhoff* (N 42), § 1 Rn. A 183 ff.; *Markus Heintzen*, Ausländer als Grundrechtsträger, in: HGR Bd. II, 2006, § 50 Rn. 31; *Meinhard Schröder*, Zur Wirkkraft der Grundrechte bei Sachverhalten mit grenzüberschreitenden Elementen, in: FS für Hans-Jürgen Schlochauer, 1981, S. 137 (138); gegen einen transnationalen Grundrechtsschutz aus der Perspektive des Jahres 1981: *Oppermann* (N 78), S. 536.

[79] BVerfGE 6, 290 (295) – „Abkommen Deutschland/Schweiz"; BVerfGE 31, 58 (72 f., 77) – „Eheschließungsfreiheit"; BVerfGE 57, 9 (23) – „Einlieferungsersuchen"; BVerfGE 92, 26 (49) – „Zweitregister"; BVerfGE 100, 313 (362 f.) – „Fernmeldeverkehr"; für die Anwendung ausländischen Rechts: BVerfGE 31, 58 (74) – „Eheschließungsfreiheit"; *Matthias Herdegen*, in: Maunz/Dürig, Art. 1 Abs. 3 Rn. 71 f. (44. Lfg., Stand: Februar 2005).

[80] BVerfGE 100, 313 (362 f.) – „Fernmeldeverkehr".

[81] BVerfGE 92, 26 (47) – „Zweitregister"; *Herdegen* (N 79), Art. 1 Abs. 3 Rn. 73; *Stern* (N 78); zu weiteren Differenzierungsgründen: *Badura* (N 9), S. 409; *Merten* (N 78), S. 336; *Schröder* (N 78), S. 142 ff.

[82] *Moris Lehner/Ekkehart Reimer*, Generalthema I: Quelle versus Ansässigkeit – Wie sind die grundlegenden Verteilungsprinzipien des Internationalen Steuerrechts austariert?, in: IStR 2005, S. 542 (543 ff.).

trotz ihres Bezugs auf inländische Einkünfte eine auf die Person bezogene Steuerpflicht ist[83]. Es ist eine Einkommensteuer, die in ihren beiden Erscheinungsformen der unbeschränkten und der beschränkten Steuerpflicht an die natürliche Person als Steuersubjekt anknüpft[84]. Grundrechtsgeltung im Sinne von Grundrechtsberechtigung setzt zwar nicht notwendig persönlichen Gebietskontakt im Sinne von Wohnsitz oder gewöhnlichem Aufenthalt voraus, wohl aber Kontakt zur deutschen Staatsgewalt[85]. Wegen des steuerlichen Zugriffs auf inländische Einkünfte des Nichtansässigen ist dieser Gebietskontakt allerdings auch für den beschränkt Steuerpflichtigen gegeben. Das Bundesverfassungsgericht[86] bejaht die Grundrechtsberechtigung von beschränkt Steuerpflichtigen zumindest implizit in den Entscheidungen, in denen es die Unterschiede zwischen der Besteuerung von unbeschränkt und beschränkt Steuerpflichtigen gleichheitsrechtlich prüft[87]. Der Anwendungsbereich des Leistungsfähigkeitsprinzips umfaßt somit vorbehaltlich notwendiger Konkretisierungen[88] die Besteuerung des unbeschränkt Steuerpflichtigen mit seinen ausländischen Einkünften und die des beschränkt Steuerpflichtigen mit seinen Einkünften aus inländischen Quellen[89].

II. Steuergerechtigkeit im Völkerrecht und im Unionsrecht

1. Allgemeines Völkerrecht und völkerrechtliche Verträge

19

Das allgemeine Völkerrecht gibt keine Antwort auf die Frage nach Gerechtigkeitsanforderungen bei der Besteuerung grenzüberschreitender Sachverhalte. Es gibt kein allgemeines völkerrechtliches Verbot der Doppelbesteuerung[90] oder der Rücksichtnahme als Schranke gegen die Besteuerung grenzüberschreitender Sachverhalte[91]. Das Völkerrecht schweigt auch zur Ausgestaltung der Besteuerung nach innerstaatlichem Recht. Es erlaubt aber die generell-äquivalenztheoretische Fundierung der Steuerpflicht nach territorialen Merkmalen. Neben völkerrechtlichen Verträgen in Gestalt von Doppelbe-

---

83 Gemäß § 2 Abs. 1 S. 1 EStG unterliegen der Einkommensteuer die in den Ziffern 1–7 genannten Einkünfte, die „der Steuerpflichtige während seiner unbeschränkten Einkommensteuerpflicht oder als inländische Einkünfte während seiner beschränkten Einkommensteuerpflicht erzielt."
84 *Lehner/Waldhoff* (N 42), § 1 Rn. E 23; *Hidien* (N 46), § 49 Rn. A 270; *Thomas Stapperfend*, in: Carl Herrmann/Gerhard Heuer/Arndt Raupach (Hg.), EStG, § 1 Rn. 336 (247. Lfg., Stand: August 2011).
85 *Josef Isensee*, Staatsrechtliche Stellung der Ausländer in der Bundesrepublik Deutschland, in: VVDStRL 32 (1974), S. 49, 61; differenzierend: *ders.* (N 78), § 115 Rn. 87 ff.; *Heintzen* (N 78), § 50; → Bd. IX, *Rüfner*, § 196 Rn. 35.
86 BVerfGE 63, 343 (369) – „Rechtshilfevertrag".
87 S. u. Rn. 64 f.
88 S. u. Rn. 28 ff., 63 ff.
89 *Vogel* (N 45), S. 364 ff.; *P. Kirchhof* (N 68), § 2 Rn. A 145; *Lehner/Waldhoff* (N 42), § 1 Rn. A 185 ff.; *Schaumburg*, Das Leistungsfähigkeitsprinzip (N 42), S. 127 ff.; zurückhaltend: *Schön*, Zukunft des Internationalen Steuerrechts (N 53), S. 214.
90 *Vogel*, Doppelbesteuerungsabkommen (N 23), Einleitung, Rn. 14; ab ⁶2014: *Lehner* (N 47), Einleitung, Rn. 14; *Kluge* (N 23), Rn. D 10; *Schaumburg* (N 23), Rn. 14.3; *Franz Wassermeyer*, in: ders. (Hg.), Doppelbesteuerung, Kommentar, Art. 3, Rn. 78 (109. Lfg., Stand: Oktober 2009); zum Begriff der Doppelbesteuerung s. o. N 26.
91 *Lehner/Waldhoff* (N 42), § 1 Rn. A 472 ff.

steuerungsabkommen, die diesen territorialen Ansatz bestätigen[92], entspricht die territoriale Anknüpfung auch den allgemeinen Grundsätzen des Völkerrechts, die über Art. 25 GG innerstaatlich wirksam werden. Insoweit ist zwischen der völkerrechtlich grundsätzlich unzulässigen Vornahme von Hoheitsakten auf fremdem Staatsgebiet (Grundsatz der formellen Territorialität) und der Anknüpfung innerstaatlichen Rechts an Sachverhalte bzw. Tatbestandsmerkmale, die außerhalb des Staatsgebiets verwirklicht werden (Grundsatz der materiellen Territorialität), zu unterscheiden[93]. Klaus Vogel[94] bezeichnet die bloße Anwendung inländischen Rechts „auf" Auslandssachverhalte als „transitive" Geltung („jurisdiction to prescribe"), die von einer „intransitiven" Geltung als einer Anwendung innerstaatlichen Rechts auf Auslandssachverhalte „schlechthin" („jurisdiction to enforce") abzugrenzen sei.

<small>Formelle und materielle Territorialität</small>

Die bloße Anwendung des innerstaatlichen Rechts auf Auslandssachverhalte ist seit der Lotus-Entscheidung des Ständigen Internationalen Gerichtshofs[95] unter der Voraussetzung völkerrechtlich zulässig, daß die den Auslandssachverhalt erfassende innerstaatliche Norm auch einen inländischen Sachverhalt betrifft, wobei zwischen beiden Sachverhalten eine nach völkerrechtlichen Kriterien zu beurteilende „echte" bzw. „substanziell hinreichende" Verbindung[96], ein „genuine link"[97] bzw. eine „sinnvolle Anknüpfung"[98] der inländischen Norm an den Auslandssachverhalt bestehen muß[99]. Dem hat sich auch das Bundesverfassungsgericht[100] angeschlossen und die entsprechenden Voraussetzungen mit den Begriffen „Staatsangehörigkeit", „Niederlassung", „Wohnsitz" oder „Aufenthalt im Inland" konkretisiert. Die territorial-äquivalenztheoretische Begründung des steuerlichen Zugriffs auf Auslandseinkünfte des im Inland Ansässigen und auf inländische Einkünfte des im Ausland Ansässigen beruht auf Verbindungen zwischen inländischen und ausländischen Besteuerungsmerkmalen, die den völkerrechtlichen Anforderungen des „genuine link"-Erfordernisses Rechnung tragen, zumal die bloße Anknüpfung an den jeweiligen Auslandssachverhalt nicht mit der Ausübung von Hoheitsgewalt im Ausland verbunden ist. Durchsetzbar ist die jeweilige Steuerpflicht vorbehaltlich völkervertraglicher Vereinbarungen[101] aber nur im Inland.

20
<small>Voraussetzung eines „genuine link"</small>

<small>Konkretisierung durch das BVerfG</small>

---

92 S. u. Rn. 43 ff.
93 *Vogel* (N 45), S. 347; *Hidien* (N 46), § 49 Rn. 116.
94 *Vogel* (N 45), S. 2 f., 13 ff., 101 ff.; vgl. auch: *Alfred Verdross/Bruno Simma/Rudolf Geiger*, Territoriale Souveränität und Gebietshoheit, 1980, S. 90 f.; *Elbing* (N 78), S. 138 ff.; *Dahm/Delbrück/Wolfrum* (N 10), S. 319 ff.
95 Ständiger Internationaler Gerichtshof, Entscheidung vom 7.7.1927, PCIJ Ser. A, No. 10, 1927, S. 4, 18 f.
96 *Knut Ipsen*, Völkerrecht, ⁵2004, Rn. 90 ff. (93).
97 *Alfred Verdross/Bruno Simma*, Universelles Völkerrecht, ³1984, Rn. 1183 ff.
98 *Dahm/Delbrück/Wolfrum* (N 10), S. 321; *Rudolf Geiger*, Grundgesetz und Völkerrecht, ⁵2010, S. 276 ff.; *Lehner/Waldhoff* (N 42), § 1 Rn. A 464.
99 Grundlegend: *Hans-Jörg Ziegenhain*, Extraterritoriale Rechtsanwendung und die Bedeutung des Genuine-Link-Erfordernisses, 1992; *Vogel* (N 45), S. 102 mit Fn. 70.
100 BVerfGE 63, 343 (369) – „Rechtshilfevertrag"; zur sachbereichsspezifischen Konkretisierung dieser Prinzipien: *Lehner/Waldhoff* (N 42), § 1 Rn. A 467 ff.
101 S. u. Rn. 82 ff.

2. Unionsrecht

21
Differenzierte Bedeutung

Das Unionsrecht steht dem Phänomen der Doppelbesteuerung zurückhaltend gegenüber[102]. Für die Ausgestaltung der Steuerpflicht hat es aber enorme Bedeutung gewonnen[103]. Dies ist erstaunlich, weil das Unionsrecht auf dem Gebiet der direkten Steuern keine spezifischen Kompetenzgrundlagen für die Organe der Union bereitstellt[104].

22
Zurückhaltung des Unionsrechts gegenüber der Doppelbesteuerung

Die Zurückhaltung des Unionsrechts gegenüber dem Problem der Doppelbesteuerung liegt nicht allein darin begründet, daß die ursprünglich bereits in Art. 220 EWGV enthaltene und später in Art. 293 EGV beibehaltene Verpflichtung der Mitgliedstaaten zur Beseitigung der Doppelbesteuerung ohne offizielle Begründung nicht in den Vertrag über die Arbeitsweise der Europäischen Union übernommen wurde[105]. Ursächlich für diese Zurückhaltung ist vielmehr, daß die Grundfreiheiten nicht für die Beseitigung von Nachteilen konzipiert sind, die, wie das Entstehen der Doppelbesteuerung, durch das Zusammenwirken mehrerer Staaten verursacht werden[106]. Dies gilt zwar grundsätzlich auch für die Nachteile, die beschränkt Steuerpflichtige im Vergleich zu unbeschränkt Steuerpflichtigen in ihrem Tätigkeitsstaat bei der Ausgestaltung der Besteuerung hinnehmen müssen[107]. In diesem Bereich enthält das innerstaatliche Recht jedoch für die Besteuerung von unbeschränkt Steuerpflichtigen Vergleichsmaßstäbe, an die die Grundfreiheiten in ihren Ausprägungen als Diskriminierungsverbote anknüpfen können[108]. Dies gilt entsprechend auch für die Wirkung der Grundfreiheiten als Beschränkungsverbote, soweit unbeschränkt Steuerpflichtige in ihrem Ansässigkeitsstaat steuerliche Nachteile im Fall eines Auslandsengagements hinnehmen müssen, die bei einem reinen Inlandsengagement nicht bestehen würden[109].

---

102 S. u. Rn. 33 ff.
103 S. u. Rn. 66 ff.
104 *Strassburger* (N 59), S. 20 ff.
105 Dazu: *Moris Lehner*, Beseitigt die neue Verfassung für Europa die Verpflichtung der Mitgliedstaaten zur Beseitigung der Doppelbesteuerung?, in: IStR 2005, S. 397 f.
106 *Wolfgang Schön*, Europäische Kapitalverkehrsfreiheit und nationales Steuerrecht, in: FS für Brigitte Knobbe-Keuk, 1997, S. 743 (761 f.); *ders.*, Besteuerung im Binnenmarkt – die Rechtsprechung des EuGH zu den direkten Steuern, in: IStR 2004, S. 289 (292); *Rainer Prokisch*, in: Paul Kirchhof/Hartmut Söhn u. a. (Hg.), EStG, Kommentar, § 34 c Rn. A 77 ff. (217. Lfg. Stand: April 2011); s. u. Rn. 35 ff.
107 S. u. Rn. 61 f.
108 S. u. Rn. 66 ff.
109 S. u. Rn. 68 f.

C. Doppelbesteuerung

I. Zwischenstaatliche Abgrenzung der Besteuerungshoheit

1. Äquivalenztheoretische Aufteilung nach Georg von Schanz

Die territorial-äquivalenztheoretische Fundierung der Steuerpflicht führt zu der Erkenntnis, daß die Besteuerung des Ansässigen mit seinem ausländischen Einkommen weniger gerechtfertigt ist als die Besteuerung des Nichtansässigen mit Einkünften, die er aus inländischen Quellen bezieht[110]. Dies liegt darin begründet, daß der unbeschränkt Steuerpflichtige die Rechts- und Infrastruktur seines Ansässigkeitsstaates nicht in dem Maß zur Erzielung von ausländischen Einkünften in Anspruch nimmt, wie die des Staates, in dem sich die Quelle seiner Einkünfte befindet. Die inländische Steuerpflicht des Ansässigen mit ausländischen Einkünften und seine zusätzliche Steuerpflicht im Quellenstaat erscheinen deshalb als Widerspruch in Gestalt der Doppelbesteuerung, die bereits auf der äquivalenztheoretischen Rechtfertigungsebene eine Lösung nahelegt, die den Quellenstaat bevorzugt.

23 Unterschiedliche Rechtfertigung des steuerlichen Zugriffs

Dem entspricht der im historischen Rückblick bedeutende Ansatz, den Georg von Schanz[111] in seinem grundlegenden Aufsatz über die Steuerpflicht bereits 1892 entwickelt hat. Von Schanz geht davon aus, daß die Steuer ein Beitrag zur Erhaltung der Gemeinschaft, ein „generelles Entgelt für die Aufwendungen derselben"[112] darstelle. Nach Erwägung und Ablehnung rechtlicher Anknüpfungsmerkmale spricht sich von Schanz für eine Orientierung an der wirtschaftlichen Verflechtung des Steuerpflichtigen mit dem Gemeinwesen aus. Diese Verflechtung bzw. Verbindung könne verschiedene Intensitätsgrade aufweisen, je nachdem, ob eher (passiv) auf Konsumtionsakte der Person oder (aktiv) auf Erwerbsakte abgestellt werde. Im idealtypischen Ergebnis schlägt von Schanz vor, bei einem Zusammenfallen von Wohnsitz und Einkommensquelle in einem Staatsgebiet dem betreffenden Staat wegen der „intensivsten wirtschaftlichen Zugehörigkeit" den vollumfänglichen Steuerzugriff einzuräumen, und bei einem Auseinanderfallen von Wohnsitz und Einkommensquelle dem Quellenstaat drei Viertel und dem Ansässigkeitsstaat ein Viertel des Steuersubstrats zuzubilligen[113]. Auf diese Weise begründet von Schanz nicht nur eine generell-äquivalenztheoretische Rechtfertigung der Steuer, er schlägt auch eine ebenso begründete Regel zur Beseitigung der Doppelbesteuerung vor.

24 Äquivalenztheoretisch begründete Abgrenzung

Generell-äquivalenztheoretische Rechtfertigung

---

110 *Vogel* (N 45), S. 367 ff.; *Lehner/Waldhoff* (N 42), § 1 Rn. A 177 f.; *Moris Lehner*, Die Reform der Kapitaleinkommensbesteuerung im Rahmen des Verfassungs- und Europarechts, in: VDStjG 30 (2007), S. 61 (73 f.).
111 *Georg von Schanz*, Zur Frage der Steuerpflicht, in: FinArch 9 (1892), S. 365 (368 ff.); vgl. auch *Herbert Dorn*, Das Recht der internationalen Doppelbesteuerung, in: VJSchrStFR 1 (1927), S. 189 (208 ff.): „Verteilung nach der volkswirtschaftlichen Zugehörigkeit des Steuergutes".
112 *V. Schanz* (N 111), S. 369.
113 *V. Schanz* (N 111), S. 375 f.

2. Problem sachgerechter Quellenbestimmung

25
Relativierung der territorialen Zuordnung

Indes ist auch dieses Ergebnis zunächst nur im äqivalenztheoretischen Ansatz überzeugend. Sachgerecht ist es nur unter der Voraussetzung, daß die Bestimmung des Quellenstaates nach eindeutigen Quellenregeln möglich ist. Für einfache Fälle, etwa für Einkünfte, die der in Deutschland Ansässige aus der Vermietung seines Wochenendhauses in Österreich erzielt, ist dies ohne Schwierigkeiten möglich. Für Zinsen – eines von vielen Beispielen – gestaltet sich die Bestimmung des Quellenstaates bereits schwieriger. Von Klaus Vogel[114] stammt die bekannte Relativierung, wonach der Ansässigkeitsstaat auch als Quellenstaat angesehen werden könne, dies vor dem Hintergrund der Frage, ob die Quelle von Zinsen im Sitzstaat des Darlehensgebers, in dem des Darlehensnehmers oder vielleicht im Sitzstaat der Bank angenommen werden sollte, die das Darlehen auszahlt. Auch bei grundsätzlich übereinstimmenden Quellenregeln kann die Abgrenzung schwierig oder unmöglich sein. So etwa im Fall der weltweit üblichen Begründung der beschränkten Steuerpflicht für gewerbliche Einkünfte unter der Voraussetzung, daß der Steuerpflichtige im Quellenstaat über eine Betriebstätte verfügt[115]. Weichen die Voraussetzungen für die Begründung oder für die Zurechnung von Einkünften nach dem Recht des Quellenstaates von denen ab, die der Ansässigkeitsstaat für die Anrechnung der Quellenstaatssteuer oder für die Freistellung von Betriebstättengewinnen voraussetzt, so mißlingt die Abgrenzung. Sehr viel schwieriger ist die Quellenbestimmung in den weltweit verzweigten Konstellationen grenzüberschreitend tätiger Konzerne[116]. Zahlreiche Möglichkeiten zur Gewinnverlagerung, etwa durch die Vereinbarung spezieller Verrechnungspreise zwischen einzelnen Konzerngesellschaften, erschweren die zutreffende territoriale Zuordnung der Quelle des Gewinns. Noch schwieriger gestaltet sich diese Zuordnung im Bereich des Internet-Handels. Erhebungen der Organisation für wirtschaftliche Zusammenarbeit und Entwicklung auf diesem Gebiet belegen das enorme Ausmaß dieser Problematik[117].

26
Zwischenstaatliche Koordination als Lösungsweg

Die erheblichen Schwierigkeiten zutreffender Quellenbestimmungen kennzeichnen nicht nur ein Grundproblem der gerechten Belastung des grenzüberschreitend tätigen Steuerpflichtigen, vielmehr gewinnen sie zusätzliche Relevanz im Zusammenhang mit der sachgerechten Abgrenzung der Besteuerungszuständigkeit im Verhältnis der Staaten zueinander. Zur Lösung dieses

---

114 *Klaus Vogel*, „State of Residence" may as well be „State of Source" – There is no Contradiction, in: BIFD 2005, S. 420.
115 Für das deutsche Recht § 49 Abs. 1 Nr. 2 a EStG i. V. m. § 12 AO.
116 *Wolfgang Schön*, International Tax Coordination for a Second-Best World, in: World Tax Journal 2009, I, S. 67, 68 f.
117 *OECD*, Addressing Base Erosion and Profit Shifting, OECD-Publishing 2013; vgl. auch: *Stephan Eilers/Stefan Schmitz*, BEPS – base erosion and profit shifting: Besteuerungsgrundlage und Gewinnverlagerung, in: ISR 2013, S. 68; *Johanna Hey*, BEPS – Base erosion and profit shifting: Wende im internationalen Steuerrecht?, in: DB 2013, S. 21; *Reimar Pinkernell*, Das Steueroasen-Dilemma der amerikanischen IT-Konzerne, in: IStR 2013, S. 180; *ders.*, OECD und G-20: Finanzminister nehmen internationale Steuergestaltung im E-Commerce ins Visier, in: IStR-LB 2013, S. 17; *Stephan Rasch/Lisa Tillmann*, Base Erosion and Profit Shifting: Hat der Fremdvergleichsgrundsatz für die Bestimmung der Verrechnungspreise noch eine Zukunft?, in: ISR 2013, S. 139.

zweifachen Abgrenzungsproblems kann der Verfassung eine im Gebot der Völkerrechtsfreundlichkeit des Grundgesetzes[118] verankerte Verpflichtung zu einem Bemühen um internationale Koordinierung der Besteuerungszuständigkeit durch den Abschluß von Doppelbesteuerungsabkommen[119] und durch andere Maßnahmen, etwa im Bereich der internationalen Amtshilfe[120], entnommen werden[121].

Das Gebot individueller Steuergerechtigkeit erfordert jedenfalls Verteilungskriterien, die differenzierter sind als die notwendig pauschalen Vorgaben der in ihren Ansätzen zwar zutreffenden, in der Ausgestaltung allerdings sehr schwierigen generell-äquivalenztheoretischen Steuerrechtfertigung. Doppelbesteuerung als unmittelbare Folge unzureichender zwischenstaatlicher Abstimmung der Besteuerungszuständigkeit verlangt deshalb nach Lösungen, die auch den Anforderungen gerechter Lastenverteilung genügen. Das Problem sachgerechter Quellenbestimmung wird dadurch zwar nicht gelöst, und es bleibt relevant, weil die Rechtfertigung der Steuerbelastung eine Vorbedingung für die gerechte Verteilung der steuerlichen Last ist[122]. Es bleibt jedoch ein Grundproblem des Internationalen Steuerrechts, daß für die Rechtfertigung der steuerlichen Belastung dem Grunde oder auch „der Quelle nach" weit weniger differenzierte Maßstäbe zur Verfügung stehen als für die gleichheitsgerechte Verteilung der steuerlichen Lasten.

27
Anforderungen gerechter Lastenverteilung

3. Doppelbesteuerung als Verstoß gegen das Leistungsfähigkeitsprinzip

Aus der Anwendung des Leistungsfähigkeitsprinzips auf die Besteuerung grenzüberschreitender Sachverhalte[123] folgt, daß Doppelbesteuerung grundsätzlich gegen das Gebot leistungsfähigkeitsgerechter Besteuerung verstößt, weil der Bezug von Auslandseinkünften keine im Vergleich zu inländischen Einkünften erhöhte Leistungsfähigkeit zur Folge hat[124]. Es kommt hinzu, daß die Reichweite des Steuerzugriffs auf das Welteinkommen des im Inland Ansässigen bereits territorial-äquivalenztheoretisch dem Grunde nach weniger gerechtfertigt ist als die Besteuerung des Nichtansässigen mit seinen inländischen Einkünften[125]. Andererseits muß eine an finanzieller Leistungsfähigkeit, das heißt an der Verfügbarkeit disponiblen Einkommens ausgerichtete Besteuerung, grundsätzlich unabhängig von der Herkunft der Einkünfte aus dem Inland oder aus dem Ausland, aus gleichheitsrechtlichen Gründen

28
Gebot der leistungsfähigkeitsgerechten Besteuerung

Gleichheitsgerechte Berücksichtigung äquivalenztheoretischer Vorgaben

---

118 Grundlegend: *Vogel* (N 22), S. 34 ff., 47 f.
119 S. u. Rn. 43 ff.
120 S. u. Rn. 82 ff.
121 *Lehner/Waldhoff* (N 42), § 1 Rn. A 179 ff.
122 *Lehner/Waldhoff* (N 42), § 1 Rn. A 163 ff.
123 S. o. Rn. 15 f.
124 *Prokisch* (N 106), § 34 c Rn. A 28 f., 68 f.; *Schaumburg*, Das Leistungsfähigkeitsprinzip (N 42), S. 144; *Lehner/Waldhoff* (N 42), § 1 Rn. A 184 ff.
125 S. o. Rn. 23 f.; s. u. Rn. 30 f.

zunächst auf das Welteinkommen des Steuerpflichtigen bezogen sein[126]. Dies darf jedoch nicht dazu führen, daß sich die Besteuerung von dem sie rechtfertigenden Grund löst. Vielmehr bildet die Abschwächung der territorial-äquivalenztheoretischen Steuerrechtfertigung in bezug auf Auslandseinkommen einen gleichheitsrechtlich zu berücksichtigenden Grund für den Ansässigkeitsstaat, den steuerlichen Zugriff auf das im Ausland erzielte Einkommen zu mildern[127].

29
Keine Beschränkung auf inländische Leistungsfähigkeit

Dies wirft die Frage nach Abgrenzungskriterien auf, die sowohl der äquivalenztheoretisch begründeten Rechtfertigung des steuerlichen Zugriffs als auch den daraus resultierenden Anforderungen an eine gerechte Belastung nach Maßgabe des Leistungsfähigkeitsprinzips genügen. Insoweit ist der Vorschlag, die Besteuerung allein an inländischer Leistungsfähigkeit auszurichten[128], bereits äquivalenztheoretisch problematisch, weil er das Problem der räumlichen Zuordnung von Einkommensquellen nicht löst[129]. Besteuerung allein nach Maßgabe inländischer Leistungsfähigkeit ist auch gleichheitsrechtlich zumindest in den Fällen nicht sachgerecht, in denen die im Ausland erzielten Einkünfte dort nicht oder nur einer gegenüber dem Belastungsniveau des Ansässigkeitsstaates niedrigeren Besteuerung unterliegen[130].

4. Primäre Verantwortung des Ansässigkeitsstaates für die Beseitigung der Doppelbesteuerung

30
Äquivalenztheoretische Abwägung

Notwendig ist deshalb eine gleichheitsrechtlich differenzierte Lösung des Doppelbesteuerungsproblems, die auch den territorial-äquivalenztheoretisch gebotenen Differenzierungen[131] Rechnung trägt. Beansprucht der Ansässigkeitsstaat die Besteuerung ausländischer Einkünfte, um den Anforderungen des Leistungsfähigkeitsprinzips zu genügen, so muß berücksichtigt werden, daß die Besteuerung der ausländischen Einkünfte durch den Ansässigkeitsstaat äquivalenztheoretisch weniger gerechtfertigt ist als die Besteuerung durch den Quellenstaat dieser Einkünfte[132]. Aus diesem Grund hat der Ansässigkeitsstaat eine primäre Verantwortung für die Beseitigung der Doppelbesteuerung.

31
Territoriale Grenzen der Gleichbehandlung

Die nach dem innerstaatlichen Recht des Ansässigkeitsstaates vorgesehene Beseitigung der Doppelbesteuerung durch Anrechnung der im Quellenstaat der Einkünfte gezahlten Steuer trägt dieser primären Verantwortung Rechnung, sie führt aber grundsätzlich nicht zu gleich hoher steuerlicher Belastung im Ansässigkeits- und im Quellenstaat[133].

---

126 *P. Kirchhof* (N 68), § 2 Rn. A 145; *J. Lang* (N 53), S. 167 ff.; *Schön*, Besteuerung im Binnenmarkt (N 106), S. 292; *Lehner/Waldhoff* (N 42), § 1 Rn. A 184; *Tipke* (N 53), S. 522 f.; vgl. bereits: *Spitaler* (N 23), S. 122 f.
127 → Bd. V, *P. Kirchhof*, § 118 Rn. 146; *Lehner/Waldhoff* (N 42), § 1 Rn. A 184 ff.; *Lehner* (N 46), S. 252 f.; *Schaumburg*, Das Leistungsfähigkeitsprinzip (N 42), S. 128 ff.
128 *Vogel* (N 45), S. 371 ff., 376.
129 S. o. Rn. 25 ff.
130 S. u. Rn. 39.
131 S. o. Rn. 9 ff.
132 S. o. Rn. 23.
133 S. u. Rn. 39 f.

Unterschiedliche Steuerbelastung liegt auch darin begründet, daß Gleichbehandlung grundsätzlich nur innerhalb gleicher rechtlicher Rahmenbedingungen, das heißt innerhalb einer staatlichen Rechtsordnung, und nicht mehrere Rechtsordnungen einbeziehend bzw. übergreifend, möglich ist[134]. Diese Einschränkung gilt wegen der in den einzelnen Mitgliedstaaten unterschiedlichen Steuersysteme auch für den Binnenmarkt der europäischen Union[135]: „Die Herstellung gleicher steuerlicher Belastung entsprechend der wirtschaftlichen Leistungsfähigkeit des einzelnen Unionsbürgers und die Aufrechterhaltung der steuerlichen Souveränität der einzelnen Mitgliedstaaten schließen sich gegenseitig aus"[136].

32
Gleichbehandlung nur bei gleichen rechtlichen Rahmenbedingungen

5. Zurückhaltende Vorgaben des Unionsrechts

Bis zum Inkrafttreten des Vertrags über die Arbeitsweise der Europäischen Union enthielten die Gemeinschaftsverträge in den Art. 220 EWGV und später in Art. 293 EGV eine primärvertragliche Verpflichtung der Mitgliedstaaten, die Doppelbesteuerung zugunsten ihrer Staatsangehörigen zu beseitigen[137]. Für die Streichung dieses Gebots durch den Vertrag von Lissabon gibt es keine offizielle Begründung[138]. Dem Vernehmen nach sollte lediglich klargestellt werden, daß der bislang normierten Verpflichtung der Mitgliedstaaten keine ausschließliche Kompetenz auf diesem Gebiet entspricht. Diese Auffassung ist schon deshalb unzutreffend, weil die Mitgliedstaaten nur nach Maßgabe des Prinzips der begrenzten Einzelermächtigungen auf Kompetenzen zugunsten der Union verzichten[139]. Auf dem Gebiet der direkten Steuern war und ist dies bisher jedoch nicht der Fall. Unabhängig davon hat die Kommission der Europäischen Union im Rahmen ihrer legitimen steuerpolitischen Bemühungen bereits im Jahre 1968[140] einen Entwurf für ein multilaterales Doppelbesteuerungsabkommen vorgelegt, und sie unterbreitet seitdem immer wieder Vorschläge auf diesem Gebiet[141].

33
Wegfall der Pflicht zur Beseitigung der Doppelbesteuerung

Kein Kompetenzverzicht im Bereich der direkten Steuern

Bereits vor dem Wegfall der in den Art. 220 EWGV und 293 EGV enthaltenen primärvertraglichen Verpflichtung der Mitgliedstaaten zur Beseitigung der Doppelbesteuerung hatte der Europäische Gerichtshof[142] entschieden, daß Art. 220 EWGV nicht unmittelbar anwendbar ist und dem einzelnen deshalb keine Rechte gewährt, die vor den innerstaatlichen Gerichten durchsetz-

34
Primäre Zuständigkeit der Mitgliedstaaten

---

134 Grundlegend: *Dieter Birk*, Besteuerungsgleichheit in der Europäischen Union, in: VDStjG 19 (1996), S. 62 (64 ff.); vgl. auch *Lehner/Waldhoff* (N 42), § 1 Rn. A 200 ff.
135 *Birk* (N 134).
136 *Birk*, (N 134), S. 69.
137 Art. 220 EWGV; Art. 293 EG; dazu: *Lehner* (N 47), Einleitung, Rn. 294; s. o. Rn. 22.
138 *Lehner* (N 105).
139 Art. 5 Abs. 1, 13 Abs. 2 S. 1 EUV, Art. 296 Abs. 1 und 3 AEUV; BVerfGE 123, 267 (353) – „Lissabon"; BVerfGE 126, 286 (304) – „Ultra vires-Kontrolle".
140 *Kommission der Europäischen Gemeinschaften*, Vorentwurf 1968 zu einem Europäischen Doppelbesteuerungsabkommen, EG-Dok. 11.414/XIV/68 D v. 1. 7. 1968; dazu: *Lehner* (N 47), Einleitung, Rn. 256 d.
141 Vgl. *Schön* (N 53), Zukunft des Internationalen Steuerrechts, S. 217 ff.; *Lehner* (N 62), S. 1056 f.; *ders.* (N 47), Einleitung, Rn. 256 ff.
142 EuGH v. 12. 5. 1998, Rs. C-336/96 – Gilly, Slg. 1998, I-2793, Tz. 16 f.

§ 251   *Zweiundzwanzigster Teil: Grenzüberschreitende Staatsaufgaben*

bar sind. Seitdem betont der Europäische Gerichtshof in ständiger Rechtsprechung[143], daß die Mitgliedstaaten in Ermangelung von Vereinheitlichungs- oder Harmonisierungsmaßnahmen dafür zuständig bleiben, die Kriterien für die Besteuerung des Einkommens und des Vermögens festzulegen, „um – gegebenenfalls im Vertragsweg – die Doppelbesteuerung zu beseitigen". Im Rahmen ihrer Berechtigung, „Kriterien für die Aufteilung ihrer Steuerhoheit untereinander festzulegen"[144], sind die Mitgliedstaaten jedoch verpflichtet, die Unionsvorschriften, vor allem aber die Vorgaben der Grundfreiheiten zu beachten[145]. Der Europäische Gerichtshof verneint aber ausdrücklich eine Verpflichtung der Mitgliedstaaten, die aus der parallelen Ausübung ihrer Besteuerungsbefugnisse resultierende Doppelbesteuerung zu beseitigen[146]. Diese Zurückhaltung ist bemerkenswert, weil der Europäische Gerichtshof[147] selber betont, daß Doppelbesteuerungsabkommen dazu dienen, negative Wirkungen für das Funktionieren des Binnenmarktes zu beseitigen.

EUGH:
Keine Pflicht zur
Beseitigung der
Doppelbesteuerung

35
Kein Verstoß gegen
Grundfreiheiten

Uneinigkeit besteht darüber, ob eine Verpflichtung zur Beseitigung der juristischen Doppelbesteuerung[148] auf Diskriminierungs- und Beschränkungsverbote gestützt werden kann[149]. Das Problem liegt darin begründet, daß die Grundfreiheiten nicht auf die Beseitigung von Nachteilen zugeschnitten sind, die durch das Zusammenwirken mehrerer Staaten verursacht werden[150]. Jeweils getrennt betrachtet verstößt der Ansässigkeitsstaat grundsätzlich nicht gegen ein Beschränkungsverbot, weil die unbeschränkte Steuerpflicht nicht nur ausländische, sondern gleichermaßen auch inländische Einkünfte erfaßt; der Quellenstaat wiederum handelt im Einklang mit dem Gebot der Inländergleichbehandlung, weil er nicht nur den im Inland investierenden Gebietsfremden, sondern auch den in seinem Gebiet Ansässigen mit Einkünften aus inländischen Quellen besteuert. Gegen juristische Doppelbesteuerung, die aus dem Zusammenwirken von unbeschränkter und beschränkter Steuerpflicht resultiert, bieten die Grundfreiheiten somit keine Lösung, auch deshalb nicht, weil ihnen nicht entnommen werden kann, welcher der beiden Staaten auf die Besteuerung verzichten müßte. Dem steht nicht entgegen, daß der Europäische Gerichtshof in seinen Entscheidungen über die Ausgestal-

Keine staatenübergreifende
Lösung

---

143 EuGH v. 28.2.2013, Rs. C-168/11 – Beker und Beker, in: IStR 2013, S. 275, Tz. 32 f. mit Bezug auf umfangreiche eigene Rechtsprechung.
144 EuGH v. 12.5.1998, Rs. C-336/96 – Gilly, Slg. 1998, I-2793, Tz. 24, 30; sowie zuletzt EuGH v. 20.10.2011, Rs. C-284/09 – Kommission/ Deutschland, IStR 2011, S. 840, Tz. 46.
145 EuGH v. 28.2.2013, Rs. C-168/11 – Beker und Beker, in: IStR 2013, S. 275, Tz. 32 f.; vgl. auch EuGH v. 21.9.1999, Rs. C-307/97 – Saint-Gobain, Slg. 1999, I-6161, Tz. 56 ff.; v. 8.3 2001, Rs. C-397/98, C-410/98 – Metallgesellschaft, Slg. 2001, I-1727, Tz. 71 ff.; v. 10.1.2006, Rs. C-265/04 – Bouanich, Slg. 2006, I-923, Tz. 50 ff.; v. 6.12.2007, Rs. C-298/05 – Columbus Container, Slg. 2007, I-10451, Tz. 28 ff.
146 EuGH v. 15.4.2010, Rs. C-96/08 – CIBA, Slg. 2010, I-28911, Tz. 28.
147 EuGH (N 146); so auch die Schlußanträge des Generalanwalts Ruiz-Jarabo Colomer v. 26.10.2004, Rs. C-376/03 – „D", Slg. 2005, I-5823, Tz. 85.
148 Zum Begriff s. o. Rn. 7.
149 Zu den unterschiedlichen Auffassungen: *Prokisch* (N 106), § 34 c; *Axel Cordewener*, Europäische Grundfreiheiten und nationales Steuerrecht, 2002, S. 876 ff.; *Joachim Englisch*, Dividendenbesteuerung, 2005, S. 251 ff.; *Georg Kofler*, Doppelbesteuerungsabkommen und Europäisches Gemeinschaftsrecht, 2007, S. 231 ff.; *Baßler* (N 59), S. 275 ff.; *Philipp Riedl*, Die internationale Doppelbesteuerung im EU-Binnenmarkt, 2012, S. 141 ff.; jew. mit umfassendem Überblick zum Meinungsstand.
150 S. o. N 106.

tung der Steuerpflicht zum Nachteil von beschränkt Steuerpflichtigen im Quellenstaat häufig auch auf den Beitrag des Ansässigkeitsstaates für die Verursachung des Nachteils abstellt[151]. Er nimmt dies jedoch nicht zum Anlaß für einen Lösungsversuch, der beide Staaten übergreift.

Anders als in Fällen juristischer Doppelbesteuerung wirken die Grundfreiheiten gegen wirtschaftliche Doppelbesteuerung[152], weil in diesen Fällen ein Vergleich der für Inlandssachverhalte geltenden Regelung mit den für grenzüberschreitende Sachverhalte anzuwenden Bestimmungen möglich ist. Danach muß ein im reinen Inlandssachverhalt bestehender Anspruch des Anteilseigners auf Entlastung von der auf seiner Dividende ruhenden Körperschaftsteuer einer inländischen Kapitalgesellschaft auch im Fall seiner Beteiligung an einer ausländischen Kapitalgesellschaft gewährt werden[153].

36 Beseitigung der wirtschaftlichen Doppelbesteuerung

Nicht auf die Grundfreiheiten, sondern auf harmonisierende Richtlinien ist die Beseitigung der steuerlichen Mehrfachbelastung bei Ausschüttungen im Verhältnis zwischen Mutter- und Tochtergesellschaften und die Abschaffung von Quellensteuern im europäischen Konzernverbund gestützt[154].

37 Vermeidung der Mehrfachbelastung im Mutter-Tochterverhältnis

Die Rechtsprechung des Europäischen Gerichtshofs zur Problematik der juristischen Doppelbesteuerung ist konsequent. Auch wenn die Schaffung des Binnenmarkts den Übergang vom territorial abgeschlossenen zum nur territorial radizierten Staat markiert[155], bleibt territorial-radizierte Besteuerungshoheit auch innerhalb der europäischen Union Ausdruck staatlicher Souveränität[156]. Dem entspricht, daß der Europäische Gerichtshof das Territorialitätsprinzip nicht nur ausdrücklich anerkennt[157], sondern daß er es auch implizit bestätigt, indem er betont, daß es den Mitgliedstaaten überlassen bleibt, die „Kriterien für die Aufteilung ihrer Steuerhoheit untereinander festzulegen, um Doppelbesteuerungen zu beseitigen"[158]. Indes stehen auch diese Aussagen unter dem generellen Vorbehalt, daß die Mitgliedstaaten an die Unionsvorschriften, insbesondere an die Grundfreiheiten, das heißt an die Diskriminierungs- und Beschränkungsverbote gebunden bleiben[159]. Dement-

38 Aufteilung der Steuerhoheit als Aufgabe der Mitgliedstaaten

---

151 S. u. Rn. 70.
152 Dazu: *Prokisch* (N 106), § 34c Rn. A 77ff.
153 Grundlegend: EuGH v. 7. 9. 2004, Rs. C-319/02 – Manninen, Slg. 2004, I-7477; vgl. auch EuGH v. 19. 11. 2009, Rs. C-540/07 – Kommission/Italien, Slg. 2009, I-10983, Tz. 52; v. 20. 10. 2011, Rs. C-284/09 – Kommission/Deutschland, in: IStR 2011, S. 840, Tz. 57.
154 Mutter-Tochter-Richtlinie (90/435/EWG v. 23. 7. 1990, ABlEG v. 20. 8. 1990 Nr. L 225/6, neu gefaßt durch die Richtlinie 2011/96/EU v. 30. 11. 2011, ABlEU v. 29. 12. 2011 Nr. L 345/8); Zins- und Lizenzgebühren-Richtlinie (2003/49/EG v. 3. 6. 2003, ABlEG v. 26. 6. 2003 Nr. L 157/49, zuletzt geändert durch Art. 1 ÄndRL 2006/98/EG v. 20. 11. 2006, ABlEG v. 20. 12. 2006 Nr. L 363/129); dazu u. a. *Jacobs* (N 34), S. 167ff., 179ff.
155 *Di Fabio* (N 9), S. 5.
156 S. o. Rn. 1 f., 3.
157 EuGH v. 12. 7. 2012, Rs. C-269/09 – Kommission/Spanien, in: HFR 2012, S. 1025, Tz. 78; v. 1. 12. 2011, Rs. C-250/08 – Kommission/Belgien, in: IStR 2012, S. 67, Tz. 48; v. 15. 2. 2007, Rs. C-345/04 – Centro Equestre, Slg. 2007, I-1425, Tz. 212; v. 13. 12. 2005, Rs. C-446/03 – Marks & Spencer, Slg. 2005, I-10866, Tz. 39; v. 15. 5. 1997, Rs. C-250/95 – Futura Participations, Slg. 1997, I-2471, Tz. 22; dazu: *Lehner* (N 47), Einleitung, Rn. 266 b.
158 EuGH (N 144).
159 EuGH (N 145).

sprechend lehnt der Europäische Gerichtshof[160] ein äquivalenztheoretisch begründetes Kohärenzargument als Rechtfertigung von Verstößen gegen die Grundfreiheiten ab. Die territorial-äquivalenztheoretische Fundierung der Steuerpflicht wird aber deshalb unionsrechtlich nicht unzulässig[161].

II. Unilaterale Maßnahmen zur Beseitigung der Doppelbesteuerung

1. Anrechnung der ausländischen Steuer im Ansässigkeitsstaat

39
Kein Gebot zum Ausgleich von Belastungsunterschieden

Das innerstaatliche Recht verpflichtet den Ansässigkeitsstaat in der Regel, die im Ausland auf die ausländischen Einkünfte gezahlte Steuer auf die Steuer anzurechnen, die er selber auf eben diese Einkünfte erhebt[162]. Danach bleibt dem Quellenstaat zwar eine im Grundsatz äquivalenztheoretisch überzeugend gerechtfertigte primäre Besteuerung der in seinem Gebiet erzielten Einkünfte, doch bewirkt die konkrete Ausgestaltung des Verfahrens eine Begrenzung der Anrechnung auf die Höhe der Steuer, die der Ansässigkeitsstaat auf die ausländischen Einkünfte erhebt[163]. Diese international übliche Beschränkung hat zur Folge, daß eine im Vergleich zur Belastung im Ansässigkeitsstaat höhere ausländische Steuer nicht vollständig angerechnet, eine niedrigere dagegen auf das Belastungsniveau des Ansässigkeitsstaates hinaufgeschleust wird. Bezogen auf das inländische Steuerniveau bewirkt eine höhere und deshalb nicht vollständig anrechenbare ausländische Steuer eine Ungleichbehandlung, die der Ansässigkeitsstaat nur durch Erstattung der die eigene Steuer übersteigenden Steuer des Quellenstaates beseitigen könnte. Dies ist weltweit unüblich. Die fehlende Verantwortung des Ansässigkeitsstaates für die Höhe der Steuerbelastung im Quellenstaat rechtfertigt diese Ungleichbehandlung. Sie erscheint deshalb nicht als Verstoß gegen das Leistungsfähigkeitsprinzip.

40
Gleichheitswidrige Auswirkungen des Anrechnungshöchstbetrags

Gleichheitsrechtlich bedenklich sind jedoch die Folgen, die daraus resultieren können, daß das Anrechnungsverfahren im Fall von Einkünften aus mehreren Staaten für jeden Staat gesondert durchzuführen ist[164]. Diese international vorgesehene „per country limitation"[165] verhindert im Zusammenwirken mit der Begrenzung des Anrechnungshöchstbetrages, daß eine niedrigere ausländische Steuerbelastung, die auf das Belastungsniveau des Ansässigkeitsstaates hochgeschleust wird, mit einer in einem anderen Quellenstaat höheren, im Ansässigkeitsstaat aber nicht erstattungsfähigen Steuerbelastung ausge-

---

160 EuGH v. 14.11.1995, Rs. C-484/93 – Svensson/Gustavsson, Slg. 1995, I-3955, Tz. 18; v. 28.1.1986, Rs. C-80/94 – Wielockx, Slg. 1995, I-2493, Tz. 23; v. 8.11.2012, Rs. C-342/10 – Kommission/Finnland, in: IStR 2013, S. 204, Tz. 52; v. 13.11.2012, Rs. C-35/11 – Test Claimants in the FII Group Litigation, in: IStR 2012, S. 924, Tz. 57 ff.
161 *Lehner* (N 46), S. 256 f.; abweichend *Schön*, Besteuerung im Binnenmarkt (N 106), S. 290 f.
162 § 34 c EStG i.V.m. § 68 a EStDV; § 26 KStG; § 21 ErbStG; grundlegend und umfassend zum Anrechnungsverfahren: *Prokisch* (N 106), § 34 c Rn. B 1 ff.; zu den Möglichkeiten des Steuerabzugs Rn. D 1 ff.; zur Pauschalierung und zum Erlaß der deutschen Steuer Rn. E 1 ff.
163 Zu den Einzelheiten: *Prokisch* (N 106), § 34 c Rn. B 108 ff.
164 § 34 c Abs. 1 EStG. i.V.m. § 68 a EStDV.
165 *Prokisch* (N 106), § 34 c Rn. B 156 ff.; dort auch zur gleichheitsrechtlichen Problematik.

glichen wird. Mit einer in bezug auf Auslandssachverhalte nur abgeschwächten Grundrechtsbindung[166] kann diese Ungleichbehandlung jedenfalls nicht gerechtfertigt werden, weil sie nicht auf der räumlich begrenzten Reichweite deutscher Hoheitsgewalt beruht. Gleichheitsrechtlich ebenfalls bedenklich, nach neuester Rechtsprechung des Europäischen Gerichtshofs[167] sogar unionsrechtswidrig, ist die weitgehende Nichtberücksichtigung der auf die ausländischen Einkünfte entfallenden Sonderausgaben und außergewöhnlichen Belastungen bei der Berechnung des Anrechnungshöchstbetrages[168].

Bedenkliche Nichtberücksichtigung von Sonderausgaben

2. Keine Beseitigung der Doppelbesteuerung im Quellenstaat

Im Quellenstaat sind unilaterale Maßnahmen zur Vermeidung der Doppelbesteuerung, vom Sonderfall der Ursprungslandbesteuerung[169] abgesehen, weltweit nicht üblich. Dies liegt darin begründet, daß es in bezug auf einen Steuerpflichtigen zwar grundsätzlich nur einen Ansässigkeitsstaat, wohl aber mehrere Staaten geben kann, aus denen er Einkünfte bezieht. Aus diesem Grund wäre entweder eine in jedem Quellenstaat quotale Berücksichtigung der Einkünfte[170] oder aber ein vollständiger Verzicht des Quellenstaates auf die Besteuerung erforderlich. Während die erste Lösungsalternative völlig unpraktikabel ist, steht der zweiten die im Verhältnis zum Ansässigkeitsstaat grundsätzlich überzeugendere äquivalenztheoretische Rechtfertigung der Besteuerung im Quellenstaat[171] entgegen. Von Maßnahmen zur Beseitigung der Doppelbesteuerung zu unterscheiden sind Fälle, in denen inländische Einkünfte von Steuerausländern bereits von vornherein nicht von der beschränkten Steuerpflicht erfaßt werden[172]. Ausschlaggebend für einen Verzicht auf eine Besteuerung im Quellenstaat kann eine im Sinne des „genuine link"-Erfordernisses unzureichende territoriale Radizierung der Einkünfte sein, häufiger sind steuerpolitische Lenkungsgründe für die Verschonung ausschlaggebend[173].

41
Quotale Berücksichtigung von Aufwendungen

Nicht von der Steuerpflicht erfaßte Einkünfte

Eine effektive Abgrenzung der Besteuerungszuständigkeit im Verhältnis der Staaten zueinander und eine daran anknüpfende Besteuerung, die den Anforderungen des Leistungsfähigkeitsprinzips an sachgerechte Quellenregeln[174] zur Vermeidung der Doppelbesteuerung genügt, kann nicht auf jeweils uni-

42
Erfordernis zwischenstaatlicher Koordination

---

166 S.o. Rn.16.
167 EuGH v. 28.2.2013, Rs. C-168/11 – Beker und Beker, in: IStR 2013, S.275, Tz. 51; v. 20.6.2002, Rs. C-385/00 – de Groot, Slg. 2002, I-11819, Tz. 89 ff.; *Roland Ismer*, Die Berücksichtigung der persönlichen Verhältnisse bei Anrechnungshöchstbetrag und Progressionsvorbehalt, in: IStR 2013, S.297; *Peter J. Wattel*, Progressive Taxation of Non-Residents, in: European Taxation, 2000, S.210; *Moris Lehner*, Doppelbesteuerungsabkommen, in: Hanno Kube/Rudolf Mellinghoff u.a. (Hg.), Leitgedanken des Rechts, 2013, §151 Rn.20ff.
168 Vgl. *Prokisch* (N 106), §34c Rn. B 154.
169 S.o. Rn.9.
170 Vgl. die Nachw. oben in N 167.
171 S.o. Rn.23, 30.
172 Vgl. *Hidien* (N 46), §49 Rn. A 13, A 849, A 863 ff., A 871.
173 Vgl. *Hidien* (N 46), §49 Rn. A 14, A 871.
174 S.o. Rn.25.

§ 251   *Zweiundzwanzigster Teil: Grenzüberschreitende Staatsaufgaben*

lateraler Basis gefunden werden. Erforderlich ist vielmehr ein koordiniertes Vorgehen der an grenzüberschreitender Besteuerung beteiligten Staaten. Dies geschieht auf der Grundlage von Doppelbesteuerungsabkommen.

III. Doppelbesteuerungsabkommen

1. Rechtliche Einordnung und Verhältnis zum innerstaatlichen Recht

43
Völkerrechtliche Verträge

Doppelbesteuerungsabkommen (DBA) sind bilaterale, teilweise auch multilaterale völkerrechtliche Verträge[175], auf deren Grundlage Staaten ihre Besteuerungshoheit wechselseitig einschränken, um Doppelbesteuerung, teilweise auch Keinmalbesteuerung zu vermeiden[176]. Doppelbesteuerungsabkommen erlangen nach Maßgabe des Art. 59 Abs. 2 GG innerstaatliche Geltung[177]; sie gehen dem innerstaatlichen Gesetzesrecht vor[178]. Bereits von ihrem völkerrechtlichen Geltungsgrund unterscheiden sich die auf völkervertraglichem Konsens beruhenden Doppelbesteuerungsabkommen als „Internationales Steuerrecht im engeren Sinn" von den auf grenzüberschreitende Sachverhalte anwendbaren Normen des originär innerstaatlichen Steuerrechts, die als „Internationales Steuerrecht im weiteren Sinn" bezeichnet werden[179].

44
Anknüpfung an Tatbestände des innerstaatlichen Rechts

Doppelbesteuerungsabkommen knüpfen an die steuerpflichtbegründenden Tatbestände des innerstaatlichen Steuerrechts der Vertragsstaaten an und modifizieren diese im einvernehmlich vereinbarten und einvernehmlich auszulegenden Text des jeweiligen Abkommens. So gesehen sind Doppelbesteuerungsabkommen unselbständiges, gewissermaßen „hinkendes"[180] Völkervertragsrecht, das die steuerpflichtbegründenen Tatbestände des innerstaatlichen Rechts als Anknüpfungen für seine Regelungen voraussetzt. Daraus resultieren besondere Schwierigkeiten für die Auslegung[181] und für die Anwendung der Abkommen, weil das innerstaatliche Recht der Vertragsstaaten in der Regel nur in den grundlegenden Unterscheidungen zwischen der unbeschränkten und der beschränkten Steuerpflicht übereinstimmt. Dennoch setzt die einvernehmliche Vermeidung oder Beseitigung der Doppelbesteuerung voraus, daß die unterschiedlichen steuerpflichtbegründenden Tatbestände des jeweiligen innerstaatlichen Rechts der Vertragsstaaten abkommensrechtlich eindeutig erfaßt werden.

Auslegungs- und Anwendungsschwierigkeiten

---

175 Zu multilateralen DBA s. *Lehner* (N 47), Einleitung, Rn. 40 ff.; weltweit gibt es ca. 1300 bilaterale DBA, davon 93, die von der Bundesrepublik Deutschland abgeschlossen wurden.
176 S. u. Rn. 49, 54.
177 *Vogel*, Doppelbesteuerungsabkommen (N 23), Einleitung, Rn. 59; Moris *Lehner*, Die Rolle des Parlaments beim Zustandekommen von Doppelbesteuerungsabkommen, in: Steuern im Verfassungsstaat, 1996, S. 95.
178 § 2 AO; zur klarstellenden Bedeutung dieser Norm: *Klaus-Dieter Drüen*, in: Klaus Tipke/Heinrich Wilhelm Kruse (Hg.), Abgabenordnung/Finanzgerichtsordnung, § 2 AO Rn. 1 (126. Lfg., Stand: Mai 2011).
179 *Bühler* (N 8), S. 1 ff.; *Vogel* (N 23), S. 269.
180 *Wassermeyer* (N 90), Art. 3 Rn. 71 a.
181 S. u. Rn. 51 f.

Dies geschieht durch „Verteilungsnormen"[182], mit denen die Vertragsstaaten die Ausübung ihrer Besteuerungshoheit[183] wechselseitig abgrenzen. Verteilungsnormen beschränken die Reichweite der innerstaatlichen Vorschriften über die unbeschränkte und die beschränkte Steuerpflicht im Wege des wechselseitigen Verzichts auf die Besteuerung oder im Wege der Aufteilung des steuerlichen Zugriffs, um auf diese Weise Doppelbesteuerung zu vermeiden oder zu beseitigen[184]. Die Beschränkung des innerstaatlichen Steuerrechts kann darin bestehen, daß einer der beiden Vertragsstaaten auf die Besteuerung ganz oder teilweise verzichtet (Freistellungs- oder Befreiungsmethode), oder darin, daß er die Steuer des anderen Staates auf seine eigene anrechnet (Anrechnungsmethode)[185]. Doppelbesteuerungsabkommen führen deshalb, wenngleich auf frei vereinbarter völkervertraglicher Grundlage, zu weitreichenden Beschränkungen der staatlichen Besteuerungshoheit.

45
Aufteilung der Besteuerungszuständigkeit durch Verteilungsnormen

Freistellungsmethode

Anrechnungsmethode

Die Vertragspraxis orientiert sich beim Abschluß und für die Auslegung von Doppelbesteuerungsabkommen an Musterabkommen, die von der Organisation für wirtschaftliche Zusammenarbeit und Entwicklung (OECD-MA), von den Vereinten Nationen (UN-MA), von den Vereinigten Staaten von Amerika (US-MA) und von den Andenpakt-Staaten verabschiedet worden sind[186]. Eine deutsche „Verhandlungsgrundlage" wurde im Frühjahr 2013 vorgestellt[187]. Das für die deutsche Vertragspraxis bedeutsame Musterabkommen der Organisation für wirtschaftliche Zusammenarbeit und Entwicklung besteht aus einem Mustertext für ein vollständiges Doppelbesteuerungsabkommen und aus Kommentaren zu den einzelnen Artikeln des Musters. Beide Texte sind Gegenstand einer auf Art. 5 des OECD-Übereinkommens gestützten Empfehlung des Rates der Organisation. Diese ist zwar im Gegensatz zu Entscheidungen des Rates für die Mitgliedstaaten nicht bindend, sie erzeugt aber eine abgeschwächte völkerrechtliche Verpflichtung („soft law")[188] der OECD-Mitgliedstaaten, den Vorgaben zu folgen, wenn der betreffende Staat keine Vorbehalte anmeldet. Auch für die Auslegung der von den Mitgliedstaaten abgeschlossenen Doppelbesteuerungsabkommen haben das OECD-MA, vor allem aber dessen Kommentar große Bedeutung[189].

46
Bedeutung des OECD-Musterabkommens

Dem Aufbau des OECD-MA entsprechend enthalten Doppelbesteuerungsabkommen in den beiden ersten Abschnitten Vorschriften über den persön-

47

---

182 Grundlegend: *Vogel* (N 23), Doppelbesteuerungsabkommen, Einleitung, Rn. 71, 77 ff.; *Lehner* (N 47), Einleitung, Rn. 67, 76 ff.; *P. Kirchhof* (N 68), § 2 Rn. A 148; *Kluge* (N 23), Rn. R 71; *Michael Lang/Josef Schuch*, Doppelbesteuerungsabkommen Deutschland/Österreich, 1997, vor Art. 1 Rn. 15; *Reimer* (N 49), S. 192; *Schaumburg* (N 23), Rn. 16.34; vgl. bereits *Dorn* (N 111), S. 216.
183 S. o. Rn. 1 f.
184 S. zu den Einzelheiten *Lehner* (N 47), Einleitung, Rn. 64 ff.
185 S. o. Rn. 39 ff.
186 Zur Entwicklung s. die Nachw. bei *Lehner* (N 47), Einleitung, Rn. 32 ff.
187 Umfassend dazu: *Jürgen Lüdicke*, Anmerkungen zur deutschen Verhandlungsgrundlage für Doppelbesteuerungsabkommen, in: IStR-Beihefter 2013, S. 26.
188 *Klaus Vogel*, Soft Law und Doppelbesteuerungsabkommen, in: Michael Lang/Josef Claus Schuch/Claus Staringer (Hg.), Soft Law in der Praxis, 2005, S. 145; *Jörg Manfred Mössner*, Zur Auslegung von Doppelbesteuerungsabkommen, in: FS für Ignaz Seidl-Hohenfeldern, 1988, S. 403 (412).
189 S. u. Rn. 51 f.

Inhaltliche Vorgaben des Musters

lichen und den sachlichen Anwendungsbereich, den „Geltungsbereich" des Abkommens, sowie allgemeine und spezielle Begriffsbestimmungen (Art. 1–5 OECD-MA)[190]. Den dritten und vierten Abschnitt bilden die Verteilungsnormen über die Besteuerung des Einkommens und des Vermögens (Art. 6–22 OECD-MA). Insoweit orientiert sich die Abgrenzung der Besteuerungszuständigkeit zwischen dem Ansässigkeitsstaat und dem Quellenstaat, wenngleich mit pragmatischen Ausnahmen, an äquivalenztheoretisch begründbaren Prinzipien[191]. Deutlich wird dies an der Besteuerung von Einkünften aus unbeweglichem Vermögen in dem Staat, in dem das Vermögen belegen ist („Belegenheitsprinzip")[192], in dem Gewinne vermittels einer Betriebstätte erzielt werden („Betriebstättenprinzip")[193] und in dem eine unselbständige Arbeit ausgeübt wird („Arbeitsortprinzip")[194]. Im fünften Abschnitt des Musterabkommens sind die Methoden zur Vermeidung und Beseitigung der Doppelbesteuerung (Art. 23 A und B OECD-MA) geregelt[195]. Der sechste Abschnitt enthält Diskriminierungsverbote (Art. 24 OECD-MA), Vorschriften über das Verfahren (Art. 25 OECD-MA), über den Informationsaustausch (Art. 26 OECD-MA), über gegenseitige Vollstreckungshilfe (Art. 27 OECD-MA) und weitere Sondervorschriften einschließlich der Regelungen über das Inkrafttreten und über die Kündigung des Abkommens (Art. 28–31 OECD-MA).

48
Vermeidung und Beseitigung der Doppelbesteuerung

Soweit Verteilungsnormen bestimmen, daß bestimmte Einkünfte nur in diesem oder jenem Vertragsstaat besteuert werden können, beseitigen sie die Doppelbesteuerung bereits abschließend, weil sie die Besteuerung im anderen Vertragsstaat ausschließen (Verteilungsnormen mit „abschließender" Rechtsfolge). Enthalten Verteilungsnormen das Wörtchen „nur" dagegen nicht – die Wendung bezieht sich stets auf den Quellenstaat –, so bleibt die Beseitigung der Doppelbesteuerung nach dem Wortlaut der Verteilungsnorm offen (Verteilungsnormen mit „offener" Rechtsfolge)[196]; die Verteilungsnorm ist insoweit ergänzungsbedürftig. In diesen Fällen bleibt die Beseitigung der Doppelbesteuerung dem Ansässigkeitsstaat überlassen. Dieser muß die Doppelbesteuerung dann entweder vermeiden, indem er die betreffenden Auslandseinkünfte des in seinem Staatsgebiet ansässigen Steuerpflichtigen von vornherein im Wege der Freistellung unbesteuert läßt (Art. 23 A OECD-MA) oder indem er die im Quellenstaat erhobene Steuer auf die im Ansässigkeitsstaat auf die ausländischen Einkünfte entfallende Steuer anrechnet (Art. 23 B

---

[190] S. dazu und zum Folgenden die jeweiligen Kommentierungen u. a. in Vogel/Lehner (N 47) und in Wassermeyer (N 90).
[191] S. o. Rn. 11 f.
[192] Art. 6 Abs. 1 OECD-MA; dazu: *Ekkehart Reimer*, in: Klaus Vogel/Moris Lehner, Doppelbesteuerungsabkommen, Kommentar, [6]2014, Art. 6 Rn. 3.
[193] Art. 7 Abs. 1 S. 2 OECD-MA; dazu: *Alexander Hemmelrath*, in: Klaus Vogel/Moris Lehner, Doppelbesteuerungsabkommen, Kommentar, [6]2014, Art. 7 Rn. 3.
[194] Art. 15 Abs. 1 S. 2, Abs. 2 OECD-MA; dazu: *Prokisch* (N 36), Doppelbesteuerungsabkommen, Art. 15 Rn. 4.
[195] S. u. Rn. 48.
[196] Grundlegend zu dieser Unterscheidung: *Vogel* (N 23), Doppelbesteuerungsabkommen, Einleitung, Rn. 85 f.

OECD-MA)[197]. Die primäre Verantwortung des Ansässigkeitsstaates für die Beseitigung bzw. Vermeidung der Doppelbesteuerung[198] wird also durch das Abkommensrecht bestätigt.

Während die in den Doppelbesteuerungsabkommen vorgesehene Anrechnungsmethode an die unilateralen innerstaatlichen Anrechnungsvorschriften[199] anknüpft, findet die Freistellungsmethode grundsätzlich keine Entsprechung im innerstaatlichen Recht[200]. Im Unterschied zur Anrechnungsmethode, die auf der Grundlage einer Besteuerung des Welteinkommens auf eine Entlastung von der Quellenstaatsteuer gerichtet ist, bleibt ausländisches Einkommen im Fall der Vermeidung der Doppelbesteuerung nach der Freistellungsmethode von vornherein aus der inländischen Steuerbemessungsgrundlage ausgeklammert. Dies hat unter anderem zur Folge, daß Verluste ausländischer Betriebstätten im Fall der Anrechnungsmethode im Ansässigkeitsstaat des Stammhauses berücksichtigt werden können, weil sie sich unmittelbar auf die Bemessungsgrundlage auswirken, im Fall der Freistellung dagegen grundsätzlich nicht[201]. Der Europäische Gerichtshof[202] bewertet diese Folge der Freistellungsmethode als Verstoß gegen die Niederlassungsfreiheit, wenn Auslandsverluste in der Weise final[203] sind, daß sie nicht mehr mit künftigen ausländischen Gewinnen verrechnet werden können. Dies entspricht den Anforderungen des auf das Welteinkommen bezogenen Leistungsfähigkeitsprinzips[204]. Andererseits verstößt die Freistellung im Ansässigkeitsstaat, anders als die Anrechnungsmethode[205], gegen das Leistungsfähigkeitsprinzip, wenn positive ausländische Einkünfte im Quellenstaat unbesteuert bleiben, weil dies bei Freistellung im Ansässigkeitsstaat zur Keinmalbesteuerung führt. Dieser Nachteil kann vermieden werden, indem die abkommensrechtliche Freistellung davon abhängig gemacht wird, daß die aus dem Quellenstaat bezogenen Einkünfte dort tatsächlich besteuert werden. Voraussetzung sind entsprechende Vereinbarungen in Doppelbesteuerungs-

49
Folgen für die Besteuerung

---

197 Zu Einzelheiten: *Roland Ismer*, in: Klaus Vogel/Moris Lehner, Doppelbesteuerungsabkommen, Kommentar, 6.2014, Art. 23 Rn. 3 ff., 31 ff., 120 ff.
198 S. o. Rn. 30 f.
199 S. o. Rn. 39 f.
200 S. o. Rn. 41; begrenzte Ausnahmen gelten u. a. für Frankreich, die Niederlande und die Schweiz; dazu: *Lehner* (N 47), Einleitung, Rn. 31 a.
201 Vgl. dazu: *Ismer* (N 197), Art. 23 Rn. 52 ff., 127; *Lehner* (N 47), Einleitung, Rn. 268 a ff.; zur sog. „Symmetriethese" vgl. BFH v. 11.3.2008, I R 116/04, BFH/NV 2008, 1161; v. 17.7.2008, I R 84/04, in: BStBl II 2009, S. 630; v. 9.6.2010, I R 100/09, in: BStBl II 2010, S. 1065; v. 9.6.2010, I R 107/09, BFHE 230, 35.
202 EuGH v. 13.12.2005, Rs. C-446/03 – Marks & Spencer, Slg. 2005, I-10837, Tz. 55 f.; v. 15.5.2008, Rs. C-414/06 – Lidl Belgium, Slg. 2008, I-3601, Tz. 47 f.; v. 23.10.2008, Rs. C-157/07 – Krankenheim Ruhesitz am Wannsee, Slg. 2008, I-8061, Tz. 55.
203 Vgl. dazu: *Franz Hruschka*, EuGH: Abzug finaler Verluste von EU-Tochtergesellschaft bei Muttergesellschaft, in: DStR 2013, S. 396; *Wolfgang Mitschke*, Finale Verluste in der „Zwickmühle" des Europäischen Steuerrechts, in: IStR 2013, S. 209; *ders.*, EuGH: „K": Neue Runde zur Frage der Berücksichtigung finaler Auslandsverluste, ebd., S. 318; *Andreas Musil*, Was sind finale Verluste?, in: DB 2011, S. 2451; *Florian Schiefer/Roland Quinten*, Berücksichtigung „finaler Verluste" durch grenzüberschreitende Verschmelzung – Auswirkungen des Urteils in der Rs. A Oy, in: IStR 2013, S. 261; aus Sicht der deutschen Rechtsprechung siehe bspw. BFH v. 9.6.2010, I R 107/09, BFHE 230, 35; aus Sicht der deutschen Finanzverwaltung siehe bspw. LfSt Bayern v. 19.2.2010, S 1366.1.1-3/10 St 32, Verfügung betr. Berücksichtigung von grenzüberschreitenden Verlusten.
204 S. o. Rn. 15 ff., 28 f.
205 S. o. Rn. 39.

abkommen („subject to tax"-Klauseln), die aber wegen ihrer pauschalen Wirkung durchaus auch kritikwürdig sind[206]. Dagegen ist einseitig innerstaatliche Gesetzgebung gegen Keinmalbesteuerung grundsätzlich unzulässig, weil sie die Gefahr eines Verstoßes gegen Abkommensrecht begründet[207].

50
Neutralitäts-
konzepte

Kapitalexport-
neutralität

Kapitalimport-
neutralität

Kapitaleigner-
neutraliät

Auch im Hinblick auf die Anforderungen finanzwissenschaftlicher Neutralitätskonzepte[208] unterscheiden sich die Methoden zur Vermeidung bzw. Beseitigung der Doppelbesteuerung. Nach dem Konzept der Kapitalexportneutralität soll die steuerliche Belastung im Ansässigkeitsstaat nicht davon abhängen, ob die Investition im Inland oder aber im Ausland erfolgt. Im Grundsatz entspricht die Beseitigung der Doppelbesteuerung nach der Anrechnungsmethode dieser Vorgabe, weil sie eine Mindeststeuerbelastung nach dem Niveau des Ansässigkeitsstaates bewirkt[209]. Demgegenüber ist Kapitalimportneutralität darauf gerichtet, im Quellenstaat investierende ausländische Unternehmen und im Quellenstaat ansässige Unternehmen steuerlich gleich zu belasten. Voraussetzung für die Verwirklichung von Kapitalimportneutralität ist neben der nicht diskriminierenden Ausgestaltung der Besteuerung im Quellenstaat, daß der Ansässigkeitsstaat auf die Besteuerung der Auslandseinkünfte im Wege der Freistellung verzichtet. Ein neueres Konzept der Kapitaleignerneutralität, das auf steuerneutrale Investitionsbedingungen bei Unternehmensübernahmen gerichtet ist, kann entweder durch eine international koordinierte kapitalimportneutrale oder durch eine kapitalexportneutrale Besteuerung verwirklicht werden[210].

2. Auslegung von Doppelbesteuerungsabkommen

51
Autonome
Auslegung von
Abkommen

Einvernehmliche Auslegung nach einem für beide Vertragsstaaten gleichermaßen verbindlichem Verständnis der Verteilungsnormen ist Voraussetzung für die Beseitigung der Doppelbesteuerung. Dies erfordert eine vom innerstaatlichen Recht der Vertragsstaaten unabhängige autonome Auslegung des Abkommens, soweit das Abkommen nicht ausdrücklich auf das innerstaatliche Recht verweist[211]. Dem Ziel der autonomen Auslegung dient für muster-

---

206 *Daniel Dürrschmidt*, in: Klaus Vogel/Moris Lehner, Doppelbesteuerungsabkommen, Kommentar, ⁶2014, vor Art. 6–22 Rn.19f.
207 S.u. Rn. 53 ff.
208 Grundlegend: *Peggy Richman* (später *Musgrave*), Taxation of Foreign Investment Income, 1963, S. 8 ff.; *Otto Gandenberger*, Kapitalexportneutralität versus Kapitalimportneutralität – Allokative Überlegungen zu einer Grundfrage der internationalen Besteuerung, in: Aufsätze zur Wirtschaftspolitik, Nr. 7, 1983, S. 8; *Christoph Spengel*, Neutralitätskonzepte und Anreizwirkungen im Internationalen Steuerrecht, in: VDStjG 36 (2013), S. 39 (44 ff.); *Klaus Vogel*, Worldwide vs. Source taxation of income – a review and re-evaluation of arguments (Part II), in: Intertax 1988, S. 310; *Schön* (N 116), S. 110 ff.; *ders.*, Zukunft des Internationalen Steuerrechts (N 53), S. 215 f.
209 S. o. Rn. 39.
210 *Spengel* (N 208), S. 51 ff.; *Schön* (N 116), S. 71 (81 f.).
211 Grundlegend: *Vogel* (N 23), Doppelbesteuerungsabkommen, Einleitung, Rn. 158 ff., 179 ff.; *Michael Lang*, Die Bedeutung des originär innerstaatlichen Rechts für die Auslegung von Doppelbesteuerungsabkommen (Art. 3 Abs. 2 OECD-MA), in: FS für Helmut Debatin, 1997, S. 283 (302); *Kluge* (N 23), Rn. R 56 ff.; *Lehner* (N 47), Einleitung, Rn. 96 a, 98, 113 a ff., 152 ff.; *ders.*, Die autonome Auslegung von Doppelbesteuerungsabkommen im Kontext des Art. 3 Abs. 2 OECD-MA, in: FS für Gerrit Frotscher, 2013, S. 387 (390 ff.); Schaumburg (N 23), Rn. 16.58 ff.; mit abweichendem Verständnis: *Wassermeyer* (N 90).

konforme Doppelbesteuerungsabkommen die Orientierung am Musterabkommen und am Musterkommentar der Organisation für wirtschaftliche Zusammenarbeit und Entwicklung[212] und in diesem Zusammenhang auch das Streben nach Entscheidungsharmonie[213]. Sie drückt eine primär an die Gerichte der Vertragsstaaten gerichtete Erwartung aus, einschlägige Entscheidungen ausländischer Gerichte zur Kenntnis zu nehmen und sich damit auseinanderzusetzen, um bei vergleichbaren Auslegungsfragen nach Möglichkeit, also ohne Rechtspflicht, zu übereinstimmenden Entscheidungen zu kommen. Dem dient eine „Internationale Steuersprache", die sich im Licht der Musterabkommen als speziell abkommensrechtlicher Sprachgebrauch herausgebildet hat[214]. Das Streben nach Entscheidungsharmonie kennzeichnet auch die Rechtsprechung des Bundesfinanzhofs zum Internationalen Steuerrecht[215].

Entscheidungsharmonie

Autonome Auslegung hat jedoch auch Grenzen. Sie ergeben sich aus nicht zu behebenden Meinungsverschiedenheiten über die Auslegung, sie resultieren aber auch daraus, daß Doppelbesteuerungsabkommen häufig ausdrücklich oder unter bestimmten Bedingungen auf Begriffsbestimmungen des innerstaatlichen Rechts eines der beiden Vertragsstaaten verweisen[216]. Besonders problematisch ist eine dem Art. 3 Abs. 2 OECD-MA entsprechende Vorschrift der überwiegenden Vertragspraxis, die besagt, daß jeder im Abkommen nicht definierte Ausdruck, soweit der Zusammenhang nichts anderes erfordert, die Bedeutung hat, die ihm nach dem Recht des Staates zukommt, der das Abkommen anwendet[217]. Die Norm kann wegen der Unbestimmtheit der Erforderlichkeitsklausel als „offene Flanke" der Abkommensauslegung bezeichnet werden: Art. 3 Abs. 2 OECD-MA widerspricht dem grundsätzlichen Gebot der autonomen Auslegung, wenn die Erforderlichkeitsklausel eng ausgelegt wird[218].

52
„Offene Flanke" der autonomen Auslegung

3. Abkommenswidrige Gesetzgebung

Änderungen des innerstaatlichen Rechts, die Auswirkungen auf Doppelbesteuerungsabkommen haben, sind grundsätzlich zulässig[219]. Etwas anderes gilt

53

---

212 S.o. Rn. 46 f.; zur Bedeutung für die Auslegung: *Vogel* (N 23), Doppelbesteuerungsabkommen, Einleitung, Rn. 123 ff.; *Lehner* (N 47), Einleitung, Rn. 123 ff.
213 *Klaus Vogel*, Über Entscheidungsharmonie, in: FS für Hans Flick, 1997, S. 1043 (1055); *Moris Lehner*, Die Vorlagepflicht an den EuGH im Vorabentscheidungsverfahren, in: FS für Wolfgang Spindler, 2011, S. 329 (343 f.); *Mössner* (N 188), S. 406; *Ekkehart Reimer*, Der Rechtsvergleich im Internationalen Steuerrecht, in: Reden zum Andenken an Klaus Vogel, 2009, S. 89 (122 ff.).
214 *Klaus Vogel/Rainer Prokisch*, Auslegung von Doppelbesteuerungsabkommen, Generalbericht, CDFI LXXVIII a, 1993, S. 19 ff.; *Vogel* (N 23), Doppelbesteuerungsabkommen, Einleitung, Rn. 108, 127, 163.
215 BFH v. 9. 10. 1985, I R 128/80, in: BStBl II 1988, S. 810 (814); v. 28. 4. 2010, I R 81/09, BFH/NV 2010, 1550 (1552); v. 4. 5. 2011, I R 51/09, BFH/NV 2011, 1637 (1639).
216 Zu diesen Fällen: *Lehner* (N 47), Einleitung.
217 Dazu grundlegend: *Vogel* (N 23), Doppelbesteuerungsabkommen, Art. 3 Rn. 97 ff.; ab der 6. Aufl.: *Dürrschmidt* (N 206), Art. 3 Rn. 97 ff.; *Wassermeyer* (N 90), Art. 3 Rn. 71 ff.; *Michael Lang*, Qualifikationskonflikte im Recht der Doppelbesteuerungsabkommen, in: FS für Klaus Vogel, 2000, S. 907; *ders.*, Qualifikations- und Zurechnungskonflikte im DBA-Recht, in: IStR 2010, S. 114; *Lehner*, Die autonome Auslegung (N 211), S. 395 ff.; *Mössner* (N 188), S. 426.
218 Dazu: *Dürrschmidt* (N 206), Art. 3 Rn. 116 a ff.
219 Grundlegend: *Vogel* (N 23), Doppelbesteuerungsabkommen, Einleitung, Rn. 182 ff.; *Lehner* (N 47), Einleitung, Rn. 182 ff.

§ 251 Zweiundzwanzigster Teil: Grenzüberschreitende Staatsaufgaben

Verstoß durch „treaty override"

jedoch, wenn sich innerstaatliche Gesetzgebung eines Vertragsstaates ausdrücklich oder stillschweigend gegen Abkommensnormen richtet, etwa in der Form, daß eine dem Ansässigkeitsstaat nach dem Abkommen obliegende Verpflichtung zur Freistellung[220] unter bestimmten, im Abkommen nicht vorgesehenen Voraussetzungen allein nach dem innerstaatlichem Recht des Ansässigkeitsstaats ausgeschlossen wird[221]. Derartige Gesetzgebung wird als „treaty override" bezeichnet[222]. Wird damit das Ziel verfolgt, tatsächlichen oder vermeintlichen Mißbrauch von Abkommensvorschriften zu vermeiden, so kann dies durch einen allgemeinen völkerrechtlichen bzw. abkommensrechtlichen Mißbrauchsvorbehalt in engen Grenzen gerechtfertigt sein[223]. Die Anforderungen des rechtsstaatlichen Bestimmtheitsgebots und die strengen Vorgaben des Europäischen Gerichtshofs[224] an die Differenziertheit und an die Verhältnismäßigkeit der Mißbrauchsvermeidungsnorm und an die Entlastungsmöglichkeit ihrer Adressaten müssen aber beachtet werden.

54
Abkommenswidrige Maßnahmen gegen Keinmalbesteuerung

Besonders problematisch ist Gesetzgebung zur Verhinderung einer Keinmalbesteuerung (Doppelnichtbesteuerung). Danach schließt der Ansässigkeitsstaat eine ihm nach dem Doppelbesteuerungsabkommen obliegende Verpflichtung zur Freistellung von Einkünften aus dem Quellenstaat durch seine innerstaatliche Gesetzgebung im Widerspruch zum Abkommensrecht in solchen Fällen aus, in denen der Quellenstaat dieser Einkünfte auf eine Besteuerung verzichtet, obwohl er nach dem Abkommen zur Besteuerung berechtigt wäre[225]. Derartige Maßnahmen erscheinen zwar sachgerecht, um zu verhindern, daß Einkünfte, die aus dem Quellenstaat bezogen werden, in keinem der beiden Staaten besteuert werden, zumal eine solche Keinmalbesteuerung auch im Widerspruch zum Gebot der Besteuerung nach der Leistungsfähigkeit[226] steht. Dennoch enthalten die Doppelbesteuerungsabkommen keinen allgemeinen bzw. stillschweigenden Vorbehalt gegen derartige Keinmalbesteuerung[227]. Fehlt es also in diesen Fällen an einer ausdrücklichen abkommensrechtlichen Vereinbarung, wonach die Freistellungsverpflichtung des Ansässigkeitsstaates unter der Bedingung einer tatsächlichen Besteuerung im

---

220 S. o. Rn. 48 f.
221 Beispiele bilden die §§ 50 d EStG und 20 Abs. 2 AStG; zu weiteren Fallgruppen insbesondere: *Dietmar Gosch*, Über das Treaty Overriding, in: IStR 2008, S. 413.
222 *Klaus Vogel* (N 23), Doppelbesteuerungsabkommen, Einleitung, Rn. 193 ff.; *Gosch* (N 221); *Gerrit Frotscher*, Zur Zulässigkeit des „Treaty Override", in: FS für Harald Schaumburg, 2009, S. 687; *Lehner* (N 47), Einleitung, Rn. 193 ff.; *ders.*, Treaty Override im Anwendungsbereich des § 50 d EStG, in: IStR 2012, S. 389 ff.
223 *Klaus Vogel*, Abkommensbindung und Missbrauchsabwehr, in: FS für Ernst Höhn, 1965, S. 461 (467 ff., 473); *Prokisch* (N 36), Art. 1 Rn. 119 d.
224 Vgl. nur EuGH v. 21.11.2002, Rs. C-436/00 – X und Y, Slg. 2002, I-10829; v. 11.3.2004, Rs. C-9/02 – de Lasteyrie du Saillant, Slg. 2004, I-2409; v. 12.9.2006, Rs. C-196/04 – Cadbury Schweppes, Slg. 2006, I-7995; dazu: u.a. *Gosch* (N 221), S. 419 ff.; *Hey* (N 32), Nationale Missbrauchsvorschriften, S. 152 ff.; *Wolfgang Schön*, Rechtsmissbrauch und Europäisches Steuerrecht, in: FS für Wolfram Reiß, 2008, S. 571; *Katja Thiele*, Der unionsrechtliche Missbrauchsbegriff im Recht der direkten Steuern, in: IStR 2011, S. 452.
225 Vgl. § 50 d Abs. 8, 9 und 11 EStG; vgl. dazu die Nachw. in N 221 f.
226 S. o. Rn. 15 ff., 28 ff.
227 *Michael Lang*, Doppelte Nichtbesteuerung, IFA-Generalbericht CDFI 89 a, 2004, S. 21, 30 ff.

Quellenstaat steht („subject to tax"-Klausel)[228] und ist die Keinmalbesteuerung auch nicht auf eine fehlerhafte Auslegung oder Anwendung des Abkommens durch den Quellenstaat zurückzuführen[229], dann bleibt die abkommensrechtliche Verpflichtung des Ansässigkeitsstaates zur Freistellung trotz der Nichtbesteuerung im Quellenstaat bestehen.

Das Abkommen verhindert also nicht nur die tatsächliche, sondern bereits die „virtuelle" Doppelbesteuerung"[230]. Ein Verbot „virtueller" Doppelbesteuerung ist abkommensrechtlich zwar nicht ausdrücklich normiert, es soll aber als Ausprägung staatlicher Souveränität sicherstellen, daß keiner der beiden Vertragsstaaten das Recht verliert, die Besteuerung nach seinem innerstaatlichen Recht außerhalb abkommensrechtlicher Bindungen auszugestalten. Die völkervertraglich vereinbarte Abgrenzung der Besteuerungszuständigkeit der Vertragsstaaten soll gewahrt bleiben[231], sie soll jedenfalls nicht einseitig verändert werden.

55
Verbot der „virtuellen Doppelbesteuerung"

„Treaty override" ist völkerrechtswidrig[232]. Daraus resultiert die Möglichkeit des benachteiligten Vertragsstaates, den völkerrechtlichen Vertrag zu kündigen[233]. Umstritten ist jedoch, ob „treaty override" auch verfassungswidrig ist. Klaus Vogel[234], ihm folgend neben anderen[235] jetzt auch der Bundesfinanzhof[236], leiten die Verfassungswidrigkeit des „treaty override" aus dem Rechtsstaatsgrundsatz ab, der im Lichte der Einordnung Deutschlands in die Völkerrechtsordnung der Staatengemeinschaft und dem darauf gestützten Grundsatz der Völkerrechtsfreundlichkeit des Grundgesetzes[237] auszulegen sei. Allein aus der Verankerung dieses Grundsatzes in den Art. 23, 24 und

56
Antworten des Völkerrechts und des Verfassungsrechts

---

228 S.o. Rn. 49.
229 Zu diesen Fällen: *Lehner*, Treaty Override (N 222), S. 392 f.
230 *Vogel* (N 23), Doppelbesteuerungsabkommen, Einleitung, Rn. 74, 161; *Dürrschmidt* (N 206), vor Art. 6–22 Rn. 7; *Lehner* (N 47), Einleitung, Rn. 69 ff.; *Wassermeyer* (N 90), vor Art. 1 OECD-MA, Rn. 4; so in der Sache, aber noch ohne Verwendung des Begriffes bereits RFH III A 267/34, RStBl 1935, 1399 (1400 f.); BFH u. a. I R 148/87, in: BStBl II 1989, S. 319 (321); I R 64/92, BFH/NV 1994, 11 (12); I R 66/09, BFHE 236, 304 (311, 314 f.).
231 *Jürgen Lüdicke*, Überlegungen zur deutschen DBA-Politik, 2008, S. 93; *Lehner*, Treaty Override (N 222), S. 393.
232 Vgl. die Nachw. oben in N 222. Zur Frage der Unionsrechtswidrigkeit s. *Gosch* (N 221), S. 419 ff.; ausdrücklich gegen die Unionsrechtswidrigkeit von „treaty override" jetzt EuGH v. 19. 9. 2012, Rs. C-540/11 – Daniel Levy, Carine Sebbag, in: IStR 2013, S. 307.
233 *Vogel* (N 23), Doppelbesteuerungsabkommen, Einleitung, Rn. 199; *Albert Bleckmann*, Grundgesetz und Völkerrecht, 1975, S. 50 (52); *Verdross/Simma* (N 97), Rn. 810 ff.; *Lehner* (N 47), Einleitung, Rn. 197 f.
234 *Vogel* (N 23), Doppelbesteuerungsabkommen, Einleitung, Rn. 199; *ders.*, Keine Bindung an völkervertragswidrige Gesetze im offenen Verfassungsstaat. Europäisches Gemeinrecht in der Entwicklung, in: FS für Peter Häberle, 2004, S. 481 (499); *Alexander Rust/Ekkehart Reimer*, Treaty Override im deutschen Internationalen Steuerrecht, in: IStR 2005, S. 843 (847); BFH, Vorlagebeschl. vom 10. 1. 2012, I R/66/09, BFHE 236, 304; zurückhaltend: *Gosch* (N 221), S. 419; gegen Verfassungswidrigkeit: *Frotscher* (N 222), S. 698 f., 704 f.; *ders.*, Treaty Override und § 50 d Abs. 10 EStG, in: IStR 2009, S. 593 (598); *Hartmut Hahn*, Treaty Overriding sine ira et studio, in: IStR 2011, S. 863 (867); *Hey*, Nationale Missbrauchsvorschriften (N 32), S. 152; *Lothar Jansen/Matthias Weidmann*, Treaty Overriding und Verfassungsrecht – Beurteilung der verfassungsrechtlichen Zulässigkeit von Treaty Overrides am Beispiel des § 50 d EStG, in: IStR 2010, S. 596 (599); *Wolfgang Mitschke*, Das Treaty Override zur Verhinderung der Keinmalbesteuerung aus Sicht der Finanzverwaltung, in: DStR 2011, S. 2221 (2224).
235 Nachw. in N 234.
236 BFH, Vorlagebeschl. v. 10. 1. 2012, I R 66/09, BFHE 236, 304.
237 *Vogel* (N 22).

25 GG[238] kann jedoch nicht geschlossen werden, daß seine Verletzung durch ein völkervertragswidriges Gesetz verfassungswidrig ist, weil die genannten Verfassungsbestimmungen den allgemeinen Regeln des Völkerrechts lediglich Rang über einfachen Bundesgesetzen, nicht aber Verfassungsrang gewähren[239]. Völkerrechtliche Verträge im Sinne des Art. 59 Abs. 2 GG, die selber nur im Rang von einfachen Bundesgesetzen gelten[240], erfahren deshalb durch den Grundsatz der Völkerrechtsfreundlichkeit des Grundgesetzes auch für den Fall ihrer Verletzung keine rangerhöhende Wirkung. Ein Verstoß innerstaatlichen Gesetzesrechts gegen Bestimmungen eines Doppelbesteuerungsabkommens bleibt danach zwar ein Verstoß gegen den im Rang eines einfachen Bundesgesetzes geltenden völkerrechtlichen Vertrag. Dieser Verstoß ist aber nicht verfassungswidrig[241].

57
Schutz der Gültigkeitsbedingungen des völkerrechtlichen Vertrags

Dennoch ist „treaty override" verfassungsrechtlich nicht irrelevant. Es verstößt gegen den völkerrechtlichen Grundsatz des „pacta sunt servanda". Das in Art. 26 WVK normierte und als allgemeine Regel des Völkerrechts von Art. 25 GG umfaßte Gebot[242] begründet zwar keine zusätzliche Verpflichtung zur Einhaltung der jeweiligen Bestimmungen eines völkerrechtlichen Vertrags[243]. Das Gebot des „pacta sunt servanda" bezieht sich jedoch auf die „Gültigkeitsbedingungen"[244] völkerrechtlicher Verträge. Diese Gültigkeitsbedingungen sind nachhaltig betroffen, wenn ein Vertragsstaat die Wirksamkeit des Vertrages oder einzelner Vertragsbestimmungen ohne Rücksicht auf die in Art. 60 WVK vorgesehenen Voraussetzungen für eine Suspendierung oder Kündigung des Vertrages und ohne jeden Versuch, den Inhalt von Vertragsbestimmungen im Wege von Verhandlungen zu ändern, einseitig außer Kraft

Pflicht zur Korrektur völkerrechtswidriger Gesetzgebung

setzt. Unter dieser Voraussetzung verletzt „treaty override" den Grundsatz des „pacta sunt servanda". Daraus resultiert zwar kein Verfassungsverstoß, gleichwohl wird eine allgemeine Regel des Völkerrechts verletzt, die im Rang über einfachem Bundesgesetz steht. Dies begründet die Pflicht zur Korrektur der völkerrechtswidrigen Gesetzgebung[245]. Gegen Doppelbesteuerungsabkommen verstoßende Gesetzgebung kann im Anwendungsbereich des Art. 25 GG

---

238 *Rudolf Streinz*, in: Sachs, ⁶2011, Art. 24 Rn. 6; Art. 25 Rn. 9; BVerfGE 6, 309 (362 f.) – „Reichskonkordat".
239 *Herdegen* (N 79), Art. 25 Rn. 42; *Stephan Hobe*, in: Karl Heinrich Friauf/Wolfram Höfling (Hg.), Berliner Kommentar zum Grundgesetz, Art. 25 Rn. 26 (36. Lfg., Stand: Dezember 2011); *Christian Tomuschat*, in: Wolfgang Kahl/Christian Waldhoff/Christian Walter (Hg.), BK, Art. 25, Zweitbearbeitung 2009, Rn. 3, 78 ff., 86; dagegen: *Christian Koenig*, in: v. Mangoldt/Klein/Starck, ⁶2010, Art. 25 Rn. 12; *Streinz* (N 238), Art. 25 Rn. 90: ranggleich neben dem GG; BVerfGE 112, 1 (26) – „Enteignungen": „... daß die allgemeinen Regeln des Völkerrechts jedenfalls vor dem einfachen Gesetzesrecht Vorrang haben".
240 *Martin Nettesheim*, in: Maunz/Dürig, Art. 59 Rn. 185 (54. Lfg., Stand: Januar 2009).
241 Nachw. s. o. in N 234.
242 *Albrecht Randelzhofer*, in: Maunz/Dürig, Art. 24 Abs. 2 Rn. 33 f. (30. Lfg., Stand: Dezember 1992); *Streinz* (N 238), Art. 25 Rn. 34 f.; *Tomuschat* (N 239), Art. 25 Rn. 104.
243 *Herdegen* (N 79), Art. 25 Rn. 8 f.; *Nettesheim* (N 240), Art. 59 Rn. 173, 181 ff.; *Tomuschat* (N 239), Art. 25 Rn. 114; BVerfGE 31, 145 (177 f.) – „Eheschließungsfreiheit".
244 *Tomuschat* (N 239), Art. 25 Rn. 114.
245 Vgl. BVerfGE 112, 1 (26) „Enteignungen"; vgl. auch BVerfGE 58, 1 (34) – „Eurocontrol I"; BVerfGE 59, 63 (89) – „Eurocontrol II"; BVerfGE 109, 13 (23) – „Auslieferungsersuchen"; BVerfGE 111, 307 (328) – „EMRK"; BVerfGE 128, 326 (365 ff., 369) – „Sicherungsverwahrung"; BVerfG, in: NVwZ-RR 2007, S. 266 (267 f.) – „Frankenbesoldung".

auf den Grundsatz des „pacta sunt servanda" nur unter sehr engen Voraussetzungen eines anderweitig nicht abwendbaren Verfassungsverstoßes, etwa eines Verstoßes gegen grundlegende Vorgaben der Steuergerechtigkeit, gerechtfertigt werden[246]. Dies setzt jedoch voraus, daß vorherige Versuche, die zur Diskussion stehenden Vertragsbestimmungen im Einvernehmen mit dem anderen Vertragsstaat zu ändern, gescheitert sind, und daß der Schaden, den eine Kündigung des gesamten Vertrages zur Folge hätte, unverhältnismäßig wäre.

4. Verständigungs-, Konsultations- und Schiedsverfahren

Den Vorgaben des Art. 25 OECD-MA im Grundsatz entsprechend[247], sehen die Doppelbesteuerungsabkommen unterschiedliche Verfahren zur Behandlung von Fragen und Problemen vor, die im Zusammenhang mit der Auslegung und Anwendung des Abkommens entstehen können. Ein Verständigungsverfahren im engeren Sinn[248] gibt den beteiligten Finanzverwaltungen die Möglichkeit, eine dem Abkommen nicht entsprechende Besteuerung in einem Einzelfall auf Antrag des Steuerpflichtigen jeweils allein oder im Zusammenwirken mit der Finanzverwaltung des anderen Vertragsstaates zu vermeiden. Ein Konsultationsverfahren soll Schwierigkeiten oder Zweifel bei der Auslegung oder Anwendung des Abkommens beseitigen[249], wobei dieses Verfahren häufig mit dem Verständigungsverfahren im engeren Sinn einhergeht, aber auch losgelöst von einem Einzelfall durchgeführt werden kann. Dies gilt auch für ein besonderes Konsultationsverfahren, das gemeinsame Beratungen über die Vermeidung von Doppelbesteuerung in Fällen erlaubt, die im Abkommen nicht behandelt sind[250]. Schließlich sieht das im Jahre 2008 in das OECD-MA aufgenommene Schiedsverfahren[251] auf Antrag des Steuerpflichtigen eine Entscheidung durch verbindlichen Schiedsspruch vor, falls ein Verständigungsverfahren erfolglos durchgeführt worden ist. Dieses abkommensrechtliche Schiedsverfahren ist von dem besonderen Schiedsverfahren zu unterscheiden, das nach Maßgabe des multilateralen, zwischen den EU-Mitgliedstaaten abgeschlossenen Schiedsabkommens, durchgeführt werden kann, um Probleme zu lösen, die im Fall einer Gewinnberichtigung zwischen verbundenen Unternehmen entstehen können[252].

58 Einvernehmliche Entscheidungen der Finanzverwaltungen

---

246 S. o. Rn. 53.
247 Vgl. dazu die Kommentierungen zu Art. 25 OECD-MA von *Stephan Eilers*, in: Franz Wassermeyer (Hg.), Doppelbesteuerung, Kommentar (121. Lfg., Stand: Januar 2013); *Daniel Lüthi/Thomas Menck*, in: Dietmar Gosch/Heinz-Klaus Kroppen/Siegfried Grotherr (Hg.), DBA-Kommentar (23. Lfg., Stand: Februar 2011); *Moris Lehner*, in: Klaus Vogel/Moris Lehner, Doppelbesteuerungsabkommen, Kommentar, [6]2014 mit Übersichten zur Vertragspraxis in Rn. 54, 126, 165, 190, 250.
248 Art. 25 Abs. 1 und 2 OECD-MA.
249 Art. 25 Abs. 3 S. 1 OECD-MA.
250 Art. 25 Abs. 3 S. 2 OECD-MA.
251 Art. 25 Abs. 5 OECD-MA.
252 Übereinkommen über die Beseitigung der Doppelbesteuerung im Fall der Gewinnberichtigung zwischen verbundenen Unternehmen Nr. 90/436 EWG, ABlEG Nr. L 225/10 v. 20. 8. 1990; dazu: *Menck* (N 247), Anh. zu Art. 25 OECD-MA; *Moris Lehner*, Möglichkeiten zur Verbesserung des Verständigungsverfahrens auf der Grundlage des EWG-Vertrags, 1982; *ders.* (N 247), Rn. 300 ff.; dazu: *Axel Eigelshoven*, in: Klaus Vogel/Moris Lehner, Doppelbesteuerungsabkommen, Kommentar, [6]2014, Art. 9 Rn. 144, 180.

59
Beachtung des Grundsatzes der Gewaltenteilung

Keine Rechtsgrundlage für Änderungen oder Ergänzungen

Verständigungs- und Konsultationsverfahren sind Verwaltungsverfahren, die es den Vertretern der beteiligten Finanzverwaltungen ermöglichen sollen, gemeinsam zu einvernehmlichen Ergebnissen bei der Anwendung eines Doppelbesteuerungsabkommens zu kommen. Die im Grundsatz der Gewaltenteilung und des Rechtsstaatsprinzips verankerte Bindung der Behördenvertreter an die Bestimmungen des Abkommens und des innerstaatlichen Rechts wird aber durch die Verständigungs- und Konsultationsmöglichkeiten nicht gelockert. Keinesfalls bilden Verständigungs- und Konsultationsverfahren eine Rechtsgrundlage für Änderungen oder Ergänzungen eines Doppelbesteuerungsabkommens oder für andere Abweichungen von den darin enthaltenen Regelungen durch die Vertreter der beteiligten Finanzverwaltungen. Änderungen oder Ergänzungen eines Doppelbesteuerungsabkommens erfordern deshalb, unabhängig von ihrer möglichen Wirksamkeit auf völkerrechtlicher Ebene, die Einhaltung des in Art. 59 Abs. 2 GG vorgesehenen Verfahrens[253]. Aus dem Grundsatz der Gewaltenteilung folgt auch, daß Ergebnisse von Verständigungsverfahren entgegen der Auffassung der Finanzverwaltung[254] nicht im Widerspruch zu rechtskräftigen Entscheidungen innerstaatlicher Gerichte umgesetzt werden dürfen[255].

60
Rechtsstaatliche Bestimmtheitsanforderungen

Die mit dem Jahressteuergesetz 2010 durch § 2 Abs. 2 AO geschaffene Ermächtigung des Bundesministeriums der Finanzen zur Umsetzung von abkommensrechtlichen Konsultationsvereinbarungen durch Rechtsverordnung[256] wirft im Hinblick auf die Bestimmtheitsanforderungen des Art. 80 Abs. 1 GG Bedenken auf. Die in § 2 Abs. 2 AO mit ausdrücklichem Bezug auf abkommensrechtliche Konsultationsvereinbarungen[257] genannten Ziele, „Vermeidung einer Doppelbesteuerung oder doppelten Nichtbesteuerung", gehen in ihren pauschalen Formulierungen bereits über die Vorgaben der abkommensrechtlichen Ermächtigung für Konsultationen[258] hinaus. Doppelbesteuerungsabkommen kennen keine pauschale Zielsetzung „Vermeidung der Doppelbesteuerung"[259], und auch im Konsultationsverfahren sind die

---

253 *Vogel* (N 23), Doppelbesteuerungsabkommen, Einleitung, Rn. 59 mit Nachweisen.
254 *BMF*, Merkblatt zum Internationalen Verständigungs- und Schiedsverfahren auf dem Gebiet der Steuern vom Einkommen und Vermögen, in: BStBl I 2006, S. 461, Tz. 13.1.4 mit unzutreffender Berufung auf § 110 Abs. 2 FGO; die Bestandskraft eines Steuerbescheids kann allerdings nach Maßgabe des § 175 a AO zur Umsetzung einer Verständigungsvereinbarung durchbrochen werden.
255 *Roman Seer*, in: Klaus Tipke/Heinrich Wilhelm Kruse, Abgabenordnung/Finanzgerichtsordnung, Kommentar, § 110 FGO Rn. 33 (131. Lfg., Stand: November 2012); *Schaumburg* (N 23), Rn. 16.103; *Lehner* (N 247), Rn. 132; differenzierend *Helmut Krabbe*, Seminar C: Verständigungsverfahren, in: IStR 2002, S. 548 (549f.); offen bei *Roland Ismer*, Rechtswidrige Gewährung von Rechtsschutz?, in: IStR 2003, S. 395 (396).
256 Dazu: *Roland Ismer*, DBA-Konkretisierung durch die Exekutive? Zur Bindungswirkung von Verständigungsvereinbarungen nach Art. 25 Abs. 3 OECD-MA, in: IStR 2009, S. 366; *Lars Hummel*, Zur innerstaatlichen Bindungswirkung von auf Doppelbesteuerungsabkommen beruhenden Konsultationsvereinbarungen, in: IStR 2011, S. 397; *Moris Lehner*, Die Umsetzung von abkommensrechtlichen Konsultationsvereinbarungen zur Vermeidung von Doppelbesteuerung und Doppelnichtbesteuerung durch Rechtsverordnungen, in: IStR 2011, S. 733.
257 S. o. Rn. 58f.
258 S. o. Rn. 58.
259 *M. Lang* (N 227), S. 21, 26ff., 29; zustimmend *Klaus Vogel*, Neue Gesetzgebung zur DBA-Freistellung, in: IStR 2007, S. 225 (226f.); vgl. auch: BFH, Beschl. v. 2.9.2009, I R 90/08, in: BStBl II 2010, S. 394 (397): Abkommenswortlaut als „Grenzmarke für das „richtige" Abkommensverständnis".

Behördenvertreter lediglich berechtigt, darüber „zu beraten, wie eine Doppelbesteuerung in Fällen vermieden werden kann, die im Abkommen nicht behandelt sind."[260] Dies gilt erst recht für die Vermeidung einer Doppelnichtbesteuerung (Keinmalbesteuerung)[261], die ebenfalls nur in wenigen speziellen Abkommensbestimmungen vorgesehen ist[262]. Vor diesem Hintergrund muß nachhaltig bezweifelt werden, daß die Bestimmtheitsanforderungen des Art. 80 Abs. 1 GG durch eine einengende Auslegung der Tatbestandmerkmale des § 2 Abs. 2 AO erfüllt werden[263]. Die mit § 2 Abs. 2 AO angestrebte Bindung der Judikative an Konsultationsvereinbarungen der Finanzverwaltung ist deshalb abzulehnen[264].

D. Ausgestaltung der Besteuerung

I. Nachteile von beschränkt Steuerpflichtigen gegenüber unbeschränkt Steuerpflichtigen

Während das Problem der Doppelbesteuerung darauf zurückzuführen ist, daß unbeschränkt Steuerpflichtige in ihrem Ansässigkeitsstaat mit ihrem Welteinkommen steuerpflichtig sind und zusätzlich einer auf Einkünfte aus dem Quellenstaat beschränkten Steuerpflicht unterliegen[265], betrifft die Ausgestaltung der Steuerpflicht unter anderem steuerliche Nachteile, die beschränkt Steuerpflichtige im Vergleich zu unbeschränkt Steuerpflichtigen im Quellenstaat hinnehmen müssen. Diese Nachteile bestehen vor allem darin[266], daß beschränkt Steuerpflichtige erwerbssichernde Aufwendungen (Betriebsausgabe und Werbungskosten) nur insoweit im Quellenstaat geltend machen können, als sie mit den dort erzielten Einkünften in wirtschaftlichem Zusammenhang stehen[267]. Die persönlichen Verhältnisse des Steuerpflichtigen und seiner unterhaltsberechtigten Angehörigen, existenzsichernde Aufwendungen, insbesondere außergewöhnliche Belastungen, aber auch Sonderausgaben werden dagegen zum Nachteil beschränkt Steuerpflichtiger nur unter engen

61
Eingeschränkte Berücksichtigung persönlicher Verhältnisse

---

260 Art. 25 Abs. 3 S. 2 OECD-MA.
261 S. o. Rn. 54.
262 S. die Nachw. in N 259.
263 So *Hummel* (N 256), S. 403; zu Bedenken auch *Dietmar Gosch*, Über das Nichtanwenden höchstrichterlicher Rechtsprechung – aufgezeigt am Beispiel der Spruchpraxis des I. Senats des BFH, in: FS für Wolfgang Spindler, 2011, S. 379 (421).
264 *Drüen* (N 178), § 2 AO Rn. 43.
265 S. o. Rn. 9, 23 ff.
266 Vgl. *Helmut Debatin*, Konzeptionen zur Steuerpflicht, in: FR 1969, S. 277; *Horst Walter Endriss*, Ist die Unterscheidung zwischen unbeschränkter und beschränkter Steuerpflicht noch zeitgemäß?, in: FR 1968, S. 338; *Thomas Koblenzer*, Grundlagen der „beschränkten Steuerpflicht", in: BB 1996, S. 933; *Hanno Kube*, in: Paul Kirchhof/Hartmut Söhn u. a. (Hg.), EStG, Kommentar, § 50 Rn. A 1 ff. (204. Lfg., Stand: Dezember 2009); *Jürgen Lüdicke*, Probleme der Besteuerung beschränkt Steuerpflichtiger im Inland, in: Beihefter zu DStR 17 (2008), S. 25; *Stapperfend* (N 84), § 1 Rn. 336; *Wassermeyer* (N 46), S. 62 ff.; vgl. auch die Gegenüberstellung bei *Lehner/Waldhoff* (N 42), § 1 Rn. E 35.
267 § 50 Abs. 1 S. 1 EStG.

Zusammenveranlagung nur bei unbeschränkter Steuerpflicht

Voraussetzungen berücksichtigt[268]. Auch die Zusammenveranlagung setzt unbeschränkte Steuerpflicht voraus[269]. Schließlich unterliegen beschränkt Steuerpflichtige grundsätzlich einer proportionalen Abzugsteuer mit abgeltender Wirkung nach Maßgabe einer Brutto-Bemessungsgrundlage[270]. Dies kann im Vergleich zur Veranlagung mit einer Besteuerung nach dem progressiven Steuertarif ebenfalls Nachteile zur Folge haben[271].

62
Grundlegende Voraussetzungen für die Gleichbehandlung

Ausgelöst durch umfangreiche Rechtsprechung des Europäischen Gerichtshofs[272], die weit über diese Problematik hinausgeht, wurden die genannten Nachteile seit dem Beginn der 90er Jahre[273] teilweise beseitigt. Voraussetzung für die Gleichbehandlung des beschränkt Steuerpflichtigen mit dem unbeschränkt Steuerpflichtigen ist nach geltendem Recht, daß er den Großteil seiner Einkünfte im Inland erzielt und daß diese Einkünfte auch überwiegend inländischer Steuerpflicht unterliegen[274]. Mit dieser Regelung trägt der Gesetzgeber nicht nur den Anforderungen des Europäischen Gerichtshofs Rechnung[275], er verwirklicht auch wichtige Vorgaben des Leistungsfähigkeitsprinzips.

1. Anforderung des Leistungsfähigkeitsprinzips

63
Subjektives und objektives Nettoprinzip

Besteuerung nach der wirtschaftlichen Leistungsfähigkeit setzt nach grundlegenden gleichheits- und freiheitsrechtlichen Vorgaben voraus, daß das Einkommen zunächst vollständig erfaßt wird. Einkommen, das für den existenznotwendigen Bedarf des Steuerpflichtigen und seiner unterhaltsberechtigten Angehörigen aufzuwenden ist, muß aber nach Maßgabe der Menschenwürdegarantie in Verbindung mit dem Sozialstaatssatz und dem verfassungsrechtlich gebotenen Schutz von Ehe und Familie freiheitsschonend von steuerlicher Belastung ausgenommen werden (subjektives Nettoprinzip). Darüber hinaus müssen erwerbssichernde Aufwendungen in Gestalt von Werbungskosten und Betriebsausgaben, aber auch Verluste, bei der Bestimmung der Bemessungsgrundlage verfassungskonform im Sinne des Gebots der Folgerichtigkeit berücksichtigt werden (objektives Nettoprinzip)[276]. Einkommen, das für diese Zwecke gebunden ist, vermittelt keine steuerliche Leistungsfähigkeit. Es steht dem Steuerpflichtigen für Zwecke der Steuerzahlung nicht

---

268 Vgl. § 50 Abs. 1 S. 2 i. V. m. §§ 1 Abs. 3, 1 a EStG; s. u. Rn. 63 ff.
269 § 26 Abs. 1 EStG.
270 §§ 50 Abs. 2, 50 a EStG; grundlegend dazu: *Michael Engelschalk*, Die Besteuerung von Steuerausländern auf Bruttobasis, 1988.
271 Vgl. *Kube* (N 266), § 50 Rn. D 1 ff., D 21 ff.
272 *Hidien* (N 46), § 49 Rn. A 49; s. u. Rn. 66 ff.
273 Zur Rechtsentwicklung: *Hidien* (N 46), § 49 Rn. A 60 ff.; *Kube* (N 266), § 50 Rn. A 81 ff.
274 §§ 1 Abs. 3, 1 a EStG.
275 S. u. Rn. 66 ff.
276 *Birk*, Das Leistungsfähigkeitsprinzip (N 74), S. 123 ff., 153 ff.; *Jachmann* (N 67); *dies.*, Steuergerechtigkeit durch Abziehbarkeit von Erwerbsaufwendungen, in: DFGT (2005), S. 59; → Bd. V, *P. Kirchhof*, § 118 Rn. 170 ff., 182 ff.; *ders.* (N 68), § 2 Rn. A 127 f.; *Tipke* (N 74); *Klaus Vogel*, Steuergerechtigkeit und soziale Gestaltung, in: DStZ 1975, S. 409; *J. Lang* (N 44); *ders.*, Der Stellenwert des objektiven Nettoprinzips im deutschen Einkommensteuerrecht, in: StuW 2007, S. 3; → Bd. V, *Waldhoff*, § 116 Rn. 100 ff.; *Lehner* (N 65), Einkommensteuerrecht und Sozialhilferecht, S. 408 ff.

zur Verfügung, es ist indisponibel. Nur das darüber hinausgehende disponible Einkommen unterfällt der steuerlichen Belastung durch den nach Kriterien verhältnismäßiger Gleichheit ausgestalteten progressiven Steuertarif[277].

Vor dem Hintergrund dieser Anforderungen leistungsfähigkeitsgerechter Besteuerung stellt sich die Frage nach der Rechtfertigung der Nachteile, die beschränkt Steuerpflichtige im Vergleich zu unbeschränkt Steuerpflichtigen hinnehmen mußten und, vor allem in Drittstaatskonstellationen, teilweise noch hinnehmen müssen[278]. Wie bereits gezeigt, ist das Leistungsfähigkeitsprinzip auch auf grenzüberschreitende Sachverhalte anwendbar[279]. Mit dem Hinweis auf den Objektsteuercharakter der beschränkten Steuerpflicht[280] kann die Ungleichbehandlung beschränkt Steuerpflichtiger nicht gerechtfertigt werden[281]. Nur bedingt zutreffend ist das Argument des Bundesverfassungsgerichts[282] in einer Entscheidung aus dem Jahre 1965, wonach die Nichtberücksichtigung von Aufwendungen im Quellenstaat darauf beruhe, daß diese Aufwendungen im Ansässigkeitsstaat „ausschließlich und hinreichend" berücksichtigt seien. Diese Prämisse mag zutreffen, soweit der Steuerpflichtige Einkünfte erzielt, die auch in seinem Ansässigkeitsstaat steuerpflichtig sind. Die Prämisse trifft aber nicht zu, wenn der Steuerpflichtige Einkünfte erzielt, die zum großen Teil ausschließlich im Quellenstaat steuerpflichtig sind[283]. Konkret auf das Leistungsfähigkeitsprinzip bezogen rechtfertigt das Bundesverfassungsgericht[284] in einer weiteren Entscheidung des Jahres 1976 die Nachteile des beschränkt Steuerpflichtigen mit der Begründung, daß dieser im Quellenstaat nicht auf der Grundlage seiner gesamten Leistungsfähigkeit besteuert werde. Schließlich stellt das Gericht in einer Entscheidung aus dem Jahre 1989[285] auf die räumliche Beziehung des Steuerpflichtigen zum Inland ab und führt damit die auch hier vertretene äquivalenztheoretisch begründete Differenzierung[286] in seine Rechtsprechung ein.

64
Rechtfertigung von Unterschieden

Rechtfertigungsansätze durch das BVerfG

Der Ansatz des Bundesverfassungsgerichts bedarf jedoch eines Korrektivs, das der Grundrechtsbindung des inländischen Hoheitsträgers nach Maßgabe seiner Zugriffsmöglichkeiten auf Einkünfte des unbeschränkt und des beschränkt Steuerpflichtigen Rechnung trägt[287]. Danach muß auch das Verhältnis zwischen inländischen und ausländischen Einkünften berücksichtigt werden. In dem Maß, in dem der beschränkt Steuerpflichtige inländische Ein-

65
Äquivalenztheoretische Vorgaben der Grundrechtsbindung

---
277 → Bd. V, *P. Kirchhof*, § 118 Rn. 185, 187 f., 232 ff.; → Bd. V, *Waldhoff*, § 116 Rn. 100 ff., 112 ff, 119 ff.
278 Vgl. die Nachw. oben in N 266.
279 S. o. Rn. 15 f.; speziell zur beschränkten Steuerpflicht: *Wassermeyer* (N 46), S. 55, 76; *Lehner/Waldhoff* (N 42), § 1 Rn. A 183 ff.; zumindest implizit: BVerfGE 43, 1 (8 ff.) – „Beschränkte Steuerpflicht".
280 Vgl. auch BVerfGE 19, 119 (123 f.) – „Kuponsteuer"; BVerfG Kammer-Beschluß v. 5. 9. 1975 – 1 BvR 219/75, in: HFR 1975, S. 540.
281 *Engelschalk* (N 270), S. 78 ff., 85; *Wassermeyer* (N 46), S. 76; *Lehner/Waldhoff* (N 42), § 1 Rn. A 450.
282 BVerfGE 19, 119 (124) – „Kuponsteuer".
283 So die Argumentation des EuGH; s. u. Rn. 70.
284 BVerfGE 43, 1 (9 f.).
285 BVerfG Kammer-Beschluß v. 24. 2. 1989 – 1 BvR 519/87, in: HFR 1990, S. 42; Kammer-Beschluß v. 22. 7. 1991 – 1 BvR 829/89, in: HFR 1992, S. 424 f.
286 S. o. Rn. 28 f.
287 S. o. Rn. 16 f.

künfte erzielt, nimmt er die inländische Rechtsordnung in Anspruch und schafft damit den Rechtfertigungsgrund für den steuerlichen Zugriff im Quellenstaat[288]. In diesem Maß verlagert sich auch die Verantwortung für die Berücksichtigung der erwerbs- und existenzsichernden Aufwendungen des beschränkt Steuerpflichtigen vom Steuergläubiger seines Ansässigkeitsstaates auf den des Quellenstaates. Dies gilt entsprechend für den unbeschränkt Steuerpflichtigen. In der Praxis ist eine daraus resultierende Forderung nach quotaler Berücksichtigung der Aufwendungen durch den Quellenstaat[289] allerdings nur schwer realisierbar. Voraussetzung ist nicht zuletzt, daß den beteiligten Staaten die dafür notwendigen Informationen zur Verfügung stehen[290]. § 1 Abs. 3 EStG trägt derart differenzierten Anforderungen nicht Rechnung[291]. Er begründet für den Quellenstaat erst dann eine auf Antrag des beschränkt Steuerpflichtigen folgende Verpflichtung zur Berücksichtigung existenzsichernder Aufwendungen, wenn die Einkünfte des beschränkt Steuerpflichtigen zumindest zu 90 % der inländischen Einkommensteuer unterliegen.

2. Grundfreiheiten

66
Anknüpfung an einfaches innerstaatliches Recht

Das Unionsrecht enthält keine eigenständigen Maßstäbe für die Verwirklichung von Steuergerechtigkeit innerhalb der Europäischen Union. Auch übernimmt es die speziellen steuerverfassungsrechtlichen Gerechtigkeitsvorgaben der Mitgliedstaaten weder unmittelbar noch mittelbar als allgemeine Rechtsgrundsätze[292], und es unterwirft sie auch nicht unionsrechtlicher Bewertung oder Überprüfung. Etwas anderes gilt jedoch für die einfachgesetzlichen Normen des innerstaatlichen Steuerrechts. Sie unterliegen differenzierter Einwirkung des Unionsrechts, wenn sie – verfassungskonform oder nicht – dazu führen, daß die Verwirklichung grenzüberschreitender Sachverhalte mit Nachteilen verbunden ist, die bei der Verwirklichung inländischer Sachverhalte nicht bestehen.

67
Kompetenzrechtliche Vorgaben

Materiellrechtliche Grundlagen für diese Einwirkungen sind in erster Linie die unmittelbar anwendbaren Grundfreiheiten des Vertrages über die Arbeitsweise der Europäischen Union[293]. Ihre Wirkung berührt die Besteue-

---

288 S. o. Rn. 9 f., 11 f.
289 Vgl. die Nachw. oben in N 167.
290 S. u. Rn. 82 ff.
291 Vgl. dazu: *Michael Kortz*, Die Rechtsprechung des EuGH zur beschränkten Einkommensteuerpflicht – Gefahr der Inländerdiskriminierung, 2010, S. 371 ff., 394 ff.; *Lehner/Waldhoff* (N 42), § 1 Rn. D 100 ff.
292 Vgl. *Cordewener* (N 149), S. 73; dazu allgemein: *Christian Calliess*, Grundlagen, Grenzen und Perspektiven europäischen Richterrechts, in: NJW 2005, S. 929; *Peter M. Huber*, in: Rudolf Streinz (Hg.), EUV/AEUV, Kommentar, ²2012, Art. 19 EUV, Rn. 16 f.; *Helmut Lecheler*, Neue allgemeine Rechtsgrundsätze im Gemeinschaftsrecht, 2004; *Theodor Schilling*, Bestand und allgemeine Lehren der bürgerschützenden allgemeinen Rechtsgrundsätze des Gemeinschaftsrechts, in: EuGRZ 2000, S. 3.
293 → Bd. X, *Haratsch*, § 210; für das Recht der direkten Steuern sind dies insbesondere die Arbeitnehmerfreizügigkeit (Art. 45 ff. AEUV); Niederlassungsfreiheit (Art. 49 ff. AEUV); Dienstleistungsfreiheit (Art. 56 ff. AEUV); Kapitalverkehrsfreiheit (Art. 63 ff. AEUV); grundlegend zu steuerrechtlicher Sicht: *Cordewener* (N 149), S. 316 f.; *Hanno Kube*, EuGH-Rechtsprechung zum direkten Steuerrecht – Stand und Perspektiven, in: Zentrum für Europäisches Wirtschaftsrecht (Hg.), Vorträge und Berichte Nr. 171, 2009; → Bd. V, *Waldhoff*, § 116 Rn. 167 f.

rungshoheit der Mitgliedstaaten in den sensiblen Bereichen der Rechtsprechung und der Gesetzgebung. Zwar bleiben die direkten Steuern mangels spezieller Unionskompetenzen auf diesem Gebiet in der Zuständigkeit der Mitgliedstaaten, doch müssen sie ihre Befugnisse, so der Europäische Gerichtshof[294] in ständiger Rechtsprechung, unter Wahrung des Unionsrechts, also unter Beachtung der Grundfreiheiten, ausüben. Die im Steuerrecht grundlegende Unterscheidung nach der Ansässigkeit wird vom Wortlaut der auf die Staatsangehörigkeit abstellenden Grundfreiheiten allerdings nicht erfaßt. Der Europäische Gerichtshof überwindet diese Diskrepanz aber durch eine teleologische Auslegung des Merkmals der Staatsangehörigkeit. Danach kann die Anknüpfung an die Ansässigkeit eine versteckte bzw. verdeckte Diskriminierung nach der Staatsangehörigkeit darstellen, weil Personen, die in einem anderen Mitgliedstaat ansässig sind, in der Regel auch Staatsangehörige dieses anderen Staates sind[295].

Die Unterscheidung zwischen Diskriminierungs- und Beschränkungsverboten[296] bleibt trotz grundsätzlicher „Konvergenz" der Grundfreiheiten[297] für das Recht der direkten Steuern bedeutsam. Diskriminierungsverbote sind primär darauf gerichtet, steuerliche Nachteile zu beseitigen, die für beschränkt Steuerpflichtige im Vergleich zu unbeschränkt Steuerpflichtigen im Quellenstaat bestehen[298] („inbound"-Konstellation), während die Wirkung von Beschränkungsverboten primär darauf gerichtet ist, Nachteile zu verhindern, denen im Inland Ansässige, somit unbeschränkt Steuerpflichtige, für den Fall eines Auslandsengagements durch die Besteuerung in ihrem Ansässigkeitsstaat ausgesetzt sind („outbound"-Konstellation)[299]. Auch im Fall des Be-

68
Diskriminierungs- und Beschränkungsverbote

---

294 Std. Rspr. siehe u.a. EuGH v. 14.2.1995, Rs. C-279/93–Schumacker, Slg. 1995, I-225, Tz. 21; v. 13.12.2005, Rs. C-446/03–Marks & Spencer, Slg. 2005, I-10837, Tz. 29; v. 20.10.2011, Rs. C-284/09–Kommission/Deutschland, IStR 2011, S. 840, Tz. 44; v. 18.10.2012, Rs. C-498/10–X, IStR 2013, S. 26, Tz. 18.
295 Std. Rspr. siehe u.a. EuGH v. 8.5.1990, Rs. C-175/88–Biehl, Slg. 1990, I-1779, Tz. 14; v. 14.2.1995, Rs. C-279/93–Schumacker, Slg. 1995, I-225, Tz. 28; v. 26.10.1995, Rs. C-151/94–Kommission/Luxemburg, Slg. 1995, I-3685, Tz. 15; v. 28.2.2013, Rs. C-425/11–Ettwein, IStR 2013, S. 353, Tz. 45ff.; für die Anknüpfung an den Sitz einer Gesellschaft: EuGH v. 28.1.1986, Rs. 270/83–Avoir fiscal, Slg. 1986, 273, Tz. 17ff.; v. 13.7.1993, Rs. C-330/91–Commerzbank, Slg. 1993, I-4017, Tz. 14f.; v. 12.4.1994, Rs. C-1/93–Halliburton, Slg. 1994, I-1137, Tz. 15; v. 7.5.2005, Rs. C-446/03–Marks & Spencer, Slg. 2005, I-866, Tz. 37; v. 21.1.2010, Rs. C-311/08–SGI, Slg. 2010, I-487, Tz. 40; für eine unmittelbare Diskriminierung siehe EuGH v. 20.1.2011, Rs. C-155/09–Kommission/Griechenland, Slg. 2011, I-65, Tz. 69; *Rudolf Streinz*, Allgemeine Lehren der Grundfreiheiten – Vom Diskriminierungsverbot zum Beschränkungsverbot, in: HGR, Bd. VI/1, 2010, § 152 Rn. 22f.; für den Fall einer Abweichung von dieser Voraussetzung: EuGH v. 26.1.1993, Rs. C-112/91–Werner, Slg. 1993, I-429, Tz. 10ff.
296 *Streinz* (N 295), § 152 Rn. 10, 18ff., 31ff.; → Bd. X, *Haratsch*, § 210 Rn. 12ff.; zu weiteren Differenzierungen aus steuerrechtlicher Perspektive: *Cordewener* (N 149), S. 175ff.; *Juliane Kokott/Hartmut Ost*, Europäische Grundfreiheiten und nationales Steuerrecht, in: EuZW 2011, S. 496; *Ekkehart Reimer*, Die Auswirkungen der Grundfreiheiten auf das Ertragsteuerrecht der Bundesrepublik Deutschland, in: Moris Lehner (Hg.), Grundfreiheiten im Steuerrecht der EU-Staaten, 2000, S. 39 (43f.); *Rainer Wernsmann*, Steuerrecht, in: Reiner Schulze/Manfred Zuleeg/Stefan Kadelbach (Hg.), Europarecht, Handbuch für die deutsche Rechtspraxis, ²2010, Rn. 74ff., 86ff., 107ff.
297 *Streinz* (N 295), § 152 Rn. 10, 12; *Cordewener* (N 149), S. 104ff.
298 Zu diesen Nachteilen s.o. Rn. 61f.
299 Grundlegend zu diesen unterschiedlichen Wirkungen: *Cordewener* (N 149), S. 175ff.; *Kofler* (N 149), S. 55ff., 89ff.; *Lehner* (N 57), S. 265ff.; *Reimer* (N 296), S. 39ff.; *Strassburger* (N 59), S. 93f.

§ 251   Zweiundzwanzigster Teil: Grenzüberschreitende Staatsaufgaben

schränkungsverbots geht es um strukturell gleichheitsrechtlich konzipierte Marktzutrittsfreiheit[300], weil sich der Europäische Gerichtshof bei der Beurteilung einer vermeintlichen Beschränkung[301] nicht an einem für das Recht der direkten Steuern im Vertrag über die Arbeitsweise der Europäischen Union ohnehin nicht näher definiertem Binnenmarktziel orientieren kann[302]. Entscheidend für das Vorliegen einer Beschränkung ist deshalb ein Vergleich zwischen der Besteuerung von Ansässigen, die im Inland tätig werden, und solchen, die grenzüberschreitende Aktivitäten entfalten[303].

69
Wahrung der verfassungsrechtlichen Gerechtigkeitsvorgaben

Der für Diskriminierungs- und Beschränkungsverbote im Grundsatz übereinstimmende gleichheitsrechtliche Prüfungsansatz[304] erfährt in seiner konkreten Ausgestaltung zahlreiche Differenzierungen, die im Verlauf der Rechtsprechung des Europäischen Gerichtshofs keineswegs konstant, teilweise sogar widersprüchlich entwickelt wurden[305]. Das gilt entsprechend für die jeweiligen Rechtsfolgen, die der Europäische Gerichtshof an eine Diskriminierung oder Beschränkung knüpft[306]. Aus dem Blickwinkel rechtsstaatlich gebotener Rechtsklarheit und Bestimmtheit ist die auf steuerrechtlich unspezifische Grundfreiheiten gestützte Rechtsprechung des Europäischen Gerichtshofs nicht unbedenklich[307]. Andererseits wahrt der an die Vorgaben des innerstaatlichen Steuerrechts anknüpfende gleichheitsrechtliche Ansatz des Europäischen Gerichtshofs die grundlegenden verfassungsrechtlichen Gerechtigkeitsvorgaben der mitgliedstaatlichen Rechtsordnungen, soweit die einfachgesetzlichen Normen des innerstaatlichen Rechts ihrerseits verfassungskonform sind.

70
Fall Schumacker als Grundsatzentscheidung

Im Anwendungsbereich der Arbeitnehmerfreizügigkeit (Art. 45 ff. AEUV) wird die Wirkung der Diskriminierungsverbote durch die grundlegende Ent-

---

300 *Cordewener* (N 149), S. 183 f.; *Michael Lang*, 2005 – Eine Wende der steuerlichen Rechtsprechung des EuGH zu den Grundfreiheiten?, in: FS für Wolfgang Spindler, 2011, S. 297 (300 ff., 312 ff.).
301 Siehe aus der Rspr. u. a. EuGH v. 27. 09. 1988, Rs. 81/87 – Daily Mail, Slg. 1988, 5483; v. 11. 3. 2004, Rs. C-9/02 – de Lasteyrie du Saillant, Slg. 2004, I-2409; v. 13. 12. 2005, Rs. C-446/03 – Marks & Spencer, Slg. 2005, I-10837; v. 15. 5. 2008, Rs. C-414/06 – Lidl Belgium, Slg. 2008, I-3601; v. 12. 2. 2009, Rs. C-67/08 – Block, Slg. 2009, I-883; v. 16. 7. 2009, Rs. C-128/08 – Damseaux, Slg. 2009, I-6823; v. 10. 2. 2011, verb. Rs. C-436/08 und C-437/08 – Haribo/Österreichische Salinen, Slg. 2011, I-305; v. 28. 2. 2013, Rs. C-168/11- Beker und Beker, IStR 2013, S. 275.
302 *Strassburger* (N 59), S. 8 ff.
303 *Kokott/Ost* (N 296), S. 498 f.; *Reimer* (N 296), S. 55 ff., auch zu Fällen unterschiedsloser Beschränkungen („Grundfreiheiten als Beschränkungsverbote i. e. S."); *Kofler* (N 149), S. 93 ff.
304 Vgl. *M. Lang* (N 300), S. 300.
305 *M. Lang* (N 300).
306 *Michael Lang*, Der Anwendungsvorrang der Grundfreiheiten auf dem Gebiet des Steuerrechts, in: FS für Joachim Lang, 2010, S. 1003 (1018 ff., 1021 ff.).
307 *Peter Fischer*, Europa macht mobil – bleibt der Verfassungsstaat auf der Strecke?, in: FR 2005, S. 457; *Wolfgang Lasars*, Internationale Zusammenarbeit wider die Steuervermeidung, in: IStR 2006, S. 566 (567); *Strassburger* (N 59), S. 184 ff., 259; vgl. auch *Gerrit Frotscher*, Über das (steuerliche) Unbehagen an der Europäisierung und Internationalisierung – Zugleich einige Gedanken zum Seminar A, in: IStR 2007, S. 568; *Dietmar Gosch*, Vielerlei Gleichheiten – Das Steuerrecht im Spannungsfeld von bilateralen, supranationalen und verfassungsrechtlichen Anforderungen, in: DStR 2007, S. 1553; *Klaus Tiedtke/Martin Mohr*, Die Grundfreiheiten als zulässiger Maßstab für die direkten Steuern, in: EuZW 2008, S. 424 (425 ff.).

scheidung des Europäischen Gerichtshofs im Fall Schumacker[308] deutlich. Der in Belgien ansässige Steuerpflichtige erzielte aus seiner Tätigkeit in Deutschland Einkünfte aus nichtselbständiger Arbeit und konnte deshalb als in Deutschland beschränkt Steuerpflichtiger nicht nach dem Splitting-Tarif besteuert werden. Klassischer gleichheitsrechtlicher Prüfung entsprechend, stellt der Europäische Gerichtshof zunächst fest, daß sich Gebietsansässige und Gebietsfremde im Hinblick auf die direkten Steuern in der Regel nicht in einer vergleichbaren Situation befinden[309]. Gleichbehandlung zur Vermeidung einer Diskriminierung des Gebietsfremden sei jedoch geboten, wenn dieser den Großteil seiner Einkünfte aus dem Tätigkeitsstaat beziehe und in seinem Ansässigkeitsstaat mangels dort steuerpflichtiger Einkünfte keine Möglichkeit habe, entsprechende steuerliche Verschonungen in Anspruch zu nehmen[310]. Entscheidend für dieses Ergebnis, das mit den innerstaatlichen Vorgaben leistungsfähigkeitsgerechter Besteuerung nach Maßgabe des subjektiven Nettoprinzips[311] übereinstimmt[312], ist die gleichheitsrechtlich relevante Berücksichtigung der steuerrechtlichen Situation des Gebietsfremden in seinem Ansässigkeitsstaat, das heißt die dort nicht bestehende Möglichkeit zur Gewährung der steuerlichen Verschonung.

Vergleichbarkeitsprüfung des EUGH

Für die Niederlassungsfreiheit (Art. 49 ff. AEUV) konstatiert der Europäische Gerichtshof[313], daß sie zwar insbesondere die Inländerbehandlung im Aufnahmemitgliedstaat sicherstellen solle, sie verbiete es dem Herkunftsstaat aber auch, die Niederlassung seiner Staatsangehörigen oder einer nach seinem Recht gegründeten Gesellschaft in einem anderen Mitgliedstaat zu behindern. Diesen freiheitsrechtlichen Ansatz[314] konkretisiert der Europäische Gerichtshof in seiner weiteren Rechtsprechung gleichheitsrechtlich, indem er das Vorliegen einer Beschränkung grundsätzlich aus einem Vergleich zwischen der mit steuerlichen Nachteilen verbundenen Auslandsaktivität und der entsprechenden Inlandsaktivität ableitet[315]. Deutlich wird also auch bei der Wirkung der Niederlassungsfreiheit als Beschränkungsverbot, daß der Europäische Gerichtshof seinen Beurteilungsmaßstab grundsätzlich,

71

Gleichheitsrechtliche Konkretisierung der freiheitsrechtlichen Vorgaben

---

308 EuGH v. 14. 2. 1995, Rs. C–279/93 – Schumacker, Slg. 1995, I-225; weitere Entscheidungen zur Wirkung des Diskriminierungsverbots im Anwendungsbereich der Arbeitnehmerfreizügigkeit: EuGH v. 28. 1. 1992, Rs. C-204/90 – Bachmann, Slg. 1992, I-249; v. 27. 6. 1996, Rs. C-107/94 – Asscher, Slg. 1996, I-3089; v. 10. 9. 2009, Rs. C-269/07 – Kommission/Deutschland, Slg. 2009, I-7811; v. 20. 1. 2011, Rs. C-155/09 – Kommission/Griechenland, Slg. 2011, I-65; zur Wirkung der Arbeitnehmerfreizügigkeit als Beschränkungsverbot siehe EuGH v. 12. 7. 2012, Rs. C-269/09 – Kommission/Spanien, in: HFR 2012, S. 1025, Tz. 51 ff.; zu dieser Rechtsprechung: *Cordewener* (N 149), S. 480 ff.; *Kortz* (N 291), S. 193 ff.
309 EuGH v. 14. 2. 1995, Rs. C–279/93 – Schumacker, Slg. 1995, I-225, Tz. 31.
310 EuGH (N 309), Tz. 36 ff.
311 S. o. Rn. 63.
312 *Englisch* (N 149), S. 311 f.; kritisch: *Wolfgang Schön*, Die beschränkte Steuerpflicht zwischen europäischem Gemeinschaftsrecht und deutschem Verfassungsrecht, in: IStR 1995, S. 119 ff.
313 EuGH v. 27. 9. 1988, Rs. 81/87 – Daily Mail, Slg. 1988, 5483, Tz. 16.
314 *Lehner* (N 57), S. 267 ff.
315 EuGH v. 16. 7. 1998, Rs. C-264/96 – ICI, Slg. 1998, I-4695, Tz. 21 ff.; v. 11. 3. 2004, Rs. C-9/02 – de Lasteyrie du Saillant, Slg. 2004, I-2409, Tz. 42 ff.; v. 21. 1. 2010, Rs. C-311/08 – SGI, Slg. 2010, I-487, Tz. 39 f.; v. 15. 4. 2010, Rs. C-96/08 – CIBA, Slg. 2010, I-2911, Tz. 18; v. 29. 11. 2011, Rs. C-371/10 – National Grid Indus BV, in: HFR 2012, S. 226, Tz. 35 ff.; v. 6. 9. 2012, Rs. C-38/10 – Kommission/Portugal, IStR 2012, S. 763, Tz. 25.

aber nicht ausnahmslos[316] aus dem innerstaatlichen Recht bezieht und nicht aus einer unbestimmten freiheitsrechtlichen Zielvorgabe des Unionsrechts. Auch dieser Ansatz ist dem Umstand geschuldet, daß der Vertrag über die Arbeitsweise der Europäischen Union für das Recht der direkten Steuern keine speziellen Kompetenzen der Gemeinschaft begründet und keine spezifischen Entscheidungsgrundlagen für den Europäischen Gerichtshof bereitstellt[317].

72 Niederlassungs- und Kapitalverkehrsfreiheit
Für die Kapitalverkehrsfreiheit, die unter besonderen Voraussetzungen auch auf Unternehmensbeteiligungen anwendbar ist[318], besteht eine Besonderheit darin, daß Beschränkungen bereits nach dem Wortlaut des Art. 63 Abs. 1 AEUV verboten sind. Eine weitere Besonderheit liegt in der Erstreckung der Kapitalverkehrsfreiheit auf Drittstaatssachverhalte[319]. Die Abgrenzung der umfassenden Kapitalverkehrsfreiheit vom Schutzbereich der Niederlassungsfreiheit, die nicht auf Drittstaatssachverhalte anwendbar ist, hat deshalb besondere Bedeutung[320]. Sie wird vom Europäischen Gerichtshof[321] auf der Ebene des Schutzbereichs zugunsten der Niederlassungsfreiheit entschieden, wenn die Unternehmensbeteiligung ihrem Inhaber einen sicheren Einfluß auf die Entscheidungen der Gesellschaft verschafft; andernfalls ist die Kapitalverkehrsfreiheit anwendbar. Die Ausdehnung des Schutzbereichs der Kapitalverkehrsfreiheit auf Drittstaatssachverhalte ist nicht zuletzt deshalb problematisch, weil sie zu einer weiten Ausdehnung der unionsrechtlichen Verpflichtungen der Mitgliedstaaten führt.

73 Verhältnis zu Doppelbesteuerungsabkommen
Unterschiede, aber auch Überlagerungen, bestehen zwischen den unionsrechtlichen Grundfreiheiten und den in Doppelbesteuerungsabkommen nach dem Muster des Art. 24 OECD-MA normierten Gleichbehandlungsgeboten, die unionsrechtskonform auszulegen sind[322].

74
Verstöße gegen Grundfreiheiten können nach einer sehr restriktiven, allerdings uneinheitlichen Rechtsprechung des Europäischen Gerichtshofs[323] nur

---

316 Beispiele bei *M. Lang* (N 300), S. 315 ff.
317 S. o. Rn. 22, 66 f.; *Reimer* (N 296), S. 41 ff. und *Strassburger* (N 59), S. 123, die insoweit auf das Subsidiaritätsprinzip des Art. 5 Abs. 1 S. 2, Abs. 3 EUV verweisen.
318 Grundlegend: *Michael Lang*, Kapitalverkehrsfreiheit, Steuerrecht und Drittstaaten, in: StuW 2011, S. 209; *Schön* (N 106); *ders.*, Der Kapitalverkehr mit Drittstaaten und das internationale Steuerrecht, in: FS für Franz Wassermeyer, 2005, S. 489; EuGH v. 6. 6. 2000, Rs. C-35/98 – Verkooijen, Slg. 2000, I-4071, Tz. 34 ff.; v. 7. 9. 2004, Rs. C-319/02 – Manninen, Slg. 2004, I-7477, Tz. 20 ff.; v. 10. 2. 2011, verb. Rs. C-436/08 und C-437/08 – Haribo/Österreichische Salinen, Slg. 2011, I-305, Tz. 35 ff.; v. 8. 11. 2012, Rs. C-342/10 – Kommission/Finnland, IStR 2013, S. 204, Tz. 28 ff.; v. 22. 11. 2012, Rs. C-600/10 – Kommission/ Deutschland, HFR 2013, S. 75, Tz. 14 ff.; vgl. auch die Richtlinie 88/361/EWG v. 24. 6. 1988 zur Durchführung von Art. 67 des Vertrages (ABlEG v. 8. 7. 1988 Nr. L 178/5), kurz: Kapitalverkehrsrichtlinie.
319 Dazu: *Schön*, Der Kapitalverkehr (N 318); *M. Lang* (N 318).
320 *Schön*, Der Kapitalverkehr (N 318), S. 495 ff., 520 f.; *Alexander Rust*, Anforderungen an eine EG-rechtskonforme Dividendenbesteuerung, in: DStR 2009, S. 2568 ff.
321 EuGH v. 12. 12. 2006, Rs. C-446/04 – Test Claimants in the FII Group Litigation, Slg. 2006, I-11753, Tz. 37; v. 21. 10. 2010, Rs. C-81/09 – Idryma Typou, Slg. 2010, I-10161, Tz. 47 ff.; v. 15. 9. 2011, Rs. C-310/09 – Accor, Slg. 2011, I-8115, Tz. 32; v. 25. 10. 2012, Rs. C-387/11 – Kommission/Belgien, in: HFR 2012, S. 1312, Tz. 33 ff.
322 Dazu: *Alexander Rust*, in: Klaus Vogel/Moris Lehner, Doppelbesteuerungsabkommen, Kommentar, ⁶2014, Art. 24 Rn. 19, 62, 121, 150, 169.
323 *M. Lang* (N 300), S. 312 f.

ausnahmsweise gerechtfertigt werden[324]. Kennzeichnend für diese Rechtsprechung ist, daß der Gerichtshof unter anderem fiskalische, auf Sicherung des Steueraufkommens zielende Rechtfertigungsargumente[325] ebenso strikt ablehnt wie den Einwand fehlender Informationsmöglichkeiten über Besteuerungsmerkmale, die in anderen Staaten verwirklicht werden[326]. Strenge Anforderungen gelten für den Rechtfertigungsgrund der Kohärenz[327], der das Argument der Systemgerechtigkeit der innerstaatlichen Steuerrechtsordnung betrifft. Auch die Anforderungen an Rechtfertigungsansätze, die sich gegen mißbräuchliche Gestaltungen und gegen Steuerflucht richten, sind im Hinblick auf die Differenziertheit und die Verhältnismäßigkeit der mitgliedstaatlichen Maßnahmen sehr strikt[328].

Strenge Anforderungen an die Rechtfertigung von Verstößen

Im Hinblick auf die territoriale Verankerung der staatlichen Besteuerungshoheit[329] ist die Anerkennung der ebenfalls territorial begründeten Aufteilung der Besteuerungsbefugnis zwischen den Mitgliedstaaten als Rechtfertigungsgrund für Beschränkungen besonders bedeutsam[330]. In grundlegenden Entscheidungen, insbesondere zur Berücksichtigung ausländischer Betriebsstättenverluste durch den Sitzstaat des Stammhauses trotz abkommensrechtlicher Freistellung[331], aber auch im Verhältnis zwischen Mutter- und Tochtergesellschaften[332] und in anderen steuerrechtlichen Zusammenhängen[333]

75
Aufteilung der Besteuerung als Rechtfertigungsgrund

---

324 → Bd. X, *Haratsch*, § 210 Rn. 25 ff.; aus steuerrechtlicher Sicht: *Cordewener* (N 149), S. 926 ff.; *Englisch* (N 149), S. 273 ff.; *Kube* (N 293), S. 7 ff.; *M. Lang* (N 300), S. 317 ff.; *Koen Lenaerts*, Die direkte Besteuerung in der EU, 2007, S. 73 ff.; *Reimer* (N 296), S. 59 ff.; *Strassburger* (N 59), S. 122 ff.
325 EuGH v. 7.9.2004, C-319/02 – Manninen, Slg. 2004, I-7477, Tz. 49; v. 27.1.2009, Rs. C-318/07 – Persche, Slg. 2009, I-359, Tz. 46; v. 10.2.2011, Rs. C-25/10 – Heukelbach, Slg. 2011, I-497, Tz. 31.
326 EuGH v. 15.5.1997, Rs. C-250/95 – Futura Participations, Slg. 1997, I-2471, Tz. 30 ff., 41; v. 28.10.1999, Rs. C-55/98 – Vestergaard, Slg. 1999, I-7641, Tz. 26 ff.; v. 14.9.2006, Rs. C-386/04 – Stauffer, Slg. 2006, I-8203, Tz. 49 f.; v. 27.11.2008, Rs. C-418/07 – Papillon, Slg. 2008, I-8947, Tz. 54 ff.; v. 1.7.2010, Rs. C-233/09 – Dijkman und Dijkman, Slg. 2010, I-6649, Tz. 60; für den Verkehr mit Drittstaaten v. 18.12.2007, Rs. C-101/05 – A, Slg. 2007, I-11531, Tz. 54 ff.
327 EuGH v. 28.1.1992, Rs. C-204/90 – Bachmann, Slg. 1992, I-249, Tz. 21 ff.; v. 11.8.1995, Rs. C-80/94 – Wielockx, Slg. 1995, I-2493, Tz. 23 ff.; v. 13.11.2012, Rs. C-35/11 – Test Claimants in the FII Group Litigation, in: IStR 2012, S. 924, Tz. 57 ff.
328 EuGH v. 16.7.1998, Rs. C-264/96 – ICI, Slg. 1998, I-4711, Tz. 26; v. 18.7.2007, Rs. C-231/05 – Oy AA, Slg. 2007, I-6373, Tz. 58, 62 f.; v. 16.9.2006, Rs. C-196/04 – Cadbury Schweppes, Slg. 2006, I-7995, Tz. 51 f.; v. 28.10.2010, Rs. C-72/09 – Rimbaud, Slg. 2010, I-10659, Tz. 33 f.
329 S. o. Rn. 1 ff., 9 ff.
330 *Joachim Englisch*, Aufteilung der Besteuerungsbefugnisse – Ein Rechtfertigungsgrund für die Einschränkung von EG-Grundfreiheiten?, 2008; *Johanna Hey*, Einigungsbedarf für eine gerechte Aufteilung der Besteuerungsquellen in Europa, in: Kai A. Konrad/Tine Lohse (Hg.), Einnahmen- und Steuerpolitik in Europa: Herausforderungen und Chancen, 2009, S. 75 (78 ff.); *Hanno Kube*, Grenzüberschreitende Verlustverrechnung und die Zuordnung von Verantwortung, in: IStR 2008, S. 305 ff.; *ders.* (N 293), S. 16 ff.; *M. Lang* (N 300), S. 318 ff.; *Andreas Musil*, Neue Entwicklungen bei den europarechtlichen Rechtfertigungsgründen im Bereich des Ertragsteuerrechts, in: DStR 2010, S. 1501 (1503 ff.); *Lehner* (N 47), Einleitung, Rn. 266 ff.
331 EuGH v. 15.5.2008, Rs. C-414/06 – Lidl Belgium, Slg. 2008, I-3601, Tz. 22 ff.; v. 23.10.2008, Rs. C-157/07 – Krankenhaus Ruhesitz am Wannsee, Slg. 2008, I-8061, Tz. 27 ff., 55.
332 EuGH v. 13.12.2005, Rs. C-446/03 – Marks & Spencer, Slg. 2005, I-10837, Tz. 43 ff.
333 EuGH v. 12.5.1998, Rs. C-336/96 – Gilly, Slg. 1998, I-2793, Tz. 31; v. 23.2.2006, Rs. C-513/03 – van Hilten-van der Heijden, Slg. 2006, I-1957, Tz. 48; v. 21.1.2010, Rs. C-311/08 – SGI, Slg. 2010, I-487, Tz. 61 ff.; v. 25.2.2010, Rs. C-337/08 – X Holding BV, Slg. 2010, I-1215, Tz. 28 ff.; v. 29.11.2011, Rs. C-371/10 – National Grid Indus BV, in: HFR 2012, S. 226, Tz. 45 ff.; v. 21.2.2013, Rs. C-123/11 – A Oy II, in: HFR 2013, S. 366, Tz. 40 ff.

76
Begrenzte Wirkungen der Grundfreiheiten

hat der Europäische Gerichtshof diesen Rechtfertigungsgrund anerkannt[334].

Als „gleichheitsrechtliches Fazit" kann festgehalten werden, daß das Unionsrecht keinen eigenständigen Grundsatz der Besteuerungsgleichheit kennt[335]. Der Europäische Gerichtshof ist deshalb darauf verwiesen, an die normativen Konkretisierungen der innerstaatlichen Gerechtigkeitsvorgaben anzuknüpfen und zu überprüfen, ob diese nach Maßgabe der unionsrechtlichen Diskriminierungs- und Beschränkungsverbote auf grenzüberschreitende Sachverhalte erstreckt werden müssen. Mit Hilfe der Grundfreiheiten kann deshalb nur „punktuelle Besteuerungsgleichheit" im Sinne von Marktfreiheit, aber nicht im Sinne von Lastengleichheit hergestellt werden[336]. Dem entspricht, daß Steuerbelastungsunterschiede zwischen den einzelnen Mitgliedstaaten im Anwendungsbereich der Grundfreiheiten als bloße „Disparitäten"[337] grundsätzlich unerheblich sind; unter dem Aspekt der „Wettbewerbsgleichheit" sind sie aber durchaus bedeutsam[338].

II. Rechtsangleichung

77
Zielsetzungen

Anders als die auf jeweils bilaterale mitgliedstaatliche Konstellationen beschränkten und nur auf Einzelvorschriften des innerstaatlichen Steuerrechts einwirkenden Grundfreiheiten, wirkt Rechtsangleichung[339], alle Mitgliedstaaten umfassend, durch bereichsspezifisch zusammenhängende normative Ausgestaltung des Binnenmarktziels. Trotz dieser funktionalen Unterschiede steht auch Rechtsangleichung im Dienst der Grundfreiheiten[340] und der Verwirklichung von Wettbewerbsgleichheit im Binnenmarkt[341]. Dennoch hat Rechtsangleichung auf dem Gebiet der direkten Steuern bislang keine Bedeutung erlangt, die mit der Wirkung der Grundfreiheiten oder mit

---

334 Zur Begründung dieser Entscheidungen mit der Wirkung des Territorialitätsprinzips: *Lehner* (N 47), Einleitung, Rn. 266 b; insoweit kritisch, zumindest zurückhaltend: *M. Lang* (N 300), S. 317 f.
335 *Birk* (N 134), S. 67 f.
336 *Birk* (N 134), S. 73.
337 *Cordewener* (N 149), S. 845 f., 886; *Daniel Dürrschmidt*, Grenzüberschreitende Unternehmensumstrukturierungen im nationalen und europäischen Steuerrecht, in: StuW 2010, S. 137 (145); *Englisch* (N 149), S. 331 f.; *Tobias Stewen*, Der EuGH und die nationale Steuerhoheit – Spannungsverhältnis und Konfliktlösung, in: EuR 2008, S. 445 (451); EuGH v. 14.7.1994, Rs. C-379/92 – Peralta, Slg. 1994, I-3453, Tz. 34; v. 12.5.1998, Rs. C-336/96 – Gilly, Slg. 1998, I-2793, Tz. 52; v. 12.7.2005, Rs. C-403/03 – Schempp, Slg. 2005, I-6421, Tz. 45; v. 14.11.2006, Rs. C-513/04 – Kerckhaert und Morres, Slg. 2006, I-10967, Tz. 22 ff.
338 *Birk* (N 134), S. 69, der anschaulich von Gleichbehandlung innerhalb der „nationalen „Kästchen" auf der Unionslandkarte" spricht (S. 77); *ders.* (N 3), S 61 f.
339 Umfassend: *Johanna Hey*, Harmonisierung der Unternehmensbesteuerung in Europa, 1997; → Bd. V, *Waldhoff*, § 116 Rn. 166.
340 *Thomas von Danwitz*, in: Manfred A. Dauses (Hg.), Handbuch des EU-Wirtschaftsrechts, Band I, B. II. Rechtsetzung und Rechtsangleichung, Rn. 114, 137 (26. Lfg., Stand: Juni 2010); *Hey* (N 339), S. 85 ff.; *Christian Tietje*, in: Eberhard Grabitz/Meinhard Hilf/Martin Nettesheim (Hg.), Das Recht der Europäischen Union, Kommentar, Art. 115 AEUV, Rn. 23 (43. Lfg., Stand: März 2011); *Hans-Holger Herrnfeld*, in: Jürgen Schwarze/Ulrich Becker u.a. (Hg.), EU-Kommentar, ³2012, Art. 115 AEUV, Rn. 4.
341 *Hey* (N 339), S. 85; *Christian Waldhoff/Wolfgang Kahl*, in: Christian Calliess/Matthias Ruffert (Hg.), EUV/AEUV, Kommentar, ⁴2011, Art. 113 Rn. 1.

den Errungenschaften der Harmonisierung auf dem Gebiet der indirekten Steuern, insbesondere der Umsatzsteuer[342], vergleichbar ist. Dies liegt darin begründet, daß Art. 113 AEUV nur auf dem Gebiet der indirekten Steuern eine spezielle Kompetenzgrundlage für die Rechtsangleichung zur Verfügung stellt[343]. Dagegen ist Rechtsangleichung auf dem Gebiet der direkten Steuern nur nach Maßgabe der als „subsidiäre Auffangnorm" wirkenden Generalklausel des Art. 115 AEUV möglich[344]. Voraussetzung ist, daß sich Rechtsvorschriften der Mitgliedstaaten „unmittelbar auf die Errichtung oder das Funktionieren des Binnenmarkts auswirken", das Funktionieren des Binnenmarkts somit behindern[345]. Eine Negativvoraussetzung für Rechtsangleichung auf dem Gebiet der direkten Steuern folgt aus dem Subsidiaritätsprinzip des Art. 5 Abs. 3 EUV[346]. Rechtsangleichung auf der Grundlage der Generalklausel erfordert schließlich Einstimmigkeit[347]. So gesehen behalten die Mitgliedstaaten das durch Rechtsangleichung bewirkte Ausmaß ihrer Souveränitätseinbußen, anders als im Bereich der unmittelbar wirkenden Grundfreiheiten, „in der Hand". Das Spannungsverhältnis zwischen den durch Rechtsangleichung anzustrebenden Erfordernissen des Binnenmarktes und den Souveränitätsinteressen der Mitgliedstaaten ist deshalb für das Recht der direkten Steuern abgeschwächt.

Grenzen im Bereich der direkten Steuern

Abgeschwächtes Spannungsverhältnis

Ein einheitliches, alle Mitgliedstaaten umfassendes Konzept von Steuergerechtigkeit, kann jedenfalls im Wege der Rechtsangleichung nicht verwirklicht werden. Nur vordergründig ist dies ein Problem fehlender unionsrechtlicher Vorgaben. Selbst wenn es einen gesamteuropäischen, vielleicht sogar weltweiten Grundkonsens gerechter Besteuerung geben würde[348], müßte Steuergerechtigkeit auf die jeweilige Rechts- und Wirtschaftsordnung der Mitgliedstaaten abgestimmt und damit notwendig unter Beachtung erheblicher wirtschaftlicher und sozialer Unterschiede in den einzelnen Staaten[349] differenziert verwirklicht werden.

78

Keine gesamteuropäische Steuergerechtigkeit

---

342 Vgl. *Hans-Georg Kamann*, in: Rudolf Streinz (Hg.), EUV/AEUV, Kommentar, ²2012, Art. 113 AEUV, Rn. 9 ff.; *Cordula Stumpf*, in: Jürgen Schwarze/Ulrich Becker u. a. (Hg.), EU-Kommentar, ³2012, Art. 113 AEUV, Rn. 14 ff.; *Waldhoff/Kahl* (N 341), Art. 26 AEUV, Rn. 9 ff.
343 Vgl. dazu: *Wernsmann* (N 296), Rn. 14 ff.; *Waldhoff/Kahl* (N 341), Art. 113 AEUV, Rn. 4.
344 *Andreas Glaser*, Verfassungs- und unionsrechtliche Grenzen steuerlicher Lenkung, in: StuW 2012, S. 168 (176 ff.); *Hey* (N 339), S. 80 ff.; *Christoph Ohler*, Möglichkeiten und Grenzen der Harmonisierung direkter Steuern, in: EuZW 1997, S. 370; *Stefan Leible/Meinhard Schröder*, in: Rudolf Streinz (Hg.), EUV/AEUV, Kommentar, ²2012, Art. 115 AEUV, Rn. 17; *Kahl* (N 60), Art. 115 AEUV, Rn. 6 ff.
345 *Birk* (N 134), S. 75; näher zu den Voraussetzungen des Art. 115 AEUV: *v. Danwitz* (N 340), Rn. 135 ff.; siehe auch die Nachw. oben in N 344.
346 *Christian Calliess*, Subsidiaritäts- und Solidaritätsprinzip in der Europäischen Union, ²1999; *Hey* (N 339), S. 99 ff.; *Leible/Schröder* (N 344), Art. 115 AEUV, Rn. 6 ff.; *Hans-Michael Wolffgang*, in: Carl Otto Lenz/Klaus-Dieter Borchardt, EU-Verträge, ⁵2010, Art. 113 AEUV, Rn. 10; *Matthias Wagner*, Das Konzept der Mindestharmonisierung, 2000, S. 60 ff.
347 *v. Danwitz* (N 340), Rn. 139; *Hey* (N 339), S. 84 f.
348 *Bela Jansen*, Vorgaben des europäischen Beihilferechts für das nationale Steuerrecht, 2003, S. 69; *Hey* (N 339), S. 113 ff.; siehe hierzu *Tipke* (N 53), S. 488 ff.; *ders.*, Die Steuerrechtsordnung, Bd. II, ²2003, S. 1251 ff.
349 S. o. Rn. 11.

79

Harmonisierung im Bereich der direkten Steuern

Dementsprechend ist Harmonisierung im Bereich der direkten Steuern bislang auf wenige spezielle Richtlinien beschränkt, die vor allem im Bereich der Unternehmensbesteuerung ergangen sind. Zu nennen sind die bereits Anfang der 90er Jahre verabschiedeten Richtlinien zur Beseitigung der steuerlichen Mehrfachbelastung bei Ausschüttungen im Verhältnis zwischen Mutter- und Tochtergesellschaften, weiterhin zur Abschaffung von Quellensteuern im europäischen Konzernverbund und schließlich zur grenzüberschreitenden Verschmelzung von Unternehmen[350]. Für den Bereich der Unternehmensbesteuerung hat die EU-Kommission[351] nach langen Vorarbeiten im Jahre 2011 einen Richtlinienvorschlag über eine Gemeinsame konsolidierte Körperschaftsteuer-Bemessungsgrundlage vorgelegt. Sie ist darauf gerichtet, gemeinsame Vorschriften für die Ermittlung, die Konsolidierung und die zwischenstaatliche Aufteilung der steuerlichen Bemessungsgrundlagen im Konzernverbund innerhalb der Europäischen Union zu verwirklichen. Eine weitere Richtlinie aus dem Jahre 2003 ist darauf gerichtet, die Besteuerung von privaten Zinserträgen sicherzustellen[352]. Richtlinien auf dem Gebiet des Steuerverfahrensrechts betreffen den Informationsaustausch und die Kooperation bei der Durchsetzung von Steueransprüchen[353].

III. Verbot staatlicher Beihilfen

80

Bedeutung gleichheitsrechtlicher Kriterien

Ein Bereich mit zunehmender Bedeutung, in dem primärvertragliches Unionsrecht ohne speziell steuerrechtlichen Regelungsauftrag auf das innerstaatliche Steuerrecht der Mitgliedstaaten und auf den Steuerwettbewerb[354] einwirkt, ist das Beihilfenrecht der Art. 107 ff. AEUV[355]. Die Kommis-

---

350 Mutter-Tochter-Richtlinie (N 154); Fusionsrichtlinie (90/434/EWG v. 23.7.1990, ABlEG v. 20.8.1990 Nr. L 225/1, ersetzt durch die Richtlinie 2009/133/EG v. 19.10.2009, ABlEG v. 25.11.2009 Nr. L 310/34); Zins- und Lizenzgebühren-Richtlinie (N 154); dazu: u.a. *Jacobs* (N 34), S. 167 ff., 179 ff.; *Moris Lehner*, Rechtsquellen und Normenhierarchie im internationalen Kontext, in: Wolfgang Kessler/Michael Kröner u. a. (Hg.), Konzernsteuerrecht, ²2008, § 6 Rn. 65 ff.; *Christian Waldhoff/Wolfgang Kahl*, in: Christian Calliess/Matthias Ruffert (Hg.), EUV/AEUV, Kommentar, ⁴2011, Art. 113 Rn. 19 ff.
351 EU-Kommission KOM (2011) 121 endg. v. 16.3.2011, 2011/0058 (CNS); dazu: *Christoph Spengel/Martina Ortmann-Babel u.a.*, Gemeinsame Konsolidierte KSt-Bemessungsgrundlage (GK(K)B) und steuerliche Gewinnermittlung in den EU-Mitgliedstaaten, der Schweiz und den USA, in: DB 2013, S. 1; *Thomas Rödder*, Globalisierung und Unternehmenssteuerrecht: Wie ist die ertragsteuerliche Besteuerungssubstrat multinationaler Unternehmen sachgerecht auf die betroffenen Fisci aufzuteilen?, in: FS für Joachim Lang, 2010, S. 1147; umfassend zu den Problemen der Konzernbesteuerung in Europa: *Wolfgang Schön*, Taxing Multinationals in Europe, in: Max Planck Institute for Tax Law and Public Finance, Working Paper 2012-11.
352 Zinsertragsteuerrichtlinie (2003/48/EG v. 3.6.2003, ABlEG v. 26.6.2003 Nr. L 157/38; Berichtigung ABlEG Nr. L 103 v. 22.4.2005 S. 41, zuletzt geändert durch Art. 1 ÄndRL 2006/98/EG v. 20.11.2006, ABlEG Nr. L 363 v. 20.12.2006 S. 129); siehe hierzu *Sabine Heidenbauer*, The Savings Directive, in: Michael Lang/Pasquale Pistone u.a. (Hg.), Introduction to European Tax Law on Direct Taxation, Wien ³2013, S. 193 ff.; *Dietmar J. Aigner*, Die Sparzinsrichtlinie, Die Koordinierung der Besteuerung von Zinsen in Europa, 2009.
353 S. u. Rn. 82 ff.
354 S. o. Rn. 4, 11.
355 Grundlegend: *Wolfgang Schön*, Steuerliche Beihilfen, in: Christian König/Wulf-Henning Roth u.a., Aktuelle Fragen des EG-Beihilfenrechts, 2001, S. 106 ff.; *ders.*, State Aid in the Area of Taxation, in: Leigh Hancher/Tom Ottervanger/Piet Jan Slot (Hg.), EU State Aids, London 2012, S. 321 ff.; *Michael Lang*, State Aid and Taxation, in: EStAL 2012, S. 411; *Hanno Kube*, Nationales Steuerrecht und europäisches Beihilfenrecht, in: Ulrich Becker/Wolfgang Schön (Hg.), Steuer- und Sozialstaat im europäischen Systemwettbewerb, 2005, S. 99.

sion³⁵⁶ hat bereits im Jahr 1998 angekündigt, die steuerrechtlichen Reglungen der Mitgliedstaaten beihilferechtlich zu überprüfen, um Wettbewerbsverfälschungen entgegenzutreten. Sie wendet sich damit gegen spezifische oder selektive Steuererleichterungen, die bestimmte Unternehmen oder Produktionszweige begünstigen³⁵⁷. Besondere Schwierigkeiten bereitet die Abgrenzung zwischen unzulässigen Maßnahmen „selektiven oder spezifischen Charakters" von „allgemeinen Maßnahmen" und die Rechtfertigung von Ausnahmen „durch die Natur und den inneren Aufbau des Systems"³⁵⁸. Zusätzliche Komplexität resultiert aus dem Kriterium der regionalen Selektivität, das zur Anwendung kommt, wenn steuerliche Vergünstigungen auf bestimmte Gebiete innerhalb eines Mitgliedstaates beschränkt werden³⁵⁹. Schließlich überschneidet sich der Anwendungsbereich der Grundfreiheiten mit dem der Beihilfevorschriften³⁶⁰.

Selektive und allgemeine Maßnahmen

Aus dem Blickwinkel des innerstaatlichen Steuerverfassungsrechts steht die beihilferechtliche Überprüfung einer Steuerentlastung nach dem Kriterium der Selektivität³⁶¹ in engem Zusammenhang mit der Unterscheidung zwischen Verschonungen, die nach Maßgabe des Leistungsfähigkeitsprinzips geboten sind, und steuerlicher Lenkung³⁶². Die Einwirkungsmöglichkeit der Kommission auf steuerpolitisch motivierte Lenkungsmaßnahmen der Mitgliedstaaten sind im Hinblick auf das Binnenmarktziel der Vermeidung von Wettbewerbsverzerrungen hinzunehmen. Besondere Sensibilität ist jedoch angezeigt, soweit auch Steuerverschonungen unionsrechtlicher Überprüfung unterliegen, die nach Maßgabe des Leistungsfähigkeitsprinzips verfassungsrechtlich geboten sind. Erforderlich ist eine sorgfältige Unterscheidung zwischen Maßnahmen, die steuerliche Gleichheit nach Maßgabe gleicher wirtschaftlicher Leistungsfähigkeit bewirken sollen, und Maßnahmen, die systemwidrige Vergünstigungen herbeiführen³⁶³. Unabhängig vom Erfordernis einer Wettbewerbsverfälschung reicht das Kriterium der Selektivität hierfür grundsätzlich nicht aus³⁶⁴. Entscheidend ist vielmehr der Vergleich zwischen einer systemgerechten Normalbelastung und einer davon abweichenden Vergünstigung³⁶⁵.

81
Differenzierte Anforderungen an das Kriterium der Selektivität

Bedeutung der verfassungsrechtlichen Vorgaben

---

356 Mitteilung der Kommission über die Anwendung der Vorschriften über staatliche Beihilfen auf Maßnahmen im Bereich der direkten Unternehmensbesteuerung ABl Nr. C 384/03, Ziff. 3.
357 Mitteilung der Kommission (N 356), Ziff. 12.
358 Mitteilung der Kommission (N 356), Ziff. 13 ff.; 17; vgl. auch den Bericht über die Umsetzung der Mitteilung der Kommission über die Anwendung der Vorschriften über staatliche Beihilfen auf Maßnahmen im Bereich der direkten Unternehmensbesteuerung vom 9.2.2004, Komm. C (2004) 434, Rn. 7ff., 25ff.
359 EuGH v. 17.11.2009, Rs. C-169/08 – Presidente del consiglio, Slg. 2009, I-10821; dazu: *Michael Lang*, Steuerrecht, Grundfreiheiten und Beihilfeverbot, in: IStR 2010, S. 570; *Schön*, State Aid (N 355), Rn. 10-007 f.
360 *M. Lang* (N 359), S. 574 ff.; *Schön*, State Aid (N 355), Rn. 10-005.
361 *Kube* (N 355), S. 103 f.; *Schön*, State Aid (N 355), Rn. 10-032 ff.
362 *Schön*, State Aid (N 355), Rn. 10-022 ff.; *ders.*, Steuerliche Beihilfen (N 355), S. 119 f.; zur Lenkungswirkung → Bd. V, *P. Kirchhof*, § 118 Rn. 46 f., 166 ff.
363 Vgl. EuGH v. 11.9.2008, verb. Rs. C-428-434/06 – Unión General, Slg., 2008, I-6747, Tz. 91 ff.
364 Zutreffend: *Thomas Jaeger*, Fehlstellungen im Verhältnis von Steuer- und Beihilferecht: Ein Plädoyer für mehr Ausgewogenheit, in: EuZW 2012, S. 92 (97).
365 *M. Lang* (N 359), S. 576.

Abzustellen ist auf die bereichsspezifischen Belastungsmaßstäbe[366], wobei den verfassungsrechtlichen Vorgaben der Besteuerung nach der Leistungsfähigkeit besondere Bedeutung zukommt[367]; dies gilt entsprechend für das Gebot der Folgerichtigkeit[368].

E. Zwischenstaatliche Rechts- und Amtshilfe

I. Zielsetzung und Rechtsgrundlagen

82
Materiellrechtliche Bezüge

Grenzüberschreitende Rechts- und Amtshilfe[369] steht im Dienst der Verwirklichung des materiellen Steueranspruchs einschließlich der Vermeidung und der Bekämpfung von Steuerumgehung. Sie umfaßt den Austausch von Informationen im Wege der Auskunft, aber auch die Hilfe zur Beitreibung von Steuern. Ihre Bedeutung kann wegen eines enormen Potentials von Vermeidungs- und Mißbrauchsstrategien[370], aber auch aus Gründen des zwischenstaatlichen Steuerwettbewerbs[371] und unzureichender Ausrichtung der Doppelbesteuerungsabkommen auf die Vermeidung von Keinmalbesteuerung[372] nicht überschätzt werden. Wegen des völkerrechtlichen Verbots der Vornahme von Hoheitsakten auf fremdem Staatsgebiet[373] können diese Zielsetzungen nur auf der Grundlage von völkerrechtlichen Verträgen und von Rechtsakten des sekundären Unionsrechts durchgesetzt werden.

83
Völkervertragliche Intensivierung der Bestrebungen

Auf völkervertraglicher Grundlage ist Rechts- und Amtshilfe in Doppelbesteuerungsabkommen vorgesehen, die überwiegend nach Maßgabe des OECD-MA[374] zwischen Informationsaustausch und Amtshilfe bei der Erhebung von Steuern unterscheiden[375]. Im Verhältnis zu Niedrigsteuerländern,

---

366 *Kube* (N 355), S. 113.
367 *Klaus-Dieter Drüen*, Die Sanierungsklausel des § 8 c KStG als europarechtswidrige Beihilfe, Anmerkung zur Beihilfeentscheidung der EU-Kommission vom 26.1.2011, in: DStR 2011, S. 289 (291); *Jansen* (N 348), S. 83.
368 *Markus Birkenmaier*, Die Vorgaben der Beihilfevorschriften des EG-Vertrages für die direkte Unternehmensbesteuerung, 2007, S. 116f., 118ff.
369 Grundlegend: *Michael Hendricks*, Internationale Informationshilfe im Steuerverfahren, 2004; *Roman Seer/Isabel Gabert*, Der internationale Auskunftsverkehr in Steuersachen, in: StuW 2010, S. 3; *Roman Seer*, Steuerverfahrensrechtliche Bewältigung grenzüberschreitender Sachverhalte, in: FS für Wolfgang Spindler, 2009, S. 151; *Matthias Leist*, Verfassungsrechtliche Schranken des steuerlichen Auskunfts- und Informationsverkehrs, 1999.
370 S.o. Rn. 8.
371 S.o. Rn. 11, 80.
372 S.o. Rn. 49, 54.
373 S.o. Rn. 19f. und für den vorliegenden Zusammenhang: *Roman Seer*, in: Klaus Tipke/Heinrich Wilhelm Kruse, Abgabenordnung/Finanzgerichtsordnung, Kommentar, § 117 AO Rn. 2 (126. Lfg., Stand: Mai 2011); *ders.*, Steuerverfahrensrechtliche Bewältigung grenzüberschreitender Sachverhalte, in: FS für Harald Schaumburg, S. 151; *Seer/Gabert* (N 369), S. 3 f.; *Schaumburg* (N 23), Rn. 19.1 ff.
374 S.o. Rn. 46f.
375 Grundlegend dazu die Kommentierungen von *Michael Engelschalk* zu Art. 26 und 27 OECD-MA, in: Klaus Vogel/Moris Lehner, Doppelbesteuerungsabkommen, Kommentar, ⁶2014; *Michael Hendricks*, in: Franz Wassermeyer (Hg.), Doppelbesteuerung, Kommentar, Art. 26 MA; *Helmut Krabbe*, ebd., Art. 27 MA; *Seer* (N 373), § 117 AO Rn. 22 ff.; *Söhn* (N 30), § 117 AO Rn. 33 ff.

mit denen häufig keine Doppelbesteuerungsabkommen bestehen, wurden aufgrund nachhaltiger und erfolgreicher Bestrebungen der Organisation für wirtschaftliche Zusammenarbeit und Entwicklung zur Beseitigung schädlicher Steuerpraktiken auf der Grundlage eines Musterabkommens über den steuerlichen Informationsaustausch[376] weltweit zahlreiche Abkommen über Amtshilfe und Informationsaustausch abgeschlossen[377].

Die völkervertraglich vereinbarten Maßnahmen werden für die Mitgliedstaaten der Europäischen Union durch die Richtlinie über die Zusammenarbeit der Verwaltungsbehörden im Bereich der Besteuerung[378], die Beitreibungsrichtlinie zur Vollstreckung von Steueransprüchen innerhalb der Europäischen Union[379] und die Zinsertragsteuerrichtlinie[380] überlagert[381]. Hinzu kommt die Verpflichtung zur Auskunftserteilung auf der Grundlage von Verordnungen[382]. Die Richtlinien[383] umfassen alle Steuern und sehen neben Auskunft auf Ersuchen auch automatische Auskunft und Spontanauskunft[384] vor, doch unterliegt die Informationspflicht einem Erforderlichkeitsvorbehalt und der Subsidiarität im Sinne einer vorrangigen Verpflichtung der Mitgliedstaaten, ihre eigenen Ermittlungsmöglichkeiten vorrangig auszuschöpfen[385]. Angesprochen ist insoweit vornehmlich § 90 Abs. 2 AO, der eine erhöhte Mitwirkungspflicht des Steuerpflichtigen bei Auslandssachverhalten vorsieht[386].

84
Unionsrechtliche Vorgaben

Subsidiaritäts- und Erforderlichkeitsvorbehalt

---

376 *Engelschalk* (N 375), Art. 26 Rn. 6, 11.
377 „Tax Information Exchange Agreements" (TIEAs); dazu: *Engelschalk* (N 375), Art. 26 Rn. 6, 11; vgl. u. a.: Abkommen über die Zusammenarbeit und den Informationsaustausch in Steuersachen zwischen der Bundesrepublik Deutschland und dem Fürstentum Liechtenstein v. 18.8.2010, BGBl 2010 II, S. 950; 2011 II, S. 326 (Bekanntmachung); zu diesen Abkommen: *Seer* (N 373), § 117 AO Rn. 29 und Rn. 8 zu multilateralen Abkommen.
378 Richtlinie 2011/16/EU v. 15.2.211 über die Zusammenarbeit der Verwaltungsbehörden im Bereich der Besteuerung und zur Aufhebung der Richtlinie 77/799/EWG (ABlEU v. 11.3.2011 Nr. L 64/1).
379 Richtlinie 2010/24/EU v. 16.3.2010 über die Amtshilfe bei der Beitreibung von Forderungen in bezug auf bestimmte Steuern, Abgaben und sonstige Maßnahmen (ABlEU v. 31.3.2010 Nr. L 84/1); dazu: *Seer* (N 373), § 117 AO Rn. 37.
380 Zinsertragsteuerrichtlinie (N 352).
381 *Engelschalk* (N 375), Art. 26 Rn. 15 f.; vgl. auch die Empfehlung der EU-Kommission v. 6.12.2012 für Maßnahmen, durch die Drittländer zur Anwendung von Mindeststandards für verantwortungsvolles Handeln im Steuerbereich veranlaßt werden sollen, C (2012) 8805 final.
382 Verordnung Nr. 904/2010/EU v. 7.10.2010 über die Zusammenarbeit der Verwaltungsbehörden und die Betrugsbekämpfung auf dem Gebiet der Mehrwertsteuer (ABlEU v. 12.10.2010 Nr. L/1); Zinsinformationsverordnung zur Umsetzung der Zinsertragsteuerrichtlinie Richtlinie (N 352) (BGBl 2004 I, S. 128), zuletzt geändert durch Art. 1 Zweite ÄndV vom 5.11.2007 (BGBl 2007 I, S. 2562).
383 Vgl. *Seer* (N 373), § 117 AO Rn. 33 a ff.
384 *Seer/Gabert* (N 369), S. 12 ff.
385 Vgl. *Seer* (N 373), § 117 AO Rn. 10, 35; *ders.* (N 369), S. 159 f.
386 *Seer/Gabert* (N 369), S. 17 f.; *Seer* (N 369), S. 161 ff.; *Lothar Jansen*, Das Steuerverfahren im Spannungsfeld von Europa- und Verfassungsrecht, 2012, S. 44 ff., 157 ff., 235 ff.; *Steffen Alexander Lindenthal*, Mitwirkungspflichten des Steuerpflichtigen und Folgen ihrer Verletzung, 2006, S. 41 ff.; *Claus Möllenbeck*, Das Verhältnis der EG-Amtshilfe zu den erweiterten Mitwirkungspflichten bei grenzüberschreitenden Steuerfällen, 2010, S. 22 f., 63 ff., 81 ff.; *Heide Schaumburg/Harald Schaumburg*, Grenzüberschreitende Sachverhaltsaufklärung, in: FS für Michael Streck, 2011, S. 369 (373 ff.); *Arne Schnitger*, Die erweiterte Mitwirkungspflicht und ihre gemeinschaftsrechtlichen Grenzen, in: BB 2002, S. 332 (333 ff.). Aus österreichischer Sicht *Michael Schilcher*, Grenzen der Mitwirkungspflichten im Lichte des Gemeinschaftsrechts, 2009; *Josef Schuch/Elisabeth Titz*, Die Bedeutung der internationalen Amtshilfe in Steuersachen für die Mitwirkungspflicht im Abgabenverfahren, in: Michael Lang/Josef Schuch u. a. (Hg.), Internationale Amtshilfe in Steuersachen, 2011, S. 343.

85
Innerstaatliche Umsetzung

Während das EU-Amtshilfegesetz und das EU-Beitreibungsgesetz die unionsrechtlichen Vorgaben in das innerstaatliche Recht umsetzen, integriert § 117 AO die zwischenstaatliche Amtshilfe einschließlich der völkervertraglich vereinbarten Möglichkeiten in das innerstaatliche Recht[387] und erlaubt zwischenstaatliche Amtshilfe auch in anderen Fällen unter Voraussetzungen, die neben dem Erfordernis der Gegenseitigkeit auch den Schutz des Steuerpflichtigen umfassen.

II. Schutz des Steuerpflichtigen

86
Spannungsverhältnis zwischen staatlichen und privaten Interessen

Grenzüberschreitende Rechts- und Amtshilfe in Steuersachen ist erforderlich, um staatliche Besteuerungshoheit verfahrensrechtlich zu sichern. Sie dient dem staatlichen Fiskalinteresse; zugleich ist sie auf Verwirklichung von Steuergerechtigkeit im Sinne von Belastungsgleichheit gerichtet[388]. Der verfassungsrechtlich vor allem im Grundrecht der informationellen Selbstbestimmung, aber auch in den Wirtschaftsgrundrechten der Berufs- und der Eigentümerfreiheit verankerte Daten- und Geheimnisschutz des Steuerpflichtigen[389] unterliegt einem Beschränkungsvorbehalt, der wegen des Allgemeininteresses an gleichmäßiger Besteuerung grundsätzlich eingreift[390]. Dem Geheimhaltungsinteresse des Steuerpflichtigen kann aber zugleich ein Interesse des um Auskunft ersuchten Staates entsprechen, die nationale Volkswirtschaft vor den Folgen von Auskundschaftung zu schützen[391]. Die Lösung des Spannungsverhältnisses zwischen dem Fiskalinteresse des ersuchenden Staates und dem Interesse des Steuerpflichtigen, teilweise auch dem des ersuchten

Stärkere Beschränkung grenzüberschreitender Ermittlungsmaßnahmen

Staates, an der Geheimhaltung von Geschäftsgeheimnissen führt zu einer im Vergleich zu den Möglichkeiten innerstaatlicher Sachverhaltsaufklärung stärkeren Beschränkung grenzüberschreitender Ermittlungsmaßnahmen[392]. Für den Rechtsschutz tritt erschwerend hinzu, daß die Entscheidung, dem Auskunftsersuchen eines anderen Staates nachzukommen, lediglich schlichtes Verwaltungshandeln darstellt, das nicht anfechtbar ist. Besondere Bedeutung kommt deshalb der Anhörung des Betroffenen zu, die aber ebenfalls nicht ausreichend gesichert ist[393].

---

387 *Seer/Gabert* (N 369), S. 11 ff.; *Seer* (N 373), § 117 AO Rn. 45 ff.; umfassend zu § 117 AO: *Hendricks* (N 369), S. 12 ff.
388 *Seer* (N 369), S. 152; *Hendricks* (N 369), S. 95.
389 *Paul Kirchhof*, Steueranspruch und Informationseingriff, in: FS für Klaus Tipke, 1995, S. 27 ff.; *Roman Seer*, Datenschutz im Besteuerungsverfahren, in: FS für Wienand Meilicke, 2010, S. 687 ff.; *ders.* (N 369), S. 158 f.; *Seer/Gabert* (N 369), S. 18 ff.; *Klaus-Dieter Drüen*, Verfassungsfragen der digitalen Außenprüfung, in: StuW 2003, S. 205 (210 ff.); *Engelschalk* (N 375), Art. 26 Rn. 23; unter unionsrechtlichen Aspekten: *Joachim Englisch*, Europarechtliche Einflüsse auf den Untersuchungsgrundsatz im Steuerstrafverfahren, in: IStR 2009, S. 37 (42 f.).
390 *P. Kirchhof* (N 389), S. 35 ff.; *Söhn* (N 30), § 117 AO Rn. 31 d; *Seer* (N 389), S. 691 f.; *Leist* (N 369), S. 40 ff.
391 *Seer* (N 369), S. 158 mit Bezug auf *Hendricks* (N 369), S. 149; *Söhn* (N 30), § 117 AO Rn. 58.
392 *Seer/Gabert* (N 369), S. 18 ff.; *Seer* (N 369), S. 158 f.; *ders.* (N 373), § 117 AO Rn. 58 f.
393 *Hendricks* (N 369), S. 340 ff.; *Seer/Gabert* (N 369), S. 19 ff.; *Engelschalk* (N 375), Art. 26 Rn. 24, 25 ff.

F. Bibliographie

Dieter Birk, Das Leistungsfähigkeitsprinzip als Maßstab der Steuernormen, 1983.
Ottmar Bühler, Prinzipien des Internationalen Steuerrechts, 1964.
Axel Cordewener, Europäische Grundfreiheiten und nationales Steuerrecht, 2002.
Michael Engelschalk, Die Besteuerung von Steuerausländern auf Bruttobasis, 1988.
Johanna Hey, Spezialgesetzliche Missbrauchsgesetzgebung aus steuersystematischer, verfassungs- und europarechtlicher Sicht, in: StuW 2008, S. 167 ff.
dies., Harmonisierung der Unternehmensbesteuerung in Europa, 1997.
Otto H. Jacobs, Internationale Unternehmensbesteuerung, ^{7}2011.
Paul Kirchhof, Die Steuer als Ausdruck der Staatsverfassung, in: FS für Horst Sendler 1991, S. 65 ff.
ders., Steueranspruch und Informationseingriff, in: FS für Klaus Tipke, 1995, S. 27 ff.
Volker Kluge, Das Internationale Steuerrecht, ^{4}2000.
Jürgen Lüdicke, Überlegungen zur deutschen DBA-Politik, 2008.
Jörg Manfred Mössner, Zur Auslegung von Doppelbesteuerungsabkommen, in: FS für Ignaz Seidl-Hohenfeldern, 1988, S. 403.
Ekkehart Reimer, Der Ort des Unterlassens, 2004.
Harald Schaumburg, Internationales Steuerrecht, ^{3}2011.
Utz Schliesky, Souveränität und Legitimität von Herrschaftsgewalt, 2004.
Wolfgang Schön, Europäische Kapitalverkehrsfreiheit und nationales Steuerrecht, in: FS für Brigitte Knobbe-Keuk, 1997, S. 743 ff.
ders., International Tax Coordination for a Second-Best World, in: World Tax Journal 2009, S. 67 ff.; 2010, S. 65 ff., 227 ff.
Armin Spitaler, Das Doppelbesteuerungsproblem bei den direkten Steuern, ^{2}1967.
Klaus Vogel, Der räumliche Anwendungsbereich der Verwaltungsrechtsnorm, 1965.
ders., Die Verfassungsentscheidung des Grundgesetzes für eine internationale Zusammenarbeit, 1964.
ders., Die Besteuerung von Auslandseinkünften – Prinzipien und Praxis, in: VDStjG 8 (1985), S. 3 ff.
Franz Wassermeyer, Die beschränkte Steuerpflicht, in: VDStjG 8 (1985), S. 49 ff.

§ 252
Geldwirtschaft im Weltfinanzsystem

Reiner Schmidt

Übersicht

	Rn.		Rn.
A. Geldwirtschaft im nationalen Rahmen	1–16	3. Geldpolitische Strategie	28–29
I. Wichtigkeit und Wesen des Geldes	1–2	4. Instrumente der Geldpolitik	30–34
II. Recht des Geldes	3–6	5. Unabhängigkeit der Europäischen Zentralbank und der nationalen Zentralbanken	35
III. Verfügung über das Geld	7–14		
1. Wirtschaftspolitik und Geld	7–10		
2. Verschuldungsgrenzen	11–14	IV. Sicherung des Geldwertes	36–45
a) Regelung des Grundgesetzes	11–13	1. Stabilitäts- und Wachstumspakt	36–38
b) Möglichkeiten der Deutschen Bundesbank	14	2. Europäischer Stabilitätsmechanismus	39–42
IV. Aufsicht	15–16	3. Vertrag über Stabilität, Koordinierung und Steuerung (VSKS)	43–45
B. Geldwirtschaft in der Europäischen Union	17–52	V. Regulierung der Finanzmärkte	46–51
I. Einführung der gemeinsamen Währung	17–19	1. Besondere Probleme der Aufsichtsstruktur in Deutschland	48
II. Grundprinzipien der Wirtschafts- und Währungsunion	20–23	2. Europäische Aufsichtsstruktur	49–51
1. Grundlagen	20	VI. Währungsaußenpolitik	52
2. Überwachung der Haushaltsdisziplin	21–22	C. Geldwirtschaft im Weltfinanzsystem	53–57
3. Preisstabilität	23	I. Internationaler Währungsfonds	53–56
III. Geldpolitik des Europäischen Systems der Zentralbanken	24–35	II. Sonstige Akteure	57
1. Allgemeines	24–25	D. Schlußbemerkung	58–60
2. Gewährleistung der Preisstabilität	26–27	E. Bibliographie	

A. Geldwirtschaft im nationalen Rahmen

I. Wichtigkeit und Wesen des Geldes

1

Geld als Freiheitsinstrument

Der moderne Staat ist Finanzstaat, Finanzkrisen sind Staatskrisen[1]. Die Finanzkrise, die im Frühjahr 2007 als US-Immobilienkrise begann und die längst zur Wirtschaftskrise geworden ist, hat auch das Vertrauen in das Geld erschüttert. Rapide gestiegene Gold- und Silberpreise, das gewachsene Interesse an den Rohstoffmärkten und die Diskussion um den Euro sind Hinweise genug für eine tiefgreifende Verunsicherung. Geld ist eines der „großartigsten Werkzeuge der Freiheit, das der Mensch je erfunden hat"[2]. Will man die bürgerliche Gesellschaft zerstören, muß man nach Lenin nur ihr Geldwesen verwüsten[3]. Diese nach wie vor richtigen Aussagen sind der bedrohliche Hintergrund einer Entwicklung, die in beängstigender Weise Erschütterungen (zum Beispiel den Zusammenbruch großer weltweit agierender Banken und Märkte) und Verflechtungen (zum Beispiel Verschuldung der USA in China) mit sich gebracht haben und die Zweifel an der Steuerbarkeit des gesamten „Systems" aufkommen lassen. Der Übergang von einer Bürgergesellschaft zu einer transnationalen Wettbewerbsgesellschaft in Verbindung mit der naturgegebenen Flüchtigkeit des Geldes hat den Staat, ja die Welt verletzlicher gemacht. Es ist deshalb von existentieller Bedeutung, ob und in welchem Maß durch Recht Sicherheit geschaffen werden kann[4]. Mit Geld will der moderne Staat die materiellen Mittel zur Erfüllung seiner Aufgaben schaffen. Er ersetzt persönliche Beziehungen durch Distanz und Abstraktion, er fördert Berechenbarkeit und bürgerliche Freiheit[5]. Es wird zu untersuchen sein, ob und mit welchen rechtlichen Mitteln dies gelingen kann.

2

Grundfunktionen des Geldes

Die Geldwirtschaft beruht auf den drei wesentlichen Grundfunktionen des Geldes. Geld ist allgemeines Tauschmittel (oder besser: Wertübertragungsmittel), Wertaufbewahrungsmittel und Recheneinheit[6]. Kurz gesagt ist Geld ein Werttransporteur über Raum und Zeit[7].

---

1 Vgl. *Stefan Korioth*, Finanzen, in: GVwR III, 2009, § 44 Rn. 1.
2 *Friedrich August v. Hayek*, Der Weg zur Knechtschaft, o. J., S. 120f. Nach der Formulierung des BVerfG ist Geld „geprägte Freiheit" (BVerfGE 97, 350 [371]).
3 Näheres bei *Reiner Schmidt*, Geld, in: Leitgedanken des Rechts, FS für Paul Kirchhof, 2013, S. 1499ff.
4 Mit Gold als Reservewährung ist keine Sicherheit zu schaffen. Nach der modernen Geldtheorie ist Geld eine Schöpfung des Staates, vgl. statt vieler *Abba B. Lerner*, Money as a Creature of the State, in: American Economic Review, Bd. 37, Nr. 2 2, Papers and Proceedings of the Fiftyninth Annual meeting of the American Economic Association (May 1947), 1947, S. 312ff. Vgl. auch *Maximilian Wallerath*, Der ökonomisierte Staat, in: JZ 2001, S. 209 (212).
5 Vgl. *Dieter Suhr*, Die Geldordnung aus verfassungsrechtlicher Sicht, in: Joachim Starbatty (Hg.), Geldordnung und Geldpolitik in einer freiheitlichen Gesellschaft, 1982, S. 91ff., 115f.; *Korioth* (N 1).
6 Näheres dazu *R. Schmidt* (N 3), S. 1500.
7 Vgl. *Christoph Herrmann*, Währungshoheit, Währungsverfassung und subjektive Rechte, in: JuS Publicum 187 (2010), S. 41.

II. Recht des Geldes

Rechtlich gesehen ist Geld das vom Staat vorgeschriebene Zahlungsmittel. Es muß von jedermann im Staatsgebiet als Zahlung akzeptiert werden. Während der rechtliche Geldbegriff nur das wirtschaftliche Einzelphänomen des Geldes erfaßt, also eine bestimmte Werteinheit, stellt der Begriff „Währung" auf die gesamte staatliche Geldordnung, auf die Geldverfassung ab[8]. Im Rahmen der Auslegung von Art. 73 Abs. 1 Nr. 4 GG wird das Währungswesen als Oberbegriff verstanden, der das Geld- und Münzwesen mit umfaßt[9]. Welche körperlichen Gegenstände Geldzeichen sein können, bestimmt der Staat. Es sind dies Münzen und Geldscheine, nicht etwa das Gold. Größere wirtschaftliche Bedeutung als die Verkörperung des Geldes in Geldzeichen hat das Buch- und Giralgeld[10]. Zur Sicherung der Funktionsfähigkeit des Geldes wird dieses mit einem Annahmezwang ausgestattet. Gleichzeitig wird ein Verbot der Verwendung anderer körperlicher Zahlungsmittel ausgesprochen[11]. Ein rechtlicher Spielraum für „Freigeld", „Schwundgeld" oder „Regionalgeld" etwa nach der Idee von Silvio Gesell („Wunder von Wörgl") ist deshalb kaum feststellbar[12], im wesentlichen kommt nur der Gebrauch von geldähnlichen Gutscheinen in Betracht.

3
Währungs- und Geldbegriff

Tatsächlich wesentlich bedeutender ist im Informationszeitalter die zunehmende Virtualisierung des Geldes im elektronischen Zahlungsverkehr. Neben den herkömmlichen Buchgeldinstrumenten ist es das neue Phänomen des elektronischen Geldes (E-Geld), das mit unterschiedlichen Bezeichnungen (Computergeld, Netzgeld, Cyber-Cash) kursiert und erst langsam in rechtliche Bahnen gelenkt wird. Kennzeichnend ist, daß dieses Geld gegen Entgegennahme eines Geldbetrags nach der vorherigen Hingabe von Bar- oder Buchgeld erworben wird. Nach der Definition der EG-Richtlinie vom 18. September 2000 wird ein monetärer Wert in Form einer Forderung gegen die ausgebende Stelle geschaffen, die ihn auf einem Datenträger speichert[13]. Das

4
Virtualisierung des Geldes

---

[8] *René Rhinow/Gerhard Schmid u.a.*, Öffentliches Wirtschaftsrecht, ²2011, S. 444f. *Karsten Schmidt* (Vorbemerkungen und Kommentierungen zu den §§ 244–248 BGB, in: Julius v. Staudinger, Kommentar zum BGB, ¹³1997, A 40ff.) unterscheidet zwischen der Währung als Funktionsbegriff, zwischen dem der einer gesetzlich bestimmten Rechnungseinheit für ein Währungsgebiet geltenden Geldsystem einerseits und der Währung als Zuordnungsbegriff andererseits, worunter er die im konkreten Fall mit der Wertmaßfunktion verbundene Recheneinheit verstanden wissen will.

[9] Vgl. *Arnd Uhle*, in: Maunz/Dürig, 2010, Art. 73 Rn. 78.

[10] Näheres bei *K. Schmidt* (N 8), A 28ff.

[11] Vgl. zum Euro VO (EG) Nr. 974/98 des Rates v. 3.5.1998, ABl 1998 L 139, S. 1 und § 35 BBankG, der verbietet, Geldzeichen (Marken, Münzen, Scheine oder andere Urkunden, die geeignet sind, im Zahlungsverkehr an Stelle der gesetzlich zugelassenen Münzen oder Banknoten verwendet zu werden) auszugeben oder zu verwenden.

[12] Vgl. *Herrmann* (N 7), S. 54ff. Engagiert gegen den aus seiner Sicht ungerechten Mehrwert von Liquidität *Dieter Suhr*, Geld ohne Mehrwert. Entlastung der Marktwirtschaft von monetären Transaktionskosten, 1983, S. 24ff.

[13] Vgl. RL 2000/46/EG des Europäischen Parlaments und des Rates v. 18.9.2000, ABl 2000 L 275, S. 39, Art. 1 Abs. 3 lit. b); vgl. auch die Definition des mit Wirkung zum 30.4.2011 gestrichenen Abs. 14 des § 1 KWG („Werteinheiten in Form einer Forderung gegen die ausgebende Stelle, die 1. auf elektronischen Datenträgern gespeichert sind, 2. gegen Entgegennahme eines Geldbetrags ausgegeben werden und 3. von Dritten als Zahlungsmittel angenommen werden, ohne gesetzliches Zahlungsmittel zu sein"). Zum Begriff vgl. auch *Lorenz Müller*, Elektronisches Geld, 2002, S. 25f.

Institut, welches das elektronische Geld ausgegeben hat, verbucht diese Forderung nicht gegenüber dem einzelnen Kunden, sondern garantiert die Einlösung gegenüber demjenigen, der das Geld als erster zum Umtausch einreicht. Es ähnelt daher einer Inhaberschuldverschreibung ohne Urkundlichkeit[14].

5
Notwendige normative Absicherung

Für eine moderne Volkswirtschaft ist entscheidend, wer über die Geldschöpfung, die Geldmenge und das Geldangebot verfügt. Der rechtliche Geldbegriff erfaßt nur das wirtschaftliche Einzelphänomen des Geldes, also eine bestimmte Werteinheit. Der Wert des Geldes wird durch seinen Nennwert bestimmt. Geld kann seit seiner Loslösung vom Stoffwert der Münzen bzw. von den Goldreserven durch den Einsatz der Notenpresse bzw. der Prägestöcke beliebig vermehrt werden. Es muß deshalb normativ abgesichert werden, ob und wie auf diese Weise der Staatshaushalt finanziert werden darf. Andernfalls droht Inflation.

6
Nominalwertprinzip

Die Geltung des Nominalwertprinzips ist ohne anderweitige abweichende vertragliche oder gesetzliche Regelungen eine notwendige Konsequenz der Einführung einer modernen Währung[15]. Geldwertschwankungen bleiben bei Schuldverhältnissen unberücksichtigt (schuldrechtlicher Nominalismus). Zu Recht hat das Bundesverfassungsgericht das Nominalwertprinzip als „tragendes Ordnungsprinzip der geltenden Währungsordnung und Wirtschaftspolitik" bezeichnet[16]. Die Verschlechterung des Geldwerts gefährdet die Funktionsfähigkeit des Geldes[17]. Entsprechend wurde zur Besteuerung des Kapitalvermögens gesagt, daß es „verfassungsrechtlich unbedenklich" wäre, die gesteigerte Inflationsanfälligkeit der Einkunftsart „Kapitalvermögen" bei der Besteuerung zu berücksichtigen[18]. Das Geld kann seine Funktionen als Tauschmittel, Recheneinheit und Wertaufbewahrungsmittel ohne die Erhaltung eines Mindestmaßes an Kaufmacht nicht mehr erfüllen. Ohne deren grundsätzliche Absicherung ist das nominalistische Prinzip nicht aufrecht zu erhalten[19].

Verbot von Wertsicherungsklauseln

Der Stabilisierung der Währung und der Absicherung des Nominalprinzips soll auch das grundsätzliche Verbot der Vereinbarung von Wertsicherungsklauseln dienen. Dieses umstrittene, ehemals in § 3 S. 2 WährG enthaltene Verbot[20] ist nach Einführung des Euro durch § 2 des Preisangaben- und Preisklauselgesetzes übernommen und in ein Verbot mit zahlreichen Legalausnahmen umgeformt worden. Die unionsrechtliche Zulässigkeit ist nach dem Grundsatz der begrenzten Einzelermächtigung zu entscheiden. Gewiß ist mit der Einführung des Euro das Schutzgut „Deutsche Mark" weggefallen, woraus aber keine generelle Unzuständigkeit der Mitgliedstaaten für Regelungen, die der Stabilität des Euro dienen, angenommen werden darf[21].

---

14 Näheres bei *Herrmann* (N 7), S. 22 f.; *Hugo J. Hahn/Ulrich Häde*, Währungsrecht, ²2010, S. 23 f.
15 *Hahn/Häde* (N 14), S. 36.
16 BVerfGE 50, 57 (92); 127, 1 (31).
17 → Bd. V, *R. Schmidt*, § 117 Rn. 18.
18 BVerfGE 84, 239 (282).
19 → Bd. V, *R. Schmidt*, § 117 Rn. 18.
20 → Bd. V, *R. Schmidt*, § 117 Rn. 19.
21 Ähnlich *Hahn/Häde* (N 14), S. 66 f.

III. Verfügung über das Geld

1. Wirtschaftspolitik und Geld

Voraussetzung von Geld im Rechtssinn sind die währungsrechtliche Legitimation und die Ausstattung mit Annahmezwang[22]. Entscheidend ist, ob und wie angesichts der supranationalen und internationalen Verflechtung der Wert des Geldes in diesem Sinn durch den Staat gesichert werden kann. Zwar enthält das Grundgesetz kein Verfassungsgebot zur Sicherung des Geldwertes. An der objektiv-rechtlichen Pflicht der Bundesrepublik Deutschland, das Preisniveau möglichst stabil zu halten, bestehen aber keine Zweifel[23]. Diese Pflicht ist eingefügt in die Schicksalsgemeinschaft der Währungsunion der Europäischen Union, auf welche die Geld- und Wechselkurspolitik vollständig übertragen worden ist[24]. Die Bundesbank ist im Rahmen der europäischen Geldpolitik nur noch weisungsgebundene nationale Zentralbank. Das deutsche Verfassungsrecht sieht in Art. 88 S. 2 GG vor, daß die Aufgabenübertragung auf eine Europäische Zentralbank nur unter der Voraussetzung erfolgen darf, daß diese unabhängig und dem Ziel der Preisstabilität verpflichtet ist. Damit werden aber nur die Bundesregierung und der Bundestag gebunden, nicht aber Einrichtungen der Union. Die einschlägigen Kompetenzbestimmungen des Grundgesetzes[25] sind damit auf die Umsetzungskompetenz reduziert. Die rechtlichen Grundlagen für die Verpflichtung zur Wahrung des Geldwertes finden sich in der Ausrichtung der Haushaltspolitik auf das gesamtwirtschaftliche Gleichgewicht (Art. 109 Abs. 2 GG), im Sozialstaatsprinzip (Art. 20 Abs. 1 GG) und im geldschuldrechtlichen Nominalwertprinzip[26].

7
Pflicht zur Geldwerterhaltung

Art. 88 S. 2 GG

Umstritten ist weiterhin, ob Geld Schutzgut des Art. 14 GG ist oder sein kann. Für die Einbeziehung des Geldes in den Schutz des Art. 14 GG steht vor allem die Meinung von Hans-Jürgen Papier[27], der auf die Funktion des Eigentumsschutzes abstellt, die eine prinzipielle Gewährleistung des Tauschwerts beinhalte. Eine Ausklammerung des Tauschwertes aus der Gewährleistungsfunktion des Art. 14 GG würde für Geld und geldwerte Forderungen, die keinen eigenständigen, vom Tauschwert unabhängigen Nutzungswert hätten, den von Art. 14 GG gewährleisteten Schutz nicht mehr garantieren. Dem wird das Argument entgegengesetzt, auch Aktienkurse und Immobilienpreise könnten

8
Schutz durch Art. 14 GG

---

22 Die sog. staatliche Geldtheorie von Knapp gilt heute als überholt. Näheres bei *K. Schmidt* (N 8), A 4 f. Zu den modernen Geldtheorien siehe *Otmar Issing*, Einführung in die Geldtheorie, ¹⁵2011.
23 Vgl. *Ulrich Häde*, Der verfassungsrechtliche Schutz des Geldwertes, in: WM 2008, S. 1717 ff.
24 Vgl. *Ulrich Häde*, in: Christian Callies/Matthias Ruffert (Hg.), EUV/AEUV, ⁴2011, Art. 119 AEUV Rn. 17.
25 Dem Bund steht die ausschließliche Gesetzgebungskompetenz des Art. 73 Abs. 1 Nr. 4 GG für das Währungs-, Geld- und Münzwesen zu und nach Art. 73 Abs. 1 Nr. 5 GG für den Waren- und Zahlungsverkehr.
26 Näheres bei *Herrmann* (N 7), S. 336 f.; → Bd. V, *R. Schmidt*, § 117 Rn. 21 ff. Zum Nominalwertprinzip insbes. *K. Schmidt*, Die Rechtspflicht des Staates zur Stabilitätspolitik und der privatrechtliche Nominalismus, in: FS 125 Jahre juristische Gesellschaft Berlin, 1984, S. 665 (686).
27 *Hans-Jürgen Papier*, in: Maunz/Dürig, 2010, Art. 14 Abs. 1 S. 1 Rn. 78.

§ 252   *Zweiundzwanzigster Teil: Grenzüberschreitende Staatsaufgaben*

ins Bodenlose fallen[28], ein Argument das insofern nicht überzeugt, als der Wert des Geldes eben ausschließlich in dem in ihm verkörperten Tauschwert besteht. Die herrschende Meinung von der grundsätzlichen objektiv-rechtlichen Verpflichtung des Staates und der Europäischen Union zur Bereitstellung einer funktionierenden und stabilen Geldordnung verdient deshalb den Vorzug[29].

9
BVerfG und Kaufkraft des Geldes

Nicht eindeutig ist die Haltung des Bundesverfassungsgerichts. In der einschlägigen Passage des Urteils zur Wirtschafts- und Währungsunion[30] wird letztlich offengelassen, ob der Geldwert in den Schutzbereich des Art. 14 GG fällt:

„Art. 14 Abs. 1 GG gewährleistet das Recht, Sach- und Geldeigentum zu besitzen, zu nutzen, es zu verwalten und über es zu verfügen.

Wirtschaftliche Grundlage der Freiheit

a) In der Eigentumsgarantie des Art. 14 Abs. 1 GG gewährleistet das Grundgesetz die privat verfügbare ökonomische Grundlage individueller Freiheit. Der Eigentumsgarantie kommt im Gesamtgefüge der Grundrechte ‚die Aufgabe zu, dem Träger des Grundrechts einen Freiraum im vermögensrechtlichen Bereich zu sichern und ihm dadurch eine eigenverantwortliche Gestaltung seines Lebens zu ermöglichen' ... In der heutigen Gesellschaft sichert die große Mehrzahl der Staatsbürger die wirtschaftliche Grundlage ihrer Existenz und ihrer Freiheiten ‚weniger durch privates Sachvermögen als durch den Arbeitsertrag und die daran anknüpfende solidarisch getragene Daseinsvorsorge, die historisch von jeher eng mit dem Eigentumsgedanken verknüpft war' ...

Geldwerte Forderungen

Dementsprechend schützt die Eigentumsgarantie nicht nur körperlich greifbare Sachen, sondern auch geldwerte Forderungen, die nach Art eines Ausschließlichkeitsrechts dem Rechtsträger privatnützig zugeordnet sind, auf Eigenleistungen beruhen und materiellen Grundlagen persönlicher Freiheit dienen ... Eine wesentliche Freiheitsgarantie des Eigentums liegt gerade darin, Sachgüter und Geld gegeneinander austauschen zu können. Die Gleichwertigkeit von Sach- und Geldeigentum ist auch eine der Funktionsgrundlagen des Art. 14 GG. Geld ist geprägte Freiheit; es kann frei in Gegenstände eingetauscht werden.

Gemeinschaftsabhängigkeit des Geldwertes

b) Allerdings ist der Geldwert in besonderer Weise gemeinschaftsbezogen und gemeinschaftsabhängig. Er bildet sich im Rahmen der staatlichen Währungshoheit und Finanzpolitik wesentlich auch durch das Verhalten der Grundrechtsberechtigten selbst, insbesondere über Preise, Löhne, Zinsen, wirtschaftliche Einschätzungen und Bewertungen. Der Außenwert des Geldes folgt aus der Beziehung des nationalen Geldes zu anderen Währungen und deren staatlichen, wirtschaftlichen und gesellschaftlichen Grundlagen. In diesen Abhängigkeiten kann der Staat den Geldwert nicht grundrechtlich garantieren. Wie Art. 14 Abs. 1 GG beim Sacheigentum nur die Verfügungsfreiheit

---

28 So insbesondere *Häde* (N 23), S. 1717 ff.
29 Nachweise bei *Herrmann* (N 7), S. 337; → Bd. V, *R. Schmidt*, § 117 Rn. 23.
30 BVerfGE 97, 350 ff.

des anbietenden Eigentümers, nicht aber die Bereitschaft des Nachfragers gewährleisten kann, so kann das Grundrecht des Eigentümers auch beim Geld nur die institutionelle Grundlage und die individuelle Zuordnung gewährleisten"[31].

Wollte man aus der zitierten Passage den Schluß ziehen, das Bundesverfassungsgericht habe die Frage, ob die Kaufkraft des Geldes in den Schutzbereich des Art. 14 Abs. 1 GG falle, nicht nur offengelassen, sondern sogar abgelehnt, dann überzeugt dies nicht. Zwar bildet sich der Tauschwert des Geldes im Regelfall im Markt, er ist aber „normgeprägt", etwa durch die Vorschriften über den Nominalismus oder durch die Verpflichtung der Europäischen Zentralbank auf die Preisstabilität. Wenn die staatliche Rechtsordnung den exklusiven Gebrauch eines allgemeinen Tauschmittels vorschreibt, dann muß auch dessen prinzipieller Schutz grundrechtlich abgesichert sein[32]. Art. 14 GG schützt jedenfalls vor einer gezielten Verringerung der Kaufkraft des Geldes, nicht jedoch vor den Nebenfolgen von Hoheitsakten. Bei der Handhabung des Handlungsrahmens der Geldpolitik wird es sich nämlich in der Regel um Inhalts- und Schrankenbestimmungen des Geldeigentums bzw. um faktische Eingriffe handeln, die allerdings gegebenenfalls einer Rechtfertigung bedürfen[33]. Trotz der Vielzahl von Rechtsnormen im nationalen[34] und im europäischen Recht[35], welche den Geldwert sichern, wird ein auf Art. 14 GG gestützter subjektivrechtlicher Schutz der Kaufkraft des Geldes von Literatur und Rechtsprechung[36] überwiegend abgelehnt. Die Tauschwertgarantie des Geldes kann im Regelfall nur ein Abwehrrecht gegen staatliche Eigentumsverletzungen begründen und kommt schon aus praktischen Gründen nur im Fall zielgerichteter hoheitlicher Eingriffe in die Kaufkraft in Betracht[37].

10 „Normgeprägter" Tauschwert des Geldes

Kein subjektives Abwehrrecht aus Art. 14 Abs. 1 GG

2. Verschuldungsgrenzen

a) Regelung des Grundgesetzes

Die Staatsverschuldung in den europäischen Mitgliedstaaten und in Deutschland ist in den letzten Jahrzehnten stark gestiegen. Im Jahr 2012 lag der Gesamtschuldenstand der öffentlichen Haushalte im Verhältnis zum Bruttoinlandsprodukt (BIP) über 80%. Es besteht kein Zweifel, daß dadurch die jetzige Generation auf Kosten zukünftiger Generationen lebt. Nicht zuletzt

11 Staatsverschuldung

---

31 BVerfGE 97, 350 (370ff.); ausdrücklich offen BVerfGE 129, 124 (173).
32 Ähnlich *Herrmann* (N 7), S. 347. A. A. *Oliver Lepsius*, Geld als Schutzgut der Eigentumsgarantie, in: JZ 2002, S. 313 (317). *Häde* (N 23) hält „es nicht von vornherein ausgeschlossen, daß Art. 14 Abs. 1 GG den Staat verpflichtet, sich schützend vor das Eigentum zu stellen, wenn es von Dritten gefährdet wird. Damit könnte dann ein entsprechender Anspruch des Eigentümers korrespondieren" (S. 1723).
33 So zu Recht *Herrmann* (N 7), S. 350.
34 Regelungen und Ansätze finden sich u. a. in Art. 109 Abs. 2 GG und im Sozialstaatsprinzip, vgl. z. B. *K. Schmidt* (N 26), S. 665 ff., der auf den Zusammenhang mit dem Nominalismus abstellt, und *Herrmann* (N 7), S. 361.
35 Art. 3 Abs. 3 S. 2 EUV nennt die Preisstabilität als eines der Ziele der EU ebenso wie Art. 119 Abs. 2 AEUV.
36 BVerfGE 97, 350 (376).
37 So vor allem *Papier* (N 27), Art. 14 Abs. 1 S. 1 Rn. 187; *Herrmann* (N 7), S. 361.

wegen der demographischen Entwicklung ist deshalb nach überwiegender Meinung eine umfassende Konsolidierung der Staatsfinanzen dringend erforderlich. Die Dramatik der Situation wird nicht zuletzt durch die neuere, in diesem Umfang bisher unbekannte Diskussion um einen Staatsbankrott[38] deutlich. Abhilfe soll eine neue gemeinsame Schuldenregel für Bund und Länder schaffen. Nach der Föderalismusreform II bleibt zwar das Prinzip der Haushaltsautonomie der Länder (Art. 109 Abs. 1 GG) erhalten. Nunmehr werden aber die bisherigen Verschuldungsmöglichkeiten wesentlich modifiziert. Bund und Länder werden gemäß Art. 109 Abs. 2 GG gemeinsam verpflichtet, die Verpflichtungen der Bundesrepublik Deutschland aus den Rechtsakten der Europäischen Gemeinschaft (jetzt der Europäischen Union) entsprechend Art. 126 AEUV zu erfüllen[39]. Eine Ausweitung der Verschuldung ist nur noch im Rahmen der unionsrechtlichen Defizitvorgaben möglich, wodurch auch dem Bundesverfassungsgericht Rechnung getragen wird, das die gemeinsame Verpflichtung auf das gesamtwirtschaftliche Gleichgewicht als zu unbestimmt und nicht vollziehbar bezeichnet hatte[40].

12

Durch die Föderalismusreform I im Jahr 2006[41] und durch die Föderalismusreform II im Jahr 2009[42] wurde der ursprüngliche Art. 109 GG mit seiner zentralen Ausrichtung auf das gesamtwirtschaftliche Gleichgewicht wesentlich geändert. Der neue Abs. 3 führt eine Schuldenbremse ein und versucht nach Ablauf von zwei Übergangsperioden, die sich bis zum Jahr 2020 erstrecken, die Neuverschuldung in justiziabler Weise zu begrenzen (Art. 143 d GG)[43]. Art. 109 Abs. 3 GG gilt für Bund und Länder[44]. Nach Art. 109 Abs. 2 GG haben Bund und Länder gemeinsam die Verpflichtungen der Bundesrepublik Deutschland aus Rechtsakten der Europäischen Gemeinschaften aufgrund des Art. 104 EGV (jetzt Art. 126 AEUV) zu erfüllen. Mit diesem problematischen dynamischen Verweis wird umfassend auf das europäische Recht der Haushaltsdisziplin verwiesen[45], wobei es vor allem um die Pflichten nach dem

---

38 Vgl. statt vieler *Christoph Ohler*, Staatsbankrott, in: JZ 2005, S. 590 ff. Zum Schuldenstand s. *Europäische Zentralbank*, Monatsbericht März 2012, S. 106 f.; *Deutsche Bundesbank*, Monatsbericht April 2010, S. 15 ff.; *Sachverständigenrat zur Begutachtung der gesamtwirtschaftlichen Entwicklung*, Euro-Raum in der Krise, Jahresgutachten 2011/12, S. 78 ff. Näheres bei *Paul Kirchhof*, Deutschland im Schuldensog, 2012, mit zahlreichen anschaulichen Tabellen im Anhang, S. 273 ff., und bei *Hermann Pünder*, Staatsschulden, in: Leitgedanken des Rechts, FS für Paul Kirchhof, 2013, S. 1519 ff. m. zahlr. weit. Nachw. zum internationalen Schuldenstand → Bd. X, *v. Lewinski*, § 217 Rn. 1 ff.
39 Vgl. *Christian Mayer*, Greift die neue Schuldenbremse?, in: AöR 136 (2011), S. 270 f.
40 BVerfGE 79, 311 (354); vgl. auch *Maxi Koemm*, Eine Bremse für die Staatsverschuldung, 2011, S. 316.
41 Gesetz zur Änderung des GG v. 28. 8. 2006 (BGBl 2006 I, S. 2034).
42 Gesetz zur Änderung des GG v. 29. 7. 2009 (BGBl 2009 I, S. 2248).
43 Die Einführung einer für Bund und Länder asymmetrischen Schuldenbremse (Art. 109 Abs. 3 GG, Art. 115 Abs. 2 GG) bedeutet keinen Verstoß gegen Art. 79 Abs. 3 GG, weil diese Bestimmung nur „Grundsätze", nicht jedoch starre Grenzen aufstellt. Zutreffend *Ekkehart Reimer*, in: BeckOK GG Art. 109 Rn. 16. A. A. *Bardo Fassbender*, Eigenstaatlichkeit und Verschuldungsfähigkeit der Länder, in: NVwZ 2009, S. 737 (740).
44 Die Meinung, wonach Art. 109 Abs. 3 GG gegen die „Ewigkeitsgarantie" des Art. 79 Abs. 3 GG verstoße, weil in die unantastbare Haushaltsautonomie der Länder eingegriffen werde, überzeugt schon deshalb nicht, weil diese keineswegs schrankenlos ist. Vgl. zum Ganzen *Peter Selmer*, Die Föderalismusreform II – ein verfassungsrechtliches monstrum simile, in: NVwZ 2009, S. 1255 (1261).
45 Vgl. *Gregor Kirchhof*, in: v. Mangoldt/Klein/Starck, Bd. III, ⁶ 2010, Art. 109 Abs. 2 Rn. 37.

reformierten europäischen Stabilitäts- und Wachstumspakt[46] geht. Nach der Reform ist nunmehr der Bund gefordert, den Haushalt grundsätzlich ohne Kreditaufnahme auszugleichen (Art. 109 Abs. 3 S. 1 und Art. 115 Abs. 2 S. 1 GG). Kredite dürfen nur in einem bestimmten Rahmen und nur aufgrund eines Gesetzes aufgenommen werden, das eine entsprechende, der Höhe nach bestimmte oder bestimmbare Ermächtigung erteilt. Konkretisiert werden die Vorgaben des Art. 109 Abs. 3 GG durch Art. 115 Abs. 2 GG. Danach sind die Einnahmen und Ausgaben des Bundes grundsätzlich ohne Einnahmen aus Krediten auszugleichen. Diesem Grundsatz wird genügt, wenn die Einnahmen aus Krediten 0,35 % des nominalen Bruttoinlandsprodukts nicht überschreiten. Hinzu kommt eine konjunkturelle Komponente. In einem neu geschaffenen Kontrollkonto sollen die Abweichungen von der Kreditgrenze erfaßt werden. Belastungen, die den Schwellenwert von 1,5 % des nominalen Bruttoinlandsprodukts überschreiten, sind „konjunkturgerecht" zurückzuführen.

13
Haushaltsausgleich

Der Grundsatz des Haushaltsausgleichs wird durch Art. 115 Abs. 2 S. 2 GG verwässert. Der Verschuldungsspielraum von 0,5 % ist jedoch gering. Anders ist dies allerdings bei einer von der Normallage abweichenden konjunkturellen Entwicklung, bei der die Auswirkungen auf den Haushalt im Auf- und Abschwung symmetrisch zu berücksichtigen sind (Art. 115 Abs. 2 S. 3 GG). Mit dieser Konjunkturklausel wird für die Staatsverschuldung keine klare Grenze geschaffen. Sie orientiert sich an einem unbestimmten Konjunkturfaktor. Die rechtliche Begrenzung der Staatsverschuldung kann umgangen werden[47]. Die Pflicht, Belastungen, die den Schwellenwert von 1,5 % im Verhältnis zum nominalen Bruttoinlandsprodukt überschreiten, zurückzuführen, ist zu begrüßen (Art. 115 Abs. 2 S. 4 Hs. 2 GG). Sie will nach der Begründung des Gesetzesentwurfs neuen strukturellen Defiziten vorbeugen. Angesichts der bisherigen massiven Verletzung des europäischen Rechts durch die großen Mitgliedstaaten Frankreich und Deutschland[48], durch Griechenland und durch andere Mitgliedstaaten muß allerdings bezweifelt werden, ob die europaweite Schaffung neuer Verschuldungsgrenzen zu größerer politischer Disziplin und Rechtstreue führen wird.

b) Möglichkeiten der Deutschen Bundesbank

Die Deutsche Bundesbank hat im Jahr 1999 ihre Zuständigkeit für eigenständige Geldpolitik an das Europäische System der Zentralbanken verloren. Sie hatte ursprünglich die Aufgabe, den Geldumlauf und die Kreditversorgung der Wirtschaft mit dem Ziel zu regeln, die Stabilität der Währung zu sichern. Mit dem Beginn der Europäischen Währungsunion (EWU) und mit der Ein-

14
Stellung der Deutschen Bundesbank

---

46 Entschließung des Europäischen Rates vom 17. 6. 1997, ABl 1997 C 236, S. 1. Bekräftigt und ergänzt durch die Erklärung des Rates vom 1. 5. 1998, ABl 1998 L 139, S. 28. Ferner VO (EG) Nr. 1466/97 des Rates v. 7. 7. 1997, ABl 1997 L 209, S. 1 und VO (EG) Nr. 1467/97 des Rates v. 7. 7. 1997, ABl 1997 L 209, S. 6.
47 So zu Recht *Gregor Kirchhof*, Die Allgemeinheit des Gesetzes, 2009, S. 592. Zu den Umgehungsmöglichkeiten im einzelnen überzeugend *Pünder* (N 38), S. 1526 f.
48 Näheres bei *Ulrich Palm*, Der Bruch des Stabilitäts- und Wachstumspakts, in: EuZW 2004, S. 71 ff.

führung des Euro Anfang 1999 ging diese Aufgabe auf das Eurosystem über. Als Zentralbank der Bundesrepublik Deutschland ist die Deutsche Bundesbank neben den übrigen nationalen Zentralbanken Mitglied sowohl im Europäischen System der Zentralbanken als auch im Eurosystem. Ihr Präsident gehört dem EZB-Rat und dem erweiterten Rat „ad personam" an. Wichtigste Aufgabe ist die Umsetzung der geldpolitischen Beschlüsse und Vorgaben des Europäischen Systems der Zentralbanken. Die Deutsche Bundesbank hat deshalb in erster Linie nur noch eine Vollzugskompetenz. Als integraler Bestandteil des Europäischen Systems der Zentralbanken wirkt sie an der Erfüllung der Aufgabe, vorrangig die Preisstabilität zu gewährleisten, mit. Außerdem verwaltet sie die Währungsreserven der Bundesrepublik und sorgt für die bankmäßige Abwicklung des Zahlungsverkehrs im Inland und mit dem Ausland. Sie trägt zur Stabilität der Zahlungs- und Verrechnungssysteme bei[49].

Mitglied im ESZB und im Eurosystem

IV. Aufsicht

15
Regulierungs- und Aufsichtsversagen

Die Finanzkrise des Jahres 2008 ist auch eine Folge des Versagens der Finanzaufsicht. Allerdings muß deutlich zwischen Regulierungs- und Aufsichtsversagen differenziert werden[50]. Die Gewährleistung der Finanzmarktstabilität ist eine elementare Staatsaufgabe, die nur im europäischen und internationalen Verbund wahrgenommen werden kann[51]. Zu berücksichtigen ist, daß der Staat in Gestalt der Zentralbank den Finanzmarkt mitkonstituiert, daß er als unmittelbarer Finanzmarktakteur agiert und schließlich daß er sein großes Arsenal marktsteuernder, marktbeaufsichtigender und marktintervenierender Einflußnahme geltend machen kann[52].

16
Allfinanzaufsicht durch die BaFin

Die nationale Aufsichtsstruktur in Deutschland ist durch eine integrierte Finanzdienstleistungsaufsicht gekennzeichnet, die sich durch die Zusammenführung der Aufsichtsämter des Bundes in der Bundesanstalt für Finanzdienstleistungsaufsicht (BaFin) zu einer Allfinanzaufsicht entwickelt hat[53]. Zwischen der nationalen Aufsichtsbehörde und der Bundesbank, die wichtige Aufgaben im System der Finanzaufsicht wahrnimmt, besteht eine enge Kooperation, wie sie in § 7 KWG behandelt wird. Die Bundesanstalt für Finanzdienstleistungsaufsicht ist selbstständige Bundesoberbehörde im Sinne des Art. 87 Abs. 3 GG, die keine Mittel- und Unterbehörden errichten kann. Trotzdem wäre die verschiedentlich vorgeschlagene Wahrnehmung der gesamten Finanzaufsicht durch die Deutsche Bundesbank, abgesehen von

---

49 Vgl. § 3 des Gesetzes über die Deutsche Bundesbank i.d.F. der Bekanntmachung v. 22.10.1992 (BGBl 1992 I, S. 782), zuletzt geändert durch Art. 9 des Gesetzes zur Optimierung der Geldwäscheprävention v. 22.12.2011 (BGBl 2011 I, S. 2959); auch → Bd. V, *R. Schmidt*, § 117 Rn. 41 ff.
50 So auch *Werner Heun*, Finanzaufsicht im Wandel, in: JZ 2012, S. 235 (242).
51 Vgl. auch *Wolfram Höfling*, Gutachten zum 68. Deutschen Juristentag, Finanzmarktregulierung, 2010, F 62.
52 Vgl. *Höfling* (N 51), F 62.
53 Vgl. Gesetz über die Bundesanstalt für Finanzdienstleistungsaufsicht v. 22.4.2002 (BGBl 2002 I, S. 1310, Art. 1).

rechtlichen Bedenken, unerwünscht. Finanzaufsicht und Geldpolitik sollten weiterhin im Prinzip getrennt ausgeübt werden, schon auch deshalb, weil die Finanzaufsicht im Rahmen der unmittelbaren Regierungsverantwortung und damit der weisungsabhängigen Finanzaufsicht ausgeübt werden kann und nicht im Rahmen der verfassungsrechtlich garantierten geld- und währungspolitischen Unabhängigkeit der Deutschen Bundesbank[54]. Völlig inakzeptabel ist es, daß den Rating-Agenturen ein Teil der Finanzaufsicht überlassen worden ist. § 4 Abs. 3 FinDAG erlaubt nämlich der Bundesanstalt für Finanzdienstleistungsaufsicht nur, sich zur Erfüllung ihrer kapitalmarktrechtlichen Aufsichtsfunktionen privater Institutionen zu bedienen, nicht jedoch, sich von der strengen Verpflichtung auf die Sicherung des Anleger- und Systemschutzes zu befreien[55].

Trennung von Finanzaufsicht und Geldpolitik

B. Geldwirtschaft in der Europäischen Union

I. Einführung der gemeinsamen Währung

Im Jahr 1944 war das internationale Währungssystem durch die späteren Siegermächte neu geordnet worden. In der sogenannten Bretton-Woods-Konferenz einigten sich 44 Staaten auf feste Wechselkurse, der goldhinterlegte US-Dollar wurde zur Leitwährung[56]. Die Einbindung aller Gründungsmitglieder der Europäischen Gemeinschaft in das System fester Wechselkurse endete erst mit dem Einsetzen von Wechselkursänderungen innerhalb der Gemeinschaft[57]. Auf Drängen Italiens und Frankreichs sollte eine eigene Wechselkurspolitik der damaligen Europäischen Wirtschaftsgemeinschaft begründet werden. Die am 1./2. Dezember 1969 auf der Gipfelkonferenz in Den Haag beschlossene stufenweise Errichtung einer Wirtschafts- und Währungsunion, der sogenannte Werner-Plan, übernommen vom Rat am 22. März 1971 als „Entschließung über die stufenweise Verwirklichung der Wirtschafts- und Währungsunion"[58], scheiterte, weil es nach dem Zusammenbruch des Bretton-Woods-Systems und vor dem Hintergrund der ersten Ölpreiskrise nicht gelungen war, einheitliche Zielvorstellungen über eine gemeinsame Stabilitätspolitik zu formulieren. Von dem ambitionierten Ziel des Werner-Plans blieben letztlich nur der Europäische Wechselkursverbund und der Europäische Fonds für währungspolitische Zusammenarbeit (EFWZ) übrig. Nach Ansicht der Deutschen Bundesbank zeigte sich schon damals, „dass ein System fester Wechselkurse auf Dauer nur zwischen Ländern mit einer aus-

17
System fester Wechselkurse

Scheitern des „Werner-Plans"

---

54 So auch *Heun* (N 50), S. 240.
55 So auch *Höfling* (N 51), F 41.
56 Näheres bei *Armand van Dormael/Palgrave Macmillan*, Bretton Woods: Birth of a Monetary System, New York 1978.
57 Abwertung des französischen France um 12,5 %, Aufwertung der deutschen Mark um 0,3 % im Jahr 1969.
58 Entscheidung 71/143/EWG des Rates v. 22.3.1971, ABl 1971 L 73, S. 15.

18
Europäisches Währungssystem

reichend konvergenten Wirtschaftsentwicklung und wirtschaftspolitischen Grundorientierung funktionieren kann"[59].

Die konjunkturelle Stabilisierung in der Europäischen Gemeinschaft wurde in den Jahren 1977 und 1978 durch Schaffung eines europäischen Währungssystem (EWS) mit maximalen Schwankungsmargen von ± 2,25 % um die Leitkurse der teilnehmenden Währungen geschaffen. Der Erfolg des Europäischen Währungssystems führte zur „Einheitlichen Europäischen Akte" (EEA), die am 1. Juli 1987 in Kraft trat. Sie ist die erste grundlegende Reform des Vertrags zur Gründung der Europäischen Gemeinschaft (EWG-Vertrag). Bezweckt war, den Binnenmarkt bis Ende 1992 zu vollenden. Nach dem im Jahr 1989 vorgelegten „Delors-Bericht" sollte eine Wirtschafts- und Währungsunion geschaffen werden[60], die schließlich zum Vertrag von Maastricht führte. Dort wird seit 1. Januar 1993 als Aufgabe der Gemeinschaft neben der Errichtung eines gemeinsamen Marktes die Errichtung einer Wirtschafts- und Währungsunion (WWU), jetzt Art. 3 Abs. 4 EUV, festgeschrieben. Die Wirtschaftspolitik bleibt weiterhin in der Zuständigkeit der Mitgliedstaaten, während die Geld- und Währungspolitik mit der Einführung des Euro in den bislang 17 Mitgliedstaaten für diese „vergemeinschaftet" wurde.

19
Eine gemeinsame Währung

Einführung des Euro am 1.1.1999

Mit der dritten Stufe der Wirtschafts- und Währungsunion ging die Währungshoheit in den EU-Mitgliedstaaten, in denen der Euro eingeführt wurde, als ausschließliche Kompetenz auf diesem Gebiet auf die Europäische Gemeinschaft über. Die erforderlichen Regelungen sind in zwei separaten Rechtsakten ergangen[61]. Am 1. Januar 1999 wurde der Euro, die gemeinsame Währung im Euro-Währungsgebiet, zunächst beschränkt auf die elf Mitgliedstaaten der Europäischen Gemeinschaft, die durch die Erfüllung der Konvergenzkriterien entsprechend qualifiziert waren, eingeführt. Die Verantwortung für die einheitliche Geldpolitik ging auf den EZB-Rat über. Zuvor waren durch die Wirtschafts- und Finanzminister der teilnehmenden Mitgliedstaaten die Umrechnungskurse zwischen dem Euro und den Währungen der Mitgliedstaaten, die den Euro einführten, festgelegt worden[62]. Am 1. Januar 2002 wurde die Bargeldumstellung auch physisch verwirklicht[63]. Die politische Entscheidung für eine gemeinsame Währung war keineswegs ökonomisch bedingt. Für einen gemeinsamen Markt bedarf es keiner Einheitswährung. Die Herstellung eines unverfälschten Wettbewerbs einschließlich eines Wettbewerbs der Währungen durch die Europäische Union wäre ausreichend, möglicherweise sogar die bessere Lösung gewesen.

---

59 *Deutsche Bundesbank*, Die Europäische Wirtschafts- und Währungsunion, September 2005, S. 12.
60 Vgl. *Hahn/Häde* (N 14), S. 119 f.
61 VO (EG) Nr. 1103/97 des Rates v. 17. 6. 1997 über bestimmte Vorschriften im Zusammenhang mit der Einführung des Euro, ABl 1997 L 162, S. 1 und VO (EG) Nr. 974/98 des Rates v. 3. 5. 1998 über die Einführung des Euro, ABl 1998 L 139, S. 1.
62 VO (EG) Nr. 2866/98 des Rates v. 31. 12 1998, ABl 1998 L 359, S. 1.
63 Vgl. VO (EG) Nr. 974/98 des Rates v. 3. 5. 1998, ABl 1998 L 139, S. 1 über die Einführung des Euro; zum Ganzen vgl. *Deutsche Bundesbank* (N 59), S. 11 ff.

II. Grundprinzipien der Wirtschafts- und Währungsunion

1. Grundlagen

Während die Währungspolitik auf die Union übertragen wurde, ist die Kompetenz für die allgemeine Wirtschaftspolitik einschließlich der Finanzpolitik in der Hand der Mitgliedstaaten geblieben. Wegen der Gefährdung des Stabilitätsziels gingen die Vertragsparteien des Vertrages über die Arbeitsweise der Europäischen Union davon aus, daß die Haushaltspolitik solide betrieben werden muß[64]. Eintrittsvoraussetzung zur Währungsunion ist deshalb die Einhaltung gewisser „Konvergenzkriterien". In Art. 140 Abs. 1 S. 3 Hs. 2 AEUV und im Protokoll über die Konvergenzkriterien[65] werden als Kriterien genannt:

20
Konvergenzkriterien

– die Erreichung eines hohen Grades an Preisstabilität, der an der Inflationsrate gemessen wird. Er soll ein Jahr vor der Aufnahme in die Währungsunion nicht mehr als 1,5 % oberhalb der Inflationsrate jener höchstens drei Mitgliedstaaten mit dem besten Ergebnis liegen;
– die Finanzlage der öffentlichen Hand muß auf Dauer solide sein. Im Zeitpunkt der Entscheidung des Rates nach Art. 126 Abs. 6 AEUV darf kein übermäßiges Defizit vorliegen;
– die üblichen Bandbreiten des Europäischen Währungssystems müssen mindestens zwei Jahre lang vor der Entscheidung über die Aufnahme eingehalten worden sein;
– der durchschnittliche normale langfristige Zinssatz in einem Mitgliedstaat darf in dem Jahr vor der Prüfung nicht mehr als 2 % über dem entsprechenden Satz in jenen höchstens drei Mitgliedstaaten mit dem besten Ergebnis gelegen haben (näheres in Art. 140 AEUV und im Protokoll über die Konvergenzkriterien).

2. Überwachung der Haushaltsdisziplin

Die Vermeidung übermäßiger öffentlicher Defizite ist eine Rechtspflicht[66]. Näheres ist in verschiedenen Protokollen festgelegt[67]. Im wesentlichen wird ein Defizit bei einer Nettoneuverschuldung von über 3 % bzw. bei einem Gesamtschuldenstand von über 60 % des Bruttoinlandsprodukts angenommen. Die Kommission überwacht in einem gestuften Verfahren (Art. 126 Abs. 2 und 3 AEUV) die Entwicklung der Haushaltslage und die Höhe des öffentlichen Schuldenstands in den Mitgliedstaaten. Die Möglichkeiten der

21
Vermeidung von Defiziten

---

64 *Häde* (N 24), Art. 126 AEUV Rn. 1.
65 Protokoll Nr. 13 über die Konvergenzkriterien, konsolidierte Fassung ABl 2010 C 83, S. 281.
66 *Häde* (N 24), Art. 126 AEUV Rn. 8.
67 Protokoll Nr. 12 über das Verfahren bei einem übermäßigen Defizit, konsolidierte Fassung ABl 2010 C 83, S. 279 und VO (EG) Nr. 479/2009 des Rates v. 25. 5. 2009, ABl 2009 L 145, S. 1; VO (EG) Nr. 2223/96 des Rates v. 25. 6. 1996 zum Europäischen System volkswirtschaftlicher Gesamtrechnungen auf nationaler und regionaler Ebene, ABl 1996 L 310, S. 1.

Union zur Einflußnahme auf die Haushaltspolitik der Mitgliedstaaten sind gestaffelt und flexibel. Sie sehen Sanktionen bis zur Hinterlegung unverzinslicher Einlagen in angemessener Höhe und zur Verhängung von Geldbußen vor. Die in Art. 126 Abs. 11 AEUV enthaltenen Druckmittel gegenüber einem Mitgliedstaat, der an seiner unsoliden Haushaltspolitik festhält, stehen aber weitgehend auf dem Papier, denn Geldbußen gegenüber einem Mitgliedstaat, der ohnehin zu stark verschuldet ist, erhöhen nur dessen Defizit. Eine Zwangsvollstreckung kommt gegen Staaten gemäß Art. 299 Abs. 1 Hs. 2 AEUV ohnehin nicht in Betracht.

22
Stabilitätspakt

Während der Verhandlungen über den Vertrag von Amsterdam stellte sich heraus, daß die Ergänzung der Währungsunion durch eine politische Union Europas nicht erreichbar ist. Vor allem auf Drängen des damaligen deutschen Finanzministers Theo Waigel wurde ein Stabilitätspakt entworfen, der deutlich machen sollte, daß die Übertragung der Kompetenz der nationalen Notenbanken in der Geldpolitik auch eine teilweise Übertragung der Regierungskompetenz in der Finanzpolitik notwendig macht[68]. In diesem Regelwerk verpflichten sich die Mitgliedstaaten auf das mittelfristige Ziel eines nahezu ausgeglichenen oder einen Überschuß aufweisenden Haushalts. Mitgliedstaaten, die den Euro eingeführt haben, müssen „Stabilitätsprogramme" vorlegen, in denen die dauerhafte Einhaltung der Konvergenzkriterien des Art. 140 Abs. 1 AEUV gesichert werden soll. Insbesondere Deutschland und Frankreich verstießen seit den Jahren 2002 bzw. 2003 mehrfach gegen das Verbot übermäßiger öffentlicher Defizite[69].

Änderungen zugunsten von „Defizitsündern"

Um den sogenannten Defizitsündern zu helfen, wurde der Stabilitäts- und Wachstumspakt im Jahr 2005, euphemistisch ausgedrückt, intelligenter bzw. flexibler gestaltet oder aber, realistisch gesehen, „deutlich geschwächt"[70]. Der geänderte Pakt gesteht der Kommission gegenüber der bisherigen Regelung erhebliche zusätzliche Ermessens- und Auslegungsspielräume zu. Damit wird gegen die Grundregel verstoßen, daß die Existenz von Normen und Sanktionen für die Finanzpolitik Voraussetzung für das langfristige Funktionieren einer einheitlichen Geldpolitik ist[71].

---

68 Seither sind zahlreiche weitere Verstöße z.B. durch die Mitgliedstaaten Irland, Island, Portugal, Rumänien, Spanien, UK, Griechenland zu vermerken. Näheres bei *Franz-Christoph Zeitler*, Was bleibt vom Stabilitäts- und Wachstumspakt, in: FS für Reiner Schmidt, 2006, S. 223 ff. Der sog. Pakt besteht aus einer Entschließung des Europäischen Rates v. 17. 6. 1997 über den Stabilitäts- und Wachstumspakt (ABl 1997 C 236, S. 1) und zwei später vom Rat der Wirtschafts- und Finanzminister erlassenen Verordnungen, nämlich der VO (EG) Nr. 1466/97 des Rates v. 7. 7. 1997 über den Ausbau der haushaltspolitischen Überwachung und der Überwachung und Koordinierung der Wirtschaftspolitiken (ABl 1997 L 209, S. 1) sowie der VO (EG) Nr. 1467/97 des Rates v. 7. 7. 1997 über die Beschleunigung und Klärung des Verfahrens bei einem übermäßigen Defizit (ABl 1997 L 209, S. 6).
69 Näheres hierzu bei *Palm* (N 48), S. 71 ff.; *Rudolf Streinz*, Europarecht, ^{9}2012, Rn. 1092.
70 So *Zeitler* (N 68), S. 225.
71 Vgl. *Hans Tietmeyer*, Herausforderung Euro: Wie es zum Euro kam und was er für Deutschlands Zukunft bedeutet, 2004, S. 124 f.

3. Preisstabilität

Die Entscheidung für die Preisstabilität ist die Grundnorm der deutschen und europäischen Wirtschaftsverfassung[72]. Seit dem Vertrag von Lissabon gehört sie im Zusammenhang mit dem Wohlergehen der Völker zu den Grundpfeilern Europas (Art. 3 Abs. 3 S. 2 EUV). Die Preisstabilität wird in Art. 127 AEUV zum vorrangigen Ziel des europäischen Systems der Zentralbanken erklärt. Nur soweit dieses Ziel ungefährdet ist, unterstützt die Europäische Zentralbank die allgemeine Wirtschaftspolitik in der Union. Diese Pflicht endet dort, wo das vorrangige Ziel der Preisstabilität gefährdet werden würde[73]. Geldpolitik hat deshalb eine dienende Funktion zur Verwirklichung der Ziele des Art. 3 EUV in der Union, womit vor allem die Wirtschaftspolitik der einzelnen Mitgliedstaaten gemeint ist[74], da es keine gemeinsame Wirtschaftspolitik der Union gibt. Die Bindung an die Preisstabilität war die Voraussetzung der Übertragung der Aufgaben der Deutschen Bundesbank auf eine unabhängige europäische Zentralbank (Art. 88 S. 2 GG). Sie ist im übrigen zusätzlich aus dem Nennwertprinzip herleitbar[75] und hebt sich als vorrangiges Ziel aus dem Kreis der wirtschaftspolitischen Parameter des gesamtwirtschaftlichen Gleichgewichts des Art. 109 Abs. 2 GG heraus[76]. Die Verpflichtung auf die Preisstabilität bezieht sich auf den Binnenwert des Euro, den der EZB-Rat als „Anstieg des harmonisierten Verbraucherpreisindexes" (HVPI) für das Euro-Währungsgebiet von unter bzw. nahe an 2% gegenüber dem Vorjahr definiert hat[77]. Die Preisstabilität bezieht sich demnach auf die Kaufkraft der Währung.

23
Grundnorm der deutschen und europäischen Wirtschaftsverfassung

Bezugspunkt: Kaufkraft der Währung

III. Geldpolitik des Europäischen Systems der Zentralbanken

1. Allgemeines

Das Gebiet der Geldpolitik sind die Finanzmärkte, das heißt der Geld-, der Kapital- und der Kreditmarkt. Diese Märkte gehorchen anderen Funktionsmechanismen als die Güter- und Arbeitsmärkte. Es geht hier um die Geldmenge, die Umlaufgeschwindigkeit des Geldes, um Anlageentscheidungen von Vermögensbesitzern, das Inflationsrisiko bei der Geldvermögensbildung, um die Allokation von Risiken, letztlich um den komplexen Zusammenhang zwischen Verschuldung, Investition und Ersparnissen. Im folgenden wird im wesentlichen nur auf den wichtigsten Akteur, das Europäische System der Zentralbanken (ESZB), eingegangen.

24
Bedeutung der Finanzmärkte

---

[72] *Matthias Herdegen*, in: Maunz/Dürig, 2010, Art. 88 Rn. 34.
[73] Vgl. *Häde* (N 24), Art. 119 AEUV Rn. 22.
[74] Vgl. *Häde* (N 24), Art. 127 AEUV Rn. 5.
[75] So auch *K. Schmidt* (N 26), S. 674 ff.; vgl. auch BFHE 89, 422 (434).
[76] So zutreffend *Herdegen* (N 72), Art. 88 Rn. 35. Ausführlich zum Begriff der Preisstabilität s. *Charlotte Gaitanides*, Das Recht der Europäischen Zentralbank, 2005, S. 16 ff.
[77] Vgl. *EZB*, Geldpolitik der EZB, 2011, S. 52 f.; *dies.*, Monatsbericht, Juli 2005, S. 61.

25
Europäisches System der Zentralbanken

Das Europäische System der Zentralbanken besteht aus der Europäischen Zentralbank und den nationalen Zentralbanken (Art. 282 Abs. 1 AEUV); es ist kein selbständiger Rechtsträger. Rechtspersönlichkeit besitzt nur die Europäische Zentralbank (Art. 282 Abs. 3 AEUV). Die Entscheidung der Mitgliedstaaten gegen eine zentrale Lösung kommt dadurch zum Ausdruck, daß die nationalen Zentralbanken selbständige Einrichtungen der Mitgliedstaaten geblieben sind, nicht etwa als Untergliederungen der Europäischen Zentralbank angesehen werden können. Mitgliedstaaten, die den Euro nicht eingeführt haben, behalten weiterhin ihre eigene Währung, wie auch ihre Zentralbanken ihre währungspolitischen Befugnisse weiterhin nach dem jeweiligen nationalen Recht wahrnehmen. Gemäß Art. 139 Abs. 2 AEUV sind sie als „Mitgliedstaaten mit Ausnahmeregelung" von der Mitwirkung an gemeinschaftlichen Handlungen der Geldpolitik weitgehend ausgeschlossen. Das wichtigste Entscheidungsgremium des zentralistisch organisierten Europäischen Systems der Zentralbanken ist das Direktorium.

Direktorium

Neben den sechs Direktoriumsmitgliedern gehören ihm die Präsidenten der Zentralbanken (Art. 283 Abs. 1 AEUV) an, deren Währung der Euro ist[78]. Die nationalen Zentralbanken sind nur noch ausführendes Organ und auf ihre Mitwirkungsmöglichkeiten im Direktorium verwiesen. Die Geldpolitik liegt damit in der ausschließlichen Verantwortung der Europäischen Zentralbank. Allerdings nimmt die Europäische Zentralbank die nationalen Notenbanken für die Durchführung von Operationen, die zu den Aufgaben des Eurosystems gehören, in Anspruch, soweit dies im Interesse „operationaler Effizienz" ist[79].

EZB-Rat

Zuständig für die Festlegung der Geldpolitik ist der EZB-Rat, während das Direktorium die laufenden Geschäfte führt und die Geldpolitik entsprechend den Leitlinien der Beschlüsse des EZB-Rates auszuführen hat. Im Prinzip entscheiden Direktorium und Rat mit einfacher Mehrheit[80]. Jedes Mitglied des EZB-Rates hat eine Stimme[81]. Der rechtliche Rahmen für das dem Europäischen System der Zentralbanken zustehende Instrumentarium (Offenmarkt- und Kreditgeschäfte, Mindestreserven, sonstige geldpolitische Instrumente, Geschäfte mit öffentlichen Stellen etc.) findet sich in der Satzung[82].

2. Gewährleistung der Preisstabilität

26
Art. 127 Abs. 1 AEUV

Ziel des Eurosystems ist, wie oben gesagt, nach Art. 127 Abs. 1 AEUV die Gewährleistung der Preisstabilität. Die Unterstützung der allgemeinen Wirtschaftspolitik in der Union endet, wenn die Preisstabilität gefährdet wäre. Bei Verwirklichung seiner Ziele handelt das Eurosystem im Einklang mit dem Grundsatz einer offenen Marktwirtschaft mit freiem Wettbewerb. Die Europäische Zentralbank ist als alleiniger Emittent von Banknoten und als alleini-

---
[78] Art. 10 Satzung des Europäischen Systems der Zentralbanken und der Europäischen Zentralbank, ABl 2012 C 326, S. 230.
[79] Vgl. die Leitlinie der Europäischen Zentralbank v. 20. 9. 2011 (EZB/2011/14), ABl 2011 L 331, S. 9, 1.1.
[80] Näheres zur Organisationsstruktur siehe in Art. 283 AEUV.
[81] Art. 10 Abs. 2 Satzung des Europäischen Systems der Zentralbanken (N 78).
[82] Art. 17 ff. Satzung des Europäischen Systems der Zentralbanken (N 78).

ger Bereitsteller der Mindestreserveguthaben der Banken Schöpferin der monetären Basis. Durch die von der Zentralbank ausgehende Änderung der Geldmarktzinsen werden zahlreiche ökonomische Variablen wie beispielsweise die Produktion und die Preise beeinflußbar. Es kommt ein geldpolitischer Transmissionsmechanismus in Gang. Die Wirkungspfade sind im einzelnen nicht wissenschaftlich erfaßbar, aber die These von der Neutralität des Geldes ist empirisch belegbar[83]. Ändert die Zentralbank die Geldmenge, dann hat dies keine anhaltende Veränderung der realen Variablen wie der gesamtwirtschaftlichen Produktion oder der Beschäftigung zur Folge, sondern die zugrundeliegenden Einheiten wie das allgemeine Preisniveau werden verändert, während alle sonstigen Variablen unverändert bleiben.

<small>EZB als Schöpferin der monetären Basis</small>

Wegen der Neutralität des Geldes kann die Zentralbank das Wirtschaftswachstum nicht durch Veränderungen der Geldmenge beeinflussen. Längerfristig gesehen können aber Veränderungen der Faktoren wie gesamtwirtschaftliche Nachfrage und andere durch eine Anpassung der Geldmenge ausgeglichen werden oder anders: Die längerfristige Preisentwicklung wird auch von der Zentralbank gesteuert. Entscheidend ist die Wahrung der Preisstabilität, die durch das Wachstumspotential gesteigert wird. Andauernde Inflation oder Deflation müssen vermieden werden. Die Vorteile der Preisstabilität liegen auf der Hand. Sie bestehen in erhöhter Transparenz bei nur einfachen und relativen Preisänderungen und in verringerten Inflationsrisikoprämien bei den Zinsen. Gläubiger, die davon ausgehen können, daß Preise stabil bleiben, werden keine Vergütung für Risiken verlangen können, die sich aus der längerfristigen Haltung von nominalen Vermögenswerten ergeben. Zu den genannten Vorteilen kommen die Vermeidung von unnötigen Absicherungen (zum Beispiel der Anreiz, Waren zu horten), geringere Verzerrungen der Steuer- und Sozialsysteme. Schließlich wird durch die Stabilität von Vermögenswerten die Solidität der Bankbilanzen gefördert. Geldpolitik, die auf Preisstabilität ausgerichtet ist, leistet einen wichtigen Beitrag zur Finanzstabilität und zur Erreichung weiterer wirtschaftlicher Ziele wie eines höheren Lebensstandards, einer kräftigen Wirtschaftstätigkeit und einer besseren Beschäftigungssituation[84]. Sie ist der beste Beitrag einer Zentralbank zum wirtschaftlichen Wohlergehen und zu langfristigen Wachstumsaussichten. Sie unterstützt eine stabile Wirtschaftsentwicklung über längere Zeiträume und trägt zumindest mittelbar zum Einkommenswachstum bei. Es wäre allerdings verfehlt, der Geldpolitik Ziele etwa in Bezug auf das Realeinkommen oder die Beschäftigung zuzuweisen, da sie hierfür weder die ausreichenden Instrumente noch die demokratische Legitimation hat.

<small>27
Neutralität des Geldes</small>

<small>Vorteile einer auf Preisstabilität ausgerichteten Geldpolitik</small>

---

[83] Näheres bei *Otmar Issing*, Einführung in die Geldtheorie, [15]2010, S. 112 ff. Allerdings gibt es auch andere Prinzipien der geldwirtschaftlichen Ordnung, vgl. statt vieler *Werner Ehrlicher*, Geldtheorie und Geldpolitik, in: HdWW, Bd. III, 1981, S. 423 ff. Die Grundfrage, die Beeinflußbarkeit der Realwirtschaft durch Geldpolitik, bleibt weiterhin umstritten, vgl. die Darstellungen zum Monetarismus von *Karl Brunner*, ebd., S. 391 ff., und zum Keynesianismus von *Nichalos Kaldor/James Trevithik*, ebd., S. 412 ff.
[84] Vgl. *EZB* (N 77), S. 59 ff.

3. Geldpolitische Strategie

28
Monetäre und wirtschaftliche Säule

Die spezielle geldpolitische Strategie der Europäischen Zentralbank beruht auf zwei Säulen[85]. Sie bestehen in der wirtschaftlichen Analyse der kurz- bis mittelfristigen Risiken für die Preisstabilität und in der monetären Analyse zur Beurteilung mittel- bis langfristiger Inflationstrends. Es muß sichergestellt werden, daß der EZB-Rat alle relevanten Informationen und Analysen prüft, die er für seine geldpolitischen Beschlüsse benötigt. Gleichzeitig sollen geldpolitische Entscheidungen auf transparente Weise erläutert werden können[86]. Die beiden Säulen, die monetäre und die wirtschaftliche, verweisen auf die spezifischen Eigenheiten des Eurosystems und verstehen sich als bewußte Abgrenzung zu einer Politik mit Geldmengenzielen oder einer direkten Inflationssteuerung. Die monetäre Analyse versucht den engen Zusammenhang zwischen Geldmenge und Preisen zu erfassen. Anders als die Deutsche Bundesbank verzichtet die Europäische Zentralbank darauf, den Zusammenhang von Preisniveauanstieg einerseits und der Veränderung von Geldangebot und Sozialprodukt andererseits zu nutzen, um das Preisniveau zu kontrollieren. Angesichts der Erfahrungen der Deutschen Bundesbank legt sich die Europäische Zentralbank nicht auf ein Geldmengenziel fest, sondern gibt lediglich einen Referenzwert an, mit dem gezeigt wird, um wieviel die Geldmenge M 3 ohne Gefährdung der Preisstabilität steigen kann[87]. Im Rahmen der zweiten Säule werden anhand mathematischer Modelle und subjektiver Expertenschätzungen die Entwicklung der Produktionsnachfrage, Arbeitsmarktbedingungen und sonstige Preis- und Kostenindikatoren überprüft[88]. Insgesamt handelt es sich um eine Mischkonzeption mit einem breiten Spektrum an Daten und Informationen, bei dem die monetäre Analyse an die zweite Stelle gerückt ist[89].

Referenzwert

29
Folgen der Inflation

Die geldwertsichernde Tätigkeit der Europäischen Zentralbank ist nicht nur wegen deren rechtlicher Verpflichtung auf die Preisstabilität, sondern vor allem wegen der negativen Folgen jeder Inflation von entscheidender Bedeutung. Inflation ist nämlich mit beträchtlichen Wohlfahrtsverlusten verbunden:

– durch Inflation werden die Reallöhne gesenkt, Sozialleistungen vermindert, die Inhaber von Geldvermögen im Vergleich zu denjenigen von Sachwerten benachteiligt;

---

[85] Bezieht man die Definition der Preisstabilität als Element der geldpolitischen Strategie mit ein, dann ließe sich von drei Elementen der Geldpolitik des Eurosystems reden. Vgl. zum Ganzen *Egon Görgens/ Karlheinz Ruckriegel/Franz Seitz*, Europäische Geldpolitik, ⁵2008, S. 171 ff.; *EZB*, Monatsbericht, Juni 2003, S. 87.
[86] *EZB* (N 77), Monatsbericht S. 69; vgl. auch *dies.* (N 77), Geldpolitik, S. 57 ff. Die EZB versteht ihre Strategie als Kompromiß aus der Regelbindung und diskretionärer Geldpolitik. Eine reine Geldmengensteuerung wie sie die Deutsche Bundesbank früher verfolgte, wurde aufgegeben, vgl. *Ulrich Palm*, Preisstabilität in der Europäischen Wirtschafts- und Währungsunion, 2000, S. 107.
[87] Vgl. *Karsten Junius/Ulrich Kater u. a.*, Handbuch der EZB, 2002, S. 150 f.
[88] Vgl. *Gaitanides* (N 76), S. 107; *EZB*, Monatsbericht, August 2000, S. 35 ff.
[89] *Gaitanides* (N 76), S. 109 f.

- die schwächsten gesellschaftlichen Gruppen leiden unter Inflation am meisten, weil sie in der Regel eher begrenzte Möglichkeiten haben, sich gegen Inflation abzusichern;
- die Einkommens- und Vermögensverteilung verschiebt sich; es erfolgt eine Umverteilung zulasten von Gläubigern und zum Nutzen von Schuldnern[90].

4. Instrumente der Geldpolitik

Die Europäische Zentralbank verfügt über ein reichhaltiges Arsenal von Instrumenten[91], um entweder das Zinsniveau oder um die Geldmenge zu beeinflussen[92]. Entscheidend ist, ob es gelingt, die Banken mit ausreichender Liquidität auszustatten und gleichzeitig klare Grenzen für deren Refinanzierung aufzuzeigen. Das strategische Problem einer stabilitätsorientierten Geldpolitik besteht darin, die Inflationserwartung auf einem Niveau dauerhaft zu stabilisieren, das mit der Preisstabilität vereinbar ist[93]. Die geldpolitischen Instrumente des Eurosystems bestehen im wesentlichen in Offenmarktgeschäften, im Angebot ständiger Fazilitäten und in der Handhabung von Mindestreserveverpflichtungen. Offenmarktgeschäfte werden zur Steuerung der Zinssätze und der Liquidität am Markt eingesetzt sowie um Signale für den geldpolitischen Kurs zu geben. Im einzelnen sind dies befristete Transaktionen wie Pensionsgeschäfte, Käufe bzw. Verkäufe von Schuldverschreibungen, die Emission von EZB-Schuldverschreibungen, die Hereinnahme von Termineinlagen und Devisen-Swap-Geschäfte[94]. Die ständigen Fazilitäten regeln die sogenannten Übernachtliquiditäten, das heißt, Geschäftsbanken können sich dank der eingeräumten Kreditlinien mit Zentralbankgeld versorgen. Anders als bei der nur vorübergehend eingeräumten Liquidität im Rahmen der Offenmarktpolitik können die Kreditinstitute jederzeit auf eigene Initiative ständige Fazilitäten in Anspruch nehmen[95]. Außerdem sollen mit diesen Zinsschwankungen am Geldmarkt begrenzt bzw. mit den Einlagefazilitäten Liquiditätsüberschüsse gebunden werden[96]. Das Mindestreservesystem dient vor allem dazu, die Geldmarktzinsen zu stabilisieren und strukturelle Liquiditätsknappheit herbeizuführen oder zu vergrößern. Zur Verwirklichung ihrer geldpolitischen Ziele kann die Europäische Zentralbank verlangen, daß Kreditinstitute in den Mitgliedstaaten bei ihr selbst oder bei nationalen Zentralbanken Konten unterhalten müssen, deren Höhe sich nach den mindestreservepflichtigen Positionen berechnet. Dies hat unmittelbare Auswirkungen auf

30

Offenmarktgeschäfte

Ständige Fazilitäten

Mindestreserveverpflichtungen

---

90 *EZB*, Monatsbericht, Juni 2013, S. 92.
91 Vgl. Art. 17 ff. Satzung des Europäischen Systems der Zentralbanken (N 78).
92 Vgl. *Herrmann* (N 7), S. 48; *Gaitanides* (N 76), S. 102 ff.
93 Vgl. *Görgens/Ruckriegel/Seitz* (N 85), S. 115.
94 Art. 18 Abs. 1, 1. Spiegelstrich Satzung des Europäischen Systems der Zentralbanken (N 78).
95 *Gaitanides* (N 76), S. 118; Leitlinien der Europäischen Zentralbank v. 20.9.2011 über geldpolitische Instrumente und Verfahren des Eurosystems, ABl 2011 L 331, S. 10.
96 Vgl. *EZB* (N 95), 1.3.2.

§ 252   *Zweiundzwanzigster Teil: Grenzüberschreitende Staatsaufgaben*

Einführung weiterer geldpolitischer Instrumente

die Liquidität der Kreditinstitute[97]. Im ganzen gesehen steht der Europäischen Zentralbank ein umfangreiches geldpolitisches Instrumentarium zur Verfügung, mit dem die Geldmenge und der Zins geregelt werden können. Neben den genannten drei geld- und kreditpolitischen Instrumenten könnte die Europäische Zentralbank aufgrund von Art. 20 ihrer Satzung weitere geldpolitische Instrumente einführen. Voraussetzung ist, daß die nach Art. 18 und Art. 19 der Satzung zugelassenen Instrumente ausgeschöpft und weitere währungspolitische Instrumente erforderlich sind. Die Entwicklung und Nutzung neuer Instrumente könnte allerdings die Unabhängigkeit der Europäischen Zentralbank gefährden, weil die Zentralbank in diesem Fall auf die Mitwirkung politischer Organe angewiesen ist[98].

31
Risikobegrenzung für Preisstabilität

Die zentralisierte Geldpolitik der Europäischen Zentralbank ist mit einer weitgehend zentral ausgeübten, koordinierten Finanzpolitik kombiniert. Zur Begrenzung für Risiken der Preisstabilität finden sich im Primärrecht der Europäischen Union folgende besonders nennenswerte Regelungen für eine solide Finanzpolitik:

– das Verbot der monetären Finanzierung (Art. 123 AEUV),
– das Verbot des bevorrechtigten Zugangs zu Finanzinstituten (Art. 124 AEUV),
– die „No-Bail Out"-Klausel (Art. 125 AEUV),
– die Bestimmungen zur Vermeidung öffentlicher Defizite (Art. 126 AEUV) und
– der Stabilitäts- und Wachstumspakt (die sekundärrechtlichen Vorschriften auf der Grundlage von Art. 121 und 126 AEUV)[99].

32
Herausragende Bedeutung der Preisstabilität

Der gesamte institutionelle Rahmen beruht auf dem Grundsatz, daß das Ziel des Eurosystems, Preisstabilität zu gewährleisten, von herausragender Bedeutung ist. Damit wird ein wesentlicher Beitrag zur Erreichung weiter gefaßter wirtschaftlicher Ziele (höherer Lebensstandard, kräftige Wirtschaftstätigkeit, bessere Beschäftigungsaussichten) geliefert[100].

33
Grauzone zwischen Geld- und Finanzmarkt

Entscheidend wird bleiben, wie sich die Europäische Zentralbank in der Grauzone zwischen Geld- und Finanzmarkt bewegt. Die Vergabe von Krediten und der Erwerb von Schuldtiteln von öffentlichen Stellen sind ihr jedenfalls versagt (Art. 123 AEUV). Für den mittelbaren Erwerb, den Erwerb auf den Kapitalmärkten, kann nichts anderes gelten[101], weil auch Käufe am Sekundärmarkt Staatsfinanzierung sind bzw. sein können. Für die Frage, wer den Staat finanziert, kommt es alleine darauf an, wer die gekauften Schuld-

---

97 Vgl. Art. 19.1 Satzung des Europäischen Systems der Zentralbanken (N 78); näheres bei *Reiner Schmidt*, Öffentliches Wirtschaftsrecht, Allgemeiner Teil, 1990, S. 374.
98 Näheres bei *Gaitanides* (N 76), S. 132; vgl. auch Art. 20 S. 1.1 ESZB-Satzung, wonach beim Einsatz neuer Instrumente eine Zweidrittelmehrheit erforderlich ist und in dem Fall, daß Verpflichtungen Dritter entstehen, nach Art. 20 S. 2 i.V.m. Art. 41 der Satzung ein Vorbehalt des Rates vorgesehen ist.
99 Vgl. *EZB* (N 77), S. 15.
100 *EZB* (N 77), S. 61 f.
101 A.A. *Häde* (N 24), Art. 123 AEUV Rn. 11 m. weit. Nachw.

titel auf Dauer übernimmt. Denn wenn es der Europäischen Zentralbank nach Art. 18.1 der EZB-Satzung zwar erlaubt ist, am Geldmarkt Schuldtitel zu kaufen und zu verkaufen, dann ist dies nur zulässig, um Liquidität zu schaffen oder zu entziehen, das heißt nur dann, wenn es um kurzfristige Zinsglättung geht.

Das Bundesverfassungsgericht hat deshalb in der Entscheidung vom 12. September 2011 zu Recht festgestellt, daß der Erwerb von Staatsanleihen durch die Europäische Zentralbank, „der auf von den Kapitalmärkten unabhängige Finanzierung der Haushalte der Mitgliedstaaten zielte, als Umgehung des Verbotes monetärer Haushaltsfinanzierung ... untersagt sei"[102].

34
Erwerb von Staatsanleihen durch die EZB

5. Unabhängigkeit der Europäischen Zentralbank und der nationalen Zentralbanken

Die Freiheit von politischer Einflußnahme ist eine wichtige Voraussetzung für die Sicherung der Geldwertstabilität und für eine erfolgreiche Geldpolitik, denn Preisstabilität als langfristiges Politikziel kollidiert regelmäßig mit dem Wiederwahlinteresse von Mandatsträgern, die von kurzfristigen Erfolgen zehren[103]. Die Verselbständigung der meisten Aufgaben der Währungspolitik bei einer unabhängigen Zentralbank „löst staatliche Hoheitsgewalt aus unmittelbarer staatlicher oder supranationaler parlamentarischer Verantwortlichkeit, um das Währungswesen dem Zugriff von Interessengruppen ... zu entziehen"[104]. Zwar ist dadurch das Demokratieprinzip berührt; das Bundesverfassungsgericht hält dies aber zu Recht als eine in Art. 88 S. 2 GG vorgesehene Modifikation des Prinzips für mit Art. 79 Abs. 3 GG vereinbar. Die im Blick auf die europäische Union vorgenommene Ergänzung des Art. 88 GG gestatte eine Übertragung von Befugnissen der Bundesbank auf eine Europäische Zentralbank, „wenn diese den strengen Kriterien des Maastrichter Vertrages und der Satzung des Europäischen Systems der Zentralbanken hinsichtlich der Unabhängigkeit der Zentralbank und der Priorität der Geldwertstabilität" entspreche[105]. Auch eine Verletzung des unionsrechtlichen Demokratieprinzips ist nicht ersichtlich, weil sich dieses in den Vorschriften der Verträge erschöpft, soweit diese eine Beteiligung des Europäischen Parlaments vorsehen. Die in Art. 130 AEUV verankerte Unabhängigkeit kann durchaus das unionsrechtliche Demokratieprinzip modifizieren[106]. Der AEU-Vertrag sichert mit seiner zentralen Bestimmung des Art. 130 AEUV[107] die Unabhängigkeit der Europäischen Zentralbank, der nationalen Zentralbanken und der Mitglieder ihrer Beschlußorgane bei der Wahrnehmung ihrer Aufgaben, dies allerdings nur insoweit, als dies für die Verfolgung des Ziels

35
Freiheit von politischer Einflußnahme

Unabhängigkeit und Demokratieprinzip

---

102 BVerfG, Einstweilige Anordnung v. 12. 9. 2012 – 2 BvR 1390/12 –, Rn. 278.
103 BVerfGE 89, 155 (208f.); → Bd. V, *R. Schmidt*, § 117 Rn. 39.
104 BVerfGE 89, 155 (208).
105 BVerfGE 89, 155 (208).
106 Vgl. *Häde* (N 24), Art. 130 AEUV Rn. 39.
107 Vgl. auch Art. 282 AEUV.

der Preisstabilität erforderlich ist. Das heißt nicht, daß die Europäische Zentralbank grundsätzlich außerhalb der institutionellen Regelungen der Europäischen Union steht[108]. Die Weisungsunabhängigkeit gilt ohne Einschränkung nur für das Handeln, das auf der Basis der primärrechtlichen Aufgabenübertragung beruht. Die neben die institutionelle tretende funktionelle Unabhängigkeit ist nicht nur „sinnvoll"[109], sondern sie ist abgesichert durch empirische Erkenntnisse über den positiven Zusammenhang zwischen der Unabhängigkeit der Zentralbank und einer erfolgreichen stabilitätsorientierten Geldpolitik[110]. Die Gewährleistung der Preisstabilität ist häufig wiederum Voraussetzung grundrechtlicher Freiheiten[111]. Zur funktionellen Unabhängigkeit kommt die persönliche Unabhängigkeit der Entscheidungsträger. Die Amtszeit der Mitglieder des Direktoriums ist auf acht Jahre bemessen (Art. 283 Abs. 2 UAbs. 3 AEUV), eine vorzeitige Abberufung ist sehr restriktiv geregelt. Hinzu tritt eine finanzielle Unabhängigkeit (Art. 282 Abs. 3 S. 2 AEUV). Die Prüfungskompetenz des Rechnungshofs wurde auf die Prüfung der Effizienz der Verwaltung der Europäischen Zentralbank beschränkt[112].

IV. Sicherung des Geldwertes

1. Stabilitäts- und Wachstumspakt

Spätestens während der Verhandlungen über den Vertrag von Amsterdam im Jahr 1999 stellte sich heraus, daß die Währungsunion in absehbarer Zeit nicht von einer politischen Union flankiert werden würde. Auf Betreiben vor allem des deutschen Finanzministers sollte deshalb ersatzweise in einem Stabilitäts- und Wachstumspakt die für notwendig erachtete Verzahnung von Geld- und Finanzpolitik erreicht werden[113]. Zu den wichtigsten Anliegen gehörte die Einführung automatisierter Sanktionen, was sich aber wegen der damit verbundenen Beeinträchtigung der Entscheidungsrechte des Rates nicht verwirklichen ließ[114]. Der sogenannte Stabilitäts- und Wachstumspakt besteht aus drei Komponenten:

– Entschließung des Europäischen Rates über den Stabilitäts- und Wachstumspakt,
– Verordnung über den Ausbau der haushaltspolitischen Überwachung und Koordinierung der Wirtschaftspolitiken und
– Verordnung über die Beschleunigung und Klärung des Verfahrens bei einem übermäßigen Defizit[115].

---

108 Vgl. *Herdegen* (N 72), Art. 88 Rn. 82; EuGH, Rs. C-11/00 Slg. 2003, 1-7147, Rn. 134 f.
109 So aber einschränkend *Häde* (N 24), Art. 130 AEUV Rn. 9.
110 → Bd. V, *R. Schmidt*, § 117 Rn. 39.
111 *Jörn Kämmerer*, Die EZB als Hüterin der Gemeinschaftswährung, in: Wolfgang März (Hg.), An den Grenzen des Rechts, 2003, S. 79 (81).
112 Vgl. *Häde* (N 24), Art. 130 AEUV Rn. 24.
113 Näheres bei *Zeitler* (N 68), S. 223 ff.
114 Vgl. *Häde* (N 24), Art. 126 AEUV Rn. 99.
115 Näheres bei *Matthias Herdegen*, Europarecht, ¹³2011, § 23 Rn. 9 ff.

Über die Feststellung des Vorliegens eines übermäßigen Defizits entscheidet der Rat mit qualifizierter Mehrheit auf Vorschlag der Kommission und unter Berücksichtigung der Äußerungen des betreffenden Mitgliedstaates[116]. Vom Vorschlag der Kommission kann der Rat nur mit Einstimmigkeit abweichen (Art. 293 Abs. 1 AEUV). Bei Feststellung eines übermäßigen Defizits ist der Rat verpflichtet, auf Empfehlung der Kommission unverzügliche Empfehlungen an den jeweiligen Mitgliedstaat zu richten (Art. 126 Abs. 7 AEUV). Der Verstoß Deutschlands und Frankreichs in den Jahren 2002 bzw. 2003 gegen das Verbot übermäßiger öffentlicher Defizite und die Blockierung eines danach eingeleiteten Defizitverfahrens durch diese beiden großen Mitgliedstaaten läßt bezweifeln, ob nationale Regierungen im Rat die „Entschlußkraft aufbringen, das ganze Arsenal des Stabilitätspaktes bis hin zur Anordnung einer unverzinslichen Einlage gegen einen anderen Partner, vielleicht sogar einen der größeren Mitgliedstaaten, voll zur Geltung zu bringen"[117].

37 Feststellung eines übermäßigen Defizits

Auch die von den Staats- und Regierungschefs im Jahr 2005 beschlossenen Änderungen des Stabilitäts- und Wachstumspakts[118] führten zu einer Schwächung des gesamten Regelwerks. Nach der alten Fassung konnte von einem Defizitverfahren nur dann abgesehen werden, wenn das Defizit den Referenzwert „ausnahmsweise und vorübergehend" überschritt. Nach der Reform ist der Tatbestand einer „ausnahmsweisen und vorübergehenden" Überschreitung des Referenzwerts von 3 % des BIP auch dann erfüllt, „wenn sich die Überschreitung des Referenzwerts aus einer negativen jährlichen Wachstumsrate des BIP-Volumens oder einem Produktionsrückstand über einen längeren Zeitraum mit einem am Potential gemessen äußerst geringen jährlichen Wachstum des BIP-Volumens ergibt" (Art. 2 Abs. 2 n. F.)[119]. Der mehrfache sanktionslose Verstoß gegen den Stabilitäts- und Wachstumspakt, die Erweiterung der Ermessensspielräume im Jahr 2005, die Tatsache, daß finanzielle Sanktionen gegen Mitgliedstaaten, die finanziell ohnehin am Abgrund stehen, unsinnig sind, haben das Vertragswerk inzwischen entwertet. Inzwischen fehlt auch jeder exakte Maßstab für Sanktionen. Es ist „kaum mehr ein Politikbereich übrig ..., der sich nicht unter einen der bei der Feststellung des übermäßigen Defizits zu berücksichtigenden ‚einschlägigen Faktoren' oder Ausnahmetatbestände subsumieren lässt"[120]. Das Ziel der Haushaltsdisziplin ist in weite Ferne gerückt.

38 Schwächung des Paktes

Kein exakter Maßstab für Sanktionen

2. Europäischer Stabilitätsmechanismus

Das Eurosystem hat die Sicherung der Preisstabilität als primäres Ziel. Nur sekundär soll die allgemeine Wirtschaftspolitik in der Union unterstützt werden (Art. 119 Abs. 2 AEUV, Art. 127 Abs. 1, 2 AEUV). Der Stabilitätssiche-

39 Stabilitätssicherung

---

116 Art. 126 Abs. 6 AEUV, Art. 16 Abs. 3, 5 EUV und Art. 3 des Protokolls Nr. 36 über die Übergangsbestimmungen v. 13. 12. 2007, ABl 2007 C 306, S. 159, konsolidierte Fassung ABl 2010 C 83, S. 322.
117 So *Herdegen* (N 115), § 23 Rn. 19.
118 Bericht über die „Verbesserung der Umsetzung des Stabilitäts- und Wachstumspakts", Anlage II zu den Schlußfolgerungen des Europäischen Rates vom 22. /23. 3. 2005 (7619/05).
119 Art. 2 Abs. 2 VO (EG) Nr. 1467/97 des Rates v. 7. 7. 1997, ABl 1997 L 209, S. 6.
120 So *Zeitler* (N 68), S. 233.

§ 252   *Zweiundzwanzigster Teil: Grenzüberschreitende Staatsaufgaben*

rung dienen eine Reihe von Regelungen wie die Unabhängigkeit der Europäischen Zentralbank und der nationalen Zentralbanken (Art. 130 AEUV), das Verbot der monetären Finanzierung (Art. 123 Abs. 1 AEUV), der Ausschluß der Haftung der Mitgliedstaaten untereinander und der Europäischen Union für die Mitgliedstaaten (Art. 125 Abs. 1 AEUV) und die Regelungen zur Haushaltsdisziplin und zur Vermeidung übermäßiger Defizite (Art. 126 AEUV). Nur bei gravierenden Schwierigkeiten, bei Naturkatastrophen oder außergewöhnlichen Ereignissen kann einem Mitgliedstaat von der Europäischen Union nach Art. 122 Abs. 2 AEUV Beistand gewährt werden, ebenso bei Zahlungsbilanzschwierigkeiten und plötzlichen Zahlungsbilanzkrisen (Art. 143, 144 AEUV). Neuerdings, nach Einfügung des Abs. 3 in Art. 136 AEUV[121], können im Rahmen eines Stabilitätsmechanismus Leistungen an Mitgliedstaaten erbracht werden, um die Stabilität des Währungsgebiets insgesamt zu wahren. Dieser gravierenden Vertragsänderung ging nach dem Ausbruch der Schuldenkrise in der Eurozone im Frühjahr 2010 eine Reihe von Maßnahmen zur Verhinderung des Auseinanderbrechens der Eurozone voraus. Mit der Europäischen Finanzstabilisierungsfazilität (EFSF), einer Kapitalgesellschaft nach luxemburgischem Recht, sollten den Mitgliedstaaten mit Refinanzierungsschwierigkeiten an den Finanzmärkten Darlehen mit einem Volumen von bis zu ca. 440 Mrd. Euro gewährt werden können. Diese Mittel wurden über den Europäischen Finanzstabilisierungsmechanismus (EFSM) um bis zu 60 Mrd. Euro ergänzt[122]. Die Darlehen wurden nur unter Auflagen erteilt und durch Kredite des Internationalen Währungsfonds im Rahmen von dessen regulären Hilfsprogrammen für die Mitgliedstaaten begleitet. Außerdem wurden vom Eurosystem im Rahmen des Securities Market Program (SMP) Staatsanleihen einzelner Euro-Teilnehmerstaaten zur Sicherstellung der Geldpolitik in der gesamten Eurozone aufgekauft[123].

40 Die Europäische Finanzstabilisierungsfazilität und der Europäische Finanzstabilisierungsmechanismus waren als temporäre Rettungsinstrumente konzipiert. Mit Ausweitung der Staatsschuldenkrise in der Eurozone wurde ihnen der Europäische Stabilitätsmechanismus (ESM) als ständiger Rettungsmechanismus zur Seite gestellt, der ihre Aufgabe mittelfristig übernehmen wird[124]. Der Europäische Stabilitätsmechanismus ist eine internationale Finanzinstitution mit voller Rechtspersönlichkeit mit Sitz in Luxemburg. Er soll notleidenden Mitgliedstaaten unter strengen, den gewählten Finanzhilfeinstrumenten angemessenen Auflagen Stabilitätshilfen gewähren. Die Auflagen können von einem makroökonomischen Anpassungsprogramm bis zur kontinuierlichen Erfüllung der festgelegten Anspruchsvoraussetzungen rei-

---

121 Die neue Bestimmung trat gem. Bekanntmachung vom 1.10.2012 (BGBl 2012 II, S. 1086) am 27.9.2012 in Kraft.
122 VO (EU) Nr. 407/2010 des Rates vom 11.5.2010 zur Einführung eines Europäischen Finanzstabilisierungsmechanismus, ABl 2010 L 118, S. 1.
123 Vgl. zum Ganzen *Christoph Herrmann*, Die Bewältigung der Euro-Staatsschulden-Krise an den Grenzen des deutschen und europäischen Währungsverfassungsrechts, in: EuZW 2012, S. 806 ff.
124 Erwägungsgrund 1 des Vertrags zur Einrichtung des Europäischen Stabilitätsmechanismus (ESMV), BGBl 2012 II, S. 983.

chen (Art. 12 Abs. 1 ESMV). Neben Darlehen werden im Vertrag Finanzhilfen zur Rekapitalisierung von Finanzinstituten eines ESM-Mitglieds genannt (Art. 14, 15 ESMV). Im Fall der Gewähr einer Finanzhilfe wird entsprechend der Praxis des Internationalen Währungsfonds je nach Einzelfall eine Beteiligung des Privatsektors in angemessener und verhältnismäßiger Form erwartet. Das genehmigte Stammkapital des Europäischen Stabilitätsmechanismus beträgt 700 Mrd. Euro (Art. 8 Abs. 1 ESMV). Der Anteil am genehmigten Stammkapital ist die Obergrenze für die aus dem Vertrag über die Einrichtung eines Europäischen Stabilitätsmechanismus erwachsenden Zahlungspflichten und auch für die maximale Belastung des Bundeshaushalts (Art. 8 Abs. 5 ESMV). Die Haftung eines jeden ESM-Mitglieds „bleibt unter allen Umständen auf seinem Anteil am genehmigten Stammkapital zum Ausgabekurs begrenzt" (Art. 8 Abs. 5 S. 1 ESMV). Diese kategorische Haftungsbeschränkung muß, soll sie mit dem Budgetrecht der Bundesrepublik vereinbar sein, auch im Zusammenhang mit den Vorschriften über die „revidierten erhöhten" Kapitalabrufe (Art. 9 Abs. 2 und Abs. 3 in Verbindung mit Art. 25 Abs. 2 ESMV) gelten.

Kategorische Haftungsbeschränkung

Im vorläufigen Urteil vom 12. 9. 2012 betonte das Bundesverfassungsgericht zu Recht, daß etwaige Auslegungszweifel im Rahmen des völkerrechtlichen Ratifikationsverfahrens ausgeräumt werden müssen[125]. Die haushaltspolitische Gesamtverantwortung des Deutschen Bundestages nach Art. 20 Abs. 1 und Abs. 2 GG in Verbindung mit Art. 79 Abs. 3 GG erfordere, daß die Zahlungsverpflichtungen aus dem Vertrag über die Einrichtung eines Europäischen Stabilitätsmechanismus der Summe nach begrenzt werden und daß die Bundesrepublik im Rahmen der Mechanismen des Vertrages keinen höheren Zahlungsverpflichtungen ausgesetzt wird. Fraglich bleibt, ob mit der Einfügung des Art. 136 Abs. 3 AEUV die bisherige Wirtschafts- und Währungsunion grundlegend umgestaltet wurde[126]. Jedenfalls ist in dieser Bestimmung, mit der die Errichtung des Europäischen Stabilitätsmechanismus erst ermöglicht wurde, „mehr als eine nur marginale Ergänzung des Unionsrechts"[127] zu sehen.

41
Haushaltspolitische Verantwortung des Bundestages

Die Gefahren der neuen Stabilitätsarchitektur für den Geldwert liegen auf der Hand. Nur in der restriktiven Auslegung durch das Bundesverfassungsgericht, wonach durch die Öffnungsklausel die Unabhängigkeit der Europäischen Zentralbank ebenso wie die Verpflichtung auf das vorrangige Ziel der Preisstabilität (Art. 127, 130 AEUV), das Bail-out-Verbot des Art. 125 Abs. 1 AEUV[128] und das Verbot der monetären Haushaltsfinanzierung (Art. 123

42
Gefahren für die Stabilitätsarchitektur

---

125 Vgl. BVerfG (N 102), Rn. 251.
126 So auch BVerfG (N 102) Rn. 232 unter Hinweis auf Calliess und Kube.
127 So *Hanno Kube*, Rechtsfragen der völkervertraglichen Euro-Rettung, in: WM 2012, S. 245 (247).
128 Das Pringle-Urteil des EuGH vom 27. 11. 2012 (EuGH [Plenum], C-370/12, NVwZ 2013, S. 49 ff., entwertet Art. 125 Abs. 1 AEUV weitgehend. Diese Bestimmung verböte nämlich nur den Eintritt in das Schuldverhältnis mit dem Gläubiger, nicht jedoch die finanzielle Unterstützung des Schuldners selbst. Darin ist eine kaum nachvollziehbare Aufforderung zur Umgehung einer zentralen Bestimmung des Vertrags zu sehen. Ähnliches gilt für die Auffassung des Gerichts, Art. 136 Abs. 3 AEUV komme nur

AEUV) unangetastet bleiben, ist die deutsche Zustimmung zu Art. 136 Abs. 3 AEUV verfassungskonform. Es ist in Erinnerung zu rufen, daß für Deutschland von Verfassungs wegen die Übertragung der Währungshoheit auf die Europäische Union nur deshalb möglich war, weil die Europäische Währungsunion ausdrücklich als Stabilitätsunion ohne Bail-Out-Optionen ausgestaltet wurde[129]. Unbefriedigend bleibt, daß Verfassungskonformität nur dadurch zu erreichen war, daß etwaige höhere Zahlungsverpflichtungen im Rahmen „revidierter erhöhter" Kapitalabrufe (Art. 9 Abs. 2 und Abs. 3 i. V. m. Art. 25 Abs. 2 ESMV) erst im völkerrechtlichen Ratifikationsverfahren ausgeräumt werden konnten[130].

3. Vertrag über Stabilität, Koordinierung und Steuerung (VSKS)

43
Fiskalvertrag

Mit dem auch als „Fiskalvertrag" bezeichneten Vertrag über Stabilität, Koordinierung und Steuerung in der Wirtschafts- und Währungsunion[131] tritt ein eigenständiger völkerrechtlicher Vertrag neben das Primärrecht der Europäischen Union. Kernstück des gesamten Vertrags ist der sogenannte Fiskalpakt (Teil III), den am 2. März 2012, vom Vereinigten Königreich und der Tschechischen Republik abgesehen, alle Staats- und Regierungschefs der Europäischen Union unterzeichneten. Der Fiskalpakt führt Regeln für einen ausgeglichenen Haushalt und einen automatischen Mechanismus zur Einleitung von Korrekturmaßnahmen auf nationaler Ebene sowie eine Stärkung des Automatismus des Defizitverfahrens im Rahmen des Stabilitäts- und Wachstumspaktes ein. Die wichtigsten Bestandteile sind

Fiskalpakt

– die Regelung eines ausgeglichenen Haushalts einschließlich eines automatischen Korrekturmechanismus (in nationales Recht umzusetzen);
– die Stärkung des Verfahrens bei einem übermäßigen Defizit;
– die Aufnahme des numerischen Richtwerts für den Schuldenabbau der Mitgliedstaaten mit einem staatlichen Schuldenstand von mehr als 60 % des BIP;
– ein Vorabbericht über die Planung für die Begebung von Staatsschuldtiteln[132].

44
Anlehnung an Institutionen der EU

Der Fiskalvertrag ist an die Institutionen der Europäischen Union angelehnt; eine entsprechende Änderung des Primärrechts war wegen der erforderlichen Einstimmigkeit nicht zu erreichen. In mehreren Bestimmungen des Fiskalver-

---

deklaratorische Bedeutung zu, vgl. die Urteilsanmerkungen von *Matthias Ruffert*, in: JZ 2013, S. 257 ff., und *Daniel Thym*, in: JZ 2013, S. 259 ff. Mit wünschenswerter Deutlichkeit wird von *Wolfgang Kahl*, Bewältigung der Staatsschuldenkrise unter Kontrolle des Bundesverfassungsgerichts – ein Lehrstück zur horizontalen und vertikalen Gewaltengliederung, in: DVBl 2013, S. 197 (203), darauf hingewiesen, daß die relativierende Auslegung des Art. 125 AUEV durch den EuGH schwach begründet und vom gewünschten Ergebnis her gedacht sei.
129 Vgl. BVerfGE 89, 155 (199); 97, 350 (373); so auch *Kube* (N 127), S. 247.
130 Vgl. BVerfG (N 102), Rn. 251 ff.
131 BR-Drs 17/9046, S. 6 ff.
132 Vgl. *EZB*, Fiskalpakt für eine stärkere Wirtschafts- und Währungsunion, Monatsbericht, Mai 2012, S. 85 ff.

trags wird eine Beziehung zum Vertrag über die Arbeitsweise der Europäischen Union hergestellt, so wenn die salvatorische Klausel des Art. 2 Abs. 2 VSKS den Fiskalvertrag nur insoweit für anwendbar hält, wenn er mit dem Primär- und Sekundärrecht vereinbar ist oder wenn festgestellt wird, daß der Fiskalvertrag innerhalb von höchstens fünf Jahren nach seinem Inkrafttreten in den EU-Rechtsrahmen überführt werden soll (Art. 16 VSKS). Mit dem Fiskalvertrag hat die Kommission weder ein Vetorecht hinsichtlich der nationalen Haushaltsplanung noch eine Schuldenbremse begründet, die eine maßgebliche Neuerung der Art. 109, 115 GG bedeuten würde; im Gegenteil, dort sind bereits strengere Verschuldensvorgaben als im Fiskalpakt vorgesehen[133]. Rechtlich ist letztlich bedeutungslos, wenn der Fiskalvertrag als „Sonder-Unionsrecht" eingeordnet wird. Im deutschen Zustimmungsgesetz wurde die Regelung des Art. 23 Abs. 1 S. 3 GG beachtet[134]. Eine Folge des Vertrags wird darin gesehen, daß mit ihm die bis Ende 2019 laufende Übergangsfrist der Länder zur Nullverschuldung nach Art. 143 d Abs. 1 S. 3 GG verkürzt wird[135].

Das generelle Problem des Fiskalvertrags besteht darin, daß 25 Mitgliedstaaten in die Intergouvernementalität, das heißt auf eine Politikebene außerhalb des institutionellen Rahmens ausweichen. Der geldpolitische Konsens der Mitgliedstaaten, der rechtlich für den Fall von Änderungsbedarf nur durch eine einstimmige Vertragsänderung nach Art. 48 AEUV erreicht werden kann, wird gesprengt. Die einigende Kraft des Primärrechts geht verloren[136]. Besondere Bedeutung wird dem Fiskalpakt dadurch zukommen, daß sich europäische Schuldnerstaaten ab dem März 2013 nur noch dann aus dem Europäischen Stabilitätsmechanismus neu finanzieren können, wenn sie den Fiskalpakt ratifiziert und ihre Pflicht aus Art. 3 Abs. 2 VSKS erfüllt haben[137]. Der Fiskalvertrag ist deutlich darum bemüht, die Grundregeln des Primärrechts nicht zu verwässern, so wenn beispielsweise in der Präambel[138] eigens darauf hingewiesen wird, daß keine Bestimmung des Vertrags so ausgelegt werden soll, daß dadurch die wirtschaftlichen Auflagen, unter denen einer Vertragspartei im Rahmen eines Stabilisierungsprogramms finanzieller Beistand gewährt wurde, in irgendeiner Weise geändert werden. Bei nüchterner Betrachtung bestehen aber erhebliche Zweifel an der Wirksamkeit des neuen Vertrags. Die parlamentarischen Demokratien haben bisher eine vertrags- und verfassungswidrige Verschuldung der öffentlichen Hand betrieben,

45
Politik außerhalb des Primärrechts

---

133 So auch *Christian Callies/Christopher Schönfleisch*, Auf dem Weg in die europäische „Fiskalunion? – ergriffen werden Europa- und verfassungsrechtliche Fragen einer Reform der Wirtschafts- und Währungsunion im Kontext des Fiskalvertrages, in: JZ 2013, S. 477 (486).
134 Hierzu überzeugend *Ferdinand Wollenschläger*, Völkerrechtliche Flankierung des EU-Integrationsprogramms als Herausforderung für den Europa-Artikel des Grundgesetzes (Art. 23 GG), in: NVwZ 2012, S. 713 ff.; ähnlich auch *Christoph Möllers/Jörn Reinhardt*, Verfassungsrechtliche Probleme bei der Umsetzung des Europäischen Fiskalvertrages, in: JZ 2012, S. 693 ff.
135 → Bd. X, *v. Lewinski*, § 217 Rn. 36.
136 Nach ganz h. M. ist der VSKS *rechtlich* nicht zu beanstanden. A.A. *Andreas Fischer-Lescano/Lukas Oberndorfer*, Unionsrechtliche Grenzen völkervertraglicher Fiskalregulierung und Organleihe, in: NJW 2013, S. 9 ff., die der Meinung sind, daß der Vertrag „Eingriffe in die primärrechtlich geregelten Kompetenzen vornimmt" (S. 14).
137 S. Erwägungsgrund 25 der Präambel des VSKS.
138 Vgl. Erwägungsgrund 20.

warum sollte nunmehr durch einen Vertrag, abgeschlossen nur durch einen Teil der Mitglieder der Europäischen Union, ein verantwortungsvollerer Umgang mit der Ressource Geld erreicht werden[139]?

V. Regulierung der Finanzmärkte

46 *Staatlicher Regulierungsrahmen* — Für eine funktionierende Wirtschaft ist die Leistungsfähigkeit der Finanzmärkte unverzichtbar. Weniger als in anderen Bereichen einer Marktwirtschaft kann auf die Selbstregulierung der Finanzwirtschaft vertraut werden. Vielmehr müssen auf den unterschiedlichen Handlungsebenen regulierende Maßnahmen ergriffen werden, um Marktversagen zu verhindern oder zu kompensieren. Die letzten globalen Finanzkrisen haben gezeigt, daß das gesamte Regelungswerk modernisiert werden muß, und zwar auf nationaler und auf internationaler Ebene. Ohne einen staatlichen Regulierungs- und Aufsichtsrahmen ist Marktsicherheit nicht zu erreichen[140]. Es sind staatliche Vorschriften zu schaffen, die das Verhalten der Finanzmarktteilnehmer steuern. Mehr als bei einer aktiven staatlichen Marktbegleitung wird der Markt unter Beteiligung der Notenbank infrastrukturell konstituiert. Man kann hierin auch eine „Grundversorgung" sehen, welche die Finanzmärkte stimulieren, strukturieren, stärken und schützen soll. Zahlungsverkehrs- und Kreditvergabefunktionen sind ohne eine entsprechende sichernde Notenbankpolitik nicht gewährleistet. Hinzu treten muß eine regulatorische Kontrolle[141]. Wegen der besonderen Risiken der Finanzmärkte[142] muß es primär um deren Funktionsfähigkeit gehen, weil diese sich auch auf Systemrisiken außerhalb der Finanzmärkte ausweiten können. Die beiden Hauptziele sind die Funktionsfähigkeit des Finanzsystems und der Anlegerschutz[143]. Allerdings ist der Schutz der Bankkunden, Versicherten und Anleger vor allem ein Mittel zum Funktionsschutz[144].

Grundversorgung mit Aufsichtsregeln

Funktionsfähigkeit des Finanzsystems und Anlegerschutz

47 *Finanzaufsicht in der EU* — Die Finanzregulierung betrifft die Regelsetzung für die Marktteilnehmer und die Aufgabendefinition für die Aufsichtsbehörden. Ziel ist die Stabilisierung des Finanzsystems. Akteure sind auf der nationalen Ebene der nationale Gesetzgeber und die nationalen Aufsichtsbehörden, während auf europäischer Ebene die Finanzaufsicht in der Europäischen Union (Europäische

---

139 Zum Ganzen *Frank Schorkopf*, Europas politische Verfasstheit im Lichte des Fiskalvertrages, in: ZSE 2012, S. 1 (18, 28).
140 So u. a. zu Recht Alexandre Lamfalussy, zit. nach *Natalia Kohtamäki*, Die Reform der Bankenaufsicht in der Europäischen Union, 2012, S. 7 f. Übersichtlich *Hans Christian Röhl*, Finanzmarktaufsicht, in: Michael Fehling/Matthias Ruffert (Hg.), Regulierungsrecht, 2010, S. 1003 ff.
141 Vgl. *Höfling* (N 51), F 11. *Wolfgang Kahl*, Die Staatsaufsicht, 2000, S. 358, unterscheidet zwischen vorgängig-offensiver und genereller Setzung von Rechtmäßigkeits- oder Zweckmäßigkeitsmaßstäben und der nachgängig-defensiven Aufsicht; zur Begrifflichkeit vgl. auch *Peter M. Huber*, Überwachung, in: Wolfgang Hoffmann-Riem/Eberhard Schmidt-Aßmann/Andreas Voßkuhle (Hg.), GVwR III, 2009, § 45 Rn. 11 ff.
142 Vgl. hierzu *Christian Bumke*, Kapitalmarktregulierung, in: Die Verwaltung 41 (2008), S. 227 ff.
143 Vgl. *Werner Heun*, Finanzaufsicht im Wandel, in: JZ 2012, S. 235 (236 f.).
144 Zum speziellen Schutzzweck für die Erhaltung eines funktionsfähigen Finanzmarktes vgl. BVerfGE 124, 235 (247).

Behörde für Bankenaufsicht, EBA) und auf internationaler Ebene etwa der Basler Ausschuß für Bankenaufsicht zu nennen sind. Zur Finanzaufsicht dagegen gehören Regelüberwachung und Regeldurchsetzung. Ziel ist die Abwehr von Gefahren für die Finanzmärkte. Akteure sind die nationalen Aufsichtsbehörden, auf europäischer Ebene die entsprechenden europäischen Behörden, insbesondere die europäische Behörde für Bankenaufsicht[145].

1. Besondere Probleme der Aufsichtsstruktur in Deutschland

Durch das Gesetz über die integrierte Finanzdienstleistungsaufsicht aus dem Jahr 2002 sind die bisherigen drei Aufsichtsämter des Bundes in der Bundesanstalt für Finanzdienstleistungsaufsicht, einer Allfinanzaufsicht, vereinigt worden[146]. Die Bundesanstalt für Finanzdienstleistungsaufsicht unterliegt als Anstalt des öffentlichen Rechts in vollem Umfang der Rechts- und Fachaufsicht des Bundesministeriums für Finanzen (§ 2 FinDAG). Als Bundesoberbehörde gemäß Art. 87 Abs. 3 GG fehlt der Bundesanstalt für Finanzdienstleistungsaufsicht eine mehrstufige Verwaltungsstruktur mit Mittel- und Unterbehörden. Sie ist deshalb auf eine enge Kooperation mit der Bundesbank (§ 7 KWG) angewiesen. Das Modell einer integrierten Finanzaufsicht, das heißt einer Allfinanzaufsicht, setzt sich wegen der tiefgreifenden Veränderungen auf den Finanzmärkten innerhalb Europas immer mehr durch. Neben einer höheren Kompetenz für aufsichtsrechtliches Handeln wird auf diese Weise eine effizientere Nutzung von Ressourcen erreicht; vermutlich können auch makroökonomische Risiken besser erfaßt werden[147]. Andererseits entstehen wegen der verfassungsrechtlichen Zwangslage in Deutschland Probleme dadurch, daß auf die Bundesbank Aufgaben übertragen worden sind, die sich kaum mit dem funktionellen Auftrag der Geld- und Währungspolitik rechtfertigen lassen. Der Vorwurf einer Umgehung des Verbots eines Verwaltungsunterbaus für die Finanzaufsicht durch Einschaltung der Bundesbank liegt nahe[148].

48
Allfinanzaufsicht

Enge Kooperation mit der Bundesbank

2. Europäische Aufsichtsstruktur

Eine Erkenntnis aus der Finanzkrise des Jahres 2008 war, daß Finanzstabilität auf den europäischen Finanzmärkten nicht lediglich national gewährleistet werden kann. Nicht nur mußten neue Kompetenznormen auf europäischer Ebene geschaffen werden, sondern wegen erhöhter Systemrisiken mußte sich die Finanzaufsichtsstruktur als solche ändern. Am 1. Januar 2011 beschlossen die EU-Mitgliedstaaten folglich die Schaffung von drei Aufsichtsbehörden in

49
Drei Europäische Aufsichtsbehörden

---

145 Zur Bankenaufsicht s. *Kohtamäki* (N 140), S. 9.
146 Gesetz über die Bundesanstalt für Finanzdienstleistungsaufsicht (FinDAG) v. 22. 4. 2002 (BGBl 2002 I, S. 1310).
147 Ähnlich auch *Kohtamäki* (N 140), S. 66 f.
148 So auch *Heun* (N 143), S. 240. Vgl. *Ulrich Häde*, Rechtliche Vorgaben für die Organisation der Bankenaufsicht, in: FS für Rolf Stober, 2008, S. 467 (476 ff.).

§ 252   *Zweiundzwanzigster Teil: Grenzüberschreitende Staatsaufgaben*

Form von Agenturen, die im Banken-, Versicherungs- und Wertpapiersektor tätig werden sollen[149]. Drei Aufsichtsbehörden sind im Rahmen der European Advisory Authorities (EAA) zu nennen, die Europäische Wertpapier- und Marktaufsichtsbehörde (ESMA), die Europäische Aufsichtsbehörde für das Versicherungswesen und die betriebliche Altersversorgung (EIOPA) sowie die europäische Behörde für Bankenaufsicht[150]. Nach Ansicht der Europäischen Union ist Art. 114 AEUV Kompetenzgrundlage aller Gründungsakte. Die Kommission verspricht sich von den Rechtsakten, die institutionell ausgerichtet sind und die selbst keine Regeln für das Marktgeschehen beinhalten, Impulse für den Aufschwung in Europa[151]. Die neuen Aufsichtsbehörden sollen vor allem ein einheitliches gemeinsames Regelwerk im Bereich der Europäischen Banken- und Finanzaufsicht durch die Vorbereitung von Entwürfen von technischen Standards sowie durch den Erlaß von Leitlinien und Empfehlungen schaffen. Auf nationaler Ebene bleibt weiterhin die laufende Beaufsichtigung der nationalen Finanzinstitute. Nur in Ausnahmefällen dürfen die European Advisory Authorities unmittelbar Weisungen an die nationalen Behörden auch in der Form des Beschlusses richten[152].

Schaffung eines einheitlichen gemeinsamen Regelwerks

50
Europäischer Ausschuß für Systemrisiken

Ein Instrument neuer Art ist der im Rahmen der Europäischen Finanzstabilisierungsfazilität geschaffene Europäische Ausschuß für Systemrisiken, der European Systemic Risk Board (ESRB). Er stellt weniger auf einzelne Akteure ab als auf Wechselwirkungen und systematische Entwicklungen. Der European Systemic Risk Board verknüpft mikro- und makroprudenzielle Aufsicht aus der Einsicht heraus, daß die Aufsicht auf der Makroebene nur funktioniert, wenn sie sich in irgendeiner Form auf die Beaufsichtigung auf der Mikroebene auswirkt. Andererseits kann die Aufsicht auf der Mikroebene die Stabilität des Finanzsystems nur dann wirksam schützen, wenn sie Entwicklungen auf der Makroebene entsprechend Rechnung trägt. Der European Systemic Risk Board ist eng mit der Europäischen Zentralbank verbunden[153]; der Präsident der Europäischen Zentralbank führt für fünf Jahre den Vorsitz des European Systemic Risk Board. Die neue Institution für makroprudenzielle Überwachung wird als wesentlicher Baustein der neuen Finanzarchitektur angesehen. Es soll zwei Externalitäten entgegengewirkt werden: Zum einen dem gleichzeitigen oder sequentiellen Ausfall von eng miteinander verflochtenen Finanzinstituten, zum anderen den sich selbst verstärkenden Rückkoppelungseffekten zwischen Finanz- und Realwirtschaft. Der European Systemic Risk Board ist ein Beratungsgremium, dem nur Warnungen und Empfehlungen zur Verfügung stehen. Ein mit der Geldpolitik vergleichbares Instrumentarium konnte noch nicht geschaffen werden. Geldpoli-

---

149 Zum Ganzen vgl. *Axel Kämmerer*, Das neue europäische Finanzaufsichtssystem (ESFS) – Modell für eine europäisierte Verwaltungsarchitektur?, in: NVwZ 2011, S. 1281 ff.
150 VO (EG) Nr. 1093/2010 und Nr. 1094/2010 des Europäischen Parlaments und des Rates v. 24. 11. 2010 zur Errichtung einer europäischen Aufsichtsbehörde, ABl 2010 L 331, S. 12 ff., 48 ff.
151 Vgl. *Kämmerer* (N 149), S. 1283.
152 Eingehender zu den Aufgaben und Befugnissen der EBA *Kohtamäki* (N 140), S. 173 ff.
153 Näheres bei *Helge Hartig*, Die Befugnisse von EZB und ESRB auf dem Gebiet der Finanzsystemstabilität, in: EuZW 2012, S. 775, und *Ann-Katrin Kaufhold*, Systemaufsicht, in: Verw 2013, S. 21 ff.

tische Instrumente werden ausdrücklich nicht als makroprudenzielle angesehen. Die Stärke des European Systemic Risk Board liegt in der mittel- und längerfristigen Perspektive, in der Prävention, nicht im Krisenmanagement[154].

Im ungewissen bleibt, wie die Einigung der EU-Finanzminister auf einen einheitlichen Aufsichtsmechanismus (SSM) für Banken unter dem Dach der Europäischen Zentralbank funktionieren wird. Der Aufsichtsmechanismus soll auf der Basis der Zusammenarbeit von Europäischer Zentralbank und nationalen Aufsehern und unter der Oberaufsicht der Europäischen Zentralbank arbeiten. In allen Fällen, in denen dies nötig scheint, soll der Europäischen Zentralbank ein Durchgriffsrecht eingeräumt werden. Offen bleibt, ob es gelingen wird, zwischen der Aufsichts- und der Geldpolitik der Europäischen Zentralbank eine „chinesische Mauer" zu errichten. Im Fall der Rettung oder Schließung eines Kreditinstituts müßten Notenbank und Finanzminister über die Kosten verhandeln. Damit würden Konflikte mit dem geldpolitischen Auftrag der Europäischen Zentralbank unvermeidbar. Die „chinesische Mauer" ist deshalb nach Einschätzung des ehemaligen Chefvolkswirts der Europäischen Zentralbank, Otmar Issing, „völlig illusorisch"[155].

51
Einheitlicher Aufsichtsmechanismus für Banken

Errichtung einer „chinesischen Mauer"

VI. Währungsaußenpolitik

Dem Geldwert können auch Gefahren durch die Währungsaußenpolitik entstehen. Während die Währungsinnenpolitik von den Mitgliedstaaten der Europäischen Union dem Europäischen System der Zentralbanken übertragen wurde, ist die Festlegung nach außen, das heißt gegenüber Drittstaaten gemäß Art. 219 AEUV vom Rat zu treffen. Er handelt entweder auf Empfehlung der Europäischen Zentralbank oder der Kommission. Ganz selbstverständlich ist dies nicht, denn wegen der politischen Ausrichtung der Währungspolitik könnte die Preisstabilität speziell durch die Währungsaußenpolitik gefährdet werden[156]. Dem stehen die Verfassungstradition und auch das gegenwärtige Selbstverständnis der Staaten gegenüber, wonach die Währungspolitik ein Bestandteil der Außenpolitik ist, ein sensibles Politikfeld, das die Staaten nicht einer unabhängigen Institution übertragen wollen[157]. Ein rechtlich verbindliches Wechselkurssystem kann nur durch völkerrechtlichen Vertrag begründet werden, was in Art. 219 AEUV mit der Formulierung „förmliche Vereinbarungen" angesprochen wird. Hierbei sollte nicht eine neue Kategorie von Verträgen eingeführt, sondern nur die rechtliche Bindungswirkung der Vereinbarungen hervorgehoben werden. Da der Rat nur auf Empfehlung der Europäischen Zentralbank oder der Kommission handeln kann, liegt die politische Initiative nicht bei ihm. Das Parlament ist

52
Aufgabe des Europäischen Rates

Wechselkurssystem durch völkerrechtlichen Vertrag

---
154 Siehe ESRB-Verordnung; VO (EU) Nr. 1092/1090 des Europäischen Parlaments und des Rates v. 24.11.2010, ABl 2010 L 331, S. 1.
155 FAZ v. 1.11.2012, Nr. 255, S. 10.
156 So *Hugo J. Hahn*, Der Vertrag von Maastricht als völkerrechtliche Übereinkunft und Verfassung, 1992, S. 76.
157 Vgl. *Bernhard Kempen*, in: Rudolf Streinz (Hg.), Kommentar, ²2012, Art. 219 AEUV Rn. 3.

nur anzuhören. Zentral ist die Verpflichtung des Rates, er solle sich darum bemühen, „zu einem mit dem Ziel der Preisstabilität im Einklang stehenden Konsens zu gelangen". Zwar dient das Wechselkurssystem nicht nur der Geldwertstabilität, sondern der Stabilisierung des Außenwerts. Die Einführung einer einheitlichen Währung ist aber durch Art. 119 Abs. 2 AEUV vorrangig auf das Ziel der Preisstabilität ausgerichtet worden, so daß der Rat bei Ausrichtung seiner Wechselkurspolitik diese jeweils vorrangig im Auge zu behalten hat[158]. Im Vorfeld des jeweiligen Vertrags beschließt der Rat die Modalitäten für die Aushandlung und den Abschluß der Vereinbarung (Art. 219 Abs. 3 AEUV). Dadurch soll gewährleistet werden, daß die Union einen einheitlichen Standpunkt vertritt. Ob ein Mitgliedstaat, der Ratspräsident oder der EZB-Präsident mit der Außenvertretung betraut ist, soll nicht entscheidend sein[159].

C. Geldwirtschaft im Weltfinanzsystem

I. Internationaler Währungsfonds

53

Regelung der grenzüberschreitenden Transaktionen

Drei Kernprobleme

Das Verhältnis von Preisstabilität und Wachstum wird nicht zuletzt durch das Weltfinanzsystem bestimmt. Die entscheidende Institution der internationalen Währungsverfassung ist der Internationale Währungsfonds (IWF), dessen Status seit dem Jahr 1976 die Mitglieder dazu verpflichtet, ihre Wirtschafts- und Finanzpolitik auf das Ziel eines geordneten Wirtschaftswachstums bei angemessener Preisstabilität auszurichten, nach Stabilität zu streben und dabei ein Währungssystem ohne drastische Störungen zu schaffen sowie Manipulationen an den Wechselkursen zu vermeiden[160]. Die wesentlichen Probleme einer internationalen Währungsverfassung der etwa 150 Staaten mit eigenen Währungen liegen in der Regelung der grenzüberschreitenden Transaktionen. Die drei Kernprobleme bestehen in der Umtauschbarkeit von Währungen, der Etablierung eines Systems zur Festlegung des Umtauschkurses und der Frage nach den Mechanismen zum Ausgleich der Transaktionsströme[161]. Das entscheidende Element des im Jahr 1944 in Bretton Woods geschaffenen Systems bildete die freie Konvertibilität von Währungen in Verbindung mit festen Wechselkursen, wobei für den Dollar eine feste Goldparität geregelt war. Letztere ließ sich vor dem Hintergrund einer zunehmenden Inflation und eines über die Goldvorräte hinaus expandierenden Dollarvolu-

---

158 Ähnlich *Häde* (N 24), Art. 119 AEUV Rn. 11.
159 Vgl. *Rainer Stadler*, Der rechtliche Handlungsspielraum des europäischen Systems der Zentralbanken, 1996, S. 174.
160 Art. IV Abschn. 1 des IWF-Abkommens, zum Text insgesamt vgl. BGBl 1978 II, S. 13. Zur zentralen Bedeutung des Abkommens über den Internationalen Währungsfonds (IWF) vgl. *Matthias Herdegen*, Internationales Wirtschaftsrecht, ^{9}2011, S. 324 ff.
161 Vgl. *Herrmann* (N 7), S. 245; *Frederick Alexander Mann*, Monetary Law International, in: EPIL, Bd. III, ^{2}1997, S. 448.

mens nicht mehr aufrecht erhalten. Im Jahr 1971 befreiten sich die USA von ihrer Verpflichtung, im Jahr 1976 wurde die Freigabe der Wechselkurse durch Änderung des IWF-Vertrags geregelt. Bei Wahl des Wechselkurssystems wurde den einzelnen Mitgliedstaaten ein erheblicher Gestaltungsspielraum eingeräumt. Das globale Währungs- und Finanzsystem hat sich seit dem Beitritt Deutschlands zum Internationalen Währungsfonds im Jahr 1952 stark verändert. Es betrifft seine primäre Aufgabe der wirtschaftspolitischen Überwachung, die Krisenprävention und auch die Bereitstellung von Bilanzhilfen im Krisenfall[162]. *Freigabe der Wechselkurse*

Oberstes Entscheidungsorgan ist der Gouverneursrat, in dem jedes Mitgliedsland mit einem Gouverneur vertreten ist. Die Stimmgewichtung richtet sich nach dem Kapitalanteil der Mitglieder am Fonds bzw. nach dem wirtschaftlichen Gewicht des Mitgliedstaats[163]. Das zweite praktisch bedeutsame Entscheidungsgremium ist das Exekutivdirektorium, zusammengesetzt aus 24 Exekutivdirektoren, von denen fünf von den fünf größten Kapitaleignern des Fonds ernannt werden. Mit der Reform des Jahres 2010 wurde die Position wichtiger Schwellenländer gestärkt. Der Internationale Währungsfonds soll ein funktionsfähiges internationales Währungssystem als Grundlage des internationalen Waren-, Dienstleistungs- und Kapitalverkehrs sowie ein gesundes Wirtschaftswachstum und eine stabile Wirtschafts- und Währungsordnung in den einzelnen Mitgliedstaaten sichern[164]. Ein besonderes Anliegen ist es, günstige Investitionsbedingungen zu schaffen. Zu der wichtigen Aufgabe der Überwachung der Wechselkursregelungen der Mitgliedstaaten kommen Aufsichts- und Koordinierungsfunktionen im Hinblick auf Devisenbeschränkungen und die Gewährleistung der Währungskonvertibilität. Zentral ist die Aufgabe, den Mitgliedstaaten bei Zahlungsbilanzdefiziten finanziell zu helfen. Diese Funktion als „Lender of the Last Resort" wurde nach dem Ausbruch der Finanzkrise im Herbst 2007 besonders wichtig. Sanktionsmechanismen stehen dem Fonds allerdings nicht zur Verfügung. **54** *Organisation des IWF* *Ziele des IWF*

Für die Schaffung von Liquidität sind die Sonderziehungsrechte, die 1969 eingeführt wurden, von besonderer Bedeutung. Einem Mitgliedstaat wird das Recht eingeräumt, sich unter Einschaltung des Internationalen Währungsfonds Devisen zu kaufen, die mit Sonderziehungsrechten bezahlt werden. Diese Sonderziehungsrechte werden den Mitgliedstaaten in bestimmter Höhe zugeteilt. Sie müssen dafür an den Fonds Zinsen bezahlen. Letztlich handelt es sich um eine künstliche Währungseinheit, die sich aus einem Korb speist, in denen sich die vier wichtigsten Währungen (US-Dollar, Euro, Yen und Pfund Sterling) befinden. Wirtschaftlich gesehen handelt es sich bei der Vergabe von Sonderziehungsrechten um ein internationales Zahlungsmittel, das ein Mitgliedstaat gegen Hingabe der eigenen Landeswährung erwerben kann. Die Vergabe von Krediten ist an Bedingungen geknüpft. Die sogenannte Kondi- **55** *Sonderziehungsrechte* *Konditionalität*

---

162 Vgl. *Deutsche Bundesbank*, Monatsbericht, September 2012, S. 63 ff.
163 Art. XII Abschn. 5 IWF-Abkommen.
164 Art. IV Abschn. 1 S. 1 IWF-Abkommen. Zur Finanzierung, Repräsentanz und zu den Governance-Strukturen im IWF vgl. *Deutsche Bundesbank*, Monatsberichte, März 2010, S. 53 ff.

tionalität („stand-by-arrangement") ist ein wichtiges Steuerungsmittel des Fonds. Der Schuldnerstaat verpflichtet sich, bestimmte wirtschaftliche Reformmaßnahmen zur Erlangung einer ausgeglichenen Zahlungsbilanz vorzunehmen. Die Einhaltung der hierfür erforderlichen förmlichen Erklärung („letter of intent") ist nicht sanktionsbewährt, aber gegebenenfalls Voraussetzung für die Vergabe weiterer erforderlicher Kredite[165].

56
Finanzierungsfunktion des IWF

In der jüngsten Finanzkrise wurde die Finanzierungsfunktion des Internationalen Währungsfonds zur Unterstützung der Mitgliedsländer bei der Krisenbewältigung besonders wichtig. Der Fonds wollte vor allem verhindern, daß in Krisen geratene Länder nicht mit wirtschafts- und währungspolitischen Maßnahmen zu Lasten anderer, etwa im Rahmen eines Abwertungswettlaufs, handeln. Die Risiken für den Fonds sind vor allem deshalb gewachsen, weil die Programmeffizienz gesunken ist und weil, der Not gehorchend, weitgehend auf Vorgaben für die wirtschaftspolitische Anpassung verzichtet wurde[166]. Dies führt zwangsläufig auch zur Notwendigkeit von Quotenerhöhungen der Mitgliedsländer, die für die Bundesrepublik im Internationalen Währungsfonds-Gesetz der Bundesbank übertragen wurden[167]. Zur Sicherung der Programmeffizienz haben sich die Mitgliedsländer des Internationalen Währungsfonds auf Programmstandards verständigt. Diese betreffen die Voraussetzungen und Mindestanforderungen für die Nutzung der einzelnen Fazilitäten sowie Begrenzungen für maximale Zugangshöhen und -zeiträume.

Finanzkrise

Bedenklich ist, daß der Internationale Währungsfonds seit Ausbruch der Finanzkrise im Jahr 2008 dazu übergegangen ist, die Dauer und den Inhalt der wirtschaftspolitischen Anpassungsprozesse großzügig zu handhaben, sogar hinzunehmen, daß IWF-Mittel zur fiskalischen Stimulierung der inländischen Nachfrage, das heißt also konjunkturpolitisch, verwendet werden[168]. In der

Schwächen bei der Aufgabenwahrnehmung

letzten Finanzkrise zeigten sich erhebliche Schwächen der Aufgabenwahrnehmung durch den Internationalen Währungsfonds, vor allem war die Gefahr von Übertragungs- und Ansteckungseffekten unterschätzt worden. In Zukunft sollen deshalb anläßlich der Frühjahrs- und Herbsttagungen des Internationalen Währungsfonds zusammen mit dem Finanzstabilitätsrat („Financial Stability Board") sogenannte Frühwarnübungen durchgeführt werden. Mit der Verabschiedung der neuen „Entscheidung über die bilaterale und multilaterale Surveillance" wurde die rechtliche Grundlage des Überwachungssystems verbessert. Wichtig ist vor allem die Betonung der Bedeutung der inländischen Stabilität und der entsprechend ausgerichteten nationalen Wirtschaftspolitik auf die globale Stabilität. Der Grundsatz „Stabilität beginnt zu Hause" muß endlich beachtet werden[169].

---

165 Vgl. zum Ganzen *Herdegen* (N 160), § 26 Rn. 4 ff.
166 *Deutsche Bundesbank*, Monatsbericht, September 2012, S. 64 f.
167 Deutschlands Quote im IWF beträgt nach der letzten Quotenerhöhung etwa 33 Mrd. Euro.
168 *Deutsche Bundesbank* (N 166), S. 68 m. weit. Nachw.
169 *Independent Evaluation Office* (IEO), IMF Performance in the Run-Up to the Financial and Economic Crisis. IMF Surveillance in 2004 bis 2007, 2011.

II. Sonstige Akteure

Der Geldmarkt ist Teil eines globalen Finanzmarkts. Er steht im engen Zusammenhang mit der Regulierung der Kapital- und Kreditmärkte. Entsprechend hängt die Preisstabilität von unzähligen Faktoren vieler Märkte ab und sie wird von einer kaum mehr aufzählbaren Zahl von Organisationen und informellen Gremien beeinflußt[170]. Zu nennen sind neben dem Internationalen Währungsfonds die Weltbankgruppe, insbesondere die internationale Finance-Corporation (IFC), die Welthandelsorganisation (WTO), die Organisation für wirtschaftliche Zusammenarbeit und Entwicklung (OECD) und die Bank für Internationalen Zahlungsausgleich (BIZ). Neben den genannten Institutionen existieren rechtlich kaum organisierte Märkte, wie in Deutschland beispielsweise ein grauer Kapitalmarkt, vor allem für den Handel von Anleihen mit Immobilienfonds[171]. Unter den informellen Zusammenschlüssen ist die 10-Gruppe wichtig, der (entgegen ihrer Bezeichnung) inzwischen die elf wichtigsten Industrieländer angehören (USA, Japan, Kanada, Deutschland, Frankreich, Großbritannien, Italien, Belgien, Niederlande, Schweiz und Schweden). Zwischen diesen Ländern und dem Internationalen Währungsfonds werden allgemeine Kreditvereinbarungen abgeschlossen. Der 7-Gruppe (USA, Japan, Deutschland, Frankreich, Italien, Vereinigtes Königreich und Kanada), in der die sieben größten Industriestaaten der Welt zusammenwirken, dienen als wesentliches Instrument die gemeinsamen Sitzungen der Finanzminister und Zentralbankpräsidenten. Seit einiger Zeit ist auch die Europäische Union beteiligt. Von größerer Bedeutung ist die Gruppe der 20, die den Dialog zwischen Industrie- und Schwellenländern in wichtigen Fragen des Internationalen Währungs- und Finanzsystems verbessern will. Um eine möglichst enge Verzahnung der Tätigkeit mit den Aktivitäten der internationalen Finanzinstitutionen zu gewährleisten, nehmen der geschäftsführende Direktor des Internationalen Währungsfonds, der Präsident der Weltbank sowie die Vorsitzenden des Internationalen Währungs- und Finanzausschusses des Internationalen Währungsfonds teil. Um Schwachstellen im internationalen Finanzsystem aufzuzeigen und Empfehlungen zur Förderung der Finanzmarktstabilität zu unterbreiten, wurde das Forum für Finanzstabilität („Financial Stability Forum", FSF) im Jahr 1999 einberufen. Ihm gehören die Finanzminister und Zentralbankgouverneure der G 7 an. Seit der unkontrollierten Insolvenz von Lehman Brothers im Jahr 2008 und dem anschließenden Zusammenbruch des Welthandels, fühlen sich insbesondere die G 20-Staaten dazu verpflichtet, ein globales Regelwerk zu schaffen, um die Bedrohung vor allem durch systemrelevante Finanzinstitute zu begrenzen. Ein umfassendes internationales Aufsichtsregime soll grenzüberschreitende Finanzinstitute effektiv überwachen; außerdem sollen die

57
Vielzahl von Organisationen

Forum für Finanzstabilität

---

170 Vgl. *Deutsche Bundesbank*, Weltweite Organisationen und Gremien im Bereich von Währung und Wirtschaft, 2003.
171 Vgl. *Holger von Daniels*, Private Equity Secondary Transactions: Chancen und Grenzen des Aufbaus eines institutionalisierten Secondary Market, 2004, S. 78 ff.

genannten Institute höhere Puffer in Form von Eigenkapital und Liquidität vorhalten, um die Insolvenzwahrscheinlichkeit zu verringern[172].

D. Schlußbemerkung

58
Fehlen eines Weltfinanzsystems

Der im Titel dieses Beitrags verwendete Begriff „Weltfinanzsystem" ist zwar allgemein gebräuchlich. Von einem „System" sind die Regelungen der globalen Finanz- und Geldströme aber noch weit entfernt. Zu finden ist vielmehr nur eine Vielzahl einschlägiger Institutionen, nationaler, supranationaler und internationaler Instrumente, informeller Verfahrensweisen, Governance-Praktiken, Usancen und diskreter Absprachen. Greifbare Ergebnisse internationaler Reformbemühungen, etwa ein Weltstrukturfonds[173], liegen in weiter Ferne. An der Grundsituation hat sich seit Jahrzehnten nichts geändert. Sie besteht in einer gigantischen globalen Verschuldung und einer bedrohlichen Aufblähung der internationalen Liquidität, zu der Private, Staaten und andere Hoheitsträger wie internationale Organisationen und Institutionen beitragen[174]. Nach der Meinung von Ernst-Joachim Mestmäcker konnte „der imperialistische Kapitalismus entgegen Marx auch im internationalen Kontext zivilisiert werden". Diese Leistung sei auf den Kapitalmärkten noch zu erbringen[175].

Notwendige staatliche Regulierung

Die Kapitalmärkte, ja der Finanzmarkt dieser Welt, konnten sich in der Tat bisher staatlicher Regulierung weitgehend entziehen, selbst wirksame informelle Ersatzformen fehlen vielfach[176]. Dies ist bedenklich, weil kapitalmarktrechtliche Normen Voraussetzung für die Funktionsfähigkeit der Volkswirtschaft sind. Unternehmen müssen die Möglichkeit haben, sich neben der Kreditaufnahme durch Fremdkapital, beispielsweise durch Aktien oder Anleihen, in rechtlich gesicherter Weise zu finanzieren[177]. Für einzelne Anlageformen wie offene Immobilienfonds fehlt es weiterhin an Lösungen, die Transparenz und Anlegerschutz gewährleisten.

59
Schicksal des Kapitalismus

Hinzuzufügen ist, daß das Schicksal des Kapitalismus nicht zuletzt davon abhängt, ob es gelingen wird, das aus den Fugen geratene Weltfinanzsystem rechtlich zu bändigen. Die zu lösende Aufgabe ist kaum zu bewältigen. Der Usurpation des Staates durch entfesselte Finanzmärkte ist mit grundsätzlicheren, intensiveren Regulierungen als bisher zu begegnen. Man wird es nicht bei

---

172 Vgl. *Sachverständigenrat zur Begutachtung der gesamtwirtschaftlichen Entwicklung*, Jahresgutachten 2011/12, Rn. 226 ff.
173 So der Vorschlag von *Wolfgang Eichhorn/Dirk Solte*, Das Krankenhaus Weltfinanzsystem, 2009, S. 223 ff.
174 Vgl. *Reiner Schmidt*, Der Verfassungsstaat im Geflecht der internationalen Beziehungen, in: VVDStRL 36 (1977), S. 105 ff.
175 *Ernst-Joachim Mestmäcker*, Wettbewerbsfreiheit und Wohlfahrt. Ein ideengeschichtlicher Beitrag zum Verhältnis von Ökonomie und Recht, in: ORDO 63 (2012), S. 429 (446).
176 Vgl. auch *Felix Ekardt/Daniel Buscher*, Staatsschuldenrecht, Finanzkrise und Nachhaltigkeit, in: AÖR 137 (2012), S. 42 (71).
177 Vgl. *Klaus J. Hopt*, Insiderwissen und Interessenkonflikte im europäischen und deutschen Bankrecht, in: FS für Theodor Heinsius, 1991, S. 289 (303 f.).

wohlgemeinten Vorschlägen zur Verbesserung von Transparenz und Information bewenden lassen können. Nur rigorose Bestimmungen etwa zur Kapitalausstattung von Banken[178], zum Verbot bestimmter Geschäfte und Produkte, abgesichert durch Strafdrohungen, werden den Staat wieder funktionsfähig machen können. In der Hochzonung der Probleme auf größere Einheiten wie die Europäische Union oder Internationale Institutionen liegt nicht der Königsweg. Sie birgt die Gefahr der unkontrollierbaren Verschiebung von Verantwortung, der Schaffung einer wenig effizienten Bürokratie und des weiteren Verlustes demokratischer Legitimation.

Vorerst noch sind starke Staaten unverzichtbar[179]. Selbst das Gelingen der kleineren Aufgabe, die Stabilisierung des Europäischen Währungsraums, bleibt ungesichert. Die Europäische Union wird die Geldfunktion in der Weltwirtschaft nur erfüllen können, wenn die Qualität des Euros, seine innere und äußere Geldwertstabilität erhalten bleiben. Die gegenwärtige Finanzkrise ist „durch Missachtung des Rechts"[180] entstanden. Die derzeit nicht erreichbare politische Union würde endgültig scheitern, gelänge es nicht einmal, die neuen strikten Rechtsbindungen für die Staatsverschuldung einzuhalten[181].

60
Notwendigkeit starker Staaten

---

178 So auch das engagierte Plädoyer für mehr Eigenkapital von *Anat Admati/Martin Hellwig*, The Banker's New Clothes. What's wrong with Banking and what to do about it, Princeton 2013.
179 Zur Notwendigkeit eines handlungsfähigen (National-)Staates überzeugend *Peter M. Huber*, Zur Renaissance des Staates, in: Hartmut Bauer/Detlef Czybulka u.a. (Hg.), Krakauer-Augsburger Rechtsstudien, Öffentliches Wirtschaftsrecht im Zeitalter der Globalisierung, 2012, S. 35 ff.
180 So *Paul Kirchhof*, Stabilität von Recht und Geldwert in der Europäischen Union, in: NJW 2013, S. 1 (3).
181 Vgl. *Peter Spahn*, Geldpolitik, ³2012, S. 311 ff., weist zu Recht darauf hin, daß in einer Währungsunion ein größerer Anreiz zur Staatsverschuldung besteht, weil das Deficit Spending einzelner Nationalstaaten in einem großen Kapitalmarkt nicht unmittelbar steigende Zinsen zur Folge hat.

E. Bibliographie

Charles B. Blankart, Öffentliche Finanzen in der Demokratie, ^{8}2011.
Deutsche Bundesbank, Weltweite Organisationen und Gremien im Bereich von Währung und Wirtschaft, 2003.
Werner Ehrlicher, Geldtheorie, in: HDWW, Bd. III, 1981, S. 355 ff.
Walter Eucken, Grundsätze der Wirtschaftspolitik, ^{7}2004.
Europäische Zentralbank, Die Geldpolitik der EZB, 2004.
Charlotte Gaitanides, Das Recht der Europäischen Zentralbank. Unabhängigkeit und Kooperation in der Europäischen Währungsunion, 2005.
Egon Görgens/Karlheinz Ruckriegel/Franz Seitz, Europäische Geldpolitik, ^{5}2008.
Hugo J. Hahn/Ulrich Häde, Währungsrecht, ^{2}2010.
Matthias Herdegen, Internationales Wirtschaftsrecht, ^{9}2011.
Christoph Herrmann, Währungshoheit, Währungsverfassung und subjektive Rechte, 2010.
Otmar Issing, Einführung in die Geldtheorie, ^{15}2011.
Wolfgang Kahl (Hg.), Nachhaltige Finanzstrukturen im Bundesstaat, 2011.
Paul Kirchhof, Deutschland im Schuldensog, 2012.
Natalia Kothamäki, Die Reform der Bankenaufsicht in der Europäischen Union, 2012.
Kai von Lewinski, Öffentliche Insolvenz und Staatsbankrott, 2011.
Karsten Schmidt, Geldrecht. Kommentierung der §§ 244–248 BGB, in: Julius v. Staudinger, Kommentar zum BGB, ^{13}1997 (Lit.).
Reiner Schmidt, Geld, in: Leitgedanken des Rechts, in: FS für Paul Kirchhof, 2013, S. 1499 ff.
Frank Schorkopf, Finanzkrisen als Herausforderung der internationalen, europäischen und nationalen Rechtssetzung, in: VVDStRL 71 (2012), S. 183 ff.

§ 253
Rechts- und Sachkontrolle in grenzüberschreitenden Sachverhalten

Wolfgang Kahl

Übersicht

	Rn.		Rn.
A. Einleitung	1–13	2. Trennungsmodell	44–50
I. Zunahme grenzüberschreitender Sachverhalte in Zeiten der Globalisierung	1–4	3. Einheitsmodell	51
		4. Zurechnungsmodell	52–53
		5. Geminderte Justiziabilität und Verengung auf subjektive Rechtsverteidigung	54
II. Kontrolldilemma	5–7		
III. Kontrolle grenzüberschreitender Sachverhalte als Teil von Global Governance	8–13	6. Sekundärrechtsschutz	55–58
		7. Zwischenergebnis	59–61
B. Strukturen von Kontrolle in internationalen Zusammenhängen	14–31	II. Parlamentarische Kontrolle	62–63
I. Inhalt	14–17	III. Sonstige Kontrollen	64–69
II. Kontrollsubjekte	18–20	E. Fazit und Ausblick	70–88
III. Kontrollobjekte	21–22	I. Kontrolle als Herausforderung an die internationale Rechtswissenschaft	70
IV. Kontrollfunktionen	23		
V. Kontrollergebnis	24		
VI. Kontrollmaßstäbe	25–31	II. Staaten als zentrale Kontrollsubjekte	71–76
1. Rechtskontrolle	25–28		
2. Sachkontrolle	29	III. Der internationale Rechtsprechungsverbund als Desiderat	77–81
3. Verrechtlichung von Zweckmäßigkeitsmaßstäben	30–31		
C. Verfassungstheoretische und verfassungsrechtliche Grundlagen	32–39	IV. Ausbau politischer Kontrolle durch Stärkung der nationalen Parlamente und Mischgremien	82–85
I. Verantwortung	32		
II. Demokratische Legitimation	33–34		
III. Vorrang der Verfassung und des Gesetzes	35–36	V. Notwendigkeit eines umfassenden und pluralen Kontrollkonzepts	86
IV. Gewaltenteilung	37–39		
D. Strukturelle Probleme und Reformansätze	40–69	VI. Denken in Kontrollzusammenhängen und „hinreichendes Kontrollniveau"	87–88
I. Gerichtliche Kontrolle	41–61		
1. Begrenzungen gerichtlicher Kontrolle auf internationaler Ebene	41–43	F. Bibliographie	

A. Einleitung

I. Zunahme grenzüberschreitender Sachverhalte in Zeiten der Globalisierung

1
Globalisierung als empirisches Phänomen

Das dynamische Wachstum grenzüberschreitender (staatlicher oder gesellschaftlicher) Sachverhalte steht im Mittelpunkt des Phänomens[1], das mit dem schillernden Begriff „Globalisierung" umschrieben wird. Bezeichnet wird mit diesem Schlagwort aus der Theorie der internationalen Beziehungen der – als solcher bewußt wahrgenommene – fortschreitende, dabei aber nicht lineare, sondern vielfach paradoxe[2] empirische Prozeß der Zunahme grenzüberschreitender Verflechtungen im Weltmaßstab sowie des korrespondierenden Bedeutungsschwundes staatlicher Grenzen[3]. Da diese Verflechtungen als solche historisch betrachtet keineswegs neu sind[4], liegt das Hauptaugenmerk des Globalisierungsbegriffs auf dem Aspekt der Zunahme. „Zunahme" meint dabei einen quantitativen Anstieg wie auch eine qualitative Intensivierung und räumliche Ausdehnung grenzüberschreitender Sachverhalte[5].

2
Grenzüberschreitende Sachverhalte

Die Zahl der Probleme, die nicht vor staatlichen Grenzen Halt machen, sondern einer zwischenstaatlichen oder überstaatlichen Lösung durch Koordination oder Kooperation bedürfen, steigt ständig an[6]. Betroffen sind höchst unterschiedliche, hier im einzelnen nicht darstellbare Bereiche[7], wie etwa Wirtschaft (Güter, Dienstleistungen, Produktion, Finanz- und Arbeitsmärkte[8]), Umwelt-, Gesundheits- und Verbraucherschutz (globale „Risikogesellschaft"),[9]

---

1 Vgl. *Jean-Bernard Auby*, La globalisation, le droit et l'État, Paris ²2010, S. 18 ff.
2 *Anne-Marie Slaughter*, A New World Order, Princeton, Oxford 2004, S. 8 ff.
3 So *Matthias Ruffert*, Die Globalisierung als Herausforderung an das Öffentliche Recht, 2004, S. 11 ff. (12); ähnlich → Bd. IV, *Calliess*, § 83 Rn. 4 ff. Vgl. zum Phänomen bzw. Begriff der Globalisierung auch *Ulrich Beck*, Was ist Globalisierung?, ⁴1998, S. 44 f.; *Anthony Giddens*, Jenseits von Links und Rechts, 1997, S. 23 ff.; *Jost Delbrück*, Structural Changes in the International System and its Legal Order: International Law in the Era of Globalization, in: SZIER 2001, S. 1 (16); *Martin Kment*, Grenzüberschreitendes Verwaltungshandeln, 2010, S. 19 f.; *Ralf Poscher*, Das Verfassungsrecht vor den Herausforderungen der Globalisierung, in: VVDStRL 67 (2008), S. 160 (161 f.); *Thomas Vollmöller*, Die Globalisierung des öffentlichen Wirtschaftsrechts, 2001, S. 11 ff., 99 ff.; *Stefan Oeter*, Globalisierung, in: EvStL, Sp. 869.
4 *Reiner Schmidt*, Öffentliches Wirtschaftsrecht, Allgemeiner Teil, 1990, S. 199 m. Fn. 1.
5 *Johannes Varwick*, Globalisierung, in: Wichard Woyke (Hg.), Handwörterbuch Internationale Politik, ¹⁰2006, S. 159; vgl. auch *Dirk Ehlers*, Internationales Verwaltungsrecht, in: Hans-Uwe Erichsen/Dirk Ehlers (Hg.), Allgemeines Verwaltungsrecht, ¹⁴2010, § 4 Rn. 1.
6 Vgl. *Kment* (N 3), S. 2; *Christian Tomuschat*, Möglichkeiten und Grenzen der Globalisierung, in: Jürgen Schwarze (Hg.), Globalisierung und Entstaatlichung des Rechts, 2008, S. 21 (23 ff.).
7 *Ruffert* (N 3), S. 13 f.; vgl. auch allg. *Ernst-Wolfgang Böckenförde*, Die Zukunft politischer Autonomie, in: Ernst-Wolfgang Böckenförde, Staat, Nation, Europa, 1999, S. 103; *Jürgen Hoffmann*, Ambivalenzen des Globalisierungsprozesses – Chancen und Risiken der Globalisierung, in: APuZ B 23 (1999), S. 3.
8 Vgl. zu einem wesentlichen Einzelaspekt (Kontrolle grenzüberschreitender Unternehmensübernahmen) sehr aufschlußreich *Andreas Heinemann*, „Ökonomischer Patriotismus" in Zeiten regionaler und internationaler Integration, 2011, S. 39 ff., 52 ff., 86 ff., 107 ff. Zur Gesamtproblematik → Bd. X, *Haratsch*, § 210; → oben *Schmidt*, § 252.
9 Grundlegend *Markus Thiel*, Die „Entgrenzung" der Gefahrenabwehr, 2011, S. 51 ff., 67 ff., 399 ff., 473 ff. und passim; vgl. auch *Olaf Dilling*, Grenzüberschreitende Produktverantwortung, 2009; *Thomas Voland*, Verbraucherschutz und Welthandelsrecht, 2007, S. 104 ff.

Technik, insbesondere Information und Kommunikation (Internet)[10], Sicherheit (internationaler Terrorismus, Piraterie[11]), Strafverfolgung (organisierte Kriminalität, Cyber-Kriminalität, „Steuerflucht"[12]), Kultur und Bildung, Einwanderung und Asyl.

Der Prozeß der Globalisierung stellt auch Fragen an das Recht, teils als Bedingung, teils als Konsequenz[13]. Allgemein zu beobachten sind eine Zunahme der Verrechtlichung grenzüberschreitender Sachverhalte, ein sich verschärfender Wettbewerb der (nationalen und regionalen) Rechtsordnungen[14] sowie eine wachsende Bedeutung des Völkerrechts, zumal internationaler Menschenrechte, Standards[15] sowie „neuer" Institutionen und Instrumente zu deren Kontrolle und Durchsetzung (internationale Gerichtsbarkeit[16] [zum Beispiel Internationaler Strafgerichtshof[17]], humanitäre oder sonstige[18] Intervention etc.). Die Vorgänge der Internationalisierung, Transnationalisierung und Europäisierung[19] des nationalen Rechts sollen nach verbreiteter, indes

3
Globalisierung und Recht

---

10 *Thiel* (N 9), S. 6 ff.; vgl. auch *Marco Gercke/Philipp W. Brunst*, Praxishandbuch Internetstrafrecht, 2009, S. 5 ff., 44 ff.; speziell zum Thema „Sperrverfügungen" *Johannes Dietlein/Jan Heinemann*, Ordnungsrecht und Internetkriminalität, in: K & R 2004, S. 418; *Ulrich Sieber/Malaika Nolde*, Sperrverfügungen im Internet, 2008.

11 *Thiel* (N 9), S. 30 ff.; grundsätzlich *Kurt Graulich/Dieter Simon* (Hg.), Terrorismus und Rechtsstaatlichkeit, 2007; *Martin H. W. Möllers/Robert Chr. van Ooyen* (Hg.), Europäisierung und Internationalisierung der Polizei, 2 Bde., ²2009; *Wolfram Schwetzel*, Freiheit, Sicherheit, Terror, 2007; vgl. auch *Dieter Kugelmann*, Terrorismusbekämpfung in der EU, in: POLIZEI-heute 1 (2011), S. 17; 2 (2011), S. 17.

12 *Rainer Spatscheck/Jörg Alvermann*, Steuerfahndung ohne Grenzen?, in: IStR 2001, S. 33; vgl. auch § 209 AO sowie zuletzt das Steuerhinterziehungsbekämpfungsgesetz (BGBl I 2009, S. 2302).

13 Grundlegend *Auby* (N 1), S. 33 ff., 97 ff., 183 ff., 209 ff., 223 ff.; vgl. auch zum Ganzen *Klaus F. Röhl/Stefan Magen*, Die Rolle des Rechts im Prozeß der Globalisierung, in: ZfRsoz 17 (1996), S. 1.

14 Zu den Facetten des Themas: *Hermann-Josef Blanke/Arno Scherzberg/Gerhard Wegner* (Hg.), Dimensionen des Wettbewerbs, 2010; am Beispiel eines zentralen Politikfeldes: *Andreas Glaser*, Steuerwettbewerb in föderalen Staaten in rechtsvergleichender Perspektive, in: JöR N.F. 58 (2010), S. 251; → oben *Kersten*, § 233; → Bd. IV, *Grzeszick*, § 78 Rn. 40.

15 Dazu *Claus Dieter Classen*, Die Entwicklung des Internationalen Verwaltungsrechts als Aufgabe der Rechtswissenschaft, in: VVDStRL 57 (2008), S. 365 (376 ff.); *Hans Christian Röhl*, Internationale Standardsetzung, in: Christoph Möllers/Andreas Voßkuhle/Christian Walter (Hg.), Internationales Verwaltungsrecht, 2007, S. 319; *Gunnar Folke Schuppert*, Governance und Rechtsetzung, 2011, S. 201 ff., 217 ff. sowie zu Legitimationsaspekten S. 238 ff.

16 → Oben *Wolfrum*, § 242; speziell zu Problemen demokratischer Legitimation internationalen Richterrechts *Armin von Bogdandy/Ingo Venzke*, On the Democratic Legitimation of International Judicial Lawmaking, in: GLJ 12 (2011), S. 1341.

17 Dazu *Klaus Ferdinand Gärditz*, Weltrechtspflege, 2006, S. 96 ff., 112 ff. und passim; *Matthias Ruffert/Christian Walter*, Institutionalisiertes Völkerrecht, 2009, Rn. 101 ff.

18 Vgl. etwa *Martin Nettesheim*, Die ökologische Intervention, in: AVR 34 (1996), S. 168.

19 Zum Begriff der Internationalisierung: *Matthias Ruffert*, Rechtsquellen und Rechtsschichten des Verwaltungsrechts, in: GVwR, Bd. I, § 17 Rn. 149 ff.; zum Begriff der Transnationalisierung: *Gunnar Folke Schuppert*, Verwaltungsorganisation und Verwaltungsorganisationsrecht als Steuerungsfaktoren, in: GVwR, Bd. I, § 1 Rn. 1167 ff.; zum Begriff der Europäisierung: *Rainer Wahl*, Die miteinander verbundenen Entwicklungen von Rechtsordnungen als ganzes, in: Hans-Heinrich Trute/Thomas Groß u.a. (Hg.), Allgemeines Verwaltungsrecht – zur Tragfähigkeit eines Konzepts, 2008, S. 869; *Anna Katharina Mangold*, Gemeinschaftsrecht und deutsches Recht, 2011, S. 21 ff., 451 ff., alle m. zahlr. Nachw. Zu dieser Begrifflichkeit insgesamt *Wolfgang Kahl*, Über einige Pfade und Tendenzen in Verwaltungsrecht und Verwaltungsrechtswissenschaft – Ein Zwischenbericht, in: Die Verwaltung 42 (2009), S. 463 (466 ff., 476 ff.); *Matthias Ruffert/Sebastian Steinecke*, The Global Administrative Law of Science, 2011, S. 18 ff.; *Eberhard Schmidt-Aßmann*, Verfassungsprinzipien für den Europäischen Verwaltungsverbund, in: GVwR, Bd. I, ²2011, § 5 Rn. 29 ff., 41 ff.

kritisch zu hinterfragender Einschätzung[20] einhergehen mit einem „Bedeutungsverlust" des nationalen Rechts und des (souveränen) Staates[21].

4
Verhältnis der Rechtsordnungen zueinander

Infolge der Zunahme grenzüberschreitender Sachverhalte stellen sich zahlreiche Fragen zum Verhältnis der einzelnen Rechtsordnungen zueinander und der gegenseitigen Einflußnahme aufeinander"[22]. Hiermit angesprochen sind insbesondere:

– die extraterritoriale Wirkung und Anerkennung fremder Verwaltungsentscheidungen (zum Beispiel transnationaler Verwaltungsakt[23])[24];
– grenzüberschreitende Handlungsformen der Verwaltung (grenzüberschreitende Pläne, öffentlich-rechtliche Verträge[25], Verwaltungsrealakte auf fremdem Hoheitsgebiet, Bekanntgabe/Zustellung im Ausland)[26];
– grenzüberschreitende Informationsverwaltung (internationale Rechts- und Amtshilfe, Datenaustausch und Datenschutz[27])[28];
– Fragen der Grundrechtsbindung deutscher öffentlicher Gewalt im Ausland[29] sowie des Schutzes eigener Staatsangehöriger durch deren Heimatstaat im Ausland[30] und von Unionsbürgern durch die Europäische Union im Ausland[31].

---

20 S. u. Rn. 73 f.
21 Referierend *Auby* (N 1), S. 135 ff.; *Klaus Ferdinand Gärditz*, Ungeschriebenes Völkerrecht durch Systembildung, in: AVR 45 (2007), S. 1 (18); *Reiner Schmidt*, Die Rechtsgarantie gerichtlicher Kontrolle in einer globalisierten Wirtschaft, in: Hans-Heinrich Trute/Thomas Groß u. a. (Hg.), Allgemeines Verwaltungsrecht – zur Tragfähigkeit eines Konzepts, 2008, S. 529 (531, 541).
22 *Kment* (N 3), S. 3; vgl. auch *Schmidt* (N 21), S. 530. Anschaulich ist auch von einer intensivierten „Kommunikation staatlicher Rechtsordnungen" die Rede, so *Frank Schorkopf*, Grundgesetz und Überstaatlichkeit, 2007, S. 90 ff.
23 Vgl. *Volker Neßler*, Der transnationale Verwaltungsakt – Zur Dogmatik eines neuen Rechtsinstituts, in: NVwZ 1995, S. 863 (865); *Eberhard Schmidt-Aßmann*, Deutsches und Europäisches Verwaltungsrecht – Wechselseitige Einwirkungen, in: DVBl 1993, S. 924 (935); anders *Joachim Becker*, Der transnationale Verwaltungsakt, in: DVBl 2001, S. 855 (866); vgl. auch *Hubert Meyer*, in: Hans Joachim Knack/Hans-Günter Henneke (Hg.), VwVfG, ^{9}2010, § 43 Rn. 17.
24 *Kment* (N 3), S. 269 ff.; *Sascha Michaels*, Anerkennungspflichten im Wirtschaftsverwaltungsrecht der Europäischen Gemeinschaften und der Bundesrepublik Deutschland, 2004, S. 52 ff.
25 *Matthias Rossi*, Extraterritorial geschlossene Verwaltungsverträge, in: AVR 45 (2007), S. 115.
26 *Kment* (N 3), S. 533 ff., 617 ff., 683 ff.; vgl. auch *Ehlers* (N 5), § 4 Rn. 8; *Schorkopf* (N 22), S. 109 ff.; zur Bekanntgabe/Zustellung (§ 41 VwVfG; §§ 183, 184 ZPO; § 9 VwZG) von Verwaltungsakten im Ausland: *Christoph Ohler/Tobias Kruis*, Die Bekanntgabe inländischer Verwaltungsakte im Ausland, in: DÖV 2009, S. 93; *Detlef Czybulka*, in: Helge Sodan/Jan Ziekow (Hg.), Verwaltungsgerichtsordnung, ^{3}2010, § 56 Rn. 89 ff.
27 Dazu etwa: Rahmenbeschluß 2008/977/JI des Rates vom 27. 11. 2008 über den Schutz personenbezogener Daten, die im Rahmen der polizeilichen und justiziellen Zusammenarbeit in Strafsachen verarbeitet werden, in: ABlEU Nr. L 350, S. 60 (Datenschutzrahmenbeschluß).
28 Eingehend hierzu *Armin von Bogdandy*, Informationsbeziehungen innerhalb des Europäischen Verwaltungsverbundes, in: GVwR, Bd. I, ^{2}2012, § 25 Rn. 1 ff.; *Marion Albers*, Umgang mit personenbezogenen Informationen und Daten, ebd., § 22 Rn. 39 ff., 154 f., 161 ff.
29 Zur – hinsichtlich des Umfangs im einzelnen strittigen – Geltung der deutschen Grundrechte bei Fällen mit Auslandsbezug vgl. *Jörg Menzel*, Internationales Öffentliches Recht, 2011, S. 537 ff.; *Detlef Merten*, Grundrechtlicher Schutzbereich, in: HGR III, § 56 Rn. 105 ff.; *Poscher* (N 3), S. 191 ff.; *Schorkopf* (N 22), S. 118 ff.; s. ferner BVerfGE 6, 290 (295); 57, 9 (23) sowie (für die ausschließliche Wirtschaftszone) zuletzt BVerfG, in: NVwZ-RR 2010, S. 555 (556); krit. für das Strafrecht *Gärditz* (N 17), S. 345 ff., 418 ff., 436 ff.; umfassend *Rainer Hofmann*, Grundrechte und grenzüberschreitende Sachverhalte, 1993; → oben *Becker*, § 240.
30 Vgl. statt vieler *Volker Röben*, Außenverfassungsrecht, 2007, S. 385 ff.; *Schorkopf* (N 22), S. 129 ff.; → Bd. X, *Klein*, § 212 → Bd. X, *Ruffert*, § 206 Rn. 17 ff.
31 *Alessandro Ianniello Saliceti*, The Protection of EU Citizens Abroad: Accountability, Rule of Law, Role of Consular and Diplomatic Services, in: EPL 2011, S. 91; → Bd. X, *Ruffert*, § 206 Rn. 31 ff.

II. Kontrolldilemma

Die Globalisierung und der dadurch induzierte Wandel von Staatlichkeit haben den Nationalstaat in ein Steuerungs-[32] und mithin auch in ein Kontrolldilemma[33] gestürzt, welches sich – in größerem Kontext – als Rechtsstaats-[34] und Demokratiedilemma[35] entpuppt[36]. Dessen Ursachen lassen sich wie folgt skizzieren: Kontrolle ist eine der zentralen Aufgaben des mit dem Gewaltmonopol ausgestatteten demokratischen Rechtsstaats (Staatsaufgabe)[37]. Globalisierungsprozesse konfrontieren den Staat sogar mit einem gesteigerten Steuerungs- und Kontrollbedarf. Gleichzeitig nimmt jedoch die Steuerungs- und Kontrollkompetenz des Staates im offenen[38] und entgrenzten[39] Verfassungsstaat ab[40].

5
Steigender Kontrollbedarf und abnehmende Kontrollfähigkeit

---

32 Frühzeitig *Reiner Schmidt*, Der Verfassungsstaat im Geflecht der internationalen Beziehungen, in: VVDStRL 36 (1978), S. 65 (97 ff.); vgl. ferner *Wolfgang Kahl*, Parlamentarische Steuerung der internationalen Verwaltungsvorgänge, in: Hans-Heinrich Trute/Thomas Groß u. a. (Hg.), Allgemeines Verwaltungsrecht – zur Tragfähigkeit eines Konzepts, 2008, S. 71 (76 ff.); sowie aus rechtstheoretischer Sicht *Michael Anderheiden/Stefan Huster/Stephan Kirste* (Hg.), Globalisierung als Problem von Gerechtigkeit und Steuerungsfähigkeit des Rechts, 2001.
33 Vgl. *Schmidt* (N 21), S. 531: „Bedeutungsschwund ... nationalstaatlichen Rechtsschutzes".
34 Rechtsstaatliche Defizite werden vor allem mit Blick auf die Staatsaufgabe Sicherheit (globaler Terrorismus, organisierte Kriminalität), aber auch auf den Rechtsschutz im Bereich internationaler Organisationen (vgl. am Beispiel der WTO *Bernhard Zangl*, Die Internationalisierung der Rechtsstaatlichkeit, 2006) diagnostiziert. Berichtend *Klaus Ferdinand Gärditz*, in: Karl-Heinrich Friauf/Wolfram Höfling (Hg.), Berliner Kommentar zum Grundgesetz, Loseblattwerk (Stand: November 2012), C Art. 20 (6. Teil), Rn. 31 ff.; *Helmut Schulze-Fielitz*, in: Dreier, Bd. I, Art. 20 (Rechtsstaat), Rn. 60, der aber zugleich auch auf gegenläufige Tendenzen (Abbau rechtsstaatlicher Erfordernisse unter dem Hinweis auf vermeintliche Erfordernisse der „Globalisierung") hinweist (a. a. O., Rn. 59); ders., Zur Geltung des Rechtsstaats: Zwischen Kulturangemessenheit und universellem Anspruch, in: ZfVP 2011, S. 1 (4 ff., 6 f., 9 ff.). Umfassend zum Ganzen *Christian Calliess*, Rechtsstaat und Umweltstaat, 2001, S. 21 ff.
35 *Ulrich Beck*, Das Demokratie-Dilemma im Zeitalter der Globalisierung, in: APuZ B 39 (1998), S. 3. Allg. ferner *Armin von Bogdandy*, Demokratie, Globalisierung, Zukunft des Völkerrechts, in: Hartmut Bauer/Peter M. Huber/Karl-Peter Sommermann (Hg.), Demokratie in Europa, 2005, S. 225 (232 ff.); *Claus Dieter Classen*, Demokratische Legitimation im offenen Rechtsstaat, 2009; *Martin Eifert*, Legitimationsstrukturen internationaler Verwaltung, in: Hans-Heinrich Trute/Thomas Groß u. a. (Hg.), Allgemeines Verwaltungsrecht – zur Tragfähigkeit eines Konzepts, 2008, S. 307 (309 ff.); *Matthias Herdegen*, Informalisierung und Entparlamentarisierung politischer Entscheidungen als Gefährdungen der Verfassung?, in: VVDStRL 62 (2003), S. 7 (11 f.); *Martin Hochhuth*, Schwächung der Demokratie durch verselbständigte Mehrebenensysteme, in: FS für Rainer Wahl, 2011, S. 723; *Wolfgang Kersting*, Demokratie und Globalisierung, in: Studia philosophica 58 (1999), S. 9; *Kment* (N 3), S. 33 ff.; *Sebastian Müller-Franken*, Die demokratische Legitimation öffentlicher Gewalt in den Zeiten der Globalisierung, in: AöR 134 (2009), S. 542; *Anne Peters*, Dual Democracy, in: Jan Klabbers/Anne Peters/Geir Ulfstein, The Constitutionalization of International Law, Oxford 2009, S. 263; *Alessandro Pinzani*, Demokratisierung als Aufgabe. Läßt sich Globalisierung demokratisch gestalten?, in: APuZ B 33-34 (2000), S. 32; *Ruffert* (N 3), S. 64; *Uwe Volkmann*, in: Karl Heinrich Friauf/Wolfram Höfling (Hg.), Berliner Kommentar zum Grundgesetz, Loseblattwerk (Stand: November 2012), Art. 20 C Rn. 64 f.; ders., Setzt Demokratie den Staat voraus?, in: AöR 127 (2002), S. 575; ders., Die zwei Begriffe der Demokratie – Von der Übertragbarkeit staatsbezogener Demokratievorstellungen in überstaatliche Räume, in: Klaus Hofmann/Kolja Naumann (Hg.), Europäische Demokratie in guter Verfassung?, 2010, S. 14 (21 ff.).
36 *Auby* (N 1), S. 161 ff., 171 ff.; *Kahl* (N 19), S. 478 f.
37 *Peter M. Huber*, Überwachung, in: GVwR, Bd. III, § 45 Rn. 71; → Bd. V, *P. Kirchhof*, § 99 Rn. 239.
38 Grundlegend *Klaus Vogel*, Die Verfassungsentscheidung des Grundgesetzes für eine internationale Zusammenarbeit, 1964, S. 42. Aus neuerer Zeit: *Udo Di Fabio*, Das Recht offener Staaten, 1998, S. 122 ff.; *Thomas Giegerich* (Hg.), Der „offene Verfassungsstaat" des Grundgesetzes nach 60 Jahren, 2010; *Stephan Hobe*, Der offene Verfassungsstaat zwischen Souveränität und Interdependenz, 1998, S. 380 ff.; *Menzel* (N 29), S. 99 ff., 433 ff., 453 ff.; *Reiner Schmidt*, Öffentliches Wirtschaftsrecht in einer offenen Staatlichkeit, in: FS für Klaus Vogel, 2000, S. 21; *Schorkopf* (N 22), S. 221 ff.; *Klaus-Peter Sommermann*, Offene Staatlichkeit, in: IPE II, § 14 Rn. 1 ff.; *Rainer Wahl*, Internationalisierung des Staates, in: ders., Verfassungsstaat, Europäisierung, Internationalisierung, 2003, S. 17 ff.; → oben *Tomuschat*, § 226 Rn. 1 ff.; zurückhaltend → Bd. II, *Hillgruber*, § 32 Rn. 125 ff. Zum Grundsatz der Völkerrechts-

§ 253 *Zweiundzwanzigster Teil: Grenzüberschreitende Staatsaufgaben*

6
Gründe

Die Gründe für die schwindende Steuerungsmacht des Staates in Zeiten der Globalisierung sind vielfältig: Das Verwaltungshandeln im internationalen Mehrebenensystem[41] ist durch das Fehlen einer zentralen Regierungsinstanz (Polyzentralität), einen Rückgang der Steuerungskraft der nationalen Verfassung[42], die Relativierung „klassischer" äußerer Souveränität in Richtung geteilter Souveränitätsrechte[43], Entscheidungsverflechtung und -stufung (Verbundstrukturen)[44], Kooperation[45], das Vordringen von soft law[46] (zum Beispiel Verhaltenskodizes, „codes of conduct"[47]) sowie eine Pluralität und einen Bedeutungsgewinn von sub- oder nichtstaatlichen sowie „hybriden" Akteuren[48] gekennzeichnet[49]. Hierzu zählen insbesondere internationale Organisationen, gemischte Expertengremien, Nonprofit Organisationen, Nichtregie-

---

freundlichkeit des Grundgesetzes BVerfGE 31, 58 (75 f.), std. Rspr., zuletzt etwa BVerfGE 111, 307 (317 ff.); 112, 1 (26); 123, 267 (344, 357); BVerfG, in: NJW 2011, S. 1931 Rn. 82, 86, 89, 92; zur Europarechtsfreundlichkeit BVerfGE 123, 267 (347, 354, 401); *Oliver Dörr*, Der europäisierte Rechtsschutzauftrag deutscher Gerichte, 2002, S. 76 ff.

39 Vgl. bereits *Peter Saladin*, Wozu noch Staaten?, 1995, S. 16 ff.; ferner etwa *Karl-Peter Sommermann*, Der entgrenzte Verfassungsstaat, in: Detlef Merten (Hg.), Der Staat am Ende des 20. Jahrhunderts, 1998, S. 19 (30 ff.); mit Blick auf die Strafgewalt des Staates *Gärditz* (N 17), S. 25 ff., 121 ff.; zur „Entterritorialisierung des Verwaltungsrechts" *Christian Tietje*, Internationalisiertes Verwaltungshandeln, 2001, S. 174 ff. Aus sozialwissenschaftlicher Perspektive *Anthony Giddens*, Konsequenzen der Moderne, ²1997, S. 84 ff., 92 ff.

40 Bilanzierend *Juliane Kokott* und *Thomas Vesting*, Die Staatsrechtslehre und die Veränderung ihres Gegenstandes: Konsequenzen von Europäisierung und Internationalisierung, in: VVDStRL 63 (2004), S. 7 (11 ff.) bzw. 41 (47 ff.).

41 *Christoph Möllers*, Gewaltengliederung, 2005, S. 210 ff.; *Eckhard Pache*, Verantwortung und Effizienz in der Mehrebenenverwaltung, in: VVDStRL 66 (2007), S. 106 (107 ff.).

42 Pessimistisch *Michael Kloepfer*, Verfassungsrecht, Bd. I, 2011, § 38 Rn. 11 f.: Das Grundgesetz sei weitgehend machtlos. Die nationale Verfassung könne an globalen Problemen nur wenig ändern.

43 Frühzeitig problemsensibel *Peter Häberle*, Zur gegenwärtigen Diskussion um das Problem der Souveränität, in: AöR 92 (1967), S. 258; aus jüngerer Zeit, dabei unterschiedlich weitgehend, *Dieter Grimm*, Souveränität, 2009, S. 106 ff. (113 f., 119); *Paul Kirchhof*, Der Staat als Garant und Gegner der Freiheit, 2004, S. 47 ff. (50 f.); → Bd. IV, *R. Schmidt*, § 92 Rn. 30; relativierend → Bd. II, *Hillgruber*, § 32 Rn. 4, 68 ff.

44 Für die europäische Ebene BVerfGE 123, 267 (348); *Ingolf Pernice*, Europäisches und nationales Verfassungsrecht, in: VVDStRL 60 (2001), S. 148 (153); *Schmidt-Aßmann* (N 19), § 5 Rn. 3 f., 14, 16, 21, 25 ff.; *Thorsten Siegel*, Entscheidungsfindung im Verwaltungsverbund, 2008, S. 362 ff.; für die internationale Ebene *Armin von Bogdandy/Philipp Dann*, International Composite Administration: Conceptualizing Multi-Level and Network Aspects in the Exercise of International Public Authority, in: GLJ 9 (2008), S. 2013.

45 Frühzeitig *Peter Häberle*, Der kooperative Verfassungsstaat, in: FS für Helmut Schelsky, 1978, S. 141. Speziell zu netzwerkartigen Kooperationsstrukturen der nationalen Exekutiven *Tietje* (N 39), S. 326 f., 415 f., 468; *Christoph Möllers*, Transnationale Behördenkooperation, in: ZaöRV 65 (2005), S. 351; *Thomas Groß*, Die Verwaltungsorganisation als Teil organisierter Staatlichkeit, in: GVwR, ²2012, Bd. I, § 13 Rn. 116 f.; *Schmidt-Aßmann* (N 19), § 5 Rn. 15, 25, 38 f.; *Classen* (N 15), S. 398 ff.

46 *Matthias Knauff*, Der Regelungsverbund: Recht und Soft Law im Mehrebenensystem, 2010, S. 38 ff., 213 ff., 388 ff.; *Schuppert* (N 15), S. 340 ff.

47 Zu Steuerungs- und Kontrollfunktion hinsichtlich des Wirtschaftsgebarens multinationaler Unternehmen *Schmidt* (N 4), S. 207 f.; umfassend *Schuppert* (N 15), S. 208 ff., 229 ff.; *Michael Weiß*, Hybride Regulierungsinstrumente, 2011, S. 19 ff., 47 ff., 137 ff.

48 *Christoph Möllers*, Die drei Gewalten, 2008, S. 216 ff.; *Michael Zürn*, Internationale Institutionen und nichtstaatliche Akteure in der Global Governance, in: APuZ 34-35 (2010), S. 14.

49 Vgl. *Kment* (N 3), S. 20 ff.; *Eberhard Schmidt-Aßmann*, Internationalisierung des Verwaltungsrechts, in: FS für Reiner Schmidt, 2006, S. 149 (163 f.); *Ruffert* (N 3), S. 33 ff., 35 ff.; *ders.* (N 19), § 17 Rn. 154 ff.; allg. *Stefan Haack*, Verlust der Staatlichkeit, 2008; *Gunnar Folke Schuppert* (Hg.), Global Governance and the Role of Non-State Actors, 2006; *Jürgen Schwarze* (Hg.), Globalisierung und Entstaatlichung des Rechts, 2008.

rungsorganisationen (NGOs[50]), multinationale Konzerne[51], private Standardisierungsgremien[52] (ISO[53], Kodex Alimentarius Kommission[54]) und private Verwaltungs- und Kontrolleinheiten (ICANN[55]). Spezifische rechtsstaatliche Probleme stellen sich im Internationalen und Europäischen Verwaltungsverbund sub specie des gerichtlichen Rechtsschutzes, der infolge von Trennungsdenken, Jurisdiktionsbeschränkungen, Zurechnungsdiffusion und faktischen Erschwernissen teilweise durch Lückenhaftigkeit und Ineffektivität gekennzeichnet ist[56].

Eine zentrale Rolle im Prozeß „Wandel von Staatlichkeit" spielen Strukturen von (Behörden-)Netzwerken[57], etwa im Bereich der internationalen Finanzmarktaufsicht[58] (Banken: Basler Ausschuß für Bankenaufsicht; IOSCO; Versicherungen: IAIS). Hier kooperieren substaatlich und faktisch organisato-

7
Netzwerke

---

50 Zu deren Rolle *Andreas L. Paulus*, Die internationale Gemeinschaft im Völkerrecht, 2001, S. 103 ff.
51 *Karsten Nowrot*, Normative Ordnungsstruktur und private Wirkungsmacht, 2006, S. 214 ff.; → oben *Meessen*, § 246.
52 Umfassend *Nils Christian Ipsen*, Private Normenordnungen als Transnationales Recht?, 2009; im Überblick *Schuppert* (N 15), S. 217 ff.
53 Dazu *Benedict Kingsbury/Nico Krisch/Richard Stewart*, The Emergence of Global Administrative Law, in: Law and Contemporary Problems 68 (2005), S. 15 (22 f.); *Hans Christian Röhl*, Internationale Standardsetzung, in: Christoph Möllers/Andreas Voßkuhle/Christian Walter (Hg.), Internationales Verwaltungsrecht, 2007, S. 319 (322 ff.).
54 Dazu *Tietje* (N 39), S. 309 ff.; *ders.*, Recht ohne Rechtsquellen?, in: ZfRsoz 2003, S. 27 (37).
55 Hierzu *Matthias Herdegen*, Internationales Wirtschaftsrecht, [8]2009, Rn. 86, m. weit. Nachw.
56 Vgl. an dieser Stelle nur *Edoardo Chiti-Bernardo/Giorgio Mattarella*, La sicurezza europea, in: Rivista Trimestrale di Diritto Pubblico (RTDP) 2008, S. 305 (337 ff.); *Bettina Schöndorf-Haubold*, Internationales Sicherheitsverwaltungsrecht, 2011, Rn. 199, 212; *Friedrich Schoch*, Gerichtliche Verwaltungskontrollen, in: GVwR, Bd. III, § 50 Rn. 402 f.; *Gernot Sydow*, Verwaltungskooperation in der EU, 2004, S. 278; *Wolfgang Weiß*, Der Europäische Verwaltungsverbund, 2010, S. 152 f.; genauer dazu s. u. Rn. 40 ff.
57 *Christoph Möllers*, Globalisierte Verwaltungen zwischen Verselbständigung und Übervernetzung, in: Rechtstheorie 39 (2008), S. 217; *Ruffert* (N 3), S. 50 ff.; *Bettina Schöndorf-Haubold*, Netzwerke in der deutschen und europäischen Sicherheitsarchitektur, in: Sigrid Boysen u. a. (Hg.), Netzwerke, 2007, S. 149 (152); *Schuppert* (N 19), § 16 Rn. 150 ff.; *ders.* (N 15), S. 363 ff.; vom „disaggregierten Staat" bzw. einer „disaggregierten Welt" spricht *Slaughter* (N 2), S. 12 ff., 131 ff., vgl. zur Rolle von Netzwerken auch *dies.*, a. a. O., S. 166 ff., 216 ff., 261 ff.
58 Hierzu *Anne van Aaken*, Variable Strukturen der kooperativen Aufgabenwahrnehmung in der Architektur der Finanzmarktaufsicht: Die Überformung europäischer Finanzmarktregulierung durch internationale Standards, in: Stefan Kadelbach (Hg.), 60 Jahre Integration in Europa, 2011, S. 75 (102 ff., 112 ff.); *Christoph Ohler*, Die Finanzkrise als Herausforderung für die Nachhaltigkeit staatlicher Verschuldungspolitik, in: Wolfgang Kahl (Hg.), Nachhaltige Finanzstrukturen im Bundesstaat, 2011, S. 208 (217 ff.); *Hans Christian Röhl*, Finanzmarktaufsicht, in: Michael Fehling/Matthias Ruffert (Hg.), Regulierungsrecht, 2010, § 18 Rn. 100 ff., 110 ff.; *Rudolf Wendt/Steffen Lampert*, Finanzmarktregulierung – Welche Regelungen empfehlen sich für den deutschen und europäischen Finanzsektor?, in: DVBl 2010, S. 1001; systembildend bereits *Christian Bumke*, Kapitalmarktregulierung, in: Die Verwaltung 41 (2008), S. 227; grundsätzlich zum Ganzen *Peter-Christian Müller-Graff*, Finanzmarktkrise und Wirtschaftsordnungsrecht: Aufwind für den „Regulierungsstaat", in: EWS 2009, S. 201; *Matthias Ruffert*, Verfassungsrechtliche Überlegungen zur Finanzmarktkrise, in: NJW 2009, S. 2093; *Stefan Schüder*, Wieviel Kontrolle braucht der internationale Finanzmarkt?, 2009. Zu der in der EU in Reaktion auf die Finanz- und Wirtschaftskrise 2008/2009 mit Wirkung zum 1.1.2011 reorganisierten und in der neuen Europäischen Wertpapier- und Marktaufsichtsbehörde (European Securities and Markets Authority – ESMA) zusammengeführten Finanz- und Kapitalmarktaufsicht s. Verordnung (EU) Nr. 1095/2010 des Europäischen Parlaments und des Rates vom 15.12.2010, ABlEU Nr. L 331, S. 84; dazu *Matthias Lehmann/Cornelia Manger-Nestler*, Das neue Europäische Finanzaufsichtssystem, in: Zeitschrift für Bankrecht und Bankwirtschaft 2011, S. 2; *Niamh Moloney*, Reform or revolution? The financial crisis, EU financial markets law, and the European Securities and Markets Authority, in: ICLQ 60 (2011), S. 521; *Henning Zülch/Sebastian Hoffmann/Dominic Detzen*, ESMA – Die neue europäische Wertpapier- und Kapitalmarktaufsicht, in: EWS 2011, S. 167; *Ann-Katrin Kaufhold*, Systemaufsicht, in: Die Verwaltung 46 (2013), S. 21; → oben *Schmidt*, § 252. Rn. 47; *Reimer*, § 250 Rn. 75, 78.

risch verselbständigte Vertreter nationaler Behörden auf informaler oder formalisierter Basis und in hoheitlicher Funktion miteinander (Informationsaustausch zwischen den Aufsichtsbehörden), ohne daß den dadurch entstehenden Netzwerken Völkerrechtssubjektivität und den von ihnen im Konsens erarbeiteten und im Wege freiwilliger Selbstbindung ins Werk gesetzten materiellen Standards (zum Beispiel über die Eigenmittelausstattung von Banken oder die Rechnungslegung) die Qualität von Völkerrechtsnormen eignen würde[59].

III. Kontrolle grenzüberschreitender Sachverhalte als Teil von Global Governance

8
Interaktion in netzwerkförmigen Regelungsstrukturen

In den Sozialwissenschaften und im Anschluß daran in Teilen der Rechtswissenschaft wird versucht, die skizzierten globalisierungsbedingten Entwicklungsprozesse mit Konzepten von „Global Governance"[60] bzw. „Transnational Governance"[61] theoretisch einzufangen. Diese Konzepte, die in unterschiedlichen Varianten vertreten werden, nehmen die gesteigerte Akteurspluralität als empirisches Faktum positiv an und zielen darauf, sie mit Hilfe von Netzwerkmodellen zu verarbeiten. Die Netzwerkmodelle wiederum fokussieren die kooperative, auf die Bewirkung bestimmter Ergebnisse (Output) in der Gesellschaft gerichtete Interaktion (nicht: hoheitliche Steuerung) innerhalb von – nicht mehr akteurszentrierten – Regelungsstrukturen[62].

---

59 *Ruffert* (N 3), S. 33 ff.; vgl. auch allg. *Klaus König*, Öffentliche Verwaltung und Globalisierung, in: Verw Arch 92 (2001), S. 475 (489 ff.); *Christian Walter*, (Inter)national Governance in verfassungsrechtlicher Perspektive: Überlegungen zu Möglichkeiten und Grenzen der Entwicklung eines „Internationalen Verfassungsrechts", in: Adrienne Héritier/Michael Stolleis/Fritz W. Scharpf (Hg.), European and International Regulation after the Nation State – Different Scopes and Multiple Levels, 2004, S. 31 (46 ff.).
60 Grundlegend *James N. Rosenau*, Governance in the Twenty-first century, in: Global Governance 1 (1995), S. 13 (14 ff.); *Renate Mayntz*, Governance Theory als fortentwickelte Steuerungstheorie?, in: Gunnar Folke Schuppert (Hg.), Governance-Forschung, 2005, S. 11 (13 ff.); zum Verhältnis der benachbarten Konzepte „Global Governance" und „Global Administrative Law" siehe *Ruffert/Steinecke* (N 19), S. 22 ff.; eingehend zum Ganzen die Beiträge in: Edoardo Chiti/Bernardo Giorgio Mattarella (Hg.), Global Administrative Law and EU Administrative Law, 2011. Zur „European Governance": *Enrico Peukert*, Bürokratie und Demokratie in Europa, 2011, S. 54 ff., 79 ff.
61 *Christian Joerges/Inger-Johanne Sand/Gunther Teubner* (Hg.), Transnational Governance and Constitutionalism, Oxford 2004; *Christian Joerges*, Freier Handel mit riskanten Produkten? Die Erosion nationalstaatlichen und die Emergenz transnationalen Regierens, in: Stephan Leibfried/Michael Zürn (Hg.), Transformationen des Staates?, 2006, S. 151 (173 ff.); *Schuppert* (N 15), S. 361 ff., 373 ff., 386 ff.; vgl. auch anhand eines Referenzgebiets *Ute Hartenberger*, Transnationale Regulierung: der Fall Telekommunikation, in: ZSE 2008, S. 476 (485 ff.).
62 Dazu *Wolfgang Hoffmann-Riem*, Governance im Gewährleistungsstaat. Vom Nutzen der Governance-Perspektive für die Rechtswissenschaft, in: Gunnar Folke Schuppert (Hg.), Governance-Forschung, 2005, S. 195 ff. (197 f., 216); *Christoph Möllers*, European Governance – Meaning and Value of a Concept, in: CMLRev. 43 (2006), S. 314; *Hans-Heinrich Trute/Wolfgang Denkhaus/Doris Kühlers*, Governance in der Verwaltungsrechtswissenschaft, in: Die Verwaltung 37 (2004), S. 451; *Schuppert* (N 19), § 16 Rn. 20 ff.; *ders.*, Governance, in: EvStL, 2006, Sp. 889; *ders.*, Governance und Rechtsetzung, 2011, S. 101 ff., 168 ff.; *ders.*, Governance-Forschung: Versuch einer Zwischenbilanz, in: Die Verwaltung 44 (2011), S. 273; *Claudio Franzius*, Governance und Regelungsstrukturen, in: VerwArch 97 (2006), S. 186; *Tietje* (N 39), S. 164 ff.; berichtend *Angelika Emmerich-Fritsche*, Vom Völkerrecht zum Weltrecht, 2007, S. 654 ff.; *Peukert* (N 60), S. 37 ff.; *Matthias Ruffert*, Demokratie und Governance in Europa, in: Hartmut Bauer/Peter M. Huber/Karl-Peter Sommermann (Hg.), Demokratie in Europa, 2005, S. 319 (326 ff.); *Ruffert/Walter* (N 17), Rn. 654 ff.; umfassend *Arthur Benz* u. a. (Hg.), Handbuch Governance, 2007.

Juristisch haben sich diese Konzeptionen bislang nicht zuletzt aufgrund ihrer Vieldeutigkeit und Unschärfe[63] als noch nicht sonderlich ertragreich erwiesen. Zudem sind sie vor dem Hintergrund der verfassungsrechtlichen Prinzipien von (parlamentarischer) Demokratie (Art. 20 Abs. 1 und Abs. 2 S. 1, Art. 38 ff., 76 ff. GG; Art. 10, 12 EUV), staatsbürgerlicher Egalität (Art. 38 Abs. 1 S. 1 GG; Art. 20 GRCH)[64] und Rechtsstaatlichkeit (Art. 20 Abs. 3, 23 Abs. 1 S. 1, 28 Abs. 1 S. 1 GG; Art. 2 S. 1 EUV) nicht unbedenklich[65]. Die Hauptfunktion der Governance-Modelle liegt daher im deskriptiv-analytischen Bereich; der normative Gehalt tritt demgegenüber klar zurück.

9 Begrenzter juristischer Ertrag von Governance-Modellen

Insbesondere auf die hier interessierenden Kontrollfragen liefern die Governance-Modelle bislang kaum Antworten, sondern neigen – im Gegenteil – eher zu deren Vernachlässigung[66]. Versteht man Governance aber richtigerweise als Umschreibung für eine „umfassende politisch initiierte Steuerung der Gesellschaft im Sinne einer intelligenten, die Akteure der Zivilgesellschaft[67] einbeziehenden, transparenten und in der Regel auch kooperativen Verwirklichung einer ‚guten Politik'"[68], so ist kein Grund ersichtlich, in der Kontrolle staatlichen und gesellschaftlichen Handelns kein – wichtiges – Instrument von Governance zu sehen. Hieran können auch die von Governance-Theoretikern mitunter eher als „störend" wahrgenommenen semantischen Anklänge der Begriffe „Kontrolle" und „Aufsicht" zum Bereich des Hoheitlichen, der Distanz und der Hierarchie (Subordination) nichts ändern.

10 Governance und Kontrolle

Die durch den Prozeß der Globalisierung aufgeworfenen Fragen sind im Rahmen von Governance-Konzepten als Fragen nach der Herstellung eines wirkungsvollen demokratisch-rechtsstaatlichen Ableitungs- und Kontrollzusammenhangs für die Ausübung auch internationaler und transnationaler

11 Demokratisch-rechtsstaatlicher Ableitungs- und Kontrollzusammenhang

---

63 Vgl. *Hartmut Bauer*, Internationalisierung des Wirtschaftsrechts: Herausforderung für die Demokratie, in: ders./Detlef Czybulka u. a. (Hg.), Umwelt, Wirtschaft und Recht, 2002, S. 69 (77 f.); *Ruffert* (N 3), S. 24, 30.
64 Zu diesem – auch und gerade im Kontext der Internationalisierung zu beachtenden – Topos vgl. *Matthias Ruffert*, Entformalisierung und Entparlamentarisierung politischer Entscheidungen als Gefährdungen der Verfassung?, in: DVBl 2002, S. 1145 (1151); vgl. allg. auch BVerfGE 89, 155 (171 ff.).
65 Tendenziell krit. daher *Kahl* (N 19), S. 495 ff.; *Schmidt* (N 21), S. 532; *Margrit Seckelmann*, Keine Alternative zur Staatlichkeit – Zum Konzept der „Global Governance", in: VerwArch 98 (2007), S. 30 (42 f., 45); vgl. auch *Emmerich-Fritsche* (N 62), S. 660 ff.; *Schorkopf* (N 22), S. 215 ff.; *Andreas Voßkuhle*, Neue Verwaltungsrechtswissenschaft, in: GVwR, Bd. I, ²2012, § 1 Rn. 21. Zum Verhältnis von Governance und Demokratie vgl. auch *Steven Wheatley*, A Democratic Rule of International Law, in: The European Journal of International Law 22 (2011), S. 525 (527 ff.); eingehend *ders.*, The Democratic Legitimacy of International Law, Oxford 2010.
66 Allg. zur Vernachlässigung von Fragen der Verwaltungsorganisation und Kontrolle durch die Internationale Verwaltungsrechtswissenschaft *Menzel* (N 29), S. 843; erste Ansätze insoweit bei *Menzel*, a. a. O., S. 844 ff.; *Tietje* (N 39), S. 644 ff.
67 *Beate Kohler-Koch*, Civil society and EU democracy: ‚astroturf' representation?, in: JEPP 2010, S. 100; *Jan Aart Scholte*, Civil Society and Democracy in Global Governance, in: Global Governance 8 (2002), S. 281; krit. *Uwe Volkmann*, Solidarität – Programm und Prinzip der Verfassung, 1998, S. 45 ff.; → Bd. II, *Rupp*, § 31 Rn. 60, 63, 66. Vgl. nunmehr auch explizit Art. 11 Abs. 2 EUV; dazu mit Recht einschränkend und den Partizipationsgedanken primär in den Bereich rechtsstaatlicher Verwaltungsverfahren verweisend *Klaus Ferdinand Gärditz*, Die Verwaltungsdimension des Lissabon-Vertrags, in: DÖV 2010, S. 453 (456 ff.).
68 *Huber* (N 37), § 45 Rn. 68.

Hoheitsgewalt[69] sowie nach der Bedeutung der sonstigen materiellen Verfassungsgarantien des Grundgesetzes (Gewaltenteilung, Grundrechte, Sozialstaatsgebot) zu reformulieren[70].

12
Anpassung tradierter Kontrollkonzepte

Auch mit Blick auf diese Reformulierungsaufgabe besteht im übrigen kein Grund zu Steuerungspessimismus, wohl aber zu Nüchternheit sowie zu Flexibilität und Innovationsoffenheit. Unter den zuletzt genannten Bedingungen kann die Konstruktion des verfassungsrechtlich gebotenen demokratisch-rechtsstaatlichen Ableitungs- und Kontrollzusammenhangs bei wertend-bilanzierender Betrachtung[71] im Ergebnis auch unter den erschwerten Bedingungen der Globalisierung gelingen. Das Gelingen setzt freilich Kompensationsstrategien sowie kontextbezogene realistische Modifikationen tradierter, auf den Nationalstaat bezogener Konzepte voraus[72].

13
Regulierung jenseits des Völkervertragsrechts

Internationale Funktionssysteme

Zwei Beispiele mögen dies verdeutlichen: (1) Bei der internationalen Regulierung jenseits des Völkervertragsrechts ist der demokratisch-rechtsstaatliche Ableitungszusammenhang durch die jeweiligen nationalen oder unionalen Akte des Transformationsgesetzgebers herstellbar[73]. Dabei sind zwar statische, nicht aber dynamische Verweisungen zulässig, wie die Verfassungswidrigkeit der (früheren) Vorschrift des Handelsgesetzbuchs zur internationalen Rechnungslegung zeigte, die die Standards des International Accounting Standard Committee[74], einer privaten Vereinigung von Wirtschaftsprüfern, dynamisch in Bezug nahm[75]. (2) Die „Autonomie" von international agierenden privaten Funktionssystemen wie der Internet Corporation for Assigned Names and Numbers (ICANN) oder der Lex Mercatoria ist bei verfassungsrechtlichem Licht besehen nur eine höchst relative, bleiben diese Systeme doch rechtlich wie faktisch an den Vorrang des staatlichen Rechts (konkret: nicht-dispositives Privatrecht) gebunden und im Konfliktfall der staatlichen Gerichtsbarkeit unterworfen[76].

---

69 So unter Betonung von Art. 20 Abs. 2 GG (Volkssouveränität) *Poscher* (N 3), S. 163; ähnlich aus völkerrechtlicher Perspektive *Stefan Oeter*, Souveränität – ein überholtes Konzept?, in: FS für Helmut Steinberger, 2002, S. 259 (278 ff.).
70 In diesem Sinne der Grundansatz bei *Poscher* (N 3), S. 162 ff., 182 ff., 190 ff.; vgl. auch *Classen* (N 15), S. 378 ff., 384 f.; *Gärditz* (N 34), C Art. 20 (6. Teil), Rn. 20.
71 S. u. Rn. 86 ff.
72 Vgl. für das Demokratieprinzip *Poscher* (N 3), S. 174 ff., 178 ff.; ähnlich *Classen* (N 15), S. 378 ff.
73 *Poscher* (N 3), S. 165.
74 Zu diesem *Bauer* (N 63), S. 80 ff.; *Lothar Michael*, Private Standardsetter und demokratisch legitimierte Rechtsetzung, in: Hartmut Bauer/Peter M. Huber/Karl-Peter Sommermann (Hg.), Demokratie in Europa, 2005, S. 431 (431 ff., 444 f.).
75 § 292 a HGB a. F. (1998–2004); wie hier *Paul Kirchhof*, Gesetzgebung und private Regelsetzung als Geltungsgrund für Rechnungslegungspflichten?, in: ZGR 2000, S. 681 (685 f.); *Poscher* (N 3), S. 166 ff. (167); vgl. auch *Horst Dreier*, in: Dreier, Bd. II, Art. 20 (Demokratie), Rn. 121; *Johannes Hellermann*, Private Standardsetzung im Bilanzrecht – öffentlich-rechtlich gesehen, in: NZG 2000, S. 1097; a. A. *Classen* (N 15), S. 380, 397 f., m. weit. Nachw.; allg. zur Zulässigkeit dynamischer Verweise in engen Grenzen BVerfGE 26, 338 (365 ff.); 78, 32 (35 f.). Zum geltenden Recht der internationalen Rechnungslegung s. §§ 342 ff. HGB.
76 Hierauf weist mit Recht *Poscher* (N 3), S. 167 f., hin; tendenziell a. A. *Gralf-Peter Calliess*, Grenzüberschreitende Verbraucherverträge, 2006, S. 216 ff.

B. Strukturen von Kontrolle in internationalen Zusammenhängen

I. Inhalt

Der Begriff der Kontrolle ist nur sehr punktuell und bereichsspezifisch zum Rechtsbegriff ausgeformt[77]. In erster Linie handelt es sich jedoch nicht um einen juristischen, sondern um einen heuristischen Begriff mit deskriptiv-analytischer Funktion, der in den Lehrbüchern des Völker-, Staats- und Verwaltungsrechts[78] zumeist keinen größeren Raum einnimmt, sondern primär in der Verwaltungslehre[79] und Verfassungstheorie[80] beheimatet ist. In der Sprache der Verfassung[81], der Gesetze[82] und gerichtlicher Entscheidungen[83] werden engere, für die juristische Alltagsarbeit „griffigere" Termini wie „Aufsicht"[84], „Überwachung", „Regulierung", „Prüfung", „Lenkung", „Controlling" etc.[85] bevorzugt, bei denen es sich bei systematischer Betrachtung um Unterfälle der Kontrolle handelt[86]. Der „oszillierende und sinnvariante"[87] Kontrollbegriff gilt als schwierig[88]. Dies hängt nicht zuletzt mit der kaum überschaubaren empirischen Vielfalt an Erscheinungsformen von Kontrolle[89] sowie den unterschiedlichen Akteuren, Maßstäben, Modi, Instrumenten und Zielen zusammen.

14
Heuristischer Begriff

Kontrollvielfalt

---

77 Wichtigstes Beispiel ist die parlamentarische Kontrolle, vgl. Art. 45 b S. 1 GG.
78 Positive Ausnahmen etwa im Völkerrecht (wenn auch knapp): *Alfred Verdross/Bruno Simma*, Universelles Völkerrecht, ³1984, §§ 871 f.; im Verwaltungsrecht: *Hans P. Bull/Veit Mehde*, Verwaltungsrecht, ⁸2009, § 10 Rn. 401 ff.; *Hans-Joachim Koch/Rüdiger Rubel/Sebastian Heselhaus*, Verwaltungsrecht, ³2003, § 8; *Winfried Kluth*, Begriff und Instrumente der Verwaltungskontrolle, in: Hans J. Wolff/Otto Bachof/Rolf Stober, Verwaltungsrecht, Bd. III, ⁵2004, § 101.
79 Vgl. *Werner Thieme*, Verwaltungslehre, ⁴1984, Rn. 495 ff.; *Helmut Lecheler*, Verwaltungslehre, 1988, S. 215 ff.; *Bernd Becker*, Öffentliche Verwaltung, 1989, S. 624 ff., 870 ff.; *Günter Püttner*, Verwaltungslehre, ⁴2007, S. 339 ff.
80 Siehe insbesondere *Karl Loewenstein*, Verfassungslehre, ²1969, S. 167 ff., 188 ff., 296 ff.; außerdem *Roman Herzog*, Allgemeine Staatslehre, 1971, S. 351 ff.
81 Vgl. aber nunmehr Art. 45 d Abs. 1 GG.
82 Vgl. die Verwendung des Kontrollbegriffs etwa durch das Gesetz zur Fortentwicklung der parlamentarischen Kontrolle der Nachrichtendienste des Bundes, § 2 Abs. 1 Nr. 2 i. V. m. Abs. 2 UIG, § 24 BDSG, §§ 14-16 G 10, Art. 30 Abs. 1 BayDSG. Vgl. aber auch zur Dominanz des Aufsichtsbegriffs in der Gesetzessprache *Wolfgang Kahl*, Die Staatsaufsicht, 2000, S. 352.
83 Die Registerbände der amtlichen Entscheidungssammlung des BVerfG weisen zwar wiederholt Einträge unter dem Stichwort „Staatsaufsicht" auf, das Stichwort „Kontrolle" findet sich dagegen nur sehr selten.
84 Für eine Synonymität von „Aufsicht" und „Kontrolle" dagegen häufig das Schrifttum zum EU-Recht, vgl. *Meike Eekhoff*, Die Verbundaufsicht, 2006, S. 5 ff. (7) und die dortigen Nachw.
85 Zu diesen Begriffen und ihrer Abgrenzung zum Kontrollbegriff näher *Wolfgang Kahl*, Begriff, Funktionen und Konzepte von Kontrolle, in: GVwR, Bd. III, § 47 Rn. 12 ff.; vgl. auch *Huber* (N 37), § 45 Rn. 11 ff., 38.
86 *Kahl* (N 85), § 47 Rn. 11.
87 *Rupert Stettner*, Grundfragen einer Kompetenzlehre, 1983, S. 271. Vgl. auch *Helmuth Schulze-Fielitz*, Zusammenspiel von öffentlich-rechtlichen Kontrollen der Verwaltung, in: Eberhard Schmidt-Aßmann/Wolfgang Hoffmann-Riem (Hg.), Verwaltungskontrolle, 2001, S. 291 (295: „von schillernder Variationsvielfalt").
88 Vgl. *Jens-Peter Schneider*, Verwaltungskontrollen und Kontrollmaßstäbe in komplexen Verwaltungsstrukturen, in: Schmidt-Aßmann/Hoffmann-Riem (N 87), S. 271 (S. 273: „alles andere als eindeutig").
89 Vgl. *Becker* (N 79), S. 624 ff., 870 ff.; *Kahl* (N 85), § 47 Rn. 35 ff.; für den Bereich der Aufsicht *Heinz Mösbauer*, Staatsaufsicht über die Wirtschaft, 1990, S. 587 ff.; dem folgend *Stefan U. Pieper*, Aufsicht, 2006, S. 131 ff., 135.

15 Soll-Ist-Vergleich als Kernelement	Ausgehend von den sprachhistorischen Wurzeln[90] kann als Kernelement der Kontrolle die Beobachtung und Prüfung im Sinne eines Vergleichs zwischen einem Richtmaß und der Wirklichkeit (Soll-Ist-Vergleich) ausgemacht werden[91]. Am Ende des Kontrollvorgangs steht die Feststellung der Konvergenz bzw. Divergenz von Soll- und Ist-Zustand[92].
16 Berichtigung	Kontrolle ist jedoch nicht auf die Beobachtung und Prüfung beschränkt; ihr wohnt im Regelfall (wenngleich nicht begriffsnotwendig) auch das Element der Einwirkung auf den Kontrollierten zum Zweck der (autonomen oder heteronomen) Berichtigung inne (Kontrollzwang, insbesondere Aufsichtszwang bzw. – im Rahmen der Bundesaufsicht – staatsrechtlicher Zwang; Art. 37 GG)[93]. Die meisten Kontrollformen (verfassungsgerichtliche Kontrolle, gerichtliche Verwaltungskontrolle, Rechtsprechungskontrolle, parlamentarische Kontrolle, Rechnungshofkontrolle) drängen im Fall der festgestellten Soll-Ist-Abweichung rechtlich oder zumindest politisch auf Veranlassungs- und Korrekturmaßnahmen wie Information (Mitteilung, Bericht) oder Sanktion (Beanstandung, Aufhebung, Umgestaltung, Ersatzmaßnahme)[94].
17 Definition	Kontrolle ist weit (gewaltenunabhängig) zu verstehen und insbesondere nicht auf Rechtsprechungstätigkeit zu beschränken. In diesem Sinne läßt sich Kontrolle definieren als die prospektive oder – in der Regel – retrospektive maßstabsbezogene Abweichungsanalyse, „durch die die Kontrollinstanz steuernd zur Steigerung der Sachrichtigkeit der Entscheidung auf das Kontrollobjekt

---

90 Der Begriff der „Kontrolle" wurde im 18. Jahrhundert aus dem französischen „contrôle" entlehnt, das wiederum aus „contre-rôle" zusammengezogen ist und so viel bedeutet wie Gegenrolle, Gegenregister oder Zweitregister (lat.: „contra rotulus"). Dieses Register diente der vergleichenden Prüfung, ob ein Zustand oder Vorgang mit einem bestimmten Plan oder Schema übereinstimmt, vgl. *Friedhelm Hufen*, Verwaltungsprozessrecht, [8]2011, § 1 Rn. 43; *Walter Krebs*, Kontrolle in staatlichen Entscheidungsprozessen, 1984, S. 4; *Martin Strößenreuther*, Die behördeninterne Kontrolle, 1991, S. 26; → Bd. V, *P. Kirchhof*, § 99 Rn. 224.
91 Grundlegend *Heinrich Triepel*, Die Reichsaufsicht, 1917, S. 111, 374; *Paul Laband*, Das Staatsrecht des Deutschen Reiches, Bd. I, [5]1911, S. 109. Aus späterer Zeit *Ekkehart Stein*, Die Wirtschaftsaufsicht, 1967, S. 81; *Georg Brunner*, Kontrolle in Deutschland, 1972, S. 74 f.; *Kurt Eichenberger*, Die Problematik der parlamentarischen Kontrolle im Verwaltungsstaat (1964/65), in: ders., Der Staat der Gegenwart, 1980, S. 415; *Krebs* (N 90), S. 5, 14 ff., 34; *Hans-Josef Brink*, Kontrolle, Organisation der, in: Erich Frese (Hg.), Handwörterbuch der Organisation (HWO), [3]1992, Sp. 1143 (1143 f.); *Andreas Voßkuhle*, Rechtsschutz gegen den Richter, 1993, S. 256 ff.
92 Vgl. *Brunner* (N 91), S. 81; *Peter Eichhorn/Peter Friedrich*, Verwaltungsökonomie, Bd. I, 1976, S. 251 f.; *Martin Nolte*, Kontrolle als zentrales Element unseres Verfassungsstaats, in: ders. (Hg.), Kontrolle im verfassten Rechtsstaat, 2002, S. 11 (12, 30).
93 Wie hier die heute h. M.; vgl. *Hans H. von Arnim*, Kontrolle, in: EvStL, Sp. 1316 (1316 f.); *Dirk Ehlers*, Ziele der Wirtschaftsaufsicht, 1997, S. 4 f.; *Eichenberger* (N 91), S. 416; *Norbert Gehring*, Parlament – Regierung – Opposition, 1969, S. 4 f., 8; *Wolfgang Loschelder*, Kontrolle, in: StL, Bd. III, [7]1995, Sp. 650; *Karl-Ulrich Meyn*, Kontrolle als Verfassungsprinzip, 1982, S. 26; *Krebs* (N 90), S. 44 ff.; *Herbert Schambeck*, Regierung und Kontrolle, 1997, S. 69; *Voßkuhle* (N 91), S. 257 ff.; *Kahl* (N 82), S. 567 f.; *Christian Waldhoff*, Vollstreckung und Sanktionen, in: GVwR, Bd. III, § 46 Rn. 102 f.; → Bd. V, *P. Kirchhof*, § 99 Rn. 224 f. Für eine Trennung von Kontrolle (bloße Beobachtung) und Aufsicht (Beobachtung zuzüglich Berichtigung) dagegen *Walther Schoenborn*, Das Oberaufsichtsrecht des Staates im modernen deutschen Staatsrecht, 1906, S. 34, 60 ff., sowie – zumeist im Anschluß an diesen – VerfGH NRW, OVGE 9, 74 (77); *Hans Peters*, Grenzen der kommunalen Selbstverwaltung in Preußen, 1926, S. 221; *Brunner* (N 91), S. 74 f.; *Püttner* (N 79), S. 346; vgl. auch für die EU-Ebene zwischen „supervision" und „enforcement" unterscheidend *Herwig C. H. Hofmann/Gerard C. Rowe/Alexander H. Türk*, Administrative Law and Policy of the European Union, Oxford 2011, S. 679 ff., 690 ff.
94 Dies hat *Brunner* (N 91), S. 139 ff., 146 ff., 153 ff., 173 ff., 197, überzeugend nachgewiesen.

einwirkt"[95] und die regelmäßig das kontrollierte Verhalten oder den Zustand eines Kontrollobjekts final oder zumindest faktisch anpaßt. Kürzer gewendet: Bei Kontrolle geht es um das „Prüfen und Beanstanden eines Vorgangs aus der Distanz des Unbeteiligten"[96]. Musterbeispiel für diese „Distanz des Unbeteiligten" ist die sachliche und persönliche Unabhängigkeit des Richters gemäß Art. 20 Abs. 2 S. 2, Art. 92, 97 GG[97].

II. Kontrollsubjekte

Kontrolle erfolgt zwar auch im Verhältnis von Privaten gegenüber Privaten (Gesellschaft, Verein, Familie), im folgenden soll es aber nur um die dem öffentlichen Sektor, insbesondere der Funktion der Verwaltung, zuzuweisenden Kontrollformen gehen. Kontrollsubjekt ist insoweit in erster Linie der Staat im weiten (untechnischen) Sinne (Bund, Länder, Gemeinden, sonstige juristische Personen des öffentlichen Rechts, Beliehene, Verwaltungshelfer) und dessen Organe (Gerichte, Parlament, Behörden [Aufsichtsbehörden, Polizei, Staatsanwaltschaft]). Bei dem Kontrollsubjekt kann es sich aber auch um einen überstaatlichen Hoheitsverband (Europäische Union, Europarat, Vereinte Nationen, WTO) und dessen Organe, Einrichtungen oder sonstige Stellen handeln[98]. Gerade sogenannten Kontrastorganen (Rechnungshöfe, Europäische Zentralbank/Bundesbank, Regulierungsagenturen), die aus der Ministerialverwaltung ausgegliedert sind und denen bestimmte begrenzte Aufgaben zur sachkompetenten und unabhängigen Wahrnehmung übertragen worden sind, kommt insoweit eine wichtige Funktion bei der rechtsstaatlichen Disziplinierung und Kontrolle zu[99].

18
Staat und sonstige Hoheitsträger

Überstaatliche Hoheitsträger

Daneben wirken auch gesellschaftliche Kräfte (Medien, Wähler, Öffentlichkeit[100] [einzelne[101], Verbände/NGOs[102]], öffentliche Meinung, Markt[103] [Wettbewerb]) kontrollierend hinsichtlich der Erfüllung öffentlicher Aufgaben. Wie

19
Gesellschaftliche Akteure

---

95 *Schulze-Fielitz* (N 87), S. 298; grundlegend bereits *Ulrich Scheuner*, Verantwortung und Kontrolle in der demokratischen Verfassungsordnung, in: FS für Gebhard Müller, 1970, S. 379 (390).
96 *Paul Kirchhof*, Kontrolle der Technik als staatliche und private Aufgabe, in: NVwZ 1988, S. 97; → Bd. V, *P. Kirchhof*, § 99 Rn. 240. Vgl. auch *Michael Fehling*, Verwaltung zwischen Unparteilichkeit und Gestaltungsaufgabe, 2001, S. 351 ff.
97 Eingehend dazu *Schoch* (N 56), § 50 Rn. 49 ff.; ferner → Bd. V, *P. Kirchhof*, § 99 Rn. 236.
98 Zur europäischen Verbundaufsicht etwa ausf. *Eekhoff* (N 84), S. 111 ff., 144 ff., 179 ff.
99 *Hinnerk Wißmann*, Verfassungsrechtliche Vorgaben der Verwaltungsorganisation, in: GVwR, Bd. I, ²2012, § 15 Rn. 40a.
100 *Klaus Ferdinand Gärditz*, Klagerechte der Umweltöffentlichkeit im Umweltrechtsbehelfsgesetz, in: EurUP 2010, S. 210 (211 ff.); *Stefan Kadelbach*, Verwaltungskontrollen im Mehrebenen-System der Europäischen Gemeinschaften, in: Schmidt-Aßmann/Hoffmann-Riem (N 87), S. 205 (220 ff., 243 f.); *Helge Rossen-Stadtfeld*, Beteiligung, Partizipation und Öffentlichkeit, in: GVwR, Bd. II, ²2012, § 29 Rn. 72 ff.; *Arno Scherzberg*, Öffentlichkeitskontrolle, in: GVwR, Bd. III, § 49 Rn. 99 ff.; umfassend *Sabine Schlacke/Christian Schrader/Thomas Bunge*, Informationsrechte, Öffentlichkeitsprinzip und Rechtsschutz, 2010. Vgl. aber auch zu empirischen Restriktionen einer europäischen Öffentlichkeit BVerfGE 123, 267 (359); *Klaus Ferdinand Gärditz/Christian Hillgruber*, Volkssouveränität und Demokratie ernst genommen – Zum Lissabon-Urteil des BVerfG, in: JZ 2009, S. 872 (880); solche Restriktionen bestehen erst recht mit Blick auf eine „globale Öffentlichkeit". Zum Ganzen → Bd. III, *Kloepfer*, § 42 Rn. 18, 56 f.; *H. H. Klein*, § 50 Rn. 42 ff.

weit der Einfluß der gesellschaftlichen Akteure reichen kann, wird gerade bei der Planung von politisch kontroversen, kostenintensiven Infrastrukturprojekten („Stuttgart 21", Flughafen- oder Straßenbau, Stromnetze)[104] oder bei der Frage der Nutzung von Risikotechnologien (Atomenergie, Gentechnik) seit einiger Zeit immer deutlicher.

20
Selbstkontrolle

Neben der Fremdkontrolle durch staatliche oder gesellschaftliche Kontrollsubjekte gibt es verschiedene Typen der Selbstkontrolle (formlose Rechtsbehelfe, Widerspruchsverfahren, Ombudsman, Beauftragte, „regulierte Selbstregulierung", etwa Umweltaudit/EMAS oder Qualitätsmanagementsysteme)[105].

III. Kontrollobjekte

21
Wirtschaftsaufsicht

Objekt (Adressat) der Kontrolle können zunächst Private, also natürliche Personen oder juristische Personen des Privatrechts im weiten Sinne sein. Angesprochen ist damit vor allem die Wirtschaftsaufsicht (Überwachung), die in den Formen der Aufnahme-, Ausübungs- und Beendigungsüberwachung begegnet[106]. Die Wirtschaftsausicht weist eine deutliche Schnittmenge mit der Regulierung[107] und der Gewährleistungsaufsicht[108] im Gewährleistungs- und Regulierungsstaat der Nach-Privatisierungsphase (Art. 87 e Abs. 4, Art. 87 f Abs. 1 GG)[109] auf, auch wenn das dogmatische Verhältnis von Überwachung und Regulierung im einzelnen nach wie vor umstritten

---

101 Grundlegend *Johannes Masing*, Die Mobilisierung des Bürgers für die Durchsetzung des Rechts, 1997, S. 42 ff., 50 ff.
102 Deren Rolle wird nun unionsverfassungsrechtlich anerkannt durch Art. 11 Abs. 1 und Abs. 2 EUV; aus dem Schrifttum: *Jane Reichel*, Judicial Control in a Globalised Legal Order – A One Way Track?, in: REAL 3 (2010), S. 69 (77 ff.); zuletzt die Rolle der Umweltschutzverbände (Verbandsklage) in der EU stärkend EuGH, Rs. C-115/09, in: DVBl 2011, S. 757 Rn. 45 ff., 55 ff.; in diesem Sinne zuvor bereits die h. L., vgl. stellvertretend *Klaus Ferdinand Gärditz*, Europäisches Verwaltungsprozessrecht, in: JuS 2009, S. 385 (390 f.); *Bernhard W. Wegener*, Rechtsschutz im europäischen (Umwelt-)Recht, in: JbUTR 2008, S. 319 (339 ff.); zur Klageberechtigung ausländischer Verbände im Wettbewerbsrechts s. § 8 Abs. 3 Nr. 3 UWG; übergreifend *Sabine Schlacke*, Überindividueller Rechtsschutz, 2008, insbes. S. 13 ff.; *Thomas Groß*, Die Klagebefugnis als gesetzliches Regulativ des Kontrollzugangs, in: Die Verwaltung 43 (2010), S. 349 (362 ff.); → Bd. X, *Grewlich*, § 223.
103 *Stephanie Schiedermair*, Selbstkontrollen der Verwaltung, in: GVwR, Bd. III, § 48 Rn. 88 ff.
104 Vgl. *Klaus Ferdinand Gärditz*, Angemessene Öffentlichkeitsbeteiligung bei Infrastrukturplanungen als Herausforderung an das Verwaltungsrecht im demokratischen Rechtsstaat, in: GewArch 2011, S. 273.
105 *Huber* (N 37), § 45 Rn. 69, 186 ff.; *Schiedermair* (N 103), § 48 Rn. 1 ff.; *Schuppert* (N 15), S. 303 ff.; → Bd. V, *P. Kirchhof*, § 99 Rn. 226, 230, 231 ff.; s. u. Rn. 64; für die EU-Ebene s. den Überblick über interne Kontrollformen innerhalb der Verwaltung bei *Hofmann/Rowe/Türk* (N 93), S. 707 ff. Neben dem Kontrollsubjekt gibt es noch weitere Kriterien zur Typologisierung von Kontrollformen, s. *Eberhard Schmidt-Aßmann*, Das allgemeine Verwaltungsrecht als Ordnungsidee, ²2004, 4. Kap. Rn. 87.
106 *Huber* (N 37), § 45 Rn. 101 ff.
107 Zum Begriff s. stellvertretend *Huber* (N 37), § 45 Rn. 40; *Matthias Ruffert*, Begriff, in: Michael Fehling/ders. (Hg.), Regulierungsrecht, 2010, § 7 Rn. 58 ff.; *Schuppert* (N 15), S. 253 ff., jeweils m. weit. Nachw.
108 *Markus Edelbluth*, Gewährleistungsaufsicht, 2008. *Gunnar Folke Schuppert*, Staatsaufsicht im Wandel, in: DÖV 1998, S. 831 (832 ff.), spricht insoweit – eher unpräzise – von „Steuerungsaufsicht".
109 Vgl. *Michael Fehling*, Instrumente und Verfahren, in: ders./Matthias Ruffert (Hg.), Regulierungsrecht, 2010, § 20 Rn. 81 ff., 99 ff.; *Schuppert* (N 15), S. 273 ff.

ist[110]. Als „Freiheitskorrelat"[111] bezeichnen Wirtschaftsaufsicht bzw. Regulierung die durch ein Verhältnis prinzipieller Gleichordnung von Staat und Bürger gekennzeichnete Überwachung Privater aus grundrechtlich gebotener Distanz[112]. Für die internationalen Zusammenhänge ist freilich gerade typisch, daß die Aufsicht über Private nicht selten zurückgenommen bzw. zwischen den Staaten aufgeteilt ist (Stichwort: transnationaler Verwaltungsakt)[113].

Von der Wirtschaftsaufsicht klar zu unterscheiden[114] sind Kontrollrechtsverhältnisse innerhalb des Staates sowie zwischen Staaten (und ihren Untergliederungen) und überstaatlichen Hoheitsträgern/Einrichtungen (Staatsaufsicht im weiten Sinne, Aufsicht). Diese Kontrollverhältnisse sind regelmäßig geprägt durch die Beteiligung von einander in einer Form von Subordination (im weiten Sinne) bzw. mit gewisser Verselbständigung infolge originärer Hoheitsgewalt oder eigener subjektiver Rechte gegenüberstehenden Hoheitsträgern[115]. Zu nennen sind insoweit die internationale Kontrolle (Kontrolle internationaler Organisationen über Staaten), die europäische Verbundaufsicht (Aufsicht der Europäischen Union über die Mitgliedstaaten)[116], die Bundesaufsicht (Aufsicht des Bundes über die Länder) sowie die Staatsaufsicht im engeren Sinne, etwa Kommunal-, Hochschul- oder (öffentliche) Rundfunkaufsicht[117]. Zur Staatsaufsicht gehört auch die Aufsicht über Private, soweit diese Verwaltungsaufgaben erfüllen (Beliehene, Verwaltungshelfer) sowie die Aufsicht über öffentliche Unternehmen und vom Staat beherrschte gemischtwirtschaftliche Unternehmen[118].

22
Staatsaufsicht

Beispiele

IV. Kontrollfunktionen

Die Funktionen von Kontrolle liegen in der Gewährleistung von Maßstabstreue (insbesondere[119] Rechtsnormtreue), der Informationsbeschaffung, der

23

---

110 Zu den Einzelheiten vgl. nur *Martin Eifert*, Regulierungsstrategien, in: GVwR, Bd. I, ²2012, § 19 Rn. 82 ff.; *Fehling* (N 109), § 20 Rn. 100 f.; *Ruffert* (N 107), § 7 Rn. 39 ff.; Hinnerk Wißmann, Regulierung, Deregulierung, in: EvStL, Sp. 1978.
111 *Rolf Gröschner*, Das Überwachungsrechtsverhältnis, 1992, S. 52; *Wolfgang Kahl*, Gewährleistung öffentlicher und privater Aufgabenerfüllung durch „Staatsaufsicht", in: Hartmut Bauer/Peter M. Huber/Zygmunt Niewiadomski (Hg.), Ius Publicum Europaeum, 2002, S. 188 (197).
112 *Huber* (N 37), § 45 Rn. 28 f., 31, 38, 39 ff.
113 Eingehend dazu *Michael Winkelmüller*, Verwaltungskooperation bei der Wirtschaftsaufsicht im EG-Binnenmarkt, 2002.
114 *Gröschner* (N 111), S. 46 ff., und passim; *Huber* (N 37), § 45 Rn. 30 ff.
115 Dazu, daß Kontrolle nicht nur in Verhältnissen der Über-/Unterordnung (Subordination, Hierarchie), sondern auch der Gleichordnung (Koordination, Kooperation) erfolgt, eingehend *Kahl* (N 85), § 47 Rn. 180 ff., 183 ff., 212.
116 Hierzu *Wolfgang Kahl*, Europäisches und nationales Verwaltungsorganisationsrecht, in: Die Verwaltung 29 (1996), S. 341 (360 f.); *ders.* (N 111), S. 208 ff.; *ders.* (N 85), § 47 Rn. 218 ff.
117 → Bd. V, *Krebs*, § 108 Rn. 48 f.
118 Näher hierzu *Huber* (N 37), § 45 Rn. 147 ff., 154 ff.
119 Zum weiten Richtigkeitsmaßstab, in dessen Mittelpunkt der Maßstab der Rechtmäßigkeit/Rechtswidrigkeit steht, der aber darüber hinausgeht, vgl. *Wolfgang Hoffmann-Riem*, Methoden einer anwendungsorientierten Verwaltungsrechtswissenschaft, in: Eberhard Schmidt-Aßmann/ders. (Hg.), Methoden der Verwaltungsrechtswissenschaft, 2004, S. 9 (46 ff.); s. auch *Utz Schliesky*, Souveränität und Legitimität von Herrschaftsgewalt, 2004, S. 645 ff.

Gewährleistung „richtiger" Entscheidungen	Wissensgenerierung und Kommunikation, der Geltendmachung von Verantwortlichkeit[120] sowie der Förderung (Unterstützung) des Kontrollierten im Interesse von dessen möglichst (sach-)richtiger[121] Aufgabenerfüllung[122]. Kontrolle im staatlichen Sektor ist – neben Planung, Entscheidung und Durchführung (Vollzug) – die vierte Stufe rationalen staatlichen Handelns[123]. Je nachdem, in welchem zeitlichen Stadium Kontrolle erfolgt, unterscheidet man zwischen vorgängiger (präventiver), begleitender (paralleler) und nachgängiger (repressiver) Kontrolle.

V. Kontrollergebnis

24 Prozeß des Lernens	Als Folge von Kontrolle (Kontrollergebnis) kommt es bei dem Kontrollobjekt regelmäßig zu Anpassungsvorgängen unterschiedlicher Gestalt, etwa Fehlerkorrekturen, Kassationen, Revisionen, Sanktionen, Modifikationen, Optimierungen etc. Zugleich gehen von der Kontrolle auch über den von ihr unmittelbar betroffenen Sachverhalt hinaus Anreize zu zukünftigem normkonformem Verhalten für den Kontrollierten selbst und – bei Bekanntwerden von Kontrollvorgang und -ergebnis – auch für sonstige betroffene Dritte aus (zukunftsgerichtete „pädagogische" Wirkung). Kontrolle wirkt insofern auch als Beitrag zum ständigen Lernen und zur fortlaufenden Optimierung von Entscheidungsabläufen (Kreislaufmodell).

VI. Kontrollmaßstäbe

1. Rechtskontrolle

25 „Gesetz und Recht"	„Kontrolle prüft und beanstandet einen Vorgang nach vorgegebenem Maßstab."[124] Die Rechtskontrolle hat dabei die Prüfung eines Verhaltens am Maßstab der Rechtmäßigkeit, also des gesamten für das jeweilige Verhalten konkret einschlägigen und geltenden Rechts (für Deutschland: „Gesetz und Recht" im Sinne des Art. 20 Abs. 3 GG) zum Gegenstand[125]. Prüfungsmaßstab sind dabei im einzelnen: Unmittelbar anwendbares europäisches[126] und inter-

---

120 → Bd. V, *P. Kirchhof*, § 99 Rn. 225.
121 Bei der Sachrichtigkeit von Entscheidungen handelt es sich um eine Ausprägung des rechtsstaatlichen Rationalitätsgebots; dazu s. u. Rn. 36.
122 Vgl. *Erich Frese*, Die Kontrolle als Informationsquelle der Unternehmensführung, 1966, S. 64 ff., 80 ff.; *Strößenreuther* (N 90), S. 38, 39 ff., 74 ff., 85 ff.; für Öffentlichkeitskontrollen mit etwas anderer Akzentsetzung *Scherzberg* (N 100), § 49 Rn. 75 ff.; allg. zum Wissen als Grundlage staatlichen Handelns → Bd. IV, *Fassbender*, § 76.
123 Hierzu und zum Folgenden *v. Arnim* (N 93), Sp. 1317.
124 → Bd. V, *P. Kirchhof*, § 99 Rn. 226.
125 *Kahl* (N 85), § 47 Rn. 52 f.; für die europäische Verbundaufsicht vgl. *Eekhoff* (N 84), S. 170 ff., 176 ff. (reine Rechtskontrolle).
126 Dazu am Beispiel der Kommunalaufsicht *Dirk Ehlers*, Kommunalaufsicht und europäisches Gemeinschaftsrecht, in: DÖV 2001, S. 412 ff. Zur damit verbundenen rechtsstaatlichen Problematik der (intransparenten) Relativierung des Bindungsanspruchs des nationalen Rechts und der Gefahr „selektiver Gesetzmäßigkeit" s. *Eberhard Schmidt-Aßmann*, Gefährdungen der Rechts- und Gesetzesbindung der Exekutive, in: FS für Klaus Stern, 1997, S. 745 (754 ff., 758 ff.).

nationales Recht, Verfassungsrecht, Gesetze im materiellen Sinne, Gewohnheitsrecht, Richterrecht[127]. Zu beachten sind im Einzelfall rechtlich angeordnete Beschränkungen des Prüfungsmaßstabs und des Prüfungsgegenstands[128], etwa aufgrund arbeitsteiliger Zuständigkeitsabgrenzung zwischen Gerichten unterschiedlicher Ebenen (Europäischer Gerichtshof/nationale Gerichte, Bundesverfassungsgericht/Landesverfassungsgerichte, Verfassungsgerichte/Fachgerichte) oder ausnahmsweiser Überantwortung der Kompetenz zur verbindlichen Letztentscheidung an das Kontrollobjekt selbst durch Einräumung unterschiedlicher Formen administrativer Spielräume auf Tatbestands- oder Rechtsfolgenseite (Stichwort: normative Ermächtigungslehre)[129]. Solche Spielräume erhalten gerade in transnationalen Zusammenhängen (z.B. Regulierungsnetzwerke) durch die Einwirkungen einer übergeordneten Ebene eine besondere Bedeutung für die Kontrollzuständigkeit und -dichte. Dies zeigen beispielhaft die Aussagen des Gerichtshofes der Europäischen Union zum Regulierungsermessen, welches notwendig von den Regulierungsbehörden ausgeübt werden müsse und nicht von den nationalen Gesetzgebern vorstrukturiert werden dürfe[130]. Hinzu kommen supra- und internationale Vorgaben institutioneller Art, die sich auf die Aufsichtsmöglichkeiten der Staaten auswirken, etwa zur „völligen Unabhängigkeit" von Regulierungsbehörden[131] oder Datenschutzbeauftragten[132].

26
Insbesondere: Gesetzeskonformität

Bei der Rechtskontrolle wird typischerweise unter Gesetzestatbestände (insbesondere Gebote und Verbote) subsumiert und aus der auf diese Weise festgestellten Maßstabskonformität oder Maßstabswidrigkeit des kontrollierten Verhaltens eine Rechtsfolge (Prämie [Duldung, Zulassung] bzw. Sanktion

---

127 Vgl. *Gärditz* (N 34), C Art. 20 (6. Teil), Rn. 45 ff.; → Bd. II, *Schmidt-Aßmann*, § 26 Rn. 33 ff. S. auch *Dirk Ehlers*, Rechtsquellen und Rechtsnormen der Verwaltung, in: Hans-Uwe Erichsen/Dirk Ehlers (Hg.), Allgemeines Verwaltungsrecht, ¹⁴2010, § 2 Rn. 2 ff.
128 Vgl. etwa die sog. Foto-Frost-Doktrin des EuGH, Rs. 314/85, Slg. 1987, 4199.
129 Dazu im Überblick *Kahl* (N 85), § 47 Rn. 133; s. u. Rn. 27.
130 EuGH, Rs. C-55/06, Slg. 2008, I-2931 Rn. 153 ff.; Rs. C-424/07, Slg. 2009, I-11431 Rn. 61, 74, 78 f., 81 ff.; dazu *Markus Ludwigs*, Die Bundesnetzagentur auf dem Weg zur Independent Agency, in: Die Verwaltung 44 (2011), S. 41; mit Recht krit. *Klaus Ferdinand Gärditz*, Anmerkung, in: JZ 2010, S. 198 (199 ff.); vgl. auch *ders.*, „Regulierungsermessen" und verwaltungsgerichtliche Kontrolle, in: NVwZ 2009, S. 1005; *ders.*, Die Rolle des parlamentarischen Gesetzgebers im Regulierungsrecht – ein Werkstattbericht, in: Matthias Kurth/Matthias Schmoeckel (Hg.), Regulierung im Telekommunikationssektor, 2011, S. 67 (69 f., 75 ff.).
131 Vgl. Art. 35 Abs. 4 Richtlinie 2009/72/EG des Europäischen Parlaments und des Rates vom 13.7.2009 über gemeinsame Vorschriften für den Elektrizitätsbinnenmarkt und zur Aufhebung der Richtlinie 2003/54/EG, ABlEU 2009 Nr. L 211, S. 55; Art. 39 Abs. 4 Richtlinie 2009/73/EG des Europäischen Parlaments und des Rates vom 13.7.2009 über gemeinsame Vorschriften für den Erdgasbinnenmarkt und zur Aufhebung der Richtlinie 2003/55/EG, ABlEU 2009 Nr. L 211, S. 94.
132 Art. 28 Abs. 1 S. 2 Richtlinie 95/46/EG des Europäischen Parlaments und des Rates vom 24.10.1995 zum Schutz natürlicher Personen bei der Verarbeitung personenbezogener Daten und zum freien Datenverkehr, ABlEG 1995 Nr. L 281, S. 31; vgl. hierzu EuGH, Rs. C-518/07, in: EuZW 2010, S. 296 Rn. 41 ff.; zum Ganzen *Jens Kersten*, Was kann das Verfassungsrecht vom Verwaltungsrecht lernen?, in: DVBl 2011, S. 585 (590 f.), der differenziert auf den hiermit verbundenen Wandel im Hinblick auf das tradierte deutsche Konzept demokratischer Legitimation (Schwächung von Hierarchieprinzip/Ministerialbürokratie einerseits und Aufwertung parlamentarischer Kontrolle andererseits) eingeht. Vgl. allg. auch Art. 298 Abs. 1 AEUV, der explizit das Leitbild einer „unabhängigen europäischen Verwaltung" statuiert; s. u. Rn. 34 mit N 169.

§ 253   *Zweiundzwanzigster Teil: Grenzüberschreitende Staatsaufgaben*

[Verbot, Beschränkung]) abgeleitet[133]. Auch wird die Vereinbarkeit eines bestimmten Verhaltens mit den – auch eine grenzüberschreitende Reichweite besitzenden – Grundrechten und mit objektiv-rechtlichen Verfassungsprinzipien (Willkürverbot, Verhältnismäßigkeitsgrundsatz, Bestimmtheitsgrundsatz) geprüft.

27
Kontrollumfang

Der Umfang der Rechtskontrolle hängt von der Dichte und Präzision der das jeweilige Verhalten steuernden Maßstabsnorm ab. Dort, wo diese hoch ist, erweist sich die Rechtskontrolle als umfassende Entscheidungs- und Verhaltenskontrolle[134]. Dort, wo die normative Steuerung dagegen zurückgenommen ist, etwa bei unbestimmten Rechtsbegriffen, die der Verwaltung einen Beurteilungsspielraum einräumen, oder bei Ermessensnormen hinsichtlich der Rechtsfolge (vgl. § 40 2. Hs. VwVfG, § 114 S. 1 2. Hs. VwGO), erweist sich auch die Rechtskontrolle als im Umfang eingeschränkt[135]. Auch und gerade das Unionsrecht, welches in stärkerem Maß als das deutsche Verwaltungsrecht dem Modell einer (politischen) Gestaltungsverwaltung folgt, erkennt für transnationale Zusammenhänge zahlreiche Entscheidungsspielräume der Administrative an, ohne dabei ebenso deutlich zwischen Tatbestands- und Rechtsfolgenseite zu unterscheiden wie die deutsche Rechtsdogmatik[136].

28
Gerichtliche Kontrolle als Kernelement

Der mit Abstand wichtigste Fall der Rechtskontrolle ist die gerichtliche Kontrolle der Exekutive durch die Verwaltungsgerichte[137]. Sie wurzelt auf nationaler Ebene in Art. 19 Abs. 4 S. 1 GG und dem allgemeinen Justizgewährleistungsanspruch (Art. 2 Abs. 1 i. V. m. Art. 20 Abs. 3, Art. 28 Abs. 1 S. 1 GG), auf unionaler Ebene objektiv-rechtlich in Art. 2 S. 1 (Rechtsstaatlichkeit) in Verbindung mit Art. 19 Abs. 1 EUV sowie subjektiv-rechtlich einerseits in Art. 47 GRCH, Art. 6 Abs. 1 EUV und andererseits – als allgemeiner Rechtsgrundsatz (vgl. Art. 6 Abs. 3 EUV) – in Art. 6 Abs. 1, Art. 13 EMRK in Verbindung mit den gemeinsamen Verfassungsüberlieferungen der Mitgliedstaaten[138]. Sowohl das deutsche als auch das europäische Kontrollkonzept sind klar

---

133 *v. Arnim* (N 93), Sp. 1317.
134 *Kluth* (N 78), § 101 Rn. 14.
135 *Matthias Rossi*, Gerichtliche Kontrolle des Verwaltungsverfahrens, in: Wilfried Erbguth/Johannes Masing/Konrad Nowacki (Hg.), Kontrolle des Verwaltungshandelns, 2010, S. 61 (89 ff.).
136 Grundlegend *Eckhard Pache*, Tatbestandliche Abwägung und Beurteilungsspielraum, 2001; vgl. auch *Wolfgang Kahl*, Grundzüge des deutschen Verwaltungsrechts, in: IPE V, 2013, § 75 Rn. 160 ff.
137 Vgl. bereits *Otto Mayer*, Deutsches Verwaltungsrecht, ³1924, S. 155; aus jüngerer Zeit etwa *Veith Mehde*, Verwaltungskontrolle als Daueraufgabe der Verwaltungsgerichtsbarkeit, in: Die Verwaltung 43 (2010), S. 379 (380 ff.).
138 Vgl. zum Grundrecht auf effektiven Rechtsschutz auf europäischer Ebene *Hans D. Jarass*, Bedeutung der EU-Rechtsschutzgarantien für nationale und EU-Gerichte, in: NJW 2011, S. 1393; *Christina Last*, Garantie wirksamen Rechtsschutzes gegen Maßnahmen der Europäischen Union, 2008; *Christoph-David Munding*, Das Grundrecht auf effektiven Rechtsschutz im Rechtssystem der Europäischen Union, 2010; *Carsten Nowak*, Europäisches Verwaltungsrecht und Grundrechte, in: Jörg Philipp Terhechte (Hg.), Verwaltungsrecht in der Europäischen Union, § 14 Rn. 15 ff.; *Meinhard Schröder*, Gesetzesbindung des Richters und Rechtsweggarantie im Mehrebenensystem, 2010, S. 255 ff., 259 ff.; ferner *Oliver Dörr*, Grundstrukturen eines europäischen Verwaltungsprozessrechts, in: DVBl 2008, S. 1401 (1402); allg. zum Rechtsstaatsprinzip in der EU: → Bd. II, *Schmidt-Aßmann*, § 26 Rn. 100 ff. (103 ff.).

justizzentriert¹³⁹; das deutsche Recht geht dabei – ungeachtet aller Konvergenztendenzen – deutlicher als das europäische von der Systementscheidung für Individualrechtsschutz aus¹⁴⁰. Nach – historisch bedingtem – deutschem Verständnis impliziert effektiver Rechtsschutz im Grundsatz (auch hinsichtlich der Anwendung unbestimmter Rechtsbegriffe durch die Verwaltung) die Vollkontrolle staatlichen Handelns, soweit nicht die Kompetenz zur letztverbindlichen Entscheidung ausnahmsweise rechtmäßigerweise normativ der Exekutive überantwortet worden ist¹⁴¹. Gerichtliche Kontrolle ist dabei sowohl auf der nationalen als auch auf der europäischen Ebene hinsichtlich des Maßstabs beschränkt auf die Rechtmäßigkeit (einschließlich verrechtlichter Zweckmäßigkeitsaspekte) staatlichen oder unionalen Handelns (vgl. Art. 19 Abs. 1 UAbs. 1 S. 1 EUV; Art. 20 Abs. 3, Art. 97 Abs. 1 GG, § 113 Abs. 1 S. 1 und S. 4, Abs. 5 S. 1, § 114 S. 1 1. Hs. VwGO)¹⁴².

2. Sachkontrolle

Die Sachkontrolle unterscheidet sich von der Rechtskontrolle strukturell durch den abweichenden Kontrollmaßstab. „Sachkontrolle" bezeichnet den auf die Einhaltung sonstiger, das heißt nicht rechtlicher Maßstäbe gerichteten Kontrollvorgang¹⁴³. Erfaßt ist damit der Soll-Ist-Vergleich anhand wirtschaftlicher, finanzieller, sozialer, politischer, moralischer oder sonstiger Gesichtspunkte außerhalb von Rechtsnormen¹⁴⁴. Im Schrifttum werden zumeist die – im weiten Sinne – „politischen" Kontrollen (nach hiesiger Terminologie: „Sachkontrolle") den „juristischen" Kontrollen (nach hiesiger Terminologie: „Rechtskontrolle") gegenübergestellt¹⁴⁵. Erstere können synonym auch als „Zweckmäßigkeitskontrollen" bezeichnet werden (vgl. § 68 Abs. 1 S. 1 VwGO,

29 Zweckmäßigkeitskontrolle

---

139 *Schmidt-Aßmann* (N 19), § 5 Rn. 70; *Schoch* (N 56), § 50 Rn. 22; in der Gerichtsschutzorientiertheit dagegen eher eine deutsche Besonderheit sehend *Schmidt* (N 21), S. 530 f.
140 *Eberhard Schmidt-Aßmann*, in: Maunz/Dürig, Art. 19 Abs. 4 Rn. 117; *Masing* (N 101), S. 90; krit. *Groß* (N 102), S. 350.
141 BVerfGE 15, 275 (282); 51, 304 (312); 61, 82 (111 f.); 64, 261 (279); *Hinnerk Wißmann*, Öffentliche Interessen im Verwaltungsverfahren – eine funktionsbezogene Rekonstruktion, in: Wilfried Erbguth/Johannes Masing/Konrad Nowacki (Hg.), Kontrolle des Verwaltungshandelns, 2010, S. 11 (32 f.); → Bd. II, *Schmidt-Aßmann*, § 26 Rn. 59.
142 Vgl. stellvertretend *Ferdinand O. Kopp/Wolf-Rüdiger Schenke*, VwGO, ¹⁹2013, § 114 Rn. 1. Näher dazu *Kahl* (N 85), § 47 Rn. 127 ff.; *Rossi* (N 135), S. 61 ff.; *Schoch* (N 56), § 50 Rn. 127 ff.; → Bd. V, *P. Kirchhof*, § 99 Rn. 236 ff.
143 Dazu und zum Folgenden *Kahl* (N 85), § 47 Rn. 54 f., dort unter dem Begriff „Zweckmäßigkeitskontrollen".
144 Ähnlich *Loschelder* (N 93), Sp. 651.
145 Die Bedeutung der politischen Kontrollen wird zu Recht betont von *Lecheler* (N 79), S. 255 ff.; vgl. auch *Schambeck* (N 93), S. 81 ff.; *Johannes Masing*, Parlamentarische Untersuchungen privater Sachverhalte, 1998, S. 234 ff., 313 ff.; mit Blick auf die politische Steuerung allg. → Bd. III, *Schoch*, § 37 Rn. 5. Die Begriffe werden im Schrifttum uneinheitlich gebraucht. Wie hier nach dem Kontroll*maßstab* zwischen „juristischer Kontrolle" (Synonym: „Rechtskontrolle") und „politischer Kontrolle" im weiten Sinne (Synonym: „Sachkontrolle") unterscheidend *Kurt Eichenberger*, Die Kontrolle der rechtsstaatlichen Demokratie der Gegenwart (1978), in: Kurt Eichenberger, Der Staat der Gegenwart, 1980, S. 127 (135); *Christoph Gusy*, Parlamentarische Kontrolle, in: JA 2005, S. 395; → Bd. V, *P. Kirchhof*, § 99 Rn. 224, 245. Anders für die EU-Ebene (orientiert an der Stellung des Kontrollsubjekts nach dem Prinzip des institutionellen Gleichgewichts): *Hofmann/Rowe/Türk* (N 93), S. 682, passim: „political", „administrative" und „judicial supervision".

Art. 85 Abs. 4 S. 1 GG, Fachaufsicht über Selbstverwaltungsträger). Kennzeichen der Zweckmäßigkeitskontrollen ist, daß die rechtlichen Vorgaben auf der Rechtsfolgenseite unterschiedliche Entscheidungen zulassen, wie dies für die Ermessensverwaltung (einschließlich der Sonderformen von Planungs- und Regulierungsermessen) sowie für die Verwaltung mit Beurteilungsspielraum typisch ist[146], mit der Folge, daß Kontrolle hier „mehr Mitgestaltung als berichtigende Einwirkung"[147] ist. Prototyp von Sachkontrolle ist die Kontrolle der Regierung durch das Parlament, die „nach den Maßstäben der politischen Vernunft und des Gemeinwohls"[148] erfolgt.

3. Verrechtlichung von Zweckmäßigkeitsmaßstäben

30
„Grenzgänger"

Das binäre Grundmuster der Kontrolle (Rechts- und Sachkontrolle) weist bei genauerem Zusehen nicht unerhebliche Schnittmengen und Durchlässigkeiten auf[149]. So kann die an sich außerrechtliche Zweckmäßigkeit vollständig oder teilweise durch Rechtsnormen rezipiert und insoweit in einen Maßstab für juristische Kontrolle (z. B. Ermessensfehlerfreiheit im Sinne der Zweck-und-Grenzen-Formel gemäß § 40 2. Hs. VwVfG, § 114 S. 1 2. Hs. VwGO) transformiert werden[150]. In den Schnittmengenbereich von Rechts- und Sachkontrolle fallen auch die Wirtschaftlichkeitskontrollen[151], die an sich auf die Prüfung außerrechtlicher (ökonomischer) Effizienz[152], sprich das Vorhandensein einer möglichst günstigen Zweck-Mittel-Relation gerichtet sind (vgl. § 10 S. 2 2. Alt. VwVfG). Soweit sie jedoch für die Rechtsordnung insgesamt oder für Teilbereiche (z. B. Haushaltsführung; vgl. aber auch § 10 S. 2 2. Alt. VwVfG) verrechtlicht wurden, sind sie Rechtskontrollen, im übrigen bleiben sie Sachkontrollen[153].

---

146 *Kluth* (N 78), § 101 Rn. 15. Freilich können diese Zweckmäßigkeitskontrollen durch das Gesetz aufgegriffen und (teilweise) verrechtlicht werden; s. u. Rn. 30.
147 → Bd. V, *P. Kirchhof*, § 99 Rn. 224; vgl. zur „politischen" Kontrolle als „mitgestaltende Kontrolle" auch *ders.*, a. a. O., Rn. 226 ff.
148 *v. Arnim* (N 93), Sp. 1318.
149 Vgl. auch *Michael Fehling*, Das Verhältnis von Recht und außerrechtlichen Maßstäben, in: Hans-Heinrich Trute/Thomas Groß u. a. (Hg.), Allgemeines Verwaltungsrecht – zur Tragfähigkeit eines Konzepts, 2008, S. 461 (464 f.); *Schulze-Fielitz* (N 87), S. 295 f.; ferner *Matthias Jestaedt*, Maßstäbe des Verwaltungshandelns, in: Hans-Uwe Erichsen/Dirk Ehlers (Hg.), Allgemeines Verwaltungsrecht, [14]2010, § 11 Rn. 2.
150 BVerwG, in: NVwZ 2007, S. 475, unter Hinweis u. a. auf Nr. 1 der Vorläufigen Verwaltungsvorschrift zu § 7 BHO. Vgl. ferner BayVGH, in: BayVBl 1992, S. 628 (630); *Hans H. von Arnim*, Wirtschaftlichkeit als Rechtsprinzip, 1988, S. 47 f., 51; *Kahl* (N 111), S. 217 f.; *Sebastian Müller-Franken*, Maßvolles Verwalten, 2004, S. 69 ff.; *Rainer Pitschas*, Maßstäbe des Verwaltungshandelns, in: GVwR, Bd. II, [2]2012, § 42 Rn. 111 ff., 130 ff.; *Eberhard Schmidt-Aßmann*, Effizienz als Herausforderung an das Verwaltungsrecht – Perspektiven der verwaltungsrechtlichen Systembildung, in: Wolfgang Hoffmann-Riem/ders. (Hg.), Effizienz als Herausforderung an das Verwaltungsrecht, 1998, S. 245 (246); *Voßkuhle* (N 91), S. 47 ff., 138 ff.
151 Krit. *Schulze-Fielitz* (N 87), S. 319 f.; näher zur Wirtschaftlichkeitskontrolle *Kahl* (N 85), § 47 Rn. 56 f.; *Püttner* (N 79), S. 237 f., 365 f.; vgl. auch *Martin Burgi*, Der Grundsatz der Wirtschaftlichkeit im Verwaltungsrecht, in: Hermann Butzer (Hg.), Wirtschaftlichkeit durch Organisations- und Verfahrensrecht, 2004, S. 53 ff.
152 Zum mehrdimensionalen Effizienzbegriff s. *Schmidt-Aßmann* (N 105), 4. Kap. Rn. 95; 6. Kap. Rn. 64 ff. (66).
153 Str., vgl. *Kluth* (N 78), § 101 Rn. 16; *Kahl* (N 82), S. 545 m. weit. Nachw.

Auch anderen unbestimmten Gesetzesbegriffen wohnt die Tendenz inne, zu Ansatzpunkten für ein bewußtes oder unbewußtes Ausgreifen von (gerichtlicher) Rechtskontrolle in den Bereich der (den Gerichten grundsätzlich versperrten) Billigkeit und Opportunität zu geraten („Schleusenbegriffe"[154])[155]. Dies gilt etwa für so abstrakte und interpretationsoffene Termini wie „Nachhaltigkeit", „Wirksamkeit" („Effektivität") oder „Verhältnismäßigkeit" („Geeignetheit", „Angemessenheit")[156]. Trotzdem bilden auch diese Begriffe – ungeachtet der mit ihnen verbundenen Konkretisierungs- und Operationalisierungsschwierigkeiten – wesentliche Bestandteile einer auf rationale Gemeinwohlverwirklichung und rechtsstaatliche Interessenbalancierung gerichteten Kontrolldogmatik[157].

31
„Schleusenbegriffe"

C. Verfassungstheoretische und verfassungsrechtliche Grundlagen

I. Verantwortung

„Kontrolle" ist ein Schlüsselbegriff des staatlichen Funktionensystems[158]. Verfassungstheoretisch bildet Kontrolle das Korrelat zur Verantwortung bzw. Verantwortlichkeit staatlicher Funktionsträger[159]. Wichtig ist Kontrolle vor allem dort, wo das Kontrollobjekt nicht für sich selbst, sondern für einen anderen handelt. In einer solchen „Prinzipal-Agent-Beziehung" muß durch den „Prinzipal" mittels Kontrolle sichergestellt werden, daß die anvertraute Macht vom „Agenten" nicht mißbraucht wird. Daher hat der „Agent" dem „Prinzipal" regelmäßig Rechenschaft abzulegen. Ferner kann er für von der Norm abweichendes Verhalten zur Verantwortung gezogen und mit Sanktionen belegt werden[160].

32
Kontrolle als Verantwortungskorrelat

Prinzipal-Agent-Konstellation

II. Demokratische Legitimation

In den Kategorien des Verfassungsrechts hat die Kontrolle innerhalb des Staates (Staatsaufsicht im weiten Sinne) ihre Grundlage zunächst im Demokratieprinzip (Art. 20 Abs. 1 und Abs. 2 S. 1, Art. 28 Abs. 1 S. 1 GG)[161]. Nach Art. 20

33
Hinreichendes Legitimationsniveau

---

154 *Gunnar Folke Schuppert*, Verwaltungswissenschaft, 2000, S. 756.
155 *Schmidt-Aßmann* (N 105), 4. Kap. Rn. 64; relativierend zur Befürchtung einer Erosion normativer Kontrollmaßstäbe durch Effizienzkontrollen *Kahl* (N 82), S. 542 ff.
156 Siehe dazu m. weit. Beispielen *Fehling* (N 149), S. 472 ff.
157 *Eberhard Schmidt-Aßmann*, Verwaltungskontrolle: Einleitende Problemskizze, in: ders./Wolfgang Hoffmann-Riem (Hg.), Verwaltungskontrolle, 2001, S. 9 (42).
158 *Rainer Pitschas*, Verwaltungsverantwortung und Verwaltungsverfahren, 1990, S. 391. Ähnlich *Christoph Degenhart*, Kontrolle der Verwaltung durch Rechnungshöfe, in: VVDStRL 55 (1996), S. 190 (197).
159 Vgl. *Kahl* (N 85), § 47 Rn. 63; *Pache* (N 41), S. 114.
160 *v. Arnim* (N 93), Sp. 1317 f.; → Bd. V, *P. Kirchhof*, § 99 Rn. 225 f.
161 Vgl. BVerfGE 5, 85 (199); 107, 59 (94); *Huber* (N 37), § 45 Rn. 25; *Kahl* (N 85), § 47 Rn. 64 f.; *Philippe Mastronardi*, Kriterien der demokratischen Verwaltungskontrolle, 1991, S. 10 ff., 34 ff., 60 ff., 549 ff.; für die EU-Ebene *Hofmann/Rowe/Türk* (N 93), S. 681.

§ 253   *Zweiundzwanzigster Teil: Grenzüberschreitende Staatsaufgaben*

Abs. 2 S. 1 GG bedarf alle Ausübung staatlicher Gewalt (im weiten Sinne)[162] der demokratischen Legitimation, also der ununterbrochenen Rückführbarkeit auf das Volk als Legitimationssubjekt[163]. Dies verlangt grundsätzlich sowohl eine personelle wie eine sachlich-inhaltliche Legitimation des Inhabers der Sachverantwortung („Agent"). Bei bilanzierend-wertender Gesamtbetrachtung hat ein hinreichendes Legitimationsniveau[164] vorzuliegen. Die Anforderungen hieran können im Einzelfall differieren, zumal das Demokratieprinzip für Einschränkungen (Modifikationen) aufgrund anderer Verfassungsprinzipien offen ist[165].

34
Sachlich-inhaltliche Legitimation

Mit dem Stichwort „Kontrolle" ist die Seite der sachlich-inhaltlichen (materiellen) demokratischen Legitimation angesprochen. Die materielle demokratische Legitimation der Verwaltung wird durch deren Bindung an das – möglichst steuerungspräzise und regelungsdichte – parlamentarische Gesetz[166], den sanktionsbewehrten (vgl. Art. 67 GG) Grundsatz der Ministerverantwortlichkeit (Art. 65 S. 2 GG)[167], die Weisungsgebundenheit der Amtsträger (Hierarchieprinzip)[168] sowie – von den ausnahmsweise kraft Verfassungs- oder Unionsrechts[169] legitimierten „ministerialfreien Räumen" abgesehen – durch das grundsätzlich obligatorische Institut der Aufsicht (Rechtsaufsicht, Fachauf-

---

162 Zum Begriff s. BVerfGE 47, 253 (273); *Eberhard Schmidt-Aßmann*, Verwaltungslegitimation als Rechtsbegriff, in: AöR 116 (1991), S. 329 (344); → Bd. II, *Böckenförde*, § 24 Rn. 8f., 11ff.
163 Grundlegend *Matthias Jestaedt*, Demokratieprinzip und Kondominialverwaltung, 1993, S. 138ff.; *Winfried Kluth*, Funktionale Selbstverwaltung, 1997, S. 353ff.
164 BVerfGE 83, 60 (72); 93, 37 (67); 107, 59 (86ff.); 111, 191 (217f.); BVerwGE 106, 64 (72ff.); *Martin Burgi*, Grundlagen, in: Hans-Uwe Erichsen/Dirk Ehlers (Hg.), Allgemeines Verwaltungsrecht, ¹⁴2010, § 7 Rn. 28f.; *Ernst T. Emde*, Die demokratische Legitimation der funktionalen Selbstverwaltung, 1991, S. 328f.; *Hans-Heinrich Trute*, Die demokratische Legitimation der Verwaltung, in: GVwR, Bd. I, ¹²2012, § 6 Rn. 14, 56f.
165 BVerfGE 42, 312 (341); *Horst Dreier*, Hierarchische Verwaltung im demokratischen Staat, 1991, S. 277ff.; *Kahl* (N 82), S. 486.
166 Dazu *Jestaedt* (N 149), § 10 Rn. 5f.; *Müller-Franken* (N 150), S. 51ff.; *Schmidt-Aßmann* (N 105), 1. Kap. Rn. 34, 43f.; *ders.* (N 19), § 5 Rn. 63ff.; *Franz Reimer*, Das Parlamentsgesetz als Steuerungsmittel und Kontrollmaßstab, in: GVwR, Bd. I, ²2012, § 9 Rn. 10; → Bd. II, *Di Fabio*, § 27 Rn. 50ff.
167 Vgl. *Veith Mehde*, Die Ministerverantwortlichkeit nach dem Grundgesetz, in: DVBl 2001, S. 13ff.; *Trute* (N 164), § 6 Rn. 35ff.
168 Zur Bedeutung hierarchischer Aufbau- und Ablaufprinzipien als Funktionserfordernisse demokratischer Staatlichkeit grundlegend *Dreier* (N 165), S. 137f.; ferner: *Wolfgang Loschelder*, Weisungshierarchie und persönliche Verantwortung in der Exekutive, in: HStR III, ²1996 (¹1988), § 68 Rn. 38ff. Zur Modifikations- bzw. Ergänzungsbedürftigkeit des Konzepts hierarchisch-bürokratisch verfaßter Ministerialverwaltung gerade im europäischen und internationalen Kontext s. aber auch *Groß* (N 45), § 13 Rn. 99ff.; *Veith Mehde*, Neues Steuerungsmodell und Demokratieprinzip, 2000, S. 399ff.; *Trute* (N 164), § 6 Rn. 38ff.
169 Zu neueren Tendenzen im Unionsrecht und der EuGH-Rechtsprechung in Richtung auf eine (politisch) unabhängige (vgl. Art. 298 Abs. 1 AEUV, d. h. nicht mehr in die hierarchischen Strukturen der nationalen Ministerialbürokratie eingebundene, expertokratische (Agentur-)Verwaltung (vgl. allg. *Matthias Ruffert*, Institutionen, Organe und Kompetenzen – der Abschluß eines Reformprozesses als Gegenstand der Europawissenschaft, in: Jürgen Schwarze/Armin Hatje [Hg.], Der Reformvertrag von Lissabon, EuR, Beiheft 1, 2009, S. 31 [45]) s. – mit z.T. unterschiedlicher Bewertung hinsichtlich der Möglichkeit einer Rechtfertigung – *Klaus Ferdinand Gärditz*, Europäisches Regulierungsrecht auf Abwegen, in: AöR 135 (2010), S. 252 (268ff., 275ff., 285); *Wolfgang Kahl*, Kooperative Rechtsangleichung, in: FS für Ulrich Spellenberg, 2010, S. 697 (711ff.); *Jens Kersten*, Was kann das Verfassungsrecht vom Verwaltungsrecht lernen?, in: DVBl 2011, S. 585 (590f.); *Markus Ludwigs*, Das veränderte Machtgefüge der Institutionen nach dem Dritten EU-Binnenmarktpaket, in: DVBl 2011, S. 61 (67f.). Zur Notwendigkeit einer verstärkten personellen Rückbindung und Budgetsteuerung sowie im Fall eines Ermessens zusätzlich zu einer Fachaufsicht auch über die EU-Agenturen *Dirk Ehlers*, Europäisches Recht und Unionsrecht, in: Hans-Uwe Erichsen/ders. (Hg.), Allgemeines Verwaltungsrecht, ¹⁴2010, § 5 Rn. 36 m. Fn. 174; ausf. *Christoph Görisch*, Demokratische Verwaltung durch Unionsagenturen, 2009, S. 209ff., 392ff.

sicht mit Weisungsrecht) vermittelt[170]. Nach der herrschenden pluralistisch-differenzierten Legitimationstheorie kommt daneben auch sonstigen („autonomen") Legitimations- und Kontrollformen wie Budgetrecht, Transparenz[171] und Partizipation bzw. Deliberation, sofern das Nähere parlamentsgesetzlich bestimmt ist, eine arrondierende bzw. ergänzende Legitimationsfunktion zu[172], die freilich eine substantiell defizitäre personelle oder sachlich-inhaltliche Legitimation nicht zu substituieren vermag[173]. Im übrigen besteht ein sachlicher Zusammenhang zwischen der Regelungsdichte und -präzision des Parlamentsgesetzes einerseits sowie der Intensität der Aufsicht andererseits. Ein Ausfall oder eine Abnahme bei der Aufsicht bedingt proportional erhöhte Anforderungen hinsichtlich der materiellen Legitimation bzw. der sonstigen Legitimationsformen – und umgekehrt[174].

Ergänzende Legitimationsformen

III. Vorrang der Verfassung und des Gesetzes

Daneben ist das Vorhandensein einer funktionierenden Kontrolle ein Gebot des Rechtsstaatsprinzips (Art. 20 Abs. 3, Art. 28 Abs. 1 S. 1 GG), genauer des Vorrangs der Verfassung und des Gesetzes gemäß Art. 20 Abs. 3 GG[175]. Dies gilt in besonderer Weise für die Wirtschaftsaufsicht (Überwachung) über Private, die ihr „Gravitationszentrum" – anders als die Staatsaufsicht – nicht im Demokratie-, sondern im Rechtsstaatsprinzip findet[176]. Aber auch die Staatsaufsicht (im weiten Sinne) findet ihren verfassungsrechtlichen Bezugspunkt unter anderem im Rechtsstaatsprinzip (duale verfassungsrechtliche Fundierung)[177].

35
Kontrolle als Gebot des Rechtsstaatsprinzips

---

170 Dazu, daß das Institut der Kontrolle (Aufsicht) im Rechtsstaatsprinzip, aber zugleich im Prinzip demokratischer Legitimation wurzelt, s. BVerfGE 83, 60 (72); 93, 37 (67); BVerwG, in: NVwZ 1999, S. 870 (873 ff.); *Frauke Brosius-Gersdorf*, Deutsche Bundesbank und Demokratieprinzip, 1997, S. 45 ff.; *Burgi* (N 164), § 7 Rn. 28; *Dreier* (N 165), S. 129 ff.; *Groß* (N 45), § 13 Rn. 102 f.; *Kahl* (N 82), S. 483 ff.; *Schmidt-Aßmann* (N 162), S. 357 f.; → Bd. II, *Böckenförde*, § 24 Rn. 21, 25; → Bd. V, *P. Kirchhof*, § 99 Rn. 229. A. A. (alleinige Verankerung der Aufsicht im Rechtsstaatsprinzip) *Kluth* (N 163), S. 271 f.
171 Vgl. für das internationale Verwaltungsrecht *Eifert* (N 35), S. 329 f.; für das unionale Verwaltungsrecht Art. 1 Abs. 2, Art. 11 Abs. 2 EUV, Art. 15 AEUV, Art. 42 GRCH; *Hofmann/Rowe/Türk* (N 93), S. 170 ff., 220 f.; allg. zum Zusammenhang von Verwaltungstransparenz und Demokratieprinzip *Bernhard Wegener*, Der geheime Staat, 2006, S. 391 ff.; ferner s. u. Rn. 80.
172 Wie hier auch *Ehlers* (N 169), § 5 Rn. 63. Zum Modell einer pluralen Legitimation auf europäischer Ebene *Peukert* (N 60), S. 144 ff., 157 ff.; *Schliesky* (N 119), S. 656 ff.; *Trute* (N 164), § 6 Rn. 102 ff.
173 Vgl. *Kahl* (N 82), S. 485 ff., 492; *Janbernd Oebbecke*, Weisungs- und unterrichtungsfreie Räume in der Verwaltung, 1986, S. 12 ff., 125 f.; *Pache* (N 41), S. 139 ff.; *Schmidt-Aßmann* (N 19), § 5 Rn. 58 f.; weitergehend wohl *Thomas Groß*, Verantwortung und Effizienz in der Mehrebenenverwaltung, in: VVDStRL 66 (2007), S. 152 (171 ff.); *Mehde* (N 168), S. 563 ff.; *Jens-Peter Schneider*, Das Neue Steuerungsmodell als Innovationsimpuls für Verwaltungsorganisation und Verwaltungsrecht, in: Eberhard Schmidt-Aßmann/Wolfgang Hoffmann-Riem (Hg.), Verwaltungsorganisationsrecht als Steuerungsressource, 1997, S. 103 (109 f., 135 ff.); *Trute* (N 164), § 6 Rn. 53 ff.
174 *Brosius-Gersdorf* (N 170), S. 49 f., 96 ff.; *Kay Waechter*, Geminderte demokratische Legitimation staatlicher Institutionen im parlamentarischen Regierungssystem, 1994, S. 35 f.; → Bd. II, *Böckenförde*, § 24 Rn. 22.
175 Statt vieler *Gärditz* (N 34), C Art. 20 (6. Teil), Rn. 89; → Bd. V, *Krebs*, § 108 Rn. 46.
176 *Huber* (N 37), § 45 Rn. 31, 37.
177 *Udo Di Fabio*, Staatsaufsicht über formelle Körperschaften des öffentlichen Rechts, in: BayVBl 1999, S. 449 (450); *Kahl* (N 82), S. 495 ff.; *ders.* (N 85), § 47 Rn. 68 f.; *Pieper* (N 89), S. 233 ff., 237 ff., 259 f., 275 f. (der im übrigen noch auf den Grundsatz der Rechtsanwendungsgleichheit gemäß Art. 3 Abs. 1 GG verweist; dieser ist jedoch nur ein Unteraspekt des Grundsatzes vom Vorrang der Verfassung); *Friedrich Schoch*,

36
Rationalität

Ziel der Kontrolle ist die Gewährleistung rechtsstaatlicher Rationalität (Sachrichtigkeit) von Entscheidungen[178], welche wiederum eine wesentliche Ausprägung des Rechtsstaatsprinzips darstellt[179]. Sachrichtigkeit impliziert in erster Linie Rechtmäßigkeit (Legalität), bleibt hierbei aber nicht stehen, sondern bezieht auch die Problemlösungsfähigkeit einer Entscheidung im umfassenden Sinne ein[180], die sich aus dem Ineinandergreifen und Zusammenwirken von Rechtmäßigkeit, Zeitrichtigkeit, Effizienz, Akzeptabilität, Flexibilität, Innovationsoffenheit und Implementierbarkeit ergibt[181].

IV. Gewaltenteilung

37
Koordinierung und Bindung von Staatsgewalt

Leitgedanke der demokratisch und rechtsstaatlich radizierten Kontrolle ist die Koordinierung der nur in der Ausübung verteilten, in ihrem Ursprung aber einheitlichen Staatsgewalt (Art. 20 Abs. 2 GG)[182] und der Bindung an das Parlamentsgesetz als Hauptinstrument zur Gewährleistung parlamentarischer Steuerung[183]. Mittels der Kontrolle sollen die infolge von Ausgliederung und Sachverantwortungsparzellierung eintretenden Abstimmungsbedarfe, Steuerungsprobleme und Reibungsverluste im Interesse der Sicherung demokratischer Legitimation und der Gesetzmäßigkeit der Verwaltung kompensiert werden. Unter diesem Blickwinkel stellt sich Kontrolle vor allem als Ausprägung des Grundsatzes der horizontalen bzw. interfunktionalen[184] Funktionenordnung und -gliederung (trias politica)[185] dar[186], überstaatlich erweist sie sich als Ausprägung auch der Kompetenzverteilung zwischen den Hoheitsträgern mehrerer Ebenen (Stichworte: „Trennungsprinzip"/"Immunität", „Prinzip begrenzter Einzelermächtigung", „Subsidiarität" etc.).

Die staatliche Rechtsaufsicht über Kommunen, in: Jura 2006, S. 188 (188 f.). Für die EU-Ebene (Kontrolle [„supervision"] als ein Mechanismus zur Gewährleistung von rechtsstaatlicher Verantwortlichkeit [„accountability"] der Exekutive) s. *Carol Harlow*, Accountability in the European Union, Oxford 2002, S. 6 ff.; *Hofmann/Rowe/Türk* (N 93), S. 683 f.

178 Zutreffend *Krebs* (N 90), S. 36, 50; *Voßkuhle* (N 91), S. 262, 264; s. auch *Becker* (N 79), S. 421 ff.; *Kahl* (N 85), S. 538 ff.; *Pitschas* (N 158), S. 396 f.; *Ralf Poscher*, Funktionenordnung des Grundgesetzes, in: GVwR, Bd. I, ²2012, § 8 Rn. 24 ff.; *Schmidt-Aßmann* (N 105), 4. Kap. Rn. 57; *ders.* (N 19), § 5 Rn. 88.
179 Vgl. nur *Helmuth Schulze-Fielitz*, Rationalität als rechtsstaatliches Prinzip für den Organisationsgesetzgeber, in: FS für Klaus Vogel, 2000, S. 311 (322).
180 BVerfGE 15, 235 (240); 15, 256 (265); 33, 125 (156, 159); 68, 1 (86).
181 *Wolfgang Hoffmann-Riem*, Verwaltungsverfahren und Verwaltungsverfahrensgesetz – Einleitende Problemskizze, in: ders./Eberhard Schmidt-Aßmann (Hg.), Verwaltungsverfahren und Verwaltungsverfahrensgesetz, 2002, S. 9 (26 ff.); *Reimer* (N 166), § 9 Rn. 4 ff.
182 → Bd. V, *Krebs*, § 108 Rn. 46; s. auch *Hans-Uwe Erichsen*, Kommunalaufsicht – Hochschulaufsicht, in: DVBl 1985, S. 943 (944); *Markus Möstl*, Die staatliche Garantie für die öffentliche Sicherheit und Ordnung, 2002, S. 366 ff.
183 Zur Doppelbezüglichkeit parlamentarischer Steuerung zum Demokratie- *und* Rechtsstaatsprinzip vgl. *Schmidt-Aßmann* (N 19), § 5 Rn. 63; *Reimer* (N 166), § 9 Rn. 10; *Gärditz* (N 34), C Art. 20 (6. Teil), Rn. 216 ff.; s. auch N 170; → Bd. II, *Schmidt-Aßmann*, § 26 Rn. 58; für die EU-Ebene: *Hofmann/Rowe/Türk* (N 93), S. 681 ff.
184 Zur Begrifflichkeit und Kategorisierung: *Kahl* (N 85), § 47 Rn. 71.
185 → Bd. II, *Böckenförde*, § 24 Rn. 87 ff.; *Schmidt-Aßmann*, § 26 Rn. 48 ff., 52.
186 Zum Zusammenhang von Kontrolle und Gewaltenteilung s. BVerfGE 9, 268 (279); 22, 106 (111); 30, 1 (28); *Andreas von Arnauld*, Gewaltenteilung jenseits der Gewaltentrennung. Das gewaltenteilige System in der Verfassungsordnung der Bundesrepublik Deutschland, in: ZParl 2001, S. 678 ff.; *Hans H. von Arnim*, Grundfragen einer Kontrolle von Gesetzgebung und Verwaltung, in: DÖV 1982, S. 917; *Brunner* (N 91), S. 33 ff.; *Kahl* (N 85), § 47 Rn. 70 ff.; *Krebs* (N 90), S. 7 ff.; *Ulrich Scheuner*, Die Kon-

Gewaltenteilung bedeutet flexible Aufteilung der Staatsgewalt und Zuteilung der Einzelgewalten an reale Machtgruppierungen mit dem Ziel einer Hemmung und Mäßigung der Staatsgewalt („checks and balances") und einer Verhinderung von Machtmißbrauch im Interesse der individuellen Freiheitssicherung[187]. Kontrolle dient insoweit dazu, Macht-Gegenmacht-Konstellationen herzustellen, indem eine Gewalt durch eine andere, institutionell-organisatorisch außerhalb oder funktional in Distanz zu dieser stehenden Kontrastgewalt überwacht wird.

38
Macht-Gegenmacht-Konstellationen

Zugleich geht es der Kontrolle um eine organadäquate und funktionsgerechte Zuordnung hoheitlicher Gewalt im Staat[188] im Sinne eines – auch für das europäische[189] und internationale Recht[190] geltenden – Grundprinzips des funktionalen Arrangements und der gegenseitigen Kooperation mit dem Ziel einer – im obengenannten Sinn[191] – möglichst sachrichtigen Gemeinwohlverwirklichung[192]. Dieses Prinzip funktionsgerechter Machtverteilung kann grundsätzlich auch auf den Bereich verwaltungsinterner Kontrolle zur Anwendung gebracht werden (interne, insbesondere intraadministrative Gewaltenteilung).

39
Funktionsgerechte Organstruktur

---

trolle der Staatsmacht im demokratischen Staat, 1970, S. 28 ff.; *Klaus Stern*, Das Staatsrecht der Bundesrepublik Deutschland, Bd. II, 1980, S. 539 f., 546 ff. Grundlegend *Loewenstein* (N 80), S. 167 ff., 188 ff., 296 ff. („Intra-Organ-Kontrolle", „Interorgan-Kontrolle", „vertikale Kontrolle"), dem folgend z. B. *Brunner* (N 91), S. 63 ff.; *Herzog* (N 80), S. 351 ff.; *Meyn* (N 93), S. 146 ff., 207 ff.; vgl. auch *Mastronardi* (N 161), S. 49 ff.; → Bd. V, *P. Kirchhof*, § 99 Rn. 227.

187 Klassikertext: *Charles de Montesquieu*, Vom Geist der Gesetze, Bd. I, 1748, hg. v. Ernst Forsthoff, 1992, XI 2–4, S. 6. Vgl. außerdem BVerfGE 3, 225 (247); 7, 183 (188); *Krebs* (N 90), S. 11; *Hans D. Jarass*, Politik und Bürokratie als Elemente der Gewaltenteilung, 1975, S. 5 f.; → Bd. II, *Schmidt-Aßmann*, § 26 Rn. 46.

188 Zum Grundsatz funktionsgerechter Organstruktur als Ausprägung des Gewaltenteilungsgrundsatzes grundlegend *Richard Thoma*, Die Funktionen der Staatsgewalt, in: Gerhard Anschütz/ders., Bd. I, 1931, S. 108 (124 ff.); *Otto Küster*, Das Gewaltenproblem im modernen Staat, in: AöR 75 (1949), S. 397 (402 f.); im Anschluß daran sodann BVerfGE 68, 1 (86); 95, 1 (15); 98, 218 (251 f.); 104, 151 (207); *Klaus Ferdinand Gärditz*, Die Legitimation der Justiz zur Völkerrechtsfortbildung, in: Der Staat 47 (2008), S. 381 (403); *Konrad Hesse*, Grundzüge des Verfassungsrechts der Bundesrepublik Deutschland, ²⁰1995, Rn. 484 ff.; *Thomas von Danwitz*, Der Grundsatz funktionsgerechter Organstruktur, in: Der Staat 35 (1996), S. 329 (334 ff.); *Kahl* (N 85), § 47 Rn. 72; *Pitschas* (N 158), S. 538 ff.; *Schmidt-Aßmann* (N 157), S. 36 ff.; *Stettner* (N 87), S. 73 ff., 182 ff.; *Gerhard Zimmer*, Funktion – Kompetenz – Legitimation, 1979, S. 177 ff.; krit. *Matthias Jestaedt*, Grundrechtsentfaltung im Gesetz, 1999, S. 174 ff., 180 ff.; *Peter Lerche*, Gewaltenteilung – deutsche Sicht, in: Josef Isensee (Hg.), Gewaltenteilung heute, 2000, S. 75 (79 ff.); relativierend auch → Bd. II, *Di Fabio*, § 27 Rn. 10.

189 *Möllers* (N 41), S. 209 ff. Zum Grundsatz des institutionellen Gleichgewichts als funktionales unionsrechtliches Pendant zum Gewaltenteilungsgrundsatz des nationalen Rechts *ders.*, a.a.O., S. 253 ff.; *Koen Lenaerts*, Some Reflections on the Separation of Powers in the European Community, in: CMLRev 28 (1991), S. 11. Vgl. auch *Weiß* (N 56), S. 35 f., der eine Funktion des Europäischen Verwaltungsverbundes, konkret des Ausschußverfahrens (*Weiß*, a.a.O., S. 50 ff.) und des Informationsaustauschs (*Weiß*, a.a.O., S. 65 ff.), in der wechselseitigen Kontrolle der Durchführung des EU-Rechts sieht (vgl. auch Art. 291 Abs. 3 AEUV).

190 Weiterführend *Menzel* (N 29), S. 846 ff.

191 S. o. Rn. 36.

192 *Hans H. von Arnim*, Staatslehre der Bundesrepublik Deutschland, 1984, S. 500; *Krebs* (N 90), S. 37; *Fritz Ossenbühl*, Aktuelle Probleme der Gewaltenteilung, in: DÖV 1980, S. 545 (548 f.); *Pitschas* (N 158), S. 586 ff.; *Voßkuhle* (N 91), S. 47 ff., 138 ff., 259, 317 ff. Für ein abweichendes Verständnis von Gewaltenteilung im Sinne eines legitimationsbezogenen, individuelle und kollektive Selbstbestimmung ermöglichenden Zuordnungsprinzips *Möllers* (N 41), S. 41 ff., 46 ff., 88 ff., 398 ff.; *ders.*, Dogmatik der grundgesetzlichen Gewaltengliederung, in: AöR 132 (2007), S. 493 (501 ff.).

D. Strukturelle Probleme und Reformansätze

40
Diversität der Probleme

Das Spannungsverhältnis zwischen Kontrollbedarf und Kontrolldefiziten unter den Bedingungen vertikaler und horizontaler Verflechtung im Internationalen und Europäischen Verwaltungsverbund berührt zahlreiche Probleme, die von Politikbereich zu Politikbereich recht unterschiedlich und aufgrund dieser Vielfalt und Bereichsspezifik hier nicht darstellbar sind. Im folgenden wird die Kontrolle grenzüberschreitender Sachverhalte exemplarisch anhand des internationalen Sicherheitsverwaltungsrechts untersucht, das wegen seiner Grundrechts- und Rechtsschutzsensibilität mit Recht als besonders wichtiges Referenzgebiet für transnationales Handeln des Staates gilt[193].

Sicherheitsverwaltungsrecht als Referenzgebiet

I. Gerichtliche Kontrolle

1. Begrenzungen gerichtlicher Kontrolle auf internationaler Ebene

41
Bedeutung der nationalen Gerichte

Ausgehend von der herausragenden rechtsstaatlichen Bedeutung gerichtlicher Kontrolle[194] rückt vor allem die Frage möglicher Rechtsbehelfe gegen ein grenzüberschreitendes Tätigwerden nationaler Behörden (informatorische Verwaltungstätigkeiten[195], operatives Tätigwerden auf fremdem Territorium[196]) in das Blickfeld. Die gerichtliche Kontrolle leidet auf internationaler Ebene zunächst nicht selten bereits unter dem Fehlen von (gerichtlichen) Kontrollmöglichkeiten des einzelnen, der etwa vor dem Internationalen Gerichtshof nicht klageberechtigt ist[197]; gerichtlicher Rechtsschutz ist daher

---

193 Wie hier *Eberhard Schmidt-Aßmann*, Kohärenz und Konsistenz des verwaltungsgerichtlichen Rechtsschutzes, in: Die Verwaltung 44 (2011), S. 105 (110); *Schoch* (N 56), § 50 Rn. 392.
194 S. o. Rn. 28.
195 Z. B. Informationsaustausch, Amtshilfe; vgl. dazu, insbesondere zu den insoweit einschlägigen Rechtsgrundlagen, *Bettina Schöndorf-Haubold*, Europäisches Sicherheitsverwaltungsrecht, in: Jörg Philipp Terhechte (Hg.), Verwaltungsrecht der Europäischen Union, 2011, § 35 Rn. 78 f., 80 f.
196 Z. B. Observation, Nacheile, Beteiligung an gemeinsamen Ermittlungsgruppen und Soforteinsatzteams für Grenzsicherungszwecke (sog. RaBIT), vgl. Art. 40, 41 des Schengen-Durchführungsübereinkommens (SDÜ) vom 19. 1. 1990 (BGBl II 1993, S. 1013); vgl. auch Art. 24, 25 des sog. Vertrags von Prüm vom 27. 5. 2005 (BGBl II 2006, S. 626); Art. 14 (Observation), 16 (Nacheile), 17 f. (verdeckte Ermittlung) des deutsch-schweizerischen Polizeivertrags vom 27. 4. 1999 (BGBl II S. 946) sowie das Abkommen zwischen Deutschland und Frankreich über die Zusammenarbeit der Polizei- und Zollbehörden in den Grenzgebieten vom 9. 10. 1999 (BGBl II, S. 2479), das vielfach auf das SDÜ verweist. Zu diesbezüglichen Rechtsschutzfragen *Lothar Harings*, Grenzüberschreitende Zusammenarbeit der Polizei- und Zollverwaltungen und Rechtsschutz in Deutschland, 1998, S. 251 ff.; *José Martínez Soria*, Die polizeiliche Zusammenarbeit in Europa und der Rechtsschutz des Bürgers, in: VerwArch 89 (1998), S. 400 (415 f.); *Schoch* (N 56), § 50 Rn. 397 f. Zum Ganzen *Manfred Baldus*, Transnationales Polizeirecht, 2001, S. 51 ff.; *Hans-Joachim Cremer*, Der grenzüberschreitende Einsatz von Polizeibeamten nach dem deutsch-schweizerischen Polizeivertrag, in: ZaöRV 60 (2000), S. 103; *Kment* (N 3), S. 495 ff.; *Markus Möstl*, Polizeiliche Sicherheitsgewährleistung im Mehrebenensystem, in: Die Verwaltung 41 (2008), S. 309 (333 f.); *Reinhard Mokros*, Polizei und Justiz auf Ebene der Europäischen Union, in: Hans Lisken/Erhard Denninger (Hg.), Handbuch des Polizeirechts, ⁴2007, O Rn. 161 ff., 172 ff., 225 ff.
197 Vgl. dazu *Andreas von Arnauld*, Die Rückkehr des Bürgers: Paradigmenwechsel im Europäischen und Internationalen Verwaltungsrecht?, in: JöR N.F. 59 (2011), S. 497 (506 f.); vgl. ferner am Beispiel der Individualsanktionen des UN-Sicherheitsrates *Bardo Fassbender*, Art. 19 Abs. 4 GG als Garantie innerstaatlichen Rechtsschutzes gegen Individualsanktionen des UN-Sicherheitsrats, in: AöR 132 (2007), S. 257 (260 f., 268); *Schöndorf-Haubold* (N 195), § 35 Rn. 177 ff.; eingehend zur schwachen (mediatisierten) Rechtsstellung des einzelnen im Völkerrecht *Volker Epping*, Das Individuum als Völkerrechtssubjekt, in: Knut Ipsen (Hg.), Völkerrecht, ⁵2004, § 7 Rn. 1 ff.

zumeist vorrangig vor nationalen Gerichten zu suchen, deren Zuständigkeit durch die Zurechnung des Handelns eigener oder fremder Behörden oder aufgrund ausdrücklicher Verweise in internationalen Rechtsakten begründet wird[198].

Auch das EU-Recht kennt Rechtsschutzrestriktionen in sensiblen Bereichen wie der Sicherheitsverwaltung. So waren nach dem alten Unionsrecht (bis 1.12.2009) im Bereich der Polizeilichen und Justiziellen Zusammenarbeit in Strafsachen (PJZS, ehemalige „dritte Säule") die primärrechtlichen Zuständigkeiten des Gerichtshofes der Europäischen Union gegenüber den Art. 220ff. EGV mehrfach beschränkt (vgl. Art. 35 EUV a. F.). Der Individualrechtsschutz spielte nur indirekt im Rahmen des Vorabentscheidungsverfahrens eine Rolle[199]. Im Fall von Europol[200] war gerichtlicher Primärrechtsschutz auf EU-Ebene lange Zeit nur objektiv-rechtlich zur Beilegung von Streitigkeiten zwischen den Mitgliedstaaten über die Auslegung und Anwen-

42
Bisherige Rechtsschutzdefizite im Bereich der „dritten Säule"

---

198 *Classen* (N 15), S. 390, unter besonderer Betonung der Pflicht der nationalen Gerichte zur menschenrechtskonformen Auslegung; vgl. auch am Beispiel der internationalen Sicherheitsverwaltung *Bettina Schöndorf-Haubold*, Internationale Sicherheitsverwaltung, in: Hans-Heinrich Trute/Thomas Groß u.a. (N 149), S. 575 (602 f., 607), sowie allg. *v. Arnauld* (N 197), S. 516 (m. Fn. 109): „Mit dem zentralen Rechtsschutz sieht es derzeit nicht gut aus. Solange insbesondere die Vereinten Nationen sich als keinem Gericht unterworfen betrachten, führt an einer Selbstermächtigung nationaler oder anderer Gerichte kein Weg vorbei". Insoweit bleibt auch, zumal mit Blick auf eine Stärkung der Menschen- und Bürgerrechte, die Residualkontrolle durch den EuGH gefordert; vgl. zum Rechtsschutz gegen Individualsanktionen des UN-Sicherheitsrates am Beispiel des (De-)Listing-Verfahrens EuG, Rs. T-306/01, Slg. 2005, II-3533 Rn. 228 ff., 277 ff., 311; Rs. T-315/01 (Kadi), Slg. 2005, II-3649 Rn. 178 ff., 217 ff., 226 ff. einerseits und – zutreffend (vgl. *Schröder* [N 138], S. 205 ff.) – EuGH, verb. Rs. C-402/05 und C-415/05, Slg. 2008, I-6351 Rn. 285, 290 andererseits. In der Tendenz wie hier *v. Arnauld*, a.a.O., S. 518 f.; *Fassbender* (N 197), S. 258 f., 263 ff., 268 ff., 271 ff. (275 f.), 276 ff. (284), 285 f.; *Poscher* (N 3), S. 195 f. Vgl. nunmehr auch EuG, Rs. T-85/09 (Yassin Abdullah Kadi/Kommission), Slg. 2010, II-5177 Rn. 79 ff.; erläuternd *Hayley J. Hooper*, Liberty beforef Security: Case T-85/09 Yassing Abdullah Kadi v. Commission (No. 2) [2010] ECR 00000 (30.9.2010), in: EPL 18 (2012), S. 457. Über das hiergegen eingelegte Rechtsmittel hat der EuGH noch nicht entschieden, vgl. aber die Schlußanträge des Generalanwalts *Yves Bot* v. 19.3.2013, verb. Rs. C-584/10 P, C-593/10 P und C-595/10 P (Kommission, Rat und Vereinigtes Königreich/Yassin Abdullah Kadi). Vgl. zur Gesamtproblematik ferner noch *Ninon Colneric*, Grundrechtsschutz bei gemeinschaftsrechtlich umgesetzten Individualsanktionen der UNO, in: FS für Renate Jaeger, 2011, S. 743; *Christina Eckes*, EU Counter-Terrorist Policies and Fundamental Rights: The Case of Individual Sanctions, erschienen 2010; *dies.*, Protecting Supremacy from External Intluences: A Precondition far a European Constitutional Legal Order?, in: EJJ 18 (2012), S. 230 (237 ff.); *Bardo Fassbender*, Triepel in Luxemburg, in: DÖV 2010, S. 33; *Ulrich Haltern*, Gemeinschaftsgrundrechte und Antiterrormaßnahmen der UNO, in: JZ 2007, S. 538; *Jörn Axel Kämmerer*, Die Urteil „Kadi" und „Yusuf" des EuG und ihre Folgen, in: EuR, Beiheft 1, 2008, S. 65; *Markus Kotzur*, Kooperativer Grundrechtsschutz in der Völkergemeinschaft, in: EuGRZ 2008, S. 673; *Christoph Möllers*, Das EuG konstitutionalisiert die Vereinten Nationen, in: EuR 2006, S. 426; *Christoph Ohler*, Gemeinschaftsrechtlicher Rechtsschutz gegen personengerichtete Sanktionen des UN-Sicherheitsrates, in: EuZW 2008, S. 630; *Mehrdad Payandeh*, Rechtskontrolle des UN-Sicherheitsrates durch staatliche und überstaatliche Gerichte, in: ZaöRV 2006, S. 41; *Stefanie Schmahl*, Effektiver Rechtsschutz gegen „targeted sanctions" des UN-Sicherheitsrats?, in: EuR 2006, S. 566; *Kirsten Schmalenbach*, Normentheorie vs. Terrorismus, in: JZ 2006, S. 349; *Dominik Schulte*, Der Schutz individueller Rechte gegen Terrorlisten, 2010; *Christian Tomuschat*, Die Europäische Union und ihre völkerrechtlichen Bindungen, in: EuGRZ 2007, S. 1, sowie zuletzt (zwischen)bilanzierend *Andreas Witte*, Viel Lärm um nichts? – Wirkung und Normenhierarchie des Völkerrechts im Unionsrecht vor und nach Kadi, in: ZÖR 2012, S. 679. Grundlegend zum Ganzen bereits *Christian Walter*, Grundrechtsschutz gegen Hoheitsakte internationaler Organisationen, in: AöR 129 (2004), S. 39.
199 *Schöndorf-Haubold* (N 56), Rn. 159, 173.
200 Zu Europol und dessen Rechtsgrundlagen vgl. *Walter Frenz*, Polizeiliche Zusammenarbeit nach Lissabon, in: Die Polizei 2010, S. 254 (256 f.); *Schöndorf-Haubold* (N 195), § 35 Rn. 32 ff.

§ 253 *Zweiundzwanzigster Teil: Grenzüberschreitende Staatsaufgaben*

dung des Europol- Übereinkommens vorgesehen[201] und damit defizitär ausgestaltet[202]; auch der Europol-Beschluß vom 6. April 2009[203] brachte insoweit keine wesentliche Änderung (vgl. Art. 30 ff. des Europol-Beschlusses[204]).

43
Änderungen durch den Vertrag von Lissabon

Mit dem Vertrag von Lissabon wurde die Polizeiliche und Justizielle Zusammenarbeit in Strafsachen als Teil des Raums der Freiheit, der Sicherheit und des Rechts (Art. 3 Abs. 2 i. V. m. Art. 67 ff. AEUV) in die bisherige „erste Säule" einbezogen (Art. 87 ff. AEUV). Europol unterfällt nunmehr – ebenso wie die Europäische Agentur für die operative Zusammenarbeit an den Außengrenzen der Mitgliedstaaten der Europäischen Union (Frontex)[205] – nach Ablauf einer Übergangsfrist von längstens fünf Jahren[206] uneingeschränkt der Jurisdiktion des Gerichtshofes der Europäischen Union bzw. des Europäischen Gerichts erster Instanz (vgl. Art. 263 Abs. 1 S. 2, Art. 267 Abs. 1 lit. b AEUV)[207]. Zwar sieht der Vertrag über die Arbeitsweise der Europäischen Union gewisse Rechtsschutzrestriktionen nicht nur für die gemeinsame Außen- und Sicherheitspolitik (Art. 24 Abs. 1 UAbs. 2 EUV i. V. m. Art. 275 Abs. 1 AEUV), sondern auch für Sicherheitsfragen vor (Art. 276 AEUV),

---

201 Art. 39, 40 des Übereinkommens aufgrund von Art. 31 des Vertrags über die Europäische Union über die Errichtung eines Europäischen Polizeiamts vom 26. 7. 1995, AblEG Nr. C 316, S. 2 (Europol-Übereinkommen).
202 Krit. etwa *Guy Beaucamp*, Primärrechtsschutz gegen Maßnahmen des Europäischen Polizeiamts, in: DVBl 2007, S. 802 (803); *Harings* (N 196), S. 128 ff., 393 ff.; *Schmidt-Aßmann* (N 193), S. 113; *Ralf Peter Schenke*, Rechtsschutz gegen Europol, in: Jürgen Wolter u. a. (Hg.), Alternativentwurf Europol und europäischer Datenschutz, 2008, S. 367; *Schoch* (N 56), § 50 Rn. 396; *Schöndorf-Haubold* (N 56), Rn. 127; weitere Nachw. zur Kritik im Schrifttum an der bisherigen Rechtsschutzsituation mit Blick auf Europol bei *Möstl* (N 196), S. 333 mit Fn. 136.
203 Beschluß 2009/371/JI des Rates vom 6. 4. 2009 zur Errichtung des Europäischen Polizeiamts (Europol), AblEU Nr. L 121, S. 37 (Europol-Beschluß); dazu *Schöndorf-Haubold* (N 56), Rn. 162.
204 Näher dazu *Schöndorf-Haubold* (N 56), Rn. 182 ff.; *Jan Philipp Albrecht/Nils J. Janson*, Die Kontrolle des Europäischen Polizeiamtes durch das Europäische Parlament nach dem Vertrag von Lissabon und dem Europol-Beschluss, in: EuR 2012, S. 230 (231 ff., 235 ff.); *Oliver Suhr*, in: Christian Calliess/Matthias Ruffert (Hg.), EUV/AEUV ⁴2011, Art. 88 AEUV Rn. 23. Damit besteht für die für 2013 geplante neue Europol-Verordnung der EU erheblicher Nachbesserungsbedarf im Hinblick auf eine dringend notwendige – mit den durch den Vertrag von Lissabon erweiterten operativen Befugnissen von Europol (dazu: *Oliver Suhr*, Die polizeiliche und justizielle Zusammenarbeit in Strafsachen nach dem „Lissabon"-Urteil des Bundesverfassungsgerichts, in: ZEuS 2009, S. 687) Schritt haltende – hinreichend effektive Kontrolle, um insbesondere den Anforderungen von Art. 88 (Abs. 2 S. 3) AEUV zu genügen; so zutreffend *Albrecht/Janson*, a. a. O., S. 239.
205 Verordnung (EG) Nr. 2007/2004 des Rates vom 26. 10. 2004 zur Errichtung einer Europäischen Agentur für die operative Zusammenarbeit an den Außengrenzen der Mitgliedstaaten der Europäischen Union, AblEU 2004 Nr. L 349, S. 1 (Frontex-VO). Zu früheren Rechtsschutzrestriktionen mit Blick auf Frontex vgl. *Andreas Fischer-Lescano/Timo Tohidipur*, Europäisches Grenzkontrollregime. Rechtsrahmen der europäischen Grenzschutzagentur FRONTEX, in: ZaöRV 67 (2007), S. 1219 (1264 ff.); *dies.*, Europäisches Grenzmanagement. Handlungsrahmen der Grenzschutzagentur FRONTEX, in: Martin H. W. Möllers/Robert Chr. van Ooyen (Hg.), Europäisierung und Internationalisierung der Polizei, Bd. I, ²2009, S. 273 (285 ff.); *Schöndorf-Haubold* (N 56), Rn. 162, 171; allg. zu dieser Agentur und ihren Rechtsgrundlagen *dies.*, a. a. O., Rn. 53 ff.; *Timo Tohidipur*, Die Europäische Grenzsicherungsarchitektur, in: Felix Arndt u. a. (Hg.), Freiheit – Sicherheit – Öffentlichkeit, 2009, S. 242.
206 Art. 10 Abs. 1 und Abs. 3 des Protokolls Nr. 36 zum Lissabonner Vertrag über die Übergangsbestimmungen.
207 *Schöndorf-Haubold* (N 56), Rn. 164, 173, 176, 215; vgl. zuvor bereits EuG, Rs. T-411/06, Slg. 2008, II-2771 Rn. 36 ff. *Schöndorf-Haubold* (a. a. O., Rn. 177, 199 f.) weist aber auch auf fortbestehende Restriktionen aufgrund fehlender Justiziabilität bei faktischen Grundrechtseingriffen ohne Entscheidungscharakter (Realhandeln, informales Verwaltungshandeln) hin und regt de lege ferenda die Aufnahme einer Feststellungsklage im AEUV an; vgl. auch *dies.* (N 195), § 35 Rn. 130, 138, 151; zum Problem auch *Jörg Gundel*, Der Rechtsschutz gegen Handlungen der EG-Agenturen – endlich geklärt?, in: EuR 2009, S. 383 (391); *Dieter Kugelmann*, Europäisierung der Verfassung – Europäisierung der Polizeiarbeit, in: ders. (Hg.), Polizei unter dem Grundgesetz, 2010, S. 91 (114 ff.).

diese dürften aber für den Individualrechtsschutz gegen Akte von Europol nicht einschlägig sein[208].

2. Trennungsmodell

Im sogenannten Trennungsmodell[209] bleibt es auch bei verflochtenen Entscheidungen im Internationalen und Europäischen Verwaltungsbund, zumal bei transnationalen, aber auch bei kooperativ „hergestellten"[210] Maßnahmen, bei einem dualistischen Rechtsschutzkonzept. Danach können „Hoheitsakte eines Staates nur vor den Gerichten dieses Staates angegriffen werden ...; Maßnahmen anderer Staaten oder internationaler sowie supranationaler Organisationen sind der Jurisdiktionsgewalt dieses Staates entzogen"[211]. Inländischer Rechtsschutz gegen Handeln im internationalen Verwaltungsverbund ist demnach stets „nur ‚pro rata' des nationalen Handlungsbeitrags zu erlangen"[212]. Ausprägung des Trennungsmodells ist es etwa, wenn nach Art. 72 AEUV auch die Kontrolle nationaler polizeilicher Maßnahmen und sonstiger Maßnahmen zur Aufrechterhaltung der Sicherheit und Ordnung nicht der Rechtsprechungszuständigkeit des Gerichtshofes der Europäischen Union unterfällt, sondern der Zuständigkeit der Mitgliedstaaten vorbehalten bleibt[213].

44
Dualistisches Rechtsschutzkonzept

Rechtsschutz nur „pro rata"

Der Ausübung von Hoheitsgewalt eines Staates (bzw. einer internationalen Organisation[214]) auf dem Territorium eines anderen Staates steht der Souve-

45
Staatenimmunität

---

208 Vgl. aber auch *Schmidt-Aßmann* (N 193), S. 116, der aus Art. 276 AEUV die Wertung entnimmt, daß die Kontrolle von Europol vorrangig als parlamentarische verstanden werde.
209 Dazu *Manfred Baldus*, Polizeiliche Zusammenarbeit im Raum der Freiheit, der Sicherheit und des Rechts – Rechtliche Grundlagen, Erscheinungsformen und Problemfelder, in: Eckhard Pache (Hg.), Die Europäische Union – Ein Raum der Freiheit, der Sicherheit und des Rechts?, 2005, S. 34 (49 ff.); *Thomas von Danwitz*, Europäisches Verwaltungsrecht, 2008, S. 273 ff., 642; *Thomas Dünchheim*, Verwaltungsprozess unter europäischem Einfluss, 2003, S. 52 ff.; *Jens Hofmann*, Rechtsschutz und Haftung im Europäischen Verwaltungsverbund, 2004, S. 163 ff.; *Franz Merli*, Rechtsschutz in grenzüberschreitenden verwaltungsrechtlichen Kooperationsverfahren in Europa, in: Michael Holoubek/Michael Lang (Hg.), Verfahren der Zusammenarbeit von Verwaltungsbehörden in Europa, 2012, S. 377; zum Ganzen *Thiel* (N 9), S. 368 ff., 372 ff., 385 ff.
210 Ausf. zum „kooperativen Verwaltungsakt" als neuer Handlungsform im Europäischen Verwaltungsverbund *Michael Holoubek*, Kooperative Entscheidungen im europäischen Behördenverbund – von der Tatbestandswirkung zum kooperativen Verwaltungsakt?, in: ders./Lang (N 209), S. 349.
211 *Schoch* (N 56), § 50 Rn. 16; vgl. auch *v. Danwitz* (N 209), S. 274 ff., 642 ff.; *Oliver Dörr/Christofer Lenz*, Europäischer Verwaltungsrechtsschutz, 2006, Rn. 360 ff.; *Dirk Ehlers*, Anforderungen an den Rechtsschutz nach dem Europäischen Unions- und Gemeinschaftsrecht, in: ders./Friedrich Schoch (Hg.), Rechtsschutz im Öffentlichen Recht, 2009, § 6 Rn. 9; *Christoph Ohler*, Europäisches und nationales Verwaltungsrecht, in: Jörg Philipp Terhechte (Hg.), Verwaltungsrecht der Europäischen Union, 2011, § 9 Rn. 9 f.; *Schmidt-Aßmann* (N 19), § 5 Rn. 83; zur begrenzten Jurisdiktionsbefugnis der Staaten und insbesondere zum Territorialitätsprinzip sowie dessen Durchbrechungen allg. *Ohler*, a.a.O., § 9 Rn. 2 ff.; *Burkhard Schöbener/Jochen Herbst/Markus Perkams*, Internationales Wirtschaftsrecht, 2010, Rn. 84 ff. (86, 89 ff.); *Ekkehart Reimer*, in: Herbert Posser/Heinrich Amadeus Wolff (Hg.), Verwaltungsgerichtsordnung, Kommentar, 2008, § 40 VwGO Rn. 12 f. Anderes soll gelten für Realakte eines anderen EU-Mitgliedstaates: *Harings* (N 196), S. 283; *Jens Hofmann*, Rechtsschutz und Haftung im Europäischen Verwaltungsverbund, in: Eberhard Schmidt-Aßmann/Bettina Schöndorf-Haubold (Hg.), Der Europäische Verwaltungsverbund, 2005, S. 353 (365); vgl. auch *Classen* (N 15), S. 404 m. Fn. 185. Realakte dürfen danach auch von einem anderen EU-Mitgliedstaat auf ihre Rechtmäßigkeit geprüft und ggf. ersetzt werden.
212 *Ehlers* (N 5), § 4 Rn. 67.
213 Vgl. *Ulrich Fastenrath/Alexander Skerka*, Sicherheit im Schengen-Raum nach dem Wegfall der Grenzkontrollen, in: ZEuS 2009, S. 219 (255 ff.); *Schöndorf-Haubold* (N 56), Rn. 157, 179.
214 Vgl. dazu – auch einschränkend – EGMR, Waite u. Kennedy/Deutschland, in: NJW 1999, S. 1173 Rn. 63 ff., und die Folgerechtsprechung des EGMR; dazu m. weit. Nachw. *Eberhard Schmidt-Aßmann*, Internationaler Verwaltungsrechtsschutz als Individualrechtsschutz, in: Jerzy Stelmach/Wolfgang Kahl u. a. (Hg.), Das öffentliche Wirtschaftsrecht im Zeitalter der Globalisierung, 2012, S. 141 (151 f.).

§ 253   *Zweiundzwanzigster Teil: Grenzüberschreitende Staatsaufgaben*

ränitätsgrundsatz (Grundsatz der souveränen Gleichheit der Staaten)²¹⁵ in seiner Ausprägung als Grundsatz der Staatenimmunität entgegen²¹⁶. Danach unterliegen fremde Staaten – und (in Grenzen) auch deren Organe²¹⁷ – nicht der innerstaatlichen Gerichtsbarkeit („par in par non habet iudicium"), wenn sich der Rechtsschutz gegen ihr hoheitliches Handeln („acta iure imperii") – im Gegensatz zu einem privatrechtlichen Handeln („acta iure gestionis")²¹⁸ – richtet²¹⁹. Zur Begründung der Kontrollkompetenz der Gerichte eines anderen Staates ist somit entweder die Unterwerfung des Staates unter die Gerichtsbarkeit des anderen Staates oder die Zurechnung fremden Handelns (z. B. über völkerrechtliche Organleihe) notwendig²²⁰. Verfassungsrechtlich geht das Bundesverfassungsgericht in ständiger Rechtsprechung davon aus, daß „öffentliche Gewalt" im Sinne des Art. 19 Abs. 4 GG nur die an das Grundgesetz gebundene deutsche öffentliche Gewalt ist²²¹, nicht aber die Gewalt, die andere Staaten, die Europäische Union oder internationale Organisationen ausüben²²². Prozeßrechtlich wird bei Hoheitsakten ausländischer öffentlicher Gewalt die Zulässigkeitsvoraussetzung der deutschen Gerichtsbarkeit verneint²²³.

46 Der strikte prozessuale Trennungsgrundsatz basiert freilich auf Prämissen, die, wie gezeigt²²⁴, durch die politische und administrative Realität vielfach

---

215 *Kay Hailbronner/Marcel Kau*, Der Staat und der Einzelne als Völkerrechtssubjekte, in: Wolfgang Graf Vitzthum (Hg.), Völkerrecht, ⁵2010, 3. Abschn. Rn. 87 ff. Umfassend zu den völkerrechtlichen Rahmenvorgaben für grenzüberschreitendes Verwaltungshandeln *Kment* (N 3), S. 53 ff., m. zahlr. Nachw.; ferner → oben *Becker*, § 230 Rn. 16.
216 *Claus Dieter Classen*, Rechtsschutz gegen fremde Hoheitsgewalt – zu Immunität und transnationalem Verwaltungshandeln, in: VerwArch 96 (2005), S. 464 (467); *Dirk Ehlers*, Die Europäisierung des Verwaltungsprozeßrechts, 1999, S. 7 f.; *Rudolf Geiger*, Grundgesetz und Völkerrecht mit Europarecht, ⁵2010, S. 284 f.; *Harings* (N 196), S. 243 ff.; *Matthias Herdegen*, Völkerrecht, ¹⁰2011, § 10 Rn. 21 f.; § 37 Rn. 1 ff.; *Kment* (N 3), S. 146 ff.; *Schmidt-Aßmann* (N 214), S. 152 f.; eingehend *Burkhard Heß*, Staatenimmunität bei Distanzdelikten, 1992, S. 29 ff., 41 ff., 306 ff.; *Helmut Kreicker*, Völkerrechtliche Exemtionen, 2007. Vgl. aber auch für grenzüberschreitende Delikte die Durchbrechung gem. Art. 11 des Europäischen Übereinkommens über Staatenimmunität vom 16. 5. 1972 (BGBl 1990 II, S. 34). Der Grundsatz völkerrechtlicher Immunität gilt für zwischenstaatliche Einrichtungen (Art. 24 Abs. 1 GG) bzw. internationale Organisationen entsprechend, vgl. *Dirk Ehlers*, Allgemeine Sachentscheidungsvoraussetzungen verwaltungsgerichtlicher Rechtsschutzanträge, in: ders./Friedrich Schoch (Hg.), Rechtsschutz im Öffentlichen Recht, 2009, § 21 Rn. 27.
217 Differenziert: *Geiger* (N 216), S. 287 ff.
218 Zur Abgrenzung: BVerfGE 16, 27 (61 f.).
219 Vgl. *Cremer* (N 196), S. 120 ff.; *Dirk Ehlers*, in: Friedrich Schoch/Jens-Peter Schneider/Wolfgang Bier, VwGO, Loseblattwerk (Stand: August 2012), Vorbem. § 40 Rn. 41 ff.
220 Näher dazu, insbesondere zu den Voraussetzungen einer Zurechnung, *Harings* (N 196), S. 258 ff.; *Schöndorf-Haubold* (N 56), Rn. 170 ff.; *dies.* (N 195), § 35 Rn. 133.
221 Dabei ist es ohne Bedeutung, ob diese im In- oder Ausland ausgeübt wird oder ein sonstiger Auslandsbezug besteht, vgl. *Martin Ibler*, in: Berliner Kommentar zum Grundgesetz (Stand: November 2012), Art. 19 Abs. 4 Rn. 53; *Wolf-Rüdiger Schenke*, in: BK (Stand: März 2013), Art. 19 Abs. 4 Rn. 232.
222 BVerfGE 15, 25 (42 f.); 16, 27 (61); 58, 1 (26 ff.); 59, 63 (85 ff.); 63, 343 (375); dazu (teilweise krit.) *Stefan Burbaum*, Rechtsschutz gegen transnationales Verwaltungshandeln, 2003, S. 110 ff.; *Dörr* (N 38), S. 178 ff., 243 ff.; *Schenke* (N 221), Art. 19 Abs. 4 Rn. 232 f., 235; *Schulze-Fielitz* (N 34), Art. 19 Abs. 4 Rn. 51 f.
223 *Ehlers* (N 216), § 21 Rn. 20 ff. und die dortigen Ausführungen zum räumlichen und personellen Bereich der deutschen Gerichtsbarkeit; *Kopp/Schenke* (N 142), § 1 Rn. 24; *Klaus Rennert*, in: Erich Eyermann/Ludwig Fröhler (Hg.), Verwaltungsgerichtsordnung, ¹³2010, vor §§ 40–53 Rn. 2 ff. Zur davon zu unterscheidenden, erst im Anschluß daran ggf. zu prüfenden Frage der internationalen Zuständigkeit deutscher Gerichte (für auf ausländisches öffentliches Recht gestützte Klagen) vgl. *Ehlers* (N 219), Vorbem. § 40 Rn. 52 ff.; *ders.* (N 216), S. 31 ff.; *Christian Feldmüller*, Die Rechtsstellung fremder Staaten und sonstiger juristischer Personen des ausländischen öffentlichen Rechts im deutschen Verwaltungsprozeßrecht, 1999, S. 74 ff., 82 ff.; *Rennert*, a. a. O., Rn. 8 ff.
224 S. o. Rn. 1 ff.

überholt sind²²⁵. Die Folge des Festhaltens am Trennungsdenken ist eine „rechtsstaatswidrige Asymmetrie zwischen zunehmender transnationaler administrativer Wirkungsmacht einerseits und (möglicherweise) gleichzeitigem gerichtlichem Kontrolldispens andererseits"²²⁶. An anderer Stelle ist gleichsinnig von einer „asynchronen Entwicklung zwischen Verwaltungsverfahren und gerichtlichem Rechtsschutz" die Rede, welche „den Bürger ins Abseits zu manövrieren" drohe²²⁷; diese „asynchrone Entwicklung" resultiert aus der vielfachen Durchlöcherung des Trennungsprinzips im Vollzug („Mischverwaltung") bei gleichzeitigem weitgehendem Festhalten am Trennungsprinzip im Rechtsschutz.

"Rechtsstaatswidrige Asymmetrie"

In der Folge kann es im Einzelfall zu spürbaren Einbußen bei der Rechtsschutzeffektivität kommen; Ursachen hierfür sind etwa die fehlende Beherrschung der Gerichtssprache, unbekanntes Prozeßrecht (insbesondere mangelnde Kenntnis der statthaften Rechtsbehelfe), die räumliche Entfernung vom Gerichtsort oder Probleme bei der Anwaltssuche²²⁸. Auch Rechtsschutzdefizite bzw. Rechtsschutzlücken sind möglich²²⁹. „Insbesondere besteht die Gefahr, dass durch den vom Trennungsgrundsatz ausgelösten Zwang zur Aufspaltung einheitlicher Entscheidungsprozesse und ihre Zuordnung zu den verschiedenen Ebenen und ihren je spezifischen Gerichtsbarkeiten der umfassende materielle Gehalt der Entscheidung insgesamt einer gerichtlichen Überprüfung nicht mehr zugeführt werden kann."²³⁰

47
Rechtsschutzdefizite und -lücken

In Reaktion auf diesen Befund bedarf es eines stärker funktionalen und komplementaritätsorientierten Verständnisses der „öffentlichen Gewalt" im Sinne von Art. 19 Abs. 4 S. 1 GG. Danach kommt es maßgeblich darauf an, ob ein Akt der (auch nicht deutschen) öffentlichen Gewalt unmittelbare rechtlich relevante Wirkungen in Deutschland, insbesondere für die auf deutschem

48
Orientierung am Einwirkungsprinzip

---

225 *Eberhard Schmidt-Aßmann*, Strukturen europäischer Verwaltung und die Rolle des Europäischen Verwaltungsrechts, in: FS für Peter Häberle, 2004, S. 395 (407 f.); *Weiß* (N 56), S. 153; berichtend *Thomas Dünchheim*, Verwaltungsrechtsschutz gegen sog. „transnationale Verwaltungsakte" und transnationales Verwaltungshandeln, in: DVP 2004, S. 202 (203 f.).
226 *Schoch* (N 56), § 50 Rn. 18, 402.
227 *v. Arnauld* (N 197), S. 504.
228 Vgl. *Andreas von Arnauld*, Zum Status quo des europäischen Verwaltungsrechts, in: Jörg Philipp Terhechte (Hg.), Verwaltungsrecht der Europäischen Union, 2011, § 2 Rn. 30; *Hofmann* (N 211), S. 362; *Ehlers* (N 211), § 6 Rn. 12; allg. zu den Schwierigkeiten einer Klageerhebung aus dem Ausland BVerfGE 35, 382 (406); *Menzel* (N 29), S. 845. Generell ist auch noch auf das von Staat zu Staat divergierende Verständnis von Gewaltenteilung (mit der Folge unterschiedlicher gerichtlicher Kontrolldichte) zu verweisen, vgl. *Classen* (N 15), S. 404 m. Fn. 186.
229 Genauer zu den Problemen am Beispiel des Europäischen Verwaltungsverbundes, die dort insbesondere den zulässigen Kontrollgegenstand und den Kontrollmaßstab betreffen, s. *Hofmann* (N 211), S. 361 ff.; *Weiß* (N 56), S. 153 ff., 157 ff.; *Sydow* (N 56), S. 277 ff. Konkret resultieren Rechtsschutzeinbußen vor allem aus Art. 263 Abs. 1 AEUV (enge Auslegung des Begriffs der Handlungen „mit Rechtswirkungen" im Sinne von Handlungen mit Regelungsgehalt, mithin unter Ausschluß von Handlungen mit lediglich rechtlich relevanten Wirkungen), Art. 263 Abs. 4 3. Alt. AEUV (Beschränkung auf „Rechtsakte mit Verordnungscharakter"; zum Streit um die Auslegung dieser Begriffe: *Hofmann/Rowe/Türk* [N 93], S. 813 ff.; *Carsten Nowak*, Rechtsschutz im europäischen Verwaltungsrecht, in: Jörg Philipp Terhechte [Hg.], Verwaltungsrecht der Europäischen Union, 2011, § 13 Rn. 34 f.) und Art. 263 Abs. 4 2. Alt. AEUV (enge Auslegung der individuellen Betroffenheit gem. der sog. Plaumann-Formel; vgl. *Nowak*, a.a.O., Rn. 32 f.) sowie aus Art. 264 AEUV, der nach seinem Wortlaut unmittelbar nur die Rechtsfolge der Nichtigerklärung, nicht aber der Feststellung kennt; vgl. *Schmidt-Aßmann* (N 193), S. 112 unter Hinweis auf EuG, Rs. T-193/04 R, Slg. 2004, II-3575 Rn. 43; EuGH, Rs. C-521/04 P (R), Slg. 2005, I-3103 Rn. 31.
230 *Weiß* (N 56), S. 153; vgl. auch *Möllers* (N 41), S. 353; *Schöndorf-Haubold* (N 56), Rn. 200.

§ 253   *Zweiundzwanzigster Teil: Grenzüberschreitende Staatsaufgaben*

Staatsgebiet lebenden Menschen entfaltet (Einwirkungsprinzip)[231]. In diesem Fall sind auch Akte nicht deutscher Hoheitsträger (wie fremder Staaten, der Europäischen Union, sonstiger zwischenstaatlicher Einrichtungen, internationaler Organisationen) von Art. 19 Abs. 4 S. 1 GG erfaßt, wenn sie nur überhaupt die Ausübung hoheitlicher (gegebenenfalls auch ausländischer oder „gemischter") Gewalt („public authority"[232]) darstellen.

49
Effektiver Rechtsschutz als Teil des ordre public

Auch das Völkerrecht verlangt kein ausnahmsloses Verbot der Ausübung von Jurisdiktionsgewalt über fremde Hoheitsakte, sondern geht davon aus, daß der Grundsatz der Staatenimmunität im Einzelfall aus Gründen der Sicherung des staatlichen ordre public disponibel ist[233]. Vom ordre public erfaßt wird auch der Aspekt des Menschenrechtsschutzes (vgl. Art. 6 S. 2 EGBGB), hier konkret ein effektiver Rechtsschutz[234], der rechtsstaatlichen Mindestanforderungen genügt, insbesondere durch ein faires Verfahren (rechtliches Gehör, Rechtsbeistand) sowie eine angemessene Prüfungs- und Entscheidungskompetenz des Gerichts über das Rechtsschutzbegehren[235].

50
Reservekompetenz deutscher Gerichte

Soweit solche Mindestanforderungen im konkreten Fall evident und schwerwiegend (strukturell) nicht gewährleistet sind, gebietet Art. 19 Abs. 4 S. 1 GG in Verbindung mit Art. 79 Abs. 3, Art. 20 Abs. 3, Art. 28 Abs. 1 S. 1 GG für Deutschland ausnahmsweise eine Durchbrechung des Grundsatzes der Staatenimmunität und die Annahme einer „Reservekompetenz" der deutschen Gerichte[236] (Bundesverfassungsgericht, aber – anders als bei der Ultra vires- und Identitätskontrolle[237] – auch Fachgerichte[238]). Auf die Ausübung dieser

---

231 BVerfGE 89, 155 (174 f.); 102, 147 (162 f.); BVerfG (K), in: NJW 2001, S. 2705 (2706) bzw. in: NVwZ 2006, S. 1403; *Fassbender* (N 197), S. 264 ff.; *Jochen Abr. Frowein*, UN-Verwaltung gegenüber dem Individuum – legibus absolutus?, in: Hans-Heinrich Trute/Thomas Groß u.a. (N 149), S. 333 (341 f.); *Schoch* (N 56), § 50 Rn. 19, 403; *Schmidt-Aßmann* (N 140), Art. 19 Abs. 4 Rn. 48; *ders.* (N 214), S. 153 ff.; in der Tendenz auch *Schenke* (N 221), Art. 19 Abs. 4 Rn. 233; differenzierend *Schmidt* (N 21), S. 535 ff.; a. A. *Classen* (N 216), S. 472, 473 ff., 481 ff. (483 f.).
232 Zu diesem Ansatz *Armin von Bogdandy/Philipp Dann/Matthias Goldmann*, Völkerrecht als öffentliches Recht: Konturen eines rechtlichen Rahmens für Global Governance, in: Der Staat 49 (2010), S. 23 ff.; *Armin von Bogdandy/Rüdiger Wolfrum* u.a., The exercise of public authority by international institutions, 2010; *Armin von Bogdandy/Philipp Dann*, International Composite administration: conceptualizing multilevel and network aspects in the exercise of international public authority, in: GLJ 9 (2008), S. 2013 ff.
233 *Classen* (N 216), S. 472; *Hofmann* (N 209), S. 175 ff.; *Christoph Ohler*, Die Kollisionsordnung des Allgemeinen Verwaltungsrechts, 2005, S. 165 ff.; *Schmidt-Aßmann* (N 214), 153 ff. (gegen ein „überzogenes Verständnis des älteren völkerrechtlichen Immunitätsdogmas"); *Schoch* (N 56), § 50 Rn. 20.
234 *Classen* (N 15), S. 386, dort auch zu gewissen, im Rechtsvergleich anerkannten Ausnahmen bei der Pflicht zur Rechtsschutzgewährung (etwa im Sicherheitsbereich) sowie funktionalen Grenzen der gerichtlichen Kontrolle. Vgl. zum Ganzen auch Art. 14 IPbürgR, Art. 6 EMRK, Art. 47 GRCh; EGMR, Slg. 1999-I, 393 §§ 67 ff.; *Gärditz* (N 34), C Art. 20 (6. Teil), Rn. 24, m. weit. Nachw.
235 Zu diesen rechtsstaatlichen Mindestanforderungen des Art. 19 Abs. 4 GG: BVerfGE 63, 343 (378); zum Ganzen: BVerfGE 58, 1 (30 f.); *Schoch* (N 56), § 50 Rn. 20, 399; *Michael Fehling*, Europäisches Verwaltungsverfahren und Verwaltungsprozessrecht, in: Jörg Philipp Terhechte (Hg.), Verwaltungsrecht der Europäischen Union, 2011, § 12 Rn. 104; allg. auch BVerfGE 111, 307 (319); *Ehlers* (N 5), § 4 Rn. 63 a. E.; zur Herleitung rechtsstaatlicher Standards (völkerrechtlicher Vertrag, allgemeine Rechtsgrundsätze) s. *Classen* (N 15), S. 387 f.; *Kingsbury/Krisch/Stewart* (N 53), S. 40 ff.
236 Allg. zur zentralen Rolle staatlicher Gerichte im Völkerrecht *Gärditz* (N 188), S. 383 ff.
237 Zur dortigen Monopolisierung der Kontrolle beim BVerfG s. BVerfGE 123, 267 (353 ff.); krit. insoweit *Gärditz/Hillgruber* (N 100), S. 873 f.
238 Vgl. *Dünchheim* (N 209), S. 78; a. A. (nur Verfassungsbeschwerde- und Normenkontrollverfahren gegen EU-Sekundärrechtsakte vor dem BVerfG) *Martin Burgi*, Verwaltungsprozeß und Europarecht, 1996, S. 33.

Kompetenz haben die nationalen Gerichte nur vorübergehend verzichtet. Sie lebt folglich in dem Umfang punktuell wieder auf, wie der primär geforderte supra- und internationale Rechtsschutz in concreto offensichtlich und schwerwiegend hinter den rechtsstaatlichen Mindeststandards zurückbleibt[239].

3. Einheitsmodell

Das Gegenmodell zum „Trennungsmodell" stellt das „Einheitsmodell" dar, das bislang allerdings erst in wenigen Einzelbereichen verfolgt wird. Es liegt etwa dem Schengener Durchführungsübereinkommen (SDÜ) von 1990[240] in bezug auf die Datenspeicherung zugrunde. Danach kann jeder einzelne im Hoheitsgebiet jeder Vertragspartei wegen einer ihn betreffenden Ausschreibung eine Klage auf Berichtigung, Löschung, Auskunftserteilung oder Schadensersatz vor dem nach dem jeweiligen nationalen Recht zuständigen Gericht oder der zuständigen Behörde erheben[241]; im übrigen müssen die Ver-

51
Schengener Durchführungsübereinkommen

---

239 *Dünchheim* (N 209), S. 59 f., 78 f., 83; dem folgend *Schoch* (N 56), § 50 Rn. 20 f.; ähnlich *Schmidt-Aßmann* (N 140), Art. 19 Abs. 4 Rn. 48. Zur Beschränkung auf *generelle* und *offenkundige* Unterschreitungen der Rechtsschutzanforderungen nach dem Grundgesetz BVerfGE 63, 343 (378); BVerfG (K), in: NJW 2001, S. 2705 (2706); *Ehlers* (N 216), § 21 Rn. 27 f.; ähnlich in der Tendenz *Möstl* (N 196), S. 333. Zur Figur des gerichtlichen Kontrollverzichts bei gleichzeitiger eigener Reservekompetenz im Sinne einer im Kooperationsverhältnis mit dem EuGH ausgeübten Grundrechts-, Identitäts- (Art. 79 Abs. 3 i. V. m. Art. 1, 20 GG) und Ultra vires-Kontrolle vgl. BVerfGE 37, 271 (280 f.); 73, 339 (387); 89, 155 (174 f., 177); 102, 147 (162 f.); 113, 273 (296); 118, 79 (95 f.); 123, 267 (354, 398 ff.); 125, 260 (306); 126, 286 (302 f.); BVerfG, in: NJW 2011, S. 3428 (3429, 3432); BVerwGE 124, 47 (58 ff.); 126, 286 (302 ff.). Das BVerfG bleibt insoweit „rechtsstaatliches Gewährleistungsorgan mit latentem Interventionsvorbehalt" (*Gärditz* [N 34], C Art. 20 [6. Teil], Rn. 33; gleichsinnig *Schorkopf* [N 22], S. 262 ff., 292 ff.; vgl. auch *Schröder* [N 138], S. 219 ff.); es übt seine Kontrollkompetenz aber nur subsidiär, d. h. unter Wahrung der Primärkompetenz des EuGH gem. Art. 19 Abs. 1 UAbs. 1 S. 2 EUV, Art. 267 AEUV, vgl. BVerfGE 75, 223 (235, 242); 89, 155 (188), 123, 267 (353 f., 400); 126, 286 (302 f.). Vgl. auch für das Verhältnis des BVerfG zum EGMR den zutreffenden „Souveränitätsvorbehalt" in: BVerfGE 111, 307 (318 ff.); abmildernd BVerfGE 120, 180 (199 ff.) und noch weiter hinter BVerfGE 111, 307 (318 ff.) zurückfallend, der Sache nach auf einen weitgehenden Rezeptionsautomatismus gegenüber der Rechtsprechung des EGMR hinauslaufend BVerfGE 128, 326 (366 ff.); mit Recht kritisch dazu *Klaus Ferdinand Gärditz*, BVerfG v. 4. 5. 2011, 2 BvR 2365/09 u. a., in: NJW 2011 – Sicherungsverwahrung, in: Jörg Menzel/Ralf Müller-Terpitz (Hg.), Verfassungsrechtsprechung, ²2011, S. 901 (904 ff.). Zum Ganzen *Andreas Funke*, Virtuelle verfassungsgerichtliche Kontrolle von EU-Rechtsakten: der Schlußstein?, in: ZG 2011, S. 166; *Wolfgang Kahl*, in: Christian Calliess/Matthias Ruffert (Hg.), EUV/AEUV, ⁴2011, Art. 4 Abs. 3 EUV Rn. 83; *Gärditz/Hillgruber* (N 100), S. 873 ff.; *Franz C. Mayer/Maja Walter*, Die Europarechtsfreundlichkeit des BVerfG nach dem Honeywell-Beschluß, in: Jura 2011, S. 532; *Alexander Proelß*, Zur verfassungsgerichtlichen Kontrolle der Kompetenzmäßigkeit von Maßnahmen der Europäischen Union: Der „ausbrechende Rechtsakt" in der Praxis des BVerfG, in: EuR 2011, S. 241; *Röben* (N 30), S. 472 ff.; *Heiko Sauer*, Europas Richter Hand in Hand?, in: EuZW 2011, S. 94; *Andreas Voßkuhle*, Der europäische Verfassungsgerichtsverbund, in: NVwZ 2010, S. 1 (6 f.).
240 Übereinkommen vom 19. 1. 1990 zur Durchführung des Übereinkommens von Schengen vom 14. 6. 1985 zwischen den Regierungen der Staaten der Benelux-Wirtschaftsunion, der Bundesrepublik Deutschland und der Französischen Republik betreffend den schrittweisen Abbau der Kontrollen an den gemeinsamen Grenzen, ABlEG 2000 Nr. L 299, S. 1.
241 Art. 111 Abs. 1 SDÜ; dazu *Ehlers* (N 5), § 4 Rn. 67; *Lothar Harings*, Grenzüberschreitende Zusammenarbeit der Polizei- und Zollverwaltungen, in: Eberhard Schmidt-Aßmann/Bettina Schöndorf-Haubold (Hg.), Der Europäische Verwaltungsverbund, 2005, S. 128 (146 ff.); *Mokros* (N 196), O Rn. 210 ff.; *Schöndorf-Haubold* (N 56), Rn. 180 f.; vgl. aber auch zu faktischen „Hürden" (insbesondere aufgrund von Geheimhaltungsinteressen) *dies.*, a. a. O., Rn. 201, 211; allg. zu Ansprüchen auf Auskunft, Prüfung, Berichtigung oder Löschung von Daten im Bereich des europäischen Sicherheitsrechts (Art. 109 ff. SDÜ, Art. 30 ff. Europol-Beschluß, Art. 17 ff. Datenschutz-Rahmenbeschluß, Art. 31 Prüm-Beschluß) *Schöndorf-Haubold* (N 195), § 35 Rn. 140.

tragsparteien unanfechtbare Entscheidungen der Gerichte vollziehen[242]. Der Vorteil dieses Modells liegt darin, daß nicht mehrere Rechtsbehelfe in verschiedenen Staaten eingelegt werden müssen und inländische Gerichte das Handeln eines ausländischen Staates überprüfen dürfen[243]. Für die Weitergabe von Daten im Rahmen des Europol-Übereinkommens gilt dieser Rechtsschutz nicht[244].

4. Zurechnungsmodell

52
Polizeiverträge

Das Zurechnungsmodell wurde etwa im deutsch-niederländischen Polizeivertrag[245] oder im Vertrag von Prüm[246] für gemeinsame operative Einsätze von (Polizei-)Beamten aus unterschiedlichen Staaten gewählt. In Durchbrechung des Grundsatzes der Staatenimmunität sieht das Modell vor, daß Maßnahmen ausländischer Behörden dem Vertragsstaat des jeweiligen Hoheitsgebiets, auf dem die Behörden tätig werden, (fiktiv) zugerechnet werden. Hierfür werden die Beamten des anderen Vertragsstaates dem innerstaatlichen Recht des Staates, auf dem sie tätig werden, unterstellt[247].

53
Stellvertreterlösung

Auch das EU-Sekundärrecht durchbricht das prozessuale Trennungsprinzip punktuell (für das Zollinformationssystem[248]) zugunsten einer „gesamtschuldnerischen Stellvertreterlösung", nach der Auskunfts-, Berichtigungs- und Löschungsansprüche gegenüber jedem am Informationssystem beteiligten Mitgliedstaat geltend gemacht werden können und die Mitgliedstaaten zur Durchführung einer Gerichtsentscheidung aus einem anderen Mitgliedstaat verpflichtet sind, die eine Löschung oder Berichtigung von Daten anordnet[249]. Diese Stellvertreterlösung auf der Ebene der Primäransprüche wird durch eine Stellvertreterhaftung auf Sekundärebene ergänzt[250]. Solche und andere Ansätze zur „Abfederung des prozessualen Trennungsprinzips" bestehen frei-

---

242 Art. 111 Abs. 2 SDÜ.
243 *Ehlers* (N 211), § 6 Rn. 12.
244 *Ehlers* (N 5), § 4 Rn. 67 a. E.
245 Art. 6 Abs. 4 Sätze 2 und 3 des deutsch-niederländischen Polizeivertrags (BGBl II 2006, S. 196).
246 Art. 24 Abs. 2 Sätze 3 und 4 Vertrag von Prüm; vgl. auch den Beschluß 2008/615/JI des Rates vom 23. 6. 2008 zur Vertiefung der grenzüberschreitenden Zusammenarbeit, insbesondere zur Bekämpfung des Terrorismus und der grenzüberschreitenden Kriminalität, ABlEU Nr. L 210, S. 1 (Prüm-Beschluß); vgl. auch den Beschluß 2008/616/JI des Rates vom 23. 6. 2008 zur Durchführung des Beschlusses 2008/615/JI zur Vertiefung der grenzüberschreitenden Zusammenarbeit, insbesondere zur Bekämpfung des Terrorismus und der grenzüberschreitenden Kriminalität, ABlEU Nr. L 210, S. 12 (Prüm-Durchführungsbeschluß); allg. zum Prüm-Konzept *Kugelmann* (N 207), S. 102 ff.
247 *Schoch* (N 56), § 20 Rn. 401; vgl. auch *v. Arnauld* (N 228), § 2 Rn. 30; ausf. *Hanns-Peter Nehl*, Europäisches Verwaltungsverfahren und Gemeinschaftsverfassung, 2002, S. 426 ff.
248 Art. 32, 36, 40 Verordnung (EG) Nr. 515/97 des Rates vom 13. 3. 1997 über die gegenseitige Amtshilfe zwischen Verwaltungsbehörden der Mitgliedstaaten und die Zusammenarbeit dieser Behörden mit der Kommission im Hinblick auf die ordnungsgemäße Anwendung der Zoll- und der Agrarregelungen, ABlEG 1997 Nr. L 82, S. 1. Zu weiteren Beispielen aus dem EU-Sekundärrecht s. *Kristina Heußner*, Informationssysteme im Europäischen Verwaltungsverbund, 2007, S. 383 ff.; *Hofmann* (N 209), S. 234 ff.
249 *Heußner* (N 248), S. 381 f.; *Weiß* (N 56), S. 159 f. Grundlegende Herausarbeitung der bisherigen bereichsspezifischen Ausprägungen des Zurechnungsmodells im EU-Recht bei *Nehl* (N 247), S. 413 ff., sowie zuletzt bei *Merli* (N 209).
250 S. u. Rn. 56.

lich bislang nur punktuell, so daß insoweit noch einiger wissenschaftlicher Analyse- und legislativer Weiterentwicklungsbedarf besteht[251].

5. Geminderte Justiziabilität und Verengung auf subjektive Rechtsverteidigung

Rechtsschutzerschwerend kommen die vielfach eingeschränkte Justiziabilität internationaler Verwaltungsvorgänge sowie die Voraussetzung einer möglichen Verletzung in eigenen subjektiven öffentlichen Rechten hinzu. Letztere verhindert etwa in Deutschland eine Kontrolle im Bereich informalen Verwaltungshandelns, soweit nicht ein – je nach Grundrecht – hinreichend qualifizierter mittelbar-faktischer Eingriff[252] angenommen werden kann[253] (vgl. § 42 Abs. 2, § 113 Abs. 1 S. 1 VwGO). Das primär auf subjektive Rechtsverteidigung ausgerichtete deutsche Rechtsschutzkonzept[254] führt mithin in Bereichen wie dem internationalen Sicherheitsrecht, die Strukturen einer ausgeprägten multipolaren interadministrativen, gerade nicht individualgerichteten Verbundverwaltung zwischen Hoheitsträgern[255] aufweisen, zu Kontrollrestriktionen: „Kontrollen sind dort erforderlich, wo rechtserheblich gehandelt wird. Die Rechtserheblichkeit wird dabei nicht allein durch die Rechtsform der Handlung, sondern auch durch ihre Steuerungswirkungen bestimmt, wie die informale Verwaltung und Weitergabe personenbezogener Informationen zeigen. Rechtserheblichkeit liegt aber nicht nur dann vor, wenn ein Bezug zu Rechten einzelner gegeben ist. Die tradierte individualrechtliche Perspektive des nationalen Polizeirechts lässt sich nicht unbesehen auf das überstaatliche Recht der Sicherheitsverwaltung ... übertragen. Überstaatliche Maßnahmen können vielmehr auch objektivrechtliche Auswirkungen auf die Aufgabenerfüllung anderer Hoheitsträger haben, müssen objektivrechtlichen Anforderungen der Souveränitäts- und Kompetenzwahrung genügen."[256]

54

Tradierte individualrechtliche Perspektive

6. Sekundärrechtsschutz

Kontrollrelevant sind auch Haftungsansprüche. Sie sind geeignet, Defizite des Primärrechtsschutzes teilweise auszugleichen (kompensatorischer Effekt),

55

---

251 *Weiß* (N 56), S. 160 f., dort findet sich auch das im Text angeführte Wortlautzitat. Zu „Tendenzen zur Relativierung des Trennungsgrundsatzes" vgl. ferner *Thiel* (N 9), S. 367 ff.
252 Zum Problem: *Friedhelm Hufen*, Staatsrecht II, ³2011, § 8 Rn. 9 ff.
253 *Schöndorf-Haubold* (N 198), S. 606. Vgl. auch *Schmidt-Aßmann* (N 193), S. 110, dem zufolge Rechtsschutzprobleme aus den „verdeckten und vernetzten Handlungsformen" im Bereich des Sicherheitsrechts resultieren.
254 Dazu statt vieler *Rossi* (N 135), S. 93 ff.; krit. *Groß* (N 102), S. 349 ff., 369 ff.
255 *Schöndorf-Haubold* (N 56), Rn. 273.
256 *Schöndorf-Haubold* (N 198), S. 609. Zur rechtsstaatlichen Kanalisierung des internationalen Austauschs personenbezogener Daten durch Schutzniveau- und Zweckbindungsklauseln sowie zu Kontrollaspekten (Informationsansprüche der Betroffenen, Klagerecht) s. *Classen* (N 15), S. 391 f.; vgl. auch § 4 b BDSG, § 50 b Abs. 2 GWB, § 78 SGB X, Art. 26 OECD-Musterabkommen 2003; ausf. zum Ganzen *Baldus* (N 196), S. 206 ff., 229 ff., 326 ff.; vgl. auch dessen Kritik an den mangelnden Datenschutzstandards bei der Datenübermittlung an Interpol (a. a. O., S. 319 f.).

§ 253 *Zweiundzwanzigster Teil: Grenzüberschreitende Staatsaufgaben*

Kompensationsfunktion von Haftungsansprüchen

zumal das europäische Recht keinen Vorrang des Primärrechtsschutzes gegenüber dem Sekundärrechtsschutz kennt[257]. Haftungsregelungen entfalten neben ihrem unmittelbaren pekuniären Entschädigungs-, Widerrufs- oder Unterlassungseffekt zugleich eine für die jeweilige Verwaltungsselbstkontrolle, etwa im Bereich des Austausches personenbezogener Daten, relevante mittelbare Vor- und Rückwirkung, indem sie auf Verhaltenskorrekturen im Interesse der Vermeidung zukünftiger Haftung hinwirken.

56

Sekundärrechtliche Haftungsregime der EU

Die sekundärrechtlichen EU-Haftungsregime variieren zwischen dem Modell einer Stellvertreterhaftung eines bzw. aller Staaten mit Regreßpflicht des Verantwortlichen und der Haftung des Verantwortlichen selbst. Ersteres ist etwa der Fall im Bereich der operativen horizontalen Polizeikooperation bzw. der informationellen Zusammenarbeit[258], letzteres hinsichtlich der Agenturen im EU-Sicherheitsverwaltungsrecht. Sowohl der Europol-Beschluß[259] als auch die Frontex-Verordnung[260] sehen eine außervertragliche Haftung der Agenturen für das Handeln ihrer Bediensteten vor. Hierfür sind die nationalen Gerichte zuständig. Deren Kontrolle leidet indes aufgrund von Immunitäten des Europäischen Polizeiamtes bzw. der Bediensteten, der Bindung an Entscheidungen der Gemeinsamen Kontrollinstanz und des nur eingeschränkt möglichen Zugriffs der Gerichte auf die Archive unter Effektivitätsproblemen[261]. Das Modell der „Stellvertreterhaftung" (vgl. Art. 52 Europol-Beschluß, Art. 40 Zollinformationssystem-VO) sieht nun vor, daß im Interesse der Erleichterung der gerichtlichen Geltendmachung von Ansprüchen des einzelnen gerade unter den erschwerten Bedingungen verbundförmigen Verwaltens der Geschädigte seine Klage gegen den Staat zu richten hat, in dem der Schadensfall eingetreten ist.

57

Allgemeiner Rechtsgrundsatz des Unionsrechts

Ungeklärt, richtigerweise aber zu bejahen ist die Frage, ob im Fall des Fehlens einer sekundärrechtlichen Regelung eine Haftung als allgemeiner Rechtsgrundsatz eingreift (s. jetzt auch Art. 268 i. V. m. Art. 340 Abs. 2 AEUV, Art. 41 Abs. 2 GRCH)[262].

58

Interpol

Bei Interpol sind die Staaten, die Daten liefern, zugleich für deren Richtigkeit verantwortlich mit der Folge, daß auch Sekundärrechtsschutz grundsätzlich vor deren Gerichten zu suchen ist[263]. § 7 BDSG sieht vor, daß deutsche Stellen

---

257 Differenzierend dargelegt bei *Schöndorf-Haubold* (N 56), Rn. 196 ff., die auch auf die Grenzen dieses Kompensationseffekts eingeht.
258 Dazu *Konrad Lachmayer*, Transnationales Polizeirecht, in: JBl 2011, S. 409; *Schöndorf-Haubold* (N 56), Rn. 190 ff.; allg. zu den verschiedenen Haftungsmodellen *Heußner* (N 248), S. 421 ff., 432 ff.
259 Beschluß 2009/371/JI des Rates vom 6.4. 2009 zur Errichtung des Europäischen Polizeiamts (Europol), ABlEU Nr. L 121, S. 37 (Europol-Beschluß).
260 Verordnung (EG) Nr. 2007/2004 des Rates vom 26. 10. 2004 zur Errichtung einer Europäischen Agentur für die operative Zusammenarbeit an den Außengrenzen der Mitgliedstaaten der Europäischen Union, ABlEU 2004 Nr. L 349, S. 1 (Frontex-VO).
261 Art. 52-54 Europol-Beschluß; *Schöndorf-Haubold* (N 56), Rn. 190 ff. (193), dort auch zu Haftungsansprüchen gegen Frontex, für die der EuGH zuständig ist; *Schmidt-Aßmann* (N 19), § 5 Rn. 27 a; *Schoch* (N 56), § 50 Rn. 396.
262 Siehe zu diesem Anspruch und seinen Voraussetzungen *Schöndorf-Haubold* (N 56), Rn. 164, 194 f.
263 *Classen* (N 15), S. 390; *Martínez Soria* (N 196), S. 404 f.; ausf. *Bettina Schöndorf-Haubold*, The Administration of Information in International Administrative Law – the Example of Interpol, in: GLJ 9 (2008), S. 1719. Zur Frage des (defizitären) Primärrechtsschutzes gegen Maßnahmen von Interpol s. u. Rn. 61 mit N 268.

für einen späteren Datenmißbrauch haften, wenn sie nicht alles Zumutbare zu dessen Verhinderung getan haben.

7. Zwischenergebnis

Effektiver Rechtsschutz ist auch im Bereich grenzüberschreitender Sachverhalte als Gebot des Rechtsstaatsprinzips (objektive Beanstandung) wie auch subjektiven Grundrechtsschutzes unaufgebbar[264]. Ausgehend von Governance-Konzepten ist er sogar in Grenzen geeignet, Defizite in puncto demokratischer Legitimation zu kompensieren[265]. Dies gilt um so mehr für das internationale und europäische Verwaltungshandeln, das durch seine fehlenden hierarchischen Strukturen im Gegensatz zum Nationalstaat (Ministerialbürokratie, Fachaufsicht, Weisungskompetenz der vorgesetzten Stelle) durch einen weitgehenden Ausfall von Aufsichtsmechanismen[266] und zudem durch erhebliche Leistungsschwächen der parlamentarischen Kontrolle gekennzeichnet ist.

59
Grundrecht auf effektiven Rechtsschutz

Die Rechtswirklichkeit im Bereich des internationalen Verwaltungsrechts ist von dem Desiderat eines effektiven, nach Möglichkeit zu Kompensationszwecken sogar besonders stark entwickelten gerichtlichen Rechtsschutzes freilich weit entfernt. Im Gegenteil: Realiter stößt man „flächendeckend auf Rechtsschutzlücken"[267], die, was das Ziel einer möglichst effektiven (Verwaltungs-)Kontrolle im Mehrebenensystem angeht, ein deutliches Auseinanderfallen von Sollen (Normativität) und Sein (Faktizität) anzeigen.

60
Diskrepanz zwischen Sollen und Sein

Die Gründe für die Rechtsschutzlücken im Bereich des internationalisierten Verwaltungshandelns sind vielfältig und bereichsspezifisch auch unterschiedlich. Sie sind teilweise rechtlicher, teilweise tatsächlicher Natur. Beispielhaft ist auf den fehlenden Rechtsschutz gegen Interpol selbst vor deutschen

61
Ursachen

---

264 Vgl. Art. 2, Art. 4 Abs. 2 S. 1, Art. 6, Art. 19 Abs. 1 EUV, Art. 47 GRCH, Art. 6 EMRK, Art. 14 IPbürgR. Grundlegend dazu unter zutreffender Betonung der steigenden Bedeutung gerade der Rechtsschutzgarantien in den *internationalen* Menschenrechtspakten (z. B. Art. 6 EMRK, Art. 14 IPbürgR) *Schmidt-Aßmann* (N 214), S. 142 ff.
265 *Schöndorf-Haubold* (N 56), Rn. 202. Weitergehend in der Tendenz sogar der angloamerikanische „accountability"-Ansatz, vgl. etwa *Carol Harlow/Richard Rawlings*, Promoting Accountability in Multilevel Governance: A Network Approach, in: ELJ 13 (2007), S. 542 (545 ff.); *Johannes Saurer*, Supranational governance and networked accountability structures: Member State oversight of EU agencies, in: Susan Rose-Ackerman/Peter L. Lindseth (Hg.), Comparative Administrative Law, Cheltenham/Northampton 2010, S. 618; berichtend *Fehling* (N 235), § 12 Rn. 123; *Hermann Hill*, Good Governance – Konzepte und Kontexte, in: Gunnar Folke Schuppert (Hg.), Governance-Forschung, ²2006, S. 220 (223 f.); *Matthias Ruffert*, Perspektiven des Internationalen Verwaltungsrechts, in: Christoph Möllers/Andreas Voßkuhle/Christian Walter (Hg.), Internationales Verwaltungsrecht, 2007, S. 395 (408 f.).
266 *Schöndorf-Haubold* (N 56), Rn. 203, die davon spricht, im europäischen und internationalen Verwaltungsrecht seien nur Ansätze von Aufsichtsstrukturen (z. B. OLAF) erkennbar. Die Tätigkeit von OLAF wirft jedoch ihrerseits komplexe Fragen des (Grund-)Rechtsschutzes und der Kontrolle auf, die hier nicht vertieft werden können; vgl. zum Ganzen *Xavier Groussot/Ziva Popov*, What's wrong with OLAF? Accountability, due process and criminal justice in European anti-Fraud Office (OLAF) and a European Public Prosecutor's Office (EPPO): Some Selected Issues, in: KrilVj 2012. S. 67, und insbesondere *Lukas Lingenthal*, Die OLAF-Reform – Der aktuelle Änderungsentwurf und dessen Auswirkungen auf die Effektivität der Kontrollen und die Verfahrensrechte der Betroffenen, in: ZEuS 2012, S. 195 (211 ff., 216 ff., 228 ff., 230 ff.).
267 Vgl. hierzu und zum Folgenden *Ruffert* (N 265), S. 409.

§ 253 *Zweiundzwanzigster Teil: Grenzüberschreitende Staatsaufgaben*

Gerichten[268] sowie auf die Rechtsschutzdefizite im Bereich europäischer Sicherheitsverwaltung[269] zu verweisen. Letztere werden noch verschärft, wenn man die internationalen Aktivitäten von Europol und Frontex[270] und die Einwirkungen des internationalen auf das europäische Sicherheitsverwaltungsrecht im Bereich der Terrorismusbekämpfung[271] mit in den Blick nimmt. Der Befund rechtsstaatlicher Defizite ist aber keineswegs auf das Sicherheitsrecht beschränkt. So gibt es etwa im Bereich der Doppelbesteuerungsabkommen keine gerichtliche Kontrollebene. Die Weltbank hat für entwicklungsverwaltungsrechtliche Streitigkeiten ein eher ineffizientes und wenig praxisrelevantes Schiedsverfahren eingerichtet. Auch der Rechtsschutz im Internationalen Sozialrecht erweist sich als defizitär. Hinzu kommen die insbesondere mit dem Trennungsprinzip verknüpften allgemeinen Probleme im Mehrebenensystem.

II. Parlamentarische Kontrolle

62
Kontrolldefizite infolge von Entparlamentarisierung

Sieht man – mit Recht – in den nationalen Parlamenten unverändert die „Mitte der Demokratie"[272] und in der vor allem über Hierarchieprinzip, Weisungsgebundenheit und Aufsicht vermittelten Bindung an das Parlamentsgesetz den wesentlichen Grund für die Kontrolle der Ausübung von Staatsgewalt und geht man weiter – ebenfalls mit Recht – davon aus, daß die Kontrolle ihr Herzstück – neben der gerichtlichen Kontrolle – vor allem in der parla-

---

268 Primärrechtsschutz ist insoweit grundsätzlich vor den Gerichten der die Daten liefernden Staaten zu suchen. Eine Ausnahme gilt im Fall der Verwendung oder Weitergabe von durch Interpol an Deutschland (Bundeskriminalamt) übermittelten Daten durch deutsche Behörden. Hier kann vor deutschen Verwaltungsgerichten geklagt werden. Vgl. zum Ganzen *Classen* (N 15), S. 390 m. Fn. 124; *Martínez Soria* (N 196), S. 406; *Albrecht Randelzhofer*, Rechtsschutz gegen Maßnahmen von INTERPOL vor deutschen Gerichten?, in: FS für Hans-Jürgen Schlochauer, 1981, S. 531 (554 f.); krit. *Christoph Eick/Andreas Trittel*, Verfassungsrechtliche Bedenken gegen deutsche Mitarbeiter bei Interpol, in: EuGRZ 1985, S. 81 (83 f.); zum Sekundärrechtsschutz s. o. Rn. 56 f.
269 Zusammenfassend *Manfred Baldus*, Polizeiliche Zusammenarbeit im Raum der Freiheit, der Sicherheit und des Rechts – Rechtliche Grundlagen, Erscheinungsformen und Problemfelder, in: Martin H. W. Möllers/Robert Chr. van Ooyen (Hg.), Europäisierung und Internationalisierung der Polizei, Bd. I, ²2009, S. 61 (78 ff., insbes. 82 f.); *Christoph Grabenwarter*, Grundrechtsschutz im Bereich der europäischen Sicherheitspolitik, in: EuR, Beiheft 3, 2009, S. 53 (60 ff.); *Steve Peers*, Salvation outside the church: judicial protection in the third pillar after the *Pupino* and *Segi* judgments, in: CMLRev 44 (2007), S. 883; *Schöndorf-Haubold* (N 56), Rn. 199 ff., 212 ff.; *Wolfgang Wagner*, Polizei jenseits parlamentarischer und gerichtlicher Kontrolle? – Das Europäische Polizeiamt (Europol) und die Verarbeitung personenbezogener Daten, in: Möllers/van Ooyen, a. a. O., S. 229.
270 *Schöndorf-Haubold* (N 56), Rn. 216 ff. (Fazit: Rn. 233). Nach den vom Europäischen Parlament am 13.9.2011 gebilligten Änderungen der Frontex-Verordnung (N 205) erhielt Frontex nicht nur neue Befugnisse, mehr Ausrüstung und Personal, sondern es wurden auch zur besseren Kontrolle der Beachtung der Menschenrechte der Migranten bei Frontex-Einsätzen ein „Beratungsforum für Grundrechte" und „Grundrechtebeauftragter" eingeführt. Zudem wurden Bestimmungen zum Datenschutz vereinbart; vgl. FAZ Nr. 144 vom 24.6.2011, S. 5; *Otmar Philipp*, Effektivere Grenzkontrollen durch Frontex, in: EuZW 2011, S. 813.
271 *Schöndorf-Haubold* (N 56), Rn. 238 ff., insbesondere zu Rechtsschutzfragen im Zusammenhang mit der EU-Umsetzung von Listen des Sanktionsausschusses des UN-Sicherheitsrates, a. a. O., Rn. 255 ff.; s. a. N 198.
272 *Paul Kirchhof*, Das Parlament als Mitte der Demokratie, in: FS für Peter Badura, 2004, S. 237. Zum Gesetz als Schlüsselbegriff des demokratischen Rechtsstaats *Schuppert* (N 15), S. 141 ff. Zur Schlüsselfunktion der nationalen Parlamente für demokratisch-rechtsstaatliche Kontrolle → Bd. III, *H. H. Klein*, § 50 Rn. 15 ff.

mentarischen Kontrolle²⁷³ der Regierung hat²⁷⁴, so erweisen sich Kontrolldefizite und -schwächen in einem internationalisierten und europäisierten Umfeld der Ausübung von Hoheitsgewalt auch als Folge der seit Jahren zu beobachtenden schleichenden Entparlamentarisierung. Die Fähigkeit der Parlamente zur dirigierenden Programmsteuerung und zur Problemlösung schwindet in dem Maß, in dem im offenen, entgrenzten Verfassungsstaat Kompetenzen (insbesondere zur Rechtsetzung) von der nationalen Ebene auf die Ebene des Völkerrechts und auf außerstaatliche Akteure abwandern, ohne daß auf dieser Ebene und mit Blick auf die dort agierenden nicht staatlichen Akteure und Netzwerke die korrelativ notwendigen demokratischen Kontrollmechanismen in einer vergleichbar effektiven und bewährten Form vorhanden wären wie auf der Ebene des Nationalstaates.

Die Ursachen für den Prozeß der Entparlamentarisierung sind vielfältig²⁷⁵. Zu nennen sind insbesondere: exekutive Präponderanz im Bereich (traditionell intergouvernementaler) auswärtiger Gewalt²⁷⁶, Anwendungsgrenzen und Leistungsschwächen des Art. 59 Abs. 2 S. 1 GG²⁷⁷, „Flucht" in die Informalität, weiche Steuerungsmechanismen, Geheimhaltungsinteressen²⁷⁸, Intransparenz²⁷⁹ sowie teilweise parlamentarische Selbstentmachtung²⁸⁰. Eine kompensatorische parlamentarische Kontrolle auf europäischer und erst recht auf

63
Ursachen

Keine überstaatliche Kompensation

---

273 Zur Kontrolle als zentraler Parlamentsfunktion *Kahl* (N 85), § 47 Rn. 70 ff.; *Jörg Schmidt*, Die demokratische Legitimationsfunktion der parlamentarischen Kontrolle, 2007; vgl. auch *Hans-Peter Schneider*, Grundrechtsschutz durch parlamentarische Kontrolle, in: HGR III, § 76 Rn. 1 ff. Krit. zum Begriff der parlamentarischen Kontrolle wegen dessen behaupteter Unschärfe *Möllers* (N 41), S. 198 ff.; zum Ganzen → Bd. III, *Brenner*, § 44 Rn. 24 ff.; *H.H. Klein*, § 50 Rn. 27 ff.; *Zeh*, § 53 Rn. 49 ff.; für die EU-Ebene und die dortige politische Kontrolle anderer EU-Organe und -Einrichtungen (insbes. der Kommission) durch das Europäische Parlament: Art. 14 (insbes. Abs. 1 S. 2), Art. 17 Abs. 7 und 8 EUV, Art. 225 ff. AEUV; *Hofmann/Rowe/Türk* (N 93), S. 765 ff.
274 S. o. Rn. 33 f.
275 Frühzeitig zum Problem *Thomas Oppermann*, Das parlamentarische Regierungssystem des Grundgesetzes, in: VVDStRL 33 (1975), S. 7 (24 ff.); vgl. ferner *Herdegen* (N 35), S. 11 ff.; *Kahl* (N 32), S. 73, 79 ff.; *Paul Kirchhof*, Entparlamentarisierung der Demokratie?, in: FS für Peter Graf Kielmansegg, 2004, S. 359 (361 ff.); *Eckart Klein*, Gesetzgebung ohne Parlament?, 2004; *Hans Hugo Klein*, Die Funktion des Parlaments im politischen Prozeß, in: ZG 1997, S. 209; *Ruffert* (N 64), S. 1146 ff.; → Bd. III, *Brenner*, § 44 Rn. 55 ff.; *Puhl*, § 48 Rn. 2 ff., 11; *H.H. Klein*, § 50 Rn. 10.
276 Zur Stärkung der Exekutiven und kehrseitigen Schwächung der Parlamente durch den Prozeß der Internationalisierung s. bereits *Christian Tomuschat*, Der Verfassungsstaat im Geflecht der internationalen Beziehungen, in: VVDStRL 36 (1978), S. 7 (28 ff.); *Schmidt* (N 32), S. 100; aus jüngerer Zeit: *Poscher* (N 3), S. 182 f.; *Christian Walter*, Die Folgen der Globalisierung für die europäische Verfassungsdiskussion, in: DVBl 2000, S. 1 (8 f.); speziell zur Kontrollthematik bereits grundlegend *Siegfried Weiß*, Auswärtige Gewalt und Gewaltenteilung, insbes. S. 215 ff.; *Kay Hailbronner* und *Rüdiger Wolfrum*, Kontrolle der auswärtigen Gewalt, in: VVDStRL 56 (1997), S. 7 bzw. 38.
277 Allg. zur Verfassungsbindung der Außenpolitik → oben *Nettesheim*, § 241.
278 Dazu *Schöndorf-Haubold* (N 198), S. 608 f.
279 Musterbeispiel ist die aufgrund der gebotenen Vertraulichkeit weitgehend im geheimen ablaufende, gleichwohl bzw. gerade deswegen der (parlamentarischen) Kontrolle bedürftige Tätigkeit der Nachrichtendienste, vgl. *Wolbert K. Smidt* u.a. (Hg.), Geheimhaltung und Transparenz, 2007; *Heinrich Amadeus Wolff*, Der nachrichtendienstliche Geheimnisschutz und die parlamentarische Kontrolle, in: JZ 2010, S. 173; *Vera Christopeit/Heinrich Amadeus Wolff*, Die Reformgesetze zur parlamentarischen Kontrolle der Nachrichtendienste, in: ZG 2010, S. 77; Bericht der Venedig-Kommission des Europarats über die demokratische Kontrolle der Geheimdienste Nr. 388/2006 vom 11.6.2007 (CDL-AD [2007] 016), Ziffer 115 ff. Ein anderes Beispiel liefern etwa die Transparenzprobleme innerhalb der WTO, vgl. *Tamás Pásztor*, Redressing the Legitimacy Deficit within the World Trade Organization: The Aspect of External Transparency, in: LIEI 2011, S. 163.
280 *Kahl* (N 32), S. 79 ff., m. zahlr. Nachw.

globaler Ebene fehlt weitgehend. Auf der völkerrechtlichen Ebene hat dies seine Ursache bereits in dem Nichtvorhandensein parlamentarischer Strukturen als solcher. Auf europäischer Ebene sind mit dem Europäischen Parlament zwar an sich institutionelle Kontrollstrukturen vorhanden, dessen Kontrollrechte und -instrumente im Bereich internationalisierten Verwaltungshandelns sind aber schwach ausgeprägt. So wird das Europäische Parlament etwa im Bereich der Sicherheitsverwaltung außerhalb der Gesetzgebung nur über Berichtspflichten eingebunden bzw. partiell informiert[281]. Spezielle parlamentarische Kontrollgremien zur Überprüfung sicherheitsrelevanter Vorgänge existieren nicht. Die Kontrollinstrumente beschränken sich auf unverbindliche Entschließungen, mit denen Mißstände angeprangert und Vorschläge unterbreitet werden (vgl. aber jetzt Art. 88 Abs. 2 UAbs. 2 AEUV).

III. Sonstige Kontrollen

64
Selbstkontrolle und Beauftragte

Im Bereich der Verwaltungstätigkeit im allgemeinen[282] wie auch hinsichtlich grenzüberschreitender Aktivitäten des Staates im besonderen ist eine zunehmende Bedeutung von Selbstkontrollmechanismen zu beobachten (zum Beispiel Berichts- und Evaluierungswesen in der Entwicklungspolitik). Auch Beauftragte (Datenschutzbeauftragte, Grundrechtebeauftragte, Bürgerbeauftragte) erweisen sich bei grenzüberschreitenden Sachverhalten im Einzelfall, insbesondere bei „verdichteter Auslandspräsenz", als effektive Kontrollform[283].

65
Administrative und gerichtsähnliche Kontrollinstanzen

Eine gewisse Kompensation für den verbreiteten Ausfall internationaler gerichtlicher Kontrolle[284] bewirken ferner administrative und gerichtsähnliche Kontrollinstanzen, zum Beispiel in der Sicherheitsverwaltung die Kontrollkommission für Interpol-Dateien, die als Beschwerdekammer zur Datenschutzkontrolle fungiert[285], oder die – mangels Unabhängigkeit kein Gericht im funktionellen Sinne darstellende – Gemeinsame Kontrollinstanz (GKI) respektive die Nationale Kontrollinstanz (in Deutschland: Bundesbeauftragter für Datenschutz)[286] nach dem Europol-Beschluß[287].

66
Systemschutz und objektive Kontrollen

Auch Elemente eines Systemschutzes (zum Beispiel Standards und Systemkontrollen[288]) sowie objektive Kontrollen durch verwaltungsverfahrensrechtliche Genehmigungs-, Behördenleiter- oder Richtervorbehalte können in hierfür geeigneten Konstellationen positive Kontrolleffekte zur Richtigkeitsgewähr internationalen Verwaltens entfalten. Auch sie können jedoch gerichtliche und parlamentarische Kontrollen als „Kernkontrolltypen" nicht ersetzen[289].

---

281 Art. 39 Abs. 2 und Abs. 3 EUV, Art. 24 Abs. 6 Europol-Übereinkommen, Art. 20 Abs. 2 lit. b Frontex-Verordnung. Dazu und zum Folgenden *Schöndorf-Haubold* (N 195), § 35 Rn. 159; krit. auch *Andreas von Arnauld*, Die Europäisierung des Rechts der inneren Sicherheit, in: JA 2008, S. 327 (333).
282 S. stellvertretend *Schmidt-Aßmann* (N 105), 4. Kap. Rn. 91; s. o. Rn. 20.
283 *Menzel* (N 29), S. 856 f.; vgl. auch *Schöndorf-Haubold* (N 195), § 35 Rn. 157.
284 S. o. Rn. 41.
285 *Schöndorf-Haubold* (N 198), S. 603 ff.
286 § 6 Abs. 1 Europol-Gesetz vom 16. 12. 1997 (BGBl II, S. 2150).
287 Art. 114 Abs. 2 SDÜ, Art. 34 Europol-Beschluß; *Schöndorf-Haubold* (N 195), § 35 Rn. 141 ff.
288 Hierzu für die EU *Eekhoff* (N 84), S. 233 f.
289 *Schöndorf-Haubold* (N 56), Rn. 204 ff., 214; *dies.* (N 195), § 35 Rn. 155 f.

Des weiteren spielt in Zeiten einer durch rasanten technischen Fortschritt gekennzeichneten transnationalen Kommunikation eine „kritische", sich zunehmend mittels des Internet und sozialer Netzwerke (Facebook, Twitter etc.) organisierende Öffentlichkeit respektive Zivilgesellschaft (Verbände, „Bündnisse", Unterschriftenlisten, Bürgerinitiativen, Demonstrationen, Bloggs, „Flash-Mob"/"Schwärme" etc.) als „Wächter" und Dialogpartner[290] auch in internationalen Zusammenhängen eine wachsende Rolle[291].

67
Kontrollfunktion der Öffentlichkeit

Eine ergänzende, nicht ersetzende[292] Funktion zur gerichtlichen und politischen (parlamentarischen) Kontrolle erfüllen demokratische Legitimationsfaktoren im weiteren Sinne („weiche" bzw. „autonome" demokratische Legitimation) wie die Partizipation Beteiligter im Verwaltungsverfahren (Anhörungs- und Akteneinsichtsrechte)[293], die Teilnahme von – allerdings nicht demokratisch legitimierten[294] – Vertretern von NGOs an internationalen Konferenzen[295], Begründungspflichten[296], die klare Zuordnung von Kompetenzen sowie die Transparenz[297] von Entscheidungsverfahren (Berichtspflichten, aktive Informationstätigkeit, Zugang zu Behördeninformationen[298], Befassung des Bürgerbeauftragten[299]). Sie können zur Gewährleistung anleitender und begleitender Kontrollstrukturen beitragen[300]. Gleiches gilt für direktdemokratische Elemente wie die durch den Vertrag von Lissabon einge-

68
Partizipation und Transparenz

Direkte Demokratie

---

290 In diesem Sinne für die EU nunmehr explizit Art. 10 Abs. 3, Art. 11 Abs. 2 EUV; vgl. auch BVerfGE 123, 267 (369, 377, 379f.: „Ergänzende Funktion" von Elementen „partizipativer" sowie „assoziativer und direkter Demokratie"); vgl. auch *Gärditz* (N 67), S. 455 ff.
291 Vgl. *Kahl* (N 85), § 47 Rn. 205 ff., 243 ff.; *Scherzberg* (N 100), § 49 Rn. 4 ff., 72 ff., 75 ff., 83 ff.; *Schmidt-Aßmann* (N 105), 4. Kap. Rn. 98 ff.
292 Mit Recht betont bei *Ehlers* (N 5), § 4 Rn. 63; speziell mit Blick auf die Partizipation der betroffenen Öffentlichkeit *Gärditz* (N 100), S. 211 f.
293 Art. 41 Abs. 2 lit. a und b GRCH; *Hofmann/Rowe/Türk* (N 93), S. 206 ff., 218 ff.; *Rossen-Stadtfeld* (N 100), § 29 Rn. 1 ff.; *Jens-Peter Schneider*, Strukturen und Typen von Verwaltungsverfahren, in: GVwR, Bd. II, ²2012, § 28 Rn. 42 ff.
294 NGOs sind Vertreter von Partikularinteressen, nicht der Gesamtheit der Bürger. Daher sind sie kein Ersatz für egalitäre Mitbestimmungsrechte, vgl. *Thomas Groß*, Postnationale Demokratie – Gibt es ein Menschenrecht auf transnationale Selbstbestimmung?, in: RW 2011, S. 125 (144f.); *Christoph Möllers*, Demokratie – Zumutungen und Versprechen, ²2009, S. 99f.; *Poscher* (N 3), S. 175 f.
295 *Classen* (N 35), S. 116; *Jochen von Bernstorff*, Procedures of Decision-Making and the Role of Law in International Organizations, in: Armin von Bogdandy/Rüdiger Wolfrum u. a., The exercise of public authority by international institutions, 2010, S. 777 (799 f.).
296 Art. 296 Abs. 2 AEUV, Art. 41 Abs. 2 lit. c GRCH; *Fehling* (N 235), § 12 Rn. 46 ff.; *Hofmann/Rowe/Türk* (N 93), S. 199 ff.
297 Zum Transparenzprinzip s. u. Rn. 80.
298 Vgl. für die EU-Ebene primärrechtlich Art. 11 Abs. 3 EUV, Art. 41 Abs. 2 lit. a und b GRCH, Art. 15 Abs. 3 AEUV, Art. 42 GRCH; zum Sekundärrecht und zum nationalen Recht s. für einen Überblick *Astrid Epiney*, Informationsrechte in der EU, in: Bernd Hecker u. a. (Hg.), Aktuelle Rechtsfragen und Probleme des freien Informationszugangs, insbesondere im Umweltschutz, in: UTR 108 (2011), S. 27; *Friedrich Schoch*, Umweltpolitik durch Informationsfreiheit, ebd., S. 81; *ders.*, Aktuelle Fragen des Informationsfreiheitsrechts, in: NJW 2009, S. 2987 (2988); speziell mit Blick auf die transnationalen Bezüge des Themas *ders.*, Informationsrechte in einem grenzüberschreitenden und europäischen Kontext, in: EuZW 2011, S. 388.
299 Vgl. Art. 228 AEUV, Art. 43 GRCH; *Axel R. Schneider*, Petitionen zum Europäischen Parlament mit Berücksichtigung des Bürgerbeauftragten, 2009.
300 *Eifert* (N 35), S. 322 f., unter Hinweis auf *Thomas D. Zweifel*, International Organizations and Democracy, Boulder 2006; vgl. auch *Gärditz* (N 34), C Art. 20 (6. Teil), Rn. 89; *Menzel* (N 29), S. 845 f.; für die EU gleichsinnig *Schöndorf-Haubold* (N 195), § 35 Rn. 160; *Weiß* (N 56), S. 169; allg. zur Pluralität der Legitimationsmechanismen *Schliesky* (N 119), S. 656 ff.

führte Europäische Bürgerinitiative (Art. 11 Abs. 4 EUV)³⁰¹, aber auch Volksbegehren und Volksentscheide auf nationaler, regionaler oder lokaler Ebene, die in ihren faktischen Auswirkungen grenzüberschreitende Vorhaben betreffen („Stuttgart 21" als europäischer Verkehrsknotenpunkt, Bau von Infrastrukturanlagen in Grenznähe)³⁰².

69
Rechnungshofkontrolle

Immer wichtiger wird im Bereich der internationalen Politik (zum Beispiel Entwicklungszusammenarbeit³⁰³) die Rechnungshofkontrolle. Die Prüfungszuständigkeit der Rechnungshöfe (vgl. für die Europäische Union: Art. 287 AEUV) ist eine umfassende und greift unabhängig von der gewählten Rechtsform des Verwaltungsträgers ein, erfaßt also zum Beispiel auch ein Tätigwerden verselbständigter Verwaltungseinheiten oder privatrechtlicher Organisationen, die über die Grenze wirken³⁰⁴. Die nationalen Rechnungshöfe agieren dabei selbst immer stärker transnational und arbeiten mit den Rechnungshöfen anderer Staaten zu vielfältigen Zwecken (Informationserlangung bzw. -austausch, international vernetzte bzw. bi- und multilaterale Rechnungsprüfungen) zusammen³⁰⁵. Diese Kooperationsprozesse, die regelmäßig ohne gesetzliche Grundlage erfolgen und auf Regierungsabkommen oder schlichter Eigeninitiative der Beteiligten beruhen, werden ihrerseits geprüft durch spezielle Organisationen wie die „International Organization of Supreme Audit Authorities (INTOSAI)", die „European Organization of Supreme Audit Authorities (EUROSAI)" und die „Konferenz der Präsidentinnen und Präsidenten der Obersten Rechnungshofkontrollbehörden der EU-Mitgliedstaaten und des Europäischen Rechnungshofs"³⁰⁶.

E. Fazit und Ausblick

I. Kontrolle als Herausforderung an die internationale Rechtswissenschaft

70
Forschungsbedarf

Das inter- und transnationale Handeln von Hoheitsträgern, insbesondere Staaten und internationalen Organisationen, wirft nach wie vor eine Reihe weithin ungeklärter Fragen der demokratischen Legitimation auf³⁰⁷. Aber

---

301 S. dazu auch die Verordnung (EU) Nr. 211/2011 des Europäischen Parlaments und des Rates vom 16. 2. 2011 über die Bürgerinitiative, ABlEU Nr. L 65, S. 1; *Annette Guckelberger*, Die Europäische Bürgerinitiative, in: DÖV 2010, S. 745.
302 Zurückhaltend zur Einsatzmöglichkeit direktdemokratischer Instrumente *Gärditz* (N 104), S. 277 f.; für verfassungsrechtliche Unzulässigkeit etwa im Fall „Stuttgart 21" *Paul Kirchhof*, Verfassungsmäßigkeit einer Volksabstimmung über „Stuttgart 21", in: ZSE 2010, S. 412.
303 Dazu *Philipp Dann*, Europäisches Entwicklungsverwaltungsrecht, in: Jörg Philipp Terhechte (Hg.), Verwaltungsrecht der Europäischen Union, 2011, § 34 Rn. 54 ff.; *Kirsten Schmalenbach*, Accountability: Who is judging EU development cooperation?, in: EuR, Beiheft 2, 2008, S. 162.
304 Vgl. *Udo Kollatz*, Nationale Rechnungsprüfung und internationale Zusammenarbeit, in: RuP 1976, S. 79; *ders.*, Grundlagen der Entwicklungshilfeverwaltung, in: DÖV 1982, S. 561 (566 f.); *Menzel* (N 29), S. 857.
305 Vgl. *Tassilo Broesigke*, Die internationale Zusammenarbeit der Obersten Rechnungskontrollbehörden, in: Heinz Günter Zavelsberg (Hg.), Festschrift zur 275. Wiederkehr der Errichtung der Preußischen General-Rechenkammer, 1989, S. 435; *Axel Nawrath*, Die internationale Zusammenarbeit der Rechnungshöfe, in: DÖV 2000, S. 861 (865 f.).
306 *Menzel* (N 29), S. 857 f.
307 S. o. Rn. 5 mit N 35.

auch die rechtsstaatliche Seite dieses Handelns, insbesondere Rechtsschutzprobleme sind bislang erst höchst ansatzweise gelöst[308]. Beides hat zur Folge, daß auch zum Thema der Kontrolle grenzüberschreitender Sachverhalte aktuell noch ein erheblicher Forschungsbedarf für eine international und europäisch ausgerichtete Verfassungs- und Verwaltungsrechtswissenschaft besteht[309]. Die vorstehenden Überlegungen mußten sich auf einige grundsätzliche und exemplarische Aspekte beschränken. Zukünftig wird es darum gehen, den rechtswissenschaftlichen Diskurs über Kontrollfragen im transnationalen Kontext im Dialog mit den Nachbarwissenschaften (insbesondere der Politikwissenschaft und der Ökonomie) noch stärker auszudifferenzieren und in die Einzelbereiche hineinzuführen, um so aus den Referenzgebieten heraus („bottom up") zu tragfähigen übergreifenden dogmatischen Kontrollstrukturen unter Beachtung der Notwendigkeit bereichsspezifischer Problemlösungen im einzelnen und der Diversität zwischen der Situation auf internationaler und europäischer Ebene zu gelangen.

II. Staaten als zentrale Kontrollsubjekte

Die geschilderten Entgrenzungs- und Transnationalisierungsvorgänge des 20. und 21. Jahrhunderts[310] haben die Funktion von Staatsgrenzen ein Stück weit relativiert[311]. Gleichwohl haben die Staatsgrenzen ihre rechtliche und politische Bedeutung nicht verloren – im Gegenteil: Sie bleiben sowohl für das Völkerrecht[312] als auch für das Staatsrecht[313] eine wichtige Größe. Visionäre Konzepte einer Weltgesellschaft und einer globalen Institutionalisierung (Weltparlament[314], Weltregierung), aber auch „bescheidenere" Vorstellungen eines Weltinnenrechts oder einer fortgeschrittenen globalen Konstitutionalisierung[315] erweisen sich nach Lage der Dinge als unrealistisch oder als zu optimistisch und damit jedenfalls als verfrüht[316].

71
Bleibende Bedeutung von Staatsgrenzen

Was die Konstitutionalisierungsthese betrifft, so ist gerade hinsichtlich der demokratisch-rechtsstaatlichen Kontrolle internationaler oder transnationaler Hoheitsgewaltausübung, zumal der Verwaltungsvorgänge, deutliche

72
Konstitutionalisierungsthese

---

308 *Menzel* (N 29), S. 843, 854. Für den transnationalen Verwaltungsakt zutreffend → Bd. II, *Schmidt-Aßmann*, § 26 Rn. 107 f.
309 *Kahl* (N 19), S. 478 f.
310 S. o. Rn. 1 ff.
311 *Peter Häberle*, Europäische Verfassungslehre, 62009, S. 350 ff.
312 *Geiger* (N 216), S. 234 ff.
313 Vgl. *Udo Di Fabio*, Der Verfassungsstaat in der Weltgesellschaft, 2001, S. 51 ff.; *Herbert Dittgen*, Grenzen im Zeitalter der Globalisierung. Überlegungen zur These vom Ende des Nationalstaates, in: ZPol 9 (1999), S. 3 (8 ff., 21 f.).
314 Hierfür zuletzt wieder *Groß* (N 294), S. 146 ff., 153.
315 Im Überblick: *Auby* (N 1), S. 166 ff.; *Ruffert/Walter* (N 17), Rn. 61 ff.; *Stefan Kadelbach/Thomas Kleinlein*, International Law – a Constitution for Mankind? An Attempt at a Re-appraisal with an Analysis of Constitutional Principles, in: GYIL 50 (2007), S. 303.
316 Wie hier *Dreier* (N 75), Art. 20 (Demokratie) Rn. 32; *Volkmann* (N 35), Art. 20 C Rn. 65; *Rainer Wahl*, Konstitutionalisierung – Leitbegriff oder Allerweltsbegriff?, in: FS für Winfried Brohm, 2002, S. 191 (199 ff.); → Bd. II, *Rupp*, § 31 Rn. 65 ff.

§ 253   *Zweiundzwanzigster Teil: Grenzüberschreitende Staatsaufgaben*

Zurückhaltung angezeigt³¹⁷. Bislang haben die Lösungen, die die Wissenschaft auf die Herausforderung der demokratischen Legitimation „globalisierter Macht" anzubieten vermag³¹⁸, noch keine überzeugenden, dogmatisch anschlußfähigen und klaren Konturen gewonnen. Häufig kommen sie über deskriptive Problemanalysen kaum hinaus. Die am weitesten entwickelten präkonstitutionellen Züge weist auf internationaler Ebene gegenwärtig noch die Welthandelsorganisation auf³¹⁹. Allerdings stellt sich auch dort das Verhältnis der Machtausübung zu den Prinzipien von Demokratie und Kontrolle als prekär dar³²⁰.

73
Staaten als zentrale Kontrollakteure

Nach alledem bleibt der (National-)Staat zumindest auf absehbare Zeit der zentrale Akteur für die Gewährleistung einer hinreichend effektiven demokratisch-rechtsstaatlichen Kontrolle auch unter den Bedingungen der Globalisierung und Internationalisierung des 21. Jahrhunderts („Scharnierfunktion")³²¹. Im internationalen Mehrebenensystem mit seinen vielfältigen arbeitsteilig-kooperativen Verflechtungen, aber auch Zurechnungs- und Verantwortungsdiffusionen³²² und damit verbundenen Intransparenzproblemen³²³, bildet der Staat auch in Zukunft den primären Kristallisationspunkt für staatsbürgerliche Identitätsbildung und Aktivierung. Dem dienen die

---

317 Tendenziell ähnlich *Dieter Grimm*, Die Verfassung im Prozeß der Entstaatlichung, in: FS für Peter Badura, 2004, S. 145 (163 ff.).
318 Prägnant zum völkerrechtlichen Meinungsstand *Stefan Kadelbach*, Ethik des Völkerrechts und Bedingungen der Globalisierung, in: ZaöRV 164 (2004), S. 1 (13 f.); zahlr. weit. Nachw. s. o. N 24.
319 *Martin Nettesheim*, Von der Verhandlungsdiplomatie zur internationalen Verfassungsordnung, in: Liber amicorum für Thomas Oppermann, 2001, S. 381 (392 ff., 401 ff.); vgl. auch *Dietmar Baetge*, Globalisierung des Wettbewerbsrechts, 2009, S. 191 ff., zur Konstitutionalisierung als Reformmodell *Baetge*, a. a. O., S. 429 ff. (457 ff., 469 ff.); zum Rechtsschutz *Meinhard Hilf/Tim René Salomon*, Das WTO-Streitbeilegungssystem auf dem Weg zur internationalen Gerichtsbarkeit, in: FS für Rainer Wahl, 2011, S. 707; *Christian Tietje*, Rechtsschutz und Streitbeilegung in der Welthandelsorganisation (WTO), in: Dirk Ehlers/Friedrich Schoch (Hg.), Rechtsschutz im Öffentlichen Recht, 2009, § 3. Vgl. im übrigen auch noch das – weniger staats- und stärker individualzentrierte – Rechtsschutzmodell im Bereich des internationalen Investitionsschutzrechts, in dessen Mittelpunkt das International Centre for the Settlement of Investment Disputes (ICSID) steht; dazu *Schmidt-Aßmann* (N 214), S. 145 ff.
320 Vgl. *Bauer* (N 63), S. 74 ff.; *Armin von Bogdandy*, Verfassungsrechtliche Dimension der Welthandelsorganisation, in: KJ 2001, S. 264; 425; *Meinhard Hilf*, New Economy – New Democracy?, in: Liber amicorum für Thomas Oppermann, 2001, S. 427 (431 ff.); *Markus Krajewski*, Legitimation und demokratische Kontrolle von internationaler Wirtschaftsrechtsetzung, in: Martin Bertschi u. a. (Hg.), Demokratie und Freiheit, 1999, S. 261 (275 ff.); *ders.*, Verfassungsperspektiven und Legitimation des Rechts der Welthandelsorganisation (WTO), 2001.
321 Grundlegend bereits Schmidt (N 32), S. 74; wie hier *Gärditz* (N 34), C Art. 20 (6. Teil), Rn. 32; *Hobe* (N 38), S. 402 ff.; *Wolfgang Löwer*, Der Staat im Völkerrecht, in: Jörg Menzel/Tobias Pierlings/Jeannine Hoffmann (Hg.), Völkerrechtsprechung, 2005, S. 115; *Röben* (N 30), S. 33 ff.; *Wahl* (N 38), S. 46 f., 52; vgl. auch BVerfGE 123, 267 (382: Staaten als „verfasster politischer Primärraum").
322 *Karl-Peter Sommermann*, Demokratie als Herausforderung des Völkerrechts, in: FS für Christian Tomuschat, 2006, S. 1051 (1064 ff.); für die europäische Ebene *Gertrude Lübbe-Wolff*, Europäisches und nationales Verfassungsrecht, in: VVDStRL 60 (2001), S. 246 (267 ff.); *Hans Christian Röhl*, Verantwortung und Effizienz in der Mehrebenenverwaltung, in: DVBl 2006, S. 1070 (1073 f., 1078); *Möllers* (N 48), S. 230 f.
323 Dazu *v. Arnauld* (N 197), S. 502 f.; *v. Bogdandy* (N 320), S. 270; *Gertrude Lübbe-Wolff*, Globalisierung und Demokratie, in: RuP 2004, S. 130 (137). Mit Recht die Notwendigkeit von Verantwortungs- und Zurechnungstransparenz gerade für den grenzüberschreitenden Bereich betonend *Eberhard Schmidt-Aßmann*, Verwaltungskooperation und Verwaltungskooperationsrecht in der Europäischen Gemeinschaft, in: EuR 1996, S. 270 (296 f.); *Menzel* (N 29), S. 850 f.; *Nowak* (N 138), § 14 Rn. 27.

nationalen Parlamente, das Parlamentsgesetz[324], (weitgehende) staatliche Gewaltmonopole und die Reserve- und Gewährleistungskompetenz der nationalen Verfassungsgerichte[325]. Der Staat bleibt Hauptvermittler demokratischer Legitimation sowie primärer Wächter über die Einhaltung rechtsstaatlicher Mindeststandards[326]. Es ist zuvörderst das Verdienst des Bundesverfassungsgerichts, diese Zusammenhänge für den Prozeß der europäischen Integration[327] mit Blick vor allem auf das Demokratieprinzip immer wieder richtungweisend herausgearbeitet zu haben[328]; für die zu effektivierende rechtsstaatliche Umhegung der Internationalisierung von Recht und Politik kann freilich nichts anderes gelten[329].

Zwar kommt es im Zuge der Öffnung und Entgrenzung des Verfassungsstaates zu Transformationen und Modifikationen von Staatlichkeit[330] mit Auswirkungen auch auf die Wege, Formen und Instrumente von Demokratie[331], Rechtsstaatlichkeit und Kontrolle. Diese Veränderungen dürfen aber nicht vorschnell als Verlust an Staatlichkeit an sich oder als substantielle Einbuße an staatlicher Steuerungsfähigkeit[332] wahrgenommen werden[333]. Erst recht sind sie kein Grund für periodisch wiederkehrende Verfallsszenarien unterschiedlicher Art. Vielmehr handelt es sich in erster Linie um einen Prozeß des Wandels (Transformation), der die zentrale Rolle des Staates in der internationalen Politik als solche unberührt läßt, aber nach neuen Lösungsstrategien für zum Teil veränderte Problemlagen verlangt.

74
Transformation und Modifikation, nicht Verlust von Staatlichkeit

---

324 Zum Parlamentsgesetz als dem zusammen mit dem völkerrechtlichen Vertrag wichtigsten Instrument demokratisch-rechtsstaatlicher Steuerung im Bereich internationaler Verwaltungsbeziehungen *Eberhard Schmidt-Aßmann*, Die Herausforderung der Verwaltungsrechtswissenschaft durch die Internationalisierung der Verwaltungsbeziehungen, in: Der Staat 45 (2006), S. 315 (326).
325 S.o. Rn. 50 mit N 239.
326 *Kment* (N 3), S. 45 ff. (speziell zur Kontrollfunktion a.a.O., S. 46); *Kahl* (N 32), S. 77 f.; *Wahl* (N 38), S. 48 ff.; vgl. auch *Udo Di Fabio*, Das Recht offener Staaten, 1998, S. 122 ff.; *Schmidt-Aßmann* (N 324), S. 327 f.; *Fritz W. Scharpf*, Legitimationskonzepte jenseits des Nationalstaats, in: Gunnar Folke Schuppert u. a. (Hg.), Europawissenschaft, 2005, S. 705 (736); *Rudolf Streinz*, Sinn und Zweck des Nationalstaates in der Zeit der Europäisierung und Globalisierung, in: FS für Georg Ress, 2005, S. 1277 (1288 ff., 1293); *Vollmöller* (N 3), S. 34 ff.; → Bd. II, *Di Fabio*, § 27 Rn. 67, 78 f. Allg. zur Notwendigkeit der Rückbindung inter- und transnationaler Vorgänge an die Legitimationszusammenhänge der nationalen Verfassung bereits *Schmidt* (N 32), S. 82 f.; ferner *Möllers* (N 41), S. 358 ff.; *Schmidt-Aßmann* (N 324), S. 330, 335; für die hier nicht vertieft behandelte Ausübung auswärtiger Gewalt *Gunnar Folke Schuppert*, Die verfassungsgerichtliche Kontrolle der Auswärtigen Gewalt, 1973; *Röben* (N 30), S. 74 ff.; *Rüdiger Wolfrum*, Auswärtige Beziehungen und Verteidigungspolitik, in: FS 50 Jahre BVerfG, 2001, S. 693 (695 ff.); → oben *Nettesheim*, § 241.
327 → Bd. X, *P. Kirchhof*, § 214.
328 BVerfGE 75, 223 (235, 242); 89, 155 (188); 113, 273 (296); *Gärditz/Hillgruber* (N 100), S. 873 f.
329 So mit Recht *Gärditz* (N 34), C Art. 20 (6. Teil), Rn. 32; allg. → oben *Nettesheim*, § 241.
330 Grundlegend *Stephan Leibfried/Michael Zürn* (Hg.), Transformationen des Staates?, 2006; *Gunnar Folke Schuppert*, Staat als Prozeß, 2010; vgl. ferner *Ruffert* (N 3), S. 47 ff. m. zahlr. Nachw.; ferner *Kment* (N 3), S. 43 ff.
331 Zur „Mehrebenendemokratie" weiterführend *Sommermann* (N 322), S. 1060 f., 1065; vgl. auch *Arthur Benz*, Politikwissenschaftliche Diskurse über demokratisches Regieren im europäischen Mehrebenensystem, in: Hartmut Bauer/Peter M. Huber/Karl-Peter Sommermann (Hg.), Demokratie in Europa, 2005, S. 253 (259 ff.); *Kokott* (N 40), S. 28 ff.; *Kahl* (N 32), S. 104 m. Fn. 204. Allg. zur Notwendigkeit des Verbunddenkens auch mit Blick auf die Internationalisierung des Verwaltungsrechts *Schmidt-Aßmann* (N 49), S. 164.
332 Berichtend zur diesbezüglichen Debatte, die vor allem in den 90er Jahren des letzten Jahrhunderts geführt wurde, mittlerweile aber deutlich abgeebbt ist, *Reimer* (N 166), § 9 Rn. 84 ff.
333 Wie hier allg. *Christoph Möllers*, Staat, in: EvStL, 2006, Sp. 2272 (2282).

75 *„Post-parlamentarische" Konzepte*	„Post-parlamentarische" Demokratiekonzepte[334] versprechen dabei aus juristischer Sicht keine Antwort auf die genannten Herausforderungen. Die Grenzen und Gefahren von „output"-orientierten Legitimationsmodellen, die nicht mehr auf eine Rückbindung staatlichen Handelns an Volk und Parlament („input") abstellen, sondern auf Strukturen und gemeinwohlfördernde Entscheidungsergebnisse, rücken – im Gegenteil – immer deutlicher in das Bewußtsein[335].
76 *Reform von Institutionen und Verfahren*	Statt dessen sollte die Aufmerksamkeit von Wissenschaft, Politik und Gesetzgebung[336] – aufbauend auf einer möglichst präzisen Problemanalyse – auf die Entwicklung von konstruktiven und innovativen Konzepten[337] für eine sachangemessene und realistische Adaption und gegebenenfalls Reform des politischen Systems und dessen Institutionen wie Verfahren an die Gegebenheiten und Notwendigkeiten einer internationalisierten und europäisierten Rechtsetzung und Administration einschließlich der hiermit verbundenen Kontrollerfordernisse gelenkt werden[338]. Bei diesen Reformbestrebungen wird als Leitlinie unter anderem davon auszugehen sein, daß sich staatliche Funktionen zukünftig zunehmend verlagern und verändern werden in Richtung einer stärker in den Vordergrund tretenden Schnittstellen- und Scharnierfunktion des (National-)Staates sowie internationaler kooperativer Problemlösungsansätze[339].

III. Der internationale Rechtsprechungsverbund als Desiderat

77 Nachholende Konstitutionalisierung	Für die Zukunft bleibt es ein dringendes demokratisch-rechtsstaatliches Desiderat, den faktisch und rechtlich vorausgeeilten Internationalen und Europäischen Verwaltungsverbund – gleichsam im Sinne einer nachholenden, prinzipiengeleiteten[340] Konstitutionalisierung[341] – durch das Korrelat eines

---

334 *Ulrich Beck*, Wie wird Demokratie im Zeitalter der Globalisierung möglich? – Eine Einleitung, in: ders. (Hg.), Politik der Globalisierung, 1998, S. 7 (34); vgl. auch *Michael Zürn*, Regieren jenseits des Nationalstaats, 1998, S. 350 ff.

335 *Ruffert/Walter* (N 17), Rn. 100, 659; s. o. Rn. 9 mit N 65.

336 Speziell zu den Herausforderungen des internationalen Verwaltungshandelns an den Gesetzgeber s. *Kahl* (N 32), S. 96 ff., m. weit. Nachw.

337 Ebenso *Ruffert* (N 19), § 17 Rn. 171 f., der im Mehrebenensystem einen Motor für Innovation und Reform in der nationalen Rechtsdogmatik sieht.

338 Vgl. zu möglichen Reformperspektiven *Kahl* (N 32), S. 85 ff.; zustimmend *Schmidt-Aßmann* (N 19), § 5 Rn. 47 m. Fn. 232; vgl. auch *Markus Glaser*, Internationale Verwaltungsbeziehungen, 2010, S. 177 ff., 227 ff.; eher skeptisch insoweit *Groß* (N 294), S. 143 f.

339 Vgl. auch *Ruffert* (N 3), S. 19, unter Hinweis auf *Deutscher Bundestag*, Schlußbericht der Enquete-Kommission „Globalisierung der Weltwirtschaft – Herausforderungen und Antworten", BT-Drs 14/9200, S. 420 f.; im Staat einen „Vermittler" zwischen nationalen und internationalen Erwartungen sehend *Inge Kaul*, Suche nach den Grundelementen eines neuen Multilateralismus, in: APuZ 34-35 (2010), S. 34.

340 Für einen prinzipiengeleiteten Ansatz auch *Armin von Bogdandy*, Founding Principles of EU Law: A Theoretical and Doctrinal Sketch, in: ELJ 16 (2010), S. 95 (104 ff.); *ders.*, Grundprinzipien, in: ders./Jürgen Bast (Hg.), Europäisches Verfassungsrecht, ²2009, S. 13 (25 ff., 55 ff.); *Michiel Scheltema*, Constitutional Principles and Internationalisation, in: ZSE 2007, S. 584; vgl. ferner *Giacinto della Cananea*, The Genesis and Structure of General Principles of Global Public Law, in: Edoardo Chiti/Bernardo Giorgio Mattarella (Hg.), Global Administrative Law and EU Administrative Law, 2011, S. 89.

341 Vgl. – mit skeptischer Tendenz – *Christoph Möllers*, Verfassunggebende Gewalt – Verfassung – Konstitutionalisierung, in: Armin von Bogdandy/Jürgen Bast (Hg.), Europäisches Verfassungsrecht, ²2009, S. 227 (265 ff., 270 f.). Dazu, daß „Konstitutionalisierung" nicht die undifferenzierte Übernahme von Standards aus dem nationalen Recht meint, mit Recht *v. Arnauld* (N 197), S. 512; eine solche wird auch nicht von Art. 19 Abs. 4 GG gefordert, vgl. *Schmidt* (N 21), S. 542; *Schmidt-Aßmann* (N 19), § 5 Rn. 75.

effektiven und kohärenten Legitimations- sowie Kontroll-, insbesondere Rechtsprechungsverbundes zu ergänzen[342]. Zu fordern[343] ist eine verstärkte völkerrechtliche und nationalrechtliche Einhegung der Ausübung internationalisierter und transnationalisierter öffentlicher Gewalt. Diese findet ihre Rahmen- und Eckvorgaben vor allem in den für alle Ebenen des internationalen Mehrebenensystems und für ein „Global Administrative Law"[344] grundlegenden Prinzipien demokratischer Legitimation einerseits und rechtsstaatlicher Sicherung unter besonderer Berücksichtigung eines effektiven Rechtsschutzes andererseits[345].

Mit der zunehmenden Staatenverflechtung wird im Interesse der Sicherung subjektiver Rechte (Menschenrechte[346], EU-Grundrechte und EU-Grundfreiheiten), aber auch objektiver Rechtmäßigkeitskontrolle und „Good Governance", insbesondere „guter Verwaltung" (vgl. für die Europäische Union: Art. 41 GRCH), nicht zuletzt auch das subjektive Recht auf effektiven Rechtsschutz als „Kristallisationspunkt"[347] des Mehrebenensystems immer bedeutsamer[348]. Dabei ist der bei allen Kontrollfragen zu beachtende Zusammenhang von Rechtsschutz und – komplementärer – Sicherung von Verfahrensstandards („Grundrechtsschutz durch Verfahren")[349] stets mit im Blick zu behalten.

78
Effektiver Rechtsschutz

---

342 Wie hier *v. Arnauld* (N 197), S. 514; *Schoch* (N 56), § 50 Rn. 380; *Ingolf Pernice*, Das Verhältnis europäischer zu nationalen Gerichten im europäischen Verfassungsverbund, 2006, S. 6, 26, 43 ff., 53 ff.; *ders.*, Die Zukunft der Unionsgerichtsbarkeit, in: EuR 2011, S. 151 (153 ff.); *Eberhard Schmidt-Aßmann*, Die Europäisierung des Verwaltungsverfahrensrechts, in: FG 50 Jahre BVerwG, 2003, S. 487 (505); *Schöndorf-Haubold* (N 56), Rn. 168; *Weiß* (N 56), S. 152 ff. (160 f.); vgl. auch *v. Danwitz* (N 209), S. 642 ff.; *Claus Dieter Classen*, Effektive und kohärente Justizgewährleistung im europäischen Rechtsschutzverbund, in: JZ 2006, S. 157; *Hofmann* (N 209), S. 163 ff., 215 ff.; *Stefan Oeter*, Rechtsprechungskonkurrenz zwischen nationalen Verfassungsgerichten, Europäischem Gerichtshof und Europäischem Gerichtshof für Menschenrechte, in: VVDStRL 66 (2007), S. 361 (383); *Sydow* (N 56), S. 277 ff.
343 Anschaulich nennt *v. Arnauld* (N 197), S. 512, die Konstitutionalisierung auf internationaler Ebene „Prozess und Auftrag zugleich"; vgl. auch *Martti Koskenniemi*, Constitutionalism as Mindset: Reflections on Kantian Themes About International Law and Globalization, in: Theoretical Inquiries in Law 8 (2007), S. 9.
344 *Sabino Cassese* u. a. (Hg.), Global Administrative Law: Cases, Materials, Issues, Rom/New York ²2008.
345 Wie hier *Sabino Cassese*, Administrative Law without the State? The Challenge of Global Regulation, in: New York University Journal of International Law and Politics 37 (2005), S. 663 (685); *ders.*, Global standards for national democracies, in: Rivista trimestrale di diritto pubblico 2011, S. 701; *Carol Harlow*, Global Administrative Law: The Quest for Principles and Values, in: EJIL 17 (2006), S. 187 (190, 198 ff.); *Schöndorf-Haubold* (N 56), Rn. 221; speziell zur Rechtsweggarantie im Mehrebenensystem vgl. *Schröder* (N 138), S. 265 ff.; allg. zur Rechtsstaatlichkeit der EU *Robert Ullrich*, Rechtsstaat und Rechtsgemeinschaft im Europarecht, 2011; zu Problemen einer internationalen Rechtsstaatsförderung *Ulrike Meyer*, Idealität, Interessen, Ignoranz, in: Der Staat 51 (2012), S. 35.
346 *Israel de Jesús Butler*, Securing human rights in the face of international integration, in: ICLQ 60 (2011), S. 125; *Markus Kotzur*, Kooperativer Grundrechtsschutz in der Völkergemeinschaft, in: EuGRZ 2008, S. 673; → Bd. X, *Tomuschat*, § 208; *Nußberger*, § 209.
347 *Karl-Peter Sommermann*, Das Recht auf effektiven Rechtsschutz als Kristallisationspunkt eines gemeineuropäischen Rechtsstaatsverständnisses, in: FS für Detlef Merten, 2007, S. 443.
348 *Gärditz* (N 34), C Art. 20 (6. Teil) Rn. 32; *Menzel* (N 29), S. 854 f.; *Sommermann* (N 347), S. 460 f.
349 Zum Problem am Beispiel des Migrationsrechts *Jürgen Bast*, Of General Principles and Trojan Horses – Procedural Due Process in Immigration Proceedings under EU Law: GLJ 11 (2010), S. 1006; vgl. auch *Franz Mayer*, Grundrechtsschutz und rechtsstaatliche Grundsätze, in: Eberhard Grabitz/Meinhard Hilf/Martin Nettesheim (Hg.), Das Recht der Europäischen Union, ⁴⁹2012, Rn. 313 ff., sowie *Weiß* (N 56), S. 169 ff., 172 ff., der auch wegen Art. 41 GRCH hinsichtlich der Verfahrensstandards innerhalb der EU zukünftig einen noch stärkeren Konvergenz- und Harmonisierungsdruck erwartet. Eine besondere Rolle unter dem Aspekt des vorweggenommenen Rechtsschutzes im Verwaltungsverfahren spielen dabei neben dem Recht auf Begründung vor allem die Verteidigungsrechte (Anhörungs- und Akteneinsichtsrecht), vgl. Art. 41 Abs. 2 GRCH; s. o. N 293, 296.

79
Materiale und funktionale Betrachtung

Zur Verwirklichung eines effektiven Rechtsschutzes im Rahmen internationaler Verbundverwaltung werden materiale (bei der faktischen Betroffenheit des einzelnen ansetzende) Zuordnungen vermehrt an die Stelle formaler Abgrenzungen zu treten haben[350]. Konkret bedeutet dies eine Relativierung des Grundsatzes der Staatenimmunität, den häufigeren Übergang vom Trennungs- zum Zurechnungs- oder Einheitsmodell[351], eine funktionale Betrachtung nationaler Gerichte als auch europäische und internationale Gerichte[352] (vgl. Art. 19 Abs. 1 UAbs. 2 EUV), ein Festhalten an einer Reservekompetenz nationaler Gerichte zur Wahrung des ordre public, eine am allgemeinen Justizgewährleistungsanspruch orientierte Reform des „technischen" Prozeßrechts auf internationaler und – ungeachtet der (begrenzten) verwaltungsprozessualen Fortschritte durch den Lissabon-Vertrag[353] – auch auf unionaler Ebene[354], eine partielle Änderung der EuGH-Rechtsprechung[355] sowie eine noch engere Verzahnung der Rechtsprechungsebenen durch Kooperation und Rücksichtnahme (vgl. Art. 4 Abs. 3 EUV[356], Art. 267 AEUV; Grundsatz der Europarechtsfreundlichkeit nach nationalem Verfassungsrecht)[357].

80
Transparenzprinzip

Zutreffend wurde es als die „wichtigste Aufgabe der Konstitutionalisierung des Verwaltungsrechts" bezeichnet, „Rationalität[358], Transparenz und Kohärenz des Rechts durch Systembildung zu fördern"[359]. Diese Einschätzung gilt in besonderem Maß für die Kontrolle, zumal für die (gerichtliche) Kontrolle

---

350 Wie hier mit Blick auf Art. 19 Abs. 4 S. 1 GG für ein funktionales Verständnis von „öffentlicher Gewalt" *Schoch* (N 56), § 50 Rn. 19; vgl. auch *Möllers* (N 41), S. 354.

351 In der Tendenz wie hier *v. Arnauld* (N 197), S. 515; *Schmidt-Aßmann* (N 19), § 5 Rn. 27 a; *Schoch* (N 56), § 50 Rn. 403; zu bislang punktuell und bereichsspezifisch gebliebenen, aber modellhaften und daher ausbaufähigen Ansätzen in dieser Richtung *Nehl* (N 247), S. 436 ff.; s. o. Rn. 51 ff.

352 Vgl. dazu am Beispiel des Rechtsschutzes gegen FFH-Schutzgebietsausweisungen *Wolfgang Kahl/ Klaus Ferdinand Gärditz*, Rechtsschutz im europäischen Kontrollverbund, in: NuR 2005, S. 555.

353 *Ulrich Everling*, Rechtsschutz in der Europäischen Union nach dem Vertrag von Lissabon, in: EuR, Beiheft 1, 2009, S. 71; *Gärditz* (N 67), S. 459 f.; *Meinhard Schröder*, Neuerungen im Rechtsschutz der Europäischen Union durch den Vertrag von Lissabon, in: DÖV 2009, S. 61.

354 Weiterführend mit Blick auf die EU *Hofmann* (N 209), S. 215 ff., 287 ff.; *Weiß* (N 56), S. 161 ff.; umfassend *Irene Karper*, Reformen des Europäischen Gerichts- und Rechtsschutzsystems, ²2011; sowie die Beiträge in: Peter-Christian Müller-Graff/Dieter H. Scheuing (Hg.), Gemeinschaftsgerichtsbarkeit und Rechtsstaatlichkeit, in: EuR, Beiheft 3, 2008. Hinzuweisen ist insbesondere auf den auch nach Lissabon noch immer defizitären Individualrechtsschutz gem. Art. 263 Abs. 4 AEUV, die strukturellen Schwächen des Vorabentscheidungsverfahrens gem. Art. 267 AEUV (dazu *Weiß*, a. a. O., S. 162 f.; zur politisch-empirischen Seite *Mangold* [N 19], S. 386 ff.) und das Fehlen einer Verfassungsbeschwerde zur Geltendmachung einer Verletzung von EU-Grundrechten vor dem EuGH.

355 Zur begrenzenden Wirkung etwa der Foto-Frost-Doktrin (EuGH, Rs. 314/85, Slg. 1987, 4199 Rn. 15 ff.) auf nationale Rechtsschutzmöglichkeiten vgl. *Nowak* (N 229), § 13 Rn. 62; *Schöndorf-Haubold* (N 56), Rn. 168, 199. Für eine Aufhebung oder zumindest Durchbrechung des Verwerfungsmonopols des EuGH bei verbundförmiger Verwaltung *Weiß* (N 56), S. 161 f. m. Fn. 48.

356 Vgl. die aus dem Prinzip der loyalen Zusammenarbeit (Art. 4 Abs. 3 EUV) folgenden Vorgaben des Äquivalenz- und des Effektivitätsgrundsatzes, die ggf. eine Instrumentalisierung und in Verbindung mit dem Anwendungsvorrang des EU-Rechts eine Modifizierung (primär: unionsrechtskonforme Auslegung, subsidiär: Nichtanwendung) des nationalen Prozeßrechts (z. B. § 42 Abs. 2, §§ 47, 123, 80, 80 a VwGO) fordern und aus denen sich ferner eine Pflicht zur Zusammenarbeit zwischen den EU-Gerichten und den nationalen Gerichten ergibt.

357 Ebenso *Schoch* (N 56), § 50 Rn. 372 f.; vgl. auch mit dem Vorschlag eines Vorabentscheidungsverfahrens „nach unten" (Vorlage des EuGH an nationale Gerichte) *Schöndorf-Haubold* (N 56), Rn. 212.

358 S. o. Rn. 36.

359 *Schmidt-Aßmann* (N 19), § 5 Rn. 2; vgl. auch a. a. O., Rn. 84 ff.; ähnlich *Schöndorf-Haubold* (N 56), Rn. 273 a. E.

grenzüberschreitender Sachverhalte. Die im Demokratie- und im Rechtsstaatsprinzip wurzelnde Transparenz[360] zielt mit Blick auf die Kontrolle und Haftung zuvörderst auf Klarheit (insbesondere der Rechtswege und Zuständigkeiten) sowie auf eine „bürgernahe" Verständlichkeit des einschlägigen Rechts (insbesondere der prozessualen Sachentscheidungsvoraussetzungen)[361]. Der Betroffene muß unschwer erkennen können, welcher Rechtsbehelf gegen welchen (Teil-)Akt ihm vor welchem Gericht oder sonstiger Instanz zur Verfügung steht. Hierfür wurden mit Recht etwa Rechtsmittelbelehrungen vorgeschlagen, die spezifisch auf Verbundprobleme abgestimmt sind; außerdem sei beim Erlaß von Sekundärrechtsakten das Rechtsschutzproblem bereits antizipierend zu berücksichtigen und gegebenenfalls mitzuregeln[362]. Sofern bei den Staaten weiterhin keine hinreichende Bereitschaft besteht, im Rechtsschutz verstärkt dem Zurechnungsmodell zu folgen, ist an beschleunigte Vorlageverfahren zu denken, „die verhindern, dass der Bürger wegen eines aus seiner Sicht einheitlichen Verwaltungsvorgangs gegen verschiedene Stellen vor verschiedenen Gerichten klagen muß"[363].

81
Kohärenzprinzip

Das schon seit längerem die europäische Rechtsprechung im Bereich des Verwaltungsprozeßrechts, zumal des vorläufigen Rechtsschutzes, prägende[364] Kohärenzprinzip erfuhr durch den Vertrag von Lissabon eine signifikante Aufwertung und ist seitdem nicht mehr nur Politikdirektive, sondern auch allgemeines Rechtsprinzip des Unionsrechts.[365] Zukünftig wird es für die Rechtswissenschaft und die Gerichte daher darum gehen, die Strukturen eines kohärent-kooperativen Rechtsschutzes[366] im Mehrebenensystem gerade mit Blick auf die „verbundspezifischen Herausforderungen"[367], insbesondere

---

360 Die Herleitung des Transparenzprinzips (Grundsatz der Offenheit) im EU-Recht ergibt sich aus Art. 1 Abs. 2, Art. 10 Abs. 3 S. 2, Art. 11 Abs. 2 und Abs. 3 EUV, Art. 15 Abs. 1 AEUV; näher zum Ganzen *Sigrid Boysen*, Transparenz im Europäischen Verwaltungsverbund, in: Die Verwaltung 42 (2009), S. 215; *Christian Calliess*, in: ders./Matthias Ruffert (Hg.), EUV/AEUV, ⁴2011, Art. 1 EUV Rn. 75 ff.; zum Spannungsverhältnis von Transparenz und Geheimhaltung *Friedrich Schoch*, Informationsrecht in einem grenzüberschreitenden und europäischen Kontext, in: EuZW 2011, S. 388 (390 ff.).
361 Näher zu den verschiedenen Ausprägungen des Transparenzprinzips *Jürgen Bröhmer*, Transparenz als Verfassungsprinzip, 2004, S. 18 ff.
362 *v. Arnauld* (N 197), S. 514 f.
363 *v. Arnauld* (N 197), S. 515, unter Bezugnahme auf *Hofmann* (N 211), S. 374 f.
364 EuGH, verb. Rs. C-143/88 und C-92/89, Slg. 1991, I-532 Rn. 18; Rs. C-465/93, Slg. 1995, I-3761 Rn. 22; Rs. C-68/95, Slg. 1996, I-6065 Rn. 49; dazu *Koen Lenaerts*, The Rule of Law and the Coherence of the Judicial System of the European Union, in: CMLRev. 44 (2007), S. 1625 (1631 ff.); *Nowak* (N 138), § 14 Rn. 27 m. Fn. 135; sowie (krit.) *Friedrich Schoch*, Die Europäisierung des verwaltungsgerichtlichen Rechtsschutzes, 2000, S. 23, 47; allg. zur Notwendigkeit von „Kohärenzvorsorge" angesichts komplexer Regelungsstrukturen *Wolfgang Hoffmann-Riem*, Kohärenzvorsorge hinsichtlich verfassungsrechtlicher Maßstäbe für die Verwaltung in Europa, in: Hans-Heinrich Trute/Thomas Groß u. a. (N 149), S. 749.
365 Vgl. *Matthias Ruffert*, in: Christian Calliess/ders. (Hg.), EUV/AEUV, ⁴2011, Art. 7 AEUV Rn. 1 ff.; *Eberhard Schmidt-Aßmann*, Der Kohärenzgedanke in den EU-Verträgen: Rechtsgrundsatz, Politikdirektive oder Beschwörungsformel?, in: FS für Rainer Wahl, 2011, S. 819; vgl. unter anderem die Ausprägung als Maßnahmenkohärenz hinsichtlich des Handelns der EU-Organe in Art. 13 Abs. 1 UAbs. 1 EUV, Art. 7 AEUV sowie als Kontrollkohärenz in Art. 19 Abs. 1 [UAbs. 2] EUV i. V. m. Art. 256 Abs. 2 UAbs. 2, Abs. 3 UAbs. 2 AEUV; s. auch *Schmidt-Aßmann* (N 193), S. 117.
366 Hierfür bereits zutreffend *Dünchheim* (N 209), S. 79 ff., 83.
367 *Schmidt-Aßmann* (N 19), § 5 Rn. 48 a, 53 ff., 80, 83; vgl. auch *Gerd Winter*, Kompetenzverteilung in der Europäischen Mehrebenenverwaltung, in: EuR 2005, S. 255.

Rechtsschutz im Mehrebenensystem

die Lösung von Konflikten zwischen Gerichten unterschiedlicher Ebenen in vernetzten Rechtsordnungen[368], weiter zu entfalten und zu konkretisieren. Dies ist im Schrifttum bislang erst in Ansätzen geschehen[369]. Die Leitlinie lautet dabei: „Durch systematische Verkoppelung und Koordinierung muß sichergestellt werden, dass Schutzinteressen nicht ‚zwischen' die verfügbaren Schutzmechanismen fallen."[370] Es geht, mit anderen Worten, um den „notwendigen Zusammenhang eines auf mehrere Ebenen und Gerichtszweige aufgeteilten Gerichtsschutzes"[371]. Uniformität ist dabei nicht das Ziel[372], wohl aber die Vermeidung von Ineffektivitäten und Ineffizienzen durch wechselseitige Abstimmung, Verzahnung und Kooperation im Rahmen der Kompetenzordnung (insbesondere Art. 5 Abs. 1 S. 1 und Abs. 2 EUV) und der Verfahrensautonomie der Mitgliedstaaten (Art. 291 Abs. 1 AEUV)[373].

IV. Ausbau politischer Kontrolle durch Stärkung der nationalen Parlamente und Mischgremien

82
Re-Parlamentarisierung der internationalen Politik

Neben der Rechtskontrolle (insbesondere der gerichtlichen Kontrolle)[374] darf auch die Bedeutung der politischen Kontrolle nicht übersehen werden. Die diesbezügliche Feststellung von Wolfgang Weiß, obgleich unmittelbar nur auf den Europäischen Verwaltungsverbund bezogen, kann insofern auf die gesamte internationale Verwaltungstätigkeit übertragen werden: „Mechanismen, die für die ... Verbundverwaltung in Europa eine ebenso verflochtene politische Verantwortlichkeit abbilden und die politische Kontrolle gemeinsamer Hoheitsgewaltausübung auf EU-Ebene in gemeinsame Verantwortung übernehmen, sind erst in Ansätzen vorhanden."[375]

83
Mischgremien

Aus dieser Problemanalyse leitet Weiß die berechtigte Forderung nach einer verstärkten Einbeziehung der nationalen Parlamente in die Rechtsetzung auf supranationaler Ebene ab[376], da hiermit auch die Kontrolle der nationalen Integrationsverantwortung[377] in politische Prozesse auf nationaler Ebene

---

368 Grundlegend hierzu *Heiko Sauer*, Jurisdiktionskonflikte in Mehrebenensystemen, 2008, S. 77 ff.
369 Vgl. m. weit. Nachw. *Schmidt-Aßmann* (N 193), S. 119.
370 *Schmidt-Aßmann* (N 19), § 5 Rn. 54.
371 Programmatisch *Schmidt-Aßmann* (N 193), S. 107, 118 und passim.
372 Vgl. den Umkehrschluß aus Art. 256 Abs. 2 UAbs. 2, Abs. 3 UAbs. 2 AEUV: „Einheit *oder* Kohärenz" (Hervorhebung durch den Verf.).
373 Ähnlich *Schmidt-Aßmann* (N 19), § 5 Rn. 80, 82; *ders.* (N 193), S. 118; zur Frage der Anerkennung der Verfahrensautonomie der Mitgliedstaaten durch Art. 291 Abs. 1 AEUV (im Ergebnis mit anderer Ansicht als hier): *Ulrich Stelkens*, Art. 291 AEUV, das Unionsverwaltungsrecht und die Verwaltungsautonomie der Mitgliedstaaten, 2011, S. 1 ff., 23 ff.
374 S. o. Rn. 77.
375 *Weiß* (N 56), S. 168.
376 Hierfür auch allg. Art. 12 EUV i. V. m. Protokoll Nr. 2 der Schlußakte zum Lissabon-Vertrag; *Gärditz* (N 67), S. 463.
377 BVerfGE 123, 267 (267 [LS 2], 356 ff.); vgl. dazu auch aus verfassungsprozeßrechtlicher Perspektive *Heinrich Amadeus Wolff*, De lege ferenda: Das Integrationskontrollverfahren, in: DÖV 2010, S. 49. Siehe auch das als Folge des Lissabon-Urteils des BVerfG erlassene Integrationsverantwortungsgesetz (IntVG) vom 22. 9. 2009 (BGBl I, S. 3022); dazu *Sebastian Gröning-von Thüna*, Die neuen Begleitgesetze zum Vertrag von Lissabon aus Sicht des Deutschen Bundestages – offene Fragen und neue Herausforderungen, in: Integration 2010, S. 312.

umgesetzt werde[378]. Auf Verwaltungsebene seien gemischte, gemeinsame Verantwortlichkeitsmechanismen (Agenturen, Netzwerke), welche „europäische Hoheitsausübung sowohl auf EU- als auch auf nationaler Ebene kontrollieren", bereits relativ weit entwickelt[379]. Hieran könne innerhalb der Europäischen Union auch für den parlamentarischen Bereich durch Einrichtung entsprechender Mischgremien (z. B. Ausschüsse, die mit nationalen und europäischen Abgeordneten besetzt sind) angeknüpft werden[380].

Eine Schlüsselrolle bei der Intensivierung der politischen Kontrolle auf Parlamentsebene kommt der Arbeit der Ausschüsse für europäische und internationale Angelegenheiten auf der nationalen Ebene zu. Eine Optimierung parlamentarischer Steuerung und Kontrolle wird sich nämlich allein durch eine – erforderliche – stärkere Einbindung der nationalen Parlamente selbst in internationale Verwaltungs- und Rechtsetzungsvorgänge nicht bewirken lassen. Verkleinerung und Professionalisierung der parlamentarischen Kontrolle sowie eine enge Anbindung an die faktisch dominante Regierungsarbeit erscheinen vielmehr unumgänglich. Daher sind die parlamentarischen Ausschüsse als Legitimationsmittler und Kontrollorgane[381] zukünftig in noch stärkerem Maß gefordert.

84
Schlüsselrolle parlamentarischer Ausschüsse

Das grundsätzliche, wenngleich in den Einzelheiten anpassungs- und überdies auch noch weiter verbesserungsbedürftige „Modell" für die Kontrolle transnationaler Sachverhalte bieten die – durch die jüngere Rechtsprechung des Bundesverfassungsgerichts überzeugend gestärkten – Beteiligungsrechte des Deutschen Bundestages und seines Europa-Ausschusses[382] in EU-Angelegenheiten.[383] Dieses „Modell" sollte zukünftigen Planungen zugrunde gelegt, sinnvoll fortentwickelt und durch andere Kontrolltypen ergänzt werden. Reformbedarf besteht insoweit sowohl allgemein mit Blick auf die parlamentarische Kontrolle der Regierung im Bereich des auswärtigen Handelns als auch speziell auf den Auswärtigen Ausschuß nach Art. 45 a Abs. 1

85
Orientierung am Grund-„Modell" des Art. 23 GG

---

378 *Weiß* (N 56), S. 168.
379 *Weiß* (N 56), S. 168. Vgl. auch das Plädoyer für mehr kooperative, die Mehrpoligkeit der Rechtsverhältnisse organisatorisch abbildende Kontrolleinrichtungen nach dem Vorbild der Gemeinsamen Kontrollinstanz für Europol bei *Schöndorf-Haubold* (N 56), Rn. 200.
380 *Weiß* (N 56), S. 168 f., unter Hinweis auf einen entsprechenden Vorschlag von *Saskia Lavrijssen/Leigh Hancher*, Networks on Track: From European Regulatory Networks to European Regulatory „Network Agencies", in: LIEI 2008, S. 23 (52 f.); vgl. auch Kommission der EU, Mitteilung vom 26. 2. 2002 an das Europäische Parlament und den Rat. Die demokratische Kontrolle von Europol, KOM (2002) 95 endg., S. 14.
381 Allg. zur Informations-, Kontroll- und Untersuchungsfunktion der Parlamentsausschüsse *Kahl* (N 32), S. 93 ff.; *Siegfried Magiera*, in: Sachs, Art. 45 a Rn. 5; → Bd. III, *Geis*, § 54 Rn. 3.
382 Art. 45 GG, §§ 93 f. GOBT.
383 Art. 23 Abs. 2 und Abs. 3 i. V. m. EUZBBG, IntVG, StabMechG, ESM-Vertrag; s. BVerfGE 123, 267 (356 ff.); 129, 124 (177 ff.); 130, 318 (350 ff.); 131, 152 (194 ff.); BVerfG, 2 BvR 1390/12, Urt. v. 12.9.2012, in: DVBl 2012, S. 1370 Rn. 215, 254 ff. Vgl. hierzu – teilweise krit. – *Sven Hölscheidt*, Die Verantwortung des Bundestags für die europäische Integration, in: DÖV 2012, S. 105; *Christine Mellein*, Die Rolle von Bundestag und Bundesrat in der Europäischen Union, in: EuR, Beiheft 1, 2011, S. 13; *Kristin Rohleder*, Die Beteiligung des Deutschen Bundestages an der europäischen Rechtsetzung in Theorie und Praxis, in: ZG 2011, S. 105; *Fabian Wittreck*, Wächter wider Willen, in: ZG 2011, S. 122; zur historischen Einordnung *Mangold* (N 19), S. 332 ff.

GG[384]. Zu prüfen und gegebenenfalls nachzusteuern sind insbesondere die institutionell-organisatorischen sowie prozeduralen Rahmenbedingungen für eine umfassende, frühzeitige, effektive und effiziente Informationsgewinnung, -verarbeitung und -bewertung durch das Parlament und dessen Ausschüsse[385].

V. Notwendigkeit eines umfassenden und pluralen Kontrollkonzepts

86
„Kontrollmix"

Die „klassischen" Formen gerichtlicher und parlamentarischer Kontrolle werden auch fortan im internationalen Kontext, ungeachtet aller notwendigen Anstrengungen um deren Optimierung, voraussichtlich nicht die gleiche Effektivität erreichen wie im nationalen Rechtsraum. Gerade deshalb sind daneben sonstige Kontrollmechanismen unverzichtbar[386]. Realistisch ist insgesamt nur ein umfassendes, plurales und hinreichend offenes Kontrollkonzept[387] mit unterschiedlichen Akteuren, einer effektiven und effizienten Kombination von Fremd- und Selbstkontrollen sowie unter Einsatz auch alternativer Instrumente auf den unterschiedlichen, hierfür jeweils adäquaten Ebenen („Kontrollmix")[388]. Dabei geht es darum, die für den jeweiligen Bereich internationalen Staatshandelns möglichst paßgenauen Kontrollmechanismen zu identifizieren sowie ständig weiterzuentwickeln. „Paßgenau" in diesem Sinne sind die Kontrollformen, die die bestmögliche Garantie dafür bieten, sowohl subjektiven Rechtsschutzbedürfnissen als auch – stärker als nach bisherigem deutschen Rechtsschutzverständnis – objektiven Kontrollerfordernissen zu genügen[389].

Entwicklung „paßgenauer" Kontrollformen

VI. Denken in Kontrollzusammenhängen und „hinreichendes Kontrollniveau"

87
Funktionale Komplementarität

Um das letztlich maßgebliche „hinreichende Kontrollniveau"[390], das heißt Effektivität und Effizienz[391], nicht Maximalität von Kontrolle[392] im internatio-

---

384 Näher dazu *Kahl* (N 32), S. 94 ff.; *Volker Pilz*, Der Auswärtige Ausschuß des Deutschen Bundestages und die Mitwirkung des Parlaments an der auswärtigen und internationalen Politik, 2008, S. 64 ff., 123 ff.; vgl. auch Schlußbericht der Enquete-Kommission „Globalisierung der Weltwirtschaft – Herausforderungen und Antworten", BT-Drs 14/9200, S. 449; *Stefan Kadelbach*, Die parlamentarische Kontrolle des Regierungshandelns bei der Beschlußfassung in internationalen Organisationen, in: Rudolf Geiger (Hg.), Neuere Probleme der parlamentarischen Legitimation im Bereich der auswärtigen Gewalt, 2003, S. 41 (53 f.); *Weiß* (N 276), S. 219 ff.; bündig *Kloepfer* (N 42), § 38 Rn. 7 ff. Zur geltenden Rechtslage *ders.*, Verfassungsrecht, Bd. I, 2011, § 35 Rn. 145 ff.; → Bd. III, *Puhl*, § 48 Rn. 8; → Bd. IV, *Calliess*, § 83 Rn. 48 f.
385 Ebenso in der Tendenz *Herdegen* (N 35), S. 28; *Klein* (N 275), S. 226; *Poscher* (N 3), S. 186 ff.; *Christian Seiler*, Der souveräne Verfassungsstaat zwischen demokratischer Rückbindung und überstaatlicher Einbindung, 2005, S. 356 f.; → Bd. IV, *Calliess*, § 83 Rn. 48; zu insoweit bestehenden Defiziten nach geltendem Recht *Lübbe-Wolff* (N 323), S. 137.
386 *Menzel* (N 29), S. 856.
387 Dazu auch *Schmidt-Aßmann* (N 105), 4. Kap. Rn. 86 ff. (89 ff.).
388 Ähnlich *Schöndorf-Haubold* (N 56), Rn. 202.
389 Zur Interdependenz von Gestaltungs- bzw. Handlungsform der internationalen Verwaltung einerseits und Kontrollmechanismus andererseits *Menzel* (N 29), S. 858.
390 Zur Relevanz dieses Kriteriums s. *Kahl* (N 85), § 47 Rn. 213 f., im Anschluß an *Hermann Hill*, Neue Organisationsformen in der Staats- und Kommunalverwaltung, in: Eberhard Schmidt-Aßmann/Wolfgang Hoffmann-Riem (Hg.), Verwaltungsorganisationsrecht als Steuerungsressource, 1997, S. 65 (93 f.).
391 Vgl. hierzu in europäischer Perspektive *Eekhoff* (N 84), S. 223 ff.
392 Hierauf allg. ebenfalls abstellend *Wolfram Höfling*, Primär- und Sekundärrechtsschutz im Öffentlichen Recht, in: VVDStRL 61 (2002), S. 260 (295); *Schmidt-Aßmann* (N 157), S. 40.

nalen und europäischen Verfassungs- und Verwaltungsverbund erreichen und feststellen zu können, bedarf es eines verstärkten Denkens in Kontrollzusammenhängen. Ein solches Denken rückt das arbeitsteilige Zusammenwirken[393] der einzelnen Kontrollen sowie das „polyzentrische Mehrebenensystem der Kontrollinstanzen"[394] in den Mittelpunkt. Es ermöglicht so besonders gut die Offenlegung von Kontrolldefiziten in Form von Kontrollschwächen oder -ausfällen, aber auch die Identifizierung von (möglichen) Komplementär- und Kompensationseffekten zwischen einzelnen Kontrollformen und -ebenen[395].

Im komplexen, internationalen Kontrollverbund folgen auch Kontrollfragen den Gesetzmäßigkeiten des Mehrebenensystems mit der Folge der Möglichkeit der Kompensation von Kontrolldefiziten auf der einen (zum Beispiel internationalen) Ebene durch Kontrollen auf einer anderen Ebenen (zum Beispiel EU, Staaten). Das „System" der Kontrollen erweist sich dabei als heterogen und netzwerkartig strukturiert[396]. Die bislang vorhandenen – wie gesehen vielfach noch defizitären – Kontrollstrukturen sind zukünftig zu einem konsistenten und effektiven dogmatischen „Bezugs- und Ordnungsrahmen"[397] weiterzuentwickeln. Dieser hat stärker als bisher auf das faktische Betroffensein des einzelnen in seinen Grundrechten abzustellen. Überdies muß er unter vorrangiger Ausrichtung an der Bürger-[398] und Rechtsschutzperspektive ein weitgehend dem Verbundprinzip folgendes internationales und transnationales Verwalten einerseits und eine noch weitgehend dem „alten" Trennungsprinzip folgende Kontrolldogmatik andererseits fortan stärker zur Deckung bringen sowie Transparenz und Kohärenz als Voraussetzungen für Verantwortung, Kontrolle und Haftung gewährleisten[399]. Um diese Ziele zu erreichen, ist kein radikaler Umbau des im Kern bewährten tradierten (Verwaltungs-)Rechtsschutzsystems vonnöten; wohl aber bedarf es punktueller Verschiebungen, Nachbesserungen und Klarstellungen im kooperativen, systematisch ausgerichteten Zusammenwirken von Rechtswissenschaft, Gerichten (Dogmatik) und Gesetzgebung[400].

88
Weiterentwicklung der Kontrollstrukturen

---

393 Hierzu auch *Schmidt-Aßmann* (N 105), 4. Kap. Rn. 57, 86 ff.
394 So mit Blick auf die staatliche Verfassungsgerichtsbarkeit *Gärditz* (N 34), C Art. 20 (6. Teil), Rn. 33. Von einem „Netzwerk der Judikaturen" spricht *Menzel* (N 29), S. 852. Zur Rolle der Parlamente in diesem Zusammenhang s. die Beiträge in: Gabriele Abels/Annegret Eppler (Hg.), Auf dem Weg zum Mehrebenenparlamentarismus?, 2011.
395 *Kahl* (N 85), § 47 Rn. 208; *Schmidt-Aßmann* (N 157), S. 17; zur Kompensationsfunktion des Verwaltungsverfahrens bei defizitärer gerichtlicher Kontrolle *Fehling* (N 235), § 12 Rn. 75, 88 ff.; zum funktionalen Komplementaritätsverhältnis grundlegend *Schmidt-Aßmann* (N 214), S. 153 ff. Zum Ganzen → Bd. V, *P. Kirchhof*, § 99 Rn. 243 ff.
396 Dies wurde besonders für die EU herausgearbeitet (vgl. *Hofmann* [N 209], S. 128 ff.; *Schmidt-Aßmann* [N 225], S. 397 ff.), kann aber mit gewissen Einschränkungen grundsätzlich auch auf den internationalen Verwaltungsraum übertragen werden.
397 Begriff von *Giovanni Biaggini*, Die Entwicklung eines Internationalen Verwaltungsrechts als Aufgabe der Rechtswissenschaft, in: VVDStRL 57 (2008), S. 413 (423).
398 Ebenso die Grundforderung von *v. Arnauld* (N 197), S. 519 und passim.
399 *Schmidt-Aßmann* (N 19), § 5 Rn. 54.
400 Ebenso *Schmidt-Aßmann* (N 193), S. 114 f.

F. Bibliographie

Andreas von Arnauld, Die Rückkehr des Bürgers: Paradigmenwechsel im Europäischen und Internationalen Verwaltungsrecht?, in: JöR N.F. 59 (2011), S. 497 ff.
Stefan Burbaum, Rechtsschutz gegen transnationales Verwaltungshandeln, 2003.
Lothar Harings, Grenzüberschreitende Zusammenarbeit der Polizei- und Zollverwaltungen und Rechtsschutz in Deutschland, 1998.
Herwig C. H. Hofmann/Gerard C. Rowe/Alexander H. Türk, Administrative Law and Policy of the European Union, Oxford 2011, insbes. S. 679 ff.
Jens Hofmann, Rechtsschutz und Haftung im Europäischen Verwaltungsverbund, 2004.
Wolfgang Kahl, Begriff, Funktionen und Konzepte von Kontrolle, in: GVwR, Bd. III, 2009, § 47.
ders., Parlamentarische Steuerung der internationalen Verwaltungsbeziehungen, in: Hans-Heinrich Trute/Thomas Groß/Hans Christian Röhl/Christoph Möllers (Hg.), Allgemeines Verwaltungsrecht – zur Tragfähigkeit eines Konzepts, 2008, S. 71 ff.
Martin Kment, Grenzüberschreitendes Verwaltungshandeln, 2010.
Jörg Menzel, Internationales Öffentliches Recht, 2011.
Franz Merli, Rechtsschutz in grenzüberschreitenden verwaltungsrechtlichen Kooperationsverfahren in Europa, in: Michael Holoubek/Michael Lang (Hg.), Verfahren der Zusammenarbeit von Verwaltungsbehörden in Europa, 2012, S. 377 ff.
Ralf Poscher, Das Verfassungsrecht vor den Herausforderungen der Globalisierung, in: VVDStRL 67 (2008), S. 160 ff.
Matthias Ruffert, Die Globalisierung als Herausforderung an das Öffentliche Recht, 2004.
ders./Christian Walter, Institutionalisiertes Völkerrecht, 2009.
Reiner Schmidt, Die Rechtsgarantie gerichtlicher Kontrolle in einer globalisierten Wirtschaft, in: Hans-Heinrich Trute/Thomas Groß/Hans Christian Röhl/Christoph Möllers (Hg.), Allgemeines Verwaltungsrecht – zur Tragfähigkeit eines Konzepts, 2008, S. 529 ff.
Eberhard Schmidt-Aßmann, Kohärenz und Konsistenz des verwaltungsgerichtlichen Rechtsschutzes, in: Die Verwaltung 44 (2011), S. 105 ff.
ders., Internationaler Verwaltungsrechtsschutz als Individualrechtsschutz, in: Jerzy Stelmach/Wolfgang Kahl/Hartmut Bauer/Detlef Czybulka/Andreas Voßkuhle (Hg.), Das öffentliche Wirtschaftsrecht im Zeitalter der Globalisierung, 2012, S. 141 ff.
Eberhard Schmidt-Aßmann/Bettina Schöndorf-Haubold (Hg.), Der Europäische Verwaltungsverbund, 2005.
Friedrich Schoch, Gerichtliche Verwaltungskontrollen, in: GVwR, Bd. III, 2009, § 50.
Bettina Schöndorf-Haubold, Internationale Sicherheitsverwaltung, in: Hans-Heinrich Trute/Thomas Groß/Hans Christian Röhl/Christoph Möllers (Hg.), Allgemeines Verwaltungsrecht – zur Tragfähigkeit eines Konzepts, 2008, S. 575 ff.
dies., Europäisches Sicherheitsverwaltungsrecht, 2010.
Markus Thiel, Die „Entgrenzung" der Gefahrenabwehr, 2011.
Christian Tietje, Internationalisiertes Verwaltungshandeln, 2001.
Wolfgang Weiß, Der Europäische Verwaltungsverbund, 2010.

Personenregister

Nachgewiesen sind ausschließlich historische Persönlichkeiten und Personen der Zeitgeschichte.

Adenauer, Konrad **229** 48, **244** 23, 25
Allende, Salvador **246** 6
Andropow, Jurij **229** 61

Baker, James C. **229** 95
Ball, George W. **246** 32
Beyerle, Josef **244** 157
Blackstone, Sir William **235** 61
Bleckmann, Albert **226** 50
Blumenwitz, Dieter **226** 42
Bodin, Jean **230** 84
Böll, Heinrich **229** 21
Bolz, Lothar **229** 70
Brandt, Willy **229** 51, 53, 57, 67
Brentano, Clemens von **235** 27
Bush, George H. W. **229** 95

Carstens, Karl **229** 54
Churchill, Sir Winston **229** 9
Clinton, Bill **245** 5

Dahm, Georg **246** 85
Dehler, Thomas **229** 39
Deng, Xiaoping **246** 11
Doehring, Karl **226** 19
Dubček, Alexander **229** 21
Dunant, Henri **244** 135
Dunning, John H. **246** 34

Ehmke, Horst **229** 59
Eichmann, Adolf **245** 4
Eisenhower, Dwight D. **244** 174
Eucken, Walter **233** 11

Fichte, Johann Gottlieb **226** 1
Fischer, Oskar **229** 67
Fricke, Karl Wilhelm **229** 68
Friedrich Wilhelm IV.
 (König von Preußen) **244** 91

Geck, Wilhelm Karl **226** 24
Gesell, Silvio **252** 3
Gibson, William **231** 2
Goldman, Berthold **246** 123
Gorbatschow, Michail **229** 77, 95, 98, 107

Habré, Hissène **245** 33
Hájek, Jiří **229** 22, 66
Hand, Learned **246** 62
Havel, Václav **229** 21 f., 66
Hayek, Friedrich August von **233** 6
Hegel, Georg Wilhelm Friedrich
 232 55
Heß, Rudolf **229** 92, **241** 32
Hesse, Konrad **226** 11
Hintze, Otto **244** 96
Hirschman, Albert O. **233** 3, 5
Hobbes, Thomas **246** 3
Honecker, Erich **229** 44, 64, 67
Huber, Max **230** 16
Huber, Ulrikus **230** 5
Hymer, Stephen Herbert **246** 23

Ipsen, Hans Peter **226** 89

Jellinek, Georg **229** 5, **230** 72, **231** 6,
 232 9, **251** 2
Jessup, Philip C. **246** 107

Kirchmann, Julius Hermann von
 229 30
Kohl, Helmut **229** 59, 61, 64 ff., 95, 99
Kohout, Pavel **229** 21
Krenz, Egon **229** 68

Lehr, Robert **229** 39
Leibholz, Gerhard **241** 17
Lenin, Wladimir Iljitsch **252** 1
Levitt, Theodore **234** 1
Locke, John **247** 8

Mangoldt, Hermann von **229** 36, 39,
 235 5, 27
Mann, Frederick Alexander **246** 85
Maucher, Helmut **246** 34
McNair, Arnold Duncan **246** 68, 119 f.
Miller, Arthur **229** 21
Mitterand, François **229** 95
Modrow, Hans **229** 77, 98
Mohl, Robert von **245** 31
Mosler, Hermann **226** 27

Halbfette Zahl = §§; magere Zahl = RN 1145

Personenregister

Moynier, Gustave **245** 2
Murwanashyaka, Ignace **245** 11
Myrdal, Gunnar **246** 9f.

Neumeyer, Karl **237** 28, **251** 11

Ohmae, Kenichi **246** 32

Pachman, Luděk **229** 21
Partsch, Karl Josef **226** 27
Patočka, Jan **229** 22
Pinochet, Augusto **245** 9
Porter, Michael E. **246** 32

Reza, Schah Pahlavi **246** 12
Roosevelt, Franklin D. **229** 9
Rotteck, Carl von **244** 96
Rubin, Seymour J. **246** 6
Ruggie, John Gerard **246** 17
Rumsfeld, Donald **245** 11

Sacharow, Andrei Dmitrijewitsch **229** 66
Sartre, Jean-Paul **229** 21
Schanz, Georg von **251** 23f.
Scheuner, Ulrich **244** 171
Schewardnadse, Eduard **229** 105, 107
Schmid, Carlo **226** 14, **229** 39, **235** 8, 32, 62, **244** 19

Schmidt, Helmut **229** 53f., 56f.
Schmitt, Carl **232** 55
Schmitthoff, Clive Maximilian **246** 123
Schönfelder, Adolph **229** 39
Schücking, Walther **244** 95
Seebohm, Hans-Christoph **229** 39
Servan-Schreiber, Jean-Jacques **246** 3
Simon, Hermann **246** 38
Slater, Don **231** 2
Solschenizyn, Alexander **229** 66

Thatcher, Margaret **229** 95f.
Tiebout, Charles M. **246** 27
Timberg, Sigmund **246** 3, 67

Ulbricht, Walter **229** 67
Ulmer, Eugen **247** 4, 11

Vernon, Raymond **246** 6
Vogel, Hans-Jochen **229** 60, 63, 65
Vogel, Klaus **226** 1, 44, **251** 19, 25, 56

Waigel, Theo **229** 63, **252** 22
Wehner, Herbert **229** 54
Wilhelm II. (Kaiser) **245** 2
Wilson, Woodrow **229** 7, 73

Yerodia Ndombasi, Abdoulaye **245** 33

Gesetzesregister

Übersicht

I. Verfassungsrecht
   1. Grundgesetz (chronologisch)
   2. Weimarer Reichsverfassung von 1919
   3. Reichsverfassung von 1871
   4. Frankfurter Paulskirchenverfassung von 1849
   5. Verfassungsurkunde für den preußischen Staat von 1848
   6. Verfassungen der Deutschen Demokratischen Republik (chronologisch)
   7. Landesverfassungen (alphabetisch)

II. Dokumente zur Rechtslage Deutschlands (chronologisch)
   1. Versailler Vertrag vom 28. Juni 1919
   2. Londoner Abkommen über Kontrolleinrichtungen in Deutschland vom 14. November 1944
   3. Statut für den Internationalen Militärgerichtshof vom 8. August 1945
   4. Besatzungsstatut vom 12. Mai 1949
   5. Deutschlandvertrag (Generalvertrag) vom 26. Mai 1952
   6. Grundlagenvertrag (Grundvertrag) vom 21. Dezember 1972
   7. Staatsvertrag über die Schaffung einer Währungs-, Wirtschafts- und Sozialunion zwischen Deutschland und der DDR vom 18. Mai 1990
   8. Vertrag über die Herstellung der Einheit Deutschlands (Einigungsvertrag) vom 31. August 1990
   9. Zwei-plus-Vier-Vertrag (Abschlußvertrag) vom 12. September 1990

III. Bilaterale Verträge der Bundesrepublik Deutschland (chronologisch)
   1. Deutsch-Amerikanischer Freundschaftsvertrag vom 29. Oktober 1954
   2. Abkommen zwischen Deutschland und Österreich über die Erleichterung der Grenzabfertigung vom 14. September 1955
   3. Übereinkommen über den Schutz des Bodensees vom 27. Oktober 1960
   4. Abkommen zwischen Deutschland und der Schweizerischen Eidgenossenschaft über die Grenzabfertigung vom 1. Juni 1961
   5. Büsinger Staatsvertrag vom 23. November 1964
   6. Moskauer Vertrag vom 12. August 1970
   7. Warschauer Vertrag vom 7. Dezember 1970
   8. Vertrag zwischen Deutschland und Luxemburg über den Verlauf der gemeinsamen Staatsgrenze vom 19. Dezember 1984
   9. Abkommen zwischen Deutschland und Dänemark über die gegenseitige Hilfeleistung bei Katastrophen oder schweren Unglücksfällen vom 16. Mai 1985
   10. Vereinbarung zwischen Deutschland und dem Großherzogtum Luxemburg über die polizeiliche Zusammenarbeit im Grenzgebiet vom 24. Oktober 1995
   11. Abkommen zwischen Deutschland und der Französischen Republik über die Zusammenarbeit der Polizei und Zollbehörden vom 9. Oktober 1997
   12. Deutsch-schweizerischer Vertrag über die grenzüberschreitende polizeiliche und justitielle Zusammenarbeit vom 27. April 1999
   13. Deutsch-Belgisches Abkommen über die Zusammenarbeit der Polizeibehörden und der Zollverwaltung im Grenzgebiet vom 27. März 2000

Gesetzesregister (Übersicht)

14. Vertrag zwischen Deutschland und der Tschechischen Republik über die gegenseitige Hilfeleistung bei Katastrophen und schweren Unglücksfällen vom 19. September 2000
15. Abkommen zwischen Deutschland und Dänemark über die polizeiliche Zusammenarbeit im Grenzgebiet vom 21. März 2001
16. Abkommen zwischen Deutschland und Polen über die Zusammenarbeit der Polizeibehörden und der Grenzschutzbehörden vom 18. Februar 2002
17. Vertrag zwischen Deutschland und Österreich über die grenzüberschreitende Zusammenarbeit vom 10. November und 19. Dezember 2003
18. Vertrag zwischen Deutschland und der Niederlande über die grenzüberschreitende polizeiliche Zusammenarbeit in strafrechtlichen Angelegenheiten vom 2. März 2005
19. Vertrag zwischen Deutschland und der Tschechischen Republik über die Erleichterung der Grenzabfertigung vom 19. Mai 2005
20. Deutsch-amerikanisches Doppelbesteuerungsübereinkommen vom 1. Juni 2006
21. Deutsch-französisches Doppelbesteuerungsabkommen vom 6. Oktober 2006

IV. Bilaterale Verträge der Deutschen Demokratischen Republik
Vertrag über Freundschaft, gegenseitigen Beistand und Zusammenarbeit zwischen der DDR und der UdSSR vom 12. Juni 1964

V. Bundesrecht (alphabetisch)
1. *AO*, Abgabenordnung
2. *AStG*, Außensteuergesetz
3. *AtG*, Atomgesetz
4. *AufenthG*, Aufenthaltsgesetz
5. *AVAG*, Anerkennungs- und Vollstreckungsausführungsgesetz
6. *AWG*, Außenwirtschaftsgesetz
7. *AWV*, Außenwirtschaftsverordnung
8. *BBankG*, Gesetz über die Deutsche Bundesbank
9. *BDSG*, Bundesdatenschutzgesetz
10. *BGB*, Bürgerliches Gesetzbuch
11. *BGSG*, Bundesgrenzschutzgesetz
12. *BHO*, Bundeshaushaltsordnung
13. *BImSchG*, Bundes-Immissionsschutzgesetz
14. *BVerfGG*, Bundesverfassungsgerichtsgesetz
15. *EGAHiG*, EG-Amtshilfe-Gesetz
16. *EG-BeitrG*, EG-Beitreibungsgesetz
17. *EGBGB*, Einführungsgesetz zum Bürgerlichen Gesetzbuch
18. *EGÜZustG*, Gesetz zu dem Übereinkommen vom 19. Juni 1980 über das auf vertragliche Schuldverhältnisse anzuwendende Recht
19. *ErbStG*, Erbschaftsteuer- und Schenkungsteuergesetz
20. *EStG*, Einkommensteuergesetz
21. *EUZBBG*, Gesetz über die Zusammenarbeit von Bundesregierung und Deutschem Bundestag in Angelegenheiten der Europäischen Union
22. *FamFG*, Familienverfahrensgesetz
23. *FeV*, Fahrerlaubnis-Verordnung
24. *FGO*, Finanzgerichtsordnung
25. *FinDAG*, Finanzdienstleistungsaufsichtsgesetz
26. *G10*, Gesetz zu Artikel 10 GG

Gesetzesregister (Übersicht)

27. *GewO*, Gewerbeordnung
28. *GOBReg*, Geschäftsordnung der Bundesregierung
29. *GOBT*, Geschäftsordnung des Deutschen Bundestages
30. *GVG*, Gerichtsverfassungsgesetz
31. *GWB*, Kartellgesetz
32. *HGB*, Handelsgesetzbuch
33. *HGrG*, Haushaltsgrundsätzegesetz
34. *IHKG*, Gesetz zur vorläufigen Regelung des Rechts der Industrie- und Handelskammern
35. *IntVG*, Integrationsverantwortungsgesetz
36. *IRG*, Gesetz über die internationale Rechtshilfe in Strafsachen
37. *IStGHG*, IStGH-Gesetz
38. *IStGHGleichstG*, IStGH-Gleichstellungs-Gesetz
39. *KonsularG*, Konsulargesetz
40. *KriegswaffenKG*, Kriegswaffenkontrollgesetz
41. *KredAnstWiAG*, Gesetz über die Kreditanstalt für Wiederaufbau
42. *KStG*, Körperschaftsteuergesetz
43. *KWG*, Kreditwesengesetz
44. *KWKG*, Kraft-Wärme-Kopplungsgesetz
45. *LuftVG*, Luftverkehrsgesetz
46. *OWiG*, Ordnungswidrigkeitengesetz
47. *PAngG*, Preisangaben- und Preisklauselgesetz
48. *ParlBetG*, Parlamentsbeteiligungsgesetz
49. *PatG*, Patentgesetz
50. *SG*, Soldatengesetz
51. *SGB X*, Sozialgesetzbuch: Verwaltungsverfahren, Schutz der Sozialdaten, Zusammenarbeit der Leistungsträger und ihre Beziehungen zu Dritten
52. *StabMechG*, Stabilisierungsmechanismusgesetz
53. *StAG*, Staatsangehörigkeitsgesetz
54. *StÄndG 2007*, Steueränderungsgesetz 2007
55. *StGB*, Strafgesetzbuch
56. *StPO*, Strafprozeßordnung
57. *StVG*, Straßenverkehrsgesetz
58. *TKG*, Telekommunikationsgesetz
59. *UIG*, Umweltinformationsgesetz
60. *UrhG*, Urhebergesetz
61. *UStG*, Umsatzsteuergesetz
62. *UVPG*, Umweltverträglichkeitsprüfungsgesetz
63. *UWG*, Gesetz gegen den unlauteren Wettbewerb
64. *UZwGBw*, Gesetz über die Anwendung unmittelbaren Zwanges und die Ausübung besonderer Befugnisse durch Soldaten der Bundeswehr und zivile Wachpersonen
65. *VAG*, Versicherungsaufsichtsgesetz
66. *VStG*, Vermögensteuergesetz
67. *VStGB*, Völkerstrafgesetzbuch
68. *VwGO*, Verwaltungsgerichtsordnung
69. *VwVfG*, Verwaltungsverfahrensgesetz
70. *VwZG*, Verwaltungszustellungsgesetz
71. *WährG*, Währungsgesetz
72. *WPflG*, Wehrpflichtgesetz
73. *WStG*, Wehrstrafgesetz

Halbfette Zahl = §§; magere Zahl = Rn.; N = Fußnote

Gesetzesregister (Übersicht)

74. *ZollVG*, Zollverwaltungsgesetz
75. *ZPO*, Zivilprozessordnung
76. *ZRHO*, Zivilrechtshilfeordnung

VI. Landesrecht (alphabetisch)
   1. Bayern
      DSG, Datenschutzgesetz
   2. Thüringen
      HSchG, Hochschulgesetz

VII. Kirchenrecht, Staatskirchenverträge
     Erlasse und Friedensschlüsse
       Osnabrücker Friedensvertrag (Westfälischer Friede)

VIII. Gesetze und Verordnungen der Deutschen Demokratischen Republik (alphabetisch)
     KonsG, Konsulargesetz

IX. Europäisches Gemeinschaftsrecht
   1. Primärrecht (chronologisch)
      (1) Vertrag über die Gründung der Europäischen Gemeinschaft für Kohle und Stahl (EGKS-Vertrag) vom 18. April 1951
      (2) Vertrag zur Gründung der Europäischen (Wirtschafts-) Gemeinschaft (EGV) vom 25. März 1957 (seit 13. Dezember 2007 Vertrag über die Arbeitsweise der Europäischen Union vom 25. März 1957 – AEU)
      (3) Vertrag zur Gründung der Europäischen (Wirtschafts-) Gemeinschaft vom 25. März 1957 (EGV)
      (4) Protokoll über die Vorrechte und Befreiungen der Europäischen Union vom 8. April 1965
      (5) Europäisches Übereinkommen über die Staatenimmunität vom 16. Mai 1972
      (6) Einheitliche Europäische Akte vom 28. Februar 1986
      (7) Vertrag über die Europäische Union vom 7. Februar 1992 (EU)
      (8) Vertrag über die Europäische Union (Maastricht-Vertrag) vom 7. Februar 1992 (EUV)
      (9) ESZB-Satzung vom 7. Februar 1992 (Protokoll Nr. 18)
      (10) Satzung der Europäischen Zentralbank vom 7. Februar 1992
      (11) Vertrag von Amsterdam vom 2. Oktober 1997
      (12) Übereinkommen über gegenseitige Amtshilfe und Zusammenarbeit der Zollverwaltung vom 18. Dezember 1997
      (13) Charta der Grundrechte der Europäischen Union vom 7. Dezember 2000
      (14) Vertrag über Stabilität, Koordinierung und Steuerung in der Wirtschafts- und Währungsunion vom 31. Januar 2012
   2. Verordnungen (chronologisch)
      (1) Verordnung (EG) Nr. 515/97 über die gegenseitige Amtshilfe im Hinblick auf die Zoll- und Agrarregelungen vom 13. März 1997
      (2) Euro-Verordnung I (EG) Nr. 1103/97 vom 17. Juni 1997
      (3) Verordnung (EG) Nr. 1467/97 über die Beschleunigung und Klärung des Verfahrens bei einem übermäßigen Defizit vom 7. Juli 1997

Gesetzesregister (Übersicht)

(4) Euro-Verordnung II (EG) Nr. 974/98 vom 3. Mai 1998
(5) Euro-Verordnung III (EG) Nr. 2866/98 vom 31. Dezember 1998
(6) Verordnung (EG) Nr. 44/2001 vom 22. Dezember 2000
(7) Dublin II-Verordnung (EG) Nr. 343/2003 vom 18. Februar 2003
(8) Verordnung (EG) Nr. 2201/2003 über die Zuständigkeit und die Anerkennung und Vollstreckung von Entscheidungen in Ehesachen vom 27. November 2003
(9) Verordnung (EG) Nr. 805/2004 zur Einführung eines europäischen Vollstreckungstitels für unbestrittene Forderungen (EuVTVO) vom 21. April 2004
(10) Frontex-Verordnung (EG) Nr. 2007/2004 vom 26. Oktober 2004
(11) Verordnung (EG) Nr. 1717/2006 zur Schaffung eines Instruments für Stabilität vom 15. November 2006
(12) Verordnung (EG) Nr. 1896/2006 zur Einführung des Europäischen Mahnverfahrens vom 12. Dezember 2006
(13) Verordnung (EG) Nr. 1905/2006 zur Schaffung eines Finanzierungsinstruments für die Entwicklungszusammenarbeit vom 18. Dezember 2006
(14) Verordnung (EG) Nr. 1889/2006 zur Einführung eines Finanzierungsinstruments für die weltweite Förderung der Demokratie und der Menschenrechte vom 20. Dezember 2006
(15) EU-Bagatell-Verordnung (EG) Nr. 861/2007 vom 11. Juli 2007
(16) „Rom II"-Verordnung (EG) Nr. 864/2007 vom 11. Juli 2007
(17) Verordnung (EG) Nr. 215/2008 über Finanzregeln für den 10. Europäischen Entwicklungsfonds vom 18. Februar 2008
(18) „Rom I"-Verordnung (EG) Nr. 593/2008 vom 17. Juni 2008
(19) Verordnung (EU) Nr. 407/2010 zur Einführung eines europäischen Finanzstabilisierungsmechanismus vom 11. Mai 2010
(20) Verordnung (EU) Nr. 1215/2012 über die gerichtliche Zuständigkeit in Zivil- und Handelssachen vom 12. Dezember 2012

3. Richtlinien (chronologisch)
(1) Richtlinie 95/46/EG zum Schutz natürlicher Personen bei der Verarbeitung personenbezogener Daten und zum freien Datenverkehr vom 24. Oktober 1995
(2) Richtlinie 2000/46/EG über die Tätigkeit von E-Geld-Instituten vom 18. September 2010
(3) Richtlinie 2001/29/EG zur Harmonisierung des Urheberrechts vom 22. Mai 2001
(4) Dienstleistungsrichtlinie 2006/123/EG vom 12. Dezember 2006
(5) Richtlinie 2009/72/EG über gemeinsame Vorschriften für den Elektrizitätsbinnenmarkt vom 13. Juli 2009
(6) Richtlinie 2009/73/EG über gemeinsame Vorschriften für den Erdgasbinnenmarkt vom 13. Juli 2009
(7) Richtlinie 2011/96/EU über das gemeinsame Steuersystem der Mutter- und Tochtergesellschaften verschiedener Mitgliedstaaten vom 30. November 2011
(8) Umweltverträglichkeitsprüfungs-Richtlinie 2011/92/EU vom 13. Dezember 2011

Gesetzesregister (Übersicht)

X. Recht der Vereinten Nationen (chronologisch)
1. Statut des Internationalen Gerichtshofes vom 26. Juni 1945
2. Charta der Vereinten Nationen vom 26. Juni 1945
3. Konvention über die Verhütung und Bestrafung des Völkermordes vom 9. Dezember 1948
4. Allgemeine Erklärung der Menschenrechte vom 10. Dezember 1948
5. I. Genfer Abkommen zur Verbesserung des Loses der Verwundeten und Kranken der Streitkräfte im Feld vom 12. August 1949
6. II. Genfer Abkommen zur Verbesserung des Loses der Verwundeten, Kranken und Schiffbrüchigen der Streitkräfte zur See vom 12. August 1949
7. III. Genfer Abkommen über die Behandlung von Kriegsgefangenen vom 12. August 1949
8. IV. Genfer Rotkreuz-Abkommen vom 12. August 1949
9. Genfer Flüchtlingskonvention vom 28. Juli 1951
10. Draft Convention on Arbitral Procedure vom 14. August 1953
11. Model Rules on Arbitral Procedure vom 10. Juni 1958
12. Konvention über die Rechte des Kindes vom 20. November 1959
13. Wiener Übereinkommen über die konsularischen Beziehungen vom 24. April 1963
14. Resolution 2029 (XX) über ein Entwicklungsprogramm der Vereinten Nationen vom 22. November 1965
15. Internationales Übereinkommen zur Beseitigung jeder Form der Rassendiskriminierung vom 7. März 1966
16. Internationaler Pakt über bürgerliche und politische Rechte vom 16. Dezember 1966
17. Internationaler Pakt über wirtschaftliche, soziale und kulturelle Rechte vom 19. Dezember 1966
18. Resolution 1264 zur Situation in Ost-Timor vom 15. September 1999
19. Wiener Vertragskonvention vom 23. Mai 1969
20. Friendly-Relations-Declaration vom 24. Oktober 1970
21. Resolution der Generalversammlung der Vereinten Nationen „Defining Aggression" vom 14. Dezember 1974
22. UNCITRAL Arbitration Rules vom 28. April 1976
23. Seerechtsübereinkommen der Vereinten Nationen vom 10. Dezember 1982
24. Konvention gegen Folter und andere grausame, unmenschliche oder erniedrigende Behandlung oder Strafe vom 10. Dezember 1984
25. Montrealer Protokoll vom 16. September 1987
26. Resolution 48/162 über weitere Maßnahmen in den Bereichen Ökonomie und Soziales vom 20. Dezember 1993
27. Resolution 940 zur Beseitigung der Militärdiktatur in Haiti vom 31. Juli 1994
28. Convention on the Law of the Non-Navigational Uses of International Watercourses vom 21. Mai 1997
29. Römisches Statut des Internationalen Gerichtshofs vom 17. Juli 1998
30. Resolution der Generalversammlung der Vereinten Nationen 56/83 zur Verantwortlichkeit von Staaten für völkerrechtswidriges Verhalten vom 12. Dezember 2001
31. Resolution 1556 über die Situation im Sudan vom 30. Juli 2004
32. Übereinkommen über die Rechte von Menschen mit Behinderungen vom 13. Dezember 2006
33. Draft Articles on Prevention of Transboundary Harm from Hazadorous Activities vom 9. Juli 2007

Gesetzesregister (Übersicht)

34. Resolution über Menschenrechte und transnationale Gesellschaften und andere Wirtschaftsunternehmen vom 6. Juli 2011

XI. Sonstiges zwischenstaatliches Recht (chronologisch)
1. Pariser Übereinkunft zum Schutze des gewerblichen Eigentums vom 20. März 1883
2. Internationaler Vertrag zum Schutze der unterseeischen Telegraphenkabel vom 14. März 1884
3. Berner Übereinkunft zum Schutz von Werken der Literatur und der Kunst vom 9. September 1886
4. I. Haager Abkommen zur friedlichen Erledigung internationaler Streitfälle vom 18. Oktober 1907
5. IV. Haager Abkommen (Haager Landkriegsordnung) vom 18. Oktober 1907
6. Satzung des Völkerbundes vom 28. Juni 1919
7. Staatsvertrag von St. Germain-en-Laye vom 10. September 1919
8. Vertrag von Sèvres vom 10. August 1920
9. Vertrag von Lausanne vom 24. Juli 1923
10. Briand-Kellogg-Pakt vom 27. August 1928
11. Montevideo-Konvention vom 26. Dezember 1933
12. Abkommen über die Internationale Bank für Wiederaufbau und Entwicklung vom 22. Juli 1944
13. Übereinkommen über den Internationalen Währungsfonds vom 22. Juli 1944
14. Amerikanischer Vertrag über die friedliche Streitschlichtung vom 30. April 1948
15. Nordatlantikvertrag (NATO-Vertrag) vom 4. April 1949
16. Satzung des Europarates vom 5. Mai 1949
17. Europäische Menschenrechtskonvention vom 4. November 1950
18. NATO-Truppenstatut vom 19. Juni 1951
19. Allgemeines Abkommen über den Handel mit Dienstleistungen (GATS) vom 1. Januar 1955
20. Europäisches Auslieferungsübereinkommen vom 13. Dezember 1957
21. Europäisches Übereinkommen über die Rechtshilfe in Strafsachen vom 20. April 1959
22. Weltbankübereinkommen vom 28. März 1965
23. Haager Zustellungsübereinkommen vom 15. November 1965
24. Wiener Übereinkommen über den Straßenverkehr vom 8. November 1968
25. Schlußakte der KSZE vom 1. August 1975
26. Übereinkommen über die Zustellung von Schriftstücken in Verwaltungssachen im Ausland vom 24. November 1977
27. Übereinkommen über die Erlangung von Auskünften und Beweisen in Verwaltungssachen im Ausland vom 15. März 1978
28. Agreement Governing the Activities of States on the Moon vom 5. Dezember 1979
29. Zweites Schengener Übereinkommen vom 19. Juni 1990
30. Protokoll über Umweltschutz in der Antarktis vom 4. Oktober 1991
31. Statut des Internationalen Strafgerichtshofs für das ehemalige Jugoslawien vom 25. Mai 1993
32. Übereinkommen zur Errichtung der Welthandelsorganisation (WTO) vom 15. April 1994
33. TRIPs-Übereinkommen vom 15. April 1994

Gesetzesregister (Übersicht)

    34. Allgemeines Zoll- und Handelsabkommen (GATT) vom 15. April 1994
    35. Übereinkommen über das Recht der nicht-schiffahrtlichen Nutzung internationaler Wasserläufe vom 21. Mai 1997
    36. Abkommen zwischen der EG und den USA über die Anwendung der „Positive Comity" vom 4. Juni 1998
    37. Aarhus-Konvention vom 25. Juni 1998
    38. Übereinkommen über Computerkriminalität vom 23. November 2001
    39. OECD-Abkommen zur Vermeidung der Doppelbesteuerung auf dem Gebiet der Steuern vom Januar 2003
    40. Abkommen zwischen der EG und Japan über die Zusammenarbeit bei wettbewerbswidrigen Verhaltensweisen vom 22. Juli 2003
    41. „Cartagena-Protokoll" vom 11. September 2003
    42. Vertrag über die Vertiefung der grenzüberschreitenden Zusammenarbeit (Schengen III-Vertrag) vom 27. Mai 2005
    43. Abkommen zwischen der EG und Kanada über die Anwendung des Wettbewerbsrechts vom 30. Dezember 2006
    44. Übereinkommen über die gerichtliche Zuständigkeit und die Anerkennung und Vollstreckung von Entscheidungen in Zivil- und Handelssachen vom 30. Oktober 2007
    45. Abkommen zwischen der EG und Korea über die Zusammenarbeit bei wettbewerbswidrigen Verhaltensweisen vom 4. August 2009

XII. Vorkonstitutionelles Recht (chronologisch)
    1. Untersuchungshaftentschädigungsgesetz vom 14. Juli 1904
    2. Gesetz über die Staats- und Regierungsform von Deutschösterreich vom 12. November 1918
    3. Gesetz zur Behebung der Not von Volk und Reich vom 24. März 1933
    4. Verordnung über den internationalen Kraftfahrzeugverkehr vom 12. November 1934

XIII. Ausländische Verfassungen (alphabetisch)
    1. Argentinien
    2. Belgien
    3. Frankreich
    4. Irland
    5. Italien
    6. Niederlande
    7. Österreich
    8. Polen
    9. Portugal
    10. Rumänien
    11. Schweiz
    12. Slowakei
    13. Slowenien
    14. Tschechien
    15. Uruguay
    16. Vereinigte Staaten von Amerika

I. Verfassungsrecht

1. Grundgesetz (chronologisch)

(1) Grundgesetz für die Bundesrepublik Deutschland in der Ursprungsfassung vom 23. Mai 1949

Präambel **229** 6, 41, N10

(2) Grundgesetz für die Bundesrepublik Deutschland vom 23. Mai 1949; durch das Einundzwanzigste Gesetz zur Änderung des Grundgesetzes (Finanzreformgesetz) vom 12. Mai 1969 eingefügte oder geänderte Artikel

Art. 18	**226** 44
Art. 258	**226** 31
Art. 260	**226** 31
Art. 267 Abs. 3	**226** 31

(3) Grundgesetz für die Bundesrepublik Deutschland vom 23. Mai 1949; durch das Fünfunddreißigste Gesetz zur Änderung des Grundgesetzes (Art. 21 Abs. 1) vom 21. Dezember 1983 eingefügte oder geänderte Artikel

Präambel	**228** N82
Art. 23	**229** 34, 38 f., 82 f., 107, N80, N96, N189, **230** 60 ff., 73, N29, **240** 10, **241** N117
Art. 23 Satz 1	**230** 28 f.
Art. 24	**240** 59
Art. 25	**229** 40
Art. 146	**229** 38, 40, 107, N96

(4) Grundgesetz für die Bundesrepublik Deutschland vom 23. Mai 1949; durch das Einigungsvertragsgesetz vom 23. September 1990 geänderte oder eingefügte Artikel

Präambel **229** 6

(5) Grundgesetz für die Bundesrepublik Deutschland vom 23. Mai 1949; durch das Gesetz zur Änderung des Grundgesetzes vom 21. Dezember 1992 (achtunddreißigste Änderung) eingefügte oder geänderte Artikel

Art. 24 **226** 58

(6) Grundgesetz für die Bundesrepublik Deutschland vom 23. Mai 1949; durch das Gesetz zur Änderung des Grundgesetzes (Art. 96) vom 26. Juli 2002 (einundfünfzigste Änderung) geänderte oder eingefügte Artikel

Art. 75 **233** 20

Halbfette Zahl = §§; magere Zahl = Rn.; N = Fußnote

Gesetzesregister (Verfassungsrecht)

(7) Grundgesetz für die Bundesrepublik Deutschland vom 23. Mai 1949; zuletzt geändert durch das Gesetz zur Änderung des Grundgesetzes (Art. 91e) vom 21. Juli 2010 (achtundfünfzigste Änderung)

	227 1 ff., 10 ff., 18, 22, 26, 33, **230** 27, **239** 3, 38 f., 42 ff., 52 ff., 59, 61 ff., 66 ff., 70 ff., N190, **241** 9, 48, 52	Art. 2 Abs. 2	**240** N84, **241** 64, **244** N539
		Art. 2 Abs. 2 Satz 1	**235** 52, **240** 82, 91, **241** 64, **244** 77, 124, 158, N496, **248** 65, 85, 87, 89, 93 ff., 97 ff., 102 ff., 105 ff., 113, 117 ff.
Präambel	**226** 9, **227** 11 f., 16, 26, **230** 28, 63, **234** N146, **235** N265, **241** 19	Art. 2 Abs. 2 Satz 2	**235** N173, **240** 42, 79, **244** 163
Art. 1	**226** 66, **232** 30, N152, **238** 38, **239** 63, 68, **241** 57, **244** 157, **248** 36, **253** N239	Art. 3 Abs. 1	**235** 33, 54, N285, **240** 97, 99
		Art. 3 Abs. 2	**226** 74, **230** 78
		Art. 3 Abs. 2 Satz 1	**237** 24
Art. 1 Abs. 1 f.	**235** 52	Art. 4 Abs. 1	**244** N510
Art. 1 Abs. 1	**226** 6, **231** 17, **240** 91, **245** 28, **247** 5, 8, 11, 17	Art. 5	**226** 84
		Art. 5 Abs. 1	**240** 27, 30, 96, **247** 21
Art. 1 Abs. 1 Satz 1	**237** 27, **245** 40	Art. 5 Abs. 1 Satz 1	**247** 17
Art. 1 Abs. 2 f.	**244** 150, **249** 63, 68	Art. 5 Abs. 3	**247** 5
		Art. 6	**240** 54
Art. 1 Abs. 2	**226** 67, **227** 1, 3, 12, 15 ff., 26, 33, **228** 22, **235** N95, N265, **239** 39, **241** 19, 48, **244** 48, **245** 43, **249** 43 f., 69	Art. 6 Abs. 1	**240** 30, 56, 95
		Art. 6 Satz 2	**240** 54
		Art. 7 Abs. 4	**240** 92
		Art. 9	**226** 67
		Art. 9 Abs. 2	**227** 1, **235** N265, **239** 39
		Art. 9 Abs. 3	**232** N52
Art. 1 Abs. 3	**226** 69, **230** N29, **233** 19, **235** 33, **237** 44, 50, N121, **238** 22, **239** 42, **240** 12 ff., 21, 28 ff., 33, 35, 51, 62, 67, 73, N27, **241** 1, 24, 60 ff., **244** 151, 156 f., 169, **247** 57, **248** 94, N342, N379, **249** 69 f., **251** 16	Art. 10	**235** 52, N279, **240** 5, 87 ff.
		Art. 10 Abs. 1	**240** 89, **247** 17
		Art. 11	**229** 58, **240** 74
		Art. 11 Abs. 1	**230** 30, **233** 19
		Art. 12	**226** 84, **247** 16
		Art. 12 Abs. 1	**240** 29, **247** 18, **248** N382
		Art. 13 Abs. 3	**245** 38
		Art. 14	**226** 55, **240** 30, 93 f., **247** 5, 9, **252** 8 ff.
Art. 2 Abs. 1	**226** 23, 84, **235** 33, N161, N173, N174, **239** 41, 49, N155, **240** 91, **247** 5, 8, 11, 16 ff., **253** 28	Art. 14 Abs. 1	**240** 14, **247** 8 ff., 15, N8, **248** N382, **252** 9 f., N32
		Art. 14 Abs. 1 Satz 1	**247** 15, **248** 65, 85, 87, 89, 93 ff., 97 ff., 102 ff., 105 ff., 113, 117 ff.

Halbfette Zahl = §§; magere Zahl = Rn.; N = Fußnote

Gesetzesregister (Verfassungsrecht)

Art. 14 Abs. 1 Satz 2	**247** 15		N195, N239,
Art. 14 Abs. 2	**247** 25		N244, N249
Art. 14 Abs. 2 Satz 2	**247** 6	Art. 23 ff.	**235** N265, **238** 3,
Art. 16	**228** 37		**239** 39, **251** 56
Art. 16 Abs. 1 Satz 2	**235** 52	Art. 23 f.	**235** N1, **236** N16,
Art. 16 Abs. 2	**226** 65, 70, 76,		**239** 73
	235 52, **239** 24,	Art. 23	**226** 9, 36, 46, 48 f.,
	245 29		52, 58, 70, 89,
Art. 16 Abs. 2 Satz 1	**229** 58, **235** 39,		**227** 3, **229** 96,
	239 22		**230** 33, 53, 58, 60,
Art. 16 Abs. 2 Satz 2	**227** 3, **229** 58,		64 f., N185,
	235 53, **245** 26, 29		**234** 32, **236** 6,
Art. 16a	**226** 6, 83, **235** 53,		**239** 46 f., 62,
	239 N191,		**241** 19, **244** 74,
	240 76 f.		93, **248** 45, N37,
Art. 16a Abs. 1	**226** 44, **240** 76		**252** N134
Art. 16a Abs. 2 Satz 1	**240** 76	Art. 23 Abs. 1 ff.	**244** 74
Art. 17 ff.	**248** 36	Art. 23 Abs. 1	**226** 3 ff., 46, 52,
Art. 19 Abs. 2	**238** 8, **241** 41		55, 89, **230** 57,
Art. 19 Abs. 3	**240** 75, **244** 150		**232** 31 f., **234** 13,
Art. 19 Abs. 4	**232** 30, **235** 51,		32, 34, N146,
	239 50, 56, 69,		**238** 6, 23, **244** 93
	N181, N202,	Art. 23 Abs. 1 Satz 1	**230** 60, **234** 32,
	240 36, **241** 24,		**239** 40, 46 f., 73,
	244 169 f., N539,		**248** N341, **253** 9
	245 26, **249** 106,	Art. 23 Abs. 1 Satz 2	**230** 61, **232** 17,
	253 45, N341		**234** 39, **235** 28,
Art. 19 Abs. 4 Satz 1	**245** 26, **253** 28,		**239** 40, 73, 75,
	48, 50, N349		**248** 46 f., 62
Art. 20	**226** 2, **227** 1,	Art. 23 Abs. 1 Satz 3	**234** 32, **238** 18,
	231 35, **232** 8, 30,		N19, **239** 53, 63,
	238 25, **239** 63,		**248** 62, **252** 44
	68, **253** N239	Art. 23 Abs. 1a	**234** N168
Art. 20 Abs. 1 f.	**252** 41	Art. 23 Abs. 1a Satz 1	**248** 63
Art. 20 Abs. 1	**231** 17, **233** 27,	Art. 23 Abs. 2 f.	**248** 63, **253** N383
	238 N26, **252** 7,	Art. 23 Abs. 2	**226** 2, **234** 35
	253 9, 33	Art. 23 Abs. 2 Satz 1	**234** 35
Art. 20 Abs. 1 Satz 3	**230** 102	Art. 23 Abs. 2 Satz 2	**234** 35
Art. 20 Abs. 2	**233** 27, **238** 9,	Art. 23 Abs. 3 ff.	**234** 36
	253 9, 33, 35, N69	Art. 23 Abs. 4 Fall 1	**248** 63
Art. 20 Abs. 2 Satz 1	**234** 28	Art. 23 Abs. 5	**248** 63
Art. 20 Abs. 2 Satz 2	**253** 17	Art. 23 Abs. 5 Satz 1	**234** 36
Art. 20 Abs. 3	**233** 27, **234** 38 f.,	Art. 23 Abs. 5 Satz 2	**234** 36
	239 42, **241** 1, 24,	Art. 23 Abs. 6	**248** 63
	245 19 f., N128,	Art. 24	**226** 3 ff., 9, 36, 46,
	248 73, 124, 136,		52, **227** 3, **230** 33,
	253 9, 25, 28, 35, 50		35, 53, 55, 57,
Art. 20 Abs. 4	**226** 25, **228** 22 f., 26		61 f., 64 f., **232** 32,
Art. 20a	**248** 65 ff., 76 f., 79,		**236** 6, **239** 40, 45,
	82 ff., 89, 93 ff.,		N255, **241** 19, 48,
	97, 113, 117 ff.,		**243** 2, **249** 42

Halbfette Zahl = §§; magere Zahl = Rn.; N = Fußnote

Gesetzesregister (Verfassungsrecht)

Art. 24 Abs. 1	**226** 46, 49, 52, 61, 89, **230** 35, 53, 55 ff., 60 f., N171, **232** 17, **234** 32, 39, N147, **235** 51, N150, **239** 39, 73, **243** 17, 21, N57, **245** 18 f., 25, 28, **248** 52, 64, 100, 102, N90, N336, **253** N216		**240** 45, 101, **241** 39, 48, 51, 57, **243** 3, 16, 18, **244** 21, 120, 159, **245** 32, 45, **246** 107, **248** 127, **249** 43, 53, 63, 76, **251** 19, 57
		Art. 25 Abs. 1	**230** 78, **234** 38
		Art. 25 Abs. 2	**238** 31
		Art. 25 Satz 1 f.	**245** 45
Art. 24 Abs. 1a	**226** 46, N299, **230** 59, 64, **239** 73, **248** 52 f., N90, N336	Art. 25 Satz 1	**227** 23, **230** 38 f., 101, N112, **235** 1 f., 10, 16, 27 f., 31, N82, **248** 73, 114, 118, 124 ff.
Art. 24 Abs. 2	**226** 40, 60 f., 67, 89, N127, N228, **227** 1, 17 ff., N78, **230** 55, **235** 56, N295, **240** 46, 79, **241** 52, 64, **242** 1, 13, **243** 2 f., 14 ff., 18, 21, 23, 25, 27 f., **244** 6, 16, 20, 28, 48, 50, 53, 58, 60 ff., 67, 69, 71 ff., 79, 83, 86, 93, 121 f., 154, 170, N200, N239, N513, **249** 43, 45	Art. 25 Satz 2	**226** 18, **235** 8, 20, 23, 26 f., 29 ff., 32 ff., 43, 60, N161, N167, **236** 26, **244** 21, **245** 46, **246** 85, **248** 124, 127 f.
		Art. 25 Satz 2 Hs. 2	**227** 23, **230** 50, **235** 32
		Art. 26	**226** 3 f., 9, 19 f., 25, 36, 67, N246, **227** 1 ff., 24 f., 30, N130, **235** 32, **241** 19, 48, 52, **243** 16, 18, **244** 21, N67, **248** 36
Art. 24 Abs. 2 Hs. 2	**230** 56		
Art. 24 Abs. 3	**226** 42, 63 f., **242** 1 ff., 8 ff., 69, **244** 21		
Art. 25 f.	**244** 48, 124	Art. 26 Abs. 1	**227** 12, 24 f., 30, N113, N119, N121, **243** 16, **244** 21, 29, 48, 120
Art. 25	**226** 3 f., 9, 13 f., 24, 36, 39, 44, 77, N49, **227** 1 ff., 19, 21, 21 ff., 26, N89, **230** 50, 52, 81, N141, **232** 11, 33, N152, **235** 1 f., 4 ff., 8 ff., 15, 17, 19 ff., 26 f., 31 ff., 39, 42, 44, 58 f., 61 f., N19, N29, N37, N89, N136, N173, N174, N196, N232, N279, **238** 7, 11, 30 f., 40, **239** 51,		
		Art. 26 Abs. 1 Satz 1	**227** 3, 24 ff., 29, 33
		Art. 26 Abs. 1 Satz 2	**227** 27 f.
		Art. 26 Abs. 2 Satz 1	**227** 29 ff., 31
		Art. 28 f.	**248** 36
		Art. 28 Abs. 1	**232** 50, **233** 27
		Art. 28 Abs. 1 Satz 1	**233** 19, **253** 9, 28, 33, 35, 50
		Art. 30	**233** 27, **248** 17, 26, 38, 52, N36
		Art. 31 f.	**248** 36
		Art. 31	**235** 6, **248** 124

1158 Halbfette Zahl = §§; magere Zahl = Rn.; N = Fußnote

Gesetzesregister (Verfassungsrecht)

Art. 32	**230** 32, 60f., **233** 27, **235** N265, **236** 6, 12, N32, **241** 19, **248** 17ff., 45, 51f., N36, N37, N90		**232** 32, **234** 31, 39, **235** 10, 22f., 26, N103, **236** 9f., 25f., **238** 3, 7, 23, **241** 46, 63, 71, **243** 19, 21,
Art. 32 Abs. 1	**226** 85f., **244** N239, **248** 17, 22, 26		**244** 85, **246** 107, **249** 43, 63, **251** 43, 56, 59
Art. 32 Abs. 2f.	**236** N45	Art. 59 Abs. 2 Satz 1	**226** 47f., **227** 16,
Art. 32 Abs. 2	**248** 17, 30		**234** 38, N139, **235**
Art. 32 Abs. 3	**235** 23, N87, N103, **236** N20, N58, **248** 17, 27, 32, 34ff., 39f., 42f., N39, N71		N103, **236** 8, 14f., 18ff., N45, **244** 79, 121, 126, 155, 161, **245** 18, **248** 56f., 60f., 64, 132ff., 136, **253** 63
Art. 33	**231** 33		
Art. 33 Abs. 1	**233** 19	Art. 59 Abs. 2 Satz 1	**248** 34, 59
Art. 34	**226** 66	Fall 1	
Art. 35 Abs. 2f.	**244** 8, 13, 57, 59	Art. 59 Abs. 2 Satz 1	**248** 60f., 132f.
Art. 35 Abs. 2 Satz 2	**244** 15, N32	Fall 2	
Art. 35 Abs. 3	**244** N32	Art. 59 Abs. 2 Satz 2	**234** 31, **236** 8, 22, N80, **248** 61, 132
Art. 35 Abs. 3 Satz 1	**244** 15, 82		
Art. 37	**253** 16	Art. 59a	**235** 56
Art. 38ff.	**253** 9	Art. 65 Satz 2	**235** 34, **248** N159
Art. 38	**228** 26, 31, **232** 30	Art. 65 Satz 4	**234** N138
Art. 38 Abs. 1 Satz 1	**253** 9	Art. 65a	**244** 78
Art. 42 Abs. 2	**244** 74, 86, 100	Art. 67	**253** 34
Art. 42 Abs. 2 Satz 1	**244** 126	Art. 70ff.	**233** 19, **248** 26
Art. 43 Abs. 1	**234** 31	Art. 70 Abs. 1	**248** 38
Art. 45	**234** 35, **253** N382	Art. 71	**248** 41, 43
Art. 45a Abs. 1	**253** 85	Art. 71 Abs. 1 Nr. 6	**248** 41
Art. 45b Satz 1	**253** N77	Art. 71 Abs. 1 Nr. 6a	**248** 41
Art. 48	**240** 48	Art. 71 Abs. 1 Nr. 11	**248** 41
Art. 50	**235** 49	Art. 71 Abs. 1 Nr. 14	**248** 41
Art. 52 Abs. 3a	**234** 35	Art. 72 Abs. 1	**248** 43, N100
Art. 55	**232** 8	Art. 72 Abs. 2	**230** 30, **233** 19, **248** 26, 40
Art. 58 Satz 1	**248** 56, N152		
Art. 59	**230** 32, **232** 32, **235** N265, **236** 6f., 12, 25, **248** 58	Art. 72 Abs. 3	**233** 20
		Art. 72 Abs. 3 Satz 1	**233** 20, **248** 39
Art. 59 Abs. 1	**226** 47, **248** 54, 56f.	Art. 72 Abs. 3 Satz 1 Nr. 2	**248** 39
Art. 59 Abs. 1 Satz 1	**248** 54ff., 58, N152	Art. 72 Abs. 3 Satz 1 Nr. 5	**248** 39
Art. 59 Abs. 1 Satz 2	**248** 54ff., 58, N152	Art. 72 Abs. 3 Satz 2	**233** 20
		Art. 72 Abs. 3 Satz 3	**233** 20
Art. 59 Abs. 1 Satz 3	**248** 55, N152	Art. 72 Abs. 4	**248** 40, 43, N104
Art. 59 Abs. 2	**226** 26, 30, 47, 85, N96, N113, **227** 16, **230** 66,	Art. 73 Abs. 1 Nr. 1	**230** N86
		Art. 73 Abs. 1 Nr. 4	**252** 3, N25
		Art. 73 Abs. 1 Nr. 5	**230** 30, N86, **252** N25

Halbfette Zahl = §§; magere Zahl = Rn.; N = Fußnote

Gesetzesregister (Verfassungsrecht)

Art. 73 Abs. 1 Nr. 10	230 N86	Art. 84 Abs. 1 Satz 5	248 38
Art. 73 Abs. 3 Satz 1	248 43	Art. 84 Abs. 2	236 22, 248 38
Art. 73 Nr. 1	235 56, 244 26	Art. 85 Abs. 1 Satz 1	248 38
Art. 73 Nr. 2	228 37	Art. 85 Abs. 1 Satz 1 Hs. 3	248 38
Art. 74 Abs. 1	248 36		
Art. 74 Abs. 1 Nr. 4	230 77	Art. 85 Abs. 2 Satz 1	236 22, 248 38
Art. 74 Abs. 1 Nr. 11	248 40	Art. 85 Abs. 4	253 29
Art. 74 Abs. 1 Nr. 17	230 N86	Art. 87 Abs. 3	252 16, 48
Art. 74 Abs. 1 Nr. 20	248 40	Art. 87a	227 19, 240 79, 241 64, 243 30, 244 8 f., 13, 26, 50, 60, 77
Art. 74 Abs. 1 Nr. 21	230 N86		
Art. 74 Abs. 1 Nr. 22	248 40		
Art. 74 Abs. 1 Nr. 24	248 35		
Art. 74 Abs. 1 Nr. 26	248 40	Art. 87a Abs. 1 f.	244 56 f., 68, 149
Art. 74 Abs. 1 Nr. 28	248 39	Art. 87a Abs. 1	244 170
Art. 74 Abs. 1 Nr. 29	248 39	Art. 87a Abs. 1 Satz 1	244 75, 160
Art. 74 Abs. 1 Nr. 31	248 39	Art. 87a Abs. 2 ff.	244 8, 59
Art. 74 Abs. 1 Nr. 32	248 39	Art. 87a Abs. 2 f.	244 52 f.
Art. 76 ff.	234 28, N139, 253 9	Art. 87a Abs. 2	226 41, 243 29 f., 244 28, 60, 75, 82 f.
Art. 77	244 88		
Art. 78	241 44	Art. 87a Abs. 3 f.	244 15, 57
Art. 79 Abs. 1	235 N95, 236 27	Art. 87a Abs. 4 Satz 1	244 8
Art. 79 Abs. 1 Satz 1	227 22, 235 27	Art. 87b Abs. 1	244 N4
Art. 79 Abs. 1 Satz 2	227 1, N4, 236 27	Art. 87e Abs. 4	253 21
Art. 79 Abs. 2 f.	234 32	Art. 87f Abs. 1	253 21
Art. 79 Abs. 3	226 2, 11, 13, 58, 69 f., 90, N214, 227 22, N8, 228 22, 26, 35, N82, 230 40, 118, 231 35, 232 30, 234 13, 235 N95, 236 27, 29, 238 6, 8, 18, 26, 38 f., N19, 239 53, 60, 63, 68, N195, N255, 241 41, 245 19, 248 101, 104, 252 35, 41, N43, 253 50, N239	Art. 88	250 N28, 252 35
		Art. 88 Satz 2	230 53, 252 7, 23, 35
		Art. 91 Abs. 1	245 20
		Art. 92	245 20, 253 17
		Art. 93	241 24
		Art. 93 Abs. 1 Nr. 1	244 119
		Art. 93 Abs. 1 Nr. 2	244 125 f., 129
		Art. 93 Abs. 1 Nr. 4a	226 52, 228 N55, 244 124
		Art. 94 Abs. 2	235 N240
		Art. 96 Abs. 2	245 38
		Art. 96 Abs. 5	245 38, N196
		Art. 96 Abs. 5 Nr. 1	245 32
		Art. 96 Abs. 5 Nr. 2	245 32
		Art. 96 Abs. 5 Nr. 3	245 32
Art. 80 Abs. 1	236 21, 245 47, 251 60	Art. 97 ff.	232 30
		Art. 97	253 17
Art. 80 Abs. 2	236 22	Art. 97 Abs. 1	245 N125, 253 28
Art. 82 Abs. 1 Satz 1	244 89	Art. 100 Abs. 1	226 52, 55, 235 47, N227, N257, 236 N95
Art. 83 ff.	233 27, 236 22		
Art. 83 Abs. 2	235 46		
Art. 84 Abs. 1 Satz 1	248 38	Art. 100 Abs. 2	235 6, 34, 41 ff., 61, N255, N259, N265, 238 7, 241 39
Art. 84 Abs. 1 Satz 2	248 39, 43		
Art. 84 Abs. 1 Satz 2 Hs. 1	248 38		

Halbfette Zahl = §§; magere Zahl = Rn.; N = Fußnote

Gesetzesregister (Verfassungsrecht)

Art. 101 Abs. 1 Satz 2	**235** 48 f., **247** 47	Art. 115 Abs. 2 Satz 3	**252** 13
Art. 102	**226** 9, 76, **237** 27, **239** 52, **240** 41, 43, 45, N91	Art. 115 Abs. 2 Satz 4 Hs. 2	**252** 13
		Art. 115 Abs. 3	**227** 1
Art. 103 Abs. 2 f.	**245** 38	Art. 115 Abs. 3 Satz 1	**252** 12
Art. 103 Abs. 2	**226** 19, **235** 55, **245** 23, 27, 37, 43 f., 46 ff.	Art. 115 a ff.	**240** 79, **241** 64
		Art. 115 a	**230** 48, **244** 85, 100, 151, 162
Art. 104 Abs. 3	**240** 83, **245** 38	Art. 115 a Abs. 1	**226** 41, **244** 50, 85, N317
Art. 104b Abs. 1	**230** 30		
Art. 105	**251** 1	Art. 115 a Abs. 1 Satz 1	**230** 30, **244** 84, 87
Art. 106	**251** 1	Art. 115 a Abs. 1 Satz 2	**244** 84, 86
Art. 106 Abs. 3 Satz 4 Nr. 2	**230** 30, **233** 19	Art. 115 a Abs. 3	**244** 84
		Art. 115 a Abs. 5 Satz 1	**244** 89
Art. 107 Abs. 1	**251** 1	Art. 115 c Abs. 2	**240** 80, **244** 151
Art. 108	**251** 1	Art. 115 l Abs. 2 Satz 1	**244** 89
Art. 108 Abs. 6	**251** 1	Art. 115 l Abs. 2 Satz 2	**244** 87
Art. 109	**252** 12, 44	Art. 116	**229** 52
Art. 109 Abs. 1	**252** 11	Art. 116 Abs. 1	**229** 46, **240** 11
Art. 109 Abs. 2	**252** 7, 11 f., 23, N34	Art. 116 Abs. 1 Hs. 1	**228** 37
		Art. 126	**235** N247
Art. 109 Abs. 3	**252** 12, N43, N44	Art. 139	**244** 21
Art. 110 Abs. 2 Satz 1	**248** 60	Art. 142	**233** 19
Art. 114 Abs. 2	**249** 88, 107	Art. 142 a	**227** N4
Art. 115	**252** 44	Art. 143 d	**252** 12
Art. 115 Abs. 2	**252** 12, N43	Art. 143 d Abs. 1 Satz 3	**252** 44
Art. 115 Abs. 2 Satz 1	**252** 12	Art. 146	**228** 22, 26 ff., N61, N69
Art. 115 Abs. 2 Satz 2	**252** 12		

2. Verfassung des Deutschen Reichs (Weimarer Reichsverfassung) vom 11. August 1919

Präambel	**229** 5	Art. 45 Abs. 2	**244** 88, N316
Art. 2 Satz 2	**229** N100	Art. 45 Abs. 3	**236** N33
Art. 4	**226** 15, **229** N92, **235** 5	Art. 47	**244** 90, 97
		Art. 61	**229** N100
Art. 21	**229** N92	Art. 61 Abs. 2	**229** N17, N80
Art. 41	**244** 90	Art. 78	**236** N32

3. Verfassung des Deutschen Reiches vom 16. April 1871

Art. 11	**236** N32
Art. 11 Abs. 2	**244** 87
Art. 11 Abs. 3	**236** N33

4. Frankfurter Reichsverfassung (Paulskirchenverfassung) vom 28. März 1849

Art. 6 ff.	**236** N32
Art. 102	**236** N33

5. Verfassungsurkunde für den preußischen Staat vom 5. Dezember 1848

Art. 44	**244** 91
Art. 108 Abs. 2	**244** 94

Halbfette Zahl = §§; magere Zahl = Rn.; N = Fußnote

Gesetzesregister (Dokumente zur Rechtslage Deutschlands)

6. Verfassungen der Deutschen Demokratischen Republik (chronologisch)

(1) Verfassung der Deutschen Demokratischen Republik vom 7. Oktober 1949

Art. 1   **229** 67

(2) Verfassung der Deutschen Demokratischen Republik vom 6. April 1968 (in der Fassung vom 7. Oktober 1974)

Art. 1 Abs. 1 Satz 2   **229** 76
Art. 6 Abs. 2   **229** N215

7. Landesverfassungen (alphabetisch)

Verfassung des Freistaates Bayern vom 2. Dezember 1946 (in der Fassung vom 15. Dezember 1998)

Art. 72 Abs. 2   **244** 126

II. Dokumente zur Rechtslage Deutschlands (chronologisch)

1. Friedensvertrag zwischen Deutschland und den alliierten und assoziierten Mächten (Friedensvertrag von Versailles) vom 28. Juni 1919

Art. 80   **229** 33, N17
Art. 227   **245** 2

2. Londoner Abkommen über Kontrolleinrichtungen in Deutschland vom 14. November 1944

Art. 1   **229** 91

3. Statut für den Internationalen Militärgerichtshof (Anlage zum Londoner Viermächteabkommen) vom 8. August 1945

Art. 6 lit. a   **227** 9

4. Besatzungsstatut zur Abgrenzung der Befugnisse und Verantwortlichkeiten zwischen der zukünftigen deutschen Regierung und der alliierten Kontrollbehörde vom 12. Mai 1949

               244 18

5. Vertrag über die Beziehungen der Bundesrepublik Deutschland und den Drei Mächten (Deutschlandvertrag, Generalvertrag) vom 26. Mai 1952 (in der Fassung vom 23. Oktober 1954)

Art. 2   **229** N285, **244**   Art. 4 Abs. 2 Satz 1   **229** N285
               N102   Art. 7 Abs. 1 Satz 2   **229** 91
Art. 2 Abs. 1   **229** 91   Art. 7 Abs. 2   **229** 50

6. Vertrag über die Grundlagen der Beziehungen zwischen der Bundesrepublik Deutschland und der Deutschen Demokratischen Republik (Grundlagenvertrag, Grundvertrag) vom 21. Dezember 1972

               229 51
Art. 9   **229** 91

Gesetzesregister (Bilaterale Verträge der Bundesrepublik Deutschland)

7. Staatsvertrag über die Schaffung einer Währungs-, Wirtschafts- und Sozialunion zwischen der Bundesrepublik Deutschland und der Deutschen Demokratischen Republik vom 18. Mai 1990

	229 N238
Art. 2	**229** 83

8. Vertrag zwischen der Bundesrepublik Deutschland und der Deutschen Demokratischen Republik über die Herstellung der Einheit Deutschlands (Einigungsvertrag) vom 31. August 1990

Art. 4 Nr. 1	**228** N82, **229** 75

9. Vertrag über die abschließende Regelung in Bezug auf Deutschland (Zwei-plus-Vier-Vertrag, Abschlußvertrag) vom 12. September 1990

	226 12, **229** 109	Art. 3 Abs. 1 f.	**244** 29
Art. 1	**229** 100	Art. 5	**229** 100
Art. 1 Abs. 1 Satz 1	**229** 90	Art. 6	**229** 100, **244** 29
Art. 1 Abs. 4	**229** 102, 107	Art. 7	**229** 100, N334
Art. 2	**244** 29	Art. 7 Abs. 1 f.	**244** 29
Art. 2 Satz 2	**227** 25	Art. 7 Abs. 2	**229** 95 f., 100, 102
Art. 3	**229** 100	Art. 9	**229** 107

III. Bilaterale Verträge der Bundesrepublik Deutschland (chronologisch)

1. Deutsch-Amerikanischer Freundschaftsvertrag vom 29. Oktober 1954

Art. II Abs. 5	**238** N79

2. Abkommen zwischen der Bundesrepublik Deutschland und der Republik Österreich über die Erleichterung der Grenzabfertigung vom 14. September 1955

Art. 1 Abs. 2	**237** N78

3. Übereinkommen über den Schutz des Bodensees zwischen Baden-Württemberg, Bayern, Österreich und der Schweiz vom 27. Oktober 1960

	236 N17

4. Abkommen zwischen der Bundesrepublik Deutschland und der Schweizerischen Eidgenossenschaft über die Errichtung nebeneinander liegender Grenzabfertigungsstellen und die Grenzabfertigung in Verkehrsmitteln während der Fahrt vom 1. Juni 1961

	239 N256
Art. 1 Abs. 2c	**237** N78

5. Vertrag zwischen der Bundesrepublik Deutschland und der schweizerischen Eidgenossenschaft über die Einbeziehung der Gemeinde Büsingen am Hochrhein in das schweizerische Zollgebiet (Büsinger Staatsvertrag) vom 23. November 1964

Art. 2	**237** N80
Art. 2 Abs. 4	**237** 35

Halbfette Zahl = §§; magere Zahl = Rn.; N = Fußnote

Gesetzesregister (Bilaterale Verträge der Bundesrepublik Deutschland)

6. Vertrag zwischen der Bundesrepublik Deutschland und der Union der Sozialistischen Sowjetrepubliken (Moskauer Vertrag) vom 12. August 1970

    229 N156

7. Vertrag zwischen der Bundesrepublik Deutschland und der Volksrepublik Polen über die Normalisierung ihrer gegenseitigen Beziehungen (Warschauer Vertrag) vom 7. Dezember 1970

    229 N156

8. Vertrag zwischen der Bundesrepublik Deutschland und dem Großherzogtum Luxemburg über den Verlauf der gemeinsamen Staatsgrenze vom 19. Dezember 1984

    237 N36
Art. 1   **237** 19

9. Abkommen zwischen der Bundesrepublik Deutschland und dem Königreich Dänemark über die gegenseitige Hilfeleistung bei Katastrophen oder schweren Unglücksfällen vom 16. Mai 1985

Art. 7   **230** N207

10. Vereinbarung zwischen der Bundesrepublik Deutschland und dem Großherzogtum Luxemburg über die polizeiliche Zusammenarbeit im Grenzgebiet zwischen der Bundesrepublik Deutschland und dem Großherzogtum Luxemburg vom 24. Oktober 1995

    237 N71

11. Abkommen zwischen der Regierung der Bundesrepublik Deutschland und der Regierung der Französischen Republik über die Zusammenarbeit der Polizei und Zollbehörden vom 9. Oktober 1997

    237 N71
Art. 21   **238** N80

12. Deutsch-schweizerischer Vertrag über die grenzüberschreitende polizeiliche und justitielle Zusammenarbeit vom 27. April 1999

    237 N71   Art. 31 Abs. 2   **237** N73
Art. 16 Abs. 2   **237** 33   Art. 42   **238** N80
Art. 20   **230** N219

13. Deutsch-Belgisches Abkommen über die Zusammenarbeit der Polizeibehörden und der Zollverwaltung im Grenzgebiet vom 27. März 2000

    237 N71

14. Vertrag zwischen der Bundesrepublik Deutschland und der Tschechischen Republik über die gegenseitige Hilfeleistung bei Katastrophen und schweren Unglücksfällen vom 19. September 2000

    237 N71

15. Abkommen zwischen der Regierung der Bundesrepublik Deutschland und der Regierung des Königreichs Dänemark über die polizeiliche Zusammenarbeit im Grenzgebiet vom 21. März 2001

    237 N71

Gesetzesregister (Bilaterale Verträge der Deutschen Demokratischen Republik)

16. Abkommen zwischen der Regierung der Bundesrepublik Deutschland und der Regierung der Republik Polen über die Zusammenarbeit der Polizeibehörden und der Grenzschutzbehörden vom 18. Februar 2002

                  237 N71

17. Vertrag zwischen der Bundesrepublik Deutschland und der Republik Österreich über die grenzüberschreitende Zusammenarbeit zur polizeilichen Gefahrenabwehr und in strafrechtlichen Angelegenheiten vom 10. November und 19. Dezember 2003

                  237 N71
Art. 4 Abs. 3   **237** 42

18. Vertrag zwischen der Bundesrepublik Deutschland und dem Königreich der Niederlande über die grenzüberschreitende polizeiliche Zusammenarbeit in strafrechtlichen Angelegenheiten vom 2. März 2005

                  237 N71
Art. 6   **230** N220
Art. 6 Abs. 4 Satz 2   **253** N245
Art. 6 Abs. 4 Satz 3   **253** N245

19. Vertrag zwischen der Bundesrepublik Deutschland und der Tschechischen Republik über die Erleichterung der Grenzabfertigung im Eisenbahn-, Straßen- und Schiffsverkehr vom 19. Mai 2005

Art. 1 Abs. 2   **237** N78

20. Abkommen zwischen Deutschland und den USA zur Vermeidung von Doppelbesteuerung und zur Vermeidung von Steuerverkürzung auf dem Gebiet der Steuern vom Einkommen und vom Vermögen und einiger anderer Steuern vom 1. Juni 2006

Art. 27   **250** N93

21. Abkommen zwischen der Bundesrepublik Deutschland und der Französischen Republik zur Vermeidung der Doppelbesteuerung der Nachlässe, Erbschaften und Schenkungen vom 6. Oktober 2006

Art. 21 Abs. 7 lit. b   **250** N93

IV. Bilaterale Verträge der Deutschen Demokratischen Republik (chronologisch)

Vertrag über Freundschaft, gegenseitigen Beistand und Zusammenarbeit zwischen der Deutschen Demokratischen Republik und der Union der Sozialistischen Sowjetrepubliken vom 12. Juni 1964

Art. 2 Abs. 2   **229** N285
Art. 9   **229** N285

V. Bundesrecht (alphabetisch)

1. Abgabenordnung vom 16. März 1976 (in der Fassung vom 1. Oktober 2002)

§ 2	**251** N178	§ 42	**250** 53, **251** N31
§ 2 Abs. 1	**226** N169	§ 90 Abs. 2 f.	**251** N30
§ 2 Abs. 2	**251** 60	§ 117	**239** 33
§ 3 Abs. 1	**251** N54	§ 117 Abs. 2	**239** 33
§§ 8 ff.	**251** N39	§ 175a	**251** N254
§ 12	**251** N115	§ 209	**253** N12
§ 17 Abs. 3 Nr. 4	**239** 33		

2. Gesetz über die Besteuerung bei Auslandsbeziehungen (Außensteuergesetz) vom 8. September 1972

§ 2	**251** N24
§§ 7 ff.	**250** 53
§ 20 Abs. 2	**251** N221

3. Gesetz über die friedliche Verwendung der Kernenergie und den Schutz gegen ihre Gefahren (Atomgesetz) vom 31. Oktober 1976 (in der Fassung vom 15. Juli 1985)

§ 7	**248** 113

4. Gesetz über den Aufenthalt, die Erwerbstätigkeit und die Integration von Ausländern im Bundesgebiet (Aufenthaltsgesetz) vom 30. Juli 2004 (in der Fassung der Bekanntmachung vom 25. Februar 2008)

§ 60a	**226** N264

5. Gesetz zur Ausführung zwischenstaatlicher Verträge und zur Durchführung von Verordnungen und Abkommen der Europäischen Gemeinschaft auf dem Gebiet der Anerkennung und Vollstreckung in Zivil- und Handelssachen vom 19. Februar 2001

	239 15
§§ 11 ff.	**239** N67

6. Außenwirtschaftsgesetz vom 28. April 1961 (in der Fassung vom 26. Juni 2006)

227 28, 32

7. Verordnung zur Durchführung des Außenwirtschaftsgesetzes vom 18. Dezember 1986 (in der Fassung der Bekanntmachung vom 22. November 1993)

227 N156

8. Gesetz über die Deutsche Bundesbank vom 26. Juli 1957 (in der Fassung vom 22. Oktober 1992)

§ 3	**252** N49
§ 35	**252** N11

9. Bundesdatenschutzgesetz vom 20. Dezember 1990 (in der Fassung vom 14. Januar 2003)

§ 4b	**253** N256
§ 7	**253** 58
§ 24	**253** N82

Gesetzesregister (Bundesrecht)

10. Bürgerliches Gesetzbuch vom 18. August 1896 (in der Fassung vom 1. Januar 2002)

§ 134	**250** 4	§§ 244 ff.	**252** N8
§ 138	**238** 40, **248** 106	§ 839	**226** 66
§ 138 Abs. 1	**248** 106		

11. Gesetz über den Bundesgrenzschutz (Bundesgrenzschutzgesetz) vom 18. August 1972

§ 6   **235** N209

12. Bundeshaushaltsordnung vom 19. August 1969

§ 7	**249** 88	§ 38	**249** N45
§ 11 Abs. 2	**249** N45	§§ 65 ff.	**249** N217
§ 16	**249** N45	§ 112	**249** N217
§ 23	**249** 88		

13. Gesetz zum Schutz vor schädlichen Umwelteinwirkungen durch Luftverunreinigungen, Geräusche, Erschütterungen und ähnliche Vorgänge (Bundes-Immissionsschutzgesetz) vom 15. März 1974 (in der Fassung vom 26. September 2002)

§ 3 Abs. 5a	**226** 29
§ 20 Abs. 1a	**226** 29

14. Gesetz über das Bundesverfassungsgericht (Bundesverfassungsgerichtsgesetz) vom 12. März 1951 (in der Fassung vom 11. August 1993)

§ 13 Nr. 6	**244** 125	§§ 63 ff.	**244** 119
§ 13 Nr. 8a	**244** 124	§§ 76 ff.	**244** 125
§ 13 Nr. 12	**235** N229, N240	§ 80	**235** N229
§ 26 Abs. 1 Satz 1	**241** 31	§ 80 Abs. 2	**235** N253
§ 31 Abs. 1	**235** 61	§ 82 Abs. 3	**235** N229
§ 31 Abs. 2	**235** N240	§§ 83 f.	**235** N229
§ 31 Abs. 2 Satz 1	**235** 61, N248	§ 83 Abs. 2	**235** N240
§ 31 Abs. 2 Satz 3	**235** N248	§ 84	**235** N253
§ 31 Abs. 2 Satz 4	**235** N248	§ 86 Abs. 2	**235** N247
§ 32	**241** 34	§§ 90 ff.	**244** 124
§ 32 Abs. 1	**236** N88		

15. Gesetz zur Durchführung der EG-Richtlinie über die gegenseitige Amtshilfe im Bereich der direkten Steuern, bestimmter Verbrauchsteuern und der Steuern auf Versicherungsprämien vom 19. Dezember 1977

	239 30
§ 3 Abs. 1 Nr. 3	**239** 30

16. Gesetz über die Durchführung der Amtshilfe bei der Beitreibung von Forderungen in Bezug auf bestimmte Steuern, Abgaben und sonstige Maßnahmen zwischen den Mitgliedstaaten der Europäischen Union vom 7. Dezember 2001

	239 31
§ 9	**239** 31

Halbfette Zahl = §§; magere Zahl = Rn.; N = Fußnote

Gesetzesregister (Bundesrecht)

17. Einführungsgesetz zum Bürgerlichen Gesetzbuch vom 18. August 1896 (in der Fassung vom 21. September 1994)

Art. 3	**237** 21, **238** N5	Art. 14	**226** 74
Art. 6	**226** 71, 74,	Art. 14 Abs. 2	**250** N10
	232 33, **237** 44,	Art. 15 Abs. 1	**237** 22
	238 11, 21, 24,	Art. 25	**237** 21
	240 55	Art. 25 Abs. 1	**237** 22
Art. 6 Satz 1	**232** 33, **237** 23	Art. 27	**233** 1, **237** 21
Art. 6 Satz 2	**226** 71, **232** N101,	Art. 30	**240** 50
	237 23, **240** 56,	Art. 34	**238** 20
	253 49	Art. 40 Abs. 1 Satz 2	**237** 21
Art. 13	**237** 3	Art. 42	**250** N10

18. Gesetz zu dem Übereinkommen vom 19. Juni 1980 über das auf vertragliche Schuldverhältnisse anzuwendende Recht

Art. 1 Abs. 2	**226** 29

19. Erbschaftsteuer- und Schenkungsteuergesetz vom 17. April 1974 (in der Fassung vom 27. Februar 1997)

§ 2 Abs. 1 Nr. 1	**251** N24
§ 2 Abs. 1 Nr. 3	**251** N24
§ 21	**251** N25, N162

20. Einkommensteuergesetz vom 16. Oktober 1934 (in der Fassung vom 8. Oktober 2009)

§ 1 Abs. 1 ff.	**251** N24	§ 34c	**237** 6, 38, **251** N25, N162
§ 1 Abs. 1	**250** N69, **251** N39		
§ 1 Abs. 1 Satz 2	**251** 12	§ 49 Abs. 1 Nr. 2a	**251** N115
§ 1 Abs. 2	**250** N130	§ 50 Abs. 1 Satz 1	**251** N267
§ 1 Abs. 3	**251** 65, N268, N274	§ 50 Abs. 1 Satz 2	**251** N268
		§ 50 Abs. 2	**251** N270
§ 1a	**251** N274	§ 50a	**251** N270
§ 4 Abs. 1 Satz 3	**251** N34	§ 50d	**251** N221
§ 4 Abs. 1 Satz 4	**251** N34	§ 50d Abs. 8 f.	**251** N225
§ 4 Abs. 5 Nr. 10	**250** N113	§ 50d Abs. 11	**251** N225
§ 4h	**250** N79	§ 90 Abs. 2	**251** 84
§ 17 Abs. 5	**251** N34	§ 117	**251** 85
§ 26 Abs. 1	**251** N269		

21. Gesetz über die Zusammenarbeit von Bundesregierung und Deutschem Bundestag in Angelegenheiten der Europäischen Union vom 12. März 1993

	253 N383

22. Gesetz über das Verfahren in Familiensachen und in den Angelegenheiten der freiwilligen Gerichtsbarkeit vom 17. Dezember 2008

§§ 107 ff.	**239** 6
§ 107	**239** N27
§ 110	**239** N56

Gesetzesregister (Bundesrecht)

23. Verordnung über die Zulassung von Personen zum Straßenverkehr (Fahrerlaubnis-Verordnung) vom 18. August 1998

§§ 28 f.	**239** 12, N54	§ 31	**237** 38
§ 29 Abs. 2	**237** 40	§ 31 Abs. 1 Nr. 1	**237** N85

24. Finanzgerichtsordnung vom 6. Oktober 1965 (in der Fassung vom 28. März 2001)

§ 110 Abs. 2   **251** N254

25. Gesetz über die Bundesanstalt für Finanzdienstleistungsaufsicht vom 22. April 2002

	252 N53
§ 2	**252** 48
§ 4 Abs. 3	**252** 16

26. Gesetz zur Beschränkung des Brief-, Post- und Fernmeldegeheimnisses (Gesetz zu Artikel 10 GG) vom 26. Juni 2001

§§ 14 ff.   **253** N82

27. Gewerbeordnung vom 21. Juni 1869 (in der Fassung vom 22. Februar 1999)

§ 26   **237** N93

28. Geschäftsordnung der Bundesregierung vom 11. Mai 1951

§ 9 Satz 1   **248** N159

29. Geschäftsordnung des Deutschen Bundestages vom 28. Januar 1952 (in der Fassung vom 2. Juli 1980)

§ 11 Abs. 2	**234** N138	§ 82 Abs. 2	**234** N140
§ 69 Abs. 7	**244** 116	§§ 93 f.	**253** N382

30. Gerichtsverfassungsgesetz vom 27. Januar 1877 (in der Fassung vom 9. Mai 1975)

§§ 18 ff.	**235** N196	§ 120 Abs. 1 Nr. 8	**245** N197
§ 18	**230** N274	§ 146	**245** N144
§ 19	**230** N274	§ 147	**245** N144
§§ 23 ff.	**230** N56		

31. Gesetz gegen Wettbewerbsbeschränkungen (Kartellgesetz) vom 26. August 1998 (in der Fassung vom 15. Juli 2005)

§ 50b Abs. 2	**253** N256
§ 130 Abs. 2	**230** N103

32. Handelsgesetzbuch vom 10. Mai 1897

§ 292a	**253** N75
§§ 342 ff.	**253** N75

33. Gesetz über die Grundsätze des Haushaltsrechts des Bundes und der Länder (Haushaltsgrundsätzegesetz) vom 19. August 1969

§ 6	**249** 88	§§ 42 ff.	**249** N216
§ 14	**249** 88	§§ 53 ff.	**249** N217

Halbfette Zahl = §§; magere Zahl = Rn.; N = Fußnote

Gesetzesregister (Bundesrecht)

34. Gesetz zur vorläufigen Regelung des Rechts der Industrie- und Handelskammern vom 18. Dezember 1956

    246 N136

35. Integrationsverantwortungsgesetz vom 22. September 2009 (in der Fassung vom 1. Dezember 2009)

	253 N383	§ 6 Abs. 1 Satz 1	**248** 62
§ 4	**234** 34	§ 6 Abs. 2	**248** 62
§ 5	**234** 34	§§ 11 f.	**234** N168
§ 5 Abs. 2	**248** 62		

36. Gesetz über die internationale Rechtshilfe in Strafsachen vom 23. Dezember 1982 (in der Fassung vom 27. Juni 1994)

	239 27	§ 73	**226** 77, **238** 11,
§ 1	**239** N105		N47, **239** 27, 58
§ 1 Abs. 2	**239** N109	§ 73 Satz 1	**239** 27, 58
§ 1 Abs. 3	**239** N106	§ 73 Satz 2	**239** 27, 59
§§ 3 ff.	**239** N110	§ 78 Abs. 2	**239** N106
§§ 7 f.	**239** N209	§§ 80 ff.	**245** 29
§ 8	**226** 76, **239** 27, 58	§ 86 Abs. 2	**239** N106
§ 49 Abs. 1	**226** 77	§ 87b Abs. 3 Nr. 9	**239** 60
		§ 91 Abs. 2	**239** N106

37. Gesetz über die Zusammenarbeit mit dem Internationalen Strafgerichtshof vom 21. Juni 2002

	245 8
§ 1 Abs. 1	**245** N99
§§ 3 ff.	**245** 29
§ 28	**245** N155

38. Gesetz über das Ruhen der Verfolgungsverjährung und die Gleichstellung der Richter und Bediensteten des Internationalen Strafgerichtshofs vom 21. Juni 2002

	245 8
§ 1	**245** 8
§ 2	**245** 8

39. Gesetz über die Konsularbeamten, ihre Aufgaben und Befugnisse (Konsulargesetz) vom 11. September 1974

§ 25	**237** N112

40. Ausführungsgesetz zu Artikel 26 Abs. 2 des Grundgesetzes (Gesetz über die Kontrolle von Kriegswaffen, Kriegswaffenkontrollgesetz) vom 20. April 1961 (in der Fassung vom 22. November 1990)

	227 28	§ 1 Abs. 2	**227** 31
§ 1	**227** 31	§ 11 Abs. 2	**227** N147

Gesetzesregister (Bundesrecht)

41. Gesetz über die Kreditanstalt für Wiederaufbau vom 5. November 1948 (in der Fassung vom 23. Juni 1969)

§ 2 lit. h   **249** N32

42. Körperschaftsteuergesetz vom 31. August 1976 (in der Fassung vom 15. Oktober 2002)

§§ 1 f.	**251** N24	§ 12 Abs. 1 Satz 2	**251** N34
§ 1	**251** N39	§ 26	**251** N25, N162
§ 8a	**250** N79		

43. Gesetz über das Kreditwesen vom 10. Juli 1961 (in der Fassung vom 9. September 1998)

§ 1   **252** N13
§ 7   **252** 16, 48
§ 53b Abs. 6   **239** 35, 75

44. Gesetz über die Erhaltung, die Modernisierung und den Ausbau der Kraft-Wärme-Kopplung (Kraft-Wärme-Kopplungsgesetz) vom 19. März 2002

       227 29 ff.
§ 6 Abs. 1   **227** 30

45. Luftverkehrsgesetz vom 1. August 1922 (in der Fassung vom 27. Mai 2007)

§ 11   **237** N93

46. Gesetz über Ordnungswidrigkeiten (Ordnungswidrigkeitengesetz) vom 24. Mai 1968 (in der Fassung vom 19. Februar 1987)

§ 3   **230** N29
§ 5   **230** 77, N30, N105

47. Gesetz zur Regelung von Preisangaben vom 3. Dezember 1984 (Preisangaben- und Preisklauselgesetz)

§ 2   **252** 6

48. Gesetz über die parlamentarische Beteiligung bei der Entscheidung über den Einsatz bewaffneter Streitkräfte im Ausland (Parlamentsbeteiligungsgesetz) vom 18. März 2005

§ 1 Abs. 1 Satz 1	**244** N249	§ 3 Abs. 1	**244** N337
§ 1 Abs. 1 Satz 2	**244** 100	§ 3 Abs. 2	**244** 162
§ 1 Satz 2	**244** N249	§ 3 Abs. 3	**244** 100
§ 2	**244** 100	§§ 4 ff.	**244** 100
§ 2 Abs. 1	**244** 12	§ 5 Abs. 1	**244** 114, N252
§ 2 Abs. 2 Satz 1	**244** 12	§ 5 Abs. 1 Satz 2	**244** 111
§ 2 Abs. 2 Satz 2	**244** 14	§ 5 Abs. 3	**244** 114, N252
§ 2 Abs. 2 Satz 3	**244** 81, 108, 113	§ 8	**244** 100, 103, 117
§ 3	**244** 101, N252		

49. Patentgesetz vom 5. Mai 1936 (in der Fassung vom 16. Dezember 1980)

§ 16 Abs. 1   **247** 9

Halbfette Zahl = §§; magere Zahl = Rn.; N = Fußnote

Gesetzesregister (Bundesrecht)

50. Gesetz über die Rechtsstellung der Soldaten (Soldatengesetz) vom 19. März 1956 (in der Fassung vom 30. Mai 2005)

§ 8	**244** N478
§ 10 Abs. 4	**244** N478
§ 11 Abs. 2 Satz 1	**244** 137

51. Sozialgesetzbuch – Zehntes Buch (X) – Verwaltungsverfahren, Schutz der Sozialdaten, Zusammenarbeit der Leistungsträger und ihre Beziehungen zu Dritten vom 18. August 1980 (in der Fassung vom 18. Januar 2001)

§ 78	**253** N256

52. Stabilisierungsmechanismusgesetz vom 22. Mai 2010 (in der Fassung vom 9. Oktober 2011)

253 N383

53. Staatsangehörigkeitsgesetz vom 22. Juli 1913 (in der Fassung vom 15. Juli 1999)

§ 4 Abs. 4	**237** N4
§ 10 Abs. 1 Satz 1	**230** N321
§ 10 Abs. 1 Satz 1 Nr. 7	**230** N321

54. Steueränderungsgesetz vom 19. Juli 2006

§ 153f	**245** 36

55. Strafgesetzbuch vom 15. Mai 1871 (in der Fassung vom 13. November 1998)

§ 1	**245** N76	§ 5 Nr. 13	**230** N333
§§ 3 ff.	**229** N173, **237** 25, **245** 30	§ 6	**245** 48, N188
		§ 6 Nr. 5	**245** N24
§ 3	**230** 77, N30, **245** 11, N176	§ 7	**230** N29
		§ 7 Abs. 1	**230** 99, **245** N180
§§ 4 ff.	**230** N103	§ 7 Abs. 2	**230** 98
§ 4	**245** N177	§ 7 Abs. 2 Nr. 1	**245** N178
§§ 5 ff.	**237** N107	§ 7 Abs. 2 Nr. 2	**245** N183
§§ 5 f.	**244** N166	§ 9	**245** N176
§ 5	**245** N181	§ 78	**245** 8
§ 5 Nr. 6 ff.	**230** 99	§ 80	**227** 28
§ 5 Nr. 8	**230** N333	§ 80a	**226** 25, **227** 28
§ 5 Nr. 9	**230** N333	§ 220a	**245** 47
§ 5 Nr. 12	**230** N333	§§ 311 ff.	**249** 96

56. Strafprozeßordnung vom 1. Februar 1877 (in der Fassung vom 7. April 1987)

§ 1	**230** N56	§ 153f	**226** 65, **245** 32
§ 13a	**230** N56	§ 153f Abs. 1 f.	**245** N199
§ 20	**230** N56	§ 359 Nr. 6	**226** N128
§ 153c	**226** 65, **245** 30, N186		

57. Straßenverkehrsgesetz vom 3. Mai 1909 (in der Fassung vom 5. März 2003)

§ 2 Abs. 11	**239** 12

Halbfette Zahl = §§; magere Zahl = Rn.; N = Fußnote

Gesetzesregister (Bundesrecht)

58. Telekommunikationsgesetz vom 22. Juni 2004

§ 41a   **231** 18 f.

59. Umweltinformationsgesetz vom 22. Dezember 2004

§ 2 Abs. 1 Nr. 2   **253** N82
§ 2 Abs. 2   **253** N82

60. Gesetz über Urheberrecht und verwandte Schutzrechte vom 9. September 1965

§§ 11 ff.	**247** 11	§§ 87 f.	**247** 9
§ 11 Satz 1	**247** 11	§ 95a	**247** 21
§ 11 Satz 2	**247** 25, 29, N47	§§ 97 f.	**247** 23
§§ 15 ff.	**247** 11	§ 97a	**247** 24
§ 17 Abs. 2	**247** N106	§ 101	**247** 23
§ 32	**247** 29, N47	§§ 106 ff.	**247** 23
§ 36	**247** 29	§ 108b Abs. 1	**247** 20
§§ 44a ff.	**247** 10	§ 111a	**247** 23
§ 50	**247** 20	§§ 112 ff.	**247** 23
§ 64	**247** 9	§ 121	**230** 77
§§ 70 ff.	**247** 9		

61. Umsatzsteuergesetz vom 26. November 1979 (in der Fassung vom 21. Februar 2005)

§ 1 Abs. 1 Nr. 1   **251** N24
§ 1 Abs. 1 Nr. 4   **251** N24
§ 1 Abs. 1 Nr. 5   **251** N24
§§ 3a ff.   **251** N24

62. Gesetz über die Umweltverträglichkeitsprüfung vom 12. Februar 1990 (in der Fassung vom 25. Juni 2005)

§ 9a   **237** N95
§ 9b   **237** N95

63. Gesetz gegen den unlauteren Wettbewerb vom 3. Juli 2004

§ 8 Abs. 3 Nr. 3   **253** N102

64. Gesetz über die Anwendung unmittelbaren Zwanges und die Ausübung besonderer Befugnisse durch Soldaten der Bundeswehr und zivile Wachpersonen vom 12. August 1965

§ 2   **244** N489
§§ 8 ff.   **244** N489

65. Gesetz über die Beaufsichtigung der Versicherungsunternehmen vom 15. Mai 1901 (in der Fassung vom 17. Dezember 1992)

§ 110a Abs. 3 Satz 2   **239** 35

66. Vermögensteuergesetz vom 17. April 1974 (in der Fassung vom 14. November 1990)

§ 1 Abs. 1   **250** N70
§ 4 Abs. 1 Nr. 1   **250** N70

Halbfette Zahl = §§; magere Zahl = Rn.; N = Fußnote

Gesetzesregister (Bundesrecht)

67. Völkerstrafgesetzbuch vom 26. Juni 2002

	227 28	**§ 6**	**226** 65, **245** 11
§ 1	**226** 65, **245** 11,	§§ 7 ff.	**244** N538
	35, 48, 50, N188,	§ 7	**226** 65, **245** 11
	N252	§§ 8 ff.	**227** 28, **245** 11
§§ 6 ff.	**245** 32	§ 8	**226** 65

68. Verwaltungsgerichtsordnung vom 21. Januar 1960 (in der Fassung vom 19. März 1991)

§ 42 Abs. 2	**226** 44, **240** 69,	§ 113 Abs. 1 Satz 1	**253** 28, 54
	253 54, N356	§ 113 Abs. 1 Satz 4	**253** 28
§ 47	**253** N356	§ 113 Abs. 5 Satz 1	**253** 28
§ 68 Abs. 1 Satz 1	**253** 29	§ 114 Satz 1 Hs. 1	**253** 28
§ 80	**253** N356	§ 114 Satz 1 Hs. 2	**253** 27, 30
§ 80a	**253** N356	§ 123	**253** N356
§ 83	**230** N56	§ 173	**239** N37
§ 113 Abs. 1	**240** 69		

69. Verwaltungsverfahrensgesetz vom 25. Mai 1976 (in der Fassung vom 23. Januar 2003)

§§ 8a ff.	**239** 32	§ 41	**253** N26
§ 8a Abs. 1	**239** 32	§ 44 Abs. 2 Nr. 5	**227** N154
§ 10 Satz 2 Alt. 2	**253** 30	§ 72 Abs. 2	**237** 49
§ 40 Hs. 2	**253** 27, 30	§ 73 Abs. 4 Satz 4	**237** 49

70. Verwaltungszustellungsgesetz vom 3. Juli 1952

§ 9	**253** N26

71. Erstes Gesetz zur Neuordnung des Geldwesens (Währungsgesetz) vom 20. Juni 1948

§ 3	**252** 6

72. Wehrpflichtgesetz vom 21. Juli 1956 (in der Fassung vom 16. September 2008)

§§ 54 ff.	**244** N403

73. Wehrstrafgesetz vom 30. März 1957 (in der Fassung vom 24. März 1974)

§ 1a Abs. 2	**244** 152

74. Zollverwaltungsgesetz vom 21. Dezember 1992

§ 20	**230** N105

75. Zivilprozeßordnung vom 30. Januar 1877 (in der Fassung vom 5. Dezember 2005)

§ 1	**230** N56	§ 580 Nr. 8	**226** N128
§ 1 Nr. 4	**240** 54	§§ 722 f.	**239** 7, 14 f.
§ 35	**233** 1	§ 722	**238** N7
§ 55	**230** 78	§ 723	**238** N7
§§ 110 ff.	**230** 78	§ 723 Abs. 1	**239** 6
§§ 183 f.	**253** N26	§ 723 Abs. 2 Satz 2	**239** 14
§ 318	**238** N7	§§ 1067 ff.	**239** 20
§ 328	**239** 6, 8, 14, N29,	§§ 1082 ff.	**239** 69
	N36, N37	§ 1082	**239** 16
§ 328 Abs. 1 Nr. 4	**226** 71, **232** N100,	§§ 1087 ff.	**239** N71
	239 6, 9, 14, 55, 57		

76. Rechtshilfeordnung für Zivilsachen vom 26. Februar 1976

	239 20

Gesetzesregister (Europäisches Gemeinschaftsrecht)

VI. Landesrecht (alphabetisch)

1. Bayern

Bayerisches Datenschutzgesetz vom 23. Juli 1993

Art. 30 Abs. 1   **253** N82

2. Thüringen

Thüringer Hochschulgesetz vom 21. Dezember 2006

§ 53 Abs. 3 f.   **238** N9

VII. Kirchenrecht, Staatskirchenverträge

Erlasse und Friedensschlüsse

Instrumentum pacis Osnabrugensis (Osnabrücker Friedensvertrag, Westfälischer Friede) vom 24. Oktober 1648

246 1

VIII. Gesetze und Verordnungen der Deutschen Demokratischen Republik

Gesetz über den Aufbau und die Funktionen der konsularischen Vertretungen (Konsulargesetz) der Deutschen Demokratischen Republik vom 22. Mai 1957

§ 2   **237** N6

IX. Europäisches Gemeinschaftsrecht

1. Primärrecht (chronologisch)

(1) Vertrag über die Gründung der Europäischen Gemeinschaft für Kohle und Stahl (EGKS-Vertrag) vom 18. April 1951

Art. 97   **234** N33

(2) Vertrag über die Arbeitsweise der Europäischen Union (AEU-Vertrag) vom 25. März 1957 in der Fassung des Vertrages von Lissabon vom 13. Dezember 2007

	239 N31	Art. 4 Abs. 2 lit. j	**234** 11
Art. 2 ff.	**232** 35	Art. 4 Abs. 4	**234** 9, **249** 37
Art. 2 Abs. 6	**248** 49	Art. 5 Abs. 3	**234** 11
Art. 3	**233** 22	Art. 7	**253** N365
Art. 3 Abs. 1 lit. d	**248** 49	Art. 11 Abs. 4	**253** 68
Art. 3 Abs. 1 lit. e	**234** 8	Art. 15	**253** N171
Art. 3 Abs. 2	**248** 50, **253** 43	Art. 15 Abs. 1	**253** N360
Art. 4	**233** 22	Art. 15 Abs. 3	**253** N298
Art. 4 Abs. 2 lit. e	**248** 49	Art. 18 ff.	**233** 21

Halbfette Zahl = §§; magere Zahl = Rn.; N = Fußnote

Gesetzesregister (Europäisches Gemeinschaftsrecht)

Art. 18	**226** 82, **230** 79, N261, **250** N87	Art. 82 Abs. 2 f.	**239** 40
		Art. 87 ff.	**253** 43
Art. 19 Abs. 2	**250** N29	Art. 88 Abs. 2 UAbs. 2	**253** 63
Art. 20 Abs. 1 Satz 2	**230** 102	Art. 88 Abs. 3	**230** N237
Art. 20 Abs. 2	**230** 103	Art. 89	**230** N237
Art. 20 Abs. 2 Satz 2 lit. a	**230** N237	Art. 101 f.	**246** 64
		Art. 107 ff.	**251** 80
Art. 21	**230** N237, N260, **233** 21, **238** 35	Art. 107 f.	**250** 53
		Art. 113	**251** 77
Art. 22	**226** 82	Art. 114	**250** 74, **252** 49
Art. 22 Abs. 1	**230** N259	Art. 115	**251** 77
Art. 22 Abs. 2	**230** N259	Art. 118	**247** 42
Art. 23 ff.	**249** 38	Art. 119 Abs. 2	**252** 39, 52
Art. 24 Satz 2	**230** N259	Art. 119 Abs. 3	**252** 52
Art. 26 ff.	**230** 71	Art. 121	**252** 31
Art. 28 ff.	**233** 21	Art. 122 Abs. 2	**252** 39
Art. 34 ff.	**230** N262	Art. 123 ff.	**252** 31
Art. 36	**227** 32, **238** 35, **247** 41	Art. 123	**250** 15, **252** 32, 42
		Art. 123 Abs. 1	**250** 15, **252** 39
Art. 45 ff.	**233** 21, **251** 70, N293	Art. 125	**252** N128
		Art. 125 Abs. 1	**252** 39, 42, N128
Art. 45 Abs. 3	**238** 35	Art. 125 Abs. 2	**250** 15
Art. 45 Abs. 3 lit. b	**230** N237	Art. 126	**252** 11 f., 39
Art. 48	**252** 45	Art. 126 Abs. 2 f.	**252** 21
Art. 49 ff.	**230** 88, **233** 21, **251** 71, N293	Art. 126 Abs. 6	**252** 20, N116
		Art. 126 Abs. 7	**252** 37
Art. 52 Abs. 1	**238** 35	Art. 127 ff.	**250** N28
Art. 56 ff.	**251** N293	Art. 127	**252** 23, 42
Art. 56	**233** 21	Art. 127 Abs. 1 f.	**252** 39
Art. 63 ff.	**233** 21, **251** N293	Art. 127 Abs. 1	**250** N29, **252** 26
Art. 63 Abs. 1	**251** 72	Art. 127 Abs. 6	**250** 74
Art. 65 Abs. 2	**250** 15	Art. 130	**250** 74, **252** 35, 39, 42
Art. 67 ff.	**230** 71, **239** 66, **253** 43		
		Art. 136	**252** 39
Art. 67	**247** 67	Art. 136 Abs. 3	**252** 41 f., N128
Art. 67 Abs. 1	**239** 40	Art. 139 Abs. 2	**252** 25
Art. 67 Abs. 3 f.	**239** 40	Art. 140	**252** 20
Art. 69	**234** 37	Art. 140 Abs. 1	**252** 22
Art. 70 Satz 1	**239** 40	Art. 140 Abs. 1 Satz 3 Hs. 2	**252** 20
Art. 72	**238** 13, **253** 44		
Art. 75	**234** 8	Art. 143 f.	**252** 39
Art. 77 Abs. 1 lit. c	**234** 11	Art. 190	**230** N259
Art. 77 Abs. 1c	**230** 71	Art. 191 Abs. 1	**248** 47
Art. 77 Abs. 2 lit. d	**234** 11	Art. 191 Abs. 2 UAbs. 1 Satz 1	**248** N30
Art. 78 Abs. 2	**234** 11		
Art. 79 Abs. 2 lit. c	**234** 11	Art. 191 Abs. 4 UAbs. 1 Satz 2	**248** 50
Art. 81	**226** 70		
Art. 81 Abs. 1	**239** 40	Art. 191 Abs. 4 UAbs. 2	**248** 50
Art. 81 Abs. 2	**239** 40	Art. 192	**248** 50
Art. 82	**226** 70	Art. 192 Abs. 1	**248** 47 ff.
Art. 82 Abs. 1	**239** 40	Art. 192 Abs. 2	**248** N125

Halbfette Zahl = §§; magere Zahl = Rn.; N = Fußnote

Gesetzesregister (Europäisches Gemeinschaftsrecht)

Art. 192 Abs. 2 UAbs. 2	**248** 62	Art. 256 Abs. 3 UAbs. 2	**253** N365, N372
Art. 192 Abs. 3 UAbs. 1	**248** N125	Art. 263 Abs. 1	**253** N229
Art. 192 Abs. 3 UAbs. 2	**248** N125	Art. 263 Abs. 1 Satz 2	**253** 43
Art. 198 ff.	**249** 38	Art. 263 Abs. 3 Alt. 4	**253** N229
Art. 207	**232** N117, **247** 43	Art. 263 Abs. 4	**253** N354
Art. 207 Abs. 1	**234** 17	Art. 263 Abs. 4 Alt. 2	**253** N229
Art. 207 Abs. 2	**247** N138	Art. 264	**253** N229
Art. 207 Abs. 3 Satz 1	**247** N138	Art. 267	**226** 31, 82, **234** 39, N47, **247** 47, 66, **253** 79, N239, N354
Art. 208 ff.	**234** 9		
Art. 208 Abs. 1	**232** N117		
Art. 208 Abs. 1 UAbs. 1	**249** 38		
Art. 208 Abs. 1 UAbs. 2	**234** 9, **249** 38		
Art. 209	**249** 42	Art. 267 Abs. 1 lit. b	**253** 43
Art. 209 Abs. 1 f.	**249** 37	Art. 268	**253** 57
Art. 209 Abs. 1	**249** 39	Art. 275 Abs. 1	**253** 43
Art. 210	**249** 37	Art. 276	**253** 43, N208
Art. 212	**249** 38	Art. 282 Abs. 1	**252** 25
Art. 212 Abs. 1	**232** N117	Art. 282 Abs. 3	**252** 25
Art. 213	**249** 38	Art. 282 Abs. 3 Satz 2	**252** 35
Art. 214	**234** 9	Art. 283	**252** N80
Art. 214 Abs. 1	**232** N117	Art. 283 Abs. 1	**252** 25
Art. 214 Abs. 1 Satz 3	**234** 9	Art. 283 Abs. 2 UAbs. 3	**252** 35
Art. 215 Abs. 1	**234** 8	Art. 285 f.	**230** N93
Art. 215 Abs. 2	**234** 8	Art. 287	**253** 69
Art. 216 Abs. 1 Hs. 2 Var. 2	**248** 50	Art. 287 Abs. 2 UAbs. 1	**249** N177
		Art. 288 Abs. 1	**228** 33
Art. 216 Abs. 1 Hs. 2 Var. 3	**248** 50	Art. 288 Abs. 2 f.	**247** N124
		Art. 288 Abs. 2	**234** N44
Art. 216 Abs. 1 Hs. 2 Var. 4	**248** 50	Art. 288 Abs. 3	**230** 70
		Art. 288 Abs. 4	**234** N44
Art. 216 Abs. 1 Var. 1	**248** 50	Art. 289	**226** 56, **234** 10
Art. 216 Abs. 2	**232** N152	Art. 290 f.	**235** N147
Art. 218 Abs. 6 UAbs. 2 lit. a	**247** N138	Art. 291 Abs. 1	**253** 81, N373
		Art. 291 Abs. 3	**253** N189
Art. 218 Abs. 6 UAbs. 2 lit. v	**247** N138	Art. 293 Abs. 1	**252** 37
		Art. 294	**249** 39
Art. 219	**252** 52	Art. 296 Abs. 1	**251** N139
Art. 220 ff.	**253** 42	Art. 296 Abs. 2	**253** N296
Art. 223	**230** N91	Art. 296 Abs. 3	**251** N139
Art. 225 ff.	**253** N273	Art. 298 Abs. 1	**253** N132, N169
Art. 227	**230** N259	Art. 299 Abs. 1 Hs. 2	**252** 21
Art. 228	**253** N299	Art. 317 Abs. 1	**249** N177
Art. 238 Abs. 1 UAbs. 1 Satz 2	**234** 9	Art. 340 Abs. 2	**253** 57
		Art. 343	**230** N237
Art. 244	**230** N90	Art. 346 Abs. 1 lit. b	**227** 32
Art. 254	**230** N92	Art. 352	**234** 34
Art. 256 Abs. 2 UAbs. 2	**253** N365, N372	Art. 355	**230** 73

Halbfette Zahl = §§; magere Zahl = Rn.; N = Fußnote

Gesetzesregister (Europäisches Gemeinschaftsrecht)

Protokoll Nr. 36 zum Vertrag über die Arbeitsweise der Europäischen Union über die Übergangsbestimmungen vom 13. Dezember 2007

Art. 10 Abs. 1   **253** N206
Art. 10 Abs. 3   **253** N206

(3) Vertrag zur Gründung der Europäischen Gemeinschaft vom 25. März 1957 in der Fassung des Vertrages von Amsterdam vom 2. Oktober 1997 (zuletzt geändert durch den Vertrag über den Beitritt der Republik Bulgarien und Rumäniens zur Europäischen Union vom 25. April 2005)

Art. 1 f.	**244** N80	Art. 301	**234** N52, N53,
Art. 60	**234** N53, N54		N54
Art. 293	**250** N18, **251** 22, 33 f., N137	Art. 308	**234** N53

Vertrag zur Gründung der Europäischen Wirtschaftsgemeinschaft vom 25. März 1957

Art. 4 Abs. 1	**234** N133	Art. 137 ff.	**234** N133
Art. 85 f.	**246** 64	Art. 138 Abs. 1	**234** 37, N134
Art. 113	**234** 8	Art. 220	**251** 22, 33 f., N137

(4) Protokoll über die Vorrechte und Befreiungen der Europäischen Union vom 8. April 1965

Art. 12 Satz 1   **250** N119
Art. 12 Satz 2   **250** N128
Art. 13   **250** N128

(5) Europäisches Übereinkommen über die Staatenimmunität vom 16. Mai 1972

Art. 11   **253** N215

(6) Einheitliche Europäische Akte vom 28. Februar 1986

Art. 1 Abs. 3	**234** 10	Art. 8a	**234** 11
Art. 3 Abs. 2	**234** 10	Art. 30	**234** 10

(7) Vertrag über die Europäische Union vom 7. Februar 1992 in der Fassung des Vertrages von Lissabon vom 13. Dezember 2007

	226 50, 56 ff., 62, 70, **232** 40	Art. 4	**232** 35
Art. 1 Abs. 1	**232** 35	Art. 4 Abs. 1	**234** 12
Art. 1 Abs. 2	**228** 32, **234** N63, **253** N171, N360	Art. 4 Abs. 2	**232** 36, **238** 26, 34
		Art. 4 Abs. 2 Satz 1	**253** N264
		Art. 4 Abs. 2 Satz 2	**238** 13
Art. 1 Abs. 3 Satz 3	**248** N137	Art. 4 Abs. 3	**253** 79, N356
Art. 2	**226** 57, **232** 36 f., **238** 33, N4, **253** N264	Art. 4 Abs. 4 lit. e	**248** 63
		Art. 5	**232** 35
		Art. 5 Abs. 1	**251** N139
Art. 2 Satz 1	**232** 35, **253** 9, 28	Art. 5 Abs. 1 Satz 1	**234** 12, **253** 81
Art. 3	**234** N49, **252** 23	Art. 5 Abs. 1 Satz 2	**248** 13, **251** N317
Art. 3 Abs. 3 Satz 2	**252** 23, N35	Art. 5 Abs. 2	**253** 81
Art. 3 Abs. 3 UAbs. 1	**248** 63	Art. 5 Abs. 2 Satz 1	**234** 12
Art. 3 Abs. 4	**252** 18	Art. 5 Abs. 3	**251** 77, N317
Art. 3 Abs. 5	**232** 37 f., N115, **234** 9	Art. 5 Abs. 3 UAbs. 2 Satz 2	**234** 37
		Art. 6 ff.	**234** 37

Gesetzesregister (Europäisches Gemeinschaftsrecht)

Art. 6	**239** 27, 59, **253** N264	Art. 21 Abs. 2 lit. b	**249** 38
		Art. 21 Abs. 2 lit. d	**249** 38
Art. 6 Abs. 1	**230** 103, **239** 68, **247** 44, N121, **253** 28	Art. 21 Abs. 2 lit. e	**249** 38
		Art. 24 Abs. 1 UAbs. 2	**253** 43
		Art. 24 Abs. 1 UAbs. 2 Satz 3	**234** 10
Art. 6 Abs. 1 UAbs. 1	**248** N337		
Art. 6 Abs. 3	**238** N4, **247** N121, **248** N337, **253** 28	Art. 31 Abs. 1 UAbs. 1 Satz 1	**234** 10
		Art. 31 Abs. 1 UAbs. 1 Satz 2	**234** 10
Art. 7	**232** 36		
Art. 7 Abs. 2	**234** 37	Art. 39 Abs. 2	**253** N281
Art. 7 Abs. 3	**234** 37	Art. 42 ff.	**244** 5
Art. 9 ff.	**232** 35	Art. 42 f.	**244** 71
Art. 9	**233** 21	Art. 42 Abs. 1	**244** 70, 93
Art. 10	**233** 22, **253** 9	Art. 42 Abs. 1 Satz 2	**244** N220
Art. 10 Abs. 3	**253** N290	Art. 42 Abs. 4 Satz 1	**244** 70
Art. 10 Abs. 3 Satz 2	**253** N360	Art. 42 Abs. 7	**244** 73
Art. 11	**233** 22	Art. 42 Abs. 7 UAbs. 2 Satz 1	**244** 61
Art. 11 Abs. 1 f.	**253** N102		
Art. 11 Abs. 2 f.	**253** N360	Art. 43 Abs. 1 Satz 1	**244** 70
Art. 11 Abs. 2	**233** 22, **253** N67, N171, N290	Art. 43 Abs. 1 Satz 2	**244** 70
		Art. 43 Abs. 2	**244** 93
Art. 11 Abs. 3	**253** N298	Art. 44 Abs. 1 Satz 1	**244** 70
Art. 12	**226** 56, **234** 37, **253** 9, N376	Art. 44 Abs. 1 Satz 2	**244** 70
		Art. 48 f.	**238** 18
Art. 12 lit. a	**234** 37	Art. 48 Abs. 2 f.	**234** 12
Art. 12 lit. b	**248** N190	Art. 48 Abs. 3	**234** N164
Art. 13 Abs. 1 UAbs. 1	**253** N365	Art. 48 Abs. 4	**234** 37
Art. 13 Abs. 2 Satz 1	**251** N139	Art. 48 Abs. 4 Satz 1	**234** 12
Art. 14	**230** N91	Art. 48 Abs. 4 Satz 2	**234** 12
Art. 14 Abs. 1 Satz 2	**253** N273	Art. 48 Abs. 6	**234** 12
Art. 14 Abs. 2	**230** N153	Art. 48 Abs. 6 UAbs. 2	**234** 37
Art. 16 Abs. 3	**234** N45, **252** N116	Art. 48 Abs. 6 UAbs. 2 Satz 3	**234** 12
Art. 16 Abs. 4	**252** N116	Art. 48 Abs. 6 UAbs. 3	**234** 12
Art. 17	**230** N90	Art. 48 Abs. 7 UAbs. 3	**234** 12, 37
Art. 17 Abs. 7 f.	**253** N273	Art. 49	**232** 36 f.
Art. 18	**230** N94	Art. 50	**226** 58, **230** 103, **234** 12
Art. 19	**230** N92, **253** N264		
		Art. 52	**230** 73
Art. 19 Abs. 1	**253** 28	Art. 190 Abs. 1	**230** N95
Art. 19 Abs. 1 Satz 2	**234** N46	Art. 206 f.	**234** 8
Art. 19 Abs. 1 UAbs. 1 Satz 1	**253** 28, N239	Art. 213 Abs. 2	**230** N95
		Art. 223 Abs. 1	**230** N95
Art. 19 Abs. 1 UAbs. 2	**230** N263, **253** 79, N365	Art. 291	**253** 81
		Art. J.8 Abs. 1 f.	**234** 10
Art. 20	**247** 42	Art. J ff.	**234** 10
Art. 21 f.	**234** 10	Art. K.1 Nr. 1 ff.	**234** 11
Art. 21	**249** 42, N84	Art. K.3	**234** 11
Art. 21 Abs. 1	**232** 37 f., N115		

Halbfette Zahl = §§; magere Zahl = Rn.; N = Fußnote

Gesetzesregister (Europäisches Gemeinschaftsrecht)

(8) Vertrag über die Europäische Union (Maastricht-Vertrag) vom 7. Februar 1992 in der Fassung des Vertrages von Amsterdam vom 2. Oktober 1997 (zuletzt geändert durch den Vertrag über den Beitritt der Republik Bulgarien und Rumäniens zur Europäischen Union vom 25. April 2005)

	226 5	Art. 104	**252** 12
Art. 17	**226** 62	Art. 130 Abs. 2	**249** N84
Art. 35	**253** 42	Art. F	**226** 55

(9) Protokoll Nr. 18 über die Satzung des Europäischen Systems der Zentralbanken und der Europäischen Zentralbank vom 7. Februar 1992 (ESZB-Satzung)

Art. 10   **230** N151

(10) Satzung des Europäischen Systems der Zentralbanken und der Europäischen Zentralbank vom 7. Februar 1992

Art. 10	**252** N78	Art. 19	**252** 30
Art. 10 Abs. 2	**252** N81	Art. 19.1	**252** N97
Art. 17 ff.	**252** N82, N91	Art. 20	**252** 30
Art. 18	**252** 30	Art. 20 Satz 1.1	**252** N98
Art. 18 Abs. 1	**252** N94	Art. 20 Satz 2	**252** N98
Art. 18.1	**252** 33	Art. 41	**252** N98

(11) Vertrag von Amsterdam zur Änderung des Vertrages über die Europäische Union, der Verträge zur Gründung der Europäischen Gemeinschaften sowie einiger damit zusammenhängender Rechtsakte vom 2. Oktober 1997

Art. 20   **238** 38

(12) Übereinkommen aufgrund von Artikel K.3 des Vertrages über die Europäische Union über gegenseitige Amtshilfe und Zusammenarbeit der Zollverwaltung vom 18. Dezember 1997

Art. 30 ff.	**253** N241	Art. 52	**253** 56
Art. 30	**253** 42	Art. 155	**230** N105

(13) Charta der Grundrechte der Europäischen Union vom 7. Dezember 2000

Art. 8	**226** 78, **247** 17, 50	Art. 41 Abs. 2 lit. c	**253** N296
Art. 11	**247** 21, 50	Art. 42	**253** N171, N298
Art. 11 Abs. 1 Satz 2	**247** 17	Art. 43	**253** N299
Art. 16	**247** 18, 50	Art. 45	**233** 21
Art. 17 Abs. 2	**247** 45, 50, 66, N69	Art. 47	**253** 28, N234, N264
Art. 19 Abs. 2	**239** 52	Art. 51	**232** 36
Art. 20	**233** 21, **253** 9	Art. 51 Abs. 1	**232** N107, **247** N118
Art. 24	**238** 37		
Art. 27 ff.	**226** N142	Art. 51 Abs. 1 Satz 1	**240** 62
Art. 34	**226** N142	Art. 52 Abs. 1	**238** 33
Art. 41	**253** 78, N349	Art. 52 Abs. 3	**248** N337
Art. 41 Abs. 2	**253** 57, N349	Art. 52 Abs. 3 Satz 1	**247** 44
Art. 41 Abs. 2 lit. a	**253** N298	Art. 53	**247** 44
Art. 41 Abs. 2 lit. b	**253** N293, N298		

1180   Halbfette Zahl = §§; magere Zahl = Rn.; N = Fußnote

Gesetzesregister (Europäisches Gemeinschaftsrecht)

(14) Vertrag über Stabilität, Koordinierung und Steuerung in der Wirtschafts- und Währungsunion vom 31. Januar 2012

Art. 2 Abs. 2	**252** 44
Art. 3 Abs. 2	**252** 45
Art. 16	**252** 44

2. Verordnungen (chronologisch)

(1) Verordnung (EG) Nr. 515/97 des Rates über die gegenseitige Amtshilfe und die Zusammenarbeit mit der Kommission im Hinblick auf die ordnungsgemäße Anwendung der Zoll- und Agrarregelungen vom 13. März 1997

Art. 32	**253** N248
Art. 36	**253** N248
Art. 40	**253** 56, N248

(2) Verordnung (EG) Nr. 1103/97 des Rates vom 17. Juni 1997 über bestimmte Vorschriften im Zusammenhang mit der Einführung des Euro (Euro-Verordnung I)

252 N61

(3) Verordnung (EG) Nr. 1467/97 des Rates vom 7. Juli 1997 über die Beschleunigung und Klärung des Verfahrens bei einem übermäßigen Defizit

Art. 2 Abs. 2   **252** 38, N119

(4) Verordnung (EG) Nr. 974/98 des Rates vom 3. Mai 1998 über die Einführung des Euro (Euro-Verordnung II)

252 N11, N61

(5) Verordnung (EG) Nr. 2866/98 des Rates vom 31. Dezember 1998 über die Umrechnungskurse zwischen dem Euro und den Währungen der Mitgliedstaaten, die den Euro einführen (Euro-Verordnung III)

252 N62

(6) Verordnung (EG) Nr. 44/2001 des Rates vom 22. Dezember 2000 über die gerichtliche Zuständigkeit und die Anerkennung und Vollstreckung von Entscheidungen in Zivil- und Handelssachen

	239 8f., 15
Art. 34 Nr. 1	**239** 9, 15
Art. 36	**239** 9
Art. 41	**239** 15

(7) Verordnung (EG) Nr. 343/2003 des Rates vom 18. Februar 2003 zur Festlegung der Kriterien zur Bestimmung des Mitgliedstaats, der für die Prüfung eines von einem Drittstaatsangehörigen gestellten Asylantrags zuständig ist (Dublin II-Verordnung)

239 67

(8) Verordnung (EG) Nr. 2201/2003 des Rates über die Zuständigkeit und die Anerkennung und Vollstreckung von Entscheidungen in Ehesachen und in Verfahren betreffend die elterliche Verantwortung und zur Aufhebung der Verordnung (EG) Nr. 1347/2000 vom 27. November 2003

	239 8
Art. 42	**238** 37

Halbfette Zahl = §§; magere Zahl = Rn.; N = Fußnote

Gesetzesregister (Europäisches Gemeinschaftsrecht)

(9) Verordnung (EG) Nr. 805/2004 des Europäischen Parlaments und des Rates vom 21. April 2004 zur Einführung eines europäischen Vollstreckungstitels für unbestrittene Forderungen

	239 15f.
Art. 6 Abs. 1 lit. d	**239** 16

(10) Verordnung (EG) Nr. 2007/2004 des Rates vom 26. Oktober 2004 zur Errichtung einer Europäischen Agentur für die operative Zusammenarbeit an den Außengrenzen der Mitgliedstaaten der Europäischen Union

Art. 20 Abs. 2 lit. b   **253** N281

(11) Verordnung (EG) Nr. 1717/2006 des Europäischen Parlaments und des Rates vom 15. November 2006 zur Schaffung eines Instruments für Stabilität

	249 N93
Art. 2	**249** N72

(12) Verordnung (EG) Nr. 1896/2006 des Europäischen Parlaments und des Rates vom 12. Dezember 2006 zur Einführung des Europäischen Mahnverfahrens

	239 17, 64	Art. 19	**239** 17
Art. 2 Abs. 3	**239** N73	Art. 22	**239** 17

(13) Verordnung (EG) Nr. 1905/2006 des Europäischen Parlaments und des Rates vom 18. Dezember 2006 zur Schaffung eines Finanzierungsinstruments für die Entwicklungszusammenarbeit

Art. 1 Abs. 2	**249** N88	Art. 19 Abs. 4	**249** N181
Art. 3 Abs. 8	**249** N131, N181	Art. 25 Abs. 1 lit. b	**249** N208
Art. 8	**249** N131		

(14) Verordnung (EG) Nr. 1889/2006 des Europäischen Parlaments und des Rates vom 20. Dezember 2006 zur Einführung eines Finanzierungsinstruments für die weltweite Förderung der Demokratie und der Menschenrechte

	249 N93
Art. 3 Abs. 1	**249** N72

(15) Verordnung (EG) Nr. 861/2007 des Europäischen Parlaments und des Rates vom 11. Juli 2007 zur Einführung eines europäischen Verfahrens für geringfügige Forderungen

	239 17
Art. 22 Abs. 1	**239** 17

(16) Verordnung (EG) Nr. 864/2007 des Europäischen Parlaments und des Rates vom 11. Juli 2007 über das auf außervertragliche Schuldverhältnisse anzuwendende Recht („Rom II")

	232 22, **237** N12	Art. 4 Abs. 3	**238** N33
Art. 3	**232** N65	Art. 10	**232** N100
Art. 4 Abs. 2	**237** 9		

Gesetzesregister (Europäisches Gemeinschaftsrecht)

(17) Verordnung (EG) Nr. 215/2008 des Rates vom 18. Februar 2008 über Finanzregeln für den 10. Europäischen Entwicklungsfonds

Art. 11   **249** N177
Art. 13   **249** N177

(18) Verordnung (EG) Nr. 593/2008 des Europäischen Parlaments und des Rates vom 17. Juni 2008 über das auf vertragliche Schuldverhältnisse anzuwendende Recht („Rom I")

	232 22	Art. 4 Abs. 4	**238** N33
Art. 2	**232** N65	Art. 21	**232** N100
Art. 3 Abs. 1	**250** N10		

(19) Verordnung (EU) Nr. 407/2010 des Rates zur Einführung eines europäischen Finanzstabilisierungsmechanismus vom 11. Mai 2010

	252 39, N122	Art. 9 Abs. 3	**252** 40, 42
Art. 8 Abs. 1	**252** 40	Art. 12 Abs. 1	**252** 40
Art. 8 Abs. 5	**252** 40	Art. 14 f.	**252** 40
Art. 8 Abs. 5 Satz 1	**252** 40	Art. 25 Abs. 2	**252** 40, 42
Art. 9 Abs. 2	**252** 40		

(20) Verordnung (EU) Nr. 1215/2012 des Europäischen Parlaments und des Rates vom 12. Dezember 2012 über die gerichtliche Zuständigkeit und die Anerkennung und Vollstreckung von Entscheidungen in Zivil- und Handelssachen

	232 22
Art. 34 Nr. 1	**232** N100
Art. 45 Abs. 1 lit. a	**238** 36

3. Richtlinien (chronologisch)

(1) Richtlinie 95/46/EG des Europäischen Parlaments und des Rates vom 24. Oktober 1995 zum Schutz natürlicher Personen bei der Verarbeitung personenbezogener Daten und zum freien Datenverkehr

Art. 28 Abs. 1 Satz 2   **253** N132

(2) Richtlinie 2000/46/EG des Europäischen Parlaments und des Rates vom 18. September 2010 über die Aufnahme, Ausübung und Beaufsichtigung der Tätigkeit von E-Geld-Instituten

Art. 1 Abs. 3 lit. b   **252** N13

(3) Richtlinie 2001/29/EG des Europäischen Parlaments und des Rates vom 22. Mai 2001 zur Harmonisierung bestimmter Aspekte des Urheberrechts und der verwandten Schutzrechte in der Informationsgesellschaft

Art. 5 Abs. 5   **247** 10

(4) Richtlinie 2006/123/EG des Europäischen Parlaments und des Rates vom 12. Dezember 2006 über Dienstleitungen im Binnenmarkt

Art. 28 ff.   **239** 32

Gesetzesregister (Recht der Vereinten Nationen)

(5) Richtlinie 2009/72/EG des Europäischen Parlaments und des Rates vom 13. Juli 2009 über gemeinsame Vorschriften für den Elektrizitätsbinnenmarkt und zur Aufhebung der Richtlinie 2003/54/EG

Art. 35 Abs. 4   **253** N131

(6) Richtlinie 2009/73/EG des Europäischen Parlaments und des Rates vom 13. Juli 2009 über gemeinsame Vorschriften für den Erdgasbinnenmarkt und zur Aufhebung der Richtlinie 2003/55/EG

Art. 39 Abs. 4   **253** N131

(7) Richtlinie 2011/96/EU des Rates vom 30. November 2011 über das gemeinsame Steuersystem der Mutter- und Tochtergesellschaften verschiedener Mitgliedstaaten

                 251 N154

(8) Richtlinie 2011/92/EU des Europäischen Parlaments und des Rates über die Umweltverträglichkeitsprüfung bei bestimmten öffentlichen und privaten Projekten vom 13. Dezember 2011

Art. 5   **248** N2
Art. 9 Abs. 1 lit. b   **237** N96

X. Recht der Vereinten Nationen (chronologisch)

1. Statut des Internationalen Gerichtshofes vom 26. Juni 1945

	242 N54	Art. 36 Abs. 2	**226** 42, 63, **242** 1,
Art. 1	**234** N30		**248** 25
Art. 2	**242** 51	Art. 38	**242** 11, 59, N58
Art. 5	**234** N30	Art. 38 Abs. 1	**226** 14, **235** N67
Art. 5 Abs. 2	**245** N89	Art. 38 Abs. 1 lit. c	**226** 17, **235** 15,
Art. 8	**245** N89		N46, N55, N62,
Art. 26 Abs. 1	**248** N65		**238** N4, **245** 24,
Art. 30 ff.	**242** N57		**246** 118, **248** 125,
Art. 36	**242** 31		N205

2. Charta der Vereinten Nationen vom 26. Juni 1945

	229 27, 43	Art. 2 Nr. 1	**228** 20, **229** 29,
Art. 1	**243** 7, 25		**230** 16, **238** N31
Art. 1 Abs. 1	**229** N328	Art. 2 Nr. 3 f.	**244** 26
Art. 1 Abs. 3	**249** 42	Art. 2 Nr. 3	**242** 15, **244** 21,
Art. 1 Nr. 1	**227** N12, **243** 25,		**245** 36
	244 48	Art. 2 Nr. 4	**226** 4, **227** 5 f., 8,
Art. 1 Nr. 2	**228** 4, 20, **229** 12,		27, **233** 24, **234**
	29		N7, **242** 15, **244** 2,
Art. 2	**241** 52, **244** 26		36, 39
Art. 2 Abs. 1	**229** 105, **246**	Art. 4	**229** 29
	N121, **249** 53,	Art. 4 Abs. 1	**232** 45
	N97	Art. 10 f.	**234** N36
Art. 2 Abs. 4	**231** 28	Art. 11	**243** 11

Gesetzesregister (Recht der Vereinten Nationen)

Art. 14	**234** N36	Art. 45	**244** 3
Art. 17 Abs. 1 f.	**250** N116	Art. 47	**243** 10
Art. 17 Abs. 2	**250** N115	Art. 51	**226** 41, **227** 5 f.,
Art. 18	**249** N63		13, 19, **231** 28,
Art. 18 Abs. 1	**230** N150		**244** 16, 40 ff., 50,
Art. 24 Abs. 1	**243** 8		52, 58, 67, N174
Art. 25	**234** 5, 8	Art. 52	**243** 11, 27
Art. 27 Abs. 2 f.	**244** 46	Art. 53	**229** 37, 94, **243** 27
Art. 27 Abs. 3	**230** N152, **244** 65	Art. 55	**228** 4
Art. 33	**242** 15 f.	Art. 55 lit. a	**229** 12, **249** 42
Art. 33 Abs. 1	**248** N307	Art. 55 lit. b	**249** 42
Art. 39 ff.	**227** 12	Art. 56	**249** 42
Art. 39	**227** 8 f., 25 f., N46,	Art. 71	**234** 23
	N111, **243** 9, 25,	Art. 92	**242** 49
	244 48, 63, **245** 7, 13	Art. 94	**242** 62
Art. 40	**243** 9	Art. 103	**238** N41
Art. 41 ff.	**244** 38	Art. 105 Abs. 1	**250** N124
Art. 41	**234** 5, **244** N15,	Art. 105 Abs. 3	**250** N124
	245 7, 13	Art. 107	**229** 37, 94, **241** 38
Art. 42	**243** N84	Art. 108 f.	**234** 29
Art. 43	**226** 34, **243** 10,		
	20, **244** 3		

3. Konvention über die Verhütung und Bestrafung des Völkermordes vom 9. Dezember 1948

	245 N10
Art. I ff.	**230** N377
Art. VI	**230** 110, **245** 3

4. Allgemeine Erklärung der Menschenrechte, verkündet am 10. Dezember 1948 von der Generalversammlung der Vereinten Nationen

	229 26	Art. 27 Abs. 2	**247** 28, N66
Art. 15	**230** 89	Art. 28	**249** N99
Art. 22	**249** N99		

5. I. Genfer Abkommen zur Verbesserung des Loses der Verwundeten und Kranken der Streitkräfte im Feld vom 12. August 1949

244 N435

6. II. Genfer Abkommen zur Verbesserung des Loses der Verwundeten, Kranken und Schiffbrüchigen der Streitkräfte zur See vom 12. August 1949

244 N435

7. III. Genfer Abkommen über die Behandlung von Kriegsgefangenen vom 12. August 1949

	244 N435
Art. 4	**244** N487

Halbfette Zahl = §§; magere Zahl = Rn.; N = Fußnote

Gesetzesregister (Recht der Vereinten Nationen)

8. IV. Genfer Abkommen zum Schutze von Zivilpersonen in Kriegszeiten (Genfer Rotkreuz-Abkommen) vom 12. August 1949

Art. 13	**240** N164
Art. 47 ff.	**244** N438

9. Genfer Flüchtlingskonvention vom 28. Juli 1951

226 N164

10. Draft Convention on Arbitral Procedure vom 14. August 1953

242 N49

11. Model Rules on Arbitral Procedure vom 10. Juni 1958

	242 N50
Art. V Abs. 1	**246** 109
Art. V Abs. 1e	**246** 111

12. Konvention über die Rechte des Kindes vom 20. November 1959

	226 29
Art. 45	**234** 23

13. Wiener Übereinkommen über die konsularischen Beziehungen vom 24. April 1963

	230 N274
Art. 36 Abs. 1 lit. c	**226** 35
Art. 39	**237** N112

14. Resolution 2029 (XX) der Generalversammlung der Vereinten Nationen über die Zusammenlegung des Sonderfonds und des erweiterten Programms für technische Hilfe zu einem Entwicklungsprogramm der Vereinten Nationen vom 22. November 1965

249 N68

15. Internationales Übereinkommen zur Beseitigung jeder Form der Rassendiskriminierung vom 7. März 1966

Art. 4	**226** N58
Art. 22	**242** 31

16. Internationaler Pakt über bürgerliche und politische Rechte vom 16. Dezember 1966

	229 15, 43, N210, **238** N81, **244** 139	Art. 7 Art. 9 Abs. 3 f.	**226** 77 **232** 44
Art. 1	**229** 5, 16, 25, 27, 29 f., 33, 38, 40, 68, 73, 82 f., 85, 89, 94 f., 102, N27, N35, N65	Art. 12 f. Art. 14 Art. 15	**233** 24 **226** 77, **232** 44, **253** N234, N264 **232** 44
		Art. 15 Abs. 2	**226** N55, **245** 45
Art. 1 Nr. 1	**229** N28	Art. 16	**233** 24
Art. 2 Abs. 1	**244** 141, **249** N139	Art. 19 Art. 20	**226** 19, **233** 24 **226** N58
Art. 4	**238** 28	Art. 22	**233** 24
Art. 4 Abs. 1 f.	**244** 140	Art. 23	**226** 74
Art. 6	**226** 76, **240** N86	Art. 25	**232** 45, **233** 24
Art. 6 Abs. 1	**244** N251	Art. 49	**229** N29

Halbfette Zahl = §§; magere Zahl = Rn.; N = Fußnote

Gesetzesregister (Recht der Vereinten Nationen)

Zweites Fakultativprotokoll zum Internationalen Pakt über bürgerliche und politische Rechte zur Abschaffung der Todesstrafe vom 15. Dezember 1989

Art. 1 **240** N86

17. Internationaler Pakt über wirtschaftliche, soziale und kulturelle Rechte vom 19. Dezember 1966

	229 15	Art. 11 Abs. 1	**249** 42
Art. 1	**229** 25, 29	Art. 15	**247** 29 f., **249**
Art. 1 Nr. 1	**229** N28		N164
Art. 2 Abs. 1	**249** 42, 65, 79,	Art. 27	**229** N29
	N118, N164	Art. 212 f.	**249** N164
Art. 11	**249** 73, N164		

18. Resolution 1264 des Sicherheitsrates der Vereinten Nationen zur Situation in Ost-Timor vom 15. September 1999

227 N28

19. Wiener Übereinkommen über das Recht der Verträge (Wiener Vertragskonvention) vom 23. Mai 1969

Art. 2 Abs. 1 lit. b	**236** N6, N7	Art. 31 Abs. 3 lit. b	**235** N118, **236** 11
Art. 6 f.	**236** N6	Art. 33 Abs. 1	**235** N121
Art. 7 Abs. 2 lit. a	**248** 58	Art. 38	**235** N60
Art. 10	**248** 30	Art. 46	**235** N7, N122,
Art. 11 ff.	**236** N6, N7		N124, **236** N8,
Art. 11	**248** 31, 42, 54		**248** 42, 136
Art. 18 lit. a	**235** N111	Art. 46 Abs. 1	**248** 58
Art. 18 lit. b	**235** N112	Art. 49 ff.	**238** 30
Art. 24	**236** N6	Art. 53	**227** N54, **236** N9,
Art. 26	**251** 57		**238** 32
Art. 27	**235** N7, N122,	Art. 53 Satz 2	**235** N98
	236 26, N8, **238**	Art. 54 ff.	**234** N40, **236** 33
	N24, **248** 44, 136	Art. 59	**238** N39
Art. 31 ff.	**235** N114	Art. 60	**251** 57
Art. 31	**226** 30, **245** N164	Art. 64	**236** N9
Art. 31 Abs. 1	**235** N119	Art. 71	**236** N9

20. Erklärung über völkerrechtliche Grundsätze für freundschaftliche Beziehungen und Zusammenarbeit zwischen den Staaten im Sinne der Charta der Vereinten Nationen (Friendly-Relations-Declaration) vom 24. Oktober 1970

227 N18, **229** 43

21. Resolution der Generalversammlung der Vereinten Nationen „Defining Aggression" vom 14. Dezember 1974

Art. 1 **227** 7
Art. 5 Abs. 2 **227** N31, N33
Art. 7 **228** 6, **229** 18, 30

22. UNCITRAL Arbitration Rules vom 28. April 1976

242 N52

Gesetzesregister (Recht der Vereinten Nationen)

23. Seerechtsübereinkommen der Vereinten Nationen vom 10. Dezember 1982

Annex VII	**242** 23	Art. 60 Abs. 2	**248** N363
Art. 1 Abs. 1	**248** N144	Art. 61 ff.	**248** N363
Art. 2 f.	**248** N291	Art. 73	**248** N363
Art. 2	**248** N360	Art. 77 Abs. 1 f.	**248** N363
Art. 2 Abs. 1	**248** N290	Art. 79 Abs. 2	**248** N363
Art. 8	**248** N291	Art. 80	**248** N363
Art. 8 Abs. 1	**248** 108	Art. 86 f.	**230** N25
Art. 19 Abs. 2 lit. h	**248** N360	Art. 91 Abs. 1 Satz 2	**248** N374
Art. 19 Abs. 2 lit. i	**248** N360	Art. 101	**244** 58
Art. 21	**248** N360	Art. 105	**244** 58
Art. 22 Abs. 2	**248** N360	Art. 105 Satz 2	**230** N333
Art. 23	**248** N360	Art. 117 ff.	**248** N271
Art. 25 Abs. 1 f.	**248** N360	Art. 136	**248** N268
Art. 35	**248** 108	Art. 145	**248** N271
Art. 54	**242** N58	Art. 156 Abs. 1	**248** N144
Art. 56	**248** N363	Art. 287	**242** N39
Art. 58 Abs. 2	**248** N363	Art. 288	**242** N47

24. Konvention gegen Folter und andere grausame, unmenschliche oder erniedrigende Behandlung oder Strafe vom 10. Dezember 1984

	226 N276
Art. 4 f.	**230** N380
Art. 5 Abs. 2	**245** 33

25. Montrealer Protokoll über Stoffe, die zu einem Abbau der Ozonschicht führen vom 16. September 1987

Art. 2 ff.	**248** N261
Art. 10	**248** N182

26. Resolution 48/162 der Generalversammlung der Vereinten Nationen über weitere Maßnahmen zur Restrukturierung und Wiederbelebung der Vereinten Nationen in den Bereichen Ökonomie, Soziales und hiermit verbundenen Sachgebieten vom 20. Dezember 1993

249 N68

27. Resolution 940 des Sicherheitsrates der Vereinten Nationen zur Beseitigung der Militärdiktatur in Haiti vom 31. Juli 1994

227 N28

28. Convention on the Law of the Non-Navigational Uses of International Watercourses vom 21. Mai 1997

Art. 32   **226** N173

29. Römisches Statut des Internationalen Gerichtshofs vom 17. Juli 1998

Art. 1 Satz 1	**245** 14	Art. 5 Abs. 2	**227** 9
Art. 3 Abs. 1	**245** 14	Art. 6 ff.	**230** N378
Art. 4 Abs. 1 Satz 1	**234** 4, **245** 14	Art. 6	**245** 15
Art. 5	**245** 15	Art. 7	**245** 15
Art. 5 Abs. 1 lit. d	**227** 9	Art. 7 Abs. 2	**230** N283

Gesetzesregister (Sonstiges zwischenstaatliches Recht)

Art. 8	**227** N37, **245** 15	Art. 17	**245** 25, 29, 36
Art. 9	**245** 15, 27	Art. 17 Abs. 1 lit. a	**245** 17
Art. 11 Abs. 1	**245** 16	Art. 17 Abs. 1 lit. d	**245** 17
Art. 12 Abs. 2	**245** 16	Art. 22	**245** 27
Art. 13 lit. b	**245** 16	Art. 38 Abs. 1 lit. b	**227** 21
Art. 15	**227** N37, **245** 14	Art. 38 Abs. 1 lit. c	**227** 21, **232** 8
Art. 16	**245** 14	Art. 88	**232** 44

30. Resolution der Generalversammlung der Vereinten Nationen 56/83 zur Verantwortlichkeit von Staaten für völkerrechtswidriges Verhalten vom 12. Dezember 2001

Art. 16	**249** 72, 74, N121, N156

31. Resolution 1556 des Sicherheitsrates der Vereinten Nationen über die Situation im Sudan vom 30. Juli 2004

227 N28

32. Übereinkommen über die Rechte von Menschen mit Behinderungen vom 13. Dezember 2006

Art. 32	**249** 66

33. Draft Articles on Prevention of Transboundary Harm from Hazadorous Activities vom 9. Juli 2007

Art. 3	**248** N233	Art. 8 ff.	**248** N401
Art. 7	**248** N402	Art. 9 Abs. 3	**248** N389

34. Resolution A/HRC/RES/17/4 der Menschenrechtskommission der Vereinten Nationen über Menschenrechte und transnationale Gesellschaften und andere Wirtschaftsunternehmen vom 6. Juli 2011

246 N21

XI. Sonstiges zwischenstaatliches Recht (chronologisch)

1. Pariser Übereinkunft zum Schutze des gewerblichen Eigentums vom 20. März 1883

Art. 1	**247** 32
Art. 2	**247** 35
Art. 4 f.	**247** 35

2. Internationaler Vertrag zum Schutze der unterseeischen Telegraphenkabel vom 14. März 1884

§ 8 Abs. 1	**245** N24

3. Berner Übereinkunft zum Schutz von Werken der Literatur und der Kunst vom 9. September 1886

Art. 5	**247** N86	Art. 9 Abs. 2	**247** 34
Art. 6	**247** 10, 33, N34	Art. 10	**247** 37
Art. 6 Abs. 1 Satz 2	**247** 37	Art. 11 ff.	**247** 33
Art. 8	**247** 33	Art. 13	**247** 37

Halbfette Zahl = §§; magere Zahl = Rn.; N = Fußnote

4. I. Haager Abkommen zur friedlichen Erledigung internationaler Streitfälle vom 18. Oktober 1907

Art. 1	**242** 15
Art. 37	**242** N2

5. IV. Haager Abkommen betreffend die Gesetze und Gebräuche des Landkrieges (Haager Landkriegsordnung) vom 18. Oktober 1907

Art. 5	**244** 67	Art. 42	**244** N483
Art. 22	**244** 134	Art. 43	**244** 13, N484
Art. 42 ff.	**244** N438		

6. Satzung des Völkerbundes vom 28. Juni 1919

Art. 8 Abs. 1	**227** N14
Art. 11 Abs. 1	**227** N14

7. Staatsvertrag von St. Germain-en-Laye vom 10. September 1919

Art. 88	**229** 33, N17

8. Vertrag von Sèvres vom 10. August 1920

Art. 230	**245** 2

9. Vertrag von Lausanne vom 24. Juli 1923

245 2

10. Briand-Kellogg-Pakt vom 27. August 1928

227 5

11. Montevideo-Konvention vom 26. Dezember 1933

Art. 1	**229** N235

12. Abkommen über die Internationale Bank für Wiederaufbau und Entwicklung vom 22. Juli 1944

Art. 1	**249** N58

13. Übereinkommen über den Internationalen Währungsfonds vom 22. Juli 1944

Art. 5 Sect. 3	**230** N151	Art. XII	**252** N163
Art. IV	**252** N164	Art. XII Sect. 5	**230** N151
Art. V	**252** N160		

14. Amerikanischer Vertrag über die friedliche Streitschlichtung vom 30. April 1948

Art. 1	**242** 15

15. Nordatlantikvertrag (NATO-Vertrag) vom 4. April 1949

	244 66, 79	Art. 6	**244** 28, N162
Art. 5	**244** 42, 56, N174	Art. 7	**244** 67, N209
Art. 5 Abs. 1	**244** 4		

Gesetzesregister (Sonstiges zwischenstaatliches Recht)

16. Satzung des Europarates vom 5. Mai 1949

Art. 22 ff.	**234** N132
Art. 22	**234** N135
Art. 25 lit. a	**234** N134

17. Europäische Konvention zum Schutze der Menschenrechte und Grundfreiheiten (Europäische Menschenrechtskonvention) vom 4. November 1950

		226 26, **239** N233, **244** 139	Art. 7 Abs. 2		**226** N55, **245** 45 f.
Art. 1		**244** 141, 145, N454, **249** N139	Art. 10 Art. 11 Art. 13		**233** 24, **247** 21 **233** 24 **253** 28
Art. 3		**226** 77, **240** 45	Art. 15		**238** 28, **244** 140
Art. 5		**233** 24	Art. 16		**233** 24
Art. 6		**232** N132, **253** N234, N264	Art. 34 Art. 37		**226** 32, **244** 147 **226** 37
Art. 6 Abs. 1		**253** 28			

Erstes Zusatzprotokoll zur Europäischen Konvention zum Schutze der Menschenrechte und Grundfreiheiten (Europäische Menschenrechtskonvention) vom 4. November 1950 – vom 20. März 1952

Art. 3	**232** N137

Sechstes Zusatzprotokoll zur Europäischen Konvention zum Schutze der Menschenrechte und Grundfreiheiten (Europäische Menschenrechtskonvention) vom 4. November 1950 – vom 28. April 1983

Art. 1	**240** N86

18. Abkommen zwischen den Parteien des Nordatlantikvertrages über die Rechtsstellung ihrer Truppen (NATO-Truppenstatut) vom 19. Juni 1951

	230 N274	Art. VII Abs. 10 a	**237** N75
Art. VII Abs. 1 a	**237** 26	Art. VIII Abs. 10 a	**239** N130
Art. VII Abs. 7 a	**237** 26		

Zusatzabkommen zu dem Abkommen zwischen den Parteien des Nordatlantikvertrages über die Rechtsstellung ihrer Truppen hinsichtlich der in der Bundesrepublik Deutschland stationierten ausländischen Truppen vom 3. August 1959

Art. 18 A	**237** N53
Art. 18 A Abs. 2	**237** N54

19. Allgemeines Abkommen über den Handel mit Dienstleistungen (General Agreement on Trade in Services – GATS) vom 1. Januar 1955

	250 53	Art. XIV bis Abs. 1 lit. c	**238** N41
Art. XIV lit. a	**238** N77		

20. Europäisches Auslieferungsübereinkommen vom 13. Dezember 1957

239 26

21. Europäisches Übereinkommen über die Rechtshilfe in Strafsachen vom 20. April 1959

239 26

Halbfette Zahl = §§; magere Zahl = Rn.; N = Fußnote

Gesetzesregister (Sonstiges zwischenstaatliches Recht)

22. Weltbankübereinkommen zur Beilegung von Investitionsstreitigkeiten zwischen Staaten und Angehörigen anderer Staaten vom 28. März 1965

Art. 4 f.	**246** 114	Art. 44	**246** 115
Art. 27	**246** 113	Art. 52 Abs. 1	**246** 114
Art. 27 Abs. 1	**234** N97	Art. 52 Abs. 3	**246** 114
Art. 42	**246** 116, 122	Art. 53 ff.	**246** 113
Art. 42 Abs. 1 Satz 1	**246** 117	Art. 54	**234** 19
Art. 42 Abs. 1 Satz 2	**246** 117 f.		

23. Haager Übereinkommen über die Zustellung gerichtlicher und außergerichtlicher Schriftstücke in Zivil- und Handelssachen vom 15. November 1965

	239 8, 20 f., **240** N135	Art. 13	**238** 21, **239** N86
		Art. 13 Abs. 1	**239** 21, 57, N86

24. Wiener Übereinkommen über den Straßenverkehr vom 8. November 1968

Art. 41   **239** 12

25. Schlußakte der Konferenz über Sicherheit und Zusammenarbeit in Europa vom 1. August 1975

229 19 ff., 95, N46

26. Übereinkommen über die Zustellung von Schriftstücken in Verwaltungssachen im Ausland vom 24. November 1977

                239 29
Art. 14 Abs. 1 lit. b   **239** 29

27. Übereinkommen über die Erlangung von Auskünften und Beweisen in Verwaltungssachen im Ausland vom 15. März 1978

                239 29
Art. 7 Abs. 1 lit. b   **239** 29
Art. 7 Abs. 1 lit. c   **239** 29

28. Agreement Governing the Activities of States on the Moon and other Celestial Bodies vom 5. Dezember 1979

Art. 7 Abs. 1 f.   **248** N271
Art. 11 Abs. 1   **248** N268

29. Übereinkommen zur Durchführung des Übereinkommens von Schengen vom 14. Juni 1985 zwischen den Regierungen der Staaten der Benelux-Wirtschaftsunion, der Bundesrepublik Deutschland und der Französischen Republik betreffend den schrittweisen Abbau der Kontrollen an den gemeinsamen Grenzen vom 19. Juni 1990

	234 11, **239** 36, 76	Art. 41	**230** 71, **237** N70
Art. 6 Abs. 6	**237** N71	Art. 41 Abs. 5 lit. a	**237** N92, **239** 36
Art. 40 f.	**239** 36, **253** N196	Art. 48 ff.	**239** 26
Art. 40	**230** 71	Art. 109 ff.	**253** N241
Art. 40 Abs. 1 lit. a	**239** 36	Art. 111 Abs. 1	**253** N241
Art. 40 Abs. 1 Satz 4	**239** 36	Art. 111 Abs. 2	**253** N242
Art. 40 Abs. 3 lit. a	**237** N92	Art. 114 Abs. 2	**253** N287

Gesetzesregister (Sonstiges zwischenstaatliches Recht)

30. Protokoll über Umweltschutz in der Antarktis vom 4. Oktober 1991

Art. 3   **248** N271

31. Statut des Internationalen Strafgerichtshofs für das ehemalige Jugoslawien vom 25. Mai 1993

             230 N283

32. Übereinkommen zur Errichtung der Welthandelsorganisation (WTO) vom 15. April 1994

Art. XVI Abs. 3   **238** N40

Understanding on Rules and Procedures Governing the Settlement of Disputes vom 15. April 1994

             242 67

Rules of Conduct for the Understanding on Rules and Procedures Governing the Settlement of Disputes vom 11. Dezember 1996

             242 67

33. Übereinkommen über handelsbezogene Aspekte der Rechte des geistigen Eigentums (TRIPs) vom 15. April 1994

	242 67, **250** 53	Art. 13	**247** 10, N87
Art. 4	**247** 38	Art. 41 f.	**247** 38
Art. 8	**238** N48	Art. 64	**247** 38
Art. 8 Abs. 1	**238** N77		

34. Allgemeines Zoll- und Handelsabkommen (General Agreement on Tariffs and Trade – GATT 1994) vom 15. April 1994

	242 67, **246** 11, **250** 53	Art. XX	**248** N373
		Art. XX lit. b	**238** N79
Art. III Abs. 2	**235** N103	Art. XXI lit. c	**238** N41
Art. X	**232** 44		

35. Übereinkommen über das Recht der nicht-schiffahrtlichen Nutzung internationaler Wasserläufe vom 21. Mai 1997

Art. 5 Abs. 1 Satz 1   **248** N406

36. Abkommen zwischen den Europäischen Gemeinschaften und der Regierung der Vereinigten Staaten von Amerika über die Anwendung der „Positive Comity" – Grundsätze der Durchsetzung der Wettbewerbsregeln vom 4. Juni 1998

             237 N21

37. Aarhus-Konvention vom 25. Juni 1998

Art. 2 Nr. 5   **234** 23
Art. 7   **237** N95

38. Übereinkommen über Computerkriminalität vom 23. November 2001

             231 38

Gesetzesregister (Sonstiges zwischenstaatliches Recht)

39. OECD-Abkommen 2003 zur Vermeidung der Doppelbesteuerung auf dem Gebiet der Steuern vom Einkommen und vom Vermögen vom Januar 2003

	251 46	Art. 19	**250** 42
Art. 1 ff.	**251** 47	Art. 23 ff.	**251** 47
Art. 3 Abs. 2	**251** 47	Art. 23	**250** N12, **251** 47
Art. 5	**251** 46	Art. 24	**251** 73
Art. 5 lit. b	**250** 38, N113	Art. 24 Abs. 1	**250** N87
Art. 6 ff.	**250** N11, **251** 47	Art. 24 Abs. 3	**250** N91
Art. 6 Abs. 1	**250** 42	Art. 24 Abs. 4	**250** N80
Art. 7 Abs. 1	**250** 42	Art. 25	**251** 58
Art. 7 Abs. 1 Satz 2	**250** 42, **251** N193	Art. 25 Abs. 1 ff.	**250** N81
Art. 10 Abs. 4	**250** 42	Art. 25 Abs. 1 f.	**251** N248
Art. 11 Abs. 4	**250** 42	Art. 25 Abs. 3 Satz 1	**251** N249, N250
Art. 12 Abs. 3	**250** 42	Art. 25 Abs. 3 Satz 2	**251** N260
Art. 13 Abs. 1 f.	**250** 42	Art. 25 Abs. 5 f.	**250** N82
Art. 13 Abs. 4	**250** 42	Art. 25 Abs. 5	**251** N251
Art. 15 Abs. 1 Satz 2	**250** 42	Art. 26 f.	**251** N375
Art. 15 Abs. 2	**250** 42	Art. 26	**253** N256
Art. 16 f.	**250** 42		

40. Abkommen zwischen den Europäischen Gemeinschaften und Japan über die Zusammenarbeit bei wettbewerbswidrigen Verhaltensweisen vom 22. Juli 2003

237 N21

41. Internationales Protokoll über die biologische Sicherheit („Cartagena-Protokoll") vom 11. September 2003

Art. 1   **248** N3

42. Vertrag über die Vertiefung der grenzüberschreitenden Zusammenarbeit, insbesondere zur Bekämpfung des Terrorismus, der grenzüberschreitenden Kriminalität und der illegalen Migration (Schengen III-Vertrag) vom 27. Mai 2005

Art. 24 f.   **253** N196
Art. 31   **253** N241

43. Abkommen zwischen den Europäischen Gemeinschaften und der Regierung von Kanada über die Anwendung des Wettbewerbsrechts vom 30. Dezember 2006

237 N21

44. Übereinkommen über die gerichtliche Zuständigkeit und die Anerkennung und Vollstreckung von Entscheidungen in Zivil- und Handelssachen vom 30. Oktober 2007

239 8

45. Abkommen zwischen den Europäischen Gemeinschaften und der Regierung der Republik Korea über die Zusammenarbeit bei wettbewerbswidrigen Verhaltensweisen vom 4. August 2009

237 N21

XII. Vorkonstitutionelles Recht (chronologisch)

1. Gesetz betreffend die Entschädigung für unschuldig erlittene Untersuchungshaft vom 14. Juli 1904

§ 12   **235** N177, N285

2. Gesetz über die Staats- und Regierungsform von Deutschösterreich vom 12. November 1918

Art. 2   **229** N17

3. Gesetz zur Behebung der Not von Volk und Reich vom 24. März 1933

Art. 4   **236** N34

4. Verordnung über den internationalen Kraftfahrzeugverkehr vom 12. November 1934

§ 4 Abs. 1   **237** N88
§ 4 Abs. 2   **237** N88

XIII. Ausländische Verfassungen (alphabetisch)

1. Verfassung der argentinischen Nation vom 1. Mai 1853

                  232 N129

2. Verfassung des Königreichs Belgien vom 7. Februar 1831 (in der koordinierten Fassung vom 17. Februar 1994)

Art. 34   **232** N96

3. Frankreich

(1) Verfassung der Republik Frankreich vom 4. Oktober 1958

Art. 3 f.   **232** N27
Art. 53   **232** N95
Art. 55   **232** N152

(2) Verfassung der Französischen Republik vom 13. Oktober 1946

Präambel   **226** 49

4. Verfassung der Republik Irland vom 1. Juli 1937

Art. 29   **232** 8

5. Verfassung der Republik Italien vom 27. Dezember 1947

Art. 10   **232** 8, N152
Art. 11   **226** 49, **232** N27

6. Verfassung des Königreichs der Niederlande vom 17. Februar 1983

Art. 90   **232** N92

Gesetzesregister (Ausländische Verfassungen)

7. Bundes-Verfassungsgesetz der Republik Österreich vom 12. Juni 1994 (in der Fassung von 1929)

Art. 3   **230** 27

8. Verfassung der Republik Polen vom 2. April 1997

Art. 89   **232** N95
Art. 90   **232** N96
Art. 126   **232** N27

9. Verfassung der Republik Portugal vom 2. April 1976

Art. 7   **232** N92
Art. 8 Abs. 4 **232** N93

10. Verfassung Rumäniens vom 21. November 1991

Art. 20   **232** N129

11. Bundesverfassung der schweizerischen Eidgenossenschaft vom 18. April 1999

Art. 58 Abs. 2 Satz 1   **244** N157
Art. 193 Abs. 4   **232 N92**

12. Verfassung der Slowakischen Republik vom 1. September 1992

Art. 11   **232** N129

13. Verfassung von Slowenien vom 23. Dezember 1991

Art. 3a   **232** N95, N96
Art. 153   **232** 8

14. Verfassung der Tschechischen Republik vom 16. Dezember 1992

Art. 1 Abs. 1 **232** N27
Art. 10a   **232** N96

15. Verfassung der Republik Östlich des Uruguay vom 27. November 1966

Art. 6   **232** N129

16. Vereinigte Staaten von Amerika

(1) Verfassung der Vereinigten Staaten vom 17. September 1787

Art. II   **236** N33
Art. IV Abs. 4 **232** 50
Art. VI   **232** N152

(2) Verfassung von Massachusetts vom 25. November 1780

Art. VII   **229** N5

Entscheidungsregister

1. Band (1951/52)

BVerfGE 1, 10 I	Deutsche öffentliche Gewalt	**235** 181; **240** 72; **248** 332
BVerfGE 1, 14 II	Südweststaat	**235** 38 f.
BVerfGE 1, 208 II	7,5%-Sperrklausel	**235** 136 f., 177; **244** 421
BVerfGE 1, 264 I	Bezirksschornsteinfeger	**247** 17
BVerfGE 1, 299 II	Wohnungsbauförderung	**233** 130
BVerfGE 1, 322 I	Auslieferungsverbot für zwangseingebürgerte Deutsche	**230** 311, 314; **235** 211 f.
BVerfGE 1, 351 II	Petersberger Abkommen	**236** 18
BVerfGE 1, 372 II	Deutsch-Französisches Wirtschaftsabkommen	**234** 142; **236** 39, 46, 48, 61; **248** 170 ff., 178 f.
BVerfGE 1, 396 I	Deutschlandvertrag	**226** 95; **238** 23; **241** 92 f.; **244** 410; **248** 433, 436

2. Band (1952/53)

BVerfGE 2, 1 I	SRP-Verbot	**228** 60
BVerfGE 2, 266 I	Notaufnahmegesetz	**228** 22; **240** 147
BVerfGE 2, 347 II	Kehler Hafen	**226** 297; **230** 156; **235** 109; **236** 19, 58; **248** 40 f., 48, 70, 85, 97 f., 108, 112, 150

3. Band (1953/54)

BVerfGE 3, 4 I	Aufhebung von Entschädigungsnormen für Besatzungsschäden	**235** 273
BVerfGE 3, 58 I	Beamtenurteil	**227** 11
BVerfGE 3, 225 I	Gleichberechtigung	**253** 187
BVerfGE 3, 288 I	Dienstverhältnis von Berufssoldaten	**228** 22

4. Band (1954/55)

BVerfGE 4, 157 I	Saarstatut	**235** 115, 123; **236** 77, 81; **238** 23, 28 f., 71; **240** 211; **241** 50 f., 79, 84 f.
BVerfGE 4, 319 II	Schädigung durch Kriegsgefangenschaft	**235** 252
BVerfGE 4, 322 I	Österreichische Staatsangehörigkeit	**235** 212

5. Band (1956)

BVerfGE 5, 85 I	KPD-Verbot	**228** 22; **229** 111, 113; **253** 161

Halbfette Zahl = §§; magere Zahl = Fußnote

Entscheidungsregister

6. Band (1956/57)

BVerfGE 6, 15 I	Rechtsweg in Rückerstattungssachen	**240** 75
BVerfGE 6, 32 I	Elfes-Urteil	**235** 172; **240** 148, 201
BVerfGE 6, 290 I	Washingtoner Abkommen	**226** 252; **235** 215, 267, 296; **236** 81, 93; **238** 23, 67; **240** 33, 75, 223; **241** 51, 95, 97, 122, 124; **248** 379; **249** 146, 154; **251** 79; **253** 29
BVerfGE 6, 309 II	Reichskonkordat	**226** 95, 163; **228** 22; **230** 141; **235** 1, 19, 30, 38, 106 f., 137, 151; **236** 5; **248** 36; **249** 113; **251** 238
BVerfGE 6, 389 I	Homosexuellen-Urteil	**235** 171 f.

7. Band (1957/58)

BVerfGE 7, 18 II	Bayerisches Ärztegesetz	**235** 247
BVerfGE 7, 111 I	Bayerische Flugblätter	**235** 172
BVerfGE 7, 171 II	Dieselsubventionierung	**235** 253
BVerfGE 7, 183 II	Zeugenvernehmung	**253** 187
BVerfGE 7, 198 I	Lüth-Urteil	**247** 37

8. Band (1958)

BVerfGE 8, 122 II	Volksbefragung über Atomwaffen (Hessen)	**233** 82
BVerfGE 8, 186 II	Reichsnaturschutzgesetz	**235** 247

9. Band (1958/59)

BVerfGE 9, 3 I	Eigenmietwert	**235** 172
BVerfGE 9, 153 II	Württemberg-badisches Sportwettengesetz	**235** 247
BVerfGE 9, 174 I	Nachfluchtgründe politisch Verfolgter	**235** 218; **240** 153
BVerfGE 9, 268 II	Bremer Personalvertretung	**230** 217; **253** 186

10. Band (1959/60)

BVerfGE 10, 136 I	Durchlieferung	**235** 219

11. Band (1960)

BVerfGE 11, 89 II	Bremisches Urlaubsgesetz	**235** 247
BVerfGE 11, 105 I	Familienlastenausgleich (Kindergeldgesetz)	**233** 129
BVerfGE 11, 150 I	Vollstreckung eines sowjetzonalen Urteils	**229** 171

Entscheidungsregister

12. Band (1960/61)

BVerfGE 12, 45 I	Wehrpflichtgesetz	**244** 495
BVerfGE 12, 205 II	1. Rundfunkurteil (Deutschland-Fernsehen)	**233** 82, 130

13. Band (1961/62)

BVerfGE 13, 178 II	Vermögensbewertungsgesetz	**235** 253

14. Band (1962)

BVerfGE 14, 174 II	Gesetzesvorbehalt im Strafrecht	**245** 281

15. Band (1962/63)

BVerfGE 15, 25 II	Jugoslawische Militärmission	**226** 31, 37, 43, 51; **227** 89, 105; **230** 279; **235** 34, 46, 59 f., 75 f., 104, 161, 199, 241, 244, 252 f., 257; **249** 159; **253** 222
BVerfGE 15, 235 I	Zwangsmitgliedschaft (IHK)	**253** 180
BVerfGE 15, 256 I	Universitäre Selbstverwaltung	**253** 180
BVerfGE 15, 275 II	Nachprüfung eines Verwaltungsaktes	**253** 141

16. Band (1963)

BVerfGE 16, 27 II	Iranische Botschaft	**226** 31 f., 43; **227** 89; **230** 274, 279 f.; **235** 46, 59 f., 75, 104, 199, 203, 241, 244, 252 f., 257; **253** 218, 222
BVerfGE 16, 220 II	Deutsch-Niederländischer Finanzvertrag (einstweilige Anordnung)	**236** 93
BVerfGE 16, 276 II	Hypothekengewinnabgabe	**235** 253

18. Band (1964/65)

BVerfGE 18, 112 I	Auslieferung bei drohender Todesstrafe	**226** 18, 265; **237** 55, 123; **239** 164, 188 f.; **240** 56, 83, 207; **241** 114; **248** 202
BVerfGE 18, 441 II	AG in Zürich	**227** 105; **235** 31, 34, 60, 98, 102 ff., 161, 171, 175, 232, 252, 258

19. Band (1965/66)

BVerfGE 19, 119 I	Couponsteuer	**251** 280, 282

Halbfette Zahl = §§; magere Zahl = Fußnote

Entscheidungsregister

20. Band (1966)

BVerfGE 20, 56 II	Parteienfinanzierung (Wahlkampfkostenerstattung)	**244** 418

22. Band (1967)

BVerfGE 22, 49 II	Verwaltungsstrafverfahren	**245** 137, 140
BVerfGE 22, 91 I	Keine Überprüfung von Rückerstattungsentscheidungen	**240** 75
BVerfGE 22, 106 II	Steuerausschuß	**253** 186
BVerfGE 22, 293 I	EWG-Verordnung	**226** 191; **230** 158; **232** 48; **240** 75, 77; **248** 334

23. Band (1967/68)

BVerfGE 23, 146 I	Einführung des EStG im Saarland	**235** 257
BVerfGE 23, 265 II	Plakatverordnung	**245** 284
BVerfGE 23, 288 II	Kriegsfolgelasten	**226** 31, 37, 43, 72; **227** 89; **230** 141; **235** 20 f., 23, 30, 33, 42, 59 ff., 75 f., 151, 172, 177, 230, 232, 234, 237 ff., 244 f., 247, 249 f., 258 ff.

26. Band (1969)

BVerfGE 26, 338 II	Eisenbahnkreuzungsgesetz	**253** 75

27. Band (1969/70)

BVerfGE 27, 253 I	Kriegsfolgeschäden	**226** 51; **227** 105; **235** 31, 157, 161, 175, 273; **241** 86
BVerfGE 27, 326 I	Besatzungsschäden	**235** 273

29. Band (1970)

BVerfGE 29, 183 I	Rücklieferung eines Deutschen	**239** 97
BVerfGE 29, 348 I	Deutsch-Niederländischer Finanzvertrag	**226** 130; **235** 153; **236** 13

30. Band (1970/71)

BVerfGE 30, 1 II	Abhör-Urteil	**253** 186
BVerfGE 30, 272 II	Doppelbesteuerungsabkommen (Schweiz-Deutschland)	**235** 123; **236** 84
BVerfGE 30, 409 II	§ 12 UHaftEntschG	**235** 177, 285

Entscheidungsregister

31. Band (1971)

BVerfGE 31, 1 I	Sozialversicherungsbeitrag	**229** 292; **235** 125
BVerfGE 31, 8 I	Gewinnspielautomat	**237** 45
BVerfGE 31, 58 I	Spanier-Entscheidung	**226** 16, 18, 256; **235** 1; **237** 98; **238** 35, 37, 63, 67; **239** 163, 168, 174; **240** 64, 69, 102, 104 ff., 110, 113, 145, 169 ff., 206 f.; **248** 344, 350; **249** 153; **251** 79; **253** 38
BVerfGE 31, 145 II	Milchpulver	**226** 31, 72; **235** 43, 103, 106, 149 f., 172; **251** 243
BVerfGE 31, 229 I	Schulbuchprivileg	**247** 9, 18, 40 f.
BVerfGE 31, 270 I	Schulfunk	**247** 26
BVerfGE 31, 275 I	Bild- und Tonträger	**247** 20

32. Band (1971/72)

BVerfGE 32, 145 II	Beförderungsteuer	**233** 129

33. Band (1972)

BVerfGE 33, 52 I	Zensur	**235** 290
BVerfGE 33, 125 I	Facharzt	**253** 180
BVerfGE 33, 195 I	Ostverträge (einstweilige Anordnung)	**235** 297

34. Band (1972/73)

BVerfGE 34, 216 II	Coburg I (Stadt Neustadt)	**235** 38 ff.

35. Band (1973)

BVerfGE 35, 193 II	DDR-Vertrag (einstweilige Anordnung)	**241** 72
BVerfGE 35, 257 II	Grundlagenvertrag (einstweilige Anordnung)	**236** 83
BVerfGE 35, 382 I	Ausländerausweisung	**253** 228

36. Band (1973/74)

BVerfGE 36, 1 II	Grundlagenvertrag	**226** 110; **227** 51, 53, 56, 60; **228** 22, 40; **229** 111 f., 114 f., 124, 133, 151, 166, 230, 275; **230** 79; **236** 83, 93; **241** 60 f., 80
BVerfGE 36, 281 I	Patentrecht	**247** 20
BVerfGE 36, 342 II	Niedersächsisches Landesbesoldungsgesetz	**230** 113; **235** 151

Halbfette Zahl = §§; magere Zahl = Fußnote

37. Band (1974)

BVerfGE 37, 217 I	Staatsangehörigkeit von Kindern	**228** 86; **230** 299, 310, 316; **235** 211, 213; **240** 225; **245** 179
BVerfGE 37, 271 II	Solange I (EWG-Recht)	**226** 29, 44, 185, 192; **230** 115, 117; **234** 147; **235** 137, 149; **239** 151; **240** 116; **244** 486, 488; **245** 107, 117; **248** 334, 338, 420; **253** 239

38. Band (1974/75)

BVerfGE 38, 49 I	Tschechoslowakischer Vertrag (einstweilige Anordnung)	**236** 93
BVerfGE 38, 128 I	Diplomatische Klausel	**235** 188
BVerfGE 38, 154 II	Wehrdienstopfer	**244** 495

39. Band (1975)

BVerfGE 39, 1 I	Schwangerschaftsabbruch I (Fristenregelung)	**244** 246; **248** 313

40. Band (1975)

BVerfGE 40, 141 I	Ostverträge	**226** 110; **229** 84; **235** 215; **236** 39; **239** 135; **240** 223; **241** 35, 81, 96, 124; **245** 179; **248** 175, 280, 295, 330, 343; **249** 154

41. Band (1975/76)

BVerfGE 41, 29 I	Simultanschule	**235** 143
BVerfGE 41, 65 I	Gemeinsame Schule	**235** 143
BVerfGE 41, 88 I	Gemeinschaftsschule	**235** 1, 107, 143
BVerfGE 41, 126 I	Reparationsschaden	**226** 51; **227** 105; **235** 31, 161, 215, 273; **240** 223; **241** 87
BVerfGE 41, 291 II	Strukturförderung	**233** 130

42. Band (1976)

BVerfGE 42, 312 II	Inkompatibilität (kirchliches Amt)	**239** 240; **253** 165

43. Band (1976/77)

BVerfGE 43, 1 I	Abzug der Vermögensteuer bei beschränkt Steuerpflichtigen	**251** 279, 284
BVerfGE 43, 203 I	Deutsch-tschechoslowakischer Vertrag	**239** 156

Entscheidungsregister

44. Band (1977)

BVerfGE 44, 125 II	Öffentlichkeitsarbeit	**228** 22

45. Band (1977)

BVerfGE 45, 83 I	Deutsch-niederländischer Finanzausgleich	**235** 1; **236** 14, 93
BVerfGE 45, 142 II	EWG-Interventionsrecht	**235** 117
BVerfGE 45, 187 I	Lebenslange Freiheitsstrafe	**239** 186; **245** 237
BVerfGE 45, 363 II	Bestimmtheitsgebot (§ 94 Abs. 2 StGB)	**245** 165, 278

46. Band (1977)

BVerfGE 46, 160 I	Schleyer	**244** 246, 525
BVerfGE 46, 214 II	Freilassung von Straftätern bei erpresserischer Geiselnahme	**235** 181
BVerfGE 46, 342 II	Philippinische Botschaft	**226** 32, 72; **227** 103; **230** 141, 274; **235** 3, 46, 57, 59 f., 108, 131, 160 ff., 181, 197, 199, 202 ff., 233, 235, 242 f., 251 ff.; **248** 407, 422

47. Band (1977/78)

BVerfGE 47, 253 II	Bezirksverfassung NRW	**230** 214; **253** 162

48. Band (1978)

BVerfGE 48, 48 II	Bestimmtheitsgebot (§ 240 Abs. 1 KO)	**245** 286
BVerfGE 48, 127 II	Wehrpflichtnovelle	**244** 495

49. Band (1978)

BVerfGE 49, 89 II	Kalkar I (Schneller Brüter)	**244** 522, 524; **248** 196, 289
BVerfGE 49, 382 I	Kirchenmusik	**247** 9, 40 f., 43

50. Band (1978/79)

BVerfGE 50, 57 I	Besteuerung von Zinsen	**252** 16
BVerfGE 50, 244 I	Auslieferung	**235** 109

51. Band (1979)

BVerfGE 51, 1 I	Rentenauszahlung	**240** 202 f.
BVerfGE 51, 161 II	Fahren ohne Fahrerlaubnis	**235** 255
BVerfGE 51, 304 II	Jugendgefährdende Schriften	**253** 141

52. Band (1979)

BVerfGE 52, 223 I	Schulgebet	**235** 143

Halbfette Zahl = §§; magere Zahl = Fußnote

Entscheidungsregister

53. Band (1979/80)

BVerfGE 53, 30 I	Mülheim-Kärlich	**240** 139; **248** 196, 289

54. Band (1980)

BVerfGE 54, 341 I	Asylgewährung	**235** 282

55. Band (1980/81)

BVerfGE 55, 1 II	Flughafen München	**236** 86
BVerfGE 55, 274 II	Ausbildungsplatzförderung	**251** 4
BVerfGE 55, 349 II	Hess-Entscheidung	**235** 215, 273; **236** 83; **240** 76, 223, 227; **241** 66, 77, 136 ff.; **245** 179; **249** 154

56. Band (1981)

BVerfGE 56, 54 I	Fluglärm	**248** 196
BVerfGE 56, 216 I	Rechtsschutz im Asylverfahren	**235** 282

57. Band (1981)

BVerfGE 57, 9 II	Einlieferungsersuchen	**226** 252, 277; **235** 193, 221, 267, 269 ff.; **238** 61; **239** 156; **240** 66, 76, 89; **248** 379; **249** 146; **251** 79; **253** 29

58. Band (1981)

BVerfGE 58, 1 II	Eurocontrol (Gebührenerhebungskompetenz)	**226** 144, 165, 185; **230** 115, 117, 154, 160, 180; **235** 274 f., 293 f.; **239** 141, 151, 157, 165; **240** 75, 77, 116; **245** 117 f., 156; **251** 245; **253** 222, 237
BVerfGE 58, 300 I	Naßauskiesung	**247** 19

59. Band (1981/82)

BVerfGE 59, 63 II	Eurocontrol (Ausgestaltung des Rechtsschutzes der Bediensteten)	**226** 144, 165, 185; **230** 115, 117; **235** 117 f., 232, 293 f.; **239** 151; **245** 105; **251** 245; **253** 222
BVerfGE 59, 104 II	Umschreibung leitender Angestellter in § 5 Abs. 3 Nr. 3 BetrVG	**244** 524
BVerfGE 59, 231 I	Freier Rundfunkmitarbeiter	**235** 143
BVerfGE 59, 280 II	Prüfungskompetenz deutscher Gerichte bei Auslieferungsersuchen	**226** 277; **235** 223
BVerfGE 59, 360 I	Schülerberater	**235** 143

60. Band (1982)

BVerfGE 60, 253 II	Anwaltsverschulden im Asyl-verfahren	**230** 252, 270 f.; **235** 225 f.
BVerfGE 60, 348 I	Auslieferungsverfahren	**226** 266; **237** 55; **239** 190; **240** 56, 83

61. Band (1982)

BVerfGE 61, 82 II	Sasbach	**253** 141
BVerfGE 61, 149 II	Amtshaftung	**237** 94
BVerfGE 61, 260 I	Organisationsgesetze im Hoch-schulbereich	**244** 522

62. Band (1982/83)

BVerfGE 62, 323 I	Hinkende Ehe	**240** 194

63. Band (1983)

BVerfGE 63, 1 II	Schornsteinfegerversorgung	**230** 171
BVerfGE 63, 332 II	Auslieferung nach Verurteilung im italienischen Abwesenheits-verfahren	**226** 277, 280; **230** 271; **235** 223; **238** 36, 84, 112; **239** 183, 185; **245** 170
BVerfGE 63, 343 II	Rechtshilfevertrag zwischen Deutschland und Österreich	**226** 49, 258; **227** 11; **230** 41, 58, 114, 117, 195, 218, 331, 338; **235** 117, 161, 204, 210, 273; **238** 26, 29; **239** 2, 9, 16, 181 f., 203, 239; **240** 136; **248** 367, 381; **250** 7; **251** 86, 100; **253** 222, 235, 239

64. Band (1983)

BVerfGE 64, 1 II	National Iranian Oil Company	**226** 144; **235** 204, 208, 233, 239 f., 243 ff., 247, 249, 252, 262 ff.
BVerfGE 64, 261 II	Hafturlaub	**253** 141

65. Band (1983)

BVerfGE 65, 1 I	Volkszählung	**226** 281

66. Band (1983/84)

BVerfGE 66, 39 II	Nachrüstung	**226** 31, 72, 250; **227** 60; **235** 46, 174, 206, 273; **240** 71, 74 ff., 80, 82, 205, 215; **248** 295, 348

67. Band (1984)

BVerfGE 67, 43 II	Offensichtlich unbegründeter Asylantrag	**230** 270
BVerfGE 67, 100 II	Flick-Untersuchungsausschuß	**235** 143; **251** 55

Halbfette Zahl = §§; magere Zahl = Fußnote

Entscheidungsregister

68. Band (1984/85)

BVerfGE 68, 1 II	Atomwaffenstationierung	**226** 222, 304; **227** 60; **230** 115, 117, 168, 174, 177, 186, 196, 338; **234** 141; **235** 205 f.; **236** 60; **239** 242; **241** 70, 148; **243** 93; **244** 18, 388; **245** 105, 107; **253** 180, 188

69. Band (1985)

BVerfGE 69, 1 II	Kriegsdienstverweigerung	**244** 535

71. Band (1985/86)

BVerfGE 71, 1 I	Rentenausfallzeiten	**239** 183
BVerfGE 71, 275 I	Bild- und Tonträger	**247** 25

72. Band (1986)

BVerfGE 72, 66 I	Flughafen Salzburg	**235** 190; **248** 347, 382, 390
BVerfGE 72, 200 II	Deutsch-schweizerisches Doppelbesteuerungsabkommen	**236** 84; **248** 448; **251** 4, 55
BVerfGE 72, 330 II	Finanzausgleich I (Zerlegungsgesetz und Finanzausgleichsgesetz)	**233** 130

73. Band (1986)

BVerfGE 73, 339 II	Solange II (zur Bindungswirkung der Vorabentscheidung des EuGH)	**226** 185, 194 f.; **230** 115, 117, 189; **234** 147 f., 176; **235** 146, 150; **238** 62; **244** 486, 488; **245** 105, 107, 117, 152, 169; **248** 336, 338 f.; **253** 239

74. Band (1986/87)

BVerfGE 74, 51 II	Nachfluchtgrund	**235** 217, 282 f.
BVerfGE 74, 358 II	Privatklageverfahren	**226** 88, 144, 146, 165; **234** 173, 175; **235** 103, 107, 276; **236** 71; **238** 13

75. Band (1987)

BVerfGE 75, 1 II	Ne bis in idem	**226** 277, 279 f.; **227** 91 f.; **235** 1, 21, 25, 60, 76, 98, 223, 246, 311; **238** 11, 36, 84, 112, 118; **239** 163, 211; **240** 133; **241** 106; **245** 170; **248** 382
BVerfGE 75, 40 I	Privatschule	**240** 184
BVerfGE 75, 223 II	Kloppenburg-Beschluß	**234** 75; **235** 150; **253** 239, 328
BVerfGE 75, 329 II	Verwaltungsakzessorietät im Umweltstrafrecht	**245** 281

Entscheidungsregister

76. Band (1987)

BVerfGE 76, 1 II	Familiennachzug	**226** 252; **235** 216; **240** 194 f., 200
BVerfGE 76, 143 II	Ahmadiyya-Glaubensgemeinschaft	**235** 283

77. Band (1987/88)

BVerfGE 77, 1 II	Neue Heimat	**235** 143
BVerfGE 77, 137 II	Teso	**226** 149 ff.; **228** 22; **229** 111, 116 ff., 125 f., 171, 229, 275, 292; **230** 311, 316, 325; **235** 212; **240** 26; **241** 78
BVerfGE 77, 170 II	Lagerung chemischer Waffen	**226** 33, 80, 175, 222; **235** 117, 173, 182, 187, 278; **236** 82; **239** 169; **240** 161 f., 165; **241** 114, 127, 129 f., 132, 144; **244** 496, 522; **248** 284 f.

78. Band (1988)

BVerfGE 78, 1 I	Unterhaltsansprüche des Kindes	**245** 115
BVerfGE 78, 32 II	Richtervorlage bei dynamischen Verweisungen	**253** 75
BVerfGE 78, 179 I	Heilpraktikergesetz	**239** 155

79. Band (1988/89)

BVerfGE 79, 1 I	Urheberrecht	**247** 41 ff.
BVerfGE 79, 29 I	Vergütung im Strafvollzug	**247** 44
BVerfGE 79, 174 I	Straßenverkehrslärm	**248** 196
BVerfGE 79, 203 I	Legitimation eines nichtehelichen Kindes	**237** 102
BVerfGE 79, 311 II	Staatsverschuldung	**252** 40

80. Band (1989)

BVerfGE 80, 315 II	Asylrecht Tamilen	**226** 263; **235** 283

81. Band (1989/90)

BVerfGE 81, 12 I	Vervielfältigung von Tonträgern	**247** 21, 51
BVerfGE 81, 142 II	Asylrecht Kurden	**226** 164; **235** 283
BVerfGE 81, 208 I	Ausländischer Künstler	**226** 22, 239; **235** 285; **247** 21
BVerfGE 81, 298 I	Nationalhymne	**235** 143

82. Band (1990)

BVerfGE 82, 6 I	Nichtehelicher Lebenspartner als Mieter	**247** 27
BVerfGE 82, 106 II	Unschuldsvermutung	**226** 88
BVerfGE 82, 159 II	Absatzfonds	**234** 178
BVerfGE 82, 310 II	Aschendorf	**236** 86
BVerfGE 82, 316 II	Beitrittsbedingte Grundgesetzänderungen	**236** 80

Halbfette Zahl = §§; magere Zahl = Fußnote

Entscheidungsregister

83. Band (1990/91)

BVerfGE 83, 37 II	Ausländerwahlrecht Schleswig-Holstein	**226** 290
BVerfGE 83, 60 II	Ausländerwahlrecht Hamburg	**228** 72; **230** 214, 217; **253** 164, 170
BVerfGE 83, 119 II	Gemeinnützige Leistung als Bewährungsauflage	**226** 144, 147, 165; **238** 13
BVerfGE 83, 130 I	Josefine Mutzenbacher	**235** 143; **236** 44
BVerfGE 83, 162 I	Einigungsvertrag	**235** 297; **241** 74

84. Band (1991)

BVerfGE 84, 90 I	Bodenreform I (Enteignung vor 1949)	**229** 316, 331; **230** 79; **235** 161, 183, 273; **240** 71, 186; **241** 68
BVerfGE 84, 239 II	Zinsurteil	**252** 18

85. Band (1991/92)

BVerfGE 85, 386 I	Fangschaltung	**240** 179

86. Band (1992)

BVerfGE 86, 148 II	Finanzausgleich II (Einbeziehung der Gemeindefinanzen)	**233** 130
BVerfGE 86, 288 II	Strafaussetzung zur Bewährung	**244** 524; **245** 278

88. Band (1992/93)

BVerfGE 88, 103 I	Streikeinsatz von Beamten	**245** 143
BVerfGE 88, 173 II	Flugverbot (Bosnien-Herzegowina)	**235** 113, 297; **244** 97, 404, 545
BVerfGE 88, 203 II	Schwangerschaftsabbruch II (Beratungskonzept)	**248** 286, 313

89. Band (1993/94)

BVerfGE 89, 1 I	Besitzrecht des Mieters	**247** 57
BVerfGE 89, 38 II	Somalia	**235** 297
BVerfGE 89, 155 II	Maastricht	**226** 4, 175, 196 ff., 200; **228** 71 f.; **230** 98, 177, 180, 189, 341, 348; **232** 60; **233** 92; **234** 71 f., 74 f., 150 ff.; **235** 1; **238** 62; **239** 158, 169, 260; **240** 121, 127 ff.; **241** 10, 126, 128, 144; **248** 295; **250** 25; **252** 103 ff., 129; **253** 64, 231, 239, 328

Entscheidungsregister

90. Band (1994)

BVerfGE 90, 27 I	Parabolantenne I (Errichtung)	**230** 393
BVerfGE 90, 60 I	8. Rundfunkentscheidung (Kabelgroschen)	**244** 412
BVerfGE 90, 107 I	Waldorfschule	**240** 184
BVerfGE 90, 286 II	AWACS, Somalia	**226** 113, 127, 153, 219 ff., 225, 294; **227** 73 ff., 77, 85; **230** 159, 169, 171; **234** 141, 143 f.; **235** 117 f., 288, 291; **236** 29, 37, 39, 54; **241** 145; **243** 94; **244** 16, 25, 36, 40, 96 f., 181, 184 f., 187 ff., 194 ff., 227 ff., 235, 252, 259 f., 262, 265, 272, 275 ff., 283, 302, 332, 342, 366, 368, 379; **249** 110

91. Band (1994/95)

BVerfGE 91, 140 I	Klagezustellung im Wege der Rechtshilfe	**226** 259
BVerfGE 91, 207 I	Hafengebühr	**247** 48
BVerfGE 91, 246 II	Mangelnde Antragsbefugnis der Fraktion im Landtag Sachsen	**244** 386
BVerfGE 91, 335 I	Punitive Damages	**226** 259; **236** 23; **238** 60; **239** 85, 177 f., 208; **240** 133, 137

92. Band (1995)

BVerfGE 92, 26 I	Zweitregister	**226** 253; **235** 1, 273; **237** 103 ff.; **239** 138, 167; **240** 205, 212 f., 215 f.; **241** 125; **248** 345 f., 392; **249** 153; **251** 79, 81
BVerfGE 92, 203 II	EG-Fernsehrichtlinie	**230** 98, 187; **233** 82; **241** 90; **248** 342
BVerfGE 92, 277 II	DDR-Spionage	**235** 46, 184, 244, 246; **238** 37; **245** 233, 296

93. Band (1995/96)

BVerfGE 93, 37 II	Personalvertretung im öffentlichen Dienst	**230** 214; **253** 164, 170
BVerfGE 93, 248 II	Sudanesen	**241** 71

94. Band (1996)

BVerfGE 94, 12 I	Bodenreform II (Restitutionsausschluß)	**235** 273; **241** 69
BVerfGE 94, 115 II	Sichere Herkunftsstaaten	**239** 191
BVerfGE 94, 166 II	Flughafenverfahren	**235** 283
BVerfGE 94, 315 II	Zwangsarbeit	**226** 31, 43, 241 f.; **227** 91; **235** 42, 76, 195, 215, 232, 252 f.

Halbfette Zahl = §§; magere Zahl = Fußnote

Entscheidungsregister

95. Band (1996/97)

BVerfGE 95, 1 II	Südumfahrung Stendal	**253** 188
BVerfGE 95, 28 I	Werkszeitungen	**247** 57
BVerfGE 95, 39 I	NATO-Betriebsvertretungen	**241** 88
BVerfGE 95, 96 II	Mauerschützen	**226** 31, 37, 43; **235** 42, 46, 75 f., 173, 199, 287; **248** 384
BVerfGE 95, 250 II	Restitution des Länderbestands	**233** 130
BVerfGE 95, 267 I	Altschulden	**247** 48 f.

96. Band (1997)

BVerfGE 96, 68 II	DDR-Botschafter	**226** 31 f., 36, 43, 72; **227** 89; **230** 274, 285 ff.; **235** 42, 46, 57, 62, 76, 135, 173, 184, 189, 200 f., 232 f., 236 f., 239, 245, 247, 252, 263 f.; **238** 37
BVerfGE 96, 375 I	„Kind als Schaden"	**247** 27

97. Band (1997/98)

BVerfGE 97, 49 II	Beförderungsverbot	**240** 153
BVerfGE 97, 169 I	Kleinbetriebsklausel I (Geltungsbereich des KSchG)	**235** 143
BVerfGE 97, 198 II	Bundesgrenzschutz	**235** 209
BVerfGE 97, 228 I	Kurzberichterstattung im Fernsehen	**247** 49
BVerfGE 97, 350 II	Europäische Währungsunion	**230** 87 f.; **252** 2, 30 f., 36, 129
BVerfGE 97, 391 I	Mißbrauchsvorwurf	**247** 57

98. Band (1998)

BVerfGE 98, 218 I	Rechtschreibreform	**253** 188

99. Band (1998/99)

BVerfGE 99, 57 II	Liegenschaftsmodell Schleswig-Holstein	**241** 73
BVerfGE 99, 145 II	Gegenläufige Kindesrückführungsanträge	**235** 126 f.; **236** 23

100. Band (1999)

BVerfGE 100, 209 II	Atomwaffenentwicklung	**235** 252 f.
BVerfGE 100, 266 II	Kosovo-Einsatz	**226** 65; **227** 130; **235** 43; **244** 384 ff.
BVerfGE 100, 313 I	Telekommunikationsüberwachung	**226** 252 f.; **235** 266, 279, 290; **237** 118; **240** 2, 18, 28, 65, 78, 173 ff., 178, 180 f., 205; **241** 125; **244** 482, 505, 507 f.; **248** 110, 204, 221, 393; **251** 79 f.

Entscheidungsregister

101. Band (1999/2000)

BVerfGE 101, 275 II	Fahnenflucht	**235** 277

102. Band (2000)

BVerfGE 102, 147 II	Europäische Bananenmarktordnung	**226** 197, 199; **239** 224, 265; **240** 125, 127, 131; **253** 231, 239

103. Band (2000/01)

BVerfGE 103, 21 II	Genetischer Fingerabdruck I (Straftaten in Altfällen)	**226** 281
BVerfGE 103, 81 II	Pofalla I (Ermittlungsverfahren gegen Bundestagsabgeordnete)	**233** 82

104. Band (2001/02)

BVerfGE 104, 151 II	NATO-Konzept	**226** 112, 127, 153, 219; **227** 76 ff.; **230** 180, 186; **232** 97, 99; **234** 144 f.; **235** 109, 118 f., 186, 291, 296; **236** 29, 55 f.; **241** 107 ff.; **243** 76, 94; **244** 65, 147, 155, 202 ff., 207, 390 ff.; **253** 188
BVerfGE 104, 238 II	Moratorium Gorleben	**233** 82
BVerfGE 104, 337 I	Schächten	**228** 91

105. Band (2002)

BVerfGE 105, 61 II	Wehrpflicht I (Dienstflucht)	**244** 535

107. Band (2002/03)

BVerfGE 107, 59 II	Lippeverband	**253** 161, 164

108. Band (2003)

BVerfGE 108, 34 II	AWACS-Einsatz (Türkei)	**226** 127; **235** 297; **244** 349, 351 f.
BVerfGE 108, 129 II	Sachaufklärung im Auslieferungsverfahren	**226** 277, 280; **235** 111, 224; **238** 11, 36, 84, 112; **239** 163, 166, 183 f.; **245** 170
BVerfGE 108, 238 II	Napster	**226** 259; **238** 10 f., 36, 51, 112; **239** 85, 163, 179, 206; **240** 134 f.
BVerfGE 108, 282 II	Kopftuch für Lehrerin	**228** 90

Halbfette Zahl = §§; magere Zahl = Fußnote

Entscheidungsregister

109. Band (2003/04)

BVerfGE 109, 13 II	Lockspitzel I	**226** 31, 37, 43; **235** 1, 21, 25, 42, 46, 57, 62, 76, 111, 173, 222, 233, 236, 239, 245, 252, 260, 262 ff., 266, 294; **251** 245
BVerfGE 109, 38 II	Lockspitzel II	**235** 1, 21, 25, 42, 46, 57, 62, 76, 111, 173, 222, 233, 236, 239, 245, 252, 260, 262 ff., 266, 294
BVerfGE 109, 133 II	Sicherungsverwahrung nach Ablauf von 10 Jahren	**226** 116; **245** 161

110. Band (2004)

BVerfGE 110, 33 I	Außenwirtschaftsgesetz	**233** 82

111. Band (2004)

BVerfGE 111, 147 I	Inhaltsbezogenes Versammlungsverbot	**236** 88
BVerfGE 111, 191 I	Notarkassen	**253** 164
BVerfGE 111, 307 II	Görgülü (EMRK)	**226** 16, 29, 44, 82, 88, 96, 98, 110, 119 f., 144, 147, 165, 204; **227** 57, 64; **230** 85, 109, 155, 185, 194 f.; **232** 48, 72; **234** 171 ff.; **235** 1, 103, 107, 117, 276, 294; **236** 25, 70, 76; **238** 13, 21, 25, 29; **239** 137; **240** 15; **248** 203, 441 f.; **249** 113; **251** 245; **253** 38, 235, 239

112. Band (2004/05)

BVerfGE 112, 1 II	Bodenreform III (Enteignung der Sowjetischen Besatzungszone)	**226** 16, 29, 33, 44, 72; **227** 11, 89; **234** 171 f.; **235** 1, 98, 129, 161, 175 f., 207, 273; **236** 70; **239** 137; **240** 188; **244** 148 f.; **247** 73; **248** 382, 450; **251** 239, 245; **253** 38
BVerfGE 112, 74 I	Privatschulfinanzierung II (Bremen)	**240** 184
BVerfGE 112, 332 I	Pflichtteil	**247** 57

113. Band (2005)

BVerfGE 113, 29 II	Anwaltsdaten	**247** 49
BVerfGE 113, 154 II	Auslieferung IV (lebenslange Freiheitsstrafe)	**226** 280; **235** 224; **239** 183, 187; **241** 114
BVerfGE 113, 273 II	Europäischer Haftbefehl	**226** 275; **235** 1, 191, 216, 220, 281; **239** 88, 91, 107, 180, 237; **245** 160; **253** 239, 328

Halbfette Zahl = §§; magere Zahl = Fußnote

Entscheidungsregister

114. Band (2005)

BVerfGE 114, 121 II	Bundestagsauflösung III (Vertrauensfrage Schröder)	**227** 59, 61

115. Band (2005/06)

BVerfGE 115, 118 I	Luftsicherheitsgesetz	**236** 15
BVerfGE 115, 166 II	Kommunikationsverbindungsdaten	**226** 281

116. Band (2006)

BVerfGE 116, 1 I	Insolvenzverwalter	**235** 143
BVerfGE 116, 24 II	Einbürgerung	**235** 280
BVerfGE 116, 96 I	Fremdrentengesetz (Renten von Spätaussiedlern)	**235** 285
BVerfGE 116, 164 II	Tarifbegrenzung gewerblicher Einkünfte	**233** 11, 116
BVerfGE 116, 243 I	Transsexuelle IV (Rechte transsexueller Ausländer)	**235** 286; **238** 66

117. Band (2006/07)

BVerfGE 117, 141 II	Diplomatische Immunität	**226** 36, 43; **235** 42 ff., 46, 48, 57 ff., 62 f., 70, 74 f., 77, 108, 200, 202, 204, 244, 252, 257; **248** 408
BVerfGE 117, 202 I	Vaterschaftsfeststellung	**235** 143
BVerfGE 117, 357 II	Staatsnotstand Argentinien	**235** 254 f.

118. Band (2007)

BVerfGE 118, 79 I	Treibhausgas-Emissionsberechtigung	**226** 199; **247** 122, 124; **253** 239
BVerfGE 118, 111 II	ISAF-Mandat	**235** 297
BVerfGE 118, 124 II	Völkerrechtliche Notstandseinrede	**226** 31, 36, 43; **227** 89, 91; **235** 42 ff., 64, 74 f., 189, 231, 233, 244, 252 f., 255, 257; **238** 88; **248** 411
BVerfGE 118, 244 II	Tornado-Einsatz Afghanistan	**226** 112, 219; **227** 77 ff.; **235** 186, 289, 295; **243** 76, 94; **244** 65, 155, 389, 393 ff.

119. Band (2007/08)

BVerfGE 119, 331 II	Hartz IV-Arbeitsgemeinschaft	**233** 129

120. Band (2008)

BVerfGE 120, 180 II	Caroline von Monaco III (St. Moritz)	**226** 144; **235** 117; **253** 239
BVerfGE 120, 224 II	Geschwisterbeischlaf	**245** 259
BVerfGE 120, 274 I	Grundrecht auf Computerschutz	**226** 281; **231** 56; **247** 52

Halbfette Zahl = §§; magere Zahl = Fußnote

Entscheidungsregister

121. Band (2008)

BVerfGE 121, 135 II	Luftraumüberwachung der Türkei	**226** 153; **230** 100; **235** 291 f.; **244** 37 ff., 211, 213 f., 265, 282, 298 ff., 344, 353 ff., 360 f., 369
BVerfGE 121, 388 II	Erledigung eines Normenverifikationsverfahrens	**235** 252, 254 f.

123. Band (2009)

BVerfGE 123, 39 II	Wahlcomputer	**231** 61
BVerfGE 123, 267 II	Lissabon	**226** 4, 16, 21, 190, 201 ff., 210 ff., 223, 228, 295, 303; **228** 7, 47, 55, 73 f.; **230** 1, 115 f., 179 f., 185, 189, 195, 233 f., 236, 348; **232** 60; **233** 92, 99; **234** 68 f., 71 ff., 146, 149 ff., 154, 156, 169 f.; **235** 1, 146, 150; **238** 10, 12, 20, 30, 44, 54 f., 111; **239** 127, 137, 149, 196, 214, 225 f.; **240** 118; **241** 4; **244** 18 ff., 62, 193, 224 ff., 230, 236, 305 ff., 400, 543; **245** 152, 166; **248** 189, 338; **251** 139; **253** 38, 44, 100, 237, 239, 290, 321, 377, 383

124. Band (2009)

BVerfGE 124, 235 II	Finanzierung der BaFin	**252** 144
BVerfGE 124, 267 II	Bundeswehreinsatz im Kosovo	**244** 46, 303, 342, 374 ff., 388

125. Band (2009/10)

BVerfGE 125, 175 I	Hartz IV	**231** 40
BVerfGE 125, 260 I	Vorratsdatenspeicherung (sechsmonatige anlasslose Speicherung)	**226** 199, 284; **247** 59; **253** 239

126. Band (2010)

BVerfGE 126, 55 II	G8-Gipfel Heiligendamm	**235** 291
BVerfGE 126, 170 II	Präzisierungsgebot Untreuetatbestand	**245** 268, 285, 287, 291
BVerfGE 126, 286 II	Honeywell (Ultra-vires-Kontrolle Mangold)	**226** 21, 118, 189, 208 f.; **235** 150; **238** 12, 18; **239** 222; **245** 152; **251** 139; **253** 239

127. Band (2010)

BVerfGE 127, 1 II	Spekulationsfrist	**252** 16
BVerfGE 127, 224 I	Pauschalierung eines Betriebsausgabenabzugsverbots	**251** 74

Entscheidungsregister

128. Band (2010/11)

BVerfGE 128, 90 I	Abschaffung der Arbeitslosenhilfe	**247** 17
BVerfGE 128, 326 II	Sicherungsverwahrung (EGMR)	**227** 64, 71, 124; **232** 72; **235** 1, 103; **238** 10, 13; **239** 137; **248** 432; **251** 245; **253** 239

129. Band (2011)

BVerfGE 129, 78 I	Le Corbusier	**247** 9, 12 ff., 43, 50, 109, 122 ff., 142 f.
BVerfGE 129, 124 II	EFS	**234** 153; **241** 4; **248** 338; **252** 31; **253** 383
BVerfGE 129, 186 I	Investitionszulagengesetz	**247** 124
BVerfGE 129, 284 II	Neunergremium EFSF	**236** 86

130. Band (2012)

BVerfGE 130, 318 II	Stabilisierungsmechanismusgesetz	**253** 383

131. Band (2013)

BVerfGE 131, 152 II	Unterrichtungspflicht nach Art. 23 Abs. 2 S. 2 GG	**234** 158; **253** 383

Sachregister

Bearbeitet von Daniel Lampart und Rita Wagener

Abhöraffäre
- Prism **231** 26
- Tempora **231** 26

Abschwächung der Grundrechtsgeltung
- und militärische Einsätze der Bundeswehr
  - bei Abstimmung mit Völkerrecht? **244** 159
  - Art. 87a Abs. 1 S. 1 GG als Eingriffsgrundlage? **244** 160
  - Eingriffsgrundlage **244** 160
  - militärische Wirklichkeit **244** 166
  - Rechtfertigung nur durch förmliches Gesetz? **244** 163
  - bei Rücksichtnahme auf fremdes Recht? **244** 159
  - Wesentlichkeitslehre **244** 165 f.
  - Zustimmungsgesetze als Eingriffsgrundlage? **244** 161
  - Zweck des Gesetzesvorbehalts **244** 164

Abstrakte Normenkontrolle
- und militärische Einsätze der Bundeswehr **244** 125 ff.
  - Antragsrecht **244** 129
  - freie Rechtsformwahl ohne Verkürzung der Rechtskontrolle **244** 128
  - Prüfung von Bundesrecht i.S.d. Art. 93 Abs. 1 Nr. 2 GG **244** 125
  - Verfahrensziel **244** 129
  - völkerrechtsfreundliche Auslegung des Begriffs Bundesrecht **244** 129
  - weite Auslegung des Begriffs Bundesrecht **244** 126
  - Zustimmungsbeschluß als Bestandteil des Bundesrechts **244** 126

Abweichungsgesetzgebung
- Ziel eines experimentellen Föderalismus **233** 20

Ad-hoc-Tribunale der UN **245** 7, 13

Adressaten der Umweltschutzverpflichtungen
- deutsche Staatsgewalt **248** 94
- Exekutive **248** 97
- Gubernative **248** 98
- Judikative **248** 97
- Legislative **248** 95 f.

Afghanistan
- Bundeswehr-Einsatz
  - erweitertes ISAF-Mandat **244** 121 f.
  - intransparente Rechtslage **244** 2

Aggression
- Beteiligung an einem Angriffskrieg **227** 9
- und Gewaltverbot
  - keine Deckung der Begrifflichkeiten **227** 7
  - Konkretisierung des ~s **227** 7
- Verbrechen der ~
  - und Gewaltverbot **227** 25
  - höhere Anforderungen als im Gewaltverbot **227** 9
  - Probleme bei der Definition **227** 9

AKP-Staaten **249** 34

Akteure, internationale **234** 2
  siehe auch Internationale Organisationen, Nichtregierungsorganisationen, Supranationale Organisationen
- Begrenzung staatlicher Hoheitsmacht **234** <u>3 ff.</u>
- Einfluß nichtstaatlicher ~r auf den Staat **234** 2

Alabama Claims Arbitration **242** 19, 22
- und internationale Schiedsgerichtsbarkeit **242** 22

Allgemeine Staatslehre **230** 5
- Wandlung des Staates
  - von der Personal- zur Gebietskörperschaft **230** 5 f.

Allgemeines Persönlichkeitsrecht
- Begründung des Urheberpersönlichkeitsrecht **247** 11
- und geistiges Eigentum **247** 8
- und Urheber **247** 11
- Verbreitungsrecht **247** 11
- Verwertungsrecht **247** 11

Amtshilfe, internationale **238** 2, 4, 9, 11, **239** <u>19 ff.</u>
- Begriff der Amtshilfe **239** 19

Halbfette Zahl = §§; magere Zahl = RN; unterstrichene Zahl = Hauptfundstelle

Sachregister

- durch Finanzbehörden
  - § 117 AO 239 33
- innerhalb der EU
  - Mehrwertsteuer 239 31
- in Verwaltungssachen 239 28ff.
  - Ablehnung durch den ersuchten Staat 239 29
  - Amtshilferichtlinie 239 30
  - EU-Dienstleistungsrichtlinie 239 32
  - innerhalb der EU 239 30ff.
  - jenseits der EU 239 29
  - wachsende Bedeutung 239 28
Amtshilfe, zwischenstaatliche 238 27, 251 82ff.
- Austausch von Informationen 251 82
- Bekämpfung von Steuerumgehung 251 82
- in Doppelbesteuerungsabkommen 251 83
- innerstaatliche Umsetzung 251 85
- materiell-rechtliche Bezüge 251 82
- Rechtsgrundlagen 251 82
- Schutz des Steuerpflichtigen 251 86
  - Spannungsverhältnis zwischen staatlichen und privaten Interessen 251 86
  - stärkere Beschränkung grenzüberschreitender Ermittlungsmaßnahmen 251 86
- Subsidiaritäts- und Erforderlichkeitsvorbehalte 251 84
- unionsrechtliche Vorgaben 251 84
- völkervertragliche Intensivierung der Bestrebungen 251 83
- Zielsetzung 251 82
Anerkennung
- ausländischer Urteile *siehe* Anerkennung ausländischer Urteile
- fremder Rechtsakte 239 4ff.
- Gegenstand der ~
  - Gerichtsentscheidungen 239 5
  - Verwaltungsentscheidungen 239 5
- Grundlage der ~ 239 5
- Mittel der ~ 239 5
- unterschiedliche Begriffe 239 4
Anerkennung ausländischer Urteile 239 6
- § 328 ZPO als ordre public 239 6

- als Gleichstellung 239 7
- in Strafsachen 239 10
- Rechtsschutzgarantie des Art. 19 Abs. 4 GG 239 50
- und Unionsrecht 239 8f.
  - Regelungen zivilrechtlicher Streitgegenstände 239 10
  - in Verwaltungssachen 239 10
  - Vollstreckbarkeit als Ausnahme 239 7
  - Voraussetzungen 239 6
  - Vorbehalte 239 9
  - Vorrang von EU-Recht 239 8
  - Vorrang von Staatsverträgen 239 8
- Wirkung 239 7
- als Wirkungserstreckung 239 7
Angriffskrieg
- völkerstrafrechtliche Relevanz des Begriffs 227 25
Annäherungstheorie 240 72, 105
Anrechnungsmethode 250 44, 251 45
- Einkünfte aus mehreren Staaten 251 40
- gleichheitswidrige Auswirkungen des Anrechnungshöchstbetrags 251 40
- Nichtberücksichtigung von außergewöhnlichen Belastungen 251 40
- Nichtberücksichtigung von Sonderausgaben 251 40 *siehe auch* Sonderausgaben
- Ungleichbehandlung 251 39
  - kein Verstoß gegen das Leistungsfähigkeitsprinzip 251 39
Ansässigkeitsstaat
- Anrechnung der im Quellenstaat gezahlten Steuer 251 31
- und Doppelbesteuerung 251 31
- primäre Verantwortung für die Vermeidung von Doppelbesteuerung 251 30, 48
Anwendung ausländischen Rechts in Deutschland *siehe* Recht, ausländisches, Anwendung
Anwendung deutschen Rechts im Ausland *siehe* Recht, deutsches, Anwendung
Äquivalenztheorie, steuerrechtliche 251 11, 28
- Aufteilung nach Georg von Schanz 251 23ff.

Sachregister

- freiheitsrechtliche Bestätigung durch das GG **251** 13
- generelle Äquivalenz **251** 11
- und Verfassung **251** 13

Arbeitnehmerfreizügigkeit **251** 70
- und Diskriminierungsverbot **251** 70
- Grundsatzentscheidung Fall Schumakker **251** 70

Articles of State Responsibility **249** 76
- Haftung der Bundesrepublik Deutschland **249** 76
- Verbindlichkeit für Bundesrepublik Deutschland **249** 76

Asylgrundrecht
- und grenzüberschreitende Reichweite von Grundrechten
  - Grundrecht mit Rechtskreiserweiterung **240** 77
  - Grundrecht mit zeitlicher Vorwirkung **240** 76
  - Grundrechtsrealisierung mit Gebietskontakt **240** 76
  - Grundrechtsschutz mit Auslandsbezug **240** 76
  - Nicht-Deutschengrundrecht **240** 76

Atlantik-Charta
- Forderung nach Selbstbestimmung **229** 9 f.

Ausländer
- Ausnahmefall der Ausübung deutscher Staatsgewalt gegenüber ~n im Ausland **240** 4
- und Ausübung von Staatsgewalt **230** 75
- Einbeziehung durch einfachgesetzliche Regelungen **230** 77
- Einbeziehung von gebietsansässigen ~n **230** 77
- und EU **230** 79 *siehe auch* EU-Ausländer
- und Fremdenrecht **230** 78
- Unterwerfung unter Staatsgewalt durch Einreise **230** 76

Auslegung von Doppelbesteuerungsabkommen **251** 51
- autonome ~ **251** 51
  - Grenzen **251** 52
  - Meinungsverschiedenheiten über die Auslegung **251** 52
  - Orientierung am OECD-Musterabkommen **251** 51

- Streben nach Entscheidungsharmonie **251** 51

Auslieferung **239** 22, 22 ff.
- und Ausweisung
  - Unterscheidung **239** 23
- und BVerfG **239** 51
- und Durchlieferung **235** 39, **239** 24
- eigener Staatsangehöriger **235** 39
- im internationalen Rechtshilfeverkehr **235** 39
- Prüfung der Zulässigkeit **235** 39
- und Rücklieferung **239** 24
- Sanktionen jenseits deutscher Grundrechtsmaßstäbe **239** 55
- Schutz des Art. 16 Abs. 2 S. 1 GG **239** 22
- bei Todesstrafe **239** 52, 58, **240** 41 ff.
  - § 8 IRG **239** 58
  - gesamteuropäische Ächtung der Todesstrafe **239** 52
  - zugesicherter Ausschluß der Todesstrafe **239** 58
- und Übermaßverbot
  - unerträglich harte Strafen **239** 51
  - unabdingbare Grundsätze des GG **239** 52
  - unmenschliche Behandlung **240** 45
- Vereinbarkeit mit völkerrechtlichem Mindeststandard **235** 39
- weitreichender Begriff der ~ **239** 22
- und Zurückweisung
  - Unterscheidung **239** 23

Ausschließlichkeitsanspruch **230** 40 ff., 62
- Facetten des ~s **230** 41

Ausschluß militärischer Gewalt *siehe* Gewaltverbot, völkerrechtliches

Ausschüsse
- für europäische und internationale Angelegenheiten **253** 84
- als Legitimationsmittler und Kontrollorgane **253** 84

Außenwirtschaftsgesetz **227** 28
- und Unionsrecht **227** 32

Außergewöhnliche Belastungen
- eingeschränkte Berücksichtigung im Quellenstaat **251** 61
- unionsrechtswidrige Nichtberücksichtigung von ~ **251** 40

Auswärtige Beziehungen **230** 32
Auswärtige Gewalt *siehe* Gewalt, auswärtige
Auswärtige Gewalt, Grundrechtsbindung **241** 53 ff.
– angemessener Geltungsanspruch als Ziel **241** 57
– Auslandsbezug inländischer Handlungen **241** 60
  – Beachtung außenpolitischer Bedeutung auf der Rechtfertigungsebene **241** 60
  – keine Besonderheit bei Geltungsanspruch **241** 60
  – Definition **241** 60
– Ausübung von Hoheitsgewalt im Ausland, Voraussetzung **241** 55
– Eingriffskonstellationen **241** 59 ff.
– Freistellung privaten Verhaltens auswärtiger Gewalt durch deutsche Hoheitsgewalt **241** 66 f.
  – kein Eingriff in grundrechtlich geschützte Rechtsgüter **241** 66
  – final bezweckte Beeinträchtigung grundrechtlicher Schutzgüter **241** 67
  – Grundrechtsverletzung bei Mißachtung grundrechtlicher Schutzpflichten? **241** 66
  – Instrumentalisierung eines Privaten **241** 67
  – Verletzung grundrechtlicher Schutzansprüche bei Verwendung eines Privaten als Werkzeug **241** 67
– Gefahr des Wandels nachträglicher Klugheitsbeurteilung **241** 58
– Geltung
  – für Handlungen deutscher Staatsorgane **241** 55
  – für Handlungen fremder Staatsorgane in Deutschland **241** 56
  – keine Geltung für fremde Staatsorgane **241** 55
– keine Generalisierung **241** 58
– grundgesetzliche Regelung **241** 57
– Grundlagen **241** 53 ff.
– Grundrechtstoleranz als Leitlinie **241** 58
– grundsätzliche Anwendbarkeit auf Sachverhalte mit Auslandsbezug **241** 57 ff.

– Interventionsverbot **241** 57
– Meinungsstand **241** 53
– Mitwirkung an Akten fremder Staatsgewalt **241** 61
  – Beachtung der Grundrechte auf deutschem Hoheitsgebiet **241** 61
  – Besonderheiten auf der Rechtfertigungsebene **241** 61
  – Kontrollschwierigkeiten des BVerfG **241** 61
  – Möglichkeit der Einflußnahme des BVerfG **241** 54
– Schutzansprüche deutscher Staatsbürger **241** 68 f.
  – Anspruch auf Wahrnehmung diplomatischen Schutzes **241** 68
  – Anspruch auf Zahlung von Lösegeld? **241** 68
  – Einräumung eines weiten Beurteilungsspielraums **241** 69
  – Feststellung grundsätzlicher Schutzpflichten durch das BVerfG **241** 69
  – Schutzpflicht außerhalb des deutschen Staatsgebietes **241** 68
– als Teil der deutschen Hoheitsgewalt **241** 55
– Zustimmung zu Akten fremder Hoheitsgewalt **241** 62 ff.
  – Beachtung der Grundrechte auf deutschem Hoheitsgebiet **241** 62
  – dogmatische Folgefragen **241** 63
  – Freistellung von Grundrechtsbindungen im Rahmen der militärischen Landesverteidigung **241** 64
  – grundrechtlicher Schutz vor Maßnahmen einer fremden Hoheitsgewalt durch Zustimmungsgesetz **241** 63
  – Grundrechtsanwendung nur im Verhältnis zu deutscher Hoheitsgewalt **241** 62
  – grundrechtsdogmatische Schwierigkeiten **241** 62
  – Nichteröffnung des Schutzbereichs trotz Grundrechtsgefährdungen **241** 64

Sachregister

- keine unmittelbare Grundrechtsbindung fremder Hoheitsgewalt in Deutschland **241** 62
- Verletzung grundrechtlicher Schutzfunktion? **241** 65
- Vorgaben für den einer fremden Hoheitsgewalt erteilten Ermächtigungsakt **241** 63

Auswärtige Gewalt, Verfassungsbindung 241 1 ff.
- und allgemeine Dogmatik **241** 22 ff.
- Analogie zum innerstaatlichen Handeln? **241** 71
- keine Anwendung von Gesetzesvorbehalten bei auswärtigem Handeln **241** 73
- Ausübung von Hoheitsgewalt im Ausland **241** 3
- und auswärtige Gewalt im modernen Staat **241** 21
- und auswärtige Politik **241** 2
- und auswärtiges Handeln
  - Besonderheiten **241** 4
  - als kooperatives Handeln **241** 5
  - und politische Spielräume **241** 6
  - völkerrechtliche Grenzen **241** 4
  - weltweiter Schutz des GG? **241** 7
- Beitritt zu System kollektiver Sicherheit, Voraussetzung **241** 52
- besondere Strukturgegebenheiten **241** 3 ff.
- Bindung
  - an humanitäres Völkerrecht **241** 73
  - an rules of engagement **241** 73
- keine Blankettfreistellung der auswärtigen Gewalt **241** 24
- BVerfG
  - an der Schnittstelle von Recht und Politik **241** 17
  - einzige Instanz der verbindlichen Konkretisierung politischer Handlungsnormen **241** 18
  - vom Hüter zum Lenker **241** 17
- Einbettung deutscher Staatlichkeit in internationale Ordnung **241** 48
- Einheit von Handlungs- und Kontrollmaßstab **241** 18
- Friedenspflicht des GG **241** 52
- und Friedensverpflichtung **241** 50 ff.
- und Gerechtigkeitsgewinn? **241** 17
- Gesetzesvorbehalt als funktionsgerechte Zuordnung von Aufgaben und Kompetenzen **241** 72
- Gesetzesvorbehalt für Handlungen deutscher Amtsträger im Ausland? **241** 70
- Gesetzesvorbehalte bei der Ausübung öffentlicher Gewalt **241** 70 ff.
- Gestaltungsauftrag des BVerfG? **241** 2
- und global legal pluralism **241** 13
- Grenzen des Gesetzesvorbehalts **241** 73
- grundgesetzliche Vorgaben **241** 50
- Grundrechte als Mittel zur Besserung von Politik? **241** 9
- Grundsatz der Offenheit deutscher Staatlichkeit **241** 48 f.
  - Herleitung aus dem GG **241** 48
- Grundsatz der ~ **241** 1
- innerstaatliche Geltung allgemeiner Regeln des Völkerrechts **241** 51
- und klassische auswärtige Gewalt **241** 20
- konstitutioneller Anspruch aus materialem Verständnis des Grundgesetzes? **241** 9
- konstitutionelles Versprechen **241** 8
- Öffnung der Verfassungsrechtsordnung **241** 49
- Problemrahmen **241** 1 ff.
- restriktive Anwendung des Gesetzesvorbehaltes durch das BVerfG **241** 71
- keine Steuerung durch Gerichte **241** 1
- Streben nach konstitutioneller „Einhegung" **241** 7 ff.
- Strukturveränderungen **241** 3
- umfassende Kontrolle der öffentlichen Gewalt **241** 24
- umfassende Verfassungsbindung der öffentlichen Gewalt **241** 24
- umfassende Verfassungsbindung hoheitlichen Handelns **241** 7
- Untrennbarkeit von Innen- und Außenpolitik? **241** 7
- Verfassung
  - als Anspruch auf Selbstregierung des Volkes **241** 13
  - als materiale Ordnung **241** 8

Sachregister

– als Strukturierung politischer Prozesse? **241** 8
– als transnationaler Hierarchieanspruch **241** 13
– verfassungsrechtliche Aussagen **241** 12
– Verstärkung der verfassungsrechtlichen Aufsicht **241** 1
– Vielgestaltigkeit der auswärtigen Gewalt **241** 19 ff.
– und Völkerrechtskonformität **241** 50 ff.
– Völkerrechtsordnung als „konstitutionelle Ordnung" **241** 9
– zwischenstaatliche Kooperation **241** 3
Auswärtige Gewalt, verfassungsgerichtliche Kontrolle 241 8 ff.
– Abweichung von Regelungen des GG? **241** 40
– allgemeine Regeln des Völkerrechts **241** 51
– Anerkennung der Prärogative politischer Akteure **241** 16
– Annäherung an den verfassungsmäßigen Zustand **241** 41
 – zu Ausnahmesituationen ergangene Rechtsprechung **241** 42
 – keine Generalisierung **241** 42
– ausnahmsweiser Erlaß einstweiliger Anordnungen **241** 34
– außerhalb des Staatsgebietes? **241** 10
– Behandlung völkerrechtlicher Verträge **241** 39
– Besonderheiten des Prüfungsmaßstabs **241** 22
– Beurteilungsspielraum als Rückverweisung **241** 8
– Bodenreform **241** 32
– BVerfG
 – keine Enthaltung des Kontrollanspruchs **241** 22
– Chemiewaffen **241** 71
– keine Deckung mit politischer Entscheidungsperspektive **241** 15
– Evidenzprüfung **241** 32
– Friedenswahrung
 – Konkretisierung durch das BVerfG **241** 52
– Funktionsangemessenheit **241** 14
– keine gefestigte Präjudizienpraxis **241** 14
– gegenläufige Tendenzen bei der Ermittlung internationalen Rechts **241** 37 ff.
– gerichtliche Nachforschungen bei einseitigen Entscheidungen **241** 36
– Grundlagenvertrag **241** 39
– der Grundrechte auswärtiger Politik? **241** 9
– Grundsatz der Offenheit deutscher Staatlichkeit **241** 48 f.
– Inhaftierung von Rudolf Hess **241** 32
– keine justizfreien Hoheitsakte **241** 23 ff.
– Klugheitsbewertung statt Grenzziehung **241** 11
– Kriterien einer funktionsgerechten Zuständigkeitsabgrenzung **241** 30 ff.
– Kriterienprüfung bei der Rechtsschutzgewähr **241** 30
– als Legitimation politischer Entscheidungen **241** 10
– mindere Kontrolldichte **241** 14
– modifizierte Prozeßvoraussetzungen
 – abstrakte Normenkontrolle bei völkerrechtlichen Vertragsgesetzen **241** 43 f.
 – präventive Normenkontrolle zur Herstellung von Rechtssicherheit **241** 45
 – Unmittelbarkeitskriterium bei der Antragsbefugnis im Verfassungsbeschwerdeverfahren **241** 46
– modifizierter Abwägungsmaßstab bei außenpolitischen Wirkungen **241** 34
– „näher am Grundgesetz" **241** 41
– NATO-Betriebsvertretungen **241** 41
– NATO-Doppelbeschluß
 – NATO-Doppelbeschluß **241** 33
– Organadäquanz **241** 14
– Ostverträge **241** 39
– Out-of-area-Einsätze der Bundeswehr **241** 71
– political question doctrine *siehe dort*
– politische Entscheidungsprärogative hinsichtlich der Mittel **241** 32
– Prüfung von Tatsachenschilderungen unter eingeschränkten Kriterien **241** 35
– keine Rekonstruktion von Verhandlungssituationen **241** 35

Sachregister

- Reparationsschäden **241** 41
- Saarstatut **241** 39 ff.
- schwieriger Nachweis der Normexistenz im Völkergewohnheitsrecht **241** 37
- spezifische Handhabung der Prozeßvoraussetzungen **241** 43 ff.
- Strategie zur Konfliktvermeidung **241** 47
- strenge Bewertung einstweiliger Anordnungen **241** 34
- Sudanesen-Beschluß **241** 33
- kein unmittelbarer Zugriff **241** 14
- Unsicherheit des völkerrechtlichen Rechtsrahmens **241** 37
- Untersuchungsgrundsatz **241** 31
- Verbindung konstitutioneller Kontrolle mit politischen Imperativen **241** 16
- verfassungsgerichtliche Tatsachenermittlung **241** 31 ff.
- verminderte Anforderungen bei Annäherung an das Grundgesetz **241** 40 ff.
- Willkürkontrolle völkerrechtlicher Rechtsstandpunkte der Bundesregierung **241** 38

Ausweisung **239** 23
- keine Mitwirkung an fremden Rechtsakten **239** 23

Auswirkungsprinzip **230** 22, 44

Bank für Internationalen Zahlungsausgleich (BIZ) **250** 31
- Aufbau **250** 32
- Funktion
  - Schnittstelle zu staatlichen und überstaatlichen Akteuren **250** 31
  - Zentralbank der Zentralbanken **250** 31
- Organe der ~ **250** 32

Bank Procedures (BPs) **249** 27
- Beteiligung mehrerer Organe **249** 27

Bankenregulierung **250** 78

Basler-Ausschuß **234** 27, **250** 78
- Aufgaben **250** 75

Begrenzte Einzelermächtigung, Prinzip **234** 12 f., 32, **251** 33, **253** 37
- kein Kompetenzverzicht im Bereich der direkten Steuern **251** 33

Behindertenrechtskonvention der Vereinten Nationen
- effektive Kontrolle als Voraussetzung **249** 67
- Jurisdiktionsklausel der ~ **249** 66

Behörden, ausländische **239** 72

Beihilferecht
- allgemeine Maßnahmen **251** 80
- selektive Maßnahmen **251** 80
  - differenzierte Anforderungen an das Kriterium der Selektivität **251** 81
- selektive Steuererleichterungen **251** 80
- spezifische Steuererleichterungen **251** 80
- und Steuerrecht **251** 80
  - Bedeutung gleichheitsrechtlicher Kriterien **251** 80
- Verbot staatlicher Beihilfen **251** 80

Berliner Erklärung vom 5. Juni 1945
- kein Selbstbestimmungsrecht des deutschen Volkes **229** 37

Beschränkte Steuerpflicht **251** 1, 5, 9, 11
- eingeschränkte Berücksichtigung von Betriebsausgaben **251** 61
- nicht erfaßte Einkünfte **251** 41
- Objektsteuercharakter **251** 64
- als Person bezogene Steuerpflicht **251** 18
- und unbeschränkte Steuerpflicht **251** 61 ff.

Beschränkungsverbot
- und direkte Steuern **251** 68
- und innerstaatliches Steuerrecht
  - gleichheitsrechtlicher Prüfungsansatz **251** 69
- Pflicht zur Beseitigung von Doppelbesteuerung **251** 35

Besteuerung
- Ausgestaltung der ~ **251** 61 ff.
- von Ausländern **230** 97
- Ausrichtung an inländischer Leistungsfähigkeit **251** 29
- nur des disponiblen Einkommens **251** 63
- Funktion der territorialen Radizierung **251** 10

Halbfette Zahl = §§; magere Zahl = RN; unterstrichene Zahl = Hauptfundstelle

Sachregister

- bei grenzüberschreitender Betätigung **251** 3
- leistungsgerechte ~ **251** 3, 64
  - Rechtfertigung von Nachteilen des beschränkt Steuerpflichtigen **251** 64
- Rechtspraxis lateinamerikanischer Staaten **251** 9
- verfassungsrechtliche Vorgaben der ~ nach der Leistungsfähigkeit **251** 81
- und allgemeines Völkerrecht **251** 19
- und völkerrechtliche Verträge **251** 19
- mit dem Welteinkommen **251** 28
- Zusammenwirken mehrer Rechtsordnungen **251** 4

Besteuerungsbefugnis *siehe* Besteuerungshoheit

Besteuerungsgleichheit
- und Grundfreiheiten **251** 76
- im Sinne von Marktfreiheit **251** 76
- keine ~ im Sinne von Lastengleichheit **251** 76

Besteuerungshoheit
- äquivalenztheoretisch begründete Abgrenzung **251** 24
- Aufteilung der ~ als Rechtfertigungsgrund für Beschränkungen **251** 75
- als Ausprägung staatlicher Souveränität **251** 1, 38
- Begründung staatlicher ~ **251** 1 ff.
- und Doppelbesteuerungsabkommen
  - Beschränkung durch ~ **251** 45
- einfachgesetzliche Ausgestaltung **251** 3
- internationale Reichweite staatlicher ~ **251** 1 ff.
- normativer Rahmen der ~ **251** 3 ff.
- Spektrum staatlicher ~ **251** 1 ff.
- und staatliche Souveränität **251** 1 ff.
- als Teilbereich der staatlichen Finanzhoheit **251** 1
- territoriale Verankerung ~ **251** 75
- verfassungsrechtliche Ausgestaltung der ~ **251** 3
- völkerrechtliche Ausgestaltung der ~ **251** 3
- zwischenstaatliche Abgrenzung der ~ **251** 23 ff.

Bestimmtheitsgebot **238** 15
- § 2 Abs. 2 AO **251** 60
- und Konsultationsverfahren **251** 60

Bilateral Investment Treaties (BIT) **246** 13

Bilaterale Abkommen **236** 1
- und globale Unternehmen
  - Investitionsschutzabkommen **246** 13

Binnenmarkt, europäischer **230** 71, **250** 8, **251** 11
- und Besteuerungshoheit **251** 38
- Erfordernis einer einheitlichen Politik
  - durch Wegfall der Binnengrenzen **234** 11
- und Mehrwertsteuer
  - Harmonisierung der ~s **250** 40
- Schaffung des ~ **251** 38

Bretton Woods-Abkommen **250** 18

Briand-Kellogg-Pakt **227** 5, **243** 1
- enumerative Aufzählung verbotener Gewaltmaßnahmen **227** 5
- und Friedensbegriff des Völkerrechts
  - keine Definition **227** 5

BRICS-Staaten
- und globale Unternehmen **246** 11
- und Internationales Finanzrecht von Wiederaufbau und Entwicklung **250** 22
- Mitglieder
  - Brasilien **246** 11
  - China **246** 11
  - Indien **246** 11
  - Rußland **246** 11
  - Südafrika **246** 11

Brückenklausel **234** 34, 37

Budgethilfe
- Leistungskonditionalität **249** 104
- und Projekthilfe
  - Unterscheidung **249** 102
- Vergabekriterien **249** 104
- Zweck der ~ **249** 104

Bundesfinanzhof **251** 51, 56
- und Internationales Steuerrecht
  - Streben nach Entscheidungsharmonie **251** 51
- und treaty override **251** 56

Bundeskompetenz
- im Bereich des grenzübergreifenden Umweltschutzes
  - Reichweite **248** 22 ff.

Sachregister

- Vertragsabschlußkompetenz **248** 22 ff.

Bundesland
- und grenzübergreifender Umweltschutz
  - Abschluß grenznachbarschaftlicher Verträge **248** 33
- partielle Völkerrechtssubjektivität **248** 32
- Zusammenarbeit mit Völkerrechtssubjekten **230** 59

Bundesministerium für wirtschaftliche Zusammenarbeit und Entwicklung (BMZ) **249** 11
- Außenrevision **249** 107
- Beteiligungsprüfung **249** 107
- Bundesbehörde ohne Verwaltungsunterbau **249** 12
- Durchführungsorganisationen **249** 12 ff.
- Konzept der Menschenrechte **249** 66
- Letztentscheidung für Mittelvergabe **249** 17
- Menschenrechtsverträglichkeitsprüfung
  - Menschenrechtskonzept als Neuerung **249** 82
- Steuerung und Kontrolle der Entwicklungspolitik **249** 11
- Vergabekontrolle **249** 107

Bundespräsident
- Prüfungsrecht des ~en **236** 31
  - evidente Verfassungs- und Völkerrechtsverstöße **236** 31
- und völkerrechtliche Verträge **236** 31

Bundesrechnungshof
- Berichte des ~s **249** 107
- und Bundestag
  - Entlastung des ~s **249** 107
- Grundsatz der Wirtschaftlichkeit im allgemeinen Haushaltsrecht **249** 89
  - Handlungsmaßstab **249** 89
  - Kontrollauftrag **249** 89

Bundesrecht **233** 20
- und allgemeine Regeln des Völkerrechts **235** 29
- allgemeine Regeln des Völkerrechts als Bestandteil des ~s **235** 1 ff., 27, 61
  - Beratungen im Parlamentarischen Rat **235** 5 f.
- partikulares Völkergewohnheitsrecht? **235** 17
- regionales Völkergewohnheitsrecht? **235** 17
- Gesetzesvorrang der allgemeinen Regeln des Völkerrechts **235** 1, 6
- und Landesrecht
  - vertikaler Wettbewerb der Rechtsordnungen **233** 20

Bundesregierung
- Außenvertretung durch die ~ im Umweltschutz
  - Ausschluß der Vertretungsmacht durch Art. 59 Abs. 1 GG **248** 58
  - Beispiele umweltvölkerrechtlicher Verträge **248** 57
  - Verfassungswidrigkeit? **248** 58
- Genehmigung von Kriegswaffenexporten
  - kein Anspruch auf Genehmigung **227** 30
  - Grundsatz der Verweigerung der ~ **227** 30

Bundesrepublik Deutschland
- Anerkennung
  - der allgemeinen Regeln des Völkerrechts **226** 4
- Beitritt der ~
  - zur Europäischen Verteidigungsgemeinschaft (EVG) **244** 23 f.
  - zur NATO **244** 24
  - zur UN **244** 28
  - zur Westeuropäischen Union (WEU) **244** 24
- und fremde Hoheitsakte
  - Gestattung **239** 43
- Gebietshoheit der ~ **230** 42
- und internationale Organisationen
  - Mitgliedschaftsrechte in ~n **230** 35
- als Partei völkerrechtlicher Verträge **236** 1
- Ratifizierung der zentralen Menschenrechtsakte **249** 64
- Strukturwandel in der ~ **232** 8
- und Tätigkeit ausländischer Behörden
  - bewußte Öffnung der Rechtsordnung **239** 37
- als Teil der Weltengemeinschaft **232** 53

Halbfette Zahl = §§; magere Zahl = RN; unterstrichene Zahl = Hauptfundstelle   1225

- Treuepflicht in der Völkerrechtsgemeinschaft **236** 33
- Verpflichtung zur aktiven Friedenspolitik **227** 12

Bundesstaatsprinzip **234** 13

Bundestag
- Zustimmungspflichtigkeit militärischer Einsätze der Bundeswehr
  - bei Änderung der Einsatzumstände? **244** 117
  - bei nicht vom Beschlußwortlaut gedeckten Einsätzen? **244** 106
  - bei Einsatz in integrierten Verbänden? **244** 109
  - bei Einsatz von AWACS-Flugzeugen? **244** 107
  - bei geheimen Militäroperationen? **244** 115
  - Gremium anstelle vom Bundestag bei geheimen Einsätzen? **244** 116
  - bei konkreter militärischer Gefahrenlage? **244** 108
  - bei KSK-Einsätzen? **244** 115
  - bei Luftraumüberwachung der Türkei? **244** 108
  - nachgeholter Antrag bei Rettungseinsätzen **244** 114
  - bei NATO-Einsatzvorbereitung und -durchführung? **244** 105
  - bei Rettung deutscher Staatsangehöriger? **244** 111
  - Vermutung der Zustimmungspflichtigkeit **244** 110
  - Zustimmung unter ausdrücklichem Vorbehalt **244** 118

Bundesverfassungsgericht **253** 85
- abstrakte Normenkontrolle im Rahmen von Bundeswehreinsätzen *siehe* Abstrakte Normenkontrolle
- allgemeine Regeln des Völkerrechts **235** 35
- Art. 6 S. 2 EGBGB **240** 54
- Aufgabenwandel **241** 17
- auswärtiger Streitkräfteeinsatz **243** 29
- Begründung des steuerrechtlichen Zugriffs **251** 20
- Brückentheorie **228** 33
- deklaratorische Bedeutung der unmittelbaren Rechtserzeugung des Art. 25 S. 2 GG **235** 31
- und Demokratieprinzip **253** 73
- und deutsche Entwicklungszusammenarbeit
  - allgemeine Beachtlichkeit der Grundrechte **249** 70
- und deutsche Grundrechte
  - Prüfung der Anwendbarkeit **247** 66
- und deutsche Staatsgewalt
  - Relativierung des Ausschließlichkeitsanspruchs **230** 40 *siehe auch* Ausschließlichkeitsanspruch
- deutscher Beitrag zu UN-Friedenstruppen **226** 40
- und Diplomaten
  - Schutz des Organwalters **230** 82
  - kein Schutz des Staates **230** 82
- Einfluß fremder Rechtsprechung **232** 24
- Einschränkung der Intensität der Grundrechtsbindung **251** 16
- einstweilige Anordnung **236** 30
- Erwerb von Staatsanleihen durch die EZB **252** 34
- und EuGH
  - Kooperationsverhältnis **240** 63
- und europäische Grundrechte
  - Prüfung der Anwendbarkeit **247** 66
- europäische Kompetenzordnung **226** 50
- Europäische Menschenrechtskonvention
  - als Auslegungshilfe **234** 38
- Fortbestand einer gebietsbezogenen Staatsgewalt **230** 72
- als Garant des Völkerrechts **235** 57
- als gesetzlicher Richter der allgemeinen Regeln des Völkerrechts **235** 48
- Gewährleistungsverantwortung des ~s **240** 63
- Grenzen der Integration **230** 61
- und grenzüberschreitende Sachverhalte **251** 16
- Interpretation des Art. 24 Abs. 2 GG **243** 30
- als Ausfluß praktischer Vernunft **243** 30

Sachregister

– judicial restraint *siehe dort*
– Kontrolle völkerrechtlicher Verträge 236 <u>29 ff.</u>
– Kooperationsverhältnis von ~ und EuGH 240 63
– und Leistungsfähigkeitsprinzip 251 16
– und militärische Einsätze der Bundeswehr 244 6, 11
  – AWACS II-Urteil 244 68 f., 92
  – integrationsfester Parlamentsvorbehalt für Streitkräfteeinsatz 244 72
  – neues strategisches Konzept der NATO 244 66 f.
  – Out-of-area-Einsätze 244 60
  – zum Parlamentsvorbehalt für Streitkräfteeinsatz 244 84 ff.
  – Streitkräfte-Urteil 244 81
  – Vertrag von Lissabon 244 72, 93
– Mitwirkungsrechte nationaler Parlamente auf europäischer Ebene
  – demokratische Defizite auf EU-Ebene 234 37
– und NATO 243 24, 27
– Normenverifikationsverfahren *siehe dort*
– und öffentliche Gewalt 253 45
– Organstreitverfahren im Rahmen von Bundeswehreinsätzen *siehe* Organstreitverfahren
– und Personalhoheit 230 97, 101
– political question doctrine *siehe dort*
– Rechtsfortbildung im Bereich des virtuellen Raums 231 30
– und Richtlinien
  – Prüfungskompetenz bei Umsetzung von ~n 247 21
– und Schutz des Urheberrechts
  – dualistische Theorie 247 11
  – monistische Theorie 247 11
– Selbstbeschreibung: an der Schnittstelle von Recht und Politik 241 17
– Souveränität im Licht des Völkerrechts 230 40
– und Staat
  – als Organisationsform einer politischen Gemeinschaft 230 1

– und Staatsangehörigkeit
  – Vermeidung von Loyalitätskonflikten 230 92
  – Strukturvorgaben für die Integration 230 61
  – Überprüfbarkeit der Rechtsakte der EU 239 43
  – Überprüfung der Akte supranationaler Organisationen 239 78
    – keine ~ bei vergleichbarem Grundrechtsschutz 239 78
  – Überwachungsverantwortung des ~s 240 63
  – ultra vires-Vorbehalt 239 63
  – Verfassungsbeschwerde *siehe dort*
  – und Völkergewohnheitsrecht 238 7
  – und Völkermordkonvention 230 110
  – und völkerrechtliche Verträge
    – summarische Prüfung im Eilverfahren 236 30
    – Überprüfungskompetenz 236 29
  – Vorgehensweise des ~s bei Sachverhalten mit Auslandsbezug 240 85
  – Vorlage nach Art. 267 AEUV
    – Garantie des gesetzlichen Richters 247 66
  – Wiedervereinigungsgebot 227 13
  – zur beschränkten Steuerpflicht
    – äquivalenztheoretisch begründete Differenzierung 251 64
  – Zustimmungsgesetz zum NATO-Vertrag 243 24
  – Zustimmungsgesetz zum völkerrechtlichen Vertrag 238 7

Bundesverfassungsgericht, Entscheidungen
– Auslandseinsätze der Bundeswehr 243 27
– Auslieferungsurteil 240 41
  siehe auch Bundesverfassungsgericht, Entscheidungen
– AWACS II-Urteil 244 68 f., 92
– Bananenmarkt-Verordnung 240 63
– Bodenreform in der DDR 235 35, 241 32
– Chemiewaffen 241 71
– deklaratorische Bedeutung der unmittelbaren Rechtserzeugung 235 31
– „Euro-Rettungsschirm" 253 85

Sachregister

- Europäischer Haftbefehl **235** 39, 52, **239** 68
- G 10 **237** 50
- Geldwert als Schutzgut des Art. 14 Abs. 1? **252** 9
- Görgülü **226** 32
- und grenzüberschreitende Reichweite von Grundrechten
  - Kommunikationsüberwachung **240** 86ff.
- Grundlagenvertrag **241** 39
- Grundrechtsoktroi **240** 24
- Inhaftierung von Rudolf Hess **241** 32
- integrationsfester Parlamentsvorbehalt für Streitkräfteeinsatz **244** 72
- KPD-Verbot **229** 42
- Le-Corbusier-Möbel-Beschluß **247** 7
- Mangold **226** 57
- nachträgliche Sicherungsverwahrung **226** 32
- NATO-Betriebsvertretungen **241** 41
- NATO-Doppelbeschluß **241** 33
- Neues Strategisches Konzept der NATO **244** 66f.
- Ostverträge **241** 39
- Out of Area-Urteil **227** 18, **241** 71, **244** 60
- Parlamentsvorbehalt für Streitkräfteeinsatz **244** 11, 84ff.
- Pflicht deutscher Gerichte zur Kenntnisnahme der Judikate internationaler Gerichte **226** 30
- Rechtsgrundlage für Auslandseinsätze **244** 6
- Reparationsschäden **241** 41
- Saarstatut **241** 39ff.
- Selbstbestimmungsrecht **229** 43
- Sicherungsverwahrung **227** 16
- Solange I **226** 52
- Solange II **226** 53
- Souveränität **235** 35
- Spanier-Beschluß **226** 74, **237** 44, **239** 47, **240** 50ff., 101
- Stationierung von Atomwaffenträgerraketen **226** 68
- Streitkräfte-Urteil **244** 81
- Sudanesen-Beschluß **241** 33
- Telekommunikationsüberwachung **240** 86ff.
- Teso-Entscheidung **226** 39, **229** 43ff.
- US-amerikanische Waffenstationierung in Deutschland **240** 36
- Vertrag von Lissabon **226** 56ff., **228** 19, 30f., **230** 72, **234** 13, 33f., **244** 72, 93, **253** 85
  - Erosion des Souveränitätsprinzips **232** 11
- Vertrag von Maastricht **226** 55f., **234** 13, **240** 63
- Wahlautomaten **231** 33
- Wiedervereinigungsgebot **229** 42f.
- Zahlungsverpflichtungen aus dem ESMV **252** 41
- Zweitregister **237** 45, **240** 103

Bundesverwaltungsgericht
- Rechtsprechung
  - Bundeswehroffizierweigerung im Kontext mit Irak-Krieg 2003 **226** 21
  - Flugplatz Zürich **226** 45
  - Kernkraftwerk Emsland **226** 45
  - Klagebefugnis von Gebietsfremden **226** 45
  - kommunale auswärtige Beziehungen **226** 86

Bundeswehr
- als Armee im Einsatz **244** 1, 31
- Auslandseinsätze *siehe* Bundeswehr, militärische Einsätze
- Aussetzung der Wehrpflicht **244** 33, 98
- als deutsches Kontingent einer internationalen Armee **244** 25
- freiwilliger Wehrdienst **244** 124
- Gesetzgebungskompetenz **244** 26
- Grundrechtsbindung **237** 51, **240** 46
- historische Entwicklung *siehe* Bundeswehr, militärische Einsätze
- militärische Einsätze *siehe* Bundeswehr, militärische Einsätze
- als Parlamentsheer **226** 61, **244** 85, 91, 94
- Reform **244** 33

Bundeswehr, Auslandseinsätze der *siehe* Bundeswehr, militärische Einsätze

Bundeswehr, militärische Einsätze 244 1ff.
- Abschwächung der Grundrechtsgeltung *siehe dort*

1228   Halbfette Zahl = §§; magere Zahl = RN; unterstrichene Zahl = Hauptfundstelle

Sachregister

- und abstrakte Normenkontrolle *siehe dort*
- zur Abwehr terroristischer Gefahren **244** 64
- Afghanistan-Einsatz
  - erweitertes ISAF-Mandat **244** 121 f.
  - intransparente Rechtslage **244** 2
- Angriffskriegsverbot **244** 48
- Art. 87a Abs. 2 GG
  - Unzulässigkeit aufgrund ~ **243** 29
- Ausnahmen vom völkerrechtlichen Gewaltverbot **244** 39 ff.
- Ausübung von Herrschaftsgewalt **244** 144 f.
- Begriff Bedrohung des Weltfriedens (threat to the peace) **244** 63
- Begriff Einsatz **244** 8 ff.
- Begriff Einsatz bewaffneter Streitkräfte **244** 104
- Begriff jurisdiction **244** 142
- Begriff militärischer Einsatz
  - Kampfhandlungen mit militärischen Mitteln **244** 9 ff.
- Begriff polizeilicher Einsatz **244** 8
- Beteiligung an UN-Friedenseinsätzen? **244** 28
- Beteiligung an UN-Friedensmissionen **244** 61 f.
- Beteiligung des Bundespräsidenten **244** 89
- Beteiligung des Bundesrates? **244** 87
- Beteiligung des Bundestages **244** 84 f.
- bewaffneter Streitkräfte **244** 11
- Bewertung **244** 174
- Billigung der Strafverfolgung wegen Verbrechen gegen den Frieden **244** 21
- Bundeswehr als Armee im Einsatz **244** 1 ff.
- und BVerfG **227** 14
- vor dem Hintergrund der Entwicklung der Wehrverfassung **244** 17 ff.
- und Demilitarisierung im Grundgesetz von 1949 **244** 18 ff.
- Drohnen (ferngesteuerte unbemannte Flugzeuge) **244** 144
- kein Einsatz ohne UN-Mandat **244** 67
- Einsatzführungskommando **244** 34
- Einsatzrealität **244** 1 ff.
- Entmilitarisierungsverpflichtung **244** 22
- Europäische Menschenrechtskonvention (EMRK) **244** 139 f.
- Friedenseinsätze (peacekeeping missions) **244** 1
- friedenssichernde Vorschriften **244** 21
- Gemeinsame Sicherheits- und Verteidigungspolitik (GSVP) *siehe dort*
- Genfer Konvention **244** 135 f.
- Gewaltverbot **244** 2
- Grenzen des Verfassungsrechts *siehe* Verfassungsrechtliche Grenzen militärischer Einsätze
- Grundlagen **244** 1 ff.
- und Grundrechtsbindung *siehe dort*
- historische Entwicklung **244** 17 ff.
- und humanitäre Einsätze *siehe* Humanitäre Einsätze der Bundeswehr
- humanitäres Völkerrecht *siehe* Völkerrecht, humanitäres
- Integration in westliche Bündnisstrukturen **244** 24 f.
- internationale Konfliktverhütung **244** 31
- internationale Krisenbewältigung **244** 31
- Internationaler Pakt über bürgerliche und politische Rechte (IPbürgR) **244** 139 f.
- ISAF-Mandat **244** 121 f.
- Kampfeinsätze **244** 1
- und Katastrophenhilfe *siehe dort*
- KFOR-Mission **244** 117
- Kommando Spezialkräfte (KSK) **244** 115
- Kosovo-Einsatz **244** 44 ff., 120
- Londoner Neun-Mächte-Konferenz **244** 26
- Londoner Sechs-Mächte-Konferenz **244** 18
- und Menschenrechtsverträge *siehe dort*
- militärische Missionen der EU *siehe* Europäische Union
- und NATO *siehe dort*
- Notstandsverfassung **244** 26
- ohne UN-Mandat? **244** 65
- Operation Enduring Freedom **244** 54

- Operation Libelle **244** 112
- Operation Pegasus **244** 113
- und Organstreitverfahren *siehe dort*
- Ost-West-Konflikt **244** 23
- und Parlamentsbeteiligungsgesetz *siehe dort*
- und Parlamentsvorbehalt *siehe dort*
- Petersberg-Abkommen **244** 22
- Pirateriebekämpfung **244** 58
- polizeiliche Tätigkeiten als ~ **244** 14
- Potsdamer Drei-Mächte-Konferenz **244** 18
- im Rahmen der EU **244** 70 ff. *siehe auch* Europäische Union
- im Rahmen von Systemen kollektiver Sicherheit **244** 60 ff. *siehe auch* Systeme kollektiver Sicherheit
- Rechtsbindung **244** 1 ff.
- Rechtsgrundlage **244** 2
- Rechtsprechung des BVerfG *siehe* Bundesverfassungsgericht
- Rechtsprechung des EGMR **244** 145
- Rechtsprechung des IGH
  - Zurechenbarkeit terroristischer Anschläge **244** 42
- Reduzierung der Streitkräfte **244** 29
- keine Regelung im Grundgesetz **244** 6
- Remilitarisierungsverzicht des Parlamentarischen Rates **244** 19 f.
- Rettung deutscher Staatsangehöriger *siehe* Staatsangehörige
- zur Rettung deutscher Staatsangehöriger im Ausland **244** 75 ff.
- Risiken und Bedrohungen Deutschlands **244** 32
- zum Schutz der Menschenrechte **244** 64
- Schutzverantwortung (responsibility to protect) **244** 46
- und Selbstverteidigung **244** 40 ff. *siehe auch* Selbstverteidigung
- im Staatsinnern **244** 15, 57
- streitige Fälle der Zustimmungspflichtigkeit von ~ **244** 104 ff.
- und Systeme kollektiver Sicherheit *siehe dort*
- als Teil der Außen- und Sicherheitspolitik **244** 30
- keine Überprüfung der Zweckmäßigkeit **227** 14
- UN-Charta **244** 2 f.
- Unterscheidung zu polizeilichen Einsätzen **244** 8, 13 f.
- und Verfassungsbeschwerde *siehe dort*
- verfassungsrechtliche Zulässigkeit **244** 7
- verfassungsrechtliches Friedensgebot **244** 47 f.
- Verteidigung *siehe dort*
- außer zur Verteidigung **244** 59 ff.
- und Verteidigungsfall **244** 25 f.
- und verwandte Begriffe **244** 8 ff.
- Verzicht auf A-, B- und C-Waffen **244** 29
- keine völkerrechtliche Bindung **244** 3
- völkerrechtliches Gewaltverbot *siehe* Gewaltverbot
- und Wehrverfassung *siehe dort*
- und Wiederbewaffnung **244** 23 ff.
- und Wiedervereinigung **244** 29 ff.
- Zulässigkeit **243** 29
- mit Zustimmung des ausländischen Staates **244** 16

Bundeswehr, militärische Einsätze, Recht im Einsatz 244 130 ff.
- Grundrechte des Grundgesetzes **244** 148 ff.
- humanitäres Völkerrecht **244** 130 ff.
- internationales Recht zum Schutz der Menschenrechte **244** 139 ff.

Bundeswehr, militärische Einsätze, Recht zum Einsatz 244 47 ff.
- materielle Schranken **244** 48 ff.
- verfahrensrechtliche Schranken **244** 84 ff.
- verfassungsgerichtliche Kontrolle **244** 119 ff.
- verfassungsrechtliche Zulässigkeit **244** 47

Bündnisse kollektiver Selbstverteidigung *siehe* Systeme kollektiver Selbstverteidigung

Bundverfassungsgericht
- Wirkungsprinzip des ~ **240** 14 ff.

Charta 77
- Berufung auf den Internationalen Pakt über bürgerliche und politische Rechte **229** 22

Sachregister

Charta der Grundrechte der Europäischen Union 238 32f.
– als Maßstab supranationaler Hoheitsbefugnisse 240 60
Charta der Vereinten Nationen *siehe* Vereinte Nationen, Charta
Clearingsysteme
– amtliches Clearing 250 15
– Ausgleich von Zahlungsbilanzen 250 15
– und EU 250 16
– keine Fiskal- und Haushaltspolitik durch ~ 250 15
– privates clearing 250 16
Commission on Transnational Corporations (UNCTC) 246 17
Compliance Management 249 96
Cyber attacks
– als Äquivalent eines kinetischen Angriffs 231 28
Cyber war *siehe* Virtuelle Kriegsführung
Cyberspace *siehe* Virtueller Raum

Demokratie, direkte 253 68
– Elemente 253 68
– Volksbegehren 253 68
– Volksentscheid 253 68
Demokratieprinzip 232 28f., 234 13, 253 33
– und BVerfG 253 73
– und internationale Gemeinschaft
 – Ausschluß normhierarchischer Lösungen 238 9
 – Deutschland als gleichberechtigtes Glied 238 9
– und internationale Organisationen 232 49
– Konkretisierung durch das GG 232 30
– und öffentliche Gewalt
 – Relevanz 232 34
– und Transparenzprinzip 253 80
– Übertragung von Hoheitsrechten 230 68
– und virtueller Raum 231 32ff.
– und Völkerrecht 232 45, 236 27
 – Leitprinzip ohne Verpflichtung 232 45

Denationalisierung
– denationalisierende Konzernobergesellschaft 246 32
– Denationalisierung (Verselbständigung) gegenüber dem Heimatstaat 246 35
– Denationalisierungsstrategie 246 30ff.
– und globale Unternehmen
 – als denationalisierte Akteure 246 20ff.
Deutsch-niederländischer Polizeivertrag 253 52
Deutsche Bundesbank
– Aufgaben 252 14
– und Finanzaufsicht 252 15f.
– Kooperation mit der BaFin 252 16, 48
– Mitglied
 – im Europäischen System der Zentralbanken 252 14
 – im Eurosystem 252 14
– Trennung von Finanzaufsicht und Geldpolitik 252 16
– Übertragung von Aufgaben auf die EZB 252 7, 14
– als weisungsgebundene nationale Zentralbank 252 7
Deutsche Demokratische Republik
– Bevölkerung
 – Einzäunung 229 71
 – Fremdbestimmung 229 68, 72
– Blockparteien 229 70
– fremdbestimmte Identität 229 68
– Massendemonstrationen im Herbst 1989 229 71
– Massenflucht aus der ~
 – nach dem Mauerbau 229 71
 – vor dem Mauerbau 229 71
– „Okkupationssozialismus" 229 68
– Präambel der Verfassung von 1968 229 67
– Runder Tisch *siehe dort*
– SED *siehe* Sozialistische Einheitspartei Deutschlands
– Separatismus 229 <u>67ff.</u>
– Sezession 229 68
 – keine Vollendung 229 73
– und Sowjetunion 229 107
– sozialistische Gesellschaftsordnung 229 68

Sachregister

– sozialistische Nation in der ~?
  229 67
– als sozialistischer Staat **229** 68
– als Staat unter Vorbehalt rebus sic
  stantibus **229** 74
– Staatsbürgerschaft der ~ **229** 74
– Staatsbürgerschaftsgesetz **229** 67
– Staatssicherheit **229** 71
– Ulbricht-Ära **229** 67
– Unitarismus **229** 67 ff.
– Verfassung von 1949 **229** 67
– Verhältnis zu Drittstaaten **229** 74
– völkerrechtliche Anerkennung
  229 73
  – Relevanz **229** 73
  – und Selbstbestimmungsrecht der
    Deutschen in der ~ **229** 73
  – und Staatsvolk **229** 73 f.
– Volksaufstand am 17. Juni 1953
  229 71
– Volkskammerwahlen vom 18. März
  1990 *siehe dort*
– Wandel des osteuropäischen
  Umfeldes **229** 107
– Zwei-Staaten-Theorie **229** 67, 69
Deutsche Gesellschaft für Internationale
  Zusammenarbeit
– und Compliance-Management **249** 96
Deutschengrundrechte **230** 79
Diamanten
– und globale Unternehmen
  – Blutdiamanten **246** 137
  – Kimberley-Prozeß **246** 137
  – Kimberley-Prozeß **246** 137
  – Zertifizierungssystem für legal geför-
    derte ~
    – EITI-Initiative **246** 137
      siehe auch Extractive Industries
      Transparency Initiative
    – Ziel **246** 137
Dienstanbieter
– und Berufsfreiheit **247** 18
– als Interessengruppe im
  Urheberrecht **247** 18
– und wirtschaftliche
  Betätigungsfreiheit **247** 18
Diplomaten
– und BVerfG **230** 82
Directive Shopping **251** 8

Direktinvestitionen **234** 17
– und globale Unternehmen
  – Alternative zu
    Handelsbeziehungen **246** 23
  – Begrenzung des
    Investitionsschutzes **246** 23
  – Zumutbarkeitskriterien **246** 23
– Kompetenz der EU für
  ausländische ~ **234** 17
– Schutz durch völkerrechtliche Abkommen **234** 17
– und Vertrag von Lissabon **234** 17
Diskriminierungsverbot **250** 48
– und direkte Steuern **251** 68
– Grundsatzentscheidung Fall Schumakker **251** 70
– und innerstaatliches Steuerrecht
  – gleichheitsrechtlicher Prüfungsan-
    satz **251** 69
– Pflicht zur Beseitigung von Doppelbesteuerung **251** 35
Doppelbesteuerung **250** 41 ff., **251** 3,
  23 ff.
– Anforderung gerechter Lastenverteilung **251** 27
– und Anrechnungsmethode **250** 44
– äquivalenztheoretische Abwägung
  251 30
– Aufteilung der Besteuerungszuständigkeit durch Verteilungsnomen
  251 45 *siehe auch* Verteilungsnormen
– und Beschränkungsverbot **251** 22, 35
– Besteuerung im Quellen- oder Ansässigkeitsstaat **250** 41
– und Diskriminierungsverbot **251** 22,
  35
– Erfordernis zwischenstaatlicher Koordination **251** 42
– und Freistellungsmethode **250** 44
– Funktion des Internationalen Steuerrechts **250** 41
– Gebot der leistungsfähigkeitsgerechten Besteuerung **251** 28
– und Grundfreiheiten **251** 22, 35
– Methoden zur Vermeidung der ~
  250 44
– primäre Verantwortung des Ansässigkeitsstaates für die Beseitigung
  251 30 ff.

Sachregister

- Territorialität der indirekten Steuern **250** 40
- unilaterale Maßnahmen zur Beseitigung der ~ **251** 39 ff. *siehe auch* Maßnahmen, unilaterale
- Verbot der virtuellen ~ **251** 55 *siehe auch* Doppelbesteuerung, virtuelle
- Vermeidung von ~ **250** 41, **251** 7
- als Verstoß gegen das Leistungsfähigkeitsprinzip **251** 28 ff.
- kein völkerrechtliches Verbot der ~ **251** 19

Doppelbesteuerung, virtuelle
- Ausprägung staatlicher Souveränität **251** 55
- Verhinderung der ~n durch Doppelbesteuerungsabkommen **251** 55

Doppelbesteuerung, wirtschaftliche
- und Grundfreiheiten **251** 36

Doppelbesteuerungsabkommen **230** 105, **250** 9, **251** 6, 43 ff.
- Änderung des innerstaatlichen Rechts **251** 53
- Anknüpfung an Tatbestände des innerstaatlichen Rechts **251** 44
- und Anrechnungsmethode **251** 49
- Auslegung von ~ *siehe auch* Auslegung von Doppelbesteuerungsabkommen
- Auslegungs- und Anwendungsschwierigkeiten **251** 44
- Ausschluß des Quellenstaates **250** 43
- Beschränkung staatlicher Besteuerungshoheit **251** 45
- als bilaterale völkerrechtliche Verträge **251** 7
- Europäisches Übereinkommen über die Beseitigung von Doppelbesteuerung **250** 45
- und Freistellungsmethode **251** 49
- und gerichtliche Kontrolle **253** 61
- und Gleichbehandlungsgebot des OECD-Musterabkommens **251** 73
- innerstaatliche Geltung durch Art. 58 Abs. 2 GG **251** 43
- als Internationales Steuerrecht im engeren Sinn **251** 43
- und Keinmalbesteuerung **250** 47

- und Meistbegünstigungsklauseln **250** 50
- Mißbrauchsabwehrklauseln **250** 47
- Modifikation des innerstaatlichen Steuerrechts **251** 6
- als multilaterale völkerrechtliche Verträge **251** 7
- Orientierung am OECD-Musterabkommen **251** 46 *siehe auch* OECD-Musterabkommen
- Präferenz für Belegenheitsstaat **250** 42
  - prinzipienorientierte Schwellen als Untergrenze **250** 42
- Präferenz für Quellenstaat **250** 42
- rechtliche Einordnung **251** 43 ff.
- Schiedsklauseln **250** 45
- Sockelbesteuerungsrechte **250** 43
- Verhältnis zu Grundfreiheiten **251** 73
- Verhältnis zum innerstaatlichen Recht **251** 43 ff.
- Verständigungsverfahren bei Qualifikationskonflikten **250** 45
- und völkerrechtliche Verträge **251** 43

Doppelnichtbesteuerung *siehe* Keinmalbesteuerung

Drei-Elementen-Lehre **230** 1
- in der Staatslehre **230** 2
- im Völkerrecht **230** 2

Dreistufentest
- Kriterienkatalog für die Zulässigkeit zivilrechtlicher Schranken **247** 34

Dualismus **232** 53
- dialogischer ~ **232** 53
- und Pluralismus **232** 53 ff. *siehe auch* Pluralismus
- und Prinzipienpluralismus **232** *siehe auch* Prinzipienpluralismus

Durchführung der Projekt- und Budgethilfe **249** 105
- vertraglich vereinbartes Projektrecht **249** 105

Durchführungsebene
- und Gesellschaft für Internationale Zusammenarbeit (GIZ) **249** 12
- und Kreditanstalt für Wiederaufbau (KfW) **249** 12
- und Leitungsebene, politische
  - Verhältnis **249** 17

Durchlieferung **239** 24

Sachregister

Ehe und Familie, Schutz von
- und grenzüberschreitende Reichweite von Grundrechten
  - Familienzusammenführung bei Gebietskontakt 240 95
  - von Personal- und Gebietshoheit unabhängiger Schutzbereich 240 95
  - keine Schutzbereichsbeschränkung auf Ehen Deutscher in Deutschland 240 95
- subjektives Nettoprinzip 251 62

Eigentum
- Eigentumsgarantie
  - im Ausland belegenes Eigentum 240 93
- Inhalts- und Schrankenbestimmung
  - durch den Gesetzgeber 247 9

Einheitliche Europäische Akte 234 10

Einheitsmodell
- und gerichtliche Kontrolle 253 51
- und Rechtsschutz 253 79
- Schengener Durchführungsübereinkommen 253 51

Einigungsvertrag 230 29

Einkommen
- Sozialbindung des ~s 251 13

Einkommensteuer 251 18
- natürliche Person als Steuersubjekt 251 18

Einkünfte
- und beschränkte Steuerpflicht 251 41
- nicht von der Steuerpflicht erfaßte ~ 251 41

Einlagesicherungs- und Anlegerentschädigungsgesetz (EAEG) 250 88

Einmischungsverbot
- Einmischungsverbot 246 75
- und globale Unternehmen 246 86 f.
  - völkerrechtliche Zulässigkeit der Einmischung des Embargostaates? 246 97

Einseitige Akte, völkerrechtliche
- keine Anwendung von Art. 59 Abs. 2 S. 1 GG 236 23
- keine Parlamentsbeteiligung 236 23

Einwirkungsprinzip 253 48

Embargo
- Eingriff in handelspolitische Zuständigkeiten durch ~ 246 96
- Interessenabwägung bei konkurrierenden Zuständigkeiten 246 96 f.
- Interessenabwägung zwischen Embargo- und Reexportstaat 246 97
- keine Interessenabwägung zwischen Embargo- und Zielstaat 246 97
- Pflicht der Reexportstaaten zur Embargounterstützung? 246 96
- Röhrenembargo der USA über die Sowjetunion 246 96

Empagran-Fall
- und globale Unternehmen
  - Anwendung des Wirkungsprinzips? 246 78
  - Argumente gegen die Anwendung des Wirkungsprinzips 246 78
  - Klageabweisung aus mittelbar völkerrechtlicher Argumentation 246 79
  - Verhalten des amerikanischen Gesetzgebers 246 80
  - Verletzung von Kartellrecht durch globale Unternehmen 246 77 ff.
  - weltweite Kartellrechtssanktionierung durch Gerichte? 246 78

Entwicklungsbanken
- Komponenten der Finanzierung 249 28
- Stimmverteilung nach eingebrachtem Grundkapital 249 29 *siehe auch* Entwicklungsprogramm der Vereinten Nationen (UNDP)
- als überstaatliche Geberorganisation 249 24

Entwicklungsländer 246 12
- und globale Unternehmen 246 12
- Investitionsschutz industriestaatlicher Unternehmen in ~n 246 22
- Kontrolle der ~ über eigene Wirtschaftspolitik 246 22

Entwicklungspolitik
- in geteilter Zuständigkeit mit den Mitgliedstaaten 234 8
- humanitäre Hilfe 234 8
- und Vertrag von Lissabon 234 8
- und Vertrag von Maastricht 234 8

Sachregister

Entwicklungsprogramm der Vereinten Nationen (UNDP) 249 30, <u>30 ff.</u>
– Entscheidung 249 31
– Finanzierung 249 31
– Koordinationsinstanz zwischen verschiedenen Gebern 249 31
– Verwaltung 249 31
Entwicklungsrecht 249 9
– und Good Governance 249 9
– und Law and Development 249 9
– und Rule of Law Reform 249 9
Entwicklungsverwaltungsrecht *siehe* Recht der Entwicklungszusammenarbeit
Entwicklungsvölkerrecht 249 10
– im engeren Sinne 249 10
– im weiteren Sinne 249 10
– Stellung der Entwicklungsländer im internationalen Recht 249 10
Entwicklungszusammenarbeit 249 1
– extraterritoriale Bindung an Grund- und Menschenrechte 249 1
– nicht finanzielle Dimensionen der ~
  – Vermittlung von Wissen und Fähigkeiten 249 6
– und Gewährleistungspflicht aus Menschenrechten
  – vornehmliche Pflicht der Nehmerstaaten 249 80
– und Grundrechtsbindung 249 61
– Instrumente der ~ 249 <u>97 ff.</u>
– und internationale Organisationen 249 3
– und Menschenrechte 249 61
– Menschenrechtsverträglichkeitsprüfung
  – Beschwerdemechanismen 249 83
  – Prüfung von menschenrechtlichen Risiken 249 <u>81 ff.</u>
– unter moralischem Verdacht 249 2
– als neues Forschungsfeld 249 3
– unter ökonomischen Verdacht 249 2
– unter politischem Verdacht 249 2
– Rechnungshof 253 69
– als Referenzgebiet 249 3
– Umfang der Menschenrechtsbindung 249 77
  – Achtungspflicht *siehe* Achtungspflicht aus Menschenrechten

– dreidimensionale Dogmatik 249 77
– Einwirkungspflicht *siehe* Einwirkungspflicht aus Menschenrechten
– Gewährleistungspflicht *siehe* Gewährleistungspflicht aus Menschenrechten
– Pflichtentrias 249 77
Entwicklungszusammenarbeit, deutsche 249 63
– und deutsche Grundrechte
  – Bindung an ~ 249 63
– Einwirkungspflichten 249 71
– extraterritoriale Grundrechtsbindung 249 68
– extraterritoriale Hoheitsgewalt als Voraussetzung
  – Erfordernis eines Subordinationsverhältnis 249 69
  – fehlende Alleinverantwortlichkeit 249 68
– extraterritoriale Wirkung grundrechtlicher Garantien 249 <u>63 ff.</u>
– extraterritoriale Wirkung menschenrechtlicher Garantien 249 <u>63 ff.</u>
– als gesetzlose Fondsverwaltung 249 19
– grundgesetzliche Bindung 249 68 ff.
  – Differenzierung nach Gestaltungsmöglichkeiten 249 70
– mittelbare Grundrechtsbindung
  – Verbot der Beteiligung an Rechtsverletzungen durch die Nehmer *siehe* Verantwortlichkeit durch Beihilfe
– negative Folgen für Menschen im Nehmerstaat 249 62
– und Official Development Assistance (ODA), Vergabe 249 20
– rechtliche Zusammenarbeit 249 9
– Rechtsgrundlagen 249 <u>19 ff.</u>
– Überwachungspflichten 249 71
– und Völkerrecht
  – Bindung an ~ 249 63 ff.
– völkerrechtliche Bindung gegenüber Bürgern des Nehmerstaates 249 64 ff.
  – Jurisdiktionsklauseln 249 65
  – Umfang 249 64
Entwicklungszusammenarbeit, Verfahren 249 <u>97 ff.</u>
– und Durchführung der Projekt- und Budgethilfe 249 <u>105 ff.</u>

Sachregister

– konkretisierte und generelle ODA-
Vergabe **249** <u>101 ff.</u>
– und Kontrolle der Projekt- und Budgethilfe **249** 105 ff.
– und Planung der ODA-Vergabe:
Programmierung **249** <u>98 ff.</u>
– Strukturen eines ebenenübergreifenden Leistungsverwaltungsrechts
249 97
EU-Ausländer
– Einbeziehung in die Deutschengrundrechte **230** 79
– Sonderregelungen **230** 79
EU-Beitreibungsgesetz
– Einführung des einheitlichen Vollstreckungstitel **239** 31
EU-Militärausschuß **243** 28
EU-Militärstab **243** 28
EU-Umweltrecht **248** 13
Europäische Atomgemeinschaft
– als supranationale Organisation
234 7
Europäische Bankenaufsichtsbehörde
250 74
Europäische Finanzstabilisierungsfazilität (EFSF)
– und Euroschuldenkrise **252** 39 f.
– als temporäres Rettungsinstrument
252 40
Europäische Gemeinschaft **230** 60
– Abwehrgesetz **230** 46
– Blocking Statute **230** 46
Europäische Integration
– und deutsche Staatlichkeitsgarantie
226 58
– Ewigkeitsgarantie des Grundgesetzes
als Integrationssperre? **226** 58
– und Grundrechte **226** 52 ff.
– Integrationsverantwortung **226** 56
– und Integrationsverantwortung des
Bundestages **226** 85
– keine Kompetenz-Kompetenz
226 58
– Kontrolle des Sekundärrechts der
EU **226** 57
– Mutation der Verfassungsordnung
226 89
– Rechtsprechung des BVerfG
  – europäische Kompetenzordnung
  226 50

– Mangold **226** 57
– Solange I **226** 52
– Solange II **226** 53
– Vertrag von Lissabon **226** 56 ff.
– Vertrag von Maastricht **226** 55 f.
– und Souveränität Gesamtdeutschlands
  – Vorgaben im Zwei-plus-Vier-
  Vertrag **229** 102
– und Übertragung von
Hoheitsrechten **226** 50
– ausbrechender Rechtsakt **226** 55
– ultra vires-Kontrolle **226** 57
– und Verfassungen der
Mitgliedstaaten **226** 59
– und Wiedervereinigungsgebot
229 95, 102
– und Zähmung der supranationalen
Hoheitsgewalt **226** 52
Europäische Kommission **230** 34
**Europäische
Menschenrechtskonvention** **238** 32,
239 59
Europäische Sicherheits- und Verteidigungspolitik *siehe* Gemeinsame
Sicherheits- und Verteidigungspolitik
Europäische Union **230** 60, **239** 2
– Amtshilfe in Verwaltungssachen
239 30
– und Art. 23 GG **230** 57
– und Art. 24 GG **230** 57
– assoziative Demokratie **233** 22
– als Ausprägung staatlicher Souveränität **251** 2
– Austrittsrecht der Mitgliedstaaten
226 58, **234** 12
– Beachtung fremder Höchstgerichte
durch die Mitgliedstaaten **232** 24
– keine Blankettermächtigung der ~n
234 32
– und Bundesrat
  – Mitwirkungsrechte ohne Letztentscheidungskompetenz **234** 36
– und Bundestag
  – Mitwirkungsrechte ohne Letztentscheidungskompetenz **234** 36
  – Verbleib von Gestaltungsspielraum
  beim ~ **234** 33
– Charakterisierung als System kollektiver Sicherheit **243** 28

Sachregister

- und Clearingsysteme
  - Verordnung über grenzüberschreitende Zahlungen **250** 16
  - Zahlungsdienste-Richtlinie **250** 16
- keine eigenständige Finanzhoheit **251** 1
- und Entwicklungspolitik *siehe dort*
- Entwicklungsverwaltung in der ~n **249** 33 ff.
- und europäischer Binnenmarkt **234** 11
- als Geber von ODA **249** 33
- und Geltung von mitgliedstaatlichem Recht **226** 50
- Geltungsbereich der Verträge **230** 73
- Gemeinsame Außen- und Sicherheitspolitik *siehe dort*
- Gemeinsame Außenpolitik **243** 11
- Gemeinsame Handelspolitik *siehe dort*
- Gemeinsame Sicherheitspolitik **243** 11
- gesetzgeberische Entscheidungen in der ~n **234** 28
- und GG
  - unverfügbare Bereiche des ~es **234** 33
- und grenzübergreifender Umweltschutz
  - ausschließliche Innenkompetenz der EU **248** 49
  - Außenkompetenzen der EU **248** 50
  - Befugnis zur Subsidiaritätsklage **248** 63
  - Brückenklausel **248** 62
  - gemischte Abkommen der EU **248** 51
  - geteilte Innenkompetenz der EU **248** 49
  - mittelbare Regelung durch sekundäres Unionsrecht **248** 48
  - Mitwirkung an der EU-Gesetzgebung **248** 63
  - Spezialregeln **248** 62 ff.
  - Übertragung von Hoheitsrechten auf die EU **248** 62
  - unmittelbare Regelung durch sekundäres Unionsrecht **248** 48
- grenzüberschreitende Ahndung von Verkehrsdelikten **239** 60

- Idee von demokratischer Freiheit **232** 37
- Legitimation
  - demokratische **226** 56
  - durch das Europäische Parlament **226** 56
- und Mehrwertsteuer
  - Kapitalimportneutralität durch Harmonisierung **250** 10
- Militäreinsätze **243** 28
  - Rückgriff auf Kommandostellen der NATO **243** 28
- militärische Missionen der ~n
  - Art. 23 Abs. 1 GG als Rechtsgrundlage? **244** 74
  - Art. 24 Abs. 2 GG als Rechtsgrundlage? **244** 73
  - Beschluß des Europäischen Rates 2009 **244** 71
  - im Rahmen der GSVP **244** 70
  - integrationsfester Parlamentsvorbehalt **244** 72
  - konstitutiver Parlamentsvorbehalt **244** 74
- Mitgliedstaaten
  - als Herren der Verträge **226** 58
- Mitgliedstaaten der ~
  - Letztentscheidung der ~ **234** 13
- Mitwirkung von Bundestag und Bundesrat
  - an EU-Integrationsakten **248** 62
- und nationale Gerichte **234** 39
- und nationale Parlamente
  - begrenzte Mitwirkung ~ **234** 32
- und öffentliche Gewalt **232** 19
- und Official Development Assistance (ODA), Vergabe **249** 23
- ordentliches Änderungsverfahren **234** 12
- partielle Ausgabenhoheit **251** 1
- partielle Ertragshoheit **251** 1
- Personalhoheit der ~n **230** 102 f.
- und Ratingagenturen **250** 85
- Recht der Entwicklungszusammenarbeit der ~n **249** 33 *siehe auch* Recht der Entwicklungszusammenarbeit, europäisches
- Rechtshilfe innerhalb der ~n **239** 59 f.

- als regionale Abmachung kollektiver Sicherheit **243** 28
- Sekundärrechtsschutz **253** 55
- als Staatenverbund **226** 58, **233** 21
- keine Staatlichkeit **226** 56
- Staatsakzessorität der ~n **230** 73
- Staatswerdung **230** 74
- als supranationale Organisation **234** 7
- kein System kollektiver Sicherheit **244** 61
- als System kollektiver Sicherheit **226** 62, **243** 23, **244** 72 f.
- und Systeme kollektiver Sicherheit, regionale **243** 28
- und Territorialität
  - Abhängigkeit von den Mitgliedstaaten **230** 73
- als überstaatliche Geberorganisation **249** 24
- Übertragung von Gebietshoheit
  - verfassungsrechtlich gebotene Differenzierung **230** 71
- kein unionsunmittelbares Territorium **230** 73 f.
- Urheberrecht
  - Harmonisierung des ~s **247** 40
- vereinfachtes Änderungsverfahren **234** 12
  - Vetorecht nationaler Parlamente **234** 37
- Verfassungsprinzipen **226** 55
- als Verfassungsverbund **226** 59
- Vertrag von Lissabon
  - Rechtsprechung des BVerfG **226** 56, **228** 19, 30 f., **244** 72, 93
- Vertrag von Maastricht
  - Rechtsprechung des BVerfG **226** 55 f., **240** 63
- Visa-, Asyl- und Einwanderungspolitik der ~n **234** 11
- Zuständigkeiten der Mitgliedstaaten **234** 10

Europäische Wirtschafts- und Währungsunion 252 17 ff.
- Amsterdam-Vertrag **252** 22, 36
- Delors-Bericht 1989 **252** 18
- und Europäischer Stabilitätsmechanismus *siehe dort*
- und Fiskalvertrag *siehe dort*
- Grundprinzipien **252** 20 ff.
- Konvergenzkriterien **252** 20
- Preisstabilität **252** 23
- Sanktionen bei unsolider Haushaltspolitik **252** 21
- und Stabilitäts- und Wachstumspakt *siehe* Europäischer Stabilitäts- und Wachstumspakt
- und Stabilitätspakt **252** 22
- Übergang der Geld- und Währungspolitik der Euro-Mitgliedstaaten **252** 18
- Übergang der Währungshoheit der Euro-Mitgliedstaaten **252** 19
- Überwachung der Haushaltsdisziplin **252** 21 f.
- Vermeidung von Defiziten **252** 21
- Vertrag von Lissabon **252** 23
- Vertrag von Maastricht **252** 18
- Werner-Plan 1969 **252** 17

Europäische Zentralbank (EZB) 250 8
- Aufsicht über die Großbanken innerhalb der Euro-Gruppe **250** 74
- Einführung weiterer geldpolitischer Instrumente **252** 30
- und einheitlicher Aufsichtsmechanismus für Banken **252** 51
- Einstieg in die Bankenunion **250** 74
- Empfehlung zur Währungsaußenpolitik **252** 52
- Errichtung einer „chinesischen Mauer" zwischen Aufsichts- und Geldpolitik? **252** 51
- und Finanzpolitik **252** 31
- und Folgen
  - der Geldmengenveränderung **252** 26 f.
  - der Inflation **252** 29
- und Geldmenge **252** 28
- und Geldpolitik **252** 27 ff.
- geldpolitische Strategie **252** 28 f.
- Grenzen der Aufgaben **250** 74
- und Instrumente der Geldpolitik **252** 30 ff.
- Kooperation mit dem Europäischen Ausschuß für Systemrisiken **252** 50
- Mindestreserveverpflichtungen **252** 30

Sachregister

- monetäre Analyse 252 28
- und Neutralität des Geldes 252 26 f.
- Offenmarktgeschäfte 252 30
- Preisstabilität als Ziel 252 32
- Preisstabilitätsrisikobegrenzung 252 31
- Preisstabilitätsvorteile 252 27
- Prüfungskompetenz des Rechnungshofes 252 35
- Rechtsprechung des BVerfG
  - Erwerb von Staatsanleihen durch die EZB 252 34
- als Schöpferin der monetären Basis 252 26
- ständige Fazilitäten 252 30
- Übertragung von Befugnissen der Deutschen Bundesbank, verfassungsrechtliche Regelung 252 35
- Unabhängigkeit 252 35
  - und Demokratieprinzip 252 35
  - funktionelle 252 35
  - institutionelle 252 35
- Unabhängigkeit der Direktoriumsmitglieder
  - finanzielle 252 35
  - persönliche 252 35
- Verhalten der ~ in der Grauzone zwischen Geld- und Finanzmarkt 252 33
- wirtschaftliche Analyse 252 28

Europäischer Auswärtiger Dienst (EAD) 249 35

Europäischer Finanzstabilisierungsmechanismus (EFSM)
- und Euroschuldenkrise 252 39 f.
- als temporäres Rettungsinstrument 252 40

Europäischer Gerichtshof
- und Besteuerung 251 34
  - Beachtung der Grundfreiheiten 251 34
- Besteuerung des Einkommens 251 34
- Besteuerung des Vermögens 251 34
- und BVerfG
  - Kooperationsverhältnis 240 63
- und Doppelbesteuerungsabkommen 251 34
- und Freistellungsmethode 251 49
- und internationale Organisationen 232 39
- keine Pflicht zur Beseitigung der Doppelbesteuerung 251 34
- und Schutz geistigen Eigentums 247 51 f.
- Vergleichbarkeitsprüfung des ~ 251 70
- Vorabentscheidungsverfahren 253 42
- Vorlage nach Art. 267 AEUV 247 47, 66

Europäischer Gerichtshof für Menschenrechte
- Individualbeschwerde 244 147

Europäischer Gerichtshof für Menschenrechte, Entscheidungen
- Al-Skeini 244 145
- Bankovic 244 145

Europäischer Gerichtshof, Entscheidungen
- Kernkraftwerk Temelin 248 115
- van Gent & Loos 226 28

Europäischer Konsens
- und Grundsatz der Ergebnisorientierung und der Konzentration 249 92
- als Grundsatzerklärung der EU 249 92

Europäischer Rat
- und Europäische Sicherheits- und Verteidigungspolitik
  - Ausbau des institutionellen Unterbaus 243 28

Europäischer Rechnungshof 230 34

Europäischer Stabilitäts- und Wachstumspakt 252 36 ff.
- Änderungen zugunsten von Defizitsündern 252 22
- Feststellung eines übermäßigen Defizits 252 37
- und Haushaltsdisziplin? 252 38
- Komponenten 252 36
- kein Maßstab für Sanktionen 252 38
- nachträgliche Abschwächung 252 38
- Reform des Stabilitätspaktes 252 22
- Überschreitung des Defizit-Referenzwertes 252 38
- Verzahnung von Geld- und Finanzpolitik als Ziel 252 36

Europäischer Stabilitätsmechanismus (ESM) 250 33, 93, 252 39 ff.
- Änderung des Primärrechts 252 39

Sachregister

– Aufgaben **252** 40
– und Euroschuldenkrise **252** 39
– Gefahren der Stabilitätsstruktur für den Geldwert **252** 42
– Haftung **252** 40
– Organisation **252** 40
– Rechtsprechung des BVerfG
  – Zahlungsverpflichtungen aus dem ESMV **252** 41
– Stabilität der Eurozone als Ziel **252** 39
– Stammkapital **252** 40
– als ständiger Rettungsmechanismus **252** 40
– Vereinbarkeit mit dem GG **252** 40 ff.
– und völkerrechtliches Ratifikationsverfahren **252** 42

Europäischer Verwaltungsverbund
– und internationaler Rechtsprechungsverbund **253** 77

Europäisches Erkenntnisverfahren 239 17
– und ordre public
  – Unbeachtlichkeit von ~ **239** 17

Europäisches Finanzrecht
– als Abbild des Internationalen Finanzrecht **250** 7
– Konstitutionalisierung **250** 7
  – Einzelfelder der ~ **250** 8
– Mittelstellung des ~ **250** 11

Europäisches Parlament 230 34
– und europäisches Sicherheitsverwaltungsrecht **253** 63

Europäisches Primärrecht
– und Bundesrepublik Deutschland
  – Öffnung durch Zustimmungsgesetz **230** 103
– und Hoheitsgebiet **230** 73
– Primärrechtsschutz **253** 55

Europäisches Sekundärrecht
– Sekundärrechtsschutz **253** 55
  – durch Haftungsansprüche **253** 55 *siehe auch* Haftungsanspruch
  – kein Vorrang des Primärrechtsschutzes **253** 55
– Sockelbesteuerungsrechte **250** 43

Europäisches Steuerrecht 250 9
– als Inspirationsquelle für das Recht der WTO **250** 10

Europäisches System der Zentralbanken (ESZB) 250 8
– Bedeutung der Finanzmärkte im Rahmen der Geldpolitik **252** 24
– Direktorium **252** 25
– keine eigene Rechtspersönlichkeit **252** 25
– EZB-Rat **252** 25
– und Geldpolitik **252** 24 ff.
– Preisstabilität als Ziel **252** 23, 26 ff.
– und Regulierung der Finanzmärkte *siehe* Finanzmarktregulierung
– Satzung **252** 25
– und Sicherung des Geldwertes **252** 36 ff.
– und Währungsinnenpolitik **252** 52
– Zusammensetzung **252** 25

Europäisches Währungssystem 252 17 ff.
– und Bundesbank **252** 17
– Euro-Bargeldumstellung am 1.1.2002 **252** 19
– Euro-Einführung am 1.1.1999 **252** 19
– politische Entscheidung **252** 19
– Währungseinheit **252** 18 f.
– Wechselkurse **252** 17 ff.

Europäisierung 232 12, **233** 1
Europarecht *siehe* Unionsrecht
European Bank for Reconstruction and Development (EBRD) 249 26
European Recovery Program (ERP) 250 21
Europol 253 43, 56, 61

Exekutive
– Einbindung der ~ in internationale Netzwerkstrukturen **234** 26 ff.
– Gestaltungsspielraum der ~ *siehe* Gestaltungsspielraum der Exekutive
– informelle Treffen von Regierungsvertretern
  – G 8 **234** 27
– Integrationskompetenz der ~ **234** 32
– und Schutz geistigen Eigentums **247** 64
– und völkerrechtliche Verträge **234** 28

Existenzminimum
– Zugang zum Internet **231** 17

Extractive Industries Transparency Initiative (EITI) 246 137

Sachregister

Finanzaufsichtsrecht 250 4
Finanzdienstleistungsrecht 250 4
Finanzgerichtsbarkeit 251 1
Finanzhoheit
– und Besteuerungshoheit 251 1
– keine eigenständige ~ der EU 251 1
Finanzmarktregulierung 252 46 ff.
– BaFin 252 48
– deutsche Aufsichtsstruktur 252 48
– und einheitlicher Aufsichtsmechanismus für Banken 252 51
– Europäische Aufsichtsbehörde für das Versicherungswesen und die betriebliche Altersversorgung (EIOPA) 252 49
– europäische Aufsichtsstruktur 252 49 ff.
– Europäische Behörde für Bankenaufsicht 252 49
– Europäische Wertpapier- und Marktaufsichtsbehörde (ESMA) 252 49
– Europäischer Ausschuß für Systemrisiken (ESRB) 252 50
– und Finanzaufsicht 252 47
– Gefahr der Ausweitung auf Systemrisiken außerhalb der Finanzmärkte 252 46
– Grundversorgung mit Aufsichtsregeln 252 46
– Hauptziele
  – Anlegerschutz 252 46
  – Funktionsschutz 252 46
– staatlicher Regulierungsrahmen 252 46
Finanzverfassung des Grundgesetzes 251 14
Finanzverwaltung 251 1
Finanzwissenschaftliche Neutralitätskonzepte 251 50
– und Doppelbesteuerung 251 50
Fiskalpakt 250 33
Fiskalunion 250 8
Fiskalvertrag 252 43 ff.
– Anlehnung an EU-Institutionen 252 44
– und Europäischer Stabilitätsmechanismus 252 45
– und europarechtliche Schuldengrenzen 252 44
– Fiskalpakt 252 43

– Inhalt 252 43
– und Intergouvernementalität 252 45
– und Schuldenbremse des Grundgesetzes 252 44
– Überführung in EU-Recht 252 44
– als völkerrechtlicher Vertrag 252 43
Flexibilitätsklausel 234 34
Fluglärm-Abkommen 248 30, 104
Folgerichtigkeitsgebot 251 14
Freiheitsrechte 240 92 ff.
– Privatschulfreiheit 240 92
  – deutsche Privatschulen im Ausland 240 92
Freistellungsmethode 250 44, 251 45
– grundsätzlich keine Entsprechung im innerstaatlichen Recht 251 49
Fremdenrecht 230 78
– allgemeine Regeln des Völkerrechts
  – als Grenzen 230 78
– Art. 3 GG 230 78
Frieden
– als Motiv jeder Rechtsordnung 227 1
– als Ziel jeder Rechtsordnung 227 1
Friedensbegriff des Völkerrechts 227 5 ff.
– kein einheitlicher 227 25
– und Gewaltverbot 227 5 ff.
– Unsicherheiten 227 10
– keine völkerrechtliche Definition 227 5
– Wandel des ~s 227 8
Friedensförderungspflicht 227 13 f.
Friedensgebot des Grundgesetzes 227 1 ff., 11 ff., 243 16
– und Bereitstellung von Waffen 226 25
– Beteiligung an friedenssichernden Maßnahmen 249 45
– Charakterisierung 227 2
– Einzelverbürgungen 227 1
– Entscheidungsspielraum bei der Umsetzung 227 33
– und Friedensbegriff des Völkerrechts 227 4
– grundgesetzliche Regelung 226 25, 241 52
– Interpretation
  – Vorrang des völkerrechtlichen Friedensbegriffs 227 4

Halbfette Zahl = §§; magere Zahl = RN; unterstrichene Zahl = Hauptfundstelle   1241

Sachregister

- Konfliktnachsorge in Nachkriegsgesellschaften **249** 45
- und Prinzip Entwicklung
  - Verpflichtung zur aktiven Mitwirkung **249** 45
- Rechtsnatur **227** 1 ff.
- kein Rechtsprinzip **227** 33
- Selbstverpflichtung Deutschlands zur Friedenswahrung **227** 33
- und Systeme kollektiver Sicherheit
  - Gewährleistungsfunktion der ~ **243** 16
- als unmittelbare Umsetzung des völkerrechtlichen Gewalt- und Kriegsverbots **226** 25
- kein Verfassungsprinzip **227** 2
  siehe auch Rechtsprinzip
- als verfassungsrechtliche Grundentscheidung **227** 2
- Verknüpfung von Verfassungs- und Völkerrecht **227** 33
- Verortung **227** 1 ff.
- und Völkerrecht
  - Konnexität **227** 3
- und Widerstandsrecht **226** 25
- Zusammenschau mehrerer Verfassungsnormen **227** 1

Friedensgebot des Grundgesetzes (Präambel) 227 1, 11 ff.
- Entstehungsgeschichte des Friedensbezugs **227** 11 ff.
- Friedensbezug als Staatszielbestimmung **227** 12
  - begrenzte Justiziabilität **227** 13 f.
  - begrenzte Steuerungsfähigkeit **227** 13
- Friedenspolitik
  - evidenter Völkerrechtsverstoß **227** 13
  - Gestaltungsspielraum der Exekutive **227** 13
  - Gestaltungsspielraum der Legislative **227** 13
- Gleichwertigkeit der Zielbestimmung **227** 12
- kein negativer Friedensbegriff **227** 12
- und Recht auf Selbstverteidigung **227** 13
- Wille zum Frieden **227** 11

Friedensgebot des Grundgesetzes und allgemeine Regeln des Völkerrechts
- Art. 25 GG **227** 1, 21 ff.
- und Gewaltverbot **227** 21 ff.

Friedensgebot des Grundgesetzes und Bekenntnis zu den Menschenrechten
- Art. 1 Abs. 2 GG **227** 1, 15 ff.
- Art. 59 Abs. 2 GG als Schranke **227** 16
- Menschenrechtsverletzung als Vorstufe bewaffneter Auseinandersetzungen **227** 15
- kein negativer Friedensbegriff **227** 12
- keine Rangerhöhung der internationalen Menschenrechte **227** 16
- Rechtsfolgen **227** 16
- als Rechtsstaatsprinzip **227** 15
- systematischer Zusammenhang mit dem Friedensgebot der Präambel **227** 15

Friedensgebot des Grundgesetzes und Entscheidung über Friedensschluß
- Art. 115l Abs. 3 GG **227** 1

Friedensgebot des Grundgesetzes und System gegenseitiger kollektiver Sicherheit
- Art. 24 Abs. 2 GG **227** 1
- und Recht auf Selbstverteidigung **227** 17
- keine Staatszielbestimmung **227** 17

Friedensgebot des Grundgesetzes und Verbot des Angriffskrieges
- Art. 26 Abs. 1 GG **227** 1, 24 ff.
- Beschränkung des ius belli **227** 1
- Kriegswaffenkontrolle **227** 24 ff.
- restriktive Interpretation des Angriffskrieges als Leitbegriff **227** 12
- Störungsabwehr zur Friedenserhaltung **227** 24
- Störungsverbot **227**
  siehe auch dort

Friedensgebot des Grundgesetzes und Vereinigungen
- Art. 9 Abs. 2 GG **227** 1

Friedensgebot des Grundgesetzes und völkerrechtliche Verträge
- Art. 79 Abs. 1 S. 2 GG **227** 1

Sachregister

Friedensmodelle, kantianische
– Herstellung eines Systems institutionalisierter Friedenssicherung 243 4
– Renaissance 243 4
Friedenspolitik, deutsche 227 12
– und GG 227 12
Friedenssicherung 242 14ff.
– und kantianische Friedensmodelle 243 4
– als Unternehmen der Staatengemeinschaft 243 4
Friendly Relations Declaration vom 24. Oktober 1970
– Bedeutung für die Auslegung der UN-Charta 229 27
– Bedeutung für die Auslegung des Internationalen Paktes über bürgerliche und politische Rechte 229 16, 27
– Selbstbestimmungsrecht 228 6, 229 16, 29
– Vorbehalte gegenüber dem äußeren Selbstbestimmungsrecht 229 26
 – Nachrangigkeit 229 26
Frontex 253 43, 56, 61

Gebietsherrschaft
– Ausschließlichkeit staatlicher ~ 230 6
– und Gebietshoheit 230 15
Gebietshoheit 230 7, 13ff., 239 1
– Auflösungserscheinungen von ~ 230 111ff.
– kein Ausschließlichkeitsanspruch 230 20
– Begriff 230 13
– Beschränkung der ~ zum Schutz der Gebietshoheit des Nachbarstaates 240 68
– als Bestandteil der Territorialhoheit 239 1
– des Staates 230 1ff.
– Durchsetzung der ~ 230 115
– faktische Exklusivität 230 20
– nach dem GG 230 27
– und Globalisierung 230 119
– als Grenze der Staatsgewalt 230 13ff.
– als Grund der Staatsgewalt 230 13ff.
– Handlungs- und Erfolgsort 230 21
– und internationale Unternehmen 230 115

– Lösung von Regelungskonflikten 230 104ff.
– negativer Aspekt der ~ 230 14
– und Personalhoheit
 – Kollision 230 76
 – Konfliktlage 230 8
– positive ~ 230 30
– positiver Aspekt der ~ 230 14
– Regelungskonflikte
 – Abwägungsregel US-amerikanischer Gerichte 230 106
 – einseitige Rücknahme 230 105
 – keine endgültige völkerrechtliche Auflösung 230 107
 – Konfliktlösung durch Nicht-Intervention 230 106
– Schutz gegen externe Vorgaben 230 19
– und staatliche Zuständigkeit 230 18ff.
– im Staatsrecht 230 26ff.
– und Steuerpflicht 251 2
– und territoriale Souveränität 230 16
 – Trennung der ~ von der territorialen Souveränität 230 17
– und Völkerrecht 230 16
– Zurücknahme der ~ 239 40
Gebietshoheit der Union 230 71
Gebietshoheit, deutsche
– und EU 230 71
– und fremde Staatsgewalt 230 49ff.
– Öffnung durch Übertragung von Befugnissen 230 49
– Öffnung gegenüber fremder Hoheitsgewalt *siehe* Öffnung, horizontale, Öffnung, vertikale
– Relativierung der ~ 230 63
– Verfügung über ~ 230 56
Gebietskörperschaft
– und Staat 230 6
Geistiges Eigentum 247 1
– Begriff 247 4
 – verfassungsrechtlicher Gehalt 247 4
– Begründung des Eigentumcharakters 247 8
– Durchsetzung im europäischen Recht
 – Ausgleich der Grundrechtspositionen 247 49ff.
– Einbindung in ein internationales Regelungsgeflecht 247 7

- enger Spielraum für nationale Bestimmungen **247** 62
- Gegenstand des ~s **247** 9
- als grundrechtlich geschütztes Gut **247** 1
- Inhalts- und Schrankenbestimmung **247** 9
- internationale Bezüge **247** 1
- im Internet-Zeitalter **247** 2
- Menschenrechtsschutz für ~
  - Beschränkung auf unmittelbaren Urheber **247** 31
- Schaffung von Durchsetzungsmechanismen
  - durch den Gesetzgeber **247** 61
- Schaffung von Schutzmechanismen
  - durch den Gesetzgeber **247** 61
- Schutz *siehe* Geistiges Eigentum, Schutz
- Schutzpflicht im Ausland **247** 3
- soziale Funktion **247** 30
- und Urheberrecht **247** 2

Geistiges Eigentum, Schutz 247 1 ff.
- Allgemeine Erklärung der Menschenrechte **247** 28
- Aufgaben der Judikative **247** 65
- und Charta der Grundrechte **247** 45
- durch die Exekutive
  - Google books **247** 64
- durch die Rechtsprechung des EGMR **247** 46
- und EGMR **247** 44
- EU
  - Beachtung der Grundrechte und Grundsätze der ~ **247** 50
- extraterritorialer ~
  - als Aufgabe der Exekutive **247** 62 ff.
- nach dem GG **247** 8 ff.
- grenzüberschreitender Bezug **247** 53
- durch internationale Verträge **247** 32
  - Pariser Verbandsübereinkünfte **247** 35
  - revidierte Berner Übereinkommen *siehe dort*
  - Sonderabkommen zur Anpassung an neue Technik **247** 36
  - spezielle Übereinkommen **247** 32

- durch kollektive Wahrnehmung von Rechten **247** 55
- und Menschenrechtsschutz **247** 28
- nationale Regulierung **247** 53
- Parlamentsbeteiligung **247** 63
- Rechtsprechung im Mehrebenensystem
  - Abgrenzung **247** 65 ff.
  - Schutzauftrag **247** 65 ff.
- und Staat **247** 55
- staatliche Schutzpflicht **247** 55
- Suche nach ausgewogenen Lösungen **247** 63
- UN-Sozialpakt **247** 29
  - gesetzliche Verleihung geistiger Eigentumsrechte **247** 29
- als Unionsgrundrecht **247** 44 ff.
- unionsrechtliche Harmonisierung **247** 7
- Verhältnis innerhalb von Europa als Problem **247** 53 ff.
- vielfältige Schutzebenen **247** 26
- völkerrechtlicher ~ **247** 26 ff.
- wirtschaftliche Bedeutung **247** 57
- Zukunft im Internetzeitalter **247** 68
- Zuständigkeit der Mitgliedstaaten für die nicht harmonisierten Bereiche **247** 39

Geld
- Bargeld **252** 3 f.
- Begriff **252** 3
- Buchgeld **252** 3 f.
- und Bundesbank *siehe* Deutsche Bundesbank
- elektronisches ~ **252** 4
- und Euro **252** 6
- und europäische Geldpolitik **252** 7
- Funktionen **252** 2
- Gefahren der Inflation **252** 5 f.
- Geldwert als Schutzgut des Art. 14 Abs. 1 GG? **252** 8
- geldwerte Forderungen **252** 9
- als geprägte Freiheit **252** 9
- Giralgeld **252** 3
- als Mittel zur staatlichen Aufgabenerfüllung **252** 1
- Nominalwertprinzip **252** 6
- und normative Absicherung der Staatshaushaltsfinanzierung **252** 5

Sachregister

- normgeprägter Tauschwert **252** 10
- als Recheneinheit **252** 2
- und Recht **252** 3 ff.
- Rechtsprechung des BVerfG
  - Geldwert als Schutzgut des Art. 14 Abs. 1 GG? **252** 9
- und Staat **252** 3
- staatliche Pflicht zur Geldwertsicherung **252** 7
- kein subjektives Abwehrrecht gegen Kaufkraftverlust aus Art. 14 Abs. 1 GG **252** 10
- als Tauschmittel **252** 2, 10
- Verbot von Wertsicherungsklauseln **252** 6
- und Verschuldensgrenzen *siehe* Staatsverschuldung
- Virtualisierung **252** 4
- als Werkzeug der Freiheit **252** 1 ff.
- als Wertaufbewahrungsmittel **252** 2
- und Wirtschaftspolitik **252** 7 ff.
- als Zahlungsmittel **252** 3

Geldpolitik
- als Grundlage der Haushaltswirtschaft **250** 13
- und Recht **250** 13
- Recht als Mittel und Grenze der ~ **250** 13
- Stabilität des Geldes **250** 13
- und Währungshoheit **250** 13

Geldwirtschaft im Weltfinanzsystem **252** 1 ff.
- und Akteure auf dem globalen Finanzmarkt **252** 57
- Bank für Internationalen Zahlungsausgleich **252** 57
- Bewertung **252** 58 ff.
- Fehlen eines Weltfinanzsystems **252** 58
- Finanzkrise „durch Mißachtung des Rechts" **252** 60
- Geldwirtschaft im nationalen Rahmen **252** 1 ff. *siehe auch* Deutsche Bundesbank
- Geldwirtschaft in der EU **252** 17 ff. *siehe auch* Europäische Zentralbank
- Gruppe der 20 **252** 57
- Internationaler Währungsfonds *siehe dort*
- Notwendigkeit
  - rigoroser Bestimmungen **252** 59
- staatlicher Regulierung **252** 58
- starker Staaten **252** 60
- Organisation für wirtschaftliche Zusammenarbeit (OECD) **252** 57
- und Schicksal des Kapitalismus **252** 59
- Vielzahl von Institutionen und Instrumenten **252** 58
- Welthandelsorganisation (WTO) **252** 57

Gemeinsame Außen- und Sicherheitspolitik **227** 30, **234** 10 ff., 12, **243** 23
- Besonderheiten **234** 10
- Gewährleistung staatlichen Einflusses durch Zusammenschluß **234** 12

Gemeinsame Handelspolitik
- ausschließliche Zuständigkeit der EU im Außenwirtschaftsverkehr **234** 8
- Ergänzung der Kompetenzen **234** 8
- und Vertrag von Amsterdam **234** 8
- und Vertrag von Lissabon **234** 8
- und Vertrag von Nizza **234** 8

Gemeinsame Sicherheits- und Verteidigungspolitik (GSVP) **243** 28, **244** 70
- Prinzip der Freiwilligkeit **244** 70
- Ziele **244** 70

Gemeinschaftswährung **250** 8
Genfer Flüchtlingskonvention **230** 80
Genuine link
- und grenzüberschreitende Reichweite von Grundrechten **240** 8, 87, 110
- Voraussetzung eines ~ **251** 20

Gerichte, nationale
- Einbindung der ~n in extern erzeugtes Recht **234** 38 ff.
- Pflicht zur Anwendung von Völkerrecht **234** 38
- und Schiedsgerichte
  - Ablösung durch ~ **234** 38 ff.
- als Teil der Unionsgerichtsbarkeit **234** 39
- keine Zulässigkeit bei fremden Hoheitsakten **253** 45

Gerichtsbarkeit, internationale **242** 14 ff., **253** 3
- und GG **242** 9, 13
- Grenzen **242** 6
- und IGH **242** 6, 48
- internationale Gerichte **232** 15
- und Internationaler Seegerichtshof **242** 48

- legitimatorische Basis 242 6
- Organisation der ~ 242 48 ff.
  - ad hoc-Richter 242 53
- universelle internationale Gerichte 242 48
- Urteile
  - Durchsetzbarkeit 242 11
  - einstweilige Anordnungen 242 64
  - fehlende Durchsetzungsmechanismen 242 62
  - unverbindliche Rechtsgutachten 242 63
- Urteilsfindung 242 58
- Verbindlichkeit der Urteile der ~ 242 37
- Verfahren 242 31 ff., 48 ff.
- Verfahren vor internationalen Gerichten 242 56 ff.
  - allgemeine Vorprüfung 242 57
  - mündliches Verfahren 242 56
  - schriftliches Verfahren 242 56
- und Völkerrecht 242 9
  - Fragmentierung des ~s 242 30
- Zuständigkeit der Gerichte 242 31 ff.

Gesellschaft für Internationale Zusammenarbeit (GIZ) 249 12, 14
- Generalvertrag 249 15
- Geschäftsvolumen 249 16
- Personal 249 16

Gesellschaften, transnationale siehe Globale Unternehmen

Gesetz, formelles
- Bindung an das ~ 253 62

Gesetzgebung, innerstaatliche
- Pflicht zur Korrektur völkerrechtswidriger Gesetzgebung 251 57
- völkerrechtswidrige ~
  - Rechtfertigung 251 57

Gesetzgebungskompetenz
- Abweichungskompetenz 248 39
- des Bundes im Bereich des Umweltschutzes 248 19
  - ausschließliche ~ 248 41
  - konkurrierende ~ 248 36
- Kompetenzfreigabe 248 40
- der Länder im Bereich des Umweltschutzes 248 35 ff.
  - ausschließliche ~ 248 35

Gesetzliche Regelung
- von Ratingagenturen
  - Bewältigung von Interessenkollisionen 250 86
  - Demokratieprinzip 250 86
  - Normgeber als Opfer einer Interessenkollision 250 86
  - prinzipielle unverzögerte Transparenz 250 86
- Ratingverordnung der EU 250 85

Gestaltungsspielraum der Exekutive
- und Bundestagsauflösung 227 14
- und BVerfG
  - keine Überprüfung der Zweckmäßigkeit 227 14
  - eingeschränkte Justiziabilität
    - Bedenken gegen ~ 227 14
  - Grundsatz der Gewaltenteilung 227 14

Gewalt, auswärtige
- Begriff 241 19, 248 16
- Bundestag, Beteiligungsrechte? 241 2
- und grenzübergreifender Umweltschutz siehe Umweltschutz, grenzübergreifender
- Grundrechtsbindung siehe Auswärtige Gewalt, Grundrechtsbindung
- Träger
  - Regierung und Parlament zur „gesamten Hand" 241 2
- Verfassungsbindung siehe Auswärtige Gewalt, Verfassungsbindung
- verfassungsgerichtliche Kontrolle siehe Auswärtige Gewalt, verfassungsgerichtliche Kontrolle

Gewalt, deutsche öffentliche
- und GG
  - Vorgaben des ~es 232 30

Gewalt, internationale öffentliche 232 19
- Begriffsbildung
  - Erforderlichkeit von Innovationen 232 13
- durch internationale Einrichtungen 232 15
- Prinzipien des GG für ~ 232 31

Gewalt, öffentliche 253 45
- anderer Staaten 232 22 ff.
  - Öffnung des deutschen Rechtsraums 232 22

Sachregister

– Art. 19 Abs. 4 GG **240** 36, **253** 45, 48
– Ausübung ~ als Forschungsgegenstand **232** 8 ff.
– Begriff **232** 14, **253** 45
– und BVerfG **253** 45
– Charakterisierung
  – Abhängigkeit von der Rechtsgrundlage **232** 18
– Definition des Öffentlichen
  – formalistische ~ **232** 20
– Erweiterung des Gewaltbegriffs **232** 15 f.
  – auf Akte internationaler Organisationen **232** 15 f.
  – kein zwingendes Verständnis **232** 17
– Fragen der Entfaltung **232** 50 ff.
– als gemeinsame Grundbegrifflichkeit der Institutionen **232** 21
– und Gewalt durch Private **232** 18
– GG gebundene deutsche ~ **253** 45
– internationaler Organisationen **232** 12 ff.
– Kompetenzen als wichtigste rechtliche Grundlage **232** 17
– Legitimation **232** 6
– mittelbar bindende Handlungen **232** 15
– nationalrechtliche Einhegung transnationalisierter ~r **253** 77
– Potentiale **232** 50 ff.
– und Prinzipien
  – gemeinsame ~ als Legitimationsmaßstab **232** 7
– Probleme **232** 50 ff.
– rechtsverbindliche Akte **232** 14
– als staatliche Gewalt **232** 17
– und Staatsgewalt **230** 42
– supranationaler Organisationen **232** 12 ff.
– Verknüpfung der verschiedenen Hoheitsträger **232** 6
– Verständnis der ~ **253** 48
– völkerrechtliche Einhegung transnationalisierter ~r **253** 77
Gewalt, supranationale öffentliche
– Begriffsbildung
  – Erforderlichkeit von Innovationen **232** 13
  – Prinzipien des GG für ~ **232** 31
Gewaltenteilung **253** 37
– Begrifflichkeit der ~ **253** 38
– Checks and balance **253** 38

– und individuelle Freiheitssicherung **253** 38
– und staatliche Kontrolle
  – Macht-Gegenmacht-Konstellationen **253** 38
Gewaltenteilung, Grundsatz der **227** 14, **251** 59
Gewaltmonopol, staatliches **230** 119
Gewaltverbot **227** 5, **231** 28, **242** 15
– und Aggressionsdefinition **227** 7
– als allgemeine Regel im Sinne des Art. 25 GG **227** 21
– als allgemeiner Grundsatz des Völkerrechts **227** 21 ff.
– Ausnahmen vom völkerrechtlichen ~ **244** 39 ff.
– autorisierte Gewaltanwendung **244** 39
– und cyber attacks **231** 28
– Einbeziehung privater Gewalt **227** 6
– kein Individualbezug **227** 23
– individualrechtliche Wirkung des ~s **227** 23
– mangelnde strafrechtliche Sanktionierung **227** 28
– und Menschenrechte
  – Verletzung von ~ **227** 8
– und militärische Einsätze der Bundeswehr **244** 35 ff.
  – allgemeines Gewaltverbot **244** 35 ff.
  – Anwendung militärischer Gewalt **244** 37
  – bei humanitärer Intervention? **244** 44 ff.
  – bei Intervention im Bürgerkrieg? **244** 43
  – Regelung in der UN-Charta **244** 36
  – als Teil der allgemeinen Regeln des Völkerrechts **244** 48
  – kein Verbot bei Zustimmung eines fremden Staates **244** 43
– Schwierigkeiten bei der Inhaltsbestimmung **227** 6
– und Verbrechen der Aggression **227** 9
– als Zwischenstaatenrecht **227** 23
Gleichbehandlung, steuerrechtliche **251** 32 f.
– nur bei gleichen rechtlichen Rahmenbedingungen **251** 32
– territoriale Grenzen der ~ **251** 31

Halbfette Zahl = §§; magere Zahl = RN; unterstrichene Zahl = Hauptfundstelle

Sachregister

Gleichbehandlungsgebot 250 48
Global Governance 232 19, 234 26, 253 8 *siehe auch* Governance-Modelle
Globale Institutionalisierung 253 71
Globale Unternehmen 234 15 ff., 246 1 ff.
– Abhängigkeit des Kostenvergleichs von wirtschaftlichen Rahmenbedingungen 246 31
– als Anbieter in ihrem Produktmarkt 246 126
– Aufbau von Unternehmenszentren im Ausland 246 36
– Bewertung 246 139
– als Chancen verteilende Investoren 246 8
– und Denationalisierung 246 30 ff.
– Diamanten *siehe dort*
– als dritte industrielle Weltmacht 246 3
– keine einem Heimatstaat zuzuordnende Konzernobergesellschaft 246 33
– Einflußnahme durch Lokalisierung wirtschaftlicher Aktivitäten 246 124 ff.
– Einsparung von Transaktionskosten 246 30
– keine Einwendungen gegen extraterritoriale Rechtsanwendung 246 99
– und Empagran-Fall *siehe dort*
– Entwicklung der letzten Jahrzehnte 246 28
– Entwicklung einer Unternehmenskultur der Zusammenarbeit 246 14 ff.
– erhebliche Zunahme von ~n 234 15
– freie Wahl des Gerichtsstands 246 91
– freiwillige Verhaltenskodizes für ~ 234 16, 20
– Funktionsfähigkeit des Systems konkurrierender Zuständigkeiten 246 95 ff.
– funktionsgerechte Zusammenarbeit von Staaten und ~n 246 134 *siehe auch* Staaten
– Gefahr zwischen Enteignung und Protektionismus 246 6
– grenzüberschreitende Interaktionen von Staaten und Unternehmen 246 44 ff.
– informeller Einfluß ~r 234 20
– und internationale Handelsschiedsgerichtsbarkeit *siehe dort*
– und internationale Investitionsschiedsgerichtsbarkeit *siehe dort*
– Kapitalhilfe auf moralischer Grundlage 246 9
– und Kartellrecht *siehe dort*
– Kiobel-Fall *siehe dort*
– Kodex über transnationale Gesellschaften 246 17
– Kodex über wettbewerbsbeschränkende Geschäftspraktiken 246 16
– Kollisionsrecht *siehe dort*
– konkurrierende Zuständigkeit vieler Staaten 246 99
– Kontrolle der ~ 234 15 f.
– Kontrollinstrumente 246 15
– koordinierendes Netzwerk von Obergesellschaften? 246 34
– Kostenminimierung durch Internalisierung 246 30
– Marktwirtschaft 246 10
– marktwirtschaftliche Argumentation 246 29
– mittelständische Unternehmen im globalen Markt 246 38
– Möglichkeit der Zusammenarbeit 246 46
– und multinationale Unternehmen *siehe* Multinationale Unternehmen
– neoliberale Wirtschaftspolitik 246 133
– neue Weltwirtschaftsordnung als Ziel 246 22
– als neuer Unternehmenstyp 246 25
– New Yorker Resolution 246 72 f.
– Nichtanerkennung ausländischer Durchgriffsentscheidungen bei völkerrechtswidrigen Enteignungen 246 94
– Nord-Süd-Konflikt
  – Entschärfung 246 9 ff.
  – Zuspitzung 246 6
– offene Grenzen 246 10
– Optimierungsmodell 246 129
– Ost-West-Konflikt 246 9
– Prognose über Kostenvergleich vor Unternehmensgründung 246 30

Sachregister

- Reputation **246** 136
- Restatement des US-Außenrechts
  - zweites und drittes ~ **246** 73
- Schadensersatzklagen vor US-Gerichten *siehe* US-Gerichte
- Schwierigkeiten des Kostenvergleichs bei Auslandsbezug **246** 31
- Souveränitätsfrage **246** 1 ff.
- Souveränitätsfrage in globalisierten Produktmärkten **246** 40 ff.
- Sozialpolitik **246** 133
- sozialpolitische Ausgleichsbemühungen **246** 29
- staatliche Anreize für ~ **246** 100, 124
- und staatliche Souveränität *siehe* Souveränität, staatliche
- staatliche Unternehmen (SOE)
  - im Fokus **246** 138 f. *siehe auch* State Owned Enterprises
- staatliche Zuständigkeit
  - Paradigmenwechsel der funktionalen Zuständigkeit **246** 58
  - Synonym Jurisdiktion **246** 56
  - keine Trennung bei Erlaß und Anwendung von Gesetzen **246** 57
  - Zuständigkeitsordnung für EU und Drittstaaten **246** 59
- Staatsfonds (SWF)
  - im Fokus **246** 138 f. *siehe auch* Sovereign Wealth Funds
- Staatsterritorium als Geltungsbereich staatlichen Rechts **246** 47
- und Staatsziel *siehe dort*
- technologische Entwicklung **246** 10
- und Territorialitätsprinzip *siehe dort*
- Tiger-Staaten **246** 10
- transnationale Gesellschaften (oder Unternehmen)
  - Begriff **246** 20
- transnationales Handelsrecht
  - Varianten **246** 115 ff.
- transnationales Investitionsrecht
  - Varianten **246** 115 ff.
- transnationales Recht **246** 107 f. *siehe auch* Recht, transnationales
- Umgehungsmöglichkeiten des Durchsetzungsverbot **246** 55
- Umgehungsmöglichkeiten des Vornahmeverbots **246** 49 ff.
- UN-Unterorganisationen
  - UNCTAD **246** 15 *siehe auch* United Nations Commission on International Trade Law
- Universalitätsprinzip bei schweren Menschenrechtsverletzungen im Trend **246** 88
- Universalitätsprinzip bei schweren Menschenrechtsverletzungen? **246** 84
- unternehmensbezogene Rechtsetzung im Wettbewerb der Systeme **246** 100 ff.
- unterschiedliche Ziele von Entwicklungs- und Industrieländern **246** 22
- unverbindliche Beschlüsse **246** 15
- unverbindliche Empfehlungen **246** 15
- als Variante transnationaler Gesellschaften **246** 25
- veränderte Interessenkonstellation **246** 8
- Verbot als unumstrittenes Völkergewohnheitsrecht **246** 49
- Verbot der Durchsetzung inländischer Hoheitsakte im Ausland **246** 55
- Verbot der Vornahme von Hoheitsakten im Ausland **246** 49 ff.
- Verbot kartellrechtlicher Hoheitsakte **246** 75
- Vereinbarungen über internationale Verhaltensregeln **246** 16 ff. *siehe auch* Organization for Economic Cooperation and Development
- Verfahrensrechtsvereinbarung in der internationalen Handelsschiedsgerichtsbarkeit **246** 115
- Verlagerung des Unternehmenshauptsitzes **246** 37
- Vermeidung von Staatsunternehmen als Obergesellschaften **246** 39
- als verselbständigte Akteure **246** 46
- völkerrechtliche Grenzen extraterritorialer Rechtsanwendung **246** 55 ff.
- völkerrechtliche Konsensbildung
  - durch Art und Weise staatlichen Vorgehens **246** 88
  - bei gemeinsamen Werten **246** 88
- Vollstreckung in inländisches Vermögen
  - völkerrechtliche Grenzen der Vollstreckung? **246** 55

Sachregister

- Vollstreckung von Hoheitsakten im Ausland **246** 53 f. *siehe auch* Hoheitsakt
- Wandel der Einflußnahme
  - auf Gaststaaten **246** 125
  - auf staatliche Rechtsetzung **246** 126
- Wandel des Rollenverständnisses **246** 13
  - Entwicklungsländer als Zurverfügungsteller von Rohstoffen **246** 8 ff.
  - Industriestaaten als Interessenvertreter von ~ **246** 8 ff.
- Wettbewerb in einem globalen Markt **246** 28
- und Wirkungsprinzip *siehe dort*
- wirtschaftliche Bedeutung der ~n **234** 17
- Wirtschaftsaufschwung
  - Voraussetzungen **246** 10
  - Zusammenbruch des Ostblocks **246** 11
- Wirtschaftsverträge **246** 14
- zulässiger Durchgriff nach Völkerrecht **246** 92
- Zulässigkeit von Endverbrauchsbegrenzungen im Exportkontrollrecht? **246** 95
- Zuständigkeitsgrenzen für private Schadensersatzklagen **246** 76 ff.
- Zuständigkeitskonfliktlösung durch soft law **246** 86
- Zustellung von Hoheitsakten im Ausland *siehe* Hoheitsakt
- Zwischenabhängigkeit von Staaten und ~ **246** 132 f.

Globale Unternehmen als Mitgestalter
- der ILO-Leitsätze für multinationale Unternehmen **246** 104 *siehe auch* International Labour Organization
- der OECD-Leitsätze für multinationale Unternehmen **246** 106
- von Regeln über die internationale Schiedsgerichtsbarkeit **246** 105
- von unternehmensrelevanten Kodizes **246** 103

Globale Unternehmen und Systemwettbewerb
- Akteure **246** 27
- Effizienzanforderungen der Produktmärkte
  - Begriff **246** 26
- Marktförmigkeit nach Charles M. Tiebout
  - Effizienzanforderungen der Produktmärkte **246** 127
- Staaten unter Wettbewerbsdruck mit anderen Staaten
  - Marktförmigkeit nach Charles M. Tiebout **246** 27
- Systemwettbewerb
  - Zunahme der Intensität des Wettbewerbs **246** 26
- Trend zur Harmonisierung des Rechts durch Kartellbildung
  - Staaten unter Wettbewerbsdruck mit anderen Staaten **246** 128
- unternehmerische Antwort auf den Wettbewerb der Systeme **246** 25
- Wettbewerb der Rechtsordnungen als Unterfall
  - Trend zur Harmonisierung des Rechts durch Kartellbildung **246** 129
- Wettbewerb oder Harmonisierung?
  - Wettbewerb der Rechtsordnungen als Unterfall **246** 26
- Zunahme der Intensität des Wettbewerbs
  - Wettbewerb oder Harmonisierung? **246** 129

Globalisierung **230** 113, **232** 12, **233** 1, **234** 1 ff.
- Begriff der ~ **234** 1
- im Bereich der Wirtschaft **234** 1
- und Demokratie **253** 5
- und Demokratieprinzip
  - Relativierung des ~s **234** 28
- Einfluß der ~ auf innerstaatliche Entscheidungsstrukturen **234** 25 ff.
- Einfluß der ~ auf staatliche Hoheitsträger **234** 25 ff.
- als empirisches Phänomen **253** 1
- Entparlamentarisierung **234** 28 ff.
- Funktionsverlust des Parlaments **234** 28
- als Gegenstand der Wissenschaft **234** 1
- als gesellschaftlicher Prozeß **234** 1

Sachregister

- und Governance-Modelle **253** 11
- und grenzüberschreitende Reichweite von Grundrechten **240** 8 *siehe auch* Grundrechte, grenzüberschreitende Reichweite
- Grundrechtsreduktion durch ~ **240** 104
- der Märkte intensivierter Systemwettbewerb **246** 26 ff.
- und nationale Parlamente *siehe dort*
- Phänomen der ~ **234** 1
- qualitative Intensivierung grenzüberschreitender Sachverhalte **253** 1
- quantitativer Anstieg grenzüberschreitender Sachverhalte **253** 1
- und Rechtsstaat **253** 5
- und Staat
  - mit Scharnierfunktion **253** 73
- Staat im Zeitalter der ~
  - gewandte Rolle **234** 2
- und staatliche Grenzen **253** 1
- und staatliche Kontrolle **253** 12
- und staatliche Souveränität **230** 16
- und Systemwettbewerb **246** 26 ff.
- als Topos **234** 1 ff.
- Verlust der Kontrollkompetenz des Staates **253** 5 f.
- in verschiedenen Bereichen **234** 1
- Wandel von Staatlichkeit **253** 5
- der Wertschöpfungskette **246** 24

Good Governance **250** 55, 59

Governance-Modelle **253** 9 ff.
- begrenzter juristischer Ertrag der ~ **253** 9
- und Globalisierung **253** 11
- und staatliche Kontrolle **253** 10
- transnationale Governance **253** 8
- und Verfassungsgarantien des Grundgesetzes **253** 11
- und verfassungsrechtliche Prinzipien **253** 9

Grenzen der Mitwirkung **239** 42 ff.
- im einfachen Recht **239** 54
- in Fällen ohne Vorbehaltsklausel **239** 61 ff., 61
- Mitwirkungsakt als verfassungsgebundene Ausübung deutscher Staatsgewalt **239** 42 ff.
  - unterschiedliche Verfassungsbindung **239** 42

- Wahrung durch Vorbehaltsklauseln **239** 54 ff.

Grenzen, staatliche
- Bedeutungsschwund der ~ **253** 1
- bleibende Bedeutung von ~ **253** 71
- und Globalisierung **253** 1
- als Grenzen der Staatsgewalt? **240** 1
- als Grenzen staatlicher Zuständigkeit **246** 56
- und Staatsgewalt
  - Abgrenzung von ~ **230** 113
- und Staatsrecht **253** 71
- und Völkerrecht **253** 71
- Verhinderung der Ausübung fremder Hoheitsgewalt **239** 35
- Verlust an Bedeutung der ~ **230** 113

Grenzübergreifender Umweltschutz
siehe Umweltschutz, grenzübergreifender

Grenzüberschreitende Sachverhalte
- und Bundestag
  - Beteiligung des Europa-Ausschusses in EU-Angelegenheiten **253** 85
  - Beteiligung des ~s **253** 85
- und gerichtliche Kontrolle **253** 80
- Kontrolle durch Global Governance **253** 8 ff.
- Lösung durch Kooperation und Koordination **253** 2
- und Rechtsordnung **253** 3
- Verrechtlichung **253** 3

Grenzüberschreitende Unternehmen
siehe Globale Unternehmen

Grenzüberschreitung
- Art der ~ **237** 4
- Ausübung von Hoheitsgewalt **237** 3 f.
- Beteiligungsangebote **237** 43, 49
- Beziehungen **237** 2
- Durchsetzungsbefugnis **237** 14 ff.
- durch globale Unternehmen **246** 44
- Grundrechte *siehe* Grundrechte, grenzüberschreitende Reichweite
- Kooperation **237** 32
- durch Recht **237** 5
- Rechtsanwendung **237** 2
- Regelungsbefugnis **237** 11 ff.
- Schutzwirkung deutscher Gesetze? **226** 45
- Tatbestandsmerkmale **237** 6
- Zunahme der Rechtsanwendung **237** 52

Sachregister

Grenzüberwachung 230 66
Grenzvertrag, deutsch-polnischer
 229 97
Grundfreiheiten 238 35
– Beschränkung
 – öffentliche Sicherheit als Rechtfertigung für ~ 227 32
– und Besteuerung 251 66
– und Besteuerungshoheit 251 67
– differenzierte Wirkung der ~ 251 76
– keine Meistbegünstigungsklauseln
 250 50
– Rechtfertigung von Verstößen
 gegen ~ 251 74
– keine staatenübergreifende Lösung
 zur Beseitigung von Doppelbesteuerung 251 35
– Verhältnis zu Doppelbesteuerungsabkommen 251 73
– und wirtschaftliche Doppelbesteuerung 251 36
Grundgesetz
– Art. 24 230 53
 – als Integrationsermächtigung 230 53
 – als Staatszielbestimmung 230 55
– Art. 24 Abs. 1a 230 64
– Art. 26 Abs. 2 S. 1 227 29
 siehe auch Kriegswaffenkontrolle
 – als subjektiv-öffentliches Recht
 227 30
 – Verbot mit Befreiungsvorbehalt
 227 29
– Art. 59
 – Organkompetenz 236 7
– Art. 87a Abs. 2
 – Unmöglichkeit der Bündnisbeteiligung bei restriktiver Interpretation 243 30
– und Auslieferung 239 51 f.
– Beanspruchung von Gebietshoheit
 230 62
– und deutsche Staatsgewalt 230 31
– Einbettung des Staates in die Völkerrechtsordnung 243 16
– und einfachgesetzliches Recht
 – unterschiedlicher Geltungsanspruch 230 36
– und Einsatz der Bundeswehr 243 29 f.
 – Möglichkeit zum Streitkräfteeinsatz nach Art. 24 Abs. 2 GG 243 30

– Entscheidung für internationale
 Zusammenarbeit 230 63
– Entscheidung für offene Staatlichkeit *siehe* Offene Staatlichkeit
– Finanzverfassung des ~es 251 14
– und fremde Hoheitsakte
 – Gebotenheit internationaler Kooperation *siehe* Mitwirkungsgebote
 der Verfassung
 – Geltung des GG für deutsche
 Staatsgewalt 239 42
 – Grenzen internationaler Kooperation *siehe* Grenzen der Mitwirkung
 – Grundgesetzgebundenheit des Mitwirkungsakts 239 44
 – Mitwirkung an ~n 239 <u>38 ff.</u>
– und fremde Staatsgewalt
 – Eindringen ~ 230 40
– Friedensgebot des ~es *siehe* Friedensgebot des Grundgesetzes
– Friedenspolitik
 – keine undifferenzierte Übernahme
 des Völkerrechts 227 12
– und Gebietshoheit 230 27
– und Gebot der Völkerrechtsfreundlichkeit 251 26
– gerechtfertigte Abweichungen 236 28
– und Gewalt, öffentliche
 – Bestimmungen als originäre ~
 232 29
 – Grenzen fremder Staatstätigkeit
 239 76
 – Sicherstellung indisponibler Verfassungssubstanz 239 76
 – Unzulässigkeit vorbehaltloser
 Gestattung 239 76
– und grenzüberschreitende Sachverhalte
 – Lockerung der
 Verfassungsbindung 239 <u>45 ff.</u>
– Grundprinzipien des ~es 232 <u>30 ff.</u>
 – Auslegung der ~ 232 5
 – Fortentwicklung der ~ 232 5
– grundrechtliche Prüfungsdichte bei
 der Anwendung fremden Rechts
 238 24
– Grundsatz der Europarechtsfreundlichkeit 239 40
– und Grundsatz der Völkerrechtsfreundlichkeit 230 26

- und internationale Gerichtsbarkeit **242** 9
- und internationale Kooperation **239** 45
- internationale Offenheit des ~es siehe Offene Staatlichkeit
- und internationale Organisationen
  - Vorgaben für ~ **232** 32
- und internationale Schiedsgerichtsbarkeit siehe dort
- und internationale Streitschlichtung siehe dort
- Kompetenzaufteilung zwischen Bund und Ländern
  - Art. 32 GG **236** 6
- und militärische Einsätze der Bundeswehr
  - Vorrangigkeit des Art. 24 Abs. 2 GG **243** 29
- und Ordre public **238** 6
- personelle Reichweite des ~es auf die Gesetzgebung **230** 36 ff.
- Prinzipien des ~es **232** 1
- programmatisches Bekenntnis zu einer Friedensordnung neuen Typs **243** 18
- räumliche Reichweite des ~es auf die Gesetzgebung **230** 36 ff.
- Schutz des geistigen Eigentums **247** 8 ff.
- Sicherung der Verfassungsidentität durch ordre public **238** 6
- und Souveränitätsprinzip **232** 11
  - ungeschriebenes ~ **230** 42
- Sperrung für horizontale Übertragung **230** 64
- Staat als sektoraler Staat **230** 117
- und staatliche Souveränität
  - Garantie der ~ durch Art. 79 Abs. 3 GG **234** 13
- und Staatsgewalt **230** 36
- und Steuerrecht
  - Bestätigung äquivalenztheoretischer Grundlagen **251** 13
- keine strenge Territorialität **230** 31
- und supranationale Organisationen **230** 53
- überstaatliche Wirkungs- und Regelungszusammenhänge **230** 32
- Verfassungsprogrammatik der Völkerrechtsfreundlichkeit **243** 3
- Verletzung des ~es **236** 32
- und Völkergewohnheitsrecht **238** 7
- und Völkerrecht **230** 50
  - Grundzüge des Zusammenwirkens **236** 6 ff.
- völkerrechtsfreundliche Auslegung des ~es **227** 12
- Völkerrechtsoffenheit des ~
  - historische Entwicklung **236** 12
- völkerrechtssensitive Auslegung des ~ **235** 56 f.
- Vorgaben für andere Staaten **232** 33
  - keine spezifische Regelung **232** 33
- Vorrang des ~es **230** 36
- Wahrung äußerer Sicherheit **243** 18
- Wahrung des Friedens in der Staatengemeinschaft **243** 18
- zentrale Prinzipien des Art. 79 Abs. 3 **232** 30
- Ziel der Friedenswahrung **243** 16
- Zustellung von im Ausland erhobenen Klagen **239** 49
- Zustimmungsgesetz nach Art. 59 Abs. 2 **243** 19

Grundgesetz und allgemeines Völkerrecht **230** 39
- Art. 25 **227** 21 ff.
- allgemeine Rechtsgrundsätze **227** 21
- allgemeine Regeln des Völkerrechts, keine self-executing Norm erforderlich **227** 23
- keine Bindung der Verfassung **230** 52
- Bindung des einfachen Gesetzgebers **230** 52
- Gewaltverbot **227** 21
- Kriterien der „Allgemeinheit" **227** 21
- Rangverhältnis des rezipierten Rechts **227** 22
- Völkergewohnheitsrecht **227** 21
- Völkergewohnheitsrecht, regionales **227** 21

Grundgesetz und europäische Integration
- Anwendungsvorrang des Unionsrecht **238** 6, **239** 62
- kein unbeschränkter ~ **238** 6
- Art. 23 **230** 53

Sachregister

- Ausnahme von der Kompetenzverteilung **234** 35
- kein e contrario Schluß aus ~ **239** 47
- als Integrationsermächtigung **230** 53
- Lockerung grundgesetzlicher Bindung durch ~ **239** 46
- Mitwirkungspflicht **239** 62
- kein vollständiger Dispens durch ~ **239** 62 f.
- und EU **239** 67
  - Art. 23 Abs. 1 GG als Maßstab **232** 31
  - Homogenität statt Kongruenz **239** 46
- Integration und Kooperation **230** 53
- Integrationsermächtigung des ~ **230** 63
- Struktursicherungsklausel des Art. 23 Abs. 1 S. 1 **234** 32
- Verbot der Übertragung von Kompetenz-Kompetenz **234** 32

Grundgesetz und System gegenseitiger kollektiver Sicherheit 243 23
- Art. 24 Abs. 2
  - friedliche und dauerhafte Ordnung in Europa als primäres Ziel **243** 23
  - Leitbildfunktion des ~ **243** 18
  - nachhaltige globale Friedensordnung als ergänzendes Ziel **243** 23
  - in der Verfassungspraxis **243** 25 ff.
  - verfassungsrechtliche Zulässigkeit der Einordnung **243** 23
  - Zweckbindung des ~ **243** 23
- Normgehalt des ~ **243** 16

Grundgesetz und Verbot des Angriffskrieges
- Art. 26 Abs. 1
  - Auslegung des ~ **227** 25
  - Bestimmtheitsgrundsatz **227** 26
  - Entstehungsgeschichte **227** 25
  - kein Entwicklungsgleichlauf mit dem Völkerrecht **227** 26
  - restriktives Verständnis des ~ **227** 25
  - Störungsverbot *siehe dort*
  - Verbot als Rechtsfolge **227** 27
  - völkerrechtsfreundliche Auslegung **227** 25

Grundprinzipien
- aller öffentlicher Gewalt **232** 2
- fehlende praxisleitende Dogmatik **232** 3
- als neues Forschungsfeld **232** 4
- Forschungsfeld ~ heute **232** 1
- des GG **232** <u>30 ff.</u>
- Gleichklang in Völker-, Staats- und Unionsrecht **232** 50
- als legitimatorische Grundlage hoheitlichen Handelns **232** 26
- als Leitprinzipien **232** 27
- als Ordnungsprinzipien **232** 27
- verschiedene Ausprägungen **232** 52

Grundprinzipien des Völkerrechts
- Demokratieprinzip **232** 45
  - keine Niederlegung des ~s **232** 40
- Grundprinzip des Menschenrechtsschutzes **232** 42
  - keine Niederlegung des ~s **232** 40
- und internationale Organisationen **232** <u>46 ff.</u>
  - Anwendung der Prinzipien auf ~ **232** 46
- Rechtsstaatsprinzip **232** 44
  - keine Niederlegung des ~s **232** 40
- Vorgaben des allgemeinen Völkerrechts **232** <u>40 ff.</u>
- Vorgaben für Staaten **232** <u>42 ff.</u>

Grundrechte 230 19
- Abwägung durch Fachgerichte **247** 22
- Abwägung von Grundrechtspositionen **247** 13
- und allgemeine Regeln des Völkerrechts **235** 50
- Auslandstauglichkeit von ~n **240** 78
- Beschränkung des Schutzbereichs
  - im Einklang mit Kriegsvölkerrecht **240** 81
  - im Falle der Landesverteidigung **240** 79
  - durch kollidierendes Verfassungsrecht **240** 78 ff.
  - im Verteidigungsfall? **240** 80

- kein dramatischer Bedeutungsverlust der ~ durch Globalisierung **240** 114
- einseitige Ausdehnung von ~n in andere Staaten **240** 68 ff.
- extraterritorialer Schutz
  - als Aufgabe der Exekutive **247** 62
- Geltungsanspruch deutscher ~ gegenüber fremder Machtentfaltung? **240** 3
- geschmälerte Durchsetzungskraft der ~
  - durch europäische Integration **240** 58 ff.
  - durch völkerrechtliche Kooperation **240** 64 ff.
- gestufte Grundrechtsprüfung **240** 53
- Gewährleistung durch Fachgerichte **247** 22
- und grenzübergreifender Umweltschutz
  - umfassende Einschätzungsprärogative **248** 86
  - Untermaßverbot **248** 86
- grundrechtlicher Schutz
  - als subjektiv-öffentliches Recht **240** 111
- Grundrechtsanwendung
  - kein Bezug auf grundrechtsexterne Norm **240** 32
  - einzelfallbezogen variabel **240** 32
  - Voraussetzungen **240** 29
- Grundrechtseingriff **240** 22
- Grundrechtsschutz durch Kompensation **240** 61
- Grundrechtsschutz durch Verfahren **240** 69
- Hinnahme der Grundrechtsabsenkung durch Kooperation und Integration **240** 58
- Ideengeschichte **240** 6
- Integrität informationstechnischer Systeme **231** 30
- Konstruktionsidee **240** 6
- materielle Reichweite **240** 37
- persönlicher Anwendungsbereich der ~ **240** 73
- persönlicher Anwendungsbereich der ~ mit räumlicher Komponente **240** 74
- prozessuale Durchsetzung **240** 37

- Rechtfertigung eines Grundrechtseingriffs statt Schutzbereichsbeschränkung **240** 84
- und Rechtskontrolle **253** 26
- Reichweite *siehe* Grundrechte, grenzüberschreitende Reichweite
- sachlicher Anwendungsbereich der ~ **240** 28 ff., 73 ff., 73
- Schutzbereich als Maßstab **240** 113
- Schutzpflicht **240** 111
- status negativus **240** 27
- status positivus **240** 23, 108 ff.
  - Völkerrecht als immanente Schranke **240** 112
  - Wirkweise bei Auslandsbezug **240** 109
- Umweltschutzpflichten **248** 87
- verfassungsimmanente Beschränkung des Schutzbereichs **240** 74, 79
- und verfassungsrechtlicher ordre public **238** 38
- im virtuellen Raum **231** 30
- Wirkung von ~n
  - bei im Ausland belegenem Eigentum? **240** 14, 30
  - als Auslöser ihrer Anwendung **240** 14
  - als Auslöser ihrer Geltung **240** 14
  - Prüfungsumfang **240** 33
  - rechtlicher Natur **240** 30
  - tatsächlicher Natur **240** 30

Grundrechte, grenzüberschreitende Reichweite 240 1 ff.
- Abschiebung **240** 42 ff.
- Anknüpfung an ausländische Regelungen? **240** 49
- Anknüpfung an deutsche Staatsangehörigkeit **240** 110
- Anspruch des Ausländers auf Gleichbehandlung? **240** 99
- Anwendung ausländischen Rechts **240** 48 ff. *siehe auch* Recht, ausländisches, Anwendung
- Anwendung ausländischer Regelungen **240** 48
- Art. 6 Satz 2 EGBGB
  - Inlandsbezug **240** 55 f.
- und Asylgrundrecht *siehe dort*
- Ausdehnung des Grundrechtsschutzes auf Grenznachbarn? **240** 70 f.

- ausdrückliche Beschränkungen **240** 74 ff.
- Ausgangspunkt **240** 21
- Ausländer im Ausland **240** 19
- ausländische juristische Personen **240** 75
- ausländische Rechtsanwendung **240** 48 ff.
- Auslandsbezug inländischer Handlungen **240** 73 ff.
- Auslandseinsätze der Bundeswehr **240** 46, 82
- Auslieferung **240** 42 ff.
- Ausstrahlungswirkung innerstaatlicher Maßnahmen **240** 68
- Beachtung der Grundrechtsverpflichtung **240** 25
- Bedeutung von Art. 1 Abs. 3 GG **240** 12 ff.
- Bedeutung von Art. 23 GG a. F. **240** 10
- Bedingungen der Grundrechtsanwendung auf Sachverhalte mit Auslandsbezug **240** 33 ff.
- Befreiung von Grundrechtsstandards
  - bei Ausübung von übertragenen Befugnissen **240** 62
  - bei Durchführung von Unionsrecht **240** 62
- Dazwischentreten Dritter **240** 43 f.
- Differenzierung zwischen jurisdiction to prescribe und jurisdiction to enforce **240** 72
- Eigentumsgarantie **240** 93 f.
- Einschränkung eines anwendbaren Grundrechts **240** 100 ff.
- Ermittlung des räumlichen Anwendungsbereichs durch Auslegung **240** 85 ff.
- Folgenverantwortung **240** 40
- keine Folgenzurechnung bei Unterbrechung des Zurechnungszusammenhangs **240** 43
- Freiheitsrechte **240** 92 ff.
- Gebietshoheit **240** 19 f.
- Gebietskontakt **240** 19
  - als Grundrechtsvoraussetzung **240** 87 f.
- Gefahr des Grundrechtsoktroi **240** 24 ff.
- Geltendmachung einer Schutzpflicht als Alternative **240** 47
- Gemengelage konkurrierender oder kollidierender Rechte und Pflichten **240** 1
- und genuine link *siehe dort*
- Gleichheitsrechte **240** 97 ff.
- und Globalisierung **240** 1 ff.
- Grundrechte und völkerrechtliche Kooperation **240** 64 ff.
- Grundrechtsimperialismus **240** 24
  - bei Kollision von Rechtsordnungen **240** 27
- und Grundrechtsschutz *siehe dort*
- grundrechtsverpflichtete Staatsgewalt
  - weites Einschreitermessen **240** 112
- und Grundrechtsverpflichtung *siehe dort*
- Handlungsverantwortlichkeit des Grundrechtsverpflichteten **240** 38
- historische Ausgangslage **240** 6
- Hypothekentheorie **240** 59
- Immissionen aus dem Ausland **240** 68
- Inlandsbezug **240** 55
- Kausalität
  - der Belastungswirkung **240** 39
  - der Grundrechtsverpflichtung **240** 38 ff.
- Kompensationslösung **240** 61
- und Meinungsfreiheit *siehe dort*
- „näher am Grundgesetz" **240** 103
- objektive Vorhersehbarkeit der Freiheitsbeeinträchtigung durch Dritte **240** 44
- und ordre public *siehe dort*
- keine Pflicht zur Sicherstellung eines bestimmten Grundrechtsstandards **240** 106
- Pirateriebekämpfung **240** 83
- kein Raumbezug für Kommunikation und deren Auswertung **240** 88 f.
- räumlich-funktional deutscher Kontext der Rechtsanwendung **240** 52
- räumliche Ausdehnung durch Art. 10 GG **240** 88
- räumliche Geltungsreichweite **240** 30 ff.

- räumlicher Anwendungsbereich der Grundrechte **240** 73
- Realisierbarkeitsvorbehalt **240** 103
- Rechtsgewährung ohne Rechtsdurchsetzung? **240** 72
- Reservefunktion der Grundrechte **240** 66
- Respekt vor fremden Rechtsordnungen **240** 101 f.
- sachliche Geltungsreichweite **240** 31 f.
- sachlicher Anwendungsbereich eines jeden Kommunikationsvorgangs **240** 89
- Schutz von Ehe und Familie *siehe* Ehe und Familie, Schutz von
- Schutzansprüche **240** <u>108 ff.</u>
- Schutzpflichten **240** <u>108 ff.</u>
- Schwächung der internationalen Verhandlungsposition? **240** 71
- und Sozialversicherung *siehe dort*
- territoriales Ausgreifen von Art. 116 Abs. 1 GG **240** 11
- und Übertragung von Hoheitsrechten **240** 57 ff.
- unterschiedliche Grundrechtsverwirklichung **240** 113
- verbleibende Durchsetzungskraft der Grundrechte **240** <u>113 f.</u>
- Verlust der Durchsetzungskraft der Grundrechte im Ausland **240** 114
- völkerrechtliche Vorgaben **240** <u>6 ff.</u>
- völkerrechtlicher Standards **240** 45
- Vorbehalt des Möglichen **240** 104
- Zurechnung
  - der Belastungswirkung **240** 39
  - zur deutschen Staatsgewalt **240** 46
  - der Grundrechtsverpflichtung **240** 38 ff.
- keine Zurechnung
  - der Belastungswirkung **240** 47
- Zurechnungszusammenhang zwischen Sachverhalt und deutscher Staatsgewalt **240** 110

Grundrechtsberechtigung
- und beschränkte Steuerpflicht **251** 18
- Kontakt zur deutschen Staatsgewalt als Voraussetzung **251** 18
- und unbeschränkte Steuerpflicht **251** 18

Grundrechtsbindung
- Art. 1 Abs. 3 GG
  - als Ausgangspunkt **240** 12, 51
  - begrenzte Aussagekraft **240** 13
  - als eindimensionale Norm **240** 28
  - keine Festlegung der räumlichen Geltungsreichweite **240** 31
- und beschränkte Steuerpflicht
  - äquivalenztheoretische Vorgaben **251** 65
- Beschränkungen bei militärischen Einsätzen der Bundeswehr **244** 152 ff.
  - Beschränkung der Rechtsweggarantie **244** 170
  - Bundestagszustimmung als Ersatz für Eingriffstitel **244** 168
  - Bundeswehr-Einsatzgesetz? **244** 166
  - gesetzliche Regelung des Rechtsschutzes **244** 169
  - Idee des Gesetzesvorbehalts **244** 167
  - Schutz durch Strafrecht **244** 170
- der deutschen Entwicklungszusammenarbeit **249** 62
- deutscher Hoheitsgewalt **240** 35
- deutscher Staatsgewalt mit extraterritorialer Wirkung **251** 16
- bei grenzüberschreitenden Sachverhalten **251** 17
- keine grundrechtsfreien Räume **240** 13
- bei militärischen Einsätzen der Bundeswehr
  - keine ausdrückliche Regelung **244** 149
  - im Ausland **244** 150
  - durch Auslegung des Grundgesetzes **244** 148
  - keine Beschränkung auf deutsche Staatsgewalt **244** 150
  - Beschränkungen bei Auslandseinsätzen? **244** 151
  - der Streitkräfte, auch im Verteidigungsfall **244** 151
- keine mittelbare ~ des ausländischen Staates **240** 65
- öffentlicher Gewalt im Ausland **253** 4
- in ihrem sachlichen Geltungsumfang **240** 31

Sachregister

– zur Sicherung von Minimalstandards **240** 67
– bei (völker-)rechtswidrigem Handeln **240** 9
– keine ~ auswärtiger Hoheitsgewalt **240** 35
Grundrechtsgeltung
– bei militärischen Einsätzen der Bundeswehr
 – Abschwächung der Grundrechtsgeltung? **244** 159
 – Beachtung wehrrechtlicher Vorschriften **244** 152
 – für militärische Gewalt im Ausland? **244** 157 f.
 – für militärische Kampfhandlungen? **244** 156
 – Rechtfertigung der Kampfhandlungen **244** 158
 – Rechtfertigung des Grundrechtseingriffs **244** 155
 – bei Unterordnung unter deutsche Staatsgewalt **244** 154
 – für von der deutschen Staatsgewalt erfaßte Personen **244** 153
 – Wirkungsprinzip **244** 156
Grundrechtsschutz
– und grenzüberschreitende Reichweite von Grundrechten
 – Anwendungskriterien im Ausland **240** 91
 – durch Personalhoheit **240** 26
 – nur im Subordinationsverhältnis **240** 18
 – durch Völkerrecht **240** 90
 – weitere Kriterien **240** 91 ff.
– potentielle Ubiquität deutschen ~es **240** 15
Grundrechtsverpflichtung 240 35 ff.
– und grenzüberschreitende Reichweite von Grundrechten **240** 34 ff.
 – Ursächlichkeit **240** 34
 – Zurechnung **240** 34
Grundsatz der Ergebnisorientierung und der Konzentration
– und Europäischer Konsens **249** 92
– Kontrolle der verwendeten Mittel **249** 91 ff.
– und Leitlinien zur Entwicklungszusammenarbeit **249** 92

– und Pariser Erklärung **249** 91
Grundsatz der Europarechtsfreundlichkeit 238 3
– und GG **238** 3
Grundsatz der Gleichheit der Staaten 230 16
Grundsatz der Nicht-Intervention, völkerrechtlicher 230 107
Grundsatz der Souveränität der Staaten 230 16
Grundsatz der völkerrechtsfreundlichen Auslegung
– als Konfliktvermeidungsregel **227** 26
Grundsatz der Völkerrechtsfreundlichkeit *siehe* Völkerrechtsfreundlichkeit des Grundgesetzes
Grundsatz der Wirtschaftlichkeit im allgemeinen Haushaltsrecht 249 86
– und Bundesrechnungshof **249** 89
– im deutschen Recht
 – als Rechtsstaatsprinzip **249** 88
– und EU **249** 90
– Maximalprinzip **249** 87
– Minimalprinzip **249** 87
– optimale Mittel-Zweck-Relation **249** <u>87 ff.</u>
– und Weltbank **249** 90
Grundstrukturen *siehe* Grundprinzipien
Gründungstheorie 230 88, **234** 16

Haager Abkommen zur friedlichen Erledigung internationaler Streitfälle *siehe* Haager Friedenskonferenzen
Haager Friedenskonferenzen 242 15, 19, 23
– und internationale Schiedsgerichtsbarkeit **242** 23, **243** 1
– und Ständiger Schiedshof **242** 5, 23
Haager Landkriegsordnung 244 13, 134
Haftungsanspruch 253 55 ff.
– Kompensationsfunktion des ~s **253** 55
– und Primärrechtsschutz **253** 55
– sekundärrechtlicher ~ **253** 55
Handeln in Systemen kollektiver Sicherheit
– Bedarf nach kollektivem ~ **243** 20
– Disziplinar- und Strafgewalt verbleibt beim Staat **243** 22

- militärische Gegenmaßnahmen 243 20
- Mögliche Verpflichtung zu kollektivem ~ gegen den Willen 243 21
- politische Gegenmaßnahmen 243 20
- Unterwerfung unter die Kommandostrukturen der multilateralen Streitkraft 243 22
- zwei Entscheidungsebenen 243 20

Harmonisierung
- und EuGH 247 67
  - Grenzen der Rechtsharmonisierung 247 67

Haushaltsgesetz
- und Official Development Assistance (ODA), Vergabe 249 20

Haushaltspolitik
- und Währungsrecht 250 20

Haushaltsunion 250 8

Hoheitliche Gewalt *siehe* Staatsgewalt

Hoheitliches Handeln
- und grenzüberschreitende Sachverhalte 253 70
  - Rechtsschutzprobleme 253 70
- Kontrolle 253 70

Hoheitsakt
- Anerkennung von ~en 238 11
- keine Überprüfung von ~en der EU 238 22
- Vollstreckung von ~en im Ausland
  - Konsequenzen der Nichtbefolgung inländischer Anordnungen 246 54
  - Umgehungsmöglichkeiten 246 53
  - Vollstreckung in inländisches Vermögen 246 54
- Wirkung 239 1
- Zustellung von ~en im Ausland
  - Abgrenzung zur Vornahme von Hoheitsakten 246 49
  - Ermittlungen durch Augenschein 246 51
  - Ermittlungen durch Urkunden 246 52
  - Ermittlungen durch Zeugen 246 51
  - Ermittlungen zur Unwirksamkeit 246 51
  - Erweiterung von Formen der Zustellung 246 50
  - in der Rechtsprechung 246 50
  - Unwirksamkeit der Zustellung 246 51

Hoheitsakte, fremde
- Anerkennung *siehe* Anerkennung
- bedingungslose Mitwirkungspflichten 239 61
- Formen der Mitwirkung 239 4 ff.
- und GG
  - Verfassungsbeschwerde gegen Mitwirkungsakt 239 71
  - Versagung der Mitwirkung durch das ~ 239 70
- Gleichwertigkeit der ~ anderer EU-Mitgliedstaaten
  - kein gleichwertiger Rechtsschutz 239 65
  - mögliche Verfassungswidrigkeit der Mitwirkung 239 66
  - Prämisse 239 64
- Mitwirkung an ~
  - Beachtung der Ewigkeitsklausel 239 53
  - indisponible Verfassungssubstanz 239 53
- Mitwirkung des Verfassungsstaates an ~ 239 1 ff.
- keine Pflicht zur Mitwirkung 239 1
- prozessuale Überprüfbarkeit 239 76 f.
  - Akte deutscher Staatsgewalt 239 77
  - keine Überprüfbarkeit durch deutsche Gerichte 239 77
  - keine Überprüfung 238 22
- verfassungsrechtliche Grenzen der Mitwirkung *siehe* Grenzen der Mitwirkung
- verfassungsrechtliche Vorgaben für die Mitwirkung 239 38 ff.
- Verfassungswidrigkeit vorbehaltloser Mitwirkungspflichten 239 70 ff.
- Verletzung der Verfassungsidentität 239 68
- vielfältige Formen der Mitwirkung an ~ 239 3
- Vollstreckung *siehe* Vollstreckung ausländischer Hoheitsakte

Hoheitsgewalt *siehe* Staatsgewalt

Hoheitsgewalt, internationale
- demokratisch-rechtsstaatlicher Ableitungs- und Kontrollzusammenhang 253 11 f.
- Kontrolle 253 72

Sachregister

Hoheitsgewalt, transnationale
- demokratisch-rechtsstaatlicher Ableitungs- und Kontrollzusammenhang **253** 11 f.
- Kontrolle **253** 72

Hoheitsgewalt, Übertragung von
- Erforderlichkeit einer Ermächtigung **230** 63
- auf die EU **248** 46 f.
- verfassungsrechtliche Anforderungen **240** 57

Hoheitsrechte
- Beschränkung von ~n **227** 20
- und Systeme kollektiver Sicherheit **243** 18

Hoheitsträger
- internationales Handeln
  - demokratische Legitimation **253** 70
- transnationales Handeln
  - demokratische Legitimation **253** 70

Homogenitätsgrundsatz **232** 36

Horizontale Normkonflikte **238** 9 ff.
- zwischen nationalen Rechtsordnungen **238** 9

Humanitäre Einsätze der Bundeswehr **244** 1, 27
- rein humanitäre Einsätze **244** 11
- humanitäre Intervention **244** 2, 16, 44
  - keine Intervention auf fremdem Territorium **244** 46
  - Intervention zugunsten eigener Staatsangehöriger **244** 45
- humanitäre Interventionen zugunsten fremder Staatsangehöriger **244** 46, 79
  - Grundgesetzwidrigkeit **244** 79
  - Kosovo-Einsatz **244** 79
  - keine verfassungsrechtliche Grundlage **244** 79

Identitätsgarantie **238** 38

Identitätsprinzipien der Verfassung
- und Völkerrecht **236** 27

Immaterialgüterrecht **230** 44

Immunität
- diplomatische ~ **235** 37
- Staatenimmunität **235** 37

Immunität, personenbezogene
- durch völkergewohnheitsrechtliche Regelungen **230** 82
- durch völkervertragliche Regelungen **230** 82

Industriestaaten
- Abbau der Ozonschicht durch die ~ **248** 6

Informales Verwaltungshandeln **253** 54
- fehlende subjektive Rechtsverletzung **253** 54
- und gerichtliche Kontrolle **253** 54
- mittelbar-faktischer Eingriff **253** 54

Informationstechnologie, moderne
- Auswirkung auf den Staat **231** 1
- und Staat **231** 1

Informationsverwaltung, grenzüberschreitende **253** 4

Inkorporationstheorie *siehe* Gründungstheorie

Inlandsbegriff
- Funktion des ~ **251** 12
- materiell-äquivalenztheoretische Abgrenzungsfunktion **251** 12

Innerstaatliche Anerkennungsnormen **238** 10

Innerstaatliche Verweisungsnormen **238** 10

Integration
- Integrationsermächtigungen des GG **230** 70
- Integrationsverantwortung
  - der Verfassungsorgane **234** 32 ff.

Integrationsverantwortung
- der Verfassungsorgane **234** 32 ff.

International Centre for Settlement of Investment Disputes (ICSID) **246** 112 f.
- Gerichtsbarkeit **246** 112 f.
- Konvention **246** 112 f.
- Schiedsspruch **246** 113
- Verfahren **246** 113

International institutionalisierte Gerichte **242** 17
- Internationaler Gerichtshof *siehe dort*
- Internationaler Seegerichtshof *siehe dort*
- Ständiger Internationaler Gerichtshof *siehe dort*

International Labour Organization (ILO) 246 104
International Security Assistance Force (ISAF) 244 121
Internationale Bank für Wiederaufbau und Entwicklung (IBRD) 249 32
Internationale Fonds für landwirtschaftliche Entwicklung (IFAD) 249 30
Internationale Handelskammer 234 23
– und globale Unternehmen
  – als Träger 246 105
Internationale Handelsschiedsgerichtsbarkeit 245 107 ff.
– Anknüpfung an aus Handelsbräuchen entwickelten Grundsätzen 246 123
– Anwendbarkeit von UNCITRAL-Verfahrensregeln 246 115 *siehe auch* UN Conference on Trade and Development
– Auswahl der Schiedsrichter durch globale Unternehmen 246 115
– Bezugnahme auf mehrere Rechtsordnungen 246 122
– lex mercatoria
  – als allgemeine Grundsätze des Vertragsrechts 246 123
– New Yorker Konvention 246 109
  – materiell-rechtliche Ablehnungsgründe 246 110
– Schiedsfähigkeit
  – Grenzen 246 110
  – Kriterien 246 110
– Schiedsspruch 246 108 ff.
  – Aufhebung 246 111
  – Ausmaß staatlicher Kontrolle 246 109 ff.
  – Vollstreckung 246 111
– Stabilitätsklausel 246 122
– Vereinbarung des Verfahrensrechts durch globale Unternehmen 246 115
– Verfahren ohne Rechtsmittel 246 112
– Wahl des Gerichtsortes 246 111
Internationale Investitionsschiedsgerichtsbarkeit 245 107 ff.
– Anwendbarkeit von ICSID-Konventionsverfahrensregeln 246 115
– Anwendung des von den Parteien vereinbarten Rechts 246 117 f.

– Anwendung von vereinbartem Vertragsrecht 246 118
– Ausfüllung von transnationalem Recht 246 118
– freie Wahl des materiell anzuwendenden Rechts 246 116
– keine gerichtliche Kontrolle von ICSID-Verfahren 246 113
– Gewinnteilungsformel 246 121
– Gleichgewichtstheorie 246 121
– hilfsweise Anwendbarkeit allgemeiner Rechtsgrundsätze 246 119 f.
– hilfsweise Anwendbarkeit völkerrechtlicher Regeln 246 119
– ICSID-Gerichtsbarkeit 246 112
  siehe auch International Centre for Settlement of Investment Disputes
  – Einzelheiten der Überprüfungsverfahren 246 114
  – konventionsimmanente Überprüfungsverfahren 246 114
– ICSID-Konvention 246 112 ff.
– ICSID-Schiedsspruch
  – Verbindlichkeit 246 113
– ICSID-Verfahren 246 113
– Immunitätsvorbehalt der ICSID-Konvention 246 113
– Kuwait gegen American Independent Oil Company (Aminoil) 246 120 f.
– Möglichkeiten bei der Rechtsauswahl 246 118
– Schiedsspruch
  – Ausmaß staatlicher Kontrolle 246 113
– Stabilitätsklausel 246 118
Internationale Kooperation 238 2
  siehe auch Internationale Zusammenarbeit
– zur Bewältigung gemeinsamer Probleme 234 3
– Entwicklung eines „Global Administrativ Law" 234 27
– gebietsübergreifende Probleme 239 2
– Gebotenheit der ~n 239 39
– und GG
  – inhaltlich reduzierter Geltungsanspruch 239 45
  – kein strikter Vorrang des ~es 239 45

Sachregister

- informelle Treffen von Regierungsvertretern
  - G 8 **234** 27
- zur Lösung staatlicher Probleme **234** 26
- Netzwerkbildung **234** 26
- Netzwerke auf Ebene der nationalen Verwaltung **234** 27
- als Normalzustand **239** 2
- Notwendigkeit **239** 2
- Prinzip der Gegenseitigkeit **239** 45
- verfassungsrechtliche Gebotenheit der ~ *siehe* Mitwirkungsgebote der Verfassung
- verfassungsrechtliche Grenzen der ~ *siehe* Grenzen der Mitwirkung
- verfassungsrechtliche Grundlagen der ~n **238** 3
- zunehmende Bedeutung internationaler Organisationen **239** 2
- zunehmende informelle Zusammenarbeit **234** 26

Internationale Offenheit des Grundgesetzes *siehe* Offene Staatlichkeit

Internationale Organisationen **230** 55 f., **243** 17
- Abhängigkeit von staatlicher Durchsetzung **234** 5
- Abhängigkeit von staatlicher Umsetzung **234** 5
- Ausschließlichkeitsanspruch
  - Durchbrechung des ~s **230** 57
- Ausübung internationaler öffentlicher Gewalt **249** 3
- Ausübung von Hoheitsgewalt auf deutschem Staatsgebiet **230** 57
- Begrifflichkeit **234** 3
- Begründung von Pflichten durch Beitritt **243** 19
- Beiträge **250** 62 f.
  - freiwillige ~ **250** 63
  - Maßstäbe **250** 63
  - Pflichtbeiträge **250** 63
- Besteuerung der Bediensteten
  - Gehaltsprivileg **250** 69
  - Steuern, indirekte **250** 69
- Bindung an das Rechtsstaatsprinzip **232** 48
- Bindung an die Menschenrechte **232** 47

- Bindung an die Rechtsgrundlage **232** 49
- Bindung durch Vertrag **243** 19
- und Demokratieprinzip
  - Rückbindung unter „accountability" **232** 49
  - keine Vorgaben in den Statuten **232** 49
- keine Durchgriffsbefugnis **234** 5
- Eigenmittel **250** 62
  - Arten von ~ **250** 64
- Einwirkung auf das Souveränitätsprinzip **232** 12
- Entwicklung des Eingriffsrechts **230** 57
- erwerbswirtschaftliche Tätigkeit **250** 65
- Finanzierung **250** 62 ff.
- Finanzrecht **250** 61 ff.
- Gebühreneinnahme **250** 65
- und öffentliche Gewalt
  - Spezifizierung anhand ~ **232** 21
- und GG **232** 16
- Grundstruktur von ~ **232** 1 ff.
- Gründungsverträge **250** 61
- Haushaltshoheit **250** 67
  - Zuständigkeiten **250** 67
- und IGH **242** 10
- im einzelnen **234** 3
- und Internationaler Seegerichtshof **242** 10
- Mitwirkung der Länder in ~n **248** 34
- Mitwirkung des Bundes in ~n **248** 24
- Mitwirkung deutscher Vertreter in ~n **248** 102
- Mitwirkungsrechte der Bundesrepublik Deutschland **230** 54
- Organkompetenz **250** 62
- Rechtquellen **250** 61
- und Rechtsschutz **232** 48
- auf regionaler Ebene **234** 3
- und Staat
  - Abhängigkeit des ~es **234** 3 ff.
  - eingeschränkte Zuständigkeit des ~es **234** 3 ff.
  - öffentliche Gewalt als Strukturmerkmal **232** 12
  - Rolle des ~es **234** 3 ff.
- steuerrechtliche Immunität **250** 67 f.
  - Reichweite **250** 68

Sachregister

- Strukturvorgaben des GG **232** 32
- Übertragung von Hoheitsrechten **230** 33
- Vermögensverwaltung **250** 66
- völkerrechtlicher Vertrag
  - Bestimmung der Aufgaben **234** 4
  - Bestimmung des Zwecks **234** 4
- als Völkerrechtssubjekte **234** 4, **242** 10
- Vorgaben aus dem Demokratieprinzip **232** 49
- Zustimmungsgesetz nach Art. 59 Abs. 2 GG **243** 19

Internationale Ruhrbehörde **226** 49

Internationale Streitbeilegung
- und diplomatische Streitbeilegung **242** 16
- Formen **242** 16ff.
- und Friedenssicherung **242** 14ff.
- durch juristisch begründete Entscheidungen **242** 17

Internationale Streitigkeiten
- Begriff **242** 14
- Grundsatz der friedlichen Streitbeilegung **242** 15
- Vorliegen einer ~n **242** 36
- Zuständigkeit der Schiedsgerichte
  - ex officio-Prüfung der Zuständigkeit **242** 35

Internationale Streitschlichtung **242** 1ff.

Internationale Zusammenarbeit
- und Ambivalenz der Relativierung von Staatlichkeit **226** 51
- und Anerkennung ausländischer Urteile **226** 70ff.
- und Anwendung ausländischen Rechts **226** 71ff.
- und Asylrecht **226** 75
- und Auslieferung
  - deutscher Staatsangehöriger **226** 76
  - bei drohender Folter? **226** 77
  - bei drohender Todesstrafe? **226** 76
- und Auslieferungsverbot **226** 70
- Aussage in der Präambel zur ~n **226** 46
- und Ausweisung **226** 76
- und Beitritt
  - zu internationalen Organisationen **226** 48
- Bekenntnis des GG zu ~n **226** 46, 52
- Beteiligung der Bundesrepublik Deutschland **226** 46ff.
- und Datenschutz **226** 78
  - Richtlinie 2006/24/EG über die Vorratsdatenspeicherung **226** 78
- und Demokratieprinzip **226** 80
- und Erfordernis parlamentarischer Zustimmung **226** 48
- und europäische Integration *siehe dort*
- Friedensbegriff **226** 68
- Friedensgebot **226** 67f.
- Gebot des Beitritts zur internationalen Schiedsgerichtsbarkeit **226** 63
- und Gewährleistungen für EU-Mitgliedstaaten **226** 48
- und grenzübergreifender Umweltschutz **248** 72
- und Grundrechte **226** 52ff., 69ff.
  - Beeinträchtigung durch ausländisches Recht **226** 70
  - keine Grundrechtsreduktion **226** 70
  - ordre-public-Klausel **226** 71
  - Rechtsvollzug für ausländische Staaten **226** 75
- als Grundsatz des GG **238** 3
- Haftung für Kriegsschäden **226** 66
- und internationale Rechtshilfe **226** 70
- und internationale Strafgerichtsbarkeit **226** 65
- und internationales Privatrecht **226** 71
- und internationales Prozeßrecht **226** 71
- klassische Handlungsformen **226** 47ff.
- als Lehre aus der nationalsozialistischen Herrschaft **226** 3
- und Leitziele der Außenpolitik **226** 79ff.
- und Leitziele und Realität **226** 81
- Maßstäbe **226** 67ff.
- Mitgliedschaft in UN-Sonderorganisationen **226** 48
- Notwendigkeit **226** 3

- Organisationsformen 226 47 ff.
- und Rechts- und Amtshilfe
  - bei Strafschadensersatz (punitive damages)? 226 73
  - Zulässigkeit von Vereinbarungen 226 72
- Rechtsprechung des BVerfG
  - Spanier-Beschluß 226 74
  - Stationierung von Atomwaffenträgerraketen 226 68
- und Rechtsstaatlichkeit 226 52, 77, 80
- und Rechtsstatus von Ausländern in Deutschland 226 74
  - Eheschließungsfreiheit 226 74
  - Gleichstellung der Eheleute 226 74
- und regionale Streiterledigung 226 64
- und Souveränität 226 54
  - „Souveränitätspanzer" 226 50
- und Sozialstaatlichkeit 226 80
- und supranationale Integration 226 49
- und Systeme kollektiver Sicherheit siehe dort
- und Übertragung von Hoheitsrechten 226 49
  - Begriff 226 50
  - richtungsweisende Vorbilder 226 49
  - zweiaktiger Vorgang 226 50
- als Verfassungsziel 226 46
- und Wandel der Wertvorstellungen 226 76

Internationaler Gerichtshof 227 6 f., 230 16, 242 6, 17, 24
- und Art. 38 Abs. 1 IGH-Statut 226 17
  - keine Erwähnung des allgemeinen Völkerrechts 226 14
- und grenzübergreifender Umweltschutz 248 68
- Gründung 242 49
- Hauptorgan der UN 242 49
- und IGH-Statut 242 6
- und internationale Organisationen 242 10
- Kammerentscheidung 242 54
- Kostentragung 242 65
- Manila-Deklaration 226 63
- als Nachfolger des Ständigen Internationalen Gerichtshofs 242 24
- Nuklearwaffengutachten 248 68
- personelle Organisation 242 <u>51</u>
- Plenarentscheidung 242 54
- Recht auf Selbstverteidigung 227 6
- sachliche Zuständigkeit 242 55
- und Staatsangehörigkeit 230 93
- und UN-Charta 242 6, 49
- Unterwerfung unter die Gerichtsbarkeit
  - Rückzug von Unterwerfungserklärungen 226 63
  - Unterwerfungserklärung der Bundesrepublik Deutschland 226 63, 248 25
- keine Unterwerfungspflicht Deutschlands 242 7
- Urteilsfindung
  - abweichende Meinung, Sondervotum, Deklaration 242 60
  - Entscheidung auf Basis des Völkerrechts 242 59
  - Verbindlichkeit der Urteile 242 61
- und Völkerrechtsfreundlichkeit 226 63
- Zuständigkeit der Gerichte 242 31 ff.
  - compromis 242 31
  - forum pogatum 242 31
  - generelle Unterwerfung 242 31
  - Unterwerfung durch Vertrag 242 31
  - Zustimmung der Parteien 242 <u>31</u>

Internationaler Gerichtshof, Entscheidungen 230 24
- Atomwaffentest-Fall 248 68
- Barcelona Traction 230 94
- bilaterales Gewohnheitsrecht 226 16
- Lotus-Entscheidung 230 24 f., 237 11
- Nottebohm-Entscheidung 230 93
- Pulp Mills-Fall 248 34
- und Weltstrafrecht
  - Belgien gegen Senegal 245 33
  - Kongo gegen Belgien 245 33
- Zurechenbarkeit terroristischer Anschläge 244 42

Sachregister

Internationaler Kontrollverbund
– defizitäre Kontrollstrukturen 253 88
– und internationales Mehrebenensystem 253 88
– Kompensation von Kontrolldefiziten 253 88
– Weiterentwicklung von Kontrollstrukturen 253 88

Internationaler ordre public *siehe* Ordre public, völkergewohnheitsrechtlicher

Internationaler Pakt über bürgerliche und politische Rechte
– Berufung der Charta 77 auf den ~ 229 22
– politische Auswirkungen des ~ in Osteuropa 229 22
– Selbstbestimmungsrecht 229 15

Internationaler Rechtsprechungsverbund 253 77
– als demokratisch-rechtsstaatliches Desiderat 253 77

Internationaler Seegerichtshof 242 10, 17, 29
– Gründung 242 50
– und internationale Organisationen 242 10
– Kammerentscheidung 242 54
– Kostentragung 242 65
– personelle Organisation 242 52
– Plenarentscheidung 242 54
– sachliche Zuständigkeit 242 55
– und Seerechtsübereinkommen 242 32 f., 50
– Urteilsfindung
  – abweichende Meinung, Sondervotum, Deklaration 242 60
  – Entscheidung auf Basis des Seerechtsübereinkommens 242 59
  – Verbindlichkeit der Urteile 242 61
– Zuständigkeit 242 32

Internationaler Strafgerichtshof 245 14 ff., 29
– Auslieferung von Deutschen
  – Grundsatz 245 29
– dezentrale Durchsetzung (indirect enforcement) 245 17
– Komplementärfunktion 245 17
– ne bis in idem-Grundsatz 245 17

– kein Organ der UN 245 14
– Rechtsprechung
  – Belgien gegen Senegal 245 33
  – Kongo gegen Belgien 245 33
– und Römisches Statut *siehe* Römisches Statut
– Sitz in Den Haag 245 14
– Statut 245 14 ff.
– Zuständigkeit
  – örtliche ~ 245 16
  – personale ~ 245 16
  – sachliche ~ 245 15
  – keine universelle ~ 245 16
  – zeitliche ~ 245 16

Internationaler Verwaltungsverbund
– und internationaler Rechtsprechungsverbund 253 77

Internationaler Währungsfonds 250 18, 56, 58, 93, 252 53 ff.
– Aufgaben 250 30, 252 54
– Beitritt der Bundesrepublik Deutschland 1952 252 53
– Dominanz 250 24
– dreigliedrige Struktur 250 19
– Einbeziehung 250 24
– Einhaltung der förmlichen Erklärung (letter of intent) 252 55
– Exekutivdirektorium 252 54
– Finanzierungsfunktion 252 56
– und Finanzkrise 252 56
– Funktion, heutige 250 19
– Funktion, ursprüngliche 250 18
– Gouverneursrat 252 54
– Grenzen 250 30
– Handlungsformen
  – „balance of payment"-Hilfen 250 30
– als Institution der internationalen Währungsverfassung 252 53
– Kernprobleme einer internationalen Währungsverfassung 252 53
– Konditionalität (stand-by arrangement) 252 55
– Konditionalitäten für Hilfeentscheidungen
  – nach Washington Consensus 250 29
– als Lender of the Last Resort 252 54
– Organisation 252 54
– Paradigmenwechsel des ~ 250 24

Sachregister

- Reform 2010 **252** 54
- Schwächen bei der Aufgabenwahrnehmung **252** 56
- Sonderziehungsrechte **252** 55
- und Staatsverschuldung **250** 29
- Status **252** 53
- Wechselkurse **252** 53
- Ziele **252** 54

Internationales Finanzdienstleistungsrecht 250 70 ff.
- Akteure **250** 72
- Äquator-Prinzipien **250** 76
- und Basler-Ausschuß **250** 75
- EU-Ausschüsse **250** 73
- EU-Behörden **250** 73
- und Europäische Zentralbank **250** 74
- Europäisches System der Finanzaufsicht **250** 73
- Funktion **250** 70
- Gegenstand des ~s **250** 70
- Institutionen **250** 72
- internationale Foren **250** 78
  - Demokratiedefizit **250** 79
- Koordination nationaler Aufsichtsbehörden **250** 78 f.
- Primat der Privatautonomie **250** 71
- und Ratingagenturen **250** 80 ff.
- Rechtsquellen **250** 72
- Rechtsquellen im deutschen Recht **250** 72
- Verhaltenskodizes der Finanzdienstleistungsunternehmen **250** 76

Internationales Finanzrecht 250 1 ff.
- Abgrenzungen **250** 3 ff.
- und allgemeines Völkerrecht **250** 3
- „genuine link"-Erfordernis **250** 3
- als Auffangordnung **250** 91
- als Ausgleichsordnung **250** 90
- Bedeutung **250** 1 ff.
- Begriff **250** 1 ff.
- Bezüge zu anderen Rechtsgebieten **250** 77
- als Desiderat internationaler Gerechtigkeit **250** 90
- und europäisches Finanzrecht **250** 7 ff.
- Externalisierung **250** 94
- Fragmentierung **250** 93
- und Geld- und Währungsrecht **250** 12 ff.

- und genuine link
  - Grenzen staatlicher Souveränität **250** 3
- historische Auffächerung **250** 2
  - prägende Lehr- und Rechtsbücher **250** 2
  - Schnittbereich zwischen Steuer- und Völkerrecht **250** 2
- und Internationales Privatrecht **250** 4 ff.
  - Strukturparallelen im DBA-Recht **250** 6
  - Unterscheidung in den Regelungsstrukturen **250** 6
- Justiziabilität **250** 93 ff.
  - Individualrechtsschutz auf überstaatlicher Ebene **250** 95
- Konstitutionalisierung **250** 18, 93 ff.
- Offenheit **250** 89
- Perspektiven **250** 89 ff.
- und Privatrecht **250** 5
- Privatrecht als Einsatzgröße **250** 4
- Privatrecht als Erkenntnisquelle **250** 4
- Rechtsquellen im Völkervertragsrecht **250** 3
- als Sachrecht **250** 6
- Stabilisierung der innerstaatlichen Rechtsordnung **250** 91
- Stabilisierung der Völkerrechtsordnung **250** 92
- Themenfeld **250** 1
- Verknüpfungen **250** 89
- und Vorgaben zu Eigenkapital und Einlagensicherung **250** 87 f.
- und Vorgaben zu Stabilisierung und Rettung siehe Vorgaben zu Eigenkapital und Einlagensicherung
- Wissenschaft
  - Abstimmung auf die Vorgaben des Verfassungsstaates **250** 96
- Zusammenhänge zwischen den einzelnen Feldern **250** 89

Internationales Finanzrecht von Wiederaufbau und Entwicklung 250 20 ff.
- und BRICS-Staaten
  - kohärente ökonomische Interessen der ~ **250** 22
- und European Recovery Program (ERP) **250** 21

- und Internationaler Währungsfonds
  250 24
- regionale Bündelung fiskalischer
  Kräfte
- regionale Institutionen und Programme
  - Diversifizierung **250** 21
  - Regionalisierung **250** 21
- und Weltbank **250** 23
- und Weltbank-Gruppe **250** 23

Internationales Geld- und Währungsrecht **250** 12ff., 17 *siehe auch* Währungsrecht
- Bedeutung **250** 12
- und Geldpolitik **250** 13
- als Grundlage des Internationalen Finanzrechts **250** 12
- Monopolisierung der Münz- und Noteneinheit **250** 14
- als Verfassungsvoraussetzung **250** 12
- und Zentralbank **250** 14

Internationales Mehrebenensystem **253** 77
- und demokratische Legitimation **253** 77
- Kontrolle im internationalen Mehrebenensystem **253** 87
- und Rechtsstaatlichkeit **253** 77
  - durch effektiven Rechtsschutz **253** 77

Internationales Privatrecht *siehe* Privatrecht, internationales

Internationales Steuerdeterminationsrecht **250** 55ff.
- formelle und informelle Akteure
  - Organisation für wirtschaftliche Zusammenarbeit in Europa (OECD) **250** 56
  - staatliche Institutionen **250** 56
  - Weltbank **250** 56
- institutionelle Vorgaben **250** 57
- materiell-gestaltende Vorgaben **250** 58
  - automatische Stabilisatoren **250** 58
  - Bekämpfung von Korruption **250** 58
  - border tax adjustment **250** 60
  - Finanztransaktionssteuer **250** 60
  - good governance **250** 59
- Recht der Steuerverwaltung **250** 57

- Rechtsstaatsexport **250** 55
- verfahrenbezogene Vorgaben **250** 57

Internationales Steuerrecht **250** 36ff., **251** 4ff.
- Anknüpfung an Auslandssachverhalte **250** 37
- Besteuerung grenzüberschreitender Sachverhalte **251** 5
- und direkte Steuern
  - Vermeidung von Doppelbesteuerung **250** 41
- und Diskriminierungen **250** 48ff.
- und Diskriminierungsverbot
  - aufgrund der Staatsangehörigkeit **250** 48
- und Doppelbesteuerung **250** 37ff.
  - als historischer Impuls **250** 38
- Entwicklungsstufen **250** 37ff.
- und Internationales Steuerdeterminationsrecht **250** 55ff.
- und Organisation für wirtschaftliche Zusammenarbeit in Europa (OECD) **250** 38
- Problemstellungen **250** 36
- Rechtsquellen im Völkervertragsrecht **250** 37ff.
- und schädlicher Steuerwettbewerb **250** 51ff.
- spezielle Gleichheitssätze **250** 49
- statusbezogene Gleichheitssätze **250** 48
- und Steuerarten
  - Anknüpfung an der Leistungsfähigkeit **250** 37

Internationales Strafrecht *siehe* Strafrecht, internationales

Internationales Verwaltungsrecht *siehe* Verwaltungsrecht, internationales

Internationales Währungssystem
- Bretton-Woods-Konferenz **252** 17
- System fester Wechselkurse **252** 17

Internet
- als anarchischer Raum **231** 13
- Beschränkung oder Freiheit des ~s **231** 41
- Beteiligung am Normgebungsprozeß im ~ **231** 35
- als dezentralisiertes Netzwerk **231** 7
- diskriminierungsfreie Datenübermittlung **231** 18

- diskriminierungsfreier Zugang zum Internet 231 18
- als Grundlage des virtuellen Raums 231 18
- und liquid democracy 231 35
- in der modernen Gesellschaft 231 7
- Netzneutralität des ~s 231 17 f.
- Online-Wahlen 231 33
- Preis einer internationalen Regulierung des ~s 231 42
- und Staat 231 17
- Staat als Garant des freien ~s 231 20
- Teilhabe am gesellschaftlichen Leben durch das ~ 231 7
- und Telekommunikationsgesetz 231 18
- und virtueller Raum 231 7
- Zugang zum ~
  - als staatliche Verpflichtung aus sozialen Gesichtspunkten 231 17
  - als Teil des Existenzminimums 231 17

Interpol 253 58
- fehlender Rechtsschutz gegen ~ 253 61

Interventionsverbot, völkerrechtliches 231 28
- und cyber attacks 231 28

Islamic Development Bank 249 32

Ius ad bellum
- und militärische Einsätze der Bundeswehr 244 35

Ius cogens 236 3, 238 32
- und Menschenrechte 238 32
- völkergewohnheitsrechtlicher Ordre public 238 32
- und Völkerrecht 238 32

Ius in bello
- und militärische Einsätze der Bundeswehr 244 35, 130
- Mindestmaß an Humanität 231 29

Jay Treaty 242 19 f.

judicial restraint
- Bedeutung im US-amerikanischen Recht 241 29
- Begriff 241 29
- als Benennung des Problems geeignet 241 29

Judikative
- Bindungswirkung
  - der allgemeinen Regeln des Völkerrechts 235 6

Jurisdiktion
- Begriff 246 56
- und globale Unternehmen 246 56
- Jurisdiktionskonflikte
  - im Bereich des grenzübergreifenden Umweltschutzes 248 111

Juristische Kontrolle siehe Rechtskontrolle

Juristische Personen
- Durchgriff durch 246 89 ff.
- inländische juristische ~ 240 75

Kapitaleignerneutralität 251 50
Kapitalexportneutralität 251 50
Kapitalimportneutralität 251 50
Kapitalverkehrsfreiheit
- und Beschränkungsverbot 251 72
- Drittstaatssachverhalte 251 72

Kartellrecht 246 61
- und globale Unternehmen
  - Änderung durch Alcoa-Entscheidung 246 62
  - extraterritoriale Kartellrechtsanwendung durch Behörden 246 61 ff.
  - Gegenmaßnahmen zur Alcoa-Entscheidung 246 63
  - ICN als zwischenbehördliches Netzwerk 246 65
  - Kompromißlösungen 246 65
  - Konflikte 246 64
  - neue strenge Kartellrechtsordnungen 1958 246 64
  - in der Rechtsprechung 246 66
  - kein Völkergewohnheitsrecht 246 61
  - zwischenstaatliche Konsultationen 246 65
- Grundlage kartellrechtlicher Zuständigkeit 246 74
- Kartellbildung
  - Harmonisierungsrichtlinien der EU 246 129

Katastrophenhilfe
- und militärische Einsätze der Bundeswehr 244 80 f., 80 ff.

Sachregister

- Parlamentsbeteiligungsgesetz **244** 81
- verfassungsrechtliche Rechtsgrundlagen **244** 82 f.
- transnationale ~ **230** 66

Keinmalbesteuerung **250** 46 ff., **251** 7
- Besteuerung nach der Leistungsfähigkeit **251** 54
- und Doppelbesteuerungsabkommen **250** 47
- hybrid missmatch
  - Indikatoren **250** 47
- und Konsultationsverfahren **251** 60
- Mißbrauchsabwehrklauseln **250** 47
- subject to tax-Vorbehalte **250** 47
- systematisch gerechtfertigte ~ **250** 46
- teleologisch gerechtfertigte ~ **250** 46
- Umschaltklauseln **250** 47
- unzulässige innerstaatliche Gesetzgebung gegen ~ **251** 49
- Vermeidung von ~ **251** 7
- Verpflichtung des Ansässigkeitsstaat zur Freistellung trotz ~ **251** 54
- Vorbehalte gegen ~ **251** 54

Kiobel-Fall
- und globale Unternehmen
  - Beteiligung globaler Unternehmen an Menschenrechtsverletzungen **246** 81 ff.
  - letztinstanzliche Klageabweisung aus kollisionsrechtlichen Gründen **246** 82
  - Sondervotum **246** 82 f.
  - vorinstanzliche Klageabweisung **246** 83

Kohärenzprinzip
- allgemeines Rechtsprinzip des Unionsrechts **253** 81
- und Rechtsschutz **253** 81
  - im internationalen Mehrebenensystem **253** 81
- und Vertrag von Lissabon **253** 81
- und Verwaltungsprozeßrecht **253** 81

Kollektive Selbstverteidigung **243** 11
Kollektive Sicherheit
- Bekenntnis zum Gedanken **243** 14
- Element der gegenseitigen ~n
  - Wechselbezüglichkeit der Sicherheitsgewähr **243** 17
- Entstehung der Konzepte **243** 4, 4 ff.

- Erfordernis eines System der Staatenorganisation **243** 4
- Gefahren des internationalen Terrorismus **243** 6 *siehe auch* Terrorismus, internationaler
- Gegner als Partner der Sicherheitsgewährleistung **243** 4
- und kantianische Friedensmodelle **243** 4
- und kollektive Selbstverteidigung **243** 11
- als Konzept des Verfassungsrechts **243** 1 ff.
- als Konzept des Völkerrechts **243** 1 ff.
- Konzepte im Völkerrecht **243** 4 ff.
- neues Begriffsverständnis **243** 11
- normatives Leitkonzept des Systems der Friedenswahrung **243** 1
- als programmatische Entscheidung des Grundgesetzes **243** 14
- Rezeption der Konzepte ~r im Verfassungsrecht **243** 14 ff.
- völkerrechtlicher Begriff **243** 1

Kollektive Verteidigung
- Konzepte im Völkerrecht **243** 4 ff.

Kollisionsrecht
- als Gelehrtenrecht **246** 98
- keine Gleichsetzung mit Völkergewohnheitsrecht **246** 98
- kein grundrechtsexternes ~ **240** 32

Kollisionsrechtliche Verträge **238** 27
- und verfassungsrechtlicher ordre public **238** 27

Kompetenzübergänge **248** 43
Konferenz der Vereinten Nationen für Handel und Entwicklung **250** 34
- Prinzipien **250** 34
- Publifizierung des „soft law" der ~ **250** 34

Konferenz der vereinten Nationen für Handel und Entwicklung (UNCTAD) **249** 30
Konfliktvölkerrecht *siehe* ius in bello
Konstitutionalisierung
- globale ~ **253** 71
- Konstitutionalisierungsthese **253** 72
- und Transparenzprinzip **253** 80

Konsultationsverfahren **251** 58 ff.
- Beachtung des Grundsatzes der Gewaltenteilung **251** 59

Sachregister

- keine Bindung der Judikative an Konsultationsvereinbarung **251** 60
- einvernehmliche Entscheidungen der Finanzverwaltung **251** 58
- keine Rechtsgrundlage für Änderungen eines Doppelbesteuerungsabkommen **251** 59

Kontrolle der Projekt- und Budgethilfe 249 <u>105 ff.</u>
- Erfolgskontrolle **249** 107
- Finanzkontrolle **249** 107
- Mechanismen der Verantwortung **249** 105
- Mechanismen der ~ **249** 105
- Öffentlichkeitskontrolle **249** 107
- und Weltbank
  - Rechtmäßigkeitskontrolle **249** 106

Kontrolle, europäische 253 28

Kontrolle, gerichtliche 253 41
- und Doppelbesteuerungsabkommen **253** 61
- und Einheitsmodell **253** 51
  siehe auch Einheitsmodell
- und Einwirkungsprinzip **253** 48
- geminderte Justiziabilität der ~ **253** 54 ff.
- und grenzüberschreitende Sachverhalte **253** 80
  - Fehlen von Kontrollmöglichkeiten **253** 41
  - Orientierung am Einwirkungsprinzip **253** 48
  - Rechtsbehelfe **253** 41
- und Grundsatz der Staatenimmunität **253** 45
- und informales Verwaltungshandeln **253** 54
- auf internationaler Ebene
  - Begrenzungen **253** 41
- und internationaler Gerichtshof **253** 41
- und internationales Sicherheitsverwaltungsrecht **253** 42
- und parlamentarische Kontrolle **253** 62
- und Kontrollkonzept **253** 86
- und Stellvertreterlösung **253** 53
  siehe auch Stellvertreterlösung
- subjektive Rechtsverletzung **253** 54
- und Trennungsmodell **253** 44 ff., 51
  siehe auch Trennungsmodell
- und Unionsrecht
  - Rechtsschutzrestriktionen **253** 42
- Verengung auf subjektive Rechtsverteidigung **253** 54 ff.
- und Verwaltungsvorgänge, internationale **253** 54
- und Völkerrecht **253** 49
- und Zurechnungsmodell **253** 52
  siehe auch Zurechnungsmodell

Kontrolle, parlamentarische 253 <u>62 ff.</u>
- Defizite durch Entparlamentarisierung **253** 62
- Ursachen **253** 63
- und gerichtliche Kontrolle **253** 62
- keine ~ auf europäischer Ebene **253** 63
- keine ~ auf globaler Ebene **253** 63
- und Kontrollkonzept **253** 86
- und Parlamentsgesetz
  - als Grund **253** 62
- Reformbedarf im Bereich des auswärtigen Handelns **253** 85

Kontrolle, sonstige
- durch administrative Kontrollinstanzen **253** 65
- direktdemokratische Elemente **253** 68
- durch Elemente eines Systemschutzes **253** 66
- durch gerichtsähnliche Kontrollinstanzen **253** 65
- und grenzüberschreitende Sachverhalte **253** 64
- und Nichtregierungsorganisation **253** 68
- durch Öffentlichkeit **253** 67
- Partizipation Beteiligter im Verwaltungsverfahren **253** 68
- Rechnungshofkontrolle **253** 69
- Selbstkontrolle **253** 64
- und Sicherheitsverwaltungsrecht **253** 65
- Transparenz von Entscheidungsverfahren **253** 68

Kontrolle, staatliche 253 5
- Begrifflichkeit der ~ **253** 14
- keine Beschränkung auf Beobachtung **253** 16
- Definition der ~ **253** 17
- und Demokratieprinzip **253** 33
- Einschränkungen **253** 33

Sachregister

- personelle Legitimation 253 33
- sachlich-inhaltliche Legitimation 253 33 f.
- demokratische Legitimation 253 33
- Einwirkung auf den Kontrollierten 253 16
- Erscheinungsformen der ~ 253 14
- funktionsgerechte Zuordnung hoheitlicher Gewalt 253 39
- und gerichtliche Kontrolle 253 41
  siehe auch Kontrolle, gerichtliche
- gerichtliche Kontrolle als Kernelement
  - Beschränkung auf Maßstab der Rechtmäßigkeit 253 28
- und Gewaltenteilung 253 37 ff.
  siehe auch Gewaltenteilung
  - Bindung an das Parlamentsgesetz 253 37
- gewaltenunabhängiges Verständnis 253 17
- und Globalisierung 253 5, 12
- und grenzüberschreitende Sachverhalte
  - Reformansätze 253 40
  - strukturelle Probleme 253 40 ff.
- Grundsatz des effektiven Rechtsschutz 253 28
- und hoheitliche Gewalt 253 39
- und Individualrechtsschutz 253 28
- und internationales Sicherheitsverwaltungsrecht 253 40
- und Kontrastorgane 253 18
- und Kontrolle durch gesellschaftliche Akteure 253 19
- und Kontrollergebnis 253 24
  siehe auch Kontrollergebnis
- und Kontrollfunktion 253 23
  siehe auch Kontrollfunktion
- und Kontrollobjekte 253 21, 32
  siehe auch Kontrollobjekte
- und Kontrollsubjekte 253 18
  siehe auch Kontrollsubjekte
- organadäquate Zuordnung hoheitlicher Gewalt 253 39
- parallele ~ 253 23
- und Parlament 253 37
- präventive ~ 253 23
- Prinzipal-Agent-Beziehung 253 32
- prospektive maßstabsbezogene Abweichungsanalyse 253 17

- und Rechtskontrolle 253 25 ff.
- und Rechtsstaatsprinzip 253 35
  - Vorrang der Verfassung 253 35
  - Vorrang des Gesetzes 253 35
- Reformulierung nationaler Kontrollkonzepte 253 12
- repressive ~ 253 23
- retroperspektive maßstabsbezogene Abweichungsanalyse 253 17
- und Sachkontrolle 253 29 ff.
- Selbstkontrolle 253 20
- Soll-Ist-Vergleich als Kernelement 253 15
  - Feststellung von Konvergenz oder Divergenz 253 15
- und Staatsgewalt 253 37
  - Koordinierung der ~ 253 37
- Strukturen in internationalen Zusammenhängen 253 14 ff.
- verfassungsrechtliche Grundlagen 253 32 ff.
  - Demokratieprinzip 253 33
- und verfassungsrechtliche Prinzipien 253 33
- verfassungstheoretische Grundlagen 253 32 ff.
  - Kontrolle als Verantwortungskorrelat 253 32
- als vierte Stufe rationalen staatlichen Handelns 253 23
- Vollkontrolle staatlichen Handelns 253 28
- Ziel
  - Gewährleistung rechtsstaatlicher Rationalität 253 36
  - Legalität 253 36
  - Rechtmäßigkeit 253 36
  - Sachrichtigkeit 253 36

Kontrollergebnis
- Anpassungsvorgänge beim Kontrollobjekt 253 24
- Optimierung von Entscheidungsabläufen 253 24

Kontrollfunktion
- Gewährleistung richtiger Entscheidungen 253 23

Kontrollkonzept
- Entwicklung paßgenauer Kontrollformen 253 86
- im internationalen Kontext 253 86

- Notwendigkeit eines umfassenden und pluralen ~s **253** 86

Kontrollmaßstäbe **253** 25 ff.
- und Rechtskontrolle **253** 25 ff.
  siehe auch Rechtskontrolle
- und Sachkontrolle **253** 29 ff.
  siehe auch Sachkontrolle

Kontrollobjekte **253** 21 ff.
- juristische Personen des Privatrechts **253** 21
- natürliche Personen des Privatrechts **253** 21
- Prinzipal-Agent-Beziehung **253** 32
- und Staatsaufsicht **253** 22
- und Wirtschaftsaufsicht **253** 21

Kontrollsubjekte **253** 18 ff.
- gesellschaftliche Akteure als ~ **253** 19
- und Hoheitsträger **253** 18
- Kontrastorgane als ~ **253** 18
- Selbstkontrolle **253** 20
- und Staat **253** 18, 71
- Staat und seine Organe **253** 18
- überstaatliche Hoheitsverbände **253** 18

Konzept der Eigenverantwortung
- Achtungspflicht der Geber **249** 60
- Bekräftigung des Souveränitätsprinzips **249** 58
- Bevormundung der Nehmer durch die Geber **249** 55
- Element von Reziprozität **249** 59
- Führungsrolle der Nehmerstaaten **249** 56
- Führungsverantwortung der Nehmerstaaten
  - primäre Verantwortung der Regierung **249** 56
- und Official Development Assistance (ODA), Vergabe
  - Nehmerpläne als Voraussetzung **249** 59
- Strukturprinzip, kein Rechtsprinzip **249** 57
- verpflichtender Gehalt für Nehmerstaaten **249** 59
- Wirkungslosigkeit von EZ-Projekten **249** 55

Korruption
- und EU
  - Betrugsbekämpfungsbehörde (OLAF) **249** 95
- und Official Development Assistance (ODA), Vergabe **249** 94
- Umsetzung von Anti-Korruptions-Regimen im deutschen Recht **249** 96
- Vergaberecht als Mittel zur Bekämpfung **249** 94

Kreditanstalt für Wiederaufbau (KfW) **249** 12
- Aufgaben als Auftragsangelegenheiten **249** 13
- Generalvertrag **249** 13
- Rechtsgrundlage **249** 13

Kriegswaffenkontrolle
- kein allgemeines Verbot des Kriegswaffenexports **227** 29
- dual use-Güter **227** 31
- Eignung zur Kriegsführung als Kriterium **227** 31
- keine Erforderlichkeit einer Verwendungsabsicht **227** 31
- Kriegswaffenbegriff **227** 31
- Kriegswaffenexport
  - Determination durch völkerrechtliche Waffenverbote **227** 30
- Kriegswaffenliste **227** 31
  - gerichtliche Überprüfung der ~ **227** 31

Kriegswaffenkontrollgesetz **227** 28 ff.

KSZE-Schlußakte
- Achtung der Menschenrechte und Grundfreiheiten **229** 19
- und deutsche Wiedervereinigung **229** 21
- Entspannung als Ziel der ~ **229** 19 ff.
- Gewaltverzicht **229** 19 f.
- Gleichberechtigung und Selbstbestimmung der Völker **229** 19
- und Militärintervention in Prag 1968 **229** 20 f.
- als politisch moralischer Appell **229** 20
- politische Auswirkungen der ~ in Osteuropa **229** 19
- Schranken **229** 28
- als systemimmanente Legitimation der Opposition **229** 22
- territoriale Integrität der Staaten **229** 19

– Unverletzlichkeit der Grenzen **229** 19
– und Wende der sowjetischen Europapolitik **229** 21
Kunstfreiheit
– und Schutz des Urheberrechts **247** 12

Länderkompetenz
– Ausführung von Bundesgesetzen **248** 38
– und grenzübergreifender Umweltschutz **248** 32f.
– Spezialregeln der Kompetenzverteilung
  – auf grenznachbarschaftliche Einrichtungen **248** 53
– Vertragsabschlußkompetenz **248** 32
Landesrecht
– und Bundesrecht
  – vertikaler Wettbewerb der Rechtsordnungen **233** 20
– und Rechtsordnungen, Wettbewerb der
  – horizontaler ~ **233** 20
Legislative
– Bindungswirkung
  – der allgemeinen Regeln des Völkerrechts **235** 6
– Desinformation durch Überinformation **234** 35
– und EU
  – Übertragung von Legislativkompetenzen auf die ~ **234** 32
– und Exekutive
  – frühzeitige Information der ~ **234** 35
– und völkerrechtliche Verträge
  – dynamische Vertragsentwicklung **234** 34
Leistungsfähigkeitsprinzip, steuerrechtliches **251** 15ff., 62
– Anforderung des ~s **251** 62
– Anwendung auf grenzüberschreitende Sachverhalte **251** 28, 64
– Anwendungsbereich bei grenzüberschreitenden Sachverhalten **251** 15ff.
– und beschränkte Steuerpflicht **251** 18
– und objektives Nettoprinzip **251** 62
– räumlicher Anwendungsbereich des ~ **251** 15

– und subjektives Nettoprinzip **251** 62
– und unbeschränkte Steuerpflicht **251** 18
– Verstoß gegen das ~ durch Doppelbesteuerung **251** 28ff.
– Verstoß gegen ~ durch Freistellungsmethode **251** 49
Leitlinie für die bilaterale Finanzielle und Technische Zusammenarbeit **249** 21
Leitlinien zur Entwicklungszusammenarbeit
– und Grundsatz der Ergebnisorientierung und der Konzentration **249** 92
Leitungsebene, politische
– und Durchführungsebene
  – Verhältnis **249** 17
Lindauer Abkommen
– und grenzübergreifender Umweltschutz **248** 28, 31
Liquid democracy **231** 35
Londoner Club
– nach Pariser Vorbild **250** 28
– als Vertretung privater Kreditinstitute **250** 28

Markenrecht **247** 14
Markteinkommenstheorie **251** 13
Marshall-Plan **250** 21
Maßnahmen, unilaterale
– Anrechnung der ausländischen Steuer **251** 39ff. *siehe auch* Anrechnungsmethode
– Begrenzung der Anrechnung **251** 39
– zur Beseitigung der Doppelbesteuerung **251** 39ff.
– Unüblichkeit im Quellenstaat **251** 41
Maßstäbe der Entwicklungszusammenarbeit **249** 40ff.
Mehrfachbelastung
– Vermeidung der ~ im Mutter-Tochter-Verhältnis
  – harmonisierende Richtlinie **251** 37
Mehrwertsteuer
– Amtshilfe bei der ~ **239** 31
– Beitreibungsrichtlinie **239** 31
– EU-Beitreibungsgesetz **239** 31
– Harmonisierung der ~ **250** 10

Meinungsfreiheit
- und grenzüberschreitende Reichweite von Grundrechten **240** 96
  - Meinungsäußerungen im Ausland **240** 96

Meistbegünstigungsklausel 250 48
- und Doppelbesteuerungsabkommen **250** 50
- und Grundfreiheiten **250** 50

Menschenrechte 235 55
- und allgemeine Regeln des Völkerrechts **235** 52
- Einwirkungspflichten Deutschlands
  - in der EU **249** 78
  - in internationalen Organisationen **249** 78
  - in der Weltbank **249** 78
- erga omnes-Charakter der **227** 8
- in der Europäischen Menschenrechtskonvention **229** 24
- Gewährleistung durch Fachgerichte **247** 22
- Gewährleistungspflicht aus ~n
  - Gewährleistung von Rechten **249** 79
  - und Sozialpakt **249** 79
- internationale ~ **253** 3
- und ius cogens **238** 32
- in der KSZE-Schlußakte **229** 19 f.
- und Officiall Development Assistance (ODA), Vergabe
  - Vermeidung der Förderung menschenrechtsverletzender Projekte **249** 77
- und ordre public **253** 49
  - Gewährleistung effektiven Rechtsschutzes **253** 49
- und Rechtsschutz **253** 49
- und staatliches Handeln nur im Rahmen der ~ **229** 29
- Verletzung von ~n **227** 8
- als Waffe gegen den sozialistischen Staat **229** 22

Menschenrechtsbindung
- der deutschen Entwicklungszusammenarbeit **249** 62

Menschenrechtsrat
- und globale Unternehmen
  - Regeln als Beitrag zur Unternehmenskultur **246** 18
  - Regeln als völkerrechtliches soft law **246** 18

Menschenrechtsschutz 230 19
- Grundprinzip des ~ **232** 28 f.
- und internationale Organisationen **232** 47
- Konkretisierung durch das Grundgesetz **232** 30
- Relevanz für die öffentliche Gewalt **232** 34
- im Völkerrecht **232** 42

Menschenrechtsverstoß
- als Bedrohung des Friedens **227** 8

Menschenrechtsverträge
- und militärische Einsätze der Bundeswehr
  - keine Ausübung tatsächlicher Herrschaft **244** 144
  - Geltung **244** 140 f.
  - Hoheitsgewalt über Bevölkerung **244** 142
  - keine Hoheitsgewalt über gegnerische Kombattanten **244** 143
  - Hoheitsgewalt über Kriegsgefangene **244** 142
  - jurisdiction als zentraler Begriff **244** 142
  - Rechtsansicht der Bundesrepublik **244** 146
  - teleologische Auslegung **244** 141

Militärmanöver 230 66

Mischgremien 253 83 ff.
- und Parlament **253** 84
- Stärkung der ~ **253** 82

Mitwirkungsgebote der Verfassung 239 39 ff.
- Entscheidung für die Europäische Integration **239** 40
- grundrechtliche Mitwirkungspflichten **239** 41
- Grundsatz der Europarechtsfreundlichkeit **239** 40
- und Grundsatz der Völkerrechtsfreundlichkeit **239** 39
- und internationale Offenheit des Grundgesetzes (offene Staatlichkeit) **239** 39
- Sanktion des Kooperationsgebots **239** 39

Monismus 232 53
- mit staatsrechtlichem Primat **232** 53

Sachregister

Multilaterale Abkommen 236 1
Multinational Enterprises (MNE)
246 22
Multinationale Unternehmen 246 4
siehe auch Globale Unternehmen
– Begriff 246 4
– Bezeichnung als transnationale Gesellschaften im UN-Rahmen 246 22
– und globale Unternehmen
  – als Variante multinationaler Unternehmen 246 25
– Instrument grenzüberschreitender marktstarker Stellung 246 23
– OECD-Leitsätze für ~ 246 16
  – gewollte Vagheit der Definition 246 21
  – als roter Faden 246 19
– Synonym transnationale Gesellschaften (oder Unternehmen) 246 20

Nachrüstung
– als Verstoß gegen Weltfriedensförderung 227 13
Nationales Recht
– Bedeutungsverlust 253 3
– Europäisierung 253 3
– Internationalisierung 253 3
– Transnationalisierung 253 3
NATO 227 18, 30, 230 35, 55, 243 11
– Agent kollektiver Sicherheit im Auftrag der Vereinten Nationen 243 11
– Art. 24 Abs. 2 GG 243 23
– Aufgabenwandel der ~ 243 27
– Bündnisfall 244 42, 56
– Entwicklung zum regionalen System kollektiver Sicherheit 243 11
– Kosovo-Einsatz 227 27
– und militärische Einsätze der Bundeswehr
  – Vorbehalt innerstaatlicher Entscheidung nach NATO-Vertrag 244 4
– Mitgliedschaft 243 27
– und Rechtsprechung des BVerfG 243 24, 27
– als reines System kollektiver Selbstverteidigung 243 27
– Staaten im Kosovo-Einsatz 244 44
– als System kollektiver Selbstverteidigung 243 23

– als System kollektiver Sicherheit 243 15, 27
– und UN 243 11
– als Verteidigungsbündnis 243 11
– kein Zweifel an der Friedensverpflichtung 227 20
Nichtregierungsorganisationen 234 21 ff., 253 6
– und Akteure, internationale
  – Abgrenzung 234 21
  – Begrifflichkeit 234 21
  – Beteiligungsrechte auf internationaler Ebene 234 23
  – Einfluß durch Beteiligung 234 24
  – Einfluß durch Lobbyarbeit 234 24
  – Einflußnahme 234 21 ff.
  – fehlende demokratische Legitimation der ~ 234 24
  – keine feststehende Definition 234 21
  – keine Hoheitsbefugnisse 234 24
  – hybride ~ 234 21
  – im einzelnen 234 21
  – Mitgestaltung 234 21 ff.
  – Mitwirkungsrecht auf internationaler Ebene 234 23
  – und Regierungskonferenzen
    – keine Entscheidungsbefugnisse in ~ 234 23
  – starke Zunahme an ~ 234 22
  – keine Völkerrechtssubjekte 234 23
Nichtstaatliche Akteure 234 14
– und globale Unternehmen *siehe dort*
– und Staat
  – Rolle des ~es 234 14 ff.
– zunehmender Einfluß 234 14
Niederlassungsfreiheit 251 49, 72
– keine Anwendung auf Drittstaatssachverhalte 251 72
– und Freistellungsmethode 251 49
– und Rechtsprechung des EuGH 251 71
Normative Ermächtigungslehre 253 25
Normenverifikationsverfahren 235 41 ff.
– als aktive Rezeption des allgemeinen Völkerrechts 235 61
– Begründetheit, Besonderheiten 235 49

Sachregister

- Beteiligung von (Bundes-)Verfassungsorganen 235 46
- BVerfG als gesetzlicher Richter 235 48f.
- Entscheidungen
  - als Akte der deutschen Staatspraxis 235 61
  - Gesetzeskraft 235 61
  - Verbindlichkeit 235 61
- Entscheidungserheblichkeit 235 46f.
  - Maßstab 235 47
- Ersatz des Gesetzgebungsverfahrens 235 43
- fachgerichtliche Prüfung 235 41
- Gewährleistungsfunktion 235 42
- objektive Zweifel 235 46, 48
- Rechtsfolgen der Vorlagepflichtverletzung 235 48f.
- Umformulierung der Vorlagefrage 235 47
- Verfahrenszweck
  - Normqualifikation 235 41
  - Normverifikation 235 41
  - Verifikation von Existenz und Tragweite allgemeinen Völkerrechts 235 45
- Verletzung der Vorlagepflicht 235 48f.
- vorlagefähige Fragen 235 44
- Vorlagepflicht 235 44f.
- Zulässigkeitsvoraussetzungen 235 44ff.
- Zweifel über Existenz und Tragweite allgemeinen Völkerrechts 235 43ff., 61

Normgebungsprozeß
- im Internet 231 35

Notstand, völkerrechtlicher 238 31
- Einschränkung durch Verhältnismäßigkeitsanforderungen 238 31
- Gefahr für wesentliche Interessen eines Staates 238 31
- Haftungsausschluß durch ~ 238 31
- und ordre public 238 31

Nulla poena sine lege-Grundsatz 245 44ff.
- Ausprägung der Grundrechtswesentlichkeit 245 44
- Bestimmtheitsanforderungen 245 47
- demokratische Funktion 245 44

- kognitive Funktion 245 50
- liberal-rechtsstaatliche Wurzeln 245 50
- parlamentsgesetzliche Grundlage 245 47
- qualifizierter Gesetzesvorbehalt 245 46
- rechtsstaatlich-objektive Funktion 245 50
- rechtsstaatliche Funktion 245 44
- subjektiv-rechtliche Schutzfunktion 245 50
- tatbestandsergänzende Verweisung 245 47
- und Weltstrafrecht 245 44ff.

Nutzer
- und allgemeine Handlungsfreiheit 247 17
- und Fernmeldegeheimnis 247 17
- und Informationsfreiheit 247 17
- als Interessengruppe im Urheberrecht 247 17
- und Schutz personenbezogener Daten im Internet 247 17

Objektives Nettoprinzip
- und Betriebsausgaben 251 63
- und Werbungskosten 251 63

ODA-Vergabe, Planung der: Programmierung 249 98ff.
- und deutsche Entwicklungszusammenarbeit
  - Bindung an allgemeine Ziele der EZ 249 100
  - Bindung an Menschenrechte 249 100
  - Instrument der mittelfristigen Länderplanung 249 100
  - regelmäßige Praxis der Planung 249 100
  - strukturierte Praxis der Planung 249 100
- und EU 249 99
- Koordinierung der Projekte 249 98
- Powerty Reduction Strategy papers 249 99
- und Weltbank 249 99

OECD-Musterabkommen 250 38, 251 46
- Bedeutung des ~s 251 46

Sachregister

- inhaltliche Vorgaben des ~s **251** 47
- Orientierung am ~ bei der Auslegung von Doppelbesteuerungsabkommen **251** 46 *siehe auch* Auslegung von Doppelbesteuerungsabkommen
- Orientierung am ~ beim Abschluß von Doppelbesteuerungsabkommen **251** 46
- und soft law **251** 46
- und UN-Musterabkommen **250** 39
- und Verteilungsnormen **251** 48 *siehe auch* Verteilungsnormen

Offene Staatlichkeit **226** 1 ff., **227** 1, **230** 63, 68, **232** 11, **236** 1, **239** 45
- Abgrenzungen **226** 9 ff.
- Abkehr vom genossenschaftlichen Prinzip der Staatlichkeit **226** 6
- allgemeine Bedeutung **226** 1 ff.
- und allgemeine Regeln des Völkerrechts **226** 13 ff.
- und Ambivalenz der Relativierung von Staatlichkeit **226** 51
- Anerkennung der allgemeinen Regeln des Völkerrechts **226** 4
- und Asylrecht **226** 83
- und außenpolitische Flexibilität **226** 8
- und auswärtige Beziehungen **226** 8
- und auswärtige Gewalt **241** 48 f.
- Bedeutung **226** 11
- Begriff **226** 1
- und Bejahung des Völkerrechts **226** 4
- und Beteiligung an internationaler Zusammenarbeit **226** 46 ff.
- und Bindung an das Völkerrecht **226** 13 ff.
- Einbettung in die internationale Gemeinschaft **226** 3 ff.
- Einbettung in die internationale Ordnung **241** 48 f.
- und Eingliederung in die internationale Gemeinschaft **226** 11
- Einordnung in das völkerrechtliche System **226** 13
- und Europafreundlichkeit **226** 9
- und europäische Integration **226** 2
- Gleichstellung der Ausländer **226** 82
- Gleichstellung der Unionsbürger **226** 82

- Grenzen **226** 8
- Grenzen der Völkerrechtsfreundlichkeit **226** 10
- Grundgedanken **226** 4
- und grundrechtliche Freiheiten des Außenverkehrs **226** 84
- Herleitung aus dem Grundgesetz **241** 48
- Hinwendung zu internationalen Ordnungsstrukturen
  - Beratungen im Parlamentarischen Rat **226** 3
- historische Ausgangslage **226** 3, 88
- identitätsbestimmende Merkmale **226** 87
- Identitätsfeststellung durch Internationalisierung **226** 7
- innerstaatliche Ausprägungen **226** 82 ff.
- und internationale Gewährleistung der Grundrechte **226** 90
- internationale Integration **226** 89
- und internationale Interdependenz **226** 3
- und internationale Kooperation **226** 5
- und internationale Menschenrechtskodifikationen **226** 90
- Kennzeichen **226** 6
- und kommunale Außenpolitik **226** 86
- als Lehre aus der nationalsozialistischen Herrschaft **226** 3
- und Menschenwürdegarantie **226** 81
- und Mitwirkungsbefugnisse des Bundestages **226** 85
- Mutation der Verfassungsordnung durch Integration **226** 89
- und Notwendigkeit internationaler Zusammenarbeit **226** 3
- und Offenheit der deutschen Frage **226** 12
- und Offenheit der Verfassung **226** 11, 13, 82, **241** 49
- rechtslogische Prämisse **226** 2
- Rechtsprechung des BVerwG
  - kommunale auswärtige Beziehungen **226** 86
- als Rechtsprinzip **226** 8
- und Regierungsprärogative bei Übernahme völkerrechtlicher Verpflichtungen **226** 85

- und staatsorganisatorische Auffächerung des Außenprofils **226** 85
- Unterwerfung unter die Völkerrechtsordnung? **226** 13
- und Völkergemeinschaft **226** 3
- völkerrechtliche Bindungen **226** <u>87ff.</u>
- und völkerrechtliche Verträge **226** 26ff.
- und völkerrechtliches Gewalt- und Kriegsverbot **226** 25
- und völkerrechtsfreundliche Auslegung des deutschen Rechts **226** 36ff.
- und Völkerrechtsfreundlichkeit **226** 4, 9
- und Wiedervereinigung **226** 12

Öffentliche Gewalt siehe Gewalt, öffentliche

Öffentliche Mittel, Vergabe 249 1

Öffentliche Ordnung
- enges Verständnis der ~ **238** 35
- gerichtliche Überprüfbarkeit der ~ **238** 35
- und Grundfreiheiten **238** 35
- als Rechtfertigungsgrund für Beschränkungen **238** 35
- als Rechtfertigungsgrund für Diskriminierungen **238** 35
- transnationale ~ **238** 30
- und Übermaßverbot **238** 35

Öffentliches Recht
- Emergenz eines neuen öffentlichen Rechts **232** 1
- Europäisierung **232** 5
- Grundstrukturen
  - Wandel durch Europäisierung **232** 1
  - Wandel durch Internationalisierung **232** 1
- Internationalisierung **232** 5

Official Development Assistance (ODA), Vergabe 249 4, 101, <u>101ff.</u>
- deutsche Steuerung als Ausnahmefall **249** 23
- und Europäische Wirtschaftsgemeinschaft **249** 7
- Gegenstand allgemeiner Anti-Korruptions-Regime **249** 95
- Gegenstand spezieller Anti-Korruptions-Regime **249** 95

- und Haushaltsgesetz **249** 20
- konkretisierte und generelle ~
  - Abschluß von bindenden Verträgen **249** 101
  - und Budgethilfe **249** 102
  - Finanzierungsinstrumente **249** 102
  - Funktion der Interessenartikulation **249** 101
  - Funktion der Wissensgenerierung **249** 101
  - und Projekthilfe **249** 102
- und Korruption **249** 94
- und Prinzip Entwicklung
  - beachtliche Verbürgungen im Auswahlermessen **249** 48
  - keine unmittelbare Pflicht zur Leistung **249** 47
- keine rechtliche Ungebundenheit **249** 20
- Regelung durch bindende Verwaltungsvorschriften **249** 21
- Regelung durch Regierungsdokumente
  - Positionspapiere **249** 22
  - verbindliche Vorgaben **249** 22
- und überstaatliche Geberorganisationen **249** <u>24ff.</u>
- und Weltbank **249** 7

Öffnung, horizontale 230 49, <u>64ff.</u>
- Gewährleistungsverantwortung der Bundesrepublik **230** 67
- und GG **230** 64
- keine Kontrolle der Vertragspflichten **230** 65
- staatliche Schutzpflichten **230** 67
- und vertikale Öffnung
  - keine Vergleichbarkeit **230** 65
- vorkonstitutionelle Übertragungen **230** 66

Öffnung, vertikale 230 49, 53
- durch Übertragung von Hoheitsbefugnissen **230** <u>50ff.</u>

Online-Wahlen
- Beachtung der Wahlrechtsgrundsätze **231** 33
- Manipulationsanfälligkeit **231** 33

Operational Policies (OPs)
- Beteiligung mehrerer Organe **249** 27

Sachregister

Ordre public 238 <u>1ff.</u>, 5ff., 5, **253** 49
- absoluter Charakter des ~ **238** 24ff.
- bei der Anerkennung ausländischer Urteile **239** 6
- Art. 6 S. 1 EGBGB **232** 33
  - verfassungsrechtliche Vorgaben **232** 33
  - völkerrechtliche Vorgaben **232** 33
- Art. 79 Abs. 3 GG **238** 6, 18
  - Sicherung der Verfassungsidentität **238** 18
- als Ausdruck der Wertevorstellung einer Rechtsordnung **238** 14
- Beachtung der Anforderungen des Art. 19 Abs. 4 GG **239** 56
- Begrenzungsfunktion des ~ **238** 15
- und Bestimmtheitsgebot **238** 15
- Bewältigung von zwischenstaatlichen Rechtsordnungskonflikten **238** 11
- und BVerfG **238** 26
- Charakter des ~ **238** <u>24ff.</u>
  - Intensität des Inlandbezugs **238** 24
- Definition **238** 26
- endgültige Analyse im Einzelfall **238** 25
- und EuGH **238** 26
- Funktionen des ~ **238** <u>1ff.</u>
- und Gerichte
  - Durchsetzung des ordre public **238** 26
- kein geschlossenes Konzept des ~ **238** 26
- Gestaltungsfunktion des ~ **238** 13
- und GG **238** 6, 18
- und grenzüberschreitende Reichweite von Grundrechten **240** 56, 66
- und Grundsatz der Staatenimmunität **253** 49
- und IGH **238** 26
- und inländische Rechtsordnung **238** 13
  - Erhaltung der ~ **238** 13
- inländische Rechtsquellen **238** 21
- Instrument repressiver Kontrolle **238** 19
- internationale Gestaltungsfunktion des ~ **238** 17
- Konkretisierung durch den einfach Gesetzgeber **238** 26
- Konkretisierung durch den Verfassungsgeber **238** 26
- Kontrolle des ~ **238** 26
- Kontrollfunktion des ~ **238** 5
- und Menschenrechtsschutz **253** 49
- Rang des ~ **238** 21
- Rechtsnatur **238** <u>21ff.</u>
- und Rechtsordnung **238** 14
- und Rechtspluralismus **238** 1
- relativer Charakter des ~ **238** 24ff.
  - verfassungsrechtliche Gründe für ~n **238** 25
  - völkerrechtliche Gründe für ~n **238** 25
- sachliche Grenzen des ~ **238** 15
  - Offensichtlichkeit des Verstoßes **238** 15
  - Schutz wesentlicher Rechte **238** 15
- Schutzfunktion des ~ **238** 13ff., 16
  - allgemeine Kontrollmaßstäbe **238** 16
  - Einzelfallkontrolle **238** 16
- Sicherung des ~ **253** 49
- Sperrfunktion des ~ **238** 5, 16
- und Staatsgewalt **238** 22
- und Unionsrecht **238** 6
- und Verfassungsrecht **238** 6
- und völkerrechtliche Verträge **238** 12, 14, 23, 26
- Vorbehaltsfunktion des ~ **238** <u>1ff.</u>
- wesentliche Grundsätze des einfachen Rechts **239** 55
- Wirkung des ~ **238** 21

Ordre public, einfachgesetzlicher **238** 39
- bereichsspezifischer Schutz im Fachrecht **238** 39
- Grenze des Art. 79 Abs. 3 GG **238** 39

Ordre public, europäischer **238** 33, <u>33ff.</u>
- Achtung der nationalen Identität der Mitgliedstaaten **238** 34
- und europäische Grundrechte **238** 33
- Grundwerte des ~ **238** 33
- sekundärrechtliche Vorbehalte **238** 36f.
  - Kontrolle durch den EuGH **238** 36
  - Rückgriff auf die Charta der Grundrechte **238** 36

- Verstoß gegen wesentlichen Rechtsgrundsatz **238** 36
- vorbehaltlose Anerkennung **238** 37
- Vorbehalte zugunsten der Mitgliedstaaten **238** 34 ff.

Ordre public, fremder 238 40
- Anerkennung eines ~
  - keine verfassungsrechtliche Pflicht zur ~ **238** 40
  - Verpflichtung durch Unionsrecht **238** 40
  - Verpflichtung durch völkerrechtlichen Vertrag **238** 40
- und GG
  - kein Verbot der Anerkennung durch das ~ **238** 40

Ordre public, positiver 238 20
- Gestaltungsfunktion des ~ **238** 20
- Verwirklichung einfachgesetzlicher Ordnungsziele **238** 20

Ordre public, verfassungsrechtlicher 238 38 ff.
- und Grundrechte
  - Gewährleistung der ~ **238** 38
- Identitätsgarantie des Art. 79 Abs. 3 GG **238** 38
- Kriterien für die Kontrolle **238** 38
  - unaufgebbare verfassungsrechtliche Garantien **238** 38
- und Staat
  - Schutz des ~es **238** 38
- und Verfassungsprinzipien
  - Gewährleistung der ~ **238** 38

Ordre public, völkergewohnheitsrechtlicher 238 29 ff.
- und inländische Rechtsordnung **238** 29
  - Verfolgung von Gemeinwohlzielen **238** 29
- und Staatlichkeit **238** 30
- Unwirksamkeit völkerrechtlicher Verträge **238** 30

Ordre public, völkerrechtlicher 238 27 ff.
- Anerkennung inländischer Schutzinteressen **238** 27
- Funktion des ~ **238** 27
- und kollisionsrechtliche Verträge **238** 27

- und Rechtsordnungen
  - Verhältnis der ~ zueinander **238** 27
- vertragliche Regelungen **238** 27

Ordre public-Vorbehalt *siehe* Ordre public

Organisation für Sicherheit und Zusammenarbeit in Europa (OSZE) 243 11
- diplomatische Konfliktprävention **243** 11
- Konfliktmanagement **243** 11

Organisation für wirtschaftliche Zusammenarbeit in Europa (OECD) 246 15, **250** 56
- Leitsätze für multinationale Unternehmen **246** 16
- und OECD-Musterabkommen **250** 38

Organkompetenz
- Außenvertretung durch die Bundesregierung im Umweltschutz **248** 57 f.
- auf Bundesebene **248** 54 ff.
  - Grundregel **248** 54 ff.
  - Organe der Exekutive **248** 54 ff.
  - Organe der Legislative **248** 59 ff.
- des Bundespräsidenten
  - Anwendungsbereich **248** 55 f.
  - Ausnahmen vom Anwendungsbereich **248** 56 f.
  - formale Vertretungsmacht **248** 56
  - als Grundregel **248** 54
  - informales Außenhandeln **248** 56
- von Bundestag und Bundesrat
  - Anwendungsbereich **248** 59
  - umweltvölkerrechtlicher Verträge **248** 59
- und grenzübergreifender Umweltschutz **248** 54 ff.

Organstreitverfahren
- und militärische Einsätze der Bundeswehr **244** 119 ff.
  - Bundesregierung als Antragsgegner **244** 119
  - keine Entscheidung zur materiellen Zulässigkeit **244** 120
  - erweitertes ISAF-Mandat **244** 121 f.
  - Erweiterung der prozessualen Möglichkeiten des Bundestages? **244** 123

Sachregister

- inzidente Kontrolle der Völkerrechtskonformität **244** 122
- Kosovo-Einsatz **244** 120
- Prüfung der Zustimmungsbedürftigkeit bestimmter Auslandseinsätze **244** 119
- Prüfung des völkerrechtlichen Handelns der Regierung **244** 121

Pariser Club
- Geschichte **250** 26
- Handlungsformen **250** 26
- und Internationaler Währungsfonds
  - Verstrebungen **250** 27
- Organisation **250** 26

Pariser Erklärung **249** 57, 91, 107

Parlament **253** 62
- und Ausschüsse **253** 84 *siehe auch* Ausschüsse
- Einbeziehung in die Rechtsetzung auf supranationaler Ebene **253** 83
- und Mischgremien **253** 84
- und Sachkontrolle **253** 84
- Stärkung der ~e **253** 82

Parlamentarische Versammlung
- beratende Funktion **234** 29
- und EU **234** 29
- Europarat **234** 29
- und UN **234** 29

Parlamentarischer Rat **243** 2
- und allgemeine Regeln des Völkerrechts
  - als Bestandteil des Bundesrechts **235** 5
  - Einordnung in die Völkerrechtsgemeinschaft **235** 19
  - Gleichrang mit der Verfassung **235** 27
  - Überwindung der Mediatisierung des Individuums **235** 32
  - unmittelbare Geltung **235** 8, 62
  - und Völkergewohnheitsrecht **226** 14 f.
- Billigung der Strafverfolgung wegen Verbrechen gegen den Frieden **244** 21
- Handeln für das gesamte deutsche Volk **229** 34
- Hinwendung zu internationalen Ordnungsstrukturen **226** 3

- Präambel
  - Allgemeiner Redaktionsausschuß **229** 38
  - Grundsatzausschuß **229** 39
  - Hauptausschuß **229** 39
  - rechtliche Erheblichkeit **229** 41
  - Selbstbestimmungsrecht **229** 38 f.
- und Systeme kollektiver Sicherheit **243** 2
- Verfassungsgebung unter Besatzungshoheit **229** 38
- Verzicht auf Remilitarisierung **244** 19 f.
- Wiedervereinigung als Verfassungsziel **229** 36

Parlamente, nationale
- Abschaffung durch Beteiligung im Internet **231** 35
  - keine Vereinbarkeit mit der Verfassung **231** 35
- und EU
  - kein genereller Parlamentsvorbehalt **234** 35
- geringer Einfluß auf internationale Rechtsbeziehungen **234** 29
- und GG **234** 30
- Mitwirkungsrecht auf europäischer Ebene **234** 37
- keine Mitwirkung an der auswärtigen Politik **234** 30
- Mitwirkung in europäischen Angelegenheiten **234** <u>32 ff.</u>
- in parlamentarischen Versammlungen **234** 29
- und völkerrechtliche Verträge
  - Mitwirkung an ~n **234** 30
  - keine Mitwirkung bei Verwaltungsabkommen **234** 31

Parlamentsbeteiligungsgesetz
- und militärische Einsätze der Bundeswehr **244** 12
- Antrag der Bundesregierung **244** 101
- keine Anwendung auf den Verteidigungsfall **244** 100
- einfache Bundestagsmehrheit **244** 100
- einfacher Parlamentsbeschluß **244** 129
- Folgen des Widerrufs **244** 103

- gesetzesersetzender Parlamentsbeschluß? **244** 127
- Gesetzgebungsverfahren **244** 99
- humanitäre Einsätze **244** 81
- Inhalt **244** 99 ff.
- keine Regelung über Zustimmungszeitpunkt **244** 102
- Rettung deutscher Staatsangehöriger **244** 77
- Rückholrecht des Bundestages **244** 103
- kein willkürlicher Widerruf **244** 103
- Zustimmungsbeschluß als Bestandteil des Bundesrechts **244** 126

Parlamentsvorbehalt
- und allgemeine Regeln des Völkerrechts **235** 56
- und militärische Einsätze der Bundeswehr **244** 2, 5 f.
  - AWACS II-Urteil **244** 92
  - deutsche Verfassungstradition? **244** 90 f.
  - in der deutschen Verfassungsgeschichte **244** 94 ff.
  - fehlende Begründung für ~ **244** 98
  - monarchische Prärogative **244** 91
  - in der Rechtsprechung des BVerfG **244** 84 ff.
  - in der Reichsverfassung von 1871 **244** 87
  - Vertrag von Lissabon **244** 93
  - in der Weimarer Reichsverfassung **244** 88

Patentrecht **247** 14
Peer Review Verfahren **249** 107
Personalhoheit
- und grenzüberschreitende Reichweite von Grundrechten **240** 20

Personalhoheit des Staates **230** 1 ff., 83 ff.
- als Anknüpfungspunkt für staatliche Regelungszuständigkeit **230** 83
- als Anknüpfungspunkt staatlicher Regelungsgewalt **230** 96 ff.
- Anknüpfungspunkte für ~ **230** 95
- Auflösungserscheinungen von ~ **230** 111 ff.
- Durchsetzung der ~ **230** 100
- Effekt der ~ **230** 85
- und EU **230** 102 f.
- fremdstaatliche ~ **230** 20
- und Gebietshoheit
  - Abgrenzung **230** 86
  - Konfliktlage **230** 8
- und Globalisierung **230** 118
- als Grenze der Staatsgewalt **230** 83 ff.
- als Grund der Staatsgewalt **230** 83 ff.
- Lösung von Regelungskonflikten **230** 104 ff.
- nicht obsolet **230** 83
- Regelungskonflikte
  - Abwägungsregel US-amerikanischer Gerichte **230** 106
  - einseitige Rücknahme **230** 105
  - keine endgültige völkerrechtliche Auflösung **230** 107
  - Konfliktlösung durch Nicht-Intervention **230** 106
- und staatliche Regelungen
  - für Gebietsabwesende **230** 96
- und Staatsangehörigkeit
  - Relativierung der ~ als Anknüpfungspunkt **230** 95
  - als Grundlage **230** 87
- und Steuerpflicht **251** 2
- Tochterunternehmen mit Sitz im Ausland **230** 95

Personalitätsprinzip, völkerrechtliches **248** 112
- aktives ~ **230** 98
  - Straftaten im Ausland **230** 98
- und einfache Gesetzgebung **230** 101
- passives ~ **230** 99
  - Auslandstaten gegen Inländer **230** 99

Pluralismus
- dialogischer ~ **232** 53 ff.
  - Inklusion der Bürger in die Ausübung öffentlicher Gewalt **232** 56
  - neuer Rahmen der Auseinandersetzung **232** 56
  - Optierung zum ~n **232** 55
- rechtlicher ~ **232** 54
  - Mehrebenenbegriff **232** 54
  - Netzwerkbegriff **232** 54
  - Verbundbegriff **232** 54

Sachregister

Political question doctrine 241 25 ff.
- kein Bedarf für den Begriff im deutschen Recht 241 28
- Bedeutung im US-amerikanischen Recht 241 25 f.
- Begriff 241 25
- keine Enthaltung des Kontrollanspruchs 241 22
- Kriterien 241 26
- Lösung staatlicher Kompetenzverteilung? 241 27
- Übertragung der ~ auf das deutsche Recht? 241 25
- Verknüpfung von Politik und Verfassungsrecht 241 28

Politische Kontrolle *siehe* Sachkontrolle

Politische Teilhabe
- im virtuellen Raum
  - durch Blogs 231 34
  - Organisation von Demonstrationen 231 34

Politisches und Sicherheitspolitisches Komitee
- und Europäische Sicherheits- und Verteidigungspolitk 243 28

Post-parlamentarische Demokratiekonzepte 253 75

Präambel des Grundgesetzes 230 28 f., 40, 63
- Absage an weitere territoriale Ansprüche 230 29
- Beschreibung des vorläufigen Bundesgebiets 230 28
- Gleichwertigkeit der Zielbestimmung 227 12
- und Selbstbestimmungsrecht des deutschen Volkes
  - Präambel als normatives Gebot 228 28

Prinzip der begrenzten Einzelermächtigung *siehe* Begrenzte Einzelermächtigung, Prinzip

Prinzip der Kohärenz und Effizienz 249 84 ff.
- Betrachtung im Kontext 249 85
- Grundsatz der Ergebnisorientierung und der Konzentration *siehe dort*

- Grundsatz der Wirtschaftlichkeit im allgemeinen Haushaltsrecht *siehe dort*
- Korruption in der Entwicklungszusammenarbeit 249 86

Prinzip der Nachhaltigkeit 232 28

Prinzip Entwicklung 249 41, 46
- Armutsbekämpfung als zentrales inhaltliches Prinzip 249 41
- Gehalte 249 46 ff.
  - Begrenzung des Auswahlermessens 249 46
    siehe auch Official Development Assistance (ODA), Vergabe
  - Good Governance 249 50
  - Kooperations- und Hilfsgebot zum Ziel der Armutsbekämpfung 249 46
  - Menschenrechte 249 51
  - keine ODA-Zahlungspflicht 249 46 *siehe auch* Official Development Assistance (ODA), Vergabe
  - Zweckbindung für Armutsbekämpfung 249 49
- Pflicht zur Kooperation 249 41
- Rechtsgrundlagen 249 42 ff.
- Rechtsgrundlagen des deutschen Rechts
  - Friedensgebot des GG 249 45
    siehe auch Friedensgebot des Grundgesetzes
  - Geltung des völkerrechtlichen Entwicklungsprinzips 249 43
  - globale Verpflichtung aus Art. 1 Abs. 2 GG 249 44
  - verfassungsrechtliche Begründung 249 43
- Rechtsgrundlagen des Völkerrechts
  - politische Deklarationen 249 42
  - Recht auf Entwicklung 249 42
  - vertragliche ~ 249 42
  - Ziel- und Mandatsvorschriften 249 42
- kein Rechtsprinzip 249 41

Prinzip individueller Autonomie und Menschenrechte 249 61 ff.

Prinzip kollektiver Autonomie 249 53
- Ausgleich der Autonomieansprüche 249 54
- Autonomie trotz Asymmetrie 249 52

- Konzept der Eigenverantwortung *siehe dort*
- *Souveränität als Ausgangspunkt* **249** 53
- und Souveränitätsgrundsatz **249** 53
  - völkergewohnheitsrechtliche Anerkennung des ~es **249** 53
- Verfügungsgewalt des Geberstaates über Ressourcen **249** 54

Prinzipien **232** 25 ff.
- Abstraktheit der ~ **232** 26
- Begriff der ~ **232** 25
- kein einheitlicher rechtlicher Status **232** 27
- und Gewalt, öffentliche
  - Legitimation ~ **232** 7
- Interaktion zwischen den Rechtsordnungen **232** 7
- als Normen von herausgehobener Bedeutung **232** 25
- Prinzipien der ~ **232** 56
- und Regeln **232** 25
- und soft law **232** 27
- unterschiedliche Normativität in diversen Rechtsordnungen **232** 27
- Vagheit der ~ **232** 26
- Verhältnis der ~ verschiedener Ebenen **232** 53

Prinzipien der Entwicklungszusammenarbeit **249** 40 ff.
- Aufgreifen von Prinzipien des deutschen Rechts **249** 40
- Aufgreifen von Prinzipien des Völkerrechts **249** 40
- normative Leitideen **249** 40
- und Prinzip Entwicklung *siehe* Prinzip Entwicklung
- und Prinzip kollektive Autonomie *siehe* Prinzip kollektiver Autonomie
- Umgang mit eigenen Ressourcen als Leitidee *siehe* Prinzip der Kohärenz und Effizienz

Prinzipienpluralismus **232** 53 ff.
siehe auch Pluralismus
- und Dualismus **232** 53

Privatisierung **230** 112
- Steuerungsverlust durch ~ **230** 112

Privatrecht
- als Handlungsform
  - Ausreichung von Beihilfen **250** 5
- Kreditaufnahme **250** 5
- Offenmarktgeschäfte **250** 5

Privatrecht, internationales **232** 22, **238** 2, 24
- Besonderheiten des ~s **238** 19
- und grenzüberschreitende Reichweite von Grundrechten **240** 50
- Harmonisierung des ~s **238** 27
- nicht hierarchisches Verweisungssystem **238** 9
- als Kollisionsordnung **250** 6
- und ordre public **238** 11

Projekt der Europäischen Verteidigungsgemeinschaft **243** 15
- Ersatzgründung der NATO **243** 15
- und NATO **243** 15
- als System kollektiver Sicherheit **243** 15

Projekthilfe
- und Budgethilfe
  - Unterscheidung **249** 102
- und Bundesrepublik Deutschland **249** 103
  - materielle Kriterien der Vergabe **249** 103
  - positive Prüfung des Projekts **249** 103
  - Zusage der Bundesregierung **249** 103
- im Recht der Weltbank **249** 103

Punitive damages
- kein fundamentaler Konflikt mit der deutschen Rechtsordnung **239** 49

Quellenbestimmung **251** 25
- Besteuerungszuständigkeit der Staaten **251** 26
- bei grenzüberschreitend tätigen Steuerpflichtigen **251** 26
- bei Internethandelbesteuerung **251** 25
- bei Konzernbesteuerung **251** 25
- Problem sachgerechter ~ **251** 25
  - zwischenstaatliche Koordination als Lösungsweg **251** 26
- bei Zinsen **251** 25

Quellenstaat
- äquivalenztheoretisch gebotene primäre Besteuerung **251** 39

Sachregister

- keine Beseitigung der Doppelbesteuerung im ~ **251** 41
- und unilaterale Maßnahmen **251** 41
  - quotale Berücksichtigung von Aufwendungen **251** 41
  - Verzicht auf die Besteuerung **251** 41

Race to the bottom **233** 9, 14 ff.
- keine Bestimmbarkeit des „Bodens" **233** 9
- verfassungsrechtlicher Schutz durch den Gesetzgeber **233** 9

Ratingagenturen **230** 115, **250** 80 ff.
- und EU
  - Gewährleistungsfunktion der ~ **250** 85
- und genuine link
  - als Regulierungsproblem **250** 83
- und gesetzliche Regelung **250** 83 ff.
- Markt als Regulativ **250** 81
- Marktversagen **250** 81
- Regulierung der ~ **250** 80 ff., 82
- Scharnierfunktion der ~ **250** 80
- und Staat
  - Gewährleistungsfunktion des ~es **250** 85
- und Unionsrecht **250** 84
- keine Unterdrückung von Informationen **250** 86

Ratingverordnung **250** 84

Raum
- Begriff **231** 6
- als Grenze des Einzelstaates **231** 6
- Konzept des ~s **231** 6
- als Konzept für menschliche Existenz **231** 6
- und Staat **231** 6

Rechnungshof
- und Entwicklungszusammenarbeit **253** 69

Recht auf Selbstverteidigung
- individuelles ~ **227** 13
- kollektives ~ **227** 13

Recht der Entwicklungszusammenarbeit **249** 1, 1 ff. *siehe auch* Entwicklungszusammenarbeit
- Definition **249** 4
- Dimensionen des ~s **249** 1

- Förderung eines extraterritorialen Gemeinwohls **249** 5
- Förderung einheimischer Unternehmen **249** 5
- als heterarchisches Mehrebenenrecht **249** 7
- und Informationsverwaltungsrecht **249** 6
- internationale Anlage als Besonderheit **249** 5
- als internationales Leistungsrecht **249** 1
- Kontext des ~s **249** 1
- als Leistungsverwaltung **249** 5
- Maßstäbe *siehe* Maßstäbe der Entwicklungszusammenarbeit
- und Öffentliche Mittel, Vergabe **249** 1
- Prinzipien *siehe* Prinzipien der Entwicklungszusammenarbeit
- als Recht des ODA-Transfers **249** 4
- Recht über die Vergabe öffentlicher Mittel **249** 1
- Vergleichbarkeit mit Subventionsrecht **249** 5

Recht der Entwicklungszusammenarbeit, deutsches **249** 11 ff.
- und Bundesministerium für wirtschaftliche Zusammenarbeit und Entwicklung (BMZ) **249** 11
- Durchführungsebene *siehe dort*
- Leitungsebene, politische *siehe dort*
- und Menschenrechtsverträglichkeitsprüfung
  - fehlende Mechanismen **249** 83
  - keine normierte Prüfungspflicht **249** 82
- Organisation **249** 11 ff.
- Organisationsstruktur **249** 18
- Rechtsgrundlagen **249** 11 ff.
- Trennung von Leitungs- und Durchführungsebene **249** 12

Recht der Entwicklungszusammenarbeit, europäisches
- und AKP-Staaten **249** 34
- und Europäischer Auswärtiger Dienst (EAD) **249** 35
- finanzielle Aufteilung **249** 34
- Kompetenz der EU **249** 37
- Mehrebenenverwaltung **249** 36

- und Mitgliedstaaten der Europäischen Union
  - Einfluß der ~ **249** 36
- und Official Development Assistance (ODA), Vergabe
  - intensive sekundärrechtliche Regelung **249** 39
  - im Rahmen der Grundsätze des auswärtigen Handelns der Union **249** 38
  - umfassende gesetzliche Regelung **249** 37
  - verfassungsrechtliches Gerüst **249** 38
- und Vertrag von Lissabon
  - Abschaffung der Trennung von Leitungs- und Durchführungsebene **249** 35
  - Neuordnung der Organisationsstruktur **249** 35
- Ziel des ~
  - Armutsbekämpfung **249** 38
- Zweiteilung der rechtlichen Grundlagen
  - Zusammenarbeit mit AKP-Staaten **249** 39
  - Zusammenarbeit mit den übrigen Entwicklungsländern **249** 39

Recht, ausländisches
- Anwendung im Bundesgebiet durch fremde Staatsgewalt **230** 47
- Durchsetzung im Bundesgebiet durch fremde Staatsgewalt **230** 47
  - Zustimmungserfordernis **230** 47
- extraterritoriale Regelungen **230** 43
- Geltung im Bundesgebiet **230** 43
- als Recht fremder Staaten **237** 10
- keine Verpflichtung zur Anwendung **238** 11

Recht, ausländisches, Anwendung 240 48 ff.
- durch ausländische Behörden aus dem Ausland
  - grenzüberschreitende Beteiligungsangebote **237** 43
- durch ausländische Behörden im Inland **237** 31 ff.
  - Anwendung von Dienstrecht des Heimatlandes **237** 33
  - diplomatische und konsularische Missionen **237** 31
  - Grenzkontrollen **237** 34
  - Nacheilebefugnisse von Polizei und Zoll **237** 32
  - territoriale Besonderheiten **237** 35
  - vertraglich geregelte Befugnisse **237** 33 f.
- Begriff **237** 8 ff.
- Bestimmungsfaktoren **237** 18 ff.
- durch deutsche Behörden im Inland **237** 5
- in Deutschland **237** <u>1 ff.</u>, <u>17 ff.</u>
- Differenzierung nach Teilrechtsgebieten **237** 17
- Gebietshoheit **237** 18
- Geltungsgrund für Inlandsanwendung **237** 7
- und grenzübergreifender Umweltschutz **248** 106
- und Grundrechte **237** 23 f., 44 f.
  - gesetzgeberische Gestaltungsbefugnis **237** 45
  - ordre-public-Klausel **237** 44
- und Grundrechtsbindung
  - des ausländischen Normgebers? **237** 44
  - deutscher Behörden und Gerichte? **237** 44
- Hoheitsgewalt zur gesamten Hand? **237** 20
- durch inländische Behörden und Gerichte **237** 36 ff.
  - „Anerkennung" ausländischer Verwaltungsakte? **237** 37 ff.
  - Anwendung fremden Rechts auf Anerkennung des VA? **237** 37
  - Ausnahmen **237** 42
  - Grundsatz **237** 36
  - konkret-individuelle Entscheidungen **237** 41
  - VA als Rechtstatsache inländischer Entscheidung **237** 38
  - völkerrechtliche Verträge **237** 40
  - Vollzug abstrakt-generelle Normen **237** 42
  - Wirkungserstreckung auf deutsches Staatsgebiet **237** 39
- und internationale Zusammenarbeit **226** 71 ff.
- Kondominium **237** 19
- Luxemburg **237** 19 f.

- im öffentlichen Recht **237** 28 ff.
  - durch ausländische Behörden **237** 31 ff.
  - Differenzierung nach handelnden Behörden und Handlungsformen **237** 30
  - Fallgestaltungen **237** 30 ff.
  - mehrseitiges Kollisionsrecht **237** 29
  - öffentliches Kollisionsrecht? **237** 28 f.
- Pflicht zur Anwendung? **237** 16
- Rechtsprechung des BVerfG
  - Spanier-Beschluß **226** 74, **237** 44
  - Zweitregister **237** 45
- und Schutz inländischer Wertvorstellungen **237** 23 f.
- Servitut **237** 18
- im Strafrecht **237** 25 ff.
  - Ausnahmen **237** 27
  - Grundsatz **237** 25
  - NATO-Truppenstatut **237** 26
  - Strafanwendungsrecht des StGB **237** 25
  - Umfang der Schutzpflichten **237** 27
  - Zusatzabkommen zum NATO-Truppenstatut **237** 27
- territoriale Grenzen **237** 18
- territoriale Souveränität **237** 18
- und Todesstrafe **237** 27
- Verwaltungszession **237** 18
- im Zivilrecht **237** 21 ff.
  - Anpassung **237** 22
  - Ausnahmen **237** 22 ff.
  - Ergebnis im Einzelfall **237** 24
  - Grundsatz **237** 21
  - Kollisionsrecht des IPR **237** 21
  - ordre-public-Klausel **237** 23
- Zunahme grenzüberschreitender Rechtsanwendung **237** 52

Recht, deutsches **238** 1
- und Anerkennung
  - kein Grundsatz der Nichtanerkennung **239** 6
  - kein Grundsatz der ~ **239** 6
- und Art. 25 S. 1 GG
  - als Kollisionsregel **230** 39
- Bindungswirkung der allgemeinen Regeln des Völkerrechts **230** 39
- Einlagesicherungs- und Anlegerentschädigungsgesetz (EAEG) **250** 88
- Ermittlung des Geltungsbereichs durch Auslegung **230** 37
- Gebot völkerrechtskonformer Auslegung **236** 26
- Geltungsbereich **230** 37
- Recht, deutsches
  - Beachtung des Völkerrechts **230** 38
- und Steuergerechtigkeit
  - Einwirkung des Unionsrechts **251** 66
- und Steuerrecht **251** 3 ff.
- und Unionsrecht
  - Anknüpfung an deutsches Recht **251** 66
- und Völkerrecht
  - Dualismus **236** 9 ff.
  - Grundzüge des Zusammenwirkens **236** 6
  - Kollision **230** 39
  - Rezeption des Völkerrechts durch ~ **235** 3
  - Verhältnis zweier unterschiedlicher Rechtskreise **236** 9
- und völkerrechtliche Verträge
  - Mitwirkung der Legislative **236** 14 ff.
- völkerrechtsfreundliche Gesetzesanpassung **236** 26
- völkerrechtsfreundliche Interpretation **230** 38

Recht, deutsches, Anwendung
- im Ausland **237** 1 ff., 46 ff.
- Ausnahmen **237** 46
- Begriff **237** 8 ff.
- durch ausländische Behörden im Ausland **237** 5
- Geltungsgrund für Auslandsanwendung **237** 7
- und Grundrechtsbindung
  - der Bundeswehr bei Auslandseinsätzen **237** 51
  - deutscher Behörden im Ausland **237** 50 f.
  - extraterritoriale Wirkungen? **237** 50
  - territoriale Beschränkung? **237** 50
  - „völkerrechtlicher Grundrechtsimperialismus"? **237** 51
- Grundsatz **237** 46

- Handlungsbefugnisse deutscher Behörden im Ausland 237 48 f.
  - Anwendung von Dienst- und Disziplinarrecht auf Beamte und Soldaten 237 48
  - diplomatische und konsularische Amtshandlungen 237 48
  - keine Handlungsbefugnisse in grenzüberschreitenden Verwaltungsverfahren 237 49
  - Rechtsprechung des BVerfG
    - G 10 237 50
  - keine allgemeine territoriale Begrenzung 237 47
  - Zunahme grenzüberschreitender Rechtsanwendung 237 52

Recht, staatliches
- Anwendungsbereich (Regelungsbereich) 246 48

Recht, transnationales
- Anwendung auf mitgestaltetes Wirtschaftsrecht 246 107
- Anwendung in der internationalen Handelsschiedsgerichtsbarkeit 246 107
- Anwendung in der internationalen Investitionsschiedsgerichtsbarkeit 246 107
- Anwendung in nahezu inhaltlich unkontrollierten Schiedssprüchen 246 108
- Begriff 246 107
- und globale Unternehmen 246 107
- lex mercatoria
  - als allgemeine Grundsätze des Vertragsrechts 246 123
  - Mitgestaltung durch globale Unternehmen 246 131
- Raum zwischen Völkerrecht und einzelstaatlichem Recht 246 107
- Verbindlichkeit durch völkerrechtliche Konventionen 246 108

Rechte und Pflichten für Bewohner des Bundesgebietes 235 31 ff.
- Adressatenwechsel 226 19, 235 32
- Beratungen im Parlamentarischen Rat 235 32
- deklaratorische Bedeutung der unmittelbaren Rechtserzeugung? 235 31 f.
- konstitutive Versubjektivierung von Völkerrechtsnormen 235 59

- kritische Meinungsäußerung 226 19
- Unmittelbarkeit der Rechtserzeugung 235 31
- Unterlassungspflichten 235 32
- völkerrechtliche Wiedergutmachungspflichten? 226 19

Rechtevertreter
- und Berufsfreiheit 247 16
- als Interessengruppe im Urheberrecht 247 16
- Rechtspositionen des ~ 247 16
- Verantwortung für Vermarktung der Werke 247 70
- und wirtschaftliche Betätigungsfreiheit 247 16

Rechtfertigung der Steuer
- generell-äquivalenztheoretische ~ 251 24
- gleichheitsgerechte Berücksichtigung äquivalenztheoretischer Vorgaben 251 28 f.
- nutzentheoretische ~ 251 11
- Nutzung der landesspezifischen Infrastruktur 251 11
- Problem sachgerechter Quellenbestimmung 251 25
- territorial-äquivalenztheoretische ~ 251 11, 23

Rechtliches Gehört, Gewährung 230 80
Rechtmäßigkeit
- und Rechtskontrolle 253 25

Rechtsakte andere Staaten siehe Hoheitsakte, fremde

Rechtsangleichung 251 77 ff.
- Ausgestaltung des Binnenmarkts 251 77
- und direkte Steuern 251 77
- Grenzen im Bereich der direkten Steuern 251 77
- und Grundfreiheiten 251 77
- und indirekte Steuern 251 77
- und staatliche Souveränität
  - abgeschwächtes Spannungsverhältnis im Bereich direkter Steuern 251 77
- Zielsetzung 251 77

Rechtsanwendungsbefehl 230 57, 235 58
- für allgemeine Regeln des Völkerrechts 235 2
- für völkerrechtliche Verträge 235 24

Sachregister

Rechtsetzung, staatliche 230 119, 253 83
– extraterritoriale Zuständigkeit von Staaten zur ~ 246 130
– und globale Unternehmen
  – Beachtung unternehmerischer Vorgaben bei staatlicher Rechtsetzung? 246 42
  – Beeinflussung unternehmensbezogener Rechtsetzung durch ~ 246 101 f., 131
  – Pression zu neoliberaler Rechtsetzung? 246 7
Rechtsetzungsbefugnis, staatliche 230 119
Rechtsgemeinschaft, internationale
– Regelungskonflikte in der ~ 238 5
Rechtsgrundsätze
– und Völkerrecht 236 3
Rechtshilfe, internationale 238 4, 9, 11, 239 <u>19 ff.</u>
– Begriff 239 19
– grenzüberschreitende Ahndung von Verkehrsdelikten in der EU
  – Halterhaftung und Schuldprinzip 239 60
– in Strafsachen 239 22 ff.
  – Auslieferung *siehe dort*
  – Gesetz über die internationale Rechtshilfe in Strafsachen 239 26
  – Grenzen 239 27
  – Grundlagen 239 26
  – kleine Rechtshilfe 239 25
  – Todesstrafe als maßnahmespezifische Grenze 239 27
  – Verbot 239 58
– in Zivilsachen 239 20 f., 20
  – Gegenstände 239 20
  – Grundlagen 239 20
  – Zustellung von Klagen 239 21
Rechtshilfe, zwischenstaatliche 238 27, 251 <u>82 ff.</u>
– Austausch von Informationen 251 82
– Bekämpfung von Steuerumgehung 251 82
– in Doppelbesteuerungsabkommen 251 83

– innerstaatliche Umsetzung 251 85
– materiell-rechtliche Bezüge 251 82
– Rechtsgrundlagen 251 82
– Schutz des Steuerpflichtigen 251 86
– Spannungsverhältnis zwischen staatlichen und privaten Interessen 251 86
– stärkere Beschränkung grenzüberschreitender Ermittlungsmaßnahmen 251 86
– Subsidiaritäts- und Erforderlichkeitsvorbehalte 251 84
– unionsrechtliche Vorgaben 251 84
– völkervertragliche Intensivierung der Bestrebungen 251 83
– Zielsetzung 251 82
Rechtskontrolle 253 <u>25 ff.</u>
– Ableitung einer Rechtsfolge 253 26
– Art. 19 Abs. 4 GG 253 28
– und Exekutive 253 28
– gerichtliche Kontrolle als Kernelement 253 28
– und Gesetzeskonformität 253 26
– in grenzüberschreitenden Sachverhalten 253 <u>1 ff.</u>
– und Grundrechte 253 26
– Justizgewährleistungsanspruch 253 28
– Kontrollmaßstäbe der ~
  – Maßstab der Rechtmäßigkeit 253 25
– Kontrollumfang der ~ 253 27
– und Maßstabskonformität 253 26
– und Maßstabswidrigkeit 253 26
– und Sachkontrolle 253 29, 82
  – Schleusenbegriffe 253 31
  – Schnittmenge 253 30 f.
– und Unionsrecht 253 27
– und Verfassungsprinzipien 253 26
– und Verwaltungsgerichte 253 28
– und Wirtschaftlichkeitskontrolle 253 30
Rechtsnorm
– Anknüpfung von ~en 230 9
Rechtsordnung
– Gegenseitige Einflußnahme aufeinander 253 4
– und grenzüberschreitende Sachverhalte 253 3

- Harmonisierung der ~en **233** 8, **238** 4
- Kollisionsregeln der jeweiligen (Teil-)~en **238** 5
- Verhältnis der ~en zueinander **253** 4
- kein Verschmelzen der ~en **232** 53
- Wahlmöglichkeit zwischen den ~en **233** 1
- Wettbewerb der ~en *siehe* Rechtsordnungen, Wettbewerb der

Rechtsordnung, ausländische 230 44

Rechtsordnung, inländische
- keine blocking statutes **230** 46
- und fremde Hoheitsakte
  - partielle Rücknahme des Exklusivitätsanspruchs **239** 3
- Konstitutionalisierung der ~ **232** 30
- und ordre public **238** 13

Rechtsordnungen, Wettbewerb der 233 1 ff., **253** 3
- im Arbeitsrecht **233** 9
- als Entdeckungsverfahren **233** 14
- und EU
  - Regulierung durch die ~ **233** 22
- und europäischer Wettbewerbsrahmen **233** 21 ff.
- unföderaler Wettbewerbsrahmen **233** 19
- foreign shopping **233** 1
- freier Wettbewerb
  - fragmentarische Marktordnung als ideale Voraussetzung **233** 13
- Gefahr der Absenkung rechtlicher Standards **233** 9
- Gefahr einer dysfunktionalen Wettbewerbsentwicklung **233** 8
- Harmonisierung der Rechtsordnungen **233** 8
- als Herausforderung für die Staatsgewalt **233** 31
- historische Entwicklung **233** 1
- horizontaler ~ **233** 1
- und hybride Wettbewerbsregime **233** 28 ff.
- und integrierte Wettbewerbsregime **233** 17 ff.
- und internationaler Wettbewerbsrahmen **233** 24
- als Legitimationsprinzip zweiter Ordnung **233** 11
- negativer Standortwettbewerb **233** 9
- normative Metaordnung der Rechtsmärkte
  - Doppelfunktion der politischen Akteure **233** 15
  - hohes Maß an Selbstregulierung erforderlich **233** 15
- Öffnung der eigenen Rechtsordnung **233** 8
- zwischen und mit privaten Rechtsordnungen **233** 28
- race to the top **233** 9
- Recht als Produkt **233** 1
- und Rechtswettbewerb **233** 18 ff.
- Reflektion im Gesetzgebungsverfahren **233** 7
- schädlicher ~
  - Unterbindung **233** 11
- Spannung zwischen Wettbewerbsfunktion und -versagen **233** 14
- und Steuerwettbewerb **233** 9
- als umfassende Wettbewerbsordnung **233** 12
- im Umweltrecht **233** 9
- Veränderung des Staatsverständnis **233** 31
- vertikaler ~ **233** 1
- Wahlmöglichkeit zwischen den Rechtsordnungen **233** 1
- und Wettbewerbseskalation **233** 9
- und Wettbewerbsfunktion **233** 6 ff.
- und Wettbewerbskritik **233** 2 f.
- Wettbewerbsmodell **233** 2 ff.
- und Wettbewerbsregulierung **233** 10 ff.
- und Wettbewerbsstruktur **233** 3 ff.

Rechtspluralismus 238 1
- Normkonflikte durch ~ **238** 4
- und Ordre public **238** 1
- positive Wechselbezüge durch ~ **238** 1
- Probleme internationaler Regelungskonflikte **238** 4 ff.
- Rechtskonflikte durch ~ **238** 1
- Wertungswidersprüche im ~ **238** 4

Rechtsprechung, europäische 253 81
- und Verwaltungsprozeßrecht **253** 81

Sachregister

Rechtsprinzip
- als Optimierungsgebot 227 2

Rechtsquellen 238 1
- staatliche ~ 238 1
- unterstaatliche ~ 238 1

Rechtsschutz
- angemessene Prüfungs- und Entscheidungskompetenz des Gerichts 253 49
- effektiver ~ 253 49, 78 ff.
  - Gebot des Rechtsstaatsprinzips 253 59
  - Gebot des subjektiven Grundrechtsschutz 253 59
  - Kompensation defizitärer demokratischer Legitimation 253 59
- faires Verfahren 253 49
- und Grundrechte 253 59
- und Interpol 253 61
- und Reservekompetenz deutscher Gerichte 253 50

Rechtsstaatlichkeit 230 19, 253 77
- und internationales Mehrebenensystem 253 77

Rechtsstaatsprinzip 232 28, 234 13, 239 68, 253 35
- und Gewalt, öffentliche
  - Relevanz 232 34
- und internationale Organisationen 232 48
- Konkretisierung durch das GG 232 30
- rechtliche Grundlagen der ~ 232 29 ff.
- und Rechtsschutz 253 59
- und Transparenzprinzip 253 80
- und Völkerrecht 232 44, 236 27

Rechtsvergleichung 232 24

Rechtswettbewerb
- und europäischer Wettbewerbsrahmen *siehe* Wettbewerbsrahmen, europäischer
- unföderaler Wettbewerbsrahmen *siehe* Wettbewerbsrahmen, föderaler
- und internationaler Wettbewerbsrahmen *siehe* Wettbewerbsrahmen, internationaler

Regeln
- als abwägbare Optimierungsgebote 232 25

Regelungen, staatliche
- Anknüpfungspunkt
  - Präsenz einer Person auf staatlichem Territorium 230 8
  - Staatsvolk 230 8
- Anwendungsbereich 230 9 ff.
- keine Durchsetzbarkeit ohne Anerkennung im Ausland 230 13
- Durchsetzbarkeit von ~ 230 11 f.
  - kollektive Problemlösung 230 116
  - supranationale Problemlösung 230 115
- Durchsetzbarkeit ~ bei grenzüberschreitenden Sachverhalten 230 116
- Durchsetzbarkeit ~ bei internationalen Akteuren 230 116
- extraterritoriale ~ 230 10, 26, 96, 116, **234** 16
- Geltung von ~ 230 10
- Geltungsbereich 230 9 ff.
- Personalhoheit als Anknüpfungspunkt für ~ 230 96 ff.
- personeller Anknüpfungsbereich 230 9
- räumlicher Anknüpfungsbereich 230 9
- Regelungskompetenzen
  - Abgrenzung 230 16
- keine Vermutung für territoriale Beschränkung 230 10
- keine Verpflichtung zur Anerkennung im Ausland 230 13

Regierungserklärung von Bundeskanzler
- Adenauer am 20.9.1949 229 48
- Adenauer am 10.6.1953 229 48
- Adenauer am 20.10.1953 229 48
- Adenauer am 7.4.1954 229 48
- Adenauer am 25.10.1954 229 48
- Adenauer am 1.12.1955 229 48
- Brandt am 28.10.1969 229 51
- Brandt am 18.1.1973 229 53
- Schmidt am 17.5.1974 229 54
- Schmidt am 16.12.1976 229 56
- Schmidt am 24.11.1980 229 56
- Kohl am 13.10.1982 229 59
- Kohl am 4.5.1983 229 60
- Kohl am 18.3.1987 229 62

Regionalorganisationen kollektiver Sicherheit *siehe* Systeme kollektiver Sicherheit, regionale

Sachregister

Republikprinzip 234 13
Reservekompetenz deutscher Gerichte
– Durchbrechung des Grundsatzes der Staatenimmunität 253 50
– und Rechtsschutz 253 50
– Verletzung rechtsstaatlicher Mindeststandards 253 50
Revidiertes Berner Übereinkommen 247 33
– Dreistufentest 247 33f.
Richter
– und Art. 20 GG 253 17
– und Art. 92 GG 253 17
– und Art. 97 GG 253 17
– persönliche Unabhängigkeit der ~ 253 17
– sachliche Unabhängigkeit der ~ 253 17
– und staatliche Kontrolle 253 17
Richtlinie
– und BVerfG
 – Prüfungskompetenz des ~s 247 21
Rio-Erklärung 248 68, 78, 111, 126
Römisches Statut
– und Verbrechen der Aggression 227 9
Rücklieferung 239 24
Rule Shopping 251 8
Runder Tisch
– Arbeitsgruppe Neue Verfassung für die DDR 229 81
– Repräsentanzmanko 229 81
– Zusammensetzung
 – Parität zwischen alten Kräften und Bürgerrechtlern 229 81

Sachkontrolle 253 29ff.
– Ausbau der ~ 253 82
– in grenzüberschreitenden Sachverhalten 253 1ff.
– Kontrolle der Regierung durch das Parlament 253 29
– Kontrollmaßstäbe der ~ 253 29
 – Gemeinwohl 253 29
 – politische Vernunft 253 29
 – nicht rechtliche Maßstäbe 253 29ff.
 – Verrechtlichung der ~ 253 30f.
– Re-Parlamentarisierung der internationalen Politik 253 82

– und Rechtskontrolle 253 29, 82
 – Schleusenbegriffe 253 31
 – Schnittmenge 253 30f.
– unterschiedliche Entscheidungen auf Rechtsfolgenseite 253 29
– und Wirtschaftlichkeitskontrolle 253 30
Sachverhalte, grenzüberschreitende
– und GG
 – fortbestehende Bindung an das ~ 239 48
– Lockerung der Verfassungsbindung 239 45ff.
– unverzichtbare Anforderungen des GG 239 48ff.
Sammelklage 239 49
– Zustellung einer ~
 – Verstoß gegen Grundsätze des freiheitlichen Rechtsstaates 239 49
Schengen-Raum 230 71, 116
Schengener Abkommen über den Abbau der Grenzkontrollen *siehe* Schengener Durchführungsübereinkommen
Schiedsgerichte 242 17
– gemischte ~ 242 26
– spezielle ~ 242 26
 – im Bereich der Investitionsstreitigkeiten 242 28
 – im Bereich des Rohstoffabbaus 242 27
– Streitschlichtung durch ~ 234 40
– Urteile
 – Durchsetzbarkeit 242 11
Schiedsgerichtsbarkeit, internationale 242 1ff. *siehe auch* Schiedsgerichte
– und Alabama Claims Arbitration 242 22
– allgemeine ~ 242 3
– zunehmende Bedeutung 242 25
– Begriff 242 2
– Beilegung der Streitigkeit durch Vertrag 242 38
– Beitritt des Bundes 242 1
– Einsetzung eines Schiedsgerichts 242 38ff.
– historische Entwicklung 242 18ff.
– Fixierung des Streitgegenstands 242 39
– Gebot des Beitritts 226 63

1292   Halbfette Zahl = §§; magere Zahl = RN; unterstrichene Zahl = Hauptfundstelle

- und globale Unternehmen **246** 105
- Grenzen **242** 6
- und Haager Friedenskonferenzen *siehe dort*
- internationale Handelsschiedsgerichtsbarkeit *siehe dort*
- internationale Investitionsschiedsgerichtsbarkeit *siehe dort*
- und internationale Zusammenarbeit **226** 65
- und Internationaler Gerichtshof **226** 63
- und Jay Treaty **242** 19 f.
- legitimatorische Basis **242** 6
- obligatorische ~ **242** 5
- Organisation der ~ **242** 38 ff.
- Organisation eines Schiedsgerichtes **242** 40 ff.
  - Anzahl der Schiedsrichter **242** 40
  - Befangenheit und fehlende Neutralität der Schiedsrichter **242** 42
  - Benennung der Schiedsrichter **242** 40 f.
- Rechtsprechungskompetenz der Schiedsgerichte **242** 38
- Schaffung einer obligatorischen ~ **243** 1
- Schiedsrichterauswahl in der Handelsschiedsgerichtsbarkeit **246** 115
- umfassende ~ **242** 4
- Verbindlichkeit der Urteile der ~ **242** 37, 46
- Vereinbarungen **242** 1
- Verfahren **242** 38 ff., 43 ff.
- Verfahren vor Schiedsgerichten
  - kein allgemein anerkanntes Standardverfahren **242** 43
  - Modellverfahrensregeln **242** 43
  - mündliches Verfahren **242** 44
  - schriftliches Verfahren **242** 44
- Zuständigkeit der Schiedsgerichte
  - compromis **242** 34
  - forum pogatum **242** 34

Schiedsgerichtsbarkeit, moderne **242** 19

Schiedsverfahren **251** 58 ff.
- Beachtung des Grundsatzes der Gewaltenteilung **251** 59
- einvernehmliche Entscheidungen der Finanzverwaltung **251** 58

- keine Rechtsgrundlage für Änderungen eines Doppelbesteuerungsabkommen **251** 59

Schutz, diplomatischer
- kein subjektiv-öffentliches Recht **240** 111

Seerechtsübereinkommen **242** 6
- Streitbeilegungssystem des ~ **242** 6

Selbstbestimmung **229** 4
- äußere ~ *siehe* Selbstbestimmung, äußere
- geschichtliche Entwicklung **229** 4
- innere ~ *siehe* Selbstbestimmung, innere
- Prinzipien **229** 1 ff.
- Rechtsgrundlagen **229** 1 ff.

Selbstbestimmung, äußere **229** 3
- Beitritt **229** 3
- Erste sozialistische Internationale (1865) **229** 7
- geschichtliche Entwicklung **229** 7 ff.
- und innere Selbstbestimmung **229** 2 f.
- und Revolution **229** 80
- und Schutz der nationalen Einheit **229** 17
- und Sezession **229** 3, 16
- und sowjetische Interpretation **229** 17
- Zusammenschluß **229** 3

Selbstbestimmung, innere **229** 2
- und afro-asiatische Staaten **229** 16
- und äußere Selbstbestimmung **229** 2 f.
- geschichtliche Entwicklung
  - Frankreich **229** 5
  - USA **229** 5
- und neue politische Ordnung **229** 80

Selbstbestimmungsrecht der Völker **228** 1 ff.
- und Aggressionsverbot in der UN-Resolution Defining Aggression vom 14. Dezember 1974 **229** 18
- und Annexionen nach dem Zweiten Weltkrieg **229** 10
- und Anschlußverbot für Österreich **229** 8, 33
- in der Atlantik-Charta vom 12. August 1941 **229** 9 f.
- Bedingungen **229** 25 ff.
- und Beitritt **229** 33

Sachregister

- in der Charta 77 **229** 22
- in der Charta der Vereinten Nationen vom 26. Juni 1945 **229** 12
- defensives ~ **228** 8ff., 13
- in der Definition of Aggression der UN-Vollversammlung **228** 6
- und Dekolonisierung **229** 14, 27
- des deutschen Volkes *siehe* Selbstbestimmungsrecht des deutschen Volkes
- Diskreditierung **229** 8
- Durchsetzung aus eigener Kraft **229** 32
- und Einsetzung von Satelliten-Regierungen **229** 10
- und Entspannung **229** 19ff.
- Entwicklung in den Vereinten Nationen **229** 12ff.
- Forderung nach rechtlicher Stärkung **228** 40
- und Freiheitsrechte **229** 23
- in der Friendly Relations Declaration **228** 6, **229** 16
- geschichtliche Entwicklung **228** 4
- als Grund und Grenze des Europarechts **228** 32f.
- als Grundsatz des Völkerrechts **228** 7f.
- als Hauptgrundsatz des Völkerrechts **229** 16
- als idée directrice des Völkerrechts **228** 4ff.
- und Individualfreiheit **229** 19ff.
- im Internationalen Pakt über bürgerliche und politische Rechte **229** 15
- im Internationalen Pakt über wirtschaftliche, soziale und kulturelle Rechte **229** 15
- und ius ad bellum **229** 18
- als kollektives Freiheitsrecht **229** 15
- als kollektives Menschenrecht **228** 5
- in der KSZE-Schlußakte vom 1. August 1975 **229** 19, 28
- als Legitimationsgrund des Staates **228** 17
- und Machtmonopol der kommunistischen Parteien **229** 17
- als Menschenrecht **229** 14
  - und staatliches Handeln **229** 29
- offensives ~ **228** 8ff., 13
- als politischer Programmsatz? **229** 11
- keine Realisierung auf dem Rechtsweg **229** 32
- Realisierung durch Plebiszit **229** 32
- als Rechtfertigungsgrund im Entwurf der UN des Code of Crimes against the Peace and Security of Mankind **229** 18
- Rechtscharakter **229** 25ff.
- und Revolutionen in Osteuropa zwischen 1988 und 1992 **229** 13, 23
- kein Schutz der territorialen Integrität gegen eigene Bevölkerung **229** 30
- und Sezession **228** 16, **229** 16
  - in den Randstaaten der Sowjetunion **229** 23
  - Rechtmäßigkeit **229** 30
  - Schwäche der Zentralgewalt **229** 30
- und Souveränität **229** 29, 109
- und sozialistisches System **229** 13
- Staat als Ausdruck des ~ **228** 3
- keine staatsunfähigen Völker **229** 14
- als subjektives Menschenrecht **229** 25
- als subjektives Recht **229** 14
- als Teilelement einer Gesamtordnung? **228** 5
- und Union der Völker Europas **228** 32
- Verbrauch des ~ **229** 16
- Verfassunggebung als Ausübung des ~ **228** 1
- und Versailler Vertrag **229** 33
- und Vertrag von St. Germain **229** 33
- und Vier-Punkte-Erklärung von US-Präsident Wilson vom 4. Juli 1918 **229** 7
- und Vierzehn-Punkte-Programm von US-Präsident Wilson vom 4. Januar 1918 **229** 7
- Volk als Träger **229** 31
- und Volkssouveränität **228** 2, 12, 19f.
- Vorbehalte
  - in der Friendly Relations Declaration **229** 26
  - in der KSZE-Schlußakte **229** 26
  - Nachrangigkeit **229** 26
- und Zusammenhang mit Freiheits- und Bürgerrechten **229** 24
- als zwingender Rechtssatz? **229** 11
- als zwingendes Völkerrecht **228** 2

Selbstbestimmungsrecht des deutschen Volkes 229 <u>1 ff.</u>
- Alleinvertretungsanspruch 229 48
- Anerkennung der Zweistaatlichkeit? 229 57 f.
- Auflösung der DDR 229 1
- äußere Selbstbestimmung 229 3
  - und Annexionen nach dem Zweiten Weltkrieg 229 10
- Ausübung *siehe* Selbstbestimmungsrecht des deutschen Volkes, Ausübung
- authentische Interpretationen des ~ 229 41 ff.
- Bedeutung für Drittstaaten 229 96
- und Beitritt 229 33
  - Beitrittslösung 229 38 ff.
  - der DDR nach Plebiszit des 18. März 1990 229 40
  - nur aufgrund freier Entscheidung? 229 40
  - des Saarlandes 1955 229 40
- im Bericht zur Lage der Nation im geteilten Deutschland vom 8. November 1989 229 65
- und Berliner Erklärung vom 5. Juni 1945 229 37
- und Besatzungshoheit 229 37
- und Besuch von Bundeskanzler Kohl in Moskau am 4. Juli 1983 229 61
- und Besuch von Bundeskanzler Kohl in Moskau vom 10. bis 12. Februar 1990 229 95
- Brief zur deutschen Einheit vom 12. August 1970 229 59
- und deutsche Staatsangehörigkeit *siehe* Staatsangehörigkeit
- und Deutschlands Rechtslage 229 45
- Durchsetzung 229 96
- Ende der Vier-Mächte-Vorbehalte 229 100
- in den Entwürfen der Präambel 229 36
- Erklärung des DDR-Außenministers Fischer vor den Vereinten Nationen 229 67
- und europäische Friedensordnung 229 61
- als Ewigkeitsgarantie 228 22, 25 f.
- und Fusion 229 38
- geschichtliche Entwicklung 229 4 ff.
- gesetzgeberische Tätigkeit
  - als Ausdruck des Selbstbestimmungsrechts 228 34
  - denkbare Übergriffe in das Selbstbestimmungsrecht 228 35
- im GG
  - Legitimität? 228 27 f.
  - Legitimitätsreserve 228 29
  - Normativierung 228 <u>22 ff.</u>
  - prozessual-konstitutive Vorschriften 228 31
  - verfassungstranszendente Vorschriften 228 22 ff.
- und Grenze der Normsetzungsfreundlichkeit 228 33
- und Grundlagenvertrag von 1972 229 51, 73
- Grundsatzpapier von SPD und SED 229 44
- innerdeutsches Rechtshilfeabkommen 229 58
- Kollision
  - mit internationaler Normsetzungsfreundlichkeit 228 33
  - mit staatlicher Zuwanderungspolitik 228 38
- als Menschenrecht 228 23
- und nationale Gemeinschaft 229 63
- und neue Ostpolitik 229 51
- Neuverfassung der DDR 229 1
- normative Vorkehrungen 229 34 ff.
- Öffnung der Mauer am 8. November 1989 229 65
- und Ostverträge 229 52
- Paradigmenwechsel vom Gesamtstaat zum ~ 229 44
- Präambel der Weimarer Reichsverfassung 229 5
- Präambel des GG von 1949 229 6, 34, 75
- Präambel des GG von 1990 229 6
- und Präambel des Grundgesetzes *siehe dort*
- gesamte Rechts- und Verfassungsordnung als Ausdruck des ~s 228 38
- Rechtsprechung des BVerfG 229 43 ff. *siehe auch* Bundesverfassungsgericht, Entscheidungen
- Brückentheorie 228 33

- und Regierungserklärung von Bundeskanzler *siehe dort*
- und Repräsentation **229** 66
- und Selbstbestimmungsrecht des deutschen Volkes **228** 27f.
- und Sezession der DDR **229** 68
- und Souveränität **229** 109
- Staatsbesuch von Erich Honecker 1987 **229** 44, 64
- staatsinterne Selbstbestimmung **229** 2
  - geschichtliche Entwicklung **229** 5f.
- Staatsvolk **228** 34ff.
  - mit gemeinsamer Staatsangehörigkeit **229** 44
  - ohne Staatsorganisation **229** 44
- und Stellungnahmen, amtliche und private **229** 66
- Träger *siehe* Selbstbestimmungsrecht des deutschen Volkes, Träger des
- als überkonstitutionelles Recht **228** 29
- und Ultra-vires-Akte **228** 35f.
- Verfahren der Wiedervereinigung **229** 38
- verfassunggebende Gewalt des Volkes **229** 2
- und verfassungsgerichtliche Kontrolle **228** 31
- und Verfassungsneuschaffung **228** 30
- keine Vier-Mächte-Konferenz über Deutschland **229** 99
- und Vier-Mächte-Vorbehalte *siehe dort*
- Volkskammerwahlen vom 18. März 1990 **229** 40
- im Vollzug der Wiedervereinigung **229** 75ff.
- vor der Wiedervereinigung **229** 34ff.
- und Wiedervereinigung
  - und osteuropäischer Zusammenhang **229** 21
- und Wiedervereinigungsgebot **229** 51, 55, 64
- und Wiedervereinigungsresignation **229** 42
- und Wiedervereinigungsziel *siehe dort*
- Zehn-Punkte-Plan vom 28. November 1989 **229** 66, 86

- britische und französische Reaktion **229** 95
- und Zuwanderung *siehe dort*
- keine Zwangsvereinigung **229** 35
- Zwei-plus-Vier-Vertrag *siehe dort*
- nach dem Zweiten Weltkrieg **229** 37

Selbstbestimmungsrecht des deutschen Volkes, Ausübung **229** 75ff.
- der Deutschen in der DDR **229** 76
- der Deutschen in der Bundesrepublik Deutschland durch ihre Repräsentanten **229** 47
- Volkskammerwahlen vom 18. März 1990 als ~ **229** 82ff.
- Zeitpunkt **229** 75, 82

Selbstbestimmungsrecht des deutschen Volkes, Träger des **229** 85ff.
- Definition **229** 46f., 59
- Deutsche in den Ostgebieten **229** 52
- Flüchtlinge deutscher Volkszugehörigkeit **229** 46
- Nation **229** 55ff.
- und Selbstbestimmungsentscheidung der Deutschen in der DDR **229** 68
- Staatsvolk **229** 55ff., 66, 87
- Staatsvolk in der Bundesrepublik Deutschland **229** 46
  - Ausübung durch Repräsentanten **229** 47, 85f.
  - Normativierung im GG **229** 86
- Staatsvolk in der DDR **229** 46
  - als besonderer Stimmkörper **229** 88
  - und Erklärungen der Bevölkerung **229** 47
  - und Selbstbestimmungsentscheidung **229** 85
  - und Sicherheit der Selbstbestimmungsentscheidung **229** 89
- Teilvolk oder Staatsvolk? **229** 89
- keine Status-Deutschen jenseits von Oder und Neiße **229** 52
- zwei Stimmkörper – eine Nation **229** 87
- zwei oder drei Träger **229** 88
- Vertriebene deutscher Volkszugehörigkeit **229** 46

Selbstverteidigung
- bei bewaffnetem Angriff **244** 40ff.

Sachregister

- keine eigenständige Landesverteidigung **244** 25
- individuelle ~ **244** 16, 40ff.
- kollektive ~ **244** 16, 40ff.
- keine präventive ~ **244** 41
- Selbstverteidigungsrecht von Staaten **244** 2
- vorbeugendes Recht zur ~ der USA
  - Bush-Doktrin **244** 41

Sicherheitsverwaltungsrecht, europäisches
- und Rechtsschutz **253** 61

Sicherheitsverwaltungsrecht, internationales **253** 40
- und Vertrag von Lissabon **253** 43

Sitztheorie **230** 88, **234** 16
- im deutschen Gesellschaftsrecht **230** 88
- Kollisionen mit der Niederlassungsfreiheit **230** 88

Societas Europaea **233** 9, 23

Sockelbesteuerungsrechte **250** 43

Soft law
- keine allgemeine Regel des Völkerrechts **248** 126
- als befolgungswürdige Verhaltensstandards **248** 126
- und globale Unternehmen
  - Mitgestaltung von völkerrechtlichem soft law **246** 103 ff.
- und Konferenz der Vereinten Nationen für Handel und Entwicklung **250** 34
- und Völkerrecht **236** 3

Soft law-Deklarationen
- keine analoge Anwendung des Art. 59 GG **236** 25
- einfacher Parlamentsbeschluß **236** 25
- Parlamentsbeteiligung bei ~ **236** 23

Sonderausgaben
- eingeschränkte Berücksichtigung im Quellenstaat **251** 61
- Nichtberücksichtigung von ~
  - unionsrechtswidrige ~ **251** 40

Souveränität, staatliche **230** 40, 111, **234** 2
- äußere ~ **230** 4
- Besteuerungshoheit als Ausprägung **251** 1
- und Bundesrepublik Deutschland
  - kein Eintritt in einen Bundesstaat **234** 13
- Erosion der ~ **234** 2
- Gleichberechtigung der Staaten als Voraussetzung **230** 25
- und globale Unternehmen **246** 3 ff., 132
  - bedrohte Souveränität schwacher Staaten **246** 5
  - Bedrohung staatlicher Souveränität? **246** 40
  - Beeinträchtigung staatlicher Souveränität? **246** 25
- innere ~ **230** 4
- und internationale Organisationen
  - Einschränkung durch Mitwirkung **234** 6
- Letztentscheidungskompetenz des Staates **230** 119
- neue Struktur der Souveränitätsfrage **246** 7
- kein Niedergang **230** 117
- Souveränität gegen globale Unternehmen **246** 3
- Souveränitätspanzer **239** 1
- territoriale Radizierung **251** 2
- verfassungsrechtlich garantierte ~ **230** 117
- verfassungsrechtlich gebundene ~ **230** 118
- Verletzung von ~ **231** 29
- völkerrechtlich gebundene ~ **230** 118
- und Währungshoheit
  - als Kernbereich **250** 13

Souveränität, territoriale **230** 58, **248** 9
- Abtretung von Hoheitsrechten **230** 17
- Ausübung der Gebietshoheit **230** 16 ff.
- und Gebietshoheit
  - Trennung der ~ von der territorialen Souveränität **230** 17
- Grundlage der internationalen Beziehung **230** 16

Souveränitätsprinzip **232** 8 ff., **253** 45
siehe auch Grundsatz der Staatenimmunität, Souveränität
- Erosion des ~s **232** 8 ff.
- Erscheinungsformen des ~s **232** 9

Sachregister

– und Europäisierung
  – Lebenswelten **232** 12
– und GG **232** 11
– und Globalisierung
  – Lebenswelten **232** 12
– von legitimationstheoretischer Bedeutung **232** 12
– und Staatsrecht **232** 10
– von staatsrechtlicher Bedeutung **232** 12
– Verfassungsautonomie **249** 53
– Verfassungsidentität **249** 53
– und Völkerrecht **232** 10
– von völkerrechtlicher Bedeutung **232** 12

Sovereign Wealth Funds (SWF) **246** 138 f.

Sozialistische Einheitspartei Deutschlands
– als fremdgesteuerte Separatistenpartei **229** 69
– Führungsanspruch **229** 70
– Kapitulation am 1. Dezember 1989 **229** 76
– keine politische Alternative **229** 70
– Verlust des Herrschafts- und Politikmonopols am 4. Dezember 1989 **229** 76

Sozialpakt
– effektive Kontrolle als Voraussetzung **249** 67
– und Gewährleistungspflicht aus Menschenrechten
  – Ermöglichung eines Kerngehalts **249** 79
  – Vorbehalt des Möglichen **249** 79
– Jurisdiktionsklausel des ~s **249** 65

Sozialrecht, internationales
– und gerichtliche Kontrolle **253** 61

Sozialstaatsprinzip **232** 28, **234** 13
– Zugang zum Internet **231** 17

Sozialversicherung
– und grenzüberschreitende Reichweite von Grundrechten **240** 97 ff.
  – Differenzierung zwischen Ungleichbehandlung und Rechtfertigung **240** 99
  – sozialversicherungspflichtige Beschäftigung von Ausländern **240** 97 ff.

– Verhältnismäßigkeit der Differenzierung **240** 98

Staat
– und Akteure, internationale
  – Begrenztheit staatlicher Hoheitsmacht **234** 3 ff.
– Allzuständigkeit des ~es **234** 4
– Anreize für globale Unternehmen
  – mit mittel- und langfristiger Wirkung **246** 124
  – unternehmensfreundliche Infrastruktur **246** 100
  – unternehmensfreundliche Rechtsetzung **246** 100
  – vertretbare steuerliche Belastung **246** 100
  – als Vorschußleistungen **246** 124
– Beachtung völkerrechtlicher Jurisdiktionsregeln **234** 16
– als Beeinflußter und Einflußnehmer **234** 25
– begrenzte Regelungsbefugnis des ~es **234** 16, 20
– und Bevölkerung **231** 3
– Bindung des ~es an Grundrechte **234** 13
– und Demokratie **253** 74
– und Demokratieprinzip **231** 32
– und demokratische Legitimation **253** 73
– Durchsetzungskompetenz des ~es **230** 18
– Einbettung des ~es in die Völkerrechtsordnung **243** 16
– Essentialia des modernen ~es **231** 3
– als Garant des freien Netzes **231** 20
– als Garant grundrechtlicher Verbürgungen **238** 13
– Gebietsbezogenheit des modernen ~es **230** 5
– Gebietshoheit des ~es *siehe* Gebietshoheit
– als Gebietskörperschaft **230** 6
– Gestaltung innerstaatlicher Rechtsverhältnisse **230** 19
– Gewährleistung eines menschenwürdigen Existenzminimums **231** 17
– und globale Unternehmen
  – als Nachfrager staatlicher Systemleistungen **246** 126

1298   Halbfette Zahl = §§; magere Zahl = RN; unterstrichene Zahl = Hauptfundstelle

Sachregister

- und Globalisierung 253 73
- keine unumschränkte Hoheitsgewalt 234 2
- Grenze seiner Jurisdiktionsgewalt 231 10
- grenzüberschreitendes staatliches Handeln 246 45
- Grundstruktur des ~es 232 1 ff.
- Handlungsunfähigkeit des ~es 230 111
- und moderne Informationstechnologie 231 1
- und inländische Rechtsordnung 238 13
  - als Grundlage des Staates 238 13
- internationale Abhängigkeit des ~es 234 2
- und staatliche Kontrolle 253 74
- als Kontrollsubjekt 253 71
- Krisen als historischer Regelfall 250 25
- Mitwirkung des ~es an fremden Rechtsakten 239 1 ff.
- Modifikation von Staatlichkeit 253 74
- und nichtstaatliche Akteure 234 14 ff.
- als normatives Universum 232 9
- und Parlament 253 73
- und Parlamentsgesetz 253 73
- personales Herrschaftsverständnis des Mittelalters 231 6
- Personalhoheit des ~es *siehe* Personalhoheit
- Privatisierung von Aufgaben 230 112 *siehe auch* Privatisierung
- und Ratingagenturen 250 85
- und Raum 231 10
- Recht der Bonität von ~en *siehe* Staatsverschuldung
- Recht der Insolvenz von ~en *siehe* Staatsverschuldung
- Recht der Verschuldung von ~en *siehe* Staatsverschuldung
- und Rechtsstaatlichkeit 253 74
- Regelungskompetenz des ~es 230 18
- Regulierung von Kommunikation 230 114
- Schnittstellen- und Scharnierfunktion des ~es 253 76
- Schutz durch Investor-Staat-Verträge *siehe* State Contract

- Schutzauftrag und Pflichtenbindung im virtuellen Raum 231 43
- Schutzpflicht des ~es im virtuellen Raum 231 31
- sektoraler ~ 230 117
- und Souveränitätsprinzip 232 9
- staatliche Gewaltmonopol 253 73
- und staatliche Grenzen 253 71
- und staatliche Kontrolle 253 5
- staatsbürgerliche Identitätsbildung und Aktivierung 253 73
- und Staatsgebiet 231 6
- und Staatsgewalt 231 3, 6
- in Staatslehre 230 1 ff.
- im Staatsrecht 230 1 ff.
- und Staatsvolk 231 6
- territoriale Integrität des ~es 248 9
- territoriales Herrschaftsverständnis der Modernen 231 6
- als Territorialverbund 231 10
- und Territorium 231 3
- Territorium konstitutiv für ~ 231 6
- Transformation von Staatlichkeit 253 74
- umfassende Rechtsbindung im virtuellen Raum 231 30
- und Urheberrecht 247 56 ff.
- und verfassungsrechtlicher ordre public 238 38
- Verläßlichkeit und Stabilität von Internetdienstleistungen 231 17
- kein Verlust an Staatlichkeit 253 74
- und virtueller Raum 231 10, 43
- neue Herausforderungen durch den ~ 231 44
- im Völkerrecht 230 1 ff.
- und Völkerrecht 230 19
- völkerrechtliche Vertragsautonomie des ~es 238 17
- als Völkerrechtssubjekt 234 4, 238 17
- vorrangiger Adressat von Rechten und Pflichten im virtuellen Raum 231 44
- im Zeitalter der Globalisierung 234 2
- als zentraler Kontrollakteur 253 73

Staat, antiker
- Herrschaft durch personale Über- und Unterordnungsverhältnisse 230 5
- Personalbezogenheit des ~es 230 5

Halbfette Zahl = §§; magere Zahl = RN; unterstrichene Zahl = Hauptfundstelle

Staat, im Mittelalter
- Herrschaft durch personale Über- und Unterordnungsverhältnisse **230** 5
- Personalbezogenheit des ~es **230** 5

Staaten
- und Europäisierung
  - keine Polarisierung von Rechtsetzungsprozessen **233** 7
  - funktionsgerechte Zusammenarbeit von globalen Unternehmen und ~ **246** 130 ff.
    - bei Gemeinwohlzielen **246** 135
    - Nutzung strategischer Schlüsselstellung durch Staatsunternehmen? **246** 139
    - Nutzung von Mehrheitsbeteiligungen durch Staatsfonds für außenpolitische Drohungen? **246** 139
    - in der Sozialpolitik **246** 135
    - in der Umweltpolitik **246** 135
- und globale Unternehmen
  - Durchsetzung staatlicher Regulierung gegenüber ~ **246** 41
  - Zuwendung von Steuervergünstigungen **246** 124
  - Zuwendung von Subventionen **246** 124
- und Globalisierung
  - keine Polarisierung von Rechtsetzungsprozessen **233** 7
- und grenzübergreifender Umweltschutz
  - Harmonisierung von Souveränität und Integrität **248** 120
  - Informationspflicht **248** 122
  - Konsultationspflicht **248** 122
  - Kooperationspflicht **248** 122
  - Notifikationspflicht **248** 122
  - Pflichten formeller Art **248** 122
  - Pflichten materieller Art **248** 123
  - Risikobewertungspflicht **248** 122
  - Rücksichtnahmepflicht **248** 121
  - Umweltverträglichkeitsprüfungspflicht **248** 122
- als mächtige Sozialgebilde? **246** 1
- und Nichtregierungsorganisationen **246** 2
- souveräne Gleichheit der ~ **238** 9
- und Treibhauseffekt **248** 7
- Unrechtshaftung für Klimawandel? **248** 7
- und Unternehmen **246** 3
- als Völkerrechtssubjekte **242** 10
  - Streitigkeiten zwischen ~ **242** 10
- Wettbewerb unter ~ **233** 2
- und Zivilgesellschaft **246** 2

Staatenimmunität **230** 81, **253** 52
- als Ausprägung des Souveränitätsgrundsatzes **253** 45
- Ausübung von Hoheitsgewalt **253** 45
- und gerichtliche Kontrolle **253** 45
  - Unterwerfung unter Gerichtsbarkeit **253** 45
  - Zurechnung fremden Handelns **253** 45
- völkerrechtliche ~
  - absolute **230** 81
  - Europäisches Übereinkommen über die Staatenimmunität **230** 81
  - Kodifikationsentwurf der UN **230** 81
  - relative **230** 81

Staatenübergreifende Unternehmen *siehe* Globale Unternehmen

Staatenverantwortlichkeit
- Haftungsansprüche **238** 7
- völkerrechtliche Verpflichtung **238** 7

Staatlichkeit
- personale Aspekte von ~ **238** 30
- territoriale Aspekte von ~ **238** 30
- völkerrechtliche Zuständigkeitsordnung **238** 30

Staatsangehörige
- Rechtsschutz für fremde ~ **235** 40
- Rettung deutscher ~r
  - keine ausdrückliche verfassungsrechtliche Regelung **244** 75
  - Beschluß der Bundesregierung **244** 78
  - Geiselbefreiung von Mogadischu **244** 76
  - Parlamentsbeteiligungsgesetz **244** 77
  - Schutzpflicht des Staates **244** 77
  - keine Verteidigung **244** 75
  - völkerrechtliche Zulässigkeit? **244** 76
  - mit Zustimmung des fremden Staates **244** 76
- Schutz der ~n im Ausland **253** 4

Sachregister

Staatsangehörigkeit 230 <u>87 ff.</u>
- ausländische ~
  - gerichtliche Zuständigkeit bei ~r 246 89
- keine Berufung auf ausländische ~ 246 90
- deutsche ~ 229 51, 58
  - Abstammungsgarantie als dynamische Identität des Staatsvolks 228 37
  - als selbstbestimmungsbezogene Garantie 228 37
  - Verfassungsgarantie des Abstammungsprinzips 228 36 f.
- Erfordernis einer tatsächlichen Beziehung 230 92 f.
- als Grundlage der Personalhoheit 230 <u>87 ff.</u>
- internationale Koordination 230 90
- regionale Koordination 230 90
- staatliche Regelungen nur zur eigenen ~ 230 91
- und Unionsbürgerschaft 230 102
- und Völkerrecht
  - negative Grenze des ~s 230 91
- völkerrechtliche Freiheit der Ausgestaltung 230 89
- keine willkürliche Verleihung der ~ 230 93
- Zuerkennung der ~ völkerrechtlich beachtlich 230 93

Staatsaufsicht 253 22
- Beispiele der ~ 253 22

Staatsgebiet
- Begriff des deutschen ~s 248 108
- und deutsche Staatsgewalt
  - Ausgreifen der ~ 230 32
- und grenzübergreifender Umweltschutz
  - ausschließliche Wirtschaftszone 248 108
  - Festlandsockel 248 108
- Kernanwendungsbereich des staatlichen Rechts 237 1
- als Kernbereich der Grundrechtsanwendung 240 2
- in Staatslehre 230 <u>1 ff.</u>
- im Staatsrecht 230 <u>1 ff.</u>
- im Völkerrecht 230 <u>1 ff.</u>

Staatsgewalt 230 3 *siehe auch* Staatsgewalt, deutsche
- Bezug auf ein Staatsgebiet 230 4
- und demokratische Legitimation 253 72
- Derogation durch Kommunikation 230 113
- Entfaltung innerhalb der staatlichen Grenzen 231 10
- Enträumlichung der ~ 240 2
- und Globalisierung 253 72
- personelle Reichweite der ~ 230 3
- räumliche Reichweite der ~ 230 3
- und Souveränitätsgrundsatz 253 45
- keine staatliche Exklusivität von ~ 231 10
- und staatliche Kontrolle 253 37
- und virtueller Raum 231 10

Staatsgewalt, Ausübung von 237 1
- ohne Anknüpfung an die Gebietshoheit 230 <u>108 ff.</u>
- ohne Anknüpfung an die Personalhoheit 230 108 ff.
- auf deutschem Staatsgebiet 230 <u>80 ff.</u>
- gegenüber Ausländern 230 <u>75 ff.</u>
  - Gebietshoheit als Grund 230 75
- Normalfall der ~ gegenüber Inländern im Inland 240 2
- Präsenz auf Staatsgebiet als Anknüpfung 230 75
- völkerrechtliche Schranken 230 80

Staatsgewalt, deutsche
- keine Aussage des GG zur räumlichen Reichweite der ~ 230 29
- Ausübung ~r außerhalb des Staatsgebiets 230 <u>31 ff.</u>
- Ausübung ~r in überstaatlichen Organisationen 230 <u>33 ff.</u>
- Ausübung ~r im Ausland 248 117 f.
- Auswirkung ~r im Ausland 248 113 ff.
  - atomrechtliche Genehmigung 248 113
- Beschränkung der ~ 230 56
- Bezug der ~ zum Staatsgebiet im Grundgesetz 230 <u>28 ff.</u>
- Bindung ~r durch die allgemeinen Regeln des Völkerrechts 235 32

- und Demokratieprinzip
  - keine umfassende Realisierung **230** 68
- und deutsche Staatsgewalt **230** 32
- Erstreckung ~r auf Deutsche im Ausland **248** 112
- und EU **230** 33 f.
- Gebietsbezogenheit der ~n **230** 30
- Gestaltungsanspruch der ~n **230** 30
- und grenzübergreifender Umweltschutz
  - Beschränkung auf deutsches Staatsgebiet **248** 107
  - Bindung im ~ **248** 99 ff.
- in EU-Organen **230** 33
- Inanspruchnahme von Ausländern **230** 77
- und Integration **230** <u>70 ff.</u>
- keine Überforderung der grundrechtsverpflichteten ~n **240** 107
- und überstaatliche Organisationen **230** <u>33 ff.</u>
- keine Übertragung der gesamten ~ **230** 58
- Übertragung einzelner Hoheitsrechte **230** 58
- keine ~ durch deutsche Organwalter **230** 34

Staatsgewalt, fremde
- Abwehr **230** 48
- Ausübung auf deutschem Staatsgebiet **230** <u>40 ff.</u>
  - Restriktionen durch das BVerfG **230** 68
- unter deutscher Aufsicht **230** 69
  - gemeinsame Polizeistreife **230** 69
- und GG **230** 40
- keine Grundgesetzbindung ~ **240** 37
- und Öffnung, vertikale
  - Ausdehnung auf Personalhoheit **230** 51

Staatsgrenzen

Staatslehre
- Gebietshoheit prägendes Definitionselement **230** 27

Staatspflicht
- zur Befolgung des Völkerrechts **227** 3
  - Einschränkung der Staatspflicht **227** 3

- internationale Sicherheit als Zweckbestimmung **227** 3
- Weltfriede als Zweckbestimmung **227** 3
- zur Friedensförderung **227** 13

Staatsrecht **230** 3, **238** 25
- Bestimmung des Wirkungsraums der Staatsgewalt **230** 3
- und Gebietshoheit **230** <u>26 ff.</u>
- herrschaftliche Struktur des ~s **232** 10
- Konflikte mit fremden Recht **238** 25
- und Völkerrecht
  - Gegenläufigkeit der Strukturen **232** 10

Staatsverschuldung **250** <u>25 ff.</u>, **252** 11 ff.
- und Bank für Internationalen Zahlungsausgleich **250** 31
- dynamischer Verweis auf europäisches Recht **252** 12
- Föderalismusreform I und II **252** 11 f.
- Gesamtschuldenstand in der EU **252** 11
- Haushaltsausgleich **252** 12 f.
- informelle Institutionen **250** 26 ff.
  - Londoner Club *siehe dort*
  - Pariser Club *siehe dort*
- und IWF **250** 29
- und Konferenz der Vereinten Nationen für Handel und Entwicklung **250** 34
- Konjunkturklausel **252** 13
- Modifizierung der Verschuldungsmöglichkeiten **252** 11
- Möglichkeiten der Bundesbank *siehe* Deutsche Bundesbank
- Perspektiven
  - Resolvenzrecht der Staaten **250** 35
- Regelung im GG **252** 11
- regionale Institutionen
  - ESM **250** 33
  - Fiskalpakt **250** 33
- Schuldenbremse **252** 12

Staatsvertrag
- Fluglärm-Abkommen **248** 104

Staatsvolk
- in Staatslehre **230** <u>1 ff.</u>
- im Staatsrecht **230** <u>1 ff.</u>
- im Völkerrecht **230** <u>1 ff.</u>

Staatsziel
- Anreize für wertschöpfende Unternehmensaktivitäten als ~ **246** 100, 124
- Förderung des Weltfriedens
  - Nachrüstung **227** 13

Staatszielbestimmungen, Umweltschutz **248** 67 ff. *siehe auch* Umweltschutz, grenzübergreifender
- Beachtung gegenläufiger Belange **248** 83
- Beachtung umweltvölkerrechtlicher Grundsätze **248** 68
- Erstreckung auf den auswärtigen Umweltschutz **248** 67
- keine Ewigkeitsgarantie **248** 101
- Inhalt der Schutzverpflichtung **248** 71 ff.
- interpretatorische Ausdehnung **248** 69
- Konkretisierungsbedürftigkeit **248** 95
- Schutzauftrag für die auswärtige Umwelt **248** 67 ff.
- Schutzwirkungen **248** 89
- teleologische Auslegung **248** 69
- keine Verhaltenspflichten **248** 79
- völkerrechtsfreundliche Auslegung **248** 68, 70
- Wortlaut **248** 67

Staatszugehörigkeit
- und IGH **230** 94
- juristischer Personen **230** 88

Ständiger Internationaler Gerichtshof **242** 17, 24

Ständiger Schiedshof **242** 23
- und Haager Friedenskonferenzen **242** 23

Standortwettbewerb **233** <u>25 ff.</u>
- und Bundesrepublik Deutschland **233** 26
  - Unternehmensansiedlung als Sache der Länder **233** 27
  - Wahrung bundesstaatlicher Kompetenzordnung **233** 27
- Entwicklung von Governancestrukturen **233** 26
- Sicherung optimaler Bedingungen **233** 25
- Standortmarketing von Hoheitsträgern **233** 26

- und Strukturmerkmal, Exit **233** 25
- und Strukturmerkmal, Loyalty **233** 25
- und Strukturmerkmal, Voice **233** 25
- Strukturmerkmale **233** 25
- Vermittlungsverfahren durch den Bund **233** 27
- verfassungsrechtliche Anforderungen **233** 27

State Contract **234** 40
- Internationalisierungsklauseln **234** 18
- und Schiedsgerichte
  - Übertragung von Rechtsstreitigkeiten auf ~ **234** 18
- Schiedsklauseln **234** 18
  - Übertragung von Rechtsstreitigkeiten **234** 18
- Stabilisierungsklauseln **234** 18
- Verfahren nach der ICSID-Konvention **234** 19
  - Umsetzung im deutschen Recht **234** 19
  - weltweite Vollstreckbarkeit der Schiedssprüche **234** 19

State Owned Enterprises (SOE) **246** 138 f.

State Responsibility *siehe* Articles of State Responsibility

Stellvertreterhaftung
- auf Sekundärebene **253** 53

Stellvertreterlösung
- Durchbrechung des Trennungsprinzips **253** 53
- auf Ebene der Primäransprüche **253** 53
- und gerichtliche Kontrolle **253** 53
- und Stellvertreterhaftung **253** 53
- und Trennungsmodell **253** 53
- und Unionsrecht **253** 53

Steuer
- äquivalenztheoretische Grundlagen der ~ **251** 11
- Beitrag zur Erhaltung der Gemeinschaft **251** 24
- als Preis der Freiheit **251** 13
- Quellenbestimmung **251** 25
siehe auch Quellenbestimmung

Steuergerechtigkeit
- und Folgerichtigkeitsgebot **251** 15
- Gebot individueller ~ **251** 27

Sachregister

- keine gesamteuropäische ~ **251** 78
- Grundlagen der ~ **251** 15
- im Internationalen Steuerrecht **251** 13 ff.
    - verfassungsrechtliche Vorgaben **251** 13 ff.
- und Leistungsfähigkeitsprinzip **251** 15
- im Unionsrecht **251** 19 ff.
- im Völkerrecht **251** 19 ff.

Steuergesetzgebung **251** 1
- abkommenswidrige ~ **251** 53 ff. *siehe auch* treaty override

Steuerhoheit
- Aufteilung der ~ als Aufgabe der Mitgliedstaaten **251** 38

Steuern, direkte
- Harmonisierung im Bereich der ~ **251** 79
- kein Kompetenzverzicht der Mitgliedstaaten **251** 33
- und Richtlinien, europäische **251** 79
- Zuständigkeit der Mitgliedstaaten **251** 67

Steuern, indirekte **251** 77
- und Doppelbesteuerung
    - Problematik **250** 40
- und europäischer Binnenmarkt **250** 40
- Harmonisierung der ~ **250** 10

Steuerpflicht
- Anknüpfung an die Ansässigkeit **251** 10
- keine Anknüpfung an die Staatsangehörigkeit **251** 14
- Ansässigkeit als Verbindung mit der Rechts- und Infrastruktur **251** 10
- Begründung der ~ **251** 2
- Durchsetzbarkeit **251** 20
- territoriale Anknüpfung der ~ **251** 9
- territoriale Fundierung der ~ **251** 9

Steuerpflicht, beschränkte *siehe* Beschränkte Steuerpflicht

Steuerpflicht, unbeschränkte *siehe* Unbeschränkte Steuerpflicht

Steuerpflichtiger, beschränkt
- Berücksichtigung von existenzsichernden Aufwendungen im Quellenstaat **251** 61
- und Betriebsausgaben **251** 61

- eingeschränkte Berücksichtigung persönlicher Verhältnisse **251** 61
- Gleichbehandlung von ~ mit unbeschränkt Steuerpflichtigen **251** 62
- Nachteile von ~ gegenüber unbeschränkt Steuerpflichtigen **251** 61 ff.
- proportionale Abzugsteuer **251** 61
- quotale Berücksichtigung der Aufwendung
    - fehlende Realisierbarkeit in der Praxis **251** 65
- Rechtfertigung von Nachteilen
    - Ansätze des BVerfG **251** 64
- und Werbungskosten **251** 61

Steuerrecht **230** 44, **250** 4
- Anpassungsdruck durch zwischenstaatlichen Steuerwettbewerb **250** 51
- und genuine link **251** 20

Steuerrecht, innerstaatliches
- Ausschluß des Quellenstaates
    - unterhalb der Schwellen **250** 43
- Grundlage der Steuerpflicht **251** 3
- als Internationales Steuerrecht im weiteren Sinn **251** 43
- Präferenz für Belegenheitsstaat **250** 42
    - prinzipienorientierte Schwellen als Untergrenze **250** 42
- Präferenz für Quellenstaat **250** 42
- und Unionsrecht **251** 80
- und Verfassungsrecht **251** 3
- Verpflichtung zur Anrechnung im Ausland gezahlter Steuern **251** 39

Steuerrecht, internationales *siehe* Internationales Steuerrecht

Steuerrechtlicher Zugriff
- keine Beschränkung auf inländische Leistungsfähigkeit **251** 29
- unterschiedliche Rechtfertigung **251** 23

Steuersubjekt
- natürliche Person als ~ **251** 18

Steuerwettbewerb **233** 9
- als Ausfluß der Souveränität der Staaten **250** 52
- und EU **250** 53
- von EU und OECD **250** 54
- rechtliche Grenzen **250** 53
- Steuerwettbewerb, schädlicher **250** 51 *siehe auch dort*

Sachregister

Steuerwettbewerb, schädlicher
- und EU 250 53
- im Internationalen Steuerrecht 250 51 ff.
- Maßnahmen
  - präferentielle Systeme 250 52
  - Sonderwirtschaftszonen 250 52
  - tax holidays 250 52
- race to the bottom 250 52
- rechtliche Grenzen 250 53

Stockholmer Erklärung 248 68

Störungsabsicht 227 27
- Gefährdung des Friedens
  - willentliches und wissentliches Inkaufnehmen 227 27
- keine Qualifizierung der Friedensstörung als Endzweck 227 27

Störungseignung 227 27
- Beeinträchtigung des internationalen Verkehrs 227 27
- Voraussetzung 227 27

Störungsverbot 227 24 ff.
- Angriffskrieg 227 25 *siehe auch dort*
  - als Vergleichsmaßstab 227 25
- Bestimmtheitsgrundsatz der §§ 80, 80a StGB 227 28
- Gefährdung der Justiziabilität des ~s
  - durch Komplexität der internationalen Beziehungen 227 24
- konkrete oder abstrakte Gefährdung erforderlich 227 24
- keine Kriegsbeteiligung Deutschlands erforderlich 227 28
- spezielle Ausgestaltung des ~s in Art. 26 Abs. 2 S. 1 GG 227 29
- Störungsabsicht *siehe dort*
- Störungseignung *siehe dort*
- unvollständige strafrechtliche Umsetzung 227 28
  - § 80 StGB 227 28
  - § 80a StGB 227 28
- Zweck 227 24

Strafgerichtsbarkeit, internationale 242 12, 245 1 ff. *siehe auch* Weltstrafrecht
- Ad-hoc-Tribunale 245 7
- Anfechtbarkeit nationaler Mitwirkungsakte 245 26
- besondere Legitimationsprobleme 245 24 f.
- demokratische Legitimationssicherung durch Komplementarität 245 25
- effektiver Rechtsschutz im Ermittlungsverfahren 245 26
- ereignisunabhängige Institutionalisierung 245 7
- Fall Pinochet 245 9
- grundrechtliche Grenzen der Kompetenzübertragung 245 26 ff.
- Grundsatz der Komplementarität 245 25
- Internationaler Strafgerichtshof *siehe dort*
- Jugoslawien-Tribunal 245 7, 13
- Kompetenztransfer nach Art. 24 Abs. 1 GG 245 18 f.
- Kooperationsgrenze
  - Auslieferungsverbot? 245 29
  - Nichteinhaltung grundrechtlicher Mindeststandards 245 28
- keine Legitimation durch Staatenpraxis 245 24
- mangelnde Legitimationsmechanismen 245 24
- Militärtribunale als besatzungsrechtliche Form der ~ 245 3
- neutrales, ergebnisoffenes und formalisiertes Verfahren 245 26
- rechtskulturell relativierte Bindung an Normtexte 245 24
- Rechtsschutzfragen bei der Übertragung von Hoheitsgewalt 245 26
- Ruanda-Tribunal 245 7, 13
- Völkerbund 245 2
- Völkermordkonvention als optionale Form der ~ 245 3
- keine vorhandene abstrakt-generelle Rechtserzeugung 245 24
- Wegmarken 245 7 f.

Strafgewalt, überstaatliche 245 1 ff., 12 ff., 18
- ad-hoc-Tribunale 245 13
- Auslieferungsmöglichkeit durch Art. 16 Abs. 2 S. 2 GG 245 29
- Auslieferungsverbot? 245 29
- Beitrag zur friedlichen Konfliktbewältigung 245 12

Sachregister

- demokratische Grenzen der Kompetenzübertragung **245** 19 ff.
- demokratische Legitimationssicherung durch Komplementarität **245** 25
- Eichmann-Prozeß **245** 4
- Etablierungsversuche **245** 2 ff.
- gemischt internationale Strafgerichte (hybrid courts) **245** 13
- Grenzen der Auslieferung **245** 29
- grundrechtliche Grenzen der Kompetenzübertragung **245** 26 ff.
- grundrechtliche Mindeststandards **245** 28
- als inhärente Durchgriffswirkung **245** 18
- Institutionalisierungsversuche **245** 1
- und internationale Strafgerichtsbarkeit **245** 2
  siehe auch dort
- Internationaler Strafgerichtshof
  siehe dort
- Jugoslawien-Tribunal **245** 7, 13
- Kimberley-Prozeß **246** 137
- Kompetenztransfer nach Art. 24 Abs. 1 GG **245** 18 f.
- keine Legitimation
  - aus Opferleid **245** 22
  - aus vorpositiver Gerechtigkeit **245** 22
- Legitimationsstruktur des Strafverfahrensrecht **245** 23
- legitimatorische Sonderrolle der Strafgerichte **245** 21 ff.
- Menschenwürde **245** 27 f.
- nicht rein demokratische Legitimation von Gerichten **245** 20
- nichtmilitärische Delikte **245** 12
- nulla poena sine lege-Grundsatz **245** 27
- Piraterie **245** 4
- politische Neutralität **245** 28
- Rechtfertigung punitiver sozialer Kontrolle **245** 23
- rechtsstaatliche Grenzen der Kompetenzübertragung **245** 19 ff.
- Ruanda-Tribunal **245** 7, 13
- Schuldgrundsatz **245** 28
- Strafrichterzuständigkeit als prozeduraler Grundrechtsschutz **245** 23
- substanzieller Subjektstatus **245** 28

- Tribunale **245** 12 f.
  - Einsetzung durch Beschluß des UN-Sicherheitsrates **245** 13
- als Übertragung von Hoheitsrechten **245** 18
- verfassungsrechtliche Grenzen der Kompetenzübertragung **245** 19
- verfassungsrechtliche Schranken **245** 18 ff.
- völkerrechtliche Begründung **245** 12 ff.
- völkerrechtliche Verbrechen **245** 12
- Vorläufer **245** 4

Strafrecht, internationales **238** 2
- und ordre public **238** 11

Strafverfolgungskompetenz
- keine gewohnheitsrechtliche ~ **245** 35
- innerstaatliche ~ **245** 35
- internationale ~ **245** 35
- prozedurale ~ **245** 34
- Voraussetzungen
  - Beweissicherung **245** 36
  - hinreichender Inlandsbezug **245** 36
  - keine Störung nicht strafrechtlicher Konfliktbewältigung **245** 36
  - keine Strafverfolgungsbereitschaft des Tatort- oder Täterstaates **245** 36

Streitbeilegung, diplomatische
- und UN-Charta **243** 25

Streitigkeiten, zwischenstaatliche
- Beilegung ~ **246** 14

Streitkräfteeinsatz der Bundeswehr
  siehe Bundeswehr, Einsatz

Strukturmerkmal, Exit **233** 3, 8, 18
- und race to the bottom **233** 9
- Spannungsverhältnis zwischen den Merkmalen **233** 5
- Unternehmen
  - Entwicklung eines rechtspolitischen Voice **233** 8

Strukturmerkmal, Loyalty **233** 3 ff., 18
- differenzierte Steuerungsinstrumente im Einzelfall **233** 8
- und race to the bottom **233** 9
- Rezeption innovativer Produkte **233** 8
- Spannungsverhältnis zwischen den Merkmalen **233** 5
- Transferkosten **233** 8

Strukturmerkmal, Voice 233 3f., 18
- Konkurrenz von ökonomischen und politischen Voice
  - Gestaltungsfreiräume des Gesetzgebers 233 8
- und race to the bottom 233 9
- Spannungsverhältnis zwischen den Merkmalen 233 5

subject to tax-Klausel 251 54
- und Doppelbesteuerungsabkommen 251 49

Subjektives Nettoprinzip
- Menschenwürdegarantie 251 62
- Schutz von Ehe und Familie 251 62

Subordinationsverhältnis
- als Grundrechtsvoraussetzung 240 17ff.
- Unterschied zwischen ~ und einfachem Rechtsverhältnis 240 22

Subsidiarität 253 37
Subsidiaritätsprinzip 232 28, 234 11, 37
Supranationale Organisationen 234 7ff.
- Einwirkung auf das Souveränitätsprinzip 232 12
- als Form der internationalen Organisation 234 7
- und öffentliche Gewalt
  - Spezifizierung anhand ~ 232 21
- und GG 232 16
- Grundstruktur von ~ 232 1ff.
- und Staat
  - öffentliche Gewalt als Strukturmerkmal 232 12
  - Rolle des ~es 234 3ff.
- Übertragung von Hoheitsrechten 230 33

Systeme kollektiver Selbstverteidigung 243 13
- Abwehr externer Bedrohungen 243 13
- von Art. 24 Abs. 2 GG erfaßt 243 15
- Außengerichtetheit als Charakteristikum 243 13
- BVerfG
  - kein Entgegenstehen des Art. 87a GG 227 19
  - Einbeziehung in Art. 24 Abs. 2 GG
  - Kritik 227 19

- präventive Organisation kollektiver Selbstverteidigung 243 13

Systeme kollektiver Sicherheit 226 60ff., 227 8, 18, 230 56, 243 1ff.
- aktive Teilnahme 243 18
- Art. 24 Abs. 2 GG 243 2
- Art. 87a GG 227 19
- Bedarf nach kollektivem Handeln 243 20
- zwei Entscheidungsebenen 243 20 siehe auch Handeln in Systemen kollektiver Sicherheit
- Begriffsverständnis 243 14
- Beitritt als Bedingung für Teilnahme 243 19
- Bündnisse zur Friedenswahrung 227 18
- Einordnung 243 18ff.
- Einordnung des Bundes 244 20
- Einsatz der Bundeswehr im Rahmen von ~
  - als Einsatz zur Verteidigung 226 62
- EU 226 62
- Friedensverpflichtung als entscheidendes Kriterium 227 20
- Friedenswahrung 226 67, 241 52
  - Konkretisierung durch das BVerfG 241 52
- Gestalt- und Aufgabenwandel 243 24
- keine Homogenitätsanforderungen für ~ 243 17
- und Hoheitsrechte
  - Beschränkung von ~n 243 18, 21
  - keine Übertragung von ~n 243 21
- als internationale Organisationen 243 19
- und internationale Organisationen 243 17
- kollektive Sicherheit
  - Grundgedanke 226 61
- Militärallianzen als Gegensatz zu ~ 226 61
- und militärische Einsätze der Bundeswehr
  - nicht EU 244 61
  - EU? 244 73
  - NATO 244 60
  - UN 244 60
- militärische Einsätze der Bundeswehr in ~n 226 62, 240 46, 244 16

- Mitwirkung der Staaten an Militäraktionen **243** 18
- NATO **226** 61
  - als supranationale Einrichtung? **226** 61
- und NATO **227** 18
- normatives Leitkonzept des Systems der Friedenswahrung **243** 1
- Operation „Atalanta" **226** 62
- Orientierung an engem Begriffsverständnis **243** 15
- Sicherheitsbündnisse **227** 18
- und Systeme kollektiver Selbstverteidigung **227** 18
  - kein diametraler Gegensatz **227** 19
  - gleiche Zielrichtung **227** 19
- und UN **243** 6 *siehe auch* Vereinte Nationen
- vager vertraglicher Rahmen **243** 24
- verfassungspolitische Bedeutung **226** 60
- und Verfassungsrecht
  - Heranziehung des völkerrechtlichen Begriffsverständnisses **243** 14
- Verteidigungsbündnisse **227** 18
- und Vertrauen in die Funktionsfähigkeit des Verteidigungsbündnisses **226** 60
- und Völkerbund **243** 5 *siehe auch* Völkerbund
- völkerrechtlicher Begriff **243** 1
- als Ziel deutscher Staatsräson **243** 2
- Zielsetzung einer dauerhaften Friedensordnung **243** 23
- Zielsetzung ~ als verfassungsrechtliche Voraussetzung der Zulässigkeit **243** 23
- Zweckbindung der Friedenswahrung aus Art. 24 Abs. 2 GG **227** 18
- Zweckbindung des Art. 24 Abs. 2 GG **243** 23

Systeme kollektiver Sicherheit, globale **243** 2
- und Geflecht regionaler Sicherheitsabmachungen **243** 6
- und UN **243** 7

Systeme kollektiver Sicherheit, regionale **243** 2
- Afrikanische Union **243** 12
- und Bündnisse kollektiver Selbstverteidigung **243** 11
- und NATO **243** 11
- und Organisation für Sicherheit und Zusammenarbeit in Europa **243** 11
- Transformation der OAU in die Afrikanische Union **243** 12
- und UN-Charta **243** 11
- Wandel hin zur Ausbildung ~ **243** 11
- Zwangsmaßnahmen unter Aufsicht des Sicherheitsrates **243** 11

Tätigkeit ausländischer Behörden
- in Deutschland **239** 72 *siehe auch* Tätigkeit ausländischer Behörden
  - Anwendung des fremden Rechts **239** 35
  - Ausnahmen vom Übertragungsverbot **239** 75
  - Bindung an deutsches Recht **239** 36
  - Einzelfälle **239** 35
  - Gestattung der ~ **239** <u>34 ff.</u>
  - Grenzservituten **239** 75
  - Nacheile **239** 36, 75
  - Übertragung von Hoheitsrechten unzulässig **239** 73
  - vorgelagerte Mitwirkung deutscher Hoheitsträger **239** 34
  - Zulassung fremder Staatstätigkeit **239** 74
- und staatliche Souveränität
  - Zurücknahme ~r **239** 35

Telekommunikationsgesetz **231** 18
- § 41 a als Aspekt der Marktregulierung **231** 19
- keine Pflicht zur Gleichbehandlung **231** 19
  - Bundesnetzagentur vs. Deutsche Telekom **231** 19

Territorialität
- des Geltungsbereichs staatlichen Rechts **246** 47 ff.
- Reichweite des steuerlichen Zugriffs **251** 2
- Territorialitätsvermutung **246** 87
- keine ~ des Anwendungsbereichs staatlichen Rechts **246** 47 ff.

Territorialitätsprinzip **230** 95, **234** 16, **251** <u>9 ff.</u>

Sachregister

- Abänderungsantrag zum Wirkungsprinzip **246** 70
- kein allgemein anerkanntes apriorisches ~ **251** 9
- Ausschluß des Wirkungsprinzips? **246** 69
- und Besteuerung **251** 10
- Ersetzung durch das Wirkungsprinzip **246** 71, 85
- und EuGH **251** 38
- und grenzübergreifender Umweltschutz **248** 107
- intransitives ~ **230** 12
- klassisches ~ **240** 7
- negatives ~ **240** 94
- positives ~ **240** 94
- Resolution der International Law Association **246** 68
- strenges ~ **240** 6 ff.
- transitives ~ **230** 10
- und Urheberrecht **247** 41 ff.
- Verabsolutung des ~
  - Begrenzung der Staatsgewalt auf das Territorium **230** 84
- oder Wirkungsprinzip? **246** 67

Terrorismus, internationaler **243** 6
- Gefahren des ~ als Bedrohung neuen Typs **243** 6

Tiger-Staaten
- Mitglieder
  - Hongkong **246** 10
  - Singapur **246** 10
  - Südkorea **246** 10
  - Taiwan **246** 10

Totalitätsprinzip
- kein allgemein anerkanntes ~ **251** 9

Transnationale Unternehmen *siehe* Globale Unternehmen

Transparenzprinzip
- und Demokratieprinzip **253** 80
- Konstitutionalisierung des Verwaltungsrechts **253** 80
- und Rechtsstaatsprinzip **253** 80

treaty override
- und Doppelbesteuerungsabkommen **251** 53 ff.
  - abkommensrechtliche Mißbrauchsvorbehalte **251** 53
  - Vermeidung von Mißbrauch **251** 53

- Verstoß gegen einfaches Bundesgesetz **251** 56
- völkerrechtliche Mißbrauchsvorbehalte **251** 53
- Vorgaben des EuGH **251** 53
- als Maßnahme gegen Keinmalbesteuerung **251** 54 *siehe auch* Keinmalbesteuerung
- und Rechtsstaatsprinzip **236** 33
- Verfassungswidrigkeit aus dem ~ **251** 56
- Verfassungsrecht
  - Antworten des ~s **251** 56
  - Schutz der Gültigkeitsbedingungen des völkerrechtlichen Vertrags **251** 57
- Verfassungswidrigkeit des ~ **236** 33, **251** 56
- Verstoß gegen Rechtsstaatsprinzip des GG **236** 33
- und Völkerrecht **251** 56
  - Antworten des ~s **251** 56
- und völkerrechtliche Verträge
  - Möglichkeit zur Kündigung **251** 56
- Völkerrechtswidrigkeit des ~ **251** 56

Treaty Shopping **251** 8
Treibhauseffekt **248** 7
Trennungsmodell
- dualistisches Rechtsschutzkonzept **253** 44
- Einbußen bei der Rechtsschutzeffektivität **253** 47
- und gerichtliche Kontrolle **253** 44
- und öffentliche Gewalt **253** 48
- und Rechtsschutz **253** 79
- Rechtsschutz „pro rata" **253** 44
- Rechtsschutzdefizite **253** 47
- Rechtsschutzlücken **253** 47
- rechtsstaatswidrige Asymmetrie **253** 46
- und Stellvertreterlösung **253** 53
- Verständnis von öffentlicher Gewalt **253** 48

Übereinkommen über handelsbezogene Aspekte des geistigen Eigentums (TRIPs) **234** 20, **247** 37 ff.
- Ausgestaltung **247** 37
- Meistbegünstigungsprinzip **247** 38

Sachregister

- Recht, innerstaatliches
  - unmittelbare Anwendbarkeit des Übereinkommens **247** 39
  - Regelungen
  - Umsetzung in Unionsrecht **247** 39
  - als Sanktionsregime **247** 68
  - Streitbeilegungsmechanismus **247** 38
- **Übereinkommen zur friedlichen Beilegung internationaler Streitigkeiten** **242** 5
- **Übermaßverbot** **238** 35
  - Verhältnismäßigkeitsprüfung bei Sachverhalten mit Auslandsbezug **240** 73, 100
- **Überstaatliche Geberorganisationen** **249** 24 ff.
  - und Entwicklungsbanken **249** 24, 25 ff. *siehe auch* Weltbank
    - Vergabe von Krediten **249** 25
    - Vergabe von Zuschüssen **249** 25
  - und EU **249** 24
  - und UN **249** 24
- **Überstaatliche Organisationen**
  - und deutsche Staatsgewalt **230** 33 ff.
- **Überstaatliche Strafgewalt** *siehe* Strafgewalt, überstaatliche
- **Umsatzsteuer** **251** 77
- **Umwelt**
  - Begriff
    - kein einheitlicher Rechtsbegriff **248** 1 f.
  - Begriff auswärtige ~ **248** 66
  - Begriff der ~
    - als Abbild der Regelungsgegenstände **248** 2
  - Begriff inländische ~ **248** 88
  - als gemeinsames Erbe der Menschheit **248** 81
  - Schutz der auswärtigen ~ **248** 66 ff.
  - Schutz der auswärtigen ~ über Grundrechte **248** 85 ff.
  - und wirtschaftlich-soziale Entwicklung **248** 11
- **Umweltkatastrophen**
  - Durchgriff auf Obergesellschaften bei ~ **246** 93
- **Umweltprobleme**
  - globale ~ **248** 4
  - Hauptverursacher **248** 10
  - lokale ~ **248** 5
  - regionale ~ **248** 5
- **Umweltprobleme, grenzüberschreitende**
  - Atmosphäre als globale Deponie **248** 6
  - Beseitigung ~r
    - als gemeinsames Anliegen der Menschheit **248** 80
  - empirische Ungewißheit über Schadenszusammenhänge **248** 8
  - Merkmale **248** 6 ff.
    - Komplexität **248** 7
  - Nichtdiskriminierung **248** 82
  - als Tragik der Allmende **248** 6
- **Umweltschutz und staatsrechtliche Bindung**
  - keine Bindung der EU **248** 100
  - keine Bindung zwischenstaatlicher Einrichtungen **248** 100
  - deutscher Auslandsvertreter **248** 102 ff.
  - deutscher Staatsgewalt bei Anwendung ausländischen Rechts **248** 106
  - deutscher Staatsgewalt bei Mitwirkung an ausländischer Staatsgewalt **248** 105
  - deutscher Vertreter in internationalen Organen **248** 102 ff.
  - deutscher Vertreter in supranationalen Organen **248** 102 ff.
  - keine Flucht bei Ausübung deutscher Staatsgewalt im Ausland **248** 117
- **Umweltschutz, grenzübergreifender** **248** 1 ff.
  - Adressaten der materiellen Verpflichtungen zum ~ *siehe* Adressaten der Umweltschutzverpflichtungen
  - Adressaten der Umweltschutzverpflichtungen *siehe dort*
  - Anerkennung ausländischer Betriebsgenehmigungen? **248** 115
  - ausländische Unterlassungsklagen
    - unionsrechtlicher Lösungsansatz **248** 115
    - Verstoß gegen ordre public **248** 114 ff.
    - völkerrechtlicher Lösungsansatz **248** 116
  - Ausschließliche Wirtschaftszone **248** 108

Sachregister

- außenpolitische Einschätzungsprärogative **248** 84
- außenpolitischer Beurteilungsspielraum **248** 93
- und auswärtige Gewalt **248** <u>16ff.</u>
  - Einbindung in das Kompetenzgeflecht **248** 17ff.
  - verfassungsrechtliche Grundlagen **248** 65ff.
- keine Begrenzung der Umweltelemente auf Staatsgebiet **248** 69
- als Bewältigung grenzüberschreitender Umweltprobleme **248** 3
- als Beziehungsproblem zwischen Industrie- und Schwellenländern **248** 10
- Bindung in grenzüberschreitenden Zusammenhängen **248** 107ff.
- Bundeskompetenz
  - Ausnahmen vom Anwendungsbereich **248** 20
  - informales Außenhandeln? **248** 21
- und Bundesregierung *siehe dort*
- Emissionszertifikate **248** 110
- und EU **248** 45ff., 47f. *siehe auch* Europäische Union
- und Gesetzgebungskompetenz *siehe dort*
- globale Allmenden **248** 70
- globale Interdependenz **248** 85
- Grenzen der Schutzpflicht **248** 90
- und Grundrechte **248** 85ff.
- grundrechtlicher Umweltschutzanspruch **248** 85f.
- ILC Draft Articles on Prevention of Transboundary Harm **248** 129
- innerstaatliche Anwendung völkerrechtlicher Pflichten **248** <u>119ff.</u>
- innerstaatliche Geltung völkerrechtlicher Pflichten **248** <u>119ff.</u>, 124ff.
- innerstaatliche Geltung völkerrechtlicher Verträge **248** 132ff.
- kommunale Zusammenarbeit **248** 20
- Kompetenzübergänge **248** 43f.
- Kompetenzverteilung
  - auf den Bund **248** 17ff.
- Konkretisierungsbedürftigkeit
  - der Staatszielbestimmung **248** 95
- Konkretisierungsprärogative **248** 95
- und Lindauer Abkommen *siehe dort*
- maritime Nutzungshoheitsräume **248** 109
- materielle Verpflichtungen zum ~ **248** 65ff.
- Mechanismus für umweltverträgliche Entwicklung (Clean Development Mechanism) **248** 21
- Minderung deutscher Umweltschutzstandards **248** 118
- Mitwirkung von Bundestag und Bundesrat
  - auf zwischenstaatliche Einrichtungen **248** 64
- Nichtregierungsorganisationen **248** 20
- Nord-Süd-Gegensatz **248** 10
- und Organkompetenz **248** 54ff.
- und politisch-rechtliche Spannungslagen **248** 9ff.
- Rechtsprechung des IGH
  - Pulp Mills-Fall **248** 34
- Regelungsebenen **248** 12ff.
- Reichweite staatsrechtlicher Bindungen **248** 99ff.
- Repressalien **248** 92
- Restitution **248** 91
- Retorsionen **248** 92
- und Rio-Erklärung *siehe dort*
- Rücksichtnahmepflicht **248** 129
- Schadensersatz **248** 91
- Schutz als internationales Allgemeininteresse **248** 70
- Schutz der auswärtigen Umwelt über die Staatszielbestimmung **248** 67ff.
- Schutz der inländischen Umwelt vor auswärtiger Beeinträchtigung **248** 88ff.
- Schutzprinzip **248** 69
- Schutzwirkungen
  - der Grundrechte **248** 89
  - der Staatszielbestimmung **248** 89
- als Spannungsverhältnis von territorialer Souveränität und Integrität **248** 9
- Spezialregeln der Kompetenzverteilung
  - auf zwischenstaatliche Einrichtungen **248** 52

Sachregister

- Spezialregeln der Organkompetenz-
verteilung
  - auf die EU **248** 62 f.
- Staatenverantwortlichkeit **248** 84, 91 f.
- und staatliche Pflichten **248** 120 f.
- und Staatsrecht **248** 15
- Staatszielbestimmung *siehe* Staatszielbestimmungen, Umweltschutz
- Treibhausgasausstoß **248** 110 f.
- und Umwelt **248** 1 f. *siehe auch* Umwelt
- und Umweltprobleme *siehe dort*
- umweltvölkerrechtliche Prinzipien **248** 72 ff.
- und umweltvölkerrechtliche Verträge *siehe dort*
- UNEP Draft Principles **248** 129
- und Unionsrecht **248** 13
- Unterlassen von Umweltschädigungen **248** 71
- und Verbandskompetenz **248** 32 ff.
- Verbandskompetenzen
  - Grundregel **248** 17 ff.
- Verhältnis von Völkergewohnheitsrecht und Völkervertragsrecht **248** 119
- völkergewohnheitsrechtliche Verpflichtungen zum ~ **248** 119 ff.
- und Völkerrecht **248** 12
- völkervertragliche Verpflichtungen zum ~ **248** 130 f.
- Vornahme einseitiger Rechtsgeschäfte **248** 25
- Wald-Grundsatzerklärung **248** 126
- Wirkungsprinzip **248** 69

Umweltvölkergewohnheitsrecht **248** 119 ff.
- Konkretisierungsbedürftigkeit
  - durch den nationalen Gesetzgeber **248** 129
- normenhierarchischer Rang **248** 127
- als objektives Recht **248** 128
- Rechtsanwendungsbefehl
  - für innerstaatliche Geltung **248** 124
- unmittelbare Anwendbarkeit **248** 129

Umweltvölkerrecht **248** 12
- Betreiberhaftung **248** 78
- Generationengerechtigkeit **248** 76

- Kooperationsprinzip **248** 72
- Lastenverteilungsgerechtigkeit **248** 79
- nachhaltige Entwicklung **248** 76
- Prinzipien des ~s **248** 72 ff., 87
  - als soft law **248** 126
- Prinzipien mit Bindungswirkung **248** 73
- Prinzipien mit Orientierungsfunktion **248** 73
- Problembewältigungskapazitäten **248** 79
- keine soft law-Prinzipien **248** 73
- Ursprungsprinzip **248** 77
- Verantwortlichkeitsprinzip **248** 79
- Verursacherprinzip **248** 78
- Vorbeugungsprinzip **248** 74
- Vorsorgeprinzip **248** 75
- und wirtschaftlich-soziale Entwicklung **248** 76

Umweltvölkerrechtliche Verträge **248** 57 ff., 130 ff.
- Abschluß **248** 22, 59 ff.
- Abschluß durch die Länder **248** 42
  - fehlende Zustimmung der Bundesregierung **248** 42
- Anhörung der Länder **248** 30
- bilaterale ~ **248** 130
- Bundeskompetenz
  - Ausübung **248** 30 ff.
- Bundesstaatsklausel **248** 29
- Folgen **248** 60
- als gesetzgebungsgegenständliche Verträge **248** 60
- horizontale ~ **248** 131
- innerstaatliche Geltung **248** 132 ff.
- Kompetenzübergänge
  - Folgen **248** 44
- als machtpolitische Verträge? **248** 59
- Mitwirkung des Bundes in Organen **248** 23
- multilaterale ~ **248** 131
- normenhierarchischer Rang **248** 134
- Rechtsanwendungsbefehl
  - legislativer ~ **248** 132
- sektorale ~ **248** 131
- self-executing (inhaltlich hinreichend bestimmt und unbedingt) **248** 135
- staatsrechtliche Ratifikation **248** 61

Sachregister

- unmittelbare Anwendbarkeit **248** 135
- Vertragserfüllung **248** 28 f.
- ohne Vertragsgesetz, Folge **248** 136
- Voraussetzungen **248** 60

UN Capital Development Fund (UNCDF) **249** 30

UN Conference on Trade and Development (UNCTAD) **246** 15 f.

UN Entwicklungsfonds für Frauen **249** 30

UN-Musterabkommen **250** 39

UN-Wanderarbeiterkonvention **230** 80

Unabhängigkeit, staatliche
- Gleichberechtigung der Staaten als Voraussetzung **230** 25

Unbeschränkte Steuerpflicht **251** 1, 5, 9, 11
- und beschränkte Steuerpflicht **251** 61 ff.
- Zusammenveranlagung **251** 61

UNICEF
- und Official Development Assistance (ODA), Vergabe **249** 32

Unionsbürger **230** 103
- Schutz der ~ durch die EU **253** 4
- als unmittelbarer Adressat von Rechtsakten **230** 103

Unionsbürgerschaft **230** 102 f.
- Erwerb der ~ **230** 102
- und Staatsangehörigkeit
  - keine strukturelle Gleichwertigkeit **230** 102

Unionsrecht **253** 55 *siehe auch* Europäisches Primärrecht, Europäisches Sekundärrecht
- allgemeine Regeln des Völkerrechts als Bestandteil des ~s **235** 28
- Anwendungsvorrang des ~s **230** 70, **238** 6
  - Grenzen des ~ **239** 63
- differenzierte Bedeutung für das Steuerrecht **251** 21
- und Doppelbesteuerung **251** 21 f.
- Einlagensicherungsrecht **250** 88
- Gewährleistung durch Fachgerichte **247** 22
- und Grundrechte
  - Garantie des gesetzlichen Richters **247** 47

- kein Grundsatz der Besteuerungsgleichheit **251** 76
- Grundsatz der gegenseitigen Anerkennung **239** 40
- und innerstaatliches Recht **238** 1
- und innerstaatliches Steuerrecht
  - kompetenzrechtliche Vorgaben **251** 67
- Konstitutionalisierung des ~s **232** 35
- kein Maßstab für die Verwirklichung von Steuergerechtigkeit **251** 66
- und Ordre public **238** 6
- keine Pflicht zur Bereitstellung von Streitkräften nach ~ **244** 5
- keine primärvertragliche Pflicht zur Beseitigung von Doppelbesteuerung **251** 33
- und Ratingagenturen **250** 84
- Ratingverordnung **250** 84
- Rechtsschutz gegen angewandtes ~ **247** 47
- und Schutz des Urheberrechts **247** 40
- und Schutz geistigen Eigentums **247** 44 ff.
- und Sekundärrechtsschutz **253** 56
  - Fehlen des ~ es **253** 57
- und Steuerrecht **251** 3 ff., 33 ff.
- Subsidiaritätsprinzip **248** 13
- Umweltverwaltungsrecht **248** 14
- zurückhaltende Vorgaben im Bereich der Doppelbesteuerung **251** 33
- Zurückhaltung gegenüber Doppelbesteuerung **251** 22

Unionsverfassungsrecht, Grundprinzipien des **232** 35 ff.
- und Drittstaaten
  - als Beitrittskandidaten **232** 37
  - Vorgaben für ~ **232** 36
- und internationale Organisationen **232** 38
  - liberaldemokratische Entwicklung als Zielsetzung **232** 38
- und Mitgliedstaaten
  - Entwicklung proplemadäquater Vorgaben **232** 36
  - Vorgaben für ~ **232** 36
- Vorgaben für die unionale Hoheitsgewalt **232** 35 ff.
  - Maßgaben aus dem Primärrecht **232** 35

Sachregister

United Nations Commission on International Trade Law (UNCITRAL) **246** 115
United Nations Development Group (UNDG) **249** 30
Universalitätsprinzip **230** 108 ff.
– kein allgemein anerkanntes ~ **251** 9
– als Ausnahme zum Interventionsverbot **230** 108
– Möglichkeit der Anknüpfung
  – Kriegsverbrechen **230** 110
  – Piraterie und Terrorismus **230** 109
  – Verletzung von Menschenrechten **230** 109
Universelle Menschenrechtspakte **232** 42
UNO *siehe* Vereinte Nationen
Unternehmen, globale *siehe* Globale Unternehmen
Unternehmen, internationale
– Einflußmöglichkeiten der ~ auf den Staat **230** 115
– und Staat **230** 115
Unternehmen, multinationale *siehe* Multinationale Unternehmen
Urheber
– kein absoluter Bestandschutz des ~s **247** 10
– und allgemeines Persönlichkeitsrecht **247** 11
– und Art. 14 GG
  – Sicherstellung einer angemessenen Verwertung **247** 15
– europäischer Schutz des ~s
  – im Verhältnis der Rechtsordnungen **247** 53 ff.
– und Grundrechte **247** 11
– als Interessengruppe im Urheberrecht **247** 15
– internationaler Schutz des ~s
  – im Verhältnis der Rechtsordnungen **247** 53 ff.
– Menschenrechtsschutz für ~ **247** 30
– nationaler Schutz des ~s
  – im Verhältnis der Rechtsordnungen **247** 53 ff.
– relativer Bestandschutz des ~s **247** 10
  – Wertung des Art. 14 GG bei Beschränkungen **247** 10

– Verantwortung für Vermarktung der Werke **247** 70
– neue Bezahlmodelle **247** 70
– Zuordnung der Erträge an den ~ **247** 2
Urheberrecht **247** 1 ff., 5
– Anwendbarkeit nationaler Grundrechte **247** 48
– und BVerfG
  – Kontrolle **247** 47
– Durchsetzung des ~s
  – Grundrechtsabwägung **247** 49
  – als verfassungsrechtliche Pflicht **247** 23
  – verfassungsrechtliche Probleme **247** 23
– als Eigentumsrecht **247** 4
– einfachgesetzliche Regelungen **247** 23
– Einzelregelungen des ~s
  – verfassungsrechtliches Abwägungsgebot **247** 19
– Erschöpfungsgrundsatz **247** 40
– Europäisierung des ~s **247** 41
– „fair use" **247** 59
– Gegenstand des ~ **247** 4
– und nationale Gerichte
  – Verschiebung der Schutzaufgaben auf die ~ **247** 59
– Gesetzesanwendung durch die Fachgerichte **247** 20
– und Globalisierung **247** 3
– und Grundrechte
  – Ausgleich mit anderen ~n **247** 13 ff.
– Harmonisierung des ~s **247** 40
– durch Richtlinien **247** 47
– und Informationsfreiheit **247** 13 ff.
– Interessengruppen im ~ **247** 15
– und Internet
  – Finanzierungsproblem durch kostenfreie Angebote **247** 2
  – neue Herausforderungen durch das ~ **247** 2
– im Internet-Zeitalter **247** 13
– und Meinungsfreiheit **247** 13 ff.
– und nationaler Gesetzgeber
  – Einzelregelungen oder Generalklauseln **247** 59
  – Rolle **247** 58

Sachregister

- als Recht auf Eigentum nach Art. 14 GG **247** 8
- Recht auf Kernbestand des wirtschaftlichen Verwertungsrecht **247** 25
- als rechtsübergreifendes Grundrecht **247** 1ff.
- als rechtsübergreifendes Menschenrecht **247** 1ff.
- Regulierung des europäischen ~s durch Richtlinie **247** 48
- und Richtlinie
  - grundrechtsfreundliche Auslegung durch die Mitgliedstaaten **247** 50
- schonender Ausgleich der Grundrechtspositionen **247** 69
- Schutz des ~s *siehe* Urheberrecht, Schutz
- und Staat **247** 56ff.
  - Rolle des ~es **247** 56
- als Staatsaufgabe im Informationszeitalter **247** 56ff.
- Störerhaftung im ~ **247** 24
- Teil- und Vollharmonisierung des ~s **247** 41ff.
- Teilharmonisierung
  - durch Informationsgesellschaftsrichtlinie **247** 41
- und Territorialitätsprinzip **247** 41ff.
- kein unbeschränktes ~ **247** 10
- und Unionsrecht **247** 3
- Urhebereigentumsrecht **247** 11
- Urheberpersönlichkeitsrecht **247** 11
- Verbreitungsrecht **247** 11
- Verschränkung der Rechtsebenen **247** 54
- und Vertrag von Lissabon **247** 42
- Verwertungsrecht **247** 11
- und Völkerrecht **247** 3
- Voll- statt Teilharmonisierung **247** 40
- weitgehende Dispositionsbefugnisse des Gesetzgebers **247** 25
- im WTO-System **247** 37ff.
  - TRIPs *siehe dort*

Urheberrecht, Schutz 247 4ff.
- Abwägung der Rechtspositionen im Einzelfall **247** 25
- Abwägung mit Allgemeininteressen **247** 6
- und allgemeines Persönlichkeitsrecht **247** 5

- Beachtung der Zuständigkeiten im Mehrebenensystem **247** 27
- keine Beschränkung auf Eigentumsrechte **247** 5
- Dreistufentest *siehe dort*
- europäischer ~ **247** 40ff.
- und GG **247** 5
- globaler ~ **247** 54
- und Grundrechte **247** 5
- und Kunstfreiheit **247** 5
- „open acess" **247** 60
- in verschiedenen Rechtssystemen **247**
- völkerrechtliche Mindeststandards **247** 27
- und Welthandelsorganisationen
  - Anti-Counterfeiting Trade Agreement (ACTA) **247** 63
  siehe auch dort
- und Wissenschaftsfreiheit **247** 5

Urheberrechtsgesetz 247 23, 29
- kollektivvertragliche Vereinbarungen **247** 29
- Recht auf angemessene Vergütung **247** 29

Ursprungslandbesteuerung 251 41

Urteile, ausländische
- Anerkennung von ~n **238** 11
- Vollstreckung
  - Mindestmaß an Rechtsstaatlichkeit **239** 50
  - Recht auf gerichtlichen Rechtsschutz **239** 50
  - Rechtsschutzgarantie des Art. 19 Abs. 4 GG **239** 50

US Supreme Court *siehe* Vereinigte Staaten von Amerika

US-Gerichte
- Schadensersatzklagen gegen globale Unternehmen
  - Anspruch auf dreifachen Schadensersatz **246** 76
  - Musterentscheidungen des US Supreme Court **246** 77
  - nicht-amerikanischer Geschädigter **246** 77

USA
- D'amato-Kennedy-Act **230** 45
- Helms-Burton-Act **230** 45
- und Wirtschaftsrecht **230** 45

Sachregister

Verantwortlichkeit durch Beihilfe
249 72 ff.
- und Articles of State Responsibility 249 76
- Tatbestandsvoraussetzungen 249 72 ff.
  - Begehung mit Wissen des Geberstaates 249 74
  - rechtswidriger Akt des Nehmerstaates 249 73
  - Rechtswidrigkeit bei Selbstvornahme 249 75
  - Unterstützung durch den Geberstaat 249 74

Verbandskompetenz
- und EU 248 45 ff.
- und grenzübergreifender Umweltschutz 248 17 ff.
- Grundsatz der Bundeskompetenz 248 17 ff.
- Kompetenzsperre 248 37
- Länderkompetenz 248 32 ff.
- norddeutsche Lösung 248 27
- und Umweltschutz
  - Kompetenzverteilung 248 26
- und Völkerrecht
  - Anwendungsbereich des Art. 32 GG 248 18 f.

Vereinigte Staaten von Amerika
- Alien Torts Claims Act 245 10
- Position im Rahmen der Wiedervereinigung 229 95
  - NATO-Zugehörigkeit Deutschlands als Bedingung 229 101
- Position in den Zwei-plus-Vier-Verhandlungen
  - Truppenstationierung in Deutschland als Bedingung 229 103
- Supreme Court
  - Empagran-Fall 246 77 ff. *siehe auch* Globale Unternehmen
  - judicial restraint 241 29
  - Kiobel-Fall 246 81 ff. *siehe auch* Globale Unternehmen
  - political question doctrine 241 25 ff. *siehe auch* political question doctrine
  - Sosa-Fall 245 10

Vereinte Nationen 227 3, 230 55
- Art. 24 Abs. 2 GG 243 25
- Ausschuß über transnationale Gesellschaften
  - Ausarbeitung internationaler Verhaltensregeln unter wechselnder Verantwortung 246 17
- Beitritt der Bundesrepublik Deutschland
  - und Selbstbestimmungsrecht 229 94
  - und Vier-Mächte-Vorbehalte 229 94
- Beitritt der DDR 229 94
- Entwicklungsverwaltung 249 30 ff.
- Friedenstruppen der ~n
  - Unterstützung ~ durch die Bundeswehr 244 28
- gemeinsame Gewährleistung der Sicherheit als Programm 243 7
- Global Compact 230 115
- als globales System kollektiver Sicherheit 243 7, 25 ff.
- Gründung der ~ 243 6
- als idealtypische Verkörperung des Systems kollektiver Sicherheit 243 25
- keine parlamentarische Versammlung 234 29
- Sicherheitsrat 243 6 *siehe auch* Vereinte Nationen, Sicherheitsrat
- Sonderorganisationen 234 3
- und Staatenimmunität 230 81
- als System kollektiver Sicherheit 243 6
- als überstaatliche Geberorganisation 249 24, 30
- und virtueller Raum 231 25

Vereinte Nationen, Charta
- ausdrückliches Bekenntnis zum Gedanken der kollektiven Sicherheit 243 7
- eigene militärische Operation als Idee 243 10
  - mangelnde Funktionsfähigkeit in der Praxis 243 10
- Gewaltverbot des Art. 2 Nr. 4 *siehe* Gewaltverbot
- Gleichberechtigung der Völker 229 12 ff.
- Gleichheit der Staaten 249 53
- Grundsatz der diplomatischen Streitbeilegung 243 25

Sachregister

- und IGH **242** 6, 49
- als Neuauflage eines Systems kollektiver Sicherheit **243** 1
- und Nichtregierungsorganisation **234** 23
- und präventive Selbstverteidigung entgegen der ~? **226** 41
- Selbstbestimmung der Völker **229** 12 ff.
- und Sicherheitsrat der Vereinten Nationen **243** 8
- und sozialistisches System **229** 13
- unbeschränktes Recht zur Selbstverteidigung **227** 5
- Wahrung der internationalen Sicherheit **243** 25
- Wahrung des Weltfriedens **243** 25
- Zwangsmaßnahmen militärischer Natur **243** 25
- Zwangsmaßnahmen nach Kapitel VII **243** 25
- Zwangsmaßnahmen nichtmilitärischer Natur **243** 25

Vereinte Nationen, Generalversammlung
- Aggressionsdefinition *siehe* Aggression
- Bericht der ~ zum virtuellen Raum **231** 25
- Dritte-Welt-Mehrheit **246** 15

Vereinte Nationen, Resolutionen der Generalversammlung
- Defining Aggression vom 14. Dezember 1974 **229** 18
   - und Kampf gegen koloniale und rassistische Herrschaft **229** 18
   - und Selbstbestimmungsrecht **229** 18

Vereinte Nationen, Sicherheitsrat **227** 25, **230** 35
- Abstellen auf Friedensbedrohungen in der Praxis **243** 9
- abstrakte Gefahrenabwehr
   - Legitimationsprobleme **227** 26
- Befugnis zum Ergreifen bindender Zwangsmaßnahmen **243** 9
- Effektivität durch Beschränkung der Mitglieder **243** 8
- und Gewaltverbot **227** 8
- Instrumenten friedlicher Streitbeilegung **243** 9
- Lähmung des Entscheidungssystems durch Vetorecht **243** 6

- Mandatierung von Regionalorganisationen
   - bei Gefahr im Verzug **243** 9
- Mandatierung von Staatenkoalitionen
   - bei Gefahr im Verzug **243** 9
- und militärische Einsätze der Bundeswehr **244** 2
- militärische Zwangsmaßnahmen **243** 9
- Mitglieder des ~s **243** 6
- nichtmilitärische Zwangsmaßnahmen **243** 9
- als Quelle bewaffneter Konflikte **243** 8
- Relativierung der Effektivität durch Vetorecht **243** 8
- Resolution 1973 zur Autorisierung der Militäroperation gegen Libyen 2011 **226** 21
- Resolutionen des ~s **244** 138
- als Träger der Hauptverantwortung für die Friedenswahrung **243** 8
- Vetorecht ständiger Mitglieder **243** 6
- Zwangsmaßnahmen militärischer Natur
   - Pflicht der Mitglieder zur Unterstützung bei der Durchsetzung **243** 26
- Zwangsmaßnahmen nach Kapitel VII
   - Pflicht der Mitglieder zur Unterstützung bei der Durchsetzung **243** 26
- Zwangsmaßnahmen nichtmilitärischer Natur
   - Pflicht der Mitglieder zur Unterstützung bei der Durchsetzung **243** 26

Verfahrensgerechtigkeit **230** 80
Verfassung *siehe* Grundgesetz
Verfassungsbeschwerde
- und allgemeine Regeln des Völkerrechts **226** 23, **235** 33
- Berufung auf individualschützende Regel des allgemeinen Völkerrechts **235** 33
- und militärische Einsätze der Bundeswehr **244** 124 ff.
   - Ausländer als Grundrechtsträger **244** 124
   - Befehlsverweigerung wegen Verstoßes gegen Art. 26 GG? **244** 124
   - Beschwerdebefugnis **244** 124

Sachregister

- kein Grundrechtsschutzverzicht trotz Freiwilligkeit **244** 124
- Prüfung der Verfassungsmäßigkeit von Auslandseinsätzen **244** 124
- Prüfung der Völkerrechtskonformität von Auslandseinsätzen **244** 124
- Prüfungsmaßstab **244** 124
- Rechtsverletzung, Rüge
  - allgemeine Regeln des Völkerrechts **226** 23, **235** 33
- Widerspruch von gesetzlichen Vorschriften und allgemeinem Völkerrecht **235** 33

Verfassungsgerichte
- Reserve- und Gewährleistungskompetenz **253** 73

Verfassungsordnungen
- unterschiedliche Anforderungen an Staatlichkeit **230** 3

Verfassungsprinzip
- und Rechtskontrolle **253** 26
- Staatszielbestimmung als ~ **227** 2
- und verfassungsrechtlicher ordre public **238** 38

Verfassungsrecht
- Abweichung von verfassungsrechtlichen Vorgaben
  - Begründungsbedürftigkeit im Einzelfall **238** 8
- und Grundsatz der Europarechtsfreundlichkeit **238** 3
- und Grundsatz der Völkerrechtsfreundlichkeit **238** 3
- und internationale Zusammenarbeit **238** 3
  - Modifikation von Verfassungsgrundsätzen **238** 25
- und ordre public **238** 6
- unabdingbare verfassungsrechtliche Grundsätze
  - Schutz ~ **238** 11
- Verfassungskern **238** 8
- Verhältnis des ~s zu völkerrechtlichen Verträgen **236** 1
- Verhältnis von ~ und Völkerrecht
  - Art. 59 GG als Kernbestimmung **236** 7
- und Völkerrecht **238** 7
- und völkerrechtliche Verträge **236** 1 ff.

- Vorrang vor innerstaatlichem Kollisionsrecht **238** 10

Verfassungsrechtliche Grenzen militärischer Einsätze 244 171 ff.
- Ausschluß unilateralen Vorgehens **244** 171
- eingeschränkte Steuerungsfähigkeit im Ausnahmefall **244** 171
- gemeinsame Regeln bei Einsätzen integrierter Verbände **244** 171
- keine Kontrolle des Regierungshandelns durch Parlamentsvorbehalt **244** 173
- politische Schranke durch Parlamentsvorbehalt? **244** 173
- Zwänge der Bündnisintegration **244** 172
- Zwänge der Bündnissolidarität **244** 172

Verhältnismäßigkeitsgrundsatz *siehe* Übermaßverbot

Verständigungsverfahren 251 58 ff.
- Beachtung des Grundsatzes der Gewaltenteilung **251** 59
- einvernehmliche Entscheidungen der Finanzverwaltung **251** 58
- im engeren Sinn **251** 58
- keine Rechtsgrundlage für Änderungen eines Doppelbesteuerungsabkommen **251** 59

Verteidigung
- gegen den Angriff eines fremden Staates **244** 51
- gegen nichtstaatliche Täter? **244** 52
- gegen terroristische Angriffe? **244** 53
- Verteidigungsbegriff
  - extensive Auslegung **244** 52 f.
  - Konsequenzen extensiver Auslegung **244** 55 ff.
- Verteidigungsbereitschaft als Mittel der Kriegsverhinderung **244** 49
- verteidigungspolitische Richtlinien **244** 31

Verteidigungsfall
- Begriff Verteidigungsfall **244** 50
- Verteidigungsbegriff **244** 8

Verteilungsnormen
- mit abschließender Rechtsfolge **251** 48

Sachregister

- Aufteilung des steuerlichen Zugriffs **251** 45
- mit offener Rechtsfolge **251** 48
- Verzicht auf die Besteuerung **251** 45

Vertrag über Stabilität, Koordinierung und Steuerung (VSKS) *siehe* Fiskalvertrag

Vertrag von Amsterdam **234** 11

Vertrag von Lissabon **234** 11 f., 37
- Änderungen durch den ~ **253** 43
- europäische Bürgerinitiative **253** 68
- und Gemeinsame Außen- und Sicherheitspolitik **234** 10
- und GG
  - Übereinstimmung mit den Anforderungen des **234** 13
- Handelsaspekte des geistigen Eigentums **247** 43
- Letztentscheidungsbefugnis der Mitgliedstaaten **234** 13
- Schaffung eines einheitlichen Patentsystems **247** 42
- und Schutz geistigen Eigentums **247** 42

Vertrag von Maastricht **230** 60
- Einführung der „Dritten Säule" **234** 11

Vertrag von Prüm **253** 52

Verträge, völkerrechtliche
- Abschluß umweltvölkerrechtlicher Verträge **248** 22
- Auslegung von ~n **235** 24 f.
- exekutiver ~ **248** 133
- Vertragsabschlußkompetenz des Bundes **248** 22 ff.

Verwaltung
- grenzüberschreitende Handlungsformen der ~ **253** 4

Verwaltungsakte, ausländische **238** 2
- Anerkennung von ~n **238** 11

Verwaltungsakte, transnationale **232** 23, **239** 11 f., **253** 4
- adressatenbezogene ~ **239** 11
- Aufteilung der Aufsicht unter Staaten **253** 21
- ausländische Fahrerlaubnis **239** 12
  - unmittelbare und wirkungsbezogene Transnationalität **239** 12
- mittelbare ~ **239** 11
- Reichweite des Begriffs **239** 11

- unmittelbare ~ **239** 11
- wirkungsbezogene ~ **239** 11

Verwaltungsentscheidungen, fremde
- Anerkennung **253** 4
- extraterritoriale Wirkung **253** 4

Verwaltungshandeln, europäisches
- Ausfall von Aufsichtsmechanismen **253** 59
- fehlende hierarchische Strukturen **253** 59
- Leistungsschwäche parlamentarischer Kontrolle **253** 59

Verwaltungshandeln, internationales
- Ausfall von Aufsichtsmechanismen **253** 59
- und Behördennetzwerke **253** 7
- Entscheidungsverflechtung und -stufung **253** 6
- fehlende hierarchische Strukturen **253** 59
- geteilte Souveränitätsrechte **253** 6
- Kooperation **253** 6
- Leistungsschwäche parlamentarischer Kontrolle **253** 59
- und Nichtregierungsorganisationen **253** 6
- Polyzentralität **253** 6
- und Rechtsschutz **253** 6
- Rechtsschutzlücken **253** 60
  - Ursachen **253** 61
- Relativierung klassischer Souveränität **253** 6
- Rückgang der Steuerungskraft der nationalen Verfassung **253** 6
- und soft law **253** 6

Verwaltungsprozeßrecht
- und Kohärenzprinzip **253** 81
- und Rechtsprechung, europäische **253** 81

Verwaltungsrecht, internationales **238** 2, **249** 3
- und Amtshilfe **238** 2
- und Verwaltungsakte, ausländische **238** 2

Verwaltungsrecht, transnationales **232** 23

Verwaltungsvorgänge, internationale
- und gerichtliche Kontrolle **253** 54

Vier Mächte **229** 90 ff.
- Berliner Erklärung vom 5. Juni 1945 **229** 91

Sachregister

- Kriegsziele
  - Erreichung und Fortdauer der Okkupation **229** 94
- Potsdamer Protokoll vom 2. August 1945 **229** 94
- und Selbstbestimmungsrecht des deutschen Volkes **229** 94
- überlange Besatzungszeiten **229** 92
- Verantwortlichkeiten **229** 91 f.
  - Kompetenzen der Stadtkommandanten von Berlin **229** 92
  - Luftkorridore **229** 92
  - Stationierung der Streitkräfte **229** 92
  - Status und Gebiet Deutschlands **229** 92
- Verfügungsbefugnis in und über Deutschland **229** 92

Vier-Mächte-Abkommen über Berlin **229** 91

Vier-Mächte-Vorbehalte **229** 90 ff.
- Deutschland-Vorbehalte **229** 92
- Grundlagenvertrag **229** 91
- Kollision mit Selbstbestimmungsrecht? **229** 94 ff.
- Schutzfunktion **229** 93

Virtuelle Kriegsführung
- Drohneneinsatz **231** 29
- Verletzung von staatlicher Souveränität **231** 29
- von der virtuellen Kriegsführung zur kinetischen Operation **231** 29

Virtueller Raum **231** 1 ff., 7 ff.
- und Abhöraffäre **231** 26
- Angriffe gegen staatliche Einrichtungen **231** 23
- Anpassung der Sicherheitsarchitektur
  - Herausforderung für den Staat **231** 24
  - Herausforderung für die Gesellschaft **231** 24
  - Herausforderung für die Wirtschaft **231** 24
- Auflösung des souveränen Staates **231** 3
- Ausblick **231** 44
- Bedeutung für den Begriff des modernen Staates **231** 3
- begrenzte Regulierungsmöglichkeit des Einzelstaates **231** 36

- Begriffsbestimmung **231** 7
- Bekämpfung der Kinderpornographie **231** 31
  - Zugangserschwerungsgesetz **231** 31
- besondere Bedeutung der Informationsfreiheit **231** 30
- Beteiligung am Normgebungsprozeß im ~n **231** 35
- Bindung des Staates an Grund- und Menschenrechte **231** 30
- und cyber attacks **231** 28
- Cybermobbing **231** 8, 22
- Cybersicherheit **231** 21
- Definition **231** 3, 5 ff.
- und Demokratieprinzip **231** 32 ff.
- und demokratische Teilhabe **231** 32 ff.
- Dezentralität als Barriere staatlicher Governance **231** 11
- Durchsetzbarkeit des Rechts **231** 3
- als eigenständige soziale Sphäre **231** 9
- kein Ende des souveränen Staates **231** 44
- Entgrenzung **231** 36
  - als neues Paradigma in der virtuellen Welt **231** 1
- Erschwernis der Strafverfolgung **231** 11
- Fall „kreuz.net" **231** 11
- Frage nach staatlicher Gestaltungsmöglichkeit **231** 15
- Gefahren **231** 8
- Gewähr von Staatlichkeit als Legitimationsanspruch **231** 14
- Gewährleistung fundamentaler Grundrechte **231** 3
- Grenzen des Strafverfolgungsanspruchs **231** 12
- Grenzen von Staatlichkeit **231** 10
- Grundlagen demokratischer Verfaßtheit **231** 3
- und Grundrechte **231** 30 f.
- grundrechtliche Rechtfertigungslast **231** 31
- Grundrechtsschutz **231** 14
- als Herausforderung für den souveränen Staat **231** 43

Sachregister

- als imaginiert-technische Realität **231** 3
- Industriespionage durch Nachrichtendienste **231** 26
- internationale und dezentrale Struktur
  - Erfordernis besonderer Lösungsansätze **231** 16
- und Internet
  - Differenzierung **231** 8
- Konfliktpotential durch internationale Kooperation **231** 26
- Kontrolle durch demokratisch legitimierte Staatsorgane **231** 32
- als Konzept in der Wissenschaft **231** 5
- Kriminalität im ~n **231** 8
  - reale Auswirkungen der ~ **231** 21
- kriminelle Akteure im ~n **231** 21
- kritische Sicherheitslage **231** 24
- und liquid democracy **231** 35
- Loslösung vom Raumkonzept **231** 9
- Maßnahmenkatalog zur Steigerung der Sicherheit **231** 24
- und Menschenrechte **231** 30
- moderner Verfassungsstaat im ~n **231** 10 ff.
- Möglichkeiten **231** 8
- multilateraler Regelungsansatz **231** 37
- neue Herausforderung für den Staat **231** 44
- neue Herausforderung für die Staatsgewalt **231** 10
- Notwendigkeit eines internationalen Regelungsansatz **231** 36 ff.
- Notwendigkeit staatlicher Präsenz **231** 16
- Notwendigkeit staatlicher Steuerung **231** 13
- Online-Wahlen **231** 33
- pluralistischer Charakter **231** 12
- und politische Teilhabe **231** 34
- als Raum der zwischenstaatlichen Konfrontation **231** 27
- als Raum und Rechtsregime **231** 14
- Raumkonzept in abstrakt mathematischem Sinn **231** 3
- Rechtsbindung im ~n **231** 30 ff.
  - umfassende Rechtsbindung des Staates **231** 30
- Rechtsdurchsetzung im ~n **231** 30 ff.
- als Reflektion des gesellschaftlichen Lebens **231** 8
- Regelungsansätze im europäischen Kontext **231** 38
  - Harmonisierung des Strafrechts **231** 39
  - Regulierung auf EU-Ebene **231** 40
  - Richtlinie zur Netz- und Informationssicherheit **231** 40
  - Übereinkommen über Computerkriminalität **231** 39
- Regelungsproblematik auf internationaler Ebene **231** 41
  - Beschränkung oder Freiheit des Internet **231** 41
- Regulierung über internationale Kooperation **231** 43
- Schutzpflicht des Staates **231** 31
- kein self-contained regime **231** 15
- Sicherheitsstrategie
  - Beachtung internationaler und dezentraler Strukturen **231** 25
  - internationale Kooperation von elementarer Bedeutung **231** 25
  - multidimensionale ~ **231** 25
- und Staat **231** 3, 14
  - Austausch mit der Netzgemeinde **231** 16
- Staat als Garant des Grundrechtsschutzes **231** 14
- staatliche Eingriffsmöglichkeiten in den ~n **231** 12, 14
- und Staatlichkeit **231** 10
- als staatsfreier Raum **231** 10
- Straftaten
  - phishing **231** 8
- Terrorismus **231** 22
- terroristische Akteure im ~n **231** 21
- und UN **231** 25
- und UN-Charta **231** 28
- Unterschiede zum traditionell staatlichen Raumkonzept **231** 15
- Ursprung des Wortes Cyberspace **231** 2
- Vergleich zum Weltraum und zur Hohen See **231** 15
- verschiedene Aufgaben des Staates **231** 43

Halbfette Zahl = §§; magere Zahl = RN; unterstrichene Zahl = Hauptfundstelle

- völkerrechtliches Selbstverteidigungsrecht bei virtuellen Angriffen **231** 28
  - Wirkung in der Realität als Kriterium **231** 28
- Zugang zum ~ n **231** 17

Volk
- Begriff *siehe* Volk, Begriff
- als Generationenverbindung **228** 18
- als Legitimationsbasis **228** 32 ff.
- und Minderheitenschutz **228** 10
- als pouvoir constituant **228** 21, 26 ff.
- als Schicksalsgemeinschaft **228** 18
- und Staat
  - keine Gleichsetzung von ~ und Volk **228** 9
- und Staatsgewalt
  - Volk als Träger der Staatsgewalt **228** 18
- und Staatskontinuität **228** 8
- als Träger der verfassunggebenden Gewalt **228** 21
- als Träger des Selbstbestimmungsrechts **228** 25
- und Verfassung
  - plébiscite de tous les jours **228** 28

Volk, Begriff **228** 8 ff.
- keine allgemeingültige Definition **228** 15
- demos **228** 13
- ethnos **228** 14
- nation **228** 11
- people **228** 11
- und Staatsvolk **228** 9
  - keine Gleichsetzung von ~ und Volk **228** 10
- im Völkerrecht **228** 12

Völker, Selbstbestimmungsrecht *siehe* Selbstbestimmungsrecht der Völker

Völkerbund **242** 24
- Deutsches Reich im ~ **243** 5
- als Organisation kollektiver Sicherheit **243** 1
- Satzung des ~s **227** 5
- Schwächen des ~s
  - Nichteinbeziehung potentieller Gegner **243** 5
- Sowjetunion im ~ **243** 5
- USA im ~ **243** 5
- Wirkungslosigkeit der Mechanismen bei Friedensbruch **243** 5

Völkergewohnheitsrecht **234** 17
- und allgemeine Regeln des Völkerrechts **235** 11
- Anerkennung des regionalen ~s **226** 15
- Begriff **235** 11
- Beratungen im Parlamentarischen Rat **226** 14 f.
- bilaterales ~ **226** 16
- dispositives ~ **226** 18
- Ermittlung von Normen **235** 13 f.
- gefestigte Übung
  - internationaler Gerichte **235** 14
  - nationaler Gerichte **235** 13 f.
  - staatlicher Repräsentanten **235** 13
  - staatlicher Vertragspraxis **235** 14
- und GG **238** 7
- und grenzübergreifender Umweltschutz **248** 119
- instant customary law? **235** 12
- Komponenten, objektive **235** 11
- Komponenten, subjektive **235** 11
- longa consuetudo et opinio iuris sive necessitatis **235** 11
- Menschenrechte als ~? **235** 12
- multilaterales **226** 16
- und völkerrechtlicher Notstand
  - als Rechtfertigungsgrund **238** 31
- partikulares **235** 17
- persistent objection
  - gegen verfassungswidrige Norm **235** 27
- persistent objector
  - Nichtbindung an Gewohnheitsrecht **235** 16
- Regelungen des ~
  - für ausländische Unternehmen **234** 17
- regionales **226** 15, **235** 17
- universelles **235** 11 ff., 60 f.
- und Völkervertragsrecht
  - Verhältnis **248** 119
  - Vorwirkungen von Verträgen **235** 23
- Vorrang des GG vor ~ **238** 7
- als zwischenstaatliches Nachbarrecht **248** 118

Völkermordkonvention **230** 110

Völkerrecht
- allgemeine Regeln des ~s *siehe* Völkerrecht, allgemeine Regeln

- Art. 24 GG als Ausdruck neuer Entwicklungen **243** 2
- Art. 25 GG **243** 3
- als äußeres Staatsrecht **232** 53
- BVerfG als Garant des ~s **235** 57
- keine Doktrin des „stare decisis" **232** 15
- und extraterritoriale Durchsetzungsbefugnis
  - Begriff **237** 14 ff.
- und extraterritoriale Rechtsanwendung **237** 11 ff.
- und extraterritoriale Regelungsbefugnis **237** 12 f.
  - Begriff **237** 14 ff.
  - Kollisionen **237** 13
  - Konsultationen **237** 13
  - rechtfertigender Anknüpfungspunkt **237** 12 f.
- und Gebietshoheit **230** <u>16 ff.</u>
- Gebot der zwischenstaatlichen Zusammenarbeit **239** 1
- Gebot völkerrechtskonformer Auslegung **236** 26
- genossenschaftsrechtliche Struktur des ~s **232** 10
- und gerichtliche Kontrolle **253** 49
  - fremder Hoheitsakte **253** 49
- und Gewalt- und Kriegsverbot **226** 25
- und GG **236** 6
- grenzübergreifender Umweltschutz als Aufgabe des ~s **248** 12
- Grundsatz der Staatenimmunität **239** 77
- Grundsatz eines gobalen „due process" **232** 44
- und Individuum **235** 59
- und innerstaatliches Recht **238** 1
  - Grundzüge des Zusammenwirkens **236** 6
- und internationale Gerichtsbarkeit **242** 9
- als internationale Koordinationsordnung **230** 2
- internationales Gewohnheitsrecht als ~ **236** 3
- Interventionsverbot **226** 19, **231** 28 siehe auch Interventionsverbot, völkerrechtliches

- ius ad bellum **231** 27, **231** 28
- ius cogens **238** 32
- ius in bellum **231** 27
- jurisdiction to enforce **237** 14 f., **240** 2, 8 f.
- jurisdiction to prescribe **237** 14, **240** 8
- Konstitutionalisierung des ~s **230** 2, **232** 40 f.
  - fortschreitende ~ **233** 24
  - Prinzipien als ius cogens **232** 41
  - verschiedene Ansätze **232** 41
- und Menschenrechtsschutz
  - Problem der Durchsetzbarkeit **232** 43
  - Verpflichtung der Staate zum ~ **232** 42
- und Minderheitenschutz **228** 39
- und Naturrecht, Verhältnis **228** 23 f.
- öffentlich-rechtliche Grundprinzipien des ~s *siehe* Grundprinzipien des Völkerrechts
- und Öffnung, vertikale **230** 50
- Rechtsanwendungsbefehl
  - für allgemeine Rechtsgrundsätze **248** 125
- und Rechtsgrundsätze **236** 3
- sic utere tuo ut alienum non laedas **248** 125
- und soft law **226** 24, **236** 3
- und Staat **228** 17 ff.
- Staat als Voraussetzung des ~n **228** 3
- und Staatsrecht
  - Gegenläufigkeit der Strukturen **232** 10
- und Staatsvolk **228** 17 ff.
- und Steuerrecht **251** 3 ff.
- statt Theologie **228** 24
- Transformation **235** 8
- Transformation des ~s in innerstaatliches Recht **236** 10
- Übersetzungsakt des GG für innerstaatliche Geltung **236** 9
- und Verfassungsrecht **228** 1 ff., **238** 7
- Verhältnis von ~ und Verfassungsrecht
  - Art. 59 GG als Kernbestimmung **236** 7

Sachregister

– und Vertrauenswürdigkeit **226** 24
– und virtueller Raum **231** 27
– Vollzugsbefehl durch innerstaatlichen Akt **236** 11
– wachsende Bedeutung des ~s **253** 3
Völkerrecht, allgemeine Regeln **235** <u>1 ff.</u>
– Adressaten **235** 31 ff.
  – Adressatenwechsel **235** 32
– und allgemeine Rechtsgrundsätze des Völkerrechts **235** 15
– als anerkannte allgemeine Rechtsgrundsätze der Kulturvölker **235** 15
– keine Anerkennung
  – des bilateralen Völkergewohnheitsrechts **226** 16
– Anerkennung
  – allgemeiner Rechtsgrundsätze **226** 17
– Angelegenheiten, auswärtige **235** 56
– Anwendungsvorrang
  – gegenüber nicht unmittelbar anwendbarer Normen **235** 30
  – gegenüber unmittelbar anwendbarer Normen **235** 30
– und Asylgewährung **235** 39, 53
– als Auslegungshilfe des deutschen Rechts **226** 38
– und außenpolitisches Handeln **226** 21
– Bedeutung **226** 20 f., **235** <u>34 ff.</u>
– Begriff **235** 10
– Begriff Allgemeinheit **235** 16
– Beschränkungen staatlicher Handlungsfreiheit **235** 36
– Bindungswirkung
  – Beratungen im Parlamentarischen Rat **235** 32
  – Legitimität kraft Mitwirkung deutscher Organe **235** 19
  – Legitimität qua Verfassungsentscheidung **235** 19
– und Bundesrecht
  – Anwendungs-, kein Geltungsvorrang **235** 29
– und deutsche Rechtsordnung **235** <u>1 ff.</u>
– in der Kommunikation **235** 58 ff.
– im Einklang mit deutschem Recht **235** 4 ff.
– und Einsatz bewaffneter Streitkräfte **235** 56

– Entstehung **235** 11
  – Beteiligung der Bundesländer **235** 18
  – Einwirkung des Deutschen Bundestages **235** 17
  – persistent objector **235** 16
– und erfaßte Normen des Völkerrechts **235** <u>10 ff.</u>
– Funktion **235** 4 ff.
– Geltung, innerstaatliche **226** 19, **235** 1, **241** 51
– Geltung, unmittelbare **235** 8
  – Gebot völkerrechtskonformer Auslegung **235** 6
– Geltungsmodalitäten **226** 19
– Gerichtsentscheidungen
  – als Momentaufnahmen der Völkerrechtsentwicklung **235** 34
– Gesetzesvorrang **226** 18, **235** 27, 61
– und GG **235** <u>50 ff.</u>
– und Gleichheitssatz **235** 33, 54
– und Grundrechtsschutzgehalt **235** 52
– und Hoheitsgewalt **235** 50 f.
– als individualschützende Regeln **235** 33
– und innerstaatliches Verhalten **235** 60
– und intraföderale Rechtsbeziehungen **235** 9
– Konflikte zwischen ~ **226** 22
– Lotus-Prinzip **235** 36
– als objektive Rechtssätze **235** 31 f.
– als offene Verweisungsnorm **226** 13
– als Produkt der Staatengemeinschaft **226** 38
– Rang **226** 18, **235** 27
  – Vorrang vor EU-Sekundärrecht **235** 28
– Rechte und Pflichten für Bewohner des Bundesgebietes *siehe* Völkerrecht und Bewohner des Bundesgebietes
– und Rechtserzeugungskontext **235** 60
– Rechtsprechung des BVerfG *siehe* Bundesverfassungsgericht, Entscheidungen
– Rechtsprechung des IGH
  – bilaterales Gewohnheitsrecht **226** 16

1324   Halbfette Zahl = §§; magere Zahl = RN; unterstrichene Zahl = Hauptfundstelle

Sachregister

- Reflexwirkung, individualbezogene **235** 32
- Regelung
  - extraterritorialer Sachverhalte **235** 38
  - von Staatsangehörigkeitsfragen **235** 38
- Regelung in der Weimarer Reichsverfassung
  - Anerkennung durch das Deutsche Reich **226** 15
- und Resolutionen der UN **226** 21, 24
- Rezeption **235** 61
  - des jeweiligen Bestandes **226** 13
  - durch innerstaatliches Recht **235** 3
  - von nicht universellem Gewohnheitsrecht? **235** 17
- als Schnittstelle zwischen Völkerrecht und deutschem Recht **235** 1
  - Rückblick **235** 58 ff.
- Selbstbestimmungsrecht der Völker **228** 1 ff.
- und staatliches Handeln **235** 38
- und Strafbarkeit
  - Grundsatz nullum crimen, nulla poena sine lege **226** 19
  - Strafbarkeit nach Völkerrecht **226** 19
  - Völkerstrafgesetzbuch **226** 19
- Umwandlung von Völkerrechtsnormen in Individualrechte
  - deklaratorisch oder konstitutiv? **235** 31 ff.
- unmittelbare Geltung
  - Beratungen im Parlamentarischen Rat **235** 62
- Unterlassung von Verstößen gegen Völkerrecht **235** 7
- Verbindlichkeit
  - praktische Bedeutung **226** 20 f.
  - universelle **235** 16
- und Verfassungsänderung **226** 13
- und Verfassungsbeschwerde *siehe dort*
- verfassungsgerichtliche Prüfung **235** 41 ff.
- und Verfassungsrecht
  - BVerfG: Rang unter dem Bundesverfassungsrecht **235** 27

- Parlamentarischer Rat:
  Gleichrang **235** 27
- Rangverhältnis **226** 18, **235** 27
- und Verfassungsvorrang **226** 13
- Verifikationsverfahren *siehe* Normenverifikationsverfahren
- Verpflichtungszusammenhang der deutschen Rechtsordnung **235** 1 ff.
- und Verurteilung von DDR-Mauerschützen **235** 56
- völkerrechtliche Kriterien für die Folgenzurechnung **235** 50
- völkerrechtsbezogene Wertung **235** 51
- völkerrechtssensitive Auslegung von Grundrechten und grundrechtsgleichen Rechten **235** 52 ff.
- und Völkervertragsrecht
  - kein Bestandteil des Bundesrechts **235** 10
  - Präjudizialität der völkerrechtlichen Lösung von Normenkollisionen **235** 21
  - Verhältnis **235** 20 ff.
  - Zusammenwirken von Vertrags- und Gewohnheitsrecht **235** 26
- Vorrang vor den Bundesgesetzen **235** 27 ff.
- und Wegfall der Geschäftsgrundlage **226** 24
- und Weimarer Reichsverfassung **235** 5
- Zielsetzung **226** 15
- Zuwiderhandlung gegen ~
  - und Grundsatz nullum crimen, nulla poena sine lege **226** 19
- zwischenstaatliche Einrichtung **235** 51

Völkerrecht, humanitäres
- und militärische Einsätze der Bundeswehr
  - Anwendungsfälle **244** 131
  - Anwendungsvorrang **244** 139
  - Entwicklungslinien **244** 134
  - Genfer Recht **244** 135
  - gewohnheitsrechtliche Bindung **244** 132
  - Haager Recht **244** 134
  - Leitgedanke **244** 133

Sachregister

- militärische Gewalt einer bestimmten Intensität **244** 131
- Recht bewaffneter Konflikte **244** 130
- Synonym ius in bello (Kriegsrecht) **244** 130

Völkerrechtliche Verträge 226 26 ff.
- Abschluß **230** 32
- Abschlußkompetenz **236** 6
- Änderung von ~n **234** 31
- Auslegung
  - verfassungskonforme? **235** 25
  - völkerrechtliche Regeln **235** 24
  - nach völkerrechtlichen Regeln **226** 30
  - Zusammenwirken von Vertrags- und Gewohnheitsrecht **235** 26
- Ausnahmeregelungen **238** 28
  - aus Gründen der öffentlichen Ordnung **238** 28
  - Nachweise der Tatbestandsvoraussetzungen **238** 28
  - Wahrung der Verhältnismäßigkeit **238** 28
- Begriffsbestimmung **236** 2
- und Bundesgesetze **235** 20 f.
  - lex-posterior-Grundsatz **226** 44
  - lex-specialis-Grundsatz **226** 44
  - Unberührtheitsklauseln **226** 44
- und Doppelbesteuerungsabkommen **251** 7, 43
- dynamische Auslegung von ~n **234** 31
  - NATO-Vertrag **234** 31
- Einwirkung auf innerstaatliche Rechtsordnung **236** 4
- Fortentwicklung ~r **236** 20
  - Zustimmungsbedürftigkeit bei ~ **236** 20
- Gebot der innerstaatlichen Inkraftsetzung? **226** 29
- über Gegenstände der Bundesgesetzgebung **236** 7
  - Charakteristikum **236** 18
  - Vetorecht der Legislative **236** 14
- und GG
  - Art. 59 GG **236** 14
- Gleichrangigkeit ~ **238** 12
  - Ausnahmen **238** 12

- als Hauptrechtsquellen des Völkerrechts **236** 1
- inhaltliche Ausgestaltung **236** 3
- innerstaatliche Geltung von ~n **236** 4
- innerstaatliche Übernahme **236** 9 ff.
- innerstaatliche Umsetzung
  - kontinentaleuropäische Lösung **226** 28
  - völkerrechtliche Vorgabe **226** 26
  - zwei Modelle **226** 26
- innerstaatlicher Rang **236** 26
  - Gesetzesrang **226** 26
- und innerstaatliches Recht **236** 26
  - Dualismus **236** 9 ff.
  - Mitwirkung der Legislative **236** 14 ff.
  - Verhältnis zweier unterschiedlicher Rechtskreise **236** 9
- Kollision mit innerstaatlichem Recht
  - innerstaatliches Rangverhältnis entscheidend **236** 26
- Konfliktfälle **236** 26 ff.
- keine Konfliktlösung durch ordre public **238** 12
- Lösung von Konfliktfällen **236** 26
- Notstandsklauseln **238** 28
  - Nachweise der Tatbestandsvoraussetzungen **238** 28
  - Wahrung der Verhältnismäßigkeit **238** 28
- und ordre public **238** 12
- Parallelvertrag **236** 19
- keine Parlamentsbeteiligung **236** 22
- über politische Beziehungen des Bundes **236** 7, 14 ff.
  - existentielle Verträge **236** 16
  - grundrechtswesentliche Verträge **236** 17
  - hochpolitische Verträge **236** 16
  - Vetorecht der Legislative **236** 14
- Ratifikation **236** 7
  - parlamentarische Mitwirkung **236** 7
  - Ratifikation durch Bundespräsident **236** 7
  - völkerrechtliche Verbindlichkeit **236** 7
- Ratifikationsklauseln **236** 22
- rechtskonforme Beendigung **236** 33

Sachregister

- Rechtsprechung des EuGH
  - van Gend & Loos **226** 28
- rechtsstaatliche Vorgaben **232** 44
- self executing **236** 5
- Sonderfragen **236** 26 ff.
- Stärkung der Parlamentarisierung durch das GG **236** 13
- Transformation der ~n in innerstaatliches Recht
  - Art. 59 GG **236** 10
- Transformationslehre **226** 27
- und Verfassungsauslegung
  - Grenzen verfassungskonformer Auslegung **235** 25
  - Nichtigkeit des Zustimmungsgesetzes? **235** 25
- verfassungsgerichtliche Kontrolle **236** <u>29 ff.</u>
- verfassungskonforme Auslegung **236** 27
- und Verfassungsrecht **236** <u>1 ff.</u>
- verfassungsrechtliche Grenzen **236** 27
- Verhältnis zum Verfassungsrecht **236** 1
- Verletzung innerstaatlichen Rechts **236** 5
- zur Vermeidung von Doppelbesteuerung *siehe* Doppelbesteuerungsabkommen
- Vertragsdurchsetzung
  - demokratisierte **226** 28
  - und EMRK **226** 28
- Verwaltungsabkommen **236** 22
  - Anwendung der Vorschriften der Bundesverwaltung analog **236** 22
  - Kompetenz der Bundesregierung **236** 8
  - normative ~ **236** 22
  - kein Zustimmungsgesetz erforderlich **236** 22
- völkerrechtliche Anforderungen **236** 2
- Vollzugsbefehl durch innerstaatlichen Akt
  - Art. 59 GG **236** 11
- Vollzugslehre **226** 27
- Vorrang des GG vor ~n **238** 7
- Widersprüche mit dem GG **238** 17
- Zustimmungsbedürftigkeit nach Art. 59 GG **236** 20

- antizipierte Zustimmung zur Änderung **236** 21
- antizipierte Zustimmung zur Ergänzung **236** 21
- Zustimmungsgesetz **236** 7
  - Begründung innerstaatlicher Geltung **236** 7
- Zustimmungsgesetze **226** 30

Völkerrechtsfreundlichkeit des Grundgesetzes **234** 38, **238** 3, 8, **240** 101, **248** 136, **251** 26, 56
- keine Abschottung **235** 61
- allgemeine Regeln als Grundlage **235** 1
- allgemeine Regeln des Völkerrechts als Grundlage **235** 1
- und Anwendung der EMRK
  - besonderer Wiederaufnahmegrund bei Konventionsverletzung **226** 34
- Art. 24 Abs. 2 GG **243** 3
- und Asylgewährung **226** 44
- und Auslieferung
  - bei drohender Todesstrafe **226** 9
- und Äußerungen des Ausschusses für Menschenrechte **226** 33
- Bindung an Konkordate **226** 43
- Bindung an positives Völkerrecht **226** 9
- Bindung an regionales Gewohnheitsrecht **226** 15
- Bindungswirkung der Entscheidungen des EGMR **226** 32
  - Einschränkung: erneute Vorlage bei nicht gefestigter Rechtsprechung **226** 32
- Bindungswirkung der Entscheidungen des EuGH **226** 31
  - Einschränkung: erneute Befassung oberster Bundesgerichte bei abweichender Meinung **226** 31
- und Doppelbesteuerungsabkommen **251** 26
- keine Einschränkung des Grundrechtschutzes **226** 37
- Einschränkung des Vorrangs des GG **238** 8
- und Erfüllung völkerrechtlicher Verträge **226** 26
- und extraterritoriale Schutzwirkungen deutscher Gesetze? **226** 45

Sachregister

- Grenzen **226** 10
- und internationale Amtshilfe **251** 26
- und internationale Offenheit **226** 9
- Klagebefugnis von Gebietsfremden? **226** 45
- als Leitmaxime **226** 9
- und normative Leitfunktion der Urteile des Internationalen Gerichtshofes **226** 30
- und präventive Selbstverteidigung entgegen der UN-Charta? **226** 41
- Rechtfertigung für Grundrechtsreduktion? **240** 102 ff.
- Rechtsprechung des BVerfG
  - deutscher Beitrag zu UN-Friedenstruppen **226** 40
  - Görgülü **226** 32
  - nachträgliche Sicherungsverwahrung **226** 32
  - Pflicht deutscher Gerichte zur Kenntnisnahme der Judikate internationaler Gerichte **226** 30
  - Teso-Entscheidung **226** 39
- Rechtsprechung des BVerwG
  - Flugplatz Zürich **226** 45
  - Klagebefugnis von Gebietsfremden **226** 45
- Respekt vor fremden Rechtsordnungen **240** 101
- unmittelbare Anwendbarkeit
  - der EMRK **226** 35
  - nicht nach der Formel: in dubio pro applicatione directa **226** 35
  - nach der Formel: self executing **226** 35
  - des Internationalen Paktes über bürgerliche und politische Rechte **226** 35
  - von Vertragsbestimmungen? **226** 35
- und Unterwerfung unter die allgemeinen Regeln des Völkerrechts **226** 4
- und Unterwerfung unter die Gerichtsbarkeit des IGH **226** 42, 63
  - verfassungsrechtliche Verpflichtung? **226** 42
- verfahrensrechtliche Gewährleistung völkerrechtlicher Verpflichtungen **226** 34
- Verfassungsbeschwerde, Voraussetzungen **226** 23
- und völkerrechtsfreundliche Auslegung des deutschen Rechts **226** 36 ff.
  - allgemeines Völkerrecht als Auslegungshilfe **226** 38
- und völkerrechtsfreundliche Auslegung des Verfassungsrechts **226** 37
  - EMRK als Orientierungspunkt **226** 37
- und völkerrechtskonforme Interpretation des deutschen Rechts **226** 44

Völkerstrafgesetzbuch **227** 9, 28
- und allgemeine Regeln des Völkerrechts **226** 19
- geringe Praxisrelevanz **245** 11
- Grundsatz der Komplementarität **245** 11
- und humanitäres Völkerrecht **244** 137
- und militärische Einsätze der Bundeswehr **244** 137
- Symbolkraft mit kosmopolitischem Anspruch **245** 11
- und Weltstrafrecht **245** 11

Völkerstrafrecht
- keine allgemeinen Regeln des Völkerrechts **245** 45
- kein Dispens vom Vorbehalt des Gesetzes **245** 46
- innerstaatlicher Vollzug? **245** 45

Völkervertragsrecht
- und allgemeine Regeln des Völkerrechts **235** 20 ff.
  - Verhältnis konfligierender Normen **235** 20
- Frustrationsverbot **235** 23
- Grundsatz des pacta sunt servanda **235** 22
- innerstaatliche Zuordnung von Vorwirkungen **235** 23
- Verhältnis konfligierender Normen **235** 20 f.
- und Völkergewohnheitsrecht **235** 23
  - Verhältnis **248** 119
- Vorwirkungen von Verträgen **235** 23

Volksbegehren **253** 68
Volksentscheid **253** 68
Volkskammerwahlen vom 18. März 1990
- als Auftrag zur Abschaffung der DDR **229** 82

- als Entscheidung für die Abschaffung der DDR **229** 72
- als Entscheidung für die Wiedervereinigung **229** 72, 79, 82
- als Entscheidung über den äußeren und inneren Status **229** 83
- als freie Selbstbestimmungsentscheidung
  - i.S.d. Art. 1 IPbürgR **229** 82
  - i.S.d. Präambel des GG **229** 82
- Richtungsentscheidung **229** 83
- Vollzug der Grundentscheidung **229** 84
- Wahlbeteiligung **229** 72, 85
- Wahlergebnis **229** 72

Vollstreckung ausländischer Hoheitsakte 239 <u>13 ff.</u>
- Begrenzung der §§ 722 f. ZPO **239** 15
- nach der EuGVVO **239** 15
- und europäisches Erkenntnisverfahren **239** 17
- nach der EuVTVO
  - kein Einwand eines ordre public Verstoßes **239** 16
- Grundlagen **239** 13
- ordre public-Vorbehalt gem. § 328 ZPO **239** 14
- Streitgegenstand i.S.v. § 722 ZPO **239** 14
- Vollstreckung nach §§ 722 f. ZPO **239** 14
- und Vollstreckungshilfe **239** 18
- Vollstreckungsurteil als Grundlage **239** 14

Vollstreckung ausländischer Titel
- und BVerfG **239** 69
- und GG
  - Bedenken im Hinblick auf Art. 19 Abs. 4 GG **239** 69
- Vorbehaltsklausel als Maßstab der Prüfung im Vollstreckungsverfahren **239** 69

Vollstreckungshilfe 239 18

Vorbehaltsklauseln
- als Grenzen der Mitwirkung **239** <u>54 ff.</u>
- schwächere ~ **239** 57
  - Art. 13 Abs. 1 HZÜ **239** 57
- und Zustellung von Klagen **239** 57

Vorbehaltsregel, materielle *siehe* Ordre public

Vorgaben zu Eigenkapital und Einlagensicherung 250 87 f.
- Eigenkapitalunterlegung **250** 87
- und innerstaatliches Recht **250** 88
- und Unionsrecht **250** 88
- Vermeidung von Liquiditätskrisen von Banken **250** 87

Vorrangregeln 238 5 ff.
- normhierarchische Konstruktionen **238** 5
- Spezialitätsregeln **238** 5

Wahlcomputer
- Manipulationsanfälligkeit **231** 33

Wahlrechtsgrundsätze
- und Wahlcomputer **231** 33

Währung
- Begriff **252** 3
- Währungswesen **252** 3

Währungshoheit
- als Kernbereich staatlicher Souveränität **250** 13
- und staatliche Souveränität **250** 13
- und Völkerrecht
  - Interventionsverbot **250** 13

Währungsrecht
- Außenbezüge des ~s **250** 17 ff.
- und Haushaltspolitik
  - Entkoppelung **250** 20
  - Verflechtung **250** 20
- Währungsarten **250** 17
- Währungsfragen **250** 17

Währungssystem
- europäisches ~ *siehe* Europäisches Währungssystem
- internationales ~ *siehe* Internationales Währungssystem

Warenverkehrsfreiheit
- und Urheberrecht **247** 41

Wehrverfassung
- und Demilitarisierung **244** 17 ff.
- im GG **244** 26
- und Wiederbewaffnung
  - Faktoren **244** 23 ff.

Weimarer Reichsverfassung
- und allgemeine Regeln des Völkerrechts

– Anerkennung durch das Deutsche
   Reich **226** 15, **235** 5
– Bindung an die allgemein anerkannten Regeln **235** 5
– Parlamentsvorbehalt **244** 88
Weltbank **249** 25 ff., 27, **250** 56
– apolitisches Mandat **249** 26
– als größter Geber von ODA **249** 32
– Institutionen und Handlungsformen der ~ **250** 23
– Komponenten der Finanzierung **249** 28
– und Menschenrechtsverträglichkeitsprüfung **249** 82
– und Projekthilfe **249** 103
– Sekundär- und Innenrecht der ~ **249** 27 *siehe auch* Bank Procedures (BPs), Operational Policies (OPs)
– Vergabepraxis der ~ **249** 26
Welteinkommen
– Besteuerung des ~s **251** 1
Welteinkommensprinzip **251** <u>9ff.</u>
– kein allgemein anerkanntes ~ **251** 9
Welthandelsabkommen **242** 29
Welthandelsorganisation **234** 3, 27, **242** 6, **246** 11, **253** 72
– Organisation der ~ **242** 66 ff.
– Streitbeilegungssystem der ~ **242** 6
– Streitbeilegungsverfahren der ~ **242** <u>66 ff.</u>
  – Appellate Body-Entscheidung **242** 68
  – Exklusives Verfahren **242** 67
  – fehlende Durchsetzungsmechanismen **242** 68
  – Lösung im Verhandlungsweg **242** 66
  – Panelentscheidung **242** 68
  – Verfahrenstypen **242** <u>67</u>
– und Urheberrecht **247** <u>37 ff.</u>
Weltrechtsgrundsatz *siehe* Universalitätsprinzip
Weltstrafrecht **230** 110, **245** <u>1 ff.</u>, <u>30 ff.</u>
– actio popularis **245** 31
– Ad-hoc-Tribunale **245** 7
– Aufbau einer völkerrechtlichen Strafgerichtsbarkeit **245** 6
– Ausbreitung der Weltrechtspflege **245** 9 ff.
– Ausdifferenzierung der Völkerstrafrechtswissenschaft **245** 8

– Auslieferung **245** 33
– aut dedere aut iudicare-Grundsatz **245** 33 f.
– begrenztes Konfliktlösungspotential **245** 52
– Besonderheiten **245** 32
– Clinton-Doktrin **245** 5
– demokratische Autonomie des Rechts **245** 41
– demokratische Rechtsetzung **245** 40
– demokratischer Rechtsstaat **245** 41
– demokratischer Verbrechensbegriff **245** 41
– als Demonstration moralischer Überlegenheit **245** 52
– deutsche Begleitgesetzgebung **245** 8
– Durchsetzung hypothetisch universeller Normen **245** 31
– Einbettung
  – gerichtsverfassungsrechtliche ~ **245** 32
  – prozeßrechtliche ~ **245** 32
  – tatbestandliche ~ **245** 32
– Entgrenzung durch Weltrechtsprinzip **245** 31
– Entidealisierung als Ziel **245** 54
– Entwicklung zu permanentem Strafgerichtshof **245** 8
– Entwicklung zwischen Kaltem Krieg und 11. September 2001 **245** 5
– Erstreckung auf völkerrechtliche Verbrechen **245** 35
– Etablierungsversuche **245** 2 ff.
– extraterritoriale soziale Wirkungsweise deutscher Gesetze **245** 48
– extraterritoriale Strafrechtsanwendung **245** 44 ff.
– extraterritoriale Verfolgung von Menschenrechtsverletzungen **245** 6
– Fall Pinochet **245** 9
– Flaggenstaatsprinzip **245** 30
– Flankierung durch zivilrechtliche Schadensersatzklagen **245** 10
– forum deprehensionis **245** 34
– Gebot kontextsensibler Skepsis **245** 51
– Geltungsnominalismus als hinreichende Bestrafungsgrundlage? **245** 49
– hinreichender Anknüpfungspunkt (sufficient link) **245** 35

- hinreichender Inlandsbezug 245 35
- historische Entwicklung 245 2
- Hypersensibilität für Grundrechtsgefährdungen 245 53
- Immunität herausgehobener staatlicher Funktionäre? 245 9
- Immunitätsschutz 245 33
- Institutionalisierungsversuche 245 1
- als Instrument des Westens zur asymmetrischen Strafverfolgung? 245 51
- als Instrument normativer Bestandswahrung 245 50
- und internationale Strafgerichtsbarkeit *siehe dort*
- Internationalisierungsbemühungen der Strafrechtspflege 245 6
- IStGH-Statut 245 8
- IStGHG 245 8
- IStGHGleichstG 245 8
- konzeptionelle Grundspannung 245 31
- kritische Bewertung 245 51ff.
- malum in se-Gedanke als moralischer Rechtfertigungsgrund 245 50
- Mangel an tatsächlicher Universalität der Normen 245 31
- mangelnde Verfassungssensibilität 245 37
- Menschenrechtsschutz nicht Gewinner der Entwicklung des ~s 245 54
- Militärtribunale 245 3
- Nachkriegsentwicklung 245 3
- nulla poena sine lege-Grundsatz *siehe dort*
- Personalitätsprinzip
  - aktives ~ 245 30
  - passives ~ 245 30
- Rechtsgeltungserstreckung
  - extraterritoriale ~ 245 35
  - präskriptive ~ 245 34
  - Zulässigkeit 245 35
- rechtsimmanente Grenzen des Gesetzgebers 245 48
- Regelungsgewalt als Hoheitsgewalt 245 34
- Römisches Statut 245 8
- Schutzprinzip 245 30
- Sonderprobleme der indirekten Durchsetzung 245 44
- Strafbegründung *siehe* Weltstrafrecht, Strafbegründung

- Strafrechtswissenschaft als Gewinnerin der Entwicklung des ~s 245 54
- Strafverfolgungskompetenz *siehe dort*
- Strafzwecke *siehe* Weltstrafrecht, Strafzwecke
- Strafzweckneutralität des Grundgesetzes? 245 38
- territoriale Strafgesetzlichkeit
  - kognitive Funktion 245 48
  - konstitutive Funktion 245 48
- Territorialprinzip 245 30
- traditionelle Grenzen strafrechtlicher Regelungsgewalt 245 30
- universelle Rechtsgeltung als Rechtsproblem 245 48
- verfassungskonforme Strafverfolgung, Voraussetzungen
  - kein Ausschluß durch Rechtfertigungsgründe 245 50
  - effektiv geltende Rechtsnormen des Tatorts 245 50
- verfassungsrechtliche Grenzen 245 37ff.
- Völkergewohnheitsrecht
  - keine gesetzliche Grundlage 245 46
  - als gesetzliche Grundlage? 245 45f.
  - mangelnde Rechtsfolgenbestimmung 245 46
- Völkermordkonvention 245 3
- völkerrechtliche Dispositionsbefugnis 245 34
- völkerrechtliche Verbrechen
  - Kriegsverbrechen 245 35
  - Verbrechen gegen die Menschlichkeit 245 35
  - Völkermord 245 35
- völkerrechtlicher Rahmen 245 33ff.
- Völkerrechtskonformität 245 33
- Völkerstrafgesetzbuch *siehe dort*
- Völkerstrafrecht *siehe dort*
- Vorkriegsentwicklung 245 2
- Weltrechtspflege 245 4
- Weltstrafrechtspflege im Zeitkontext 245 5ff.
- Zwangsindividualisierung von Makrokonflikten auf Kosten einzelner 245 52

Sachregister

Weltstrafrecht, Strafbegründung
- keine absolute ~ **245** 40
- keine negative Generalprävention (Abschreckung) **245** 42
- positive Generalprävention **245** 43
- keine spezialpräventive ~ **245** 39
- keine überpositive ~ **245** 40

Weltstrafrecht, Strafzwecke
- gesellschaftsfunktionale ~ **245** 41
- legitime ~ **245** 38 ff.
- verfassungskonforme ~ **245** 41

Werbungskosten
- eingeschränkte Berücksichtigung bei beschränkter Steuerpflicht **251** 61

Westfälischer Frieden **231** 6

Wettbewerb der Rechtsordnungen
siehe Rechtsordnung, Wettbewerb der

Wettbewerb der Steuersysteme **251** 11

Wettbewerbseskalation
- Gefahr der Absenkung rechtlicher Standards **233** 9
- und race to the bottom **233** 9

Wettbewerbsfunktion **233** 6 ff.
- am Beispiel des Wettbewerbs um einzelne Rechtsinstitute **233** 6
- Export von Rechtsinstituten
  - Recht als Kulturgut **233** 6
  - wirtschaftliche Investitionsvorteile **233** 6
- freiheitssichernde ~ **233** 7
  - soziale und politische Asymmetrie der Rechtsmärkte **233** 8
  - ökonomische Effizienz **233** 6
  - rechtspolitische Evaluation **233** 7
- Spannung zwischen ~ und -versagen
  - Regelungsbedarf im Einzelfall **233** 14
- Wettbewerb als Entdeckungsverfahren **233** 7
  - konzeptionelle Offenheit des ~s **233** 6 f.
  - rechtspolitische Perspektive **233** 7

Wettbewerbskritik **233** 2 f.
- kritische Einwände gegen Übertragung ökonomischer Modelle
  - autonome Hoheitsträger ohne wettbewerbliche Freiheit **233** 2
  - gegensätzliche Prinzipien **233** 2
  - Geltung des Sozialstaatsprinzips **233** 2

- Kultur des Maßes als verfassungsrechtliche Verpflichtung **233** 2

Wettbewerbsrahmen, europäischer **233** 21 ff.
- assoziative Demokratie der EU
  - Gefahr eines Korporatismus **233** 22
- und EU
  - Anregung des Wettbewerbs unter Mitgliedstaaten **233** 23
  - eigene Rechtsprodukte der ~ **233** 23
  - Rechtsharmonisierung **233** 22
- Exit-Option der Unionsbürger **233** 21
- freie Wahl mitgliedstaatlicher Rechtsordnungen **233** 21
- und Grundfreiheiten **233** 21
- Integrationsgrad **233** 21
- Konkurrenz von Jurisdiktion **233** 22
- und Rechtsordnungen, Wettbewerb der
  - horizontaler und vertikaler ~ **233** 23
- spontane Rechtangleichung **233** 22
- Voice-Option der Unionsbürger **233** 22

Wettbewerbsrahmen, föderaler **233** 19 f.
- bundesdeutscher Wettbewerbsföderalismus **233** 19
  - Einführung der Abweichungsgesetzgebung **233** 20
- Integrationsgrad **233** 19
- und Strukturmerkmal, Exit **233** 19
- und Strukturmerkmal, Loyalty **233** 19
- und Strukturmerkmal, Voice **233** 19
- Trend zum unitarischen Bundesstaat **233** 19

Wettbewerbsrahmen, internationaler
- keine feindliche Übernahme eines Rechtsmarktkonkurrenten **233** 24
- kein gewaltsamer Rechtsexport **233** 24
- Integrationsgrad **233** 24
- und Strukturmerkmal, Exit **233** 24
- und Strukturmerkmal, Loyalty **233** 24
- und Strukturmerkmal, Voice **233** 24

Sachregister

Wettbewerbsrecht 230 22, 44
- amerikanisches ~ 230 22
- europäisches ~ 230 22
- internationales ~ 230 105
- Wettbewerbsbeschränkungen 230 22

Wettbewerbsregime, hybride
- Dichotomie privater und öffentlicher Ordnungsmuster 233 30
- differenzierte Bindung durch privates und öffentliches Recht 233 30
- kein einheitlicher Rechtsrahmen 233 28
- und Strukturmerkmal, Exit 233 28
- und Strukturmerkmal, Loyalty 233 28
- und Strukturmerkmal, Voice 233 28
- transnationales Handels- und Wirtschaftsrecht als Beispiel 233 29
- transnationales Recht als hybride Governancestruktur 233 30
- Wettbewerb 233 <u>28ff.</u>
- Wettbewerb zwischen und mit privaten Rechtsordnungen 233 28

Wettbewerbsregime, integrierte 233 <u>17ff.</u>
- unterschiedliche Integrationsgrade 233 18

Wettbewerbsregulierung 233 <u>10ff.</u>
- Einbettung in normativ fragmentarischen Wettbewerbsrahmen 233 13
- funktionale Gewährleistung der Rechtsmärkte 233 16
- Identifikation der Elemente der qualitätssichernden Metaordnung 233 11
- normative Metaordnung der Rechtsmärkte
  - Einbettung in eine ~ 233 10
- Regelungsbedarf 233 10f.
  - Verhältnis von ~ und -dichte 233 15
- Regelungsdichte 233 10f.
  - Verhältnis von ~ und -bedarf 233 15
- Regelungsziele 233 10f.
- wettbewerbsbeschränkende Normen
  - Unterbindung eines schädlichen Wettbewerbs 233 11
- wettbewerbskonstitutive Normen 233 11

Wettbewerbsstruktur 233 <u>3ff.</u>
- Entscheidungsreservate des Gesetzgebers 233 8
- Spannung zwischen den Wettbewerbsakteuren 233 15
- Strukturmerkmale 233 3
  - Strukturmerkmal, Exit *siehe dort*
  - Strukturmerkmal, Loyalty *siehe dort*
  - Strukturmerkmal, Voice *siehe dort*

Wiedervereinigung 230 29
- und Ablehnung des kapitalistischen Systems 229 81
- Abschlußkommuniqué der NATO-Außenminister 229 95
- Ausweitung der Staats- und Rechtsordnung 229 76
- Bedeutung der Politik Gorbatschows 229 98, 107
- und Bodenkonfiskationen von 1945-1949 229 98
- und Bürgerrechtler der ersten Stunde 229 81
- und Einigungsvertrag vom 11. August 1990 229 75
- und europäische Integration 229 95
- und Grenzvertrag mit Polen 229 97
- Haltung der
  - amerikanischen Regierung 229 95, 101
  - britischen Regierung 229 95f.
  - französischen Regierung 229 95
  - sowjetischen Regierung 229 95f., 105
- und Konföderationsplan von Hans Modrow 229 78
- keine Majorisierung durch den Westen 229 87
- und nationale Zusammengehörigkeit 229 81
- Neuordnung des Grundgesetzes 230 29
- und Selbstbestimmung
  - äußere 229 77
  - innere 229 77
- Verknüpfung von ~ und
  - Beendigung der Vier-Mächte-Kompetenzen 229 105, 109
  - Zwei-plus-Vier-Vertrag 229 106f.
- Vier Mächte
  - unter Zugzwang 229 106
- Vollzug durch Beitritt 229 75

Sachregister

Wiedervereinigungsziel
- Art. 7 Abs. 2 Deutschlandvertrag von 1952 **229** 50, 95
- Deutscher Bundestag, Entschließung vom 1.10.1958 **229** 49
- Deutscher Bundestag, Resolution vom 17.5.1972 **229** 52
- in Frieden und Freiheit **229** 48, 60
- NATO-Ministerratssitzung, Anlage zum Abschlußkommuniqué **229** 50
- Wandel der öffentlichen Meinung **229** 44

Wiener Vertragsrechtskonvention **236** 11, **250** 3

„Wir sind das Volk!" **229** 76 f.

Wirkungsprinzip
- als Ausprägung des Territorialitätsprinzips **248** 109 f.
- Durchsetzung des ~s **246** 74
- und globale Unternehmen
  - Abwägungsregel bei konkurrierenden Zuständigkeiten **246** 72
  - New Yorker Resolution **246** 72
  - keine rechtsfreien Räume **246** 72
  - völkerrechtliche Zuständigkeit zum Erlaß kartellrechtlicher Hoheitsakte **246** 72

Wirtschaftlichkeitskontrolle **253** 30

Wirtschafts- und Währungsunion siehe Europäische Wirtschafts- und Währungsunion

Wirtschaftsrecht **230** 22
- Auswirkungsprinzip im ~ **230** 22

Wirtschaftsstandort Deutschland **251** 11

Wissenschaftsfreiheit
- und Schutz des Urheberrechts **247** 12

Word Intellectual Property Organization (WIPO) **247** 4

Zentralbank
- Aufgaben **250** 14
- und Clearingsysteme **250** 15
- gesunde Konjunkturpolitik als Sekundärziel **250** 14

Zentralbanken
- im europäischen Raum
  - Clearingsysteme **250** 15

Zollwesen
- GATS **250** 53
- GATT **250** 53
- Harmonisierung der Zölle **250** 10
- TRIPS **250** 53

Zurechnungsmodell
- deutsch-niederländischer Polizeivertrag **253** 52
- und gerichtliche Kontrolle **253** 52
- und Rechtsschutz **253** 79
- Vertrag von Prüm **253** 52
- Zurechnung von Behördenhandeln **253** 52

Zurückweisung
- keine Mitwirkung an fremden Rechtsakten **239** 23

Zusammenarbeit, internationale siehe Internationale Zusammenarbeit

Zuständigkeit, staatliche **230** 7
- Begrenzung der ~ durch das Völkerrecht **230** 23
- Begründung der ~ durch das Völkerrecht **230** 23
- für extraterritoriale Regelungen **230** 26
- formelle Territorialität **230** 18
- und Gebietshoheit **230** 18 ff.
  - parallele ~en **230** 7
- Gemengelage der ~en **230** 7
- und Globalisierung **230** 7
- materielle Territorialität **230** 18
- Vermutung für die ~ **230** 23 ff.

Zuwanderung
- Ausweitung des Minderheitenschutzes **228** 39
- einwanderungsbezogene Grundrechtsprobleme **228** 38
- ethnische Deutsche als Minderheit? **228** 40
- Verantwortung des Staates für Risiken **228** 38 ff.

Zweckmäßigkeitskontrolle siehe Sachkontrolle

Zwei-plus-Vier-Vertrag **227** 25, **244** 29
- als abschließende Regelung **229** 90, 100
- Anerkennung der Annexion Ostpreußens, Pommerns und Schlesiens **229** 100
- Auflösung der Vier-Mächte-Einrichtungen **229** 100

Sachregister

- Bedingungen **229** 100ff.
- keine Beteiligung weiterer Staaten **229** 97
  - Ausnahme: Ersatz-Friedensvertrag mit Polen **229** 97
- Bündnisfreiheit **229** 100f.
- und Einigungsvertrag **229** 101
- europäische Integration Gesamtdeutschlands **229** 102
- als Friedensvertrag? **229** 100
- Geschäftsgrundlage **229** 102ff.
  - keine völkerrechtlich unzulässige Konditionierung des Selbstbestimmungsrechts **229** 104
- Grenzregelung **229** 90
- Inkrafttreten **229** 108
  - Suspendierung der Vier-Mächte-Kompetenzen **229** 108f.
- Irreversibilität der Bodenreform 1945-1949 **229** 102
- NATO-Zugehörigkeit Deutschlands **229** 101
- Präambel **229** 90, 100, 109
- Ratifikation **229** 108f.
- und Selbstbestimmungsrecht des deutschen Volkes **229** 90
  - Präambel **229** 75
  - kein Vier-plus-Zwei-Vertrag **229** 99
- sowjetischer Truppenabzug **229** 103
- Streitkräfte, Bewaffnung und Starke **229** 100
- Truppenstationierung
  - in der Bundesrepublik **229** 103
  - in der DDR **229** 100
- Vertragspflicht zur Änderung des GG **229** 102
- Verzicht auf Gebietsansprüche **229** 102
- Vier Mächte
  - Verzicht auf Kompetenzen **229** 104f.

Zwingendes Völkerrecht *siehe* Ius cogens